刑法罪名规范解析

杨世伟　康君元／主编

（下册）

法律出版社
LAW PRESS · CHINA

编委会成员

序

自1979年新中国颁布第一部刑法三十多年以来,我国相继颁布了刑法、单行刑法、若干刑法修正案和刑法解释。仅1997年新《刑法》生效以来十九年时间,通过增加、删减和变更罪名等方式,我国已对刑法进行了九次修正,修法之频、变化之快,实属罕见。据统计,目前我国刑法罪名总计四百六十九个,其中刑法和修正案规定罪名四百六十八个。修订刑法施行至今,最高人民法院和最高人民检察院分别出台了大量司法解释。此外,关于刑法罪名的其他立法解释、请示批复等法律规范性文件同样数量众多、内容庞杂,给刑法理论研究人员尤其是司法实务工作者带来诸多不便。本书的编写就是将目前刑法规定的所有罪名的定罪量刑进行系统化的梳理和归纳,为法律工作者打造一本权威全面、实用便捷的工具书。

本书具有以下特点:

第一、定罪量刑的全面性和权威性。

本书编排体例独特,每一罪名均包括定罪与量刑两个部分。定罪部分既设置了法律规定、司法解释、罪名辨析等偏重实务的内容,同时又有罪名概念、犯罪构成等理论板块;每一罪名都囊括了该罪名全面的理论实务内容,几乎穷尽了该罪名的相关规定,尤其对法律实务工作者在查找适用法律方面具有很强的权威性。

第二、适用法律的时效性和准确性。

本书不仅对纷繁芜杂的刑法及相关的刑法规范性文件做了全面、仔细的梳理,而且确保新近颁布生效的法律及司法解释尽收囊中,其中包括最新通过的刑法修正案(九)及其相关解释。本书所涉罪名的相关内容严谨准确,对于冗余的内容和失效的法律及其解释都进行了恰当处理,即使存在争议的理论性较强的犯罪概念和犯罪构成部分也偏重通说,确保时效性和准确性。

第三、查找法律的便捷性和实用性。

参与编写本书的都是身在一线的法律实务工作人员,编写本书时严格按照刑法的章节罪名顺序进行梳理编排,严格遵循法律人的认知规律和使用习惯,注重查找适用法律的便捷性和实用性。

本书另外一个匠心独具之处是将犯罪的量刑部分单独设立,并且将截至目前为止相应罪名尚无量刑相关司法解释的情形明确注明,节省使用者搜索该罪名所对应的量刑规定的时间。这不仅顺应了量刑规范化的发展趋势,而且兼顾了某些使用者检索法律的特别需求,方便其快速查找到其需要的相关罪名所对应的量刑内容。同时本书还以附件的形式呈现了相关罪名的量刑规范适用等内容。

相信本书会给广大法律实务工作者、法学研究教学人员带来一定帮助、有所裨益。然而由于编者才疏学浅和时间仓促,本书肯定还有诸多疏漏不足之处,限于目前掌握的资料非常有限,譬如对于新增罪名缺乏犯罪构成等更多阐释,还望广大读者海涵指正。

康君元

2016 年 6 月 16 日

目　录

（下册）

第六章　妨害社会管理秩序罪

一、妨害社会管理秩序罪的概念

妨害社会管理秩序罪，是指妨害国家机关对社会的管理活动，破坏社会正常秩序，情节严重的行为。妨害社会管理秩序罪是我国刑法中最大的类罪之一，它所涉及的内容广泛，与社会生活的方方面面相关。我国现行刑法对 1979 年刑法关于妨害社会管理秩序罪的规定作了重大的补充、修改和调整，增设了一些新的犯罪；变动了某些犯罪的构成要件；修改了某些犯罪的法定刑；调整了某些具体犯罪的归类。

二、妨害社会管理秩序罪的犯罪构成

（一）主体要件

本罪的主体，大多数都是一般主体，少数犯罪是特殊主体，如脱逃罪主体是被逮捕关押的犯罪分子。

（二）主观方面

本罪的主观方面只能是故意，而且有许多犯罪还以特定的目的（如营利）为构成犯罪的必要条件。

（三）客观方面

本罪的客观方面，表现为违反各种社会管理法规，妨害社会管理秩序的各种行为。

（四）客体要件

本罪侵犯的客体，是国家所确立的并由法律维护的社会管理正常秩序。它妨害国家机关的正常活动以及对监狱机关、公共场所、文物古迹、医药卫生、枪支弹药、鸦片烟毒、出入国境、测量标志等方面管理规则的执行，因此是涉及面最广泛的危害社会秩序、生产秩序、工作秩序、教学科研秩序和人民群众生活秩序的犯罪。

三、妨害社会管理秩序罪的种类

刑法分则第六章包含九个小节,其中第一节为扰乱公共秩序罪;第二节为妨害司法罪;第三节为妨害国(边)境管理罪;第四节为妨害文物管理罪;第五节为危害公共卫生罪;第六节为破坏环境资源保护罪;第七节为走私、贩卖、运输、制造毒品罪;第八节为组织、强迫、引诱、容留、介绍卖淫罪;第九节为制作、贩卖、传播淫秽物品罪。

全章共计九十一个条文涉及一百三十七个具体罪名,即妨害公务罪;煽动暴力抗拒法律实施罪;招摇撞骗罪;盗窃、抢夺、毁灭、国家机关公文、证件、印章罪;伪造、变造、买卖国家机关公文、证件、印章罪;伪造、变造居民身份证件罪;使用虚假身份证件、盗用身份证件罪;伪造公司、企业、事业单位、人民团体印章罪;非法生产、买卖警用装备罪定罪;非法持有国家绝密、机密文件、资料、物品罪;非法获取国家秘密罪;非法生产、销售专用间谍器材、窃听、窃照专用器材罪;非法使用窃听、窃照专用器材罪;组织考试作弊罪;非法出售、提供试题、答案罪;代替考试罪;非法侵入计算机系统罪;非法获取计算机信息系统数据、非法控制计算机信息系统罪;提供侵入、非法控制计算机信息系统程序、工具罪;破坏计算机信息系统罪;拒不履行信息网络安全管理义务罪;非法利用信息网络罪;帮助信息网络犯罪活动罪;扰乱无线电通信管理秩序罪;聚众扰乱社会秩序罪、聚众冲击国家机关罪;聚众扰乱公共场所秩序、交通秩序罪;扰乱国家机关工作秩序罪;组织、资助非法聚集罪;投放危险物质罪;编造传播编造恐怖信息罪;编造、故意传播虚假信息罪;聚众斗殴罪;寻衅滋事罪;组织、领导、参加黑社会性质组织罪;入境发展黑社会组织罪;包庇、纵容黑社会性质组织罪;传授犯罪方法罪;非法集会、游行、示威罪;非法携带武器管制刀具爆炸物参加集会、游行、示威罪;破坏集会游行示威罪;侮辱国旗国徽罪;组织、利用会道门、邪教组织、利用迷信破坏法律实施罪;组织利用会道门、邪教组织、利用迷信致人重伤、死亡罪;聚众淫乱罪;引诱未成年人聚众淫乱罪;盗窃、侮辱、故意毁坏尸体、尸骨、骨灰罪;赌博罪;开设赌场罪;故意延误投递邮件罪;伪证罪;辩护人、诉讼代理人毁灭伪造证据、妨害作证罪;帮助毁灭伪造证据罪;虚假诉讼罪;妨害作证罪;打击报复证人罪;泄露不应公开的案件信息罪;披露、报道不应公开的案件信息罪;扰乱法庭秩序罪;窝藏、包庇罪;拒绝提供间谍犯罪、恐怖主义犯罪、极端主义犯罪证据罪;掩饰隐瞒犯罪所得、犯罪所得收益罪;拒不执行判决裁定罪;非法处置查封、扣押、冻结的财产罪;破坏监管秩序罪;劫夺被押解人员罪;脱逃罪;暴动越狱罪;聚众持械劫狱罪;组织越狱罪;组织他人偷越国边境罪;骗取出境证件罪;出售出入境证件罪;提供伪造变造的出入境证件罪;运送他人偷越国边境罪;偷越国边境罪;破坏界碑、界桩罪;破坏永久性测量标志罪;故意损毁文物罪;故意损毁名胜古迹罪;过失损毁文物罪;非法向外国人出售、赠送珍贵文物罪;倒卖文物罪;非法出售、私赠文物藏品罪;盗掘古文化遗址、古墓葬罪;盗掘古人类化石、古脊椎动物化石罪;抢夺、窃取国有档案罪;擅自出卖、转让国有档案罪;妨害传染病防治罪;传染病菌种、毒种扩散罪;妨害国境卫生检疫罪;非法组织卖血罪;强迫卖血罪;非法采集、供应血液、制作、供应血液制品罪;采集、供应血液、制作、供应血液制品事故罪;医疗事故罪;非法行医罪;非法进行节育手术罪;妨害动植物防疫、检疫罪;污染环境罪;非法处置进口的固体废物罪;擅自进口固体废物罪;走私固体废物罪;非法捕捞水产品罪;非法猎捕、杀害珍贵、濒危野生动物罪;非法收购,运输、出售珍贵濒危野生动物、珍贵、濒危野生动物制品罪;非法狩猎罪;非法占用农用地罪;非法采矿罪;破坏性采矿罪;非法采伐、毁坏国家重点保护植物罪;非法收购、运输加工出售国家重点保护植物及制品罪;盗伐林木罪;非法收购、运输盗伐、滥伐的林木罪;滥伐林木罪;非法生产、买卖、运输毒制品、走私制毒物品罪;走私贩卖、运输、制造毒品罪;非法持有毒品罪;包庇毒品犯罪分子罪;非法种植毒品原植物罪;非法买卖、运输、携带、持有毒品原植物种子、幼苗罪;引诱、教唆、欺骗他人吸毒罪;强迫他人吸毒罪;容留他人吸毒罪;非法提供麻醉药品、精神药品罪;组织卖淫罪;协助组织卖淫罪;强迫卖淫罪;引诱、容留、介绍卖淫罪;引诱幼女卖淫罪;传播性病罪;制作、复制、出版、贩卖、传播淫秽物品牟利罪;为他人提供书号出版淫秽书刊罪;传播淫秽物品罪;组织播放淫秽音像制品罪;组织淫秽表演罪。

第一节 扰乱公共秩序罪

妨害公务罪 《刑法》第277条

以暴力、威胁方法阻碍国家机关工作人员依法执行职务的,处三年以下有期徒刑、拘役、管制或者罚金。

以暴力、威胁方法阻碍全国人民代表大会和地方各级人民代表大会代表依法执行代表职务的,依照前款的规定处罚。

在自然灾害和突发事件中,以暴力、威胁方法阻碍红十字会工作人员依法履行职责的,依照第一款的规定处罚。

故意阻碍国家安全机关、公安机关依法执行国家安全工作任务,未使用暴力、威胁方法,造成严重后果的,依照第一款的规定处罚。

暴力袭击正在依法执行职务的人民警察的,依照第一款的规定从重处罚。

定 罪 部 分

【罪名概念】

妨害公务罪,是指以暴力、威胁方法阻碍国家机关工作人员、人大代表依法执行职务,或者在自然灾害中和突发事件中,使用暴力、威胁方法阻碍红十字会工作人员依法履行职责,或故意阻碍国家安全机关、公安机关依法执行国家安全工作任务,虽未使用暴力,但造成严重后果的行为。

【司法解释】

1. 最高人民法院、最高人民检察院《关于办理环境污染刑事案件适用法律若干问题的解释》

(实施日期:2013 年 6 月 17 日　法释[2013]15 号)(节录)

第四条　实施刑法第三百三十八条、第三百三十九条规定的犯罪行为,具有下列情形之一的,应当酌情从重处罚:

(一)阻挠环境监督检查或者突发环境事件调查的;

(二)闲置、拆除污染防治设施或者使污染防治设施不正常运行的;

(三)在医院、学校、居民区等人口集中地区及其附近,违反国家规定排放、倾倒、处置有放射性的废物、含传染病病原体的废物、有毒物质或者其他有害物质的;

(四)在限期整改期间,违反国家规定排放、倾倒、处置有放射性的废物、含传染病病原体的废物、有毒物质或者其他有害物质的。

实施前款第一项规定的行为,构成妨害公务罪的,以污染环境罪与妨害公务罪数罪并罚。

2. 最高人民法院《关于审理破坏草原资源刑事案件应用法律若干问题的解释》

(颁布日期:2012 年 11 月 22 日　法释[2012]15 号)(节录)

第四条　以暴力、威胁方法阻碍草原监督检查人员依法执行职务,构成犯罪的,依照刑法第二百七十七条的规定,以妨害公务罪追究刑事责任。

3. 最高人民法院、最高人民检察院《关于办理非法生产、销售烟草专卖品等刑事案件具体应用法律若干问题的解释》

（实施日期:2010年3月26日　法释[2010]7号）（节录）

第八条　以暴力、威胁方法阻碍烟草专卖执法人员依法执行职务,构成犯罪的,以妨害公务罪追究刑事责任。

4. 最高人民法院、最高人民检察院《关于办理危害矿山生产安全刑事案件具体应用法律若干问题的解释》

（实施日期:2007年3月1日　法释[2007]5号）（节录）

第十条　以暴力、威胁方法阻碍矿山安全生产监督管理的,依照刑法第二百七十七条的规定,以妨害公务罪定罪处罚。

5. 最高人民检察院《关于以暴力威胁方法阻碍事业编制人员依法执行行政执法职务是否可对侵害人以妨害公务罪论处的批复》

（实施日期:2000年4月24日　高检发释字[2000]2号）

对于以暴力、威胁方法阻碍国有事业单位人员依照法律、行政法规的规定执行行政执法职务的,或者以暴力、威胁方法阻碍国家机关中受委托从事行政执法活动的事业编制人员执行行政执法职务的,可以对侵害人以妨害公务罪追究刑事责任。

6. 最高人民法院、最高人民检察院、公安部《关于依法严肃查处拒不执行判决、裁定和暴力抗拒法院执行犯罪行为有关问题的通知》

（实施日期:2007年8月30日　法发[2007]29号）（节录）

二、对下列暴力抗拒执行的行为,依照刑法第二百七十七条的规定,以妨害公务罪论处。

（一）聚众哄闹、冲击执行现场,围困、扣押、殴打执行人员,致使执行工作无法进行的;

（二）毁损、抢夺执行案件材料、执行公务车辆和其它执行器械、执行人员服装以及执行公务证件,造成严重后果的;

（三）其它以暴力、威胁方法妨害或者抗拒执行,致使执行工作无法进行的。

三、负有执行人民法院判决、裁定义务的单位直接负责的主管人员和其它直接责任人员,为了本单位的利益实施本《通知》第一条、第二条所列行为之一的,对该主管人员和其它直接责任人员,依照刑法第三百一十三条和第二百七十七条的规定,分别以拒不执行判决、裁定罪和妨害公务罪论处。

第十条　以暴力、威胁方法阻碍矿山安全生产监督管理的,依照刑法第二百七十七条的规定,以妨害公务罪定罪处罚。

7. 最高人民法院、最高人民检察院、公安部、国家烟草专卖局《关于办理假冒伪劣烟草制品等刑事案件适用法律问题座谈会纪要》

(实施日期:2003 年 12 月 23 日　高检会[2003]4 号)(节录)

八、关于以暴力、威胁方法阻碍烟草专卖执法人员依法执行职务行为的定罪处罚问题

以暴力、威胁方法阻碍烟草专卖执法人员依法执行职务的,依照刑法第二百七十七条的规定,以妨害公务罪定罪处罚。

8. 最高人民法院、最高人民检察院《关于办理妨害预防、控制突发传染病疫情等灾害的刑事案件具体应用法律若干问题的解释》

(实施日期:2003 年 5 月 15 日　法释[2003]8 号)(节录)

第八条　以暴力、威胁方法阻碍国家机关工作人员、红十字会工作人员依法履行为防治突发传染病疫情等灾害而采取的防疫、检疫、强制隔离、隔离治疗等预防、控制措施的,依照刑法第二百七十七条第一款、第三款的规定,以妨害公务罪定罪处罚。

9. 最高人民检察院《关于办理非法经营食盐刑事案件具体应用法律若干问题的解释》

(实施日期:2002 年 9 月 13 日　高检发释字[2002]6 号)(节录)

第五条　以暴力、威胁方法阻碍行政执法人员依法行使盐业管理职务的,依照刑法第二百七十七条的规定,以妨害公务罪追究刑事责任;其非法经营行为已构成犯罪的,依照数罪并罚的规定追究刑事责任。

10. 最高人民法院、最高人民检察院《关于办理组织和利用邪教组织犯罪案件具体应用法律若干问题的解释(二)》

(实施日期:2001 年 6 月 11 日　法释[2001]19 号)(节录)

邪教组织人员以暴力、威胁方法阻碍国家机关工作人员依法执行职务的,依照刑法第二百七十七条第一款的规定,以妨害公务罪定罪处罚。其行为同时触犯刑法其它规定的,依照处罚较重的规定定罪处罚。

【关联法律】

《红十字会法》

第十五条　任何组织和个人不得拒绝、阻碍红十字会工作人员依法履行职责。

【犯罪构成】

(一)主体要件

本罪的主体为一般主体,凡达到刑事责任年龄且具备刑事责任能力的自然人均能构成本罪。

（二）主观要件

本罪在主观方面表现为故意，即明知对方是正依法执行职务的国家机关工作人员、人大代表、红十字会工作人员，而故意对其实施暴力或者威胁，使其不能执行职务。行为人的动机，往往多种多样。如事关行为人的利益；为了维护他人；与该工作人员有私怨，乘机发泄，进行报复；等等。但动机不影响本罪的成立，可作为情节在量刑时考虑。但是，如果行为人不知对方是正在依法执行职务的国家机关工作人员、人大代表、红十字会工作人员，而加以阻挠的，不构成本罪。

（三）客观要件

本罪在客观方面表现为以下几种情形：

1. 以暴力或者威胁的方法阻碍国家机关工作人员依法执行职务的行为。

所谓依法执行职务，是指国家机关工作人员在国家规定的范围内，运用其合法职权从事公务活动。这种公务活动，不仅包括国家机关工作人员在工作时间或工作单位中所进行的公务活动，而且还包括国家工作人员根据有关规定或命令在其他时间或场所内的公务活动。

2. 以暴力、威胁方法阻碍各级人民代表大会代表执行代表职务。

各级人民代表大会的代表，包括乡、镇、县、市、旗、地、市、盟、省、自治区、直辖市乃至全国人民代表大会的代表。所谓代表职务，是指全国人民代表大会和地方各级人民代表大会组织法规定的人民代表在各所在的各级人民代表大会有权执行的职务，如保守国家秘密；在自己参加的生产、工作和社会活动中，协助宪法和法律的实施；列席原选举单位的人民代表大会会议；听取和反映人民的意见和要求；列席人民代表大会会议；向本级人民代表大会及其常务委员会提出对各方面工作的建议、批评和意见；对于确定的候选人参加投票选举；宣传法律和政策；协助本级人民政府推行工作；向人民代表大会及其常务委员会、人民政府反映群众的意见和要求；依法与选民联系；检查、考察、视察工作；等等。无论是本级人民代表大会会议期间依法执行职务，还是在本级人民代表大会闭会期间依法执行职务，只要属于代表职务，对其以暴力、威胁方法进行阻碍的，就可构成本罪。应当指出，有的代表本身属于国家机关工作人员。如果是在执行其工作职务，对其进行阻碍的，应是本罪客观方面的第一种情况，即阻碍国家机关工作人员依法执行职务。如果其不是在执行工作职务，而是在执行代表职务，就构成本罪的这种情况。代表如属非国家机关工作人员，则只有执行代表职务时才可构成本罪。

3. 在自然灾害和突发事件中，以暴力、威胁方法阻碍红十字会工作人员依法履行职责。

根据《红十字会法》规定,中国红十字会是中华人民共和国统一的红十字组织,是从事人道主义工作的社会救助团体。其活动宗旨是为了保护人的生命和健康,发扬人道主义精神,促进和平进步事业。其遵循国际红十字会和红新月运动确立的基本原则,依照我国参加的日内瓦公约及其附加议定书和中国红十字会章程,独立自主地开展工作,履行自己的职责。根据 1993 年 10 月 30 日通过的红十字会法第十二条规定,红十字会履行下列职责:(1)开展救灾的准备工作;在自然灾害和突发事件中,对伤病人员和其他受害者进行救助;(2)普及卫生救护和防病知识,进行初级卫生救护培训,组织群众参加现场救护;参与输血献血工作,推动无偿献血;开展其他人道主义服务活动;(3)开展红十字青少年活动;(4)参加国际人道主义救援工作;(5)宣传国际红十字和红新月运动的基本原则和日内瓦公约及其附加议定书;(6)依照国际红十字会和红新月运动的基本原则,完成人民政府委托事宜;(7)依照日内瓦公约及其附加议定书的有关规定开展工作。红十字会有权处分其接受的救助物资;在自然灾害和突发事件中,执行救助任务并标有红十字标志的人员、物资的交通工具有优先通行的权利。如果是在自然灾害和突发事件中,对红十字会工作人员以暴力、威胁方法阻碍其履行职责,即可构成本罪。对于这种情况必须注意把握三个方面,即(1)必须是红十字会的工作人员。如果不是红十字会的工作人员,即使从事一些人道主义工作,对其进行暴力、威胁阻碍的,也不能构成本罪。(2)必须是正在依法履行自己的职责。(3)必须是在自然灾害或突发事件中,以暴力、威胁方法阻碍其履行职责。虽以暴力、威胁方法阻碍了红十字会工作人员依法履行职责,但如不是在自然灾害或突发事件中,亦不能构成本罪。

4. 故意阻碍国家安全机关、公安机关依法执行国家安全工作任务,未使用暴力、威胁方法,但造成严重后果的。

此种情况是上述暴力、威胁方法以外的手段,如围攻、哄闹,对执行国家安全工作任务的有关国家机关工作人员要求提供方便条件置之不理或拖延不办等而阻碍执行有关国家安全公务。如果是以暴力、威胁方法直接阻碍,则属于本罪客观方面的第一种即以暴力、威胁方法阻碍国家机关工作人员依法执行职务的情况,而不能以此种情况论处,根据国家安全法的有关规定,下列行为应属于以非暴力或威胁方法阻碍国家安全工作人员依法执行公务:(1)国家安全机关、公安机关的工作人员在执行国家安全公务时,出示证件依法查验人的身份证明,向有关组织和人员调查、询问有关情况,行为人拒绝提交身份证明,提供有关情况的(明知他人有间谍行为,在国家安全机关向其调查情况、收集证据时,拒绝提供的除外,其行为已构成独立的拒绝提供间谍犯罪证据罪,不再以该罪论处);(2)执行国家安全工作的人员依法要进入有关场所,进入限制进入的有关地区、场所、单位,或查看、调阅有关的档案、资料、物品，行为人却予以拒绝的；(3)执行国家安全工作的人员在依法执行紧急任务的情况下，出示证件要求优先乘坐公共交通工具，遇到交通阻碍，要求优先通行，行为人拒绝允许的；(4)国家安全机关、公安机关为维护国家安全的需要，必要时，可优先使用国家机关、团体、企事业组织和个人的交通工具、通信工具、场地和建筑物，行为人却予以阻挠甚或故意刁难的；(5)执行国家安全工作的人员，为维护国家安全的需要，要对组织或个人的电子通信工具、器材等设备、设施进行查验，行为人拒不允许的；(6)国家安全机关、公安机关因国家安全工作的需要，根据国家有关规定，提请海关、边防等检查人员对有关人员和数据、器材查检，有关检查机关应当协助而拒不协助的；等等。

行为人必须阻碍了执行国家安全工作的人员依法执行国家安全公务。所谓阻碍，是指行为人通过种种方式使执行国家安全工作的人员不能正常地行使自己的职权、履行其职责。其既表现为执行国家安全工作的人员被迫停止执行国家安全公务，亦表现为其被迫变更依法应当执行的国家安全公务的内容。如果不是阻碍国家安全机关、公安机关的工作人员执行职务或者虽是阻碍上述机关的工作人员执行职务但不是执行国家安全职务，如公安机关在抓捕故意杀人犯或者虽欲阻碍其执行国家安全职务，但没有对其公务造成阻碍，则不构成本罪。如先拒绝执行国家安全工作人员的要求，经做工作后，能及时让其执行国家安全公务的，则不构成犯罪。

阻碍执行国家安全工作的人员执行国家安全公务，还必须造成严重的后果，才构成此种行为方式的本罪。所谓严重后果，是指耽误了国家安全工作，放纵了犯罪分子，或者给国家安全造成了严重损害，具体表现如致使犯罪嫌疑人逃跑，侦查线索中断，犯罪证据灭失，赃款、赃物被转移，等等。

(四)客体要件

本罪侵犯的是复杂客体，其中，国家的正常管理活动是其主要客体，国家机关工作人员、红十字会工作人员的人身权利是其随机客体。

【罪名辨析】

(一)本罪与非罪的界限

1. 划清妨害公务罪与人民群众抵制国家工作人员违法乱纪行为的界限。极少数国家机关工作人员，在执行公务过程中，假公济私，滥用职权，违法乱纪，损害群众的利益，引起公愤，群众对之进行抵制、斗争是应当支持、引导的。

2. 划清妨害公务罪与人民群众因提出合理要求，或者对政策不理解或者态度生硬而与国家机关工作人员发生争吵、围攻顶撞、纠缠行为的界限。群众围攻、顶撞国家工作人员，通常是由于群众对国家工作人员依法宣布的某项政策、决定、措施不理解,有意见,向国家工作人员提出质问,要求说明、解释、答复、由于情绪偏激、态度不冷静、方法不得当而形成的对国家工作人员的围攻、顶撞行为。在围攻、顶撞过程中,常伴有威胁性语言和类似暴力的推搡、拉扯行为,在客观上妨害了公务。

(二)本罪与分裂国家罪、武装叛乱、暴乱罪、颠覆国家政权罪等危害国家安全罪的界限

二者具有某些共同点,如都危害了国家利益,都必然会对国家的正常管理活动造成干扰和破坏;在行为方式、行为指向上有一些交叉;主体都是一般主体;主观方面都是出自故意。二者的区别点在于:

1. 犯罪的直接客体不同。前者侵害的主要客体是国家的正常管理活动;后者则是国家安全。

2. 犯罪的客观方面不同。首先在行为指向上,前者的行为指向往往具有特定性,即是某个具体的正在依法执行公务的国家机关工作人员或红十字会工作人员;后者的行为指向则是整个国家政权,就具体的侵害对象而言,通常具有随机性和不确定性。

在犯罪方法上,前者通常必须以暴力、威胁方法实施;后者则不限于此,以和平演变等方式危害国家政权、破坏国家统一的,也构成犯罪(武装叛乱、暴乱罪除外)。从犯罪的危害结果看,前者系刑法理论中的抽象危险犯或实害犯,对于后一情形,必须以造成实际危害后果且达严重之程度为必要;后者则系行为犯,即一经实施即达既遂,并不要求发生现实的危害结果,也不需要考察行为是否已引致危害国家安全的危险。

3. 从犯罪主体来看,二者虽都可由任何具备刑事责任能力的自然人构成,但在实践中,后者的主体特别是其中的首要分子多是那些窃据国家重要职位,具有较大政治影响力的人;而前者的主体多见为普通公民。

4. 犯罪的主观方面不同。这是二者最本质、最关键的区别。前者在主观方面既可以表现为直接故意也可以表现为间接故意,行为人通常有妨害公务执行的目的,但不限于此;后者则只能出自直接故意,且行为人必须具有危害国家安全的目的。在实践中,会遇有危害国家安全的犯罪分子以暴力、威胁方法妨害、抗拒国家机关工作人员或红十字会工作人员依法执行公务的情形,这是妨害公务罪与分裂国家罪、武装叛乱、暴乱罪、颠覆国家政权等罪的法规竞合犯,对之应按法规竞合犯的基本法律适用规则重法优于轻法,以后者论处。

(三)本罪与聚众阻碍解救被收买的妇女、儿童罪的界限

二者在犯罪构成上的区别比较容易认识:

1. 犯罪的主要客体不同。前者系妨害社会管理秩序罪,侵害的主要客体是国

家的正常管理活动;后者则属侵犯公民人身权利罪,侵害的主要客体是被拐卖、收买的妇女、儿童的人身自由权。

2. 犯罪的客体要件不同。前者通常表现为以暴力、威胁方法阻碍国家机关工作人员依法执行职务或红十字会工作人员依法履行职责的行为,聚众不聚众均无不可;后者则只能是以聚众方式阻碍国家机关工作人员解救被收买的妇女、儿童的行为,至于犯罪方法,则不以暴力、威胁为必要,以非强制手段进行的,也可构成犯罪。对于少数人(三人以下)以暴力、威胁方法阻碍国家机关工作人员解救被收买的妇女、儿童的,应依照刑法第二百四十二条第一款和第二百七十七条第一款的有关规定,以妨害公务罪论处。

3. 犯罪的主体不同。前者的主体是一般主体,任何具备刑事责任能力的自然人均可构成该罪;后者则是特殊主体,只有在聚众阻碍解救被收买的妇女、儿童的活动中起组织、策划、指挥作用的首要分子才能成为其主体。对于其他参与阻碍活动,若未使用暴力、威胁方法的,应依法不认定为犯罪;如使用暴力、威胁方法的,则应根据《刑法》第二百四十二条第二款后半段的规定以妨害公务罪论处。此外,二者在犯罪主观方面也有一些差别。

(四)本罪与拒不执行判决、裁定罪的区别

拒不执行判决、裁定罪,是指对人民法院的判决、裁定有能力执行而拒不执行,情节严重的行为。妨害公务罪与拒不执行判决、裁定罪有一定的相似之处,表现在:其一,两者都有可能是妨害国家机关正常行使职权、发挥职能的行为;其二,二者都是故意犯罪,且都有可能存在对抗国家公务活动的故意;其三,当拒不执行判决、裁定罪表现为行为人以暴力、威胁方法阻碍人民法院的强制执行活动时,其客观行为表现就与妨害公务罪完全相同。二者相区分的关键在于其犯罪的客观方面、犯罪主体不同:妨害公务罪通常必须是以暴力、威胁方法实施,且行为人侵害公务人员的行为必须发生在后者依法执行公务期间,而拒不执行判决、裁定罪则不要求必须使用暴力、威胁的方法,可以是能够损害法院裁判约束力、权威性的任何方法,比如欺骗隐瞒、消极抵制、无理取闹等等;而且,拒不执行判决、裁定罪也不要求必须发生在人民法院依法执行职务期间;妨害公务罪的主体是一般主体,而拒不执行判决、裁定罪的主体则是特殊主体,即必须具有执行判决、裁定义务的当事人或者依照法律对判决、裁定负有协助执行义务的人。本条(妨害公务罪)与第三百一十三条(拒不执行判决、裁定罪)而言,前者应系普通法,后者应系特别法。故对这类案件应该依《刑法》第三百一十三条的规定,以拒不执行判决、裁定罪定罪量刑。

量刑部分

【量刑标准】

犯本罪的,处三年以下有期徒刑、拘役、管制或者罚金。

暴力袭击正在依法执行职务的人民警察的,依照第一款的规定从重处罚。

【量刑规范】

最高人民法院《关于常见犯罪的量刑指导意见》

(实施日期:2014 年 1 月 1 日)(节录)

(十一)妨害公务罪

1. 构成妨害公务罪的,可以在二年以下有期徒刑、拘役幅度内确定量刑起点。

2. 在量刑起点的基础上,可以根据妨害公务造成的后果、犯罪情节严重程度等其他影响犯罪构成的犯罪事实增加刑罚量,确定基准刑。

煽动暴力抗拒法律实施罪　《刑法》第 278 条

煽动群众暴力抗拒国家法律、行政法规实施的,处三年以下有期徒刑、拘役、管制或者剥夺政治权利;造成严重后果的,处三年以上七年以下有期徒刑。

定罪部分

【罪名概念】

煽动暴力抗拒法律实施罪,是指煽动群众暴力抗拒国家法律、行政法规实施,扰乱社会秩序的行为。

【司法解释】

1. 最高人民法院、最高人民检察院《关于办理利用信息网络实施诽谤等刑事案件适用法律若干问题的解释》

(实施日期:2013 年 9 月 6 日　法释[2013]21 号)(节录)

第九条　利用信息网络实施诽谤、寻衅滋事、敲诈勒索、非法经营犯罪,同时又构成刑法第二百二十一条规定的损害商业信誉、商品声誉罪,第二百七十八条规定的煽动暴力抗拒法律实施罪,第二百九十一条之一规定的编造、故意传播虚假恐怖信息罪等犯罪的,依照处罚较重的规定定罪处罚。

2. 最高人民法院、最高人民检察院《关于办理非法生产、销售烟草专卖品等刑事案件具体应用法律若干问题的解释》

（实施日期：2010 年 3 月 26 日　法释［2010］7 号）

第九条　以暴力、威胁方法阻碍烟草专卖执法人员依法执行职务，构成犯罪的，以妨害公务罪追究刑事责任。

煽动群众暴力抗拒烟草专卖法律实施，构成犯罪的，以煽动暴力抗拒法律实施罪追究刑事责任。

【犯罪构成】

（一）主体要件

本罪的主体是一般主体，凡达到刑事责任年龄、具有刑事责任能力的自然人均能成为本罪主体。

（二）主观要件

本罪在主观方面是故意，并且具有煽动群众暴力抗拒国家法律、行政法规实施的目的，即行为人实施煽动行为，其目的在于混淆视听，蛊惑人心，煽动群众暴力抗拒国家法律、行政法规实施。

（三）客观要件

本罪在客观方面表现为煽动群众暴力抗拒国家法律、行政法规实施的行为。

煽动，即煽惑、鼓动，是指以鼓动性言语或文字劝诱、引导促使他人去实施犯罪活动的行为。煽动的方式，包括用语言、文字、图形等，通过广播、电视、报刊、网络等媒体，或者利用演说、张贴、散发、邮寄等形式，蛊惑、煽动群众以暴力方式抗拒国家法律、行政法规的实施。

本罪所指群众，一般应理解为三人以上的特定的或不特定的多数人，也就是说煽动的对象至少是二人，否则不构成本罪。实践中掌握被煽动的“群众”，应具体问题具体分析，不宜机械地以人数多少衡量，应强调从被煽动人的范围和煽动行为指向对象上进行判断。如果行为人煽动一两个人去暴力抗拒法律、行政法规实施的，原先的煽动者不构成本罪。如果原先煽动的人煽动的目的在于诱起他人产生的煽动暴力抗拒法律、行政法规实施的犯罪意图，则应根据第二十九条以教唆犯论处。

暴力，是指用武力或者其他强制性手段；“抗拒”，指抵抗拒绝，即故意不遵守法律、行政法规，违反公民的守法义务，并公然对抗并拒绝法律、行政法规的强行性施行。

（四）客体要件

本罪侵犯的客体是国家法律、行政法规的实施秩序。所谓行政法规的实施，指法律、行政法规在社会生活中的贯彻。法律、行政法规是我国法律渊源效力等级比较高的两个层次。法律,在本罪中仅指狭义的法律,包括基本法律和基本法律以外的法律。基本法律,是指规定和调整国家和社会生活中某一方面带有根本性、全局性的社会关系的法律,根据《宪法》第六十二条第(三)项由全国人民代表大会制定,如刑法、民法和诉讼法等;基本法律以外的法律,根据《宪法》第六十七条第(二)项应当由全国人大常委会制定,是指规定和调整由基本法律调整以外的国家和社会生活中的某一方面的社会关系的法律,如《商标法》《专利法》等。行政法规,根据《宪法》第八十九条第(一)项的规定,指国务院根据且为了实施宪法和法律,制定和颁布的有关国家行政管理活动的各种规范性法律文件,如《外汇管理暂行条例》《金银管理条例》等。煽动暴力抗拒的法律、行政法规包括现行的法律、行政法规和已经颁布尚未施行的法律和行政法规。例如某人对修改后的土地管理法不满,在看到报纸发布的法律条文后即煽动群众,该法一旦施行即以暴力抗拒其实施,即属煽动暴力抗拒已经颁布但尚未施行的法律、行政法规的情形。

【罪名辨析】

(一)罪与非罪

区分罪与非罪的界限,要注意本罪是行为犯,只要行为人实施了煽动群众暴力抗拒国家法律、行政法规实施的行为,无论其结果如何,都构成本罪。如果行为人实施了煽动行为,而被煽动群众没有实施或没有完全实施暴力抗拒国家法律、行政法规实施的行为,不影响犯罪的构成,但可根据其产生的结果从轻、减轻或者免除处罚。

(二)本罪与煽动分裂国家罪、煽动颠覆国家政权罪的界限

1. 侵犯的客体不同,本罪的客体是国家法律的实施秩序,后二罪侵犯的客体是国家安全。

2. 煽动的内容不同。

3. 对犯罪主观方面的要求不同,后二罪一般要求行为人有危害国家安全的目的。

如果以煽动暴力抗拒法律、行政法规的实施为方式,其根本目的在于分裂国家、颠覆国家政权的,应按想象竞合犯的原则从一重处断,因而应适用煽动分裂国家罪、煽动颠覆国家政权罪追究行为人的刑事责任。

(三)本罪与煽动民族仇恨、民族歧视罪的界限

1. 侵犯的客体不同,后者侵犯的客体是民族平等和民族团结。

2. 煽动的内容不同。

3. 主观方面不同,后罪一般以激起民族仇恨、民族歧视为目的。

如果以煽动暴力抗拒法律、行政法规的实施的方式，其根本目的在于激起民族仇恨、民族歧视，应按想象竞合犯的原则从一重处断，以煽动民族仇恨、民族歧视罪定罪处罚。

（四）本罪与妨害公务罪的界限。

《刑法》第二百七十七条妨害公务罪第一款“以暴力、威胁方法阻碍国家机关工作人员依法执行职务的”和第四款“故意阻碍国家安全机关、公安机关依法执行国家安全工作的任务，未使用暴力、威胁方法，造成严重后果的”，是妨害公务罪的两种客观表现。法律、行政法规的实施是通过行政执法人员、司法人员履行公务来进行的，因而阻碍其公务执行也可看作阻碍法律、行政法规实施。但本罪所针对的不是具体的公务行为，而是国家法律、行政法规的实施。再者，两罪的客观表现不同，后者表现为行为人以暴力、威胁的方法阻碍国家机关工作人员、人大代表、红十字会工作人员，或未使用暴力、威胁方法阻碍安全机关、公安机关依法执行职务或履行职责。如果行为人在煽动特定的多数人暴力抗拒法律、行政法规实施时，在煽动的具体内容中又有以暴力等方法阻碍公务行为的，应以想象竞合犯依煽动暴力抗拒法律实施罪定罪处罚。

量 刑 部 分

【量刑标准】

犯本罪的，处三年以下有期徒刑、拘役、管制或者剥夺政治权利；造成严重后果的，处三年以上七年以下有期徒刑。

截至目前，尚无本罪名关于量刑的司法解释。

招摇撞骗罪 《刑法》第279条

冒充国家机关工作人员招摇撞骗的，处三年以下有期徒刑、拘役、管制或者剥夺政治权利；情节严重的，处三年以上十年以下有期徒刑。

冒充人民警察招摇撞骗的，依照前款的规定从重处罚。

定 罪 部 分

【罪名概念】

招摇撞骗罪，是指为谋取非法利益，假冒国家机关工作人员的身份或职称，进行诈骗，损害国家机关的威信及其正常活动的行为。

【司法解释】

1. 最高人民法院《关于审理抢劫、抢夺刑事案件适用法律若干问题的意见》

(实施日期:2005 年 6 月 8 日　法发[2005]8 号)(节录)

行为人冒充正在执行公务的人民警察"抓赌""抓嫖",没收赌资或者罚款的行为,构成犯罪的,以招摇撞骗罪从重处罚;在实施上述行为中使用暴力或者暴力威胁的,以抢劫罪定罪处罚。行为人冒充治安联防队员"抓赌""抓嫖"、没收赌资或者罚款的行为,构成犯罪的,以敲诈勒索罪定罪处罚;在实施上述行为中使用暴力或者暴力威胁的,以抢劫罪定罪处罚。

2. 最高人民法院、最高人民检察院《关于办理诈骗刑事案件具体应用法律问题的解释》

(实施日期:2011 年 4 月 7 日)(节录)

第八条　冒充国家机关工作人员进行诈骗,同时构成诈骗罪和招摇撞骗罪的,依照处罚较重的规定定罪处罚。

【犯罪构成】

(一)主体要件

本罪的主体为一般主体,即任何达到刑事责任年龄,具备刑事责任能力的人都可以成为本罪的主体。非国家工作人员和国家工作人员均可构成本罪。

(二)主观要件

本罪在主观方面只能是出于故意,其犯罪目的是为了谋取非法利益。这里所说非法利益,不单指物质利益,也包括各种非物质利益,例如,为了骗取某种政治待遇或者荣誉待遇,甚至为了骗取"爱情",玩弄异性等。但本罪的主观恶性一般限制在"骗"的范围内,如果行为人主观上具有抢劫、强奸的故意,冒充国家关工作人员只是一种给受害人心理上造成威胁,使之不敢反抗的手段,属于一种更为严重的犯罪。例如冒充缉私人员,威胁走私分子交出走私物品;冒充司法人员,逼迫被告人家属与之发生性关系等,都应分别以抢劫罪、强奸罪等论处。如果不只有谋取非法利益的目的,例如,行为人冒充国家机关工作人员只是出于虚荣心的,单纯为了达到与他人结婚的目的而冒充国家机关工作人员的,为了顺利住宿或购买车船票而冒充国家机关工作人员身份的,都不构成本罪。

(三)客观要件

本罪在客观方面表现为行为人具有冒充国家机关工作人员的身份或职称,进行诈骗的行为。

1. 行为人必须具有冒充国家机关工作人员的身份或者职称的行为。所谓冒充国家机关工作人员的身份或者职称,不单是指非国家机关工作人员冒充国家机关工作人员,而且也包括此种国家机关工作人员冒充他种国家机关工作人员的身份或者职称,例如普通机关的行政干部冒充公安机关的干部,普通国家干部冒充高级职务的国家干部等。如果行为人冒充的是非国家工作人员的身份;如冒充党团员、高干子弟、烈士子弟、私营或集体企业单位的管理人员、采购员等。进行招摇撞骗活动的,不能构成本罪,达到犯罪程度的可能构成诈骗罪或其他犯罪。

2. 行为人必须具有招摇撞骗的行为,即行为人要以假冒国家机关工作人员身份或职称,招摇炫耀,利用人民群众对国家机关工作人员的信任,实施了骗取非法利益的行为。所谓招摇撞骗,即到处行骗,因而构成犯罪的行为。一般都具有连续性、多次性的特点。如果行为人只有一次这种行为的,原则上不宜以犯罪论处。上述两种要素必须同时具备并存在有机的联系,才符合招摇撞骗的客观要求。如果行为人出于虚荣心仅仅冒充国家机关工作人员的身份或职称,但并未借此实施骗取非法利益的行为不构成招摇撞骗罪。如果行为人有冒充国家机关工作人员的身份或职称,但并未借此实施骗取非法利益的行为,不构成招摇撞骗罪。如果行为人既有冒充国家工作人员的行为,又有骗取非法利益的行为,但骗取非法利益的行为未以冒充国家机关工作人员为手段的,即两行为之间不存在有机联系的,也不构成招摇撞骗罪,其骗取非法利益的行为可能构成其他犯罪。

(四)客体要件

本罪侵犯的客体是国家机关的威信及其正常活动。这是本罪同侵犯财产权利的诈骗罪的主要区别之一。尽管行为人的撞骗行为也可能骗取财物,但由于行为人采用的是冒充国家机关工作人员的手段致使人民群众以为这些不法行为是国家机关工作人员所为,因而直接破坏了国家机关的威信及其正常的活动。这也是本罪特殊的、实质的危害所在。

【罪名辨析】

(一)罪与非罪

区分罪与非罪的界限,关键看是否冒充国家机关工作人员进行招摇撞骗。

(二)与诈骗罪的界限

两者都表现为欺骗行为,而且招摇撞骗罪也可以如诈骗罪那样骗取财物,因而容易混淆。两者的区别主要表现在:

1. 侵害的客体不同。招摇撞骗罪侵犯的客体主要是国家机关的威信及其正常活动;而诈骗罪侵犯的客体仅限于公私财产权利。

2. 行为手段不同。招摇撞骗罪的手段只限于冒充国家机关工作人员的身份或职称进行诈骗;诈骗罪的手段并无此限制,而可以利用任何虚构事实、隐瞒真相的手段和方式进行。

3. 犯罪的主观目的不同。诈骗罪的犯罪目的,是希望非法占有公私财物;而招摇撞骗罪的犯罪目的,是追求非法利益,其内容较诈骗罪的目的广泛一些,它可以包括非法占有公私财物,也可以包括其他非法利益占有。

4. 构成犯罪有无数额限制的不同。只有诈骗数额较大以上的公私财物的,才可构成诈骗罪;而法律对冒充国家机关工作人员招摇撞骗罪的构成并无数额较大的要求,这是因为,这种犯罪未必一定表现为诈骗财物,而有可能是骗取其他非法利益,其严重的社会危害性,集中地表现为由特定的犯罪手段所决定的对国家机关的威信和正常活动的破坏。尽管招摇撞骗罪与诈骗罪有上述区别,但在行为人冒充国家工作人员的身份或职称去骗取财物的情况下,一个行为同时触犯了两个罪名,属于想象竞合犯。处理想象竞合犯的案件应当按照从一重罪处的原则。

(三)与敲诈勒索罪的区别

1. 前罪是以"骗"为特征的,被害人在受骗后往往是"自愿"交出财物或出让其他合法权益;而后罪,虽然也有"诈"的成分,但却是以"恫吓"被害人为特征,即对财物的持有者施以恫吓,造成其精神上的恐惧,出于无奈,被迫交出财物而出让其他合法权益。这是两者最主要的区别。

2. 前罪侵犯的客体是社会管理秩序,是国家机关的威信及其正常的活动,其直接侵犯的不仅可能是财产权,也可能是公共利益和公民的其他合法权益;而后罪侵犯的客体只能是公私财产所有权。

量刑部分

【量刑标准】

犯本罪的,处三年以下有期徒刑、拘役、管制或者剥夺政治权利;情节严重的,处三年以上十年以下有期徒刑。

冒充人民警察招摇撞骗的,依照前款的规定从重处罚。

截至目前,尚无本罪名关于量刑的司法解释。

伪造、变造、买卖国家机关公文、证件、印章罪 《刑法》第280条(一)

伪造、变造、买卖国家机关的公文、证件、印章的,处三年以下有期徒刑、拘役、管制或者剥夺政治权利,并处罚金;情节严重的,处三年以上十年以下有期徒刑,并处罚金。

定罪部分

【罪名概念】

伪造、变造、买卖国家机关公文、证件、印章罪,是指非法制造、变造、买卖国家机关公文、证件、印章的行为。

【司法解释】

1. 最高人民检察院《关于买卖尚未加盖印章的空白〈边境证〉行为如何适用法律问题的答复》

（颁布日期:2002 年 9 月 25 日　高检研发[2002]19 号）(节录)

对买卖尚未加盖发证机关的行政印章或者通行专用章印鉴的空白《中华人民共和国边境管理区通行证》的行为,不宜以买卖国家机关证件罪追究刑事责任。国家机关工作人员实施上述行为,构成犯罪的,可以按滥用职权等相关犯罪依法追究刑事责任。

2. 最高人民法院《关于审理破坏森林资源刑事案件具体应用法律若干问题的解释》

（实施日期:2000 年 11 月 22 日　法释[2000]36 号）(节录)

对于伪造、变造、买卖林木采伐许可证、木材运输证件,森林、林木、林地权属证书,占用或者征用林地审核同意书、育林基金等缴费收据以及其他国家机关批准的林业证件构成犯罪的,依照刑法第二百八十条第一款的规定,以伪造、变造、买卖国家机关公文、证件罪定罪处罚。

对于买卖允许进出口证明书等经营许可证明,同时触犯刑法第二百二十五条、第二百八十条规定之罪的,依照处罚较重的规定定罪处罚。

3. 最高人民法院《关于审理破坏野生动物资源刑事案件具体应用法律若干问题的解释》

（实施日期:2000 年 12 月 1 日　法释[2000]37 号）(节录)

第九条　伪造、变造、买卖国家机关颁发的野生动物允许进出口证明书、特许猎捕证、狩猎证、驯养繁殖许可证等公文、证件构成犯罪的,依照刑法第二百八十条第一款的规定以伪造、变造、买卖国家机关公文、证件罪定罪处罚。

实施上述行为构成犯罪,同时构成刑法第二百二十五条第二项规定的非法经营罪的,依照处罚较重的规定定罪处罚。

4. 最高人民检察院研究室《关于买卖伪造的国家机关证件行为是否构成犯罪的问题的答复》

（实施日期:1999 年 6 月 21 日）(节录)

对于买卖伪造的国家机关证件的行为,依法应当追究责任的,可适用刑法第二百八十条第一款的规定,以买卖国家机关证件罪追究刑事责任。

5. 最高人民法院《关于审理骗购外汇、非法买卖外汇刑事案件具体应用法律若干问题的解释》

（实施日期:1998 年 9 月 1 日　法释[1998]20 号）(节录)

第二条　伪造、变造、买卖海关签发的报关单、进口证明、外汇管理机关的核准件等凭证或者购买伪造、变造的上述凭证的,按照刑法第二百八十条第一款的规定定罪处罚。

6. 全国人民代表大会常务委员会《关于惩治骗购外汇、逃汇和非法买卖外汇犯罪的决定》

(实施日期:1998 年 12 月 29 日)

买卖伪造、变造的海关签发的报关单、进口证明、外汇管理部门核准件等凭证和单据或者国家机关的其他公文、证件、印章的,依照刑法第二百八十条的规定定罪处罚。

【关联法律】

1.《进出口商品检验法》

(实施日期:2002 年 10 月 1 日)(节录)

第三十六条　伪造、变造、买卖或者盗窃商检单证、印章、标志、封识、质量认证标志的,依法追究刑事责任;尚不够刑事处罚的,由商检机构责令改正,没收违法所得,并处货值金额等值以下的罚款。

2.《野生动物保护法》

(实施日期:2004 年 8 月 28 日)(节录)

第三十七条　伪造、倒卖、转让特许猎捕证、狩猎证、驯养繁殖许可证或者允许进出口证明书的,由野生动物行政主管部门或者工商行政管理部门吊销证件,没收违法所得,可以并处罚款。

伪造、倒卖特许猎捕证或者允许进出口证明书,情节严重、构成犯罪的,依照刑法有关规定追究刑事责任。

3.《对外贸易法》

(实施日期:2004 年 4 月 6 日)(节录)

第三十四条　在对外贸易活动中,不得有下列行为:

(一)伪造、变造进出口货物原产地标记,伪造、变造或者买卖进出口货物原产地证书、进出口许可证、进出口配额证明或者其他进出口证明文件;

第六十三条　违反本法第三十四条规定,依照有关法律、行政法规的规定处罚;构成犯罪的,依法追究刑事责任。

4.《森林法》

(实施日期:2009 年 8 月 27 日)(节录)

第四十二条　违反本法规定,买卖林木采伐许可证、木材运输证件、批准出口文件、允许进出口证明书的,由林业主管部门没收违法买卖的证件、文件和违法所得,并处违法买卖证件、文件的价款一倍以上三倍以下的罚款;构成犯罪的,依法追究刑事责任。

伪造林木采伐许可证、木材运输证件、批准出口文件、允许进出口证明书的,依法追究刑事责任。

【犯罪构成】

（一）主体要件

本罪的主体是一般主体，即凡是达到法定刑事责任年龄、具有刑事责任能力的人均可构成伪造、变造、买卖国家机关公文、证件、印章罪。

（二）主观要件

本罪在主观方面只能出于直接故意，间接故意和过失不构成伪造、变造、买卖国家机关公文、证件、印章罪。如行为人盗窃某甲的手提包，意图偷窃钱财，没想到包中装有某甲单位的公文及甲的证件。如此，行为人只构成盗窃罪，不构成伪造、变造、买卖国家机关公文、证件、印章罪。

（三）客观要件

本罪在客观方面表现为伪造、变造、买卖国家机关公文、证件、印章的行为。所谓伪造，是指无权制作者制作假的公文、证件或印章，既包括根本不存在某一公文、证件或印章而非法制作出一种假的公文、证件和印章，又包括在存在某一公文、证件或印章的情况下而模仿其特征而复印、伪造另一假的公文、证件或印章。既包括非国家机关工作人员的伪造或制作，又包括国家机关工作人员未经批准而擅自制造。另外，模仿有权签发公文、证件的负责人的手迹签发公文、证件的，亦应以伪造论处。所谓变造，则是对真实的公文、证件或印章利用涂改、擦消、拼接等方法进行加工、改制，以改变其真实内容。所谓买卖，即对国家机关公文、证件或者印章实行有偿转让，包括购买和销售两种行为。至于买卖的公文、证件或印章，既可以是真实的，也可以是伪造或者变造的。

（四）客体要件

本罪侵犯的对象是公文、证件、印章，且仅限于国家机关的公文、证件和印章。所谓公文，一般是指国家机关制作的，用以联系事务、指导工作、处理问题的书面文件，如命令、指示、决定、通知、函电等。某些以负责人名义代表单位签发的文件，也属于公文。公文的文字可以是中文，也可以是外文；可以是印刷，也可以是书写的，都具有公文的法律效力。所谓证件，是指国家机关制作、颁发的，用以证明身份、职务、权利义务关系或其他有关事实的凭证，如结婚证、工作证、学生证、护照、户口迁移证、营业执照、驾驶证等。对于伪造、变造护照、签证等出入境证件和居民身份证的行为，因刑法或本条另有规定，不以本罪论处。所谓印章，是指国家机关刻制的以文字与图记表明主体同一性的公章或专用章，它们是国家机关行使职权的符号和标记，公文在加盖公章后始能生效。用于国家机关事务的私人印鉴、图章也应视为本款所称印章。

量 刑 部 分

【量刑标准】

犯本罪的,处三年以下有期徒刑、拘役、管制或者剥夺政治权利,并处罚金;情节严重的,处三年以上十年以下有期徒刑,并处罚金。

截至目前,尚无本罪名关于量刑的司法解释。

盗窃、抢夺、毁灭国家机关公文、证件、印章罪 《刑法》第280条(二)

盗窃、抢夺、毁灭国家机关的公文、证件、印章的,处三年以下有期徒刑、拘役、管制或者剥夺政治权利,并处罚金;情节严重的,处三年以上十年以下有期徒刑,并处罚金。

定 罪 部 分

【罪名概念】

盗窃、抢夺、毁灭国家机关公文、证件、印章罪,是指秘密窃取、公然夺取或者损坏灭失国家机关公文、证件、印章的行为。

【犯罪构成】

(一)主体要件

本罪的主体为一般主体,即年满十六周岁具有刑事责任能力的自然人,均可构成本罪。既可以是军人,又可以是非军人。

(二)主观要件

本罪在主观方面必须出于故意,即明知是国家机关的公文、证件及印章而仍决意盗窃、抢夺或毁灭。过失不能构成本罪。如果不知是公文、证件、印章而盗窃、抢夺或毁灭的,不能构成本罪,但可构成他罪如盗窃罪、抢夺罪等。至于其动机可多种多样,或为了招摇撞骗,或为了出卖牟利,或为了自用,等等,不论动机如何,均不影响本罪成立。

(三)客观要件

本罪在客观方面表现为盗窃、抢夺或者毁灭国家机关公文、证件或印章的行为。盗窃的必须是国家机关的公文、证件或印章,才能构成本罪。如果所盗窃的不是公文、证件、印章或者虽是公文、证件、印章但不属于国家机关的公文、证件、印章、亦不能构成本罪。构成犯罪的,应当以他罪如盗窃罪、盗窃武装部队公文、证件、印章罪等治罪。

所谓抢夺,即公然夺取,是指当着公文、证件、印章所有人、保管者、使用者的面而突然夺取公文、证件、印章的行为。既可以是乘人不备,又可以是在他人有备的情况下公然夺取,如在保管人患病、中轻度醉酒减弱防护能力但神智清醒的情况下公开夺取等。构成犯罪的,应是构成他罪如抢夺罪、抢夺武装部队公文、证件、印章罪等。

所谓毁灭,其方式多种多样,如撕、扯、烧、浸、涂、污等。既可以表现为作为,又可以表现为不作为,如不小心将公文掉入水中、火中而不立即采取措施让其随水漂流、浸湿或烧掉,亦可构成本罪。

(四)客体要件

本罪所侵害的客体是国家机关的正常活动。

【罪名辨析】

(一)本罪与伪造、变造、买卖国家机关公文证件、印章罪的界限

二者的犯罪的客体、主体、主观方面都是一致的,主要区别在于客观方面的差别,后罪表现为伪造、变造、买卖国家机关公文证件、印章的行为。如果行为人盗窃、抢夺真实的国家机关公文、证件、印章后加以变造、买卖的,或毁灭买卖的国家机关公文、证件、印章的,应当如何定罪? 由于行为人先后触犯两种犯罪,而两者犯罪又具有牵连关系,因此应按牵连犯的原则论处。但二罪的法定刑是一致的。

(二)本罪与盗窃罪、抢夺罪、故意毁坏财物罪的界限

1. 侵犯的客体不同。后三罪侵犯的客体是公私财物的所有权;

2. 侵犯的对象不同。后三罪侵犯的对象是一定的公私财物;

3. 犯罪目的不同。后三罪的犯罪目的意在非法占有或毁坏公私财物。如果行为人意欲盗窃、抢夺公私财物,但窃取、夺取的是国家机关公文、证件、印章,或同时有国家机关公文、证件、印章,而后予以毁灭、买卖或加以变造的,应当以盗窃罪、抢夺罪与本罪或与变造国家机关公文、证件、印章罪进行并罚。

(三)本罪与盗窃、抢夺武装部队公文、证件、印章罪的界限

1. 侵犯的客体不同。后罪侵犯的是国家武装部队的信誉和正常管理活动。

2. 侵犯的对象不同。后罪侵犯的是武装部队的公文、证件、印章。依据第三百七十五条第一款规定,毁灭武装部队公文、证件、印章的,不构成该罪。如果毁灭军事机关的公文、证件、印章的,可考虑以本罪论处。

量刑部分

【量刑标准】

犯本罪的,处三年以下有期徒刑、拘役、管制或者剥夺政治权利,并处罚金;情节严重的,处三年以上十年以下有期徒刑,并处罚金。

截至目前,尚无本罪名关于量刑的司法解释。

伪造公司、企业、事业单位、人民团体印章罪 《刑法》第280条(三)

伪造公司、企业、事业单位、人民团体的印章的,处三年以下有期徒刑、拘役、管制或者剥夺政治权利,并处罚金。

定罪部分

【罪名概念】

伪造公司、企业、事业单位、人民团体印章罪,是指伪造公司、企业、事业单位、人民团体印章的行为。

【犯罪构成】

(一)主体要件

本罪的主体属一般主体,凡年满十六周岁,且具备刑事责任能力的自然人均能构成本罪。

(二)主观要件

本罪在主观方面是故意。即行为人明知自己无权制作上述单位的印章但为了某种目的而进行伪造。如行为人根本不知道所承制的印章是他人无权要求制作的,不构成本罪。行为人犯罪的动机是多种多样的,有的是为了取得某种利益,有的是为了营利,有的是为了实施其他犯罪活动而做准备;等等。

(三)客观要件

本罪在客观方面表现为行为人实施了伪造公司、企业、事业单位、人民团体印章的行为。所谓"印章",是指上述单位依法刻制的以文字与图记表明主体同一性的公章或专用章,是上述单位行使管理本单位事务、对外承担法律规定的权利义务和法律后果的符号和标记。一般说来,公文要在加盖印章后始能生效。因此《刑法》第二百八十条仅对伪造上述单位印章的行为明确规定为犯罪。如果行为人实施了伪造单位公文、证件的行为的,则不构成本罪。所谓"伪造"是指无制作权的人,冒用名义,非法制作上述单位的印章的行为。本罪是选择性罪名,只要行为人实施了伪造印章的行为就可构成本罪。具体罪名可根据所伪造单位的印章来定,如伪造公司印章罪、伪造公司、人民团体印章等。

(四)客体要件

本罪所侵犯的直接客体是公司、企业、事业单位、人民团体的正常活动的声誉,同时构成对社会公共秩序的侵犯。

本罪的犯罪对象是公司、企业、事业单位、人民团体的印章。所谓印章,是指公司、企业、事业单位、人民团体刻制的以文字、图记表明主体同一性的公章、专章,它是公司、企业、事业单位、人民团体从事民事活动、行政活动的符号和标记。作为本罪犯罪对象的印章,须是公司、企业、事业单位、人民团体的印章,侵犯国家机关的印章不构成本罪。

量 刑 部 分

【量刑标准】

犯本罪的,处三年以下有期徒刑、拘役、管制或者剥夺政治权利,并处罚金。

截至目前,尚无本罪名关于量刑的司法解释。

伪造、变造、买卖居民身份证件罪　《刑法》第280条(四)

伪造、变造、买卖居民身份证、护照、社会保障卡、驾驶证等依法可以用于证明身份的证件的,处三年以下有期徒刑、拘役、管制或者剥夺政治权利,并处罚金;情节严重的,处三年以上七年以下有期徒刑,并处罚金。

定 罪 部 分

【罪名概念】

伪造、变造、买卖居民身份证件罪,是指伪造、变造,买卖居民身份证、护照、社会保障卡、驾驶证等依法可以用于证明身份的证件的行为。本罪是行为犯,只要实施了伪造、变造、买卖居民身份证、护照、社会保障卡、驾驶证等依法可以用于证明身份的证件的行为,原则上就构成犯罪,不论结果如何。而造成严重后果的,将会加重处罚。

【关联法律】

1.《居民身份证法》

(实施日期:2003年12月1日　国家主席令第五十一号)(节录)

第十七条　有下列行为之一的,由公安机关处二百元以上一千元以下罚款,或者处十日以下拘留,有违法所得的,没收违法所得:

(一)冒用他人居民身份证或者使用骗领的居民身份证的;

(二)购买、出售、使用伪造、变造的居民身份证的。

伪造、变造的居民身份证和骗领的居民身份证,由公安机关予以收缴。

2.《临时居民身份证管理办法》

(实施日期:2005年10月1日　公安部令第78号)(节录)

第三条　临时居民身份证具有证明公民身份的法律效力。

【犯罪构成】

(一)主体要件

本罪的主体为一般主体,即年满十六周岁具有刑事责任能力的自然人。有居民身份证件制作权的人制造虚假的居民身份证件是否构成本罪,应做进一步分析。有居民身份证件制作权的人在其职权的范围内,经过合法手续制作居民身份证件的,即使内容虚假与真实情况不符,仍不失为真身份证件,因而不属伪造、变造;但如果这类人员超越自己的职务范围,违反有关程序制作居民身份证件即属"伪造"。例如,不经主管领导批准打开机器,制造没有合法手续的记载虚假内容的身份证件,即属此类情形,对此种情形的行为人应予以追究刑事责任,因为行为人虽有制造居民身份证件的职权,但超越职权范围对其则不再具有行使该项职权的权力。由于行为人具有制造居民身份证件的方便条件,因而手段隐私,不易发觉,其主观性质更为恶劣。行为人行为的社会危害性更严重。

(二)主观要件

本罪的主观方面是故意,而且只能是直接故意,即明知是伪造、变造、买卖居民身份证件的行为违法而实施该行为。

(三)客观要件

本罪的客观方面表现为伪造、变造、买卖居民身份证、护照、社会保障卡、驾驶证等依法可以用于证明身份的证件的行为。"伪造",是无身份证件制作权的人制作虚假的居民身份证件;"变造",指用涂改、擦消、拼接等方法,在真的居民身份证件上进行变更,改变姓名、年龄等事项内容。"居民身份证件",是指居民身份证、护照、社会保障卡、驾驶证等依法可以用于证明身份的证件。伪造、变造、买卖的居民身份证,应包括临时身份证。

(四)客体要件

本罪侵犯的客体是国家居民身份证件管理制度。身份,表明一种关系,即与其他人或组织之间的关系;居民身份,则表明其与国家、一定的地域和行政管辖范围存在的确定的联系,因而国家通过居民身份证制度来使这种关系形式化,从而公民在办理涉及政治、经济、社会生活等权益的事务时,居民身份证、护照、社会保障卡、驾驶证等依法可以用于证明身份的证件能起到证明身份的作用。随着经济的发展,人口的流动日益频繁而呈规模化的趋势,居民身份证件制度的作用显得尤为重要,这是户籍制度所不能代替的。妨害居民身份证件的行为,会在很大程度上影响国家对居民身份证件的制造、使用、监督的正常管理活动。

量刑部分

【量刑标准】

犯本罪的,处三年以下有期徒刑、拘役、管制或者剥夺政治权利,并处罚金;情节严重的，处三年以上七年以下有期徒刑，并处罚金。

截至目前，尚无本罪名关于量刑的司法解释。

使用虚假身份证件、盗用身份证件罪　《刑法》第280条之一

在依照国家规定应当提供身份证明的活动中，使用伪造、变造的或者盗用他人的居民身份证、护照、社会保障卡、驾驶证等依法可以用于证明身份的证件，情节严重的，处拘役或者管制，并处或者单处罚金。

有前款行为，同时构成其他犯罪的，依照处罚较重的规定定罪处罚。

非法生产、买卖警用装备罪　《刑法》第281条

非法生产、买卖人民警察制式服装、车辆号牌等专用标志、警械，情节严重的，处三年以下有期徒刑、拘役或者管制，并处或者单处罚金。

单位犯前款罪的，对单位判处罚金，并对其直接负责的主管人员和其他直接责任人员，依照前款的规定处罚。

定罪部分

【罪名概念】

非法生产、买卖警用装备罪，是指非法生产、买卖人民警察制式服装、车辆号牌等专用标志、警械，情节严重的行为。

【关联法律】

《人民警察法》

（实施日期：2013年1月1日）（节录）

第三十六条　人民警察的警用标志、制式服装和警械，由国务院公安部门统一监制，会同其他有关国家机关管理，其他个人和组织不得非法制造、贩卖。

人民警察的警用标志、制式服装、警械、证件为人民警察专用，其他个人和组织不得持有和使用。

违反前两款规定的，没收非法制造、贩卖、持有、使用的人民警察警用标志、制式服装、警械、证件，由公安机关处十五日以下拘留或者警告，可以并处违法所得五倍以下的罚款；构成犯罪的，依法追究刑事责任。

【犯罪构成】

（一）主体要件

本罪主体为一般主体，自然人和单位均可成为本罪主体。

(二)主观要件

本罪主观方面表现为故意。

(三)客观要件

本罪在客观方面表现为非法生产、买卖人民警察制式服装、车辆号牌等专用标志、警械,情节严重的行为。

非法,一是指违反国家关于生产、买卖警用装备的管理法律法规,包括《人民警察法》等若干规定;二是没有生产、买卖警用装备的合法授权。根据公安部等国家机关的有关规定,警用装备由国家指定的工厂生产,并且生产按计划进行,对获准生产警用装备的,公安部按年度发文指定或颁发定点生产许可证。非法生产,具体可表现为三种情形:

1. 非指定和委托生产警用装备的单位、个人生产警用装备的;

2. 虽是定点生产的企业,不遵守公安部下达的指标生产擅自计划外生产的;

3. 曾经被指定或委托的生产企业,原指定被取消,或者委托事项已完成,或未颁发年度生产许可证,而生产警用装备的。买卖,指以财物等为对价买进或卖出警用装备的行为,包括购买和出卖两种。非法买卖,即指没有经法定许可或者合法授权购买、出卖警用装备的行为。

(四)客体要件

本罪侵犯的客体是人民警察制式服装、车辆号牌等专用标志、警械的管理秩序。人民警察的制式服装、车辆号牌等专用标志、警械是人民警察依法执行职务的需要。它既能表明人民警察的身份,又能保证人民警察执法的权威、强制力和严肃性。为此,国家对人民警察制式服装、车辆号牌等专用标志、警械的制造、生产、买卖等均有严格的规定。一些不法分子为了谋取不法利益,非法制造、买卖人民警察制式服装、车辆号牌等专用标志、警械,导致人民群众对警察真假难辨,不仅严重损害人民警察的形象、声誉和人民群众的安全感,而且破坏了人民警察制式服装、车辆号牌等专用标志、警械的管理秩序。为了严厉打击非法制造、买卖人民警察制式服装、车辆号牌等专用标志、警械的违法犯罪行为,将《人民警察法》的有关规定纳入了刑法典。

本罪的犯罪对象是人民警察制式服装、专用标志、警械。警用装备,是人民警察制式服装、车辆号牌等专用标志、警械的归纳总称。具体包括:

1. 制式服装,通常简称为制服,指人民警察穿戴的规定式样的服装。我国人民警察现行制式服装为八九式,包括大沿帽、单衣、大衣、衬衣等。制式服装作为统一整体,还包括现行帽徽、领带、铜色钮扣、领带、领带卡等。非法生产制式服装,指非法将一定的原材料加以组合形成成品的、半成品的制式服装,不要求同时将服装应附戴的徽章同时制造出来。非法生产制式服装的原材料的,不构成本罪。非法生产警用鞋类、棉衣、手套等警用物品,因生产的衣物不具有人民警身份的专用标志性,其行为对本罪的客体不能形成危害,因而不能构成本罪。

2. 人民警察专用标志的范围。广义上讲,制式服装上的徽章、领花、钮扣等警服专用标志,也是人民警察专用标志。但从法条表述来看,人民警察专用标志应将制式服装上的一般的附戴物排除在外,属狭义上而言。因此,我们认为专用标志应包括两种:一是警衔标志。警衔标志虽佩带在服装上,但各级衔级的警察标志不一,而且警校学员一般没有警衔,因而归于狭义的专用标志。2000 年 8 月 1 日国务院发布的《人民警察警衔标志式样和佩带方法》其中第八条对此作了专门规定,人民警察的警衔标志由公安部负责制作和管理。其他单位和个人不得制作、伪造和买卖、使用警衔标志,也不得使用与警衔标志相类似的标志。二是车辆号牌、警灯、警用警报器等专用标志。车辆号牌,即指公安专用车辆的号牌。

3. 警械,是指人民警察按照规定装配的警用器械。1996 年 1 月 16 日国务院发布《人民警察使用警械和武器条例》第三条规定:"本条例所称警械,是指人民警察按照规定装备的警棍、催泪弹、高压水枪、特种防暴枪、手拷、脚镣、警绳等警用器械;所称武器,是指人民警察按照规定装备的枪支、弹药等致命性警用武器"。

本罪所指警用装备仅限上述三种,非法制造、买卖其他警用物品的,不构成本罪。如非法制造警用武器的、人民警察证件的、公安车辆驾驶证照的,如果触犯其他犯罪,以相应的犯罪论处。

量刑部分

【量刑标准】

犯本罪,情节严重的,处三年以下有期徒刑、拘役或者管制,并处或者单处罚金。

单位犯前款罪的,对单位判处罚金,并对其直接负责的主管人员和其他直接责任人员,依照前款的规定处罚。

截至目前,尚无本罪名关于量刑的司法解释。

非法获取国家秘密罪　《刑法》第 282 条(一)

以窃取、刺探、收买方法,非法获取国家秘密的,处三年以下有期徒刑、拘役、管制或者剥夺政治权利;情节严重的,处三年以上七年以下有期徒刑。

定罪部分

【罪名概念】

非法获取国家秘密罪,是指以窃取、刺探、收买方法,非法获取国家秘密的行为。

【司法解释】

最高人民法院、最高人民检察院《关于办理组织和利用邪教组织犯罪案件具体应用法律若干问题的解释(二)》

(实施日期:2001 年 6 月 4 日　法释[1999]18 号)(节录)

第八条　邪教组织人员为境外窃取、刺探、收买、非法提供国家秘密、情报的,以窃取、刺探、收买方法非法获取国家秘密的,非法持有国家绝密、机密文件、资料、物品拒不说明来源与用途的,或者泄露国家秘密情节严重的,分别依照刑法第一百一十一条为境外窃取、刺探、收买、非法提供国家秘密、情报罪,第二百八十二条第一款非法获取国家秘密罪,第二百八十二条第二款非法持有国家绝密、机密文件、资料、物品罪,第三百九十八条故意泄露国家秘密罪、过失泄露国家秘密罪的规定定罪处罚。

【关联法律】

《保守国家秘密法》

(实施日期:2010 年 10 月 1 日)(节录)

第二条　国家秘密是关系国家安全和利益,依照法定程序确定,在一定时间内只限一定范围的人员知悉的事项

第九条　下列涉及国家安全和利益的事项,泄露后可能损害国家在政治、经济、国防、外交等领域的安全和利益的,应当确定为国家秘密:

(一)国家事务重大决策中的秘密事项;

(二)国防建设和武装力量活动中的秘密事项;

(三)外交和外事活动中的秘密事项以及对外承担保密义务的秘密事项;

(四)国民经济和社会发展中的秘密事项;

(五)科学技术中的秘密事项;

(六)维护国家安全活动和追查刑事犯罪中的秘密事项;

(七)经国家保密行政管理部门确定的其他秘密事项。

政党的秘密事项中符合前款规定的,属于国家秘密。

第四十八条　违反本法规定,有下列行为之一的,依法给予处分;构成犯罪的,依法追究刑事责任:

(一)非法获取、持有国家秘密载体的;

(二)买卖、转送或者私自销毁国家秘密载体的;

(三)通过普通邮政、快递等无保密措施的管道传递国家秘密载体的;

(四)邮寄、托运国家秘密载体出境,或者未经有关主管部门批准,携带、传递国家秘密载体出境的;

(五)非法复制、记录、存储国家秘密的;

(六)在私人交往和通信中涉及国家秘密的;

(七)在互联网及其他公共信息网络或者未采取保密措施的有线和无线通信中传递国家秘密的;

(八)将涉密计算机、涉密存储设备接入互联网及其他公共信息网络的;

(九)在未采取防护措施的情况下,在涉密信息系统与互联网及其他公共信息网络之间进行信息交换的;

(十)使用非涉密计算机、非涉密存储设备存储、处理国家秘密信息的;

(十一)擅自卸载、修改涉密信息系统的安全技术程序、管理程序的;

(十二)将未经安全技术处理的退出使用的涉密计算机、涉密存储设备赠送、出售、丢弃或者改作其他用途的。

有前款行为尚不构成犯罪,且不适用处分的人员,由保密行政管理部门督促其所在机关、单位予以处理。

【犯罪构成】

(一)主体要件

本罪的主体是一般主体,可以是中国人,也可以是外国人或者无国籍人;可以是国家工作人员,也可以是普通公民,或者是华侨以及香港、澳门、台湾地区的人员。

(二)主观要件

本罪在主观方面表现为故意。通常是直接故意,即行为人明知是国家秘密,却故意以窃取、刺探、收买方法非法获取,非法获取国家秘密主观动机可以是多种多样的,可能是为了金钱,也可能是出于对国家政府某领导人的不满,或者是为了出国。但动机不影响构成此罪。

(三)客观要件

本罪在客观方面表现为以窃取、刺探、收买方法,非法获取国家秘密的行为。

所谓窃取,是指采取秘密的方式,偷取属于国家秘密的文件、数据和其他物品的行为,窃取的形式包括:直接窃取国家秘密文件,用计算机窃取国家秘密;通过电磁波窃取国家秘密;采用照相的形式偷拍国家秘密。

所谓刺探,是指行为人暗中对掌有国家秘密的人,采取各种手段探听、侦察、了解国家秘密的行为。探听的方式主要包括:利用与知密者的特殊身份关系向知密者探询国家秘密;利用社交手段打通关系,向知密者探问国家秘密;利用公开合法形式,例如贸易洽谈会、学术交流会等探听国家秘密。侦察的方式主要包括:使用窃听装置侦察国家秘密;使用电子监控及远红外线扫描等高科技手段侦察国家秘密;采用色情引诱、向有关部门渗透等形式侦察国家秘密。

所谓收买,是指用金钱、物质、色情以及其他方法,向掌有国家秘密的人交换国家秘密的行为。收买的形式有采用小恩小惠、低价收买的,也有采用重金收买、高价拉拢的。

所谓非法获取,是指依法不应知悉、取得某项国家秘密的人从知悉、取得某项国家秘密的人那里知悉、取得该项国家秘密或者可以知悉某项国家秘密的人未经办理手续取得该项国家秘密。

只有以窃取、刺探、收买这三种法定方法之一“非法获取”国家秘密的,本罪才可成立。另外,应注意本罪不是为境外的机构、组织、个人窃取、刺探、收买国家秘密,否则,就以《刑法》第一百一十一条的规定定罪处罚。

(四)客体要件

本罪侵犯的客体是复杂客体。一是国家的安全和发展。国家安全是指中华人民共和国的领土、主权的完整与安全。当今世界仍存在许多的矛盾和不稳定因素,因此,保证国家秘密的安全,不仅关系到我国的长治久安,而且有可能影响我国在国际事务中的地位。此外,国家秘密还关系着国民经济和社会发展,尤其是在全球“技术战”“贸易战”日趋激烈的今天,获取他国秘密已成为国际科技竞争、市场竞争的重要手段。二是国家保密制度。我国一系列保密法律、法规均明确规定了保密的范围、事项,非法获取国家秘密行为违反我国的保密法规,应依法追究其刑事责任。

【罪名辨析】

本罪与泄露国家秘密罪的界限

本罪与泄露国家秘密罪的犯罪对象都是国家秘密,客观上都违反了保密法规。但是二者的社会危害性不同,应注意区分。它们的区别表现在以下几个方面:

1. 在主体要件方面。泄露国家秘密罪是职务犯罪,其主体主要是国家机关工作人员;本罪的主体是一般主体。

2. 客观要件不同。泄露国家秘密罪表现为“泄露”,而非法获取国家秘密罪表现为“获取”。

3. 在主观方面。泄露国家秘密罪可以是故意的,也可以是过失的,而非法获取国家秘密罪必须是故意。

量刑部分

【量刑标准】

犯本罪的,处三年以下有期徒刑、拘役、管制或者剥夺政治权利;情节严重的,处三年以上七年以下有期徒刑。

截至目前,尚无本罪名关于量刑的司法解释。

非法持有国家绝密、机密文件、资料、物品罪 《刑法》第282条(二)

非法持有属于国家绝密、机密的文件、资料或者其他物品,拒不说明来源与用途的,处三年以下有期徒刑、拘役、或者管制。

定罪部分

【罪名概念】

非法持有国家绝密、机密文件、资料、物品罪，是指非法持有属于国家绝密、机密的文件、资料或者其他物品，拒不说明来源与用途的行为。

【司法解释】

最高人民法院、最高人民检察院《关于办理组织和利用邪教组织犯罪案件具体应用法律若干问题的解释(二)》

(实施日期:2001 年 6 月 4 日　法释[1999]18 号)(节录)

第八条　邪教组织人员为境外窃取、刺探、收买、非法提供国家秘密、情报的，以窃取、刺探、收买方法非法获取国家秘密的，非法持有国家绝密、机密文件、资料、物品拒不说明来源与用途的，或者泄露国家秘密情节严重的，分别依照刑法第一百一十一条为境外窃取、刺探、收买、非法提供国家秘密、情报罪，第二百八十二条第一款非法获取国家秘密罪，第二百八十二条第二款非法持有国家绝密、机密文件、资料、物品罪，第三百九十八条故意泄露国家秘密罪、过失泄露国家秘密罪的规定定罪处罚。

【犯罪构成】

(一)主体要件

本罪的犯罪主体为年满十六周岁，具有刑事责任能力的自然人，包括中国公民、外国人、无国籍人。一般来说，行为人身份如何不影响成立本罪。但是，如果行为人是间谍组织成员或者接受了间谍组织及其代理人的任务的人员，符合间谍罪构成特征的，则应以间谍罪论处，不构成本罪。

(二)主观要件

本罪行为人主观方面表现为直接故意。从其主观方面的认识因素来看，行为人只须认识到自己无权持有国家秘密文件、资料、其他物品，认识到自己持有的文件、资料、物品属于国家秘密即可，无须确切地认识该国家秘密属于什么密级，从其主观方面的意志因素来看，行为人持有本身就意味着其希望该国家秘密处于自己的支配之下，因而不存在间接故意。

实际占有国家秘密的人员有说明其来源与用途的义务，如果行为人能够说明自己占有国家秘密的来源与用途，且能够证明自己确实不知其为国家秘密，那么其实际占有行为不是本罪的“持有”，可以根据其实际来源与用途，依法处理，比如系盗窃所得，行为人不知为国家秘密而窃取，应以盗窃论，又比如行为人系捡得且不知其为国家秘密的，不构成犯罪，等等。

(三)客观要件

本罪在客观方面表现为非法持有属于国家绝密、机密的文件资料或者其他物品,拒不说明来源与用途的行为。

所谓非法是指根据国家保密法律、法规和具体的规章制度,不属于接触、保管国家秘密文件的人员而持有属于国家绝密、机密文件、资料、其他物品,或者虽属于保密工作人员,但其持有该绝密、机密文件、资料、物品没有合法根据。比如根据保守国家秘密法的规定,绝密级的国家秘密文件、资料和其他物品,非经原确定密级的机关、单位或其上级机关批准,不得复制、摘抄、收发、传递、外出携带,应由指定人员把任等。对一般人员而言,持有国家秘密本身即为非法,对于有保密人员身份的人,有关机关未曾批准复制、摘抄,行为人却持有复制件、摘抄件;有关机关未指定或者不属于有关机关指定人员而持有绝密、机密文件、资料、物品等就属于非法。总而言之,行为人没有合法根据而持有国家绝密、机密文件、资料、其他物品即为非法。

所谓持有,是指以占有的意思实际支配。不论是行为人随身携带,或者隐藏、存放于其住处、工作场所,寄存在他人之处等,只要行为人明知是国家绝密、机密文件、资料、物品而置于自己控制之中即为持有,如夹藏在自己的行李、邮件当中,虽然并不亲自持有,但行李、邮件最终仍然要回到自己手中,并未脱离自己的控制,仍为持有。根据国家安全法的规定,持有包括两类,即不应知悉国家秘密的人员携带、存放属于国家秘密的文件、资料和其他物品;可以知悉某项国家秘密的人员,未经办理手续,私自携带、留存属于该项国家秘密的文件、资料和其他物品。

在行为人非法持有国家绝密、机密文件、资料、其他物品的既定事实下,当有关机关调查时,行为人拒不说明其来源与用途。所谓拒不说明,既包括根本就不予配合,什么也不说,又包括未能说明,如编造谎言、借口或者提供的来源与用途经查不实或无法查证的。

(四)客体要件

本罪的客体是国家的保守秘密制度。本罪的犯罪对象仅限于属于国家绝密级和机密级的文件、资料和物品。根据《保守国家秘密法》规定,国家秘密的密级分为“绝密”“机密”“秘密”三级。“绝密”是最重要的国家秘密,泄露会使国家的安全和利益遭受特别严重的损害;“机密”是重要的国家秘密,泄展会使国家的安全和利益遭受严重的损害;“秘密”是一般的国家秘密,泄露会使国家的安全和利益遭受损害。非法持有秘密级国家秘密的行为也具有一定的社会危害性,应当予以法律制裁,但从其社会危害性的程度来看,尚不到犯罪的程度,不应以犯罪论。

量刑部分

【量刑标准】

犯本罪的,处三年以下有期徒刑、拘役或者管制。

截至目前,尚无本罪名关于量刑的司法解释。

非法生产、销售专用间谍器材、窃听、窃照专用器材罪 《刑法》第 283 条

非法生产、销售专用间谍器材或者窃听、窃照专用器材的，处三年以下有期徒刑、拘役或者管制，并处或者单处罚金；情节严重的，处三年以上七年以下有期徒刑，并处罚金。

单位犯前款罪的，对单位判处罚金，并对其直接负责的主管人员和其他直接责任人员，依照前款的规定处罚。

定罪部分

【罪名概念】

非法生产、销售间谍专用器材、窃听、窃照专用器材罪，是指非法生产、销售专用间谍器材或者窃听、窃照专用器材的行为。

【关联法律】

《国家安全法实施细则》第二十条所称“专用间谍器材”，是指进行间谍活动特殊需要的下列器材：

（一）暗藏式窃听、窃照器材；

（二）突发式收发报机、一次性密码本、密写工具；

（三）用于获取情报的电子监听、截收器材；

（四）其他专用间谍器材。

专用间谍器材的确认，由国家安全部负责。

【犯罪构成】

（一）主体要件

本罪主体为一般主体。

（二）主观要件

本罪在主观方面只能由故意构成，过失不构成本罪。在主观方面是否必须具有以营利为目的，则不必过于苛刻，只要行为人出于故意非法生产、销售专用间谍器材或者窃听、窃照专用器材的，一般就可以认为构成本罪。

（三）客观要件

本罪客观方面表现为非法生产、销售专用间谍器材或者窃听、窃照专用器材的行为。

“非法”是指未经国家有关主管部门批准擅自生产、销售或者虽经国家有关部门批准生产、销售但擅自超计划生产、超范围销售。专用间谍器材是国家安全部门进行侦查、保卫工作的专用工具，其生产、销售均由国家安全部门严格控制。专用间谍器材的生产、销售在法律上属于一般禁止的事项,因此除非已有国家安全部门明确的指定、批准,原则上均属于非法生产、销售。实践中对于涉嫌非法生产、销售专用间谍器材的,行为人必须提供其生产、销售行为已经国家安全部门指定、批准的证据,不能证明其行为为合法的,应当认定其为非法生产、销售。值得注意的是生产、销售专用间谍器材是否属于非法行为的证据规则不同于一般案件,这是因为专用间谍器材的生产、销售除经专门特许外,均为非法,即国家一般性的禁止。而国家安全部门指定、特许专用间谍器材生产、销售是不同于其他行业管理的,其指定、特许行为一般是不对外公布的,所以行为人不能提供国家安全部门指定、批准的证据,本身就说明其行为是非法的;同样,即便经过指定、批准的,如果其行为超出指定、批准范围,超出部分仍应认定为非法。

"非法生产"是指未经批准,运用各种手段加工、制作窃听、窃照等专用间谍器材的行为,实践中常用的手段有自行设计加工,如设计加工窃听装置;自行编制,如编制一次性密码本;组装,如购买电子元器件组装窃听装置;改装,如把一般民用电子设备改装成电子截听设备等,不论行为人采取何种手段,只要从无到有地制造出窃听、窃照等专用间谍器材或者把普通民用设备经过改造变为窃听、窃照等专用间谍器材,就构成非法生产窃听、窃照等专用间谍器材,只要行为人生产的产品属于国家安全部确认的专用间谍器材,即使其产品质量、性能低于合法生产的专用间谍器材,也不影响本罪的成立。

"非法销售"是指未经批准擅自经营专用间谍器材或者向没有法定使用许可手续的单位或个人出售专用间谍器材的行为。为了出售而走私、购买专用间谍器材的,以"非法销售"论。但如果走私专用间谍器材达到走私罪标准的(偷逃应缴税额在五万元以上),应作为牵连犯比较两罪分别可能判处的刑罚,从一重处断。

(四)客体要件

本罪侵犯的客体是间谍专用器材的管理秩序,间谍专用器材是国家安全机关用来进行秘密侦察、联络的工具。这些工具是国家安全机关进行技术侦察,履行安全保卫工作不可缺少的手段,但是这些手段使用不当则会侵犯公民隐私、企业的商业秘密等。另外,秘密联络、截密等器材直接关乎国家安全利益,因此,对这些间谍器材的生产、配售、使用都必须进行严格的管理。根据国家安全法和其实施细则的规定,窃听、窃照等专用间谍器材的范围由国家安全部确认,任何个人和组织都不得非法持有、使用窃听、窃照专用间谍器材,窃听、窃照专用器材的生产、配售都应当由有关主管部门安排、批准。

量刑部分

【量刑标准】

犯本罪的,处三年以下有期徒刑、拘役或者管制,并处或者单处罚金;情节严重的，处三年以上七年以下有期徒刑，并处罚金。

单位犯前款罪的，对单位判处罚金，并对其直接负责的主管人员和其他直接责任人员，依照前款的规定处罚。

截至目前，尚无本罪名关于量刑的司法解释。

非法使用窃听、窃照专用器材罪　《刑法》第284条

非法使用窃听、窃照专用器材，造成严重后果的，处二年以下有期徒刑、拘役或者管制。

定罪部分

【罪名概念】

非法使用窃听、窃照专用器材罪，是指违反国家有关法律规定，使用窃听、窃照专用器材，造成严重后果的行为。

【关联法律】

《国家安全法实施细则》第二十条所称“专用间谍器材”，是指进行间谍活动特殊需要的下列器材：

（一）暗藏式窃听、窃照器材；

（二）突发式收发报机、一次性密码本、密写工具；

（三）用于获取情报的电子监听、截收器材；

（四）其他专用间谍器材。

专用间谍器材的确认，由国家安全部门负责。

【犯罪构成】

（一）主体要件

本罪主体是一般主体，即达到刑事责任年龄、具有刑事责任能力的自然人，均可成为本罪的主体。

（二）主观要件

本罪主观方面表现为故意，过失不构成本罪。在司法实践中，行为人实施这种窃听、窃照的行为，一般是出于某种非法的目的，有的则是出于好奇，不论行为人出于何种目的和动机，都不影响本罪的成立。

（三）客观要件

本罪客观方面表现为非法使用窃听、窃照专用器材，造成严重后果的行为。窃听、窃照专用器材是技术侦察工作中使用的重要手段。技术侦察，是指国家有关部

门根据法律规定,运用现代科学技术手段,侦破刑事案件,发现犯罪和查找罪证的措施。国家有关部门因侦察犯罪的需要,根据国家有关规定,经过严格的批准手续,可以采取技术侦察措施。任何未经批准,擅自使用窃听、窃照专用器材的行为,都是违反规定的行为。主要包括两种情形:一是有权使用窃听、窃照专用器材,未经批准擅自使用窃听、窃照专用器材的;二是无权使用窃听、窃照专用器材而擅自使用窃听、窃照专用器材的。行为人使用普通的录音、摄影器材非法窃听、窃照的,不构成本罪。

非法使用是指非法窃听、窃照。窃听、窃照专用器材是用来进行秘密监听、录音、拍摄影像的专用工具,所以非法使用是指使用窃听、窃照专用器材进行非法窃听、窃照。如果使用窃听、窃照专用器材公开录音、拍摄影像,其持有窃听、窃照专用器材的行为可能是非法的但其使用行为不属于本罪客观方面的"非法使用"。非法窃听是指非法使用窃听专用器材,秘密监听窃听对象的言谈、动静。监听对象既可以是我国公民,也可以是外国人、无国籍人、企事业单位。监听内容包括私人谈话、电话、日常生活起居、会议等。当然,如果行为人利用窃听专用器材窃听国家秘密的,则构成妨害国家秘密的犯罪。

非法窃照是指行为人非法使用窃照专用器材偷拍、偷录他人活动或其他目标的行为,窃照的对象包括日常生活起居、个人交往活动、企事业单位经营活动等。如行为人用窃照专用器材偷拍、偷摄国家秘密的,构成妨害国家秘密的犯罪。

本罪属结果犯,非法使用窃听、窃照专用器材,造成严重后果的,才构成本罪。所谓严重后果是指由于行为人非法窃听、窃照行为而致使窃听、窃照对象伤、亡、受重大财产损失,严重损害国家政治利益等情形。这里的严重后果是指与行为人窃听、窃照有关的危害结果,行为与结果之间既可以是直接因果关系,也可以是间接因果关系。

(四)客体要件

本罪侵犯的客体是国家对窃听、窃照专用器材的管理秩序。根据国家安全法和其他法律、法规的规定,任何组织和个人均不得非法持有、使用窃听、窃照等专用间谍器材,因此在我国,窃听、窃照专用器材是一般禁止持有、使用的物品,除非法律特别授权,持有、使用即为非法。对于有关机关确有需要的,其具体使用程序应做严格的限制,如《国家安全法》第十条规定,国家安全机关因侦察危害国家安全行为的需要,根据国家有关规定,经过严格的批准手续,可以采取技术侦察措施。第三十三条规定,公安机关执行国家安全工作任务时,适用本法有关规定。这些程序规定目的在于防止有关机关滥用国家权力,侵犯公民权利。所有这些法律、法规和其他规范性文件构成了国家对窃听、窃照专用器材的管理秩序。窃听是指秘密偷听、偷录他人言谈、动静,窃照是指秘密拍摄他人行为举止。窃听既包括行为人亲自偷听,也包括行为人利用各种工具偷听、偷录,窃照是用各种照相器材偷拍、偷摄。窃听、窃照关乎公民个人隐私生活自由权和企事业单位自主进行经营活动,不受非法干扰的权利,因而除非有权机关依法进行,均为非法。但是一般来说,行为人亲自偷听,或者用一般器材偷拍、偷照的,限于条件,危害不会太大,因此本法不认为是犯罪,构成行政违法,或者民事侵犯的,应承担相应的行政责任或民事责任。然而运用窃听、窃照专用器材进行窃听、窃照的,行为人的破坏能力极大,给公民生活自由和企事业单位的正常经营活动构成很大威胁。同时一些不法分子如果将窃听、窃照专用器材用于危害国家安全的活动,则会损害国家的安全和利益。

【罪名辨析】

本罪与间谍罪的界限

二者主要区别在于:后罪的犯罪主体是参加了间谍组织或者接受了间谍组织及其代理人任务的人,或者为敌人指示轰击目标的人,其犯罪目的是完成间谍任务。本罪不具备这些条件。若行为人是为了完成上述间谍任务,而使用窃听、窃照专用器材的,属于法条竞合,应定间谍罪,不构成本罪。若行为人既使用窃听、窃照专用器材,又从事间谍活动,二者之间没有关联,则构成非法使用窃听、窃照专用器材罪及间谍罪,应实行数罪并罚。

量刑部分

【量刑标准】

犯本罪,造成严重后果的,处二年以下有期徒刑、拘役或者管制。

截至目前,尚无本罪名关于量刑的司法解释。

组织考试作弊罪　《刑法》第284条之一(一)

在法律规定的国家考试中,组织作弊的,处三年以下有期徒刑或者拘役,并处或者单处罚金;情节严重的,处三年以上七年以下有期徒刑,并处罚金。

为他人实施前款犯罪提供作弊器材或者其他帮助的,依照前款的规定处罚。

非法出售、提供试题、答案罪　《刑法》第284条之一(二)

为实施考试作弊行为,向他人非法出售或者提供第一款规定的考试的试题、答案的,依照第一款的规定处罚。

代替考试罪 《刑法》第284条之一(三)

代替他人或者让他人代替自己参加第一款规定的考试的,处拘役或者管制,并处或者单处罚金。

非法侵入计算机信息系统罪 《刑法》第285条(一)

违反国家规定,侵入国家事务、国防建设、尖端科学技术领域的计算机信息系统的,处三年以下有期徒刑或者拘役。

单位犯前款罪的,对单位判处罚金,并对其直接负责的主管人员和其他直接责任人员,依照该款的规定处罚。

定 罪 部 分

【罪名概念】

非法侵入计算机信息系统罪,是指违反国家规定,侵入国家事务、国防建设、尖端科学技术领域的计算机信息系统的行为。

【犯罪构成】

(一)主体要件

本罪的主体是一般主体。本罪的主体往往具有相当高的计算机专业知识和娴熟的计算机操作技能,有的是计算机程序设计人员,有的是计算机管理、操作、维护保养人员。单位也可以构成本罪主体。

(二)主观要件

本罪在主观方面是故意。即行为人明知自己的行为违反国家规定会产生非法侵入国家重要计算机信息系统的危害结果,而希望这种结果发生。过失侵入国家重要的计算机信息系统的,不构成本罪。行为人实施本罪的动机和目的是多种多样的,有的是出于好奇,有的是为了泄愤报复,有的是为了炫耀自己的才能等。这些对构成犯罪均无影响。

(三)客观要件

本罪在客观方面表现为行为人实施了违反国家规定侵入国家重要计算机信息系统的行为。在这里,所谓"违反国家规定",是指违反《计算机信息系统安全保护条例》的规定,该条例第四条规定,计算机信息系统的安全保护工作,重点保护国家事务、经济建设、国防建设、尖端科学技术等重要领域的计算机信息系统安全。本罪的对象是国家重要的计算机信息系统。所谓国家重要的计算机信息系统,是指国家事务、国防建设、尖端科学技术领域的计算机信息系统。所谓"侵入",是指未取得国家有关主管部门依法授权或批准,通过计算机终端侵入国家重要计算机信息系统到者进行数据接收的行为。

(四)客体要件

本罪侵犯的客体是国家重要领域和要害部门的计算机信息系统安全。计算机信息系统是指由计算机及其相关的和配套的设备、设施(含网络)构成的,按照一定的应用目标和规则对信息进行采集、加工、存储、传输、检索等处理的人机系统。随着计算机技术的发展和计算机的普及应用,国家对计算机的使用也越来越广泛,在国家事务管理、国防、经济建设、尖端科学技术领域都广泛建立了计算机信息系统,特别是在关系到国计民生的民航、电力、铁路、银行或者其他经济管理、政府办公、军事指挥控制、科研等领域。国家的重要部门都普遍建立了本部门、本系统的计算机信息系统,这些计算机信息系统的正常运行、对于保障国家安全、经济发展和保护人民生命财产安全等方面都起着十分重要的作用。但是,这些重要的计算机信息系统一旦被非法侵入,就可能导致其中的重要数据遭受破坏或者某些重要、敏感的信息被泄露,不但系统内可能产生灾难性的连锁反应,还会造成严重的政治、经济损失,甚至还可能危及人民的生命财产安全。对这种非法侵入国家重要计算机信息系统的行为必须予以严厉打击。

量刑部分

【量刑标准】

犯本罪的,处三年以下有期徒刑或者拘役。

单位犯前款罪的,对单位判处罚金,并对其直接负责的主管人员和其他直接责任人员,依照该款的规定处罚。

截至目前,尚无本罪名关于量刑司法解释。

非法获取计算机信息系统数据、非法控制计算机信息系统罪　《刑法》第285条(二)

违反国家规定,侵入前款规定以外的计算机信息系统或者采用其他技术手段,获取该计算机信息系统中存储、处理或者传输的数据,或者对该计算机信息系统实施非法控制,情节严重的,处三年以下有期徒刑或者拘役,并处或者单处罚金;情节特别严重的,处三年以上七年以下有期徒刑,并处罚金。

单位犯前款罪的,对单位判处罚金,并对其直接负责的主管人员和其他直接责任人员,依照该款的规定处罚。

定 罪 部 分

【罪名概念】

非法获取计算机信息系统数据罪,是指违反国家规定,侵入国家事务、国防建设、尖端科学技术领域以外的计算机信息系统或者采用其他技术手段,获取该计算机信息系统中存储、处理或者传输的数据,情节严重的行为。

非法控制计算机信息系统罪,是指对国家事务、国防建设、尖端科学技术领域以外的计算机信息系统实施非法控制,情节严重的行为。

【犯罪构成】

(一)主体要件

本罪的犯罪主体是一般主体,自然人和单位均可构成本罪。一般来说,犯本罪的行为人大多具有较高的计算机水平和网络技术,对计算机信息系统和计算机网络能熟练利用。

(二)主观要件

本罪的主观方面是故意。也就是说,行为人清楚地知道,自己的行为是违反了国家的规定,会产生非法侵入国家重要的计算机信息系统的危害后果,而希望或放任这种结果发生的。其动机和目的是多种多样的,例如,好奇、炫耀、泄愤、报复、消遣等,这些都不影响犯罪的构成。由于过失而侵入国家重要的计算机信息系统的,不构成犯罪。

(三)客观要件

本罪在客观方面表现为行为人违反国家规定,实施侵入国家事务、国防建设、尖端科学技术领域以外的普通计算机信息系统,或者采用其他技术手段,从而获取这些计算机信息系统中存储、处理或者传输的数据或者对该计算机系统实施非法控制的行为,并且情节严重。这意味着刑法保护的范围扩大,涵盖到教育、卫生、商业等各大行业,还包括个人所有的计算机信息系统。

1. 行为违反国家规定,是指不得侵入《刑法》第二百八十五条第一款规定以外的计算机信息系统的规定和不得采用其他技术手段的规定。这些规定在我国包括了以下法律法规,《维护互联网安全的决定》《计算机信息系统安全保护条例》和公安部发布的《计算机信息网络国际联网安全保护管理办法》等。

2. 行为人采取了侵入国家事务、国防建设、尖端科学技术领域以外的普通计算机信息系统或其他技术手段的行为方式。"侵入"是指行为人采用破解密码、盗取密码、强行突破安全工具等方法,在没有得到许可时违背计算机信息系统控制人或所有人意愿进入其无权进入的计算机信息系统中,常见的方式是利用他人网上认证信息进入计算机信息系统。

3. 犯罪行为人的行为表现是获取特定的数据。第一,获取资料的行为在法律上是违法的,行为人是没有权力获得这些资料的,行为人的行为也违反了相关国家规定。第二,“获取”指占有或拥有特定数据,表现为把数据复制一份出来,存于个人计算机、移动硬盘和私人电子邮箱中。“获取”的具体行为方式是秘密的,即数据的控制人和所有人或正在传输信息系统数据的人不知数据被人获取,但公开的行为方式也是可以成立的,计算机信息系统数据的控制者和使用者等明知他人在窃取计算机信息系统数据但是无法阻拦。第三,犯罪行为人只通过复制的方式而得到他人数据,无采用植入病毒、埋伏数据炸弹、直接删除、随意修改等行为方式对数据进行破坏活动。

4. 行为对象为《刑法》第二百八十五条第一款规定外的计算机信息系统中处理、存储、传输的数据。第一,犯罪行为人针对的是国家事务、国防建设、尖端科学技术领域以外的计算机信息系统。第二,计算机信息系统中存储、处理或者传输的数据是指存放在信息系统中的数据,可包括图片、文字、影音数据、专有的程序或者软件等,它们的状态或是处于存储状态下,或是正被有关人员编辑,或正被传输,传输行为方式则为通过网络发送到其他终端和通过一些专门工具发送到移动存储设备上。

5. 本罪为情节犯。要构成本罪,须具有情节严重。“情节严重”是指多次、大量获取他人计算机数据的行为。即为获取数据数量多、对比较多的计算机信息系统实施了非法获取行为、犯罪行为加重了计算机信息系统的工作负担、犯罪行为人获取的计算机信息系统数据有很重要意义、犯罪行为人取得了较大利益等。

(四)客体要件

本罪的犯罪客体是计算机信息系统的安全,犯罪对象仅限于使用中的计算机信息系统中存储、处理、传输的数据,脱离计算机信息系统存放的计算机数据,如光盘、U 盘中的计算机数据不是本罪的保护对象。这里的数据,不限于计算机系统数据和应用程序,还包括权利人存放在计算机信息系统中的各种个人信息。上述的数据不被非法获取,是计算机信息系统安全的重要表现。作为对《刑法》第二百八十五条的补充,本罪扩大了受刑法保护的计算机信息系统的范围,即国家事务、国防建设、尖端科学技术领域之外的普通计算机信息系统。本罪的危害行为是非法获取前述计算机信息系统中计算机数据的行为,这里的非法获取是指未经权利人或者国家有权机构授权而取得他人的资料的行为。

【罪名辨析】

(一)非法获取计算机信息系统数据罪与破坏计算机信息系统罪的界限

破坏计算机信息系统罪是指违反国家规定,对计算机信息系统中存储、处理或者传输的数据和应用程序进行删除、修改、增加,后果严重的行为。两罪的区别有以下几点:(1)犯罪行为不同。前罪犯罪行为为非法获取数据,后罪犯罪行为为删除、修改、增加数据。(2)犯罪对象不同。前罪犯罪对象为普通计算机信息系统中的数据,后罪为任意计算机信息系统中的数据和程序。(3)犯罪成立要求不同。前罪要求情节严重,后罪要求是“后果严重”,此处的“后果”是指计算机信息系统的正常运转和功能受到的毁损。

(二)非法获取计算机信息系统数据罪与非法控制计算机信息系统罪的界限

前罪和后罪在犯罪主体、犯罪客体、犯罪主观方面、犯罪行为和犯罪的成立是相同的。但是两罪也存在区别,表现为以下几点:(1)前罪是对普通计算机信息系统中存储、处理或传输的数据,并不涉及计算机信息系统功能和实际运行,后罪是针对普通计算机信息系统本身,对计算机系统功能和运行进行了非法控制。(2)本罪与后罪的犯罪行为不相同,前罪行为为非法获取数据,后罪表现为非法控制计算机信息系统的行为。另外,两罪的犯罪对象和行为不同,它们构成犯罪要求的情节严重程度也不同。

量刑部分

【量刑标准】

犯本罪,情节严重的,处三年以下有期徒刑或者拘役,并处或者单处罚金;情节特别严重的,处三年以上七年以下有期徒刑,并处罚金。

单位犯前款罪的,对单位判处罚金,并对其直接负责的主管人员和其他直接责任人员,依照该款的规定处罚。

截至目前,尚无本罪名关于量刑的司法解释。

提供侵入、非法控制计算机信息系统程序、工具罪 《刑法》第285条(三)

提供专门用于侵入、非法控制计算机信息系统的程序、工具,或者明知他人实施侵入、非法控制计算机信息系统的违法犯罪行为而为其提供程序、工具,情节严重的,依照前款的规定处罚。

单位犯前款罪的,对单位判处罚金,并对其直接负责的主管人员和其他直接责任人员,依照该款的规定处罚。

定罪部分

【罪名概念】

提供侵入、非法控制计算机信息系统程序、工具罪,是指提供专门用于侵入、非法控制计算机信息系统的程序、工具,或者明知他人实施侵入、非法控制计算机信息系统的违法犯罪行为而为其提供程序、工具,情节严重的行为。

【犯罪构成】

(一)主体要件

本罪的主体是一般主体,即达到刑事责任年龄、具备刑事责任能力的自然人。

单位也能构成本罪的主体。

（二）主观要件

本罪在主观方面是故意。过失不构成本罪。

（三）客观要件

本罪的客观方面表现为两种情况：一是提供专门用于侵入、非法控制计算机信息系统的程序、工具。这里的“提供”不应作日常生活语言意义上的狭窄理解，不仅包括面向某个单个的个人或者团体而进行的点对点的提供，也可以包括借助互联网进行广泛的传播。同时本罪中的提供行为往往具有某种惯常性，即以此为业或者作为重要的生活乐趣，而不仅仅是一次性的行为。这里的专门程序或者工具可以是行为人自己创制的，也可以是通过网络等其他途径获得的。二是明知他人实施侵入、非法控制计算机信息系统的违法犯罪行为而为其提供程序、工具。这本来是一种帮助犯的行为，立法者将其单独成罪，体现了对这种源头性计算机犯罪的重点打击意图。另外需要注意，本罪成立也要求情节严重，一般是多次实施上述犯罪行为、造成严重后果等。

（四）客体要件

本罪侵犯的客体是计算机信息系统安全和管理秩序。计算机系统安全只要是指计算机的物理组成部分的安全性、信息系统的安全性和计算机信息系统功能的安全性。本罪的保护对象主要是后两种安全。

【罪名辨析】

本罪与非法侵入计算机信息系统罪、非法获取计算机信息系统数据、非法控制计算机信息系统罪的界限

实践中本罪的行为常常与非法获取计算机信息系统数据、非法控制计算机信息系统罪的行为密切关联，本罪行为人常常为非法获取计算机信息系统数据、非法控制计算机信息系统罪行为的实施提供程序、工具，帮助后二罪的顺利实施，但法律规定本罪行为为独立犯罪行为，故其因客观行为的表现不同而区分为不同的犯罪。

量刑部分

【量刑标准】

犯本罪，情节严重的，依照前款的规定处罚（情节严重的，处三年以下有期徒刑或者拘役，并处或者单处罚金；情节特别严重的，处三年以上七年以下有期徒刑，并处罚金）。

单位犯前款罪的，对单位判处罚金，并对其直接负责的主管人员和其他直接责任人员，依照该款的规定处罚。

截至目前，尚无本罪名关于量刑的司法解释。

破坏计算机信息系统罪 《刑法》第286条

违反国家规定,对计算机信息系统功能进行删除、修改、增加、干扰,造成计算机信息系统不能正常运行,后果严重的,处五年以下有期徒刑或者拘役;后果特别严重的,处五年以上有期徒刑。

违反国家规定,对计算机信息系统中存储、处理或者传输的数据和应用程序进行删除、修改、增加的操作,后果严重的,依照前款的规定处罚。

故意制作、传播计算机病毒等破坏性程序,影响计算机系统正常运行,后果严重的,依照第一款的规定处罚。

单位犯前三款罪的,对单位判处罚金,并对其直接负责的主管人员和其他直接责任人员,依照各该款的规定处罚。

定罪部分

【罪名概念】

破坏计算机信息系统罪,是指违反国家规定,对计算机信息系统功能或计算机信息系统中存储、处理或者传输的数据和应用程序进行破坏,或者故意制作、传播计算机病毒等破坏性程序,影响计算机系统正常运行,后果严重的行为。

【司法解释】

最高人民法院、最高人民检察院《关于办理危害计算机信息系统安全刑事案件应用法律若干问题的解释》

(实施日期:2011年9月1日　法释[2011]19号)(节录)

第四条　破坏计算机信息系统功能、数据或者应用程序,具有下列情形之一的,应当认定为刑法第二百八十六条第一款和第二款规定的“后果严重”:

(一)造成十台以上计算机信息系统的主要软件或者硬件不能正常运行的;

(二)对二十台以上计算机信息系统中存储、处理或者传输的数据进行删除、修改、增加操作的;

(三)违法所得五千元以上或者造成经济损失一万元以上的;

(四)造成为一百台以上计算机信息系统提供域名解析、身份认证、计费等基础服务或者为一万以上用户提供服务的计算机信息系统不能正常运行累计一小时以上的;

(五)造成其他严重后果的。

实施前款规定行为,具有下列情形之一的,应当认定为破坏计算机信息系统“后果特别严重”:

(一)数量或者数额达到前款第(一)项至第(三)项规定标准五倍以上的;

（二）造成为五百台以上计算机信息系统提供域名解析、身份认证、计费等基础服务或者为五万以上用户提供服务的计算机信息系统不能正常运行累计一小时以上的；

（三）破坏国家机关或者金融、电信、交通、教育、医疗、能源等领域提供公共服务的计算机信息系统的功能、数据或者应用程序，致使生产、生活受到严重影响或者造成恶劣社会影响的；

（四）造成其他特别严重后果的。

第五条　具有下列情形之一的程序，应当认定为刑法第二百八十六条第三款规定的“计算机病毒等破坏性程序”：

（一）能够通过网络、存储介质、文件等媒介，将自身的部分、全部或者变种进行复制、传播，并破坏计算机系统功能、数据或者应用程序的；

（二）能够在预先设定条件下自动触发，并破坏计算机系统功能、数据或者应用程序的；

（三）其他专门设计用于破坏计算机系统功能、数据或者应用程序的程序。

第六条　故意制作、传播计算机病毒等破坏性程序，影响计算机系统正常运行，具有下列情形之一的，应当认定为刑法第二百八十六条第三款规定的“后果严重”：

（一）制作、提供、传输第五条第（一）项规定的程序，导致该程序通过网络、存储介质、文件等媒介传播的；

（二）造成二十台以上计算机系统被植入第五条第（二）、（三）项规定的程序的；

（三）提供计算机病毒等破坏性程序十人次以上的；

（四）违法所得五千元以上或者造成经济损失一万元以上的；

（五）造成其他严重后果的。

实施前款规定行为，具有下列情形之一的，应当认定为破坏计算机信息系统“后果特别严重”：

（一）制作、提供、传输第五条第（一）项规定的程序，导致该程序通过网络、存储介质、文件等媒介传播，致使生产、生活受到严重影响或者造成恶劣社会影响的；

（二）数量或者数额达到前款第（二）项至第（四）项规定标准五倍以上的；

（三）造成其他特别严重后果的。

第九条　明知他人实施刑法第二百八十五条、第二百八十六条规定的行为，具有下列情形之一的，应当认定为共同犯罪，依照刑法第二百八十五条、第二百八十六条的规定处罚：

（一）为其提供用于破坏计算机信息系统功能、数据或者应用程序的程序、工具，违法所得五千元以上或者提供十人次以上的；

(二)为其提供互联网接入、服务器托管、网络存储空间、通讯传输信道、费用结算、交易服务、广告服务、技术培训、技术支持等帮助,违法所得五千元以上的;

(三)通过委托推广软件、投放广告等方式向其提供资金五千元以上的。

实施前款规定行为,数量或者数额达到前款规定标准五倍以上的,应当认定为刑法第二百八十五条、第二百八十六条规定的"情节特别严重"或者"后果特别严重"。

【关联法律】

《计算机信息系统安全保护条例》

【犯罪构成】

(一)主体要件

本罪的主体为一般主体,即年满十六周岁具有刑事责任能力的自然人和单位均可构成本罪。实际能构成其罪的自然人,通常是那些精通计算机技术、知识的专业人员,如计算机程序设计人员、计算机操作、管理维修人员等。

(二)主观要件

本罪在主观方面必须出于故意,过失不能构成本罪。如果因操作疏忽大意或者技术不熟练甚或失误而致使计算机信息系统功能,或计算机信息系统中存储、处理或者传输的数据、应用程序遭受破坏,则不构成本罪。至于其动机,有的是显示自己在计算机方面的高超才能,有的是想泄愤报复,有的是想窃取秘密,有的是想谋取利益,等等。但不管动机如何,不会影响本罪成立。

(三)客观要件

本罪在客观方面表现为违反国家规定,破坏计算机信息系统功能和信息系统中存储、处理、传输的数据和应用程序,后果严重的行为。根据本条规定,包括下列三种情况。

1. 破坏计算机信息系统功能。

即对计算机信息系统功能进行删除、修改、增加、干扰,造成计算机信息系统不能正常运行。所谓计算机信息系统,是指由计算机及其相关的和配套的设备含网络、设施构成的,按照一定的应用目标和规则,对信息进行采集、加工、存储、传输、检索等处理的人机系统。其功能多种多样,如进行文件编辑、采集、加工、存储、打印、传输、检索或者绘图、显像、游戏等,可用于不同行业、不同目标。同行业、不同目标的计算机系统其具体功能又会有所差别,如航空铁路售票、气象形势分析、预测、图书、报刊管理、企业经营管理等等。无论用于何种行业或者用于何种目标,只要对其功能进行破坏即可构成本罪。破坏计算机信息系统的方法,包括对功能进行删除、修改、增加、干扰等具体行为。删除,是指将计算机信息系统应有的一些功能加以取消,既可以是取消其中的一项,也可以是其中的几项或者全部;修改是指将计算机信息系统的功能部分或者全部地进行改变,或者将原程序用另一种程序加以替代,改变其功能;增加,是指通过增加磁记录等手段为计算机信息系统添加其原本没有的功能;至于干扰,则是通过一定手段如输入一个新的程序干扰原程序,以影响计算机系统正常运转,行使其功能。

2. 破坏计算机信息系统中存储、处理或者传输的数据和应用程序。

所谓数据,在这里是指计算机用以表示一定意思内容或者由其进行实际处理的一切文字、符号、数字、图形等有意义的组合;所谓计算机中存储、处理、传输的数据,则是指固定存储于计算机内部随时可供提取、查阅、使用的数据,或者已经进入计算机正在进行加工、处理以及通过线路而由其他计算机信息系统传递过来的数据;所谓计算机程序,是指为了得到某种结果而可以由计算机等具有信息处理能力的装置执行的代码化指令序列,或者可被自动转换成代码化指令序列的符合化指令序列或者符合化语序列;至于计算机应用程序则是指用户使用数据的一种方式,是用户按数据库授予的子模式的逻辑结构,收发室对数据进行操作和运算的程序;对计算机信息系统的数据、应用程序进行破坏,是指通过输入删除、修改、增加的操作指令而对计算机信息系统中存储、处理或者传输的数据和应用程序进行破坏的行为。

3. 故意制作、传播计算机病毒等破坏性程序,影响计算机系统正常运行。

所谓破坏性程序,是指隐藏于计算机信息系统中的数据文件、执行程序里的能够在计算机内部运行,对其功能进行干扰、影响的一种程序。计算机病毒,作为一种破坏性程序的典型,是指编制或者在计算机程序中插入的破坏计算机功能或者毁坏数据,影响计算机使用,并能自我复制的一组计算机指令或者程序代码。所谓制作,是指创制、发明、设计、编造破坏性程序或者获悉技术制作破坏性程序的行为。所谓传播,则是指通过计算机信息系统含网络输入、输出计算机病毒等破坏性程序以及将已输入的破坏性程序软件加以派送、散发等的行为。

破坏行为必须造成严重后果,才能构成其罪。否则,如果没有造成危害后果或者虽有危害后果但不是严重后果,即使有破坏计算机信息系统的行为,也不能构成本罪。所谓造成严重后果,主要是指造成重要计算机信息系统如国家事务、国防建设、尖端科学技术领域的计算机信息系统破坏的;造成计算机信息系统功能部分甚或全部丧失,严重影响工作或者造成重大经济损失的,致使秘密、重要数据、数据、信息毁弃,造成严重损失的;出于恐怖等违法犯罪目的,造成恶劣的影响的,等等。

(四)客体要件

本罪所侵害的客体是计算机信息系统的安全。对象为各种计算机信息系统功能及计算机信息系统中存储、处理或者传输的数据和应用程序。

【罪名辨析】

本罪与非法侵入计算机信息系统罪的界限

它们的共同之处是,行为人都侵入了计算机信息系统,但两者却存在如下区别:

1. 对象范围不同。本罪的行为对象是任何计算机信息系统,包括国家事务、国防建设和尖端科技领域的系统;后者的行为对象只限于国家事务、国防建设或尖端科技领域的计算机信息系统。

2. 危害行为的单复不同。本罪是复杂危害行为,不但要进入(包括合法进入和非法侵入)计算机信息系统,而且还必须对系统功能进行删除、增加、修改或者干扰,才能构成犯罪;而后者则是单一危害行为,只要实行了非法侵入国家事务、国防建设和尖端科技领域的计算机信息系统的行为,便构成犯罪。

3. 对危害结果的要求不同。本罪是结果犯,只有既实施危害行为,又造成计算机信息系统不能正常运行且后果严重的,才能成立犯罪的既遂;而后者是行为犯,只要着手实施侵入国家事务、国防建设或尖端科技领域的计算机信息系统的行为,就可以追究刑事责任。任何危害行为都会引起一定的危害结果,没有无结果的行为,这同构成某种犯罪是否要求具备某种危害结果不是一码事。如果非法侵入上述三个领域的计算机信息系统又引起其他危害结果的,就不是本罪而可能构成其他犯罪。

4. 罪过形式不尽相同。本罪在主观方面既可以是直接故意也可以是间接故意;而后者只能出于直接故意,因为如果不解除国家事务、国防建设或尖端科技领域计算机信息系统的安全保护体系,就不可能侵入这三个领域的系统,所以不存在放任的心理态度。

5. 本罪分为基本罪和重罪两个构成类型,基本罪的法定最高刑为五年有期徒刑,重罪的法定最高刑为十五年有期徒刑;而后者则是单一的构成类型,法定最高刑为三年有期徒刑。因此,如果行为人非法侵入国家事务、国防建设或尖端科技领域的计算机信息系统,同时又实施破坏计算机信息系统功能行为的,属于牵连犯,应根据危害后果的严重程度,按本罪定罪处罚。

量刑部分

【量刑标准】

犯本罪,后果严重的,处五年以下有期徒刑或者拘役;后果特别严重的,处五年以上有期徒刑。

违反国家规定,对计算机信息系统中存储、处理或者传输的数据和应用程序进行删除、修改、增加的操作,后果严重的,依照前款的规定处罚。

故意制作、传播计算机病毒等破坏性程序,影响计算机系统正常运行,后果严重的,依照第一款的规定处罚。

单位犯前三款罪的，对单位判处罚金，并对其直接负责的主管人员和其他直接责任人员，依照各该款的规定处罚。

拒不履行信息网络安全管理义务罪　《刑法》第286条之一

网络服务提供者不履行法律、行政法规规定的信息网络安全管理义务，经监管部门责令采取改正措施而拒不改正，有下列情形之一的，处三年以下有期徒刑、拘役或者管制，并处或者单处罚金：

（一）致使违法信息大量传播的；

（二）致使用户信息泄露，造成严重后果的；

（三）致使刑事案件证据灭失，情节严重的；

（四）有其他严重情节的。

单位犯前款罪的，对单位判处罚金，并对其直接负责的主管人员和其他直接责任人员，依照前款的规定处罚。

有前两款行为，同时构成其他犯罪的，依照处罚较重的规定定罪处罚。

利用计算机实施犯罪的提示性规定　《刑法》第287条

利用计算机实施金融诈骗、盗窃、贪污、挪用公款、窃取国家秘密或者其他犯罪的，依照本法有关规定定罪处罚。

【关联法律】

《刑法》（节录）

第一百一十一条　为境外的机构、组织、人员窃取、刺探、收买、非法提供国家秘密或者情报的，处五年以上十年以下有期徒刑；情节特别严重的，处十年以上有期徒刑或者无期徒刑；情节较轻的，处五年以下有期徒刑、拘役、管制或者剥夺政治权利。

第一百九十二条　以非法占有为目的，使用诈骗方法非法集资，数额较大的，处五年以下有期徒刑或者拘役，并处二万元以上二十万元以下罚金；数额巨大或者有其他严重情节的，处五年以上十年以下有期徒刑，并处五万元以上五十万元以下罚金；数额特别巨大或者有其他特别严重情节的，处十年以上有期徒刑或者无期徒刑，并处五万元以上五十万元以下罚金或者没收财产。

第一百九十三条　有下列情形之一，以非法占有为目的，诈骗银行或者其他金融机构的贷款，数额较大的，处五年以下有期徒刑或者拘役，并处二万元以上二十万元以下罚金;数额巨大或者有其他严重情节的,处五年以上十年以下有期徒刑,并处五万元以上五十万元以下罚金;数额特别巨大或者有其他特别严重情节的,处十年以上有期徒刑或者无期徒刑,并处五万元以上五十万元以下罚金或者没收财产:

(一)编造引进资金、项目等虚假理由的;

(二)使用虚假的经济合同的;

(三)使用虚假的证明文件的;

(四)使用虚假的产权证明作担保或者超出抵押物价值重复担保的;

(五)以其他方法诈骗贷款的。

第一百九十四条　有下列情形之一,进行金融票据诈骗活动,数额较大的,处五年以下有期徒刑或者拘役,并处二万元以上二十万元以下罚金;数额巨大或者有其他严重情节的,处五年以上十年以下有期徒刑,并处五万元以上五十万元以下罚金;数额特别巨大或者有其他特别严重情节的,处十年以上有期徒刑或者无期徒刑,并处五万元以上五十万元以下罚金或者没收财产:

(一)明知是伪造、变造的汇票、本票、支票而使用的;

(二)明知是作废的汇票、本票、支票而使用的;

(三)冒用他人的汇票、本票、支票的;

(四)签发空头支票或者与其预留印鉴不符的支票,骗取财物的;

(五)汇票、本票的出票人签发无资金保证的汇票、本票或者在出票时作虚假记载,骗取财物的。

使用伪造、变造的委托收款凭证、汇款凭证、银行存单等其他银行结算凭证的,依照前款的规定处罚。

第一百九十五条　有下列情形之一,进行信用证诈骗活动的,处五年以下有期徒刑或者拘役,并处二万元以上二十万元以下罚金;数额巨大或者有其他严重情节的,处五年以上十年以下有期徒刑,并处五万元以上五十万元以下罚金;数额特别巨大或者有其他特别严重情节的,处十年以上有期徒刑或者无期徒刑,并处五万元以上五十万元以下罚金或者没收财产:

(一)使用伪造、变造的信用证或者附随的单据、文件的;

(二)使用作废的信用证的;

(三)骗取信用证的;

(四)以其他方法进行信用证诈骗活动的。

第一百九十六条　有下列情形之一,进行信用卡诈骗活动,数额较大的,处五年以下有期徒刑或者拘役,并处二万元以上二十万元以下罚金;数额巨大或者有其他严重情节的,处五年以上十年以下有期徒刑,并处五万元以上五十万元以下罚金；数额特别巨大或者有其他特别严重情节的，处十年以上有期徒刑或者无期徒刑，并处五万元以上五十万元以下罚金或者没收财产：

（一）使用伪造的信用卡，或者使用以虚假的身份证明骗领的信用卡的；

（二）使用作废的信用卡的；

（三）冒用他人信用卡的；

（四）恶意透支的。

前款所称恶意透支，是指持卡人以非法占有为目的，超过规定限额或者规定期限透支，并且经发卡银行催收后仍不归还的行为。

盗窃信用卡并使用的，依照本法第二百六十四条的规定定罪处罚。

第一百九十七条　使用伪造、变造的国库券或者国家发行的其他有价证券，进行诈骗活动，数额较大的，处五年以下有期徒刑或者拘役，并处二万元以上二十万元以下罚金；数额巨大或者有其他严重情节的，处五年以上十年以下有期徒刑，并处五万元以上五十万元以下罚金；数额特别巨大或者有其他特别严重情节的，处十年以上有期徒刑或者无期徒刑，并处五万元以上五十万元以下罚金或者没收财产。

第一百九十八条　有下列情形之一，进行保险诈骗活动，数额较大的，处五年以下有期徒刑或者拘役，并处一万元以上十万元以下罚金；数额巨大或者有其他严重情节的，处五年以上十年以下有期徒刑，并处二万元以上二十万元以下罚金；数额特别巨大或者有其他特别严重情节的，处十年以上有期徒刑，并处二万元以上二十万元以下罚金或者没收财产：

（一）投保人故意虚构保险标的，骗取保险金的；

（二）投保人、被保险人或者受益人对发生的保险事故编造虚假的原因或者夸大损失的程度，骗取保险金的；

（三）投保人、被保险人或者受益人编造未曾发生的保险事故，骗取保险金的；

（四）投保人、被保险人故意造成财产损失的保险事故，骗取保险金的；

（五）投保人、受益人故意造成被保险人死亡、伤残或者疾病，骗取保险金的。

有前款第四项、第五项所列行为，同时构成其他犯罪的，依照数罪并罚的规定处罚。

单位犯第一款罪的，对单位判处罚金，并对其直接负责的主管人员和其他直接责任人员，处五年以下有期徒刑或者拘役；数额巨大或者有其他严重情节的，处五年以上十年以下有期徒刑；数额特别巨大或者有其他特别严重情节的，处十年以上有期徒刑。

保险事故的鉴定人、证明人、财产评估人故意提供虚假的证明档，为他人诈骗提供条件的，以保险诈骗的共犯论处。

第二百六十四条　盗窃公私财物,数额较大的,或者多次盗窃、入户盗窃、携带凶器盗窃、扒窃的,处三年以下有期徒刑、拘役或者管制,并处或者单处罚金;数额巨大或者有其他严重情节的,处三年以上十年以下有期徒刑,并处罚金;数额特别巨大或者有其他特别严重情节的,处十年以上有期徒刑或者无期徒刑,并处罚金或者没收财产。

第二百七十二条　公司、企业或者其他单位的工作人员,利用职务上的便利,挪用本单位资金归个人使用或者借贷给他人,数额较大、超过三个月未还的,或者虽未超过三个月,但数额较大、进行营利活动的,或者进行非法活动的,处三年以下有期徒刑或者拘役;挪用本单位资金数额巨大的,或者数额较大不退还的,处三年以上十年以下有期徒刑。

国有公司、企业或者其他国有单位中从事公务的人员和国有公司、企业或者其他国有单位委派到非国有公司、企业以及其他单位从事公务的人员有前款行为的,依照本法第三百八十四条的规定定罪处罚。

第三百八十二条　国家工作人员利用职务上的便利,侵吞、窃取、骗取或者以其他手段非法占有公共财物的,是贪污罪。

受国家机关、国有公司、企业、事业单位、人民团体委托管理、经营国有财产的人员,利用职务上的便利,侵吞、窃取、骗取或者以其他手段非法占有国有财物的,以贪污论。

与前两款所列人员勾结,伙同贪污的,以共犯论处。

第三百八十三条　对犯贪污罪的,根据情节轻重,分别依照下列规定处罚:

(一)个人贪污数额在十万元以上的,处十年以上有期徒刑或者无期徒刑,可以并处没收财产;情节特别严重的,处死刑,并处没收财产。

(二)个人贪污数额在五万元以上不满十万元的,处五年以上有期徒刑,可以并处没收财产;情节特别严重的,处无期徒刑,并处没收财产。

(三)个人贪污数额在五千元以上不满五万元的,处一年以上七年以下有期徒刑;情节严重的,处七年以上十年以下有期徒刑。个人贪污数额在五千元以上不满一万元,犯罪后有悔改表现、积极退赃的,可以减轻处罚或者免予刑事处罚,由其所在单位或者上级主管机关给予行政处分。

(四)个人贪污数额不满五千元,情节较重的,处二年以下有期徒刑或者拘役;情节较轻的,由其所在单位或者上级主管机关酌情给予行政处分。

对多次贪污未经处理的,按照累计贪污数额处罚。

第三百八十四条　国家工作人员利用职务上的便利,挪用公款归个人使用,进行非法活动的,或者挪用公款数额较大、进行营利活动的,或者挪用公款数额较大、超过三个月未还的,是挪用公款罪,处五年以下有期徒刑或者拘役;情节严重的,处五年以上有期徒刑。挪用公款数额巨大不退还的,处十年以上有期徒刑或者无期徒刑。

挪用用于救灾、抢险、防汛、优抚、扶贫、移民、救济款物归个人使用的,从重处罚。

非法利用信息网络罪 《刑法》第287条之一

利用信息网络实施下列行为之一,情节严重的,处三年以下有期徒刑或者拘役,并处或者单处罚金:

(一)设立用于实施诈骗、传授犯罪方法、制作或者销售违禁物品、管制物品等违法犯罪活动的网站、通讯群组的;

(二)发布有关制作或者销售毒品、枪支、淫秽物品等违禁物品、管制物品或者其他违法犯罪信息的;

(三)为实施诈骗等违法犯罪活动发布信息的。

单位犯前款罪的,对单位判处罚金,并对其直接负责的主管人员和其他直接责任人员,依照第一款的规定处罚。

有前两款行为,同时构成其他犯罪的,依照处罚较重的规定定罪处罚。

帮助信息网络犯罪活动罪 《刑法》第287条之二

明知他人利用信息网络实施犯罪,为其犯罪提供互联网接入、服务器托管、网络存储、通讯传输等技术支持,或者提供广告推广、支付结算等帮助,情节严重的,处三年以下有期徒刑或者拘役,并处或者单处罚金。

单位犯前款罪的,对单位判处罚金,并对其直接负责的主管人员和其他直接责任人员,依照第一款的规定处罚。

有前两款行为,同时构成其他犯罪的,依照处罚较重的规定定罪处罚。

扰乱无线电管理秩序罪 《刑法》第288条

违反国家规定,擅自设置、使用无线电台(站),或者擅自使用无线电频率,干扰无线电通讯秩序,情节严重的,处三年以下有期徒刑、拘役或者管制,并处或者单处罚金;情节特别严重的,处三年以上七年以下有期徒刑,并处罚金。

单位犯前款罪的,对单位判处罚金,并对其直接负责的主管人员和其他直接责任人员,依照前款的规定处罚。

定罪部分

【罪名概念】

扰乱无线电管理秩序罪,是指违反国家规定,擅自设置、使用无线电台(站),或者擅自使用无线电频率,干扰无线电通信正常秩序,造成严重后果的行为。

【犯罪构成】

(一)主体要件

本罪的主体为一般主体,凡达到刑事责任年龄且具备刑事责任能力的自然人,均能构成本罪,单位亦能成为本罪的主体。单位犯本罪时,实行两罚制,即对单位判处罚金,并对其直接负责的主管人员和其他直接责任人员判处相应的刑罚。

(二)主观要件

本罪在主观方面表现为直接故意,即明知其擅自设置、使用无线电站(台),或者擅自使用无线电频率的行为会干扰无线电通信的正常进行。间接故意和过失均不构成本罪。

(三)客观要件

本罪在客观方面表现为违反国家规定,擅自设置、使用无线电台(站),或者擅自使用无线电频率,干扰无线电通信正常秩序,造成严重后果的行为。

(四)客体要件

本罪侵犯的客体是国家无线电管理制度。为了加强无线电管理,保护空中电波秩序,有效利用无线电频谱资源,保证各种无线电业务的正常进行,国务院于1993年9月11日制定并颁布了《无线电管理条例》,根据该条例的规定,在中华人民共和国境内设置、使用无线电台(站)和研制、生产、进口无线发射设备以及使用辐射无线电波的非无线电设备,都必须遵守国家有关规定。无线电管理实行统一领导、统一规划、分工管理、分级负责的原则,贯彻科学管理、促进发展的方针。无线电频谱资源属国家所有。国家对无线电频谱实行统一规划、合理开发、科学管理、有偿使用的原则。无线电通信攸关人们的日常生活与社会的发展进步,任何有碍无线电通信的行为均应受到法律的制裁。

【司法解释】

最高人民法院《关于审理扰乱电信市场管理秩序案件具体应用法律若干问题的解释》

(实施日期:2000年5月12日　法释[2000]12号)(节录)

第五条　违反国家规定,擅自设置、使用无线电台(站),或者擅自占用频率,非法经营国际电信业务或者涉港澳台电信业务进行营利活动,同时构成非法经营罪和刑法第二百八十八条规定的扰乱无线电通讯管理秩序罪的,依照处罚较重的规定定罪处罚。

第十条　本解释所称"经营去话业务数额",是指以行为人非法经营国际电信业务或者涉港澳台电信业务的总时长(分钟数)乘以行为人每分钟收取的用户使用费所得的数额。

本解释所称"电信资费损失数额",是指以行为人非法经营国际电信业务或者涉港澳台电信业务的总时长(分钟数)乘以在合法电信业务中我国应当得到的每分钟国际结算价格所得的数额。

【罪名辨析】

区分本罪与非罪的界限

1. 要看行为人主观上是否具有犯罪的故意。如果是由于过失造成对其他频率的占用,不应以犯罪论处。

2. 要看行为造成的影响和破坏是否严重。如果行为轻微,社会危害不大,也不应以犯罪论处。

量刑部分

【量刑标准】

犯本罪,情节严重的,处三年以下有期徒刑、拘役或者管制,并处或者单处罚金;情节特别严重的,处三年以上七年以下有期徒刑,并处罚金。

单位犯前款罪的,对单位判处罚金,并对其直接负责的主管人员和其他直接责任人员,依照前款的规定处罚。

截至目前,尚无本罪名关于量刑的司法解释。

对聚众"打砸抢"行为的处理规定　《刑法》第289条

聚众"打砸抢",致人伤残、死亡的,依照本法第二百三十四条、第二百三十二条的规定定罪处罚。毁坏或者抢走公私财物的,除判令退赔外,对首要分子,依照本法第二百六十三条的规定定罪处罚。

聚众扰乱社会秩序罪　《刑法》第290条(一)

聚众扰乱社会秩序,情节严重,致使工作、生产、营业和教学、科研、医疗无法进行,造成严重损失的,对首要分子,处三年以上七年以下有期徒刑;对其他积极参加的,处三年以下有期徒刑、拘役、管制或者剥夺政治权利。

定罪部分

【罪名概念】

聚众扰乱社会秩序罪,是指聚众扰乱社会秩序,情节严重,致工作、生产、营业和教学、科研、医疗无法进行,造成严重损失的行为。

【犯罪构成】

(一)主体要件

本罪的主体是一般主体。但并非一切聚众扰乱社会秩序的人都能构成本罪,构成本罪的只能是扰乱社会秩序的首要分子和其他积极参加者。所谓首要分子,即在扰乱社会秩序犯罪中起组织、策划、指挥作用的犯罪分子。所谓其他积极参加者,是指除首要分子以外的在犯罪活动中起主要作用的犯罪分子。对于一般参加者,只能追究其行政责任,不能成为本罪主体。

(二)主观要件

本罪在主观方面只能由故意构成。行为人往往企图通过这种扰乱活动,制造事端,给机关、单位与团体施加压力,以实现自己的某种无理要求或者借机发泄不满情绪。由于本罪是聚众性犯罪,因而进行扰乱活动必须基于众多行为人的共同故意。这种共同故意并不要求行为人之间的故意联系十分紧密,只要行为人明确自己以及他人是在实施扰乱国家机关、企事业单位与人民团体的工作秩序的行为即可,并不要求各行为人的犯罪目的或犯罪动机完全一样。

从扰乱后果看,如果给机关、团体、单位的工作带来严重后果,造成恶劣影响,则为情节严重;从扰乱手段看,暴力性手段比非暴力性手段情节严重。

(三)客观要件

本罪的客观方面表现为以聚众的方式扰乱企事业单位、社会团体的正常活动,致使其工作、生产、营业和教学、科研、医疗无法进行,造成严重损失的行为。

所谓聚众是指纠集多人实施犯罪行为,一般应当是纠集三人以上,有起组织、策划、指挥作用的首要分子,有积极实施犯罪活动,行动特别卖力,情节比较严重的积极参加者,在犯罪分子实施犯罪过程中,有时还会有受蒙蔽的群众,被威胁的一般违法者、围观者、起哄者,纠集三人以上是指包括聚首和积极参加者在内三人以上。如果是一人或二人闹事引得众人围观起哄的,不构成本罪。聚首聚集众人的手段多种多样,可以是煽动、收买、挑拨、教唆等,聚首可以是躲在幕后唆使、策划而不亲自实施具体扰乱行为人的。

行为人扰乱礼会秩序的手段主要有聚众冲击企事业单位、社会团体所在地;在企事业单位、社会团体门前、院内大肆喧嚣吵闹;封锁大门、通道,阻止工作人员进入;围攻、辱骂、殴打工作人员;毁坏财物、设备;强占工作、营业、生产等场所;强行切断电源、水源,等等。行为人在实施本罪中,殴打工作人员,毁损公私财物构成犯罪的，应实行数罪并罚。

（四）客体要件

本罪侵犯的客体是社会秩序。这里所说的社会秩序不是广义的一般的社会秩序，而是指特定范围内的社会秩序，具体是指国家机关与人民团体的工作秩序，企业单位的生产与营业秩序，事业单位的教学与科研秩序。侵犯的对象是国家机关、企事业单位和人民团体。

【罪名辨析】

（一）本罪与违反治安管理行为的界限

两者在表现形式上可能是相同的，都是扰乱了国家机关、团体、事业单位的秩序，致使工作、生产、营业、教学、科研、医疗不能正常进行。两者的主要区别是情节是否严重，是否使国家和社会遭受严重损失。如尚未造成严重损失的，是一般违反治安管理行为，应给予治安管理处罚。

由于领导上的官僚主义，对涉及群众利益的事处理不当或者工作上的缺点失误，以致引起群众闹事、闹学潮或罢工等，要进行深入细致的思想政治工作，要与聚众扰乱社会秩序罪加以区别，对于借学潮、罢工之机，故意歪曲党的方针政策，煽动群众，提出无理要求，破坏社会正常秩序，符合本条规定的，则构成本罪。

（二）本罪同妨害公务罪的界限

1. 前者侵害的对象是国家机关、企事业单位和人民团体，后者侵害的对象是特定的国家工作人员。

2. 前者是聚众进行，后者可以是单个人进行。

3. 前者不限于采用暴力、威胁的方法，后者采用暴力、威胁的方法。

（三）本罪与聚众冲击国家机关罪的界限

聚众冲击国家机关的行为原本属于扰乱社会秩序的行为的一种，刑法鉴于国家机关正常活动对于维护社会稳定的重要性，将其单独规定为一罪。两罪的犯罪客体不同。本罪客体是企事业单位、社会团体的正常活动秩序。聚众冲击国家机关罪的客体是国家机关的正常活动；两罪的犯罪对象不同，聚众冲击国家机关的犯罪对象仅限于各级各类国家机关，本罪的犯罪对象是国家机关以外的其他企事业单位、社会团体。

（四）本罪与聚众扰乱公共场所、交通秩序罪的界限

本罪与上述后两罪的主体、客观方面均十分相似，主要区别在于上述后两罪发生在车站、码头、民用航空站、商场、公园等公共场所，破坏的是公共场所的秩序；本罪发生在企事业单位、社会团体所在地，破坏的是这些单位的工作、生产、教学、科研秩序。上述两罪行为人必须同时具有抗拒、阻碍国家治安管理工作人员依法执行职务，情节严重的情节，本罪无须具有，实践中往往由于有些企事业单位社会团体所在地本身处于或靠近车站、码头、民用航空站、公园等公共场所，所以行为人聚

众扰乱社会秩序时会造成公共场所秩序遭到破坏、交通秩序遭到破坏的后果;也可能在行为人聚众实施上述两罪时导致这些企事业单位、社会团体无法工作,造成严重损失。实践中可以从犯罪目的着手加以区别。一般来说,本罪行为人目的是直接针对特定的企事业单位、社会团体的,而上述两罪行为人并不以扰乱特定单位工作秩序为目的,对于前一种情形应以本罪论处,造成公共场所秩序、交通秩序混乱的后果应作为衡量情节是否严重的因素之一。对于后一种情形,如果行为人主观上构成间接故意、客观上造成严重损失的,应按吸收犯处理,以本罪论处;如果行为人对致使企事业单位、社会团体无法工作,造成严重损失,主观上属于过失的,不构成本罪,但应将这一危害后果作为量刑时的考虑因素。

量刑部分

【量刑标准】

犯本罪,造成严重损失的,对首要分子,处三年以上七年以下有期徒刑;对其他积极参加的,处三年以下有期徒刑、拘役、管制或者剥夺政治权利。

截至目前,尚无本罪名关于量刑的司法解释。

聚众冲击国家机关罪　《刑法》第290条(二)

聚众冲击国家机关,致使国家机关工作无法进行,造成严重损失的,对首要分子,处五年以上十年以下有期徒刑;对其他积极参加的,处五年以下有期徒刑、拘役、管制或者剥夺政治权利。

定罪部分

【罪名概念】

聚众冲击国家机关罪,是指组织、策划、指挥或者积极参加聚众强行侵入国家机关的活动,致使国家机关工作无法进行,造成严重损失的行为。

【犯罪构成】

(一)主体要件

本罪主体为一般主体,凡年满十六周岁且具备刑事责任能力的自然人均能构成本罪。但并非一切聚众冲击国家机关的人均构成本罪,构成本罪的只能是聚众冲击国家机关的首要分子和其他积极参加者。所谓首要分子,即在聚众冲击国家机关犯罪中起组织、策划、指挥作用的犯罪分子;所谓其他积极参加者,是指除首要分子以外的在犯罪活动中起主要作用的犯罪分子。对于一般参加者,只能追究其行政责任,不能成为本罪主体。

（二）主观要件

本罪在主观方面只能由故意构成。行为人往往企图通过冲击活动，制造事端，给国家机关施加压力，以实现自己的某种无理要求或者借机发泄不满情绪。由于本罪是聚众性犯罪，因而进行冲击活动必须基于众多行为人的共同故意，但不要求行为人间的故意联系十分紧密，只要行为人明确自己是在实施冲击国家机关的行为即可。

（三）客观要件

本罪的客观方面表现为聚众冲击国家机关，致使国家机关无法工作，造成严重损失的行为。

聚众，是指在为首分子的纠集下，三人以上的多人实施犯罪行为。聚众犯罪人数众多，参加人员情况复杂。根据本条第二款的规定只有首要分子和其他积极参加的才构成犯罪，首要分子纠集众人的方式可以是言语煽动、挑拨、金钱收买、胁迫等。聚众犯罪除了首要分子外，一般还有其他积极参加犯罪的人员，他们相互配合构成一个整体的犯罪行为，因此一人犯罪多人围观起哄的，虽然人数众多，但不构成聚众犯罪。

所谓聚众冲击是指在首要分子纠集下，多人强行冲闯国家机关门禁；包围国家机关驻地；用石块、杂物投掷、袭击；切断电源、水源、电话线等；堵塞通道，阻止国家工作人员出入；强占办公室、会议室，辱骂、追打工作人员；毁损公共财物、毁弃档、材料；强行侵入、占据办公场所拒不退出等。另外，行为人聚众冲击的是国家机关而不是一般的社会组织，根据本条第一款的规定，聚众冲击企事业单位、社会团体的，构成聚众扰乱社会秩序罪。实践中有些国家机关与非国家机关在同一处所办公，行为人聚众冲击国家机关所在地，往往也致使非国家机关无法工作，造成严重损失，对此应按想象竞合犯从一重罪处断，即按聚众冲击国家机关罪论处。如果行为人聚众扰乱上述非国家机关工作秩序，同时致使国家机关无法工作，造成严重损失的，一般来说，行为人对于国家机关受到冲击的后果至少是持间接故意态度的，应按想象竞合犯从一重处断，既仍应以聚众冲击国家机关论处，如某县人民政府与该县党委在同一院内办公，行为人聚众扰乱、冲击该县党委，同时致使该县人民政府办公处所被捣毁，无法工作，造成严重损失，应按聚众冲击国家机关罪而非聚众扰乱社会秩序罪论处。对于数个国家机关在同一处所办公，行为人聚众冲击其中之一而致其他国家机关无法工作，造成严重损失的，符合一罪特征，但应将其他机关遭受损失的情况作为量刑情节予以考虑，行为人出于一个概括的故意，连续冲击数个国家机关的，应以连续犯处断，即只定一罪，但行为人造成的损失量刑时要予以考虑。

本罪客观方面必须因聚众冲击国家机关致使国家机关无法正常工作，造成严重损失。损失包括有形的财产利益损失和无形的政治利益、社会公共利益损失两方面。财产利益损失,是指因行为人的行为直接造成国家机关所有或管理使用中的财产的毁损灭失加行为人捣毁的办公设备等或者因国家机关无法工作而使具体管理事项的相对人蒙受的物质利益损失(包括现行财产的损失和具备充分成就条件的可得利益的损失),如行为人聚众冲击消防管理机关,致使火灾受害人未得到及时救助所致损失。政治利益、社会公共利益损失,是指使国家机关尊严受到损害、威信降低,使社会公众遵纪守法的良好风气遭到破坏或者因致使国家机关无法工作而造成的社会公共事务得不到管理所带来的不能精确计算的损失。财产利益的损失是否严重应以损失的数额来衡量。政治利益、社会公共利益损失是否严重可以从行为人的行为致使国家机关工作无法正常进行的状态持续时间的长短,行为手段的严重程度,社会影响面的大小,所耽误的具体管理事项的重要程度等方面掌握,一般来说,具备聚集人数特别众多、持续时间较长的;手段严重的,如有打砸抢行为的;造成恶劣影响或负面影响长期无法消除的,如聚众冲击国务院所在地造成重大影响;所耽误的具体管理事项关乎国家或社会重大利益的,如聚众冲击全国人大所在地,致使全国人大会议或常委会议或其他重要会议无法举行的等情节的,就可以认定为造成严重损失。实践中还应当注意时间、条件的特殊性也会影响行为性质的严重程度,如在自然灾害发生时或国家面临重大事件时聚众冲击国家机关所造成的损失显然比普通时间或条件下要严重得多。

衡量损失是否严重要从物质利益损失和政治、社会利益损失两方面着手。由于国家机关职能的公共性,聚众冲击国家机关造成的物质损失往往并不严重,所以对于这类行为的社会、政治影响要有充分的估计和准确的把握,这一点是与聚众扰乱社会秩序罪不同的。

(四)客体要件

本罪侵犯的客体是国家机关的正常工作秩序,国家机关的正常工作秩序是指国家机关依法开展各项工作所需的良好的外部环境与条件,聚众冲击国家机关就是破坏这种良好环境与条件,使得国家机关无法正常工作。聚众冲击国家机关常常会给国家机关的具体管理事项造成不利影响,甚至使之无法正常进行,但聚众冲击国家机关一般并不是直接针对国家机关的某项具体事务。即使在因不满某项具体国家管理活动而聚众冲击国家机关的情况下,行为人也并不是直接妨害国家机关执行该项管理事务,而是企图通过这种方式发泄不满,或试图向国家机关施加压力,因此这种行为破坏的是国家机关的正常工作秩序,从整体上妨害了国家机关的正常管理活动。

本罪的犯罪对象是各级各类国家机关。国家机关是指依法设立的具有特定国家管理职能,负责管理各项国家和社会公共事务的组织。根据其地位的不同,可以分为中央和地方国家机关;根据其性质的不同,可以分为立法、行政、司法机关和国家军事机关等。根据宪法和有关组织法的规定,国家机关主要有全国人大及其常务委员会、县级以上人大及其常务委员会、乡人民代表大会主席团；国务院及其各部门委员会、办事机构、直属机构，县以上人民政府及其工作部门、乡人民政府、有些地方由省级或县级人民政府派出的工作机构；各级人民法院与检察院；各级军事管理机关（但聚众冲击军事禁区、军事管理部门的行为不构成本罪）。应当注意的是，本罪中的国家机关是指中华人民共和国的国家机关，外国驻我国的使领馆、国际组织设在我国的机构都不属于本罪犯罪对象。

量刑部分

【量刑标准】

犯本罪，造成严重损失的，对首要分子，处五年以上十年以下有期徒刑；对其他积极参加的，处五年以下有期徒刑、拘役、管制或者剥夺政治权利。

截至目前，尚无本罪名关于量刑的司法解释。

扰乱国家机关工作秩序罪　《刑法》第290条（三）

多次扰乱国家机关工作秩序，经行政处罚后仍不改正，造成严重后果的，处三年以下有期徒刑、拘役或者管制。

组织、资助非法聚集罪　《刑法》第290条（四）

多次组织、资助他人非法聚集，扰乱社会秩序，情节严重的，依照前款的规定处罚。

聚众扰乱公共场所秩序、交通秩序罪　《刑法》第291条（一）

聚众扰乱车站、码头、民用航空站、商场、公园、影剧院、展览会、运动场或者其他公共场所秩序，聚众堵塞交通或者破坏交通秩序，抗拒、阻碍国家治安管理工作人员依法执行职务，情节严重的，对首要分子，处五年以下有期徒刑、拘役或者管制。

定罪部分

【罪名概念】

聚众扰乱公共场所秩序、交通秩序罪，是指聚众扰乱车站、码头、民用航空站、商场、公园、影剧院、展览会、运动场或者其他公共场所秩序，聚众堵塞交通或者破坏交通秩序,抗拒、阻碍国家治安管理工作人员依法执行职务,情节严重的行为。

【关联法律】

《集会游行示威法》

【犯罪构成】

(一)主体要件

本罪主体是一般主体。凡年满十六周岁且具有刑事责任能力的自然人均能构成本罪。但只能是聚众扰乱公共场所秩序、交通秩序的首要分子,即在聚众犯罪中起组织、策划、指挥作用的分子。对于一般参加者,应追究其行政责任,不以本罪论处。但是,如果一般参加者在扰乱活动中犯有其他罪行,如行凶杀人、伤人、毁坏大量公私财物等,应按其触犯的罪名定罪量刑。

(二)主观要件

本罪在主观方面只能是故意。行为人聚众扰乱公共场所秩序或交通秩序的目的,一般是制造事端,给有关机关、部门施加压力,以满足其某些无理要求。

(三)客观要件

本罪在客观方面表现为聚众扰乱公共场所或交通秩序,情节严重的行为。

聚众是本罪客观方面的重要特征。所谓聚众,是指聚集众多的人参加,除首要分子外,参加活动的人往往是不确定的,人数可能随时有所增减。聚众扰乱,就是指由首要分子组织、策划、领导、指挥,聚集纠合多人,破坏公共场所秩序,堵塞交通或破坏交通秩序,抗拒、阻碍国家治安管理工作人员依法执行职务,至于这种犯罪行为的具体表现形式,则可能是多种多样的。

聚众扰乱公共场所秩序的行为通常包括在公共场所聚众拥挤、起哄闹事;在人群集结地进行煽动性讲演游说,静坐示威;冲击会场、影剧院、展览会、运动场等公共场所;围攻、殴打公共场所维护秩序的治安管理工作人员,严重妨害社会正常生活或者给国家和人民利益造成严重损失。

聚众扰乱交通秩序的行为,通常包括在交通要道上聚众长时间停留,堆积物品或设置障碍物,封锁出入通道,阻断交通,聚众拦截火车、汽车等交通工具,聚众游行或者静坐示威,造成交通堵塞、秩序混乱;强占指挥设施,毁坏公共交通设施;以暴力或非暴力的手段抗拒、阻碍国家治安管理工作人员依法维护交通秩序,等等。

(四)客体要件

本罪侵犯的客体是公共场所秩序或交通秩序。公共场所秩序是指保证公众安全地顺利出入、使用公共场所所规定的公共行为规则。公共场所根据本条所列举的主要有:车站、码头、民用航空站、商场、公园、影剧院、展览会、运动场等。其他公共场所包括礼堂、公共食堂、游泳池、浴池、贸易集市等其他供不特定多数人使用的场所。公共场所具有公共性的特点，凡为不特定的多数人随时出入、停留、使用的场所，皆可认定为公共场所。所谓交通秩序，是指交通工具与行人在交通线路安全顺利通行的交通正常状态。它是依靠交通规则维持的，公共场所与交通线路皆具有人员聚集量大、流动量大的特征，如果这种秩序受到破坏，就会出现混乱状态。

【罪名辨析】

本罪与聚众扰乱社会秩序罪的界限

两者的相同点是：从客观方面看，两者的扰乱行为都是聚众进行的；从主观上看，都是出于故意，而且都以某种借口，意图通过聚众扰乱活动来对有关部门施加压力，以实现自己的某种要求，情节要求上，都要求"情节严重"才能构成犯罪。两者的主要区别是：一是犯罪行为发生的场所不同。本罪发生在车站、码头、公园、运动场、展览会、影剧院等公共场所或者交通要道等人员集结和通行的地方；而扰乱社会秩序罪发生的场所一般在机关、单位、团体的门前、院内。二是侵犯的直接客体不同。本罪侵犯的直接客体是公共场所秩序或者交通秩序；而扰乱社会秩序罪侵犯的直接客体是机关、单位团体的生产、工作、营业和教学、科研、医疗的秩序。三是对犯罪主体的具体要求不同。本罪的主体仅限于首要分子；而扰乱社会秩序罪的主体则即有首要分子，又有其他积极参加者。

量刑部分

【量刑标准】

犯本罪，情节严重的，对首要分子，处五年以下有期徒刑、拘役或者管制。

截至目前，尚无本罪名关于量刑的司法解释。

投放虚假危险物质罪　《刑法》第291条之一（一）

投放虚假的爆炸性、毒害性、放射性、传染病病原体等物质，严重扰乱社会秩序的，处五年以下有期徒刑、拘役或者管制；造成严重后果的，处五年以上有期徒刑。

定罪部分

【罪名概念】

投放虚假危险物质罪，是指以制造恐怖气氛或报复他人为目的，投放虚假的爆炸性、毒害性、放射性、传染病病原体等物质，扰乱社会秩序的行为。

【犯罪构成】

(一)主体要件

本罪主体为一般主体,凡达到法定刑事责任年龄且具备刑事责任能力的自然人均能构成本罪。

(二)主观要件

本罪在主观方面表现为故意。即明知是虚假的爆炸性、毒害性、放射性、传染病病原体等物质,也知道自己的投放行为会扰乱社会秩序,而仍决意为之。过失不能构成本罪。不知道是虚假的危险物质,以为是其他非危险物质如被骗而为他人投放的,则不能构成犯罪。不知道是虚假的危险物质,以为是真实的危险物质而出于故意投放的,则属于投放危险物质罪未遂,不能以本罪论处。本是真实的危险物质,因受欺骗误认为是虚假的危险物质而出于投放虚假危险物质、扰乱社会秩序的故意投放的,即使对危险物质的认识存在过失,也因行为人出于本罪的故意实施了投放行为,应以本罪行为论,不能以过失投放危险物质行为论。本是真实的危险物质,误认为是爆炸性、毒害性、放射性、传染病病原体等危险物质以外的其他物质并不出于本罪故意而投放的,如果存在过失,并且致人重伤、死亡或使公私财产遭受重大损失的,应以过失投放危险物质罪、过失致人重伤罪等依法追究行为人的刑事责任;没有过失或者虽有过失但未造成严重后果即致人重伤、死亡也未导致财产遭受重大损失的,则不构成犯罪。至于其动机,可多种多样,有的是为了发泄不满,扰乱社会秩序;有的是精神空虚,寻求畸形的心理满足;有的是借机向社会施压,以满足其某种要求,等等。不管动机如何,不影响本罪成立。

(三)客观要件

本罪在客观方面表现为投放虚假的爆炸性、毒害性、放射性、传染病病原体等危险物质,严重扰乱社会秩序的行为。

有投放的行为。所谓投放,是指采取各种方法如放置、放入、喷撒、投递等将虚假的爆炸性、毒害性、放射性、传染病病原体等危险物质置于人们的生活、工作或社会环境中,以扰乱社会秩序。如将某种非危险物质投入公用水井、水池、水缸、饭菜中,谎称投入的是毒害性危险物质;将某种非危险物质的粉末夹在信件、邮物中,到处邮寄,谎称信件、邮物中含有某种传染病如炭疽热病病原体;在歌厅、舞厅、夜总会、饭馆、酒吧等人员集中的地方,放入某种非危险气体,谎称是毒害性气体;在公共汽车上放置某种非爆炸性机械装置,谎称是炸弹,等等。投放行为使得一些非危险物质置于某一地方中,人们能够感觉到,但不知真相,误认为是危险物质,从而造成慌乱不安。如果没有投放行为或者在人们面前实施虚假的投放行为,仅是借某种本身存在的状态谎称已经投放了危险物质,则因缺少本罪的必要行为而不能构成本罪,构成犯罪的,应当以编造、故意传播虚假恐怖信息罪论处。至于投放的地点,一般是工厂、矿场、油田、港口、河流、水源、仓库、住宅、森林、农场、谷场、牧场、重要建筑物、公用水池、舞厅、夜总会、医院、学校、展览馆、博物馆等公共场所。当然，在非公共场所如在非特定的他人家里投放虚假的危险物质，同样可以借之搅乱社会秩序，引起社会公众恐慌，因此，也可以成本罪。

投放的必须是虚假的危险物质。如果投放的是真实的危险物质，则应根据行为是否有罪过，有罪过是故意还是过失而以投放危险物质罪、过失投放危险物质罪、过失致人死亡罪、过失致人重伤罪等论处或者不构成犯罪。虚假的危险物质，是指非真实的、虚假的危险物质。既包括根本没有危险因素的一般性物质，又包括含有危险因素的非危险物质，如含有人工放射性核素或含天然放射性核素的放射性废物、非传染病的病原体等。司法实践中，行为人投放的一般是后者那种具有危险性因素仅不能归属于危险物质范围的非危险物质。因为投放这种虚假的非危险物质更易使人们误认为是真实的危险物质，从而引起公众恐慌，进而达到行为人扰乱社会秩序的目的。危险物质的概念，参见投放危险物质罪等介绍。

投放虚假危险物质的行为必须严重扰乱了社会秩序，才能构成本罪。虽有投放虚假危险物质的行为，但没有因此扰乱社会秩序，或者虽然扰乱了社会秩序，没有达到严重的程度，都不能以犯罪论处。所谓扰乱社会秩序，是指正常的社会秩序受到干扰、破坏，变得混乱、无序，人民群众的工作、生活、生产、经营、教学、科研等活动受到了较大影响。所谓严重扰乱社会秩序，则是指社会秩序已经不是一般性的被干扰、破坏，而是达到了相当的程度，如在学校、医院投放虚假的危险物质，引起学生、病人恐慌，致使学校停课、医院无法给病人看病；在公共食物饭菜中投放了有一定危害但不属于毒害性的物质，致使他人食后中毒；因为投放虚假危险物质，造成恐慌，被不法分子趁机打劫，造成恶劣影响；因其投放虚假危险物质行为，造成警察频繁出动，严重影响公安正常的执法活动；因为投放虚假险物质致使社会秩序恶化，影响本地区与外地之间正常的经济贸易关系，如造成招商引资困难，等等。

行为人投放了虚假的危险物质后，往往还要采取各种方式让他人认为投放的是真实的危险物质，如加以明示，或散布传播有人投放了危险物质的消息，等等。这一行为并不为本罪所要求，只要其行为足以使人们误认为有人投放了真实的危险物质，并且严重扰乱社会秩序的，即可构成本罪。如有后面这些散布、传播虚假信息的行为，又触犯编造、故意传播虚假恐怖信息罪，属于本罪的事后不可罚的行为，为吸收犯，应以本罪一罪论处。投放了虚假的危险物质后，又叫他人散布传播，或他人主动捏造传播说投放的是真实的危险物质，他人如果知道所投放的是虚假危险物质，则他人的行为属于独立的编造、故意传播虚假的恐怖信息行为，构成犯罪的，属于编造、故意传播虚假恐怖信息罪。

（四）客体要件

本罪所侵害的客体为社会公共秩序。即国家对社会管理所形成的社会公共秩序。它包括国家机关、企业、事业单位、人民团体等单位的工作、生产、营业及教学、科研、医疗秩序,又包括车站、码头、民用航空站、商场、公园、影剧院、展览会、运动场等公共场所的秩序及交通秩序,还包括人民群众的工作日常生活秩序。投放虚假的爆炸性、毒害性、放射性、传染病病原体等物质,必然带来社会公众心理恐慌,破坏正常的社会公共秩序,引发社会秩序的混乱。本罪属于恐怖活动犯罪。

【罪名辨析】

(一)本罪与投放危险物质罪的界限

二者的区别主要是:(1)主体不同。本罪的主体为年满十六周岁具有刑事责任能力的自然人;而后罪中的投放毒害性物质的行为,年满十四周岁不满十六周岁具有刑事责任能力的人亦可构成其罪。(2)主观故意的内容不同。本罪主观故意的内容表现为明知是虚假的危险物质即知道不是真实的危险物质而投放,是行为人出于某种动机企图造成恐怖气氛,严重扰乱了社会秩序;而后罪则是明知是真实的危险物质而决意投放,其意在危害不特定人身、财产的公共安全。(3)客观方面表现不同。本罪在客观方面表现为投放虚假的危险物质,并且严重扰乱了社会秩序的行为,仅有投放行为不能构成本罪;而后罪在客观方面表现为投放危险物质的行为,属行为犯,只要有投放危险物质的行为,除非情节显著轻微危害不大,即可构成其罪。(4)犯罪对象不同。本罪行为的对象为虚假的爆炸性、毒害性、放射性、传染病病原体等危险物质;而后罪对象则是真实的毒害性、放射性、传染病病原体等危险物质。(5)侵害的客体不同。本罪的客体为社会秩序;后罪在客观上虽然也会严重扰乱社会秩序,但这是对不特定人身、财产安全这一客体侵害的自然结果,行为直接指向公共安全,而非社会秩序。

(二)本罪与过失投放危险物质罪的界限

二者的区别主要是:(1)主观方面不同。本罪必须出于故意,即明知是虚假的危险物质而决意投放。过失不能构成本罪。本是真实的危险物质误认为是虚假的危险物质而决意投放的,也可构成本罪;而后罪必须出于过失,即确实不知道是危险物质而投放,或者误认为是虚假的危险物质并不出于本罪扰乱社会秩序的目的而投放的,则属过失投放危险物质行为,构成犯罪的,应以过失投放危险物质罪、过失致人死亡罪等论处,而不是构成本罪。(2)客观方面表现不同。本罪在客观方面表现为投放虚假危险物质,并且严重扰乱社会秩序的行为,并不以造成严重后果为必要,造成严重后果为本罪的重罪情节,属于量刑情节的范畴;而后罪在客观方面表现为投放危险物质,造成严重后果行为,造成严重后果,是其定罪情节而非量刑情节。就造成严重后果的内容而言,两者也有区别。在后罪中,造成严重后果,是指致人重伤、死亡或者使公私财产遭受重大损失;在本罪中,造成严重后果,既包括致人重伤、死亡,又包括使公私财物遭受重大损失,还包括其他利益如机关、企业、事业单位因投放虚假危险物质停工、停产造成的经济利益损失,以及非物质性损失和恶劣影响等。(3)对象不同。本罪的物件为虚假的危险物质;后罪的对象则为真实的危险物质。(4)客体不同。本罪所侵害的客体为社会秩序;后罪所侵害的客体为不特定人身、财产的公共安全。

(三)本罪与聚众扰乱社会秩序罪的界限

两者在主体、主观方面、客体等方面有相同或类似之处。二者之间的区别是:(1)主体的身份不同。本罪的主体为一般主体,年满十六周岁具有刑事责任能力的人实施了本罪行为,即可构成本罪。在共同犯罪中,构成主体也不以首要分子为必要;后罪的主体虽然也为一般主体,但必是聚众扰乱社会秩序的首要分子或其他积极参加者,非首要分子和其他积极参加者不能构成其罪。(2)主观故意的内容不同。本罪为明知是虚假的危险物质为扰乱社会秩序而故意投放;后罪则为明知自己聚众实施的行为会扰乱社会秩序而决意实施。(3)客观方面表现不同。本罪表现为投放虚假危险物质,严重扰乱社会秩序的行为;后罪表现为聚众实施各种各样的扰乱社会秩序,致使工作、生产、营业和教学、科研、医疗无法进行,造成严重损失的行为。(4)客体的范围不同。两罪的客体虽然都为社会秩序,但本罪所侵害的比后罪广泛得多。后者仅为社会秩序中的一部分,为机关、企业、事业单位、人民团体等单位的工作、生产、营业和教学、科研、医疗秩序。前者除后者外,还包括公共场所秩序、交通秩序以及人民群众的工作生活秩序等。行为人如果采取投放虚假的爆炸性、毒害性、放射性、传染病病原体等危险物质的方法,聚众扰乱社会秩序,致使工作、生产、营业和教学、科研、医疗无法进行,造成严重损失的,既触犯本罪即投放虚假危险物质罪,又触犯后罪即聚众扰乱社会秩序罪,属牵连犯,应择重罪以本罪定罪处罚。

投放虚假的爆炸性、毒害性、放射性、传染病病原体等危险物质的行为,可以用来煽动他人进行其他犯罪,如煽动分裂国家,煽动颠覆国家政权,煽动民族仇恨、民族歧视,煽动暴力抗拒法律实施,煽动聚众扰乱社会秩序,煽动聚众冲击家机关,煽动聚众扰乱公共场所秩序、交通秩序,等等,这时既会触犯本罪,又会触犯他罪,如煽动分裂国家罪、煽动颠覆国家政权罪、煽动民族仇恨、民族歧视罪、聚众扰乱社会秩序罪等,属牵连犯,对之应当择一重罪定罪处罚,不能实行并罚。

量刑部分

【量刑标准】

犯本罪,严重扰乱社会秩序的,处五年以下有期徒刑、拘役或者管制;造成严重后果的,处五年以上有期徒刑。

截至目前,尚无本罪名关于量刑的司法解释。

编造、故意传播虚假恐怖信息罪 《刑法》第291条之一(二)

编造爆炸威胁、生化威胁、放射威胁等恐怖信息,或者明知是编造的恐怖信息而故意传播,严重扰乱社会秩序的,处五年以下有期徒刑、拘役或者管制;造成严重后果的,处五年以上有期徒刑。

【罪名概念】

编造、故意传播虚假恐怖信息罪,是指编造爆炸威胁、生化威胁、放射威胁等恐怖信息,或者故意传播编造的恐怖信息,严重扰乱社会秩序的行为。

【司法解释】

1. 最高人民法院、最高人民检察院《关于办理妨害预防、控制突发传染病疫情等灾害的刑事案件具体应用法律若干问题的解释》

(实施日期:2003年5月14日 法释[2003]8号)(节录)

第十条 编造与突发传染病疫情等灾害有关的恐怖信息,或者明知是编造的此类恐怖信息而故意传播,严重扰乱社会秩序的,依照刑法第二百九十一条之一的规定,以编造、故意传播虚假恐怖信息罪定罪处罚。

利用突发传染病疫情等灾害,制造、传播谣言,煽动分裂国家、破坏国家统一,或者煽动颠覆国家政权、推翻社会主义制度的,依照刑法第一百零三条第二款、第一百零五条第二款的规定,以煽动分裂国家罪或者煽动颠覆国家政权罪定罪处罚。

2. 最高人民法院《关于审理编造、故意传播虚假恐怖信息刑事案件适用法律若干问题的解释》

(实施日期:2013年9月30日 法释[2013]24号)

为依法惩治编造、故意传播虚假恐怖信息犯罪活动,维护社会秩序,维护人民群众生命、财产安全,根据刑法有关规定,现对审理此类案件具体适用法律的若干问题解释如下:

第一条 编造恐怖信息,传播或者放任传播,严重扰乱社会秩序的,依照刑法第二百九十一条之一的规定,应认定为编造虚假恐怖信息罪。

明知是他人编造的恐怖信息而故意传播,严重扰乱社会秩序的,依照刑法第二百九十一条之一的规定,应认定为故意传播虚假恐怖信息罪。

第二条 编造、故意传播虚假恐怖信息,具有下列情形之一的,应当认定为刑法第二百九十一条之一的"严重扰乱社会秩序":

(一)致使机场、车站、码头、商场、影剧院、运动场馆等人员密集场所秩序混乱,或者采取紧急疏散措施的;

（二）影响航空器、列车、船舶等大型客运交通工具正常运行的；

（三）致使国家机关、学校、医院、厂矿企业等单位的工作、生产、经营、教学、科研等活动中断的；

（四）造成行政村或者小区居民生活秩序严重混乱的；

（五）致使公安、武警、消防、卫生检疫等职能部门采取紧急应对措施的；

（六）其他严重扰乱社会秩序的。

第三条　编造、故意传播虚假恐怖信息，严重扰乱社会秩序，具有下列情形之一的，应当依照刑法第二百九十一条之一的规定，在五年以下有期徒刑范围内酌情从重处罚：

（一）致使航班备降或返航；或者致使列车、船舶等大型客运交通工具中断运行的；

（二）多次编造、故意传播虚假恐怖信息的；

（三）造成直接经济损失二十万元以上的；

（四）造成乡镇、街道区域范围居民生活秩序严重混乱的；

（五）具有其他酌情从重处罚情节的。

第四条　编造、故意传播虚假恐怖信息，严重扰乱社会秩序，具有下列情形之一的，应当认定为刑法第二百九十一条之一的“造成严重后果”，处五年以上有期徒刑：

（一）造成三人以上轻伤或者一人以上重伤的；

（二）造成直接经济损失五十万元以上的；

（三）造成县级以上区域范围居民生活秩序严重混乱的；

（四）妨碍国家重大活动进行的；

（五）造成其他严重后果的。

第五条　编造、故意传播虚假恐怖信息，严重扰乱社会秩序，同时又构成其他犯罪的，择一重罪处罚。

第六条　本解释所称的“虚假恐怖信息”，是指以发生爆炸威胁、生化威胁、放射威胁、劫持航空器威胁、重大灾情、重大疫情等严重威胁公共安全的事件为内容，可能引起社会恐慌或者公共安全危机的不真实信息。

【犯罪构成】

（一）主体要件

本罪主体为一般主体，凡达到法定刑事责任年龄且具备刑事责任能力的自然人均能构成本罪。

（二）主观要件

本罪在主观方面必须出于故意，即为了扰乱社会秩序，明知没有爆炸威胁、生化威胁、放射威胁等恐怖威胁，却加以编造，或者明知是编造的虚假恐怖信息而加以传播。过失不能构成本罪。确实不知是虚假的恐怖信息而误认为是真实的恐怖信息,或者将某种非恐怖威胁的行动误认为是恐怖行动而加以编辑、发布,不构成本罪。至于其动机,可多种多样,有的是想制造恐怖气氛;有的是对社会不满,制造混乱,发泄私愤;有的是想借此向社会施压企图满足自己的某种要求;有的是精神空虚无聊,借之寻找畸形乐趣,等等。动机如何,并不影响本罪成立。

(三)客观要件

本罪在客观方面表现为编造爆炸威胁、生化威胁、放射威胁等恐怖信息,或者传播编造的恐怖信息,严重扰乱社会秩序的行为。

必须具有编造、传播之一的行为。所谓编造,是指毫无根据的、无中生有凭空捏造、胡编乱造。其结果是产生虚假的即不存在、不真实、与事实不符的信息。所谓传播,是指采取各种方式将恐怖信息广泛加以宣扬、散布、扩散,以让公众知道。如只是在个别亲友之间加以议论,没有广泛散布、宣扬的,则不能构成本罪。至于编造、传播方式,可多种多样。有的采取口头方式编造、宣扬,或通过他人向外扩散等;有的采取书面方式,如在报纸、书刊、杂志、布告、标语、广告、信件等编造、散布;有的采用电话、电视、电影、录音、录像、互联网、电邮件、手机短信、传真等现代化的信息传播手段编造、扩散,等等。无论其方式如何,只要是将并不存在的恐怖信息杜撰出来,或者传播出去让不特定的公众知道,引起了恐慌,扰乱了社会秩序,即可构成本罪。至于传播是单个传播,还是当众向多人传播;是当面传播,还是以不当面的方式如将编造的恐怖信息通过电报、传真、电子邮件、手机短信扩散等,则不影响本罪传播行为的认定。

编造或传播的必须是虚假的恐怖信息。编造或传播的不是有关恐怖活动的信息,或者编造、传播的虽是有关恐怖信息但不是虚假的恐怖信息,即使造成了一定社会秩序的混乱,也不构成犯罪,构成犯罪的,应以他罪论处。如编造并传播证券、期货交易方面的虚假信息,扰乱证券、期货交易市场,造成严重后果的,应以编造并传播证券、期货交易虚假信息罪依法治罪科刑。如果编辑或传播的为真实的恐怖信息,即使严重扰乱了社会秩序,也不能构成本罪,构成犯罪的,也是他罪如故意泄露国家秘密罪、过失泄露国家秘密罪等论处。所谓恐怖信息,是指爆炸威胁、生化威胁、放射威胁等能使公众为自己生命、健康、财产惶恐不安由此产生恐怖气氛的信息。爆炸威胁、放射威胁,是指有人借用爆炸性、放射性物质进行恐怖活动威胁。生化威胁,则是指有人借用细菌、病毒如鼠疫杆菌、肉毒杆菌、炭疽杆菌、天花病毒、沙门氏菌、霍乱病菌等乃至生物武器(以细菌或病毒为制剂研制而成的大规模杀伤性武器,又称细菌武器或病毒武器),进行恐怖活动,危及不特定人身、财产安全的威胁。其危害更大,范围更广,尚无切实有效的应对措施,极易引起公众恐慌,严重扰乱社会秩序。

编造或传播编造的恐怖信息的行为必须严重扰乱了社会秩序,才可构成本罪。

虽有编造恐怖信息或者传播编造的恐怖信息的行为,但没有扰乱社会秩序,如编造了但没有传播出去,或只是在特定的亲戚朋友中谈论并未扩散的,或者虽然扰乱了社会秩序,但没有严重扰乱社会秩序的,也不能构成本罪。

(四)客体要件

本罪所侵害的客体为社会公共秩序。即国家对社会管理所形成的社会公共秩序。它包括国家机关、企业、事业单位、人民团体等单位的工作、生产、营业及教学、科研、医疗秩序,又包括车站、码头、民用航空站、商场、公园、影剧院、展览会、运动场等公共场所的秩序及交通秩序,还包括人民群众的工作日常生活秩序。投放虚假的爆炸性、毒害性、放射性、传染病病原体等物质,必然带来社会公众心理恐慌,破坏正常的社会公共秩序,引发社会秩序的混乱。本罪属于恐怖活动犯罪。

【罪名辨析】

(一)本罪与投放虚假危险物质罪界限

本罪与后罪在主体、主观方面、犯罪客体等方面有相同或类似之处。

二者之间的区别是:(1)主观故意的内容不同。本罪的主观故意内容为明知编造、传播的是虚假恐怖信息而仍决意为之;后罪的主观故意内容却表现为明知是虚假的危险物质而决意投放。(2)行为方式不同。前罪表现为编造爆炸威胁、生化威胁、放射威胁等恐怖信息,或者故意传播编造的恐怖信息;后罪的行为方式表现为投放虚假的爆炸性、毒害性、放射性、传染病病原体等危险物质。(3)犯罪对象不同。本罪的对象为虚假的恐怖信息。后罪的对象则为虚假的危险物质,等等。行为人如果投放虚假的爆炸性、毒害性、放射性、传染病病原体等危险物质后,再编造成为恐怖信息传播出去,后面的编造并传播行为乃为前面的投放虚假危险物质的自然结果,属事后不可罚行为,应以后罪投放虚假危险物质罪定罪处罚。但是,行为人投放虚假危险物质之后,不是进行编造恐怖信息或传播,而是编造另外的虚假恐怖信息或者传播编造的另外虚假恐怖信息,由于后行为与前行为并不存在必要的按一罪处罚的关系,两者都构成犯罪的,则应以本罪与后罪实行并罚,不能以一罪论处。

(二)本罪与编造并传播信息罪界限

后罪是指编造并且传播影响证券、期货交易的虚假信息,扰乱证券、期货交易市场,造成严重后果的行为。二者的区别主要有:(1)主体不同。本罪主体为自然人,单位不能构成其罪;后罪主体却既包括自然人,又包括单位。(2)主观故意内容不同。本罪的主观故意内容为明知编造或传播的是虚假的恐怖信息为了扰乱社会秩序而仍决意为之;后罪的主观故意内容却为明知编造并传播的是虚假的证券、期货交易信息为扰乱证券、期货交易秩序而仍决意为之。(3)行为方式不同。本罪的行为方式为编造或传播虚假恐怖信息的行为。编造虚假恐怖信息和传播虚假恐怖信息两行为只要具有其中之一,即可构成本罪;后罪的行为方式则表现为编造并且传播影响证券、期货交易的虚假信息。编造行为和传播行为必须同时具备,才能构成其罪。只有其中之一的,不能以犯罪论处。(4)定罪情节不同。本罪的定罪情节为严重扰乱社会秩序,并不要求造成严重后果,造成严重后果乃为量刑情节,非定罪情节;对后罪而言,造成严重后果乃为定罪情节,未造成严重后果就不能构成其罪。(5)犯罪对象不同。本罪的对象为虚假的爆炸威胁、生化威胁、放射威胁等恐怖信息、后罪的对象则为虚假的影响证券、期货交易的信息。(6)侵害的客体范围不同。本罪所侵害的客体为社会秩序,包括社会各方面的秩序;后者则为特定的证券、期货交易秩序,为前者即社会秩序所包含。行为人如果针对证券、期货交易市场编造且传播虚假的恐怖信息,如称恐怖分子会针对证券、期货市场的计算机系统发动病毒攻击,扰乱证券、期货交易市场,并且造成严重后果的,既触犯本罪,又触犯后罪,属想象竞合;应择重罪以本罪治罪科刑,不实行并罚。

(三)本罪与聚众扰乱社会秩序罪界限

聚众扰乱社会秩序罪,是指聚众扰乱社会秩序,情节严重,致使工作、生产、营业和教学、科研、医疗无法进行,造成严重损失的行为。二者之间的区别是:(1)主观故意内容不同。后罪在主观上表现为聚众实施各种扰乱社会秩序的行为;本罪在主观上表现为明知编造或传播的为虚假恐怖信息仍决意为之。(2)行为方式不同。后罪的行为方式为聚众采取各种方法扰乱社会秩序,方法多种多样;本罪的行为方式则为编造恐怖信息或者传播编造的恐怖信息以扰乱社会秩序。(3)定罪情节不同。后罪的定罪情节为情节严重,并且造成严重后果,未造成严重后果,则不能构成其罪;本罪的定罪情节则为严重扰乱社会秩序,不以造成严重后果为构成其罪的必要,造成严重后果乃为重罪情节,不属定罪情节。(4)侵害的客体不同。后罪所侵害的客体为机关、企业、事业单位、人民团体等单位的工作、生产、营业及教学、科研、医疗秩序,为社会秩序的一部分;后者则为包括前者在内的一切社会秩序。行为人如果采取编造爆炸威胁、生化威胁、放射威胁等恐怖信息,或者以传播明知是编造的恐怖信息的方法聚众扰乱社会秩序,情节严重,致使工作、生产、营业和教学、科研、医疗无法进行,造成严重后果的,既触犯本罪,又触犯聚众扰乱社会秩序罪,属牵连犯,应择重罪以本罪定罪处罚。

量刑部分

【量刑标准】

犯本罪,严重扰乱社会秩序的,处五年以下有期徒刑、拘役或者管制;造成严重后果的,处五年以上有期徒刑。

编造、故意传播虚假信息罪 《刑法》第291条之一(三)

编造虚假的险情、疫情、灾情、警情,在信息网络或者其他媒体上传播,或者明知是上述虚假信息,故意在信息网络或者其他媒体上传播,严重扰乱社会秩序的,处三年以下有期徒刑、拘役或者管制;造成严重后果的,处三年以上七年以下有期徒刑。

聚众斗殴罪 《刑法》第292条

聚众斗殴的,对首要分子和其他积极参加的,处三年以下有期徒刑、拘役或者管制;有下列情形之一的,对首要分子和其他积极参加的,处三年以上十年以下有期徒刑:

(一)多次聚众斗殴的;

(二)聚众斗殴人数多,规模大,社会影响恶劣的;

(三)在公共场所或者交通要道聚众斗殴,造成社会秩序严重混乱的;

(四)持械聚众斗殴的。

聚众斗殴,致人重伤、死亡的,依照本法第二百三十四条、第二百三十二条的规定定罪处罚。

定罪部分

【罪名概念】

聚众斗殴罪,是指为了报复他人、争霸一方或者其他不正当目的,纠集众人成帮结伙地互相进行殴斗,破坏公共秩序的行为。

【犯罪构成】

(一)主体要件

本罪的主体是一般主体,凡年满十六周岁且具备刑事责任能力的自然人均能构成本罪。但并非所有参加聚众斗殴者均构成本罪。只有聚众斗殴的首要分子和其他积极参加者,才能构成本罪主体。所谓首要分子,是指在聚众斗殴中起组织、策划、指挥作用的犯罪分子;所谓其他积极参加者,是指除首要分子以外的在聚众斗殴中起重要作用的犯罪分子。对于一般参加者,只能依治安管理处罚条例追究行政责任,不能构成本罪主体。

(二)主观要件

本罪的主观方面是故意犯罪。犯罪的动机,一般不是完全为了某种个人的利害冲突,也不是单纯为了取得某种物质利益,而是公然藐视国家的法纪和社会公德,企图通过实施聚众斗殴活动来寻求刺激或者追求某种卑鄙欲念的满足。行为人在思想上已经丧失了道德观念和法制观念,是非荣辱标准已被颠倒。这种公然藐视社会公德和国家法纪的心理状态,是聚众斗殴犯罪故意的最明显的特点。

(三)客观要件

本罪的客观方面表现为纠集众人结伙殴斗的行为。聚众斗殴主要是指出于私仇、争霸或者其他不正当目的而成伙结帮地殴斗。"聚众",一般是指人数众多,至少不得少于三人;斗殴,主要是指的采用暴力相互搏斗,但使用暴力的方式各有所别。聚众斗殴多表现为流氓团伙之间互相殴斗,少则几人、十几人,多则几十人,上百人,他们往往是约定时间、地点,拿刀动棒,大打出手,而且往往造成伤亡和社会秩序的混乱,是一种严重影响社会公共秩序的恶劣犯罪行为。斗殴起因或为争夺势力范围,或为哥们出气进行报复,或为争夺女人发生矛盾等,总之是要显示自己一伙人的"威风""煞气",压倒对方,而置公共秩序于不顾。

(四)客体要件

本罪侵犯的客体是公共秩序。所谓公共秩序,不应简单地理解为公共场所的秩序,而是指在社会公共生活中应当遵守的各项共同生活的规则、秩序,在实际生活中,聚众斗殴犯罪可以是在公共场所,例如在公园、影剧院中,也可以是发生在较僻静的私人场所。因此,无论是在何种场所进行聚众斗殴犯罪活动,均应视为侵犯了公共秩序。

聚众斗殴犯罪往往同时会造成公民的人身权利和公私财产权利受到侵害的结果。但是,其所侵犯的主要不是特定的个人或者特定的公私财物,而是用聚众斗殴行为向整个社会挑战,从而形成对整个社会秩序的严重威胁。因此,公然藐视法纪和社会公德,破坏公共秩序,就是聚众斗殴罪的本质特征。

【罪名辨析】

(一)本罪与群众中因民事纠纷而互相斗殴或者结伙械斗的界限

二者区别主要表现在后者不具有流氓犯罪的动机、目的,不是流氓活动,在群众中的互相斗殴或械斗中犯故意伤害罪(包括轻伤、重伤)、故意杀人罪或者故意毁坏公私财物等罪的,构成何罪就认定何罪。

(二)本罪与聚众扰乱公共场所秩序、交通秩序罪的界限

1. 犯罪的动机、目的不同。聚众斗殴罪是基于流氓动机,在实施各种流氓活动时破坏公共秩序,后罪则是基于某种个人动机、目的,用聚众闹事方式,要挟国家机关或有关部门,以满足个人的要求为目的。

2. 犯罪形式不同。聚众斗殴罪可以聚众进行,也可以单独实施,后罪只能聚众实施。

(三)本罪与故意杀人罪、故意伤害罪的界限

二者区别的根本标志在于犯罪动机。聚众斗殴罪中的杀人、伤害行为,虽然与

其他故意杀人、故意伤害行为一样,都侵犯了他人身体健康,但是它有一个显著的特点,即在杀人、伤害行为中,通常表现为为了称王称霸,充英雄好汉而惹事生非,与对方争个高低。所以,凡是为了争霸"势力范围",或者明确表示要打服对方,而行凶伤人的都是聚众斗殴中的伤人行为。而其他故意杀人、故意伤害罪中的伤害行为,则往往是对自已或自己一方所认识的人,由于宿仇旧恨而起意伤害对方,它在事先具有明确的伤害对象和伤害故意;如果是临时起意伤害对方,也往往是因为双方发生纠纷的原因明显的在对方一边,或者在互殴中伤害他人,这种情况往往是双方都有过错,责任不易分清。

当然,本条第二款明文规定:"聚众斗殴,致人重伤、死亡的,依照本法第二百三十四条、第二百三十二条的规定定罪处罚。"这说明在聚众斗殴活动中,一旦造成他人重伤、死亡的,一律按故意伤害罪、故意杀人罪定罪处罚。这是对犯罪的一种转化型规定。

(四)本罪与聚众扰乱社会秩序罪的界限

本罪与聚众扰乱社会秩序罪两者在客观方面有相同之处,如犯罪形式都是聚众,但两者存在明显不同。首先,犯罪动机不同,前者大多是为了争霸一方、私仇宿怨和寻求精神刺激等流氓动机而破坏公共秩序,后者则多是为了实现个人某种不合理的要求,如分房、调工作等而破坏公共秩序。其次,情节要求不同,前者不要求情节严重,后者要求情节严重,必须致使工作、生产、营业和教学科研无法进行,造成严重损失,否则不构成犯罪。最后,两者犯罪方法不同,聚众斗殴罪的犯罪方法一般是暴力方法,而聚众扰乱社会秩序罪除了暴力方法外,还可以是非暴力方法。

量刑部分

【量刑标准】

犯本罪的,对首要分子和其他积极参加的,处三年以下有期徒刑、拘役或者管制;有下列情形之一的,对首要分子和其他积极参加的,处三年以上十年以下有期徒刑:

(一)多次聚众斗殴的;

(二)聚众斗殴人数多,规模大,社会影响恶劣的;

(三)在公共场所或者交通要道聚众斗殴,造成社会秩序严重混乱的;

(四)持械聚众斗殴的。

聚众斗殴,致人重伤、死亡的,依照本法第二百三十四条、第二百三十二条的规定定罪处罚。

【量刑规范】

最高人民法院《关于常见犯罪的量刑指导意见》

(实施日期:2014 年 1 月 1 日)(节录)

(十二)聚众斗殴罪

1.构成聚众斗殴罪的,可以根据下列不同情形在相应的幅度内确定量刑起点:

(1)犯罪情节一般的,可以在二年以下有期徒刑、拘役幅度内确定量刑起点。

(2)有下列情形之一的,可以在三年至五年有期徒刑幅度内确定量刑起点:聚众斗殴三次的;聚众斗殴人数多,规模大,社会影响恶劣的;在公共场所或者交通要道聚众斗殴,造成社会秩序严重混乱的;持械聚众斗殴的。

2.在量刑起点的基础上,可以根据聚众斗殴人数、次数、手段严重程度等其他影响犯罪构成的犯罪事实增加刑罚量,确定基准刑。

寻衅滋事罪 《刑法》第293条

有下列寻衅滋事行为之一,破坏社会秩序的,处五年以下有期徒刑、拘役或者管制:

(一)随意殴打他人,情节恶劣的;

(二)追逐、拦截、辱骂他人,情节恶劣的;

(三)强拿硬要或者任意损毁、占用公私财物,情节严重的;

(四)在公共场所起哄闹事,造成公共场所秩序严重混乱的。

纠集他人多次实施前款行为,严重破坏社会秩序的,处五年以上十年以下有期徒刑,可以并处罚金。

定罪部分

【罪名概念】

寻衅滋事罪,是指在公共场所无事生非,起哄闹事,随意殴打、追逐、拦截、辱骂、恐吓他人,强拿硬要,任意损毁、占用公共财物,破坏公共秩序,情节恶劣或者情节严重、后果严重的行为。

【司法解释】

1.最高人民法院、最高人民检察院《关于办理寻衅滋事刑事案件适用法律若干问题的解释》

(实施日期:2013年7月22日　法释[2013]18号)

为依法惩治寻衅滋事犯罪,维护社会秩序,根据《中华人民共和国刑法》的有关规定,现就办理寻衅滋事刑事案件适用法律的若干问题解释如下:

第一条　行为人为寻求刺激、发泄情绪、逞强耍横等,无事生非,实施刑法第二百九十三条规定的行为的,应当认定为"寻衅滋事"。

行为人因日常生活中的偶发矛盾纠纷，借故生非，实施刑法第二百九十三条规定的行为的，应当认定为“寻衅滋事”，但矛盾系由被害人故意引发或者被害人对矛盾激化负有主要责任的除外。

行为人因婚恋、家庭、邻里、债务等纠纷，实施殴打、辱骂、恐吓他人或者损毁、占用他人财物等行为的，一般不认定为“寻衅滋事”，但经有关部门批评制止或者处理处罚后，继续实施前列行为，破坏社会秩序的除外。

第二条　随意殴打他人，破坏社会秩序，具有下列情形之一的，应当认定为刑法第二百九十三条第一款第一项规定的“情节恶劣”：

（一）致一人以上轻伤或者二人以上轻微伤的；

（二）引起他人精神失常、自杀等严重后果的；

（三）多次随意殴打他人的；

（四）持凶器随意殴打他人的；

（五）随意殴打精神病人、残疾人、流浪乞讨人员、老年人、孕妇、未成年人，造成恶劣社会影响的；

（六）在公共场所随意殴打他人，造成公共场所秩序严重混乱的；

（七）其他情节恶劣的情形。

第三条　追逐、拦截、辱骂、恐吓他人，破坏社会秩序，具有下列情形之一的，应当认定为刑法第二百九十三条第一款第二项规定的“情节恶劣”：

（一）多次追逐、拦截、辱骂、恐吓他人，造成恶劣社会影响的；

（二）持凶器追逐、拦截、辱骂、恐吓他人的；

（三）追逐、拦截、辱骂、恐吓精神病人、残疾人、流浪乞讨人员、老年人、孕妇、未成年人，造成恶劣社会影响的；

（四）引起他人精神失常、自杀等严重后果的；

（五）严重影响他人的工作、生活、生产、经营的；

（六）其他情节恶劣的情形。

第四条　强拿硬要或者任意损毁、占用公私财物，破坏社会秩序，具有下列情形之一的，应当认定为刑法第二百九十三条第一款第三项规定的“情节严重”：

（一）强拿硬要公私财物价值一千元以上，或者任意损毁、占用公私财物价值二千元以上的；

（二）多次强拿硬要或者任意损毁、占用公私财物，造成恶劣社会影响的；

（三）强拿硬要或者任意损毁、占用精神病人、残疾人、流浪乞讨人员、老年人、孕妇、未成年人的财物，造成恶劣社会影响的；

（四）引起他人精神失常、自杀等严重后果的；

（五）严重影响他人的工作、生活、生产、经营的；

（六）其他情节严重的情形。

第五条　在车站、码头、机场、医院、商场、公园、影剧院、展览会、运动场或者其他公共场所起哄闹事,应当根据公共场所的性质、公共活动的重要程度、公共场所的人数、起哄闹事的时间、公共场所受影响的范围与程度等因素,综合判断是否“造成公共场所秩序严重混乱”。

第六条　纠集他人三次以上实施寻衅滋事犯罪,未经处理的,应当依照刑法第二百九十三条第二款的规定处罚。

第七条　实施寻衅滋事行为,同时符合寻衅滋事罪和故意杀人罪、故意伤害罪、故意毁坏财物罪、敲诈勒索罪、抢夺罪、抢劫罪等罪的构成要件的,依照处罚较重的犯罪定罪处罚。

第八条　行为人认罪、悔罪,积极赔偿被害人损失或者取得被害人谅解的,可以从轻处罚;犯罪情节轻微的,可以不起诉或者免予刑事处罚。

2. 最高人民法院、最高人民检察院《关于办理利用信息网络实施诽谤等刑事案件适用法律若干问题的解释》

(实施日期:2013 年 9 月 6 日　法释[2013]18 号)(节录)

第五条　利用信息网络辱骂、恐吓他人,情节恶劣,破坏社会秩序的,依照刑法第二百九十三条第一款第(二)项的规定,以寻衅滋事罪定罪处罚。

编造虚假信息,或者明知是编造的虚假信息,在信息网络上散布,或者组织、指使人员在信息网络上散布,起哄闹事,造成公共秩序严重混乱的,依照刑法第二百九十三条第一款第(四)项的规定,以寻衅滋事罪定罪处罚。

3. 最高人民法院《关于审理未成年人刑事案件具体应用法律若干问题的解释》

(实施日期:2006 年 1 月 11 日　法释[2006]1 号)(节录)

第八条　已满十六周岁不满十八周岁的人出于以大欺小、以强凌弱或者寻求精神刺激,随意殴打其他未成年人、多次对其他未成年人强拿硬要或者任意损毁公私财物,扰乱学校及其他公共场所秩序,情节严重的,以寻衅滋事罪定罪处罚。

4. 最高人民法院、最高人民检察院《关于办理妨害预防、控制突发传染病疫情等灾害的刑事案件具体应用法律若干问题的解释》

(实施日期:2003 年 5 月 14 日　法释[2003]8 号)(节录)

第十一条　在预防、控制突发传染病疫情等灾害期间,强拿硬要或者任意损毁、占用公私财物情节严重,或者在公共场所起哄闹事,造成公共场所秩序严重混乱的,依照刑法第二百九十三条的规定,以寻衅滋事罪定罪,依法从重处罚。

【犯罪构成】

(一)主体要件

本罪主体为一般主体,凡年满十六周岁,且具备刑事责任能力的自然人均能构成本罪。

（二）主观要件

本罪在主观上只能由故意构成。即公然藐视国家法纪和社会公德。其动机是通过寻衅滋事活动，追求精神刺激，填补精神上的空虚。

（三）客观要件

本罪在客观方面表现为无事生非，起哄捣乱，无理取闹，殴打伤害无辜，肆意挑衅，横行霸道，破坏公共秩序的行为。本条将寻衅滋事罪的客观行为方式具体规定为：

1. 随意殴打他人，情节恶劣的。

随意殴打他人，是指出于耍威风、取乐等不健康动机，无故、无理殴打相识或者素不相识的人。这里的“情节恶劣的”，是指随意殴打他人手段残忍的，多次随意殴打他人的；造成被殴打人自杀等严重后果的等。

2. 追逐、拦截、辱骂他人，情节恶劣的。

追逐、拦截、辱骂他人，是指出于取乐、寻求精神刺激等不健康动机，无故无理追赶、拦挡、侮辱、谩骂他人，此多表现为追逐、拦截、辱骂妇女。这里的“情节恶劣的”，主要是指经常性追逐、拦截、辱骂他人的；造成恶劣影响或者激起民愤的；造成其他后果的等。需要指出的是，如果行为人使用暴力、胁迫或者其他方法强制猥亵或者侮辱妇女的，则构成强制猥亵、侮辱妇女罪。

3. 强拿硬要或者任意损毁、占用公私财物，情节严重的。

强拿硬要或者任意损毁、占有公私财物，是指以蛮不讲理的流氓手段，强行索要市场、商店的商品以及他人的财物，或者随心所欲损坏、毁灭、占用公私财物。这里的“情节严重的”，是指强拿硬要或者任意损毁、占用的公私财物数量大的；造成恶劣影响的；多次强拿硬要或者任意损毁、占用公私财物的；造成公私财物受到严重损失的等。

4. 在公共场所起哄闹事，造成公共场所秩序严重混乱的。

在公共场所起哄闹事，是指出于取乐、寻求精神刺激等不健康动机，在公共场所无事生非，制造事端，扰乱公共场所秩序造成公共场所秩序严重混乱的，是指公共场所正常的秩序受到破坏，引起群众惊慌、逃离等严重混乱局面的。

行为人只要有上述四种情形中的任意一种，就构成寻衅滋事罪。但在审判实践中，行为人往往既“强拿硬要”，又“随意殴打他人”，或者先“追逐、拦截、辱骂他人”，后“任意损毁、占用公私财物”。行为人为满足其寻求精神刺激、开心取乐的流氓动机一般会实施多个行为，这时只以本罪一罪认定。

（四）客体要件

本罪侵犯的客体是公共秩序。所谓公共秩序包括公共场所秩序和生活中人们应当遵守的共同准则。寻衅滋事犯罪多发生在公共场所（也有一些发生在偏僻隐蔽的地方），常常给公民的人身、人格或公私财产造成损害，但是寻衅滋事罪一般侵犯的并不是特定的人身、人格或公私财产，而主要是指向公共秩序，向整个社会挑战,蔑视社会主义道德和法制。

【罪名辨析】

(一)本罪与非罪的区分

根据本条的规定,寻衅滋事罪,必须是行为情节恶劣、情节严重或者造成公共场所秩序严重混乱的,才构成犯罪。对于情节轻微、危害不大的寻衅滋事行为,只能以一般违法行为论处。我们认为,判断行为人的行为是否属于情节严重应该综合以下几个方面因素进行分析:

1. 行为的方式和手段。行为的方式和手段对危害结果的大小具有决定性作用,对社会心理的伤害程度也有很大影响。因此在认定情节是否严重时,应该考察行为人是否使用了暴力、威胁等手段,是否采用了公开或者组织的方式等。

2. 行为的直接危害结果和间接不良后果。直接危害结果是行为直接对社会造成损害。间接不良后果是指行为对社会造成的不良影响或间接引起的损害。行为人是否造成被害人自杀,是否引起公私财产重大损失,是否造成公共场所秩序严重混乱等,是认定情节严重与否的重要因素。

3. 行为的时间和地点。同一行为在不同的时间、不同的地点实施,所造成的社会影响是不同的。白天在公共场所的滋事活动当然要比晚上在荒郊野外的危害性大。

4. 行为人的一贯表现。行为人的一贯表现表明了行为人主观恶性的大小,决定着行为人接受改造的难易程度。是否多次寻衅滋事、屡教不改,也是认定情节严重与否的一个重要方面。

(二)本罪与聚众扰乱社会秩序罪、聚众扰乱公共场所秩序罪的区别

1. 犯罪动机不同。寻衅滋事罪是为了满足耍威风、取乐等不正常的精神刺激或其他不健康的心理需要;后二者的犯罪动机是为了实现个人的某种不合理要求,用聚众闹事的形式,扰乱机关、团体、单位的正常秩序,或者扰乱公共场所秩序或交通秩序,对有关单位、机关、团体乃至政府施加压力。

2. 犯罪形式不同。寻衅滋事罪不要求聚众,后二者必须是多人以上以聚众形式出现。

3. 客观方面不同。寻衅滋事罪在客观方面表现为随意殴打他人,情节恶劣的行为,或者追逐、拦截、辱骂他人,情节恶劣的行为,或者强拿硬要或者任意毁损、占用公私财物,情节严重的行为,或者在公共场所起哄闹事,造成公共场所秩序严重混乱的行为;后二者在客观方面表现为聚众冲击国家机关、企事业单位、人民团体或者扰乱公共场所秩序、交通秩序,情节严重的行为。

4. 犯罪主体不同。寻衅滋事罪的所有参与者都要以本罪追究刑事责任;后两者只追究首要分子和积极参加者的刑事责任。

（三）本罪与敲诈勒索罪的界限

两者的区别在于：寻衅滋事行为人勒索的动机是为了满足精神上的刺激，故意炫耀，因此犯罪往往是当面地、直接了当地进行，敲诈勒索行为人索取财物是主要目的，因此他为了逃避法律追究常常以间接的或当面暗示的方法进行，往往采取隐秘的方法，持着不愿让人觉察的态度。

（四）本罪与抢劫罪的界限

1. 主观特征上不同。寻衅滋事罪是以满足耍威风等不正常的精神刺激或其他不健康的心理需要为动因，以破坏社会秩序为目的；抢劫罪是以非法占有公私财物为目的，犯罪动机多种多样。

2. 客观上不同。寻衅滋事罪表现为强拿硬要或者任意损毁、占用公私财物，情节严重的行为；抢劫罪表现为以暴力、胁迫或者其他方法抢劫公私财物的行为。

3. 客体上不同。寻衅滋事罪侵犯的客体是社会公共秩序；抢劫罪侵犯的客体是公私财物的所有权。

量刑部分

【量刑标准】

有下列寻衅滋事行为之一，破坏社会秩序的，处五年以下有期徒刑、拘役或者管制：

（一）随意殴打他人，情节恶劣的；

（二）追逐、拦截、辱骂他人，情节恶劣的；

（三）强拿硬要或者任意损毁、占用公私财物，情节严重的；

（四）在公共场所起哄闹事，造成公共场所秩序严重混乱的。

纠集他人多次实施前款行为，严重破坏社会秩序的，处五年以上十年以下有期徒刑，可以并处罚金。

【量刑规范】

最高人民法院《关于常见犯罪的量刑指导意见》

（实施日期：2014 年 1 月 1 日）（节录）

（十三）寻衅滋事罪

1. 构成寻衅滋事罪的，可以根据下列不同情形在相应的幅度内确定量刑起点：

（1）寻衅滋事一次的，可以在三年以下有期徒刑、拘役幅度内确定量刑起点。

（2）纠集他人三次寻衅滋事（每次都构成犯罪），严重破坏社会秩序的，可以在五年至七年有期徒刑幅度内确定量刑起点。

2. 在量刑起点的基础上，可以根据寻衅滋事次数、伤害后果、强拿硬要他人财物或任意损毁、占用公私财物数额等其他影响犯罪构成的犯罪事实增加刑罚量，确定基准刑。

组织、领导、参加黑社会性质组织罪 《刑法》第294条(一)

组织、领导黑社会性质的组织的,处七年以上有期徒刑,并处没收财产;积极参加的,处三年以上七年以下有期徒刑,可以并处罚金或者没收财产;其他参加的,处三年以下有期徒刑、拘役、管制或者剥夺政治权利,可以并处罚金。

犯前款罪又有其他犯罪行为的,依照数罪并罚的规定处罚。

黑社会性质的组织应当同时具备以下特征:

(一)形成较稳定的犯罪组织,人数较多,有明确的组织者、领导者,骨干成员基本固定;

(二)有组织地通过违法犯罪活动或者其他手段获取经济利益,具有一定的经济实力,以支持该组织的活动;

(三)以暴力、威胁或者其他手段,有组织地多次进行违法犯罪活动,为非作恶,欺压、残害群众;

(四)通过实施违法犯罪活动,或者利用国家工作人员的包庇或者纵容,称霸一方,在一定区域或者行业内,形成非法控制或者重大影响,严重破坏经济、社会生活秩序。

定罪部分

【罪名概念】

组织、领导、参加黑社会性质的组织罪,是指组织、领导和参加以暴力、威胁或者其他手段,有组织地进行违法犯罪活动,称霸一方,为非作恶,欺压、残害群众,严重破坏经济、社会生活秩序的黑社会性质的组织的行为。

【司法解释】

最高人民法院《关于审理黑社会性质组织犯罪的案件具体应用法律若干问题的解释》

(实施日期:2000年12月10日　法释[2000]42号)(节录)

为依法惩治黑社会性质组织的犯罪活动,根据刑法有关规定,现就审理黑社会性质组织的犯罪案件具体应用法律的若干问题解释如下:

刑法第二百九十四条规定的"黑社会性质的组织",一般应具备以下特征:

(一)组织结构比较紧密,人数较多,有比较明确的组织者、领导者,骨干成员基本固定,有较为严格的组织纪律;

(二)通过违法犯罪活动或者其他手段获取经济利益,具有一定的经济实力;

（三）通过贿赂、威胁等手段，引诱、逼迫国家工作人员参加黑社会性质组织活动，或者为其提供非法保护；

（四）在一定区域或者行业范围内，以暴力、威胁、滋扰等手段，大肆进行敲诈勒索、欺行霸市、聚众斗殴、寻衅滋事、故意伤害等违法犯罪活动，严重破坏经济、社会生活秩序。

第二条　刑法第二百九十四条第二款规定的“发展组织成员”，是指将境内、外人员吸收为该黑社会组织成员的行为。对黑社会组织成员进行内部调整等行为，可视为“发展组织成员”。

港、澳、台黑社会组织到内地发展组织成员的，适用刑法第二百九十四条第二款的规定定罪处罚。

第三条　组织、领导、参加黑社会性质的组织又有其他犯罪行为的，根据刑法第二百九十四条第三款的规定，依照数罪并罚的规定处罚；对于黑社会性质组织的组织者、领导者，应当按照其所组织、领导的黑社会性质组织所犯的全部罪行处罚；对于黑社会性质组织的参加者，应当按照其所参与的犯罪处罚。

对于参加黑社会性质的组织，没有实施其他违法犯罪活动的，或者受蒙蔽、胁迫参加黑社会性质的组织，情节轻微的，可以不作为犯罪处理。

第四条　国家机关工作人员组织、领导、参加黑社会性质组织的，从重处罚。

第七条　对黑社会性质组织和组织、领导、参加黑社会性质组织的犯罪分子聚敛的财物及其收益，以及用于犯罪的工具等，应当依法追缴、没收。

【犯罪构成】

（一）主体要件

本罪主体为一般主体，既包括达到法定刑事责任年龄，且具备刑事责任能力的自然人，也可以包括单位，均能构成本罪。

（二）主观要件

本罪在主观方面必须有明确的故意，即明知是黑社会性质的组织而积极参加；明知是黑社会性质的组织而组织、领导；如果不了解情况，参加了黑社会性质的组织，事后退出的，可能构成别的罪，而不按本罪追究刑事责任。当然，如果参加时不明知，加入后明知了仍不退出，则应按本罪追究刑事责任。本罪的追求目标是金钱和权力。

（三）客观要件

本罪在客观方面表现为行为人组织、领导和积极参加以暴力威胁或者其他手段，有组织地进行违法犯罪活动，称霸一方，为非作恶，欺压、残害群众，严重破坏经济、社会生活秩序的黑社会性质的组织的行为。所谓组织黑社会性质组织，是指行为人为了实施其违法犯罪的目的，为首发起、纠集和组织有共同目的之人，建立黑社会性质组织的行为。所谓领导黑社会性质的组织，是指在黑社会性质的组织中处于领导地位,对该组织的活动进行策划指挥、协调的行为。所谓参加黑社会性质的组织,是指自愿而积极加入黑社会性质的组织的行为。本罪是行为犯,只要实施了组织、领导和积极参加黑社会性质的组织,即构成犯罪。同时本罪属选择性罪名,只要实施组织、领导、积极参加的行为之一的,即构成本罪。组织黑社会性质的组织的,定组织黑社会性质的组织罪,领导黑社会性质的组织的,定领导黑社会性质的组织罪,积极参加黑社会性质的组织的,定积极参加黑社会性质的组织罪。

犯本罪,同时又有其他犯罪行为,分别定罪,依刑法关于数罪并罚的规定处罚。

(四)客体要件

本罪的客体为社会公共秩序。黑社会性质的组织是社会危害性极为严重的组织,它的产生和存在对社会秩序和公众安全构成极大威胁。黑社会性质的组织为了达到罪恶目的而干的非法勾当带来了贩卖武器、增长暴力、城乡失去安全,甚至干预政治事务,构成对国家当局的正面攻击,引起社会情况恶化、社会秩序的扰乱。黑社会性质的组织犯罪的价值取向是企图在以刑罚等国家强制力为后盾的法律秩序中建立以暴力等犯罪手段为后盾的反社会秩序,因此黑社会组织的存在是对以宪法为基础的法治秩序的极大威胁,它对社会的破坏是自觉的、全方位的。不同于具体犯罪对社会关系某一部分或具体某一成员的权利的侵害。它动摇的是社会的根基,是社会群体的信念,给人民心理上造成一种邪恶当道、正义不存,善良的人们只能向邪恶低头的错觉。因此,黑社会性质的组织犯罪的客体要件是社会秩序。

【罪名辨析】

(一)本罪与犯罪集团的界限

本罪与犯罪集团之间的相同点在于:一是两者都由三人以上所组成;二是都具有组织性质稳定性;三是都具有犯罪的目的;四是都具有严重的危害性。但是,它们之间也有明显的区别:一是组织、领导、参加黑社会性质组织是一个罪名,而犯罪集团不是一个罪名,而是一种有组织的共同犯罪;二是犯罪的目的不尽相同。前者的犯罪目的,是以获取非法的政治、经济利益为目的,而后者的犯罪目的,除为了追求非法的经济利益外,还有的通过犯罪寻找刺激,满足私欲;三是组织严密程度、纪律约束有所不同。前者的组织更加严密,纪律更加森严,违者格杀勿论,而后者的组织结构和纪律约束,就没有前者严密和森严;四是保护网不同。前者通过向党、政、司法官员行贿,寻找政治靠山,建立强大的保护网,而后者一般都没有保护网,就是有也没有前者强大;五是犯罪的形式有所不同。前者的犯罪形式多种多样,如走私武器、弹药、毒品、暴力杀人、绑架勒索、组织卖淫、开设赌场等等,而后者的犯罪形式单一,如走私犯罪集团、盗窃犯罪集团、诈骗犯罪集团。只有正确区分它们的界限,才能准确地打击组织、领导、参加黑社会性质组织犯罪和犯罪集团。

（二）本罪与聚众斗殴、寻衅滋事、强制猥亵、侮辱妇女等犯罪的界限

后者虽然也是由多个犯罪分子所组成，并有为首者，经常纠合在一起进行违法犯罪活动，扰乱公共秩序。但这些犯罪内部没有严密的组织结构，成员也不稳定，时分时合；一般没有国家机关工作人员提供非法保护，即使有，其保护伞、关系网的层次也较低；从犯罪主观方面来看，后者主要是出于蔑视社会公德，寻求精神刺激，不以追求经济利益为其主要目标，经济实力不强。因此其组织规模、政治和经济实力尚不足以在一定区域或者行业内称霸一方。对这些犯罪只能以其所犯的具体罪行定罪处罚，不能以组织、领导、参加黑社会性质组织犯罪定罪处罚。

量刑部分

【量刑标准】

组织、领导黑社会性质的组织的，处七年以上有期徒刑，并处没收财产；积极参加的，处三年以上七年以下有期徒刑，可以并处罚金或者没收财产；其他参加的，处三年以下有期徒刑、拘役、管制或者剥夺政治权利，可以并处罚金。犯前款罪又有其他犯罪行为的，依照数罪并罚的规定处罚。

截至目前，尚无本罪名关于量刑的司法解释。

入境发展黑社会组织罪 《刑法》第294条(二)

境外的黑社会组织的人员到中华人民共和国境内发展组织成员的，处三年以上十年以下有期徒刑。

定罪部分

【罪名概念】

入境发展黑社会组织罪，是指境外的黑社会组织的人员到中华人民共和国境内发展组织成员的行为。

【犯罪构成】

（一）主体要件

本罪的主体为特殊主体，即境外的黑社会组织的人员。所谓境外的黑社会组织，是指中华人民共和国境外的黑社会组织，包括外国的黑社会组织和台、港、澳地区的黑社会组织，如意大利、美国的黑手党、日本的山口组、台湾的竹联帮，等等。

（二）主观要件

本罪在主观方面是故意。即行为人为了发展、壮大自己所在的黑社会组织而通过各种手段发展组织成员。

(三)客观要件

本罪在客观方面表现为在我国境内发展组织成员的行为。根据最高人民法院《关于审黑社会性质的案件具体应用法律若干问题的解释》第二条规定,发展黑社会组织成员,是指将境内、外人员吸收为该黑社会组织成员的行为。对黑社会组织成员进行内部调整对黑社会组织成员职位的升迁、调换、降低以及选举、开除等行为,也可以视为发展组织成员。既包括直接进行的劝说、利诱、威逼等使他人加入境外黑社会组组织的行为,又包括他人主动自愿加入为其办理某种手续或予以允诺的行为,还包括领导、指挥他人为境外黑社会组织吸收、发展成员的行为。境内举行的一般性的集会、会议及祭扫、祈祷等仪式,不应属于本罪的发展黑社会组织成员的行为。港、澳、台黑社会组织到内地发展组织成员的,应当适用刑法第二百九十四条第二款的规定以本罪定罪处罚。

犯本罪又有其他犯罪行为的,分别定罪,实行数罪并罚。

(四)客体要件

本罪侵犯的客体是社会治安管理秩序。近年来,境外黑社会组织成员入境进行违法犯罪活动的现象不断发生,对社会危害很大,必须严厉打击。

【罪名辨析】

本罪与组织、领导、参加黑社会性质组织罪的界限

二者的区别主要是:(1)主体不同。后罪的主体为一般主体,年满十六周岁具有刑事责任能力的自然人,不论何人,均可构成本罪;本罪的主体则为特殊主体,只有境外黑社会组织中的年满十六周岁具有刑事责任能力的自然人才能构成其罪。(2)行为方式不同。本罪的行为方式为在境内为境外黑社会组织发展成员,是境外黑社会组织中的组织行为的一部分,与境外黑社会组织相联系,意在扩充境外黑社会组织在境内的势力等;后罪的行为为组织、领导或参加黑社会性质组织的行为,不仅包括发展成员的行为,而包括组建、领导、参加黑社会性质组织的行为。(3)行为的地点要求不同。本罪行为必须发生在境内,即在我国大陆内,不在我国大陆内发展黑社会组织成员的,不构成本罪;后罪的行为则没有限制。既可以发生在境内,又可以发生在境外。我国公民组织、领导或者参加黑社会性质组织后又在境外发展成员,或者领导、参加黑社会性质组织在境外进行违法犯罪活动的,仍然构成其罪。(4)行为对象不同。本罪行为对象是欲发展成为黑社会组织的成员;后罪的对象则是黑社会性质组织,包括其中的人员和事务。(5)与境外黑社会组织是否联系不同。本罪必然要求与境外黑社会组织相联系,受其领导与指挥;后罪则不要求与境外黑社会组织相联系,等等。入境发展黑社会组织,如果形成相当规模,如组织了有一定人员参加的境外黑社会性质的分支机构,对于发展者,以本罪治罪毫无疑问。没有实施发展成员的领导者、参加者,不按本罪定罪处罚。

量刑部分

【量刑标准】

犯本罪的,处三年以上十年以下有期徒刑。

犯前款罪又有其他犯罪行为的,依照数罪并罚的规定处罚。

截至目前,尚无本罪名关于量刑的司法解释。

包庇、纵容黑社会性质组织罪 《刑法》第294条(三)

国家机关工作人员包庇黑社会性质的组织,或者纵容黑社会性质的组织进行违法犯罪活动的,处五年以下有期徒刑;情节严重的,处五年以上有期徒刑。

犯前款罪又有其他犯罪行为的,依照数罪并罚的规定处罚。

定罪部分

【罪名概念】

包庇、纵容黑社会性质组织罪,是指国家机关工作人员包庇黑社会性质的组织,或者纵容黑社会性质的组织进行违法犯罪活动的行为。

【司法解释】

最高人民法院《关于审理黑社会性质组织犯罪的案件具体应用法律若干问题的解释》

(实施日期:2000年12月10日 法释[2000]42号)(节录)

第五条 刑法第二百九十四条第四款规定的“包庇”,是指国家机关工作人员为使黑社会性质组织及其成员逃避查禁,而通风报信,隐匿、毁灭、伪造证据,阻止他人作证、检举揭发,指使他人作伪证,帮助逃匿,或者阻挠其他国家机关工作人员依法查禁等行为。

刑法第二百九十四条第四款规定的“纵容”,是指国家机关工作人员不依法履行职责,放纵黑社会性质组织进行违法犯罪活动的行为。

第六条 国家机关工作人员包庇、纵容黑社会性质的组织,有下列情形之一的,属于刑法第二百九十四条第四款规定的“情节严重”:

(一)包庇、纵容黑社会性质组织跨境实施违法犯罪活动的;

(二)包庇、纵容境外黑社会组织在境内实施违法犯罪活动的;

(三)多次实施包庇、纵容行为的;

(四)致使某一区域或者行业的经济、社会生活秩序遭受黑社会性质组织特别

严重破坏的;

(五)致使黑社会性质组织的组织者、领导者逃匿,或者致使对黑社会性质组织的查禁工作严重受阻的;

(六)具有其他严重情节的。

【犯罪构成】

(一)主体要件

本罪主体是特殊主体,即必须是国家机关工作人员方可成为本罪主体。其他人员若对黑社会性质的组织进行包庇,或者放纵其从事违法犯罪活动的,不能成立本罪。如符合其他犯罪构成特征的,应以该其他罪论处。

国家机关工作人员,是指在各级国家权力机关、行政机关、审判机关、检察机关以及军事机关中依法从事公务的人员。不包括在中国共产党和中国政治协商会议的各级组织中担任职务的人员,也不包括受国家机关委托从事公务的人员。

(二)主观要件

本罪在主观方面只能依故意构成,过失不构成本罪。

(三)客观要件

本罪在客观方面表现为包庇黑社会性质的组织,或者纵容黑社会性质的组织进行违法犯罪活动的行为。

所谓包庇,是指行为人积极实施的一切庇护黑社会性质的组织的行为。其中,既应包括掩饰黑社会性质的组织的性质,帮助其隐匿、毁灭违法犯罪证据或者作假证明的行为,还应包括为他们提供隐藏处所、财物、向他们通风报信、替他们说情、游说等一切妨害有关部门查办、惩处、打击黑社会性质的组织的行为;既应包括利用职权、地位、影响等国家机关工作人员身份条件实施的包庇行为,也应包括没有利用上述条件实施的包庇行为。

所谓纵容,是指行为人放弃、背离其职责范围内阻止、抑制、查究、惩治黑社会性质组织的违法犯罪行为的义务,放纵、容忍他们实施违法犯罪活动的行为。各级各类国家机关工作人员都负有一定的打击黑社会性质组织违法犯罪的神圣职责,如果他们不履行或不积极履行这一职责,对黑社会性质组织的违法犯罪活动漠视无睹,置若罔闻,放纵容忍,便可构成本罪。值得注意的是,此处的纵容与单纯的知情不举不同,前者是以行为人负有一定的打击黑社会性质的组织的违法犯罪活动的职责为前提的。单纯的知情不举,如某税务机关工作人员知道一黑社会性质的组织犯走私毒品的罪行但未予举报等,尚未进入我国刑法调整领域,不能定罪。

本罪系行为犯,原则上只要行为人实施了包庇黑社会性质的组织,或者纵容黑社会性质的组织进行违法犯罪活动的行为,即可构成本罪,而不论其情节轻重,危害结果如何。如果行为人的行为,情节显著轻微危害不大的,仍应依刑法总则的有关规定,以不认定为犯罪为宜。

包庇黑社会性质的组织和纵容黑社会性质的组织进行犯罪活动是本罪客观构成要件的两种表现形式,行为人只要实施其中一种行为,即可构成本罪,若同时实施,仍应以一罪论处,而不能实行并罚。

(四)客体要件

本罪侵犯的客体是复杂客体,包括正常的社会秩序和国家机关的正常管理活动。国家机关工作人员包庇、纵容黑社会性质组织及其违法犯罪活动的行为,是对正常的社会秩序构成严重威胁和危害的行为。黑社会性质组织犯罪是威胁和危害正常社会秩序的主要因素之一。黑社会性质组织的萌生滋长,其违法犯罪活动的猖獗嚣张,在很大程度上是与某些国家机关人员对他们的恣意包庇和任意放纵分不开的。此外,国家机关工作人员背弃己责,与黑社会性质组织相互勾结,或者向其屈服低头,放任甚或助成他们危害国家、社会和民众,还将造成对国家机关正常管理活动,特别是国家机关预防、遏制、惩治黑社会性质组织犯罪,维护正常社会秩序管理活动的侵害。

【罪名辨析】

(一)本罪与玩忽职守罪的界限

主要是:(1)主观方面不同。本罪在主观方面必须出于故意;后罪则出于过失。(2)行为方式不同。本罪的行为方式表现为不依法履行或不正确履行职责,放纵黑社会性质组织进行违法犯罪活动的行为;后罪则表现为一切严重不负责任,不履行或不正确履行职务的所有玩忽职守的行为。(3)定罪情节有不同。本罪系行为犯,一旦实施纵容黑社会性质组织进行的违法犯罪活动的行为,除非情节显著轻微危害不大,都构成本罪;后罪为结果犯,玩忽职守的行为必须造成公共财产、国家和人民利益重大损失的危害结果方能构成其罪。(4)侵犯的客体不同。本罪为复杂客体,既侵犯国家机关的正常管理活动,又侵犯社会正常的治安秩序,且以后者为主;后罪侵犯的客体是国家机关正常的管理活动。

(二)本罪与滥用职权罪的界限

国家机关工作人员利用职务之便采用各种方法包庇黑社会性质组织的,无疑是滥用职权,如果因此造成国家和人民利益遭受损失的,又触犯滥用职权罪,属想象竞合,应当择一重罪定罪处罚。

(三)本罪与窝藏、包庇罪的界限

二者的区别主要是:(1)犯罪主体不同。本罪的主体为特殊主体,只有国家机关工作人员才能构成本罪;后罪的主体则为一般主体,年满十六周岁具有刑事责任能力的人,不论是否为国家机关工作人员,都可构成其罪。(2)客观行为方式不同。

本罪包庇行为极为广泛,既包括作假证明包庇黑社会性质组织及其成员,以及为黑社会性质组织成员提供隐藏处所、财物,帮助其逃匿的包庇、窝藏行为,又包括其他诸如通风报信,隐匿、毁灭、伪造证据,阻止他人作证、检举、揭发,指使他人作伪证,阻挠国家机关工作人员查禁等其他包庇行为;后者则只包括为犯罪分子作假证明包庇及提供处所、财物,帮助其逃匿的行为,比本罪行为狭窄得多。(3)犯罪对象不同。本罪行为包庇的对象为黑社会性质组织包括其成员;后罪行为的对象则是一切犯罪的人包括黑社会性质组织的成员。(4)犯罪客体不同。本罪所侵犯的主要是国家机关查禁黑社会性质组织的正常秩序;后者所侵犯的则是国家司法机关查禁犯罪分子的正常秩序。国家机工作人员如果为黑社会性质组织成员提供处所、财物,帮助其逃匿或者作假证明包庇的,既触犯本罪,又触犯窝藏、包庇罪,属想象竞合,应择一重罪论处。比较两者,刑罚基本相当,但本罪性质严重,因此,应以本罪依法追究行为人的刑事责任。

(四)本罪与伪证罪的界限

国家机关工作人员在刑事诉讼中,如果担任证人、鉴定人、记录人、翻译人而对黑社会性质组织的违法犯罪案件有重要关系的情节,故意作虚假证明、鉴定、记录、翻译,或者隐匿罪证的,既触犯包庇黑社会性质组织罪,又触犯伪证罪,为想象竞合,应择一重罪定罪处罚。

量刑部分

【量刑标准】

犯本罪的,处五年以下有期徒刑;情节严重的,处五年以上有期徒刑。犯前款罪又有其他犯罪行为的,依照数罪并罚的规定处罚。

传授犯罪方法罪　《刑法》第295条

传授犯罪方法的,处五年以下有期徒刑、拘役或者管制;情节严重的,处五年以上十年以下有期徒刑;情节特别严重的,处十年以上有期徒刑或者无期徒刑。

定罪部分

【罪名概念】

传授犯罪方法罪,是指用语言、文字、动作、图像或者其他方法,故意向他人传授实施犯罪的具体经验和技能的行为。

【犯罪构成】

（一）主体要件

本罪的主体是一般主体。凡是达到法定刑事责任年龄具有刑事责任能力的人均可成为本罪的主体。但实践中多为具有犯罪经验和技能的人，如盗窃、抢劫、流氓等犯罪分子，尤其是惯犯、累犯。

（二）主观要件

本罪的主观方面是故意，并且只能是直接故意。即行为人为了使他人接受自己所传授的犯罪方法去实施犯罪而故意向其进行传授。至于实践中那些因说话不检点，随意散布一些道听途说的犯罪方法，或者在工作中如教授武术、修配钥匙、化学知识、讲课、写作以及司法人员在职务范围内剖析犯罪方法，等等，即使有失误，甚至被人利用来犯罪，因其没有传授犯罪方法的故意，不应以犯罪论处。不论行为人出自何种动机，只要其具有传授犯罪方法的故意，即可构成本罪。

（三）客观要件

本罪的客观方面表现为实施了传授犯罪方法的行为，即以语言、文字、动作或者其他方式方法将实施犯罪的具体经验、技能传授给他人的行为，行为人构成本罪，所传授的必须是犯罪方法。这里的犯罪方法，是指犯罪的经验与技能，包括手段、步骤、反侦查方法，等等，如果所传授的只是一般的违法方法，则不构成本罪。行为人传授犯罪方法的形式是多种多样的，不论采取何种方式传授，均不影响本罪的构成。本罪的行为对象既可以是达到刑事责任年龄、不具有刑事责任能力的人，也可以是未达到刑事责任年龄、具有刑事责任能力的人。传授犯罪方法罪属于举动犯，不存在既遂未遂之分。

（四）客体要件

本罪侵犯的客体是复杂客体。一方面任何传授犯罪方法的犯罪都是扩散犯罪方法、传授犯罪技巧，进而直接造成对社会治安秩序的破坏，这是本罪的直接客体；另一方面，根据行为人传授的不同性质的犯罪方法，被传授人可能实施各种不同的犯罪从而侵犯不同的社会关系，尽管本罪所可能侵犯的间接客体已经不是其行为直接所致，但是，传授者在向被传授者传授某一特定犯罪方法时，对被传授者掌握并利用这些方法去侵犯一定的社会关系持希望或放任的态度，他对因传授内容而确定的社会关系的侵犯主观上具有故意，客观上有侵犯行为。至于被传授人是否接受传授或是否运用此方法去进行犯罪，不影响传授者对社会关系的侵犯。

【罪名辨析】

（一）本罪与非罪的界限

应把传授犯罪方法罪与那些没有犯罪意图的落后言行、工作中的过错等加以区别。例如，讲低级庸俗的故事，散布不健康的语言与表演动作，写作或出版低级的作品，属于落后言行；在正常宣传工作中不慎扩散了一些犯罪方法，属于工作中的缺点错误。至于司法工作者在职务范围内讲述、剖析犯罪方法,体育工作者向他人传授健身、防身的武术等,均属于正常的行为。有些行为要作具体分析,如教他人修配钥匙的技术,如出于犯罪意图,即是传授犯罪方法罪,如为了谋生就业,则是合法行为。

(二)本罪一罪与数罪的界限

1. 本罪所传授的对象一般都是已具备某一种或几种犯罪决意,但实施中不乏原本没有犯罪意图或没有传授者所传授的犯罪的犯罪意图,由于传授者的传授,才得以产生了原来没有的犯罪决意。这时,行为人的行为是一个行为同时触犯了传授犯罪方法罪和教唆犯罪两个罪名,这是想象竞合犯,只能作为一罪处理,不存在数罪并罚问题。

2. 本罪的行为人基于传授犯罪方法,其手段行为或结果行为又触犯其他犯罪的,因前后两个行为存在着手段行为与目的行为或目的行为与结果行为的牵连关系,虽分别有两个故意、两个不同的犯罪行为,是实质上的数罪,但是按照我国刑法理论,这种情况还是当作一罪处理,从一重罪处罚,而不实行数罪并罚。

3. 本罪的行为人在向他人传授犯罪方法后,又与被传授人一起运用自己所传授的犯罪方法共同进行犯罪的,由于行为人主观上有两个故意,客观上又实行了两个犯罪行为,且这两个犯罪行为之间不存在牵连关系,侵犯了两个直接客体,符合两个犯罪构成,构成两个独立的犯罪,应该实行数罪并罚。

(三)本罪与教唆犯罪的界限

教唆犯罪属于共同犯罪的范畴,它与本罪有许多相似之处,并且在实施的犯罪中两者还会发生交叉。概括起来,两者有下列区别:

1. 客体要件不同,教唆犯罪并无特定的和统一的直接客体,具体的教唆行为侵犯的客体,就是所教唆之具体犯罪侵犯的客体。而本罪作为独立的犯罪,有其特定的和统一的客体,即社会治安管理秩序。

2. 客观要件不同。教唆行为的本质是制造犯意,为引起他人的犯意,教唆犯往往采取劝诱、挑拨、威胁等手段。而传授犯罪方法行为的本质是将犯罪方法传给他人,为达到这目的,犯罪分子往往言传身教,从犯罪对象上来说,教唆犯的犯罪对象限于具有刑事责任能力、达到刑事责任年龄的人,而传授犯罪方法的对象则无此种限制,无论向何人传授犯罪方法都构成该罪。

3. 主体要件不同。对教唆犯罪而言,已满十四周岁未满十六周岁的人只有教唆他人实施《刑法》第七条第三款规定的各种罪,才有可能构成教唆犯罪的主体;传授犯罪方法罪的主体只能是年满十六周岁,且具有刑事责任能力的人。

4. 主观要件不同。教唆犯罪的故意是有意识地引起他人的犯意,并与教唆的人具有共同的犯罪故意,而传授犯罪方法罪的故意内容是有意识地向他人传授犯罪方法,传授者与被传授者不一定具有共同犯罪故意。

5. 在一罪与数罪问题上不同，教唆犯罪如果是向同一对象或不同对象教唆了不同的犯罪行为，教唆人就具备了不同罪的犯罪构成，如教唆了强奸、盗窃、抢劫等犯罪，应认定教唆人构成教唆强奸罪、教唆盗窃罪、教唆抢劫罪等数罪而予以并罚，而传授犯罪方法罪则可以同时包括数种犯罪方法的传授行为，传授人尽管传授了不同犯罪的方法，也只能认定为一罪。

6. 犯罪停顿状态的不同。教唆犯罪的既遂和未遂随被教唆者的犯罪行为而定，而传授犯罪方法罪没有既遂未遂之分，只要实施了犯罪方法的传授，就是犯罪既遂。

7. 量刑原则的不同。教唆他人犯罪的，应当按照他在共同犯罪中所起的作用处罚，而传授犯罪方法罪有独立的法定刑。

量刑部分

【量刑标准】

犯本罪的，处五年以下有期徒刑、拘役或者管制；情节严重的，处五年以上十年以下有期徒刑；情节特别严重的，处十年以上有期徒刑或者无期徒刑。

截至目前，尚无本罪名关于量刑的司法解释。

非法集会、游行、示威罪　《刑法》第296条

举行集会、游行、示威，未依照法律规定申请或者申请未获许可，或者未按照主管机关许可的起止时间、地点、路线进行，又拒不服从解散命令，严重破坏社会秩序的，对集会、游行、示威的负责人和直接责任人员，处五年以下有期徒刑、拘役、管制或者剥夺政治权利。

定罪部分

【罪名概念】

非法集会、游行、示威罪，是指举行集会、游行、示威，未依照法律规定申请或者申请未获许可，或者未按照主管机关许可的起止时间、地点、路线进行，又拒不服从解散命令，严重破坏社会秩序的行为。

【关联法律】

《集会游行示威法》

【犯罪构成】

（一）主体要件

本罪的主体为特殊主体。只有举行集会、游行、示威的负责人和直接责任人员

才能成为本罪主体。所谓负责人,是指《集会游行示威法》中所规定的提交申请书在申请书中载明的负责人。所谓直接责任人员,是指负责人以外的策划、组织、指挥集会、游行、示威的人;不服从负责人或者现场组织者的指挥,自行其是,因而直接严重破坏社会秩序的人,不是负责人或者直接责任人员,不能构成本罪。

(二)主观要件

本罪在主观方面表现为故意,过失不构成本罪。

(三)客观要件

本罪在客观方面表现为非法集会、游行、示威,未依照法律规定申请或者申请未获许可,或者未按照主管机关许可的起止时间、地点、路线进行,又拒不服从解散命令,严重破坏社会秩序的行为。

本罪属选择性罪名,非法集会的,构成非法集会罪;非法游行的,构成非法游行罪:非法示威的,构成非法示威罪。

1. 非法举行。

根据《集会游行示威法》和本条的规定,非法举行是指下述三种表现方式:

(1)未依照法律规定申请而举行。这里的法律即指《集会游行示威法》。该法规定对集会、游行、示威实行申请许可原则。这项原则重要内容之一就是必须向公安机关提出申请,申明理由,不经申请而举行集会、游行、示威的即为非法。

举行集会,游行、示威,必须向主管机关提出申请并获得许可。集会、游行、示威的主管机关是集会、游行、示威举行地的市、县公安局、城市公安分局;游行、示威路线经过两个以上区、县的,主管机关为经过区、县的公安机关的共同上一级公安机关。

下列活动不需申请:①国家举行或者根据国家决定举行的庆祝、纪念等活动。②国家机关、政党、社会团体、企业事业组织依照法律、组织章程举行的集会。

举行集会、游行、示威,必须有负责人。需要申请的游行、集会、示威,其负责人必须在举行日期的五日前向主管机关递交书面申请。申请书中应当载明集会、游行的目的、方式、标语、口号、人数、车辆数、使用音响设备的种类与数量、起止时间、地点(包括集会地和解散地)、路线和负责人的姓名、职业和住址。主管机关接到申请书后,应当在申请举行日期的二日前,将许可或者不许可的决定书面通知其负责人。不许可的,应当说明理由。逾期不通知的,视为许可。申请举行集会、游行、示威要求解决具体问题的,主管机关接到申请书后,可以通知有关机关或者单位同集会、游行、示威的负责人协商解决问题,并可以将申请举行的时间推迟五日。

(2)申请未获许可而举行。集会、游行、示威申请许可原则要求公安机关对申请进行审查,经过公安机关许可后方可举行。虽申请而未获得公安机关的许可举行的,也是非法。这里的“未获许可”的原因可能在于多方面,有的是基于申请事项为法所禁止从而不被许可。《集会游行示威法》第十二条规定,申请举行的集会、游行、示威,有下列情形之一的,不予许可:(一)反对宪法所确定的基本原则的;(二)危害国家统一、主权和领土完整的;(三)煽动民族分裂的;(四)有充分根据认定申请举行的集会、游行、示威将直接危害公共安全或者严重破坏社会秩序的。

(3)未按照主管机关许可的起止时间、地点、路线进行。这里的主管机关,是指集会、游行、示威举行地的市、县公安局、城市公安分局;游行、示威路线经过两个以上区、县的,主管机关为所经过区、县的公安机关的共同上一级公安机关,具体而言,游行、示威路线在同一直辖市、省辖市、自治区辖市或者省、自治区人民政府派出机关所在地区经过两个以上区、县的,由该市公安局或省、自治区人民政府派出机关的公安处主管;在同一省、自治区行政区域内经过两个以上省辖市、自治区辖市或省、自治区人民政府派出机关所在地区的,由所在省、自治区公安厅主管;经过两个以上省、自治区、直辖市的,由公安部主管或者由公安部授权的省、自治区、直辖市公安机关主管。这里的"起止时间",根据《集会游行示威法》之规定,举行集会、游行、示威的起止时间除经过当地人民政府决定或者批准的以外,限于早六时至晚十时。就集会、游行、示威的地点而言,下列场所未经人民警察许可,不得进入主管机关为维持秩序而临时设置的警戒线以内:国家机关、军事机关、广播电视台、电视台、外国驻华使馆领馆等单位所在地。未经国务院或省、自治区、直辖市的人民政府批准,下列场所周边距离十米至三百米内,不得举行集会、游行、示威:全国人大常务委员会,国务院,中央军事委员会,最高人民法院,最高人民检察院所在地;国宾下榻处;重要军事设施;航空港、火车站和港口。违反上述规定即为"非法举行"。就路线而言,如果游行队伍行进中遇有前面路段临时发生自然灾害事故、交通事故及其他治安灾害事故,或者游行队伍间、游行队伍与围观群众间发生严重冲突和混乱,以及突然发生其他不可预料的情况,致使游行队伍不能按照许可路线进行,人民警察现场负责人有权临时决定改变游行队伍进行路线。主管机关认为按照申请的时间、地点、路线举行集会、游行、示威将对交通秩序和社会秩序造成严重影响的,在决定许可时或者决定许可后,可以变更举行集会、游行、示威的时间、地点、路线,并及时通知其负责人。行为人不遵守上述规定的,不依照人民警察临时改变后的行进路线进行游行活动的,视为"未按照主管机关许可的路线进行"。

2. 拒不服从解散命令。

就是指对违反许可规定进行的集会、游行、示威,主管机关依法发出解散命令,拒不服从命令仍予以进行的情形,这是构成本罪的一个重要的客观特征。行为人虽实施上述违法行为,但在主管机关依法作出解散命令后,行为人听从解散命令,服从管理的,不构成本罪。集会、游行、示威应当按照许可的目的、方式、标语、口号、起止时间、地点、路线及其他事项进行。举行集会游行、示威,有下列情形之一的,人民警察应当予以制止:(1)未依照法律规定申请或者申请未获许可的;(2)未按照主管机关许可的目的、方式、标语、口号、起止时间、地点、路线进行的;(3)在进行中出现危害公共安全或者严重破坏社会秩序情况的。有上述情形之一,不听制止的,人民警察现场负责人有权依照国家有关规定决定采取必要手段强行驱散,并对拒不服从的人员强行带离现场或者即予以拘留。

作出解散命令的主体应是人民警察现场负责人而非其他任何公民。

解散命令,即指使参与集会、游行、示威的人离开及分散的命令。既可以是口头形式,也可以是书面形式,既可以有关人员直接传达,也可以通过他人告知,但解散命令应为合法,必须对于非法集会、游行、示威的人员发出并能为他们所认识、知悉。如果行为人因未接到解散命令的通知没有解散的,不构成拒不解散,所谓不解散,即指不离开、不分散,比如行为人已接到解散命令后,仍聚集众人原地不动,或虽然离开原地点,但仍然不散去。如果非法集会、游行、示威的人群的一部分已经解散,但其余的人未解散的,则负责人员和直接责任人员仍应负拒不服从解散命令的罪责。另外,解散须出于行为人的自由意思,意味着主动地脱离集会、游行、示威的状态,如果行为人被强制力驱散或者为避免逮捕而逃跑的,不能认为是解散。

拒不服从解散命令的行为方式,多表现为暴力、威胁方式。行为人若以暴力或威胁方式对正在执行解散命令的相关人员进行阻挠的,足以表明行为人对待解散命令的对抗性及严重程度,已构成拒不服从解散命令的行为,但并不以此为限。

3. 严重破坏社会秩序。

构成本罪,不仅要求行为人非法举行集会、游行、示威且拒不服从解散命令,还要求行为造成社会秩序严重破坏的结果。未发生严重破坏社会秩序的危害结果的,不以本罪论处。所谓严重破坏社会秩序,是指造成社会秩序、交通秩序混乱,致使生产、工作、生活和教学、科研、医疗无法正常进行,比如致使国家机关、企事业单位和社会团体的工作无法正常进行,致使工厂、企业生产停工,造成交通瘫痪,或者造成恶劣的政治影响,等等。

(四)客体要件

本罪侵犯的客体是社会的公共秩序和公共安全。

《宪法》规定集会、游行、示威是我国公民的一项重要的政治权利,国家依法保障公民对这些权利的行使。为了更好地保护公民依法行使集会、游行、示威自由,维护社会安定和公共秩序,1989 年 10 月 31 日第七届全国人大常委会第六次会议通过了我国第一部《集会游行示威法》。1992 年 6 月国务院又颁布了《集会游行示威法实施条例》,从而使公民集会、游行、示威有法可依。在法制轨道上运作,既保证了公民民主自由权利的实现,又保证了对滥用公民自由权权利的限制,维护了国家的安定团结和社会秩序的稳定。

根据《集会游行示威法》及其实施条例的规定,集会,是指集于露天公共场所,发表意见、表达意愿的活动。游行,是指在公共道路、露天公共场所列队行进、表达共同意愿的活动。示威是指在露天公共场所,或者在公共道路上以集会、游行、静坐等方式,表达要求,抗议或者支持、声援等共同意愿的活动。

集会、游行、示威自由的共同之处是它们都是自由表达意愿,而不同之处,则是表达意愿的程度、方式和方法有些差异,由于集会、游行、示威自由权利的行使,多发生在公共道路或露天公共场所,参加或观看的人数众多,情绪感染性强,对社会影响较大,所以公民在行使这些自由权利时,要符合法律的规定,又不得损害国家的、社会的、集体的利益和其他公民合法的自由和权利。

【罪名辨析】

(一)罪与非罪的界限

区分罪与非罪的界限,主要是从犯罪构成的客观性与主观性上加以区分。虽有非法举行集会、游行、示威的行为,但没有拒不服从解散命令或者造成严重破坏社会秩序后果的,不构成犯罪。部分人服从解散命令、部分人不服从解散命令的,对于服从解散命令的人,包括负责人,不能认定为犯罪。对于一般参加非法举行的集会、游行、示威的人员,不宜追究刑事责任,可以进行批评教育或者给予必要的行政处分。

(二)本罪与聚众扰乱公共场所秩序或交通秩序罪、扰乱社会秩序罪的界限

二者虽然都是聚众性犯罪,但在犯罪构成上有明显区别:一是本罪的构成要求违法性为前提,如果行为人不知道自己的是违法的,即不构成犯罪。扰乱社会秩序罪、聚众扰乱公共场所秩序、交通秩序罪则不要求违法性为前提。二是本罪虽然也扰乱社会秩序,但严重破坏社会秩序的结果发生在举行集会、游行、示威的过程和情境中,而后两罪则不存在特定的过程和情况;本罪侵犯的客体是国家对集会、游行、示威的管理制度;而后两罪侵犯的客体则是工作、生产、营业、教学、科研、医疗秩序或者公共场所秩序、交通秩序。三是本罪实际发生的场合范围广泛,可能是某一公共场所、交通线路,也可能是机关、团体、单位的门前、院内,还可能是没有单一地点,而是涉及若干地点、场合、路线。

(三)本罪与聚众冲击国家机关罪的界限

两罪在客观上都扰乱了公共秩序,而在涉及国家机关时,同聚众冲击国家机关罪一样,都扰乱了国家机关的正常工作秩序。两罪的区别主要在于:(1)犯罪客体不同。本罪侵犯的客体是国家对集会、游行、示威的管理制度;后罪侵犯的客体是国家机关正常的工作秩序。(2)行为方式不同。本罪行为方式既包括暴力性的,也包括非暴力性的;而后罪采取的则是“冲击”这一暴力性扰乱方式。(3)两罪实际发生的场合范围不同。本罪发生的地域范围广泛;而后罪只能发生于国家机关的门前、院内,场合单一。

量 刑 部 分

【量刑标准】

犯本罪的,处五年以下有期徒刑、拘役、管制或者剥夺政治权利。

截至目前,尚无本罪名关于量刑的司法解释。

非法携带武器、管制刀具、爆炸物参加集会、游行、示威罪 《刑法》第297条

违反法律规定,携带武器、管制刀具或者爆炸物参加集会、游行、示威的,处三年以下有期徒刑、拘役、管制或者剥夺政治权利。

定 罪 部 分

【罪名概念】

非法携带武器、管制刀具、爆炸物参加集会、游行、示威罪,是指违反法律规定,携带武器、管制刀具或者爆炸物参加集会、游行、示威,尚未造成严重后果的行为。

【关联法律】

1.《中华人民共和国集会游行示威法》

2.《集会游行示威实施条例》

【犯罪构成】

(一)主体要件

本罪的主体是一般主体。即一切达到法定责任年龄、具有刑事责任能力的人。即使是依法规定或者经有关部门批准,准予持有武器的人员违反法律规定,在举行集会、游行、示威时携带了武器、管制刀具或爆炸物的,同样构成本罪。但在集会、游行、示威活动中,为维护秩序而依法执行职务的人员除外。

(二)主观要件

本罪在主观方面表现为故意。集会、游行、示威是一种群众性地表达意愿的活动,而且都是在露天公共场所或者公共道路上进行的,如果携带武器、管制刀具和爆炸物,由于这些物品具有极强的破坏性,一旦发生意外,后果不堪设想。因此,《集会游行示威法》第五条规定,集会、游行、示威应当和平地进行,不得携带武器、管制刀具和爆炸物。如果故意违反法律明令禁止的行为,不管其出于什么动机,都不影响本罪的成立。

（三）客观要件

本罪在客观方面表现为在举行集会、游行、示威活动中携带武器、管制刀具或者爆炸物的行为。也就是说，携带武器、管制刀具或者爆炸物的行为必须是在举行集会、游行、示威时才以本罪论处，否则不能定为本罪。

《集会游行示威法》规定公民在进行集会、游行、示威的时候，必须遵守宪法和法律，不得损害国家的、社会的、集体的利益和其他公民的合法的自由和权利。集会、游行、示威应当和平地进行，不得携带武器、管制刀具和爆炸物。凡是携带武器、管制刀具和爆炸物的，应当依法予以刑事制裁。

所谓携带，包括随身佩带、暗藏在其他物品中夹带或手中握持。

这里的集会、游行、示威，既可以是合法的集会、游行、示威，也可以是不合法的集会、游行、示威。

（四）客体要件

本罪所侵犯的客体为复杂客体，既妨害了社会管理秩序，又危害了公共安全，还侵犯了国家有关武器、管制刀具及爆炸物的管理制度。

犯罪对象仅限于武器、管制刀具和爆炸物。所谓武器，是指枪支、弹药或其他具有杀伤力和破坏性的发火武器，最为常见的则是枪支、弹药。既包括军用的手枪、步枪、冲锋枪和机枪及弹药，又包括民用的各种枪支及弹药，如射击运动用的枪支、狩猎用的有膛线枪、散弹枪、火药枪，麻醉动物用的注射枪以及能发射金属弹丸的气枪及其弹药等。其他武器如化学武器、生物武器、炮弹等一般则难以成为此罪的行为对象。所谓管制刀具，根据公安部1983年颁布的《对部分刀具实行管制的暂行规定》是指匕首、三棱刀、带有自锁装置的弹簧刀（跳刀）以及其他类似的单刀、双刃刀、三棱尖刀等。所谓爆炸物，是指具有爆发力和破坏性，瞬间即可以造成一定范围内的人员伤亡、物品毁损的物品，如雷管、雷汞、雷银、炸药、导火索等各种起爆器材，各种自制爆炸装置，军用炸弹、手榴弹、地雷等。

【罪名辨析】

本罪与私藏枪支、弹药罪的界限

1. 犯罪对象不同。本罪的对象包括枪支、弹药等武器以及管制刀具、爆炸物，而私藏枪支、弹药罪仅包括枪支、弹药。

2. 客观要件不完全相同。本罪是特指在集会、游行、示威活动中有佩带、夹带或持有武器、管制刀具或爆炸物的行为。而私藏枪支、弹药罪是指违反枪支管理规定，私自藏匿枪支、弹药，拒不交出的行为。

3. 主体要件不同。本罪的主体不仅包括非法持有上述物品的人。而且还包括合法持有上述物品的人，而私藏枪支、弹药罪的主体不包括依法规定或经有关部门批准的合法持有枪支、弹药的人。

量刑部分

【量刑标准】

犯本罪的,处三年以下有期徒刑、拘役、管制或者剥夺政治权利。

截至目前,尚无本罪名关于量刑的司法解释。

破坏集会、游行、示威罪 《刑法》第298条

扰乱、冲击或者以其他方法破坏依法举行的集会、游行、示威,造成公共秩序混乱的,处五年以下有期徒刑、拘役、管制或者剥夺政治权利。

定罪部分

【罪名概念】

破坏集会、游行、示威罪,是指扰乱、冲击或者以其他方法破坏依法举行的集会、游行、示威,造成公共秩序混乱的行为。

【关联法律】

《集会游行示威法》

【犯罪构成】

(一)主体要件

本罪的主体为一般主体。即凡年满十六周岁、具有刑事责任能力的人均可成为本罪的主体。

(二)主观要件

本罪在主观方面只能表现为故意,过失不构成本罪。行为人在主观上明知正在进行的集会、游行、示威是合法的,仍然采取暴力、胁迫或者其他非法手段进行扰乱、冲击或者其他破坏活动,在主观上具有故意的心理状态。

(三)客观要件

本罪在客观方面表现为扰乱、冲击或者以其他方法破坏依法进行的集会、游行、示威,造成公共秩序混乱的行为。

本罪的行为对象只能是依法举行的集会、游行、示威,对非法举行的集会、游行、示威进行扰乱、冲击的,不构成本罪。在这里,所谓"破坏",是指采用扰乱、冲击或者其他方法致使依法举行的集会、游行、示威不能正常进行。所谓"扰乱"一般是指针对集会、游行、示威队伍起哄、闹事,破坏其正常的秩序。这种扰乱行为一般有故意在集会、游行、示威的场所聚众起哄闹事;或者进行煽动性的演讲;或者强行让其参加者聚众性地停留或解散;阻止、抗拒管理工作人员维护集会、游行、示威队伍

的秩序;等等。所谓"冲击",一般是指冲闯、强行进入依法举行的集会、游行、示威队伍,堵塞、占据集会、游行、示威队伍进行、停留的通道、场所,使集会、游行、示威队伍、人员、车辆等不能正常出入。构成本罪,还必须是行为人的扰乱、冲击等破坏依法举行的集会、游行、示威行为,造成了公共秩序混乱的结果。所谓"公共秩序混乱",一般是指依法举行的集会、游行、示威无法进行;集会、游行、示威行经地或举行地的场所秩序或交通秩序混乱;因之发生骚乱或者打、砸、抢、烧、杀等违法犯罪活动;等等。

(四)客体要件

本罪侵犯的客体为社会公共秩序。集会、游行、示威自由是公民的民主自由权利,依法进行的集会、游行、示威受法律保护。《宪法》和《集会游行示威法》为集会、游行、示威依法进行提供了法律依据和强有力的法律保障。《集会游行示威法》第十八条规定,对于依法举行的集会、游行、示威,主管机关应当派出人民警察维护交通秩序和社会秩序,保障集会、游行、示威的顺利进行。

依法举行的集会、游行、示威,任何不得以暴力、胁迫或者其他非法手段进行扰乱、冲击和破坏。《集会游行示威法》第三十条规定,扰乱、冲击或者以其他方法破坏依法举行的集会、游行、示威的,公安机关可以处以警告或者十五日以下拘留,情节严重,构成犯罪的依照刑法有关规定追究刑事责任,本条即将该行为明确化。

【罪名辨析】

本罪与非法集会、游行、示威罪的界限

1. 主体不同。非法集会、游行、示威罪的主体为特殊主体,只有集会、游行、示威的负责人和直接责任人员才能构成。破坏集会、游行、示威罪的主体为一般主体。

2. 客体不同。非法集会、游行、示威罪侵犯的客体是整个社会的公共安全及对游行、示威、集会的管理秩序。破坏集会、游行、示威罪侵犯的客体是公共秩序。

3. 客观方面不同。非法集会、游行、示威罪在客观方面表现为未按法律规定申请或者虽申请但未获许可,或者未按规定的时间地点、路线举行集会、游行、示威。而破坏集会、游行、示威罪在客观方面表现为对依法进行的集会、游行、示威进行扰乱、冲击或者采取其他方法进行破坏。

量刑部分

【量刑标准】

犯本罪的,处五年以下有期徒刑、拘役、管制或者剥夺政治权利。

截至目前,尚无本罪名关于量刑的司法解释。

侮辱国旗、国徽罪 《刑法》第299条

在公众场合故意以焚烧、毁损、涂划、玷污、践踏等方式侮辱中华人民共和国国旗、国徽的,处三年以下有期徒刑、拘役、管制或者剥夺政治权利。

定罪部分

【罪名概念】

侮辱国旗、国徽罪,是指在公众场合故意以焚烧、毁损、涂划、砧污、践踏等方式,侮辱中华人民共和国国旗、国徽的行为。

【关联法律】

1.**《国旗法》**

第一条　为了维护国旗的尊严,增强公民的国家观念,发扬爱国主义精神,根据宪法,制定本法。

第二条　中华人民共和国国旗是五星红旗。

中华人民共和国国旗按照中国人民政治协商会议第一届全体会议主席团公布的国旗制法说明制作。

第三条　中华人民共和国国旗是中华人民共和国的象征和标志。

每个公民和组织,都应当尊重和爱护国旗。

第四条　地方各级人民政府对本行政区域内国旗的升挂和使用,实施监督管理。

外交部、国务院交通主管部门、中国人民解放军总政治部对各自管辖范围内国旗的升挂和使用,实施监督管理。

国旗由省、自治区、直辖市的人民政府指定的企业制作。

第五条　下列场所或者机构所在地,应当每日升挂国旗:

1. 北京天安门广场、新华门;

2. 全国人民代表大会常务委员会,国务院,中央军事委员会,最高人民法院,最高人民检察院;

中国人民政治协商会议全国委员会;

3. 外交部;

4. 出境入境的机场、港口、火车站和其他边境口岸,边防海防哨所。

第六条　国务院各部门,地方各级人民代表大会常务委员会、人民政府、人民法院、人民检察院,中国人民政治协商会议地方各级委员会,应当在工作日升挂国旗。

全日制学校,除寒假、暑假和星期日外,应当每日升挂国旗。

第七条 国庆节、国际劳动节、元旦和春节,各级国家机关和各人民团体应当升挂国旗;企业事业组织,村民委员会、居民委员会,城镇居民院(楼)以及广场、公园等公共活动场所,有条件的可以升挂国旗。

不以春节为传统节日的少数民族地区,春节是否升挂国旗,由民族自治地方的自治机关规定。

民族自治地方在民族自治地方成立纪念日和主要传统民族节日,可以升挂国旗。

第八条 举行重大庆祝、纪念活动,大型文化、体育活动,大型展览会,可以升挂国旗。

第九条 外交活动以及国家驻外使馆领馆和其他外交代表机构升挂、使用国旗的办法,由外交部规定。

第十条 军事机关、军队营区、军用舰船,按照中央军事委员会的有关规定升挂国旗。

第十一条 民用船舶和进入中国领水的外国船舶升挂国旗的办法,由国务院交通主管部门规定。

公安部门执行边防、治安、消防任务的船舶升挂国旗的办法,由国务院公安部门规定。

第十二条 依照本法第五条、第六条、第七条的规定升挂国旗的,应当早晨升起,傍晚降下。

依照本法规定应当升挂国旗的,遇有恶劣天气,可以不升挂。

第十三条 升挂国旗时,可以举行升旗仪式。

举行升旗仪式时,在国旗升起的过程中,参加者应当面向国旗肃立致敬,并可以奏国歌或者唱国歌。

全日制中学小学,除假期外,每周举行一次升旗仪式。

第十四条 下列人士逝世,下半旗致哀:

1. 中华人民共和国主席、全国人民代表大会常务委员会委员长、国务院总理、中央军事委员会主席;

2. 中国人民政治协商会议全国委员会主席;

3. 对中华人民共和国作出杰出贡献的人;

4. 对世界和平或者人类进步事业作出杰出贡献的人。

发生特别重大伤亡的不幸事件或者严重自然灾害造成重大伤亡时,可以下半旗致哀。

依照本条第一款(三)、(四)项和第二款的规定下半旗,由国务院决定。

依照本条规定下半旗的日期和场所,由国家成立的治丧机构或者国务院决定。

第十五条 升挂国旗,应当将国旗置于显著的位置。

列队举持国旗和其他旗帜行进时,国旗应当在其他旗帜之前。

国旗与其他旗帜同时升挂时,应当将国旗置于中心、较高或者突出的位置。

在外事活动中同时升挂两个以上国家的国旗时,应当按照外交部的规定或者国际惯例升挂。

第十六条　在直立的旗杆上升降国旗,应当徐徐升降。升起时,必须将国旗升至杆顶;降下时,不得使国旗落地。

下半旗时,应当先将国旗升至杆顶,然后降至旗顶与杆顶之间的距离为旗杆全长的三分之一处;降下时,应当先将国旗升至杆顶,然后再降下。

第十七条　不得升挂破损、污损、褪色或者不合规格的国旗。

第十八条　国旗及其图案不得用作商标和广告,不得用于私人丧事活动。

第十九条　在公共场合故意以焚烧、毁损、涂划、玷污、践踏等方式侮辱中华人民共和国国旗的,依法追究刑事责任;情节较轻的,由公安机关处以十五日以下拘留。

2.《国徽法》

第一条　为了维护国徽的尊严,正确使用国徽,根据宪法,制定本法。

第二条　中华人民共和国国徽,中间是五星照耀下的天安门,周围是谷穗和齿轮。

中华人民共和国国徽按照1950年中央人民政府委员会通过的《中华人民共和国国徽图案》和中央人民政府委员会办公厅公布的《中华人民共和国国徽图案制作说明》制作。

第三条　中华人民共和国国徽是中华人民共和国的象征和标志。

一切组织和公民,都应当尊重和爱护国徽。

第四条　下列机构应当悬挂国徽:

1. 县级以上各级人民代表大会常务委员会;
2. 县级以上各级人民政府;
3. 中央军事委员会;
4. 各级人民法院和专门人民法院;
5. 各级人民检察院和专门人民检察院;
6. 外交部;
7. 国家驻外使馆、领馆和其他外交代表机构。

乡、民族乡、镇的人民政府可以悬挂国徽,具体办法由省、自治区、直辖市的人民政府根据实际情况规定。

国徽应当悬挂在机关正门上方正中处。

第五条　下列场所应当悬挂国徽:

1. 北京天安门城楼,人民大会堂;

2. 县级以上各级人民代表大会及其常务委员会会议厅；

3. 各级人民法院和专门人民法院的审判庭；

4. 出境入境口岸的适当场所。

第六条　下列机构的印章应当刻有国徽图案：

1. 全国人民代表大会常务委员会，国务院，中央军事委员会，最高人民法院，最高人民检察院；

2. 全国人民代表大会各专门委员会和全国人民代表大会常务委员会办公厅、工作委员会，国务院各部、各委员会、各直属机构、国务院办公厅以及国务院规定应当使用刻有国徽图案印章的办事机构，中央军事委员会办公厅以及中央军事委员会规定应当使用刻有国徽图案印章的其他机构；

3. 县级以上地方各级人民代表大会常务委员会、人民政府、人民法院、人民检察院，专门人民法院，专门人民检察院；

4. 国家驻外使馆、领馆和其他外交代表机构。

第七条　下列文书、出版物等应当印有国徽图案：

1. 全国人民代表大会常务委员会、中华人民共和国主席和国务院颁发的荣誉证书、任命书、外交文书；

2. 中华人民共和国主席、全国人民代表大会常务委员会委员长、国务院总理、中央军事委员会主席、最高人民法院院长和最高人民检察院检察长以职务名义对外使用的信封、信笺、请柬等；

3. 全国人民代表大会常务委员会公报、国务院公报、最高人民法院公报和最高人民检察院公报的封面；

4. 国家出版的法律、法规正式版本的封面。

第八条　外事活动和国家驻外使馆、领馆以及其他外交代表机构对外使用国徽图案的办法，由外交部规定，报国务院批准后施行。

第九条　在本法规定的范围以外需要悬挂国徽或者使用国徽图案的，由全国人民代表大会常务委员会办公厅或者国务院办公厅会同有关主管部门规定。

第十条　国徽及其图案不得用于：

1. 商标、广告；

2. 日常生活的陈设布置；

3. 私人庆吊活动；

4. 国务院办公厅规定不得使用国徽及其图案的其他场合。

第十一条　不得悬挂破损、污损或者不合规格的国徽。

第十二条　悬挂的国徽由国家指定的企业统一制作，其直径的通用尺度为下列三种：

1. 一百厘米；

2. 八十厘米;

3. 六十厘米。

在特定场所需要悬挂非通用尺度国徽的,报国务院办公厅批准。

第十三条　在公众场合故意以焚烧、毁损、涂划、玷污、践踏等方式侮辱中华人民共和国国徽的,依法追究刑事责任;情节较轻的,由公安机关处以十五日以下拘留。

第十四条　县级以上各级人民政府对国徽的使用,实施监督管理。

第十五条　本法自1991年10月1日起施行。

【犯罪构成】

(一)主体要件

本罪的主体属一般主体,凡达到法定刑事责任年龄且具有刑事责任能力的自然人(包括中国公民和外国人)均能构成本罪的主体。

(二)主观要件

本罪的主观方面必须是出于直接故意,间接故意和过失不构成犯罪。关于间接故意是否可以构成本罪,理论上有两种相对立的观点:一种观点认为,侮辱国旗、国徽罪只限于直接故意才构成,即行为人明知其在公众场合实施侮辱国旗、国徽行为的性质、后果,并希望通过其行为达到使国旗、国徽当众受辱、损害国家尊严的目的;另一种观点认为,虽然侮辱国旗/国徽罪多数由直接故意构成,但并不排除少数间接故意的情况可以构成,如为了出风头,明知其行为会侮辱国旗、国徽而仍实施其行为,以致国旗、国徽被侮辱,显然也可以构成本罪。我们赞同前一种观点。虽然根据本条,侮辱国旗/国徽罪没有明文规定必须是直接故意才构成,但根据《国旗法》和《国徽法》的规定,情节较轻的一般违法行为并不认为是犯罪。因而根据立法精神,我们可以认为一般的间接故意造成国旗、国徽被侮辱的行为属于情节较轻的情况而不构成犯罪。至于那些以犯他罪为目的而放任国旗、国徽受侮辱结果发生的虽然不能认为是情节轻微,但这种情况属于想象竞合犯,可以按所构成的其他罪论处,当然没有再以本罪论处的必要。另外本罪的动机可能是多种多样的,有的可能是对社会主义制度、党或国家的某些政策不满,有些可能是对某些领导不满等,但动机如何不影响构成本罪,可以在量刑时予以考虑。

(三)客观要件

本罪在客观方面,行为人必须具有在公众场合以焚烧、毁损、涂划、砧污、践踏等方式侮辱国旗、国徽的行为。

1. 本罪的行为方式主要表现为焚烧、毁损、涂划、砧污、践踏及其他积极作为的形式。

所谓焚烧,是指直接点燃或置于其他燃烧器具场所中使国旗、国徽燃烧而化为灰烬;所谓毁损,是指通过用手或其他外力以撕破、刺洞、捣碎、剪碎、砸烂、劈开等方法使国旗、国徽整体变残、变形、缺损而丧失原来面貌或完全成为碎片；所谓涂划，是指用涂料、颜料等有色物品在国旗、国徽上任意涂抹乱划，或者用污物弄脏国旗、国徽，以破坏国旗、国徽的严肃性、整洁性；所谓玷污，是指以粘物、熏烟等戏弄的方式使国旗、国徽污垢不堪；所谓践踏，是指采取脚踏、车轮碾轧、兽蹄踏踩等方式侮辱国旗、国徽；其他方式是指以上述五种方式以外的其他使国旗、国徽受到侮辱的方式，如在广告、商标上使用国旗、国徽，将国旗、国徽倒置，将国旗、国徽升挂或悬挂于坟场，办私人丧事时使用国旗、国徽，让国旗被拖于地上等。

本罪属选择性罪名，因此行为人只要实施了上述行为之一，侮辱国旗、国徽的或者以上述行为侮辱了国旗或者国徽其中之一的，即可构成本罪。如果行为人同时实施了上述几种行为或同时侮辱国旗和国徽的，也应以一罪论处，而不构成数罪，不实行数罪并罚。本罪一般是行为人亲自实施上述行为才构成犯罪，不作为，一般不构成犯罪，但如果教唆他人或者利用他人的过失、无知而使国旗、国徽受侮辱的也应以本罪论处。

2. 侮辱国旗、国徽的行为必须发生在公众场合。

所谓公众场合，既包括《国旗法》第六条至第十一条规定的场合，即北京天安门广场、新华门、全国人民代表大会常务委员会、国务院、中央军事委员会、最高人民法院、最高人民检察院、中国人民政治协商会议全国委员会、国务院各部门、出入境的机场、港口、火车站和其他边境口岸、边境海防哨所，地方各级人民代表大会常务委员会、人民政府、人民法院、人民检察院、中国人民政治协商会议地方各级委员会、全日制学校、各人民团体、企事业组织、村（居）民委员会、城镇居民院（楼）、广场、公园、重大庆祝会、纪念会、大型文化、体育活动场所、外交活动场所、驻外使（领）馆和其他外交代表机构、军事机关、军队营区、军用舰船、公安部门的船舶、民用船舶和进入中国领水的外国船舶；也包括《国做法》第四条、第五条规定的场合，即(1)悬挂国徽的机构：县级以上的各级人民代表大会常务委员会、县级以上各级人民政府、中央军事委员会、各级人民法院和专门人民法院、各级人民检察院和专门人民检察院、外交部，国家驻外使（领）馆和其他外交代表机构；乡、民族乡、镇的人民政府。(2)悬挂国徽的场所：有北京天安门城楼、人民大会堂、县级以上各级人民代表大会及其常务委员会会议厅、各级人民法院和专门人民法院的审判庭、出境入境口岸的适当场所。(3)全国人民代表大会常务委员会办公厅或者国务院办公厅会同主管部门规定的其他需要悬挂国徽的场所。此外，还包括其他有公众出人的场所，如街道、码头、商店等。

3. 本罪的侮辱行为必须带有公然性，而明目张胆地在众人在场或能使多人知晓的情况下进行侮辱。

行为人如果将国旗、国徽受侮辱后呈现的不法状态呈现在能够使众人看到的地方并被众人知晓或可能被众人知晓的，也应视为具有公然侮辱的性质。否则即使行为人侮辱了国旗、国徽,但不具有公然性,如在晚上行为人在某一公众场合实施了侮辱国旗、国徽的行为,当时根本不可能被众人知晓,而行为人又及时消除了国旗、国徽被侮辱的痕迹,则这种行为不构成本罪。

4. 侮辱国旗、国徽的行为应达到一定的程度才构成犯罪。

根据本条,侮辱国旗国徽罪并不要求是情节严重的才构成犯罪,但根据本法第十三条规定,情节显著轻微危害不大的,不认为是犯罪。《国旗法》第十九条、《国徽法》第十三条同样规定,情节较轻的,由公安机关处十五日以下拘留。显然并非所有侮辱国旗国徽的违法行为都构成犯罪,只有实施了侮辱国旗国徽的行为,而又不属于情节显著轻微危害不大及情节较轻的,才构成本罪。具体判断侮辱国旗国徽行为的危害程度,可以从以下几方面考虑:(1)侮辱手段是否恶劣;(2)侮辱对象的数量及侮辱次数的多少;(3)侮辱的动机如何。如出于仇视党的方针、路线、政府的法律、法规等动机与纯粹是为发泄个人私愤等动机危害性显然不同;(4)影响的大小。如侮辱天安门广场升挂的国旗与侮辱某居民院升挂的国旗,影响大小显然不一样,其危害性大小也就不同;(5)造成的实际后果。如点滴涂改与全面涂改国旗国徽显然不同;(6)行为人案发后的态度。如行为人是主动交代或积极消除影响,还是拒不认罪。如果从以上几方面因素考虑,认为行为人的情节属于较轻的或显著轻微危害不大的,则不能以犯罪论处。

(四)客体要件

本罪侵犯的客体,是国家对国旗、国徽的管理制度,同类客体是国家社会管理秩序。

《国旗法》第四条规定,地方各级人民政府对本行政区域内国旗的升挂和使用,实施监督管理。外交部、国务院交通主管部门、中国人民解放军总政治部对各自管辖范围内国旗的升挂和使用,实施监督管理。《国徽法》第十四条规定,县级以上各级人民政府对国徽的使用实施监督管理。可见国旗、国徽的管理是通过授权各级人民政府和有关部门进行具体管理来实现的,任何侮辱国旗、国徽的行为都是对国家有关国旗、国徽的管理制度的侵犯。因此,虽然侮辱国旗、国徽的行为会损害国家的尊严,但实际情况中行为人多数是为了发泄对国家的不满或者为了出风头、逞威风、寻求精神刺激而实施的,一般还不具有推翻我国国家政权、颠覆政府的目的,因而这种犯罪应归入妨害社会管理秩序罪中,而不属于危害国家安全罪。当然如果行为人以侮辱国旗、国徽为手段,辅之以其他行为,目的在于推翻我国国家政权和社会主义制度,颠覆人民政府,则此行为已构成危害国家安全罪,不能再以侮辱国旗、国徽罪论处。

本罪侵犯的对象只限于中华人民共和国国旗、国徽,侮辱外国的国旗、国徽不构成本罪。关于中华人民共和国国旗、国徽的范围,应以法律规定为标准。首先,国旗、国徽应符合法定的规格,具体标准应根据《国旗法》、国旗制法说明、《国徽法》

《国徽图案制作说明》来确定。其次，国旗、国徽应由法定企业制作。因此如果侮辱的属不合规格的国旗、国徽或自制的国旗、国徽，就不构成本罪。

国旗、国徽是国家的象征和标志，代表着国家的主权和尊严，中华人民共和国的每一个公民和组织都应当尊重和爱护国旗、国徽。《宪法》第一百三十七条规定，中华人民共和国国徽，中间是五星照耀下的天安门，周围是谷穗和齿轮。《国旗法》《国徽法》分别对国旗、国徽的制作、悬挂及使用作了具体规定。为了维护国旗、国徽的尊严，增强公民的国家观念，发扬爱国主义精神，第七届全国人民代表大会常务委员会第四次会议于 1990 年 6 月 28 日通过了《关于惩治侮辱中华人民共和国国旗国徽罪的决定》，对在公众场合故意以焚烧、毁损、涂划、玷污、践踏等方式侮辱国旗、国徽的行为规定为犯罪，从而为宪法和《国旗法》《国徽法》的贯彻实施提供了应有的法律保障，也为惩治侮辱国旗国徽的犯罪行为提供了法律依据。

【罪名辨析】

（一）本罪与非罪的界限

1. 其主观上是否具有故意。本罪是故意犯罪，并具有使国旗、国徽受辱的目的，因而如果是因意外事件或出于过失而使国旗、国徽在客观上受辱的不构成犯罪。如上所述，如果是出于间接故意的也不构成本罪。

2. 其行为是否达到一定的危害程度。如果从侮辱国旗、国徽行为的手段、动机、后果、次数、侮辱国旗、国徽的数量等方面综合考虑，认为属于情节较轻或情节显著轻微，危害不大的，就不构成犯罪。

3. 对于聚众侮辱国旗、国徽构成犯罪的，一般应当只追究首要分子和积极参加者的刑事责任，对于其他被胁迫参加者或一般的围观人员可酌情予以批评教育或行政处罚，不应以犯罪论处。

（二）本罪与实施其他犯罪行为而触犯本罪罪名的界限

如行为人出于占有目的而拆走国旗、国徽，或在公众场所抢走国旗、国徽，即使在盗窃、抢夺或抢劫过程中侮辱了国旗、国徽，也应按盗窃、抢夺或抢劫罪论处。还有的行为人以暴力方法妨碍审判人员、检察人员依法执行职务时侮辱了其佩戴的国徽甚至砸坏了审判庭内悬挂的国徽的，或者行为人以满足无理要求为目的，聚众以各种手段在机关、单位、团体门前或院内肆意哄闹，有侮辱国旗、国徽情况发生的，都应按想象竞合犯处理，应分别按妨害公务罪、扰乱法庭秩序罪和扰乱社会秩序罪处罚，而不再以侮辱国旗、国徽罪论处。

量刑部分

【量刑标准】

犯本罪的，处三年以下有期徒刑、拘役、管制或者剥夺政治权利。

截至目前，尚无本罪名关于量刑的司法解释。

组织、利用会道门、邪教组织、利用迷信破坏法律实施罪 《刑法》第300条(一)

组织、利用会道门、邪教组织或者利用迷信破坏国家法律、行政法规实施的,处三年以上七年以下有期徒刑,并处罚金;情节特别严重的,处七年以上有期徒刑或者无期徒刑,并处罚金或者没收财产;情节较轻的,处三年以下有期徒刑、拘役、管制或者剥夺政治权利,并处或者单处罚金。

犯第一款罪又有奸淫妇女、诈骗财物等犯罪行为的,依照数罪并罚的规定处罚。

定罪部分

【罪名概念】

组织、利用会道门、邪教组织、利用迷信破坏法律实施罪,是指组织、利用会道门、邪教组织或者利用迷信活动破坏国家法律、行政法规实施的行为。

【立法、司法解释】

1. 最高人民法院、最高人民检察院《关于办理组织和利用邪教组织犯罪案件具体应用法律若干问题的解释(二)》

(实施日期:2001年6月11日　法释[2001]19号)

为依法办理邪教组织犯罪案件,根据刑法的有关规定,现对办理邪教组织犯罪案件具体应用法律的若干问题,作如下解释:

第一条　制作、传播邪教宣传品,宣扬邪教,破坏法律、行政法规实施,具有下列情形之一的,依照刑法第三百条第一款的规定,以组织、利用邪教组织破坏法律实施罪定罪处罚:

(一)制作、传播邪教传单、图片、标语、报纸300份以上,书刊100册以上,光盘100张以上,录音、录像带100盒以上的;

(二)制作、传播宣扬邪教的DVD、VCD、CD母盘的;

(三)利用互联网制作、传播邪教组织信息的;

(四)在公共场所悬挂横幅、条幅,或者以书写、喷涂标语等方式宣扬邪教,造成严重社会影响的;

(五)因制作、传播邪教宣传品受过刑事处罚或者行政处罚又制作、传播的;

(六)其他制作、传播邪教宣传品,情节严重的。

制作、传播邪教宣传品数量达到前款第(一)项规定的标准五倍以上,或者虽未达到五倍,但造成特别严重社会危害的,属于刑法第三百条第一款规定的"情节特别严重"。

第二条　制作、传播邪教宣传品，煽动分裂国家、破坏国家统一，或者煽动颠覆国家政权、推翻社会主义制度的，依照刑法第一百零三条第二款、第一百零五条第二款的规定，以煽动分裂国家罪或者煽动颠覆国家政权罪定罪处罚。

第三条　制作、传播邪教宣传品，公然侮辱他人或者捏造事实诽谤他人的，依照刑法第二百四十六条的规定，以侮辱罪或者诽谤罪定罪处罚。

第四条　制作、传播的邪教宣传品具有煽动分裂国家、破坏国家统一，煽动颠覆国家政权、推翻社会主义制度，侮辱、诽谤他人，严重危害社会秩序和国家利益，或者破坏国家法律、行政法规实施等内容，其行为同时触犯刑法第一百零三条第二款、第一百零五条第二款、第二百四十六条、第三百条第一款等规定的，依照处罚较重的规定定罪处罚。

第五条　邪教组织被取缔后，仍聚集滋事、公开进行邪教活动，或者聚众冲击国家机关、新闻机构等单位，人数达到 20 人以上的，或者虽未达到 20 人，但具有其他严重情节的，对于组织者、策划者、指挥者和屡教不改的积极参加者，依照刑法第三百条第一款的规定，以组织、利用邪教组织破坏法律实施罪定罪处罚。

第六条　为组织、策划邪教组织人员聚集滋事、公开进行邪教活动而进行聚会、串联等活动，对于组织者、策划者、指挥者和屡教不改的积极参加者，依照刑法第三百条第一款的规定定罪处罚。

第七条　邪教组织人员以暴力、威胁方法阻碍国家机关工作人员依法执行职务的，依照刑法第二百七十七条第一款的规定，以妨害公务罪定罪处罚。其行为同时触犯刑法其他规定的，依照处罚较重的规定定罪处罚。

第八条　邪教组织人员为境外窃取、刺探、收买、非法提供国家秘密、情报的，以窃取、刺探、收买方法非法获取国家秘密的，非法持有国家绝密、机密文件、资料、物品拒不说明来源与用途的，或者泄露国家秘密情节严重的，分别依照刑法第一百一十一条为境外窃取、刺探、收买、非法提供国家秘密、情报罪，第二百八十二条第一款非法获取国家秘密罪，第二百八十二条第二款非法持有国家绝密、机密文件、资料、物品罪，第三百九十八条故意泄露国家秘密罪、过失泄露国家秘密罪的规定定罪处罚。

第九条　组织、策划、煽动、教唆、帮助邪教组织人员自杀、自残的，依照刑法第二百三十二条、第二百三十四条的规定，以故意杀人罪、故意伤害罪定罪处罚。

第十条　邪教组织人员以自焚、自爆或者其他危险方法危害公共安全的，分别依照刑法第一百一十四条、第一百一十五条第一款以危险方法危害公共安全罪等规定定罪处罚。

第十一条　人民检察院审查起诉邪教案件，对于犯罪情节轻微，有悔罪表现，确实不致再危害社会的犯罪嫌疑人，根据刑事诉讼法第一百四十二条第二款的规定，可以作出不起诉决定。

第十二条　人民法院审理邪教案件,对于有悔罪表现,不致再危害社会的被告人,可以依法从轻处罚;依法可以判处管制、拘役或者符合适用缓刑条件的,可以判处管制、拘役或者适用缓刑;对于犯罪情节轻微不需要判处刑罚的,可以免予刑事处罚。

2. 最高人民法院、最高人民检察院《关于办理组织和利用邪教组织犯罪案件具体应用法律若干问题的解释》

(实施日期:1999 年 10 月 9 日　法释[1999]18 号)(节录)

第一条　刑法第三百条中的"邪教组织",是指冒用宗教、气功或者其他名义建立,神化首要分子,利用制造、散布迷信邪说等手段蛊惑、蒙骗他人,发展、控制成员,危害社会的非法组织。

第二条　组织和利用邪教组织并具有下列情形之一的,依照刑法第三百条第一款的规定定罪处罚:

(一)聚众围攻、冲击国家机关、企业事业单位,扰乱国家机关、企业事业单位的工作、生产、经营、教学和科研秩序的;

(二)非法举行集会、游行、示威,煽动、欺骗、组织其成员或者其他人聚众围攻、冲击、强占、哄闹公共场所及宗教活动场所,扰乱社会秩序的;

(三)抗拒有关部门取缔或者已经被有关部门取缔,又恢复或者另行建立邪教组织,或者继续进行邪教活动的;

(四)煽动、欺骗、组织其成员或者其他人不履行法定义务,情节严重的;

(五)出版、印刷、复制、发行宣扬邪教内容出版物,以及印制邪教组织标识的;

(六)其他破坏国家法律、行政法规实施行为的。

实施前款所列行为,并具有下列情形之一的,属于"情节特别严重":

(一)跨省、自治区、直辖市建立组织机构或者发展成员的;

(二)勾结境外机构、组织、人员进行邪教活动的;

(三)出版、印刷、复制、发行宣扬邪教内容出版物以及印制邪教组织标识,数量或者数额巨大的;

(四)煽动、欺骗、组织其成员或者其他人破坏国家法律、行政法规实施,造成严重后果的。

第九条　对组织和利用邪教组织进行犯罪活动的组织、策划、指挥者和屡教不改的积极参加者,依照刑法和本解释的规定追究刑事责任;对有自首、立功表现的,可以依法从轻、减轻或者免除处罚。

对于受蒙蔽、胁迫参加邪教组织并已退出和不再参加邪教组织活动的人员,不作为犯罪处理。

3. 全国人大常委会《关于取缔邪教组织、防范和惩治邪教活动的决定》

(实施日期:1999 年 10 月 30 日)

为了维护社会稳定,保护人民利益,保障改革开放和社会主义现代化建设的顺

利进行,必须取缔邪教组织、防范和惩治邪教活动。根据宪法和有关法律,特作如下决定:

一、坚决依法取缔邪教组织,严厉惩治邪教组织的各种犯罪活动。邪教组织冒用宗教、气功或者其他名义,采用各种手段扰乱社会秩序,危害人民群众生命财产安全和经济发展,必须依法取缔,坚决惩治。人民法院、人民检察院和公安、国家安全、司法行政机关要各司其职,共同做好这项工作。对组织和利用邪教组织破坏国家法律、行政法规实施,聚众闹事,扰乱社会秩序,以迷信邪说蒙骗他人,致人死亡,或者奸淫妇女、诈骗财物等犯罪活动,依法予以严惩。

二、坚持教育与惩罚相结合,团结、教育绝大多数被蒙骗的群众,依法严惩极少数犯罪分子。在依法处理邪教组织的工作中,要把不明真相参与邪教活动的人同组织和利用邪教组织进行非法活动、蓄意破坏社会稳定的犯罪分子区别开来。对受蒙骗的群众不予追究。对构成犯罪的组织者、策划者、指挥者和骨干分子,坚决依法追究刑事责任;对于自首或者有立功表现的,可以依法从轻、减轻或者免除处罚。

三、在全体公民中深入持久地开展宪法和法律的宣传教育,普及科学文化知识。依法取缔邪教组织,惩治邪教活动,有利于保护正常的宗教活动和公民的宗教信仰自由。要使广大人民群众充分认识邪教组织严重危害人类、危害社会的实质,自觉反对和抵制邪教组织的影响,进一步增强法制观念,遵守国家法律。

四、防范和惩治邪教活动,要动员和组织全社会的力量,进行综合治理。各级人民政府和司法机关应当认真落实责任制,把严防邪教组织的滋生和蔓延,防范和惩治邪教活动作为一项重要任务长期坚持下去,维护社会稳定。

【犯罪构成】

(一)主体要件

本罪主体为一般主体。凡达到刑事责任年龄、具备刑事能力的自然人均可构成。

(二)主观要件

本罪的主观方面是故意,即行为人明知是组织、利用会道门、邪教组织或利用迷信进行破坏国家法律、行政法规实施的活动而有意为之。组织、利用会道门、邪教组织或利用迷信进行活动,客观上造成了对国家法律、行政法规实施的妨害,但行为人主观不具有破坏国家法律、行政法规实施的目的,不构成本罪。

(三)客观要件

本罪在客观方面表现为组织、利用会道门、邪教组织或者利用迷信活动破坏国家法律、行政法规实施的行为。

所谓国家法律,是指全国人民代表大会及其常务委员会通过颁行的法律,如宪法、民法、刑法、法官法、国家安全法等。所谓行政法规,是指国务院及其所属机关根据宪法、法律等依法所制定和颁布的有关国家行政管理活动的各种规范性档的总称,一般采用条例、办法、规则、决议、规定、命令、指示等形式。所谓国家法律、行政法规的实施,是指国家机关及其工作人员、社会团体及公民对法律、法规的具体运用和实现,既包括行政执法机关、司法机关及其工作人员严格执行法律、法规,适用法律、法规,以保证其实施的活动,即法的适用或称执法、司法活动,又包括所有国家机关、武装力量、政党、社会团体、企业事业组织、国家公职人员和全体公民自觉地遵守法律、法规,从而使得其得已实现,即法的遵守。简言之,法律、法规的实施即为执法、司法和守法。组织、利用会道门、邪教组织或者利用迷信所进行的必须是破坏国家法律、法规实施。如果不是破坏国家法律、法规实施,而是致人死亡、奸淫妇女、诈骗财物、宣传煽动分裂国家、颠覆国家政权等犯罪的,则应以他罪如组织、利用会道门、邪教组织、利用迷信致人死亡罪,强奸罪,诈骗罪,煽动分裂国家罪,煽动颠覆国家政权罪等治罪科刑。

破坏国家法律、行政法规实施,必须是有组织、利用会道门、邪教组织或者利用迷信活动的行为。所谓组织,是指为组成、建立会道门、邪教组织而开展的鼓动、招集、纠合他人参加,草拟组织规程、纪律等活动,如创设会道门、邪教组织;恢复已查禁的会道门、邪教组织;发展教徒、道徒,招收会员,秘密设坛、设点;等等。所谓利用,是指依靠、凭籍会道门、邪教组织的力量进行活动,如利用会道门、邪教组织制造、散布谣言,蛊惑人心;称孤道寡,封王拜相;鼓动他人寻求极乐或者逃避现实等。所谓组织、利用会道门、邪教组织进行破坏活动,则主要是指传播封建迷信,攻击国家法律、法规;制造、散布“人类将遭受大劫”“地球即将毁灭”等谣言,制造混乱,抗拒、干扰执法、司法活动;从事诸如“升天”“寻主”等迷信宗教活动,鼓动群众放弃工作、生产、学习,逃避现实,消极处世,抗拒法律、法规实施等。所谓会道门,是会门、道门等封建迷信活动组织的总称。包括一贯道、九宫道、先天道、后天道、大刀会、哥老会、青红帮等反动封建迷信组织。所谓邪教组织,是指冒用宗教、气功或者其他名义建立,神化首要分子,利用制造、散布迷信邪说等手段蛊惑、蒙骗他人,发展、控制成员,危害社会的非法组织。

(四)客体要件

本罪侵犯的客体是正常的社会管理秩序。《宪法》第三十六条规定:“中华人民共和国公民有宗教信仰自由;国家保护正常的宗教活动,任何人不得利用宗教进行破坏社会秩序、损害公民身体健康、妨害国家教育制度的活动。宗教团体和宗教事务不受外国势力的支配。”会道门、邪教组织虽然也以倡导某种“教义”为本组织从事活动提供指导,但其“教义”与正常的社会秩序是相悖的。尽管有些会道门、邪教组织将本组织的教义视为某一宗教或某几种宗教的派生或支系,但在其“教义”指引下的活动已超出正常的宗教活动的范围,因而不受宪法和法律的保护。组织、利用会道门、邪教组织、利用迷信破坏国家法律、行政法规的实施,即利用了一些群众的文化水平低，认识能力、辨别能力差等因素，利用了他们落后的世界观和盲目的信仰，对正常的社会秩序予以破坏，妨害了国家法律、行政法规的统一、正确、有效地实施。

为了维护社会稳定，保护人民利益，保障改革开放和社会主义现代化建设的顺利进行，1999 年 10 月 30 日第九届全国人大常委会第十二次会议通过了《关于取缔邪教组织、防范和惩治邪教活动的决定》对于取缔邪教组织、防范和惩治邪教活动提供了法律依据。

量刑部分

【量刑标准】

犯本罪的，处三年以上七年以下有期徒刑，并处罚金；情节特别严重的，处七年以上有期徒刑或者无期徒刑，并处罚金或者没收财产；情节较轻的，处三年以下有期徒刑、拘役、管制或者剥夺政治权利，并处或者单处罚金。

犯第一款罪又有奸淫妇女、诈骗财物等犯罪行为的，依照数罪并罚的规定处罚。

组织、利用会道门、邪教组织、利用迷信致人重伤、死亡罪　《刑法》第 300 条(二)

组织、利用会道门、邪教组织或者利用迷信蒙骗他人，致人重伤、死亡的，依照前款的规定处罚。

定罪部分

【罪名概念】

组织、利用会道门、邪教组织、利用迷信致人重伤、死亡罪，是指组织、利用会道门、邪教组织或者利用迷信活动破坏国家法律、行政法规实施的行为。

【司法解释】

1. 最高人民法院、最高人民检察院《关于办理组织和利用邪教组织犯罪案件具体应用法律若干问题的解释(二)》

(实施日期:2001 年 6 月 11 日　法释[1999]18 号)

第十一条　人民检察院审查起诉邪教案件，对于犯罪情节轻微，有悔罪表现，确实不致再危害社会的犯罪嫌疑人，根据刑事诉讼法第一百四十二条第二款的规定，可以作出不起诉决定。

第十二条　人民法院审理邪教案件,对于有悔罪表现,不致再危害社会的被告人,可以依法从轻处罚;依法可以判处管制、拘役或者符合适用缓刑条件的,可以判处管制、拘役或者适用缓刑;对于犯罪情节轻微不需要判处刑罚的,可以免予刑事处罚。

2. 最高人民法院、最高人民检察院《关于办理组织和利用邪教组织犯罪案件具体应用法律若干问题的解释》

(实施日期:1999 年 10 月 9 日　法释[1999]18 号)

第一条　刑法第三百条中的"邪教组织",是指冒用宗教、气功或者其他名义建立,神化首要分子,利用制造、散布迷信邪说等手段蛊惑、蒙骗他人,发展、控制成员,危害社会的非法组织。

第三条　刑法第三百条第二款规定的组织和利用邪教组织蒙骗他人,致人死亡,是指组织和利用邪教组织制造、散布迷信邪说,蒙骗其成员或者其他人实施绝食、自残、自虐等行为,或者阻止病人进行正常治疗,致人死亡的情形。

具有下列情形之一的,属于"情节特别严重":

(一)造成 3 人以上死亡的;

(二)造成死亡人数不满 3 人,但造成多人重伤的;

(三)曾因邪教活动受过刑事或者行政处罚,又组织和利用邪教组织蒙骗他人,致人死亡的;

(四)造成其他特别严重后果的。

第八条　对于邪教组织和组织、利用邪教组织破坏法律实施的犯罪分子,以各种手段非法聚敛的财物,用于犯罪的工具、宣传品等,应当依法追缴、没收。

第九条　对组织和利用邪教组织进行犯罪活动的组织、策划、指挥者和屡教不改的积极参加者,依照刑法和本解释的规定追究刑事责任;对有自首、立功表现的,可以依法从轻、减轻或者免除处罚。

对于受蒙蔽、胁迫参加邪教组织并已退出和不再参加邪教组织活动的人员,不作为犯罪处理。

【犯罪构成】

(一)主体要件

本罪的主体为一般主体,即任何年满十六周岁具有刑事责任能力的自然人,实践中,多是会道门的道首、头目、邪教组织的教主,以及神汉、巫婆等。会道门、邪教组织中的一般分子也可能成为本罪的主体。本罪的主体具有明显的职业化特征,也就是说行为人从事迷信活动或组织和利用会道门、邪教组织具有长期性、固定性的特点。

(二)主观要件

本罪的主观方面是过失。行为人蒙骗他人是故意的,即其希望或放任被蒙骗的对象产生错误的认识，而对造成的死亡后果是过失的，本罪中，行为人对死亡后果的发生是怀着过失的心理。首先，行为人对其他人死亡的后果的出现不是积极追求的，这和教唆使他人产生杀害其他人或引起他人自杀的意图不同，否则不应以本罪论处，其次，行为人对其他人的死亡与否也不存在放任，因为他对自己的行为可能造成他人被蒙骗是明知，但可能引起他人死亡与否则是不明知的。最后，有时行为人对他人死亡的结果是没有预见的。

（三）客观要件

本罪的客观方面表现为组织和利用会道门、邪教组织或者利用迷信制造、散布迷信邪说，蒙骗其成员或者其他人实施绝食、自残、自虐等行为，或者阻止病人进行正常治疗，导致重伤、死亡结果发生的行为。

（四）客体要件

本罪侵犯的客体是社会管理秩序。会道门、邪教组织、迷信活动都是不受宪法、法律保护的，组织和利用会道门、邪教组织或者利用迷信蒙骗他人，造成他人死亡，严重破坏稳定和谐的社会关系，干扰了正常的社会秩序。本罪的成立必须以致他人死亡结果的存在为必要条件，但本罪侵犯的客体并不是他人的生命权利。这是因为，行为人实施组织和利用会道门、邪教组织或者利用迷信蒙骗他人，其并不追求死亡结果的发生。如单纯地蒙骗他人致人死亡的不以本罪论，正是由于行为人运用了组织和利用会道门、邪教组织或利用迷信这一特定方式，其行为直接侵犯了社会管理秩序，而非他人的生命权利。

【罪名辨析】

（一）本罪与组织、利用会道门、邪教组织、利用迷信破坏法律实施罪的界限

二者的共同之处在于都以组织和利用会道门、邪教组织或者利用迷信为特征，但两者的构成特征是不同的：

1. 本罪客观方面表现为蒙骗他人，因而致人死亡，而后罪客观方面表现为破坏国家法律、行政法规的实施；

2. 本罪以致人死亡为客观要素，而后罪以破坏国家法律、行政法规的实施为要素。如果行为人利用迷信，或者组织和利用会道门、邪教组织破坏法律实施，同时造成致人死亡后果的，应以后罪论处，对所造成的死亡结果作为该罪量刑的情节，不必实行数罪并罚。这里所指“造成致人死亡后果”，即本罪所指“致人死亡”的各种情形。

（二）本罪与故意杀人罪的界限

故意杀人罪，是指故意非法剥夺他人生命的行为，其侵犯的客体是他人的生命权利，主观方面是故意，这都与本罪不同。本罪一般是利用迷信愚弄他人自杀、接受怪异的生活方式、迷信的治疗方法等而导致死亡。如果利用迷信，或者组织和利用会道门、邪教组织唆使信徒杀害其他信徒或者其他人的，或者故意地引起他人自杀的意图的，应以故意杀人罪论处。

量 刑 部 分

【量刑标准】

犯本罪的,处三年以上七年以下有期徒刑,并处罚金;情节特别严重的,处七年以上有期徒刑或者无期徒刑,并处罚金或者没收财产;情节较轻的,处三年以下有期徒刑、拘役、管制或者剥夺政治权利,并处或者单处罚金。

聚众淫乱罪 《刑法》第301条(一)

聚众进行淫乱活动的,对首要分子或者多次参加的,处五年以下有期徒刑、拘役或者管制。

定 罪 部 分

【罪名概念】

聚众淫乱罪,是指聚集众人进行集体淫乱活动的行为,具体而言,是指纠集三人以上(不论男女)群奸群宿或者进行其他淫乱活动。而且,参与者必须是自愿的。

【犯罪构成】

(一)主体要件

本罪的主体为一般主体,凡年满十六周岁且具备刑事责任能力的自然人均能构成本罪。但构成本罪的仅限于聚众淫乱的首要分子和多次参加者,所谓首要分子,是指召集、唆使、首倡聚众淫乱活动的人;所谓多次参加者,指首要分子以外的参加聚众淫乱活动至少达三次以上。其他偶尔参加聚众淫乱活动的,应依《治安管理处罚法》的规定追究责任,不以犯罪论处。

(二)主观要件

本罪在主观方面表现为直接故意。即明知会发生危害社会的结果,并且希望这种结果发生。所谓危害社会的结果,是指对我国刑法所保护的社会主义社会关系的侵害,本罪所侵害的是社会主义的公共秩序,对于自己的行为会破坏公共秩序这一点,任何一个达到刑事责任年龄、具有刑事责任能力的行为人都是明知的。而本罪主体不仅明知自己的行为会破坏公共秩序,并且通过破坏公共秩序来获得某种精神上的满足。

本罪的主观方面既然是直接故意,那它就必然具有犯罪目的。本罪的目的是通过破坏公共秩序的行为来寻求下流无耻的精神刺激,达到某种精神上的满足。本罪的目的虽然不是直接故意的内容,但是两者又具有极为密切的联系。在聚众淫乱犯罪分子眼中,只有通过对公共秩序的破坏,才能达到寻求下流无耻的刺激之目的,因而聚众淫乱犯罪分子对于破坏公共秩序总是抱着希望的态度,希望破坏公共秩序,正是为了达到寻求精神刺激之目的。相反,如果行为人破坏公共秩序不是为了寻求下流无耻的精神刺激,而是为了其他个人目的,那也就不是聚众淫乱犯罪。

所谓寻求下流无耻的精神刺激在本罪中表现为寻求感官刺激,填补精神空虚。即通过聚众淫乱来刺激感官,寻欢作乐。这既是犯罪分子通过聚众淫乱行为所要达到的直接目的,也是推动犯罪分子实施聚众淫乱行为的内心起因,甚至在犯罪动机上比在犯罪的目的上表现得更为明显。

寻求下流无耻的精神刺激,在聚众淫乱犯罪中具有决定性的意义。首先,它决定着聚众淫乱行为的性质。寻求下流无耻的精神刺激,表明行为人所追求的既不是政治目的,也不是经济目的,既不是基于义愤,也不是基于某种非法利益,这就决定了聚众淫乱犯罪的矛头所向绝不局限于某种具体的社会关系,不局限于某个特定的对于下流无耻的精神刺激,任何人可能成为其侵害的对象。所以本罪具有明显的反社会性,是一种蔑视社会、伤风败俗的犯罪。其次,寻求下流无耻的精神刺激,反映了行为人的道德堕落和精神空虚,这就决定了他们用以寻求刺激的方式必然是各种卑鄙与龌龊,不顾廉耻的丑恶行为。最后,寻求下流无耻的精神刺激,能够把本罪与各种追求政治目的区别开来,是区分本罪与其他罪的主要标志。

(三)客观要件

本罪在客观方面具有两大特征:一是聚众行为;二是淫乱行为。

聚众,是指纠集众人,是指由首要分子故意发动、纠集特定或不特定多数人于一定时间聚集于同一地点。聚众的"众"应至少是三人以上(包含三人),但并非特指三人以上的犯罪人员。如果仅有两人,不能构成本罪。

淫乱,主要是指违反道德规范的性交行为,但除此之外,还应包括其他刺激、兴奋、满足性欲的行为,如聚众从事手淫、口淫、鸡奸等行为。而对于这种行为并不限于男女异性之间。行为人聚众从事这种淫乱行为的,也构成本罪,可见从理论上本罪的众人并不必然以同时含有男女二性为必要。淫乱行为一般具备如下特征:(1)须是足以引起一般人的羞耻感情的行为;(2)须是足以刺激或满足性欲的行为;(3)须为违反善良性道德观念的行为。

(四)客体要件

本罪侵犯的客体是公共秩序。所谓公共秩序,就是通过一定的社会结构中人们必须共同遵守的生活规则来维护的公共生活有条不紊的状态。违反了这种公共生活规则,也就打破了公共生活有条不紊的状态。因此,对公共秩序的破坏实质上就是对公共生活规则的违反。公共生活的内容主要有三个方面:(1)旨在保护人的安全和尊严,特别是保护老幼弱者的安全规则。(2)旨在调节公共场所秩序的纪律规则。(3)旨在维护日常生活中稳定联系和风尚习俗的交往规则。安全规则对人们的社会活动具有普遍的指导意义,因而它也可以贯穿到纪律规则和交往规则之中。纪律规则和交往规则,就其特点、意义而言,分别反映了公共生活规定所调整的两个领域,与之相关联的,公共秩序也就大致可以划分为以下两个方面:即通过纪律规则所调整的公共场所秩序以及通过交往规则所调整的人们在日常生活中的聚众交往和风俗习尚。聚众淫乱违犯了公共生活规则,破坏了公共秩序。在实践中,人们常常感到淫乱犯罪的客体不好理解,认为这类行为除了在光天化日之下大搞淫乱之外,通常都是暗地进行的,并且是互相自愿的,因此不好说就破坏了公共秩序。

聚众淫乱犯罪,是一种违反社会公共生活中的交往规则,败坏社会风俗习尚的行为,它从这个方面破坏了公共秩序,也可以说它破坏了公共秩序中的交往秩序。

【罪名辨析】

(一)本罪与非罪的界限

一方面,从犯罪客观表现方式上加以区分。本罪在客观方面最根本的表现是聚众淫乱行为,因此如果行为人只是单个地并非聚众地与他人自愿进行两性活动的,如未婚男女之间偶尔发生的不正当男女性关系以及已婚男女间的通奸行为,则行为人不构成本罪。实践中,对于多名妇女同时向行为人卖淫的,能否构成本罪存在争议。我们认为这种行为虽然在表面现象上看似具有聚众淫乱的特点,但结合犯罪的主客观特征来分析,其并不符合本罪的构成特征。从主观方面来看,虽然行为人嫖娼具有寻求下流无耻精神刺激的主观动机,但对于其他聚在一起共同向行为人卖淫的多名妇女而言则不是有此动机,其行为目的是为了营利。从客观方面来看,本罪多表现为多人聚集在一起进行乱交、滥交的淫乱行为,具有行为对象的非专一性特征。而多名妇女共向行为人卖淫行为,由其主观动机、目的决定了他们之间并非是聚在一起进行乱交、滥交的淫乱行为,因而不具有本罪“淫乱”的特征。综上分析,对多名妇女同时向行为人卖淫的,不能作为聚众淫乱罪处理,可依照《治安管理处罚法》予以行政处罚。另一方面,从犯罪主体上区分,本罪的主体仅限于首要分子或多次参加者这两类人。因此对于其他偶尔参加淫乱活动的人来说,不构成犯罪,但应对其进行批评教育或给予治安管理处罚。实践中,对于大多数失足青少年来说,一般应对之实行教育挽救,不宜扩大打击面。

(二)本罪与组织卖淫罪的界限

两罪都侵犯了社会管理秩序,而且客观表现上也具有相似之处。本罪是一种聚众犯罪,而后罪组织卖淫行为也具有聚众性。两罪的区别主要在于:首先,犯罪主体不同。组织卖淫罪处罚的是卖淫活动的组织者,而本罪犯罪主体除了首要分子以外,还包括多次参加者。其次,本罪主观上以寻求空虚下流的精神刺激为动机,而后罪行为人的实施组织卖淫行为多为利益所趋。最后,组织他人卖淫所控制的淫乱活动以卖淫嫖娼为内容,因此限于男女之间的性行为。而本罪不具有卖淫嫖娼的成分,淫乱活动并不限于男女之间不正当的性行为。

(三)本罪与容留卖淫罪的界限

两罪侵犯的同类客体都为社会管理秩序,由于两罪在表现形式上相互交叉,从而造成认定犯罪性质上的困难。区分二者的关键在于:首先,犯罪客观表现形式不同。本罪聚众淫乱行为一般是行为人自己与他人奸淫,也有的是拉拢、怂恿他人之间搞淫乱活动,但不具有使人卖淫的情形;后罪在客观上表现为容留他人向行为人以外的第三人卖淫,而非供行为人奸淫。其次,犯罪主观方面不同。容留卖淫罪的主观故意在于为他人提供卖淫场所,而本罪的主观故意在于进行与卖淫无关的淫乱活动,并不在于促成他人卖淫。

(四)本罪与引诱幼女卖淫罪界限

两罪在客观上都表现为引诱行为,都侵犯了社会管理秩序和未成年人的身心健康。两罪的区别在于:(1)在犯罪对象上不同。本罪的犯罪对象为十四周岁以上不满十八周岁的未成年人,既可以是男性,也可以是女性;而后罪的犯罪对象为不满十四周岁的幼女。(2)被引诱者行为的主观目的不同。本罪中未成年人参加聚众淫乱活动是为了淫乱,多出于好奇心的驱使;而后罪中幼女则是为了获取财物而与他人发生性关系。(3)主观方面不同。本罪的主观目的是为了引诱未成年人参加聚众淫乱活动;而后罪行为人的主观目的是引诱幼女进行卖淫活动,主观动机多出于营利。但不以此为限。而引诱行为表现方式不一致。本罪常表现为向被引诱者宣讲性体验、性感受或以其他方式来刺激被引诱者的性欲等,而后罪常表现为给被引诱者以金钱、物质上的诱惑等。

量 刑 部 分

【量刑标准】

犯本罪的,处五年以下有期徒刑、拘役或者管制。

截至目前,尚无本罪名关于量刑的司法解释。

引诱未成年人聚众淫乱罪 《刑法》第301条(二)

引诱未成年人参加聚众淫乱活动的,依照前款的规定从重处罚。

定 罪 部 分

【罪名概念】

引诱未成年人聚众淫乱罪,是指行为人采取各种手段引诱未成年人参加聚众淫乱活动的行为。

【犯罪构成】

(一)主体要件

本罪的主体是一般主体,即达到刑事责任年龄、具备刑事责任能力的自然人。成年人可以成为本罪的主体,已满十六周岁未满十八周岁的未成年人也可以成为引诱未成年人聚众淫乱罪的主体。引诱者既可以是聚众淫乱的首要分子或多次参加者,也可以是其他参与聚众淫乱者或其他人员,如宾馆、舞厅的管理人员;等等。

(二)主观要件

本罪的主观方面是故意,过失不构成本罪。包括直接故意和间接故意。犯罪动机如何,不影响本罪的成立。具体来说,由于本罪具有教唆的性质,所以在主观方面认识要素上具备以下特点:其一,行为人要认识到自己在实施引诱行为;其二,行为人要对犯罪对象未成年人这一事实有所认识。如果确实不知行为对象为未成年人的,不能构成本罪。但若符合聚众淫乱构成要件的,可以聚众淫乱罪论处。当然,这里要求对行为对象为未成年人的认识,只要是明知其可能为未成年人即可;其三,行为人还须认识到被引诱者在其引诱下是参加聚众淫乱的行为。

(三)客观要件

本罪在客观方面表现为引诱未成年人聚众淫乱的行为。

所谓引诱,是指通过语言、表演、示范、收听观看淫秽音像制品等手段,拉拢、腐蚀、诱惑未成年人参加聚众淫乱活动。就本罪而言,勾引诱惑本无意参加聚众淫乱的不满十八周岁的人参加聚众淫乱,具有教唆的性质,引诱的方式,在实践中常常表现为以淫秽下流的语言,观看淫秽色情音像制品,宣讲性体验、性感受甚至直接进行性表演等方式,刺激、拉拢、腐蚀、勾引未成年人参与淫乱活动。

应注意的是,“引诱”尽管含有“骗”的因素,但不能等同于“诱骗”。就引诱而言,被引诱者在引诱者的引诱下参与聚众淫乱活动是出于其本心自愿的,不同于“诱奸”行为。如果行为人在聚众淫乱活动中,诱奸幼女的则构成强奸幼女,犯强奸罪。

参加,是指未成年人到了聚众淫乱的现场。未成年人实际从事聚众淫乱活动的构成参加,未成年人实际并未进行聚众淫乱活动而只是观看他人从事聚众淫乱活动的,也应认定构成本罪。

(四)客体要件

本罪侵犯的客体是复杂客体,既包括公共秩序也包括未成年人的身心健康。未成年人处于生理的生长发育期和心理的逐步成熟时期,不像成年人那样人生观、价值观、道德观已确立,其意志薄弱,可塑性很大,容易被犯罪分子所利用、诱惑。如果他们参与有违社会道德准则的淫乱活动,不仅有害于其自身的身心健康,也不利于培养他们健康的性道德观,会助长他们与社会公德的背离,最终导致其丧失人伦道德,腐化堕落,成为社会的不安定因素,甚至诱发其他犯罪,因而现代世界各国无不注重对未成年人的保护,用刑法这道屏障来预防针对未成年人的各种犯罪。引诱未成年人聚众淫乱的行为严重侵害了未成年人身心健康。同时,无论是成年人还是未成年人,无论其参与聚众淫乱活动是公开的还是地下的,都严重伤害了周围群众的道德情感,败坏了社会风气,造成严重的精神污染,具有极大的腐蚀性,因此引诱未成年人参加聚众淫乱罪又侵犯了社会公共秩序。

本罪的犯罪对象是未成年人。未成年人,是指不满十八周岁的人。对成年人通过各种手段参加聚淫乱活动的,不构成本罪,但可能构成聚众淫乱罪。

【罪名辨析】

(一)本罪与非罪

区分本罪与非罪的界限,要注意把握下面几点:首先,在客观表现方式上,构成本罪要求被引诱的未成年人参加的是聚众淫乱活动,如果不是聚众淫乱活动或奸淫行为不具有聚众性,如行为人引诱未成年人与自己进行淫乱活动,则不构成本罪,但可能构成其他犯罪。其次,从行为对象上区分,本罪的行为对象为未成年人。如果行为人引诱成年男女参加聚众淫乱活动的,不构成本罪。如果行为人引诱成年男女并提供场所聚众淫乱的,则可以构成聚众淫乱罪。

(二)本罪与引诱幼女卖淫罪的界限

两罪在客观上都表现为引诱行为,都侵犯了社会管理秩序和未成年人的身心健康。两罪的区别在于:

(1)在犯罪对象上不同。本罪的犯罪对象为不满十八周岁的未成年人,既可以是男性,也可以是女性;而后罪的犯罪对象为不满十四周岁的幼女。

(2)被引诱者行为的主观目的不同。本罪中未成年人参加聚众淫乱活动是为了淫乱,多出于好奇心的驱使;而后罪中幼女则是为了获取财物而与他人发生性关系。

(3)主观方面不同。本罪的主观目的是为了引诱未成年人参加聚众淫乱活动;而后罪行为人的主观目的是引诱幼女进行卖淫活动,主观动机多出于盈利。但不以此为限。而引诱行为表现方式不一致。本罪常表现为向被引诱者宣讲性体验、性感受或以其他方式来刺激被引诱者的性欲等;而后罪常表现为给被引诱者以金钱、物质上的诱惑等。

量刑部分

【量刑标准】

犯本罪的,依照前款的规定从重处罚(处五年以下有期徒刑、拘役或者管制)。

截至目前,尚无本罪名关于量刑的司法解释。

盗窃、侮辱、故意毁坏尸体、尸骨、骨灰罪 《刑法》第302条

盗窃、侮辱、故意毁坏尸体、尸骨、骨灰的,处三年以下有期徒刑、拘役或者管制。

定 罪 部 分

【罪名概念】

盗窃、侮辱、故意毁坏尸体、尸骨、骨灰罪,是指盗窃、侮辱、故意毁坏尸体、尸骨、骨灰的行为。

【犯罪构成】

(一)主体要件

本罪主体为一般主体。凡年满十六周岁且具备刑事责任能力的自然人均能构成本罪。

(二)主观要件

本罪的主观方面表现为故意。过失盗窃、侮辱尸体、尸骨、骨灰者,不构成犯罪。

本罪属选择性罪名,有盗窃、侮辱、故意毁坏尸体、尸骨、骨灰行为之一的,即构成本罪。盗窃尸体后加以侮辱的,仍只需按一罪处罚,不必数罪并罚。杀人后自己或者另一方帮助毁灭罪证、掩盖罪迹而毁坏、抛弃尸体的,应以杀人罪从重处罚;杀人后为损害死者的尊严或者生者的感情而故意侮辱尸体的,应当数罪并罚。

(三)客观要件

本罪在客观方面表现为盗窃、侮辱、故意毁坏尸体、尸骨、骨灰的行为。盗窃指用秘密的方法窃取,如从坟墓中、停尸间或从其他任何停放尸体的地方秘密窃取尸体。尸体,是指已经死亡的人的身体的全部或者一部。盗窃尸体的一部分的,也可能成立本罪。侮辱尸体的行为方式多种多样,如奸淫、肢解、鞭打、焚烧、毁损、遗弃等。

所谓盗窃尸体,是指行为人以非法占有为目的,秘密窃取尸体的行为,即采取他人所不知晓的方法将尸体置于行为人自己实际控制支配之下从而使他人丧失对身体的占有。如从坟墓中、停尸房或从其他任何放置尸体的场所秘密窃取尸体。即行为人主观上认识是秘密的,是为他人所不知的,至于客观上是否为他人所知,不影响秘密窃取的性质。这种秘密性主要是针对死者的亲属即遗属或尸体管理人等相关人员而言,而不包括其他人。例如,行为人采取为死者亲属或医院停尸间的负责人或者公墓的看管人所不知晓的方法秘密地将尸体转运出尸体合法占有人控制的范围,这种行为即使为其他人所看见仍不失为盗窃尸体的行为。值得注意的是,这里的盗窃尸体行为以尸体原来不在行为人控制之下为必要,如果尸体原来在

行为人控制之下，如杀人后直接将尸体转移、隐藏、掩埋的，不以本罪论处。

实践中对于行为人利用对尸体管理之便，为他人提供条件从而将尸体盗走的，则成立盗窃尸体罪的共犯，如医院停尸间负责人或公墓管理人员利用其工作上的便利为他人大开方便之门，从而使尸体得以顺利被偷运走，那么该负责人或者管理人员构成盗窃尸体罪的共犯。

所谓侮辱尸体，是直接对尸体施加凌辱等各种行为方式的概括，并不以公然为必要，既可以是暴力行为，也可以是非暴力行为。具体而言，一般包括以下几种行为方式：

1. 故意毁坏。即对于尸体予以物理上或者化学性的损伤或破坏。既包括对整具尸体的毁损或者破坏，也包括对尸体一部的损坏，如焚烧、肢解、割裂或者非法解剖，毁损死者的面容，取走脑浆等均构成毁损。从时间要求上，行为人必须于被害人死亡后对其尸体加以损坏，否则如果被害人尚未死亡，其损坏行为构成杀人行为的一部分，不能以本罪论处。

2. 猥亵尸体。即对尸体加以污秽侮辱或者有轻蔑的行为。比如，奸尸或者剥夺去衣物，使之暴露于众，在尸体上进行涂划乃至鞭尸；抠摸尸体阴部、向尸体上吐唾液、涂抹不洁之物等均属猥亵行为。

3. 以刺激遗属感情的方法处理或者不法处理尸体。这种行为方式伤害了死者亲友的感情，有伤社会风化。

4. 采用悖逆传统葬俗或宗教葬习的方法来掩埋、处理尸体。对于不同的民族而言各有具独特的丧葬习惯，如果行为人明知掩埋处理尸体有违民风习俗，有伤民族感情而故意加以为之，显属侮辱尸体行为。例如，不殓以棺、将尸体抬放河中、沉尸海港、将尸体弃置人迹罕至的沼坑、将尸体直立埋葬等。上述行为如果为当地少数民族习俗所允许者除外。因此对这类行为方式的认定应因不同民族的不同习俗而异。

5. 本罪还包括其他形式的侮辱尸体、尸骨、骨灰的行为。如抛弃尸体、葬后无故挖开棺木、敞露尸体乃至其他形式的玷污尸体、出卖尸体、非法使用尸体、尸骨、骨灰的行为。

（四）客体要件

本罪侵犯的客体为社会风尚和社会公共秩序。本罪的行为对象是尸体。所谓尸体，是指自然人死亡后所遗留的躯体。尚未死亡的被害人的身体，不是尸体；无生命的尸体如已蜕化分离的，则为遗骨或遗发，不能称为尸体。尸体，经国家判例解释除整具遗体外，还可以包括已经成形的死胎、尸体的部分及成为其内容的物；所谓尸骨，指根据传统祭祖、纪念风习予以保留或应当存留的死者骨骸。《刑法修正案（九）》规定本罪的犯罪对象还包括骨灰。

量 刑 部 分

【量刑标准】

犯本罪的,处三年以下有期徒刑、拘役或者管制。

截至目前,尚无本罪名关于量刑的司法解释。

赌博罪 《刑法》第 303 条(一)

以营利为目的,聚众赌博或者以赌博为业的,处三年以下有期徒刑、拘役或者管制,并处罚金。

定 罪 部 分

【罪名概念】

赌博罪,是指以营利为目的,聚众赌博或者以赌博为业的行为。

【司法解释】

1. 最高人民法院、最高人民检察院《关于办理赌博刑事案件具体应用法律若干问题的解释》

(实施日期:2005 年 5 月 11 日　法释[2005]3 号)

第一条　以营利为目的,有下列情形之一的,属于刑法第三百零三条规定的“聚众赌博”:

(一)组织 3 人以上赌博,抽头渔利数额累计达到 5000 元以上的;

(二)组织 3 人以上赌博,赌资数额累计达到 5 万元以上的;

(三)组织 3 人以上赌博,参赌人数累计达到 20 人以上的;

(四)组织中华人民共和国公民 10 人以上赴境外赌博,从中收取回扣、介绍费的。

第二条　以营利为目的,在计算机网络上建立赌博网站,或者为赌博网站担任代理,接受投注的,属于刑法第三百零三条规定的“开设赌场”。

第三条　中华人民共和国公民在我国领域外周边地区聚众赌博、开设赌场,以吸引中华人民共和国公民为主要客源,构成赌博罪的,可以依照刑法规定追究刑事责任。

第四条　明知他人实施赌博犯罪活动,而为其提供资金、计算机网络、通讯、费用结算等直接帮助的,以赌博罪的共犯论处。

第五条　实施赌博犯罪,有下列情形之一的,依照刑法第三百零三条的规定从重处罚:

（一）具有国家工作人员身份的；

（二）组织国家工作人员赴境外赌博的；

（三）组织未成年人参与赌博，或者开设赌场吸引未成年人参与赌博的。

第六条　未经国家批准擅自发行、销售彩票，构成犯罪的，依照刑法第二百二十五条第（四）项的规定，以非法经营罪定罪处罚。

第七条　通过赌博或者为国家工作人员赌博提供资金的形式实施行贿、受贿行为，构成犯罪的，依照刑法关于贿赂犯罪的规定定罪处罚。

第八条　赌博犯罪中用作赌注的款物、换取筹码的款物和通过赌博赢取的款物属于赌资。通过计算机网络实施赌博犯罪的，赌资数额可以按照在计算机网络上投注或者赢取的点数乘以每一点实际代表的金额认定。

赌资应当依法予以追缴；赌博用具、赌博违法所得以及赌博犯罪分子所有的专门用于赌博的资金、交通工具、通讯工具等，应当依法予以没收。

第九条　不以营利为目的，进行带有少量财物输赢的娱乐活动，以及提供棋牌室等娱乐场所只收取正常的场所和服务费用的经营行为等，不以赌博论处。

2. 最高人民法院《关于对设置圈套诱骗他人参赌又向索还钱财的受骗者施以暴力或暴力威胁的行为应如何定罪问题的批复》

（实施日期：1995 年 11 月 6 日）

贵州省高级人民法院：

你院“关于设置圈套诱骗他人参赌，当参赌者要求退还所输钱财时，设赌者以暴力相威胁，甚至将参赌者打伤、杀伤并将钱财带走的行为如何定性”的请示收悉。经研究，答复如下：

行为人设置圈套诱骗他人参赌获取钱财，属赌博行为，构成犯罪的，应当以赌博罪定罪处罚。参赌者识破骗局要求退还所输钱财，设赌者又使用暴力或者以暴力相威胁，拒绝退还的，应以赌博罪从重处罚；致参赌者伤害或者死亡的，应以赌博罪和故意伤害罪或者故意杀人罪，依法实行数罪并罚。

3. 最高人民法院、最高人民检察院、公安部《关于办理网络赌博犯罪案件适用法律若干问题的意见》

（实施日期：2010 年 8 月 31 日　公通字［2010］40 号）（节录）

各省、自治区、直辖市高级人民法院、人民检察院、公安厅、局，新疆维吾尔自治区高级人民法院生产建设兵团分院、新疆生产建设兵团人民检察院、公安局：

为依法惩治网络赌博犯罪活动，根据《中华人民共和国刑法》、《中华人民共和国刑事诉讼法》和《最高人民法院、最高人民检察院关于办理赌博刑事案件具体应用法律若干问题的解释》等有关规定，结合司法实践，现就办理网络赌博犯罪案件适用法律的若干问题，提出如下意见：

三、关于网络赌博犯罪的参赌人数、赌资数额和网站代理的认定

赌博网站的会员账号数可以认定为参赌人数,如果查实一个账号多人使用或者多个账号一人使用的,应当按照实际使用的人数计算参赌人数。

赌资数额可以按照在网络上投注或者赢取的点数乘以每一点实际代表的金额认定。

对于将资金直接或间接兑换为虚拟货币、游戏道具等虚拟物品,并用其作为筹码投注的,赌资数额按照购买该虚拟物品所需资金数额或者实际支付资金数额认定。

对于开设赌场犯罪中用于接收、流转赌资的银行账户内的资金,犯罪嫌疑人、被告人不能说明合法来源的,可以认定为赌资。向该银行账户转入、转出资金的银行账户数量可以认定为参赌人数。如果查实一个账户多人使用或多个账户一人使用的,应当按照实际使用的人数计算参赌人数。

有证据证明犯罪嫌疑人在赌博网站上的账号设置有下级账号的,应当认定其为赌博网站的代理。

四、关于网络赌博犯罪案件的管辖

网络赌博犯罪案件的地域管辖,应当坚持以犯罪地管辖为主、被告人居住地管辖为辅的原则。

"犯罪地"包括赌博网站服务器所在地、网络接入地,赌博网站建立者、管理者所在地,以及赌博网站代理人、参赌人实施网络赌博行为地等。

公安机关对侦办跨局域网络赌博犯罪案件的管辖权有争议的,应本着有利于查清犯罪事实、有利于诉讼的原则,认真协商解决。经协商无法达成一致的,报共同的上级公安机关指定管辖。对即将侦查终结的跨省(自治区、直辖市)重大网络赌博案件,必要时可由公安部商最高人民法院和最高人民检察院指定管辖。

为保证及时结案,避免超期羁押,人民检察院对于公安机关提请审查逮捕、移送审查起诉的案件,人民法院对于已进入审判程序的案件,犯罪嫌疑人、被告人及其辩护人提出管辖异议或者办案单位发现没有管辖权的,受案人民检察院、人民法院经审查可以依法报请上级人民检察院、人民法院指定管辖,不再自行移送有管辖权的人民检察院、人民法院。

五、关于电子证据的收集与保全

侦查机关对于能够证明赌博犯罪案件真实情况的网站页面、上网记录、电子邮件、电子合同、电子交易记录、电子账册等电子数据,应当作为刑事证据予以提取、复制、固定。

侦查人员应当对提取、复制、固定电子数据的过程制作相关文字说明,记录案由、对象、内容以及提取、复制、固定的时间、地点、方法,电子数据的规格、类别、文件格式等,并由提取、复制、固定电子数据的制作人、电子数据的持有人签名或者盖章,附所提取、复制、固定的电子数据一并随案移送。

对于电子数据存储在境外的计算机上的，或者侦查机关从赌博网站提取电子数据时犯罪嫌疑人未到案的，或者电子数据的持有人无法签字或者拒绝签字的，应当由能够证明提取、复制、固定过程的见证人签名或者盖章，记明有关情况。必要时，可对提取、复制、固定有关电子数据的过程拍照或者录像。

4. 最高人民检察院、公安部《关于公安机关管辖的刑事案件立案追诉标准的规定（一）》

（实施日期：2008年6月25日　公通字[2008]36号）（节录）

第四十三条　[赌博案（刑法第三百零三条第一款）]以营利为目的，聚众赌博，涉嫌下列情形之一的，应予立案追诉：

（一）组织三人以上赌博，抽头渔利数额累计五千元以上的；

（二）组织三人以上赌博，赌资数额累计五万元以上；

（三）组织三人以上赌博，参赌人数累计二十人以上的；

（四）组织中华人民共和国公民十人以上赴境外赌博，从中收取回扣、介绍费的；

（五）其他聚众赌博应予追究刑事责任的情形。

以营利为目的，以赌博为业的，应予立案追诉。

赌博犯罪中用作赌注的款物、换取筹码的款物和通过赌博赢取的款物属于赌资。通过计算机网络实施赌博犯罪的，赌资数额可以按照在计算机网络上投注或者赢取的点数乘以每一点实际代表的金额认定。

【犯罪构成】

（一）主体要件

本罪主体为一般主体，凡达到法定刑事责任年龄且具备刑事责任能力的自然人均能构成本罪。

（二）主观要件

本罪在主观方面表现为故意，并且以营利为目的。即行为人聚众赌博、开设赌场或者一贯参加赌博，是为了获取钱财，而不是为了消遣、娱乐。以营利为目的并不是说行为人一定要赢得钱财，只要是为了获取钱财，即使实际上未能赢得钱财甚至输了钱，也不影响行为人具备赌博罪的主观要件。

（三）客观要件

本罪在客观方面表现为聚众赌博或者以赌博为业的行为。所谓聚众赌博，是指组织、招引多人进行赌博，本人从中抽头渔利。这种人俗称“赌头”，“赌头”本人不一定直接参加赌博。所谓以赌博为业，是指嗜赌成性，一贯赌博，以赌博所得为其生活来源，这种人俗称“赌棍”，只要具备聚众赌博或以赌博为业的其中一种行为，即符合赌博罪的客观要件。

（四）客体要件

本罪侵犯的客体是社会主义的社会风尚。赌博不仅危害社会秩序，影响生产、工作和生活,而且往往是诱发其他犯罪的温床,对社会危害很大,应予严厉打击。

【罪名辨析】

(一)本罪与一般违法行为的界限

两者的主要区别在于,主观上是否以营利为目的,客观上是否具有聚众赌博、以赌博为业的行为。对于虽然多次参加赌博,但输赢不大,不是以赌博为生活或主要经济来源的;或者行为人虽然提供赌场、赌具,本人未从中渔利的,都不能认定赌博罪。其中情节严重的,可按《治安管理处罚法》有关规定处理。

(二)本罪与诈骗罪的界限

诈骗罪是以非法占有为目的,以欺骗的手段非法取得公私财物的行为。其主要特征在于"骗",赌博犯罪中往往也伴有欺骗活动,但这种欺骗与诈骗罪中的欺骗是不同的。赌博罪中的欺骗即制造虚假事实,是要引诱他人参加赌博,而赌博活动本身则是凭偶然之事实决定输赢,其目的仍在于通过赌博达到营利的目的,而不是以非法占有为目的。按有关司法解释,行为人设置圈套诱骗他人参赌骗取钱财,属赌博行为,构成犯罪的,应以赌博罪定罪处罚。参赌者识破骗局要求退还所输钱财,设赌者又使用暴力或以暴力相威胁,拒绝退还的,应以赌博罪从重处罚。

但是对以赌博为名,行诈骗之实,如参赌一方在赌具中弄虚作假,或者采用黑话、暗语为号,诱骗另一方与之赌博,诈骗对方的财物的行为应构成诈骗罪。因为构成赌博罪要求决定输赢的偶然事实必须为共赌者所不预知,如为共赌者一方所预知,而参赌对方毫不知情,则预知胜负的一方的行为完全符合诈骗罪的特征,应以诈骗罪论处。

(三)本罪与抢劫罪的界限

一般而言,两罪是两个性质不同的犯罪,区别十分明显,不易混淆,但对抢赌场的行为如何定性问题应视具体情况,区别对待,一种是没有参加赌博的人抢赌场,另一种是参加赌博的人,因输了钱而不甘心而抢了赢钱的人。前一种情况,不管行为人是否冒充民兵或公安人员,只要抢了赌场且采用暴力或者胁迫手段进行就应定为抢劫罪;如果没有采取暴力或胁迫手段进行、数额较大的,可认定为抢夺罪;如果数额较小,则属于一般抢夺违法行为,而不能一概地定为抢劫罪,对于后一种情况,也应区分对待,对参赌的人没有采取暴力、胁迫手段抢劫赌资的,因为是发生在抢赌场的当时,可以认为是赌博行为的继续,是赌博罪行的表现,仍应定为赌博罪。但是如果参赌之人采用暴力或胁迫手段抢劫他人赌资的,应定为抢劫罪,与赌博罪实行并罚。

量刑部分

【量刑标准】

犯本罪的,处三年以下有期徒刑、拘役或者管制,并处罚金。

开设赌场罪　《刑法》第 303 条(二)

开设赌场的,处三年以下有期徒刑、拘役或者管制,并处罚金;情节严重的,处三年以上十年以下有期徒刑,并处罚金。

定罪部分

【罪名概念】

开设赌场罪,是指具有聚众赌博、开设赌场、以赌博为业的行为。

【司法解释】

1. 最高人民检察院、公安部《关于公安机关管辖的刑事案件立案追诉标准的规定(一)》

(实施日期:2008 年 6 月 25 日　公通字[2008]36 号)(节录)

第四十四条　[开设赌场案(刑法第三百零三条第二款)]开设赌场的,应予立案追诉。

在计算机网络上建立赌博网站,或者为赌博网站担任代理,接受投注的,属于本条规定的"开设赌场"。

2. 最高人民法院、最高人民检察院《关于办理赌博刑事案件具体应用法律若干问题的解释》

(实施日期:2005 年 5 月 11 日　法释[2005]3 号)(节录)

2. 以营利为目的,在计算机网络上建立赌博网站,或者为赌博网站担任代理,接受投注的,属于刑法第三百零三条规定的"开设赌场"。

3. 我国公民在我国领域外周边地区聚众赌博、开设赌场,以吸引中华人民共和国公民为主要客源,构成赌博罪的,可以依照刑法规定追究刑事责任。

5. 实施赌博犯罪,有下列情形之一的,依照刑法第三百零三条的规定从重处罚:

(一)具有国家工作人员身份的;

(二)组织国家工作人员赴境外赌博的;

(三)组织未成年人参与赌博,或者开设赌场吸引未成年人参与赌博的。

3. 最高人民法院、最高人民检察院、公安部《关于办理网络赌博犯罪案件适用法律若干问题的意见》

(实施日期:2010 年 8 月 31 日　公通字[2010]40 号)

一、关于网上开设赌场犯罪的定罪量刑标准

利用互联网、移动通讯终端等传输赌博视频、数据,组织赌博活动,具有下列情

形之一的,属于刑法第三百零三条第二款规定的“开设赌场”行为:

(一)建立赌博网站并接受投注的;

(二)建立赌博网站并提供给他人组织赌博的;

(三)为赌博网站担任代理并接受投注的;

(四)参与赌博网站利润分成的。

实施前款规定的行为,具有下列情形之一的,应当认定为刑法第三百零三条第二款规定的“情节严重”:

(一)抽头渔利数额累计达到3万元以上的;

(二)赌资数额累计达到30万元以上的;

(三)参赌人数累计达到120人以上的;

(四)建立赌博网站后通过提供给他人组织赌博,违法所得数额在3万元以上的;

(五)参与赌博网站利润分成,违法所得数额在3万元以上的;

(六)为赌博网站招募下级代理,由下级代理接受投注的;

(七)招揽未成年人参与网络赌博的;

(八)其他情节严重的情形。

二、关于网上开设赌场共同犯罪的认定和处罚

明知是赌博网站,而为其提供下列服务或者帮助的,属于开设赌场罪的共同犯罪,依照刑法第三百零三条第二款的规定处罚:

(一)为赌博网站提供互联网接入、服务器托管、网络存储空间、通讯传输信道、投放广告、发展会员、软件开发、技术支持等服务,收取服务费数额在2万元以上的;

(二)为赌博网站提供资金支付结算服务,收取服务费数额在1万元以上或者帮助收取赌资20万元以上的;

(三)为10个以上赌博网站投放与网址、赔率等信息有关的广告或者为赌博网站投放广告累计100条以上的。

实施前款规定的行为,数量或者数额达到前款规定标准5倍以上的,应当认定为刑法第三百零三条第二款规定的“情节严重”。

实施本条第一款规定的行为,具有下列情形之一的,应当认定行为人“明知”,但是有证据证明确实不知道的除外:

(一)收到行政主管机关书面等方式的告知后,仍然实施上述行为的;

(二)为赌博网站提供互联网接入、服务器托管、网络存储空间、通讯传输信道、投放广告、软件开发、技术支持、资金支付结算等服务,收取服务费明显异常的;

(三)在执法人员调查时,通过销毁、修改资料、账本等方式故意规避调查或者

向犯罪嫌疑人通风报信的；

（四）其它有证据证明行为人明知的。

如果有开设赌场的犯罪嫌疑人尚未到案，但是不影响对已到案共同犯罪嫌疑人、被告人的犯罪事实认定的，可以依法对已到案者定罪处罚。

三、关于网络赌博犯罪的参赌人数、赌资数额和网站代理的认定

赌博网站的会员账号数可以认定为参赌人数，如果查实一个账号多人使用或者多个账号一人使用的，应当按照实际使用的人数计算参赌人数。

赌资数额可以按照在网络上投注或者赢取的点数乘以每一点实际代表的金额认定。

对于将资金直接或间接兑换为虚拟货币、游戏道具等虚拟物品，并用其作为筹码投注的，赌资数额按照购买该虚拟物品所需资金数额或者实际支付资金数额认定。

对于开设赌场犯罪中用于接收、流转赌资的银行账户内的资金，犯罪嫌疑人、被告人不能说明合法来源的，可以认定为赌资。向该银行账户转入、转出资金的银行账户数量可以认定为参赌人数。如果查实一个账户多人使用或多个账户一人使用的，应当按照实际使用的人数计算参赌人数。

有证据证明犯罪嫌疑人在赌博网站上的账号设置有下级账号的，应当认定其为赌博网站的代理。

【犯罪构成】

（一）主体要件

本罪主体为一般主体，只要达到法定刑事责任年龄、具备刑事责任能力的自然人均能构成本罪。

（二）主观要件

本罪在主观方面表现为故意，并且以营利为目的。即行为人开设赌场是为了获取钱财，而不是为了消遣、娱乐。

（三）客观要件

本罪在客观方面表现为具有聚众赌博、开设赌场、以赌博为业的行为。开设赌场的主要方式有：一是以营利为目的，以行为人为中心，在行为人支配下设立、承包、租赁专门用于赌博的场所。提供赌博用具让他人赌博的，其场所公开与否并不影响犯罪构成。二是以营利为目的，在计算机网络上建立赌博网站，或者为赌博网站担任代理，接受投注的。

（四）客体要件

本罪侵犯的客体是正常的社会管理秩序。

【罪名辨析】

本罪与赌博的界限

本罪与聚众赌博均有为赌博提供场所、赌具等物质便利条件的行为,两者的区别在于:

1. 聚众赌博的规模一般较小,赌头通常利用自己的人际关系在小范围内组织他人参赌,聚众赌博行为中其成员相对固定,同时赌头也参与赌博;开设赌场具有一定的规模,参赌的人员众多。内部有严密的组织和明确的分工,有赌场服务人员在赌场内负责收费、记账、发牌或洗牌,有专人望风,参赌人员由赌徒介绍或熟人带路,才能进入赌场参赌。

2. 聚众赌博一般具有临时性、短暂性的特点,组织参赌人员在一次赌博结束后,下一次赌博又须再次组织;

开设赌场具有持续性和稳定性特点,只要在其时间内、赌博人员来到赌场均能进行赌博活动。

3. 赌具的提供,聚众赌博中的赌具有时由召集者提供,有时由参赌者自带;开设赌场中的赌具一般由赌场提供。

4. 聚众赌博的赌博方式一般由参赌人员临时确定;开设赌场的赌博方式具有多样性,一般由经营者事先设定,提供筹码,有时还有一定的赌博规程。

量刑部分

【量刑标准】

犯本罪的,处三年以下有期徒刑、拘役或者管制,并处罚金;情节严重的,处三年以上十年以下有期徒刑,并处罚金。

故意延误投递邮件罪 《刑法》第304条

邮政工作人员严重不负责任,故意延误投递邮件,致使公共财产、国家和人民利益遭受重大损失的,处二年以下有期徒刑或者拘役。

定罪部分

【罪名概念】

故意延误投递邮件罪,是指邮政工作人员严重不负责任,故意延误投递邮件,致使公共财产、国家和人民利益遭受重大损失的行为。

【关联法律】

《邮政法》

【犯罪构成】

（一）主体要件

本罪主体为特殊主体，是邮电工作人员。即国家邮电部门的干部、营业人员、分拣员、接发员、押运员、接发员、搬运员等；根据《邮政法》第八条第二款的规定，邮政企业根据需要委托其他单位或个人代办邮政企业专营业务的代办人员，办理邮政业务时亦应视为邮政工作人员。非邮电工作人员或虽在邮电部门工作但不与邮件、电报接触的人员，则不能成为本罪主体。

（二）主观要件

本罪的主观方面是故意，即行为人主观上严重不负责任，拒不办理依法应当办理的邮政业务，故意延误投递邮件。行为人实施这种行为的动机和目的是多种多样的，有的是为了泄愤报复，有的是为了牟取非法利益，等等。不论其出自何种动机和目的，对构成本罪没有影响。如果行为人延误投递邮件是因存在不可抗力或者其他正当原因，则不构成本罪。

（三）客观要件

本罪在客观方面表现为邮政工作人员严重不负责任，故意延误投递邮件，致使公共财产、国家和人民利益遭受重大损失的行为。

所谓严重不负责任，是指邮政工作人员违背国家法律赋予其的职责和义务，情节严重的行为。按照《邮政法》第六条、第二十二条的规定，邮政企业应当为用户提供迅速、准确、安全、方便的邮政业务；邮政企业及其分支机构应当按照国务院邮政主管部门规定的时限投交邮件，邮政工作人员不履行其职责，不遵守上述规定，即为不负责任的表现。如果行为人出于泄愤、报复而故意延误投递邮件，也是邮政工作人员对其职责不负责任的表现，至于何为严重，则应主要结合其造成的危害后果来认定。

延误投递邮件，是指邮政工作人员对应当按期投递的邮件，有条件投递而故意拖延、耽误邮件的分发、递送，不按照国务院邮政主管部门规定的时限投交邮件。至于延误时间的长短，法律没有规定，只要行为人没有按规定时间投递邮件的，即属延误。如果行为人虽然没有及时、迅速地投递邮件，但并没有超出规定所允许的期限，即使客观上造成重大损失的，也不构成本罪。发生延误投递的时间可以是在分拣投递、押送、收发等任何一个环节中，这里的“延误”不同于隐匿不投的情形，前者是投递但超出规定的时间，后者则是直接加以藏匿而不投递。如果行为人故意隐匿不投的，则构成私自开拆、隐匿、毁弃邮件、电报罪。本罪属于不作为犯，即行为人有条件、有义务将邮件按时投送而故意延误的行为。如果行为人遭遇不可抗力或意外事件延误投递邮件的，不构成本罪。

延误投递邮件的行为发生了使公共财产、国家和人民利益遭受重大损失的结果，才构成犯罪。仅有延误投递的行为而没有发生重大损失的结果，不成立本罪。

而且,行为人延误投递邮件的行为与造成的重大损失的结果之间必须具有刑法上的因果关系。

(四)客体要件

本罪侵犯客体是国家的邮政管理秩序。

本罪侵犯的对象是邮件。根据我国《邮政法》的规定,邮件,是指通过邮政企业寄递的信件、印刷品、邮包、汇款通知、报刊等;邮件又分平常邮件和收据邮件。平常邮件,是指邮政企业及其分支机构在收寄时不出具收据,投递时不要求收件人签收的邮件;收据邮件,是指挂号信件、邮包、保价邮件等由邮政企业及其分支机构在收寄时出具收据,投递时要求收件人签收的邮件。所谓“信件”是指信函和明信片。它是用以向特定的人传达意思的一种文书。

量刑部分

【量刑标准】

犯本罪,致使公共财产、国家和人民利益遭受重大损失的,处二年以下有期徒刑或者拘役。

截至目前,尚无本罪名关于量刑的司法解释。

第二节 妨害司法罪

伪证罪 《刑法》第305条

在刑事诉讼中,证人、鉴定人、记录人和翻译人对与案件有重要关系的情节,故意作虚假证明、鉴定、记录、翻译,意图陷害他人或者隐匿罪证的,处三年以下有期徒刑或者拘役;情节严重的,处三年以上七年以下有期徒刑。

定罪部分

【罪名概念】

伪证罪,是指在刑事诉讼中,证人、鉴定人、记录人和翻译人对与案件有重要关系的情节,故意作虚假证明、鉴定、记录、翻译,意图陷害他人或者隐匿罪证的行为。

【犯罪构成】

(一)主体要件

本罪的犯罪主体为特定主体,包括:证人、鉴定人、记录人、翻译人。

证人,是指知道案件全部或者部分真实情况,以自己的证言作为证据的人。

鉴定人,是指在刑事诉讼中应侦查机关、检察机关、审判机关的指派或聘请对案件中专门性问题进行科学鉴定和判断的具有专门知识的人员。

记录人,是指在侦查、审查起诉、审判过程中,对案犯的供述、证人证言以及各个环节的诉讼活动进行记录的人。这种记录主要由侦查员、书记员担任。

翻译人,是指受公安机关、检察机关或者人民法院的委托聘请,在刑事侦查、审查起诉、审判活动中担任外国语言文字、本国民族语言文字或者哑语等翻译工作的人。

(二)主观要件

本罪在主观方面必须出自直接故意,即行为人明知其虚假陈述是与案件有重要关系的情节,但为了陷害他人或者隐匿罪证而为之。从而使无罪的人受到刑事追究,使罪行较轻的人受到较重的处罚,或者将真实的罪证隐匿起来,以使犯罪人逃脱刑事追究。如果行为人不是出于陷害他人的意图或者隐匿罪证,就不能以伪证罪论处。

(三)客观要件

本罪在客观方面表现为在刑事侦查、起诉、审判活动中,对与案件有重要关系的情节,作虚假的证明、鉴定、记录、翻译的行为,或者隐匿罪证的行为。所谓作虚假的证明、鉴定、记录、翻译,指证人作了虚假的证明,鉴定人作了不符合事实真相的鉴定,记录人作了不真实的记录,翻译人作了歪曲原意的翻译。所谓隐匿罪证,指掩盖歪曲事实真相、毁灭证据,将应该提供的证据予以隐匿。所谓与案件有重要关系的情节,主要是指对案件是否构成犯罪、犯罪的性质或者对罪行轻重有重大影响的情节。如果伪证的事实无关紧要、对案件的处理影响不大,不能以伪证罪论处。至于伪证行为是否造成了错判,不影响定罪,可作为量刑的情节予以考虑。

(四)客体要件

本罪侵犯的客体是公民的人身权利与司法机关的正常活动,是复杂客体。伪证罪妨碍司法机关的正常活动,这是指司法机关的刑事诉讼活动。司法机关的民事诉讼活动、行政诉讼活动不能成为伪证罪的客体要件。

本罪侵犯的对象,可以是有罪的人,也可以是被怀疑有罪而实际上是无罪的人。

【罪名辨析】

(一)本罪与非罪的界限

对于鉴定人、记录人、翻译人工作不负责任,疏忽大意,或者业务水平有限而提供不正确的鉴定、记录、翻译的;以及由于对于案件真实情况一知半解,认识不准确,或者道听途说而传闻作证,从而提供了虚假证明的,因不具备伪证的主观故意,不构成伪证罪。对于虽有伪证行为,但情节显著轻微,危害不大的,不应认定为犯罪。

(二)本罪与包庇罪的界限

1. 主体区分。

包庇罪是一般主体,而伪证罪为特殊主体,伪证罪只限于证人、鉴定人、记录人与翻译人。

2. 对象。

包庇罪对象既可以是未决犯,也可以是已决犯,而伪证罪所包庇的对象只能是未决犯。

3. 行为时间。

伪证罪只能发生在判决以前的侦查、起诉、审判过程中。而包庇行为发生的时间没有限制。

4. 包庇罪中的作虚假证明与伪证罪中的证人作虚伪陈述如何区分。

一方面,考察作虚假证明或者虚伪陈述的主体是否确实具有证人身份;另一方面,考察作虚假证明或者虚伪陈述的内容是否确实与案件有重要关系的情节。如果本不具有证人资格的人即本来就不知道案件真实情况的人假冒证人的,尽管其所陈述的内容是与案件有重要关系的情节,也不能定伪证罪,而应以包庇罪论处;反之,尽管是确实知道案件真实情况的证人,如果陈述的内容不是与案件有重要关系的情节,也不构成伪证罪,而应以包庇罪论处。只有既具有证人身份,所作的虚伪陈述又确实是与案件有重要关系的情节,才构成伪证罪。

(三)本罪与诬告陷害罪的界限

这两种犯罪都有陷害他人的故意,两者的区别是:(1)前者的主体是特殊主体;而后者的主体是一般主体。(2)前者的行为是在侦查、审判中发生的;后者的行为是立案侦查之前实施的,并且是引起案件侦查的原因。(3)前者是通过作虚假证明、鉴定、记录、翻译等手段实现的;后者则是作虚假的告发。(4)前者只是在个别与案件有重要关系的情节上,提供伪证;而后者则是捏造了整个犯罪事实。(5)前者的目的可能有两种:既可以是陷害他人,也可以是包庇罪犯;而后者的目的只能是陷害他人,使无罪者受到刑事处分。

量刑部分

【量刑标准】

犯本罪的,处三年以下有期徒刑或者拘役;情节严重的,处三年以上七年以下有期徒刑。

截至目前,尚无本罪名关于量刑的司法解释。

辩护人、诉讼代理人毁灭证据、伪造证据、妨害作证罪　《刑法》第306条

在刑事诉讼中，辩护人、诉讼代理人毁灭、伪造证据，帮助当事人毁灭、伪造证据，威胁、引诱证人违背事实改变证言或者作伪证的，处三年以下有期徒刑或者拘役；情节严重的，处三年以上七年以下有期徒刑。

辩护人、诉讼代理人提供、出示、引用的证人证言或者其他证据失实，不是有意伪造的，不属于伪造证据。

定罪部分

【罪名概念】

辩护人、诉讼代理人毁灭证据、伪造证据、妨害作证罪，是指在刑事诉讼中，辩护人、诉讼代理人毁灭、伪造证据，帮助当事人毁灭、伪造证据，威胁、引诱证人违背事实改变证言或者作伪证的行为。

【关联法律】

1.《刑事诉讼法》

第四十二条　辩护人或者其他任何人，不得帮助犯罪嫌疑人、被告人隐匿、毁灭、伪造证据或者串供，不得威胁、引诱证人作伪证以及进行其他干扰司法机关诉讼活动的行为。

违反前款规定的，应当依法追究法律责任，辩护人涉嫌犯罪的，应当由办理辩护人所承办案件的侦查机关以外的侦查机关办理。辩护人是律师的，应当及时通知其所在的律师事务所或者所属的律师协会。

第五十九条　证人证言必须在法庭上经过公诉人、被害人和被告人、辩护人双方质证并且查实以后，才能作为定案的根据。法庭查明证人有意作伪证或者隐匿罪证的时候，应当依法处理。

2.《民事诉讼法》

第一百一十一条　诉讼参与人或者其他人有下列行为之一的，人民法院可以根据情节轻重予以罚款、拘留；构成犯罪的，依法追究刑事责任：

（一）伪造、毁灭重要证据，妨碍人民法院审理案件的；

（二）以暴力、威胁、贿买方法阻止证人作证或者指使、贿买、胁迫他人作伪证的；

（三）隐藏、转移、变卖、毁损已被查封、扣押的财产，或者已被清点并责令其保管的财产，转移已被冻结的财产的；

（四）对司法工作人员、诉讼参加人、证人、翻译人员、鉴定人、勘验人、协助执行的人，进行侮辱、诽谤、诬陷、殴打或者打击报复的；

(五)以暴力、威胁或者其他方法阻碍司法工作人员执行职务的;

(六)拒不履行人民法院已经发生法律效力的判决、裁定的。

人民法院对有前款规定的行为之一的单位,可以对其主要负责人或者直接责任人员予以罚款、拘留;构成犯罪的,依法追究刑事责任。

3.《行政诉讼法》

第四十九条　诉讼参与人或者其他人有下列行为之一的,人民法院可以根据情节轻重,予以训诫、责令具结悔过或者处一万元以下的罚款、十五日以下的拘留;构成犯罪的,依法追究刑事责任:

(一)有义务协助调查、执行的人,对人民法院的协助调查决定、协助执行通知书,无故推拖、拒绝或者妨碍调查、执行的;

(二)伪造、隐藏、毁灭证据或者提供虚假证明材料,妨碍人民法院审理案件的;

(三)指使、贿买、胁迫他人作伪证或者威胁、阻止证人作证的;

(四)隐藏、转移、变卖、毁损已被查封、扣押、冻结的财产的;

(五)以欺骗、胁迫等非法手段使原告撤诉的;

(六)以暴力、威胁或者其他方法阻碍人民法院工作人员执行职务,或者以哄闹、冲击法庭等方法扰乱人民法院工作秩序的;

(七)对人民法院审判人员或者其他工作人员、诉讼参与人、协助调查和执行的人员恐吓、侮辱、诽谤、诬陷、殴打、围攻或者打击报复的。

人民法院对有前款规定的行为之一的单位,可以对其主要负责人或者直接责任人员依照前款规定予以罚款、拘留;构成犯罪的,依法追究刑事责任。

罚款、拘留须经人民法院院长批准。当事人不服的,可以向上一级人民法院申请复议一次。复议期间不停止执行。

4.《律师法》

第四十九条　律师有下列行为之一的,由设区的市级或者直辖市的区人民政府司法行政部门给予停止执业六个月以上一年以下的处罚,可以处五万元以下的罚款;有违法所得的,没收违法所得;情节严重的,由省、自治区、直辖市人民政府司法行政部门吊销其律师执业证书;构成犯罪的,依法追究刑事责任:

(一)违反规定会见法官、检察官、仲裁员以及其他有关工作人员,或者以其他不正当方式影响依法办理案件的;

(二)向法官、检察官、仲裁员以及其他有关工作人员行贿,介绍贿赂或者指使、诱导当事人行贿的;

(三)向司法行政部门提供虚假材料或者有其他弄虚作假行为的;

(四)故意提供虚假证据或者威胁、利诱他人提供虚假证据,妨碍对方当事人合法取得证据的;

(五)接受对方当事人财物或者其他利益,与对方当事人或者第三人恶意串通,侵害委托人权益的；

（六）扰乱法庭、仲裁庭秩序，干扰诉讼、仲裁活动的正常进行的；

（七）煽动、教唆当事人采取扰乱公共秩序、危害公共安全等非法手段解决争议的；

（八）发表危害国家安全、恶意诽谤他人、严重扰乱法庭秩序的言论的；

（九）泄露国家秘密的。

律师因故意犯罪受到刑事处罚的，由省、自治区、直辖市人民政府司法行政部门吊销其律师执业证书。

【犯罪构成】

（一）主体要件

本罪的犯罪主体是特殊主体，只限于是刑事案件中的辩护人和诉讼代理人。所谓辩护人，是指接受犯罪嫌疑人、被告人的委托依法为其行使辩护权的人，即律师；人民团体或者犯罪嫌疑人、被告人所在单位推荐的人；犯罪嫌疑人、被告人的监护人、亲友。所谓诉讼代理人，是指公诉案件的被告人及其法定代理人或者近亲属，自诉案件的自诉人及其法定代理人委托代为参加诉讼的人和附带民事诉讼的当事人及其法定代理人委托代为参加诉讼的人。

（二）主观方面

本罪在主观方面是直接故意。行为人的犯罪动机可能是袒护亲友、挟私报复、贪利图财等，但是不同的动机不影响本罪的成立。

（三）客观方面

本罪在客观方面表现为在刑事诉讼中，毁灭、伪造证据，帮助当事人毁灭、伪造证据，或者威胁、引诱证人违反事实改变证言或者作伪证的行为。只要有上述三种行为之一即可构成本罪。证据，指《刑事诉讼法》第四十二条所称的证据，即证明案件真实情况的一切事实，当事人，是指《刑事诉讼法》第八十二条第一项所称之当事人，即被害人、自诉人、犯罪嫌疑人、被告人、附带民事诉讼的原告人和被告人。在本条中，主要是指犯罪嫌疑人和刑事被告人。

毁灭证据，是指辩护人、诉讼代理人将能够证明案件真实情况的书证、物证以及其他证据毁灭、消灭。既包括使现存的证据从形态上完全予以消失，如将证据烧毁、撕坏、浸烂等，又包括虽保存证据形态但使得其丧失或部分丧失其证明力，如玷污、涂划证据使其无法起到反映案件事实的作用。所谓伪造证据，是指由辩护人、诉讼代理人自己编造、制造实际上根本不存在的证据，或将现有证据加以篡改、歪曲、加工、整理以违背实案件的真实情况，使罪犯免予刑事追究或者使无罪的人受到刑事追究。

帮助当事人毁灭、伪造证据，指辩护人、诉讼代理人策划、指使当事人毁灭、伪造证据，或者与当事人共谋毁灭、伪造证据，以及为当事人毁灭、伪造证据提供帮助等。但当事人没有毁灭、伪造的犯意,而由辩护人、诉讼代理人教唆、指使毁灭、伪造证据的,则不能视为帮助行为,对之,应直接以毁灭、伪造证据论。

威胁,是指以杀害、伤害、毁坏财产、破坏名誉、揭露隐私等方法为要挟,恐吓证人,提供虚假证言或改变自己已经提供的真实证言。所谓引诱,是指利用金钱、财物、等物质利益或精神利益诱惑、勾引证人提供虚假证言或者违背事实改变证言,所谓违背事实改变证言,是指证人变更、否认已向司法机关提供符合客观情况的实事求是的证言内容。所谓提供伪证,是指向司法机关提供虚假的、不真实的、不符合事实真相的证言,如威胁、引诱知道案件真实情况的人作虚假证明;或者让不知道案件真实情况的人作有利于委托人、被代理人的证言等。

辩护人、诉讼代理人的上述行为还必须发生在刑事诉讼中才能构成本罪。如果不是发生在其中,而是在刑事诉讼前或后,则即使有上述行为也不能以本罪论处。所谓在刑事诉讼中,是指在刑事诉讼的整体过程中,包括立案、侦查、起诉、审判含一审、二审、再审以及执行等各个阶段。

(四)客体要件

本罪侵犯的客体是公民的人身权利与司法机关的刑事诉讼活动,是复杂客体。司法机关的民事诉讼活动、行政诉讼活动不能成为本罪的客体要件。

【罪名辨析】

罪与非罪

根据本款规定,辩护人、诉讼代理人向法庭提供、出示、引用的证人证言或者其他证据失实,不是有意伪造的,不属伪造证据,即不构成本条规定的犯罪。其中不是"有意伪造",是指辩护人、诉讼代理人对证据不真实的情况并不知情,未参与伪造证据,证据虚假的原因是证人或者提供证据的人造成的,以及辩护人、诉讼代理人由于工作上的失误造成的,因此,只要不是故意或有意伪造的,即不构成本罪。

量刑部分

【量刑标准】

犯本罪的,处三年以下有期徒刑或者拘役;情节严重的,处三年以上七年以下有期徒刑。

截至目前,尚无本罪名关于量刑的司法解释。

妨害作证罪 《刑法》第307条(一)

以暴力、威胁、贿买等方法阻止证人作证或者指使他人作伪证的,处三年以下有期徒刑或者拘役;情节严重的,处三年以上七年以下有期徒刑。

司法工作人员犯前款罪的,从重处罚。

定罪部分

【罪名概念】

妨害作证罪，是指行为人以暴力、威胁、贿买等方法阻止证人作证或者指使他人作伪证的行为。

【司法解释】

最高人民检察院法律政策研究室《关于通过伪造证据骗取法院民事裁判占有他人财物的行为如何适用法律问题的答复》

（实施日期：2002年10月24日）

山东省人民检察院研究室：

你院《关于通过伪造证据骗取法院民事裁决占有他人财物的行为能否构成诈骗罪的请示》（鲁检发研字［2001］11号）收悉经研究答复如下：

以非法占有为目的，通过伪造证据骗取法院民事裁判占有他人财物的行为所侵害的主要是人民法院正常的审判活动可以由人民法院依照民事诉讼法的有关规定作出处理，不宜以诈骗罪追究行为人的刑事责任。如果行为人伪造证据时，实施了伪造公司、企业、事业单位、人民团体印章的行为，构成犯罪的，应当依照刑法第二百八十条第二款的规定，以伪造公司、企业、事业单位、人民团体印章罪追究刑事责任；如果行为人有指使他人作伪证行为，构成犯罪的应当依照刑法第三百零七条第一款的规定，以妨害作证罪追究刑事责任。

【关联法律】

1.**《刑事诉讼法》**

第四十二条　辩护人或者其他任何人，不得帮助犯罪嫌疑人、被告人隐匿、毁灭、伪造证据或者串供，不得威胁、引诱证人作伪证以及进行其他干扰司法机关诉讼活动的行为。

违反前款规定的，应当依法追究法律责任，辩护人涉嫌犯罪的，应当由办理辩护人所承办案件的侦查机关以外的侦查机关办理。辩护人是律师的，应当及时通知其所在的律师事务所或者所属的律师协会。

2.**《民事诉讼法》**

第一百一十一条　诉讼参与人或者其他人有下列行为之一的，人民法院可以根据情节轻重予以罚款、拘留；构成犯罪的，依法追究刑事责任：

（一）伪造、毁灭重要证据，妨碍人民法院审理案件的；

（二）以暴力、威胁、贿买方法阻止证人作证或者指使、贿买、胁迫他人作伪证的；

（三）隐藏、转移、变卖、毁损已被查封、扣押的财产，或者已被清点并责令其保管的财产，转移已被冻结的财产的；

(四)对司法工作人员、诉讼参加人、证人、翻译人员、鉴定人、勘验人、协助执行的人,进行侮辱、诽谤、诬陷、殴打或者打击报复的;

(五)以暴力、威胁或者其他方法阻碍司法工作人员执行职务的;

(六)拒不履行人民法院已经发生法律效力的判决、裁定的。

人民法院对有前款规定的行为之一的单位,可以对其主要负责人或者直接责任人员予以罚款、拘留;构成犯罪的,依法追究刑事责任。

3.《行政诉讼法》

第五十九条　诉讼参与人或者其他人有下列行为之一的,人民法院可以根据情节轻重,予以训诫、责令具结悔过或者处一万元以下的罚款、十五日以下的拘留;构成犯罪的,依法追究刑事责任:

(一)有义务协助调查、执行的人,对人民法院的协助调查决定、协助执行通知书,无故推拖、拒绝或者妨碍调查、执行的;

(二)伪造、隐藏、毁灭证据或者提供虚假证明材料,妨碍人民法院审理案件的;

(三)指使、贿买、胁迫他人作伪证或者威胁、阻止证人作证的;

(四)隐藏、转移、变卖、毁损已被查封、扣押、冻结的财产的;

(五)以欺骗、胁迫等非法手段使原告撤诉的;

(六)以暴力、威胁或者其他方法阻碍人民法院工作人员执行职务,或者以哄闹、冲击法庭等方法扰乱人民法院工作秩序的;

(七)对人民法院审判人员或者其他工作人员、诉讼参与人、协助调查和执行的人员恐吓、侮辱、诽谤、诬陷、殴打、围攻或者打击报复的。

人民法院对有前款规定的行为之一的单位,可以对其主要负责人或者直接责任人员依照前款规定予以罚款、拘留;构成犯罪的,依法追究刑事责任。

罚款、拘留须经人民法院院长批准。当事人不服的,可以向上一级人民法院申请复议一次。复议期间不停止执行。

【犯罪构成】

(一)主体要件

本罪的主体为一般主体,凡是年满十六周岁、具有刑事责任能力的自然人都可以成为妨害作证罪的主体。司法工作人员犯妨害作证罪的,从重处罚。

(二)主观要件

本罪在主观方面表现为故意,且为直接故意,即行为人明知自己妨害证人作证的行为会妨害国家司法机关正常的诉讼活动和他人的作证权利或人身权利,仍决意实施妨害作证行为,希望这种社会危害性的发生,行为人往往出于个人利益或他人利益之动机。

(三)客观要件

本罪在客观方面表现为行为人实施了采用暴力、威胁、贿买等方法阻止证人依法作证或者指使他人作伪证的妨害作证行为。

1. 行为人非法劝止、阻止证人依法作证，具体可采用暴力方式如绑架等方法使证人人身自由受到严重限制甚至丧失自由而无法作证；或者以暴力作后盾对证人进行威胁使证人不敢作证；或者采用金钱、财物或其他利益，或许诺钱财或其他利益使证人不愿作证；或者采用引诱、唆使、劝说来说服证人不要作证：还有利用职务等身份迫使从属部下不要作证等等。无论采用何种方式，只要主观上具有故意，客观上实施了妨害证人依法作证的行为，妨害了司法机关的正常的诉讼活动，就构成妨害作证罪。证人是否被劝止或被阻止而没有作证，或者证人是否接受贿买的金钱、财物，对行为人构成犯罪没有影响。

2. 行为人实施希望他人（不一定是证人）作伪证的行为。行为人具体可用胁迫的手段来实施，可以采用贿买的办法，也可以采用唆使、引诱的方法，还可以采用其他手段如利用职务迫使下属作伪证等。不管采用何种方法、手段，其实质都是一样的，即都是行为人希望他人作伪证，在客观上侵害了司法机关的诉讼活动，因此都是妨害作证的行为，行为人依法构成犯罪。在刑事案件侦查或审判过程中，辩护人、诉讼代理人以各种手段致使证人作伪证这种方式来妨害作证，如果构成犯罪的，应以辩护人、诉讼代理人妨害作证罪论处。

妨害作证罪是举动犯，只要实施了妨害作证的行为，即构成犯罪，情节严重是妨害作证罪的加重情节，所谓情节严重，主要是指行为人实施的妨害作证行为严重，侵害司法机关正常的诉讼活动，甚至使之无法进行；或者采取的手段极其恶劣：或者产生严重的后果，如造成冤、假、错案：或者行为人经批评教育后，仍继续实施妨害作证行为，等等。对于那些妨害作证行为情节显著轻微，危害不大，不能认定构成妨害作证罪。例如证人的亲朋好友怕证人作证后遭报复叫证人不要作证，这种做法虽然是错误的，但是情节轻微，危害不大，不构成妨害作证罪。

对于妨害作证罪来说，还有几点必须指出：其一，行为人只要实施了符合上述构成要件，妨害作证的行为，就构成妨害作证罪且为既遂。至于证人是否被劝止、阻止没有作证，或者是否接受贿买或者接受贿买后是否作证，对成立妨害作证罪无实际意义，同样他人是否因行为人的指使作伪证，或者是否接受贿买或接受贿买后是否作伪证对成立妨害作证罪也无实际影响。以上这些情节只是量刑时考虑的因素。其二，妨害作证罪发生的时间、空间较广，既可以发生在诉讼提起以后的诉讼活动中，也可以发生在诉讼提起之前，因为在这一阶段，行为人实施有妨害作证的行为，同样会影响以后即将发生的诉讼活动，也即实质上仍会侵害国家司法机关正常的诉讼活动，同样具有相当的社会危害性，在性质上与在诉讼提起后实施的妨害作证的行为和社会危害性及其程度没有两样。其三，妨害作证罪可以发生在刑事案件、民事案件中，也可以发生在经济案件、行政案件中，这里所说的案件皆是指法律诉讼上的案件，不包括没有进入诉讼的违纪案件、行政案件等。

(四)客体要件

本罪侵犯的客体是国家司法机关的正常诉讼活动和公民依法作证的权利。采用暴力或威胁手段妨害证人作证的,还侵害了公民的人身权利,是复杂客体。

【罪名辨析】

(一)本罪与帮助毁灭、伪造证据罪的区别

根据《刑法》第三百零七条第二款的规定,帮助毁灭、伪造证据罪是指帮助当事人毁灭、伪造证据,情节严重的行为。妨害作证罪与帮助毁灭、伪造证据罪存在一些相同或者相似之处,主要表现在:两罪都侵犯了司法机关正常的诉讼活动;两罪都可以发生在刑事诉讼、民事诉讼和行政诉讼活动中,且既可以发生在诉讼进行的过程中,也可以发生在诉讼过程之外;两罪的犯罪主体都是一般主体;两罪的主观罪过形式都只能是故意且是直接故意。

两罪的不同之处主要表现在以下几个方面:

1. 犯罪对象不尽相同。前罪的犯罪对象是证人和"他人";后罪的犯罪对象一般来说是各类证据,包括书证、物证、视听资料、证人证言、当事人的陈述、鉴定意见、勘验笔录、被害人陈述、犯罪嫌疑人、被告人供述和辩解等。

2. 客观方面的表现不同。前罪表现为以暴力、威胁、贿买等方法阻止证人作证或者指使他人作伪证;后罪表现为帮助当事人毁灭、伪造证据。这里的当事人包括民事和行政诉讼中的原告、被告以及第三人,刑事诉讼中的犯罪嫌疑人、被告人、自诉人、被害人、附带民事诉讼中的原告人和被告人。

3. 犯罪主观方面的要求不同。帮助毁灭、伪造证据罪的主观方面必须出于帮助当事人的动机,且这是该罪必备的构成要件;妨害作证罪则无此要求。

4. 成立犯罪的要求不同。前罪刑法没有对此作出明文要求。而帮助当事人毁灭、伪造证据必须情节严重才能构成犯罪,情节严重通常是指因行为人帮助毁灭、伪造了证据,严重妨碍了诉讼活动正常进行的;因行为人的帮助行为造成冤假错案的;在大案、要案中帮助当事人毁灭、伪造证据,并造成恶劣社会影响的;帮助多人或多次帮助他人毁灭、伪造证据;犯罪动机特别恶劣的;犯罪手段特别狡猾的;等等。

行为人帮助当事人阻止证人作证或指使他人作伪证的,应该如何定罪?

笔者认为,应以妨害作证罪定罪。理由如下:(1)前已述及,毁灭不同于隐匿。阻止证人作证只是妨害了证人的出现,或者说妨害了证人证言这种证据的显现。它不同于将证人杀害。如果将证人杀害,则是彻底使该证人证言消灭,属毁灭证据。因此,妨害作证罪中的阻止证人作证不能被帮助毁灭、伪造证据罪中的毁灭证据所包容。从这个意义上讲,帮助当事人阻止证人作证的行为不能构成帮助毁灭、伪造证据罪,只能定妨害作证罪。(2)前已述及,本文对帮助毁灭、伪造证据罪中的"帮助"作了最广义的解释,即帮助是指行为人基于帮助当事人的动机而实施的所有毁灭、伪造证据行为,包括行为人直接为当事人实施毁灭、伪造证据的行为,也包括出谋划策唆使当事人实施毁灭、伪造证据的行为。该解释仍然不包括这种情形,即行为人基于帮助当事人的动机而指使他人伪造证据,因此,对此种情形只能以妨害作证罪定罪处罚。

(二)本罪与伪证罪的区别

1. 妨害作证罪可以发生在刑事诉讼活动中,也可以发生在民事诉讼、经济诉讼或行政诉讼中,范围较广。但是如果行为人在刑事侦查或审判过程中,采用强迫、威胁、唆使或贿买等方法使证人作伪证,而且证人构成伪证罪的,行为人构成伪证罪的共同犯罪;证人没有构成伪证罪,行为人如果是辩护人、诉讼代理人则构成妨害刑事证据罪。如果证人是不具备刑事责任能力的人,则行为人单独构成伪证罪或妨害刑事证据罪。

2. 这两个罪在客观上都侵犯了国家司法机关正常的司法诉讼活动,都有可能发生在诉讼活动领域,但是两者仍具有明显的差别,主要体现在下列几个方面:

(1)主体不同。妨害作证罪的主体要件是一般主体;而伪证罪的主体要件仅限于证人、鉴定人、翻译人、记录人四种,属特殊主体。

(2)主观方面不同。妨害作证罪与伪证罪虽同是直接故意犯罪,但具体罪过内容和犯罪目的不同。前者一般是出于为自己或他人谋利的目的;而后者则出于出入罪名的目的。

(3)客观方面不同。妨害作证罪客观方面表现为实施妨害证人依法作证或指使他人作伪证的行为;而伪证罪的客观方面则表现为在刑事诉讼中对与案件有重要关系的情节作虚假的陈述。

(4)发生的时间、空间不同。妨害作证罪可以发生在诉讼提起之前,也可以发生在诉讼活动过程中,既可以发生在刑事诉讼活动中,也可以发生在民事、行政诉讼活动中,发案范围较广;而伪证罪则只能发生在刑事诉讼活动中,发案范围较窄。

(三)本罪与伪证罪共犯的界限

妨害作证罪可以发生在刑事诉讼活动中,也可以发生在民事诉讼、经济诉讼或行政诉讼中,范围较广。但是如果行为人在刑事侦查或审判过程中,采用强迫、威胁、唆使或贿买等方法使证人作伪证,而且证人构成伪证罪的,行为人构成伪证罪的共同犯罪;证人没有构成伪证罪,行为人如果是辩护人、诉讼代理人则构成妨害刑事证据罪。如果证人是不具备刑事责任能力的人,则行为人单独构成伪证罪或妨害刑事证据罪。

量刑部分

【量刑标准】

犯本罪的,处三年以下有期徒刑或者拘役;情节严重的,处三年以上七年以下有期徒刑。司法工作人员犯前两款罪的,从重处罚。

截至目前,尚无本罪名关于量刑的司法解释。

帮助毁灭、伪造证据罪 《刑法》第307条(二)

帮助当事人毁灭、伪造证据,情节严重的,处三年以下有期徒刑或者拘役。司法工作人员犯前款罪的,从重处罚。

定 罪 部 分

【罪名概念】

帮助毁灭、伪造证据罪,是指在诉讼活动中,唆使、协助当事人隐匿、毁灭、伪造证据,情节严重的行为。

【犯罪构成】

(一)主体要件

本罪的主体为一般主体,即年满十六周岁具有刑事责任能力的自然人,均可构成本罪。

(二)主观要件

本罪的主观方面是故意。即行为人明知对方是案件的当事人但为了达到帮助当事人的目的仍决意实施帮助其毁灭伪造证据的行为。

(三)客观要件

本罪在客观方面表现为帮助当事人毁灭、伪造证据。所谓帮助,是指为当事人毁灭、伪造证据准备工具、扫除障碍、出谋划策、提供条件、撑腰打气、坚定其毁灭、伪造证据信心等。其既可以表现为体力上的、物质上的帮助,也可以表现为精神上的、心理上的支持。既可以是在诉讼中,有时也可以是在诉讼前。所谓毁灭,是指湮灭、消灭证据,既包括使证据从形态上完全予以消失,如将证据烧毁、撕坏、浸烂、丢弃等,又包括虽保存证据形态但使得其丧失或部分丧失其证明力,如砧污、涂划证据使其无法反映其证明的事实等。所谓伪造,是指编造、制定实际根本不存在的证据或者将现存证据加以篡改、歪曲、加工、整理以违背事实真相。

本罪为情节犯。帮助当事人毁灭、伪造证据的行为,必须达到情节严重的程度,才能构成本罪。虽有帮助当事人毁灭、伪造证据的行为,但如不属于情节严重,也不能以本罪论处。所谓情节严重,则主要是指动机卑劣的;多次进行帮助的;帮助重大案件的当事人的;因其帮助行为导致诉讼活动无法进行、中止的;造成错案的;影响恶劣的;等等。

(四)客体要件

本罪所侵害的客体是司法机关的正常活动,对象则是当事人。

如果不是帮助当事人而是帮助当事人以外的他人毁灭、伪造证据,则不能构成本罪。所谓当事人,既包括刑事诉讼的当事人,如被害人、自诉人、犯罪嫌疑人、被告人、附带民事诉讼的原告人及被告人等，又包括民事诉讼的当事人，如原告、被告、共同诉讼人、第三人等，还包括行政诉讼的当事人如原告、被告等。

【罪名辨析】

（一）本罪与辩护人、诉讼代理人毁灭证据、伪造证据罪的区别

1. 主体不同。本罪的主体为一般主体，即年满十六周岁具有刑事责任能力的自然人均可构成本罪；而后者为特殊主体，只有刑事诉讼中的辩护人、诉讼代理人才能构成其罪。

2. 帮助的对象不同。本罪帮助当事人毁灭、伪造证据中的当事人，既包括刑事诉讼中的当事人，也包括民事、经济、行政诉讼中的当事人；而后者的当事人，则仅限于刑事诉讼中的当事人。

3. 毁灭、伪造的证据范围不同。本罪证据既可以是刑事诉讼证据，也可以是民事、经济及行政诉讼证据。而后者则仅限于刑事诉讼包括附带民事诉讼的证据。

4. 对情节的要求不同。本罪必须以情节严重为构成要件；而后者则无这一要求。

5. 发生的时间不同。本罪既可以发生在刑事诉讼中，又可以发生在民事诉讼、行政诉讼中，还可以发生在上述诉讼前；而后者则仅只能发生在刑事诉讼中。在刑事诉讼前，帮助当事人毁灭、伪造证据，构成犯罪的，仍要以本罪治罪科刑，而不是构成后罪。

6. 所侵犯的客体不尽相同。本罪所侵害的客体既包括司法机关正常的刑事诉讼活动，也包括司法机关正常的民事、经济、行政诉讼活动；而后者则所侵害的仅是司法机关正常的刑事诉讼活动。

（二）本罪与包庇罪的区别

1. 客体不完全相同。本罪的客体是国家司法机关正常的诉讼活动，包括刑事、民事、行政诉讼活动；而包庇罪的客体单指司法机关对犯罪人的刑事追诉和刑罚执行的正常活动，不包括民事和行政诉讼活动。

2. 犯罪的主观方面不同。虽然两罪在主观上都表现为直接故意，但包庇罪必须明知是犯罪的人，主观上有作假证明的故意；而本罪要求行为人明知自己的行为是在帮助当事人毁灭、伪造证据，而且所实施的这种行为会妨害国家机关正常的诉讼活动，仍决意要实施，并希望这种社会危害结果发生。

3. 犯罪对象不同。本罪对象限于当事人，既可以是刑事案件中的当事人，也可以是其他案件中的当事人；而包庇罪的对象必须为已经实施了犯罪的人，即触犯了刑法并构成犯罪的人，既包括作案后潜逃的犯罪分子，也包括已被拘留、逮捕、关押、监管的未决犯和已决犯。

4. 发生的范围不同。本罪既可以发生在刑事诉讼活动中，也可以发生在民事、行政诉讼活动过程中，发案范围较广；而包庇罪则只能发生在刑事诉讼活动中。

5. 客观行为不同。本罪客观上为实施了帮助当事人毁灭、伪造证据使当事人

逃避法律制裁,且情节严重的行为。如为当事人毁灭、伪造证据准备条件、提供犯罪工具、清除犯罪障碍等,直接指示对刑事案件处理有重要关系的证据授意当事人去毁灭、伪造;而包庇罪在客观上表现为“作假证明包庇”,就是行为人实施了向司法机关作假证明,掩盖犯罪人的犯罪事实,使犯罪分子不被发现、追诉的行为,但不包括帮助犯罪人毁灭、伪造证据的行为。

6. 犯罪的内容不同。本罪是为使当事人逃避法律制裁而毁灭、伪造与案件有关的影响诉讼活动的证据;而包庇罪是掩盖犯罪分子的全部罪行或重要犯罪事实,使其逃避刑事制裁。

(三)司法工作人员为了徇私枉法、枉法裁判而帮助当事人毁灭、伪造证据的,又触犯徇私枉法罪或枉法裁判罪,属牵连犯罪,对之,应当择重罪即徇私枉法罪或枉法裁判罪从重处罚。

量刑部分

【量刑标准】

犯本罪的,处三年以下有期徒刑或者拘役。

司法工作人员犯前款罪的,从重处罚。

截至目前,尚无本罪名关于量刑的司法解释。

虚假诉讼罪 《刑法》第307条之一

以捏造的事实提起民事诉讼,妨害司法秩序或者严重侵害他人合法权益的,处三年以下有期徒刑、拘役或者管制,并处或者单处罚金;情节严重的,处三年以上七年以下有期徒刑,并处罚金。

单位犯前款罪的,对单位判处罚金,并对其直接负责的主管人员和其他直接责任人员,依照前款的规定处罚。

有第一款行为,非法占有他人财产或者逃避合法债务,又构成其他犯罪的,依照处罚较重的规定定罪从重处罚。

司法工作人员利用职权,与他人共同实施前三款行为的,从重处罚;同时构成其他犯罪的,依照处罚较重的规定定罪从重处罚。

打击报复证人罪 《刑法》第308条

对证人进行打击报复的,处三年以下有期徒刑或者拘役;情节严重的,处三年以上七年以下有期徒刑。

定罪部分

【罪名概念】

打击报复证人罪,是指对证人进行打击报复的行为。

【关联法律】

《刑事诉讼法》

第六十一条　人民法院、人民检察院和公安机关应当保障证人及其近亲属的安全。

对证人及其近亲属进行威胁、侮辱、殴打或者打击报复,构成犯罪的,依法追究刑事责任;尚不够刑事处罚的,依法给予治安管理处罚。

【犯罪构成】

(一)主体要件

本罪的主体为一般主体,凡达到刑事责任年龄且具备刑事责任能力的自然人均可成为本罪主体。

(二)主观要件

本罪在主观方面必须是直接故意,并且具有打击报复证人的目的。如果没有报复陷害的目的,而是由于政策水平不高,思想方法主观片面,工作作风简单粗暴,对事实未能查清等原因,对证人处理不当,致使其遭受损失的,属于工作上的失误,不构成犯罪。

(三)客观要件

本罪在客观方面表现为对证人进行打击报复的行为。

对证人进行打击报复的行为方式很多,如制造种种"理由""借口",非法克扣证人的工资、奖金等;将证人调往脏、累、苦的岗位工作或者借口将证人调离本单位;给证人降级、降职、降薪;对证人的提职、晋升及职称评定予以压制:开除证人的党籍、公职或者予以解雇;非法关押证人、组织批斗证人;对证人或其近亲属进行骚扰;等等,不论行为人采取何种方式,对构成本罪均无影响。这里需要注意的是,对证人进行打击报复,往往是行为人滥用手中的职权,假公济私。同时,还有一部分是行为人没有利用手中职权而是出于打击报复的目的,对证人采用恐吓、行凶、伤害等手段进行报复。这种具体行为如不能独立构成犯罪,可以本罪论处;如能独立成罪,则应按相应的罪名定罪处罚。

打击报复证人,但情节显著轻微,危害不大的,一般不以犯罪论处,可予批评教育,或者给予相应的行政纪律处分。打击报复证人情节严重的,为量刑上的考虑因素(加重情节),所谓情节严重,一般是指致使被害人的人身权利、民主权利或者其他权利受到严重损害的;手段恶劣的;致人精神失常或自杀的;以及造成其他严重后果的。

(四)客体要件

本罪侵犯的客体是公民的民主权利和国家机关的正常活动。侵害的客体是复杂客体。这里的民主权利是指公民的批评权、申诉权、控告权和检举权。这些权利是我国公民享有的重要的民主权利,是公民行使管理国家权利的一个重要方面,受到国家法律的严格保护。我国《宪法》第四十一条规定,中华人民共和国公民对于任何国家机关和国家工作人员,有提出批评和建议的权利;对于任何国家机关和国家工作人员的违法失职行为,有向有关国家机关提出申诉、控告或者检举的权利,但是不得捏造或者歪曲事实进行诬告陷害。对于公民的申诉、控告或者检举,有关国家机关必须查清事实,负责处理。任何人不得压制和打击报复。为了切实保障宪法赋予公民的上述权利的实现,本法对侵犯公民的上述权利的行为规定了打击报复证人罪。本罪不仅侵犯了公民的民主权利,而且还严重损害了国家机关的声誉,破坏了国家机关的正常活动。

【罪名辨析】

(一)罪与非罪的界限

《刑法》第三百零八条对打击报复证人罪的基本构成未设定情节要件,根据此规定,构成打击报复证人罪不需要情节严重,但是法条把"情节严重"作为打击报复证人罪的加重构成的要件。虽然构成本罪不需要情节严重,但也并不是说只要有打击报复行为,不论情节如何,危害后果如何,都构成犯罪。根据《刑法》第十三条的规定,情节显著轻微危害不大的,不认为是犯罪。这一规定适用于所有具体犯罪,包括打击报复证人罪。因此,如果打击报复证人的行为,情节显著轻微,危害不大的,不构成打击报复证人罪,可以根据法律的规定,给予行政处罚或处分。

(二)本罪与报复陷害罪的区别

报复陷害罪,是指国家机关工作人员滥用职权、假公济私,对控告人、申诉人、批评人、举报人实行报复陷害的行为。报复陷害罪与打击报复证人罪的区别有三:其一,侵害的客体不同。报复陷害罪侵害的是公民的民主权利,即公民的控告权、申诉权、批评权、举报权。而打击报复证人罪侵害的客体则是司法机关的正常活动以及公民的人身权、财产权。其二,犯罪主体不同。报复陷害罪的主体是特殊主体,限于国家机关工作人员,非国家机关工作人员不能构成本罪。而打击报复证人罪的犯罪主体是一般主体,不限于国家机关工作人员。其三,客观方面不同。报复陷害罪在客观方面行为人必须利用职权,假公济私,进行报复陷害。而打击报复证人罪中的打击报复则不是利用职权的行为。

(三)本罪与故意伤害罪的区别

打击报复证人罪的犯罪对象仅限于证人,而故意伤害罪的犯罪对象可以为任何人,也包括证人。打击报复证人的手段包括对证人进行殴打、伤害。如果致证人轻伤,应属情节严重,行为人既构成打击报复证人罪,又构成故意伤害罪。由于打击报复证人罪情节严重的,最高刑为七年有期徒刑,而故意伤害(轻伤)罪的法定最高刑只有三年有期徒刑,根据处理想象竞合犯的原则,按较重量的罪处罚,因此按打击报复证人罪的从重情节处罚。如果打击报复证人致证人重伤,则应以故意伤害致人重伤罪论处。

量刑部分

【量刑标准】

犯本罪的,处三年以下有期徒刑或者拘役;情节严重的,处三年以上七年以下有期徒刑。

截至目前,尚无本罪名关于量刑的司法解释。

泄露不应公开的案件信息罪　《刑法》第308条之一(一)

司法工作人员、辩护人、诉讼代理人或者其他诉讼参与人,泄露依法不公开审理的案件中不应当公开的信息,造成信息公开传播或者其他严重后果的,处三年以下有期徒刑、拘役或者管制,并处或者单处罚金。

有前款行为,泄露国家秘密的,依照本法第三百九十八条的规定定罪处罚。

披露、报道不应公开的案件信息罪　《刑法》第308条之一(二)

公开披露、报道第一款规定的案件信息,情节严重的,依照第一款的规定处罚。

单位犯前款罪的,对单位判处罚金,并对其直接负责的主管人员和其他直接责任人员,依照第一款的规定处罚。

扰乱法庭秩序罪　《刑法》第309条

有下列扰乱法庭秩序情形之一的,处三年以下有期徒刑、拘役、管制或者罚金:

(一)聚众哄闹、冲击法庭的;

(二)殴打司法工作人员或者诉讼参与人的;

(三)侮辱、诽谤、威胁司法工作人员或者诉讼参与人,不听法庭制止,严重扰乱法庭秩序的;

(四)有毁坏法庭设施,抢夺、损毁诉讼文书、证据等扰乱法庭秩序行为,情节严重的。

定罪部分

【罪名概念】

扰乱法庭秩序罪,是指聚众哄闹、冲击法庭;殴打司法工作人员或者诉讼参与人;侮辱、诽谤、威胁司法工作人员或者诉讼参与人,不听法庭制止;以及毁坏法庭设施,抢夺、损毁诉讼文书、证据等,严重扰乱法庭秩序的行为。

【关联法律】

1.《民事诉讼法》

第一百一十条　诉讼参与人和其他人应当遵守法庭规则。

人民法院对违反法庭规则的人,可以予以训诫,责令退出法庭或者予以罚款、拘留。

人民法院对哄闹、冲击法庭,侮辱、诽谤、威胁、殴打审判人员,严重扰乱法庭秩序的人,依法追究刑事责任;情节较轻的,予以罚款、拘留。

2.《刑事诉讼法》

第一百九十四条　在法庭审判过程中,如果诉讼参与人或者旁听人员违反法庭秩序,审判长应当警告制止。对不听制止的,可以强行带出法庭;情节严重的,处以一千元以下的罚款或者十五日以下的拘留。罚款、拘留必须经院长批准。被处罚人对罚款、拘留的决定不服的,可以向上一级人民法院申请复议。复议期间不停止执行。

对聚众哄闹、冲击法庭或者侮辱、诽谤、威胁、殴打司法工作人员或者诉讼参与人,严重扰乱法庭秩序,构成犯罪的,依法追究刑事责任。

【犯罪构成】

(一)主体要件

本罪的主体是一般主体,且仅限为自然人。凡是达到法定刑事责任年龄、具有刑事责任能力的自然人都可以构成扰乱法庭秩序罪。具体可归纳为以下三类人:

1. 诉讼参与人。如公诉人、审判人员、书记员、鉴定人、翻译人、当事人本身、法人或非法人单位的法定代表人、诉讼代表人、诉讼代理人、辩护人等诉讼参与人本身实施扰乱法庭秩序的行为;

2. 旁听的人员不遵守法庭纪律,不听劝阻,实施扰乱法庭秩序的行为;

3. 不允许旁听的人员,实施扰乱法庭秩序的行为,如在法庭附近设置高音喇叭,进行高分贝噪声干扰,向法庭内投掷石块,或在法庭附近拦截有关正准备参加诉讼的人进行侮辱、殴打、围攻等。

(二)主观要件

本罪在主观方面表现为故意,即明知自己的行为可能会导致危害社会的结果,仍然实施该行为,对结果的发生持希望或放任的态度。

（三）客观要件

本罪在客观方面表现为行为人聚众哄闹、冲击法庭；殴打司法工作人员或者诉讼参与人；侮辱、诽谤、威胁司法工作人员或者诉讼参与人，不听法庭制止；以及毁坏法庭设施，抢夺、损毁诉讼文书、证据等，严重扰乱法庭秩序的行为。

1. 从犯罪时间来看，犯罪行为只能发生在法庭开庭审理过程中。法庭审理即从宣布开庭时起到宣布闭庭止，包括开庭预备、法庭调查、法庭辩论、法庭调解、法庭评议、法庭宣判等各个阶段，既包括一审、二审，也包括适用审判监督程序的再审。

2. 从犯罪地点来看，本罪限于开庭审理案件的法庭内。这里的"法庭内"应作广义理解，既包括行为人在法庭内扰乱法庭秩序，也包括在法庭附近干扰法庭秩序，在法庭外对正在参加诉讼活动的司法工作人员进行殴打或将其从法庭内追赶到法庭外对司法工作人员进行殴打等，都应视为发生在法庭内的扰乱法庭秩序行为；既包括犯罪行为和犯罪结果都发生在法庭内，也包括犯罪行为或犯罪结果之一发生在法庭内的行为。如果行为和结果都不发生在法庭内的，不构成本罪。

3. 从犯罪行为来看，须是聚众哄闹、冲击法庭；殴打司法工作人员或者诉讼参与人；侮辱、诽谤、威胁司法工作人员或者诉讼参与人，不听法庭制止；以及毁坏法庭设施，抢夺、损毁诉讼文书、证据等，严重扰乱法庭秩序的行为。所谓聚众，是指聚集、纠合三人以上的多人，所谓哄闹，是指在法庭上或法庭周围进行起哄、喧哗、吵闹、搅乱、喧闹、指责、诽谤、辱骂、播放噪声等活动，以干扰审判活动的正常进行。所谓冲击，主要是指未经允许、不听劝阻，强行闯入法庭；向法庭投掷石块、泥土、污秽物品；在法庭上殴打当事人及证人、鉴定人、辩护人、翻译人等诉讼参与人；砸毁、破坏门窗、桌椅、话筒、音响等设备、设施等带有暴力色彩的活动。所谓殴打司法工作人员，即在法庭上殴打执行公务的司法工作人员，包括审判员、陪审员、公诉人、法警、书记员等。在法庭外殴打正准备参加开庭的司法工作人员，也应视为本罪的殴打司法工作人员。对于不是参加开庭或正准备开庭的司法工作人员实施了殴打行为，如在侦查阶段殴打正在讯问犯罪嫌疑人或者询问证人的侦查人员，在执行阶段殴打人民法院执行判决的执行人员等，就不能以本罪论处。构成犯罪的，也应是他罪，如妨害公务罪。另外，根据《刑法修正案（九）》的规定，本罪客观方面还包括侮辱、诽谤、威胁司法工作人员或者诉讼参与人，不听法庭制止，严重扰乱法庭秩序；以及毁坏法庭设施，抢夺、损毁诉讼文书、证据等扰乱法庭秩序，情节严重的行为。

此外，本罪还必须以严重扰乱法庭秩序为构成必要。虽有聚众哄闹、冲击法庭或者殴打司法工作人员的行为，但若没有给法庭秩序造成严重扰乱，也不能以本罪论处。

4. 从犯罪的结果来看，必须是严重扰乱法庭秩序的行为，才构成扰乱法庭秩序

罪。严重扰乱法庭秩序,主要包括下面几种情况:

(1)出于卑鄙恶劣的个人动机、目的,如打击报复、泄愤、侮辱等;

(2)纠集多人进行哄闹、冲击法庭的;

(3)不听劝阻、制止,多次干扰法庭秩序的;

(4)造成严重后果的,如造成法庭设施的损坏或司法工作人员人身、精神损害或导致法庭秩序混乱、法庭审理被迫中断、案件无法继续正常审理等后果;

(5)其他干扰法庭秩序的行为,造成法庭审理案件无法正常进行,产生严重的不良社会影响的。

(四)客体要件

本罪侵犯的客体是法庭开庭审理案件的正常活动和秩序。

法庭,是人民法院依法审理诉讼案件的场所,既包括专门用于审理案件的正规固定场所,如审判庭等,也包括非正规的临时审理案件的场所,如巡回法庭在案发地临时开庭的场所;既包括设在室内的开庭场所,也包括设在室外的开庭场所,如公审所使用的场所。开庭审理的案件,即包括民事案件、经济案件,也包括刑事案件、行政案件。审判组织既可以是合议庭进行审理,也可以是独任庭进行独任审理。法庭是人民法院行使国家审判权、审理诉讼案件、进行诉讼活动的场所。

法庭具有极大的尊严性、严肃性。法庭秩序是指为了保障法庭开庭审理诉讼案件的各种活动得以正常顺利进行,要求诉讼参与人及旁听群众共同遵守和维护的秩序。法庭秩序是审理诉讼案件的活动正常进行,人民法院正确适用法律,实现法院审判职能的重要法律保障,严重干扰法庭秩序,是一种藐视国家权力,粗暴践踏法律的行为,不仅破坏法庭审理活动的正常进行,而且对诉讼参与人的人身安全和公私财产带来极大的威胁和损害。对这种行为适用刑事制裁,实属必要。

【罪名辨析】

(一)本罪与非罪的界限

1. 本罪的构成以情节严重为其构成必要条件,只有严重干扰法庭秩序的行为才具有相当的社会危害性,才构成扰乱法庭秩序罪,因此,对那些扰乱法庭秩序情节不严重的,经劝阻、制止,停止实施扰乱行为的,不应认定为扰乱法庭秩序罪。

2. 本罪的构成要求行为人主观罪过形式方面为直接故意,也即行为人决意实施扰乱法庭秩序的行为,希望自己的行为干扰法庭秩序。因此必须把那些由于情绪激动、亢奋,或者性格爽直或坚持自己的看法等原因而一时在法庭开庭审理案件中说话声音过大,行为有所不当,或言语有所过激的情形与扰乱法庭秩序罪区分开来。前者行为人在主观上不具有扰乱法庭秩序的直接故意,所以不宜也不应作为扰乱法庭秩序罪来论处。

（二）本罪与聚众扰乱社会秩序罪的界限

从本质上讲，干扰法庭秩序也是扰乱社会秩序的一种表现情况，以前在司法实践中，对于严重干扰法庭秩序的行为，也是按扰乱社会秩序来处理的。但在本法中规定了扰乱法庭秩序罪这一新罪名的情况下，将扰乱法庭秩序从扰乱社会秩序中分离出来，加以专门的规定，因此，在这种情况下，对于扰乱法庭秩序情节严重的，按照特别条文优先于一般条文，则应按扰乱法庭秩序罪处罚。

1. 从客体方面来看，扰乱法庭秩序罪的客体为法庭秩序，扰乱社会秩序罪的客体则是社会公共秩序。

2. 处罚范围不同，对于聚众扰乱法庭秩序因而构成犯罪的，对全部行为人都予以惩罚，而聚众扰乱社会秩序的，则只处罚首要分子。

（三）本罪与妨害公务罪的界限

扰乱法庭秩序也必然妨害有关国家工作人员如审判人员依法执行公务，但与妨害公务罪有着显著的区别：

1. 侵犯的客体不同。扰乱法庭秩序罪的客体仅为法庭秩序，范围比较窄，而妨害公务罪的客体是国家工作人员的公务活动，除包括人民法院审理案件的法庭秩序外，还包括其他国家工作人员的公务活动，客体较为广泛。

2. 客观方面不同。扰乱法庭秩序罪的客观方而表现为行为人在法庭审理案件中，实施的聚众哄闹、冲击法庭；殴打司法工作人员或者诉讼参与人；侮辱、诽谤、威胁司法工作人员或者诉讼参与人，不听法庭制止；以及毁坏法庭设施，抢夺、损毁诉讼文书、证据等，严重扰乱法庭秩序的行为，既包括采用暴力或威胁方式，也包括非暴力的方式，而妨害公务罪的客观方面的表现仅限于以暴力、威胁的方法阻碍国家工作人员依法正在执行职务的行为，显然，在客观方面要比扰乱法庭秩序罪窄得多。

3. 犯罪发生的时间、空间不同。扰乱法庭秩序罪是发生在人民法院开庭审理案件过程中，从时间上看，限于人民法庭宣布开庭至宣布闭庭过程中，从空间上看，限于发生在法庭内（广义理解上的法庭）。而妨害公务罪是发生在国家工作人员依法执行职务期间，从时间上看，限于国家工作人员已经着手执行职务，尚未结束之前，从空间上看，限于发生在执行职务的场所，既包括在国家机关内，也包括特定的其他场所。很明显，妨害公务罪的发生的时空范围比扰乱法庭秩序罪的要大得多。

量刑部分

【量刑标准】

犯本罪的，处三年以下有期徒刑、拘役、管制或者罚金。

截至目前，尚无本罪名关于量刑的司法解释。

窝藏、包庇罪 《刑法》第310条

明知是犯罪的人而为其提供隐藏处所、财物,帮助其逃匿或者作假证明包庇的,处三年以下有期徒刑、拘役或者管制;情节严重的,处三年以上十年以下有期徒刑。

犯前款罪,事前通谋的,以共同犯罪论处。

定罪部分

【罪名概念】

窝藏、包庇罪,是指明知是犯罪的人而为其提供隐藏处所、财物,帮助其逃匿或者作假证明包庇的行为。

【犯罪构成】

(一)主体要件

本罪的主体为一般主体。任何年满十六周岁并且具有刑事责任能力的自然人,都可以成为本罪的主体,但犯罪人本人不能构成本罪的主体。主流学说认为犯罪人的近亲属不能构成本罪

共同犯罪人相互之间不能成为窝藏、包庇罪的主体。共同犯罪即二人以上共同犯共同故意犯罪,如果共同犯罪的行为人相互窝藏、包庇的,不单独构成窝藏、包庇罪,而应按共同犯罪处理。

(二)主观要件

本罪的主观方面为故意。因此,行为人不知道对方是犯罪分子而为其提供藏身之所或物帮助,或者不了解事实而讲了客观上有利于犯罪人的证词的,不能以犯罪论处。

(三)客观要件

本罪的客观方面表现为行为人实施了窝藏或包庇犯罪分子的行为。

所谓窝藏、包庇犯罪分子,是指两类行为:

1. 为犯罪分子提供隐藏处所、财物,帮助其逃匿。如把正被追捕中的犯罪分子藏于家中,等风声过后,为其出资,让其远走高飞。

2. 作假证明包庇犯罪的人。这是指向司法机关提供假的证明来帮助犯罪分子逃避法律追究。

所谓犯罪的人,既包括犯罪后尚未抓获畏罪潜逃的犯罪人,也包括被逮捕、关押后脱逃的未判决犯和已判决犯。至于他们犯什么罪,可能判处或已判处什么刑罚,则不影响本罪的成立,但在量刑时,可以作为窝藏、包庇犯罪的重要情节考虑。作为窝藏、包庇对象的犯罪的人可以分为判决前的犯罪分子和判决后的犯罪分子。

判决前的犯罪分子包括：犯罪后尚未被司法机关发现的犯罪分子；已被司法机关发现是犯罪分子但司法机关尚未决定采取强制措施，或者是已决定采取强制措施，但尚未判决而破坏了强制措施后逃跑的。已过追诉时效的犯罪分子不能成为窝藏、包庇的对象。判决后的犯罪分子是指判决后应被执行刑罚的犯罪分子。因此，虽然经过判决，但不应被执行刑罚的人不是窝藏、包庇罪的对象：被判处免予刑事处分，免除处罚的人；刑罚已经执行完毕的人；被宣告缓刑且未犯新罪的犯罪分子；被假释后未犯新罪的犯罪分子。

应当指出，本罪属于选择性罪名，只要行为人实施了窝藏与包庇犯罪分子行为之一，便足以成立本罪。在确定具体犯罪行为的罪名时，可根据行为人实际实施的行为来使用罪名。

（四）客体要件

本罪的客体是司法机关对犯罪进行刑事追诉和刑事执行的正常活动。

本罪窝藏、包庇的对象是“犯罪的人”，即已经实施了犯罪行为的人（不仅包括被法院宣告有罪的人还包括依法被追诉的人）。因此，窝藏、包庇一般的违法分子和已被免于刑罚处罚的人，不能构成本罪。

【罪名辨析】

（一）本罪与事前有通谋的共同犯罪

窝藏、包庇行为是在被窝藏、包庇的人犯罪后实施的，其犯罪故意也是在他人犯罪后产生的，即只有在与犯罪人没有事前通谋的情况下，实施窝藏、包庇行为的，才成立本罪。如果行为人事前与犯罪人通谋，商定待犯罪人实行犯罪后予以窝藏、包庇的，则成立共同犯罪。因此，《刑法》第三百一十条第二款规定，犯窝藏、包庇罪，事前通谋的，以共同犯罪论处。在这种情况下，即使共同犯罪所犯之罪的法定刑低于窝藏、包庇罪的法定刑，也应以共同犯罪论处。

（二）本罪与伪证罪的界限

伪证罪中的故意作虚假证明为犯罪人隐匿罪证的行为，与窝藏、包庇罪有相似之处。二者的主要区别在于：

1. 本罪为一般主体，而伪证罪是特殊主体，只限于证人、鉴定人、记录人与翻译人。

2. 本罪发生的时间没有限制；而伪证罪必须发生在刑事诉讼中。

3. 本罪是通过使犯罪人逃匿或者采取其他庇护方法，使其逃避刑事制裁；伪证罪掩盖的是和案件有重要关系的犯罪情节。

4. 窝藏、包庇的对象既可以是未决犯，也可以是已决犯；而伪证罪所包庇的对象只能是未决犯。

（三）本罪与辩护人、诉讼代理人毁灭证据、伪造证据、妨害作证罪的区分

根据《刑法》第三百零六条的规定，辩护人、诉讼代理人毁灭证据、伪造证据、妨

害作证罪是指在刑事诉讼中,辩护人、诉讼代理人毁灭、伪造证据,帮助当事人毁灭、伪造证据,威胁、引诱证人违背事实改变证言或者作伪证的行为。辩护人、诉讼代理人毁灭证据、伪造证据、妨害作证罪与窝藏、包庇罪的主要区别除了犯罪侵犯的直接客体与犯罪客观方面的表现形式不同外,主要在于二者的犯罪主体不同,窝藏、包庇罪的主体是一般主体,而辩护人、诉讼代理人毁灭证据、伪造证据、妨害作证罪的主体是特殊主体,即只能是本案中的辩护人、诉讼代理人,除此以外的任何人都不能单独成为辩护人、诉讼代理人毁灭证据、伪造证据、妨害作证罪的主体,不能独立地构成该罪。

(四)包庇罪与帮助毁灭、伪造证据罪的区分

我国1979年《刑法》没有规定帮助毁灭、伪造证据罪,对于帮助当事人毁灭、伪造证据的行为,过去的司法实践一直是以包庇罪处理的。现行刑法增加了帮助毁灭、伪造证据罪之后,在司法实践中认定犯罪时,对于包庇罪与帮助毁灭、伪造证据罪的区分,主要应当紧紧把握住两罪在客观行为方式上的差异。包庇罪只限于作假证明包庇实施了犯罪行为的人;而帮助毁灭、伪造证据罪的客观行为则包括帮助毁灭、伪造证据两种方式。

(五)包庇罪与帮助犯罪分子逃避处罚罪的区分

根据《刑法》第四百一十七条的规定,帮助犯罪分子逃避处罚罪是指有查禁犯罪活动职责的国家机关工作人员,向犯罪分子通风报信,提供便利,帮助犯罪分子逃避处罚的行为。包庇罪和帮助逃避处罚罪主观方面都是出于故意,行为人都有帮助犯罪分子逃避处罚的目的;其犯罪行为的实施,都对司法机关的正常活动构成了侵犯。两罪的主要区别:

1. 犯罪主体不同,包庇罪是一般主体,帮助犯罪分子逃避处罚罪则是特殊主体,即只能是负有查禁犯罪活动职责的国家机关工作人员。

2. 客观方面的表现形式不同:包庇表现为,给明知是犯罪的人作假证明予以包庇的行为;而帮助犯罪分子逃避处罚罪则表现为向犯罪分子通风报信、提供便利,帮助犯罪分子逃避处罚的行为。

(六)包庇罪与徇私枉法罪的界限

根据《刑法》第三百九十九条第一款的规定,徇私枉法罪是指司法工作人员徇私枉法、徇情枉法,对明知是无罪的人而使他受追诉,对明知是有罪的人而故意包庇不使他受追诉,或者在刑事审判活动中故意违背事实和法律作枉法裁判的行为。两罪比较相似,在主观方面都是故意犯罪;犯罪主体可能存着交叉,在客观方面都可能表现为包庇犯罪的人的行为;犯罪行为的实施,都对司法机关的正常活动构成侵犯。但两罪属于性质不同的两种犯罪,两罪的区别主要在于:

1. 犯罪性质。徇私枉法罪属于渎职罪,包庇罪不具有渎职的性质。

2. 犯罪客体。包庇罪侵犯的直接客体是司法机关的刑事追诉和刑罚执行活

动;而徇私枉法罪侵犯的直接客体则是司法机关的正常活动。

3. 犯罪对象。包庇的犯罪对象是犯罪的人,而徇私枉法罪的犯罪对象是刑事诉讼活动的当事人,既可能是犯罪的人,也可能是无辜的人。

4. 客观表现形式。包庇行为的实施不涉及到利用行为人的职务之便的问题;而徇私枉法行为的实施,则须利用行为人自己直接办理或者主管案件的便利条件。此外,包庇罪的客观方面则既可以是包庇犯罪分子,使犯罪分子不受追诉或者使重罪得到轻判,也可以使无辜者受到刑事追诉或者使罪轻者得到重判。

5. 犯罪主体不同。包庇罪是一般主体,而徇私枉法罪则为特殊主体,即只有司法工作人员才能构成徇私枉法罪。

量刑部分

【量刑标准】

犯本罪的,处三年以下有期徒刑、拘役或者管制;情节严重的,处三年以上十年以下有期徒刑。

截至目前,尚无本罪名关于量刑的司法解释。

拒绝提供间谍犯罪、恐怖主义犯罪、极端主义犯罪证据罪　《刑法》第311条

明知他人有间谍犯罪或者恐怖主义、极端主义犯罪行为,在司法机关向其调查有关情况、收集有关证据时,拒绝提供,情节严重的,处三年以下有期徒刑、拘役或者管制。

定罪部分

【罪名概念】

拒绝提供间谍犯罪、恐怖主义犯罪、极端主义犯罪证据罪,是指明知他人有间谍犯罪或者恐怖主义、极端主义犯罪行为,在司法机关向其调查有关情况、收集有关证据时,拒绝向国家安全机关提供有关间谍犯罪的情况和证据的行为。

【关联法律】

《反间谍法》

(实施日期:2014年11月1日)(节录)

第二十九条　明知他人有间谍犯罪行为,在国家安全机关向其调查有关情况、收集有关证据时,拒绝提供的,由其所在单位或者上级主管部门予以处分,或者由国家安全机关处十五日以下行政拘留;构成犯罪的,依法追究刑事责任。

【犯罪构成】

(一)主体要件

本罪主体为一般主体。凡是达到刑事责任年龄、具有刑事责任能力的人都可以成为本罪主体。

(二)主观要件

本罪在主观方面表现为故意,即行为人明知他人有间谍犯罪行为,而在司法机关向其调查有关情况、收集有关证据时,故意地拒绝提供。

因此,行为人在主观心态上须要具备两个条件:一是明知他人有间谍犯罪行为。“他人有间谍犯罪行为”是行为人“明知”的内容,指的是明知他人参加外国的间谍组织,或者接受间谍组织的派遣任务,或者虽未参加间谍组织,但为国外敌人窃取、刺探、提供我国情报,指示攻击目标的犯罪行为。二是故意拒绝提供有关情况和证据,过失不能构成本罪。

(三)客观要件

本罪在客观上表现为明知他人有间谍犯罪或者恐怖主义、极端主义犯罪行为,在司法机关向其调查有关情况、收集有关证据时,拒绝提供,情节严重的行为。根据《反间谍法》第二十九条规定,在国家安全机关调查了解有关危害国家安全的情况、收集有关证据时,公民和有关组织应当如实提供,不得拒绝。因此,向司法机关如实提供有关危害国家安全的情况和有关证据,这是公民应尽的义务,在国家安全机关向其调查有关情况、收集有关证据时,没有履行这一特定的义务。本罪是一种不作为犯罪。

所谓拒绝提供,是指司法机关在调查间谍犯罪有关情况、收集有关证据时,不肯告诉或提供自己所知道的有关情况、证据。既可以明确表示不予提供或不知道,亦可以是虽未明确表示不予提供,但对所知道的情况、证据采取躲避、推诿、装糊涂、东拉西扯等方法拒绝提供,使得国家安全机关无法了解到有关的情况及证据。如果国家安全机关没有向其调查取证,就谈不上所谓拒绝,即使其明知他人有间谍犯罪行为或者掌握了他人的间谍犯罪证据,而没有主动报告、提供有关情况或证据即知情不举,也不构成犯罪。

本罪属结果犯,拒绝提供的行为必须是情节严重,才能构成犯罪。所谓情节严重,一般是指经过教育,仍坚持拒绝提供的;拒绝提供的行为造成严重后果,如影响了国家安全工作,致使间谍犯罪分子逃匿,或使一些重要证据消失的等;基于卑鄙动机如因与执行公务的国家安全工作人员有夙怨欲求报复而拒绝提供的;兼有其他不构成犯罪的妨害国家安全公务的违法行为的;国家工作人员拒绝提供的;等等。

(四)客体要件

本罪侵犯的客体是国家安全和国家安全机关的正常活动。

【罪名辨析】

（一）本罪与知情不举行为的界限

本罪在是在司法机关向其调查的情况下发生的，它不是一般的知情不举，二者必须严加区分。

（二）本罪与包庇罪的界限

包庇罪是指明知是犯罪分子而向司法机关作假证明掩盖其罪行或者帮助其湮灭罪迹，隐匿、毁灭罪证以使其逃避法律制裁的行为。包庇罪在客观上只能由作为构成，而本罪在客观上只能由不作为构成。

量刑部分

【量刑标准】

犯本罪，情节严重的，处三年以下有期徒刑、拘役或者管制。

截至目前，尚无本罪名关于量刑的司法解释。

掩饰、隐瞒犯罪所得、犯罪所得收益罪　《刑法》第312条

明知是犯罪所得及其产生的收益而予以窝藏、转移、收购、代为销售或者以其他方法掩饰、隐瞒的，处三年以下有期徒刑、拘役或者管制，并处或者单处罚金；情节严重的，处三年以上七年以下有期徒刑，并处罚金。

单位犯前款罪的，对单位判处罚金，并对其直接负责的主管人员和其他直接责任人员，依照前款的规定处罚。

定罪部分

【罪名概念】

掩饰、隐瞒犯罪所得、犯罪所得收益罪，是指明知是犯罪所得及其产生的收益而予以窝赃、转移、收购、代为销售或者以其他方法掩饰、隐瞒的行为。

【司法解释】

最高人民法院、最高人民检察院《关于办理与盗窃、抢劫、诈骗、抢夺机动车相关刑事案件具体应用法律若干问题的解释》

（实施日期：2007年5月11日　法释〔2007〕11号）（节录）

第一条　明知是盗窃、抢劫、诈骗、抢夺的机动车，实施下列行为之一的，依照刑法第三百一十二条的规定，以掩饰、隐瞒犯罪所得、犯罪所得收益罪定罪，处三年以下有期徒刑、拘役或者管制，并处或者单处罚金：

(一)买卖、介绍买卖、典当、拍卖、抵押或者用其抵债的;

(二)拆解、拼装或者组装的;

(三)修改发动机号、车辆识别代号的;

(四)更改车身颜色或者车辆外形的;

(五)提供或者出售机动车来历凭证、整车合格证、号牌以及有关机动车的其他证明和凭证的;

(六)提供或者出售伪造、变造的机动车来历凭证、整车合格证、号牌以及有关机动车的其他证明和凭证的。

实施第一款规定的行为涉及盗窃、抢劫、诈骗、抢夺的机动车五辆以上或者价值总额达到五十万元以上的,属于刑法第三百一十二条规定的“情节严重”,处三年以上七年以下有期徒刑,并处罚金。

【关联法律】

《刑法修正案(六)》

十九、将刑法第三百一十二条修改为:“明知是犯罪所得及其产生的收益而予以窝藏、转移、收购、代为销售或者以其他方法掩饰、隐瞒的,处 3 年以下有期徒刑、拘役或者管制,并处或者单处罚金;情节严重的,处 3 年以上 7 年以下有期徒刑,并处罚金。”

【犯罪构成】

(一)主体要件

本罪的主体是一般主体,即年满十六周岁、具有刑事责任能力的自然人。但是从理论上讲,本罪主体不包括上游犯罪实施人,即产生犯罪所得、犯罪所得收益的行为实施人,而是帮助犯罪分子掩饰、隐瞒犯罪所得、犯罪所得收益的其他人。如果是上游犯罪行为人实施掩饰、隐瞒犯罪所得、犯罪所得收益行为,则属于在犯罪后对赃物的处理行为,在刑法理论上叫后续行为,为此前上游犯罪行为所吸收,不另行处罚。2009 年 2 月 28 日全国人大常委会《刑法修正案(七)》第十条增设了本罪的单位犯罪。

(二)主观要件

本罪在主观方面要求必须是一种明知,对于本罪的明知有两个方面必须注意,一是明知的内容。应该是明知该物品可能是犯罪所得和犯罪所得收益,只要行为人知道该物品可能是犯罪所得时,就应当认定其主观上是明知,而不要求行为人必须明知该物品是什么具体的犯罪所得,是如何所得,该物品具体是什么物品,有何价值等。二是明知的程度。行为人明知的程度必须达到知道是他人的犯罪所得或犯罪所得收益,而不能是一般违法所得。因而如果行为人只是知道该物品是他人违法所得,那么侵犯的将不再是司法秩序而是行政秩序,自然不应当构成本罪。

（三）客观要件

本罪客观方面包括“窝藏、转移、收购、代为销售或者以其他方法掩饰、隐瞒”的行为。窝藏，是指为犯罪分子提供藏匿犯罪所得及其收益的处所，有隐匿、保管的主观故意。转移，是指将犯罪分子搬动、运输其犯罪所得及其收益。窝藏和转移均要求其犯罪程度达到足以影响司法机关正常的查明犯罪、追缴犯罪所得及其收益活动的程度，如在一个房间内的转移赃物行为不能构成本罪的客观行为。收购，主要是指“低价购进、高价卖出”的行为，司法实践中主要是针对以收购废品为名大量收购赃物的行为，是指有偿购入，然后再高价出卖的情况。要注意区别“收购”与“收买”的区别，收买是指买赃自用，其主观上是一种贪图便宜的心理，而不是故意妨害正常的司法秩序。代为销售，是指受犯罪分子委托，帮助其销售犯罪所得及收益的行为。对于本罪的兜底条款“以其他方法”，则应当根据其主观故意及行为是否足以影响司法秩序来进行判断，其核心标准在于掩饰和隐瞒两种效果。掩饰是通过改变物体的外部形状的方式达到与原赃物相区别，而避免被司法追缴的目的；隐瞒则是通过隐匿、谎称等方式，在不改变外部形状的情况下，使犯罪所得及收益及于一种不为人知的地点，避免被司法机关追缴。只要采取这两类方法，达到了妨害司法活动的程度，则是本罪的客观行为。

（四）客体要件

从一般客体来说，其犯罪客体为司法机关的正常活动。本罪的具体客体，有人认为是“司法机关追索财物的正常活动”，也有人认为是“司法机关查明犯罪证明犯罪的活动”。我认为这两者均不能涵盖本罪的全部具体客体。一方面，犯罪所得及犯罪所得收益是案件的重要物证，能够证明案件的事实及赃物去向，并印证犯罪分子的犯罪动机等，对于查明案件事实，证明犯罪有着重要作用；另一方面，根据我国《刑法》第六十四条规定，犯罪所得和犯罪所得收益是司法机关应依法追缴的范围，行为人掩饰、隐瞒犯罪所得、犯罪所得收益，在客观上给司法机关追缴犯罪所得及收益的活动造成了妨害，因此，本罪的客体应当是司法机关正常查明犯罪，追缴犯罪所得及收益的活动。

量刑部分

【量刑标准】

犯本罪的，处三年以下有期徒刑、拘役或者管制，并处或者单处罚金；情节严重的，处三年以上七年以下有期徒刑，并处罚金。

单位犯前款罪的，对单位判处罚金，并对其直接负责的主管人员和其他直接责任人员，依照前款的规定处罚。

【量刑规范】

最高人民法院《人民法院量刑指导意见》

(实施日期:2014 年 1 月 1 日)(节录)

(十四)掩饰、隐瞒犯罪所得、犯罪所得收益罪

1. 构成掩饰、隐瞒犯罪所得、犯罪所得收益罪的,可以根据下列不同情形在相应的幅度内确定量刑起点:

(1)犯罪情节一般的,可以在一年以下有期徒刑、拘役幅度内确定量刑起点。

(2)情节严重的,可以在三年至四年有期徒刑幅度内确定量刑起点。

2. 在量刑起点的基础上,可以根据犯罪数额等其他影响犯罪构成的犯罪事实增加刑罚量,确定基准刑。

拒不执行判决、裁定罪 《刑法》第 313 条

对人民法院的判决、裁定有能力执行而拒不执行,情节严重的,处三年以下有期徒刑、拘役或者罚金;情节特别严重的,处三年以上七年以下有期徒刑,并处罚金。

单位犯前款罪的,对单位判处罚金,并对其直接负责的主管人员和其他直接责任人员,依照前款的规定处罚。

定罪部分

【罪名概念】

拒不执行判决、裁定罪,是指对人民法院的判决、裁定有能力执行而拒不执行,情节严重的行为。

【立法、司法解释】

1. 最高人民法院《关于贯彻实施国家知识产权战略若干问题的意见》

(实施日期:2009 年 3 月 30 日 法[2009]16 号)(节录)

23. 加大知识产权案件执行力度,保障裁判权益及时实现,树立司法保护权威。健全知识产权案件强制执行机制,充分运用执行工作联动威慑机制,完善提级执行、指定执行、委托执行等措施,保证知识产权案件的切实执行,强化对诉前临时措施裁定的及时执行。对被执行人拒不履行停止侵权的生效裁判内容继续其原侵权行为的,除支持权利人依法追究其民事责任以外,积极协调公安、检察机关以拒不执行判决、裁定罪追究其刑事责任。

2. 最高人民法院、最高人民检察院、公安部《关于依法严肃查处拒不执行判决、裁定和暴力抗拒法院执行犯罪行为有关问题的通知》

（实施日期：2007 年 8 月 30 日　法发[2007]29 号）（节录）

一、对下列拒不执行判决、裁定的行为，依照刑法第三百一十三条的规定，以拒不执行判决、裁定罪论处。

（一）被执行人隐藏、转移、故意毁损财产或者无偿转让财产、以明显不合理的低价转让财产，致使判决、裁定无法执行的；

（二）担保人或者被执行人隐藏、转移、故意毁损或者转让已向人民法院提供担保的财产，致使判决、裁定无法执行的；

（三）协助执行义务人接到人民法院协助执行通知书后，拒不协助执行，致使判决、裁定无法执行的；

（四）被执行人、担保人、协助执行义务人与国家机关工作人员通谋，利用国家机关工作人员的职权妨害执行，致使判决、裁定无法执行的；

（五）其他有能力执行而拒不执行，情节严重的情形。

三、负有执行人民法院判决、裁定义务的单位直接负责的主管人员和其他直接责任人员，为了本单位的利益实施本《通知》第一条、第二条所列行为之一的，对该主管人员和其他直接责任人员，依照刑法第三百一十三条和第二百七十七条的规定，分别以拒不执行判决、裁定罪和妨害公务罪论处。

四、国家机关工作人员有本《通知》第一条第四项行为的，以拒不执行判决、裁定罪的共犯追究刑事责任。

3. 全国人民代表大会常务委员会《关于〈中华人民共和国刑法〉第三百一十三条的解释》

（实施日期：2002 年 8 月 29 日）（节录）

全国人民代表大会常务委员会讨论了刑法第三百一十三条规定的“对人民法院的判决、裁定有能力执行而拒不执行，情节严重”的含义问题，解释如下：

刑法第三百一十三条规定的“人民法院的判决、裁定”，是指人民法院依法作出的具有执行内容并已发生法律效力的判决、裁定。人民法院为依法执行支付令、生效的调解书、仲裁裁决、公证债权文书等所作的裁定属于该条规定的裁定。

下列情形属于刑法第三百一十三条规定的“有能力执行而拒不执行，情节严重”的情形：

（一）被执行人隐藏、转移、故意毁损财产或者无偿转让财产、以明显不合理的低价转让财产，致使判决、裁定无法执行的；

（二）担保人或者被执行人隐藏、转移、故意毁损或者转让已向人民法院提供担保的财产，致使判决、裁定无法执行的；

（三）协助执行义务人接到人民法院协助执行通知书后，拒不协助执行，致使判

决、裁定无法执行的;

(四)被执行人、担保人、协助执行义务人与国家机关工作人员通谋,利用国家机关工作人员的职权妨害执行,致使判决、裁定无法执行的;

(五)其他有能力执行而拒不执行,情节严重的情形。

国家机关工作人员有上述第四项行为的,以拒不执行判决、裁定罪的共犯追究刑事责任。国家机关工作人员收受贿赂或者滥用职权,有上述第四项行为的,同时又构成刑法第三百八十五条、第三百九十七条规定之罪的,依照处罚较重的规定定罪处罚。

【犯罪构成】

(一)主体要件

本罪主体为特殊主体,主要是指有义务执行判决、裁定的当事人。根据《刑法修正案(九)》的规定,单位也可成为本罪主体。

根据《民事诉讼法》第一百六十四条和第七十七条的规定,对判决、裁定负有协助执行义务的某些个人,也可以成为拒不执行判决、裁定罪的主体。与被执行人共同实施拒不执行判决、裁定的行为,情节严重的,以拒不执行判决、裁定罪的共犯依法追究刑事责任。暴力抗拒人民法院执行判决、裁定,杀害、重伤执行人员的,依照《刑法》第二百三十二条、第二百三十四条第二款的规定定罪处罚。负有执行人民法院判决、裁定义务的单位直接负责的主管人员和其他直接责任人员,为了本单位的利益实施拒不执行判决、裁定的行为,造成特别严重后果的,对该主管人员和其他直接责任人员依照本条的规定,以拒不执行判决、裁定罪定罪处罚。

(二)主观要件

本罪在主观方面表现为故意,即行为人明知是人民法院已经生效的判决或裁定,而故意拒不执行,如果确因不知判决、裁定已生效而未执行的,或者因某种不能预见或无法抗拒的实际困难而无法执行的,因为不属于故意拒不执行,所以不构成犯罪。至于行为人故意拒不执行的动机是多种多样的,这并不影响拒不执行判决、裁定罪的构成。

(三)客观要件

本罪在客观方面表现为有能力执行而拒不执行人民法院的生效判决和裁定,情节严重的行为。

1. 要有拒绝执行人民法院生效判决、裁定的行为。所谓拒绝执行,是指对人民法院生效裁判所确定的义务采取种种手段而拒绝履行。既可以采取积极的作为,如殴打、捆绑、拘禁、围攻执行人员,抢走执行标的、砸毁执行工具、车辆,以暴力伤害、毁坏财物、加害亲属、揭露隐私、破坏名誉等威胁、恫吓执行人员,转移、隐藏可供执行的财产,命令停止侵害仍不停止侵害而故意为之等,又可以采取消极的不作为方式,如对人民法院的执行通知置之不理或者躲藏、逃避等。既可以采取暴力的方式,又可以采取非暴力的方式。既可以公开抗拒执行，又可以是暗地里进行抗拒。不论其方式如何，只要其有能力执行而拒不执行，即可构成拒不执行判决、裁定罪。

2. 执行义务人必须具有能力执行而拒不执行。倘若没有能力如执行义务人本身无执行财产而无法履行判决、裁定所确定的义务，则是无法、不能执行，而不是拒不执行。所谓有能力执行，是指根据人民法院查实的证据证明负有执行人民法院判决、裁定义务的人有可供执行的财产或者具有履行特定行为义务的能力。行为人在人民法院的判决、裁定生效后，为逃避义务，采取隐藏、转移、变卖、赠送、毁损自己财物而造成无法履行的，仍应属于有能力执行，构成犯罪的，应以拒不执行判决、裁定罪论处。

3. 必须达到情节严重，才能构成拒不执行判决、裁定罪。情节严重，适用最高人民法院、最高人民检察院、公安部《关于依法严肃查处拒不执行判决裁定和暴力抗拒法院执行犯罪行为有关问题的通知》第一条的规定。

（四）客体要件

本罪侵犯的客体是人民法院的正常活动。人民法院是代表国家行使审判权的唯一机关，它对各类案件制作的判决和裁定，是代表国家行使审判权的具体形式。判决和裁定一经生效，就具有法律强制力，有关当事人以及负有执行责任的机关、单位，都必须坚持执行。即使有不同意见，也只能按照法律的有关规定，进行申诉，而不允许抗拒执行。维护这种生效的判决、裁定的权威，就是维护法律和法制的权威，就是维护司法机关的正常活动。

本罪拒不执行的对象，是人民法院依法作出的，具有执行内容并已经发生法律效力的判决和裁定。这里包括两层含义：

1. 是人民法院作出的判决和裁定。判决是人民法院经过审理就案件的实体问题所作的决定；裁定是人民法院在诉讼或判决执行过程中，对诉讼程序和部分实体问题所作的决定。作为拒不执行判决、裁定罪对象的判决与裁定，包括人民法院对刑事案件、民事案件、行政案件、经济案件等各类案件所作的判决和裁定。但从审判实践看，主要是拒不执行民事案件、经济案件、行政案件的判决和裁定；至于刑事案件的判决和裁定，很少有可能拒不执行。

2. 是具有执行内容已经发生法律效力的判决和裁定。所谓生效的判决和裁定，包括已经超过法定上诉、抗诉期限而没有上诉、抗诉的判决和裁定以及终审作出的判决和裁定等。至于没有生效的判决和裁定，因为尚不具备依法执行的条件，自然不会发生拒不执行的问题。

经人民法院主持达成的调解协议书生效后，能否成为拒不执行判决、裁定罪的对象，按照我国民事诉讼法的规定，这种调解书送达当事人后，即具有与生效判决、裁定同等的效力，由人民法院负责执行。因而从立法精神和司法实践需要上来考虑，这种生效调解书也能成为拒不执行判决、裁定罪的对象，拒不执行刑事自诉案件、民事案件、经济案件等诉讼中由法院主持达成并已生效的调解书的,也可以以拒不执行判决、裁定罪论处。

【罪名辨析】

(一)本罪与妨害公务罪的界限

首先,妨害公务罪指向的对象是依法执行职务的国家工作人员。而拒不执行判决、裁定罪指向的对象是已生效的判决、裁定;其次,妨害公务罪的方法必须是用暴力、威胁的方法,而构成拒不执行判决、裁定罪不要求用这种方法。但是,在实践中,有的当事人拒不执行判决、裁定,往往表现为司法工作人员到现场强制执行判决、裁定时(如强制拆除违章建筑、强制搬迁时),当事人用对执行人员实施暴力的方法阻碍执行,这既是拒不执行判决、裁定,又具有妨害公务的特征,通常认为,对执行人员使用暴力,目的是阻碍执行判决、裁定,因此,定拒不执行判决、裁定罪更为恰当。

(二)本罪与故意杀人、故意伤害的界限

当事人以暴力阻止司法工作人员执行判决、裁定,其暴力程度应以造成轻伤害为限度,如果行为人在抗拒判决、裁定执行过程中将执行人员或协助执行人员打成重伤甚至杀害的,则应按牵连犯的原则,从一重罪按故意伤害罪或故意杀人罪处理。

(三)本罪与提出申诉的界限

当事人对已经生效的判决、裁定,依法具有提出申诉的权利。有些当事人在提出申诉时不冷静,可能会对有关执行机关的人员发生顶撞,只要他未抗拒执行判决、裁定的,就不能按拒不执行判决、裁定罪论处。如果是因为原判决失当或者当事人客观上确有困难,致使判决无法执行的,不能对当事人定罪,而应按照审判监督程序对原判决作适当改变。如果由于执行人员执行手续不完备,态度蛮横粗暴等工作错误而导致当事人抵制执行判决、裁定的,也不宜对当事人定罪。而应在纠正执行人员工作错误的基础上再执行判决、裁定,对于行为人只是消极地不执行判决、裁定或者抗拒执行情节轻微的,也不应作为犯罪处理的,而应先行教育,进而可强制执行。

量刑部分

【量刑标准】

犯本罪,情节严重的,处三年以下有期徒刑、拘役或者罚金;情节特别严重的,处三年以上七年以下有期徒刑,并处罚金。

单位犯前款罪的,对单位判处罚金,并对其直接负责的主管人员和其他直接责任人员,依照前款的规定处罚。

非法处置查封、扣押、冻结的财产罪 《刑法》第314条

隐藏、转移、变卖、故意毁损已被司法机关查封、扣押、冻结的财产，情节严重的，处三年以下有期徒刑、拘役或者罚金。

定 罪 部 分

【罪名概念】

非法处置查封、扣押、冻结的财产罪，是指隐藏、转移、变卖、故意毁损已被司法机关查封、扣押、冻结的财产，情节严重的行为。

【关联法律】

《民事诉讼法》

第一百一十一条　诉讼参与人或者其他人有下列行为之一的，人民法院可以根据情节轻重予以罚款、拘留；构成犯罪的，依法追究刑事责任：

（一）伪造、毁灭重要证据，妨碍人民法院审理案件的；

（二）以暴力、威胁、贿买方法阻止证人作证或者指使、贿买、胁迫他人作伪证的；

（三）隐藏、转移、变卖、毁损已被查封、扣押的财产，或者已被清点并责令其保管的财产，转移已被冻结的财产的；

（四）对司法工作人员、诉讼参加人、证人、翻译人员、鉴定人、勘验人、协助执行的人，进行侮辱、诽谤、诬陷、殴打或者打击报复的；

（五）以暴力、威胁或者其他方法阻碍司法工作人员执行职务的；

（六）拒不履行人民法院已经发生法律效力的判决、裁定的。

人民法院对有前款规定的行为之一的单位，可以对其主要负责人或者直接责任人员予以罚款、拘留；构成犯罪的，依法追究刑事责任。

【犯罪构成】

（一）主体要件

本罪的主体为一般主体。即年满十六周岁且具有刑事责任能力的自然人均可成为本罪的主体。

（二）主观要件

本罪在主观方面表现为故意，即具有明知犯罪而为之的心理。对于已被司法机关查封、扣押、冻结的财产，司法机关已向被执行人发放了通知书，被执行人已丧失了部分处分权，这是已为被执行人明知的，但仍采取隐藏、转移、变卖、故意毁损的手段处分已被司法机关查封、扣押、冻结的财产，行为人在主观上具有明显的故意。过失不构成本罪。

(三)客观要件

本罪在客观方面表现为隐藏、转移、变卖、故意毁损已被司法机关查封、扣押、冻结的财产,情节严重的行为。

本罪的对象只能是已被司法机关查封、扣押、冻结的财产。所谓“已被司法机关查封、扣押、冻结的财产”,是指司法机关依照法律规定的条件和程序,履行法律规定的手续而查封、扣押、冻结的财产。根据刑法总则的规定,这里的财产既包括财物也包括款项。如果行为人侵害的对象不是已被司法机关查封、扣押、冻结的财产,则不构成本罪,而可能构成其他罪。已被司法机关查封、扣押、冻结的财产是在司法机关内部还是在行为人控制的范围内或者其他场所,对构成本罪没有影响,在这里,所谓隐藏,是指将已被司法机关查封、扣押、冻结的财产隐蔽、藏匿起来意图不使司法机关发现的行为。所谓转移,是指将已被司法机关查封、扣押、冻结的财产改换位置,从一处移至另一处,意图使司法机关难以查找、查找不到或者使其失去本应具有的证明效力的行为。所谓变卖,是指违反规定,将已被司法机关盗封、扣押、冻结的财产出卖以换取现金或其他等价物的行为。所谓毁损,是指将已被司法机关查封、扣押、冻结的财产进行损伤、损毁,使之失去财物或者证据价值的行为。

只有情节严重的才构成本罪。所谓情节严重,是指由于行为人的妨害行为致使判决、裁定的财产部分无法执行的;严重干扰了案件的侦查、起诉活动的;隐藏、转移、变卖、故意毁坏的财产数量巨大的。

本罪是选择性罪名,可依行为人实际所实施的行为认定罪名。

(四)客体要件

本罪侵犯的客体是司法机关的正常活动。

隐藏、转移、变卖、故意毁损已被司法机关查封、扣押、冻结的财产,这种行为是针对已由法院采取财产保全或其他限制处分权的执行措施的财产所为的,势必妨害生效裁判的执行。因此,对于这类行为,属于妨害民事诉讼的行为,应依法给予民事制裁,构成犯罪的,应依法追究其刑事责任。

在民事诉讼和行政诉讼中,行使查封、扣押、冻结权的只能是人民法院,而在刑事诉讼中,公安机关的侦查人员、国家安全机关的侦查人员、人民检察院办理自侦案件的侦查人员可以采用扣押措施。与民事诉讼不同,在勘验和搜查中,扣押的目的在于保全证据,以免证据消失或者毁灭,扣押的财产是那些可以用以证明犯罪嫌疑人有罪或者无罪的各种物品和档文件,人民法院在法庭审理过程中,合议庭对证据有疑问的,可以宣布休庭,对证据进行调查核实,采用扣押、查封、冻结措施,但此时采取这些措施的目的是为了调查核实证据进行的庭外调查。对于司法机关已经查封、扣押、冻结的财产,任何人和单位不得隐藏、转移、变卖、故意毁损,情节严重,构成犯罪的,应依法追究其刑事责任。

量 刑 部 分

【量刑标准】

犯本罪的，处三年以下有期徒刑、拘役或者罚金。

截至目前，尚无本罪名关于量刑的司法解释。

破坏监管秩序罪　《刑法》第315条

依法被关押的罪犯，有下列破坏监管秩序行为之一，情节严重的，处三年以下有期徒刑：

（一）殴打监管人员的；

（二）组织其他被监管人破坏监管秩序的；

（三）聚众闹事，扰乱正常监管秩序的；

（四）殴打、体罚或者指使他人殴打、体罚其他被监管人的。

定 罪 部 分

【罪名概念】

破坏监管秩序罪，是指依法被关押的罪犯，有殴打监管人员；组织其他被监管人破坏监管秩序；聚众闹事，扰乱正常监管秩序；殴打、体罚或者指使他人殴打、体罚其他被监管人等法定破坏监管秩序行为之一的，情节严重的行为。

【犯罪构成】

（一）主体要件

本罪的主体是特殊主体。也就是说，构成该罪的主体，必然是具有特定身份的自然人，即被依法判处刑罚，并被强制在劳改机关服刑的罪犯。该罪的主体具备两个条件：第一，犯有罪行；第二，经司法机关判决或决定而被收押在劳改机关。这是区分该罪主体和非该罪主体的基本标准。

一般情况下，该罪主体包括已被人民法院判处拘役以上刑罚而在监狱、劳改队、少年犯管教所、看守所服刑的罪犯（即在押犯）。非在押犯虽然不能单独成为本罪的主体，但是，非在押犯人与在押犯人相勾结，教唆、组织、策划、帮助在押犯人实施妨害监管秩序行为的，可以构成本罪的共犯。

下列情况不属于本罪主体：

因受行政处理而被剥夺或者限制人身自由的人。

在我国，被适用剥夺或限制人身自由的行政处理的人主要有以下三种：

一是被行政（治安）拘留的人。指因实施轻微的危害行为触犯《治安管理处罚法》,而被公安机关作拘留处罚的人。这类人是被公安机关作短期剥夺人身自由处罚,而且通常也是在看守所执行,但由于其不是罪犯,而且剥夺自由期限极短,按规定收押期间与刑事犯要分管分押。通常很少出现严重危害看守所秩序的情况,故而不属于破坏监管秩序罪的主体。

二是被劳动教养的人。劳动教养是司法行政机关对具有多次违法行为,但又不够刑事责任的人所作的一种行政处理,它不具有刑罚的性质。一般认为,劳动教养只是限制一定程度的人身自由,而不是剥夺人身自由,执行的基本方针是教育感化为主,惩罚的成分很小,执行的场所是各地大中城市设立的劳教所,而不是劳改机关。因而劳教人员不能成为破坏监管秩序罪的主体。

三是被判处刑罚但未收监执行的罪犯。在被认定有罪并判处刑罚的犯人中,有一部分系判处非剥夺人身自由的刑罚;另一部分虽被判处自由刑,但因种种原因未被劳改机关收押。这部分犯人因不在劳改机关的监押控制下,故而也不能成为破坏监管秩序罪的主体。这类人有如下几种:第一,被判处管制、罚金、没收财产、剥夺政治权利(后者系独立适用)的人;第二,被判处拘役、有期徒刑同时宣告缓刑的人;第三,被假释的罪犯;第四,因生病保外就医或因其他原因监外执行的罪犯。

(二)主观要件

本罪在主观方面表现为直接故意,即必须具有抗拒改造的犯罪意图,间接故意和过失不构成本罪。

行为人明知自己的行为是危害劳改机关监管秩序的行为,而故意实施该行为以追求对监管秩序之危害的心理状态。犯罪动机则可能是多种多样的,有的是为了发泄对司法机关的不满情绪,有的是为了满足某种私欲,有的则是为了达到一些非法的要求。但不管出于什么动机,一般并不影响本罪的成立。

(三)客观要件

本罪在客观方面表现为依法被关押的罪犯,有殴打监管人员;组织其他被监管人破坏监管秩序;聚众闹事,扰乱正常监管秩序;殴打、体罚或者指使他人殴打、体罚其他被监管人等法定破坏监管秩序行为之一,情节严重的行为。

1. 破坏监管秩序罪的时间,是指罪犯被劳改机关监管的期间。监管期间是法定期间,就是说罪犯被监管的时间,必须有合法的根据。只有在被合法监管的时间内,被监管者才有可能构成本罪。如果劳改机关违反法律规定,对不应收押的而予以收押,对应当释放的而不及时释放,这种错误羁押的时间,不是本罪的犯罪时间,换言之,在被违法羁押的时间内,被羁押者一般不构成妨害监管秩序罪。但这只限于被违法关押者实施个体性的妨害监管秩序行为,如拒绝劳动、不服管教、绝食等,因为行为人本系被错押,并无被强制劳动,被强制管教的义务,实施这些行为的自然不宜治罪。但如果被错押人实施教唆、领导、组织他人妨害监管秩序行为的,则亦应以本罪论处。

2. 破坏监管秩序罪的地点,是指罪犯在劳改机关监控下服刑的任何场所。这里讲的监控,是指监禁控制,即劳动机关对罪犯的剥夺人身自由性质的控制管理。通常情况下,本罪的犯罪地点,限于监狱、劳改队、少年犯管教所、拘役所和看守所等劳改机关。但犯人在下述几种特殊场所实施破坏监押管理活动的,也构成本罪:(1)外出劳动作业场所。一些劳改队经常有外出劳动任务,比如外出修路、工程建筑等,犯人外出劳动时,仍处于实质上的被剥夺人身自由的状态中,受到劳改机关的严格控制管理。在这些场所实施破坏监管改造行为的,可以构成破坏监管秩序罪。(2)在监押移送途中。主要是劳改机关大规模地集体遣送一些犯人到特定的劳改场所,如将内地的劳改犯集体遣送到新疆、甘肃等地,在遣送途中,也存在监禁管理问题,也需要良好的监管秩序。被押解的犯人如果不服从管理,实施破坏活动的,也可以构成破坏监管秩序罪。(3)犯人在其他临时监管场所也可以构成本罪。如劳改机关组织犯人集体外出参观学习的场所等。

罪犯在非监管的时间和场所实施危害行为,不能构成本罪。如个别犯人利用回家探亲、外出办事、监外就医等机会,实施危害行为,由于其实施危害行为的时间和地点不是在劳改机关的有效监控下,一般地讲构不成对监管秩序的损害,也不构成破坏监管秩序罪。

3. 破坏监管秩序的行为表现。

(1)殴打监管人员。所谓殴打,是指对监管人员实施拳打脚踢等轻微的暴力,其意在造成监管人员的肉体痛苦,一般不会造成被殴打者身体组织完整及身体器官功能的破坏。即使造成破坏,也只限于轻伤的范围。如果致人重伤甚或死亡的,则应以故意伤害罪、故意杀人罪等论处。所谓监管人员,则是指在监狱、未成年犯管教所、劳动改造队、看守所、拘役所等监管场所依法对罪犯实行监督、管教的工作人员。

(2)组织其他被监管人破坏监管秩序。所谓组织,是指利用诸如劝说、利诱、蛊惑、勾引、威胁、挑拨等手段召集、纠合他人一起去实施破坏监管秩序的行为。至于组织者本身是否实施破坏行为的实行行为以及被组织者是否实施了破坏行为,则不影响本罪成立。被监管人,在这里不仅指罪犯,也包括与组织者在同一监管场所的所有被监管人员,如看守所中被依法关押、监管的犯罪嫌疑人、被告人等。此外,还应注意的是,这种情况的被监管人实施的破坏监管秩序的行为,不仅指本罪行为的四种行为,而且还包括《监狱法》第五十八条规定的其他诸如拒不参加劳动或者消极怠工,经教育不改的;以自伤、自残手段逃避劳动的;在生产劳动中故意违反操作规程或者有意破坏生产工具的等行为。

(3)聚众闹事,扰乱正常监管秩序。所谓聚众,是指聚集、纠合三人以上。所谓闹事,是指哄闹、制造事端,如围攻监管人员;煽动他人绝食、罢工、要挟干警表示抗议;不听从监管人员依法管教;随意寻衅滋事等等。本种行为只有组织者才能构成。被组织者如果实施破坏监管秩序行为,构成犯罪的,则应当依其他行为方式而认定构成本罪。

(4)殴打、体罚或者指使他人殴打、体罚其他被监管人员。所谓体罚,是指采取罚跪、罚站、罚冻、罚饿、罚晒、不许睡觉等方法给被体罚人造成肉体痛苦。所谓他人,是指除罪犯以外的其他人员,包括被依法拘留、逮捕的犯罪嫌疑人、被告人等的被监管人员。被殴打、体罚者,则既可以是已决罪犯,也可以是未决罪犯,如一同在看守所的被拘留、逮捕的人员等。

4. 破坏监管秩序行为,只有在情节严重时,才构成犯罪,所谓情节严重,一般指多次殴打监管人员或者为抗拒改造而殴打监管人员或者殴打监管人员致伤的;多次组织其他被监管人破坏监管秩序或者组织的人数众多或者建立了较严密组织形式破坏监管秩序的;多次聚众闹事扰乱监管秩序或者聚众绝食影响恶劣或者聚众冲击办公场所毁坏财物的;多次殴打、体罚、指使他人殴打体罚其他被监管人或者致人伤害的;兼有本条所述的多种破坏监管秩序的行为或者成为"牢狱霸"的。

(四)客体要件

本罪所侵犯的客体,就是我国劳改机关的监押管理秩序。详言之,破坏监管秩序罪的客体要件,就是我国劳改机关在有关的法律、法规、规章和规则的调节下,形成的监押、管理犯人的一种正常的社会状态。监管秩序是社会秩序的一种,是社会秩序在劳改机关这个特殊场所的特殊表现。

其一,监管秩序是劳改机关、劳改机关的干警和劳改机关中服刑的罪犯相互间形成的惩罚与被惩罚、强制与被强制、改造与被改造的活动状态。

其二,监管秩序是在国家有关劳动改造的法律、法规、规章以及各个劳动机关的纪律、制度等行为规则、规范的调节下形成的。监管秩序是罪犯遵守监狱等的规章纪律,服从管理,履行改造义务的行为。

其三,监管秩序具有明确的目的性。任何社会秩序的建立,都是为了实现一定目的,建立监管秩序的目的,就宏观而言,是为了维护一定的阶级统治,从其直接目的看,则是国家要利用这一秩序的建立,惩罚和改造罪犯、预防犯罪,实现刑法所确立的刑罚的功能。

目前,在我国,承担执行刑罚、惩罚和改造犯人的劳改机关有五种:(1)监狱。即实行最严格管理,关押改造不宜从事监外活动的重大刑事犯的劳改场所。(2)少年犯管教所。即监管已满十四周岁不满十八周岁的少年罪犯的劳改场所。(3)看守所。看守所主要是羁押未决犯的场所。但它亦可监管被判处二年以下有期徒刑,不便送往劳动改造管教队执行的罪犯。故而看守所亦属劳改机关之一。(4)拘役所。即监管被判处拘役的罪犯的劳改场所。

上述劳改机关,关押犯人有多有少,但无论单位规模的大小,都需要一个良好的监管秩序。维护这种良好的秩序,一方面需要广大劳改干警严格执法,严格周密地做好管理;另一方面,还需要利用刑罚来惩罚那些严重危害监管秩序的犯罪活动。

量刑部分

【量刑标准】

犯本罪,情节严重的,处三年以下有期徒刑。

截至目前,尚无本罪名关于量刑的司法解释。

脱逃罪　《刑法》第316条(一)

依法被关押的罪犯、被告人、犯罪嫌疑人脱逃的,处五年以下有期徒刑或者拘役。

定罪部分

【罪名概念】

脱逃罪,是指依法被关押的罪犯、被告人、犯罪嫌疑人,从羁押和改造场所逃走的行为。

【犯罪构成】

(一)主体要件

本罪的主体是特殊主体,即必须是依照本法与刑事诉讼法被关押的罪犯、被告人、犯罪嫌疑人。即一是依法被拘留、被逮捕的未决犯;二是已被判处拘役以上刑罚,正在劳改机关服刑的已决犯。只有上述两种人才能成为本罪主体。被错抓、错判的人,独立实施脱逃行为的,不构成本罪。但可以以参与其他人脱逃行为的方式构成本罪。

(二)主观要件

本罪在主观方面表现为直接故意。行为人脱逃的目的是逃避羁押与刑罚的处罚。如果没有逃避羁押或刑罚处罚的目的,则不构成犯罪。例如,犯人获准回家办理丧葬事宜,确实因故未能按时返回监狱,就不能视为脱逃罪。

(三)客观要件

本罪在客观方面表现为逃离羁押、改造场所。羁押场所主要是指看守所。改造场所主要指监狱、少年犯管教所等。另外,押解犯罪分子的路途中,也应视为监管场所范围。譬如,被逮捕的罪犯在被押送至人民法院应诉受审的途中脱身逃跑的,被判刑的罪犯在被押解至劳改机关关押的途中,跳车、越船脱逃的均是脱逃行为。行为人的逃跑方法有使用暴力脱逃与未使用暴力脱逃两种,未使用暴力脱逃,是指行为人寻找机会,创造条件,乘司法工作人员不备而逃跑。使用暴力脱逃,是指行为人通过对司法工作人员施以殴打、捆绑等暴力行为,或者威胁、恐吓等胁迫行为,而摆脱其监管控制。从人数上看,有单个人逃跑的,也有数人共同逃跑的。无论采取什么形式脱逃,都不影响本罪的成立。脱逃的形式属于量刑情节。但是,如果脱逃中犯有重伤害或者故意杀人的,应按处理牵连犯的原则,从一重罪处罚。对于多数人集体脱逃的,应按共同犯罪论处。

(四)客体要件

本罪所侵犯的客体是司法机关的正常管理秩序,对犯罪嫌疑人、被告人、罪犯进行拘留、逮捕、羁押、监管是司法机关依照法定条件和程序施加于犯罪嫌疑人、被告人、罪犯的法律强制措施,是保护人民、维护社会秩序,同犯罪作斗争的重要手段,也是保障司法机关司法活动正常进行的必要环节。接受司法机关依法对其所采取羁押、监管,是犯罪嫌疑人、被告人、罪犯必须遵守的义务。如其不遵守义务而脱逃,就直接破坏了司法机关的监管秩序,妨害了司法机关的活动。

【罪名辨析】

区分本罪既遂与未遂的界限

行为人实施脱逃的目的在于逃离羁押或者改造场所,以达到逃避关押、改造的目的。因此,脱逃行为是否得逞,主要应看行为人是否逃出了羁押、改造场所,是否摆脱了看管人员的控制,已经逃离羁押或改造场所的范围,摆脱了看守人员监视控制的,就是脱逃既遂;实施脱逃,如果在羁押改造场所内被发现,或者虽然逃出了羁押改造场所的范围,但在看守人员直接监视下被抓回的,是脱逃未遂。区别既遂与未遂,是裁量刑罚的一个依据。如果查明行为人脱离劳改场所,确实是偷干其他的事情,并无脱逃意图的,如在农田劳动的犯人,晚间溜出劳改场所,去偷附近农民种植的瓜果等,不宜作为脱逃罪论处,可视其情节给予纪律或者其他处罚。

量 刑 部 分

【量刑标准】

犯本罪的,处五年以下有期徒刑或者拘役。

截至目前,尚无本罪名关于量刑的司法解释。

劫夺被押解人员罪 《刑法》第316条(二)

劫夺押解途中的罪犯、被告人、犯罪嫌疑人的,处三年以上七年以下有期徒刑;情节严重的,处七年以上有期徒刑。

定罪部分

【罪名概念】

劫夺被押解人员罪,是指劫夺押解途中的罪犯、被告人、犯罪嫌疑人的行为。

【犯罪构成】

(一)主体要件

本罪的主体为一般主体,即达到刑事责任年龄具有刑事责任能力的自然人,均可构成本罪。实际构成其罪的,应是除押解途中的罪犯、被告人、犯罪嫌疑人以外的人,多为被劫夺人的亲朋好友。

(二)主观要件

本罪在主观方面必须出于故意,即明知是押解途中的罪犯、被告人或犯罪嫌疑人而仍决意劫夺,其目的一般在于使被劫夺人逃避法律制裁。过失不能构成本罪。至于其动机可多种多样,有的是哥们义气,有的是袒护亲朋好友,有的是贪图钱财,有的是迷恋女色,有的是出于对司法机关的敌视,有的是企图制造事端引起的混乱,有的是想借此向有关方面施加压力等,动机如何,并不影响本罪成立。

(三)客观要件

本罪在客观方面表现为劫夺押解途中的罪犯、被告人、犯罪嫌疑人的行为。

所谓劫夺,是指使用暴力、胁迫或者其他方法夺取或者释放被押解人,以使其脱离押解人员控制的行为。所谓押解途中,是指将被依法关押的人自关押场所押解出来后直至押解人关押场所前的全过程。

情节严重是本罪的加重情节。所谓情节严重,一般指劫夺多名人犯或致多名人犯逃逸的;劫夺重大案件人犯的;持械劫夺人犯的等。

(四)客体要件

本罪所侵害的客体是司法机关的正常秩序,犯罪对象则为被押解的罪犯、被告人及犯罪嫌疑人。

所谓罪犯,是指经人民法院生效裁判确认为有罪的人。所谓被告人,是指在刑事诉讼中被检察机关或自诉人向人民法院控告犯有某种罪行而依法追究其刑事责任的人。所谓犯罪嫌疑人,是指人民检察院提起公诉前,有证据证明其可能实施了某种犯罪行为,但是根据已掌握的证据还不足以确定其实施了这种犯罪行为的人。构成本罪对象的不仅要求是罪犯、被告人或者犯罪嫌疑人,而且还要求其必在押解途中。否则,虽为罪犯、被告人、犯罪嫌疑人,但不是押解途中的罪犯、被告人或犯罪嫌疑人,如被判处管制、单独判处罚金或剥夺政治权利、宣告缓刑、裁定假释等依法释放而未被押解的罪犯,或者被羁押在监狱、未成年犯管教所、劳动改造队、拘役所、看守所等羁押场所的罪犯,以及仅被采取取保候审、监视居住而未被押解的被告人、犯罪嫌疑人,就都不能构成本罪的对象。所谓押解途中,是指在监狱等羁押场所、审判法庭等以外的由司法机关将罪犯、被告人、犯罪嫌疑人从一地方押送至另一地方的途中。如对被告人、犯罪嫌疑人依法执行拘传、拘留、逮捕等强制措施而将之押解的途中;将之从羁押场所押至审判场所及从审判场所又押回羁押场所的途中;判决生效后,依法将之从看守所押送至监狱、未成年犯管教所等劳动改造场所以及从劳动改造场所押送至他处劳动、参观或者医治等的途中;将之押送某一医院进行司法鉴定的途中;等等。

【罪名辨析】

区分本罪与妨害公务罪的界限

押解人犯从广义上讲也属于一种公务活动,因此,劫夺被押解人员也具有妨害公务的性质。二者的主要区别在于目的不同:本罪必须具有劫夺人犯的目的,而妨碍公务罪不具有此目的。如果行为人不具有劫夺被押解人员的意图,仅以暴力、威胁的方法妨碍押解工作的,不构成本罪,但可以构成妨害公务罪。

量刑部分

【量刑标准】

犯本罪的,处三年以上七年以下有期徒刑;情节严重的,处七年以上有期徒刑。

截至目前,尚无本罪名关于量刑的司法解释。

组织越狱罪 《刑法》第317条(一)

组织越狱的首要分子和积极参加的,处五年以上有期徒刑;其他参加的,处五年以下有期徒刑或者拘役。

定罪部分

【罪名概念】

组织越狱罪,是指依法被关押的犯罪分子,在首要分子的组织、策划、指挥下有组织、有计划地以非暴动方式越狱逃跑的行为。

【犯罪构成】

(一)主体要件

本罪的主体是特殊主体,即只能由在监狱、劳改队等关押场所的罪犯构成。其他人员不能构成本罪的主体。对于个别监管人员为越狱的罪犯提供帮助或方便条件的,而按组织越狱罪的共犯处理。

(二)主观要件

本罪在主观方面必须出于故意,并且具有通过组织越狱的行为以达到逃避法律制裁的目的。本罪为必要共同犯罪,但其不要求行为人都出于相同的动机,行为人只要认识到自己在与他人一起共同实行有组织、有预谋、有计划地逃跑越狱行为而仍决意实施的,即可构成本罪。

(三)客观要件

本罪在客观方面表现为被关押的罪犯在首要分子的组织和秘密策划下有组织、有计划地逃往狱外的行为。这里所说的“狱”,是指包括监狱等场所。在押解罪犯的路途中,罪犯有组织、有计划地逃跑的,也属于组织越狱的行为。越狱的方式是多种多样的,如冲闯狱门、翻越狱墙、挖掘地道等。只要是多名在押罪犯有组织越狱行为,无论采取什么方式,都不影响本罪的构成。在越狱的过程中可能出现抢劫、抢夺看守人员枪支弹药、绑架、杀害监管人员等其他犯罪行为。对于这种行为一般不按数罪并罚处理,而视为本罪从重处罚的情况。但对于越狱后实施的其他犯罪行为,仍应按数罪并罚的原则处理。

(四)客体要件

本罪侵犯的客体是司法机关监管秩序。监狱、看守所等监管场所的任务是看管、教育、改造罪犯。为了保证监管场所的正常秩序,国家对罪犯的出狱作了严格的规定。组织越狱就是违反监管规定,企图有计划、有组织地逃往狱外,使监管场所的正常监管秩序受到侵扰。对这种犯罪行为必须严厉打击。

【罪名辨析】

(一)本罪与脱逃罪的界限

本罪与脱逃罪在形式上都表现为在押的犯罪分子逃离监管、羁押场所。两者的区别是:

1. 行为方式不同。本罪在客观方面表现为有计划、有组织地进行,并且一般是使用暴力手段,公开与国家专政机关对抗;而脱逃罪在客观方面往往采取秘密逃跑的方式。

2. 本罪是多数在押犯勾结在一起,在首要分子的指挥、策划下,有组织、有计划地集体逃跑越狱的行为。而脱逃罪一般只是个别犯罪分子单独的逃跑行为。

(二)本罪与暴动越狱罪的界限

《刑法》第三百七十一条第二款是暴动越狱罪,不要把其理解为组织越狱的加重情况,在组织越狱中个别人没有打算使用集体的暴力,但由于个别人受到别人的阻碍而使用了暴力,还不能认为是暴动越狱。

量刑部分

【量刑标准】

组织越狱的首要分子和积极参加的,处五年以上有期徒刑;其他参加的,处五年以下有期徒刑或者拘役。

截至目前,尚无本罪名关于量刑的司法解释。

暴动越狱罪 《刑法》第317条(二)

暴动越狱的首要分子和积极参加的,处十年以上有期徒刑或者无期徒刑;情节特别严重的,处死刑;其他参加的,处三年以上十年以下有期徒刑。

定罪部分

【罪名概念】

暴动越狱罪,是指依法被关押的犯罪分子,以有组织或者聚众的形式集体使用暴力手段强行越狱的行为。

【犯罪构成】

(一)主体要件

本罪的主体是特殊主体,即只能由在监狱关押场所的罪犯构成。其他人员不能构成本罪的主体。对于个别监管人员为越狱的罪犯提供帮助或方便条件的,应按暴动越狱罪的共犯处理。

(二)主观要件

本罪在主观方面必须基于故意,并且具有通过暴动越狱的行为以达到逃避法律制裁的目的。本罪为必要共同犯罪,但其不要求行为人都出于相同的动机,只要行为人认识到自己在与他人一起共同实行有组织、有预谋、有计划的暴动越狱行为而仍决意实施的,即可构成本罪。

(三)客观要件

本罪在客观方面表现为在首要分子的组织、策划、指挥下,有组织、有预谋、有计划地使用暴力而共同越狱的行为。所谓越狱,是指逃离监狱、未成年犯管教所、劳动改造队、拘役所、看守所等羁押场所。在押解中、执行死刑的刑场以及参观、学习、劳动等地方进行有组织、有预谋、有计划地采用暴力的方法共同逃跑,也应视为本罪的越狱。所谓有组织、有预谋、有计划地使用暴力共同越狱,是指在首要分子的组织、策划、指挥下,进行密谋策划,相互勾结、串通,认真准备、分工而决意采用暴力进行集体越狱。至于暴力,则通常表现为杀伤、杀害监管人员,抢夺枪支、弹药、交通工具,砸毁监舍门窗等方式。

(四)客体要件

本罪侵犯的客体是司法机关监管秩序。监狱、看守所等监管场所的任务是看管、教育、改造罪犯。为了保证监管场所的正常秩序,国家对罪犯的出狱作了严格的规定。暴动越狱即违反监管规定,采用暴力手段从监狱逃跑,使监管场所的正常监管秩序受到侵扰。对这种犯罪行为必须严厉打击。

【罪名辨析】

本罪与组织越狱罪的界限

二者区别在于构成本罪必须采取共同的暴力行为；而组织越狱罪的构成要件中则排斥共同的暴力行为。

量刑部分

【量刑标准】

暴动越狱的首要分子和积极参加的，处十年以上有期徒刑或者无期徒刑；情节特别严重的，处死刑；其他参加的，处三年以上十年以下有期徒刑。

截至目前，尚无本罪名关于量刑的司法解释。

聚众持械劫狱罪　《刑法》第317条(三)

对聚众劫狱的首要分子和积极参加的，处无期徒刑或者十年以上有期徒刑；情节特别严重的，处死刑；其他参加的，处三年以上十年以下有期徒刑。

定罪部分

【罪名概念】

聚众持械劫狱罪，是指狱外的人聚众持械劫夺被监禁在狱中的罪犯的行为。

【犯罪构成】

（一）主体要件

本罪的主体是一般主体，即达到法定刑事责任年龄、具有刑事责任能力的自然人。

（二）主观要件

本罪在主观方面表现为故意，其目的是使狱中的犯罪分子逃避刑罚处罚。

（三）客观要件

本罪在客观方面表现为狱外的人持械以暴力劫夺狱中的罪犯的行为。所谓聚众，是指聚集、纠合三人以上。所谓持械，是指携带、持有、使用枪支、管制刀具以及其他具有较大杀伤力、破坏力的器械，包括各种枪支、弹药，如军用枪支、民用枪支及其他非法制造的各种具有杀伤力的枪支、弹药；管制刀具，如匕首、刮刀、三棱刀、带有自锁装置的弹簧刀以及类似的单刃刀、双刃刀、三棱尖刀等；其他器械，如木棒、铁棍、菜刀、斧头、炸药等。

所谓劫狱，是指采用暴力或者其他方法劫夺狱中在押的罪犯。具体方式多种多样,如采用聚众持械冲进监狱,杀伤、杀害监管人员,砸毁、破坏监狱设施、抢夺、抢劫枪支、弹药、交通工具,绑架人质进行威胁,药物麻醉监管人员等方法劫夺在押罪犯;或者声东击西,采用暴力调离监管人员,以便于狱中人员逃跑;等等。

至于劫狱中的"狱",在这里应作广义理解,泛指一切关押、羁押、监管罪犯的场所。其不仅包括监狱、未成年犯管教所、劳动改造队、拘役所、看守所等羁押场所,而且也包括押解罪犯的途中,对罪犯进行审判的审判场所,以及对罪犯执行死刑的刑场,罪犯参观、学习、劳动、医治的场所等。

(四)客体要件

本罪侵犯的客体是司法机关监管秩序。监狱、劳改队、看守所等监管场所的任务是看管、教育、改造罪犯。为了保证监管场所的正常秩序,国家对罪犯的出狱(包括出劳改队、看守所等)作了严格的规定。聚众劫狱就是违反监管规定,公然聚众持械将罪犯非法劫出狱外,使监管场所的正常监管秩序受到侵扰。对这种犯罪行为必须严厉打击。

【罪名辨析】

本罪与组织越狱罪的界限

组织越狱罪,是指狱中的罪犯纠集在一起,在首要分子的组织、指挥、策划下,有组织地逃往狱外的行为。本罪与组织越狱罪的相同之处:

(1)侵害的客体相同;

(2)主观故意相同;

(3)犯罪表现形式相同,都是以共同犯罪形式出现,有组织、有计划、有领导地集体实施的。

两者最主要的区别在于主体要件不同,聚众劫狱罪是由狱外人员实施的行为;而组织越狱罪是狱内的罪犯,在首要分子的指挥、策划下,集体逃往狱外的行为。

量刑部分

【量刑标准】

聚众持械劫狱的首要分子和积极参加的,处无期徒刑或者十年以上有期徒刑;情节特别严重的,处死刑;其他参加的,处三年以上十年以下有期徒刑。

截至目前,尚无本罪名关于量刑的司法解释。

第三节　妨害国(边)境管理罪

组织他人偷越国(边)境罪　《刑法》第318条

组织他人偷越国(边)境的,处二年以上七年以下有期徒刑,并处罚金;有下列情形之一的,处七年以上有期徒刑或者无期徒刑,并处罚金或者没收财产:

(一)组织他人偷越国(边)境集团的首要分子;

(二)多次组织他人偷越国(边)境或者组织他人偷越国(边)境人数众多的;

(三)造成被组织人重伤、死亡的;

(四)剥夺或者限制被组织人人身自由的;

(五)以暴力、威胁方法抗拒检查的;

(六)违法所得数额巨大的;

(七)有其他特别严重情节的。

犯前款罪,对被组织人有杀害、伤害、强奸、拐卖等犯罪行为,或者对检查人员有杀害、伤害等犯罪行为的,依照数罪并罚的规定处罚。

定罪部分

【罪名概念】

组织他人偷越国(边)境罪,是指违反出入国(边)境管理法规,非法组织他人偷越国(边)境的行为。

【司法解释】

1. 最高人民法院、最高人民检察院《关于办理妨害国(边)境管理刑事案件应用法律若干问题的解释》

(实施日期:2012年12月20日　法释[2012]17号)(节录)

第一条　领导、策划、指挥他人偷越国(边)境或者在首要分子指挥下,实施拉拢、引诱、介绍他人偷越国(边)境等行为的,应当认定为刑法第三百一十八条规定的“组织他人偷越国(边)境”。

组织他人偷越国(边)境人数在十人以上的,应当认定为刑法第三百一十八条第一款第(二)项规定的“人数众多”;违法所得数额在二十万元以上的,应当认定为刑法第三百一十八条第一款第(六)项规定的“违法所得数额巨大”。

以组织他人偷越国(边)境为目的,招募、拉拢、引诱、介绍、培训偷越国(边)境人员,策划、安排偷越国(边)境行为,在他人偷越国(边)境之前或者偷越国(边)境过程中被查获的,应当以组织他人偷越国(边)境罪(未遂)论处;具有刑法第三百一十八条第一款规定的情形之一的,应当在相应的法定刑幅度基础上,结合未遂犯的处罚原则量刑。

2. 公安部《关于妨害国(边)境管理犯罪案件立案标准及有关问题的通知》

(实施日期:2000 年 3 月 31 日　公通字[2000]30 号)

各省、自治区、直辖市公安厅、局,新疆生产建设兵团公安局:

为贯彻执行《中华人民共和国刑法》、《中华人民共和国刑事诉讼法》、《公安机关理刑事案件程序规定》和《公安部关于印发〈公安部刑事案件管辖分工规定〉的通知》(公通字[1998]80 号),现将妨害国(边)境管理犯罪案件立案标准及办理妨害国(边)境管理犯罪案件的有关问题通知如下:

一、立案标准

(一)组织他人偷越国(边)境案

1. 组织他人偷越国(边)境的,应当立案侦查。

2. 组织他人偷越国(边)境,具有下列情形之一的,应当立为重大案件:

(1)一次组织 20－49 人偷越国(边)境的;

(2)组织他人偷越国(边)境 3－4 次的;

(3)造成被组织人重伤 1－2 人的;

(4)剥夺或者限制被组织人人身自由的;

(5)以暴力、威胁方法抗拒检查的;

(6)违法所得人民币 5 万－20 万元的;

(7)有其他严重情节的。

3. 组织他人偷越国(边)境,具有下列情形之一的,应当立为特别重大案件:

(1)一次组织 50 人以上偷越国(边)境的;

(2)组织他人偷越国(边)境 5 次以上的;

(3)造成被组织人重伤 3 人以上或者死亡 1 人以上的;

(4)违法所得 20 万元以上的;

(5)有其他特别严重情节的。

【犯罪构成】

(一)主体要件

本罪的主体是一般主体,即达到刑事责任年龄、具有刑事责任能力,实施了组织他人偷越国(边)境行为的自然人。单位不能成为组织他人偷越国(边)境罪的主体。本罪主体没有国别及居住地的限制,不论是中国公民(包括港澳台地区的居民)还是外国人,也不论是边境地区的居民还是内地来过境地区的居民,均可构成组织他人偷越国(边)境罪。

(二)主观要件

本罪在主观方面是直接故意,其主观目的是要将他人非法送出或引进国(边)境。主观上不一定必须具备以营利为目的。实践中,组织他人偷越国(边)境的犯罪一般是以营利为目的。但也不能排除不以营利为目的而实施的组织他人偷越国(边)境的行为,如以走私、拐卖人口、诈骗等犯罪活动为目的,而实施组织他人偷越国(边)境的行为。

(三)客观要件

本罪在客观方面表现为非法组织他人偷越国(边)境的行为。所谓组织,是指采取煽动、串连、拉拢、引诱、欺骗、强迫等手段,策划联络安排他人偷越国(边)境。

组织,一般表现为煽动、串连、拉拢、策划、联络他人偷越国(边)境以及为偷越国(边)境进行准备、制造条件的行为。例如,安排他人偷越国(边)境的交通运输工作;为他人偷越国(边)境出谋划策,拟定偷越国(边)境的具体行动计划;确定偷越国(边)境的时间、路线,指示偷越国(边)境的具体地点等。行为人通常兼而实施上述系列组织他人偷越国(边)境行为方式的全部,但也有的只实施其中的一种或几种。时下,组织他人偷越国(边)境的犯罪活动日益向着集团化的方向发展。境内外组织偷越国(边)境的犯罪分子,往往互相勾结,严密分工,有的实施煽动行为,有的实施串连行为,有的实施具体安排偷越国(边)境的时间、路线等的行为,有的则负责联络偷越国(边)境的交通工具等。不管行为人具体实施哪一种行为,上述各行为的指向都是相同的,那就是组织他人偷越国(边)境。因而,上述各行为并非各自独立,而是相互联系、密切配合,构成一个完整的共同组织他人偷越国(边)境的行为,至于组织偷越的地点,可以是边境口岸,也可以是非边境口岸,具体地点如何,不影响犯罪的成立。

本条第二款规定:"犯前款罪,对被组织人有杀害、伤害、强奸、拐卖等犯罪行为,或者对检查人员有杀害、伤害等犯罪行为的依照数罪并罚的规定处罚。"杀害、伤害、强奸、拐卖等犯罪与组织他人偷越国(边)境罪是数罪关系,因此,对该条款规定的情况,应当按照组织他人偷越国(边)境罪和另外实施的故意杀人、故意伤害、强奸、拐卖妇女、儿童的犯罪行为,分别定罪判刑,然后实行并罚。

(四)客体要件

本罪侵犯的客体是国家对国(边)境的正常管理秩序。

国家对国(边)境管理的正常秩序,维系着国家主权、领土完整和国(边)境的安全以及社会秩序的稳定。为此,我国制定了《边防检查条例》《外国人入境出境管理法》和《公民出境入境管理法》等一系列法规。这些法规明确规定,任何人出入我国的国(边)境,必须依照法律规定,履行必要的申办手续,经有关部门签发出入国(边)境的证件,在规定的时间、地点出入我国国(边)境。一些不法分子利用某些人向往、追求外国及港澳地区的生活,出境谋生的思想,组织他们偷越国(边)境而从中大发不义之财。这种行为无疑严重破坏了国家对国(边)境的管理秩序,影响了我国社会秩序的稳定,在国际上给我国造成了恶劣影响,而且还会给国内外的犯罪分子包括敌特间谍分子非法出入我国国(边)境,进行犯罪活动或逃避法律制裁以可乘之机。

【罪名辨析】

(一)本罪与走私罪的界限

这两罪有着本质的区别,一是侵犯的客体不同,组织他人偷越国(边)境罪侵犯的客体是国家对国(边)境的正常管理秩序;而走私罪侵犯的客体是国家的对外贸易管理制度,其走私的对象是指国家禁止、限制进出口的任何物品;二是客观方面有所不同。前者是非法组织他人偷越国(边)境;而后者则是非法携带、运输国家禁止、限制进出口的物品进出国(边)境。二者相同点是都是非法进出国(边)境,两罪从构成特征上看不难区分,但司法实践中存在以走私为目的,组织他人偷越国(边)境的行为,对此如何处理,我们认为,走私是目的行为、组织他人偷越国(边)境是为达到走私目的的手段行为,根据本法关于牵连犯的处罚原则,应以其所犯罪行中的重罪论处。

(二)本罪与运送他人偷越国(边)境罪的界限

组织他人偷越国(边)罪在客观方面表现为通过拉拢、串连、诱使、煽动等方式,有组织、有计划地安排他人偷越国(边)境的行为;而运送他人偷越国(边)境罪在客观方面则表现为,行为人采用步行的方式陪伴偷渡者或者用车辆、船只、航空器等交通运输工具将偷渡者带出或者运送出入国(边)境的行为。因而,如果行为人组织了一批人偷越国(边)境后,又运送另一批人偷越国(边)境的,则具备了两种犯罪的构成要件,应以组织他人偷越国(边)境罪和运送他人偷越国(边)境罪两个罪名,实行数罪并罚;但如果行为人既组织又运送同一批人偷越国(边)境的,则属刑法理论中的牵连行为,根据牵连犯"从一重罪处断"的原则,以组织他人偷越国(边)境罪论处;对于直接参与组织他人偷越国(边)境而分工负责运送的,亦应以组织他人偷越国(边)境罪定罪量刑。

(三)本罪与偷越国(边)境罪的界限

1. 犯罪主体不同。组织他人偷越国(边)境罪的主体尽管是一般主体,但实际上、只有偷越国(边)境犯罪活动的组织者,即从事组织他人偷越国(边)境犯罪活动的"蛇头",才能构成组织他人偷越国(边)境罪;而偷越国(边)境罪的犯罪主体在立法上无任何特殊要求,只要是达到刑事责任年龄、具备刑事责任能力,实施了偷越国(边)境行为的自然人,均可成为偷越国(边)境罪的犯罪主体。所以,如果不是从事组织他人偷越国(边)境犯罪活动的"蛇头"有组织、有计划地煽动、拉拢、串连、动员、安排他人偷越国(边)境,而是在共同偷越国(边)境的过程中,出于江湖义气或亲友私情,为个别偷越国(边)境的人员提供有关帮助的行为,不构成组织他人偷越国(边)境罪,其中情节严重者,以偷越国(边)境罪的共犯处理。

2. 犯罪客观方面的表现形式不同。组织他人偷越国(边)境罪在客观方面表现为,以拉拢、串连、诱使、煽动等方式,有组织、有计划地安排他人偷越国(边)境的行为;而偷越国(边)境罪在客观方面则表现为,违反国(边)境管理法规,偷越国(边)境的行为。

量刑部分

【量刑标准】

犯本罪的,处二年以上七年依以下有期徒刑,并处罚金;有下列情形之一的,处七年以上有期徒刑或者无期徒刑,并处罚金或者没收财产:

(一)组织他人偷越国(边)境集团的首要分子;

(二)多次组织他人偷越国(边)境或者组织他人偷越国(边)境人数众多的;

(三)造成被组织人重伤、死亡的;

(四)剥夺或者限制被组织人人身自由的;

(五)以暴力、威胁方法抗拒检查的;

(六)违法所得数额巨大的;

(七)有其他特别严重情节的。

犯前款罪,对被组织人有杀害、伤害、强奸、拐卖等犯罪行为,或者对检查人员有杀害、伤害等犯罪行为的,依照数罪并罚的规定处罚。

骗取出境证件罪 《刑法》第319条

以劳务输出、经贸往来或者其他名义,弄虚作假,骗取护照、签证等出境证件,为组织他人偷越国(边)境使用的,处二年以下有期徒刑,并处罚金;情节严重的,处三年以上十年以下有期徒刑,并处罚金。

单位犯前款罪的,对单位判处罚金,并对其直接负责的主管人员和其他直接责任人员,依照前款的规定处罚。

定罪部分

【罪名概念】

骗取出境证件罪,是指行为人以劳务输出、经贸往来或者其他名义,弄虚作假,骗取护照、签证等出境证件,为组织他人偷越国(边)境使用的行为。

【司法解释】

最高人民法院、最高人民检察院《关于办理妨害国(边)境管理刑事案件应用法律若干问题的解释》

(实施日期:2012 年 12 月 20 日　法释[2012]17 号)(节录)

第八条　实施组织他人偷越国(边)境犯罪,同时构成骗取出境证件罪、提供伪造、变造的出入境证件罪、出售出入境证件罪、运送他人偷越国(边)境罪的,依照处罚较重的规定定罪处罚。

【关联法律】

公安部《关于妨害国(边)境管理犯罪案件立案标准及有关问题的通知》

(实施日期:2000 年 3 月 31 日　公通字[2000]30 号)

各省、自治区、直辖市公安厅、局,新疆生产建设兵团公安局:

为贯彻执行《中华人民共和国刑法》、《中华人民共和国刑事诉讼法》、《公安机关理刑事案件程序规定》和《公安部关于印发〈公安部刑事案件管辖分工规定〉的通知》(公通字[1998]80 号),现将妨害国(边)境管理犯罪案件立案标准及办理妨害国(边)境管理犯罪案件的有关问题通知如下:

一、立案标准

(二)骗取出境证件案

1. 以劳务输出、经贸往来或者其他名义弄虚作假,骗取护照、通行证、旅行证、海员证、签证(注)等出境证件(以下简称出境证件),为他人偷越国(边)境使用的,应当立案侦查。

2. 骗取出境证件,具有下列情形之一的,应当立为重大案件:

(1)骗取出境证件 5 - 19 本(份、个)的;

(2)为违法犯罪分子骗取出境证件的;

(3)违法所得 10 万 -20 万元的;

(4)有其他严重情节的。

3. 骗取出境证件,具有下列情形之一的,应当立为特别重大案件:

(1)骗取出境证件 20 本(份、个)以上的;

(2)违法所得 20 万元以上的;

(3)有其他特别严重情节的。

【犯罪构成】

(一)主体要件

本罪的主体要件为一般主体,单位和个人均可构成。所谓个人,是指达到刑事责任年龄具备刑事责任能力的自然人。单位构成本罪,对单位判处罚金,并对直接负责的主管人员和其他直接责任人员,依照本罪的规定处罚。

（二）主观要件

本罪在主观方面表现为故意，即明知他人用于组织偷越国（边）境犯罪，而故意为其骗取出境证件，该罪的成立不要求必须以营利为目的。

骗取出境证件的目的是为组织他人偷越国（边）境使用。如果行为人骗取出境证件的目的不是为组织他人偷越国（边）境使用，则不构成本罪。

无论行为人在事实上是否已将骗取的出境证件供组织他人偷越国（边）境使用，只要行为人主观上具有为组织他人偷越国（边）境使用的目的、就构成本罪。但在行为人还未将骗取的出境证件供组织他人偷越国（边）境使用的情况下，应根据行为人的行为综合判断行为人是否有此目的。

（三）客观要件

本罪在客观方面表现为行为人以劳务输出、经贸往来或者出国考察、观光旅游等名义，弄虚作假、从国家主管机关骗取护照、签证等出国（边）境所必需的出境证件，而且行为人将骗取的出境证件交给组织他人偷越国（边）境的犯罪分子用于犯罪活动。

1. 弄虚作假，采用欺骗手段。行为人弄虚作假，以欺骗手段，使国家出入境管理机关的有关工作人员发生错误认识，为其办理出境证件、从而合法地获取出境证件。这是骗取出境证件罪的本质特征，也是骗取出境证件罪区别于其他犯罪的重要标志。只有在行为人采用了欺骗的手段的情况下，才能构成骗取出境证件罪。

虚构事实、是指以语言、文字或者某种举动故意捏造根本不存在的事实或者故意夸大事实，使人把根本不存在的事实误认为存在或把夸大的事实信以为真。

隐瞒真相，是指故意掩盖客观存在的事实，从而使有关国家机关工作人员上当受骗。

就骗取出境证件罪而言，行为人为达到为组织他人偷越国（边）境使用的目的，必须以有组织的出国人员的方式，以各种名义骗取出境证件。根据我国出入境管理的有关法律规定，有组织的出国人员，是指由国家行政主管部门批准或授权的机构组织的出国人员或团体，因非公务活动出境，该机构在境外提供必要的组织、服务的出国形式。在出入境管理中，被批准或授权的机构对出国人员和出入境管理机关负有双方面的责任。这种有组织的出国管道主要有：（1）留学；（2）旅游；（3）就业；（4）商务活动。

2. 错误认识。错误认识是指人们的主观认识与客观实际不相符合。这里的错误认识不是泛指受骗者对案件的一切事实情况存在认识上的错误，而是仅指对能够引起被骗的负责办理出境证件的国家机关工作人员发放出境证件的事实情况有认识上的错误。

错发放出境证件。负责办理出境证件的国家机关工作人员发生错误认识之后、往往就会出现错误地发放出境证件的结果。

(四)客体要件

本罪侵犯的客体是国家机关对出境证件的正常管理活动和对国(边)境的正常管理秩序。

本罪的犯罪对象仅限于护照、签证等出境证件。护照是指一个主权国家发给本国公民出入国境和在国外居留、旅行的合法身份证明和国籍证明。签证是一个主权国家同意外国人出入或经过该国国境的一种许可证明。护照和签证都是准许出入境的证件,但作为本罪的犯罪对象,仅指准许出境的护照、签证及其他出境证件和出境证明等。

【罪名辨析】

区分本罪与组织他人偷越国(边)境罪

从法理上讲,本罪规定的行为实质上是组织他人偷越国(边)境行为的一种特殊情况,只是由于这种犯罪日益猖獗,法律才将它规定为独立的犯罪。所以,只要行为人实施了为组织他人偷越国(边)境骗取出境证件的行为,就构成本罪。如果行为人骗取出境证件后,又采用骗取的出境证件组织他人偷越国(边)境,则根据吸收犯的理论,对行为人以组织他人偷越国(边)境罪论处,但在量刑时应从重处罚。

量刑部分

【量刑标准】

犯本罪的,处二年以下有期徒刑,并处罚金;情节严重的,处三年以上十年以下有期徒刑,并处罚金。

单位犯前款罪的,对单位判处罚金,并对其直接负责的主管人员和其他直接责任人员,依照前款的规定处罚。

截至目前,尚无本罪名关于量刑的司法解释。

提供伪造、变造的出入境证件罪 《刑法》第320条(一)

为他人提供伪造、变造的护照、签证等出入境证件,或者出售护照、签证等出入境证件的,处五年以下有期徒刑,并处罚金;情节严重的,处五年以上有期徒刑,并处罚金。

定罪部分

【罪名概念】

提供伪造、变造的出入境证件罪,是指为他人提供伪造、变造的护照、签证等出入境证件的行为。

【司法解释】

最高人民法院、最高人民检察院《关于办理妨害国(边)境管理刑事案件应用法律若干问题的解释》

(实施日期:2012 年 12 月 20 日　公通字[2000]30 号)(节录)

为依法惩处妨害国(边)境管理犯罪活动,维护国(边)境管理秩序,根据《中华人民共和国刑法》《中华人民共和国刑事诉讼法》的有关规定,现就办理这类案件应用法律的若干问题解释如下:

第三条　刑法第三百二十条规定的"出入境证件",包括本解释第二条第二款所列的证件以及其他入境时需要查验的数据。

具有下列情形之一的,应当认定为刑法第三百二十条规定的"情节严重":

(一)为他人提供伪造、变造的出入境证件或者出售出入境证件五份以上的;

(二)非法收取费用三十万元以上的;

(三)明知是国家规定的不准出入境的人员而为其提供伪造、变造的出入境证件或者向其出售出入境证件的;

(四)其他情节严重的情形。

【关联法律】

公安部《关于妨害国(边)境管理犯罪案件立案标准及有关问题的通知》

(实施日期:2000 年 3 月 31 日)

各省、自治区、直辖市公安厅、局,新疆生产建设兵团公安局:

为贯彻执行《中华人民共和国刑法》、《中华人民共和国刑事诉讼法》、《公安机关理刑事案件程序规定》和《公安部关于印发〈公安部刑事案件管辖分工规定〉的通知》(公通字[1998]80 号),现将妨害国(边)境管理犯罪案件立案标准及办理妨害国(边)境管理犯罪案件的有关问题通知如下:

立案标准

(三)提供伪造、变造的出入境证件案

1. 为他人提供伪造、变造的护照、通行证、旅行证、海员证、签证(注)等出入境证件(以下简称出入境证件)的,应当立案侦查。

2. 为他人提供伪造、变造的出入境证件,具有下列情形之一的,应当立为重大案件:

(1)为他人提供伪造、变造的出入境证件 5 – 19 本(份、个)的;

(2)为违法犯罪分子提供伪造、变造的出入境证件的;

(3)违法所得 10 万 – 20 万元的;

(4)有其他严重情节的。

3. 为他人提供伪造、变造的出入境证件,具有下列情形之一的,应当立为特别重大案件:

(1)为他人提供伪造、变造的出入境证件20本(份、个)以上的;

(2)违法所得20万元以上的;

(3)有其他特别严重情节的。

【犯罪构成】

(一)主体要件

本罪的主体为一般主体。凡年满十六周岁且具备刑事责任能力的自然人均可构成本罪。

(二)主观要件

本罪在主观方面表现为故意,即明知为他人提供伪造、变造的护照、签证等出入境证件是危害国家对国(边)境的正常管理秩序,而故意向他人提供伪造、变造的护照、签证等出入境证件。

其主观上大多具有营利目的,但也可能出于其他目的。因此不要求必须具有营利目的。

(三)客观要件

本罪在客观方面表现为行为人实施向他人提供伪造、变造的护照、签证等出入境证件的行为。所提供的出入境证件必须是伪造或经过变造的虚假或无效的证件。所谓伪造出入境证件,是指仿照正式的护照、签证等出入境证件的形状、图案、文字和色彩等制作假的护照、签证等出入境证件,所谓变造出入境证件,是指对已过期失效或者他人的护照、签证等出入境证件采用剪贴、拼接等打法,变造出入境证件。提供伪造、变造的假证件,无论是本人伪造、变造,还是他人伪造、变造的,对提供者构成本罪均无影响。如果行为人自己伪造、变造后又向他人提供的,其伪造、变造行为又构成伪造、变造公文、证件、印章罪,此罪与向他人提供伪造、变造的出入境证件罪之间形成牵连关系、按处理牵连犯的原则,从一重罪处断。如果是组织他人偷越国(边)境犯罪集团中的个别成员分工伪造、变造出入境证件,供犯罪集团使用、应以组织他人偷越国(边)境的共犯论处。

(四)客体要件

本罪侵犯的客体是国家对国(边)境的正常管理秩序。

本罪的犯罪对象为伪造、变造的出入境证件。出入境证件包括准许出境和入境的护照、签证等。伪造是指无权制造护照、签证等出入境证件的人非法制造,变造是指利用涂改、擦消、拼接等方法制作。

【罪名辨析】

(一)本罪与偷越国(边)境罪的界限

如果行为人伪造、变造的出入境证件供自己偷越国(边)境使用,而不是向他人提供,情节严重,构成犯罪的,应按偷越国(边)境罪认定。两罪区分的关键在于客观方面不同,即本罪是向他人提供伪造、变造的出入境证件,偷越国(边)境罪是伪造、变造证件供自己使用。

(二)本罪与伪造证件变造证件罪的界限

区别的关键在于客观行为不同:本罪的主要行为是"提供"而非"伪造、变造",只要行为人向他人提供了伪造、变造的出入境证件,而不论是谁伪造、变造的,均构成本罪;反之,不构成本罪。而伪造、变造证件罪的主要行为是伪造、变造,行为人只有实施了伪造、变造行为才构成犯罪。所以,当行为人只实施伪造、变造出入境证件的行为时,则构成伪造、变造证件罪;当行为人既伪造、变造了出入境证件,又把伪造、变造的证件向他人提供时,则前一行为被后一行为吸收,对行为人按为他人提供伪造、变造的出入境证件罪论处,并不两罪并罚,但量刑时可适当从重。

(三)本罪与骗取出境证件罪的界限

二者的区别有以下两点:

1. 犯罪对象不同。本罪对象是伪造、变造的出入境证件,后罪的对象是出境证件。作为本罪犯罪对象的证件既有出境证件,也有入境证件,且证件本身并不是真实、合法、有效的,而是伪造、变造的;而作为后罪犯罪对象的证件则只是出境证件,且证件本身是真实、合法、有效的。

2. 犯罪行为特征不同。本罪特征是"向他人提供",至于行为人如何弄到伪造、变造的出入境证件的,与定罪无关;而后罪的行为特征是"骗取",只有行为人弄虚作假,骗取出境证件的,才构成犯罪。

量刑部分

【量刑标准】

犯本罪的,处五年以下有期徒刑,并处罚金;情节严重的,处五年以上有期徒刑,并处罚金。

出售出入境证件罪 《刑法》第320条(二)

为他人提供伪造、变造的护照、签证等出入境证件,或者出售护照、签证等出入境证件的,处五年以下有期徒刑,并处罚金;情节严重的,处五年以上有期徒刑,并处罚金。

定罪部分

【罪名概念】

出售出入境证件罪,是指出于营利的目的,出售护照、签证等出入境证件的行为。

【司法解释】

最高人民法院、最高人民检察院《关于办理妨害国（边）境管理刑事案件应用法律若干问题的解释》

（实施日期:2012 年 12 月 20 日　法释[2012]17 号）（节录）

为依法惩处妨害国（边）境管理犯罪活动，维护国（边）境管理秩序，根据《中华人民共和国刑法》《中华人民共和国刑事诉讼法》的有关规定，现就办理这类案件应用法律的若干问题解释如下：

第三条　刑法第三百二十条规定的“出入境证件”，包括本解释第二条第二款所列的证件以及其他入境时需要查验的数据。

具有下列情形之一的，应当认定为刑法第三百二十条规定的“情节严重”：

（一）为他人提供伪造、变造的出入境证件或者出售出入境证件五份以上的；

（二）非法收取费用三十万元以上的；

（三）明知是国家规定的不准出入境的人员而为其提供伪造、变造的出入境证件或者向其出售出入境证件的；

（四）其他情节严重的情形。

【关联法律】

1. 公安部《关于妨害国（边）境管理犯罪案件立案标准及有关问题的通知》

（实施日期:2000 年 3 月 31 日　公通字[2000]30 号）

各省、自治区、直辖市公安厅、局，新疆生产建设兵团公安局：

为贯彻执行《中华人民共和国刑法》、《中华人民共和国刑事诉讼法》、《公安机关理刑事案件程序规定》和《公安部关于印发〈公安部刑事案件管辖分工规定〉的通知》（公通字[1998]80 号），现将妨害国（边）境管理犯罪案件立案标准及办理妨害国（边）境管理犯罪案件的有关问题通知如下：

一、立案标准

（四）出售出入境证件案

1. 出售出入境证件的，应当立案侦查。

2. 出售出入境证件，具有下列情形之一的，应当立为重大案件：

(1)出售出入境证件 5－19 本（份、个）的；

(2)给违法犯罪分子出售出入境证件的；

(3)违法所得 10 万－20 万元的；

(4)有其他严重情节的。

3. 出售出入境证件，具有下列情形之一的，应当立为特别重大案件：

(1)出售出入境证件 20 本（份、个）以上的；

(2)违法所得 20 万元以上的；

(3)有其他特别严重情节的。

2.《出境入境管理法》

（实施日期:2013 年 7 月 1 日）（节录）

第七十一条　有下列行为之一的,处一千元以上五千元以下罚款;情节严重的,处五日以上十日以下拘留,可以并处二千元以上一万元以下罚款:

（一）持用伪造、变造、骗取的出境入境证件出境入境的;

（二）冒用他人出境入境证件出境入境的;

（三）逃避出境入境边防检查的;

（四）以其他方式非法出境入境的。

第七十三条　弄虚作假骗取签证、停留居留证件等出境入境证件的,处二千元以上五千元以下罚款;情节严重的,处十日以上十五日以下拘留,并处五千元以上二万元以下罚款。

单位有前款行为的,处一万元以上五万元以下罚款,并对其直接负责的主管人员和其他直接责任人员依照前款规定予以处罚。

第七十八条　外国人非法居留的,给予警告;情节严重的,处每非法居留一日五百元,总额不超过一万元的罚款或者五日以上十五日以下拘留。

因监护人或者其他负有监护责任的人未尽到监护义务,致使未满十六周岁的外国人非法居留的,对监护人或者其他负有监护责任的人给予警告,可以并处一千元以下罚款。

第七十九条　容留、藏匿非法入境、非法居留的外国人,协助非法入境、非法居留的外国人逃避检查,或者为非法居留的外国人违法提供出境入境证件的,处二千元以上一万元以下罚款;情节严重的,处五日以上十五日以下拘留,并处五千元以上二万元以下罚款,有违法所得的,没收违法所得。

单位有前款行为的,处一万元以上五万元以下罚款,有违法所得的,没收违法所得,并对其直接负责的主管人员和其他直接责任人员依照前款规定予以处罚。

第八十八条　违反本法规定,构成犯罪的,依法追究刑事责任。

【犯罪构成】

（一）主体要件

本罪的主体为一般主体,即凡达到刑事责任年龄、具备刑事责任能力的自然人均能构成本罪。

（二）主观要件

本罪在主观方面表现为故意。只要行为人出于营利目的实施出售出入境证件行为,犯罪既属既遂。

（三）客观要件

本罪在客观方面表现为出售护照、签证等出入境证件的行为。所谓出售,即出卖,是指把手中的出入境证件出卖给他人,以换取金钱、财物或其他物质性利益的行为。既包括先收集、购买、骗取后再出卖,也包括将自己的护照、签证等出入境证件出卖。但行为人出卖的必须是真实的、合法的出入境证件,即由国家机关依法颁发的出入境证件。至于该真实的证件是否超过有效期限,则不影响本罪成立,倘若出卖的是伪造或变造的出入境证件,则不应构成本罪,对之应当以提供伪造、变造的出入境证件罪论处。

(四)客体要件

本罪侵犯的客体是国家对出入境证件的管理秩序。

本罪犯罪对象是出入境证件。既包括出境证件,又包括入境证件。所谓出入境证件,是指公安部、外交部、港务监督局及其他授权的有关机关根据申请人的申请审查核实后所签发的允许其出入国(边)境的证明,如护照、签证或者其他的有效出入境证件,其中,护照是指一国或某些特别地区为其出国公民所核发的用以证明其属于本国或该地区公民的证明件,属于本国或该地区公民出入国境或在国外居留、旅行的合法身份证明及国籍证明。其由本国外交主管机关签发。在一些互相友好可免予签证的国家、公民凭其护照就可出入其国(边)境,签证则是指一国在本国或外国公民所持的护照或其他旅行证件上签注或盖印、表示准许其出入本国国境。在中国国外,由大使馆、领事馆或者外交部授权的其他驻外机关签发。外国人入境,依照国务院的规定,也可以向中国政府主管机关指定口岸的签证机关申请办理签证。在国内,则由公安机关签发,其他有效出入境证件,是指除护照、签证之外的可以凭其出入境的证明,如相邻边境地区常常持有的过境通行证、边境公务通行证、前往港澳通行证、往来港澳通行证、港澳同胞回乡证、出入境通行证等。

【罪名辨析】

(一)本罪与组织他人偷越国(边)境罪或偷越国(边)境罪的界限

本罪与其他两罪的区别一般比较明显,但在行为人与组织他人偷越国(边)境的组织者或偷越国(边)境的人事前通谋,由行为人向组织者或偷越国(边)境的人出售出入境证件的情况下,对行为人是按非法出售出入境证件罪处理,还是按组织他人偷越国(边)境罪的共犯处理,实践中有不同认识。笔者认为,在这种情况下,对行为人也应按非法出售出入境证件罪论处。在妨害国(边)境犯罪分工日益精密化的情况下,为让所有的犯罪行为都能得到惩治,刑法将各种犯罪行为都以明确的罪名规定下来,真正做到有法可依。从理论上讲,行为人无论是否和组织者或偷越国(边)境人通谋,其出售出入境证件的行为都已构成独立的犯罪,也没必要作为其他犯罪的共犯处理。

(二)本罪与为组织他人偷越国(边)境骗取证件罪的界限

1. 犯罪对象不同。本罪的犯罪对象既包括出境证件,也包括入境证件,而后罪的犯罪对象仅包括出境证件。

2. 客观行为不同。本罪的行为特征是把自己的证件或低价购买的证件出售,而后罪的行为特征是弄虚作假,骗取出境证件。

3. 主观方面有所不同。本罪不要求特定的犯罪目的,而后罪则要求必须有为组织他人偷越国(边)境使用的目的。

量刑部分

【量刑标准】

犯本罪的,处五年以下有期徒刑,并处罚金;情节严重的,处五年以上有期徒刑,并处罚金。

运送他人偷越国(边)境罪　《刑法》第321条

运送他人偷越国(边)境的,处五年以下有期徒刑、拘役或者管制,并处罚金;有下列情形之一的,处五年以上十年以下有期徒刑,并处罚金:

(一)多次实施运送行为或者运送人数众多的;

(二)所使用的船只、车辆等交通工具不具备必要的安全条件,足以造成严重后果的;

(三)违法所得数额巨大的;

(四)有其他特别严重情节的。

在运送他人偷越国(边)境中造成被运送人重伤、死亡,或者以暴力、威胁方法抗拒检查的,处七年以上有期徒刑,并处罚金。

犯前两款罪,对被运送人有杀害、伤害、强奸、拐卖等犯罪行为,或者对检查人员有杀害、伤害等犯罪行为的,依照数罪并罚的规定处罚。

定罪部分

【罪名概念】

运送他人偷越国(边)境罪,是指违反出入国(边)境管理法规,非法运送他人偷越国(边)境的行为。

【司法解释】

最高人民法院、最高人民检察院《关于办理妨害国(边)境管理刑事案件应用法律若干问题的解释》

(实施日期:2012年12月20日)(节录)

为依法惩处妨害国(边)境管理犯罪活动,维护国(边)境管理秩序,根据《中华人民共和国刑法》《中华人民共和国刑事诉讼法》的有关规定,现就办理这类案件应

用法律的若干问题解释如下:

第四条　运送他人偷越国(边)境人数在十人以上的,应当认定为刑法第三百二十一条第一款第(一)项规定的“人数众多”;违法所得数额在二十万元以上的,应当认定为刑法第三百二十一条第一款第(三)项规定的“违法所得数额巨大”。

【关联法律】

公安部《关于妨害国(边)境管理犯罪案件立案标准及有关问题的通知》

(实施日期:2000年3月31日　公通字[2000]30号)(节录)

各省、自治区、直辖市公安厅、局,新疆生产建设兵团公安局:

为贯彻执行《中华人民共和国刑法》、《中华人民共和国刑事诉讼法》、《公安机关理刑事案件程序规定》和《公安部关于印发〈公安部刑事案件管辖分工规定〉的通知》(公通字[1998]80号),现将妨害国(边)境管理犯罪案件立案标准及办理妨害国(边)境管理犯罪案件的有关问题通知如下:

一、立案标准

(五)运送他人偷越国(边)境案

1. 运送他人偷越国(边)境的,应当立案侦查。

2. 运送他人偷越国(边)境,具有下列情形之一的,应当立为重大案件:

(1)一次运送20-49人偷越国(边)境的;

(2)运送他人偷越国(边)境3-4次的;

(3)使用简陋、破旧、报废、通气状况很差的船只或者车辆等不具备必要安全条件的交通工具运送他人偷越国(边)境,足以造成严重后果的;

(4)违法所得5万-20万元的;

(5)造成被运送人重伤1-2人的;

(6)以暴力、威胁方法抗拒检查的;

(7)有其他严重情节的。

3. 运送他人偷越国(边)境,具有下列情形之一的,应当立为特别重大案件:

(1)一次运送50人以上偷越国(边)境的;

(2)运送他人偷越国(边)境5次以上的;

(3)造成被运送人重伤3人以上或者死亡1人以上的;

(4)违法所得20万元以上的;

(5)有其他特别严重情节的。

【犯罪构成】

(一)主体要件

本罪的主体为一般主体,即为年满十六周岁且具有刑事责任能力的自然人。

既可以是中国人，亦可以是外国人。

（二）主观要件

本罪在主观方面必须出于故意，即明知他人企图偷越国（边）境而仍决意予以运送。过失不能构成本罪。如果不知是偷越国（边）境的人员而运送其出入国（边）境的，则不构成本罪。至于其动机可多种多样、如出于营利、迷恋女色、碍于情面、迫于威胁等，但动机如何，并不影响本罪成立。

（三）客观要件

本罪在客观方面表现为非法运送他人偷越国（边）境的行为。非法，是指违反有关出入国（边）境的管理法规，如《公民出境入境管理法》《外国人入境出境管理法》、国务院批准公安部的《中国公民因私事往来香港地区或者澳门地区的暂行管理办法》、最高人民法院、最高人民检察院和公安部《关于对非法越境去台人员的处理意见》等。如果没有违反法律规定，而运送了符合条件的出入境人员，就不构成本罪。另外，虽然违反了有关法规，而以不正当的方式运送了不是偷越国（边）境的人员，也不能构成本罪。所谓运送，是指以车、船、航空器等交通工具或其他方法如徒步带领、将越境的违法犯罪分子偷运送出或接入国（边）境的行为。

（四）客体要件

本罪所侵害的客体是国家有关出入国（边）境的管理制度。行为对象是除己之外的他人。他人既可能是中国人，亦可以是外国人；既可以是一人、两人，也可以是三人以上的多人，但不包括行为人自己。行为人在运送他人偷越国（边）境时，也必然偷越了国（边）境，但其行为应被主行为吸收，不再构成独立的偷越国（边）境罪，而应以运送他人偷越国（边）境罪论处，不实行数罪并罚，行为人如在组织后又运送被组织的人偷越国（边）境的，则属牵连犯罪，对之应择重罚而以组织他人偷越国（边）境罪治罪。

【罪名辨析】

（一）本罪与组织他人偷越国（边）境罪的界限

二罪的区别是明显的，主要区别在于客观方面不同。运送他人偷越国（边）境罪表现为为他人提供运输工具，并且将他人送出或送入国（边）境。组织他人偷越国（边）境罪表现为采取煽动、串连、拉拢、引诱、欺骗、强迫等手段，策划联络安排他人偷越国（边）境。

司法实践中，经常表现为既组织又运送的行为，对此如何定罪，我们认为如果组织和运送的是同一批偷越国（边）境者，按组织他人偷越国（边）境罪定罪处罚。如果既组织他人偷越国（边）境，又运送他人偷越国（边）境、这些偷越国（边）境又不是同一批的，应定组织他人偷越国（边）境罪和运送他人偷越国（边）境罪两罪，二罪并罚。

(二)本罪一罪与数罪的问题

本条第二款规定,对被运送人有杀害、伤害、强奸、拐卖等犯罪行为,或者对检查人员有杀害、伤害等犯罪行为的,依照数罪并罚的规定处罚。在运送他人偷越国(边)境犯罪过程中,对被运送人有杀害、伤害、强奸、拐卖等犯罪行为,或者对检查人员有杀害、伤害等犯罪行为的,运送他人偷越国(边)境罪与杀人、伤害、强奸等这几种犯罪是独立的数罪关系,因此,应当按照运送他人偷越国(边)境罪和另外实施的故意杀人、故意伤害、强奸等犯罪行为,分别定罪判刑,然后实行并罚。

量 刑 部 分

【量刑标准】

犯本罪的,处五年以下有期徒刑、拘役或者管制,并处罚金;有下列情形之一的,处五年以上十年以下有期徒刑,并处罚金:

(一)多次实施运送行为或者运送人数众多的;

(二)所使用的船只、车辆等交通工具不具备必要的安全条件,足以造成严重后果的;

(三)违法所得数额巨大的;

(四)有其他特别严重情节的。

在运送他人偷越国(边)境中造成被运送人重伤、死亡,或者以暴力、威胁方法抗拒检查的,处七年以上有期徒刑,并处罚金。

犯前两款罪,对被运送人有杀害、伤害、强奸、拐卖等犯罪行为,或者对检查人员有杀害、伤害等犯罪行为的,依照数罪并罚的规定处罚。

偷越国(边)境罪 《刑法》第322条

违反国(边)境管理法规,偷越国(边)境,情节严重的,处一年以下有期徒刑、拘役或者管制,并处罚金;为参加恐怖活动组织、接受恐怖活动培训或者实施恐怖活动,偷越国(边)境的,处一年以上三年以下有期徒刑,并处罚金。

定 罪 部 分

【罪名概念】

偷越国(边)境罪,是指违反出入国(边)境管理法规,偷越国(边)境,情节严重的行为；或者为参加恐怖活动组织、接受恐怖活动培训或者实施恐怖活动，偷越国（边）境的行为。

【司法解释】

最高人民法院、最高人民检察院《关于办理妨害国（边）境管理刑事案件应用法律若干问题的解释》

（实施日期：2012年12月20日　法释〔2012〕17号）（节录）

为依法惩处妨害国（边）境管理犯罪活动，维护国（边）境管理秩序，根据《中华人民共和国刑法》《中华人民共和国刑事诉讼法》的有关规定，现就办理这类案件应用法律的若干问题解释如下：

第五条　偷越国（边）境，具有下列情形之一的，应当认定为刑法第三百二十二条规定的“情节严重”：

（一）在境外实施损害国家利益行为的；

（二）偷越国（边）境三次以上或者三人以上结伙偷越国（边）境的；

（三）拉拢、引诱他人一起偷越国（边）境的；

（四）勾结境外组织、人员偷越国（边）境的；

（五）因偷越国（边）境被行政处罚后一年内又偷越国（边）境的；

（六）其他情节严重的情形。

第六条　具有下列情形之一的，应当认定为刑法第六章第三节规定的“偷越国（边）境”行为：

（一）没有出入境证件出入国（边）境或者逃避接受边防检查的；

（二）使用伪造、变造、无效的出入境证件出入国（边）境的；

（三）使用他人出入境证件出入国（边）境的；

（四）使用以虚假的出入境事由、隐瞒真实身份、冒用他人身份证件等方式骗取的出入境证件出入国（边）境的；

（五）采用其他方式非法出入国（边）境的。

第七条　以单位名义或者单位形式组织他人偷越国（边）境、为他人提供伪造、变造的出入境证件或者运送他人偷越国（边）境的，应当依照刑法第三百一十八条、第三百二十条、第三百二十一条的规定追究直接负责的主管人员和其他直接责任人员的刑事责任。

第八条　实施组织他人偷越国（边）境犯罪，同时构成骗取出境证件罪、提供伪造、变造的出入境证件罪、出售出入境证件罪、运送他人偷越国（边）境罪的，依照处罚较重的规定定罪处罚。

第九条　对跨地区实施的不同妨害国（边）境管理犯罪，符合并案处理要求，有关地方公安机关依照法律和相关规定一并立案侦查，需要提请批准逮捕、移送审查起诉、提起公诉的，由该公安机关所在地的同级人民检察院、人民法院依法受理。

第十条　本解释发布实施后,最高人民法院《关于审理组织、运送他人偷越国(边)境等刑事案件适用法律若干问题的解释》(法释〔2002〕3号)不再适用。

【关联法律】

公安部《关于妨害国(边)境管理犯罪案件立案标准及有关问题的通知》

(实施日期:2000年3月31日　公通字[2000]30号)(节录)

各省、自治区、直辖市公安厅、局,新疆生产建设兵团公安局:

为贯彻执行《中华人民共和国刑法》、《中华人民共和国刑事诉讼法》、《公安机关理刑事案件程序规定》和《公安部关于印发〈公安部刑事案件管辖分工规定〉的通知》(公通字[1998]80号),现将妨害国(边)境管理犯罪案件立案标准及办理妨害国(边)境管理犯罪案件的有关问题通知如下:

一、立案标准

(六)偷越国(边)境案

1. 偷越国(边)境,具有下列情形之一的,应当立案侦查:

(1)偷越国(边)境3次以上的、屡教不改的;

(2)实施违法行为后偷越国(边)境的;

(3)在偷越国(边)境时对执法人员施以暴力、威胁手段的;

(4)造成重大涉外事件和恶劣影响的;

(5)有其他严重情节的。

2. 偷越国(边)境,具有下列情形之一的,应当立为重大案件:

(1)为逃避刑罚偷越国(边)境的;

(2)以走私、贩毒等犯罪为目的偷越国(边)境的;

(3)有其他特别严重情节的。

【犯罪构成】

(一)主体要件

本罪主体是一般主体,中国公民和外国人均可构成本罪。

(二)主观要件

本罪在主观方面是故意。过失不能构成本罪。即明知是国(边)境线却仍决意偷越的。如果行为人不明确或不知道是国(边)境界,而误出或误入的,不能构成本罪。实施本罪的动机是多种多样的,有的是违反了纪律,为了逃避处分;有的是犯了罪,为逃避刑事处罚;有的是为了走私贩毒等。不同的动机可以作为处罚情节考虑,但不影响犯罪的成立。但对一般居民为了探亲访友、赶集、过境耕种或出国谋生,一般不宜以犯罪论处,可按我国出入境管理法规,给予一定的行政处罚。

（三）客观要件

本罪在客观方面表现为偷越国（边）境，情节严重的行为；或者为参加恐怖活动组织、接受恐怖活动培训或者实施恐怖活动，偷越国（边）境的行为。

所谓“偷越国（边）境”，是指违反国（边）境管理法规，非法出入国（边）境的行为。其偷越国（边）境的手段和方法可以是多种多样的，一般表现为在不准通过的地点秘密出入境，有用船偷渡的，也有靠车马或步行偷越的；有的虽然是在指定的地点通过，但伪造、涂改、冒用出入境证件或用其他蒙骗手段蒙混过关的，例如有人藏在进出国（边）境的飞机、船只、汽车里，也有人藏在入境装货的集装箱或行李箱中。无论采取什么方法，只要是实施了非法出入境等行为的，都是偷越国（边）境行为。在这里，需要注意的是，行为人仅只是涂改、伪造了出入境证件，还没有进一步实施偷越国（边）境行为的，就不能构成本罪，而可能触犯其他罪名，如伪造公文、证件、印章罪，对外国人入境后在我国非法居留、停留的，或者到不对外国人开放地区旅行的、都不能视为偷越同（边）境的行为、不能以本罪论处。根据本条的规定，偷越国（边）境的行为，只有“情节严重的”才构成犯罪。

（四）客体要件

本罪侵犯的客体是我国出入国（边）境管理秩序。

【罪名辨析】

（一）本罪与叛逃罪的界限

1. 犯罪主体不同。偷越国（边）境罪的犯罪主体是一般主体；而叛逃罪的犯罪主体则是特殊主体，即国家机关工作人员，不仅包括在国家机关依法从事公务的人员，还包括国家机关内的非从事公务的人员。

2. 犯罪主观故意的内容不同。偷越国（边）境罪在主观方面表现为，行为人明知偷越国（边）境的行为是违法行为，会给国家对国（边）境的正常管理秩序造成破坏，而仍然希望这一危害社会的结果的发生；而叛逃罪直接故意的内容是，行为人明知自己是国家机关工作人员不应叛逃，而仍然故意为之。

3. 犯罪客观方面的表现形式不同。偷越国（边）境罪在客观上表现为偷越国（边）境，情节严重的行为，或者为参加恐怖活动组织、接受恐怖活动培训或者实施恐怖活动，偷越国（边）境的行为；叛逃罪在客观方而则表现为，国家机关工作人员在履行公务期间，擅离岗位，叛逃境外或者在境外叛逃，危害中华人民共和国国家安全的行为。

4. 犯罪客体不同。偷越国（边）境罪侵犯的直接客体是国家对国（边）境的正常管理秩序；而叛逃罪侵犯的客体则是中华人民共和国的国家安全。

（二）本罪与军人叛逃罪的界限

1. 犯罪主体不同。偷越国（边）境罪的犯罪主体是一般主体，无论中国公民、外国人还是无国籍人均可成为偷越国(边)境罪的犯罪主体;而军人叛逃罪的犯罪主体则只能是现役军人。

2. 犯罪客观方面的具体表现形式不同。偷越国(边)境罪在客观方面表现为偷越国(边)境,情节严重的行为,或者为参加恐怖活动组织、接受恐怖活动培训或者实施恐怖活动,偷越国(边)境的行为;而军人叛逃罪在客观方面则表现为,在履行公务期间,擅离岗位叛逃境外或者在境外叛逃的行为。

3. 犯罪侵犯的客体不同。偷越国(边)境罪侵犯的同类客体和直接客体都是国家对国(边)境的正常管理秩序;而军人叛逃罪侵犯的同类客体是我国的军事利益,直接客体是国家的国防安全和军人永不叛国的职责。

量刑部分

【量刑标准】

犯本罪,情节严重的,处一年以下有期徒刑、拘役或者管制,并处罚金;为参加恐怖活动组织、接受恐怖活动培训或者实施恐怖活动,偷越国(边)境的,处一年以上三年以下有期徒刑,并处罚金。

截至目前,尚无本罪名关于量刑的司法解释。

破坏界碑、界桩罪、破坏永久性测量标志罪 《刑法》第323条

故意破坏国家边境的界碑、界桩或者永久性测量标志的,处三年以下有期徒刑或者拘役。

定罪部分

【罪名概念】

破坏界碑、界桩罪、破坏永久性测量标志罪,是指明知是国家设立在边境上的界碑、界桩、永久性测量标志故意加以破坏的行为。

【关联法律】

公安部《关于妨害国(边)境管理犯罪案件立案标准及有关问题的通知》

(实施日期:2000年3月31日　公通字[2000]30号)(节录)

各省、自治区、直辖市公安厅、局,新疆生产建设兵团公安局:

为贯彻执行《中华人民共和国刑法》、《中华人民共和国刑事诉讼法》、《公安机关理刑事案件程序规定》和《公安部关于印发〈公安部刑事案件管辖分工规定〉的通知》(公通字[1998]80号),现将妨害国(边)境管理犯罪案件立案标准及办理妨害

国(边)境管理犯罪案件的有关问题通知如下:

一、立案标准

(七)破坏界碑、界桩案

1. 采取盗取、毁坏、拆除、掩埋、移动等手段破坏国家边境的界碑、界桩的,应当立案侦查。

2. 破坏3个以上界碑、界桩的,或者造成严重后果的,应当立为重大案件。

【犯罪构成】

(一)主体要件

本罪主体是一般主体。可以是中国人,也可以是外国人。

(二)主观要件

本罪在主观方面表现为故意。即明知是界碑、界桩而故意加以破坏。至于犯罪动机则可能是多种多样的,如有的是为了贪财,有的是为了泄愤,有的是为了报复私仇进行栽赃陷害等,不同的动机对成立本罪不发生影响,但是可以作为量刑情节考虑。过失破坏国家边境界桩、界碑、永久性测量标志的,不能构成本罪。

(三)客观要件

本罪在客观方面表现为破坏国家边境界碑、界桩、永久性测量标志的行为。这里,所谓“破坏行为”,主要是指捣毁、盗窃、拆除、损坏、掩埋、移动位置,等等。不论采取什么方法,只要使国家边境的界碑、界桩失去了原有的作用,都应视作破坏行为。本罪的行为对象必须是国家国境的界碑、界桩、永久性测量标志。国家边境上的界碑、界桩,是标志国家领土范围的标记,它既可以是永久性的,也可以是根据条约规定埋设的,还可以是按照历史形成的管辖范围埋设的。至于界碑、界桩的具体形式如木桩、铁桩、石碑,等等,均在所不问。

(四)客体要件

本罪侵犯的客体是国家边境的正常管理秩序。犯罪的对象仅限于国家边境的界碑、界桩、永久性测量标志。界碑、界桩是在我国与邻国接壤地区设置的用以划分两国疆界线的标志物。它涉及两国领土范围的问题,任何人不得擅自移动和破坏,否则,就有可能引起两国间的领土纠纷,给国家和人民在政治上造成重大损失,这一点是本罪与一般破坏公私财物罪的主要区别。

量刑部分

【量刑标准】

犯本罪的,处三年以下有期徒刑或者拘役。

截至目前,尚无本罪名关于量刑的司法解释。

第四节　妨害文物管理罪

故意损毁文物罪　《刑法》第324条(一)

故意损毁国家保护的珍贵文物或者被确定为全国重点文物保护单位、省级文物保护单位的文物的,处三年以下有期徒刑或者拘役,并处或者单处罚金;情节严重的,处三年以上十年以下有期徒刑,并处罚金。

定 罪 部 分

【罪名概念】

故意损毁文物罪,是指违反文物保护法规,明知是国家保护的珍贵文物或者被确认为全国重点文物保护单位、省级文物保护单位的文物而予以故意损毁的行为。

【司法解释】

最高人民检察院、公安部《关于公安机关管辖的刑事案件立案追诉标准的规定(一)》

(实施日期:2008年6月25日　公通字[2008]36号)(节录)

第四十六条　故意损毁国家保护的珍贵文物或者被确定为全国重点文物保护单位、省级文物保护单位的文物的,应予立案追诉。

【关联法律】

《文物保护法》

(实施日期:2013年6月29日)(节录)

第二条　在中华人民共和国境内,下列文物受国家保护:

(一)具有历史、艺术、科学价值的古文化遗址、古墓葬、古建筑、石窟寺和石刻、壁画;

(二)与重大历史事件、革命运动或者著名人物有关的以及具有重要纪念意义、教育意义或者史料价值的近代现代重要史迹、实物、代表性建筑;

(三)历史上各时代珍贵的艺术品、工艺美术品;

(四)历史上各时代重要的文献数据以及具有历史、艺术、科学价值的手稿和图书数据等;

(五)反映历史上各时代、各民族社会制度、社会生产、社会生活的代表性实物。

文物认定的标准和办法由国务院文物行政部门制定,并报国务院批准。

具有科学价值的古脊椎动物化石和古人类化石同文物一样受国家保护。

第七章　法律责任

第六十四条　违反本法规定，有下列行为之一，构成犯罪的，依法追究刑事责任：

（一）盗掘古文化遗址、古墓葬的；

（二）故意或者过失损毁国家保护的珍贵文物的；

（三）擅自将国有馆藏文物出售或者私自送给非国有单位或者个人的；

（四）将国家禁止出境的珍贵文物私自出售或者送给外国人的；

（五）以牟利为目的倒卖国家禁止经营的文物的；

（六）走私文物的；

（七）盗窃、哄抢、私分或者非法侵占国有文物的；

（八）应当追究刑事责任的其他妨害文物管理行为。

第六十五条　违反本法规定，造成文物灭失、损毁的，依法承担民事责任。

违反本法规定，构成违反治安管理行为的，由公安机关依法给予治安管理处罚。

违反本法规定，构成走私行为，尚不构成犯罪的，由海关依照有关法律、行政法规的规定给予处罚。

【犯罪构成】

（一）主体要件

本罪主体是一般主体，即凡是达到刑事责任年龄、具有刑事责任能力的自然人均可成为本罪的主体。

（二）主观要件

本罪在主观方面只能是故意，即明知是文物而故意加以损毁。至于行为人实施损毁行为的动机可能不尽相同，动机如何，不影响本罪构成，但是，如果行为人不知是文物将其损坏，或者虽然知道，但由于过失将其损毁，不构成本罪。所谓情节严重，一般是指多次损毁、屡教不改的；损毁国宝级文物的；损毁大量珍贵文物或致使国家重点文物保护单位的文物毁损严重的；损毁文物动机极其恶劣的等等。

（三）客观要件

本罪在客观方面表现为故意损毁国家保护的珍贵文物或者被确定为全国重点文物保护单位、省级文物保护单位的文物的行为。所谓损毁，是指使珍贵文物或者被确定为全国重点文物保护单位、省级文物保护的文物部分破损或者完全毁灭，损毁文物的情况比较复杂，造成的后果各有不同，破坏的程度有轻有重，社会影响也有差异。处理时要作具体分析，认真区分违法和犯罪的界限。应鉴别遭到损毁的是否是其主要的、关键的部分，对其外观的破坏程度等，从经济价值、社会影响、危害后果等各种因素进行综合考虑。对某些损坏很轻、影响不大,或者被损坏后易于修复,情节显著轻微的,亦可以不认为是犯罪,但可依照《治安管理处罚法》第四十九条的规定,对故意损毁公私财物的,处五日以上十日以下拘留,可以并处五百元以下罚款;情节较重的,处十日以上十五日以下拘留,可以并处一千元以下罚款。

本罪是举动犯,只要实施故意损毁行为,均构成本罪。

(四)客体要件

本罪侵犯的客体是国家文物管理秩序,本罪的对象是国家保护的珍贵文物和被确定为全国重点文物保护单位、省级文物保护单位的文物。所谓国家保护的珍贵文物,是指具有重大历史、科学、艺术价值的文物。根据《文物保护法》及其实施细则的规定,珍贵文物包括具有重大历史、科学、艺术价值的纪念物、艺术品、工艺美术品、革命史献数据、手稿、古旧图书数据以及代表性实物等文物,珍贵文物分为一、二、三级,是否属于珍贵文物由有关部门依法鉴定确认。此外具有科学价值的古脊椎动物化石和古人类化石同文物一样受国家保护。所谓全国重点文物保护单位、省级文物保护单位的文物,是指由国务院、省、自治区、直辖市人民政府根据文物的历史、艺术、科学价值,核定公布并予以重点保护的革命遗址、纪念建筑物、古文化遗址、古墓葬、古建筑、石窟寺、石刻等文物。所谓全国重点文物保护单位,是指国家行政管理部门在各级文物保护单位中,选择出来的具有重大历史、艺术、科学价值并报国务院核定公布的单位以及国家文化行政管理部门在各级文物保护单位中,直接指定出来并报国务院核定公布的单位;所谓省级文物保护单位,是指由省、自治区、直辖市人民政府核定并报国务院备案的文物单位。

量刑部分

【量刑标准】

犯本罪的,处三年以下有期徒刑或者拘役,并处或者单处罚金;情节严重的,处三年以上十年以下有期徒刑,并处罚金。

截至目前,尚无本罪名关于量刑的司法解释。

故意损毁名胜古迹罪 《刑法》第324条(二)

故意损毁国家保护的名胜古迹,情节严重的,处五年以下有期徒刑或者拘役,并处或者单处罚金。

定罪部分

【罪名概念】

故意损毁名胜古迹罪，是指违反文物保护法规，明知是国家保护的名胜古迹而予以损毁，情节严重的行为。

【司法解释】

最高人民检察院、公安部《关于公安机关管辖的刑事案件立案追诉标准的规定(一)》

(实施日期:2008 年 6 月 25 日　公通字[2008]36 号)(节录)

第四十七条　[故意损毁名胜古迹案(刑法第三百二十四条第二款)]故意损毁国家保护的名胜古迹，涉嫌下列情形之一的，应予立案追诉:

(一)造成国家保护的名胜古迹严重损毁的;

(二)损毁国家保护的名胜古迹三次以上或者三处以上，尚未造成严重损毁后果的;

(三)损毁手段特别恶劣的;

(四)其他情节严重的情形。

【犯罪构成】

(一)主体要件

本罪主体是一般主体，凡年满十六周岁且具备刑事责任能力的自然人均能构成本罪。

(二)主观要件

本罪在主观方面表现为直接故意，即明知是国家保护的名胜古迹而加以损毁。间接故意和过失不构成本罪。

(三)客观要件

本罪在客观方面表现为故意损毁国家保护的名胜古迹，情节严重的行为。所谓损毁，是指损坏和毁灭。具体方式多种多样，如捣毁、砸碎、拆除、污损、挖掘、刻划、焚烧、炸毁等。一般表现为积极的作为方式，如损毁景物、建筑物;破坏园林植物;在名胜古迹区盖违章建筑，拒绝拆除等，但也不排除可以由消极的不作为方式构成。

损毁国家保护的名胜古迹的行为必须达到情节严重。情节不属严重即使有损毁行为，也不能构成本罪。所谓情节严重，主要是指多次损毁国家保护的名胜古迹的;因其行为造成国家保护的名胜古迹严重损坏的;造成名胜古迹大面积损毁的;造成恶劣影响的;出于卑鄙动机损毁的;抗拒他人制止的;等等。

(四)客体要件

本罪所侵害的客体是国家有关名胜古迹的管理秩序，对象则为国家保护的名胜古迹。所谓名胜古迹,包括风景名胜及文物古迹。其中,风景名胜,是指具有观赏、文化或科学价值,自然景物、人文景物比较集中,环境优雅、具有一定规模和范围,可供人们游览、休息或进行科学文化活动的地区。根据其观赏、文化或科学价值的大小,环境质量的高低,规模大小,游览条件的优劣等,可分为国家重点、省级和市县级三级风景名胜区。所谓文物古迹,是指与名人事迹、历史大事有关而值得后人登临凭吊的胜地、建筑物以及文物保护单位。文物保护单位,根据其历史、艺术、科学价值,可分为国家重点文物保护单位,省、自治区、直辖市级文物保护单位及县、自治区、市级文物保护单位。属于本罪对象的名胜古迹,应是国家保护的名胜古迹,其范围宜控制在全国重点与省级两级内,县、市级的名胜古迹,一般不能构成本罪的对象。

量刑部分

【量刑标准】

犯本罪,情节严重的,处五年以下有期徒刑或者拘役,并处或者单处罚金。

截至目前,尚无本罪名关于量刑的司法解释。

过失损毁文物罪 《刑法》第324条(三)

过失损毁国家保护的珍贵文物或者被确定为全国重点文物保护单位、省级文物保护单位的文物,造成严重后果的,处三年以下有期徒刑或者拘役。

定罪部分

【罪名概念】

过失损毁文物罪,是指违反文物保护法规,过失损毁国家保护的珍贵文物或者被确定为全国重点文物保护单位、省级文物保护单位的文物,造成严重后果的行为。

【司法解释】

最高人民检察院、公安部《关于公安机关管辖的刑事案件立案追诉标准的规定(一)》

(实施日期:2008年6月25日 公通字[2008]36号)(节录)

第四十八条 [过失损毁文物案(刑法第三百二十四条第三款)]过失损毁国家保护的珍贵文物或者被确定为全国重点文物保护单位、省级文物保护单位的文物,涉嫌下列情形之一的,应予立案追诉:

(一)造成珍贵文物严重损毁的;

(二)造成被确定为全国重点文物保护单位、省级文物保护单位的文物严重损毁的;

(三)造成珍贵文物损毁三件以上的;

(四)其他造成严重后果的情形。

【构成要件】

(一)主体要件

本罪的主体为一般主体,即年满十六周岁具有刑事责任能力的自然人,均可构成本罪。

(二)主观要件

本罪在主观方面必须出于过失,即应当预见自己的行为可能损毁珍贵文物,却因疏忽大意而没有预见或者虽然预见自己的行为可能损毁珍贵文物,但却轻信能够避免,以致造成珍贵文物损毁,并造成严重后果。行为人如果出于故意,则不构成本罪应是故意损毁文物罪。

(三)客观要件

本罪在客观方面表现为损毁国家保护的珍贵文物,或者被确定为全国重点文物保护单位、省级文物保护单位的文物,造成严重后果的行为。所谓损毁,在这里是指由自己的过失行为如失火、过失引起爆炸、过失污损、过失摔破等致使珍贵文物损坏和毁灭。所谓造成严重后果、则是指造成国家特别珍贵的文物损毁或者损毁珍贵文物数量较多以及国家重点文物保护单位的文物损毁或者省级文物保护单位的文物毁损数量较大的等情况。虽有过失损毁的行为,但所造成的后果不属严重,则仍不能构成本罪。

(四)客体要件

本罪所侵害的客体是国家有关珍贵文物的管理秩序。对象是国家保护的珍贵文物及被确定为全国重点文物保护单位、省级文物保护单位的文物,具体可参见故意损毁文物罪的释解,这里不再赘述。

【罪名辨析】

本罪与故意毁损文物罪、故意毁损名胜古迹罪的界限。

关于损毁文物、名胜古迹的行为,刑法共规定了三种犯罪,即故意损毁文物罪、过失损毁文物罪和故意损毁名胜古迹罪。

故意损毁文物罪和过失损毁文物罪的犯罪对象都是国家保护的珍贵文物和被确定为全国重点文物保护单位、省级文物保护单位的文物。珍贵文物主要是指可移动文物。根据《文物保护法》和《文物藏品定级标准》的规定,凡属一、二级的文物均属珍贵文物,部分三级文物也属珍贵文物。三级文物中需要定为珍贵文物的,应经国家文物鉴定委员会确认。珍贵文物主要包括:历史上各时代珍贵的艺术品;工艺美术品;重要的革命文献数据以及具有历史、艺术、科学价值的手稿;古旧图书数据;反映历史上各时代、各民族社会制度、社会生产、社会生活的代表性实物,比如货币、舆服、器具、名画等。文物保护单位,是指人民政府按照法定程序确定的,具有历史、艺术、科学价值的革命遗址、纪念建筑物、古文化遗址、古墓葬、古建筑、石窟寺、石刻等不可移动的文物。如宋庆龄故居、清东陵、燕下都遗址等。文物保护单位分为全国重点文物保护单位、省级文物保护单位、县(市)级文物保护单位。文物保护单位根据其级别分别由国务院、省级人民政府和县(市)级人民政府核定公布。损毁文物,是指将国家保护的珍贵文物或者被确定为全国重点文物保护单位、省级文物保护单位的文物毁坏,包括打碎、涂抹、拆散、烧毁等,使文物不能恢复原状或者失去文物价值的破坏行为。故意损毁文物罪和过失损毁文物罪的区别主要有两点:一是主观状态不同,故意损毁文物罪属于故意犯罪,是明知自己的行为会损毁文物,希望或者放任这种损毁的结果发生的;过失损毁文物罪属于过失犯罪,是应当预见自己的行为可能造成损毁文物的结果,因为疏忽大意而没有预见,或者已经预见而轻信能够避免,以致发生损毁结果的行为。如在进行基建工程时,没有在施工前进行必要的调查与勘探,在施工中造成古文化遗址或古墓葬及珍贵文物的破坏等。二是构成故意损毁文物罪不要求造成严重后果,而构成过失损毁文物罪则要求造成严重后果。造成严重后果,主要是指被损毁的珍贵文物数量较大,或者损毁非常重要的保护文物,使其无法恢复原状,给国家文物财产造成无法弥补的严重损失的情形。过失损毁文物,只有造成严重后果的,才构成犯罪。

对故意损毁文物罪的处罚,刑法规定对故意损毁国家保护的珍贵文物或者被确定为全国重点文物保护单位、省级文物保护单位的文物的,处三年以下有期徒刑或者拘役,并处或者单处罚金;情节严重的,处三年以上十年以下有期徒刑,并处罚金。这里所说的情节严重,主要是指损毁特别珍贵的文物或者有特别重要价值的文物,或者多次损毁、损毁多件或者损毁多处国家保护的珍贵文物、全国重点文物保护单位、省级文物保护单位的文物,使之无法补救、修复、恢复原状,给国家文物财产造成不可弥补的损失的情形等。对过失损毁珍贵文物罪的处罚,刑法规定过失损毁国家保护的珍贵文物或者被确定为全国重点文物保护单位、省级文物保护单位的文物,造成严重后果的,处三年以下有期徒刑或者拘役。

对损毁名胜古迹的行为,刑法只规定了故意损毁名胜古迹罪。过失损毁名胜古迹的,不构成犯罪。故意损毁名胜古迹罪,是指故意损毁国家保护的名胜古迹,情节严重的行为。名胜古迹,是指可供人游览的著名的风景区以及虽未被人民政府核定公布为文物保护单位但也具有一定历史意义的古建筑、雕塑、石刻等历史陈迹。对故意损毁国家保护的名胜古迹,情节严重的,处五年以下有期徒刑或者拘役,并处或者单处罚金。

量 刑 部 分

【量刑标准】

犯本罪,造成严重后果的,处三年以下有期徒刑或者拘役。

截至目前,尚无本罪名关于量刑的司法解释。

非法向外国人出售、赠送珍贵文物罪　《刑法》第325条

违反文物保护法规,将收藏的国家禁止出口的珍贵文物私自出售或者私自赠送给外国人的,处五年以下有期徒刑或者拘役,可以并处罚金。

单位犯前款罪的,对单位判处罚金,并对其直接负责的主管人员和其他直接责任人员,依照前款的规定处罚。

定 罪 部 分

【罪名概念】

非法向外国人出售、赠送珍贵文物罪,是指违反文物保护法规,将收藏的国家禁止出口的珍贵文物私自出售或者私自赠送给外国人的行为。

【犯罪构成】

(一)主体要件

本罪的主体为一般主体,即凡达到刑事责任年龄、具备刑事责任能力的自然人均可成为本罪主体。依本条第二款的规定,单位亦可成为本罪主体。

(二)主观要件

本罪在主观方面表现为故意。即行为人明知是禁止出口的珍贵文物而私自出售、赠送给外国人。如果行为人主观上确实不知是珍贵文物或者被他人欺骗利用,因其主观上没有犯罪的故意,不应按本罪处罚。至于行为人私自出售、赠送给外国人珍贵文物的动机性质是什么,例如是为了出售营利、转赠他人或是自己收藏,对于成立犯罪并无影响,但可以作为量刑时的情节予以考虑。

(三)客观要件

本罪在客观方面表现为违反文物保护法规,将收藏的国家禁止出口的珍贵文物私自出售或者私自赠送给外国人的行为。根据文物保护法的规定,个人收藏的文物可以由文化行政管理部门指定的单位收购,其他任何单位或者个人不得经营文物收购业务,私人收藏的文物,严禁倒卖牟利,严禁私自卖给外国人。所谓私自出售,是指将禁止出口的珍贵文物有偿出卖给外国人。而私自赠送,则是无价地将珍贵文物的所有权转移给外国人。至于行为人是否已出售、赠送成功,并不影响本

罪成立。例如,在出售过程中即被抓获的,也仍应按本罪处理。珍贵文物的来源,应是私人收藏的。

根据《文物保护法》的规定,行为人将私人收藏的国家禁止出口的珍贵文物私自出售或者私自赠送给外国人的,以走私论处,本法将私自出售或私自赠送禁止出口的珍贵文物给外国人的行为,单列一条,独立成罪。本罪为选择性罪名。如行为人仅触犯了其中一个罪名,则以其中的一罪定罪处刑。如行为人同时具有两个行为的,则可以定两个罪名,但不能实行数罪并罚。

(四)客体要件

本罪侵犯的客体是国家对珍贵文物的管理活动,犯罪对象是珍贵文物。国家对珍贵文物的管理活动,是指国家根据《文物保护法》,对各项珍贵文物的保护、管理活动,根据文物保护法的规定,珍贵文物具体包括:具有历史、艺术、科学价值的古文化遗址、古墓葬、古建筑、石窟寺和石刻、艺术品、工艺美术品、文献资料与实物等等。在具体案件中,行为人所出售或赠送的文物是否属于珍贵文物、价值如何,必要时应当请有关专家根据国家法律及有关规定进行科学鉴定。出售或赠送一般历史文物出口的,应按走私行为或走私犯罪处理,不构成本罪。

根据我国《文物保护法》以及《文物出境鉴定管理办法》的规定,凡 1949 年中华人民共和国成立以前中国和外国制作、生产或出版的陶瓷器、金银器、铜器及其他金属器、玉石器、漆器、玻璃器皿、各种质料的雕刻品、雕塑品、家具、书画、碑帖、拓扯、图书、文献数据、织绣、文化用品、邮票、货币、器具、工艺美术家的作品等;1949 年以后,我国已故著名书画家、工艺美术家的作品等;古脊椎动物与古人类化石,都必须进行文物出境鉴定。文物出境鉴定,是对申报出境的文物,依据《文物保护法》的规定及国家规定的文物出口界限和鉴定标准,进行鉴定、查验,决定其是否能出境。对于禁止出境的珍贵文物,或者由国家予以征购,或者由私人收藏,私人也可以将收藏的珍贵文物捐献国家,但不能私自出售或者私自赠送给外国人,这将造成珍贵文物的流失,对于国家的文物发展是不可弥补的损失,也严重侵犯了我国的文物管理制度。

量刑部分

【量刑标准】

犯本罪的,处五年以下有期徒刑或者拘役,可以并处罚金。

单位犯本罪的,对单位判处罚金,并对其直接负责的主管人员和其他直接责任人员依照个人犯罪的规定处罚

截至目前,尚无本罪名关于量刑的司法解释。

倒卖文物罪　《刑法》第326条

以牟利为目的，倒卖国家禁止经营的文物，情节严重的，处五年以下有期徒刑或者拘役，并处罚金；情节特别严重的，处五年以上十年以下有期徒刑，并处罚金。

单位犯前款罪的，对单位判处罚金，并对其直接负责的主管人员和其他直接责任人员，依照前款的规定处罚。

定 罪 部 分

【罪名概念】

倒卖文物罪，是指以牟利为目的，倒卖国家禁止经营的文物，情节严重的行为。

【关联法律】

《中华人民共和国文物保护法》

（实施日期：2013年6月29日）（节录）

第二条：在中华人民共和国境内，下列文物受国家保护：

（一）具有历史、艺术、科学价值的古文化遗址、古墓葬、古建筑、石窟寺和石刻、壁画；

（二）与重大历史事件、革命运动或者著名人物有关的以及具有重要纪念意义、教育意义或者史料价值的近代现代重要史迹、实物、代表性建筑；

（三）历史上各时代珍贵的艺术品、工艺美术品；

（四）历史上各时代重要的文献数据以及具有历史、艺术、科学价值的手稿和图书数据等；

（五）反映历史上各时代、各民族社会制度、社会生产、社会生活的代表性实物。

文物认定的标准和办法由国务院文物行政部门制定，并报国务院批准。具有科学价值的古脊椎动物化石和古人类化石同文物一样受国家保护。

第六十四条：违反本法规定，有下列行为之一，构成犯罪的，依法追究刑事责任：

（一）盗掘古文化遗址、古墓葬的；

（二）故意或者过失损毁国家保护的珍贵文物的；

（三）擅自将国有馆藏文物出售或者私自送给非国有单位或者个人的；

（四）将国家禁止出境的珍贵文物私自出售或者送给外国人的：

（五）以牟利为目的倒卖国家禁止经营的文物的：

(六)走私文物的;

(七)盗窃、哄抢、私分或者非法侵占国有文物的;

(八)应当追究刑事责任的其他妨害文物管理行为。

【犯罪构成】

(一)主体要件

本罪的主体为一般主体,凡达到刑事责任年龄、具有刑事责任能力的自然人均可成为本罪主体。依本条第二款之规定,单位也可成为本罪的主体。

(二)主观要件

本罪在主观方面表现为故意,且以牟利为目的。行为人不具有故意的心理不构成本罪,还必须同时具有牟利的目的,才能构成本罪。对于那些确实既无牟利目的,也无行使目的,而纯粹因为个人兴趣的,不以犯罪论处。此外,对于不知是禁止买卖的文物而买卖的,也不以犯罪论处。

(三)客观要件

本罪在客观方面表现为倒卖国家禁止买卖的文物,情节严重的行为。所谓倒卖,是指以牟利为目的出售、购买国家禁止经营的文物的行为,行为人倒卖的对象只能是国家禁止经营的文物。如果倒卖的不是国家禁止经营的文物,就不构成本罪,构成本罪,还要求必须具备情节严重的要素。根据司法实践,所谓情节严重,是指倒卖三级文物的,非法获利数额较大的,非法经营数额较大的,或者多次倒卖三级以下文物、倒卖三级以下文物多件的等情节。而倒卖二级文物的、倒卖一级文物的,非法获利数额巨大的、非法经营数额巨大的、或者倒卖稀世国宝的等等,则属于情节特别严重。

(四)客体要件

本罪侵犯的客体是国家的文物管理制度。国家的文物管理制度,主要是以文物保护法为核心的一系列有关文物保护的法规。根据法律、法规的规定,中华人民共和国境内地下、内水和海中遗存的一切文物,属于国家所有。古文化遗址、古墓葬、石窟寺属于国家所有。国家机关、部队、全民所有制企业、事业组织收藏的文物,属于国家所有。文物只能由文化行政主管部门指定的单位收购,其他任何单位或者个人不得经营文物收购业务。

本罪的对象是国家禁止经营的文物,所谓"国家禁止经营的文物",是指受国家保护的并由国家有关主管部门核定公布的属于禁止经营的文物。1992 年国家文物局等部门就曾下发《关于加强文物市场管理的通知》,规定了部分禁止经营的文物的具体范围,是指未经许可不得经营的一、二、三级珍贵文物以及其他受国家保护的具有重大历史、文化、科学价值的文物。

量 刑 部 分

【量刑标准】

犯本罪,情节严重的,处五年以下有期徒刑或者拘役,并处罚金;情节特别严重的,处五年以上十年以下有期徒刑,并处罚金。

单位犯前款罪的,对单位判处罚金,并对其直接负责的主管人员和其他直接责任人员,依照前款的规定处罚。

截至目前,尚无本罪名关于量刑的司法解释。

非法出售、私赠文物藏品罪 《刑法》第327条

违反文物保护法规,国有博物馆、图书馆等单位将国家保护的文物藏品出售或者私自送给非国有单位或者个人的,对单位判处罚金,并对其直接负责的主管人员和其他直接责任人员,处三年以下有期徒刑或者拘役。

定 罪 部 分

【罪名概念】

非法出售、私赠文物藏品罪,是指国有博物馆、图书馆等单位违反文物保护法规,将国家保护的文物藏品出售或者私自赠送给非国有单位或者个人的行为。

【犯罪构成】

(一)主体要件

本罪的犯罪主体为特殊主体,既指具有保护国家文物的博物馆、图书馆等单位的法人,也指非法出售或者和私赠文物藏品的直接负责任的主管人员和其他直接责任人。包括国家机关、部队、国有企业、事业组织。本罪的主体不能是个人,也不包括集体所有制企业、事业组织。

(二)主观要件

本罪主观方面表现为故意,即行为人是在知道或者应当知道自己的行为是非法出售或者私赠由国家保护的文物藏品的行为,并且希望这种结果产生。

(三)客观要件

本罪在犯罪客观方面表现为行为人违反文物保护法规,私自处置国家保护的文物藏品,具体有以下方式:

1. 行为人违反国家文物保护法律、行政法规及本单位的规章制度;
2. 私自非法出售由国家保护的文物、图书等藏品;

3. 私自将由国家保护的文物藏品赠送给个人或者非国有单位。

所谓出售,即为有偿让与,是指将馆藏文物出卖给他人。既包括以其换取金钱的典型出卖行为,亦包括以其换取其他财物或者其财产性利益及报酬的非典型出卖行为。本罪中的出售或赠送的行为必须是违反法律规定的行为才能构成犯罪。如果依照法律规定进行转让、出售或赠送,则不构成本罪。此外,只有将馆藏文物出售或私赠给了非国有单位或个人,才能构成本罪。如将馆藏文物出售或私赠给了国有单位,就不能以本罪论处。非国有单位,是指国有以外的所有单位,如私营单位、集体所有制单位、中外合作经营单位、中外合资单位、外资单位以及之间联营单位等。这里的个人,是指中国人,包括共有的个人。但如果是将所收藏的国家禁止出口的珍贵文物私自出售或赠送给外国人(包括单位)的,应以非法向外国人出售、赠送珍贵文物罪论处。

本罪为选择性罪名,只要有"非法出售"或者"非法私自赠送"行为之一的,即可构成"非法出售文物藏品罪"或"非法私赠文物藏品罪",如果具有两个行为的、则构成"非法出售、赠送文物藏品罪"。

(四)客体要件

本罪侵犯的客体是国家文物保护法规,国家对文物的所有权、文物保管的正常工作秩序,《文物保护法》第六十四条规定,擅自将国有馆藏文物出售或者私自送给非国有单位或者个人,构成犯罪的,依法追究刑事责任。全民所有制博物馆、图书馆和其他单位收藏的文物属国家所有,禁止出卖,更勿论是赠送给非国有单位或个人。

本罪的犯罪对象是国有博物馆、图书馆等单位收藏的文物。属于哪一级文物,并不影响本罪的成立、只是一个量刑时考虑的情节因素。出售或者私自赠送文物的对方只能是中国国内的非国有单位或者中国公民,如是国有单位,则不构成本罪,亦不能是外国组织或者个人,依《刑法》第三百二十五条规定,将收藏的国家禁止出口的珍贵文物私自出售或者私自赠送给外国人的,构成非法向外国人出售、赠送珍贵文物罪。

量刑部分

【量刑标准】

犯本罪的,对单位判处罚金,并对其直接负责的主管人员和其他直接责任人员,处三年以下有期徒刑或者拘役。

截至目前,尚无本罪名关于量刑的司法解释。

盗掘古文化遗址、古墓葬罪；盗掘古人类化石、古脊椎动物化石罪　《刑法》第328条

盗掘具有历史、艺术、科学价值的古文化遗址、古墓葬的，处三年以上十年以下有期徒刑，并处罚金；情节较轻的，处三年以下有期徒刑、拘役或者管制，并处罚金；有下列情形之一的，处十年以上有期徒刑或者无期徒刑，并处罚金或者没收财产：

（一）盗掘确定为全国重点文物保护单位和省级文物保护单位的古文化遗址、古墓葬的；

（二）盗掘古文化遗址、古墓葬集团的首要分子；

（三）多次盗掘古文化遗址、古墓葬的；

（四）盗掘古文化遗址、古墓葬，并盗窃珍贵文物或者造成珍贵文物严重破坏的。

盗掘国家保护的具有科学价值的古人类化石和古脊椎动物化石的，依照前款的规定处罚。

定罪部分

【罪名概念】

盗掘古文化遗址、古墓葬罪，是指盗掘具有历史、艺术、科学价值的古文化遗址、古墓葬的行为；盗掘古人类化石、古脊椎动物化石罪，是指盗掘国家保护的具有科学价值的古人类化石和古脊椎动物化石的行为。

【犯罪构成】

（一）主体要件

本罪的主体为一般主体，即年满十六周岁具有刑事责任能力的自然人。

（二）主观要件

本罪在主观方面必须出于故意，即明知是古文化遗址、古墓葬、古人类化石或者古脊椎动物化石而仍决意盗掘。所谓明知，既包括确知，即确实知道是古人类化石或者古脊椎动物化石，又包括可能知，即知道所盗掘的可能是古人类化石或古脊椎动物化石。至于行为人盗掘的目的，一般则是为了非法占有古人类化石、古脊椎动物化石。当然亦不能排除行为人还可以有其他目的、如为了侵占古人类化石或者古脊椎动物化石所在的土地，为毁损、破坏古人类化石、古脊椎动物化石等等。

（三）客观要件

本罪在客观方面表现为未经国家文化主管部门批准而私自盗掘古文化遗址、

古墓葬、古人类化石、古脊椎动物化石的行为。其具体的行为方式可多种多样,有的表现为秘密的,有的则是明火执仗地公开进行掘取;有的是单个人进行,有的则是共同掘取;等等。至于是否在盗掘中使得古人类化石、古脊椎动物化石受到严重破坏,则并不影响本罪成立,行为人在客观上只要实施了盗掘的行为,就可构成本罪。

(四)客体要件

本罪所侵害的客体是国家有关文物的保护制度。对象为具有历史、艺术、科学价值的古文化遗址、古墓葬和古人类化石和古脊椎动物化石。这里的古文化遗址,是指清代和清代以前中华民族历史发展中由古代人类创造并留下的表明其文化发展水平的石窟、地下城、古建筑等。古墓葬,是指清代和清代以前中华民族历史上建造并留下的墓穴及其有关设施。所谓古人类化石、古脊椎动物化石,是指古代人类、古代脊椎动物的遗体、遗物或者遗迹埋藏地下因年代久远而变成的跟石头一样的物品。古人类化石、古脊椎动物化石,对研究古人类、古生物的起源和进化,古人类、古生物生存环境的变迁和演变,以及人类文明发展和进步的历史,地层年代的确定等具有重要的科学研究价值。其数量极其有限,根据我国文物保护法规定,应视为文物加以保护。至于脊椎动物,则是指有脊椎骨的动物,属于脊索动物的一个亚门。此类动物体形左右一般对称,具有头、躯干、尾三个部分,其中躯干部分又被横膈膜分成胸部及腹部,有比较完善的感觉器官、运动器官和高度分化的神经系统,包括鱼类、两栖动物、爬行动物、鸟类和哺乳动物五大类。

量刑部分

【量刑标准】

犯本罪的,处三年以上十年以下有期徒刑,并处罚金;情节较轻的,处三年以下有期徒刑、拘役或者管制,并处罚金;有下列情形之一的,处十年以上有期徒刑或者无期徒刑,并处罚金或者没收财产:

(一)盗掘确定为全国重点文物保护单位和省级文物保护单位的古文化遗址、古墓葬的;

(二)盗掘古文化遗址、古墓葬集团的首要分子;

(三)多次盗掘古文化遗址、古墓葬的;

(四)盗掘古文化遗址、古墓葬,并盗窃珍贵文物或者造成珍贵文物严重破坏的。

截至目前,尚无本罪名关于量刑的司法解释。

抢夺、窃取国有档案罪 《刑法》第329条(一)

抢夺、窃取国家所有的档案的,处五年以下有期徒刑或者拘役。

有前款行为,同时又构成本法规定的其他犯罪的,依照处罚较重的规定定罪处罚。

定罪部分

【罪名概念】

抢夺、窃取国有档案罪,是指乘人不备公然夺取或者采取秘密手段获取国家所有的档案的行为。

【犯罪构成】

(一)主体要件

本罪的主体为一般主体。凡达到刑事责任年龄、具备刑事责任能力的自然人均可成为本罪主体。

(二)主观要件

本罪在主观方面表现为故意。即明知是国家所有的档案而进行抢夺或窃取,如果行为人不知抢夺或窃取的是国家档案的,不构成本罪。

(三)客观要件

本罪在客观方面表现为抢夺、窃取国家所有的档案的行为。所谓抢夺,是指在国有档案的保管者、持有人在场的情况下,公然当面夺走或抢取国有档案的行为,一般是乘管班人员或持有人不备而夺取,但也不排除在管理人、持有人有备时而强行夺取的情况。所谓窃取,是指采取自以为不为国有档案管理人、持有人发觉的方法,而秘密取走国家所有档案的行为。既可以当其面窃取,也可以在档案保管者、使用人不在场时而潜入档案存放地窃取等。

本罪为选择性罪名,只要行为人实施了其中之一行为,即构成本罪。即若只实施抢夺档案的行为,构成抢夺国有档案罪;只实施窃取档案行为的,构成窃取国有档案罪。

(四)客体要件

本罪侵犯的客体是国家对档案的管理制度。档案在社会主义现代化建设事业中具有重要的作用,档案的灭失、毁损往往会给国家和人民造成不可弥补的损失。

所谓国家所有的档案,是指国家档案馆保管且所有权属于国家的档案。归集体、个人所有的档案不是本罪的对象。

根据我国《档案法》第三条的规定,一切国家机关、武装力量、政党、社会团体、企事业单位、公民都有保护档案的义务。各级人民政府应当加强对档案工作的领导,把档案事业纳入国民经济和社会发展计划,我国的档案工作实行统一领导、分级管理的原则,维护档案的完整与安全,便于社会各方面的利用。任何抢夺、窃取国家所有的档案的行为,都严重侵犯了国家的档案管理秩序。

量刑部分

【量刑标准】

犯本罪的,处五年以下有期徒刑或者拘役。

有前款行为,同时又构成本法规定的其他犯罪的,依照处罚较重的规定定罪处罚。

截至目前,尚无本罪名关于量刑的司法解释。

擅自出卖、转让国有档案罪 《刑法》第329条(二)

违反档案法的规定,擅自出卖、转让国家所有的档案,情节严重的,处三年以下有期徒刑或者拘役。

有前款行为,同时又构成本法规定的其他犯罪的,依照处罚较重的规定定罪处罚。

定罪部分

【罪名概念】

擅自出卖、转让国有档案罪,是指违反档案法的规定,擅自出卖、转让国家所有的档案,情节严重的行为。

【犯罪构成】

(一)主体要件

本罪的主体为一般主体。即凡达到刑事责任年龄、具备刑事责任能力的自然人均可构成本罪主体。

(二)主观要件

本罪在主观方面表现为故意,即明知是国家所有的档案而擅自出卖或转让,如果行为人不知出卖或转让的是国家档案的,不构成本罪。

(三)客观要件

本罪在客观方面表现为违反档案法的规定,擅自出卖、转让国家所有的档案的行为。所谓出卖,是指以牟利为目的,将档案出售给他人的行为。所谓转让,是指将档案的所有权转给他人的行为。

擅自出卖、转让国家档案的行为只有在情节严重时才构成犯罪。所谓情节严重,一般是指出卖、转让有关国家政治、军事、经济、科学、技术、文化、宗教等活动的重要档案的;多次出卖、转让国有档案的;出卖、转让国有档案牟利较大的;出卖、转让国有档案造成恶劣社会或者政治影响的;因出卖、转让国有档案受过行政处分不思悔改又实施这种行为的:将国有档案出卖、转让给境外机构或人员的;等等。

依刑法的规定,犯本罪,同时又触犯刑法构成其他犯罪的,如刺探、窃取、收买、非法提供国家机密罪、间谍罪、泄露国家机密罪等,应择一重罪定罪处罚。

(四)客体要件

本罪侵犯的客体是国家对档案的管理制度。档案在社会主义现代化建设事业中具有重要的作用,档案的灭失、毁损往往会给国家和人民造成不可弥补的损失,因此,为了加强对国有档案的保管、利用,惩治严重妨害国有档案的犯罪十分必要。

本罪的犯罪对象是国家所有的档案。档案是指过去和现在的国家机构、社会组织以及个人从事政治、经济、军事、科学、技术、文化、宗教等活动直接形成的对国家和社会有保存价值的各种文字、图表、声像等不同形式的历史记录。

量 刑 部 分

【量刑标准】

犯本罪,情节严重的,处三年以下有期徒刑或者拘役。

有前款行为,同时又构成本法规定的其他犯罪的,依照处罚较重的规定定罪处罚。

截至目前,尚无本罪名关于量刑的司法解释。

第五节　危害公共卫生罪

妨害传染病防治罪　《刑法》第330条

违反传染病防治法的规定,有下列情形之一,引起甲类传染病传播或者有传播严重危险的,处三年以下有期徒刑或者拘役;后果特别严重的,处三年以上七年以下有期徒刑:

(一)供水单位供应的饮用水不符合国家规定的卫生标准的;

(二)拒绝按照卫生防疫机构提出的卫生要求,对传染病病原体污染的污水、污物、粪便进行消毒处理的;

(三)准许或者纵容传染病病人、病原携带者和疑似传染病病人从事国务院卫生行政部门规定禁止从事的易使该传染病扩散的工作的;

(四)拒绝执行卫生防疫机构依照传染病防治法提出的预防、控制措施的。

单位犯前款罪的,对单位判处罚金,并对其直接负责的主管人员和其他直接责任人员,依照前款的规定处罚。

甲类传染病的范围,依照《中华人民共和国传染病防治法》和国务院有关规定确定。

定罪部分

【罪名概念】

妨害传染病防治罪,是指违反传染病防治法的规定,引起甲类传染病传播或者具有传播的严重危险的行为。

【司法解释】

最高人民检察院、公安部《关于公安机关管辖的刑事案件立案追诉标准的规定(一)》

(实施日期:2008年6月25日　公通字[2008]36号)(节录)

第四十九条[妨害传染病防治案(刑法第三百三十条)]违反传染病防治法的规定,引起甲类或者按照甲类管理的传染病传播或者有传播严重危险,涉嫌下列情形之一的,应予立案追诉:

(一)供水单位供应的饮用水不符合国家规定的卫生标准的;

(二)拒绝按照疾病预防控制机构提出的卫生要求,对传染病病原体污染的污水、污物、粪便进行消毒处理的;

(三)准许或者纵容传染病病人、病原携带者和疑似传染病病人从事国务院卫生行政部门规定禁止从事的易使该传染病扩散的工作的;

(四)拒绝执行疾病预防控制机构依照传染病防治法提出的预防、控制措施的。

本条和本规定第五十条规定的"甲类传染病",是指鼠疫、霍乱;"按甲类管理的传染病",是指乙类传染病中传染性非典型肺炎、炭疽中的肺炭疽、人感染高致病性禽流感以及国务院卫生行政部门根据需要报经国务院批准公布实施的其他需要按甲类管理的乙类传染病和突发原因不明的传染病。

【关联法律】

《传染病防治法》

(实施日期:2013年6月29日)(节录)

第三条　本法规定的传染病分为甲类、乙类和丙类。

甲类传染病是指:鼠疫、霍乱。

乙类传染病是指:传染性非典型肺炎、艾滋病、病毒性肝炎、脊髓灰质炎、人感染高致病性禽流感、麻疹、流行性出血热、狂犬病、流行性乙型脑炎、登革热、炭疽、细菌性和阿米巴性痢疾、肺结核、伤寒和副伤寒、流行性脑脊髓膜炎、百日咳、白喉、新生儿破伤风、猩红热、布鲁氏菌病、淋病、梅毒、钩端螺旋体病、血吸虫病、疟疾。

丙类传染病是指：流行性感冒、流行性腮腺炎、风疹、急性出血性结膜炎、麻风病、流行性和地方性斑疹伤寒、黑热病、包虫病、丝虫病，除霍乱、细菌性和阿米巴性痢疾、伤寒和副伤寒以外的感染性腹泻病。上述规定以外的其他传染病，根据其暴发、流行情况和危害程度，需要列入乙类、丙类传染病的，由国务院卫生行政部门决定并予以公布。

国务院卫生行政部门根据传染病暴发、流行情况和危害程度，可以决定增加、减少或者调整乙类、丙类传染病病种并予以公布。

第六十五条　地方各级人民政府未依照本法的规定履行报告职责，或者隐瞒、谎报、缓报传染病疫情，或者在传染病暴发、流行时，未及时组织救治、采取控制措施的，由上级人民政府责令改正，通报批评；造成传染病传播、流行或者其他严重后果的，对负有责任的主管人员，依法给予行政处分；构成犯罪的，依法追究刑事责任。

第六十六条　县级以上人民政府卫生行政部门违反本法规定，有下列情形之一的，由本级人民政府、上级人民政府卫生行政部门责令改正，通报批评；造成传染病传播、流行或者其他严重后果的，对负有责任的主管人员和其他直接责任人员，依法给予行政处分；构成犯罪的，依法追究刑事责任：（一）未依法履行传染病疫情通报、报告或者公布职责，或者隐瞒、谎报、缓报传染病疫情的；（二）发生或者可能发生传染病传播时未及时采取预防、控制措施的；（三）未依法履行监督检查职责，或者发现违法行为不及时查处的；（四）未及时调查、处理单位和个人对下级卫生行政部门不履行传染病防治职责的举报的；（五）违反本法的其他失职、渎职行为。

【犯罪构成】

（一）主体要件

本罪主体为一般主体，一般是指供水单位及有关机关、企事业单位、人民团体等单位的直接责任人员，只有他们才能直接涉及供水、对病原体污染物的消毒处理等各项极易使传染病传播的具体工作。除此之外，还包括单位。

（二）主观要件

本罪在主观方面表现为过失，即行为人对引起甲类传染病传播或传播严重危险这一结果是不明知的。但行为人违反传染病防治法规定的行为则是故意的。如果行为人明知会引起甲类传染病传播或传播严重危险而仍实施违反传染病防治法规定的行为的，则不能以本罪论处，而应以危害公共安全罪论处。

（三）客观要件

本罪在客观方面表现为具有违反我国传染病防治的行为，并且由此引起甲类传染病的传播或者具有传播的严重危险。

(四)客体要件

本罪侵犯的客体是我国卫生行政部门对传染病特别是甲类传染病的防治和管理秩序,同时也危及人民的生命健康安全。

【罪名辨析】

(一)本罪与非罪的界限

构成本罪,必须是引起甲类传染病传播或者有传播的严重危险的行为。因此,认定本罪应当与一般违法行为区别开来。一般违法行为没有造成甲类传染病传播的结果,也不可能有甲类传染病传播的严重危险。对有违反传染病防治规定的一般行为,应由县级以上政府卫生行政部门责令限期改正,可以处以罚款;有造成传染病流行危险的,由卫生行政部门报请同级政府采取强制措施。

(二)本罪与妨害国境卫生检疫罪的界限

妨害国境卫生检疫罪是指违反国境卫生检疫规定,引起检疫传染病的传播,或者有引起检疫传染病传播的严重危险的行为。两罪存在一些相同之处,如都妨害了社会管理秩序,都可能引起某种严重危险,主体要件相同,在主观方面都表现为故意。但两者毕竟是不同的犯罪,主要区别在于:

1. 犯罪的直接客体不同。前者侵害的是国家关于传染病防治的管理秩序;而后者侵害的是国家国境卫生检疫的管理制度。

2. 客观要件不同。前者是违反了传染病防治法的有关规定的行为;而后者是违反了国境卫生检疫法的有关规定的行为。

3. 法律规定的具体对象不同。前者的行为引起的危险的对象是甲类传染病即指鼠疫、霍乱等;而后者行为引起的危险的对象是检疫传染病,包括鼠疫、霍乱、黄热病、天花、艾滋病等传染病,范围比甲类传染病广。

(三)本罪与传播性病罪的区分

传播性病罪,是指明知自己患有梅毒、淋病等严重性病而进行卖淫嫖娼的行为。妨害传染病防治罪与传播性病罪的主要区别在于:

1. 犯罪的主要客体不同。前者侵犯的主要客体是国家关于传染病防治的管理制度;后者侵犯的主要客体是社会的善良风尚。

2. 客观要件不同。首先,行为的违法性内容不同。前者违反的是传染病防治法的规定,后者则不仅违反了传染病防治法的规定,而且更主要地违反了《治安管理处罚条例》关于不得卖淫、嫖娼的规定。其次,是否需要以一定的危害结果为犯罪的必备构成要件不同。前者是结果犯,必须以引起甲类传染病传播或者引起其传播的严重危害的危害结果为必备构成要件;后者是行为犯,只要是明知自己患有严重性病而卖淫、嫖娼的,不管是否已引起性病传播或具有传播的危险均可构成该罪。

3. 主观要件不同。前者是出自过失,即行为人对引起甲类传染病的传播或者有传播的严重危险这一危害结果持过失的心理态度;后者是故意,严重性病患者卖淫、嫖娼的直接目的，虽常常不是要将性病传染给他人，但其对于造成性病的传播或者传播的严重危险这一危害结果显然是明知并且希望或放任的。

4. 主体要件不同。前者是一般主体，既可以由自然人构成，也可由单位构成；后者是特殊主体，即只有患有梅毒、淋病等患严重性病的自然人方能成为其主体，单位不能构成该罪。

5. 两者传播的对象不同。前者传播的是鼠疫、霍乱等甲类传染病；后者则是梅毒、淋病等严重性病。

量刑部分

【量刑标准】

犯本罪的，处三年以下有期徒刑或者拘役；后果特别严重的，处三年以上七年以下有期徒刑。

截至目前，尚无本罪名关于量刑的司法解释。

传染病菌种、毒种扩散罪　《刑法》第331条

从事实验、保藏、携带、运输传染病菌种、毒种的人员，违反国务院卫生行政部门的有关规定，造成传染病菌种、毒种扩散，后果严重的，处三年以下有期徒刑或者拘役；后果特别严重的，处三年以上七年以下有期徒刑。

定罪部分

【罪名概念】

传染病菌种、毒种扩散罪，是指从事实验、保藏、携带、运输传染病菌种、毒种的人员，违反国务院卫生行政部门的有关规定，造成传播染病菌种、毒种扩散，后果严重的行为。

【司法解释】

最高人民检察院、公安部《关于公安机关管辖的刑事案件立案追诉标准的规定(一)》

(实施日期:2008年6月25日　公通字[2008]36号)(节录)

第五十条　[传染病菌种、毒种扩散案(刑法第三百三十一条)]从事实验、保藏、携带、运输传染病菌种、毒种的人员，违反国务院卫生行政部门的有关规定，造成传染病菌种、毒种扩散，涉嫌下列情形之一的，应予立案追诉：

(一)导致甲类和按甲类管理的传染病传播的；

(二)导致乙类、丙类传染病流行、暴发的；

(三)造成人员重伤或者死亡的;

(四)严重影响正常的生产、生活秩序的;

(五)其他造成严重后果的情形。

【犯罪构成】

(一)主体要件

本罪的主体为特殊主体,只限于从事实验、保藏、携带、运输传染病菌种、毒种的人员,而且只能是依照国家有关规定享有从事传染病菌种、毒种实验、保藏、携带、运输工作资格的单位中的直接负责的主管人员和其他直接责任人员。不具有从事传染病菌种、毒种实验、保藏、携带、运输的资格,而擅自从事上述事务,因而引起菌种、毒种扩散的,不能以本罪论。单位不能成为本罪主体。

(二)主观要件

本罪在主观方面表现为过失。即行为人对其违反国务院卫生行政部门的有关规定造成的后果是出于过失的心理态度。至于行为人违反规定的行为本身当然是故意的,但由于行为人对损害结果的发生出于过失,所以本罪仍然属于过失犯罪。

(三)客观要件

本罪在客观方面表现为行为人违反国务院卫生行政部门的有关规定,造成传染病菌种、毒种扩散,后果严重的行为。

1. 行为人必须是违反国务院卫生行政部门的规定,造成传染病菌种、毒种扩散的才能构成本罪。这里,国务院卫生行政部门的有关规定,主要是指:违反传染病防治及其实施办法等有关规定。传染病菌种、毒种的保藏、携带、运输,必须按照国务院卫生行政部门的规定严格管理。具体包括:菌(毒)种的保藏由国务院卫生行政部门指定的单位负责;一、二类菌(毒)种的供应由国务院卫生行政部门指定的保藏管理单位供应。三类菌(毒)种由设有专业实验室的单位或者国务院卫生行政部门指定的保藏管理单位供应。使用一类菌(毒)种的单位,必须经国务院卫生行政部门批准;使用二类菌(毒)种的单位,必须经省级政府卫生行政部门批准;使用三类菌(毒)种的单位,应当经县级政府卫生行政部门批准。一、二类菌(毒)种,应派专人向供应单位领取,不得邮寄;三类菌(毒)种的邮寄必须持有邮寄单位的证明,并按照菌(毒)种邮寄与包装的有关规定办理。

2. 必须是造成传染病菌种、毒种扩散,且后果严重。所谓传染病菌种、毒种扩散,应是指造成储存传染病菌种、毒种的密器破损、丢失、被盗,或被传染病菌种、毒种所污染的物品未经消毒、灭菌处理而被带入公共场所。所谓后果严重,是指引起甲类传染病、艾滋病、肺炭疽传播或有传播严重危险的;造成艾滋病、肺炭疽之外的乙类、丙类传染病大面积传播的;造成大量传染病菌种、毒种扩散的;因传染病菌种、毒种扩散造成国家关于传染病防治管理秩序严重混乱的;致使公私财产遭受直接、间接的损失巨大的,等等。

（四）客体要件

本罪侵犯的客体是国家关于传染病防治的管理制度，具体是国家的传染病菌种、毒种管理制度。

在整个传染病防治工作中，传染病菌种、毒种的分离、引进、培养、试验以及传染病菌苗、疫苗的生物制品研制开发、生产使用占据着重要一环。如果疏于对传染病菌种、毒种实验、保藏、携带、运输工作进行规范严格科学细致的管理，一旦造成传染病菌种、毒种扩散失控，则不但无法实现从事这项工作以防治传染病的善良愿望。反而会变成传染病发生、传播乃至流行的肇因，酿成严重危害或威胁公众生命健康安全以及公私财产安全的恶果，并导致整个传染病防治工作的失败。国家对传染病菌种、毒种的引进、供应、保藏、携带、运输、实验以及菌苗、疫苗等生物制品的生产、储存、运输、销售、供应、使用等制定了一系列严重的管理制度。一方面，国家在《传染病防治法》及其《实施办法》中对传染病菌种、毒种的实验、保藏、携带、运输以及用于预防传染病的菌苗、疫苗等生物制品的生产、经营作了一般性管理规定；另一方面，国家又制定了防止传染病菌种、毒种扩散的专门性管理办法，如《传染病防治法》及其《实施办法》等等。这些规定是防止传染病菌种、毒种扩散的制度保障，必须严格遵守。而传染病菌种、毒种扩散罪直接违反了上述规定，干扰和破坏了国家关于传染病防治的管理制度，并进而严重危害或威胁广大人民群众的生命健康安全和公私财产安全，应予严惩。

本罪的对象是传染病菌种、毒种。所谓传染病菌种、毒种，根据《传染病防治法》第七十八条的规定，是指可能引起传染病发生的细菌菌种、病毒病种。

【罪名辨析】

（一）本罪与一般违法行为的界限

本罪与违反国务院卫生行政部门作出的有关传染病菌种、毒种的实验、保藏、携带、运输的规定的一般违法行为有某些相似之处，如二者都是违反了有关规定，主观上对可能发生或已经发生的危害结果所表现出的心理状态均为过失，等等。二者的主要界限应从危害结果上把握：前者必须造成了传染病菌种、毒种扩散，并且引发了严重后果；后者则可能是并未引起菌种、毒种的扩散，或者是虽已造成传染病菌种、毒种的扩散，但带来的后果并不严重。

（二）本罪与危险物品肇事罪的区分

危险物品肇事罪，是指违反爆炸性、易燃性、放射性、毒害性、腐蚀性物品的管理规定，在生产、储存、运输、使用中发生重大事故，造成严重后果的行为。其区别表现在：第一，二者侵害的主要客体不同。本罪侵害的主要客体是国家关于传染病防治的管理制度；而后者侵害的主要客体则是公共安全；第二，犯罪对象的性质不同。作为危险物品肇事罪的犯罪对象之一毒害性物品应是指敌敌畏、敌百虫、砒霜、氰化钾、氰化钠、氧化乐甲等无机物，强调的是其剧毒性；而传染病菌种、毒种属有机物,其主要特点是传染性,两者存在显著差异。第三,犯罪主体不同。前者的犯罪主体是特殊主体,即只限于从事实验、保藏、携带、运输传染病菌种、毒种的人员;后者的犯罪主体是一般主体,任何具备刑事责任能力的自然人均可构成该罪。

量刑部分

【量刑标准】

犯本罪,后果严重的,处三年以下有期徒刑或者拘役;后果特别严重的,处三年以上七年以下有期徒刑。

截至目前,尚无本罪名关于量刑的司法解释。

妨害国境卫生检疫罪 《刑法》第332条

违反国境卫生检疫规定,引起检疫传染病传播或者有传播严重危险的,处三年以下有期徒刑或者拘役,并处或者单处罚金。

单位犯前款罪的,对单位判处罚金,并对其直接负责的主管人员和其他直接责任人员,依照前款的规定处罚。

定罪部分

【罪名概念】

妨害国境卫生检疫罪,是指违反国境卫生检疫规定,引起检疫传染病传播,或者有传播严重危险的行为。

【司法解释】

最高人民检察院、公安部《关于公安机关管辖的刑事案件立案追诉标准的规定(一)》

(实施日期:2008年6月25日　公通字[2008]36号)(节录)

第五十一条　[妨害国境卫生检疫案(刑法第三百三十二条)]违反国境卫生检疫规定,引起检疫传染病传播或者有传播严重危险的,应予立案追诉。

本条规定的"检疫传染病",是指鼠疫、霍乱、黄热病以及国务院确定和公布的其他传染病。

【关联法律】

1.《国境卫生检疫法》

(实施日期:2009年8月27日)(节录)

第二十条　对违反本法规定,有下列行为之一的单位或者个人,国境卫生检疫

机关可以根据情节轻重,给予警告或者罚款:

(一)逃避检疫,向国境卫生检疫机关隐瞒真实情况的;

(二)入境的人员未经国境卫生检疫机关许可,擅自上下交通工具,或者装卸行李、货物、邮包等物品,不听劝阻的,罚款全部上缴国库。

第二十二条　违反本法规定,引起检疫传染病传播或者有引起检疫传染病传播严重危险的,依照刑法有关规定追究刑事责任。

2.《中华人民共和国国境卫生检疫法实施细则》

(实施日期:2010 年 4 月 24 日　国务院令第 574 号)

【犯罪构成】

(一)主体要件

本罪的主体是一般主体。但一般必须是出入国(边)境的人才可能构成本罪。不出入国(边)境的人,不会直接成为本罪的主体。单位也可以成为本罪主体。根据《国境卫生检疫法》及其《实施细则》的有关规定,本罪主体具体包括下列几类人员和单位:

1. 入境、出境的旅客。无论乘坐船舶、飞机、列车等交通工具入境、出境的旅客,还是徒步入境、出境的旅客都可以成为本罪的主体。

2. 入境、出境的交通工具上的员工。这类人员在入境、出境时与普通旅客一样负有接受国境卫生检疫的义务。

3. 入境、出境的集装箱、货物、废旧物品的承运人、代理人或者货主。这类人员在其所承运、代理、所有的上述物品入境、出境时,应当向国境卫生检疫机关申报并接受卫生检疫。

4. 入境、出境的微生物、人体组织、生物制品、血液及其制品或者其他可能引起传染病传播的动物等特殊物品的携带人、托运人或者邮递人。

5. 入境、出境的尸体、骸骨的托运人或者代理人。上述人员在尸体、骸骨入境、出境时,没有申请卫生检疫的,或者逃避、拒绝接受卫生检疫机关对不符合卫生要求的尸体、骸骨实施的卫生处理的,或者未经卫生检疫机关签发尸体、骸骨入境、出境许可证而擅自将其运进、运出的,或者擅自移运经查验系因患检疫传染病而死亡的病人尸体的,就有可能成为本罪主体。

6. 邮政部门或者邮政工作人员。未经卫生检疫机关许可,邮政部门不得运递邮包进出境。若邮政部门或者其工作人员违反该规定,引起检疫传染病传播或者有传播严重危险的,则可成为本罪主体。

7. 入境、出境的交通工具的负责人。入境、出境的交通工具的负责人,主要是指运送旅客、货物或者其他物品入境、出境的船舶、飞机、列车等交通工具的负责人。此外,还包括来自国外的因故停泊、降落在中国境内非口岸地点的船舶、航空器的负责人。

8. 国境口岸的有关单位或其直接负责的主管人员和其他直接责任人员以及国境口岸交通工具的负责人。

9. 引航员和其他人员。对染疫船舶、染疫嫌疑船舶上的引航员和经卫生检疫机关许可上船的人员应当视同员工接受有关卫生处理。此外,在入境检疫以及必要的卫生处理完毕之前或者出境检疫以及必要的卫生处理完毕之后,上下交通工具的其他人员也有义务接受或者再次接受卫生检疫机关的检疫。

(二)主观要件

本罪在主观方面表现为故意,即行为人明知应当接受卫生检疫检查而故意逃避或拒绝。有一种观点认为,行为人在主观上必须明知自己是检疫传染病患者或带菌者,明知自己是染疫人或染疫嫌疑人,而故意逃避国境卫生检查或必要的卫生处理的,才能构成本罪,否则便不能以本罪论处。一般认为。这种观点不妥。行为人只要明知自己应当接受国境卫生检疫检查或必要的卫生处理就足以构成故意,而并不要求行为人必须明知自己是染疫人或染疫嫌疑人。因此,行为人不知自己是检疫传染病的带菌者,但只要明知进入我国时应当接受卫生检查却故意逃避,从而引起检疫传染病的传播或有传播严重危险的,就应构成本罪。实施本罪的动机是多种多样的,不管出于什么动机,只要是故意违反国境卫生的检疫规定,就符合本罪的主观要件。

(三)客观要件

本罪在客观方面表现为实施了违反国境卫生检疫规定,引起检疫传染病的传播,或者有传播严重危险的行为。

违反国境卫生检疫规定,是指入境、出境时采取逃避、蒙混或者其他手段,不接受国境卫生检疫机关对人身或者物品的医学检查、卫生检查和必要的卫生处理,以及其他违反应当接受国境卫生检疫义务的行为。根据《国境卫生检疫法》及其《实施细则》的有关规定,违反国境卫生检疫规定的行为包括下列几种情形:(1)入境、出境的交通工具和人员逃避查验或者卫生处理的。(2)入境、出境的交通工具,在入境检疫以及必要的卫生处理完毕之后,擅自上下人员,装卸行李、货物、邮包等物品的。(3)入境、出境的集装箱、货物、废旧物等物品的承运人、代理人或者货主,入境、出境的微生物、人体组织、生物制品、血液及其制品等特殊物品的携带人、托运人或者邮递人未向卫生检疫机关申报检疫,逃避检疫的;入境、出境的旅客、员工个人携带或托运的可能传播传染病的行李或物品未经查验而擅自携带、托运入境、出境的;邮电部门在卫生检疫机关对应当实施卫生检疫的邮包进行卫生检查和必要的卫生处理前,擅自运递邮包的;入境、出境的尸体、骸骨托运人或者代理人未申请卫生检疫或者逃避、拒绝卫生检疫机关所实施的必要的卫生处理的,或者擅自移运因患检疫传染病而死亡的病人尸体,未将其就近火化的。(4)未经卫生检疫机关实施卫生处理,擅自排放压舱水,移下垃圾、污物等控制的物品的。(5)未经检疫的入境、出境交通工具和人员,擅自离开查验场所的。(6)染疫人在隔离期间、染疫嫌疑人在就地诊验或者留验期间，擅自离开隔离场所或者诊验、留验场所的。(7)拒绝接受检疫或者抵制卫生监督，拒不接受卫生处理的。(8)其他违反应受国境卫生检疫义务，可能引起检疫传染病传播或者有传播严重危险的。

引起检疫传染病传播或者有传播严重危险是构成本罪的结果条件。检疫传染病，是指鼠疫、霍乱、黄热病、艾滋病以及国务院确定和公布的其他传染病。引起检疫传染病传播，是指实际造成了传播的后果，也就是说使他人感染上了检疫传染病，但感染的人数没有要求，也不要求被传播的人发生死亡等严重后果。所谓有传播严重危险，是指虽然尚未实际造成检疫传染病的传播，但具有造成检疫传染病传播的极大的现实可能性，一般表现为散播了大量检疫传染病病菌或者病毒，对公共卫生构成严重威胁的情况。

(四)客体要件

本罪侵犯的客体是国家对国境卫生检疫的正常管理活动。我国于1986年12月公布了《国境卫生检疫法》，规定在我国的国际通航的海港和机场所在地，以及陆地边境和国界江河的进出口岸，设立国境卫生检疫机关，对进出国境的人员和交通工具、行李、货物实施医学检查、卫生检查和必要的卫生处理，以保护我国人民的生命财产安全。而违反国境卫生检疫规定，足以引起检疫传染病传播的行为，就是对我国国境卫生检疫管理活动的破坏。

【罪名辨析】

(一)本罪与妨害传染病防治罪界限

两者存在诸多相同之处，如都妨害了社会管理秩序，都以违反有关行政法规的规定为前提，都有引起传染病传播或有传播严重危险的后果，犯罪主体均为一般主体，主观方面皆出自过失，等等。两罪的主要区别在于：(1)犯罪的直接客体不同。前者侵犯的主要是国境卫生检疫的管理制度；而后者侵犯的是国家关于传染病防治的管理制度。(2)违反的行政法规不同。前者违反的是国境卫生检疫法的有关规定；后者违反的是传染病防治法的有关规定。(3)危害结果不同。前者引起了鼠疫、霍乱、黄热病、艾滋病等检疫传染病传播或者有传播严重危险；后者则是引起了鼠疫、霍乱等甲类传染病的传播或者有传播严重危险。

(二)本罪与传染病防治失职罪的界限

两者的相同处：都违反了国境卫生检疫法的有关规定；都可能造成了检疫传染病的传播；都危害了公共安全；都是出自过失。

两者的主要区别：(1)侵犯的主要客体不同。前者侵犯的主要客体是国境卫生检疫管理制度，后者侵害的主要客体是国家对传染病防治工作进行监管的正常活动。(2)行为的非法性不同。前者的非法性在于行为人违反了应当接受国境卫生检疫的义务；后者的非法性则在于行为人违背了对传染病防治进行监督管理的职责，既可能是国境卫生检疫职责，也可能是其他传染病防治监管职责。(3)犯罪的危害结果不同。就危害结果的形态而言,前者既包括实害结果(引起检疫传染病传播),也包括危险结果(引起检疫传染病传播的严重危险);而后者只包括实害结果一种,即必须发生导致传染病传播或者流行且情节严重的事实情况。就造成传播的传染病的种类而言,前者只包括鼠疫、霍乱、艾滋病等检疫传染病,范围较窄;后者则包括所有法定管理的三类三十五种传染病,种类繁多。(4)犯罪主体不同。前者是一般主体,自然人和单位均可成其主体;后者是特殊主体,仅限于从事传染病防治的政府卫生行政部门工作人员,其他自然人或者单位不能成为该罪主体。

量刑部分

【量刑标准】

犯本罪的,处三年以下有期徒刑或者拘役,并处或者单处罚金;单位犯本罪的,对单位判处罚金,并对其直接负责的主管人员和其他直接责任人员,依上述规定处罚。

截至目前,尚无本罪名关于量刑的司法解释。

非法组织卖血罪、强迫卖血罪 《刑法》第333条

非法组织他人出卖血液的,处五年以下有期徒刑,并处罚金;以暴力、威胁方法强迫他人出卖血液的,处五年以上十年以下有期徒刑,并处罚金。

有前款行为,对他人造成伤害的,依照本法第二百三十四条的规定定罪处罚。

定罪部分

【罪名概念】

非法组织卖血罪,是指非法组织他人出卖血液的行为。

强迫卖血罪,是指以暴力威胁方法强迫他人出卖血液的行为。

【司法解释】

最高人民检察院、公安部《关于公安机关管辖的刑事案件立案追诉标准的规定(一)》

(实施日期:2008年6月25日　公通字[2008]36号)(节录)

第五十二条　[非法组织卖血案(刑法第三百三十三条第一款)]非法组织他人出卖血液,涉嫌下列情形之一的,应予立案追诉:

(一)组织卖血三人次以上的;

(二)组织卖血非法获利二千元以上的;

（三）组织未成年人卖血的；

（四）被组织卖血的人的血液含有艾滋病病毒、乙型肝炎病毒、丙型肝炎病毒、梅毒螺旋体等病原微生物的；

（五）其他非法组织卖血应予追究刑事责任的情形。

第五十三条　［强迫卖血案（刑法第三百三十三条第一款）］以暴力、威胁方法强迫他人出卖血液的，应予立案追诉。

【关联法律】

《献血法》

（实施日期：1997 年 12 月 29 日）

【犯罪构成】

一、非法组织卖血罪

（一）主体要件

本罪的主体要件为一般主体。任何达到刑事责任年龄且具备刑事责任能力的自然人均能构成本罪。单位亦能成为本罪主体。单位犯本罪的，实行两罚制，即对单位判处罚金，对其直接负责的主管人员和其他直接责任人员依本条规定判处相应刑罚。

（二）主观要件

本罪在主观方面表现为直接故意，间接故意和过失不构成本罪。虽本罪多以牟利为犯罪目的，但不以此为构成要件。

（三）客观要件

本罪在客观方面表现为非法组织他人出卖血液的行为。本罪客观特征集中表现为行为人将血液视为“商品”而组织他人加以出卖。“非法”是指违反我国献血法规定的无偿献血制度。非法组织他人出卖血液的行为，具体说来，是行为人在组织他人卖血过程中实施了策划、指挥、领导的行为。在实践中，这种行为一般表现为动员、拉拢、联络、串联、制订计划、下达命令、分配任务、出谋划策等形式。

（四）客体要件

本罪首先直接侵犯了国家对血液的管理制度，同时还直接侵犯公共卫生。

二、强迫卖血罪

（一）主体要件

本罪的主体要件为一般主体。任何达到刑事责任年龄且具备刑事责任能力的自然人均能构成本罪。单位亦能成为本罪主体。

（二）主观要件

本罪在主观方面表现为直接故意，间接故意和过失不构成本罪。虽本罪多以牟利为犯罪目的，但不以此为构成要件。

(三)客观要件

本罪在客观方面表现为以暴力、威胁方法强迫他人出卖血液的行为,暴力是指对他人人身进行打击或实施强制,如殴打、捆绑等,威胁是指以杀害、伤害、毁坏财产、破坏名誉等手段进行要挟,迫使他人接受自己的意志,从而实施卖血行为,他人既可以是除行为人外的特定的他人,也可以是除行为人外的不特定的他人。应注意的是,本罪是行为犯,故犯罪的成立不以发生实害后果为条件。

(四)客体要件

本罪直接侵犯了国家对血液的管理制度和公共卫生,同时以暴力、威胁方法强迫他人出卖血液,还侵犯他人的健康权利、人身自由权利以及其他人身权利。

【罪名辨析】

(一)强迫卖血罪与非罪的区分

一方面,构成本罪必须有以暴力、威胁方法强迫他人卖血的行为。暴力、威胁是本罪的手段行为或方法行为,如果不是用暴力、威胁而是教唆、帮助他人卖血,则不构成犯罪。用暴力威胁方法以外的其他强制方法,如麻醉方法,也不构成本罪。构成其他犯罪的,应按相应的犯罪处罚。

另一方面,构成本罪必须是行为人强迫他人卖血,如果不是以卖血为强迫内容,则不构成本罪。如果是强迫他人献血,一般不构成犯罪,构成其他犯罪时按相应犯罪处罚,如滥用职权罪、非法拘禁罪等等。

(二)强迫卖血罪与非法组织卖血罪的界限

两罪在使人卖血上完全相同,也往往具有谋利的非法目的,犯罪对象都可以是不特定的他人,但它们的区别是明显的。

1. 行为方式不同。强迫卖血罪的构成要件行为是强迫行为,即以暴力、威胁方法迫使他人卖血的行为;而非法组织卖血罪的客观行为是组织行为,被组织者是自愿卖血而不是被迫卖血。

2. 强迫卖血罪的犯罪对象既可以是一人,也可以是多人;非法组织卖血罪的对象则原则上为多人,通常是三人以上,但如果组织行为是出于概括的故意而反复多次实施,则每次行为的被组织者也可以是一人。

3. 处罚不同。强迫卖血罪之所以重于非法组织卖血罪,是因为强迫卖血罪侵犯了三种直接客体,而后者侵犯了两种直接客体。

(三)强迫卖血罪与非法采集制作供应血液制品罪的界限

两罪都是故意犯罪,都是血液犯罪,但两罪在犯罪构成上有严格的区别:

1. 侵犯的客体不尽相同。前者侵犯的是三种直接客体,而后者则仅侵犯了两种直接客体,没有侵犯他人的人身自由等人身权利。

2. 行为方式不同。前者是强迫的行为,而后者则是非法采集、供应血液或者制作、供应血液制品的行为,即前者是将血液非法地作为商品加以出卖,而后者则没有作为商品出卖血液,而是未经国家主管部门批准设立血站,擅自采供血液。

3. 犯罪形态不同。前者是行为犯,后者是危险犯。

4. 犯罪故意的具体内容也不同。

5. 处罚的严厉程度不同。

本罪由于在立法上与非法组织卖血罪一样,采用了转化犯的立法技术,故最高刑为十年有期徒刑。后者没有这一立法特点,故最高刑为无期徒刑。

量刑部分

【量刑标准】

非法组织他人出卖血液的,处五年以下有期徒刑,并处罚金;以暴力、威胁方法强迫他人出卖血液的,处五年以上十年以下有期徒刑,并处罚金。

有前款行为,对他人造成伤害的,依照本法第二百三十四条的规定定罪处罚。

截至目前,尚无本罪名关于量刑的司法解释。

非法采集、供应血液、制作、供应血液制品罪;采集、供应血液、制作、供应血液制品事故罪 《刑法》第334条

非法采集、供应血液或者制作、供应血液制品,不符合国家规定的标准,足以危害人体健康的,处五年以下有期徒刑或者拘役,并处罚金;对人体健康造成严重危害的,处五年以上十年以下有期徒刑,并处罚金;造成特别严重后果的,处十年以上有期徒刑或者无期徒刑,并处罚金或者没收财产。

经国家主管部门批准采集、供应血液或者制作、供应血液制品的部门,不依照规定进行检测或者违背其他操作规定,造成危害他人身体健康后果的,对单位判处罚金,并对其直接负责的主管人员和其他直接责任人员,处五年以下有期徒刑或者拘役。

定罪部分

【罪名概念】

采集、供应血液、制作、供应血液制品罪,是指违反国家规定的标准,非法采集、供应血液或者制作、供应血液制品,足以危害人体健康的行为;采集、供应血液、制作、供应血液制品事故罪,是指经国家主管部门批准采集、供应血液或者制作、供应血液制品的部门,不依照规定进行检测或者违背其他操作规定,造成危害他人身体健康后果的行为。

【司法解释】

最高人民检察院、公安部《关于公安机关管辖的刑事案件立案追诉标准的规定(一)》

(实施日期:2008 年 6 月 25 日　公通字[2008]36 号)(节录)

第五十四条　[非法采集、供应血液、制作、供应血液制品案(刑法第三百三十四条第一款)]非法采集、供应血液或者制作、供应血液制品,涉嫌下列情形之一的,应予立案追诉:

(一)采集、供应的血液含有艾滋病病毒、乙型肝炎病毒、丙型肝炎病毒、梅毒螺旋体等病原微生物的;

(二)制作、供应的血液制品含有艾滋病病毒、乙型肝炎病毒、丙型肝炎病毒、梅毒螺旋体等病原微生物,或者将含有上述病原微生物的血液用于制作血液制品的;

(三)使用不符合国家规定的药品、诊断试剂、卫生器材,或者重复使用一次性采血器材采集血液,造成传染病传播危险的;

(四)违反规定对献血者、供血浆者超量、频繁采集血液、血浆,足以危害人体健康的;

(五)其他不符合国家有关采集、供应血液或者制作、供应血液制品的规定,足以危害人体健康或者对人体健康造成严重危害的情形。

未经国家主管部门批准或者超过批准的业务范围,采集、供应血液或者制作、供应血液制品的,属于本条规定的"非法采集、供应血液、制作、供应血液制品"。

本条和本规定第五十二条、第五十三条、第五十五条规定的"血液",是指全血、成分血和特殊血液成分。

本条和本规定第五十五条规定的"血液制品",是指各种人血浆蛋白制品。

第五十五条　[采集、供应血液、制作、供应血液制品事故案(刑法第三百三十四条第二款)]经国家主管部门批准采集、供应血液或者制作、供应血液制品的部门,不依照规定进行检测或者违背其他操作规定,涉嫌下列情形之一的,应予立案追诉:

(一)造成献血者、供血浆者、受血者感染艾滋病病毒、乙型肝炎病毒、丙型肝炎病毒、梅毒螺旋体或者其他经血液传播的病原微生物的;

(二)造成献血者、供血浆者、受血者重度贫血、造血功能障碍或者其他器官组织损伤导致功能障碍等身体严重危害的;

(三)其他造成危害他人身体健康后果的情形。

经国家主管部门批准的采供血机构和血液制品生产经营单位,属于本条规定的"经国家主管部门批准采集、供应血液或者制作、供应血液制品的部门"。采供血机构包括血液中心、中心血站、脐带血造血干细胞库和国家卫生行政主管部门根据医学发展需要批准、设置的其他类型血库、单采血浆站。

具有下列情形之一的,属于本条规定的"不依照规定进行检测或者违背其他操作规定”：

（一）血站未用两个企业生产的试剂对艾滋病病毒抗体、乙型肝炎病毒表面抗原、丙型肝炎病毒抗体、梅毒抗体进行两次检测的；

（二）单采血浆站不依照规定对艾滋病病毒抗体、乙型肝炎病毒表面抗原、丙型肝炎病毒抗体、梅毒抗体进行检测的；

（三）血液制品生产企业在投料生产前未用主管部门批准和检定合格的试剂进行复检的；

（四）血站、单采血浆站和血液制品生产企业使用的诊断试剂没有生产单位名称、生产批准文号或者经检定不合格的；

（五）采供血机构在采集检验样本、采集血液和成分血分离时，使用没有生产单位名称、生产批准文号或者超过有效期的一次性注射器等采血器材的；

（六）不依照国家规定的标准和要求包装、储存、运输血液、原料血浆的；

（七）对国家规定检测项目结果呈阳性的血液未及时按照规定予以清除的；

（八）不具备相应资格的医务人员进行采血、检验操作的；

（九）对献血者、供血浆者超量、频繁采集血液、血浆的；

（十）采供血机构采集血液、血浆前，未对献血者或者供血浆者进行身份识别，采集冒名顶替者、健康检查不合格者血液、血浆的；

（十一）血站擅自采集原料血浆，单采血浆站擅自采集临床用血或者向医疗机构供应原料血浆的；

（十二）重复使用一次性采血器材的；

（十三）其他不依照规定进行检测或者违背操作规定的。

【犯罪构成】

一、非法采集、供应血液、制作、供应血液制品罪

（一）主体要件

本罪主体为一般主体，即凡是达到刑事责任年龄具有刑事责任能力的自然人均可构成，单位则不能成为此罪主体。

（二）主观要件

本罪在主观方面表现为故意。

（三）客观要件

本罪在客观方面表现为非法采集、供应血液或者制作、供应血液制品时，不依照规定进行检测或者违背其他操作规定，造成危害他人身体健康的后果的行为。本罪是危险犯，行为人只要实施了非法采集、供应血液或者制作、供应血液制品，足以危害人体健康的行为，即构成犯罪既遂，而不论该行为是否在实际上对人体健康造成严重危害。

(四)客体要件

本罪侵犯的客体是复杂客体,其主要客体是国家对血液、血液制品的管理制度,次要客体是公共卫生。本罪侵犯的对象是血液和血液制品。血液是指用于临床的全血、成分血和用于血液制品生产的原料血浆。血液制品,则是特指各种人血浆蛋白制品。

二、采集、供应血液、制作、供应血液制品事故罪

(一)主体要件

本罪主体为特殊主体,只能由经国家主管部门批准而依法从事采集、供应血液或者制作、供应血液制品活动的血站(库)、单采血浆站和血液制品生产单位构成,自然人不能成为本罪主体。

(二)主观要件

本罪在主观方面只能表现为过失,即依法从事血液采集、供应或血液制品制作、供应的单位,应当预见到本单位不依照规定进行检测或者违背其他操作规定的行为,可能造成危害他人身体健康的后果,但因为疏忽大意而没有预见,或者已经预见但轻信能够避免,以致发生他人身体健康遭受损害的后果。

(三)客观要件

本罪在客观方面表现为经国家主管部门批准采集、供应血液或者制作、供应血液制品的部门,不依照规定进行检测或者违背其他操作规定,造成危害他人身体健康后果的行为。本罪中实施采集、供应血液或者制作、供应血液制品的一系列行为均是合法而为之,只是没有依照规定对血液、血液制品进行检测或者在采集、制作、供应活动中违反其他操作规定。

(四)客体要件

本罪侵犯的客体是复杂客体,其主要客体是国家对血液、血液制品的管理制度,次要客体是公共卫生。

【罪名辨析】

(一)区分非法采集、供应血液、制作、供应血液制品罪与非罪的界限

区分非法采集、供应血液、制作、供应血液制品罪与非罪界限时应注意,采集、供应血液或者制作、供应血液制品的行为必须系非法。非法包括两层含义:一是指违反国家的操作规程;二是指不具备采集、供应血液或者制作、供应血液制品的资格。如果系合法而为之则不构成犯罪。其次非法采集、供应血液或者制作、供应血液制品的行为必须足以危害人体健康。事实上,非法采集、供应的血液或者非法制作、供应的血液制品,是否符合国家规定的标准,可以作为判断是否“足以危害人体健康”的依据之一。当然,具体判断时还应综合考虑其他因素。如果行为人非法采集、供应血液或者制作、供应血液制品的行为不足以危害人体健康的一般亦不构成犯罪;但情节较重的,则可以本罪未遂处理。

(二)区分非法采集、供应血液、制作、供应血液制品罪与非法组织卖血罪的界限

两罪均属于违反国家血液、血液制品管理的犯罪行为,主要区别表现在如下方面:

1. 从客观要件看,非法采集、供应血液、制作、供应血液制品罪表现为非法采集、供应血液或者制作、供应血液制品,不符合国家规定的标准,足以危害人体健康的行为,属于危险犯,其行为主体为实行者;而非法组织卖血罪则表现为非法组织他人出卖血液的行为,属于行为犯,其行为主体为组织者。

2. 从犯罪对象而言,非法采集、供应血液、制作、供应血液制品罪侵犯的是血液和血液制品,而非法组织卖血罪的对象只有血液。

3. 从主观的内容而言,非法采集、供应血液、制作、供应血液制品罪是明知自己违反操作规程,或者不具有采集、供应血液或者制作、供应血液制品资格;而非法组织卖血罪则是明知组织他人出卖血液之行为非法。

(三)采集、供应血液、制作、供应血液制品事故罪与非法采集、供应血液、制作、供应血液制品罪的界限

二者之间的区别主要表现为:

1. 犯罪主体不同。采集、供应血液、制作、供应血液制品事故罪的犯罪主体为特殊主体,只能由经国家主管部门批准而依法从事采集、供应血液或者制作、供应血液制品活动的血站(库)、单采血浆站和血液制品生产单位构成,自然人不能成为本罪主体。而非法采集、供应血液、制作、供应血液制品罪的犯罪主体则为一般主体,即凡是达到刑事责任年龄具有刑事责任能力的自然人均可构成,单位则不能成为此罪主体。

2. 主观要件不同。采集、供应血液、制作、供应血液制品事故罪在主观方面表现为过失;而非法采集、供应血液、制作、供应血液制品罪在主观方面则表现为故意。

3. 犯罪形态不同。采集、供应血液、制作、供应血液制品事故罪是实害犯,只有造成危害他人身体健康之后果,才能构成犯罪。而非法采集、供应血液、制作、供应血液制品罪则是危险犯,行为人只要实施了非法采集、供应血液或者制作、供应血液制品,足以危害人体健康的行为,即构成犯罪既遂,而不论该行为是否在实际上对人体健康造成严重危害。

4. 犯罪客观方面不同。采集、供应血液、制作、供应血液制品事故罪中实施采集、供应血液或者制作、供应血液制品的一系列行为均是合法而为之,只是没有依照规定对血液、血液制品进行检测或者在采集、制作、供应活动中违反其他操作规定。而非法采集、供应血液、制作、供应血液制品罪则以行为的非法性为前提。

(四)采集、供应血液、制作、供应血液制品事故罪与重大责任事故罪的界限

重大责任事故罪,是指工厂、矿山、林场、建筑企业或者其他企业、事业单位的职工,由于不服管理、违反规章制度,或者强令工人违章冒险作业,因而发生重大伤亡事故或者造成其他严重后果的行为。它与采集、供应血液、制作、供应血液制品

事故罪在犯罪主观方面、犯罪的后果等方面,均有相同之处。两罪的主要区别如下:

1. 主体要件不同。采集、供应血液、制作、供应血液制品事故罪只限于经国家主管部门批准采集、供应血液或者制作、供应血液制品的部门;而重大责任事故罪则为工厂、矿山、林场、建筑企业或其他企业事业单位的职工。

2. 犯罪客观方面不同。采集、供应血液、制作、供应血液制品事故罪表现为采集、供应血液或者制作、供应血液制品的过程中未依照规定进行检测或违背了其他操作规定,并造成危害人民群众身体健康的后果;而重大责任事故罪表现为生产、作业活动中不服管理、违反规章制度,或者强令工人违章冒险作业,因而发生重大伤亡事故,造成严重后果。显然,后罪涉及的领域更为广泛。

3. 客体要件不同。采集、供应血液、制作、供应血液制品事故罪主要侵犯国家对血液、血液制品的采集、供应、制作的管理制度;而重大责任事故罪则主要侵犯国家对工厂、矿山、林场、建筑企业或其他企业事业单位的生产、作业的管理规定。可见,后罪涉及的客体范围更加广泛。

量刑部分

【量刑标准】

非法采集、供应血液或者制作、供应血液制品,不符合国家规定的标准,足以危害人体健康的,处五年以下有期徒刑或者拘役,并处罚金;对人体健康造成严重危害的,处五年以上十年以下有期徒刑,并处罚金;造成特别严重后果的,处十年以上有期徒刑或者无期徒刑,并处罚金或者没收财产。

经国家主管部门批准采集、供应血液或者制作、供应血液制品的部门,不依照规定进行检测或者违背其他操作规定,造成危害他人身体健康后果的,对单位判处罚金,并对其直接负责的主管人员和其他直接责任人员,处五年以下有期徒刑或者拘役。

截至目前,尚无本罪名关于量刑的司法解释。

医疗事故罪 《刑法》第335条

医务人员由于严重不负责任,造成就诊人死亡或者严重损害就诊人身体健康的,处三年以下有期徒刑或者拘役。

定罪部分

【罪名概念】

医疗事故罪,是指医务人员由于严重不负责任,造成就诊人死亡或者严重损害就诊人身体健康的行为。

【司法解释】

最高人民检察院、公安部《关于公安机关管辖的刑事案件立案追诉标准的规定(一)》

(实施日期:2008 年 6 月 25 日　公通字[2008]36 号)(节录)

第五十六条　[医疗事故案(刑法第三百三十五条)]医务人员由于严重不负责任,造成就诊人死亡或者严重损害就诊人身体健康的,应予立案追诉。

具有下列情形之一的,属于本条规定的“严重不负责任”:

(一)擅离职守的;

(二)无正当理由拒绝对危急就诊人实行必要的医疗救治的;

(三)未经批准擅自开展试验性医疗的;

(四)严重违反查对、复核制度的;

(五)使用未经批准使用的药品、消毒药剂、医疗器械的;

(六)严重违反国家法律法规及有明确规定的诊疗技术规范、常规的;

(七)其他严重不负责任的情形。

本条规定的“严重损害就诊人身体健康”,是指造成就诊人严重残疾、重伤、感染艾滋病、病毒性肝炎等难以治愈的疾病或者其他严重损害就诊人身体健康的后果。

【关联法律】

《医疗事故处理条例》

(实施日期:2002 年 9 月 1 日)(节录)

第五十五条　医疗机构发生医疗事故的,由卫生行政部门根据医疗事故等级和情节,给予警告;情节严重的,责令限期停业整顿直至由原发证部门吊销执业许可证,对负有责任的医务人员依照刑法关于医疗事故罪的规定,依法追究刑事责任;尚不够刑事处罚的,依法给予行政处分或者纪律处分。

对发生医疗事故的有关医务人员,除依照前款处罚外,卫生行政部门并可以责令暂停 6 个月以上 1 年以下执业活动;情节严重的,吊销其执业证书。

【犯罪构成】

(一)主体要件

本罪主体为特殊主体,是达到刑事责任年龄并具有刑事责任能力的实施了违章医疗行为的医务人员。医务人员是指具有一定医学知识和医疗技能,取得行医资格,直接从事医疗护理工作的人员,包括医院医务人员及经批准的个体行医者。由于医务工作有极强的专业性、技术性和导致人身伤亡的危险性,所以,国家卫生行政管理机关向来十分重视对行医者任职资格的考核,事实上只有具备一定医疗知识和技能,才能避免行医的特殊危险性,从而达到救死扶伤的目的。未取得行医许可证的非法行医者,这些人不属于医疗事故罪的主体。

(二)主观要件

本罪在主观方面表现为过失,即行为人主观上对病人伤亡存在重大业务过失。在这里,本罪要求行为人主观上存在重大过失而不是一般过失,即从主观上过失程度之轻重来说,行为人主观上存在严重过失。临床医疗活动本身有特殊的导致人身伤亡的危险性,医务人员稍有不慎即会发生不幸后果,如果把一般过失行为确定为犯罪,于情理上有失公平、于法律上则有失于严苛。因此,本罪主观方面是指存在业务过失而不是普通过失。医务人员依照法律承担救死扶伤的职责,有义务对自己的医疗业务行为负责,即对病人的生命健康安全负责,而医务人员的业务能力实际是指其业务技术水准。

(三)客观要件

本罪在客观方面表现为严重不负责任,造成就诊人死亡或者严重损害就诊人身体健康的行为。具体而言,包括以下几个方面:

1. 医务人员在诊疗护理工作中有严重不负责任的行为。

严重不负责任,是指在诊疗护理工作中违反规章制度和诊疗护理常规。这里的规章制度,是指与保障就诊人的生命、健康安全有关的诊疗护理方面的规章制度,包括诊断、处方、麻醉、手术、输血、护理、化验、消毒、医嘱、查房等各个环节的规程、规则、守则、制度、职责要求,等等。医疗事故案件中常见的违反规章制度的情况有:错用药物、错治病人、错报输血、错报病情、擅离职守、交接班草率、当班失职等。诊疗护理常规,是指长期以来在诊疗护理实践中被公认的行之有效的操作习惯与惯例。各项诊疗操作和护理,均有一定的操作规程的要求,这些规程是为了保障操作稳准,避免失误而制定的,在诊疗操作和护理工作中必须遵照执行,否则就有可能导致医疗事故的发生。

2. 因严重不负责任行为导致病人严重损害身体健康或死亡的结果。

危害结果的大小是衡量违法行为社会危害性的大小和区分罪与非罪的客观标准,构成本罪在客观上必须要求发生了病人重伤或死亡的结果。严重损害身体健康是指按照1987年国务院颁布的医疗事故处理办法第六条所称的二级医疗事故和三级医疗事故。二级医疗事故,是指造成就诊人严重残疾或者严重功能障碍的;三级医疗事故是造成就诊人残废或者功能障碍的。

3. 严重不负责任行为与病员重伤、死亡之间必须存在刑法上的因果关系。

医疗伤亡结果之形成不同于一般加害事件之处在于,后者是加害行为本身直接引起人体机体损伤,而前者则多是由于医疗措施未能有效阻止病情发展而导致病情恶化而引起伤残或死亡,或者是医疗措施对人体侵害直接引起病人伤亡,或者由于医疗措施客观上加重了病情,促使病人伤亡,可见医疗伤亡结果的出现既同原患疾病有关,又同医疗行为有关。违章医疗行为对病情的实际作用可以是四种,即有效、无效、反效、直接破坏人体。

(四)客体要件

本罪侵犯的客体是医疗单位的工作秩序以及公民的生命健康权利。犯罪对象是生命健康安全正遭受病魔侵害的病人。因此,如果救治措施不能客观上起到控制病情发展的作用,则必然由于病情发展而引起人体健康的更大损害,直至导致伤残、功能障碍和死亡结果。

【罪名辨析】

(一)本罪与医疗差错的界限

医疗差错,是指在诊疗护理工作中,医务人员虽有违反规章制度、诊疗护理常规的失职行为或技术过失,但未给就诊人造成死亡、残废、组织器官损伤导致功能障碍的不良后果的行为。医疗差错,从产生的原因区分,可以分为医疗责任差错和医疗技术差错。其中,医疗责任差错与医疗事故罪容易混淆,二者都表现为医务人员在诊疗护理工作中不负责任,违反规章制度或诊疗护理常规的行为。区别在于所造成的后果不同。前者未造成就诊人死亡、残废、组织器官损伤导致功能障碍的不良后果;后者则造成了就诊人死亡或身体健康严重损害的后果。对于医务人员由于严重不负责任,造成医疗差错的,不能以医疗事故罪论处。

(二)本罪与医疗意外的界限

医疗意外,是指由于病情或者病人体质特殊而发生难以预料和防范的不良后果。它与医疗事故罪都可能发生就诊人死亡或身体健康严重损害的后果,二者区别的关键在于主观上有无过失。如果就诊人死亡或身体健康严重损害,是因医务人员责任心不强,违反规章制度或诊疗常规造成的,则构成医疗事故罪,如上述后果是因医务人员难以预料或难以防范的因素所引起,则属于医疗意外,不能以犯罪论处。医疗意外与医疗事故罪中的疏忽大意过失颇为相似,二者不但都发生了严重后果,而且对严重后果的发生都没有预见。二者的区别在于,疏忽大意过失对严重后果的发生是应当预见而没有预见,医疗意外是对严重后果的发生是难以预见而没有预见。

(三)本罪与重大责任事故罪的异同

重大责任事故罪,是指工厂、矿山、林场、建筑企业或者其他企业、事业单位的职工,由于不服从管理、违反规章制度,或者强令工人违章冒险作业,因而发生重大伤亡事故或者造成其他严重后果的行为。和本罪的相似之处在于:

1. 两罪在主观方面均属过失犯罪。

2. 二罪在客观上都造成了人员伤亡的后果。

区别在于:

1. 主体不同。前罪的主体是生产单位直接从事生产或指挥生产的人员;本罪的主体是医务人员,二者业务性质不同。

2. 客体不同。前罪侵犯的客体是工矿企业的生产安全和社会公共安全,危及的是不特定或多数人的人身安全和公私财产安全。本罪侵犯的主要客体是医疗机构的管理秩序。

3. 过失行为发生的场合不同。前罪发生于生产作业中,而本罪发生于诊疗护理过程中。

(四)本罪与玩忽职守罪的异同

玩忽职守罪,是指国家机关工作人员严重不负责任,不履行或不正确履行职责,致使公共财产、国家和人民利益遭受重大损失的行为,它与医疗事故罪都表现为严重不负责任,都可能出现造成人员伤亡的严重后果。二罪的区别在于:

1. 主体不同。前罪的主体是国家机关工作人员,本罪的主体则是医务人员。

2. 客体不同。前罪侵害的客体是国家机关的正常管理活动,而本罪侵害的主要客体是医疗机构的管理秩序。

3. 过失的内容不同。前罪是在行政管理过程中出现的过失,而本罪则是在诊疗护理工作中出现的过失。

4. 客观表现不同。前罪表现为在行政管理工作中严重不负责任,不履行或不正确履行自己的职责,而本罪则表现为在诊疗护理工作中违反规章制度或诊疗操作常规。

5. 危害后果不同。本罪的危害后果仅限于就诊人死亡或身体健康严重受损,而前罪的后果既可以是人员伤亡,也可以是财产损失,还可以是恶劣的政治影响。

(五)本罪与过失致人死亡罪和过失致人重伤罪的界限

过失致人死亡罪和过失致人重伤罪与本罪在危害结果上基本相同。其区别在于:

1. 主体不同。本罪的主体是特殊主体,即医务人员,后二罪的主体则为一般主体。

2. 主观过失的性质不同。本罪的过失属于业务过失,而后二罪的过失属日常生活中的过失。

3. 客观方面不同。本罪的客观方面表现为在诊疗护理工作中,严重不负责任,违反规章制度或诊疗护理操作常规,而后二罪分别表现为通过某种方式致人死亡或造成他人重伤。

4. 客体不同。后二罪侵害的客体是人的生命健康权利,而本罪侵害的客体主要是医疗机构的管理秩序。

量刑部分

【量刑标准】

犯本罪的,处三年以下有期徒刑或者拘役。

截至目前,尚无本罪名关于量刑的司法解释。

非法行医罪 《刑法》第336条(一)

未取得医生执业资格的人非法行医,情节严重的,处三年以下有期徒刑、拘役或者管制,并处或者单处罚金;严重损害就诊人身体健康的,处三年以上十年以下有期徒刑,并处罚金;造成就诊人死亡的,处十年以上有期徒刑,并处罚金。

定罪部分

【罪名概念】

非法行医罪,是指未取得医生执业资格的人非法行医的行为。

【司法解释】

1. 最高人民检察院、公安部《关于公安机关管辖的刑事案件立案追诉标准的规定(一)》

(实施日期:2008年6月25日 公通字[2008]36号)(节录)

第五十七条 [非法行医案(刑法第三百三十六条第一款)]未取得医生执业资格的人非法行医,涉嫌下列情形之一的,应予立案追诉:

(一)造成就诊人轻度残疾、器官组织损伤导致一般功能障碍,或者中度以上残疾、器官组织损伤导致严重功能障碍,或者死亡的;

(二)造成甲类传染病传播、流行或者有传播、流行危险的;

(三)使用假药、劣药或不符合国家规定标准的卫生材料、医疗器械,足以严重危害人体健康的;

(四)非法行医被卫生行政部门行政处罚两次以后,再次非法行医的;

(五)其他情节严重的情形。

具有下列情形之一的,属于本条规定的"未取得医生执业资格的人非法行医":

(一)未取得或者以非法手段取得医师资格从事医疗活动的;

(二)个人未取得《医疗机构执业许可证》开办医疗机构的;

(三)被依法吊销医师执业证书期间从事医疗活动的;

(四)未取得乡村医生执业证书,从事乡村医疗活动的;

(五)家庭接生员实施家庭接生以外的医疗活动的。

本条规定的"轻度残疾、器官组织损伤导致一般功能障碍"、"中度以上残疾、器官组织损伤导致严重功能障碍",参照卫生部《医疗事故分级标准(试行)》认定。

2. 最高人民法院、最高人民检察院《关于办理妨害预防、控制突发传染病疫情等灾害的刑事案件具体应用法律若干问题的解释》

(实施日期:2003年5月14日 法释[2003]8号)(节录)

未取得医师执业资格非法行医，具有造成突发传染病病人、病原携带者、疑似突发传染病病人贻误诊治或者造成交叉感染等严重情节的，依照刑法第三百三十六条第一款的规定，以非法行医罪定罪，依法从重处罚。

【关联法律】

《中华人民共和国执业医师法》

(实施日期:2009年8月27日)(节录)

第十四条　医师经注册后，可以在医疗、预防、保健机构中按照注册的执业地点、执业类别、执业范围执业，从事相应的医疗、预防、保健业务。

未经医师注册取得执业证书，不得从事医师执业活动。

第三十九条　未经批准擅自开办医疗机构行医或者非医师行医的，由县级以上人民政府卫生行政部门予以取缔，没收其违法所得及其药品、器械，并处十万元以下的罚款；对医师吊销其执业证书；给患者造成损害的，依法承担赔偿责任；构成犯罪的，依法追究刑事责任。

【犯罪构成】

(一)主体要件

未取得或者以非法手段取得医师资格从事医疗活动的；个人未取得《医疗机构执业许可证》开办医疗机构的；被依法吊销医师执业证书期间从事医疗活动的；未取得乡村医生执业证书，从事乡村医疗活动的；家庭接生员实施家庭接生以外的医疗行为的。

该罪的主体，即未取得医生执业资格的人，包括中国人、外国人和无国籍人，单位不构成该罪。必须是已经取得执业医师证，并在已经取得医疗机构执业许可证的医疗机构内，按照医师本人的注册执业范围、地点、类别以及医疗机构的核准登记科目范围行医才属已经取得医生执业资格的人。《执业医师法》对执业医师证的取得作了明确规定:该法生效后取得执业医师资格，必须通过国家医师资格考试，并经申请获得执业医师或者执业助理医师职称；该法生效之前，取得医学专业技术职称和医学专业技术职务的人员，由所在机构报请县级以上卫生行政部门认定，获得相应的医师资格。对于开办医疗机构，根据国务院《医疗机构管理条例》和卫生部《医疗机构管理条例实施细则》的规定，还需要经过所在县级以上卫生行政部门考核审查，发给执业执照或者注册登记。因此，办案人员在办理此类案件时，既要注意其本人是否有《医师执业证》及其执业的范围，还要注意其本人所在的医疗机构是否有《医疗机构执业许可证》及其核准的诊疗科目是否相当，否则，就有可能成为非法行医的主体。

这是因为，医师如果超出其注册的执业范围行医(紧急特殊情况下除外)就存在相关医疗知识与技能的严重缺陷，如一个牙医去做脑外手术，后果是可想而知的。而超出医疗机构核准的诊疗科目,则意味着,该医疗机构没有相关科目的诊救治人员、设施、设备,这就无法保证就诊人员的生命安全。如只有皮肤科科目的医疗机构去做心脏手术,因不具备相应的诊救治人员、设施、设备不仅手术无法保证安全,一旦出现紧急情况,根本无法对患者实施救治而损害患者生命健康,这是执法办案人员必须注意的问题。

这里还有一个需要注意的问题是,中国《执业医师法》对医生执业的地域没有明确规定,但有些地区对医疗机构的设置申请又有特殊规定,这在一定程度上限制了执业医师的范围。

另外,对于已经取得"医疗机构执业许可证"的医疗机构或执业医师,因超出核准的业务范围从事医疗活动而造成严重后果,以医疗事故罪处理,因为行为人具有行医资格,符合医疗事故罪的主体要求;另一种认为应以非法行医罪处理,因为,尽管该医生在核准登记的范围内具有行医资格,但超越范围行医,与其他人员非法行医没有本质区别:行为人虽然取得了医师资格,但故意超越职权和能力范围,从事医疗活动,主观上的过错表现为故意而非过失,这与医疗事故罪的构成要件之一,主观上表现为过失是有严格区别的。

(二)主观要件

本罪在主观方面表现为故意。行为人对病人伤亡结果存在间接故意的罪过而不是业务过失的罪过。因为,在认识因素上,行为人既对自己缺乏行医技能和控制病情发展的能力是明知的,又对病人在得不到有效及时治疗时会伤残直至死亡是明知的;在意志因素上,对病人的伤残、死亡采取了漠然视之,听之任之的放纵态度。非法行医罪的主观方面具有行为故意,而不是犯罪直接故意,即明知自己不具备行医资格,仍然从事医疗活动。但行为人对造成就诊人死亡、身体健康受损的后果,则可能是过失,也可能是间接故意,即其应当预见非法行医行为有可能造成就诊人死亡、伤害的严重后果,因为疏忽大意没有预见或者已经预见但轻信能够避免,或者已经预见到可能发生上述后果而放任危害结果发生。

犯罪构成要件主观特征的另一个重要内容是犯罪目的。那么,从犯罪目的看,是否要求具备牟利性呢?从司法实践来看,非法行医者一般是以牟利为目的的,而且根据《刑法》第三百三十六条的立法意图来看,该条在规定刑罚时,规定对犯非法行医罪者并处或单处罚金,而罚金作为附加刑之一,其制裁对象主要是以牟利为目的的犯罪。因此,从犯罪目的看,非法行医罪应具备"以牟利为目的"这一要件。

(三)客观要件

1. 必须有擅自从事医疗活动的行为。医疗活动主要是指诊断和治疗,即通过各种检查对疾病作出诊断,借用药物、器械和手术等方法消除疾病、缓解病情、减轻痛苦、延长生命、改善病理或生理状况的活动。擅自从事医疗活动主要有以下几种

表现形式:

(1)利用巫术、封建迷信行医。行为人大多不懂医术,有些略微懂一点医学常识,主要是凭烧香、念经、看手相以及各种封建迷信方式愚弄就诊人。

(2)利用气功行医。气功对某些疾病有一定的疗效,但有些人根本不懂气功,却号称自己的气功如何了得,挂牌行医,骗取钱财。

(3)利用现代仪器进行非法医疗活动。如利用计算机为人诊断病情,开具处方。

(4)非医疗机构超越服务范围进行医疗活动。如一些不具备外科整形手术资格的美容医院,擅自开展医学整容活动。

(5)具备一定医学知识的人擅自开办诊所,进行医疗活动。这类人员一般经过一定的医疗培训,有些已经行医多年,有些甚至曾经在合法的医疗机构依法进行过医疗活动,但在其擅自开办诊所期间没有医师执业证或其所开办的诊所没有"医疗机构执业许可证"。

(6)利用非法行医的手段推销产品。如有些厂家雇用没有医师执业证的人在公共场合以医生的身份向人介绍产品,并为人诊断病情,开具处方,推荐患者使用该厂家的产品。

2. 擅自从事医疗活动的行为,须达到"情节严重"的程度。中国《刑法》三百三十六条第一款所规定的"情节严重"属于定罪情节,而非单纯的量刑情节。但法律并没有明确规定哪些行为属"情节严重"的行为,这给司法实践带来一定的困难,急需作出司法解释。参照《执业医师法》并结合司法实践。

(四)客体要件

本罪所侵犯的客体是国家对医疗机构的管理制度及公众的生命健康安全。为了规范中国医疗机构及其从业人员的行为,保障公众的生命安全和身体健康,国家制定了一系列医疗卫生管理制度,以保障和促进中国医疗卫生事业的健康发展。非法行医不仅扰乱了业已建立的良好的医疗卫生管理秩序,而且往往由于非法行医者不具备执业的基本条件,医疗服务质量差,同时也侵犯了就诊人的身体健康和生命安全。

【罪名辨析】

(一)本罪与故意杀人罪、故意伤害罪和过失致人死亡罪、过失致人重伤罪的界限

本罪的客观特征有多种表现,但其中一种危害结果是造成就诊人员伤亡,这与故意杀人罪、故意伤害罪、过失致人死亡罪和过失致人重伤罪的后果有相同之处。在刑法修订以前,由于中国刑法没有规定非法行医罪,对于非法行医行为一般按照后四罪定罪处罚。因此,在实践当中非法行医罪与上述四罪很容易混淆,特别是对于没有固定场所,不经常进行非法行医活动的非法行医行为,尤其难以认定。那么

非法行医罪和后四罪有何区别呢？它们区别主要表现为：

1. 客体不同。非法行医罪侵害的客体是国家对医疗机构的管理制度和公众的生命健康安全，而后四罪所侵犯的客体仅是特定公民的生命健康权利。

2. 客观方面不同。非法行医罪发生在非法从事医疗活动的过程中，而后四罪的发生一般都不在医疗活动的过程中。

3. 非法行医罪的主体是特殊主体，限于未取得医生执业资格的人，而后四罪的主体是一般主体。

4. 主观方面不同。非法行医罪的行为人对严重不良后果的心理态度是过失或间接故意，而故意杀人罪、故意伤害罪的主观方面为直接故意或间接故意；过失致人死亡罪、过失致人重伤罪的主观方面为过失。

（二）本罪与医疗事故罪的界限

非法行医罪与医疗事故罪都属于危害公共卫生方面的犯罪，二者在客观上都可能造成就诊人死亡或严重损害就诊人身体健康的后果，它们的区别主要在于：

1. 客观方面不同。前者在客观方面表现为，违反国家有关医疗管理的法律、法规的规定，非法行医，情节严重的行为。后者在客观方面表现为，医务人员在合法的诊疗护理过程中，违反规章制度，严重不负责任，造成就诊人死亡或者严重损害就诊人身体健康的行为。

2. 主体不同。前者的主体是不具有医生执业资格的人，而后者的主体是已经取得医生执业资格的医务人员。

3. 主观方面不同。前者对行为人造成就诊人死亡或严重损害就诊人身体健康后果，所持的心理态度既可以是过失，也可以是间接故意，但对于违反医疗管理制度的行为，则是直接故意。后者对造成严重不良后果所持的心理态度只能是过失。

（三）本罪与非法经营罪的界限

非法经营罪，是指违反国家法规，非法进行经营活动，扰乱市场秩序，情节严重的行为。它与非法行医罪的共同之处表现为，都是违背国家许可证制度，都必须情节严重才构成。二者的区别表现在：

1. 客体不同。非法行医罪侵犯的客体是国家对医疗机构的管理制度和公众的生命健康安全，后者侵犯的客体是市场管理秩序，一般并不侵犯公民的生命健康权利。

2. 客观方面不同。非法行医罪表现为非法从事医疗活动，而后者表现为非法从事医疗活动以外的其他经营活动。

3. 主体不同。非法行医罪的主体是特殊主体，即通常具备一定的医学知识但未取得医生执业资格的人，而后者的主体是一般主体。

（四）本罪与诈骗罪的界限

诈骗罪，是指以非法占有为目的，用虚构事实或者隐瞒真相的办法，骗取数额较大的公私财物的行为。在客观方面,诈骗罪与非法行医罪中行为人根本不懂医疗知识,却号称自己精通医术,牟取就诊人钱财的行为极为相似,但二者具有本质的不同:

1. 客体不同。前者侵犯的是国家对医疗机构的管理制度和公众的生命健康安全,后者侵犯的客体是单一的,即公私财产的所有权。

2. 客观方面不同。前者行为人主要是利用就诊人缺乏医疗知识,假装自己医术高明而欺骗被害人。后者行为人则是使用骗术,即以虚构事实或者隐瞒真相的欺骗方法,使财物所有人、管理人产生错觉,信以为真,从而似乎“自愿”地交出财物。

3. 主体不同。前者的主体是特殊主体,即没有取得医生执业资格的人,后者的主体为一般主体,即年满十六周岁能够负完全刑事责任能力的人。

4. 主观方面不同。前者表现为间接故意或过失,后者表现为直接故意。

量刑部分

【量刑标准】

犯本罪,情节严重的,处三年以下有期徒刑、拘役或者管制,并处或者单处罚金;严重损害就诊人身体健康的,处三年以上十年以下有期徒刑,并处罚金;造成就诊人死亡的,处十年以上有期徒刑,并处罚金。

截至目前,尚无本罪名关于量刑的司法解释。

非法进行节育手术罪 《刑法》第336条(二)

未取得医生执业资格的人擅自为他人进行节育复通手术、假节育手术、终止妊娠手术或者摘取宫内节育器,情节严重的,处三年以下有期徒刑、拘役或者管制,并处或者单处罚金;严重损害就诊人身体健康的,处三年以上十年以下有期徒刑,并处罚金;造成就诊人死亡的,处十年以上有期徒刑,并处罚金。

定罪部分

【罪名概念】

非法进行节育手术罪,是指未取得医生执业资格的人擅自为他人进行节育复通手术、假节育手术、终止妊娠手术或者摘取宫内节育器的行为。

【司法解释】

最高人民检察院、公安部《关于公安机关管辖的刑事案件立案追诉标准的规定(一)》

(实施日期:2008 年 6 月 25 日 公通字[2008]36 号)(节录)

第五十八条 [非法进行节育手术案(刑法第三百三十六条第二款)]未取得医生执业资格的人擅自为他人进行节育复通手术、假节育手术、终止妊娠手术或者摘取宫内节育器,涉嫌下列情形之一的,应予立案追诉:

(一)造成就诊人轻伤、重伤、死亡或者感染艾滋病、病毒性肝炎等难以治愈的疾病的;

(二)非法进行节育复通手术、假节育手术、终止妊娠手术或者摘取宫内节育器五人次以上的;

(三)致使他人超计划生育的;

(四)非法进行选择性别的终止妊娠手术的;

(五)非法获利累计五千元以上的;

(六)其他情节严重的情形。

【关联法律】

《执业医师法》

(实施日期:2009 年 8 月 27 日)

【犯罪构成】

(一)主体要件

本罪主体为一般主体。但必须是未取得医生执业资格的人。未取得医生执业资格的人,应当是根据《执业医师法》的有关规定,未依法取得《医师执业证书》的人。

根据卫生法律、行政法规及行政规章的规定,在通常情况下,超出执业范围、未变更执业地点等行为,属于行政违法行为。应当依照卫生法律、法规和规章的规定,予以行政处罚。此为区别罪与非罪的界线。

(二)主观要件

本罪在主观方面表现为故意,即行为人明知自己无权为他人实施计划生育手术,但为了牟取不法利益或者基于其他考虑所实施的行为。

(三)客观要件

本罪在客观方面表现为擅自为他人进行节育复通手术、假节育手术、终止妊娠手术或者摘取宫内节育器,情节严重的行为。

擅自为他人进行节育复通手术,是指没有医师资格的人,违反计划生育政策和制度,为他人进行输卵(精)管复通手术的行为。擅自为他人进行假节育手术,是指没有医师资格的人,违反计划生育政策和制度,为他人进行假结扎输卵(精)管手术的行为。

情节严重,一般是指多次为他人进行节育复通等手术,致使多人超计划生育的;使用不合卫生标准或医疗标准的方法,致使就诊人遭受重大痛苦或者损害就诊人健康的;以营利为目的,鼓动他人接受节育复通等手术,妨害计划生育的,等等。“情节严重”是构成本罪的必备要件。

(四)客体要件

本罪直接侵犯的是复杂客体,其主要客体是国家的计划生育政策和制度,次要客体是公共卫生。

在我国经济和社会发展中,人口问题始终是极为重要的问题。实行计划生育是我国的一项基本国策。人口政策是一个国家的统治阶级,为了维护本阶级的利益,对本国人口再生产过程施加影响和干预的具体规定与措施。我国现阶段的人口政策即“控制人口数量,提高人口素质”的提出,不仅具有充分的理论依据即马克思主义人口理论,而且还具有充分的客观依据即社会主义社会人口发展规律和我国的人口现状。我国的人口规律是,在社会主义生产不断发展和社会成员物质、文化水平不断提高的基础上,人口的增长与社会主义现代化生产相适应,劳动力得到充分而合理地利用,全体人民在德、智、体等方面都得到全面发展。

切实掌握落实节育措施,不仅可以控制人口增长,同时也有利于保护人体健康,提高人口素质,促进民族繁荣。为了搞好计划生育技术指导工作,卫生部于1987年修订了《节育手术常规》,国务院计划生育领导小组、卫生部联合颁布了《关于提高节育手术质量的通知》,1983年12月卫生部颁发了《计划生育技术管理工作条例(试行)》,和《男性节育手术并发症的诊断标准(试行)》,1986年颁布了《妇幼卫生工作条例》。以上文件对我国计划生育技术指导工作尤其是节育技术质量管理作了规定。擅自为他人进行节育复通手术、假节育手术、终止妊娠手术或者摘取宫内节育器,就是在没有经过审查批准,没有取得生育证的情况下实施的,是对计划生育制度的违反和破坏。由于其行为对象针对的是不特定的人,因而必然对公众的健康、生命安全造成现实的威胁。

【罪名辨析】

(一)区分本罪与非罪的界限

计划生育工作的行为有很多种,根据《刑法》第三百三十六条第二款的规定,行为人擅自为他人进行节育复通手术、假节育手术、终止妊娠手术或者摘取宫内节育器,情节严重的,予以刑事处罚。由于刑法明确规定了上述四种方式,实施其他破坏计划生育的行为不构成本罪,视其具体行为及情节给予行政或者治安处罚。同时,本罪属于情节犯,情节严重的,构成本罪,如果行为人擅自为他人进行节育复通手术、假节育手术、终止妊娠手术或者摘取宫内节育器,但尚未达到情节严重的程度，也不构成本罪，视其具体行为及情节给予行政或者治安处罚。

（二）区分本罪与医疗事故罪的界限

医疗事故罪，是指医务人员严重不负责任，造成就诊人死亡或者严重损害就诊人身体健康的行为。区分两罪，主要把握以下几个方面：

1. 主体不同。本罪的主体是未取得医生执业资格的人，也就是不具有国家规定的从事诊疗活动资格的人；医疗事故罪的主体是医务人员，一般是经过卫生行政主管部门批准、承认，或者经过专业培养考核合格，取得相应资格并从事医疗工作的人员。两罪主体的区别在于主体资格的合法性上。

2. 主观故意不同。本罪在主观上表现为故意，即明知自己不具有医生执业资格而为他人进行节育复通手术、假节育手术、终止妊娠手术或者摘取宫内节育器；医疗事故罪在主观上表现为过失，即严重不负责任的心态。

3. 行为要件不同。本罪以情节严重作为成立犯罪的要件；医疗事故罪要求造成就诊人死亡或者严重损害就诊人身体健康的后果，才予以刑事追究。

（三）区分本罪与非法行医罪的界限

非法行医罪，是指未取得医生执业资格的人非法行医，情节严重的行为。本罪与非法行医罪一并规定在《刑法》第三百三十六条，与非法行医罪是特殊与一般的关系。实施节育复通手术、假节育手术、终止妊娠手术或者摘取宫内节育器的行为也属于行医范围，是非法行医的特殊表现形式。由于《刑法》第三百三十六条第二款特别规定了本罪，如果未取得医生执业资格的人擅自为他人进行节育复通手术、假节育手术、终止妊娠手术或者摘取宫内节育器，情节严重的，即以本罪认定，排除适用非法行医罪的规定。

【量刑标准】

犯本罪，情节严重的，处三年以下有期徒刑、拘役或者管制，并处或者单处罚金；严重损害就诊人身体健康的，处三年以上十年以下有期徒刑，并处罚金；造成就诊人死亡的，处十年以上有期徒刑，并处罚金。

截至目前，尚无本罪名关于量刑的司法解释。

妨害动植物防疫、检疫罪 《刑法》第337条

违反有关动植物防疫、检疫的国家规定，引起重大动植物疫情的，或者有引起重大动植物疫情危险，情节严重的，处三年以下有期徒刑或者拘役，并处或者单处罚金。

单位犯前款罪的，对单位判处罚金，并对其直接负责的主管人员和其他直接责任人员，依照前款的规定处罚。

定罪部分

【罪名概念】

妨害动植物防疫、检疫罪是指违反有关动植物防疫、检疫的国家规定,引起重大动植物疫情的,或者有引起重大动植物疫情危险,情节严重的行为。

【司法解释】

最高人民检察院、公安部《关于公安机关管辖的刑事案件立案追诉标准的规定(一)》

(实施日期:2008年6月25日　公通字[2008]36号)(节录)

第五十九条　[逃避动植物检疫案(刑法第三百三十七条)]违反进出境动植物检疫法的规定,逃避动植物检疫,涉嫌下列情形之一的,应予立案追诉:

(一)造成国家规定的《进境动物一、二类传染病、寄生虫病名录》中所列的动物疫病传入或者对农、牧、渔业生产以及人体健康、公共安全造成严重危害的其他动物疫病在国内暴发流行的;

(二)造成国家规定的《进境植物检疫性有害生物名录》中所列的有害生物传入或者对农、林业生产、生态环境以及人体健康有严重危害的其他有害生物在国内传播扩散的。

【关联法律】

《进出境动植物检疫法》

(实施日期:2009年8月27日)(节录)

第二条　进出境的动植物、动植物产品和其他检疫物,装载动植物、动植物产品和其他检疫物的装载容器、包装物,以及来自动植物疫区的运输工具,依照本法规定实施检疫。

第五条　国家禁止下列各物进境:

(一)动植物病原体(包括菌种、毒种等)、害虫及其他有害生物;

(二)动植物疫情流行的国家和地区的有关动植物、动植物产品和其他检疫物;

(三)动物尸体;

(四)土壤。

口岸动植物检疫机关发现有前款规定的禁止进境物的,作退回或者销毁处理。

因科学研究等特殊需要引进本条第一款规定的禁止进境物的,必须事先提出申请,经国家动植物检疫机关批准。

本条第一款第二项规定的禁止进境物的名录,由国务院农业行政主管部门制定并公布。

第四十二条　违反本法规定,引起重大动植物疫情的,依照刑法有关规定追究刑事责任。

【犯罪构成】

（一）主体要件

本罪主体是一般主体。

（二）主观要件

本罪在主观方面表现为故意。

（三）客观要件

本罪在客观方面表现为违反有关动植物防疫、检疫的国家规定，引起重大动植物疫情的，或者有引起重大动植物疫情危险，情节严重的行为。

（四）客体要件

本罪侵犯的客体是国家动物、植物检验、检疫制度。

量刑部分

【量刑标准】

犯本罪，情节严重的，处三年以下有期徒刑或者拘役，并处或者单处罚金。

单位犯前款罪的，对单位判处罚金，并对其直接负责的主管人员和其他直接责任人员，依照前款的规定处罚。

截至目前，尚无本罪名关于量刑的司法解释。

第六节　破坏环境资源保护罪

污染环境罪　《刑法》第338条

违反国家规定，排放、倾倒或者处置有放射性的废物、含传染病病原体的废物、有毒物质或者其他有害物质，严重污染环境的，处三年以下有期徒刑或者拘役，并处或者单处罚金；后果特别严重的，处三年以上七年以下有期徒刑，并处罚金。

定罪部分

【罪名概念】

污染环境罪，是指违反防治环境污染的法律规定，造成环境污染，后果严重，依照法律应受到刑事处罚的行为。

【司法解释】

1. 最高人民法院、最高人民检察院《关于办理环境污染刑事案件适用法律若干问题的解释》

(实施日期:2013 年 6 月 19 日　法释[2013]15 号)(节录)

第四条　实施刑法第三百三十八条、第三百三十九条规定的犯罪行为,具有下列情形之一的,应当酌情从重处罚:

(一)阻挠环境监督检查或者突发环境事件调查的;

(二)闲置、拆除污染防治设施或者使污染防治设施不正常运行的;

(三)在医院、学校、居民区等人口集中地区及其附近,违反国家规定排放、倾倒、处置有放射性的废物、含传染病病原体的废物、有毒物质或者其他有害物质的;

(四)在限期整改期间,违反国家规定排放、倾倒、处置有放射性的废物、含传染病病原体的废物、有毒物质或者其他有害物质的。

实施前款第一项规定的行为,构成妨害公务罪的,以污染环境罪与妨害公务罪数罪并罚。

第七条　行为人明知他人无经营许可证或者超出经营许可范围,向其提供或者委托其收集、贮存、利用、处置危险废物,严重污染环境的,以污染环境罪的共同犯罪论处。

第八条　违反国家规定,排放、倾倒、处置含有毒害性、放射性、传染病病原体等物质的污染物,同时构成污染环境罪、非法处置进口的固体废物罪、投放危险物质罪等犯罪的,依照处罚较重的犯罪定罪处罚。

2. 最高人民检察院、公安部《关于公安机关管辖的刑事案件立案追诉标准的规定(一)》

(实施日期:2008 年 6 月 25 日　公通字[2008]36 号)(节录)

第六十条　[重大环境污染事故案(刑法第三百三十八条)]违反国家规定,向土地、水体、大气排放、倾倒或者处置有放射性的废物、含传染病病原体的废物、有毒物质或者其他危险废物,造成重大环境污染事故,涉嫌下列情形之一,应予立案追诉:

(一)致使公私财产损失三十万元以上的;

(二)致使基本农田、防护林地、特种用途林地五亩以上,其他农用地十亩以上,其他土地二十亩以上基本功能丧失或者遭受永久性破坏的;

(三)致使森林或者其他林木死亡五十立方米以上,或者幼树死亡二千五百株以上的;

(四)致使一人以上死亡、三人以上重伤、十人以上轻伤,或者一人以上重伤并且五人以上轻伤的;

(五)致使传染病发生、流行或者人员中毒达到《国家突发公共卫生事件应急预案》中突发公共卫生事件分级Ⅲ级以上情形,严重危害人体健康的;

（六）其他致使公私财产遭受重大损失或者人身伤亡的严重后果的情形。

本条和本规定第六十二条规定的“公私财产损失”，包括污染环境直接造成的财产损毁、减少的实际价值，为防止污染扩散以及消除污染而采取的必要的、合理的措施而发生的费用。

【犯罪构成】

（一）主体要件

本罪的主体为一般主体，即凡是达到刑事责任年龄具有刑事责任能力的人，均可构成本罪。单位可以成为本罪主体。

（二）主观要件

本罪在主观方面表现为过失。这种过失是指行为人对造成环境污染，致公私财产遭受重大损失或者人身伤亡严重后果的心理态度而言，行为人对这种事故及严重后果本应预见，但由于疏忽大意而没有预见。或者虽已预见到但轻信能够避免。至于行为人对违反国家规定排放、倾倒、处置危险废物这一行为本身有时则常常是有意为之，但这并不影响本罪的过失犯罪性质。

（三）客观要件

本罪在客观方面表现为违反国家规定，向土地，水体和大气排放危险废物，造成环境污染，致使公私财产遭受重大损失或者人身伤亡的严重后果的行为。

1. 实施本罪必须违反国家规定。

主要是指违反全国人大及其常务委员会制定的有关环境保护方面的法律以及国务院制定的相关行政法规、行政措施、发布的决定或命令。这些法律、法规主要包括《环境保护法》《大气污染防治法》《水污染防治法》《海洋环境保护法》《固体废物污染环境防治法》等法律以及《放射防护条例》《工业“三废”排放试行标准》等一系列专门法规。

2. 实施排放、倾倒和处置行为。

其中排放是指把各种危险废物排入土地、水体、大气的行为，包括泵出、溢出、泄出、喷出、倒出等，倾倒是指通过船舶、航空器、平台或者其他载运工具，向土地、水体、大气倾卸危险废物的行为；处置是指以焚烧、填埋或其他改变危险废物属性的方式处理危险废物或者将其置于特定场所或者设施并不再取回的行为。

3. 必须造成了环境污染，致使公私财产遭受重大损失或者人身伤亡的严重后果。

本罪属结果犯，行为人非法排放、倾倒、处置危险废物的行为是否构成犯罪，应对其行为所造成的后果加以认定，如该行为造成严重后果，则以本罪论。否则不能以犯罪论处。至于“严重后果”的标准是什么，有待进一步作出解释。

（四）客体要件

本罪侵犯的客体是国家防治环境污染的管理制度。为了防治环境污染、保护和改善生活、生态环境,国家先后制定了《环境保护法》《大气污染防治法》《水污染防治法》《海洋环境保护法》《固体废物污染环境防治法》等法律,以及《放射防护条例》《工业“三废”排放试行标准》《农药安全使用条例》等一系列专门法规。违反这些法律、法规的规定,构成犯罪的行为,就是侵犯国家对自然环境的保护和管理制度。本罪的对象为危险废物。具体包括放射性废物、含传染病病原体的废物、有毒物质或者其他危险废物。所谓危险废物,是指列入国家危险废物名录或者根据国家规定的危险废物鉴别标准和鉴别方法认定的具有危险特性的废物。放射性废物是指放射性核素超过国家规定限值的固体、液体和气体废弃物;含传染病病原体的废物是指含有传染病病菌的污水、粪便等废物;有毒物质是指对人体有毒害,可能对人体健康和环境造成严重危害的固体、泥状及液体废物;其他危险废物则是指上述列举之外的,列入国家危险废物名录或者本罪侵犯的客体是国家根据国家规定的危险废物鉴别标准和鉴别方法认定的具有危险特性的废物。

放射性废物主要包括放射性废水、废气和固体废物。放射性废水是指放射性核素含超过国家规定限值的液体废弃物。主要包括核燃料前处理(如铀矿开采、水冶、精炼,核燃料制造等过程中)产生的废水,核燃料后处理第一循环产生的废液,原子能发电站,应用放射性同位素的研究机构、医院、工厂等排出的废水。放射性废气是指放射性核素含量超过国家规定限值的气体废弃物。由于在原子能工业的生产中或核设施运行中,随着不同的工艺过程均有不同性质的含有核素的排气产生。诸如铀矿山和铀水冶厂会产生来自矿井的含有氡、钍、锕射气及其子体的气溶胶;核反应堆中产生的气体在后处理厂进行处理时释放的废气中含有氩、氪、氙等放射性核素、射碘蒸汽、氚以及二氧化碳形式存在的碳-14等;此外,还有大量的放射性气溶胶;核企业的各生产车间、设备室、热室及手套箱等地,均有放射性气体排出。放射性固体废物是指放射性核素含量超过国家规定限值的固体废弃物。主要包括从含铀矿石提取铀的过程中产生的废矿渣;铀精制厂、燃料组件加工厂、反应堆、核燃料后处理厂以及使用放射性同位素研究、医疗等单位排出的沾有人工或天然放射性物质的各种器物,放射性废液经浓缩、固化处理形成的固体废弃物。

含传染病病原体的废物(亦称传染性废物)是指带有病菌、病毒等病原体的废物。其中传染性是指由致病性的各种病原体引起的可在适宜传播途径下对人群有传播可能的感染。《传染病防治法》第三条对传染病作了规定。

所谓病原体亦称病原物或病原生物,是指能引起病的微生物和寄生虫的统称。主要包括病菌、寄生虫和病毒三类。由上述之传染病病原体而产生的废物,如污水、污物、粪便等皆属于含传染病病原体之废物。

有毒物质是对机体发生化学或物理化学的作用,因而损害机体,引起功能障碍、疾病,甚至死亡的物质。有毒物质可分为无机毒物和有机毒物两大类。如汞、铅、砷、镉、铬、氟等属于无机毒物,其中有许多能在生物体中富集积累。有机毒物如酚、氰、有机氯、有机磷、有机汞、乙烯等。

其他危险废物则是指上述列举之外的,列入国家危险废物名录或根据国家规定的危险废物鉴别标准和鉴别方法认定的具有危险特性的废物。根据我国加入的《巴塞尔公约》,其他危险废物主要是指从住家搜集的废物和从焚化住家废物产生的残余物。

【罪名辨析】

本罪与环境监管失职罪的界限

两罪同属结果犯的范畴,都是由于其行为造成了重大环境污染事故,致使严重后果的发生,且主观上都含有过失的罪过形式,个别情况下也存在着故意形态,但主要是间接故意。两罪的主要区别是:

1. 客体不同。本罪客体是国家环境保护和环境污染防治的管理制度,属于破坏环境数据的犯罪。而后罪侵犯的客体则为国家对环境保护工作的正常管理活动,属于渎职犯罪。

2. 客观方面不同。本罪表现为违反国家规定,向土地,水体和大气排放危险废物,造成环境污染,致使公私财产遭受重大损失或者人身伤亡的严重后果的行为。而环境监管失职罪表现为环境保护部门的国家机关工作人员的严重不负责任,从而造成重大环境污染事故,这种严重不负责任主要体现为滥用职权和玩忽职守,不尽职责的行为。

3. 主体不同。本罪的主体既可以是自然人,也可以是单位,对自然人作为本罪的主体没有限制条件,而后罪的主体是特殊主体,即负责环境保护监管职责的国家机关工作人员,单位不构成该罪主体。

量刑部分

【量刑标准】

犯本罪的,处三年以下有期徒刑或者拘役,并处或者单处罚金;后果特别严重的,处三年以上七年以下有期徒刑,并处罚金。

非法处置进口的固体废物罪 《刑法》第339条(一)

违反国家规定,将境外的固体废物进境倾倒、堆放、处置的,处五年以下有期徒刑或者拘役,并处罚金;造成重大环境污染事故,致使公私财产遭受重大损失或者严重危害人体健康的,处五年以上十年以下有期徒刑,并处罚金;后果特别严重的,处十年以上有期徒刑,并处罚金。

定罪部分

【罪名概念】

非法处置进口的固体废物罪,是指违反国家规定,将境外的固体废物进境倾倒、堆放、处置的行为。

【司法解释】

1. **最高人民法院、最高人民检察院《关于办理环境污染刑事案件适用法律若干问题的解释》**

(实施日期:2011 年 6 月 8 日　法释[2013]15 号)(节录)

第四条　实施刑法第三百三十八条、第三百三十九条规定的犯罪行为,具有下列情形之一的,应当酌情从重处罚:

(一)阻挠环境监督检查或者突发环境事件调查的;

(二)闲置、拆除污染防治设施或者使污染防治设施不正常运行的;

(三)在医院、学校、居民区等人口集中地区及其附近,违反国家规定排放、倾倒、处置有放射性的废物、含传染病病原体的废物、有毒物质或者其他有害物质的;

(四)在限期整改期间,违反国家规定排放、倾倒、处置有放射性的废物、含传染病病原体的废物、有毒物质或者其他有害物质的。

实施前款第一项规定的行为,构成妨害公务罪的,以污染环境罪与妨害公务罪数罪并罚。

第五条　实施刑法第三百三十八条、第三百三十九条规定的犯罪行为,但及时采取措施,防止损失扩大、消除污染,积极赔偿损失的,可以酌情从宽处罚。

第六条　单位犯刑法第三百三十八条、第三百三十九条规定之罪的,依照本解释规定的相应个人犯罪的定罪量刑标准,对直接负责的主管人员和其他直接责任人员定罪处罚,并对单位判处罚金。

2. **最高人民检察院、公安部《关于公安机关管辖的刑事案件立案追诉标准的规定(一)》**

(实施日期:2008 年 6 月 25 日　公通字[2008]36 号)(节录)

第六十一条　[非法处置进口的固体废物案(刑法第三百三十九条第一款)]违反国家规定,将境外的固体废物进境倾倒、堆放、处置的,应予立案追诉。

第六十二条　[擅自进口固体废物案(刑法第三百三十九条第二款)]未经国务院有关主管部门许可,擅自进口固体废物用作原料,造成重大环境污染事故,涉嫌下列情形之一的,应予立案追诉:

(一)致使公私财产损失三十万元以上的;

(二)致使基本农田、防护林地、特种用途林地五亩以上,其他农用地十亩以上,

其他土地二十亩以上基本功能丧失或者遭受永久性破坏的;

(三)致使森林或者其他林木死亡五十立方米以上,或者幼树死亡二千五百株以上的;

(四)致使一人以上死亡、三人以上重伤、十人以上轻伤,或者一人以上重伤并且五人以上轻伤的;

(五)致使传染病发生、流行或者人员中毒达到《国家突发公共卫生事件应急预案》中突发公共卫生事件分级Ⅲ级以上情形,严重危害人体健康的;

(六)其他致使公私财产遭受重大损失或者严重危害人体健康的情形。

【关联法律】

《固体废物污染环境防治法》

(实施日期:2015 年 4 月 24 日)(节录)

第七十八条 违反本法规定,将中华人民共和国境外的固体废物进境倾倒、堆放、处置的,进口属于禁止进口的固体废物或者未经许可擅自进口属于限制进口的固体废物用作原料的,由海关责令退运该固体废物,可以并处十万元以上一百万元以下的罚款;构成犯罪的,依法追究刑事责任。进口者不明的,由承运人承担退运该固体废物的责任,或者承担该固体废物的处置费用。

逃避海关监管将中华人民共和国境外的固体废物运输进境,构成犯罪的,依法追究刑事责任。

【犯罪构成】

(一)主体要件

本罪的主体为一般主体,即中国公民、外国公民、无国籍公民及中国的企业、事业和组织及外国的组织、机构等,只要实施了倾倒、堆放、处置境外固体废物的行为,均可构成本罪主体。

(二)主观要件

本罪在主观方面表现为故意,过失不构成本罪。即行为人在明知或者应当知道的情形下处置进口的固体废物,造成重大环境污染并希望这种结果发生的故意行为。

(三)客观要件

本罪在客观方面表现为违反国家规定,将境外的固体废物进境倾倒、堆放、处置的行为。

1. 必须是违反国家规定的行为。

2. 实施了将境外的固体废物倾倒、堆放、处置的行为。所谓倾倒,是指通过船舶、汽车等运载工具向我国境内任何地方倾卸固体废物的行为;堆放是指将境外的固体废物任意堆存在我国境内的任何地方;处置是指在中国境内将中国境外的固体废物进行焚烧和用其他方法改变固体废物物理、化学、生物特性的方法,达到减少已产生的固体废物数量,缩小固体废物体积,减少或者消除其危险成分的活动,或者将固体废物最终置于符合环境保护规定要求的场所或者设施不再回取的活动。

本罪属行为犯,只要实施了进境倾倒、堆放、处置固体废物的行为,即构成犯罪。

(四)客体要件

本罪侵犯的客体是国家对环境保护的法律、法规、规章,扰乱了国家环境保护部门的正常工作秩序。

本罪的犯罪对象是境外的各种固体废物。根据 1996 年 3 月 1 日国家环境保护局(已变更)、对外经济贸易部(已变更)、海关总署、国家工商行政管理局(已变更)、国家进出口商品检验局(已变更)联合发布的《废物进口环境保护管理暂行规定》,禁止进口境外废物在境内倾倒、堆放、处置。固体废物是指在生产建设、日常生活和其他活动中产生的污染环境的固态半固态废弃废物。无论哪一种固体废物,都可成为本罪的对象。

【罪名辨析】

(一)本罪与污染环境罪的界限

两者在犯罪主体和犯罪的同类客体上都是相同的。两者主要区别是:

1. 犯罪直接客体不同。本罪侵犯的客体是国家有关固体废物污染防治的管理制度;而后罪的客体为国家对环境保护和污染防治的管理制度。

2. 犯罪客观要件不同。本罪在客观上表现为违反国家规定,将境外的固体废物进境倾倒、堆放、处置的行为,犯罪对象仅限于进口的固体废物;而后罪在客观上则表现为违反国家规定向土地、水体、大气排放、倾倒或者处置危险废物的行为,犯罪对象为危险废物,包含了本罪对象的内容。

3. 犯罪主观要件不同。本罪在主观上表现为故意,而后罪主观上既可以是故意,也可以是过失。

(二)本罪与走私固体废物罪的界限

两者的主体是相同的,区别主要在于:

1. 主观要件均为故意,只是故意的内容不同,本罪的故意表现为行为人明知将境外的固体废物进境倾倒、堆放、处置的行为违反国家对环境保护和污染防治的管理活动和管理制度,并有可能污染环境而为之。而后罪的故意表现为明知运输进境的固体废物是国家禁止进口的,仍逃避海关的监管将其运输进境的。

2. 客体要件不同。本罪侵犯的客体是国家有关固体废物污染防治的管理活动和管理制度,属于妨害社会管理秩序的犯罪;而后罪侵犯的客体是国家的对外贸易管理,属于破坏社会主义市场经济秩序的犯罪。

3. 犯罪客观要件不同。本罪的犯罪对象是国家允许进口的，主要是限制进口的固体废物；后罪的犯罪对象是境外固体废物，不受是否禁止的或限制进口的固体废物的制约。

（三）同时又触及其他罪名的认定

如行为人已经构成本罪，但其进口的固体废物中通过伪造、变造国家环境保护局《进口废物批准证书》获得的，这种为达到进口废物目的的行为，已经构成本法第二百八十条第一款之伪造、变造、买卖国家机关公文、证件、印章罪，应当对行为人实行数罪并罚。如果行为人非法处置进口的固体废物的行为不构成本罪，其伪造、变造国家机关公文的行为，应以本法第二百八十条第一款论处。如行为人非法处置进口的废物属于国家禁止进口的固体废物的，行为人同时触犯了非法处置进口的固体废物罪和走私固体废物罪。对于禁止进口的固体废物，行为人将其非法入境，已构成走私固体废物罪。至于行为人是否将其非法处置以及非法处置造成什么严重后果，应属于走私固体废物罪的量刑情节，不再单独认定构成非法处置进口固体废物罪。如果行为人非法处置进口的是危险废物，则同时触犯多个罪名，应以行为的具体对象来确定行为人所触及的罪名，危险废物中之固体废物属国家允许进口或限制进口之列的，则以本罪论；属于国家禁止进口的，则以走私固体废物罪论。非法途径将危险废物移至境内，且非法处置的，应以走私罪和本罪实行并罚。

量 刑 部 分

【量刑标准】

犯本罪的处五年以下有期徒刑或者拘役，并处罚金；造成重大环境污染事故，致使公私财产遭受重大损失或者严重危害人体健康的，处五年以上十年以下有期徒刑，并处罚金；后果特别严重的，处十年以上有期徒刑，并处罚金。

擅自进口固体废物罪 《刑法》第339条(二)

未经国务院有关主管部门许可，擅自进口固体废物用作原料，造成重大环境污染事故，致使公私财产遭受重大损失或者严重危害人体健康的，处五年以下有期徒刑或者拘役，并处罚金；后果特别严重的，处五年以上十年以下有期徒刑，并处罚金。

以原料利用为名，进口不能用作原料的固体废物、液态废物和气态废物的，依照本法第一百五十二条第二款、第三款的规定定罪处罚。

定罪部分

【罪名概念】

擅自进口固体废物罪,是指未经国务院有关主管部门许可,擅自进口固体废物用作原料,造成重大环境污染事故,致使公私财产遭受重大损失或者严重危害人体健康的行为。

【司法解释】

最高人民法院、最高人民检察院《关于办理环境污染刑事案件适用法律若干问题的解释》

(实施日期:2011 年 6 月 8 日　法释[2013]15 号)(节录)

第四条　实施刑法第三百三十八条、第三百三十九条规定的犯罪行为,具有下列情形之一的,应当酌情从重处罚:

(一)阻挠环境监督检查或者突发环境事件调查的;

(二)闲置、拆除污染防治设施或者使污染防治设施不正常运行的;

(三)在医院、学校、居民区等人口集中地区及其附近,违反国家规定排放、倾倒、处置有放射性的废物、含传染病病原体的废物、有毒物质或者其他有害物质的;

(四)在限期整改期间,违反国家规定排放、倾倒、处置有放射性的废物、含传染病病原体的废物、有毒物质或者其他有害物质的。

实施前款第一项规定的行为,构成妨害公务罪的,以污染环境罪与妨害公务罪数罪并罚。

第五条　实施刑法第三百三十八条、第三百三十九条规定的犯罪行为,但及时采取措施,防止损失扩大、消除污染,积极赔偿损失的,可以酌情从宽处罚。

第六条　单位犯刑法第三百三十八条、第三百三十九条规定之罪的,依照本解释规定的相应个人犯罪的定罪量刑标准,对直接负责的主管人员和其他直接责任人员定罪处罚,并对单位判处罚金。

【犯罪构成】

(一)主体要件

本罪主体是一般主体,即凡是达到刑事责任年龄,具备刑事责任能力的人均可构成本罪主体。

(二)主观要件

本罪主观方面表现为过失。也就是说行为人对造成的严重危害后果主观是过失的,但是,对于未经国务院有关部门许可,擅自进口固体废物用作原料是法律禁止的,行为人是明知的。

(三)客观要件

本罪在客观方面表现为未经国务院有关主管部门许可,擅自进口固体废物用作原料,造成重大环境污染事故,致使公私财产遭受重大损失或者严重危害人体健康的行为。

所谓“擅自进口固体废物”,是指行为人未经有关部门许可超越自身职权,独立决定进口固体废物的行为。未经许可主要是指未经国务院有关主管部门许可,一般是指不符合申请进口废物的条件,或者已符合申请进口废物的条件,没有国家环境保护主管部门批准的情形;伪造、变造国家环境保护局《进口废物批准书》的情形;逾期未向国家环境保护局补办进口废物经营审批手续,并继续从事进口废物经营活动的情形。具备了未经国务院有关主管部门许可这一前提条件,行为人擅自进口固体废物的行为才告成立,否则行为人以合法方式进口固体废物的行为不构成犯罪,只有在其使用中造成重大环境污染事故的,才构成犯罪。另外,行为人擅自进口固体废物是用作原料,即用于从事进口废物加工利用或专门从事对外贸易经营,为从事废物加工利用的单位提供固体废物。总之,其用途应限于用作原料,对于非用作原料,而以原料利用为名,擅自进口固体废物用于他途或是以此牟利,进行倒买倒卖的,则不构成本罪。

擅自进口固体废物用作原料的行为必须是已经造成重大环境污染事故,致使公司财产遭受重大损失或者严重人体健康的后果才构成犯罪。这是本罪的结果特征,也是区分构成罪与非罪的标准。

(四)客体要件

本罪侵犯的客体是国家对固体废物污染环境的防治制度。根据《固体废物污染环境防治法》的规定,国家对禁止进口不能作原料的废物;限制进口可以用作原料的固体废物。国务院环境保护主管部门会同国务院对外经济贸易主管部门制定、调整并公布可以用作原料进口的固体废物的目录,未列入该目录的固体废物禁止进口。确有必要进口列入上述规定目录中的固体废物用作原料的,须经国务院环境保护行政主管部门会同国务院对外经济贸易主管部门审查许可,方可进口。

【罪名辨析】

本罪与走私废物罪的界限

1. 犯罪对象不同。走私废物罪的犯罪对象既包括国家允许限制进口的可用作原料的固体废物、液态废物和气态废物,也包括国家禁止进口的不能用作原料的固体废物、液态废物和气态废物;擅自进口固体废物罪的犯罪对象则仅限于国家限制进口的可用作原料的固体废物。

2. 客观方面不同。走私废物罪的危害行为表现为违反海关法规,逃避海关监管,非法将境外固体废物、液态废物和气态废物运输进境;擅自进口固体废物罪表现为未经国务院有关主管部门批准,擅自进口固体废物用作原料的行为。

3. 走私废物罪是行为犯,只要实施走私固体废物、液态废物和气态废物的行为,即可构成,并不要求造成环境污染、财产损失、人体健康受损等威胁或危害。擅自进口固体废物罪是结果犯,构成该罪以发生重大环境污染事故,致使公私财产遭受重大损失或者严重危害人体健康的实际危害结果为必要。

量刑部分

【量刑标准】

犯本罪的,处五年以下有期徒刑或者拘役,并处罚金;后果特别严重的,处五年以上十年以下有期徒刑,并处罚金。

以原料利用为名,进口不能用作原料的固体废物、液态废物和气态废物的,依照本法第一百五十二条第二款、第三款的规定定罪处罚。

非法捕捞水产品罪 《刑法》第340条

违反保护水产资源法规,在禁渔区、禁渔期或者使用禁用的工具、方法捕捞水产品,情节严重的,处三年以下有期徒刑、拘役、管制或者罚金。

定罪部分

【罪名概念】

非法捕捞水产品罪,是指违反保护水产资源法规,在禁渔区、禁渔期或者使用禁用的工具、方法捕捞水产品,情节严重的行为。

【司法解释】

最高人民检察院、公安部《关于公安机关管辖的刑事案件立案追诉标准的规定(一)》

(实施日期:2008年6月25日 公通字[2008]36号)(节录)

第六十三条 [非法捕捞水产品案(刑法第三百四十条)]违反保护水产资源法规,在禁渔区、禁渔期或者使用禁用的工具、方法捕捞水产品,涉嫌下列情形之一的,应予立案追诉:

(一)在内陆水域非法捕捞水产品五百公斤以上或者价值五千元以上的,或者在海洋水域非法捕捞水产品二千公斤以上或者价值二万元以上的;

(二)非法捕捞有重要经济价值的水生动物苗种、怀卵亲体或者在水产种质资源保护区内捕捞水产品,在内陆水域五十公斤以上或者价值五百元以上,或者在海洋水域二百公斤以上或者价值二千元以上的;

(三)在禁渔区内使用禁用的工具或者禁用的方法捕捞的;

(四)在禁渔期内使用禁用的工具或者禁用的方法捕捞的;

（五）在公海使用禁用渔具从事捕捞作业，造成严重影响的；

（六）其他情节严重的情形。

【犯罪构成】

（一）主体要件

本罪的主体为一般主体，即凡是达到刑事责任年龄具有刑事责任能力的人，均可构成本罪。单位也可成为本罪的主体。

（二）主观要件

本罪在主观方面表现为故意，至于是为了营利或者其他目的，均不影响本罪的成立。过失不构成本罪。

（三）客观要件

本罪在客观方面表现为违反保护水产资源法规，在禁渔区、禁渔期或者使用禁用的工具、方法捕捞水产品的行为。

所谓禁渔区，是指由国家法令或者地方政府规定，对某些重要鱼、虾、蟹、贝、藻等以及其他重要水生生物的产卵场、索饵场、越冬场和洄游通道，划定一定的范围，禁止所有渔业生产作业的区域，或者禁止某种渔业生产作业的区域。

所谓禁渔期，是指对某些重要水生生物的产卵场、索饵场、越冬场和洄游通道，规定禁止渔业生产作业或者限制作业的一定期限。

所谓禁用的工具，是指禁止使用的超过国家对不同捕捞对象所分别规定的最小网目尺寸的渔具。所谓禁用的方法，是指禁止采用的损害水产资源正常繁殖、生长的方法，如炸鱼、毒鱼、电鱼等。在实践中，犯罪分子往往使用禁用的工具和方法，在禁渔区、禁渔期非法捕捞水产品，严重地破坏我国的水产资源。

故意非法捕捞水产品的行为必须达到情节严重的程度，才构成犯罪。所谓情节严重，主要是指非法捕捞水产品数量较大的，一贯或多次非法捕捞水产品的，为首组织或聚众非法捕捞水产品的，采用炸鱼、毒鱼、滥用电力等方法滥捕水产品，严重破坏水产资源的，非法捕捞、抗拒渔政管理的，等等。

（四）客体要件

本罪侵犯的客体是国家保护水产资源的管理制度。水产资源，包括具有经济价值的水生动物和水生植物，是国家的一项宝贵财富。为了加强对水产资源的保护，国家通过立法对水产资源繁殖、养殖和捕捞等方面作了具体的规定。国家鼓励、扶持外海和远洋捕捞业的发展，合理安排内水和近海捕捞。在内水、近海从事捕捞业的单位和个人，必须按照捕捞许可证关于作业类型、场所、时限和渔具数量的规定进行作业。不得在禁渔区和禁渔期进行捕捞，不得使用禁用的渔具、捕捞方法和小于规定的最小网目尺寸的网具进行捕捞。

【罪名辨析】

(一)本罪与非罪的界限

1. 区分合法行为与犯罪的界限。根据《渔业法实施细则》第十九条的规定,因科学研究等特殊需要。在禁渔区、禁渔期捕捞或者使用禁用的渔具、捕捞方法,或者捕捞重点保护的渔业资源品种,只要经过省级以上人民政府渔业行政主管部门批准,即为合法,不构成本罪。

2. 区分一般违法行为与犯罪的界限。不具备情节严重的非法捕捞水产品的行为,如未按渔业法规定取得捕捞许可证而擅自进行捕捞,数量不大的;使用禁用的渔具和方法捕捞水产品但未造成严重危害后果的;偶尔违反捕捞许可证关于作业类型、场所、时限等方面的规定进行捕捞的,属于一般违法行为,尚未构成犯罪,由渔业主管部门或公安机关予以行政处罚。情节是否严重,是区分两者的标准。

(二)本罪与盗窃罪的界限

两罪在主观故意的形态上是相同的,只是故意的内容不同。非法捕捞水产品故意的内容是明知非法捕捞的行为违反保护水产资源法规,仍故意为之;盗窃罪故意的内容是以非法占有为目的而为的秘密窃取的行为。因而说明了非法捕捞水产品罪与盗窃罪是性质不同的犯罪,区别是:

1. 客体不同。本罪侵犯的客体是国家对水产资源的管理制度,属于破坏环境资源保护的犯罪;后罪侵犯的客体是公私财物的所有权,属于侵犯财产的犯罪。

2. 客观方面不同。本罪表现为违反国家保护水产资源法规非法捕捞水产品的行为,而盗窃罪为以秘密方法非法占有公私财物的行为。因而在实践中,以非法占有为目的,在水面或他人承包的鱼塘中,毒死或炸死较大数量的鱼并将其偷走,未引起其他严重后果的,应以盗窃罪论处。

3. 主体不同。本罪的主体既包括自然人又包括单位,盗窃罪的主体只能是自然人。

4. 犯罪对象不同。本罪的对象是除了珍贵水生动物以外的所有水产品资源,具有特定性,盗窃罪的对象则范围广泛,包括所有的公私财物。

量刑部分

【量刑标准】

犯本罪,情节严重的,处三年以下有期徒刑、拘役、管制或者罚金。

截至目前,尚无本罪名关于量刑的司法解释。

非法猎捕、杀害珍贵、濒危野生动物罪；非法收购、运输、出售珍贵濒危野生动物、珍贵、濒危野生动物制品罪；非法狩猎罪　《刑法》第341条

非法猎捕、杀害国家重点保护的珍贵、濒危野生动物的，或者非法收购、运输、出售国家重点保护的珍贵、濒危野生动物及其制品的，处五年以下有期徒刑或者拘役，并处罚金；情节严重的，处五年以上十年以下有期徒刑，并处罚金；情节特别严重的，处十年以上有期徒刑，并处罚金或者没收财产。

违反狩猎法规，在禁猎区、禁猎期或者使用禁用的工具、方法进行狩猎，破坏野生动物资源，情节严重的，处三年以下有期徒刑、拘役、管制或者罚金。

定罪部分

【罪名概念】

非法猎捕、杀害珍贵、濒危野生动物罪，是指违反野生动物保护法规，非法收购、运输、加工、出售国家重点保护的珍贵、濒危野生动物及其制品的行为。

非法收购、运输、出售珍贵濒危野生动物、珍贵、濒危野生动物制品罪，是指违反国家野生动物保护法规，非法收购、运输、出售国家重点保护的珍贵、濒危野生动物或者珍贵、濒危野生动物制品的行为。

非法狩猎罪，是指违反狩猎法规，在禁猎区、禁猎期或者使用禁用的工具、方法进行狩猎，破坏野生动物资源，情节严重的行为。

【立法、司法解释】

1. 最高人民检察院、公安部《关于公安机关管辖的刑事案件立案追诉标准的规定(一)》

(实施日期:2008年6月25日　公通字[2008]36号)(节录)

第六十四条　[非法猎捕、杀害珍贵、濒危野生动物案(刑法第三百四十一条第一款)]非法猎捕、杀害国家重点保护的珍贵、濒危野生动物的，应予立案追诉。

本条和本规定第六十五条规定的“珍贵、濒危野生动物”，包括列入《国家重点保护野生动物名录》的国家一、二级保护野生动物、列入《濒危野生动植物种国际贸易公约》附录一、附录二的野生动物以及驯养繁殖的上述物种。

第六十五条　[非法收购、运输、出售珍贵、濒危野生动物、珍贵、濒危野生动物制品案(刑法第三百四十一条第一款)]非法收购、运输、出售国家重点保护的珍贵、濒危野生动物及其制品的，应予立案追诉。

本条规定的“收购”，包括以营利、自用等为目的的购买行为；“运输”，包括采用携带、邮寄、利用他人、使用交通工具等方法进行运送的行为；“出售”，包括出卖和

以营利为目的的加工利用行为。

第六十六条 [非法狩猎案(刑法第三百四十一条第二款)]违反狩猎法规,在禁猎区、禁猎期或者使用禁用的工具、方法进行狩猎,破坏野生动物资源,涉嫌下列情形之一的,应予立案追诉:

(一)非法狩猎野生动物二十只以上的;

(二)在禁猎区内使用禁用的工具或者禁用的方法狩猎的;

(三)在禁猎期内使用禁用的工具或者禁用的方法狩猎的;

(四)其他情节严重的情形。

2. 最高人民法院《关于审理破坏野生动物资源刑事案件具体应用法律若干问题的解释》

(实施日期:2000年11月17日 法释[2000]37号)(节录)

第一条 刑法第三百四十一条第一款规定的"珍贵、濒危野生动物",包括列入国家重点保护野生动物名录的国家一、二级保护野生动物、列入《濒危野生动植物种国际贸易公约》附录一、附录二的野生动物以及驯养繁殖的上述物种。

第二条 刑法第三百四十一条第一款规定的"收购",包括以营利、自用等为目的的购买行为;"运输",包括采用携带、邮寄、利用他人、使用交通工具等方法进行运送的行为;"出售",包括出卖和以营利为目的的加工利用行为。

第三条 非法猎捕、杀害、收购、运输、出售珍贵、濒危野生动物具有下列情形之一的,属于"情节严重":

(一)达到本解释附表所列相应数量标准的;

(二)非法猎捕、杀害、收购、运输、出售不同种类的珍贵、濒危野生动物,其中两种以上分别达到附表所列"情节严重"数量标准一半以上的。

非法猎捕、杀害、收购、运输、出售珍贵、濒危野生动物具有下列情形之一的,属于"情节特别严重":

(一)达到本解释附表所列相应数量标准的;

(二)非法猎捕、杀害、收购、运输、出售不同种类的珍贵、濒危野生动物,其中两种以上分别达到附表所列"情节特别严重"数量标准一半以上的。

第四条 非法猎捕、杀害、收购、运输、出售珍贵、濒危野生动物构成犯罪,具有下列情形之一的,可以认定为"情节严重";非法猎捕、杀害、收购、运输、出售珍贵、濒危野生动物符合本解释第三条第一款的规定,并具有下列情形之一的,可以认定为"情节特别严重":

(一)犯罪集团的首要分子;

(二)严重影响对野生动物的科研、养殖等工作顺利进行的;

(三)以武装掩护方法实施犯罪的;

(四)使用特种车、军用车等交通工具实施犯罪的;

(五)造成其他重大损失的。

第五条　非法收购、运输、出售珍贵、濒危野生动物制品具有下列情形之一的，属于“情节严重”：

(一)价值在10万元以上的；

(二)非法获利5万元以上的；

(三)具有其他严重情节的。

非法收购、运输、出售珍贵、濒危野生动物制品具有下列情形之一的，属于“情节特别严重”：

(一)价值在20万元以上的；

(二)非法获利10万元以上的；

(三)具有其他特别严重情节的。

第六条　违反狩猎法规，在禁猎区、禁猎期或者使用禁用的工具、方法狩猎，具有下列情形之一的，属于非法狩猎“情节严重”：

(一)非法狩猎野生动物20只以上的；

(二)违反狩猎法规，在禁猎区或者禁猎期使用禁用的工具、方法狩猎的；

(三)具有其他严重情节的。

第七条　使用爆炸、投毒、设置电网等危险方法破坏野生动物资源，构成非法猎捕、杀害珍贵、濒危野生动物罪或者非法狩猎罪，同时构成刑法第一百一十四条或者第一百一十五条规定之罪的，依照处罚较重的规定定罪处罚。

第八条　实施刑法第三百四十一条规定的犯罪，又以暴力、威胁方法抗拒查处，构成其他犯罪的，依照数罪并罚的规定处罚。

第九条　伪造、变造、买卖国家机关颁发的野生动物允许进出口证明书、特许猎捕证、狩猎证、驯养繁殖许可证等公文、证件构成犯罪的，依照刑法第二百八十条第一款的规定以伪造、变造、买卖国家机关公文、证件罪定罪处罚。

实施上述行为构成犯罪，同时构成刑法第二百二十五条第二项规定的非法经营罪的，依照处罚较重的规定定罪处罚。

第十条　非法猎捕、杀害、收购、运输、出售《濒危野生动植物种国际贸易公约》附录一、附录二所列的非原产于我国的野生动物“情节严重”、“情节特别严重”的认定标准，参照本解释第三条、第四条以及附表所列与其同属的国家一、二级保护野生动物的认定标准执行；没有与其同属的国家一、二级保护野生动物的，参照与其同科的国家一、二级保护野生动物的认定标准执行。

第十一条　珍贵、濒危野生动物制品的价值，依照国家野生动物保护主管部门的规定核定；核定价值低于实际交易价格的，以实际交易价格认定。

第十二条　单位犯刑法第三百四十一条规定之罪，定罪量刑标准依照本解释的有关规定执行。

3. 全国人民代表大会常务委员会《关于〈中华人民共和国刑法〉第三百四十一条、第三百一十二条的解释》

(实施日期:2014年4月24日)(节录)

全国人民代表大会常务委员会根据司法实践中遇到的情况,讨论了刑法第三百四十一条第一款规定的非法收购国家重点保护的珍贵、濒危野生动物及其制品的含义和收购刑法第三百四十一条第二款规定的非法狩猎的野生动物如何适用刑法有关规定的问题,解释如下:

知道或者应当知道是国家重点保护的珍贵、濒危野生动物及其制品,为食用或者其他目的而非法购买的,属于刑法第三百四十一条第一款规定的非法收购国家重点保护的珍贵、濒危野生动物及其制品的行为。

知道或者应当知道是刑法第三百四十一条第二款规定的非法狩猎的野生动物而购买的,属于刑法第三百一十二条第一款规定的明知是犯罪所得而收购的行为。

【犯罪构成】

一、非法猎捕、杀害珍贵、濒危野生动物罪

(一)主体要件

本罪的主体为一般主体,即凡是达到刑事责任年龄具有刑事责任能力的人,均可构成本罪。单位也可成为本罪主体。

(二)主观要件

本罪在主观方面表现为故意,过失不构成本罪。行为人可能是为了出卖牟利、自食自用、馈赠亲友或者出于取乐的目的,都可以构成本罪。

(三)客观要件

本罪在客观方面表现为非法猎捕、杀害国家重点保护的珍贵、濒危野生动物的行为。非法捕杀珍贵、濒危野生动物的行为方式多种多样,但可以归纳为3类:猎取珍贵、濒危的陆生野生动物,捕捞珍贵、濒危的水生野生动物,杀害珍贵、濒危的陆生或水生野生动物。

至于其捕杀行为是在何时、何地、用何种工具,采用何种方法都不影响本罪的成立。实践中具有非法猎捕和杀害两种方式之一的,即可构成本罪,同时具备两种方式的,也只构成一罪,不能按数罪并罚。

本罪属于行为犯,只要行为人实施了非法捕杀珍贵、濒危野生动物的行为,就构成犯罪。不以其是否具备“情节严重”作为划分罪与非罪的界限。

非法捕杀珍贵、濒危野生动物罪的既遂,以符合本罪的构成要件为标准。只要完成猎取、捕捞、杀害行为之一的,构成既遂。是否杀害珍贵、濒危野生动物并非本罪既遂的唯一标志。

(四)客体要件

本罪侵犯的客体是国家重点保护的珍贵、濒危野生动物的管理制度。珍贵、濒

危野生动物是国家的一项宝贵自然资源，不仅具有重要的经济价值，而且具有重要的文化价值、社会价值以及政治价值。

本罪的犯罪对象是国家重点保护的珍贵、濒危野生动物。1988 年 11 月 8 日全国人大常委会通过的《中华人民共和国野生动物保护法》第九条规定："国家对珍贵、濒危野生动物实行重点保护。国家重点保护的野生动物分为一级保护野生动物和二级保护野生动物。"1988 年 12 月 10 日国务院批准并由林业部和农业部联合发布的《国家重点保护野生动物名录》中，共计 258 种国家重点保护野生动物。

二、非法收购、运输、出售珍贵濒危野生动物、珍贵、濒危野生动物制品罪

（一）主体要件

本罪的主体为一般主体，即凡是达到刑事责任年龄具有刑事责任能力的人，均可构成本罪。单位也可成为本罪主体。

（二）主观要件

本罪在主观方面表现为故意，过失不构成本罪。实践中，由于一些非专业人员对野生动物领域了解不多，因而通常对何种动物为野生动物的认识不够，也因此对该种动物制品缺乏认识，在这种情况下实施了非法收购、运输、出售自己认为是珍贵、濒危野生动物及其制品的，一般不以本罪论处；如果行为人实施了非法收购、运输、出售自己认为不是珍贵、濒危野生动物及其制品的，而事实上确实是珍贵、濒危野生动物及其制品，亦不宜以本罪论处。

（三）客观要件

本罪在客观方面表现为违反野生动物保护法规，收购、运输、出售珍贵、濒危野生动物及其制品的行为。

所谓收购，是指未经有关部门批准以金钱作价，购买珍贵、濒危野生动物及其制品的行为；所谓运输，是指未经批准，私自运输珍贵、濒危野生动物及其制品的行为；所谓出售，是指未经批准，以牟利为目的出价售卖珍贵、濒危野生动物及其制品的行为，至于是否已实际获得利益，并不影响犯罪的成立。

无论行为人实施的是其中一种行为，还是同时实施数种行为，均可构成本罪。

定罪标准目前尚无明确的规定，在新的司法解释出台之前，可以参照林业部、公安部《关于陆生野生动物刑事案件的管辖及其立案标准的规定》。

（四）客体要件

本罪侵犯的客体是国家重点保护的珍贵、濒危野生动物的管理制度。本罪的对象只能是国家重点保护的珍贵、濒危野生动物及其制品。1988 年 11 月 8 日全国人大常委会通过的《中华人民共和国野生动物保护法》第九条规定："国家对珍贵、濒危野生动物实行重点保护。国家重点保护的野生动物分为一级保护野生动物和二级保护野生动物。"1988 年 12 月 10 日国务院批准并由林业部和农业部联合发布的《国家重点保护野生动物名录》中，共计 258 种国家重点保护野生动物。所谓制品,是指对捕获或得到的珍贵、濒危野生动物通过某种加工手段而获得的成品和半成品,如标本、皮张和其他有极高经济价值的动物部位、肉食等。

三、非法狩猎罪

(一)主体要件

本罪主体是一般主体。无论是专门从事狩猎的人员还是其他公民,只要达到刑事责任年龄、具备刑事责任能力的,都可以构成本罪。单位亦可构成本罪主体。

(二)主观要件

本罪在主观方面表现为故意,即明知是在禁猎区、禁猎期或者使用禁止的工具、方法进行狩猎而故意为之。至于是为了营利或者其他目的,均不影响本罪的成立。过失不能构成本罪。

(三)客观要件

本罪在客观方面表现为违反狩猎法规,在禁猎区、禁猎期或者使用禁用的工具、方法进行狩猎,破坏野生动物资源,情节严重的行为。

所谓禁猎区,是指国家对适宜野生动物栖息繁殖或者野生动物资源贫乏和破坏比较严重的地区,如国家自然保护区、风景区、城镇、工矿区、革命圣地、名胜古迹等区域为保护野生动物而划定的禁止狩猎区域。所谓禁猎期,是指按法定程序规定,禁止进行狩猎活动的一定时间期限。一般是根据不同野生动物的繁殖及生长期(如肉食、皮毛成熟),而分别划定的禁止狩猎的期间。其目的在于保证野生动物能够拥有良好的繁殖环境,使其正常发展,保持并增加种群数量,供人们永续利用。禁猎期由县级以上人民政府或其野生动物行政主管部门按照自然规律规定。所谓禁用的工具,是指足以破坏野生动物资源,危害人畜安全以及破坏森林的工具。《野生动物保护法》第二十一条明确规定,禁止使用军用武器、毒药、炸药进行猎捕。禁用工具还包括地弓、大铁夹、大桃杆子,等等。所谓禁用的方法,是指以破坏、妨害野生动物正常繁殖和生长的方法,如投毒、爆炸、火攻、烟熏、掏窝、拣蛋、夜间照明行猎、歼灭性围攻,等等。

根据本条的规定,违反其中任何一种形式或是数种形式非法狩猎野生动物,且情节严重的,即可构成犯罪。

非法狩猎行为必须是情节严重的行为,才能构成犯罪。根据有关法规及司法实践经验的总结,所谓“情节严重”,主要指以下几种情形:

(1)为首组织或者聚众非法狩猎的;

(2)在禁猎区或者禁猎期内,多次猎捕或大量猎捕野生动物的;

(3)使用禁用工具或者方法狩猎,使野生动物资源遭受重大损失的;

(4)长期非法狩猎屡教不改的;

(5)非不狩猎不听劝阻,威胁、殴打保护人员的;

(6)其他手段特别恶劣的。

（四）客体要件

本罪侵犯的客体是国家保护野生动物资源的管理制度。

非法狩猎罪的对象是指除珍贵、濒危的陆生野生动物和水生野生动物以外，有益的或者有重要经济、科学研究价值的陆生野生动物。行为人非法狩猎的对象如果涉及属于国家重点保护的珍贵、濒危野生动物，应按非法猎捕、杀害珍贵、濒危野生动物罪论处。可见，本罪的对象仅指一般陆生动物，即未列入《国家重点保护野生动物名录》的其他所有陆生野生动物。

【罪名辨析】

（一）非法猎捕、杀害珍贵、濒危野生动物罪与非法狩猎罪的区别

1. 前罪的对象是国家重点保护的珍贵、濒危野生动物，包括陆生和水生的野生动物，而后者对象为陆生的一般野生动物。

2. 前罪表现为未经合法许可擅自对珍贵、濒危野生动物进行猎捕、杀害，而后者表现为违反狩猎法规，在禁猎区、禁猎期或者使用禁用的工具、方法进行狩猎，破坏野生动物资源，情节严重的行为。

3. 前罪客体为国家对珍贵、濒危野生动物保护的管理活动，而后者的客体是国家对一般野生动物资源保护的管理的活动。

（二）非法猎捕、杀害珍贵、濒危野生动物罪与非法收购、运输、出售珍贵、濒危野生动物、珍贵、濒危野生动物制品罪的区别

1. 前罪的行为方式为非法猎捕、杀害，而后者的行为方式则为非法收购、运输、出售。

2. 前罪的犯罪对象是国家重点保护的珍贵、濒危野生动物；后者除此之外，还包括国家重点保护的珍贵、濒危野生动物的制品。

量 刑 部 分

【量刑标准】

非法猎捕、杀害国家重点保护的珍贵、濒危野生动物的，或者非法收购、运输、出售国家重点保护的珍贵、濒危野生动物及其制品的，处五年以下有期徒刑或者拘役，并处罚金；情节严重的，处五年以上十年以下有期徒刑，并处罚金；情节特别严重的，处十年以上有期徒刑，并处罚金或者没收财产。

违反狩猎法规，在禁猎区、禁猎期或者使用禁用的工具、方法进行狩猎，破坏野生动物资源，情节严重的，处三年以下有期徒刑、拘役、管制或者罚金。

截至目前，尚无本罪名关于量刑的司法解释。

非法占用农用地罪 《刑法》第 342 条

违反土地管理法规,非法占用耕地、林地等农用地,改变被占用土地用途,数量较大,造成耕地、林地等农用地大量毁坏的,处五年以下有期徒刑或者拘役,并处或者单处罚金。

定罪部分

【罪名概念】

非法占用农用地罪,是指违反土地管理法规,非法占用耕地、林地等农用地,改变被占用土地用途,数量较大,造成耕地、林地等农用地大量毁坏的行为。

【司法解释】

1. 最高人民检察院、公安部《关于公安机关管辖的刑事案件立案追诉标准的规定(一)》

(实施日期:2008 年 6 月 25 日　公通字[2008]36 号)(节录)

第六十七条　[非法占用农用地案(刑法第三百四十二条)]违反土地管理法规,非法占用耕地、林地等农用地,改变被占用土地用途,造成耕地、林地等农用地大量毁坏,涉嫌下列情形之一的,应予立案追诉:

(一)非法占用基本农田五亩以上或者基本农田以外的耕地十亩以上的;

(二)非法占用防护林地或者特种用途林地数量单种或者合计五亩以上的;

(三)非法占用其他林地十亩以上的;

(四)非法占用本款第(二)项、第(三)项规定的林地,其中一项数量达到相应规定的数量标准的百分之五十以上,且两项数量合计达到该项规定的数量标准的;

(五)非法占用其他农用地数量较大的情形。

违反土地管理法规,非法占用耕地建窑、建坟、建房、挖沙、采石、采矿、取土、堆放固体废弃物或者进行其他非农业建设,造成耕地种植条件严重毁坏或者严重污染,被毁坏耕地数量达到以上规定的,属于本条规定的"造成耕地大量毁坏"。

违反土地管理法规,非法占用林地,改变被占用林地用途,在非法占用的林地上实施建窑、建坟、建房、挖沙、采石、采矿、取土、种植农之五、堆放或者排泄废弃物等行为或者进行其他非林业生产、建设,造成林地的原有植被或者林业种植条件严重毁坏或者严重污染,被毁坏林地数量达到以上规定的,属于本条规定的"造成林地大量毁坏"。

2. 最高人民法院《关于审理破坏土地资源刑事案件具体应用法律若干问题的解释》

(实施日期:2000 年 6 月 22 日　法释[2000]14 号)(节录)

第三条　违反土地管理法规,非法占用耕地改作他用,数量较大,造成耕地大量毁坏的，依照刑法第三百四十二条的规定，以非法占用耕地罪定罪处罚：

（一）非法占用耕地“数量较大”，是指非法占用基本农田五亩以上或者非法占用基本农田以外的耕地十亩以上。

（二）非法占用耕地“造成耕地大量毁坏”，是指行为人非法占用耕地建窑、建坟、建房、挖沙、采石、采矿、取土、堆放固体废弃物或者进行其他非农业建设，造成基本农田五亩以上或者基本农田以外的耕地十亩以上种植条件严重毁坏或者严重污染。

【犯罪构成】

（一）主体要件

本罪的主体既可以是自然人，也可以是单位。

自然人非法占用耕地，主要是指凡年满十六周岁，具备刑事责任能力的实施了非法占用耕地行为的自然人。根据《土地管理法》第六十二条的规定，农村村民住宅用地，经乡（镇）人民政府审核，由县级人民政府批准；其中，涉及占用农用地的，由省、自治区、直辖市人民政府批准。凡违反该程序私自占用数量较大耕地的居民均可构成本罪的主体。

单位非法占用耕地，主要是指单位在国家建设用地、本单位发展建设和乡（镇）村建设用地过程中，违反土地管理法规，非法占用耕地改作他用，数量较大，造成耕地大量毁坏的行为。这里的单位，既包括国有的公司、企业、事业单位，也包括集体所有的公司、企业、事业单位以及合资或独资、私人所有的公司、企业以及国家各级权力机关、行政机关、审判机关、检察机关和人民团体和社会团体。至于土地管理机关侵权或越权审批占用耕地的，无权审批或无权发放使用证的机关批准占用耕地或有权审批机关超越权限、职权批准占用耕地且数量较大的，通常视为单位构成非法批准征用、占用土地罪，而不以本罪论。

（二）主观要件

本罪在主观方面表现为故意。即明知占用耕地改作他用的行为违反土地管理法规，而且对于占用耕地改作他用会造成大量耕地被毁坏的结果也是明知的。明知自己的行为会发生危害社会的结果，仍然希望或者放任结果的发生，在主观上为故意。行为人非法占用耕地的动机多种多样，但不影响本罪的成立。

（三）客观要件

本罪在客观方面表现为违反土地管理法规，非法占用耕地改作他用，数量较大，造成耕地大量毁坏的行为。

违反土地管理法规，是指违反了《土地管理法》、全国人大常委会《关于修改〈中华人民共和国土地管理法〉的决定》《土地管理法实施条例》《土地复垦规定》《关于制止农村建房用地的紧急通知》和《基本农田保护条例》《国家建设征用土地条例》《水土保持法》和《农业法》等与土地管理相关的法规。《土地管理法》第二十条规定,各级人民政府应当采取措施,保护耕地,维护排灌工程设施,改良土壤,提高地力,防治土地沙化、盐渍化、水土流失,制止荒废和破坏耕地的行为。国家建设的乡(镇)村建设必须节约使用土地,可以利用荒地的,不得占用耕地;可以利用劣地的,不得占用好地。

非法占用耕地,是指未经法定程序审批、登记、核发证书、确认土地使用权,而占用耕地的行为。非法占有耕地行为通常表现为:其一,未经批准占用耕地,即未经国家土地管理机关审理,并报经人民政府批准,擅自占用耕地的;其二,少批多占耕地的,即部分耕地的占用是经过合法批准的,但超过批准的数量且多占耕地的数量较大的;其三,骗取批准而占用耕地的,主要是以提供虚假档、谎报用途或借用、盗用他人的名义申请等欺骗手段取得批准手续而占用耕地,且数量较大的。

改作他用是指改变耕地的种植用途而作其他方面使用,诸如开办企业、建造住宅、筑路、采石、采矿、采土、采河,倾倒废物等。

非法占用耕地数量较大且造成耕地大量毁坏结果的,是非法占用耕地罪的必备要件。至于数量较大的具体标准,法律没有明文规定,根据《土地管理法》对土地的征用或使用所作的详细规定,征用基本农田、基本农田以外的耕地超过三十五公顷、其他土地超过七十公顷的,由国务院批准;征用上述规定以外的土地,由省、自治区、直辖市人民政府批准,并报国务院备案。如果违反上述有关土地管理的审批程序或所规定的数量而多征用、使用耕地的行为,就是违反土地管理法的非法占用耕地的行为。司法实践中也可根据当时当地耕地面积的大小、质量优劣的状况等情况综合衡量非法占用耕地的数量是否较大。"造成耕地大量毁坏",是指非法占用耕地导致耕地种植功能基本丧失,如造成土地板结、沙化、盐渍化、水土严重流失、土壤肥力消失等。

(四)客体要件

本罪侵犯的客体是国家的耕地管理制度。

本罪的对象包括耕地、林地、草地、养殖水面、湿地等,只要违反土地管理法、森林法、草原法的法律以及有关行政法规中关于土地管理的规定,都可以构成本罪。

【罪名辨析】

本罪与非法转让、倒卖土地使用权罪的界限

本罪与非法转让、倒卖土地使用权罪都是与土地管理有关的犯罪,二者的不同在于:

1. 客体不同。本罪侵害的是国家对土地特别是耕地进行保护的管理制度;而非法转让、倒卖土地使用权罪侵害的则是国家对土地使用权合法转让的管理制度。

2. 犯罪客观方面不同。非法占用耕地罪是结果犯,表现为违反土地管理法规,非法侵占耕地,数量较大,造成大量耕地毁坏的行为。非法转让、倒卖土地使用权罪则是情节犯,表现为违反土地管理法规,实施了非法转让、倒卖土地使用权,情节严重的行为。其中非法转让土地使用权,是指以买卖以外的其他形式非法转移土地使用权的行为,也即未按国家法律规定程序办理征用或者划拨手续的行为,或者未按规定权限办理审批手续的土地转让的行为。倒卖土地使用权,包括毫不掩饰和明码标价地将土地卖给他人,而收取价款和以某种形式掩盖其土地买卖的实质而将土地卖给他人的两种行为方式。

3. 对二者的处罚虽都采取了判处有期徒刑和罚金的刑罚方法,但前者没有明确确定的罚金标准;而后者则采取的是倍比罚金制的方式以确定罚金的标准。

量刑部分

【量刑标准】

犯本罪的,处五年以下有期徒刑或者拘役,并处或者单处罚金。

截至目前,尚无本罪名关于量刑的司法解释。

非法采矿罪　《刑法》第343条(一)

违反矿产资源法的规定,未取得采矿许可证擅自采矿,擅自进入国家规划矿区、对国民经济具有重要价值的矿区和他人矿区范围采矿,或者擅自开采国家规定实行保护性开采的特定矿种,情节严重的,处三年以下有期徒刑、拘役或者管制,并处或者单处罚金;情节特别严重的,处三年以上七年以下有期徒刑,并处罚金。

定罪部分

【罪名概念】

非法采矿罪,指违反规定,未取得采矿许可证擅自采矿,进入国家规划矿区、对具有重要价值的矿区和他人矿区范围采矿的,擅自开采实行保护性开采的特定矿种,经责令停止开采后拒不停止,造成矿产资源破坏的行为。

【司法解释】

1. 最高人民检察院、公安部《关于公安机关管辖的刑事案件立案追诉标准的规定(一)》

(实施日期:2008年6月25日　公通字[2008]36号)(节录)

第六十八条　[非法采矿案(刑法第三百四十三条第一款)]违反矿产资源法的规定,未取得采矿许可证擅自采矿的,或者擅自进入国家规划矿区、对国民经济具有重要价值的矿区和他人矿区范围采矿的,或者擅自开采国家规定实行保护性开采的特定矿种,经责令停止开采后拒不停止开采,造成矿产资源破坏的价值数额在五万至十万元以上的,应予立案追诉。

具有下列情形之一的,属于本条规定的“未取得采矿许可证擅自采矿”:

(一)无采矿许可证开采矿产资源的;

(二)采矿许可证被注销、吊销后继续开采矿产资源的;

(三)超越采矿许可证规定的矿区范围开采矿产资源的;

(四)未按采矿许可证规定的矿种开采矿产资源的(共生、伴生矿种除外);

(五)其他未取得采矿许可证开采矿产资源的情形。

在采矿许可证被依法暂扣期间擅自开采的,视为本条规定的“未取得采矿许可证擅自采矿”。

造成矿产资源破坏的价值数额,由省级以上地质矿产主管部门出具鉴定结论,经查证属实后予以认定。

2. 最高人民法院《关于审理非法采矿、破坏性采矿刑事案件具体应用法律若干问题的解释》

(实施日期:2003 年 6 月 3 日　法释[2003]9 号)

为依法惩处非法采矿、破坏性采矿犯罪活动,根据刑法有关规定,现就审理这类刑事案件具体应用法律的若干问题解释如下:

第一条　违反矿产资源法的规定非法采矿,具有下列情形之一,经责令停止开采后拒不停止开采,造成矿产资源破坏的,依照刑法第三百四十三条第一款的规定,以非法采矿罪定罪处罚:

(一)未取得采矿许可证擅自采矿;

(二)擅自进入国家规划矿区、对国民经济具有重要价值的矿区和他人矿区范围采矿;

(三)擅自开采国家规定实行保护性开采的特定矿种。

第二条　具有下列情形之一的,属于本解释第一条第(一)项规定的“未取得采矿许可证擅自采矿”:

(一)无采矿许可证开采矿产资源的;

(二)采矿许可证被注销、吊销后继续开采矿产资源的;

(三)超越采矿许可证规定的矿区范围开采矿产资源的;

(四)未按采矿许可证规定的矿种开采矿产资源的(共生、伴生矿种除外);

(五)其他未取得采矿许可证开采矿产资源的情形。

第三条　非法采矿造成矿产资源破坏的价值,数额在 5 万元以上的,属于刑法第三百四十三条第一款规定的“造成矿产资源破坏”;数额在 30 万元以上的,属于刑法第三百四十三条第一款规定的“造成矿产资源严重破坏”。

第四条　刑法第三百四十三条第二款规定的破坏性采矿罪中“采取破坏性的

开采方法开采矿产资源”,是指行为人违反地质矿产主管部门审查批准的矿产资源开发利用方案开采矿产资源,并造成矿产资源严重破坏的行为。

第五条 破坏性采矿造成矿产资源破坏的价值,数额在30万元以上的,属于刑法第三百四十三条第二款规定的“造成矿产资源严重破坏”。

第六条 破坏性的开采方法以及造成矿产资源破坏或者严重破坏的数额,由省级以上地质矿产主管部门出具鉴定结论,经查证属实后予以认定。

第七条 多次非法采矿或者破坏性采矿构成犯罪,依法应当追诉的,或者一年内多次非法采矿或破坏性采矿未经处理的,造成矿产资源破坏的数额累计计算。

第八条 单位犯非法采矿罪和破坏性采矿罪的定罪量刑标准,按照本解释的有关规定执行。

第九条 各省、自治区、直辖市高级人民法院,可以根据本地区的实际情况,在5万元至10万元、30万元至50万元的幅度内,确定执行本解释第三条、第五条的起点数额标准,并报最高人民法院备案。

【犯罪构成】

(一)主体要件

本罪的主体为一般主体,但一般限于直接责任人员,具体包括国营、集体或乡镇矿山企业中作出非法采矿决策的领导人员和主要执行人员以及聚众非法采矿的煽动、组织、指挥人员和个体采矿人员。

(二)主观要件

本罪主观上出于故意。其主观目的是为获取矿产品以牟利。

(三)客观要件

本罪在客观上表现为违反矿产资源保护法的规定非法采矿,破坏矿产资源的行为。

非法采矿,即无证开采,是指未取得采矿许可证擅自采矿的,进入国家规划矿区、对国民经济具有重要价值的矿区和他人矿区范围采矿的,擅自开采国家规定实行保护性开采的特定矿种,或者虽有采矿许可证,但不按采矿许可证上采矿范围等要求的,经责令停止开采后拒不停止开采,造成矿产资源破坏的行为。

根据本条规定,非法采矿包括四种情形:

1. 无证采矿的行为。

无证采矿的行为,即没有经过法定程序取得采矿许可证而擅自采矿的。根据矿产资源保护法的规定,不论是国营矿山企业,还是乡镇集体矿山企业和个体采矿,都必须经审查批准和颁发采矿许可证。根据《矿产资源法》第十六条的规定:“开采下列矿产资源的,由国务院地质矿产主管部门审批,并颁发采矿许可证:(一)国家规划矿区和对国民经济具有重要价值的矿区内的矿产资源;(二)前项规定矿区以外可供开采的矿产储量在大型以上的矿产资源;(三)国家规定实行保护性开采的特定矿种;(四)领海及中国管辖的其他海域的矿产资源;(五)国务院规定的其他矿产资源。开采石油、天然气、放射性矿产等特定矿种的,可以由国务院授权的有关主管部门审批,并颁发采矿许可证。开采第一款、第二款规定以外的矿产资源,其可供开采的矿产储量规划为中型的,由省、自治区、直辖市人民政府地质矿产主管部门审批和颁发采矿许可证。开采第一款、第二款、第三款规定以外的矿产资源的管理办法,由省、自治区、直辖市人民代表大会常务委员会依法制定。依照第三款、第四款的规定审批和颁发采矿许可证的,由省、自治区、直辖市人民政府地质矿产主管部门汇总向国务院地质矿产主管部门备案。"矿产储量规模的大型、中型的划分标准,由国务院矿产储量审批机构规定。同时,《矿产资源法》规定,国家鼓励集体矿山企业开采国家指定范围内的矿产资源,允许个人采挖零星分散资源和只能用作普通建筑材料的砂、石、粘土以及生活自用采挖少量矿产。对开办乡镇集体矿山企业的审查批准、颁发采矿许可证的办法,个体采矿的管理办法,由省级权力机关制定。凡未经过上述合法程序取得采矿许可证的,均视为无证采矿行为。

2. 擅自在未批准矿区采矿的行为。

擅自进入国家规划区、对国民经济具有重要价值的矿区、他人矿区采矿的行为,根据法律规定,国家对国有规划区、对国民经济具有重要价值的矿区,实行有计划开采,未经国务院有关主管部门批准,任何单位和个人不得开采;任何单位和个人不得进入他人已取得采矿权的矿山、企业矿区内采矿。

如《矿产资源法》第二十条的规定:"非经国务院授权的有关主管部门的同意,不得在下列地区开采矿产资源:(一)港口、机场、国防工程设施圈定地区以内;(二)重要工业区、大型水利工程设施、城镇市政工程设施附近一定距离以内;(三)铁路、重要公路两侧一定距离以内;(四)重要河流、堤坝两侧一定距离以内;(五)国家划定的自然保护区、重要风景区,国家重点保护的不能移动的历史文物和名胜古迹所在地;(六)国家规定不得开采矿产资源的其他地区。凡违反上述规定擅自采矿的,即为非法采矿。"所谓"国家规划区",是指在一定时期内,根据国民经济建设长期的需要和资源分布情况,经国务院或国务院有关主管部门依法定程序审查、批准,确定列入国家矿产资源开发长期或中期规划的矿区以及作为老矿区后备资源基地的矿区。所谓"对国民经济具有重要价值的矿区",是指以国民经济来说,经济价值重大或经济效益很高,对国家经济建设的全局性、战略性有重要影响的矿区。所谓"矿区范围",是指矿井(露天采场)设计部门确定并依照法律程序批准的矿井四周边界的范围。

3. 擅自开采保护矿种。

擅自开采国家规定实行保护性开采的特定矿种,经责令停止开采后拒不停止开采的行为。根据法律规定,国家对保护性开采的特定矿种实行有计划的开采,未经国务院有关部门批准,任何单位和个人不得开采。

所谓“保护性开采的特定矿种”，是指对国民经济建设、高科技发展具有特殊重要价值，资源严重稀缺，矿产品贵重或者在国际市场上占有明显优势等，在一定时期内由国家依法定程序确定的矿种，如 1988 年《国务院关于对黄金矿产实行保护性开采的通知》中指出，国务院决定将黄金矿产列为实施保护性开采的特定矿种，实行有计划的开采，未经国家黄金管理局批准，任何单位和个人不得开采。除黄金之外，我国还将钨、锡、锑、离子型稀土矿等等矿种列为保护性开采的特定矿种。

4.“越界采矿”的行为。

所谓“越界采矿”，是指虽持有采矿许可证，但违反采矿许可证上所规定的采矿地点、范围和其他要求，擅自进入他人矿区，进行非法采矿的行为。非法采矿构成犯罪的，除实施了上述非法采矿的行为外，还需具备经责令停止开采后拒不停止开采，造成矿产资源破坏的。

所谓“经责令停止开采后拒不停止开采”，是指经有关矿产管理部门三令五申或作出行政处罚后，仍然开采的。

所谓“造成矿产资源破坏”，是指在矿区乱采滥挖，使整个矿床及依据矿床设计的采矿方法受到破坏，造成矿产不能充分开采；在储存有共生、伴生有矿产的矿区采取采主矿弃副矿的采矿方法，对应综合开采、综合利用的矿产不采，使矿产不能充分合理利用；对暂不能综合开采或必须同时采出而暂时还不能综合利用的矿产以及含有有用成分的尾矿，不采取有效的保护措施，造成损失破坏；不按合理的顺序采矿，采富矿弃贫矿、采厚层矿弃薄层矿、采易采矿弃难采矿、采林矿体弃小矿体而失去大量矿产资源；不按合理的开采方法采矿，造成开采回采率低、采矿贫化率高，与设计指标相差甚多，造成资源浪费；不按合理的选矿工艺，造成选矿回收率低，与设计指标相差甚多，造成资源浪费；对一些特殊矿产，不按有关部门颁发的技术规范中规定的方法采矿，造成资源破坏、浪费等情况。

（四）客体要件

本罪侵犯的客体是国家对矿产资源和矿业生产的管理制度以及国家对矿产资源的所有权。根据我国《宪法》和《矿产资源管理法》的规定，矿产资源属于国家所有，国家保障矿产资源的合理开发利用，禁止任何组织或个人用任何手段破坏矿产资源。但是，国家可在不改变对矿产资源的所有权性质的前提下，按照所有权和采矿权适当分离的原则，将矿产资源的开采权依法授予特定的组织或个人，并有权对任何组织或者个人的采矿活动实施监督管理。因而，所谓国家对矿产资源的管理制度，主要是指国家依法对采矿单位或者个人所制定的一系列行政管理制度的总称。国家对矿产资源的开发实行严格的管理，禁止无证开采和超越批准的矿区范围采矿。

本罪的对象是矿产资源，是指在地质运动过程中形成的，蕴藏于地壳之中的，能为人们用于生产和生活的各种矿物质的总称。其中包括各种呈固态、液态或气态的金属、非金属矿产、燃料矿产和地下热能等。

【罪名辨析】

(一)区分本罪与破坏性采矿罪的界限

两罪所不同的主要表现在客观特征上,非法采矿罪是违反矿产资源法,在无证的情况下所实施的非法采矿,或者进入国家规划矿区、对国民经济具有重要价值的矿区和他人矿区范围采矿,或者开采国家规定实行保护性开采的特定矿种,经责令停止开采后拒不停止开采的行为,而破坏性采矿罪,则是在持有采矿许可证的前提下,违反矿产资源法的规定,采取破坏性的开采方法开采矿产资源的行为。

(二)本罪与重大责任事故罪、重大劳动安全责任事故罪的界限

非法采矿行为,是由于采矿单位或个人不符合国家规定的采矿条件而在未予以颁发许可证的情况下擅自进行矿产资源开采的,通常缺乏一定的技术设备和科学管理,因而,在非法采矿过程时常伴有重大责任事故和重大安全责任事故的发生。

非法采矿罪与二罪的不同之处在于:

1. 客体不同。非法采矿罪所侵犯的客体是国家保护矿产资源的管理制度,而重大责任事故罪所侵犯的客体则是社会的公共安全,主要是指企业、事业单位中不特定人员的人身安全和公私财产的安全;重大劳动安全责任事故罪侵害的客体是劳动者的生命健康以及公私财产安全,也即公共安全。

2. 客观方面不同。非法采矿罪在客观上表现为未取得采矿许可证擅自采矿,擅自进入国家规划矿区、对国民经济具有重要价值的矿区和他人矿区范围采矿,擅自开采国家规定实行保护性开采的特定矿种,或者虽有采矿许可证,但不按采矿许可证上采矿范围等要求,经责令停止开采后拒不停止开采,造成矿产资源破坏的行为;而重大责任事故罪在客观上则表现为在生产过程中,不服从管理、违反规章制度,或者强令工人违章冒险作业,因而发生重大伤亡事故,造成严重后果的行为;重大劳动安全责任事故罪则是工厂、矿山、林场、建筑企业或者其他企业、事业单位主管或负责劳动安全的人员对有关部门或单位职工提出的关于劳动安全设施的事故隐患不采取措施,从而造成严重后果的行为。

3. 主体要件不同。非法采矿罪的主体是一般主体,既可以是单位,也可以是自然人,而重大责任事故罪的主体是特殊主体,既包括国营和集体的工厂、矿山、林场、建筑企业或者其他企业、事业单位的职工,还包括群众合作经营组织或者个体经营户的从业人员;重大劳动安全责任事故罪的主体是工厂、矿山、林场、建筑企业或者其他企业、事业单位主管或负责劳动安全的人员。

4. 主观要件不同。非法采矿罪主观上表现为故意,过失不能构成本罪;而重大责任事故罪和重大劳动安全责任事故罪的罪过形式是过失,个别情况下重大劳动安全责任事故罪在主观上不排除放任的、间接故意的罪过形式存在。

量 刑 部 分

【量刑标准】

犯本罪,情节严重的,处三年以下有期徒刑、拘役或者管制,并处或者单处罚金;情节特别严重的,处三年以上七年以下有期徒刑,并处罚金。

截至目前,尚无本罪名关于量刑的司法解释。

破坏性采矿罪　《刑法》第 343 条(二)

违反矿产资源法的规定,采取破坏性的开采方法开采矿产资源,造成矿产资源严重破坏的,处五年以下有期徒刑或者拘役,并处罚金。

定 罪 部 分

【罪名概念】

破坏性采矿罪,是指违反矿产资源法的规定,采取破坏性的开采方法开采矿产资源,造成矿产资源严重破坏的行为。

【司法解释】

1. 最高人民检察院、公安部《关于公安机关管辖的刑事案件立案追诉标准的规定(一)》

(实施日期:2008 年 6 月 25 日　公通字[2008]36 号)(节录)

第六十九条　[破坏性采矿案(刑法第三百四十三条第二款)]违反矿产资源法的规定,采取破坏性的开采方法开采矿产资源,造成矿产资源严重破坏,价值在三十万至五十万元以上的,应予立案追诉。

本条规定的"采取破坏性的开采方法开采矿产资源",是指行为人违反地质矿产主管部门审查批准的矿产资源开发利用方案开采矿产资源,并造成矿产资源严重破坏的行为。

破坏性的开采方法以及造成矿产资源严重破坏的价值数额,由省级以上地质矿产主管部门出具鉴定结论,经查证属实后予以认定。

2. 最高人民法院《关于审理非法采矿、破坏性采矿刑事案件具体应用法律若干问题的解释》

(实施日期:2003 年 6 月 3 日　法释[2003]9 号)

为依法惩处非法采矿、破坏性采矿犯罪活动,根据刑法有关规定,现就审理这类刑事案件具体应用法律的若干问题解释如下:

第一条　违反矿产资源法的规定非法采矿,具有下列情形之一,经责令停止开采后拒不停止开采,造成矿产资源破坏的,依照刑法第三百四十三条第一款的规

定,以非法采矿罪定罪处罚:

(一)未取得采矿许可证擅自采矿;

(二)擅自进入国家规划矿区、对国民经济具有重要价值的矿区和他人矿区范围采矿;

(三)擅自开采国家规定实行保护性开采的特定矿种。

第二条　具有下列情形之一的,属于本解释第一条第(一)项规定的"未取得采矿许可证擅自采矿":

(一)无采矿许可证开采矿产资源的;

(二)采矿许可证被注销、吊销后继续开采矿产资源的;

(三)超越采矿许可证规定的矿区范围开采矿产资源的;

(四)未按采矿许可证规定的矿种开采矿产资源的(共生、伴生矿种除外);

(五)其他未取得采矿许可证开采矿产资源的情形。

第三条　非法采矿造成矿产资源破坏的价值,数额在5万元以上的,属于刑法第三百四十三条第一款规定的"造成矿产资源破坏";数额在30万元以上的,属于刑法第三百四十三条第一款规定的"造成矿产资源严重破坏"。

第四条　刑法第三百四十三条第二款规定的破坏性采矿罪中"采取破坏性的开采方法开采矿产资源",是指行为人违反地质矿产主管部门审查批准的矿产资源开发利用方案开采矿产资源,并造成矿产资源严重破坏的行为。

第五条　破坏性采矿造成矿产资源破坏的价值,数额在30万元以上的,属于刑法第三百四十三条第二款规定的"造成矿产资源严重破坏"。

第六条　破坏性的开采方法以及造成矿产资源破坏或者严重破坏的数额,由省级以上地质矿产主管部门出具鉴定结论,经查证属实后予以认定。

第七条　多次非法采矿或者破坏性采矿构成犯罪,依法应当追诉的,或者一年内多次非法采矿或破坏性采矿未经处理的,造成矿产资源破坏的数额累计计算。

第八条　单位犯非法采矿罪和破坏性采矿罪的定罪量刑标准,按照本解释的有关规定执行。

第九条　各省、自治区、直辖市高级人民法院,可以根据本地区的实际情况,在5万元至10万元、30万元至50万元的幅度内,确定执行本解释第三条、第五条的起点数额标准,并报最高人民法院备案。

【犯罪构成】

(一)主体要件

本罪主体为一般主体。凡达到刑事责任年龄、具备刑事责任能力的人均可成为本罪主体。单位亦可成为本罪主体。

(二)主观要件

本罪在主观方面表现为故意,过失不能构成本罪。这种故意具体是指行为人明知其行为会造成矿产资源严重破坏的结果而仍然实施,最终导致该种结果发生的心理态度。

（三）客观要件

本罪在客观方面表现为违反矿产资源法的规定,采取破坏性的开采方法开采矿产资源,造成矿产资源严重破坏的行为。所谓违反矿产资源法的规定,是指违反《矿产资源法》《矿业暂行条例》《矿主资源保护试行条例》《群众报矿奖励办法》《矿山安全条例》《矿山安全监察条例》《矿产资源勘查登记管理暂行办法》《全民所有制矿山企业采矿登记管理暂行办法》《矿产资源监督管理暂行办法》《放射性矿产资源勘查登记管理暂行办法》《放射性矿山企业采矿登记发证实施细则》《石油及天然气勘查、开采登记管理暂行办法》《煤炭法》和《国务院关于对黄金矿产实行保护性开采的通知》等。这些有关矿产资源保护的法律规定。采取破坏性的开采方法开采矿产资源,是指违反矿产资源法的规定,使用不合理的开采顺序、开采方法和选矿工艺,致使矿产资源的开采回采率、采矿贫化率和选矿回收率达不到设计要求。根据《矿产资源法》第二十九条规定:"开采矿产资源,必须采取合理的开采顺序、开采方法和选矿工艺。矿山企业的开采回采率、采矿贫化率和选矿回收率应当达到设计要求。"第三十条规定:"在开采主要矿产的同时,对具有工业价值的共生和伴生矿产应当统一规划,综合开采,综合利用,防止浪费;对暂时不能综合开采或者必须同时采出而暂时还不能综合利用的矿主以及含有有用组分的尾矿,应当采取有效的保护措施,防止损失破坏。"

综合开采,综合利用,防止浪费,是要求在地质工作和采矿过程等各个环节中,避免"单打一"和只顾眼前利益、局部利益的现象。只顾眼前利益和局部利益,采富矿弃贫矿,采大矿弃小矿,采厚矿弃薄矿,采易采矿丢难采矿,会对矿产资源造成严重浪费和破坏。

所谓"合理的开采顺序",是指保证回采作业安全,资源合理回收和采矿效益好的开采顺序。"合理的开采方法",是指生产安全、采矿强度高、矿产损失和贫化率低,矿产资源利用率好及经济效益高的开采方法。"选矿工艺",是指用物理或化学方法,将矿物原料中的有用成分、无用矿物或有害矿物分开,或将多种有用成分分离开的工艺过程。如果开采顺序、开采方法和选矿工艺不当,将造成矿产资源的浪费和损失。

这些单一的、欠综合的和不符合开采程序的开采方法不仅给矿产资源造成了浪费。也对矿产资源造成了严重的破坏。如果未按上述操作规程和保护性采矿的规定精神开采矿物质的,则视为破坏性采矿行为。但该行为构成犯罪,还需要具有造成矿产资源严重破坏的结果。至于"严重破坏的结果"的标准,法律则没有明确的规定,实践中应当根据行为人破坏性开采的方法,矿床的大小、矿种的特性等来综合衡量。

（四）客体要件

本罪侵犯的客体是国家对矿产资源的管理制度。矿产资源属于不可再生的资源,采取破坏性开采的办法,使矿产资源遭受毁灭,是对国家矿产资源管理制度的侵犯。

国家对矿产资源的管理活动主要包括:

(1)对全国有矿产资源进行统一规划、合理布局;

(2)对采矿权主体进行资格审查,授予采矿权、颁发采矿许可证,依法保护正当的采矿权;

(3)对采矿单位或者个人进行全面的技术监督,保证采矿活动的科学性和计划性,防止破坏矿产资源。凡违反上述及其他有关矿产资源保护的法律制度以及管理活动,均视为对矿产资源管理制度的侵犯。

本罪的对象是矿产资源,是指在地质活动过程中形成的、蕴藏于地壳之中的、能为人们用于生产和生活的各种矿物质的总称。其中包括各种呈固态、液态或气态的金属、非金属矿产、燃料矿产和地下热能等。

【罪名辨析】

本罪与故意毁坏财物罪的界限

故意毁坏财物罪,是指故意毁坏或损坏公私财物,数额较大或者有其他严重情节的行为。根据《矿产资源法》第三十九条至第四十一条的规定,对于未经许可擅自采矿的;超越批准的矿区范围采矿等行为,又拒不停止开采,造成矿产资源破坏的;以及破坏采矿、勘查设施的,依照《刑法》第一百五十六条的规定定故意毁坏财物罪,对直接责任人员或者破坏采矿、勘查设施的人追究刑事责任,即按故意毁坏财物罪定罪。破坏性采矿罪与故意毁坏财物罪的相似之处在于它们在客体上都侵犯了财物的所有权,主观上都出于故意。但两罪之间却存在着本质的差别:

1. 客体要件不同。破坏性采矿罪主要侵犯的国家保护矿产资源的管理制度;而故意毁坏财物罪侵犯的则是公私财物的所有权。

2. 客观要件不同。破坏性采矿罪在客观上表现为违反矿产资源保护法的规定,实施采矿行为,从而造成矿产资源破坏,但这种行为并没有改变矿产资源的性质,只是在某种程度上造成巨大浪费现象,降低或减少其利用率和回收率,从而造成对整体矿产资源的破坏,但矿产资源本身仍具有其原有价值和使用价值;而故意毁坏财物罪在客观上则表现为毁坏行为,即毁灭、损坏,其结果是使公私财物的使用价值或价值部分或全部丧失。

3. 主体要件不同。破坏性采矿罪的主体既可以是自然人,也可以是单位;而故意毁坏财物罪的犯罪主体只能由自然人构成。

量刑部分

【量刑标准】

犯本罪的,处五年以下有期徒刑或者拘役,并处罚金。

截至目前,尚无本罪名关于量刑的司法解释。

非法采伐、毁坏国家重点保护植物罪　《刑法》第344条(一)

违反国家规定,非法采伐、毁坏珍贵树木或者国家重点保护的其他植物的,处三年以下有期徒刑、拘役或者管制,并处罚金;情节严重的,处三年以上七年以下有期徒刑,并处罚金。

定　罪　部　分

【罪名概念】

非法采伐、毁坏国家重点保护植物罪,是指违反国家的规定,非法采伐、毁坏珍贵树木或者国家重点保护的其他植物的行为。

【司法解释】

最高人民检察院、公安部《关于公安机关管辖的刑事案件立案追诉标准的规定(一)》

(实施日期:2008年6月25日)(节录)

第七十条　[非法采伐、毁坏国家重点保护植物案(刑法第三百四十四条)]违反国家规定,非法采伐、毁坏珍贵树木或者国家重点保护的其他植物的,应予立案追诉。

本条和本规定第七十一条规定的"珍贵树木或者国家重点保护的其他植物",包括由省级以上林业主管部门或者其他部门确定的具有重大历史纪念意义、科学研究价值或者年代久远的古树名木,国家禁止、限制出口的珍贵树木以及列入《国家重点保护野生植物名录》的树木或者其他植物。

【犯罪构成】

(一)主体要件

本罪的主体为一般主体。凡达到刑事责任年龄、具备刑事责任能力的自然人均可以构成。单位也可成为本罪主体。

(二)主观方面

本罪在主观方面只能由故意构成,过失不构成本罪。关于非法采伐、毁坏国家重点保护植物以何为目的,在所不问。非法采伐、毁坏珍贵树木,有的是以营利为目的,有的仅仅是为了搭建住宅而用,有的是为了采集标本科学研究而用,但无论何种目的,只要行为人明知是国家重点保护植物,而予以采伐、毁坏的,主观上即存有故意。至于不知道树木是国家重点保护植物而采伐、毁坏的,不构成本罪。主观上是否存在故意,应根据行为人的客观表现综合进行判断,不能简单的根据行为人的供述进行认定。

(三)客观方面

本罪在客观方面表现为违反森林法的规定，非法采伐、毁坏国家重点保护植物的行为。行为人非法采伐，毁坏国家重点保护植物的行为，违反有关森林资源保护的法律、法规，主要是指违反森林法及其他法规中有关采伐、毁坏国家重点保护植物的规定。《森林法》第二十三条规定，禁止毁林开垦和毁林采石、采砂、采土以及其他毁林行为。禁止在幼林地和特种用途林内砍柴、放牧。第二十四条规定，国务院林业主管部门和省、自治区、直辖市人民政府，应当在不同自然地带的森林生态地区、珍贵动物和植物生长繁殖的林区、天然热带雨林的具有特殊保护价值的其他天然林区，划定自然保护区，加强保护管理。对自然保护区以外的国家重点保护植物和林区内具有特殊价值的植物资源，应当认真保护；未经省、自治区、直辖市林业主管部门批准，不得采伐和采集。第四十条规定，违反本法规定，非法采伐、毁坏国家重点保护植物的，依法追究刑事责任。《野生植物保护条例》第十六条规定，禁止采集国家一级保护野生植物。因科学研究、人工培育、文化交流等特殊需要，采集国家一级保护野生植物的，必须经采集地的省、自治区、直辖市人民政府野生植物行政主管部门签署意见后，向国务院野生植物行政主管部门或者其授权的机构申请采集证；采集国家二级保护野生植物的，必须经采集地的县级人民政府野生植物行政主管部门签署意见后，向省、自治区、直辖市人民政府野生植物行政主管部门或者其授权的机构申请采集证；采集城市园林或者风景名胜区内的国家一级或者二级保护野生植物的，须先征得城市园林或风景名胜区管理机构同意，分别依照前两款的规定申请采集证；采集珍贵野生树木或者林区内、草原上的野生植物时，依照森林法、草原法的规定办理。违反上述法律、法规规定，非法采伐、毁坏国家重点保护植物和行为，则可构成本罪。

行为的表现形式为非法采伐和毁坏。所谓“非法采伐”，是指违反森林资源保护的法律、法规的规定，未经允许擅自砍伐国家重点保护植物的行为。所谓“毁坏”，是指毁灭和损坏，使国家重点保护植物的价值或使用价值部分丧失或者全部丧失的行为，如造成国家重点保护植物数量减少、濒于灭绝或者已经绝种等。这两种行为方式可以单独实施，也可以兼并实施，只有行为中任意一种的，即可构成本罪。毁坏的方法是多种多样的，如果行为人采用放火、爆炸等方法破坏国家重点保护植物的，由于已危害到不特定公私财产的安全，应以危害公共安全罪中的具体犯罪论处。

(四)客体要件

本罪侵犯的客体是国家的林业管理制度。包括林木区域、分布、林木种植、林木树种规划、林木采伐等各项林业管理制度。这些制度以森林法为代表，包括其他国家森林保护法规以及地方森林保护法规。

本罪的对象只能是国家重点保护植物，而不是指所有的珍贵野生植物。根据

《野生植物保护条例》第二条规定，本条例所保护的野生植物，是指原生地天然生长的珍贵植物和原生地天然生长并具有重要经济、科学研究、文化价值的濒危、稀有植物。药用野生植物和城市园林、自然保护区、风景名胜区内的野生植物的保护，同时适用有关法律、行政法规。第十条规定，野生植物分为国家重点保护野生植物和地方重点保护野生植物。国家重点保护野生植物分为国家一级保护野生植物和国家二级保护野生植物。该条例附录所载《国家重点保护的野生植物名录》共罗列了一类保护植物八种；二类保护植物一百四十三种；三类保护植物二百二十二种。其中之国家重点保护植物皆属本罪对象。1992 年 10 月林业部发布了《关于保护珍贵树种的通知》并重新修订了《国家珍贵树种名录》，将珍贵树种分为二级，一级三十七种；二级九十五种。凡加载林业部 1992 年颁布的《国家珍贵树种名录》以及《野生植物保护条例》附件《国家重点保护的野生植物名录》所列的树木皆为国家重点保护植物。未列入这两个名录的树木，不能成为本罪的对象，行为人非法采伐、毁坏的亦不构成本罪。

量刑部分

【量刑标准】

犯本罪的，处三年以下有期徒刑、拘役或者管制，并处罚金；情节严重的，处三年以上七年以下有期徒刑，并处罚金。

截至目前，尚无本罪名关于量刑的司法解释。

非法收购、运输、加工、出售国家重点保护植物、国家重点保护植物制品罪　《刑法》第 344 条(二)

非法收购、运输、加工、出售珍贵树木或者国家重点保护的其他植物及其制品的，处三年以下有期徒刑、拘役或者管制，并处罚金；情节严重的，处三年以上七年以下有期徒刑，并处罚金。

定罪部分

【罪名概念】

非法收购、运输、加工、出售国家重点保护植物、国家重点保护植物制品罪，是指非法收购、运输、加工、出售国家重点保护植物、国家重点保护植物制品，破坏国家林业管理制度的行为。

【司法解释】

最高人民检察院、公安部《关于公安机关管辖的刑事案件立案追诉标准的规定(一)》

(实施日期:2008 年 6 月 25 日　公通字[2008]36 号)(节录)

第七十一条　[非法收购、运输、加工、出售国家重点保护植物、国家重点保护植物制品案(刑法第三百四十四条)]违反国家规定,非法收购、运输、加工、出售珍贵树木或者国家重点保护的其他植物及其制品的,应予立案追诉。

【犯罪构成】

(一)主体要件

本罪主体为一般主体,即凡年满十六周岁、具备刑事责任能力的人均可成为本罪主体,根据《刑法》第三百四十六条之规定,单位亦可成为本罪主体。

(二)主观要件

本罪在主观方面表现为故意,过失不构成本罪。关于非法收购、运输、加工、出售国家重点保护植物、国家重点保护植物制品以何为目的,在所不问。非法收购、运输、加工、出售国家重点保护植物、国家重点保护植物制品,有的是以营利为目的,有的仅仅是为了搭建住宅而用,有的是为了采集标本科学研究而用,但无论何种目的,只要行为人明知是国家重点保护植物,而予收购的,主观上即存有故意。至于不知道树木是国家重点保护植物而收购的,不构成本罪。

(三)客观要件

本罪在客观方面表现为非法收购、运输、加工、出售国家重点保护植物、国家重点保护植物制品,破坏国家林业管理制度的行为。收购是指以营利为目的,予以购买。如果行为人收购的是合法采伐的林木,则不构成本罪。收购行为没有地域限制。

(四)客体要件

本罪侵犯的客体是国家的林业管理制度。包括林木区域、分布、林木种植、林木树种规划、林木采伐等各项林业管理制度。这些制度以森林法为代表,包括其他国家森林保护法规以及地方森林保护法规。

国家对国家重点保护植物实行加强保护,积极发展,合理利用的方针。同时,国家还依法保护一切利用和经营管理国家重点保护植物资源的单位和个人的合法权益;任何单位和个人都有保护国家重点保护植物的义务。禁止采伐、毁坏国家重点保护植物,对于因科学研究、人工培育、文化交流等特殊需要,采伐国家重点保护植物的,必须向国务院有关主管部门申请采伐证。采伐国家重点保护植物的单位和个人,必须按照采伐证规定的种类、数量、地点、期限和方法进行采集。对于未申请采伐证或虽申请未获批准,或者未按规定的种类、数量、地点、期限方法采伐国家重点保护植物的,都严重侵犯了国家的林业管理制度,破坏了自然环境。

本罪的对象只能是国家重点保护植物及其制品，而不是指所有的珍贵野生植物及制品。根据《野生植物保护条例》第二条规定，本条例所保护的野生植物，是指原生地天然生长的珍贵植物和原生地天然生长并具有重要经济、科学研究、文化价值的濒危、稀有植物。药用野生植物和城市园林、自然保护区、风景名胜区内的野生植物的保护，同时适用有关法律、行政法规。第十条规定，野生植物分为国家重点保护野生植物和地方重点保护野生植物。国家重点保护野生植物分为国家一级保护野生植物和国家二级保护野生植物。该条例附录所载《国家重点保护的野生植物名录》共罗列了一类保护植物八种；二类保护植物一百四十三种；三类保护植物二百二十二种。其中之国家重点保护植物皆属本罪对象。1992 年 10 月林业部发布了《关于保护珍贵树种的通知》并重新修订了《国家珍贵树种名录》，将珍贵树种分为二级，一级三十七种；二级九十五种。凡加载林业部 1992 年颁布的《国家珍贵树种名录》以及《野生植物保护条例》附件《国家重点保护的野生植物名录》所列的树木皆为国家重点保护植物。未列入这两个名录的树木，不能成为本罪的对象，行为人购买植物及制品不构成本罪。

量刑部分

【量刑标准】

犯本罪的，处三年以下有期徒刑、拘役或者管制，并处罚金；情节严重的，处三年以上七年以下有期徒刑，并处罚金。

截至目前，尚无本罪名关于量刑的司法解释。

盗伐林木罪　《刑法》第 345 条(一)

盗伐森林或者其他林木，数量较大的，处三年以下有期徒刑、拘役或者管制，并处或者单处罚金；数量巨大的，处三年以上七年以下有期徒刑，并处罚金；数量特别巨大的，处七年以上有期徒刑，并处罚金。

盗伐、滥伐国家级自然保护区内的森林或者其他林木的，从重处罚。

定罪部分

【罪名概念】

盗伐林木罪，是指以非法占有为目的，盗伐国家、集体所有的森林或者其他林木以及盗伐他人自留山上成片林木，数量较大，破坏森林资源的行为。

【司法解释】

1.最高人民检察院、公安部《关于公安机关管辖的刑事案件立案追诉标准的规定(一)》

(实施日期:2008年6月25日　公通字[2008]36号)(节录)

第七十二条　[盗伐林木案(刑法第三百四十五条第一款)]盗伐森林或者其他林木,涉嫌下列情形之一的,应予立案追诉:

(一)盗伐二至五立方米以上的;

(二)盗伐幼树一百至二百株以上的。

以非法占有为目的,具有下列情形之一的,属于本条规定的"盗伐森林或者其他林木":

(一)擅自砍伐国家、集体、他人所有或者他人承包经营管理的森林或者其他林木的;

(二)擅自砍伐本单位或者本人承包经营管理的森林或者其他林木的;

(三)在林木采伐许可证规定的地点以外采伐国家、集体、他人所有或者他人承包经营管理的森林或者其他林木的。

本条和本规定第七十三条、第七十四条规定的林木数量以立木蓄积计算,计算方法为:原木材积除以该树种的出材率;"幼树",是指胸径五厘米以下的树木。

2.最高人民法院《关于审理破坏森林资源刑事案件具体应用法律若干问题的解释》

(实施日期:2000年11月22日　法释[2000]36号)(节录)

第三条　以非法占有为目的,具有下列情形之一,数量较大的,依照刑法第三百四十五条第一款的规定,以盗伐林木罪定罪处罚:

(一)擅自砍伐国家、集体、他人所有或者他人承包经营管理的森林或者其他林木的;

(二)擅自砍伐本单位或者本人承包经营管理的森林或者其他林木的;

(三)在林木采伐许可证规定的地点以外采伐国家、集体、他人所有或者他人承包经营管理的森林或者其他林木的。

第四条　盗伐林木"数量较大",以二至五立方米或者幼树一百至二百株为起点;盗伐林木"数量巨大",以二十至五十立方米或者幼树一千至二千株为起点;盗伐林木"数量特别巨大",以一百至二百立方米或者幼树五千至一万株为起点。

第六条　滥伐林木"数量较大",以十至二十立方米或者幼树五百至一千株为起点;滥伐林木"数量巨大",以五十至一百立方米或者幼树二千五百至五千株为起点。

第七条　对于一年内多次盗伐、滥伐少量林木未经处罚的,累计其盗伐、滥伐林木的数量,构成犯罪的,依法追究刑事责任。

第八条　盗伐、滥伐珍贵树木,同时触犯刑法第三百四十四条、第三百四十五条规定的,依照处罚较重的规定定罪处罚。

第十六条 单位犯刑法第三百四十四条、第三百四十五条规定之罪,定罪量刑标准按照本解释的规定执行。

第十七条 本解释规定的林木数量以立木蓄积计算,计算方法为:原木材积除以该树种的出材率。

本解释所称“幼树”,是指胸径五厘米以下的树木。

滥伐林木的数量,应在伐区调查设计允许的误差额以上计算。

第十八条 盗伐、滥伐以生产竹材为主要目的的竹林的定罪量刑问题,有关省、自治区、直辖市高级人民法院可以参照上述规定的精神,规定本地区的具体标准,并报最高人民法院备案。

第十九条 各省、自治区、直辖市高级人民法院可以根据本地区的实际情况,在本解释第四条、第六条规定的数量幅度内,确定本地区执行的具体数量标准,并报最高人民法院备案。

犯本罪的,处三年以下有期徒刑、拘役或者管制,并处或者单处罚金;数量巨大的,处三年以上七年以下有期徒刑,并处罚金。

“数量巨大”的起点,一般是指在林区盗伐 20 - 30 立方米或幼树 1000 - 1500 株,在非林区盗伐 10 - 20 立方米或幼树 500 - 1000 株,或者相当于上述损失。在林区盗伐 100 立方米以上或幼树 5000 株以上,在非林区盗伐 50 立方米以上或幼树 2500 株以上,或者相当于上述损失的,一般可视为“数量特别巨大”。

【犯罪构成】

(一)主体要件

本罪主体是一般主体,既可以是普通公民,也可以是国家工作人员。凡年满十六周岁、具备刑事责任能力的人均可成为本罪的主体。根据《刑法》第三百四十六条之规定,单位可成为本罪主体。

(二)主观要件

本罪在主观方面表现为故意。即明知林木不归本人或者本单位所有,而以非法占有为目的,故意盗伐。

(三)客观要件

本罪在客观方面表现为违反保护森林法规,盗伐国家、集体和个人所有的森林及其他林木,数量较大的行为。具体表现为,以非法占有为目的,擅自砍伐国家、集体所有的林木的;擅自砍伐他人依法承包经营管理的国家、集体所有的林木的;擅自砍伐本人承包经营管理的国家或集体所有的林木的;违反林业行政主管都门及法律规定的其他主管部门核发的采伐许可证的规定,采伐国家、集体及他人自留山上的或他人经营管理的森林或其他林木的;国有企事业单位擅自采伐其他单位管理或所有的林木的;集体组织擅自采伐国家或其他集体组织所有的林木,数额巨大的。根据司法解释,以非法占有为目的,哄抢国家、集体或他人所有的上述林木,情节严重的,也应以盗伐林木罪惩处。决定盗伐的性质,不仅在于非经合法批准而秘密砍伐,而且还在于,行为人以非法占有为目的,侵犯了国家、集体或个人对林木的所有权。明知林木权属不清,在争议未解决前擅自砍伐林木,情节严重的,应确定林木权属,分别根据具体情况,按盗伐林木罪或滥伐林木罪追究刑事责任,林木权属难以确定的,按滥伐林木罪惩处。

(四)客体要件

本罪侵犯的客体是国家对森林资源的管理活动和林木的所有权。犯罪的对象,是《森林法》规定的森林及其他林木,包括防护林、用材林、经济林、薪炭林、特种用途林等。不属于《森林法》调整范围的个人房前屋后种植的零星树木,不属于本罪的犯罪对象。个人承包全民所有和集体所有的宜林荒山荒地造林,承包后种植的树木归承包个人所有,但这些林木已构成国家林业资源的组成部分,这些林木同样可作为盗伐林木罪的犯罪对象。此外,被盗伐的林木,必须是正在生长着,如果将他人已经砍伐下来的树木偷走,应以盗窃罪定罪处罚。

量刑部分

【量刑标准】

犯本罪,数量较大的,处三年以下有期徒刑、拘役或者管制,并处或者单处罚金;数量巨大的,处三年以上七年以下有期徒刑,并处罚金;数量特别巨大的,处七年以上有期徒刑,并处罚金。

盗伐、滥伐国家级自然保护区内的森林或者其他林木的,从重处罚。

滥伐林木罪 《刑法》第345条(二)

违反森林法的规定,滥伐森林或者其他林木,数量较大的,处三年以下有期徒刑、拘役或者管制,并处或者单处罚金;数量巨大的,处三年以上七年以下有期徒刑,并处罚金。

盗伐、滥伐国家级自然保护区内的森林或者其他林木的,从重处罚。

定罪部分

【罪名概念】

滥伐林木罪,是指违反森林法的规定,未经有关部门批准并核发采伐许可证,或者虽持有采伐许可证,但违背采伐证所规定的地点、数量、树种、方式而任意采伐本单位所有或管理的以及本人自留山上的森林或者其他林木,数量较大的行为。

【司法解释】

1. 最高人民检察院、公安部《关于公安机关管辖的刑事案件立案追诉标准的规定(一)》

(实施日期:2008年6月25日　公通字[2008]36号)(节录)

第七十三条[滥伐林木案(刑法第三百四十五条第二款)]违反森林法的规定,滥伐森林或者其他林木,涉嫌下列情形之一的,应予立案追诉:

(一)滥伐十至二十立方米以上的;

(二)滥伐幼树五百至一千株以上的。

违反森林法的规定,具有下列情形之一的,属于本条规定的"滥伐森林或者其他林木":

(一)未经林业行政主管部门及法律规定的其他主管部门批准并核发林木采伐许可证,或者虽持有林木采伐许可证,但违反林木采伐许可证规定的时间、数量、树种或者方式,任意采伐本单位所有或者本人所有的森林或者其他林木的;

(二)超过林木采伐许可证规定的数量采伐他人所有的森林或者其他林木的。

违反森林法的规定,在林木采伐许可证规定的地点以外,采伐本单位或者本人所有的森林或者其他林木的,除农村居民采伐自留地和房前屋后个人所有的零星林木以外,属于本条第二款第(一)项"未经林业行政主管部门及法律规定的其他主管部门批准并核发林木采伐许可证"规定的情形。

林木权属争议一方在林木权属确权之前,擅自砍伐森林或者其他林木的,属于本条规定的"滥伐森林或者其他林木"。

滥伐林木的数量,应在伐区调查设计允许的误差额以上计算。

2. 最高人民法院《关于在林木采伐许可证规定的地点以外采伐本单位或者本人所有的森林或者其他林木的行为如何适用法律问题的批复》

(实施日期:2004年4月1日　法释[2004]3号)

违反森林法的规定,在林木采伐许可证规定的地点以外,采伐本单位或者本人所有的森林或者其他林木的,除农村居民采伐自留地和房前屋后个人所有的零星林木以外,属于《最高人民法院关于审理破坏森林资源刑事案件具体应用法律若干问题的解释》第五条第一款第(一)项"未经林业行政主管部门及法律规定的其他主管部门批准并核发林木采伐许可证"规定的情形,数量较大的,应当依照刑法第三百四十五条第二款的规定,以滥伐林木罪定罪处罚。

3. 最高人民法院《关于审理破坏森林资源刑事案件具体应用法律若干问题的解释》

(实施日期:2000年12月11日　法释[2000]36号)(节录)

第五条　违反森林法的规定,具有下列情形之一,数量较大的,依照刑法第三百四十五条第二款的规定,以滥伐林木罪定罪处罚:

(一)未经林业行政主管部门及法律规定的其他主管部门批准并核发林木采伐许可证,或者虽持有林木采伐许可证,但违反林木采伐许可证规定的时间、数量、树种或者方式,任意采伐本单位所有或者本人所有的森林或者其他林木的;

(二)超过林木采伐许可证规定的数量采伐他人所有的森林或者其他林木的。

林木权属争议一方在林木权属确权之前,擅自砍伐森林或者其他林木,数量较大的,以滥伐林木罪论处。

第六条　滥伐林木"数量较大",以十至二十立方米或者幼树五百至一千株为起点;滥伐林木"数量巨大",以五十至一百立方米或者幼树二千五百至五千株为起点。

第七条　对于一年内多次盗伐、滥伐少量林木未经处罚的,累计其盗伐、滥伐林木的数量,构成犯罪的,依法追究刑事责任。

第八条　盗伐、滥伐珍贵树木,同时触犯刑法第三百四十四条、第三百四十五条规定的,依照处罚较重的规定定罪处罚。

第十六条　单位犯刑法第三百四十四条、第三百四十五条规定之罪,定罪量刑标准按照本解释的规定执行。

第十七条　本解释规定的林木数量以立木蓄积计算,计算方法为:原木材积除以该树种的出材率。

本解释所称"幼树",是指胸径五厘米以下的树木。

滥伐林木的数量,应在伐区调查设计允许的误差额以上计算。

第十八条　盗伐、滥伐以生产竹材为主要目的的竹林的定罪量刑问题,有关省、自治区、直辖市高级人民法院可以参照上述规定的精神,规定本地区的具体标准,并报最高人民法院备案。

第十九条　各省、自治区、直辖市高级人民法院可以根据本地区的实际情况,在本解释第四条、第六条规定的数量幅度内,确定本地区执行的具体数量标准,并报最高人民法院备案。

【犯罪构成】

(一)主体要件

本罪的主体是一般主体。无论国家工作人员,还是普通公民,只要达到刑事责任年龄、具备刑事责任能力的,都可以构成本罪。单位也可构成本罪主体。

(二)主观要件

本罪在主观方面表现为故意,即明知不该滥伐、滥伐林木的行为会产生危害结果而有意实施滥伐行为。

(三)客观要件

本罪在客观方面表现为违反国家保护森林法规,未经林业行政主管部门及法律规定的其他主管部门批准并核发采伐许可证,或者虽持有采伐许可证,但违背采伐证所规定的地点、数量、树种、方式而任意采伐本单位所有或管理的,以及本人自留山上的森林或者其他林木的行为。

《森林法》和《森林法实施细则》等法规，对森林经营管理、森林保护、森林采伐以及法律责任等作了明确规定。采伐林木必须申请采伐许可证，按许可证的规定进行采伐。国家根据用材林的消耗量低于生长量的原则，严格控制森林年采伐量。林木的所有权、使用权和采伐权相分离。不能因对林木拥有所有权、使用权而不经有关部门批准并领取采伐许可证进行采伐，或者虽领取采伐许可证，但违背采伐证所规定的地点、数量、树种、方式而任意采伐，否则，可能构成滥伐林木罪。

（四）客体要件

本罪侵犯的客体是国家保护林业资源的管理制度。林业资源是一项极其宝贵的资源，对改善人类生存环境具有十分重要的意义。因此，国家制定了成套的法规，对林业资源予以保护。任何单位与个人不得非法采伐林木。

本罪的犯罪对象与盗伐林木罪的对象相同，包括防护林、用材林、经济林、薪炭林、特种用途林等。《森林法》调整范围之外的个人房前屋后种植零星树木不属于本罪的犯罪对象。

【罪名辨析】

本罪与盗伐林木罪的界限

两者都侵犯国家保护林业资源的管理制度，在认定犯罪时应当参照有关保护森林的法规，而且两种犯罪往往交织在一起。但是，这两种犯罪的性质不同。过去理论上一般认为，区分滥伐和盗伐的界限，以是否经过主管部门的批准并取得采伐证为标准。滥伐是指经主管部门同意，但未按采伐证规定任意采伐的行为；盗伐是未经主管部门同意，秘密采伐的行为。但是，由于森林法施行之后，集体或者个人承包全民所有和集体所有的宜林荒山荒地造林的，承包种植的林木归承包的集体或者个人所有。因此，不经主管部门批准而采伐本单位或者个人所有的林木的，显然不宜再以盗伐林木罪论处。所以，以林木的归属作为区分滥伐和盗伐界限的标准成为通说。滥伐林木罪采伐的是归本单位所有或管理的以及本人所有的林木；盗伐林木罪采伐的是归国家、集体或他人所有的林木。根据前述司法解释，明知林木权属不清，在争议未解决前，擅自砍伐林木，情节严重的，应确定林木归权属，分别根据具体情况，按盗伐林木罪或滥伐林木罪追究刑事责任；林木权属难以确定的，按滥伐林木罪惩处。

量刑部分

【量刑标准】

犯本罪，数量较大的，处三年以下有期徒刑、拘役或者管制，并处或者单处罚金；数量巨大的，处三年以上七年以下有期徒刑，并处罚金。

盗伐、滥伐国家级自然保护区内的森林或者其他林木的，从重处罚。

非法收购、运输盗伐、滥伐的林木罪 《刑法》第345条(三)

非法收购、运输明知是盗伐、滥伐的林木,情节严重的,处三年以下有期徒刑、拘役或者管制,并处或者单处罚金;情节特别严重的,处三年以上七年以下有期徒刑,并处罚金。

定罪部分

【罪名概念】

非法收购、运输盗伐、滥伐的林木罪,是指非法收购、运输明知是盗伐、滥伐的林木,情节严重的行为。

【司法解释】

1. 最高人民检察院、公安部《关于公安机关管辖的刑事案件立案追诉标准的规定(一)》

(实施日期:2008年6月25日　公通字[2008]36号)(节录)

第七十四条[非法收购、运输盗伐、滥伐的林木案(刑法第三百四十五条第三款)]非法收购、运输明知是盗伐、滥伐的林木,涉嫌下列情形之一的,应予立案追诉:

(一)非法收购、运输盗伐、滥伐的林木二十立方米以上或者幼树一千株以上的;

(二)其他情节严重的情形。

本条规定的“非法收购”的“明知”,是指知道或者应当知道。具有下列情形之一的,可以视为应当知道,但是有证据证明确属被蒙骗的除外:

(一)在非法的木材交易场所或者销售单位收购木材的;

(二)收购以明显低于市场价格出售的木材的;

(三)收购违反规定出售的木材的。

2. 最高人民法院《关于审理破坏森林资源刑事案件具体应用法律若干问题的解释》

(实施日期:2000年11月22日　法释[2000]36号)(节录)

第十条　刑法第三百四十五条规定的“非法收购明知是盗伐、滥伐的林木”中的“明知”,是指知道或者应当知道。具有下列情形之一的,可以视为应当知道,但是有证据证明确属被蒙骗的除外:

(一)在非法的木材交易场所或者销售单位收购木材的;

(二)收购以明显低于市场价格出售的木材的;

(三)收购违反规定出售的木材的。

第十一条　具有下列情形之一的，属于在林区非法收购盗伐、滥伐的林木“情节严重”：

（一）非法收购盗伐、滥伐的林木二十立方米以上或者幼树一千株以上的；

（二）非法收购盗伐、滥伐的珍贵树木二立方米以上或者五株以上的；

（三）其他情节严重的情形。

具有下列情形之一的，属于在林区非法收购盗伐、滥伐的林木“情节特别严重”：

（一）非法收购盗伐、滥伐的林木一百立方米以上或者幼树五千株以上的；

（二）非法收购盗伐、滥伐的珍贵树木五立方米以上或者十株以上的；

（三）其他情节特别严重的情形。

第十六条　单位犯刑法第三百四十四条、第三百四十五条规定之罪，定罪量刑标准按照本解释的规定执行。

第十七条　本解释规定的林木数量以立木蓄积计算，计算方法为：原木材积除以该树种的出材率。

本解释所称“幼树”，是指胸径五厘米以下的树木。

滥伐林木的数量，应在伐区调查设计允许的误差额以上计算。

第十九条　各省、自治区、直辖市高级人民法院可以根据本地区的实际情况，在本解释第四条、第六条规定的数量幅度内，确定本地区执行的具体数量标准，并报最高人民法院备案。

犯本罪的，处三年以下有期徒刑、拘役或者管制，并处或者单处罚金；数量巨大的，处三年以上七年以下有期徒刑，并处罚金。

“数量巨大”的起点，一般是指在林区盗伐 20 - 30 立方米或幼树 1000 - 1500 株，在非林区盗伐 10 - 20 立方米或幼树 500 - 1000 株，或者相当于上述损失。在林区盗伐 100 立方米以上或幼树 5000 株以上，在非林区盗伐 50 立方米以上或幼树 2500 株以上，或者相当于上述损失的，一般可视为“数量特别巨大”。

【犯罪构成】

（一）主体要件

本罪主体为一般主体，即凡年满十六周岁、具备刑事责任能力的人均可成为非法收购、运输盗伐、滥伐的林木罪主体，根据《刑法》第三百四十六条之规定，单位亦可成为非法收购、运输盗伐、滥伐的林木罪主体。

（二）主观要件

本罪在主观方面表现为故意，且具有牟利的目的。要求行为人在主观上对其收购、运输的对象是盗伐、滥伐林木是明知的。不知道收购、运输的是盗伐、滥伐来的林木，不构成本罪。

(三)客观要件

本罪在客观方面表现为在林区非法收购盗伐、滥伐的林木,情节严重的行为。收购是指以营利为目的,予以购买。如果行为人收购的是合法采伐的林木,则不构成非法收购、运输盗伐、滥伐的林木罪。收购行为必须是在林区。行为人在非林区收购林木的,无论该林木是否为盗伐、滥伐的林木,均不构成非法收购、运输盗伐、滥伐的林木罪。"情节严重",是构成非法收购、运输盗伐、滥伐的林木罪的必要要件。情节严重,是指多次作案的;收购的数量较大的;屡教不改的;对管理人员履行职责进行阻挠的;造成恶劣社会影响的等。

(四)客体要件

本罪侵犯的客体是国家对森林资源的管理活动。犯罪对象是盗伐、滥伐的林木。行为人在林区收购盗伐、滥伐的林木的行为,极大地助长了盗伐、滥伐林木犯罪活动的蔓延、发展。对这种行为必须严厉打击。

【罪名辨析】

(一)本罪与收购赃物罪的界限

盗伐、滥伐的林木在广义上也属于赃物,因此对其进行非法收购、运输的行为也属于一种收购赃物的行为。区分的关键在于收购的对象不同。对非法收购、运输盗伐、滥伐的林木的行为,应以本罪论处;对非法收购、运输盗伐、滥伐的林木以外的其他赃物的行为,应以收购赃物罪论处。

(二)本罪与盗伐、滥伐林木罪共犯的界限

唆使他人盗伐、滥伐林木而后予以低价收购的或者与盗伐、滥伐的犯罪分子事先通谋,承担盗伐、滥伐林木的运输分工的,应以盗伐、滥伐林木罪的共犯论处。

量刑部分

【量刑标准】

犯本罪,情节严重的,处三年以下有期徒刑、拘役或者管制,并处或者单处罚金;情节特别严重的,处三年以上七年以下有期徒刑,并处罚金。

单位犯破坏环境资源保护罪的处罚规定 《刑法》第346条

单位犯本节第三百三十八条至第三百四十五条规定之罪的,对单位判处罚金,并对其直接负责的主管人员和其他直接责任人员,依照本节各该条的规定处罚。

第七节 走私、贩卖、运输、制造毒品罪

走私、贩卖、运输、制造毒品罪 《刑法》第347条

走私、贩卖、运输、制造毒品,无论数量多少,都应当追究刑事责任,予以刑事处罚。

走私、贩卖、运输、制造毒品,有下列情形之一的,处十五年有期徒刑、无期徒刑或者死刑,并处没收财产:

(一)走私、贩卖、运输、制造鸦片一千克以上、海洛因或者甲基苯丙胺五十克以上或者其他毒品数量大的;

(二)走私、贩卖、运输、制造毒品集团的首要分子;

(三)武装掩护走私、贩卖、运输、制造毒品的;

(四)以暴力抗拒检查、拘留、逮捕,情节严重的;

(五)参与有组织的国际贩毒活动的。

走私、贩卖、运输、制造鸦片二百克以上不满一千克、海洛因或者甲基苯丙胺十克以上不满五十克或者其他毒品数量较大的,处七年以上有期徒刑,并处罚金。

走私、贩卖、运输、制造鸦片不满二百克、海洛因或者甲基苯丙胺不满十克或者其他少量毒品的,处三年以下有期徒刑、拘役或者管制,并处罚金;情节严重的,处三年以上七年以下有期徒刑,并处罚金。

单位犯第二款、第三款、第四款罪的,对单位判处罚金,并对其直接负责的主管人员和其他直接责任人员,依照各该款的规定处罚。

利用、教唆未成年人走私、贩卖、运输、制造毒品,或者向未成年人出售毒品的,从重处罚。

对多次走私、贩卖、运输、制造毒品,未经处理的,毒品数量累计计算。

定罪部分

【罪名概念】

走私、贩卖、运输、制造毒品罪,是指明知是毒品而故意实施走私、贩卖、运输、制造的行为。走私、贩卖、运输、制造毒品,无论数量多少,都应当追究刑事责任,予

以刑事处罚。

【司法解释】

1. 最高人民检察院、公安部《关于公安机关管辖的刑事案件立案追诉标准的规定(三)》

(实施日期:2012年5月16日　公通字[2012]26号)

第一条　[走私、贩卖、运输、制造毒品案(刑法第三百四十七条)]走私、贩卖、运输、制造毒品,无论数量多少,都应予立案追诉。

本条规定的"走私"是指明知是毒品而非法将其运输、携带、寄递进出国(边)境的行为。直接向走私人非法收购走私进口的毒品,或者在内海、领海、界河、界湖运输、收购、贩卖毒品的,以走私毒品罪立案追诉。

本条规定的"贩卖"是指明知是毒品而非法销售或者以贩卖为目的而非法收买的行为。

有证据证明行为人以牟利为目的,为他人代购仅用于吸食、注射的毒品,对代购者以贩卖毒品罪立案追诉。不以牟利为目的,为他人代购仅用于吸食、注射的毒品,毒品数量达到本规定第二条规定的数量标准的,对托购者和代购者以非法持有毒品罪立案追诉。明知他人实施毒品犯罪而为其居间介绍、代购代卖的,无论是否牟利,都应以相关毒品犯罪的共犯立案追诉。

本条规定的"运输"是指明知是毒品而采用携带、寄递、托运、利用他人或者使用交通工具等方法非法运送毒品的行为。

本条规定的"制造"是指非法利用毒品原植物直接提炼或者用化学方法加工、配制毒品,或者以改变毒品成分和效用为目的,用混合等物理方法加工、配制毒品的行为。为了便于隐蔽运输、销售、使用、欺骗购买者,或者为了增重,对毒品掺杂使假,添加或者去除其他非毒品物质,不属于制造毒品的行为。

为了制造毒品而采用生产、加工、提炼等方法非法制造易制毒化学品的,以制造毒品罪(预备)立案追诉。购进制造毒品的设备和原材料,开始着手制造毒品,尚未制造出毒品或者半成品的,以制造毒品罪(未遂)立案追诉。明知他人制造毒品而为其生产、加工、提炼、提供醋酸酐、乙醚、三氯甲烷等制毒物品的,以制造毒品罪的共犯立案追诉。

走私、贩卖、运输毒品主观故意中的"明知",是指行为人知道或者应当知道所实施的是走私、贩卖、运输毒品行为。具有下列情形之一,结合行为人的供述和其他证据综合审查判断,可以认定其"应当知道",但有证据证明确属被蒙骗的除外:

(一)执法人员在口岸、机场、车站、港口、邮局和其他检查站点检查时,要求行为人申报携带、运输、寄递的物品和其他疑似毒品物,并告知其法律责任,而行为人未如实申报,在其携带、运输、寄递的物品中查获毒品的;

(二)以伪报、藏匿、伪装等蒙蔽手段逃避海关、边防等检查,在其携带、运输、寄递的物品中查获毒品的；

（三）执法人员检查时，有逃跑、丢弃携带物品或者逃避、抗拒检查等行为，在其携带、藏匿或者丢弃的物品中查获毒品的；

（四）体内或者贴身隐秘处藏匿毒品的；

（五）为获取不同寻常的高额或者不等值的报酬为他人携带、运输、寄递、收取物品，从中查获毒品的；

（六）采用高度隐蔽的方式携带、运输物品，从中查获毒品的；

（七）采用高度隐蔽的方式交接物品，明显违背合法物品惯常交接方式，从中查获毒品的；

（八）行程路线故意绕开检查站点，在其携带、运输的物品中查获毒品的；

（九）以虚假身份、地址或者其他虚假方式办理托运、寄递手续，在托运、寄递的物品中查获毒品的；

（十）有其他证据足以证明行为人应当知道的。

制造毒品主观故意中的“明知”，是指行为人知道或者应当知道所实施的是制造毒品行为。有下列情形之一，结合行为人的供述和其他证据综合审查判断，可以认定其“应当知道”，但有证据证明确属被蒙骗的除外：

（一）购置了专门用于制造毒品的设备、工具、制毒物品或者配制方案的；

（二）为获取不同寻常的高额或者不等值的报酬为他人制造物品，经检验是毒品的；

（三）在偏远、隐蔽场所制造，或者采取对制造设备进行伪装等方式制造物品，经检验是毒品的；

（四）制造人员在执法人员检查时，有逃跑、抗拒检查等行为，在现场查获制造出的物品，经检验是毒品的；

（五）有其他证据足以证明行为人应当知道的。

走私、贩卖、运输、制造毒品罪是选择性罪名，对同一宗毒品实施了两种以上犯罪行为，并有相应确凿证据的，应当按照所实施的犯罪行为的性质并列适用罪名，毒品数量不重复计算。对同一宗毒品可能实施了两种以上犯罪行为，但相应证据只能认定其中一种或者几种行为，认定其他行为的证据不够确实充分的，只按照依法能够认定的行为的性质适用罪名。对不同宗毒品分别实施了不同种犯罪行为的，应对不同行为并列适用罪名，累计计算毒品数量。

2. 最高人民法院《关于审理毒品案件定罪量刑标准有关问题的解释》

（实施日期：2000 年 6 月 6 日　法释［2000］13 号）（节录）

为依法严惩毒品犯罪，根据刑法分则第六章第七节的规定，现就审理毒品案件定罪量刑标准有关问题解释如下：

第一条　走私、贩卖、运输、制造、非法持有下列毒品，应当认定为刑法第三百

四十七条第二款第(一)项、第三百四十八条规定的“其他毒品数量大”:

(一)苯丙胺类毒品(甲基苯丙胺除外)一百克以上;

(二)大麻油五千克、大麻脂十千克、大麻叶及大麻烟一百五十千克以上;

(三)可卡因五十克以上;

(四)吗啡一百克以上;

(五)度冷丁(杜冷丁)二百五十克以上(针剂100mg/支规格的二千五百支以上,50mg/支规格的五千支以上;片剂25mg/片规格的一万片以上,50mg/片规格的五千片以上);

(六)盐酸二氢埃托啡十毫克以上(针剂或者片剂20μg/支、片规格的五百支、片以上);

(七)咖啡因二百千克以上;

(八)罂粟壳二百千克以上;

(九)上述毒品以外的其他毒品数量大的。

第二条 走私、贩卖、运输、制造、非法持有下列毒品,应当认定为刑法第三百四十七条第三款、第三百四十八条规定的“其他毒品数量较大”:

(一)苯丙胺类毒品(甲基苯丙胺除外)二十克以上不满一百克;

(二)大麻油一千克以上不满五千克,大麻脂二千克以上不满十千克,大麻叶及大麻烟三十千克以上不满一百五十千克;

(三)可卡因十克以上不满五十克;

(四)吗啡二十克以上不满一百克;

(五)度冷丁(杜冷丁)五十克以上不满二百五十克(针剂100mg/支规格的五百支以上不满二千五百支,50mg/支规格的一千支以上不满五千支;片剂25mg/片规格的二千片以上不满一万片,50mg/片规格的一千片以上不满五千片);

(六)盐酸二氢埃托啡二毫克以上不满十毫克(针剂或者片剂20μg/支、片规格的一百支、片以上不满五百支、片);

(七)咖啡因五十千克以上不满二百千克;

(八)罂粟壳五十千克以上不满二百千克;

(九)上述毒品以外的其他毒品数量较大的。

第三条 具有下列情形之一的,可以认定为刑法第三百四十七条第四款规定的“情节严重”:

(一)走私、贩卖、运输、制造鸦片一百四十克以上不满二百克、海洛因或者甲基苯丙胺七克以上不满十克或者其他数量相当毒品的;

(二)国家工作人员走私、制造、运输、贩卖毒品;

(三)在戒毒监管场所贩卖毒品的;

(四)向多人贩毒或者多次贩毒的;

（五）其他情节严重的行为。

【犯罪构成】

（一）主体要件

本罪的主体是一般主体，即达到刑事责任年龄且具有刑事责任能力的自然人均可成为本罪主体。根据《刑法》第十七条第二款规定，已满十四周岁未满十六周岁的未成年人贩卖毒品的，应当负刑事责任。因此，对于走私、运输、制造毒品犯罪，只有达到十六周岁才负刑事责任。对于被利用、教唆、胁迫参加贩卖毒品犯罪活动的已满十四周岁不满十六周岁的人，一般可以不追究其刑事责任。

（二）主观要件

本罪在主观方面表现为故意，且是直接故意，即明知是毒品而走私、贩卖、运输、制造，过失不构成本罪。如果行为人主观上不明知是毒品，而是被人利用而实施了走私、贩卖、运输、制造的行为，就不构成犯罪。一般是以营利为目的，但也不能排除其他目的，法律没有要求构成本罪必须以营利为目的。

（三）客观要件

本罪在客观方面表现为行为人进行走私、贩卖、运输、制造毒品的行为。

1. 走私毒品。走私毒品是指非法运输、携带、邮寄毒品进出国（边）境的行为。行为方式主要是输入毒品与输出毒品，此外对在领海、内海运输、收购、贩卖国家禁止进出口的毒品，以及直接向走私毒品的犯罪人购买毒品的，应视为走私毒品。根据刑法的规定，影响走私毒品行为的危害性的因素，主要是走私毒品的数量、主体的情况（是否是首要分子、是否参与国际贩毒组织）、方式（是否武装掩护）等。这些因素无疑影响走私毒品行为的危害性，输入毒品行为，将直接危害我国公民的身心健康，危害我国的社会管理秩序；而输入毒品行为，则并不直接危害我国公民的身心健康。换言之，输入毒品行为的直接危害结果发生在我国领域内，而输出毒品行为的直接后果发生在我国领域外。前者行为的危害性显然重于后者。从国外的规定看，许多国家（如德国、日本）都是将输入毒品与输出毒品分别规定为独立的犯罪，或者将输出毒品的行为纳入运输毒品罪中，而前者的法定刑则明显重于后者，其立法宗旨也主要在于保护本国及本国公民的利益。刑法虽然没有分别规定输入毒品与输出毒品的法定刑，但司法机关在量刑时，对输入与输出两种行为应当区别对待。

2. 贩卖毒品。贩卖毒品是指有偿转让毒品或者以贩卖为目的而非法收购毒品。有偿转让毒品，即行为人将毒品交付给对方，并从对方获取物质利益。贩卖方式既可以是公开的，也可能是秘密的；既可以是行为人请求对方购买，也可能是对方请求行为人转让；既可能是直接交付给对方，也可能是间接交付给对方。在间接交付的场合，如果中间人认识到是毒品而帮助转交给买方的，则该中间人的行为也是贩卖毒品;如果中间人没有认识到是毒品,则不构成贩卖毒品罪。贩卖是有偿转让,但行为人交付毒品既可能是获取金钱,也可能是获取其他物质利益;既可能在交付毒品的同时获取物质利益,也可能先交付毒品后获取利益或先获取物质利益而后交付毒品。如果是无偿转让毒品,如赠与等,则不属于贩卖毒品。毒品的来源既可能是自己制造的毒品,也可能是自己购买的毒品,还可能是通过其他方法取得的毒品。贩卖的对方没有限制,即不问对方是否达到法定年龄、是否具有辨认控制能力、是否与贩卖人具有某种关系。出于贩卖目的而非法收买毒品的,也应认定为贩卖毒品。

3. 运输毒品。运输毒品是指采用携带、邮寄、利用他人或者使用交通工具等方法在我国领域内将毒品从此地转移到彼地。运输毒品必须限制在国内,而且不是在领海、内海运输国家禁止进出口的毒品,否则便是走私毒品。运输毒品具体表现为转移毒品的所在地,如将毒品从甲地运往乙地,但应注意,从结局上看没有变更毒品所在地却使毒品的所在地曾经发生了变化的行为,也是运输毒品。例如,行为人先将毒品从甲地运往乙地,由于某种原因,又将毒品运回甲地的,属于运输毒品。

4. 制造毒品。制造通常是指使用原材料而制作成原材料以外的物。制造毒品一般是指使用毒品原植物而制作成毒品。它包括以下几种情况:一是将毒品以外的物作为原料,提取或制作成毒品,如将罂粟制成为鸦片。二是毒品的精制,即去掉毒品中的不纯物,使之成为纯毒品或纯度更高的毒品。如去除海洛因中所含的不纯物。三是使用化学方法使一种毒品变为另一种毒品。如使用化学方法将吗啡制作成海洛因。四是使用化学方法以外的方法使一种毒品变为另一种毒品。如将盐酸吗啡加入蒸溜水,使之成为注射液。五是非法按照一定的处方针对特定人的特定情况调制毒品。上述五种行为都属于制造毒品。

本罪是选择性罪名,凡实施了走私、贩卖、运输、制造毒品行为之一的,即以该行为确定罪名。凡实施了其中两种以上行为的,如运输、贩卖毒品,就定为运输、贩卖毒品罪,不实行数罪并罚。运输、贩卖同一种毒品的,毒品数量不重复计算;不是同一种毒品的,毒品数量累计计算。居间介绍买卖毒品的,无论是否获利,均以贩卖毒品罪的共犯论处。走私毒品,又走私其他物品构成犯罪的,按走私毒品和构成的其他走私罪分别定罪,实行数罪并罚。

对多次走私、贩卖、运输、制造毒品,未经处理的,毒品数量累计计算。所谓"未经处理"的既包括未经刑罚处理,也包括未作行政处理。但对于犯罪已过追诉时效的,则毒品数量不再累计计算。已作过处理的,应视为已经结案。

(四)客体要件

本罪侵犯的客体是国家对毒品的管理制度和人民的生命健康。由于鸦片、海洛因、甲基苯丙胺等麻醉药品和精神药品既有医用价值,又能使人形成瘾癖,使人体产生依赖性，因而，犯罪分子利用来牟取非法利润。近几年来，国际上制毒、贩毒、走私毒品活动不断向我国渗透或假道我国向第三国运输。国内一些不法分子大肆进行制造毒品、贩卖毒品的犯罪活动，使大量毒品流入社会，严重地损害了他人的身体健康。为此国家陆续颁布了一系列的法律、法规，严格控制麻醉药品、精神药物的进出口、供应、运输、生产等活动，严禁非法走私、贩卖、运输、制造毒品活动。如《药品管理法》《麻醉药品管理办法》《精神药品管理办法》《麻醉药品生产管理办法》《麻醉药品经营管理办法》等法规都对麻醉药品和精神药品的供应、运输、生产等做了具体而严格的规定，任何单位和个人违反上述法律规定，走私、贩卖、运输、制造毒品的行为，都直接侵犯了有关毒品管制法规。

本罪的对象是毒品。根据《刑法》第三百五十七条规定："本法所称的毒品是指鸦片、海洛因、甲基苯丙胺（冰毒）、吗啡、大麻、可卡因以及国务院规定管制的其他能够使人形成瘾癖的麻醉药品和精神药品。"联合国关于麻醉药品种类规定了一百二十八种麻醉药品。精神药品种类表中共规定了九十九种精神药品。在我国的麻醉药品、精神药品种类表中，清楚规定了联合国规定的麻醉药品、精神药品，而且根据我国的情况，增加规定了一些公约中未规定的药品种类。除以上所列六种常见的毒品外，同时还明确将"国务院规定管制的其他能够使人形成瘾癖的麻醉药品和精神药品"列为毒品。1987 年 11 月和 1988 年 11 月国务院发布的对麻醉药品和精神药品的管理办法中规定，麻醉药品是指连续使用后易产生身体依赖性，能形成瘾癖的药品。包括阿片类、可卡因类、大麻类、合成麻醉药品类用卫生部指定的其他易成瘾癖的药品、药用原植物及其制剂，如鸦片、海洛因、吗啡、可卡因、杜冷丁等。精神药品是指直接作用于中枢神经系统，使之兴奋抑制，连续使用能产生依赖的药品。如甲基苯丙胺（脱氧麻黄素）、安纳咖、安眠酮等。

【罪名辨析】

（一）本罪与其他犯罪的界限

对于走私其他货物、物品的，以实际走私的货物、物品的性质认定犯罪，不能认定为走私毒品罪。行为人在一次走私活动中，既走私毒品又走私其他货物、物品的，一般应按走私毒品罪和构成的其他走私罪，实行数罪并罚。行为人故意以非毒品冒充毒品或者明知是假毒品而贩卖营利的，应认定为诈骗罪，而非贩卖毒品罪，但行为人不明知是毒品而贩卖，事实上具有贩卖毒品的可能性的，应认定为贩卖毒品（未遂）。行为人在生产、销售的食品中掺入微量毒品的，应认定为生产、销售有毒、有害食品罪，不宜认定为贩卖毒品罪。

（二）本罪的既遂与未遂

走私、贩卖、运输、制造毒品罪有四种行为方式，其既遂与未遂的标准因行为方式而异：

1. 走私毒品罪的既遂与未遂。走私毒品主要分为输入毒品与输出毒品,输入毒品分为陆路输入与海路、空路输入。陆路输入应当越国境线、使毒品进入国内领域内的时刻为既遂标准。海路、空路输入毒品,装载毒品的船舶到达本国港口或航空器到达本国领土内时为既遂,否则为未遂。

2. 贩卖毒品的既遂与未遂。贩卖以毒品实际上转移给买方为既遂。转移毒品后行为人是否已经获取了利益,则并不影响既遂的成立。毒品实际上没有转移时,即使已经达成转移的协议,或者行为人已经获得了利益,也不能认为是既遂。

3. 运输毒品的既遂与未遂。行为人以将毒品从甲地运往乙地为目的,开始运输毒品时,是运输毒品罪的着手,由于行为人意志以外的原因没有到达目的地时,属于犯罪未遂;毒品到达目的地时是犯罪既遂,到达目的地后,即使由于某种原因而将毒品运回原地或者其他地方时,也是犯罪既遂。

4. 制造毒品罪的既遂与未遂。制造毒品罪应以实际上制造毒品为既遂标准,至于制造出来的毒品数量多少、纯度高低等,都不影响既遂的成立。着手制造毒品后,没有实际上制造出毒品的,则是制造毒品未遂。

量刑部分

【量刑标准】

走私、贩卖、运输、制造毒品,无论数量多少,都应当追究刑事责任,予以刑事处罚。

走私、贩卖、运输、制造毒品,有下列情形之一的,处十五年有期徒刑、无期徒刑或者死刑,并处没收财产:

(一)走私、贩卖、运输、制造鸦片一千克以上、海洛因或者甲基苯丙胺五十克以上或者其他毒品数量大的;

(二)走私、贩卖、运输、制造毒品集团的首要分子;

(三)武装掩护走私、贩卖、运输、制造毒品的;

(四)以暴力抗拒检查、拘留、逮捕,情节严重的;

(五)参与有组织的国际贩毒活动的。

走私、贩卖、运输、制造鸦片二百克以上不满一千克、海洛因或者甲基苯丙胺十克以上不满五十克或者其他毒品数量较大的,处七年以上有期徒刑,并处罚金。

走私、贩卖、运输、制造鸦片不满二百克、海洛因或者甲基苯丙胺不满十克或者其他少量毒品的,处三年以下有期徒刑、拘役或者管制,并处罚金;情节严重的,处三年以上七年以下有期徒刑,并处罚金。

单位犯第二款、第三款、第四款罪的,对单位判处罚金,并对其直接负责的主管人员和其他直接责任人员,依照各该款的规定处罚。

利用、教唆未成年人走私、贩卖、运输、制造毒品,或者向未成年人出售毒品的,从重处罚。

对多次走私、贩卖、运输、制造毒品，未经处理的，毒品数量累计计算。

【量刑规范】

最高人民法院《关于常见犯罪的量刑指导意见》

（实施日期：2014 年 1 月 1 日　法发［2013］14 号）（节录）

（十五）走私、贩卖、运输、制造毒品罪

1. 构成走私、贩卖、运输、制造毒品罪的，可以根据下列不同情形在相应的幅度内确定量刑起点：

（1）走私、贩卖、运输、制造鸦片一千克，海洛因、甲基苯丙胺五十克或者其他毒品数量达到数量大起点的，量刑起点为十五年有期徒刑。依法应当判处无期徒刑以上刑罚的除外。

（2）走私、贩卖、运输：制造鸦片二百克，海洛因、甲基苯丙胺十克或者其他毒品数量达到数量较大起点的，可以在七年至八年有期徒刑幅度内确定量刑起点。

（3）走私、贩卖、运输、制造鸦片不满二百克，海洛因、甲基苯丙胺不满十克或者其他少量毒品的，可以在三年以下有期徒刑、拘役幅度内确定量刑起点；情节严重的，可以在三年至四年有期徒刑幅度内确定量刑起点。

2. 在量刑起点的基础上，可以根据毒品犯罪次数、人次、毒品数量等其他影响犯罪构成的犯罪事实增加刑罚量，确定基准刑。

3. 有下列情节之一的，可以增加基准刑的 10% ~30%：

（1）利用、教唆未成年人走私、贩卖、运输、制造毒品的；

（2）向未成年人出售毒品的；

（3）毒品再犯。

4. 有下列情节之一的，可以减少基准刑的 30% 以下：

（1）受雇运输毒品的；

（2）毒品含量明显偏低的；

（3）存在数量引诱情形的。

非法持有毒品罪　《刑法》第 348 条

非法持有鸦片一千克以上、海洛因或者甲基苯丙胺五十克以上或者其他毒品数量大的，处七年以上有期徒刑或者无期徒刑，并处罚金；非法持有鸦片二百克以上不满一千克、海洛因或者甲基苯丙胺十克以上不满五十克或者其他毒品数量较大的，处三年以下有期徒刑、拘役或者管制，并处罚金；情节严重的，处三年以上七年以下有期徒刑，并处罚金。

定 罪 部 分

【罪名概念】

非法持有毒品罪,是指明知是鸦片、海洛因、甲基苯丙胺或者其他毒品,而非法持有且数量较大的行为。

【司法解释】

1. 最高人民检察院、公安部《关于公安机关管辖的刑事案件立案追诉标准的规定(三)》

(实施日期:2012 年 5 月 16 日　公通字[2012]26 号)(节录)

第二条　明知是毒品而非法持有,涉嫌下列情形之一的,应予立案追诉:

(一)鸦片二百克以上、海洛因、可卡因或者甲基苯丙胺十克以上;

(二)二亚甲基双氧安非他明(MDMA)等苯丙胺类毒品(甲基苯丙胺除外)、吗啡二十克以上;

(三)度冷丁(杜冷丁)五十克以上(针剂 100″g/支规格的五百支以上,50″g/支规格的一千支以上;片剂 25″g/片规格的二千片以上,50″g/片规格的一千片以上);

(四)盐酸二氢埃托啡二毫克以上(针剂或者片剂 20″g/支、片规格的一百支、片以上);

(五)氯胺酮、美沙酮二百克以上;

(六)三唑仑、安眠酮十千克以上;

(七)咖啡因五十千克以上;

(八)氯氮卓、艾司唑仑、地西泮、溴西泮一百千克以上;

(九)大麻油一千克以上,大麻脂二千克以上,大麻叶及大麻烟三十千克以上;

(十)罂粟壳五十千克以上;

(十一)上述毒品以外的其他毒品数量较大的。

非法持有两种以上毒品,每种毒品均没有达到本条第一款规定的数量标准,但按前款规定的立案追诉数量比例折算成海洛因后累计相加达到十克以上的,应予立案追诉。

本条规定的"非法持有",是指违反国家法律和国家主管部门的规定,占有、携带、藏有或者以其他方式持有毒品。

非法持有毒品主观故意中的"明知",依照本规定第一条第八款的有关规定予以认定。

2. 最高人民法院《关于审理毒品案件定罪量刑标准有关问题的解释》

(实施日期:2000 年 6 月 10 日　法释[2000]13 号)(节录)

第一条　走私、贩卖、运输、制造、非法持有下列毒品,应当认定为刑法第三百

四十七条第二款第(一)项、第三百四十八条规定的“其他毒品数量大”:

(一)苯丙胺类毒品(甲基苯丙胺除外)一百克以上;

(二)大麻油五千克、大麻脂十千克、大麻叶及大麻烟一百五十千克以上;

(三)可卡因五十克以上;

(四)吗啡三点五二七四盎司以上;

(五)度冷丁(杜冷丁)二百五十克以上(针剂100mg/支规格的二千五百支以上,50mg/克规格的五千支以上;片剂25mg/片规格的一万片以上,50mg/片规格的五千片以上);

(六)盐酸二氯埃托啡十毫克以上(针剂或者片剂20ug/支、片规格的五百支、片以上);

(七)咖啡因二百千克以上;

(八)罂粟壳二百千克以上;

(九)上述毒品以外的其他毒品数量大的。

第二条　走私、贩卖、运输、制造、非法持有下列毒品,应当认定为刑法第三百四十七条第三款、第三百四十八条规定的“其他毒品数量较大”:

(一)苯丙胺类毒品(甲基苯丙胺除外)二十克以上不满一百克;

(二)大麻油一千克以上不满五千克,大麻脂二千克以上不满十千克,大麻叶及大麻烟三十千克以上不满一百五十千克;

(三)可卡因十克以上不满一点七六三七盎司;

(四)吗啡二十克以上不满一百克;

(五)度冷丁(杜冷丁)五十克以上不满二百五十克(针剂100mg/支规格的五百支以上不满二千五百支,50mg/支规格的一千支以上不满五千支;片剂25mg/片规格的二千片以上不满一万片,50mg/支规格一千片以上不满五千片);

(六)盐酸二氢埃托啡二毫克以上不满十毫克(针剂或者片剂20ug/支、片规格一百支、片以上不满五百支、片);

(七)咖啡因五十千克以上不满二百千克;

(八)罂粟壳五十千克以上不满二百千克;

(九)上述毒品以外的其他毒品数量较大的。

【犯罪构成】

(一)主体要件

本罪的主体是一般主体。即任何达到刑事责任年龄且具有刑事责任能力的自然人均可成为本罪主体。

(二)主观要件

本罪在主观方面表现为故意。即行为人明知是国家禁止非法持有的毒品而故意持有。如果行为人确实不知道自己持有的是毒品,则不构成本罪。非法持有毒品行为人的动机、目的多种多样,因此故意的具体内容不限。有人认为非法持有毒品的行为人主观上必须具有走私、贩卖、运输、制造毒品的意图才构成犯罪。笔者认为非法持有毒品罪是针对那些当场查获非法持有数量较大的毒品,行为人既不说明持有毒品的目的、来源,又没有足够证据证明其犯有走私、贩卖、运输、制造毒品的行为或窝藏毒品的行为,而以非法持有毒品罪定罪量刑,如果司法机关能够查明行为人具有走私、贩卖、运输、制造毒品的目的,则其构成走私、贩卖、运输、制造毒品罪。

(三)客观要件

本罪客观方面表现为非法持有毒品数量较大的行为。

所谓持有毒品,是指行为人持有毒品时,没有合法的根据;或者说,行为人持有毒品,不是基于法律、法令、法规的规定或允许。如果行为人合法持有毒品,则不构成犯罪。即依法生产、使用、研究毒品的人持有毒品时,是正当行为,不构成犯罪。如医生因病人病情的需要,为使用毒品而持有毒品的,经过有权机关批准从事毒品管理职业的,经过有权机关批准制造毒品后持有毒品或依法运输毒品的,都是合法行为,不构成非法持有毒品罪。

所谓持有毒品,也就是行为人对毒品的事实上的支配。持有具体表现为占有、携带、藏有或者以其他方法持有支配毒品。持有不要求物理上的握有,不要求行为人时时刻刻将毒品握在手中、放在身上和装在口袋里,只要行为人认识到它的存在,能够对之进行管理或者支配,就是持有。持有时并不要求行为人对毒品具有所有权,所有权虽属他人,但事实上置于行为人支配之下时,行为人即持有毒品;行为人是否知道自己具有所有权、所有权人是谁,都不影响持有的成立。此外,持有并不要求直接持有,即介入第三者时,也不影响持有的成立。如行为人认为自己管理毒品不安全,将毒品委托给第三人保管时,行为人与第三者均持有该毒品。持有是一种持续行为,只有当毒品在一定时间内由行为人支配时,才构成持有,至于时间的长短,则并不影响持有的成立,只是一种量刑情节,但如果时间过短,不足以说明行为人事实上支配着毒品时,则不能认为是持有。

非法持有毒品达到一定数量才构成犯罪。即非法持有鸦片 200 克以上、海洛因或者甲基苯丙胺 10 克以上或者其他毒品数量大的。

(四)客体要件

本罪侵犯的客体,是国家对毒品的管制和他人的身体健康。国家禁止任何人非法持有毒品,为此颁布了一系列的法律、法规。我国先后颁布了《药品管理法》《麻醉药品管理法》和《精神药品管理法》。这几个法规对毒品种植、制造、运输、使用、管理都作了明确、严格的规定,禁止任何人非法持有使用,任何单位和个人未经主管部门批准或许可,持有、保存毒品的行为均违反了国家对毒品管理的规定,而且行为人非法持有的毒品,随时可能流入社会,危害他人的健康。为此,为了维护国家对毒品的管制,保护人民群众的身体健康,对非法持有毒品的行为,必须予经惩处。

本罪的对象为毒品,即《刑法》第三百五十七条所规定的鸦片、海洛因、甲基苯丙胺(冰毒)、吗啡、大麻、可卡因以及国务院规定管制的其他能够使人形成瘾癖的麻醉药品和精神药品。

行为人将假毒品误认为是真毒品而加以收藏、保存,行为人主观上认为是毒品,而故意违反国家毒品管制,实施非法持有的行为,这属于刑法理论上的对象认识错误。对象认识错误,不影响定罪,仍构成非法持有毒品罪。

【罪名辨析】

(一)本罪与非罪的界限

根据本条规定,非法持有毒品数量达到一定数量才构成犯罪,如果数量少,情节显著轻微,危害不大的,不认为是犯罪。所谓"其他毒品数量较大的"是指除鸦片、海洛因或者甲基苯丙胺以外的毒品,其含量已达到了鸦片、海洛因或者甲基苯丙胺的定罪数量标准。对非法持有毒品的数量未达到上述标准的,不以犯罪论处。

(二)本罪与走私、贩卖、运输、制造毒品罪及窝藏毒品罪的界限

行为人实施走私、贩卖、运输、制造、窝藏毒品的行为都是以非法持有为前提的。在司法实践中,有证据能够证实已构成走私、贩卖、运输、制造、窝藏毒品罪中的任何一种罪,即以该罪论处,而不应再定非法持有毒品罪。在犯罪分子拒不供认,又无证据认定构成走私、贩卖、运输、制造、窝藏毒品罪中任何一种罪的情况下,才能认定其构成非法持有毒品罪。另外,还须注意的是,构成非法持有毒品罪有法定的数量标准,达不到法定标准的只能按违法处理。然而构成走私、贩卖、运输、制造、窝藏毒品罪只要有行为即构成犯罪,无须毒品数量达到较大。

(三)本罪与盗窃、抢夺、抢劫罪的界限

行为人在实施盗窃、抢夺、抢劫他人财物时附带获取毒品的,如果在来不及清理赃物或不知犯罪所得中有毒品的,应按盗窃罪、抢夺罪或抢劫罪定罪处罚;如果明知获取的赃物中有毒品而非法持有的,应按盗窃罪、抢夺罪、抢劫罪和非法持有毒品罪实行数罪并罚。如果事先明知他人有毒品,而实施盗窃、抢夺、抢劫行为得手后又非法持有的,应以非法持有毒品罪认定。总之,根据其法律特征划清一罪与数罪的界限。

(四)从犯罪嫌疑人身上搜出的毒品属于运输毒品还是非法持有毒品

刑法中运输毒品行为是与走私、贩卖、制造毒品行为排列规定在一起,供选择适用的罪名,其社会危害性也应当与其他三种行为的危害性相当,因此处罚才能一致。只有当运输毒品成为走私、贩卖、制造毒品一个必不可少的中间环节时,也就是说缺少运输毒品就无法实施走私、贩卖、制造毒品时,运输毒品才具有与走私、贩卖、制造毒品相当的危害性,才可以同罚。而出于其他目的运输毒品时,比如出于吸食、窝藏目的而移动毒品,其行为的社会危害性显然要低于走私、贩卖、制造毒品

的危害性,不能认定运输毒品罪。如果将运输的范围任意扩大,就会出现将无罪变为有罪、轻罪变成重罪的现象。勿将动态持有毒品等同于运输毒品。

(五)与贩卖、运输毒品罪的区别

三罪的犯罪客体相同。均为国家对毒品的管理制度和人的身体健康。

犯罪主体不完全相同。三者均为一般主体,但刑事责任年龄的要求不同,构成非法持有毒品罪和运输毒品罪的年龄必须年满十六周岁,而贩卖毒品罪则为十四周岁。

主观方面,三罪故意的内容不同。贩卖、运输毒品的目的明确,即将毒品贩卖给他人从中牟利或为了扩散毒品而将毒品进行运输。而非法持有毒品的动机、目的却多种多样,没有限定,既可能是为了吸食、治病,在不能证明具有贩卖、运输等其他毒品犯罪的故意内容的情形下,认定为非法持有。

客观方面,所谓持有,是指行为人对毒品事实上的支配和管领,同时,持有是一种持续行为,时间的长短不影响持有的成立,只作为量刑的情节考虑,但如果时间过短,不足以说明行为人事实上支配和管领毒品时,则不能认定是持有。而贩卖、运输毒品罪客观方面除了这一特征外,还必须有贩卖或为了贩卖而购进、运输毒品的行为特征,这也是三罪的重要区别。此外,非法持有毒品罪还有数量规范,即非法持有的毒品必须达到法定的最低数量才构成犯罪,而贩卖、运输毒品罪均无数量规范,无论数量多少均构成犯罪。

实践中有这样一种情况:从行为人手中查获了较大数量的毒品,虽无证据证明行为人非法持有该被查获的毒品是为了贩卖,但却有证据证明行为人以前曾贩卖过毒品。对非法持有被查获的毒品行为应如何定性?法律和司法解释均没有明确。主流的意见是:应作为一个整体看待,由于行为人有贩卖毒品的经历,那么非法持有被查获毒品的行为应视为是为贩卖毒品作准备,是贩卖毒品行为的组成部分,以贩卖毒品罪定罪。实践中一般也是这么做的。如果虽曾贩卖过毒品,但非法持有毒品是为了赠送、自己吸食等非贩卖目的的可能性仍不能排除,因此在这种情况下不能无条件的适用上述观点,关键要看行为人最后一次贩毒距离被查获时间间隔的长短,如果时间间隔过长,不足以说明行为人非法持有毒品是为贩卖作准备时,就宜就低认定为非法持有毒品罪。

量刑部分

【量刑标准】

非法持有鸦片一千克以上、海洛因或者甲基苯丙胺五十克以上或者其他毒品数量大的,处七年以上有期徒刑或者无期徒刑,并处罚金;非法持有鸦片二百克以上不满一千克、海洛因或者甲基苯丙胺十克以上不满五十克或者其他毒品数量较大的,处三年以下有期徒刑、拘役或者管制,并处罚金;情节严重的,处三年以上七年以下有期徒刑,并处罚金。

包庇毒品犯罪分子罪 《刑法》第349条(一)

包庇走私、贩卖、运输、制造毒品的犯罪分子的，处三年以下有期徒刑、拘役或者管制；情节严重的，处三年以上十年以下有期徒刑。

缉毒人员或者其他国家机关工作人员掩护、包庇走私、贩卖、运输、制造毒品的犯罪分子的，依照前款的规定从重处罚。

犯前两款罪，事先通谋的，以走私、贩卖、运输、制造毒品罪的共犯论处。

定罪部分

【罪名概念】

包庇毒品犯罪分子罪，是指明知是走私、贩卖、运输、制造毒品的犯罪分子，而向司法机关作假证明掩盖其罪行，或者帮助其毁灭罪证，以使其逃避法律的制裁的行为。

【犯罪构成】

(一)主体要件

本罪的主体为一般主体，即凡是达到刑事责任年龄具有刑事责任能力，实施了包庇毒品犯罪分子的人，均可构成本罪。国家机关工作人员包庇毒品犯罪分子的应从重处罚。

(二)主观要件

本罪在主观方面表现为故意，过失不构成本罪。行为人的动机多种多样，有的是出于亲友之情，有的是出于哥们义气，有的是出于贪图钱财等，无论出于何种动机，只要明知是走私、贩卖、运输、制造毒品的犯罪而予以包庇的，均构成本罪。

(三)客观要件

本罪在客观方面表现为行为人必须具有对走私、贩卖、运输、制造毒品罪的犯罪分子给予保护，使其逃避法律制裁的行为。这些犯罪分子既包括尚未被抓获而潜逃在外的犯罪分子，也包括已被抓获的已决犯和未决犯，所谓“包庇”是指向司法机关作假证明掩盖走私、贩卖、运输、制造毒品的犯罪分子罪行，或者帮助其毁灭罪证，以使其逃避法律制裁的行为。实践中，如果明知其人是公安机关正在追捕的走私、贩卖、运输、制造毒品的案犯，而仍向其提供资助或者交通工具，帮助该案犯潜逃的，或者帮助毒品犯罪分子毁灭罪迹，隐匿、转移、销毁罪证等，也都是包庇毒品犯罪分子的行为。尽管包庇毒品犯罪分子手段多种多样，但目的只有一个，是帮助毒品犯罪分子逃避法律的制裁。另外包庇毒品犯罪分子的行为，只能发生在被包庇者实施犯罪之后，并且事先没有通谋，如果事前通谋，事后又包庇的，则属于帮助犯，以共同犯罪论处。事中通谋也属于事先通谋，也应以共同犯罪论处。

(四)客体要件

本罪侵犯的客体是司法机关同毒品犯罪分子作斗争的正常活动。包庇毒品犯罪分子的社会危害性就在于不仅妨碍了司法机关对毒品犯罪分子的及时惩办,而且这种行为帮助毒品犯罪分子逍遥法外,逃避法律的制裁、继续作恶,危害社会,因此,对包庇毒品犯罪分子的犯罪予以惩处是十分必要的。

【罪名辨析】

(一)本罪与非罪的界限

对包庇毒品犯罪分子的犯罪应综合全案各种情况,如果被包庇的毒品犯罪分子所进行的毒品犯罪情节轻微,毒品数量很小,受刑罚处罚较轻,或不需要追究刑事责任,而且包庇毒品犯罪分子的主观恶性也比较小,那么包庇行为本身社会危害性就小,一般不作为犯罪处罚。在实践中要注意正确区分本罪与知情不举行为的界限。"知情不举"是指明知是毒品犯罪分子,而不向司法机关检举揭发,也没有向司法机关作虚假证明,对犯罪分子也不提供积极帮助,表现为消极不作为,这种消极不作为,由于我国法律没有规定知情不举罪,因此不构成包庇毒品犯罪分子罪。

(二)本罪与包庇罪的界限

二者的主要区别在于包庇的对象不同,前者包庇的对象,必须是走私、贩卖、运输、制造毒品的犯罪分子,而后者所包庇的对象,则是除上述犯罪以外的刑事犯罪分子。

量刑部分

【量刑标准】

犯本罪的,处三年以下有期徒刑、拘役或者管制;情节严重的,处三年以上十年以下有期徒刑。

缉毒人员或者其他国家机关工作人员掩护、包庇走私、贩卖、运输、制造毒品的犯罪分子的,依照前款的规定从重处罚。

犯前两款罪,事先通谋的,以走私、贩卖、运输、制造毒品罪的共犯论处。

截至目前,尚无本罪名关于量刑的司法解释。

窝藏、转移、隐瞒毒品、毒赃罪 《刑法》第349条(二)

为犯罪分子窝藏、转移、隐瞒毒品、或者犯罪所得的财物的,处三年以下有期徒刑、拘役或者管制;情节严重的,处三年以上十年以下有期徒刑。

定罪部分

【罪名概念】

窝藏、转移、隐瞒毒品、毒赃罪,是指明知是毒品或者毒品犯罪所得的财物而为犯罪分子窝藏、转移、隐瞒的行为。

【犯罪构成】

(一)主体要件

本罪的主体为一般主体,即凡是达到刑事责任年龄具有刑事责任能力,实施了窝藏、转移、隐瞒毒品、毒赃的人,均可构成本罪。

(二)主观要件

本罪在主观方面表现为故意。即行为人明知是用于走私、贩卖、运输、制造的毒品、毒赃而故意予以窝藏、转移、隐瞒,这是区分罪与非罪的标志之一。如果事前有通谋的,属于共同犯罪中的帮助犯,以共犯论处。

(三)客观要件

本罪在客观方面表现为行为人为走私、贩卖、运输、制造毒品的犯罪分子窝藏、转移、隐瞒毒品、毒赃的行为。窝藏是指将犯罪分子的毒品、毒赃窝藏在自己的住所或者其他隐蔽的场所,以逃避司法机关的追查。所谓"转移"主要是指将犯罪分子的毒品、毒赃从一地转移到另一地,以抗拒司法机关对毒品、毒赃的追缴,帮助犯罪分子逃避法律的制裁,或者便于犯罪分子进行毒品交易等犯罪活动。所谓"隐瞒"是指在司法机关询问调查有关犯罪分子的情况时,自己明知犯罪分子的毒品、毒赃藏在何处,而有意对司法机关进行隐瞒。只要行为人实施了其中任一行为,就构成本罪。窝藏的毒品、毒赃,必须是走私、贩卖、运输、制造毒品的犯罪分子的毒品、毒赃。

(四)客体要件

本罪侵犯的客体是国家对毒品的管制和国家司法机关的正常活动。窝藏毒品、毒赃的行为,不仅帮助犯罪分子隐匿罪证,妨害司法机关的调查取证,使犯罪分子逃避法律的制裁,而且为毒品犯罪分子继续犯罪提供物质条件。这些毒品可以随时流入社会,危害他人的身心健康。因此,窝藏、转移、隐瞒毒品、毒赃的犯罪行为具有严重的社会危害性,应依法予以惩处。

本罪的犯罪对象是犯罪分子用作犯罪的毒品、毒赃,所谓毒品是指鸦片、海洛因、甲基苯丙胺、吗啡、大麻、可卡因以及国务院规定管制的其他能够使人形成瘾癖的麻醉药品和精神药品。所谓毒赃,是指犯罪分子进行毒品犯罪所得财物,以及由非法所得获取的收益。非法所得获取的收益,是指利用毒品违法犯罪所得的财物、从事孳息或者经营活动所获取的财物,以及有关财产方面的利益。包括金钱、物品、股票、利息、股息、红利、用毒品犯罪所得购置的房地产、经营的工厂、公司等。这些财物必须是毒品犯罪分子进行毒品犯罪所得。

【罪名辨析】

(一)本罪与非罪的界限

本罪没有"数额"和"情节严重"的具体规定,从原则上说,窝藏、转移、隐瞒毒品、毒赃的行为都可构成犯罪,但司法实践中,要综合全案情况,具体分析,不能把一切窝藏、转移、隐瞒的行为都认定为犯罪,如果窝藏、转移、隐瞒毒品、毒赃的数量很小,又是初犯、偶犯等,主观恶性较小,一般不作为犯罪处罚。

(二)本罪与掩饰、隐瞒、犯罪所得、犯罪所得收益罪的界限

掩饰、隐瞒、犯罪所得、犯罪所得收益罪是指明知是犯罪所得及其产生的收益而予以掩饰、隐瞒的行为。二者的区别首先是犯罪对象的不同:本罪的对象是特定的,仅限于毒品和毒赃;而掩饰、隐瞒、犯罪所得、犯罪所得收益罪的对象的范围广泛,包括除毒品犯罪以外的所有的刑事犯罪所得的赃款、赃物。其次,本罪的法定刑要比掩饰、隐瞒、犯罪所得、犯罪所得收益罪的法定刑高,体现了从严打击毒品犯罪的目的。

量刑部分

【量刑标准】

犯本罪的,处三年以下有期徒刑、拘役或者管制;情节严重的,处三年以上十年以下有期徒刑。

截至目前,尚无本罪名关于量刑的司法解释。

非法生产、买卖、运输制毒物品、走私制毒物品罪 《刑法》第350条

违反国家规定,非法生产、买卖、运输醋酸酐、乙醚、三氯甲烷或者其他用于制造毒品的原料、配剂,或者携带上述物品进出境,情节较重的,处三年以下有期徒刑、拘役或者管制,并处罚金;情节严重的,处三年以上七年以下有期徒刑,并处罚金;情节特别严重的,处七年以上有期徒刑,并处罚金或者没收财产。

明知他人制造毒品而为其生产、买卖、运输前款规定的物品的,以制造毒品罪的共犯论处。

单位犯前两款罪的,对单位判处罚金,并对其直接负责的主管人员和其他直接责任人员,依照前两款的规定处罚。

定罪部分

【罪名概念】

非法生产、买卖、运输制毒物品、走私制毒物品罪,是指在没有通过正当的手续

向相关部门申报审批获得生产经营许可及报相关单位备案的情况下，非法生产、买卖、运输醋酸酐、乙醚、三氯甲烷或者其他用于制造毒品的原料、配剂，或者携带上述物品进出境，情节较重的行为。

【司法解释】

1. 最高人民检察院、公安部《关于公安机关管辖的刑事案件立案追诉标准的规定(三)》

(实施日期:2012年5月16日　公通字[2012]26号)(节录)

第五条　违反国家规定，非法运输、携带制毒物品进出国(边)境，涉嫌下列情形之一的，应予立案追诉:

(一)1－苯基－2－丙酮五千克以上;

(二)麻黄碱、伪麻黄碱及其盐类和单方制剂五千克以上，麻黄浸膏、麻黄浸膏粉一百千克以上;

(三)3,4－亚甲基二氧苯基－2－丙酮、去甲麻黄素(去甲麻黄碱)、甲基麻黄素(甲基麻黄碱)、羟亚胺及其盐类十千克以上;

(四)胡椒醛、黄樟素、黄樟油、异黄樟素、麦角酸、麦角胺、麦角新碱、苯乙酸二十千克以上;

(五)N－乙酰邻氨基苯酸、邻氨基苯甲酸、哌啶一百五十千克以上;

(六)醋酸酐、三氯甲烷二百千克以上;

(七)乙醚、甲苯、丙酮、甲基乙基酮、高锰酸钾、硫酸、盐酸四百千克以上;

(八)其他用于制造毒品的原料或者配剂相当数量的。

非法运输、携带两种以上制毒物品进出国(边)境，每种制毒物品均没有达到本条第一款规定的数量标准，但按前款规定的立案追诉数量比例折算成一种制毒物品后累计相加达到上述数量标准的，应予立案追诉。

为了走私制毒物品而采用生产、加工、提炼等方法非法制造易制毒化学品的，以走私制毒物品罪(预备)立案追诉。

实施走私制毒物品行为，有下列情形之一，且查获了易制毒化学品，结合行为人的供述和其他证据综合审查判断，可以认定其“明知”是制毒物品而走私或者非法买卖，但有证据证明确属被蒙骗的除外:

(一)改变产品形状、包装或者使用虚假卷标、商标等产品标志的;

(二)以藏匿、夹带、伪装或者其他隐蔽方式运输、携带易制毒化学品逃避检查的;

(三)抗拒检查或者在检查时丢弃货物逃跑的;

(四)以伪报、藏匿、伪装等蒙蔽手段逃避海关、边防等检查的;

(五)选择不设海关或者边防检查站的路段绕行出入境的;

(六)以虚假身份、地址或者其他虚假方式办理托运、寄递手续的;

(七)以其他方法隐瞒真相,逃避对易制毒化学品依法监管的。

明知他人实施走私制毒物品犯罪,而为其运输、储存、代理进出口或者以其他方式提供便利的,以走私制毒物品罪的共犯立案追诉。

第六条 [非法买卖制毒物品案(刑法第三百五十条)]违反国家规定,在境内非法买卖制毒物品,数量达到本规定第五条第一款规定情形之一的,应予立案追诉。

非法买卖两种以上制毒物品,每种制毒物品均没有达到本条第一款规定的数量标准,但按前款规定的立案追诉数量比例折算成一种制毒物品后累计相加达到上述数量标准的,应予立案追诉。

违反国家规定,实施下列行为之一的,认定为本条规定的非法买卖制毒物品行为:

(一)未经许可或者备案,擅自购买、销售易制毒化学品的;

(二)超出许可证明或者备案证明的品种、数量范围购买、销售易制毒化学品的;

(三)使用他人的或者伪造、变造、失效的许可证明或者备案证明购买、销售易制毒化学品的;

(四)经营单位违反规定,向无购买许可证明、备案证明的单位、个人销售易制毒化学品的,或者明知购买者使用他人的或者伪造、变造、失效的许可证明或者备案证明,向其销售易制毒化学品的;

(五)以其他方式非法买卖易制毒化学品的。易制毒化学品生产、经营、使用单位或者个人未办理许可证明或者备案证明,购买、销售易制毒化学品,如果有证据证明确实用于合法生产、生活需要,依法能够办理只是未及时办理许可证明或者备案证明,且未造成严重社会危害的,可不以非法买卖制毒物品罪立案追诉。

为了非法买卖制毒物品而采用生产、加工、提炼等方法非法制造易制毒化学品的,以非法买卖制毒物品罪(预备)立案追诉。

非法买卖制毒物品主观故意中的"明知",依照本规定第五条第四款的有关规定予以认定。

明知他人实施非法买卖制毒物品犯罪,而为其运输、储存、代理进出口或者以其他方式提供便利的,以非法买卖制毒物品罪的共犯立案追诉。

2. 最高人民法院《关于审理毒品案件定罪量刑标准有关问题的解释》

(实施日期:2000 年 6 月 6 日 法释[2000]13 号)(节录)

第四条 违反国家规定,非法运输、携带进出境或在境内非法买卖醋酸酐、乙醚、三氯甲烷或者其他用于制造毒品的原料或者配剂达到下列数量标准的,依照刑法第三百五十条第一款的规定定罪处罚:

(一)麻黄碱、伪麻黄碱及其盐类和单方制剂五千克以上不满五十千克;麻黄浸膏、麻黄浸膏粉一百千克以上不满一千千克;

（二）醋酸酐、三氯甲烷二百千克以上不满二千千克；

（三）乙醚四百千克以上不满三千千克；

（四）上述原料或者配剂以外其他相当数量的用于制造毒品的原料或者配剂。

违反国家规定，非法运输、携带进出境或者在境内非法买卖用于制造毒品的原料或者配剂，超过前款所列数量标准的，应当认定为刑法第三百五十条第一款规定的“数量大”。

3. 最高人民法院、最高人民检察院、公安部《关于办理制毒物品犯罪案件适用法律若干问题的意见》

（实施日期：2009年6月23日　公通字［2009］33号）（节录）

为依法惩治走私制毒物品、非法买卖制毒物品犯罪活动，根据刑法有关规定，结合司法实践，现就办理制毒物品犯罪案件适用法律的若干问题制定如下意见：

一、关于制毒物品犯罪的认定

（一）本意见中的“制毒物品”，是指刑法第三百五十条第一款规定的醋酸酐、乙醚、三氯甲烷或者其他用于制造毒品的原料或者配剂，具体品种范围按照国家关于易制毒化学品管理的规定确定。

（二）违反国家规定，实施下列行为之一的，认定为刑法第三百五十条规定的非法买卖制毒物品行为：

1. 未经许可或者备案，擅自购买、销售易制毒化学品的；

2. 超出许可证明或者备案证明的品种、数量范围购买、销售易制毒化学品的；

3. 使用他人的或者伪造、变造、失效的许可证明或者备案证明购买、销售易制毒化学品的；

4. 经营单位违反规定，向无购买许可证明、备案证明的单位、个人销售易制毒化学品的，或者明知购买者使用他人的或者伪造、变造、失效的购买许可证明、备案证明，向其销售易制毒化学品的；

5. 以其他方式非法买卖易制毒化学品的。

（三）易制毒化学品生产、经营、使用单位或者个人未办理许可证明或者备案证明，购买、销售易制毒化学品，如果有证据证明确实用于合法生产、生活需要，依法能够办理只是未及时办理许可证明或者备案证明，且未造成严重社会危害的，可不以非法买卖制毒物品罪论处。

（四）为了制造毒品或者走私、非法买卖制毒物品犯罪而采用生产、加工、提炼等方法非法制造易制毒化学品的，根据刑法第二十二条的规定，按照其制造易制毒化学品的不同目的，分别以制造毒品、走私制毒物品、非法买卖制毒物品的预备行为论处。

（五）明知他人实施走私或者非法买卖制毒物品犯罪，而为其运输、储存、代理进出口或者以其他方式提供便利的，以走私或者非法买卖制毒物品罪的共犯论处。

(六)走私、非法买卖制毒物品行为同时构成其他犯罪的,依照处罚较重的规定定罪处罚。

二、关于制毒物品犯罪嫌疑人、被告人主观明知的认定

对于走私或者非法买卖制毒物品行为,有下列情形之一,且查获了易制毒化学品,结合犯罪嫌疑人、被告人的供述和其他证据,经综合审查判断,可以认定其“明知”是制毒物品而走私或者非法买卖,但有证据证明确属被蒙骗的除外:

1. 改变产品形状、包装或者使用虚假卷标、商标等产品标志的;

2. 以藏匿、夹带或者其他隐蔽方式运输、携带易制毒化学品逃避检查的;

3. 抗拒检查或者在检查时丢弃货物逃跑的;

4. 以伪报、藏匿、伪装等蒙蔽手段逃避海关、边防等检查的;

5. 选择不设海关或者边防检查站的路段绕行出入境的;

6. 以虚假身份、地址办理托运、邮寄手续的;

7. 以其他方法隐瞒真相,逃避对易制毒化学品依法监管的。

三、关于制毒物品犯罪定罪量刑的数量标准

(一)违反国家规定,非法运输、携带制毒物品进出境或者在境内非法买卖制毒物品达到下列数量标准的,依照刑法第三百五十条第一款的规定,处三年以下有期徒刑、拘役或者管制,并处罚金:

1. 1－苯基－2－丙酮五千克以上不满五十千克;

2. 3,4－亚甲基二氧苯基－2－丙酮、去甲麻黄素(去甲麻黄碱)、甲基麻黄素(甲基麻黄碱)、羟亚胺及其盐类十千克以上不满一百千克;

3. 胡椒醛、黄樟素、黄樟油、异黄樟素、麦角酸、麦角胺、麦角新碱、苯乙酸二十千克以上不满二百千克;

4. N－乙酰邻氨基苯酸、邻氨基苯甲酸、哌啶一百五十千克以上不满一千五百千克;

5. 甲苯、丙酮、甲基乙基酮、高锰酸钾、硫酸、盐酸四百千克以上不满四千千克;

6. 其他用于制造毒品的原料或者配剂相当数量的。

(二)违反国家规定,非法买卖或者走私制毒物品,达到或者超过前款所列最高数量标准的,认定为刑法第三百五十条第一款规定的“数量大的”,处三年以上十年以下有期徒刑,并处罚金。

【犯罪构成】

(一)主体要件

本罪的主体为一般主体,即凡是达到刑事责任年龄具有刑事责任能力,实施了非法买卖制毒物品的人,均可构成本罪。单位也可成为本罪的主体。

(二)主观要件

本罪在主观方面表现为故意,即行为人明知是国家管制的用于制造毒品的原

料或者配剂,而非法生产、买卖、运输或者携带的行为。如果明知他人制造毒品,而故意为其买卖制毒物品进出境的,则应以制造毒品罪的共犯处罚。另外明知他人收买上述物品是为了非法运输、携带进出境的,仍向其提供或者出售的,以走私制毒物品罪的共犯论处。

(三)客观要件

本罪在客观方面表现为违反国家有关规定,非法生产、买卖、运输醋酸酐、乙醚、三氯甲烷或者其他用于制造毒品的原料、配剂,或者携带上述物品进出境,情节较重的行为。

所谓违反“国家有关规定”主要是指《关于对三种特殊化学品实行出口准许证管理的通知》、我国于1988年参加的《联合国禁止非法贩运麻醉药品和精神药物公约》的有关规定,以及《中华人民共和国海关法》的有关规定。

(四)客体要件

本罪侵犯的客体是国家对醋酸酐、乙醚、三氯甲烷或者其他用于制造毒品的原料或者配剂的管制。我国对制毒化学物品实行由国家统一管理制度。我国1989年加入的《联合国禁止非法贩运麻醉药品和精神药品公约》中第三条第一款规定,明知其用途或目的是生产或制造麻醉药品或精神药品而制造、运输、分销设备、材料或表一和表二所列的化学品,各缔约国应采取可能必要的措施将其故意行为确定其为国内法中的刑事犯罪。

本罪的犯罪对象是国家统一管制的醋酸酐、乙醚、三氯甲烷或者其他用于制造毒品的原料或配剂。至于什么是“其他”,法律没有具体规定,需要国务院有关主管部门参照联合国公约作出具体规定。可以参照《公约》中附表所列的几种可用于制造毒品的化学物品,这些物品是麻黄碱、麦角新碱、麦角胺、麦角酸、1－苯基－2－丙酮、伪麻黄碱、醋酸酐、丙酮、邻氨基苯甲酸、乙醚、苯乙醚、哌啶,并规定这些物质可能存在的盐类包括在内。

【罪名辨析】

本罪与走私制毒物品罪区别

本罪的对象与走私制毒物品罪完全相同,即限于国家严格管制的醋酸酐、乙醚、三氯甲烷或者其他用于制造毒品的原料或者配剂。两罪区别的关键是行为方式不同:本罪的行为是生产、买卖、运输或者携带制毒物品,包括未经有关主管部门批准而擅自出售或者购买制毒物品,以及虽经有关主管部门批准但违规或超量买卖制毒物品的行为;而走私制毒物品罪的行为方式则是走私制毒物品。

量刑部分

【量刑标准】

犯本罪,情节较重的,处三年以下有期徒刑、拘役或者管制,并处罚金;情节严重的,处三年以上七年以下有期徒刑,并处罚金;情节特别严重的,处七年以上有期徒刑,并处罚金或者没收财产。

明知他人制造毒品而为其生产、买卖、运输前款规定的物品的,以制造毒品罪的共犯论处。

单位犯前两款罪的,对单位判处罚金,并对其直接负责的主管人员和其他直接责任人员,依照前两款的规定处罚。

非法种植毒品原植物罪 《刑法》第351条

非法种植罂粟、大麻等毒品原植物的,一律强制铲除。有下列情形之一的,处五年以下有期徒刑、拘役或者管制,并处罚金:

(一)种植罂粟五百株以上不满三千株或者其他毒品原植物数量较大的;

(二)经公安机关处理后又种植的;

(三)抗拒铲除的。

非法种植罂粟三千株以上或者其他毒品原植物数量大的,处五年以上有期徒刑,并处罚金或者没收财产。

非法种植罂粟或者其他毒品原植物,在收获前自动铲除的,可以免除处罚。

定罪部分

【罪名概念】

非法种植毒品原植物罪,是指明知是罂粟、大麻等毒品原植物而非法种植且数量较大,或者经公安机关处理后又种植,或者抗拒铲除的行为。

【司法解释】

1. 最高人民检察院、公安部《关于公安机关管辖的刑事案件立案追诉标准的规定(三)》

(实施日期:2012年5月16日 公通字[2012]26号)(节录)

第八条 非法种植罂粟、大麻等毒品原植物,涉嫌下列情形之一的,应予立案追诉:

(一)非法种植罂粟五百株以上的;

(二)非法种植大麻五千株以上的;

(三)非法种植其他毒品原植物数量较大的;

(四)非法种植罂粟二百平方米以上、大麻二千平方米以上或者其他毒品原植

物面积较大,尚未出苗的;

(五)经公安机关处理后又种植的;

(六)抗拒铲除的。

本条所规定的“种植”,是指播种、育苗、移栽、插苗、施肥、灌溉、割取津液或者收取种子等行为。非法种植毒品原植物的株数一般应以实际查获的数量为准。因种植面积较大,难以逐株清点数目的,可以抽样测算每平方米平均株数后按实际种植面积测算出种植总株数。

非法种植罂粟或者其他毒品原植物,在收获前自动铲除的,可以不予立案追诉。

2. 最高人民法院《关于审理毒品案件定罪量刑标准有关问题的解释》

(实施日期:2000 年 6 月 6 日　法释[2000]13 号)(节录)

第五条　非法种植大麻五千株以上不满三万株,应当认定为刑法第三百五十一条第一款第(一)项规定的非法种植大麻“数量较大”;非法种植大麻三万株以上,应当认定为刑法第三百五十一条第二款规定的非法种植大麻“数量大”。

【犯罪构成】

(一)主体要件

本罪的主体为一般主体,即凡是达到刑事责任年龄具有刑事责任能力,实施了非法种植毒品原植物的人,均可构成本罪。

(二)主观要件

本罪在主观方面表现为故意,过失不构成本罪。即行为人明知是制造毒品的原植物而非法种植,不论其目的是营利还是满足个人享用,均构成本罪。

(三)客观要件

本罪在客观方面表现为行为人实施了违反国家有关法规,非法种植毒品原植物数量较大,或经公安机关处理后又种植以及抗拒铲除的行为。所谓种植,是指播种、施肥、灌溉、割取津液、收取种子等,不论行为人实施了上述全部行为还是只实施了一种行为,都可视为种植。只要有证据证明行为人确实有种植的行为,即使没有成苗,从面积上估算,达到法条所规定数量的,也构成此罪。

1. 种植数量较大,按照本条规定,种植罂粟五百株以上不满三千株即为数量较大,其他毒品原植物数量较大,按照一定比例来认定,一般情况下,大麻二百五十株相当于鸦片五百株,大麻一千五百株相当于鸦片三千株,大麻数量较大按二百五十株以上不满一千五百株为标准。各地可根据本地的实际情况来确定适合本地的标准。

2. 经公安机关处理后又种植的,是指行为人在公安机关予以治安处罚或强制铲除后,又非法种植毒品原植物的,原则上都应以犯罪论处。如再次种植的数量很小,也可以不作为犯罪论处,构成犯罪的情况下,对以前已作过行政处理的毒品原植物的株数不再累计计算。

3. 抗拒铲除,是指非法种植毒品原植物的行为人,采取暴力、暴力相威胁、胁迫或者其他强制手段足以妨碍主管机关铲除毒品的行为,如果采用轻微的抗拒行为,软磨硬泡、言语谩骂等方式不足以妨碍主管机关铲除的,应采用行政处罚的方式,而不应以本罪论处。采用暴力抗拒铲除的行为实质上是妨害公务的行为,我们认为采用暴力、胁迫等其他抗拒方法抗拒铲除,既触犯妨害公务罪,又触犯非法种植毒品原植物罪,属于刑法理论上的牵连犯,从一重罪而断,应按非法种植毒品原植物罪处罚,而不适用数罪并罚。如果使用暴力杀人、重伤的应数罪并罚。

(四)客体要件

本罪侵犯的客体是国家对毒品原植物种植的管制。国家历来对非法种植罂粟、大麻等毒品原植物严厉禁止,并先后发布了一系列的法规、法令和通知,如1978年9月13日国务院颁布施行的《麻醉药品管理条例》规定,如果发现私自种植罂粟等违法犯罪行为,要严肃处理。1981年国务院发布《关于重申严禁鸦片烟毒的通知》,1982年7月中共中央、国务院发布《关于禁绝鸦片烟毒问题的紧急通知》,1988年公安部、卫生部又发布《关于查禁非法私种罂粟的通知》。1987年国务院颁布的《麻醉药品管理办法》规定:"麻醉药品原植物的种植单位,必须经卫生部会同农牧渔业部、国家医药管理局审查批准,并抄报公安部,麻醉药品原植物的年度种植计划由卫生部会同农牧渔业部审查批准,依法下达执行,种植单位不得擅自改变计划。"

本罪的对象是毒品原植物,即用来提炼、加工成鸦片、海洛因、甲基苯丙胺、吗啡、可卡因等麻醉药品和精神药品的原植物。我国非法种植毒品原植物的情况,主要是罂粟,少数地区也种植大麻。

量 刑 部 分

【量刑标准】

非法种植罂粟、大麻等毒品原植物的,一律强制铲除。有下列情形之一的,处五年以下有期徒刑、拘役或者管制,并处罚金:

(一)种植罂粟五百株以上不满三千株或者其他毒品原植物数量较大的;

(二)经公安机关处理后又种植的;

(三)抗拒铲除的。

非法种植罂粟三千株以上或者其他毒品原植物数量大的,处五年以上有期徒刑,并处罚金或者没收财产。

非法种植罂粟或者其他毒品原植物,在收获前自动铲除的,可以免除处罚。

非法买卖、运输、携带、持有毒品原植物种子、幼苗罪 《刑法》第352条

非法买卖、运输、携带、持有未经灭活的罂粟等毒品原植物种子或者幼苗,数量较大的,处三年以下有期徒刑、拘役或者管制,并处或者单处罚金。

定罪部分

【罪名概念】

非法买卖、运输、携带、持有毒品原植物种子、幼苗罪,是指违反国家规定,非法买卖、运输、携带、持有未经灭活的毒品原植物种子或者幼苗,数量较大的行为。

【司法解释】

最高人民检察院、公安部《关于公安机关管辖的刑事案件立案追诉标准的规定(三)》

(实施日期:2012年5月16日 公通字[2012]26号)(节录)

第八条[非法买卖、运输、携带、持有毒品原植物种子、幼苗案(刑法第三百五十二条)]非法买卖、运输、携带、持有未经灭活的罂粟等毒品原植物种子或者幼苗,涉嫌下列情形之一的,应予立案追诉:

(一)罂粟种子五十克以上、罂粟幼苗五千株以上;

(二)大麻种子五十千克以上、大麻幼苗五万株以上;

(三)其他毒品原植物种子、幼苗数量较大的。

【犯罪构成】

(一)主体要件

本罪的主体为一般主体,即凡是达到刑事责任年龄具有刑事责任能力的人,均可构成本罪。

(二)主观要件

本罪在主观方面表现为故意,过失不构成本罪。

(三)客观要件

本罪在客观方面表现为行为人实施了违反国家有关法规,非法买卖、运输、携带、持有毒品原植物种子或者幼苗,数量较大的行为。所谓非法买卖,是指以金钱或者实物作价非法购买或者出售未经灭活的毒品原植物种子或者幼苗的行为。所谓非法运输,是指未经国家有关部门批准,私自从事未经灭活的罂粟等毒品原植物种子或者幼苗运输的行为,包括国内运输和在国境、边境非法输入输出。所谓非法携带、持有,是指违反国家规定,没有合法的携带权、持有权而占有、携带、藏有或者以其他方式携带、持有未经灭活的罂粟等毒品原植物种子或幼苗的行为。还必须具备数量较大这一要素。

(四)客体要件

本罪侵犯的客体是国家对毒品原植物的管理制度。国家历来对非法种植罂粟、大麻等毒品原植物严厉禁止,并先后发布了一系列的法规、法令和通知。如1978年9月13日国务院颁布施行的《麻醉药品管理条例》规定:如果发现私自种植罂粟等违法犯罪行为,要严肃处理。1981年国务院发布《关于重申严禁鸦片烟毒的通知》,1982年7月中共中央、国务院发布《关于禁绝鸦片烟毒问题的紧急通知》,1988年公安部、卫生部(已撤销)又发布《关于查禁非法私种罂粟的通知》。

本罪的对象是未经灭活的毒品原植物种子或者幼苗,毒品原植物是用来提炼、加工成鸦片、海洛因、甲基苯丙胺、吗啡、可卡因等麻醉药品和精神药品的原植物。未经灭活,也就是能存活的,买卖、运输、携带、持有已经灭活的毒品原植物的种子或者幼苗的不构成本罪。

量刑部分

【量刑标准】

犯本罪,数量较大的,处三年以下有期徒刑、拘役或者管制,并处或者单处罚金。

因走私、贩卖、运输、制造、非法持有毒品罪被判过刑,又犯本节规定之罪的,从重处罚。

截至目前,尚无本罪名关于量刑的司法解释。

引诱、教唆、欺骗他人吸毒罪;强迫他人吸毒罪　《刑法》第353条

引诱、教唆、欺骗他人吸食、注射毒品的,处三年以下有期徒刑、拘役或者管制,并处罚金;情节严重的,处三年以上七年以下有期徒刑,并处罚金。

强迫他人吸食、注射毒品的,处三年以上十年以下有期徒刑,并处罚金。

引诱、教唆、欺骗或者强迫未成年人吸食、注射毒品的,从重处罚。

定罪部分

【罪名概念】

引诱、教唆、欺骗他人吸毒罪,是指以引诱、教唆、欺骗的方法,促使他人吸食、注射毒品的行为。

强迫他人吸毒罪,是指违背他人意志,使用暴力、胁迫或者其他强制手段迫使他人吸食、注射毒品的行为。

【司法解释】

最高人民检察院、公安部《关于公安机关管辖的刑事案件立案追诉标准的规定(三)》

(实施日期:2012年5月16日　公通字[2012]26号)(节录)

第九条　[引诱、教唆、欺骗他人吸毒案(刑法第三百五十三条)]引诱、教唆、欺骗他人吸食、注射毒品的,应予立案追诉。

第十条　[强迫他人吸毒案(刑法第三百五十三条)]违背他人意志,以暴力、胁迫或者其他强制手段,迫使他人吸食、注射毒品的,应予立案追诉。

【犯罪构成】

一、引诱、教唆、欺骗他人吸毒罪

(一)主体要件

本罪主体为一般主体。

(二)主观要件

本罪在主观方面表现为故意,而且是直接故意,过失不构成本罪。

(三)客观要件

本罪在客观方面表现为以引诱、教唆、欺骗的方法,促使他人吸食、注射毒品的行为。由此可见,本罪的行为具有以下三种情形:(1)引诱他人吸毒。这里的引诱,是指以金钱、物质或者含有毒品的物品让他人吸食,或者以向他人进行鼓动等方法,勾引、诱使、拉拢本无吸毒意愿的人吸毒。(2)教唆他人吸毒。这里的教唆,是指以宣扬吸毒后的体验、示范吸毒方法和劝说、授意、怂恿等其他方法,故意唆使他人产生吸毒的意图并进而吸毒。(3)欺骗他人吸毒。这里的欺骗,是指暗地里在药品中掺入毒品供他人吸食,使他人不知不觉地染上毒瘾。

(四)客体要件

本罪侵害的客体是社会治安管理秩序和他人的身体健康,其犯罪对象是未染上毒瘾的人和曾有毒瘾但已经戒除的人。

二、强迫他人吸毒罪

(一)主体要件

本罪的主体为一般主体,即凡是达到刑事责任年龄具有刑事责任能力的人,均可构成本罪。

(二)主观要件

本罪在主观方面表现为故意,过失不构成本罪。即行为人明知是毒品,而故意强迫他人吸毒。强迫他人吸毒的动机多种多样,有的是为了牟利而强迫他人吸毒,有的出于报复,不论行为人的动机如何,只要故意实施了强迫他人吸毒的行为,就可构成犯罪。

(三)客观要件

本罪在客观方面表现为违背他人的意志,使用暴力、胁迫或者其他强制手段迫使他人吸食、注射毒品的行为。所谓“暴力”是指犯罪分子对被害人身体实施强制,排除被害人的抵抗,迫使其违背自己的意志吸食、注射毒品。所谓“胁迫”是指犯罪分子以实施暴力相威胁,实行精神强制,使被害人产生恐惧不敢抗拒而吸食、注射毒品。所谓“其他强制方法”是指除了暴力或胁迫方法以外,以暴力、胁迫方法相当的,如酒醉、麻醉药麻醉等方法,使被害人不知抗拒而吸食和注射毒品的行为。强迫他人吸毒的手段多种多样,但无论采取什么手段,客观上行为人只要实施了强迫他人吸毒的行为,就构成本罪,至于被强迫者是否因此成瘾,不是构成本罪的必要条件。对于强迫未成年人吸毒的,从重处罚。

如果行为人以单纯故意杀人或者伤害为目的而强迫他人吸毒,构成故意杀人罪或故意伤害罪,强迫他人吸毒仅是杀人或伤害的手段而已。

如果行为人在强迫他人吸毒后,为灭口而杀人,这样行为人就有了两个犯罪故意,两个犯罪行为,符合两个犯罪构成,应以故意杀人罪与强迫他人吸毒罪实行数罪并罚。

行为人强迫他人吸毒,采用暴力手段,如果致人轻伤的,按强迫他人吸毒罪从重处罚。如果使用暴力行为致人重伤或死亡,行为人对重伤或死亡采取的是一种故意放任的心理态度,应按故意杀人罪(故意伤害罪)从重处罚。

如果行为人强迫他人吸毒后,由于毒量过大,致使被害人重伤或死亡,对被害人重伤或死亡,行为人是一种过失的心理态度,应构成过失致人死亡罪或过失重伤罪与强迫他人吸毒罪的想象竞合犯,应择一重罪处罚。

(四)客体要件

本罪侵犯的客体是社会治安管理秩序和他人的身体健康,属于复杂客体。强迫他人吸毒,往往使人染上毒瘾,成为吸毒者,而吸毒成瘾严重损害身心健康,使吸毒者身体虚弱、智慧减退、人格扭曲,而且吸毒还是艾滋病传播的途径之一。同时,吸毒会诱发盗窃、抢劫、赌博、卖淫等其他犯罪活动,因此,对强迫他人吸毒的犯罪分子予以惩处是十分必要的。

【罪名辨析】

(一)强迫他人吸毒罪与非罪的界限

本条对强迫他人吸毒罪没有规定“情节严重”作为必要要件,也就是说只要实施了强迫他人吸毒的行为,原则上就构成犯罪。而不论被害人是否吸食、注射毒品或吸食、注射毒品成瘾。但实践中并不是任何强迫他人吸毒的行为都构成犯罪,应综合全案的各种情况,根据刑法的规定,如果情节显著轻微,危害不大的,不认为是犯罪,可给予行政治安处罚。

（二）强迫他人吸毒罪与引诱、教唆、欺骗他人吸毒罪的界限

强迫他人吸毒与引诱、教唆、欺骗他人吸毒在主体、客体、主观方面不同，最明显的区别在于客观表现上的不同，前者为采取暴力、胁迫等强制性的手段，后者则是用引诱、教唆、欺骗等手段。此外，从犯罪对象上看，前者在暴力、胁迫下违心地吸毒，后者在引诱、教唆、欺骗下，由不愿到情愿吸毒。二者在法定刑上是不同的，要严格加以区分，不能造成重罪轻判或轻罪重判的问题。

如果行为人对同一个人同时实施了强迫、引诱、教唆、欺骗的手段，造成他人吸毒的后果，我们认为，应择一重罪处罚，定强迫他人吸毒罪，如果行为人对不同的人分别采取上述手段，促使他人吸毒，则分别构成两个罪名，应予以数罪并罚。

（三）引诱、教唆、欺骗他人吸毒罪与一般教唆犯罪的界限

二者有本质区别：

1. 侵犯的客体不同。前者侵犯的客体是复杂客体，既侵害了社会治安管理秩序，又侵害了他人的身体健康。而后者侵犯的客体，则取决于所教唆犯罪的客体，如教唆杀人罪侵犯的客体是他人的生命权利。

2. 罪名不同。前者是一个独立罪名，吸毒行为法律上没有规定为犯罪，而教唆他人吸毒的行为，法律上规定为独立犯罪。而后者则不是独立罪名，对于教唆犯，要按照他所教唆的罪来确定罪名，教唆犯属于共同犯罪。

（四）犯引诱、教唆、欺骗他人吸毒罪致人重伤、死亡的处理

实践中此类案件较多，对此定性认识不一，我们认为，如果具有故意杀人或者故意伤害的故意，那么就是故意杀人罪和故意伤害罪，而引诱、教唆、欺骗他人吸食、注射毒品的行为仅是杀人和伤害的手段而已。如果致人死亡、伤残的，能够查明没有故意杀人或者故意伤害的心理，而对死亡和重伤仅有过失的，应构成过失致人死亡罪、过失重伤罪和引诱、教唆、欺骗他人吸毒罪的数罪，应择一重罪处罚。

量刑部分

【量刑标准】

引诱、教唆、欺骗他人吸食、注射毒品的，处三年以下有期徒刑、拘役或者管制，并处罚金；情节严重的，处三年以上七年以下有期徒刑，并处罚金。

强迫他人吸食、注射毒品的，处三年以上十年以下有期徒刑，并处罚金。

引诱、教唆、欺骗或者强迫未成年人吸食、注射毒品的，从重处罚。

截至目前，尚无本罪名关于量刑的司法解释。

容留他人吸毒罪　《刑法》第354条

容留他人吸食、注射毒品的，处三年以下有期徒刑、拘役或者管制，并处罚金。

定 罪 部 分

【罪名概念】

容留他人吸毒罪,是指为他人吸食、注射毒品提供场所的行为。

【司法解释】

最高人民检察院、公安部《关于公安机关管辖的刑事案件立案追诉标准的规定(三)》

(实施日期:2012 年 5 月 16 日 公通字[2012]26 号)(节录)

第十一条[容留他人吸毒案(刑法第三百五十四条)]提供场所,容留他人吸食、注射毒品,涉嫌下列情形之一的,应予立案追诉:

(一)容留他人吸食、注射毒品两次以上的;

(二)一次容留三人以上吸食、注射毒品的;

(三)因容留他人吸食、注射毒品被行政处罚,又容留他人吸食、注射毒品的;

(四)容留未成年人吸食、注射毒品的;

(五)以牟利为目的容留他人吸食、注射毒品的;

(六)容留他人吸食、注射毒品造成严重后果或者其他情节严重的。

【犯罪构成】

(一)主体要件

本罪的主体为一般主体,即凡是达到刑事责任年龄具有刑事责任能力的人,均可构成本罪。

(二)主观要件

本罪在主观方面表现为故意,过失不构成本罪。构成本罪,不要求主观上具有牟利目的。

(三)客观要件

本罪在客观方面表现为行为人实施了容留他人吸毒的行为,所谓容留他人吸毒,是指给吸毒者提供吸毒的场所。既可以是行为人主动提供,也可以是在吸毒者的要求或主动前来时被动提供。既可以是有偿提供,也可以是无偿提供。提供的地点,既可以是自己的住所,也可以是其亲戚朋友或由其指定的其他隐藏的场所,一般则是行为人专门为吸毒者准备的某种比较固定的场所,如利用住宅、居所或租赁他人房屋让他人吸毒,饭店、宾馆、咖啡馆、酒吧、舞厅等营业性场所的经营、服务人员利用经营性场所容留他人吸毒;航空器、轮船、火车、汽车的司机管理人员利用交通工具让他人吸毒;等等。

(四)客体要件

本罪侵犯的客体是社会的正常管理秩序和人们的身心健康。容留他人吸毒,主要指的是人们通常所说的开设地下烟馆或变相烟馆的行为。但近几年来,某些宾馆、饭店、舞厅也成为吸毒的场所,导致吸毒人数上升,因此,必须对为他人吸毒提供场所的行为予以严厉惩处。

量 刑 部 分

【量刑标准】

犯本罪的,处三年以下有期徒刑、拘役或者管制,并处罚金。

截至目前,尚无本罪名关于量刑的司法解释。

非法提供麻醉药品、精神药品罪　《刑法》第355条

依法从事生产、运输、管理、使用国家管制的麻醉药品、精神药品的人员,违反国家规定,向吸食、注射毒品的人提供国家规定管制的能够使人形成瘾癖的麻醉药品、精神药品的,处三年以下有期徒刑或者拘役,并处罚金;情节严重的,处三年以上七年以下有期徒刑,并处罚金。

向走私、贩卖毒品的犯罪分子或者以牟利为目的,向吸食、注射毒品的人提供国家规定管制的能够使人形成瘾癖的麻醉药品、精神药品的,依照本法第三百四十七条的规定定罪处罚。

单位犯前款罪的,对单位判处罚金,并对其直接负责的主管人员和其他直接责任人员,依照前款的规定处罚。

定 罪 部 分

【罪名概念】

非法提供麻醉药品、精神药品罪,是指依法从事生产、运输、管理、使用国家管制的麻醉药品、精神药品的单位和个人,明知他人是吸毒者,而向其提供国家管制的能够使人成瘾的麻醉药品、精神药品的行为。

【司法解释】

最高人民检察院、公安部《关于公安机关管辖的刑事案件立案追诉标准的规定(三)》

(实施日期:2012年5月16日　公通字[2012]26号)(节录)

第十二条　[非法提供麻醉药品、精神药品案(刑法第三百五十五条)]依法从事生产、运输、管理、使用国家管制的麻醉药品、精神药品的个人或者单位,违反国家规定,向吸食、注射毒品的人员提供国家规定管制的能够使人形成瘾癖的麻醉药品、精神药品,涉嫌下列情形之一的,应予立案追诉:

(一)非法提供鸦片二十克以上、吗啡二克以上、度冷丁(杜冷丁)五克以上(针

剂100mg/支规格的五十支以上,50mg/支规格的一百支以上;片剂25mg/片规格的二百片以上,50mg/片规格的一百片以上)、盐酸二氢埃托啡零点二毫克以上(针剂或者片剂20ug/支、片规格的十支、片以上)、氯胺酮、美沙酮二十克以上、三唑仑、安眠酮一千克以上、咖啡因五千克以上、氯氮卓、艾司唑仑、地西泮、溴西泮十千克以上,以及其他麻醉药品和精神药品数量较大的;

(二)虽未达到上述数量标准,但非法提供麻醉药品、精神药品两次以上,数量累计达到前项规定的数量标准百分之八十以上的;

(三)因非法提供麻醉药品、精神药品被行政处罚,又非法提供麻醉药品、精神药品的;

(四)向吸食、注射毒品的未成年人提供麻醉药品、精神药品的;

(五)造成严重后果或者其他情节严重的。

依法从事生产、运输、管理、使用国家管制的麻醉药品、精神药品的人员或者单位,违反国家规定,向走私、贩卖毒品的犯罪分子提供国家规定管制的能够使人形成瘾癖的麻醉药品、精神药品的,或者以牟利为目的,向吸食、注射毒品的人提供国家规定管制的能够使人形成瘾癖的麻醉药品、精神药品的,以走私、贩卖毒品罪立案追诉。

【犯罪构成】

(一)主体要件

本罪的主体为特殊主体,即依法从事生产、运输、管理、使用国家管制的麻醉药品、精神药品的人员和单位。单位也可以成为本罪主体,单位包括生产厂家以及销售、运输、管理、教学科研、医疗等部门。

(二)主观要件

本罪在主观方面只能是故意,要求行为人有下列三个方面的明知:

1. 明知提供毒品的对象是吸食、注射毒品的人。

2. 明知对方是用于吸食或注射。

3. 明知自己所提供的是毒品。

如果行为人因过失而将毒品提供给他人,造成严重后果的,应以医疗事故罪等追究刑事责任。

(三)客观要件

本罪在客观方面表现为违反国家规定,向吸毒者提供国家规定管制的能够使人成瘾的麻醉药品、精神药品。所谓"违反国家规定"是指违反包括卫生部、公安部、农牧渔业部、国家医药管理局、国家工商行政管理局《关于进一步加强对安钠咖管理方法》(〈1984〉年卫药第8号)、《麻醉药品管理办法》(国发〈1987〉103号),《麻醉药品生产管理办法》(国药联二字〈1982〉第97号)、《麻醉药品经营管理办法(试行)》(国药供字〈1980〉第612号、卫药字〈1980〉第42号),国务院《精神药品管理办法》等有关规定。如果擅自提供给用于医疗、科研、教学的人以及需要使用麻醉药品、精神药品的病人，尽管违反了法律规定，亦不构成本罪。如果行为人出于故意向走私、贩卖毒品等的毒品犯罪分子提供毒品，也不构成本罪，而应以走私、贩卖毒品罪或者其他有关的毒品犯罪共犯论处。至于吸毒的人是否已经吸食、注射了行为人所提供的毒品，以及吸食、注射后是否成瘾，则不影响本罪的成立。

行为人提供毒品的行为必须利用了职务或工作上的便利，即利用了自己从事生产、运输、管理、使用上述药品的职务或工作之便利，如医生、药剂师利用职务之便，违反规定向吸毒的人提供麻醉药品或精神药品。如果行为人没有利用职务之便，如医生利用自己熟悉药品库房的机会，深夜从库房盗取药品后或者将自己非法持有如祖传的、受赠的或者通过其他非法手段获得的毒品提供给吸毒的人，则不构成本罪，构成犯罪的，应以他罪如非法持有毒品罪等论处。行为人利用职务之便提供，既可以发生在依法从事生产、运输、管理、使用上述药品的过程中，也可以是在从事上述工作中事先截留在结束之后提供。行为人提供给吸毒者以麻醉药品或精神药品，必须是无偿的。有偿的提供，包括货币交易、以物易物或以毒品换取其他劳务、抵偿债务的，不属于本罪的非法提供行为，其性质实为一种贩卖毒品的行为。

（四）客体要件

本罪侵犯的客体是国家对麻醉药品、精神药品的管理制度。联合国《麻醉药品单一公约》《精神药物公约》和《禁止非法贩动麻醉药品和精神药物公约》，都对麻醉药品和精神药物的生产、使用、输出、输入等，作了详细的规定。我国对麻醉药品和精神药物的管制是根据我国的实际情况以及参照联合国公约所制定的。

量 刑 部 分

【量刑标准】

犯本罪的，处三年以下有期徒刑或者拘役，并处罚金；情节严重的，处三年以上七年以下有期徒刑，并处罚金。

向走私、贩卖毒品的犯罪分子或者以牟利为目的，向吸食、注射毒品的人提供国家规定管制的能够使人形成瘾癖的麻醉药品、精神药品的，依照本法第三百四十七条的规定定罪处罚。

单位犯前款罪的，对单位判处罚金，并对其直接负责的主管人员和其他直接责任人员，依照前款的规定处罚。

截至目前，尚无本罪名关于量刑的司法解释。

毒品犯罪的再犯　《刑法》第 356 条

因走私、贩卖、运输、制造、非法持有毒品罪被判过刑，又犯本节规定之罪的，从重处罚。

毒品的范围及毒品数量的计算原则 《刑法》第357条

本法所称的毒品,是指鸦片、海洛因、甲基苯丙胺(冰毒)、吗啡、大麻、可卡因以及国家规定管制的其他能够使人形成瘾癖的麻醉药品和精神药品。

毒品的数量以查证属实的走私、贩卖、运输、制造、非法持有毒品的数量计算,不以纯度折算。

第八节 组织、强迫、引诱、容留、介绍卖淫罪

组织卖淫罪、强迫卖淫罪 《刑法》第358条(一)

组织、强迫他人卖淫的,处五年以上十年以下有期徒刑,并处罚金;情节严重的,处十年以上有期徒刑或者无期徒刑,并处罚金或者没收财产。

组织、强迫未成年人卖淫的,依照前款的规定从重处罚。

犯前两款罪,并有杀害、伤害、强奸、绑架等犯罪行为的,依照数罪并罚的规定处罚。

定罪部分

【罪名概念】

组织卖淫罪,是指以招募、雇佣、引诱、容留等手段,纠集、控制多人从事卖淫的行为。

强迫卖淫罪,是指以暴力、胁迫或者其他手段,迫使他人卖淫的行为。

【司法解释】

1. 最高人民法院、最高人民检察院、公安部、司法部《关于依法惩治拐卖妇女儿童犯罪的意见》

(实施日期:2010年3月15日 法发[2010]7号)(节录)

18. 将妇女拐卖给有关场所,致使被拐卖的妇女被迫卖淫或者从事其他色情服务的,以拐卖妇女罪论处。

有关场所的经营管理人员事前与拐卖妇女的犯罪人通谋的,对该经营管理人员以拐卖妇女罪的共犯论处;同时构成拐卖妇女罪和组织卖淫罪的,择一重罪论处。

2. 最高人民检察院、公安部《关于公安机关管辖的刑事案件立案追诉标准的规定(一)》

(实施日期:2008 年 6 月 25 日　公通字[2008]36 号)(节录)

第七十五条　以招募、雇佣、强迫、引诱、容留等手段,组织他人卖淫的,应予立案追诉。

【关联法律】

《刑法》

第三百六十一条　旅馆业、饮食服务业、文化娱乐业、出租车业等单位的人员,利用本单位的条件,组织、强迫、引诱、容留、介绍他人卖淫的,依照本法第三百五十八条、第三百五十九条的规定定罪处罚。

前款所列单位的主要负责人,犯前款罪的,从重处罚。

【犯罪构成】

一、组织卖淫罪

(一)主体要件

本罪的主体为一般主体,即凡达到刑事责任年龄,具有刑事责任能力的自然人均可构成本罪。但构成本罪,必须是卖淫的组织者,即俗称的“老鸨”“窝主”。卖淫的组织者可以是一个人,也可以是一个团伙。是否是组织者,关键是看其在卖淫活动中是否起组织者的作用。有些被组织的卖淫者,同时又积极参与组织他人卖淫,对此,应按组织卖淫罪的共犯处理。

(二)主观要件

本罪在主观方面表现为具有组织他人卖淫的“组织故意”,即行为人明知自己是在实施组织他人进行卖淫活动的行为,并且明知这种组织行为会造成危害社会的结果,而希望或者放任这种结果的发生。至于行为人组织他人卖淫的目的,在实践中,多数是为了通过组织他人卖淫从中牟取暴利,也有的人不是为了牟利,而是出于别的目的,如有些饭店或宾馆等单位为了招揽生意,有些企业组织妇女卖淫以达到推销产品、兜揽业务的目的,也有的是出于玩弄妇女以满足其精神空虚的心理要求和追求腐朽、糜烂生活方式的精神需求。不管行为人出于何种动机,都不影响本罪的构成。

(三)客观要件

本罪在客观方面表现为行为人实施了组织、策划、指挥他人卖淫的行为。

组织,是指发起、建立卖淫集团或卖淫窝点,将分散的卖淫行为进行集中和控制,并在其中起组织作用的行为。例如,将分散的卖淫人员串联组合成一个比较固定的卖淫集团,将咖啡厅、歌舞厅、饭店、旅店、出租车等组织成为卖淫或者变相卖淫的场所,等等,即属于比较常见的组织卖淫行为。

策划,是指为组织卖淫活动进行谋划布置、制订计划的行为。如为组织卖淫集团制定计划、拟订具体方案、物色卖淫妇女的行为,以及为建立卖淫窝点而进行的选择时间、地点、设计伪装现场等行为。策划行为是为组织犯的重要参谋决策行为,对于完成特定的犯罪具有重要的作用,因而是一种重要的广义的组织行为。

指挥,是指行为人在实施组织他人卖淫活动中起领导、指挥作用,如实际指挥、命令、调度卖淫活动的具体实施等。指挥是直接实施策划方案、执行组织者意图的实行行为,对于具体施行组织卖淫活动往往具有直接的决定作用。

上述组织、策划、指挥三种行为,都是组织卖淫的行为,都具有明显的组织性,行为人只要具备其中一种或者数种行为,就可认定其实施了组织卖淫行为。

组织他人卖淫的具体手段,主要是招募、雇佣、强迫、引诱、容留等手段。

招募,是指将自愿卖淫者招集或者募集到卖淫集团或者其他卖淫组织之内进行卖淫活动的行为。雇佣,是指以出资为条件雇佣自愿卖淫者参加卖淫集团或者其他有组织的卖淫活动。强迫,是指以暴力、胁迫或者其他方法,强制或者迫使不愿卖淫者或者不愿参加卖淫组织者而使其参加卖淫集团以及其他卖淫组织,强迫不愿卖淫者进行有组织的卖淫活动。引诱,是指以金钱、财物、色相等为诱饵,诱使他人参加卖淫集团或者其他卖淫组织,或者诱使他人参加其他有组织的卖淫活动。容留,是指容纳、收留自愿卖淫者参加卖淫集团或者其他卖淫组织,或者参加有组织的卖淫活动。

上述五种具体的手段,可以是同时交叉使用,也可以是只使用其中一种或者数种,都不影响本罪的成立。

(四)客体要件

本罪侵犯的客体是社会治安管理秩序。

卖淫、嫖娼是旧社会遗留下来的丑恶现象,法律一贯予以禁止。组织他人卖淫的犯罪行为比一般的犯罪行为具有更为严重的社会危害性,它直接促使卖淫、嫖娼活动的蔓延,严重损害或威胁人们的身心健康,败坏社会风气,严重破坏社会主义精神文明建设,危害社会治安管理秩序。组织卖淫的犯罪对象是“他人”,不是指一个人,而是指多人。根据我国有关法律的规定,“他人”主要指妇女,但同时还包括不满十四周岁的幼女以及男性,有人认为组织他人卖淫罪的犯罪对象不包括男性,这显然不符合立法原意,而且在实践中一些地方已出现了男子卖淫的现象,国外多数立法并不排斥男性可以成为卖淫者。

二、强迫卖淫罪

(一)主体要件

本罪的主体是一般主体,即凡达到刑事责任年龄,具有刑事责任能力的自然人均可构成本罪。

(二)主观要件

本罪在主观方面表现为故意,且为直接故意。法律上没有要求行为人主观上必须具有营利的目的,只要故意强迫他人卖淫就可构成本罪。

（三）客观要件

本罪在客观方面表现为违背他人意志，用暴力、胁迫或者其他方法迫使他人卖淫。关于用何种方法强迫他人卖淫，法律上没有限制，实践中主要用暴力、胁迫的方法，如采用对他人殴打、虐待、捆绑或以实施杀害、伤害、揭发隐私、断绝生活来源相威胁，或利用他人走投无路的情况下采用挟持的方法迫使他人卖淫。如果仅仅是采用物质引诱、暗示、鼓动他人卖淫，没有违背他人意志的，不能构成本罪。

（四）客体要件

本罪侵犯的客体是他人的人身权利和性的不可侵犯的权利，犯罪的对象是“他人”，这里的“他人”主要是指妇女，但也包括不满十四周岁的幼女和男性。

【罪名辨析】

（一）组织卖淫罪与非罪的界限

1. 是否有组织他人卖淫的故意。根据刑法规定，组织卖淫罪只处罚组织者，对于一般参与卖淫者则不以犯罪论处，而通常按照违反治安管理处罚条例来处理。如果数个卖淫者为了赚取更多钱财，结伙卖淫，相互传递信息、互相提供方便，互为掩护，共同从事卖淫活动，由于她们都是卖淫者，没有主从之分，也没有较为固定的组织策划者，因此对其一般不应以犯罪论处，而应处以治安管理处罚。但是，如果行为人既自己参与卖淫，又组织他人卖淫的，则构成组织卖淫罪。

2. 是否实施了组织他人卖淫的行为。如果没有组织他人卖淫的故意或者没有实施组织他人卖淫的行为，不构成犯罪。如有些饭店、酒店等服务人员卖淫，其负责人虽有放松管理的行为，但只要不具有组织他人卖淫的故意，也没有组织他人卖淫的行为，不能认为其构成犯罪。

（二）组织卖淫罪与犯罪集团的界限

组织卖淫罪的行为人在组织他人卖淫的过程中通常采用招募、雇佣、强迫、引诱、容留等手段，因此在触犯组织卖淫罪的同时，又可能触犯强迫卖淫罪和引诱、容留、介绍卖淫罪。在组织他人卖淫过程中故意重伤害被组织人，则单独构成了故意伤害罪，应当按本罪与故意伤害罪实行数罪并罚。在组织他人卖淫的犯罪活动中，组织者与被组织者合在一起，通常组成一个相对稳定的团体，这一点与犯罪集团比较相似，但两者有本质的区别：

1. 犯罪集团是共同犯罪的一种形式，不是罪名，只是量刑的一个情节；组织卖淫罪是一个独立的罪名，不是犯罪情节；

2. 在组织他人卖淫的活动中，只有组织者、协助组织者构成犯罪，被组织者不构成犯罪；而犯罪集团的成员，无论是组织犯、实行犯、帮助犯、教唆犯，只要是实施共同犯罪的行为，都构成犯罪；

3. 犯罪集团一般有固定的组织形式，并长期或多次进行一种或多种犯罪活动；而组织卖淫罪不以是否具有固定的组织形式及犯罪活动的时间、次数为构成要件。

(三)组织卖淫罪与强迫卖淫罪的区别

1. 侵犯的客体不同。组织卖淫罪侵犯的是社会道德风尚及社会治安管理秩序;而强迫卖淫罪除侵犯社会道德风尚及社会治安管理秩序外,还包括他人的人身权利。

2. 实施行为的内容不同。组织卖淫的行为,是指以招募、雇佣、引诱、容留的手段,控制多人从事卖淫活动,不违背受害人意志;而强迫卖淫罪的行为人采用暴力、胁迫等强制手段,违背卖淫者的意志。

3. 故意的内容不同。组织卖淫罪的行为人主观上具有组织多人卖淫的故意;而强迫卖淫罪行为人主观上是强迫他人卖淫的故意。

量刑部分

【量刑标准】

组织、强迫他人卖淫的,处五年以上十年以下有期徒刑,并处罚金;情节严重的,处十年以上有期徒刑或者无期徒刑,并处罚金或者没收财产。

组织、强迫未成年人卖淫的,依照前款的规定从重处罚。

犯前两款罪,并有杀害、伤害、强奸、绑架等犯罪行为的,依照数罪并罚的规定处罚。

截至目前,尚无本罪名关于量刑的司法解释。

协助组织卖淫罪 《刑法》第358条(二)

为组织卖淫的人招募、运送人员或者有其他协助组织他人卖淫行为的,处五年以下有期徒刑,并处罚金;情节严重的,处五年以上十年以下有期徒刑,并处罚金。

定罪部分

【罪名概念】

协助组织卖淫罪,是指协助他人组织妇女包括男性卖淫,即为他人实施组织卖淫的犯罪活动提供方便、创造条件、排除障碍的行为。

【犯罪构成】

(一)主体要件

本罪的主体是一般主体,即凡达到刑事责任年龄,具有刑事责任能力的自然人均可构成本罪,可以是一个人,也可以是很多人。

（二）主观要件

本罪在主观方面表现为具有协助组织他人卖淫的“协助故意”。即行为人明知自己是在进行协助组织他人卖淫的犯罪活动，而为组织他人卖淫犯罪提供帮助，创造条件，并希望或放任危害结果的发生。动机如何不影响本罪构成。

（三）客观要件

本罪在客观方面表现为实施了对组织他人卖淫犯罪活动起协助作用的犯罪行为。

一方面，行为人是在协助他人实施组织卖淫犯罪。被协助的人是实施犯罪行为的人，如果被协助人的行为不构成犯罪，则为其提供帮助的人也不应构成犯罪。协助行为从属于犯罪实行行为；同时，行为人协助他人实施的是组织卖淫罪。如果行为人帮助他人实施的是其他犯罪，则不构成协助组织卖淫罪，而可能构成其他犯罪的共犯。

另一方面，协助组织卖淫罪的行为人实施的是组织卖淫罪的帮助行为。所谓组织卖淫罪的帮助行为是指在多人共同实施组织卖淫犯罪活动中，为实行犯顺利地实行犯罪创造条件的行为，如为组织卖淫犯罪行为人充当打手、保镖、管账人员等。司法实践中认定协助组织卖淫的犯罪即组织卖淫罪的帮助犯时，一定要注意将其与在共同犯罪中起次要作用的从犯相区别。起帮助作用的从犯和起次要作用的从犯在共同犯罪中的地位与主犯相比都是次要、从属的地位。但是，起次要作用的从犯是具体参与实施了刑法分则规定的构成要件客观方面的实行行为的人员，只是参与程度、对犯罪完成所起的作用、直接造成的危害等比主犯轻；而帮助犯是没有具体参与实施刑法分则规定的构成要件客观方面的实行行为的人员，在组织卖淫犯罪中，构成要件的实行行为是指以招募、雇佣、引诱、容留等手段，控制多人从事卖淫的行为。组织卖淫罪中的帮助犯即协助组织卖淫的人员是指没有具体参与实施上述行为而只是为他人实施上述行为提供物质上的、体力上的或者精神上帮助的行为人员，如充当爪牙、望风放哨等行为就是典型的协助组织卖淫行为。与之不同的是，组织卖淫罪共犯中起次要作用的从犯是指那些遵照首要分子或其他主犯的组织、策划、指挥，在一定程度上参与了实行行为但危害相对较轻的人员，如组织卖淫集团中实施“拉皮条”、网罗卖淫人员等行为，但次数较少、危害较轻的人员就属于从犯。对于组织卖淫犯罪中的从犯，由于法律并没有将之单独规定为一罪，因此应根据本法总则的规定，以组织卖淫罪定罪处刑，但应当从轻、减轻处罚或者免除处罚。

（四）客体要件

本罪侵犯的客体是社会治安管理秩序。组织卖淫罪是一种严重的犯罪行为，而协助组织卖淫虽不是组织他人卖淫，但却在组织他人卖淫的犯罪活动中起了重要作用。特别是有些协助者的行为手段恶劣，造成的后果特别严重。因而对协助组织他人卖淫的行为予以惩处，有利于震慑这类犯罪分子，维护社会治安。

【罪名辨析】

(一)罪与非罪的界限

在组织他人卖淫的犯罪中,除组织者以外,其他成员非常复杂,他们的行为是否构成协助组织他人卖淫罪,有时很难掌握。我们认为,实践中可以从以下几方面把握协助组织卖淫罪与非罪的界限:(1)行为人主观上是否明知自己是在实施协助组织他人卖淫的行为。本罪是故意犯罪,如果行为人受他人蒙骗,根本不知自己的行为是在协助组织他人卖淫,则不能构成犯罪。(2)行为人客观上是否实施了协助组织他人卖淫的行为。如果行为人实施了协助组织他人卖淫的行为,如充当打手、保镖等,则其行为构成协助组织卖淫罪。如果行为人所实施的行为不是协助组织他人卖淫的行为,如为组织卖淫者充当杂役,提供个人生活服务,危害不大,不应视为协助组织卖淫的行为,不认为是犯罪。

(二)区分本罪与组织卖淫罪的界限

《刑法》第三百五十八条为"协助组织他人卖淫"的行为规定了单独的法定刑,原因在于协助组织卖淫行为在组织卖淫罪中的常态化。刑法分则规定的一个人单独可能实施的犯罪,由二人以上共同实施而形成的共同犯罪,是任意的共同犯罪。刑法分则规定的犯罪构成以二人以上的行为为要件的犯罪,是必要的共同犯罪。刑法并没有规定组织卖淫罪以二人以上共同实施为成立条件,所以从理论上讲,一个人完全可以实施此罪,如果多人共同组织卖淫并构成犯罪,显然是任意的共同犯罪。但实际中,组织卖淫行为涉及对内管理、对外"经营"各种复杂的人、财、物等方面的关系,行为人不但要有效控制卖淫者,还要与嫖娼者打交道;不仅要时时注意逃避依法查处,更要面对来自黑恶势力的滋扰。犯罪环境的复杂性决定了组织卖淫罪通常很难由一个人实施,行为人往往需要合作者或协助者才能顺利"开张营业",因此,组织卖淫罪在大多数情况下都是由多人共同实施的。实践中,组织卖淫罪实施过程中需要保镖、打手、管账人予以"协助"已经成为常态,或者说协助组织卖淫行为在事实上已经常态化。因为考虑到还存在少数由一人单独实施组织卖淫的案件,所以在不改变组织卖淫罪的"任意共同犯罪"类型的前提下,将已经接近类型化的协助组织卖淫行为从组织卖淫罪中分离出来,规定单独的法定刑,就成为比较稳妥的立法选择。

量刑部分

【量刑标准】

犯本罪的,处五年以下有期徒刑,并处罚金;情节严重的,处五年以上十年以下有期徒刑。

截至目前,尚无本罪名关于量刑的司法解释。

引诱、容留、介绍卖淫罪　《刑法》第359条(一)

引诱、容留、介绍他人卖淫的,处五年以下有期徒刑、拘役或者管制,并处罚金;情节严重的,处五年以上有期徒刑,并处罚金。

定罪部分

【罪名概念】

引诱、容留、介绍卖淫罪,是指以金钱、物质或者其他利益为手段,诱使他人卖淫,或者为他人卖淫提供场所,或者为卖淫的人与嫖客牵线搭桥的行为。

【司法解释】

最高人民检察院、公安部《关于公安机关管辖的刑事案件立案追诉标准的规定(一)》

(实施日期:2008年6月25日　公通字[2008]36号)(节录)

引诱、容留、介绍他人卖淫,涉嫌下列情形之一的,应予立案追诉:

(一)引诱、容留、介绍二人次以上卖淫的;

(二)引诱、容留、介绍已满十四周岁未满十八周岁的未成年人卖淫的;

(三)被引诱、容留、介绍卖淫的人患有艾滋病或者患有梅毒、淋病等严重性病的;

(四)其他引诱、容留、介绍卖淫应予追究刑事责任的情形。

【关联法律】

《娱乐场所管理条例》

(实施日期:2006年3月1日　国务院令第458号)(节录)

第五条　有下列情形之一的人员,不得开办娱乐场所或者在娱乐场所内从业:

(一)曾犯有组织、强迫、引诱、容留、介绍卖淫罪,制作、贩卖、传播淫秽物品罪,走私、贩卖、运输、制造毒品罪,强奸罪,强制猥亵、侮辱妇女罪,赌博罪,洗钱罪,组织、领导、参加黑社会性质组织罪的;

(二)因犯罪曾被剥夺政治权利的;

(三)因吸食、注射毒品曾被强制戒毒的;

(四)因卖淫、嫖娼曾被处以行政拘留的。

【犯罪构成】

(一)主体要件

本罪的主体为一般主体,即任何达到刑事责任年龄、具有刑事责任能力的自然人实施了引诱、容留、介绍他人卖淫行为的,都可构成本罪。

（二）主观要件

本罪在主观方面表现为故意。即行为人明知自己是在实施引诱、容留、介绍他人卖淫的行为，并且明知这种行为会造成危害社会的结果，而希望或追求这种结果的发生。

（三）客观要件

本罪在客观方面表现为引诱、容留、介绍他人卖淫的行为。

引诱，是指行为人利用金钱、物质利益或非物质利益作诱饵，或者采取其他手段，拉拢、勾引、劝导、怂恿、诱惑、唆使他人从事卖淫活动。至于行为人的引诱行为是以言语、文字、举动、图画或者其他方式实施，与本罪的成立无关，引诱者允诺的内容有无实现，由谁实现，也不影响本罪的成立。

容留，是指行为人为他人卖淫提供场所或者其他便利条件的行为。这里所说的提供场所，是指行为人安排专供他人卖淫的处所或者其他指定的地方。例如，在行为人的长期居住地、暂时租住的房屋或者采取欺骗手段借得的亲朋好友的住居以及其他地点和处所。需要特别注意的是，这里的场所，不只仅仅限于房屋，其他诸如汽车、船舶等交通工具亦可作为提供的场所。这里的提供其他便利，是指行为人为他人卖淫提供需要的物品、用具及其他一些条件，如为他人卖淫把风望哨等。至于行为人的容留行为是主动实施，还是应卖淫者或嫖客之请实施，不影响本罪的成立；容留的时限长短，有无获利，也非所问。

介绍，是指在卖淫者和嫖客之间牵线搭桥、沟通撮合，使他人卖淫活动得以实现的行为，俗称“拉皮条”。实践中，介绍的方式多表现为双向介绍，如将卖淫者引见给嫖客，或将嫖客领到卖淫者住处当面撮合，但也不排斥单向介绍，如单纯地向卖淫者提供信息，由卖淫者自行去勾搭嫖客。

（四）客体要件

本罪侵犯的客体是社会治安管理秩序。引诱、容留、介绍卖淫罪促使了卖淫嫖娼活动的泛滥，因而具有严重的社会危害性。

本罪的犯罪对象是“他人”，这里的“他人”主要是指妇女，但也包括了男子。“他人”可以是单个人，也可以是多人，介绍对象的数量和介绍次数不影响本罪的构成。

【罪名辨析】

介绍卖淫罪与组织卖淫罪的界限

司法实践中，两者有时很难区分，因为介绍卖淫往往是组织卖淫罪的方法、手段行为，实践中，主要从以下两个方面把握二者的区别：

1. 犯罪的主观故意不同。介绍卖淫罪中行为人的主观故意是为卖淫人员寻找卖淫对象，即嫖客；组织卖淫罪中行为人的主观故意是组织多名卖淫者从事卖淫活动。

2. 犯罪的客观表现不同。介绍卖淫罪在客观方面表现为在卖淫人员与嫖客之间进行引见、撮合,促进卖淫、嫖娼的实行;组织卖淫罪中行为人的客观方面是组织多名卖淫者从事卖淫活动。

量刑部分

【量刑标准】

犯本罪的,处五年以下有期徒刑、拘役或者管制,并处罚金;情节严重的,处五年以上有期徒刑,并处罚金。

截至目前,尚无本罪名关于量刑的司法解释。

引诱幼女卖淫罪　《刑法》第359条(二)

引诱不满十四周岁的幼女卖淫的,处五年以上有期徒刑,并处罚金。

定罪部分

【罪名概念】

引诱幼女卖淫罪,是指利用金钱、物质等手段诱使不满十四周岁的幼女卖淫的行为。

【司法解释】

最高人民检察院、公安部《关于公安机关管辖的刑事案件立案追诉标准的规定(一)》

(实施日期:2008年6月25日　公通字[2008]36号)(节录)

第四十二条　引诱未成年人参加聚众淫乱活动的,应予立案追诉。

【犯罪构成】

(一)主体要件

本罪的主体为一般主体,即任何达到刑事责任年龄、具有刑事责任能力的自然人实施了引诱幼女卖淫行为的,都可构成本罪。

(二)主观要件

本罪在主观方面表现为故意。过失不构成本罪。即行为人明知自己是在实施引诱幼女卖淫的行为,并且明知这种行为会造成危害社会的结果,而希望或追求这种结果的发生。一般是以营利为目的,但也不排除不以营利为目的的存在,是否具有营利目的,不影响本罪的构成。

(三)客观要件

本罪在客观方面表现为引诱幼女卖淫的行为。所谓引诱,是指行为人利用金钱或其他物质或非物质性利益作诱饵,或者采取灌输腐朽思想等其他手段,勾引、诱惑、劝导、怂恿幼女从事卖淫活动。所谓卖淫,是指为谋利,与不特定的他人进行性交或者其他性行为。行为人引诱幼女向他人卖淫,才能构成本罪,若是引诱幼女与自己发生性关系,则应依具体案情以强奸罪论处。行为人的行为方式仅限于引诱,若是组织、强迫、容留、介绍幼女卖淫的,则应分别以组织卖淫罪、强迫卖淫罪和容留、介绍卖淫罪论处。

(四)客体要件

本罪侵犯的客体是社会治安管理秩序。引诱幼女卖淫罪促使了卖淫嫖娼活动的泛滥,因而具有严重的社会危害性,不但破坏社会风尚,而且严重破坏了社会治安管理秩序,同时也严重摧残了幼女的身心健康。

本罪的犯罪对象是幼女,幼女是指不满十四周岁的少女。

量刑部分

【量刑标准】

犯本罪的,处五年以上有期徒刑,并处罚金。

截至目前,尚无本罪名关于量刑的司法解释。

传播性病罪 《刑法》第360条

明知自己患有梅毒、淋病等严重性病卖淫、嫖娼的,处五年以下有期徒刑、拘役或者管制,并处罚金。

定罪部分

【罪名概念】

传播性病罪,是指明知自己患有梅毒、淋病等严重性病而又卖淫、嫖娼的行为。

【犯罪构成】

(一)主体要件

本罪的主体是特别主体,即已满十六周岁、具有刑事责任能力,且患有梅毒、淋病等严重性病的人。

(二)主观要件

本罪在主观方面表现为故意,过失不构成本罪。即行为人明知自己患有严重性病,而出于某种动机或为达到某种目的,仍然向他人卖淫或嫖娼。行为人的"明知"可以是确切知道自己患有某种严重性病,也可以是其知道可能患有某种严重性病。假如行为人未被确诊为患有严重性病,但根据其知识、阅历能证实其明知可能患有严重性病的，也应视为“明知”。至于行为人对可能发生的将性病传染给他人的危害结果是持希望或放任态度，不影响本罪成立。

“明知”的标准：

（1）有证据证实曾到医院就医，被诊断为患有严重性病的；

（2）通过其他方法能够证明被告是“明知”的。如果行为人确实不知道自己患有严重性病而卖淫、嫖娼的，则不认为构成本罪。

（三）客观要件

本罪在客观方面表现为严重性病患者实施卖淫嫖娼的行为。卖淫、嫖娼是相对应的行为，卖淫是指以营利为动机，与不特定的异性发生性交或从事其他淫乱活动，嫖娼则是指以交付金钱或其他财物为代价与卖淫者发生性交或从事其他淫乱活动。即性病患者与他人从事性交以外的淫乱活动时，也轻易将性病传染给对方。因此，其他淫乱活动与以性交为内容的卖淫、嫖娼具有相同的社会危害性。既然刑法规定性病患者卖淫、嫖娼罪的意图之一是防止性病的传播，就应禁止这种行为，否则不利于实现刑事立法的意图。

本罪是行为犯，只要行为人在明知自己患有严重性病的情况下，故意实施了卖淫、嫖娼行为，即构成犯罪。至于实际上是否已造成将性病传染给他人的结果，不影响本罪的成立。当然，假如行为人的卖淫嫖娼行为确已引起他人染上性病的后果，可以作为量刑的情节予以考虑。

（四）客体要件

本罪侵犯的客体是双重客体，即他人的身体健康和社会治安治理秩序。卖淫、嫖娼是国家法律严肃禁止的行为。行为人为了赚取钱财，满足自己非法的性欲，或者为了报复社会，置国家法律于不顾，仍旧进行卖淫、嫖娼活动，严重扰乱社会秩序。行为人在明知自己患有梅毒、淋病等严重性病的情况下，仍旧进行卖淫、嫖娼活动，其行为将直接传播性病，对他人的身体健康造成危害。

【罪名辨析】

（一）本罪与故意伤害罪的界限

1. 侵害的客体不同。传播性病罪侵害的客体是双重客体，即社会治安治理秩序和他人身体健康；故意伤害罪侵害的客体只是他人的身体健康。

2. 行为表现不同。传播性病罪必须采取卖淫、嫖娼的行为形式；故意伤害罪则一般采取暴力等行为形式和特定情况下的不作为形式。

3. 主观故意的内容不同。传播性病罪的故意内容，有的是为了赚取钱财，有的是为了满意淫欲，有的也可能是以卖淫、嫖娼传播性病方式伤害他人身体健康的故意；故意伤害罪在主观方面则只是意图给他人身体健康造成伤害。

（二）本罪与非罪的界限

根据本条规定，司法实践中应主要从以下几方面区分：

1. 行为人是否患有严重性病。现在,国际公认的性传播疾病有二十多种,我国卫生部门提供的材料中认定为性病的有十多种。其中属于严重性病的有艾滋病、梅毒、淋病等。卖淫、嫖娼者只有患有严重性病,才有可能构成传播性病罪。患有性病,若不属于严重性病,也不能构成传播性病罪。

2. 行为人客观上是否实施了卖淫、嫖娼行为。如果行为人实施了将自己的肉体提供给他人淫乐以换取钱财,或交付钱财换取他人肉体供自己淫乱的行为,则有可能构成传播性病罪;如果行为人是在夫妻性生活或通奸、恋爱等非法性关系中将性病传染给他人,由于客观上不存在卖淫、嫖娼行为,不构成传播性病。

3. 行为人主观上是否明知自己患有严重性病。如果行为人不明知自己患有严重性病,即使实施了卖淫、嫖娼行为,也不构成传播性病罪。

4. 行为人是否自愿实施了卖淫、嫖娼行为。行为人虽患有严重性病,也实施了卖淫、嫖娼行为,但不是出于自愿,而是被强迫的,由于主观上没有犯罪故意,也不构成传播性病罪。

量刑部分

【量刑标准】

犯本罪的,处五年以下有期徒刑、拘役或者管制,并处罚金。

截至目前,尚无本罪名关于量刑的司法解释。

特定单位的人员组织、强迫、引诱、容留、介绍卖淫的处理规定 《刑法》第361条

旅馆业、饮食服务业、文化娱乐业、出租车业等单位的人员,利用本单位的条件,组织、强迫、引诱、容留、介绍他人卖淫的,依照本法第三百五十八条、第三百五十九条的规定定罪处罚。

前款所列单位的主要负责人,犯前款罪的,从重处罚。

包庇罪 《刑法》第362条

旅馆业、饮食服务业、文化娱乐业、出租车业等单位的人员,在公安机关查处卖淫、嫖娼活动时,为违法犯罪分子通风报信,情节严重的,依照本法第三百一十条的规定定罪处罚。

第九节 制作、贩卖、传播淫秽物品罪

制作、复制、出版、贩卖、传播淫秽物品牟利罪 《刑法》第363条(一)

以牟利为目的，制作、复制、出版、贩卖、传播淫秽物品的，处三年以下有期徒刑、拘役或者管制，并处罚金；情节严重的，处三年以上十年以下有期徒刑，并处罚金；情节特别严重的，处十年以上有期徒刑或者无期徒刑，并处罚金或者没收财产。

定罪部分

【罪名概念】

制作、复制、出版、贩卖、传播淫秽物品牟利罪，是指以牟利为目的，制作、复制、出版、贩卖、传播淫秽物品的行为。

【司法解释】

1. 最高人民检察院、公安部《关于公安机关管辖的刑事案件立案追诉标准的规定(一)》

(实施日期:2008年6月25日 公通字[2008]36号)(节录)

第八十二条 [制作、复制、出版、贩卖、传播淫秽物品牟利案(刑法第三百六十三条第一款、第二款)]以牟利为目的，制作、复制、出版、贩卖、传播淫秽物品，涉嫌下列情形之一的，应予立案追诉：

(一)制作、复制、出版淫秽影碟、软件、录像带五十至一百张(盒)以上，淫秽音碟、录音带一百至二百张(盒)以上，淫秽扑克、书刊、画册一百至二百副(册)以上，淫秽照片、画片五百至一千张以上的；

(二)贩卖淫秽影碟、软件、录像带一百至二百张(盒)以上，淫秽音碟、录音带二百至四百张(盒)以上，淫秽扑克、书刊、画册二百至四百副(册)以上，淫秽照片、画片一千至二千张以上的；

(三)向他人传播淫秽物品达二百至五百人次以上，或者组织播放淫秽影、像达十至二十场次以上的；

(四)制作、复制、出版、贩卖、传播淫秽物品，获利五千至一万元以上的。

以牟利为目的，利用互联网、移动通讯终端制作、复制、出版、贩卖、传播淫秽电

子信息,涉嫌下列情形之一的,应予立案追诉:

(一)制作、复制、出版、贩卖、传播淫秽电影、表演、动画等视频文件二十个以上的;

(二)制作、复制、出版、贩卖、传播淫秽音频文件一百个以上的;

(三)制作、复制、出版、贩卖、传播淫秽电子刊物、图片、文章、短信息等二百件以上的;

(四)制作、复制、出版、贩卖、传播的淫秽电子信息,实际被点击数达到一万次以上的;

(五)以会员制方式出版、贩卖、传播淫秽电子信息,注册会员达二百人以上的;

(六)利用淫秽电子信息收取广告费、会员注册费或者其他费用,违法所得一万元以上的;

(七)数量或者数额虽未达到本款第(一)项至第(六)项规定标准,但分别达到其中两项以上标准的百分之五十以上的;

(八)造成严重后果的。

利用聊天室、论坛、实时通信软件、电子邮件等方式,实施本条第二款规定行为的,应予立案追诉。

以牟利为目的,通过声讯台传播淫秽语音信息,涉嫌下列情形之一的,应予立案追诉:

(一)向一百人次以上传播的;

(二)违法所得一万元以上的;

(三)造成严重后果的。

明知他人用于出版淫秽书刊而提供书号、刊号的,应予立案追诉。

2. 最高人民法院、最高人民检察院《关于办理利用互联网、移动通讯终端、声讯台制作、复制、出版、贩卖、传播淫秽电子信患刑事案件具体应用法律若干问题的解释》

(实施日期:2004 年 9 月 3 日　法释[2004]11 号)

第一条　以牟利为目的,利用互联网、移动通讯终端制作、复制、出版、贩卖、传播淫秽电子信息,具有下列情形之一的,依照刑法第三百六十三条第一款的规定,以制作、复制、出版、贩卖、传播淫秽物品牟利罪定罪处罚:

(一)制作、复制、出版、贩卖、传播淫秽电影、表演、动画等视频档二十个以上的;

(二)制作、复制、出版、贩卖、传播淫秽音频档一百个以上的;

(三)制作、复制、出版、贩卖、传播淫秽电子刊物、图片、文章、短信息等二百件

以上的;

(四)制作、复制、出版、贩卖、传播的淫秽电子信息,实际被点击数达到一万次以上的;

(五)以会员制方式出版、贩卖、传播淫秽电子信息,注册会员达二百人以上的;

(六)利用淫秽电子信息收取广告费、会员注册费或者其他费用,违法所得一万元以上的;

(七)数量或者数额虽未达到第(一)项至第(六)项规定标准,但分别达到其中两项以上标准一半以上的;

(八)造成严重后果的。利用聊天室、论坛、实时通信软件、电子邮件等方式,实施第一款规定行为的,依照刑法第三百六十三条第一款的规定,以制作、复制、出版、贩卖、传播淫秽物品牟利罪定罪处罚。

第二条　实施第一条规定的行为,数量或者数额达到第一条第一款第(一)项至第(六)项规定标准五倍以上的,应当认定为刑法第三百六十三条第一款规定的"情节严重";达到规定标准二十五倍以上的,应当认定为"情节特别严重"。

第三条　不以牟利为目的,利用互联网或者移动通讯终端传播淫秽电子信息,具有下列情形之一的,依照刑法第三百六十四条第一款的规定,以传播淫秽物品罪定罪处罚:

(一)数量达到第一条第一款第(一)项至第(五)项规定标准二倍以上的;

(二)数量分别达到第一条第一款第(一)项至第(五)项两项以上标准的;

(三)造成严重后果的。

利用聊天室、论坛、实时通信软件、电子邮件等方式,实施第一款规定行为的,依照刑法第三百六十四条第一款的规定,以传播淫秽物品罪定罪处罚。

第四条　明知是淫秽电子信息而在自己所有、管理或者使用的网站或者网页上提供直接链接的,其数量标准根据所链接的淫秽电子信息的种类计算。

第五条　以牟利为目的,通过声讯台传播淫秽语音信息,具有下列情形之一的,依照刑法第三百六十三条第一款的规定,对直接负责的主管人员和其他直接责任人员以传播淫秽物品牟利罪定罪处罚:

(一)向一百人次以上传播的;

(二)违法所得一万元以上的;

(三)造成严重后果的。

实施前款规定行为,数量或者数额达到前款第(一)项至第(二)项规定标准五倍以上的,应当认定为刑法第三百六十三条第一款规定的"情节严重";达到规定标准二十五倍以上的,应当认定为"情节特别严重"。

第六条　实施本解释前五条规定的犯罪,具有下列情形之一的,依照刑法第三百六十三条第一款、第三百六十四条第一款的规定从重处罚:

(一)制作、复制、出版、贩卖、传播具体描绘不满十八周岁未成年人性行为的淫秽电子信息的;

(二)明知是具体描绘不满十八周岁的未成年人性行为的淫秽电子信息而在自己所有、管理或者使用的网站或者网页上提供直接链接的;

(三)向不满十八周岁的未成年人贩卖、传播淫秽电子信息和语音信息的;

(四)通过使用破坏性程序、恶意代码修改用户计算机设置等方法,强制用户访问、下载淫秽电子信息的。

第七条　明知他人实施制作、复制、出版、贩卖、传播淫秽电子信息犯罪,为其提供互联网接入、服务器托管、网络存储空间、通讯传输信道、费用结算等帮助的,对直接负责的主管人员和其他直接责任人员,以共同犯罪论处。

第八条　利用互联网、移动通讯终端、声讯台贩卖、传播淫秽书刊、影片、录像带、录音带等以实物为载体的淫秽物品的,依照《最高人民法院关于审理非法出版物刑事案件具体应用法律若干问题的解释》的有关规定定罪处罚。

第九条　刑法第三百六十七条第一款规定的“其他淫秽物品”,包括具体描绘性行为或者露骨宣扬色情的淫秽性的视频档、音频文件、电子刊物、图片、文章、短信息等互联网、移动通讯终端电子信息和声讯台语音信息。

有关人体生理、医学知识的电子信息和声讯台语音信息不是淫秽物品。包含色情内容的有艺术价值的电子文学、艺术作品不视为淫秽物品。

3. 最高人民法院、最高人民检察院《关于办理利用互联网、移动通讯终端、声讯台制作、复制、出版、贩卖、传播淫秽电子信息刑事案件具体应用法律若干问题的解释(二)》

(实施日期:2010年2月4日　法释[2010]3号)

为依法惩治利用互联网、移动通讯终端制作、复制、出版、贩卖、传播淫秽电子信息,通过声讯台传播淫秽语音信息等犯罪活动,维护社会秩序,保障公民权益,根据《中华人民共和国刑法》《全国人民代表大会常务委员会关于维护互联网安全的决定》的规定,现对办理该类刑事案件具体应用法律的若干问题解释如下:

第一条　以牟利为目的,利用互联网、移动通讯终端制作、复制、出版、贩卖、传播淫秽电子信息的,依照《最高人民法院、最高人民检察院关于办理利用互联网、移动通讯终端、声讯台制作、复制、出版、贩卖、传播淫秽电子信息刑事案件具体应用法律若干问题的解释》第一条、第二条的规定定罪处罚。

以牟利为目的,利用互联网、移动通讯终端制作、复制、出版、贩卖、传播内容含有不满十四周岁未成年人的淫秽电子信息,具有下列情形之一的,依照刑法第三百六十三条第一款的规定,以制作、复制、出版、贩卖、传播淫秽物品牟利罪定罪处罚:

(一)制作、复制、出版、贩卖、传播淫秽电影、表演、动画等视频档十个以上的;

(二)制作、复制、出版、贩卖、传播淫秽音频档五十个以上的;

(三)制作、复制、出版、贩卖、传播淫秽电子刊物、图片、文章等一百件以上的;

(四)制作、复制、出版、贩卖、传播的淫秽电子信息,实际被点击数达到五千次以上的;

(五)以会员制方式出版、贩卖、传播淫秽电子信息,注册会员达一百人以上的;

(六)利用淫秽电子信息收取广告费、会员注册费或者其他费用,违法所得五千元以上的;

(七)数量或者数额虽未达到第(一)项至第(六)项规定标准,但分别达到其中两项以上标准一半以上的;

(八)造成严重后果的。

实施第二款规定的行为,数量或者数额达到第二款第(一)项至第(七)项规定标准五倍以上的,应当认定为刑法第三百六十三条第一款规定的"情节严重";达到规定标准二十五倍以上的,应当认定为"情节特别严重"。

第二条　利用互联网、移动通讯终端传播淫秽电子信息的,依照《最高人民法院、最高人民检察院关于办理利用互联网、移动通讯终端、声讯台制作、复制、出版、贩卖、传播淫秽电子信息刑事案件具体应用法律若干问题的解释》第三条的规定定罪处罚。

利用互联网、移动通讯终端传播内容含有不满十四周岁未成年人的淫秽电子信息,具有下列情形之一的,依照刑法第三百六十四条第一款的规定,以传播淫秽物品罪定罪处罚:

(一)数量达到第一条第二款第(一)项至第(五)项规定标准二倍以上的;

(二)数量分别达到第一条第二款第(一)项至第(五)项两项以上标准的;

(三)造成严重后果的。

第三条　利用互联网建立主要用于传播淫秽电子信息的群组,成员达三十人以上或者造成严重后果的,对建立者、管理者和主要传播者,依照刑法第三百六十四条第一款的规定,以传播淫秽物品罪定罪处罚。

第四条　以牟利为目的,网站建立者、直接负责的管理者明知他人制作、复制、出版、贩卖、传播的是淫秽电子信息,允许或者放任他人在自己所有、管理的网站或

者网页上发布,具有下列情形之一的,依照刑法第三百六十三条第一款的规定,以传播淫秽物品牟利罪定罪处罚:

(一)数量或者数额达到第一条第二款第(一)项至第(六)项规定标准五倍以上的;

(二)数量或者数额分别达到第一条第二款第(一)项至第(六)项两项以上标准二倍以上的;

(三)造成严重后果的。

实施前款规定的行为,数量或者数额达到第一条第二款第(一)项至第(七)项规定标准二十五倍以上的,应当认定为刑法第三百六十三条第一款规定的"情节严重";达到规定标准一百倍以上的,应当认定为"情节特别严重"。

第五条　网站建立者、直接负责的管理者明知他人制作、复制、出版、贩卖、传播的是淫秽电子信息,允许或者放任他人在自己所有、管理的网站或者网页上发布,具有下列情形之一的,依照刑法第三百六十四条第一款的规定,以传播淫秽物品罪定罪处罚:

(一)数量达到第一条第二款第(一)项至第(五)项规定标准十倍以上的;

(二)数量分别达到第一条第二款第(一)项至第(五)项两项以上标准五倍以上的;

(三)造成严重后果的。

第六条　电信业务经营者、互联网信息服务提供者明知是淫秽网站,为其提供互联网接入、服务器托管、网络存储空间、通讯传输信道、代收费等服务,并收取服务费,具有下列情形之一的,对直接负责的主管人员和其他直接责任人员,依照刑法第三百六十三条第一款的规定,以传播淫秽物品牟利罪定罪处罚:

(一)为五个以上淫秽网站提供上述服务的;

(二)为淫秽网站提供互联网接入、服务器托管、网络存储空间、通讯传输信道等服务,收取服务费数额在二万元以上的;

(三)为淫秽网站提供代收费服务,收取服务费数额在五万元以上的;

(四)造成严重后果的。

实施前款规定的行为,数量或者数额达到前款第(一)项至第(三)项规定标准五倍以上的,应当认定为刑法第三百六十三条第一款规定的"情节严重";达到规定标准二十五倍以上的,应当认定为"情节特别严重"。

第七条　明知是淫秽网站,以牟利为目的,通过投放广告等方式向其直接或者间接提供资金,或者提供费用结算服务,具有下列情形之一的,对直接负责的主管人员和其他直接责任人员,依照刑法第三百六十三条第一款的规定,以制作、复制、出版、贩卖、传播淫秽物品牟利罪的共同犯罪处罚：

（一）向十个以上淫秽网站投放广告或者以其他方式提供资金的；

（二）向淫秽网站投放广告二十条以上的；

（三）向十个以上淫秽网站提供费用结算服务的；

（四）以投放广告或者其他方式向淫秽网站提供资金数额在五万元以上的；

（五）为淫秽网站提供费用结算服务，收取服务费数额在二万元以上的；

（六）造成严重后果的。

实施前款规定的行为，数量或者数额达到前款第（一）项至第（五）项规定标准五倍以上的，应当认定为刑法第三百六十三条第一款规定的“情节严重”；达到规定标准二十五倍以上的，应当认定为“情节特别严重”。

第八条 实施第四条至第七条规定的行为，具有下列情形之一的，应当认定行为人“明知”，但是有证据证明确实不知道的除外：

（一）行政主管机关书面告知后仍然实施上述行为的；

（二）接到举报后不履行法定管理职责的；

（三）为淫秽网站提供互联网接入、服务器托管、网络存储空间、通讯传输信道、代收费、费用结算等服务，收取服务费明显高于市场价格的；

（四）向淫秽网站投放广告，广告点击率明显异常的；

（五）其他能够认定行为人明知的情形。

第九条 一年内多次实施制作、复制、出版、贩卖、传播淫秽电子信息行为未经处理，数量或者数额累计计算构成犯罪的，应当依法定罪处罚。

第十条 单位实施制作、复制、出版、贩卖、传播淫秽电子信息犯罪的，依照《中华人民共和国刑法》、《最高人民法院、最高人民检察院关于办理利用互联网、移动通讯终端、声讯台制作、复制、出版、贩卖、传播淫秽电子信息刑事案件具体应用法律若干问题的解释》和本解释规定的相应个人犯罪的定罪量刑标准，对直接负责的主管人员和其他直接责任人员定罪处罚，并对单位判处罚金。

第十一条 对于以牟利为目的，实施制作、复制、出版、贩卖、传播淫秽电子信息犯罪的，人民法院应当综合考虑犯罪的违法所得、社会危害性等情节，依法判处罚金或者没收财产。罚金数额一般在违法所得的一倍以上五倍以下。

第十二条 《最高人民法院、最高人民检察院关于办理利用互联网、移动通讯终端、声讯台制作、复制、出版、贩卖、传播淫秽电子信息刑事案件具体应用法律若干问题的解释》和本解释所称网站，是指可以通过互联网域名、IP 地址等方式访问的内容提供站点。

以制作、复制、出版、贩卖、传播淫秽电子信息为目的建立或者建立后主要从事制作、复制、出版、贩卖、传播淫秽电子信息活动的网站,为淫秽网站。

第十三条　以前发布的司法解释与本解释不一致的,以本解释为准。

【犯罪构成】

(一)主体要件

本罪主体为一般主体,单位也可构成本罪。

(二)主观要件

本罪主观方面表现为直接故意,同时具有牟利的目的。本罪的故意要求行为人认识到自己制作、复制、出版、贩卖、传播的是淫秽物品。此外还必须具有牟利目的。是否具有牟利目的,要从行为人制作、复制、出版、贩卖淫秽物品的数量、向他人传播淫秽物品的人次与组织播放的次数、获利的数额等方面进行判断。

(三)客观要件

本罪在客观方面表现为制作、复制、出版、贩卖、传播淫秽物品的行为。制作,是指生产、录制、编写、绘画、印刷等创造、产生淫秽物品的行为。复制,是指通过翻印、翻拍、复印、转录等方式将原已存在的淫秽物品制作一份或多份的行为。出版,是指将淫秽作品编辑加工后,经过复制向公众发行的行为。贩卖,通常是指低价购进再高价卖出的行为,但也应包括单纯的有偿转让淫秽物品的行为。传播,是指通过播放、陈列、在互联网上建立淫秽网站、网页等方式使淫秽物品让不特定或者多数人感知以及通过出借、赠送等方式散布、流传淫秽物品的行为。实施上述行为之一的,即可成立本罪;同时实施上述行为的,也只认定为一罪,不实行数罪并罚。因此,本罪名可以分解拆开使用。

(四)客体要件

本罪侵犯的客体是国家对文化出版物品的管理秩序和社会的善良风俗。本罪的犯罪对象仅限于淫秽物品。《刑法》第三百六十七条第一款规定:“本法所称淫秽物品,是指具体描绘性行为或者露骨宣扬色情的诲淫性书刊、影片、录像带、录音带、图片及其他淫秽物品。”判断一部作品是否属于淫秽物品时,应在把握淫秽物品的实质属性的前提下,坚持整体性、客观性与关联性的判断原则,要看性的描写:

1. 是否露骨、详细;
2. 采取的是何种描写方法;
3. 在作品中的比重;
4. 是否为表现作品的思想、艺术所必需;
5. 是否能被作品的科学性、艺术性、思想性所缓和与淡化。

【罪名辨析】

（一）正确认定淫秽物品

淫秽物品是指具体描绘性行为或者露骨宣扬色情的诲淫性的书刊、影片、录像带、录音带、图片及其他淫秽物品。注意淫秽物品与科学艺术作品的区别。有关人体生理、医学知识的科学著作，或包含有色情内容的有艺术价值的文学、艺术作品不视为淫秽物品。

（二）传播淫秽物品牟利罪与传播淫秽物品罪的界限

1. 虽然两罪属于故意犯罪，但前者必须以牟利为目的，后者则并无此要求。

2. 前者为行为犯，只要实施上述行为即可构成犯罪，情节严重是其加重法定刑的情节，但后者须以情节严重为其构成要件。

（三）传播淫秽物品牟利罪与组织播放淫秽音像制品罪的界限

1. 后者仅限于淫秽的电影、录像等音像制品，而前者则包括所有淫秽物品。

2. 前者必须以牟利为目的；但构成后罪则不应具有牟利目的，如具有牟利目的，其组织播放行为应以传播淫秽物品牟利罪的共同犯罪处理。

3. 前者须具备传播行为，而后者则要有组织播放行为才能构成犯罪，如果仅有播放行为而无组织行为，也不能构成该罪，但可能构成传播淫秽物品罪。

量 刑 部 分

【量刑标准】

犯本罪的，处三年以下有期徒刑、拘役或者管制，并处罚金；情节严重的，处三年以上十年以下有期徒刑，并处罚金；情节特别严重的，处十年以上有期徒刑或者无期徒刑，并处罚金或者没收财产。

单位犯本罪的，对单位判处罚金，并对其直接负责的主管人员和其他直接责任人员，依照个人犯罪的规定处罚。

为他人提供书号出版淫秽书刊罪　《刑法》第363条（二）

为他人提供书号，出版淫秽书刊的，处三年以下有期徒刑、拘役或者管制，并处或者单处罚金；明知他人用于出版淫秽书刊而提供书号的，依照前款的规定处罚。

定罪部分

【罪名概念】

为他人提供书号出版淫秽书刊罪,是指违反国家规定,为他人提供书号、刊号,造成淫秽书刊出版的行为。

【司法解释】

1. 最高人民检察院、公安部《关于公安机关管辖的刑事案件立案追诉标准的规定(一)》

(实施日期:2008年6月25日　公通字[2008]36号)(节录)

第八十三条　为他人提供书号、刊号出版淫秽书刊,或者为他人提供版号出版淫秽音像制品的,应予立案追诉。

2. 最高人民法院《关于审理非法出版物刑事案件具体应用法律若干问题的解释》

(实施日期:1998年12月17日　法释[1998]30号)(节录)

第十条　向他人传播淫秽的书刊、影片、音像、图片等出版物达三百至六百人次以上或者造成恶劣社会影响的,属于"情节严重",依照刑法第三百六十四条第一款的规定,以传播淫秽物品罪定罪处罚。组织播放淫秽的电影、录像等音像制品达十五至三十场次以上或者造成恶劣社会影响的,依照刑法第三百六十四条第二款的规定,以组织播放淫秽音像制品罪定罪处罚。

【犯罪构成】

(一)主体要件

本罪的主体是一般主体。达到法定责任年龄并具有刑事责任能力的自然人,以及单位均能成为本罪的主体。由于书号不被一般人或单位掌握,所以能够提供书号进而构成本罪的,主要为国家新闻出版单位及其工作人员。

此外还有两种情况:

1. 出版社主管部门的领导指令或变相指令将书号提供给他人;

2. 接受出版社提供书号的人,又将书号提供给他人用以出版淫秽书刊。

(二)主观要件

本罪在主观方面表现为过失,即行为人对于其提供的书号被用于出版淫秽书刊是不明知的,如果行为人明知他人是用于出版淫秽书刊而为其提供书号,则行为人的行为构成出版淫秽书刊罪。但是,行为人对引起淫秽书刊出版的后果出于过失,而其提供书号的行为则是出于故意的。

（三）客观要件

本罪在客观方面表现为违反国家关于书号管理的各种规定，向单位或个人提供书号，造成淫秽书刊出版的后果。

所谓书号，是指中国标准书号，它是由一个国际标准书号（ISBN）和一个图书分类号两部分组成。其中国际标准书号是中国标准书号的主体，可以独立使用。国际标准书号由组号（代表出版者的国家、地理区域、语种或其他分细特征，如中国的组号为7）、出版者（代表组区内的具体出版者，如人民出版社为01）、书名号（代表某出版者出版的具体出版物）和校验位（用以检查 ISBN 编号转录过程中的错误）组成。图书分类号由图书所属学校的分类号和该类号下的种次号两段组成。书号，是图书出版上市的通行证，任何书刊必须有统一的编号，才可以印刷、出版发行。

我国对书号的管理是非常严格的，依照国家规定，书号在一般情况下，只能由出版机构自己使用，只有在协作出版的情况下，才允许出版机构将书号提供给他人。

本罪在客观方面不仅要求违法向他人提供书号，还要求所提供的书号必须用于出版淫秽书刊。如果出版的不是淫秽书刊，则不构成本罪。

（四）客体要件

本罪所侵犯的客体是双重客体，首先，行为人违反国家对书号管理的规定，出卖或者向他人提供了国家标准书号，侵犯了国家对书刊出版的管理活动。其次，当被出卖的书号用于出版淫秽书刊时，客观上又造成了淫秽物品的广泛传播，从而又进一步侵犯了社会管理秩序。

近年来，一些出版单位为了牟取暴利，不按国家规定，对书号申请人的身份、目的、书号的使用范围以及书稿的内容不进行认真审查，随意向他人提供书号，甚至公开出卖书号，致使大量淫秽书刊出版，在社会上蔓延，危害极大。所以，全国人民代表大会常务委员会《关于惩治走私、制作、贩卖、传播淫秽物品的犯罪分子的决定》第二条第二款将为他人提供书号出版淫秽书刊的行为规定为犯罪，《刑法》作本条规定，对于与这种犯罪作斗争，对于保证出版书刊的质量，维护正常的出版秩序，具有重要意义。

本罪的犯罪对象是淫秽书刊

1. 淫秽书刊与色情出版物不同。根据国家新闻出版署的规定：色情出版物是指在整体上不是淫秽的，但其中一部分内容有淫秽的成分，对人特别是未成年人的身心健康有影响，并且缺乏艺术价值和科学价值的出版物。提供书号出版色情出版物的，只是违法行为，不构成犯罪。

2. 正确划分淫秽书刊与“夹杂淫秽内容的出版物”。所谓“夹杂淫秽内容的出版物”:是指在出版物中夹杂着低级庸俗,妨害社会公德,缺乏艺术价值和科学价值,会对青少年身心健康产生危害的内容,但尚不能定性为淫秽、色情的出版物,如描写性心理、性行为,宣传性自由、性开放的观念,具体描写腐化堕落的行为,足以导致青少年仿效的,具体描写诱奸、通奸、淫乱、卖淫细节的,具体描写与性行为有关的梅毒、淋病、艾滋病等疾病,令普通人厌恶的等。提供书号出版此类书刊,同样也只属于违法行为,不构成本罪。淫秽与含淫秽、色情内容而具有艺术价值的文艺作品、表现人体美的美术作品、有关人体的解剖生理知识、生育知识、疾病预防和其他有关性知识、性道德的自然科学和社会科学作品不同。对于后者根据 1988 年国家新闻出版署《关于认定淫秽及色情出版物的暂行规定》的规定,不属于淫秽色情出版物。

量刑部分

【量刑标准】

犯本罪的,处三年以下有期徒刑、拘役或者管制,并处或者单处罚金;明知他人用于出版淫秽书刊而提供书号的,依照前款的规定处罚。

截至目前,尚无本罪名关于量刑的司法解释。

传播淫秽物品罪 《刑法》第 364 条(一)

以牟利为目的,制作、复制、出版、贩卖、传播淫秽物品的,处三年以下有期徒刑、拘役或者管制,并处罚金;情节严重的,处三年以上十年以下有期徒刑,并处罚金;情节特别严重的,处十年以上有期徒刑或者无期徒刑,并处罚金或者没收财产。

定罪部分

【罪名概念】

传播淫秽物品罪,是指不以牟利为目的,在社会上传播淫秽的书刊、影片、录像带、录音带、图片或者其他淫秽物品,情节严重的行为。

【司法解释】

1. 最高人民法院、最高人民检察院《关于办理利用互联网、移动通讯终端、声讯台制作、复制、出版、贩卖、传播淫秽电子信息刑事案件具体应用法律若干问题的解释(二)》

(实施日期:2010 年 2 月 4 日　法释[2010]3 号)(节录)

第二条　利用互联网、移动通讯终端传播淫秽电子信息的,依照《最高人民法院、最高人民检察院关于办理利用互联网、移动通讯终端、声讯台制作、复制、出版、贩卖、传播淫秽电子信息刑事案件具体应用法律若干问题的解释》第三条的规定定罪处罚。

利用互联网、移动通讯终端传播内容含有不满十四周岁未成年人的淫秽电子信息,具有下列情形之一的,依照刑法第三百六十四条第一款的规定,以传播淫秽物品罪定罪处罚:

(一)数量达到第一条第二款第(一)项至第(五)项规定标准二倍以上的;

(二)数量分别达到第一条第二款第(一)项至第(五)项两项以上标准的;

(三)造成严重后果的。

2. 最高人民法院、最高人民检察院《关于办理利用互联网、移动通讯终端、声讯台制作、复制、出版、贩卖、传播淫秽电子信息刑事案件具体应用法律若干问题的解释》

(实施日期:2004 年 9 月 6 日　法释[2004]11 号)(节录)

第三条　不以牟利为目的,利用互联网或者转移通讯终端传播淫秽电子信息,具有下列情形之一的,依照刑法第三百六十四条第一款的规定,以传播淫秽物品罪定罪处罚;

(一)数量达到第一条第一款第(一)项至第(五)项规定标准二倍以上的;

(二)数量分别达到第一条第一款第(一)项至第(五)项两项以上标准的;

(三)造成严重后果的。

利用聊天室、论坛、实时通信软件、电子邮件等方式,实施第一款规定行为的,依照刑法第三百六十四条第一款的规定,以传播淫秽物品罪定罪处罚。

3. 最高人民法院《关于审理非法出版物刑事案件具体适用法律若干问题的解释》

(实施日期:1998 年 12 月 17 日　法释[1998]30 号)(节录)

依照刑法第 364 条第一款的规定,以传播淫秽物品罪定罪处罚。

第十六条　出版单位与他人事前通谋,向其出售、出租或者以其他形式转让该出版单位的名称、书号、刊号、版号,他人实施本解释第二条、第四条、第八条、第九条、第十条、第十一条规定的行为,构成犯罪的,对该出版单位应当以共犯论处。

第十八条　各省、自治区、直辖市高级人民法院可以根据本地的情况和社会治安状况,在本解释第八条、第十条、第十二条、第十三条规定的有关数额、数量标准的幅度内,确定本地执行的具体标准,并报最高人民法院备案。

向不满十八周岁的未成年人传播淫秽物品的,从重处罚,(《刑法》第三百六十四条第四款)

4. 最高人民检察院、公安部《关于公安机关管辖的刑事案件立案追诉标准的规定(一)》

(实施日期:2008 年 6 月 25 日)(节录)

第八十四条　传播淫秽的书刊、影片、音像、图片或者其他淫秽物品,涉嫌下列情形之一的,应予立案追诉:

(一)向他人传播三百至六百人次以上的;

(二)造成恶劣社会影响的。

不以牟利为目的,利用互联网、移动通讯终端传播淫秽电子信息,涉嫌下列情形之一的,应予立案追诉:

(一)数量达到本规定第八十二条第二款第(一)项至第(五)项规定标准二倍以上的;

(二)数量分别达到本规定第八十二条第二款第(一)项至第(五)项两项以上标准的;

(三)造成严重后果的。

利用聊天室、论坛、实时通信软件、电子邮件等方式,实施本条第二款规定行为的,应予立案追诉。

【犯罪构成】

(一)主体要件

本罪的主体为一般主体,即达到法定刑事责任年龄并具有刑事责任能力的自然人。单位也可构成本罪。

(二)主观要件

本罪在主观方面表现为故意,但行为人不必出于牟利目的。一定情况下,间接故意也可以构成,比如行为人自己观看淫秽物品,对于他人围观不闻不问,因而造成恶劣影响的,即可按本罪论处。行为人的动机可能是多种多样的,如为了使他人分享刺激,或者以此讨好他人或引诱他人堕落等。过失不构成本罪。如果行为人因为工作责任心不强,粗心大意误将有淫秽物内容的书刊、图片等传播出去的,不能以犯罪论处。

（三）客观要件

本罪在客观方面表现为：传播淫秽的书刊、影片、录像带、录音带、图片或者其他淫秽物品，情节严重的行为。

传播，即广泛散布。应该注意本罪的“传播”与传播淫秽物品牟利罪的“传播”在具体方式上有所不同。如出租、有偿放映等以换取一定对价为目的的使用行为不是本罪的“传播”。本罪的传播方式包括播放、出借、运输、携带、展览、发表、邮寄等。

1. 播放行为，一般是指对音像型淫秽物品的传播。由于本条第二款将组织播放淫秽音像制品的行为独立成罪，因而这里所指的“播放”限于非组织性的播放行为。

2. 出借行为，即指出租人转移淫秽物品的占有，由借用人在一定时期内使用该淫秽物品的行为。必须是不以牟利为目的，行为人也不具有获取对价的目的。

3. 运输行为，即指用交通工具将淫秽物品从一个地方运输到另一个地方。

4. 携带行为，即指行为人随身带有一定数量的淫秽物品。如果行为人携带淫秽物品是为自用的，则不能认为是犯罪。

5. 展览行为，即陈列以供他观看。展览是一种静态的展示，行为人将淫秽物品较为固定地置于一定的空间内，招揽或引诱不特定的或特定的多数人前来观看。

6. 发表行为，即公之于众，公之于不特定的多数人。

7. 邮寄行为，指通过邮电部门传递淫秽物品，如利用信件夹带等。

8. 利用计算机网络技术的传播行为，指依《计算机信息网络国际联网安全保护管理方法》规定，任何单位和个人不得利用国际互联网制作、复制、查阅和传播淫秽的信息。如果行为人有这种行为，情节较轻的给予行政处罚；构成犯罪的，依法追究刑事责任。

以上八种行为，都必须是不以牟利为目的，如果以牟利为目的，则构成传播淫秽物品牟利罪。此外，必须是“情节严重”才构成此罪。主要是指，多次地、经常地传播淫秽物品；所传播的淫秽物品数量较大；虽然传播淫秽物品数量不大、次数不多，但被传播的对象人数众多，造成的后果严重；在未成年人中传播，造成严重后果的等。

（四）客体要件

本罪侵犯的客体是国家对淫秽物品的管理秩序。在社会上传播淫秽物品对于人民特别是青少年的身心健康会造成危害，也极易诱发违法犯罪活动。依法打击在社会上传播淫秽物品的犯罪行为,对于维护社会治安,净化社会空气,保护人民的身心健康,促进精神文明,无疑具有重要意义。

本罪的对象包括各种淫秽物品,如各种淫秽的书刊、报纸、画片、影片、录像带、录音带、淫秽玩具、娱乐用品以及印刷、雕刻有淫秽文字、图案的生活用品等。传播方式既可以是直接传播赤裸裸的淫秽物品,也可以改头换面,在艺术品中故意加入淫秽情节,或者在小说中故意加入淫秽描写等。

【罪名辨析】

(一)本罪与非罪的界限

第一,严格认定淫秽物品的范围。有关人体生理、医学知识的科学著作不是淫秽物品,包含有色情内容的有艺术价值的文学、艺术作品不视为淫秽物品。

第二,严格掌握传播的概念。对于个人收藏或者在亲友间传播的,应予以批评教育并收缴其淫秽物品,但不构成本罪。

第三,严格把握“情节严重”这一要件。

(二)本罪与制作、复制、出版、贩卖、传播淫秽物品牟利罪的界限

两罪之间有着明显的区别,主要表现在:传播淫秽罪在主观上没有以牟利为目的;而后罪必须以牟利为目的。前罪作为一个新罪名而独立存在,其实际意义在于弥补后一罪在主观上限制过于严格的不足。

量刑部分

【量刑标准】

犯本罪的,处二年以下有期徒刑、拘投或者管制。向不满十八周岁的未成年人传播淫秽物品的,从重处罚。

截至目前,尚无本罪名关于量刑的司法解释。

组织播放淫秽音像制品罪 《刑法》第364条(二)

组织播放淫秽的电影、录像等音像制品的,处三年以下有期徒刑、拘役或者管制,并处罚金;情节严重的,处三年以上十年以下有期徒刑,并处罚金。

制作、复制淫秽的电影、录像等音像制品组织播放的,依照前款的规定从重处罚。

定罪部分

【罪名概念】

组织播放淫秽音像制品罪，是指组织召集多人观看、收听并播映淫秽的电影、录像等音像制品的行为。

【司法解释】

1. 最高人民检察院、公安部《关于公安机关管辖的刑事案件立案追诉标准的规定(一)》

(实施日期:2008 年 6 月 25 日　公通字[2008]36 号)(节录)

第八十五条　组织播放淫秽的电影、录像等音像制品，涉嫌下列情形之一的，应予立案追诉：

(一)组织播放十五至三十场次以上的；

(二)造成恶劣社会影响的。

2. 最高人民法院《关于审理非法出版物刑事案件具体应用法律若干问题的解释》

(实施日期:1998 年 12 月 17 日　法释[1998]30 号)(节录)

第十条　组织播放淫秽的电影、录像等音像制品达十五至三十场次以上或者造成恶劣社会影响的，依照刑法第三百六十四条第二款的规定，以组织播放淫秽音像制品罪定罪处罚。

【犯罪构成】

(一)主体要件

本罪的主体是一般主体，即达到法定刑事责任年龄并具有刑事责任能力的自然人。单位也可构成本罪。

(二)主观要件

本罪在主观方面表现为故意，过失不构成本罪。本罪不能含有以牟利为目的，否则构成传播淫秽物品牟利罪。

(三)客观要件

本罪在客观方面表现为组织播放淫秽音像制品的行为。所谓“组织播放”是指召集多人或多次播放淫秽音像制品的行为。这种行为可以在家中实施，也可以在社会上或单位里实施。具体地讲，所谓播放，就是以放映机、放录机、录音机等机器来进行传播，但是，播放的方式并非组织播放淫秽音像制品罪所独有，在一定条件下，播放淫秽制品也可以构成传播淫秽物品罪。另外，由于本条对于本罪已明确限定是组织播放行为，因此，只向个别人播放或仅仅是参与观看等行为均不构成本罪。所谓“淫秽音像制品”，主要包括淫秽的电影、录像、幻灯片、录音带、激光唱片等。

(四)客体要件

本罪侵犯的客体是社会管理秩序和社会风尚。组织播放淫秽音像制品罪同其他有关淫秽物品犯罪一样,都不同程度地侵害了社会的管理秩序,腐蚀了人们的心灵,毒化了社会良好的道德风尚,但本罪以其音像结合的特性,使淫秽内容的传播更加直观更具刺激性,因而社会危害性也就更大,对社会管理秩序这一客体的侵害就更为严重。

【罪名辨析】

(一)本罪与传播淫秽物品罪的界限

1. 两罪所规定的淫秽物品的范围不同。本罪规定的淫秽物品的范围只是淫秽电影、录像等音像制品;而传播淫秽物品罪所规定的范围不仅包括音像制品,而且还包括淫秽书刊、照片等其他淫秽物品。

2. 两罪的犯罪行为方式不同。本罪的犯罪行为方式要求具有组织播放的行为,即要有召集众人观看的行为;而传播淫秽物品罪的犯罪行为方式较前者多,它包括出借、传阅等多种传播行为方式。

3. 两罪的犯罪标准不同。本罪是行为犯,只要行为人组织实施了播放淫秽音像制品的行为,原则上就构成本罪;而传播淫秽物品罪则只有在情节严重的情况下,才构成犯罪。

(二)本罪与制作、复制、出版、贩卖、传播淫秽物品牟利罪的界限

两罪之间最大的区别在于主观上是否以牟利为目的。本罪不以牟利为目的。

量刑部分

【量刑标准】

犯本罪的,处三年以下有期徒刑、拘役或者管制,并处罚金;情节严重的,处三年以上十年以下有期徒刑,并处罚金。

制作、复制淫秽的电影、录像等音像制品组织播放的,依照前款的规定从重处罚。

单位犯本罪的,对单位判处罚金,并对其直接负责的主管人员和其他直接责任人员,依照该条的规定处罚。

截至目前,尚无本罪名关于量刑的司法解释。

组织淫秽表演罪 《刑法》第365条

组织进行淫秽表演的,处三年以下有期徒刑、拘役或者管制,并处罚金;情节严重的,处三年以上十年以下有期徒刑,并处罚金。

定罪部分

【罪名概念】

组织淫秽表演罪,是指以招募、雇佣、强迫、引诱、容留等手段控制他人从事淫秽表演的行为。

【司法解释】

最高人民检察院、公安部《关于公安机关管辖的刑事案件立案追诉标准的规定(一)》

(实施日期:2008年6月25日 公通字[2008]36号)(节录)

第八十六条 以策划、招募、强迫、雇用、引诱、提供场地、提供资金等手段,组织进行淫秽表演,涉嫌下列情形之一的,应予立案追诉:

(一)组织表演者进行裸体表演的;

(二)组织表演者利用性器官进行诲淫性表演的;

(三)组织表演者半裸体或者变相裸体表演并通过语言、动作具体描绘性行为的;

(四)其他组织进行淫秽表演应予追究刑事责任的情形。

【犯罪构成】

(一)主体要件

本罪的主体是一般主体。即达到法定刑事责任年龄并具有刑事责任能力的自然人。单位也可构成本罪。

本罪的主体是淫秽表演的组织者。而非表演者,在实践中一般是文化娱乐场所、饮食服务行业的经营者,如歌厅、舞厅、夜总会的老板。淫秽表演者,可以是女人,也可以是男人。

(二)主观要件

本罪在主观方面表现为故意。但行为人不必出于牟利目的。所谓故意,即明知淫秽表演是国家法律明令禁止的,仍然在社会上传播。实践中多为招揽顾客,进行盈利活动。不论是否以营利为目的,只要实施了组织淫秽表演的行为,即构成本罪。

(三)客观要件

本罪在客观方面表现为组织他人当众进行色情淫荡、挑动人们性欲的形体或动作表演。组织他人,表现为招揽安排表演人员、时间、场次、地点、编排动作节目等。当众进行,一般是指三人以上。淫秽表演,是指进行色情淫荡、挑动人们性欲的形体、动作表演,如裸体展露、裸体表现性情欲、性欲的各种形态、动作、摸拟性动作等。

"情节严重"主要是指,多次地,经常地组织淫秽表演;虽然次数不多,但被传播的对象人数众多,造成的后果严重;在未成年人中传播,造成严重后果的。

(四)客体要件

本罪侵犯的客体是社会道德风尚和社会治安秩序。在社会上组织淫秽表演对于人民的身心健康会造成危害,也极易诱发违法犯罪活动,依法打击组织淫秽表演的犯罪行为,对于维护社会治安,净化社会空气,保护人民的身心健康,促进精神文明,具有重要意义。

【罪名辨析】

(一)本罪与组织播放淫秽音像制品罪的界限

两罪的犯罪客体、犯罪主体具有一致之处,主观上都表现为直接故意,在客观上都有组织行为,两罪的主要区别是组织内容不同。本罪组织的是淫秽表演,属于现场表演;而后罪组织的内容是播放淫秽音像制品。而且在本罪中如果没有组织行为,仅淫秽表演行为本身不构成犯罪;而在后罪中,若没有组织行为,播放淫秽音像制品的行为仍然可构成传播淫秽物品牟利罪或传播淫秽物品罪。

在司法实践中,行为人在组织淫秽表演的同时,往往为了增强演出效果,配之以音乐、灯光或画面,而这些画面、音乐往往属于淫秽音像制品,因此,行为人在构成组织淫秽表演罪的同时,又构成了组织播放淫秽音像制品罪,由于二行为之间具有目的行为和手段行为的牵连关系,构成牵连犯,依牵连犯处断原则,应从一重罪从重处断,但二罪的法定刑幅度完全相同。这种情况下,宜以目的行为构成的犯罪定罪并从重处断,并可考虑适用组织淫秽表演罪"情节严重"情形的法定刑幅度。

(二)本罪与聚众淫乱罪的界限

聚众淫乱罪是指行为人聚集男女多人进行集体淫乱的行为。由于聚众淫乱也可以出现于公开场合,而本罪在客观形式上也可以表现为男女多人公然在一起进行性交展示等淫乱活动,且两罪都具有组织性质,因而具有形式上的相似性。区分两罪的关键是:

1. 本罪中被组织者进行淫秽活动的目的在于表演,或者更确切地说,行为人将这些表演者组织起来,意在让他人进行淫秽表演,并由此决定了这种行为的公开性,即为组织内部以外的其他人能够看到、听到,且行为人主观上一般具有牟利的目的。而聚众淫乱罪尽管可以发生于公开场合,但聚众淫乱的行为并不在于进行表演供他人观赏,而在于行为人以及参加淫乱活动的人自己的某种精神上的满足,以填补其精神空虚,不具有牟利的目的。

2. 在行为表现方式上,本罪中除进行性淫乱行为以外,常见的方式多为脱衣舞、裸体舞表演;而聚众淫乱罪中淫乱行为虽常伴有脱衣、裸体行为,但这种行为主要在于为淫乱服务,行为内容主要是男女性交以及其他有关淫秽下流的行为。

3. 在犯罪主体上,本罪只处罚淫秽表演的组织者,对淫秽表演者不予定罪处罚;而聚众淫乱罪处罚的则是首要分子或多次参加者。另外,本罪中组织者往往并不直接参与淫秽表演；而在聚众淫乱罪中，首要分子一般直接参与淫乱活动。

司法实践中，行为人有时在组织他人进行淫乱活动的同时又组织他人进行观看，此种情况下，行为人虽有两个犯意，但一般认为只构成一个组织淫秽表演罪。因为，若将聚众淫乱的行为单独抽出，组织淫秽表演中，仅有组织观众的行为无以成立犯罪，而即使没有组织观众观看的行为，则行为人已单独地构成聚众淫乱罪，结合两方面考虑，宜以组织淫秽表演罪定罪。

量 刑 部 分

【量刑标准】

犯本罪的，处三年以下有期徒刑、拘役或者管制，并处罚金；情节严重的，处三年以上十年以下有期徒刑，并处罚金。

单位犯本罪的，对单位判处罚金，并对其直接负责的主管人员和其他直接责任人员，依照该条的规定处罚。

截至目前，尚无本罪名关于量刑的司法解释。

单位犯本节规定之罪的处罚　《刑法》第 366 条

单位犯本节第三百六十三条、第三百六十四条、第三百六十五条规定之罪的，对单位判处罚金，并对其直接负责的主管人员和其他直接责任人员，并对其直接负责的主管人员和其他直接责任人员，依照各该条的规定处罚。

淫秽物品的范围　《刑法》第 367 条

本法所称淫秽物品，是指具体描绘性行为或者露骨宣扬色情的诲淫性的书刊、影片、录像带、录音带、图片及其他淫秽物品。

有关人体生理、医学知识的科学著作不是淫秽物品。

包含有色情内容的有艺术价值的文学、艺术作品不视为淫秽物品。

第七章　危害国防利益罪

一、危害国防利益罪的概念

危害国防利益罪，是指危害作战和军事行动，危害国防物质基础和国防建设活动，妨害国防管理秩序，拒绝或者逃避履行国防义务，损害部队声誉的行为。《刑法》将危害国防利益罪作为一类罪纳入了其中，对危害国防利益的各种犯罪行为及其法律责任均作了明确的规定。这对于充分发挥刑罚的威慑力，打击和遏制危害国防利益的犯罪活动，保护国防利益不受侵害，对于推动我国国防法制建设的深入发展，维护我军铁的纪律，促进我军的革命化、现代化、正规化建设，都具有十分重要的意义。

二、危害国防利益罪的犯罪构成

（一）主体要件

这类犯罪的主体既可以是公民个人，也可以是法人，还有极个别的军职人员。

（二）主观要件

这类犯罪在主观上，既可以是故意，也可以是过失。至于犯罪动机，则可以是各种各样的。

（三）客观要件

这类犯罪在客观上表现为行为人实施了危害国防利益的行为。如妨害军事行动、破坏或者提供不合格武器装备和军事设施、妨害军事设施保护区秩序、危害战斗力、危害兵役制度，以及损害军队声誉等方面的危害较大的行为。

（四）客体要件

这类犯罪所侵犯的客体，是国家的国防利益。这是此类犯罪所具有的最本质的特征。

三、危害国防利益罪的种类

刑法分则第七章共十四个条文涉及二十三个具体罪名，即阻碍军人执行职务罪;阻碍军事行动罪;破坏武器装备、军事设施、军事通信罪;过失破坏武器装备、军事设施、军事通信罪;故意提供不合格武器装备、军事设施罪;过失提供不合格武器装备、军事设施罪;聚众冲击军事禁区罪;聚众扰乱军事管理区秩序罪;冒充军人招摇撞骗罪;雇用逃离部队军人罪;煽动军人逃离部队罪;接送不合格兵员罪;伪造、变造、买卖武装部队公文、证件、印章罪;非法生产、买卖武装部队制式服装罪;盗窃、抢夺武装部队公文、证件、印章罪;伪造、盗窃、买卖、非法提供、非法使用武装部队专用标志罪;战时拒绝、逃避征召、军事训练罪;战时拒绝、逃避服役罪;战时故意提供虚假敌情罪;战时造谣扰乱军心罪;战时窝藏逃离部队军人罪;战时拒绝、故意延误军事订货罪;战时拒绝军事征用罪。

阻碍军人执行职务罪 《刑法》第368条(一)

以暴力、威胁方法阻碍军人依法执行职务的,处三年以下有期徒刑、拘役、管制或者罚金。

定罪部分

【罪名概念】

阻碍军人执行职务罪,是指以暴力、威胁方法阻碍军人依法执行职务的行为。

【关联法律】

《中华人民共和国国防法》

(实施日期:1997年3月14日)(节录)

第九条 国家和社会对在国防活动中作出贡献的组织和个人,采取各种形式给予表彰和奖励。

违反本法和有关法律,拒绝履行国防义务或者危害国防利益的,依法追究法律责任。

第五十九条 军人应当受到全社会的尊重。

国家采取有效措施保护现役军人的荣誉、人格尊严,对现役军人的婚姻实行特别保护。

现役军人依法履行职责的行为受法律保护。

【犯罪构成】

(一)主体要件

本罪主体为一般主体。凡达到刑事责任年龄、具备刑事责任能力的自然人均可成为本罪的主体。如果是军人阻碍执行军事职务,由于《刑法》第四百二十六条作了特别规定,与《刑法》第三百六十八条形成法条竞合关系,对之应当依照特别法条即阻碍执行军事职务罪治罪科刑,而不按本罪定罪论处。

(二)主观要件

本罪在主观方面表现为故意,即行为人明知对方系正在执行职务的军人,却故意以暴力、威胁方法加以阻挠,以致对方停止、放弃、变更执行职务,或者无法正常执行职务;过失不构成本罪。行为人阻碍军人执行职务的动机是多种多样的,有的是不服从管理;有的是逞能;有的是无端滋事;有的是为了报复;还有的是为了发泄私愤等。如果行为人不知对方是正在执行职务,因其他原因以暴力殴打或以言语威胁的,则不构成本罪。

(三)客观要件

本罪在客观方面表现为行为人采用暴力或者威胁手段,阻碍军人依法执行职务。所谓"暴力",是指行为人对依法执行职务的军人的身体实施打击或者强制。例如拳打脚踢、或者用枪械、匕首、铁器、棍棒殴打,或者用绳索、铁丝、皮带捆绑等。实施暴力的结果,不仅使军人无法履行职务,而且有的还造成军人伤亡的后果。所谓"威胁",是指行为人以暴力相要挟,实行精神强制、心理压制,使军人产生心理恐惧,不能或者无法履行职责、执行任务。威胁既可以当其面进行,也可以通过电话、书信、传真或第三人转告等方式进行。其企图加害的对象,既可以是军人本人,亦可以是军人亲属。总之,暴力、威胁方法是本罪的重要特征。虽有阻碍执行职务的行为,但如果没有使用暴力、威胁方法,而只是对其进行顶撞、谩骂、不服从命令和指挥,则不能构成本罪。

行为人必须阻碍了军人依法执行职务。倘若没有阻碍其执行职务,如先企图阻碍但经过做工作后能及时让其执行职务,则不构成本罪。所谓阻碍,是指行为人通过各种方法使军人不能正常地行使自己的职权,履行自己的职责。其既表现为军人被迫停止、放弃自己所正在或需要执行的职务,亦表现为其被迫变更依法应当执行或从事职务的内容,对之应当注意把握。

阻碍军人依法执行职务,是指对军人依法执行职务造成障碍,使其不能顺利执行职务,如推翻或者烧毁军车,从而使执行职务的军人受阻等。依法执行职务,是指军人依照上级合法军事命令而执行职务。职务行为的"合法"是一个十分重要的前提。因此,如果阻碍军人不合法的行为,则不能构成本罪。

(四)客体要件

本罪侵害的客体是军职人员的正常执行职务活动。根据 1997 年 3 月 14 日第八届全国人大第五次会议通过的《国防法》第五十三条规定,公民和组织应当支持国防建设,为武装力量的军事训练、战备勤务、防卫作战等活动提供便利条件或者其他协助。第五十九条规定,现役军人依法履行职责的行为受法律保护。阻碍军人依法执行职务的行为,违反国防法规定的公民国防义务,直接危害国防利益。

犯罪对象是正在执行职务的军人,包括中国人民解放军的现役军官、文职干部、士兵及具有军籍的学员如中国人民武装警察部队的现役警官、文职干部、士兵及具有军籍的学员;执行军事任务的预备役人员和其他人员,以军人论。“预备役人员”,是指编入民兵组织或者经过登记服预备役的公民。“其他人员”,是指在军队和武警部队的机关、部队、院校、医院、基地、仓库等队列单位和事业单位工作的正式职员、工人,以及临时征用或者受委托执行军事任务的地方人员。这些人员执行的职务,是指军队条令、条例、规章制度以及上级决议、指示、命令所赋予军人的各项任务的活动,与军事利益以及国家利益、人民利益息息相关。他们在执行任务期间,被人民群众以暴力、威胁方法加以阻挠,就是妨害了军队各项任务的完成,破坏了有关军职人员的正常执行活动,损害了国家的军事利益。

【罪名辨析】

(一)本罪与非罪

区分罪与非罪的界限,要注意两点:一是要看行为人主观上有无故意阻挠军人执行职务的目的。如果属于对军人发牢骚、讲怪话、态度生硬,或者仅有一般嘲讽、辱骂,甚至轻微的顶撞行为,行为人并不希望对方停止、变更、放弃执行职务结果发生的,不应以犯罪论处;二是看客观上行为人是否实施了暴力、威胁手段,是否因此发生了军人停止、放弃、变更执行职务或无法执行职务的后果。如果行为人虽然实施了某种阻挠行为,但没有阻止军人正常执行职务,或者对方虽然出现了停止、放弃、变更执行职务或者无法执行职务的结果,但与行为人的行为并无必然的因果关系,也不应以犯罪论处。

(二)一罪与数罪的界限

因使用暴力方法犯本罪,致使军人重伤、死亡的,或者犯本罪时抢夺、抢劫军人枪支及其他武器装备的,应当按想象竞合犯处罚原则处理,即对行为人从一重罪处断。走私人员以暴力、威胁方法阻碍边防军人依法缉私的,应对行为人按走私罪与阻碍军人执行职务罪数罪处罚。

(三)本罪与妨害公务罪的界限

两罪在主观心理状态方面是相同的,都是基于故意;在客观方面都是以暴力和威胁方法为犯罪手段,实施了阻碍执行职务的行为。二者主体相同,都是一般主体,即可以是任何达到法定刑事责任年龄、具有刑事责任能力的人。其区别主要在于侵害的客体不同。阻碍军人执行职务罪侵害的客体是军职任务的正常执行活动,侵害的对象是军人;妨害公务罪侵害的客体是国家机关和红十字会的公务活动,侵犯的对象只能是正在依法执行职务、履行职责的国家机关工作人员、人民代表大会代表和红十字会工作人员。

(四)本罪与扰乱社会秩序罪的界限

阻碍军人执行职务罪与扰乱社会秩序罪的行为人在主体、主观心态、客观表现方式方面有相似之处,但也有明显的区别:(1)侵害的客体不同。前者侵害的客体是军人的正常执行职务活动,是国防利益;后者则是社会秩序。(2)侵害的对象不同。前者侵害的对象,必须是军人;后者则是针对特定的机关、单位等。(3)犯罪手段不尽相同。前者是使用暴力、威胁方法;后者的犯罪手段则是多种多样的,如暴力袭击、强行侵占、冲击、哄闹等。(4)犯罪结果不同。前者不一定造成具体的危害结果;而后者必须是情节严重,使国家、军队、社会遭受严重损失的,才构成犯罪。

(五)本罪与阻碍执行军事职务罪的界限

阻碍执行军事职务罪,是指以暴力、威胁方法阻碍指挥人员或者值班、值勤人员执行职务的行为。两罪侵犯的直接客体相近,为国防利益、军事利益,犯罪行为、主观方面相同,其主要区别是犯罪对象不同。前者的犯罪对象是所有依法执行职务的军人,而后者的犯罪对象仅指依法执行职务中的指挥人员和值班、值勤人员。

量刑部分

【量刑标准】

犯本罪的,处三年以下有期徒刑、拘役、管制或者罚金。

截至目前,尚无本罪名关于量刑的司法解释。

阻碍军事行动罪 《刑法》第368条(二)

故意阻碍武装部队军事行动,造成严重后果的,处五年以下有期徒刑或者拘役。

定罪部分

【罪名概念】

阻碍军事行动罪,是指非军职人员采用各种非法手段,阻挠武装部队的军事行动,造成严重后果的行为。

【关联法律】

《国防法》

(实施时间:1997年3月14日)(节录)

第九条 国家和社会对在国防活动中作出贡献的组织和个人,采取各种形式给予表彰和奖励。

违反本法和有关法律,拒绝履行国防义务或者危害国防利益的,依法追究法律责任。

第五十九条　军人应当受到全社会的尊重。

国家采取有效措施保护现役军人的荣誉、人格尊严，对现役军人的婚姻实行特别保护。

现役军人依法履行职责的行为受法律保护。

【犯罪构成】

（一）主体要件

本罪主体为一般主体。凡达到刑事责任年龄、具备刑事责任能力的自然人均可成为本罪的主体。

（二）主观要件

本罪在主观方面表现为故意，即明知是军事行动而仍决意阻碍。过失不能构成本罪。如果不知是在进行军事行动，则不能以本罪论处。当然，误认为是军人在依法执行职务而阻碍的，应构成阻碍军人执行职务罪。先不知道是军事行动但后来知道仍加以阻碍的，则应视为有本罪故意而可构成本罪。至于其动机，有的是出于某种政治目的，有的是为了维护个人自己的利益，有的是对军队不满，等等，但无论动机如何，均不会影响本罪成立。

（三）客观要件

本罪在客观方面表现为阻碍军事行动，造成严重后果的行为。

一方面，要有阻碍军事行动的行为。所谓阻碍，既可以采取暴力、威胁的方法，如围攻、殴打、掷石块、抢夺枪支、砸毁车辆，以揭露隐私、毁坏财产、加害人身相要挟等，又可以采取非暴力、威胁方法，如设置路障、静坐躺卧等。既可以采取积极的作为方式，如设置路障，煽动群众围堵，在军事行动区域包括陆地、空中、水域构筑违法建筑或障碍物，在净空区设置影响飞行或观察的障碍物，在军事行动区域饮用水中投入有害的物质，停水、停电、停气，用电波干扰军事通信或军用计算机工作，阻止部队通过等，又可以采取消极的不作为方式，如负责排除障碍的有关人员明知有障碍而不加排除造成军事行动阻碍。不论其采取何种方法，只要行为人的行为实质会造成军事行动的阻碍并且产生严重后果的，即可构成本罪。所谓军事行动，是指为达到一定政治目的而有组织地使用武装力量，即为军队 3 人以上战斗组织的军事活动。既包括和平时期的战争准备活动如兵力、兵器的部署和调配，预定战场如军事设施、工地的建设活动，军事训练及演习，平定叛乱、暴乱，实施戒严等，又包括战争时期的战争、战役及战斗等。如果所阻碍的不是上述军事行动，则不能构成本罪，构成犯罪，也应以他罪如阻碍军人执行职务罪等论处。

另一方面，必须因阻碍军事行动的行为造成了严重的后果才能构成本罪。虽有阻碍军事行动的行为，但没有造成实质损害或虽有实质损害但不是严重损害，都不能以本罪论处。所谓严重后果，主要是指因其行为造成军事演习不能按期完成而造成重大影响或者重大经济损失的；贻误战机的；造成战役、战斗失利的；造成人员伤亡或非战斗减员的;造成武器装备严重损坏或大量损坏而无法形成战斗力的,等等。

(四)客体要件

本罪侵犯的客体是武装部队的军事行动。《国防法》第二十二条规定,中华人民共和国的武装力量,由中国人民解放军现役部队和预备役部队、中国人民武装警察部队、民兵组成。由此,武装部队包括解放军部队、武装警察部队或民兵组织。

本罪侵犯的对象是军事行动。军事行动,是指为达到一定政治目的而有组织地使用武装力量的活动。武装部队的军事行动,是为防备和抵抗武装侵略,防备和粉碎颠覆政府、分裂国家的阴谋,保卫国家主权、统一、领土完整和安全所进行的具体活动。在和平时期,表现为实施兵力的部署和调动,进行军事训练和演习,执行戒严任务和处置突发性暴力事件等;在战争时期,表现为进行反侵略战争,参加战斗、战役。

根据《国防法》的规定,公民应当为武装力量的军事训练、战备勤务、防卫作战等活动提供便利条件或者其他协助。阻碍武装部队军事行动造成严重后果的行为,违反了国防法规定的公民国防义务,严重妨碍了国防和军队建设。

【罪名辨析】

(一)罪与非罪的界限

行为人实施阻碍军事行动的方法,可以采用放火、决水、爆炸、投毒,破坏交通工具、破坏交通设施,破坏通信设备,侵入国防建设领域的计算机信息系统,冲击军事机关,抢夺、抢劫枪支、弹药、爆炸物,杀人、伤害、绑架、非法剥夺人身自由等等,此时又会触犯其他罪名,对之应当以本罪与他罪中的一重罪处罚,而不实行数罪并罚。

本罪以故意阻碍武装部队军事行动,并造成严重后果作为犯罪构成要件。因此,过失阻碍武装部队军事行动不构成犯罪;虽然是故意阻碍武装部队军事行动,但未造成严重后果的,也不构成犯罪。从司法实践看,阻碍武装部队军事行动,往往由少数人煽动、蒙骗一些不明真相的人参与。对那些受蒙骗参与一般活动的人员,也不能按犯罪处理。

(二)本罪与阻碍军人执行职务罪的界限

两罪在犯罪主体、主观方面相同。其主要区别在于:(1)犯罪对象不同。前者的犯罪对象是武装部队,后者的犯罪对象是军人,是武装部队中执行某一项任务的少数人。(2)侵犯的客体不同。前者侵犯的直接客体是武装部队的军事行动,后者侵犯的直接客体是军人依法执行职务的活动。(3)犯罪的客观方面不同。前者的犯罪手段可以多种多样,但采取什么手段并不是犯罪构成的要件,后者以采用暴力、威胁方法作为犯罪构成要件;前者以造成严重后果作为犯罪构成要件,后者则没有把行为造成的后果作为犯罪构成要件。

（三）阻碍军事行动行为性质的认定

以武装叛乱、暴乱方式阻碍军事行动，属于牵连犯，应按照处理牵连犯的原则，从一重处罚，即以武装叛乱、暴乱罪定罪处罚。如果在阻碍军事行动过程中，策动、勾引、收买武装部队人员进行叛乱，则应分别以阻碍军事行动罪和武装叛乱罪定罪处刑，并实行数罪并罚。

量 刑 部 分

【量刑标准】

犯本罪，造成严重后果的，处五年以下有期徒刑或者拘役。

截至目前，尚无本罪名关于量刑的司法解释。

破坏武器装备、军事设施、军事通信罪　《刑法》第369条（一）

破坏武器装备、军事设施、军事通信的，处三年以下有期徒刑、拘役或者管制；破坏重要武器装备、军事设施、军事通信的，处三年以上十年以下有期徒刑；情节特别严重的，处十年以上有期徒刑、无期徒刑或者死刑。

过失犯前款罪，造成严重后果的，处三年以下有期徒刑或者拘役；造成特别严重后果的，处三年以上七年以下有期徒刑。

战时犯前两款罪的，从重处罚。

定 罪 部 分

【罪名概念】

破坏武器装备、军事设施、军事通信罪，是指以贪利、泄愤报复或者其他个人目的，故意破坏武器装备、军事设施、军事通信的行为。

【关联法律】

1.《军事设施保护法》

（实施日期：2014年6月27日）（节录）

第二条　本法所称军事设施，是指国家直接用于军事目的的下列建筑、场地和设备：

（一）指挥机关、地面和地下的指挥工程、作战工程；

（二）军用机场、港口、码头；

（三）营区、训练场、试验场；

（四）军用洞库、仓库；

(五)军用通信、侦察、导航、观测台站和测量、导航、助航标志;

(六)军用公路、铁路专用线,军用通信、输电线路,军用输油、输水管道;

(七)边防、海防管控设施;

(八)国务院和中央军事委员会规定的其他军事设施。

前款规定的军事设施,包括军队为执行任务必须设置的临时设施。

第四条 中华人民共和国的所有组织和公民都有保护军事设施的义务。

禁止任何组织或者个人破坏、危害军事设施。

任何组织或者个人对破坏、危害军事设施的行为,都有权检举、控告。

第四十六条 有下列行为之一的,依照《刑法》有关规定追究刑事责任:

(一)破坏军事设施的;

2.《国防交通条例》

(实施日期:2011年1月8日)(节录)

第五十一条 有下列行为之一的,依照《中华人民共和国治安管理处罚法》的有关规定给予处罚;构成犯罪的,依法追究刑事责任:

(三)破坏国防交通工程设施的;

3.《人民防空法》(节录)

第九条 国家保护人民防空设施不受侵害。禁止任何组织或者个人破坏、侵占人民防空设施。

第二十七条 任何组织或者个人不得进行影响人民防空工程使用或者降低人民防空工程防护能力的作业,不得向人民防空工程内排入废水、废气和倾倒废弃物,不得在人民防空工程内生产、储存爆炸、剧毒、易燃、放射性和腐蚀性物品。

第五十条 违反本法规定,故意损坏人民防空设施或者在人民防空工程内生产、储存爆炸、剧毒、易燃、放射性等危险品,尚不构成犯罪的,依照治安管理处罚法的有关规定处罚;构成犯罪的,依法追究刑事责任。

4.《国防法》(节录)

第九条 违反本法和有关法律,拒绝履行国防义务或者危害国防利益的,依法追究法律责任。

第五十二条 公民和组织应当保护国防设施,不得破坏、危害国防设施。

【犯罪构成】

(一)主体要件

本罪的主体是一般主体。

(二)主观要件

本罪在主观方面表现为故意,即明知是武器装备、军事设施或者军事通信而故意破坏。

（三）客观要件

本罪在客观方面表现为破坏武器装备、军事设施、军事通信的行为。所谓破坏武器装备、军事设施、军事通信，是指以各种方法使武器装备、军事设施、军事通信全部或部分不能正常使用。

（四）客体要件

本罪侵犯的客体是国防建设体现的国防利益。犯罪对象是武器装备、军事设施、军事通信。武器装备是指武装部队用于实施和保障作战行动的武器、武器系统和军事技术器材。军事设施是指国家直接用于军事目的的建筑、场地和设备。军事通信，是指武装部队为实施指挥或者武器控制而运用各种通信手段进行的信息传递活动。

【罪名辨析】

（一）区分本罪与破坏交通设施罪、破坏易燃易爆设备罪、破坏广播电视、公用电信设施罪的界限

这几个罪名在犯罪的主体、对象、犯罪的手段、犯罪的故意等方面有相同之处。其主要区别在于：(1)本罪属于危害军事利益的犯罪，而后几种罪是危害公共安全的犯罪；(2)本罪破坏的对象只限于军事设施，而后几种罪破坏的对象不限于军事设施。因此，凡是行为人，故意破坏军事设施，即使客观上也危害公共安全，仍应以破坏军事设施罪论处。

（二）本罪与故意毁坏财物罪的界限

本罪是一种比故意毁坏公私财物罪的危害大得多的犯罪。它的严重性不仅仅在于被破坏的武器装备、军事设施、军事通信的财产价值，而且在于这种破坏行为能够使武器装备丧失其应有的效能，从而严重影响我军的战备和战斗能力。其主要区别是：(1)侵犯的客体不同。本罪侵犯的客体是与武器装备的使用能力相联系的军事利益，而后者侵犯的客体是公私财物的所有权；(2)本罪破坏的是特定对象，即武器装备、军事设施、军事通信，后者破坏的对象，是各种公私财物。据此，非军职人员破坏武器装备、军事设施、军事通信以外的一般财物，如生活用品、办公设备等，或者破坏武器装备、军事设施、军事通信的局部，并不影响其使用的，应依故意毁坏财物论处。

（三）因盗窃而引起破坏武器装备、军事设施、军事通信的行为的定性

当前，因盗窃财物造成武器装备、军事设施、军事通信被破坏的现象比较普遍，这类犯罪属于牵连犯。在认定时，首先要根据因盗窃所破坏的武器装备、军事设施、军事通信的重要程度、犯罪情节、所盗物品的价值，分别确定破坏武器装备、军事设施、军事通信罪与盗窃罪应当适用的法定刑，然后按照重罪吸收轻罪的原则定罪处罚。

(四)用放火、爆炸等危险方法破坏武器装备、军事设施、军事通信的行为的定性

用放火、爆炸等危险方法破坏武器装备、军事设施、军事通信,属于牵连犯,应按照重罪吸收轻罪的原则,以放火罪、爆炸罪定罪处罚。

量刑部分

【量刑标准】

犯本罪的,处三年以下有期徒刑、拘役或者管制;破坏重要武器装备、军事设施、军事通信的,处三年以上十年以下有期徒刑;情节特别严重的,处十年以上有期徒刑、无期徒刑或者死刑。

截至目前,尚无本罪名关于量刑的司法解释。

过失损坏武器装备、军事设施、军事通信罪　《刑法》第369条(二)

过失破坏武器装备、军事设施、军事通信的,造成严重后果的,处三年以下有期徒刑或者拘役;造成特别严重后果的,处三年以上七年以下有期徒刑。

战时犯前两款罪的,从重处罚。

定罪部分

【罪名概念】

过失损坏武器装备、军事设施、军事通信罪,是指过失损坏武器装备、军事设施、军事通信的行为。

【关联法律】

1.《军事设施保护法》

(实施日期:2014年6月27日)(节录)

第二条　本法所称军事设施,是指国家直接用于军事目的的下列建筑、场地和设备:

(一)指挥机关、地面和地下的指挥工程、作战工程;

(二)军用机场、港口、码头;

(三)营区、训练场、试验场;

(四)军用洞库、仓库;

(五)军用通信、侦察、导航、观测台站和测量、导航、助航标志;

(六)军用公路、铁路专用线,军用通信、输电线路,军用输油、输水管道;

(七)防、海防管控设施;

(八)国务院和中央军事委员会规定的其他军事设施。

前款规定的军事设施,包括军队为执行任务必需设置的临时设施。

第四条　中华人民共和国的所有组织和公民都有保护军事设施的义务。

禁止任何组织或者个人破坏、危害军事设施。

任何组织或者个人对破坏、危害军事设施的行为,都有权检举、控告。

第四十六条　有下列行为之一的,依照《刑法》有关规定追究刑事责任:

(一)破坏军事设施的;

2.《国防交通条例》

(实施日期:2011年1月8日　国务院令第173号)(节录)

第五十一条　有下列行为之一的,依照《中华人民共和国治安管理处罚法》的有关规定给予处罚;构成犯罪的,依法追究刑事责任:

(三)破坏国防交通工程设施的;

3.《人民防空法》

第九条　国家保护人民防空设施不受侵害。禁止任何组织或者个人破坏、侵占人民防空设施。

第二十七条　任何组织或者个人不得进行影响人民防空工程使用或者降低人民防空工程防护能力的作业,不得向人民防空工程内排入废水、废气和倾倒废弃物,不得在人民防空工程内生产、储存爆炸、剧毒、易燃、放射性和腐蚀性物品。

第五十条　违反本法规定,故意损坏人民防空设施或者在人民防空工程内生产、储存爆炸、剧毒、易燃、放射性等危险品,尚不构成犯罪的,依照治安管理处罚法的有关规定处罚;构成犯罪的,依法追究刑事责任。

4.《国防法》(节录)

第九条　违反本法和有关法律,拒绝履行国防义务或者危害国防利益的,依法追究法律责任。

第五十二条　公民和组织应当保护国防设施,不得破坏、危害国防设施。

【犯罪构成】

(一)主体要件

本罪的主体为一般主体。凡达到刑事责任年龄、具备刑事责任能力的自然人均能成为本罪的主体。

(二)主观要件

本罪的主观方面表现为过失,即应当预见到自己的行为可能会造成破坏武器装备、军事设施或军事通信的严重后果,但由于疏忽大意没有预见到,或者已经预见到而轻信能够避免这种严重后果,以致造成武器装备、军事设施或军事通信被破坏并导致产生严重后果。

(三)客观要件

本罪在客观方面表现为过失破坏武器装备、军事设施或军事通信,造成严重后果的行为。破坏,即毁灭和损坏,是指使武器装备、军事设施、军事通信全部或部分地丧失其正常功能。过失,即应当预见到自己的行为可能会造成破坏武器装备、军事设施或军事通信的严重后果,但由于疏忽大意没有预见到,或者已经预见到轻信能够避免这种严重后果,以致发生破坏武器装备。破坏行为须对军事设施或军事通信造成严重后果。所谓严重后果,一般是指造成武器装备、军事设施或军事通信失去使用价值;造成重大财产损失或人员伤亡;严重影响军事行动,等等。

(四)客体要件

本罪侵犯的客体是国防建设秩序。武器装备、军事设施、军事通信设备和器材是重要的国防资产,是部队战斗力的重要组成部分,是国防建设的重要内容:我国《国防法》第三十九条规定,国家保护国防资产不受侵犯,保障国防资产的安全、完整和有效。禁止任何组织或者个人破坏、损害和侵占国防资产。故意破坏武器装备、军事设施、军事通信的行为;违反国防法律规定的公民国防义务,损害部队战斗力,削弱国防能力,危害国防安全。

本罪的犯罪对象,包括三种:一是武器装备,它是武装部队直接用于实施和保障作战行动的武器、武器系统和军事技术器材的统称。包括冷兵器、枪械、火炮、火箭、导弹、弹药、爆破器材、坦克及其他装甲战斗车辆、作战飞机、战斗舰艇、鱼雷、水雷、生物武器、化学武器、核武器、通信指挥器材、侦察探测器材、军用测绘器材、气象保障器材、雷达、电子对抗装备、情报处理设备、军用电子计算机、野战工程机械;渡河器材、伪装器材,“三防”装备;辅助飞机、勤务舰船、军用车辆等。二是军事设施,是指国家直接用于军事目的的建筑、场地和设备。包括:指挥机关、地面和地下的指挥工程、作战工程;军用机场、港口、码头;营区、训练场、试验场;军用洞库、仓库;军用通信、侦察、导航、观测台站和测量、导航、助航标志;军用公路、铁路专用线、军用通信、输电线路、军用输油、输水管道;国务院和中央军委规定的其他军事设施。三是军用通信,是指军队为实施指挥、运用通信工具或其他方法进行的信息传递,它是保障军队指挥的基本手段。如无线电通信、有线电通信、光通信、运动通信、简易信号通信等。

量刑部分

【量刑标准】

犯本罪的,处三年以下有期徒刑或者拘役。造成特别严重后果的,处三年以上七年以下有期徒刑。战时犯本罪的从重处罚。

截至目前,尚无本罪名关于量刑的司法解释。

故意提供不合格武器装备、军事设施罪　《刑法》第370条(一)

明知是不合格的武器装备、军事设施而提供给武装部队的，处五年以下有期徒刑或者拘役；情节严重的，处五年以上十年以下有期徒刑；情节特别严重的，处十年以上有期徒刑、无期徒刑或者死刑。

单位犯前款罪的，对单位判处罚金，并对其直接负责的主管人员和其他直接责任人员，依照第一款的规定处罚。

定罪部分

【罪名概念】

故意提供不合格武器装备、军事设施罪，是指明知是不合格的武器装备、军事设施而提供给武装部队的行为。

【司法解释】

最高人民检察院、公安部《关于公安机关管辖的刑事案件立案追诉标准的规定(一)》

(实施日期:2008年6月25日　公通字[2008]36号)(节录)

第八十七条　明知是不合格的武器装备、军事设施而提供给武装部队，涉嫌下列情形之一的，应予立案追诉:

(一)造成人员轻伤以上的;

(二)造成直接经济损失十万元以上的;

(三)提供不合格的枪支三支以上、子弹一百发以上、雷管五百枚以上、炸药五千克以上或者其他重要武器装备、军事设施的;

(四)影响作战、演习、抢险救灾等重大任务完成的;

(五)发生在战时的;

(六)其他故意提供不合格武器装备、军事设施应予追究刑事责任的情形。

【犯罪构成】

(一)主体要件

本罪的主体为特殊主体，即只有武器装备、军事设施的生产者和销售者才能构成本罪。国家对武器装备、军事设施的生产和销售有严格的规定，并非任何个人与企业都可以任意成为武器装备、军事设施的生产者和销售者。根据本条第三款规定，单位亦可成为本罪主体。

当生产、修理、施工、销售、采购等单位明知是不合格的武器装备、军事设施仍向武装部队提供就构成单位犯罪。

(二)主观要件

本罪在主观方面表现为故意。故意的心理,表现为对不合格的武器装备、军事设施是明知的,即明知其不合格仍然作为合格产品提供给武装部队。不知是不是合格的武器装备、军事设施而提供给武装部队的,不构成本罪。

(三)客观要件

本罪在客观方面表现为明知为不合格的武器装备、军事设施仍提供给武装部队的行为。首先,要有提供的行为。所谓提供,是指在科研、设计、勘察、测量、建设、施工、制造、修筑、修理、验收、采购、销售以及到部队使用全过程中某一环节出于故意而导致了不合格武器装备、军事设施的交付使用。既可以是有偿的,如被征购,又可以是无偿的,如被征用。方式如何并不影响本罪成立。其次,所提供的必须是不合格的武器装备或军事设施。所谓不合格,是指所提供的不符合规定的质量标准,如使用不合格的原料生产、制造武器装备或军事设施;提供的武器装备、军事设施包括外形、内部结构、坚固耐用程度等不符合各项技术、数量指标。最后,必须是向武装部队提供。虽有提供行为但不是提供给武装部队,也不能构成本罪。所谓武装部队,是指中国人民解放军部队、武装警察部队、预备役部队以及民兵组织。

对于明知是不合格的武器装备、军事设施提供给武装部队的,不要求必然引起严重后果,只要行为人实施了这一行为,即构成犯罪。

(四)客体要件

本罪侵犯的客体是国家的武器装备、军事设施的管理制度以及国家安全。我国有关军事法规对武器装备、军事设施的生产、销售有严格的规定,并建立了一整套相应的制度,任何不按规定要求的标准提供不合格的武器装备、军事设施的,都是对这一制度的侵犯。与此同时,武器装备、军事设施的用途在于对敌作战,保卫国家安全,但不合格的武器装备、军事设施被提供给武装部队,轻者造成人身伤亡,重者危及国防利益,因此,军事设施、武器装备不合格,提供给武装部队,其危害是极其严重的。

本罪的犯罪对象是不合格的武器装备、军事设施。武器装备,是指武装部队直接用于实施和保障作战行动的武器、武器系统和军事技术器材。包括冷兵器、枪械、火炮、火箭、导弹、弹药、爆破器材、坦克及其他装甲战斗车辆、作战飞机、战斗舰艇、鱼雷、水雷、生物武器、化学武器、核武器;通信指挥器材、侦察器材、军事测绘器材、气象保障器材、雷达、电子对抗装备、情报处理设备、军用电子计算机、野战工程机械、渡河器材、伪装器材、"三防"装备、辅助飞机、勤务舰船、军事车辆,等等。军事设施,是指国家直接用于军事目的的建筑、场地和设备,指挥机关、地面和地下的指挥工程、作战工程;军用机场、港口、码头;军用国库、仓库;营区、训练场、试验场;军用通信、侦察、导航、观测台站和测量寻航、助航标志;军用公路、铁路专用线、军用通信、输电线路、军用输油、输水管道;国务院和中央军委规定的其他军事设施。

所谓不合格的武器装备和军事设施，是指武器装备、军事设施不符合安全使用的标准。具体标准由国务院和中央军委作出规定。

【罪名辨析】

本罪与过失提供不合格武器装备、军事设施罪的界限

两罪的区别在于：

1. 过失提供不合格武器装备、军事设施罪的行为人，对自己行为可能发生危害国防安全的结果，应当预见而疏忽大意没有预见，或者虽然预见却轻信能够避免；故意提供不合格武器装备、军事设施罪的行为人，明知自己的行为会发生危害国防安全的结果，却希望或者放任这种危害结果的发生。

2. 后罪只有自然人才能构成；本罪则既可以是自然人，也可以是单位。

3. 后罪在客观方面必须以其行为造成严重后果为构成必要；而本罪则没有这一限制。

量刑部分

【量刑标准】

犯本罪的，处五年以下有期徒刑或者拘役；情节严重的，处五年以上十年以下有期徒刑；情节特别严重的，处十年以上有期徒刑、无期徒刑或者死刑。

单位犯本罪的，对单位判处罚金，并对其直接负责的主管人员和其他直接责任人员，依照该款的规定处罚。

截至目前，尚无本罪名关于量刑的司法解释。

过失提供不合格武器装备、军事设施罪 《刑法》第370条（二）

明知是不合格的武器装备、军事设施而提供给武装部队的，处五年以下有期徒刑或者拘役；情节严重的，处五年以上十年以下有期徒刑；情节特别严重的，处十年以上有期徒刑、无期徒刑或者死刑。

过失犯前款罪，造成严重后果的，处三年以下有期徒刑或者拘役；造成特别严重后果的，处三年以上七年以下有期徒刑。

定罪部分

【罪名概念】

过失提供不合格武器装备、军事设施罪，是指过失地将不合格的武器装备、军事设施提供给武装部队，造成严重后果的行为。

【司法解释】

最高人民检察院、公安部《关于公安机关管辖的刑事案件立案追诉标准的规定(一)》

(实施日期:2008 年 6 月 25 日　公通字[2008]36 号)(节录)

第八十八条　过失提供不合格武器装备、军事设施给武装部队,涉嫌下列情形之一的,应予立案追诉:

(一)造成死亡一人或者重伤三人以上的;

(二)造成直接经济损失三十万元以上的;

(三)严重影响作战、演习、抢险救灾等重大任务完成的;

(四)其他造成严重后果的情形。

【犯罪构成】

(一)主体要件

本罪的主体为特殊主体,即只有武器装备、军事设施的生产者和销售者才能构成本罪。国家对武器装备、军事设施的生产和销售有严格的规定,并非任何个人与企业都可以任意成为武器装备、军事设施的生产者和销售者。

(二)主观要件

本罪主观方面表现为过失。

(三)客观要件

本罪在客观方面表现为将不合格的武器装备、军事设施提供给武装部队造成严重后果的行为。所谓提供,包括为武装部队从事生产、制造、修筑、装配、修理等过程。提供不合格的武器装备、军事设施给武装部队的行为表现与上罪同,不再赘述。

过失提供不合格的武器装备、军事设施的,必须造成严重后果,才构成本罪,这是与故意提供不合格武器装备、军事设施罪的区别,仅有提供不合格武器装备、军事设施给武装部队的行为,但并非引起后果或者尚未造成严重后果的,一般不构成犯罪。所谓严重后果,是指造成装备、设施严重毁损,经济损失严重的;酿成人员伤亡的责任事故的;严重影响部队完成任务的等。

(四)客体要件

本罪侵犯的客体是国家的武器装备、军事设施的管理制度以及国家安全。我国有关军事法规对武器装备、军事设施的生产、销售有严格的规定,并建立了一整套相应的制度,任何不按规定要求的标准提供不合格的武器装备、军事设施的,都是对这一制度的侵犯。与此同时,武器装备、军事设施的用途在于对敌作战,保卫国家安全,但不合格的武器装备、军事设施被提供给武装部队,轻者造成人身伤亡,重者危及国防利益。

本罪的犯罪对象是不合格的武器装备、军事设施。不合格的武器装备和军事设施,是指武器装备、军事设施不符合安全使用的标准。具体标准由国务院和中央军委作出规定。

【罪名辨析】

本罪与故意提供不合格武器装备、军事设施罪的界限

两罪的区别在于：

1. 过失提供不合格武器装备、军事设施罪的行为人，对自己行为可能发生危害国防安全的结果，应当预见而疏忽大意没有预见，或者虽然预见却轻信能够避免；故意提供不合格武器装备、军事设施罪的行为人，明知自己的行为会发生危害国防安全的结果，却希望或者放任这种危害结果的发生。

2. 本罪只有自然人才能构成；后罪则既可以是自然人，也可以是单位。

3. 本罪在客观方面必须以其行为造成严重后果为构成必要；而后者则没有这一限制。

量刑部分

【量刑标准】

犯本罪的，处三年以下有期徒刑或者拘役；造成特别严重后果的，处三年以上七年以下有期徒刑。

截至目前，尚无本罪名关于量刑的司法解释。

聚众冲击军事禁区罪　《刑法》第371条(一)

聚众冲击军事禁区，严重扰乱军事禁区秩序的，对首要分子，处五年以上十年以下有期徒刑；对其他积极参加的，处五年以下有期徒刑、拘役、管制或者剥夺政治权利。

定罪部分

【罪名概念】

聚众冲击军事禁区罪，是指非军职人员违反法律规定，聚众冲击军事禁区，严重扰乱军事禁区秩序的行为。

【司法解释】

最高人民检察院、公安部《关于公安机关管辖的刑事案件立案追诉标准的规定(一)》

(实施日期:2008年6月25日　公通字[2008]36号)(节录)

第八十九条　组织、策划、指挥聚众冲击军事禁区或者积极参加聚众冲击军事

禁区,严重扰乱军事禁区秩序,涉嫌下列情形之一的,应予立案追诉:

(一)冲击三次以上或者一次冲击持续时间较长的;

(二)持械或者采取暴力手段冲击的;

(三)冲击重要军事禁区的;

(四)发生在战时的;

(五)其他严重扰乱军事禁区秩序应予追究刑事责任的情形。

【关联法律】

《军事设施保护法》

(实施日期:2014 年 6 月 27 日)(节录)

第三十三条　扰乱军事禁区、军事管理区的管理秩序,情节严重的,对首要分子和直接责任人员依照《刑法》有关规定追究刑事责任;情节轻微,尚不够刑事处罚的,适用《中华人民共和国治安管理处罚法》第二十三条的处罚规定。

第三十四条　在军事禁区非法进行摄影、摄像、录音、勘察、测量、描绘和记述,不听制止的,或者没收所使用的器材、工具;情节严重的,依照《刑法》有关规定追究刑事责任。

【犯罪构成】

(一)主体要件

本罪的主体是一般主体。即达到刑事责任年龄具有刑事责任能力的自然人均可构成本罪。

(二)主观要件

本罪在主观方面表现为故意。即行为人明知是军事禁区而冲击或者明知聚众冲击军事禁区会造成危害后果,却希望或者放任这种结果发生。过失不构成本罪。这种犯罪,行为人往往基于某种个人目的来故意实施,如泄私愤、为达到某种要求而通过聚众扰乱秩序来施加压力,等等。

(三)客观要件

本罪在客观方面表现为聚众冲击军事禁区,严重扰乱军事禁区秩序的行为。我国《军事设施保护法》第十五条规定:“禁止陆地、水域军事禁区管理单位以外的人员、车辆、船舶进入禁区,禁止对禁区进行摄影、摄像、录音、勘察、测量、描绘和记述,经军区级以上军事机关批准的除外……”第三十三条规定扰乱军事禁区的管理秩序,情节严重的,对首要分子和直接责任人员依照刑法有关规定追究刑事责任;情节轻微,尚不够刑事处罚的,适用《治安管理处罚法》的规定处罚等。这些都是军事禁区正常秩序的合法保障。“聚众冲击军事禁区”中的“聚众”是指纠集多人,强行闯入军事禁区,或占据办公地点,或毁坏财物,或殴打人员。“冲击”是指使用交通工具或徒步强行闯入军事禁区。“严重扰乱军事禁区秩序”是指冲击行为使军事指挥机关无法指挥;军事单位的人员、车辆、船只、舰艇无法通过,飞行无法起降;作战、训练、戒严、抢险救灾、战备、科研、教学等正常工作无法进行等。只有严重扰乱军事禁区秩序的行为才构成犯罪,严重扰乱一般是指使军事禁区的公共财物遭受严重损失的;军事活动和科研受到妨害而无法进行的;军事禁区受到破坏,导致严重经济损失,等等。聚众冲击军事禁区罪中,阻碍军人依法执行职务的,这种行为属于牵连犯,应按照处理牵连犯的原则,从一重罪处罚,不实行数罪并罚。

(四)客体要件

本罪侵犯的直接客体是军事禁区的正常管理秩序。军事禁区是指国家根据军事设施的性质作用、安全保密的需求和使用效能的特殊要求,依法划定一定范围内采取特殊措施,进行重点保护的区域。包括陆域、水域和空域。我国《军事设施保护法》第7条规定:"国家根据军事设施的性质、作用、安全保密的需要和使用效能的要求,划定军事禁区、军事管理区;没有划入军事禁区、军事管理区的军事设施,也应当采取保护措施。"军事禁区是保证军队作战、训练、战备、科研等军事活动正常进行,加强国防现代化建设,抵御外来侵略的特殊区域。我国的《国防法》和《军事设施保护法》规定,公民和组织都有保护军事设施、遵守保密规定的义务,不得破坏、危害军事设施和泄露国防方面的国家秘密。

【罪名辨析】

(一)本罪与非罪

区分罪与非罪的界限,要注意:本罪以"严重扰乱军事禁区秩序"作为犯罪构成要件。如果虽然有聚众冲击军事禁区的行为,但尚未达到严重扰乱军事禁区秩序的程度,或者虽然严重扰乱军事禁区秩序,但只属一般参与者,尚不属积极参加的,则都不构成犯罪,可由有关部门给予行政处罚。对于严重扰乱军事禁区秩序,但不知是军事禁区,可按其他有关罪定罪处罚,不按本罪处罚。

(二)本罪与聚众扰乱社会秩序罪的界限

两罪在客观方面、犯罪主体、主观方面相同。其区别:一是犯罪客体不同。前罪的客体是军事禁区管理秩序;后罪的客体是公共场所秩序或交通秩序。二是侵害的对象不同。前罪侵害的对象是军事禁区;后罪侵害的对象是公共场所。

(三)本罪与聚众冲击国家机关罪的界限

聚众冲击国家机关罪,是指聚众冲击国家机关,致使国家机关工作无法进行,造成严重损失的行为。两罪在犯罪主体、主观方面、客观方面相同或者近似,其主要区别在于:一是侵犯的客体不同。前者侵犯的直接客体是军事禁区秩序;后者侵犯的直接客体是国家机关工作秩序。二是犯罪对象不同。前者的犯罪对象是军事禁区;后者的犯罪对象是除军事机关外的其他国家机关工作区。

(四)本罪与武装叛乱形式冲击军事禁区,严重扰乱军事禁区秩序的行为的界限

聚众冲击军事禁区罪中的持械冲击军事禁区,与武装叛乱罪中的持械冲击军

事禁区相似。对以武装叛乱形式冲击军事禁区,严重扰乱军事禁区秩序的,属想象竞合犯,按照择一重罪处断的原则,应定武装叛乱罪进行处罚。

量 刑 部 分

【量刑标准】

犯本罪的,对首要分子,处五年以上十年以下有期徒刑;其他积极参加的,处五年以下有期徒刑、拘役、管制或者剥夺政治权利。

截至目前,尚无本罪名关于量刑的司法解释。

聚众扰乱军事管理区秩序罪 《刑法》第371条(二)

聚众扰乱军事管理区秩序,情节严重,致使军事管理区工作无法进行,造成严重损失的,对首要分子,处三年以上七年以下有期徒刑;对其他积极参加的,处三年以下有期徒刑、拘役、管制或者剥夺政治权利。

定 罪 部 分

【罪名概念】

聚众扰乱军事管理区秩序罪,是指聚众扰乱军事管理区秩序,情节严重,致使军事管理区工作无法进行,造成严重损害的行为。

【司法解释】

最高人民检察院、公安部《关于公安机关管辖的刑事案件立案追诉标准的规定(一)》

(实施日期:2008年6月25日　公通字[2008]36号)(节录)

第九十条　组织、策划、指挥聚众扰乱军事管理区秩序或者积极参加聚众扰乱军事管理区秩序,致使军事管理区工作无法进行,造成严重损失,涉嫌下列情形之一的,应予立案追诉:

(一)造成人员轻伤以上的;

(二)扰乱三次以上或者一次扰乱持续时间较长的;

(三)造成直接经济损失五万元以上的;

(四)持械或者采取暴力手段的;

(五)扰乱重要军事管理区秩序的;

(六)发生在战时的;

(七)其他聚众扰乱军事管理区秩序应予追究刑事责任的情形。

【关联法律】

《军事设施保护法》

（实施日期：2014 年 6 月 27 日）（节录）

第三十三条 扰乱军事禁区、军事管理区的管理秩序，情节严重的，对首要分子和直接责任人员依照《刑法》有关规定追究刑事责任；情节轻微，尚不够刑事处罚的，适用《中华人民共和国治安管理处罚法》第二十三条的处罚规定。

第三十四条 在军事禁区非法进行摄影、摄像、录音、勘察、测量、描绘和记述，不听制止的，或者没收所使用的器材、工具；情节严重的，依照《刑法》有关规定追究刑事责任。

【犯罪构成】

（一）主体要件

本罪的主体是一般主体。即达到刑事责任年龄具有刑事责任能力的自然人均可构成本罪。本罪属必要共犯，能构成本罪主体的只能是聚众扰乱军事管理区秩序的首要分子和其他积极参加者。其他人员即使参加了聚众扰乱，亦不以本罪论处，但不排除可以给予其他处罚，如罚款、行政拘留、劳动教养等。

（二）主观要件

本罪在主观方面表现为故意。行为人明知是军事管理区，仍然聚众扰乱军事管理区秩序，对其所造成的危害国防利益的后果持希望或者放任态度。过失不构成本罪。这种犯罪，行为人往往基于某种个人目的来故意实施，如泄私愤、为达到某种要求而通过聚众扰乱秩序来施加压力，等等。

（三）客观要件

本罪在客观方面表现为聚众扰乱军事管理区正常秩序，情节严重，致使军事管理区工作无法进行，造成严重损失的行为。我国《军事设施保护法》第十五条规定，禁止陆地、水域军事禁区管理单位以外的人员、车辆、船舶进入军事禁区，禁止对军事禁区进行摄影、摄像、录音、勘察、测量、描绘和记述，禁止航空器在军事禁区上空进行低空飞行。但是，经军区级以上军事机关批准的除外。禁止航空器进入空中军事禁区，但依照国家有关规定获得批准的除外。使用军事禁区的摄影、摄像、录音、勘察、测量、描绘和记述资料，应当经军区级以上军事机关批准。第四十六条规定，有下列行为之一，构成犯罪的，依法追究刑事责任：（一）破坏军事设施的；（二）盗窃、抢夺、抢劫军事设施的装备、物资、器材的；（三）泄露军事设施秘密的，或者为境外的机构、组织、人员窃取、刺探、收买、非法提供军事设施秘密的；（四）破坏军用无线电固定设施电磁环境，干扰军用无线电通信，情节严重的；（五）其他扰乱军事禁区、军事管理区管理秩序和危害军事设施安全的行为，情节严重的。这些都是军事管理区正常秩序的合法保障。

具体地说，扰乱军事管理区秩序的行为主要是聚众进行的，所谓聚众，是指聚集、纠合三人以上包括三人进行扰乱。所谓扰乱,是指冲击、哄闹军事管理区域,使用区域出现混乱不安局面,致使工作无法正常进行。其方式多种多样,有的在军事管理区域内的机关、单位的办公室、会议室、实验室、生产车间、训练基地等哄闹骚扰;有的殴打、辱骂军事管理人员;有的封锁要道、路口;有的强行截断电源、水源,等等。

本罪不仅要有聚众扰乱的行为,而且还必须属于情节严重并致军事管理区工作无法进行。所谓致使军事管理区工作无法进行,主要是指造成军事指挥机关无法指挥,军事单位的人员、车辆、舰艇无法通过,飞机无法升降,作战、训练、戒严、战备、教学、科研、生产、抗洪、抢险、救灾等军事管理区的工作无法开展。

根据司法实践的经验,"情节严重",司法实践中主要是指战时聚众扰乱军事管理区秩序的;长时间或者多次实施扰乱行为的;使用暴力或者采取其他恶劣手段的;纠集人数多、规模较大的等。"造成严重损失",主要是指导致军事秘密泄露的;致人伤亡的;造成严重经济损失或者严重政治影响的,等等。

(四)客体要件

本罪侵害的客体是复杂客体,不仅侵犯了军事设施的保密制度,也侵犯了军事管理区的秩序。"军事管理区",是指由国家根据军事设施的性质、作用、安全保密的需要和使用效能的要求而划定的采取比较严格保护措施的一定区域。由国务院和中央军事委员会确定,或者由军区根据国务院和中央军事委员会的规定确定。聚众扰乱军事管理区秩序的行为,违反国防法和军事设施保护法规定的公民国防义务,直接危害军事设施的安全和使用效能,威胁军事秘密的安全,危害国防利益。犯罪对象是军事管理区,包括管理区内的军事设施、各种建筑和山、水、林木等。

【罪名辨析】

(一)区分本罪与非罪的界限

本罪以聚众扰乱军事管理区秩序"情节严重","致使军事管理区工作无法进行","造成严重损失"作为犯罪构成要件。认定时,这三个条件必须同时具备,缺一不可。否则,不构成犯罪。情节轻微,尚不够刑事处罚的,比照《治安管理处罚条例》第23条处罚。

(二)区分本罪与聚众扰乱社会秩序罪的界限

聚众扰乱社会秩序罪,是指聚众扰乱社会秩序,情节严重,致使工作、生产、营业和教学、科研无法进行,造成严重损失的行为。两罪在犯罪主体、主观方面、客观方面相同或者近似,其主要区别在于:一是犯罪客体不同。前者侵犯的直接客体是军事管理区秩序;后者侵犯的直接客体是社会管理秩序。二是犯罪对象不同。前者的犯罪对象是军事管理区;后者的犯罪对象是非军事管理区。

量 刑 部 分

【量刑标准】

犯本罪的,对首要分子,处三年以上七年以下有期徒刑;对其他积极参加的,处三年以下有期徒刑、拘役、管制或者剥夺政治权利。

截至目前,尚无本罪名关于量刑的司法解释。

冒充军人招摇撞骗罪 《刑法》第372条

冒充军人招摇撞骗的,处三年以下有期徒刑、拘役、管制或者剥夺政治权利;情节严重的,处三年以上十年以下有期徒刑。

定 罪 部 分

【罪名概念】

冒充军人招摇撞骗罪,是指以谋取非法利益为目的,冒充军人招摇撞骗的行为。具体表现形式多种多样,如穿戴军人服饰行骗,使用伪造的军人证件行骗,等等。

【司法解释】

最高人民法院《关于审理非法生产、买卖武装部队车辆号牌等刑事案件具体应用法律若干问题的解释》

(实施日期:2002年4月17日 法释[2002]9号)(节录)

第四条 冒充军人使用伪造、变造、盗窃的武装部队车辆号牌,造成恶劣影响的,依照刑法第三百七十二条的规定定罪处罚。

【关联法律】

《国防法》

(实施日期:2009年8月27日)

第九条 (第二款)违反本法和有关法律,拒绝履行国防义务或者危害国防利益的,依法追究法律责任。

第二十五条 国家禁止任何组织或者个人非法建立武装组织,禁止非法武装活动,禁止冒充现役军人或者武装力量组织。

【犯罪构成】

(一)主体要件

本罪主体是一般主体,即任何年满十六周岁、具备刑事责任能力的自然人,都可以成为本罪的主体。

(二)主观要件

本罪主观方面表现为故意,且具有谋取非法利益的目的。所谓非法利益。既包括金钱、财物等物质利益,也包括荣誉待遇、异性的性爱等非物质利益。若行为人谋取的不是非法利益,例如,行为人为了顺利住宿或购买车船票而冒充军人的,单纯为了达到与他人结婚的目的而冒充军人的,等等,不构成本罪。

(三)客观要件

本罪在主观方面表现为实施了冒充军人招摇撞骗罪的行为。所谓招摇撞骗,是指假冒军人名义,进行炫耀,实施欺骗活动。具体表现形式多种多样,如穿戴军人服饰行骗,使用伪造的军人证件行骗,等等。

(四)客体要件

本罪侵犯的客体是军队的良好威信及其正常活动。

【罪名辨析】

(一)本罪与非罪的界限

构成本罪,行为人既要有冒充军人的行为,又要有招摇撞骗的活动。如果行为人仅仅为了满足自己的虚荣心而冒充军人,没有进行招摇撞骗的活动,则不构成犯罪。如果行为人进行了招摇撞骗的活动,但不是冒充军人名义实施的,则不构成本罪;构成其他罪的,按其他罪处理。

(二)本罪与招摇撞骗罪的界限

招摇撞骗罪,是指冒充国家机关工作人员招摇撞骗的行为。本法对这两个罪的规定存在法条竞合关系。其主要区别在于:一是侵犯的客体不同,前者侵犯的直接客体主要是军队的声誉及其正常活动,后者侵犯的直接客体主要是国家机关的声誉及其正常活动。二是犯罪对象不同,前者的犯罪对象是现役军人,后者的犯罪对象是除军事机关外的国家机关工作人员。

(三)本罪与诈骗罪的界限

这两种犯罪都表现为欺骗行为,而且冒充军人招摇撞骗罪也可以如诈骗罪那样骗取财物,因而容易混淆。这两种犯罪的区别主要表现在:

1. 侵害的客体不同。冒充军人招摇撞骗侵犯的客体主要是武装力量的威信及其正常活动;而诈骗罪侵犯的客体仅限于公私财产权利。

2. 行为手段不同。冒充军人招摇撞骗罪的手段只限于冒充军人的身份或职称进行诈骗;诈骗罪的手段并无此限制,而可以利用任何虚构事实、隐满真相的手段和方式进行。

3. 犯罪的主观目的有所不同。诈骗罪的犯罪目的,是希望非法占有公私财物;而冒充军人招摇撞骗罪的犯罪目的,是追求非法利益,其内容较诈骗罪的目的广泛一些,它可以包括非法占有公私财物,也可以包括其他非法利益。

4. 构成犯罪有无数额限制的不同。法律要求,只有诈骗数额较大以上的公私财物的，才可构成诈骗罪；而对冒充军人招摇撞骗罪的构成并无数额较大的要求，这是因为，这种犯罪未必一定表现为诈骗财物，而有可能是骗取其他非法利益，其严重的社会危害性，首先和集中地表现为由特定的犯罪手段所决定的对武装力量的威信和正常活动的破坏。

尽管冒充军人招摇撞骗罪与诈骗罪有上述区别，但在行为人冒充军人的身份或职称去骗取财物的情况下，一个行为同时触犯了两个罪名，属于想象竞合犯。处理想象竞合犯的案件应当按照从一重罪断的原则。结合这两个罪名的法定刑及这种犯罪的实际情况，一般认为，应该区分为骗取财物是否属于数额巨大两种情况分别对待，并都贯彻从一重罪处断的原则：在骗取财物不达数额巨大的情况下，诈骗罪在犯罪构成上有数额较大的条件限制，法定最高刑是三年以下有期徒刑；而冒充军人招摇撞骗罪在构成上无数额较大的限制，其法定最高刑是十年有期徒刑。显而易见，后者重于前者，因此这时应以冒充军人招摇撞骗罪定罪，如果达到数额巨大的情况，诈骗罪则是三年以上十年以下有期徒刑，如果是情节特别严重的，最高可达无期徒刑，显然诈骗罪重于冒充军人招摇撞骗罪。因此，在冒充军人骗取财物数额巨大的情况下，这种犯罪行为已不再能为冒充军人招摇撞骗罪所包括，而应适用数罪从一重罪处断的原则，以诈骗罪定罪量刑。

量 刑 部 分

【量刑标准】

犯本罪的，处三年以下有期徒刑、拘役、管制或者剥夺政治权利；情节严重的，处三年以上十年以下有期徒刑。

截至目前，尚无本罪名关于量刑的司法解释。

煽动军人逃离部队罪　《刑法》第373条(一)

煽动军人逃离部队，情节严重的，处三年以下有期徒刑、拘役或者管制。

定 罪 部 分

【罪名概念】

煽动军人逃离部队罪，是指煽动军人逃离部队，情节严重的行为。

【司法解释】

最高人民检察院、公安部《关于公安机关管辖的刑事案件立案追诉标准的规定（一）》

（实施日期：2008年6月25日　公通字［2008］36号）（节录）

第九十一条　煽动军人逃离部队,涉嫌下列情形之一的,应予立案追诉:

(一)煽动三人以上逃离部队的;

(二)煽动指挥人员、值班执勤人员或者其他负有重要职责人员逃离部队的;

(三)影响重要军事任务完成的;

(四)发生在战时的;

(五)其他情节严重的情形。

【关联法律】

《兵役法》

(实施日期:2011 年 10 月 29 日)(节录)

第六十七条第一款　现役军人以逃避服兵役为目的,拒绝履行职责或者逃离部队的,按照中央军事委员会的规定给予处分;构成犯罪的,依法追究刑事责任。

【犯罪构成】

(一)主体要件

本罪的主体为一般主体。凡达到刑事责任年龄、具备刑事责任能力的自然人均构成本罪。

(二)主观要件

本罪在主观方面表现为故意。即明知军人逃离部队是违反军纪军法的行为,仍然煽动其逃离部队的。过失不能构成本罪。其动机可多种多样,有的是怕被煽动人受苦、打仗身亡;有的是想为被煽动人找工作,让其多赚些钱;有的是对部队不满,意在瓦解其士气,等等,但无论动机如何,都不会影响本罪成立。

(三)客观要件

本罪在客观方面表现为煽动军人逃离部队,情节严重的行为。

煽动军人逃离部队,是指用语言、文字,如面谈、发表演说、寄送宣传材料、散发标语传单,鼓动正在服役的军人不经领导批准,擅自离开部队,或者虽经批准而逾期不归。煽动,是指采用语言、文字、图像等方式对军人进行鼓动、唆使、挑拨、劝说、请求、宣传、利诱、意图使其按自己的意图去实施所煽动的行为。既可以是口头的,如当面劝说、电话鼓动或者进行演讲、报告、呼喊口号,散布具有恐怖性的政治、军事、自然灾害谣言等,又可以是书面的,如利用书信、电报、电传甚或是书写、印刷、张贴、散发传单、刊物、书画、大小字报等,还可以是其他诸如电视、录像、投影、电影、影碟、计算机等现代化科学技术手段等。至于煽动的内容则是使军人逃离部队。所谓部队,既包括人民解放军部队与人民武装警察部队,又包括战时的预备役部队以及民兵组织。所谓使军人逃离部队,是指使被煽动之人未经批准擅自离开自己所在的部队,不要再继续服役,或者虽经批准,离队后拒不归队,逃避兵役义务,包括不经请假就私自离开部队,工作调动中离开原单位后不到新单位报到,病愈出院、完成出差任务、休假期满后不回部队等。

煽动军人逃离部队的行为，必须情节严重，才构成犯罪。“情节严重”，司法实践中，主要是指战时煽动军人逃离部队的；煽动指挥人员、作战部队人员或者负有其他重要职责的人员逃离部队的；多次煽动或者煽动多人逃离部队的；因煽动军人逃离部队影响部队完成重要任务的；煽动军人逃离部队后予以窝藏的；煽动军人逃离部队进行其他违法活动的等情形。

（四）客体要件

本罪侵犯的客体是部队兵员管理秩序。建立正常的兵员管理秩序，保证部队满员，是完成作战、训练、战备、值勤等任务的需要。煽动现役军人逃离部队情节严重的行为，违反了国防法规定的公民和组织应当支持国防建设的义务，严重妨害了部队兵员管理秩序，削弱了部队战斗力，影响了部队完成各项任务，危害了国防利益。犯罪对象是现役军人。

量刑部分

【量刑标准】

犯本罪的，处三年以下有期徒刑、拘役或者管制。

截至目前，尚无本罪名关于量刑的司法解释。

雇用逃离部队军人罪 《刑法》第373条(一)

明知是逃离部队的军人而雇用，情节严重的，处三年以下有期徒刑、拘役或者管制。

定罪部分

【罪名概念】

雇用逃离部队军人罪，是指非军职人员明知对方是逃离部队的军人而将其接收、聘用，情节严重的行为。

【司法解释】

最高人民检察院、公安部《关于公安机关管辖的刑事案件立案追诉标准的规定（一）》

（实施日期：2008年6月25日　公通字［2008］36号）（节录）

第九十二条　明知是逃离部队的军人而雇用，涉嫌下列情形之一的，应予立案追诉：

（一）雇用一人六个月以上的；

(二)雇用三人以上的;

(三)明知是逃离部队的指挥人员、值班执勤人员或者其他负有重要职责人员而雇用的;

(四)阻碍部队将被雇用军人带回的;

(五)其他情节严重的情形。

【关联法律】

《兵役法》

(实施时间:2011 年 10 月 29 日)(节录)

第六十七条第一款　现役军人以逃避服兵役为目的,拒绝履行职责或者逃离部队的,按照中央军事委员会的规定给予处分;构成犯罪的,依法追究刑事责任。

【犯罪构成】

(一)主体要件

本罪的主体为非军人。凡达到刑事责任年龄,具备刑事责任能力的自然人均能构成本罪。

(二)主观要件

本罪在主观方面表现为故意,即明知是逃离部队的军人而仍决意雇用。如果不知是军人或者虽然知道是军人但不知道是逃离部队的军人,如误认为是退役、转业军人或被开除军籍的军人等,就不能构成本罪。至于其动机,有的是为了企业或个人利益,有的是想让被雇佣人多赚些钱,有的则是为了窝藏等。

(三)客观要件

本罪在客观方面表现为雇用逃离部队的军人,情节严重的行为。所谓雇用,是指以货币、物品或者其他物质利益有偿聘请他人为自己提供劳动的行为,简言之即为有偿地使用他人的劳动力。其既可以是长期的,又可以是短期的;既可以是在战时,又可以是在平时,但这都不会影响本罪成立。雇用逃离部队军人的行为,必须达到"情节严重",才构成犯罪。所谓情节严重,主要指战时雇用逃离部队军人的;雇用多名逃避部队军人的;长期或者多次雇用逃离部队军人的;雇用逃离部队的指挥人员或者其他负有重要职责的军人的,因雇用逃离部队军人经教育后拒不改正的;因雇用逃离部队军人影响部队完成重要任务的;雇用逃离部队军人进行其他违法活动的等情形。

雇用逃离部队军人实施其他犯罪活动的性质。行为人雇用逃离部队军人后,又组织逃离部队军人实施其他犯罪活动的,应当分别定罪处刑,实行数罪并罚。如果行为人雇用逃离部队军人是为了实施其他犯罪活动,则应按照重罪吸收轻罪的原则定罪,从重处罚,不实行数罪并罚。

(四)客体要件

本罪侵犯的客体是部队兵员管理秩序。建立正常的兵员管理秩序,是部队完成作战、训练、战备、值勤等各项任务的需要和保证。近几年来，有的个人和单位置国法军纪于不顾，煽动、唆使军人逃离部队。更为严重的是，有的行为人对部队要求协助逃兵返回的要求和劝告置若罔闻，以暴力、威胁方法阻碍部队人员将逃兵带回，更有甚者，将逃兵予以安置、聘请、收留或另作安排，严重影响部队的管理秩序，有的造成极为恶劣的影响。雇用逃离部队军人的行为，违反国防法规定的公民应当支持国防建设的义务，严重妨害了部队兵员管理秩序，削弱了部队战斗力，危害了国防安全。

犯罪对象必须是逃离部队的军人，否则也不能构成其罪。军人，既包括解放军部队、武装警察部队的军人，又包括战时预备役部队及民兵组织的军人。所谓逃离部队的军人，是指未经批准擅自离开自己服役的解放军部队、武装警察部队以及执行军事任务的预备役部队和民兵组织或者虽经批准而逾期不归的军人。既包括逃离部队，情节严重已经构成犯罪的军人，又包括逃离部队不构成犯罪的军人。

【罪名辨析】

（一）罪与非罪的界限

本罪以明知是逃离部队的军人而雇用和情节严重作为犯罪构成要件。如果行为人不知道雇用的是逃离部队的军人，或者明知雇用的是逃离部队的军人，但不属于情节严重的，都不构成犯罪。

（二）本罪与窝藏罪的界限

1. 犯罪的客观方面不同

本罪只是有偿地使用逃离部队的军人为劳动力；而后者则是为犯罪分子提供藏身之处，使之不被司法机关发现或者为其提供财物、衣服、食品、交通工具、指示方向等帮助罪犯逃避搜捕、潜往他处隐藏，这种提供资助通常是无偿的。

2. 犯罪的对象不同

本罪对象既可以是逃离部队情节严重已构成犯罪的军人，又可以是逃离部队但尚不构成犯罪的军人；而后者则必为已经构成犯罪的人，既包括已经构成犯罪的军人，也包括其他犯罪的人。构成犯罪的军人，既可以是构成逃离部队罪的军人，也包括犯有其他罪行的军人，但不能是没有构成犯罪包括虽有逃离部队行为但不属于犯罪的军人。如果是出于窝藏故意而雇用构成逃离部队罪的军人，则同时触犯窝藏罪，此时应当择一重罪处罚。

量 刑 部 分

【量刑标准】

犯本罪的，处三年以下有期徒刑、拘役或者管制。

截至目前，尚无本罪名关于量刑的司法解释。

接送不合格兵员罪 《刑法》第374条

在征兵工作中徇私舞弊,接送不合格兵员,情节严重的,处三年以下有期徒刑或者拘役;造成特别严重后果的,处三年以上七年以下有期徒刑。

定罪部分

【罪名概念】

接送不合格兵员罪,是指征兵工作人员在征兵工作中徇私舞弊,将不符合条件的应征公民接送进部队,情节严重的行为。

【司法解释】

最高人民检察院、公安部《关于公安机关管辖的刑事案件立案追诉标准的规定(一)》

(实施日期:2008年6月25日　公通字[2008]36号)(节录)

第九十三条　在征兵工作中徇私舞弊,接送不合格兵员,涉嫌下列情形之一的,应予立案追诉:

(一)接送不合格特种条件兵员一名以上或者普通兵员三名以上的;

(二)发生在战时的;

(三)造成严重后果的

(四)其他情节严重的情形。

【关联法律】

《兵役法》

(实施时间:2011年10月29日)(节录)

第七十条　国家工作人员和军人在兵役工作中,有下列行为之一,构成犯罪的,依法追究刑事责任;尚不构成犯罪的,给予行政处分:

(三)徇私舞弊,接送不合格兵员的。

【犯罪构成】

(一)主体要件

本罪主体是特殊主体,即必须是具有在征兵工作中负有征兵职责的征兵工作人员。既包括地方武装部负责征兵工作的人员,也包括征兵部队派出的武装部队工作人员。

(二)主观要件

本罪在主观方面表现为故意,即行为人明知自己的徇私舞弊行为是违反有关法律规定的,明知自己行为可能产生的后果,而对这种后果的发生持希望或者放任的态度。至于行为人的犯罪动机可能是多种多样的,有的是为了贪图钱财等不法利益,有的是因碍于亲朋好友情面而徇私舞弊,有的是出于报复或嫉妒心理而徇私舞弊等。动机如何对本罪构成没有影响,可以在量刑时作为因素之一予以考虑。

(三)客观要件

本罪在客观方面表现为在征兵工作中徇私舞弊,接送不合格兵员,情节严重的行为。所谓征兵即兵员征集,是指按照《兵役法》的规定,征集应征公民到军队服兵役。就主体而言,既包括中华人民共和国解放军部队的征兵,又包括中华人民共和国武装警察部队的征兵,但不包括预备役部队及民兵组织的征集。就过程而言,征兵则泛指兵役登记、检查身份、政治审查、接送兵员等各个环节。在上述任何中的一个环节,如果徇私舞弊而接送不合格兵员,都可构成本罪。

徇私舞弊是指谋求私利、因徇私情,在征兵工作中故意弄虚作假,使不合格的应征人员征集成为军人。其具体形式多种多样,如把不合格的人予以兵役登记,在体检表上填写虚假的内容,隐瞒真实年龄和文化程度,伪造、变造、涂改入伍登记表,明知是不合格兵员仍然予以接收,等等。

接送不合格兵员,是指向部队输送或部队接收不合格兵员。不合格兵员,顾名思义,是指不符合法律规定的应征条件的兵员,有的是身体具有严重生理缺陷、残疾或患有严重疾病,致使身体达不到应征入伍的要求;有的是被依法剥夺政治权利或被判处刑罚的刑满释放人员,致使政治条件不符合要求;有的是年龄或文化程度不符合规定,在我国,根据《兵役法》规定,在平时:(1)每年 12 月 31 日以前年满十八周岁的男性公民,应当被征服现役;(2)当年未被征集的,在二十二周岁以前,仍可以被征集服现役;(3)根据军队需要,可按前两项条件征集女性公民服现役;(4)根据军队需要和自愿的原则,可以征集当年 12 月 31 日以前未满十八周岁的男女公民服现役。战时遇有特殊情况,国务院和中央军委可以决定征召三十六岁至四十五岁的男性公民服现役。兵员的文化程度,城镇公民必须是高中毕业以上,农村公民必须是初中毕业以上。凡是不符合上述年龄、文化程度的条件,即属年龄、文化程度不符合规定。

在征兵过程中出现的徇私舞弊现象比较多样,如为了谋求私利,使符合条件的应征公民没能入伍,使不符合条件的公民入伍;制造虚假情况或隐瞒事实真相;冒名顶替;超征、少征;应免征、缓征、不征的没免征、缓征、不征,不应免征、缓征、不征的却免征、缓征或不征;非法收受被征兵对象及其家属的款物等。接送不合格兵员,是对应征公民或征集对象的现实表现、个人经历和家庭状况、身体状况等,未严格进行审核或检查,而导致不符合政治、体格条件的兵员征入部队的情况。

接送不合格兵员的行为,必须达到情节严重才构成本罪。情节严重,是指以下几种情形:(1)徇私舞弊,谋取应征人员及其亲属的金钱、财物,数额较大的;(2)因谋取私利,而造成多个不合格兵员入伍的;(3)徇私舞弊,情节恶劣,使征集的不合格兵员在部队造成不良影响的;(4)在征兵过程中,徇私舞弊,屡教不改的;(5)战时因渎职行为而征集不合格兵员,影响部队军事行动的,等等。"造成特别严重后果的",是指因违法渎职造成大量不合格兵员进入部队的;征集的不合格兵员在部队违法犯罪或酿成重大恶性案件或政治事故的;征集的不合格兵员严重影响部队建设或作战训练等重大任务完成的,等等。

(四)客体要件

本罪侵犯的客体是国家征兵工作的正常活动。国家根据兵役法的规定,征集应征公民到军队服役,并就征集对象的政治、身体、文化、年龄等条件和征兵工作程序作了明确规定,这是保证兵员质量,提高部队战斗力的需要。《国防法》规定,各级兵役机关和基层人民武装机构应当依法办理兵役工作,按照国务院和中央军事委员会的命令完成征兵任务,保证兵员质量。其他有关国家机关、社会团体和企业事业单位应当依法完成民兵和预备役工作,协助兵役机关完成征兵任务。徇私舞弊行为使国家法律、法令的顺利实施受到严重干扰,损害了武装力量的威信,使征兵工作受到重大损失;尤其是征兵工作人员的徇私舞弊行为必然会严重损害国家和人民利益或者侵犯公民人身权利、民主权利和其他合法权益,在群众中造成恶劣影响,影响国家机关的工常活动。

量刑部分

【量刑标准】

犯本罪的,处三年以下有期徒刑、拘役或者管制;造成特别严重后果的,处三年以上七年以下有期徒刑。

截至目前,尚无本罪名关于量刑的司法解释。

伪造、变造、买卖武装部队公文、证件、印章罪 《刑法》第375条(一)

伪造、变造、买卖或者盗窃、抢夺武装部队公文、证件、印章的,处三年以下有期徒刑、拘役、管制或者剥夺政治权利;情节严重的,处三年以上十年以下有期徒刑。

定罪部分

【罪名概念】

伪造、变造、买卖武装部队公文、证件、印章罪,是指故意伪造、变造、买卖武装部队公文、证件、印章的行为。

【司法解释】

1. 最高人民法院、最高人民检察院《关于办理妨害武装部队制式服装、车辆号牌管理秩序等刑事案件具体应用法律若干问题的解释》

（实施日期:2011 年 8 月 1 日　法释[2011]16 号）（节录）

为依法惩治妨害武装部队制式服装、车辆号牌管理秩序等犯罪活动，维护国防利益，根据《中华人民共和国刑法》有关规定，现就办理非法生产、买卖武装部队制式服装，伪造、盗窃、买卖武装部队车辆号牌等刑事案件的若干问题解释如下：

第一条　伪造、变造、买卖或者盗窃、抢夺武装部队公文、证件、印章，具有下列情形之一的，应当依照刑法第三百七十五条第一款的规定，以伪造、变造、买卖武装部队公文、证件、印章罪或者盗窃、抢夺武装部队公文、证件、印章罪定罪处罚：

（一）伪造、变造、买卖或者盗窃、抢夺武装部队公文一件以上的；

（二）伪造、变造、买卖或者盗窃、抢夺武装部队军官证、士兵证、车辆行驶证、车辆驾驶证或者其他证件二本以上的；

（三）伪造、变造、买卖或者盗窃、抢夺武装部队机关印章、车辆牌证印章或者其他印章一枚以上的。

实施前款规定的行为，数量达到第（一）至（三）项规定标准五倍以上或者造成严重后果的，应当认定为刑法第三百七十五条第一款规定的“情节严重”。

第四条　买卖、盗窃、抢夺伪造、变造的武装部队公文、证件、印章的，买卖仿制的现行装备的武装部队制式服装情节严重的，盗窃、买卖、提供、使用伪造、变造的武装部队车辆号牌等专用标志情节严重的，应当追究刑事责任。定罪量刑标准适用本解释第一条至第三条的规定。

第五条　明知他人实施刑法第三百七十五条规定的犯罪行为，而为其生产、提供专用材料或者提供资金、账号、技术、生产经营场所等帮助的，以共犯论处。

第六条　实施刑法第三百七十五条规定的犯罪行为，同时又构成逃税、诈骗、冒充军人招摇撞骗等犯罪的，依照处罚较重的规定定罪处罚。

第七条　单位实施刑法第三百七十五条第二款、第三款规定的犯罪行为，对单位判处罚金，并对其直接负责的主管人员和其他直接责任人员，分别依照本解释的有关规定处罚。

2. 最高人民法院研究室《关于伪造、变造、买卖民用机动车号牌行为能否以伪造、变造、买卖国家机关证件罪定罪处罚问题的请示》的答复

（实施日期:2011 年 7 月 20 日）

最近，广东省委政法委要求我院就伪造、变造、买卖民用机动车号牌的行为能否以伪造、变造、买卖国家机关证件罪定罪处罚的问题提出处理意见。我院审判委员会研究时有两种不同意见。多数意见认为不应以伪造、变造、买卖国家机关证件罪定罪处罚。少数意见认为机动车号牌属于国家机关证件,对于伪造、变造、买卖民用机动车号牌且情节严重的行为,可以伪造、变造、买卖国家机关证件罪追究刑事责任。经请示,最高法院研究室作出答复,同意我院审委会多数人意见,伪造、变造、买卖民用机动车号牌行为不能以伪造、变造、买卖国家机关证件罪定罪处罚。最高法院研究室答复全文如下:

你院粤高法[2009]108号《关于伪造、变造、买卖民用机动车号牌行为能否以伪造、变造、买卖国家机关证件罪定罪处罚问题的请示》收悉。经研究,答复如下:

同意你院审委会讨论中的多数人意见,伪造、变造、买卖民用机动车号牌行为不能以伪造、变造、买卖国家机关证件罪定罪处罚。你院所请示问题的关键在于能否将机动车号牌认定为国家机关证件,从当前我国刑法的规定看,不能将机动车号牌认定为国家机关证件。理由在于:

一、刑法第280条第1款规定了伪造、变造、买卖国家机关公文、证件、印章罪,第281条规定了非法生产、买卖警用装备罪,将警用车辆号牌归属于警察专用标志,属于警用装备的范围。从这一点分析,证件与车辆号牌不具有同一性。如果具有同一性,刑法第280条中的证件就包括了警用车辆号牌,也就没有必要在第281条中单独明确列举警用车辆号牌了。同样的道理适用于刑法第375条的规定(刑法第375条第1款规定了伪造、变造、买卖武装部队公文、证件、印章罪、盗窃、抢夺武装部队公文、证件、印章罪,第2款规定了非法生产、买卖军用标志罪,而军用标志包括武装部队车辆号牌)。刑法规定非法生产、买卖警用装备罪和非法生产、买卖军用标志罪,明确对警用车辆号牌和军用车辆号牌进行保护,目的在于维护警用、军用标志性物品的专用权,而不是将警用和军用车辆号牌作为国家机关证件来保护。如果将机动车号牌认定为证件,那么非法买卖警用机动车号牌的行为,是认定为非法买卖国家机关证件罪还是非法买卖警用装备罪?这会导致刑法适用的混乱。

二、从刑罚处罚上看,如果将机动车号牌认定为国家机关证件,那么非法买卖的机动车号牌如果分别属于人民警察车辆号牌、武装部队车辆号牌、普通机动车号牌,同样一个行为就会得到不同的处理结果:对于前两者,根据刑法第281条、第375条第2款的规定,情节严重的,分别构成非法买卖警用装备罪、非法买卖军用标志罪,法定刑为三年以下有期徒刑、拘役或者管制,并处或者单处罚金。对于非法买卖民用机动车号牌,根据刑法第280条第1款的规定,不论情节是否严重,均构成买卖国家机关证件罪,情节一般的,处三年以下有期徒刑、拘役、管制或者剥夺政治权利;情节严重的,处三年以上十年以下有期徒刑。可见,将机动车号牌认定为证件,将使对非法买卖普通机动车号牌的刑罚处罚重于对非法买卖人民警察、武装部队车辆号牌的刑罚处罚,这显失公平,也有悖立法本意。

【犯罪构成】

（一）主体要件

本罪对行为主体没有限制，任何人都有可能构成该罪，即本罪主体为一般主体。

（二）主观要件

本罪在主观方面表现为故意。这里的故意，是指明知是伪造、变造、买卖武装部队公文、证件、印章的行为而有意实施的主观心理状态。

（三）客观要件

本罪的客观行为是伪造、变造、买卖武装部队公文、证件、印章。这里的伪造，是指无制作权的人冒用名义，非法制作。变造，是指采用涂改、擦涂、拼接、更换照片等方法，改变其原来真实内容。买卖，是指为某种目的，购进和出售。

（四）客体要件

本罪侵犯的客体是武装部队公文、证件、印章。这里的武装部队的公文，是指武装部队制作的用于公务活动的公函、通告、命令等档。武装部队的证件，是指武装部队制作、签发的用于证明单位和人员的身份、资历、授权、许可、权属等事项的各类凭证和依据。武装部队的印章，是指武装部队使用的单位公章、各种特殊用途的专用章及用于公务的个人印章。

量刑部分

【量刑标准】

犯本罪的，处三年以下有期徒刑、拘役、管制或者剥夺政治权利；情节严重的，处三年以上十年以下有期徒刑。

盗窃、抢夺武装部队公文、证件、印章罪　《刑法》第375条（二）

盗窃、抢夺武装部队公文、证件、印章的，处三年以下有期徒刑、拘役、管制或者剥夺政治权利；情节严重的，处三年以上十年以下有期徒刑。

定罪部分

【罪名概念】

盗窃、抢夺武装部队公文、证件、印章罪，是指盗窃、抢夺武装部队公文、证件、印章的行为。

【犯罪构成】

(一)主体要件

本罪的主体为一般主体,即年满十六周岁具有刑事责任能力的自然人,均可构成本罪。既可以是军人,又可以是非军人。

(二)主观要件

本罪在主观方面必须出于故意,即明知是武装部队的公文、证件及印章而仍决意盗窃或抢夺。过失不能构成本罪。如果不知是公文、证件、印章而盗窃或抢夺的,不能构成本罪,但可构成他罪,如盗窃罪、抢夺罪等。至于其动机可多种多样,或为了招摇撞骗,或为了出卖谋利,或为了自用,等等。不论动机如何,均不影响本罪成立。

(三)客观要件

本罪在客观方面表现为盗窃或抢夺武装部队公文、证件或印章的行为。所谓盗窃,即秘密窃取,是指行为人采取自认为不被公文、证件、印章的保管者、使用人、所有人发觉的方法暗中将公文、证件、印章取走的行为。盗窃的必须是武装部队的公文、证件或印章,才能构成本罪。如果所盗窃的不是公文、证件、印章,或者虽是公文、证件、印章但不属于武装部队的公文、证件或印章,亦不能构成本罪。构成犯罪的,应当以他罪如盗窃罪,盗窃国家机关公文、证件、印章罪等治罪。所谓抢夺,即公然夺取,是当着公文、证件、印章所有人、保管者、使用者的面而公然夺取公文、证件、印章的行为。既可以是乘人不备,又可以是在他备的情况下公然夺取,如在保管人患病、中轻度醉酒减弱防护能力但神智清醒的情况下公然夺取等。公然夺取必须针对武装部队的公文、证件、印章而实施。不然,虽有抢夺行为,但不是抢夺公文、证件及印章或虽是公文、证件或印章但不是武装部队的公文、证件或印章,也不能构成本罪。构成犯罪的,应是构成他罪,如抢夺罪、抢夺国家机关公文、证件、印章罪等。

本罪是选择性罪名,犯罪的行为方式有两种,犯罪对象是三种。行为人只要实施了其中的一种行为方式,侵犯了一种以上的犯罪对象,即构成本罪。但在确定具体罪名时,还应根据实施犯罪的具体行为方式和犯罪对象来定。如果行为人只是盗窃了武装部队的公文,就定盗窃武装部队公文罪;如果既盗窃了又抢夺了武装部队的证件,就定盗窃、抢夺武装部队证件罪,不实行并罚。行为人盗窃、抢夺武装部队公文、证件、印章是为了进行其他犯罪活动,则应当按照处理牵连犯的原则,从一重处罚。如果盗窃、抢夺武装部队公文、证件、印章的行为和进行其他犯罪的行为的法定刑相同时,可选择以犯罪目的条款定罪。

(四)客体要件

本罪侵犯的客体是武装部队公文、证件、印章管理秩序。武装部队的公文、证件、印章,是代表武装部队执行公务、履行职责等活动和表明其成员身份的依据和凭证。盗窃、抢夺武装部队公文、证件、印章的行为，严重扰乱武装部队执行公务、履行职责的活动，危害国防利益。

犯罪对象是武装部队的公文、证件、印章。所谓武装部队，是指中国人民解放军现役部队、预备役部队及中国人民武装警察部队，但不包括民兵组织。所谓武装部队的公文，是指以武装部队的机关、单位名义制作的以联系事情、指导工作、处理问题、下达命令的书面文件，如文件、公函、指示、命令、通告、通知、决议、决定、规定、报告、批复、信函、电文、介绍信、公告、通报、议案、请示、会议纪要等。其形成于武装部队执行职务或履行日常管理工作职责的过程中，与职务活动、管理工作紧密相连。此外，某些以武装部队的证件，是指有权的武装部队单位颁发的，用以证明身份、权利义务关系或者其他事项的凭证，如军官证、士兵证、文职干部证、出入证、军人通行证、军人驾驶证、介绍信、军事企业营业执照、转业证、退伍证、军队院校学员的学员证、学生证，学历、学位证书等。所谓武装部队的印章，是指刻有武装部队的机关、单位如军队司、政、后、院校、医院等名称的公章和具有某种特殊用途的专用章，如证件专用章、财务专用章等。机关、单位的领导、首长的个人私章、签名，如果能够起到武装部队机关、单位印章的证明作用，亦应视为本罪的印章。

【罪名辨析】

（一）本罪与伪造、变造、买卖国家机关公文证件、印章罪的界限

二者的犯罪的客体、主体、主观方面都是一致的，主要区别在于客观方面的差别：后罪表现为伪造、变造、买卖国家机关公文证件、印章的行为。如果行为人盗窃、抢夺真实的国家机关公文、证件、印章后加以变造、买卖的，或毁灭买卖的国家机关公文、证件、印章的，应当如何定罪？由于行为人先后触犯两种犯罪，而两者犯罪又具有牵连关系，因此应按牵连犯的原则论处。但二罪的法定刑是一致的。

（二）本罪与盗窃罪、抢夺罪、故意毁坏财物罪的界限

主要表现在：(1)侵犯的客体不同，后三罪侵犯的客体是公私财物的所有权；(2)侵犯的对象不同，后三罪侵犯的对象是一定的公私财物；(3)犯罪目的不同，后三罪的犯罪目的意在非法占有或毁坏公私财物。如果行为人意欲盗窃、抢夺公私财物，但窃取、夺取的是国家机关公文、证件、印章，或同时有国家机关公文、证件、印章，而后予以毁灭、买卖或加以变造的，应当以盗窃罪、抢夺罪与本罪或与变造国家机关公文、证件、印章罪进行并罚。

（三）本罪与盗窃、抢夺武装部队公文、证件、印章罪的界限

(1)侵犯的客体不同，后罪侵犯的是国家武装部队的信誉和正常管理活动。(2)侵犯的对象不同，后罪侵犯的是武装部队的公文、证件、印章。依据《刑法》第三百七十五条第一款规定，毁灭武装部队公文、证件、印章的，不构成该罪。如果毁灭军事机关的公文、证件、印章的，可考虑以本罪论处。

量刑部分

【量刑标准】

犯本罪的,处三年以下有期徒刑、拘役、管制或者剥夺政治权利;情节严重的,处三年以上十年以下有期徒刑。

截至目前,尚无本罪名关于量刑的司法解释。

非法生产、买卖武装部队制式服装罪　《刑法》第375条(三)

非法生产、买卖武装部队制式服装,情节严重的,处三年以下有期徒刑、拘役或者管制,并处或者单处罚金。

单位犯前款罪的,对单位判处罚金,并对其直接负责的主管人员和其他直接责任人员,依照该款的规定处罚。

定罪部分

【罪名概念】

非法生产、买卖武装部队制式服装罪,是指非法生产、买卖武装部队制式服装,情节严重的行为。

【犯罪构成】

(一)主体要件

本罪的犯罪主体是一般主体,即行为人是具备刑事责任年龄和刑事责任能力的自然人和单位。

(二)主观要件

本罪在犯罪主观方面表现为故意,以非法获利为目的。即是在知道或者应当知道的情形下实施非法生产、买卖武装部队制式服装,并希望这种结果发生。

(三)客观要件

本罪的客观方面表现为非法生产、买卖武装部队制式服装,情节严重的行为。非法生产、买卖主要包括以下两种情况:第一,未经许可、未获批准、未得委托擅自生产、交易武装部队的制式服装;第二,超过规定数量生产、买卖军用标志。所谓"情节严重",是指非法生产买卖武装部队制式服装数量较大的,影响部队执行作战、戒严等军事任务的,严重损害武装部队形象的,等等。

(四)客体要件

本罪侵犯的客体是武装部队制式服装的管理秩序。

量 刑 部 分

【量刑标准】

犯本罪，情节严重的，处三年以下有期徒刑、拘役或者管制，并处或者单处罚金。

单位犯前款罪的，对单位判处罚金，并对其直接负责的主管人员和其他直接责任人员，依照该款的规定处罚。

截至目前，尚无本罪名关于量刑的司法解释。

伪造、盗窃、买卖、非法提供、非法使用武装部队专用标志罪　《刑法》第375条（四）

伪造、盗窃、买卖或者非法提供、使用武装部队车辆号牌等专用标志，情节严重的，处三年以下有期徒刑、拘役或者管制，并处或者单处罚金；情节特别严重的，处三年以上七年以下有期徒刑，并处罚金。

单位犯前款罪的，对单位判处罚金，并对其直接负责的主管人员和其他直接责任人员，依照该款的规定处罚。

定 罪 部 分

【罪名概念】

伪造、盗窃、买卖、非法提供、非法使用武装部队专用标志罪，是指伪造、盗窃、买卖、非法提供、非法使用武装部队专用标志的行为。

【司法解释】

最高人民检察院、公安部《关于公安机关管辖的刑事案件立案追诉标准的规定（一）》

（实施日期：2008年6月25日　公通字［2008］36号）（节录）

第九十四条　非法生产、买卖武装部队制式服装、车辆号牌等军用标志，涉嫌下列情形之一的，应予立案追诉：

（一）成套制式服装三十套以上，或者非成套制式服装一百件以上的；

（二）军徽、军旗、肩章、星徽、帽徽、军种符号或者其他军用标志单种或者合计一百件以上的；

（三）军以上领导机关专用车辆号牌一副以上或者其他军用车辆号牌三副以上的；

（四）非法经营数额五千元以上，或者非法获利一千元以上的；

（五）被他人利用进行违法犯罪活动的；

(六)其他情节严重的情形。

【犯罪构成】

(一)主体要件

本罪的主体是一般主体,包括自然人和单位。对于自然人来说,只要达到刑事责任年龄,具备刑事责任能力,都可以成为本罪的主体,既可以是军人,也可以是非军人。对于单位来说,既包括无权生产、买卖的单位,也包括有权生产、买卖但超过规定的生产、买卖数量的单位。从事非法生产、买卖的单位既可以是公司、企业,也可以是机关、团体、事业单位。具体而言,就是公司、企业、事业单位、机关、团体为本单位谋取非法利益,经单位集体决定或者由负责人决定实施伪造、盗窃、买卖武装部队车辆号牌等专用标志,情节严重的,构成伪造、盗窃、买卖武装部队专用标志罪。

(二)主观要件

本罪的主观方面是故意,即行为人明知是武装部队的车辆号牌等专用标志而伪造、盗窃、买卖。如果行为人不明知是武装部队的车辆号牌等专用标志而实施上述行为的,不构成本罪,但可能构成其他犯罪。此外,过失不能构成本罪。

(三)客观要件

本罪的客观方面表现为单位或行为人实施了伪造、盗窃、买卖武装部队车辆号牌等专用标志,情节严重的行为。正确把握本罪的客观特征,应当注意以下两个问题。

1. 关于本罪的行为方式。

本罪的主要行为方式是伪造、盗窃、买卖。所谓"伪造",是指无制作权的人或者单位,非法制作武装部队车辆号牌等专用标志的行为;"盗窃",是指以非法占有为目的,秘密窃取武装部队车辆号牌等专用标志的行为;"买卖",是指以金钱为交换条件,购买或者销售武装部队车辆号牌等专用标志的行为。本罪是选择性罪名,行为人对武装部队车辆号牌等专用标志实施上述任何一种行为的,均构成犯罪。行为人既实施了伪造武装部队车辆号牌等专用标志的行为,同时还盗窃、买卖武装部队车辆号牌等专用标志的,不实行数罪并罚,不过应当在量刑时予以考虑。

2. 关于本罪的"情节严重"。

构成本罪,客观方面还要求情节严重。何谓本罪的"情节严重"?2002年4月8日通过的最高人民法院《关于审理非法生产、买卖武装部队车辆号牌等刑事案件具体应用法律若干问题的解释》(以下简称《解释》)曾就非法生产、买卖武装部队车辆号牌等专用标志属于《刑法》原第三百七十五条第二款规定的"情节严重"的情形作出过解释。根据该《解释》第二条的规定,非法生产、买卖武装部队车辆号牌等专用标志,具有下列情形之一的,属于《刑法》原第三百七十五条第二款规定的"情节严重":

(1)非法生产、买卖武装部队军以上领导机关专用车辆号牌的;

(2)非法生产、买卖武装部队其他车辆号牌三副以上的;

(3)具有其他严重情节的。

《刑法修正案(七)》虽然对《刑法》原第三百七十五条第二款作了重要修改,上述《解释》所指涉的"情节严重"也主要是针对非法生产、买卖武装部队车辆号牌等专用标志而言的,但对于本罪中伪造、盗窃武装部队专用标志是否达到"情节严重"的理解和判断,仍具有直接的指导意义,可作为认定本罪"情节严重"的参照标准。理由有以下两点:

一则本罪中的犯罪行为方式之一"买卖"与《解释》第二条中所针对的"买卖武装部队车辆号牌等专用标志"本就是同一种犯罪行为方式。

二则《刑法》原第三百七十五条第二款规定的"非法生产、买卖军用标志罪"的犯罪行为方式虽然与本罪的犯罪行为方式"伪造、盗窃"形式不同,但在对军用标志的管理秩序和武装部队信誉的损害上,实质上是一致的。

也就是说,从行为本质上看,本罪的"伪造、盗窃、买卖"行为方式与原非法生产、买卖军用标志罪中的非法"生产、买卖"行为方式的共同之处都在于揭示了行为人非法获得武装部队车辆号牌等专用标志。至于"其他严重情节",一般应包括下述情形:战时伪造、盗窃、买卖武装部队专用标志的;伪造、盗窃、买卖武装部队专用标志影响部队执行作战、戒严任务的;扰乱武装部队和社会管理秩序的;伪造、盗窃、买卖武装部队专用标志屡教不改的;严重损害武装部队形象和声誉的;造成其他严重后果的;等等。

(四)客体要件

本罪侵犯的客体是复杂客体,其中的主要客体是武装部队专用标志的管理秩序,次要客体是武装部队的信誉。所谓武装部队专用标志管理秩序,是指武装部队有关部门依据专用标志管理法规进行专用标志生产、发放和使用的秩序。伪造、盗窃、买卖武装部队车辆号牌等专用标志的行为,不仅严重妨害武装部队的正常管理活动和专用标志的管理秩序,而且容易被不法分子利用来从事走私、贩毒等违法犯罪活动,因而具有严重的社会危害性。不过应当指出的是,本罪的社会危害性,不仅表现在其对武装部队专用标志管理秩序的破坏上,而且也表现为其对武装部队信誉的严重损害。因此本罪侵犯的客体应当包括武装部队的信誉在内。犯罪分子正是通过实施伪造、盗窃、买卖武装部队车辆号牌等专用标志的行为,从而破坏了刑法所保护的社会关系——武装部队专用标志的管理秩序和信誉,从而严重危害了国防利益。

本罪的犯罪对象是武装部队车辆号牌等专用标志。武装部队车辆号牌等专用标志,是指由武装部队统一订购、监制,专供武装部队使用的军车号牌等专用标志。这种专用标志只能由武装部队及其成员依法使用,是武装部队进行各种活动,履行其巩固国防、抵御侵略、保卫祖国和维护社会秩序的职责的重要凭证。不过应当注意的是,本罪规定的武装部队专用标志仅限于武装部队制式服装以外的军车号牌等专用标志,不包括武装部队的制式服装。买卖武装部队制式服装的,以非法买卖武装部队制式服装罪定罪处罚。具体而言,军车号牌等专用标志,包括武装部队统一悬挂的军车号牌,以及其他表明武装部队性质和人员身份的军旗、军徽、胸徽、帽徽、肩徽、袖标、领花、专业符号等。

量刑部分

【量刑标准】

犯本罪,情节严重的,处三年以下有期徒刑、拘役或者管制,并处或者单处罚金;情节特别严重的,处三年以上七年以下有期徒刑,并处罚金。

单位犯前款罪的,对单位判处罚金,并对其直接负责的主管人员和其他直接责任人员,依照该款的规定处罚。

截至目前,尚无本罪名关于量刑的司法解释。

战时拒绝、逃避征召、军事训练罪 《刑法》第376条(一)

预备役人员战时拒绝、逃避征召或者军事训练,情节严重的,处三年以下有期徒刑或者拘役。

定罪部分

【罪名概念】

战时拒绝、逃避征召、军事训练罪,是指在战时,预备役人员拒绝、逃避征召或者拒绝、逃避军事训练,情节严重的行为。

【司法解释】

最高人民检察院、公安部《关于公安机关管辖的刑事案件立案追诉标准的规定(一)》

(实施日期:2008年6月25日　公通字[2008]36号)(节录)

第九十四条　[战时拒绝、逃避征召、军事训练案(刑法第三百七十六条第一款)]预备役人员战时拒绝、逃避征召或者军事训练,涉嫌下列情形之一的,应予立案追诉:

(一)无正当理由经教育仍拒绝、逃避征召或者军事训练的;

(二)以暴力、威胁、欺骗等手段,或者采取自伤、自残等方式拒绝、逃避征召或者军事训练的;

(三)联络、煽动他人共同拒绝、逃避征召或者军事训练的;

(四)其他情节严重的情形。

【关联法律】

1.《兵役法》

第六十六条　有服兵役义务的公民有下列行为之一的，由县级人民政府责令限期改正；逾期不改的，由县级人民政府强制其履行兵役义务，并可以处以罚款：

（一）拒绝、逃避兵役登记和体格检查的；

（二）应征公民拒绝、逃避征集的；

（三）预备役人员拒绝、逃避参加军事训练和执行军事勤务的。

有前款第（二）项行为，拒不改正的，不得录用为公务员或者参照公务员法管理的工作人员，两年内不得出国（境）或者升学。

国防生违反培养协议规定，不履行相应义务的，依法承担违约责任，根据情节，由所在学校作退学等处理；毕业后拒绝服现役的，依法承担违约责任，并依照本条第二款的规定处理。

战时有本条第一款第二项、第三项或者第三款行为，构成犯罪的，依法追究刑事责任。

2.《预备役军官法》

第六十三条　预备役军官有下列行为之一的，由县级人民政府责令限期改正；逾期不改正的，由县级以上地方人民政府强制其履行兵役义务；属于国家工作人员的，依法给予处分；构成犯罪的，依法追究刑事责任：

（一）拒绝或者逃避预备役登记的；

（二）拒绝或者逃避军事训练、执行军事勤务的；

（三）拒绝、逃避征召的。

【犯罪构成】

（一）主体要件

本罪的主体只能是预备役人员，非预备役人员不构成本罪。根据《兵役法》规定的精神，“预备役人员”是指军队外服兵役的人员，包括编入民兵组织或者经过登记服预备役的人员，他们积极履行兵役法所规定的兵役义务，是国家储备的后备兵源，是战时动员的主要对象。预备役人员，分为预备役军官和预备役士兵。预备役军官包括退出现役转为预备役的军官，确定服军官预备役的退出现役的士兵、高等院校毕业生、专职人武干部、民兵干部、非军事部门的干部和专业技术人员；预备役士兵包括编入基干民兵组织的人员，经过预备役登记的二十八岁以下退出现役的士兵和经过预备役登记的二十八岁以下的专业技术人员，编入普通民兵组织的人员和经过预备役登记的二十九岁至三十五岁退出现役的士兵，以及其他符合服士兵预备役条件的男性公民。

（二）主观要件

本罪的主观方面表现为故意，即明知在战时，且为国家的征召或者军事训练而仍故意拒绝或逃避。如果他人把征召说成是某种另外的活动,欺骗行为人致使其相信而事先逃避的,则行为人的逃避行为则不构成犯罪。其目的一般是为了逃避服役,犯罪动机则多为贪生怕死、怕苦怕累。

(三)客观要件

本罪在客观方面表现为在战时拒绝、逃避征召或拒绝、逃避军事训练,情节严重的行为。具体地表现在:

1. 这种行为必须发生在战时,若在平时则不构成本罪。所谓"战时",即战争时期。根据我国《宪法》规定,决定战时与否的职权,由全国人民代表大会常务委员会行使;决定武装力量是否处于战时状态的职权,由中华人民共和国中央军事委员会行使。《刑法》第四百五十一条规定,战时,是指国家宣布进入战争状态,部队受领作战任务或者遭敌突然袭击时。部队执行戒严任务或者处置突发性暴力事件时,以战时论。

2. 必须具有拒绝、逃避征召或拒绝、逃避军事训练的行为。对预备役人员的征召和军事训练是按照国家规定,公民必须履行的兵役义务。它是提高军队应战能力,提高后备兵员军政素质,实施快速动员的重要保证。预备役人员应尽力履行这种义务,特别是在战时,更不应以任何借口拒绝或逃避,否则就可能构成本罪。"征召",是指兵役机关依法向预备役人员发出通知,要求其按规定时间和地点报到,准备转服现役的活动。"军事训练",是指军事理论教育和作战能力训练的活动。"拒绝征召、军事训练",是指接到征召、军事训练通知后,拒不报到或者拒不参加军事训练。"逃避征召、军事训练",是指以谎报年龄、自伤身体、假装病残、外出藏匿、找人顶替等方法躲避征召、军事训练。按照法律规定,行为人只要实施了战时拒绝、逃避征召或者军事训练其中一种行为,就构成本罪;实施了两种行为的,仍为一罪,不实行并罚。

3. 拒绝、逃避征召或军事训练的行为必须是"情节严重"的才能构成本罪。可见,情节严重与否,是划分本罪与非罪的标准。所谓"情节严重",是指多次拒绝、逃避征召或军事训练;组织、煽动他人拒绝、逃避征召或军事训练;以暴力、威胁的方法拒绝征召、携带武器逃避军事训练,等等。

(四)客体要件

本罪侵犯的直接客体是兵役管理活动。根据兵役法的规定,我国公民不分民族、种族、职业、家庭出身、宗教信仰和教育程度,都有服兵役的义务,并实行以义务兵役制为主体的、义务兵与志愿兵相结合、民兵与预备役相结合的兵役制度,它不仅有利于部队兵员保持年轻力壮和加强后备力量的储备,而且也有利于在现代化条件下开展人民战争和提高战时快速动员的能力。预备役人员作为人民解放军的重要组成部分,不仅应恪尽军人职责,积极参加军事训练,更应适应战时需要,积极应召,投入军事训练,以转为现役军人,担负作战任务。如果预备役人员战时拒绝、逃避征召或军事训练,不仅破坏了部队的作战计划和行动,危害了国家的军事利益,而且严重侵犯国家的兵役管理活动。

量刑部分

【量刑标准】

犯本罪,情节严重的处三年以下有期徒刑或者拘役。

截至目前,尚无本罪名关于量刑的司法解释。

战时拒绝、逃避服役罪　《刑法》第376条(二)

公民战时拒绝、逃避服役,情节严重的,处二年以下有期徒刑或者拘役。

定罪部分

【罪名概念】

战时拒绝、逃避服役罪,是指公民战时拒绝、逃避服役,情节严重的行为。

【司法解释】

最高人民检察院、公安部《关于公安机关管辖的刑事案件立案追诉标准的规定(一)》

(实施日期:2008年6月25日　公通字[2008]36号)(节录)

第九十六条　公民战时拒绝、逃避服役,涉嫌下列情形之一的,应予立案追诉:

(一)无正当理由经教育仍拒绝、逃避服役的;

(二)以暴力、威胁、欺骗等手段,或者采取自伤、自残等方式拒绝、逃避服役的;

(三)联络、煽动他人共同拒绝、逃避服役的;

(四)其他情节严重的情形。

【关联法律】

《兵役法》

第六十六条　有服兵役义务的公民有下列行为之一的,由县级人民政府责令限期改正;逾期不改的,由县级人民政府强制其履行兵役义务,并可以处以罚款:

(一)拒绝、逃避兵役登记和体格检查的;

(二)应征公民拒绝、逃避征集的;

(三)预备役人员拒绝、逃避参加军事训练和执行军事勤务的。

有前款第(二)项行为,拒不改正的,不得录用为公务员或者参照公务员法管理的工作人员,两年内不得出国(境)或者升学。

国防生违反培养协议规定,不履行相应义务的,依法承担违约责任,根据情节,由所在学校作退学等处理;毕业后拒绝服现役的,依法承担违约责任,并依照本条第二款的规定处理。

战时有本条第一款第二项、第三项或者第三款行为,构成犯罪的,依法追究刑事责任。

【犯罪构成】

(一)主体要件

本罪的主体为一般主体。凡达到刑事责任年龄、具备刑事责任能力的自然人,均可成为本罪主体。本罪主体一般是年满十八周岁的公民。

(二)主观要件

本罪的主观方面表现为故意,其目的一般是为了逃避服役,犯罪动机则多为贪生怕死、怕苦怕累。

(三)客观要件

本罪在客观方面表现为在战时拒绝、逃避服兵役,情节严重的行为。具体地可从以下几方面理解:

1. 这种行为必须发生在战时,若在平时则不构成本罪。所谓"战时",即战争时期。根据我国宪法规定,决定战时与否的职权,由全国人民代表大会常务委员会行使;决定武装力量是否处于战时状态的职权,由中华人民共和国中央军事委员会行使。《刑法》第四百五十一条规定,战时,是指国家宣布进入战争状态、部队受领作战任务或者遇敌突然袭击时。部队执行戒严任务或者处置突发性暴力事件时,以战时论。

2. 必须具有拒绝、逃避服兵役的行为。拒绝服役,是指拒不接受服兵役。包括拒不服兵役和抗拒服兵役。逃避服役,是指以某种行为或虚假理由躲避服兵役。手段多样,如自伤身体,雇用或让他人冒名顶替;装病、装残及伪装其他身体不合格条件等。

3. 必须是情节严重的才能构成本罪。可见,情节严重与否,是划分本罪与非罪的标准。所谓"情节严重",是指多次拒绝、逃避服兵役;组织、煽动他人拒绝、逃避兵役;以暴力、威胁的方法拒绝服兵役,等等。

(四)客体要件

本罪侵犯的直接客体是兵役管理活动。我国宪法规定,依法服兵役,是每个公民的光荣义务。根据兵役法的规定,我国公民不分民族、种族、职业、家庭出身、宗教信仰和教育程度,都有服兵役的义务,应征公民服兵役,是兵役制度的重要组成部分。如果公民拒绝、逃避服兵役,是对兵役管理制度的侵犯。

量刑部分

【量刑标准】

犯本罪,情节严重的处二年以下有期徒刑或者拘役。

截至目前,尚无本罪名关于量刑的司法解释。

战时故意提供虚假敌情罪　《刑法》第377条

战时故意向武装部队提供虚假敌情,造成严重后果的,处三年以上十年以下有期徒刑;造成特别严重后果的,处十年以上有期徒刑或者无期徒刑。

定罪部分

【罪名概念】

战时故意提供虚假敌情罪,是指战时故意向武装部队提供虚假敌情,造成严重后果的行为。

【犯罪构成】

(一)主体要件

本罪主体是一般主体,即武装部队军事人员以外的具有刑事责任能力的自然人。

(二)主观要件

本罪主观方面是故意,过失不构成本罪。其犯罪动机有多种,如为邀功请赏而编造情报;因贪生怕死而夸大敌人的实力,为泄私愤等。

(三)客观要件

本罪客观方面表现为故意向武装部队提供虚假敌情的行为。武装部队是指中国人民解放军、中国人民武装警察部队、民兵和其他参加的武装力量。敌情是指敌人的军事情况,包括敌军的作战计划、军事布防、部队组成、军种、番号、武器装备、军事设置、作战意图、军事行动等一切与作战有关的情况。

1. 提供虚假敌情的行为必须发生在战时,才能构成本罪。这就是说,战时乃是构成本罪在时间上的必备要件。不在战时而在平时,即使有向武装部队提供虚假敌情的行为,也不能以本罪论处。所谓战时,是指国家宣布战争状态、部队受领作战任务或者遭受突然袭击时,部队执行戒严任务或者处置突发性暴力事件时,以战时论。

2. 提供虚假敌情的行为。所谓提供,是指采取各种方法将虚假的敌情告知武装部队,以让其知道。既包括书面的,又包括口头的;既可以当面提供,又可以通过书信、电话、电报或由第三人代为转告而不当面提供。既可以是主动提供,也可以是武装部队向其询问时而予以提供。不论方式如何,只要提供的属虚假敌情,即可构成本罪。所谓敌情,是指与我为敌的一方的一切有关信息情报,主要是军事情报,但不限于军事情报。凡属于与敌人军事行动相关,能影响我军对敌方军事行动的正确判断,可能产生错误认识或采取错误行动的各种情况,如敌军的车辆调度、物资采供、新闻管制、装备情况、所处地理位置等有关军事、政治、经济、地理、科学技术方面的情况,都属于敌情的范畴。所谓虚假敌情,是指不符合真实情况的敌方情况。有的是无中生有,编造或谎报根本不存在的敌情而加以提供;有的是故意改变敌情内容,或严重歪曲或夸大、隐瞒敌方的情况。前者如将敌军没有退却而谎称退却,没有设置雷区、雷阵而谎称其有等;后者则如将雷区位置变更地点,看见敌军通过,知道其向东而谎称向西;故意夸大敌军人数、武器装备等。

3. 造成严重后果,是构成本罪的必要条件。造成严重后果,是指因提供虚假敌情而扰乱了部队的作战部署,干扰了部队的军事行动,破坏了指挥人员的作战计划和安排等。

(四)客体要件

本罪侵犯的客体是武装部队的作战利益。武装部队的作战利益,是我军实现其职能的保障,是国家利益的重要方面,关系着国家主权、领土完整和人民的安危。战役、战斗的胜败,取决于指挥员全面掌握敌我双方真实情况基础上的决断。及时准确地掌握敌方兵力部署、武器装备等情况和有关动态,对于我方全面了解和正确估计敌我力量对比,调整作战部署,制定作战方案,以求克敌制胜,具有重要意义。若虚报敌情,武装部队就难以制订出符合客观实际的战略部署和行动方案,就会给部队招致危险,其后果不堪设想。

量 刑 部 分

【量刑标准】

犯本罪,造成严重后果的,处三年以上十年以下有期徒刑;造成特别严重后果的,处十年以上有期徒刑或者无期徒刑。

截至目前,尚无本罪名关于量刑的司法解释。

战时造谣扰乱军心罪 《刑法》第378条

战时造谣惑众,扰乱军心的,处三年以下有期徒刑、拘役或者管制;情节严重的,处三年以上十年以下有期徒刑。

定 罪 部 分

【罪名概念】

战时造谣扰乱军心罪，是指在战时制造谣言、宣扬失败情绪、扩散各种危害作战利益、蛊惑军心、扰乱军心的流言蜚语，使部队丧失作战能力的行为。

【犯罪构成】

（一）主体要件

本罪主体是除军人以外的一般主体，即年满十六周岁以上、具有刑事责任能力的自然人。

（二）主观要件

本罪主观方面是故意，过失不构成本罪。其犯罪动机有多种，如为邀功请赏而编造情报；因贪生怕死而夸大敌人的实力，为泄私愤等。

（三）客观要件

本罪在客观方面表现为以下几点：

1. 战时编造、扩散各种谣言、蛊惑人心、动摇军心；
2. 危害作战部队利益、造成不应有的损失和人员伤亡；
3. 造谣扰乱军心的行为是发生在战时。

（四）客体要件

本罪侵犯的客体是武装部队的作战利益。武装部队的作战利益，是我军实现其职能的保障，是国家利益的重要方面，关系着国家主权、领土完整和人民的安危。战役、战斗的胜败，取决于指挥员全面掌握敌我双方真实情况基础上的决断。及时准确地掌握敌方兵力部署、武器装备等情况和有关动态，对于我方全面了解和正确估计敌我力量对比，调整作战部署，制定作战方案，以求克敌制胜，具有重要意义。若虚报敌情，武装部队就难以制订出符合客观实际的战略部署和行动方案，就会给部队招致危险，其后果不堪设想。

量 刑 部 分

【量刑标准】

犯本罪的，处三年以下有期徒刑、拘役或者管制；情节严重的，处三年以上十年以下有期徒刑。

截至目前，尚无本罪名关于量刑的司法解释。

战时窝藏逃离部队军人罪　《刑法》第379条

战时明知是逃离部队的军人而为其提供隐蔽处所、财物，情节严重的，处三年以下有期徒刑或者拘役。

定罪部分

【罪名概念】

战时窝藏逃离部队军人罪,是指战时明知是逃离部队的军人而为其提供隐蔽处所、财物,情节严重的行为。

【司法解释】

最高人民检察院、公安部《关于公安机关管辖的刑事案件立案追诉标准的规定(一)》

(实施日期:2008年6月25日　公通字[2008]36号)(节录)

第九十七条　[战时窝藏逃离部队军人案(刑法第三百七十九条)]战时明知是逃离部队的军人而为其提供隐蔽处所、财物,涉嫌下列情形之一的,应予立案追诉:

(一)窝藏三人次以上的;

(二)明知是指挥人员、值班执勤人员或者其他负有重要职责人员而窝藏的;

(三)有关部门查找时拒不交出的;

(四)其他情节严重的情形。

【犯罪构成】

(一)主体要件

本罪主体为一般主体。凡达到刑事责任年龄、具备刑事责任能力的自然人均可构成本罪。

(二)主观要件

本罪在主观方面是故意,即行为人明知是逃离部队的军人而为其提供隐蔽处所、财物。如果不知是逃离部队的军人,以为是其他犯罪分子而予以包庇的,不构成本罪,应以包庇罪论处。如确属不知情而对逃离部队的军人予以收留、资助的不以本罪论。

(三)客观要件

本罪在客观方面表现为对逃离部队的军人故意提供隐蔽处所、财物,情节严重的行为。

所谓窝藏,在这里是指帮助逃离部队的军人进行隐藏,以使其逃避法律制裁或处罚。其不仅包括提供场所让其藏匿、隐藏,也包括为其指示地点帮助其隐藏,还包括为其提供财物资助以使其进一步逃跑或隐藏。其目的都是为了使逃离部队的人逃避有关部门的追查、寻找,进而逃避有关制裁。

逃离部队的军人,是指现役军人逃离部队的行为已经触犯刑律,足以构成犯罪,情节严重的情况。其既可以是逃离部队构成犯罪的军人,又可以是逃离部队尚未构成逃离部队罪亦没有其他罪行的军人。前者既包括逃离部队构成逃离部队罪的军人,又包括逃离部队犯有他罪的军人。窝藏逃离部队构成犯罪包括逃离部队罪或者他罪的军人,其又触犯窝藏罪,对之应当按想象竞合择一重罪从重处罚。所谓逃离部队的军人,是指不经请假而擅自离开自己所在解放军现役部队、武装警察部队以及执行军事任务的预备役部队或民兵组织的军人,虽经批准探亲、休假、住院、出差、学习但逾期不归的军人,以及虽在休假、学习、出差期间而遇到国家发布动员命令后不立即归队的军人等。对擅离部队或者逾假不归的军人,情节尚不严重,或者未造成任何危害后果的,尽管为其提供了隐蔽场所或资助少量钱物的,亦不应按犯罪论处。

窝藏逃离部队的军人必须发生在战时,才可构成本罪。不在战时而在平时,即使有窝藏行为,亦不能以本罪论处,但这不排除可以构成他罪如窝藏罪。何谓战时,具体可参见战时故意提供虚假敌情罪。

以战时窝藏逃离部队的军人须达到情节严重的才能构成其罪。情节严重,是指资助部队指挥人员或者其他负有重要职责的人员,如机要、保密人员;资助人数多的;资助时间长,次数多,数额大,屡教不改的;提供虚假情况,或为逃兵通风报信,使其逃脱的;拒绝认错,态度恶劣,且不改悔,以致贻误寻找时机,导致逃兵被俘、死亡等严重后果的,等等。只有在战时窝藏逃离部队的军人的才构成犯罪,平时不构成本罪。

(四)客体要件

本罪侵犯的客体是战时部队兵员管理秩序。战时严格部队的兵员管理,是完成各项任务、夺取作战胜利的需要。战时窝藏逃离部队军人情节严重的行为,违反国防法规定的公民应当支持国防建设的义务,严重妨害部队兵员管理秩序,削弱部队战斗力,危害国防利益。

【罪名辨析】

(一)区分本罪与雇用逃离部队军人罪的界限

二者对象相同,行为亦有某些相似,如都可能提供住食场所、财物等,因此,容易发生混淆,但两者还是有着本质的区别:(1)主观故意内容不同。本罪意图在于使其受到窝藏,即逃避部队及其他有关部门的查找;而后者则是为了使用逃离部队的军人的劳动力。其客观上虽有提供财物、住所的行为,但其目的在于使他为自己服务。因此,在有关部门向其查寻时一般不会为其说谎,而本罪行为人则通常会表现为积极给被窝藏人遮蔽。(2)客观行为不同。本罪为其提供隐蔽场所、财物一般是无偿的,并不想要对方提供劳动力加以偿还。在行为上,一般表现为暗地里隐藏、帮助其逃跑;而后者则表现为有偿聘请他人为自己服务,其不一定为其提供住宿场所。(3)对时间的要求不同。本罪必发生在战时;而后罪则无这一要求,既可以发生于战时,又可以发生在平时。有时候,行为人如果出于窝藏的故意,为其提供住处、财物,并让被窝藏之人提供一些劳动,形式似乎是雇用,实为窝藏,这时就应以本罪论处,而不是构成后罪。

(二)本罪与窝藏罪的区别

1. 主观要件不同。本罪在主观方面表现为明知是军人且为逃离部队的军人而仍决意窝藏;而后者则为明知是犯罪者而决意窝藏。

2. 犯罪对象不同。本罪行为的对象是逃离部队的军人。军人既可以是不构成任何犯罪的军人,又可以是构成犯罪包括逃离部队罪或他罪的军人,而后者则不一定是军人,既可以是军人,也可以是非军人,但必须是犯罪人。

3. 时间要求不同。本罪必以发生在战时为构成必要;而后者则无这一要求。

4. 客观要件不同。本罪属情节犯,行为必须达到情节严重的程度才有构成其罪;而后者则为行为犯,一般情况下,只要实施了窝藏行为,除非情节显著轻微危害不大的,都要以犯罪论处。情节严重则是其罪的一个加重处罚情节。

5. 客体不同。本罪所侵害的客体是部队的作战秩序及其兵役制度,进而指向国家的国防利益;而后者则是通过妨害司法机关的正常活动进而破坏社会管理秩序。当然,行为人在战时所窝藏的逃离部队的军人如果构成了犯罪,包括其逃离行为已构成逃离部队罪或具有其他罪行,这时又牵连触犯窝藏罪,对之应当择一重罪即后者从重处罚。

量刑部分

【量刑标准】

犯本罪,情节严重的,处三年以下有期徒刑或者拘役。

截至目前,尚无本罪名关于量刑的司法解释。

战时拒绝、故意延误军事订货罪 《刑法》第380条

战时拒绝或者故意延误军事订货,情节严重的,对单位判处罚金,并对其直接负责的主管人员和其他直接责任人员,处五年以下有期徒刑或者拘役;造成严重后果的,处五年以上有期徒刑。

定罪部分

【罪名概念】

战时拒绝、故意延误军事订货罪,是指战时有关生产、销售单位无正当理由拒绝、故意延误军事订货,情节严重的行为。

【司法解释】

最高人民检察院、公安部《关于公安机关管辖的刑事案件立案追诉标准的规定（一）》

（实施日期:2008 年 6 月 25 日　公通字[2008]36 号）（节录）

第九十八条　战时拒绝或者故意延误军事订货,涉嫌下列情形之一的,应予立案追诉:

（一）拒绝或者故意延误军事订货三次以上的;

（二）联络、煽动他人共同拒绝或者故意延误军事订货的;

（三）拒绝或者故意延误重要军事订货,影响重要军事任务完成的;

（四）其他情节严重的情形。

【关联法律】

《国防法》

（实施日期:1997 年 3 月 14 日）（节录）

第九条（第二款）违反本法和有关法律,拒绝履行国防义务或者危害国防利益的,依法追究法律责任。

第三十四条　国家根据国防建设的需要和社会主义市场经济的要求,实行国家军事订货制度,保障武器装备和其他军用物资的采购供应。

第五十一条　企业事业单位应当按照国家的要求承担国防科研生产任务,接受国家军事订货,提供符合质量标准的武器装备或者军用物资。

企业事业单位应当按照国家规定,在交通建设中贯彻国防要求。车站、港口、机场、道路等交通设施的管理单位应当为现役军人和军用车辆、船舶的通行提供优先服务,按照规定给予优待。

【犯罪构成】

（一）主体要件

本罪主体仅限于单位。承担刑事责任的是负有军事订货义务的生产、销售单位及其直接负责的主管人员和其他直接责任人员。

（二）主观要件

本罪在主观方面表现为故意。如果不是出于故意,而是客观上无法完成订货,没有条件完成军事订货,或是由于不可抗力及一些特殊困难,延误订货的,不构成本罪。

（三）客观要件

本罪在客观方面表现为战时拒绝或故意延误军事订货,情节严重的行为。所谓军事订货,是指部队根据国防安全利益的需要,依照有关法律规定,与行为人意欲达成或者已经达成的生产、供给某种国防建设物品合同的行为。这一军事订货的行为,其对象就是本罪主体应当从事生产、供给的物件,也称军事订货。军事订货,既包括军事卫星、航空器、坦克、火炮、汽车、装甲车等武器装备的订货,又包括供应军队作战、训练、施工、科研、后勤、医疗保障等军用物资的订货,还包括用于军事目的诸如各种建筑物、场地、设备等军事设施的订货等。总之,一切用于军事需要生产、制造、承建、修配、运输、贮存的物品,包括动产与不动产,都可属于军事订货的范畴。

军事订货是国防经济中体现商品经济和期货特点的一种军品交换方式。军事订货与其他民品订货一样,具有先成交后生产的特点,一般适用于大批量或价值量高的军品。采取订货方式,买方可以取得稳定的货源,卖方有可靠的销路,有利于加强军品生产、流通和军工企业经营的市场性、经济性、计划性。军事订货是事先通过签订合同或协议达成的交易,这种合同或协议的内容一般包括军品数量、质量、完成时限、交货与付款方式、价格等,具有约束买卖双方权利和义务的法律效力。

所谓拒绝,是指拒不接受部队向其要求的军事订货,即不愿意从事军事订货的科研、设计、生产、供给、修配、运输、承建等活动。所谓延误,是指虽然接受了军事订货,但却延期耽误,不按时交货,表现为消极的不作为。当然,构成本罪的拒绝、延误行为必须是无正当理由。行为人如果具有正当理由而拒绝或者延误订货的,自然不能构成本罪。所谓正当理由,是指客观存在的自己不具备完成军事订货条件的各种理由,如技术过不了关,人手确实不够,遇有自然灾害,发生意外事故致使停工停产等。如果具有完成生产订货的各种条件,却以时间紧、原料、资金、设备、人力不足,技术达不到要求等为借口而拒绝或消极怠工,故意制造事故而延误订货的,即应视为本罪的拒绝和延误。方式多种多样,有的是拒绝、延误生产、制作、加工、组装各种军事订货;有的是拒绝、延误组织供应、提供军事订货;还有的拒绝、延误修配、维修、运输、贮存、承建、设计、研究军事订货等。

拒绝、延误军事订货的行为发生在战时才能构成本罪。若在平时不是战时,即使有拒绝、延误军事订货的行为,也不能构成本罪。这是本罪在时间方面的必备要件,不可缺少。何谓战时,具体可参见战时故意提供虚假敌情罪,这里不再赘述。

根据本条规定,只有情节严重的拒绝、延误军事订货的行为才能构成本罪,尚未达到情节严重,即使具有拒绝、延误军事订货的行为也不能以本罪论处。所谓情节严重,主要是指多次拒绝或延误的;拒绝、延误大量军事订货的;因其行为造成诸如贻误战机,影响重大军事任务完成,致使战斗、战役失利,造成较大伤亡等后果的;等等。

(四)客体要件

本罪侵犯的客体是军事订货秩序。军事订货是军事部门根据国防需要,向军工部门或者其他经济部门订购武器装备和军用物资的活动。军事订货是保证部队武器装备和军用物资的供应,满足国防需要的主要手段。《国防法》第五十一条第一款规定："企业事业单位应当按照国家的要求承担国防科研生产任务，接受国家军事订货，提供符合质量标准的武器装备或者军用物资。"但是，随着新时期军事战略方针的确定，军品质量与其生产任务订货量少，成本高，利润低的矛盾日益突出。有些单位和个人出于经济利益考虑，对军品生产任务索价过高，达不到要求的拒绝接受订货；有的对已经签订合同的军品生产任务，百般拖延交货日期，有的已经严重贻误部队的使用，对国防利益造成潜在的威胁。

量刑部分

【量刑标准】

犯本罪，情节严重的，对单位判处罚金，并对其直接负责的主管人员和其他直接责任人员，处五年以下有期徒刑或者拘役；造成严重后果的，处五年以上有期徒刑。

截至目前，尚无本罪名关于量刑的司法解释。

战时拒绝军事征收、征用罪　《刑法》第381条

战时拒绝军事征收、征用，情节严重的，处三年以下有期徒刑或者拘役。

定罪部分

【罪名概念】

战时拒绝军事征收、征用罪，是指在战时情况下，公民对国家、政府和武装力量征用其所属的房屋、车辆、场地等作战所需的物资，能够提供而拒绝提供，情节严重的行为。

【司法解释】

最高人民检察院、公安部《关于公安机关管辖的刑事案件立案追诉标准的规定(一)》

（实施日期：2008年6月25日　公通字［2008］36号）（节录）

第九十九条　战时拒绝军事征用，涉嫌下列情形之一的，应予立案追诉：

（一）无正当理由拒绝军事征用三次以上的；

（二）采取暴力、威胁、欺骗等手段拒绝军事征用的；

（三）联络、煽动他人共同拒绝军事征用的；

（四）拒绝重要军事征用，影响重要军事任务完成的；

（五）其他情节严重的情形。

【关联法律】

《国防法》

(实施时间:1997 年 3 月 14 日)(节录)

第九条(第二款)违反本法和有关法律,拒绝履行国防义务或者危害国防利益的,依法追究法律责任。

第四十八条　国家根据动员需要,可以依法征收、征用组织和个人的设备设施、交通工具和其他物资。

县级以上人民政府对被征收、征用者因征用所造成的直接经济损失,按照国家有关规定给予适当补偿。

【犯罪构成】

(一)主体要件

本罪主体为一般主体。凡达到刑事责任年龄、具备刑事责任能力的自然人均可构成本罪。

(二)主观要件

本罪在主观方面表现为故意。动机不影响定罪。过失不构成本罪。

(三)客观要件

本罪在客观方面表现为战时拒绝征收、征用,情节严重的行为。征收是指征收主体国家基于公共利益需要,以行政权取得集体、个人财产所有权并给予适当补偿的行政行为。所谓军事征用,是指在战争或类似战争等紧急情况下,出于军事需要而依法有偿使用武装部队以外的其他任何单位包括机关、团体、党派、企事业单位以及个人的财物及其劳动力,包括房屋、场所、机器、设施、交通工具、粮草、药品、衣服等一切急需物品以及公民个人的劳动力。一般情况下,由执行作战任务或者其他类似任务的武装部队的指挥人员决定。县级以上人民政府,根据有关法律、法规,亦可决定进行军事征用。军事征用属于有偿征用,但这不是说在执行军事征用的当时就要给予补偿。当场无法给予补偿的,执行军事征用的单位应当给被征用人当场开具征用证明,在以后有可能时再行补偿。补偿的数额则仅限于由于军事征用造成被征用人的直接经济损失。所谓拒绝,是指拒不接受军事征收、征用,既可以是对有关单位的征用通知置之不理,依然我行我素,经教育仍不加以改正,又可以表现为以暴力、威胁方法拒绝征用。方式如何,并不影响本罪成立,只是本罪量刑时应当考虑的情节。

(四)客体要件

本罪侵犯的客体是军事征收、征用管理制度。在战争期间,国家和武装部队根据需要,对单位和公民个人的房屋、场所、设施、运输工具、工程机械等实施紧急征收、征用,是补充战时迅速组建扩建部队,提高部队的机动和运输等后勤保障能力,保证战争胜利的必要条件。在现代战争中,武装部队进行作战和实施扩编所需要的物资保障能力要求高，世界各国普遍采取征用措施，并对调用征购军用物资和设施的范围、对象、时机、权限、惩处等，在法律上作出明确规定。《国防法》第四十八条第一款规定："国家根据动员需要，可以依法征用组织和个人的设备设施、交通工具和其他物资。"国务院、中央军委1995年2月24日颁布的《国防交通条例》第五十一条规定，扰乱、妨碍军事运输和国防交通保障构成犯罪的，依法追究刑事责任。

量刑部分

【量刑标准】

犯本罪，情节严重的，处三年以下有期徒刑或者拘役。

截至目前，尚无本罪名关于量刑的司法解释。

第八章　贪污贿赂罪

一、贪污贿赂罪概念

贪污贿赂罪，是指国家工作人员或国有单位实施的贪污、受贿等侵犯国家廉政建设制度，以及与贪污、受贿犯罪密切相关的侵犯职务廉洁性的行为。

二、贪污贿赂罪犯罪构成

（一）犯罪主体

本类犯罪的主体包括两类，一类是自然人，一类是单位。就自然人来说，大多数是特殊主体，即国家工作人员。少数犯罪的主体为一般主体，如行贿罪、介绍贿赂罪等。就单位来说，既有纯正的单位犯罪，如私分国有资产罪、私分罚没财物罪，也有不纯正的单位犯罪，如对单位行贿罪。

（二）犯罪的主观方面

本类犯罪在主观方面均由故意构成，即行为人明知自己的行为会损害国家工作人员职务的廉洁性，并且希望或放任这种结果发生。过失不能构成本类犯罪。

（三）犯罪的客观方面

本类犯罪在客观方面表现为侵害国家廉政制度情节严重的行为。其中，多数为国家工作人员利用职务之便贪污、受贿、挪用公款，也有的是与国家工作人员职务密切相关，如拒不说明巨额财产来源、隐瞒境外存款，还有的是与国家工作人员受贿具有对向性的行贿、介绍贿赂的行为。行为方式除巨额财产来源不明罪、隐瞒境外存款罪表现为不作为之外，其他犯罪通常表现为作为。

（四）犯罪客体

本类犯罪侵犯的客体是国家的廉政建设制度。国家的廉政建设制度是以恪尽职守、廉洁奉公、吏治清明、反对腐败为其主要内容的。贪污、贿赂罪不仅严重地侵犯了公共财产的所有权，而且严重地侵蚀了党和国家的健康的机体，损害了党和政府在人民心目中的形象，妨害了国家的廉政建设制度。

三、危害国家安全罪种类

根据刑法分则第八章的规定和《刑法修正案（七）》《刑法修正案（九）》的规定，贪污贿赂罪共有十四个具体罪名。这十四种犯罪可分为两类：

贪污犯罪

贪污罪、挪用公款罪、巨额财产来源不明罪、隐瞒境外存款罪、私分国有资产罪和私分罚没财产罪。

贿赂犯罪

受贿罪、单位受贿罪、利用影响力受贿罪、行贿罪、对有影响力的人行贿罪、对单位行贿罪、介绍贿赂罪、单位行贿罪。

贪污罪　《刑法》第 382 条

国家工作人员利用职务上的便利，侵吞、窃取、骗取或者以其他手段非法占有公共财物的，是贪污罪。

受国家机关、国有公司、企业、事业单位、人民团体委托管理、经营国有财产的人员，利用职务上的便利，侵吞、窃取、骗取或者以其他手段非法占有国有财物的，以贪污论。与前两款所列人员勾结，伙同贪污的，以共犯论处。

定 罪 部 分

【罪名概念】

贪污罪，是指国家工作人员利用职务上的便利，侵吞、窃取、骗取或者以其他手段非法占有公共财物的行为。

【立法·司法解释】

1. 最高人民检察院《关于人民检察院直接受理立案侦查案件立案标准的规定（试行）》

（实施日期：1999 年 9 月 16 日　高检发释字［1999］2 号）（节录）

根据《中华人民共和国刑法》、《中华人民共和国刑事诉讼法》和其他法律之有关规定，对人民检察院直接受理立案侦查案件的立案标准规定如下：

一、贪污贿赂犯罪案件

（一）贪污案（第 382 条、第 383 条、第 183 条第 2 款、第 271 条第 2 款、第 394 条）贪污罪是指国家工作人员利用职务上的便利，侵吞、窃取、骗取或者以其他手段非法占有公共财物的行为。

"利用职务上的便利"是指利用职务上主管、管理、经手公共财物的权力及方便条件。

2.最高人民法院《关于审理贪污、职务侵占案件如何认定共同犯罪的几个问题的解释》

(实施日期:2000年7月8日　法释[2000]15号)(节录)

为依法审理贪污或者职务侵占犯罪案件,现就这类案件如何认定共同犯罪问题解释如下:

第一条　行为人与国家工作人员勾结,利用国家工作人员的职务便利,共同侵吞、窃取、骗取或者以其他手段非法占有公共财物的,以贪污罪共犯论处。

第二条　行为人与公司、企业或者其他单位的人员勾结,利用公司、企业或者其他单位人员的职务便利,共同将该单位财物非法占为已有,数额较大的,以职务侵占罪共犯论处。

第三条　公司、企业或者其他单位中,不具有国家工作人员身份的人与国家工作人员勾结,分别利用各自的职务便利,共同将本单位财物非法占为已有的,按照主犯的犯罪性质定罪。

3.全国人民代表大会常务委员会《关于〈中华人民共和国刑法〉第九十三条第二款的解释》

(实施日期:2000年4月29日)(节录)

全国人民代表大会常务委员会讨论了村民委员会等村基层组织人员在从事哪些工作时属于刑法第九十三条第二款规定的"其他依照法律从事公务的人员",解释如下:

村民委员会等村基层组织人员协助人民政府从事下列行政管理工作,属于刑法第九十三条第二款规定的"其他依照法律从事公务的人员":

(一)救灾、抢险、防汛、优抚、扶贫、移民、救济款物的管理;

(二)社会捐助公益事业款物的管理;

(三)国有土地的经营和管理;

(四)土地征用补偿费用的管理;

(五)代征、代缴税款;

(六)有关计划生育、户籍、征兵工作;

(七)协助人民政府从事的其他行政管理工作。村民委员会等村基层组织人员从事前款规定的公务,利用职务上的便利,非法占有公共财物、挪用公款、索取他人财物或者非法收受他人财物,构成犯罪的,适用刑法第三百八十二条和第三百八十三条贪污罪、第三百八十四条挪用公款罪、第三百八十五条和第三百八十六条受贿罪的规定。

4. 最高人民法院《全国法院审理经济犯罪案件工作座谈会纪要》

（实施日期：2003 年 11 月 13 日　法［2003］167 号）

为了进一步加强人民法院审判经济犯罪案件工作，最高人民法院于 2002 年 6 月 4 日至 6 日在重庆市召开了全国法院审理经济犯罪案件工作座谈会。各省、自治区、直辖市高级人民法院和解放军军事法院主管刑事审判工作的副院长和刑庭庭长参加了座谈会，全国人大常委会法制工作委员会、最高人民检察院、公安部也应邀派员参加了座谈会。座谈会总结了刑法和刑事诉讼法修订实施以来人民法院审理经济犯罪案件工作的情况和经验，分析了审理经济犯罪案件工作面临的形势和任务，对当前和今后一个时期进一步加强人民法院审判经济犯罪案件的工作做了部署。座谈会重点讨论了人民法院在审理贪污贿赂和渎职犯罪案件中遇到的有关适用法律的若干问题，并就其中一些带有普遍性的问题形成了共识。经整理并征求有关部门的意见，纪要如下：

一、关于贪污贿赂犯罪和渎职犯罪的主体

（一）国家机关工作人员的认定

刑法中所称的国家机关工作人员，是指在国家机关中从事公务的人员，包括在各级国家权力机关、行政机关、司法机关和军事机关中从事公务的人员。

根据有关立法解释的规定，在依照法律、法规规定行使国家行政管理职权的组织中从事公务的人员，或者在受国家机关委托代表国家行使职权的组织中从事公务的人员，或者虽未列入国家机关人员编制但在国家机关中从事公务的人员，视为国家机关工作人员。在乡（镇）以上中国共产党机关、人民政协机关中从事公务的人员，司法实践中也应当视为国家机关工作人员。

（二）国家机关、国有公司、企业、事业单位委派到非国有公司、企业、事业单位、社会团体从事公务的人员的认定

所谓委派，即委任、派遣，其形式多种多样，如任命、指派、提名、批准等。不论被委派的人身份如何，只要是接受国家机关、国有公司、企业、事业单位委派，代表国家机关、国有公司、企业、事业单位在非国有公司、企业、事业单位、社会团体中从事组织、领导、监督、管理等工作，都可以认定为国家机关、国有公司、企业、事业单位委派到非国有公司、企业、事业单位、社会团体从事公务的人员。如国家机关、国有公司、企业、事业单位委派在国有控股或者参股的股份有限公司从事组织、领导、监督、管理等工作的人员，应当以国家工作人员论。国有公司、企业改制为股份有限公司后，原国有公司、企业的工作人员和股份有限公司新任命的人员中，除代表国有投资主体行使监督、管理职权的人外，不以国家工作人员论。

（三）"其他依照法律从事公务的人员"的认定

刑法第九十三条第二款规定的"其他依照法律从事公务的人员"应当具有两个特征：一是在特定条件下行使国家管理职能；二是依照法律规定从事公务。具体包

括:(1)依法履行职责的各级人民代表大会代表;(2)依法履行审判职责的人民陪审员;(3)协助乡镇人民政府、街道办事处从事行政管理工作的村民委员会、居民委员会等农村和城市基层组织人员;(4)其他由法律授权从事公务的人员。

(四)关于"从事公务"的理解

从事公务,是指代表国家机关、国有公司、企业、事业单位、人民团体等履行组织、领导、监督、管理等职责。公务主要表现为与职权相联系的公共事务以及监督、管理国有财产的职务活动。如国家机关工作人员依法履行职责,国有公司的董事、经理、监事、会计、出纳人员等管理、监督国有财产等活动,属于从事公务。那些不具备职权内容的劳务活动、技术服务工作,如售货员、售票员等所从事的工作,一般不认为是公务。

二、关于贪污罪

(一)贪污罪既遂与未遂的认定

贪污罪是一种以非法占有为目的的财产性职务犯罪,与盗窃、诈骗、抢夺等侵犯财产罪一样,应当以行为人是否实际控制财物作为区分贪污罪既遂与未遂的标准。对于行为人利用职务上的便利,实施了虚假平账等贪污行为,但公共财物尚未实际转移,或者尚未被行为人控制就被查获的,应当认定为贪污未遂。行为人控制公共财物后,是否将财物据为己有,不影响贪污既遂的认定。

(二)"受委托管理、经营国有财产"的认定

刑法第三百八十二条第二款规定的"受委托管理、经营国有财产",是指因承包、租赁、临时聘用等管理、经营国有财产。

(三)国家工作人员与非国家工作人员勾结共同非法占有单位财物行为的认定

对于国家工作人员与他人勾结,共同非法占有单位财物的行为,应当按照《最高人民法院关于审理贪污、职务侵占案件如何认定共同犯罪几个问题的解释》的规定定罪处罚。对于在公司、企业或者其他单位中,非国家工作人员与国家工作人员勾结,分别利用各自的职务便利,共同将本单位财物非法占有的,应当尽量区分主从犯,按照主犯的犯罪性质定罪。司法实践中,如果根据案件的实际情况,各共同犯罪人在共同犯罪中的地位、作用相当,难以区分主从犯的,可以贪污罪定罪处罚。

(四)共同贪污犯罪中"个人贪污数额"的认定

刑法第三百八十三条第一款规定的"个人贪污数额",在共同贪污犯罪案件中应理解为个人所参与或者组织、指挥共同贪污的数额,不能只按个人实际分得的赃款数额来认定。对共同贪污犯罪中的从犯,应当按照其所参与的共同贪污的数额确定量刑幅度,并依照刑法第二十七条第二款的规定,从轻、减轻处罚或者免除处罚。

5. 最高人民法院、最高人民检察院《关于办理贪污贿赂刑事案件适用法律若干问题的解释》

(实施日期:2016 年 4 月 18 日　法释[2016]9 号)(节录)

第一条　贪污或者受贿数额在三万元以上不满二十万元的，应当认定为刑法第三百八十三条第一款规定的“数额较大”，依法判处三年以下有期徒刑或者拘役，并处罚金。

贪污数额在一万元以上不满三万元，具有下列情形之一的，应当认定为刑法第三百八十三条第一款规定的“其他较重情节”，依法判处三年以下有期徒刑或者拘役，并处罚金：

（一）贪污救灾、抢险、防汛、优抚、扶贫、移民、救济、防疫、社会捐助等特定款物的；

（二）曾因贪污、受贿、挪用公款受过党纪、行政处分的；

（三）曾因故意犯罪受过刑事追究的；

（四）赃款赃物用于非法活动的；

（五）拒不交待赃款赃物去向或者拒不配合追缴工作，致使无法追缴的；

（六）造成恶劣影响或者其他严重后果的。

第二条　贪污或者受贿数额在二十万元以上不满三百万元的，应当认定为刑法第三百八十三条第一款规定的“数额巨大”，依法判处三年以上十年以下有期徒刑，并处罚金或者没收财产。

贪污数额在十万元以上不满二十万元，具有本解释第一条第二款规定的情形之一的，应当认定为刑法第三百八十三条第一款规定的“其他严重情节”，依法判处三年以上十年以下有期徒刑，并处罚金或者没收财产。

第三条　贪污或者受贿数额在三百万元以上的，应当认定为刑法第三百八十三条第一款规定的“数额特别巨大”，依法判处十年以上有期徒刑、无期徒刑或者死刑，并处罚金或者没收财产。

贪污数额在一百五十万元以上不满三百万元，具有本解释第一条第二款规定的情形之一的，应当认定为刑法第三百八十三条第一款规定的“其他特别严重情节”，依法判处十年以上有期徒刑、无期徒刑或者死刑，并处罚金或者没收财产。

第四条　贪污、受贿数额特别巨大，犯罪情节特别严重、社会影响特别恶劣、给国家和人民利益造成特别重大损失的，可以判处死刑。

符合前款规定的情形，但具有自首，立功，如实供述自己罪行、真诚悔罪、积极退赃，或者避免、减少损害结果的发生等情节，不是必须立即执行的，可以判处死刑缓期二年执行。

符合第一款规定情形的，根据犯罪情节等情况可以判处死刑缓期二年执行，同时裁判决定在其死刑缓期执行二年期满依法减为无期徒刑后，终身监禁，不得减刑、假释。

第十六条　国家工作人员出于贪污、受贿的故意，非法占有公共财物、收受他人财物之后，将赃款赃物用于单位公务支出或者社会捐赠的，不影响贪污罪、受贿罪的认定,但量刑时可以酌情考虑。

特定关系人索取、收受他人财物,国家工作人员知道后未退还或者上交的,应当认定国家工作人员具有受贿故意。

第十八条　贪污贿赂犯罪分子违法所得的一切财物,应当依照刑法第六十四条的规定予以追缴或者责令退赔,对被害人的合法财产应当及时返还。对尚未追缴到案或者尚未足额退赔的违法所得,应当继续追缴或者责令退赔。

第十九条　对贪污罪、受贿罪判处三年以下有期徒刑或者拘役的,应当并处十万元以上五十万元以下的罚金;判处三年以上十年以下有期徒刑的,应当并处二十万元以上犯罪数额二倍以下的罚金或者没收财产;判处十年以上有期徒刑或者无期徒刑的,应当并处五十万元以上犯罪数额二倍以下的罚金或者没收财产。

对刑法规定并处罚金的其他贪污贿赂犯罪,应当在十万元以上犯罪数额二倍以下判处罚金。

【关联法律】

《刑法》

第三百八十三条　对犯贪污罪的,根据情节轻重,分别依照下列规定处罚:

(一)贪污数额较大或者有其他较重情节的,处三年以下有期徒刑或者拘役,并处罚金。

(二)贪污数额巨大或者有其他严重情节的,处三年以上十年以下有期徒刑,并处罚金或者没收财产。

(三)贪污数额特别巨大或者有其他特别严重情节的,处十年以上有期徒刑或者无期徒刑,并处罚金或者没收财产;数额特别巨大,并使国家和人民利益遭受特别重大损失的,处无期徒刑或者死刑,并处没收财产。

对多次贪污未经处理的,按照累计贪污数额处罚。

犯第一款罪,在提起公诉前如实供述自己罪行、真诚悔罪、积极退赃,避免、减少损害结果的发生,有第一项规定情形的,可以从轻、减轻或者免除处罚;有第二项、第三项规定情形的,可以从轻处罚。

犯第一款罪,有第三项规定情形被判处死刑缓期执行的,人民法院根据犯罪情节等情况可以同时决定在其死刑缓期执行二年期满依法减为无期徒刑后,终身监禁,不得减刑、假释。

【犯罪构成】

(一)主体要件

本罪的主体是国家工作人员或者受委托管理、经营国有财产的人员。

根据《刑法》第九十三条的规定,我国刑法中的国家工作人员分为以下四种人员:

1. 国家机关工作人员，指各级国家权力机关、行政机关、审判机关、检察机关和军事机关中从事公务的人员。其他根据有关规定，参照国家公务员条例进行管理的人员，应当以国家机关工作人员论。例如，根据中央和国务院有关规定，参照国家公务员条例管理的各级党委、政协机关中从事公务的人员，应视为国家机关工作人员。此外，根据2002年12月28日全国人大常委会《关于渎职罪主体、适用问题的解释》，以下人员也视为国家机关工作人员：在依照法律、法规规定行使职权的组织中从事公务的人员，或者在受国家机关委托代表国家机关行使职权的组织中从事公务的人员，或者虽未列入国家机关人员编制，但在国家机关行使中行使职权的人员。

2. 国有公司、企业、事业单位、人民团体中从事公务的人员。这里的国有公司，是指依照公司法成立，财产全部属于国家所有的公司。国有资本控股及参股的股份有限公司不属于国有公司。国有企业，是指财产全部属于国家所有，从事生产、经营活动的营利性的非公司化经济组织。国有事业单位，是指受国家机关领导，财产属于国家所有的非生产、经营性单位，包括国有医院、科研机构、体育、广播电视、新闻出版等单位。人民团体，是指由国家组织成立的、财产属于国家所有的各种群众性组织，包括乡级以上工会、共青团、妇联等组织。

3. 国家机关、国有公司、企业、事业单位委派到非国有公司、企业、事业单位、社会团体从事公务的人员，这里的委派是指受有关国有单位委任而派往非国有单位从事公务。被委派的人员，在被委派以前可以是国家工作人员，也可以是非国家工作人员。不论被委派以前具有何种身份，只要被有关国有单位委派到非国有单位从事公务，就应视为国家工作人员。

4. 其他依照法律从事公务的人员。这类人员的特征是，在一定条件下代表国家行使国家管理职能。

根据2000年4月29日全国人大常委会《关于刑法第93条第2款的立法解释》：村民委员会等村基层组织人员协助人民政府从事下列行政管理工作，属于刑法第93条第2款规定的“其他依照法律从事公务的人员”：

(1)救灾、抢险、防风、优抚、扶贫、移民、救济款物的管理；

(2)社会捐助公益事业款物的管理；

(3)国有土地的经营和管理；

(4)土地征用补偿费用的管理；

(5)代征、代缴税款；

(6)有关计划生育、户籍、征兵工作；

(7)协助人民政府从事的其他行政管理工作。除上述立法解释确定的人员以外，其他依照法律从事公务的人员，还包括：①依法履行职责的各级人民代表大会代表；②依法履行职责的各级人民政协委员；③依法履行审判职责的人民陪审员；

④协助乡镇人民政府、街道办事处从事行政管理工作的村民委员会、居民委员会等农村和城市基层组织人员;⑤其他由法律授权从事公务的人员。

(二)主观要件

本罪在主观方面必须出自直接故意,并具有非法占有公共财物的目的。过失不构成本罪。其故意的具体内容表现为行为人明知自己利用职务之便所实施的行为会发生非法占有公共(国有)财物或非国有单位财物的结果,并且希望这种结果的发生。犯罪的目的,是非法占有公共(国有)财物或非国有单位财物。

而非法占有公共(国有)财物或非国有单位财物的目的,既可以是行为人企图将公共(国有)财物或非国有单位财物永久地占为己有,也可以是行为人希望将公共(国有)财物或非国有单位财物非法获取后转送他人。另外,贪污罪不以特定的犯罪动机为其主观方面的必备要素,只要行为人故意实施了利用职务之便非法占有公共(国有)财物或非国有单位财物的行为,无论出于何种动机,均可构成贪污罪。

(三)客观要件

本罪的客观方面表现为利用职务之便,侵吞、窃取、骗取或者以其他手段非法占有公共财物的行为。这是贪污罪区别于盗窃、诈骗、抢夺等侵犯财产罪的重要特征。

所谓利用职务上的便利,是指行为人利用其职责范围内主管、经手、管理公共财产的职权所形成的便利条件,假借执行职务的形式非法占有公共财物,而不是因工作关系或主体身份所带来的某些方便条件,如因工作关系而熟悉作案环境,凭借工作人员身份进出某些机关、单位的方便等。所谓主管,是指具有调拨、转移、使用或者以其他方式支配公共财产的职权,例如厂长、经理等具有的一定范围内支配企业内部公共财产的权力;所谓经手,是指具有领取、支出等经办公共财物流转事务的权限;所谓管理是指具有监守或保管公共财物的职权,例如会计员、出纳员、保管员等具有监守和保管公共财物的职权。行为人如果利用职务上主管、经手、管理公共财物的便利,而攫取公共财物的,就可构成贪污罪。

贪污手段多种多样,但归纳起来不外乎是采取侵吞、窃取、骗取或者其他手段非法占有公共财物。

侵吞财物,是指行为人将自己管理或经手的公共财物非法转归自己或他人所有的行为。概括起来侵吞的方法主要有三种:一是将自己管理或经手的公共财物加以隐匿、扣留,应上交的不上交,应支付的不支付,应入账的不入账;二是将自己管理、使用或经手的公共财物非法转卖或擅自赠送他人;三是将追缴的赃款赃物或罚没款物私自用掉或非法据为私有。

窃取财物,是指行为人利用职务之便,采取秘密窃取的方式,将自己管理的公共财物非法占有的行为,也就是通常所说的监守自盗。如果出纳员仅是利用对本单位情况熟悉的条件,盗窃由其他出纳员经管的财物,则构成盗窃罪。

骗取财物,是指行为人利用职务之便,采取虚构事实或隐瞒真相的方法,非法占有公共财物的行为。例如出差人员用涂改或伪造单据的方法虚报或谎报支出冒领公款,工程负责人多报工时或伪造工资表冒领工资,收购人员谎报收购物资等级从中骗取公款等其他方法,是指除了侵吞、盗窃、骗取之外,其他非法占有公共财物的方法。

(四)客体要件

本罪侵犯的客体是复杂客体。既侵犯了公共财物的所有权,又侵犯了国家机关、国有企业事业单位的正常活动以及职务的廉洁性,但主要是侵犯了职务的廉洁性。在国有公司、企业中,具有国家工作人员身份的人,侵吞本公司、企业的财物,当然属于侵犯了公共财物的所有权。在中外合资和中外合作企业、股份制公司、企业中,中方和国有资产大都占控股地位或主导地位,其财产仍可视为公共财产,即使不占主导地位和控股地位,其中一部分财产仍属公共财产,因此,具有国家工作人员身份的人,利用职务的便利,侵吞上述公司、企业的财物,仍属于侵犯公共财产的所有权。

本罪的犯罪对象是公共财物或非国有单位的财物,其中,当然的国家工作人员而为的贪污罪的对象,是公共财物;拟定的国家工作人员中的受国家机关、国有公司、企业、事业单位、人民团体委托管理、经营国有财产的人员而为的贪污罪的对象,是公共(国有)财物;在国有单位从事公务的人员而为的贪污罪的对象是国有财产;受国有单位委派到非国有单位从事公务的人员而为的贪污罪的对象,是国有或非国有单位财物;勾结、伙同国家工作人员或受国家机关、国有公司、企业、事业单位和人民团体委托管理、经营国有财产的人员而为的贪污罪的对象,既可以是公共财物,也可以是国有财产。

因此,一般来说,贪污罪的对象是公共财物或非国有单位财物。所以,作为贪污罪客体物质表现有:一是公共财物;二是国有财物;三是非国有单位的财物。

根据《刑法》第九十一条规定,公共财物分为两类:其一,当然的公共财物。包括:国有财产、劳动群众集体所有的财产以及用于扶贫和其他公益事业的社会捐助或者专项基金的财产。其中,国有财产,是指国家机关、国有公司、企业、事业单位和人民团体所拥有的财产;劳动群众集体所有的财产,是指集体经营组织所拥有的所有权属于该组织全体成员共同所有的财产;扶贫和其他公益事业的社会捐助或者专项基金的财产,是指通过捐助或专项基金手段募集的用于扶贫或其他公益事业的慈善性质的款物;其二,拟定的公共财物,即国有公司、企业、集体企业和人民团体管理、使用或运输中的私人财产。其中,根据本法第九十二条的规定,私人财产包括:公民的合法收入、储蓄、房屋和其他生活资料;依法归个人、家庭所有的生产资料;个体户和私营企业的合法财产;依法归个人所有的股份、股票、债券和其他财产。拟定的公共财产的所有权虽然实际上属于公民个人,但是由于它们处于国有公司、企业、集体企业和人民团体管理、使用或运输中,对其应以公共财产论。

另外,依《刑法》第二百七十一条第二款的规定,非国有单位的财物,是指非国有公司、企事业单位和社会团体所有的财物。

【罪名辨析】

(一)本罪与非罪的界限

贪污罪作为一般贪污行为的特殊形式,除具有一般贪污违法行为的共性外,还具有自身的特性。构成贪污罪的贪污行为,还具有贪污数额和情节上的要求。因此,认定贪污罪与一般贪污违法行为时,应把握以下方面:

1. 要看行为人贪污的数额是否达到三万元。其中,贪污的数额按累计方法计算。对于行为人贪污的数额达到三万元的,无论其情节如何,均构成贪污罪;而对于贪污的数额尚未达到三万元的,一般应视为一般贪污违法行为。

2. 要看行为人的贪污情节。其中,贪污情节主要针对贪污数额不满三万元的贪污行为。如果贪污数额不满三万元,贪污情节较轻时,对该贪污行为就应认定为一般贪污违法行为;如果贪污数额不满三万元,但贪污情节较重时,对该贪污行为就应认定为贪污罪。其中,贪污情节是否属于较重或较轻范围,一般应从以下方面进行综合分析、界定:一看行为人的一贯表现;二看行为人贪污行为的动机和目的;三看行为人所贪污的公共(国有)财物或非国有单位财物的性质、用途;四看行为人贪污的手段;五看贪污行为所造成的后果;六看行为人的悔罪表现。根据2016年4月18日最高人民法院、最高人民检察院发布的《关于办理贪污贿赂刑事案件适用法律若干问题的解释》第一条的规定,贪污数额在一万元以上不满三万元,具有下列情形之一的,应当认定为刑法第三百八十三条第一款规定的“其他较重情节”,依法判处三年以下有期徒刑或者拘役,并处罚金:(一)贪污救灾、抢险、防汛、优抚、扶贫、移民、救济、防疫、社会捐助等特定款物的;(二)曾因贪污、受贿、挪用公款受过党纪、行政处分的;(三)曾因故意犯罪受过刑事追究的;(四)赃款赃物用于非法活动的;(五)拒不交待赃款赃物去向或者拒不配合追缴工作,致使无法追缴的;(六)造成恶劣影响或者其他严重后果的。

(二)本罪和挪用公款罪的区别

1. 犯罪主体。

挪用公款罪主体是“国家工作人员”。而贪污罪的主体除了“国家工作人员”以外,《刑法》第三百八十二条第二款还规定,受国有单位委托管理、经营国有财产的人员也可以成为贪污罪的主体。也就是说贪污罪主体范围大于挪用公款罪。这些人员虽然既不是国家工作人员,也不是以国家工作人员论的人员,但法律特别规定可以成为贪污罪的主体。值得注意的是,这些人员不能成为挪用公款罪的主体,因为法律无此特别规定,“法无明文规定不为罪”,这一点,最高人民法院《关于对受委托管理、经营国有财产人员挪用国有资金行为如何定罪问题的批复》就更加明确,这些人员挪用国家资金的，只能定挪用资金罪，而不能定挪用公款罪。

国家工作人员的职务是通过不正当途径取得的不影响刑法上国家工作人员的认定。但如果是冒充国家工作人员从事活动的，则不能成为刑法上的国家工作人员，其行为构成犯罪的，只能依照《刑法》第二百七十九条招摇撞骗罪处罚。最高人民法院研究室曾就这一问题于2004年3月30日以法研[2004]38号文答复北京市高级人民法院：行为人通过伪造国家机关公文、证件担任国家工作人员职务以后，又利用职务上的便利实施侵占本单位财物、收受贿赂、挪用本单位资金等行为，构成犯罪的，应当分别以伪造国家机关公文、证件罪和相应的贪污罪、受贿罪、挪用公款罪等追究刑事责任。

2. 主观方面。

理论上通常认为，贪污罪与挪用公款罪的关键区别在于行为人主观上是否具有非法占有公款的故意和目的。挪用公款罪和贪污罪的主观方面虽然都是故意，但故意的内容不同。挪用公款罪是非法占用公款，目的在于非法取得对公款的使用权。贪污罪是非法占有公共财物，目的在于非法取得公共财物的所有权，即意图永远地非法占有公共财物。

若行为人以"挪用"的方式取得公款后，携带公款潜逃，挥霍公款，使用公款进行违法犯罪活动等，致使公款不能退还的。《最高人民法院关于审理挪用公款案件具体应用法律若干问题的解释》第五条规定："挪用公款数额巨大不退还的"，是指挪用公款数额巨大，因客观原因在一审宣判前不能退还的。可见，刑法规定的"不退还"，不包括主观上故意不退还（主观不退还毫无疑问应定贪污罪），说明行为人已经实际具有非法占有公共财物的故意，应定贪污罪。

行为人携带挪用的公款后潜逃，后又投案自首的，应区分情况区别对待。行为人携带挪用的公款潜逃后又投案自首，并设法积极退还挪用的公款的，应按挪用公款罪投案自首处理。因为在这种情况下，行为人没有非法占有公款的目的。如果行为人携带挪用的公款潜逃后挥霍完公款，又无偿还能力，自首后也不积极筹款退还或实际无法筹钱退还的，可以认定其有非法占有的目的，其投案自首的情节只能认定为构成贪污罪后的投案自首。

根据主客观相统一的原则，虽然贪污罪和挪用公款罪的关键区别在于行为人的主观心理状态，但是犯罪主观方面的判断离不开行为、结果等客观事实。因此，若有充分证据证实行为人采取了贪污的手段使其所挪用的公款不能在财务账目上得到反映的，其行为应当以贪污罪论处。例如，行为人挪用公款后采取虚假平账、销毁账目等手段，使所挪用的公款难以在单位财务账目上反映出来，且没有归还行为，应当以贪污罪定罪处罚。又如，行为人截取单位收入不入账，非法占有，使所占有的公款难以在单位财务账目上反映出来，且没有归还行为的，就可以认定行为人有将公款占有的目的，也应当以贪污罪定罪处罚。

另外,按照《刑法》第三百九十四条的规定,国家工作人员在国内公务活动或者对外交往中接受礼物,依照法律规定应当交公而不交公,数额较大的,以贪污罪定罪处罚。

3. 犯罪客体。

挪用公款罪和贪污罪在客体上都侵犯了国家工作人员职务行为的廉洁性,但两者的区别也是明显的,挪用公款罪和贪污罪对犯罪客体,即公共财产权的侵犯程度不同。贪污罪侵犯的是公共财产所有权中的占有、使用、收益、处分权四种权能,而挪用公款罪只侵犯公款的占有、使用和收益权。贪污罪侵犯的是公共财产的所有权,而挪用公款罪仅侵犯的是公共财产的使用权。

犯罪对象有所不同。根据《刑法》第三百八十四条的规定,挪用公款罪的对象有两类:一是公款;二是用于救灾、抢险、防汛、优抚、扶贫、移民、救济款物,简称特定款物。挪用公款罪的犯罪对象一般是公款,"公款",顾名思义,是指公共款项。根据《刑法》第九十一条的规定,公共款项应是指:其一,国有款项;其二,劳动群众集体所有的款项;其三,用于扶贫和其他公益事业的社会捐助或者专项基金的款项。在国家机关、国有公司、企业、集体企业和人民团体管理、使用、运输中的私人所有的款项,应当以公共款项论。典型意义上的公款表现为货币,包括人民币、人民币外汇券和外汇;汇票、本票、支票、股票、债券等有价证券,是公款的特殊形式。因为,有价证券直接代表一定数额的货币。而贪污罪的犯罪对象是一切公共财产,包括公款和公物,其范围较之挪用公款罪要大得多。

4. 客观方面。

挪用公款罪在客观方面表现为利用职务之便而为三种行为:一是挪用公款归个人使用,进行非法活动的,这是指挪用公款给自己或者其他个人,进行非法赌博、吸毒、嫖娼和其他非法经营、放高利贷等为国家法律、行政法规所禁止的行为;二是挪用公款数额较大、进行营利活动的,营利活动包括做生意、买股票、将挪用的公款归还个人在经营活动中的欠款、将公款存入银行等金融机构以获取利息利润收入等;三是挪用公款数额较大、超过三个月未还的。行为人的行为只要符合上述三种情形中的任何一种就构成挪用公款罪。

贪污罪的客观方面表现为利用职务上的便利,以侵吞、窃取、骗取等手段,非法占有公共财物的行为。主管,是指主体本身具有支配公共财产的职权。经手,是指具有领取、支出等经办公共财物流转事务的权限。管理,是指具有监守或保管公共财物的职权。公共财产,包括国有财产、集体财产、用于扶贫和其他公益事业的社会捐助或者专项基金的财产,不但包括财产本金,而且也包括其产生的孳息。

挪用公款罪和贪污罪的行为方式不同。贪污罪在客观上表现为使用侵吞、盗窃、骗取等方法将公共财物据为己有;侵吞财物,是指行为人将自己管理或经手的公共财物非法转归自己。如:将自己管理或经手的公共财物加以隐匿、扣留,应上交的不上交,应支付的不支付,应入账的不入账;将自己管理、使用或经手的公共财物非法转卖或擅自赠送他人或者将追缴的赃款赃物或罚没款物私自用掉或非法据为私有。

由于行为人往往采取销毁、涂改、伪造单据、账目等手段掩盖其犯罪事实,在现实生活中难以发现公共财物已经被非法侵吞,故在处理个案时考察行为人是否"采取了贪污的手段",还应当注意从实质上把握,而不能只看表像。有时候,行为人虽然采取一些虚假手段以应付有关方面查账,但客观上不可能通过这种手段把账目真正做平,公款也不可能被其非法占有,则仍然应当以挪用公款罪定罪处罚。

挪用公款罪的行为表现为擅自决定动用本单位公款,虽然有时也采取一些欺骗手段,但一般不采用侵吞、盗窃、骗取手段。在挪用公款案件中,行为人通常会在账面上留下痕迹,甚至会留下借款凭证,因为挪用公款最终还要归还,因此,行为人一般不会采取伪造单据、销毁账目等"冲账""平账"手段,通过查账能够发现公款被挪用的事实。

(三)本罪与盗窃罪、诈骗罪、侵占罪的区别

侵吞、窃取、骗取是贪污罪的三种基本行为形态,这使贪污罪与盗窃罪、诈骗罪、侵占罪在行为形态上具有相似性。两者的主要区别是:(1)犯罪主体不同。前者是特殊主体,只有国家工作人员以及受国家机关、国有公司、企业、事业单位、人民团体委托管理、经营国有资产的人员才能实施;而后者的主体是一般主体,任何有刑事责任能力的人都可以实施。(2)犯罪客观方面不同。前者是行为人利用本人职务上的便利,以侵吞、窃取、骗取或者其他手段非法占有公共财物;后者则是单纯以盗窃、骗取、侵占的方法非法占有公私财物,犯罪手段与行为人的职务、职权或地位及其便利条件无关。是否利用职务上的便利,侵吞、窃取、骗取公共财物,是区分贪污罪与盗窃罪、诈骗罪、侵占罪的关键。(3)犯罪客体和犯罪对象不同,前者侵犯的是复杂客体,行为同时侵犯了公务行为的廉洁性和公共财产所有权,犯罪对象仅限于公共财物;而后者则仅侵犯了公私财产所有权,犯罪对象是公私财物。

量刑部分

【量刑标准】

对犯贪污罪的,根据情节轻重,分别依照下列规定处罚:

(一)贪污数额较大或者有其他较重情节的,处三年以下有期徒刑或者拘役,并处罚金。

(二)贪污数额巨大或者有其他严重情节的,处三年以上十年以下有期徒刑,并处罚金或者没收财产。

(三)贪污数额特别巨大或者有其他特别严重情节的,处十年以上有期徒刑或者无期徒刑,并处罚金或者没收财产;数额特别巨大,并使国家和人民利益遭受特别重大损失的,处无期徒刑或者死刑,并处没收财产。

对多次贪污未经处理的,按照累计贪污数额处罚。

犯第一款罪,在提起公诉前如实供述自己罪行、真诚悔罪、积极退赃,避免、减少损害结果的发生,有第一项规定情形的,可以从轻、减轻或者免除处罚;有第二项、第三项规定情形的,可以从轻处罚。

犯第一款罪,有第三项规定情形被判处死刑缓期执行的,人民法院根据犯罪情节等情况可以同时决定在其死刑缓期执行二年期满依法减为无期徒刑后,终身监禁,不得减刑、假释。

对犯贪污罪的处罚规定 《刑法》第383条

对犯贪污罪的,根据情节轻重,分别依照下列规定处罚:

(一)贪污数额较大或者有其他较重情节的,处三年以下有期徒刑或者拘役,并处罚金。

(二)贪污数额巨大或者有其他严重情节的,处三年以上十年以下有期徒刑,并处罚金或者没收财产。

(三)贪污数额特别巨大或者有其他特别严重情节的,处十年以上有期徒刑或者无期徒刑,并处罚金或者没收财产;数额特别巨大,并使国家和人民利益遭受特别重大损失的,处无期徒刑或者死刑,并处没收财产。

对多次贪污未经处理的,按照累计贪污数额处罚。

犯第一款罪,在提起公诉前如实供述自己罪行、真诚悔罪、积极退赃,避免、减少损害结果的发生,有第一项规定情形的,可以从轻、减轻或者免除处罚;有第二项、第三项规定情形的,可以从轻处罚。

犯第一款罪,有第三项规定情形被判处死刑缓期执行的,人民法院根据犯罪情节等情况可以同时决定在其死刑缓期执行二年期满依法减为无期徒刑后,终身监禁,不得减刑、假释。

挪用公款罪 《刑法》第384条

国家工作人员利用职务上的便利,挪用公款归个人使用,进行非法活动的,或者挪用公款数额较大、进行营利活动的,或者挪用公款数额较大、超过三个月未还的,是挪用公款罪,处五年以下有期徒刑或者拘役;情节严重的,处五年以上有期徒刑。挪用公款数额巨大不退还的,处十年以上有期徒刑或者无期徒刑。

定 罪 部 分

【罪名概念】

挪用公款罪,是指国家工作人员,利用职务上的便利,挪用公款归个人使用,进行非法活动的,或者挪用公款数额较大、进行营利活动的,或者挪用数额较大、超过三个月未还的行为。

【立法、司法解释】

1. 最高人民法院《全国法院审理经济犯罪案件工作座谈会议纪要》

(实施日期:2003 年 11 月 13 日　法[2003]167 号)(节录)

一、关于贪污贿赂犯罪和渎职犯罪的主体

(一)国家机关工作人员的认定

刑法中所称的国家机关工作人员。是指在国家机关中从事公务的人员、包括在各级国家权力机关、行政机关、司法机关和军事机关中从事公务的人员:

根据有关立法解释的规定,在依照法律、法规规定行使国家行政管理职权的组织中从事公务的人员,或者在受国家机关委托代表国家行使职权的组织中从事公务的人员、或者虽未列入国家机关人员编制但在国家机关中从事公务的人员,视为国家机关工作人员。在乡(镇)以上中国共产党机关、人民政协机关中从事公务的人员,司法实践中也应当视为国家机关工作人员。

(二)国家机关、国有公司、企业、事业单位委派到非国有公司、企业、事业单位、社会团体从事公务的人员的认定

所谓委派,即委任、派遣,其形式多种多样,如任命、指派、提名、批准等。不论被委派的人身份如何,只要是接受国家机关、国有公司、企业、事业单位委派,代表国家机关、国有公司、企业、事业单位在非国有公司、企业、事业单位、社会团体中从事组织、领导、监督、管理等工作,都可以认定为国家机关、国有公司、企业、事业单位委派到非国有公司、企业、事业单位、社会团体从事公务的人员——如国家机关、国有公司、企业、事业单位委派在国有控股或者参股的股份有限公司从事组织、领导、监督、管理等工作的人员,应当以国家工作人员论:国有公司、企业改制为股份有限公司后。原国有公司、企业的工作人员和股份有限公司新任命的人员中,除代表国有投资主体行使监督、管理职权的人外不以国家工作人员论。

(三)"其他依照法律从事公务的人员"的认定

刑法第九十三条第二款规定的"其他依照法律从事公务的人员"应当具有两个特征:一是在特定条件下行使国家管理职能;二是依照法律规定从事公务。具体包括:(1)依法履行职责的各级人民代表大会代表;(2)依法履行审判职责的人民陪审员;(3)协助乡镇人民政府、街道办事处从事行政管理工作的村民委员会、居民委员会等农村和城市基层组织人员;(4)其他由法律授权从事公务的人员。

(四)关于"从事公务"的理解

从事公务,是指代表国家机关、国有公司、企业事业单位、人民团体等履行组织、领导、监督、管理等职责。公务主要表现为与职权相联系的公共事务以及监督、管理国有财产的职务活动。如国家机关工作人员依法履行职责,国有公司的董事、经理、监事、会计、出纳人员等管理、监督国有财产等活动,属于从事公务。那些不具备职权内容的劳务活动、技术服务工作,如售货员、售票员等所从事的工作,一般不认为是公务。

四、关于挪用公款罪

(一)单位决定将公款给个人使用行为的认定

经单位领导集体研究决定将公款给个人使用,或者单位负责人为了单位的利益,决定将公款给个人使用的,不以挪用公款罪定罪处罚。上述行为致使单位遭受重大损失,构成其他犯罪的,依照刑法的有关规定对责任人员定罪处罚。

(二)挪用公款供其他单位使用行为的认定

根据全国人大常委会《关于〈中华人民共和国刑法〉第三百八十四条第一款的解释》的规定,"以个人名义将公款供其他单位使用的"、"个人决定以单位名义将公款供其他单位使用谋取个人利益的",属于挪用公款"归个人使用"、在司法实践中,对于将公款供其他单位使用的,认定是否属于"以个人名义",不能只看形式,要从实质上把握。对于行为人逃避财务监管,或者与使用人约定以个人名义进行,或者借款、还款都以个人名义进行,将公款给其他单位使用的,应认定为"以个人名义"。"个人决定"既包括行为人在职权范围内决定,也包括超越职权范围决定。"谋取个人利益",既包括行为人与使用人事先约定谋取个人利益实际尚未获取的情况,也包括虽未事先约定但实际已获取了个人利益的情况、其中的"个人利益",既包括不正当利益,也包括正当利益;既包括财产性利益,也包括非财产性利益,但这种非财产性利益应当是具体的实际利益,如升学、就业等。

(三)国有单位领导向其主管的具有法人资格的下级单位借公款归个人使用的认定

国有单位领导利用职务上的便利指令具有法人资格的下级单位将公款供个人使用的,属于挪用公款行为,构成犯罪的,应以挪用公款罪定罪处罚。

(四)挪用有价证券、金融凭证用于质押行为性质的认定

挪用金融凭证、有价证券用于质押,使公款处于风险之中,与挪用公款为他人提供担保没有实质的区别。符合刑法关于挪用公款罪规定的,以挪用公款罪定罪处罚挪用公款数额以实际或者可能承担的风险数额认定。

(五)挪用公款归还个人欠款行为性质的认定

挪用公款归还个人欠款的,应当根据产生欠款的原因分别认定属于挪用公款的何种情形。归还个人进行非法活动或者进行营利活动产生的欠款,应当认定为

挪用公款进行非法活动或者进行营利活动。

（六）挪用公款用于注册公司、企业行为性质的认定

申报注册资本是为进行生产经营活动作准备，属于成立公司、企业进行营利活动的组成部分。因此，挪用公款归个人用于公司、企业注册资本验资证明的，应当认定为挪用公款进行营利活动。

（七）挪用公款后尚未投入实际使用的行为性质的认定

挪用公款后尚未投入实际使用的，只要同时具备"数额较大"和"超过三个月未还"的构成要件，应当认定为挪用公款罪，但可以酌情从轻处罚。

（八）挪用公款转化为贪污的认定

挪用公款罪与贪污罪的主要区别在于行为人主观上是否具有非法占有公款的目的。挪用公款是否转化为贪污，应当按照主客观相一致的原则，具体判断和认定行为人主观上是否具有非法占有公款的目的——在司法实践中，具有以下情形之一的可以认定行为人具有非法占有公款的目的。

1. 根据《最高人民法院关于审理挪用公款案件具体应用法律若干问题的解释》第六条的规定行为人"携带挪用的公款潜逃的"，对其携带挪用的公款部分，以贪污罪定罪处罚。

2. 行为人挪用公款后采取虚假发票平账、销毁有关账目等手段，使所挪用的公款已难以在单位财务账目上反映出来，且没有归还行为的，应当以贪污罪定罪处罚。

3. 行为人截取单位收入不入账，非法占有，使所占有的公款难以在单位财务账目上反映出来，且没有归还行为的，应当以贪污罪定罪处罚。

4. 有证据证明行为人有能力归还所挪用的公款而拒不归还，并隐瞒挪用的公款去向的，应当以贪污罪定罪处罚。

2. 最高人民法院《关于挪用公款犯罪如何计算追诉期限问题的批复》

（实施日期：2003 年 10 月 10 日　法释[2003]16 号）

天津市高级人民法院：

你院津高法[2002]4 号《关于挪用公款犯罪如何计算追诉期限问题的请示》收悉。经研究，答复如下：

根据刑法第八十九条、第三百八十四条的规定，挪用公款归个人使用，进行非法活动的，或者挪用公款数额较大、进行营利活动的，犯罪的追诉期限从挪用行为实施完毕之日起计算；挪用公款数额较大、超过三个月未还的，犯罪的追诉期限从挪用公款罪成立之日起计算。挪用公款行为有连续状态的，犯罪的追诉期限应当从最后一次挪用行为实施完毕之日或者犯罪成立之日起计算。

3. 全国人大常委会《关于刑法第三百八十四条第一款的解释》

（实施日期：2002 年 4 月 28 日）

全国人民代表大会常务委员会讨论了刑法第三百八十四条第一款规定的国家工作人员利用职务上的便利,挪用公款"归个人使用"的含义问题,解释如下:有下列情形之一的,属于挪用公款"归个人使用":

(一)将公款供本人、亲友或者其他自然人使用的;

(二)以个人名义将公款供其他单位使用的;

(三)个人决定以单位名义将公款供其他单位使用,谋取个人利益的。

4. 最高人民检察院《关于国家工作人员挪用非特定公物能否定罪的请示的批复》

(实施日期:2000年3月15日　高检发释字[2000]1号)

山东省人民检察院:

你院鲁检发研字[1999]第3号《关于国家工作人员挪用非特定公物能否定罪的请示》收悉。经研究认为,刑法第384条规定的挪用公款罪中未包括挪用非特定公物归个人使用的行为,对该行为不以挪用公款罪论处。如构成其他犯罪的,依照刑法的相关规定定罪处罚。

5. 最高人民检察院《关于挪用国库券如何定性问题的批复》

(实施日期:1997年10月13日　高检发释字[1997]5号)(节录)

国家工作人员利用职务上的便利,挪用公有或本单位的国库券的行为以挪用公款论;符合刑法第384条、第272条第2款规定的情形构成犯罪的,按挪用公款罪追究刑事责任。

6. 最高人民法院、最高人民检察院《关于办理贪污贿赂刑事案件适用法律若干问题的解释》

(实施日期:2016年4月18日　法释[2016]9号)(节录)

第五条　挪用公款归个人使用,进行非法活动,数额在三万元以上的,应当依照刑法第三百八十四条的规定以挪用公款罪追究刑事责任;数额在三百万元以上的,应当认定为刑法第三百八十四条第一款规定的"数额巨大"。具有下列情形之一的,应当认定为刑法第三百八十四条第一款规定的"情节严重":

(一)挪用公款数额在一百万元以上的;

(二)挪用救灾、抢险、防汛、优抚、扶贫、移民、救济特定款物,数额在五十万元以上不满一百万元的;

(三)挪用公款不退还,数额在五十万元以上不满一百万元的;

(四)其他严重的情节。

第六条　挪用公款归个人使用,进行营利活动或者超过三个月未还,数额在五万元以上的,应当认定为刑法第三百八十四条第一款规定的"数额较大";数额在五百万元以上的,应当认定为刑法第三百八十四条第一款规定的"数额巨大"。具有下列情形之一的,应当认定为刑法第三百八十四条第一款规定的"情节严重":

(一)挪用公款数额在二百万元以上的;

（二）挪用救灾、抢险、防汛、优抚、扶贫、移民、救济特定款物，数额在一百万元以上不满二百万元的；

（三）挪用公款不退还，数额在一百万元以上不满二百万元的；

（四）其他严重的情节。

【关联法律】

《刑法》

第九十三条　本法所称国家工作人员，是指国家机关中从事公务的人员。

国有公司、企业、事业单位、人民团体中从事公务的人员和国家机关、国有公司、企业、事业单位委派到非国有公司、企业、事业单位、社会团体从事公务的人员，以及其他依照法律从事公务的人员，以国家工作人员论。

第一百八十五条第二款　国有商业银行、证券交易所、期货交易所、证券公司、期货经纪公司、保险公司或者其他国有金融机构的工作人员和国有商业银行、证券交易所、期货交易所、证券公司、期货经纪公司、保险公司或者其他国有金融机构委派到前款规定中的非国有机构从事公务的人员有前款行为的，依照本法第三百八十四条的规定定罪处罚。

第二百七十二条　公司、企业或者其他单位的工作人员，利用职务上的便利，挪用本单位资金归个人使用或者借贷给他人，数额较大、超过三个月未还的，或者虽未超过三个月，但数额较大、进行营利活动的，或者进行非法活动的，处三年以下有期徒刑或者拘役；挪用本单位资金数额巨大的，或者数额较大不退还的，处三年以上十年以下有期徒刑。

国有公司、企业或者其他国有单位中从事公务的人员和国有公司、企业或者其他国有单位委派到非国有公司、企业以及其他单位从事公务的人员有前款行为的，依照本法第三百八十四条的规定定罪处罚。

第二百八十七条　利用计算机实施金融诈骗、盗窃、贪污、挪用公款、窃取国家秘密或者其他犯罪的，依照本法有关规定定罪处罚。

【犯罪构成】

（一）主体要件

本罪的主体是特殊主体，即国家工作人员，这里所说的国家工作人员与前述贪污罪中国家工作人员的内涵、外延基本相同。同样具有特定性和公务（职务）性。构成挪用公款罪的国家工作人员包括：在国家机关中从事公务的国家工作人员；在国有公司、企事业单位和人民团体中从事公务的人员；受国有单位委派到非国有单位中从事公务的人员；其他依照法律从事公务的人员。

（二）主观要件

本罪在主观方面是直接故意，行为人明知是公款而故意挪作他用，其犯罪目的是非法取得公款的使用权。但其主观特征,只是暂时非法取得公款的使用权,打算以后予以归还。至于行为人挪用公款的动机则可能是多种多样的,有的是为了营利,有的出于一时的家庭困难,有的为了赞助他人,有的为了从事违法犯罪活动。动机如何不影响本罪成立。具体言之,挪用公款罪在主观方面有以下特点:

1. 挪用公款具有非法性。即行为人未经批准或许可(包括直接明示的许可或间接明示的默许),违反规章制度私自动用公款。其中,规章制度具有广泛性,因此,挪用的非法性具有两层含义:一是故意违反有关公款管理的规章制度,二是故意违反有关公款使用的规章制度,未经合法批准、许可。

2. 挪用的本意,是指公款私用、移用、占用、借用。行为目的是为了使用,而非占有公款。其中,行为的目的包括:

(1)挪用公款归个人使用;

(2)挪用公款进行非法活动;

(3)挪用公款进行营利活动。

3. 挪用并不侵吞公款,而是准备归还,具有擅自借用的特性。即便挪用后而不能归还,也不是出于行为人的主观故意占有,而是出于行为人意志之外的客观原因造成的。

因此,司法实践中,在认定挪用公款罪的主观方面时,可把握以下几点:是否明知是公款;是否故意非法使用;是否只是想暂时挪用;是否准备以后归还。当挪用人与使用人不一致时,如果挪用人不知使用人利用公款进行非法活动时,只能根据挪用人的明知内容,按照挪用公款进行营利或挪用公款归个人使用处罚。如果挪用人知道使用人用公款进行非法活动的,则按挪用公款进行非法活动处罚;如果挪用人开始作案后,主观故意由暂时挪用发展为非法永久占为己有时,无论行为人主观上是否真的具有非法永久占有公款的目的,也无论这种占有是否已客观存在,只要超过三个月未还的,就按挪用公款罪论处,而不按贪污罪或侵占罪处罚。因此,挪用公款罪与贪污罪、侵占罪在行为人犯意发展过程中是不同的:挪用公款罪开始为使用公款,后来可能发展为占有;而贪污罪、侵占罪却始终贯穿占有公款的目的。

(三)客观要件

本罪的客观方面表现为行为人实施了利用职务上的便利,挪用公款归个人使用,进行非法活动,或者挪用数额较大的公款进行营利活动,或者挪用数额较大的公款超过三个月未还的行为。其中包含三个要件:

一、行为人实施了挪用公款的行为。即行为人未经合法批准而擅自将公款移作他用。

二、行为人利用了职务之便。挪用公款的行为是利用其主管、管理、经手公款的职务上的便利实施的。

三、行为人挪用的公款是归个人使用的。所谓归个人使用,既包括由挪用者本人使用，也包括由挪用者交给、借给他人使用。根据本条之规定，挪用公款归个人使用具体可包括以下三种情况：

1. 挪用公款归个人使用进行非法活动。这里所说的非法活动是指挪用公款供个人或他人进行走私、赌博等违法犯罪活动。对这种情况的定罪，没有要求挪用公款的数额要达到较大，也没有规定挪用达到多长时间，根据最高人民法院、最高人民检察院《关于办理贪污贿赂刑事案件适用法律若干问题的解释》（2016 年 4 月 18 日施行）第五条的规定，挪用公款归个人使用，进行非法活动，数额在三万元以上的，应当依照刑法第三百八十四条的规定以挪用公款罪追究刑事责任；数额在三百万元以上的，应当认定为刑法第三百八十四条第一款规定的“数额巨大”。如果挪用公款未达到以上标准的，一般可不认为构成犯罪。

2. 挪用公款归个人进行营利活动，并且数额较大的。这是指挪用数额较大的公款作为挪用人或者他人进行营利活动的资本，如挪用人本人或者他人将挪用的公款用于生产、经营、买房出租，作为个人参与企业经营活动的入股资金，存入银行或者借给他人而个人牟利等，如果行为人挪用公款后，为私利以个人名义将挪用的公款借给企业事业单位、机关、团体使用的，不管这些单位是否将其挪用的公款用于营利活动，都应视为挪用公款归个人使用进行营利活动，而不能认为属于挪归公用，这里的数额较大以挪用公款五万元为起点，以挪用公款五百万元为数额巨大的数额起点。对于这种挪用公款数额较大的公款归个人进行营利活动的，法律既没有要求挪用公款要达到多长时间，也不要求行为人营利的目的要真正达到。但如果行为人在案发前已部分或者全部归还本息的，可以分情节，从轻处罚，情节轻微的，可以免除处罚。

3. 挪用公款归个人用于上述非法活动、营利活动以外的用途，并且数额较大，超过三个月未还的。如挪用公款用于建造私房、购置家具和其他生活用品、办理婚丧、支付医疗费或者偿还家庭、个人债务等。这种情况既要求挪用公款要达到一定数额。也要求挪用公款要达到一定时间。这里的数额较大也是以三万元为起点，以三百万元为数额巨大的数额起点。未还是指案发前（被司法机关、主管部门或者有关单位发现前）未还。如果挪用公款数额较大，超过三个月，如在案发前已全部归还本金的，可以从轻处罚或减轻处罚。给国家、集体造成的利益损失应予追缴。挪用公款数额巨大，超过三个月，如在案发前已全部归还本息的，从轻处罚。在实践中，也有这样的情形，行为人多次挪用公款，用后次挪用的公款归还前次挪用的公款，而每次挪用的间隔时间都不超过三个月，对此，应从第一次挪用公款的时间算起。连续累计至挪用行为终止。在追究行为人的刑事责任时，挪用公款的数额按最后未归还的金额认定。

挪用公款给他人使用，不知道使用人用公款进行营利活动或者用于非法活动，数额较大、超过三个月未还的，构成挪用公款罪，明知使用人用于营利活动或者非法活动的,应当认定为挪用人挪用公款进行营利活动或者非法活动。

(四)客体要件

本罪侵犯的客体,主要是公共财产的所有权,同时在一定程度上也侵犯了国家的财经管理制度。挪用公款罪侵犯的直接客体是公款的使用权,同时行为人挪用公款后必然占有,有的还因此获得收益。而所有权包括占有、使用、收益、处分四种相互联系又具有相对独立性的权能,因此对所有权权能的侵犯也必然是对所有权的侵犯。所有权被侵犯并不意味着所有权转移。根据《民法通则》的规定,取得所有权必须依照法律规定,因此,从这一法律意义上讲,任何财产犯罪实际上都不可能真正取得所有权,挪用公款罪与贪污罪一样都侵犯了财产所有权,不同之处只是在于所有权被侵犯的程度不同而已。同时,正因为挪用公款罪直接侵犯了公款的使用权,而这是违反国家财经管理制度中的公款使用制度的,因而它又侵犯了国家财经管理制度。但是,由于挪用公款侵犯的主要客体是国家公共财产所有权,挪用公款罪所侵犯的客体包括:一是国有财产的所有权;二是劳动群众集体财产的所有权;三是用于扶贫和其他公益事业的社会捐助或专项基金的财产的所有权;四是在国家机关、国有公司、企业、集体企业和人民团体管理、使用或运输中的私人财产的所有权;五是非国有公司、企业以及其他非国有单位资金的所有权;六是非国有金融机构中客户资金的所有权。其中,挪用公款罪的犯罪对象,既包括当然的公共资金款项,也包括拟定的公共资金款项。

本罪侵犯的对象主要是公款。这既包括国家、集体所有的货币资金,也包括由国家管理、使用、运输、汇兑与储存过程中的私人所有的货币。在国有企业、公司中,具有国家工作人员身份的人挪用该企业、公司的财物,属于侵犯了公共财物的所有权。在中外合资、合作、股份制公司、企业中,具有国家工作人员身份的人挪用上述公司、企业的资金,也应属于侵犯公共财物所有权。根据《刑法》第三百八十四条的规定,挪用用于救灾、抢险、防汛、优抚、扶贫、移民、救济款物归个人使用的,要按挪用公款罪从重处罚,因此这些特定的公款、公物可以成为本罪的对象。挪用公物归个人使用,一般应由主管部门按政纪处理,情节严重,需要追究刑事责任的,可以折价按挪用公款罪处罚。因而一般的公物也可以成为本罪的对象。

广义的公款,是指公共款项、国有款项和特定款物以及非国有单位(金融机构)的客户资金的统称。既具有当然的公共财产特性,也具有拟定的公共财产的特性。其中,公共款项,就是为公共所有的资金款项;国有款项,是指为国家所有的资金款项;特定款物,是指专门用于救灾、抢险、防汛、优抚、扶贫、移民、救济款物。它既可以为国家所有,也可以为劳动群众集体组织所有,还可以为社会公益组织所有;非国有单位资金,是指非国有公司、企业和其他非国有单位所有的资金;客户资金,是指金融机构客户所有的资金。因此,广义的公款不仅包括公共资金款项和国有资金款项,而且还包括特定财物和非国有单位、客户资金。所谓狭义的公款,专指公共所有的资金款项。包括国有的资金款项、劳动群众集体所有的资金款项或用于扶贫和其他公益事业的社会捐助专项基金。该类公款只具有当然的公共财产特性。

【罪名辨析】

（一）本罪与违法发放贷款罪的区分

金融机构中发生的违法发放贷款行为和挪用公款行为有相似之处，均可表现为采用违法手段将公款（或资金）借给他人使用。在实务中，违法发放贷款的案件被作为挪用公款罪提起公诉的情况也有先例。然而一旦错误定罪，量刑上的较大差别，对被告人的权利侵害不浅。因此，对两罪的区分一定要慎之又慎：

1. 行为是职务行为还是个人行为。违法发放贷款行为与银行的职务行为相关，表现为虽然违反相关法律规章，超出法定权限和违反法定程序，但本质上仍是贷款行为，属于银行使用资金的职务行为，行为人以银行的名义与借款人形成借款关系，由银行承担民事法律责任。挪用公款行为是擅自超越职权的个人行为，即不经合法批准擅自动用公款归个人使用，即使其以单位名义挪用公款借贷给他人使用，该行为亦是个人决定的，单位不承担其法律后果。因此，若银行工作人员利用职务之便挪用公款后，以个人名义或名为单位实为个人借贷给他人的，是挪用公款行为。

2. 有无一定的贷款审批手续，以及何时办理的审批手续。合法的贷款行为必须严格按照贷款调查、贷款审批、签订贷款合同的法定程序办理齐全的贷款手续。违法发放贷款行为往往未履行全部贷款程序，但本质上属于贷款行为，必须具有一定的审批手续，且审批手续在发放贷款之前或之时即已办理。行为人作为银行工作人员，违反国家法律规章规定，明知借款人提供违法担保仍发放数额巨大的贷款，或者行为人在放贷时确曾收到借款借据，但发放贷款时未严格按照贷款法定程序办理齐全的贷款手续，则系银行工作人员代表银行或其他金融机构履行使用资金、发放贷款的职务行为。如造成重大损失，应定违法发放贷款罪。若审批手续系事后补办，往往属于事前擅自挪用而事后予以掩饰的挪用公款行为。

3. 行为是秘密进行的还是公开进行的。违法发放贷款行为因其属于职务行为，往往是公开进行的。而挪用公款行为往往系秘密进行且有掩饰手段，但这也不是必定的，也有公然或半公开进行的。

（二）本罪与挪用资金罪的区别

1. 侵犯的客体和犯罪对象不同。挪用资金罪侵犯的客体是公司、企业或者其他单位的资金的使用权，对象是公司、企业或者其他单位的资金，其中，既包括国有或者集体所有的资金，也包括公民个人所有、外商所有的资金。挪用公款罪侵犯的客体是公款的使用权和国家机关的威信、国家机关的正常活动等，既有侵犯财产的性质，又有严重的渎职的性质，因此，刑法将挪用公款罪规定在刑法分则第八章的贪污贿赂罪专章中,而不是“侵犯财产罪”专章中。挪用公款罪侵犯的对象限于公款,其中主要是国有财产和国家投资、参股的单位财产,即国家机关、国有公司、企业、事业单位等所有的款项。挪用公款罪和挪用资金罪侵犯的对象不同,客体不同,社会危害性程度也有较大的差别。《刑法》第三百八十四条规定的挪用公款罪在客观上的三种不同情形的排列顺序,与本条第一款规定的挪用资金罪在客观上的三种不同情形的排列顺序不同,也说明立法者对这两种犯罪打击的重点的不同。在处罚上挪用公款罪也比挪用资金罪严厉得多。

2. 犯罪主体不同。挪用资金罪的主体是公司、企业或者其他单位的工作人员,但国家工作人员除外。挪用公款罪的主体是国家工作人员,包括国家机关中从事公务的人员,国有公司、企业事业单位、人民团体中从事公务的人员,国家机关、国有公司、企业事业单位委派到非国有公司、企业、事业单位、社会团体从事公务的人员,以及其他依照法律从事公务的人员。因此,本条第二款明确规定,国有公司、企业或者其他国有单位中从事公务的人员和国有公司、企业或者其他国有单位委派到非国有公司、企业以及其他单位从事公务的人员,利用职务上的便利,挪用本单位资金的,依照《刑法》第三百八十四条关于挪用公款罪的规定定罪处罚。

量刑部分

【量刑标准】

犯本罪的,处五年以下有期徒刑或者拘役;情节严重的,处五年以上有期徒刑。挪用公款数额巨大不退还的,处十年以上有期徒刑或者无期徒刑。

挪用用于救灾、抢险、防汛、优抚、扶贫、移民、救济款物归个人使用的,从重处罚。

受贿罪　《刑法》第385条

国家工作人员利用职务上的便利,索取他人财物的,或者非法收受他人财物,为他人谋取利益的,是受贿罪。

国家工作人员在经济往来中,违反国家规定,收受各种名义的回扣、手续费,归个人所有的,以受贿论处。

定罪部分

【罪名概念】

受贿罪,是指国家工作人员利用职务上的便利,索取他人财物的,或者非法收受他人财物,为他人谋取利益的行为。

国家工作人员在经济往来中,违反国家规定,收受各种名义的回扣、手续费,归个人所有的,以受贿罪追究刑事责任。国有公司、企业中从事公务的人员和国有公司、企业委派到非国有公司、企业从事公务的人员利用职务上的便利,索取他人财物或者非法收受他人财物,为他人谋取利益,或者在经济往来中,违反国家规定,收受各种名义的回扣、手续费,归个人所有的,以受贿罪追究刑事责任。

国有金融机构工作人员和国有金融机构委派到非国有金融机构从事公务的人员在金融业务活动中索取他人财物或者非法收受他人财物,为他人谋取利益的,或者违反国家规定,收受各种名义的回扣、手续费归个人所有的,以受贿罪追究刑事责任。

国家工作人员利用本人职权或者地位形成的便利条件,通过其他国家工作人员职务上的行为,为请托人谋取不正当利益,索取请托人财物或者收受请托人财物的,以受贿罪追究刑事责任。

【立法、司法解释】

1. 最高人民检察院《关于人民检察院直接受理立案侦查案件立案标准的规定(试行)》

(实施日期:1999 年 9 月 9 日　高检发研字[1999]10 号)(节录)

贪污贿赂犯罪案件

(三)受贿案(第三百八十五条、第三百八十六条,第三百八十八条,第一百六十三条第三款,第一百八十四条第二款)

受贿罪是指国家工作人员利用职务上的便利,索取他人财物的,或者非法收受他人财物,为他人谋取利益的行为。

"利用职务上的便利",是指利用本人职务范围内的权力,即自己职务上主管、负责或者承办某项公共事务的职权及其所形成的便利条件。

索取他人财物的,不论是否"为他人谋取利益",均可构成受贿罪。非法收受他人财物的,必须同时具备"为他人谋取利益"的条件才能构成受贿罪。但是为他人谋取的利益是否正当,为他人谋取的利益是否实现,不影响受贿罪的认定。

国家工作人员在经济往来中,违反国家规定,收受各种名义的回扣、手续费,归个人所有的,以受贿罪追究刑事责任。

国有公司、企业中从事公务的人员和国有公司、企业委派到非国有公司、企业从事公务的人员利用职务上的便利,索取他人财物或者非法收受他人财物,为他人谋取利益,或者在经济往来中,违反国家规定,收受各种名义的回扣、手续费,归个人所有的,以受贿罪追究刑事责任。

国有金融机构工作人员和国有金融机构委派到非国有金融机构从事公务的人员在金融业务活动中索取他人财物或者非法收受他人财物,为他人谋取利益的,或者违反国家规定,收受各种名义的回扣、手续费归个人所有的,以受贿罪追究刑事责任。

国家工作人员利用本人职权或者地位形成的便利条件,通过其他国家工作人员职务上的行为,为请托人谋取不正当利益,索取请托人财物或者收受请托人财物的,以受贿罪追究刑事责任。

四、附则

(二)本规定中有关犯罪数额"不满",是指接近该数额且已达到该数额的百分之八十以上。

(三)本规定中的"直接经济损失",是指与行为有直接因果关系而造成的财产损毁、减少的实际价值。"间接经济损失",是指由直接经济损失引起和牵连的其他损失,包括失去的在正常情况下可能获得的利益和为恢复正常的管理活动或者挽回所造成的损失所支付的各种开支、费用等。

(四)本规定中有关贿赂罪案中的"谋取不正当利益",是指谋取违反法律、法规、国家政策和国务院各部门规章规定的利益,以及谋取违反法律、法规、国家政策和国务院各部门规章规定的帮助或者方便条件。

2. 最高人民法院《关于国家工作人员利用职务上的便利为他人谋取利益离退休后收受财物行为如何处理问题的批复》

(实施日期:2000年6月30日　法释[2000]21号)

江苏省高级人民法院:

江苏高法院[1999]65号《关于国家工作人员在职时为他人谋利,离退休后收受财物是否构成受贿罪的请示》收悉。经研究,答复如下:

国家工作人员利用职务上的便利为请托人谋取利益,并与请托人事先约定,在其离退休后收受请托人财物,构成犯罪的,以受贿罪定罪处罚。

3. 最高人民法院、最高人民检察院《关于办理受贿刑事案件适用法律若干问题的意见》

(实施日期:2007年7月8日　法发[2007]22号)

为依法惩治受贿犯罪活动,根据刑法有关规定,现就办理受贿刑事案件具体适用法律若干问题,提出以下意见:

一、关于以交易形式收受贿赂问题

国家工作人员利用职务上的便利为请托人谋取利益,以下列交易形式收受请托人财物的,以受贿论处:

(1)以明显低于市场的价格向请托人购买房屋、汽车等物品的;

(2)以明显高于市场的价格向请托人出售房屋、汽车等物品的;

(3)以其他交易形式非法收受请托人财物的。

受贿数额按照交易时当地市场价格与实际支付价格的差额计算。

前款所列市场价格包括商品经营者事先设定的不针对特定人的最低优惠价

格。根据商品经营者事先设定的各种优惠交易条件,以优惠价格购买商品的,不属于受贿。

二、关于收受干股问题

干股是指未出资而获得的股份。国家工作人员利用职务上的便利为请托人谋取利益,收受请托人提供的干股的,以受贿论处。进行了股权转让登记,或者相关证据证明股份发生了实际转让的,受贿数额按转让行为时股份价值计算,所分红利按受贿孳息处理。股份未实际转让,以股份分红名义获取利益的,实际获利数额应当认定为受贿数额。

三、关于以开办公司等合作投资名义收受贿赂问题

国家工作人员利用职务上的便利为请托人谋取利益,由请托人出资,"合作"开办公司或者进行其他"合作"投资的,以受贿论处。受贿数额为请托人给国家工作人员的出资额。

国家工作人员利用职务上的便利为请托人谋取利益,以合作开办公司或者其他合作投资的名义获取"利润",没有实际出资和参与管理、经营的,以受贿论处。

四、关于以委托请托人投资证券、期货或者其他委托理财的名义收受贿赂问题

国家工作人员利用职务上的便利为请托人谋取利益,以委托请托人投资证券、期货或者其他委托理财的名义,未实际出资而获取"收益",或者虽然实际出资,但获取"收益"明显高于出资应得收益的,以受贿论处。受贿数额,前一情形,以"收益"额计算;后一情形,以"收益"额与出资应得收益额的差额计算。

五、关于以赌博形式收受贿赂的认定问题

根据《最高人民法院、最高人民检察院关于办理赌博刑事案件具体应用法律若干问题的解释》第七条规定,国家工作人员利用职务上的便利为请托人谋取利益,通过赌博方式收受请托人财物的,构成受贿。

实践中应注意区分贿赂与赌博活动、娱乐活动的界限。具体认定时,主要应当结合以下因素进行判断:(1)赌博的背景、场合、时间、次数;(2)赌资来源;(3)其他赌博参与者有无事先通谋;(4)输赢钱物的具体情况和金额大小。

六、关于特定关系人"挂名"领取薪酬问题

国家工作人员利用职务上的便利为请托人谋取利益,要求或者接受请托人以给特定关系人安排工作为名,使特定关系人不实际工作却获取所谓薪酬的,以受贿论处。

七、关于由特定关系人收受贿赂问题

国家工作人员利用职务上的便利为请托人谋取利益,授意请托人以本意见所列形式,将有关财物给予特定关系人的,以受贿论处。

特定关系人与国家工作人员通谋,共同实施前款行为的,对特定关系人以受贿罪的共犯论处。特定关系人以外的其他人与国家工作人员通谋,由国家工作人员利用职务上的便利为请托人谋取利益,收受请托人财物后双方共同占有的,以受贿

罪的共犯论处。

八、关于收受贿赂物品未办理权属变更问题

国家工作人员利用职务上的便利为请托人谋取利益,收受请托人房屋、汽车等物品,未变更权属登记或者借用他人名义办理权属变更登记的,不影响受贿的认定。

认定以房屋、汽车等物品为对象的受贿,应注意与借用的区分。具体认定时,除双方交代或者书面协议之外,主要应当结合以下因素进行判断:(1)有无借用的合理事由;(2)是否实际使用;(3)借用时间的长短;(4)有无归还的条件;(5)有无归还的意思表示及行为。

九、关于收受财物后退还或者上交问题

国家工作人员收受请托人财物后及时退还或者上交的,不是受贿。

国家工作人员受贿后,因自身或者与其受贿有关联的人、事被查处,为掩饰犯罪而退还或者上交的,不影响认定受贿罪。

十、关于在职时为请托人谋利,离职后收受财物问题

国家工作人员利用职务上的便利为请托人谋取利益之前或者之后,约定在其离职后收受请托人财物,并在离职后收受的,以受贿论处。

国家工作人员利用职务上的便利为请托人谋取利益,离职前后连续收受请托人财物的,离职前后收受部分均应计入受贿数额。

十一、关于"特定关系人"的范围

本意见所称"特定关系人",是指与国家工作人员有近亲属、情妇(夫)以及其他共同利益关系的人。

十二、关于正确贯彻宽严相济刑事政策的问题

依照本意见办理受贿刑事案件,要根据刑法关于受贿罪的有关规定和受贿罪权钱交易的本质特征,准确区分罪与非罪、此罪与彼罪的界限,惩处少数,教育多数。在从严惩处受贿犯罪的同时,对于具有自首、立功等情节的,依法从轻、减轻或者免除处罚。

4. 全国人民代表大会常务委员会《关于(中华人民共和国刑法)第九十三条第二款的解释》

(实施日期:2000年4月29日)(节录)

全国人民代表大会常务委员会讨论了村民委员会等村基层组织人员在从事哪些工作时属于刑法第九十三条第二款规定的"其他依照法律从事公务的人员",解释如下:

村民委员会等村基层组织人员协助人民政府从事下列行政管理工作,属于刑法第九十三条第二款规定的"其他依照法律从事公务:

(一)救灾、抢险、防汛、优抚、扶贫、移民、救济款物的管理;

（二）社会捐助公益事业款物的管理；

（三）国有土地的经营和管理；

（四）土地征用补偿费用的管理；

（五）代征、代缴税款；

（六）有关计划生育、户籍、征兵工作；

（七）协助人民政府从事的其他行政管理工作。村民委员会等村基层组织人员从事前款规定的公务，利用职务上的便利，非法占有公共财物、挪用公款、索取他人财物或者非法收受他人财物，构成犯罪的，适用刑法第三百八十二条和第三百八十三条贪污罪、第三百八十四条挪用公款罪、第三百八十五条和第三百八十六条受贿罪的规定。现予公告。

5. 最高人民法院《全国法院审理经济犯罪案件工作座谈会纪要》

（实施日期：2003 年 11 月 13 日）（节录）

三、关于受贿罪

（一）关于“利用职务上的便利”的认定

刑法第三百八十五条第一款规定的“利用职务上的便利”，既包括利用本人职务上主管、负责、承办某项公共事务的职权，也包括利用职务上有隶属、制约关系的其他国家工作人员的职权。担任单位领导职务的国家工作人员通过不属自己主管的下级部门的国家工作人员的职务为他人谋取利益的，应当认定为“利用职务上的便利”为他人谋取利益。

（二）“为他人谋取利益”的认定

为他人谋取利益包括承诺、实施和实现三个阶段的行为。只要具有其中一个阶段的行为，如国家工作人员收受他人财物时，根据他人提出的具体请托事项，承诺为他人谋取利益的，就具备了为他人谋取利益的要件。明知他人有具体请托事项而收受其财物的，视为承诺为他人谋取利益。

（三）“利用职权或地位形成的便利条件”的认定

刑法第三百八十八条规定的“利用本人职权或者地位形成的便利条件”，是指行为人与被其利用的国家工作人员之间在职务上虽然没有隶属、制约关系，但是行为人利用了本人职权或者地位产生的影响和一定的工作联系，如单位内不同部门的国家工作人员之间、上下级单位没有职务上隶属、制约关系的国家工作人员之间、有工作联系的不同单位的国家工作人员之间等。

（四）离职国家工作人员收受财物行为的处理

参照《最高人民法院关于国家工作人员利用职务上的便利为他人谋取利益离退休后收受财物行为如何处理问题的批复》规定的精神，国家工作人员利用职务上的便利为请托人谋取利益，并与请托人事先约定，在其离职后收受请托人财物，构成犯罪的，以受贿罪定罪处罚。

(五)共同受贿犯罪的认定

根据刑法关于共同犯罪的规定,非国家工作人员与国家工作人员勾结,伙同受贿的,应当以受贿罪的共犯追究刑事责任。非国家工作人员是否构成受贿罪共犯,取决于双方有无共同受贿的故意和行为。国家工作人员的近亲属向国家工作人员代为转达请托事项,收受请托人财物并告知该国家工作人员,或者国家工作人员明知其近亲属收受了他人财物,仍按照近亲属的要求利用职权为他人谋取利益的,对该国家工作人员应认定为受贿罪,其近亲属以受贿罪共犯论处。近亲属以外的其他人与国家工作人员通谋,由国家工作人员利用职务上的便利为请托人谋取利益,收受请托人财物后双方共同占有的,构成受贿罪共犯。国家工作人员利用职务上的便利为他人谋取利益,并指定他人将财物送给其他人,构成犯罪的,应以受贿罪定罪处罚。

(六)以借款为名索取或者非法收受财物行为的认定

国家工作人员利用职务上的便利,以借为名向他人索取财物,或者非法收受财物为他人谋取利益的,应当认定为受贿。具体认定时,不能仅仅看是否有书面借款手续,应当根据以下因素综合判定:(1)有无正当、合理的借款事由;(2)款项的去向;(3)双方平时关系如何、有无经济往来;(4)出借方是否要求国家工作人员利用职务上的便利为其谋取利益;(5)借款后是否有归还的意思表示及行为;(6)是否有归还的能力;(7)未归还的原因;等等。

(七)涉及股票受贿案件的认定

在办理涉及股票的受贿案件时,应当注意:(1)国家工作人员利用职务上的便利,索取或非法收受股票,没有支付股本金,为他人谋取利益,构成受贿罪的,其受贿数额按照收受股票时的实际价格计算。(2)行为人支付股本金而购买较有可能升值的股票,由于不是无偿收受请托人财物,不以受贿罪论处。(3)股票已上市且已升值,行为人仅支付股本金,其“购买”股票时的实际价格与股本金的差价部分应认定为受贿。

6. 最高人民法院、最高人民检察院《关于办理贪污贿赂刑事案件适用法律若干问题的解释》

(实施日期:2016 年 4 月 18 日　法释[2016]9 号)(节录)

第一条　贪污或者受贿数额在三万元以上不满二十万元的,应当认定为刑法第三百八十三条第一款规定的“数额较大”,依法判处三年以下有期徒刑或者拘役,并处罚金。

受贿数额在一万元以上不满三万元,具有前款第二项至第六项规定的情形之一,或者具有下列情形之一的,应当认定为刑法第三百八十三条第一款规定的“其他较重情节”,依法判处三年以下有期徒刑或者拘役,并处罚金:

(一)多次索贿的;

（二）为他人谋取不正当利益，致使公共财产、国家和人民利益遭受损失的；

（三）为他人谋取职务提拔、调整的。

第二条　贪污或者受贿数额在二十万元以上不满三百万元的，应当认定为刑法第三百八十三条第一款规定的"数额巨大"，依法判处三年以上十年以下有期徒刑，并处罚金或者没收财产。

受贿数额在十万元以上不满二十万元，具有本解释第一条第三款规定的情形之一的，应当认定为刑法第三百八十三条第一款规定的"其他严重情节"，依法判处三年以上十年以下有期徒刑，并处罚金或者没收财产。

第三条　贪污或者受贿数额在三百万元以上的，应当认定为刑法第三百八十三条第一款规定的"数额特别巨大"，依法判处十年以上有期徒刑、无期徒刑或者死刑，并处罚金或者没收财产。

受贿数额在一百五十万元以上不满三百万元，具有本解释第一条第三款规定的情形之一的，应当认定为刑法第三百八十三条第一款规定的"其他特别严重情节"，依法判处十年以上有期徒刑、无期徒刑或者死刑，并处罚金或者没收财产。

第四条　贪污、受贿数额特别巨大，犯罪情节特别严重、社会影响特别恶劣、给国家和人民利益造成特别重大损失的，可以判处死刑。

符合前款规定的情形，但具有自首，立功，如实供述自己罪行、真诚悔罪、积极退赃，或者避免、减少损害结果的发生等情节，不是必须立即执行的，可以判处死刑缓期二年执行。

符合第一款规定情形的，根据犯罪情节等情况可以判处死刑缓期二年执行，同时裁判决定在其死刑缓期执行二年期满依法减为无期徒刑后，终身监禁，不得减刑、假释。

第十二条　贿赂犯罪中的"财物"，包括货币、物品和财产性利益。财产性利益包括可以折算为货币的物质利益如房屋装修、债务免除等，以及需要支付货币的其他利益如会员服务、旅游等。后者的犯罪数额，以实际支付或者应当支付的数额计算。

第十三条　具有下列情形之一的，应当认定为"为他人谋取利益"，构成犯罪的，应当依照刑法关于受贿犯罪的规定定罪处罚：

（一）实际或者承诺为他人谋取利益的；

（二）明知他人有具体请托事项的；

（三）履职时未被请托，但事后基于该履职事由收受他人财物的。

国家工作人员索取、收受具有上下级关系的下属或者具有行政管理关系的被管理人员的财物价值三万元以上，可能影响职权行使的，视为承诺为他人谋取利益。

第十五条　对多次受贿未经处理的，累计计算受贿数额。

国家工作人员利用职务上的便利为请托人谋取利益前后多次收受请托人财物,受请托之前收受的财物数额在一万元以上的,应当一并计入受贿数额。

第十六条　国家工作人员出于贪污、受贿的故意,非法占有公共财物、收受他人财物之后,将赃款赃物用于单位公务支出或者社会捐赠的,不影响贪污罪、受贿罪的认定,但量刑时可以酌情考虑。

第十七条　国家工作人员利用职务上的便利,收受他人财物,为他人谋取利益,同时构成受贿罪和刑法分则第三章第三节、第九章规定的渎职犯罪的,除刑法另有规定外,以受贿罪和渎职犯罪数罪并罚。

第十八条　贪污贿赂犯罪分子违法所得的一切财物,应当依照刑法第六十四条的规定予以追缴或者责令退赔,对被害人的合法财产应当及时返还。对尚未追缴到案或者尚未足额退赔的违法所得,应当继续追缴或者责令退赔。

第十九条　对贪污罪、受贿罪判处三年以下有期徒刑或者拘役的,应当并处十万元以上五十万元以下的罚金;判处三年以上十年以下有期徒刑的,应当并处二十万元以上犯罪数额二倍以下的罚金或者没收财产;判处十年以上有期徒刑或者无期徒刑的,应当并处五十万元以上犯罪数额二倍以下的罚金或者没收财产。

对刑法规定并处罚金的其他贪污贿赂犯罪,应当在十万元以上犯罪数额二倍以下判处罚金。

【关联法律】

《刑法》

第三百八十六条　对犯受贿罪的,根据受贿所得数额及情节,依照本法第三百八十三条的规定处罚。索贿的从重处罚。

第三百八十八条　国家工作人员利用本人职权或者地位形成的便利条件,通过其他国家工作人员职务上的行为,为请托人谋取不正当利益,索取请托人财物或者收受请托人财物的,以受贿论处。

【犯罪构成】

(一)主体要件

本罪的主体是特殊主体,即国家工作人员,另据《刑法》第九十三条规定,国家工作人员包括当然的国家工作人员,即在国家机关中从事公务的人员;拟定的国家工作人员,即国有公司、企事业单位、人民团体中从事公务的人员和国家机关、国有公司、企事业单位委派到非国有公司、企事业单位、社会团体从事公务的人员,以及其他依照法律从事公务的人员。

本条第二款是对国家工作人员在经济往来中违反国家规定收受各种名义的回扣、手续费归个人所有的、以受贿论处的规定。这种发生在经济往来活动中的受贿,理论界称之为经济受贿。本款所称违反国家规定是指违反全国人大及其常委会制定的法律和决定，国务院制定的行政法规和行政措施、发布的决定和命令中关于在经济往来中禁止收受回扣和各种名义的手续费的规定。前者如《反不正当竞争法》，后者如国务院办公厅 1986 年 6 月 5 日发出的《关于严禁在社会经济活动中牟取非法利益的通知》。其主要内容包括：在经济交往、商品交易中，如果需要给买方优惠，可以采取明示方式给对方价格折扣，不能采取回扣或者各种名义的手续费的方式，经营者给予对方折扣的，必须如实入账。所谓折扣，即商品购销中的让利，是指经营者在销售商品时，以明示并如实入账的方式给予对方的价格优惠，包括支付价款时对价款总额按一定比例予以退还的形式。所谓明示和入账，是指根据合同约定的金额和支付方式，在依法设立的反映其生产经营活动或者行政事业经营收入的财务账上按照财务会计制度规定明确如实记载。回扣是指经营者销售商品在账外暗中以现金、实物或者其他方式退给对方单位或者个人的一定比例的商品价款。所谓账外暗中，是指未在依法设立的反映其生产经营活动或者行政事业经费收支的财务账上按照财物会计制度规定明确如实记载，包括不记入财务账、转入其他财务账或者做假账等。在经济交往中，在账外暗中给予对方单位或者个人回扣的，以行贿论；对方单位或者个人在暗中收受回扣的，以受贿论。手续费，是指在经济活动中，除回扣以外，违反国家规定支付给有关公务人员的各种名义的钱或物，如佣金、信息费、顾问费、劳务费、辛苦费、好处费。根据这些规定，收受回扣或者各种名义的手续费归个人所有的，应以受贿论处。

（二）主观要件

本罪在主观方面是故意，只有行为人是出于故意所实施的受贿犯罪行为才构成受贿罪，过失行为不构成本罪。如果国家工作人员为他人谋利益，而无受贿意图，后者以酬谢名义将财物送至其家中，而前者并不知情，不能以受贿论处。在实践中，行为人往往以各种巧妙手法掩盖其真实的犯罪目的，因而必须深入地加以分析判断。如在实践中，有的国家工作人员利用职务上的便利，为他人谋利益，收受财物，只象征性地收少量现金，实际上是掩盖受贿行为的一种手段，对之应当以受贿论处。对于这种案件受贿金额的计算，应当以行贿人购买物品实际支付的金额扣除受贿人已付的现金额来计算。

（三）客观要件

本罪在客观方面表现为行为人具有利用职务上的便利，向他人索取财物，或者收受他人财物并为他人谋取利益的行为。

利用职务之便是受贿罪客观方面的一个重要构成要件，利用职务之便可以分为以下两种情况：

1. 利用职务上的便利。职权是指国家机关及其公职人员依法作出一定行为的资格，是权力的特殊表现形式。具体是指利用本人职务范围内的权力，也即利用本人在职务上直接处理某项事务的权利。利用职权为他人谋取利益而收受他人财物,是典型的受贿行为。在司法实践中,大量受贿罪是利用职权的便利条件构成的。例如,负责掌管物资调拨、分配、销售、采购的人,利用其调拨权、分配权、销售采购权,满足行贿人的愿望,而收受财物。

2. 利用与职务有关的便利条件。利用与职务有关的便利,即不是直接利用职权,而是利用本人的职权或地位形成的便利条件,而本人从中向请托人索取或非法收受财物的行为。实践中,利用第三者职务上的便利,主要有以下三种情况:一是亲属关系,二是私人关系,三是职务关系。至于前两种情况,利用的主要是血缘与感情的关系,与本人职务无关。对于单纯利用亲友关系,为请托人办事,从中收受财物的,不应以受贿论处。在第三种情况下,则与本人职务有一定关联。受贿人利用第三者的职务之便受贿,必须具备以下两个条件:其一,利用第三者的职务之便,必须以自己的职务为基础或者利用了与本人职务活动有紧密联系的身份便利;其二,是受贿人从中周旋使他人获得利益。根据司法实践,利用与职务有关的便利条件,一般发生在职务上存在制约或者相互影响关系的场合。

从受贿罪的客观行为来看,有两种具体表现形式:

1. 行为人利用职务上的便利,向他人索取财物。索贿是受贿人以公开或暗示的方法,主动向行贿人索取贿赂,有的甚至是公然以要挟的方式,迫使当事人行贿。鉴于索贿情况突出,主观恶性更严重,情节更恶劣,社会危害性相对于收受贿赂更为严重。因此,本法明确规定,索贿的从重处罚。因被勒索给予国家工作人员以财物,没有获得不正当利益的,不是行贿。索取他人财物的不论是否为他人谋取利益,均可构成受贿罪。

2. 行为人利用职务上的便利,收受他人贿赂而为他人谋取利益的行为。收受贿赂,一般是行贿人以各种方式主动进行收买腐蚀,受贿人一般是被动接受他人财物或者是接受他人允诺给予财物,而为行贿人谋取利益。

(四)客体要件

本罪侵犯的客体是复杂客体。主要客体是国家机关、国有公司、企事业单位、人民团体的正常管理活动;次要客体是国家工作人员职务行为的廉洁性。

本罪的犯罪对象是财物。但不应狭隘地理解为现金、具体物品,而应看其是否含有财产或其他利益成分。这种利益既可以当即实现,也可以在将来实现。因此,作为受贿罪犯罪对象的财物,必须是具有物质性利益的,并以客观形态存在的一切财物,包括:货币、有价证券、商品等。另外,对受贿人而言,其所追逐的利益的着眼点,既可以是该财物的价值,也可以是该财物的使用价值。

【罪名辨析】

(一)离(退)休国家工作人员受贿案件的认定

《刑法》第三百八十八条规定,国家工作人员利用本人职权或者地位形成的便利条件,通过其他国家工作人员职务上的行为,为请托人谋取不正当利益,索取请托人财物或者收受请托人财物的，以受贿论处。因此，这一规定包含了离（退）休国家工作人员可以成为受贿罪主体的内容。理由是：一是地位的形成，通常是职权孕育的结果，两者互相依存；二是地位形成，往往与行为人拥有职权时间的长短、高低成正比；三是在一般情况下，职位的丧失并不直接影响行为人地位便利条件的消失。所以说，当国家工作人员离（退）休后，虽职权丧失了，但因原有职权而形成的地位便利条件，不会即刻消失。这就为该类人员变成受贿罪主体提供了可能的条件。

司法实践中处理此类案件时，要严格把握、注意以下问题：

1. 已离、退休的国家工作人员，只有利用本人原有职权或地位形成的便利，通过在职的国家工作人员职务上的行为，为请托人谋取利益，而本人从中向请托人索取或非法收受财物的行为，才能以受贿罪论处。因此，已离（退）休国家工作人员构成受贿罪的受贿行为，必须符合下列条件：

（1）利用了本人原有职权或地位形成的便利条件。

（2）这种便利条件，必须是通过在职的国家工作人员具体完成的。这种便利条件与在职的国家工作人员的便利条件，是相互包容的、依存的。

（3）为请托人谋取利益。至于该利益是正当的，还是不正当的，以及是否真正谋取到了利益，均不影响受贿行为的成立。

（4）本人从中向请托人索取或非法收受财物。其中，所索取或非法收受财物的价值或使用价值，必须达到三万元起点。至于本人从中索取或非法收受到的财物，是否真正归本人所有了，并不影响受贿行为的成立。

2. 为请托人谋取利益如系行为人不违背原职务的行为，则不论何种原因受贿未遂，均不宜追究离（退）休人员的受贿责任；为请托人谋取利益如系行为人违背原职务之行为，则不论何种原因受贿未遂，也应追究离（退）休人员的受贿责任。

3. 请托人给予行为人的贿赂，应当是离（退）休人员所要求互相约定的财物。如有不同，行为人收受后，或请托人未按约定的期限给付行为人贿赂的，均不影响受贿罪的成立。

4. 行为人在职期间为请托人谋取利益，但未向请托人要求或约定贿赂，而请托人在行为人离（退）休后出于感谢给予财物的，一般该离（退）休人员不构成受贿罪。但是，如果行为人违背原职务为请托人谋取利益，且明知请托人是因此而给予数额较大财物的，则不因为行为人的离、退休，而影响其构成受贿罪。

5. 对于离、退休人员被重新聘用，并依法从事公务中而为的受贿行为，应按受贿罪论处。

6. 对于在职时受贿，而离职后为请托人谋利，或者在职时为请托人谋利，而离职后索取、接受财物的，应按受贿罪论处。

（二）国家工作人员任职前受贿条件的认定

根据《刑法》第一百六十三条、第三百八十五条、第三百八十六条和第三百八十八条规定,受贿罪的主体必须是国家工作人员。因此,对于国家工作人员取得国家工作人员身份或取得现有职权之前而为的受贿行为,要严格把握。具体来说:

1. 要严格把握任职前与任职后的界限。即要以行为人受聘用、委托或被任命之日起为标准区分。即行为人受聘用、委托或被任命之日以前而为的受贿行为,属于任职前的受贿行为;而行为人受聘用、委托或被任命之日(包括当日)以后而为的受贿行为,属于任职后的受贿行为。

2. 是否依法追究行为人任职前而为的受贿行为,要严格把握,区别对待。关键是看受贿行为与行为人任职之间是否存在内在的联系。如果存在,则应认定为受贿罪;如果不存在,则不宜按受贿罪论处。具体来说:

(1)行为人与请托人之间有许诺,但行为人收受贿赂后,在任职后并没有履行职前许诺的,则不构成受贿罪,但可以构成敲诈勒索罪或诈骗罪;但是,如果行为人收受贿赂后,在任职后履行了职前许诺即为请托人谋取其欲谋取的利益,则应以受贿罪论处。

(2)行为人与请托人之间有了承诺,但当行为人任职后没有按照职前承诺的内容为请托人谋取其欲谋取的利益,而为请托人谋取了其他利益的,则不影响行为人受贿罪的成立。

(3)行为人与请托人之间的承诺,行为人任职后应主动履行承诺,但因客观原因未能使为请托人谋取的利益实现的,亦不影响行为人受贿罪的成立。

(三)国家工作人员亲属受贿案件的认定

根据《刑法》第一百六十三条、第三百八十五条、第三百八十六条和第三百八十八条规定,受贿罪的主体只能是国家工作人员。但是,在特殊情况下,国家工作人员的亲属,可以成为受贿罪的共犯,而无论该亲属本身是否具有国家工作人员身份。

(四)关于"预约受贿"问题

最高法院关于离退休人员事先约定以后收受财物仍以受贿定罪的规定,已经明确,可依此执行。

(五)关于共同受贿的认定

《全国法院审理经济犯罪案件工作座谈会纪要》中规定:根据刑法关于共同犯罪的规定,非国家工作人员与国家工作人员勾结伙同受贿的,应当以受贿罪的共犯追究刑事责任。非国家工作人员是否构成受贿罪共犯,取决于双方有无共同受贿的故意和行为,国家工作人员的近亲属向国家工作人员代为转达请托事项,收受请托人财物并告知该国家工作人员。或者国家工作人员明知其近亲属收受了他人财物,仍按照近亲属的要求利用职权为他人谋取利益的,对该国家工作人员应认定为受贿罪,其近亲属以受贿罪共犯论处;近亲属以外的其他人与国家工作人员通谋,由国家工作人员利用职务上的便利为请托人谋取利益,收受请托人财物后双方共同占有的，构成受贿罪共犯，国家工作人员利用职务上的便利为他人谋取利益，并指定他人将财物送给其他人。构成犯罪的，应以受贿罪定罪处罚。

（六）《刑法修正案（七）》关于斡旋受贿的规定

《刑法修正案（七）》在刑法第三百八十八条后增加一条作为第三百八十八条之一："国家工作人员的近亲属或者其他与该国家工作人员关系密切的人，通过该国家工作人员职务上的行为，或者利用该国家工作人员职权或者地位形成的便利条件，通过其他国家工作人员职务上的行为，为请托人谋取不正当利益，索取请托人财物或者收受请托人财物，数额较大或者有其他较重情节的，处三年以下有期徒刑或者拘役，并处罚金；数额巨大或者有其他严重情节的，处三年以上七年以下有期徒刑，并处罚金；数额特别巨大或者有其他特别严重情节的，处七年以上有期徒刑，并处罚金或者没收财产。

"离职的国家工作人员或者其近亲属以及其他与其关系密切的人，利用该离职的国家工作人员原职权或者地位形成的便利条件实施前款行为的，依照前款的规定定罪处罚。"

量 刑 部 分

【量刑标准】

对犯受贿罪的，根据受贿所得数额及情节，依照刑法第三百八十三条的规定处罚。索贿的从重处罚。

对犯受贿罪的处罚规定　《刑法》第386条

对犯受贿罪的，根据受贿所得数额及情节，依照本法第三百八十三条的规定处罚。索贿的从重处罚。

单位受贿罪　《刑法》第387条

国家机关、国有公司、企业、事业单位、人民团体，索取、非法收受他人财物，为他人谋取利益，情节严重的，对单位判处罚金，并对其直接负责的主管人员和其他直接责任人员，处五年以下有期徒刑或者拘役。

前款所列单位，在经济往来中，在账外暗中收受各种名义的回扣、手续费的，以受贿论，依照前款的规定处罚。

定罪部分

【罪名概念】

单位受贿罪,是指国家机关、国有公司、企业、事业单位、人民团体,索取、非法收受他人财物,为他人谋取利益,情节严重的行为。

【司法解释】

1.最高人民检察院《关于人民检察院直接受理立案侦查案件立案标准的规定(试行)》

(颁布时间:1999年9月9日　高检发研字[1999]10号)(节录)

(四)单位受贿案(第387条)

单位受贿罪是指国家机关、国有公司、企业、事业单位、人民团体,索取、非法收受他人财物,为他人谋取利益,情节严重的行为。

索取他人财物或者非法收受他人财物,必须同时具备为他人谋取利益的条件,且是情节严重的行为,才能构成单位受贿罪。

国家机关、国有公司,企业、事业单位、人民团体,在经济往来中,在帐外暗中收受各种名义的回扣、手续费的,以单位受贿罪追究刑事责任。

涉嫌下列情形之一的,应予立案:

1、单位受贿数额在10万元以上的;

2、单位受贿数额不满10万元,但具有下列情形之一的;

(1)故意刁难、要挟有关单位、个人,造成恶劣影响的;

(2)强行索取财物的;

(3)致使国家或者社会利益遭受重大损失的。

2.最高人民法院、最高人民检察院《关于办理商业贿赂刑事案件适用法律若干问题的意见》

(实施日期:2008年11月20日　法发[2008]33号)

为依法惩治商业贿赂犯罪,根据刑法有关规定,结合办案工作实际,现就办理商业贿赂刑事案件适用法律的若干问题,提出如下意见:

一、商业贿赂犯罪涉及刑法规定的以下八种罪名:

(1)非国家工作人员受贿罪(刑法第一百六十三条);

(2)对非国家工作人员行贿罪(刑法第一百六十四条);

(3)受贿罪(刑法第三百八十五条);

(4)单位受贿罪(刑法第三百八十七条);

(5)行贿罪(刑法第三百八十九条);

(6)对单位行贿罪(刑法第三百九十一条);

(7)介绍贿赂罪(刑法第三百九十二条);

(8)单位行贿罪(刑法第三百九十三条)。

七、商业贿赂中的财物,既包括金钱和实物,也包括可以用金钱计算数额的财产性利益,如提供房屋装修、含有金额的会员卡、代币卡(券)、旅游费用等。具体数额以实际支付的资费为准。

八、收受银行卡的,不论受贿人是否实际取出或者消费,卡内的存款数额一般应全额认定为受贿数额。使用银行卡透支的,如果由给予银行卡的一方承担还款责任,透支数额也应当认定为受贿数额。

十、办理商业贿赂犯罪案件,要注意区分贿赂与馈赠的界限。主要应当结合以下因素全面分析、综合判断:

(1)发生财物往来的背景,如双方是否存在亲友关系及历史上交往的情形和程度;

(2)往来财物的价值;

(3)财物往来的缘由、时机和方式,提供财物方对于接受方有无职务上的请托;

(4)接受方是否利用职务上的便利为提供方谋取利益。

【犯罪构成】

(一)主体要件

本罪的犯罪主体有些特殊,不同于一般犯罪的主体,本罪只能由国有单位构成。它包括:国家机关、国有公司、企业、事业单位、人民团体。集体经济组织、中外合资企业、中外合作企业、外商独资企业和私营企业,不能成为单位受贿罪的主体。

(二)主观要件

本罪是单位犯罪,在主观方面表现为直接故意。即国有公司、企业、事业单位、机关、团体具有索取或者收受贿赂,为他人谋取利益的动机、目的。单位受贿罪的这种故意,是经单位决策机构的授权或同意,由其直接负责的主管人员和其他责任人员故意收受或索取贿赂的行为表现出来的,是法人整体意志的体现。另外,单位受贿罪中自然人罪名的确定依单位受贿罪罪名确定。

(三)客观要件

本罪表现为索取、非法收受他人财物,为他人谋取利益,情节严重的行为。

(四)客体要件

本罪侵犯的主要是国有单位正常管理活动和声誉。

【罪名辨析】

本罪与受贿罪区别

1. 主体不同。

本罪的主体是单位,而且只能是国家机关、国有公司、企业、事业单位、人民团体等国有单位。受贿罪的主体则限于自然人,而且只能是具有国家工作人员身份或者以国家工作人员论的自然人,通常在上述单位受贿罪的主体范围内从事公务的人均能成为受贿罪的主体,然而受贿罪的主体又不局限于此,还包括所属单位虽非上述单位但其本人是受国家机关、国有公司、企业、事业单位、人民团体委派到该类非国有性质的单位从事公务的人员及在基层群众性自治组织如农村村民委员会、城镇的居民委员会等单位依照法律从事公务的人员,而这些人员所在的单位都不可能成为单位受贿罪的主体。可见,单位受贿罪的主体范围和受贿罪的主体范围并非一一对应的关系。

2. 客体不同。

本罪的客体是国有单位的正常工作秩序和国家的廉政建设制度。受贿罪的客体通常被认为是“国家工作人员职务的廉洁性”。

3. 客观方面不同。

(1)受贿罪中索取他人财物的,不论是否“为他人谋取利益”,均可构成受贿罪;非法收受他人财物的,则必须同时具备“为他人谋取利益”的条件,才能构成受贿罪。而单位受贿罪中索取他人财物或者非法收受他人财物,则必须同时具备为他人谋取利益之条件时,才能构成犯罪,如某国有单位虽然索贿但没有为他人谋取利益的尚构不成单位受贿罪。另外值得注意,受贿罪中索贿的刑法明确规定要从重处罚,而单位受贿罪中索贿则不是法定从重处罚情节。

(2)受贿罪是复行为犯,构成此罪的国家工作人员还需具有“利用职务便利”的行为,即利用自己职务上主管、负责或者承办某项公共事务的职权及其所形成的便利条件为他人谋利益的行为;而单位受贿罪只要国有单位索取、非法收受他人财物,为他人谋取利益且情节严重的就构成单位受贿罪,没有要求构成此罪的单位必须具有利用本单位相关职务或职权的行为。

(3)单位受贿罪中要求具有“情节严重”的行为,且该“情节严重”是构成单位受贿罪的必要条件,是区分罪与非罪的标准,而受贿罪的定罪中没有该情节的要求。

(4)受贿罪中存在着斡旋受贿行为,即国家工作人员利用本人职权或者地位形成的便利条件,通过其他国家工作人员职务上的行为,为请托人谋取不正当利益,索取请托人财物或者收受请托人财物的以受贿论处。而单位受贿罪中则不存在斡旋受贿行为,即国有单位利用其职权或者地位形成的便利条件,通过其他国有单位为请托人谋取不正当利益,索取请托人财物或者收受请托人财物的,则不构成斡旋受贿犯罪。

量刑部分

【量刑标准】

犯本罪的,对单位判处罚金,并对其直接负责的主管人员与其他直接责任人员,处五年以下有期徒刑或者拘役。

截至目前,尚无本罪名关于量刑的司法解释。

受贿罪　《刑法》第388条

国家工作人员利用本人职权或者地位形成的便利条件，通过其他国家工作人员职务上的行为，为请托人谋取不正当利益，索取请托人财物或者收受请托人财物的，以受贿罪论处。

定罪部分

【罪名概念】

本条所规定的受贿罪，是指国家工作人员利用本人职权或者地位形成的便利条件，通过其他国家工作人员职务上的行为，为请托人谋取不正当利益，索取请托人财物或者收受请托人财物的行为。

【立法、司法解释】

1. 最高人民法院、最高人民检察院《关于办理商业贿赂刑事案件适用法律若干问题的意见》

（实施日期：2008年11月20日　法发[2008]33号）

四、医疗机构中的国家工作人员，在药品、医疗器械、医用卫生材料等医药产品采购活动中，利用职务上的便利，索取销售方财物，或者非法收受销售方财物，为销售方谋取利益，构成犯罪的，依照刑法第三百八十五条的规定，以受贿罪定罪处罚。

医疗机构中的非国家工作人员，有前款行为，数额较大的，依照刑法第一百六十三条的规定，以非国家工作人员受贿罪定罪处罚。

医疗机构中的医务人员，利用开处方的职务便利，以各种名义非法收受药品、医疗器械、医用卫生材料等医药产品销售方财物，为医药产品销售方谋取利益，数额较大的，依照刑法第一百六十三条的规定，以非国家工作人员受贿罪定罪处罚。

五、学校及其他教育机构中的国家工作人员，在教材、教具、校服或者其他物品的采购等活动中，利用职务上的便利，索取销售方财物，或者非法收受销售方财物，为销售方谋取利益，构成犯罪的，依照刑法第三百八十五条的规定，以受贿罪定罪处罚。

学校及其他教育机构中的非国家工作人员，有前款行为，数额较大的，依照刑法第一百六十三条的规定，以非国家工作人员受贿罪定罪处罚。

学校及其他教育机构中的教师，利用教学活动的职务便利，以各种名义非法收受教材、教具、校服或者其他物品销售方财物，为教材、教具、校服或者其他物品销售方谋取利益，数额较大的，依照刑法第一百六十三条的规定，以非国家工作人员受贿罪定罪处罚。

六、依法组建的评标委员会、竞争性谈判采购中谈判小组、询价采购中询价小组的组成人员,在招标、政府采购等事项的评标或者采购活动中,索取他人财物或者非法收受他人财物,为他人谋取利益,数额较大的,依照刑法第一百六十三条的规定,以非国家工作人员受贿罪定罪处罚。

依法组建的评标委员会、竞争性谈判采购中谈判小组、询价采购中询价小组中国家机关或者其他国有单位的代表有前款行为的,依照刑法第三百八十五条的规定,以受贿罪定罪处罚。

七、商业贿赂中的财物,既包括金钱和实物,也包括可以用金钱计算数额的财产性利益,如提供房屋装修、含有金额的会员卡、代币卡(券)、旅游费用等。具体数额以实际支付的资费为准。

八、收受银行卡的,不论受贿人是否实际取出或者消费,卡内的存款数额一般应全额认定为受贿数额。使用银行卡透支的,如果由给予银行卡的一方承担还款责任,透支数额也应当认定为受贿数额。

十、办理商业贿赂犯罪案件,要注意区分贿赂与馈赠的界限。主要应当结合以下因素全面分析、综合判断:(1)发生财物往来的背景,如双方是否存在亲友关系及历史上交往的情形和程度;(2)往来财物的价值;(3)财物往来的缘由、时机和方式,提供财物方对于接受方有无职务上的请托;(4)接受方是否利用职务上的便利为提供方谋取利益。

十一、非国家工作人员与国家工作人员通谋,共同收受他人财物,构成共同犯罪的,根据双方利用职务便利的具体情形分别定罪追究刑事责任:

(1)利用国家工作人员的职务便利为他人谋取利益的,以受贿罪追究刑事责任。

(2)利用非国家工作人员的职务便利为他人谋取利益的,以非国家工作人员受贿罪追究刑事责任。

(3)分别利用各自的职务便利为他人谋取利益的,按照主犯的犯罪性质追究刑事责任,不能分清主从犯的,可以受贿罪追究刑事责任。

2. 最高人民检察院法律政策研究室《关于国有单位的内设机构能否构成单位受贿罪主体问题的答复》

(实施日期:2006 年 9 月 12 日)

陕西省人民检察院法律政策研究室:

你室《关于国家机关、国有公司、企业、事业单位、人民团体的内设机构能否构成单位受贿罪主体的请示》(陕检研发[2005]13 号)收悉。经研究,答复如下:

国有单位的内设机构利用其行使职权的便利,索取、非法收受他人财物并归该内设机构所有或者支配,为他人谋取利益,情节严重的,依照刑法第三百八十七条的规定以单位受贿罪追究刑事责任。

上述内设机构在经济往来中，在账外暗中收受各种名义的回扣、手续费的，以受贿论。

3. 最高人民法院研究室《关于对行为人通过伪造国家机关公文、证件担任国家工作人员职务并利用职务上的便利侵占本单位财物、收受贿赂、挪用本单位资金等行为如何适用法律问题的答复》

（实施日期：2004 年 3 月 20 日）

北京市高级人民法院：

你院［2004］15 号《关于通过伪造国家机关公文、证件担任国家工作人员职务后利用职务便利侵占本单位财物、收受贿赂、挪用本单位资金的行为如何定性的请示》收悉。经研究，答复如下：

行为人通过伪造国家机关公文、证件担任国家工作人员职务以后，又利用职务上的便利实施侵占本单位财物、收受贿赂、挪用本单位资金等行为，构成犯罪的，应当分别以伪造国家机关公文、证件罪和相应的贪污罪、受贿罪、挪用公款罪等追究刑事责任，实行数罪并罚。

4. 最高人民检察院法律政策研究室《关于集体性质的乡镇卫生院院长利用职务之便收受他人财物的行为如何适用法律问题的答复》

（实施日期：2003 年 4 月 2 日）

山东省人民检察院研究室：

你院《关于工人身份的乡镇卫生院院长利用职务之便收受贿赂如何适用法律问题的请示》（鲁检发研字［2001］第 10 号）收悉。经研究，答复如下：

经过乡镇政府或者主管行政机关任命的乡镇卫生院院长，在依法从事本区域卫生工作的管理与业务技术指导，承担医疗预防保健服务工作等公务活动时，属于刑法第九十三条第二款规定的其他依照法律从事公务的人员。对其利用职务上的便利，索取他人财物的，或者非法收受他人财物，为他人谋取利益的，应当依照刑法第三百八十五条、第三百八十六条的规定，以受贿罪追究刑事责任。

5. 最高人民检察院《关于佛教协会工作人员能否构成受贿罪或者公司、企业人员受贿罪主体问题的答复》

（实施日期：2003 年 1 月 13 日　［2003］高检研发第 2 号）

浙江省人民检察院研究室：

你室《关于佛教协会工作人员能否构成受贿罪或公司、企业人员受贿罪主体的请示》（检研请［2002］9 号）收悉。经研究，答复如下：

佛教协会属于社会团体，其工作人员除符合刑法第九十三条第二款的规定属于受委托从事公务的人员外，既不属于国家工作人员，也不属于公司、企业人员。根据刑法的规定，对非受委托从事公务的佛教协会的工作人员利用职务之便收受他人财物,为他人谋取利益的行为,不能按受贿罪或者公司、企业人员受贿罪追究刑事责任。

6. 最高人民法院、最高人民检察院、海关总署《办理走私刑事案件适用法律若干问题的意见》

(实施日期:2002 年 7 月 8 日　法发[2002]39 号)(节录)

十六、关于放纵走私罪的认定问题

依照刑法第四百一十一条的规定,负有特定监管义务的海关工作人员徇私舞弊,利用职权,放任、纵容走私犯罪行为,情节严重的,构成放纵走私罪。放纵走私行为,一般是消极的不作为。如果海关工作人员与走私分子通谋,在放纵走私过程中以积极的行为配合走私分子逃避海关监管或者在放纵走私之后分得赃款的,应以共同走私犯罪追究刑事责任。

海关工作人员收受贿赂又放纵走私的,应以受贿罪和放纵走私罪数罪并罚。

7. 最高人民法院《全国法院审理金融犯罪案件工作座谈会纪要》

(实施日期:2001 年 1 月 21 日)(节录)

3. 用账外客户资金非法拆借、发放贷款行为的认定和处罚

银行或者其他金融机构及其工作人员以牟利为目的,采取吸收客户资金不入账的方式,将客户资金用于非法拆借、发放贷款,造成重大损失的,构成用账外客户资金非法拆借、发放贷款罪。以牟利为目的,是指金融机构及其工作人员为本单位或者个人牟利,不具有这种目的,不构成该罪。这里的"牟利",一般是指谋取用账外客户资金非法拆借、发放贷款所产生的非法收益,如利息、差价等。对于用款人为取得贷款而支付的回扣、手续费等,应根据具体情况分别处理:银行或者其他金融机构用账外客户资金非法拆借、发放贷款,收取的回扣、手续费等,应认定为"牟利";银行或者其他金融机构的工作人员利用职务上的便利,用账外客户资金非法拆借、发放贷款,收取回扣、手续费等,数额较小的,以"牟利"论处;银行或者其他金融机构的工作人员将用款人支付给单位的回扣、手续费秘密占为己有,数额较大的,以贪污罪定罪处罚;银行或者其他金融机构的工作人员利用职务便利,用账外客户资金非法拆借、发放贷款,索取用款人的财物,或者非法收受其他财物,或者收取回扣、手续费等,数额较大的,以受贿罪定罪处罚。吸收客户资金不入账,是指不记入金融机构的法定存款账目,以逃避国家金融监管,至于是否记入法定账目以外设立的账目,不影响该罪成立。

8. 最高人民法院《关于国家工作人员利用职务上的便利为他人谋取利益离退休后收受财物行为如何处理问题的批复》

(实施日期:2000 年 7 月 13 日)

江苏省高级人民法院:

你院苏高法[1999]65 号《关于国家工作人员在职时为他人谋利,离退休后收受

财物是否构成受贿罪的请示》收悉。经研究，答复如下：

国家工作人员利用职务上的便利为请托人谋取利益，并与请托人事先约定，在其离退休后收受请托人财物，构成犯罪的，以受贿罪定罪处罚。

9. 最高人民法院、最高人民检察院《关于办理贪污贿赂刑事案件适用法律若干问题的解释》

（实施日期：2016年4月18日　法释［2016］9号）（节录）

第一条　贪污或者受贿数额在三万元以上不满二十万元的，应当认定为刑法第三百八十三条第一款规定的“数额较大”，依法判处三年以下有期徒刑或者拘役，并处罚金。

受贿数额在一万元以上不满三万元，具有前款第二项至第六项规定的情形之一，或者具有下列情形之一的，应当认定为刑法第三百八十三条第一款规定的“其他较重情节”，依法判处三年以下有期徒刑或者拘役，并处罚金：

（一）多次索贿的；

（二）为他人谋取不正当利益，致使公共财产、国家和人民利益遭受损失的；

（三）为他人谋取职务提拔、调整的。

第二条　贪污或者受贿数额在二十万元以上不满三百万元的，应当认定为刑法第三百八十三条第一款规定的“数额巨大”，依法判处三年以上十年以下有期徒刑，并处罚金或者没收财产。

受贿数额在十万元以上不满二十万元，具有本解释第一条第三款规定的情形之一的，应当认定为刑法第三百八十三条第一款规定的“其他严重情节”，依法判处三年以上十年以下有期徒刑，并处罚金或者没收财产。

第三条　贪污或者受贿数额在三百万元以上的，应当认定为刑法第三百八十三条第一款规定的“数额特别巨大”，依法判处十年以上有期徒刑、无期徒刑或者死刑，并处罚金或者没收财产。

受贿数额在一百五十万元以上不满三百万元，具有本解释第一条第三款规定的情形之一的，应当认定为刑法第三百八十三条第一款规定的“其他特别严重情节”，依法判处十年以上有期徒刑、无期徒刑或者死刑，并处罚金或者没收财产。

第四条　贪污、受贿数额特别巨大，犯罪情节特别严重、社会影响特别恶劣、给国家和人民利益造成特别重大损失的，可以判处死刑。

符合前款规定的情形，但具有自首，立功，如实供述自己罪行、真诚悔罪、积极退赃，或者避免、减少损害结果的发生等情节，不是必须立即执行的，可以判处死刑缓期二年执行。

符合第一款规定情形的，根据犯罪情节等情况可以判处死刑缓期二年执行，同时裁判决定在其死刑缓期执行二年期满依法减为无期徒刑后,终身监禁,不得减刑、假释。

第十二条　贿赂犯罪中的“财物”,包括货币、物品和财产性利益。财产性利益包括可以折算为货币的物质利益如房屋装修、债务免除等,以及需要支付货币的其他利益如会员服务、旅游等。后者的犯罪数额,以实际支付或者应当支付的数额计算。

第十三条　具有下列情形之一的,应当认定为“为他人谋取利益”,构成犯罪的,应当依照刑法关于受贿犯罪的规定定罪处罚:

(一)实际或者承诺为他人谋取利益的;

(二)明知他人有具体请托事项的;

(三)履职时未被请托,但事后基于该履职事由收受他人财物的。

国家工作人员索取、收受具有上下级关系的下属或者具有行政管理关系的被管理人员的财物价值三万元以上,可能影响职权行使的,视为承诺为他人谋取利益。

第十五条　对多次受贿未经处理的,累计计算受贿数额。

国家工作人员利用职务上的便利为请托人谋取利益前后多次收受请托人财物,受请托之前收受的财物数额在一万元以上的,应当一并计入受贿数额。

第十六条　国家工作人员出于贪污、受贿的故意,非法占有公共财物、收受他人财物之后,将赃款赃物用于单位公务支出或者社会捐赠的,不影响贪污罪、受贿罪的认定,但量刑时可以酌情考虑。

第十七条　国家工作人员利用职务上的便利,收受他人财物,为他人谋取利益,同时构成受贿罪和刑法分则第三章第三节、第九章规定的渎职犯罪的,除刑法另有规定外,以受贿罪和渎职犯罪数罪并罚。

第十八条　贪污贿赂犯罪分子违法所得的一切财物,应当依照刑法第六十四条的规定予以追缴或者责令退赔,对被害人的合法财产应当及时返还。对尚未追缴到案或者尚未足额退赔的违法所得,应当继续追缴或者责令退赔。

第十九条　对贪污罪、受贿罪判处三年以下有期徒刑或者拘役的,应当并处十万元以上五十万元以下的罚金;判处三年以上十年以下有期徒刑的,应当并处二十万元以上犯罪数额二倍以下的罚金或者没收财产;判处十年以上有期徒刑或者无期徒刑的,应当并处五十万元以上犯罪数额二倍以下的罚金或者没收财产。

对刑法规定并处罚金的其他贪污贿赂犯罪,应当在十万元以上犯罪数额二倍以下判处罚金。

【犯罪构成】

(一)主体要件

本罪的主体是特殊主体,即国家工作人员,另据《刑法》第九十三条规定,国家工作人员包括当然的国家工作人员,即在国家机关中从事公务的人员;拟定的国家工作人员,即国有公司、企事业单位、人民团体中从事公务的人员和国家机关、国有公司、企事业单位委派到非国有公司、企事业单位、社会团体从事公务的人员,以及其他依照法律从事公务的人员。

(二)主观要件

本罪在主观方面是由故意构成,只有行为人是出于故意所实施的受贿犯罪行为才构成受贿罪,过失行为不构成本罪。如果国家工作人员为他人谋利益,而无受贿意图,后者以酬谢名义将财物送至其家中,而前者并不知情,不能以受贿论处。在实践中,行为人往往以各种巧妙手法掩盖其真实的犯罪目的,因而必须深入地加以分析判断。如在实践中,有的国家工作人员利用职务上的便利,为他人谋利益,收受财物,只象征性地付少量现金,实际上是掩盖受贿行为的一种手段,对之应当以受贿论处。对于这种案件受贿金额的计算,应当以行贿人购买物品实际支付的金额扣除受贿人已付的现金额来计算。

(三)客观要件

本罪在客观方面表现为国家工作人员利用本人职权或者地位形成的便利条件,通过其他国家工作人员职务上的行为,为请托人谋取不正当利益,索取请托人财物或者收受请托人财物的行为。

(四)客体要件

本罪侵犯的客体是复杂客体。主要客体是国家机关、国有公司、企事业单位、人民团体的正常管理活动;次要客体是国家工作人员职务行为的廉洁性。

本罪的犯罪对象是财物。但不应狭隘地理解为现金、具体物品,而应看其是否含有财产或其他利益成分。这种利益既可以当即实现,也可以在将来实现。因此,作为受贿罪犯罪对象的财物,必须是具有物质性利益的,并以客观形态存在的一切财物。包括:货币、有价证券、商品等,另外,对受贿人而言,其所追逐的利益的着眼点,既可以是该财物的价值,也可以是该财物的使用价值。所以,受贿罪中的贿赂:财物,从一定意义上说,属于商品范畴。

量刑部分

【量刑标准】

对犯受贿罪的,根据受贿所得数额及情节,依照本法第三百八十三条的规定处罚。索贿的从重处罚。

利用影响力受贿罪 《刑法》第388条之一

国家工作人员的近亲属或者其他与该国家工作人员关系密切的人,通过该国家工作人员职务上的行为,或者利用该国家工作人员职权或者地位形成的便利条件,通过其他国家工作人员职务上的行为,为请托人谋取不正当利益,索取请托人财物或者收受请托人财物,数额较大或者有其他较重情节的,处三年以下有期徒刑或者拘役,并处罚金;数额巨大或者有其他严重情节的,处三年以上七年以下有期徒刑,并处罚金;数额特别巨大或者有其他特别严重情节的,处七年以上有期徒刑,并处罚金或者没收财产。

离职的国家工作人员或者其近亲属以及其他与其关系密切的人,利用该离职的国家工作人员原职权或者地位形成的便利条件实施前款行为的,依照前款的规定定罪处罚。

定罪部分

【罪名概念】

利用影响力受贿罪,是指国家工作人员的近亲属或者其他与该国家工作人员关系密切的人,通过该国家工作人员职务上的行为,或者利用该国家工作人员职权或者地位形成的便利条件,通过其他国家工作人员职务上的行为,为请托人谋取不正当利益,索取请托人财物或者收受请托人财物,数额较大或者有其他较重情节的行为。

【司法解释】

最高人民法院、最高人民检察院《关于办理贪污贿赂刑事案件适用法律若干问题的解释》

(实施日期:2016年4月18日　法释[2016]9号)(节录)

第十条　刑法第三百八十八条之一规定的利用影响力受贿罪的定罪量刑适用标准,参照本解释关于受贿罪的规定执行。

【犯罪构成】

(一)主体方面

本罪的主体是国家工作人员的近亲属或者其他与该国家工作人员关系密切的人,及离职的国家工作人员或者其近亲属以及其他与其关系密切的人。

首先是近亲属的界定,根据《刑事诉讼法》第八十二条规定的近亲属包括:夫、妻、父、母、子、女、同胞兄弟姐妹。只要与该国家工作人员(离职的国家工作人员)存在上述关系的,可以界定为其近亲属。具备该罪的主体资格。

其次是其他关系密切的人，法律本身并没有界定"关系密切人"的内涵和外延，而"关系"属价值判断和主观认定的范畴。

（二）主观方面

本罪的主观方面为直接故意，表现为该行为人认识到自己是某国家工作人员的关系密切人，与该国家工作人员有着特殊的关系，足以让第三人相信其能够利用该国家工作人员的职务行为或该国家工作人员职权或地位形成的便利条件，通过其他国家工作人员职务上的行为，为请托人谋取不正当利益，即认识到其是在以某种方式利用着该国家工作人员的职务便利，为请托人谋取不正当利益，并且希望请托人能够给付财物或自己会主动向请托人索贿。

（三）客观方面

利用影响力受贿罪的客观方面表现为：一是关系密切人通过该国家工作人员职务上的行为，为请托人谋取不正当利益，索取请托人财物，或者非法收受请托人财物，数额较大或有其他严重情节的行为；或是关系密切人，利用该国家工作人员职权或地位形成的便利条件，通过其他国家工作人员职务上的行为，为请托人谋取不正当利益，索取请托人财物，或者非法收受请托人财物，数额较大或有其他严重情节的行为。二是离职的国家工作人员或其关系密切人，利用该离职的国家工作人员原职权或地位形成的便利条件，通过其他国家工作人员职务上的行为，为请托人谋取不正当利益，索取请托人财物，或者非法收受请托人财物，数额较大或有其他严重情节的行为。

（四）客体方面

本罪侵犯的客体就是该罪所侵犯的社会关系。利用影响力受贿罪的主体虽然不是国家工作人员，但其与国家工作人员有着特殊关系，实质上是变相或间接利用国家工作人员的职务便利，其所侵犯的客体与受贿罪所侵犯的客体存在着相似性。但受贿罪是国家工作人员直接利用自己的职务便利，其侵犯的客体，主要是国家机关的正常管理活动，而国家机关的正常活动是指实现国家基本职能的国家机关的正常活动，和国家工作人员的职务廉洁性。而利用影响力受贿罪中该关系密切人是间接利用某国家工作人员的职务便利，两者之间还是存在着一定的差别的。笔者认为利用影响力受贿罪侵犯的客体主要是国家机关的正常管理活动和公众对国家工作人员廉洁依法办事的信赖或者说是国家工作人员的廉洁形象。因为关系密切人间接利用国家工作人员的职务行为也会侵犯国家机关严格依法办事的程序，影响其正常工作活动。另外，也会让公众产生对公权力的不信任。

【罪名辨析】

（一）本罪与受贿罪的区别

本罪与受贿罪在利用国家工作人员职务便利为第三人谋取利益，收受或索取第三人财物方面相似，但两者之间也存在着巨大差别。这里主要探讨利用影响力受贿罪与斡旋受贿形态之间的关系。我国《刑法》第三百八十八条规定受贿形态,学界有两种不同观点,有人主张定其为独立的斡旋受贿罪,也有人主张定为受贿罪即可,因为法律明文规定以受贿罪论处。从上面关于利用影响力受贿罪的规定可以看出,除了第一款第一种情形外,第二种情形和第二款的规定与我国《刑法》第三百八十八条的规定很相似,都是利用国家工作人员的职权和地位形成的便利条件,通过其他国家工作人员职务上的行为,为请托人谋取不正当利益,并索取或收受请托人的财物,即他们都是在请托人和其他国家工作人员之间起到斡旋作用的。但两者之间也是存在着巨大差别的,主要有以下几点:

1. 主体不同。本罪的主体是国家工作人员的关系密切人、离职的国家工作人员及其关系密切人,而斡旋受贿形态的主体直接为国家工作人员自己。

2. 客观方面不同。本罪中行为人先是利用与其关系密切的国家工作人员的职权或地位形成的便利条件,再通过其他国家工作人员职务上的行为去受贿,而斡旋受贿形态中是国家工作人员直接利用自己的职权或地位形成的便利条件,再通过其他国家工作人员职务上的行为去受贿。即在这里他们所依靠的职权或地位形成的便利条件的主体不同,前者为与行为人关系密切的国家工作人员,后者直接为该国家工作人员。

(二)本罪与非国家工作人员受贿罪的区别

中华人民共和国第十届全国人大常委会第二十三次会议于2006年6月29日通过的《刑法修正案(六)》将刑法第一百六十三条修改为:"公司、企业或者其他单位的工作人员利用职务上的便利,索取他人财物或者非法收受他人财物,为他人谋取利益,数额较大的,处五年以下有期徒刑或者拘役;数额巨大的,处五年以上有期徒刑,可以并处没收财产。"2007年11月6日两高的司法解释将其所规定的罪名确定为非国家工作人员受贿罪。从以上的规定可以看出,两者的主体都不是国家工作人员,两者都是利用一定的职务便利去受贿,这是两者相似的地方,但他们之间也是存在着巨大差别的,有以下几点:

1. 主体不同。非国家工作人员受贿罪的主体是公司、企业或者其他单位的工作人员;利用影响力受贿罪的主体是国家工作人员的关系密切人、离职的国家工作人员及其关系密切人员。

2. 客观方面不同。非国家工作人员受贿罪的客观方面表现为:公司、企业或者其他单位的工作人员利用职务上的便利,索取他人财物或者非法收受他人财物,为他人谋取利益,数额较大的行为。利用影响力受贿罪的客观方面表现为:关系密切人通过该国家工作人员职务上的行为,或利用该国家工作人员职权或地位形成的便利条件,通过其他国家工作人员职务上的行为,为请托人谋取不正当利益,索取请托人财物,或者非法收受请托人财物,数额较大或有其他严重情节的行为。另外,非国家工作人员受贿罪中为他人谋取的利益不分正当与否,而利用影响力受贿罪中必须为不正当利益。

（三）本罪与诈骗罪的区别

《刑法》第二百六十六条规定，诈骗公私财物，数额较大的，处三年以下有期徒刑、拘役或者管制，并处或者单处罚金；数额巨大或者有其他严重情节的，处三年以上十年以下有期徒刑，并处罚金；数额特别巨大或者有其他特别严重情节的，处十年以上有期徒刑或者无期徒刑，并处罚金或者没收财产。本法另有规定的，依照规定。

现实生活中，有些人打着与某国家工作人员"关系密切"的旗号，收受财物，办理请托事项。如果此人确实与国家工作人员有一定的密切关系，但是请托事项没有办成，且没有退回收受的财物，如何认定行为性质？司法实践中，往往将此类行为当做"诈骗罪"打击。可见，"利用影响力受贿罪"与"诈骗罪"在实践中界限非常模糊。两罪在构成方面存在以下差异：

1. 客观方面不同。诈骗罪的前提是"虚构事实、隐瞒真相"。除非嫌疑人与国家工作人员确实不存在任何关系，否则，不能以"请托事项未办成"的结果，来推定其属于"虚构事实、隐瞒真相"。只要能证明嫌疑人与国家工作人员之间的"密切关系"，嫌疑人通过这层关系收受请托人财物，要么是作为中间人向国家工作人员行贿，要么是避开国家工作人员，直接利用其影响力办理请托事项。无论请托事项是否办成，其行为构成的是贿赂犯罪而非诈骗罪。

2. 犯罪对象定性不同。如果对此类"诈骗案"准确定性为"利用影响力受贿罪"，请托人不但不是诈骗案的"被害人"，甚至是贿赂犯罪的行贿人，需要承担相应的刑事责任。从这个角度，可以对其形成一定的牵制。被告人到底是"利用影响力受贿"，还是作为行贿犯罪的共犯之一，未能实现行贿目的，需要根据事实和证据再做进一步确认。

（四）共犯的认定

在司法实践中，认定利用影响力受贿罪共犯，要注意与受贿罪共犯相区分，结合具体个案区别对待。

1. 关系密切的人与国家工作人员勾结共同受贿的处理。根据 2003 年最高人民法院的《全国法院审理经济犯罪案件座谈会纪要》和 2007 年《最高人民法院、最高人民检察院关于办理受贿刑事案件适用法律若干问题的意见》（以下简称《意见》）的规定，关系密切的人向国家工作人员代为转达请托事项，索取或者收受请托人财物并告知该国家工作人员的，或者国家工作人员明知其关系密切的人收受了请托人财物，仍按照关系密切的人的要求利用自身职权为请托人谋取利益的，该国家工作人员构成受贿罪，其关系密切的人以受贿罪的共犯论处。

2. 国家工作人员对关系密切的人受贿行为事前知情的处理。国家工作人员事先知道其关系密切的人利用自己的职权或地位形成的便利条件，索取请托人财物或者收受请托人财物,仍默许或者不反对其关系密切的人通过其他国家工作人员职务上的行为为请托人谋取不正当利益,参照《意见》的规定,该国家工作人员和关系密切的人构成利用影响力受贿罪的共犯。虽然国家工作人员对其近亲属或者其他关系密切的人的行为只是持默许或者不反对的态度,事后又不共同占有财物,但该国家工作人员构成利用影响力受贿罪的片面共犯,应以利用影响力受贿罪处理。

3. 国家工作人员对关系密切的人受贿行为事后知情的处理。国家工作人员如果事先不知道其关系密切的人利用自己的职权或地位形成的便利条件,通过其他国家工作人员职务上的行为为请托人谋取不正当利益,事后知道但并不参与分享贿赂的,国家工作人员不构成犯罪,其关系密切的人应认定为利用影响力受贿罪;如果国家工作人员事后参与分享贿赂的,对该国家工作人员仍以受贿罪论处,对其关系密切的人以利用影响力受贿罪论处。

4. 国家工作人员对关系密切的人受贿行为不知情的处理。国家工作人员虽然按照关系密切的人的要求,利用职权为请托人谋取利益,但对关系密切的人收受请托人财物毫不知情的,对关系密切的人以利用影响力受贿罪论处,对该国家工作人员既不构成利用影响力受贿罪的共犯,也不单独构成受贿罪。

5. 离职的国家工作人员受贿行为的处理。离职的国家工作人员受贿行为构成利用影响力受贿罪还是受贿罪,要区分时间段,同时兼顾有无事先约定。行为人所利用的便利条件是原职权或者地位形成的,或者行为人索取、收受请托人财物并通过其他国家工作人员为请托人谋取不正当利益的行为均发生在离职以后,且行为人索取或者收受请托人财物不是基于任职时的约定或者是作为其任职时权钱交易行为的“对价”,而是一个新的行为,该行为人以利用影响力受贿罪论处。行为人在任职时利用职务上的便利为请托人谋取利益,或者在任职时与请托人事先约定,在其离职后收受请托人财物,对行为人以受贿罪论处。

量刑部分

【量刑标准】

犯本罪,数额较大或者有其他较重情节的,处三年以下有期徒刑或者拘役,并处罚金;数额巨大或者有其他严重情节的,处三年以上七年以下有期徒刑,并处罚金;数额特别巨大或者有其他特别严重情节的,处七年以上有期徒刑,并处罚金或没收财产。

离职的国家工作人员或者其近亲属以及其他与其关系密切的人,利用该离职的国家工作人员原职权或者地位形成的便利条件实施前款行为的,依照前款的规定定罪处罚。

行贿罪 《刑法》第 389 条

为谋取不正当利益,给予国家工作人员以财物的,是行贿罪。在经济往来中,违反国家规定,给予国家工作人员以财物,数额较大的,或者违反国家规定,给予国家工作人员以各种名义的回扣、手续费的,以行贿论处。因被勒索给予国家工作人员以财物,没有获得不正当利益的,不是行贿。

定罪部分

【罪名概念】

行贿罪,是指为谋取不正当利益,给国家工作人员以财物(含在经济往来中,违反国家规定,给予国家工作人员以财物,数额较大,或者违反国家规定,给予国家工作人员以各种名义的回扣费、手续费)的行为。

【司法解释】

1. 最高人民法院、最高人民检察院《关于办理贪污贿赂刑事案件适用法律若干问题的解释》

(实施日期:2016 年 4 月 18 日　法释[2016]9 号)(节录)

第七条　为谋取不正当利益,向国家工作人员行贿,数额在三万元以上的,应当依照刑法第三百九十条的规定以行贿罪追究刑事责任。

行贿数额在一万元以上不满三万元,具有下列情形之一的,应当依照刑法第三百九十条的规定以行贿罪追究刑事责任:

(一)向三人以上行贿的;

(二)将违法所得用于行贿的;

(三)通过行贿谋取职务提拔、调整的;

(四)向负有食品、药品、安全生产、环境保护等监督管理职责的国家工作人员行贿,实施非法活动的;

(五)向司法工作人员行贿,影响司法公正的;

(六)造成经济损失数额在五十万元以上不满一百万元的。

第八条　犯行贿罪,具有下列情形之一的,应当认定为刑法第三百九十条第一款规定的"情节严重":

(一)行贿数额在一百万元以上不满五百万元的;

(二)行贿数额在五十万元以上不满一百万元,并具有本解释第七条第二款第一项至第五项规定的情形之一的;

(三)其他严重的情节。

为谋取不正当利益,向国家工作人员行贿,造成经济损失数额在一百万元以上不满五百万元的,应当认定为刑法第三百九十条第一款规定的“使国家利益遭受重大损失”。

第九条　犯行贿罪,具有下列情形之一的,应当认定为刑法第三百九十条第一款规定的“情节特别严重”:

(一)行贿数额在五百万元以上的;

(二)行贿数额在二百五十万元以上不满五百万元,并具有本解释第七条第二款第一项至第五项规定的情形之一的;

(三)其他特别严重的情节。

为谋取不正当利益,向国家工作人员行贿,造成经济损失数额在五百万元以上的,应当认定为刑法第三百九十条第一款规定的“使国家利益遭受特别重大损失”。

第十四条　根据行贿犯罪的事实、情节,可能被判处三年有期徒刑以下刑罚的,可以认定为刑法第三百九十条第二款规定的“犯罪较轻”。

根据犯罪的事实、情节,已经或者可能被判处十年有期徒刑以上刑罚的,或者案件在本省、自治区、直辖市或者全国范围内有较大影响的,可以认定为刑法第三百九十条第二款规定的“重大案件”。

具有下列情形之一的,可以认定为刑法第三百九十条第二款规定的“对侦破重大案件起关键作用”:

(一)主动交待办案机关未掌握的重大案件线索的;

(二)主动交待的犯罪线索不属于重大案件的线索,但该线索对于重大案件侦破有重要作用的;

(三)主动交待行贿事实,对于重大案件的证据收集有重要作用的;

(四)主动交待行贿事实,对于重大案件的追逃、追赃有重要作用的。

2. 最高人民法院、最高人民检察院《关于办理行贿刑事案件具体应用法律若干问题的解释》

(实施日期:2013 年 1 月 1 日　法释[2012]22 号)(节录)

第五条　多次行贿未经处理的,按照累计行贿数额处罚。

第六条　行贿人谋取不正当利益的行为构成犯罪的,应当与行贿犯罪实行数罪并罚。

第七条　因行贿人在被追诉前主动交待行贿行为而破获相关受贿案件的,对行贿人不适用刑法第六十八条关于立功的规定,依照刑法第三百九十条第二款的规定,可以减轻或者免除处罚。

单位行贿的,在被追诉前,单位集体决定或者单位负责人决定主动交待单位行贿行为的,依照刑法第三百九十条第二款的规定,对单位及相关责任人员可以减轻处罚或者免除处罚;受委托直接办理单位行贿事项的直接责任人员在被追诉前主动交待自己知道的单位行贿行为的,对该直接责任人员可以依照刑法第三百九十条第二款的规定减轻处罚或者免除处罚。

第八条　行贿人被追诉后如实供述自己罪行的,依照刑法第六十七条第三款的规定,可以从轻处罚;因其如实供述自己罪行,避免特别严重后果发生的,可以减轻处罚。

第九条　行贿人揭发受贿人与其行贿无关的其他犯罪行为,查证属实的,依照刑法第六十八条关于立功的规定,可以从轻、减轻或者免除处罚。

第十条　实施行贿犯罪,具有下列情形之一的,一般不适用缓刑和免予刑事处罚:

(一)向三人以上行贿的;

(二)因行贿受过行政处罚或者刑事处罚的;

(三)为实施违法犯罪活动而行贿的;

(四)造成严重危害后果的;

(五)其他不适用缓刑和免予刑事处罚的情形。

具有刑法第三百九十条第二款规定的情形的,不受前款规定的限制。

第十一条　行贿犯罪取得的不正当财产性利益应当依照刑法第六十四条的规定予以追缴、责令退赔或者返还被害人。

因行贿犯罪取得财产性利益以外的经营资格、资质或者职务晋升等其他不正当利益,建议有关部门依照相关规定予以处理。

第十二条　行贿犯罪中的"谋取不正当利益",是指行贿人谋取的利益违反法律、法规、规章、政策规定,或者要求国家工作人员违反法律、法规、规章、政策、行业规范的规定,为自己提供帮助或者方便条件。

违背公平、公正原则,在经济、组织人事管理等活动中,谋取竞争优势的,应当认定为"谋取不正当利益"。

第十三条　刑法第三百九十条第二款规定的"被追诉前",是指检察机关对行贿人的行贿行为刑事立案前。

3. 最高人民检察院《关于人民检察院直接受理立案侦查案件立案标准的规定(试行)》

(实施日期:1999 年 9 月 16 日　高检发研字[1999]10 号)(节录)

(五)行贿案(第三百八十九条、第三百九十条)

行贿罪是指为谋取不正当利益,给予国家工作人员以财物的行为。

在经济往来中,违反国家规定,给予国家工作人员以财物,数额较大的,或者违反国家规定,给予国家工作人员以各种名义的回扣、手续费的,以行贿罪追究刑事责任。

因被勒索给予国家工作人员以财物,已获得不正当利益的,以行贿罪追究刑事责任。

4. 最高人民检察院《关于行贿犯罪档案查询工作的规定》

(实施日期:2013年2月6日)(节录)

第一章　总　则

第一条　为了充分发挥法律监督职能作用,有效遏制贿赂犯罪,促进诚信建设,服务经济社会科学发展,人民检察院实行行贿犯罪档案查询制度。

第二条　人民检察院统一建立全国行贿犯罪档案库,录入行贿犯罪信息,向社会提供查询。

第三条　行贿犯罪档案查询工作应当依法、客观、及时、便利。

单位、个人应用行贿犯罪档案查询结果应当正当、诚实、守信,不得滥用。

第四条　人民检察院不参与、不干预对经查询有行贿犯罪记录的单位和个人的具体处置。

第五条　人民检察院应当对行贿犯罪档案查询结果应用情况进行跟踪、了解。

第六条　人民检察院在行贿犯罪档案查询工作中,应当保障当事人的合法权益,不得泄露国家秘密、商业秘密和个人隐私。

第七条　人民检察院行贿犯罪档案查询工作接受社会监督。

第二章　行贿犯罪档案库

第八条　人民检察院收集、整理、存储经人民检察院立案侦查并由人民法院生效判决、裁定认定的行贿罪、单位行贿罪、对单位行贿罪、介绍贿赂罪等犯罪信息,建立行贿犯罪档案库。

第九条　人民检察院自人民法院判决、裁定生效之日起30日内将行贿犯罪等信息录入行贿犯罪档案库。

第十条　行贿犯罪等信息一经录入不得修改、删除。但是,下列情形除外:

(一)人民法院对贿赂犯罪案件改判的;

(二)录入信息内容存在错误、遗漏的。

第三章　查询受理

第十一条　单位和个人可以根据需要直接到人民检察院申请查询行贿犯罪档案,也可以通过电话或者网络预约查询。

第十二条　国家机关主管部门对有关单位或者个人进行行贿犯罪档案查询的,由同级人民检察院受理。

国家机关主管部门以外的单位对其他单位或者个人进行行贿犯罪档案查询的,由申请单位住所地人民检察院受理。

第十三条　公司、企业对本公司、企业进行行贿犯罪档案查询的,由公司、企业住所地或者业务发生地人民检察院受理。

个人对本人进行行贿犯罪档案查询的,由个人住所地人民检察院受理。

第十四条　涉及国(境)外的行贿犯罪档案查询,由省级以上人民检察院受理。

第十五条 申请查询应当提交查询申请和身份证明。

单位申请查询的,应当提交查询申请(加盖单位公章),经办人有效身份证明及复印件,以及相关证明材料。申明查询事由,详细提供被查询单位名称和组织机构代码,被查询个人的姓名和身份证号码。

公司、企业申请查询的,还应当提交企业营业执照(副本)原件以及复印件。

个人申请查询的,应当提交查询申请,本人有效身份证明以及复印件。

受委托进行查询的,还应当提交委托方的委托证明、受委托方的相关证明、经办人的有效身份证明以及复印件。

第十六条 人民检察院对符合条件、事由正当的查询申请应当受理;对不符合条件、无正当事由的查询申请,不予受理,并应当说明理由。

第十七条 人民检察院对国家机关主管部门、有关单位提出的以下针对其他单位或者个人的行贿犯罪档案查询,应当受理:

(一)为招标进行资格审查需要的;

(二)为采购进行供货商资格审查需要的;

(三)为行业管理、市场管理、业务监管等进行资质、资格审查需要的;

(四)为信用管理需要的;

(五)为招聘、录用、选任人员等人事管理需要的;

(六)纪检监察、司法机关为办案需要的;

(七)金融机构为贷款进行资信审查需要的;

(八)其他应当受理的情形。

第十八条 人民检察院对公司、企业、个人提出的以下针对本公司、企业、本人的行贿犯罪档案查询,应当受理:

(一)公司、企业根据有关部门或者单位招标要求,为投标需要的;

(二)公司、企业、个人为信贷需要的;

(三)公司、企业、个人为从事商贸合作或者谈判需要的;

(四)个人为求职、应聘需要的;

(五)公司、企业、个人应国(境)外公司、企业或者组织要求,为在国(境)外投标、融资、信贷、商贸合作或者谈判等需要的;

(六)其他应当受理的情形。

第十九条 人民检察院对国际组织、有关国家或者我国香港、澳门、台湾等地区的单位为在中国境内招标、投资、信贷、商贸合作或者谈判而提出的针对其他单位、个人的行贿犯罪档案查询,应当受理。

人民检察院对国(境)外公司、企业、个人为在中国境内投标、融资、信贷、商贸合作或者谈判而提出的针对本公司、企业、个人在中国境内实施的行贿犯罪档案查询,应当受理。

第四章　查询与告知

第二十条　人民检察院应当根据查询申请进行查询,在受理查询之日起3个工作日内将查询结果告知查询单位和个人。

对于涉外查询,在受理查询之日起5个工作日内将查询结果告知查询单位和个人。

第二十一条　查询结果以查询告知函的形式告知查询单位和个人,加盖人民检察院行贿犯罪档案查询专用章。

行贿犯罪档案查询告知函自出具之日起2个月内有效,复印件无效。

第二十二条　查询结果告知的内容包括:

(一)有无行贿犯罪记录;

(二)有行贿犯罪记录的,应当列明作出判决、裁定的人民法院,判决时间和结果,行贿犯罪的实施时间和犯罪数额;

(三)有多次行贿犯罪的,依人民法院判决、裁定的时间顺序,列明所有行贿犯罪记录;

(四)对有行贿犯罪记录但已经进行整改并采取预防措施的单位,可以附加告知有关整改和预防的信息;

(五)其他相关内容。

第二十三条　行贿犯罪信息的查询期限为10年。单位犯罪自人民法院判决、裁定生效之日起,个人犯罪自刑罚执行完毕之日起,超过10年的,行贿犯罪信息不向社会提供查询。但是,纪检监察、司法机关为办案需要提出的查询,以及有关部门和单位依据法律法规、管理规定提出具体期限的查询除外。

多次行贿犯罪的,自人民法院最后一次判决、裁定生效之日起计算行贿犯罪信息的查询期限。

第五章　应用与回馈

第二十四条　单位和个人应当按照查询申请的事由应用查询结果,不得用于查询申请事由之外的其他事项,不得利用查询结果进行不正当竞争或者从事非法活动。

第二十五条　有关单位根据相关法律法规、管理规定的要求,对经查询有行贿犯罪记录的单位和个人进行处置的,应当将处置结果在30日内回馈提供查询结果告知函的人民检察院。

人民检察院应当对处置结果进行登记备案,并跟踪、了解相关情况。

第二十六条　人民检察院应当与国家机关主管部门、纪检监察、司法机关以及有关单位加强联系与协作,建立合作机制,实现信息交流与共享,推动行贿犯罪档案查询结果的合理应用。

第六章　异议与投诉

第二十七条　查询单位和个人、被查询单位和个人,以及其他利益相关单位和个人,可以针对下列情形,向人民检察院提出书面异议:

（一）查询结果告知函存在瑕疵，需要核查予以确认或者重新出具的；

（二）查询结果与事实不符，需要更正的；

（三）录入信息内容存在错误、遗漏，需要更正或者补充的；

（四）其他情形。

提出异议时，应当提交必要的证据材料。

第二十八条　查询结果异议由受理查询并提供查询结果告知函的人民检察院受理。

人民检察院应当对受理的异议进行复核，在受理异议后5个工作日内回复异议申请人。

对于情况复杂的异议，可以适当延长复核时间，但是复核时间最长不得超过20个工作日。

第二十九条　对人民检察院的复核意见仍有异议的，可以申请上一级人民检察院重新复核。

上一级人民检察院的重新复核为最终复核。

最高人民检察院受理的查询异议的复核为最终复核。

第三十条　单位和个人认为行贿犯罪档案查询工作侵害其合法权益的，可以向省级以上人民检察院进行投诉。省级以上人民检察院受理投诉后应当及时调查处理，并予以答复。

第七章　法律责任

第三十一条　任何单位和个人不得伪造、变造行贿犯罪档案查询结果告知函，构成犯罪的，依法追究刑事责任。

第三十二条　有关部门、单位及其工作人员违反相关法律法规、管理规定，对经查询有行贿犯罪记录的单位和个人应当处置而不处置，或者滥用行贿犯罪档案查询结果，造成严重后果或者恶劣影响的，应当追究相关人员的法律责任或者其他责任。

第三十三条　人民检察院行贿犯罪档案查询工作人员违反法律、纪律规定和保密规定的，应当追究相应责任。构成犯罪的，依法追究刑事责任。

第八章　附则

第三十四条　本规定由最高人民检察院负责解释。

第三十五条　本规定自发布之日起施行。2009年6月10日最高人民检察院颁布施行的《关于行贿犯罪档案查询工作规定》同时废止。

【犯罪构成】

（一）主体要件

本罪的犯罪主体是一般主体，即行为人是达到刑事责任年龄，具备刑事责任能力的自然人。

(二)主观要件

本罪在主观方面表现为故意,即行贿人对于自己行贿行为的目的、性质都十分清楚,但为了谋取私利而仍然为之的故意行为。

(三)客观要件

本罪在犯罪客观方面表现为:

1. 为自己谋取不正当利益;

2. 用钱财收买国家工作人员的职务行为;

3. 违反国家规定,给国家工作人员以各种名义的回扣费、手续费;

4. 数额较大。

(四)客体要件

本罪侵犯的客体是国家机关的正常管理和公职人员的职务行为的不可收买性。犯罪对象是公务人员个人。

【罪名辨析】

(一)本罪与馈赠礼物的界限

区分二者的关键还是看行为人在给予国家工作人员礼物时,主观上是否有利用国家工作人员职务上的便利,为自己谋取不正当利益的犯罪目的。

(二)本罪与对公司、企业人员行贿罪的界限

1. 犯罪主体不同。行贿罪只能由自然人实施;而对公司、企业人员行贿罪则既可以由自然人实施,也可以由单位实施。

2. 犯罪客体和对象不同。行贿罪侵犯的客体是公务行为的廉洁性,犯罪对象只限于国家工作人员;而对公司、企业人员行贿罪侵犯的客体主要是公司、企业的管理秩序,犯罪对象只能是公司、企业中除国家工作人员以外的工作人员。

量刑部分

【量刑标准】

犯本罪的,处五年以下有期徒刑或者拘役,并处罚金;因行贿谋取不正当利益,情节严重的,或者使国家利益遭受重大损失的,处五年以上十年以下有期徒刑,并处罚金;情节特别严重的,或者使国家利益遭受特别重大损失的,处十年以上有期徒刑或者无期徒刑,并处罚金或者没收财产。

行贿人在被追诉前主动交待行贿行为的,可以从轻或者减轻处罚。其中,犯罪较轻的,对侦破重大案件起关键作用的,或者有重大立功表现的,可以减轻或者免除处罚。

对犯行贿罪的处罚 《刑法》第390条

对犯行贿罪的，处五年以下有期徒刑或者拘役，并处罚金；因行贿谋取不正当利益，情节严重的，或者使国家利益遭受重大损失的，处五年以上十年以下有期徒刑，并处罚金；情节特别严重的，或者使国家利益遭受特别重大损失的，处十年以上有期徒刑或者无期徒刑，并处罚金或者没收财产。

行贿人在被追诉前主动交待行贿行为的，可以从轻或者减轻处罚。其中，犯罪较轻的，对侦破重大案件起关键作用的，或者有重大立功表现的，可以减轻或者免除处罚。

对有影响力的人行贿罪 《刑法》第390条之一

为谋取不正当利益，向国家工作人员的近亲属或者其他与该国家工作人员关系密切的人，或者向离职的国家工作人员或者其近亲属以及其他与其关系密切的人行贿的，处三年以下有期徒刑或者拘役，并处罚金；情节严重的，或者使国家利益遭受重大损失的，处三年以上七年以下有期徒刑，并处罚金；情节特别严重的，或者使国家利益遭受特别重大损失的，处七年以上十年以下有期徒刑，并处罚金。

单位犯前款罪的，对单位判处罚金，并对其直接负责的主管人员和其他直接责任人员，处三年以下有期徒刑或者拘役，并处罚金。

对单位行贿罪 《刑法》第391条

为谋取不正当利益，给予国家机关、国有公司、企业、事业单位、人民团体以财物的，或者在经济往来中，违反国家规定，给予各种名义的回扣、手续费的，处三年以下有期徒刑或者拘役，并处罚金。

单位犯前款罪的，对单位判处罚金，并对其直接负责的主管人员和其他直接责任人员，依照前款的规定处罚。

定罪部分

【罪名概念】

对单位行贿罪，是指为谋取不正当利益，给予国家机关、国有公司、企业、事业单位、人民团体以财物，或者在经济往来中，违反国家规定，给予上述单位各种名义的回扣、手续费的行为。

【司法解释】

最高人民检察院《关于人民检察院直接受理立案侦查案件立案标准的规定(试行)》

(实施日期:1999 年 8 月 6 日　高检发研字[1999]10 号)

对单位行贿罪是指为谋取不正当利益,给予国家机关、国有公司、企业、事业单位、人民团体以财物,或者在经济往来中,违反国家规定,给予上述单位各种名义的回扣、手续费的行为。涉嫌下列情形之一的,应予立案:

1. 个人行贿数额在 10 万元以上、单位行贿数额在 20 万元以上的;

2. 个人行贿数额不满 10 万元、单位行贿数额在 10 万元以上不满 20 万元,但具有下列情形之一的:

(1)为谋取非法利益而行贿的;

(2)向三个以上单位行贿的;

(3)向党政机关、司法机关、行政执法机关行贿的;

(4)致使国家或者社会利益遭受重大损失的。

【犯罪构成】

(一)主体要件

本罪的主体既可以是自然人,也可以是单位。无论是自然人主体还是单位主体,都是一般主体。即任何已满十六周岁的具有刑事责任能力的自然人和任何所有制性质的单位都能成为本罪的主体。

(二)主观要件

本罪的主观方面表现为直接故意,且以谋取不正当利益为目的。对于不正当利益的含义,1999 年 3 月 14 日最高人民法院、最高人民检察院《关于在办理受贿犯罪大要案的同时要严肃查处严重行贿犯罪分子的通知》对此作了明确规定:"'谋取不正当利益'是指谋取违反法律、法规、国家政策和国务院各部门规章规定的利益,以及要求国家工作人员或者有关单位提供违反法律、法规、国家政策和国务院各部门规章规定的帮助或者方便条件。"至于谋取的不正当利益是归个人,还是归单位以及谋取的不正当利益是否得到,均不影响本罪的成立。

(三)客观要件

本罪的客观方面有两种具体表现形式:一是给予国家机关、国有公司、企业、事业单位、人民团体以财物。二是在经济往来中,违反国家规定,给予国家机关、国有公司、企业、事业单位、人民团体各种名义的回扣、手续费。另外,本罪中所指的财物必须是具有物质性利益的,并以客观形态存在的一切财物,从一定意义上讲其属于商品范畴。

(四)客体要件

本罪的客体是国家机关、国有公司、企业、事业单位、人民团体等国有单位的正常管理活动。行贿的对象必须是国家机关、国有公司、企业、事业单位、人民团体，向非国家机关、国有公司、企业、事业单位、人民团体给予财物的，不能构成对单位行贿罪。

【罪名辨析】

（一）本罪与单位行贿罪的区别

本罪的主体可以是单位，也可以是自然人，而单位行贿罪的主体只能是单位；本罪的行贿对象是国家机关、国有公司、企业、事业单位、人民团体，单位行贿罪的行贿对象是国家工作人员；成立本罪不要求情节严重，但成立单位行贿罪有情节严重要求。

（二）本罪与行贿罪和对公司、企业人员行贿罪的区别

本罪与行贿罪和对公司、企业人员行贿罪的区别主要在于行贿的对象，本罪的行贿对象是国家机关、国有公司、企业、事业单位、人民团体；行贿罪的行贿对象是国家工作人员；对公司、企业人员行贿罪的对象则是公司、企业的工作人员。

量刑部分

【量刑标准】

犯本罪的，处三年以下有期徒刑或者拘役，并处罚金。

单位犯本罪的，对单位判处罚金，并对其直接负责的主管人员和其他直接责任人员，依照前款的规定处罚。

截至目前，尚无本罪名关于量刑的司法解释。

介绍贿赂罪　《刑法》第 392 条

向国家工作人员介绍贿赂，情节严重的，处三年以下有期徒刑或者拘役并处罚金。

介绍贿赂人在被追诉前主动交代介绍贿赂行为的，可以减轻处罚或者免除处罚。

定罪部分

【罪名概念】

介绍贿赂罪，是指向国家工作人员介绍贿赂，情节严重的行为。

【司法解释】

最高人民检察院《关于人民检察院直接受理立案侦查案件立案标准的规定（试行）》

（实施日期：1999 年 9 月 16 日）（节录）

介绍贿赂罪是指向国家工作人员介绍贿赂,情节严重的行为。“介绍贿赂”是指在行贿人与受贿人之间沟通关系、撮合条件,使贿赂行为得以实现的行为。涉嫌下列情形之一的,应予立案:

1. 介绍个人向国家工作人员行贿,数额在2万元以上的;介绍单位向国家工作人员行贿,数额在20万元以上的;

2. 介绍贿赂数额不满上述标准,但具有下列情形之一的:

(1)为使行贿人获取非法利益而介绍贿赂的;

(2)3次以上或者为3人以上介绍贿赂的;

(3)向党政领导、司法工作人员、行政执法人员介绍贿赂的;

(4)致使国家或者社会利益遭受重大损失的。

【犯罪构成】

(一)主体要件

本罪主体为一般主体。

(二)主观要件

本罪在主观方面表现为直接故意。即行为人明知自己撮合的是行贿、受贿行为而有意为之。一般都具有从中谋取私利的目的对于出自亲友关系,或者其他非物质利益的考虑,自愿介绍贿赂的,一般不影响本罪的成立。其中情节较轻,危害后果不严重的,也可以不按犯罪论处。

(三)客观要件

本罪在客观方面表现为行为人在行贿人和受贿人之间实施沟通、撮合,促使行贿与受贿得以实现的行为。即为行贿受贿双方“穿针引线”,促使双方相识相通,代为联络,甚至传递贿赂物品,帮助双方完成行贿受贿的行为。介绍贿赂行为,只有情节严重的才构成犯罪。如果只是口头表明引见,并没有具体实施撮合行为,或者已经使行贿、受贿双方见面,由于某种原因,贿赂行为未进行的,均不能构成介绍贿赂罪。

(四)客体要件

本罪侵犯的客体是国家机关管理活动和国家工作人员职务的廉洁性。

【罪名辨析】

本罪与受贿罪、行贿罪的区别

1. 主观方面。首先,判断两者犯罪目的和动机。介绍贿赂的行为人对自己所处的地位有明确的认识,行为人知道自己是处于第三者的地位介绍贿赂,其目的是通过自己和双方的联系、撮合而促成贿赂结果的实现。而行贿罪或受贿罪的共犯明确知道自己是在帮助行贿一方或者受贿一方。其次,判断行为人与贿赂双方的合意程度。如果行、受贿双方或一方本没有贿赂的意思,而因行为人的行为诱发了行贿、受贿的意图,那么就可以认定行为人与行贿或受贿方合意程度明显,行为人构成了行贿或受贿的帮助犯。而如果行贿、受贿方本就有贿赂意图,行为人只是为行、受贿双方进行沟通、联系的或代为传递钱物,则应认定行为人与行、受贿人的合意不明显,行为人构成介绍贿赂罪。

2. 客观方面。介绍贿赂罪的表现是为双方牵线搭桥,自己只是处于中间位置。介绍贿赂人为行贿、受贿双方的中介,通常会想方设法创造条件让双方认识、联系,或者代为传递信息或转递财物,帮助双方完成行贿受贿行为。如果贿赂双方自己就已经商谈好贿赂钱物,而行为人只是代为传递钱财或物品,或是代为传达双方的意图,则可认定行为人的作用是撮合。如果贿赂双方原本并不认识,通过行为人的怂恿或帮助而完成贿赂行为,则可认定行为人构成贿赂犯的帮助犯或教唆犯。

量刑部分

【量刑标准】

犯本罪,情节严重的,处三年以下有期徒刑或者拘役并处罚金。介绍贿赂人在被追诉前主动交待介绍贿赂行为的,可以减轻或者免除处罚。

截至目前,尚无本罪名关于量刑的司法解释。

单位行贿罪　《刑法》第393条

单位为谋取不正当利益而行贿,或者违反国家规定,给予国家工作人员以回扣、手续费,情节严重的,对单位判处罚金,并对其直接负责的主管人员和其他直接责任人员,处五年以下有期徒刑或者拘役,并处罚金。因行贿取得的违法所得归个人所有的,依照本法第三百八十九条、第三百九十条的规定定罪处罚。

定罪部分

【罪名概念】

单位行贿罪,是指单位为谋取不正当利益而行贿,或者违反国家规定,给予国家工作人员以回扣、手续费,情节严重的行为。

【司法解释】

最高人民检察院《关于人民检察院直接受理立案侦查案件立突标准的规定(试行)》

(实施日期:1999年9月16日)(节录)

(八)单位行贿案(第三百九十三条)

单位行贿罪是指公司、企业、事业单位、机关、团体为谋取不正当利益而行贿,或者违反国家规定,给予国家工作人员以回扣、手续费,情节严重的行为。

涉嫌下列情形之一的,应予立案:

1. 单位行贿数额在20万元以上的;

2. 单位为谋取不正当利益而行贿,数额在10万元以上不满20万元,但具有下列情形之一的:

(1)为谋取非法利益而行贿的;

(2)向3人以上行贿的;

(3)向党政领导、司法工作人员、行政执法人员行贿的;

(4)致使国家或者社会利益遭受重大损失的。

因行贿取得的违法所得归个人所有的,依照本规定关于个人行贿的规定立案,追究其刑事责任。

【犯罪构成】

(一)主体要件

本罪的主体是单位,所谓"单位",包括公司、企业、事业单位、机关、团体。与单位受贿罪不同,并不仅仅局限于国有公司、企业、事业单位、机关、团体,还包括集体所有制企业、中外合作企业、有限公司、外资公司、私营公司等。

(二)主观要件

本罪在主观方面表现为直接故意。

(三)客观要件

本罪在客观方面表现为公司、企业、事业单位、机关、团体为了谋取不正当利益,给予国家工作人员以财物,数额较大的,或者违反国家规定,给予上述人员以"回扣""手续费",情节严重的行为。

(四)客体要件

本罪侵犯的客体,主要是国家机关、公司、企业、事业单位和团体的正常管理活动和职能活动及声誉。

该罪的犯罪对象是财物。该财物一般是公司、企业、事业单位、机关、团体的财物,而非某个人的财物。同时,也包括一些具有财产性质的利益,如国内外旅游等。

量刑部分

【量刑标准】

犯本罪,情节严重的,对单位判处罚金,并对其直接负责的主管人员和其他直接责任人员,处五年以下有期徒刑或者拘役,并处罚金。因行贿取得的违法所得归个人所有的,依照本法第三百八十九条、第三百九十条的规定定罪处罚。

截至目前,尚无本罪名关于量刑的司法解释。

贪污罪 《刑法》第394条

国家工作人员在国内公务活动或者对外交往中接受礼物,依照国家规定应当交公而不交公,数额较大的,依照本法第三百八十二条、第三百八十三条的规定定罪处罚。

巨额财产来源不明罪 《刑法》第395条(一)

国家工作人员的财产、支出明显超过合法收入,差额巨大的,可以责令该国家工作人员说明来源,不能说明来源的,差额部分以非法所得论,处五年以下有期徒刑或者拘役;差额特别巨大的,处五年以上十年以下有期徒刑。财产的差额部分予以追缴。

定罪部分

【罪名概念】

巨额财产来源不明罪,是指国家工作人员的财产或者支出明显超过合法收入,差额巨大,本人不能说明其来源是合法的行为。

【司法解释】

1. 最高人民检察院《关于人民检察院直接受理立案侦查案件立案标准的规定(试行)》

(实施日期:1999年9月9日)(节录)

一、贪污贿赂犯罪案件

(九)巨额财产来源不明案(第395条第1款)

巨额财产来源不明罪是指国家工作人员的财产或者支出明显超出合法收入,差额巨大,而本人又不能说明其来源是合法的行为。涉嫌巨额财产来源不明,数额在30万元以上的,应予立案。

2. 最高人民法院《全国审理经济案件工作座谈会议纪要》

(实施日期:2003年11月13日)(节录)

五、关于巨额财产来源不明罪

(一)行为人不能说明巨额财产来源合法的认定

刑法第三百九十五条第一款规定的“不能说明”,包括以下情况:(1)行为人拒不说明财产来源;(2)行为人无法说明财产的具体来源;(3)行为人所说的财产来源经司法机关查证并不属实;(4)行为人所说的财产来源因线索不具体等原因,司法机关无法查实,但能排除存在来源合法的可能性和合理性的。

(二)“非法所得”的数额计算

刑法第三百九十五条规定的“非法所得”,一般是指行为人的全部财产与能够认定的所有支出的总和减去能够证实的有真实来源的所得。在具体计算时,应注意以下问题:(1)应把国家工作人员个人财产和与其共同生活的家庭成员的财产、支出等一并计算,而且一并减去他们所有的合法收入以及确属与其共同生活的家庭成员个人的非法收入。(2)行为人所有的财产包括房产、家具、生活用品、学习用品及股票、债券、存款等动产和不动产;行为人的支出包括合法支出和不合法的支出,包括日常生活、工作、学习费用、罚款及向他人行贿的财物等;行为人的合法收入包括工资、奖金、稿酬、继承等法律和政策允许的各种收入。(3)为了便于计算犯罪数额,对于行为人的财产和合法收入,一般可以从行为人有比较确定的收入和财产时开始计算。

【犯罪构成】

(一)主体要件

本罪的主体是特殊主体,即国家工作人员。非国家工作人员不能成为本罪主体。国家工作人员,包括:在国家机关、国有公司企业、事业单位、人民团体中从事公务的人员和国家机关、国有公司企业、事业单位委派到非国有公司、企业、事业单位、社会团体从事公务的人员,以及其他依照法律从事公务的人员。

(二)主观要件

本罪在主观上是故意,即行为人明知财产不合法而故意占有,案发后又故意拒不说明财产的真正来源,或者有意编造财产来源的合法途径。

(三)客观要件

本罪在客观方面表现为国家工作人员的财产或支出明显超过合法收入,且差额巨大,本人不能说明其合法来源。

行为人拥有的财产或者支出明显超过合法收入,而且差额巨大。这里所说的财产,是指行为人实际拥有的财产,包括住房、交通工具、存款等,名义上是属于别人实质是行为人的财产,应当属于行为人拥有的财产。这里的支出,是指行为人已经对外支付的款物,包括赠与他人的款物。合法收入,是指按法律规定应属于行为人合法占有的财产,如工资、奖金、继承的遗产、接受馈赠、捐助等。根据最高人民检察院《关于人民检察院直接受理立案侦查案件立案标准的规定(试行)》的规定,巨额财产来源不明,数额在三十万元以上的,应予立案。其次,行为人不能说明其拥有的财产或支出与合法收入之间巨大差额的来源及其合法性。行为人不能说明其来源是合法的,包括行为人虽然“说明”了,但司法机关查证不能证明其说明的合法来源的情况。差额部分的财产被推定为“非法所得”。本罪的行为状态,表现为国家工作人员对数额巨大的不合法财产的占有和支配。

(四)客体要件

本罪侵犯的客体是复杂客体,即国家工作人员职务行为的廉洁制度和公私财物的所有权。本罪客体的复杂性是由巨额财产来源不明罪的刑法内涵的复杂性和特殊性所决定的。本法设立本罪的目的是严密法网,使司法机关易于证明犯罪而使腐败官员难以逃避裁判。也即按通常的司法程序,在官员贪污受贿难以证实的情况下,把举证责任部分转移而设立本罪。因此,首先,从设立该罪的目的就可以看出,巨额财产来源不明罪侵犯的首要客体是国家工作人员职务行为的廉洁性。其次,既然是巨额财产来源不明,本罪也就必然地侵害了社会主义的财产关系,侵犯了国有财产、集体财产和公民个人的财产所有权。

【罪名辨析】

本罪与贪污罪、受贿罪的界限

巨额财产来源不明罪与贪污罪和受贿罪有着密切的联系,很多巨额财产来源不明就是没有被查明证实的贪污罪和受贿罪。但巨额财产来源不明罪作为一个独立的罪名有着自己的犯罪构成。贪污罪和受贿罪的犯罪主体的范围要比巨额财产来源不明罪大一些,除国家机关工作人员,还包括国有公司、企业、事业单位其他经手管理公共财产的人员和其他依法从事公务的人员。在犯罪的客观方面,巨额财产来源不明罪只要求行为人拥有超过合法收入的巨额财产,而且行为人不能说明、司法机关又不能查明其来源的即可。也就是说,行为人拥有的来源不明的巨额财产既可能是来自于贪污、受贿,也可能是来自于走私、贩毒、盗窃、诈骗等行为,这些都不影响构成巨额财产来源不明罪。

量刑部分

【量刑标准】

犯本罪的,处五年以下有期徒刑或者拘役;差额特别巨大的,处五年以上十年以下有期徒刑。

截至目前,尚无本罪名关于量刑的司法解释。

隐瞒境外存款罪 《刑法》第395条(二)

国家工作人员在境外的存款,应当依照国家规定申报。数额较大、隐瞒不报的,处二年以下有期徒刑或者拘役;情节较轻的,由其所在单位或者上级主管机关酌情给予行政处分。

定罪部分

【罪名概念】

隐瞒境外存款罪,是指国家工作人员违反国家规定,故意隐瞒不报在境外的存款,数额较大的行为。

【司法解释】

最高人民检察院《关于人民检察院直接受理立案侦查案件立案标准的规定(试行)》

(实施日期:1999年9月9日)(节录)

一、贪污贿赂犯罪案件

(十)隐瞒境外存款案(第395条第2款)隐瞒境外存款罪是指国家工作人员违反国家规定,故意隐瞒不报在境外的存款,数额较大的行为。

涉嫌隐瞒境外存款,折合人民币数额在30万元以上的,应予立案。

【犯罪构成】

(一)主体要件

本罪的主体是特殊主体,即只能由国家工作人员构成。非国家工作人员的一般公民,没有特定的申报财产义务,也没有申报境外存款的义务。所以,即使是集体经济组织工作人员、其他依法从事公务的人员以及其他经手、管理公共财物的人员在境外存有巨款,因其没有申报的义务,均不构成隐瞒境外存款不申报罪。

(二)主观要件

本罪在主观上是故意,即行为人明知自己的境外存款应当申报而故意隐瞒不报。隐瞒境外存款不报罪是故意犯罪,这种故意表现为先有在境外存款的行为,并且明知国家的申报规定,然后有意隐瞒拒不申报。不是出于故意隐瞒,而是对国家的申报规定不明知,在主观无过错的情况下没有申报的,或者由于客观上的原因未及时申报的,都不能构成此罪。隐瞒不报境外存款的动机是多种多样的,有的是为了掩盖非法收入,有的是出于对国家的不信任,但无论是何种动机,都不影响本罪的成立。

(三)客观要件

本罪在客观方面表现为国家工作人员在境外依照国家规定应当申报而隐瞒不报,且数额较大的行为。依照国家规定申报在境外的存款,是国家工作人员应当履行的义务,以便国家对其在境外的收入进行监督。因此,本罪必须以违反国家规定的国家工作人员申报境外存款的特定义务为前提;如果没有向国家申报境外存款的义务,则不构成犯罪。

根据1999年9月16日最高人民检察院发布施行的《关于人民检察院直接受理立案侦查案件立案标准的规定》(试行)的规定,隐瞒境外存款折合人民币数额在三十万元以上的,应予立案。

（四）客体要件

本罪侵犯的客体是复杂客体，即国家的廉政制度和国家的外汇管理制度。我国宪法明确规定，一切国家机关和国家工作人员必须努力为人民服务，因此，国家工作人员应当是遵纪守法、廉洁奉公的楷模。国家工作人员在境外的存款，应当依照国家规定申报。某些国家工作人员置宪法和法律规定于不顾，在涉外公务活动中，不惜损害国家的利益，以权谋私，进行钱权交易，大肆进行贪污、受贿等违法犯罪活动，将在国内外贪污、受贿等非法所得的赃款存入境外，隐瞒不报，破坏了国家廉政制度，同时也侵犯国家对外汇的管理，使国家损失了这部分应得的外汇收入。本罪的犯罪对象是"境外存款"，所谓境外存款，是指在我国国（边）境以外的国家和地区（包括香港、澳门、台湾地区）存入金融机构的外币、外币有价证券、支付凭证、贵重金属及其制品等。因此，这里讲的"存款"，是指外汇，而不是指人民币，因为人民币不能在外国自由兑换。

存款的来源，不论国家工作人员在境外的工作报酬、继承遗产或接受赠与，还是违法犯罪所得；也不论是本人亲自存在境外，还是托人辗转存于境外，都是境外存款，均为本罪的犯罪对象。

量刑部分

【量刑标准】

犯本罪的，处二年以下有期徒刑或者拘役；情节较轻的，由其所在单位或者上级主管机关酌情给予行政处分。

截至目前，尚无本罪名关于量刑的司法解释。

私分国有资产罪　《刑法》第396条（一）

国家机关、国有公司、企业、事业单位、人民团体，违反国家规定，以单位名义将国有资产集体私分给个人，数额较大的，对其直接主管人员和其他直接责任人员，处三年以下有期徒刑或者拘役，并处或者单处罚金；数额巨大的，处三年以上七年以下有期徒刑，并处罚金。

定罪部分

【罪名概念】

私分国有资产罪，是指国家机关、企业、事业单位、人民团体，违反国家规定，以单位名义将国有资产集体私分给个人，数额较大的行为。

【司法解释】

最高人民检察院《关于人民检察院直接受理立案侦查案件立案标准的规定(试行)》

(实施日期:1999 年 9 月 9 日)(节录)

一、贪污贿赂犯罪案件

(十一)私分国有资产案(第 396 条第 1 款)

私分国有资产罪是指国家机关、国有公司、企业、事业单位、人民团体,违反国家规定,以单位名义将国有资产集体私分给个人,数额较大的行为。

涉嫌私分国有资产,累计数额在 10 万元以上的,应予立案。

【犯罪构成】

(一)主体要件

本罪主体是国家机关、国有公司、企业、事业单位、人民团体。本罪是单位犯罪,但根据法律规定只处罚私分国有资产的直接负责的主管人员和其他直接责任人员。

(二)主观要件

本罪在主观方面是直接故意犯罪。行为须有明知是国有资产而故意违反国家规定,将其集体私分给个人的确定故意。如疏忽大意地误将国有资产当作企业资金加以集体私分者,不能成立本罪,情节严重者,可按有关渎职犯罪处理。

(三)客观要件

本罪在客观方面表现为违反国家规定,以单位名义将国有资产集体私分给个人,数额较大的行为。

所谓违反国家规定,指违反了国家对此类单位的国有资产分配管理规定。例如违背了国家关于国有资金与企业资金的分账比例管理制度,擅自将国有资金转为企业资金,进而私分国有资产者。

所谓以单位名义,是指由单位领导班子集体决策或者由单位负责人决定并由直接责任人员经手实施,公开或半公开地以单位分红、单位发奖金、单位下发的节日慰问费等名义所进行的活动。

集体私分给个人,是指行为法人以单位的名义,将国有资产按人头分配给本单位全部或部分职工,这里所谓个人,指的是该单位的职工。

按照本条第一款的规定,仅有上述行为,还不足以构成认定本罪的客观基础,还必须集体私分国有资产给个人数额较大者,本罪客观要件才齐备。应当注意的是,对这里所谓数额较大。原则上应理解为集体私分国有资产的总额较大,而非指每一个人所分数额较大。换言之,由于单位职工众多,因而按人头私分的结果,每一个人所分数额即便并不大,但私分总额大者,仍应成立这里的数额较大。

（四）客体要件

本罪所侵犯的直接客体是国有资产的管理制度及其所有权。

所谓国有资产，包括依法经由上述国家机关、国有公司、企业、事业单位、人民团体管理、使用或者运输中的国有资产。例如税务机关掌握着的纳税人依法上交国家的税款等。国家对单位的财经分配，有一整套宏观管理制度，例如对所有权与经营权相分离的国有企业，凡实行承包经营者，国家均实行资金分账制度：将该企业掌握的资金分为国家资金和企业资金。其中，凡国家资金，不得用作企业职工集体福利基金或用作职工奖励奖金等。否则，即属违背国家对国有资产管理的不法行为，其中集体私分国有资产者，更进一步地侵犯了国有资产的所有权，数额较大者，即构成本罪。

【罪名辨析】

本罪与共同贪污的界定问题

贪污罪与私分国有资产罪有许多相同或相近之处，两罪同时被规定在刑法分则第八章贪污贿赂罪之中。由于私分国有资产罪在主体上肯定不是一人而是数人所为，此特点往往与数个国家工作人员构成的共同贪污难以区分。

要准确辨明私分国有资产罪与共同贪污而构成贪污罪两罪的界限，应当从两罪的犯罪构成要件上来考察：

（1）主体不同。私分国有资产的主体只是部分国家工作人员，即国家机关、国有公司、企业、事业单位、人民团体及其直接负责的主管人员和其他责任人员。而共同贪污的主体是国家工作人员，并且还可以是受国家机关、国有公司、企业、事业单位、人民团体委托管理、经营国有财产的人员。

（2）主观方面不同。共同贪污主观意志是几个贪污人的个体犯罪意志，具有将公共财产非法据为己有的目的。而私分国有资产主观意志则是个体犯罪意志的集合，表现为一种群体犯罪意志，且具有非法将国有资产私分的目的。

（3）客观要件不同。私分国有资产表现为违反国家规定，以单位名义而为单位全体成员谋利，将国有资产私分给单位所有成员，也就是人人有份，并且在私分时大家都知情。共同贪污在客观上则表现为利用职务上的便利，以侵吞、窃取、骗取等手段，非法将公共财物占为己有。共同贪污不是为了单位全体成员的利益，而是为了个人中饱私囊，共同贪污的公共财物是归几个共同贪污人，其他人无份，也不知道。

（4）犯罪对象不同。私分国有资产罪的犯罪对象是国有资产，侵犯国有资产所有权。而贪污罪的犯罪对象是公共财物，侵犯公共财产所有权。由于国有资产与公共财物两者的交叉关系，就使得私分国有资产罪与贪污罪两罪也存在交叉关系，即在国有单位中决定或主管的直接责任人员私分国有资产总额在十万元以上，并且自己所得数额达到三万元以上的，此时可谓是一行为同时触犯私分国有资产罪与贪污罪两罪的想象竞合犯，可定为私分国有资产罪，也可定为贪污罪；但如果私分的不是“国有资产”,而是属于公共财产的“混合性资产”,则不能定为私分国有资产罪,而只能定为贪污罪。

量刑部分

【量刑标准】

犯本罪的,处三年以下有期徒刑或者拘役,并处或者单处罚金;数额巨大的,处三年以上七年以下有期徒刑,并处罚金。

截至目前,尚无本罪名关于量刑的司法解释。

私分罚没财物罪 《刑法》第396条(二)

司法机关、行政执法机关违反国家规定,将应当上缴国家的罚没财物,以单位名义集体私分给个人的,依照前款的规定处罚。

定罪部分

【罪名概念】

私分罚没财物罪,是指司法机关、行政执法机关违反国家规定,将应当上缴国家的罚没财物,以单位名义集体私分给个人,数额较大的行为。

罚没财物,是指行为人违反国家规定,司法机关、行政执法机关依据相关规定对行为人进行的财产处罚,依国家规定罚没财产属于国家,司法机关、行政执法机关应当全额及时上缴国库,任何人任何单位不得截留、私分。

对违法当事人处以罚(款)金,没收财产,只有司法机关和行政执法机关有法律赋予的权利,其他任何单位和个人均无权行使罚没财产权。

【司法解释】

最高人民检察院《关于人民检察院直接受理立案侦查案件立案标准的规定(试行)》

(实施日期:1999年9月9日)(节录)

一、贪污贿赂犯罪案件

(十二)私分罚没财物案(第396条第2款)

私分罚没财物罪是指司法机关、行政执法机关违反国家规定,将应当上缴国家的罚没财物,以单位名义集体私分给个人的行为。

涉嫌私分罚没财物,累计数额在10万元以上,应予立案。

【犯罪构成】

(一)主体要件

本罪主体是单位、即司法机关、行政执法机关。司法机关即法院、检察院、公安机关、国家安全机关等。行政执法机关即海关、工商管理机关、税务机夫、卫生检查机关、商检部门、环境保护部门等。自然人不能构成本罪,但本罪处罚的则是单位的直接负责的主管人员和其他直接责任人员。

本罪的犯罪主体既可以是法人单位也可以是非法人单位。虽然司法机关、行政执法机关本身一般均为依法设立的法人机构,因而此类机构自身原则上应当能够成立本罪犯罪主体,例如公安派出所、各级林业管理部门的派出管理机构等。

（二）主观要件

本罪在主观方面表现为故意。

（三）客观要件

本罪在客观方面表现为行为人违反国家规定,将应当上缴国家的罚没财物以单位名义集体私分的行为。

私分的标的,既可以是应当上缴国家的罚没的款项,也可以是应当上缴的罚没的物品,私分的方式可以是按人头均分。

根据1999年9月16日最高人民检察院发布实施的《关于人民检察院直接受理立案侦查案件立案标准的规定(试行)》的规定,涉嫌集体私分罚没财物,累计数额在十万元以上的,应予立案。

（四）客体要件

本罪侵犯的客体是职责的廉洁性和国家财产所有权。国家司法机关、行政执法机关截留私分罚没财物,是对其公职行为廉洁性的严重侵犯,同时也侵犯国家对国有资产的所有权关系。罚没财物,包括:(1)司法机关、行政执法机关追缴,(2)行政执法机关依据有关法律、法规,交管部门对违背交通法规、违章驶车的车主所施以的交通行政罚款等。拒不上缴而擅自留作单位自用者,属行政违法行为;拒不上缴而又集体加以私分者,构成本罪行为。由于本罪行为既违犯了上述国家对罚没财物的管理制度,又侵犯了国家对罚没财物的所有权利,因而本罪所侵犯的直接客体是国家对罚没财物的管理制度及其国有财产的所有权。

量刑部分

【量刑标准】

犯本罪的,处三年以下有期徒刑或者拘役,并处或者单处罚金;数额巨大的,处三年以上七年以下有期徒刑,并处罚金。

截至目前,尚无本罪名关于量刑的司法解释。

第九章　渎　职　罪

一、渎职罪概念

渎职罪，是指国家机关工作人员利用职务上的便利或者徇私舞弊、滥用职权、玩忽职守，妨害国家机关的正常活动，损害公众对国家机关工作人员职务活动客观公正性的信赖，致使国家与人民利益遭受重大损失的行为。刑法规定渎职罪是为了保护国家机关的正常活动以及公众对国家机关工作人员职务活动客观公正性的信赖。

2013 年 1 月初，最高人民法院、最高人民检察院《关于办理渎职刑事案件适用法律若干问题的解释（一）》发布，释放出从严惩处渎职犯罪的信号，致死一人以上应定罪。

二、渎职罪犯罪构成

（一）主体要件

渎职罪的犯罪主体限定为国家机关工作人员。国家机关包括权力机关、行政机关、审判机关、检察机关和军事机关，党委、政协、企事业单位、群团组织都不属国家机关范畴，司法实务中出现了协管、协警及治安联防人员受国家机关的委托从事公务的现象。为此，全国人民代表大会常务委员会关于《中华人民共和国刑法》第九章渎职罪主体适用问题的立法解释规定：在依照法律、法规规定行使国家行政管理职权的组织中从事公务的人员，或者在受国家机关委托代表国家机关行使职权的组织中从事公务的人员，或者虽未列入国家机关人员编制但在国家机关中从事公务的人员在代表国家机关行使职权时有渎职行为，构成犯罪的，依照刑法关于渎职罪的规定追究刑事责任。

最高人民检察院《关于渎职侵权犯罪案件立案标准的规定》的司法解释中将国家机关工作人员作了进一步的扩大解释：在乡（镇）以上中国共产党机关、人民政协机关中从事公务的人员视为国家机关工作人员。

（二）主观要件

渎职罪的主观方面大多数出于故意，少数出于过失。故意与过失的具体内容因具体犯罪不同而不同。本章犯罪没有目的犯。

（三）客观要件

渎职罪的客观方面表现为利用职务上的便利或者徇私舞弊、滥用职权、玩忽职守，致使国家和人民利益遭受重大损失的行为。

（四）客体要件

渎职罪侵犯的客体是国家机关的正常活动。国家机关包括权力机关、行政机关、审判机关、检察机关和军事机关。

三、渎职罪特点

渎职犯罪主要有以下几个特点：

一、渎职罪是惩罚国家机关工作人员违反职责行为的，国家机关工作人员才能构成此类犯罪，其他人员不能构成。

二、此类犯罪在实践中都是具体表现为国家机关工作人员滥用国家权力或者不履行、不认真履行国家权力的违反自己职责的行为。

四、渎职罪种类

刑法分则第九章《渎职罪》及《刑法修正案（四）》共规定有三十五个罪名。根据渎职罪的客观表现分为以下三类犯罪：

一、滥用职权型渎职罪

包括滥用职权罪，故意泄露国家秘密罪，私放在押人员罪，违法发放林木采伐许可证罪，办理偷越国（边）境人员出入境证件罪，放行偷越国（边）境人员罪，阻碍解救被拐卖、绑架妇女、儿童罪，帮助犯罪分子逃避处罚罪。

二、玩忽职守型渎职罪

包括玩忽职守罪，过失泄露国家秘密罪，失职致使在押人员脱逃罪，国家机关工作人员签订、履行合同失职被骗罪，环境监管失职罪，传染病防治失职罪，商检失职罪，动植物检疫失职罪，不解救被拐卖、绑架妇女、儿童罪，失职造成珍贵文物损毁、流失罪。

三、徇私舞弊型渎职罪

包括徇私枉法罪，民事、行政枉法裁判罪，执行裁判玩忽职守、滥用职权罪，徇私舞弊减刑、假释、暂予监外执行罪，徇私舞弊不移交刑事案件罪，滥用管理公司、证券职权罪，徇私舞弊不征、少征税款罪，徇私舞弊发售发票、抵扣税款、出口退税罪，违法提供出口退税凭证罪，非法批准征用、占用土地罪，非法低价出让国有土地使用权罪,放纵走私罪,商检徇私舞弊罪,动植物检疫徇私舞弊罪,放纵制售伪劣商品犯罪行为罪,招收公务员、学生徇私舞弊罪。

滥用职权罪 《刑法》第397条(一)

国家机关工作人员滥用职权或者玩忽职守,致使公共财产、国家和人民利益遭受重大损失的,处三年以下有期徒刑或者拘役;情节特别严重的,处三年以上七年以下有期徒刑。本法另有规定的,依照规定。

国家机关工作人员徇私舞弊,犯前款罪的,处五年以下有期徒刑或者拘役;情节特别严重的,处五年以上十年以下有期徒刑。本法另有规定的,依照规定。

定罪部分

【罪名概念】

滥用职权罪,是指国家机关工作人员故意逾越职权,违反法律决定、处理其无权决定、处理的事项,或者违反规定处理公务,致使公共财产、国家和人民利益遭受重大损失的行为。

【立法、司法解释】

1. 最高人民检察院《关于渎职侵权犯罪案件立案标准的规定》

(实施日期:2006年7月26日　高检发释字[2006]2号)

第一条　国家机关工作人员滥用职权或者玩忽职守,具有下列情形之一的,应当认定为刑法第三百九十七条规定的“致使公共财产、国家和人民利益遭受重大损失”:

(一)造成死亡1人以上,或者重伤3人以上,或者轻伤9人以上,或者重伤2人、轻伤3人以上,或者重伤1人、轻伤6人以上的;

(二)造成经济损失30万元以上的;

(三)造成恶劣社会影响的;

(四)其他致使公共财产、国家和人民利益遭受重大损失的情形。

具有下列情形之一的,应当认定为刑法第三百九十七条规定的“情节特别严重”:

(一)造成伤亡达到前款第(一)项规定人数3倍以上的;

(二)造成经济损失150万元以上的;

(三)造成前款规定的损失后果,不报、迟报、谎报或者授意、指使、强令他人不报、迟报、谎报事故情况,致使损失后果持续、扩大或者抢救工作延误的;

（四）造成特别恶劣社会影响的；

（五）其他特别严重的情节。

第二条　国家机关工作人员实施滥用职权或者玩忽职守犯罪行为，触犯刑法分则第九章第三百九十八条至第四百一十九条规定的，依照该规定定罪处罚。

国家机关工作人员滥用职权或者玩忽职守，因不具备徇私舞弊等情形，不符合刑法分则第九章第三百九十八条至第四百一十九条的规定，但依法构成第三百九十七条规定的犯罪的，以滥用职权罪或者玩忽职守罪定罪处罚。

第三条　国家机关工作人员实施渎职犯罪并收受贿赂，同时构成受贿罪的，除刑法另有规定外，以渎职犯罪和受贿罪数罪并罚。

第四条　国家机关工作人员实施渎职行为，放纵他人犯罪或者帮助他人逃避刑事处罚，构成犯罪的，依照渎职罪的规定定罪处罚。

国家机关工作人员与他人共谋，利用其职务行为帮助他人实施其他犯罪行为，同时构成渎职犯罪和共谋实施的其他犯罪共犯的，依照处罚较重的规定定罪处罚。

国家机关工作人员与他人共谋，既利用其职务行为帮助他人实施其他犯罪，又以非职务行为与他人共同实施该其他犯罪行为，同时构成渎职犯罪和其他犯罪的共犯的，依照数罪并罚的规定定罪处罚。

第五条　国家机关负责人员违法决定，或者指使、授意、强令其他国家机关工作人员违法履行职务或者不履行职务，构成刑法分则第九章规定的渎职犯罪的，应当依法追究刑事责任。

以“集体研究”形式实施的渎职犯罪，应当依照刑法分则第九章的规定追究国家机关负有责任的人员的刑事责任。对于具体执行人员，应当在综合认定其行为性质、是否提出反对意见、危害结果大小等情节的基础上决定是否追究刑事责任和应当判处的刑罚。

第六条　以危害结果为条件的渎职犯罪的追诉期限，从危害结果发生之日起计算；有数个危害结果的，从最后一个危害结果发生之日起计算。

第七条　依法或者受委托行使国家行政管理职权的公司、企业、事业单位的工作人员，在行使行政管理职权时滥用职权或者玩忽职守，构成犯罪的，应当依照《全国人民代表大会常务委员会关于〈中华人民共和国刑法〉第九章渎职罪主体适用问题的解释》的规定，适用渎职罪的规定追究刑事责任。

第八条　本解释规定的“经济损失”，是指渎职犯罪或者与渎职犯罪相关联的犯罪立案时已经实际造成的财产损失，包括为挽回渎职犯罪所造成损失而支付的各种开支、费用等。立案后至提起公诉前持续发生的经济损失，应一并计入渎职犯罪造成的经济损失。

债务人经法定程序被宣告破产，债务人潜逃、去向不明，或者因行为人的责任超过诉讼时效等，致使债权已经无法实现的，无法实现的债权部分应当认定为渎职犯罪的经济损失。

渎职犯罪或者与渎职犯罪相关联的犯罪立案后,犯罪分子及其亲友自行挽回的经济损失,司法机关或者犯罪分子所在单位及其上级主管部门挽回的经济损失,或者因客观原因减少的经济损失,不予扣减,但可以作为酌定从轻处罚的情节。

第九条　负有监督管理职责的国家机关工作人员滥用职权或者玩忽职守,致使不符合安全标准的食品、有毒有害食品、假药、劣药等流入社会,对人民群众生命、健康造成严重危害后果的,依照渎职罪的规定从严惩处。

2.《关于对林业主管部门工作人员在发放林木采伐许可证之外滥用职权玩忽职守致使森林遭受严重破坏的行为适用法律问题的批复》

(实施日期:2007 年 5 月 16 日　高检发释字[2007]1 号)(节录)

林业主管部门工作人员违法发放林木采伐许可证,致使森林遭受严重破坏的,依照刑法第四百零七条的规定,以违法发放林木采伐许可证罪追究刑事责任;以其他方式滥用职权或者玩忽职守,致使森林遭受严重破坏的,依照刑法第三百九十七条的规定,以滥用职权罪或者玩忽职守罪追究刑事责任,立案标准依照《最高人民检察院关于渎职侵权犯罪案件立案标准的规定》第一部分渎职犯罪案件第十八条第三款的规定执行。

3. 最高人民法院刑事审判第二庭《关于国有公司人员滥用职权犯罪追溯期限等问题的答复》

(实施日期:2005 年 1 月 13 日)

一、对于本案行为人的行为应适用 1999 年 12 月 25 日《中华人民共和国刑法修正案(二)》的规定,以国有公司失职罪或滥用职权罪追究其刑事责任。

二、国有公司人员滥用职权或失职罪的追诉期限应从损失结果发生之日起计算。就本案而言,追诉期限应以法律意义上的损失发生为标准,即以人民法院民事终审判决之日起计算。

4. 最高人民法院研究室《关于对滥用职权致使公共财产、国家和人民利益遭受重大损失如何认定问题的答复》

(实施日期:2004 年 11 月 22 日　法研[2004]136 号)

浙江省高级人民法院:

你院浙[2004]194 号《关于对滥用职权致使公共财产、国家和人民利益遭受重大损失如何认定的请示》收悉。经研究答复如下:

人民法院在审判过程中,对于行为人滥用职权,致使公共财产、国家和人民利益遭受的损失计算至侦查机关立案之时。立案以后,判决宣告以前追回的损失,作为量刑情节予以考虑。

5. 最高人民法院《全国法院审理经济犯罪案件工作座谈会纪要》

(实施日期:2003 年 11 月 13 日)(节录)

六、关于渎职罪

(一)渎职犯罪行为造成的公共财产重大损失的认定

根据刑法规定,玩忽职守、滥用职权等渎职犯罪是以致使公共财产、国家和人民利益遭受重大损失为构成要件的。其中,公共财产的重大损失,通常是指渎职行为已经造成的重大经济损失。在司法实践中,有以下情形之一的,虽然公共财产作为债权存在,但已无法实现债权的,可以认定为行为人的渎职行为造成了经济损失:(1)债务人已经法定程序被宣告破产;(2)债务人潜逃,去向不明;(3)因行为人责任,致使超过诉讼时效;(4)有证据证明债权无法实现的其他情况。

(三)国有公司、企业人员渎职犯罪的法律适用

对于1999年12月24日《中华人民共和国刑法修正案》实施以前发生的国有公司、企业人员渎职行为(不包括徇私舞弊行为),尚未处理或者正在处理的,不能按照刑法修正案追究刑事责任。

(四)关于"徇私"的理解

徇私舞弊型渎职犯罪的"徇私"应理解为徇个人私情、私利。国家机关工作人员为了本单位的利益,实施滥用职权、玩忽职守行为,构成犯罪的,依照刑法第三百九十七条第一款的规定定罪处罚。

6. 全国人大常委会《关于刑法第九章渎职罪主体适用问题的解释》

(实施日期:2002年12月28日)(节录)

在依照法律、法规规定行使国家行政管理职权的组织中从事公务的人员,或者在受国家机关委托代表国家机关行使职权的组织中从事公务的人员,或者虽未列入国家机关人员编制但在国家机关中从事公务的人员,在代表国家机关行使职权时,有渎职行为,构成犯罪的,依照刑法关于渎职罪的规定追究刑事责任。

【犯罪构成】

(一)主体要件

本罪主体是国家机关工作人员。国家机关是指国家权力机关、各级行政机关和各级司法机关,因此,国家机关工作人员,是指在各级人大及其常委会、各级人民政府和各级人民法院和人民检察院中依法从事公务的人员。

(二)主观要件

本罪在主观方面表现为故意,行为人明知自己滥用职权的行为会发生致使公共财产、国家和人民利益遭受重大损失的结果,并且希望或者放任这种结果发生。从司法实践来看,对危害结果持间接故意的情况比较多见。至于行为人是为了自己的利益滥用职权,还是为了他人利益滥用职权,则不影响本罪的成立。

(三)客观要件

本罪客观方面表现为滥用职权,致使公共财产、国家和人民利益遭受重大损失的行为。滥用职权,是指不法行使职务上的权限的行为,即就形式上属于国家机关

工作人员一般职务权限的事项,以不当目的或者以不法方法,实施违反职务行为宗旨的活动。首先,滥用职权应是滥用国家机关工作人员的一般职务权限,如果行为人实施的行为与其一般的职务权限没有任何关系,则不属于滥用职权。其次,行为人或者是以不当目的实施职务行为或者是以不法方法实施职务行为;在出于不当目的实施职务行为的情况下,即使从行为的方法上看没有超越职权,也属于滥用职权。最后,滥用职权的行为违反了职务行为的宗旨,或者说与其职务行为的宗旨相悖。滥用职权的行为主要表现为以下几种情况:一是超越职权,擅自决定或处理没有具体决定、处理权限的事项;二是玩弄职权,随心所欲地对事项作出决定或者处理;三是故意不履行应当履行的职责,或者说任意放弃职责;四是以权谋私、假公济私,不正确地履行职责。

滥用职权的行为,必须致使公共财产、国家和人民利益造成重大损失的结果时,才构成犯罪。所谓重大损失,是指给国家和人民造成的重大物质性损失和非物质性损失。物质性损失一般是指人身伤亡和公私财物的重大损失,是确认滥用职权犯罪行为的重要依据;非物质性损失是指严重损害国家机关的正常活动和声誉等。认定是否重大损失,应根据司法实践和有关规定,对所造成的物质性和非物质性损失的实际情况,并按直接责任人员的职权范围全面分析,以确定应承担责任的大小。

(四)客体要件

本罪侵犯的客体是国家机关的正常活动。由于国家机关工作人员故意逾越职权,致使国家机关的某项具体工作遭到破坏,给国家、集体和人民利益造成严重损害,从而危害了国家机关的正常活动。本罪侵犯的对象可以是公共财产或者公民的人身及其财产。

【罪名辨析】

(一)罪与非罪

根据本条规定,成立滥用职权罪,首先必须有滥用职权的行为,如果行为人没有滥用职权,完全是在具体的职权范围内处理事项,则不能认定为滥用职权罪。但另一方面,不能为了给行为人开脱罪责,而扩大行为人的具体的职权范围;也不能以属于官僚主义为由开脱行为人的罪责,官僚主义不是法律用语,但官僚主义行为中包括了滥用职权的行为,因而包括了犯罪行为。成立滥用职权罪,其次要求行为造成重大损失,对于没有造成重大损失的滥用职权行为,不能认定为滥用职权罪。但另一方面,对作为滥用职权罪构成要件的“重大损失”,不能单纯理解为有形的损失,而应包括无形的损失。

本条关于滥用职权罪的规定属于普通法条,此外,本法还规定了其他一些特殊的滥用职权的犯罪即特别法条。国家机关工作人员滥用职权的行为触犯特别法条时,也可能同时触犯本条的普通法条。在这种情况下,应按照特别法条优于普通法条的原则认定犯罪，即认定为特别法条规定的犯罪，而不认定为滥用职权罪。例如，林业主管部门的工作人员违反森林法的规定，超过批准的年采伐限额发放林木采伐许可证或者违反规定滥发林木采伐许可证，情节严重，致使森林遭受严重破坏的行为，是滥用职权的行为，但由于《刑法》第四百零七条将其规定为独立犯罪，故对该行为适用刑法第四百零七条，不能认定为滥用职权罪。

（二）此罪与彼罪

行为人接受他人的贿赂后又滥用职权给他人谋取利益并致使公共财产、国家和人民的利益遭受重大损失的，则同时触犯滥用职权罪与受贿罪。这时，滥用职权为他人谋取利益的行为只不过是受贿得以实现的条件，因此，只要能构成受贿罪，滥用职权的行为不再具有独立的意义，对之应以受贿罪从重论处。如果收受的贿赂不大不能构成受贿罪的，则应依滥用职权罪治罪，而不能不以犯罪论处，从而轻纵犯罪。

行为人利用职权侵吞、骗取公共财物，从本质上讲亦具有滥用职权的性质，如果因其贪污行为又致使其他公共财产、国家和人民利益遭受重大损失的，则同时触犯滥用职权罪与贪污罪，属想象竞合，对之宜择一重罪以后者处罚。

量刑部分

【量刑标准】

犯本罪的，处三年以下有期徒刑或者拘役；情节特别严重的，处三年以上七年以下有期徒刑。本法另有规定的，依照规定。

国家机关工作人员徇私舞弊，犯前款罪的，处五年以下有期徒刑或者拘役；情节特别严重的，处五年以上十年以下有期徒刑。本法另有规定的，依照规定。

玩忽职守罪　《刑法》第397条（二）

国家机关工作人员徇私舞弊，犯前款罪的，处五年以下有期徒刑或者拘役；情节特别严重的，处五年以上十年以下有期徒刑。本法另有规定的，依照规定。

定罪部分

【罪名概念】

玩忽职守罪，是指国家机关工作人员严重不负责任，不履行或不正确地履行自己的工作职责，致使公共财产、国家和人民利益遭受重大损失的行为。

【立法、司法解释】

1.最高人民检察院《关于渎职侵权犯罪案件立案标准的规定》

(实施日期:2012 年 9 月 12 日)

第一条　国家机关工作人员滥用职权或者玩忽职守,具有下列情形之一的,应当认定为刑法第三百九十七条规定的“致使公共财产、国家和人民利益遭受重大损失”:

(一)造成死亡 1 人以上,或者重伤 3 人以上,或者轻伤 9 人以上,或者重伤 2 人、轻伤 3 人以上,或者重伤 1 人、轻伤 6 人以上的;

(二)造成经济损失 30 万元以上的;

(三)造成恶劣社会影响的;

(四)其他致使公共财产、国家和人民利益遭受重大损失的情形。

具有下列情形之一的,应当认定为刑法第三百九十七条规定的“情节特别严重”:

(一)造成伤亡达到前款第(一)项规定人数 3 倍以上的;

(二)造成经济损失 150 万元以上的;

(三)造成前款规定的损失后果,不报、迟报、谎报或者授意、指使、强令他人不报、迟报、谎报事故情况,致使损失后果持续、扩大或者抢救工作延误的;

(四)造成特别恶劣社会影响的;

(五)其他特别严重的情节。

第二条　国家机关工作人员实施滥用职权或者玩忽职守犯罪行为,触犯刑法分则第九章第三百九十八条至第四百一十九条规定的,依照该规定定罪处罚。

国家机关工作人员滥用职权或者玩忽职守,因不具备徇私舞弊等情形,不符合刑法分则第九章第三百九十八条至第四百一十九条的规定,但依法构成第三百九十七条规定的犯罪的,以滥用职权罪或者玩忽职守罪定罪处罚。

第三条　国家机关工作人员实施渎职犯罪并收受贿赂,同时构成受贿罪的,除刑法另有规定外,以渎职犯罪和受贿罪数罪并罚。

第四条　国家机关工作人员实施渎职行为,放纵他人犯罪或者帮助他人逃避刑事处罚,构成犯罪的,依照渎职罪的规定定罪处罚。

国家机关工作人员与他人共谋,利用其职务行为帮助他人实施其他犯罪行为,同时构成渎职犯罪和共谋实施的其他犯罪共犯的,依照处罚较重的规定定罪处罚。

国家机关工作人员与他人共谋,既利用其职务行为帮助他人实施其他犯罪,又以非职务行为与他人共同实施该其他犯罪行为,同时构成渎职犯罪和其他犯罪的共犯的,依照数罪并罚的规定定罪处罚。

第五条　国家机关负责人员违法决定,或者指使、授意、强令其他国家机关工作人员违法履行职务或者不履行职务,构成刑法分则第九章规定的渎职犯罪的,应当依法追究刑事责任。

以“集体研究”形式实施的渎职犯罪，应当依照刑法分则第九章的规定追究国家机关负有责任的人员的刑事责任。对于具体执行人员，应当在综合认定其行为性质、是否提出反对意见、危害结果大小等情节的基础上决定是否追究刑事责任和应当判处的刑罚。

第六条　以危害结果为条件的渎职犯罪的追诉期限，从危害结果发生之日起计算；有数个危害结果的，从最后一个危害结果发生之日起计算。

第七条　依法或者受委托行使国家行政管理职权的公司、企业、事业单位的工作人员，在行使行政管理职权时滥用职权或者玩忽职守，构成犯罪的，应当依照《全国人民代表大会常务委员会关于〈中华人民共和国刑法〉第九章渎职罪主体适用问题的解释》的规定，适用渎职罪的规定追究刑事责任。

第八条　本解释规定的“经济损失”，是指渎职犯罪或者与渎职犯罪相关联的犯罪立案时已经实际造成的财产损失，包括为挽回渎职犯罪所造成损失而支付的各种开支、费用等。立案后至提起公诉前持续发生的经济损失，应一并计入渎职犯罪造成的经济损失。

债务人经法定程序被宣告破产，债务人潜逃、去向不明，或者因行为人的责任超过诉讼时效等，致使债权已经无法实现的，无法实现的债权部分应当认定为渎职犯罪的经济损失。

渎职犯罪或者与渎职犯罪相关联的犯罪立案后，犯罪分子及其亲友自行挽回的经济损失，司法机关或者犯罪分子所在单位及其上级主管部门挽回的经济损失，或者因客观原因减少的经济损失，不予扣减，但可以作为酌定从轻处罚的情节。

第九条　负有监督管理职责的国家机关工作人员滥用职权或者玩忽职守，致使不符合安全标准的食品、有毒有害食品、假药、劣药等流入社会，对人民群众生命、健康造成严重危害后果的，依照渎职罪的规定从严惩处。

2. 最高人民检察院《关于对林业主管部门工作人员在发放林木采伐许可证之外滥用职权玩忽职守致使森林遭受严重破坏的行为适用法律问题的批复》

（实施日期：2007 年 5 月 16 日）

林业主管部门工作人员违法发放林木采伐许可证，致使森林遭受严重破坏的，依照刑法第四百零七条的规定，以违法发放林木采伐许可证罪追究刑事责任；以其他方式滥用职权或者玩忽职守，致使森林遭受严重破坏的，依照刑法第三百九十七条的规定，以滥用职权罪或者玩忽职守罪追究刑事责任，立案标准依照《最高人民检察院关于渎职侵权犯罪案件立案标准的规定》第一部分渎职犯罪案件第十八条第三款的规定执行。

3. 最高人民法院刑事审判第二庭《关于国有公司人员滥用职权犯罪追溯期限等问题的答复》

（实施日期：2005 年 1 月 13 日）

一、对于本案行为人的行为应适用1999年12月25日《中华人民共和国刑法修正案(二)》的规定,以国有公司失职罪或滥用职权罪追究其刑事责任。

二、国有公司人员滥用职权或失职罪的追诉期限应从损失结果发生之日起计算。就本案而言,追诉期限应以法律意义上的损失发生为标准,即以人民法院民事终审判决之日起计算。

4. 最高人民法院研究室《关于对滥用职权致使公共财产、国家和人民利益遭受重大损失如何认定问题的答复》

(实施日期:2004年11月22日)

浙江省高级人民法院:

你院浙[2004]194号《关于对滥用职权致使公共财产、国家和人民利益遭受重大损失如何认定的请示》收悉。经研究答复如下:

人民法院在审判过程中,对于行为人滥用职权,致使公共财产、国家和人民利益遭受的损失计算至侦查机关立案之时。立案以后,判决宣告以前追回的损失,作为量刑情节予以考虑。

5. 最高人民法院《全国法院审理经济犯罪案件工作座谈会纪要》

(实施日期:2003年11月13日)(节录)

六、关于渎职罪

(一)渎职犯罪行为造成的公共财产重大损失的认定

根据刑法规定,玩忽职守、滥用职权等渎职犯罪是以致使公共财产、国家和人民利益遭受重大损失为构成要件的。其中,公共财产的重大损失,通常是指渎职行为已经造成的重大经济损失。在司法实践中,有以下情形之一的,虽然公共财产作为债权存在,但已无法实现债权的,可以认定为行为人的渎职行为造成了经济损失:(1)债务人已经法定程序被宣告破产;(2)债务人潜逃,去向不明;(3)因行为人责任,致使超过诉讼时效;(4)有证据证明债权无法实现的其他情况。

(二)玩忽职守罪的追诉时效

玩忽职守行为造成的重大损失当时没有发生,而是玩忽职守行为之后一定时间发生的,应从危害结果发生之日起计算玩忽职守罪的追诉期限。

(三)国有公司、企业人员渎职犯罪的法律适用

对于1999年12月24日《中华人民共和国刑法修正案》实施以前发生的国有公司、企业人员渎职行为(不包括徇私舞弊行为),尚未处理或者正在处理的,不能按照刑法修正案追究刑事责任。

(四)关于"徇私"的理解

徇私舞弊型渎职犯罪的"徇私"应理解为徇个人私情、私利。国家机关工作人员为了本单位的利益,实施滥用职权、玩忽职守行为,构成犯罪的,依照刑法第三百九十七条第一款的规定定罪处罚。

6. 全国人大常委会《关于刑法第九章渎职罪主体适用问题的解释》

(实施日期:2002 年 12 月 28 日)

在依照法律、法规规定行使国家行政管理职权的组织中从事公务的人员,或者在受国家机关委托代表国家机关行使职权的组织中从事公务的人员,或者虽未列入国家机关人员编制但在国家机关中从事公务的人员,在代表国家机关行使职权时,有渎职行为,构成犯罪的,依照刑法关于渎职罪的规定追究刑事责任。

【犯罪构成】

(一)主体要件

本罪的主体是国家机关工作人员。国家机关是指国家权力机关、各级行政机关和各级司法机关,因此,国家机关工作人员,是指在各级人大及其常委会、各级人民政府、各级人民法院和人民检察院中依法从事公务的人员。

(二)主观要件

本罪在主观方面由过失构成,故意不构成本罪,也就是说,行为人对于其行为所造成重大损失结果,在主观上并不是出于故意而是由于过失造成的。也就是他应当知道自己擅离职守或者在职守中马虎从事对待自己的职责,可能会发生一定的社会危害结果,但是他疏忽大意而没有预见,或者是虽然已经预见到可能会发生,但他凭借着自己的知识或者经验而轻信可以避免,以致发生了造成严重损失的危害结果。行为人主观上的过失是针对造成重大损失的结果而言,但并不排斥行为人对违反工作纪律和规章制度或对自己的作为和不作为行为则可能是故意的情形。如果行为人在主观上对于危害结果的发生不是出于过失,而是出于故意,不仅预见到,而且希望或者放任它的发生,那就不属于玩忽职守的犯罪行为,而构成其他的故意犯罪。

(三)客观要件

本罪在客观方面表现为国家机关工作人员违反工作纪律、规章制度,擅离职守,不尽职责义务或者不正确履行职责义务,致使公共财产、国家和人民利益遭受重大损失的行为。

1. 必须有违反国家工作纪律和规章制度,玩忽职守的行为,包括作为和不作为。

所谓玩忽职守的作为,是指国家工作人员不正确履行职责义务的行为。有的工作马马虎虎,草率从事,敷衍塞责,违令抗命,极不负责任。有的阳奉阴违,弄虚作假,欺上瞒下,胡作非为等。所谓玩忽职守的不作为,是指国家工作人员不尽职责义务的行为。即对于自己应当履行的,而且也有条件履行的职责,不尽自己应尽的职责义务。有的擅离职守,撒手不管;有的虽然未离职守,但却不尽职责,该管不管,该作不作,听之任之等。由于各个机关、单位都有自己的活动原则、组织纪律和规章制度,以及工作人员的职责和权利、义务,这些都是必须遵守的工作纪律和规章制度。有关的国家机关工作人员只有违反了这些工作纪律和规章制度,才能成为玩忽职守的行为。因此,玩忽职守的行为方式多样,涉及面广,在不同的领域、不同的部门,有不同的规定。例如:在粮食保护、防火护林、商品检验、食品卫生、文物保护、防止伤亡事故及金融管理等方面,对玩忽职守行为以及依法应予追究的情况,本节和有关单行法规都有明确具体的规定。因此在处理某个具体玩忽职守案件时,必须严格按照本节和有关法律规定,对照实际情况,实事求是地进行分析,这是认定构成各个方面玩忽职守罪的具体依据。

2. 必须具有因玩忽职守,致使公共财产、国家和人民利益造成重大损失的结果。

所谓重大损失,是指给国家和人民造成的重大物质性损失和非物质性损失。物质性损失一般是指人身伤亡和公私财物的重大损失,是确认玩忽职守犯罪行为的重要依据;非物质性损失是指严重损害国家机关的正常活动和声誉等。认定是否重大损失,应根据司法实践和有关规定,对所造成的物质性和非物质性损失的实际情况,并按直接责任人员的职权范围全面分析,以确定应承担责任的大小。

3. 玩忽职守行为与造成的重大损失结果之间,必须具有刑法上的因果关系。

这是确定刑事责任的客观基础。玩忽职守行为与造成的严重危害结果之间的因果关系错综复杂,有直接原因,也有间接原因;有主要原因,也有次要原因;有领导者的责任,也有直接责任人员的过失行为。构成本罪,应当追究刑事责任的,则是指玩忽职守行为与造成的严重危害结果之间有必然因果联系的行为,否则,一般不构成玩忽职守罪,而是属于一般工作上的错误问题,应由行政主管部门处理。

(四)客体要件

本罪侵犯的客体是国家机关的正常活动。由于国家机关工作人员对本职工作严重不负责,不遵纪守法,违反规章制度,玩忽职守,不履行应尽的职责义务,致使国家机关的某项具体工作遭到破坏,给国家、集体和人民利益造成严重损害,从而危害了国家机关的正常活动。本罪侵犯的对象可以是公共财产或者公民的人身及其财产。

【罪名辨析】

(一)本罪与工作失误的界限

因工作失误往往也会给国家和人民的利益造成重大损失,在这一点上与本罪有相同之处。但两者有严格的区别:

1. 客观行为特征不同。工作失误,行为人是认真履行自己的职责义务;而玩忽职守罪则表现为行为人不履行或不正确履行自己的职责义务。

2. 导致发生危害结果的原因不同。工作失误,是由于制度不完善,一些具体政策界限不清,管理上存在弊端,以及由于国家工作人员文化水平不高,业务素质较差,缺乏工作经验,因而计划不周,措施不当,方法不对,以致在积极工作中发生错误,造成国家和人民利益遭受重大损失。而玩忽职守罪,则是违反工作纪律和规章,严重官僚主义,对工作极端不负责任等行为造成国家和人民利益遭受重大损失。在当前经济改革,对外开放,对内搞活的实践过程中,出现一些失误,造成某些严重的损失是难免的,这主要是总结经验教训的问题,必须与玩忽职守罪严格区别开来。但对于那些在国家法律政策不允许的情况下,借口改革,盲目决策,管理混乱,给国家和人民的利益造成重大损失的,绝不能以工作失误来蒙混过关,逃避罪责。

(二)滥用职权与玩忽职守的界限

滥用职权是行为人意识到自己在行使权力,不该用而用,该用而不用,因而超越职权而滥用职权的行为;而玩忽职守则为行为人意识到自己是履行职责,由于各种原因而不履行职责或不认真履行职责。因此,完全的擅离职守不会理解为滥用职权。只有在履行职责的过程中,滥用职权才会与玩忽职守发生竞合,不易区分。关键还是要看行为人的主观态度,即滥用职权者认识到自己是在滥用职权,明知不该用,该用而不用,因此,对危害结果则是采取放任的间接故意;而后者则意识到自己在履行职责,该履行而不履行或不认真地履行,其对危害结果,则是出于过失。有时候,玩忽职守与滥用职权的行为结伴而行,这时要认定其性质,则更要看行为人对危害结果的认识程度,如出于间接故意,则属滥用职权,否则为玩忽职守。

(三)应该正确处理法条竞合关系

刑法除规定了本罪以外,还规定了特殊的玩忽职守罪,如司法工作人员失职致使在押人逃脱的,也是玩忽职守的行为,过去也曾当作玩忽职守罪处理,但由于刑法对该行为作了特别规定,故应严格适用特别法条优于普通法条的原则。

量 刑 部 分

【量刑标准】

犯本罪的,处三年以下有期徒刑或者拘役;情节特别严重的,处三年以上七年以下有期徒刑。本法另有规定的,依照规定。

国家机关工作人员徇私舞弊,犯前款罪的,处五年以下有期徒刑或者拘役;情节特别严重的,处五年以上十年以下有期徒刑。本法另有规定的,依照规定。

故意泄露国家秘密罪 《刑法》第398条(一)

国家机关工作人员违反保守国家秘密法的规定,故意泄露国家秘密,情节严重的,处三年以下有期徒刑或者拘役;情节特别严重的,处三年以上七年以下有期徒刑。

非国家机关工作人员犯前款罪的,依照前款的规定酌情处罚。

定罪部分

【罪名概念】

故意泄露国家秘密罪,是指国家机关工作人员违反保守国家秘密法的规定,故意泄露国家秘密,情节严重的行为。

【司法解释】

1. 最高人民检察院《关于人民检察院直接受理立案侦查案件立案标准的规定(试行)》

(实施日期:1999 年 9 月 9 日)(节录)

二、渎职犯罪案件

(三)故意泄露国家秘密案(第 398 条)

故意泄露国家秘密罪是指国家机关工作人员或者非国家机关工作人员违反保守国家秘密法,故意使国家秘密被不应知悉者知悉,或者故意使国家秘密超出了限定的接触范围,情节严重的行为。

国家机关工作人员涉嫌故意泄露国家秘密行为,具有下列情形之一的,应予立案:

1. 泄露绝密级或机密级国家秘密的;
2. 泄露秘密级国家秘密 3 项以上的;
3. 向公众散布、传播国家秘密的;
4. 泄露国家秘密已造成严重危害后果的;
5. 利用职权指使或者强迫他人违反国家保守秘密法的规定泄露国家秘密的;
6. 以牟取私利为目的泄露国家秘密的;
7. 其他情节严重的情形。

非国家机关工作人员涉嫌故意泄露国家秘密犯罪行为的立案标准参照上述标准执行。

2. 最高人民法院《关于审理为境外窃取、刺探、收买、非法提供国家秘密、情报案件具体应用法律若干问题的解释》

(实施日期:2001 年 1 月 17 日　法释[2001]4 号)(节录)

第六条　通过互联网将国家秘密或者情报非法发送给境外的机构、组织、个人的,依照刑法第一百一十一条的规定定罪处罚;将国家秘密通过互联网予以发布,情节严重的,依照刑法第三百九十八条的规定定罪处罚。

3. 最高人民检察院《关于渎职侵权犯罪案件立案标准的规定》

(实施日期:2006 年 7 月 26 日　高检发释字[2006]2 号)(节录)

(三)故意泄露国家秘密案(第三百九十八条)

故意泄露国家秘密罪是指国家机关工作人员或者非国家机关工作人员违反保守国家秘密法,故意使国家秘密被不应知悉者知悉,或者故意使国家秘密超出了限定的接触范围,情节严重的行为。

涉嫌下列情形之一的,应予立案:

1. 泄露绝密级国家秘密1项(件)以上的;

2. 泄露机密级国家秘密2项(件)以上的;

3. 泄露秘密级国家秘密3项(件)以上的;

4. 向非境外机构、组织、人员泄露国家秘密,造成或者可能造成危害社会稳定、经济发展、国防安全或者其他严重危害后果的;

5. 通过口头、书面或者网络等方式向公众散布、传播国家秘密的;

6. 利用职权指使或者强迫他人违反国家保守秘密法的规定泄露国家秘密的;

7. 以牟取私利为目的泄露国家秘密的;

8. 其他情节严重的情形。

【犯罪构成】

(一)主体要件

本罪的主体主要是国家机关工作人员。由于非国家机关工作人员也有接触国家秘密的可能,因而存在着泄露国家秘密的行为,因此,非国家机关工作人员泄露国家秘密的行为,也按本罪处理。

(二)主观要件

本罪主观方面为故意,行为人明知自己的行为会发生泄露国家秘密的结果,并且希望或者放任这种结果发生。但不以提供给境外机构、组织、人员为目的。

(三)客观要件

本罪客观方面表现为违反保守国家秘密法的规定,泄密国家秘密,情节严重的行为。国家秘密分为三级:绝密,是指最重要的国家秘密,泄露会使国家的安全和利益遭受特别严重的损害;机密,是指重要的国家秘密,泄露会使国家的安全和利益遭受严重损害;秘密,是指一般的国家秘密,泄露会使国家的安全和利益遭受损害。本罪的对象应当包括上述三种秘密,而不应仅指绝密而言。

泄露,是指违反保守国家秘密法的规定,使国家秘密被不应当知悉者知悉,以及使国家秘密超出了限定的接触范围,而不能证明未被不应知悉者知悉。泄露的方法多种多样,如采用提供阅读、准许复制等方法泄露,在私人交谈或通信中泄露,在公共场所谈论国家秘密,提供属于国有秘密的设备或产品,在报刊上、网络上披露国家秘密的内容,张贴国家秘密的内容;等等。

泄露国家秘密情节严重的,才构成本罪。

(四)客体要件

本罪侵犯的客体是国家机关的正常活动和国家的保密制度。

量刑部分

【量刑标准】

犯本罪,情节严重的,处三年以下有期徒刑或者拘役;情节特别严重的,处三年以上七年以下有期徒刑。

非国家机关工作人员犯前款罪的,依照前款的规定酌情处罚。

截至目前,尚无本罪名关于量刑的司法解释。

过失泄露国家秘密罪 《刑法》第398条(二)

国家机关工作人员违反保守国家秘密法的规定,过失泄露国家秘密,情节严重的,处三年以下有期徒刑或者拘役;情节特别严重的,处三年以上七年以下有期徒刑。

非国家机关工作人员犯前款罪的,依照前款的规定酌情处罚。

定罪部分

【罪名概念】

过失泄露国家秘密罪,是指国家机关工作人员违反保守国家秘密法的规定,过失泄露国家秘密,情节严重的行为。

【司法解释】

1. 最高人民检察院《关于人民检察院直接受理立案侦查案件立案标准的规定(试行)》

(实施日期:1999年9月9日)(节录)

渎职犯罪案件

过失泄露国家秘密案(第398条)

过失泄露国家秘密罪是指国家机关工作人员或者非国家机关工作人员违反保守国家秘密法,过失泄露国家秘密,或者遗失秘密档,致使国家秘密被不应知悉者知悉或者超出了限定的接触范围,情节严重的行为。

国家机关工作人员涉嫌过失泄露国家秘密行为,具有下列情形之一的,应予立案:

1. 泄露绝密级国家秘密的;
2. 泄露机密级国家秘密3项以上的;
3. 泄露秘密级国家秘密3项以上,造成严重危害后果的;
4. 泄露国家秘密或者遗失秘密档不如实提供有关情况的;

5. 其他情节严重的情形。

非国家机关工作人员涉嫌过失泄露国家秘密犯罪行为的立案标准参照上述标准执行。

2. 最高人民检察院《关于渎职侵权犯罪案件立案标准的规定》

(实施日期:2006 年 7 月 26 日　高检发释字[2006]2 号)(节录)

过失泄露国家秘密案(第三百九十八条)

过失泄露国家秘密罪是指国家机关工作人员或者非国家机关工作人员违反保守国家秘密法,过失泄露国家秘密,或者遗失国家秘密载体,致使国家秘密被不应知悉者知悉或者超出了限定的接触范围,情节严重的行为。

涉嫌下列情形之一的,应予立案:

1. 泄露绝密级国家秘密 1 项(件)以上的;

2. 泄露机密级国家秘密 3 项(件)以上的;

3. 泄露秘密级国家秘密 4 项(件)以上的;

4. 违反保密规定,将涉及国家秘密的计算机或者计算机信息系统与互联网相连接,泄露国家秘密的;

5. 泄露国家秘密或者遗失国家秘密载体,隐瞒不报、不如实提供有关情况或者不采取补救措施的;

6. 其他情节严重的情形。

3. 最高人民法院《关于审理为境外窃取、刺探、收买、非法提供国家秘密、情报案件具体应用法律若干问题的解释》

(实施日期:2001 年 1 月 17 日　法释[2001]4 号)(节录)

第六条　通过互联网将国家秘密或者情报非法发送给境外的机构、组织、个人的,依照刑法第一百一十一条的规定定罪处罚;将国家秘密通过互联网予以发布,情节严重的,依照刑法第三百九十八条的规定定罪处罚。

【犯罪构成】

(一)主体要件

本罪的主体一般情况下为特殊主体,只有国家机关工作人员才能构成本罪。因为通常情况只有国家机关工作人员才能掌握、了解国家秘密。本条第二款规定,非国家机关工作人员亦可构成本罪,而成为本罪主体。

(二)主观要件

本罪在主观方面表现为过失,如果出于故意,则不是构成本罪而是构成故意泄露国家秘密罪。过失,一般是因为疏忽大意、工作马虎、玩忽职守、违反保守国家秘密的有关规章制度等造成,如将保密文件不按规定放置而让他人看见,不认真保管致使丢失等,但也不排除出于过于自信的过失。

(三)客观要件

本罪在客观方面表现为违反国家保密法的规定,过失泄露国家秘密,情节严重的行为。所谓国家保密法,主要是指违反全国人大常委会于1988年9月5日通过并于1989年5月1日施行的《保守秘密法》及国务院1990年4月25日颁布的《保守秘密法实施办法》等有关规定。如果没有违反国家有关保密法规,而是让应当知道的人知悉或依法公开,自然不可能以过失泄露国家秘密罪论处。所谓过失泄露,是指过失地使国家秘密让不该知道的人知道。既包括使国家秘密被不应知悉的人知悉,又包括使国家秘密超过了限定的接触范围,而不能证明未被不应知悉者知悉。对于后者,如果能够证明接触者并不知悉国家秘密的内容,则不能以本罪治罪。至于过失泄露的具体方式可多种多样,既可以是口头过失泄露,又可以是书面过失泄露;既可以当众过失泄露,又可以单个过失泄露甚至不当面过失泄露;既可以交付原物的方式过失泄露,又可以采用密写、影印、拍摄、复印等方式过失泄露等,不论其方式如何,只要让不应知道的人知道或者接触了国家秘密,即可构成本罪。

(四)客体要件

本罪所侵害的客体是国家保密制度。我国宪法规定,保守国家秘密,是每个公民应尽的义务。因此,一切公民、特别是国家工作人员,必须严格遵守国家的保密制度。所谓国家保密制度,是指有关保守国家秘密的法律、法规、规章、办法、措施所规定的国家秘密事项、保密范围以及有关制度的总称,犯罪对象是国家秘密,关于国家秘密的范围、密级,请参见关于故意泄露国家秘密罪的释解。

量刑部分

【量刑标准】

犯本罪,情节严重的,处三年以下有期徒刑或者拘役;情节特别严重的,处三年以上七年以下有期徒刑。

非国家机关工作人员犯前款罪的,依照前款的规定酌情处罚。

截至目前,尚无本罪名关于量刑的司法解释。

徇私枉法罪 《刑法》第399条(一)

司法工作人员徇私枉法、徇情枉法,对明知是无罪的人而使他受追诉、对明知是有罪的人而故意包庇不使他受追诉,或者在刑事审判活动中故意违背事实和法律作枉法裁判的,处五年以下有期徒刑或者拘役;情节严重的,处五年以上十年以下有期徒刑;情节特别严重的,处十年以上有期徒刑。

定罪部分

【罪名概念】

徇私枉法罪,是指司法工作人员徇私枉法、徇情枉法,对明知是无罪的人而使他受追诉,对明知是有罪的人而故意包庇不使他受追诉或者在刑事审判活动中故意违背事实和法律作枉法裁判的行为。

【司法解释】

1. 最高人民检察院《关于人民检察院直接受理立案侦查案件立案标准的规定(试行)》

(实施日期:1999 年 9 月 9 日)(节录)

二、渎职犯罪案件

枉法追诉、裁判案(第 399 条)

枉法追评、裁判罪是指司法工作人员徇私枉法、徇情枉法,对明知是无罪的人而使他受追诉、对明知是有罪的人而故意包庇不使他受追诉,或者在刑事审判活动中故意违背事实和法律作枉法裁判的行为。

涉嫌下列情形之一的,应予立案:

1. 对明知是无罪的人,采取伪造、隐匿、毁灭证据或者其他隐瞒事实、违背法律的手段,以追究刑事责任为目的进行立案、侦查(含采取强制措施)、起诉、审判的;

2. 对明知是有罪的人,即对明知有犯罪事实需要追究刑事责任的人,采取伪造、隐匿、毁灭证据或者其他隐瞒事实、违背法律的手段,故意包庇使其不受立案、侦查(含采取强制措施)、起诉、审判的;

3. 在立案后,故意违背事实和法律,应该采取强制措施而不采取强制措施,或者虽然采取强制措施,但无正当理由中断侦查或者超过法定期限不采取任何措施,实际放任不管,以及违法撤销、变更强制措施,致使犯罪嫌疑人、被告人实际脱离司法机关侦控的;

4. 在刑事审判活动中故意违背事实和法律,作出枉法判决、裁定,即有罪判无罪、无罪判有罪,或者重罪轻判、轻罪重判的;

5. 其他枉法追诉、不追诉、枉法裁判行为。

2. 最高人民检察院《关于渎职侵权犯罪案件立案标准的规定》

(实施日期:2003 年 7 月 26 日　高检发释字[2006]2 号)(节录)

(五)徇私枉法案(第三百九十九条第一款)

徇私枉法罪是指司法工作人员徇私枉法、徇情枉法,对明知是无罪的人而使他受追诉、对明知是有罪的人而故意包庇不使他受追诉,或者在刑事审判活动中故意违背事实和法律作枉法裁判的行为。

涉嫌下列情形之一的,应予立案:

1. 对明知是没有犯罪事实或者其他依法不应当追究刑事责任的人,采取伪造、隐匿、毁灭证据或者其他隐瞒事实、违反法律的手段,以追究刑事责任为目的立案、侦查、起诉、审判的;

2. 对明知是有犯罪事实需要追究刑事责任的人,采取伪造、隐匿、毁灭证据或者其他隐瞒事实、违反法律的手段,故意包庇使其不受立案、侦查、起诉、审判的;

3. 采取伪造、隐匿、毁灭证据或者其他隐瞒事实、违反法律的手段,故意使罪重的人受较轻的追诉,或者使罪轻的人受较重的追诉的;

4. 在立案后,采取伪造、隐匿、毁灭证据或者其他隐瞒事实、违反法律的手段,应当采取强制措施而不采取强制措施,或者虽然采取强制措施,但中断侦查或者超过法定期限不采取任何措施,实际放任不管,以及违法撤销、变更强制措施,致使犯罪嫌疑人、被告人实际脱离司法机关侦控的;

5. 在刑事审判活动中故意违背事实和法律,作出枉法判决、裁定,即有罪判无罪、无罪判有罪,或者重罪轻判、轻罪重判的;

6. 其他徇私枉法应予追究刑事责任的情形。

3. 最高人民检察院法律政策研究室《关于非司法工作人员是否可以构成徇私枉法罪共犯问题的答复》

(实施日期:2003 年 4 月 16 日 [2003]高检研发第 11 号)

江西省人民检察院法律政策研究室:

你院《关于非国家机关工作人员是否可以构成徇私枉法罪共犯问题的请示》(赣检发研字[2002]7 号)收悉。经研究,答复如下:

非司法工作人员与司法工作人员勾结,共同实施徇私枉法行为,构成犯罪的,应当以徇私枉法罪的共犯追究刑事责任。

【犯罪构成】

(一)主体要件

本罪的主体是特殊主体,即司法工作人员。根据《刑法》第九十四条规定,司法工作人员是指有侦查、检察、审判、监管职责的人员。本罪的主体主要是司法工作人员中从事侦查、检察、审判工作的人员。包括公安、国安、监狱、军队保卫部门、人民检察院中的侦查人员;人民检察院包括铁路运输检察院、林业检察院等专门检察院的检察人员;人民法院的审判人员。非上述机关人员或者虽为上述机关中的工作人员但不负有侦查、检察、审判、监管职责如工会、党委、司法行政等人员,一般也不能成为本罪主体,构成本罪的,必是共同犯罪。侦查人员,即对刑事案件行使侦查权的专门机关的工作人员,如公安机关和人民检察院负责侦查工作的人员。其职权是搜集证据,揭露和证实犯罪,查缉犯罪嫌疑人,并实施必要的强制措施。检察人员,主要是指检察员或负有检察职责的人员。他们的职责是对检察院直接受理和公安机关移送的刑事案件进行侦查、补充侦查、审查起诉、提起公诉和出庭支持公诉等，根据宪法和法律的规定，对公安机关的侦查、人民法院的审判活动以及案件判决、裁定的执行和监狱、看守所、劳改等是否合法，实行监督。审判人员，是指在法院行使审判权的工作人员。只有上述人员，才有可能在立案、侦查、预审、起诉、审判活动中徇私枉法、徇情枉法。

（二）主观要件

本罪在主观方面表现为故意，过失不构成本罪。犯罪的目的是放纵罪犯，或者冤枉好人，动机是徇私、徇情，具体表现多种多样，有的是图谋私利，贪赃受贿；有的是报复陷害他人；有的是徇私情，袒护、包庇亲友；有的是横行霸道，逞威逞能等。

（三）客观要件

本罪在客观方面表现为在刑事诉讼中徇私、徇情枉法的行为、所谓徇私、徇情枉法，是指出于个人目的，为了私利私情，而故意歪曲事实，违背法律作错误裁判。根据本条规定，徇私徇情可以表现为下列几种基本形式，即：

一是对明知是无罪的人使他受追诉。所谓无罪的人，既包括根本上无违法犯罪事实的人，又包括虽有违法行为，但依法不构成犯罪的人，还包括虽然构成犯罪但根据刑事诉讼法第十五条的规定依法不应追究，如犯罪已过追诉时效期限的，经特赦令免除刑罚的，依照刑法告诉才处理的犯罪没有告诉或者撤回告诉等的人。所谓使他受追诉，是指对无罪人本不应该进行侦查、起诉、审判等刑事诉讼活动，但为了徇私徇情，追究其刑事责任而对无罪的人立案侦查、起诉或审判。

二是对明知是有罪的人而故意包庇不使他受追诉。所谓有罪的人，是指构成犯罪且应当依法追究其刑事责任的人。所谓故意包庇使其不受追诉，是指故意包庇使其不受侦查（含采用强制性措施）、起诉或者审判，故意包庇不使他受追诉的犯罪事实，既可以是全部的犯罪事实，也可以是部分的犯罪事实和情节。此外，故意违背事实真相，违法变更强制措施，或者虽然采取强制措施，但实际放任不管，致使犯罪嫌疑人逃避刑事追诉的，以及司法机关专业技术人员在办案中故意提供虚假材料和意见，或者故意作虚假鉴定，严重影响刑事追诉活动的；等等，都应以本罪的徇私枉法行为论。

三是在刑事审判活动中故意违背事实和法律作枉法裁判。其与前两种情况有所不同，上面两者可以发生在刑事诉讼的立案、侦查、起诉、审判的过程中，侦查人员、检察人员、审判人员都可以成为行为的主体而构成本罪；而这种情况则仅发生在刑事审判过程中，只有刑事审判人员才能实施这种行为而构成本罪。所谓枉法裁判，则是指有罪判无罪，多罪判少罪，无罪判有罪，少罪判多罪或者重罪轻判，轻罪重判等。

（四）客体要件

本罪侵犯的客体是国家司法机关的正常活动。司法机关是人民民主专政的重要工具,是国家机构的重要组成部分,具有保护人民、打击敌人,制裁犯罪,保护社会主义四化建设的职能。司法工作人员,手中握有执法权,依法享有侦查、预审、逮捕、起诉、审判的权力。这就需要他们在执法时,刚正不阿,忠于国家和人民的利益,忠于法律制度,忠于事实真相,严格依法办事,力求做到事实清楚,证据确凿,定性准确,程序合法,不枉不纵。如果他们滥用职权徇私枉法,就会破坏国家司法机关的正常活动,损害它在人民群众中的威信,破坏社会主义法制。

所谓司法机关是指行使国家赋予审判和法律监督权力的机关。在我国是人民法院、人民检察院和公安机关的总称。人民法院是国家的审判机关,依法行使审判权;人民检察院是国家的法律监督机关,依法行使检察权;公安机关是国家的行政机关,负责部分刑事案件的侦查、拘留、预审。公、检、法三机关实行分工负责、互相配合、互相制约。

【罪名辨析】

(一)本罪既遂与未遂的界限

本罪属于行为犯,即司法工作人员只要对明知是无罪的人实施了足以使他受到追诉的行为,或者对明知是有罪的人实施了足以使其不受到追诉的行为,或者实施了违背事实及法律的裁判,完成了全部法定行为,无论上述行为是否达到目的,均为本罪既遂。若司法工作人员在实施徇私枉法、徇情枉法行为过程中,由于意志以外的原因,如被他人发现检举,或犯罪嫌疑人、被告人自首,或行为人工作发生变动而未能继续完成法定行为,其已经实施的行为又不足以达到徇私枉法、徇情枉法的目的,为本罪未遂。

(二)本罪与诬告陷害罪的界限

1. 犯罪的主体不同。本罪的主体一般是司法工作人员;而诬告陷害罪的主体是一般主体。

2. 犯罪的客体不同。本罪所侵犯的客体是司法机关的正常活动;而诬告陷害罪虽然也妨害司法机关的正常工作,但主要侵犯的是他人的人身权利。

3. 犯罪的客观方面不同。本罪在客观上表现为利用职权使无罪的人受追诉,使有罪的人不受追诉,其行为一定与职务活动有关;而犯诬告陷害罪的行为人在客观上主要表现为捏造他人犯罪的事实加以告发。它与行为人是否担任职务或担任何种职务无关。如果司法工作人员不是利用职务之便,而是捏造犯罪事实,诬告陷害他人,则不能构成徇私枉法罪,而只能以诬告陷害罪论处。

(三)本罪与包庇罪的界限

1. 犯罪主体不同。本罪的主体,只能是司法工作人员,是特殊主体;而包庇罪是一般主体,即只要达到刑事责任年龄、具有刑事责任能力的人,都可以构成。

2. 犯罪手段不同。包庇罪通过作假证明、帮助毁灭罪迹、隐藏或毁灭罪证等手段,实现包庇行为,不要求利用职务之便进行包庇;而本罪的包庇手段,必须是利用职务之便，通过办案活动，实现包庇罪犯的目的。

3. 犯罪发生的时间不同。犯包庇罪的人实施包庇行为，可以在犯罪分子犯罪后的任何阶段实施，既可能在侦查、预审、起诉、审判阶段实施，也可能在判决之后实施；而犯徇私枉法罪的人的包庇行为，一般发生在判决之前。如果司法工作人员在判决生效之后，实施舞弊行为，放走罪犯，使其逃脱惩罚的，则构成私放在押人员罪，而不能以本罪论处。

（四）本罪与伪证罪的界限

1. 主体要件不同。本罪的主体只能是司法工作人员；而伪证罪的主体是在侦查、审判过程中出现的四种诉讼参与人，即证人、鉴定人、记录人和翻译人。

2. 客观要件不同。本罪在客观上须有利用职务上的便利，实施徇私、徇情枉法的行为；而伪证罪除鉴定人、翻译人、记录人具有一定的身份，并有可能利用职务之便作伪证外，证人只是具有证人的身份，了解案件情况的人，不要求身份条件和具有利用职务之便的行为。本罪的犯罪手段广泛，除在制造伪证、隐匿、销毁证明材料上与伪证罪相同外，还可以在起诉、审判过程中曲解或滥用法律条文，玩弄或违反诉讼程序，使无罪的人受追诉、使有罪的人不受追诉；而伪证罪的行为人只能在侦查、审判过程中作虚假证明、作不符合事实的记录、作违背事实的鉴定、作不符合原意的翻译。

3. 犯罪侵犯的客体不同。本罪侵犯的客体是司法机关的正常活动；而伪证罪侵犯的客体主要是公民的人身权利。

（五）本罪与受贿罪的界限

受贿罪与徇私枉法罪都有徇私情形。但两者也有以下区别：

（1）犯罪主体的范围不同。前者是国家工作人员，而后者则是国家工作人员中的司法工作人员。

（2）客体不同。前者破坏了国家正常管理秩序和廉政制度，后者侵犯了国家的司法制度。

（3）徇私的目的不同。前者是为行贿人谋取利益，后者则是徇私枉法、徇情枉法。

（4）客观行为表现和量刑根据也是不同的。

另外，徇私枉法罪的主体，在一定情形下也可以转化为受贿罪的主体。

量刑部分

【量刑标准】

司法工作人员收受贿赂，有本罪行为的，同时又构成本法第三百八十五条规定之罪的，依照处罚较重的规定定罪处罚。

处五年以下有期徒刑或者拘役；情节严重的，处五年以上十年以下有期徒刑；

情节特别严重的,处十年以上有期徒刑。

截至目前,尚无本罪名关于量刑的司法解释。

民事、行政枉法裁判罪 《刑法》第399条(二)

在民事、行政审判活动中故意违背事实和法律作枉法裁判,情节严重的,处五年以下有期徒刑或者拘役;情节特别严重的,处五年以上十年以下有期徒刑。

定罪部分

【法律概念】

民事、行政枉法裁判罪,是指审判人员在民事、行政审判活动中故意违背事实和法律作枉法裁判,情节严重的行为。

【司法解释】

1. 最高人民检察院《关于人民检察院直接受理立案侦查案件立案标准的规定(试行)》

(实施日期:1999年9月9日)(节录)

二、渎职犯罪案件

民事、行政枉法裁判案(第399条)

民事、行政枉法裁判罪是指审判人员在民事、行政审判活动中,故意违背事实和法律作枉法裁判,情节严重的行为。

涉嫌下列情形之一的,应予立案:

1. 枉法裁判,致使公民财产损失或者法人或者其他组织财产损失重大的;
2. 枉法裁判,引起当事人及其亲属自杀、伤残、精神失常的;
3. 伪造有关材料、证据,制造假案枉法裁判的;
4. 串通当事人制造伪证,毁灭证据或者篡改庭审笔录而枉法裁判的;
5. 其他情节严重的情形。

2. 最高人民检察院《关于渎职侵权犯罪案件立案标准的规定》

(实施日期:2003年7月26日　高检发释字[2006]2号)(节录)

民事、行政枉法裁判案(第三百九十九条第二款)

民事、行政枉法裁判罪是指司法工作人员在民事、行政审判活动中,故意违背事实和法律作枉法裁判,情节严重的行为。

涉嫌下列情形之一的,应予立案:

1. 枉法裁判，致使当事人或者其近亲属自杀、自残造成重伤、死亡，或者精神失常的；

2. 枉法裁判，造成个人财产直接经济损失 10 万元以上，或者直接经济损失不满 10 万元，但间接经济损失 50 万元以上的；

3. 枉法裁判，造成法人或者其他组织财产直接经济损失 20 万元以上，或者直接经济损失不满 20 万元，但间接经济损失 100 万元以上的；

4. 伪造、变造有关材料、证据，制造假案枉法裁判的；

5. 串通当事人制造伪证，毁灭证据或者篡改庭审笔录而枉法裁判的；

6. 徇私情、私利，明知是伪造、变造的证据予以采信，或者故意对应当采信的证据不予采信，或者故意违反法定程序，或者故意错误适用法律而枉法裁判的；

7. 其他情节严重的情形。

【犯罪构成】

（一）主体要件

本罪的主体为特殊主体，即仅限于司法工作人员。实际能构成本罪的主要是那些从事民事、行政审判工作的审判人员，因为只有他们才能利用职权而枉法裁判。

（二）主观要件

本罪的主观方面只能由故意构成，行为人故意违背事实和法律作枉法裁判。如因过失造成上述结果，不能以犯罪论处。

（三）客观要件

本罪在客观方面表现为审判人员在民事、行政审判活动中，故意违背事实和法律作枉法裁判，情节严重的行为。

（四）客体要件

本罪侵犯的客体是国家司法机关的正常活动及国家的司法公正性。司法机关依法办案、严格执法，是实现国家刑事法律所体现的公正与公平的具体过程。如果司法机关工作人员故意违背事实和法律作枉法裁判，则违背了法律的正义要求，严重妨害了国家司法活动的正常进行，同时也败坏了司法公正。

量刑部分

【量刑标准】

司法工作人员收受贿赂，有本罪行为的，同时又构成本法第三百八十五条规定之罪的，依照处罚较重的规定定罪处罚。

情节严重的，处五年以下有期徒刑或者拘役；情节特别严重的，处五年以上十年以下有期徒刑。

截至目前，尚无本罪名关于量刑的司法解释。

执行判决、裁定失职罪;执行判决、裁定滥用职权罪 《刑法》第399条(三)

在执行判决、裁定活动中,严重不负责任或者滥用职权,不依法采取诉讼保全措施、不履行法定执行职责,或者违法采取诉讼保全措施、强制执行措施,致使当事人或者其他人的利益遭受重大损失的,处五年以下有期徒刑或者拘役;致使当事人或者其他人的利益遭受特别重大损失的,处五年以上十年以下有期徒刑。

定罪部分

【罪名概念】

执行判决、裁定滥用职权罪,是指司法工作人员在执行判决、裁定活动中,滥用职权,不依法采取诉讼保全措施、不履行法定执行职责,或者违法采取保全措施、强制执行措施,致使当事人或者其他人的利益遭受重大损失的行为。

【司法解释】

最高人民检察院《关于渎职侵权犯罪案件立案标准的规定》

(实施日期:2003年7月26日　高检发释字[2006]2号)(节录)

执行判决、裁定滥用职权案(第三百九十九条第三款)

执行判决、裁定滥用职权罪是指司法工作人员在执行判决、裁定活动中,滥用职权,不依法采取诉讼保全措施、不履行法定执行职责,或者违法采取保全措施、强制执行措施,致使当事人或者其他人的利益遭受重大损失的行为。

涉嫌下列情形之一的,应予立案:

1. 致使当事人或者其近亲属自杀、自残造成重伤、死亡,或者精神失常的;

2. 造成个人财产直接经济损失10万元以上,或者直接经济损失不满10万元,但间接经济损失50万元以上的;

3. 造成法人或者其他组织财产直接经济损失20万元以上,或者直接经济损失不满20万元,但间接经济损失100万元以上的;

4. 造成公司、企业等单位停业、停产6个月以上,或者破产的;

5. 其他致使当事人或者其他人的利益遭受重大损失的情形。

【犯罪构成】

(一)主体要件

本罪主体是特殊主体,即司法工作人员。

(二)主观要件

本罪主观方面表现为故意。

（三）客观要件

客观方面表现为在执行判决、裁定活动中，滥用职权，违法采取诉讼保全措施、强制执行措施。

构成本罪，必须致使当事人或者其他人的利益遭受重大损失。

（四）客体要件

本罪侵犯的客体是司法活动的公正性和司法机关的威信。

量刑部分

【量刑标准】

司法工作人员收受贿赂，有本罪行为的，同时又构成本法第三百八十五条规定之罪的，依照处罚较重的规定定罪处罚。

致使当事人或者其他人的利益遭受重大损失的，处五年以下有期徒刑或者拘役；致使当事人或者其他人的利益遭受特别重大损失的，处五年以上十年以下有期徒刑。

截至目前，尚无本罪名关于量刑的司法解释。

枉法仲裁罪 《刑法》第399条之一

依法承担仲裁职责的人员，在仲裁活动中故意违背事实和法律作枉法裁决，情节严重的，处三年以下有期徒刑或者拘役；情节特别严重的，处三年以上七年以下有期徒刑。

定罪部分

【罪名概念】

枉法仲裁罪，是指依法承担仲裁职责的人员，在仲裁活动中故意违背事实和法律作出枉法裁决、情节严重的行为。

【犯罪构成】

（一）主体要件

本罪的主体是依法承担仲裁职责的人员。本罪是特殊主体，必须是依法承担仲裁职责的人员。根据我国仲裁法的规定，承担仲裁职责的人员主要是指仲裁员。仲裁员是具备仲裁法规定的资格，由仲裁委员会聘任，并经当事人选定或仲裁委员会主任指定对当事人提交仲裁的争议进行裁决的人员。仲裁法对仲裁员的资格、聘任、权限以及责任均有明确的规定。

（二）主观要件

本罪的主观方面只能是故意。过失不能构成本罪，仲裁活动是一项专业性很强的活动,仲裁员一般均具有相当的专业水平和资历,但在实践中,仲裁人员由于过失而导致裁决违背事实和法律的现象,也是客观存在的,对于过失造成的违法裁决,不能追究行为人的刑事责任,如果符合人民法院撤销仲裁裁决的,应当由人民法院撤销裁决,予以补救。本罪的构成,对犯罪目的和犯罪动机并没有特殊的要求。笔者认为,本罪属于行为犯,其主观故意的心理态度应当是指行为人违背事实和法律上是明知的,在作出枉法裁决上是积极追求的。对于枉法裁决所造成的危害后果,则不一定要求是故意或者明知的。

(三)客观要件

本罪的客观方面表现为在仲裁活动中,故意违背事实和法律作枉法裁决,情节严重的行为。其具体表现形式包括违背事实作出枉法裁决、违背法律作出枉法裁决和同时违背事实和法律作出枉法裁决。正确理解本罪的客观方面构成要件,关键在于对违背事实和法律行为的内涵和外延进行准确的界定。

违背事实的行为,应当理解为违背为证据所证明的仲裁案件的事实的行为。由于提交仲裁的纠纷发生在仲裁之前,对案件事实需要依靠证据予以认定,因此,仲裁人员认定事实的过程就是其审查、判断、收集证据的过程。一般来说,违背事实的行为包括以下几种情形:一是漠视事实,对于有确实、充分证据证明的事实不予以认定;二是捏造事实,通过伪造、毁灭证据等方式,故意不认定案件事实或者歪曲事实;三是违反证据规则,颠倒证据的证明效力,采信不应采信的证据或者故意回避证据之间的矛盾而作出认定。违背法律的行为,既包括违背实体法的行为,也包括违背程序法的行为。一般表现为故意混淆争议事项法律关系的性质,故意回避应当适用的法律,或者违反仲裁法规定的仲裁程序,从而导致当事人责任分配,赔偿数额的确认上明显不符合法律规定的情形。作出枉法裁决,应当是指行为人已经作出了裁决行为,如果将枉法裁决理解为包括将要作出的裁决,则会扩大对仲裁活动监督的范围,影响仲裁活动的正常进行。因此,本罪的构成要求行为人的枉法裁决已经发生法律效力。

本罪属于情节犯,只有情节严重的枉法仲裁行为,才应当追究其刑事责任,对于情节轻微,危害不大的,可以以其他方式进行追究。判断情节是否严重,应当综合考虑枉法仲裁的动机和目的、枉法仲裁行为实施的方式和手段、枉法仲裁的后果、仲裁人员的一贯表现等情节。

本罪的行为方式既可以是作为,也可以是不作为。作为型的枉法仲裁是指行为人采用积极的方式,如毁灭、伪造证据、制造虚假裁决书等。不作为型的枉法仲裁则是指行为人拒不履行其法定的职责,如不收集应当收集的证据、拒不接受当事人正确的意见等。

(四)客体要件

本罪侵犯的客体是我国仲裁机构正常的仲裁活动和仲裁当事人的合法权益。

本罪侵犯的是双重客体,但主要侵犯的是正常的仲裁活动和秩序。

仲裁是指仲裁人员按照争议双方或者多方当事人自愿达成的协议,依照事实和法律,对当事人之间的争议进行裁决的活动。仲裁是解决当事人经济纠纷的一个重要管道,更是维护公正、保护当事人合法权益,保障市场经济秩序健康发展的一个重要手段。由于仲裁具有一裁终局的制度,且当事人可以依照民事诉讼法的有关规定向人民法院申请对仲裁裁决以国家强制力予以执行,这就使得仲裁活动在某种程度上具有准司法活动的性质,其裁决结果直接关系到当事人个人甚至国家、集体的经济利益和正常的市场经济秩序。正因为如此,我国《仲裁法》规定,仲裁应当根据事实,符合法律规定,公平合理的解决纠纷,还规定仲裁员在仲裁案件时有索贿受贿,徇私舞弊,枉法裁决行为的,应当依法承担法律责任,仲裁委员会应当将其除名。但我国仲裁法并没有对仲裁人员枉法裁决的法律责任予以明确。仲裁人员的枉法仲裁活动与人民法院的审判人员枉法裁判比较,同样具有破坏法制建设,侵害当事人合法权益的社会危害性,且实践表明,在我国现阶段对于仲裁人员的枉法仲裁行为的刑法规制具有现实的必要,如江苏省连云港市原仲裁委员会副主任兼秘书长姜汉武受贿、贪污、挪用公款一案中,就反映出枉法仲裁具有相当的社会危害性,其危害后果不容小觑。

本罪的犯罪对象是仲裁裁决。仲裁裁决是仲裁庭按照仲裁规则在审理案件过程中或审结后,根据查明的事实和认定的证据,依法对当事人提交仲裁的争议事项所作的权威性决断。仲裁裁决是仲裁机构行使裁决权的最终结果,其表现形式为书面形式,仲裁裁决应当经仲裁员签名,并加盖仲裁委员会印章。仲裁裁决既包括最终裁决,也包括临时裁决,既包括缺席裁决,也包括合意裁决。对于仲裁活动中的枉法调解,是否应当作为本罪的犯罪对象,将是一个会产生争议的问题。笔者认为,我国《刑法》第三百九十九条第二款规定的民事、行政枉法裁判罪中,同样规定以民事、行政裁判为犯罪对象,但在司法实践中亦将枉法调解纳入枉法裁判的范畴,且仲裁调解也应当遵循合法的原则和查明事实,分清是非的原则,因此,对于仲裁活动中的枉法调解,也应当适用枉法仲裁罪予以定罪处罚,当然,在枉法调解的认定上,应当充分注意到调解活动的特殊性。

量刑部分

【量刑标准】

犯本罪,情节严重的,处三年以下有期徒刑或者拘役;情节特别严重的,处三年以上七年以下有期徒刑。

截至目前,尚无本罪名关于量刑的司法解释。

私放在押人员罪 《刑法》第400条(一)

司法工作人员私放在押的犯罪嫌疑人、被告人或者罪犯的,处五年以下有期徒刑或者拘役;情节严重的,处五年以上十年以下有期徒刑;情节特别严重的,处十年以上有期徒刑。

定 罪 部 分

【罪名概念】

私放在押人员罪,是指国家司法工作人员,利用职务上的便利私自将在押的犯罪嫌疑人、被告人或者罪犯非法释放的行为。

【司法解释】

1. 最高人民检察院《关于人民检察院直接受理立案侦查案件立案标准的规定(试行)》

(实施日期:1999年9月9日)(节录)

二、渎职犯罪案件

(七)私放在押人员案(第400条第1款)

私放在押人员罪是指司法工作人员私放在押(包括在羁押场所和押解途中)的犯罪嫌疑人、被告人或者罪犯的行为。

涉嫌下列情形之一的,应予立案:

1. 私自将在押的犯罪嫌疑人、被告人、罪犯放走,或者授意、指使、强迫他人将在押的犯罪嫌疑人、被告人、罪犯放走的;

2. 伪造、变造有关法律文书,以使在押的犯罪嫌疑人、被告人、罪犯脱逃的;

3. 为在押的犯罪嫌疑人、被告人、罪犯通风报信、提供条件,帮助其脱逃的;

4. 其他私放在押的犯罪嫌疑人、被告人、罪犯的行为。

2. 最高人民检察院《关于渎职侵权犯罪案件立案标准的规定》

(实施日期:2003年7月26日)(节录)

私放在押人员案(第四百条第一款)

私放在押人员罪是指司法工作人员私放在押(包括在羁押场所和押解途中)的犯罪嫌疑人、被告人或者罪犯的行为。

涉嫌下列情形之一的,应予立案:

1. 私自将在押的犯罪嫌疑人、被告人、罪犯放走,或者授意、指使、强迫他人将在押的犯罪嫌疑人、被告人、罪犯放走的;

2. 伪造、变造有关法律文书、证明材料,以使在押的犯罪嫌疑人、被告人、罪犯逃跑或者被释放的;

3. 为私放在押的犯罪嫌疑人、被告人、罪犯，故意向其通风报信、提供条件，致使该在押的犯罪嫌疑人、被告人、罪犯脱逃的；

4. 其他私放在押的犯罪嫌疑人、被告人、罪犯应予追究刑事责任的情形。

3. 最高人民检察院《关于工人等非监管机关在编监管人员私放在押人员行为和失职致使在押人员脱逃行为适用法律问题的解释》

（实施日期：2001 年 3 月 2 日　高检发释字［2001］2 号）（节录）

工人等非监管机关在编监管人员在被监管机关聘用受委托履行监管职责的过程中私放在押人员的，应当依照刑法第四百条第一款的规定，以私放在押人员罪追究刑事责任；由于严重不负责任，致使在押人员脱逃，造成严重后果的，应当依照刑法第四百条第二款的规定，以失职致使在押人员脱逃罪追究刑事责任。

【犯罪构成】

（一）主体要件

本罪的主体是司法工作人员，主要是负有监管职责的司法工作人员。其中包括在看守所、拘留所、少年犯管教所、拘役所、劳改队、监狱工作的管教人员和看守人员，以及执行逮捕和押解罪犯的人员。

（二）主观要件

本罪在主观方面表现为故意，即明知是犯罪嫌疑人、被告人、罪犯，而故意将其非法释放，犯罪的动机是多种多样的，有的是由于贪赃受贿，有的是出于包庇同伙，有的是徇亲私情等，犯罪动机不影响本罪的成立。

（三）客观要件

本罪在客观方面表现为私自将被关押的犯罪嫌疑人、被告人、罪犯非法释放的行为。

本条规定未说明实施本罪必须是利用职务上的便利，但是，由于本罪属于渎职类犯罪，所以它必然是利用职务上的便利来实施，如果没有利用职务之便或者依法释放罪犯的，均不构成本罪。所谓利用职务上的便利是指行为人利用自己看管、管教、押解、提审等便利条件。所谓私放，是指没有经过合法手续，而私自释放犯罪嫌疑人、被告人、罪犯，使其逃避关押。

私放犯罪嫌疑人、被告人、罪犯可由作为和不作为构成。具行为方式有的是滥用职权，篡改刑期，使犯罪嫌疑人、被告人、罪犯“合法”逃避关押；有的虽未篡改刑期，但假借事由，将刑期未满的犯罪嫌疑人、被告人、罪犯擅自作为刑满释放；有的则把依法逮捕的罪犯有意当作错捕释放；也有的利用提审、押解罪犯的机会私放犯罪嫌疑人、被告人、罪犯而谎称罪犯脱逃；或者为罪犯逃离关押场所创造条件等。私放犯罪嫌疑人、被告人、罪犯采取何种方式，在什么场合，是在关押场所，还是在押解途中，都不影响定罪。但私放犯罪嫌疑人、被告人、罪犯的手段是否恶劣及其危害后果的大小，是量刑考虑的轻重情节。

(四)客体要件

本罪侵犯的客体是国家监管机关的监管制度,即看守所、拘留所、少年犯管教所、拘役所、劳改队、监狱等监管机关的监管制度。凡经公安机关、检察院、人民法院拘留、逮捕、判刑的犯罪嫌疑人、被告或者罪犯,一般说,都是因他们实施了或可能实施危害社会的行为,需要受到刑罚的犯罪分子。监管机关关押罪犯的目的,是为了惩罚和改造他们,使他们成为自食其力的新人,消除其继续犯罪的条件,私放罪犯,使其逃脱关押,不仅使其有继续犯罪的可能,而且破坏监管机关的监管制度。

本罪的对象,是被关押的犯罪嫌疑人、被告人和罪犯,包括已决犯和未决犯,所谓犯罪嫌疑人,是指在人民检察院向人民法院提起公诉以前,正处在侦查、起诉阶段的涉嫌犯罪的人;所谓被告人,是指人民检察院将犯罪嫌疑人起诉到人民法院以后,或者自诉人提出自诉,要求人民法院通过审判追究刑事责任的人;所谓罪犯,是指由人民法院生效裁判宣告为有罪的人。已被判刑劳改的罪犯,一般都是罪行较重或十分严重,有人身危险性,需要与社会隔离的人,对他们实行关押,不仅是因为他们罪行较重,而且为了防止他们继续危害社会。如果把那些有危险性罪犯非法释放,无异于“放虎归山”,为他们继续犯罪制造条件。被逮捕关押的犯罪嫌疑人、被告人,对他们能否看管好,关系到案件的审判能否正常进行,特别是抓获共同犯罪案件的成员,关系到整个案件能否顺利破获。因此,非法放走犯罪嫌疑人、被告人,将会给审判工作带来很大的危害,由此可见,把私放犯罪嫌疑人、被告人、罪犯作为犯罪来惩办,是十分必要的。

【罪名辨析】

(一)本罪与非罪的界限

在监管工作中,因警惕性不高、警戒不严、管理松懈而致犯罪嫌疑人、被告人、罪犯脱逃的,或者由于工作粗枝大叶、疏忽大意而错放嫌疑人、被告人、罪犯,这种情况一般属于职务上的过错,不构成犯罪,但是如果情节严重的,也可以玩忽职守罪论处。

(二)本罪既遂与未遂的界限

犯罪嫌疑人、被告人、罪犯已经脱离了监管人或押解人监管的为既遂。私放犯罪嫌疑人、被告人、罪犯的目的是为了使犯罪嫌疑人、被告人、罪犯摆脱司法机关和监管人员的控制,逃避法律制裁。因此,私放犯罪嫌疑人、被告人、罪犯既遂与否,应以犯罪嫌疑人、被告人、罪犯是否逃脱了监管机关和监管人员的控制为标准。如果是在监狱被私放的犯罪嫌疑人、被告人、罪犯,虽已逃出监房,但在监狱的看管范围内被抓获的,属于未遂;或者虽已逃出狱外,但被及时发觉,当场抓获的,亦属未遂。如果已逃离监管机关和监管人员的控制范围,应属既遂,在押解途中,犯罪嫌疑人、被告人、罪犯被私放后,如果当场被其他人员发现,立即被追捕归案的，则应视为未遂；被私放的犯罪嫌疑人、被告人、罪犯，如果当场逃离，摆脱了其他押解人员的控制，即属既遂；被私放的犯罪嫌疑人、被告人、罪犯，在逃出监管机关和监管人员的控制范围以后，经过司法机关侦查、通缉追捕归案的，仍应视为既遂。

（三）本罪与徇私枉法罪的界限

私放在押人员罪的目的是使犯罪嫌疑人、被告人、罪犯摆脱监管机关和监管人员的控制，最终逃避法律制裁，这与徇私枉法罪中明知是有罪的人而故意包庇不使他受追诉，或者故意作枉法裁判，把有罪判为无罪，故意使罪犯逍遥法外，在实质上都是为了包庇罪犯。它们都侵犯了司法机关的正常活动；在客观上又都利用了职务上的便利条件，主体主要都是司法工作人员。两者的区别在于：一是在客观方面表现不同。犯本罪的司法工作人员主要是利用监管或押解罪犯的职务之便，非法将罪犯私自放走；而徇私枉法罪的行为在客观上则是利用立案、侦查、预审、起诉和审判的合法权力，徇私枉法，对明知是有罪的人，作出不予立案、起诉的决定或者无罪判决、裁定，包庇罪犯。二是主体要件的职责权限不同。本罪的主体主要是对罪犯负有监管、押解职责的司法工作人员；而徇私枉法罪的主体，则主要是对刑事案件有立案、侦查、预审、起诉或审判权的司法工作人员。

私放犯罪嫌疑人、被告人的，如果经法院后来判决宣告无罪的，行为人仍构成本罪，而不能因宣判无罪就免除行为人的刑事责任。但由于被私放的人毕竟无罪，因此，可对其酌情从轻、减轻甚至免除处罚。

行为人收受贿赂而私放在押的犯罪嫌疑人、被告人或者罪犯的，则同时触犯本罪与受贿罪，属牵连犯罪，应依处罚较重的罪处罚。

量刑部分

【量刑标准】

犯本罪的处五年以下有期徒刑或者拘役；情节严重的，处五年以上十年以下有期徒刑；情节特别严重的，处十年以上有期徒刑。

截至目前，尚无本罪名关于量刑的司法解释。

失职致使在押人员脱逃罪　《刑法》第400条（二）

司法工作人员由于严重不负责任，致使在押的犯罪嫌疑人、被告人或者罪犯脱逃，造成严重后果的，处三年以下有期徒刑或者拘役；造成特别严重后果的，处三年以上十年以下有期徒刑。

定罪部分

【罪名概念】

失职致使在押人员脱逃罪,是指司法工作人员由于严重不负责任,致使在押的犯罪嫌疑人、被告人或者罪犯脱逃,造成严重后果的行为。

【司法解释】

1. 最高人民检察院《关于人民检察院直接受理立案侦查案件立案标准的规定(试行)》

(实施日期:1999 年 9 月 9 日)(节录)

二、渎职犯罪案件

(八)失职致使在押人员脱逃案(第 400 条第 2 款)

失职致使在押人员脱逃罪是指司法工作人员由于严重不负责任,不履行或者不认真履行职责,致使在押的犯罪嫌疑人、被告人、罪犯脱逃,造成严重后果的行为。

涉嫌下列情形之一的,应予立案:

1. 致使依法可能判处或者已经判处 10 年以上有期徒刑、无期徒刑、死刑的犯罪嫌疑人、被告人、罪犯脱逃的;

2. 3 次以上致使犯罪嫌疑人、被告人、罪犯脱逃,或者一次致使 3 名以上犯罪嫌疑人、被告人、罪犯脱逃的;

3. 犯罪嫌疑人、被告人、罪犯脱逃以后,打击报复控告人、检举人、被害人、证人和司法工作人员等,或者继续犯罪,危害社会的;

4. 其他致使在押的犯罪嫌疑人、被告人、罪犯脱逃,造成严重后果的行为。

2. 最高人民检察院《关于渎职侵权犯罪案件立案标准的规定》

(实施日期:2003 年 7 月 26 日　高检发释字[2006]2 号)(节录)

(十)失职致使在押人员脱逃案(第四百条第二款)

失职致使在押人员脱逃罪是指司法工作人员由于严重不负责任,不履行或者不认真履行职责,致使在押(包括在羁押场所和押解途中)的犯罪嫌疑人、被告人、罪犯脱逃,造成严重后果的行为。

涉嫌下列情形之一的,应予立案:

1. 致使依法可能判处或者已经判处 10 年以上有期徒刑、无期徒刑、死刑的犯罪嫌疑人、被告人、罪犯脱逃的;

2. 致使犯罪嫌疑人、被告人、罪犯脱逃 3 人次以上的;

3. 犯罪嫌疑人、被告人、罪犯脱逃以后,打击报复报案人、控告人、举报人、被害人、证人和司法工作人员等,或者继续犯罪的;

4. 其他致使在押的犯罪嫌疑人、被告人、罪犯脱逃,造成严重后果的情形。

3. 最高人民检察院《关于工人等非监管机关在编监管人员私放在押人员行为和失职致使在押人员脱逃行为适用法律问题的解释》

（实施日期:2001 年 3 月 2 日）

为依法办理私放在押人员犯罪案件和失职致使在押人员脱逃犯罪案件,对工人等非监管机关在编监管人员私放在押人员行为和失职致使在押人员脱逃行为如何适用法律问题解释如下:

工人等非监管机关在编监管人员在被监管机关聘用受委托履行监管职责的过程中私放在押人员的,应当依照刑法第四百条第一款的规定,以私放在押人员罪追究刑事责任;由于严重不负责任,致使在押人员脱逃,造成严重后果的,应当依照刑法第四百条第二款的规定,以失职致使在押人员脱逃罪追究刑事责任。

4. 最高人民法院《关于未被公安机关正式录用的人员、狱医能否构成失职致使在押人员脱逃罪主体问题的批复》

（实施日期:2000 年 9 月 14 日　法释[2000]28 号）

吉林省高级人民法院:

你院吉高法[1999]158 号《关于未被正式录用的司法工作人员受委托执行职务的是否符合犯罪主体要件问题的请示》收悉。经研究,答复如下:

对于未被公安机关正式录用,受委托履行监管职责的人员,由于严重不负责任,致使在押人员脱逃,造成严重后果的,应当依照刑法第四百条第二款的规定定罪处罚。

不负监管职责的狱医,不构成失职致使在押人员脱逃罪的主体。但是受委派承担了监管职责的狱医,由于严重不负责任,致使在押人员脱逃,造成严重后果的,应当依照刑法第四百条第二款的规定定罪处罚。

【犯罪构成】

（一）主体要件

本罪的主体为特殊主体,同失职致使在押人员脱逃罪一样,只有司法工作人员才能构成本罪。

（二）主观要件

本罪在主观方面必须出于过失,但这是针对在押人员脱逃这一后果而言的,对于其玩忽职守的行为,则表现为明知故犯。故意不能构成本罪。构成犯罪的,应属失职致使在押人员脱逃罪。

（三）客观要件

本罪在客观方面表现为司法工作人员玩忽职守,严重不负监管职责,致使在押的犯罪嫌疑人、被告人或者罪犯脱逃,造成严重后果的行为。所谓脱逃,是指在押的犯罪嫌疑人、被告人或者罪犯从羁押场所如看守所、拘役所、监狱、未成年犯管教所等或者押解途中或者审判场所逃走,从而脱离司法机关及其工作人员的监管,虽然在押但不是在押的犯罪嫌疑人、被告人或者罪犯,而是其他人员如被行政、司法拘留的人员、劳动教养人员逃离羁押,不能构成本罪,构成犯罪的,亦应以他罪如玩忽职守罪论处。所谓严重不负责任,是指在羁押场所、押解途中未按规定采取有关看守、监管措施;擅离看守、监管岗位;发现犯罪嫌疑人、被告人或者罪犯有脱逃迹象,不及时采取有效的防范措施;在犯罪嫌疑人、被告人或者罪犯脱逃时,不及时组织、进行追捕等。在押犯罪嫌疑人、被告人或者罪犯的脱逃是由于行为人的玩忽职守、严重不负责任而造成。如果没有玩忽职守、严重不负责任的行为或者虽有玩忽职守、严重不负责任的行为但与在押人员的脱逃没有刑法上的因果关系,也不能以本罪论处。

本罪属结果犯,只有造成严重后果时才构成犯罪,所谓造成严重后果,一般是指致使重要的犯罪嫌疑人、被告人或者罪犯脱逃;致使多名犯罪嫌疑人、被告人或者罪犯脱逃;由于犯罪嫌疑人、被告人的脱逃致使案件的侦查、起诉、审判受到严重影响;犯罪嫌疑人、被告人或者罪犯脱逃后打击报复控告人、举报人、证人和司法工作人员,继续犯罪,危害社会,等等。

(四)客体要件

本罪所侵害的客体是司法机关的正常活动,主要指监管机关的正常秩序。

量刑部分

【量刑标准】

犯本罪造成严重后果的,处三年以下有期徒刑或者拘役;造成特别严重后果的,处三年以上十年以下有期徒刑。

截至目前,尚无本罪名关于量刑的司法解释。

徇私舞弊减刑、假释、暂予监外执行罪 《刑法》第401条

司法工作人员徇私舞弊,对不符合减刑、假释、暂予监外执行条件的罪犯,予以减刑、假释或者暂予监外执行的,处三年以下有期徒刑或者拘役;情节严重的,处三年以上七年以下有期徒刑。

定罪部分

【罪名概念】

徇私舞弊减刑、假释、暂予监外执行罪,是指司法工作人员徇私舞弊,对不符合减刑、假释、暂予监外执行条件的罪犯予以减刑、假释、暂予监外执行的行为。

【司法解释】

1. 最高人民检察院《关于人民检察院直接受理立案侦查案件立案标准的规定(试行)》

(实施日期:1999 年 9 月 9 日 高检发释字[1999]2 号)(节录)

渎职犯罪案件

(九)徇私舞弊减刑、假释、暂予监外执行罪是指司法工作人员徇私舞弊,对不符合减刑、假释、暂予监外执行条件的罪犯予以减刑、假释、暂予监外执行的行为。

涉嫌下列情形之一的,应予立案:

1. 刑罚执行机关的工作人员对不符合减刑、假释、暂予监外执行条件的罪犯,捏造事实,伪造材料,违法报请减刑、假释、暂予监外执行的;

2. 人民法院和监狱管理机关以及公安机关的工作人员为徇私情、私利,对不符合减刑、假释、暂予监外执行条件的罪犯的减刑、假释、暂予监外执行申请,违法裁定、决定减刑、假释、暂予监外执行的;

3. 不具有报请、裁定或决定减刑、假释、暂予监外执行权的司法工作人员利用职务上的便利,徇私情、私利,伪造有关材料,导致符合减刑、假释、暂予监外执行条件的罪犯被减刑、假释、暂予监外执行的;

4. 其他违法减刑、假释、暂予监外执行的行为。

2. 最高人民检察院《人民检察院直接受理立案侦查的渎职侵权重特大案件标准(试行)》

(实施日期:2002 年 1 月 1 日 高检发[2001]13 号)(节录)

九、徇私舞弊减刑、假释、暂予监外执行案(一)重大案件 1. 办理三次以上或者一次办理三人以上的;2. 为重大刑事犯罪分子办理减刑、假释、暂予监外执行的。(二)特大案件 1. 办理五次以上或者一次办理五人以上的;2. 为特别重大刑事犯罪分子办理减刑、假释、暂予监外执行的。

3. 最高人民检察院《关于渎职侵权犯罪案件立案标准的规定》

(实施日期:2006 年 7 月 26 日 高检发释字[2006]2 号)(节录)

(十一)徇私舞弊减刑、假释、暂予监外执行案(第四百零一条)

徇私舞弊减刑、假释、暂予监外执行罪是指司法工作人员徇私舞弊,对不符合减刑、假释、暂予监外执行条件的罪犯予以减刑、假释、暂予监外执行的行为。

涉嫌下列情形之一的,应予立案:

1. 刑罚执行机关的工作人员对不符合减刑、假释、暂予监外执行条件的罪犯,捏造事实,伪造材料,违法报请减刑、假释、暂予监外执行的;

2. 审判人员对不符合减刑、假释、暂予监外执行条件的罪犯,徇私舞弊,违法裁定减刑、假释或者违法决定暂予监外执行的;

3. 监狱管理机关、公安机关的工作人员对不符合暂予监外执行条件的罪犯,徇私舞弊，违法批准暂予监外执行的；

4. 不具有报请、裁定、决定或者批准减刑、假释、暂予监外执行权的司法工作人员利用职务上的便利，伪造有关材料，导致不符合减刑、假释、暂予监外执行条件的罪犯被减刑、假释、暂予监外执行的；

5. 其他徇私舞弊减刑、假释、暂予监外执行应予追究刑事责任的情形。

【犯罪构成】

（一）主体要件

本罪主体是特殊主体，即必须具有司法职权的国家司法工作人员，实际能构成其罪的，则为那些具有报请或者决定减刑、假释、暂予监外执行职权的司法工作人员，非上述人员包括非司法工作人员以及虽为司法工作人员但没有报请或决定减刑、假释、暂予监外执行的职权，都不能单独构成徇私舞弊减刑、假释、暂予监外执行罪。与司法工作人员伙同进行徇私舞弊减刑、假释、暂予监外执行罪行为的，以共犯追究刑事责任。

（二）主观要件

本罪在主观方面必须是出于故意，即行为人明知自己的徇私舞弊行为是违反有关法律规定的，明知自己行为可能产生的后果，而对这种后果的发生持希望或者放任的态度。过失不构成徇私舞弊减刑、假释、暂予监外执行罪。至于行为人的犯罪动机可能是多种多样的，有的是为了贪图钱财等不法利益，有的是因碍于亲朋好友情面而徇私舞弊，有的是出于报复或嫉妒心理而徇私舞弊等，动机如何对徇私舞弊减刑、假释、暂予监外执行罪构成没有影响，可以在量刑时作为因素之一予以考虑。

（三）客观要件

本罪在客观方面表现为徇私舞弊，对不符合减刑、假释、暂予监外执行条件的罪犯，予以减刑、假释或暂予监外执行的行为。

司法工作人员徇私舞弊行为首先必须是利用职务之便进行的。所谓利用职务之便是指利用职权或者与职务有关的便利条件。职权是指本人职务范围内的权利；与职务有关的便利条件是指虽然不是直接利用职权，但是利用了本人的职权或地位形成的便利条件。

所谓减刑，是指对被判处管制、拘役、有期徒刑、无期徒刑、死刑缓期 2 年执行的犯罪分子，在执行刑罚的过程中，如果认真遵守监规，接受教育改造，确有悔改或立功表现等法定事由，而由人民法院依法适当减轻原判刑罚的一种刑罚制度。所谓假释，是指对被判处有期徒刑或者无期徒刑的犯罪分子，经过法定期限后，如果认真遵守监规，接受教育改造，确有悔改表现，不致再危害社会，由人民法院依法裁定有条件地提前释放的刑罚制度。所谓暂予监外执行，是指对被判处有期徒刑或者拘役的罪犯，由于出现具有严重疾病需要保外就医等法律规定的某种特殊情况,不适宜在监狱执行刑罚所暂时采取的一种不予关押而在监狱外执行的变通做法。

《刑法》第七十八条规定:被判处管制、拘役、有期徒刑、无期徒刑的犯罪分子,在执行期间,如果认真遵守监规,接受教育改造,确有悔改表现的,或者立功表现的,可以减刑;有下列重大立功表现之一的,应当减刑:(1)阻止他人重大犯罪活动的;(2)检举监狱内外重大犯罪活动的,经查证属实的;(3)有发明创造或者重大技术革新的;(4)在日常生产、生活中舍己救人的;(5)在抗御自然灾害或者排除重大事故中,有突出表现的;(6)对国家和社会有其他重大贡献的。《刑法》第五十条第一款规定:"判处死刑缓期执行的,在死刑缓期执行期间,如果没有故意犯罪,二年期满以后,减为十五年以上二十年以下有期徒刑。如果故意犯罪,查证属实的,经最高人民法院核准,执行死刑。"《刑法》第八十二条至第八十六条规定,被判处有期徒刑的犯罪分子,执行原判刑期二分之一以上,被判处无期徒刑的犯罪分子,实际执行十年以上,如果认真遵守监规,接受教育改造,确有悔改表现,假释后不致再危害社会的,可以假释。如果有特殊情况,经最高人民法院核准,可以不受上述执行刑期的限制,但是对累犯以及因杀人、爆炸、抢劫、强奸、绑架等暴力性犯罪被判处十年以上有期徒刑、无期徒刑的犯罪分子,不得假释。根据《刑事诉讼法》第二百一十四条规定,对于被判处有期徒刑或者拘役的罪犯,有下列情形之一的,可以暂予监外执行:(1)有严重疾病需要保外就医的;(2)怀孕或者正在哺乳自己婴儿的妇女。但对于适用保外就医可能有社会危害性的罪犯,或者自伤自残的罪犯,不得保外就医。对于罪犯确有严重疾病,必须保外就医,由省级人民政府指定的医院开具证明文件,依照法律规定的程序审批。对于被判处有期徒刑、拘役,生活不能自理,适用暂予监外执行不致危害社会的罪犯,可以暂予监外执行。

如果罪犯不符合上述规定的条件,行为人徇私舞弊,为其减刑、假释或决定暂予监外执行,即可构成徇私舞弊减刑、假释、暂予监外执行罪,根据徇私舞弊减刑、假释、暂予监外执行罪主体性质的不同,其行为方式具体可分为两种情况:一是监狱、未成年犯管教所等执行机关的工作人员明知罪犯不符合减刑、假释或者暂予监外执行的条件,捏造事实,伪造证据,如伪造悔改或立功表现、病历诊断证明、实际执行的刑期等,制作、报请内容虚假的有关减刑、假释、暂予监外执行的材料;二是有权决定减刑、假释、暂予监外执行的司法工作人员明知罪犯不符合减刑、假释或者暂予监外执行的条件,而非法作出减刑、假释裁定或者暂予监外执行的决定。

(四)客体要件

本罪侵犯的客体,是国家司法机关的正常活动。徇私舞弊行为使国家法律、法令的顺利实施受到严重干扰,损害了国家司法机关的威信;尤其是司法工作人员徇私舞弊行为必然会严重损害国家和人民利益或者侵犯公民人身权利、民主权利和其他合法权益,在群众中选成恶劣影响,影响国家机关的正常活动。

量刑部分

【量刑标准】

犯本罪的,处三年以下有期徒刑或者拘役;情节严重的,处三年以上七年以下有期徒刑。

截至目前,尚无本罪名关于量刑的司法解释。

徇私舞弊不移交刑事案件罪　《刑法》第402条

行政执法人员徇私舞弊,对依法应当移交司法机关追究刑事责任的不移交,情节严重的,处三年以下有期徒刑或者拘役;造成严重后果的,处三年以上七年以下有期徒刑。

定罪部分

【罪名概念】

徇私舞弊不移交刑事案件罪,是指行政执法人员徇私舞弊,对依法应当移交司法机关追究刑事责任的不移交,情节严重的行为。

【司法解释】

1. 最高人民检察院《关于人民检察院直接受理立案侦查案件立案标准的规定(试行)》

(实施日期:1999年9月9日　高检发释字[1999]2号)(节录)

(十)徇私舞弊不移交刑事案件案(第402条)

徇私舞弊不移交刑事案件罪是指行政执法人员,徇私情、私利,伪造材料,隐瞒情况,弄虚作假,对依法应当移交司法机关追究刑事责任的刑事案件,不移交司法机关处理,情节严重的行为。

涉嫌下列情形之一的,应予立案:

1. 对依法可能判处3年以上有期徒刑、无期徒刑、死刑的犯罪案件不移交的;

2. 3次以上不移交犯罪案件,或者一次不移交犯罪案件涉及3名以上犯罪嫌疑人的;

3. 司法机关发现并提出意见后,无正当理由仍然不予移交的;

4. 以罚代刑,放纵犯罪嫌疑人,致使犯罪嫌疑人继续进行违法犯罪活动的;

5. 行政执法部门主管领导阻止移交的;

6. 隐瞒、毁灭证据,伪造材料,改变刑事案件性质的;

7. 直接负责的主管人员和其他直接责任人员为牟取本单位私利而不移交刑事

案件,情节严重的;

8. 其他情节严重的情形。

2. 最高人民检察院《人民检察院直接受理立案侦查的渎职侵权重特大案件标准(试行)》

(实施日期:2002 年 1 月 1 日 高检发[2001]13 号)(节录)

十、徇私舞弊不移交刑事案件案(一)重大案件 1. 对犯罪嫌疑人依法可能判处五年以上十年以下有期徒刑的重大刑事案件不移交的;2. 五次以上不移交犯罪案件,或者一次不移交犯罪案件涉及五名以上犯罪嫌疑人的;3. 以罚代刑,放纵犯罪嫌疑人,致使犯罪嫌疑人继续进行刑事犯罪的。(二)特大案件 1. 对犯罪嫌疑人依法可能判处十年以上有期徒刑、无期徒刑、死刑的特别重大刑事案件不移交的;2. 七次以上不移交犯罪案件,或者一次不移交犯罪案件涉及七名以上犯罪嫌疑人的;3. 以罚代刑,放纵犯罪嫌疑人,致使犯罪嫌疑人继续进行严重刑事犯罪的。

3. 最高人民检察院《关于渎职侵权犯罪案件立案标准的规定》

(实施日期:2006 年 7 月 26 日 高检发释字[2006]2 号)(节录)

(十二)徇私舞弊不移交刑事案件案(第四百零二条)

徇私舞弊不移交刑事案件罪是指工商行政管理、税务、监察等行政执法人员,徇私舞弊,对依法应当移交司法机关追究刑事责任的案件不移交,情节严重的行为。

涉嫌下列情形之一的,应予立案:

1. 对依法可能判处 3 年以上有期徒刑、无期徒刑、死刑的犯罪案件不移交的;
2. 不移交刑事案件涉及 3 人次以上的;
3. 司法机关提出意见后,无正当理由仍然不予移交的;
4. 以罚代刑,放纵犯罪嫌疑人,致使犯罪嫌疑人继续进行违法犯罪活动的;
5. 行政执法部门主管领导阻止移交的;
6. 隐瞒、毁灭证据,伪造材料,改变刑事案件性质的;
7. 直接负责的主管人员和其他直接责任人员为牟取本单位私利而不移交刑事案件,情节严重的;
8. 其他情节严重的情形。

【关联法律】

《行政处罚法》

第六十一条 行政机关为牟取本单位私利,对应当依法移交司法机关追究刑事责任的不移交,以行政处罚代替刑罚,由上级行政机关或者有关部门责令纠正;拒不纠正的,对直接负责的主管人员给予行政处分;徇私舞弊、包庇纵容违法行为的,比照刑法第一百八十八条的规定追究刑事责任。

【犯罪构成】

(一)主体要件

本罪的主体必须是行政执法人员。

(二)主观要件

本罪的主观方面是直接故意,即明知行为人的行为已构成犯罪,应当移送司法机关追究刑事责任,因出于私情、私利而不移交。

(三)客观要件

本罪的客观方面表现为行政执法人员,徇私情、私利、伪造材料、隐瞒情况、弄虚作假,对依法应当移交司法机关追究刑事责任案件不移交司法机关处理,情节严重的行为。

(四)客体要件

本罪的客体是行政机关的行政执法活动秩序和司法机关正常的刑事司法活动秩序。

量刑部分

【量刑标准】

犯本罪,情节严重的,处三年以下有期徒刑或者拘役;造成严重后果的,处三年以上七年以下有期徒刑。

截至目前,尚无本罪名关于量刑的司法解释。

滥用管理公司、证券职权罪 《刑法》第403条

国家有关主管部门的国家机关工作人员,徇私舞弊,滥用职权,对不符合法律规定条件的公司设立、登记申请或者股票、债券发行、上市申请,予以批准或者登记,致使公共财产、国家和人民利益遭受重大损失的,处五年以下有期徒刑或者拘役。

上级部门强令登记机关及其工作人员实施前款行为的,对其直接负责的主管人员,依照前款的规定处罚。

定罪部分

【罪名概念】

滥用管理公司、证券职权罪,是指国家有关主管部门的国家机关工作人员,徇私舞弊,滥用职权,对不符合法律规定条件的公司设立、登记申请或者股票、债券发行、上市申请,予以批准或者登记,致使公共财产、国家和人民利益遭受重大损失的行为,以及上级部门、当地政府强令登记机关及其工作人员实施上述行为的行为。

【司法解释】

1. 最高人民检察院《关于人民检察院直接受理立案侦查案件立案标准的规定(试行)》

(实施日期:1999 年 9 月 9 日　高检发释字[1999]2 号)(节录)

(十一)滥用管理公司、证券职权案(第 403 条)

滥用管理公司、证券职权罪是指工商行政管理、人民银行、证券管理等国家有关主管部门的工作人员徇私舞弊,滥用职权,对不符合法律规定条件的公司设立、登记申请或者股票、债券发行、上市申请,予以批准或者登记,致使公共财产、国家和人民利益遭受重大损失的行为,以及上级部门、当地政府强令登记机关及其工作人员实施上述行为的行为。

涉嫌下列情形之一的,应予立案:

1. 工商管理部门的工作人员对不符合法律规定条件的公司设立、登记申请,违法予以批准、登记,严重扰乱市场秩序的;

2. 金融证券管理机构工作人员对不符合法律规定条件的股票、债券发行、上市申请,违法予以批准,严重损害公众利益,或者严重扰乱金融秩序的;

3. 工商管理部门、金融证券管理机构的工作人员对不符合法律规定条件的公司设立、登记申请或者股票、债券发行、上市申请,违法予以批准或者登记,致使犯罪行为得逞的;

4. 上级部门强令登记机关及其工作人员实施徇私舞弊,滥用职权,对不符合法律规定条件的公司设立、登记申请或者股票、债券发行、上市申请,予以批准或者登记,致使公共财产、国家或者人民利益遭受重大损失的;

5. 其他致使公共财产、国家和人民利益遭受重大损失的情形。

2. 最高人民检察院《人民检察院直接受理立案侦查的渎职侵权重特大案件标准(试行)》

(实施日期:2002 年 1 月 1 日　高检发[2001]13 号)(节录)

(十一)滥用管理公司、证券职权案(一)重大案件 1. 造成直接经济损失五十万元以上的;2. 因违法批准或者登记致使发生刑事犯罪的。(二)特大案件 1. 造成直接经济损失一百万元以上的;2. 因违法批准或者登记致使发生重大刑事犯罪的。

3. 最高人民检察院《关于渎职侵权犯罪案件立案标准的规定》

(实施日期:2006 年 7 月 26 日　高检发释字[2006]2 号)(节录)

(十三)滥用管理公司、证券职权案(第四百零三条)

滥用管理公司、证券职权罪是指工商行政管理、证券管理等国家有关主管部门的工作人员徇私舞弊,滥用职权,对不符合法律规定条件的公司设立、登记申请或者股票、债券发行、上市申请予以批准或者登记,致使公共财产、国家和人民利益遭受重大损失的行为,以及上级部门、当地政府强令登记机关及其工作人员实施上述行为的行为。

涉嫌下列情形之一的,应予立案:

1. 造成直接经济损失50万元以上的;

2. 工商管理部门的工作人员对不符合法律规定条件的公司设立、登记申请,违法予以批准、登记,严重扰乱市场秩序的;

3. 金融证券管理机构工作人员对不符合法律规定条件的股票、债券发行、上市申请,违法予以批准,严重损害公众利益,或者严重扰乱金融秩序的;

4. 工商管理部门、金融证券管理机构的工作人员对不符合法律规定条件的公司设立、登记申请或者股票、债券发行、上市申请违法予以批准或者登记,致使犯罪行为得逞的;

5. 上级部门、当地政府直接负责的主管人员强令登记机关及其工作人员,对不符合法律规定条件的公司设立、登记申请或者股票、债券发行、上市申请,予以批准或者登记,致使公共财产、国家或者人民利益遭受重大损失的;

6. 其他致使公共财产、国家和人民利益遭受重大损失的情形。

【犯罪构成】

(一)主体要件

本罪的主体是国家有关主管部门的国家机关工作人员,本条所称"有关主管部门"是指负责对公司设立、登记申请或者股票、债券发行、上市申请的条件是否符合法律规定予以审核、批准或者登记的国家机关。国家有关主管部门的国家工作人员,根据我国《公司法》的规定,包括以下几类人员:(1)法律、行政法规规定的审批有限责任公司设立的国家机关的国家工作人员;(2)审批股份有限公司设立的国务院授权的部门或者省级人民政府中的国家工作人员;(3)审批以募股方式设立股份有限公司的国务院证券管理部门中的国家工作人员;(4)公司设立的登记机关的国家工作人员,一般是指工商行政管理机关中的国家工作人员;(5)审批股票发行的国务院授权部门或者省级人民政府,或者国务院证券管理部门中的国家工作人员;(6)审批股票上市的国务院或者证券管理部门中的国家工作人员;(7)审批债券发行的国务院证券管理部门中的国家工作人员。

本条第二款所称上级部门,是广义的,它既包括登记机关,即工商行政管理机关的上级领导管理部门,也包括工商行政管理机关以外的对工商行政管理机关负有领导责任的部门。同时这里所说的上级部门,不仅仅是指上级部门的负责人,也包括在上级部门工作的具体工作人员。

(二)主观要件

本罪在主观方面,必须是出于故意,即行为人对公司的设立、登记申请或者股票、债券发行、上市申请不符合法定条件是明知的,对非法批准、登记可能会造成公共财产、国家和人民利益遭受重大损失的结果持放任态度。至于行为人的犯罪动机可能是多种多样的，有的是为了贪图钱财等不法利益，有的是因碍于亲朋好友情面而徇私舞弊，有的是出于报复或嫉妒心理而徇私舞弊等。动机如何对本罪构成没有影响，可以在量刑时作为因素之一予以考虑。

（三）客观要件

本罪在客观方面表现为国家有关主管部门国家机关工作人员徇私舞弊、滥用职权，对不符合法律规定条件的公司设立、登记申请或者股票、债券发行、上市申请，予以批准或者登记，致使公共财产、国家和人民利益遭受重大损失的行为。

（四）客体要件

本罪侵犯的客体是公司设立审批、登记机关和股票、债券发行、上市审批机关的正常活动，我国《公司》《公司登记管理条例》《证券法》《企业债券管理条例》等法律、法规，对公司的设立条件和申请登记程序、股票、债券发行、上市的条件和审批程序，都作出了明确具体的规定，并通过法律授权给国家有关行政主管部门、工商行政管理部门、证券管理部门对公司设立、登记申请或者股票、债券发行、上市申请依法进行审查、批准或者登记。负责审批或登记职责的上述国家机关工作人员，只有严格依法办事，按照法定条件进行审批或登记，才能保障国家对公司的正常监管活动，维护社会经济秩序，促进经济建设的顺利发展。若徇私舞弊，滥用职权，非法批准公司设立登记、股票、债券发行、上市申请，必将破坏国家对公司的正常监管活动，致使公共财产、国家和人民利益遭受重大损失。因此，刑法规定，对上述有关主管部门的国家机关工作人员的这种渎职行为而造成严重后果的，必须依法予以刑事制裁。

【罪名辨析】

（一）一罪与数罪

行为人收受贿赂后实施本罪行为的，属牵连犯罪，按其处罚原则应择一重罪处罚，不必实行数罪并罚。

（二）本罪与徇私舞弊罪、滥用职权罪的界限

1. 本罪是徇私舞弊、滥用职权的特别规定，构成犯罪，一般情况下应依特别法条即本罪定罪。

2. 徇私舞弊，滥用职权行为与造成的重大损失结果之间，必须具有刑法上的因果关系。这是确定刑事责任的客观基础。徇私舞弊，滥用职权行为与造成的严重危害结果之间的因果关系错综复杂，有直接原因，也有间接原因；有主要原因，也有次要原因；有领导者的责任，也有直接责任人员的过失行为。构成本罪，应当追究刑事责任的，则是指玩忽职守行为与造成的严重危害结果之间有必然因果联系的行为，一般不构成本罪，而是属于一般工作上的错误问题，应由行政主管部门处理。

量刑部分

【量刑标准】

犯本罪的,处五年以下有期徒刑或者拘役。

上级部门强令登记机关及其工作人员实施前款行为的,对其直接负责的主管人员,依照前款的规定处罚。

截至目前,尚无本罪名关于量刑的司法解释。

徇私舞弊不征、少征税款罪 《刑法》第404条

税务机关的工作人员徇私舞弊,不征或者少征应征税款,致使国家税收遭受重大损失的,处五年以下有期徒刑或者拘役;造成特别重大损失的,处五年以上有期徒刑。

定罪部分

【罪名概念】

徇私舞弊不征、少征税款罪,是指税务机关的工作人员利用职权徇私舞弊,对明知是应征的税款而不征或者少征,致使国家税收遭受重大损失的行为。

【司法解释】

1. 最高人民检察院《关于人民检察院直接受理立案侦查案件立案标准的规定(试行)》

(实施日期:1999年9月9日　高检发研字[1999]10号)(节录)

(十二)徇私舞弊不征、少征税款案(第404条)

徇私舞弊不征、少征税款罪是指税务机关工作人员徇私舞弊,不征、少征应征税款,致使国家税收遭受重大损失的行为。

涉嫌下列情形之一的,应予立案:

1. 为徇私情、私利,违反规定,对应当征收的税款擅自决定停征、减征或者免征,或者伪造材料,隐瞒情况,弄虚作假,不征、少征应征税款,致使国家税收损失累计达10万元以上的;

2. 徇私舞弊不征、少征应征税款不满10万元,但具有索取或者收受贿赂或者其他恶劣情节的。

2. 最高人民检察院《人民检察院直接受理立案侦查的渎职侵权重特大案件标准(试行)》

(实施日期:2002年1月1日　高检发[2001]13号)(节录)

（十二）徇私舞弊不征、少征税款案（一）重大案件造成国家税收损失累计达三十万元以上的。（二）特大案件造成国家税收损失累计达五十万元以上的。

3. 最高人民检察院《关于渎职侵权犯罪案件立案标准的规定》

（实施日期：2006 年 7 月 26 日　高检发释字［2006］2 号）（节录）

（十四）徇私舞弊不征、少征税款案（第四百零四条）

徇私舞弊不征、少征税款罪是指税务机关工作人员徇私舞弊，不征、少征应征税款，致使国家税收遭受重大损失的行为。

涉嫌下列情形之一的，应予立案：

1. 徇私舞弊不征、少征应征税款，致使国家税收损失累计达 10 万元以上的；

2. 上级主管部门工作人员指使税务机关工作人员徇私舞弊不征、少征应征税款，致使国家税收损失累计达 10 万元以上的；

3. 徇私舞弊不征、少征应征税款不满 10 万元，但具有索取或者收受贿赂或者其他恶劣情节的；

4. 其他致使国家税收遭受重大损失的情形。

【犯罪构成】

（一）主体要件

本罪主体是税务机关工作人员。

（二）主观要件

本罪的主观方面表现为故意，即行为人明知纳税人应当缴纳税款，为徇私情、私利而故意不征、少征税款，徇私构成本罪的动机。

（三）客观要件

本罪在客观方面表现为徇私舞弊，不征或者少征应征税款，致使国家税收遭受重大损失的行为。行为人有徇私舞弊情节。徇私表现为徇私情、私利以及谋取其他不正当利益。徇私既是犯罪动机，也是本罪客观方面的一个重要的法定情节，舞弊则是徇私的手段，表现为弄虚作假，掩盖事实真相等。是行为人的行为致使国家税收遭受重大损失。这是指税务机关工作人员徇私舞弊，不征或者少征应征税款，情节严重，使国家税收遭受重大损失。行为人实施了违反法律、行政法规的规定，不征或者少征应征税款的行为。“不征”是指税务机关工作人员不履行向纳税人征收税款的职责，明知纳税人应当缴纳税款，但不向其征收，或者违反法律、行政法规规定，擅自决定免征、停征纳税人应纳税款的行为。“少征”是指税务机关人员向纳税人实际征收的税款少于应征的税款；或者明知不具备法律、行政法规规定，弄虚作假，违反法律、行政法规规定，擅自决定减征、免征应纳税款的行为。税务机关及税务机关工作人员有依法征收税款的义务，这是国家法律、行政法规的规定。《税收征收管理法》第三条第二款规定“任何机关、单位和个人不得违反法律、行政法规的规定，擅自作出税收开征、停征以及减税、免税、退税、补税和其他同税收法律、行政法规相抵触的决定”。

(四)客体要件

本罪侵犯的客体是国家的税收征收管理制度和国家税收机关的正常管理活动。

量刑部分

【量刑标准】

犯本罪的,处五年以下有期徒刑或者拘役;造成特别重大损失的,处五年以上有期徒刑。

截至目前,尚无本罪名关于量刑的司法解释。

徇私舞弊发售发票、抵扣税款、出口退税罪;违法提供出口退税凭证罪 《刑法》第405条

税务机关的工作人员违反法律、行政法规的规定,在办理发售发票、抵扣税款、出口退税工作中,徇私舞弊,致使国家利益遭受重大损失的,处五年以下有期徒刑或者拘役;致使国家利益遭受特别重大损失的,处五年以上有期徒刑。

其他国家机关工作人员违反国家规定,在提供出口货物报关单、出口收汇核销单等出口退税凭证的工作中,徇私舞弊,致使国家利益遭受重大损失的,依照前款的规定处罚。

定罪部分

【罪名概念】

徇私舞弊发售发票、抵扣税款、出口退税罪,是指税务机关的工作人员违反法律、法规的规定,在发售发票、抵扣税款、出口退税工作中徇私舞弊,致使国家利益遭受重大损失的行为。

违法提供出口退税凭证罪,是指税务机关以外的其他国家机关的工作人员违反国家规定,在提供出口货物报关单、出口收汇核销单等出口退税凭证的工作中,徇私舞弊,致使国家利益遭受重大损失的行为。

【司法解释】

1. 最高人民检察院《关于人民检察院直接受理立案侦查案件立案标准的规定(试行)》

(实施日期:1999年9月9日 高检发研字[1999]10号)(节录)

(十三)徇私舞弊发售发票、抵扣税款、出口退税案(第405条第1款)

徇私舞弊发售发票、抵扣税款、出口退税罪是指税务机关工作人员违反法律、行政法规的规定，在办理发售发票、抵扣税款、出口退税工作中徇私舞弊，致使国家利益遭受重大损失的行为。

涉嫌下列情形之一的，应予立案：

1. 为徇私情、私利，违反法律、行政法规的规定，伪造材料，隐瞒情况，弄虚作假，对不应发售的发票予以发售，对不应抵扣的税款予以抵扣，对不应给予出口退税的给予退税，或者擅自决定发售不应发售的发票、折扣不应抵扣的税款、给予出口退税，致使国家税收损失累计达10万元以上的；

2. 徇私舞弊，致使国家税收损失累计不满10万元，但具有索取、收受贿赂或者其他恶劣情节的。

（十四）违法提供出口退税凭证案（第405条第2款）

违法提供出口退税凭证罪是指海关、商检、外汇管理等国家机关工作人员违反国家规定，在提供出口货物报关单、出口收汇核销单等出口退税凭证的工作中徇私舞弊，致使国家利益遭受重大损失的行为。

涉嫌下列情形之一的，应予立案：

1. 为徇私情、私利，违反国家规定，伪造材料，隐瞒情况，弄虚作假，提供不真实的出口货物报关单、出口收汇核销单等出口退税凭证，致使国家税收损失累计达10万元以上的；

2. 徇私舞弊，致使国家税收损失累计不满10万元，但具有索取、收受贿赂或者其他恶劣情节的。

2. 最高人民检察院《人民检察院直接受理立案侦查的渎职侵权重特大案件标准（试行）》

（实施日期：2002年1月1日　高检发［2001］13号）（节录）

（十三）徇私舞弊发售发票、抵扣税款、出口退税案

（一）重大案件

造成国家税收损失累计达三十万元以上的。

（二）特大案件

造成国家税收损失累计达五十万元以上的。

（十四）违法提供出口退税凭证案

（一）重大案件

造成国家税收损失累计达三十万元以上的。

（二）特大案件

造成国家税收损失累计达五十万元以上的。

3. 最高人民检察院《关于渎职侵权犯罪案件立案标准的规定》

（实施日期：2006年7月26日　高检发释字［2006］2号）（节录）

(十五)徇私舞弊发售发票、抵扣税款、出口退税案(第四百零五条第一款)

徇私舞弊发售发票、抵扣税款、出口退税罪是指税务机关工作人员违反法律、行政法规的规定,在办理发售发票、抵扣税款、出口退税工作中徇私舞弊,致使国家利益遭受重大损失的行为。

涉嫌下列情形之一的,应予立案:

1. 徇私舞弊,致使国家税收损失累计达10万元以上的;

2. 徇私舞弊,致使国家税收损失累计不满10万元,但发售增值税专用发票25份以上或者其他发票50份以上或者增值税专用发票与其他发票合计50份以上,或者具有索取、收受贿赂或者其他恶劣情节的;

3. 其他致使国家利益遭受重大损失的情形。

(十六)违法提供出口退税凭证案(第四百零五条第二款)

违法提供出口退税凭证罪是指海关、外汇管理等国家机关工作人员违反国家规定,在提供出口货物报关单、出口收汇核销单等出口退税凭证的工作中徇私舞弊,致使国家利益遭受重大损失的行为。

涉嫌下列情形之一的,应予立案:

1. 徇私舞弊,致使国家税收损失累计达10万元以上的;

2. 徇私舞弊,致使国家税收损失累计不满10万元,但具有索取、收受贿赂或者其他恶劣情节的;

3. 其他致使国家利益遭受重大损失的情形。

4. 最高人民法院《关于对〈审计署关于咨询虚开增值税专用发票罪问题的函〉的复函》

(实施日期:2001年10月17日　法函[2001]66号)

国家审计署:

你署审函[2001]75号《审计署关于咨询虚开增值税专用发票罪问题的函》收悉。经研究,现提出以下意见供参考:

地方税务机关实施"高开低征"或者"开大征小"等违规开具增值税专用发票的行为,不属于刑法第二百零五条规定的虚开增值税专用发票的犯罪行为,造成国家税款重大损失的,对有关主管部门的国家机关工作人员,应当根据刑法有关渎职罪的规定追究刑事责任。

【犯罪构成】

一、徇私舞弊发售发票、抵扣税款、出口退税罪

(一)主体要件

本罪的主体是税务机关的工作人员。

(二)主观要件

本罪在主观方面是故意。

（三）客观要件

本罪在客观方面表现为违反法律、行政法规的规定，在办理发售发票、抵扣税款、出口退税工作中，徇私舞弊，致使国家利益遭受重大损失的行为。

（四）客体要件

本罪侵犯的客体是国家的税收管理活动。

二、违法提供出口退税凭证罪

（一）主体要件

本罪的主体是特殊主体，即税务机关的工作人员以外的其他国家机关工作人员，主要是指承担着提供出口货物报关单和出口收汇核算单等出口退税凭证职责的海关工作人员等国家机关工作人员。凡是办理出口退税凭证工作的国家机关工作人员，都可以成为本罪的主体。

（二）主观要件

本罪在主观方面是故意，即行为人明知自己在提供出口货物报关单、出口收汇核销单等出口退税凭证的工作中的徇私舞弊行为是违反国家有关规定的，明知自己的行为可能致使国家利益遭受重大损失，而对此后果持希望或放任的态度。

（三）客观要件

本罪在客观方面表现为行为人违反国家规定，在提供出口货物报关单、出口收汇核销单等出口退税凭证的工作中，徇私舞弊，致使国家利益遭受重大损失的行为。

（四）客体要件

本罪侵犯的客体是国家的税收管理制度和国家机关的正常管理活动。

量刑部分

【量刑标准】

犯徇私舞弊发售发票、抵扣税款、出口退税罪的，处五年以下有期徒刑或者拘役；致使国家利益遭受特别重大损失的，处五年以上有期徒刑。

犯违法提供出口退税凭证罪的，依照前款的规定处罚。

截至目前，尚无本罪名关于量刑的司法解释。

国家机关工作人员签订、履行合同失职被骗罪 《刑法》第406条

国家机关工作人员在签订、履行合同过程中，因严重不负责任被诈骗，致使国家利益遭受重大损失的，处三年以下有期徒刑或者拘役；致使国家利益遭受特别重大损失的，处三年以上七年以下有期徒刑。

定罪部分

【罪名概念】

国家机关工作人员签订、履行合同被骗罪,是指国家机关工作人员在签订、履行合同过程中,因严重不负责任被诈骗,致使国家利益遭受重大损失的行为。

【司法解释】

1. 最高人民检察院《关于人民检察院直接受理立案侦查案件立案标准的规定(试行)》

(实施日期:1999 年 9 月 9 日　高检发研字[1999]10 号)(节录)

(十五)国家机关工作人员签订、履行合同失职被骗案

国家机关工作人员签订、履行合同失职被骗罪是指国家机关工作人员在签订、履行合同过程中,因严重不负责任,不履行或者不认真履行职责被诈骗,致使国家利益遭受重大损失的行为。

涉嫌下列情形之一的,应予立案:

1. 造成直接经济损失 30 万元以上的;

2. 其他致使国家利益遭受重大损失的情形。

2. 最高人民检察院《人民检察院直接受理立案侦查的渎职侵权重特大案件标准(试行)》

(实施日期:2002 年 1 月 1 日　高检发[2001]13 号)(节录)

十五、国家机关工作人员签订、履行合同失职被骗案

(一)重大案件

造成直接经济损失一百万元以上的。

(二)特大案件

造成直接经济损失二百万元以上的。

3. 最高人民检察院《关于渎职侵权犯罪案件立案标准的规定》

(实施日期:2006 年 7 月 26 日　高检发释字[2006]2 号)(节录)

(十七)国家机关工作人员签订、履行合同失职被骗案(第四百零六条)

国家机关工作人员签订、履行合同失职被骗罪是指国家机关工作人员在签订、履行合同过程中,因严重不负责任,不履行或者不认真履行职责被诈骗,致使国家利益遭受重大损失的行为。

涉嫌下列情形之一的,应予立案:

1. 造成直接经济损失 30 万元以上,或者直接经济损失不满 30 万元,但间接经济损失 150 万元以上的;

2. 其他致使国家利益遭受重大损失的情形。

【犯罪构成】

（一）主体要件

本罪主体为特殊主体，即是国家机关工作人员，根据刑法的规定，国家机关工作人员是指在国家各级人大及其常委会、国家各级人民政府及各级人民法院、人民检察院中从事公务的人员。

（二）主观要件

本罪在主观方面只能由过失构成，故意不构成本罪。也就是说，行为人对于其行为所造成重大损失结果，在主观上并不是出于故意而是由于过失造成的，他应当知道自己在签订、履行合同过程中的严重不负责任的行为，可能会发生一定的社会危害结果，但是他因疏忽大意而没有预见，或者是虽然已经预见到可能会发生，但他凭借着自己的知识或者经验而轻信可以避免，以致造成严重损失的危害结果，行为人主观上的过失是针对造成重大损失的结果而言，但并不排斥行为人对自己严重不负责任的行为可能是故意的情形，如果行为人在主观上对于危害结果的发生不是出于过失，而是出于故意，不仅预见到，而且希望或者放任它的发生，那就不属于本罪所定的犯罪行为，而构成其他的故意犯罪。

（三）客观要件

本罪在客观方面表现为国家机关工作人员在签订、履行合同过程中，因严重不负责任被诈骗，致使国家利益遭受重大损失的行为。

（四）客体要件

本罪侵犯的客体是国家机关的正常活动，由于国家工作人员对本职工作严重不负责，不遵纪守法，违反规章制度，不履行应尽的职责义务，致使国家经济利益受到重大损失，给国家、集体和人民利益造成严重损害，从而危害了国家机关的正常活动。

量刑部分

【量刑标准】

犯本罪，致使国家利益遭受重大损失的，处三年以下有期徒刑或者拘役；致使国家利益遭受特别重大损失的，处三年以上七年以下有期徒刑。

截至目前，尚无本罪名关于量刑的司法解释。

违法发放林木采伐许可证罪 《刑法》第407条

林业主管部门的工作人员违反森林法的规定，超过批准的年采伐限额发放林木采伐许可证或者违反规定滥发林木采伐许可证，情节严重，致使森林遭受严重破坏的，处三年以下有期徒刑或者拘役。

定 罪 部 分

【法律概念】

违法发放林木采伐许可证罪,是指林业主管部门的工作人员违反森林法的规定,超过批准的年采伐限额发放采伐许可证或者违反规定滥发林木采伐许可证,情节严重,致使森林遭受严重破坏的行为。

【司法解释】

1.最高人民检察院《关于人民检察院直接受理立案侦查案件立案标准的规定(试行)》

(实施日期:1999年9月9日　高检发研字[1999]10号)(节录)

(十六)违法发放林木采伐许可证案

违法发放林木采伐许可证罪是指林业主管部门的工作人员违反森林法的规定,超过批准的年采伐限额发放林木采伐许可行或者违反规定滥发林木采伐许可证,情节严重,致使森林遭受严重破坏的行为。

涉嫌下列情形之一的,应予立案:

1. 发放林木采伐许可证允许采伐数量累计超过批准的年采伐限额,导致林木被伐数量超过10立方米的;

2. 滥发林木采伐许可证,导致林木被滥伐20立方米以上的;

3. 滥发林木采伐许可证,导致珍贵树木被滥伐的;

4. 批准采伐国家禁止采伐的林木,情节恶劣的;

5. 其他情节严重,致使森林遭受严重破坏的情形。

2.最高人民检察院《人民检察院直接受理立案侦查的渎职侵权重特大案件标准(试行)》

(实施日期:2002年1月1日　高检发[2001]13号)(节录)

十六、违法发放林木采伐许可证案

(一)重大案件

1. 发放林木采伐许可证允许采伐数量累计超过批准的年采伐限额,导致林木被采伐数量在二十立方米以上的;

2. 滥发林木采伐许可证,导致林木被滥伐四十立方米以上的;

3. 滥发林木采伐许可证,导致珍贵树木被滥伐二株或者二立方米以上的;

4. 批准采伐国家禁止采伐的林木,情节特别恶劣的。

(二)特大案件

1. 发放林木采伐许可证允许采伐数量累计超过批准的年采伐限额,导致林木被采伐数量超过三十立方米的;

2. 滥发林木采伐许可证,导致林木被滥伐六十立方米以上的;

3. 滥发林木采伐许可证,导致珍贵树木被滥伐五株或者五立方米以上的;

4. 批准采伐国家禁止采伐的林木,造成严重后果的。

3. 最高人民检察院《关于渎职侵权犯罪案件立案标准的规定》

(实施日期:2006年7月26日　高检发释字[2006]2号)(节录)

(十八)违法发放林木采伐许可证案(第四百零七条)

违法发放林木采伐许可证罪是指林业主管部门的工作人员违反森林法的规定,超过批准的年采伐限额发放林木采伐许可证或者违反规定滥发林木采伐许可证,情节严重,致使森林遭受严重破坏的行为。

涉嫌下列情形之一的,应予立案:

1. 发放林木采伐许可证允许采伐数量累计超过批准的年采伐限额,导致林木被超限额采伐10立方米以上的;

2. 滥发林木采伐许可证,导致林木被滥伐20立方米以上,或者导致幼树被滥伐1000株以上的;

3. 滥发林木采伐许可证,导致防护林、特种用途林被滥伐5立方米以上,或者幼树被滥伐200株以上的;

4. 滥发林木采伐许可证,导致珍贵树木或者国家重点保护的其他树木被滥伐的;

5. 滥发林木采伐许可证,导致国家禁止采伐的林木被采伐的;

6. 其他情节严重,致使森林遭受严重破坏的情形。

林业主管部门工作人员之外的国家机关工作人员,违反森林法的规定,滥用职权或者玩忽职守,致使林木被滥伐40立方米以上或者幼树被滥伐2000株以上,或者致使防护林、特种用途林被滥伐10立方米以上或者幼树被滥伐400株以上,或者致使珍贵树木被采伐、毁坏4立方米或者4株以上,或者致使国家重点保护的其他植物被采伐、毁坏后果严重的,或者致使国家严禁采伐的林木被采伐、毁坏情节恶劣的,按照刑法第397条的规定以滥用职权罪或者玩忽职守罪追究刑事责任。

【关联法律】

《森林法》

(实施日期:2009年8月27日)(节录)

第三十三条　审核发放采伐许可证的部门,不得超过批准的年采伐限额发放采伐许可证。

第四十一条　违反本法规定,超过批准的年采伐限额发放林木采伐许可证或者超越职权发放林木采伐许可证、木材运输证件、批准出口档、允许进出口证明书的,由上一级人民政府林业主管部门责令纠正,对直接负责的主管人员和其他直接责任人员依法给予行政处分;有关人民政府林业主管部门未予纠正的,国务院林业主管部门可以直接处理;构成犯罪的,依法追究刑事责任。

【犯罪构成】

(一)主体要件

本罪的主体是特殊主体,即是林业主管部门的工作人员,其他部门的工作人员不能构成违法发放林木采伐许可证罪。林业主管部门是从中央到地方各级人民政府中的林业管理部门,如林业部等。

(二)主观要件

本罪在主观方面表现为过失,故意不构成违法发放林木采伐许可证罪,也就是说,行为人对于其行为所造成的重大损失结果,在主观上并不是出于故意而是由于过失造成的。

(三)客观要件

本罪在客观方面表现为违反森林法的规定超过批准的年采伐限额发放林木许可证或者违反规定滥发林木采伐许可证,情节严重的行为。

第一,行为人必须有违反森林法规定的行为。

第二,行为必须具有超过批准的年采伐限额发放林木采伐许可证或者违反规定滥发林木采伐许可证的行为。

(四)客体要件

本罪侵犯的客体是国家的林业管理制度,具体是指国家审核发放林木采伐许可证部门对许可证的正常管理活动。

采伐林木必须严格按照国家审批限额予以采伐,同时必须申请采伐许可证并对之实行统一管理,而长期以来由于对森林资源的经济效益和环境效益缺乏全面的认识,片面注意经济效益而出现滥伐森林的现象,并且日趋严重。更有甚者,有的单位或个人擅自倒卖、伪造林木采伐许可证,破坏国家对森林的限额采伐。刑法规定违法发放林木采伐许可证罪具有特殊意义,对于适用法律武器特别是刑罚手段打击超发、滥发林木采伐许可证的违法犯罪行为不仅必要,也有利于我国对森林资源采伐的统一管理。

量刑部分

【量刑标准】

犯本罪,情节严重,致使森林遭受严重破坏的,处三年以下有期徒刑或者拘役。

截至目前,尚无本罪名关于量刑的司法解释。

环境监管失职罪　《刑法》第408条

负有环境保护监督管理职责的国家机关工作人员严重不负责任，导致发生重大环境污染事故，致使公私财产遭受重大损失或者造成人身伤亡的严重后果的，处三年以下有期徒刑或者拘役。

定 罪 部 分

【法律概念】

环境监管失职罪，是指负有环境保护监督管理职责的国家机关工作人员严重不负责任、导致发生重大环境污染事故，致使公私财产遭受重大损失或者造成人身伤亡的严重后果的行为。

【司法解释】

1. 最高人民检察院《关于人民检察院直接受理立案侦查案件立案标准的规定（试行）》

（实施日期：1999年9月9日　高检发研字［1999］10号）（节录）

（十七）环境监管失职案

环境监管失职罪是指负有环境保护监督管理职责的国家机关工作人员严重不负责任，不履行或不认真履行环境保护监管职责导致发生重大环境污染事故，致使公私财产遭受重大损失或者造成人身伤亡的严重后果的行为。

涉嫌下列情形之一的，应予立案：

1. 造成直接经济损失30万元以上的；
2. 造成人员死亡1人以上，或者重伤3人以上，或者轻伤10人以上的；
3. 使一定区域内的居民的身心健康受到严重危害的；
4. 其他致使公私财产遭受重大损失或者造成人身伤亡严重后果的情形。

2. 最高人民检察院《人民检察院直接受理立案侦查的渎职侵权重特大案件标准（试行）》

（实施日期：2002年1月1日　高检发［2001］13号）（节录）

十七、环境监管失职案

（一）重大案件

1. 造成直接经济损失一百万元以上的；
2. 致人死亡二人以上或者重伤五人以上的；
3. 致使一定区域生态环境受到严重危害的。

（二）特大案件

1. 造成直接经济损失三百万元以上的；

2. 致人死亡五人以上或者重伤十人以上的;

3. 致使一定区域生态环境受到严重破坏的。

3. 最高人民检察院《关于渎职侵权犯罪案件立案标准的规定》

(实施日期:2006年7月26日　高检发释字[2006]2号)(节录)

(十九)环境监管失职案(第四百零八条)

环境监管失职罪是指负有环境保护监督管理职责的国家机关工作人员严重不负责任,不履行或者不认真履行环境保护监管职责导致发生重大环境污染事故,致使公私财产遭受重大损失或者造成人身伤亡的严重后果的行为。

涉嫌下列情形之一的,应予立案:

1. 造成死亡1人以上,或者重伤3人以上,或者重伤2人、轻伤4人以上,或者重伤1人、轻伤7人以上,或者轻伤10人以上的;

2. 导致30人以上严重中毒的;

3. 造成个人财产直接经济损失15万元以上,或者直接经济损失不满15万元,但间接经济损失75万元以上的;

4. 造成公共财产、法人或者其他组织财产直接经济损失30万元以上,或者直接经济损失不满30万元,但间接经济损失150万元以上的;

5. 虽未达到3、4两项数额标准,但3、4两项合计直接经济损失30万元以上,或者合计直接经济损失不满30万元,但合计间接经济损失150万元以上的;

6. 造成基本农田或者防护林地、特种用途林地10亩以上,或者基本农田以外的耕地50亩以上,或者其他土地70亩以上被严重毁坏的;

7. 造成生活饮用水地表水源和地下水源严重污染的;

8. 其他致使公私财产遭受重大损失或者造成人身伤亡严重后果的情形。

【关联法律】

1.《水污染防治法》

(实施日期:2008年6月1日)(节录)

第四条　县级以上人民政府应当将水环境保护工作纳入国民经济和社会发展规划。县级以上地方人民政府应当采取防治水污染的对策和措施,对本行政区域的水环境质量负责。

第五十八条　禁止在饮用水水源一级保护区内新建、改建、扩建与供水设施和保护水源无关的建设项目;已建成的与供水设施和保护水源无关的建设项目,由县级以上人民政府责令拆除或者关闭。

禁止在饮用水水源一级保护区内从事网箱养殖、旅游、游泳、垂钓或者其他可能污染饮用水水体的活动。

2.《环境保护法》

(实施日期:2015年1月1日)(节录)

第七条　国家支持环境保护科学技术研究、开发和应用，鼓励环境保护产业发展，促进环境保护信息化建设，提高环境保护科学技术水准。

第四十五条　国家依照法律规定实行排污许可管理制度。

实行排污许可管理的企业事业单位和其他生产经营者应当按照排污许可证的要求排放污染物；未取得排污许可证的，不得排放污染物。

3.《固体废物污染环境防治法》

（实施日期：2015年4月24日）（节录）

第十条　国务院环境保护行政主管部门对全国固体废物污染环境的防治工作实施统一监督管理。国务院有关部门在各自的职责范围内负责固体废物污染环境防治的监督管理工作。

县级以上地方人民政府环境保护行政主管部门对本行政区域内固体废物污染环境的防治工作实施统一监督管理。县级以上地方人民政府有关部门在各自的职责范围内负责固体废物污染环境防治的监督管理工作。

国务院建设行政主管部门和县级以上地方人民政府环境卫生行政主管部门负责生活垃圾清扫、收集、贮存、运输和处置的监督管理工作。

4.《环境噪声污染防治法》

（实施日期：1997年3月1日）（节录）

第六十二条　环境噪声污染防治监督管理人员滥用职权、玩忽职守、徇私舞弊的，由其所在单位或者上级主管机关给予行政处分；构成犯罪的，依法追究刑事责任。

5.《海洋环境保护法》

（实施日期：2013年12月28日）（节录）

第五条　国务院环境保护行政主管部门作为对全国环境保护工作统一监督管理的部门，对全国海洋环境保护工作实施指导、协调和监督，并负责全国防治陆源污染物和海岸工程建设项目对海洋污染损害的环境保护工作。

国家海洋行政主管部门负责海洋环境的监督管理，组织海洋环境的调查、监测、监视、评价和科学研究，负责全国防治海洋工程建设项目和海洋倾倒废弃物对海洋污染损害的环境保护工作。

国家海事行政主管部门负责所辖港区水域内非军事船舶和港区水域外非渔业、非军事船舶污染海洋环境的监督管理，并负责污染事故的调查处理；对在中华人民共和国管辖海域航行、停泊和作业的外国籍船舶造成的污染事故登轮检查处理。船舶污染事故给渔业造成损害的，应当吸收渔业行政主管部门参与调查处理。

国家渔业行政主管部门负责渔港水域内非军事船舶和渔港水域外渔业船舶污染海洋环境的监督管理，负责保护渔业水域生态环境工作，并调查处理前款规定的污染事故以外的渔业污染事故。

军队环境保护部门负责军事船舶污染海洋环境的监督管理及污染事故的调查处理。

沿海县级以上地方人民政府行使海洋环境监督管理权的部门的职责,由省、自治区、直辖市人民政府根据本法及国务院有关规定确定。

第九十四条　海洋环境监督管理人员滥用职权、玩忽职守、徇私舞弊,造成海洋环境污染损害的,依法给予行政处分;构成犯罪的,依法追究刑事责任。

6.**《大气污染防治法》**

(实施日期:2000 年 9 月 1 日)(节录)

第三条　国家采取措施,有计划地控制或者逐步削减各地方主要大气污染物的排放总量。地方各级人民政府对本辖区的大气环境质量负责,制定规划,采取措施,使本辖区的大气环境质量达到规定的标准。

第六十五条　环境保护监督管理人员滥用职权、玩忽职守的,给予行政处分;构成犯罪的,依法追究刑事责任。

【犯罪构成】

(一)主体要件

本罪主体为特殊主体,即是负有环境保护监督管理职责的国家机关工作人员。

(二)主观要件

本罪主观方面表现为过失。

(三)客观要件

本罪在客观方面表现为严重不负责任,导致发生重大环境污染事故,致使公私财产遭受重大损失或者造成人身伤亡的严重后果的行为。

(四)客体要件

本罪侵犯的客体是国家环境保护机关的监督管理活动。

量刑部分

【量刑标准】

犯本罪的,处三年以下有期徒刑或者拘役。

截至目前,尚无本罪名关于量刑的司法解释。

食品监管渎职罪　《刑法》第 408 条之一

负有食品安全监督管理职责的国家机关工作人员,滥用职权或者玩忽职守,导致发生重大食品安全事故或者造成其他严重后果的,处五年以下有期徒刑或者拘役;造成特别严重后果的,处五年以上十年以下有期徒刑。

徇私舞弊犯前款罪的,从重处罚。

定 罪 部 分

【法律概念】

食品监管渎职罪,是指负有食品安全监督管理职责的国家机关工作人员,滥用职权或者玩忽职守,导致发生重大食品安全事故或者造成其他严重后果的行为,要依法定罪量刑。

【犯罪构成】

(一)主体要件

本罪主体为特殊主体,即负有食品安全监督管理职责的国家机关工作人员。

(二)主观要件

本罪在主观方面表现为过失,即在主观上应该预见自己的玩忽职守行为或滥用职权行为可能导致发生重大食品安全事故或者造成其他严重后果,或者已经预见而轻信能够避免,以致发生这种重大事故或造成严重后果的极其不负责任的心理态度。行为人玩忽职守或滥用职权的行为是故意的,但对损害结果的发生的过失的。

(三)客观要件

本罪在客观方面表现为玩忽职守或者滥用职权,导致发生重大食品安全事故或者造成其他严重后果。在危害行为上包括两种行为方式,一为玩忽职守即消极的不作为,明明负有食品安全监管职责而不履行监管义务,二为滥用职权即积极的作为,超越职权范围或者违背法律授权的宗旨,违反职权行使程序行使职权。在危害结果上要求导致发生重大食品安全事故或者造成其他严重后果。

(四)客体要件

本罪侵犯的客体是国家环境保护机关的监督管理活动。

量 刑 部 分

【量刑标准】

犯本罪的,处五年以下有期徒刑或者拘役;造成特别严重后果的,处五年以上十年以下有期徒刑。

徇私舞弊犯前款罪的,从重处罚。

截至目前,尚无本罪名关于量刑的司法解释。

传染病防治失职罪　《刑法》第409条

从事传染病防治的政府卫生行政部门的工作人员严重不负责任,导致传染病传播或者流行,情节严重的,处三年以下有期徒刑或者拘役。

定罪部分

【法律概念】

传染病防治失职罪,是指从事传染病防治的政府卫生行政部门的工作人员严重不负责任、导致传染病传播或者流行,情节严重的行为。

【司法解释】

1. 最高人民检察院《关于人民检察院直接受理立案侦查案件立案标准的规定(试行)》

(实施日期:1999年9月9日　高检发研字[1999]10号)(节录)

(十八)传染病防治失职案(第409条)

传染病防治失职罪是指从事传染病防治的政府卫生行政部门的工作人员严重不负责任,不履行或者不认真履行传染病防治监管职责导致传染病传播或者流行,情节严重的行为。

涉嫌下列情形之一的,应予立案:

1. 导致甲类传染病传播的;
2. 导致乙类、丙类传染病流行的;
3. 因传染病传播或者流行,造成人员死亡或者残疾的;
4. 因传染病传播或者流行,严重影响正常的生产、生活秩序的;
5. 其他情节严重的情形。

2. 最高人民检察院《人民检察院直接受理立案侦查的渎职侵权重特大案件标准(试行)》

(实施日期:2002年1月1日　高检发[2001]13号)(节录)

十八、传染病防治失职案

(一)重大案件

1. 导致乙类、丙类传染病流行的;
2. 致人死亡二人以上或者残疾五人以上的。

(二)特大案件

1. 导致甲类传染病传播的;
2. 致人死亡五人以上或者残疾十人以上的。

3. 最高人民检察院《关于渎职侵权犯罪案件立案标准的规定》

(实施日期:2006年7月26日　高检发释字[2006]2号)(节录)

(二十)传染病防治失职案(第四百零九条)

传染病防治失职罪是指从事传染病防治的政府卫生行政部门的工作人员严重不负责任,不履行或者不认真履行传染病防治监管职责,导致传染病传播或者流行,情节严重的行为。

涉嫌下列情形之一的,应予立案:

1. 导致甲类传染病传播的;

2. 导致乙类、丙类传染病流行的;

3. 因传染病传播或者流行,造成人员重伤或者死亡的;

4. 因传染病传播或者流行,严重影响正常的生产、生活秩序的;

5. 在国家对突发传染病疫情等灾害采取预防、控制措施后,对发生突发传染病疫情等灾害的地区或者突发传染病病人、病原携带者、疑似突发传染病病人,未按照预防、控制突发传染病疫情等灾害工作规范的要求做好防疫、检疫、隔离、防护、救治等工作,或者采取的预防、控制措施不当,造成传染范围扩大或者疫情、灾情加重的;

6. 在国家对突发传染病疫情等灾害采取预防、控制措施后,隐瞒、缓报、谎报或者授意、指使、强令他人隐瞒、缓报、谎报疫情、灾情,造成传染范围扩大或者疫情、灾情加重的;

7. 在国家对突发传染病疫情等灾害采取预防、控制措施后,拒不执行突发传染病疫情等灾害应急处理指挥机构的决定、命令,造成传染范围扩大或者疫情、灾情加重的;

8. 其他情节严重的情形。

4. 最高人民法院、最高人民检察院《关于办理妨害预防、控制突发传染病疫情等灾害的刑事案件具体应用法律若干问题的解释》

(实施日期:2003 年 5 月 13 日　法释[2003]8 号)(节录)

第十六条　在预防、控制突发传染病疫情等灾害期间,从事传染病防治的政府卫生行政部门的工作人员,或者在受政府卫生行政部门委托代表政府卫生行政部门行使职权的组织中从事公务的人员,或者虽未列入政府卫生行政部门人员编制但在政府卫生行政部门从事公务的人员,在代表政府卫生行政部门行使职权时,严重不负责任,导致传染病传播或者流行,情节严重的,依照刑法第四百零九条的规定,以传染病防治失职罪定罪处罚。

在国家对突发传染病疫情等灾害采取预防、控制措施后,具有下列情形之一的,属于刑法第四百零九条规定的“情节严重”:

(一)对发生突发传染病疫情等灾害的地区或者突发传染病病人、病原携带者、疑似突发传染病病人,未按照预防、控制突发传染病疫情等灾害工作规范的要求做好防疫、检疫、隔离、防护、救治等工作,或者采取的预防、控制措施不当,造成传染范围扩大或者疫情、灾情加重的;

(二)隐瞒、缓报、谎报或者授意、指使、强令他人隐瞒、缓报、谎报疫情、灾情,造成传染范围扩大或者疫情、灾情加重的;

(三)拒不执行突发传染病疫情等灾害应急处理指挥机构的决定、命令,造成传

染范围扩大或者疫情、灾情加重的;

(四)具有其他严重情节的。

第十八条　本解释所称“突发传染病疫情等灾害”,是指突然发生,造成或者可能造成社会公众健康严重损害的重大传染病疫情、群体性不明原因疾病以及其他严重影响公众健康的灾害。

【关联法律】

《传染病防治法》

(实施日期:2013 年 6 月 29 日)(节录)

第一条　为了预防、控制和消除传染病的发生与流行,保障人体健康和公共卫生,制定本法。

第二条　国家对传染病防治实行预防为主的方针,防治结合、分类管理、依靠科学、依靠群众。

第三条　本法规定的传染病分为甲类、乙类和丙类。

甲类传染病(2 种)是指:鼠疫、霍乱。

乙类传染病(26 种)是指:传染性非典型肺炎(严重急性呼吸综合征)、艾滋病、病毒性肝炎、脊髓灰质炎、人感染高致病性禽流感、甲型 H1N1 流感、麻疹、流行性出血热、狂犬病、流行性乙型脑炎、登革热、炭疽、细菌性和阿米巴性痢疾、肺结核、伤寒和副伤寒、流行性脑脊髓膜炎、百日咳、白喉、新生儿破伤风、猩红热、布鲁氏菌病、淋病、梅毒、钩端螺旋体病、血吸虫病、疟疾。

丙类传染病(11 种)是指:流行性感冒、流行性腮腺炎、风疹、急性出血性结膜炎、麻风病、流行性和地方性斑疹伤寒、黑热病、包虫病、丝虫病,除霍乱、细菌性和阿米巴性痢疾、伤寒和副伤寒以外的感染性腹泻病、手足口病。

国务院卫生行政部门根据传染病暴发、流行情况和危害程度,可以决定增加、减少或者调整乙类、丙类传染病病种并予以公布。

第四条　对乙类传染病中传染性非典型肺炎、炭疽中的肺炭疽和人感染高致病性禽流感,采取本法所称甲类传染病的预防、控制措施。其他乙类传染病和突发原因不明的传染病需要采取本法所称甲类传染病的预防、控制措施的,由国务院卫生行政部门及时报经国务院批准后予以公布、实施。

需要解除依照前款规定采取的甲类传染病预防、控制措施的,由国务院卫生行政部门报经国务院批准后予以公布。

省、自治区、直辖市人民政府对本行政区域内常见、多发的其他地方性传染病,可以根据情况决定按照乙类或者丙类传染病管理并予以公布,报国务院卫生行政部门备案。

第五条　各级人民政府领导传染病防治工作。

县级以上人民政府制定传染病防治规划并组织实施,建立健全传染病防治的疾病预防控制、医疗救治和监督管理体系。

第六条　国务院卫生行政部门主管全国传染病防治及其监督管理工作。县级以上地方人民政府卫生行政部门负责本行政区域内的传染病防治及其监督管理工作。

县级以上人民政府其他部门在各自的职责范围内负责传染病防治工作。

军队的传染病防治工作，依照本法和国家有关规定办理，由中国人民解放军卫生主管部门实施监督管理。

第七条　各级疾病预防控制机构承担传染病监测、预测、流行病学调查、疫情报告以及其他预防、控制工作。

医疗机构承担与医疗救治有关的传染病防治工作和责任区域内的传染病预防工作。城市小区和农村基层医疗机构在疾病预防控制机构的指导下，承担城市小区、农村基层相应的传染病防治工作。

第八条　国家发展现代医学和中医药等传统医学，支持和鼓励开展传染病防治的科学研究，提高传染病防治的科学技术水准。

国家支持和鼓励开展传染病防治的国际合作。

第九条　国家支持和鼓励单位和个人参与传染病防治工作。各级人民政府应当完善有关制度，方便单位和个人参与防治传染病的宣传教育、疫情报告、志愿服务和捐赠活动。

居民委员会、村民委员会应当组织居民、村民参与小区、农村的传染病预防与控制活动。

第十条　国家开展预防传染病的健康教育。新闻媒体应当无偿开展传染病防治和公共卫生教育的公益宣传。

各级各类学校应当对学生进行健康知识和传染病预防知识的教育。

医学院校应当加强预防医学教育和科学研究，对在校学生以及其他与传染病防治相关人员进行预防医学教育和培训，为传染病防治工作提供技术支持。

疾病预防控制机构、医疗机构应当定期对其工作人员进行传染病防治知识、技能的培训。

第十一条　对在传染病防治工作中作出显著成绩和贡献的单位和个人，给予表彰和奖励。

对因参与传染病防治工作致病、致残、死亡的人员，按照有关规定给予补助、抚恤。

第十二条　在中华人民共和国领域内的一切单位和个人，必须接受疾病预防控制机构、医疗机构有关传染病的调查、检验、采集样本、隔离治疗等预防、控制措施，如实提供有关情况。疾病预防控制机构、医疗机构不得泄露涉及个人隐私的有关信息、数据。

卫生行政部门以及其他有关部门、疾病预防控制机构和医疗机构因违法实施行政管理或者预防、控制措施,侵犯单位和个人合法权益的,有关单位和个人可以依法申请行政复议或者提起诉讼。

【犯罪构成】

(一)主体要件

本罪主体是从事传染病防治的政府卫生行政部门的工作人员。

从事传染病防治的政府卫生行政部门工作人员,是指各级政府行政主管部门主管传染病防治工作的人员,只有他们才能构成本罪。

(二)主观要件

本罪在主观方面,只能由过失构成、故意不构成本罪。也就是他应当知道自己严重不负责任的行为,可能会导致传染病传播或者流行,但是他疏忽大意而没有预见,或者是虽然已经预见到可能会发生,但他凭借着自己的知识或者经验而轻信可以避免,以致造成了严重损失的危害结果。

(三)客观要件

本罪在客观方面表现为严重不负责任,导致传染病传播或者流行,情节严重的行为。

严重不负责任,是指从事传染病防治的政府卫生行政部门工作人员不履行法律和其职务要求的防治传染病的职责或者在履行职务中敷衍塞责、草率应付,极端不负责任,没有切实履行起应当履行、能够履行的义务。

(四)客体要件

本罪侵犯的客体是国家对传染病防治的管理制度。

量刑部分

【量刑标准】

犯本罪,情节严重的,处三年以下有期徒刑或者拘役。

非法批准征收、征用、占用土地罪;非法低价出让国有土地使用权罪 《刑法》第410条

国家机关工作人员徇私舞弊,违反土地管理法规,滥用职权,非法批准征收、征用、占用土地,或者非法低价出让国有土地使用权,情节严重的,处三年以下有期徒刑或者拘役;致使国家或者集体利益遭受特别重大损失的,处三年以上七年以下有期徒刑。

定罪部分

【罪名概念】

非法批准征收、征用、占用土地罪，是指国家机关工作人员为徇私情，实施了滥用职权，非法批准征用、占用土地，且情节严重的行为。

非法低价出让国有土地使用权罪，是指国家机关工作人员徇私舞弊，违反土地管理法规，滥用职权，非法低价出让国有土地使用权，情节严重的行为。

【司法解释】

1. 最高人民检察院《关于人民检察院直接受理立案侦查案件立案标准的规定(试行)》

(实施日期:1999 年 9 月 9 日　高检发研字[1999]10 号)(节录)

(十九)非法批准征用、占用土地案(第 410 条)

非法批准征用、占用土地罪是指国家机关工作人员徇私舞弊，违反土地管理法规，滥用职权，非法批准征用、占用土地，情节严重的行为。

涉嫌下列情形之一的，应予立案:

1. 一次性非法批准征用、占用基本农田 0.67 公顷(10 亩)以上，或者其他耕地 2 公顷(30 亩)以上，或者其他土地 3.33 公顷(50 亩)以上的;

2. 十二个月内非法批准征用、占用土地累计达到上述标准的;

3. 非法批准征用、占用土地数量虽未达到上述标准，但接近上述标准且导致被非法批准征用、占用的土地或者植被遭到严重破坏，或者造成有关单位、个人直接经济损失 20 万元以上的;

4. 非法批准征用、占用土地，影响群众生产、生活，引起纠纷，造成恶劣影响或者其他严重后果的;

(二十)非法低价出让国有土地使用权案(第 410 条)

非法低价出让国有土地使用权罪是指国家机关工作人员徇私舞弊，违反土地管理法规，滥用职权，非法低价出让国有土地使用权，情节严重的行为。

涉嫌下列情形之一的，应予立案:

1. 非法低价(包括无偿)出让国有土地使用权 2 公顷(30 亩)以上，并且价格低于规定的最低价格的 60% 的;

2. 非法低价出让国有土地使用权的数量虽未达到上述标准，但造成国有土地资产流失价值 20 万元以上或者植被遭到严重破坏的;

3. 非法低价出让国有土地使用权，影响群众生产、生活，引起纠纷，造成恶劣影响或者其他严重后果的;

2. 最高人民检察院《人民检察院直接受理立案侦查的渎职侵权重特大案件标准(试行)》

(实施日期:2002 年 1 月 1 日　高检发[2001]13 号)(节录)

十九、非法批准征用、占用土地案

(一)重大案件

1. 非法批准征用、占用基本农田二十亩以上的;

2. 非法批准征用、占用基本农田以外的耕地六十亩以上的;

3. 非法批准征用、占用其他土地一百亩以上的;

4. 非法批准征用、占用土地,造成基本农田五亩以上,其中耕地十亩以上严重毁坏的;

5. 非法批准征用、占用土地造成直接经济损失五十万元以上的。

(二)特大案件

1. 非法批准征用、占用基本农田三十亩以上的;

2. 非法批准征用、占用基本农田以外的耕地九十亩以上的;

3. 非法批准征用、占用其他土地一百五十亩以上的;

4. 非法批准征用、占用土地,造成基本农田十亩以上,其他耕地二十亩以上严重毁坏的;

5. 非法批准征用、占用土地造成直接经济损失一百万元以上的。

3. 最高人民检察院《关于渎职侵权犯罪案件立案标准的规定》

(实施日期:2006 年 7 月 26 日　高检发释字[2006]2 号)(节录)

(二十一)非法批准征用、占用土地案(第四百一十条)

非法批准征用、占用土地罪是指国家机关工作人员徇私舞弊,违反土地管理法、森林法、草原法等法律以及有关行政法规中关于土地管理的规定,滥用职权,非法批准征用、占用耕地、林地等农用地以及其他土地,情节严重的行为。

涉嫌下列情形之一的,应予立案:

1. 非法批准征用、占用基本农田 10 亩以上的;

2. 非法批准征用、占用基本农田以外的耕地 30 亩以上的;

3. 非法批准征用、占用其他土地 50 亩以上的;

4. 虽未达到上述数量标准,但造成有关单位、个人直接经济损失 30 万元以上,或者造成耕地大量毁坏或者植被遭到严重破坏的;

5. 非法批准征用、占用土地,影响群众生产、生活,引起纠纷,造成恶劣影响或者其他严重后果的;

6. 非法批准征用、占用防护林地、特种用途林地分别或者合计 10 亩以上的;

7. 非法批准征用、占用其他林地 20 亩以上的;

8. 非法批准征用、占用林地造成直接经济损失 30 万元以上,或者造成防护林地、特种用途林地分别或者合计 5 亩以上或者其他林地 10 亩以上毁坏的;

9. 其他情节严重的情形。

(二十二)非法低价出让国有土地使用权案(第四百一十条)

非法低价出让国有土地使用权罪是指国家机关工作人员徇私舞弊，违反土地管理法、森林法、草原法等法律以及有关行政法规中关于土地管理的规定，滥用职权，非法低价出让国有土地使用权，情节严重的行为。

涉嫌下列情形之一的，应予立案：

1. 非法低价出让国有土地30亩以上，并且出让价额低于国家规定的最低价额标准的百分之六十的；

2. 造成国有土地资产流失价额30万元以上的；

3. 非法低价出让国有土地使用权，影响群众生产、生活，引起纠纷，造成恶劣影响或者其他严重后果的；

4. 非法低价出让林地合计30亩以上，并且出让价额低于国家规定的最低价额标准的百分之六十的；

5. 造成国有资产流失30万元以上的；

6. 其他情节严重的情形。

4. 最高人民法院《关于审理破坏土地资源刑事案件具体应用法律若干问题的解释》

（实施日期：2000年6月22日　法释［2000］14号）（节录）

第四条　国家机关工作人员徇私舞弊，违反土地管理法规，滥用职权，非法批准征用、占用土地，具有下列情形之一的，属于非法批准征用、占用土地“情节严重”，依照刑法第四百一十条的规定，以非法批准征用、占用土地罪定罪处罚：

（一）非法批准征用、占用基本农田十亩以上的；

（二）非法批准征用、占用基本农田以外的耕地三十亩以上的；

（三）非法批准征用、占用其他土地五十亩以上的；

（四）虽未达到上述数量标准，但非法批准征用、占用土地造成直接经济损失三十万元以上；造成耕地大量毁坏等恶劣情节的。

第五条　实施第四条规定的行为，具有下列情形之一的，属于非法批准征用、占用土地“致使国家或者集体利益遭受特别重大损失”：

（一）非法批准征用、占用基本农田二十亩以上的；

（二）非法批准征用、占用基本农田以外的耕地六十亩以上的；

（三）非法批准征用、占用其他土地一百亩以上的；

（四）非法批准征用、占用土地，造成基本农田五亩以上，其他耕地十亩以上严重毁坏的；

（五）非法批准征用、占用土地造成直接经济损失五十万元以上等恶劣情节的。

第六条　国家机关工作人员徇私舞弊，违反土地管理法规，非法低价出让国有土地使用权，具有下列情形之一的，属于“情节严重”，依照刑法第四百一十条的规定，以非法低价出让国有土地使用权罪定罪处罚：

(一)出让国有土地使用权面积在三十亩以上,并且出让价额低于国家规定的最低价额标准的百分之六十的;

(二)造成国有土地资产流失价额在三十万元以上的。

第七条　实施第六条规定的行为,具有下列情形之一的,属于非法低价出让国有土地使用权,“致使国家和集体利益遭受特别重大损失”:

(一)非法低价出让国有土地使用权面积在六十亩以上,并且出让价额低于国家规定的最低价额标准的百分之四十的;

(二)造成国有土地资产流失价额在五十万元以上的。

第八条　单位犯非法转让、倒卖土地使用权罪、非法占有耕地罪的定罪量刑标准,依照本解释第一条、第二条、第三条的规定执行。

多次实施本解释规定的行为依法应当追诉的,或者一年内多次实施本解释规定的行为未经处理的,按照累计的数量、数额处罚。

5. 最高人民法院《关于审理破坏林地资源刑事案件具体应用法律若干问题的解释》

(实施日期:2005 年 12 月 30 日　法释[2005]15 号)(节录)

第二条　国家机关工作人员徇私舞弊,违反土地管理法规,滥用职权,非法批准征用、占用林地,具有下列情形之一的,属于刑法第四百一十条规定的“情节严重”,应当以非法批准征用、占用土地罪判处三年以下有期徒刑或者拘役:

(一)非法批准征用、占用防护林地、特种用途林地数量分别或者合计达到十亩以上;

(二)非法批准征用、占用其他林地数量达到二十亩以上;

(三)非法批准征用、占用林地造成直接经济损失数额达到三十万元以上,或者造成本条第(一)项规定的林地数量分别或者合计达到五亩以上或者本条第(二)项规定的林地数量达到十亩以上毁坏。

第三条　实施本解释第二条规定的行为,具有下列情形之一的,属于刑法第四百一十条规定的“致使国家或者集体利益遭受特别重大损失”,应当以非法批准征用、占用土地罪判处三年以上七年以下有期徒刑:

(一)非法批准征用、占用防护林地、特种用途林地数量分别或者合计达到二十亩以上;

(二)非法批准征用、占用其他林地数量达到四十亩以上;

(三)非法批准征用、占用林地造成直接经济损失数额达到六十万元以上,或者造成本条第(一)项规定的林地数量分别或者合计达到十亩以上或者本条第(二)项规定的林地数量达到二十亩以上毁坏。

第四条　国家机关工作人员徇私舞弊,违反土地管理法规,非法低价出让国有林地使用权,具有下列情形之一的,属于刑法第四百一十条规定的“情节严重”,应当以非法低价出让国有土地使用权罪判处三年以下有期徒刑或者拘役：

（一）林地数量合计达到三十亩以上，并且出让价额低于国家规定的最低价额标准的百分之六十；

（二）造成国有资产流失价额达到三十万元以上。

第五条 实施本解释第四条规定的行为，造成国有资产流失价额达到六十万元以上的，属于刑法第四百一十条规定的“致使国家和集体利益遭受特别重大损失”，应当以非法低价出让国有土地使用权罪判处三年以上七年以下有期徒刑。

第六条 单位实施破坏林地资源犯罪的，依照本解释规定的相关定罪量刑标准执行。

第七条 多次实施本解释规定的行为依法应当追诉且未经处理的，应当按照累计的数量、数额处罚。

【犯罪构成】

一、非法批准征收、征用、占用土地罪

（一）主体要件

本罪的犯罪主体只能是国家机关工作人员。主要是各级政府主管人员、土地、规划管理工作人员。

（二）主观要件

本罪的主观方面是故意。

（三）客观要件

本罪的客观方面表现为徇私舞弊，违反土地管理法规，滥用职权，非法批准征收、征用、占用土地，情节严重的行为。所谓情节严重，是指造成大量土地被非法征用、占用，大量可耕地荒芜或被毁的后果。

（四）客体要件

本罪侵犯的客体，是国家土地管理、城市规划等机关的正常活动以及其他有关国家机关的正常管理活动。徇私舞弊行为使国家土地管理法律、法规的顺利实施受到严重干扰，损害了国家土地管理、城市规划机关的威信，损害了国家和人民利益。

二、非法低价出让国有土地使用权罪

（一）主体要件

本罪的主体为国家机关工作人员。任何国家机关工作人员，只要违法低价出让国有土地使用权，情节达到了严重的程度，即可构成本罪。非国家机关工作人员则不能构成本罪。

（二）主观要件

本罪在主观方面必须出于故意，并且具有徇私的目的。即明知自己违反土地管理法规，在低价出让国有土地使用权，但为了徇私而仍决意为之。过失不能构成本罪。对工作严重不负责任,玩忽职守,过失低价出让国有土地的,即使构成犯罪,也不是本罪,而是玩忽职守罪。虽然出于故意,但不是为了徇私,也不能以本罪论处,构成犯罪的,应是滥用职权罪。

(三)客观要件

本罪在客观方面表现为违反土地管理法规,徇私舞弊、滥用职权,非法低价出让国有土地使用权,情节严重的行为。

出让,是指不以谋利为目的而卖出所享有的土地使用权。所谓土地使用权,是指对土地的占有、使用、收益的权利。

违反土地管理法规,主要是指违反《土地管理法》《协议出让国有土地使用权最低价确定办法》等有关出让国有土地使用权的规定,如越权审批出让或者出让给不符合条件的单位与个人。

低价出让,是指以低于国有土地使用权最低价的价格出让国有土地使用权。国土资源部于2003年6月11日颁布的《协议出让国有土地使用权规定》第五条就明确规定,协议出让最低价不得低于新增建设用地的土地有偿使用费、征地(拆迁)补偿费用以及按照国家规定应当缴纳的有关税费之和;有基准地价的地区,协议出让最低价不得低于出让地块所在级别基准地价的70%。低于最低价时国有土地使用权不得出让。

非法低价出让国有土地使用权的行为必须情节严重才能构成本罪。虽有非法低价出让行为,但情节尚不属于严重,也不能以本罪论处。所谓情节严重,主要是指多次实施本罪行为,屡教不改的;大量非法低价出让国有土地使用权的;非法低价出让国有土地使用权造成国家利益重大损失的;因严重徇私而非法低价出让国有土地使用权的;因其行为造成恶劣影响的;等等。

(四)客体要件

本罪侵犯的客体是国家对国有土地使用管理的正常活动。我国《土地管理法》《土地管理法实施条例》《城镇国有土地使用权出让和转让暂行条例》等法律、法规,对出让国有土地使用权的批准权限、程序和要求等都作了明确具体的规定,这对于合理开发、利用、经营土地,加强土地管理,促进城市建设和经济发展有着十分重要的作用。国家机关工作人员徇私舞弊,违反土地管理法规,滥用职权,非法低价出让国有土地使用权,就直接侵犯了国家对国有土地的使用管理制度,破坏了国有土地使用管理的正常活动。

量 刑 部 分

【量刑标准】

犯非法批准征收、征用、占用土地罪,情节严重的,处三年以下有期徒刑或者拘役;致使国家或者集体利益遭受特别重大损失的,处三年以上七年以下有期徒刑。

犯非法低价出让国有土地使用权罪，情节严重的，处三年以下有期徒刑或者拘役；致使国家或者集体利益遭受特别重大损失的，处三年以上七年以下有期徒刑。

放纵走私罪　《刑法》第 411 条

海关工作人员徇私舞弊，放纵走私，情节严重的，处五年以下有期徒刑或者拘役；情节特别严重的，处五年以上有期徒刑。

定罪部分

【罪名概念】

放纵走私罪，是指海关工作人员徇私舞弊，违反法律规定，明知是走私行为而予以放纵，使之不受查究，情节严重的行为。

【司法解释】

1. 最高人民检察院《关于人民检察院直接受理立案侦查案件立案标准的规定(试行)》

(实施日期 1999 年 9 月 9 日　高检发研字[1999]10 号)(节录)

(二十一)放纵走私案

放纵走私罪，是指海关工作人员徇私舞弊，放纵走私，情节严重的行为。

涉嫌下列情形之一的，应予立案：

1. 放纵走私犯罪的；
2. 因放纵走私致使国家应收税额损失累计达 10 万元以上的；
3. 3 次以上放纵走私行为或者一次放纵 3 起以上走私行为的；
4. 因收受贿赂而放纵走私的；

2. 最高人民检察院《人民检察院直接受理立案侦查的渎职侵权重特大案件标准(试行)》

(实施日期：2002 年 1 月 1 日　高检发[2001]13 号)(节录)

二十一、放纵走私案

(一)重大案件

造成国家税收损失累计达三十万元以上的。

(二)特大案件

造成国家税收损失累计达五十万元以上的。

3. 最高人民检察院《关于渎职侵权犯罪案件立案标准的规定》

(实施日期：2006 年 7 月 26 日　高检发释字[2006]2 号)(节录)

(二十三)放纵走私案(第四百一十一条)

放纵走私罪是指海关工作人员徇私舞弊,放纵走私,情节严重的行为。

涉嫌下列情形之一的,应予立案:

1. 放纵走私犯罪的;
2. 因放纵走私致使国家应收税额损失累计达10万元以上的;
3. 放纵走私行为3次以上的;
4. 放纵走私行为,具有索取或者收受贿赂情节的;
5. 其他情节严重的情形。

4. 最高人民法院、最高人民检察院、海关总署《关于办理走私刑事案件适用法律若干问题的意见》

(实施日期:2002年7月8日　法[2002]139号)(节录)

十六、关于放纵走私罪的认定问题

依照刑法第四百一十一条的规定,负有特定监管义务的海关工作人员徇私舞弊,利用职权,放任、纵容走私犯罪行为,情节严重的,构成放纵走私罪。放纵走私行为,一般是消极的不作为。如果海关工作人员与走私分子通谋,在放纵走私过程中以积极的行为配合走私分子逃避海关监管或者在放纵走私之后分得赃款的,应以共同走私犯罪追究刑事责任。

海关工作人员收受贿赂又放纵走私的,应以受贿罪和放纵走私罪数罪并罚。

【犯罪构成】

(一)主体要件

本罪主体为特殊主体,即海关工作人员。

(二)主观要件

本罪在主观方面必须是出于故意,即行为人明知自己的徇私舞弊行为是违反有关法律规定的,明知自己行为可能产生的后果,而对这种后果的发生持希望或者放任的态度。过失不构成本罪。至于行为人的犯罪动机是徇私,有的是为了贪图钱财等不法利益,有的是因碍于亲朋好友情面而徇私舞弊,有的是出于报复或嫉妒心理而徇私舞弊等。

(三)客观要件

本罪在客观方面表现为海关工作人员,徇私舞弊,放纵走私,情节严重的行为。

海关工作人员徇私舞弊行为,首先必须是利用职务之便进行的。所谓利用职务之便,是指利用职权或者与职务有关的便利条件。职权是指本人职务范围内的权利;与职务有关的便利条件是指虽然不是直接利用职权,但是利用了本人的职权或地位形成的便利条件。

放纵走私,是指海关工作人员为贪图财物、袒护亲友或者其他私情私利,对明知是走私行为而予以放纵的行为。情节严重的行为,主要表现为海关工作人员,出于徇私情、图私利的动机,有法不依,有章不循,利用职权,对具有走私行为和走私犯罪的人故意包庇、放纵,对应该查处的不予查处、应该处罚的不予处罚、应该依法移交司法机关追究刑事责任的不移交的行为。徇私舞弊的方法,通常表现为搜集、制造提供假证据材料,篡改、毁灭证实真相的证据材料,歪曲事实,或者通风报信、私放、窝藏走私分子或者私放走私货物进出国(边)境等方法,纵容走私违法犯罪活动。需要注意的是,海关工作人员徇私舞弊,放纵走私的行为,一般只能发生在侦查或者查处阶段。

(四)客体要件

本罪侵犯的客体是国家的海关监管制度。海关是国家的进出境监督管理机关。它依照我国《海关法》和其他法律、法规,主要从事监管进出境的运输工具、货物、行李物品、邮递物品和其他物品,征收关税和其他税、费,查缉走私等海关业务。加强海关的管理,对维护国家的主权和利益,促进对外经济贸易和科技文化交往,保障社会主义现代化建设,具有重要作用。海关工作人员徇私舞弊,放纵走私,不仅纵容走私违法犯罪行为,破坏了海关监督秩序,使国家海关法律、法规的顺利实施受到严重干扰,还损害了国家机关特别是海关的威信。《海关法》规定,海关工作人员放纵走私的,根据情节轻重,给予行政处分或者依法追究刑事责任。

量刑部分

【量刑标准】

犯本罪,情节严重的,处五年以下有期徒刑或者拘役;情节特别严重的,处五年以上有期徒刑。

截至目前,尚无本罪名关于量刑的司法解释。

商检徇私舞弊罪;商检失职罪 《刑法》第412条

国家商检部门、商检机构的工作人员徇私舞弊,伪造检验结果的,处五年以下有期徒刑或者拘役;造成严重后果的,处五年以上十年以下有期徒刑。

前款所列人员严重不负责任,对应当检验的物品不检验,或者延误检验出证、错误出证,致使国家利益遭受重大损失的,处三年以下有期徒刑或者拘役。

定罪部分

【罪名概念】

商检徇私舞弊罪,是指国家商检部门、商检机构的工作人员徇私舞弊,故意伪造检验结果的行为。

商检失职罪,是国家商检部门、商检机构的工作人员严重不负责任,对应当检验的物品不检验,或者延误检验出证、错误出证,致使国家利益遭受重大损失的行为。

【司法解释】

1. 最高人民检察院《关于人民检察院直接受理立案侦查案件立案标准的规定(试行)》

(实施日期:1999 年 9 月 9 日　高检发研字[1999]10 号)(节录)

(二十二)商检徇私舞弊案(第 412 条第 1 款)

商检徇私舞弊罪是指国家商检部门、商检机构的工作人员徇私舞弊,伪造检验结果的行为。

国家商检部门,商检机构的工作人员涉嫌在商品检验过程中,为徇私情、私利,对报检的商品采取伪造、变造的手段对商检的单证、印章、标志、封识、质量认证标志等作虚假的证明或者出具不真实的结论,包括将送检的合格商品检验为不合格,或者将不合格检验为合格等行为的,应予立案。

(二十三)商检失职案(第 412 条第 2 款)

商检失职罪是国家商检部门、商检机构的工作人员严重不负责任,对应当检验的物品不检验,或者延误检验出证、错误出证,致使国家利益遭受重大损失的行为。

涉嫌下列情形之一的,应予立案:

1. 因不检验或者延误检验出证、错误出证,致使依法进出口商品不能进口或者出口,导致合同、订单被取消,或者外商向我方索赔或影响我方向外商索赔,直接经济损失达 30 万元以上的;

2. 因不检验或者延误检验出证、错误出证,致使不合格商品进口或者出口,严重损害国家和人民利益的;

3. 3 次以上不检验或者延误检验出证、错误出证,严重影响国家对外经贸关系或者国家声誉的;

2. 最高人民检察院《人民检察院直接受理立案侦查的渎职侵权重特大案件标准(试行)》

(实施日期:2002 年 1 月 1 日　高检发[2001]13 号)(节录)

二十二、商检徇私舞弊案

(一)重大案件

1. 造成直接经济损失五十万元以上的;

2. 徇私舞弊,三次以上伪造检验结果的。

(二)特大案件

1. 造成直接经济损失一百万元以上的;

2. 徇私舞弊，五次以上伪造检验结果的。

二十三、商检失职案

（一）重大案件

1. 造成直接经济损失一百万元以上的；

2. 五次以上不检验或者延误检验出证、错误出证的。

（二）特大案件

1. 造成直接经济损失三百万元以上的；

2. 七次以上不检验或者延误检验出证、错误出证的。

3. 最高人民检察院《关于渎职侵权犯罪案件立案标准的规定》

（实施日期：2006 年 7 月 26 日　高检发释字[2006]2 号）（节录）

（二十四）商检徇私舞弊案（第四百一十二条第一款）

商检徇私舞弊罪是指出入境检验检疫机关、检验检疫机构工作人员徇私舞弊，伪造检验结果的行为。

涉嫌下列情形之一的，应予立案：

1. 采取伪造、变造的手段对报检的商品的单证、印章、标志、封识、质量认证标志等作虚假的证明或者出具不真实的证明结论的；

2. 将送检的合格商品检验为不合格，或者将不合格商品检验为合格的；

3. 对明知是不合格的商品，不检验而出具合格检验结果的；

4. 其他伪造检验结果应予追究刑事责任的情形。

（二十五）商检失职案（第四百一十二条第二款）

商检失职罪是指出入境检验检疫机关、检验检疫机构工作人员严重不负责任，对应当检验的物品不检验，或者延误检验出证、错误出证，致使国家利益遭受重大损失的行为。

涉嫌下列情形之一的，应予立案：

1. 致使不合格的食品、药品、医疗器械等商品出入境，严重危害生命健康的；

2. 造成个人财产直接经济损失 15 万元以上，或者直接经济损失不满 15 万元，但间接经济损失 75 万元以上的；

3. 造成公共财产、法人或者其他组织财产直接经济损失 30 万元以上，或者直接经济损失不满 30 万元，但间接经济损失 150 万元以上的；

4. 未经检验，出具合格检验结果，致使国家禁止进口的固体废物、液态废物和气态废物等进入境内的；

5. 不检验或者延误检验出证、错误出证，引起国际经济贸易纠纷，严重影响国家对外经贸关系，或者严重损害国家声誉的；

6. 其他致使国家利益遭受重大损失的情形。

【犯罪构成】

一、商检徇私舞弊罪

(一)主体要件

本罪的主体为特殊主体,即国家商检部门、商检机构的工作人员。

(二)主观要件

本罪在主观方面只能由故意构成,过失不构成本罪。虽为故意但不徇私,而滥用职权伪造、出具虚假商检结果的,如果造成公共财产、国家和人民利益重大损失,则应以滥用职权罪定罪。至于其动机,有的是为了帮助亲朋好友,有的是泄愤报复,有的是讨好上级,有的是为了女色;等等。动机如何,不会影响本罪成立。

(三)客观要件

本罪在客观方面表现为国家商检部门、商检机构的工作人员徇私舞弊,故意伪造检验结果的行为。徇私舞弊,伪造检验结果,是指行为人明知商检制度和我国《进出口商品检验法》等法律、法规有关商品检验的规定,却为图私利、徇私情,有法不依,有章不循,滥用职权,违背事实,作黑白颠倒的商检结果或者出具虚假的商品检验证单的行为。行为的表现形式多种多样,如对不合格的商品作检验合格的结果,对合格的商品作检验不合格的结果;为出具检验证书更换检验标的物;或者直接篡改检验证书;等等。本罪是行为犯,只要行为人实施了伪造检验结果的行为,就已经侵犯了国家的进出口商检制度,构成犯罪既遂。造成严重后果,只是加重法定刑的问题。

(四)客体要件

本罪侵犯的客体是国家进出口商品检验部门、机构的正常活动及国家其他有关机关的正常活动。进出口商检验制度既是一种国际惯例,同时对于保证进出口商品的质量,维护对外贸易有关各方的合法权益,促进对外经济贸易关系的顺利发展具有重要作用。从事进出口商品检验工作的人员责任重大,如果徇私舞弊,致使不合格的商品进口或出口,或者合格的商品不能进口或出口,就会损害我国的经济利益,破坏对外经贸关系,甚至影响我国的国际声誉。

二、商检失职罪

(一)主体要件

本罪主体为特殊主体,即国家商检部门、商检机构的工作人员。

(二)主观要件

本罪在主观方面只能由过失构成,故意不构成商检失职罪。

(三)客观要件

本罪在客观方面表现为国家商检部门、商检机构的工作人员玩忽职守,严重不负责任,对应当检验的物品不检验,或者延误检验出证,错误出证导致国家利益遭受重大损失的行为。

（四）客体要件

本罪侵犯的客体是国家进出口商品检验部门、机构的正常活动及国家其他有关机关的正常活动。

量 刑 部 分

【量刑标准】

犯商检徇私舞弊罪的，处五年以下有期徒刑或者拘役；造成严重后果的，处五年以上十年以下有期徒刑。

犯商检失职罪，致使国家利益遭受重大损失的，处三年以下有期徒刑或者拘役。

截至目前，尚无本罪名关于量刑的司法解释。

动植物检疫徇私舞弊罪；动植物检疫失职罪 《刑法》第413条

动植物检疫机关的检疫人员徇私舞弊，伪造检疫结果的，处五年以下有期徒刑或者拘役；造成严重后果的，处五年以上十年以下有期徒刑。

前款所列人员严重不负责任，对应当检疫的检疫物不检疫，或者延误检疫出证、错误出证，致使国家利益遭受重大损失的，处三年以下有期徒刑或者拘役。

定 罪 部 分

【罪名概念】

动植物检疫徇私舞弊罪，是指动植物检疫机关的检疫人员徇私舞弊，伪造检疫结果的行为。

动植物检疫失职罪，是指动植物检疫机关的检疫人员严重不负责任，对应当检疫的物品不检疫或者延误检疫出证、错误出证，致使国家遭受重大损失的行为。

【司法解释】

1. 最高人民检察院《关于人民检察院直接受理立案侦查案件立案标准的规定（试行）》

（实施日期：1999年9月9日　高检发研字［1999］10号）（节录）

（二十四）动植物检疫徇私舞弊案（第413条第1款）

动植物检疫徇私舞弊罪是指国家检验检疫部门及检验检疫机构中从事动植物检疫工作的人员徇私舞弊，伪造检疫结果的行为。

国家检验检疫部门及检验检疫机构中从事动植物检疫工作的人员涉嫌在动植

物检疫过程中,为徇私情、私利,采取伪造、变造的手段对检疫的单证、印章、标志、封识等作虚假的证明或出具不真实的结论,包括将合格检为不合格,或者将不合格检为合格等行为的,应予立案。

(二十五)动植物检疫失职案(第413条第2款)

动植物检疫失职罪是指国家检验检疫部门及检验检疫机构中从事动植物检疫工作的人员严重不负责任,对应当检疫的检疫物不检疫,或者延误检疫出证、错误出证,致使国家利益遭受重大损失的行为。

涉嫌下列情形之一的,应予立案:

1. 因不检疫,或者延误检疫出证、错误出证,致使依法进出口的动植物不能进口或者出口,导致合同、订单被取消,或者外商向我方索赔或影响我方向外商索赔,直接经济损失达30万元以上的;

2. 因不检疫,或者延误检疫出证、错误出证,导致重大疫情发生、传播或者流行的;

3. 因不检疫或者延误检疫出证、错误出证,导致疫情发生,造成人员死亡或者残疾的;

4. 3次以上不检疫,或者延误检疫出证、错误出证,严重影响国家对外经贸关系和国家声誉的。

2. 最高人民检察院《人民检察院直接受理立案侦查的渎职侵权重特大案件标准(试行)》

(实施日期:2002年1月1日　高检发[2001]13号)(节录)

二十四、动植物检疫徇私舞弊案

(一)重大案件

1. 徇私舞弊,三次以上伪造检疫结果的;

2. 造成直接经济损失五十万元以上的。

(二)特大案件

1. 徇私舞弊,五次以上伪造检疫结果的;

2. 造成直接经济损失一百万元以上的。

二十五、动植物检疫失职案

(一)重大案件

1. 造成直接经济损失一百万元以上的;

2. 导致疫情发生,造成人员死亡二人以上的;

3. 五次以上不检疫,或者延误检疫出证、错误出证,严重影响国家对外经贸关系和国家声誉的。

(二)特大案件

1. 造成直接经济损失三百万元以上的;

2. 导致疫情发生,造成人员死亡五人以上的;

3. 七次以上不检疫,或者延误检疫出证、错误出证,严重影响国家对外经贸关系和国家声誉的。

3. 最高人民检察院《关于渎职侵权犯罪案件立案标准的规定》

(实施日期:2006 年 7 月 26 日　高检发释字[2006]2 号)(节录)

(二十六)动植物检疫徇私舞弊案(第四百一十三条第一款)

动植物检疫徇私舞弊罪是指出入境检验检疫机关、检验检疫机构工作人员徇私舞弊,伪造检疫结果的行为。

涉嫌下列情形之一的,应予立案:

1. 采取伪造、变造的手段对检疫的单证、印章、标志、封识等作虚假的证明或者出具不真实的结论的;

2. 将送检的合格动植物检疫为不合格,或者将不合格动植物检疫为合格的;

3. 对明知是不合格的动植物,不检疫而出具合格检疫结果的;

4. 其他伪造检疫结果应予追究刑事责任的情形。

(二十七)动植物检疫失职案(第四百一十三条第二款)

动植物检疫失职罪是指出入境检验检疫机关、检验检疫机构工作人员严重不负责任,对应当检疫的检疫物不检疫,或者延误检疫出证、错误出证,致使国家利益遭受重大损失的行为。

涉嫌下列情形之一的,应予立案:

1. 导致疫情发生,造成人员重伤或者死亡的;

2. 导致重大疫情发生、传播或者流行的;

3. 造成个人财产直接经济损失 15 万元以上,或者直接经济损失不满 15 万元,但间接经济损失 75 万元以上的;

4. 造成公共财产或者法人、其他组织财产直接经济损失 30 万元以上,或者直接经济损失不满 30 万元,但间接经济损失 150 万元以上的;

5. 不检疫或者延误检疫出证、错误出证,引起国际经济贸易纠纷,严重影响国家对外经贸关系,或者严重损害国家声誉的;

6. 其他致使国家利益遭受重大损失的情形。

【犯罪构成】

一、动植物检疫徇私舞弊罪

(一)主体要件

本罪的主体是特殊主体,即动植物检疫机关的检疫人员。动植物检疫机关,包括国家动植物检疫机关及其在对外开放的口岸和进出境动植物检疫业务集中的地点设立的口岸动植物检疫机关。

(二)主观要件

本罪在主观方面必须是出于故意,即行为人明知自己的徇私舞弊行为是违反有关法律规定的,明知自己行为可能产生的后果,而对这种后果的发生持希望或者放任的态度。行为人的犯罪动机是徇私,有的是为了贪图钱财等不法利益,有的是因碍于亲朋好友情面而徇私舞弊,有的是出于报复或嫉妒心理而徇私舞弊等。

(三)客观要件

本罪在客观方面表现为检疫人员徇私舞弊,伪造检疫结果的行为。

根据《进出境动植物检疫法》及其实施条例规定,进出境的动植物、动植物产品和其他检疫物,装载动植物、动植物物品和其他检疫物的容器、包装铺垫材料以及来自动植物检疫区的运输工具、进境拆解的废旧船舶,有关法律、行政法规、国际条约规定或者贸易合同约定应当实施进出境动植物检疫的其他货物物品应当依法进行检疫。

伪造检疫结果,是指滥用职权,出具虚假的、不符合应检物品实际情况的检疫结果,如根本不对应检动植物等检疫物进行检疫而放任危害结果发生出具检疫结果;明知为不合格的检疫物品为了徇私仍然签发、出具检疫合格的单证或在海关报关单上加盖检疫合格印章,为检疫合格的检疫物品出具不合格的检疫证明等。其具体表现在所出具的检疫放行通知单、动物过境许可证、动物检疫证书、植物检疫证书、动物健康证书、兽医卫生证书、熏蒸消毒证书等由检疫机关出具的有关动植物及其产品及其他检疫物健康或者卫生情况检疫证书中。应当指出,伪造检疫结果,既包括伪造、出具被检疫内容全部虚假的结果,又包括伪造、出具被检疫的内容部分不符合事实的结果。

(四)客体要件

本罪侵犯的客体是国家动植物检疫机关的正常活动。徇私舞弊行为使国家动植物检疫法律、法规的顺利实施受到严重干扰,损害了国家动植物检疫机关的威信,影响国家动植物检疫机关的正常活动。

进出口动植物检疫工作对于防止动植物传染病,促进对外经济贸易的发展,具有十分重要的意义。动植物检疫人员如果徇私舞弊,把不住动植物检疫的国门,将会给农、林、牧、渔等生产带来灾难性后果,甚至危害人类健康,破坏正常的对外贸易关系,损害国家的声誉。

二、动植物检疫失职罪

(一)主体要件

本罪主体是特殊主体,即动植物检疫机关的检疫人员。动植物检疫机关,包括国家动植物检疫机关及其在对外开放的口岸和进出境动植物检疫业务集中的地点设立的口岸动植物检疫机关。

(二)主观要件

本罪在主观方面只能由过失构成,故意不构成动植物检疫失职罪。

(三)客观要件

本罪在客观方面表现为动植物检疫机关的检疫人员严重不负责任,对应当检疫的物品不检疫,或者延误检疫出证、错误出证,致使国家利益遭受重大损失的行为。

严重不负责任,是一种严重违背职责义务的行为。我国《进出境动植物检疫法》对检疫机关及其工作人员规定了一系列的职责,如对出、入境的动植物、动植物产品和其他检疫物,装载动植物、动植物产品和其他检疫物的装载容器、包装物以及来自动植物疫区的运输工具,应依照该法规定实施检疫;对输入、输出动植物、动植物产品和其他检疫物,由口岸动植物检疫机关实施检疫,经检疫合格的,检疫机关应签发检疫单证或检疫证书,经检疫不合格的,应签发《检疫处理通知单》;输入、输出的动植物、动植物产品和其他检疫物,需调离海关监管区检疫的,检疫机关应签发《检疫调离通知单》,动植物检疫机关的检疫人员不履行或不忠实履行所规定的这些职责,严重不负责任,对应当检疫的物品不检疫,或者不按照规定的地点和期限检疫出证,或者出具与实际情况不相符合的检疫单证,致使国家利益遭受重大损失的,符合动植物检疫失职罪的客观特征。就方式而言,可分为三种情况:

1. 对应当检疫的检疫物不检疫,既包括对全部应当检疫的检疫物未进行检疫,又包括只对其中部分应当检疫的检疫物进行检疫,对其他应当检疫的检疫物不进行检疫,如只检疫动植物本身,不检疫其装载工具、包装物等。

2. 延误检疫出证,虽然对应当检疫的检疫品进行了检疫,但却未按规定的检疫时间出具检疫结果证明,即超过了检疫期限。超过了检疫期限,不论其所出具的检疫结果是否错误,如果给国家利益造成重大损失的,都可构成动植物检疫失职罪。

3. 错误出证,即对检疫物在检疫后出具了不符合检疫物实际情况的虚假的检疫结果证明,如将不合格检疫为合格,将合格检疫为不合格等。只要具有上述三种严重不负责任行为的方式之一即可构成动植物检疫失职罪。

(四)客体要件

本罪侵犯的客体是国家动植物检疫机关的正常活动。徇私舞弊行为使国家动植物检疫法律、法规的顺利实施受到严重干扰,损害了国家动植物检疫机关的威信,影响国家动植物检疫机关的正常活动。

量 刑 部 分

【量刑标准】

犯动植物检疫徇私舞弊罪的,处五年以下有期徒刑或者拘役;造成严重后果的,处五年以上十年以下有期徒刑。

犯动植物检疫失职罪,致使国家利益遭受重大损失的,处三年以下有期徒刑或者拘役。

截至目前,尚无本罪名关于量刑的司法解释。

放纵制售伪劣商品犯罪行为罪 《刑法》第414条

对生产、销售伪劣商品犯罪行为负有追究责任的国家机关工作人员,徇私舞弊,不履行法律规定的追究职责,情节严重的,处五年以下有期徒刑或者拘役。

定罪部分

【罪名概念】

放纵制售伪劣商品犯罪行为罪,是指对生产、销售伪劣商品犯罪行为负有追究责任的国家机关工作人员,徇私舞弊,不履行法律规定的追究职责,情节严重的行为。

【司法解释】

1. **最高人民检察院《关于人民检察院直接受理立案侦查案件立案标准的规定(试行)》**

(实施日期:1999年9月9日 高检发研字[1999]10号)(节录)

(二十六)放纵制售伪劣商品犯罪行为案(第414条)

放纵制售伪劣商品犯罪行为罪是指对生产、销售伪劣商品犯罪行为负有追究责任的国家工商行政管理、质量技术监督等机关工作人员徇私舞弊,不履行法律规定的追究职责,情节严重的行为。

涉嫌下列情形之一的,应予立案:

1. 放纵制售假药、有毒、有害食品犯罪行为的;

2. 放纵依法可能判处3年有期徒刑以上刑罚的生产、销售伪劣商品犯罪行为的;

3. 对生产、销售伪劣商品犯罪行为不履行追究职责,致使生产、销售伪劣商品犯罪行为得以继续的;

4. 对生产、销售伪劣商品犯罪行为不履行追究职责,致使国家和人民利益遭受重大损失或者造成恶劣影响的;

5. 3次以上不履行追究职责,或者对3个以上有生产、销售伪劣商品犯罪行为的单位或者个人不履行追究职责的。

2. **最高人民检察院《人民检察院直接受理立案侦查的渎职侵权重特大案件标准(试行)》**

(实施日期:2002年1月1日 高检发[2001]13号)(节录)

二十六、放纵制售伪劣商品犯罪行为案

(一)重大案件

1. 放纵生产、销售假药或者有毒、有害食品犯罪行为，情节恶劣或者后果严重的；

2. 放纵依法可能判处五年以上十年以下有期徒刑刑罚的生产、销售伪劣商品犯罪行为的；

3. 五次以上或者对五个以上有生产、销售伪劣商品犯罪行为的单位或者个人不履行追究职责的。

（二）特大案件

1. 放纵生产、销售假药或者有毒、有害食品犯罪行为，造成人员死亡的；

2. 放纵依法可能判处十年以上刑罚的生产、销售伪劣商品犯罪行为的；

3. 七次以上或者对七个以上有生产、销售伪劣商品犯罪行为的单位或者个人不履行追究职责的。

3. 最高人民检察院《关于渎职侵权犯罪案件立案标准的规定》

（实施日期：2006 年 7 月 26 日　高检发释字［2006］2 号）（节录）

（二十八）放纵制售伪劣商品犯罪行为案（第四百一十四条）

放纵制售伪劣商品犯罪行为罪是指对生产、销售伪劣商品犯罪行为负有追究责任的国家机关工作人员徇私舞弊，不履行法律规定的追究职责，情节严重的行为。

涉嫌下列情形之一的，应予立案：

1. 放纵生产、销售假药或者有毒、有害食品犯罪行为的；

2. 放纵生产、销售伪劣农药、兽药、化肥、种子犯罪行为的；

3. 放纵依法可能判处 3 年有期徒刑以上刑罚的生产、销售伪劣商品犯罪行为的；

4. 对生产、销售伪劣商品犯罪行为不履行追究职责，致使生产、销售伪劣商品犯罪行为得以继续的；

5. 3 次以上不履行追究职责，或者对 3 个以上有生产、销售伪劣商品犯罪行为的单位或者个人不履行追究职责的；

6. 其他情节严重的情形。

4. 最高人民法院、最高人民检察院《关于办理生产、销售伪劣商品刑事案件具体应用法律若干问题的解释》

（实施日期：2001 年 4 月 10 日　法释［2001］10 号）（节录）

第八条　国家机关工作人员徇私舞弊，对生产、销售伪劣商品犯罪不履行法律规定的查处职责，具有下列情形之一的，属于刑法第四百一十四条规定的“情节严重”：

（一）放纵生产、销售假药或者有毒、有害食品犯罪行为的；

（二）放纵依法可能判处二年有期徒刑以上刑罚的生产、销售、伪劣商品犯罪行为的；

(三)对三个以上有生产、销售伪劣商品犯罪行为的单位或者个人不履行追究职责的;

(四)致使国家和人民利益遭受重大损失或者造成恶劣影响的。

【犯罪构成】

(一)主体要件

本罪的主体为特殊主体,即负有追究责任的国家机关工作人员。主要是指负有法律规定的查处生产、销售伪劣商品的违法犯罪行为的义务的国家工作人员,包括各级政府中主管查禁生产、销售伪劣商品的人员;有查禁职责的公、检、法机关中的司法人员;以及行业主管部门如技术监督部门和工商行政管理部门中的人员。

(二)主观要件

本罪在主观方面是故意。即明知是有生产、销售伪劣商品犯罪行为的犯罪分子而不予追究刑事责任。如果不知是犯罪分子,而不予追究刑事责任,不构成本罪。本罪的动机是徇私。

(三)客观要件

本罪在客观方面表现为徇私舞弊,对生产、销售伪劣商品犯罪的行为不履行法律规定的追究责任,情节严重的行为。构成本罪表现为不作为。

徇私舞弊,一般是为了满足私情私利,在从事公务追究活动中,故意违背事实和法律,不履行法律规定的追究职责,弄虚作假,应为而不为的行为。不履行法律规定的追究职责的行为方式多种多样,如该调查不调查,该查封、扣押伪劣商品的不予查封、扣押,该处罚的不处罚等。本罪在客观方面表现为纯正的不作为。如果对生产、销售伪劣商品犯罪行为实施了追究,但如果具有其他行为,如徇私舞弊,对依法应当移交司法机关追究刑事责任的不移交;公安人员该移送起诉的不移送起诉;检察人员该起诉的不起诉;等等,构成犯罪的,应是构成他罪,如徇私舞弊不移交刑事案件罪、徇私枉法罪等。

构成本罪,必须是不履行法律规定的追究生产、销售伪劣商品犯罪行为达到情节严重的程度。情节严重,一般是指多次不追究生产、销售伪劣商品犯罪的企业事业单位或者个人;或者对多个有生产、销售伪劣商品犯罪行为的单位或者个人不予追究;或者不追究性质严重的生产、销售伪劣商品的企业事业单位或者个人;或者因不追究行为造成严重的后果或者恶劣的影响。

(四)客体要件

本罪侵犯的客体是国家对产品质量的监督管理制度。生产、销售伪劣商品的犯罪活动,已成为建立社会主义市场经济体制新形势下危害国计民生的一个突出问题,因而国家十分重视对生产、销售的商品质量的监督管理。如在产品质量法中,具体确定了产品质量监督管理的机构、职责和制度,规定了产品质量责任,并列举了构成犯罪的生产、销售伪劣商品的种种行为。这些规定对于加强产品质量的监督管理,明确产品质量责任,惩治生产、销售伪劣商品的行为,保护用户和消费者的合法权益,保障人体健康以及人身、财产安全,维护社会经济秩序,有着十分重要的意义。国家机关工作人员,徇私舞弊,不履行法律规定的追究职责,必然妨害有关法律、法规的贯彻实施,破坏国家对产品质量的监督管理制度,严重妨害监督管理活动。

量刑部分

【量刑标准】

犯本罪,情节严重的,处五年以下有期徒刑或者拘役。

办理偷越国(边)境人员出入境证件罪、放行偷越国(边)境人员罪　《刑法》第415条

负责办理护照、签证以及其他出入境证件的国家机关工作人员,对明知是企图偷越国(边)境的人员,予以办理出入境证件的,或者边防、海关等国家机关工作人员,对明知是偷越国(边)境的人员,予以放行的,处三年以下有期徒刑或者拘役;情节严重的,处三年以上七年以下有期徒刑。

定罪部分

【罪名概念】

办理偷越国(边)境人员出入境证件罪,是指负责办理护照、签证以及其他出入境证件的国家机关工作人员,对明知是企图偷越国(边)境的人员,予以办理出入境证件的行为。

放行偷越国(边)境人员罪,是指边防、海关等国家机关工作人员对明知是偷越国(边)境的人员予以放行的行为。

【司法解释】

1. 最高人民检察院《关于人民检察院直接受理立案侦查案件立案标准的规定(试行)》

(实施日期:1999年9月9日　高检发研字[1999]10号)(节录)

(二十七)办理偷越国(边)境人员出入境证件案

办理偷越国(边)境人员出入境证件罪是指负责办理护照、签证以及其他出入境证件的国家机关工作人员对明知是企图偷越国(边)境的人员,予以办理出入境证件的行为。

负责办理护照、签证以及其他出入境证件的国家机关工作人员涉嫌在办理护

照、签证以及其他出入境证件的过程中,对明知是企图偷越国(边)境的人员而予以办理出入境证件的,应予立案。

(二十八)放行偷越国(边)境人员案

放行偷越国(边)境人员罪是指边防、海关等国家机关工作人员对明知是偷越国(边)境的人员予以放行的行为。

边防、海关等国家机关工作人员涉嫌在履行职务过程中,对明知是偷越国(边)境的人员而予以放行的,应予立案。

2. 最高人民检察院《人民检察院直接受理立案侦查的渎职侵权重特大案件标准(试行)》

(实施日期:2002年1月1日　高检发[2001]13号)(节录)

二十七、办理偷越国(边)境人员出入境证件案

(一)重大案件

1. 违法办理三人以上的;

2. 违法办理三次以上的;

3. 违法为刑事犯罪分子办证的。

(二)特大案件

1. 违法办理五人以上的;

2. 违法办理五次以上的;

3. 违法为严重刑事犯罪分子办证的。

二十八、放行偷越国(边)境人员案

(一)重大案件

1. 违法放行三人以上的;

2. 违法放行三次以上的;

3. 违法放行刑事犯罪分子的。

(二)特大案件

1. 违法放行五人以上的;

2. 违法放行五次以上的;

3. 违法放行严重刑事犯罪分子的。

3. 最高人民检察院《关于渎职侵权犯罪案件立案标准的规定》

(实施日期:2006年7月26日　高检发释字[2006]2号)(节录)

(二十九)办理偷越国(边)境人员出入境证件案(第四百一十五条)

办理偷越国(边)境人员出入境证件罪是指负责办理护照、签证以及其他出入境证件的国家机关工作人员,对明知是企图偷越国(边)境的人员,予以办理出入境证件的行为。

负责办理护照、签证以及其他出入境证件的国家机关工作人员涉嫌在办理护

照、签证以及其他出入境证件的过程中,对明知是企图偷越国(边)境的人员而予以办理出入境证件的,应予立案。

(三十)放行偷越国(边)境人员案(第四百一十五条)

放行偷越国(边)境人员罪是指边防、海关等国家机关工作人员,对明知是偷越国(边)境的人员予以放行的行为。

边防、海关等国家机关工作人员涉嫌在履行职务过程中,对明知是偷越国(边)境的人员而予以放行的,应予立案。

【犯罪构成】

一、办理偷越国(边)境人员出入境证件罪

(一)主体要件

本罪的主体要件为特殊主体,只能由负责办理护照、签证以及其他出入境证件的国家机关工作人员构成,如外交、外事、公安等有关的人员。

(二)主观要件

本罪在主观方面是故意犯罪,即明知是偷越国(边)境的人员,而故意予以放行。本罪不要求必须以营利为目的。其动机是各种各样,有的可能是出于私利,有的是出于亲友情面等。过失不构成本罪,如后果严重的,可以玩忽职守罪论处。

(三)客观要件

本罪在客观方面表现为在办理护照、签证以及其他出入境证件的过程中,对明知是企图偷越国(边)境的人员,予以办理出入境证件的行为。

(四)客体要件

本罪侵犯的客体是国家的出入境管理制度。

二、放行偷越国(边)境人员罪

(一)主体要件

本罪的主体为特殊主体,即海关、边防等国家机关工作人员。

(二)主观要件

本罪在主观方面是故意犯罪,即明知他人是企图偷越国(边)境的人员而故意给其办理出入境证件,构成本罪须以明知为要件。

(三)客观要件

本罪在客观方面表现为利用职务之便,非法放行他人偷越国(边)境的行为。所谓利用职务之便,是指利用主管、经管、经手办理护照、签证或负责审查、核对护照、签证等出入境证件的职务之便。如果国家工作人员没有利用职务之便,而以其他方法帮助他人偷越国(边)境的,应按偷越国(边)境罪的共犯论处。所谓非法放行他人偷越国(边)境,是指违反规定,为企图偷越国(边)境人员签发护照、签证等有效出入境证件,或者不履行检查出入境的职责,对偷越国(边)境人员予以放进或放出的行为。

如果上述国家工作人员与组织、运送他人偷越国(边)境的犯罪分子相勾结,实施上述非法放行偷越国(边)境的行为,则应属于组织他人偷越国(边)境罪和运送他人偷越国(边)境罪的共犯,因此,应依照组织他人偷越国(边)境罪和运送他人偷越国(边)境罪定罪处罚。

(四)客体要件

本罪侵犯的客体是国家的海关或边防的正常活动。根据我国有关法律规定,海关是进境出境的监督管理机关,海关人员有权查阅进境出境人员的证件。人员出境入境时,应向边防检查站出示证件,边防检查站人员对未持有护照等出入境证件、持无效出入境证件、持伪造、涂改、冒用的出入境证件或拒绝交付出入境证件的人员有权不予放行,这是边防、海关等国家机关工作人员的权力,也是其必须履行的职责。如果海关、边防等国家机关工作人员不认真履行职责,对明知是偷越国(边)境的人员私自放行,则构成了犯罪。

量刑部分

【量刑标准】

犯办理偷越国(边)境人员出入境证件罪的,处三年以下有期徒刑或者拘役;情节严重的,处三年以上七年以下有期徒刑。

犯放行偷越国(边)境人员罪的,处三年以下有期徒刑或者拘役;情节严重的,处三年以上七年以下有期徒刑。

截至目前,尚无本罪名关于量刑的司法解释。

不解救被拐卖、绑架妇女、儿童罪;阻碍解救被拐卖、绑架妇女儿童罪 《刑法》第416条

对被拐卖、绑架的妇女、儿童负有解救职责的国家机关工作人员,接到被拐卖、绑架的妇女、儿童及其家属的解救要求或者接到其他人的举报,而对被拐卖、绑架的妇女、儿童不进行解救,造成严重后果的,处五年以下有期徒刑或者拘役。

负有解救职责的国家机关工作人员利用职务阻碍解救的,处二年以上七年以下有期徒刑;情节较轻的,处二年以下有期徒刑或者拘役。

定罪部分

【罪名概念】

不解救被拐卖、绑架妇女、儿童罪,是指对被拐卖、绑架的妇女、儿童负有解救职责的公安、司法等国家机关工作人员接到被拐卖、绑架的妇女、儿童及其家属的

解救要求或者接到其他人的举报,而对被拐卖、绑架的妇女、儿童不进行解救,造成严重后果的行为。

阻碍解救被拐卖、绑架妇女、儿童罪,是指负有解救职责的国家机关工作人员利用职务阻碍解救被拐卖、绑架的妇女、儿童的行为。

【司法解释】

1. 最高人民检察院《关于人民检察院直接受理立案侦查案件立案标准的规定(试行)》

(实施日期:1999 年 9 月 9 日　高检发研字[1999]10 号)(节录)

(二十九)不解救被拐卖、绑架妇女、儿童案(第 416 条第 1 款)

不解救被拐卖、绑架妇女、儿童罪是指对被拐卖、绑架的妇女、儿童负有解救职责的公安、司法等国家机关工作人员接到被拐卖、绑架的妇女、儿童及其家属的解救要求或者接到其他人的举报,而对被拐卖、绑架的妇女、儿童不进行解救,造成严重后果的行为。

涉嫌下列情形之一的,应予立案:

1. 因不进行解救,导致被拐卖、绑架的妇女、儿童及其亲属伤残、死亡、精神失常的;

2. 因不进行解救,导致被拐卖、绑架的妇女、儿童被转移、隐匿、转卖,不能及时解救的;

3. 3 次以上或者对 3 名以上被拐卖、绑架的妇女、儿童不进行解救的;

4. 对被拐卖、绑架的妇女、儿童不进行解救,造成恶劣社会影响的。

(三十)阻碍解救被拐卖、绑架妇女、儿童案(第 416 条第 2 款)

阻碍解救被拐卖、绑架妇女、儿童罪是指对被拐卖、绑架的妇女、儿童负有解救职责的公安、司法等国家机关工作人员利用职务阻碍解救被拐卖、绑架的妇女、儿童的行为。

涉嫌下列情形之一的,应予立案:

1. 利用职权,禁止、阻止或者妨碍有关部门,人员解救被拐卖、绑架的妇女、儿童的;

2. 利用职务上的便利,向拐卖、绑架者或者收买者通风报信,妨碍解救工作正常进行的;

3. 其他利用职务阻碍解救被拐卖、绑架的妇女、儿童的行为。

2. 最高人民检察院《关于渎职侵权犯罪案件立案标准的规定》

(实施日期:2006 年 7 月 26 日　高检发释字[2006]2 号)(节录)

一、渎职犯罪案件

(三十一)不解救被拐卖、绑架妇女、儿童案(第四百一十六条第一款)

不解救被拐卖、绑架妇女、儿童罪是指对被拐卖、绑架的妇女、儿童负有解救职责的公安、司法等国家机关工作人员接到被拐卖、绑架的妇女、儿童及其家属的解救要求或者接到其他人的举报,而对被拐卖、绑架的妇女、儿童不进行解救,造成严重后果的行为。

涉嫌下列情形之一的,应予立案:

1. 导致被拐卖、绑架的妇女、儿童或者其家属重伤、死亡或者精神失常的;

2. 导致被拐卖、绑架的妇女、儿童被转移、隐匿、转卖,不能及时进行解救的;

3. 对被拐卖、绑架的妇女、儿童不进行解救3人次以上的;

4. 对被拐卖、绑架的妇女、儿童不进行解救,造成恶劣社会影响的;

5. 其他造成严重后果的情形。

(三十二)阻碍解救被拐卖、绑架妇女、儿童案(第四百一十六条第二款)

阻碍解救被拐卖、绑架妇女、儿童罪是指对被拐卖、绑架的妇女、儿童负有解救职责的公安、司法等国家机关工作人员利用职务阻碍解救被拐卖、绑架的妇女、儿童的行为。

涉嫌下列情形之一的,应予立案:

1. 利用职权,禁止、阻止或者妨碍有关部门、人员解救被拐卖、绑架的妇女、儿童的;

2. 利用职务上的便利,向拐卖、绑架者或者收买者通风报信,妨碍解救工作正常进行的;

3. 其他利用职务阻碍解救被拐卖、绑架的妇女、儿童应予追究刑事责任的情形。

3. 最高人民检察院《人民检察院直接受理立案侦查的渎职侵权重特大案件标准(试行)》

(实施日期:2002年1月1日　高检发[2001]13号)(节录)

二十九、不解救被拐卖、绑架妇女、儿童案

(一)重大案件

1. 五次或者对五名以上被拐卖、绑架的妇女、儿童不进行解救的;

2. 因不解救致人死亡的。

(二)特大案件

1. 七次或者对七名以上被拐卖、绑架的妇女、儿童不进行解救的;

2. 因不解救致人死亡三人以上的。

三十、阻碍解救被拐卖、绑架妇女、儿童案

(一)重大案件

1. 三次或者对三名以上被拐卖、绑架的妇女、儿童阻碍解救的;

2. 阻碍解救致人死亡的。

(二)特大案件

1. 五次或者对五名以上被拐卖、绑架的妇女、儿童阻碍解救的;
2. 阻碍解救致人死亡二人以上的。

【关联法律】

公安部《关于打击拐卖妇女儿童犯罪适用法律和政策有关问题的意见》

(实施日期:2000 年 3 月 24 日　公通字[2000]25 号)(节录)

关于不解救或者阻碍解救被拐卖的妇女、儿童等渎职犯罪

对被拐卖的妇女、儿童负有解救职责的国家机关工作人员不履行解救职责,或者袒护、纵容甚至支持买卖妇女、儿童,为买卖妇女、儿童人员通风报信,或者以其他方法阻碍解救工作的,要依法处理:

(一)对被拐卖的妇女、儿童负有解救职责的公安、司法等国家机关工作人员接到被拐卖的妇女、儿童及其家属的解救要求或者接到其他人的举报,而对被拐卖的妇女、儿童不进行解救的,要交由其主管部门进行党纪、政纪、警纪处分;构成犯罪的,应当以不解救被拐卖妇女、儿童罪移送人民检察院追究刑事责任。

(二)对被拐卖的妇女、儿童负有解救职责的公安、司法等国家机关工作人员利用职务阻碍解救被拐卖的妇女、儿童,构成犯罪的,应当以阻碍解救被拐卖妇女、儿童罪移送人民检察院追究刑事责任。

(三)行政执法人员徇私情、私利,伪造材料,隐瞒情况,弄虚作假,对依法应当移交司法机关追究刑事责任的拐卖妇女、儿童犯罪案件不移交司法机关处理,构成犯罪的,以徇私舞弊不移交刑事案件罪移送人民检察院追究刑事责任。

(四)有查禁拐卖妇女、儿童犯罪活动职责的国家机关工作人员,向拐卖妇女、儿童的犯罪分子通风报信、提供便利,帮助犯罪分子逃避处罚,构成犯罪的,以帮助犯罪分子逃避处罚罪移送人民检察院追究刑事责任。

【犯罪构成】

一、不解救被拐卖、绑架妇女、儿童罪

(一)主体要件

本罪的主体是特殊主体,即负有解救被拐卖、绑架的妇女、儿童职责的国家机关工作人员。国家机关工作人员的范围是非常宽泛的,但只有那些负有特定的解救职责的国家机关工作人员,才可能成为本罪的主体。虽然本人是国家机关工作人员,但其如果不负有特定的解救职责,便不能构成本罪。这里的"解救职责",是指在职务范围内或责任范围内具有"解救"的内容。在我国,负有解救被拐卖、绑架的妇女、儿童职责的国家机关工作人员一般包括各级人民政府中主管解救工作的工作人员、公安机关的工作人员以及其他负有会同公安机关解救职责的国家机关工作人员,如法院、检察、司法、民政甚至妇联部门等的工作人员。非国家机关工作人员或者虽为国家机关工作人员但不负有解救职责的,不能构成本罪。

(二)主观要件

本罪在主观方面表现为故意,过失不构成本罪。即明知是被拐卖、绑架的妇女、儿童需要进行解救而不进行解救。对于因不解救而造成严重的后果而言,则可能属于过失,也可以是间接故意。至于其动机可多种多样,有的是怕麻烦,有的是怕报复,有的是为了私情等,其动机如何,则不影响本罪成立。

(三)客观要件

本罪在客观方面表现为对被拐卖、绑架的妇女、儿童负有解救职责的国家机关工作人员接到被拐卖、绑架的妇女、儿童及其家属的解救要求或者接到其他人的举报,而不进行解救,造成严重后果的行为。行为人负有解救被拐卖、绑架的妇女、儿童的职责,并接到"解救要求"或"举报"。这是履行解救义务的前提条件。必须具有不进行解救的行为,即行为人接到解救要求或者举报后,不履行解救职责。所谓不进行解救,是指接到解救要求或者举报后,不采取任何解救措施,或者推迟、拖延解救工作。这是一种不作为的犯罪。如不向主管负责解救的部门汇报情况;不制定解救方案、计划;不安排布置解救行动等。必须是因为不解救而造成严重后果。虽有不解救的行为,但未造成严重后果的,不构成本罪。所谓造成严重后果,主要是指造成被拐卖、绑架的妇女、儿童或者其亲属重伤、死亡等后果以及引起其他犯罪案件发生,等等。

(四)客体要件

本罪侵犯的客体是国家关于保护妇女、儿童、禁止买卖妇女儿童的法律、法规和司法机关的正常工作秩序。

二、阻碍解救被拐卖、绑架妇女儿童罪

(一)主体要件

本罪的主体是特殊主体,即负有解救被拐卖、绑架的妇女、儿童职责的国家机关工作人员。

(二)主观要件

本罪在主观方面表现为故意且必须是直接故意。行为人既认识到自己的行为是在阻碍解救被拐卖、绑架的妇女、儿童,也希望发生被拐卖、绑架的妇女、儿童未获解救的结果。如只是认识到自己行为可能阻碍解救被拐卖的妇女、儿童,但主观上并不希望发生这种结果的,不构成本罪,导致严重后果的,以玩忽职守罪论处。

(三)客观要件

本罪在客观方面表现为利用职务阻碍解救被拐卖、被绑架的妇女、儿童的行为。所谓利用职务,是指负有解救职责的国家机关工作人员利用职权范围主管、负责解救被拐卖、绑架的妇女、儿童工作的便利,而不是利用国家机关工作人员身份的便利阻碍解救工作。所谓解救职责是指法律、法规所赋予的把被拐卖、绑架的妇女、儿童从人贩子、收买人或绑架人手中解脱出来、安置或者送返被害人等解救工作的职责。我国目前履行这些职责的机关、组织主要为公安机关、民政、妇联。故主管解救工作的也主要是这些机关和组织的工作人员。

本罪客观行为可以表现为作为,也可以表现为不作为。

本罪不要求有具体的危害后果,只要负有解救职责的国家机关工作人员利用职务实施了阻碍解救的行为,无论是否得逞,是否造成严重后果,均构成本罪。

(四)客体要件

本罪所侵害的客体为复杂客体,其既侵犯了国家机关及其工作人员的信誉,而且还侵犯了被拐卖、绑架妇女、儿童的人身权利。其侵害的对象由其所侵害的客体的多重性所决定,亦具有多重性,一般包括依法正在执行解救公务活动的国家机关工作人员,协助执行解救活动的非国家机关工作人员和被拐卖、绑架的妇女或儿童。

【罪名辨析】

(一)区分阻碍解救被拐卖、绑架妇女儿童罪与妨害公务罪的界限

1. 侵犯的客体不同。尽管二者都可能同为侵犯国家工作人员解救妇女、儿童的公务活动,然而前罪还侵犯国家机关的声誉。

2. 客观方面不同。妨害公务罪只能是以暴力、威胁的方法阻碍国家工作人员的解救公务,而前罪阻碍的方法多种多样,但都只能是利用职务阻碍,且被阻碍的解救活动。被妨害的公务必须是国家工作人员执行的解救公务;而前罪既可以是阻碍解救妇女、儿童的公务,又可以是其他公民的非公务的解救活动。

3. 主观方面不同。妨害公务罪行为人主观上只须明知阻碍的是国家工作人员执行公务即可,不须明知何种公务、何类国家工作人员执行公务。而前罪行为人主观上是明知自己阻碍的是解救妇女、儿童的公务活动。

4. 主体的区别。妨害公务罪是一般主体,而前罪主体为特殊主体,仅限于负有解救职责的国家工作人员。

(二)区分阻碍解救被拐卖、绑架妇女儿童罪与聚众阻碍解救被收买的妇女、儿童罪的界限

1. 侵犯客体不同。前罪除侵犯国家工作人员解救妇女、儿童的公务活动外,还侵犯国家机关的声誉,而聚众阻碍解救被收买的妇女、儿童罪不侵犯国家机关的声誉。

2. 客观方面不同。前罪客观行为多种多样,且限定为利用职务实施,阻碍的解救活动可以是公务也可以是非公务;而聚众阻碍解救被收买的妇女儿童罪行为形式只限定为以"聚众"的形式,且阻碍的仅限于解救被收买的妇女、儿童的公务行为。

3. 主体上不同。前罪主体仅限于负有解救职责的国家机关工作人员,而聚众阻碍解救被收买的妇女、儿童罪的主体为实施阻碍行为的首要分子,可以是国家机

关工作人员,也可以是非国家机关工作人员。

4. 主观方面不同。前罪主观故意的内容是意图阻碍解救被拐卖、绑架的妇女、儿童的公务活动和非公务活动,而聚众阻碍解救被收买的妇女、儿童罪的故意内容是意图阻碍解救被收买的妇女、儿童的公务活动。

(三)区分阻碍解救被拐卖、绑架妇女儿童罪与不解救被拐卖、绑架妇女、儿童罪的界限

二者侵犯的客体和主体要件相同,区别是:

1. 在客观方面,前罪行为既可以是作为,也可以是不作为,但主要表现为作为形式,且构成该罪不以发生严重后果为条件。但拒不解救妇女、儿童罪行为只能是不作为,且构成要以发生严重后果为条件。

2. 主观上的区别。前罪行为人主观上必须是直接故意,不管是明知自己行为必然会发生还是可能会发生阻碍解救活动的结果,但意志因素上均是希望发生阻碍解救活动的后果,拒不解救妇女、儿童罪主观上只能是不希望发生阻碍解救妇女、儿童的活动,或对不履行解救职责所导致的严重后果没预见到必然发生,或不期望其发生。

量刑部分

【量刑标准】

犯不解救被拐卖、绑架妇女、儿童罪,造成严重后果的,处五年以下有期徒刑或者拘役。

犯阻碍解救被拐卖、绑架妇女儿童罪的,处二年以上七年以下有期徒刑;情节较轻的,处二年以下有期徒刑或者拘役。

截至目前,尚无本罪名关于量刑的司法解释。

帮助犯罪分子逃避处罚罪 《刑法》第417条

有查禁犯罪活动职责的国家机关工作人员,向犯罪分子通风报信、提供便利,帮助犯罪分子逃避处罚的,处三年以下有期徒刑或者拘役;情节严重的,处三年以上十年以下有期徒刑。

定罪部分

【罪名概念】

帮助犯罪分子逃避处罚罪,是指有查禁犯罪活动职责的国家机关工作人员,向犯罪分子通风报信、提供便利,帮助犯罪分子逃避处罚的行为。

【司法解释】

1. 最高人民检察院《关于人民检察院直接受理立案侦查案件立案标准的规定(试行)》

(实施日期:1999 年 9 月 9 日　高检发研字[1999]10 号)(节录)

(三十一)帮助犯罪分子逃避处罚案(第 417 条)

帮助犯罪分子逃避处罚罪是指有查禁犯罪活动职责的司法及公安、国家安全、海关、税务等国家机关的工作人员向犯罪分子通风报信、提供便利,帮助犯罪分子逃避处罚的行为。

涉嫌下列情形之一的,应予立案:

1. 为使犯罪分子逃避处罚,向犯罪分子及其亲属泄漏有关部门查禁犯罪活动的部署、人员、措施、时间、地点等情况的;

2. 为使犯罪分子逃避处罚,向犯罪分子及其亲属提供交通工具、通讯设备、隐藏处所等便利条件的;

3. 为使犯罪分子逃避处罚,向犯罪分子及其亲属泄漏案情,帮助、指示其隐匿、毁灭、伪造证据及串供、翻供的;

4. 其他向犯罪分子通风报信、提供便利,帮助犯罪分子逃避处罚的行为。

2. 最高人民检察院《人民检察院直接受理立案侦查的渎职侵权重特大案件标准(试行)》

(实施日期:2002 年 1 月 1 日　高检发[2001]13 号)(节录)

三十一、帮助犯罪分子逃避处罚案

(一)重大案件

1. 三次或者使三名以上犯罪分子逃避处罚的;

2. 帮助重大刑事犯罪分子逃避处罚的。

(二)特大案件

1. 五次或者使五名以上犯罪分子逃避处罚的;

2. 帮助二名以上重大刑事犯罪分子逃避处罚的。

3. 最高人民检察院《关于渎职侵权犯罪案件立案标准的规定》

(实施日期:2006 年 7 月 26 日　高检发释字[2006]2 号)(节录)

(三十三)帮助犯罪分子逃避处罚案(第四百一十七条)

帮助犯罪分子逃避处罚罪是指有查禁犯罪活动职责的司法及公安、国家安全、海关、税务等国家机关工作人员,向犯罪分子通风报信、提供便利,帮助犯罪分子逃避处罚的行为。

涉嫌下列情形之一的,应予立案:

1. 向犯罪分子泄漏有关部门查禁犯罪活动的部署、人员、措施、时间、地点等情况的;

2. 向犯罪分子提供钱物、交通工具、通讯设备、隐藏处所等便利条件的;

3. 向犯罪分子泄漏案情的;

4. 帮助、示意犯罪分子隐匿、毁灭、伪造证据,或者串供、翻供的;

5. 其他帮助犯罪分子逃避处罚应予追究刑事责任的情形。

4. 最高人民法院、最高人民检察院、中华人民共和国公安部、国家工商行政管理局(已变更)《关于依法查处盗窃、抢劫机动车案件的规定》

(实施日期:1998 年 5 月 8 日　公通字[1998]31 号)(节录)

十、公安人员对盗窃、抢劫的机动车辆,非法提供机动车牌证或者为其取得机动车牌证提供便利,帮助犯罪分子逃避处罚的,依照《刑法》第四百一十七条规定处罚。

【犯罪构成】

(一)主体要件

本罪的主体为特殊主体,只能是负有查禁犯罪活动职能的国家机关工作人员,非上述人员不能构成帮助犯罪分子逃避处罚罪主体。有查禁犯罪活动职责的国家机关工作人员,主要指司法机关(包括公安机关、国家安全机关、人民检察院、人民法院)的工作人员,此外,各级党委、政府机关中主管查禁犯罪活动的人员也包括在内。

(二)主观要件

本罪在主观方面表现为故意,即要求行为人必须出于故意才能构成。行为人明知其为犯罪分子处于查禁之列,仍然向其通风报信、提供便利,目的在于使犯罪分子逃避处罚。至于行为人主观上出于何种动机,是出于恻隐之心还是基于亲朋关系等,在此不问。如果不知是犯罪分子,无意透露消息提供便利的,不构成帮助犯罪分子逃避处罚罪。但是一旦发现是犯罪分子仍然为其通风报信、提供便利,帮助其逃避处罚的,则应以帮助犯罪分子逃避处罚罪论处。

(三)客观要件

本罪在客观方面表现为有查禁犯罪活动职责的国家机关工作人员,向犯罪分子通风报信、提供便利,帮助犯罪分子逃避处罚的行为。

(四)客体要件

本罪侵犯的客体是国家机关的威信和正常活动。

本罪的犯罪对象必须是犯罪分子,其中包括犯罪之后,潜逃在外,尚未抓获的犯罪分子,也包括尚未被司法机关发觉的犯罪分子。

量刑部分

【量刑标准】

犯本罪的,处三年以下有期徒刑或者拘役;情节严重的,处三年以上十年以下有期徒刑。

截至目前,尚无本罪名关于量刑的司法解释。

招收公务员、学生徇私舞弊罪　《刑法》第418条

国家机关工作人员在招收公务员、学生工作中徇私舞弊,情节严重的,处三年以下有期徒刑或者拘役。

定罪部分

【罪名概念】

招收公务员、学生徇私舞弊罪,是指国家机关工作人员在招收公务员、学生工作中徇私舞弊,情节严重的行为。

【司法解释】

1. 最高人民检察院《关于人民检察院直接受理立案侦查案件立案标准的规定(试行)》

(实施日期:1999年9月9日　高检发研字[1999]10号)(节录)

(三十二)招收公务员、学生徇私舞弊案(第418条)

招收公务员、学生徇私舞弊罪是指国家机关工作人员在招收公务员、省级以上教育行政部门组织招收的学生工作中徇私舞弊,情节严重的行为。

涉嫌下列情形之一的,应予立案:

1. 徇私情、私利,利用职务便利,伪造、变造人事、户口档案、考试成绩等,弄虚作假招收公务员、学生的;

2. 徇私情、私利,3次以上招收或者一次招收3名以上不合格的公务员、学生的;

3. 因招收不合格的公务员、学生,导致被排挤的合格人员或者其亲属精神失常或者自杀的;

4. 因徇私舞弊招收公务员、学生,导致该项招收工作重新进行的;

5. 招收不合格的公务员、学生,造成恶劣社会影响的。

2. 最高人民检察院《人民检察院直接受理立案侦查的渎职侵权重特大案件标准(试行)》

(实施日期:2002年1月1日　高检发[2001]13号)(节录)

三十二、招收公务员、学生徇私舞弊案

(一)重大案件

1. 五次以上招收不合格公务员、学生或者一次招收五名以上不合格公务员、学生的;

2. 造成县区范围内招收公务员、学生工作重新进行的;

3. 因招收不合格公务员、学生,导致被排挤的合格人员或者其亲属精神失常的。

(二)特大案件

1. 七次以上招收不合格公务员、学生或者一次招收七名以上不合格公务员、学生的;

2. 造成地市范围内招收公务员、学生工作重新进行的;

3. 因招收不合格公务员、学生,导致被排挤的合格人员或者其亲属自杀的。

3. 最高人民检察院《关于渎职侵权犯罪案件立案标准的规定》

(实施日期:2006 年 7 月 26 日　高检发释字[2006]2 号)(节录)

(三十四)招收公务员、学生徇私舞弊案(第四百一十八条)

招收公务员、学生徇私舞弊罪是指国家机关工作人员在招收公务员、省级以上教育行政部门组织招收的学生工作中徇私舞弊,情节严重的行为。

涉嫌下列情形之一的,应予立案:

1. 徇私舞弊,利用职务便利,伪造、变造人事、户口档案、考试成绩或者其他影响招收工作的有关数据,或者明知是伪造、变造的上述材料而予以认可的;

2. 徇私舞弊,利用职务便利,帮助 5 名以上考生作弊的;

3. 徇私舞弊招收不合格的公务员、学生 3 人次以上的;

4. 因徇私舞弊招收不合格的公务员、学生,导致被排挤的合格人员或者其近亲属自杀、自残造成重伤、死亡,或者精神失常的;

5. 因徇私舞弊招收公务员、学生,导致该项招收工作重新进行的;

6. 其他情节严重的情形。

【犯罪构成】

(一)主体要件

本罪的主体是国家机关工作人员。

(二)主观要件

本罪主观方面表现为故意。这里的故意,是指明知是招收公务员、学生徇私舞弊行为而有意实施的主观心理状态。本罪须出于徇私的动机。

(三)客观要件

本罪在客观方面表现为在招收公务员、学生工作中徇私舞弊,情节严重的行为,具体表现为:

(1)徇私舞弊,把不符合条件的人招收为公务员、学生;

(2)为私利,把不符合条件的人招收为公务员、学生;

(3)弄虚作假,把自己的亲朋好友招收为公务员、学生;

(4)其他徇私舞弊、弄虚作假把不符合条件的人招收入公务员、学生。

在招收公务员、学生时弄虚作假、徇私舞弊,一般都是以牟利为目的,或者为自己谋取不正当利益。

（四）客体要件

本罪侵犯的客体是国家机关的正常活动和招收工作制度。招收工作关系到招收对象的前途和命运，是一项政策性很强的工作，在招考工作中的徇私舞弊，严重破坏了国家对招收公务员、学生招考制度，妨害了国家对人才的选拔、培养，危害了国家机关的管理活动。因此，对招收公务员、学生工作中的徇私舞弊情节严重的行为予以刑罚制裁，对严肃招考和维护国家人才、干部选拔培养制度，以及反腐倡廉、净化社会风气，促进社会主义精神文明建设都具有十分重要的意义。

【罪名辨析】

本罪与非罪的界限

对于国家机关工作人员在招收公务员、学生工作中徇私舞弊，是否构成犯罪，关键在于是否具备严重情节。如果情节严重，应依法认定为构成招收公务员、学生徇私舞弊罪。而对于情节没有达到严重程度的，则不以招收公务员、学生徇私舞弊罪。

对于不构成招收公务员的徇私舞弊犯罪的招收公务员徇私舞弊行为，根据《国家公务员条例》第八十六的规定，对主要的或者直接负责人员，根据情节轻重，给予批评教育或者行政处分。对不构成招收学生徇私舞弊的招收学生徇私舞弊行为，根据《刑法》第七十七条的规定，对直接负责的主管人员和其他责任人员行政处分。因此，区分罪与非罪的界限在于是否情节严重。

量刑部分

【量刑标准】

犯本罪，情节严重的，处三年以下有期徒刑或者拘役。

截至目前，尚无本罪名关于量刑的司法解释。

失职造成珍贵文物损毁、流失罪 《刑法》第419条

国家机关工作人员严重不负责任，造成珍贵文物损毁或者流失，后果严重的，处三年以下有期徒刑或者拘役。

定罪部分

【罪名概念】

失职造成珍贵文物损毁、流失罪，是指国家机关工作人员严重不负责任，造成珍贵文物损毁或者流失，后果严重的行为。

【司法解释】

1. 最高人民检察院《关于人民检察院直接受理立案侦查案件立案标准的规定(试行)》

(实施日期:1999年9月9日　高检发研字[1999]10号)(节录)

(三十三)失职造成珍贵文物损毁、流失案(第419条)

失职造成珍贵文物损毁、流失罪是指国家机关工作人员严重不负责任,造成珍贵文物损毁或者流失,后果严重的行为。

涉嫌下列情形之一的,应予立案:

1. 导致国家一、二、三级文物损毁或者流失的;
2. 导致全国重点文物保护单位或者省级文物保护单位损毁的;
3. 其他后果严重的情形。

2. 最高人民检察院《人民检察院直接受理立案侦查的渎职侵权重特大案件标准(试行)》

(实施日期:2002年1月1日　高检发[2001]13号)(节录)

三十三、失职造成珍贵文物损毁、流失案

(一)重大案件

1. 导致国家一级文物损毁或者流失一件以上的;
2. 导致国家二级文物损毁或者流失三件以上的;
3. 导致国家三级文物损毁或者流失五件以上的;
4. 导致省级文物保护单位严重损毁的。

(二)特大案件

1. 导致国家一级文物损毁或者流失三件以上的;
2. 导致国家二级文物损毁或者流失五件以上的;
3. 导致国家三级文物损毁或者流失十件以上的;
4. 导致全国重点文物保护单位严重损毁的。

3. 最高人民检察院《关于渎职侵权犯罪案件立案标准的规定》

(实施日期:2006年7月26日　高检发释字[2006]2号)(节录)

(三十五)失职造成珍贵文物损毁、流失案(第四百一十九条)

失职造成珍贵文物损毁、流失罪是指文物行政部门、公安机关、工商行政管理部门、海关、城乡建设规划部门等国家机关工作人员严重不负责任,造成珍贵文物损毁或者流失,后果严重的行为。

涉嫌下列情形之一的,应予立案:

1. 导致国家一、二、三级珍贵文物损毁或者流失的;
2. 导致全国重点文物保护单位或者省、自治区、直辖市级文物保护单位损毁的;
3. 其他后果严重的情形。

【犯罪构成】

（一）主体要件

本罪主体是特殊主体，即国家机关工作人员。本条所称“国家机关工作人员”是指负有管理、保护文物职责的国家机关工作人员，包括博物馆（院）、纪念馆、图书馆的工作人员、文化行政部门中主管文物保护工作的人员等，并非指所有的国家工作人员。

（二）主观要件

本罪的主观方面只能由过失构成，故意不构成本罪，也就是说，行为人对于其行为所造成重大损失结果，在主观上并不是出于故意而是由于过失造成的。也就是他应当知道自己严重不负责任的行为，可能会造成珍贵文物损毁或者流失，但是他由于疏忽大意而没有预见，或者是虽然已经预见到可能会发生，但他凭借着自己的知识或者经验而轻信可以避免，以致发生了造成严重损失的危害结果。行为人主观上的过失是针对造成重大损失的结果而言，但并不排斥行为人对违反工作纪律和规章制度或对自己的作为和不作为行为则可能是故意的情形。如果行为人在主观上对于危害结果的发生不是出于过失，而是出于故意，不仅预见到，而且希望或者放任它的发生，那就不构成本罪，而构成其他的故意犯罪。

（三）客观要件

本罪在客观方面表现为国家机关工作人员违反工作纪律、规章制度，擅离职守不尽职责义务，或者不正确履行职责义务，造成珍贵文物损毁或者流失，后果严重的行为。

严重不负责任，是指不履行法律规定和其职务要求的文物保护、管理职责，或者在履行职务中敷衍塞责，草率应付，不尽职责。其具体表现形式是多种多样的，例如对馆藏珍贵文物不按《文物馆藏品管理办法》的规定建立固定、专用的库房，设专人管理；库房设备和措施不符合防火、防盗、防潮、防虫、防尘、防光、防震、防空气污染的要求；珍贵文物出库归库手续不健全；安全检查制度形同虚设；发现不安全因素，不及时采取措施纠正；发生火灾、文物失窃等案件不及时报告当地公安部门、文物行政管理部门和国家文物局；等等。具体表现如何，不影响本罪的成立。所谓损毁，即损坏和毁灭，既包括使珍贵文物部分破损，使其丧失部分价值，即造成原有价值的减少，例如，使能作为珍贵文物的手稿大面积污损，致其字迹难以辨认，又包括使珍贵文物完全毁灭，从而丧失其全部价值，如珍贵书画被烧毁，珍贵陶器、瓷器被砸碎等。所谓流失，是指被盗、遗失而下落不明或者流落至国外、境外。

本罪是结果犯，严重不负责任的行为必须后果严重，才构成犯罪。所谓后果严重是指造成较多的珍贵文物损毁、流失的；致使珍贵文物流失国外的；造成特别珍贵文物损毁、流失的；由于珍贵文物被毁，给历史、艺术、科学研究造成了严重的影响，社会影响极坏，流失的文物已无法追回，等等。

（四）客体要件

本罪侵犯的客体是国家机关的正常活动。由于国家工作人员对本职工作严重不负责,不遵纪守法,违反规章制度,不履行应尽的职责义务,致使国家机关的文物保护工作遭到破坏,给国家、集体和人民利益造成严重损害,从而危害了国家机关的正常活动。

犯罪对象为珍贵文物,毁损一般的文物,不构成本罪。所谓珍贵文物,是指具有重要历史、艺术、科学价值的文物,主要包括国家规定的一、二级文物,三级文物要确定为珍贵文物的,应经国家文物鉴定委员会确认。其中,一级文物是指具有特别重要价值的代表性文物;二级文物是指具有重要价值的文物;三级文物是指具有一定价值的文物。至于文物,按照《文物保护法》第二条的规定,则是指:(1)具有历史、艺术科学价值的古文化遗址、古墓葬、古建筑、古窟寺和石刻;(2)与重大历史事件、革命运动和著名人物有关的,具有重要纪念意义、教育意义和史料价值的建筑物、遗址和纪念物;(3)历史各时代的珍贵艺术品、工艺美术品;(4)重要的革命文献数据以及具有历史、艺术和科学价值的手稿、古旧图书数据等;(5)反映历史上各时代、各民族社会制度、社会生产、社会生活的代表性实物。古脊椎动物化石和古人类化石同文物一样受国家保护。

量刑部分

【量刑标准】

犯本罪,后果严重的,处三年以下有期徒刑或者拘役。

截至目前,尚无本罪名关于量刑的司法解释。

第十章 军人违反职责罪

一、军人违反职责罪概念

军人违反职责罪主要是指军人违反军人职责、危害国家军事利益的行为。为了依法惩治军人违反职责犯罪,保护国家军事利益,刑法分则第十章专门规定了军人违反职责罪。

二、军人违反职责罪犯罪构成

(一)主体要件

本类犯罪的主体为特殊主体,即军人。具体而言包括下列三类:第一,中国人民解放军和中国人民武装警察部队现役军人,包括中国人民解放军的现役军官、文职干部、士兵及具有军籍的学员和中国人民武装警察部队的现役警官、文职干部、士兵及具有军籍的学员。中国人民武装警察部队是我国武装力量的一部分,也采取兵役制,武警部队的官兵在服役期间享有军籍,履行军职。现役军人从公民被兵役机关正式批准入伍之日起始,至其为部队批准退役、退休、离休或被除名、开除之日为止。在军人服役期间犯军职罪而在退役、离役之后才发现的,在没有超过追诉时效的情况下,仍应按本类犯罪处理。第二,战时预备役人员,是指执行军事任务的预备役人员。根据《兵役法》的规定,预备役人员在战时拒绝、逃避征召或者军事训练,情节严重的,也可成为本类犯罪的主体。第三,其他军内在编职工,主要是指执行军事任务的其他军内人员。

(二)主观要件

本类犯罪的主观方面主要为故意犯罪,少数可以由过失构成,有些犯罪还要求特定的目的,如战时自伤罪,必须以逃避作战义务为目的。

(三)客观要件

本类犯罪在客观方面表现为行为人实施了违反军人职责、危害国家军事利益的行为。所谓违反军人职责,是指行为人不遵守国家有关军事法规命令、条例等所确定的具体职责。这些职责有些是针对每个军人的、普遍性的职责,如《中华人民共和国兵役法》第七条规定"现役军人必须遵守军队的命令和条例,忠于职守,随时为保卫祖国而战斗"。有些是针对特定种类的军人作出的具体的规定,如《战斗条令》《舰艇条令》《飞行条令》等。所谓危害国家军事利益,是指行为人违反军人职责的行为导致了对国家军事利益的侵害。军人违反职责的行为,既可以表现为作为,也可以表现为不作为,前者如逃离部队罪、阻碍执行职务罪,后者如遗弃伤员罪、玩忽职守罪,也有的犯罪既可以由作为构成,也可以由不作为构成,如战时违抗作战命令罪、逃避、拒绝军事义务罪。法定的时间、地点是本类犯罪中某些犯罪构成的必要客观条件,如"战时""战场"是某些犯罪构成必须具备的因素。

(四)客体要件

本类犯罪侵犯的客体是国家的军事利益。所谓军事利益,是指国家的军事设施、军事装备、国防建设、武装斗争、军事后勤供给、军事技术研究等方面的利益。军事利益是直接关系着国家安危和人民幸福的利益,是国家的最基本的利益;如果国家的军事利益受到侵害,就是国家本身受到威胁,则根本无法实现国家和人民的其他利益,所以,应当受到国家法律的保护。

三、军人违反职责罪种类

刑法分则第十章共涉及三十二个条文、三十一个罪名。

军人违反职责罪 《刑法》第420条

军人违反职责,危害国家军事利益,依照法律应当受刑罚处罚的行为,是军人违反职责罪。

一、军人违反职责罪概念

军人违反职责罪,是指军人违反职责,危害国家军事利益,依照法律应当受刑罚处罚的行为。

为了保证军人正确履行职责,以维护国家安全、祖国统一,巩固国防,保证在战争状态下军队的有力指挥,刑法在分则第十章中专门规定了军人违反职责罪。该章从军人履行职责的各个方面规定了战时违抗命令罪、投降罪、谎报军情罪、临阵脱逃罪、故意泄露军事秘密罪、遗弃武器装备罪、私放俘虏罪等三十余种犯罪。

二、军人违反职责罪犯罪构成

(一)主体要件

军人违反职责罪主体必须是中国人民解放军的现役军官、文职干部、士兵及具有军籍的学员或者中国人民武装警察部队的现役警官、文职干部、士兵及具有军籍的学员以及执行军事任务的预备役人员和其他人员才能构成本罪。

除此之外的其他人员不能成为军人违反职责罪的主体,也不能适用军人违反职责罪一章的规定。应当注意的是,如果上述人员在服役期间犯了军人违反职责罪,而在退役之后才被发现的,只要未过法律规定的追究其刑事责任的时效,仍应当按照军人违反职责罪追究刑事责任。如果上述人员在服役之前犯罪,而在服役期间被发现,不应当按照军人违反职责罪追究刑事责任,而应当按照刑法其他规定追究刑事责任。

(二)主观要件

军人职责的范围,是我国宪法、法律、法规以及各种军事法规、规章中规定的军人职责。比如《宪法》明确规定,中华人民共和国武装力量的任务是巩固国防,抵抗侵略,保卫祖国,保卫人民的和平劳动,参加国家建设事业,努力为人民服务。《兵役法》规定,现役军人必须遵守宪法和法律,遵守军队的条令和条例,忠于职务,随时为保卫祖国而战斗。中国人民解放军的《内务条令》《纪律条令》《保守国家军事机密条例》以及其他各类专门军事法规、规章中对于各类军人的一般职责,各级指挥人员、主管人员、值班值勤人员及其他专门人员的具体职责等都作了明确的规定。这是所有军人都应当严格遵守和履行的神圣职责。任何违反军人职责的行为,都要按照军纪处理,触犯刑法,构成军人违反职责罪的,要依法追究刑事责任。

(三)客观要件

军人违反职责、危害国家军事利益的行为表现多样,其危害程度的大小也各有不同。法律对于军人违反职责危害国家军事利益的哪些行为构成犯罪作了具体规定,也规定了不同的定罪标准,有的行为只要实施了就可构成犯罪,有的行为要求造成了一定的危害后果才能构成。只有依照刑法或者其他法律的规定,应当受到刑罚处罚的行为,才能构成犯罪,这也是区分军人违反职责犯罪与一般的违反军队纪律行为的界限。

(四)客体要件

军人违反职责犯罪必须对国家的军事利益造成危害,就是对国家在国防建设、武装力量建设以及军事行动等方面的利益造成了危害。如果没有危害国家军事利益,也不构成军人违反职责犯罪。军人违反职责的犯罪对国家军事利益的危害可以表现在许多方面,如危害部队的作战行动,破坏武器装备、军事设施,泄露军事机密;等等。军人违反职责罪对国家军事利益的危害可能是直接的,如直接危害了作战行动,导致作战失败;也有可能是间接的,如自伤身体。在军事行动中残害、掠夺无辜居民等。军人违反职责罪对国家军事利益的危害既包括对国家军事利益已经造成危害后果的,也包括可能危害国家军事利益的情况。

三、军人违反职责罪种类

军人违反职责罪共三十二个条文条涉及三十一个罪名,即战时违抗命令罪、隐瞒、谎报军情罪、拒传、假传军令罪、投降罪、战时临阵脱逃罪、擅离、玩忽军事职守罪、阻碍执行军事职务罪、指使部属违反职责罪、违令作战消极罪、拒不救援友邻部队罪、军人叛逃罪、非法获取军事秘密罪、为境外窃取、刺探、收买、非法提供军事秘密罪、故意泄露军事秘密罪、过失泄露军事秘密罪、战时造谣惑众罪、战时自伤罪、逃离部队罪、武器装备肇事罪、擅自改变武器装备编配用途罪、盗窃、抢夺武器装备、军用物资罪、非法出卖、转让武器装备、遗弃武器装备罪、遗失武器装备罪、擅自出卖、转让军队房地产罪、虐待部属罪;遗弃伤病军人罪、战时拒不救治伤病军人罪、战时残害居民、掠夺居民财物罪、私放俘虏罪、虐待俘虏罪。

战时违抗命令罪 《刑法》第421条

战时违抗命令,对作战造成危害的,处三年以上十年以下有期徒刑;致使战斗、战役遭受重大损失的,处十年以上有期徒刑、无期徒刑或者死刑。

定罪部分

【罪名概念】

战时违抗命令罪,是指军人在战时故意违抗上级命令,对作战造成危害的行为。

【犯罪构成】

(一)主体要件

本罪主体为特殊主体,即是与作战命令发布者有隶属关系的下级军职人员。也就是说命令发布者为上级,命令承受者为下级。这种上下级关系的确立,主要是通过正式的任职、授权命令,特殊情况下,还可以根据某些条令、条例确定。如《中国人民解放军现役军官服役条例》第十二条第一款规定:"在执行作战、抢险救灾等紧急任务时,上级首长有权暂时免去违抗命令、不履行职责或不称职的所属军官的职务,并可以临时指派其他军人代理。"经正式任职的上级和执行紧急任务时的军官"代理"人,有权在其职责范围内发布作战命令,因此,在违抗命令的行为人与该命令的发布人之间,行政职务上必须有隶属关系,行为人有义务执行该命令。这种隶属关系既可以是直接的隶属关系,即违抗命令的行为人是下达命令的首长的直接部属,也可以是越级的隶属关系,即违抗命令的行为人是下达命令的首长的下级部属。

(二)主观要件

本罪在主观方面表现为故意。即明知是上级关于作战问题的命令,却故意予以违抗。其动机,有的是贪生怕死,有的是为了保存自己的实力,还有的是对上级不满,以违抗命令发泄私愤,也有的是基于狭隘的杀敌复仇心理,不顾全大局、轻举妄动等。不论具体动机如何,都不影响本罪的成立。战场情况是复杂多变的,如果军人在执行命令中,发现情况发生变化,或者命令的内容与客观实际不符,原封不动地执行该命令会造成严重后果,而又来不及或者无法请示报告时,根据《内务条令》的规定,部属根据首长和上级总的意图,以高度负责的精神,从当时当地的实际情况出发,积极主动地果断行事,坚决完成任务,事后迅速向首长报告。这种情况虽然部属没有执行原命令,但不能认定其有违抗命令的主观故意。

(三)客观要件

本罪在客观方面表现为行为人战时违抗作战命令,并对作战造成危害的行为。鉴于平时违抗命令与战时违抗命令的危害程度有重大区别,而且平时违抗命令所造成的实际危害后果容易被预见的控制,因此不宜将平时违抗命令的行为与战时违抗命令的行为同等看待,都追究刑事责任。因此,本条规定违抗命令的行为只要发生在战时即可构成犯罪。在和平时期违抗上级某项命令,一般按军纪处理,不构成本罪。

作战命令,是指上级在职权范围内对下级、部属下达的必须执行的关于作战的命令、指示等。如兵力集结时间、地点、火力配属,攻击方案,战斗梯队安排,撤出战斗等有关作战准备、作战实施的具体问题。如果首长违背自己的职责,滥用权力,以"命令"的方式向部属提出不正当的要求,部属在根据《内务条令》的规定按级或者越级提出意见的同时,没有按照其要求去做,不是违抗命令。

违抗命令的行为在客观上是公然违背并抗拒执行命令,包括拒绝接受命令,在执行命令中拒绝按照命令的具体要求去行动等。其具体表现形式因命令的实际内容而有所不同,可分为不作为和作为两类。不作为的违抗命令在实践中较为常见,如不服从调遣,拒不接受上级部属的任务,该发起进攻而拒不前进,该撤出阵地而拒不撤退等。作为的违抗命令也可能发生,如执行潜伏任务时擅自主动攻击敌人,进攻敌人时擅自改变攻击目标等。这些违抗命令的行为虽然表现形式各不相同,但在本质上都是没有执行命令。

战时违抗命令,只有对作战造成危害时才构成犯罪。对作战造成危害主要是指,造成战斗、战役失利;干扰了作战部署,贻误了战机或动摇了首长的战斗决心;暴露了我军作战意图,给敌人可乘之机,造成部队较大损失等。战时违抗命令的行为不论是作为违纪还是犯罪,都是具有社会危害性的。这种社会危害性直接表现为对作战造成危害,因为战时的命令反映了作战的客观需要,违抗命令必然妨害命令的贯彻实施,最终危害作战,所以对作战造成危害是战时违抗命令行为的必然结果。只是这种危害的具体表现形式因案而异,有的大,有的小,有的是现实的、具体的,也有的是潜在的、抽象的。不可能存在战时违抗命令而对作战没有造成危害的情况,否则也就完全没有理由把战时违抗命令的行为作为违纪行为严令禁止。在少数情况下,可能出现因执行上级命令而对作战利益造成危害后果的情况,对此,应由发布命令者承担责任,执行命令者不构成犯罪。

(四)客体要件

本罪侵犯的客体是作战指挥秩序。作战指挥秩序要求全体参战人员必须服从命令,听从指挥,坚决做到有令必行,有禁必止。我军是高度集中统一的武装集团,一切行动听指挥,坚决执行命令,是我军克敌制胜、完成各项任务的重要保证。尤其是在现代战争条件下诸兵种协同作战,参战人员众多,武器装备繁杂,战机千变万化,更要求每一名参战人员务必严格执行命令。为此,《内务条令》第十二条专门把"服从命令""坚决完成任务"规定为军人誓言的重要内容;第五十九条规定"部属、下级必须服从首长、上级";第六十条规定"部属对命令必须坚决执行"。战时违抗命令的行为,使得首长的指挥意图无法实现,导致作战指挥失灵,妨害部队的统一行为,将给作战造成严重危害。

【罪名辨析】

(一)区分罪与非罪的界限

不是故意违抗作战命令,而是由于客观条件限制行为人不能完成战斗任务的,或是执行错误命令而导致战斗失利的,或者违抗的是上级与作战无关的指示的,不构成违抗作战命令罪。

(二)区分本罪与阻碍执行军事职务罪的界限

违抗作战命令的行为,有时与阻碍指挥人员执行职务的行为容易混淆,两者的区别是:

1. 前者侵害的对象是上级首长或者指挥人员的命令、指示,后者侵害的对象则是指挥人员或值班、值勤人员本身。

2. 前者一般由不作为的行为构成,后者则是一种积极作为的犯罪行为。

3. 前者只要有不执行命令的消极行为,并且对作战造成危害的,即构成犯罪,后者则要求行为人在客观方面采取了暴力、威胁手段。

4. 前者只能发生在战时,后者既可发生在战时,又可以发生在平时。

(三)区分本罪与战时临阵脱逃罪的界限

从广义上讲,军人在接受作战任务后临阵脱逃的,本身就是一种严重的违抗作战命令行为。但在定罪时,要严格把握两者的界限。区别主要有以下几点:

1. 战时违抗命令罪侵害的是作战指挥秩序,而战时临阵脱逃罪侵害的是军人参战秩序。

2. 战时违抗命令罪在客观方面表现为违背并抗拒执行命令,其行为一般发生在接受上级命令时,行为人公然抗拒执行上级的命令,但并不需要采取脱离岗位的方式,而战时临阵脱逃罪表现为脱离岗位逃避参加作战,其行为一般发生在已受领了具体的作战任务后,而且必须表现为脱离岗位。

3. 犯罪的目的不同,战时违抗命令罪是为了达到不执行命令的目的,而战时临阵脱逃罪是为了达到不参加作战的目的。

在具体案件中,战时违抗命令的行为与战时临阵脱逃的行为可能出现犯罪竞合的现象,即以临阵脱逃的方式抗拒执行上级的命令。虽然战时违抗命令罪与战时临阵脱逃罪的法定最高刑都是死刑,但战时违抗命令罪的法定最低刑是三年有期徒刑,比战时临阵脱逃罪的法定最低刑要重,所以应按战时违抗命令罪论处。

(四)区分本罪与投降罪的界限

战时违抗命令罪与投降罪都是发生在战时的故意犯罪,而且投降敌人的行为在某种意义上也带有违抗命令的因素,在定罪上可能发生混淆。其区别主要有以下几点:

1. 犯罪客体不同。战时违抗命令罪所侵害的是作战指挥秩序,而投降罪侵害的是国防安全秩序和军人参战秩序。

2. 犯罪的客观方面不同。战时违抗命令罪表现为违背并抗拒执行上级的命令,但并不一定必须在面临敌人时,而投降罪表现为自动放下武器,向敌人投降,所以必须是在面临敌人时。

3. 犯罪的主观方面不同。这两种犯罪虽然都是故意犯罪,但行为人的主观目的不同,战时违抗命令罪是为了不执行上级命令,而投降罪是为了保全性命。

在具体案件中,战时违抗命令罪与投降罪可能出现犯罪竞合的现象,即行为人是在拒不执行命令的同时向敌人投降。对这种情况一般应按处理想象竞合犯的原则,以较重的罪名,即战时违抗命令罪论处。

(五)区分本罪与擅离、玩忽军事职守罪的界限

战时违抗命令罪和擅离、玩忽军事职守罪在行为的客观表现上有时很相似,侵害的直接客体也有相同之处,在定罪上可能发生混淆。其主要区别有以下几点:

1. 战时违抗命令罪所侵害的直接客体是作战指挥秩序;而擅离、玩忽军事职守罪侵害的是指挥和值班、值勤秩序。

2. 在犯罪的客观方面,战时违抗命令罪以违背并抗拒执行上级命令为特征,而且这种行为只能发生在战时,但并不要求必须造成严重后果,属于行为犯;而擅离、玩忽军事职守罪则以擅自离开正在履行职责的岗位,或者在履行职责的岗位上不履行职责及不正确履行职责为特征,这种行为并不一定发生在战时,但必须造成了严重后果,属于结果犯。

3. 犯罪主体上,战时违抗命令罪是军人违反职责罪中的一般主体,即所有军人;而擅离、玩忽军事职守罪是军人违反职责罪中的一种特殊主体,即指挥人员和值班、值勤人员。

4. 战时违抗命令罪是出于故意;而擅离、玩忽军事职守罪是出于过失。

量刑部分

【量刑标准】

犯本罪的,处三年以上十年以下有期徒刑;致使战斗、战役造成重大损失的,处十年以上有期徒刑、无期徒刑或死刑。

截至目前,尚无本罪名关于量刑的司法解释。

隐瞒、谎报军情罪;拒传、假传军令罪 《刑法》第422条

故意隐瞒、谎报军情或者拒传、假传军令,对作战造成危害的,处三年以上十年以下有期徒刑;致使战斗、战役遭受重大损失的,处十年以上有期徒刑、无期徒刑或者死刑。

定罪部分

【罪名概念】

隐瞒、谎报军情罪,是指军人故意掩盖军事情况,不报告或者报告不真实的军事情况,因而对作战造成危害的行为。

拒传、假传军令罪,是指军人在战时明知是与作战有关的命令、指示等而故意拒绝传递的行为。假传军令罪,是指军人战时伪造、篡改军事命令并予以传达或发布,对作战造成危害的行为。

【犯罪构成】

一、隐瞒、谎报军情罪

(一)主体要件

本罪主体为特殊主体,即军人。通常是各级指挥人员和情报工作人员,但在特殊情况下,其他军人也可以成为本罪主体。

(二)主观要件

本罪主观方面表现为故意,即明知是隐瞒、谎报军情的行为而有意实施的主观心理状态。

(三)客观要件

本罪在客观方面表现为军人故意掩盖军事情况,不报告或者报告不真实的军事情况,因而对作战造成危害的行为。

(四)客体要件

本罪侵犯的客体是武装力量的作战指挥秩序。

二、拒传、假传军令罪

（一）主体要件

本罪主体为特殊主体，即军人。但在司法实践中，犯拒传军令罪的，主要是负有传递军令职责的军人，如通信、机要人员等，其他军人由于职责上没有传递军令的义务，所以一般不能构成拒传军令罪。假传军令罪由于在客观方面任何人都可能虚构军令并加以传递，所以其犯罪主体并不限于特定的人员，除了与拒传军令罪相同的负有传递军令职责的军人外，其他军人也可以成为假传军令罪的犯罪主体。

（二）主观要件

本罪在主观方面表现为故意。即行为人明知自己拒传、虚传军令的行为将会对作战造成危害结果，却希望或者放任这种危害结果的发生。行为人拒不传递军令时，是否希望阻止有关部队和人员执行该命令，或者传递虚假的作战命令是否希望接受假命令的人执行，都不影响对其拒传、假传军令的主观故意的认定，因此本罪可以由间接故意构成。过失不构成拒传命令罪和假传命令罪。本罪的犯罪动机多种多样。对于因过失而错传命令，一般不追究其刑事责任。如对作战危害十分严重，需要追究刑事责任的，可按玩忽军事职守罪惩处。

（三）客观要件

本罪在客观方面表现为拒传或者假传军令，对作战造成危害的行为。军令是指与部队军事行动有关的命令，如人员配备，部队设防，担负的战备任务，进入或者解除等级战备，受领作战任务，部队开进、集结，兵力部署，火力配置，战斗编成，协同计划，保障方案等命令。拒传军令是指有条件传递军令而拒绝传递军令。如果确因受客观条件的限制，如联络中断等，无法及时传递军令，不能认为是拒传军令。假传军令是指故意传递虚假的军令。假传的军令既可以是无中生有凭空编造的，也可以是篡改真实的军令；既可以是行为人自己编造或者篡改的，也可以是行为人明知别人编造或者篡改后自己仍然予以传递的。拒传军令是不作为的行为方式，假传军令是作为的行为方式。

拒传军令和假传军令既可以单独实施，也可以结合在一起实施，即拒绝传递真实军令的同时反而故意传递虚假的军令，作为选择性罪名，不进行数罪并罚，只定一个拒传、假传军令罪。

无论是拒传军令还是假传军令的行为，必须是对作战造成危害的，才构成犯罪。如干扰作战部署，贻误战机，影响作战任务的完成；或使敌人有可乘之机，致使部队遭受不应有的伤亡等。对我军作战利益所造成危害的大小是定罪量刑时应考虑的重要情节。行为人虽然拒传、假传军令，但未造成危害结果的，依法不应追究其刑事责任，可按违反军纪处理。“致使战斗或战役遭受重大损失”包括，造成人员伤亡较大；重要武器装备损失较多；致使关键性战斗失利或影响战役全局利益的等。

(四)客体要件

本罪侵犯的客体是作战指挥秩序。军令是部队执行军事任务的依据,保证准确、及时地传递军令,是争取作战胜利的必要条件。拒传、假传军令的行为,严重妨害了各级首长对部队的指挥,破坏作战指挥秩序,将对作战造成严重危害。

【罪名辨析】

(一)区分隐瞒、谎报军情罪与拒传、假传军令罪的界限

二者侵犯的客体相同,主观上也均由故意构成,而且并列规定在同一条款内,因此要特别注意区别。它们的区别在于:

1. 主体要件不同。隐瞒、谎报军情罪的主体一般是担负侦察、通信、译电等任务的军职人员,但也包括其他执行作战任务的军人。拒传、假传军令罪的主体要件只能是负有传达命令任务或发布命令职权的参战军职人员。

2. 客观方面不同。隐瞒军情罪表现为故意将真实的军事情况掩盖起来,不报告给上级,从而造成危害的行为。谎报军情罪主要表现为编造虚假军事情报,从而使上级领导机关难以准确判断敌情,给作战利益带来损害的行为;假传军令罪主要表现为发布或传达虚拟的或不真实的命令,给作战利益造成危害的行为。

(二)区分谎报军情罪与战时造谣惑众罪的界限

战时造谣惑众罪是指战时制造谣言,致使军心不稳的行为。两者的主要区别是:

1. 主体不同。谎报军情罪的行为人,一般是负有传递、报告各种军职情况等特定职责的人。而战时造谣惑众罪则是任何参战人员均可构成。

2. 客观要件不同。谎报军情罪是对作战利益造成重大危害的谎报军情行为,战时造谣惑众罪则表现为在战时造谣惑众,致使军心动摇的行为,主要指散布在装备、士气、战绩、伤亡情况等方面吹嘘敌人、贬损我军的各种谣言。

(三)区分隐瞒军情罪与遗失武器装备罪的界限

隐瞒军情罪与遗失武器装备罪都有隐情不报的行为特征,而且遗失武器装备本身也属于军情,特别是遗失了重要武器装备,如将遗失武器装备的情况隐瞒,将可能造成隐瞒军情罪与遗失武器装备罪在定罪上发生混淆。这两种犯罪的主要区别有以下几点:

1. 隐瞒军情罪以隐瞒军情为主要特征,而遗失武器装备罪以遗失武器装备为主要特征,不及时报告仅是遗失武器装备是否构成犯罪的限制性条件,不能单独成为遗失武器装备罪在客观方面的主要特征。

2. 隐瞒军情的行为人并不一定就是军情本身的当事人,而在遗失武器装备罪中,不及时报告的行为人就是遗失武器装备的行为人。

3. 隐瞒军情罪是故意犯罪,而遗失武器装备罪是过失犯罪。

在司法实践中,对于遗失武器装备后不及时报告的,一般不能以隐瞒军情罪

论处,除非已对作战造成了严重的危害,如果继续以遗失武器装备罪论处,将造成明显的罚不当罪,才可考虑对其不及时报告的行为以隐瞒军情罪追究刑事责任。

(四)区分拒传、假传军令罪与战时违抗命令罪的界限

二者的区别在于:

1. 客观表现不同。假传军令罪是行为人传达或发布经过伪造或篡改的命令,只能表现为积极的行为,违抗作战命令罪则是拒不执行上级的作战命令,一般表现为不作为;拒传军令罪,也表现为不作为,即拒绝传达军事命令。但拒传军令罪的行为人拒绝的是对军事命令的传达,而违抗作战命令罪拒绝的是对军事命令的执行。

2. 主体要件不同。前罪的主体是负有传达命令职责和发布命令职权的军职人员,而违抗作战命令罪的主体,是接受命令的下级部属人员。

(五)区分拒传、假传军令罪与战时造谣惑众罪的界限

这两种犯罪都有编造事实,致使军心混乱的情况,二者的区别在于:

1. 在主观方面,战时造谣惑众罪往往是行为人在作战能力和作战结果上,夸大敌人贬低自己,目的在于动摇军心;假传军令罪则是编发虚假命令,其目的在于破坏作战部署,但从后果看,当然有涣散部队斗志的情况发生。

2. 主体方面,构成战时造谣惑众罪的主体,可以是任何参战人员的军职人员,而假传军令罪的主体一般是参战人员中负有传达命令职责和发布命令职权的人,是军人中的特殊主体。

量刑部分

【量刑标准】

犯本罪,对作战造成危害的,处三年以上十年以下有期徒刑;致使战斗、战役遭受重大损失的,处十年以上有期徒刑、无期徒刑或者死刑。

截至目前,尚无本罪名关于量刑的司法解释。

投降罪 《刑法》第423条

在战场上贪生怕死,自动放下武器投降敌人的,处三年以上十年以下有期徒刑;情节严重的,处十年以上有期徒刑或者无期徒刑。

投降后为敌人效劳的,处十年以上有期徒刑、无期徒刑或者死刑。

定罪部分

【罪名概念】

投降罪,是指军人在战场上,因贪生怕死、畏惧战斗,而自动放下武器,投降敌人的行为。

【犯罪构成】

(一)主体要件

本罪的主体为特殊主体,本罪主体必须是参战的军职人员,并且是具有使用武器打击敌人的行为能力的人。

(二)主观要件

本罪在主观方面表现为故意,即行为人明知自己放弃抵抗,向敌人投降的行为将会造成危害作战和国防安全的结果,却希望或者放任这种危害结果发生。在战场上敌我双方你死我活,投降敌人是迫于敌人的武装压力,为了保全自己的性命,而背弃军人的政治使命,屈服于敌人,所以投降的动机是贪生怕死。过失不构成本罪,在能够继续打击敌人的情况下,自动放下武器,投降敌人或束手就擒。

(三)客观要件

本罪在客观方面表现为在战场上自动放下武器向敌人投降的行为。投降敌人的行为只能发生在战场上,即在敌我双方进行作战活动的区域,包括陆域、海域和空域,实践中较多的是发生在敌众我寡、敌强我弱、被敌人包围或者追击的情况下。“在战场上”与“战时”有所区别,前者则强调的是敌我双方直接交战,彼此互有具体的作战行动,而后者仅说明是在战争时期,敌我双方不一定发生了直接的作战行动。

自动放下武器是投降罪的客观方面的主要行为特征,对其含义应作广义的理解。即行为人当时能够使用武器杀伤敌人,保护自己,却有意不使用武器,放弃抵抗。一般情况下,凡可以使用武器进行抵抗而不抵抗的,无论是自动抛弃了武器,还是武器仍然持在手中,甚至将武器砸毁等,都属于“自动放下武器”的范畴。实践中,行为人对自动放下武器投降敌人的行为,往往有多种辩解。如有的谎称枪炮损坏,弹药耗尽;有的假装重伤;还有的采取停火谈判等手段,掩盖其投降敌人的犯罪行为。对于在战场上因患病、受伤,丧失继续战斗能力,以及在战斗中被敌人打散或包围、被叛徒出卖或误入敌人阵地等而被俘的,不构成本罪。对于因听从上级命令放下武器投降敌人的,也不宜以投降罪论处。

投降敌人,主要是指向战争或者武装冲突中的敌对一方屈服。根据《刑法》第四百五十一条的规定,部队执行戒严任务或者处置突发性暴力事件时,应以战时论。所以在这种情况下向暴力侵害者投降,也应视为向敌人投降。如在执行戒严任务时遭到武装暴徒的袭击,或者哨兵在哨位上遭到身份不明的武装人员的袭击,为了保全性命而向对方缴械,均应视为投降行为。

本条没有要求必须造成一定后果才构成本罪。情节严重是本罪的加重情节。所谓情节严重,主要指首长带领部属集体投敌的;因投敌导致阵地丢失、人员伤亡、重要武器装备受损、战斗失利等危害结果的;携带秘密文件或从事机要的军职人员投降敌人的;在投降敌人过程中,用暴力、威胁手段反抗阻挠、干预其投降的其他人员的;对投降敌人的犯罪事实矢口否认,态度恶劣的等。行为人虽然投降敌人,但投敌后只要不为敌人效劳,不构成新的犯罪的,依法不处以死刑。这充分体现了对因贪生怕死投降敌人的人着重在教育、挽救的宽严相济的刑事政策。

(四)客体要件

本罪侵犯的客体是军人参战秩序和国防安全秩序。我军是我国人民民主专政政权的坚强柱石,每一名军人都肩负着保卫祖国的神圣使命。我国《宪法》第二十九条规定,中华人民共和国武装力的任务是“巩固国防,抵抗侵略,保卫祖国,保卫人民的和平劳动”等。《国防法》第五十六条规定:“现役军人必须忠于祖国,履行职责,英勇战斗,不怕牺牲,捍卫祖国的安全、荣誉和利益。”《内务条令》第十二条规定,军人要宣誓做到“英勇战斗,不怕牺牲”“在任何情况下,绝不背叛祖国,绝不叛离军队”。可见,军人在战场上参加作战,理当英勇杀敌,不怕牺牲,这是军人职责对参战人员的最基本要求。投降敌人的行为不仅违背了军人职责的最基本要求,破坏了参战秩序,而且更严重的是屈服于敌人意味着军人背弃了自己的政治使命,违背了自己所担负的国防义务,将最终对国防安全造成危害。所以,投降罪侵犯的是双重客体。

【罪名辨析】

(一)区分投降敌人和被敌俘虏的界限

一般情况下,投降敌人是主动的,被敌俘虏则完全是被迫的;投降敌人前具有自动放下武器的情节,而被敌俘虏时已不具备使用武器进行抵抗的条件。如因弹药耗尽、武器毁损、严重伤病、极度疲惫而无法使用武器进行抵抗被敌人俘获的;或者遭到敌人突然袭击,措手不及未能使用武器进行抵抗而被敌人抓获的,都属于被敌俘虏,而不应认定为投降敌人。即使被俘后叛变,积极为敌人效劳的,也不应以本罪论处,而应适用《刑法》第一百零八条以投敌叛变罪论处。

(二)区分本罪与战时临阵脱逃罪的界限

投降罪是通过放下武器,屈服于敌人的方法达到保全性命的目的,而战时临阵脱逃罪是通过脱离战斗岗位、逃避参加作战等方法达到保全性命的目的。在具体案件中,投降罪与战时临阵脱逃罪可能会出现犯罪竞合现象,如部队正在阵地上与敌人作战,行为人贪生怕死,扔下武器逃离阵地,向敌人投降。对这种情况,一般应以投降罪论处,因为行为人临阵脱逃的目的是为了向敌人投降,而且如果没有其他严重情节,以投降罪论处也符合对想象竞合犯以较重的罪名论处的原则。但是如果由于行为人临阵脱逃投降敌人的行为致使战斗、战役遭受重大损失的,因战时临阵脱逃罪对这种情节的法定最高刑要重于投降罪的法定最高刑(投降后为敌人效劳属特定情节,其法定刑另当别论),则应以战时临阵脱逃罪论处,否则将违背对想象竞合犯以重罪论处的原则,造成罚不当罪。

(三)区分本罪与投敌叛变罪的界限

1. 投降罪只能发生在战场上,特别是敌我双方短兵相接、面临战斗的情况下,行为人必须自动放下武器,而投敌叛变罪主要发生在平时,即使发生在战时,一般也不是在面临战斗的情况下,如部队正在休整、待机或者转移途中,没有遭遇敌人的时候,所以行为人不存在放下武器的行为。

2. 在犯罪的主体上,投降罪的犯罪主体只能是参加作战的军人,而投敌叛变罪的犯罪主体既可以是军人,也可以是普通公民。

3. 在犯罪的主观方面,投降罪迫于敌人的武装压力,贪生怕死,背弃自己的政治命令,屈服于敌人,而投敌叛变罪则是出于信仰动摇、政治变节而投靠敌人。如果行为人蓄谋叛变投敌,在战场上积极寻找机会,直接投靠敌人的,不宜定投降罪,应以投敌叛变罪论处。

量刑部分

【量刑标准】

犯本罪的,处三年以上十年以下有期徒刑;情节严重的,处十年以上有期徒刑或者无期徒刑。

投降后为敌人效劳的,处十年以上有期徒刑、无期徒刑或者死刑。

截至目前,尚无本罪名关于量刑的司法解释。

战时临阵脱逃罪　《刑法》第424条

战时临阵脱逃的,处三年以下有期徒刑;情节严重的,处三年以上十年以下有期徒刑;致使战斗、战役遭受重大损失的,处十年以上有期徒刑、无期徒刑或者死刑。

定罪部分

【罪名概念】

战时临阵脱逃罪,是指军人在战斗中或者在接受作战任务后,因贪生怕死、畏惧战斗,擅自逃离战斗岗位的行为。

【关联法律】

《刑法》

第四百四十九条　在战时,对被判刑三年以下有期徒刑没有现实危险宣告缓刑的犯罪军人，允许其戴罪立功，确有立功表现的，可以撤销原判刑罚，不以犯罪论处。

【犯罪构成】

（一）主体要件

本罪的犯罪主体是所有军人，即《刑法》第四百五十条所规定的所有人员。从司法实践看，犯战时临阵脱逃罪的，既有士兵又有军官，既有战斗人员又有非战斗人员，既有单独一人实施的，又有纠集数人甚至率领建制部队共同实施的。

（二）主观要件

本罪在主观方面表现为故意且为直接故意。即行为人明知自己逃避参加战斗将会对作战造成危害结果，却希望或者放任这种危害结果的发生。临阵脱逃的动机，较多的是贪生怕死、畏惧战斗，也有的是不顾大局保存实力。行为人只要不是出于积极的战术目的，如在攻防作战中有组织地退却，诱敌深入，或者在追遇战中为完成其他任务不与敌人恋战，而有意回避作战等，都应认定有临阵脱逃的主观故意。

（三）客观要件

本罪在客观方面表现为行为人临阵擅自逃离战斗岗位的行为。临阵是指两种情况：一种是在战场上或战斗中；另一种情况是指部队虽然尚未进入战斗，但已受领战斗任务，正待命出击的场合下。临阵的地区范围既包括陆地战区，也包括海上、空中战区。军人只有在战斗中或待命出击情况下逃离部队，才存在临阵脱逃问题；如果在平时逃离部队，情节严重，需追究刑事责任的，则应按《刑法》第四百三十五条规定的逃离部队罪处理。

擅自逃离战斗岗位，是指行为人在没有得到指挥人员的命令或许可的情况下，擅自离开作战岗位的。无论行为人是完全离开部队或只是躲避在无危险之处，无论行为人是永远逃避兵役或只是临时逃避战斗，无论行为人在战斗岗位外逗留多长时间，均不影响本罪客观方面的成立。

临阵脱逃的表现方式是多种多样的，概括起来有作为与不作为两种形式。作为形式的临阵脱逃，是指行为人采取积极的方式实施逃避参加作战的行为，如正在与敌人作战时擅自撤出战斗，遇到敌人的攻击时逃离阵地等。不作为形式的临阵脱逃是指行为人采取消极的方式实施逃避参加作战的行为，如有意不随部队进入阵地，在执行作战任务时有意掉队等。不论临阵脱逃的具体表现形式如何，最终都是逃避参加作战，这是战时临阵脱逃罪的本质特征。临阵脱逃只是行为人为了逃避参加作战而离开岗位，通常并没有彻底地逃离部队。

本条中还规定了"情节严重"和"致使战斗、战役遭受重大损失"两种加重处罚情节。"情节严重"，是指：(1)携带武器装备或者军事秘密脱逃的；(2)煽动他人或组织他人脱逃的；(3)在战斗最激烈、最关键时刻，在重要岗位上脱逃的；(4)滥用红十字会旗帜或徽章以及以私自佩带红十字徽章和袖章的;(5)舰艇、飞行人员放弃舰艇、飞机脱逃的;(6)对处在危难情况下的军人和友邻部队,可以救援却脱逃的;(7)采用暴力、威胁手段达到脱逃目的等。"致使战斗、战役遭受重大损失"一般是指由于行为人犯本条罪,使部队遭受重大伤亡,战时遭受严重失利,或者严重影响了本次战役全局等。

(四)客体要件

本罪侵犯的客体是军人参战秩序。我军是我国人民民主专政政权的坚强柱石,每一名军人都肩负着保卫祖国的神圣使命。我国《宪法》第二十九条规定,中华人民共和国武装力量的任务是"巩固国防,抵抗侵略,保卫祖国,保卫人民的和平劳动"等。《国防法》第五十六条规定:"现役军人必须忠于祖国,履行职责,英勇战斗,不怕牺牲,捍卫祖国的安全、荣誉和利益。"我国《内务条令》第十二条规定,军人要宣誓做到"英勇战斗,不怕牺牲"。军人战时临阵脱逃的行为,不仅直接造成了部队减员,严重扰乱军人参战秩序,而且动摇军心,涣散斗志,削弱部队战斗力,影响部队完成作战任务,将对作战造成多方面的严重危害。

【罪名辨析】

(一)区分本罪与逃离部队罪的界限

两罪在客观方面都表现为违反军人职责,逃离部队工作、战斗岗位的行为。所不同是的:

1. 战时临阵脱逃罪的行为人在主观方面,是畏惧战斗、贪生怕死;逃离部队罪的在主观上是为了逃避兵役义务或其他个人目的。

2. 战时临阵脱逃罪的发生的时间、地点,只能在战时、战场上、战斗中或临战状态下;逃离部队罪则主要发生在平时,战时构成逃离部队罪的,也只是针对犯罪所处的时间而言。

3. 战时临阵脱逃罪只要行为人在战场上、战斗中或临战状态下,实施逃离战斗岗位的行为,即构成犯罪;逃离部队罪的一般是在行为人逃离部队的事实发生以后,且达到"情节严重"的程度才构成犯罪。

(二)区分本罪与擅离军事职守罪的界限

1. 战时临阵脱逃罪是战时犯罪,行为人有逃避参加作战的行为,但并不要求造成具体的危害后果,而擅离军事职守罪平时、战时都可以构成,战时犯罪则是加重处罚的条件,行为人是不履行指挥人员和值班、值勤人员的特定职责,而且必须造成严重后果。

2. 战时临阵脱逃罪是所有军人,属于军人违反职责罪的一般主体,而擅离军事职守罪是指挥人员和值班、值勤人员,属于军人违反职责罪中的特殊主体。

3. 战时临阵脱逃罪是故意犯罪,而擅离军事职守罪是过失犯罪。

(三)区分本罪与违令作战消极罪的界限

战时临阵脱逃罪与违令作战消极罪侵害的客体都是军人参战秩序,犯罪动机上可能都是出于贪生怕死,畏惧战斗,而且都是在面临作战任务的情况下,客观环境很相似,在定罪上可能发生混淆。其主要区别有以下几点:

1. 战时临阵脱逃罪表现为行为人已脱离岗位,没有继续参加作战,而违令作战消极罪表现为行为人虽仍在作战岗位上,但临阵畏缩,行动消极,以致造成了严重后果。如在我方阵地遭到敌人攻击时,行为人躲在掩体内不敢积极还击,或者在进攻敌人阵地时怕敌人反扑不敢大胆逼近敌人等,都不属临阵脱逃的行为,而是作战消极的行为。

2. 战时临阵脱逃罪是故意犯罪,而违令作战消极罪是过失犯罪。

(四)区分本罪与战时违抗命令罪的界限

这两种犯罪都发生在战时,而且都有不执行命令的行为,容易发生混淆。其主要区别在于客观方面的行为特征有所不同。前者一般发生在已受领了具体的作战任务后,其不执行命令的行为必须表现为脱离岗位;而战时违抗命令罪一般发生在接受上级命令时,行为人公然抗拒执行上级的命令,但其行为并不需要采取脱离岗位的方式。在具体案件中出现这两种犯罪竞合时,如在遭到敌人进攻时违反上级坚守阵地的命令逃离阵地等,应按处理想象竞合犯的原则,以较重的罪名战时违抗命令罪定罪处罚。

(五)区分本罪与投降罪的界限

这两种犯罪都可能出于贪生怕死的动机,而且都发生在战时,客观上又都存在脱离战斗、放弃抵抗的因素。其主要区别在于前者是通过脱离战斗岗位逃避参加作战的方法达到保全性命的目的;而投降罪是通过放下武器,屈服于敌人的方法达到保全性命的目的。如果在具体案件中出现犯罪竞合现象,如正在作战时行为人扔下武器逃往敌人的阵地,一般应以投降罪论处,但如果致使战斗、战役遭受重大损失的,则应以战时临阵脱逃罪论处。

(六)区分本罪与投敌叛变罪的界限

两罪在客观上都表现为脱离革命队伍这一现实,区别点主要在于主观故意不同。战时临阵脱逃罪的主观方面是畏惧战斗、贪生怕死,投敌叛变罪则是为了投靠敌人、进行危害国家安全活动。如果行为人临阵脱逃是为了投奔敌人营垒,进行危害国家安全活动的,则应以《刑法》第一百零八条规定的投敌叛变罪论处。

量刑部分

【量刑标准】

犯本罪的,处三年以下有期徒刑;情节严重的,处三年以上十年以下有期徒刑。致使战斗、战役遭受重大损失的,处十年以上有期徒刑、无期徒刑或者死刑。

截至目前,尚无本罪名关于量刑的司法解释。

擅离、玩忽军事职守罪 《刑法》第425条

指挥人员和值班、值勤人员擅离职守或者玩忽职守,造成严重后果的,处三年以下有期徒刑或者拘役;造成特别严重后果的,处三年以上七年以下有期徒刑。

战时犯前款罪的,处五年以上有期徒刑。

定罪部分

【罪名概念】

擅离、玩忽军事职守罪,是指指挥人员和值班、值勤人员擅离职守或者玩忽军事职守,造成严重后果的行为。

【犯罪构成】

(一)主体要件

本罪的主体是特殊主体,即现役军人中的军事指挥人员、值班人员、值勤人员。

(二)主观要件

本罪在主观方面出自为过失,即行为人对因自己的擅离职守或者玩忽职守而造成的严重后果存在过失的心理态度,包括过于自信的过失与疏忽大意的过失。

(三)客观要件

本罪在客观方面表现为擅离职守或者玩忽职守,造成严重后果的行为。擅离职守,是指未经批准私自离开正在工作的指挥岗位或者值班、值勤岗位。玩忽职守,是指在履行指挥、值班、值勤职责时,严重不负责任,不履行上述职责或者不正确履行上述职责。造成严重后果,是本罪客观方面的必备内容,它是指由于擅离职守或者玩忽职守,致使军事利益遭受危害,比如贻误战机致使战斗(争)失败、让敌特乘机混入军事禁区并造成重大破坏,等等。

(四)客体要件

本罪侵犯的客体是国家军事机关的管理活动。

【罪名辨析】

(一)本罪与非罪行为的界限

区分本罪与非罪行为的关键在于是否造成严重后果。只有造成了严重的后果才能构成本罪,否则,不能作为犯罪处理。

(二)本罪与玩忽职守罪的界限

玩忽职守罪被规定在刑法分则第九章“渎职罪”中。所谓玩忽职守罪,是指国家机关工作人员玩忽职守,致使公共财产、国家和人民利益遭受重大损失的行

为。玩忽职守罪在犯罪主体、侵犯客体、行为表现内容等方面均有别于擅离、玩忽军事职守罪。具体表现为如下方面:(1)侵犯的客体不同。玩忽职守罪所侵犯的客体是国家机关的管理活动,而本罪侵犯的客体限定为国家军事机关的管理活动。(2)客观行为表现不同。玩忽职守行为指国家机关工作人员不履行或者不正确履行职责,而本罪表现为私自脱离军事指挥、值班、值勤岗位或者对上述岗位不负责任,不履行或者不正确履行其军事指挥、值班、值勤职责。(3)犯罪主体不同。玩忽职守罪的主体是国家机关工作人员;本罪的主体是负有指挥、值班、值勤责任的军人。

量刑部分

【量刑标准】

犯本罪,造成严重后果的,处三年以下有期徒刑或者拘役;造成特别严重后果的,处三年以上七年以下有期徒刑。

战时犯前款罪的,处五年以上有期徒刑。

截至目前,尚无本罪名关于量刑的司法解释。

阻碍执行军事职务罪 《刑法》第426条

以暴力、威胁方法,阻碍指挥人员或者值班、值勤人员执行职务的,处五年以下有期徒刑或者拘役;情节严重的,处五年以上十年以下有期徒刑;情节特别严重的,处十年以上有期徒刑或者无期徒刑。战时从重处罚。

定罪部分

【罪名概念】

阻碍执行军事职务罪,是指以暴力、威胁方法,阻碍指挥人员或者值班、值勤人员执行职务的行为。

【司法解释】

最高人民检察院《军人违反职责罪案件立案标准的规定》

(实施日期:2013年3月28日　政检[2013]1号)(节录)

第七条　阻碍执行军事职务罪(刑法第四百二十六条)

阻碍执行军事职务罪是指以暴力、威胁方法,阻碍指挥人员或者值班、值勤人员执行职务的行为。

凡涉嫌阻碍执行军事职务的,应予立案。

【犯罪构成】

(一)主体要件

本罪的主体为特殊主体,即是军人,包括现役军人、文职人员、武装警察官兵和执行军事任务的预备役人员和其他人员。

(二)主观要件

本罪在主观方面表现为故意,即行为人明知对方系正在执行军事任务的指挥、值班、值勤人员,却故意以暴力、威胁方法加以阻挠,以致对方停止、放弃、变更执行职务,或者无法正常执行职务。行为人阻碍军队指挥、值班、值勤人员执行职务的动机是多种多样的,有的是不服从管理,有的是逞能,有的是无端滋事,有的是出于嫉妒,有的是为报复,还有的是为了发泄私愤等。如果行为人不知对方是正在执行职务的军队指挥、值班、值勤人员,因其他原因以暴力殴打或以言语威胁的,则不构成本罪。

(三)客观要件

本罪在客观方面表现为行为人采用暴力或者威胁手段,阻碍军队指挥人员、值班、值勤人员执行职务的行为。本罪侵害的对象是正在执行职务的部队指挥人员或者值班、值勤人员。如正在哨位上执勤的哨兵,指挥部队作战、训练、施工等活动的军人等。如果军人没有在履行指挥或者值班、值勤职责,仅是在正常进行个人的日常工作,不能作为本罪的侵害对象。暴力,是指行为人对指挥、值班、值勤人员的身体实施打击或者强制。例如拳打脚踢,或者用枪械、匕首、铁器、棍棒殴打,或者用绳索、铁丝、皮带捆绑,或者私关禁闭、非法拘禁等。实施暴力的结果,不仅使指挥、值班、值勤人员无法履行职务,而且有的还造成上述人员伤亡的后果。威胁,是指行为人以暴力相挟,实行精神强制、心理压制,使指挥、值班、值勤人员产生心理恐惧,不能或者无法履行职责、执行任务。

本罪属于行为犯。只要行为实施了以暴力、威胁或其他方法阻碍执行职务的行为,就构成犯罪。如果行为人仅以打击报复、揭发隐私等非暴力方法对被害人进行要挟,因其不足以对指挥人员和值班、值勤人员执行职务造成强制性的阻碍,则不属于本罪的威胁方法。行为人对指挥人员或者值班、值勤人员使用暴力、威胁方法,阻碍其执行职务,包括强制指挥人员和值班、值勤人员停止或者放弃执行职务、变更执行职务的内容等。

本条还规定了加重处罚情节。"情节严重",指聚众阻碍执行职务的首要分子,使用武器装备阻碍执行职务的,在紧要关头或者危急时刻阻碍执行职务的,阻碍担负重要职责的指挥人员或者值班、值勤人员执行职务的,阻碍执行职务造成严重后果的等。"情节特别严重",是指聚众使用武器装备阻碍执行职务的,在紧要关头或者危急时刻阻碍担负重要职责的指挥人员或者值班、值勤人员执行职务的,阻碍执行职务造成特别严重后果的等。

（四）客体要件

本罪侵犯的客体是指挥和值班、值勤秩序。我军是高度集中统一的武装集团，军队的指挥工作和值班、值勤制度对于军队保持高度的集中统一，维护正常的内部秩序，保证自身安全，充分发挥职能作用，具有重要的意义。指挥人员和值班、值勤人员在执行职务时，担负着特殊的职责，责任重大。如果他们正常履行职责的活动受到严重干扰，将导致部队指挥失控，内部秩序混乱，难以完成作战、战备、训练及其他各项任务。因此，对指挥人员和值班、值勤人员履行职责的活动必须给予特殊的法律保护。如《内务条令》第一百九十五条规定了警卫人员要“提高警惕，认真履行职责，确保首长、机关、部队和装备、物资、重要军事设施的安全，防止遭受袭击和破坏”。同时在第一百九十九条还明文规定“卫兵不容侵犯。一切人员必须执行卫兵按照卫兵勤务规定所提出的要求”。以暴力、威胁方法阻碍指挥人员或者值班、值勤人员执行职务的行为，严重破坏了指挥和值班、值勤秩序，导致指挥人员和值班、值勤人员无法正常履行职责，将造成严重的危害后果，必须给予严厉的法律制裁。

【罪名辨析】

（一）区分本罪与非罪的界限

判定一种阻碍执行职务的行为是否构成犯罪，从以下几个方面判断：

1. 行为人主观上有无故意阻挠军队指挥、值班、值勤人员执行职务的目的。如果属于对指挥、值班、值勤人员发牢骚、讲怪话、态度生硬，或者仅有一般嘲讽、辱骂，甚至轻微的顶撞行为，行为人并不希望对方停止、变更、放弃执行职务结果发生的，不应以犯罪论处。

2. 客观上行为人是否实施了暴力、威胁手段，是否因此发生了指挥、值班、值勤人员停止、放弃、变更执行职务或无法执行职务的后果。如果行为人虽然实施了某种阻挠行为，但只是影响了指挥、值班、值勤人员正常执行职务，或者对方虽然出现了停止、放弃、变更执行职务或者无法执行职务的结果，但与行为人的行为并无必然的因果关系，也不应以犯罪论处。

3. 行为人的阻碍行为对国家军事利益侵害的轻重程度。如果行为人阻碍指挥、值班、值勤人员执行职务的情节、后果、危害均不严重，就应按军纪处理。反之，如果因行为人的阻碍行为，致使国家的军事利益遭受损害的，表明其行为的情节、后果、危害达到应追究刑事责任的程度，就应以犯罪论处。

（二）区分本罪与阻碍军人执行职务罪的界限

1. 本罪侵害的是指挥和值班、值勤秩序，而阻碍军人执行职务罪侵害的是军人依法执行职务的秩序。

2. 本罪的犯罪对象限定为指挥人员或者值班、值勤人员，而阻碍军人执行职务罪的犯罪对象是所有军人，其中包括了指挥人员或者值班、值勤人员。

3. 本罪的犯罪主体是所有军人,而阻碍军人执行职务罪的犯罪主体是所有达到刑事责任年龄、具有刑事责任能力的公民,包括了所有军人。因此,当军人阻碍其他军人依法执行职务时,如果被阻碍执行职务的是指挥人员或者值班、值勤人员,则应以阻碍执行军事职务罪论处;如果被阻碍执行职责的是其他军人,则应以阻碍军人执行职务罪论处。

(三)区分本罪与妨害公务罪的界限

两罪在主观心理状态方面是相同的,都是基于故意;在客观方面都是以暴力和威胁方法为犯罪手段,实施了阻碍执行职务的行为。其区别是:

1. 主体要件不同。本罪的主体要件为特殊主体,即只能是军人;妨害公务罪的主体,是一般主体,即可以是任何达到法定刑事责任年龄、具有刑事责任能力的人。

2. 侵害的客体不同。本罪侵害的客体是军职任务的正常执行活动,侵害的对象是军队的指挥人员、值班人员、值勤人员;妨害公务罪侵害的客体是社会管理秩序,侵害的对象是国家机关工作人员。这是认定和区分两罪的关键所在。例如军人以暴力、威胁方法阻碍国家工作人员执行职务的,以妨害公务罪论处。

(四)区分本罪与聚众扰乱社会秩序罪的界限

阻碍执行军事职务罪与聚众扰乱社会秩序罪行为人的主观心态、客观表现方式方面有相似之处,但也有明显的区别:

1. 侵害的客体不同。本罪侵害的客体是军队任务的正常执行活动,是军事利益,聚众扰乱社会秩序罪则是社会秩序。

2. 侵害的对象不同。本罪侵害的对象,必须是军队的指挥、值班、值勤人员,聚众扰乱社会秩序罪则是针对特定的机关、单位等。

3. 主体要件不同。本罪的主体要件只能是军人,聚众扰乱社会秩序罪的主体要件则是军内外人员均可构成。

4. 犯罪手段不尽相同。本罪是使用暴力、威胁方法,聚众扰乱社会秩序罪的犯罪手段则是多种多样的,如暴力袭击、强行侵占、冲击、哄闹等。

5. 犯罪结果不同。本罪不一定造成具体的危害结果,而聚众扰乱社会秩序罪必须是情节严重,使国家、军队、社会遭受严重损失的,才构成犯罪。

量刑部分

【量刑标准】

犯本罪的,处五年以下有期徒刑或者拘役;情节严重的,处五年以上十年以下有期徒刑;情节特别严重的,处十年以上有期徒刑或者无期徒刑。战时从重处罚。

截至目前,尚无本罪名关于量刑的司法解释。

指使部属违反职责罪 《刑法》第427条

滥用职权，指使部属进行违反职责的活动，造成严重后果的，处五年以下有期徒刑或者拘役；情节特别严重的，处五年以上十年以下有期徒刑。

定罪部分

【罪名概念】

指使部属违反职责罪，是指滥用职权，指使部属进行违反职责的活动，造成严重后果的行为。

【司法解释】

最高人民检察院《军人违反职责罪案件立案标准的规定》

（实施日期：2013年2月26日　政检［2013］1号）（节录）

第八条　指使部属违反职责罪（刑法第四百二十七条）

指使部属违反职责罪是指指挥人员滥用职权，指使部属进行违反职责的活动，造成严重后果的行为。

涉嫌下列情形之一的，应予立案：

1. 造成重大任务不能完成或者迟缓完成的；

2. 造成死亡一人以上，或者重伤二人以上，或者重伤一人、轻伤三人以上，或者轻伤五人以上的；

3. 造成武器装备、军事设施、军用物资或者其他财产损毁，直接经济损失二十万元以上，或者直接经济损失、间接经济损失合计一百万元以上的；

4. 造成其他严重后果的。

【犯罪构成】

（一）主体要件

本罪的犯罪主体是特殊主体，是军队中的各级首长和其他有权指挥他人的人员。根据《内务条令》的规定，军人在行政职务上有隶属关系时，行政职务高的是首长，行政职务低的是部属；首长有权对部属下达命令，部属必须服从首长。因此，本罪的犯罪主体与侵害的对象之间必须有指挥与被指挥的隶属关系。这种隶属关系不仅限于军官和士兵之间的，而且也包括上级军官与下级军官之间的，甚至还包括士兵与士兵之间的。

（二）主观要件

本罪在主观方面表现为过失，即行为人应当预见自己滥用职权，指使部属进行违反职责的活动，可能会造成严重后果，但因为疏忽大意而没有预见，或者已经预见而轻信能够避免，以致发生这种严重后果。

(三)客观要件

本罪在客观方面表现为滥用职权,指使部属进行违反职责的活动,造成严重后果的行为。

滥用职权即超越条例条令所规定的职责范围和权限,不正当地运用职务上的权力。军队条例条令对各级首长和指挥人员都规定了具体的职责范围和权限,不按照这些规定办事,将职权用在有损于国家和军队利益的地方,就是滥用职权。指使部属进行违反职责的活动,是指指使部属实施违反军人的共同职责、一般职责和专业职责的行为。这些违反职责的行为从其危害程度看,包括违反军纪的行为和一般违法行为,但不包括犯罪行为。因为指使部属进行犯罪活动虽然也属于进行违反职责的活动,但这种情况已构成共同犯罪,应根据刑法关于共同犯罪的规定进行定罪量刑,不能再按指使部属进行违反职责的活动看待。指使部属进行违反职责的活动分两种情况,一种是指使部属所实施的行为违背了部属所担负的职责,另一种是不正当地让部属履行职责。

造成严重后果是构成本罪的必要条件,通常包括造成人员重伤死亡的,造成重要武器装备、军事设施、军用物资严重毁损及其他严重责任事故的,影响部队完成重要任务的,引起严重事端的等。"情节特别严重"是加重处罚情节,是指调动建制部队,牵涉面较广;因其指派部属外出而影响部队完成重要或紧急任务的,以及由此引发严重事端的等。

(四)客体要件

本罪侵害的客体是正当行使指挥权的秩序。一切行动听指挥,坚决服从命令是对每一名军人的最基本要求。我军是全心全意为人民服务的人民军队,人民军队的性质和宗旨决定了军人坚决执行命令,是建立在政治觉悟和对首长及上级政治上高度信任的基础上的,是我军官兵一致原则的具体体现。各级首长和指挥人员只有本着对党和人民负责的精神,正确行使指挥部队和部属的职权,才能从根本上保证部属服从命令听从指挥。如果滥用职权,指使部属进行违反职责的活动,不仅违背了我军的性质和宗旨,而且必然破坏了正当行使指挥权的秩序,使得部属无法坚决执行命令,严重危害部队的高度集中统一。

【罪名辨析】

(一)本罪与滥用职权罪的界限

刑法对指使部属违反职责罪和第三百九十七条滥用职权罪的规定存在部分的法规竞合关系,即刑法第三百九十七条对国家机关工作人员滥用职权罪的规定可以包括一部分指使部属违反职责罪。对这种情况,根据刑法理论对法规竞合问题的处理原则,即特别法优先于普通法、法律有特别规定的优先于一般规定适用,当军队的各级首长和指挥人员滥用职权,指使部属进行违反职责的活动,造成严重后果时,应优先适用本章的规定,以指使部属违反职责罪论处。

（二）本罪与重大责任事故罪的界限

1. 本罪所侵害的是军队中正当行使指挥权的秩序，而重大责任事故罪所侵害的是工矿企业的安全生产秩序。

2. 在犯罪的客观方面，本罪表现范围比较广泛，并未局限在违反哪一方面的职责，而重大责任事故罪表现范围相对较窄，限定在生产作业过程中。

3. 本罪的主体是军队中各级首长和指挥人员，而重大责任事故罪的主体是企业的生产管理人员。

另外，为了体现军法从严的原则，指使部属违反职责罪的法定刑要比重大责任事故罪的法定刑要重。在具体案件中，这两种犯罪可能发生犯罪竞合现象，即军队工矿企业事业单位的管理人员在生产过程中，指使部属实施违反职责的行为，如军械修理所的所长在维修火炮过程中，指使维修人员不按操作程序进行检修，以致发生严重事故的。对这种情况，应按处理想象竞合犯的原则，以指使部属违反职责罪论处。

量刑部分

【量刑标准】

犯本罪，情节严重的，处五年以下有期徒刑或者拘役；情节特别严重的，处五年以上十年以下有期徒刑。

截至目前，尚无本罪名关于量刑的司法解释。

违令作战消极罪　《刑法》第428条

指挥人员违抗命令，临阵畏缩，作战消极，造成严重后果的，处五年以下有期徒刑；致使战斗、战役遭受重大损失或者有其他特别严重情节的，处五年以上有期徒刑。

定罪部分

【罪名概念】

违令作战消极罪，是指指挥人员违抗命令，临阵畏缩，作战消极，造成严重后果的行为。

【司法解释】

最高人民检察院《军人违反职责罪案件立案标准的规定》

（实施日期：2013年3月　政检［2013］1号）（节录）

第九条　违令作战消极罪（刑法第四百二十八条）

违令作战消极罪是指指挥人员违抗命令,临阵畏缩,作战消极,造成严重后果的行为。

违抗命令,临阵畏缩,作战消极,是指在作战中故意违背、抗拒执行首长、上级的命令,面临战斗任务而畏难怕险,怯战怠战,行动消极。

涉嫌下列情形之一的,应予立案:

1. 扰乱作战部署或者贻误战机的;

2. 造成作战任务不能完成或者迟缓完成的;

3. 造成我方人员死亡一人以上,或者重伤二人以上,或者轻伤三人以上的;

4. 造成武器装备、军事设施、军用物资或者其他财产损毁,直接经济损失二十万元以上,或者直接经济损失、间接经济损失合计一百万元以上的;

5. 造成其他严重后果的。

【犯罪构成】

(一)主体要件

本罪的主体为特殊主体。根据本条的规定,只有指挥人员才能成为本罪的主体。指挥人员是在部队对作战、训练、施工、抢险、救灾等活动及日常行政管理实施组织领导的人员。

(二)主观要件

本罪在主观方面是直接故意。即行为人明知是在战场上或战斗中已受领战斗任务、待命出击的情况下,因畏惧战斗、贪生怕死,故意畏缩、作战消极。

(三)客观要件

本罪在客观方面表现为行为人违抗命令、临阵畏缩、作战消极,造成严重后果的行为。在和平时期违抗上级某项命令的,一般按军纪处理,不构成本罪。作战命令,是指上级关于作战的命令、指示等。如兵力集结时间、地点、火力配属,攻击方案,战斗梯队安排,撤出战斗等有关作战准备、作战实施的具体问题。违抗形式通常有:拒不执行命令、拖延或迟缓地执行命令、故意执行与命令相反的内容等。临阵是指两种情况:一种是在战场上或战斗中;另一种情况是指部队虽然尚未进入战斗,但已受领战斗任务,正待命出击的场合下。临阵的地区范围既包括陆地战区,也包括海上、空中战区。畏缩是指贪生怕死,畏缩不前;作战消极是指行为人应尽全力而不尽全力,不图进取,消极怠战。对这类行为,情节严重构成犯罪的,应当追究刑事责任。

造成严重后果,是指没有按照上级要求完成作战任务;妨碍了作战部队之间的协同;因临阵畏缩、作战不力而贻误战机或造成人员严重伤亡、阵地失守、前线崩溃等。是否造成严重后果是构成本罪与否的认定标准。如果行为人主观上积极努力,创造条件争取完成任务,但由于客观条件的限制,无法达到预期目的,以致造成严重后果的,不能认定行为人有作战消极的行为。本罪还规定了“致使战斗、战役遭受重大损失,或者有其他特别严重情节”的加重处罚情节。致使战斗、战役遭受重大损失，司法实践中，主要是指造成我军人员重大伤亡，武器装备、军事设施或者军用物资严重损失，直至战斗、战役失利等；其他特别严重情节，主要是指造成特别严重后果的，执行重要作战任务行动消极的，在紧要关头或者危急时刻作战消极的，煽动、串通其他部队和人员消极怠战的，等等。

（四）客体要件

本罪侵害的客体是军人参战秩序。我军是我国人民民主专政政权的坚强柱石，每一名军人都肩负着保卫祖国的神圣使命。我国《国防法》第五十六条规定："现役军人必须忠于祖国，履行职责，英勇战斗，不怕牺牲，捍卫祖国的安全、荣誉和利益。"我军《内务条令》第十二条规定，军人要宣誓做到"英勇战斗，不怕牺牲"。这些要求是每一名军人参加作战时都应该做到的，由此构成了军人参战的秩序。军人在战时临阵畏缩，作战消极的行为，直接违背了军人参战的职责要求，挫伤部队士气，涣散斗志，扰乱了军人参战的秩序，影响部队完成作战任务，将给作战造成严重危害。

【罪名辨析】

（一）区分本罪与战时违抗命令罪的界限

这两种犯罪中虽然都有违抗命令的构成要件，但其含义有所不同。在战时违抗命令罪中，违抗命令的行为本身就是犯罪客观方面的主要内容，是需要追究刑事责任的基本依据，不需要再有其他具体的危害行为；而在违令作战消极罪中，犯罪客观方面的主要内容是临阵畏缩，作战消极，并造成严重后果，违抗命令仅仅是限制条件，说明行为人违反并抗拒执行上级命令，但其严重程度尚未达到战时违抗命令罪那样。因此，在违令作战消极罪中，仅凭其违抗命令的行为本身是不能追究刑事责任的。当然，如果行为人在作战消极罪中违抗命令的行为本身性质恶劣，危害严重，符合战时违抗命令罪的构成条件的，应按处理想象竞合犯的原则，以战时违抗命令罪定罪处罚。

（二）区分本罪与玩忽军事职守罪的界限

这两种犯罪主观上都是出于过失，客观上都造成了严重的后果，又都可能发生在战时或战场上，而且作战消极的行为广义上也是一种不尽职的行为，因此很容易混淆。其区别在于，前者侧重于指挥人员在指挥部队（分队）执行作战任务时，态度不坚决，措施不得力，以致整个部队（分队）行动迟缓、消极怠战，造成严重后果，指挥人员对此应负的领导责任；而后者侧重于指挥人员由于个人在指挥岗位上玩忽职守，以致造成严重后果，指挥人员对此应负的直接责任。

（三）区分本罪与战时临阵脱逃罪的界限

犯这两种罪可能出于完全相同的犯罪动机，如贪生怕死，畏惧战斗，而且实施犯罪的时间、地点及客观环境很相似。其区别除了犯罪主体不完全相同外，主要在于行为人是否脱离了战斗岗位。临阵脱逃的行为人已脱离战斗岗位，没有继续参加战斗；作战消极的行为人仍在战斗岗位上,只是作战不积极。如阵地追敌攻击时躲在掩体内不敢积极还击,追击敌人时怕敌人反扑不敢大胆逼近敌人等,都不应认定为临阵脱逃。

量刑部分

【量刑标准】

犯本罪,造成严重后果的,处五年以下有期徒刑;致使战斗、战役遭受重大损失的,或者有其他特别严重情节的,处五年以上有期徒刑。

截至目前,尚无本罪名关于量刑的司法解释。

拒不救援友邻部队罪 《刑法》第429条

在战场上明知友邻部队处境危急请求救援,能救援而不救援,致使友邻部队遭受重大损失的,对指挥人员,处五年以下有期徒刑。

定罪部分

【罪名概念】

拒不救援友邻部队罪,是指在战场上明知友邻部队处境危急请求救援,能救援而不救援,致使友邻部队遭受重大损失的行为。

【犯罪构成】

(一)主体要件

本罪的主体是指挥人员。指挥人员是指在部队中对作战、训练、施工、抢险、救灾等活动及日常行政管理实施组织领导的人员。在本罪中指挥人员则是对作战负有决策职责的领导成员。

(二)主观要件

本罪在主观方面表现为故意。即明知友邻部队处境危急请求救援能救援而不予救援。其动机,有的是贪生怕死,有的是为了保存自己的实力,还有的是对上级不满,以违抗命令发泄私愤,也有的是基于狭隘的杀敌复仇心理,不顾全大局、轻举妄动等。

(三)客观要件

本罪在客观方面表现为行为人在战场上明知友邻部队处境危急请求救援,能救援而不救援,致使友邻部队遭受重大损失的行为。

拒不救援友邻部队的行为只能发生在战场上,即敌我双方进行作战活动的区域,包括陆域、海域和空域。友邻部队是指由于驻地、配置地域或者执行任务而相邻的没有隶属关系的部队及其分队。处境危急是指被敌人包围、追击或者阵地将被攻陷等紧急情况。请求救援是处境危急的部队为寻求外界援助而发出的各种信息。这种求援信息既可以是发给特定的对象的,也可以是发给不特定的对象的,如舰艇或者飞机在海上遇险时所发出的海上遇险求救信号。行为人在战场上一旦收到友邻部队的求援信息,如果能够救援,就产生了救援的义务。能救援而不救援是本罪在客观方面的主要特征,其含义是指根据当时自己部队及其分队所处的环境、作战能力及所担负的任务,完全有条件救援,却没有救援。致使友邻部队遭受重大损失是构成本罪的必要条件,如阵地失陷,进攻受挫,人员重大伤亡,武器装备、军事设施或者军用物资严重毁损等。如果虽发现友邻部队处境有危险,但友邻部队没有请求救援,行为人此时没有及时组织救援的,不能认为是能救援而不救援。

(四)客体要件

本罪侵害的客体是战场上的友邻关系。我军是高度集中统一的武装集团,各部队在战场上虽然所执行的任务有所不同,但根本目标是一致的,应该在上级的统一指挥下,团结协作,积极配合,密切协同,互相支持,共同完成作战任务。拒不救援友邻部队的行为不顾大局,使友邻部队遭受不应有的损失,破坏了我军在战场上的友邻关系,妨碍实现上级总的作战意图,将对作战造成严重危害。

【罪名辨析】

区分本罪与玩忽军事职守罪的界限

这两种犯罪客观上都可能因未尽职责而造成严重后果。其区别在于前者所未尽的职责是指挥人员基于部队友邻关系而产生的,而后者所未尽的职责是指挥人员自身职务所要求的。指挥人员对所属部队处境危急不积极组织支持构成犯罪的,应以玩忽军事职守罪论处,对友邻部队见危不救构成犯罪的,应以拒不救援友邻部队罪论处。在主观方面,前者是故意犯罪,后者是过失犯罪。

量刑部分

【量刑标准】

犯本罪的,处五年以下有期徒刑。

截至目前,尚无本罪名关于量刑的司法解释。

军人叛逃罪　《刑法》第430条

在履行公务期间,擅离岗位,叛逃境外或者在境外叛逃,危害国家军事利益的,处五年以下有期徒刑或者拘役;情节严重的,处五年以上有期徒刑。驾驶航空器、舰船叛逃的,或者有其他特别严重情节的,处十年以上有期徒刑、无期徒刑或者死刑。

定 罪 部 分

【罪名概念】

军人叛逃罪,是指军职人员在履行公务期间,擅离岗位,叛逃境外或者在境外叛逃,危害国家军事利益的行为。

【犯罪构成】

(一)主体要件

本罪主体是军人。即中国人民解放军的现役军官、文职干部、士兵及具有军籍的学员和中国人民武装警察部队的现役警官、文职干部、士兵及具有军籍的学员以及执行军事任务的预备役人员和其他人员。

(二)主观要件

本罪在主观方面表现为故意。即行为人明知自己的行为是叛逃行为,将对国家安全造成危害结果,却希望或者放任这一危害结果的发生。主观上,必须具有背叛祖国的目的。行为人是否具有背叛国家的目的,应以其出逃的原因以及在境外的行为来分析认定。凡因反对四项基本原则而出逃的,因触犯我国法律,为逃避制裁而出逃的,以及出逃后公开发表叛国言论的,投靠境外的反动机构、组织的,参与危害国家安全活动的,申请政治避难的等,都应认定有背叛国家的目的。行为人因贪图享受、求学、婚嫁和其他一些个人原因出逃,在境外没有实施上述背叛国家言行的,不应认定其有背叛国家的目的。

(三)客观要件

本罪在客观方面表现为在履行公务期间,擅离岗位,叛逃境外或者在境外叛逃的危害国家军事利益的行为。

叛逃境外,是指行为人以背叛祖国为目的,从境内叛逃至境外的行为。既包括通过合法手续出境而叛逃的,也包括采取非法手段出境而叛逃的情形。叛逃至外国驻华使馆、领馆的,应以叛逃境外论。在境外叛逃,是指行为人以背叛祖国为目的,因履行公务出境后擅自离队或者与派出单位和有关部门脱离关系,并滞留境外不归而叛逃。叛逃行为必须发生在履行公务期间,并且必须危害了国家军事利益才构成本罪。如果行为人是因私合法出境后与派出单位和有关部门脱离关系,并滞留境外不归的,属于出走,不应认定在境外叛逃,但其如在境外有投敌叛变的行为,则可以投敌叛变罪论处。

情节严重通常,是指国(边)境值勤人员利用职务之便外逃的;组织他人外逃的;携带武器外逃的;行凶殴打或以暴力威胁国(边)境执勤人员外逃的等。战争正在进行期间越境外逃;乘执行战斗任务之机外逃等。其他特别严重情节,是指胁迫他人叛逃的;策动多人或者策动军队中、高级指挥人员和其他负有重要职责(如机要人员)的人员叛逃的;携带重要或者大量军事秘密叛逃的;叛逃后为敌人效劳,进行严重危害国防安全活动的，等等。“情节严重和其他特别严重情节”属于本罪的加重处罚情节。构成本罪的行为人逃往的国家或者地区应属于非敌对性质的，如果逃往敌对国家或地区的，应当依照《刑法》第一百零九条的投敌叛变罪论处；如果是擅离部队或者逾假不归，情节严重的，可按擅离军事职守罪、逃离部队罪等论处。

（四）客体要件

本罪侵害的客体是国家军事利益和国（边）境秩序。

军人不同于普通公民，保卫社会主义祖国的安宁和维护祖国的尊严，是军人神圣的职责。《国防法》第五十六条规定，现役军人必须忠于祖国，履行职责，英勇战斗，不怕牺牲，捍卫祖国的安全、荣誉和利益。我军《军人誓词》也明确要求军人“在任何情况下决不背叛祖国”。显然，军人叛逃的犯罪行为严重违背了军人的职责，危害了国家和国防的安全，必须依法惩处。

【罪名辨析】

（一）本罪与《刑法》第一百零九条叛逃罪的法规竞合问题

刑法对军人叛逃罪和第一百零九条的叛逃罪的规定存在部分法规竞合关系，即《刑法》第一百零九条对国家机关工作人员犯叛逃罪的规定可以包括一部分军人叛逃罪。当军人叛逃时，应优先适用本章的规定，以军人叛逃罪论处。

（二）区分本罪与逃离部队罪的界限

军人叛逃罪与逃离部队罪都有离队不归的行为，在定罪上可能发生混淆。其主要区别有以下几点：

1. 军人叛逃罪侵害的是国防安全秩序，而逃离部队罪侵害的是兵役秩序。

2. 军人叛逃罪的行为人必须逃亡到境外，而逃离部队罪的行为人并不要求逃往境外。

3. 主观方面，军人叛逃罪的行为人在主观上具有背叛国家的目的，而逃离部队罪的行为人在主观上仅有逃避服兵役的目的。

军人叛逃到境外的行为本身必然包含了逃离部队、逃避服兵役的行为，因此在适用法律上，应根据重罪吸收轻罪的原则，以军人叛逃罪论处，不能再定逃离部队罪实行数罪并罚。

（三）区分本罪与投敌叛变罪的界限

军人叛逃罪与投敌叛变罪都有叛变的行为，在定罪上可能发生混淆。其主要区别有以下几点：

1. 军人叛逃罪侵害的是国防安全秩序，而投敌叛变罪所侵害的是国家安全秩序。

2. 军人叛逃罪表现为出逃到境外，叛逃后并不一定投靠具体的机构、组织，即使投靠也不是投靠敌对的机构、组织，而投敌叛变罪则不一定逃到境外，但必须有具体的投靠对象，而且这些投靠对象必须是敌对的国家、集团、机构、组织等。

量刑部分

【量刑标准】

犯本罪的,处五年以下有期徒刑或者拘役;情节严重的,处五年以上有期徒刑;驾驶航空器、舰船叛逃的,或者有其他特别严重情节的,处十年以上有期徒刑、无期徒刑或者死刑。

截至目前,尚无本罪名关于量刑的司法解释。

非法获取军事秘密罪;为境外窃取、刺探、收买、非法提供军事秘密罪 《刑法》第431条

以窃取、刺探、收买方法,非法获取军事秘密的,处五年以下有期徒刑;情节严重的,处五年以上十年以下有期徒刑;情节特别严重的,处十年以上有期徒刑。

为境外的机构、组织、人员窃取、刺探、收买、非法提供军事秘密的,处十年以上有期徒刑、无期徒刑或者死刑。

定罪部分

【法律概念】

非法获取军事秘密罪,是指违反保守国家军事秘密法规,利用职务之便或以非法手段,非法获取有关国家军事秘密的情况、文件、资料和实物等行为。

为境外窃取、刺探、收买、非法提供军事秘密罪,是指违反保守国家军事秘密法规,以非法手段,窃取、刺探、收买、非法提供有关国家军事秘密的情报、文件、资料和实物的行为。

【关联法律】

《中国人民解放军保密条例》

(实施日期:2011年5月1日)(节录)

第三十四条　违反本条例,有下列情形之一的,依照《中国人民解放军纪律条令》的有关规定,对主管人员和直接责任人员给予处分;构成犯罪的,依法追究刑事责任:

(一)盗窃、毁坏、出卖军事秘密的;

(二)泄露或者遗失重要军事秘密的;

(三)利用军事秘密进行非法活动的;

(四)发生泄密事件,隐情不报或者未及时采取补救措施的;

（五）玩忽职守，使军事秘密安全遭受危害的；

（六）其他违反保密制度危害军事秘密安全的。战时或者执行特殊任务时，有前款规定情形之一应当给予处分的，从重处分。

【犯罪构成】

一、非法获取军事秘密罪

（一）主体要件

本罪的主体为军人。行为人的职级区别、职务分工等，不影响主体要件的成立，按照刑法的规定，军人包括中国人民解放军的现役军官、文职干部、士兵及具有军籍的学员和中国人民武装警察部队的现役警官、文职干部、士兵及具有军籍的学员以及执行军事任务的预备役人员和其他人员。

（二）主观要件

本罪在主观方面表现为故意。即行为人明知采取窃取、刺探、收买的方法非法获取军事秘密，将会对军事秘密的安全造成危害结果，却希望或者放任这种危害结果的发生。过失一般不能构成本罪。行为人实施犯罪的目的，不影响本罪构成。无论其出于危害国家安全的目的还是为了牟取个人私利或出于其他个人目的，只要其实施了窃取、刺探、收买等非法获取军事秘密的行为，即构成本罪。

（三）客观要件

本罪在客观方面表现为行为人必须具有以窃取、刺探、收买方法非法获取军事秘密行为。所谓窃取，是指行为人采取自认为不会被立即发觉的秘密方法，获取盗窃军事秘密的行为；所谓刺探，是指行为人搜集、侦察、探听军事秘密的行为；所谓收买是指军职人员以金钱或财物为交换形式，从他人那儿获取军事秘密的行为。按照本条规定，只要具备三种行为中的一种，即构成本罪。

（四）客体要件

本罪侵害的客体是军事秘密的安全。军事秘密关系国防和军队的安全与利益，必须严加保守。《保守国家秘密法》第二十七条规定，国家秘密应当根据需要限于一定范围的人员接触。绝密级的国家秘密，经过批准的人员才能接触。《中国人民解放军保密条例》第三十四条规定，盗窃、毁坏、出卖军事秘密的，依照《中国人民解放军纪律条令》的有关规定，对主管人员给予处分，构成犯罪的，依法追究刑事责任。任何采取非法手段获取军事秘密的行为，都将造成军事秘密的泄露和扩散，严重危害国防和军队的安全和利益。为了加强对军事秘密的全面保护，防止无关人员采取非法手段知悉军事秘密，故将以窃取、刺探、收买的方法，非法获取军事秘密的行为，单独规定为非法获取军事秘密罪。《刑法》第二百八十二条已规定了非法获取国家秘密罪，但鉴于非法获取军事秘密罪侵害的客体是军事秘密的安全，犯罪主体又是军人，为了加强军事秘密的特别保护，所以又专门规定了非法获取军事秘密罪。

二、为境外窃取、刺探、收买、非法提供军事秘密罪

(一)主体要件

本罪的主体是特殊主体,即军人。他们为自身职责的性质决定,不论其是否利用职务便利,也不论其窃取、刺探、收买、提供的是重要的还是一般的军事秘密,是文件、材料、实物,还是有关军事秘密的情报、资料,均构成本罪。但情节显著轻微,危害不大的,可不认为是犯罪。

(二)主观要件

本罪在主观方面是故意,即行为人明知为境外的机构、组织,人员窃取、刺探、收买、非法提供军事秘密,会造成危害军事秘密安全和国家安全的结果,却希望或者放任这种危害结果的发生。行为人的犯罪动机不论是为了危害国防安全还是为了达到其他个人目的,都不影响本罪主观故意的成立。但行为人主观上应该对自己的行为是在为境外的机构、组织、人员窃取、刺探、收买军事秘密,或者是在向境外的机构、组织、人员非法提供军事秘密有所认识。

(三)客观要件

本罪在客观方面表现为行为人窃取、刺探、收买、非法提供军事秘密的行为。窃取军事秘密,是指行为人采取自认为不会被人发觉的秘密方法,暗中盗窃军事秘密的行为;刺探军事秘密,是指行为人在境外、机构、组织人员的诱使、指派下,为他们搜集、侦察、探听军事秘密的行为;提供军事秘密,是指行为人通过口头、文字等各种方式,将自己所掌握的军事秘密传递给境外机构、组织、人员的行为。所谓境外机构、组织、人员,是指一切搜集我国情报的具有外国国籍的人。无论该外国人职业、地位、身份如何,只要行为人实施了为其窃取、刺探、收买、非法提供军事秘密的行为,即构成本罪。收买军事秘密,是指军职人员以金钱或财物为交换形式,从他人那里获取军事秘密的行为。“非法提供”,是指在对外交往与活动中,违反《保守国家秘密法》第二十一条的规定,未经事先批准,而向境外机构、组织人员提供军事秘密事项。根据《保守国家秘密法》第二十一条的规定,国家秘密载体的制作、收发、传递、使用、复制、保存、维修和销毁,应当符合国家保密规定。绝密级国家秘密载体应当在符合国家保密标准的设施、设备中保存,并指定专人管理;未经原定密机关、单位或者其上级机关批准,不得复制和摘抄;收发、传递和外出携带,应当指定人员负责,并采取必要的安全措施。因此,凡违反上述规定,未经原定密机关、单位或者其上级机关批准,擅自将军事秘密提供给境外的机构、组织、人员的,均属非法提供。根据本条规定,行为人只要具有上列四种行为中的一种,即构成本罪,而不必同时具备窃取、刺探、收买、非法提供这三种行为。本罪属于选择性罪名,各犯罪手段可单独构成犯罪,但实施两种以上犯罪手段的,如窃取并非法提供的,不实行数罪并罚,只定一个为境外窃取、非法提供军事秘密罪。

(四)客体要件

本罪侵害的客体是军事秘密的安全和国防安全。军事秘密是国家秘密中的重要

组成部分。在当前西方敌对势力加紧对我国逆行颠覆、渗透活动，国际政治、经济、科技、军事竞争日趋激烈的形势下，境外势力每时每刻都企图获取我军事秘密。加强对军事秘密的保护，严防军事秘密被境外的机构、组织、人员知悉，不仅是确保军事秘密安全的需要，而且事关国防安全。军事秘密一旦被境外的机构、组织、人员知悉，除了军事秘密的安全将直接受到威胁外，还将对国防安全造成严重危害。所以本罪侵害的是双重客体。《刑法》第一百一十一条已规定了为境外窃取、刺探、收买、非法提供国家秘密、情报罪，但鉴于为境外窃取、刺探、收买、非法提供军事秘密罪侵害的客体是军事秘密的安全和国防安全，犯罪主体又是军人，为了加强对军事秘密和国防安全的特别保护，所以又专门规定了为境外窃取、刺探、收买、非法提供军事秘密罪。

【罪名辨析】

一、非法获取军事秘密罪

（一）本罪与非法获取国家秘密罪的法条竞合问题

刑法对这两种犯罪的规定存在法条竞合关系。对军人非法获取军事秘密的，应优先适用本章的规定，以非法获取军事秘密罪论处。

（二）非法获取军事秘密后又将军事秘密故意泄露的定罪

非法获取军事秘密后又将军事秘密故意泄露的定罪问题，应根据情况区别对待。平时故意泄露军事秘密的，因平时故意泄露军事秘密的法定刑比非法获取军事秘密罪的法定刑轻，所以应定非法获取军事秘密罪，而将故意泄露军事秘密的行为作为非法获取军事秘密罪的从重处罚情节，在量刑时予以考虑。如果是在战时将非法获取的军事秘密又故意泄露的，因战时故意泄露军事秘密的法定刑比非法获取军事秘密罪的法定刑重，所以应定故意泄露军事秘密罪，而将非法获取军事秘密的行为作为从重处罚的情节。

（三）以盗窃武器装备、军用物资的方式非法获取军事秘密的定罪

军队的许多武器装备、军用物资本身就包含需要保密的内容，如性能、构造、成分等，是军事秘密的载体。为了非法获取军事秘密而盗窃武器装备、军用物资的，其行为同时触犯非法获取军事秘密罪和盗窃武器装备、军用物资罪，属于想象竞合犯，应当根据具体案情，选择适用处罚较重的法律规定定罪。

二、为境外窃取、刺探、收买、非法提供军事秘密罪

（一）本罪与为境外窃取、刺探、收买、非法提供国家秘密、情报罪的法规竞合

刑法对为境外窃取、刺探、收买、非法提供军事秘密罪和为境外窃取、刺探、收买、非法提供国家秘密、情报罪的规定存在完全的法规竞合关系，即《刑法》第一百一十一条对为境外窃取、刺探、收买、非法提供国家秘密、情报罪的规定，可以完全包括对为境外窃取、刺探、收买、非法提供军事秘密罪的规定。当军人为境外窃取、刺探、收买、非法提供军事秘密罪时，应优先适用本章的规定，以为境外窃取、刺探、收买、非法提供军事秘密罪论处。

(二)本罪与非法获取军事秘密罪、故意泄露军事秘密罪的关系

从这三种犯罪构成要件的相互关系看,非法获取军事秘密罪和故意泄露军事秘密罪的构成要件是为境外窃取、刺探、收买、非法提供军事秘密罪构成要件的基础。在此基础上,为了严惩为境外的机构、组织、人员窃取、刺探、收买、非法提供军事秘密的行为,刑法又将这一条件作为主观构成要件,另行规定了一个新罪,即为境外窃取、刺探、收买、非法提供军事秘密罪。从犯罪手段上看,窃取、刺探、收买的构成要件在为境外窃取、刺探、收买、非法提供军事秘密罪和非法获取军事秘密罪是完全相同的;故意将军事秘密泄露给境外的机构、组织、人员的行为,从表现看,是泄露军事秘密,但实质上是将军事秘密非法提供给境外的机构、组织、人员。因此,凡为境外的机构、组织、人员窃取、刺探、收买军事秘密的,或者故意将军事秘密泄露给境外的机构、组织、人员的,均应根据本条第二款的规定,以为境外窃取、刺探、收买、非法提供军事秘密罪论处,不能定非法获取军事秘密罪和故意泄露军事秘密罪。

(三)区分本罪与资敌罪、间谍罪的界限

区别主要表现在犯罪的主观方面、犯罪的内容和范围、服务的对象和社会危害性等方面。犯间谍罪、资敌罪的行为人,为敌人服务的内容、范围并不限于军事秘密。并且是在明知服务对象是"敌人"的前提下故意直接为其服务的,其主观恶性较之本罪为大。从后果上看,本罪的行为结果可能导致军事秘密落入敌人之手,也可能落入一般外国机构、组织和人员之手,而间谍罪则只能使军事秘密落入敌人手中,或者以其他方式帮助敌人反对人民民主专政政权和社会主义制度。两者的社会危害性也有一定区别。

量刑部分

【量刑标准】

犯非法获取的军事秘密罪的,处五年以下有期徒刑;情节严重的,处五年以上十年以下有期徒刑,情节特别严重的,处十年以上有期徒刑。

犯为境外窃取、刺探、收买、非法提供军事秘密罪的,处十年以上有期徒刑、无期徒刑或者死刑。

截至目前,尚无本罪名关于量刑的司法解释。

故意泄露军事秘密罪;过失泄露军事秘密罪 《刑法》第432条

违反保守国家秘密法规,故意或者过失泄露军事秘密,情节严重的,处五年以下有期徒刑或者拘役;情节特别严重的,处五年以上十年以下有期徒刑。

战时犯前款罪的,处五年以上十年以下有期徒刑;情节特别严重的,处十年以上有期徒刑或者无期徒刑。

定罪部分

【罪名概念】

故意泄露军事秘密罪，是指违反保守国家秘密法规，故意泄军事秘密，情节严重的行为。

过失泄露军事秘密罪，是指违反保守国家秘密法规，过失泄军事秘密，情节严重的行为。

【犯罪构成】

一、故意泄露军事秘密罪

（一）主体要件

本罪的犯罪主体是所有军人，即《刑法》第四百五十条所规定的人员。既包括对军事秘密负有特殊保密义务的军人，如机要、通信、保密人员等，也包括所有了解军事秘密的普通军人，而且不论他们是通过职务活动了解的军事秘密，还是通过其他管道了解的军事秘密。

（二）主观要件

本罪在主观方面是故意的，即行为人明知自己的行为违反保密法规，会造成泄露军事秘密的危害结果，却希望或者放任这种危害结果的发生。故意泄露军事秘密的动机多种多样，有的是为了炫耀自己，也有的是为了谋取非法利益，还有的是为了讨好他人，不论犯罪动机如何，都不影响构成泄露军事秘密的主观故意。

（三）客观要件

本罪在客观方面表现为违反保守国家秘密法规，故意泄露军事秘密的行为。违反保守国家秘密法规，是指违反国家颁布的《保守国家秘密法》及其施行办法，中央军委制定颁发的《中国人民解放军保密条例》，解放军各总部和各军、兵种制定的保密规章等。根据这些保密法规，我军建立了一套完整的保密制度。严格遵守保密规章制度，就可以杜绝泄露事件的发生，保障军事秘密的安全；相反，违反了保密法规，就可能造成军事秘密被泄露的严重后果。因此，故意泄露军事秘密的行为都是和违反保密法规联系在一起的，只有违反了保密法规，才可能出现故意泄露军事秘密的结果。故意泄露军事秘密的行为表现方式是多种多样的，从最简单的口头陈述泄密，到高技术条件下的计算机网络泄密，不论哪种形式，只要故意使军事秘密被不应知悉者知悉的，或者使军事秘密超出了限定的接触范围而不能证明未被不应知悉者知悉，均属故意泄露军事秘密的行为。在故意泄露军事秘密时，泄密行为往往是由行为人直接实施的，如将军事秘密的内容亲口告诉他人，将涉及军事秘密的文件交给他人阅看等，这些泄露军事秘密的行为有的是将军事秘密的内容告知他人，有的则是将军事秘密的载体，如文件、照片、图纸、磁带、磁盘等实物交付给他人。

按照本条规定，故意泄露军事秘密的行为，除需具备以上构成要件外，还必须达到情节严重的程度才构成犯罪。所谓情节严重,一般包括:机要、保密人员或者其他负有特殊保密义务的人员泄密的;出于恶劣的个人动机或者为达到非法目的泄密的;出卖军事秘密的;战时泄密的;执行特殊任务时泄密的;泄露重要或者大量军事秘密的,利用职权强迫他人违反保密规定造成泄密的;因泄露军事秘密造成严重后果的,泄密后隐情不报或者未及时采取补救措施的等。

(四)客体要件

本罪侵犯的客体是军事秘密的安全。我军《内务条令》和《保密条例》都规定了军人必须遵守的保密守则,如"不该说的秘密不说""不该带的秘密不带""不在私人书信中涉及秘密""不用普遍邮电传递秘密"和"不在非保密场所阅办、谈论秘密"等。故意泄露军事秘密的行为,严重违反了保密规定,使军事秘密被无关人员知悉,危及军事秘密的安全,对国防和军队安全与利益将造成严重危害。《刑法》第三百九十八条虽然已规定了故意泄露国家秘密罪,但鉴于故意泄露军事秘密罪侵害的客体是军事秘密的安全,犯罪主体又是军人,为了加强对军事秘密的特别保护,所以又专门规定了故意泄露军事秘密罪。

二、过失泄露军事秘密罪

(一)主体要件

本罪的犯罪主体是所有军人。既包括对军事秘密负有特殊保密义务的军人,如机要、通信、保密人员等,也包括所有了解军事秘密的普通军人,而且不论他们是通过职务活动了解的军事秘密,还是通过其他渠道了解的军事秘密。

(二)主观要件

本罪在主观方面由过失构成。过失泄露军事秘密是行为人应当预见自己的行为违反保密法规,会造成军事秘密泄露的危害结果,因疏忽大意而没有预见,或者虽已预见却轻信能够避免,以致将军事秘密泄露。

按照本条规定,过失泄露军事秘密的行为,除需具备以上构成要件外,还必须达到情节严重的程度才构成犯罪。所谓情节严重,一般包括:机要、保密人员或者其他负有特殊保密义务的人员泄密的,战时泄密的,执行特殊任务时泄密的,泄露重要或者大量军事秘密的,因泄密造成严重后果的,泄密后隐情不报或者未及时采取补救措施的等。

(三)客观要件

本罪在客观方面表现为违反保守国家秘密法规,过失泄露军事秘密的行为。其表现方式是多种多样的,从最简单的口头陈述泄密,到高技术条件下的计算机网络泄密,不论哪种形式,只要能让无关人员知悉军事秘密的内容,均属泄露军事秘密的行为。在过失泄露军事秘密时,泄密行为既可以由行为人直接实施,如误用明码电报拍发秘密电文;也可以不由行为人直接实施,而是由他人直接实施,如行为人违反保密法规将秘密文件带到公共场所被盗或者丢失。在这种情况下,行为人违反保密规定的行为与泄密结果存在着刑法上的因果关系，所以应属过失泄露军事秘密的行为。

（四）客体要件

本罪侵犯的客体是军事秘密的安全。

【罪名辨析】

（一）区分故意泄露军事秘密罪与过失泄露军事秘密罪的界限

刑法虽然将故意泄露军事秘密罪和过失泄露军事秘密罪规定在同一条文中，而且规定了相同的法定刑，但在具体适用时应注意加以区别。因为行为人在实施犯罪行为时，其主观方面是故意还是过失，对其应负的刑事责任有重大影响。对于泄露军事秘密的行为，在认定情节是否严重时，故意泄露军事秘密的应从严，过失泄露军事秘密的应从宽；在决定刑罚时，故意泄露军事秘密的应从重，过失泄露军事秘密的应从轻。

（二）故意泄露军事秘密罪与故意泄露国家秘密罪的法规竞合

刑法对故意泄露军事秘密罪和第三百九十八条故意泄露国家秘密罪的规定存在完全的法规竞合关系，即刑法第三百九十八条对故意泄露国家秘密罪的规定可以完全包括对故意泄露军事秘密罪的规定。对这种情况，当军人故意泄露军事秘密时，应优先适用刑法第四百三十二条的规定，以故意泄露军事秘密罪论处。

量刑部分

【量刑标准】

犯故意或者过失泄露军事秘密罪的，处五年以下有期徒刑或者拘役；情节特别严重的，处五年以上十年以下有期徒刑。

战时犯前两款罪的，处五年以上十年以下有期徒刑；情节特别严重的，处十年以上有期徒刑或者无期徒刑。

截至目前，尚无本罪名关于量刑的司法解释。

战时造谣惑众罪 《刑法》第433条

战时造谣惑众，动摇军心的，处三年以下有期徒刑；情节严重的，处三年以上十年以下有期徒刑；情节特别严重的，处十年以上有期徒刑或者无期徒刑。

勾结敌人造谣惑众，动摇军心的，处十年以上有期徒刑或无期徒刑；情节特别严重的，可以判处死刑。

定罪部分

【罪名概念】

战时造谣惑众罪,是指战时造谣惑众,动摇军心的行为。

【犯罪构成】

(一)主体要件

本罪主体为一般主体,凡达到法定刑事责任年龄且具备刑事责任能力的自然人均能构成本罪。

(二)主观要件

本罪在主观方面表现为故意,战时造谣惑众罪的责任形式是故意。这里的故意,是指明知是散布谣言、动摇军心的行为而有意实施的主观心理状态。

(三)客观要件

本罪在客观方面表现为战时在部队中公开或者私下用口头或者通过文字、图像、计算机网络或者其他途径,故意制造、散布谎言,煽动怯战、厌战或者恐怖情绪,蛊惑官兵,造成或者足以造成部队情绪恐慌,士气不振,军心涣散的行为。

犯战时造谣惑众罪而情节严重的,是本罪的加重处罚事由。这里的情节严重,是指指挥人员造谣惑众的;谣言散布范围广泛的;谣言内容煽动性大的;在紧要关头或者危急时刻造谣惑众的;引起部队混乱;指挥失控、多人逃亡等严重后果的等。情节特别严重是本罪的特别加重处罚事由。这里的情节特别严重,是指勾结敌人造谣惑众,造成部队军心涣散、部队怯战、厌战或者引起其他严重后果的等。

(四)客体要件

本罪侵犯的客体是战时军队的军心和士气。

【罪名辨析】

(一)区分罪与非罪的界限

军职人员在战时情况下,制造谣言,迷惑群众,动摇军心的,才构成犯罪。而对那些在战时因对上级的命令、指示理解不同,而随意发表一些错误言论,或者遇到任务较重、伤亡较大、未顺利完成任务而埋怨上级和责怪友邻部队的,不能当成造谣惑众的行为加以追究。对行为人仅一般的传播战况不真实的消息,或将他人的谎言蜚语加以传播、渲染,尚未造成动摇军心后果的,不应视为犯罪。

(二)区分本罪与谎报军情罪的界限

这两种犯罪都有虚构事实并加以扩散的情节,而且其虚构的内容可能很相似。但前者是将编造的谣言在公众中散布,散布的对象包括下级、同级和上级,但不是在履行职责;而后者是将编造的情况按隶属关系和职责要求向上级报告,其表现形式是在履行职责。

（三）区分本罪与假传军令罪的界限

前者的行为人也可能编造有关作战命令的谣言。这种情况与假传军令罪的区别，在于传递虚假军令的方式和接受虚假军令的对象不同。前者不是将虚假军令直接传播给执行人，而是在公众中传播，对象是不特定的；后者则是将虚假的命令传递给依照职责应执行该命令的人，假传的方式往往是正常下达命令的方式，对象是特定的。

（四）本罪与战时造谣扰乱军心罪的界限

战时造谣惑众罪与战时造谣扰乱军心罪的法条竞合，刑法对这两类犯罪的规定存在法条竞合关系，对军人战时造谣惑众、扰乱军心构成犯罪的，应优先适用本章的规定，以战时造谣惑众罪论。

量刑部分

【量刑标准】

犯本罪的，处三年以下有期徒刑；情节严重的，处三年以上十年以下有期徒刑；情节特别严重的，处十年以上有期徒刑或者无期徒刑。勾结敌人造谣惑众，动摇军心的，处十年以上有期徒刑或无期徒刑；情节特别严重的，可以判处死刑。

截至目前，尚无本罪名关于量刑的司法解释。

战时自伤罪 《刑法》第434条

战时自伤身体，逃避军事义务的，处三年以下有期徒刑；情节严重的，处三年以上七年以下有期徒刑。

定罪部分

【罪名概念】

战时自伤罪，是指军职人员在战时为了逃避履行军事义务而伤害自己身体的行为。

【犯罪构成】

（一）主体要件

本罪的主体为特殊主体，即《刑法》第四百五十条所称的军人。

（二）主观要件

本罪在主观方面表现为故意，并具有逃避军事义务的目的。军事义务的范围很广，凡要求行为人实施的同战争有关的行动，均属军事义务。如临战准备、作战行动、战场勤务和其他各种作战保障活动等。履行军事义务是军人职责的具体体现,逃避军事义务则违背了军人的职责。

逃避军事义务,具有特定的范围。一般都是指逃避作战或者作战保障行为等,既包括作战义务,也包括战前应急训练、战场救护、火线运输保障等。逃避军事义务一词的限制,使本罪有了明确的犯意表示,不至于同因走火而过失误伤自己身体的行为相混淆。

因此,如果行为人的自伤行为不是为了逃避军事义务,而是为了骗取荣誉或者其他目的,则不构成战时自伤罪。

(三)客观要件

本罪在客观方面表现为战时自伤身体的行为。自伤身体指有意识地伤害自己的身体。伤害的部位、程度和方法,法律没有限制规定,因此,对自伤行为应作广义的理解。不论是伤害身体的哪一个部位,是造成轻伤还是重伤,是利用枪击、刀砍还是其他方法,是行为人自行伤害自己的身体,还是利用他人的故意或过失行为伤害自己的身体,均属自伤身体的行为。自伤身体的行为必须发生在战时。对于全局性战争,战时自国家发布战争动员起,至宣布战争结束止;对于局部性战争,战时自部队接受作战任务进行战斗动员起,至部队完成作战任务撤离战区战争结束止。

"情节严重"是本罪的加重处罚情节,一般是指军官自伤的,在紧要关头或在重要岗位上自伤的,以及因自伤身体造成严重后果的等。

(四)客体要件

本罪侵犯的客体是部队的作战利益和军人战时履行军事义务的秩序。我军担负着巩固国防、抵抗侵略,保卫祖国,保卫人民和平劳动的光荣使命。在战时切实履行自己的军事义务,是每一名军人的神圣职责,也是对全体军人的共同要求。战时自伤身体的行为不仅使行为人丧失了履行军事义务的条件,逃避了军事义务;而且侵害了全体军人战时履行军事义务的秩序,影响部队的士气,削弱部队的战斗力,直接危及军队的作战利益。

【罪名辨析】

(一)区分罪与非罪的界限

一是切实查明行为人是自伤还是误伤。误伤是行为人因过失而伤害自己的身体,这与战时自伤罪是故意伤害自己身体的主观特征不符,因此不能以战时自伤罪追究刑事责任。但在司法实践中,实施自伤的行为人为了逃避法律制裁,往往都把自己的行为说成误伤。对此,应认真分析行为人致伤前的表现,致伤的时间和环境,致伤的工具、部位和伤情,致伤后的言行等全案事实和情节,准确认定其性质。

二是行为人是否具有逃避军事义务的目的。如果行为人自伤身体的目的不是为了逃避军事义务,而是为了骗取荣誉或掩盖失误,则不构成战时自伤罪。如有一名哨兵在站岗时睡觉,致使由其警卫的雷达被敌人破坏。该哨兵为了掩盖过错,减轻责任，向自己腿上连开两枪，谎称自己也被敌人打伤。这个士兵虽然实施了自伤行为，但因其不是为了逃避军事义务，而是为了掩盖过错，所以不能以战时自伤罪论处。

（二）本罪与军人违反职责罪中其他犯罪的竞合

行为人在实施投降、战时违抗命令、战时临阵脱逃、违令作战消极等犯罪时，可能会采取自伤身体的方法来达到犯罪目的，如行为人在被敌人包围的情况下自伤身体，以此来放弃抵抗，向敌人投降，或者行为人在部队向敌人发起冲击时自伤身体，以此来逃避随部队进攻敌人等。在这种情况下，行为人的自伤行为与其欲实施的其他犯罪行为发生竞合。对此应按照处理想象竞合犯的原则，以较重的罪名论处，不再定战时自伤罪，但应将自伤行为作为其他犯罪从重处罚的情节。

量刑部分

【量刑标准】

犯本罪的，处三年以下有期徒刑；情节严重的，处三年以上七年以下有期徒刑。

截至目前，尚无本罪名关于量刑的司法解释。

逃离部队罪 《刑法》第435条

违反兵役法规，逃离部队，情节严重的，处三年以下有期徒刑或者拘役。

战时犯前款罪的，处三年以上七年以下有期徒刑。

定罪部分

【罪名概念】

逃离部队罪，是指军人违反兵役法规，逃离部队，情节严重的行为。

【犯罪构成】

（一）主体要件

本罪主体为特殊主体，现役军人和预备役人员。

（二）主观要件

本罪在主观方面表现为故意，这里的故意，是指明知是逃离部队的行为而有意实施的主观心理状态。

（三）客观要件

本罪在客观方面表现为逃离部队，是指为逃避服役而擅自离开部队或者逾期拒不归队。根据2000年9月28日最高人民法院、最高人民检察院《关于对军人非战时逃离部队的行为能否定罪处罚问题的批复》的规定,军人违反兵役法规,在非战时逃离部队,情节严重的,应以本罪定罪处罚。

(四)客体要件

本罪侵犯的客体是我国的兵役法规,逃离部队。这里的违反兵役法规,是指违反我国刑法、国防法、兵役法及其他涉及兵役方面的法律规定。

【罪名辨析】

(一)区分罪与非罪的界限

区别的关键在于逃离部队的行为情节是否严重。对于情节不严重的逃离部队的行为,应当按违反军纪处理。

(二)军人逃离部队又实施其他犯罪行为的定罪

对军人逃离部队时或者逃离部队后又实施其他犯罪行为的定罪问题,应分情况区别对待。如果军人逃离部队的行为本身已情节严重,构成逃离部队罪的,应与其又实施的其他犯罪行为进行数罪并罚;如果军人逃离部队的行为本身没有严重的情节,可将逃离部队作为其他犯罪行为从重处罚的情节,不再定逃离部队罪。

(三)区分本罪与投敌叛变罪的界限

两罪的区别在于:

1. 主体要件不同。本罪的主体为特殊主体,只能是军人;而投敌叛变罪的主体为一般主体,既可以是中国军人也可以是其他中国公民。

2. 投敌叛变罪要求行为人必须是以危害国家安全为目的,实施了投敌叛变的行为,而不管行为人是被勾引、策动、收买,还是被捕被俘后经不起考验,而逃离部队罪只表现为逃离部队,并无投敌叛变的行为。如果军人逃离部队以后,又以危害国家安全为目的投敌叛变的,这就不仅触犯逃离部队罪,而且触犯投敌叛变罪,一般应择一个重罪即投敌叛变罪判刑。

(四)区分本罪与战时临阵脱逃罪的界限

犯这两种罪可能出于相似的犯罪动机,如害怕打仗,客观上又都可能在一定程度上脱离部队,其区别在于犯罪时是否面临战斗任务。前者主要指平时,即使发生在战时,也都没有面临具体、明确的战斗任务,如部队正在向战区开进或者在战区休整待命等;而后者必须是面临具体、明确的战斗任务,因此只有发生在战时和战场上。

(五)区分本罪与擅离军事职守罪的界限

这两种犯罪都有擅自离职的表现。其主要区别除了前者是故意犯罪,后者是过失犯罪外,逃离部队罪的犯罪主体是所有现役军人,其行为所违反的是现役军人依法服兵役的职责要求,行为人必须已离开部队;客观上并不要求已造成严重后果,而擅离军事职守罪的犯罪主体限定为指挥人员和值班、值勤人员,其行为发生在担任指挥和值班、值勤任务时,所违反的是指挥和值班、值勤人员的特殊职责要求,行为人只需离开特定的岗位,不要求必须离开部队,必须已造成严重后果。

（六）区分本罪与军人叛逃罪的界限

这两种犯罪都有离队不归的行为。其主要区别在于前者以逃避服役为目的，并不要求逃至境外；后者则以背叛祖国为目的，而且必须逃至境外。军人叛逃的行为本身必然包含了逃离部队的行为。因此，在适用法律上，应根据重罪吸收轻罪的原则，以军人叛逃罪论处，不能再定逃离部队罪实行并罚。

量刑部分

【量刑标准】

犯本罪，情节严重的，处三年以下有期徒刑或者拘役。战时犯前款罪的，处三年以上七年以下有期徒刑。

截至目前，尚无本罪名关于量刑的司法解释。

武器装备肇事罪 《刑法》第436条

违反武器装备使用规定，情节严重，因而发生责任事故，致人重伤、死亡或者造成其他严重后果的，处三年以下有期徒刑或者拘役；后果特别严重的，处三年以上七年以下有期徒刑。

定罪部分

【罪名概念】

武器装备肇事罪，是指违反武器装备使用规定，情节严重，因而发生责任事故，致人重伤、死亡或者造成其他严重后果的行为。

【司法解释】

最高人民法院、最高人民检察院《关于对军人非战时逃离部队的行为能否定罪处罚问题的批复》

（实施日期：2000年12月5日　法释［2000］39号）（节录）

中国人民解放军军事法院、军事检察院：

［1999］军法呈字第19号《关于军人非战时逃离部队情节严重的，能否适用刑法定罪处罚问题的请示》收悉。经研究，答复如下：军人违反兵役法规，在非战时逃离部队，情节严重的，应当依照刑法第四百三十五条第一款的规定定罪处罚。

【犯罪构成】

（一）主体要件

本罪的主体为特殊主体，即只有军人才能成为本罪主体。

(二)主观要件

本罪在主观方面表现为过失。这一过失是针对发生责任事故,造成严重后果而言的,即行为人应当预见发生责任事故,造成严重后果,但因疏忽大意而没有预见,或者虽已预见但轻信能够避免。而对违章行为,行为人往往是故意实施。在司法实践中,多数情况是行为人明知违章,却轻信不会发生责任事故,结果实施了违章行为,造成严重后果,构成武器装备肇事罪。

(三)客观要件

本罪在客观方面表现为违反武器装备使用规定,情节严重,因而发生责任事故,致人重伤、死亡或者造成其他严重后果的行为。使用规定泛指中央军委、各总部、各军兵种根据各种武器装备的用途和技术性能而制定和颁发的,关于武器装备的管理和日常维护保养、保管、检查及使用的规定,以及各种武器装备的操作规程和安全规范等。这些规定是保障武器装备经常处于良好的技术状态,正确地使用武器装备,防止发生事故的重要规章制度。武器装备肇事罪中的违章行为不是情节一般的违章行为,而是情节严重的违章行为。这是指故意违反武器装备的使用规定,或者在使用过程中严重不负责任。违章行为的表现方式是多种多样的,如有的明知违章冒险蛮干,有的不懂装懂擅自动用,有的有章不循自行其是。概括起来有积极的作为和消极的不作为两种形式,前者如随意摆弄武器装备,后者如对武器装备不维护、不保管,听任其损坏等。

情节严重是构成本罪的必要条件。情节严重,一般是指行为人没有使用武器装备的任务,却违反规定,擅自动用装备而发生责任事故的;平时经常用武器装备开玩笑、耍威风,严重不负责任,且屡次不听劝阻和批评的;肇事后不积极抢救人员、装备,挽回损失或自首投案,而是无动于衷,推卸责任,嫁祸于人,伪造现场,欺骗他人等。根据本条的立法精神,对下述情况可给予从轻或减免处罚:由于操作技术不熟练,处置武器装备情况经验不多,在正常使用武器装备时不慎肇事的;肇事的主要责任在领导或他人,本人应负次要责任的;肇事后积极抢救遇害人员,努力挽回损失并有投案自首情节的;进行武器装备的试验、技术故障、革新时违反有关规章制度而发生的责任事故。

违章行为一旦造成责任事故,致人重伤、死亡或者造成其他严重后果,即构成武器装备肇事罪。责任事故是指因行为人违反规章制度的失职行为而造成严重后果的事故。其后果是致人重伤、死亡或者其他严重后果。从司法实践看,其他严重后果泛指因武器装备肇事而引起爆炸、火灾、大面积污染或者其他重大损失等。

(四)客体要件

本罪侵犯的客体是武器装备的使用秩序。武器装备是我军巩固国防、抵抗侵略、保卫祖国、保卫人民和平劳动的主要工具,是军队战斗力的主要物质基础。为了使武器装备正常地发挥效能,必须建立相应的武器装备制度。武器装备肇事的犯罪行为，造成人员伤亡、武器装备的毁损或者其他严重后果，破坏了武器装备的使用秩序，直接侵害了武器装备的使用制度，妨碍了武器装备正常地发挥效能。

本罪侵犯的对象，是各种武器装备。武器装备是指部队用于实施和保障作战行动的武器、武器系统和军事技术装备，通常包括冷兵器、枪械、火炮、火箭、导弹、弹药、爆破器材、坦克及其他装甲车辆、作战飞机、战斗舰艇、鱼雷、水雷、生物武器、化学武器、核武器；通信指挥器材、侦察探测器材、军用测绘器材、气象保障器材、雷达、电子对抗装备、情报处理设备、军用电子计算机、野战工程机械、渡河器材、伪装器材、“三防”装备、辅助飞机、军用车辆等。

【罪名辨析】

（一）区分本罪与自然事故、技术事故的界限

自然事故属于意外事故，它是由不能预见或不能控制的自然条件发生变化而引起的；技术事故是由于技术条件限制或者武器装备条件不良造成的。这两种事故都不属于责任事故，因而不具备武器装备肇事罪的犯罪构成要件。

（二）区分本罪与危害公共安全罪中的过失犯罪的界限

危害公共安全罪的过失犯罪，如失火罪、过失爆炸罪、过失破坏易燃易爆设备、交通工具、交通设备罪、交通肇事罪、重大责任事故罪及危险物品肇事罪等，与武器装备肇事罪有许多相似之处。武器装备肇事罪与这些犯罪除了在主体要件、客体要件上的区别外，还需注意区别以下两点：

1. 看犯罪对象是否属于武器装备。只有犯罪对象属于武器装备，才能构成武器装备肇事罪；如不属于武器装备，则应根据不同的犯罪构成要件确定相应的罪名。

2. 看是否因违反了武器装备的使用规定，如是，就应定武器装备肇事罪；如果主要是因违反了其他维护公共安全的法规和规章制度，就应根据不同的犯罪构成要件确定相应的罪名。

（三）武器装备肇事致人重伤、死亡的定罪

枪支走火致人伤亡从广义上说，属于过失致人死亡或者重伤，根据《刑法》第二百三十三条和第二百三十五条对过失致人死亡和过失致人重伤罪所规定的“本法另有规定的，依照规定”，武器装备肇事致人重伤、死亡的，应以武器装备肇事罪论处。

（四）区分本罪与擅自改变武器装备编配用途罪的界限

本罪与擅自改变武器装备编配用途罪都与武器装备有关，行为人主观上都是过失，客观上也可能造成相似的严重后果，而且武器装备的使用和管理规定经常混在一起，使用中有管理要求，管理中有使用规定，因此在定罪时容易发生混淆。其主要区别有以下两点：

1. 发生犯罪的时机不同。本罪一般发生在武器装备的日常维护保养和操作使用过程中，而擅自改变武器装备编配用途罪则主要是发生在武器装备的申请、补

充、调整、动用、封存、保管、转级、退役、报废和技术革新等管理工作过程中。

2. 行为人的身份不同,本罪的行为人主要是武器装备的操作使用人员,而擅自改变武器装备编配用途罪的行为人主要是武器装备的各类管理人员和指挥人员。但是武器装备的操作使用人员违反武器装备的管理规定,擅自改变武器装备的编配用途,造成严重后果的,也应以擅自改变武器装备编配用途罪论处,而不宜定武器装备肇事罪。

量刑部分

【量刑标准】

犯本罪,情节严重,因而发生责任事故,致人重伤、死亡或者造成其他严重后果的,处三年以下有期徒刑或者拘役;后果特别严重的,处三年以上七年以下有期徒刑。

截至目前,尚无本罪名关于量刑的司法解释。

擅自改变武器装备编配用途罪 《刑法》第 437 条

违反武器装备管理规定,擅自改变武器装备的编配用途,造成严重后果的,处三年以下有期徒刑或者拘役;造成特别严重后果的,处三年以上七年以下有期徒刑。

定罪部分

【罪名概念】

擅自改变武器装备编配用途罪,是指军职人员违反武器装备管理规定,未经有权机关批准而自行将编配的武器装备的改作其他用途,造成严重后果的行为。

【司法解释】

最高人民检察院、解放军总政治部《军人违反职责罪案件立案标准的规定》

(实施日期:2013 年 2 月 26 日　政检[2013]1 号)(节录)

第二十条　擅自改变武器装备编配用途罪(刑法第四百三十七条)

擅自改变武器装备编配用途罪是指违反武器装备管理规定,未经有权机关批准,擅自将编配的武器装备改作其他用途,造成严重后果的行为。

涉嫌下列情形之一的,应予立案:

(一)造成重大任务不能完成或者迟缓完成的;

(二)造成死亡一人以上,或者重伤三人以上,或者重伤二人、轻伤四人以上,或者重伤一人、轻伤七人以上,或者轻伤十人以上的;

(三)造成武器装备、军事设施、军用物资或者其他财产损毁,直接经济损失三

十万元以上,或者直接经济损失、间接经济损失合计一百五十万元以上的;

(四)造成其他严重后果的。

【犯罪构成】

(一)主体要件

本罪的主体为特殊主体。即本罪适用于中国人民解放军的现役军官、文职干部、士兵及具有军籍的学员和中国人民武装警察部队的现役警官、文职干部、士兵及具有军籍的学员以及执行军事任务的预备役人员和其他人员。

(二)主观要件

即行为人应当预见自己的行为违反了武器装备管理规定,会造成严重后果,由于疏忽大意而没有预见,或者已预见又轻信能够避免,以致发生严重后果。如果行为人对违反武器装备管理规定,擅自改变武器装备编配用途的行为可能造成的严重后果采取希望或者放任的态度,则应根据不同的犯罪构成要件以故意犯罪论处。

(三)客观要件

本罪在客观方面表现为违反武器装备管理规定,擅自改变武器装备的编配用途,因而造成严重后果的行为。

首先,行为人实施了违反武器装备管理规定的行为,这是构成本罪的前提条件。武器装备的管理规定是相对于武器装备的操作规程、安全规范等使用规定而言的,主要是指涉及武器装备的动用权限、编配用途、使用范围等管理内容的规定。

其次,违反武器装备管理规定的行为必须是擅自改变武器装备的编配用途,主要指在管理、使用、操作武器装备的过程中,故意违反规定或操作规程,不按上级下发的编配范围、用途、管理权限、使用程序等规定,擅自改变武器装备固定的使用方法,如将坦克吊车用作给地方建筑队施工,将军用直升机用作商业宣传广告等。

最后,造成严重后果,致人重伤、死亡,造成爆炸、火灾、大面积污染、重要武器装备不能使用以及公共财物的重大损失等。造成严重后果,是指挪用重要武器装备的;因挪用行为造成武器装备严重毁损、被盗、丢失的;挪用的武器装备被他人用来实施犯罪活动的;因挪用武器装备而贻误战机,严重影响部队执行战备、作战任务的;因挪用武器装备导致人员重伤、死亡等严重后果;因挪用武器装备行为严重败坏军队形象,毁坏军队声誉等。犯擅自改变武器装备编配用途罪而造成特别严重后果的,是本罪的加重处罚事由。这里的特别严重后果,是指毁损重要武器装备的,伤亡多人的,严重影响部队执行重要任务的等。

(四)客体要件

本罪侵犯的客体是武器装备的管理秩序。所谓武器装备,是指用于杀伤敌人和破坏敌人作战设施的武器和军事技术设备,如枪、炮、弹药、战车、飞机、舰艇、化学武器、核武器和侦察、通信、工程、防化、防空技术设备等。武器装备的完好程度直接关系到部队战斗力的强弱,因此,为了保证武器装备时刻处于良好的战备状态,军队通过制定、施行大量的、适用于各类、各种武器装备的管理规定,建立了一套行之有效的武器装备管理制度。部队的武器装备必须按照使用权限和编配用途进行严格管理,才能确保正常使用,使武器装备既充分发挥效能,又经常处于良好的技术状态,为部队随时完成各项任务提供有力保障。擅自改变武器装备编配用途的行为使武器装备管理失控,严重影响正常使用,甚至造成武器装备的毁损、丢失或者其他严重后果,造成武器装备的管理秩序混乱,危害武器装备的安全。

【罪名辨析】

(一)区分本罪与武器装备肇事罪的界限

武器装备肇事罪主要是在武器装备的操作使用过程中发生的,行为人主要是武器装备的操作使用人员;而本罪则主要是在武器装备的管理过程中发生的,行为人主要是武器装备的管理人员而不是操作使用人员。如果武器装备的操作使用人员违反武器装备的管理规定,擅自改变武器装备的编配用途,造成严重后果的,也应以擅自改变武器装备编配用途罪论处,而不宜定为武器装备肇事罪。

(二)使用武器装备实施其他犯罪的定罪

擅自改变武器装备的编配用途,使用武器装备去实施其他犯罪的,如使用装备枪支杀人,动用舰艇、军用飞机走私等,如果没有造成上述严重后果的,一般应将其擅自改变武器装备编配用途的行为作为实施其他犯罪的一个情节从重处罚。但是在使用武器装备实施其他犯罪过程中,造成重要武器装备严重毁损,人员重伤死亡及其他严重责任事故,或者影响部队完成重要任务等严重后果的,则应实行数罪并罚。

(三)区分本罪与非法出租、出借枪支罪的界限

擅自改变武器装备编配用途罪非法出租、出借枪支罪,客观方面都有改变武器装备(枪支)原有用途的行为,其区别主要有以下几方面:

1. 擅自改变武器装备编配用途罪所侵害的是武器装备的管理秩序,而非法出租、出借枪支罪所侵害的是公共安全秩序。

2. 擅自改变武器装备编配用途罪的行为范围比较广泛,包括了以出租、出借的方式擅自改变枪支的编配用途,其行为必须造成了严重后果,属于结果犯,而非法出租、出借枪支罪的行为仅限于出租、出借枪支,且并不要求已造成严重后果属于行为犯。

3. 擅自改变武器装备编配用途罪属于过失犯罪,而非法出租、出借枪支罪属于故意犯罪。

在具体案件中,擅自改变武器装备编配用途罪和非法出租、出借枪支罪可能出现犯罪竞合的现象,即军人违反武器装备管理规定,以出租、出借的方式擅自改变枪支的编配用途。由于这两种犯罪的法定刑相同,犯罪构成要件又互有交叉,鉴于行为人是

军人,故可适用军人违反职责罪的规定,以擅自改变武器装备编配用途罪论处。

(四)本罪与玩忽军事职守罪的法规竞合

刑法对擅自改变武器装备编配用途罪和对玩忽军事职守罪的规定存在部分法规竞合关系,即对玩忽军事职守罪的规定可以包括对擅自改变武器装备编配用途罪中某些行为的规定。当指挥人员玩忽职守的行为表现为不正确履行职责,擅自改变武器装备的编配用途时,如果是平时,以擅自改变武器装备编配用途罪论处。如果是战时,以玩忽军事职守罪论处。因为战时犯玩忽军事职守罪的法定刑要重于擅自改变武器装备编配用途罪的法定刑,如果仍适用对擅自改变武器装备编配用途罪的规定,将可能造成罚不当罪的结果。

(五)区分本罪与指使部属违反职责罪的界限

本罪与指使部属违反职责罪在主观上都是过失犯罪,而且都造成了严重后果,其主要区别有以下几点:

1. 本罪仅表现为违反武器装备的管理规定,擅自改变武器装备的编配用途,其内容比较单一,范围比较狭窄,而指使部属违反职责罪表现为滥用职权,指使部属进行违反职责的活动,其内容比较复杂,范围比较广。

2. 本罪是一般主体,而指使部属违反职责罪是特殊主体。

在具体案件中,本罪与指使部属违反职责罪可能发生犯罪竞合的现象,即指使部属所进行的违反职责活动就是违反武器装备的编配用途来使用武器装备,如有一个部队的领导,擅自让一架正在执行飞行训练任务的直升飞机临时去为地方一个商场的开业庆典撒广告传单,结果直升飞机在现场盘旋时,不慎撞在一座大楼顶上的电视天线上,造成机毁人亡的严重后果。对这种情况应按处理想象竞合犯的原则,以较重的罪名指使部属违反职责罪论处。

量刑部分

【量刑标准】

犯本罪的,处三年以下有期徒刑;造成特别严重后果的,处三年以上七年以下有期徒刑。

截至目前,尚无本罪名关于量刑的司法解释。

盗窃、抢夺武器装备、军用物资罪 《刑法》第438条

盗窃、抢夺武器装备或者军用物资的,处五年以下有期徒刑或者拘役;情节严重的,处五年以上十年以下有期徒刑;情节特别严重的,处十年以上有期徒刑、无期徒刑或者死刑。盗窃、抢夺枪支、弹药、爆炸物的,依照本法第一百二十七条的规定处罚。

定罪部分

【罪名概念】

盗窃、抢夺武器装备、军事物资罪，是指采取盗窃或者抢夺的方法，非法占有武器装备或者军事物资的行为。

【犯罪构成】

（一）主体要件

本罪的犯罪主体是所有军人，即《刑法》第四百五十条所规定的人员。

（二）主观要件

本罪在主观方面表现为故意。行为人明知自己的盗窃、抢夺行为为将侵害部队武器装备、军用物资的所有权，危害国家军事利益，却希望这种危害结果发生。从司法实践看，实施本罪的行为人都企图实际占有武器装备或者军用物资，因此其主观上都具有非法占有武器装备或者军用物资的目的，属于直接故意犯罪。

（三）客观要件

本罪的客观方面表现为盗窃、抢夺武器装备、军事物资的行为。盗窃，是指采取秘密窃取的方法非法占有武器装备、军用物资的行为。抢夺，是指采取乘人不备、公然夺取的方法非法占有武器装备、军用物资的行为。盗窃、抢夺的对象是部队在编的、正在使用的和储存备用的武器装备或者军用物资，不包括已确定退役报废的武器装备、军用物资，因为退役报废的武器装备、军用物资已不能直接形成部队的战斗力。武器装备，是指直接用于实施和保障作战行动的武器、武器系统和军事技术器材。武器又称兵器，是直接用于杀伤敌人有生力量和破坏敌人作战设施的器械。通常包括：冷兵器、枪械、火炮、火箭、导弹、弹药、爆破器材、坦克和其他装甲战斗车辆、作战飞机、战斗舰艇、鱼雷、水雷、核武器等。武器系统通常包括：杀伤手段、投掷或运载工具、指挥器材。军事技术器材通常包括：通信指挥器材、侦察探测器材、雷达、电子对抗装备、情报处理设备、军用电子计算机、野战工程机械、渡河器材、气象保障器材、军用车辆、伪装器材等。

军用物资是指除武器装备以外，供军事上使用的其他物资，如被装、粮秣、油料、建材、药材等。武器装备的重要零件、部件应以武器装备论。用于实施和保障作战行动的军事动物，如军马、军驼、军犬、军鸽等，应视为武器装备。盗窃、抢夺武器装备、军事物资不受部队隶属关系的限制，即这个部队的人盗窃、抢夺那个部队的武器装备、军用物资，现役军人盗窃、抢夺预备役部队的武器装备、军用物资，均属盗窃、抢夺部队的武器装备、军用物资。正在生产过程中，尚未交付部队的产品和物资，不能视为部队的武器装备、军用物资。

盗窃、抢夺军用物资构成犯罪的数额标准，可以参照第二百六十四条和第二百六十七条对盗窃罪、抢夺罪的数额标准从严认定。

本罪为选择性罪名，行为人只要具有盗窃、抢夺武器装备、军用物资其中一种行为就构成本罪；具有两种行为的，仍为一罪，不实行并罚。

本罪规定了“情节严重和情节特别严重”的加重处罚情节。情节严重，主要是指盗窃、抢夺重要或者多件武器装备的，盗窃、抢夺军用物资数额巨大的，战时盗窃、抢夺武器装备、军用物资罪的，严重影响部队完成任务的，采取破坏等方法盗窃造成部队严重损失的，等等。情节特别严重，主要是指盗窃、抢夺多件重要武器装备或者大量武器装备的，盗窃、抢夺军用物资罪数额特别巨大的，严重影响部队完成重要任务的，采取破坏性方法盗窃造成部队特别严重损失的，等等。

（四）客体要件

本罪侵犯的客体是部队武器装备、军用物资的所有权。部队的武器装备和军用物资是战斗力的主要物质基础，保证其不受非法侵占，是巩固部队战斗力的客观需要。盗窃、抢夺武器装备、军事物资的行为，直接造成部队武器装备和军用物资损失，将给部队建设带来严重危害。

【罪名辨析】

（一）盗窃、抢夺武器装备的零部件、备附件等的处理

对此有几种不同意见：一是从武器装备的概念和性能来划分，凡盗窃、抢夺完整的武器装备而不是零部件，从而影响发挥武器装备效能的，就构成盗窃、抢夺武器装备罪，反之则构成盗窃、抢夺军用物资罪；二是从犯罪对象所处的位置来划分，主张盗窃、抢夺存放在仓库的零部件，构成盗窃、抢夺军用物资罪；盗窃、抢夺武器装备上的零部件的，构成盗窃、抢夺武器装备罪。由于这类案件较难区别，所以必须坚持具体情况具体分析的方法，从案件的基本事实和基本证据出发，把握案件的性质。首先，对于盗窃、抢夺使用中的武器装备重要零部件，致使其丧失战斗效能的；应按破坏武器装备罪论处。其次，从武器装备上盗窃、抢夺不重要的附件、器材的，可按盗窃、抢夺军用物资罪处罚。如果盗窃、抢夺贮存于仓库中的武器装备重要零部件的，也应以盗窃、抢夺军用物资罪论处。

（二）本罪与盗窃罪和抢夺罪的法规竞合

《刑法》对盗窃、抢夺武器装备、军用物资罪和盗窃罪、抢夺罪的规定存在完全的法规竞合关系，即《刑法》第二百六十四条关于盗窃罪和第二百六十七条关于抢夺罪的规定可以完全包括对盗窃、抢夺武器装备、军用物资罪的规定。当军人盗窃、抢夺武器装备、军用物资时，应优先适用《刑法》第四百三十八条的规定，以盗窃、抢夺武器装备、军用物资罪论处。

（三）采取破坏性方法盗窃武器装备、军用物资的定罪

在具体案件中，采取破坏性方法盗窃武器装备、军用物资的，可能出现与破坏武器装备、军事设施犯罪竞合的现象。如行为人为了盗窃武器装备上的重要零部件而将整件武器装备毁坏，为了从输油管线中盗取油料而将输油设备损坏等。鉴

于这两种犯罪总的法定刑虽然相同,但在三个档次的法定刑幅度上,盗窃武器装备、军用物资罪有两个档次的法定刑幅度重于破坏武器装备、军事设施罪,而且行为人的目的也是为了盗窃,所以以盗窃武器装备、军用物资罪论处为妥,行为人所采取的破坏性方法及其所造成的损失可作为从重处罚的情节。

(四)军人携带配发给个人使用的武器装备逃离部队的定罪

对军人携带配发给个人使用的武器装备逃离部队的,过去一般是作为逃离部队行为的一个严重情节,只定逃离部队罪。这样定罪忽略了军人携带武器装备特别是枪支、弹药、爆炸物逃离部队的严重危害性。配发给军人个人使用的武器装备,所有权属于部队,个人无权据为己有。军人携带配发给个人使用的武器装备逃离部队,不仅逃避服兵役,而且将部队的武器装备带走,侵害了部队对武器装备的所有权,是一种特殊方式的盗窃行为。因此对军人携带配发给个人使用的武器装备逃离部队的,除了根据其逃离部队的情节决定是否构成逃离部队罪外,还应依照《刑法》第四百三十八条定盗窃武器装备罪。

(五)军人盗窃、抢夺处理办法

本条第二款规定了军人盗窃、抢夺部队的枪支、弹药、爆炸物的,依照《刑法》第一百二十七条处罚。为了保障公共安全,《刑法》第一百二十七条规定了盗窃、抢夺枪支、弹药、爆炸物罪,并对盗窃、抢夺军事人员的枪支、弹药、爆炸物作了加重处罚的规定,规定了比盗窃、抢夺武器装备、军用物资罪更重的法定刑。部队的武器装备、军用物资种类繁多,其中包括枪支、弹药、爆炸物。军人盗窃或者抢夺部队的枪支、弹药、爆炸物的,因《刑法》第四百三十八条相对于第二百二十七条来说属于特别法,应优先适用,所以仍应定盗窃或者抢夺武器装备、军用物资罪,但鉴于本罪的法定刑比第一百二十七条第二款的规定要轻,根据罪刑相适应的原则,应以刑法第一百二十七条第二款的法定刑处罚。

量刑部分

【量刑标准】

犯本罪的,处五年以下有期徒刑或者拘役;情节严重的,处五年以上十年以下有期徒刑;情节特别严重的,处十年以上有期徒刑、无期徒刑或者死刑。

截至目前,尚无本罪名关于量刑的司法解释。

非法出卖、转让武器装备罪 《刑法》第439条

非法出卖、转让军队武器装备的,处三年以上十年以下有期徒刑;出卖、转让大量武器装备或者有其他特别严重情节的,处十年以上有期徒刑、无期徒刑或者死刑。

定 罪 部 分

【罪名概念】

非法出卖、转让武器装备罪，是指非法将军队的武器装备出卖或者转让给他人的行为。

【犯罪构成】

（一）主体要件

本罪主体为一般主体，凡达到法定刑事责任年龄且具备刑事责任能力的自然人均能构成本罪。

（二）主观要件

本罪在主观方面表现为故意。这里的故意，是指明知是非法出卖、转让的行为会侵害部队对武器装备的管理而有意实施的主观心理状态。

（三）客观要件

本罪在客观方面表现为非法出卖或者转让，是指违反武器装备管理规定，未经有权机关批准，擅自将武器装备出售、馈赠他人，或者换取其他物品的行为。

犯本罪而出卖、转让大量武器装备的或者有其他特别严重情节的，是本罪加重处罚事由。这里的特别严重情节，是指出卖、转让重要武器装备的；战时出卖、转让武器装备的；致使武器装备流散社会造成严重后果的；严重影响部队完成重要任务的；出卖、转让给境外的机构、组织、人员的等。

（四）客体要件

本罪侵犯的客体是指军队的武器装备，即部队在编的、正在使用的以及储存备用的武器装备。

量 刑 部 分

【量刑标准】

犯本罪的，处三年以上十年以下有期徒刑；出卖、转让大量武器装备的，或者有其他特别严重情节的，处十年以上有期徒刑、无期徒刑或者死刑。

截至目前，尚无本罪名关于量刑的司法解释。

遗弃武器装备罪　《刑法》第440条

违抗命令，遗弃武器装备的，处五年以下有期徒刑或者拘役；遗弃重要或者大量武器装备的，或者有其他严重情节的，处五年以上有期徒刑。

定罪部分

【罪名概念】

遗弃武器装备罪,是指负有履行保管武器装备义务的军人违抗命令,遗弃武器装备的行为。

【犯罪构成】

(一)主体要件

本罪的主体为特殊主体,即本罪适用于中国人民解放军的现役军官、文职干部、士兵及具有军籍的学员和中国人民武装警察部队的现役警官、文职干部、士兵及具有军籍的学员以及执行军事任务的预备役人员和其他人员。

(二)主观要件

本罪在主观方面只能出于故意,即行为人明知自己遗弃部队武器装备的行为会破坏部队武器装备的管理秩序,削弱部队战斗力,危害国家军事利益,却希望或者放任这种危害结果的发生。根据作战的需要,有组织、有计划地丢弃一些武器装备,以达到轻装或者迷惑敌人等战术目的,或者因战事紧急,来不及妥善处理武器装备,不得已而丢弃的,以及在紧急情况下为了避免造成更大的危害结果而采取的舰艇人员弃舰求生、飞行员弃机跳伞等行为的,不能认为行为人有遗弃武器装备的主观故意。

(三)客观要件

本罪在客观方面表现为违抗命令,遗弃武器装备的行为。违抗命令,是指下级部属违背上级首长的作战命令、指示。遗弃武器装备,不是指一般地将武器装备丢失,而是指负有履行保管武器装备的义务,有能力承担保管武器装备的能力而拒不履行保管义务,侵犯国家对于武器装备的管理规定。遗弃武器装备,既可以是作为犯罪,也可以是不作为犯罪,即行为人可能以不管不问的手段对武器装备不履行应尽的保管义务。遗弃,是指故意抛弃的行为。遗弃的场所法律没有限制,一般是在战场、军事行动地区和野外训练场等。遗弃的对象是行为人依法持有或有权管理的、能够供部队使用的武器装备,包括暂时损坏但能够修复的武器装备。在战场上,行为人自行将战损无法及时修复的武器装备丢弃,不属于遗弃武器装备。将盗窃、抢夺的武器装备又遗弃的,应作为盗窃、抢夺武器装备罪的从重处罚情节。在战场或战斗中,根据作战的需要或上级首长的命令丢弃一些武器装备的行为,以减轻部队不必要的负担,便于部队机动作战、轻装行进,不属于遗弃武器装备的行为,不能按本罪论处。

犯本罪而遗弃重要或者大量武器装备的或者有其他严重情节的,是本罪的加重处罚事由。这里的重要武器装备,是指部队的主要武器装备和其他在作战中急需或者必不可少的武器装备。这里的其他严重情节,是指指挥人员带头遗弃的;煽动他人遗弃的；战时遗弃的；严重影响部队完成任务的；造成严重后果的等。

（四）客体要件

本罪侵犯的客体是武器装备的管理、使用制度。所谓武器装备，是指用于杀伤敌人和破坏敌人作战设施的武器和军事技术设备，如枪、炮、弹药、战车、飞机、舰艇、化学武器、核武器和侦察、通信、工程、防化、防空技术设备等。武器装备的完好程度直接关系到部队战斗力的强弱，因此，为了保证武器装备时刻处于良好的战备状态，军队通过制定、施行大量的、适用于各类、各种武器装备的管理使用规定，建立了一套行之有效的武器装备管理使用制度。本罪侵犯的正是这一制度。

【罪名辨析】

（一）遗弃武器装备兼犯其他罪行的定罪

行为人在犯战时临阵脱逃、逃离部队等罪时，有时会同时遗弃武器装备，如行为人丢掉枪支逃离阵地等。在这种情况下，行为人实际上分别实施了遗弃武器装备的行为和临阵脱逃、逃离部队的行为，其行为符合不同的犯罪构成要件，应实行数罪并罚。

（二）区分本罪与战时违抗命令罪的界限

在战时违抗命令罪中，违抗命令的行为本身就是犯罪客观方面的主要内容，是需要追究刑事责任的基本依据，不需要再有其他具体的危害行为；而在遗弃武器装备罪中，犯罪客观方面的行为主要表现为遗弃武器装备，违抗命令仅仅是限制条件，说明行为人违反并抗拒执行上级命令，但尚未达到战时违抗命令罪那样的严重程度。因此，在遗弃武器装备罪中，仅凭其违抗命令的行为本身是不能追究刑事责任的。当然，如果行为人在遗弃武器装备罪中违抗命令的行为本身性质恶劣，危害严重，符合战时违抗命令罪的构成条件的，应按处理想象竞合犯的原则，以战时违抗命令罪论处。

（三）区分本罪与破坏武器装备罪的界限

1. 遗弃武器装备的行为表现为消极地将武器装备丢弃不管，而破坏武器装备的行为表现为采取各种方法，积极地将武器装备毁坏。

2. 遗弃武器装备罪的主体只能是军人，而破坏武器装备罪的主体既可以是军人，也可以是非军人。

在具体案件中，如果行为人所采取的遗弃武器装备的方法必然造成武器装备毁坏或者灭失的结果，如飞行员无重大危险而弃机跳伞，或者故意将武器装备投入深海等，则应属于破坏武器装备的行为。

量刑部分

【量刑标准】

犯本罪的，处五年以下有期徒刑；遗弃重要或者大量武器装备的，或者有其他严重情节的,处五年以上有期徒刑。

截至目前,尚无本罪名关于量刑的司法解释。

遗失武器装备罪 《刑法》第441条

遗失武器装备,不及时报告或者有其他严重情节的,处三年以下有期徒刑或者拘役。

定罪部分

【罪名概念】

遗失武器装备罪,是指军职人员遗失武器装备,不及时报告或者有其他严重情节的行为。

【犯罪构成】

(一)主体要件

本罪主体为特殊主体,即军人。

(二)主观要件

本罪在主观方面表现为过失。这一过失是针对遗失武器装备的后果而言的,即行为人应当预见武器装备的遗失,但因疏忽大意而没有预见,或者虽已预见但轻信能够避免。而对不及时报告的行为,行为人往往是故意实施。

(三)客观要件

本罪在客观方面表现为遗失武器装备,不及时报告或者有其他严重情节的行为。

遗失,是指在武器装备的操作、使用、维护、保养运送等过程中,因疏忽大意或者过于轻信而造成武器装备丢失。遗失的武器装备是行为人依法持有或者有权管理的武器装备,包括暂时损坏但能够修复的武器装备。将盗窃、抢夺武器装备又遗失的,可将其遗失武器装备的行为作为盗窃、抢夺武器装备罪的从重处罚情节。

不及时报告,是指根据军队有关规定,丢失武器装备后在一定期限内不如实向上级报告,或者因其谎报行为致使上级领导误信武器装备没有丢失,而丧失追查、寻找的机会。

如果丢失武器装备后,及时作了报告,且没有其他严重情节,则不构成犯罪。虽然作了及时报告,但有其他严重情节的也构成犯罪。严重情节,是指遗失后不仅不如实报告,而且还唆使他人欺骗、隐瞒真情,威胁他人不许向上级反映真实情况;采用卑劣手段,编造假情况欺骗组织或者嫁祸于人的;因丢失武器装备而严重影响部队完成战备、作战、训练任务的;因丢失武器装备造成社会治安严重隐患的等。

"其他严重情节",是指遗失的武器装备被敌人或境外的机构、组织和人员利用,造成恶劣影响的;遗失的武器装备因未能及时报告而流散社会或被违法犯罪分子利用作案,造成严重后果的;丢失的武器装备数量多、价值高,或因其丢失而泄露军事秘密造成严重后果的;等等。

构成本罪,必须具备不及时报告或者有其他严重的情节。所谓"其他严重情节",主要是指编造假情况欺骗组织或者嫁祸于人的;遗失的武器装备被敌人或者犯罪分子利用的;严重影响部队完成任务的;造成其他严重后果的等。

(四)客体要件

本罪侵犯的客体是武器装备的使用制度。武器装备是我军巩固国防、抵抗侵略、保卫祖国、保卫人民和平劳动的主要工具,是军队战斗力的主要物质基础。为了使武器装备正常地发挥效能必须建立相应的武器装备制度。遗失武器装备的犯罪行为,破坏了武器装备的使用秩序,直接侵害了武器装备的使用制度,妨碍了武器装备正常地发挥效能。

本罪侵犯的对象,是各种武器装备。武器装备是指部队用于实施和保障作战行动的武器、武器系统和军事技术装备,通常包括冷兵器、枪械、火炮、火箭、导弹、弹药、爆破器材、坦克及其他装甲战斗车辆、作战飞机、战斗舰艇、鱼雷、水雷、生物武器、化学武器、核武器;通信指挥器材、侦察探测器材、军用测绘器材、气象保障器材、雷达、电子对抗装备、情报处理设备、军用电子计算机、野战工程机械、渡河器材、伪装器材、三防装备、辅助飞机、勤务舰艇、军用车辆等。

【罪名辨析】

(一)区分罪与非罪的界限

行为人遗失武器装备后是否要以本罪追究刑事责任,取决于是否具备"不及时报告"或者"其他严重情节"两个限制性条件。只有具备了这两个限制性条件之一,才构成遗失武器装备罪,否则应以违纪处理。

(二)本罪与丢失枪支不报罪的法规竞合

刑法对这两种犯罪的规定存在部分法规竞合关系,即丢失枪支的行为包括了一部分遗失武器装备的行为。当军人丢失枪支时,根据特别法优先适用于普通法,特别规定优先适用于一般规定的原则,应适用军人违反职责罪的有关规定,以遗失武器装备罪论处。

量刑部分

【量刑标准】

犯本罪的,处三年以下有期徒刑或者拘役。

截至目前,尚无本罪名关于量刑的司法解释。

擅自出卖、转让军队房地产罪 《刑法》第442条

擅自出卖、转让军队房地产,情节严重的,对直接责任人员,处三年以下有期徒刑或者拘役;情节特别严重的,处三年以上十年以下有期徒刑。

定罪部分

【罪名概念】

擅自出卖、转让军队房地产罪,是指行为人未经有权机关的批准,违反规定,自行将军队所有的或者由军队管理、使用的土地、房屋及其附属物等出卖、转让的行为。

【犯罪构成】

(一)主体要件

本罪的主体是特殊主体,是军队各单位的主管人员和负有房地产管理职责的人员,居于军人违反职责罪中的特殊主体。本条虽然没有对犯罪主体作明文限定,只规定追究直接责任人员的刑事责任,但由于房地产的不动产属性,决定了出卖、转让军队房地产的行为只能由对房地产负有管理职权的人员实施。

(二)主观要件

本罪在主观方面表现为故意,即对于违反规定,擅自出卖、转让房地产的行为,行为人是故意实施的。明知军队房地产出卖、转让必须经过合法批准,未经批准,擅自出卖、转让,即是故意。

(三)客观要件

本罪在客观方面表现为违反规定,擅自出卖、转让房地产,情节严重的行为。军队房地产是指由军队管理、使用的房屋及其附属设施、设备和土地、林木等。违反规定是指违反《内务条令》《中国人民解放军房地产管理条例》及其他有关军队房地产管理和使用的规定。这些条令、条例规定了军队房地产管理、使用的基本原则和具体制度,其中包括处理军队房地产的审批权限及其程序。未经有权机关依法审批,任何单位和个人都不得随意处理军队房地产,违者即属于擅自处理军队房地产。出卖和转让军队房地产是两种主要的处理军队房地产的方式,未经批准,将本单位的房地产出卖或者转让给军队其他单位,因房地产的产权关系仍在军队内部,所以也不属于出卖或者转让军队房地产。出卖或者转让都是改变军队房地产的产权关系,如果仅是临时出租或出借给他人使用,到期收回,不改变产权关系的,不属于出卖或者转让。出卖,是指以牟利为目的出售军队房地产的行为;转让,是指私下将房地产赠与他人或者以此换取其他物品。

擅自出卖、转让军队房地产行为,只有情节严重的,才能构成犯罪。"情节严重"是指出卖、转让军队房地产数量较大的;出卖、转让重要房地产的;出卖、转让给

境外的机构、组织、人员的;因出卖、转让军队房地产造成严重后果的;严重影响部队正常训练、工作和生活的;以及事后弄虚作假欺骗上级的等。"情节特别严重"是本罪的加重处罚情节。所谓"情节特别严重",是指出卖、转让的数量巨大,出卖、转让特别重要的房地产,因出卖、转让军队房地产而造成特别严重后果的等。

(四)客体要件

本罪侵犯的客体是房地产管理制度。军队房地产是国家财产的重要组成部分,也是国有资产不可缺少的有机整体。军队房地产权属由国家依法授予中央军委、总部所持有,任何人员、组织和部队不得擅自出卖、转让。近年来,由于一些单位和个人为了牟取本单位或者个人私利,擅自出卖、转让军队房地产,侵害了国防资产的产权,破坏了军队房地产集中统一的管理秩序,导致军事设施被毁坏,军事秘密被泄露,国防资产流失等严重后果,对国防和军队建设造成严重危害。军委总部先后颁布的一系列房地产管理法规,三令五申要严厉制止擅自处理军队房地产的行为。为了加强军队房地产的管理,保障军队房地产管理法规的施行,必须打击严重破坏军队房地产管理秩序的犯罪行为。

本罪的犯罪对象是军队房地产。所谓军队房地产,是指由军队管理、使用的土地、房屋及附属设施、设备,以及林木等。

【量刑标准】

犯本罪的,处三年以下有期徒刑或者拘役,情节特别严重的,处三年以上十年以下有期徒刑。

截至目前,尚无本罪名关于量刑的司法解释。

虐待部属罪 《刑法》第443条

滥用职权,虐待部属,情节恶劣,致人重伤或者造成其他严重后果的,处五年以下有期徒刑或者拘役;致人死亡的,处五年以上有期徒刑。

定罪部分

【罪名概念】

虐待部属罪,是指处于领导岗位的军职人员滥用职权,对部属进行精神上的折磨或肉体上的摧残,情节恶劣,致人重伤或者造成其他严重后果的行为。

【犯罪构成】

(一)主体要件

本罪的主体为特殊主体,指处于领导岗位的军职人员,亦即行为人与被害人之间存着职务上的隶属关系,前者是后者的领导。隶属关系是根据有任免权限首长的命令建立的领导与被领导关系。它不是简单的上下级关系。确定隶属关系应以《中国人民解放军现役军官服役条例》所规定的任免权限为准。隶属关系必须是同一编制序列中的领导与被领导关系。行为人与被害人之间是否构成隶属关系,是本罪成立与否的决定条件。在职务上不构成隶属关系时,一军人对另一军人的迫害行为,如果构成犯罪,应依照刑法有关条款予以惩罚,不应以虐待部属罪论处。

(二)主观要件

本罪在主观方面表现为故意。即有意识地使被害人在相当长的时间里遭受肉体上或精神上的痛苦。但行为人对虐待所造成的后果则是过失。对可能造成的致人重伤、死亡等严重后果,却不是抱着希望或者放任的态度,否则就构成故意伤害等罪。

(三)客观要件

本罪在客观方面表现为军职人员滥用职权,对部属进行虐待,情节恶劣,因而致人重伤或造成其他严重后果的行为。

滥用职权是指超越职责范围,不正当地使用职权。虐待的方式多种式样,如经常殴打、冻饿、体罚、恫吓、人格侮辱、有病不予治疗、随意克扣薪金或津贴等。对部属管理上的简单粗暴或者在训练、施工及其他体力活动上提出过高要求,也不应以虐待行为对待。致人重伤或者造成其他严重后果是构成本罪的必要条件,而致人死亡则是本罪加重处罚的条件。一般的辱骂、斥责及管理教育方法简单生硬,没有致部属重伤或者造成其他严重后果的,不属于情节恶劣的虐待部属行为,不构成本罪,即使个别部属心胸狭窄,因而自杀或自伤身体、逃离部队等,也不应追究刑事责任。

致人重伤或者死亡指因虐待行为直接导致被害人伤亡,如殴打致伤致死,有病不让治疗致使病情恶化而死亡。判断受虐待部属伤情轻重,一般依照刑法规定和司法部、最高人民法院、最高人民检察院、公安部拟定的《人体重伤鉴定标准》的有关规定,结合案件情况进行综合评价。虐待部属造成其他严重后果的情况,是指受虐待的部属因不堪忍受而自杀的,被害人身心健康受到摧残,甚至患精神病的;因虐待部属,造成部队开小差、行政管理工作混乱,影响部队正常训练、工作的;战时虐待部属,因而致使部队战斗力下降,造成战斗失利的;因虐待部属造成恶劣影响,败坏我军声誉的等。行为人虐待部属的时间较长、方法多样,也不构成数罪,不适用数罪并罚,可作为犯罪情节在量刑上予以适当考虑。

(四)客体要件

本罪侵犯的客体是我军官兵一致、平等相待的军人之间的相互关系。官兵一致是我军政治工作三大原则之一,尊干爱兵是我军光荣传统的重要组成部分。虐待部属的行为违反了我军的宗旨，严重破坏了官兵关系和上下级关系，侵害部属的人身权利，损害部队的内部团结。所以，本罪侵犯的是双重客体。

【罪名辨析】

（一）区分本罪与军人构成的刑法上的故意伤害罪的界限

两者的主要区别：

1. 主体要件和犯罪对象不同。本罪的主体是特殊主体，即必须是与被害人构成隶属关系的首长，犯罪对象则仅限于与行为人构成隶属关系的部属。故意伤害罪为一般主体，军职人员和一般公民均可构成，而且不要求行为人与被害人之间有特定关系。

2. 犯罪的客观表现不同。本罪是一般表现为经常打骂、冻饿等方法对被害人进行肉体或者精神上的摧残、折磨，其结果不仅可能引起伤害，还可能引起其他严重后果，而故意伤害罪一般表现为以暴力或其他手段直接伤害他人的身体，其结果是造成被害人身体的组织完整性或者各种器官的正常功能遭到破坏。因此，如果部队的领导人员对自己的部属不是采取上述虐待的手段，而是以伤害他人身体为目的采用枪击、刀刺等暴力手段，直接造成他人身体伤害的，应依照刑法关于故意伤害罪的规定定罪判刑，不能定虐待部属罪。

（二）区分本罪同非法拘禁罪的界限

非法拘禁罪是指以拘留、禁闭或其他强制方法，非法剥夺他人人身自由的行为，属于侵犯人身权利罪范围。军职人员虐待、迫害自己的部属，手段多种多样，禁闭也是其中的手段之一。因此，在虐待部属过程中有非法拘禁行为的，仍应以虐待部属罪论处，不定非法拘禁罪。但是，如果不是出于虐待部属的目的，也没有经常虐待、迫害部属的事实，而是由于其他原因或个人目的非法拘禁自己的部属，构成犯罪的，应当以非法拘禁罪论处。

（三）区分本罪与侮辱罪的界限

1. 本罪侵害的客体是官兵一致的上下级关系和部属的人身权利，而侮辱罪侵害的客体是公民的人格和名誉权。

2. 本罪的虐待行为是直接折磨、摧残部属的肉体和精神，并因此而致人重伤或者造成其他严重后果，而侮辱罪的侮辱行为是直接损害部属的人格和名誉，但并不要求必须造成严重后果。

3. 本罪的行为人是有权指挥他人的人，他与被害人之间有隶属关系，属于军人违反职责罪中的特殊主体，而侮辱罪的行为人与被害人之间没有特殊关系，属于一般主体。

4. 本罪是过失犯罪，而侮辱罪是故意犯罪。对这类案件在定罪时，如果符合虐待部属罪的构成要件的，应定虐待部属罪，而将侮辱行为作为从重处罚的情节；如果不符合虐待部属罪的构成要件而符合侮辱罪的构成要件的，则应定侮辱罪，而将虐待行为作为从重处罚的情节。单纯侮辱部属人格和名誉的行为,只能定侮辱罪而不能定虐待部属罪。

量刑部分

【量刑标准】

犯本罪,致人重伤或者造成其他严重后果的,处五年以下有期徒刑或者拘役;致人死亡的,处五年以上有期徒刑。

截至目前,尚无本罪名关于量刑的司法解释。

遗弃伤病军人罪 《刑法》第444条

在战场上故意遗弃伤病军人,情节恶劣的,对直接责任人员,处五年以下有期徒刑。

定罪部分

【罪名概念】

遗弃伤病军人罪,是指军职人员在战场上故意将我方伤病军人弃置不顾,情节恶劣的行为。

【犯罪构成】

(一)主体要件

本罪的主体为特殊主体,且为军人之中的直接责任人员,包括各级指挥人员、救护人员及其他实施遗弃行为的军人。

(二)主观要件

本罪在主观方面表现为故意。即行为人明知自己遗弃伤病军人的行为将会造成伤病军人失去救护机会的危害结果,却希望或者放任这种危害结果发生。遗弃伤病军人的动机多数情况下是出于害怕危险、嫌麻烦,个别的也有为泄私愤、图报复的,这些动机都反映了行为人在主观上具有危害社会的意图。如果是在紧急情况下,为了执行重要的作战任务而无法救护伤病军人,或者客观条件下允许收拢、转移伤病军人,不得已而放弃的,由于行为人主观上不具有危害社会的意图,所以不应认为有遗弃伤病军人的主观故意。

(三)客观要件

本罪在客观方面表现为在战场上将我方伤病军人弃置不顾,情节恶劣的行为。遗弃的对象必须是我方的伤病军人。如果是受伤的俘虏,则不构成遗弃伤病军人罪。伤病军人不仅包括伤员，应包括因作战而患病的病员。遗弃是指对有条件抢救的伤病军人弃置不顾不予抢救，一般表现为不作为的形式。在紧急情况下，对确实无条件把战场上的伤病军人抢救下来的，或者虽已抢救下来但由于客观条件的限制未予及时救的，不应视为遗弃。遗弃行为必须发生在战场上。战场泛指两军交战的区域，在现代战争条件下，战场的范围很广，包括陆地、水域、空中。

战场上的情况错综复杂，遗弃伤病军人的行为，只有情节恶劣的，才构成犯罪。情节恶劣是指遗弃伤病军人的主观动机恶劣的，遗弃伤员多人或多次的，遗弃重要伤病军人的，遗弃伤病军人造成严重后果或恶劣影响的等。

（四）客体要件

本罪侵犯的客体是我军的战场救护秩序。我军的性质决定了军人不论职务高低，在政治上一律平等，相互间是同志关系，彼此应互相关心和爱护。在战场上实行救护制度，尽最大可能抢救每一个伤病军人是这一要求的具体体现。在战场上遗弃伤病军人的行为，违背战场救护的要求，会直接破坏战场救护秩序，伤害广大官兵的感情，削弱他们的战斗意志，损害部队的战斗力，最终妨害我军的作战利益。

【罪名辨析】

区分本罪与玩忽军事职守罪的界限

战场指挥人员犯遗弃伤病军人罪和玩忽职守罪，在客观方面有相似之处。区分其界限，主要看行为人主观上是否明知存在伤病军人。如果行为人明知存在伤病军人，且有条件抢救，却不履行职责组织抢救伤病军人，弃伤病军人于不顾，情节恶劣的，应以遗弃伤病军人罪论处；如果行为人不认真履行职责，没有查明是否存在伤病军人，以致伤病军人被弃置，造成严重后果的，应以玩忽军事职守罪论处。

量刑部分

【量刑标准】

犯本罪的，对直接责任人员，处五年以下有期徒刑。

截至目前，尚无本罪名关于量刑的司法解释。

战时拒不救治伤病军人罪　《刑法》第 445 条

战时在救护治疗职位上，有条件救治而拒不救治危重伤病军人的，处五年以下有期徒刑或者拘役；造成伤病军人重残、死亡或者有其他严重情节的，处五年以上十年以下有期徒刑。

定罪部分

【罪名概念】

战时拒不救治伤病军人罪,是指负有救护治疗责任的军职人员战时在救护治疗职位上,有条件救治而拒不救治危重伤病军人的行为。

【犯罪构成】

(一)主体要件

本罪的主体为军队医务人员,一般是负有救护治疗职责的军职人员。本条对本罪的犯罪主体并没有直接作出明文规定,但规定了"在救护治疗职位上"。这一规定包含两方面的含义,一是从身份上看,行为人应是医务工作人员,包括临时被委派从事医务工作的人员;二是从时间上看,这些医务工作人员正在岗位上履行救护治疗职责,如正在上班、值班或者被指派从事临时抢救任务等。如果行为人不是医务工作人员,或者不是正在履行救护治疗职责,而是在下班以后、休假之中或者从事其他工作时,则不能成为本罪的犯罪主体。

(二)主观要件

本罪在主观方面表现故意。即明知存在危重伤病军人,且有条件救治,却弃置不顾。

(三)客观要件

本罪在客观方面表现为战时在救治治疗职位上有条件救治而拒不救治危重伤病军人的行为。拒不救治的对象必须是我方的伤病军人。如果是受伤的俘虏,则不构成本罪。伤病军人不仅包括狭义的伤员,还应包括因作战而患病的病员。拒不救治是指对有条件救治的伤员弃置不顾不予抢救,一般表现为不作为的形式。拒不救治表现为拒绝提供必要的抢救、治疗,以控制、缓解伤情、病情,挽救伤病军人的生命或者避免造成终生严重残疾。拒不救治的行为可以发生在医疗救护的各个环节上,如值班护士拒不接诊,医生拒不检诊和进行抢救,检验人员拒不进行检验等。有条件救治是构成本罪的前提条件,只有客观上具备救治的条件,才能证明行为人拒不救治伤病军人存在主观上的罪过。是否具备救治伤病军人的条件,应根据伤病军人的伤情、病情,结合救护人员的技术水准、医疗单位的医疗条件及当时的客观环境,综合认定。在紧急情况下,对确实无条件救治的,或者由于客观条件的限制未予及时救治的,不应视为拒不救治。拒不救治行为必须发生在战时,即国家宣布进入战争状态,部队受领作战任务或者遭敌突然袭击时,部队执行戒严任务或者处置突发性暴力事件时。在救护治疗岗位上,是指军队医务人员在执行战场救护任务过程,正在本职工作岗位上执行任务或者临时执行救护治疗任务。危重,是指伤病军人的伤势或者病情严重而处于危险的情形,且不及时救治,将导致其死亡的后果发生。

"造成伤病军人重残、死亡或者有其他严重情节"是本罪的加重处罚情节。重残,一般是指二等以上的残废。其他严重情节是指拒不救治,如遗弃伤病军人的主观动机恶劣的,拒不救治伤病军人多人或多次的,拒不救治重要伤病军人的,拒不救治伤病军人造成严重后果或恶劣影响的等。

(四)客体要件

本罪侵犯的客体是我军的战场救护秩序。在战场上实行救护制度,尽最大可能抢救每一个伤病员是医务人员的神圣职责。在战时有条件救治而拒不救治危害伤病军人的行为,违背战场救护的要求,会直接破坏战场救护秩序,伤害广大官兵的感情,削弱他们的战斗意志,损害部队的战斗力。在战时情况下,这类行为性质更为恶劣,后果更为严重。

【罪名辨析】

(一)区分本罪与遗弃伤病军人罪的界限

本罪与遗弃伤病军人罪都侵害了战时救护秩序,犯罪的对象都是我军的伤病军人,主观上又都是故意犯罪,犯罪主体也有相同之处,在定罪上界限不易划清。其主要区别在于犯罪的客观方面表现有所不同。遗弃伤病军人罪是将伤病军人丢弃,使其不仅得不到救护治疗,而且还面临脱离部队的更大危险。而战时拒不救治伤病军人罪则仅是使伤病军人在医疗救护单位得不到救治,不存在伤病军人脱离部队和医疗救护单位的危险。

(二)区分本罪与医疗事故罪的界限

1. 在犯罪的主观方面,罪过的表现形式不同。本罪在主观上是故意犯罪,行为人对可能造成的危害后果主观上抱着希望或者放任的态度;而医疗事故罪在主观上是过失犯罪,行为人对可能造成的危害后果主观上出于疏忽或者轻信的态度。

2. 在犯罪的客观方面,本罪表现为不作为的行为犯,客观上并不要求造成致伤病军人伤残或者死亡等严重后果,犯罪对象是军人,而医疗事故罪则属于结果犯,必须造成伤病人员死亡或者身体健康严重损害的后果,犯罪行为既可以是不作为的,也可以是作为,犯罪对象可以是军人,也可以是非军人。

量刑部分

【量刑标准】

犯本罪的,处五年以下有期徒刑或者拘役;造成伤病军人重残、死亡或者有其他严重情节的,处五年以上十年以下有期徒刑。

截至目前,尚无本罪名关于量刑的司法解释。

战时残害居民、掠夺居民财物罪 《刑法》第 446 条

战时在军事行动地区,残害无辜居民或者掠夺无辜居民财物的,处五年以下有期徒刑;情节严重的,处五年以上十年以下有期徒刑;情节特别严重的,处十年以上有期徒刑、无期徒刑或者死刑。

定罪部分

【罪名概念】

战时残害居民、掠夺居民财物罪,是指战时在军事行动地区,残害无辜居民或者掠夺无辜居民财物的行为。

【关联法律】

中国人民解放军军事法院《关于审理军人违反职责罪案件中几个具体问题的处理意见》

(实施日期:1989 年 10 月 19 日　[1988]军法发字第 34 号)

一、关于军职人员玩弄枪支、弹药走火或者爆炸,致人重伤、死亡或者造成其他严重后果的案件,是否一概以武器装备肇事罪论处的问题

军职人员在执勤、训练、作战时使用、操作武器装备,或者在管理、维修、保养武器装备的过程中,违反武器装备使用规定和操作规程,情节严重,因而发生重大责任事故,致人重伤、死亡或者造成其他严重后果的,依照《条例》第三条的规定,以武器装备肇事罪论处;凡违反枪支、弹药管理使用规定,私自携带枪支、弹药外出,因玩弄而造成走火或者爆炸,致人重伤、死亡或者使公私财产遭受重大损失的,分别依照《刑法》第一百三十五条、第一百三十三条、第一百零六条的规定,以过失重伤罪、过失杀人罪或者过失爆炸罪论处。

二、关于军职人员擅自将自己保管、使用的枪支、弹药借给他人,因而造成严重后果的,应当如何定性和适用法律问题

军职人员确实不知他人借用枪支、弹药是为实施犯罪,私自将自己保管、使用的枪支、弹药借给他人,致使公共财产、国家和人民利益遭受重大损失的,以《刑法》第一百八十七条规定的玩忽职守罪论处;如果在值班、值勤等执行职务时,擅自将自己使用、保管的枪支、弹药借给他人,因而造成严重后果的,以《条例》第五条规定的玩忽职守罪论处。

如果明知他人借用枪支、弹药是为了实施犯罪,仍将枪支、弹药借给他人的,以共同犯罪论处。

三、关于监守自盗军用物资的行为应如何定罪处罚问题

军职人员利用职务上的便利,盗窃自己经手、管理的军用物资的,符合贪污罪

的基本特征，依照《刑法》第一百五十五条和全国人大常委会《关于惩治贪污罪贿赂罪的补充规定》，以贪污罪论处，从重处罚。

四、关于军职人员驾驶军用装备车辆肇事的，是定交通肇事罪还是定武器装备肇事罪的问题

军职人员驾驶军用装备车辆，违反武器装备使用规定和操作规程，情节严重，因而发生重大责任事故，致人重伤、死亡或者造成其他严重后果的，即使同时违反交通运输规章制度，也应当依照《条例》第三条的规定，以武器装备肇事罪论处；如果仅因违反交通运输规章制度而发生重大事故，致人重伤、死亡或者使公私财产遭受重大损失的，则依照《刑法》第一百一十三条的规定，以交通肇事罪论处。

五、关于军人在临时看管期间逃跑的，能否以脱逃罪论处问题

脱逃罪是指被依法逮捕、关押的犯罪分子，从羁押，改造场所或者在押解途中逃走的行为。军队的临时看管仅是一项行政防范措施。因此，军人在此期间逃跑的，不构成脱逃罪。但在查明他确有犯罪行为后，他的逃跑行为可以作为情节在处刑时予以考虑。

【犯罪构成】

（一）主体要件

本罪的主体为特殊主体，为军人，且是参加军事行动的军职人员。

（二）主观要件

本罪在主观方面表现为故意且是直接故意。即行为人明知残害无辜居民、掠夺无辜群众的行为，侵害了无辜居民的人身、财产权利，违反了我国法律、军纪，危害了我军作战利益，却故意加以实施。那些确实出自于军事行动需要而取用、毁坏军事行动地区群众财产的行为，不应认为具有主观上的罪过，不构成本罪。

（三）客观要件

本罪在客观方面表现为行为人战时在军事行动地区，实施了残害无辜居民、掠夺无辜居民财物的行为。这种行为不仅为国内刑事法律所禁止，也为国际法所禁止。例如我国全国人大常委会 1956 年 11 月 5 日批准承认的 1949 年《关于保护平民的日内瓦公约》就有禁止性规定。掠夺，主要是指以暴力、胁迫等方式，抢劫、抢夺无辜居民财物的行为。

战时在军事行动地区，通常又简称为“战区”。它既包括我军作战区域，也包括我军宣布的戒严区域，有时不受中华人民共和国国（边）境的限制。如抗美援朝、对越自卫还击作战中，我军的军事行动地区就涉及国外。军人在非军事行动地区实施掠夺、残害平民百姓等行为的，则按刑法分则其他章节条款惩处。本罪的犯罪对象是无辜居民的财产，包括金钱和财物；残害的对象是无辜居民。在战场上掠夺阵亡烈士、伤员和敌人的财物的，不构成本罪。

无辜居民,是指对我军无任何敌对行动的战区居民群众。在以往的司法实践中,在我军刚解放、进驻、攻陷、控制的一些区域里,由于受敌人的反动欺骗宣传,有相当一部分群众对我军性质、作战目的、行动意义不甚了解甚至曲解,对我军怀有敌视心理,有的还对我军有辱骂、指责行为,但只要他们没有具体实施反抗行为的,都应当把他们视为无辜居民,而不得加以伤害。对那些与敌方通风报信、泄露我军行动秘密、用武力骚扰我军行动,围攻、暗杀、绑架我方人员,煽动当地群众、居民反抗我军的首要分子等,应按“敌人或敌对分子看待”,不能划入“无辜居民”的范围之内。

本罪规定了“情节严重”和“情节特别严重”两种加重处罚情节。“情节严重”,主要是指聚众残害无辜居民、掠夺无辜居民财物的首要分子,残害无辜居民多人的;掠夺无辜居民财物数额巨大的,残害无辜居民手段恶劣的,严重影响我军军事行动的,造成其他严重后果的,等等。“情节特别严重”,主要是指残害大批无事居民的,残害无辜居民手段特别恶劣的,掠夺无辜居民财物数额特别巨大的,严重影响我军重要军事行动的,造成其他特别严重后果的,等等。

(四)客体要件

本罪侵犯的客体是战时群众工作秩序。我军历来有严格的群众纪律,任何时候都要保护群众的正当利益。残害无辜居民、掠夺无辜居民财物的行为严重违反战时群众纪律,败坏我军的声誉,损害我国与战区群众的关系,破坏战时群众工作秩序,增加我军作战的困难,将对作战造成严重危害。

【罪名辨析】

(一)区分本罪与非罪的界限

一般情况下,军职人员在军事行动地区,残害无辜居民、掠夺无辜居民财产的,就具备了本罪的基本特征,构成了本罪。但是,情节显著轻微、危害不大的行为,不认为是犯罪,按军纪处理。

(二)区分本罪与抢劫罪、抢夺罪的界限

1. 主体要求不同。本罪的主体为特殊主体,只能是参加军事行为的军职人员;而抢劫罪、抢夺罪的主体,为一般主体,可以是任何达到法定刑事责任年龄、具有刑事责任能力的人。

2. 犯罪行为发生地点不同。本罪只能发生在军事行动地区,而抢劫罪、抢夺罪没有地区限制,可以发生在任何地区。

3. 侵害对象不同。本罪侵害的对象,是军事行动地区无辜居民群众的财产;抢劫罪、抢夺罪侵害的对象,可以是任何地区的公私财产。如果军职人员在非战区抢劫或者抢夺公私财物,构成犯罪的,则应当按照刑法的规定,以抢劫罪或者抢夺罪论处。

量 刑 部 分

【量刑标准】

犯本罪的，处五年以下有期徒刑；情节严重的，处五年以上十年以下有期徒刑；情节特别严重的，处十年以上有期徒刑、无期徒刑或者死刑。

截至目前，尚无本罪名关于量刑的司法解释。

私放俘虏罪 《刑法》第447条

私放俘虏的，处五年以下有期徒刑；私放重要俘虏、私放俘虏多人或者有其他严重情节的，处五年以上有期徒刑。

定 罪 部 分

【罪名概念】

私放俘虏罪，指军职人员违反战场纪律，对被俘的敌方人员擅自放走的行为。

【犯罪构成】

（一）主体要件

本罪主体为特殊主体。主要是对俘虏有管理责任的军职人员，也可以是其他军职人员。

（二）主观要件

本罪在主观方面表现为故意。即行为人明知自己的行为会造成俘虏逃走的危害结果，却希望或者放任这种危害结果的发生。私放俘虏的动机多种多样，不论出于何种动机，均构成私放俘虏罪。

（三）客观要件

本罪在客观方面表现为私放俘虏的行为。本罪的犯罪对象必须是俘虏，即在战争或武装冲突部队被抓获的敌方的人员。如果仅为敌方的普通百姓，则不属本罪的犯罪对象。我军对俘虏的处理，要经过甄别、审讯、教育后，区别对待，其中俘虏的敌军士兵和下级军官经批准后可以释放。私放俘虏，是指未经批准，擅自将俘虏放走，使其脱离我方的控制。这种行为既可以是公开进行的，也可以是暗中进行的。私放俘虏的行为既可以发生在战时，也可以发生在战后，所以本罪没有限定为战时犯罪。

“私放重要俘虏、私放俘虏多人或者有其他严重情节”是本罪的加重处罚情节。“重要俘虏”是指：（1）俘虏中的敌方中、高级军官；（2）掌握重要情报的敌方机要、保密、警卫人员；（3）为侦察敌情而专门抓获的俘虏；（4）掌握我军重要情况的俘虏人员等。“其他严重情节”,是指因收受贿赂或贪图女色私放俘虏的;因私放俘虏暴露我方重要情况的;为俘虏提供逃跑条件或者财力、物力予以资助的。

(四)客体要件

本罪侵犯的客体是我军的俘虏管理制度。私放俘虏的行为直接侵害了我军的俘虏管理制度,削弱了我军俘虏政策的威力,损害了我军的声誉,不利于消灭敌人有生力量,不利于及时获取敌方情况,使敌人的反动宣传有机可乘,导致敌人顽抗到底,增加了我军夺取胜利的困难。

【罪名辨析】

本罪与私放在押人员罪的界限

俘虏也属于在押人员,而且这两种犯罪在客观方面的行为表现是相同的,其主要区别有以下几点:

1. 犯罪侵害的客体不同。私放俘虏罪侵害的是俘虏管理秩序,而私放在押人员罪侵害的客体是司法监管秩序。

2. 犯罪的对象不同。私放俘虏罪所私放的是战时被我方俘获的敌方武装人员,及其他为武装部队服务的人员,而私放在押人员罪私放的是刑事案件的犯罪嫌疑人、被告人或者罪犯。

3. 犯罪的主体不同。私放俘虏罪的主体是军人,而私放在押人员罪的主体是司法工作人员。当俘虏因其战争罪行被审判而进入刑事诉讼程序时,其具有双重身份,私放这样的俘虏应按处理想象竞合犯的原则,以较重的罪名论处。鉴于这两种犯罪的法定最高刑虽一样,但法定最低刑私放俘虏罪比私放在押人员罪要重,而且私放俘虏罪只设了两个量刑幅度,而私放在押人员罪却设了三个量刑幅度,实际处刑结果要比私放俘虏罪轻,所以应当按私放俘虏罪论处。

量刑部分

【量刑标准】

犯本罪的,处五年以下有期徒刑;私放重要俘虏、私放俘虏多人或者有其他严重情节的,处五年以上有期徒刑。

截至目前,尚无本罪名关于量刑的司法解释。

虐待俘虏罪 《刑法》第448条

虐待俘虏,情节恶劣的,处三年以下有期徒刑。

定罪部分

【罪名概念】

虐待俘虏罪,是指军职人员对被我军俘获不再进行反抗的敌方人员,实施虐待,情节恶劣的行为。

【犯罪构成】

(一)主体要件

本罪的主体为特殊主体,且主要是对俘虏有管理责任的军职人员,也可以是其他军职人员。

(二)主观要件

本罪在主观方面表现为故意。即行为人明知自己虐待俘虏的行为破坏了俘虏管理秩序,将会对我军作战造成危害,却希望或者放任这种危害结果发生。过失不构成本罪。虐待俘虏的动机多为义愤、敌意和报复心理,不论出于何种动机,情节恶劣的均构成虐待俘虏罪。

(三)客观要件

本罪在客观方面表现为虐待俘虏,情节恶劣的行为。虐待的对象必须是俘虏,即在战争或武装冲突中被我方俘获的敌方武装人员及其他武装部队服务的人员。如果仅为敌方的普通百姓,则不属本罪的犯罪对象。虐待行为一般表现为侮辱人格,不人道的生活待遇,打骂、体罚、折磨及施以其他酷刑,强迫从事危险性和屈辱性的工作,摧残其身体等。随意杀死俘虏的行为属于严重侵害俘虏人身权利的犯罪,已超出虐待行为的本意,不应再以本罪论处。虐待俘虏的行为既可以发生在战时,也可以发生在战后,所以本罪没有限定为战时犯罪。

只有情节恶劣的虐待俘虏行为才构成犯罪,如一贯虐待俘虏屡教不改的,虐待俘虏的手段特别残酷的,因虐待等行为导致俘虏自杀、凶杀、逃跑、闹事等严重后果或造成恶劣政治影响的,因虐待导致俘虏伤残和死亡的等。

(四)客体要件

本罪侵犯的客体是我军的俘虏管理制度。我军对放下武器的敌军官兵,实行宽待政策,给予人道待遇,不杀不辱,不没收私人财物,受伤给予治疗,妥善处理死亡俘虏的遗体和遗物。虐待俘虏的行为直接侵害了我军的俘虏管理制度,削弱了我军俘虏政策的威力,损害了我军的声誉,使敌军的反面宣传有机可乘,进而增加了我军夺取胜利的困难。

【罪名辨析】

区分本罪与虐待被监管人罪的界限

俘虏也属于被监管的人员,而且这两种犯罪在客观方面的行为表现是相同的,在定罪上可能发生混淆。其主要区别有以下几点:

1. 在犯罪侵害的客体上,本罪侵害的是俘虏管理秩序,而虐待被监管人罪侵害的客体是司法监管秩序。

2. 在犯罪的客观方面,这两种犯罪的对象不同,本罪所虐待的是战时被我方俘获的敌方武装人员及其为武装部队服务的人员,而虐待被监管人罪所虐待的是刑事案件的犯罪嫌疑人、被告人或者罪犯。

3. 在犯罪的主体上,本罪的主体是军人,而虐待被监管人罪的主体是司法工作人员。当俘虏因其战争罪行被审判而进入刑事诉讼程序时,其具有双重身份,虐待这样的俘虏应按处理想象竞合犯的原则,以较重的罪名虐待被监管人罪论处。

量刑部分

【量刑标准】

犯本罪的,处三年以下有期徒刑。

截至目前,尚无本罪名关于量刑的司法解释。

战时缓刑 《刑法》第449条

在战时,对被判处三年以下有期徒刑没有现实危险宣告缓刑的犯罪军人,允许其戴罪立功,确有立功表现时,可以撤销原判刑罚,不以犯罪论处。

本章适用的主体范围 《刑法》第450条

本章适用于中国人民解放军的现役军官、文职干部、士兵及具有军籍的学员和中国人民武装警察部队的现役警官、文职干部、士兵及具有军籍的学员以及执行军事任务的预备役人员和其他人员。

战时的概念 《刑法》第451条

本章所称战时,是指国家宣布进入战争状态、部队受领作战任务或者遭敌突然袭击时。

附　则

《刑法》第452条

本法自1997年10月1日起施行。《刑法修正案(九)》自2015年11月1日起施行。

附件一:量刑规范一览表

(根据2014年最高人民法院《关于常见犯罪的量刑指导意见》整理)

整理量刑规范一览表

表1

<table>
<tr><td colspan="3">原则:量刑时要充分考虑各种法定和酌定量刑情节,根据案件的全部犯罪事实以及量刑情节的不同情形,依法确定量刑情节的适用及其调解比例。
对严重暴力犯罪、毒品犯罪等严重危害社会治安犯罪,在确定从宽的幅度时,应当从严掌握;对犯罪情节较轻的犯罪,应当充分体现从宽。
具体确定各量刑情节的调节比例时,应当综合平衡调节幅度与实际增减刑罚量的关系,确保罪责刑相适应。</td></tr>
<tr><td colspan="2">量刑情节</td><td>调解基准刑比例</td></tr>
<tr><td colspan="2">14~16岁犯罪</td><td>减30%~60%</td></tr>
<tr><td colspan="2">16~18岁犯罪</td><td>减10%~50%</td></tr>
<tr><td colspan="2">未遂犯</td><td>比照既遂犯减50%以下</td></tr>
<tr><td>从犯</td><td>一般</td><td>减20%~50%</td></tr>
<tr><td></td><td>犯罪较轻的</td><td>减50%以上或免除处罚</td></tr>
<tr><td>自首</td><td>一般</td><td>减40%以下</td></tr>
<tr><td></td><td>犯罪较轻的</td><td>减40%以上或免除处罚</td></tr>
<tr><td></td><td colspan="2">恶意利用自首规避法律制裁等不足以从宽处罚的除外</td></tr>
</table>

续表

<table>
<tr><th colspan="2">量刑情节</th><th>调解基准刑比例</th></tr>
<tr><td>一般立功</td><td colspan="2">减 20% 以下</td></tr>
<tr><td rowspan="2">重大立功</td><td>一般</td><td>减 20% ~50%</td></tr>
<tr><td>犯罪较轻的</td><td>减 50% 以上或免除处罚</td></tr>
<tr><td rowspan="3">坦白</td><td>如实供述自己罪行的</td><td>减 20% 以下</td></tr>
<tr><td>如实供述司法机关尚未掌握的同种较重罪行的</td><td>减 10% ~30%</td></tr>
<tr><td>因如实供述自己罪行,避免特别严重后果发生的</td><td>减 30% ~50%</td></tr>
<tr><td rowspan="2">当庭认罪</td><td>无自首、坦白</td><td>减 10% 以下</td></tr>
<tr><td colspan="2">有自首、坦白除外</td></tr>
<tr><td rowspan="2">退赃退赔</td><td>一般</td><td>减 30% 以下</td></tr>
<tr><td colspan="2">抢劫等严重危害社会治安犯罪的应从严掌握</td></tr>
<tr><td rowspan="3">一般</td><td>积极赔偿被害人经济损失并取得被害人谅解</td><td>减 40% 以下</td></tr>
<tr><td>积极赔偿未取得谅解</td><td>减 30% 以下</td></tr>
<tr><td>尽管没有赔偿,但取得谅解的</td><td>减 20% 以下</td></tr>
<tr><td colspan="3">对于上述三种情形,抢劫、强奸等严重危害社会治安犯罪的应从严掌握</td></tr>
<tr><td rowspan="2">刑事和解</td><td>一般</td><td>减 50% 以下</td></tr>
<tr><td>犯罪较轻的</td><td>减 50% 以上或免除处罚</td></tr>
<tr><td>累犯</td><td colspan="2">增 10% ~40%,一般不少于 3 个月</td></tr>
<tr><td rowspan="2">有前科</td><td colspan="2">增 10% 以下</td></tr>
<tr><td colspan="2">前科为过失犯罪和未成年犯罪的除外</td></tr>
<tr><td colspan="2">犯罪对象为未成年人、老人、残疾人、孕妇等弱势人员</td><td>增 20% 以下</td></tr>
<tr><td colspan="2">重大灾害疫情期犯罪</td><td>增 20% 以下</td></tr>
</table>

表 2

常见罪名量刑标准		
一、交通肇事罪		
量刑起点	致人重伤、死亡或者使公私财产遭受重大损失的，可以在二年以下有期徒刑、拘役幅度内确定量刑起点	
	交通运输肇事后逃逸或者有其他特别恶劣情节的，可以在三年至五年有期徒刑幅度内确定量刑起点	
	因逃逸致一人死亡的，可以在七年至十年有期徒刑幅度内确定量刑起点	
基准刑	在量刑起点的基础上，可以根据事故责任、致人重伤、死亡的人数或者财产损失的数以及逃逸等其他影响犯罪构成的犯罪事实增加刑罚量，确定基准刑	
其他特别恶劣情节的认定	死亡二人以上或者重伤五人以上，负事故全部或者主要责任的	
	死亡六人以上，负事故同等责任的	
	造成公共财产或者他人财产直接损失，负事故全部或者主要责任，无能力赔偿数额在六十万元以上的	
二、故意伤害罪		
量刑起点	故意伤害致一人轻伤的，可以在二年以下有期徒刑、拘役幅度内确定量刑起点	
	故意伤害致一人重伤的，可以在三年至五年有期徒刑幅度内确定量刑起点。	
	以特别残忍手段故意伤害致一人重伤，造成六级严重残疾的，可以在十年至十三年有期徒刑幅度内确定量刑起点。依法应当判处无期徒刑以上刑罚的除外	
基准刑	基本原则	在量刑起点的基础上，可以根据伤害后果、伤残等级、手段残忍程度等其他影响犯罪构成的犯罪事实增加刑罚量，确定基准刑。故意伤害致人轻伤的，伤残程度可在确定量刑起点时考虑，或者作为调节基准刑的量刑情节
	可以增加基准刑的 5% 以下的情形	伤害对象为 70 岁以上的老人、14 岁以下的儿童、残疾人、怀孕妇女的
	可以增加基准刑的 10% 以下的情形	持刀、枪支等管制刀具伤害他人的，在聚众斗殴、寻衅滋事中故意伤害他人的
	可以减少基准刑的 10% 以下的情形	因为邻里纠纷、婚姻纠纷等民间矛盾引发的故意伤害
		因被害人的过错引发犯罪或对矛盾激化引发犯罪负有责任的
		犯罪后积极抢救被害人的

续表

<table>
<tr><td colspan="3">常见罪名量刑标准</td></tr>
<tr><td colspan="3">三、强奸罪</td></tr>
<tr><td rowspan="2">量刑起点</td><td colspan="2">强奸妇女一人的,可以在三年至五年有期徒刑幅度内确定量刑起点。奸淫幼女一人的可以在四年至七年有期徒刑幅度内确定量刑起点</td></tr>
<tr><td colspan="2">有下列情形之一的,可以在十年至十三年有期徒刑幅度内确定量刑起点:强奸妇女、奸淫幼女情节恶劣的;强奸妇女、奸淫幼女三人的;在公共场所当众强奸妇女的;二人以上轮奸妇女的;强奸致被害人重伤或者造成其他严重后果的。依法应当判处无期徒刑以上刑罚的除外</td></tr>
<tr><td>基准刑</td><td colspan="2">在量刑起点的基础上,可以根据强奸妇女、奸淫幼女情节恶劣程度、强奸人数、致人伤害后果等其他影响犯罪构成的犯罪事实增加刑罚量,确定基准刑。强奸多人多次的,以强奸人数作为增加刑罚量的事实,强奸次数作为调节基准刑的量刑情节</td></tr>
<tr><td colspan="3">四、非法拘禁罪</td></tr>
<tr><td rowspan="3">量刑起点</td><td colspan="2">犯罪情节一般的,可以在一年以下有期徒刑、拘役幅度内确定量刑起点</td></tr>
<tr><td colspan="2">致一人重伤的,可以在三年至五年有期徒刑幅度内确定量刑起点</td></tr>
<tr><td colspan="2">致一人死亡的,可以在十年至十三年有期徒刑幅度内确定量刑起点</td></tr>
<tr><td rowspan="4">基准刑</td><td>基本原则</td><td>在量刑起点的基础上,可以根据非法拘禁人数、拘禁时间、致人伤亡后果等其他影响犯罪构成的犯罪事实增加刑罚量,确定基准刑。非法拘禁人多次的,以非法拘禁人数作为增加刑罚量的事实,非法拘禁次数作为调节基准刑的量刑情节</td></tr>
<tr><td rowspan="2">可以增加基准刑的10%~20%</td><td>具有殴打、侮辱情节的(致人重伤、死亡的除外)</td></tr>
<tr><td>国家机关工作人员利用职权非法扣押、拘禁他人的</td></tr>
<tr><td>可以减少基准刑的 30%以下</td><td>为索取合法债务、争取合法权益而非法扣押、拘禁他人的</td></tr>
<tr><td colspan="3">五、抢劫罪</td></tr>
<tr><td rowspan="2">量刑起点</td><td colspan="2">抢劫一次的,可以在三年至六年有期徒刑幅度内确定量刑起点</td></tr>
<tr><td colspan="2">有下列情形之一的,可以在十年至十三年有期徒刑幅度内确定量刑起点:入户抢劫的;在公共交通工具上抢劫的;抢劫银行或者其他金融机构的;抢劫三次或者抢劫数额达到数额巨大起点的;抢劫致一人重伤的;冒充军警人员抢劫的;持枪抢劫的;抢劫军用物资或者抢险、救灾、救济物资的。依法应当判处无期徒刑以上刑罚的除外</td></tr>
<tr><td>基准刑</td><td colspan="2">在量刑起点的基础上,可以根据抢劫情节严重程度、抢劫次数、数额、致人伤害后果等其他影响犯罪构成的犯罪事实增加刑罚量,确定基准刑</td></tr>
</table>

续表

<table>
<tr><td colspan="3">常见罪名量刑标准</td></tr>
<tr><td colspan="3">六、盗窃罪</td></tr>
<tr><td rowspan="3">量刑起点</td><td colspan="2">达到数额较大起点的,两年内三次盗窃的,入户盗窃,可以在三个月拘役至六个月有期徒刑幅度内确定量刑起点</td></tr>
<tr><td colspan="2">达到数额巨大起点或者有其他严重情节的,可以在三年至四年有期徒刑幅度内确定量刑起点</td></tr>
<tr><td colspan="2">达到数额特别巨大起点或者有其他特别严重情节的,可以在十年至十二年有期徒刑幅度内确定量刑起点</td></tr>
<tr><td rowspan="2">基准刑</td><td>基本原则</td><td>在量刑起点的基础上,可以根据盗窃数额、次数、手段等其他影响犯罪构成的犯罪事实增加刑罚量,确定基准刑。</td></tr>
<tr><td>可以减少基准刑的 50%以下</td><td>盗窃近亲属财物的</td></tr>
<tr><td rowspan="5">具体其他情节介绍</td><td>数额较大</td><td>一千元至三千元以上、国有馆藏一般文物</td></tr>
<tr><td>数额巨大</td><td>三万元至十万元以上、国有馆藏三级文物</td></tr>
<tr><td>数额特别巨大</td><td>三十万元至五十万元以上、国有馆藏一般文物、二级文物以上的</td></tr>
<tr><td>其他严重情节</td><td>盗窃公私财物,具有下列情形之一的,“数额巨大”的标准可以按照前条规定标准的百分之五十确定
(一)组织、控制未成年人盗窃的
(二)自然灾害、事故灾害、社会安全事件等突发事件期间,在事件发生地盗窃的
(三)盗窃残疾人、孤寡老人、丧失劳动能力人的财物的
(四)在医院盗窃病人或者其亲友财物的
(五)盗窃救灾、抢险、防汛、优抚、扶贫、移民、救济款物的
(六)因盗窃造成严重后果的</td></tr>
<tr><td>其他特别严重情节</td><td>盗窃公私财物,具有下列情形之一的,“数额特别巨大”的标准可以按照前条规定标准的百分之五十确定
(一)组织、控制未成年人盗窃的
(二)自然灾害、事故灾害、社会安全事件等突发事件期间,在事件发生地盗窃的
(三)盗窃残疾人、孤寡老人、丧失劳动能力人的财物的
(四)在医院盗窃病人或者其亲友财物的
(五)盗窃救灾、抢险、防汛、优抚、扶贫、移民、救济款物的
(六)因盗窃造成严重后果的</td></tr>
</table>

续表

<table>
<tr><td colspan="3">常见罪名量刑标准</td></tr>
<tr><td colspan="3">七、诈骗罪</td></tr>
<tr><td rowspan="3">量刑起点</td><td colspan="2">达到数额较大起点的,可以在一年以下有期徒刑、拘役幅度内确定量刑起点</td></tr>
<tr><td colspan="2">达到数额巨大起点或者有其他严重情节的,可以在三年至四年有期徒刑幅度内确定量刑起点</td></tr>
<tr><td colspan="2">达到数额特别巨大起点或者有其他特别严重情节的,可以在十年至十二年有期徒刑幅度内确定量刑起点。依法应当判处无期徒刑的除外</td></tr>
<tr><td>基准刑</td><td colspan="2">在量刑起点的基础上,可以根据诈骗数额等其他影响犯罪构成的犯罪事实增加刑罚量,确定基准刑</td></tr>
<tr><td rowspan="3">具体其他情节介绍</td><td>数额较大</td><td>公私财物价值三千元至一万元以上</td></tr>
<tr><td>数额巨大</td><td>三万元至十万元以上</td></tr>
<tr><td>数额特别巨大</td><td>五十万元以上</td></tr>
<tr><td colspan="3">八、抢夺罪</td></tr>
<tr><td rowspan="3">量刑起点</td><td colspan="2">达到数额较大起点的,可以在一年以下有期徒刑、拘役幅度内确定量刑起点</td></tr>
<tr><td colspan="2">达到数额巨大起点或者有其他严重情节的,可以在三年至四年有期徒刑幅度内确定量刑起点</td></tr>
<tr><td colspan="2">达到数额特别巨大起点或者有其他特别严重情节的,可以在十年至十二年有期徒刑幅度内确定量刑起点。依法应当判处无期徒刑的除外</td></tr>
<tr><td>基准刑</td><td colspan="2">在量刑起点的基础上,可以根据抢夺数额等其他影响犯罪构成的犯罪事实增加刑罚量,确定基准刑</td></tr>
<tr><td>具体其他情节介绍</td><td>数额较大</td><td>1. 一千元至三千元以上
2. 抢夺公私财物,具有下列情形之一的,“数额较大”的标准按照前条规定标准的百分之五十确定
(一)曾因抢劫、抢夺或者聚众哄抢受过刑事处罚的
(二)一年内曾因抢夺或者哄抢受过行政处罚的
(三)一年内抢夺三次以上的
(四)驾驶机动车、非机动车抢夺的
(五)组织、控制未成年人抢夺的
(六)抢夺老年人、未成年人、孕妇、携带婴幼儿的人、残疾人、丧失劳动能力人的财物的
(七)在医院抢夺病人或者其亲友财物的
(八)抢夺救灾、抢险、防汛、优抚、扶贫、移民、救济款物的
(九)自然灾害、事故灾害、社会安全事件等突发事件期间,在事件发生地抢夺的
(十)导致他人轻伤或者精神失常等严重后果的</td></tr>
</table>

续表

常见罪名量刑标准		
具体其他情节介绍	数额巨大	三万元至八万元以上
	数额特别巨大	二十万元至四十万元以上的
	其他严重情节	1. 导致他人重伤的 2. 导致他人自杀的 3. 有下列情形之一，且达到“数额巨大”百分之五十的 （一）一年内抢夺三次以上的 （二）驾驶机动车、非机动车抢夺的 （三）组织、控制未成年人抢夺的 （四）抢夺老年人、未成年人、孕妇、携带婴幼儿的人、残疾人、丧失劳动能力人的财物的 （五）在医院抢夺病人或者其亲友财物的 （六）抢夺救灾、抢险、防汛、优抚、扶贫、移民、救济款物的 （七）自然灾害、事故灾害、社会安全事件等突发事件期间，在事件发生地抢夺的 （八）导致他人轻伤或者精神失常等严重后果的
	其他特别严重情节	1. 导致他人死亡的 2. 有下列情形之一，且达到“数额特别巨大”百分之五十的 （一）一年内抢夺三次以上的 （二）驾驶机动车、非机动车抢夺的 （三）组织、控制未成年人抢夺的 （四）抢夺老年人、未成年人、孕妇、携带婴幼儿的人、残疾人、丧失劳动能力人的财物的 （五）在医院抢夺病人或者其亲友财物的 （六）抢夺救灾、抢险、防汛、优抚、扶贫、移民、救济款物的 （七）自然灾害、事故灾害、社会安全事件等突发事件期间，在事件发生地抢夺的 （八）导致他人轻伤或者精神失常等严重后果的
九、职务侵占罪		
量刑起点	达到数额较大起点的，可以在二年以下有期徒刑、拘役幅度内确定量刑起点	
	达到数额巨大起点的，可以在五年至六年有期徒刑幅度内确定量刑起点	
基准刑	在量刑起点的基础上，可以根据职务侵占数额等其他影响犯罪构成的犯罪事实增加刑罚量，确定基准刑	

续表

<table>
<tr><td colspan="3">常见罪名量刑标准</td></tr>
<tr><td colspan="3">十、敲诈勒索罪</td></tr>
<tr><td rowspan="4">量刑起点</td><td colspan="2">达到数额较大起点的，或者两年内三次敲诈勒索的，可以在一年以下有期徒刑、拘役幅度内确定量刑起点。</td></tr>
<tr><td colspan="2">达到数额巨大起点或者有其他严重情节的，可以在三年至五年有期徒刑幅度内确定量刑起点</td></tr>
<tr><td colspan="2">达到数额特别巨大起点或者有其他特别严重情节的，可以在十年至十二年有期徒刑幅度内确定量刑起点</td></tr>
<tr><td colspan="2">在量刑起点的基础上，可以根据敲诈勒索数额、次数、犯罪情节严重程度等其他影响犯罪构成的犯罪事实增加刑罚量，确定基准刑</td></tr>
<tr><td rowspan="4">具体其他情节介绍</td><td>数额较大</td><td>1. 二千元至五千元以上
2. 敲诈勒索公私财物，具有下列情形之一的，“数额较大”的标准按照前条规定标准的百分之五十确定
（一）曾因敲诈勒索受过刑事处罚的
（二）一年内曾因敲诈勒索受过行政处罚的
（三）对未成年人、残疾人、老年人或者丧失劳动能力人敲诈勒索的
（四）以将要实施放火、爆炸等危害公共安全犯罪或者故意杀人、绑架等严重侵犯公民人身权利犯罪相威胁敲诈勒索的
（五）以黑恶势力名义敲诈勒索的
（六）利用或者冒充国家机关工作人员、军人、新闻工作者等特殊身份敲诈勒索的
（七）造成其他严重后果的</td></tr>
<tr><td>数额巨大</td><td>三万元至十万元以上</td></tr>
<tr><td>数额特别巨大</td><td>三十万元至五十万元以上</td></tr>
<tr><td>其他严重情节</td><td>有下列情形之一，且达到“数额巨大”百分之八十的
（一）对未成年人、残疾人、老年人或者丧失劳动能力人敲诈勒索的
（二）以将要实施放火、爆炸等危害公共安全犯罪或者故意杀人、绑架等严重侵犯公民人身权利犯罪相威胁敲诈勒索的
（三）以黑恶势力名义敲诈勒索的
（四）利用或者冒充国家机关工作人员、军人、新闻工作者等特殊身份敲诈勒索的
（五）造成其他严重后果的</td></tr>
</table>

续表

常见罪名量刑标准		
具体其他情节介绍	其他特别严重情节	有下列情形之一，且达到“数额特别巨大”百分之八十的 （一）对未成年人、残疾人、老年人或者丧失劳动能力人敲诈勒索的 （二）以将要实施放火、爆炸等危害公共安全犯罪或者故意杀人、绑架等严重侵犯公民人身权利犯罪相威胁敲诈勒索的 （三）以黑恶势力名义敲诈勒索的 （四）利用或者冒充国家机关工作人员、军人、新闻工作者等特殊身份敲诈勒索的 （五）造成其他严重后果的
十一、妨碍公务罪		
量刑起点	构成妨害公务罪的，可以在二年以下有期徒刑、拘役幅度内确定量刑起点	
基准刑	基本原则	在量刑起点的基础上，可以根据妨害公务的手段、造成的后果等其他影响犯罪构成的犯罪事实增加刑罚量，确定基准刑
	可以增加基准刑的 20% 以下的情形	煽动群众阻碍依法执行职务、履行职责的
	可以减少基准刑的 20% 以下的情形	因执行公务行为不规范而导致妨害公务犯罪的
十二、聚众斗殴罪		
量刑起点	犯罪情节一般的，可以在二年以下有期徒刑、拘役幅度内确定量刑起点。	
	有下列情形之一的，可以在三年至五年有期徒刑幅度内确定量刑起点：聚众斗殴三次的；聚众斗殴人数多，规模大，社会影响恶劣的；在公共场所或者交通要道聚众斗殴，造成社会秩序严重混乱的；持械聚众斗殴的。	
基准刑	基本原则	在量刑起点的基础上，可以根据聚众斗殴人数、次数、手段等其他影响犯罪构成的犯罪事实增加刑罚量，确定基准刑
	可以增加基准刑的 20% 以下的情形	组织未成年人聚众斗殴的
十三、寻衅滋事罪		
量刑起点	寻衅滋事一次的，可以在三年以下有期徒刑、拘役幅度内确定量刑起点	
	纠集他人三次寻衅滋事（每次都构成犯罪），严重破坏社会秩序的，可以在五年至七年有期徒刑幅度内确定量刑起点	

续表

常见罪名量刑标准		
基准刑	在量刑起点的基础上,可以根据寻衅滋事次数、伤害后果、强拿硬要他人财物或任意损毁、占用公私财物数额等其他影响犯罪构成的犯罪事实增加刑罚量,确定基准刑	
十四、掩饰、隐瞒犯罪所得、犯罪所得收益罪		
量刑起点	犯罪情节一般的,可以在一年以下有期徒刑、拘役幅度内确定量刑起点	
	情节严重的,可以在三年至四年有期徒刑幅度内确定量刑起点	
基准刑	在量刑起点的基础上,可以根据犯罪数额等其他影响犯罪构成的犯罪事实增加刑罚量,确定基准刑	
十五、走私、贩卖、运输、制造毒品罪		
量刑起点	走私、贩卖、运输、制造鸦片一千克,海洛因、甲基苯丙胺五十克或者其他毒品数量达到数量大起点的,量刑起点为十五年有期徒刑。依法应当判处无期徒刑以上刑罚的除外	
	走私、贩卖、运输、制造鸦片二百克,海洛因、甲基苯丙胺十克或者其他毒品数量达到数量较大起点的,可以在七年至八年有期徒刑幅度内确定量刑起点	
	走私、贩卖、运输、制造鸦片不满二百克,海洛因、甲基苯丙胺不满十克或者其他少量毒品的,可以在三个月拘役至三年有期徒刑幅度内确定量刑起点;情节严重的,可以在三年至四年有期徒刑幅度内确定量刑起点	
基准刑	基本原则	在量刑起点的基础上,可以根据毒品犯罪次数、人次、毒品数量等其他影响犯罪构成的犯罪事实增加刑罚量,确定基准刑
	可以增加基准刑的30%以下的情形	组织、利用、教唆未成年人、孕妇、哺乳期妇女、患有严重疾病人员、又聋又哑的人、盲人及其他特殊人群走私、贩卖、运输、制造毒品,或者向未成年人出售毒品的
		毒品再犯
	可以减少基准刑的30%以下的情形	受雇运输毒品的
		毒品含量明显偏低的
		存在数量引诱情形的

附件二：全国人民代表大会常务委员会予以废止的条例、补充规定和决定

全国人民代表大会常务委员会制定的下列条例、补充规定和决定，已纳入本法或者已不适用，自本法施行之日起，予以废止：

1. 惩治军人违反职责罪暂行条例
2. 关于严惩严重破坏经济的罪犯的决定
3. 关于严惩严重危害社会治安的犯罪分子的决定
4. 关于惩治走私罪的补充规定
5. 关于惩治贪污罪贿赂罪的补充规定
6. 关于惩治泄露国家秘密犯罪的补充规定
7. 关于惩治捕杀国家重点保护的珍贵、濒危野生动物犯罪的补充规定
8. 关于惩治侮辱中华人民共和国国旗国徽罪的决定
9. 关于惩治盗掘古文化遗址古墓葬犯罪的补充规定
10. 关于惩治劫持航空器犯罪分子的决定
11. 关于惩治假冒注册商标犯罪的补充规定
12. 关于惩治生产、销售伪劣商品犯罪的决定
13. 关于惩治侵犯著作权的犯罪的决定
14. 关于惩治违反公司法的犯罪的决定
15. 关于处理逃跑或者重新犯罪的劳改犯和劳教人员的决定

附件三：全国人民代表大会常务委员会予以保留的补充规定和决定

全国人民代表大会常务委员会制定的下列补充规定和决定予以保留，其中，有关行政处罚和行政措施的规定继续有效；有关刑事责任的规定已纳入本法，自本法施行之日起，适用本法规定：

1. 关于禁毒的决定
2. 关于惩治走私、制作、贩卖、传播淫秽物品的犯罪分子的决定
3. 关于严惩拐卖、绑架妇女、儿童的犯罪分子的决定
4. 关于严禁卖淫嫖娼的决定
5. 关于惩治偷税、抗税犯罪的补充规定
6. 关于严惩组织、运送他人偷越国(边)境犯罪的补充规定
7. 关于惩治破坏金融秩序犯罪的决定
8. 关于惩治虚开、伪造和非法出售增值税专用发票犯罪的决定

附件四:最高人民法院《关于〈中华人民共和国刑法修正案(九)〉时间效力问题的解释》

(实施日期:2015 年 11 月 1 日　法释[2015]19 号)

为正确适用《中华人民共和国刑法修正案(九)》,根据《中华人民共和国刑法》第十二条规定,现就人民法院 2015 年 11 月 1 日以后审理的刑事案件,具体适用修正前后刑法的有关问题规定如下:

第一条　对于 2015 年 10 月 31 日以前因利用职业便利实施犯罪,或者实施违背职业要求的特定义务的犯罪的,不适用修正后刑法第三十七条之一第一款的规定。其他法律、行政法规另有规定的,从其规定。

第二条　对于被判处死刑缓期执行的犯罪分子,在死刑缓期执行期间,且在 2015 年 10 月 31 日以前故意犯罪的,适用修正后刑法第五十条第一款的规定。

第三条　对于 2015 年 10 月 31 日以前一人犯数罪,数罪中有判处有期徒刑和拘役,有期徒刑和管制,或者拘役和管制,予以数罪并罚的,适用修正后刑法第六十九条第二款的规定。

第四条　对于 2015 年 10 月 31 日以前通过信息网络实施的刑法第二百四十六条第一款规定的侮辱、诽谤行为,被害人向人民法院告诉,但提供证据确有困难的,适用修正后刑法第二百四十六条第三款的规定。

第五条　对于 2015 年 10 月 31 日以前实施的刑法第二百六十条第一款规定的虐待行为,被害人没有能力告诉,或者因受到强制、威吓无法告诉的,适用修正后刑法第二百六十条第三款的规定。

第六条　对于 2015 年 10 月 31 日以前组织考试作弊,为他人组织考试作弊提供作弊器材或者其他帮助,以及非法向他人出售或者提供考试试题、答案,根据修正前刑法应当以非法获取国家秘密罪、非法生产、销售间谍专用器材罪或者故意泄露国家秘密罪等追究刑事责任的,适用修正前刑法的有关规定。但是,根据修正后刑法第二百八十四条之一的规定处刑较轻的,适用修正后刑法的有关规定。

第七条　对于 2015 年 10 月 31 日以前以捏造的事实提起民事诉讼,妨害司法秩序或者严重侵害他人合法权益,根据修正前刑法应当以伪造公司、企业、事业单位、人民团体印章罪或者妨害作证罪等追究刑事责任的,适用修正前刑法的有关规定。但是,根据修正后刑法第三百零七条之一的规定处刑较轻的,适用修正后刑法的有关规定。

实施第一款行为,非法占有他人财产或者逃避合法债务,根据修正前刑法应当以诈骗罪、职务侵占罪或者贪污罪等追究刑事责任的,适用修正前刑法的有关规定。

第八条　对于2015年10月31日以前实施贪污、受贿行为，罪行极其严重，根据修正前刑法判处死刑缓期执行不能体现罪行相适应原则，而根据修正后刑法判处死刑缓期执行同时决定在其死刑缓期执行二年期满依法减为无期徒刑后，终身监禁，不得减刑、假释可以罚当其罪的，适用修正后刑法第三百八十三条第四款的规定。根据修正前刑法判处死刑缓期执行足以罚当其罪的，不适用修正后刑法第三百八十三条第四款的规定。

第九条　本解释自2015年11月1日起施行。

附件五：最高人民法院　最高人民检察院《关于办理贪污贿赂刑事案件适用法律若干问题的解释》

（实施日期：2016年4月18日　法释［2016］9号）

为依法惩治贪污贿赂犯罪活动，根据刑法有关规定，现就办理贪污贿赂刑事案件适用法律的若干问题解释如下：

第一条　贪污或者受贿数额在三万元以上不满二十万元的，应当认定为刑法第三百八十三条第一款规定的"数额较大"，依法判处三年以下有期徒刑或者拘役，并处罚金。

贪污数额在一万元以上不满三万元，具有下列情形之一的，应当认定为刑法第三百八十三条第一款规定的"其他较重情节"，依法判处三年以下有期徒刑或者拘役，并处罚金：

（一）贪污救灾、抢险、防汛、优抚、扶贫、移民、救济、防疫、社会捐助等特定款物的；

（二）曾因贪污、受贿、挪用公款受过党纪、行政处分的；

（三）曾因故意犯罪受过刑事追究的；

（四）赃款赃物用于非法活动的；

（五）拒不交待赃款赃物去向或者拒不配合追缴工作，致使无法追缴的；

（六）造成恶劣影响或者其他严重后果的。

受贿数额在一万元以上不满三万元，具有前款第二项至第六项规定的情形之一，或者具有下列情形之一的，应当认定为刑法第三百八十三条第一款规定的"其他较重情节"，依法判处三年以下有期徒刑或者拘役，并处罚金：

（一）多次索贿的；

（二）为他人谋取不正当利益，致使公共财产、国家和人民利益遭受损失的；

（三）为他人谋取职务提拔、调整的。

第二条　贪污或者受贿数额在二十万元以上不满三百万元的，应当认定为刑法第三百八十三条第一款规定的“数额巨大”,依法判处三年以上十年以下有期徒刑,并处罚金或者没收财产。

贪污数额在十万元以上不满二十万元,具有本解释第一条第二款规定的情形之一的,应当认定为刑法第三百八十三条第一款规定的“其他严重情节”,依法判处三年以上十年以下有期徒刑,并处罚金或者没收财产。

受贿数额在十万元以上不满二十万元,具有本解释第一条第三款规定的情形之一的,应当认定为刑法第三百八十三条第一款规定的“其他严重情节”,依法判处三年以上十年以下有期徒刑,并处罚金或者没收财产。

第三条　贪污或者受贿数额在三百万元以上的,应当认定为刑法第三百八十三条第一款规定的“数额特别巨大”,依法判处十年以上有期徒刑、无期徒刑或者死刑,并处罚金或者没收财产。

贪污数额在一百五十万元以上不满三百万元,具有本解释第一条第二款规定的情形之一的,应当认定为刑法第三百八十三条第一款规定的“其他特别严重情节”,依法判处十年以上有期徒刑、无期徒刑或者死刑,并处罚金或者没收财产。

受贿数额在一百五十万元以上不满三百万元,具有本解释第一条第三款规定的情形之一的,应当认定为刑法第三百八十三条第一款规定的“其他特别严重情节”,依法判处十年以上有期徒刑、无期徒刑或者死刑,并处罚金或者没收财产。

第四条　贪污、受贿数额特别巨大,犯罪情节特别严重、社会影响特别恶劣、给国家和人民利益造成特别重大损失的,可以判处死刑。

符合前款规定的情形,但具有自首,立功,如实供述自己罪行、真诚悔罪、积极退赃,或者避免、减少损害结果的发生等情节,不是必须立即执行的,可以判处死刑缓期二年执行。

符合第一款规定情形的,根据犯罪情节等情况可以判处死刑缓期二年执行,同时裁判决定在其死刑缓期执行二年期满依法减为无期徒刑后,终身监禁,不得减刑、假释。

第五条　挪用公款归个人使用,进行非法活动,数额在三万元以上的,应当依照刑法第三百八十四条的规定以挪用公款罪追究刑事责任;数额在三百万元以上的,应当认定为刑法第三百八十四条第一款规定的“数额巨大”。具有下列情形之一的,应当认定为刑法第三百八十四条第一款规定的“情节严重”:

(一)挪用公款数额在一百万元以上的;

(二)挪用救灾、抢险、防汛、优抚、扶贫、移民、救济特定款物,数额在五十万元以上不满一百万元的;

(三)挪用公款不退还,数额在五十万元以上不满一百万元的;

(四)其他严重的情节。

第六条 挪用公款归个人使用,进行营利活动或者超过三个月未还,数额在五万元以上的,应当认定为刑法第三百八十四条第一款规定的“数额较大”;数额在五百万元以上的,应当认定为刑法第三百八十四条第一款规定的“数额巨大”。具有下列情形之一的,应当认定为刑法第三百八十四条第一款规定的“情节严重”:

(一)挪用公款数额在二百万元以上的;

(二)挪用救灾、抢险、防汛、优抚、扶贫、移民、救济特定款物,数额在一百万元以上不满二百万元的;

(三)挪用公款不退还,数额在一百万元以上不满二百万元的;

(四)其他严重的情节。

第七条 为谋取不正当利益,向国家工作人员行贿,数额在三万元以上的,应当依照刑法第三百九十条的规定以行贿罪追究刑事责任。

行贿数额在一万元以上不满三万元,具有下列情形之一的,应当依照刑法第三百九十条的规定以行贿罪追究刑事责任:

(一)向三人以上行贿的;

(二)将违法所得用于行贿的;

(三)通过行贿谋取职务提拔、调整的;

(四)向负有食品、药品、安全生产、环境保护等监督管理职责的国家工作人员行贿,实施非法活动的;

(五)向司法工作人员行贿,影响司法公正的;

(六)造成经济损失数额在五十万元以上不满一百万元的。

第八条 犯行贿罪,具有下列情形之一的,应当认定为刑法第三百九十条第一款规定的“情节严重”:

(一)行贿数额在一百万元以上不满五百万元的;

(二)行贿数额在五十万元以上不满一百万元,并具有本解释第七条第二款第一项至第五项规定的情形之一的;

(三)其他严重的情节。

为谋取不正当利益,向国家工作人员行贿,造成经济损失数额在一百万元以上不满五百万元的,应当认定为刑法第三百九十条第一款规定的“使国家利益遭受重大损失”。

第九条 犯行贿罪,具有下列情形之一的,应当认定为刑法第三百九十条第一款规定的“情节特别严重”:

(一)行贿数额在五百万元以上的;

(二)行贿数额在二百五十万元以上不满五百万元,并具有本解释第七条第二

款第一项至第五项规定的情形之一的;

(三)其他特别严重的情节。

为谋取不正当利益,向国家工作人员行贿,造成经济损失数额在五百万元以上的,应当认定为刑法第三百九十条第一款规定的“使国家利益遭受特别重大损失”。

第十条　刑法第三百八十八条之一规定的利用影响力受贿罪的定罪量刑适用标准,参照本解释关于受贿罪的规定执行。

刑法第三百九十条之一规定的对有影响力的人行贿罪的定罪量刑适用标准,参照本解释关于行贿罪的规定执行。

单位对有影响力的人行贿数额在二十万元以上的,应当依照刑法第三百九十条之一的规定以对有影响力的人行贿罪追究刑事责任。

第十一条　刑法第一百六十三条规定的非国家工作人员受贿罪、第二百七十一条规定的职务侵占罪中的“数额较大”“数额巨大”的数额起点,按照本解释关于受贿罪、贪污罪相对应的数额标准规定的二倍、五倍执行。

刑法第二百七十二条规定的挪用资金罪中的“数额较大”“数额巨大”以及“进行非法活动”情形的数额起点,按照本解释关于挪用公款罪“数额较大”“情节严重”以及“进行非法活动”的数额标准规定的二倍执行。

刑法第一百六十四条第一款规定的对非国家工作人员行贿罪中的“数额较大”“数额巨大”的数额起点,按照本解释第七条、第八条第一款关于行贿罪的数额标准规定的二倍执行。

第十二条　贿赂犯罪中的“财物”,包括货币、物品和财产性利益。财产性利益包括可以折算为货币的物质利益如房屋装修、债务免除等,以及需要支付货币的其他利益如会员服务、旅游等。后者的犯罪数额,以实际支付或者应当支付的数额计算。

第十三条　具有下列情形之一的,应当认定为“为他人谋取利益”,构成犯罪的,应当依照刑法关于受贿犯罪的规定定罪处罚:

(一)实际或者承诺为他人谋取利益的;

(二)明知他人有具体请托事项的;

(三)履职时未被请托,但事后基于该履职事由收受他人财物的。

国家工作人员索取、收受具有上下级关系的下属或者具有行政管理关系的被管理人员的财物价值三万元以上,可能影响职权行使的,视为承诺为他人谋取利益。

第十四条　根据行贿犯罪的事实、情节,可能被判处三年有期徒刑以下刑罚的,可以认定为刑法第三百九十条第二款规定的“犯罪较轻”。

根据犯罪的事实、情节，已经或者可能被判处十年有期徒刑以上刑罚的，或者案件在本省、自治区、直辖市或者全国范围内有较大影响的，可以认定为刑法第三百九十条第二款规定的“重大案件”。

具有下列情形之一的，可以认定为刑法第三百九十条第二款规定的“对侦破重大案件起关键作用”：

（一）主动交待办案机关未掌握的重大案件线索的；

（二）主动交待的犯罪线索不属于重大案件的线索，但该线索对于重大案件侦破有重要作用的；

（三）主动交待行贿事实，对于重大案件的证据收集有重要作用的；

（四）主动交待行贿事实，对于重大案件的追逃、追赃有重要作用的。

第十五条　对多次受贿未经处理的，累计计算受贿数额。

国家工作人员利用职务上的便利为请托人谋取利益前后多次收受请托人财物，受请托之前收受的财物数额在一万元以上的，应当一并计入受贿数额。

第十六条　国家工作人员出于贪污、受贿的故意，非法占有公共财物、收受他人财物之后，将赃款赃物用于单位公务支出或者社会捐赠的，不影响贪污罪、受贿罪的认定，但量刑时可以酌情考虑。

特定关系人索取、收受他人财物，国家工作人员知道后未退还或者上交的，应当认定国家工作人员具有受贿故意。

第十七条　国家工作人员利用职务上的便利，收受他人财物，为他人谋取利益，同时构成受贿罪和刑法分则第三章第三节、第九章规定的渎职犯罪的，除刑法另有规定外，以受贿罪和渎职犯罪数罪并罚。

第十八条　贪污贿赂犯罪分子违法所得的一切财物，应当依照刑法第六十四条的规定予以追缴或者责令退赔，对被害人的合法财产应当及时返还。对尚未追缴到案或者尚未足额退赔的违法所得，应当继续追缴或者责令退赔。

第十九条　对贪污罪、受贿罪判处三年以下有期徒刑或者拘役的，应当并处十万元以上五十万元以下的罚金；判处三年以上十年以下有期徒刑的，应当并处二十万元以上犯罪数额二倍以下的罚金或者没收财产；判处十年以上有期徒刑或者无期徒刑的，应当并处五十万元以上犯罪数额二倍以下的罚金或者没收财产。

对刑法规定并处罚金的其他贪污贿赂犯罪，应当在十万元以上犯罪数额二倍以下判处罚金。

第二十条　本解释自2016年4月18日起施行。最高人民法院、最高人民检察院此前发布的司法解释与本解释不一致的，以本解释为准。

附件六:最新贪污贿赂犯罪司法解释图释(2016 最新完整版)

(根据《关于办理贪污贿赂刑事案件适用法律若干问题的解释》整理)

<table>
<tr><td colspan="3">(一)贪污罪</td></tr>
<tr><td colspan="3">3 年以下有期徒刑或者拘役,并处罚金(第 383 条第 1 款第 1 项)</td></tr>
<tr><td>数额较大</td><td colspan="2">3 万元≤数额<20 万元</td></tr>
<tr><td rowspan="6">其他较重情节</td><td rowspan="6">1 万元≤数额<3 万元</td><td>贪污救灾、抢险、防汛、优抚、扶贫、移民、救济、防疫、社会捐助等特定款物的;</td></tr>
<tr><td>曾因贪污、受贿、挪用公款受过党纪、行政处分的</td></tr>
<tr><td>曾因故意犯罪受过刑事追究的</td></tr>
<tr><td>赃款赃物用于非法活动的</td></tr>
<tr><td>拒不交待赃款赃物去向或者拒不配合追缴工作,致使无法追缴的</td></tr>
<tr><td>造成恶劣影响或者其他严重后果的</td></tr>
<tr><td colspan="3">3 年以上 10 年以下有期徒刑,并处罚金或者没收财产(第 383 条第 1 款第 2 项)</td></tr>
<tr><td>数额巨大</td><td colspan="2">20 万元≤数额<300 万元</td></tr>
<tr><td rowspan="6">其他严重情节</td><td rowspan="6">10 万元≤数额<20 万元</td><td>贪污救灾、抢险、防汛、优抚、扶贫、移民、救济、防疫、社会捐助等特定款物的</td></tr>
<tr><td>曾因贪污、受贿、挪用公款受过党纪、行政处分的</td></tr>
<tr><td>曾因故意犯罪受过刑事追究的</td></tr>
<tr><td>赃款赃物用于非法活动的</td></tr>
<tr><td>拒不交待赃款赃物去向或者拒不配合追缴工作,致使无法追缴的</td></tr>
<tr><td>造成恶劣影响或者其他严重后果的</td></tr>
<tr><td colspan="3">10 年以上有期徒刑、无期徒刑或者死刑,并处罚金或者没收财产(第 383 条第 1 款第 3 项)</td></tr>
<tr><td>数额特别巨大</td><td>数额≥300 万元</td><td></td></tr>
<tr><td rowspan="6">其他特别严重情节</td><td rowspan="6">150 万元≤数额<300 万元</td><td>贪污救灾、抢险、防汛、优抚、扶贫、移民、救济、防疫、社会捐助等特定款物的</td></tr>
<tr><td>曾因贪污、受贿、挪用公款受过党纪、行政处分的</td></tr>
<tr><td>曾因故意犯罪受过刑事追究的</td></tr>
<tr><td>赃款赃物用于非法活动的</td></tr>
<tr><td>拒不交待赃款赃物去向或者拒不配合追缴工作,致使无法追缴的</td></tr>
<tr><td>造成恶劣影响或者其他严重后果的</td></tr>
</table>

续表

死刑(第 383 条第 1 款第 3 项)		
数额≥300 万元 + 情节特别严重、社会影响特别恶劣、给国家和人民利益造成特别重大损失		
死缓(第 383 条第 1 款第 3 项、第 3 款)		
符合死刑条件并具有自首,立功,如实供述自己罪行、真诚悔罪、积极退赃,或者避免、减少损害结果的发生等情节,不是必须立即执行的		
终身监禁(第 383 条第 4 款)		
符合死刑条件,根据犯罪情节等情况可以判处死刑缓期二年执行,同时裁判决定在其死刑缓期执行二年期满依法减为无期徒刑后,终身监禁,不得减刑、假释		
(二)受贿罪		
3 年以下有期徒刑或者拘役,并处罚金(第 383 条第 1 款第 1 项)		
数额较大	3 万元≤数额<20 万元	
其他较重情节	1 万元≤数额<3 万元	多次索贿的
		为他人谋取不正当利益,致使公共财产、国家和人民利益遭受损失的
		为他人谋取职务提拔、调整的
3 年以上 10 年以下有期徒刑,并处罚金或者没收财产(第 383 条第 1 款第 2 项)		
数额巨大	20 万元≤数额<300 万元	
其他严重情节	10 万元≤数额<20 万元	多次索贿的
		为他人谋取不正当利益,致使公共财产、国家和人民利益遭受损失的
		为他人谋取职务提拔、调整的
10 年以上有期徒刑、无期徒刑或者死刑,并处罚金或者没收财产(第 383 条第 1 款第 3 项)		
数额特别巨大	数额≥300 万元	
其他特别严重情节	150 万元≤数额<300 万元	多次索贿的
		为他人谋取不正当利益,致使公共财产、国家和人民利益遭受损失的
		为他人谋取职务提拔、调整的
死刑(第 383 条第 1 款第 3 项)		
数额≥300 万元 + 情节特别严重、社会影响特别恶劣、给国家和人民利益造成特别重大损失		
死缓(第 383 条第 1 款第 3 项、第 3 款)		

续表

<table>
<tr><td colspan="3">符合死刑条件并具有自首，立功，如实供述自己罪行、真诚悔罪、积极退赃，或者避免、减少损害结果的发生等情节，不是必须立即执行的</td></tr>
<tr><td colspan="3">终身监禁（第 383 条第 4 款）</td></tr>
<tr><td colspan="3">符合死刑条件，根据犯罪情节等情况可以判处死刑缓期二年执行，同时裁判决定在其死刑缓期执行二年期满依法减为无期徒刑后，终身监禁，不得减刑、假释</td></tr>
<tr><td colspan="3">（三）利用影响力受贿罪</td></tr>
<tr><td colspan="3">3 年以下有期徒刑或者拘役，并处罚金（第 388 条之 1 第 1 款）</td></tr>
<tr><td>数额较大</td><td colspan="2">3 万元≤数额 <20 万元</td></tr>
<tr><td rowspan="3">其他较重情节</td><td rowspan="3">1 万元≤数额 <3 万元</td><td>多次索贿的</td></tr>
<tr><td>为他人谋取不正当利益，致使公共财产、国家和人民利益遭受损失的</td></tr>
<tr><td>为他人谋取职务提拔、调整的</td></tr>
<tr><td colspan="3">3 年以上 7 年以下有期徒刑，并处罚金（第 388 条之 1 第 1 款）</td></tr>
<tr><td>数额巨大</td><td colspan="2">20 万元≤数额 <300 万元</td></tr>
<tr><td rowspan="3">其他严重情节</td><td rowspan="3">10 万元≤数额 < 20 万元</td><td>多次索贿的</td></tr>
<tr><td>为他人谋取不正当利益，致使公共财产、国家和人民利益遭受损失的</td></tr>
<tr><td>为他人谋取职务提拔、调整的</td></tr>
<tr><td colspan="3">7 年以上有期徒刑，并处罚金或者没收财产（第 388 条之 1 第 1 款）</td></tr>
<tr><td>数额特别巨大</td><td colspan="2">数额≥300 万元</td></tr>
<tr><td rowspan="3">其他特别严重情节</td><td rowspan="3">150 万元≤数额 < 300 万元</td><td>多次索贿的</td></tr>
<tr><td>为他人谋取不正当利益，致使公共财产、国家和人民利益遭受损失的</td></tr>
<tr><td>为他人谋取职务提拔、调整的</td></tr>
<tr><td colspan="3">（四）行贿罪</td></tr>
<tr><td colspan="3">5 年以下有期徒刑或者拘役，并处罚金（第 390 条第 1 款）</td></tr>
<tr><td rowspan="4">入罪标准</td><td colspan="2">数额≥3 万元</td></tr>
<tr><td rowspan="3">1 万元≤数额 <3 万元</td><td>向三人以上行贿的</td></tr>
<tr><td>将违法所得用于行贿的</td></tr>
<tr><td>通过行贿谋取职务提拔、调整的</td></tr>
</table>

续表

<table>
<tr><td rowspan="3"></td><td rowspan="3"></td><td>向负有食品、药品、安全生产、环境保护等监督管理职责的国家工作人员行贿,实施非法活动的</td></tr>
<tr><td>向司法工作人员行贿,影响司法公正的</td></tr>
<tr><td>造成经济损失数额在五十万元以上不满一百万元的</td></tr>
<tr><td colspan="3">5 年以上 10 年以下有期徒刑,并处罚金(第 390 条第 1 款)</td></tr>
<tr><td rowspan="7">情节严重</td><td colspan="2">100 万元≤数额<500 万元</td></tr>
<tr><td rowspan="5">50 万元≤数额<100 万元</td><td>向三人以上行贿的</td></tr>
<tr><td>将违法所得用于行贿的</td></tr>
<tr><td>通过行贿谋取职务提拔、调整的</td></tr>
<tr><td>向负有食品、药品、安全生产、环境保护等监督管理职责的国家工作人员行贿,实施非法活动的</td></tr>
<tr><td>向司法工作人员行贿,影响司法公正的</td></tr>
<tr><td colspan="2">其他严重的情节</td></tr>
<tr><td>使国家利益遭受重大损失</td><td colspan="2">造成经济损失数额:100 万元≤数额<500 万元</td></tr>
<tr><td colspan="3">10 年以上有期徒刑或者无期徒刑,并处罚金或者没收财产(第 390 条第 1 款)</td></tr>
<tr><td rowspan="7">情节特别严重</td><td colspan="2">数额≥500 万元</td></tr>
<tr><td rowspan="5">250 万元≤数额<500 万元</td><td>向三人以上行贿的</td></tr>
<tr><td>将违法所得用于行贿的</td></tr>
<tr><td>通过行贿谋取职务提拔、调整的</td></tr>
<tr><td>向负有食品、药品、安全生产、环境保护等监督管理职责的国家工作人员行贿,实施非法活动的</td></tr>
<tr><td>向司法工作人员行贿,影响司法公正的</td></tr>
<tr><td colspan="2">其他特别严重的情节</td></tr>
<tr><td>使国家利益遭受特别重大损失</td><td colspan="2">造成经济损失数额:数额≥500 万元</td></tr>
<tr><td colspan="3">在被追诉前主动交待行贿行为,并具有如下情形的,可以减轻或者免除处罚(第 390 条第 2 款)</td></tr>
<tr><td>犯罪较轻</td><td colspan="2">可能被判处三年有期徒刑以下刑罚的</td></tr>
</table>

续表

<table>
<tr><td rowspan="4">对侦破重大案件起关键作用</td><td colspan="2">主动交待办案机关未掌握的重大案件线索的</td></tr>
<tr><td colspan="2">主动交待的犯罪线索不属于重大案件的线索,但该线索对于重大案件侦破有重要作用的</td></tr>
<tr><td colspan="2">主动交待行贿事实,对于重大案件的证据收集有重要作用的</td></tr>
<tr><td colspan="2">主动交待行贿事实,对于重大案件的追逃、追赃有重要作用的</td></tr>
<tr><td colspan="3">有重大立功表现</td></tr>
<tr><td colspan="3">(五)对有影响力的人行贿罪</td></tr>
<tr><td colspan="3">3 年以下有期徒刑或者拘役,并处罚金(第 390 条之 1 第 1 款)</td></tr>
<tr><td rowspan="8">入罪标准</td><td colspan="2">数额≥3 万元</td></tr>
<tr><td rowspan="6">1 万元≤数额<3 万元</td><td>向三人以上行贿的</td></tr>
<tr><td>将违法所得用于行贿的</td></tr>
<tr><td>通过行贿谋取职务提拔、调整的</td></tr>
<tr><td>向负有食品、药品、安全生产、环境保护等监督管理职责的国家工作人员行贿,实施非法活动的</td></tr>
<tr><td>向司法工作人员行贿,影响司法公正的</td></tr>
<tr><td>造成经济损失数额在五十万元以上不满一百万元的</td></tr>
<tr><td>数额≥20 万元</td><td>单位对有影响力的人行贿【单位犯罪】</td></tr>
<tr><td colspan="3">3 年以上 7 年以下有期徒刑,并处罚金(第 390 条之 1 第 1 款)</td></tr>
<tr><td rowspan="7">情节严重</td><td colspan="2">100 万元≤数额<500 万元</td></tr>
<tr><td rowspan="5">50 万元≤数额<100 万元</td><td>向三人以上行贿的</td></tr>
<tr><td>将违法所得用于行贿的</td></tr>
<tr><td>通过行贿谋取职务提拔、调整的</td></tr>
<tr><td>向负有食品、药品、安全生产、环境保护等监督管理职责的国家工作人员行贿,实施非法活动的</td></tr>
<tr><td>向司法工作人员行贿,影响司法公正的</td></tr>
<tr><td colspan="2">其他严重的情节</td></tr>
<tr><td>使国家利益遭受重大损失</td><td colspan="2">造成经济损失数额:100 万元≤数额<500 万元</td></tr>
<tr><td colspan="3">7 年以上 10 年以下有期徒刑,并处罚金(第 390 条之 1 第 1 款)</td></tr>
</table>

续表

<table>
<tr><td rowspan="6">情节特别严重</td><td colspan="4">数额≥500 万元</td></tr>
<tr><td colspan="2" rowspan="5">250 万元≤数额 < 500 万元</td><td colspan="2">向三人以上行贿的</td></tr>
<tr><td colspan="2">将违法所得用于行贿的</td></tr>
<tr><td colspan="2">通过行贿谋取职务提拔、调整的</td></tr>
<tr><td colspan="2">向负有食品、药品、安全生产、环境保护等监督管理职责的国家工作人员行贿,实施非法活动的</td></tr>
<tr><td colspan="2">向司法工作人员行贿,影响司法公正的</td></tr>
<tr><td>使国家利益遭受特别重大损失</td><td colspan="4">其他特别严重的情节
造成经济损失数额:数额≥500 万元</td></tr>
<tr><td colspan="5">(六)挪用公款罪</td></tr>
<tr><td colspan="5">5 年以下有期徒刑或者拘役(第 384 条第 1 款)</td></tr>
<tr><td rowspan="2">挪用公款归个人使用</td><td colspan="2">进行非法活动</td><td colspan="2">数额≥3 万元</td></tr>
<tr><td>数额较大</td><td>进行营利活动/超过三个月未还</td><td colspan="2">数额≥5 万元</td></tr>
<tr><td colspan="5">5 年以上有期徒刑(第 384 条第 1 款)</td></tr>
<tr><td rowspan="8">挪用公款归个人使用</td><td rowspan="8">情节严重</td><td rowspan="4">进行非法活动</td><td colspan="2">数额≥100 万元</td></tr>
<tr><td>50 万元≤数额 < 100 万元</td><td>救灾、抢险、防汛、优抚、扶贫、移民、救济特定款物</td></tr>
<tr><td>50 万元≤数额 < 100 万元</td><td>不退还</td></tr>
<tr><td colspan="2">其他严重的情节</td></tr>
<tr><td rowspan="4">进行营利活动/超过三个月未还</td><td colspan="2">数额≥200 万元</td></tr>
<tr><td>100 万元 ≤ 数额 < 200 万元</td><td>救灾、抢险、防汛、优抚、扶贫、移民、救济特定款物</td></tr>
<tr><td>100 万元 ≤ 数额 < 200 万元</td><td>不退还</td></tr>
<tr><td colspan="2">其他严重的情节</td></tr>
<tr><td colspan="5">10 年以上有期徒刑、无期徒刑(第 384 条第 1 款)</td></tr>
<tr><td rowspan="2">挪用公款归个人使用</td><td rowspan="2">数额巨大</td><td>进行非法活动</td><td>数额≥300 万元</td><td rowspan="2">不退还</td></tr>
<tr><td>进行营利活动/超过三个月未还</td><td>数额≥500 万元</td></tr>
</table>

续表

<table>
<tr><td colspan="3">（七）非国家工作人员受贿罪</td></tr>
<tr><td colspan="3">5 年以下有期徒刑或者拘役（第 163 条第 1 款）</td></tr>
<tr><td colspan="2">数额较大</td><td>6 万元≤数额 <100 万元</td></tr>
<tr><td colspan="3">5 年以上有期徒刑，可以并处没收财产（第 163 条第 1 款）</td></tr>
<tr><td colspan="2">数额巨大</td><td>数额≥100 万元</td></tr>
<tr><td colspan="3">（八）职务侵占罪</td></tr>
<tr><td colspan="3">5 年以下有期徒刑或者拘役（第 271 条第 1 款）</td></tr>
<tr><td colspan="2">数额较大</td><td>6 万元≤数额 <100 万元</td></tr>
<tr><td colspan="3">5 年以上有期徒刑，可以并处没收财产（第 271 条第 1 款）</td></tr>
<tr><td colspan="2">数额巨大</td><td>数额≥100 万元</td></tr>
<tr><td colspan="3">（九）挪用资金罪</td></tr>
<tr><td colspan="3">3 年以下有期徒刑或者拘役（第 272 条第 1 款）</td></tr>
<tr><td colspan="2">进行非法活动</td><td>6 万元≤数额 <200 万元</td></tr>
<tr><td>超过三个月未还</td><td rowspan="2">数额
较大</td><td rowspan="2">10 万元≤数额 <400 万元</td></tr>
<tr><td>进行营利活动</td></tr>
<tr><td colspan="3">3 年以上 10 年以下有期徒刑（第 272 条第 1 款）</td></tr>
<tr><td>进行非法活动</td><td rowspan="3">数额巨大</td><td>数额≥200 万元</td></tr>
<tr><td>超过三个月未还</td><td rowspan="2">数额≥400 万元</td></tr>
<tr><td>进行营利活动</td></tr>
<tr><td>进行非法活动</td><td rowspan="3">数额较大
不退还</td><td>数额≥6 万元</td></tr>
<tr><td>超过三个月未还</td><td rowspan="2">数额≥10 万元</td></tr>
<tr><td>进行营利活动</td></tr>
<tr><td colspan="3">（十）对非国家工作人员行贿罪</td></tr>
<tr><td colspan="3">3 年以下有期徒刑或者拘役，并处罚金（第 164 条）</td></tr>
<tr><td colspan="2">数额较大</td><td>6 万元≤数额 <200 万元</td></tr>
<tr><td colspan="3">3 年以上 10 年以下有期徒刑，并处罚金（第 164 条）</td></tr>
<tr><td colspan="2">数额巨大</td><td>数额≥200 万元</td></tr>
</table>

（来源：微信公众号“行动派”）

附件七:全国人民代表大会常务委员会《关于惩治骗购外汇、逃汇和非法买卖外汇犯罪的决定》

(实施日期:1998 年 12 月 29 日 主席令[第十四号])

为了惩治骗购外汇、逃汇和非法买卖外汇的犯罪行为,维护国家外汇管理秩序,对刑法作如下补充修改:

一、有下列情形之一,骗购外汇,数额较大的,处五年以下有期徒刑或者拘役,并处骗购外汇数额百分之五以上百分之三十以下罚金;数额巨大或者有其他严重情节的,处五年以上十年以下有期徒刑,并处骗购外汇数额百分之五以上百分之三十以下罚金;数额特别巨大或者有其他特别严重情节的,处十年以上有期徒刑或者无期徒刑,并处骗购外汇数额百分之五以上百分之三十以下罚金或者没收财产:

(一)使用伪造、变造的海关签发的报关单、进口证明、外汇管理部门核准件等凭证和单据的;

(二)重复使用海关签发的报关单、进口证明、外汇管理部门核准件等凭证和单据的;

(三)以其他方式骗购外汇的。

伪造、变造海关签发的报关单、进口证明、外汇管理部门核准件等凭证和单据,并用于骗购外汇的,依照前款的规定从重处罚。

明知用于骗购外汇而提供人民币资金的,以共犯论处。

单位犯前三款罪的,对单位依照第一款的规定判处罚金,并对其直接负责的主管人员和其他直接责任人员,处五年以下有期徒刑或者拘役;数额巨大或者有其他严重情节的,处五年以上十年以下有期徒刑;数额特别巨大或者有其他特别严重情节的,处十年以上有期徒刑或者无期徒刑。

二、买卖伪造、变造的海关签发的报关单、进口证明、外汇管理部门核准件等凭证和单据或者国家机关的其他公文、证件、印章的,依照刑法第二百八十条的规定定罪处罚。

三、将刑法第一百九十条修改为:公司、企业或者其他单位,违反国家规定,擅自将外汇存放境外,或者将境内的外汇非法转移到境外,数额较大的,对单位判处逃汇数额百分之五以上百分之三十以下罚金,并对其直接负责的主管人员和其他直接责任人员处五年以下有期徒刑或者拘役;数额巨大或者有其他严重情节的,对单位判处逃汇数额百分之五以上百分之三十以下罚金,并对其直接负责的主管人员和其他直接责任人员处五年以上有期徒刑。

四、在国家规定的交易场所以外非法买卖外汇,扰乱市场秩序,情节严重的,依照刑法第二百二十五条的规定定罪处罚。

单位犯前款罪的,依照刑法第二百三十一条的规定处罚。

五、海关、外汇管理部门以及金融机构、从事对外贸易经营活动的公司、企业或者其他单位的工作人员与骗购外汇或者逃汇的行为人通谋,为其提供购买外汇的有关凭证或者其他便利的,或者明知是伪造、变造的凭证和单据而售汇、付汇的,以共犯论,依照本决定从重处罚。

六、海关、外汇管理部门的工作人员严重不负责任,造成大量外汇被骗购或者逃汇,致使国家利益遭受重大损失的,依照刑法第三百九十七条的规定定罪处罚。

七、金融机构、从事对外贸易经营活动的公司、企业的工作人员严重不负责任,造成大量外汇被骗购或者逃汇,致使国家利益遭受重大损失的,依照刑法第一百六十七条的规定定罪处罚。

八、犯本决定规定之罪,依法被追缴、没收的财物和罚金,一律上缴国库。

九、本决定自公布之日起施行。

图书在版编目(CIP)数据

刑法罪名规范解析/杨世伟,康君元主编.—北京:法律出版社,2016.5

ISBN 978-7-5118-9512-7

Ⅰ.①刑… Ⅱ.①杨… ②康… Ⅲ.①刑法—罪名—研究—中国 Ⅳ.①D924.304

中国版本图书馆CIP数据核字(2016)第102507号

刑法罪名规范解析
杨世伟 康君元 主编

编辑统筹 政务分社
策划编辑 田 浩
责任编辑 田 浩
装帧设计 李 瞻

出版 法律出版社
总发行 中国法律图书有限公司
经销 新华书店
印刷 北京顶佳世纪印刷有限公司
责任印制 吕亚莉

开本 710毫米×1000毫米 1/16
印张 93.25
字数 1728千
版本 2016年6月第1版
印次 2016年6月第1次印刷

法律出版社/北京市丰台区莲花池西里7号(100073)
网址/www.lawpress.com.cn
电子邮件/info@lawpress.com.cn
销售热线/010-63939792/9779
咨询电话/010-63939796

中国法律图书有限公司/北京市丰台区莲花池西里7号(100073)
全国各地中法图分、子公司电话:
北京分公司/010-62534456
上海公司/021-62071010/1636
深圳公司/0755-83072995
西安分公司/029-85388843
重庆公司/023-65382816/2908
第一法律书店/010-63939781/9782

书号:ISBN 978-7-5118-9512-7
平装定价:198.00元(上下册)
(如有缺页或倒装,中国法律图书有限公司负责退换)

刑法罪名规范解析

杨世伟　康君元／主编

（上册）

法律出版社
LAW PRESS·CHINA

编委会成员

序

自1979年新中国颁布第一部刑法三十多年以来，我国相继颁布了刑法、单行刑法、若干刑法修正案和刑法解释。仅1997年新《刑法》生效以来十九年时间，通过增加、删减和变更罪名等方式，我国已对刑法进行了九次修正，修法之频、变化之快，实属罕见。据统计，目前我国刑法罪名总计四百六十九个，其中刑法和修正案规定罪名四百六十八个。修订刑法施行至今，最高人民法院和最高人民检察院分别出台了大量司法解释。此外，关于刑法罪名的其他立法解释、请示批复等法律规范性文件同样数量众多、内容庞杂，给刑法理论研究人员尤其是司法实务工作者带来诸多不便。本书的编写就是将目前刑法规定的所有罪名的定罪量刑进行系统化的梳理和归纳，为法律工作者打造一本权威全面、实用便捷的工具书。

本书具有以下特点：

第一、定罪量刑的全面性和权威性。

本书编排体例独特，每一罪名均包括定罪与量刑两个部分。定罪部分既设置了法律规定、司法解释、罪名辨析等偏重实务的内容，同时又有罪名概念、犯罪构成等理论板块；每一罪名都囊括了该罪名全面的理论实务内容，几乎穷尽了该罪名的相关规定，尤其对法律实务工作者在查找适用法律方面具有很强的权威性。

第二、适用法律的时效性和准确性。

本书不仅对纷繁芜杂的刑法及相关的刑法规范性文件做了全面、仔细的梳理，而且确保新近颁布生效的法律及司法解释尽收囊中，其中包括最新通过的刑法修正案(九)及其相关解释。本书所涉罪名的相关内容严谨准确，对于冗余的内容和失效的法律及其解释都进行了恰当处理，即使存在争议的理论性较强的犯罪概念和犯罪构成部分也偏重通说，确保时效性和准确性。

第三、查找法律的便捷性和实用性。

参与编写本书的都是身在一线的法律实务工作人员,编写本书时严格按照刑法的章节罪名顺序进行梳理编排,严格遵循法律人的认知规律和使用习惯,注重查找适用法律的便捷性和实用性。

本书另外一个匠心独具之处是将犯罪的量刑部分单独设立,并且将截至目前为止相应罪名尚无量刑相关司法解释的情形明确注明,节省使用者搜索该罪名所对应的量刑规定的时间。这不仅顺应了量刑规范化的发展趋势,而且兼顾了某些使用者检索法律的特别需求,方便其快速查找到其需要的相关罪名所对应的量刑内容。同时本书还以附件的形式呈现了相关罪名的量刑规范适用等内容。

相信本书会给广大法律实务工作者、法学研究教学人员带来一定帮助、有所裨益。然而由于编者才疏学浅和时间仓促,本书肯定还有诸多疏漏不足之处,限于目前掌握的资料非常有限,譬如对于新增罪名缺乏犯罪构成等更多阐释,还望广大读者海涵指正。

康君元

2016 年 6 月 16 日

目　　录

（上册）

(下册)

第一章　危害国家安全罪

一、危害国家安全罪概念

危害国家安全罪，是指危害国家主权、领土完整和安全，分裂国家、颠覆人民民主专政的政权和推翻社会主义制度的行为。危害国家安全罪是一个概括性罪名，是对各种危害国家安全的犯罪行为共同特征的概括。

二、危害国家安全罪犯罪构成

（一）主体要件

本罪主体是自然人犯罪主体，且多为一般犯罪主体。对于大多数危害国家安全的犯罪来说，不论是中国公民、外国公民或无国籍人，只要具有刑事责任能力且年满十六周岁，都可以成为犯罪主体。但某些危害国家安全的犯罪，其主体范围有着严格的限制。如背叛国家罪、资敌罪的主体只限于中国公民；叛逃罪的主体只限于中国公民中的国家机关工作人员或者掌握国家秘密的国家工作人员。危害国家安全这一类犯罪，实际承担刑事责任而被刑罚处罚的只能是自然人。

（二）主观要件

本罪在主观方面只能由故意构成，具有危害中华人民共和国国家安全的故意，即行为人必须具有明知自己的行为会发生危害国家安全的结果，并且希望或者放任这种结果发生的心理态度。

（三）客观要件

本罪在客观方面表现为实施了危害中华人民共和国国家安全的行为。“危害国家安全的行为”，是指境外机构、组织、个人实施或指使、资助他人实施的，或者境内组织、机构、个人与境外机构、组织、个人相勾结实施的危害中华人民共和国国家安全的行为。危害国家安全行为的表现是多种多样的，但总的来说就是《刑法》第一百零二条至第一百一十三条所规定的各种危害国家安全的行为。

（四）客体要件

本罪侵犯的客体是中华人民共和国的国家安全。“国家安全”，是指国家赖以生存和发展的政治基础和物质基础的安全。具体是指国家的独立、国家的团结统一、国家的领土完整和安全、国家政权、基本制度及国家的其他根本利益的安全。中华人民共和国的国家安全,是指中国的主权独立、团结统一、领土完整和安全、人民民主专政的政权和社会主义制度的稳固及其他国家根本利益的安全的总和。

三、危害国家安全罪特征

(一)这类犯罪所危害的是中华人民共和国国家的安全

国家安全包括国家的主权以及现行的政治制度、社会制度和领土完整。就具体内容而言,国家安全是指国家的独立、主权和领土完整不受侵犯;国家的政治制度和社会制度不受颠覆;国家的统一和民族团结不受破坏;国家的经济发展、科学进步、文化繁荣不受侵害;对外政治、经济、科技、文化等平等互利的交往和交流不受干涉和阻碍;国家秘密不被窃取;国家机构不被渗透;国家工作人员不被策反等。总之,国家安全涉及政治、经济、文化和社会生活的方方面面,对这些方面的侵害,都将构成危害中华人民共和国国家安全的犯罪。

(二)这类犯罪表现为行为人实施了法律所规定的危害国家安全的各种行为

对行为人危害国家安全的犯罪,法律惩罚的是其实施的危害中华人民共和国国家安全的犯罪行为,只有危害国家安全的思想活动,没有实施具体行为,不构成危害国家安全罪。危害国家安全的犯罪行为,不一定都要求有危害结果的发生,有的只要是已着手实施了危害国家安全的犯罪行为,就构成犯罪既遂。危害国家安全的行为具体表现为背叛国家、分裂国家、煽动分裂国家、武装叛乱、暴乱、颠覆或者煽动颠覆国家政权、资助危害国家安全的犯罪活动、投敌叛变、叛逃、充当间谍、为境外窃取、刺探、收买、非法提供国家秘密、情报、战时资敌等行为。

(三)这类犯罪的主体通常是中国公民或者外国籍人、无国籍人,也可以是境内外机构、组织

勾结外国或者勾结境外机构、组织、个人背叛国家罪、投敌叛变罪、叛逃罪等的犯罪主体只能是中国公民。

(四)这类犯罪的主观方面是故意

由于危害国家安全罪是最严重的刑事犯罪,因此,刑法分则第一章对具体危害国家安全的犯罪规定了严厉的刑罚,危害国家安全罪在刑法分则第一章中,共有十二条,涉及十二个罪名,根据刑法的规定,除煽动分裂国家罪、颠覆国家政权罪、煽动颠覆国家政权罪、资助危害国家安全犯罪活动罪和叛逃罪外,对其他危害国家安全的犯罪,其行为对国家和人民危害特别严重、情节特别恶劣的,最高刑都可以判处死刑。对危害国家安全罪的刑罚还包括管制、拘役、有期徒刑、无期徒刑

以及剥夺政治权利、没收财产等。

四、危害国家安全罪种类

刑法分则第一章共十二个法条涉及十二个具体罪名，即背叛国家罪、分裂国家罪、煽动分裂国家罪、武装叛乱、暴乱罪、颠覆国家政权罪、煽动颠覆国家政权罪、资助危害国家安全犯罪活动罪、投敌叛变罪、叛逃罪、间谍罪、为境外窃取、刺探、收买、非法提供国家秘密、情报罪、资敌罪。

背叛国家罪　《刑法》第 102 条

勾结外国，危害中华人民共和国的主权、领土完整和安全的，处无期徒刑或者十年以上有期徒刑。

与境外机构、组织、个人相勾结，犯前款罪的，依照前款的规定处罚。

定罪部分

【罪名概念】

背叛国家罪，是指勾结外国或者与境外机构、组织、个人相勾结，危害中华人民共和国的主权、领土完整和安全的行为。

【关联法律】

《刑法》

第五十四条　剥夺政治权利是剥夺下列权利：

（一）选举权和被选举权；

（二）言论、出版、集会、结社、游行、示威自由的权利；

（三）担任国家机关职务的权利；

（四）担任国有公司、企业、事业单位和人民团体领导职务的权利。

第五十五条　剥夺政治权利的期限，除本法第五十七条规定外，为一年以上五年以下。

判处管制附加剥夺政治权利的，剥夺政治权利的期限与管制的期限相等，同时执行。

第五十六条　对于危害国家安全的犯罪分子应当附加剥夺政治权利……独立适用剥夺政治权利的，依照本法分则的规定。

第五十七条　对于被判处死刑、无期徒刑的犯罪分子，应当剥夺政治权利终身。

在死刑缓期执行减为有期徒刑或者无期徒刑减为有期徒刑的时候，应当把附加剥夺政治权利的期限改为三年以上十年以下。

第一百一十三条　本章上述危害国家安全罪行中,除第一百零三条第二款、第一百零五条、第一百零七条、第一百零九条外,对国家和人民危害特别严重、情节特别恶劣的,可以判处死刑。

犯本章之罪的,可以并处没收财产。

【犯罪构成】

(一)主体要件

本罪的主体只能是具有中华人民共和国国籍的人,即中国公民。外国人不能成为本罪的主体,但可以成为本罪的共犯。能够成为本罪主体的中国公民,主要是那些混入我党、政、军机关内部,窃据要职、掌握重要权力的人或者有重大政治影响的人。普通公民一般情况下很难危害到国家的主权、领土完整和安全,但由于本法并未规定本罪主体必须具有特殊身份,普通公民也可以成为本罪的主体。

(二)主观要件

本罪在主观方面表现为故意,即明知自己勾结外国、境外机构、组织、个人实施的行为危害中国的主权、领土完整和安全,而希望或者放任这种危害后果的发生。本法将1979年《刑法》第九十一条中的"阴谋"一词删去,将行为人与外国进行密谋策划这种事实上的犯罪预备行为(犯罪行为的一部分)包含于勾结外国,危害国家的主权、领土完整和安全的活动之中。因此,只要行为人实施了勾结外国,危害中华人民共和国的主权、领土完整和安全的行为,不管处于策划阶段,还是边策划边实施,都不影响构成本罪。

(三)客观要件

本罪在客观方面表现为勾结外国或者境外机构、组织、个人,危害国家主权、领土完整和安全的行为。这里包括两个重要条件:

1. 勾结外国或者境外机构、组织、个人。背叛国家的犯罪分子,为了破坏祖国的独立、主权、领土完整和安全,出卖民族利益,总要千方百计地寻找外国主子作靠山;而外国反动势力要对我国搞颠覆活动,也要千方百计地从我国内部寻找中意的代理人,充当内奸。这样一来他们必然相互勾结,狼狈为奸,以期达到他们共同危害我国主权、领土完整和安全的目的。这里所说的外国,是指对我国怀有侵略、控制、颠覆野心的外国政府,也指外国敌视和破坏我国社会主义制度的政党、政治集团以及其他反动势力,包括外国机构、组织和个人。外国机构,是指外国的官方机构,如政府、军队以及其他国家机关设置的机构,也包括外国驻我国的使、领馆及办事处等。外国组织,是指外国的政党、社会团体及其他企事业单位等。通常所说的组织包括机构,但危害国家安全的行为背后往往有某一国国家的政府、军队或者其他官方组织机构的支持、操纵,所以对外国机构加以强调十分必要。外国个人,是指外国公民、无国籍人以及外籍华人等。

境外与外国并不相同,是指中华人民共和国领域以外或者领域以内中华人民共和国政府尚未实施行政管辖的地域,包括尚未回到祖国怀抱的台湾地区。所谓境外机构、组织,是指回归之前的台湾、香港、澳门等地区和外国的机构、组织及其在中华人民共和国境内设立的分支(代表)机构和分支组织。如外国的政府、军队以及其他国家机关在中国境内设置的机构、社团以及其他企事业组织,也包括外国驻华使、领馆,办事处,以及商社、新闻机构等。所谓境外个人,是指居住在外国和回归之前的台湾、香港、澳门等地区的人,以及居住在中华人民共和国境内不具有中华人民共和国国籍的人。这里所说的居住,不论是取得永久居住权或长期居住权,还是短期居住,都应视为居住。

这里的勾结,根据《国家安全法实施细则》第七条规定,是指境内机构、组织、个人实施的下列危害国家安全的行为:(1)与境外机构、组织、个人共同策划或者进行危害国家安全活动的;(2)接受境外机构、组织、个人的资助或者指使,进行危害国家安全活动的;(3)与境外机构、组织、个人建立联系,取得支持、帮助,进行危害国家安全活动的。

勾结,有公开的,但更多的是进行秘密接触,联系交往,通谋策划,共同进行危害国家安全的行为。这里的勾结,既有国内的组织和个人与国外机构、组织、个人主动挂勾联系、投靠、接受其资助、指使,寻求支持、帮助,也有国外机构、组织、个人多方与我国国内的组织和个人联络挂勾,提供各种资助、帮助。其共同目的是进行危害我国国家的主权、领土完整和安全的活动。

2. 危害中华人民共和国的主权、领土完整和安全。即暗中秘密策划危害中华人民共和国的主权、领土完整和安全的活动。如谋划签订卖国条约,与敌国通谋向我国发动侵略战争,在我国组织傀儡政府,进行颠覆活动等。

上述两个特征是紧密相连、不可分割的。勾结外国、境外机构、组织、个人是阴谋危害中华人民共和国的主权、领土完整和安全的前提和手段;危害中华人民共和国的主权、领土完整和安全是勾结外国、境外机构、组织、个人的特定内容和直接目的。背叛国家罪的构成,并不要求在实际上已经造成危害祖国主权、领土完整和安全的结果,而是只要行为人的行为具备上述两个特征,即有勾结外国、境外机构、组织、个人,意在危害中华人民共和国主权、领土完整和安全的活动,即可构成。如果行为人虽与外国、境外机构、组织、个人相勾结,但策划的不是上述内容,则不构成本罪。

(四)客体要件

本罪侵犯的客体是中华人民共和国的主权、领土完整和安全。主权,是指国家独立自主地处理自己内外事务、管理自己国家的权力。它是国家最重要的属性,是国家固有的在国内的最高权力和在国际上的独立权力。这种权力是不可分割和不可让与的,不受外来干预和不从属于外来意志。领土是构成国家的基本要素之一,是国家赖以存在的物质条件。所谓领土完整,是指国家领土不能被分裂,更不能被侵占。国家安全是国家存在的基本条件,是国家稳定发展的基本条件。国家的主权、领土完整和安全是国家独立的标志,是进行社会主义现代化建设的根本保证。这一客体的重要性,表明背叛国家罪是危害国家的最危险的犯罪。

【罪名辨析】

本罪与分裂国家罪的区别

1. 就犯罪侵犯的直接客体而言,分裂国家罪侵犯的直接客体是国家的统一,而背叛国家罪侵犯的直接客体则是国民对其国家的效忠义务。虽然这两种犯罪都涉及对国家领土完整的危害,但分裂国家罪对国家领土的危害,不是将我国的一部分领土分离出去,领土和国家的主权与安全并没有落入外国之手,而是制造地方"独立"的割据局面,这实质上是以破坏国家统一的方式危害国家安全,就此而言,分裂国家罪属于"内忧";而背叛国家罪对国家领土的危害,则是勾结外国,或者与境外的机构、组织、个人相勾结,背离自己效忠国家的义务而向外国出卖国家主权、出让国家领土,或者策划外国向我国发动战争,侵占我国领土,这实质上是以出卖国家主权、出让国家领土或者破坏国家领土安全的方式而危害国家。就此而言,背叛国家罪属于"外患"。

2. 就犯罪的客观方面而言,这两种犯罪也有两点不同:首先,分裂国家罪不要求将"勾结外国"或者"与境外的机构、组织、个人相勾结"作为要件,即行为人是否勾结外国,或者是否与境外的机构、组织、个人相勾结,并不影响本罪的成立。而背叛国家罪缺乏"勾结外国"或者"与境外的机构、组织、个人相勾结"则无以成立犯罪;其次,在犯罪的行为表现方式和内容上,分裂国家罪是通过将中华人民共和国的一部分领土分离出去,脱离中央政府的领导,制造地方"独立"的割据局面而危害国家的领土完整,是以对国家统一和完整的侵害而危害国家安全。而背叛国家罪则是通过勾结外国,或者与境外的机构、组织、个人相勾结,以对国家主权、领土完整和安全的侵害而危害国家安全。

3. 就犯罪主体而言,分裂国家罪属于一般主体,即只要年满十六周岁、具有刑事责任能力,不管是中国公民,还是外国人、无国籍人,都可以成立本罪。并且,本罪只能由多数人构成,属必要共犯;而背叛国家罪的犯罪主体只能是年满十六周岁、具有刑事责任能力的中国公民,并且单独的个人仍然可以构成本罪。

4. 就主观故意的内容而言,分裂国家罪的行为人具有分裂国家、破坏国家统一的直接故意,即认识到自己的行为是分裂国家、破坏国家统一而积极实施;而背叛国家罪的行为人则具有危害国家主权、领土完整与安全的直接故意,即认识到自己的行为是勾结外国,或者与境外的机构、组织、个人相勾结而危害国家主权、领土完整和安全而积极实施。

量 刑 部 分

【量刑标准】

犯本罪的,处无期徒刑或者十年以上有期徒刑。

截至目前,尚无本罪名关于量刑的司法解释。

分裂国家罪　《刑法》第 103 条(一)

组织、策划、实施分裂国家、破坏国家统一的,对首要分子或者罪行重大的,处无期徒刑或者十年以上有期徒刑;对积极参加的,处三年以上十年以下有期徒刑;对其他参加的,处三年以下有期徒刑、拘役、管制或者剥夺政治权利。

定 罪 部 分

【罪名概念】

分裂国家罪,是指组织、策划、实施分裂国家、破坏国家统一,或者与境外的机构、组织、个人相勾结,组织、策划、实施分裂国家、破坏国家统一的行为。

【司法解释】

最高人民法院、最高人民检察院《关于办理组织和利用邪教组织犯罪案件具体应用法律若干问题的解释》

(实施日期:1999 年 10 月 30 日　法释[1999]18 号)(节录)

第七条　组织和利用邪教组织,组织、策划、实施、煽动分裂国家、破坏国家统一或者颠覆国家政权、推翻社会主义制度的,分别依照刑法第一百零三条、第一百零五条、第一百一十三条的规定定罪处罚。

【犯罪构成】

(一)主体要件

本罪的主体是一般主体,凡达到法定刑事责任年龄、具有刑事责任能力的自然人均可成为本罪主体。但在实际中,实施这种行为的,一般是那些在中央和地方据有党、政、军重要职位的野心家、阴谋家和反动的民族主义者。

(二)主观要件

本罪在主观方面表现为故意,即明知组织、策划、实施分裂国家、破坏国家统一而希望或放任结果的发生。

(三)客观要件

本罪在客观方面表现为组织、策划、实施分裂国家、破坏国家统一的行为。所谓组织,是指为分裂国家而安排分散的人使之具有一定的系统性和整体性。组织既包括预备过程中的组织,也包括实施过程中的组织。所谓策划,是指为分裂国家而暗中密谋、策划,实际上是处于一种犯罪预备的状态。所谓实施,是指已经着手,个人或有组织地将策划的内容付诸行动。组织、策划、实施是分裂国家行为的不同形式及发展阶段,都属于法律明确规定的程度不同的实行行为。所谓分裂国家,是指破坏多民族国家的统一,其表现形式主要有两种:一是挑拨民族关系,制造民族动乱,搞民族分裂,破坏各民族的团结和国家的统一;二是搞地方割据,另立伪政府,抗拒中央的领导,破坏国家的统一。破坏国家统一是分裂国家的一种特殊形式或结果,分裂国家则是破坏国家统一的行为手段。分裂国家的手段多种多样,不论此种行为是否造成危害结果,只要行为人具有组织、策划、实施分裂国家、破坏国家统一的活动事实,就构成犯罪。

(四)客体要件

本罪侵犯的客体是人民民主专政的政权和社会主义制度。

量刑部分

【量刑标准】

犯本罪的,对首要分子或者罪行重大的,处无期徒刑或者十年以上有期徒刑;对积极参加的,处三年以上十年以下有期徒刑;对其他参加的,处三年以下有期徒刑、拘役、管制或者剥夺政治权利。

根据《刑法》第五十六条和第一百一十三条的规定,犯本罪的,应当附加剥夺政治权利,可以并处没收财产。根据《刑法》第一百零六条规定,与境外机构、组织、个人相勾结进行分裂国家犯罪和煽动分裂国家犯罪的,依第一百零三条规定从重处罚。

截至目前,尚无本罪名关于量刑的司法解释。

煽动分裂国家罪 《刑法》第103条(二)

煽动分裂国家、破坏国家统一的,处五年以下有期徒刑、拘役、管制或者剥夺政治权利;首要分子或者罪行重大的,处五年以上有期徒刑。

定罪部分

【罪名概念】

煽动分裂国家罪,是指煽惑、挑动群众分裂国家、破坏国家统一的行为。

【司法解释】

1. 最高人民法院《关于审理非法出版物刑事案件具体应用法律若干问题的解释》

（实施日期：1998 年 12 月 23 日　法释[1998]30 号）（节录）

第一条　明知出版物中载有煽动分裂国家、破坏国家统一或者煽动颠覆国家政权、推翻社会主义制度的内容，而予以出版、印刷、复制、发行、传播的，依照刑法第一百零三条第二款或者第一百零五条第二款的规定，以煽动分裂国家罪或者煽动颠覆国家政权罪定罪处罚。

2. 最高人民法院、最高人民检察院《关于办理组织和利用邪教组织犯罪案件具体应用法律若干问题的解释（二）》

（实施日期：2001 年 6 月 11 日　法释[2001]19 号）（节录）

第二条　制作、传播邪教宣传品，煽动分裂国家、破坏国家统一，或者煽动颠覆国家政权、推翻社会主义制度的，依照刑法第一百零三条第二款、第一百零五条第二款的规定，以煽动分裂国家罪或者煽动颠覆国家政权罪定罪处罚。

3. 最高人民法院、最高人民检察院《关于办理妨害预防、控制突发传染病疫情等灾害的刑事案件具体应用法律若干问题的解释》

（实施日期：2003 年 5 月 15 日　法释[2003]8 号）（节录）

第十条第二款　利用突发传染病疫情等灾害，制造、传播谣言，煽动分裂国家、破坏国家统一，或者煽动颠覆国家政权、推翻社会主义制度的，依照刑法第一百零三条第二款、第一百零五条第二款的规定，以煽动分裂国家罪或者煽动颠覆国家政权罪定罪处罚。

【犯罪构成】

（一）主体要件

本罪的主体是一般主体，凡达到法定刑事责任年龄、具有刑事责任能力的自然人均可成为本罪主体。但在实际中，这种行为的实行者多为民族分裂主义分子。

本条中的首要分子，是指在这种犯罪的集团中或聚众犯罪中起组织、策划、指挥作用的犯罪分子。罪行重大的，是指除首要分子以外的其他罪行比较严重的，在犯罪活动中起主要作用的犯罪分子。积极参加的，是指除首要分子和罪行重大的以外的，参加犯罪活动比较多或比较积极主动的犯罪分子。其他参加者，是指除上述几种情况以外的一般参加者，其中包括被胁迫、利诱而参加的人员。本条对上述几种犯罪分子分别规定了不同的法定刑。在其他参加者中，并不一定是对所有参加者都可依本条规定定罪处刑，其中虽是参加者但在整个犯罪过程中并未起到什么作用，属于情节显著轻微、危害不大的，依据《刑法》第十三条规定可不认为是犯罪。

（二）主观要件

本罪在主观方面表现为故意，即煽动的故意。

(三)客观要件

本罪在客观方面表现为煽惑、挑动群众分裂国家、破坏国家统一的行为。煽动是指行为人以语言、文字、图像等方式对他人进行鼓吹煽动,意图使他人接受或相信所煽动的内容或去实行所煽动的分裂国家的行为,而并非行为人自己实行,这是煽动分裂国家罪与分裂国家罪的根本区别。煽动的对象,可以是一人或众人。煽动的方式多种多样,可以是发表言论、散布文字、制作、传播音像制品等。

(四)客体要件

本罪侵犯的客体是人民民主专政的政权和社会主义制度。

量刑部分

【量刑标准】

犯本罪的,处五年以下有期徒刑、拘役、管制或者剥夺政治权利;首要分子或者罪行重大的,处五年以上有期徒刑。

根据《刑法》第五十六条和第一百一十三条的规定,犯本罪的,应当附加剥夺政治权利,可以并处没收财产。根据《刑法》第一百零六条规定,与境外机构、组织、个人相勾结进行分裂国家犯罪和煽动分裂国家犯罪的,依第一百零三条规定从重处罚。

截至目前,尚无本罪名关于量刑的司法解释。

武装叛乱、暴乱罪 《刑法》第104条

组织、策划、实施武装叛乱或者武装暴乱的,对首要分子或者罪行重大的,处无期徒刑或者十年以上有期徒刑;对积极参加的,处三年以上十年以下有期徒刑;对其他参加的,处三年以下有期徒刑、拘役、管制或者剥夺政治权利。

策动、胁迫、勾引、收买国家机关工作人员、武装部队人员、人民警察、民兵进行武装叛乱或者武装暴乱的,依照前款的规定从重处罚。

定罪部分

【罪名概念】

武装叛乱、暴乱罪,是指组织、策划、实施武装叛乱或者武装暴乱的行为。

【犯罪构成】

(一)主体要件

本罪主体是一般主体。凡达到法定刑事责任年龄,且具有刑事责任能力的自

然人均能构成本罪。中国人、外国人、无国籍人都可能成为这两种犯罪的主体。进行武装叛乱或武装暴乱的犯罪,实践中往往是多人或众人所为,例如某种组织或集团所为,单个人是不可能进行这两种犯罪活动的;个人如果具有这种行为的,应依刑法的其他有关条文定罪处刑。

（二）主观要件

本罪在主观方面表现为直接故意,且以危害国家安全为目的。

（三）客观要件

本罪在客观方面表现为组织、策划、实施武装叛乱或者武装暴乱的行为。所谓组织,是指为武装叛乱、暴乱而安排分散的人使之具有一定的系统性和整体性。所谓策划,是指为武装叛乱、暴乱而暗中密谋、筹划,实际上是处于一切种犯罪预备状态。所谓实施,是指已经着手,正式开始实行武装叛乱、暴乱的活动。两者行为特征区别是,一个是武装叛乱,另一个是武装暴乱。所谓武装叛乱,是指行为人使用枪炮或其他军事武器、装备等武装形式,以投靠或意图投靠境外的组织或敌对势力而公开进行反叛国家和政府的行为。武装叛乱并不完全等同于持械聚众叛乱。所谓武装暴乱,是指行为人采取武装形式如携带或使用枪炮或其他武器进行杀人放火、破坏道路桥梁、抢劫、军火或其他设施、物资,破坏社会秩序等,与国家进行对抗的行为。如果行为人没有携带、使用武器,只是使用棍棒、石块等一般暴力时,则不宜作武装暴乱对待。从两罪行为看,都是使用武器与政府发生武装冲突,但不排除在某些情况下武器尚未来得及被使用,或者没有使用武器犯罪即被制止,因此,如果行为人携带武器进行叛乱或暴乱活动,不管其是否实际使用,都不会影响武装叛乱罪或武装暴乱罪的构成。

武装叛乱与武装暴乱的区别主要是,行为人是否以境外组织或境外敌对势力为背景。武装叛乱是投靠或意图投靠境外组织或境外敌对势力,具有投敌叛变之性质,这是犯罪分子的主要倾向;而武装暴乱只是发生在境内直接同国家和政府对抗,而没有投靠境外的意图或联系。虽然武装暴乱犯罪的过程中也不排除犯罪人可能会与境外组织、敌对势力相勾结,进行某种联系,但其暴力骚乱活动主要锋芒是针对着国家和政府。

武装叛乱、暴乱罪犯罪是行为犯,只要有组织、策划、实施武装叛乱、暴乱的行为,不论是否得逞,是否造成严重后果均构成犯罪。

武装叛乱、暴乱罪是选择性罪名,组织、策划、实施武装叛乱的,构成武装叛乱罪;组织、策划、实施武装暴乱的,构成武装暴乱罪。

（四）客体要件

本罪侵犯的客体是国家安全即人民民主专政的政权和社会主义制度。

量刑部分

【量刑标准】

犯本罪,对首要分子或者罪行重大的,处无期徒刑或者十年以上有期徒刑;对积极参加的,处三年以上十年以下有期徒刑;对其他参加的,处三年以下有期徒刑、拘役、管制或者剥夺政治权利。

策动、胁迫、勾引、收买国家机关工作人员、武装部队人员、人民警察、民兵进行武装叛乱或者武装暴乱的,依照前款的规定从重处罚。

截至目前,尚无本罪名关于量刑的司法解释。

颠覆国家政权罪 《刑法》第105条(一)

组织、策划、实施颠覆国家政权、推翻社会主义制度的,对首要分子或者罪行重大的,处无期徒刑或者十年以上有期徒刑;对积极参加的,处三年以上十年以下有期徒刑;对其他参加的,处三年以下有期徒刑、拘役、管制或者剥夺政治权利。

定罪部分

【罪名概念】

颠覆国家政权罪,是指组织、策划、实施颠覆国家政权、推翻社会主义制度的行为。

【犯罪构成】

(一)主体要件

本罪的主体为一般主体,即达到法定刑事责任年龄、具有刑事责任能力的自然人。本条将犯罪主体分别规定为首要分子、罪行重大的、积极参加的和其他参加的。实施颠覆政府行为的都可以成为本罪主体,但主要是那些在中央和地方占据党、政、军重要职位和有重大社会影响的野心家、阴谋家。

(二)主观要件

本罪在主观方面表现为故意,具有颠覆或者煽动颠覆国家政权、推翻社会主义制度的恶意。

(三)客观要件

中央政权的地位是显而易见的。但是,犯罪分子也可能是将推翻地方人民政府作为第一步,进而推翻中央人民政府,以实现其推翻人民民主专政的政权和社会主义制度的最终目的。因此,实施推翻地方人民政府的行为,也是本罪客观方面的表现。颠覆政府的形式是多种多样的,包括暴力的和非暴力的、公开的和秘密的等各种手段。如策动武装政变、直接推翻国家政权,或者利用已经窃取的国家部分领导权,实行和平演变,改变国家政权的阶级性质等。所谓推翻社会主义制度,是指以各种方式改变人民民主专政和以公有制为主体的社会主义市场经济的经济基础的行为。其手段也是多种多样的。

本罪属行为犯,本罪的构成,不要求有颠覆政府的实际危害结果,行为人只要进行了组织、策划、实施颠覆国家政权、推翻社会主义制度的行为,不管其是否得逞,不影响颠覆国家政权罪的成立,只要查明犯罪分子以颠覆政府为目的而进行了秘密谋划活动,就足以构成本罪。

(四)客体要件

本罪侵犯的客体是人民民主专政的政权和社会主义制度。

量刑部分

【量刑标准】

犯本罪的,对首要分子或者罪行重大的,处无期徒刑或者十年以上有期徒刑;对积极参加的,处三年以上十年以下有期徒刑;对其他参加的,处三年以下有期徒刑、拘役、管制或者剥夺政治权利。

截至目前,尚无本罪名关于量刑的司法解释。

煽动颠覆国家政权罪　《刑法》第105条(二)

以造谣、诽谤或者其他方式煽动颠覆国家政权、推翻社会主义制度的,处五年以下有期徒刑、拘役、管制或者剥夺政治权利;首要分子或者罪行重大的,处五年以上有期徒刑。

定罪部分

【罪名概念】

煽动颠覆国家政权罪,是指以造谣、诽谤或者其他方式煽动颠覆国家政权、推翻社会主义制度的行为。

【司法解释】

1. 最高人民法院《关于审理非法出版物刑事案件具体应用法律若干问题的解释》

(实施日期:1998年12月23日　法释[1998]30号)(节录)

第一条　明知出版物中载有煽动分裂国家、破坏国家统一或者煽动颠覆国家政权、推翻社会主义制度的内容,而予以出版、印刷、复制、发行、传播的,依照刑法第一百零三条第二款或者第一百零五条第二款的规定,以煽动分裂国家罪或者煽动颠覆国家政权罪定罪处罚。

2. 最高人民法院、最高人民检察院《关于办理组织和利用邪教组织犯罪案件具体应用法律若干问题的解释(二)》

(实施日期:2001 年 6 月 11 日　法释[2001]19 号)(节录)

第二条　制作、传播邪教宣传品,煽动分裂国家、破坏国家统一,或者煽动颠覆国家政权、推翻社会主义制度的,依照《刑法》第一百零三条第二款、第一百零五条第二款的规定,以煽动分裂国家罪或者煽动颠覆国家政权罪定罪处罚。

3. 最高人民法院、最高人民检察院《关于办理妨害预防、控制突发传染病疫情等灾害的刑事案件具体应用法律若干问题的解释》

(实施日期:2003 年 5 月 15 日　法释[2003]8 号)(节录)

第十条第二款　利用突发传染病疫情等灾害,制造、传播谣言,煽动分裂国家、破坏国家统一,或者煽动颠覆国家政权、推翻社会主义制度的,依照《刑法》第一百零三条第二款、第一百零五条第二款的规定,以煽动分裂国家罪或者煽动颠覆国家政权罪定罪处罚。

【犯罪构成】

(一)主体要件

本罪的主体为一般主体,即达到法定刑事责任年龄、具有刑事责任能力的自然人。本条将犯罪主体分别规定为首要分子、罪行重大的、积极参加的和其他参加的。实施颠覆政府行为的都可以成为本罪主体,但主要是那些在中央和地方窃据党、政、军重要职位和有重大社会影响的野心家、阴谋家。

(二)主观要件

本罪在主观方面表现为故意,具有颠覆或者煽动颠覆国家政权、推翻社会主义制度的恶意。

(三)客观方面

本罪在客观方面表现为以造谣、诽谤或者其他方式煽动颠覆国家政权、推翻社会主义制度的行为。所谓造谣,是指为了达到颠覆国家政权、推翻社会主义制度的目的而无中生有,捏造虚假事实,迷惑群众;所谓诽谤,是指为了达到颠覆政权、推翻社会主义制度的目的,而散布有损于国家政权和社会主义制度的言论,以损害国家政权的形象。

行为人只要具有以造谣、诽谤或者其他方式煽动颠覆国家政权、推翻社会主义制度的行为,不管其所煽动的对象是否相信或接受其所煽动的内容,也不管其是否去实行所煽动的有关颠覆活动,均不影响犯罪的构成。

（四）客体要件

本罪侵犯的客体是人民民主专政的政权和社会主义制度。

量刑部分

【量刑标准】

犯本罪的，处五年以下有期徒刑、拘役、管制或者剥夺政治权利；首要分子或者罪行重大的，处五年以上有期徒刑。

截至目前，尚无本罪名关于量刑的司法解释。

与境外勾结的处罚规定　《刑法》第106条

与境外机构、组织、个人相勾结，实施本章第一百零三条、第一百零四条、第一百零五条规定之罪的，依照各该条的规定从重处罚。

资助危害国家安全犯罪活动罪　《刑法》第107条

境内外机构、组织或者个人资助实施本章第一百零二条、第一百零三条、第一百零四条、第一百零五条规定之罪的，对直接责任人员，处五年以下有期徒刑、拘役、管制或者剥夺政治权利；情节严重的，处五年以上有期徒刑。

定罪部分

【罪名概念】

资助危害国家安全罪犯罪活动罪，是指境内外机构、组织或个人资助境内组织或者个人实施背叛国家罪（第一百零二条）、分裂国家罪和煽动分裂国家罪（第一百零三条）、武装叛乱、暴乱罪（第一百零四条）、颠覆国家政权罪和煽动颠覆国家政权罪（第一百零五条）的行为。

【关联法律】

《国家安全法》

（实施日期：2015年7月1日）（节录）

第十三条　国家机关工作人员在国家安全工作和涉及国家安全活动中，滥用职权、玩忽职守、徇私舞弊的，依法追究法律责任。

任何个人和组织违反本法和有关法律，不履行维护国家安全义务或者从事危害国家安全活动的，依法追究法律责任。

【犯罪构成】

(一)主体要件

本罪为一般主体,即凡达到刑事责任年龄、具备刑事责任能力的人均可成为本罪主体。

本罪的主体要件既可以是境内的机构、组织或个人,也可以是境外的机构、组织或个人。本罪的资助对象即被资助人,只能是境内的实施上述几种犯罪行为的机构、组织或个人。

(二)主观要件

本罪在主观方面表现为故意,即明知境内组织或者个人实施危害国家安全的行为,但仍给予以资助。如果不知境内组织或个人从事危害国家安全活动给予资助,不构成本罪。资助的动机可能多种多样,如出于哥们儿义气等。但动机如何不影响本罪的成立。

(三)客观要件

本罪在客观方面的行为是资助境内组织或者个人实施危害国家安全犯罪活动。这里的资助,是指向实施危害国家安全犯罪的组织或者个人提供资金、通信器材、交通工具或者其他物品。这里的危害国家安全犯罪活动,是指《刑法》第一百零二条规定的背叛国家罪,第一百零三条规定的分裂国家罪、煽动分裂国家罪,第一百零四条规定的武装叛乱、暴乱罪,第一百零五条规定的颠覆国家政权罪、煽动颠覆国家政权罪。

(四)客体要件

本罪侵犯的客体为人民民主专政的政权和社会主义制度。自中华人民共和国成立以来,境外敌对势力和敌对分子从未停止进行危害我国国家安全的活动。近年来他们又利用我国改革开放之机,与境内组织或者个人相勾结,提供非法资助,更加频繁活动,企图渗透、颠覆国家政权、分裂国家和推翻社会主义制度。而一些境内组织或个人,明知是进行危害国家安全犯罪活动的资助也予以接受。1993 年全国人大通过的《中华人民共和国国家安全法》第二十三条明确规定,境外机构、组织、个人资助他人实施危害中华人民共和国国家安全的行为,构成犯罪的,依法追究刑事责任。刑法吸收这一规定并单独设立这一新罪,对于严惩这种犯罪、保护国家安全和利益具有重要意义。

量刑部分

【量刑标准】

犯本罪的,对直接责任人,处五年以下有期徒刑、拘役、管制或者剥夺政治权利;情节严重的,处五年以上有期徒刑。

根据《刑法》第五十六条和第一百一十三条的规定,犯本罪的,应当附加剥夺政治权利，可以并处没收财产。

截至目前，尚无本罪名关于量刑的司法解释。

投敌叛变罪　《刑法》第108条

投敌叛变的，处三年以上十年以下有期徒刑；情节严重或者带领武装部队人员、人民警察、民兵投敌叛变的，处十年以上有期徒刑或者无期徒刑。

定罪部分

【罪名概念】

投敌叛变罪，是指中国公民投奔敌方或者敌对营垒，或者在被捕、被俘或者由于其他原因被敌方控制以后投降敌人，危害中华人民共和国国家安全的行为。

【犯罪构成】

（一）主体要件

本罪主体为一般主体，且只能是达到法定刑事责任年龄、具有刑事责任能力的中国公民。外国公民不能构成本罪。外国人策动或帮助中国公民投敌叛变的，应以投敌叛变罪的共犯论处。

（二）主观要件

本罪在主观方面表现为故意，即危害国家安全的意图。投敌叛变行为，不论是基于危害国家安全而主动叛变投敌，还是受他人策动、勾引、收买或被捕、被俘后经不起考验而投敌，皆不影响本罪构成。如果行为人被捕、被俘而未投降敌人的，不构成本罪。

投敌叛变罪，是危害国家安全的行为，从而与不以危害国家安全为目的的偷越国（边）境犯罪严格区别。投敌叛变后，又进行其他危害国家安全的行为，构成犯罪的，要实行数罪并罚。

（三）客观要件

本罪在客观方面表现为实施投敌叛变的行为。投敌就是投奔敌国、敌方或者在被捕、被俘后投降敌人、背叛国家。行为的具体表现：一是投奔到境外的敌对国家及其控制区；二是投奔国内的敌对方面；三是通过与境外敌对国家或敌方联络，成为敌方助手，实际上已背叛国家；四是在战争状态下投奔或投靠已进入境内的敌方，或者被捕、被俘后投降敌人。投敌的目的是进行危害国家安全的活动。如果不是进行危害国家安全的活动，而是羡慕资产阶级生活方式，追求资产阶级的民主、自由，或者为了投亲靠友、求学、做工、继承财产等，投奔敌方的，不构成本罪。

(四)客体要件

本罪侵犯的客体是人民民主专政的政权和社会主义制度。

【罪名辨析】

(一)本罪与间谍罪的关系

两者都是危害国家安全的犯罪,都与境外有联系,但两罪有明显的区别:(1)犯罪的直接客体不同。本罪的直接客体是人民民主专政的政权和社会主义制度,后罪的直接客体是狭义上的国家安全,而不是直接指向人民民主专政和社会主义制度。(2)犯罪客观特征不同。本罪是投降敌人或投奔敌人,进行危害国家安全的活动,这是本罪唯一的表现形式,亦即本罪行为人为之效力的只能是敌人,即敌对势力,包括国内的和国际的。间谍罪的行为内容则包括三种,即参加间谍组织或者接受间谍组织及其代理人的间谍活动任务;为境外机构、组织、人员窃取、刺探、收买、非法提供国家秘密或者情报;为敌人指示轰击目标。可见,间谍罪的行为人为之效力的既可以是敌对国家或势力,也可以不是敌对国家或势力。(3)犯罪主体不同。本罪主体只能是中国公民,后罪则也可以是外国人、无国籍人。(4)犯罪主观方面不同。本罪有特定的目的,而间谍罪没有特定的目的。

在国内大陆上与海外敌对势力建立联系,参加其组织,接受其指挥,潜伏在大陆进行颠覆、破坏的,也是投敌叛变的行为。这种情况下,如果该组织是间谍组织,则构成想象竞合,应按择一重罪处断的原则处罚。

(二)本罪与背叛国家罪的关系

两罪都存在背叛国家的特点。而且犯罪主体都是中国公民,但有很大的不同:(1)犯罪直接客体不同,本罪客体是人民民主专政和社会主义制度,后罪的直接客体是国家的主权、领土完整和安全。(2)犯罪客观方面不同。本罪是投敌叛变的行为,后罪是勾结外国,危害国家独立的行为。(3)犯罪主观方面不同。本罪故意及目的所与之对立的是社会主义,后罪故意及目的所与之对立的是爱国主义。

量刑部分

【量刑标准】

犯本罪的,处三年以上十年以下有期徒刑,情节严重的或者率领武装部队、人民警察、民兵投敌叛变的,处无期徒刑或者十年以上有期徒刑。

根据《刑法》第五十六条和第一百一十三条的规定,犯本罪的,应当附加剥夺政治权利,可以并处没收财产。

截至目前,尚无本罪名关于量刑的司法解释。

叛逃罪 《刑法》第109条

国家机关工作人员在履行公务期间，擅离岗位，叛逃境外或者在境外叛逃的，处五年以下有期徒刑、拘役、管制或者剥夺政治权利；情节严重的，处五年以上十年以下有期徒刑。

掌握国家秘密的国家工作人员叛逃境外或者在境外叛逃的，依照前款的规定从重处罚。

定罪部分

【罪名概念】

叛逃罪，是指国家机关工作人员在履行公务期间，擅离岗位，叛逃境外或者在境外叛逃，危害中华人民共和国国家安全的行为。

【犯罪构成】

（一）主体要件

本罪主体为特殊主体，是国家机关工作人员以及掌握国家秘密的国家工作人员。国家机关工作人员，是指在国家机关，包括国家权力机关、行政机关、审判机关、检察机关中依照法律从事公务的人员（军人叛逃的构成军人叛逃罪）。从中国国情以及犯罪的实际情况考虑，中国共产党的各级机关、中国人民政治协商会议的各级机关中从事公务的人员，也应属于国家机关工作人员。本条第二款规定掌握国家秘密的国家工作人员可以成为本罪主体，第二款中所称国家工作人员，既指国家机关中从事公务的人员，也包括国有公司、企业、事业单位、人民团体中从事公务的人员和国家机关、国有公司、企业、事业单位委派非国有公司、企业、事业单位、社会团体从事公务的人员，以及其他依照法律从事公务的人员。

（二）主观要件

本罪在主观方面表现为故意，即明知自己的叛逃行为会发生危害国家安全的结果，并且希望或者放任这种结果发生。

（三）客观要件

本罪在客观方面表现为在履行公务期间，擅离岗位、叛逃境外或者在境外叛逃的行为。

首先，必须是在履行公务期间叛逃，危害了国家安全的，才构成犯罪。若不是在履行公务期间叛逃，也没有危害国家安全的，则不能构成本罪。

其次，必须是擅离岗位叛逃，没有离开自己工作岗位的，不可能成为叛逃行为。

再次，要有叛逃行为，包括两个方式：一是在境内履行公务期间叛逃至境外，二是在境外履行公务期间叛逃。

叛逃境外或者在境外叛逃,是指在境内实施背叛国家、逃往境外或者在境外实施背叛国家的出逃行为。具体表现就是国家工作人员在境内或者境外履行公务期间,擅离岗位叛逃,而且给中华人民共和国国家安全造成了危害。

最后,叛逃行为必须危害中华人民共和国国家安全,故单纯逃往境外或不回到境内等并不危害国家安全的行为,不成立本罪。

(四)客体要件

本罪侵犯的客体是国家安全,即人民民主专政的政权和社会主义制度。随着我国对外开放的进一步扩大,各类出国人员日益增多,政治、经济、科技、文化等领域的交流越来越广泛,这对增进我国人民与世界各国人民的友谊,提高我国的国际地位,促进国内各项事业的发展,都起到了很好的作用。但是对外交往活动中也确实存在一些值得注意的问题,其中最严重的就是我国国家工作人员,特别是掌握国家秘密的国家工作人员叛逃境外或者在境外叛逃,给我国国家安全造成难以估量的危害。特别是对那些叛逃后,一时尚未发现实施危害国家安全的行为,或者一时没有公开投靠境外机构、组织的国家工作人员,给我国国家安全、荣誉和利益造成重大危害。

【罪名辨析】

(一)本罪与背叛国家罪区别

叛逃罪表现为叛逃境外或在境外叛逃,也具有背叛祖国的性质,但是叛逃罪与背叛国家罪有很大区别,主要表现是:犯罪主体的不同。本罪主体必须为国家机关工作人员;而背叛国家罪主体只要为跨国公民即可。在客观方面也有所不同。本罪客观行为表现为在履行公务期间叛逃境外或者在境外叛逃,危害中华人民共和国国家安全的行为;而背叛国家罪则表现为勾结外国,危害中华人民共和国的主权和领土完整及安全的行为。

(二)本罪与军人叛逃罪区别

二者区别主要是主体不同。一个是国家机关工作人员,另一个是军人。

(三)与本罪偷越国(边)境区别

犯罪目的不同,主体身份不同。犯叛逃罪与偷越国(边)境的,属于吸收犯。

(四)本罪与投敌叛变罪区别

所谓投敌叛变罪,是指投奔敌人营垒并为其效劳,或者在被捕、被俘后,投降敌人的行为。投敌叛变罪、叛逃罪都具有背叛祖国的性质,但是二者却有本质的区别,主要表现在:第一,犯罪主体不同。本罪只能是国家机关工作人员;而投敌叛变罪的主体是中国公民。第二,在客观方面不同。本罪表现为在履行公务期间,叛逃境外或者在境外叛逃的行为;投敌叛变罪则表现为投奔敌人营垒或者投降敌人的行为。二者区别的关键是本罪只是叛逃到境外,却不是投靠敌人;而投敌叛变罪则主要是投靠敌人,并有变节行为,却不一定是投奔境外的敌人。

量刑部分

【量刑标准】

犯本罪的，处五年以下有期徒刑、拘役、管制或者剥夺政治，情节严重的，处五年以上十年以下有期徒刑。掌握国家秘密的国家工作人员犯本罪的，从重处罚。

截至目前，尚无本罪名关于量刑的司法解释。

间谍罪　《刑法》第110条

有下列间谍行为之一，危害国家安全的，处十年以上有期徒刑或者无期徒刑；情节较轻的，处三年以上十年以下有期徒刑：

（一）参加间谍组织或者接受间谍组织及其代理人的任务的；

（二）为敌人指示轰击目标的。

定罪部分

【罪名概念】

间谍罪，是指参加间谍组织或者接受间谍组织及其代理人的任务，或者为敌人指示轰击目标的行为。

【关联法律】

《反间谍法》

（实施日期:2014年11月1日）

【犯罪构成】

（一）主体要件

本罪的犯罪主体，是达到刑事责任年龄，具有刑事责任能力的自然人，可以是中国公民，也可以是外国人或无国籍人。法人不能成为间谍罪的犯罪主体。因此，单位不能成为间谍罪的犯罪主体。若发现机构、组织实施间谍行为的，其法律责任应由直接责任人员承担。

（二）主观要件

本罪在主观方面表现为故意，其故意的内容表现为行为人明知是间谍组织，或者明知是间谍组织及其代理人任务等等而参加或者予以接受。至于行为人的动机，可以是多种多样的，有的出于图财，有的出于贪恋美色，有的出于出国或探亲方便，有的出于贪生怕死，有的出于推翻人民民主专政的政权和社会主义制度等。无论行为人出于何种动机和目的，都不影响该罪的构成。

(三)客观要件

本罪在客观方面表现为参加间谍组织或接受间谍组织及其代理人的任务,或者为敌人指示轰击目标的行为。具体表现为以下三种情形:

1. 参加间谍组织,成为间谍组织的成员,充当间谍。

所谓间谍组织,主要是指外国政府建立的旨在策反我国公职人员、人民群众,商业组织等向我国国家机构和各种组织进行渗透、窃取、刺探、收买、非法提供国家秘密和情报,进行颠覆和破坏活动的组织。参加间谍组织,是指行为人履行一定的加入手续(如挑选、登记、专门训练等),或者在非常情况下虽未按常规正式加入,但事实上已作为该间谍组织的成员进行活动。

2. 接受间谍组织及其代理人的任务。

根据《国家安全法实施细则》的规定,间谍组织的代理人,是指受间谍组织或者其成员的指使、委托、资助,进行或者授意、指使他人进行危害中华人民共和国国家安全活动的人,例如,某国记者,虽在组织上不隶属于该国间谍组织的成员,但其接受了该国间谍组织收集情报的任务,在此情况下,该记者可视为间谍组织的代理人。这里的代理人应是广义的,既可以是自然人,也可以是法人。在实践中,由于间谍组织代理人的情况比较复杂,根据《国家安全法实施细则》的规定,间谍组织代理人由中华人民共和国国家安全部确认。接受间谍组织及其代理人的任务,是指行为人受间谍组织(不管其是否正式加入)及其代理人的命令、派遣、指使、委托为间谍组织服务,进行危害国家安全的活动。实践中,境外间谍组织既有直接在我国境内秘密设立活动网点,直接派遣,又有大量通过境外其他机构如公司、记者站、商会等在境内设立分支机构或办事处,安插或委托具有合法身份的人作为其代理人进行活动。接受间谍组织代理人的任务,虽不是直接从间谍组织处受领任务,实际上与接受间谍组织的任务毫无两样,只是多了一个中间环节,这正是间谍活动隐蔽性的体现。参加间谍组织或者接受间谍组织及其代理人的任务的,行为人只要实施了接受间谍组织或者代理人任务的行为,便满足了间谍罪的构成且既遂的要件。至于行为人是否实施接受的任务或完成程度,对间谍罪的成立且既遂不存在影响。而且,这种行为不需要行为人一定具有间谍的身份,即行为人有否参加间谍组织,不影响该罪的构成。

3. 为敌人指示轰击目标。

它是指为军事侵略我国国家的敌国提供攸关我国安全的重大设施、建设项目、城市等目标的行为。行为方式是在战时为交战敌对国或敌方用画图、文字、使用信号、标记等手段向敌人明示所要轰击的我方目标。这里所谓的敌人,不是指国内暗藏的个别敌对分子,而是指军事侵略我国的敌国和武装力量。这种行为不以行为人是否参加间谍组织或是否接受间谍组织及其代理人的任务为限。行为人只要实施为敌人指示轰击目标的行为,就构成间谍罪。

行为人只要实施了上述三种行为之一,即可构成本罪,不要求三者同时具备。

(四)客体要件

本罪所侵害的客体,是中华人民共和国的国家安全。即人民民主专政的国家政权和社会主义制度。国家安全是主权国家独立自主地生存和发展的保障,关系国家存亡的大事,世界上无论哪一个国家,都是将维护国家安全摆在首位,以巩固自己的政权。国家的长治久安和繁荣昌盛都是以国家安全得到保障为前提的,一些国家的灭亡、政权的丧失,也都是因为国家安全不能得到保障。因此,没有国家安全,就没有社会主义现代化建设和人民的一切。

国家安全是通过一个主权国家独立自主地生存和发展保障的具体对象表现出来的。国家安全受到侵犯,就是这些具体对象受到了侵害。

间谍,作为国家与国家或集团与集团之间进行军事、政治、外交斗争乃至经济、科技竞争的有效手段,是随着国家的产生而产生,是阶级斗争的产物。它以隐蔽的方式打入对方营垒以至高级机关,进行发展组织、窃取机密及其他各种破坏活动,以颠覆对方国家政权。使用间谍搞离间和颠覆活动,消灭异国,扩大势力范围,是一种不动兵戈,制服政敌的有效手法。间谍活动是隐蔽斗争的一种形式,是严重危害国家安全的犯罪行为。新中国成立以来,境外间谍情报机关危害我国国家安全的活动从来没有停止过,隐蔽战线的斗争一直尖锐、复杂。特别是改革开放以来,境外间谍机关利用我国扩大对外交往的便利条件,派遣间谍入境,发展组织,建立据点、进行策反、渗透、窃密,甚至进行行动破坏,范围不断扩大,方式也更加多样。他们以公开掩护秘密,以合法掩护非法的活动方式,以外交官、记者、商人、访问学者、留学生或者旅游者等各种身份为掩护入境,打着新闻采访、经贸合作、投资办企业、友好往来、学术交流、观光旅游、探亲访友等旗号,向我国国家机构和各种组织进行渗透、颠覆政权、窃取国家秘密和情报,策反公职人员,进行暗杀、放火、爆炸、投毒、散布危害我国国家安全的谎言等行为,正是这些行为使国家机关、国家秘密、各类情报、国家工作人员等具体对象受到侵犯,从而使国家安全受到了侵害。这里所说的这些具体对象受到侵犯,并不要求一定具有物质性的损害结果。而只要行为人的行为危害或可能危害到这些对象,就可认定其行为侵害了我国国家安全。

量刑部分

【量刑标准】

犯本罪的,处十年以上有期徒刑或者无期徒刑;情节较轻的,处三年以上十年以下有期徒刑。

情节较轻,是指虽然参加间谍组织,但未接受间谍组织及其代理人的任务的,或者接受间谍组织及其代理人的任务,但所实施的间谍行为,确属情节轻微,危害不大的等。

根据《刑法》第五十六条和第一百一十三条的规定,犯本罪的,应当附加剥夺政治权利,可以并处没收财产。对国家和人民危害特别严重、情节特别恶劣的,可以判处死刑。所谓危害特别严重、情节特别恶劣是指接受间谍组织及其代理人的任务,进行破坏活动,严重危害国家安全的,或者为敌人指示轰击目标,致使我方遭受特别严重损失的等。

为了有效地同间谍犯罪作斗争,《国家安全法》对间谍罪的处罚规定了两项重要的刑事政策。

1.《中华人民共和国国家安全法》第二十四条规定,犯间谍罪自首或有立功表现的,可以从轻、减轻或者免除处罚;有重大立功表现的,给予奖励。根据这一规定,犯间谍罪自首的,无论其犯罪情节轻重,都可以从轻、减轻或者免除处罚,有重大立功表现者,还给予奖励。对于没有自首的间谍犯罪分子,若有立功表现的,也可以从轻、减轻或者免除处罚,有重大立功表现的,还给予奖励。因为,间谍犯罪是以隐蔽的方式进行危害我国国家安全的犯罪,间谍分子往往经过专门训练,行动诡秘,技术性和隐蔽性强,侦破难度相当大,需要经过一定时间甚至较长时期的艰苦细致、周密的工作。因此,鼓励间谍犯罪分子认罪悔过,坦白自首,可以及时发现犯罪,有利于减轻或者消除间谍行为的危害,化消极因素为积极因素。我们严厉打击间谍犯罪的目的是消除间谍行为对我国国家安全的危害,而对间谍自首者从轻、减轻或免除处罚,归根结底是为了防范制止间谍危害,有利于分化瓦解犯罪分子,从而达到维护国家安全的目的。

2.《国家安全法》第二十五条规定,在境外受威胁或者诱骗参加敌对组织,从事危害中华人民共和国国家安全的活动,及时向中华人民共和国驻外机构如实说明情况的,或者入境后直接或者通过所在组织及时向国家安全机关或者公安机关如实说明情况的,不予追究。这里所指的敌对组织,无疑包括间谍组织。根据该条的规定,行为人参加间谍组织从事危害中华人民共和国国家安全的活动属于不予追究的情况必须符合以下几个条件:

(1)行为人的行为必须发生在境外。若行为人的行为发生在境内,则不适用该条的规定。

(2)行为人的行为必须非出于自愿,即由于受胁迫或受诱骗而实施的。所谓受胁迫,是指行为人因受威胁强迫而参加间谍组织,从事危害中华人民共和国国家安全的活动,其特征是:行为人本不愿参加间谍组织,只是因为迫于他人的暴力强制或者精神威胁下被迫作出犯罪的选择,参加了间谍组织。所谓受诱骗是指行为人因受引诱欺骗而参加间谍组织,从事危害中华人民共和国国家安全的活动。其特征是:行为人本无参加间谍组织,从事危害中华人民共和国安全的意图,只是因为头脑简单,对实际情况不够了解,轻信了谎言,上当受骗而参加了间谍组织。在认定“受诱骗”时,要将其同由于资产阶级思想的腐蚀,受他人的金钱、物质或色情的诱惑,而自觉参加间谍组织的人区别开来。后者虽受他人的金钱、物质或色情的引诱,但都是出于一定的动机和目的而自愿参加的,因而不属受诱骗。

(3)行为人在境外或入境后必须及时向有关单位如实说明情况。这里的关键是及时和如实说明情况。所谓及时是指其参加间谍组织,从事危害国家安全的活动,尚未被司法机关发觉,或者虽已被发觉,但尚未受到讯问或采取强制措施以前。所谓如实说明情况,是指行为人到有关机关后,如实说明参加间谍组织,从事危害中华人民共和国安全活动的全部行为,至少是如实说明主要行为。与他人共同实施的,还要如实说明所知的同案人的情况,而且这种说明必须是出于真诚悔悟。

上述三个条件必须同时具备,缺一不可。若符合上述三个条件的,无论是违法还是犯罪,是罪轻还是罪重,一律不再追究行为人的法律责任。

截至目前,尚无本罪名关于量刑的司法解释。

为境外窃取、刺探、收买、非法提供国家秘密、情报罪　《刑法》第111条

为境外的机构、组织、人员窃取、刺探、收买、非法提供国家秘密或者情报的,处五年以上十年以下有期徒刑;情节特别严重的,处十年以上有期徒刑或者无期徒刑;情节较轻的,处五年以下有期徒刑、拘役、管制或者剥夺政治权利。

定罪部分

【罪名概念】

为境外窃取、刺探、收买、非法提供国家秘密、情报罪是指为境外的机构、组织、人员窃取、刺探、收买、非法提供国家秘密或情报的行为。

【司法解释】

最高人民法院、最高人民检察院《关于办理组织和利用邪教组织犯罪案件具体应用法律若干问题的解释(二)》

(实施日期:2001年6月11日　法释[2001]19号)(节录)

第八条　邪教组织人员为境外窃取、刺探、收买、非法提供国家秘密、情报的,以窃取、刺探、收买方法非法获取国家秘密的,非法持有国家绝密、机密文件、资料、物品拒不说明来源与用途的,或者泄露国家秘密情节严重的,分别依照刑法第一百一十一条为境外窃取、刺探、收买、非法提供国家秘密、情报罪,第二百八十二条第

一款非法获取国家秘密罪,第二百八十二条第二款非法持有国家绝密、机密文件、资料、物品罪,第三百九十八条故意泄露国家秘密罪、过失泄露国家秘密罪的规定定罪处罚。

【关联法律】

《国家安全法》

(实施日期:2015 年 7 月 1 日)(节录)

第七十七条　公民和组织应当履行下列维护国家安全的义务:

(六)保守所知悉的国家秘密。

【犯罪构成】

(一)主体要件

本罪主体为一般主体。凡达到刑事责任年龄且具备刑事责任能力的中国公民均可构成,外国人、无国籍人不构成本罪。

(二)主观要件

本罪在主观方面表现为故意。

(三)客观要件

本罪在客观方面表现为为境外机构、组织人员、窃取、刺探、收买、非法提供国家秘密或者情报的行为。

境外,是指中华人民共和国领域以外或者领域以内中华人民共和国政府尚未实施行政管辖的地域,包括尚未回到祖国怀抱的台湾地区和 1997 年 7 月 1 日以前的香港地区、1999 年 12 月 31 日以前的澳门地区。境外机构、组织,是指回归之前的台湾、香港、澳门等地区和外国的机构、组织及其在中华人民共和国境内设立的分支(代表)机构和分支组织。如外国的政府、军队以及其他国家机关在中国境内设置的机构、社团以及其他企事业组织,也包括外国驻华使、领馆、办事处,以及商社、新闻机构等。境外个人,是指居住在外国和回归之前的台湾、香港、澳门等地区的人,以及居住在中华人民共和国境内不具有中华人民共和国国籍的人。这里所说的居住,不论是否取得永久居住权或长期居住权,还是短期居住,都应视为居住。

窃取,是指使用秘密手段盗窃属于国家秘密或者情报的数据或物品的行为。刺探,是指通过各种渠道、使用各种手段,非法探知国家秘密或者情报数据的行为。收买,是指用金钱、色情和其他物质利益等手段向掌握国家秘密或者情报的人员获取国家秘密或者情报数据或者物品的行为。非法提供,是指国家秘密持有者或知悉者非法出卖、交付、告知其他不应知悉该项国家秘密或者情报的人的行为。

国家秘密是指关系国家的安全和利益,依法定程序确定、在一定时间内只限于一定范围的人员知悉的事项。它是包括国家事务的重大决策、国防建设和武装力量活动、外交和外事活动、国民经济和社会发展、科学技术、维护国家安全活动和追究刑事犯罪活动方面以及其他经国家保密工作部门确定应当保守的国家秘密事项。符合《保守国家秘密法》第二条规定的政党中的秘密事项，也应属于国家秘密。行为人对不同等级即绝密、机密、秘密的国家秘密进行窃取、刺探、收买、非法提供给境外的机构、组织、个人，致使国家的安全、利益遭受的危害程度也不同。情报是指除国家秘密以外的涉及国家政治、经济、军事、科技等方面尚未公开或不宜公开泄露的、影响国家安全和利益的情况和材料。不公开的单位内部情况、正常的情报信息交流，不应理解为这里的情报。

本条规定有窃取、刺探、收买、非法提供四个具体行为。只要行为人实施上述行为其中之一的，就构成犯罪。如果行为人实施上述行为时被抓获，实际上未能最终获取国家秘密或情报，或者未能完成非法提供的行为时，也应构成本罪未遂。

（四）客体要件

本罪侵犯的客体是国家的安全即人民民主专政的政权和社会主义制度。保守国家秘密是宪法规定的中国公民的一项基本权利和义务。1993 年通过的《中华人民共和国国安全法》第十九条、第二十条也规定，任何公民和组织都应当保守所知悉的国家安全工作的国家秘密。任何个人和组织都不得非法持有属于国家秘密的文件、资料和其他物品。

【罪名辨析】

（一）本罪与故意泄露国家秘密罪的界限

这两种犯罪首先所侵犯的客体不同，故意泄露国家秘密罪所侵犯的客体是国家职权，而前者侵犯的客体为国家安全和利益。其次是行为所涉及的对象不同，故意泄露国家秘密罪所涉及的对象只包括国家秘密，而前者不仅包括国家秘密还包括情报。最后是行为方式不同，故意泄露国家秘密罪的行为方式是泄露，是指违反《国家保守秘密法》的规定，使不应当知悉国家秘密者知悉了国家秘密，或者使国家秘密超出了有关规定所限制的接触范围，并不能证明该国家秘密没有被不应知悉者所知悉。

（二）本罪与非法获取国家秘密罪的界限

首先这两种犯罪所侵犯的客体不同，非法获取国家秘密罪所侵犯的客体是国家的公共秩序，而前者所侵犯的客体是国家安全和利益。其次如果目的是为境外机构、组织或者个人窃取、刺探、收买、非法提供国家秘密的，成立《刑法》第一百一十一条规定的犯罪，构成为境外窃取、刺探、收买、非法提供国家秘密罪。如果单纯获取国家秘密，没有提供给境外机构、组织或者个人的，构成非法获取国家秘密行为；获取国家秘提供给境内机构、组织或者个人的，仍然属于非法获取国家秘密行为。

（三）本罪与非法持有国家绝密、机密文件、资料、物品罪的界限

这两种犯罪首先是所侵犯的客体不同，非法持有国家绝密、机密文件、资料、物品罪所侵犯的客体是国家公共秩序，而前者所侵犯的客体是国家安全和利益。其

次非法持有国家绝密、机密文件、资料、物品罪是指并没有采取窃取、刺探、收买等方法获取,而是不应知悉国家某项秘密的人员携带、存放了属于该项国家秘密的文件、资料和其他物品;或者是可以知悉某项国家秘密的人员,未经办理手续,而私自携带、留存属于该项国家秘密的文件、资料和其他物品。

量刑部分

【量刑标准】

犯本罪的,处五年以上十年以下有期徒刑;情节特别严重的,处十年以上有期徒刑或者无期徒刑;情节较轻的,处五年以下有期徒刑、拘役、管制或者剥夺政治权利。

根据《刑法》第五十六条和第一百一十三条的规定,犯本罪的,应当附加剥夺政治权利,可以并处没收财产。对国家和人民危害特别严重、情节特别恶劣的,可以判处死刑。

截至目前,尚无本罪名关于量刑的司法解释。

资敌罪 《刑法》第112条

战时供给敌人武器装备、军用物资资敌的,处十年以上有期徒刑或者无期徒刑;情节较轻的,处三年以上十年以下有期徒刑。

定罪部分

【罪名概念】

资敌罪,是指战时供给敌人武器装备、军用物资资敌的行为。

【犯罪构成】

(一)主体要件

本罪的主体为一般主体,凡达到刑事责任年龄、具备刑事责任能力的中国公民均可构成本罪。但构成本罪主体的只能是我国公民,外国人、无国籍人不能成为本罪主体。

(二)主观要件

本罪在主观方面表现为故意。

(三)客观要件

本罪在客观方面表现为向敌人提供武器装备或者军用物资的行为。所谓战时,根据《刑法》第四百五十一条规定,是指国家宣布进入战争状态、部队受领作战任务或者遭敌突然袭击时。部队执行戒严任务或者处置突发性暴力事件时,以战时论。根据我国《宪法》第六十二条规定,决定战争与和平问题,宣布国家进入战争状态,是全国人民代表大会的职权之一,在全国人民代表大会闭会期间,遇有国家遭受武装侵犯或必须履行国际间共同防止侵略的条约的情况,则由全国人大常委会决定战争状态的宣布。如果国家在非战争状态下,与邻国发生局部边界冲突时,该地区的部队受领作战任务的,该地区也应属于处在"战时"。

这里所说的敌人,是指国内外带有军事性质的危害国家安全的武装力量。敌人包括国内敌人和国外敌人。武器装备,是指直接用于实施和保障作战行动的武器、武器系统和军事技术器材。武器是直接用于杀伤敌人有生力量和破坏敌人作战设施的器械,包括兵器、枪械、火炮、火箭、导弹、弹药、爆破器材、坦克和其他装甲战斗车辆、作战飞机、战斗舰艇、鱼雷、水雷、核武器等。武器系统包括:杀伤手段、投掷或运载工具、指挥器材。军事技术器材通常包括,通信指挥器材、侦察探测器材、雷达、电子对抗装备、情报处理设备、军用电子计算机、野战工程机械、渡河器材、气象保障器材、军用车辆、伪装器材等。军用物资指除武器装备外供军队作战训练、施工科研、后勤保障等方面所使用的物资,如油料、药品、建材、器材、被装、车辆等。提供非用于军事的物资,不构成本罪。为敌人提供上述军用物资的方式是多种多样的,无论是有偿的或是无偿的,或者为向敌人提供而购买、携带、运输,均可构成本罪。

(四)客体要件

本罪侵犯的客体是人民民主专政的政权和社会主义制度。

量刑部分

【量刑标准】

犯本罪的,处十年以上有期徒刑或者无期徒刑,情节较轻的,处三年以上十年以下有期徒刑。

根据《刑法》第五十六条和第一百一十三条的规定,对犯本罪的,对国家和人民危害特别严重、情节特别恶劣的,可以处死刑;应当附加剥夺政治权利,并且可以并处没收财产。

截至目前,尚无本罪名关于量刑的司法解释。

危害国家安全罪适用死刑、没收财产的规定 《刑法》第113条

本章上述危害国家安全罪行中,除第一百零三条第二款、第一百零五条、第一百零七条、第一百零九条外,对国家和人民危害特别严重、情节特别恶劣的,可以判处死刑。

犯本章之罪的,可以并处没收财产。

第二章　危害公共安全罪

一、危害公共安全罪的概念

危害公共安全罪是一个概括性的罪名，这类犯罪侵犯的客体是公共安全，客观表现为实施了各种危害公共安全的行为，它同侵犯人身权利的杀人罪、伤害罪以及侵犯财产的贪污罪、盗窃罪等有显著的不同，危害公共安全罪包含着造成不特定的多数人伤亡或者使公私财产遭受重大损失的危险，其伤亡、损失的范围和程度往往是难以预料的。因此它是《刑法》普通刑事犯罪中危害性极大的一类犯罪。

二、危害公共安全罪犯罪构成

(一)主体要件

本罪主体多数为一般主体，少数为特殊主体构成。此外，该类犯罪中有的犯罪可以由单位构成，有的犯罪只能由单位构成。凡达到刑事责任年龄、具备刑事责任能力的人均可成为该罪主体。

(二)主观要件

本罪在主观方面表现为犯罪的故意，包括直接故意和间接故意。所谓故意，就是行为人明知自己的行为危害公共安全，有可能造成不特定的多数人伤亡或者公私财产的重大损失，并且希望或者放任这种结果的发生。

(三)客观要件

本罪在客观方面表现为实施了各种危害公共安全的行为，既可以表现为有作为也可以表现为不作为。由于危害公共安全行为的严重社会危害性，危害公共安全罪的行为既包括已经造成损害后果的行为，也包括虽未造成严重后果，却足以危害不特定的多数人的生命、健康和重大公私财产安全及公共生活安全的行为。因此，只要行为人的犯罪行为足以危害公共安全就构成犯罪。但是过失实施危害公共安全的行为，必须造成严重危害后果才构成犯罪。

（四）客体要件

本罪侵犯的客体是公共安全，即不特定的多数人的生命、健康和重大公私财产安全及公共生产、生活安全。其本质特征表现为不特定性，这类犯罪对其侵害的对象和可能造成的危害后果，事前往往无法预料和控制。如果行为人的犯罪行为所侵害的不是不特定的多数人的生命、健康或重大公私财产，而只是特定的个人或者特定的公私财产，则不构成危害公共安全罪。

三、危害公共安全罪的种类

根据刑法分则第二章以及《刑法修正案（三）》《刑法修正案（六）》《刑法修正案（八）》《刑法修正案（九）》的规定，危害公共安全罪共有五十二个罪名。

（一）以危险方法危害公共安全的犯罪（十个）

包括放火罪；决水罪；爆炸罪；投放危险物质罪；以危险方法危害公共安全罪；失火罪；过失决水罪；过失爆炸罪；过失投放危险物质罪；过失以危险方法危害公共安全罪。

（二）破坏特定设施、设备的犯罪（十个）

包括破坏交通工具罪；破坏交通设施罪；破坏电力设备罪；破坏易燃易爆设备罪；破坏广播电视设施、公用电信设施罪；过失损坏交通工具罪；过失损坏交通设施罪；过失损坏电力设备罪；过失损坏易燃易爆设备罪；过失损坏广播电视设施、公用电信设施罪。

（三）实施暴力、恐怖活动的犯罪（十个）

包括组织、领导、参加恐怖活动组织罪；帮助恐怖活动罪；劫持航空器罪；劫持船只、汽车罪；暴力危及飞行安全罪；准备实施恐怖活动罪；宣扬恐怖主义、极端主义、煽动实施恐怖活动罪；利用极端主义破坏法律实施罪；强制穿戴宣扬恐怖主义、极端主义服饰、标志罪；非法持有宣扬恐怖主义、极端主义物品罪。

（四）以枪支、弹药、爆炸物、危险物质为对象的犯罪（九个）

包括非法制造、买卖、运输、邮寄、储存枪支、弹药、爆炸物罪；非法制造、买卖、运输、储存危险物质罪；违规制造、销售枪支罪；盗窃、抢夺枪支、弹药、爆炸物、危险物质罪；抢劫枪支、弹药、爆炸物、危险物质罪；非法持有、私藏枪支、弹药罪；非法出租、出借枪支罪；丢失枪支不报罪；非法携带枪支、弹药、管制刀具、危险物品危及公共安全罪。

（五）过失造成重大责任事故的犯罪（十三个）

包括重大飞行事故罪；铁路运营安全事故罪；交通肇事罪；重大责任事故罪；重大劳动安全事故罪；危险物品肇事罪；工程重大安全事故罪；教育设施重大安全

事故罪;消防责任事故罪;不报、谎报安全事故罪;大型群众性活动重大安全事故罪;强令违章冒险作业罪;危险驾驶罪。

放火罪、决水罪、爆炸罪、投放危险物质罪、以危险方法危害公共安全罪 《刑法》第114条

放火、决水、爆炸以及投放毒害性、放射性、传染病病原体等物质或者以其他危险方法危害公共安全,尚未造成严重后果的,处三年以上十年以下有期徒刑。

放火罪

定罪部分

【罪名概念】

放火罪,是指故意放火焚烧公私财物,危害公共安全的行为。中国现行《刑法》规定,放火罪是危害公共安全罪的具体罪名之一,是指故意放火焚烧公私财物,危害公共安全的行为。放火罪是一种故意犯罪,其侵犯的客体是公共安全,即不特定的多数人的生命、健康或者重大公私财产的安全。放火危害公共安全,一般包括三种情况:

一是危及不特定的多数人的生命、健康的安全;

二是危及重大公私财产的安全;

三是既危及不特定的多数人的生命、健康安全,同时又危及重大公私财产的安全。

【犯罪构成】

(一)主体要件

本罪的主体为一般主体。由于放火罪社会危害性很大,所以《刑法》第十七条第二款规定,已满十四周岁不满十六周岁的人犯放火罪的,应当负刑事责任。

(二)主观要件

本罪在主观方面表现为故意,即明知自己的放火行为会引起火灾,危害公共安全,并且希望或者放任这种结果发生的心理态度。如果不是出于故意,不构成放火罪。放火的动机是多种多样的,如因个人的某种利益得不到满足而放火,因对批评、处分不满而放火,因泄愤报复而放火,为湮灭罪证、嫁祸于人而放火,因恋爱关系破裂而放火,因家庭矛盾激化而放火,等等。不论出于何种动机,都不影响放火

罪的成立。但是，查明放火的动机，对于正确判断行为人的主观心理态度，是定罪量刑的关键。

（三）客观要件

本罪在客观方面表现为实施放火焚烧公私财物，危害公共安全的行为。所谓放火，就是故意引起公私财物燃烧的行为。放火的行为方式，可以是作为，即用各种引火物，直接把公私财物点燃；也可以是不作为，即故意不履行自己防止火灾发生的义务，放任火灾的发生。例如，某电气维修工人，发现其负责维护的电气设备已经损坏，可能引起火灾，而他不加维修，放任火灾的发生。这就是以不作为的方式实施的放火行为。以作为方式实施的放火行为，必须具备三个条件：一是要有火种；二是要有目的物，即要烧毁的对象物；三是要让火种与目的物接触。在这三个条件已经具备的情况下，行为人使火种开始起火，就是放火行为的实行；目的物一旦着火，即使将火种撤离或者扑灭，目的物仍可独立继续燃烧，放火行为就被视为实行终了。以不作为的方式实施的放火罪，行为人必须负有防止火灾发生的特定义务，而且能够履行这种特定义务而不履行，以致发生火灾。其特点：一是行为人必须是负有特定作为义务的人；二是根据主客观条件，行为人有能力履行这种特定的作为义务；三是行为人客观上必须有不履行这种特定作为义务的事实。从义务的来源看，一是法律所规定的义务；二是职务或业务上所要求的义务，如油区防火员就负有消除火灾隐患，防止火灾发生的义务；三是行为人的先前行为所引起的义务，如行为人随手把烟头丢在窗帘上，引起窗帘着火，行为人就负有扑灭窗帘着火燃烧的义务。从司法实践来看，行为人的特定义务，主要是后两种情况。

有些放火案件，从表面上看，是燃烧衣物、家具、农具等价值较小的财物，实际上是以衣服、家具、农具等作为引火物，意图通过燃烧衣物、家具、农具等引起上述重大公私财物的燃烧。这种情况应以放火罪论处。因此，在认定放火罪时，要注意发火物、引火物和目的物即放火行为的侵害对象的区分。

放火行为必须足以危害公共安全。如果虽然实施了放火行为，但从放火焚烧的对象、时间、地点、环境等方面考察，确实不足以危害公共安全、不存在危害公共安全的危险性，不构成放火罪。如果情节严重，需要刑罚处罚的，构成什么罪就定什么罪。

（四）客体要件

本罪侵犯的客体是公共安全。即不特定多数人的生命、健康或重大公私财产的安全。也就是说，放火行为一经实施，就可能造成不特定多数人的伤亡或者使不特定的公私财产遭受难以预料的重大损失。这种犯罪后果的严重性和广泛性往往是难以预料的，甚至是行为人自己也难以控制的。这也是放火罪同以放火方法实施的故意杀人、故意毁坏公私财物罪的本质区别。因此，可以说，并非所有的用放火方法实施的犯罪行为都构成放火罪，关键是要看放火行为是否足以危害公共安全。如果行为人实施放火行为,而将火势有效地控制在较小的范围内,没有危害也不足以危害不特定多数人的生命、健康和重大公私财产的安全,就不构成放火罪,而应根据案件具体情节,定故意毁坏公私财物罪或故意杀人罪、故意伤害罪等。

本罪侵犯的对象,主要是公私建筑物或者是其他公私财物。实施的对象包括工厂、矿山、油田、港口、仓库、住宅、森林、农场、牧场、重要管道、公共建筑物或者其他公私财物。这里所说的其他公私财物是指上述公私财物以外的,但性质与其相似的,比较重大的公私财物,而不是指上述公私财物以外的一切公私财物。因为只有燃烧这些公私财物,方可能危及公共安全。如果放火行为侵害的只是某一较小的财物,例如,烧几件衣物、一件小家具、小农具等价值不大的公私财物,不构成放火罪。如果行为人放火烧毁自己或家庭所有的房屋或其他财物,足以引起火灾,危害公共安全的,也应以放火罪论处。但是,如果行为人放火焚毁自己的房屋或其他财物,确实不足以危害公共安全的,则不构成放火罪。

【罪名辨析】

(一)本罪与一般放火行为

一般放火行为,是指情节显著轻微危害不大、不危害公共安全的放火行为。放火罪与一般放火行为,在客观上都可能造成轻微的危害结果。因此,它们的根本区别不在于是否造成轻微的危害结果,而在于前者危害公共安全,后者不危害公共安全。从理论上说,界限不难区分。但在司法实践中,在处理具体放火案件时,对于某种放火行为是一般放火行为,还是构成放火罪,有时发生意见分歧。

(二)本罪的既遂与未遂

放火犯通常以烧毁目的物为犯罪目的。但是,判断放火罪的既遂与未遂,不应以犯罪目的是否达到为标准,而应以行为是否符合刑法规定的放火罪的全部构成要件为标准。刑法对于放火罪的规定有两个条文,即本条和第一百一十五条。这两条的关系是,本条是规定放火罪的构成要件的基本条款,第一百一十五条是与本条相联系的结果加重条款。根据刑法理论,结果加重的条款是不发生犯罪未遂问题的,只有该条文规定的严重结果发生了,才能适用该条文。所以,认定放火罪的既遂、未遂,应以本条规定的放火罪的构成要件为标准。根据刑法修正案,该条已经被修改为危险犯,即达到可能造成危害的危险或严重后果的,就既遂。

(三)本罪与意外火灾

意外火灾,是指由于不能预见或者不能抗拒的原因引起火灾、危害公共安全的情况,如由于山火、雷电、地震以及其他不能预见和抗拒的原因引起的这种火灾的发生,虽然在客观上造成了损害结果,危害了公共安全,有的还与行为人的行为有关,但行为人主观上既无故意,又无过失,因此,不构成犯罪。在处理这类案件时,由于有时只看到火灾的发生与行为人的行为有关,而忽视了对行为人主观心理态度的考察、分析,因而在罪与非罪问题上发生分歧。

(四)本罪与焚烧个人财物

从法律上讲,任何人对属于自己的财产都有处分权。包括将其毁坏,使其失去使用价值或者价值。但是,这种权利的性质是以不损害国家、集体和他人的利益为前提的。只要不损害国家、集体和他人的利益,放火烧自己的财物,就属于处分个人所有财产的范畴,不构成放火罪。反之,构成放火罪。

(五)本罪与故意伤害罪

如果以放火为手段杀害或伤害特定的人,不足以危害公共安全的,只能构成故意杀人罪或故意伤害罪;如果行为人虽以放火为手段杀伤特定的人,但同时可能造成火灾危害公共安全的,应以放火罪论处。

(六)本罪与破坏等罪

如果行为人以放火为手段,破坏交通工具、交通设施、电力设备、煤气设备、易燃易爆设备和广播电视设施、公用电信设施,虽然具有本条规定的以危险方法危害公共安全的特征,但法律对这几种罪已作了专门规定,因此,应分别适用《刑法》第一百一十六条、第一百一十七条、第一百一十八条和第一百二十四条,以破坏交通工具、破坏交通设施罪、破坏电力设备罪、破坏易燃易爆设备罪和破坏广播电视设施、公用电信设施罪论处。

(七)本罪与故意毁坏公私财物罪

如果行为人以放火为手段毁损公私财物,没有造成重大损失,也不可能危及公共安全的,应以故意毁坏财物罪论处;如果行为人放火烧毁公私财物,造成重大损失或者危害公共安全的,应以放火罪论处。

(八)一罪和数罪

行为人在实施杀人、强奸等犯罪后用放火的方法焚毁罪迹的,应区分不同情况处理。如果行为人消灭罪迹的放火行为不足以危及公共安全的,按所犯的罪从重处罚,不另以放火罪实行数罪并罚;如果行为人消灭罪迹的放火行为是足以危及公共安全的,则应以放火罪与前行为构成的犯罪数罪并罚。

量刑部分

【量刑标准】

犯本罪,尚未造成严重后果的,处三年以上十年以下有期徒刑;致人重伤、死亡或使公私财产遭受重大损失的,处十年以上有期徒刑、无期徒刑或死刑。

“尚未造成严重后果”包括两种情况:一是放火行为没有造成任何实际损害后果;二是放火行为造成了一定的实际损害后果,但并不严重。在这两种情况下,只能根据本条的法定刑处罚。只有当放火行为造成他人重伤、死亡或者使公私财产遭受重大损失时,才能根据《刑法》第一百一十五条的法定刑处罚。“重大损失”的标准,一般为损失五万元以上。

截至目前,尚无本罪名关于量刑的司法解释。

决水罪

定罪部分

【罪名概念】

决水罪,是指故意决水,制造水患危害公共安全的行为。

【犯罪构成】

(一)主体要件

本罪的主体为一般主体,即达到法定刑事责任年龄、具有刑事责任能力的人均可构成。

(二)主观要件

本罪在主观方面表现为故意,包括直接故意和间接故意。即行为人明知其决水行为会危害公共安全,并且希望或者放任危害公共安全的结果发生。

(三)客观要件

本罪在客观方面表现为实施危害公共安全的决水行为。所谓决水是指足以使水流横溢、泛滥成灾的行为。决水行为既可以表现为积极的作为,如炸毁堤坝、堵塞水道、破坏水闸、破坏防水设备等;也可以表现为消极的不作为,如洪水来临时,水库管理人员不及时开放泄洪闸或者不关闭防水堤的闸门。以不作为方式构成决水罪的,行为人必须负有特定的作为义务,并且有能力履行这种特定的作为义务而不履行。行为人实施的决水行为只要足以危害公共安全,就应以决水罪论处;如果行为人仅是为个人利益或局部利益,擅自开闸放水、挖渠引水,尚不足以危害公共安全的不应以决水罪论处。

决水的方法多种多样,如使用机械挖掘、爆破的方法等,无论采用何种手段都不影响该罪的成立。司法实践中发生的炸毁堤坝决水的案件,实质上是利用水的作用而不是直接靠爆破的力量使不特定多数人的生命、健康或重大公私财产遭受损失的,其本质仍属决水罪。

决水行为必须危害公共安全才构成决水罪。如果决水行为不足以危害不特定多数人的生命、健康或重大公私财产的安全,如农民之间为争水浇地,擅自扒开水渠放水,致渠水漫溢,危害后果不严重的不宜定为决水罪。鉴于决水罪具有严重的危害性,因此刑法规定,实施决水行为只要足以危害公共安全,即使尚未造成致人重伤、死亡或者使公私财产遭受重大损失的严重后果,也构成决水罪。

（四）客体要件

本罪侵犯的客体是公共安全。即不特定多数人生命、健康或重大财产的安全。

【罪名辨析】

（一）罪与非罪的区别

在日常生活中，特别是在农村，在生产大忙季节或干旱的情况下，一些村民因水利纠纷，为争水灌溉，互不相让而发生水源纠纷，有的甚至为报复对方而擅自扒开水渠放水，致使水流漫溢，冲坏集体或者个人农作物，造成一定损失的不能一概都认定为犯罪。是否构成决水罪的关键是行为人的行为是否危及公共安全，即是否造成或可能造成不特定多数人的伤亡或重大公私财产的损失，如果没有造成也不可能造成不特定多数人的伤亡和重大公私财产的损失，即不危及公共安全的，则行为人的行为不构成决水罪。

（二）本罪与破坏生产经营罪区别

破坏生产经营罪是指故意毁坏机器设备、残害耕畜或者以其他方法破坏生产经营的行为。在司法实践中，决水行为既能影响农田灌溉，也能使工农业生产因缺水而停产，从而构成破坏生产经营罪。但两者主要区别是：

1. 侵犯的客体不同。决水罪侵犯的客体是公共安全，破坏生产经营罪侵犯的客体是公私财产所有权和生产经营秩序。破坏生产经营罪虽然使生产经营秩序受到破坏，造成犯罪对象即与生产经营密切相关的物品、工具的毁坏，但尚不属于危害重大公私财产的安全，而决水罪则危害重大公私财产的安全。

2. 犯罪客观方面不同。决水罪的决水属于危险方法，既可以使大范围的工农业等生产经营活动受到影响，更重要的是使不特定多数人的生命、健康受到危害，使大片农田被淹，重大公私财产受到损失；而破坏生产经营罪所谓决水不属危险方法，只能使大量的水流失或使小范围的农田被淹，或使工农业等生产经营活动受到破坏，其损害的严重程度上不及决水罪。

3. 犯罪主观故意的内容不同。决水罪的行为人明知其行为会危害公共安全，而希望或放任这种结果发生；破坏生产经营罪的行为人明知其行为会破坏生产经营秩序和侵犯公私财产所有权，而希望或放任这种结果发生。由此可见，基于破坏生产经营故意而决水，因而危害公共安全的，又构成决水罪，属于想象竞合犯，应按从一重罪的原则论处即按决水罪论处。

（三）本罪既遂与未遂的界限

划分犯罪既遂与未遂应以是否符合法定犯罪构成要件为标准。该罪对决水罪的规定并未将发生危害公共安全的严重结果作为法定犯罪构成要件，行为人只要实施决水行为并足以危害公共安全，即危害不特定多数人的生命、健康或者有使公私财产遭受重大损失的现实危险即构成犯罪既遂。其认定足以危害公共安全，一般应以决水后水流开始冲溢为标准。因为水流具有巨大破坏力，水势一旦失控，往往借助于破坏力愈演愈烈从而构成对不特定多数人的生命、健康或者重大公私财产安全的严重危害。如果行为人刚开始破坏水利设施或者正在破坏过程中,由于行为人意志以外的因素未致使所决之水流开始破坏即犯罪未遂。

量刑部分

【量刑标准】

犯本罪的,处三年以上十年以下有期徒刑。

放火、决水、爆炸、投毒或者以其他危险方法致人重伤、死亡或者使公私财产遭受重大损失的,处十年以上有期徒刑、无期徒刑或者死刑。

截至目前,尚无本罪名关于量刑的司法解释。

爆炸罪

定罪部分

【罪名概念】

爆炸罪,是指故意用爆炸的方法,杀死杀伤不特定多人、毁坏重大公私财物,危害公共安全的行为。

【犯罪构成】

(一)主体要件

本罪的主体为一般主体,即达到法定刑事责任年龄、具有刑事责任能力的人,均可成为本罪的主体。由于爆炸罪严重危害公共安全,破坏社会秩序,所以法律规定这种犯罪处罚年龄的起点较低。根据《刑法》第十七条第二款的规定,已满十四周岁不满十六周岁的人犯爆炸罪,应当负刑事责任。

(二)主观要件

本罪在主观方面表现为故意,包括直接故意和间接故意。即行为人明知其行为会引起爆炸,危害不特定多数人的生命、健康或重大公私财产的安全,并且希望或者放任这种危害结果的发生。犯本罪的动机多种多样,如出于报复、嫉妒、怨恨、诬陷等。犯罪动机如何不影响本罪的成立。

(三)客观要件

本罪在客观方面表现为对公私财物或人身实施爆炸,危害公共安全的行为。爆炸物品,包括炸弹、手榴弹、地雷、炸药(包括黄色炸药、黑色炸药和化学炸药)、雷管、导火索、雷汞、雷银等起爆器材和各种自制的爆炸装置(如炸药包、炸药瓶、炸药罐等)。实施爆炸的方式方法很多:有的在室内安装炸药包,在室内或者室外引爆;

有的将爆炸物直接投入室内爆炸，有的利用技术手段，使锅炉、设备发生爆炸；有的使用液化气或者其他方法爆炸。实施爆炸地点主要是在人群集中或者财产集中的公共场所、交通线等处，如将爆炸物放在船只、飞机、汽车、火车上定时爆炸，在商场、车站、影剧院、街道、群众集会地方制造爆炸事件。

爆炸行为有作为和不作为两种基本方式。如直接点燃爆炸物引发爆炸，就是积极的作为方式，而行为人负有防止爆炸发生特定义务，并且有能力履行这种特定的义务而不履行，以致引发爆炸，就构成不作为爆炸犯罪。

爆炸犯罪在客观方面的本质特点在于爆炸行为危害或足以危害不特定多数人的生命、健康或重大公私财产的安全。所谓足以危害公共安全，就是指行为人实施的爆炸行为，由于主观和客观方面的原因，如行为人自动中止爆炸犯罪，炸药的破坏性没有行为人主观想象的那么大，炸药受潮失效，没有将爆炸物投掷到所要求的位置，爆炸物被他人发现而被拆除等，实际上并未造成危害公共安全的结果，但如果排除这些原因，是可能造成危害公共安全的结果的。无论哪种原因存在，只要行为人实施了爆炸行为，足以危害公共安全的，就构成爆炸罪。爆炸罪的成立并不要求发生危害公共安全的实际后果。

行为指向的对象是不特定多数人的生命、健康和重大公私财物。某些爆炸行为，行为人主观上是指向特定的人或者物，但发生在人群密集或者财物集中的公共场所，客观上危害了不特定多数人的生命、健康或者重大公私财产的安全，也可以以爆炸罪论处。因为在这种场合用爆炸的方法杀人、毁物，对这种行为会危害公共安全不可能没有预见，有预见而放任危害结果的发生，就是一种故意犯罪。

如果行为人实施的爆炸行为是指向特定的人或者特定的公私财物，并且有意识地把破坏的范围限制在不危害公共安全的范围，客观上也未发生危害公共安全的结果，则不应定爆炸罪，而应根据实际情况，构成什么罪就定什么罪。

需要说明的是，如果用爆炸的方法炸坍江、河、湖泊、水库的堤坝，造成水流失控，泛滥成灾，危害公共安全，则应定决水罪。因为刑法已对决水罪作了专门规定，而且爆炸只是决水的一种手段，正如用爆炸的方法破坏交通工具、交通设施、电力设备、煤气设备、易燃易爆设备和广播电视设施、公用电信设施，应分别定破坏交通工具罪、破坏交通设施罪、破坏电力设备罪、破坏易燃易爆设备罪和破坏广播电视设施、公用电信设施罪，而不定爆炸罪一样。

（四）客体要件

本罪侵犯的客体是公共安全，即不特定多数人的生命、健康或者重大公私财产的安全。

爆炸罪侵害的对象是本条所列举的工厂、矿场、港口、仓库、住宅、农场、牧场、公共建筑物或者其他公私财产，以及不特定的人、畜。如果用爆炸的方法破坏火车、汽车、电车、船只、飞机等交通工具；或者破坏轨道、桥梁、隧道、公路、机场等交通设备,虽然使用的是爆炸的方法,也危害了公共安全,但由于破坏的是特定的危险对象,所以应当分别以破坏交通工具罪或破坏交通设备罪处理。

【罪名辨析】

(一)本罪既遂与未遂的界限划分

两者界限应以是否符合法定构成要件为标准。根据本条的规定,只要行为人实施爆炸,危害公共安全,即使尚未造成严重后果,也具备爆炸罪全部构成要件,即为既遂。如果致人重伤、死亡或者使公私财产遭受重大损失,应按《刑法》第一百一十五条作为爆炸罪的结果加重犯处罚。至于爆炸罪的未遂,从立法精神看,该罪是举动犯,不存在实行终了的未遂。因为爆炸行为已经实行终了,在一定条件下就足以危害不特定多数人的生命、健康或重大财产的安全,无论是否引起严重后果,都是既遂。爆炸罪未遂只能发生在爆炸行为尚未实行终了的阶段,比如刚着手引爆或者在引爆过程中,被人发现夺下炸药,使爆炸未能得逞。这种情况属于未实行终了的爆炸未遂。

(二)本罪与以爆炸方法实施的故意杀人罪、故意伤害罪的区分

主要看是否有特定对象,是特指某个主体,还是会危害不特定多数人的公共安全。爆炸罪与以爆炸方法实施的故意杀人罪、故意伤害罪,使用的手段和危害后果都有相同之处,但两者的区别主要是:(1)侵犯的客体不同。爆炸罪侵犯的是公共安全,即不特定多数人的生命、健康和重大公私财产的安全;而故意杀人罪、故意伤害罪侵犯的是特定公民的人身权利。(2)客观方面不同。爆炸犯罪行为人引发爆炸物或以其他方法制造爆炸,造成或足以造成不特定多数人的伤亡或重大公私财产的毁损,其危害结果是难以预料和难以控制的;故意杀人罪、故意伤害罪的犯罪行为人虽也使用爆炸的方法,但还可以使用其他方法,其行为所造成的危害后果是特定的某个人或某几个人的伤亡,而且一般只造成人身伤亡,不造成财产毁损。因此,行为人针对特定的对象实施爆炸行为,选择的作案环境和条件只能杀伤特定的某个人或某几个人,而不危及公共安全的,分别按故意杀人罪或故意伤害罪论处。如果爆炸行为虽然指向特定的对象,但行为人预见其爆炸行为会危害公共安全而仍实施爆炸行为,危害公共安全,应以爆炸罪论处。

(三)本罪与故意毁坏财物罪的界限

使用爆炸手段破坏公私财产的,往往也会同时侵犯公民的人身权利。如果使用爆炸手段故意毁损某项特定的公私财物,其结果没有同时侵犯公民的人身权利和其他大量公私财产的,依照《刑法》第二百七十五条的规定,以故意毁坏财物罪论处。

(四)本罪与危险物品肇事罪的界限

危险物品肇事罪,是指违反爆炸性、易燃性、放射性、毒害性、腐蚀性物品的管理规定,在生产、储存、运输、使用中发生重大事故,造成严重后果的行为。这种犯

罪只能由过失构成，而爆炸罪，在客观方面不仅限于上述情况，在主观方面一般由故意构成。例如，某县公社农场大队非法生产硝氨炸药。因设备陈旧，厂房也不符合炸药生产规定，又没有安全措施，该县公安局曾几次正式通知他们停止生产。但该大队拒不执行，继续生产，以致在生产中发生爆炸，造成六人当场被炸死、整个车间（十间房子）被夷为平地的严重后果。本案就属于危险物品肇事罪。危险物品肇事罪的主观方面是由于违反规定的过失行为，而本罪是故意，两者不可混淆。

量刑部分

【量刑标准】

犯本罪的，处三年以上十年以下有期徒刑。

放火、决水、爆炸、投毒或者以其他危险方法致人重伤、死亡或者使公私财产遭受重大损失的，处十年以上有期徒刑、无期徒刑或者死刑。

截至目前，尚无本罪名关于量刑的司法解释。

投放危险物质罪

定罪部分

【罪名概念】

投放危险物质罪，就是传统意义上的投毒罪。两者相比而言，投放危险物质罪的外延更为广泛，指的是故意投放毒害性、腐蚀性、放射性、传染病病原体等物质，危害公共安全的行为。

【犯罪构成】

（一）主体要件

本罪主体为一般主体。凡达到刑事责任年龄，具备刑事责任能力的自然人均可成为本罪主体。根据《刑法》第十七条第二款规定，已满十四周岁不满十六周岁的人犯投放危险物质罪，危害公共安全的，应当负刑事责任。

（二）主观要件

本罪在主观方面表现为故意。所谓故意，也就是行为人明知自己的投毒行为危害公共安全，有可能造成不特定的多数人死伤或公私财产的大量损失，并且希望或者放任这种结果的发生。投毒的动机可以是各种各样，但不同的动机并不影响定罪。

（三）客观要件

本罪在客观方面表现为实施了投放毒害性、放射性、传染病病原体等物质危害公共安全的行为。其一,行为人投放的必须是毒害性、放射性、传染病病原体等危害人的生命、健康或牲畜、禽类、水产养殖物安全的危险物质。其中,毒害性物质是指含有毒质甚至腐蚀性的有机物或者无机物,如砒霜、敌敌畏、氰化钾、西梅脱、硝酸、硫酸、1059 剧毒农药等;放射性物质是指通过原子核裂变时放出的射线发生伤害作用的物质,如镭、铀、钴等放射性化学元素;传染病病原体是能够引起疾病的微生物和寄生虫的统称,如炭疽、霍乱等传染病病菌、病毒。鸦片、大麻、吗啡等虽然也是毒物,但不包括在投放危险物质罪的毒物之中。其二,投放行为必须危害公共安全。即该行为已经对不特定多数人的生命、健康或者牲畜和其他财产造成严重威胁或严重损害后果,或者已威胁到不特定多数人的人身和财产的安全。

本罪是危险犯,其成立并不需要出现不特定多数人的中毒或重大公私财产遭受毁损的实际结果,只要行为人的行为足以危害公共安全,即有危害公共安全的危险存在即可。如左某因工作和家属安排等问题与领导龙某发生矛盾,由对龙的不满情绪发展到投毒报复。某日,左某从家里存放的三种农药中选择了毒性较低的杀虫咪,用青毒素瓶装了一瓶,趁龙家无人之机,投放在龙家的饮水缸里。由于龙的妻子及时发现,未造成后果。此案中,左某由不满发展到投毒报复,主观上具有投毒的故意,客观上实施了将农药杀虫咪投放到龙家水缸内的行为,由于龙某上有老母下有妻女以及亲友等。这些人(还包括家禽、牲畜等财产)都可能受到毒害,因此,左某投放毒物的行为虽没有造成严重后果,但足以危害不特定多数人的生命、健康以及家禽、牲畜等财产的安全,已构成投放危险物质罪。

投放行为的主要方式:一是将危险物质投放于供不特定人饮食的食品或饮料中;二是将毒物投放于供人、畜等使用的河流、池塘、水井等中;三是在一些公共场所释放放射性、传染病病原体。

(四)客体要件

本罪侵犯的客体是公共安全,即不特定多数人的生命、健康或重大公私财产的安全。这是投放危险物质罪同使用投毒方法实施的故意杀人罪、故意毁坏财物罪的根本区别之所在。

【罪名辨析】

(一)本罪既遂与未遂的界限

本条增加了投毒这种行为方式。对投毒行为直接适用本条之规定。故只要行为人实施的投毒行为危害了公共安全,即便尚未造成严重后果,也构成投放危险物质罪的既遂。如果已经造成致人重伤、死亡或者公私财产的重大损失的严重后果,则应依照《刑法》第一百一十五条规定处罚。

(二)本罪与以投毒为手段的行为的区别

不论在何种场合投毒,投毒行为的具体指向如何,只要行为人明知自己的投毒行为会引起不特定多数人或者不特定多数禽畜中毒伤亡，并且希望或者放任这种结果发生，就应以投放危险物质罪论处。如果投毒行为只是指向特定的个人、特定个人家庭饲养的禽畜、承包的鱼塘等，并有意识地将损害结果限制在这个局部范围内，不足以危害公共安全的，不应定投放危险物质罪。应根据实际情况，构成什么罪就定什么罪，如故意杀人罪、故意毁坏财物罪、破坏生产经营罪等。

（三）本罪与危险物品肇事罪的界限

如果行为人违反毒害性物品管理规定，也可能造成人身伤亡的严重后果。但这种罪是在生产、储存、运输、使用中发生的重大事故，且只能由过失构成；而投放危险物质罪则不受这个范围的限制，在主观上表现为故意。

（四）本罪与环境污染行为的界限

环境污染，是指工厂、企业、事业和科研单位违反《环境保护法》的规定，任意排放超过国家规定标准的有害物质，严重污染环境，危害人民健康，破坏自然资源，在规定的期限内能治理而不治理的行为。这种行为的危害后果，有时虽与投放危险物质罪相似，但行为产生的原因和表现形式，与投放危险物质罪是不同的。

量刑部分

【量刑标准】

犯本罪，尚未造成危害后果的，处三年以上十年以下有期徒刑；致人重伤、死亡或者使公私财产遭受重大损失的，处十年以上有期徒刑、无期徒刑或者死刑。

截至目前，尚无本罪名关于量刑的司法解释。

以危险方法危害公共安全罪

定罪部分

【罪名概念】

以危险方法危害公共安全罪，是指故意以放火、决水、爆炸以及投放危险物质以外的并与之相当的危险方法，足以危害公共安全的行为。

以危险方法危害公共安全的犯罪，是一个独立的罪名，是以放火、决水、爆炸以及投放危险物质以外的各种不常见的危险方法实施危害公共安全的犯罪。犯罪是一种复杂的社会现象，同一类型的犯罪，同是以危险方法危害公共安全的犯罪，其具体的犯罪方式也多种多样。随着社会政治、经济、文化的不断发展，犯罪者还会变换新的犯罪方法，出现新的犯罪形式。法律不可能也没有必要把所有危害公共安全罪的危险方法一一列举出来。法律在明确列举放火、决水、爆炸以及投放危险物质四种常见的危险方法的同时,对其他不常见的危险方法作一概括性的定义,这样有利于运用法律武器同各种危害公共安全的犯罪作斗争,保卫社会公共安全。

【司法解释】

1. 最高人民法院《关于审理破坏野生动物资源刑事案件具体应用法律若干问题的解释》

(实施日期:2000 年 12 月 11 日　法释[2000]37 号)(节录)

第七条　使用爆炸、投毒、设置电网等危险方法破坏野生动物资源,构成非法猎捕、杀害珍贵、濒危野生动物罪,同时构成刑法第一百一十四条或者第一百一十五条规定之罪的,依照处罚较重的规定定罪处罚。

2. 最高人民法院、最高人民检察院《关于办理组织和利用邪教组织犯罪案件具体应用法律若干问题的解释(二)》

(实施日期:2001 年 6 月 11 日　法释[2001]19 号)(节录)

第十条　邪教组织人员以自焚、自爆或者其他危险方法危害公共安全的,分别依照刑法第一百一十四条、第一百一十五条第一款以危险方法危害公共安全罪等规定定罪处罚。

3. 最高人民法院、最高人民检察院《关于办理妨害预防、控制突发传染病疫情等灾害的刑事案件具体应用法律若干问题的解释》

(实施日期:2003 年 5 月 15 日　法释[2003]8 号)(节录)

第一条　故意传播突发传染病病原体,危害公共安全的,依照刑法第一百一十四条、第一百一十五条第一款的规定,按照以危险方法危害公共安全罪定罪处罚。患有突发传染病或者疑似突发传染病而拒绝接受检疫、强制隔离或者治疗,过失造成传染病传播,情节严重,危害公共安全的,依照刑法第一百一十五条第二款的规定,按照过失以危险方法危害公共安全罪定罪处罚。

【犯罪构成】

(一)主体要件

本罪的主体为一般主体。必须是达到法定刑事责任年龄、具有刑事责任能力的自然人。

(二)主观要件

本罪在主观方面表现为犯罪的故意,包括直接故意和间接故意。即行为人明知其实施的危险方法会危害公共安全,即危害不特定的多数人的生命、健康或者公私财产安全的严重后果,并且希望或者放任这种结果发生。在司法实践中,这种案件除少数对危害公共安全的严重后果持希望态度属于直接故意构成外,其他多数持放任态度属于间接故意。

（三）客观要件

本罪在客观方面表现为以其他危险方法危害公共安全的行为。所谓其他危险方法是指放火、决水、爆炸以及投放危险物质以外的，但与上述危险方法相当的危害公共安全的犯罪方法。本罪的其他危险方法包括两层含义：

1. 其他危险方法是指放火、决水、爆炸以及投放危险物质以外的危险方法；

2. 其他危险方法是与放火、决水、爆炸以及投放危险物质的危险性相当且足以危害公共安全的方法。

司法实践中以危险方法危害公共安全的犯罪突出表现在：

1. 以私设电网的危险方法危害公共安全。

私设电网，是一种危害社会的行为。有关法律、法规明令禁止任何个人、单位未经有关部门批准擅自架设电网，否则造成严重后果的，要依法追究行为人的法律责任。同时，私设电网也是一种危险方法，其侵犯的客体是公共安全，即对象是不特定多数人的生命、健康或者重大公私财产的安全。这种行为，无论是从主观方面还是从客观方面，都符合以危险方法危害公共安全罪的构成特征。

2. 以驾车撞人的危险方法危害公共安全。

以驾车撞人的危险方法危害公共安全这种犯罪，行为人在主观上往往是出于故意。这种危险方法与放火、决水、爆炸以及投放危险物质的危害性相当，其危害的是不特定的多数人的生命、健康安全，符合以危险方法危害公共安全罪的构成特征。

此外，《刑法》中规定醉酒驾驶并造成人员重伤或者死亡的行为属于以危险方法危害公共安全行为，其危害的是不特定的多数人的生命、健康安全，应以危险方法危害公共安全罪追究其行为人的刑事责任。

3. 以制、输坏血、病毒血的危害方法危害公共安全。

以制、输坏血、病毒血的危害方法危害公共安全的这种行为，行为人在主观上属于故意，目的往往是牟取非法暴利或者报复社会，其直接危害不特定的多数人的生命、健康安全，符合以危险方法危害公共安全罪的构成特征。

4. 以开枪的危险方法危害公共安全。

以向人群开枪的危险方法危害公共安全这种犯罪，行为人在主观上属于故意，目的往往是报复社会或者寻求新奇刺激而向人群开枪射击。这种行为，直接危害不特定的多数人的生命、健康安全，符合以危险方法危害公共安全罪的构成特征。

（四）客体要件

本罪侵犯的客体是公共安全，即不特定的多数人的生命、健康或者重大公私财产的安全。如果行为人用危险方法侵害了特定的对象，对不特定的多数人的生命、健康或重大公私财产的安全并无危害即不危害公共安全，就不构成该罪。

【罪名辨析】

(一)该罪与故意杀人罪、故意伤害罪和故意毁坏财物罪的界限

区分两者的标准是使用危险方法实施犯罪是否足以危害公共安全。如果行为人使用的危险方法是杀人、伤人或毁坏公私财物,其行为足以危害公共安全的就构成该罪;如果其行为不足以危害公共安全的,应当依照刑法第二百三十二条、第二百三十四条、第二百七十五条的规定,分别以故意杀人罪、故意伤害罪、故意毁坏财物罪论处。

(二)该罪与过失以危险方法危害公共安全罪的界限

1. 客观方面都表现为使用其他危险方法危害公共安全的行为。但后者必须发生致人重伤、死亡或者使公私财产遭受严重损失的后果才构成犯罪;前者只要实施危害公共安全的行为,即使尚未造成严重后果也构成犯罪。

2. 主观方面前者是犯罪的故意,后者由过失构成。在司法实践中,对间接故意与过于自信的过失构成的上述犯罪难以区分。两者行为人对其行为可能造成的危害公共安全的严重后果均已预见,并且都不希望结果发生。但前者虽不希望却未采取避免结果发生的任何措施,而是心存侥幸任其发生,危害结果发生与否均不违背行为人的意愿。后者行为人则采取一定的措施或者相信具有可能防止结果发生的主、客观条件,只是过高地估计和轻信了这些条件,才使得危害结果未能避免,发生这种危害结果违背行为人的意愿。

量刑部分

【量刑标准】

犯本罪,尚未造成严重后果的,处三年以上十年以下有期徒刑;致人重伤、死亡或者使公私财产遭受重大损失的,处十年以上有期徒刑、无期徒刑或者死刑。

截至目前,尚无本罪名关于量刑的司法解释。

放火罪、决水罪、爆炸罪、投放危险物质罪、以危险方法危害公共安全罪 《刑法》第115条(一)

放火、决水、爆炸以及投放毒害性、放射性、传染病病原体等物质或者以其他危险方法致人重伤、死亡或者使公私财产遭受重大损失的,处十年以上有期徒刑、无期徒刑或者死刑。

失火罪、过失决水罪、过失爆炸罪、过失投放危险物质罪、过失以危险方法危害公共安全罪　《刑法》第115条(二)

过失犯前款罪的,处三年以上七年以下有期徒刑;情节较轻的,处三年以下有期徒刑或者拘役。

失火罪

定罪部分

【罪名概念】

失火罪,是指由于行为人的过失引起火灾,造成严重后果,危害公共安全的行为。

【犯罪构成】

(一)主体要件

本罪主体为一般主体,凡达到法定刑事责任年龄、具有刑事责任能力的人均可成为本罪主体。国家工作人员或者具有从事某种业务身份的人员,在执行职务中或从事业务过程中过失引起火灾,不构成失火罪。

(二)主观要件

本罪在主观方面表现为过失。既可出于疏忽大意的过失,即行为人应当预见自己的行为可能引起火灾,因为疏忽大意而未预见,致使火灾发生;也可出于过于自信的过失,即行为人已经预见自己的行为可能引起火灾,由于轻信火灾能够避免,结果发生了火灾。这里疏忽大意、轻信能够避免,是指行为人对火灾危害结果的心理态度,而不是对导致火灾的行为的心理态度。实践中有的案件行为人对导致火灾的行为是明知故犯的,如明知在特定区域内禁止吸烟却禁而不止等,但对火灾危害结果既不希望,也不放任其发生。这种案件应定为失火罪。行为人对于火灾的发生,主观上具有犯罪的过失,是其负刑事责任的主观根据。如果查明火灾是由于人不可抗拒或不能预见的原因所引起,如雷击、地震等引起的火灾,则属于意外事故,不涉及犯罪问题。

(三)客观要件

本罪在客观方面表现为行为人实施引起火灾,造成严重后果的危害公共安全行为。首先,行为人必须有引起火灾的行为。失火一般发生在日常生活中,如吸烟引起火灾,取暖做饭用火不慎引起火灾。做饭不照看炉火,安装炉灶、烟囱不合防火规则,在森林中乱烧荒,或者架柴做饭、取暖,不注意防火,以致酿成火灾,造成重大损失,就构成失火罪。如果在工作中严重不负责任或擅离职守;或者在生产中违章作业或强令他人违章作业而引起火灾,则分别构成玩忽职守罪或者重大责任事故罪。如果火灾不是由于行为人的失火行为引起的,而是由于自然原因引起的,不构成失火罪。其次,行为人的行为必须造成严重后果,即致人重伤、死亡或者使公私财产遭受重大损失。仅有失火行为,未引起危害后果;或者危害后果不严重,不构成失火罪,则属一般失火行为。最后,上述严重后果必须是失火行为所引起,即同失火行为有着直接的因果关系。这一特征是行为人负刑事责任的客观根据。

(四)客体要件

本罪侵犯的客体是公共安全,即不特定多数人的生命、健康或重大公私财产的安全。从实践来看,本罪对公共安全的危害通常表现为,危害重大公私财产的安全和既危害不特定多数人的生命、健康,又危害重大公私财产安全两种情况。由于火的燃烧须依附于财物,没有财物的燃烧,火势就难以危及不特定多数人的人身,因此单纯危害不特定多数人的生命、健康的情况是罕见的。

【罪名辨析】

(一)本罪与放火罪的区别

失火罪与放火罪在客观上都表现为与火灾有关的危害公共安全的行为,都侵害了社会公共安全。但两者有明显的区别:

(1)在客观方面,失火罪必须造成致人重伤、死亡或者使公私财产遭受重大损失的严重后果,才能构成。放火罪并不以发生上述严重后果作为法定要件,只要实施足以危害公共安全的放火行为,放火罪即能成立。(2)放火罪有既遂、未遂之分。失火罪是过失犯罪,以发生严重后果作为法定要件,不存在犯罪未遂问题。(3)主体要件处罚年龄不同,放火罪年满十四周岁不满十六周岁的人均可构成;失火罪年满十六周岁的人才负刑事责任。(4)主观罪过形式不同,放火罪由故意构成,失火罪则出于过失。这是两种犯罪性质的根本区别所在。

司法实践在认定这种案件中,有时会发生过失犯罪转化为故意犯罪的情况。例如,某人在仓库吸烟无意中将未熄灭的火柴头扔到草堆上,当即起火。这时行为人本应奋力灭火以避免火灾的发生,而他却扬长而去,漠不关心,任火势蔓延,致酿成灾。这里行为人开始只是无意中将火柴头扔进草堆,并非故意制造火灾,本应认定为失火行为,但由于其先前的失火行为已经造成火灾的危险,行为人负有灭火、消除危险的义务。在其能够履行义务的情况下,明知不灭火可能造成火灾,却不予履行,听任火灾发生。这时行为人主观罪过已转化为间接故意,因而构成以不作为形式实施的放火罪,不应再以失火罪论处。

(二)本罪与重大责任事故罪的区别

这两种犯罪的主观罪过形式都是过失;从现象上看,都可能引发火灾,造成严重的危害后果。但两者有明显区别:(1)犯罪主体不同。失火罪的犯罪主体是一般主体;重大责任事故罪的犯罪主体是特殊主体,即必须是工厂、矿山、林场、建筑企业或其他企业、事业单位的职工。(2)客观方面不同。重大责任事故罪必须是发生在生产、作业过程中,由于不服管理、违反规章制度,或者强令工人违章冒险作业,因而发生严重事故;而失火罪一般是由于在日常生活中用火不慎而引起火灾。因此,对过失引起火灾的,应全面分析其犯罪构成要件各个方面的特点,根据行为人所触犯的相应刑法条文定罪量刑。

(三)本罪与危险物品肇事罪的区别

两者都是过失犯罪,但区别在于:(1)犯罪主体不同。失火罪是一般主体,危险物品肇事罪的犯罪主体主要是从事生产、储存、运输和使用危害物品的职工,只有在特殊情况下,其他人员才可构成该罪的犯罪主体。(2)犯罪客观方面不同。危险物品肇事罪在客观方面也可能表现为引起火灾,但它是在生产、储存、运输和使用易燃性物品时,由于违反有关管理规定而发生重大火灾;失火罪则不限于此,而且一般是由于日常生活中用火不慎而引起火灾。

(四)本罪与非罪的界限

按照法律规定,失火行为是否造成严重后果,是区分失火罪与非罪的界限。这类案件情况比较复杂。处理时,首先,要查明行为人的行为与失火事件的发生有没有刑法上的因果关系。其次,要查明损失的大小。火灾的发生虽与行为人的过失行为之间有因果关系,但由于及时扑灭而没有产生危害后果,或者造成的损失轻微的,也不构成失火罪,可由公安机关按照《治安管理处罚法》的规定处罚,或者由有关单位给予批评教育或者行政处分。

(五)本罪与自然火灾的界限

自然火灾,是由于地震、火山爆发、雷击、天旱等引起火灾,不是人为原因造成的,当然不构成犯罪。

量刑部分

【量刑标准】

犯本罪的,处三年以上七年以下有期徒刑;情节较轻的,处三年以下有期徒刑或者拘役。

截至目前,尚无本罪名关于量刑的司法解释。

过失决水罪

定罪部分

【罪名概念】

过失决水罪,是指过失决水引起水灾危害公共安全,造成严重后果的行为。

【犯罪构成】

(一)主体要件

本罪主体为一般主体,即达到刑事责任年龄、具备刑事责任能力的人均可构成。

(二)主观要件

本罪在主观方面表现为过失,包括过于自信的过失和疏忽大意的过失。其主观表现为行为人已经预见其行为可能引起水灾危害公共安全,并轻信能够避免;或者应当预见,因疏忽大意而未预见,以致发生了危害公共安全的严重后果。如果行为人对其行为引起的水灾并未预见,而且根据案件发生时的主、客观情况分析行为人也不可能预见,则属于意外事件,不负刑事责任。

(三)客观要件

本罪在客观方面表现为实施危害公共安全的决水行为并且造成了严重后果。

1. 行为人必须实施引起水灾即改变水势使之泛滥成灾的行为。这种行为多数是由于行为人不注意公共安全以致酿成水灾。如果是负责防洪的工作人员,在工作中严重不负责任或擅离职守,过失引起水灾,致人重伤、死亡或者重大公私财产遭受重大损失的,不构成该罪。

2. 构成该罪必须已经造成法定的严重后果并且这种严重后果是由过失行为所引起的,即致人重伤、死亡或者重大公私财产遭受重大损失。如果造成的危害后果不严重或者未造成危害后果,不构成该罪。这两者须存在着因果关系。

(四)客体要件

本罪侵犯的客体是社会公共安全,即不特定多数人的生命、健康或者重大公私财产的安全。

【罪名辨析】

(一)本罪与决水罪的区分

过失决水罪与决水罪都是以决水的危险方法危害公共安全的犯罪,其两者区别是:

1. 主观方面不同,过失决水罪是出于过失,决水罪是出于故意。

2. 客观方面不同,过失决水罪必须是造成法定的严重后果,即致人重伤、死亡或者使公私财产遭受重大损失的才能定罪。而决水罪是只要故意实施危害公共安全的决水行为,无论是否发生严重后果都构成犯罪。

3. 决水罪有既遂、未遂之分,过失决水罪则没有未遂的形态。

(二)本罪与故意毁坏财物罪的区分

过失决水罪和故意毁坏财物罪都会造成公私财产的一定损失,其两者区别是:

1. 侵犯的客体不同,过失决水罪侵犯的客体是公共安全,而故意毁坏财物罪的客体则是公私财产的所有权。

2. 客观方面不同,过失决水罪是危害公共安全的犯罪,既可以使不特定的重大公私财产遭受损失,又可以造成不特定多数人的伤亡;而故意毁坏财物罪则只能是使特定的公私财产遭受损失。

3. 主观方面不同,过失决水罪主观上只能是过失,而故意毁坏财物罪主观上则只能是故意。

量刑部分

【量刑标准】

犯本罪的,处三年以上七年以下有期徒刑;情节较轻的,处三年以下有期徒刑或者拘役。

截至目前,尚无本罪名关于量刑的司法解释。

过失爆炸罪

定罪部分

【罪名概念】

过失爆炸罪,是指由于过失引起爆炸,使不特定的多数人伤亡或者公私财产遭受重大损失的行为。

【犯罪构成】

(一)主体要件

本罪的主体为一般主体,即凡是达到法定刑事责任年龄、具备刑事责任能力的人均可成为本罪主体。

(二)主观要件

本罪在主观方面表现为过失,既可以是过于自信的过失,行为人对其引起爆炸的行为可能造成危害公共安全的严重后果已经预见,但轻信能够避免;也可以是疏忽大意的过失,即行为人应当预见其爆炸行为可能造成危害公共安全的严重后果,由于疏忽大意而未预见,以致发生了这种结果。这一特征是行为人负刑事责任的主观基础。爆炸行为虽然在客观上造成了危害公共安全的严重后果,但行为人对该结果并未预见,而且根据案件具体情况也不可能预见,则属于意外事件,行为人不负刑事责任。

(三)客观要件

本罪在客观方面表现为过失引起爆炸,危害公共安全,造成致人重伤、死亡或者使公私财产遭受重大损失的严重后果的行为。现实生活中,过失爆炸行为的具体表现形式多种多样,但其共同特点都是由于行为人在日常生活中不注意安全引起的。如在易燃易爆物品仓库中乱扔烟头,引起爆炸等。从行为方式看,过失爆炸行为,既可以是作为,也可以是不作为。以不作为方式完成的,行为人必须负有特定的义务。

要构成过失爆炸罪,行为人的行为在客观方面必须同时具备以下几个要件:(1)行为人实施了过失引起爆炸的行为。如果爆炸不是由于行为人的过失行为引起的,而是由于自然原因或者其他不能预见、不可抗拒的原因引起的,则不成立过失爆炸罪。(2)过失引起爆炸的行为必须危害公共安全,即危害不特定多数人的生命、健康或者重大公私财产的安全。(3)必须造成严重后果。也就是说必须造成不特定多数人的重伤、死亡或者造成公私财产的重大毁损。如果尚未发生危害结果,或者发生的危害结果尚未达到致人重伤、死亡或者使公私财产遭受重大损失的严重程度的,则不构成过失爆炸罪。因此,后果严重是构成过失爆炸罪的重要标志。(4)过失引起爆炸的行为与严重后果之间必须具有因果关系,即致人重伤、死亡或者使公私财产遭受重大损失的严重后果必须是由于行为人的过失爆炸行为引起的。这是行为人的行为负刑事责任的客观基础。

(四)客体要件

本罪侵犯的客体是公共安全,即不特定多数人的生命、健康、重大公私财产的安全。

【罪名辨析】

(一)本罪与爆炸罪的界限

过失爆炸罪与爆炸罪都是以爆炸的危险方法危害公共安全的犯罪。二者的区别在于:(1)主观方面不同;过失爆炸罪是出于过失,而爆炸罪是由故意构成。(2)客观方面不同。过失爆炸行为只有造成致人重伤、死亡或者公私财产遭受重大损失的严重后果,才构成犯罪;爆炸罪只要故意实施爆炸行为足以危害公共安全,无论是否造成严重后果,均可定罪。(3)主体要件的责任年龄不同,爆炸罪行为人年满十四周岁就可以负刑事责任,过失爆炸罪行为人年满十六周岁才能构成。(4)犯罪形态上不同。爆炸罪有既遂、未遂之分。过失爆炸罪不可能出现未遂形态。

(二)本罪与过失致人重伤或致人死亡罪的界限

三者都是过失犯罪,主要区别在于:(1)侵犯的客体和对象不同,过失爆炸罪侵犯的客体是公共安全,即不特定多数人的生命、健康和重大公私财产的安全,其侵犯的对象具有不确定性;过失致人重伤或致人死亡罪侵犯的客体是公民的生命、健康权利,侵犯的对象是特定的人身。(2)客观方面表现不同。过失爆炸罪既可以表现为致人重伤或死亡,也可以表现为使公私财产遭受重大损失,过失致人重伤或致人死亡罪虽然也造成他人重伤、死亡的结果，但不危害公共安全。如果过失爆炸的行为只引起特定人的伤亡，而不危害公共安全，则应以过失致人重伤或致人死亡罪论处。

量 刑 部 分

【量刑标准】

犯本罪的，处三年以上七年以下有期徒刑；情节较轻的，处三年以下有期徒刑或者拘役。

截至目前，尚无本罪名关于量刑的司法解释。

过失投放危险物质罪

定 罪 部 分

【罪名概念】

过失投放危险物质罪，是指过失投放有毒等危险物质造成严重后果，危害公共安全的行为。

【犯罪构成】

（一）主体要件

本罪的主体为一般主体，即达到法定刑事责任年龄、具有刑事责任能力的人均可构成。

（二）主观要件

本罪在主观方面表现为过失。即行为人对其行为可能引起中毒，造成危害公共安全的严重后果已经预见，而轻信能够避免，或者对这种严重后果应当预见，由于疏忽大意没有预见，以致发生了严重的中毒事故。包括过于自信的过失和疏忽大意的过失。这一特征是本罪区别于投放危险物质罪的关键所在。

（三）客观要件

本罪在客观方面表现为实施引起中毒，造成严重后果危害公共安全的行为。这是行为人负刑事责任的客观基础。构成本罪，必须实施引起中毒，危害公共安全的行为。如把喷过敌敌畏的蔬菜未冲洗净，到集市出卖，致购食者多人中毒；误将毒药投入饲料中，致使大量牲畜食后中毒等。在日常生活中有的把装过农药的口袋与粮食口袋混杂在一起，把瓶装敌敌畏与瓶装食油放在一起，因不慎误用农药口袋装粮食，误用敌敌畏炒菜，以致造成多人中毒死亡的严重后果，就构成过失投毒罪。如果没有引起中毒的行为表现，或者致人中毒的行为并不危害公共安全，均不能定过失投放危险物质罪。例如,误将毒药当作药品给特定人服用致死,根据案件具体情节,可定为过失致人死亡罪。根据刑法规定,只有发生法定严重后果,即致人重伤、死亡或者使公私财产遭受重大损失,才能构成本罪。未发生中毒后果,或者造成的后果尚未达到法定的严重程度,不构成本罪。

(四)客体要件

本罪侵犯的客体是公共安全,即不特定多数人的生命、健康和重大公私财产安全。

【罪名辨析】

(一)过失投放危险物质罪与投放危险物质罪的界限

过失投放危险物质罪与投放危险物质罪,都是以投毒的危险方法危害公共安全的犯罪。客体要件、犯罪手段是相同的。二者的区别是:(1)投放危险物质罪是故意犯罪,过失投放危险物质罪是过失犯罪,二者对危害结果的态度是根本不同的。(2)过失投放危险物质罪在客观上以造成法定的严重后果作为构成犯罪的必备要件,未造成他人重伤、死亡或使公私财物遭受重大损失的,不构成犯罪。投放危险物质罪只要具有危害公共安全的投毒行为,不论是否造成严重后果,都作犯罪处理。(3)投放危险物质罪有既遂、未遂之分,过失投放危险物质罪是过失犯罪,不存在犯罪未遂。(4)主体要件责任年龄不同。投放危险物质罪年满十四周岁即可构成,过失投放危险物质罪年满十六周岁才负刑事责任。

(二)过失投放危险物质罪与过失致人重伤、致人死亡罪的界限

三者都是过失犯罪,主要区别在于:(1)侵犯的客体不同。过失投放危险物质罪侵犯的客体是公共安全,即不特定多数人的生命、健康和重大公私财产的安全,侵犯的对象具有不确定性;而过失致人重伤、过失致人死亡罪侵犯的客体是公民的生命、健康权利,侵犯的对象是特定的。(2)客观方面表现不同。过失投放危险物质罪表现为行为人过失投毒,危害公共安全,造成不特定多数人的伤亡或者使公私财产遭受重大损失的行为;而过失致人重伤、致人死亡罪则表现为过失引起特定的人的重伤或者死亡结果的发生。

量刑部分

【量刑标准】

犯本罪的,处三年以上七年以下有期徒刑;情节较轻的,处三年以下有期徒刑或者拘役。

截至目前,尚无本罪名关于量刑的司法解释。

过失以危险方法危害公共安全罪

定罪部分

【罪名概念】

过失以危险方法危害公共安全罪，是指过失以放火、决水、爆炸以及投放危险物质以外的危险方法危害公共安全，致不特定的多数人重伤、死亡或者使公私财产遭受严重损失的行为。

【犯罪构成】

（一）主体要件

本罪主体是一般主体，凡达到法定刑事责任年龄、具有刑事责任能力的人均可构成。

（二）主观要件

本罪在主观方面表现为过失，包括过于自信的过失和疏忽大意的过失，即行为人对其使用其他危险方法可能发生的危害公共安全的严重结果已经预见，但轻信能够避免；或者应当预见这种严重结果可能发生，因为疏忽大意而没有预见，以致发生了这种严重结果。这两种过失对发生危害公共安全的严重后果均持否定态度，既不希望也不放任其发生。这一特征是行为人负有刑事责任的主观基础。

（三）客观要件

本罪在客观方面表现为实施以其他危险方法危害公共安全，造成严重后果的行为。司法实践中，过失以其他危险方法危害公共安全的犯罪形式多种多样，其具体犯罪方式，法律条文没有明确规定。

在司法实践中应注意以下两点：

1. 过失以其他危险方法是指过失以放火、决水、爆炸、投放危险物质以外的危险方法；

2. 过失以其他危险方法是指与过失以放火、决水、爆炸、投放危险物质的危险性或者社会危害性相当的危害公共安全的方法。

在客观方面必须同时具备以下三个特征：

1. 行为人实施了以其他危险方法，即除放火、决水、爆炸以及投放危险物质以外的并与之相当的危险方法危害公共安全的行为。如果行为人采用的犯罪方法与放火、爆炸等方法的严重危险性显然不相称，不足以危害公共安全，不符合该罪客观特征。

2. 已经造成了危害公共安全的严重后果，致不特定的多数人重伤、死亡或者使公私财产遭受严重损失。如果未造成危害结果或者危害结果不严重,均不构成该罪。

3. 严重后果必须是以其他危险方法危害公共安全的行为所造成。

(四)客体要件

本罪侵犯的客体是公共安全。即不特定多数人的生命、健康和重大公私财产的安全。

【罪名辨析】

本罪与以危险方法危害公共安全罪的界限

1. 在客观方面都表现为使用其他危险方法危害公共安全的行为。但前者必须是发生致人重伤、死亡或者公私财产遭受重大损失的严重后果,才构成犯罪;后者只要实施危害公共安全的行为,即使尚未造成严重后果,也构成犯罪。

2. 在主观方面前者由过失构成,后者则出于故意。在司法实践中,对间接故意与过于自信的过失构成的上述犯罪难以区分。二者行为人对其行为可能造成的危害公共安全的严重后果均已预见,并且都不希望结果发生。但前者虽不希望却未采取避免结果发生的任何措施,而是心存侥幸任其发生,危害结果发生与否均不违背行为人的意愿。后者行为人则采取一定的措施,或者相信具有可能防止结果发生的主、客观条件,只是过高地估计和轻信了这些条件,才使得危害结果未能避免,发生这种危害结果违背行为人的意愿。

量刑部分

【量刑标准】

犯本罪的,处三年以上七年以下有期徒刑;情节较轻的,处三年以下有期徒刑或者拘役。

截至目前,尚无本罪名关于量刑的司法解释。

破坏交通工具罪 《刑法》第116条

破坏火车、汽车、电车、船只、航空器,足以使火车、汽车、电车、船只、航空器发生倾覆、毁坏危险,尚未造成严重后果的,处三年以上十年以下有期徒刑。

定罪部分

【罪名概念】

破坏交通工具罪,是指故意破坏火车、汽车、电车、船只、航空器,足以使火车、汽车、电车、船只、航空器发生倾覆、毁坏危险,危害公共安全的行为。

【犯罪构成】

(一)主体要件

本罪的主体为一般主体,即凡年满十六周岁、具有刑事责任能力的自然人均可构成。

(二)主观要件

本罪在主观方面表现为故意,包括直接故意和间接故意。即行为人明知其破坏行为足以造成交通工具倾覆、毁坏的危险,并希望或者放任这种危险的发生。本罪的动机多种多样,如出于报复泄愤、邀功请赏或嫁祸于人而蓄意制造事故,出于贪利而盗窃正在使用的交通工具的重要部件,出于流氓动机故意捣乱破坏等。无论出于何种个人动机都不影响本罪的成立。

(三)客观要件

本罪在客观方面表现为实施破坏火车、汽车、电车、船只、航空器的行为,并且足以使其发生倾覆、毁坏危险。破坏的方法多种多样,如放火、爆炸、拆卸或砸毁重要机件,故意违章操作制造事故,在修理中制造隐患并交付使用等。实施破坏行为足以使火车等特定交通工具发生倾覆、毁坏的危险,才构成本罪。所谓倾覆是指车辆倾倒、颠覆、船只翻沉、航空器坠落等。所谓毁坏是指使交通工具完全报废,或受到严重破坏,以致不能行驶或不能安全行驶。倾覆、毁坏危险则指破坏行为虽未实际造成交通工具倾覆、破坏,但具有使之倾覆、毁坏的实际可能性和危险性。通常只有破坏正在使用的交通工具的重要部位和机件,如交通工具的操作驾驶系统,制动、刹车系统,以及破坏船体造成行船危险等,才可能产生这种实际可能性和危险性。有些破坏行为,使交通工具门窗破碎,车身表现凹陷,油漆剥落,从表面看,遍体鳞伤,但其机体性能完好,不影响安全运行,因而不构成破坏交通工具罪。有些破坏行为,从表现看,机体完好无损,但其关键机件遭受破坏、拆卸,足以使交通工具发生倾覆、毁坏危险,则构成破坏交通工具罪。因此,认定破坏交通工具的破坏程度,不应以给交通工具本身造成损失的价值大小为标准,而应以是否足以使交通工具发生倾覆、毁坏危险为根据。有的破坏行为可能只拆卸一个螺丝钉。一个螺丝钉本身的价值不大,但由于被拆卸,足以使交通工具发生倾覆、毁坏危险的,就构成破坏交通工具罪。一般而言,判断行为人的行为是否足以造成交通工具倾覆或者毁坏的危险,应从以下两个方面来判断:

1. 要看被破坏的交通工具是否正在使用期间。所谓正在使用的交通工具,不仅包括正在行驶或者飞行中的交通工具,也包括经过验收,在交付使用期间,停机待用的交通工具。因为,只有破坏这种正在执行和随时可能执行运输任务的交通工具,才能够危害公共安全,给人民群众的生命财产造成重大的损失。如果破坏正在制造、修理中的,或者已经报废的,或者虽然制造出成品,但尚未交付使用的交通工具,由于不可能构成对公共安全的威胁,因此,不能构成破坏交通工具罪,而应以故意毁坏财物罪论处。但是,如果负责修理交通工具的人员,在修理中故意进行破坏,或制造隐患,将受到破坏或尚未修复的交通工具交付使用,则构成破坏交通工具罪。

2. 要看破坏的方法和部位。一般地说,只有使用放火、爆炸等危险方法,或者用其他方法破坏交通工具的重要装置部件,才足以造成车翻、船沉、航空器坠落的严重后果,才能构成本罪。例如,在长途公共汽车中途停车休息时,甲把汽车的重要部件刹车泵偷偷拆下,汽车开动后,因不能刹车而造成翻车事故,致多人伤亡,甲的行为构成破坏交通工具罪。如果只破坏上述交通工具中一些不影响安全运行的协助性设备,如门窗、玻璃、灯具、卧具、坐椅、卫生设备等,则不构成破坏交通工具罪。情节严重的,可以按故意毁坏财物罪论处。

破坏交通工具只要达到足以使之发生倾覆、毁坏危险,无论是否造成严重后果,均构成本罪的既遂。本罪是否存在未遂,刑法理论界有两种不同的观点。否定未遂存在的观点认为,本罪属于危险犯,以行为造成交通工具倾覆、毁坏危险作为法定的既遂标准。而行为人着手实施犯罪就具备了这种危险性,已经达到既遂状态,因而无既遂与未遂之分。肯定未遂存在的观点认为,根据本条的规定,本罪是以行为造成交通工具倾覆、毁坏的实际危险状态作为既遂的标志,通常行为实行终了才会产生这种实际危险状态。如果行为人虽已着手对交通工具进行破坏,但尚不足以造成交通工具倾覆、毁坏的实际危险状态,就构成本罪的未遂。比如,行为人刚着手破坏汽车的刹车系统,未容剪断刹车管即被当场抓获,而未得逞,就应按破坏交通工具未遂犯处理。后一种意见较为合理。

(四)客体要件

本罪侵犯的客体是交通运输安全。破坏交通工具不但给铁路、公路、水上、空中安全运输造成严重威胁,严重危害国家经济建设和国防建设,也危及广大群众生命财产的安全。

本罪的犯罪对象为交通工具,在此对汽车应作广义解释,包括用于交通运输的拖拉机在内。但破坏耕种用的拖拉机,不危及交通运输安全,不构成本罪。构成犯罪的,应以故意毁坏财物罪论处。

作为本罪破坏对象的交通工具不仅是特定的,还须是正在使用中的,包括运行中的和交付使用停机待用的交通工具。因为只有破坏这样的交通工具,才可能危害交通运输安全。破坏正在制造或修理中,尚未交付使用的交通工具,通常不会给公共安全造成威胁,其情节严重的,应以故意毁坏财物罪论处。

【罪名辨析】

(一)本罪与放火罪、爆炸罪的界限

使用放火、爆炸的手段破坏交通工具的安全与放火罪、爆炸罪犯罪手段相同,而且都危害公共安全。其主要区别在于，前者的犯罪对象是正在使用的火车、汽车、电车、船只、航空器等交通工具，放火罪、爆炸罪侵害的对象则是上述交通工具以外的其他公私财物和不特定多数人的人身和财产安全。为了保证交通运输安全，刑法将正在使用的交通工具作为特殊保护对象加以规定，因此行为人无论采用何种手段破坏交通工具，只要足以使之发生倾覆、毁坏危险，进而危害交通运输安全，均以破坏交通工具罪论处。如果行为人使用放火、爆炸的手段破坏未交付使用的交通工具，则应以放火罪或爆炸罪定罪。

（二）本罪与盗窃罪的界限

实践中发生的出于盗窃目的破坏交通工具的案件，易于同由于盗窃交通工具的设备、一般部件等构成的盗窃罪相混淆。区分两者的关键在于破坏的对象和侵犯的客体不同。前者行为人以盗窃为目的，破坏的是正在使用的交通工具的重要装置和部件，足以造成交通工具倾覆、毁坏危险，因而侵犯了交通运输安全，应以破坏交通工具罪论处。后者行为人出于盗窃的目的，毁坏的是非使用中的交通工具，或者交通工具的一般设备。因为这类交通工具未承担运输任务，破坏部位不影响交通工具安全行驶，因而对交通运输安全无现实危险性。其侵犯的客体只能体现为公私财产的所有关系。鉴于这种案件行为人秘密窃取交通工具的设备、部件，大多不是信手拈来，盗窃目的往往需要实施拆卸等破坏行为才能实现。这样盗窃行为和毁坏公私财物的行为就发生牵连关系，根据对牵连犯按一重罪处理的原则，对这种案件应视情节，定为盗窃罪或故意毁坏财物罪。

量刑部分

【量刑标准】

犯本罪，尚未造成严重后果的，处三年以上十年以下有期徒刑。破坏交通工具、交通设施、电力设备、燃气设备、易燃易爆设备，造成严重后果的，处十年以上有期徒刑、无期徒刑或者死刑。

截至目前，尚无本罪名关于量刑的司法解释。

破坏交通设施罪 《刑法》第117条

破坏轨道、桥梁、隧道、公路、机场、航道、灯塔、标志或者进行其他破坏活动，足以使火车、汽车、电车、船只、航空器发生倾覆、毁坏危险，尚未造成严重后果的，处三年以上十年以下有期徒刑。

定罪部分

【罪名概念】

破坏交通设施罪,是指故意破坏轨道、桥梁、隧道、公路、机场、航道、灯塔、标志或者进行其他破坏活动,足以使火车、汽车、电车、船只、航空器发生倾覆、毁坏危险,足以危害公共安全的行为。这是一种以交通设备为特定破坏对象的危害公共安全犯罪。

【关联法律】

《中华人民共和国铁路法》

(实施日期:2015年4月24日)(节录)

第六十二条　盗窃铁路线路上行车设施的零件、部件或者铁路线路上的器材,危及行车安全的,依照刑法有关规定追究刑事责任。

【犯罪构成】

(一)主体要件

本罪主体为一般主体,即可以是任何达到刑事责任年龄、具有刑事责任能力的人。

(二)主观要件

主观方面表现为故意,包括直接故意和间接故意,即行为人明知破坏交通设施会造成交通工具倾覆、毁坏危险,并且希望或者放任这种危险状态的发生。犯本罪的动机多种多样。如出于报复泄愤,图谋陷害,嫁祸于人,贪财图利等。这些不同的个人动机对构成本罪并无影响。

(三)客观要件

本罪在客观方面表现为使用各种方法破坏轨道、桥梁、隧道、公路、机场、航道、灯塔、标志,或者进行其他破坏活动,足以使火车、汽车、电车、船只、航空器发生倾覆、毁坏危险的行为。所谓破坏,包括对交通设施的毁坏和使交通设备丧失正常功能。例如,破坏海上的灯塔或航标,即可以将灯塔的发光设备砸毁,也可以故意挪动航标的位置,使之失去正常指示功能,从而导致航船发生安全事故。这些交通设施必须是正在使用的,因为只有破坏正在使用的交通设施才可能危害交通运输安全。如果破坏的是正在修筑的或者已经废弃的交通设施,不应定本罪。破坏交通设施的方法多种多样,如炸毁铁轨、桥梁、隧道,拔除铁轨道钉,抽掉枕木,拧松或拆卸夹板螺丝,破坏公路路基,堵塞航道,在公路、机场路道上挖掘坑穴,拆毁或挪动灯塔、航标等安全标志。这里其他破坏活动是指诸如在铁轨上放置石块、涂抹机油等虽未直接破坏上述交通设备,但其行为本身同样可以造成交通工具倾覆、毁坏危险的破坏活动。

行为人的破坏行为必须足以使火车、汽车、电车、船只、航空器发生倾覆、毁坏危险。而实际上的倾覆与毁坏结果并不是本罪的构成要件。也就是说,破坏交通设施会造成两种后果:一种是可能发生的后果;另一种是已经发生的后果。只要造成两种后果之中的任何一种后果,都构成破坏交通设施罪。如果行为人的某种行为不足以使火车、汽车、电车、船只、航空器发生倾覆、毁坏危险,则不构成本罪。司法实践中,我们通常从以下两个方面考察某种行为是否足以使交通工具发生倾覆、毁坏危险:一是从破坏的方法看。如果行为人使用了极其危险的破坏方法,如采取爆炸、放火、拆毁的方法破坏交通设施,由于这些破坏方法本身可以使交通设施遭受严重破坏,从而足以使交通工具发生倾覆、毁坏危险,即可构成。二是从破坏的部位看。破坏交通设施的重要部位就会直接危及交通工具的运输安全。如挖掉铁轨、枕木,卸去轨道之间的连接部件等,这些破坏交通设施重要部位的行为直接关系到交通工具的行驶安全,足以造成交通工具的倾覆、毁坏危险。但是,如果行为人破坏的只是交通工具的附属部位,比如在公路边上采挖少量砂石等,因为这些破坏行为与交通运输安全没有直接联系,不足以使交通工具发生倾覆、毁坏危险,因此不构成破坏交通设施罪。

不论采取何种方法,只要足以使交通工具发生倾覆、毁坏危险,就构成破坏交通设施罪既遂。如果破坏行为不可能使交通工具发生倾覆或毁坏,不危及交通运输安全,不能按本罪处理。具体认定破坏行为是否足以使交通工具发生倾覆、毁坏危险,应当从破坏方法、破坏交通设施的部位等多方面综合考察确定。

破坏交通设施罪有既遂、未遂之分。根据本条的规定,本罪属于危险犯,其犯罪既遂并不要求必须造成交通工具倾覆、毁坏的实际结果,而是以具备法定的客观危险状态为标志,即破坏行为只要足以使交通工具发生倾覆、毁坏危险,无论是否造成严重后果,均构成本罪既遂。如果行为人已经着手破坏交通设施,刚刚接触破坏对象,破坏行为尚未实行终了,由于犯罪分子意志以外的原因(如被抓获、制止),没有造成交通工具倾覆、毁坏的危险状态,应视为本罪的未遂。

根据《铁路法》规定,故意毁坏、移动铁路行车信号装置或者在铁路线路上放置足以使列车倾覆的障碍物,盗窃铁路线路上行车设施的零件、部件或者铁路线路上的器材,危及行车安全,均按破坏交通设施罪处理。造成严重后果,是指因为行为人故意毁坏、移动铁路行车信号装置或者在铁路线路上放置足以使列车倾覆的障碍物,或者盗窃铁路线路上行车设施的零件、部件,铁路线路上的器材,造成人身伤亡、重大财产毁损、中断铁路行车等。

(四)客体要件

本罪侵犯的客体是交通运输安全,破坏的对象是正在使用中的直接关系交通运输安全的交通设施。

所谓正在使用中的交通设施,是指交通设施已经交付使用或者处于正在使用之中,而不是正在建设或正在修理且未交付使用的交通设施或已废弃不用的交通设施。如果破坏的是正在建设、修理而未交付使用的或废弃不用的交通设施,则不构成本罪。因为上述交通设施不处于正在使用的过程中,因而不涉及是否会影响交通工具的安全运行问题,故不构成破坏交通设施罪。对于破坏上述不在使用中的交通设施构成犯罪的,应依法认定为故意毁坏财物或盗窃等犯罪。所谓直接关系交通运输安全,是指直接关系到火车、汽车、电车、船只、航空器的行车、行船、飞行安全。如铁路轨道、地铁隧道、公路、飞行跑道、机场航道、灯塔、信号灯等,交通工具要在这些交通设施上行驶或者要根据其打出的信号指示行驶,也就是说,这些交通设施与交通运输安全有着直接联系,如果对这些交通设施进行破坏,就会直接造成火车、汽车、电车、船只、航空器发生倾覆、毁坏危险,危害公共安全。反之,破坏那些虽然也是交通设施,但不直接关系交通运输安全的交通设施,则不构成破坏交通设施罪。如破坏火车站的候车室、长途汽车站的货仓、机场的候机楼等,因其不直接关系行车、行船、飞行的安全,故不能成为本罪的犯罪对象。

从现实生活中来看,对交通设施的对象范围可以具体分为以下五种:一是正在使用的铁路干线、支线、地方铁路、专用铁路线路、地下铁路和随时可能投入使用的备用线以及线路上的隧道、桥梁和用于指示车辆行驶的信号标志等;二是用于公路运输的公路干线及支线,包括高速公路、国道、省道、地方公路以及线路上的隧道、桥梁、信号和重要标志等;三是用于飞机起落的军用机场、民用机场的跑道、停机坪以及用于指挥飞机起落的指挥系统,用于导航的灯塔、标志等;四是用于船只航行的内河、内湖航道,我国领海内的海运航道、导航标志和灯塔等;五是用于运输、旅游、森林采伐的空中索道及设施等。

【罪名辨析】

(一)本罪与盗窃罪的界限

在司法实践中,出于非法占有的目的,盗窃交通设施(如盗窃铁轨上的枕木,偷割使用中的铁路专用电缆,从保障交通运输安全的电气设备上偷拆电子组件等),从而严重危害交通运输安全的犯罪,与盗窃罪容易混淆。两者虽然都是以非法占有为目的,秘密窃取财物,但前者盗窃的不是一般公共财物,而是正在使用中关系到交通运输安全的设施,这种盗窃行为,不仅侵犯财产关系,而且严重危害交通运输安全;同时行为人对其行为可能造成交通工具倾覆或者毁坏的危险大多采取放任态度,即表现为间接故意。因此,这种行为既是盗窃罪,又是破坏交通设施罪,应当按一个重罪即破坏交通设施罪定罪判刑。而盗窃罪窃取的是一般公私财物,或者盗窃未投入使用的交通设备,不影响交通运输安全,其侵犯的客体只是公私财产权利,因此,与上述以盗窃交通设施为目的而构成的破坏交通设施罪,有本质区别。

(二)本罪与非罪的界限

区分破坏交通设施罪与一般违法行为的关键在于,破坏交通设备的行为是否足以使交通工具发生倾覆、毁坏危险,是否危害交通运输安全。如果破坏行为已经造成或者足以造成交通工具倾覆或毁坏，从而危害交通运输安全的，应以本罪论处；如果破坏行为只是可能影响交通运输安全，但尚未达到足以使交通工具发生倾覆、毁坏危险的严重程度，则属于破坏交通设施的违法行为。

（三）本罪与破坏交通工具罪的区分

破坏交通设施罪和破坏交通工具罪都是危害交通运输安全的犯罪，两者的主要区别在于侵犯的对象不同。破坏交通设施罪侵犯的对象是正在使用中的轨道、桥梁、隧道、公路、机场、航道、灯塔、标志等保证交通工具正常行驶的交通设施，通过破坏这些交通设施来达到引起火车、汽车等交通工具发生倾覆、毁坏危险；而破坏交通工具罪侵犯的对象则直接指向正在使用中的火车、汽车、电车、船只、航空器等交通工具本身，通过破坏交通工具本身，来引起交通工具发生倾覆、毁坏危险。

由于交通设施与交通工具之间的相互依存关系，破坏交通设施往往引起交通工具的倾覆、毁坏，而且这种危害结果的发生通常是行为人所追求的目的；同样，破坏交通工具也常引起交通设备被破坏。在这种情况下，是定破坏交通设施罪，还是定破坏交通工具罪，要视行为的直接指向而定。如果行为指向交通设施，直接破坏交通设施，应定破坏交通设施罪。其所引起的交通工具的倾覆、毁坏，应视为破坏交通设施，造成严重后果，适用《刑法》第一百一十九条规定的破坏交通设施罪的结果加重条文。如果行为指向交通工具，直接破坏交通工具，应定破坏交通工具罪，其所引起的对交通设施的破坏，也应视为破坏交通工具造成严重后果的情况。

量刑部分

【量刑标准】

犯本罪，尚未造成严重后果的，处三年以上十年以下有期徒刑。破坏交通工具、交通设施、电力设备、燃气设备、易燃易爆设备，造成严重后果的，处十年以上有期徒刑、无期徒刑或者死刑。

截至目前，尚无本罪名关于量刑的司法解释。

破坏电力设备罪、破坏易燃易爆设备罪 《刑法》第118条

破坏电力、燃气或者其他易燃易爆设备，危害公共安全，尚未造成严重后果的，处三年以上十年以下有期徒刑。

破坏电力设备罪

定罪部分

【罪名概念】

破坏电力设备罪,是指故意破坏电力设备,危害公共安全的行为。

【司法解释】

最高人民法院《关于审理破坏电力设备刑事案件具体应用法律若干问题的解释》

(实施日期:2007年8月21日　法释[2007]15号)(节录)

第一条　破坏电力设备,具有下列情形之一的,属于刑法第一百一十九条第一款规定的"造成严重后果",以破坏电力设备罪判处十年以上有期徒刑、无期徒刑或者死刑:

(一)造成一人以上死亡、三人以上重伤或者十人以上轻伤的;

(二)造成一万以上用户电力供应中断六小时以上,致使生产、生活受到严重影响的;

(三)造成直接经济损失一百万元以上的;

(四)造成其他危害公共安全严重后果的。

第二条　过失损坏电力设备,造成本解释第一条规定的严重后果的,依照刑法第一百一十九条第二款的规定,以过失损坏电力设备罪判处三年以上七年以下有期徒刑;情节较轻的,处三年以下有期徒刑或者拘役。

第三条　盗窃电力设备,危害公共安全,但不构成盗窃罪的,以破坏电力设备罪定罪处罚;同时构成盗窃罪和破坏电力设备罪的,依照刑法处罚较重的规定定罪处罚。

盗窃电力设备,没有危及公共安全,但应当追究刑事责任的,可以根据案件的不同情况,按照盗窃罪等犯罪处理。

第四条　本解释所称电力设备,是指处于运行、应急等使用中的电力设备;已经通电使用,只是由于枯水季节或电力不足等原因暂停使用的电力设备;已经交付使用但尚未通电的电力设备。不包括尚未安装完毕,或者已经安装完毕但尚未交付使用的电力设备。

本解释中直接经济损失的计算范围,包括电量损失金额,被毁损设备材料的购置、更换、修复费用,以及因停电给用户造成的直接经济损失等。

【犯罪构成】

(一)主体要件

本罪的犯罪主体是一般主体,即凡是达到刑事责任年龄,具备刑事责任能力,实施破坏电力设备的自然人均可成为破坏电力设备罪的犯罪主体。

（二）主观要件

本罪在主观方面必须出于故意，包括直接故意和间接故意。至于犯罪的动机，亦可多种多样，不论是为泄愤报复，还是为嫁祸他人，或出于贪财图利及其他动机，都不影响本罪成立。

（三）客观要件

本罪在客观方面表现为故意破坏电力设备，危害公共安全的行为。其具有以下三个特征：(1)破坏电力设备罪的犯罪对象必须是正在使用中的电力设备，具体包括发电设备、供电设备等。所谓正在使用中，是指电力设备经过验收以后，正式交付使用或投入使用。处于生产过程中的电力设备和未交付、投入使用的电力设备以及报废、废置不用的电力设备，就不是正在使用中的电力设备，行为人对其进行破坏也就不构成破坏电力设备罪。(2)行为人必须实施了破坏正在使用中的电力设备的行为。在实际生活中，这种破坏行为的表现形式是多种多样的。大多数情况下，行为人表现为作为，如采用爆炸、放火的方法破坏电力设备，在电力设备中掺放杂物，毁坏电力设备的重要部件或者偷割、偷拆电力设备等。在少数情况下，行为人也可能表现为不作为。如对电力设备负有维修保护职责的工作人员，在上班检修电力设备期间，发现重要部件异常或出现故障，有毁坏电力设备的危险，却故意置之不理，放任危险的发生，其客观行为方式就是不作为。(3)行为人的破坏行为必须危及公共安全，即造成或足以造成危害公共安全的严重后果。要认定行为人的行为是否足以危害公共安全，必须根据破坏的具体对象、破坏的具体部位和破坏的方法以及破坏的具体损害程度等来综合分析认定。如果行为人的行为造成或足以造成危害公共安全的严重后果的，即构成本罪。如果行为人的破坏行为不足以危害公共安全的，如破坏行为轻微或者破坏电力设备的次要部件，不可能引发严重后果的，则不构成本罪。

（四）客体要件

本罪所侵犯的客体属于公共安全。犯罪对象是正在使用中的电力设备。所谓电力设备，是指用于发电、供电、输电、变电的各种设备，包括火力发电厂的热力设备，如锅炉、汽轮机、燃气机等；水力发电厂的水轮机和水力建筑物，如水坝、闸门、水渠、隧道、调压井、蓄电池、压力水管等；供电系统的供电设备，如发电机包括励磁系统、调相机、变波机、变压器、高压线路、电力电缆等。根据国务院 2011 年 1 月 8 日修订的《电力设施保护条例》的规定，发电设施、变电设施的保护范围为：(1)发电厂、变电站、换流站、开关站等厂、站内的设施；(2)发电厂、变电站外各种专用的管道（沟）、储灰场、水井、泵站、冷却水塔、油库、堤坝、铁路、道路、桥梁、码头、燃料装卸设施、避雷装置、消防设施及其有关辅助设施；(3)水力发电厂使用的水库、大坝、取水口、引水隧洞（含支洞口）、引水渠道、调压井（塔）、露天高压管道、厂房、尾水渠、厂房与大坝间的通信设施及其有关辅助设施。电力线路设施的保护范围是:(1)架空电力线路:杆塔、基础、拉线、接地装置、导线、避雷线、金具、绝缘子、登杆塔的爬梯和脚钉,导线跨越航道的保护设施,巡(保)线站,巡视检修专用道路、船舶和桥梁,标志牌及其有关辅助设施;(2)电力电缆线路:架空、地下、水底电力电缆和电缆联结装置,电缆管道、电缆隧道、电缆沟、电缆桥,电缆井、盖板、入孔、标石、水线标志牌及其有关辅助设施;(3)电力线路上的变压器、电容器、电抗器、断路器、隔离开关、避雷器、互感器、熔断器、计量仪表装置、配电室、箱式变电站及其有关辅助设施;(4)电力调度设施:电力调度场所、电力调度通信设施、电网调度自动化设施、电网运行控制设施。

还应指出,上述电力设备还必须正在使用中,如果没有使用,如正在制造、运输、安装、架设或尚在库存中,以及虽然已交付使用但正在检修暂停使用的,对其进行破坏,不应构成本罪。构成犯罪的,应根据破坏的方法、所涉的对象等以他罪如放火罪、爆炸罪、故意毁坏财物罪等论处。

【罪名辨析】

(一)本罪与放火罪、爆炸罪等的界限

构成本罪的破坏行为除一般破坏手段外,亦可以使用放火、爆炸等方式进行。此时,由于本罪属特别法条,根据特别法条优于普通法条的规则,应当以本罪治罪,而不适用放火罪、爆炸罪等定罪量刑。

(二)本罪与盗窃罪的界限

出于非法占有之目的,盗窃正在使用中的电力设备,危害公共安全的,应当以本罪论处。如果不能危及公共安全,则应以盗窃罪论处。最高人民法院《关于盗窃案件具体应用法律若干问题的解释》第十二条第二项规定,盗窃使用中的电力设备,同时构成盗窃罪和破坏电力设备罪的,择一重罪处罚。如果盗窃库存的或者废置的线路上的电线的,则应定为盗窃罪。

(三)本罪与故意毁坏财物罪的界限

要认定某一破坏电力设备的行为是构成破坏电力设备罪,还是构成故意毁坏财物罪,主要是看被破坏的电力设备是否处于正在使用中,破坏电力设备的行为是否危及公共安全。如果破坏的是正在使用中的电力设备,如验收完毕、已交付使用的发电设备、供电设备、变电设备,足以危害公共安全的,则构成破坏电力设备罪。反之,行为人破坏的电力设备不是正在使用中,如库存的电力设备、废弃不用的电力设备、生产过程中的电力设备或修理过程中的电力设备,则不构成破坏电力设备罪。因为这些电力设备不是正在使用中,因而不具有危害公共安全的可能性,只是造成财产毁损,侵犯财产的所有权。

量刑部分

【量刑标准】

犯本罪,尚未造成严重后果的,处三年以上十年以下有期徒刑。破坏交通工具、交通设施、电力设备、燃气设备、易燃易爆设备,造成严重后果的,处十年以上有期徒刑、无期徒刑或者死刑。

破坏易燃易爆设备罪

定罪部分

【罪名概念】

破坏易燃易爆设备罪,是指故意破坏燃气或者其他易燃易爆设备,足以危害公共安全的行为。

【犯罪构成】

(一)主体要件

本罪的主体是一般主体,即达到法定刑事责任年龄、具有刑事责任能力的人均可构成。

(二)主观要件

本罪在主观方面表现为故意。即行为人明知其破坏易燃易爆设备的行为会发生危害公共安全的结果,并且希望或者放任这种结果的发生。包括直接故意和间接故意。本罪的动机多种多样,如出于贪财图利、报复泄愤、嫁祸于人等。无论出自何种个人动机,均不影响定罪。

(三)客观要件

本罪在客观方面表现为使用各种方法破坏电力、燃气或者其他易燃易爆设备,足以危害公共安全的行为。本罪在客观方面具有以下特征:

1. 本罪侵犯的对象是正在使用中的易燃易爆设备。所谓正在使用中,是指易燃易爆设备一旦经过验收,正式交付或投入使用后,即为正在使用中,那么就要时刻保持其使用的良好状态,保证随时可以使用。因此,对那些库存的、废置不用的、正在制造安装的或正在修理中的易燃易爆设备,则不能认定为正在使用中的设备,破坏这些非使用中的易燃易爆设备,则不构成本罪。

2. 行为人必须实施了破坏易燃易爆设备的行为。行为人破坏易燃易爆设备的行为是多种多样的。可以表现为作为,如行为人采用放火、爆炸、拆毁或者其他方法破坏易燃易爆设备的重要零部件等;也可以表现为不作为,比如维修工在值班期间发现煤气管道破损,有发生火灾、爆炸事故的危险而不予维修,任其发生燃烧、爆炸,危害公共安全。无论行为人采取何种行为方式,只要其实施了破坏易燃易爆设备的行为,足以危害公共安全的,都构成本罪而不要求有实际的严重后果发生。

3. 行为人破坏易燃易爆设备的行为必须足以危害公共安全或者已经造成危害公共安全的严重后果。这就要根据破坏的具体对象、破坏的具体部件、行为人采取的破坏方法等各方面加以综合认定。如果行为人的破坏行为足以危害或者已经危害公共安全的,则构成本罪;如果行为人的破坏行为不足以危害公共安全的,如破坏行为轻微或者破坏次要零部件,不足以发生严重后果、危害公共安全的,则不宜以本罪论处。情节严重的,可依法以其他犯罪论处。

以上三个方面缺一不可。

(四)客体要件

本罪所侵犯的客体是公共安全。犯罪对象是正在使用中的燃气或其他易燃易爆设备。所谓燃气设备,是指生产、储存、输送诸如煤气、液化气、石油气、天然气等燃气的各种机器或设施,包括制造系统的燃气发生装置,如煤气发生炉,净化系统的燃气净化装置,输送系统的输送设备如排送机器、输送管道以及储存设备如储气罐等。所谓其他易燃易爆设备,则是指除电力、燃气设备以外的其他用于生产、贮存和输送易燃易爆物质的设备,如石油、化工、炸药方面的油井、油库、储油罐、石油输送管道、液化石油罐、汽油加油站以及酒精、煤油、丙酮、炸药、火药等易燃易爆物品的生产、储存、运送设备等。

上述易燃易爆设备还必须正在使用中,如果没有使用,如正在制造、运输、安装、架设或尚在库存中,以及虽然已交付使用但正在检修暂停使用的,对其进行破坏,不应构成本罪。构成犯罪的应根据破坏的方法等以他罪如放火罪、爆炸罪、故意毁坏财物罪等论处。还应注意的是,本罪行为的对象在于生产、储存、运送易燃易爆物品的机器设备,而不是易燃易爆物品本身。如果行为人在生产、储存、运输、使用易燃易爆物品的过程中,违反危险物品的管理规定,造成爆炸、火灾后果的,则应以危险物品肇事罪定罪。这时的爆炸、火灾发生自然会使易燃易爆设备遭受破坏,但这种破坏不是行为人的行为直接破坏易燃易爆设备所导致,而是行为人的行为造成易燃易爆物品的燃烧、爆炸而间接产生的。易燃易爆物品的燃烧、爆炸乃是易燃易爆设备发生破坏的直接原因。如果行为人直接破坏易燃易爆设备,致使易燃易爆物品发生燃烧、爆炸的,则应以本罪论处。这时的破坏是行为人的行为直接所致并由此成为易燃易爆物品发生燃烧、爆炸的原因。

【罪名辨析】

(一)本罪与放火罪、爆炸罪的界限

破坏易燃易爆设备罪与放火罪、爆炸罪侵犯的客体都是公共安全,破坏易燃易爆设备罪行为人亦可采用放火、爆炸的手段破坏易燃易爆设备,往往也会导致火灾、爆炸的严重后果。区分两者的关键在于犯罪对象不同。破坏易燃易爆设备罪的犯罪对象仅限于正在使用中的易燃易爆设备；放火罪、爆炸罪的犯罪对象是一切公私财物。行为人采用放火、爆炸方法破坏易燃易爆设备，这是法条竞合问题。按照特别法优于普通法的原则，应以破坏易燃易爆设备罪论处，而不能定放火罪或爆炸罪。

（二）本罪与故意毁坏财物罪、盗窃罪等侵犯财产方面的犯罪的界限

确定某一破坏易燃易爆设备的行为是构成破坏易燃易爆设备罪还是构成侵犯财产方面的犯罪，主要看受破坏的易燃易爆设备是否处于正在使用中，破坏行为是否足以危害公共安全。也就是说，如果破坏正在使用中的易燃易爆设备，足以危害公共安全或者已经造成严重后果、危害公共安全的，则构成破坏易燃易爆设备罪。反之，如果行为人破坏的是非正在使用中的易燃易爆设备，因其不存在危害公共安全的可能性，因而不构成破坏易燃易爆设备罪；只是对财产所有权的侵犯，情节严重的，则构成侵犯财产方面的犯罪。如果是故意毁损非正在使用中的易燃易爆设备，情节严重的，应以故意毁坏财物罪论处；如果行为人采用盗窃方法破坏非正在使用中的易燃易爆设备，数额较大或者多次盗窃的，应以盗窃罪论处。

量刑部分

【量刑标准】

犯本罪的，处三年以上十年以下有期徒刑。

破坏交通工具、交通设施、电力设备、燃气设备、易燃易爆设备，造成严重后果的，处十年以上有期徒刑、无期徒刑或者死刑。

截至目前，尚无本罪名关于量刑的司法解释。

破坏交通工具罪、破坏交通设施罪、破坏电力设备罪、破坏易燃易爆设备罪　《刑法》第119条之一

破坏交通工具、交通设施、电力设备、燃气设备、易燃易爆设备，造成严重后果的，处十年以上有期徒刑、无期徒刑或者死刑。

过失损坏交通工具罪、过失损坏交通设施罪、过失损坏电力设备罪、过失损坏易燃易爆设备罪　《刑法》第119条之二

过失犯前款罪的，处三年以上七年以下有期徒刑；情节较轻的，处三年以下有期徒刑或者拘役。

过失损坏交通工具罪

定罪部分

【罪名概念】

过失损坏交通工具罪,是指由于过失而引起火车、汽车、电车、船只、航空器遭受严重破坏,造成严重后果的行为。

【犯罪构成】

(一)主体要件

本罪主体为一般主体,凡达到法定刑事责任、具有刑事责任能力的人均可成为本罪的主体。

(二)主观要件

本罪在主观方面表现为过失。即行为人对其破坏交通工具的行为可能引起的严重后果应当预见,因为疏忽大意而未预见;或者虽然已经预见,而轻信能够避免,以致发生了严重后果。包括疏忽大意过失和过于自信过失。如果行为人对其行为造成的危害交通运输安全的严重后果既非出于故意,也不存在过失,属于意外事件,不构成犯罪。

(三)客观要件

本罪在客观方面表现为实施使火车、汽车、电车、船只、航空器遭受破坏,并造成严重后果的行为。这种破坏交通工具的行为通常表现为行为人不谨慎,无意中造成交通工具的破坏。例如,趁司机不在,随意摆弄汽车,无意中将刹车弄坏。如果是交通运输人员在驾驶交通工具中违反规章制度,过失引起交通工具倾覆或毁坏,造成重大事故,虽危害了交通运输安全,也不构成本罪,应以交通肇事罪论处。

造成严重后果是构成本罪重要的法定要件之一。所谓严重后果是指致人重伤、死亡或者使公私财产遭受重大损失。如交通工具颠覆、互撞、起火、爆炸、车毁人亡等。只有过失损坏交通工具的行为,并未引起严重后果,不构成本罪。在处理这种犯罪时,还必须查明损坏交通工具的行为同严重后果是否存在因果关系,如果虽然后果严重但查明不是过失损坏交通工具的行为所引起,不构成过失损坏交通工具罪。

(四)客体要件

本罪侵犯的客体是交通运输安全。侵害的对象是正在使用的火车、汽车、电车、船只、航空器等大型现代化交通工具。只有过失破坏上述交通工具造成危害交通运输安全的严重后果的,才能构成本罪。

【罪名辨析】

（一）本罪与破坏交通工具罪的界限

过失损坏交通工具罪与破坏交通工具罪都是以交通工具为侵害对象的危害交通运输安全的犯罪。两者主要的区别是：(1)主观罪过不同，过失破坏交通工具罪是过失犯罪。行为人对其行为可能引起的严重后果持否定态度，或者应当预见而未预见，或者虽已预见而轻信能够避免，以致引起严重后果。破坏交通工具罪是故意犯罪。行为人对其破坏行为会发生严重危害结果是明知的，并且持希望或者放任态度。(2)对危害结果要求不同。前者把造成严重后果作为构成犯罪的法定要件，如果实施破坏交通工具的过失行为尚未造成严重后果，不构成犯罪。后者只要故意实施破坏交通工具的行为，并足以使之发生倾覆或毁坏危险，无论是否造成严重危害结果，均构成犯罪，而且构成破坏交通工具罪既遂。

（二）本罪与交通肇事罪的界限

两者都是过失犯罪，主要区别在于客观方面不同。过失损坏交通工具罪主要表现为行为人因过失行为而致使火车、汽车、电车、船只、航空器发生倾覆、毁坏，造成严重后果；交通肇事罪则表现为行为人(包括从事交通运输的人员和非从事交通运输的人员)违反交通运输管理法规而引起重大事故，致人重伤、死亡或者使公私财产遭受重大损失。因此，如果交通运输人员在驾驶交通工具的过程中，违反交通运输管理法规，过失引起交通工具倾覆、毁坏，造成严重后果，则不构成过失损坏交通工具罪，而构成交通肇事罪。

量刑部分

【量刑标准】

犯本罪的，处三年以上七年以下有期徒刑；情节较轻的，处三年以下有期徒刑或者拘役。

截至目前，尚无本罪名关于量刑的司法解释。

过失损坏交通设施罪

定罪部分

【罪名概念】

过失损坏交通设施罪，是指过失损坏轨道、桥梁、隧道、公路、机场、航道、灯塔、标志等交通设施，危害公共安全，致使火车、汽车、电车、船只、航空器倾覆或毁坏，造成严重后果的行为。本罪是一种以交通设施为侵害对象的过失危害公共安全罪。

【犯罪构成】

(一)主体要件

本罪的主体为一般主体。已满十六周岁、具备刑事责任能力的自然人均可成为本罪的主体。

(二)主观要件

本罪在主观方面表现为过失,包括过于自信的过失和疏忽大意的过失。即行为人对其行为可能造成的危害交通运输安全的严重后果已经预见,但轻信能够避免;或者应当预见,因为疏忽大意而未预见,以致发生这种严重结果。

(三)客观要件

本罪在客观方面表现为实施损坏上述交通设施,危害公共安全,致使火车等交通工具倾覆或毁坏,造成严重后果的过失行为。这是本罪同过失破坏交通工具罪的区别所在。

1. 行为人必须实施破坏交通设施的行为。这种行为通常是发生在日常生活和工作中,由于行为人缺乏谨慎所致。如火车通过铁路道口不慎将路旁放置的废钢挂带在路轨上,造成列车颠覆。如果直接管理交通设备的人员,在操作中违反规章制度,以致过失破坏交通设施,发生重大责任事故,引起严重后果的,应以重大责任事故罪论处。

2. 破坏交通设施的过失行为必须造成危害交通运输安全的严重后果,即造成火车、汽车等交通工具倾覆或毁坏,致人重伤、死亡或者使公私财产遭受重大损失。如果未造成后果或者后果不严重,不构成本罪。

3. 破坏交通设施的行为同严重后果之间必须具有因果关系。如果严重后果不是由于行为人过失行为所引起,行为人不负刑事责任。

(四)客体要件

本罪侵犯的客体是交通运输安全。这是本罪区别于其他过失犯罪的显著特征。过失损坏交通设施,造成严重后果的行为,不仅使交通设施本身价值遭受损失甚至报废,更重要的是它直接影响火车、汽车、电车、船只、航空器的安全运行,造成火车、汽车、电车、船只、航空器的倾覆、毁坏,给国家、集体和人民群众带来巨大损失。因此,理应运用刑法武器惩治此种犯罪行为。过失损坏交通设施罪的犯罪对象是法律规定的特定对象,即轨道、桥梁、隧道、公路、机场、航道、灯塔、标志等交通设施。而且,这些交通设施必须是处于正在使用中。因为只有过失损坏正在使用中的交通设施,才可能危害交通运输安全,造成严重后果。也就是说,如果行为人过失损坏的交通设施不是正在使用中,而是正在生产或正在修理而未交付使用,或者废弃不用的交通设施,则不成立本罪。

【罪名辨析】

本罪与破坏交通设施罪的界限

过失损坏交通设施罪与破坏交通设施罪,侵害的客体和对象相同。两者的主要区别是:

1. 对犯罪结果要求不同。本罪破坏交通设施的过失行为必须造成危害交通运输安全的严重后果才构成犯罪;后者只要实施破坏交通设备的行为,并足以使交通工具发生倾覆、毁坏危险,无论是否造成严重后果,均成立犯罪,而且构成犯罪既遂。

2. 主观罪过不同。本罪是过失犯罪,后者是故意犯罪。从行为人认识方面看,前者行为人对其行为可能造成的危害结果已经预见,或者应当预见而未预见;后者对其行为会造成的危害结果是明知的。从行为人态度看,前者对严重后果持否定态度,由于轻信能够避免或者出于疏忽大意,才发生了危害交通运输安全的严重后果;后者对交通工具倾覆、毁坏的严重后果持希望或放任的态度。

量刑部分

【量刑标准】

过失犯本罪的,处三年以上七年以下有期徒刑;情节较轻的,处三年以下有期徒刑或者拘役。

截至目前,尚无本罪名关于量刑的司法解释。

过失损坏电力设备罪

定罪部分

【罪名概念】

过失损坏电力设备罪,是指过失损坏电力设备,危害公共安全,造成严重后果的行为。

【司法解释】

最高人民法院《关于审理破坏电力设备刑事案件具体应用法律若干问题的解释》

(实施日期:2007 年 8 月 21 日　法释[2007]15 号)(节录)

第一条　破坏电力设备,具有下列情形之一的,属于刑法第一百一十九条第一款规定的“造成严重后果”,以破坏电力设备罪判处十年以上有期徒刑、无期徒刑或者死刑:

(一)造成一人以上死亡、三人以上重伤或者十人以上轻伤的;

(二)造成一万以上用户电力供应中断六小时以上,致使生产、生活受到严重影响的;

(三)造成直接经济损失一百万元以上的;

(四)造成其他危害公共安全严重后果的。

第二条　过失损坏电力设备,造成本解释第一条规定的严重后果的,依照刑法第一百一十九条第二款的规定,以过失损坏电力设备罪判处三年以上七年以下有期徒刑;情节较轻的,处三年以下有期徒刑或者拘役。

【犯罪构成】

(一)主体要件

本罪的犯罪主体是一般主体,即凡是达到刑事责任年龄、具备刑事责任能力,由于自己的过失行为破坏电力设备,危害公共安全,造成严重后果的自然人,都可成为该罪的犯罪主体。

(二)主观要件

本罪在主观方面只能是过失,即行为人应当预见自己的行为可能损坏电力设备,由于疏忽大意没有预见或者已经预见而轻信能够避免,以致发生这种结果的心理态度。这是该罪与意外事件的主要区别之所在。该罪的过失包括过于自信的过失和疏忽大意的过失。如工人段某,1981 年在某工地四楼顶部清理垃圾时,随手将一根 14 号铝丝从楼上抛下,落在 6.6 千伏红绿两相高压电线,当即造成高压线短路,发生连续爆响,致使电力设备损坏,使城南路段大面积停电,直接经济损失 10 万余元。此案中,行为人主观上就是出于疏忽大意的过失。

(三)客观要件

本罪在客观方面表现为行为人过失损坏电力设备,危害公共安全,造成严重后果的行为。该罪在客观方面具有以下特征:

1. 行为人必须有过失损坏电力设备的行为,即行为人由于自己的行为不慎,损坏了电力设备。

2. 行为人过失损坏电力设备的行为必须危害公共安全。也就是说,由于行为人的过失行为损坏了电力设备,从而影响或破坏了电力设备的正常性能,并进而危害公共安全。但是,如果行为人的过失损坏行为没有影响电力设备的正常性能,没有危害公共安全,则不构成本罪。这就要根据过失损坏行为损坏的部位、损坏的程度以及损坏的方式等因素进行综合评判。如某甲用小石子打逗留在变压器上的鸟,鸟飞走了,小石子打在变压器的铁壳上。此事件中,某甲用小石子打鸟,结果打在变压器的铁壳上,从损坏方式、损坏部位和损坏程度看,其行为并不危害公共安全,因此不构成本罪。

3. 行为人过失损坏电力设备的行为必须造成严重后果。过失犯罪都是以发生严重后果作为构成犯罪的要件。如果没有发生严重后果或者后果不严重的,则不构成犯罪。因此,要构成过失损坏电力设备罪,也必须发生严重后果。这里的严重后果是指致人重伤、死亡或者使公私财产遭受重大损失。

4. 行为人过失损坏电力设备的行为与严重后果之间存在刑法上的因果关系,即严重后果是由于行为人过失损坏电力设备的行为引起的。这是行为人对严重后果负刑事责任的客观基础。如果行为人过失损坏电力设备的行为与严重后果之间不存在刑法上的因果关系,行为人则不对严重后果负刑事责任。

以上四个条件必须同时具备,缺一不可。

(四)客体要件

本罪侵犯的客体是公共安全,即不特定多数人的生命、健康安全和重大公私财产的安全。这是该罪区别于其他过失犯罪的显著特征。过失损坏电力设备罪的犯罪对象是法律规定的特定对象,即电力设备,包括供电设备、发电设备和变电设备等。而且,本罪的犯罪对象即电力设备必须是处于正在使用中的电力设备。也就是说,过失损坏的如果不是正在使用中的电力设备如库存的、废弃的、正在生产中的或修理中的电力设备,则不成立该罪。如某村村民甲烧荒种玉米时,不慎将本村一台因报废而长年丢弃在外的变压器焚毁。此事件中,甲过失焚毁的变压器是报废并且长年丢弃在外的变压器,而非正在使用中的变压器,焚毁这一变压器并不危害公共安全,因而不构成过失损坏电力设备罪。

【罪名辨析】

(一)本罪与破坏电力设备罪的界限

两罪侵犯的对象都是正在使用中的电力设备,在客观方面也都实施了破坏行为,侵犯的客体都是公共安全,但两者之间有明显区别:

1. 主观罪过形式不同。破坏电力设备罪在主观方面是出自故意;过失损坏电力设备罪在主观方面则表现为过失。

2. 客观方面不同。过失损坏电力设备罪必须造成致人重伤、死亡或者使公私财产遭受重大损失的严重后果,才能构成犯罪;破坏电力设备罪并不要求发生严重后果才成立犯罪,只要足以危害公共安全即有危害公共安全危险的,就可成立犯罪。

3. 破坏电力设备罪有既遂与未遂之分;过失损坏电力设备罪不存在既遂与未遂问题。

(二)本罪与重大责任事故罪的界限

重大责任事故罪与过失损坏电力设备罪的主要区别是:

1. 犯罪主体不同。重大责任事故罪的犯罪主体是特殊主体;过失损坏电力设备罪的犯罪主体是一般主体。

2. 侵犯的客体不同。重大责任事故罪侵犯的客体是企业、事业单位的生产作业安全;过失损坏电力设备罪侵犯的客体是公共安全。因此,电力部门职工在生产作业过程中,违反规章制度,因而发生损坏电力设备的重大事故,造成严重后果的行为,是由于电力部门职工这一特殊犯罪主体在生产作业过程中的业务过失所造成的严重后果,应以特别法条即重大责任事故罪论处,而不能以过失损坏电力设备罪论处。

量刑部分

【量刑标准】

犯本罪的,处三年以上七年以下有期徒刑;情节较轻的,处三年以下有期徒刑或者拘役。

过失损坏易燃易爆设备罪

定罪部分

【罪名概念】

过失损坏易燃易爆设备罪,是指过失损坏燃气或者其他易燃易爆设备,危害公共安全,造成严重后果的行为。

【犯罪构成】

(一)主体要件

本罪主体为一般主体,即一切达到法定刑事责任年龄、具有刑事责任能力的人均可构成。

(二)主观要件

本罪在主观上表现为过失,包括过于自信的过失和疏忽大意的过失。即行为人对其破坏易燃易爆设备的行为可能造成的严重后果应当预见,因为疏忽大意而未预见;或者虽然已经预见但轻信能够避免,以致发生了这种严重后果。如果行为人对其破坏易燃易爆设备的行为可能造成的严重后果,主观上既非出于故意,也无过失,则属于意外事件,不构成犯罪。

(三)客观要件

本罪在客观方面表现为实施使燃气或者其他易燃易爆设备遭受毁坏,并造成严重后果的行为。破坏易燃易爆设备的行为必须造成严重后果才构成本罪。这里造成严重后果,是指致人重伤、死亡,使公私财产遭受重大损失,或者使公共生产、生活秩序受到严重破坏。这种严重后果,通常是由于行为人在日常生活和工作中,对行为不谨慎所致。如果是直接管理、操作易燃易爆设备的人员,在生产作业中违反规章制度,过失地发生重大事故,造成上述设备破坏,致人重伤、死亡或者使公私财产遭受重大损失的,应定重大责任事故罪。

(四)客体要件

本罪侵犯的客体是公共安全。即不特定多数人的生命、健康安全和重大公私财产的安全。现实生活中,过失损坏易燃易爆设备的行为,不仅使易燃易爆设备本身遭到损坏,而且常常引发火灾、爆炸事故,造成不特定多数人的伤亡和重大公私财产的毁损。过失损坏易燃易爆设备罪的犯罪对象是法律规定的特定对象,即燃气或者其他易燃易爆设备。所谓燃气主要是指煤气、天然气等可燃性气体。燃气设备主要包括供气系统的燃气发生装置、燃气净化装置、燃气输送设备等。其他易燃易爆设备包括的内容则更为广泛,可以包括燃气设备之外的一切易于燃烧或者易于爆炸的设备,如用于化工、石油方面的油井、油库、贮油罐,石油运输管、贮气室,制造或者储存各种炸药的设备等。值得注意的是,本罪的犯罪对象必须是易燃易爆设备,而不包括易燃易爆物品。而且,本罪的犯罪对象即燃气或者其他易燃易爆设备,必须是处于正在使用中的燃气或者其他易燃易爆设备。也就是说,过失损坏的如果不是正在使用中的燃气或者其他易燃易爆设备,而是库存的、废弃的、正在生产中的或修理中的燃气或者其他易燃易爆设备,则不成立本罪。

【罪名辨析】

本罪与破坏易燃易爆设备罪的界限

过失损坏易燃易爆设备罪与破坏易燃易爆设备罪,侵害对象相同,都危害公共安全。二者的主要区别是:(1)主观罪过不同。破坏易燃易爆设备罪行为人对其破坏易燃易爆设备的行为会造成危害公共安全的严重后果是明知的,并且持希望或放任的态度,属于故意犯罪。本罪属于过失犯罪,行为人对其行为可能引起危害公共安全的严重后果应当预见,因为疏忽大意而未预见;或者虽然已经预见,但轻信能够避免。(2)对犯罪结果要求不同。破坏易燃易爆设备罪,只要行为人实施破坏易燃易爆设备的行为,并足以造成危害公共安全的严重后果,无论严重后果实际是否发生,均构成犯罪,而且是犯罪既遂。而本罪则要求必须发生严重后果才构成犯罪。如果实施破坏易燃易爆设备的过失行为尚未造成严重后果,不构成犯罪。

量刑部分

【量刑标准】

犯本罪的,处三年以上七年以下有期徒刑;情节较轻的,处三年以下有期徒刑或者拘役。

截至目前,尚无本罪名关于量刑的司法解释。

组织、领导、参加恐怖组织罪 《刑法》第120条

组织、领导恐怖活动组织的，处十年以上有期徒刑或者无期徒刑，并处没收财产；积极参加的，处三年以上十年以下有期徒刑，并处罚金；其他参加的，处三年以下有期徒刑、拘役、管制或者剥夺政治权利，可以并处罚金。

犯前款罪并实施杀人、爆炸、绑架等犯罪的，依照数罪并罚的规定处罚。

定罪部分

【罪名概念】

组织、领导、参加恐怖组织罪，是指组织、领导、积极参加和参加恐怖组织活动的行为。

【犯罪构成】

(一)主体要件

本罪的主体为一般主体，即凡达到刑事责任年龄、具备刑事责任能力的人均可构成本罪。

(二)主观要件

本罪在主观方面表现为直接故意，并且具有进行恐怖活动的目的，即行为人以长期实行某种或某几种恐怖犯罪活动为目的，明知组织、领导恐怖组织是危害公共安全的犯罪行为，却仍然故意组织、领导；或者明知是恐怖组织而积极参加或参加。组织、领导、参加恐怖组织罪犯罪行为人的动机是多种多样的，有的是为了报复社会，有的是出于某种政治目的，有的是为了图财贪利，还有的是人格变态等。无论犯罪行为人出于何种动机，均不影响本罪的成立。

(三)客观要件

本罪在客观方面表现为组织、领导、积极参加和参加恐怖组织活动。

组织，是指行为人首倡、鼓动、发起、召集有实行恐怖活动目的的人结合成一个恐怖活动组织的行为。领导，是指恐怖组织成立以后，恐怖组织的领导者所实施的策划、指挥、布置、协调恐怖组织活动的行为。积极参加，是指自愿加入恐怖组织，并且积极参加谋划、实施恐怖活动。其他参加，是指行为人虽然不是恐怖组织的组织者、领导者或积极参加者，却经过一定方式，加入了恐怖组织，成为恐怖组织的一名成员。恐怖组织由于其规模大小、组织严密程度不同，参加这些恐怖组织的方式也不同，有的是口头方式，有的是书面方式，有的要通过一定的手续，甚至还要举行一定的仪式。但无论采取何种方式参加的，只要实际加入，就是参加。

恐怖组织，是指三人以上为了长期、有计划地实施恐怖活动而建立起来的犯罪组织，是犯罪集团的一种。构成恐怖组织必须具备以下特征：(1)主体必须是三人

以上,这是恐怖组织在人数上的最低限度。实践中,恐怖组织的人员少则几十人,多则几百人、上千人,规模大小不等。(2)恐怖组织必须以实施恐怖活动为目的。恐怖组织成立以后,以实施各种各样的恐怖活动为目的,极大危害公共安全。(3)恐怖组织具有严密的组织性。其成员固定且内部存在着领导与被领导的关系,有组织者、领导者,有骨干分子,还有一般成员,各司其职。等级森严、纪律严密,有一套成文或不成文的律规,组织性非常强。(4)恐怖组织具有一定的稳定性。即恐怖组织自建立以后,在较长时间内反复多次进行恐怖活动,其实施完一次恐怖活动后,恐怖组织不是被解散了,而是继续存在,继续实施新的恐怖活动。(5)恐怖组织具有极大的社会危害性和危险性。它既不同于盗窃、走私、贩毒等犯罪集团,也不同于某些间谍、特务组织,它是犯罪集团中危害最大的犯罪组织之一。

本罪是选择性罪名,行为人只要实施了组织、领导、积极参加或者参加恐怖组织行为之一者,便成立本罪。行为人实施两个或两个以上的行为,比如既组织又领导恐怖组织的,也只成立本罪一罪,不实行数罪并罚。并且,该组织事实上是否开始实施恐怖活动如杀人、爆炸、绑架等,不影响本罪的成立。但是,行为人如果组织、领导、参加恐怖组织后又实施了杀人、爆炸、绑架等恐怖活动犯罪的,则应将组织、领导、参加恐怖组织罪与其他相关的犯罪实行数罪并罚。

(四)客体要件

本罪侵犯的客体为公共安全,即不特定多数人的生命、健康和财产安全。行为对象可以是本国公民,也可以是外国人。对象为恐怖活动组织,即以实施杀人、爆炸、绑架等恐怖活动为目的的犯罪组织。近年来,受西方暴力、凶杀影片和封建行帮、江湖义气思潮的影响,恐怖犯罪活动在我国有所抬头。一些犯罪分子拉帮结伙、歃血为盟,称霸一方,制造杀人、爆炸、绑架事件,使当地人民群众的生命财产安全受到严重威胁,人们经常处于一种没有安全感的心理状态,严重影响了社会治安。

【罪名辨析】

(一)罪与非罪的界限

本罪是一个选择性罪名,行为人只要实施组织、领导、参加恐怖组织行为之一的即构成本罪。司法实践中,对于参加恐怖组织罪而言,行为人必须明知是恐怖组织而自愿参加,方可构成本罪。也就是说,对于那些不明真相、受骗上当而参加恐怖组织,一经发觉就表示并实际上与其脱离关系的人,则不能认定其构成参加恐怖组织罪。但是,如果行为人最初因受骗而参加恐怖组织,后来明知恐怖组织的性质后仍然不退出,甚至积极进行恐怖活动的,则当然构成本罪。

(二)本罪与组织、领导、参加黑社会性质组织罪的界限

组织、领导、参加黑社会性质组织罪,是指组织、领导、参加以暴力、胁迫或者其他手段,有组织地进行违法犯罪活动,称霸一方,为非作恶,欺压、残害群众,严重破

坏经济、社会生活秩序的黑社会性质的组织的行为。两罪在客观方面的行为方式非常相近,恐怖组织与黑社会性质组织都是犯罪组织,并且在人员构成、犯罪方式、活动形式等方面也非常相似。但两者有着显著区别:(1)罪名不同。组织、领导、参加恐怖组织罪是危害公共安全的犯罪;而组织、领导、参加黑社会性质组织罪是破坏社会管理秩序的犯罪。(2)组织、领导、参加的犯罪组织不同。恐怖组织一般政治色彩较浓,具有一定的政治目的;黑社会性质组织更多是为了追求非法的经济利益,主要构成对经济、社会生活秩序的严重破坏。

量刑部分

【量刑标准】

犯本罪的,处十年以上有期徒刑或者无期徒刑,并处没收财产;积极参加的,处三年以上十年以下有期徒刑,并处罚金;其他参加的,处三年以下有期徒刑、拘役、管制或者剥夺政治权利,可以并处罚金。犯前款罪并实施杀人、爆炸、绑架等犯罪的,依照数罪并罚的规定处罚。

截至目前,尚无本罪名关于量刑的司法解释。

帮助恐怖活动罪 《刑法》第120条之一

资助恐怖活动组织、实施恐怖活动的个人的,或者资助恐怖活动培训的,处五年以下有期徒刑、拘役、管制或者剥夺政治权利,并处罚金;情节严重的,处五年以上有期徒刑,并处罚金或者没收财产。

为恐怖活动组织、实施恐怖活动或者恐怖活动培训招募、运送人员的,依照前款的规定处罚。

单位犯前两款罪的,对单位判处罚金,并对其直接负责的主管人员和其他直接责任人员,依照第一款的规定处罚。

定罪部分

【罪名概念】

帮助恐怖活动罪,是指为恐怖活动组织、实施恐怖活动的个人或者为恐怖活动培训提供资金物资和其他帮助的行为。

【犯罪构成】

(一)主体要件

本罪的主体为一般主体,即凡达到刑事责任年龄、具备刑事责任能力的人均可构成本罪。本罪的主体既包括自然人,也包括单位。

(二)主观要件

本罪的主观方面是故意。

(三)客观要件

本罪在客观方面表现为以金钱或者其他物质资助恐怖活动组织、实施恐怖活动的个人或者恐怖活动培训的行为。

(四)客体要件

本罪侵犯的客体是公共安全。即不特定多数人的生命、健康和财产安全。行为对象可以是本国公民,也可以是外国人。恐怖活动组织,是指以实施杀人、爆炸、绑架等恐怖活动为目的的犯罪组织。近年来,受西方暴力、凶杀影片和封建行帮、江湖义气思潮的影响,恐怖犯罪活动在我国有所抬头。一些犯罪分子拉帮结伙、歃血为盟,称霸一方,制造杀人、爆炸、绑架事件,使当地人民群众的生命财产安全受到严重威胁,人们经常处于一种没有安全感的心理状态,严重影响了社会治安。

量刑部分

【量刑标准】

犯本罪的,处五年以下有期徒刑、拘役、管制或者剥夺政治权利,并处罚金;情节严重的,处五年以上有期徒刑,并处罚金或者没收财产。

为恐怖活动组织、实施恐怖活动或者恐怖活动培训招募、运送人员的,依照前款的规定处罚。

单位犯前两款罪的,对单位判处罚金,并对其直接负责的主管人员和其他直接责任人员,依照第一款的规定处罚。

截至目前,尚无本罪名关于量刑的司法解释。

准备实施恐怖活动罪　《刑法》第120条之二

有下列情形之一的,处五年以下有期徒刑、拘役、管制或者剥夺政治权利,并处罚金;情节严重的,处五年以上有期徒刑,并处罚金或者没收财产:

(一)为实施恐怖活动准备凶器、危险物品或者其他工具的;

(二)组织恐怖活动培训或者积极参加恐怖活动培训的;

(三)为实施恐怖活动与境外恐怖活动组织或者人员联络的;

(四)为实施恐怖活动进行策划或者其他准备的。

有前款行为,同时构成其他犯罪的,依照处罚较重的规定定罪处罚。

宣扬恐怖主义、极端主义、煽动实施恐怖活动罪 《刑法》第120条之三

以制作、散发宣扬恐怖主义、极端主义的图书、音频视频数据或者其他物品,或者通过讲授、发布信息等方式宣扬恐怖主义、极端主义的,或者煽动实施恐怖活动的,处五年以下有期徒刑、拘役、管制或者剥夺政治权利,并处罚金;情节严重的,处五年以上有期徒刑,并处罚金或者没收财产。

利用极端主义破坏法律实施罪 《刑法》第120条之四

利用极端主义煽动、胁迫群众破坏国家法律确立的婚姻、司法、教育、社会管理等制度实施的,处三年以下有期徒刑、拘役或者管制,并处罚金;情节严重的,处三年以上七年以下有期徒刑,并处罚金;情节特别严重的,处七年以上有期徒刑,并处罚金或者没收财产。

强制穿戴宣扬恐怖主义、极端主义服饰、标志罪 《刑法》第120条之五

以暴力、胁迫等方式强制他人在公共场所穿着、佩戴宣扬恐怖主义、极端主义服饰、标志的,处三年以下有期徒刑、拘役或者管制,并处罚金。

非法持有宣扬恐怖主义、极端主义物品罪 《刑法》第120条之六

明知是宣扬恐怖主义、极端主义的图书、音频视频数据或者其他物品而非法持有,情节严重的,处三年以下有期徒刑、拘役或者管制,并处或者单处罚金。

劫持航空器罪 《刑法》第121条

以暴力、胁迫或者其他方法劫持航空器的,处十年以上有期徒刑或者无期徒刑;致人重伤、死亡或者使航空器遭受严重破坏的,处死刑。

定 罪 部 分

【罪名概念】

劫持航空器罪,是指以暴力、胁迫或者其他方法劫持航空器的行为。

【犯罪构成】

(一)主体要件

本罪的主体为一般主体。凡达到刑事责任年龄,具备刑事责任能力的人均可成为本罪主体。既可以由中国人构成,也可以由外国人或无国籍人构成。例如,外国人劫持飞机进入中国境内,也构成劫持航空器罪。

应当指出的是,根据有关国际公约的原则立场和基本精神以及法律的规定,凡劫持我国的航空器进入他国的,我国仍对该犯罪分子具有追究刑事责任的管辖权,有关国家的司法当局应根据有关国际公约的引渡条款予以配合。

(二)主观要件

本罪在主观方面表现为故意犯罪,但对犯罪目的没有要求,行为人劫持航空器,不论出于何种目的,都不影响本罪的成立。这一点是有关国际公约确认并为包括我国在内的所有缔约国承诺的。因此,对于那些以政治避难为名而劫持飞机的,亦应依法追诉。

(三)客观要件

本罪在客观方面表现为以暴力、胁迫或者其他方法劫持航空器的行为。首先,犯罪对象是航空器。如何理解航空器,立法中并未明确区分民用航空器与国家航空器。我们认为,根据《东京公约》《海牙公约》和《蒙特利尔公约》关于本公约不适用于供军事、海关或警用的航空器的规定,航空器只能是指正在飞行中的民用航空器。因此,非民用航空器(即国家航空器)即使被劫持的,按照国际公约规定,属于国内犯罪,不应构成作为国际犯罪的劫持航空器罪,可作其他犯罪处理。对于劫持非民用航空器,也应作为国内犯罪,按照本条定罪处刑。

其次,必须以暴力、胁迫或者其他方法劫持航空器。暴力,是指直接对航空器实施暴力袭击或者对被害人采用危害人身安全和人身自由的行为,使其丧失反抗能力或者不能反抗的身体强制方法。如劫机分子携带匕首、枪支、炸药、雷管、引爆装置等对旅客和机组人员(包括驾驶员、副驾驶员、领航员、报务员、机械员、通信员、乘务长、空中小姐)进行捆绑、殴打、杀死、杀伤、爆炸等。胁迫是指以暴力为内容进行精神胁迫使被害人不敢反抗的精神强制方法。如劫机犯向机组人员或乘客喊谁动就打死谁、动就宰了你、动就马上引爆等。其他方法,是指除暴力、胁迫以外的其他使被害人不能反抗或不敢反抗的强制方法。劫持是指犯罪人按照自己的意志非法强行劫夺或控制航空器的行为。如改变航空器的飞行路线或着陆地点等。劫持航空器的行为,一经实施,即构成本罪;行为人是否实际控制了航空器,并不影响犯罪成立。

(四)客体要件

本罪侵犯的客体是复杂客体,既危害了旅客人身、财产以及航空器的安全,也破坏了正常的航空运输秩序,但主要是前者。

【罪名辨析】

(一)本罪的既遂与未遂

区分本罪的既遂与未遂,关键是合理确定区分标准。关于这个问题,刑法学界存在着以下不同意见:

1. 着手说。认为劫持航空器的犯罪属于行为犯,只要行为人一开始着手实施劫持行为,无论该行为持续时间长短,无论把航空器劫持到哪里,均构成劫持航空器罪的既遂。只有在特殊情况下,如罪犯已将犯罪工具带入航空器内,在准备开始着手实施劫持行为时就被抓获,因而未能实施劫持行为的,才构成该罪的未遂。

2. 目的说。认为犯罪人劫持航空器的目的一般是要外逃,因此,行为人在着手实施劫持行为后,把航空器劫持到了他指定的地点,劫机外逃取得了成功,才算该罪的既遂;如果未能使航空器劫持到预定的降落地,就是该罪的未遂。

3. 离境说。认为行为人着手实施劫持行为后,被劫持的航空器飞出了本国的领域以外,即飞出了国境线的,构成该罪的犯罪既遂;否则就是未遂。

4. 控制说。认为行为人着手实施劫持行为后,已经实际控制了该航空器的,为该罪的既遂;未能控制该航空器的,为未遂。

有观点认为控制说较为合理,理由是:首先,控制说的主张符合国际和国内立法的精神。《海牙公约》第一条明确规定,在飞行中的航空器内的任何人,如果用暴力或用暴力威胁,或采用任何其他恐吓方式,非法劫持或控制该航空器,或企图采取任何这种行为,或是犯有或企图犯有任何这种行为的人的从犯,都是犯了作为公约的对象的犯罪。依据公约规定,国际法是将劫持航空器的犯罪划分为罪犯和嫌疑犯两种的。而嫌疑犯是一种犯罪性质不确定的人犯,其中包括劫持航空器的预备犯和未遂犯,也包含在航空器内构成其他犯罪的罪犯,且不论是罪犯或嫌疑犯都存在着共同犯罪形式。显然,国际公约是以犯罪分子是否劫持或控制该航空器作为既遂与未遂标准的,而不是以犯罪分子的犯罪目的是否达到或被劫持的航空器是否飞出国境线作为标准的。本条也明确规定:以暴力、胁迫或其他方法劫持航空器的构成劫持航空器罪。因此,犯罪分子在着手实施劫持行为,并已达到非法劫持或控制该航空器的程度,就具备了犯罪构成的全部要件,应是劫持航空器罪的犯罪既遂;如果犯罪分子在着手实施劫持行为后,因其意志以外的原因未能达到非法劫持或控制该航空器的程度,就应认定为未完成犯罪而构成本罪的未遂。其次,采用控制说为划分既遂与未遂的标准,更能反映劫持航空器罪的本质特征。国际公约中规定的危害民用航空安全的犯罪,不仅包括非法劫持航空器的犯罪,而且包括其他危害民用航空安全的犯罪。其他危害民用航空器安全的犯罪,虽然也危及了飞行的安全,但却不完全有非法劫持的性质。而犯罪分子一旦实施了劫持行为,并实际控制了被劫持的航空器,就对该航空器以及旅客生命、财产安全以及公共安全造成了实际的威胁或破坏,这也正是劫持航空器罪的本质特征所在。因此,将犯罪人实际控制该航空器作为犯罪既遂的标准比较合适。至于着手说、目的说或离境说,作为划分本罪既遂与未遂的标准,不符合法律的规定和本罪的本质特征,因此是不可取的。

(二)本罪与其他危害民用航空安全犯罪的界限

根据有关国际公约的规定,危害民用航空安全或秩序的犯罪包括三类,一是空中劫持罪,又称非法劫持航空器罪、劫机罪,与我国的劫持航空器罪相同。该罪是在1963年的《东京公约》中规定的犯罪。二是危害国际民用航空安全罪。就一般意义而言,劫持本身也是一种危害民用航空安全的犯罪,但是鉴于空中劫持的严重性,1970年的《海牙公约》已将其规定为一种独立的国际犯罪。所以,危害民用航空安全罪,实际上是除劫持航空器以外的其他危害国际民用航空安全的行为。根据《蒙特利尔公约》及其议定书的规定,危害国际民用航空安全罪在客观上包括下列犯罪行为:(1)对飞行中的航空器内的人实施可能危及航空器安全的暴力行为;(2)破坏或损坏使用中的航空器而使其不能飞行或危及其飞行安全的行为;(3)在使用中的航空器内实施具有破坏或损坏该航空器而使其无法飞行或危及飞行安全的行为;(4)破坏或损坏航行设备或妨碍其操作以致危及飞行中的航空器安全的行为;(5)在国际机场上实施足以危害民用航空安全的暴力行为;(6)传送明知虚假的、可能危及飞行中的航空器安全的情报的行为;(7)上述行为的未遂行为;(8)教唆、共谋或帮助上述犯罪的行为。三是妨害国际航空罪,即指除前两类罪以外的其他破坏国际航空秩序的犯罪行为,诸如在飞行中的航空器内实施还尚不至危及该航空器安全的暴力(谋杀行为、伤害行为、绑架、劫持人质)的行为,严重妨害机组人员正常活动的行为等。这类犯罪,虽然不直接危及航空器的安全,但是也直接破坏了国际民用航空的正常秩序,因而也是一种破坏国际民用航空秩序的犯罪。

我国的劫持航空器罪与上述第一种犯罪相同,而不包括后两类犯罪。那么出现了后两类犯罪行为后如何处理?我们认为,对于不是出于劫持的目的,故意或过失损坏使用中的航空器或航行设备,以致航空器不能飞行或可能危及飞行安全的,应分别适用《刑法》第一百一十六条、第一百一十七条的破坏交通工具罪和破坏交通设施罪,而不宜认定为劫持航空器罪。对于出于非法占有为目的,在飞行航空器内以暴力或以暴力相威胁手段抢劫财物的,不论是否致人重伤、死亡,因航空交通的特殊情形,都可能危及飞行安全,因此,应认定为抢劫罪,并适用《刑法》第二百六十三条第一款第二项之规定从重处罚。

量 刑 部 分

【量刑标准】

犯本罪的,处十年以上有期徒刑或者无期徒刑;致人重伤、死亡或者使航空器遭受严重破坏的,处死刑。

截至目前,尚无本罪名关于量刑的司法解释。

劫持船只、汽车罪 《刑法》第122条

以暴力、胁迫或者其他方法劫持船只、汽车的,处五年以上十年以下有期徒刑;造成严重后果的,处十年以上有期徒刑或者无期徒刑。

定 罪 部 分

【罪名概念】

劫持船只、汽车罪,是指以暴力、胁迫或者其他方法劫持船只、汽车的行为。

【犯罪构成】

(一)主体要件

本罪的主体为一般主体。凡达到刑事责任年龄具备刑事责任能力的自然人均可构成。既可以由中国人构成,也可以由外国人或无国籍人构成。例如,外国人劫持船只、汽车进入中国境内,也构成劫持船只、汽车罪。

(二)主观要件

本罪在主观方面表现为故意犯罪,但对犯罪目的没有要求,行为人劫持汽车、船只,不论出于何种目的,都不影响本罪的成立。

(三)客观要件

本罪在客观方面表现为以暴力、胁迫或者其他方法劫持船只、汽车的行为。暴力,是指对船只、汽车上的人员,特别是驾驶人员、售票人员,实施捆绑、殴打、伤害等行为,迫使船只、汽车改变方向或自己亲自控制航空器。胁迫,是对乘务人员施以精神恐吓和强制,如以车、船相威胁,使驾驶、操纵人员不敢反抗,听凭其指挥或自己亲自操纵驾驶。其他方法是指上述暴力、胁迫方法以外的任何其他劫持方法,如使用麻醉品将驾驶人员致醉、致昏等,使驾驶人员处于不能反抗或不知反抗的状态,从而达到劫持船只、汽车的目的。这里的劫持,是指犯罪分子以上述手段按照自己的意志强行控制船只、汽车的行为。

劫持船只、汽车罪是行为犯,不是结果犯。只要行为人实施了以暴力、胁迫或者其他方法劫持船只、汽车的行为,即构成本罪既遂,而不论其犯罪目的是否实现。

（四）客体要件

本罪侵犯的客体是公共安全，主要是指船只、汽车的交通运输安全和不特定多数旅客的生命、健康及财产安全。本罪的犯罪对象只能是船只、汽车。船只、汽车是大型的现代化交通运输工具，与公共安全联系密切。劫持这类交通工具，就有可能危害船只、汽车的交通运输安全和不特定多数旅客的生命、健康及财产安全，造成人员伤亡和财产毁损。因此，严厉惩治劫持船只、汽车的犯罪行为，对维护旅客的生命、财产安全和船只、汽车的正常运营安全，维护社会治安秩序，保障、促进改革开放和经济建设的顺利进行，具有十分重要的意义。

1992 年 12 月 28 日，全国人大常委会通过了《关于惩治劫持航空器的犯罪分子的决定》，为惩治劫持航空器的犯罪分子提供了法律武器，但对于如何惩治劫持船只、汽车的犯罪分子，1979 年《刑法》无明文规定。近年来，劫持船只、汽车，造成车、船沉、人员伤亡的案件时有发生，作案者多系累犯、流窜犯，凶残成性，严重危害社会，危及旅客的人身、财产以至公共安全。因此有必要予以刑法打击。

本罪侵犯的对象，是船只、汽车。船有机动船和非机动船之分。这里所说的船只应理解为机动船，非机动的木帆船、牛皮划等小船遭受侵犯虽也可造成损失，但一般不危害公共安全。

【罪名辨析】

（一）本罪与非罪的界限

司法实践中，在认定某种行为是否构成劫持船只、汽车罪时，主要应把握该行为是否具有相当严重的社会危害性，是否具备本条规定的劫持船只、汽车罪的构成要件。如果行为人没有使用暴力、胁迫和其他方法，或者没有劫持船只、汽车，或者劫持的不是船只、汽车的，都不构成本罪。司法实践中，特别要注意把劫持船只、汽车罪同正当的执行公务行为、紧急避险行为等区别开来。劫持船只、汽车罪中的劫持应是非法的，而不是合法的，如果行为人出于合法目的而强行使用船只、汽车的，不构成劫持船只、汽车罪。例如，人民警察看到犯罪分子正驾驶摩托车逃离作案现场，便出示有关证件，强行要求一小型私营公共汽车驾驶员开车追击。在这里，人民警察为了抓捕在逃犯罪嫌疑人，强制私营公共汽车驾驶员开车追击的劫持汽车行为，不仅不具有社会危害性，而且是对社会有益的行为，因此，其不构成劫持汽车罪。同样，行为人出于正当的公务活动的需要或者出于紧急避险，而劫持船只、汽车的，也不构成劫持船只、汽车罪。

（二）本罪与破坏交通工具罪的界限

劫持船只、汽车罪与破坏交通工具罪都是故意犯罪，侵犯的客体都是交通运输安全，但有明显区别：（1）犯罪客观方面不同。劫持船只、汽车罪的行为人通常采取暴力、胁迫或者其他方法劫持船只、汽车，且一般是在船只、汽车内公然实施的；破坏交通工具罪的行为人通常是采取盗窃、爆炸等手段破坏船只、汽车等交通工具,一般容易导致船只、汽车等交通工具的倾覆或者毁坏,且多是秘密实施的。(2)犯罪对象不同。劫持船只、汽车罪的犯罪对象仅限于船只、汽车;破坏交通工具罪的犯罪对象则不限于船只、汽车,还包括火车、航空器等。(3)犯罪主观方面不同。劫持船只、汽车罪的行为人也可能对船只、汽车进行破坏,但其犯罪目的不是使船只、汽车发生倾覆或毁坏危险,而是劫夺和控制船只、汽车;破坏交通工具罪的行为人是通过破坏船只、汽车等交通工具而使船只、汽车等交通工具倾覆或毁坏。

(三)本罪与抢劫罪的界限

两罪的主体都为一般主体,主观方面都是出于故意,客观方面都可表现为暴力、胁迫或者其他方法,但两者还是具有以下本质区别:(1)主观目的完全不同。本罪的行为意在控制船只、汽车按自己的意图行驶;而抢劫罪的目的在于非法占有财物。(2)所侵犯的客体不同。本罪所侵害的客体为公共安全,包括交通运输安全和不特定乘客的生命健康安全;而抢劫罪的客体则是公私财物的所有权和特定公民的人身健康权利。(3)所侵犯的对象不同。本罪的对象仅限于船只和汽车,而抢劫罪的对象则包括船只、汽车在内的一切有形的动产,对象比本罪广泛得多。(4)在客观方面表现不完全相同。本罪由于意在控制船只、汽车,一旦达到其目的,往往会离船、离车而去,或者将所劫船只、汽车予以毁坏;而抢劫罪由于意在占有所劫之物,通常就会在一段时间继续使用或出卖所劫船只、汽车。如果行为人出于非法占有的目的,劫取正在使用中的船只、汽车,其行为同时触犯本罪,但无须数罪并罚。如果查不清行为人的具体目的,则可以本罪论处。

量刑部分

【量刑标准】

犯本罪的,处五年以上十年以下有期徒刑;造成严重后果的,处十年以上有期徒刑或者无期徒刑。

截至目前,尚无本罪名关于量刑的司法解释。

暴力危及飞行安全罪　《刑法》第123条

对飞行中的航空器上的人员使用暴力,危及飞行安全,尚未造成严重后果的,处五年以下有期徒刑或者拘役;造成严重后果的,处五年以上有期徒刑。

定罪部分

【罪名概念】

暴力危及飞行安全罪,是指对飞行中的航空器上的人员使用暴力,危及飞行安全的行为。

【犯罪构成】

(一)主体要件

本罪的主体为一般主体,凡达到刑事责任年龄、具备刑事责任能力的自然人均可成为本罪主体。既可以由中国人构成,也可以由外国人或无国籍人构成。

(二)主观要件

本罪在主观方面表现为故意,即明知自己对飞行中的航空器上的人员使用暴力,会危及飞行安全,而希望或放任这种结果发生的心理态度。在航空器运行期间,对航空器上的人员使用暴力,对机上人员的生命、财产和航空器飞行安全会造成极大的危险,稍有不慎,就会发生机毁人亡的惨剧,这是任何一个稍有航空常识的人都能认识到的。因此,构成本罪,只要行为人认识到自己的暴力行为可能危及飞行安全,并希望或放任这种结果发生就行了,而至于其暴力行为事实上是否造成机毁人亡的严重后果则不要求有认识。包括直接故意和间接故意。司法实践中,行为人对危及飞行安全的结果在主观上大多是出于间接故意。如乘客甲、乙在航空器飞行中,为小事而互相谩骂,直到发展到在机舱内大打出手,引起机舱内乘客恐慌。甲、乙出于相互侵害的目的,实施暴力行为,直接追求的是对方伤亡结果的发生,而对危及飞行安全则是持放任态度。至于行为人的犯罪动机是多种多样的,有的是为了泄愤报复,有的是为了勒索钱财等。无论行为人出于何种犯罪动机,均不影响本罪的成立。

(三)客观要件

本罪在客观方面表现为行为人对飞行中的航空器上的人员使用暴力,危及飞行安全的行为。犯罪对象是航空器上的人员,行为人必须是对正在飞行中的航空器上的人员使用暴力,危及飞行安全的,才构成犯罪。构成本罪,不以造成严重后果为要件,只要行为人实施了暴力行为,危及飞行安全就构成本罪。

构成本罪,行为人实施的暴力行为还必须是达到足以危及飞行安全的程度,如果只是一般推撞打架、口角争斗而不足以危及飞行安全的,不构成本罪。只要行为人的行为使飞行中的航空器的安全处于危险状态即构成犯罪(危险犯),并不要求有实际的严重后果发生,如果造成严重后果,则应适用结果加重的刑罚处罚。

(四)客体要件

本罪侵犯的客体是公共安全,即不特定多数人的生命、健康和重大公私财物安全。犯罪分子利用航空飞行的危险性和易受侵犯性,为达到犯罪目的,不惜以机组人员、乘客、重大公私财物的安全为代价。

航空器,作为一种现代化的交通运输工具,主要用于重要物资和旅客的运输。它在使用中能否正常运行,直接关系到所载乘客和物资能否安全达到目的地。航空器在运行中一旦失去控制,就会给人们的生命、财产安全造成不可估量的损失。他们往往出于种种卑劣的动机和目的,用暴力严重危害空中运输安全。

本罪侵犯的对象必须是使用中的航空器。《东京公约》《海牙公约》中规定的都是在飞行中的航空器。所谓在飞行中:是指航空器在装载结束,机舱外部各门均已关闭时起,直到打开任一机门以便卸载时为止的任何时间;而如果飞机是强迫降落的,则到主管当局接管该航空器及其所载人员和财产以前。

【罪名辨析】

(一)本罪与非罪的界限

司法实践中,在认定某种行为是否构成暴力危及飞行安全罪时,主要是把握该行为是否具有相当严重的社会危害性,是否具有本罪的构成要件,是否危害或足以危害飞行安全。如果行为人对正在飞行中的航空器上的人员使用的不是暴力行为而是胁迫或其他行为;或者行为人不是对航空器上的人员使用暴力,而是对航空器以外的人员或航空器本身使用暴力或强力;或者行为人不是对正在飞行中的航空器上的人员使用暴力,而是对停机待用的航空器上的人员使用暴力;或者行为人是对正在飞行中的航空器上的人员使用暴力,但不足以危及飞行安全的,则均不构成本罪。为了制止飞行中的航空器上正在进行的不法侵害行为如劫持航空器的犯罪行为等,行使正当防卫权利的,即使是对不法侵害行为人使用暴力,且有可能危及飞行安全的,也不构成本罪。因为正当防卫行为不仅不具有社会危害性,而且是对社会有益的行为。

(二)本罪与破坏交通工具罪的界限

本罪和破坏交通工具罪都是故意犯罪,并且都有可能危及飞行安全,但区别是明显的:(1)犯罪对象不同。本罪的犯罪对象为航空器上的人员,包括机组人员、乘客和其他任何人员;破坏交通工具罪的犯罪对象为交通工具本身,如破坏航空器的发动机等。(2)犯罪客观方面不同。本罪是对正在飞行中的航空器上的人员使用暴力;破坏交通工具罪在时间上为正在使用中的航空器,包括航空器停机待用的,且手段也不限于暴力。

(三)本罪与劫持航空器罪的界限

暴力危及飞行安全罪和劫持航空器罪侵犯的都是航空器的飞行安全,且一般都是在飞行中的航空器内实施的。两者的主要区别是:(1)主观方面不同。劫持航空器罪的犯罪行为人对航空器上的人员使用暴力,其目的在于劫持航空器;本罪的犯罪行为人对正在飞行中的航空器上的人员使用暴力,只有危及民用航空器飞行安全的故意,而无劫持航空器的故意和目的。(2)客观方面表现不同。暴力危及飞行安全罪的犯罪行为人是对正在飞行中的航空器上的人员使用暴力，其犯罪行为只能发生在正在飞行中的航空器内，犯罪物件是航空器上的人员，犯罪手段仅限于暴力；而劫持航空器罪的犯罪行为人是对正在使用中或正在飞行中的航空器本身和机上人员使用暴力、胁迫或其他方法，其包括正在使用中如停机待用的航空器，犯罪对象包括航空器本身和机上人员，犯罪手段也不限于暴力。(3)构成犯罪的要求不同。暴力危及飞行安全罪的犯罪行为人对正在飞行中的航空器上的人员使用暴力，必须危及飞行安全；劫持航空器罪的犯罪行为人只要实施了劫持行为即构成犯罪。当然，如果行为人出于劫持航空器的目的，对正在飞行中的航空器上的人员如驾驶员使用暴力，危及飞行安全的，则是一行为同时触犯两个罪名，属于想象竞合犯，即对正在飞行中的航空器上的人员使用暴力的行为，既触犯了暴力危及飞行安全罪的罪名，又触犯了劫持航空器罪的罪名，属于想象竞合犯，应从一重罪即劫持航空器罪论处。

(四)本罪与重大飞行事故罪的界限

重大飞行事故罪是指航空人员违反规章制度，致使发生重大飞行事故，造成严重后果的行为。两者的区别是：(1)犯罪主体不同。暴力危及飞行安全罪的犯罪主体是一般主体，任何处于正在飞行中的航空器上的人员包括机组人员和乘客都可成为该罪的犯罪主体；重大飞行事故罪的犯罪主体是特殊主体，即只能是航空人员包括从事航空活动的空勤人员和地面人员。(2)主观方面不同。暴力危及飞行安全罪只能由故意构成；重大飞行事故罪行为人在主观上只能是过失。(3)客观方面不同。暴力危及飞行安全罪表现为行为人对正在飞行中的航空器上的人员使用暴力，危及飞行安全的行为；重大飞行事故罪则表现为航空人员违反规章制度，因而发生重大飞行事故造成严重后果的行为。(4)对严重后果的要求不同。构成重大飞行事故罪必须造成严重后果，暴力危及飞行安全罪并不以发生严重后果为构成要件。

量刑部分

【量刑标准】

犯本罪，尚未造成严重后果的，处五年以下有期徒刑或者拘役；造成严重后果的，处五年以上有期徒刑。

截至目前，尚无本罪名关于量刑的司法解释。

破坏广播电视设施、公用电信设施罪 《刑法》第124条(一)

破坏广播电视设施、公用电信设施，危害公共安全的，处三年以上七年以下有期徒刑；造成严重后果的，处七年以上有期徒刑。

定罪部分

【罪名概念】

破坏广播电视设施、公用电信设施罪,是指故意破坏正在使用中的广播电视设施、公用电信设施,危害公共安全的行为。

【犯罪构成】

(一)主体要件

本罪主体是一般主体。既可以是普通公民,也可以是从事广播、电视通信业务的人员。凡达到法定刑事责任年龄、具有刑事责任能力的人均可构成。

(二)主观要件

本罪在主观方面表现为故意,包括直接故意和间接故意。故意的内容表现为,行为人明知其破坏广播电视、电信设施的行为会危害通信的公共安全,并且希望或者放任这种危害结果的发生。

实施本罪的动机可以是多种多样,如出于报复泄愤、嫉妒陷害、贪财图利等。动机如何不影响本罪的成立。

(三)客观要件

本罪在客观方面表现为破坏广播电视设施、公用电信设施,足以危害公共安全的行为。破坏方法多种多样,如拆卸或毁坏广播电视设施、公用电信设施重要机件,砸毁机器设备,偷割电线,截断电缆,挖走电线杆,故意违反操作规程,使机器设备损坏,使广播、电视、电信通信无法进行等。如果用放火、爆炸等危险方法破坏广播电视设施、公用电信设施,危害公共安全,则同时触犯本罪和放火罪(或爆炸罪)等罪名,属于想象竞合犯。根据对想象竞合犯"从一重处断"的处理原则,应以放火罪或爆炸罪论处。

构成本罪,只须在客观上实施破坏广播电视设施、公用电信设施的行为,并足以危害公共安全,无论是否造成严重后果,均可成立。这里危害公共安全,一般是指通信设备因遭受破坏失去原有功能,以致造成公共广播、电视、通信不能正常进行,使不特定多数的单位和个人无法正常收听、收看广播、电视,或者进行其他通信联络活动,并且由此可能引起其他严重后果。如果行为人破坏通信设备并不影响正常通信的部件,或者仅将一户的电话机盗走,并不危害通信方面的公共安全,不能以本罪认定,视情节可作故意毁坏财物罪或盗窃罪处理。

(四)客体要件

本罪所侵犯的客体是通信方面的公共安全。犯罪对象是正在使用中的广播、电视、公用电信等通信设施,包括广播电台的发射电波的设施如铁塔发射台、发射机房、电源室等;电视台的发射与接受电视图像的设备以及有线广播电视传播覆盖设施;邮电部门的收发电报的机器设施;公用电话的交换设施、通信线路如架空线路、埋设线路、无线线路等;卫星通信的发射与接受电讯号的设施;微波、监测、传真通信设施;国家重要部门如铁路、军队、航空中的电话交换台、无线电通信网络;在航空、航海交通工具以及交通设施中的无线电通信、导航设施;等等。如行为人破坏的是广播、电视、电信部门的非直接用于通信的设施如行政办公设施、日常生活设施或者虽属广播、电视、电信设施,仅属于一般性的服务设施,如宾馆、单位内部的闭路电视网络,城市中的公用电话亭以及一般的民用家庭电话等,都不属于本罪对象。对之进行破坏的,不能构成本罪,构成犯罪的,应以他罪如故意毁坏财物罪等论处。此外,必须是正在使用中的通信设施才能成为本罪对象。倘若不是正在使用,如正在制造或虽已制造完毕但未安装交付使用的,对之进行破坏,亦不构成本罪。这是因为,只有对正在使用中的通信设施进行破坏,才能给公共安全带来危害,而危害公共安全,则是构成本罪的一个重要条件。

【罪名辨析】

(一)本罪与盗窃罪的界限

在实践中,以非法占有为目的,盗窃通信器材的案件(如偷割电话线、通信电缆等)时有发生。如果窃取的是库存的或者正在生产、维修中的通信器材,只能侵害财产所有权,并不危害通信方面的公共安全,因此应以盗窃罪论处。如果窃取的是正在使用中的通信设备,如偷割正在使用中的电话线、电缆线,偷砍电线杆等,势必会使不特定多数单位或个人的广播、电视通信受阻。这种行为不仅侵害财产所有权,而且危害通信方面的公共安全,这样就触犯了破坏广播电视、公用电信设施罪和盗窃罪的罪名。

(二)本罪与放火罪、爆炸罪的界限

本罪的破坏方法除拆毁通信设施等一般方法外,还包括放火、爆炸等危害公共安全的危险方法。以放火、爆炸等危害公共安全的危险方法破坏广播、电视、公用电信等设施的,属于手段牵连。根据牵连犯的处罚原则,应当择一重罪处罚,即应按放火罪、爆炸罪处罚。当然,放火、爆炸的方法本身没有达到犯罪的程度,破坏广播电视设施、公用电信设施罪能够成立的,只以本罪一罪处罚。

(三)本罪与破坏交通工具、交通设施罪的界限

现代化的交通工具如航海、航空交通工具以及交通设施中,往往会使用一些无线电通信、导航设施。铁路部门为保障铁路交通运输安全,具有自己的专用通信设施。对交通工具、交通设施中的通信设施进行破坏,不仅会危及通信方面的公共安全,更主要的是还会危及交通运输方面的安全。如因破坏交通工具或交通设施中的通信设施,足以发生火车、船只、航空器等倾覆或毁坏的,又触犯破坏交通工具罪、破坏交通设施罪,应当择重罪即破坏交通工具罪或破坏交通设施罪处罚。倘若破坏交通工具、交通设施中的通信设施,不足以危及交通运输安全,但足以危害通信公共安全的,则就应认定为本罪。

量刑部分

【量刑标准】

犯本罪的,处三年以上七年以下有期徒刑;造成严重后果的,处七年以上有期徒刑。

截至目前,尚无本罪名关于量刑的司法解释。

过失损坏广播电视设施、公用电信设施罪 《刑法》第124条(二)

过失犯前款罪的,处三年以上七年以下有期徒刑;情节较轻的,处三年以下有期徒刑或者拘役。

定罪部分

【罪名概念】

过失损坏广播电视设施、公用电信设施罪,是指过失损坏广播电视设施、公用电信设施,造成严重后果,危害公共安全的行为。

【关联法律】

《广播电视设施保护条例》(2000)

【犯罪构成】

(一)主体要件

本罪主体是一般主体。既可以是普通公民,也可以是从事广播、电视通信业务的人员。凡达到法定刑事责任年龄、具有刑事责任能力的人均可构成。

(二)主观要件

本罪在主观方面表现为过失,即行为人对其破坏广播电视设施、公用电信设施的行为可能引起的严重后果应当预见,因为疏忽大意而未预见;或者虽然已经预见,而轻信能够避免,以致发生了严重后果。如果行为人对其行为造成的严重后果既非出于故意,也不存在过失,属于意外事件,不构成犯罪。

(三)客观要件

本罪在客观方面表现为过失破坏广播电视设施、公用电信设施,造成严重后果,危害公共安全的行为。

过失损坏广播电视设施、公用电信设施的行为分为尚未造成严重后果和已经造成严重后果两种情况。根据刑法的规定,过失行为只有造成严重后果的才负刑事责任。因此,本条第二款规定的过失犯前款罪仅指过失犯前款罪中造成严重后果的犯罪。也就是说,构成过失损坏广播电视设施、公用电信设施罪,过失行为必须造成严重后果。如果仅有过失行为,并未造成严重后果,或者后果不严重的,则不构成过失损坏广播电视设施、公用电信设施罪。这也是本罪具有较大社会危害性的根本原因。因此，有无后果，后果是否严重，是衡量过失损坏广播电视设施、公共电信设施的行为是否构成犯罪的重要标志。

（四）客体要件

本罪侵犯的客体是与通信相联系的公共安全。其破坏的对象是广播电视设施、公用电信设施，即广播电台、电视、电报、电话或其他通信设备。如广播电台发射和接收电波的机器设备、电话交换设备、通信线路、收发电报的设备、电视收发设备等。这些设备必须是正在使用中，并且是直接用于广播、电视、电信的设备，因为只有这些设备遭受破坏，才可能造成广播、电视和电信联络的中断，严重危害公共安全。如果破坏或盗窃库存的广播电视、电信器材，或非直接用于广播、电视、电信的设备，如办公设备、生活设施等，只能造成一定财产的损失，不直接影响广播电视、电信正常进行，则不构成本罪。其情节严重的，应以故意毁坏财物罪或盗窃罪论处。

1979 年《刑法》未明文将电视台列为本罪的对象。随着电视广播事业的发展，全国各地普遍设立的电视台和电视转播台也是重要的通信设备。因此破坏电视台和电视转播台的设备，危害公共安全的，也构成本罪。

【罪名辨析】

（一）本罪与破坏广播电视设施、公用电信设施罪的界限

两罪侵犯的对象都是正在使用中的广播电视设施、公用电信设施，在客观方面都实施了毁坏行为，并且侵犯的客体都是公共安全。但是两罪在犯罪构成上有明显区别：(1)主观方面不同。破坏广播电视设施、公用电信设施罪是故意，即行为人积极追求或放任上述设施被破坏的危害结果；过失损坏广播电视设施、公用电信设施罪是过失，即行为人既不希望也不放任上述设施被损坏的危害结果的发生，而是由于疏忽大意或过于自信的过失以致发生这种危害结果。(2)对犯罪构成的要求不同。故意破坏广播电视设施、公用电信设施罪不以造成严重后果为构成要件；过失损坏广播电视设施、公用电信设施罪则以造成严重后果为构成要件。

（二）本罪与广播电视、公用电信部门职工在作业中违反规章制度，因而发生上述设施被毁的重大事故，引起信息中断、通信阻断，造成严重后果的重大责任事故罪的界限

两者侵犯的对象相同，都是正在使用中的广播电视设施、公用电信设施，在主观上都是出于过失，并且都以造成严重后果为构成犯罪的必备条件。但是，两者存在着明显区别：(1)主体不同，前者的主体是一般主体；后者的主体为特殊主体，即广播电视、公用电信部门的职工。(2)客体不同。前者侵犯的是传播、通信方面的公共安全；后者侵犯的是广播电视、公用电信部门的作业安全。(3)客观方面不同。前者是过失损坏广播电视设施、公用电信设施，与从事传播、通信作业活动无关；后者是在传播、通信作业活动过程中，由于不服管理、违反规章制度，或者强令工人违

规冒险作业,因而发生重大事故。因此,由于上述部门的职工在作业过程中的业务过失而造成严重后果的,应定重大责任事故罪,而不能以过失损坏广播电视设施、公用电信设施罪论处。

(三)本罪与过失损坏易燃易爆设备罪的界限

两者都是危害公共安全的犯罪,在主观上都是出于过失,客观上都有过失损坏的行为,主体都是一般主体。但是,两者侵犯的对象不同。过失损坏广播电视设施、公用电信侵犯的对象是正在使用中的广播电视设施、公用电信设施;破坏易燃易爆设备罪侵犯的对象是正在使用中的燃气或者其设备。

量刑部分

【量刑标准】

过失犯本罪的,处三年以上七年以下有期徒刑;情节较轻的,处三年以下有期徒刑或者拘役。

截至目前,尚无本罪名关于量刑的司法解释。

非法制造、买卖、运输、邮寄、储存枪支、弹药、爆炸物罪 《刑法》第125条(一)

非法制造、买卖、运输、邮寄、储存枪支、弹药、爆炸物的,处三年以上十年以下有期徒刑;情节严重的,处十年以上有期徒刑、无期徒刑或者死刑。

单位犯前款罪的,对单位判处罚金,并对其直接负责的主管人员和其他直接责任人员,依照第一款的规定处罚。

定罪部分

【罪名概念】

非法制造、买卖、运输、邮寄、储存枪支、弹药、爆炸物罪,是指行为人违反国家有关枪支、弹药、爆炸物管理的法规,非法制造、买卖、运输、邮寄、储存枪支、弹药、爆炸物、危害公共安全的行为。

【司法解释】

最高人民法院《关于审理非法制造、买卖、运输枪支、弹药、爆炸物等刑事案件具体应用法律若干问题的解释》

(实施日期:2010年1月1日　法释[2009]18号)(节录)

第一条　个人或者单位非法制造、买卖、运输、邮寄、储存枪支、弹药、爆炸物,具有下列情形之一的，依照刑法第一百二十五条第一款的规定，以非法制造、买卖、运输、邮寄、储存枪支、弹药、爆炸物罪定罪处罚：

（一）非法制造、买卖、运输、邮寄、储存军用枪支一支以上的；

（二）非法制造、买卖、运输、邮寄、储存以火药为动力发射枪弹的非军用枪支一支以上或者以压缩气体等为动力的其他非军用枪支二支以上的；

（三）非法制造、买卖、运输、邮寄、储存军用子弹十发以上、气枪铅弹五百发以上或者其他非军用子弹一百发以上的；

（四）非法制造、买卖、运输、邮寄、储存手榴弹一枚以上的；

（五）非法制造、买卖、运输、邮寄、储存爆炸装置的；

（六）非法制造、买卖、运输、邮寄、储存炸药、发射药、黑火药一千克以上或者烟火药三千克以上、雷管三十枚以上或者导火索、导爆索三十米以上的；

（七）具有生产爆炸物品资格的单位不按照规定的品种制造，或者具有销售、使用爆炸物品资格的单位超过限额买卖炸药、发射药、黑火药十千克以上或者烟火药三十千克以上、雷管三百枚以上或者导火索、导爆索三百米以上的；

（八）多次非法制造、买卖、运输、邮寄、储存弹药、爆炸物的；

（九）虽未达到上述最低数量标准，但具有造成严重后果等其他恶劣情节的。

介绍买卖枪支、弹药、爆炸物的，以买卖枪支、弹药、爆炸物罪的共犯论处。

第二条　非法制造、买卖、运输、邮寄、储存枪支、弹药、爆炸物，具有下列情形之一的，属于刑法第一百二十五条第一款规定的“情节严重”：

（一）非法制造、买卖、运输、邮寄、储存枪支、弹药、爆炸物的数量达到本解释第一条第（一）、（二）、（三）、（六）、（七）项规定的最低数量标准五倍以上的；

（二）非法制造、买卖、运输、邮寄、储存手榴弹三枚以上的；

（三）非法制造、买卖、运输、邮寄、储存爆炸装置，危害严重的；

（四）达到本解释第一条规定的最低数量标准，并具有造成严重后果等其他恶劣情节的。

第八条　刑法第一百二十五条第一款规定的“非法储存”，是指明知是他人非法制造、买卖、运输、邮寄的枪支、弹药而为其存放的行为，或者非法存放爆炸物的行为。

刑法第一百二十八条第一款规定的“非法持有”，是指不符合配备、配置枪支、弹药条件的人员，违反枪支管理法律、法规的规定，擅自持有枪支、弹药的行为。

刑法第一百二十八条第一款规定的“私藏”，是指依法配备、配置枪支、弹药的人员，在配备、配置枪支、弹药的条件消除后，违反枪支管理法律、法规的规定，私自藏匿所配备、配置的枪支、弹药且拒不交出的行为。

【犯罪构成】

（一）主体要件

本罪主体为一般主体，即达到法定刑事责任年龄、具有刑事责任能力的自然人都可以构成。根据本条第三款的规定,单位也可成为本罪主体。单位非法从事制造、买卖、运输、邮寄、储存枪支、弹药、爆炸物的活动,其主管人员和直接责任人员,应按本罪论处。

(二)主观要件

本罪主观方面表现为故意,即明知是枪支、弹药、爆炸物而非法制造、买卖、运输、邮寄、储存。其动机则可能多种多样,有的为了营利,有的为了实施其他犯罪。不同的动机一般不影响定罪。

(三)客观要件

本罪客观方面表现为非法制造、买卖、运输、邮寄、储存枪支、弹药、爆炸物的行为。

所谓非法制造,是指违反国家有关法规,未经有关部门批准,私自制造枪支、弹药、爆炸物的行为。制造包括制作、加工、组装、改装、拼装、修理等具体方式,无论采取哪一种方式进行制造,也无论是否制造成功,抑或是自用还是出售,只要实施了制造的行为,即构成本罪。

所谓非法买卖,是指违反法律规定,未经有关部门批准许可,私自购买或者出售枪支、弹药、爆炸物的行为。买卖,既包括以金钱货币作价的各种非法经营的交易行为,亦包括以物换取枪支、弹药、爆炸物的以物易物的交换行为,以及赊购等行为方式。无论其方式如何,只要属于买卖行为,即构成本罪。

所谓非法运输,是指违反法律规定,未经批准许可,私自在国境内从一个地方运到另一个地方的行为。其既可以通过陆运、水运或空运,亦可以是随身携带,其方式的不同不影响行为的性质。

所谓非法邮寄,是指违反法律规定,私自通过邮局邮寄枪支、弹药、爆炸物的行为。既可以成批邮寄,亦可以夹在其他邮寄的仿品中邮寄。无论方式如何,只要属于非法,即可构成本罪。

所谓非法储存,是指违反国家有关规定,未经有关部门批准,私自收藏或存积枪支、弹药、爆炸物的行为。既可以藏在家中,又可以存在他处,如山洞中、他人家里等。不论地点如何,只要属于非法,就不影响本罪成立。

所谓非法,在本罪中是指违反有关法律规定,未经有关部门批准私自进行的有关行为。如果经过有关部门许可,但是由于行为人采用欺骗、贿赂等非法手段而得以批准的,此时尽管形式合法,其实质仍属非法,一经查获的,亦应当以本罪论处。

本罪属于选择性罪名。行为人只要实施非法制造、买卖、运输、邮寄、储存枪支、弹药、爆炸物行为之一的,即可构成犯罪。如果非法制造枪支、弹药、爆炸物以后,又自己运输和贩卖的,只构成非法制造、运输、买卖枪支、弹药、爆炸物罪一罪,不实行数罪并罚。

(四)客体要件

本罪侵犯的客体是公共安全,即不特定多数人的生命、健康和重大公私财产的安全。本罪是涉及危险对象的犯罪，但并不表现为对这种对象的破坏，也不具有放火、爆炸等罪一经实施即会同时造成多人死伤或公私财产广泛破坏的特点。将其归入危害公共安全罪中，就在于枪支、弹药、爆炸物这种危险物品，易被犯罪分子控制，有可能危及广大人民群众的生命安全、国家财产的安全，给社会治安留下极大隐患。我国政府非常重视对枪支、弹药和爆炸物的管理，1983 年颁布的《中华人民共和国民用爆炸物品管理条例》以及 1996 年颁布的《枪支管理法》等有关法规，对枪支、弹药、爆炸物实行国家管制，从而形成了对枪支、弹药、爆炸物的制造、买卖、运输、使用等完整的管理制度和体制。因此，本罪不仅违反了枪支、弹药、爆炸物的管理规定，而且由于枪支、弹药、爆炸物的巨大破坏性和杀伤力，同时还侵犯了公共安全。

犯罪对象包括枪支、弹药及爆炸物。所谓枪支，是指以火药、压缩气体等为动力，利用管状器具发射子弹、金属弹丸或者其他物质，足以致人伤亡、丧失知觉的各种枪支。其不仅指整枪，而且也指枪支的主要零部件。具体包括各种军用枪支、公务用枪与民用枪支，如手枪、步枪、冲锋枪、机枪等；民用狩猎用枪，如有膛线猎枪、散弹枪、火药枪等；体育射击运动用枪，如小口径步枪、手枪、汽步枪、汽手枪等，麻醉动物用的注射枪以及其他各种对人身具有较大杀伤力的土抢、砂枪、钢珠枪、电击枪、特种防暴枪等。所谓弹药，是指能为上述各种枪支使用的子弹、金属弹丸、催泪弹或其他物质。所谓爆炸物，是指具有爆破性，一旦爆炸即对人身财产能造成较大杀伤力或破坏力的物品，包括军用的地雷、手雷、炸弹、爆破筒以及民用各类炸药，如硝基化合物类炸药、硝基胺类炸药、高能混合炸药等，雷管、如火雷管、瞬发电雷管等；继爆管；导火索；导爆索；非电导破装置，如非电导破管，各种非电雷管等；起爆药，如雷管、雷银等；岩石、混凝土爆破剂；黑色火药、烟火剂；等等。如果行为人非法制造、买卖、运输、邮寄、储存的不是上述枪支、弹药或爆炸物，而是其他诸如游艺运动汽枪、制作影视戏剧用的道具枪以及烟花爆竹等娱乐性物品，则不宜以本罪论处。

量 刑 部 分

【量刑标准】

犯本罪的，处三年以上十年以下有期徒刑；情节严重的，处十年以上有期徒刑、无期徒刑或者死刑。

单位犯前款罪的，对单位判处罚金，并对其直接负责的主管人员和其他直接责任人员，依照第一款的规定处罚。

非法制造、买卖、运输、储存危险物质罪 《刑法》第125条(二)

非法制造、买卖、运输、储存毒害性、放射性、传染病病原体等物质,危害公共安全的,依照前款的规定处罚。

单位犯前款罪的,对单位判处罚金,并对其直接负责的主管人员和其他直接责任人员,依照第一款的规定处罚。

定罪部分

【罪名概念】

非法制造、买卖、运输、储存危险物质罪,是指违反法律规定,未经国家有关部门批准,非法制造、买卖、运输、储存危险物质的行为。

【犯罪构成】

(一)主体要件

本罪主体为一般主体,即达到法定刑事责任年龄、具有刑事责任能力的自然人都可以构成。根据本条第三款的规定,单位也可成为本罪主体。单位非法从事买卖、运输核材料的活动,其主管人员和直接责任人员,应按本罪论处。

(二)主观要件

本罪主观方面表现为故意犯罪,即明知是毒害性、放射性、传染病病原体等物质而非法制造、买卖、运输、储存,其动机则可能多种多样,有的为了营利,有的为了实施其他犯罪。不同的动机一般不影响定罪。

(三)客观要件

本罪客观方面表现为非法制造、买卖、运输、储存毒害性、放射性、传染病病原体等物质,危害公共安全的行为。

"非法制造"是指除了国家指定的科研、教学、生产单位依法研制上述物质外,任何单位和个人制造这些物质的行为。既保护合法研制的正常进行,又要严加管理,以防止恐怖组织和个人非法制造和利用这类物质用于从事恐怖犯罪活动,这也是我们司法实践中处理这类案件时应当掌握的一项基本原则。

"非法买卖"是指除了国家指定的有关单位和部门,为了科研、生产、防疫等工作的需要而购进或卖出毒害性、放射性、传染病病原体等物质外,任何单位和个人违反规定买卖这类物质的行为。由于这类物质的研制和生产是需要一定的科学方法和设备的,是一般单位和个人无法轻易做到的。因此那些恐怖组织和犯罪分子如果想利用这些物质从事恐怖活动,就必然要千方百计地在流通领域中通过购买而得到这些物质。如果不对这些物质在买卖的渠道中严格把关,就会为恐怖分子留下可乘之机,一旦被他们得到这些物质,就会对社会的公共安全埋下重大隐患,对社会公共安全造成不堪设想的严重后果,这也是人们在长期同恐怖活动作斗争过程中得到的深刻教训。非法买卖毒害性、放射性、传染病病原体等物质具体有三种情况:一是没有经过国家有关部门的批准而擅自购买或销售毒害性、放射性、传染病病原体等物质;二是超出国家有关部门批准的种类而购买或销售毒害性、放射性、传染病病原体等物质;三是超出国家有关部门批准的数量购买或销售毒害性、放射性、传染病病原体等物质。买卖包括购买与销售两种行为,行为人只要实施了购买与销售两种行为之一的,即为非法买卖毒害性、放射性、传染病病原体等物质,并不要求行为人既实施了非法购买行为,又实施了非法销售行为。非法买卖毒害性、放射性、传染病病原体等物质,既有以金钱为交换条件的非法买卖,也有以实物为交换条件的买卖;既有个人之间的非法买卖,也有单位之间的非法买卖;还有单位与个人之间的非法买卖。

“非法运输”是指未经国家批准或指定的单位,或不具有运输这类物质资格的单位和个人,从事运输这类物质的行为。这里包含两方面的含义:一是没有资格从事运输这类物质的单位和个人从事了运输这类物质的行为。擅自将毒害性、放射性、传染病病原体等物质从此地运往彼地,使毒害性、放射性、传染病病原体等物质在空间上发生转移的行为。从运输形式来看,有陆运、水运、空运等。由于毒害性、放射性、传染病病原体等物质是一种危险物质,因而对毒害性、放射性、传染病病原体等物质的运输有严格的技术要求,故一般不可能采取肩挑背扛、随身携带的方式非法运输毒害性、放射性、传染病病原体等物质。从运输的空间范围来看,必须是在我国境内非法运输,不包括非法运输上述物品出入国(边)境的行为。无论其出于何种目的,只要从事了非法运输的行为,就很可能产生两种后果:或者被恐怖分子劫持后获取这类物质而去从事恐怖犯罪活动;或者其运输过程的本身就对社会公共安全构成潜在的危险。因此是必须严格加以禁止的。二是专门从事恐怖活动的组织或犯罪分子个人为了从事恐怖犯罪活动或者雇佣他人或单位(包括有运输资格和没有运输资格)为其运输这类物质的行为,这种情况更是要严加查处。

“非法储存”是指将有危害公共安全的毒害性、放射性、传染病病原体等物质非法储存的行为。是指违反国家有关规定,未经有关部门批准,私自收藏或存积毒害性、放射性、传染病病原体等物质的行为。既可以藏在家中,又可以存在他处,如山洞中、他人家里等。不论地点如何,只要属于非法,就不影响本罪成立。

所谓非法,在本罪中是指违反有关法律规定,未经有关部门批准私自进行的有关行为。如果经过有关部门许可,但是由于行为人采用欺骗、贿赂等非法手段而得以批准的,此时尽管形式合法,其实质仍属非法,一经查获的,亦应当以本罪的非法论处。非法制造、买卖、运输、储存危险物质罪属于选择性罪名。行为人只要实施非法制造、买卖、运输、储存毒害性、放射性、传染病病原体等物质行为之一的,即可构成犯罪。如果非法制造毒害性、放射性、传染病病原体等物质以后,又自己运输和贩卖的,只构成非法制造、运输、买卖毒害性、放射性、传染病病原体等物质罪一罪,不实行数罪并罚。

(四)客体要件

本罪侵犯的客体是公共安全,即不特定多数人的生命、健康和重大公私财产的安全。同时还侵犯国家的毒害性、放射性、传染病病原体物质管理制度。本罪是涉及危险对象的犯罪,但并不表现为对这种对象的破坏,也不具有投放危险物质等罪一经实施即会同时造成多人死伤或公私财产广泛破坏的特点。将其归入危害公共安全罪中,就在于毒害性、放射性、传染病病原体等危险物质,一旦被犯罪分子控制,有可能危及广大人民群众的生命安全、国家财产的安全,给社会治安留下极大隐患。由于毒害性、放射性、传染病病原体物质其自身具有的危害人身健康的属性,因此国家历来对毒害性、放射性、传染病病原体物质的合理利用(包括生产、运输、储存)都实行严格的管理制度。并且在有关的法律、法规中,对开采、生产、运输、储存、研制开发和合理利用的主体即单位和个人都有明确的规定,任何单位和个人都不得擅自从事上述行为。这也是出于保护人民群众身体健康和公共安全的目的。国家对有资格从事这些工作的单位和个人提出了很高的要求,既要认真做好各种科学研制和利用工作,又要严格遵守国家有关的法律、法规的规定,严格按制度操作,严格把关,严防这类放射性物质从任何渠道流入社会,特别是不能落入犯罪分子或者恐怖分子手中。否则将会对公众和社会造成难以想象的严重后果。因此,非法制造、买卖、运输、储存危险物质不仅违反毒害性、放射性、传染病病原体物质这些危险物质的管理规定,而且由于毒害性、放射性、传染病病原体物质这些危险物质的巨大破坏性和杀伤力,同时还侵犯了公共安全。

犯罪对象包括毒害性、放射性、传染病病原体等危险物质。所谓“毒害性”物质,主要是指能对人或者动物产生毒害的有毒物质。范围广泛,包括化学性有毒物质、生物性有毒物质和微生物类有毒物质。其中,化学性有毒物质,也称人工合成有毒物质,如砒霜、鼠药、氰化物等;生物性有毒物质又可分为植物性有毒物质如野蘑菇,以及动物性有毒物质如河豚鱼等;微生物类有毒物质如肉毒杆菌等。具体指哪些物质,在法律条文中没有详细列举。但掌握这一规定的基本原则就是这种毒害性物质足以能够造成公众人身受其毒害,或者使公众赖以生存的自然生态环境和条件受到毒害污染,或者由于毒害物质传播而影响社会等,从而造成对公共安全的破坏等情况。所谓“放射性物质”,主要是指铀、镭、钚等能对人或动物产生严重辐射危害的物质,包括可以产生裂变反应或聚合反应的核材料。“传染病病原体等物质”主要是指可能导致传染病防治法规定的各种传染病传播的传染病菌种和毒种。根据我国传染病防治法规定,传染病分为甲、乙、丙三类。甲类传染病是指:鼠疫、霍乱。乙类传染病是指:病毒性肝炎、细菌性和阿米巴性痢疾、伤寒和副伤寒、艾滋病、淋病、梅毒、脊髓灰质炎、麻疹、百日咳、白喉、流行性脑脊髓膜炎、猩红热、流行性出血热、狂犬病、钩端螺旋体病、布鲁氏菌病、炭疽、流行性和地方性斑疹伤寒、流行性乙型脑炎、黑热病、疟疾、登革热。丙类传染病是指:肺结核、血吸虫病、丝虫病、包虫病、麻风病、流行性感冒、流行性腮腺炎、风疹、新生儿破伤风、急性出血结膜炎、除霍乱、痢疾、伤寒和副伤寒以外的感染性腹泻病。为了防止可能出现投放本条规定的“毒害性、放射性、传染病病原体”以外的其他危害公共安全的物质的犯罪,本条在具体列举“毒害性、传染性”物质后,采用了“等物质”的写法,为打击可能出现的这类犯罪留下了空间。应当说,人类通过科学研究和试验,利用毒害性、放射性、传染病病原体这些物质来造福人类,改善人类的生活条件和提高人类生活水平,并且提高人类与自然和危害人类的各种疾病做斗争的能力。而且随着科学的迅猛发展,可以为人类所利用、所认知的新的物质不断出现甚至被研制合成。这本身说明人类认识世界和改造世界的能力在不断提高。然而,由于这类物质本身所具有的破坏作用,有可能被那些居心叵测的犯罪分子所利用,作为危害公共安全的手段和方法。这就不得不使我们在立法上要更具前瞻性,以适应这类新物质的不断出现和惩罚利用这类物质进行的犯罪活动的需要。因此,《刑法修正案(三)》第五条修改刑法第一百二十五条第二款时,在规定了“毒害性、放射性、传染病病原体”的同时,还增加了“等物质”的规定。

量 刑 部 分

【量刑标准】

犯本罪的,处三年以上十年以下有期徒刑;情节严重的,处十年以上有期徒刑、无期徒刑或者死刑。

单位犯前两款罪的,对单位判处罚金,并对其直接负责的主管人员和其他直接责任人员,依照第一款的规定处罚。

截至目前,尚无本罪名关于量刑的司法解释。

违规制造、销售枪支罪 《刑法》第126条

依法被指定、确定的枪支制造企业、销售企业,违反枪支管理规定,有下列行为之一的,对单位判处罚金,并对其直接负责的主管人员和其他直接责任人员,处五年以下有期徒刑;情节严重的,处五年以上十年以下有期徒刑;情节特别严重的,处十年以上有期徒刑或者无期徒刑:

(一)以非法销售为目的,超过限额或者不按照规定的品种制造、配售枪支的;

(二)以非法销售为目的,制造无号、重号、假号的枪支的;
(三)非法销售枪支或者在境内销售为出口制造的枪支的。

定罪部分

【罪名概念】

违规制造、销售枪支罪,是指依法被指定、确定的枪支制造企业、销售企业,违反枪支管理规定的行为。

【司法解释】

最高人民法院《关于审理非法制造、买卖、运输枪支、弹药、爆炸物等刑事案件具体应用法律若干问题的解释》

(实施日期:2010年1月1日　法释[2009]18号)(节录)

第三条　依法被指定或者确定的枪支制造、销售企业,实施刑法第一百二十六条规定的行为,具有下列情形之一的,以违规制造、销售枪支罪定罪处罚:

(一)违规制造枪支五支以上的;

(二)违规销售枪支二支以上的;

(三)虽未达到上述最低数量标准,但具有造成严重后果等其他恶劣情节的。

具有下列情形之一的,属于刑法第一百二十六条规定的"情节严重":

(一)违规制造枪支二十支以上的;

(二)违规销售枪支十支以上的;

(三)达到本条第一款规定的最低数量标准,并具有造成严重后果等其他恶劣情节的。

具有下列情形之一的,属于刑法第一百二十六条规定的"情节特别严重":

(一)违规制造枪支五十支以上的;

(二)违规销售枪支三十支以上的;

(三)达到本条第二款规定的最低数量标准,并具有造成严重后果等其他恶劣情节的。

第四条　盗窃、抢夺枪支、弹药、爆炸物,具有下列情形之一的,依照刑法第一百二十七条第一款的规定,以盗窃、抢夺枪支、弹药、爆炸物罪定罪处罚:

(一)盗窃、抢夺以火药为动力的发射枪弹非军用枪支一支以上或者以压缩气体等为动力的其他非军用枪支二支以上的;

(二)盗窃、抢夺军用子弹十发以上、气枪铅弹五百发以上或者其他非军用子弹一百发以上的;

(三)盗窃、抢夺爆炸装置的;

（四）盗窃、抢夺炸药、发射药、黑火药一千克以上或者烟火药三千克以上、雷管三十枚以上或者导火索、导爆索三十米以上的；

（五）虽未达到上述最低数量标准，但具有造成严重后果等其他恶劣情节的。

【犯罪构成】

（一）主体要件

本罪的主体为特殊主体，即依法被指定、确定的枪支制造企业、销售企业。

（二）主观要件

本罪在主观方面表现为故意，且必须有非法销售的目的，如果行为人不具有此目的，则不构成本罪。

（三）客观要件

本罪在客观方面表现为违反国家枪支管理规定，擅自制造、销售枪支的行为。《枪支管理法》第十六条规定，国家对制造、销售民用枪支的数量，实行限额管理。本罪的行为方式根据《刑法》第一百二十六条规定，具体表现为下列几种：

1. 超过限额制造枪支。“超过限额”是指超过国家有关主管部门下达的制造或销售枪支的年数量指针或任务。

2. 超过限额销售枪支。“销售”除包含销售的意思外，还包括配备的意思，即应在国家有关部门指定的范围向特定的对象进行销售。

3. 不按照规定的品种制造枪支，即不按照国家规定的技术标准，擅自改变枪支的性能、结构进行制造。

4. 不按照规定的品种销售枪支，即不按照配购证件载明的品种、型号和数量进行销售。

5. 制造无号枪支，即不在枪支指定部位铸印制造厂的厂名、枪种代码和国务院公安部门统一编制的枪支序号。

6. 制造重号枪支编制的同一枪支序号铸印在两支或多支枪支上，换言之就是两支或多支枪支使用同一序号。

7. 制造假号枪支，即在枪支上使用国务院公安部门根本没有下达的序号。

8. 非法销售枪支，即违反法律规定，擅自销售枪支。

9. 在境内销售为出口制造的枪支。

（四）客体要件

本罪所侵犯的客体是国家对枪支的管理制度。犯罪对象是枪支，包括公务用枪如军用手枪、步枪、冲锋机枪等；民用用枪如有膛线猎枪、散弹枪、火药枪等狩猎用枪，小口径步枪、手枪、汽步枪、汽手枪等体育射击运动用枪支，麻醉动物用的注射枪等。其不仅指整枪，而且还包括枪支的主要零部件及用于枪支的弹药。我国对枪支的制造和销售实行特别许可制度。只有经过国家有关部门确定的企业，才有权从事枪支的制造或者销售。

【罪名辨析】

本罪与非法制造、销售枪支罪的界限

二者的区别主要在以下几方面:(1)客观行为不同。前者表现为未经批准擅自制造、购买或者出售枪支的行为,即行为人本无制枪和售枪资格;后者表现为行为人本具有制枪、售枪资格,只是未按规定的数量、品种、型号等要求制造、销售枪支的行为。(2)犯罪主体不同。前者是一般主体,且包括自然人和单位;后者为单位特殊主体,即只能由依法被国家指定、确定的制造、销售枪支的企业构成。(3)主观方面不同。前者只要求是故意,不要求以出售为目的;后者则要求必须以非法销售为目的。

量刑部分

【量刑标准】

犯本罪的,对单位判处罚金,并对其直接负责的主管人员和其他直接责任人员,处五年以下有期徒刑;情节严重的,处五年以上十年以下有期徒刑;情节特别严重的,处十年以上有期徒刑或者无期徒刑。

盗窃、抢夺枪支、弹药、爆炸物、危险物质罪 《刑法》第127条(一)

盗窃、抢夺枪支、弹药、爆炸物的,或者盗窃、抢夺毒害性、放射性、传染病病原体等物质,危害公共安全的,处三年以上十年以下有期徒刑;情节严重的,处十年以上有期徒刑、无期徒刑或者死刑。

或者盗窃、抢夺国家机关、军警人民、民兵的枪支、弹药、爆炸物的,处十年以上有期徒刑、无期徒刑或者死刑。

定罪部分

【罪名概念】

盗窃、抢夺枪支、弹药、爆炸物罪,是指个人或合伙盗窃、抢夺枪支、弹药、爆炸物等危险物质的行为。

【司法解释】

最高人民法院《关于审理非法制造、买卖、运输枪支、弹药、爆炸物等刑事案件具体应用法律若干问题的解释》

(实施日期:2010年1月1日　法[2009]18号)(节录)

第四条　盗窃、抢夺枪支、弹药、爆炸物,具有下列情形之一的,依照刑法第一百二十七条第一款的规定，以盗窃、抢夺枪支、弹药、爆炸物罪定罪处罚：

（一）盗窃、抢夺以火药为动力的发射枪弹非军用枪支一支以上或者以压缩气体等为动力的其他非军用枪支二支以上的；

（二）盗窃、抢夺军用子弹十发以上、气枪铅弹五百发以上或者其他非军用子弹一百发以上的；

（三）盗窃、抢夺爆炸装置的；

（四）盗窃、抢夺炸药、发射药、黑火药一千克以上或者烟火药三千克以上、雷管三十枚以上或者导火索、导爆索三十米以上的；

（五）虽未达到上述最低数量标准，但具有造成严重后果等其他恶劣情节的。

具有下列情形之一的，属于刑法第一百二十七条第一款规定的"情节严重"：

（一）盗窃、抢夺枪支、弹药、爆炸物的数量达到本条第一款规定的最低数量标准五倍以上的；

（二）盗窃、抢夺军用枪支的；

（三）盗窃、抢夺手榴弹的；

（四）盗窃、抢夺爆炸装置，危害严重的；

（五）达到本条第一款规定的最低数量标准，并具有造成严重后果等其他恶劣情节的。

【犯罪构成】

（一）主体要件

本罪主体是一般主体。即达到法定刑事责任年龄、具有刑事责任能力的自然人，都可以构成。

（二）主观要件

本罪在主观方面表现为故意，即明知是枪支、弹药、爆炸物、危险物质而故意窃取、夺取。如果不知是枪支、弹药、爆炸物、危险物质而窃取、夺取的，如出于非法占有财物的目的行窃，盗窃了枪支、弹药、爆炸物、危险物质的，不构成本罪。行为人如果将无意中窃取的枪支、弹药、爆炸物、危险物质隐匿不交，则构成私藏枪支、弹药、爆炸物罪。至于行为人出于何种动机窃取、抢夺枪支、弹药、爆炸物、危险物质，一般不影响犯罪的成立，只是可能影响行为人的刑事责任。

（三）客观要件

本罪在客观方面表现为盗窃、抢夺枪支、弹药、爆炸物和危险物质的行为。

盗窃枪支、弹药、爆炸物、危险物质，是指秘密窃取各种枪支、弹药、爆炸物及危险物质的行为，即行为人采取自认为不使枪支、弹药、爆炸物、危险物质的所有者、保管者发觉的方法，暗中将枪支、弹药、爆炸物、危险物质取走。其具有以下特征：(1)行为人取得枪支、弹药、爆炸物、危险物质为暗中进行。(2)行为人秘密窃取枪支、弹药、爆炸物、危险物质是不被前述物品的所有者、保管者发现的，即窃取是针对枪支、弹药、爆炸物、危险物质的所有者、保管者而言的。因此,即使窃取枪支、弹药、爆炸物、危险物质时,被他人发现或暗中注视,也不影响本罪的成立。(3)行为人自认为自己的窃取行为不被枪支、弹药、爆炸物、危险物质的所有者、保管者发觉。实施秘密窃取行为的手段、方法是多种多样的,如撬门扭锁、翻墙越窗、顺手牵羊等。行为人只要盗窃上述对象物之一的,即可构成本罪。如果同时盗窃两种或两种以上的,如行为人既盗窃枪支,又盗窃弹药的,也只构成一罪,不适用数罪并罚。而且,由于本罪所指向的犯罪对象是枪支、弹药、爆炸物、危险物质,而非一般公私财物,因而成立本罪并不要求数额较大或者多次盗窃。

抢夺枪支、弹药、爆炸物、危险物质,是指公然夺取枪支、弹药、爆炸物、危险物质的行为,即在枪支、弹药、爆炸物、危险物质的所有者或保管者在场的情况下,突然公开将枪支、弹药、爆炸物、危险物质夺走。抢夺枪支、弹药、爆炸物、危险物质的行为一般是乘人不备、出其不意,将枪支、弹药、爆炸物、危险物质抢走,也有的表现为当着枪支、弹药、爆炸物、危险物质所有者、保管者的面,在其防卫能力减弱如患病、醉酒的情况下,公开取走枪支、弹药、爆炸物、危险物质。抢夺行为的特点是发生时间短暂,其所有者、保管者可立刻意识到上述物品的丧失,有时还可将上述物品当场追回并抓获罪犯。行为人只要抢夺了上述对象物之一的,即可构成本罪,如果同时抢夺两种或两种以上的,如行为人既抢夺了枪支又抢夺了弹药的,也只构成一罪,不适用数罪并罚。而且,由于本罪犯罪对象的特殊性即枪支、弹药、爆炸物、危险物质,非一般公私财物,故而成立本罪不要求被抢夺的枪支、弹药、爆炸物、危险物质数额较大。

(四)客体要件

本罪侵犯的客体是公共安全,即不特定多数人的生命、健康和财产安全。本罪的犯罪对象为枪支、弹药、爆炸物和危险物质。我国1996年颁发的《枪支管理办法》规定,枪支是指以火药或者压缩气体等为动力,利用管状器具发射金属弹丸或者其他物质,足以致人伤亡或者丧失知觉的各种枪支。弹药,是指上述枪支所用的弹药。

关于爆炸物的范围,法律无明文规定。一般认为包括军用爆炸物和民用爆炸物。前者包括各种手榴弹、地雷、炸弹、爆破筒等,后者主要指炸药和雷管等。

量刑部分

【量刑标准】

犯本罪的,处三年以上十年以下有期徒刑;情节严重的,处十年以上有期徒刑、无期徒刑或者死刑。

盗窃、抢夺国家机关、军警人员、民兵的枪支、弹药、爆炸物的,处十年以上有期徒刑、无期徒刑或者死刑。

抢劫枪支、弹药、爆炸物、危险物质罪 《刑法》第127条(二)

抢劫枪支、弹药、爆炸物的,或者抢劫毒害性、放射性、传染病病原体等物质,危害公共安全的,处十年以上有期徒刑、无期徒刑或者死刑。

定罪部分

【罪名概念】

抢劫枪支、弹药、爆炸物、危险物质罪,是指用暴力、胁迫或其他方法强行夺取枪支、弹药、爆炸物、危险物质的行为。

【犯罪构成】

(一)主体要件

本罪的主体是一般主体,凡达到刑事责任年龄且具备刑事责任能力的人即可构成本罪的主体。

依据刑法总则的规定,已满十四周岁未满十六周岁的人,犯故意杀人、故意伤害致人重伤或者死亡、强奸、抢劫、贩卖毒品、放火、爆炸、投毒罪的,应当负刑事责任。虽然此款排除了已满十四周岁未满十六周岁的未成年人成为本罪的主体,然而,本罪与《刑法》第二百六十三条之间的关系是特别法与普通法之间的关系。根据刑法相关理论,已满十四周岁不满十六周岁的公民,若实施以暴力、胁迫或其他方法强行夺取枪支、弹药、爆炸物、危险物质的行为,应当依照《刑法》第二百六十三条的规定,以抢劫罪追究其刑事责任。

(二)主观要件

本罪在主观方面表现为故意犯罪,即明知是枪支、弹药、爆炸物、危险物质而抢劫。如果行为人不知是枪支、弹药、爆炸物、危险物质而加以抢劫的,不构成本罪。例如,出于抢劫财物的目的,而抢劫的却是枪支、弹药、爆炸物,仍构成抢劫罪。关于行为人抢劫枪支、弹药、爆炸物、危险物质的动机,可能是各种各样的,如有的是为了实施违法犯罪活动,有的则是为了收藏防身,还有的可能是出于好奇。不同的动机对定罪没有影响。

(三)客观要件

本罪在客观方面表现为对枪支、弹药、爆炸物、危险物质的所有者、持有者或保管者当场使用暴力、胁迫或者其他方法,强行将枪支、弹药、爆炸物、危险物质抢走的行为。

暴力,是指对枪支、弹药、爆炸物、危险物质的所有人、持有人或保管人实行身体强制,如殴打、捆绑、伤害、禁闭等强暴行为,使其反抗能力受到一定程度的限制,危害其人身安全的手段。暴力必须是针对枪支、弹药、爆炸物、危险物质的所有者、持有者或保管者的人身当场采取的打击或强制。

胁迫,是指行为人以立即实施暴力相威胁,对枪支、弹药、爆炸物、危险物质的所有者、持有者或保管者实行精神强制,使其产生恐怖,不敢反抗,被迫当场交出枪支、弹药、爆炸物、危险物质或者任枪支、弹药、爆炸物、危险物质当场被劫走的手段。胁迫的方式是多种多样的,有语言的、动作的等。行为人当面向枪支、弹药、爆炸物、危险物质的所有者、持有者或保管者发出胁迫,胁迫的内容是以立即实施暴力相威胁。胁迫的内容是现实的,即如遇反抗会立即将暴力付诸实现。胁迫的目的是劫取枪支、弹药、爆炸物、危险物质。

其他方法,是指采取暴力、胁迫之外的,与暴力、胁迫方法相当的,使枪支、弹药、爆炸物、危险物质的所有者、持有者或保管者不知反抗、不能反抗或者不敢反抗的方法。从司法实践中看,其他方法如用酒灌醉、用药物麻醉、使用催眠术、电击或用石灰迷眼等。应当指出的是,使被害人处于不知反抗、不能反抗、不敢反抗的状态,必须是由犯罪分子实施了其他方法而直接造成的。如果说不是由犯罪分子的行为所致,而是由于被害人自己或与犯罪分子无共同故意的第三者的原因,使被害人处于不知反抗、不能反抗或不敢反抗的状态,犯罪分子利用被害人的这种状态,乘机将枪支、弹药、爆炸物、危险物质拿走,只能构成盗窃枪支、弹药、爆炸物、危险物质罪,而不能以本罪论处。

行为人无论采用上述哪种手段,都不影响本罪的成立。不过,抢劫枪支、弹药、爆炸物、危险物质罪犯罪客观方面的认定,应以行为人实施犯罪时实际采取的手段为准,而不能以行为人事先预备的手段为准。实践中,行为人事先作了盗窃枪支、弹药、爆炸物、危险物质与抢劫枪支、弹药、爆炸物、危险物质两种准备,携带凶器潜入作案地点,发现无人或值班人员熟睡,于是偷走枪支、弹药、爆炸物、危险物质的,以盗窃枪支、弹药、爆炸物、危险物质罪论处。同理,如果行为人事先只是作盗窃枪支、弹药、爆炸物、危险物质准备,在进入现场实施盗窃的过程中,惊醒值班人员并进行反抗,行为人则当场使用暴力、胁迫或其他手段将枪支、弹药、爆炸物、危险物质劫走、则构成抢劫枪支、弹药、爆炸物、危险物质罪。至于抢劫枪支、弹药、爆炸物、危险物质罪的作案场所,无论是公共场所、荒郊野外,拦路抢劫、入室抢劫,还是空中、海上,都不影响本罪的成立。

(四)客体要件

本罪侵犯的客体是复杂客体,即公共安全和公民的人身权利。本罪的犯罪对象是枪支、弹药、爆炸物、危险物质。根据《枪支管理法》的规定,枪支,是指以火药或者压缩气体等为动力,利用管状器具发射金属弹丸或者其他物质,足以致人伤亡或者丧失知觉的各种枪支,包括军用枪支、民用枪支和公务用枪;弹药是指供上述枪支所用的各种弹药;爆炸物是指军用的或者民用的各种爆炸品如雷管、炸药、雷汞等。根据《刑法修正案(三)》第六条的规定,本罪的"危险物质"是指毒害性、放射性、传染病病原体等物质。

【罪名辨析】

（一）本罪与盗窃、抢夺枪支、弹药、爆炸物、危险物质罪的界限

在刑法规定抢劫枪支、弹药、爆炸物、危险物质罪之前，司法实践中常常碰到抢劫枪支、弹药、爆炸物、危险物质是按抢劫罪还是抢夺枪支、弹药、爆炸物、危险物质罪定罪处罚的分歧意见。抢劫和抢夺是不同的概念，一方面，二者在犯罪的客观方面表现不同。前者是以暴力、胁迫或其他方法强行劫取枪支、弹药、爆炸物、危险物质，后者是行为人乘人不备，公然夺取枪支、弹药、爆炸物、危险物质；另一方面，二者的法定刑不同。前者最低刑是十年有期徒刑，最高刑是死刑，而后者最低刑是三年有期徒刑，只有情节严重的，才可判处死刑。

（二）注意区分本罪与故意杀人罪的界限

抢劫枪支、弹药、爆炸物、危险物质罪与故意杀人罪，是两个性质不同的犯罪。但它们之间有一定的联系，主要表现在：

1. 抢劫枪支、弹药、爆炸物、危险物质罪虽然主要侵犯的是公共安全，但同时又侵犯了财产所有权和公民的人身权利，而公民的人身权利包括公民的生命权利。因此，抢劫枪支、弹药、爆炸物、危险物质罪的犯罪客体与故意杀人罪的犯罪客体间存在包容关系。

2. 抢劫枪支、弹药、爆炸罪、危险物质的行为方式是暴力、胁迫或者其他方法，故意杀人罪的行为方式，可以是暴力的，也可以是非暴力的，因此，在犯罪的行为方式上，二者之间也存在交叉关系。

3. 抢劫枪支、弹药、爆炸物、危险物质罪一般是先使用暴力、胁迫或者其他方法，而后取得枪支、弹药、爆炸物、危险物质，使用暴力，劫取枪支、弹药、爆炸物、危险物质都是故意的；故意杀人罪，行为人杀人后，劫走被害人的财物（包括枪支、弹药、爆炸物、危险物质）的情况也是很常见的，其杀人、劫物也都是故意的。

它们的区别在于：

（1）犯罪客体不同：前者的客体是复杂客体，即既侵犯了公共安全，又侵害了公民的人身权利和财产所有权；后者的客体是单一客体，即只侵害了公民的生命权利。（2）犯罪目的不同。前者是为了非法劫取枪支、弹药、爆炸物、危险物质，侵犯公民的人身权利，是非法劫取枪支、弹药、爆炸物、危险物质的一种手段，二者之间存在目的与手段的内在联系；后者的犯罪目的，是非法剥夺他人的生命权利。

量刑部分

【量刑标准】

犯本罪的，处十年以上有期徒刑、无期徒刑或者死刑。

截至目前，尚无本罪名关于量刑的司法解释。

非法持有、私藏枪支、弹药罪 《刑法》第128条(一)

违反枪支管理规定,非法持有、私藏枪支、弹药的,处三年以下有期徒刑、拘役或者管制;情节严重的,处三年以上七年以下有期徒刑。

定罪部分

【罪名概念】

非法持有、私藏枪支、弹药罪,是指违反枪支管理规定,私自挪用、藏匿枪支、弹药,拒不交出的行为。

【司法解释】

最高人民法院《关于审理非法制造、买卖、运输枪支、弹药、爆炸物等刑事案件具体应用法律若干问题的解释》

(实施日期:2010年1月1日 法释[2009]18号)(节录)

第五条 具有下列情形之一的,依照刑法第一百二十八条第一款的规定,以非法持有、私藏枪支、弹药罪定罪处罚:

(一)非法持有、私藏军用枪支一支的;

(二)非法持有、私藏以火药为动力发射枪弹的非军用枪支一支或者以压缩气体等为动力的其他非军用枪支二支以上的;

(三)非法持有、私藏军用子弹二十发以上,气枪铅弹一千发以上或者其他非军用子弹二百发以上的;

(四)非法持有、私藏手榴弹一枚以上的;

(五)非法持有、私藏的弹药造成人员伤亡、财产损失的。

具有下列情形之一的,属于刑法第一百二十八条第一款规定的"情节严重":

(一)非法持有、私藏军用枪支二支以上的;

(二)非法持有、私藏以火药为动力发射枪弹的非军用枪支二支以上或者以压缩气体等为动力的其他非军用枪支五支以上的;

(三)非法持有、私藏军用子弹一百发以上,气枪铅弹五千发以上或者其他非军用子弹一千发以上的;

(四)非法持有、私藏手榴弹三枚以上的;

(五)达到本条第一款规定的最低数量标准,并具有造成严重后果等其他恶劣情节的。

第八条 刑法第一百二十八条第一款规定的"非法持有",是指不符合配备、配置枪支、弹药条件的人员,违反枪支管理法律、法规的规定,擅自持有枪支、弹药的行为。

刑法第一百二十八条第一款规定的“私藏”，是指依法配备、配置枪支、弹药的人员，在配备、配置枪支、弹药的条件消除后，违反枪支管理法律、法规的规定，私自藏匿所配备、配置的枪支、弹药且拒不交出的行为。

【犯罪构成】

（一）主体要件

本罪的主体为一般主体。即凡年满十六周岁、具备刑事责任能力的人均可成为本罪主体。单位也可成为本罪主体。

（二）主观要件

本罪在主观方面表现为故意，即明知是禁止私人持有的枪支、弹药，而故意隐藏不交。如果不知道自己收藏的物品中有枪支、弹药，因而没有交出的，不构成犯罪。

（三）客观要件

本罪在客观方面表现为行为人违反枪支、弹药管理规定，非法持有、私藏枪支、弹药的行为。所谓私藏，是指持有和隐藏枪支、弹药的非法性。即违反枪支管理规定，未依法取得持枪证件而持有、携带枪支、弹药，或者虽有证件但将枪支、弹药携带出依法规定场所，或者在禁止携带枪支、弹药的区域、场所携带枪支的行为。枪支、弹药无论是他人赠与的，还是拾来的，或者是自己曾经合法配带、之后应交未交的，只要是未经合法批准而私自持有、隐藏，都属于本罪所规定的私藏枪支、弹药的行为。但是，如果非法持有、藏匿的枪支、弹药是自己非法制造、买卖或者盗窃、抢夺的，应以非法制造、买卖枪支、弹药罪或者盗窃、抢夺枪支、弹药罪论处，不再另定私藏枪支、弹药罪。所谓拒不交出，既包括私藏枪支、弹药已被发觉，限令其交出仍抗拒交出；也包括私藏者未被发觉，但其明知应当交出而仍藏匿不交出。本罪属于选择性罪名，即具备持有、私藏行为之一，即构成犯罪。

（四）客体要件

本罪侵犯的客体是公共安全和国家对枪支、弹药的管理制度。国家禁止任何个人非法持有、私藏枪支、弹药。由于枪支、弹药一旦失控，就可能成为犯罪分子的作案工具，被一些犯罪分子用来实施杀人、抢劫、绑架等违法犯罪活动。

【罪名辨析】

（一）罪与非罪的区分

非法持有、私藏枪支、弹药罪是危害公共安全的犯罪，故立法上没有规定数额、情节的限制。但是，根据《刑法》第十三条的但书规定，情节显著轻微危害不大的，则不应认为是犯罪，可以依照其他有关规定处理。同时，在区分罪与非罪时，要注意以下两种情况：

1. 要把非法持有枪支、弹药罪与未携带持枪证件而携带依法配备、配置枪支、弹药的行为区别开来。后者显然也违反了枪支管理规定,根据《枪支管理法》第二十五条的规定,对未携带持枪证件的行为,由公安机关扣留其枪支、弹药,而不能认定为本罪。

2. 要把本罪与在禁止携带枪支、弹药的区域、场所携带依法配备、配置的枪支、弹药的行为区别开来。后者根据《枪支管理法》第四十四条的规定,应由公安机关对个人或者单位负有直接责任的主管人员或其他责任人员处以警告或者十五日以下拘留,并没收其枪支、弹药,可以并处五千元以下罚款;但不构成犯罪。

(二)本罪与盗窃、抢夺枪支、弹药、爆炸物、危险物质罪的界限

两者的主要区别在于:(1)犯罪对象不尽相同。本罪的犯罪对象是枪支、弹药,不包括爆炸物;盗窃、抢夺枪支、弹药、爆炸物、危险物质罪的犯罪对象包括枪支、弹药、爆炸物、危险物质在内。(2)客观方面的行为方式不同。本罪表现为非法持有、私藏枪支、弹药的行为;盗窃、抢夺枪支、弹药、爆炸物、危险物质罪表现为盗窃、抢夺枪支、弹药、爆炸物、危险物质的行为。

(三)非法持有枪支、弹药罪与私藏枪支、弹药罪的界限

其主要区别在于客观方面的表现不同。前者表现为拥有、携带、佩带或者以其他方式公然拥有、持有枪支、弹药的行为;后者表现为私自藏匿枪支、弹药的行为。前者行为是公开的方式,后者行为则是秘密的方式。

量刑部分

【量刑标准】

犯本罪的,处三年以下有期徒刑、拘役或者管制;情节严重的,处三年以上七年以下有期徒刑。

非法出租、出借枪支罪 《刑法》第128条(二)

依法配备公务用枪的人员,非法出租、出借枪支的,依照前款的规定处罚。

依法配置枪支的人员,非法出租、出借枪支,造成严重后果的,依照第一款的规定处罚。

单位犯本条第二款、第三款罪的,对单位判处罚金,并对其直接负责的主管人员和其他直接责任人员,依照第一款的规定处罚。

定罪部分

【罪名概念】

非法出租、出借枪支罪，是指依法配备枪支的人员和单位，违反枪支管理的规定，私自出租、出借枪支，危害公共安全的行为，或者依法配置枪支的人员和单位违反枪支管理的规定出租、出借枪支，造成严重后果的行为。

【司法解释】

最高人民检察院《关于将公务用枪用作借债质押的行为如何适用法律问题的批复》

（实施日期：1998年11月3日　高检发释字［1998］4号）

重庆市人民检察院：

你院渝检（研）（1998）8号《关于将公务用枪用作借债抵押的行为是否构成犯罪及适用法律的请示》收悉。经研究，批复如下：

依法配备公务用枪的人员，违反法律规定，将公务用枪用作借债质押物，使枪支处于非依法持枪人的控制、使用之下，严重危害公共安全，是刑法第一百二十八条第二款所规定的非法出借枪支行为的一种形式，应以非法出借枪支罪追究刑事责任；对接受枪支质押的人员，构成犯罪的，根据刑法第一百二十八条第一款的规定，应以非法持有枪支罪追究其刑事责任。

【犯罪构成】

（一）主体要件

本罪的犯罪主体为特殊主体，即合法配枪的个人和单位，不具备有合法配枪资格的个人和单位不能构成本罪。国家重要的军工、金融、仓储、科研等单位的专职守护、押运人员在执行守护、押运任务时确有必要使用枪支的，可以配备公务用枪。可以依法配备民用枪支的包括：经省级人民政府体育行政主管部门批准专门从事射击竞技体育运动的单位、经省级人民政府公安机关批准的营业性射击场，可以配备射击运动枪支；经省级以上人民政府林业行政主管部门批准的狩猎场，可以配置猎枪；野生动物保护、饲养、科研单位因业务需要，可以配置猎枪、麻醉注射枪；猎民在猎区、牧民在牧区，可以申请配置猎枪。只有以上人员和单位，才能成为本罪主体。

（二）主观要件

构成本罪的犯罪行为人在主观上是故意的，即明知自己非法出租、出借枪支，是严重违反《枪支管理办法》的，也预见到自己的行为会危及他人的生命安全和人身健康，但却希望或放任这种结果发生。

（三）客观要件

本罪行为人在客观方面表现为违反枪支管理规定，非法将个人和单位的合法用枪出租、出借给他人及因该行为造成的严重后果。依法配备公务用枪的人员,非法将枪支用作借债质押物的,以非法出租、出借枪支罪论。

(四)客体要件

本罪侵犯的是公共安全和国家对枪支管理的相关规定,行为人客观上有出租或者出借自己合法配有的枪支或者单位合法配有的枪支,犯罪对象是枪支。

【罪名辨析】

(一)本罪与一般违法行为的界限

区分罪与非罪的界限,应注意:依法配备公务用枪的人员,只要实施了非法出租、出借枪支的行为,就构成本罪;而依法配置枪支的人员,只是实施了非法出租、出借枪支的行为,尚不构成犯罪,只有因此造成了严重后果才构成本罪。具体认定中,主要应当注意如下几点:一是从主体上区分。构成本罪的主体只能是依法配备公务用枪和依法配置民用枪支的个人和单位,非依法配备、配置枪的单位和个人非法出租、出借枪支的,不构成本罪。二是从主观方面区分。构成本罪必须是故意所为,如果是过失所为,则不构成本罪。三是从情节上区分。如将枪支出租、出借给不法分子则属于情节严重,如将民用枪支出租、出借他人临时使用并未造成严重后果的,一般不应以犯罪论处。四是从枪支的种类上区分。一般来说,出租、出借公务用枪的行为危害较大,而出租、出借民用枪支的行为危害较小,对前者一般应以犯罪论处,对后者只要没有造成严重后果的,不宜以犯罪论处。

(二)本罪与非法制造、买卖、运输、邮寄、储存枪支、弹药、爆炸物罪的界限

二者的主要区分在于:(1)客观方面表现不同。前者表现为行为人非法将配备、配置的枪支租借给他人一定时间内暂时使用;后者则是非法出售枪支给他人。前者表现为租或者借;后者表现为出卖。(2)主体不同。前者是特殊主体;后者是一般主体。

(三)本罪与他罪的界限

如果行为人在出租、出借枪支时,明知租用人、借用人将使用租用、借用的枪支进行犯罪活动而仍出租出借的,对行为人则以租用人、借用人使用租用、借用的枪支所实施的犯罪的共犯追究刑事责任,而不能以非法出租、出借枪支罪处罚。

量刑部分

【量刑标准】

犯本罪的,依法配备公务用枪的人员,非法出租、出借枪支的,处三年以下有期徒刑、拘役或者管制;情节严重的,处三年以上七年以下有期徒刑。

依法配置枪支的人员,非法出租、出借枪支,造成严重后果的,处三年以下有期徒刑、拘役或者管制;情节严重的,处三年以上七年以下有期徒刑。

单位犯前款罪的,对单位判处罚金,并对其直接负责的主管人员和其他直接责

任人员，处三年以下有期徒刑、拘役或者管制；情节严重的，处三年以上七年以下有期徒刑。

截至目前，尚无本罪名关于量刑的司法解释。

丢失枪支不报罪　《刑法》第129条

依法配备公务用枪的人员，丢失枪支不及时报告，造成严重后果的，处三年以下有期徒刑或者拘役。

定罪部分

【罪名概念】

丢失枪支不报罪，是指依法配备公务用枪的人员违反枪支管理规定，丢失枪支不及时报告造成严重后果的行为。

【犯罪构成】

（一）主体要件

本罪主体为特殊主体，即依法配备公务用枪的人员。可以配备公务用枪的有：(1)公安机关、国家安全机关、监狱、劳动教养机关的人民警察，人民法院的司法警察，人民检察院的司法警察和担负案件侦查任务的检察人员，海关的缉私人员。(2)国家重要的军工、金融、仓储、科研等单位的专职守护、押运人员在履行守护押运任务时确有必要使用枪支的。

（二）主观要件

本罪在主观方面表现为故意，即明知枪支丢失但不及时报告。如果不知道枪支丢失而没有报告的，不构成本罪。行为人对于枪的丢失，可能是出于过失，但不及时报告，却是出于故意。

（三）客观要件

本罪在客观方面表现为丢失枪支后不及时报告，并造成严重后果的行为。这里的丢失，既包括因行为人保管不善而遗失，也包括枪支被盗、被抢、被骗或其他丧失对枪支控制的情况。第一，这里的不及时报告，是指在发现枪支丢失后未立即报告，这是构成本罪的一个重要条件。如果行为人在枪支丢失后一段时间内一直未发觉丢失而被他人利用作案，不宜认定其是不及时报告。如果行为人对枪支保管完全是按照规定，但因意外发生被盗、被抢而及时报告的，不构成本罪。如果行为人违反枪支管理规定在使用、存放时被盗，即使及时报告的，也应承担过失责任，但不构成本罪。第二，丢失公务用枪不及时报告的行为，只有造成严重后果的，才构成本罪，这是本罪成立的一个法定要件。上述两个条件必须同时具备。

（四）客体要件

本罪侵犯的客体是公共安全和国家对枪支的管理制度。枪支具有较大的杀伤力，一旦丢失，对社会即构成严重的威胁。为了确保公务用枪的安全，《枪支管理法》对公务用枪的日常管理有严格的规定，要求配备公务用枪的人员必须妥善保管枪支，确保枪支的安全，严防发生枪支被盗、被抢、丢失或者其他事故。这是依法配备公务用枪人员应尽的职责。同时，依法配备公务用枪的人员所配备的枪支一旦发生被盗、被抢或者丢失，应当立即向公安机关报告，以免造成严重后果。丢失枪支不报，是严重违反法律规定、不履行法定义务的行为。近年来，持枪犯罪案件不断增多，究其原因，其中之一就是依法配备公务用枪的单位和人员疏于枪支管理，屡屡发生枪支被盗、被抢或丢失的事件，从而使枪支流入社会，为犯罪分子所获取、利用。对公共安全形成潜在的严重威胁。

量刑部分

【量刑标准】

犯本罪的，处三年以下有期徒刑或者拘役。

截至目前，尚无本罪名关于量刑的司法解释。

非法携带枪支、弹药、管制刀具、危险物品危及公共安全罪 《刑法》第130条

非法携带枪支、弹药、管制刀具或者爆炸性、易燃性、放射性、毒害性、腐蚀性物品，进入公共场所或者公共交通工具，危及公共安全，情节严重的，处三年以下有期徒刑、拘役或者管制。

定罪部分

【罪名概念】

非法携带枪支、弹药、管制刀具、危险物品危及公共安全罪，是指行为人违反国家关于枪支、弹药、管制刀具、危险物品进入公共场所、公共交通工具，侵害不特定人人身安全的危害公共安全的行为。

非法携带枪支、弹药，是指非法携带以火药为动力或者以压缩气体为动力发射枪弹的军用和非军用枪支及弹药。

非法携带管制刀具，是指非法携带匕首、三棱刀、带有自锁装置的弹簧刀、单刃刀、三棱尖刀等。

非法携带危险物品，是指非法携带雷管、炸药、鞭炮、汽油、酒精、压缩气体、液

化气体等易燃易爆和具有放射性的镭、铀等危险物质及硫酸、硝酸、盐酸、砒霜等腐蚀、烧勺和剧毒物质。

【司法解释】

最高人民法院《关于审理非法制造、买卖、运输枪支、弹药、爆炸物等刑事案件具体应用法律若干问题的解释》

（实施日期:2010 年 1 月 1 日　法释［2009］18 号）（节录）

第六条　非法携带枪支、弹药、爆炸物进入公共场所或者公共交通工具，危及公共安全，具有下列情形之一的，属于刑法第一百三十条规定的“情节严重”：

（一）携带枪支或者手榴弹的；

（二）携带爆炸装置的；

（三）携带炸药、发射药、黑火药五百克以上或者烟火药一千克以上、雷管二十枚以上或者导火索、导爆索二十米以上的；

（四）携带的弹药、爆炸物在公共场所或者公共交通工具上发生爆炸或者燃烧，尚未造成严重后果的；

（五）具有其他严重情节的。

行为人非法携带本条第一款第（三）项规定的爆炸物进入公共场所或者公共交通工具，虽未达到上述数量标准，但拒不交出的，依照刑法第一百三十条的规定定罪处罚；携带的数量达到最低数量标准，能够主动、全部交出的，可不以犯罪论处。

【犯罪构成】

（一）主体要件

本罪的主体为一般主体。凡达到法定刑事责任年龄、具有刑事责任能力的自然人均能构成本罪。

（二）主观要件

本罪在主观方面表现为故意，即行为人明知是枪支、弹药、管制刀具而非法携带。至于其犯罪目的则可能是多种多样的，如有的是为了进行其他犯罪而携带；有的是为了带回家使用，等等。不论出于什么目的，都不影响犯罪的成立。

如果行为人确实不知道，被他人利用而携带，由于主观上没有故意，因此不构成犯罪。

（三）客观要件

本罪在客观方面表现为非法携带枪支、弹药、管制刀具、危险物品进入公共场所或者公共交通工具，情节严重的行为。

所谓枪支、弹药是指足以致人伤亡或使人丧失知觉的各种枪支及其弹药，包括军用手枪、步枪、冲锋枪和机枪，射击运动用的各种枪支，狩猎用的有膛线枪、散弹枪、火药枪，麻醉动物用的注射枪和能发射金属弹丸的气枪、特种防暴枪以及这些枪支所使用的子弹,催泪弹等。所谓管制刀具,根据1983年3月12日《公安部对部分刀具实行管制的暂行规定》第二条规定,包括匕首、三棱刀、带有自锁装置的弹簧刀(跑刀)以及其他类似的单刀、双刃刀、三棱尖刀等。所谓危险物品,是指具有爆炸性、易燃性、放射性、毒害性、腐蚀性等性质,在运输、装卸、储存、保管过程中,容易造成人身伤亡和财产毁损而需要特别防护的物品。其中爆炸性物品,是指各类炸药、雷管、导火索、导破索、起爆药、爆破剂、黑色火药、烟火剂、民用信号弹、烟花爆竹;爆炸装置即为实施爆炸而将炸药和引火器具组装在一起的物体以及各种军用爆炸物品如手雷、地雷、炸弹等具有爆炸性能的物品;易燃性物品,是指汽油、煤油、柴油、酒精、黄磷、煤气、轻气丙酮、橡胶水、赛璐珞、液化石油、各类胶片等极易引起燃烧的化学物品和液剂;放射性物品,是指铀、镭、钴、钚等能通过原子核裂变放出射线致人伤害作用的物品;毒害性物品,是指砒霜、氰化钾、氰化纳、敌百虫、敌百畏、甲胺磷、磷化铝、磷化锌、五氯酚、二氯丙烷等能致人身、牲畜产生中毒伤亡的物品;腐蚀性物品,是指硝酸、硫酸、盐酸等能严重侵蚀、毁坏人身、财产的物品。

所谓携带,是指随身佩带、夹带或手中握持。所谓非法,是指违反有关法律规定而携带,即依法不能携带上述物品进入公共场所或公共交通工具而仍决意携带。如果属于合法携带,如配备公务用枪的警察执行公务带枪进入公共场所,或从事运输危险物品的人员依法办理有关的托运手续携带进站上车的,就不能构成本罪。

构成本罪,必须是非法携带了枪支、弹药、管制刀具、危险物品进入公共场所或公共交通工具。虽然携带了上述物品但没有进入公共场所或公共交通工具,亦不能构成本罪。所谓公共场所,是指街道、商店、公园、广场、码头、车站、机场、学校、礼堂、医院、图书馆、博物馆、体育场、动物园等。所谓公共交通工具,是指从事旅客运输的列车、轮船、公共汽车、公共电车、民用航空器等运输工具。

只有属于情节严重的,才能构成本罪。对于情节显著轻微,携带数量很少,没有造成危害后果的,则不宜认为构成本罪。本罪属行为犯,只要行为人非法携带枪支、弹药、管制刀具、危险物品进入了公共场所或公共交通工具,一达到情节严重,即可构成本罪,其并不以造成实际危害后果为构成必要。倘若发生其他后果,如爆炸、火灾等,则应依其主观的内容以他罪如爆炸罪、过失爆炸罪、放火罪、失火罪、破坏交通工具罪等论处,非法携带的行为则不再单独构成其罪。

(四)客体要件

本罪侵犯的客体是国家对公共场所或者公共交通工具的正常管理活动,以及公民的人身、财产安全。惩治此种犯罪是为了保护公共物品或者公共交通工具的安全,维护广大人民群众的利益。

【罪名辨析】

本罪与非罪的界限

认定本罪,应注意两方面的问题:一是看行为人是否出于故意,如果行为人被他人利用,确实不知情而非法携带的,就不应构成犯罪;二是应当对行为人非法携带上列物品的数量、危害大小等情节进行综合分析。如果行为人非法携带上述物品数量很小,行为人进入公共场所或者公共交通工具,能马上、主动交出的,也可不予追究处罚。

量刑部分

【量刑标准】

犯本罪,情节严重的,处三年以下有期徒刑、拘役或者管制。

重大飞行事故罪　《刑法》第131条

航空人员违反规章制度,致使发生重大飞行事故,造成严重后果的,处三年以下有期徒刑或者拘役;造成飞机坠毁或者人员死亡的,处三年以上七年以下有期徒刑。

定罪部分

【罪名概念】

重大飞行事故罪,是指航空人员违反规章制度,因而发生重大飞行事故,危及公共安全,造成严重后果的行为。

【犯罪构成】

(一)主体要件

本罪的主体为特殊主体,主体必须是航空人员。根据《民用航空法》的规定,航空人员,是指从事民用航空活动的空勤人员和地勤人员。空勤人员包括驾驶员、领航员、飞行通信员、机械员、乘务员,地勤人员包括民用航空维护人员、空中交通管制员、飞行签派员、航空台通信员。因为他们担负的职责同交通运输安全直接关系,一旦不正确履行自己的职责,可能造成重大事故。

(二)主观要件

本罪在主观方面表现为过失,包括疏忽大意的过失和过于自信的过失。这种过失主要是指行为人对危害后果的态度而言。行为人在违反规章制度上可能出于故意,但他对于发生飞行事故的严重后果则是过失的,即他应当预见而未预见到可能发生严重后果,或者虽然预见,但轻信可以避免,以致发生了严重的后果;如果出于故意,就不构成本罪,而属于其他犯罪了。

(三)客观要件

本罪在客观方面表现为在空中运输活动中违反规章制度,因而发生重大事故,致人重伤、死亡或者使公私财产遭受重大损失的行为。具体地说,重大飞行事故罪的客观方面是由以下三个因素组成的:

1. 航空人员必须有违反规章制度,致使发生重大飞行事故,造成严重后果的行为。违反规章制度是指违反与飞行安全有关的规章制度,例如,航空维修人员不认真检查、维修航空器,未及时发现航空器的故障;领航员领航不正确;飞机起飞前,机长不对航空器进行全面检查,飞机遇险时机长未采取必要的挽救措施;机组人员未经机长批准擅自离开航空器等。

2. 必须造成发生重大事故,致人重伤、死亡或者使公私财产遭受重大损失的严重后果。所谓重大事故,根据民航飞行事故划分标准,是指造成死亡三十九人以下;或者飞机失踪,该飞机上人员在三十九人以下;或者飞机迫降到无法运出的地方。所谓严重后果,一般是指飞机等航空器或者其他航空设施受到严重损坏,航空器上人员遭受重伤,公私财产受到严重损失等。如果造成了飞机坠毁或者人员死亡的,应适用本条给予处罚。如果只有航空人员的违章行为,没有实际发生重大飞行事故,则对行为人予以行政处分,不能追究其刑事责任。按照民航飞行事故划分标准,本条基本犯罪构成中的重大飞行事故中已包含致人死亡的情况,而且最多可致三十九人死亡。这就是说,造成一至三十九人死亡,属于重大飞行事故,应适用第一档法定刑,处五年以下有期徒刑或者拘役。但本条第二档法定刑的适用条件仍然包含造成人员死亡。这样一来,造成人员死亡的,既可适用第一档法定刑,也可适用第二档法定刑。这在司法实践中应如何解决,有待立法机关或司法机关作出解释。

3. 严重后果必须是违章行为引起的,二者之间存在因果关系。违反规章制度,致人重伤、死亡或者使公私财产遭受重大损失的行为,必须发生在从始发机场准备载人装货至终点机场旅客离去,货物卸完的整个交通运输活动过程中。

以上三个因素是相互联系、相互制约,不可分割、缺一不可的。

(四)客体要件

本罪侵犯的客体是空中运输的正常秩序和空中运输的安全。飞机等航空器,不同于火车、汽车、轮船等交通工具,其运行速度是其他交通工具无法比拟的。随着市场经济的发展和人民生活水平的提高,它已被越来越多的人作为重要的远距离交通工具,同时,各种物资的航空运输也日益繁忙。为适应这一需要,中国的民航事业在改革开放后有了飞速发展,航班、航线不断增多,航空公司大量出现。航运业务的扩大,需要大批合格的具有高度责任心的航空人员。同时,对于航空人员也应从法律上提出更为严格的要求。

【罪名辨析】

（一）本罪与非罪的界限

认定本罪一看行为人的行为是否违反规章制度。如果行为人的行为是照章行事的，不违反规章制度，即使发生重大事故，致人重伤、死亡或者使公私财产遭受重大损失，也不构成犯罪。二看是否造成了严重后果。行为人虽然违反了规章制度，但未造成严重后果的，不构成犯罪。三看违章行为与严重后果之间是否有因果关系。即使在行为人的违章行为之后，发生了重大事故，但不是行为人的违章行为引起的，二者之间没有因果关系，不构成犯罪。四看行为人主观上有无过失。如果行为人主观上既无故意，又无过失，严重后果是由于不能预见或者不可抗拒的原因引起的，属于意外事件。

（二）本罪与暴力危及飞行安全罪的界限

两者都是与飞行安全有关的犯罪，其主要区别在于：（1）犯罪主体不同。重大飞行事故罪的犯罪主体是特殊主体，仅限于航空人员；暴力危及飞行安全罪的犯罪主体是一般主体，而且实践中一般为航空人员以外的人。（2）犯罪客观方面不同。重大飞行事故罪表现为航空人员违反规章制度，发生重大飞行事故，造成严重后果的行为；暴力危及飞行安全罪则表现为对飞行中的航空器上的人员使用暴力，危及飞行安全的行为。（3）构成犯罪的要求不同。重大飞行事故罪要求行为人实施违章行为之外，还必须发生特定的重大飞行事故或严重后果，方可构成犯罪；暴力危及飞行安全罪是危险犯，犯罪的成立并不要求出现实际的严重后果，只要对飞行中的航空器上的人员使用暴力，危及飞行安全的，即可构成犯罪，如果出现了实际的严重后果，则构成结果加重犯，在较重的量刑档次内裁量刑罚。（4）犯罪主观方面不同。重大飞行事故罪是过失犯罪，在主观方面表现为过失；暴力危及飞行安全罪是故意犯罪，在主观上表现为故意。

（三）本罪与过失损坏交通工具罪的界限

两者都是过失犯罪，都会造成一定的严重后果并以此作为构成犯罪的必备要件。两者的主要区别：（1）犯罪主体不同。前者的犯罪主体是特殊主体，仅限于航空人员；后者的犯罪主体是一般主体。（2）发生严重后果的原因不同。前者发生的原因是由于航空人员违反规章制度，实施了违章行为；后者发生的原因则是由于行为人实施了对交通工具、交通设施的损坏行为。司法实践中，航空人员在工作中过失损坏航空器的重要部件或机场重要设施，从而发生重大飞行事故，造成严重后果的，应视行为人的过失损坏行为是否违反规章制度而定。如果违反了规章制度，则应是重大飞行事故罪；如果没有违反规章制度，则应定为过失损坏交通工具罪或过失损坏交通设施罪。

（四）本罪与重大责任事故罪的界限

两者都是过失犯罪，都实施了违反规章制度的行为，并且以发生重大事故，造成严重后果作为构成犯罪的必备条件。两者主要区别在于:(1)犯罪主体不同。尽管两者都是特殊主体,重大飞行事故罪的犯罪主体仅限于航空人员;重大责任事故罪的犯罪主体则只能是工厂、矿山、林场、建筑企业或其他企业、事业单位的职工以及群众合作经营组织或个体经营户的从业人员。(2)发生的场合不同。重大飞行事故罪发生在航空器的飞行过程中,而重大责任事故罪则发生在生产、作业过程中。

量刑部分

【量刑标准】

犯本罪的,处三年以下有期徒刑或者拘役;造成飞机坠毁或者人员死亡的,处三年以上七年以下有期徒刑。

截至目前,尚无本罪名关于量刑的司法解释。

铁路运营安全事故罪 《刑法》第132条

铁路职工违反规章制度,致使发生铁路运营安全事故,造成严重后果的,处三年以下有期徒刑或者拘役;造成特别严重后果的,处三年以上七年以下有期徒刑。

定罪部分

【罪名概念】

铁路运营安全事故罪,是指铁路职工违反规章制度,致使发生铁路运营安全事故,造成严重后果的行为。

【犯罪构成】

(一)主体要件

本罪的主体为特殊主体。只有铁路职工才能成为本罪主体。这里所称的铁路职工,是指具体从事铁路运营业务与保证列车运营安全有直接关系的人员。包括具体操纵机车的司机;铁路运营设备的其他操纵人员,如扳道员、挂钩员;列车运营活动的直接领导和指挥人员,如调度员;列车安全的管理人员,如信号员,等等。如果是铁路部门的非运营第一线职工,则不能成为本罪主体。

(二)主观要件

本罪在主观方面表现为过失,包括疏忽大意的过失和过于自信的过失。这种过失主要是指行为人对危害后果的态度而言。行为人在违反规章制度上可能出于故意。但他对于发生交通事故的严重后果则是过失的,即他应当预见未预见到可能发生严重后果,或者虽然预见,但轻信可以避免,以致发生了严重的后果;如果出于故意,就不属于铁路运营安全事故罪,而属于其他犯罪了。

（三）客观要件

本罪在客观方面表现为在铁路运输活动中违反规章制度,因而发生运营事故,情节严重的行为。

1. 行为必须违反同保障铁路运输安全有直接关系的各种规章制度。“违反规章制度”,是构成本罪的前提,同时,由于这种违反规章制度的行为,导致了铁路运营事故的发生。如果运营事故不是由违反规章制度的行为所引起,则行为人不负处罚。铁路职工违反规章制度的行为可以是作为,如超速行驶、错扳道岔、错发信号等,也可以是不作为,如过道口未鸣笛示警、扳道员不按时扳道岔、岔道口不减速等。

2. 必须造成发生重大事故,致人重伤、死亡或者使公私财产遭受重大损失的严重后果。本条所称“严重后果”,一般是指造成了人员重伤、公私财产的重大损失;经常违反规章制度,屡教不改,以致酿成运营事故;明知列车关键部件有失灵危险,仍继续驾驶,以致造成运营事故,等等。“特别严重后果”,一般是指造成人员死亡或多人重伤,公私财产遭受巨大损失等。

3. 严重后果必须是违章行为引起的,二者之间存在因果关系。违反规章制度,致人重伤、死亡或者使公私财产遭受重大损失的行为,必须发生在从始发车站准备载人装货至终点车站旅客离去、货物卸完的整个交通运输活动过程中。

（四）客体要件

本罪侵犯的客体是铁路运输的正常秩序和铁路运输的安全。

【罪名辨析】

（一）本罪与非罪的界限

认定本罪,一看行为人的行为是否违反规章制度。如果行为人的行为是照章行事的,不违反规章制度,即便发生重大事故,致人重伤、死亡或者使公私财产遭受重大损失,也不构成犯罪。二看是否造成了严重后果。行为人虽然违反了规章制度,但未造成严重后果的,不构成犯罪。三看违章行为与严重后果之间是否有因果关系。即使在行为人的违章行为之后,发生了重大事故,但不是行为人的违章行为引起的,二者之间没有因果关系,不构成犯罪。四看行为人主观上有无过失。如果行为人主观上既无故意,又无过失,严重后果是由于不能预见或者不可抗拒的原因引起的,属于意外事件,不构成犯罪。

（二）本罪与交通肇事罪的界限

两罪都是过失犯罪,行为人都实施了违反规章制度的行为,都造成了重大事故,并且都是属于交通方面的重大事故。但是,两者有着明显区别:(1)犯罪主体不同。铁路运营安全事故罪的犯罪主体是特殊主体,仅限于铁路职工;交通肇事罪的犯罪主体是一般主体,包括交通运输人员和非交通运输人员。(2)违反的规章制度不同。铁路运营安全事故罪违反的是铁路等部门制定的有关运输管理、维修管理、操作规程、安全管理等方面的规章制度;交通肇事罪违反的是同保证交通运输安全有直接关系的各种法律、法规与制度,其范围较广。(3)犯罪客体稍有不同。铁路运营安全事故罪侵犯的客体是铁路运营的安全;交通肇事罪侵犯的客体主要是陆路和水路交通运输的安全。

(三)本罪与重大责任事故罪的界限

两者都是过失犯罪,行为人都有违反规章制度的行为,并且都发生了重大事故,造成了严重后果。两者的区别主要有:(1)犯罪主体不同。两者都是特殊主体,但铁路运营安全事故罪的犯罪主体只能是铁路职工;重大责任事故罪的主体仅限于工厂、矿山、林场、建筑企业或其他企业、事业单位的职工以及群众合作经营组织或个体经营户的从业人员。(2)发生的场合不同。铁路运营安全事故罪发生在列车运营过程中;重大责任事故罪则发生在生产、作业过程中。

量刑部分

【量刑标准】

犯本罪的,处三年以下有期徒刑或者拘役;造成特别严重后果的,处三年以上七年以下有期徒刑。

截至目前,尚无本罪名关于量刑的司法解释。

交通肇事罪 《刑法》第133条

违反交通运输管理法规,因而发生重大事故,致人重伤、死亡或者使公私财产遭受重大损失的,处三年以下有期徒刑或者拘役;交通运输肇事后逃逸或者有其他特别恶劣情节的,处三年以上七年以下有期徒刑;因逃逸致人死亡的,处七年以上有期徒刑。

定罪部分

【罪名概念】

交通肇事罪,是指违反道路交通管理法规,发生重大交通事故,致人重伤、死亡或者使公私财产遭受重大损失,依法被追究刑事责任的犯罪行为。

【司法解释】

最高人民法院《关于审理交通肇事刑事案件具体应用法律若干问题的解释》

(实施日期:2000年11月21日 法释[2000]33号)

依法惩处交通肇事犯罪活动,根据刑法有关规定,现将审理交通肇事刑事案件具体应用法律的若干问题解释如下：

第一条　从事交通运输人员或者非交通运输人员，违反交通运输管理法规发生重大交通事故，在分清事故责任的基础上，对于构成犯罪的，依照刑法第一百三十三条的规定定罪处罚。

第二条　交通肇事具有下列情形之一的，处三年以下有期徒刑或者拘役：

（一）死亡一人或者重伤三人以上，负事故全部或者主要责任的；

（二）死亡三人以上，负事故同等责任的；

（三）造成公共财产或者他人财产直接损失，负事故全部或者主要责任，无能力赔偿数额在三十万元以上的。

交通肇事致一人以上重伤，负事故全部或者主要责任，并具有下列情形之一的，以交通肇事罪定罪处罚：

（一）酒后、吸食毒品后驾驶机动车辆的；

（二）无驾驶资格驾驶机动车辆的；

（三）明知是安全装置不全或者安全机件失灵的机动车辆而驾驶的；

（四）明知是无牌证或者已报废的机动车辆而驾驶的；

（五）严重超载驾驶的；

（六）为逃避法律追究逃离事故现场的。

第三条　“交通运输肇事后逃逸”，是指行为人具有本解释第二条第一款规定和第二款第（一）至（五）项规定的情形之一，在发生交通事故后，为逃避法律追究而逃跑的行为。

第四条　交通肇事具有下列情形之一的，属于“有其他特别恶劣情节”，处三年以上七年以下有期徒刑：

（一）死亡二人以上或者重伤五人以上，负事故全部或者主要责任的；

（二）死亡六人以上，负事故同等责任的；

（三）造成公共财产或者他人财产直接损失，负事故全部或者主要责任，无能力赔偿数额在六十万元以上的。

第五条　“因逃逸致人死亡”，是指行为人在交通肇事后为逃避法律追究而逃跑，致使被害人因得不到救助而死亡的情形。

交通肇事后，单位主管人员、机动车辆所有人、承包人或者乘车人指使肇事人逃逸，致使被害人因得不到救助而死亡的，以交通肇事罪的共犯论处。

第六条　行为人在交通肇事后为逃避法律追究，将被害人带离事故现场后隐藏或者遗弃，致使被害人无法得到救助而死亡或者严重残疾的，应当分别依照刑法第二百三十二条、第二百三十四条第二款的规定，以故意杀人罪或者故意伤害罪定罪处罚。

第七条　单位主管人员、机动车辆所有人或者机动车辆承包人指使、强令他人违章驾驶造成重大交通事故,具有本解释第二条规定情形之一的,以交通肇事罪定罪处罚。

第八条　在实行公共交通管理的范围内发生重大交通事故的,依照刑法第一百三十三条和本解释的有关规定办理。

在公共交通管理的范围外,驾驶机动车辆或者使用其他交通工具致人伤亡或者致使公共财产或者他人财产遭受重大损失,构成犯罪的,分别依照刑法第一百三十四条、第一百三十五条、第二百三十三条等规定定罪处罚。

第九条　各省、自治区、直辖市高级人民法院可以根据本地实际情况,在三十万元至六十万元、六十万元至一百万元的幅度内,确定本地区执行本解释第二条第一款第(三)项、第四条第(三)项的起点数额标准,并报最高人民法院备案。

【犯罪构成】

(一)主体要件

本罪的主体为一般主体,即凡年满十六周岁、具有刑事责任能力的自然人均可构成。主体不能理解为在上述交通运输部门工作的一切人员,也不能理解为仅指火车、汽车、电车、船只、航空器等交通工具的驾车人员,而应理解为一切直接从事交通运输业务和保证交通运输的人员以及非交通运输人员。

交通运输人员具体地说,包括以下四种从事交通运输的人员:

1. 交通运输工具的驾驶人员,如火车、汽车、电车司机等;

2. 交通设备的操纵人员,如扳道员、巡道员、道口看守员等;

3. 交通运输活动的直接领导、指挥人员,如船长、机长、领航员、调度员等;

4. 交通运输安全的管理人员,如交通监理员、交通警察等。他们担负的职责同交通运输有直接关系,一旦不正确履行自己的职责,都可能造成重大交通事故。

非交通运输人员违反规章制度,如非司机违章开车,在交通运输中发生重大事故,造成严重后果的,也构成本罪的主体。

(二)主观方面

本罪主观方面表现为过失,包括疏忽大意的过失和过于自信的过失。这种过失是指行为人对自己的违章行为可能造成的严重后果的心理态度。行为人在违反规章制度上可能是明知故犯,如酒后驾车、强行超车、超速行驶等,但对自己的违章行为可能发生重大事故,造成严重后果,应当预见而因疏忽大意,没有预见,或者虽已预见,但轻信能够避免,以致造成了严重后果。

(三)客观方面

本罪客观方面表现为在交通运输活动中违反交通运输管理法规,因而发生重大事故,致人重伤、死亡或者使公私财产遭受重大损失的行为。由此可见,本罪的客观方面是由以下四个相互不可分割的因素组成的:

1. 必须有违反交通运输管理法规的行为。在交通运输中实施了违反交通运输管理法规的行为，是发生交通事故的原因，也是承担处罚的法律基础。所谓交通运输法规，是指保证交通运输正常进行和交通运输安全的规章制度，包括水上、海上、空中、公路、铁路等各个交通运输系统的安全规则、章程以及从事交通运输工作必须遵守的纪律、制度等。如《城市交通规则》《机动车管理办法》《内河避碰规则》《航海避碰规则》《渡口守则》《海上交通安全法》等。违反上述规则就可能造成重大交通事故。在实践中，违反交通运输管理法规行为主要表现为违反劳动纪律或操作规程，玩忽职守或擅离职守、违章指挥、违章作业，或者违章行驶等。例如，公路违章的有：无证驾驶、强行超车、超速行驶、酒后开车；航运违章的有：船只强行横越，不按避让规章避让，超速抢档，在有碍航行处锚泊或停靠；航空违章的有：违反空中交通管理擅自起飞，偏离飞行航线，无故不与地面联络，等等。上述违章行为的种种表现形式，可以归纳为作为与不作为两种基本形式，不论哪种形式，只要是违章，就具备构成本罪的条件。

2. 必须发生重大事故，致人重伤、死亡或者使公私财产遭受重大损失的严重后果。这是构成交通肇事罪的必要条件之一。行为人虽然违反了交通运输管理法规，但未造成上述法定严重后果的，不构成本罪。

3. 严重后果必须由违章行为引起，二者之间存在因果关系。虽然行为人有违章行为，但未造成严重后果，而且在时间上不存在先行后续关系，则不构成本罪。

4. 违反规章制度，致人重伤、死亡或者使公私财产遭受重大损失的行为，必须发生在从始发车站、码头、机场准备载人装货至终点车站、码头、机场旅客离去、货物卸完的整个交通运输活动过程中。从空间上说，必须发生在铁路、公路、城镇道路和空中航道上；从时间上说，必须发生在正在进行的交通运输活动中。如果不是发生在上述空间、时间中，而是在工厂、矿山、林场、建筑工地、企业事业单位、院落内作业，或者进行其他非交通运输活动，如检修、冲洗车辆等，一般不构成本罪。

利用大型的、现代化的交通运输工具从事交通运输活动，违反规章制度，致人重伤、死亡或者使公私财产遭受重大损失的，应定交通肇事罪，这是没有异议的。但是，对于利用非机动车，如自行车、三轮车、马车等，从事交通运输活动，违章肇事，使人重伤、死亡，是否构成交通肇事罪，存在不同的看法。第一种意见认为：交通肇事罪属于危害公共安全的犯罪，即能够同时造成不特定的多数人伤亡或者公私财产的广泛损害，而驾驶非机动车从事交通运输活动，违章肇事，一般只能给特定的个别人造成伤亡或者数量有限的财产损失，不具有危害公共安全的性质，因此，不应定交通肇事罪，而应根据具体情况，确定其犯罪的性质，造成他人死亡的，定过失致人死亡罪；造成重伤的，定过失重伤罪。第二种意见认为，它虽一般只能造成特定的个别人的伤亡或者有限的损失，但不能因此而否认其具有危害公共安全的性质，况且许多城镇交通事故都直接或间接与非机动车违章行车有关。因此，上述人员违章肇事，应当以交通肇事罪论处。如果因其撞死人而按过失致人死亡罪论处,因其撞伤人而按过失重伤罪论处,是不合理的。目前司法实践中,一般按第二种意见定罪判刑,即以交通肇事罪论处。

(四)客体方面

本罪侵犯的客体是交通运输安全。交通运输,是指与一定的交通工具与交通设备相联系的铁路、公路、水上及空中交通运输,这类交通运输的特点是与广大人民群众的生命财产安全紧密相连,一旦发生事故,就会危害到不特定多数人的生命安全;造成公私财产的广泛破坏,所以,其行为本质上是危害公共安全犯罪。

【罪名辨析】

(一)本罪与非罪的界限

1. 区分本罪与非罪关键要查清行为人是否有主观罪过,是否实施了违反交通运输管理法规的行为,违反交通运输管理法规的行为与重大交通事故是否具有因果关系等。倘若没有违法行为或者虽有违法行为但没有因果关系,如事故发生纯属被害人不遵守交通规则,乱穿马路造成,或由自然因素,如山崩、地裂、风暴、洪水等造成,则就不应以本罪论处。当然,事故发生并不排除可能存在多种原因或有其他介入因素,这里就更应该认真分析原因及其介入行为对交通事故发生的作用。只有查清确实与行为人的违规行为具有因果关系,才可能以本罪论处,否则,就不应以本罪治罪。例如,行为人高速超车后突然发现前方几十米处有人穿越马路,便打方向盘试图避开行人,但出于车速过快,致使车冲入人行道而将他人压成重伤。此时,行人穿越马路作为介入因素仅是发生本案的条件,肇事的真正原因则是违章超速行车,因此应当认定行为与结果具有因果关系从而可以构成本罪。

2. 交通肇事逃逸的认定。最高人民法院《关于审理交通肇事刑事案件具体应用法律若干问题的解释》第三条"交通运输肇事后逃逸",是指行为人具有本解释第二条第一款规定和第二款第(一)至(五)项规定的情形之一,在发生交通事故后,为逃避法律追究而逃跑的行为。

即所谓交通肇事逃逸就是行为人在交通运输肇事中具有以下情形并因逃避法律追究而逃跑的行为:

(1)死亡一人或者重伤三人以上,负事故全部或者主要责任的;

(2)死亡三人以上,负事故同等责任的;

(3)造成公共财产或者他人财产直接损失,负事故全部或者主要责任,无能力赔偿数额在三十万元以上的;

(4)酒后、吸食毒品后驾驶机动车辆致一人以上重伤,负事故全部或者主要责任的;

(5)无驾驶资格驾驶机动车辆致一人以上重伤,负事故全部或者主要责任的;

(6)明知是安全装置不全或者安全机件失灵的机动车辆而驾驶致一人以上重

伤,负事故全部或者主要责任的;

(7)明知是无牌证或者已报废的机动车辆而驾驶致一人以上重伤,负事故全部或者主要责任的;

(8)严重超载驾驶致一人以上重伤,负事故全部或者主要责任的。

(二)本罪与重大飞行事故罪、铁路运营安全事故罪的界限

本罪与重大飞行事故罪、铁路运营安全事故罪同属重大交通肇事的犯罪。客体均为交通运输安全,主观上也都出于过失,客观上也都是以违反保障交通运输安全管理的规章制度并造成严重后果为要件。其区别主要是:(1)主体不同。本罪的主体为一般主体;而后两罪,主体为特殊主体,即分别为航空人员与铁路职工,其他自然人一般主体不能构成这两种罪。(2)发生的场合不同。本罪主要发生在公路、水路交通运输过程中(不排除一般主体在交通运输领域外可以构成交通肇事罪);而后两罪,分别发生在航空运输与铁路运输活动中。(3)违反的具体注意义务不同。根据运输领域不同(公路、水上),本罪行为人违反的可以是特定的注意义务,也可以是一般的注意义务;而后两罪违反的,只限于特定的注意义务。

(三)本罪与故意杀人罪的界限

交通肇事罪(逃逸致人死亡)与故意杀人罪的区别是:行为人在交通肇事后为逃避法律追究,将被害人带离事故现场后隐藏或者遗弃,致使被害人无法得到救助而死亡或者严重残疾的,应当分别以故意杀人罪或者故意伤害罪定罪处罚。区别要点:交通肇事罪(逃逸致人死亡)仅有消极的不救助行为;而故意杀人或伤害罪行为:(1)有积极行为,将被害人带离事故现场后隐藏或者遗弃;(2)致使被害人无法得到救助,因为遗弃、隐藏,使被害人处于孤立无援的境地。注意,对这种情形在不能证实具有直接故意的情况下,如果事实上没有发生死亡或残疾结果的,不应按照故意杀人罪、故意伤害罪的未遂罪处罚。

(四)本罪与以危险方法危害公共安全罪的区别

交通肇事罪与以危险方法危害公共安全罪的区别要点是,如果故意使用驾车撞人的方法,在公共场所故意撞死撞伤多人的,应定以危险方法危害公共安全罪。另外,故意使用驾车的方式杀害、伤害特定人的,以故意杀人罪、故意伤害罪定罪处罚。

(五)本罪与其他过失犯罪的区别

区别要点是认定责任的依据是否违反交通管理法规。厂矿企业的专用机动车辆、施工车辆以及军队的军用车辆等在实行公共交通管理的范围内因为违反交通规则发生重大交通事故的,以交通肇事罪论处。如果是在公共交通管理范围之外,非因违反交通规则造成人身伤亡、财产损失,构成犯罪的,分别依照《刑法》第一百三十四条(重大责任事故)、第一百三十五条(工程重大安全事故罪)第二百三十三条(过失致人死亡罪)以及第四百三十六条(武器装备肇事罪)等规定定罪处罚。

量刑部分

【量刑标准】

根据《刑法》第一百三十三条的规定,对交通肇事罪规定了三个不同的刑级(量刑档次):

犯交通肇事罪的,处三年以下有期徒刑或者拘役。交通运输肇事后逃逸或者有其他特别恶劣情节的,处三年以上七年以下有期徒刑。因逃逸致人死亡的,处七年以上有期徒刑。

(一)发生重大事故

违反交通运输管理法规,因而发生重大事故,致人重伤、死亡或者使公私财产遭受重大损失的,处三年以下有期徒刑或者拘役。

此处所谓"发生重大事故",根据最高人民法院《关于审理交通肇事刑事案件具体应用法律若干问题的解释》第二条第一款规定,是指具有以下情形之一的:

(1)死亡一人或者重伤三人以上,负事故全部或者主要责任的;

(2)死亡三人以上,负事故同等责任的;

(3)造成公共财产或者他人财产直接损失,负事故全部或者主要责任,无能力赔偿数额在三十万元以上的。

(二)以交通肇事罪定罪处罚

最高人民法院《关于审理交通肇事刑事案件具体应用法律若干问题的解释》第二条第二款规定:交通肇事致一人以上重伤,负事故全部或者主要责任,并具有下列情形之一的,以交通肇事罪定罪处罚:

(1)酒后、吸食毒品后驾驶机动车辆的;

(2)无驾驶资格驾驶机动车辆的;

(3)明知是安全装置不全或者安全机件失灵的机动车辆而驾驶的;

(4)明知是无牌证或者已报废的机动车辆而驾驶的;

(5)严重超载驾驶的;

(6)为逃避法律追究逃离事故现场的。

(三)其他特别恶劣情节

最高人民法院《关于审理交通肇事刑事案件具体应用法律若干问题的解释》第四条规定:交通肇事具有下列情形之一的,属于"有其他特别恶劣情节",处三年以上七年以下有期徒刑:

(1)死亡二人以上或者重伤五人以上,负事故全部或者主要责任;

(2)死亡六人以上,负事故同等责任的;

(3)造成公共财产或者他人财产直接损失,负事故全部或主要责任,无能力赔偿数额在六十万元以上的。

（四）以故意杀人罪或故意杀害罪定罪处罚

最高人民法院《关于审理交通肇事刑事案件具体应用法律若干问题的解释》第六条规定：

行为人在交通肇事后为逃避法律追究，将被害人带离事故现场后隐藏或者遗弃，致使被害人无法得到救助而死亡或者严重残疾的，应当分别依照刑法第二百三十二条、第二百三十四条第二款的规定，以故意杀人罪或者故意伤害罪定罪处罚。

【量刑规范】

最高人民法院《关于常见犯罪的量刑指导意见》

（实施日期：2014年1月1日）（节录）

（一）交通肇事罪

1.构成交通肇事罪的，可以根据下列不同情形在相应的幅度内确定量刑起点：

（1）致人重伤、死亡或者使公私财产遭受重大损失的，可以在二年以下有期徒刑、拘役幅度内确定量刑起点。

（2）交通运输肇事后逃逸或者有其他特别恶劣情节的，可以在三年至五年有期徒刑幅度内确定量刑起点。

（3）因逃逸致一人死亡的，可以在七年至十年有期徒刑幅度内确定量刑起点。

2.在量刑起点的基础上，可以根据事故责任、致人重伤、死亡的人数或者财产损失的数额以及逃逸等其他影响犯罪构成的犯罪事实增加刑罚量，确定基准刑。

危险驾驶罪　《刑法》第133条之一

在道路上驾驶机动车，有下列情形之一的，处拘役，并处罚金：

（一）追逐竞驶，情节恶劣的；

（二）醉酒驾驶机动车的；

（三）从事校车业务或者旅客运输，严重超过额定乘员载客，或者严重超过规定时速行驶的；

（四）违反危险化学品安全管理规定运输危险化学品，危及公共安全的。

机动车所有人、管理人对前款第三项、第四项行为负有直接责任的，依照前款的规定处罚。

有前两款行为，同时构成其他犯罪的，依照处罚较重的规定定罪处罚。

定罪部分

【罪名概念】

危险驾驶罪,是指在道路上驾驶机动车追逐竞驶、情节恶劣;在道路上醉酒驾驶机动车;从事校车业务或者旅客运输,严重超过额定乘员载客,或者严重超过规定时速行驶;以及违反危险化学品安全管理规定运输危险化学品,危及公共安全的行为。

【关联法律】

公安部《关于公安机关办理醉酒驾驶机动车犯罪案件的指导意见》

(实施日期:2011 年 8 月 11 日　公交管[2011]190 号)

各省、自治区、直辖市公安厅、局,新疆生产建设兵团公安局:

2011 年 5 月 1 日《刑法修正案(八)》实施以来,各地公安机关依法查处了一批醉酒驾驶机动车犯罪案件,取得了良好法律效果和社会效果。

一、进一步规范现场调查

1. 严格血样提取条件。交通民警要严格按照《交通警察道路执勤执法工作规范》的要求检查酒后驾驶机动车行为,检查中发现机动车驾驶人有酒后驾驶机动车嫌疑的,立即进行呼气酒精测试,对涉嫌醉酒驾驶机动车、当事人对呼气酒精测试结果有异议,或者拒绝配合呼气酒精测试等方法测试以及涉嫌饮酒后、醉酒驾驶机动车发生交通事故的,应当立即提取血样检验血液酒精含量。

2. 及时固定犯罪证据。对查获醉酒驾驶机动车嫌疑人的经过、呼气酒精测试和提取血样过程应当及时制作现场调查记录;有条件的,还应当通过拍照或者录音、录像等方式记录;现场有见证人的,应当及时收集证人证言。发现当事人涉嫌饮酒后或者醉酒驾驶机动车的,依法扣留机动车驾驶证,对当事人驾驶的机动车,需要作为证据的,可以依法扣押。

3. 完善醒酒约束措施。当事人在醉酒状态下,应当先采取保护性约束措施,并进行人身安全检查,由 2 名以上交通民警或者 1 名交通民警带领 2 名以上交通协管员将当事人带至醒酒约束场所,约束至酒醒。对行为举止失控的当事人,可以使用约束带或者警绳,但不得使用手铐、脚镣等警械。醒酒约束场所应当配备醒酒设施和安全防护设施。约束过程中,要加强监护,确认当事人酒醒后,要立即解除约束,并进行询问。

4. 改进执勤检查方式。交通民警在道路上检查酒后驾驶机动车时,应当采取有效措施科学组织疏导交通,根据车流量合理控制拦车数量。车流量较大时,应当采取减少检查车辆数量或者暂时停止拦截等方式,确保现场安全有序。要求驾驶人接受呼气酒精测试时,应当使用规范用语,严格按照工作规程操作,每测试一人更换一次新的吹嘴。当事人违反测试要求的,应当当场重新测试。

二、进一步规范办案期限

5. 规范血样提取送检。交通民警对当事人血样提取过程应当全程监控，保证收集证据合法、有效。提取的血样要当场登记封装，并立即送县级以上公安机关检验鉴定机构或者经公安机关认可的其他具备资格的检验鉴定机构进行血液酒精含量检验。因特殊原因不能立即送检的，应当按照规范低温保存，经上级公安机关交通管理部门负责人批准，可以在3日内送检。

6. 提高检验鉴定效率。要加快血液酒精检验鉴定机构建设，加强检验鉴定技术人员的培养。市、县公安机关尚未建立检验鉴定机构的，要尽快建立具有血液酒精检验职能的检验鉴定机构，并建立24小时值班制度。要切实提高血液酒精检验鉴定效率，对送检的血样，检验鉴定机构应当在3日内出具检验报告。当事人对检验结果有异议的，应当告知其在接到检验报告后3日内提出重新检验申请。

7. 严格办案时限。要建立醉酒驾驶机动车案件快侦快办工作制度，加强内部办案协作，严格办案时限要求。为提高办案效率，对现场发现的饮酒后或者醉酒驾驶机动车的嫌疑人，尚未立刑事案件的，可以口头传唤其到指定地点接受调查；有条件的，对当事人可以现场调查询问；对犯罪嫌疑人采取强制措施的，应当及时进行讯问。对案件事实清楚、证据确实充分的，应当在查获犯罪嫌疑人之日起7日内侦查终结案件并移送人民检察院审查起诉；情况特殊的，经县级公安机关负责人批准，可以适当延长办案时限。

三、进一步规范立案侦查

8. 从严掌握立案标准。经检验驾驶人血液酒精含量达到醉酒驾驶机动车标准的，一律以涉嫌危险驾驶罪立案侦查；未达到醉酒驾驶机动车标准的，按照道路交通安全法有关规定给予行政处罚。

9. 全面客观收集证据。对已经立案的醉酒驾驶机动车案件，应当全面、客观地收集、调取犯罪证据材料，并严格审查、核实。要及时检查、核实车辆和人员基本情况及机动车驾驶人违法犯罪信息，详细记录现场查获醉酒驾驶机动车的过程、人员车辆基本特征以及现场采取呼气酒精测试、实施强制措施、提取血样、口头传唤、固定证据等情况。讯问犯罪嫌疑人时，应当对犯罪嫌疑人是否有罪以及情节轻重等情况作重点讯问，并听取无罪辩解。要及时收集能够证明犯罪嫌疑人是否醉酒驾驶机动车的证人证言、视听数据等其他证据材料。

10. 规范强制措施适用。要根据案件实际情况，对涉嫌醉酒驾驶机动车的犯罪嫌疑人依法合理适用拘传、取保候审、监视居住、拘留等强制措施，确保办案工作顺利进行。对犯罪嫌疑人企图自杀或者逃跑、在逃的，或者不讲真实姓名、住址，身份不明的，以及确需对犯罪嫌疑人实施羁押的，可以依法采取拘留措施。拘留期限内未能查清犯罪事实的，应当依法办理取保候审或者监视居住手续。发现不应当追究犯罪嫌疑人刑事责任或者强制措施期限届满的，应当及时解除强制措施。

11. 做好办案衔接。案件侦查终结后,对醉酒驾驶机动车犯罪事实清楚,证据确实、充分的,应当在案件移送人民检察院审查起诉前,依法吊销犯罪嫌疑人的机动车驾驶证。对其他道路交通违法行为应当依法给予行政处罚。案件移送审查起诉后,要及时了解掌握案件起诉和判决情况,收到法院的判决书或者有关的司法建议函后,应当及时归档。对检察机关决定不起诉或者法院判决无罪但醉酒驾驶机动车事实清楚,证据确实、充分的,应当依法给予行政处罚。

12. 加强执法办案管理。要进一步明确办案要求,细化呼气酒精测试、血样提取和保管、立案撤案、强制措施适用、物品扣押等重点环节的办案标准和办案流程。要严格落实案件审核制度,进一步规范案件审核范围、审核内容和审核标准,对与案件质量有关的事项必须经法制员和法制部门审核把关,确保案件质量。要提高办案工作信息化水平,大力推行网上办案,严格办案信息网上录入的标准和时限,逐步实现案件受理、立案、侦查、制作法律文书、法制审核、审批等全过程网上运行,加强网上监控和考核,杜绝"人情案""关系案"。

四、进一步规范安全防护措施

13. 配备执法装备。交通民警在道路上检查酒后驾驶机动车时,必须配齐呼气酒精含量检测仪、约束带、警绳、摄像机、照相机、执法记录仪、反光指挥棒、停车示意牌等装备。执勤车辆还应配备灭火器材、急救包等急救装备,根据需要可以配备简易破拆工具、拦车破胎器、测速仪等装备。

14. 完善查处程序。交通民警在道路上检查酒后驾驶机动车时,应当根据道路条件和交通状况,合理选择安全、不妨碍车辆通行的地点进行,检查工作要由 2 名以上交通民警进行。要保证民警人身安全,明确民警检查动作和查处规程,落实安全防护措施,防止发生民警受伤害案件。

【犯罪构成】

(一)主体要件

本罪的主体是一般主体,即任何人实施危险驾驶机动车的行为都可以构成犯罪。对于虽有驾驶技术但没有驾驶执照的人实施危险驾驶机动车的行为,也构成本罪。此外,对危险驾驶行为具有指使、组织作用,或者强迫、强令进行危险驾驶的管理者、车主或者其他人,也可以构成本罪。既可以作为本罪的主犯,也可以成为本罪的协助犯等共同犯罪人。

(二)主观方面

本罪行为人在主观方面是出于故意,并且一般是直接故意。在少数情况下也可能由间接故意构成,如受车主要求进行危险驾驶,就是一种放任性的间接故意行为。过失不构成本罪。

(三)客观方面

本罪在客观方面表现为违反道路交通安全管理法律、法规,在道路上驾驶机动车追逐竞驶,情节恶劣;在道路上醉酒驾驶机动车;从事校车业务或者旅客运输,严重超过额定乘员载客,或者严重超过规定时速行驶;以及违反危险化学品安全管理规定运输危险化学品,危及公共安全的行为。

所谓“驾驶机动车追逐竞驶”,是指机动车驾驶人在道路行驶过程中相互攀比驾驶速度而快速行驶、为超越他人车辆而追逐行驶、超越限速的规定行驶等。

所谓“情节恶劣”,是指行为人驾驶机动车追逐竞驶情形十分危险且不服从交通管理部门制止,多次因追逐竞驶受到交通管理部门制止或处理,驾驶机动车追逐竞驶造成不良后果或者恶劣影响等。

所谓“醉酒驾驶机动车”,是指行为人在饮酒后没有清醒之前,且体内酒精含量超过人体允许正常指数之外,不能驾驶机动车的情况下而驾驶机动车的行为。作为犯罪处理,醉酒驾驶机动车也应当具有一定的严重情节,即行为人无视醉酒驾车的有关管理规定,或者不服从交通管理部门的制止,或者造成不良影响等。对偶尔的醉酒驾车或者特殊情况下的醉酒驾车,没有造成不良影响或后果,只要行为人及时认识了自己的错误,也可以作为一般违法行为处理。

所谓“从事校车业务或者旅客运输,严重超过额定乘员载客,或者严重超过规定时速行驶”是指从事校车业务或者旅客运输业务的行为人,在接送学生或旅客的过程中对车辆管理不规范,严重超员、超速行驶,从而发生恶性事故,严重危及学生及旅客人身安全的行为。此类犯罪社会影响恶劣,而且极易造成重大人员伤亡,除了追究行为人的刑事责任之外,对校车、客运车辆危险驾驶犯罪负有直接责任的机动车所有人、管理人也追究刑事责任。《刑法修正案(九)》将超员、超载等严重交通违法行为纳入刑法调整范围,将有利于减少重大交通事故的发生,有利于保护学生、乘客的生命财产安全;同时将进一步发挥法律的宣传和教化作用,强化人们对交通法规的认知和遵守,更加珍爱生命、守法出行。

所谓“违反危险化学品安全管理规定运输危险化学品,危及公共安全”是指从事危险化学品运输的驾驶人员,违反危险化学品安全管理条例等相关法律规定运输危险化学品,从而危及公共安全的行为。根据《危险化学品安全管理条例》的规定,危险化学品,是指具有毒害、腐蚀、爆炸、燃烧、助燃等性质,对人体、设施、环境具有危害的剧毒化学品和其他化学品。危险化学品运输人员未按法律规定取得危险品运输许可、从业资格证,以及其他违反危险化学品安全管理规定运输危险化学品,危及公共安全的行为,除对驾驶人员追究刑事责任之外,对危险化学品运输车辆危险驾驶犯罪负有直接责任的机动车所有人、管理人也应追究刑事责任。

(四)客体要件

本罪侵犯的客体是道路交通安全管理秩序。道路交通安全管理秩序,是指与人民生命财产安全相关联,通过一定的交通工具和交通设施反映出来的维护通行安全的某类社会管理秩序。

【罪名辨析】

(一)本罪与一般违法行为的界限

对经检验驾驶人血液酒精含量达到醉酒驾驶机动车标准的,一律以涉嫌危险驾驶罪立案侦查。对当事人被查获后,为逃避法律追究,在呼气酒精测试或者提取血样前又饮酒,经检验其血液酒精含量达到醉酒驾驶机动车标准的,应当立案侦查。当事人经呼气酒精测试达到醉酒驾驶机动车标准,在提取血样前脱逃的,以呼气酒精含量为依据立案侦查。

(二)本罪与交通肇事罪和以危险方法危害公共安全罪的界定

本罪与交通肇事罪和以危险方法危害公共安全罪的共同之处:三个罪名既然都规定在危害公共安全罪一章中,最主要的共同之处就是侵犯的客体为公共安全。

三者之间的区别主要表现为以下几个方面:

首先,主观方面不同。正如前所述,危险驾驶罪在主观上持希望或放任的故意。而交通肇事罪是典型意义上过失犯罪,主观上只能是过失。而以危险方法危害公共安全罪要求主观上是故意。其次,在行为方式上不同。危险驾驶罪包括追逐竞驶,醉驾,校车或旅客运输严重超员、超载、超速,以及违反危险化学品安全管理规定运输危险化学品,危及公共安全这几种行为;交通肇事罪包括一些违反交通安全管理法律法规的行为,而以危险方法危害公共安全罪是指要求实施与放火、决水、爆炸、投毒以外但犯罪危险性相当的危险行为,不应包括危险驾驶罪中的几种行为。

量刑部分

【量刑标准】

犯本罪的,处拘役,并处罚金。

机动车所有人、管理人对前款第三项、第四项行为负有直接责任的,依照前款的规定处罚。

有前两款行为,同时构成其他犯罪的,依照处罚较重的规定定罪处罚。

截至目前,尚无本罪名关于量刑的司法解释。

重大责任事故罪 《刑法》第134条(一)

在生产、作业中违反有关安全管理的规定,因而发生重大伤亡事故或者造成其他严重后果的,处三年以下有期徒刑或者拘役;情节特别恶劣的,处三年以上七年以下有期徒刑。

定罪部分

【罪名概念】

重大责任事故罪,是指在生产、作业中违反有关安全管理的规定,或者强令他人违章冒险作业,因而发生重大伤亡事故或者造成其他严重后果的行为。

【犯罪构成】

(一)主体要件

本罪主体是特殊主体,是指工厂、矿山、林场、建筑企业或者其他企业、事业单位的职工。这些单位既包括国家的,又包括集体的。作为本罪主体的上述单位的职工,并非该单位从事各种工作的职工,而是指那些直接从事生产的人员和直接指挥生产的人员,包括生产工人、技术员、安全员、化验员、检验员、生产调度、段长、矿长、车间主任等。改革开放以来,随着个体经济的发展,个体经营户生产中因违章发生重大事故的案件开始增加,上述主体范围已不能适应现实情况。

(二)主观要件

本罪主观方面表现为过失。这里的过失,是指应当预见到自己的行为可能发生重大伤亡事故或者造成其他严重后果,因为疏忽大意而没有预见或者已经预见而轻信能够避免,以致发生这种结果的主观心理状态。

(三)客观要件

本罪在客观方面表现为在生产、作业中违反有关安全管理的规定,因而发生重大伤亡事故或者造成其他严重后果的行为。这里的违反有关安全管理规定,是指违反有关生产安全的法律、法规、规章制度。因此,这种有关安全生产规定包括以下三种情形:

1. 国家颁布的各种有关安全生产的法律、法规等规范。

2. 企业、事业单位及其上级管理机关制定的反映安全生产客观规律的各种规章制度,包括工艺技术、生产操作、技术监督、劳动保护、安全管理等方面的规程、规则、章程、条例、办法和制度。

3. 虽无明文规定,但反映生产、科研、设计、施工的安全操作客观规律和要求,在实践中为职工所公认的行之有效的操作习惯和惯例等。

重大责任事故罪的结果是发生重大伤亡事故或者造成其他严重后果。

(四)客体要件

本罪侵犯的客体是生产、作业安全,犯罪对象是人身和财产。

量刑部分

【量刑标准】

犯本罪的,处三年以下有期徒刑或者拘役;情节特别恶劣的,处三年以上七年以下有期徒刑。

截至目前,尚无本罪名关于量刑的司法解释。

强令违章冒险作业罪 《刑法》第134条(二)

强令他人违章冒险作业,因而发生重大伤亡事故或者造成其他严重后果的,处五年以下有期徒刑或者拘役;情节特别恶劣的,处五年以上有期徒刑。

定罪部分

【罪名概念】

强令违章冒险作业罪,是指企业、工厂、矿山等单位的领导者、指挥者、调度者等在明知确实存在危险或者已经违章,工人的人身安全和国家、企业的财产安全没有保证,继续生产会发生严重后果的情况下,仍然不顾相关法律规定,以解雇、减薪以及其他威胁,强行命令或者胁迫下属进行作业,造成重大伤亡事故或者严重财产损失的行为。

【犯罪构成】

(一)主体要件

本罪主体是一般主体,包括具有强令资格的人,通常情况下是作业的领导者、指挥者、调度者。

(二)主观方面

本罪主观方面是过失。所谓过失是指行为人对所发生的后果而言,而对于既违章又冒险则是明知的。

(三)客观方面

本罪客观方面表现为强令违章冒险作业,因而发生重大伤亡事故或者造成其他严重后果的行为,这里所说的强令是指明知违章并存在着很大的危险而仍然强迫下属进行作业。

(四)客体要件

本罪侵犯的客体是公共安全。

量刑部分

【量刑标准】

犯本罪的,处五年以下有期徒刑或者拘役;情节特别恶劣的,处五年以上有期徒刑。

截至目前,尚无本罪名关于量刑的司法解释。

重大劳动安全事故罪　《刑法》第135条

安全生产设施或者安全生产条件不符合国家规定，因而发生重大伤亡事故或者造成其他严重后果的，对直接负责的主管人员和其他直接责任人员，处三年以下有期徒刑或者拘役；情节特别恶劣的，处三年以上七年以下有期徒刑。

定罪部分

【罪名概念】

重大劳动安全事故罪，是指安全生产设施或者安全生产条件不符合国家规定，因而发生重大伤亡事故或者造成其他严重后果的行为。

【犯罪构成】

（一）主体要件

本罪的主体为特殊主体，即单位中对排除事故隐患，防止事故发生负有职责义务的主管人员和其他直接责任人员。这里的单位，根据《劳动法》第二条的规定，其范围非常广泛，既包括一切在中华人民共和国境内设立的企业和个体经济组织，也包括其他与劳动者建立了劳动合同关系的国家机关、事业组织和社会团体。在司法实践中，重大劳动安全事故罪主要发生在从事生产、经营的企业和个体经济组织中。对排除事故隐患，防止事故发生负有职责义务的主管人员和其他直接责任人员，通常是指用人单位的法定代表人、厂长、经理、主管劳动安全和劳动卫生的副厂长、副经理，以及直接负责有关劳动安全和劳动卫生工作的安全员、电工等。由于国家工作人员失职造成重大事故的，可以直接依照刑法的规定，以他罪追究处罚，所以，本罪的主体中不包括国家工作人员。

（二）主观要件

本罪在主观方面表现为过失，有关直接责任人员在主观心态上只能表现为过失。所谓过失，是指有关直接责任人员在主观意志上并不希望发生事故。对于单位存在事故隐患，有关直接责任人则是明知或者应该知道的，有的甚至是经劳动行政部门或者其他有关部门多次责令改正而未改正。造成这种情况的原因，有的是片面追求经济效益，不肯在劳动安全和劳动卫生方面进行投入；有的是工作不负责任，疏忽怠惰；有的是心存侥幸心理。无论属于哪几种情况，都不影响构成本罪，但在具体量刑时可以作为酌定情节予以考虑。

（三）客观要件

本罪在客观方面表现为厂矿等企业、事业单位的劳动安全设施不符合国家规定，经有关部门或单位职工提出后，仍不采取措施，因而发生重大伤亡事故或者造成

其他严重后果的行为。构成本罪,在客观方面必须具备以下三个相互关联的要件:

1. 厂矿等企业、事业单位的劳动安全设施不符合国家规定,存在事故隐患。所谓劳动安全设施,是指为了防止和消除在生产过程中的伤亡事故,防止生产设备遭到破坏,用以保障劳动者安全的技术设备、设施和各种用品。主要有:一是防护装置,即用屏护方法使人体与生产中危险部分相隔离的装置;二是保险装置,即能自动消除生产中由于设备事故和部件损害而引起的人身事故危害的装置,如安全阀、自动跳闸、卷扬限制器等;三是信号装置,即应用信号警告、预防危险的装置,如信号灯、电器指示灯等;四是危险牌示和识别标志,即危险告示标志和借助醒目颜色或图形判断是否安全的标志。劳动安全设施必须符合国家规定,即符合国家立法机关、生产主管部门制定、颁布的一系列保障安全生产、保护劳动者人身安全和合法权益的法律、法规和规章制度中规定的标准。事故隐患是指由于劳动安全设施不符合国家规定而潜藏着的发生事故的苗头、祸患,仅限于劳动安全设施方面的事故隐患。如未给在有危害健康的气体、蒸汽或者粉尘的场所操作的工人发口罩、防护眼镜和防毒面具的;未给在有噪声、强光辐射热和飞溅火花碎片、刨屑的场所操作的工人发护耳器、防护眼镜、面具或帽盔的;未给从事电器操作的人发绝缘革化、绝缘手套的;未给在高空作业的工人配备安全带的;机器设备的危险部分未安装防护装置的;压力机械的施压部分未安装安全装置的;电气设备和线路的绝缘性能不佳,电器设备未设必要的可熔保险器或自动开关的;车间或者工作地点所含游离二氧化硅10%以上的粉尘高于每立方米2毫克,对散发有害健康的蒸汽、气体的设备未严加紧闭的等。厂矿企事业单位的劳动安全设施不符合国家规定,存在事故隐患是发生重大劳动安全事故的直接原因,也是构成本罪的前提条件;如果重大事故的发生并不是由于劳动安全设施不符合国家规定,而是由于其他原因如有人故意破坏、放火等引起的,则不构成重大劳动安全事故罪。

2. 经有关部门或者单位职工提出后,对事故隐患仍不采取措施。这里的有关部门是指上级主管部门或者对劳动安全具有行政管理责任的其他部门。本罪的构成必须以经有关部门或者单位职工提出为条件。如果有关部门或单位职工没有提出事故隐患,行为人因而没有采取措施的,不成立重大劳动安全事故罪。这里的对事故隐患不采取措施,既包括对事故隐患视而不见,不采取任何排除隐患的措施;也包括对生产安全不重视,敷衍塞责,虽然对事故隐患采取了一些措施,但这些措施并没有真正落实或者虽然落实,但由于采取的措施不得力或不正确,而并不足以消除事故隐患,事故隐患仍然存在。对事故隐患不采取措施的行为是一种不作为。行为人作为厂矿等企业、事业单位负责劳动安全的人员,负有保证安全生产的职责,行为人却不履行职责,对严重威胁生产安全的事故隐患不采取措施,以致发生重大事故,从而使其行为具有严重的社会危害性,构成不作为犯罪。

3. 发生了重大伤亡事故或者造成了其他严重后果。所谓重大伤亡事故,根据司法解释,是指死亡1人以上或者重伤3人以上的事故。其他严重后果,是指造成了重大经济损失;或者造成了重大政治影响;或者引起单位职工强烈不满,导致罢工、停产的等。

(四)客体要件

本罪侵犯的客体是工厂、矿山、林场、建筑企业或者其他企业、事业单位的劳动安全,即劳动者的生命、健康和重大公私财产的安全。在社会主义现代化建设中,劳动者作为生产力中的决定性因素,对经济、社会的发展起着非常重要的作用。因此,必须注重对劳动者安全和健康的保护。我国政府历来坚持安全第一的生产方针,重视生产安全和安全生产。早在1956年,国务院就公布了《工厂安全卫生规程》,规定了工厂的安全技术和劳动卫生方面的基本要求。1963年就企业的安全生产责任制发布了《关于加强企业生产中安全工作的几项规定》。以后,还针对某些特殊问题、特殊行业公布了一系列具体规定,主要有《锅炉压力容器安全监察暂行条例》《气瓶安全监察规程》《关于防止沥青中毒的办法》《工业企业噪声卫生标准》《工业企业工人照明标准》《工业企业设计卫生标准》《关于加强防尘防毒工作的决定》《建筑安装工程安全技术规程》《矿山安全条例》和《矿山安全法》等。尽管国家三令五申要求厂矿等企业、事业单位严把安全关,把安全施工、安全生产、安全作业作为劳动中的头等大事来抓,但是,仍有不少用人单位,只顾埋头挣钱,置劳动者的健康、安全于不顾,对事故隐患不及时排除,在劳动安全设施不符合国家规定的情况下,强行生产作业,以致频频发生劳动安全事故,严重侵犯劳动者的人身权利,给国家造成了巨大的经济损失。特别是伴随一些新兴行业的兴起,高空、高压、易燃易爆、高速公路等事故的发生率一直居高不下。因此,针对这些情况,必须运用刑法武器与侵犯劳动安全的行为作坚决的斗争,以保护劳动者的生命、健康和重大公私财产的安全。

【罪名辨析】

(一)本罪与重大责任事故罪的界限

两罪都有重大事故的发生,并且行为人对重大事故的发生都是一种过失的心理态度,但两者有明显区别:

1. 犯罪主体不同。重大劳动安全事故罪的犯罪主体是工厂、矿山、林场、建筑企业或者其他企业、事业单位负责主管与直接管理劳动安全设施的人员,一般不包括普通职工;重大责任事故罪的犯罪主体较重大劳动安全事故罪范围要广,包括工厂、矿山、林场、建筑企业或者其他企业、事业单位中的一般职工和在生产、作业中直接从事领导、指挥的人员。

2. 客观方面的行为方式不同。重大劳动安全事故罪在客观方面则表现为对有关部门或单位职工提出的事故隐患不采取措施,是一种不作为犯罪;重大责任事故罪在客观方面表现为厂矿企业、事业单位的职工不服从管理、违反规章制度,或者生产作业的领导、指挥人员强令工人违章冒险作业,是作为形式的犯罪。

(二)本罪与重大责任事故罪的区别

本罪与重大责任事故罪的区别。两罪均为过失犯罪,其最主要的区别在于:

1. 客观方面,本罪必须具备对事故隐患不采取措施的行为,且这种事故隐患是不符合国家有关劳动安全的规定造成的;而重大责任事故罪主要是企事业单位职工不服从管理,违反规章制度,或者企事业单位管理人员强令工人违章冒险作业的行为。

2. 本罪是单位犯罪,个人作为单位的负责者承担责任;而重大责任事故罪是个人犯罪,由本人直接承担责任。

(三)本罪与玩忽职守罪的界限

重大劳动安全事故罪与玩忽职守罪都是由于行为人未尽职责或不正确履行职责而构成的犯罪。两者主要有以下共同之处:

1. 在主观上均表现为过失,包括疏忽大意的过失和过于自信的过失;

2. 犯罪主体均为特殊主体,都要求具备法定身份;

3. 犯罪客观方面都可以不作为方式构成犯罪;

4. 两罪的构成都要求法定危害结果的发生。

但是,两者的区别非常明显:

1. 侵犯的客体不同。重大劳动安全事故罪侵犯的客体是工厂、矿山、林场、建筑企业或者其他企业、事业单位的劳动安全,即劳动者的生命、健康和重大公私财产的安全,属于危害公共安全的犯罪;玩忽职守罪侵犯的客体是国家机关的正常管理活动,属于渎职犯罪。

2. 犯罪客观方面表现不同。重大劳动安全事故罪具体表现为厂矿等企业事业单位的劳动安全设施不符合国家规定,经有关部门或单位职工提出后,对事故隐患仍不采取措施,致使发生重大伤亡事故或造成其他严重后果;玩忽职守罪则表现为国家机关工作人员玩忽职守,不履行或者不正确履行职责,致使公共财产、国家和人民利益遭受重大损失。

3. 犯罪主体不同。尽管两者都是特殊主体,但重大劳动安全事故罪的犯罪主体是厂矿等企业、事业单位中负责劳动安全设施的直接责任人员;而玩忽职守罪的犯罪主体是国家工作人员。

4. 犯罪发生的场合不同。重大劳动安全事故罪发生在生产、作业过程中;玩忽职守罪发生在国家机关工作管理职能的职务活动中。

量刑部分

【量刑标准】

犯本罪的,对直接负责的主管人员和其他直接责任人员,处三年以下有期徒刑或者拘役;情节特别恶劣的,处三年以上七年以下有期徒刑。

截至目前，尚无本罪名关于量刑的司法解释。

大型群众性活动重大安全事故罪　《刑法》第135条之一

举办大型群众性活动违反安全管理规定，因而发生重大伤亡事故或者造成其他严重后果的，对直接负责的主管人员和其他直接责任人员，处三年以下有期徒刑或者拘役；情节特别恶劣的，处三年以上七年以下有期徒刑。

定罪部分

【罪名概念】

大型群众性活动重大安全事故罪，是指在生产、作业中违反有关安全管理的规定，因而发生重大伤亡事故或者造成其他严重后果的行为。

【犯罪构成】

（一）主体要件

犯罪主体是对发生大型群众性活动重大安全事故直接负责的主管人员和其他直接责任人员。

（二）主观方面

主观方面表现为过失，即行为人应该预见到自己在大型群众性活动中违反安全管理规定的行为，可能会造成重大伤亡事故或者其他严重后果，因疏忽大意而没有预见，或虽然已经预见，但轻信能够避免，从而造成危害结果发生。

（三）客观方面

客观方面是在举办大型的群体性活动中，违反在公共场所的群体性活动中相关的安全管理规定，没有履行相关的注意、管理等义务，发生了重大伤亡事故或者造成其他严重后果。

（四）客体要件

本罪侵犯的客体是公众活动场所的公共安全，即公园、娱乐场，运动场、展览馆或者其他供社会公众活动场所中不特定或多数人的生命、健康或重大公私财产的安全。

【罪名辨析】

（一）本罪与一般群众性活动安全事故的界限

二者的区别在于是否造成了重大伤亡事故或其他严重后果，即致人死亡，或者致多人重伤；或者是否造成重大经济损失。虽然举办大型群众性活动违反安全管理规定负有直接责任的主管人员或其他直接责任人员没有采取消除安全隐患的措施,对该活动的参加者造成了一定的危害后果,但是后果并不严重,属于一般的群众性活动安全事故,不构成本罪,属于行政违法的,可根据相关规定对其处以行政处罚或行政处分。

(二)本罪与公众活动场所发生的意外事故之间的界限

公众活动场所发生的意外事故,是指由于不可预见、不可控制的因素,引发的公众活动场所的人员伤亡或公私财产的重大损失,本罪与公众活动场所发生的意外事故的区别在于:前者行为人主观上应当预见到自己在大型群众性活动中的违反安全管理规定的行为,可能会造成重大伤亡事故或者其他严重后果,因为疏忽大意而没有预见;或者虽然已经预见,但轻信能够避免,因而造成重大伤亡事故或其他严重后果;后者行为人客观上没有法定的注意义务,未消除公众活动场所的安全隐患或者发生了重大伤亡事故或者造成了其他严重后果,但是行为人对此无法预见,或者已经预见但无法控制,主观上缺乏过失心理。

(三)本罪与重大责任事故罪的界限

二者之间的主要区别在于:

1. 发生的领域不同。本罪发生在对公众活动场所的安全管理过程中而重大责任事故罪发生在生产作业领域。

2. 侵犯的具体法益不同。本罪侵犯的法益是公众活动场所的公共安全;重大责任事故罪侵犯的法益是生产、作业安全。

3. 主体不同。本罪的主体是大型群众性活动的举办者或举办单位直接负责的主管人员,以及对该活动的安全保卫工作负有直接责任的人员,既可以由非国家机关工作人员构成,也可以由国家机关工作人员构成;重大责任事故罪的主体是安全设施、安全生产的主管人员或其他直接责任人员、生产、作业单位的普通从业人员和在生产、作业中直接从事领导、指挥的人员。

4. 客观方面的行为形式不同。本罪主要表现为负有排除公众活动场所安全隐患的行为人,没有履行该义务,对大型群众性活动的参加者的人身、财产法益存在着危险性,因而其行为形式是不作为;而重大责任事故罪表现为违章生产、作业或者强令他人违章作业,一般是以作为的方式实施的。

(四)本罪与消防责任事故罪的界限

两者之间的区别在于:

1. 犯罪主体不同。本罪主体是特殊主体,即大型群众性活动的举办者或举办单位直接负责的主管人员,以及对该活动的安全保卫工作负有直接责任的人员;消防责任事故罪的主体是一般主体,包括一般公民、单位负责人或者单位中负有防火责任的管理人员或者其他直接责任人员。

2. 犯罪客观方面不同。本罪在客观方面表现为举办大型群众性活动违反安全管理规定,因而发生重大伤亡事故或者造成其他严重后果;消防责任事故罪的客观方面表现为违反消防管理法规，经消防监督机构通知采取改正措施而拒绝执行，造成严重后果。上述是二罪之间的区别，但是我们更应当注意规定两罪之间的联系，重大群众性活动安全事故罪的犯罪构成内容包括了公众活动场所的消防安全措施不符合国家规定，经消防机构提出改正措施仍然拒绝改正，导致了重大伤亡事故或其他严重后果，涵盖了消防责任事故罪构成要件的内容。两者之间是整体法与部分法的关系，构成了法条竞合中的包容竞合，所以当举办大型群众性活动时，违反消防管理法规，经消防监督机构通知采取改正措施而拒绝执行，造成重大伤亡事故或其他严重后果的，应根据包容竞合的处理原则—整体法优于部分法，适用本法条，以重大群众性活动安全事故罪论处。

（五）本罪与玩忽职守罪的界限

玩忽职守罪，是指国家机关工作人员严重不负责任，不履行或不正确履行自己的工作职责，致使公共财产、国家和人民利益遭受重大损失的行为。本罪与玩忽职守罪的区别在于：

1. 犯罪客体不同。本罪的客体是公众活动场所的公共安全，即公园、娱乐场、运动场、展览馆或者其他供社会公众活动场所中不特定或多数人的生命、健康或重大公私财产安全；玩忽职守罪的客体是国家机关正常的管理活动。

2. 犯罪客观方面不同。本罪在客观方面表现为举办大型群众性活动违反安全管理规定，因而发生重大伤亡事故或者造成其他严重后果；而玩忽职守罪的客观方面表现为严重不负责任，不履行或不正确履行自己的工作职责，致使公共财产、国家和人民利益遭受重大损失的行为。

量刑部分

【量刑标准】

犯本罪的，对直接负责的主管人员和其他直接责任人员，处三年以下有期徒刑或者拘役；情节特别恶劣的，处三年以上七年以下有期徒刑。

截至目前，尚无本罪名关于量刑的司法解释。

危险物品肇事罪　《刑法》第136条

违反爆炸性、易燃性、放射性、毒害性、腐蚀性物品的管理规定，在生产、储存、运输、使用中发生重大事故，造成严重后果的，处三年以下有期徒刑或者拘役；后果特别严重的，处三年以上七年以下有期徒刑。

定 罪 部 分

【罪名概念】

危险物品肇事罪,是指违反爆炸性、易燃性、放射性、毒害性、腐蚀性物品的管理规定,在生产、储存、运输、使用中,由于过失发生重大事故,造成严重后果的行为。

【犯罪构成】

(一)主体要件

本罪的主体为一般主体。从司法实践中案件情况看,主要是从事生产、储存、运输、使用爆炸性、易燃性、放射性、毒害性、腐蚀性物品的职工,但不排除其他人也可能构成本罪。

(二)主观要件

本罪在主观方面表现为过失。即行为人对违反危险品管理规定的行为所造成的危害结果具有疏忽大意或者过于自信的主观心理。至于行为人对违反危险物品管理规定的本身则既可能出于过失,也可能出于故意。

(三)客观要件

本罪在客观方面表现为在生产、储存、运输、使用危险物品的过程中,违反危险物品管理规定,发生重大事故,造成严重后果的行为。

1. 行为人必须有违反危险物品管理规定的行为。由于危险物品本身所固有的高度危险性,在生产、储存、运输、使用过程中,一旦使用、管理不当,就可能发生重大事故,造成严重后果,危害公共安全。为了保障安全生产、储存、运输、使用上述危险物品,国家有关部门陆续颁发了一系列有关危险物品的管理规定,如《民用爆炸品管理条例》《危险化学品安全管理条例》《放射性同位素与射线装置放置保护条例》《核材料管理条例》《核设施安全监督管理条例》《医疗用毒性药品管理办法》《农药安全使用规定》《危险货物运输规则》《关于搬运危险物品的几项办法》和《关于加强烟花爆竹企业安全生产管理的紧急通知》《烟花爆竹安全管理条例》等。上述危险物品管理规定,就危险物品的范围、种类以及其生产、储存、运输、使用的具体管理办法等都有着明确而具体的规定。在确定行为人是否具有违反危险物品管理规定的行为这一客观特征时,必须严格依照有关危险物品的管理规定,才能作出正确的认定。违反危险物品管理规定,就有可能构成本罪,这是构成本罪的前提条件。如果行为人没有违反危险物品管理规定,即使发生重大事故,造成严重后果,也不构成本罪。

2. 违反危险物品管理规定的行为必须是发生在生产、储存、运输、使用上述危险物品的过程中。生产危险物品,是指从事危险物品的生产,如制造雷管、炸药等;储存危险物品,是指从事危险物品的保管放置工作;运输危险物品,是指从事把危险物品由甲地运往乙地的运输搬送工作;使用危险物品,是指将危险物品用于实际的生产与生活中，如使用敌敌畏杀虫等。虽然违反危险物品管理规定在不同过程中的表现形式是多种多样的，但主要有以下具体情形，在生产方面，表现为不按规定要求设置相应的通风、防火、防爆、防毒、监测、报警、防潮、避雷、防静电、隔离操作等安全设施，如厂房、生产设备不符合防火、防爆规定而擅自生产爆炸易燃物品；在储存方面，表现为不按规定设人管理，不设置相应的防爆、泄压、防火、防雷、灭火、防晒、调温、消除静电、防护围堤等安全设施，如不依性能分类等安全规定存放货物；在运输方面，表现为违反有关规定，将客货混装不按规定分运、分卸、不限速行驶，货物的容器和包装不符合安全规定，不按规定选送押运员或押运员擅离职守；在使用方面，表现为不按规定的剂量、范围、方法使用或者不采取必要的防护措施等。行为人只有在生产、储存、运输、使用危险物品的过程中违反危险物品的管理规定，才能构成本罪。如果行为人在其他场合发生与危险物品有关的重大事故，则不构成本罪。

3. 必须因违反危险物品管理规定，而发生重大事故，造成严重后果。这是构成本罪的结果条件。如果行为人在生产、储存、运输、使用危险物品过程中，违反危险物品管理规定，未造成任何后果，或者造成的后果不严重的，则不构成本罪。如果符合其他犯罪构成要件的，如非法携带危险物品危及公共安全罪，则以其他犯罪论处。所谓重大事故或严重后果，是指造成人员重伤、死亡或使公私财产遭受重大损失的。

4. 发生重大事故，造成严重后果，必须是由违反危险物品管理规定的行为所引起的，即两者之间存在刑法上的因果关系。这是确定行为人应否承担刑事责任的客观根据。如果发生重大事故，造成严重后果不是由于行为人在生产、储存、运输、使用危险物品过程中，违反危险物品管理规定造成的，则不构成本罪。

（四）客体要件

本罪侵犯的客体是公共安全，即不特定多数人的生命、健康和重大公私财产的安全。本罪的犯罪对象是特定的，即能够引起重大事故的发生，致人重伤、死亡或使公私财产遭受重大损失的危险物品，它包括：（1）爆炸性物品，是指雷管、导火线、导爆管、非电导爆系统等各种起爆器材，雷汞、雷银、三硝基间苯二酚铅等各种起爆药，硝基化合物类炸药、硝基胺类炸药、硝酸类炸药、高能混合炸药、爆破剂等各类炸药，以及烟火剂、民用信号弹、烟花爆竹等；（2）易燃性物品，如汽油、酒精、液化气、煤气、氢气、胶片以及其他易燃液体、易燃固体、自燃物品等；（3）放射性物品，是指通过原子核裂变时放出的射线发生伤害作用的物质，如镭、铀、钴等放射性化学元素；（4）毒害性物品，如甲胺磷、磷化铝、砒霜、五氯酚、氯化钾、氰化钠、氧化乐果、敌敌畏、敌百虫等；（5）腐蚀性物品，如硫酸、盐酸、硝酸等。爆炸物、易燃性、放射性、毒害性、腐蚀性物品都具有双重属性。一方面，它们可以造福人类，事实上其中的很大一部分已用于国防建设、经济建设和人民的日常生活，如爆炸性物品广泛用于筑路、采矿、军工事业；易燃性物品多用于交通和能源方面；放射性物品可用于发电和医疗卫生事业;毒害性物品广泛用于农业、林业杀虫;腐蚀性物品是重要的化工原料。并且,随着社会主义现代化建设事业的发展,上述危险物品的使用范围将更加广阔,用途也将更加多样。另一方面,由于上述危险物品本身所固有的危险属性,如在生产、储存、运输、使用中稍有不当,便极为容易发生重大事故,损害不特定多数人的生命、健康和重大公私财产的安全。因此,本条规定,对于违反危害物品的管理规定,在生产、储存、运输、使用中发生重大事故,造成严重后果的行为,应依法追究刑事责任。

【罪名辨析】

(一)本罪与自然事故的界限

在生产、储存、运输、使用危险物品的过程中,没有违反危险物品管理规定的行为,而是由于自然原因意外地引起危险物品爆炸、燃烧、泄漏、污染等重大事故,造成严重后果的,属于自然事故,不构成犯罪。构成本罪须系行为人的违章行为而引起重大事故。

(二)本罪与一般违章肇事行为的界限

构成本罪,在立法上要达到发生重大事故,造成严重后果的程度。如果虽有违反危险物品管理规定的行为,却只发生了一般性事故,没有造成严重后果的,不构成本罪,按一般违法行为予以适当的处罚。

(三)本罪与重大责任事故罪的界限

其主要区别是,前者仅违反危险物品管理规定,而后者则违反安全生产的所有规章制度。因此,两者的范围有所不同。在生产中违反危险物品管理规定,发生重大事故的,与重大责任事故罪存在竞合关系,但是,因为本条专门规定了危险物品肇事罪,所以对生产、储存、运输、使用中违反危险物品管理规定,发生重大事故,造成严重后果的,均适用本条。

(四)本罪与非法运输爆炸物的犯罪的界限

其主要区别是:(1)前者运输危险物品(包括爆炸物)本身是合法的,只是在运输中没有遵守运输危险物品的有关规定,而后者运输爆炸物本身就是非法的;(2)前者只有达到发生重大事故,造成严重后果的才构成犯罪,而后者成立犯罪不要求发生实际危害后果。

(五)本罪与过失危害公共安全罪的界限

二者的主要区别是:(1)前者的主体主要是从事生产、储存、运输、使用危险物品的职工,即特殊主体;后者的主体是一般主体。(2)前者只限于发生在生产、储存、运输、使用危险物品的活动过程中;后者可发生在上述活动以外的任何场合。(3)前者严重后果的发生,是由违反有关管理规定引起的;后者是由于在日常生活中马虎草率、毛手毛脚、缺乏谨慎等引起的。

量刑部分

【量刑标准】

犯本罪的，处三年以下有期徒刑或者拘役；后果特别严重的，处三年以上七年以下有期徒刑。

截至目前，尚无本罪名关于量刑的司法解释。

工程重大安全事故罪　《刑法》第137条

建设单位、设计单位、施工单位、工程监理单位违反国家规定，降低工程质量标准，造成重大安全事故的，对直接责任人员，处五年以下有期徒刑或者拘役，并处罚金；后果特别严重的，处五年以上十年以下有期徒刑，并处罚金。

定罪部分

【罪名概念】

工程重大安全事故罪，是指建设单位、设计单位、施工单位、工程监理单位违反国家规定，降低工程质量标准，造成重大安全事故的行为。

【犯罪构成】

（一）主体要件

本罪的主体为特殊主体，即为单位犯罪。主体只能是建设单位、设计单位或者是施工单位及工程监理单位。所谓建设单位，是指以营利为目的，从事房地产开发和经营的企业或者是经国家有关部门审批，具有工程建设者的资格，能支付工程价款的其他单位。设计单位，是指专门承担勘察设计任务的勘察设计单位以及其他承担勘察设计任务的勘察设计单位。施工单位，是指从事土木建筑、线路管道、设备安装和建筑装饰装修等工程扩建、改建活动的建筑业企业，其中包括工程施工总承包企业、施工承包企业。工程监理单位是指对建筑工程专门进行监督管理，以保证质量、安全的单位。

（二）主观方面

本罪在主观方面表现为过失。可以是出于疏忽大意的过失，也可以是过于自信的过失。这里所说的过失，是指行为人对其所造成的危害结果的心理状态而言。但是，对行为人违反国家规定来说，有时却是明知故犯的。行为人明知是违反了国家规定，应当预见到可能发生严重后果，但因疏忽大意而没有预见，或者已经预见到会发生某种严重后果，但轻信能够避免，以致发生了严重后果。

(三)客观方面

本罪在客观方面表现为违反国家规定,降低工程质量标准,造成重大安全事故的行为。违反国家规定而造成严重后果,是这种犯罪行为的本质特征。所谓违反国家规定,是指国家有关建筑工程质量监督管理方面的法律、法规。建设单位的违规行为主要有两种情况:

一是要求建筑设计单位或者施工企业压缩工程造价或增加建房的层数,从而降低工程质量;

二是提供不合格的建筑材料、构配件和设备,强迫施工单位使用,从而造成工程质量下降。

建筑设计单位的违规行为主要是不按质量标准进行设计。建筑施工单位的违规行为主要有三种情况:

一是在施工中偷工减料,故意使用不合格的建筑材料、构配件和设备;

二是不按设计图纸施工;

三是不按施工技术标准施工。

上述违规行为,是造成建筑工程重大安全事故的根本原因。

违反国家规定与严重后果之间须存在因果关系。即严重后果是由于违反国家规定的行为引起的。违反国家规定的行为与严重后果之间没有因果联系,则不构成本罪。

但是,并不是任何违反与安全生产有关的国家规定的行为都构成犯罪,只有引起重大安全事故,造成严重后果,危害公共安全的行为,才构成犯罪。所谓重大安全事故是指因工程质量不合格导致建筑工程坍塌,致人重伤、死亡或重大经济损失的情况。这是构成本罪的重要条件。根据司法实践经验和有关规定,所谓重大伤亡事故,一般是指死亡一人以上,或者重伤三人以上。所谓严重后果,既包括重大人身伤亡,也包括重大的直接经济损失。直接经济损失的数额,一般掌握在五万元以上。直接经济损失虽不足上述规定的数额,但情节严重,使生产、工作受到重大损失的,也应追究直接责任人员的刑事责任。

(四)客体要件

本罪侵犯的客体是人民的财产和生命安全以及国家的建筑管理制度。

近年来,随着我国建筑市场的发展,在一些地方出现管理混乱,有的单位违反国家规定,降低工程质量标准,一些建设单位在工程发包时故意压低价款,从中索取回扣;一些承包商、中间商也大捞好处,肆意增加工程非生产性成本;一些施工单位一味压缩工期,降低造价,偷工减料,粗制滥造,索贿受贿,贪图私利,置人民群众生命、财产安全于不顾。先后在辽宁、大连、四川德阳、湖北武汉、广东东莞和广州、深圳等地发生楼房坍塌、阳台落地、横梁断裂等一连串重大建筑工程恶性事故。1997 年 3 月 25 日,福建省莆田市江口镇一栋集体宿舍楼坍塌,致 31 名女工无辜死亡。据1994年有关统计,我国大中城市住宅工程合格率仅为81%;1995年对六大省会城市进行抽样检查表明,房屋结构工程质量的合格率仅为81.94%。这意味着,约1/5的房屋存有隐患。刑法修订时增加关于建筑工程事故犯罪的规定,对于依法惩处这类事故的直接责任人员、治理建筑市场的人祸具有重要意义。

【罪名辨析】

(一)本罪与一般安全事故的界限

两者都实施了违反国家规定,降低工程质量标准的行为,区分两者的关键就在于是否造成了重大安全事故。设计单位、施工单位、工程监理单位违反国家规定,降低工程质量标准,造成了重大安全事故的,则构成工程重大安全事故罪;如果上述单位虽然违反了国家规定,降低工程质量标准,却没有造成重大安全事故的,则按不构成犯罪处理,或对直接责任人员予以行政处罚,或按有关建筑合同,承担相应的法律责任。

(二)本罪与重大责任事故罪的界限

两者都是过失犯罪,都以法定的严重后果作为构成犯罪的必备条件,但两者具有明显区别。

1. 犯罪主体不同。工程重大安全事故罪的犯罪主体是建设单位、设计单位、施工单位、工程监理单位,属于单位犯罪;重大责任事故罪的主体是工厂、矿山、林场、建筑企业或者其他企业、事业单位的职工,属于自然人犯罪。

2. 客观方面的表现不同。工程重大安全事故罪在客观方面表现为违反国家规定,降低工程质量标准,造成重大安全事故的行为;重大责任事故罪则表现为不服从管理、违反规章制度或者强令工人违章冒险作业,从而发生重大伤亡事故或者造成其他严重后果的行为。

量刑部分

【量刑标准】

犯本罪的,对直接责任人员,处五年以下有期徒刑或者拘役,并处罚金;后果特别严重的,处五年以上十年以下有期徒刑,并处罚金。

截至目前,尚无本罪名关于量刑的司法解释。

教育设施重大安全事故罪　《刑法》第138条

明知校舍或者教育教学设施有危险,而不采取措施或者不及时报告,致使发生重大伤亡事故的,对直接责任人员,处三年以下有期徒刑或者拘役;后果特别严重的,处三年以上七年以下有期徒刑。

定罪部分

【罪名概念】

教育设施重大安全事故罪,是指明知校舍或者其他教育设施有危险,而不采取措施或者不及时报告,致使发生重大伤亡安全事故的行为。

【犯罪构成】

(一)主体要件

本罪的主体为特殊主体,即对校舍或者教育教学设施负有维护义务的直接人员。主要是学校领导、负责学校后勤维修工作的职工。

(二)主观要件

本罪在主观方面表现为过失。可以是疏忽大意的过失,也可以是过于自信的过失。这里所说的过失,是指行为人对其所造成的危害结果的心理状态而言。但是,对行为人不采取措施或者不及时报告的行为来说,有时却是明知故犯的。行为人明知校舍或者教育教学设施有危险,但却未想到会因此立即产生严重后果,或者轻信能够避免,以致发生了严重后果。

(三)客观要件

本罪在客观方面表现为明知校舍或者教育教学设施具有危险而仍不采取措施或者不及时报告,致使发生重大事故的行为。

1. 校舍或教育教学设施有危险。所谓校舍,是指各类学校及其他教育机构的教室、教学楼、行政办公室、宿舍、图书阅览室等。教育教学设施,是指用于教育教学的各类设施、设备,如实验室及实验设备、体育活动场地及器械等。所谓明知校舍或者教育教学设施有危险,是指知道校舍或者教育教学设施有倒塌或者发生人身伤害事故的危险、隐患。校舍或者教育教学设施虽然出现了危险但并不明知,则不能构成本罪。

2. 不采取措施,既包括根本没有采取任何措施,也包括虽采取措施,但是敷衍了事,做做样子,措施不得力。不及时报告,是指根本没有报告或者虽然作了报告但不及时。及时,在这里应当理解为一发现险情,就应当立即报告。必须具有不采取措施或不及时报告的不作为。明知存在危险,及时采取了措施;或在无力采取措施的情况下,及时作了报告,即使发生了重大伤亡事故,亦不能构成本罪。能够采取有效措施而不采取有效措施而向有关人员报告的,亦应以本罪行为论处,而不能以及时报告为由推卸责任。至于具体方式则多种多样,如各级人民政府中分管教育的领导和教育行政部门的领导对学校的危房情况漠不关心,应当投入危房改造维修资金但不及时投入,或者虽然知道危房情况,不及时组织、协调各方面的力量进行维修、改造;学校校长和分管教育教学设施的副校长对校舍或教育教学设施的情况从不过问,不经常进行检查,发现了问题也不及时采取防范措施,对已经确定为危房的校舍仍然使用，对有严重隐患的，不安排人员进行加固处理，对学校解决不了的，不及时报告当地政府和教育行政部门；学校教师对出现的险情不及时报告，对有危险的教学设备、仪器、器械不及时更换，发生危险时，不及时组织学生撤离；有关维修人员不按自己职责对校舍等进行正常检查、维修或者对应该立即维修的危房拖延时间不立即采取维修措施等。

3. 导致重大伤亡事故的发生。所谓重大伤亡事故，主要是指：死亡 1 人以上，重伤 3 人以上。虽有不采取措施或不及时报告行为，但未发生安全事故，或者虽然发生了事故但不属于重大伤亡事故；以及虽为重大伤亡事故，但不是由于不采取措施或不及时报告的行为即不是校舍或者教育教学设施本身的危险所致，则都不能构成本罪。

（四）客体要件

本罪侵犯的客体是学校及其他教育机构的正常活动和师生员工的人身安全。教育是社会主义现代化建设基础，而校舍和教育教学设施则是进行教育的最基本条件。校舍教育教学设施必须符合一定的安全标准，这样才能保障正常的教学秩序和广大师生员工的人身安全。如果校舍、教育教学设施不符合安全标准，一旦发生教育教学设施重大安全事故，不仅会造成不特定师生员工的重伤、死亡和国家财产的重大损失，而且还会扰乱正常的教学秩序，造成恶劣的社会影响。因此，对校舍、教育教学设施负有采取安全措施的主管人员和直接责任人员必须正确履行职责，维护教学活动的正常进行和师生员工的人身安全。

【罪名辨析】

（一）本罪与一般教育设施安全事故的界限

区分两者的关键在于危害后果的严重程度不同。构成教育设施重大安全事故罪，必须发生重大伤亡事故。如果没有发生重大伤亡事故，只发生一般伤亡事故的，则不成立教育设施重大安全事故罪，只能以一般教育设施安全事故论处。

（二）本罪与工程重大安全事故罪的界限

两者都是过失犯罪，都以发生严重后果，作为构成犯罪的必要条件。但两者的区别在于：(1)犯罪主体不同。教育设施重大安全罪主体只能是对校舍或者教育教学设施负有采取安全负责的主管人员和其他直接责任人员；工程重大安全事故罪是单位犯罪，其犯罪主体是建设单位、设计单位、施工工程监理单位。(2)造成严重事故的原因不同。教育设施重大安全事故罪中重大伤亡事故的发生是由于行为人对自己明知的教育教学设施存在的危险，不采取措施或者不及时报告，以致贻误时机，致使发生严重事故；工程重大安全事故罪中的重大安全事故是建设单位、设计单位、施工单位、工程监理单位，降低工程质量标准造成的。

量刑部分

【量刑标准】

犯本罪的,对直接责任人员,处三年以下有期徒刑或者拘役;后果特别严重的,处三年以上七年以下有期徒刑。

截至目前,尚无本罪名关于量刑的司法解释。

消防责任事故罪 《刑法》第139条

违反消防管理法规,经消防监督机构通知采取改正措施而拒绝执行,造成严重后果的,对直接责任人员,处三年以下有期徒刑或者拘役;后果特别严重的,处三年以上七年以下有期徒刑。

定罪部分

【罪名概念】

消防责任事故罪,是指违反消防管理法规,经消防监督机构通知采取改正措施而拒绝执行,造成严重后果的行为。

【犯罪构成】

(一)主体要件

本罪的主体为一般主体。行为人既包括自然人,年满十六周岁、具有刑事责任能力的人,也包括单位。

(二)主观要件

本罪在主观方面表现为过失。可以是疏忽大意的过失,也可以是过于自信的过失。这里所说的过失,是指行为人对其所造成的危害结果的心理状态而言。行为人主观上并不希望火灾事故发生,但就其违反消防管理法规,经消防机构通知采取改正措施而拒绝执行而言,则却是明知故犯的。行为人明知是违反了消防管理法规,但却未想到会因此立即产生严重后果,或者轻信能够避免,以致发生了严重后果。

(三)客观要件

本罪在客观方面表现为违反消防管理法规且经消防监督机构通知采取改正措施而拒绝执行的行为。违反消防管理法规而造成严重后果,是这种犯罪行为的本质特征。

1. 所谓违反消防管理法规,是指违反了我国《消防条例》《消防条例实施细则》《仓库防火安全管理规则》《高层建筑消防管理规则》等。

2. 经消防监督管理机构通知采取改正措施而拒绝执行。如行为人只是违反了消防管理法规,但没有接到过消防监督机构采取改正措施的通知,则即使造成了严重后果,也不构成本罪。消防监督机构,是指根据有关法律、法规建立的专门负责消防监督检查工作的机构。

3. 违反消防管理法规与严重后果之间存在因果关系,即严重后果是由于违反消防管理法规的行为引起的。违反消防管理法规的行为与严重后果之间没有因果联系,则不构成本罪。

严重后果,通常是指造成了人身伤亡、死亡或公私财产的重大损失。后果特别严重,一般是指造成多人重伤、死亡或者公私财产的巨大损失。根据司法实践经验和有关规定,所谓重大伤亡事故,一般是指死亡一人以上,或者重伤三人以上。所谓严重后果,既包括重大人身伤亡,也包括重大的直接经济损失。直接经济损失的数额,一般掌握在五万元以上。直接经济损失虽不足上述规定的数额,但情节严重,使生产、工作受到重大损失的,也应追究直接责任人员的责任。

(四)客体要件

本罪侵犯的客体是国家的消防监督制度和公共安全。消防工作是全民同火灾作斗争的事业,关系到国计民生和社会的安定,涉及各行各业、千家万户。我国对消防工作实行严格的监督管制,专门制定了《消防法》《消防监督程序规定》等消防法规,其中规定,我国消防工作由各级公安机关实施监督,县以上公安机关设置消防监督机构,消防监督机构发现有重大火灾隐患的,应及时向被检查的单位或居民以及上级主管部门发出《火险隐患整改通知书》,被通知单位或公民,应当采取有效措施,消除火灾隐患,并将整改的情况及时告诉消防监督机构。每个单位和公民都必须严格遵守消防法规,认真搞好消防工作,及时消除火灾隐患。而有些单位和公民片面追求经济效益,违反消防管理法规,经消防监督机构通知采取改正措施而拒绝执行,因而发生火灾,造成严重后果。严重破坏消防监督管理秩序,危害公共安全,给国家、集体和人民群众带来巨大损失。

【罪名辨析】

(一)本罪与一般消防事故的界限

区分两者的关键在于造成后果的严重程度不同。构成消防责任事故罪,必须造成严重后果。而一般消防事故,虽然发生了事故,造成了一定危害后果,但未达到严重程度,故不构成犯罪。

(二)本罪与失火罪的界限

本罪是行为人在存在火险隐患的情况下拒不执行消防监督机构关于采取改正措施的通知,致使引起火灾,造成严重后果的。失火罪是行为人在日常生活与生产活动中用火不慎,引起火灾,造成严重后果的。

(三)本罪与玩忽职守罪的界限

本罪的犯罪主体是一般主体,玩忽职守罪的犯罪主体是国家机关工作人员。

如果单位的负责人或有关人员是国家机关工作人员,违反消防管理法规,经消防监督机构通知采取改正措施而拒绝执行,致使发生火灾事故,造成严重后果的,则属于法条竞合,按照《刑法》第三百九十七条第一款本法另有规定的,依照规定,应以特别法条即本条的规定定罪处罚。也就是说,对犯罪行为人应以消防责任事故罪论处,而不应以玩忽职守罪论处。

量刑部分

【量刑标准】

犯本罪的,对直接责任人员,处三年以下有期徒刑或者拘役;后果特别严重的,处三年以上七年以下有期徒刑。

截至目前,尚无本罪名关于量刑的司法解释。

不报、谎报安全事故罪 《刑法》第139条(一)

在安全事故发生后,负有报告职责的人员不报或者谎报事故情况,贻误事故抢救,情节严重的,处三年以下有期徒刑或者拘役;情节特别严重的,处三年以上七年以下有期徒刑。

定罪部分

【罪名概念】

不报、谎报安全事故罪,是指在安全事故发生后,负有报告职责的人员不报或者谎报事故情况,贻误事故抢救,情节严重的行为。

【犯罪构成】

(一)主体方面

本罪主体为对安全事故“负报告职责的人员”。“安全事故”不仅限于生产经营单位发生的安全生产事故、大型群众性活动中发生的重大伤亡事故,还包括刑法分则第二章规定的所有与安全事故有关的犯罪,但第一百三十三条、第一百三十八条除外,因为这两条已经把不报告作为构成犯罪的条件之一。

(二)主观方面

本罪主观方面由故意构成。

(三)客观方面

本罪在客观方面表现为在安全事故发生后,负有报告职责的人员不报或者谎报事故情况,贻误事故抢救,情节严重的行为。《安全生产法》第一百零六条之规定,生产经营单位的主要负责人在本单位发生生产安全事故时,不立即组织抢救或者在事故调查处理期间擅离职守或者逃匿的,给予降级、撤职的处分,并由安全生产监督管理部门处上一年年收入百分之六十至百分之一百的罚款;对逃匿的处十五日以下拘留;构成犯罪的,依照刑法有关规定追究刑事责任。生产经营单位的主要负责人对生产安全事故隐瞒不报、谎报或者迟报的,依照前款规定处罚。第一百零七条之规定,有关地方人民政府、负有安全生产监督管理职责的部门,对生产安全事故隐瞒不报、谎报或者迟报的,对直接负责的主管人员和其他直接责任人员依法给予处分;构成犯罪的,依照刑法有关规定追究刑事责任。

(四)客体方面

本罪侵犯的是安全事故监管制度。本罪主要是针对近年来一些事故单位的负责人和对安全事故负有监管职责的人员在事故发生后弄虚作假,结果延误事故抢救,造成人员伤亡和财产损失进一步扩大的行为而设置的。

量刑部分

【量刑标准】

犯本罪的处三年以下有期徒刑或者拘役;情节特别严重的,处三年以上七年以下有期徒刑。

截至目前,尚无本罪名关于量刑的司法解释。

第三章　破坏社会主义市场经济秩序罪

一、破坏社会主义市场经济秩序罪概念

破坏社会主义市场经济秩序罪，是指违反国家经济管理法规，破坏社会主义市场经济秩序，严重危害国民经济的行为。

二、破坏社会主义市场经济秩序罪的犯罪构成

（一）主体要件

本类罪主体为自然人或单位，就自然人而言大多数是一般主体，少数是特殊主体。

（二）主观要件

本类罪绝大多数犯罪是故意，少数犯罪是过失。

（三）客观要件

本类罪客观方面表现为违反国家经济管理法规，破坏国家经济管理活动，破坏社会主义市场经济秩序，严重危害国民经济。

（四）客体要件

本类罪侵犯的客体是社会主义市场经济秩序。

三、破坏社会主义市场经济秩序罪的种类

刑法分则第三章涉及八类犯罪

（一）生产、销售伪劣商品罪

本罪指违反国家产品品质管理法规的犯罪，具体有：生产、销售伪劣产品罪；生产、销售假药罪；生产、销售劣药罪；生产、销售不符合卫生标准的食品罪；生产、销售有毒、有害食品罪；生产销售不符合标准的医用器材罪等。

（二）走私罪

本罪指违反海关监管的犯罪，具体有：走私武器、弹药、核材料罪；走私假币罪；走私文物罪；走私珍贵动物、珍稀植物及其制品罪；走私淫秽物品罪；走私普通货物、物品罪等。

（三）妨害对公司、企业的管理秩序罪

本罪指违反公司企业管理法规的犯罪，具体有：虚假出资、抽逃出资罪；欺诈发行股票、债券罪；提供虚假的财务报告罪；妨害清算罪；公司企业人员受贿罪；签订、履行合同失职被骗罪等。

（四）破坏金融管理秩序罪

本罪指违反金融管理法规的犯罪，具体有：伪造货币罪；出售、购买、运输假币罪；持有、使用假币罪；变造假币罪；伪造、变造、转让金融机构经营许可证罪；非法吸收公众存款罪；伪造、变造国家有价证券罪；伪造、变造股票、公司、企业债券罪；编造并传播证券交易虚假信息罪；非法出具金融票证罪等。

（五）金融诈骗罪

本罪指违反金融票据保险管理法规的犯罪，具体有：集资诈骗罪；贷款诈骗罪；票据诈骗罪；信用证诈骗罪；信用卡诈骗罪；保险诈骗罪等。

（六）危害税收征管罪

本罪指违反税收管理法规的犯罪，具体有：偷税罪；抗税罪；骗取出口退税罪；虚开增值税发票罪；非法出售增值税专用发票罪等。

（七）侵犯知识产权罪

本罪指违反商标著作权管理法规的犯罪，具体有：假冒注册商标罪；销售假冒注册商标的商品罪；假冒专利罪；侵犯著作权罪等。

（八）扰乱市场秩序罪

本罪指违反工商行政广告土地和进出口商品检验管理法规的犯罪，具体有：损害他人商业信誉、商品声誉罪；虚假广告罪；合同诈骗罪；串通投标罪；非法转让、倒卖土地使用权罪；逃避商检罪等。

第一节　生产、销售伪劣商品罪

生产、销售伪劣产品罪　《刑法》第140条

生产者、销售者在产品中掺杂、掺假,以假充真,以次充好或者以不合格产品冒充合格产品,销售金额五万元以上不满二十万元的,处二年以下有期徒刑或者拘役,并处或者单处销售金额百分之五十以上二倍以下罚金;销售金额二十万元以上不满五十万元的,处二年以上七年以下有期徒刑,并处销售金额百分之五十以上二倍以下罚金;销售金额五十万元以上不满二百万元的,处七年以上有期徒刑,并处销售金额百分之五十以上二倍以下罚金;销售金额二百万元以上的,处十五年有期徒刑或者无期徒刑,并处销售金额百分之五十以上二倍以下罚金或者没收财产。

定罪部分

【罪名概念】

生产、销售伪劣产品罪,是指生产者、销售者在产品中掺杂、掺假,以假充真,以次充好或者以不合格产品冒充合格产品,销售金额达五万元以上的行为。生产、销售伪劣产品罪的犯罪行为是生产、销售行为。

【司法解释】

1. 最高人民法院、最高人民检察院《关于办理生产、销售伪劣商品刑事案件具体应用法律若干问题的解释》

(实施日期:2001年4月10日　法释[2001]10号)(节录)

为依法惩治生产、销售伪劣商品犯罪活动,根据刑法有关规定,现就办理这类案件具体应用法律的若干问题解释如下:

第一条　刑法第一百四十条规定的"在产品中掺杂、掺假",是指在产品中掺入杂质或者异物,致使产品质量不符合国家法律、法规或者产品明示质量标准规定的质量要求,降低、失去应有使用性能的行为。

刑法第一百四十条规定的"以假充真",是指以不具有某种使用性能的产品冒充具有该种使用性能的产品的行为。

刑法第一百四十条规定的"以次充好",是指以低等级、低档次产品冒充高等级、高档次产品,或者以残次、废旧零配件组合、拼装后冒充正品或者新产品的行为。

刑法第一百四十条规定的"不合格产品",是指不符合《中华人民共和国产品质

量法》第二十六条第二款规定的质量要求的产品。

对本条规定的上述行为难以确定的,应当委托法律、行政法规规定的产品质量检验机构进行鉴定。

第二条 刑法第一百四十条、第一百四十九条规定的"销售金额",是指生产者、销售者出售伪劣产品后所得和应得的全部违法收入。

伪劣产品尚未销售,货值金额达到刑法第一百四十条规定的销售金额三倍以上的,以生产、销售伪劣产品罪(未遂)定罪处罚。

货值金额以违法生产、销售的伪劣产品的标价计算;没有标价的,按照同类合格产品的市场中间价格计算。货值金额难以确定的,按照国家计划委员会、最高人民法院、最高人民检察院、公安部1997年4月22日联合发布的《扣押、追缴、没收物品估价管理办法》的规定,委托指定的估价机构确定。

多次实施生产、销售伪劣产品行为,未经处理的,伪劣产品的销售金额或者货值金额累计计算。

第十一条 实施刑法第一百四十条至第一百四十八条规定的犯罪,又以暴力、威胁方法抗拒查处,构成其他犯罪的,依照数罪并罚的规定处罚。

2. 最高人民检察院、公安部《关于公安机关管辖的刑事案件立案追诉标准的规定(一)》

(实施日期:2008年6月25日 公通字[2008]36号)(节录)

第十六条 [生产、销售伪劣产品案(刑法第一百四十条)]生产者、销售者在产品中掺杂、掺假,以假充真,以次充好或者以不合格产品冒充合格产品,涉嫌下列情形之一的,应予立案追诉:

(一)伪劣产品销售金额五万元以上的;

(二)伪劣产品尚未销售,货值金额十五万元以上的;

(三)伪劣产品销售金额不满五万元,但将已销售金额乘以三倍后,与尚未销售的伪劣产品货值金额合计十五万元以上的。

本条规定的"在产品中掺杂、掺假",是指在产品中掺入杂质或者异物,致使产品质量不符合国家法律、法规或者产品明示质量标准规定的质量要求,降低、失去应有使用性能的行为;"以假充真",是指以不具有某种使用性能的产品冒充具有该种使用性能的产品的行为;"以次充好",是指以低等级、低档次产品冒充高等级、高档次产品,或者以残次、废旧零配件组合、拼装后冒充正品或者新产品的行为;"不合格产品",是指不符合《中华人民共和国产品质量法》第二十六条第二款规定的质量要求的产品。

对本条规定的上述行为难以确定的,应当委托法略、行政法规规定的产品质量检验机构进行鉴定。本条规定的"销售金额",是指生产者、销售者出售伪劣产品后所得和应得的全部违法收入;"货值金额",以违法生产、销售的伪劣产品的标价计算;没有标价的,按照同类合格产品的市场中间价格计算。货值金额难以确定的,按照《扣押、追缴、没收物品估价管理办法》的规定,委托估价机构进行确定。

3. 最高人民法院、最高人民检察院《关于办理危害食品安全刑事案件适用法律若干问题的解释》

(实施日期:2013 年 5 月 4 日　法释[2013]12 号)(节录)

第十一条　以提供给他人生产、销售食品为目的,违反国家规定,生产、销售国家禁止用于食品生产、销售的非食品原料,情节严重的,依照刑法第二百二十五条的规定以非法经营罪定罪处罚。

违反国家规定,生产、销售国家禁止生产、销售、使用的农药、兽药,饲料、饲料添加剂,或者饲料原料、饲料添加剂原料,情节严重的,依照前款的规定定罪处罚。

实施前两款行为,同时又构成生产、销售伪劣产品罪,生产、销售伪劣农药、兽药罪等其他犯罪的,依照处罚较重的规定定罪处罚。

第十三条　生产、销售不符合食品安全标准的食品,有毒、有害食品,符合刑法第一百四十三条、第一百四十四条规定的,以生产、销售不符合安全标准的食品罪或者生产、销售有毒、有害食品罪定罪处罚。同时构成其他犯罪的,依照处罚较重的规定定罪处罚。

生产、销售不符合食品安全标准的食品,无证据证明足以造成严重食物中毒事故或者其他严重食源性疾病,不构成生产、销售不符合安全标准的食品罪,但是构成生产、销售伪劣产品罪等其他犯罪的,依照该其他犯罪定罪处罚。

4. 最高人民法院、最高人民检察院《关于办理非法生产、销售烟草专卖品等刑事案件具体应用法律若干问题的解释》

(实施日期:2010 年 3 月 2 日　法释[2010]7 号)(节录)

第二条　伪劣卷烟、雪茄烟等烟草专卖品尚未销售,货值金额达到刑法第一百四十条规定的销售金额定罪起点数额标准的三倍以上的,或者销售金额未达到五万元,但与未销售货值金额合计达到十五万元以上的,以生产、销售伪劣产品罪(未遂)定罪处罚。

销售金额和未销售货值金额分别达到不同的法定刑幅度或者均达到同一法定刑幅度的,在处罚较重的法定刑幅度内酌情从重处罚。

查获的未销售的伪劣卷烟、雪茄烟,能够查清销售价格的,按照实际销售价格计算。无法查清实际销售价格,有品牌的,按照该品牌卷烟、雪茄烟的查获地省级烟草专卖行政主管部门出具的零售价格计算;无品牌的,按照查获地省级烟草专卖行政主管部门出具的上年度卷烟平均零售价格计算。

【犯罪构成】

(一)主体要件

本罪主体是个人和单位,表现为产品的生产者和销售者两类人。生产者即产品的制造者(含产品的加工者),销售者即产品的批量或零散经销售卖者(含产品的直销者)。至于生产者、销售者是否具有合法的生产许可证或者营业执照不影响本罪的成立。

(二)主观要件

本罪主观要件为故意,一般具有非法牟利的目的。行为人的故意表现为在生产领域内有意制造伪劣产品。在销售领域内分两种情况:一是在销售产品中故意掺杂、掺假;二是明知是伪劣产品而售卖。

(三)客观要件

本罪客观方面表现为生产者、销售者违反国家的产品质量管理法律、法规,生产、销售伪劣产品的行为。违反产品质量管理法律、法规一般是指违反《产品质量法》《标准化法》《计量法》《工业产品质量责任条例》以及有关省、自治区、直辖市制定的关于产品质量的地方性法规、规章、有关行业标准规则等。关于伪劣产品的界定标准,在上述产品质量法规中有规定。本罪在客观方面的行为表现可具体分为以下四种行为:(1)掺杂、掺假。这是指行为人在产品的生产、销售过程中掺入杂物或假的物品。(2)以假充真。这是指行为人以伪造产品冒充真产品,表现为伪造或者冒用产品质量认证书及其认证标志进行生产或者销售这类产品的行为。(3)以次充好。这是指以次品、差的产品冒充正品、优质产品的行为。(4)以不合格产品冒充合格产品。这是指以不符合产品质量标准(包括国家标准、行业标准、地方标准在内)的产品假冒符合产品质量标准的产品的行为。根据法律规定的精神,上述四种行为属选择行为,即行为人具有上述四种行为之一的就构成生产、销售伪劣产品罪。行为人如果同时具有上述两种行为或两种以上行为的,也应视为一个生产、销售伪劣产品罪,不实行数罪并罚。生产、销售伪劣产品的金额达到五万元以上的情节是构成生产、销售伪劣产品罪在客观上所要求的内容。

(四)客体要件

本罪侵犯客体是国家对普通产品质量的管理制度。普通产品是指除刑法另有规定的药品、食品、医用器材、涉及人身和财产安全的电器等产品,农药、兽药、化肥、种子、化妆品等产品以外的产品。国家对产品质量的管理制度是指国家通过法律、行政法规等规范产品生产的标准,产品出厂或销售过程中的质量监督检查内容,生产者、销售者的产品质量责任和义务、损害赔偿、法律责任等制度。生产、销售伪劣产品罪侵犯了国家对产品质量的上述管理制度,生产、销售不符合产品质量标准的伪劣产品扰乱产品质量监督管理秩序,侵犯广大消费者的合法权益。

【罪名辨析】

(一)本罪与非罪的界限

按照本条规定,生产、销售伪劣产品的行为,必须是销售金额在五万元以上的,才能构成犯罪。因此,本罪在犯罪形态上属结果犯。销售金额不满五万元的,则属一般违法行为,可由有关工商行政部门给予行政处罚。

(二)生产伪劣产品行为与销售伪劣产品行为是否并罚

本罪是选择性罪名,生产与销售伪劣产品行为是选择性要件,行为人只要实施了生产或销售中的任何一个行为,就适用本条的规定,构成生产伪劣产品罪或销售伪劣产品罪。如果行为人既实施了生产伪劣产品的行为,又实施了销售伪劣产品的行为,是否数罪并罚则要根据不同情况作不同分析。

1. 如果行为人既生产了伪劣产品,又销售了自己生产的伪劣产品,则销售行为是生产行为的延续,对这两种行为不能数罪并罚,而仍按生产、销售伪劣产品罪一罪处罚。

2. 如果行为人生产了伪劣产品,又销售了他人生产的伪劣产品,且销售金额都在五万元以上,则应按生产伪劣产品罪和销售伪劣产品罪两罪并罚。

(三)本罪与诈骗罪的界限

生产、销售伪劣产品犯罪一般表现为在产品中掺杂使假、以假充真、以次充好或者以不合格产品冒充合格产品等欺骗手段;而诈骗罪常常亦以冒充销售产品的工商活动来实现。两者往往极易混淆。但两者有着本质的不同:(1)所侵犯的客体不同。本罪所侵犯的是市场管理的正常活动及消费者的合法权益,包括其人身健康及财产安全等权利;而诈骗罪则是对财产的所有权造成侵害。(2)犯罪目的不同。本罪一般表现为以获取非法利润为目的,但也可以是出于其他非法目的,如为了不正当竞争,通过生产、销售伪劣产品冒充为他人生产的产品,毁坏他人名誉,以使自己处于有利的地位等;而后者则只能出于非法占有的目的。(3)客观行为的表现方式不同。诈骗罪是完全采取虚构事实、隐瞒真相的方法,使受害人产生错觉,信以为真,从而自愿地“交出财物”;而本罪则是在经济活动中,违反工商管理等市场管理法规,在生产、销售等工商活动中使用偷工减料、掺杂使假,以次充好,以假充真,以不合格产品冒充合格产品等带有欺诈性质的手段进行非法的经营活动。

量刑部分

【量刑标准】

犯本罪的,销售金额五万元以上不满二十万元的,处二年以下有期徒刑或者拘役,并处或者单处销售金额百分之五十以上二倍以下罚金;销售金额二十万元以上不满五十万元的,处二年以上七年以下有期徒刑,并处销售金额百分之五十以上二倍以下罚金;销售金额五十万元以上不满二百万元的,处七年以上有期徒刑,并处销售金额百分之五十以上二倍以下罚金;销售金额二百万元以上的,处十五年有期徒刑或者无期徒刑,并处销售金额百分之五十以上二倍以下罚金或者没收财产。

截至目前,尚无本罪名关于量刑的司法解释。

生产、销售假药罪　《刑法》第141条

生产、销售假药的，处三年以下有期徒刑或者拘役，并处罚金；对人体健康造成严重危害或者有其他严重情节的，处三年以上十年以下有期徒刑，并处罚金；致人死亡或者有其他特别严重情节的，处十年以上有期徒刑、无期徒刑或者死刑，并处罚金或者没收财产。

本条所称假药，是指依照《中华人民共和国药品管理法》的规定属于假药和按假药处理的药品、非药品。

定罪部分

【罪名概念】

生产、销售假药罪，是指生产者、销售者违反国家药品管理法规，生产、销售假药，足以危害人体健康的行为。

【司法解释】

1.最高人民法院、最高人民检察院《关于办理生产、销售伪劣商品刑事案件具体应用法律若干问题的解释》

（实施日期:2001年4月10日　法释［2001］10号）（节录）

第三条　经省级以上药品监督管理部门设置或者确定的药品检验机构鉴定，生产、销售的假药具有下列情形之一的，应认定为刑法第一百四十一条规定的“足以严重危害人体健康”：

（一）含有超标准的有毒有害物质的；

（二）不含所标明的有效成分，可能贻误诊治的；

（三）所标明的适应症或者功能主治超出规定范围，可能造成贻误诊治的；

（四）缺乏所标明的急救必需的有效成分的。

生产、销售的假药被使用后，造成轻伤、重伤或者其他严重后果的，应认定为“对人体健康造成严重危害”。

生产、销售的假药被使用后，致人严重残疾，三人以上重伤、十人以上轻伤或者造成其他特别严重后果的，应认定为“对人体健康造成特别严重危害”。

第九条　知道或者应当知道他人实施生产、销售伪劣商品犯罪，而为其提供贷款、资金、账号、发票、证明、许可证件，或者提供生产、经营场所或者运输、仓储、保管、邮寄等便利条件，或者提供制假生产技术的，以生产、销售伪劣商品犯罪的共犯论处。

第十条　实施生产、销售伪劣商品犯罪，同时构成侵犯知识产权、非法经营等其他犯罪的，依照处罚较重的规定定罪处罚。

第十一条　实施刑法第一百四十条至第一百四十八条规定的犯罪,又以暴力、威胁方法抗拒查处,构成其他犯罪的,依照数罪并罚的规定处罚。

第十二条　国家机关工作人员参与生产、销售伪劣商品犯罪的,从重处罚。

2. 最高人民法院、最高人民检察院《关于办理妨害预防、控制突发传染病疫情等灾害的刑事案件具体应用法律若干问题的解释》

(实施日期:2003 年 5 月 13 日　法释[2003]8 号)(节录)

第二条　在预防、控制突发传染病疫情等灾害期间,生产、销售伪劣的防治、防护产品、物资,或者生产、销售用于防治传染病的假药、劣药,构成犯罪的,分别依照刑法第一百四十条、第一百四十一条、第一百四十二条的规定,以生产、销售伪劣产品罪,生产、销售假药罪或者生产、销售劣药罪定罪,依法从重处罚。

【犯罪构成】

(一)主体要件

本罪主体为个人和单位,表现为假药的生产者和销售者两类人。生产者即药品的制造、加工、采集、收集者,销售者即药品的有偿提供者。

(二)主观要件

本罪主观方面表现为故意,一般是出于营利的目的。当然,生产者、销售者是否出于营利目的并不影响本罪的成立。生产者的主观故意主要表现为有意制造假药,即认识到假药足以危害人体健康而对此持希望或放任的态度;在销售领域内必须具有明知是假药而售卖的心理状态,对不知道是假药而销售的不构成销售假药罪。

(三)客观要件

本罪客观方面表现为生产者、销售者违反国家的药品管理法律、法规,生产、销售假药,足以严重危害人体健康的行为。违反药品管理的法律、法规主要是指违反《药品管理法》以及为贯彻该法而制定的《药品管理法实施办法》《药品生产质量管理规范》等法律、法规。上述法律和法规中就药品成分、药品标准、药品生产工艺规程、药品经营条件、药品监督等药品生产、经营和管理的内容作了明确规定。《刑法》第一百四十一条第二款规定:本条所称假药,是指依照《药品管理法》的规定属于假药和按假药处理的药品、非药品。

生产假药的行为表现为一切制造、加工、采集、收集假药的活动,销售假药的行为是指一切有偿提供假药的行为。生产、销售假药是两种行为,可以分别实施,也可以既生产假药又销售假药,同时存在两种行为,按照法律关于本罪的客观行为规定,只要具备其中一种行为的即符合该罪的客观要求。如果行为人同时具有上述两种行为,仍视为一个生产、销售假药罪,不实行数罪并罚。生产、销售假药足以严重危害人体健康,即符合本罪成立的法定结果,这说明本罪在犯罪形态上属危险犯。而生产、销售假药对人体健康造成严重危害的则属结果加重犯,对其处以较重的刑罚。

（四）客体要件

本罪侵犯的客体是复杂客体，既侵犯了国家对药品的管理制度，又侵犯了不特定多数人的身体健康权利。药品，是指用于预防、治疗、诊断人的疾病，有目的地调节人的生理机能并规定有适应症状、用法和用量的物质。国家制定了一系列关于对药品管理的法律和法规，建立了一套保证药品质量、增进药品疗效、保障用药安全的完整管理制度。生产、销售假药的行为构成对国家关于药品管理制度的侵犯，并同时危害到公众的身体健康。

【罪名辨析】

（一）划清生产、销售假药罪与生产、销售伪劣商品类犯罪中其他罪的界限

对于同时构成生产、销售假药罪和生产、销售伪劣产品罪的，根据《刑法》第一百四十九条第二款规定的精神，应按处罚较重的生产、销售假药罪定罪处罚。这符合前述法条竞合的适用原则。生产、销售假药罪与生产、销售劣药罪的区别界限：犯罪对象不同，一个是假药，另一个是劣药。犯罪形态不同，生产、销售假药罪是危险犯，而生产、销售劣药罪是实害犯，即对人体健康造成严重危害的方构成犯罪。

（二）划清生产、销售假药罪与一般违法行为的界限

构成生产、销售假药罪的关键是生产、销售假药的行为是否足以产生严重危害人体健康的结果。实践中对足以严重危害人体健康的判断，一般来说应依赖于对假药这种物质和他人使用假药的可能性的事实判断。例如，对假药的成分、性质、效用的医学鉴定以及对他人使用假药的可能性的推断。对于虽属假药，但对人体健康不一定产生严重危害的情况，需进行具体鉴定，若药品本身不危害人体健康的，当然不能认定为构成本罪；若药品本身可能会对人体健康产生严重危害的，当然应认定为生产、销售假药罪。

量刑部分

【量刑标准】

犯本罪的，处三年以下有期徒刑或者拘役，并处罚金；对人体健康造成严重危害或者有其他严重情节的，处三年以上十年以下有期徒刑，并处罚金；致人死亡或者有其他特别严重情节的，处十年以上有期徒刑、无期徒刑或者死刑，并处罚金或者没收财产。

生产、销售劣药罪 《刑法》第142条

生产、销售劣药,对人体健康造成严重危害的,处三年以上十年以下有期徒刑,并处销售金额百分之五十以上二倍以下罚金;后果特别严重的,处十年以上有期徒刑或者无期徒刑,并处销售金额百分之五十以上二倍以下罚金或者没收财产。

本条所称劣药,是指依照《药品管理法》的规定属于劣药的药品。

定罪部分

【罪名概念】

生产、销售劣药罪,是指违反国家药品管理法规生产、销售劣药,对人体健康造成严重危害的行为。本罪中的生产和销售行为是选择性关系,行为人实施其中一个行为即构成犯罪。本罪为结果犯罪,即无后果不构成犯罪。

【司法解释】

1. 最高人民法院、最高人民检察院《关于办理妨害预防、控制突发传染病疫情等灾害的刑事案件具体应用法律若干问题的解释》

(实施日期:2003年5月15日　法释[2003]8号)(节录)

第二条　在预防、控制突发传染病疫情等灾害期间,生产、销售伪劣的防治、防护产品、物资,或者生产、销售用于防治传染病的假药、劣药,构成犯罪的,分别依照刑法第一百四十条、第一百四十一条、第一百四十二条的规定,以生产、销售伪劣产品罪,生产、销售假药罪或者生产、销售劣药罪定罪,依法从重处罚。

2. 最高人民法院、最高人民检察院《关于办理生产、销售假药、劣药刑事案件具体问题的解释》

(实施日期:2009年5月27日)(节录)

第五条　知道或者应当知道他人生产、销售假药、劣药,而有下列情形之一的,以生产、销售假药罪或者生产、销售劣药罪等犯罪的共犯论处:

(一)提供资金、贷款、账号、发票、证明、许可证件的;

(二)提供生产、经营场所、设备或者运输、仓储、保管、邮寄等便利条件的;

(三)提供生产技术,或者提供原料、辅料、包装材料的;

(四)提供广告等宣传的。

3. 最高人民检察院、公安部《关于公安机关管辖的刑事案件立案追诉标准的规定(一)》

(实施日期:2008年6月25日　公通字[2008]36号)(节录)

第十八条　生产(包括配制)、销售劣药,涉嫌下列情形之一的,应予立案追诉:

（一）造成人员轻伤、重伤或者死亡的；

（二）其他对人体健康造成严重危害的情形。

本条规定的“劣药”，是指依照《药品管理法》的规定，药品成分的含量不符合国家药品标准的药品和按劣药论处的药品。

【关联法律】

《药品管理法》

《药品管理法实施办法》

《中药品种保护条例》

【犯罪构成】

（一）主体要件

本罪主体是一般主体，既包括自然人，也包括单位。

（二）主观要件

本罪在主观方面表现为故意，过失不能构成本罪。故意的内容分为两部分：一是行为人明知其生产或销售的是劣药而且其生产或销售劣药的行为可能会对人体健康造成严重危害的结果；二是行为人对上述危害结果的发生采取放任的心理态度，即本罪由间接故意构成。

（三）客观要件

本罪在客观方面表现为生产、销售劣药，对人体健康造成严重危害的行为。所谓“对人体健康造成严重危害”，主要指造成用药人残疾或者其他严重后遗症，或因服用劣药延误治疗，致使病情加剧而引起危害、死亡等严重后果。

（四）客体要件

本罪犯罪客体是复杂客体，既包括国家对药品的管理制度，又包括公民的健康权利。

【罪名辨析】

（一）本罪与过失销售劣药的界限

由于目前劣药在市场中大量存在，以及销售主体的多元化，所以因为缺乏药品专业知识和疏忽大意而造成的过失销售劣药的情况也相当普遍，但销售劣药罪只能由故意构成，所以，过失销售劣药即使造成了严重危害结果，也不构成犯罪。

（二）本罪与生产、销售伪劣产品罪的界限

本罪的犯罪对象与生产、销售伪劣产品罪的犯罪对象存在从属关系，因而易于混淆。但两罪在犯罪客体、犯罪对象以及认定标准上存在着明显的差别。生产、销售劣药，如果对人体健康未造成严重危害的，不构成生产、销售劣药罪，但如其销售金额在五万元以上，根据《刑法》第一百四十九的规定，应构成生产、销售伪劣产品罪。如果生产、销售劣药，既对人体健康造成严重危害，其销售金额又在五万元以上,对此情况,应按照《刑法》第一百四十九条第二款的原则处理,即依照处刑较重的规定定罪处罚。

(三)本罪与诈骗罪的界限

二者除犯罪主体不同外,在客观方面也有所不同。生产、销售劣药罪在客观上有生产、销售行为;而诈骗罪的行为人利用欺骗的手段,把根本不具有药品效能的物品当作药品诈骗钱财,甚至不考虑其外观和包装。

(四)本罪与生产、销售假药罪的界限

两罪的区别在于:第一,犯罪物件不同。前者犯罪对象是劣药;后者犯罪对象是假药。第二,犯罪的客观方面的认定标准不同。生产、销售假药罪只要有"足以危害人体健康"的危险状态就能成立;生产、销售劣药罪则须对人体健康造成严重危害才能成立。

量刑部分

【量刑标准】

犯本罪的,处三年以上十年以下有期徒刑,并处销售金额百分之五十以上二倍以下罚金;后果特别严重的,处十年以上有期徒刑或者无期徒刑,并处销售金额百分之五十以上二倍以下罚金或者没收财产。

截至目前,尚无本罪名关于量刑的司法解释。

生产、销售不符合安全标准的食品罪 《刑法》第143条

生产、销售不符合食品安全标准的食品,足以造成严重食物中毒事故或其他严重食源性疾病的,处三年以下有期徒刑或者拘役,并处罚金;对人体健康造成严重危害或者有其他严重情节的,处三年以上七年以下有期徒刑,并处罚金;后果特别严重的,处七年以上有期徒刑或者无期徒刑,并处罚金或者没收财产。

定罪部分

【罪名概念】

生产、销售不符合安全标准的食品罪,是指违反国家食品卫生管理法规,生产、销售不符合卫生标准的食品,足以造成严重食物中毒事故或者其他严重食源性疾患,危害人体健康的行为。

本罪原为生产、销售不符合卫生标准的食品罪,最高人民法院、最高人民检察院《关于执行〈刑法〉确定罪名的补充规定(五)》将其改为生产、销售不符合安全标

准的食品罪。

【司法解释】

1. 最高人民法院、最高人民检察院《关于办理危害食品安全刑事案件适用法律若干问题的解释》

（实施日期：2013 年 5 月 4 日 法释〔2013〕12 号）

为依法惩治危害食品安全犯罪，保障人民群众身体健康、生命安全，根据刑法有关规定，对办理此类刑事案件适用法律的若干问题解释如下：

第一条 生产、销售不符合食品安全标准的食品，具有下列情形之一的，应当认定为刑法第一百四十三条规定的“足以造成严重食物中毒事故或者其他严重食源性疾病”：

（一）含有严重超出标准限量的致病性微生物、农药残留、兽药残留、重金属、污染物质以及其他危害人体健康的物质的；

（二）属于病死、死因不明或者检验检疫不合格的畜、禽、兽、水产动物及其肉类、肉类制品的；

（三）属于国家为防控疾病等特殊需要明令禁止生产、销售的；

（四）婴幼儿食品中生长发育所需营养成分严重不符合食品安全标准的；

（五）其他足以造成严重食物中毒事故或者严重食源性疾病的情形。

第二条 生产、销售不符合食品安全标准的食品，具有下列情形之一的，应当认定为第一百四十三条规定的“对人体健康造成严重危害”：

（一）造成轻伤以上伤害的；

（二）造成轻度残疾或者中度残疾的；

（三）造成器官组织损伤导致一般功能障碍或者严重功能障碍的；

（四）造成十人以上严重食物中毒或者其他严重食源性疾病的；

（五）其他对人体健康造成严重危害的情形。

第三条 生产、销售不符合食品安全标准的食品，具有下列情形之一的，应当认定为刑法第一百四十三条规定的“其他严重情节”：

（一）生产、销售金额二十万元以上的；

（二）生产、销售金额十万元以上不满二十万元，不符合食品安全标准的食品数量较大或者生产、销售持续时间较长的；

（三）生产、销售金额十万元以上不满二十万元，属于婴幼儿食品的；

（四）生产、销售金额十万元以上不满二十万元，一年内曾因危害食品安全违法犯罪活动受过行政处罚或者刑事处罚的；

（五）其他情节严重的情形。

第四条 生产、销售不符合食品安全标准的食品，具有下列情形之一的，应当认定为刑法第一百四十三条规定的“后果特别严重”：

(一)致人死亡或者重度残疾的;

(二)造成三人以上重伤、中度残疾或者器官组织损伤导致严重功能障碍的;

(三)造成十人以上轻伤、五人以上轻度残疾或者器官组织损伤导致一般功能障碍的;

(四)造成三十人以上严重食物中毒或者其他严重食源性疾病的;

(五)其他特别严重的后果。

第五条　生产、销售有毒、有害食品,具有本解释第二条规定情形之一的,应当认定为刑法第一百四十四条规定的“对人体健康造成严重危害”。

第六条　生产、销售有毒、有害食品,具有下列情形之一的,应当认定为刑法第一百四十四条规定的“其他严重情节”:

(一)生产、销售金额二十万元以上不满五十万元的;

(二)生产、销售金额十万元以上不满二十万元,有毒、有害食品的数量较大或者生产、销售持续时间较长的;

(三)生产、销售金额十万元以上不满二十万元,属于婴幼儿食品的;

(四)生产、销售金额十万元以上不满二十万元,一年内曾因危害食品安全违法犯罪活动受过行政处罚或者刑事处罚的;

(五)有毒、有害的非食品原料毒害性强或者含量高的;

(六)其他情节严重的情形。

第七条　生产、销售有毒、有害食品,生产、销售金额五十万元以上,或者具有本解释第四条规定的情形之一的,应当认定为刑法第一百四十四条规定的“致人死亡或者有其他特别严重情节”。

第八条　在食品加工、销售、运输、贮存等过程中,违反食品安全标准,超限量或者超范围滥用食品添加剂,足以造成严重食物中毒事故或者其他严重食源性疾病的,依照刑法第一百四十三条的规定以生产、销售不符合安全标准的食品罪定罪处罚。

在食用农产品种植、养殖、销售、运输、贮存等过程中,违反食品安全标准,超限量或者超范围滥用添加剂、农药、兽药等,足以造成严重食物中毒事故或者其他严重食源性疾病的,适用前款的规定定罪处罚。

第九条　在食品加工、销售、运输、贮存等过程中,掺入有毒、有害的非食品原料,或者使用有毒、有害的非食品原料加工食品的,依照刑法第一百四十四条的规定以生产、销售有毒、有害食品罪定罪处罚。

在食用农产品种植、养殖、销售、运输、贮存等过程中,使用禁用农药、兽药等禁用物质或者其他有毒、有害物质的,适用前款的规定定罪处罚。

在保健食品或者其他食品中非法添加国家禁用药物等有毒、有害物质的,适用第一款的规定定罪处罚。

第十条　生产、销售不符合食品安全标准的食品添加剂，用于食品的包装材料、容器、洗涤剂、消毒剂，或者用于食品生产经营的工具、设备等，构成犯罪的，依照刑法第一百四十条的规定以生产、销售伪劣产品罪定罪处罚。

第十一条　以提供给他人生产、销售食品为目的，违反国家规定，生产、销售国家禁止用于食品生产、销售的非食品原料，情节严重的，依照刑法第二百二十五条的规定以非法经营罪定罪处罚。

违反国家规定，生产、销售国家禁止生产、销售、使用的农药、兽药，饲料、饲料添加剂，或者饲料原料、饲料添加剂原料，情节严重的，依照前款的规定定罪处罚。

实施前两款行为，同时又构成生产、销售伪劣产品罪，生产、销售伪劣农药、兽药罪等其他犯罪的，依照处罚较重的规定定罪处罚。

第十二条　违反国家规定，私设生猪屠宰厂（场），从事生猪屠宰、销售等经营活动，情节严重的，依照刑法第二百二十五条的规定以非法经营罪定罪处罚。

实施前款行为，同时又构成生产、销售不符合安全标准的食品罪，生产、销售有毒、有害食品罪等其他犯罪的，依照处罚较重的规定定罪处罚。

第十三条　生产、销售不符合食品安全标准的食品，有毒、有害食品，符合刑法第一百四十三条、第一百四十四条规定的，以生产、销售不符合安全标准的食品罪或者生产、销售有毒、有害食品罪定罪处罚。同时构成其他犯罪的，依照处罚较重的规定定罪处罚。

生产、销售不符合食品安全标准的食品，无证据证明足以造成严重食物中毒事故或者其他严重食源性疾病，不构成生产、销售不符合安全标准的食品罪，但是构成生产、销售伪劣产品罪等其他犯罪的，依照该其他犯罪定罪处罚。

第十四条　明知他人生产、销售不符合食品安全标准的食品，有毒、有害食品，具有下列情形之一的，以生产、销售不符合安全标准的食品罪或者生产、销售有毒、有害食品罪的共犯论处：

（一）提供资金、贷款、账号、发票、证明、许可证件的；

（二）提供生产、经营场所或者运输、贮存、保管、邮寄、网络销售管道等便利条件的；

（三）提供生产技术或者食品原料、食品添加剂、食品相关产品的；

（四）提供广告等宣传的。

第十五条　广告主、广告经营者、广告发布者违反国家规定，利用广告对保健食品或者其他食品作虚假宣传，情节严重的，依照刑法第二百二十二条的规定以虚假广告罪定罪处罚。

第十六条　负有食品安全监督管理职责的国家机关工作人员，滥用职权或者玩忽职守，导致发生重大食品安全事故或者造成其他严重后果，同时构成食品监管渎职罪和徇私舞弊不移交刑事案件罪、商检徇私舞弊罪、动植物检疫徇私舞弊罪、放纵制售伪劣商品犯罪行为罪等其他渎职犯罪的，依照处罚较重的规定定罪处罚。

负有食品安全监督管理职责的国家机关工作人员滥用职权或者玩忽职守,不构成食品监管渎职罪,但构成前款规定的其他渎职犯罪的,依照该其他犯罪定罪处罚。

负有食品安全监督管理职责的国家机关工作人员与他人共谋,利用其职务行为帮助他人实施危害食品安全犯罪行为,同时构成渎职犯罪和危害食品安全犯罪共犯的,依照处罚较重的规定定罪处罚。

第十七条　犯生产、销售不符合安全标准的食品罪,生产、销售有毒、有害食品罪,一般应当依法判处生产、销售金额二倍以上的罚金。

第十八条　对实施本解释规定之犯罪的犯罪分子,应当依照刑法规定的条件严格适用缓刑、免予刑事处罚。根据犯罪事实、情节和悔罪表现,对于符合刑法规定的缓刑适用条件的犯罪分子,可以适用缓刑,但是应当同时宣告禁止令,禁止其在缓刑考验期限内从事食品生产、销售及相关活动。

第十九条　单位实施本解释规定的犯罪的,依照本解释规定的定罪量刑标准处罚。

第二十条　下列物质应当认定为"有毒、有害的非食品原料":

(一)法律、法规禁止在食品生产经营活动中添加、使用的物质;

(二)国务院有关部门公布的《食品中可能违法添加的非食用物质名单》《保健食品中可能非法添加的物质名单》上的物质;

(三)国务院有关部门公告禁止使用的农药、兽药以及其他有毒、有害物质;

(四)其他危害人体健康的物质。

第二十一条　"足以造成严重食物中毒事故或者其他严重食源性疾病""有毒、有害非食品原料"难以确定的,司法机关可以根据检验报告并结合专家意见等相关材料进行认定。必要时,人民法院可以依法通知有关专家出庭作出说明。

第二十二条　最高人民法院、最高人民检察院此前发布的司法解释与本解释不一致的,以本解释为准。

2. 最高人民法院、最高人民检察院《关于办理生产、销售伪劣商品刑事案件具体应用法律若干问题的解释》

(实施日期:2001 年 4 月 10 日　法释[2001]10 号)(节录)

第四条　经省级以上卫生行政部门确定的机构鉴定,食品中含有可能导致严重食物中毒事故或者其他严重食源性疾患的超标准的有害细菌或者其他污染物的,应认定为刑法第一百四十三条规定的"足以造成严重食物中毒事故或者其他严重食源性疾患"。

生产、销售不符合卫生标准的食品被食用后,致人死亡、严重残疾、三人以上重伤、十人以上轻伤或者造成其他特别严重后果的,应认定为"后果特别严重"。

第九条　知道或者应当知道他人实施生产、销售伪劣商品犯罪,而为其提供贷款、资金、账号、发票、证明、许可证件，或者提供生产、经营场所或者运输、仓储、保管、邮寄等便利条件，或者提供制假生产技术的，以生产、销售伪劣商品犯罪的共犯论处。

第十条 实施生产、销售伪劣商品犯罪，同时构成侵犯知识产权、非法经营等其他犯罪的，依照处罚较重的规定定罪处罚。

第十一条 实施刑法第一百四十条至第一百四十八条规定的犯罪，又以暴力、威胁方法抗拒查处，构成其他犯罪的，依照数罪并罚的规定处罚。

第十二条 国家机关工作人员参与生产、销售伪劣商品犯罪的，从重处罚。

【关联法律】

《盐业管理条例》

《食盐加碘消除碘缺乏危害管理条例》

《食品卫生法》

《食盐专营办法》

【犯罪构成】

（一）主体要件

本罪的主体要件为一般主体，既包括自然人，也包括单位。

（二）主观要件

本罪是故意犯罪，过失不构成本罪。

（三）客观要件

本罪在客观方面表现为违反国家食品卫生管理法规，生产、销售不符合标准的食品，足以造成严重食物中毒事故或者其他严重食源性疾患的行为。本罪是危险犯。本罪行为人除了必须有实施生产、销售不符合安全标准的食品的行为以外，客观上还必须足以造成严重食物中毒事故或者其他严重食源性疾患的行为才能构成本罪，如果不足以造成严重食物中毒事故或者其他严重食源性疾患的，不成立本罪，但销售金额在五万元以上的，应以生产、销售伪劣产品罪论。生产销售有毒、有害食品的，也不成立本罪，而成立生产、销售有毒、有害食品罪。

（四）客体要件

本罪的客体为双重客体，即国家食品监督管理秩序和不特定多数人的生命、健康权利。国家为了保证人民群众的身体健康，实行了严格的食品卫生监督制度，对食品的卫生规定了具体的标准，因而，生产、销售不符合安全标准的食品的行为，就是对食品卫生监督制度的侵犯；同时，生产、销售不符合安全标准的食品的行为，都可能对他人的生命健康构成伤害，因而，本罪也侵犯了不特定的多数人的生命、健康权利。

【罪名辨析】

（一）本罪与非罪的界限

依本条之规定，生产、销售不符合食品安全标准的食品，必须要引起一定的危险状态,即必须达到“足以造成严重食物中毒或其他严重食源性疾病”的程度,才能构成本罪。

(二)本罪与生产、销售伪劣产品罪的界限

两罪的主要区别:

1. 侵犯的客体不同。前者侵犯了国家对生产、销售电器、压力容器、易燃易爆产品等的安全监督管理制度和公民的健康权、生命权。后者则侵犯了国家产品质量监督管理制度和消费者的合法权益。

2. 犯罪对象不同。前者的犯罪对象是不符合保障人身、财产安全的国家标准、行业标准的电器、压力容器、易燃易爆产品或者其他不符合保障人身、财产安全的国家标准、行业标准的产品。而后者的范围很广泛。

3. 构成犯罪的标准不同。前者要求造成严重后果的,才构成本罪;而后者则要求“销售金额在五万元以上”的才构成本罪。

根据本节第一百四十九条之规定,生产、销售不符合安全标准的产品不构成生产、销售不符合安全标准的产品罪,但是销售金额在五万元以上的,依照生产、销售伪劣产品罪的规定处罚。生产、销售不符合安全标准的产品,构成生产、销售不符合安全标准的产品罪,同时又构成生产、销售伪劣产品罪的,依照处罚较重的规定处罚。

(三)本罪与玩忽职守罪的界限

两罪区分的关键在于玩忽职守罪是过失犯罪,对所生产或销售的不符合安全标准的产品不是明知而故意生产;而生产、销售不符合安全标准的产品罪则是故意犯罪,即明知所生产、销售的电器、压力容器、易燃易爆产品或者其他产品不符合保障人身、财产安全的国家标准、行业标准而进行生产、销售。

(四)本罪与放火罪、爆炸罪的界限

本罪与放火罪、爆炸罪的区别在于:本罪没有致人伤亡或者财产损失的犯罪目的,而放火罪、爆炸罪则具有通过生产、销售伪劣商品的方式达到致人伤亡或财产损失的目的。本罪与失火罪、过失爆炸罪的区别在于:

(1)主观方面不同。本罪是故意生产、销售不符合国家标准、行业标准的产品,而失火罪或过失爆炸罪的主观方面是过失。

(2)因果关系不同。本罪造成危害结果的原因不是因为行为本身,而是因为产品不符合标准,失火罪和过失爆炸罪造成危害结果的原因是行为本身,而不是因为产品不符合标准。

量刑部分

【量刑标准】

犯本罪的,处三年以下有期徒刑或者拘役,并处罚金;对人体健康造成严重危害或者有其他严重情节的,处三年以上七年以下有期徒刑,并处罚金;后果特别严重的,处七年以上有期徒刑或者无期徒刑,并处罚金或者没收财产。

截至目前,尚无本罪名关于量刑的司法解释。

生产、销售有毒、有害食品罪 《刑法》第144条

在生产、销售的食品中掺入有毒、有害的非食品原料的,或者销售明知掺有有毒、有害的非食品原料的食品的,处五年以下有期徒刑,并处罚金;对人体健康造成严重危害或者有其他严重情节的,处五年以上十年以下有期徒刑,并处罚金;致人死亡或者有其他特别严重情节的,依照本法第一百四十一条的规定处罚。

定罪部分

【罪名概念】

生产、销售有毒、有害食品罪,是指生产者、销售者违反国家食品卫生管理法规,故意在生产、销售的食品中掺入有毒、有害的非食品原料的或者销售明知掺有有毒、有害的非食品原料的食品的行为。

【司法解释】

1. 最高人民法院、最高人民检察院《关于办理危害食品安全刑事案件适用法律若干问题的解释》

(实施日期:2013年5月4日 法释[2013]12号)(节录)

第九条第一款 在食品加工、销售、运输、贮存等过程中,掺入有毒、有害的非食品原料,或者使用有毒、有害的非食品原料加工食品的,依照刑法第一百四十四条的规定以生产、销售有毒、有害食品罪定罪处罚。

第十二条 违反国家规定,私设生猪屠宰厂(场),从事生猪屠宰、销售等经营活动,情节严重的,依照刑法第二百二十五条的规定以非法经营罪定罪处罚。

实施前款行为,同时又构成生产、销售不符合安全标准的食品罪,生产、销售有毒、有害食品罪等其他犯罪的,依照处罚较重的规定定罪处罚。

第十三条第一款 生产、销售不符合食品安全标准的食品,有毒、有害食品,符合刑法第一百四十三条、第一百四十四条规定的,以生产、销售不符合安全标准的食品罪或者生产、销售有毒、有害食品罪定罪处罚。同时构成其他犯罪的,依照处罚较重的规定定罪处罚。

第十四条 明知他人生产、销售不符合食品安全标准的食品,有毒、有害食品,具有下列情形之一的,以生产、销售不符合安全标准的食品罪或者生产、销售有毒、

有害食品罪的共犯论处：

（一）提供资金、贷款、账号、发票、证明、许可证件的；

（二）提供生产、经营场所或者运输、贮存、保管、邮寄、网络销售管道等便利条件的；

（三）提供生产技术或者食品原料、食品添加剂、食品相关产品的；

（四）提供广告等宣传的。

第十七条　犯生产、销售不符合安全标准的食品罪，生产、销售有毒、有害食品罪，一般应当依法判处生产、销售金额二倍以上的罚金。

2. 最高人民检察院、公安部《关于公安机关管辖的刑事案件立案追诉标准的规定(一)》

（实施日期:2008 年 6 月 25 日　公通字[2008]36 号）（节录）

第二十条　生产、销售有毒、有害食品案（刑法第一百四十四条）

在生产、销售的食品中掺入有毒、有害的非食品原料的，或者销售明知掺有有毒、有害的非食品原料的食品的，应予立案追诉。

使用盐酸克伦特罗（俗称“瘦肉精”）等禁止在饲料和动物饮用水中使用的药品或者含有该类药品的饲料养殖供人食用的动物，或者销售明知是使用该类药品或者含有该类药品的饲料养殖的供人食用的动物的，应予立案追诉。

明知是使用盐酸克伦特罗等禁止在饲料和动物饮用水中使用的药品或者含有该类药品的饲料养殖的供人食用的动物，而提供屠宰等加工服务，或者销售其制品的，应予立案追诉。

3. 最高人民检察院《关于办理非法经营食盐刑事案件具体应用法律若干问题的解释》

（实施日期:2002 年 9 月 13 日　高检发释字[2002]6 号）（节录）

第四条　以非碘盐充当碘盐或者以工业用盐等非食盐充当食盐进行非法经营，同时构成非法经营罪和生产、销售伪劣产品罪、生产、销售不符合卫生标准的食品罪、生产、销售有毒、有害食品罪等其他犯罪的，依照处罚较重的规定追究刑事责任。

4. 最高人民法院、最高人民检察院《关于办理非法生产、销售、使用禁止在饲料和动物饮用水中使用的药品等刑事案件具体应用法律若干问题的解释》

（实施日期:2002 年 8 月 23 日　法释[2002]26 号）（节录）

第四条　明知是使用盐酸克仑特罗等禁止在饲料和动物饮用水中使用的药品或者含有该类药品的饲料养殖的供人食用的动物，而提供屠宰等加工服务，或者销售其制品的，依照刑法第一百四十四条的规定，以生产、销售有毒、有害食品罪追究刑事责任。

5. 最高人民法院、最高人民检察院《关于办理生产、销售伪劣商品刑事案件具体应用法律若干问题的解释》

（实施日期:2001年4月10日 法释[2001]10号）（节录）

第九条 知道或者应当知道他人实施生产、销售伪劣商品犯罪,而为其提供贷款、资金、账号、发票、证明、许可证件,或者提供生产、经营场所或者运输、仓储、保管、邮寄等便利条件,或者提供制假生产技术的,以生产、销售伪劣商品犯罪的共犯论处。

第十条 实施生产、销售伪劣商品犯罪,同时构成侵犯知识产权、非法经营等其他犯罪的,依照处罚较重的规定定罪处罚。

第十一条 实施刑法第一百四十条至第一百四十八条规定的犯罪,又以暴力、威胁方法抗拒查处,构成其他犯罪的,依照数罪并罚的规定处罚。

第十二条 国家机关工作人员参与生产、销售伪劣商品犯罪的,从重处罚。

【关联法律】

《食品卫生法》

《产品质量法》

【犯罪构成】

（一）主体要件

本罪的主体为一般主体,任何单位以及达到刑事责任年龄具有刑事责任能力的自然人都可以构成,既包括合法的食品生产者、销售者,也包括非法的食品生产者、销售者。

（二）主观要件

本罪在主观方面表现为故意,一般是出于获取非法利润的目的。过失不构成本罪。故意内容为行为人明知其掺入食品中的是有毒、有害的非食品原料或明知其销售的是掺有有害的非食品原料的食品,并且其行为可能会造成食物中毒事故或其他食源性疾患,却对此危害结果采取放任的心理态度,但造成食物中毒事故或其他食源性疾患并非行为人的犯罪目的,如果行为人对其结果作为犯罪目的积极追求,则构成其他性质的罪。因此,在认定销售有毒、有害食品罪时,要注意查明行为人主观上必须是“明知”。

（三）客观要件

本罪在客观方面表现为行为人在违反国家食品卫生管理法规,生产销售的食品中掺入有毒、有害的非食品原料或者销售明知掺有有毒、有害的非食品原料的食品行为。所谓食品,是指各种供人食用或者饮用的成品和原料以及按照传统既是食品又是药品的物品,但是不包括以治疗为目的的物品。本罪属行为犯,行为人只要实施了上述行为,无论是否造成危害后果,即构成既遂。“有毒、有害的非食品原料”,是指无任何营养价值,根本不能食用,对人体具有生理毒性,食用后会引起不良反应,损害肌体健康的不能食用的原料。如用工业酒精兑制白酒、用不能饮用的污水兑制酱油、用石灰掺进牛奶中,等等。本罪主要表现为种行为:一是行为人在生产、销售的食品中掺入有毒、有害的非食品原料的行为。如果掺入有害物属于食品原料,如防腐剂等,不构成本罪,如果足以造成严重食物中毒事故或者其他严重食源性疾病,可定生产、销售不符合卫生标准的食品罪。至于非食品原料是否有毒、有害,要经过有关机关鉴定确定。二是行为人明知是掺有有毒、有害的非食品原料的食品而予以销售。即行为人虽未实施掺入有毒、有害非食品原料的行为,但他明知是有毒、有害食品仍予以销售。

(四)客体要件

本罪侵犯的客体是复杂客体,即国家对食品卫生的管理制度以及不特定多数人的身体健康权利。国家为保障人民群众的生命健康,颁布了一系列关于食品卫生法律、法规,建立起对食品卫生的管理制度。而生产、销售有毒、有害食品,就是对这一制度的侵犯;同时,在生产、销售的食品中掺入有毒、有害的非食品原料,无疑会对消费者的生命健康造成很大威胁,因而,这种行为也侵犯了消费者的生命健康权利。

【罪名辨析】

(一)本罪与生产、销售伪劣产品罪的界限

本罪的犯罪对象也属于伪劣产品的概念范围之内,所以本罪与生产销售伪劣产品罪存在一些相似之处。但本罪由于其客体受到法律的特殊保护而独立出来,并与之相排斥,故而在犯罪对象、犯罪客体及认定犯罪的标准上都存在明显的区别。如果行为人在生产、销售的食品中既掺入有毒、有害的非食品原料,违法销售金额又在五万元以上的,应依《刑法》第一百四十九条第二款的规定,以依照处刑较重的规定处罚。

(二)本罪与生产、销售不符合安全标准的食品罪的界限

两罪的区别在于:一是犯罪物件不同。本罪生产、销售的是有毒、有害的食品,即掺入有毒、有害的非食品原料的食品;而生产、销售不符合卫生标准食品罪的犯罪对象只是未达到食品安全标准的食品,该食品中未掺入有毒、有害的非食品原料。二是客观方面不同。本罪须具有在生产、销售的食品中掺入有毒、有害非食品原料的行为;而生产、销不符合安全标准食品罪尽管也掺入有毒、有害物质从而造成食品不符合安全标准,但加入的物质仍然是食品原料,只不过是变质、腐败或被污染了。三是本罪是行为犯,只要实施客观方面要求的行为即可构成既遂;生产、销售不符合安全标准食品罪是危险犯,只有造成严重食物中毒事故或者其他食源性疾患,对人体健康造成严重危害的,才能构成既遂。

(三)本罪与投放危险物质罪的界限

与投放危险物质罪区别的关键是,犯罪的目的不同:本罪的目的是获取非法利润,虽然行为人对掺入有毒、有害的非食品原料是明知的,但并不追求危害结果的

发生;投放危险物质罪的目的是使不特定多数人死亡或伤害,追求危害结果的发生。本罪与过失投放危险物质罪的区别关键在于对在食品中掺入有毒、有害的非食品原料的主观心理态度不同:过失投放危险物质不是故意在食品中掺入有毒、有害的非食品原料;而是由于疏忽大意或过于自信造成的,而本罪则故意在食品中掺入有毒、有害的非食品原料。

(四)本罪与重大责任事故和玩忽职守罪的界限

区别关键也是在于主观方面不同:本罪是在生产、销售的食品中故意掺入有毒、有害的非食品原料,而重大责任故和玩忽职守罪对食品中掺入有毒、有害的非食品原料在主观上是过失的。

(五)本罪与以危险方法危害公共安全罪的界限

本罪既侵犯消费者的生命健康权利,在客观上往往也造成多数人伤亡的严重后果,所以它与以危险方法危害公共安全罪存在一些相似之处,区分二者之间的关键在于把握两罪的主观方面,本罪的故意内容不包括对人体健康严重危害后果的积极追求,而只是放任此危害结果的发生;以危险方法危害公共安全罪的主观故意中包括对危害结果的发生积极追求的意志内容。所以,如果在生产、销售的食品中掺入有毒、有害的非食品原料,目的在于对不特定多数人的生命健康造成危害,就应构成投放危险物质罪或以危险方法危害公共安全罪。

量刑部分

【量刑标准】

犯本罪的,处五年以下有期徒刑,并处罚金;对人体健康造成严重危害或者有其他严重情节的,处五年以上十年以下有期徒刑,并处罚金;致人死亡或者有其他特别严重情节的,依照本法第一百四十一条的规定处罚。

截至目前,尚无本罪名关于量刑的司法解释。

生产、销售不符合标准的医用器材罪 《刑法》第145条

生产不符合保障人体健康的国家标准、行业标准的医疗器械、医用卫生材料,或者销售明知是不符合保障人体健康的国家标准、行业标准的医疗器械、医用卫生材料,足以严重危害人体健康的,处三年以下有期徒刑或者拘役,并处销售金额百分之五十以上二倍以下罚金;对人体健康造成严重危害的,处三年以上十年以下有期徒刑,并处销售金额百分之五十以上二倍以下罚金;后果特别严重的,处十年以上有期徒刑或者无期徒刑,并处销售金额百分之五十以上二倍以下罚金或者没收财产。

定罪部分

【罪名概念】

生产、销售不符合标准的医用器材罪,是指违反国家产品质量管理法规,生产不符合保障人体健康的国家标准、行业标准的医疗器械、医用卫生材料,或者销售明知是不符合国家标准、行业标准的医疗器械、医用卫生材料,对人体健康造成严重危害的行为。

【司法解释】

1. 最高人民法院、最高人民检察院《关于办理妨害预防、控制突发传染病疫情等灾害的刑事案件具体应用法律若干问题的解释》

(实施日期:2003 年 5 月 15 日　法释[2003]8 号)(节录)

第三条　在预防、控制突发传染病疫情等灾害期间,生产用于防治传染病的不符合保障人体健康的国家标准、行业标准的医疗器械、医用卫生材料,或者销售明知是用于防治传染病的不符合保障人体健康的国家标准、行业标准的医疗器械、医用卫生材料,不具有防护、救治功能,足以严重危害人体健康的,依照刑法第一百四十五条的规定,以生产、销售不符合标准的医用器材罪定罪,依法从重处罚。

2. 最高人民法院、最高人民检察院《关于办理生产、销售伪劣商品刑事案件具体应用法律若干问题的解释》

(实施日期:2001 年 4 月 10 日　法释[2001]10 号)(节录)

第六条　生产、销售不符合标准的医疗器械、医用卫生材料,致人轻伤或者其他严重后果的,应认定为刑法第一百四十五条规定的"对人体健康造成严重危害"。

生产、销售不符合标准的医疗器械、医用卫生材料,造成感染病毒性肝炎等难以治愈的疾病、一人以上重伤、三人以上轻伤或者其他严重后果的,应认定为"后果特别严重"。

生产、销售不符合标准的医疗器械、医用卫生材料,致人死亡、严重残疾、感染艾滋病、三人以上重伤、十人以上轻伤或者造成其他特别严重后果的,应认定为"情节特别恶劣"。

医疗机构或者个人,知道或者应当知道是不符合保障人体健康的国家标准、行业标准的医疗器械、医用卫生材料而购买、使用,对人体健康造成严重危害的,以销售不符合标准的医用器材罪定罪处罚。

没有国家标准、行业标准的医疗器械,注册产品标准可视为"保障人体健康的行业标准"。

第九条　知道或者应当知道他人实施生产、销售伪劣商品犯罪,而为其提供贷款、资金、账号、发票、证明、许可证件,或者提供生产、经营场所或者运输、仓储、保管、邮寄等便利条件,或者提供制假生产技术的,以生产、销售伪劣商品犯罪的共犯论处。

第十条 实施生产、销售伪劣商品犯罪,同时构成侵犯知识产权、非法经营等其他犯罪的,依照处罚较重的规定定罪处罚。

第十一条 实施刑法第一百四十条至第一百四十八条规定的犯罪,又以暴力、威胁方法抗拒查处,构成其他犯罪的,依照数罪并罚的规定处罚。

第十二条 国家机关工作人员参与生产、销售伪劣商品犯罪的,从重处罚。

【关联法律】

《医疗器械监督管理条例》

【犯罪构成】

(一)主体要件

本罪主体是一般主体,既包括单位,也包括个人;既包括生产者、销售者,也包括购买并使用者。

(二)主观要件

本罪主观方面由故意构成,从《刑法》第一百四十五条规定看,这是完全正确的。但在2001年最高人民法院、最高人民检察院《关于办理生产、销售伪劣商品刑事案件具体应用法律若干问题的解释》颁行后,笔者认为该罪的主观方面也可能是过失。根据该司法解释第六条的规定,医疗机构或者个人,知道或应当知道是不符合保障人体健康的国家标准、行业标准的医疗器械、医用卫生材料而购买、使用,对人体健康造成严重危害的,以销售不符合标准的医用器材罪定罪处罚。所谓“知道”,在此可理解为明知。这是犯罪故意的认识因素。在意志因素上,行为人一般持放任态度。这与刑法第一百四十五条规定是一致的。所谓“应当知道”是指根据行为人的经验及相关知识,应当注意到但却由于疏忽大意而没有注意到。在此涉及行为人的“注意义务”与“注意能力”问题。“注意义务”是指行为人由于职务要求所负有的特定职责。“注意能力”是指行为人能否认识其行为性质的能力。如果行为人既有注意义务又有注意能力但却由于疏忽大意而没有注意到,即没有认识到其所购买的医疗器械或医用卫生材料是不符合标准的产品,从而产生了严重后果的,应当认定是该罪的过失形态。

(三)客观要件

本罪在客观方面表现为:第一,行为人明知是不符合保障人体健康的国家标准、行业标准的医疗器械、医用卫生材料而生产、销售。第二,或者医疗机构或个人,知道或应当知道是不符合保障人体健康的国家标准、行业标准的医疗器械、医用卫生材料而购买、使用,对人体健康造成严重危害的行为。

在第一种情况下,生产者、销售者既可是取得生产、销售资格的单位和个人,也可是未取得生产、销售资格的单位和个人。刑法所关注的是所生产、销售的产品本身的质量。只要由于产品本身质量问题而造成了对人体健康严重危害的,即可构成本罪。在第二种情况下,医疗机构和个人不仅要有购买行为,而且要有使用行为。因为依照《关于办理生产、销售伪劣商品刑事案件具体应用法律若干问题的解释》的规定,该罪是一种结果犯,即只有在造成对人体健康的严重危害结果时才可以成立。

(四)客体要件

本罪侵犯的客体为复杂客体。其主要客体为国家对医疗用品的专门管理制度,次要客体为公共安全。

【罪名辨析】

(一)本罪与医疗事故罪的界限

从犯罪构成的角度来看,前罪主体为一般主体,后罪主体为特殊主体;前罪在主观方面既可是故意也可是过失,后罪则只能是过失;前罪在客观方面表现为生产、销售、购买并使用不符合标准的医用器材而出现了严重危害结果,后罪在客观方面表现为医务人员严重不负责任而造成就诊人死亡或严重损害就诊人身体健康;前罪的犯罪客体为社会主义市场经济秩序,后罪的客体为社会管理秩序。由于二者在犯罪构成上的上述区别,使二罪好像没有什么易混淆之处。但是,当医疗机构或者个人知道或应当知道是不符合标准的医疗器材而购买、使用从而发生了严重后果时,就容易在认定上出现混乱。因为对于前述《关于办理生产、销售伪劣商品刑事案件具体应用法律若干问题的解释》中的“个人”,笔者认为应是指医务人员,即有合法行医资格的医疗机构的职工和个体医生,而这与医疗事故罪中的主体资格是一致的。而《关于办理生产、销售伪劣商品刑事案件具体应用法律若干问题的解释》中的“应当知道”又说明了行为人行为时是出于过失心态,由这种过失而导致的结果也应被理解为是一种责任事故。由于上述两方面的原因,就使二罪在这种情况下具有犯罪构成上的重合性。因而在此情况下行为人基于一个行为就可能触犯两个罪名,这在理论上应属于想象竞合犯。以想象竞合犯的处罚原则,应择一重处断,即以销售不符合标准的医用器材罪处罚。

(二)本罪与生产、销售伪劣产品罪的界限

这两个罪名是特别法与一般法的关系。依照刑法理论当特别法与一般法出现竞合时应以特别法优于一般法为主、重法优于轻法为辅的原则,依据上述原则在认定二罪时就应注意:若生产、销售不符合标准的医用器材尚未对人体健康造成严重危害,但其销售金额已达五万元时,受前罪对犯罪结果要求的限制,就只能以生产、销售伪劣产品罪定罪处罚。若销售金额未达五万元,也未对人体健康造成严重危害的,则不应以犯罪论处。

若生产、销售不符合标准的医用器材对人体健康已造成了严重危害但尚未达到《关于办理生产、销售伪劣商品刑事案件具体应用法律若干问题的解释》中规定的后果特别严重,但销售金额已超过五十万元的,或者尚未达到《关于办理生产、销售伪劣商品刑事案件具体应用法律若干问题的解释》中规定的情节特别恶劣但销售金额超过二百万元的,应以生产、销售伪劣产品罪定罪处罚。

量刑部分

【量刑标准】

犯本罪的,处三年以下有期徒刑或者拘役,并处销售金额百分之五十以上二倍以下罚金;对人体健康造成严重危害的,处三年以上十年以下有期徒刑,并处销售金额百分之五十以上二倍以下罚金;后果特别严重的,处十年以上有期徒刑或者无期徒刑,并处销售金额百分之五十以上二倍以下罚金或者没收财产。

生产、销售不符合安全标准的产品罪 《刑法》第146条

生产不符合保障人身、财产安全的国家标准、行业标准的电器、压力容器、易燃易爆产品或者其他不符合保障人身、财产安全的国家标准、行业标准的产品,或者销售明知是以上不符合保障人身、财产安全的国家标准、行业标准的产品,造成严重后果的,处五年以下有期徒刑,并处销售金额百分之五十以上二倍以下罚金;后果特别严重的,处五年以上有期徒刑,并处销售金额百分之五十以上二倍以下罚金。

定罪部分

【罪名概念】

生产、销售不符合安全标准的产品罪,是指生产不符合保障人身、财产安全的国家标准、行业标准的电器、压力容器、易燃易爆产品或者其他不符合保障人身、财产安全的国家标准、行业标准的产品,或者销售明知是以上不符合保障人身、财产安全的国家标准、行业标准的产品,造成严重后果的行为。

【司法解释】

最高人民法院、最高人民检察院《关于办理生产、销售伪劣商品刑事案件具体应用法律若干问题的解释》

(实施日期:2001年4月10日 法释[2001]10号)(节录)

第九条 知道或者应当知道他人实施生产、销售伪劣商品犯罪,而为其提供贷款、资金、账号、发票、证明、许可证件,或者提供生产、经营场所或者运输、仓储、保

管、邮寄等便利条件,或者提供制假生产技术的,以生产、销售伪劣商品犯罪的共犯论处。

第十条　实施生产、销售伪劣商品犯罪,同时构成侵犯知识产权、非法经营等其他犯罪的,依照处罚较重的规定定罪处罚。

第十一条　实施刑法第一百四十条至第一百四十八条规定的犯罪,又以暴力、威胁方法抗拒查处,构成其他犯罪的,依照数罪并罚的规定处罚。

第十二条　国家机关工作人员参与生产、销售伪劣商品犯罪的,从重处罚。

【关联法律】

《标准化法》

《标准化法实施条例》

【犯罪构成】

(一)主体要件

本罪的主体要件为一般主体,即达到刑事责任年龄、具有刑事责任能力的任何人均可构成本罪,单位也能构成本罪的主体。

(二)主观要件

本罪是故意犯罪。这种故意在生产环节上表现为,对所生产的电器、压力容器等产品是否符合标准采取放任的态度,或者明知所生产的产品不符合保障人身、财产安全的有关标准而仍然继续生产的;在销售环节上表现为,明知所销售的产品不符合标准而仍然予以出售的。过失行为不能构成本罪,如虽然严格要求了产品质量,但因为某一疏忽行为而导致出现了不合格产品的,或者销售了不明知是不符合安全标准的产品的等等。其犯罪目的是谋取经济利益。

(三)客观要件

本罪的客观方面表现为生产或者销售不符合保障人身、财产安全的国家标准、行业标准的电器、压力容器、易燃易爆产品或者其他不符合保障人身、财产安全的国家标准、行业标准的产品,并且造成严重后果的行为。

本罪的犯罪对象是不符合保障人身、财产安全的国家标准、行业标准的电器、压力容器、易燃易爆产品或者其他产品。

1. 所谓电器,是指各种电讯、电力器材和家用电器,如电线、电缆、电热器、电饭锅、电视机、收录机、音响组合、录像机、电冰箱、洗衣机、空调器、电风扇等。

2. 所谓压力容器,是指储存高压物品的容器、如高压锅、压力机、氧气瓶、压力洗衣机等。

3. 所谓易燃易爆产品,是指容易引起燃烧或者爆炸的物品,为锅炉、闸门、发电机、煤气制造系统的煤气发生炉、煤气罐、炸药(包括黄色炸药、黑色炸药和化学炸药)等。

4. 其他不符合保障人身、财产安全的国家标准、行业标准的产品，是指除上述电器、压力容器、易燃易爆产品以外的产品，如汽化油炉、汽水瓶、啤酒瓶等。这些产品都具有共同特点，即危险性、危害性、破坏性强，一旦发生事故，对人们的生命、健康及财产安全可能造成极大损失。正因为如此，国家对这类产品制定了严格的保障人身、财产安全的国家标准、行业标准，而不仅仅是一般的质量标准。

这些产品是不符合保障人身、财产安全的国家标准、行业标准的产品。所谓国家标准、行业标准，是指国家或者某一行业的主管部门围绕保障人身、财产安全而就某一类产品的质量所规定的具体指针，该标准因产品的不同而不同。

所谓国家标准又称强制标准，是指具有全国性意义的统一技术标准。其必须由国务院有关主管部门（或专业标准化技术委员会）提出草案，根据不同专业的标准，分别由有关部门审批和发布。就本罪而言，产品均属工业产品及军民通用产品，因此，应当报国家标准总局审批和发布；特别重大的，则报国务院审批。所谓行业标准，又叫部门标准或推荐标准或专业标准，是指全国性的各专业范围内的统一技术标准。其由国务院所属各主管部门组织制订、审批和发布，并报送国家标准总局备案。如果生产、销售的是没有有关保障人身、财产安全的国家标准或行业标准的一般性带有燃爆性质的产品，即只有企业标准的产品，就不构成本罪，但这并不排除其行为可能构成他罪，如生产、销售伪劣产品罪等。

本罪为结果犯，其不仅要求有生产、销售上述不符合标准的产品的行为，而且还必须造成严重后果才可构成本罪。如果仅是具有上述行为，而没有严重的后果，即没有造成危害结果，或虽有危害结果但不是严重的危害结果，也不能构成本罪，构成犯罪也是他罪。根据《刑法》第一百四十九条规定，生产、销售不符合保障人身、财产安全的国家标准、行业标准的上述产品，如不构成本罪，但销售金额在五万元以上的，即构成生产、销售伪劣产品罪。如果构成本罪，根据其销售金额，又构成生产、销售伪劣产品罪的，则按该条规定的法条竞合的处罚原则即重法优于轻法原则，依照处刑较重的罪定罪量刑。

本罪属选择性罪名，实施生产或者销售行为之一的，均可构成本罪。生产不符合安全标准的产品的，定生产不符合安全标准的产品罪，销售不符合安全标准的产品的，定销售不符合安全标准的产品罪。既生产又销售的，定生产、销售不符合安全标准的产品罪，不实行数罪并罚。

（四）客体要件

本罪的客体为双重客体，即国家对生产、销售电器、压力容器、易燃易爆产品等的安全监督管理制度和公民的健康权、生命权。

【罪名辨析】

(一)本罪与非罪的界限

依本条之规定,生产、销售不符合保障人身、财产安全的国家标准、行业标准的电器、压力容器、易燃易爆产品或者其他不符合保障人身、财产安全的国家标准、行业标准的产品,造成严重后果的,才构成犯罪。此外,虽未造成严重后果,但销售金额在五万元以上的、应依照《刑法》第一百四十九条之规定,按生产、销售伪劣产品罪定罪处罚。

(二)本罪与生产、销售伪劣产品罪的界限

两罪的主要区别:

1. 侵犯的客体不同。前者侵犯了国家对生产、销售电器、压力容器、易燃易爆产品等的安全监督管理制度和公民的健康权、生命权。后者则侵犯了国家产品质量监督管理制度和消费者的合法权益。

2. 犯罪物件不同。前者的犯罪对象是不符合保障人身、财产安全的国家标准、行业标准的电器、压力容器、易燃易爆产品或者其他不符合保障人身、财产安全的国家标准、行业标准的产品。而后者的范围很广泛。

3. 构成犯罪的标准不同。前者要求造成严重后果的,才构成本罪;而后者则要求"销售金额在五万元以上"的才构成本罪。

根据《刑法》第一百四十九条之规定,生产、销售不符合安全标准的产品不构成生产、销售不符合安全标准的产品罪,但是销售金额在五万元以上的,依照生产、销售伪劣产品罪的规定处罚。生产、销售不符合安全标准的产品,构成生产、销售不符合安全标准的产品罪,同时又构成生产、销售伪劣产品罪的,依照处罚较重的规定处罚。

(三)本罪与玩忽职守罪的界限

两罪区分的关键在于玩忽职守罪是过失犯罪,对所生产或销售的不符合安全标准的产品不是明知而故意生产;而生产、销售不符合安全标准的产品罪则是故意犯罪,即明知所生产、销售的电器、压力容器、易燃易爆产品或者其他产品不符合保障人身、财产安全的国家标准、行业标准而进行生产、销售。

(四)本罪与放火罪、爆炸罪的界限

本罪与放火罪、爆炸罪的区别在于:本罪没有致人伤亡或者财产损失的犯罪目的,而放火罪、爆炸罪则具有通过生产、销售伪劣商品的方式达到致人伤亡或财产损失的目的。

本罪与失火罪、过失爆炸罪的区别在于:(1)主观方面不同。本罪是故意生产、销售不符合国家标准、行业标准的产品,而失火罪或过失爆炸罪的主观方面是过失。(2)因果关系不同。本罪造成危害结果不是因为行为本身,而是因为产品不符合标准,失火罪和过失爆炸罪造成危害结果的原因是行为本身,而不是因为产品不符合标准。

量刑部分

【量刑标准】

犯本罪的，处五年以下有期徒刑，并处销售金额百分之五十以上二倍以下罚金；后果特别严重的，处五年以上有期徒刑，并处销售金额百分之五十以上二倍以下罚金。

截至目前，尚无本罪名关于量刑的司法解释。

生产、销售伪劣农药、兽药、化肥、种子罪　《刑法》第147条

生产假农药、假兽药、假化肥，销售明知是假的或者失去使用效能的农药、兽药、化肥、种子，或者生产者、销售者以不合格的农药、兽药、化肥、种子冒充合格的农药、兽药、化肥、种子，使生产遭受较大损失的，处三年以下有期徒刑或者拘役，并处或者单处销售金额百分之五十以上二倍以下罚金；使生产遭受重大损失的，处三年以上七年以下有期徒刑，并处销售金额百分之五十以上二倍以下罚金；使生产遭受特别重大损失的，处七年以上有期徒刑或者无期徒刑，并处销售金额百分之五十以上二倍以下罚金或者没收财产。

定罪部分

【罪名概念】

生产、销售伪劣农药、兽药、化肥、种子罪，是指生产假农药和假兽药与假化肥，销售明知为假的或者失去了使用效能的农药、兽药、化肥以及种子，或者生产者和销售者以不合格农药、兽药、化肥、种子冒充合格农药、兽药、化肥以及种子，致使生产遭受了较大损失的行为。

【司法解释】

1. 最高人民检察院、公安部《关于公安机关管辖的刑事案件立案追诉标准的规定(一)》

(实施日期:2008年6月25日　公通字[2008]36号)(节录)

第二十三条　生产假农药、假兽药、假化肥，销售明知是假的或者失去使用效能的农药、兽药、化肥、种子，或者生产者、销售者以不合格的农药、兽药、化肥、种子冒充合格的农药、兽药、化肥、种子，涉嫌下列情形之一的，应予立案追诉:

(一)使生产遭受损失二万元以上的；

(二)其他使生产遭受较大损失的情形。

2. 最高人民法院、最高人民检察院《关于办理生产、销售伪劣商品刑事案件具体应用法律若干问题的解释》

(实施日期:2001 年 4 月 10 日　法释[2001]10 号)

第七条　刑法第一百四十七条规定的生产、销售伪劣农药、兽药、化肥、种子罪中“使生产遭受较大损失”,一般以二万元为起点;“重大损失”,一般以十万元为起点;“特别重大损失”,主要以五十万元为起点。

第十一条　实施刑法第一百四十条至第一百四十八条规定的犯罪,又以暴力、威胁方法抗拒查处,构成其他犯罪的,依照数罪并罚的规定处罚。

第十二条　国家机关工作人员参与生产、销售伪劣商品犯罪的,从重处罚。

【关联法律】

《种子法》

【犯罪构成】

(一)主体要件

本罪的主体为一般主体,即达到刑事责任年龄,具有刑事责任能力的任何自然人均可构成本罪。单位也能构成本罪之主体。

(二)主观要件

本罪的主观方面是故意。其故意的内容表现为三种形式,一是故意生产假农药、假兽药、假化肥;二是明知是假的或失去使用效能的农药、兽药、化肥、种子而故意予以销售;三是故意以不合格的农药、兽药、化肥、种子冒充合格的农药、兽药、化肥、种子。

本罪的犯罪目的,大多都是为了谋利。特别应当指出的是,使生产遭受重大的损失,是本罪的后果,不是本罪的目的。

(三)客观要件

本罪在客观方面表现为违反农、林、牧、渔等生产管理法规,生产及销售伪劣农药、兽药、化肥、种子等农用生产资料,致使生产遭受较大损失的行为。

生产、销售伪劣农用生产资料的行为主要有以下几种形式:

1. 生产假农药、假兽药、假化肥。所谓假,是指农药、化肥、兽药的成分名称不符合有关标准所规定的应当含有的成分名称,或用非农药、非兽药、非化肥冒充农药、兽药、化肥,或用此种农药、兽药、化肥代替另一种农药、兽药或化肥,以及其他应按假的来处理的农药、兽药和化肥,如未取得批准文号生产的或者国务院农牧业行政管理机关明文规定禁止生产或销售的兽药等。

2. 销售假的或者失去使用效能的农药、兽药、化肥、种子。效能,是指事物所蕴藏的有利的作用与价值。失去使用效能,则就是指农药、兽药、化肥、种子因过期、受潮、变质等原因已经丧失其有利的作用及价值。使用它已无法产生出其应有的效果，如农药已无法防治病、虫、害，化肥已不能给植物养分而促使其生产等。

3. 以不合格的农药、兽药、化肥和种子冒充合格的农药、兽药化肥及种子。所谓不合格，是指不符合产品质量标准的次品、劣品，其虽有一定的使用效能，但无法达到合格产品所应有的使用效能，如农药、兽药、化肥的成分与产品质量标准不相符合，超过有效期尚未完全丧失效用等。这点与假的或失去使用效能的上述物品不同，后者是对于所要防治的或应该达到的目的是毫无效果。

无论行为人实施的是生产、销售哪一种行为，针对的是何种对象，农药、兽药、化肥、种子只要出于故意，并达到了一定的危害结果，即可构成本罪。

生产、销售伪劣农用生产数据的行为必须造成了生产遭受较大损失的结果才能构成本罪，这就是说，本罪为结果犯。如果只有生产、销售行为而没有危害结果，或者虽有危害结果，但致使生产损失没有达到损失较大的程度，也不能构成本罪，但这不排除可以构成他罪。

（四）客体要件

本罪侵犯的客体是国家对农用生产数据质量的监督管理制度和农业生产。农药、兽药、化肥、种子等是重要农业生产资料，国家为了加强对农用生产资料的生产和销售，制定了一系列法律和行政法规，建立了并发出了《关于整顿和加强兽药管理，取缔假劣兽药的通知》《关于加强农药管理坚决制止和取缔生产、经销假劣化肥的暂行规定》《关于加强农药管理严厉打击制造、销售伪劣农药活动的通知》。生产、销售伪劣农用生产资料的行为，严重侵犯了国家对农用生产数据的监督管理制度，严重破坏了农业生产，对农业危害很大，应受刑法打击。

本罪的犯罪对象是农药、兽药、化肥、种子。

所谓农药，是指用于防治药、虫、草、鼠害、调节植物生长发育的农用化学药虫剂、杀菌剂、除草剂等。

所谓兽药，是指用于预防、治疗、诊断动物疾病或者有目的地调节动物生理机能的物质，主要包括：血清制品、疫苗、诊断制品、微生态制品，中兽药、中成药、化学药品等。

生产、销售伪劣农用生产资料的行为主要有以下几种形式：

生产假农药和假兽药、假化肥。所谓假，是指农药以及化肥、兽药的成分名称不符合有关标准所规定应当含有的成分名称，或用非农药以及非兽药、非化肥冒充农药、兽药、化肥，或用此种农药及兽药、化肥代替另一种农药、兽药或化肥，以及其他应按假来处理的农药、兽药和化肥，如未取得批准文号生产或者国务院农牧业行政管理机关明文规定禁止生产或销售的兽药等。

质量标准不相符合，超过有效期尚未完全丧失其效用等。这一点与假的或失去使用效能上述物品不同，后者为对于所要防治的或应该达到的目的是毫无效果。

无论行为人实施的是生产和销售哪一种行为,针对的是农药和兽药、化肥、种子何种对象,只要是出于故意,并达到一定的危害结果,即可构成本罪。

生产及销售伪劣农用生产数据的行为必须造成生产遭受较大损失的结果才能构成本罪,这就是说,该罪为结果犯。如果只有生产及销售行为而没有危害结果,或虽有危害结果,但致使生产损失没有达到损失较大程度,也不能构成该罪。

【罪名辨析】

(一)本罪与非罪的界限

依本条之规定,生产、销售伪劣农药、兽药、化肥、种子,只有使生产遭受较大损失的,才构成本罪。如果没有使生产遭受较大损失的,就不构成本罪。另外,行为人生产、销售伪劣农药、兽药、化肥、种子,虽没有使生产遭受较大损失,但销售数额在五万元以上的,应按生产、销售伪劣产品罪定罪处罚。

(二)生产、销售伪劣农药、兽药、化肥、种子,构成生产、销售伪劣农药、兽药、化肥、种子罪,同时又构成生产、销售伪劣产品罪的,依照处罚较重的规定处罚。

(三)本罪与破坏生产经营罪的界限

认定本罪要注意与破坏生产经营罪的区别。其主要是:(1)本罪一般是出于非法牟利的目的,后罪则是出于泄愤报复或者其他个人目的;(2)本罪在客观方面表现为生产、销售伪劣农药、兽药、化肥、种子并使生产遭受较大损失的行为。行为与结果之间并非直接相连,而是通过消费者购买并使用,依其情节分别承担以下刑事责任:

1. 生产假农药和假兽药、假化肥,销售明知是假的或者失去使用效能农药以及兽药、化肥、种子,或者生产者及其销售者以不合格的农药、兽药、化肥及种子冒充合格的农药、兽药、化肥与种子,使生产遭受较大损失,处罚三年以下有期徒刑或者拘役,并且处或者单处销售金额百分之五十以上二倍以下罚金;

2. 使生产遭受重大损失的,处三年以上七年以下有期徒刑,并处销售金额百分之五十以上二倍以下罚金;

3. 使生产遭受特别重大损失的,处七年以上有期徒刑或者无期徒刑,并处销售金额百受重大损失的,处于三年以上七年以下有期徒刑,并处罚销售金额百分之五十以上二倍以下罚金;使生产遭受特别重大损失的,处七年以上有期徒刑或者无期徒刑,并处罚销售金额百分之五十以上二倍以下罚金或者没收财产。

量刑部分

【量刑标准】

犯本罪的,处三年以下有期徒刑或者拘役,并处或者单处销售金额百分之五十以上二倍以下罚金;使生产遭受重大损失的,处三年以上七年以下有期徒刑,并处销售金额百分之五十以上二倍以下罚金；使生产遭受特别重大损失的，处七年以上有期徒刑或者无期徒刑，并处销售金额百分之五十以上二倍以下罚金或者没收财产。

生产、销售不符合卫生标准的化妆品罪　《刑法》第148条

生产不符合卫生标准的化妆品，或者销售明知是不符合卫生标准的化妆品，造成严重后果的，处三年以下有期徒刑或者拘役，并处或者单处销售金额百分之五十以上二倍以下罚金。

定罪部分

【罪名概念】

生产、销售不符合卫生标准的化妆品罪，是指生产不符合卫生标准的化妆品，或者销售明知是不符合卫生标准的化妆品，造成严重后果的行为。

【司法解释】

最高人民法院、最高人民检察院《关于办理生产、销售伪劣商品刑事案件具体应用法律若干问题的解释》

（实施日期：2001年4月10日　法释［2001］10号）（节录）

第九条　知道或者应当知道他人实施生产、销售伪劣商品犯罪，而为其提供贷款、资金、账号、发票、证明、许可证件，或者提供生产、经营场所或者运输、仓储、保管、邮寄等便利条件，或者提供制假生产技术的，以生产、销售伪劣商品犯罪的共犯论处。

第十条　实施生产、销售伪劣商品犯罪，同时构成侵犯知识产权、非法经营等其他犯罪的，依照处罚较重的规定定罪处罚。

第十一条　实施刑法第一百四十条至第一百四十八条规定的犯罪，又以暴力、威胁方法抗拒查处，构成其他犯罪的，依照数罪并罚的规定处罚。

第十二条　国家机关工作人员参与生产、销售伪劣商品犯罪的，从重处罚。

【关联法律】

《化妆品卫生监督条例》

《产品质量法》

《消费者权益保护法》

《全国人大常委会关于维护互联网安全的决定》

【犯罪构成】

(一)主体要件

本罪的主体要件为一般主体,即自然人只要达到刑事责任年龄且具有刑事责任能力就可构成本罪主体。依《刑法》第一百五十之规定,单位也能成为本罪的主体。

(二)主观要件

本罪的主观方面只能由故意构成,即行为人故意生产不符合卫生标准的化妆品或者明知是不符合卫生标准的化妆品而故意销售。过失不构成本罪,本罪的犯罪目的多为谋利,但本罪并不以此为构成要件。

(三)客观要件

1. 本罪在客观方面表现为生产、销售不符合卫生标准的化妆品的行为,主要包括:

(1)未取得化妆品生产企业卫生许可证的单位,非法生产化妆品;未取得健康证而直接从事化妆品生产的人员生产化妆品;

(2)生产化妆品所需要的原料、辅料以及直接接触化妆品的容器和包装材料不符合国家规定的卫生标准;

(3)使用化妆品新原料(指在国内首次使用于化妆品生产的天然或人工原料)生产化妆品,未经国务院卫生行政部门批准;

(4)生产特殊用途的化妆品即用于护发、养发、染发、烫发、脱毛、美乳、健美、防臭、祛斑、防晒的化妆品等,未经国务院卫生行政部门批准、取得批准文号;

(5)生产的化妆品不符合化妆品卫生标准或生产的化妆品未经卫生质量检验;

(6)销售不符合卫生标准的化妆品,是指化妆品经营单位和个人明知是不符合卫生标准的化妆品而仍决意出售等。

2. 生产、销售不符合卫生标准的化妆品的行为必须造成了严重的后果。否则虽有生产、销售行为,但没有造成实际危害后果或者虽然造成危害后果但不属于严重后果;或者虽属严重后果但不是因为生产、销售的行为所引起如被害人使用不当等,则都不能构成本罪,构成犯罪的,亦应以他罪如生产、销售伪劣产品罪等论处。所谓造成严重后果,在本罪中主要是指:

(1)毁人容貌,即导致容貌变形、丑陋及功能障碍的,如使人皮肤变黑、脸上长斑、头发脱落等;

(2)致人产生肉体较大痛苦的,如皮肤红肿、灼痛、瘙痒等;

(3)造成其他严重后果的,如被害人因容貌被损自杀、离婚、精神失常等。

构成本罪并不要求生产与销售两种行为同时具备,只要具有生产或者销售不符合卫生标准的化妆品的行为之一就可。即使具有两种行为,亦只构成一罪,而不实行数罪并罚。

（四）客体要件

本罪侵犯的是复杂客体，即国家对化妆品的卫生监督管理制度和公民的健康权。

【罪名辨析】

本罪与生产、销售伪劣产品罪的区别

两者的犯罪构成基本相同，只是犯罪对象方面本罪具有特殊性，专指不符合卫生标准的化妆品，而非其他商品。在客观方面本罪表现为生产、销售不符合卫生标准的产品，后者表现为在产品中掺杂、掺假，以假充真，以次充好等。关于化妆品的卫生标准，由卫生行政主管部门制定，现有的可参照《化妆品卫生监督条例》（1989年）、《化妆品审批工作程序》（1989年）。

量刑部分

【量刑标准】

犯本罪的，处三年以下有期徒刑或者拘役，并处或者单处销售金额百分之五十以上二倍以下罚金。

截至目前，尚无本罪名关于量刑的司法解释。

对生产销售伪劣商品行为的法条适用　《刑法》第149条

生产、销售本节第一百四十一条至第一百四十八条所列产品，不构成各该条规定的犯罪，但是销售金额在五万元以上的，依照本节第一百四十条的规定定罪处罚。

生产、销售本节第一百四十一条至第一百四十八条所列产品，构成各该条规定的犯罪，同时又构成本节第一百四十条规定之罪的，依照处罚较重的规定定罪处罚。

单位犯本节规定之罪的处理　《刑法》第150条

单位犯本节第一百四十条至第一百四十八条规定之罪的，对单位判处罚金，并对其直接负责的主管人员和其他直接责任人员，依照各该条的规定处罚。

第二节 走私罪

走私武器、弹药罪、走私核材料罪、走私假币罪、走私文物罪、走私贵重金属罪、走私珍贵动物罪、走私珍贵动物制品罪、走私国家禁止进出口的货物、物品罪 《刑法》第151条

走私武器、弹药、核材料或者伪造的货币的,处七年以上有期徒刑,并处罚金或者没收财产;情节特别严重的,处无期徒刑,并处没收财产;情节较轻的,处三年以上七年以下有期徒刑,并处罚金。

走私国家禁止出口的文物、黄金、白银和其他贵重金属或者国家禁止进出口的珍贵动物及其制品的,处五年以上十年以下有期徒刑,并处罚金;情节特别严重的,处十年以上有期徒刑或者无期徒刑,并处没收财产;情节较轻的,处五年以下有期徒刑,并处罚金。

走私珍稀植物及其制品等国家禁止进出口的其他货物、物品的,处五年以下有期徒刑或者拘役,并处或者单处罚金;情节严重的,处五年以上有期徒刑,并处罚金。

单位犯本条规定之罪的,对单位判处罚金,并对其直接负责的主管人员和其他直接责任人员,依照本条各款的规定处罚。

走私武器、弹药罪 《刑法》第151条(一)

走私武器、弹药的,处七年以上有期徒刑,并处罚金或者没收财产;情节特别严重的,处无期徒刑,并处没收财产;情节较轻的,处三年以上七年以下有期徒刑,并处罚金。

定罪部分

【罪名概念】

走私武器、弹药罪,是指违反海关法规、逃避海关监管,非法携带、运输、邮寄武器、弹药进出国(边)境的行为。

【司法解释】

最高人民法院、最高人民检察院《关于办理走私刑事案件适用法律若干问题的解释》

（实施日期:2014 年 9 月 10 日　法释[2014]10 号)(节录)

第一条　走私武器、弹药,具有下列情形之一的,可以认定为刑法第一百五十一条第一款规定的“情节较轻”:

(一)走私以压缩气体等非火药为动力发射枪弹的枪支二支以上不满五支的;

(二)走私气枪铅弹五百发以上不满二千五百发,或者其他子弹十发以上不满五十发的;

(三)未达到上述数量标准,但属于犯罪集团的首要分子,使用特种车辆从事走私活动,或者走私的武器、弹药被用于实施犯罪等情形的;

(四)走私各种口径在六十毫米以下常规炮弹、手榴弹或者枪榴弹等分别或者合计不满五枚的。

具有下列情形之一的,依照刑法第一百五十一条第一款的规定处七年以上有期徒刑,并处罚金或者没收财产:

(一)走私以火药为动力发射枪弹的枪支一支,或者以压缩气体等非火药为动力发射枪弹的枪支五支以上不满十支的;

(二)走私第一款第二项规定的弹药,数量在该项规定的最高数量以上不满最高数量五倍的;

(三)走私各种口径在六十毫米以下常规炮弹、手榴弹或者枪榴弹等分别或者合计达到五枚以上不满十枚,或者各种口径超过六十毫米以上常规炮弹合计不满五枚的;

(四)达到第一款第一、二、四项规定的数量标准,且属于犯罪集团的首要分子,使用特种车辆从事走私活动,或者走私的武器、弹药被用于实施犯罪等情形的。

具有下列情形之一的,应当认定为刑法第一百五十一条第一款规定的“情节特别严重”:

(一)走私第二款第一项规定的枪支,数量超过该项规定的数量标准的;

(二)走私第一款第二项规定的弹药,数量在该项规定的最高数量标准五倍以上的;

(三)走私第二款第三项规定的弹药,数量超过该项规定的数量标准,或者走私具有巨大杀伤力的非常规炮弹一枚以上的;

(四)达到第二款第一项至第三项规定的数量标准,且属于犯罪集团的首要分子,使用特种车辆从事走私活动,或者走私的武器、弹药被用于实施犯罪等情形的。

走私其他武器、弹药,构成犯罪的,参照本条各款规定的标准处罚。

第二十四条　单位犯刑法第一百五十一条、第一百五十二条规定之罪，依照本解释规定的标准定罪处罚。

【犯罪构成】

（一）主体要件

本罪的主体为一般主体，既包括自然人，也包括公司、企业、事业单位、机关、团体等单位。

（二）主观要件

本罪在主观方面必须出于故意，即明知是武器、弹药而仍然非法携带、运输、邮寄，企图使之进出国（边）境。过失不能构成本罪。如果行为人不知自己所携带、运输或邮寄的是武器、弹药，则不能以本罪论处，构成犯罪的，应以他罪如走私普通货物、物品罪等处罚。至于其目的，一般是为了牟利，但是否具有这种目的，并不影响本罪成立。

（三）客观要件

本罪在客观方面表现为违反海关法规，逃避海关监管，非法携带、运输、邮寄武器、弹药进出国（边）境的行为。所谓逃避海关监管，是指采用各种方法，躲避海关的监督、检查，企图将武器、弹药通过国（边）境。有的绕过关口，在没有海关或边卡检查站的地方，非法携带、运输武器、弹药进出境；有的虽通过关口，但企图以隐匿、伪装、假报等手段，欺骗海关，蒙混过关，有的则是采用藏匿、伪报等方法，以逃过邮检和海关的查验，非法邮寄武器、弹药进出国（边）境等。这些行为都是走私武器、弹药的典型行为，此外，走私武器、弹药还有一些非典型行为，根据本法的有关规定，主要包括下列情形：(1)直接向走私人非法收购武器、弹药的；(2)在内海、领海运输、收购、贩卖武器、弹药的；(3)与走私武器、弹药的犯罪分子进行通谋，为其提供贷款、资金、账号、发票、证明或为其提供运输、保管、邮寄或者其他方便条件的；等等。

（四）客体要件

本罪所侵害的客体是国家对武器、弹药的禁止进出口制度，对象是武器、弹药。所谓武器及弹药，是指各种具有直接杀伤力、破坏力的器械、装置或其他物品。根据《禁止进出境物品表》的规定，既包括各种军用武器、弹药和爆炸物，如手枪、步枪、冲锋枪、机枪等常规武器，核武器、化学武器、细菌武器等现代化武器，枪弹、炮弹、炸弹、地雷、手榴弹等弹药；又包括各种类似军用武器的枪支、弹药和爆炸物，如射击运动用的枪支，狩猎用的散弹枪及其子弹等。

量刑部分

【量刑标准】

犯本罪的，处七年以上有期徒刑，并处罚金或者没收财产；情节特别严重的，处无期徒刑,并处没收财产;情节较轻的,处三年以上七年以下有期徒刑,并处罚金。

犯前款罪,情节特别严重的,处无期徒刑,并处没收财产。

单位犯本条规定之罪的,对单位判处罚金,并对其直接负责的主管人员和其他直接责任人员,依照本条各款的规定处罚。

走私核材料罪 《刑法》第151条(二)

走私核材料的,处七年以上有期徒刑,并处罚金或者没收财产;情节特别严重的,处无期徒刑,并处没收财产;情节较轻的,处三年以上七年以下有期徒刑,并处罚金。

定罪部分

【罪名概念】

走私核材料罪,是指违反海关法规,逃避海关监管,非法从事运输、携带、邮寄国家禁止、限制进出口的核材料,破坏国家对外贸易管理的行为。

【关联法律】

《核出口管制条例》

【犯罪构成】

(一)主体要件

本罪的主体是一般主体,即任何单位以及达到刑事责任年龄并具有刑事责任能力的自然人都可以成为本罪的主体。

(二)主观要件

本罪在主观方面表现为故意,过失不构成本罪。在实践中,本罪犯罪分子往往具有营利的目的,但法律并未要求本罪必须具有牟利或其他目的,所以不论以何种目的进行核材料的走私,都可以构成本罪。

(三)客观要件

本罪在客观方面表现为违反海关法规,逃避海关监管,以伪装、藏匿、冒充、欺骗或其他方式非法运输、携带、邮寄核材料的行为。

所谓核材料,是指可以用来制造核武器的各种材料和核燃料。核武器是利用原子核反应所放出的能量起杀伤破坏作用的武器,有原子弹、氢弹等,核武器的杀伤破坏力量是毁灭性的,它的制造也极为复杂和特殊,尤其需要专门设施和材料。在核材料中最重要的就是核燃料。核燃料是能大量释放原子能以供动力利用的物质,它是核武器产生巨大爆炸力的基础。

核燃料一般是指铀 235、钚 239 等容易发生裂变的同位素。不到五十公斤的铀所释放出的能量基础相当于二万吨化学炸药。由于核燃料的特殊性,往往是核材料的走私分子的犯罪对象。走私核材料,是根据走私物品的性质来认定其达到情节严重从而构成走私犯罪的,所以构成本罪,对所走私物品的数量没有要求。只要走私上述物品,其行为本身就可视为情节严重,原则上均应以犯罪论处。当然,如果是数量很小,且综合全案看属于情节显著轻微、危害不大的情况,根据《刑法》第十三条"但书"规定,可以不认为是犯罪。

(四)客体要件

本罪侵犯的客体是对外贸易管制。核材料属于违禁品,国家禁止这些物品自由流通,其性质不同于可合法流通的一般商品。因而,走私核材料侵犯的是特殊的对外贸易管制,即禁止货物、物品进出口的制度。核材料走私是近些年来开始出现的一种新型走私行为。核材料比之武器、弹药具有更巨大的危害性和潜在危险性,往往为国际恐怖组织重金收买,所以走私核材料带来的利益更加巨大,使得走私分子不惜以身试法去从事此种活动。核材料的走私比之其他货物、物品的走私,性质更为严重,对国家对外贸易管制的侵犯性更大,因而法律把这些走私活动作为走私犯罪的首要打击对象。

量刑部分

【量刑标准】

犯本罪的,处七年以上有期徒刑,并处罚金或者没收财产;情节较轻的,处三年以上七年以下有期徒刑,并处罚金。

犯前款罪,情节特别严重的,处无期徒刑,并处没收财产。

单位犯本条规定之罪的,对单位判处罚金,并对其直接负责的主管人员和其他直接责任人员,依照本条各款的规定处罚。

截至目前,尚无本罪名关于量刑的司法解释。

走私假币罪 《刑法》第 151 条(三)

走私伪造的货币的,处七年以上有期徒刑,并处罚金或者没收财产;情节特别严重的,处无期徒刑,并处没收财产;情节较轻的,处三年以上七年以下有期徒刑,并处罚金。

定罪部分

【罪名概念】

走私假币罪，是指违反海关法律、法规，逃避海关监督管理，非法运输、携带、邮寄假币进出境的行为。

【司法解释】

最高人民法院、最高人民检察院《关于办理走私刑事案件适用法律若干问题的解释》

（实施日期：2014年9月10日　法释[2014]10号）（节录）

第六条　走私伪造的货币，数额在二千元以上不满二万元，或者数量在二百张（枚）以上不满二千张（枚）的，可以认定为刑法第一百五十一条第一款规定的"情节较轻"。

具有下列情形之一的，依照刑法第一百五十一条第一款的规定处七年以上有期徒刑，并处罚金或者没收财产：

（一）走私数额在二万元以上不满二十万元，或者数量在二千张（枚）以上不满二万张（枚）的；

（二）走私数额或者数量达到第一款规定的标准，且具有走私的伪造货币流入市场等情节的。

具有下列情形之一的，应当认定为刑法第一百五十一条第一款规定的"情节特别严重"：

（一）走私数额在二十万元以上，或者数量在二万张（枚）以上的；

（二）走私数额或者数量达到第二款第一项规定的标准，且属于犯罪集团的首要分子，使用特种车辆从事走私活动，或者走私的伪造货币流入市场等情形的。

第七条　刑法第一百五十一条第一款规定的"货币"，包括正在流通的人民币和境外货币。伪造的境外货币数额，折合成人民币计算。

第二十四条　单位犯刑法第一百五十一条、第一百五十二条规定之罪，依照本解释规定的标准定罪处罚。

【犯罪构成】

（一）主体要件

本罪的主体为一般主体，年满十六周岁具有刑事责任能力的自然人，都可成为本罪主体；单位亦可构成本罪。

（二）主观要件

本罪在主观方面必须出于故意并且为直接故意，即行为人明知是伪造的货币，而仍决意逃避海关的监管并将其运输、携带或邮寄进出国（边）境，过失不能构成本罪。如果行为人在不知情或者完全受到蒙骗的情况下运输、携带或者邮寄了伪造的货币进出境的,就不构成本罪。当然,这并不排除可以构成他罪,如走私普通货物、物品罪等。行为人是否具有牟利的目的,对本罪的构成没有影响。

(三)客观要件

本罪在客观方面表现为违反国家有关货币的管理法规及海关法规,逃避海关监管,非法携带、运输、邮寄伪造的货币进出国(边)境的行为。所谓逃避海关监管,是指采取种种方法,以躲避海关对其所运输、携带、邮寄的伪造货币进行监督和检查的行为。逃避海关监管是走私行为最为本质的特征之一,对于本罪当然亦不例外。其实,行为人明明知道伪造的货币是国家一再严厉禁止进出国(边)境的,如果被海关发现,必然会予以没收。因此,走私伪造的货币的犯罪分子要达到其目的,只有采取种种不正当手段,使其所运输、携带或邮寄的伪造的货币逃避海关的检查与监督。至于其方式则多种多样,有的是绕关走私,即绕过关品,在没有海关或边境检查站的地方,非法运输、携带伪造的货币进出国(边)境;有的是瞒关走私,即虽通过关口,但企图采用隐匿、假报、伪装等手段,以欺骗海关部门的检查,通过海陆空等运输线邮寄伪造的货币进出境。这些行为,都是一些典型的走私伪造的货币之行为。除此之外,还有一些非典型的走私伪造的货币的行为,在理论上,又常被称为间接走私或准走私的行为。根据本法的有关规定,准走私的行为主要包括下列几种情形:

(1)直接向走私伪造货币的犯罪分子收购伪造的货币的;

(2)在内海、领海收购、运输、贩卖伪造的货币的;

(3)与走私伪造的货币的犯罪分子通谋,为其提供贷款、资金、账号、发票、证明或为其提供运输、保管、邮寄或若其他方便条件的;等等。

(四)客体要件

本罪所侵害的客体是复杂客体,其不仅侵犯了国家对货币的管理制度,而且也破坏了国家对外的贸易管理,本罪的对象,与其他诸如走私毒品罪、走私淫秽物品罪不同,它仅限于伪造的货币。所谓伪造的货币,是指依照人民币或外币的图案、形状、色彩、线条等特征而通过印刷、复印、石印、手描、照相等方法制作的以假充真的货币。既包括伪造的人民币,又包括伪造的外币。按照伪造的方法,其可分为机制胶印、凹印假币、石板、木板、蜡板印假币,复印、誊印假币,照相假币、描绘假币、板印假币、复印、制板技术合成假币,模仿硬币铸造的假币等多种。对于变造的货币即对货币通过采用剪贴、挖补、揭层、涂改等的方法加工处理,而使其改变形态、升值产生的货币,严格来说,并不属于伪造的货币,对其走私的不宜以本罪论处。

量 刑 部 分

【量刑标准】

犯本罪的,处七年以上有期徒刑,并处罚金或者没收财产;情节特别严重的,处无期徒刑，并处没收财产；情节较轻的，处三年以上七年以下有期徒刑，并处罚金。

犯前款罪，情节特别严重的，处无期徒刑，并处没收财产。

单位犯本条规定之罪的，对单位判处罚金，并对其直接负责的主管人员和其他直接责任人员，依照本条各款的规定处罚。

走私文物罪　《刑法》第151条（四）

走私国家禁止出口的文物的，处五年以上十年以下有期徒刑，并处罚金；情节特别严重的，处十年以上有期徒刑或者无期徒刑，并处没收财产；情节较轻的，处五年以下有期徒刑，并处罚金。

定罪部分

【罪名概念】

走私文物罪，是指单位或个人违反海关法规和文物保护法规，运输、携带、邮寄国家禁止出口的文物出境的行为。

【司法解释】

最高人民法院、最高人民检察院《关于办理走私刑事案件适用法律若干问题的解释》

（实施日期：2014年9月10日　法释［2014］10号）（节录）

第十二条　刑法第一百五十一条第三款规定的“珍稀植物”，包括列入《国家重点保护野生植物名录》《国家重点保护野生药材物种名录》《国家珍贵树种名录》中的国家一、二级保护野生植物、国家重点保护的野生药材、珍贵树木，《濒危野生动植物种国际贸易公约》附录Ⅰ、附录Ⅱ中的野生植物，以及人工培育的上述植物。

本解释规定的“古生物化石”，按照《古生物化石保护条例》的规定予以认定。走私具有科学价值的古脊椎动物化石、古人类化石，构成犯罪的，依照刑法第一百五十一条第二款的规定，以走私文物罪定罪处罚。

【犯罪构成】

（一）主体要件

本罪的主体为一般主体、既可以是单位，亦可以是个人。

（二）主观要件

本罪在主观方面必须出于故意，即明知为国家禁止出口的文物仍决意非法携带、运输、邮寄出国（边）境。过失不能构成本罪。至于其动机可多种多样、如卖给国外、赠送给国外之人等,但动机如何不影响本罪成立。

(三)客观要件

本罪在客观方面表现为违反海关法规,逃避海关监督,非法携带、运输、邮寄国家禁止出口的文物出国(边)境的行为。其行为方式与走私武器、弹药罪一致,这里不再赘述,具体可参见有关介绍。

(四)客体要件

本罪所侵害的客体是国家对外贸易管理,具体是其中的禁止出口制度。犯罪对象是国家禁止出口的文物。所谓文物,是指遗存于社会、埋藏于地下、水下具有历史、科学、艺术价值的人类的历史文化遗物。根据《文物保护法》第二条的规定,文物具体包括:

(1)具有历史、艺术、科学价值的古文化遗址、古建筑、石窟寺和石刻、壁画;

(2)与重大历史事件、革命运动和著名人物有关的、具有重要的纪念意义、教育意义和史料价值的建筑物、遗址、纪念物;

(3)历史上各时代珍贵的艺术品、工艺美术品;

(4)重要的革命文献数据以及具有历史、艺术、科学价值的手稿、古旧图书数据等;

(5)反映历史上各时代、各民族社会制度、社会生产、社会生活的代表性实物。

作为走私对象的文物并非包括上述所有文物,而只是国家禁止出口的文物。

所谓国家禁止出口的文物,是指具有重要历史、艺术、科学价值的文物。根据中国《文物保护法》的规定,文物出口和个人携带文物出境,都必须事先向海关申报,经国家文化行政管理部门指定的省、自治区、直辖市文化行政管理部门进行鉴定并发给出口许可证才能出境,具有重要历史、艺术、科学价值的文物,除经国务院批准运往国外展览的外,一律禁止出境。

【罪名辨析】

(一)本罪与倒卖文物罪的界限

所谓倒卖文物罪,是指以牟利为目的,倒卖国家禁止经营的文物,情节严重的行为。走私文物罪与倒卖文物罪的区别在于:

1. 两罪的犯罪物件都是文物,但在内涵上略有不同,走私文物罪的犯罪对象是指国家禁止出口的文物,而倒卖文物罪的犯罪对象则是国家禁止经营的文物。

2. 在客体方面,走私文物罪侵犯的客体是国家对外贸易管制,而倒卖文物罪侵犯的客体则是国家的文物管理制度。

3. 在主观主面,倒卖文物罪的成立必须要“以牟利为目的”,而走私文物罪的成立对犯罪目的没有要求。

(二)本罪与走私普通货物、物品罪的界限

所谓走私普通货物、物品罪,是指违反海关法规,逃避海关监管,非法运输、携带或者邮寄国家禁止进出口的武器、弹药、核材料、伪造的货币、文物、珍稀动物及其制品、黄金、白银或者其他珍贵金属、珍贵植物及其制品、淫秽物品以外的货物、物品进出境，偷逃应缴税额达到一定程度的行为。

可见，文物包括禁止出境的文物和不禁止出境但需依据法定程序申报并许可出境的文物两种情况。只有走私国家禁止出口的文物，才能构成走私文物罪；如果走私的物品虽为文物，但是属于不禁止出境的文物，则应以其价额确定是否构成走私一般货物、物品罪。

（三）本罪与非法向外国人出售、赠送珍贵文物罪的界限

所谓非法向外国人出售、赠送珍贵文物罪是指违反文物保护法规，将个人收藏的国家禁止出口的珍贵文物私自出售或私自赠送给外国人的行为。这里的外国人，是指具有外国国籍或者无国籍的人员。如果出售或赠送给中国人的，不构成本罪。本文所说的收藏是指个人所有的文物。

走私文物罪与非法向外国人出售、赠送珍贵文物罪有很密切的联系。实践中，外国人私下购得或接受国家禁止出口的珍贵文物以后，往往会逃避海关监管，非法携带、运输、邮寄珍贵文物出境，从而构成走私文物罪。这种情况下，中国人或中国单位构成非法向外国人出售、赠送珍贵文物罪，而外国人则构成走私文物罪。但如果中国人或中国单位向外国人私自出售或私自赠送国家禁止出口的珍贵文物以后，又帮助外国人逃避海关监管，走私文物出境的，则分别构成非法向外国人出售、赠送珍贵文物罪和走私文物罪，应当实行数罪并罚。

（四）本罪和过失损毁文物罪的界限

所谓过失损毁文物罪，是指违反文物保护法规，过失损毁国家保护的珍贵文物或者被确定为全国重点文物保护单位、省级文物保护单位的文物，造成严重后果的行为。这里所说的损毁，即指损坏或者毁灭，具体表现为捣毁、拆除、污损、挖掘、焚烧等。过失损毁文物罪和走私文物罪有以下几点区别：

1. 两罪所侵犯的犯罪客体不同，过失损毁文物罪的犯罪客体是国家和文物管理制度，而走私文物罪虽然也侵害了国家的文物管理制度，但主要是侵害国家的对外贸易管制。

2. 两罪的犯罪对象也有所不同，过失损毁文物罪的犯罪对象是珍贵文物和被确定为全国重点文物保护单位、省级文物保护单位的文物。而走私文物罪的犯罪对象则是国家禁止出口的文物，一般来说，前者的范围要比后者要广。

3. 两罪的主观方面不同。过失损毁文物罪由过失构成，而走私文物罪则由故意构成。

量刑部分

【量刑标准】

犯本罪的，处五年以上有期徒刑，并处罚金；情节较轻的，处五年以下有期徒

刑,并处罚金。

犯前款罪,情节特别严重的,处无期徒刑,并处没收财产。

单位犯本条规定之罪的,对单位判处罚金,并对其直接负责的主管人员和其他直接责任人员,依照本条各款的规定处罚。

截至目前,尚无本罪名关于量刑的司法解释。

走私贵重金属罪 《刑法》第151条(五)

走私黄金、白银和其他贵重金属,处五年以上十年以下有期徒刑,并处罚金;情节特别严重的,处十年以上有期徒刑或者无期徒刑,并处没收财产;情节较轻的,处五年以下有期徒刑,并处罚金。

定罪部分

【罪名概念】

走私贵重金属罪,是指违反海关法规,逃避海关监管,非法运输、携带、邮寄国家禁止出口的贵重金属,破坏国家对外贸易管理的行为。

【犯罪构成】

(一)主体要件

本罪的主体属一般主体,即达到刑事责任年龄具有刑事责任能力的自然人均可构成本罪,单位亦可成为本罪主体。

(二)主观要件

本罪在主观方面必须出于故意、即明知属于国家禁止出口的黄金、白银或其他贵重金属仍然决意携带、运输、邮寄其出境。其不仅要求行为人认识属于黄金、白银或其他贵重金属,而且还要求其认识这种贵重金属为国家所禁止出口。过失不能构成本罪。如果确实不知道为贵重金属或虽知道为贵重金属但不知道其是属于国家禁止出门而运出国(边)境,以及明知为境外的黄金、白银等贵重金属而运进国(边)境的、就不能以本罪论处,构成犯罪的,可以他罪如走私普通货物、物品罪等定罪。

(三)客观要件

本罪在客观方面表现为违反海关法规,逃避海关监管,将黄金、白银或其他贵重金属非法携带、运输、邮寄出国(边)境的行为。其行为方式与走私武器、弹药罪的走私行为基本一致,具体可参见有关介绍。

(四)客体要件

本罪侵犯的客体是国家对外贸易管制中的对贵重金属禁止出口的制度。贵重金属,是指具有高价值性或稀有性的金属,一般的非贵重金属或虽为贵重金属但尚未为国家禁止出口的,则不能构成本罪对象。对非贵重金属进行走私的,亦不能以本罪论处。应当指出,贵重金属,不仅指其自然本身,而且还包括含有贵重金属成分的各种制品、工艺品等。

【罪名辨析】

(一)本罪与非罪的界限

区分二者首先要看行为人对于运输、携带、邮寄出境的物品是否属于贵重金属有无明确的认识,如果不知道是贵重金属,即使有携带、运输、邮寄贵重金属出境的行为,也不可认为构成走私贵重金属罪。其次要看走私贵重金属的数量,尽管走私贵重金属原则上都构成犯罪,但这也不可绝对化,如果走私贵重金属数量极小,而且综合全案来看属于情节显著轻微、危害不大的情况,可不认为是犯罪。

(二)本罪与抗拒缉私行为的界限

走私贵重金属并以暴力、威胁的方法抗拒海关人员的缉查,根据《刑法》第一百五十七条规定,应以走私贵重金属罪和妨害公务罪进行数罪并罚。

(三)本罪与抗拒缉私行为的界限

走私贵重金属并以暴力、威胁的方法抗拒海关人员的缉查,根据本法第 157 条规定,应以走私贵重金属罪和妨害公务罪进行数罪并罚。

量 刑 部 分

【量刑标准】

犯本罪的,处五年以上有期徒刑,并处罚金;情节较轻的,处五年以下有期徒刑,并处罚金。

犯前款罪,情节特别严重的,处无期徒刑,并处没收财产。

单位犯本条规定之罪的,对单位判处罚金,并对其直接负责的主管人员和其他直接责任人员,依照本条各款的规定处罚。

截至目前,尚无本罪名关于量刑的司法解释。

走私珍贵动物、珍贵动物制品罪 《刑法》第 151 条(六)

走私国家禁止进出口的珍贵动物及其制品的,处五年以上十年以下有期徒刑,并处罚金;情节特别严重的,处十年以上有期徒刑或者无期徒刑,并处没收财产;情节较轻的,处五年以下有期徒刑,并处罚金。

定 罪 部 分

【罪名概念】

走私珍贵动物、珍贵动物制品罪,是指违反海关法规,逃避海关监管,非法携带、运输、邮寄珍贵动物、珍贵动物制品进出国(边)境的行为。

【犯罪构成】

(一)主体要件

本罪的主体为一般主体,年满十六周岁具有刑事责任能力的自然人及单位都可以构成本罪而成为本罪主体。

(二)主观要件

本罪在主观方面只能出于故意,过失不能构成本罪。行为人不知道属珍贵动物及其制品或虽知道为珍贵动物及其制品但却不知道为国家禁止进出口,即使有走私的客观行为,亦不能构成本罪。至于其目的,既可以是为了非法牟利,也可以是其他目的,但这不会影响本罪成立。

(三)客观要件

本罪在客观方面表现为违反海关法规,逃避海关监管,非法携带、运输、邮寄国家禁止进出口的珍贵动物及其制品,进出国(边)境的行为。其行为方式与走私武器、弹药罪的行为大体一致,具体可参见走私武器、弹药罪的有关介绍。

(四)客体要件

本罪所侵犯的客体是国家对珍贵动物及其制品禁止进出口的制度。本罪的犯罪对象则是国家禁止进出口的珍贵动物及其制品。所谓珍贵动物,是指国家重点保护的珍贵稀有的陆生、水生野生动物。其不仅包括具有重要观赏价值、科学研究价值、经济价值以及对生态环境具有重大意义的珍贵野生动物,亦包括品种数量稀少、濒危绝迹的濒危野生动物。既可以是我国特产的,亦可以是虽不属于我国特产但已在世界上列为珍稀濒危种类的动物。根据国家《野生动物保护法》的规定,国家重点保护的珍贵动物分为一级保护动物和二级保护动物。再根据国务院《国家重点保护野生动物名录》,属于珍贵动物的有二百五十六种或种类,如大熊猫、金丝猴、猕猴、文昌鱼、白唇鹿、扬子鳄、丹顶鹤、天鹅、野骆驼等。至于珍贵动物制品,是指珍贵动物皮、毛、骨等制成品。上述珍贵动物及其制品还必须为国家禁止进出口,才能成为本罪对象。否则,虽为珍贵动物及其制品,但不为国家禁止进出口,即使有走私行为,亦不能构成本罪。

【罪名辨析】

(一)本罪与非罪的界限

区分二者也应当从主观方面与客观方面两方面去把握。从主观方面看,如果行为人的确不知道其所携带、运输、邮寄过境的是珍贵动物及其制品,即其主观上没有故意,不能认为其构成走私珍贵动物、珍贵动物制品罪,从客观方面看,如果行为人走私行为的对象只是一般的动物及其制品,一般不以犯罪论处。当然,如果其走私一般动物及其制品,偷逃应税数额较大,可以构成走私普通货物、物品罪。

(二)本罪与非法收购、出售珍贵、濒危野生动物、珍贵动物制品罪的界限

非法收购、出售珍贵、濒危野生动物、珍贵动物制品罪是指违反野生动物保护法规,非法收购、出售国家重点保护的珍贵、濒危野生动物及其制品的行为。它与走私珍贵动物、珍贵动物制品罪在犯罪对象上有一致之处,且在客观方面,走私珍贵动物及其制品的犯罪分子往往具有收买、倒卖的行为表现,故而二罪有一定相似之处。关键在于两罪侵犯的客体不同;走私珍贵动物、珍贵动物制品罪侵犯的客体是国家对外贸易管制,而非法收购、出售珍贵、濒危野生动物、珍贵动物制品罪侵犯的客体则是国家对野生动物资源的保护制度。所以,在实践中,行为人在内海、领海运输、收购、贩卖国家禁止出口的珍贵动物及其制品,或者走私集团的成员分工在国内负责收购珍贵动物及其制品以及受走私团伙的收买、指使,帮助收购珍贵动物及其制品,这些行为均应认定为走私珍贵动物、珍贵动物制品罪,而不是非法收购、出售珍贵、濒危野生动物罪。

量刑部分

【量刑标准】

犯本罪的,处五年以上有期徒刑,并处罚金;情节较轻的,处五年以下有期徒刑,并处罚金。

犯前款罪,情节特别严重的,处无期徒刑,并处没收财产。

单位犯本条规定之罪的,对单位判处罚金,并对其直接负责的主管人员和其他直接责任人员,依照本条各款的规定处罚。

截至目前,尚无本罪名关于量刑的司法解释。

走私国家禁止进出口的货物、物品罪 《刑法》第151条(七)

走私珍稀植物及其制品等国家禁止进出口的其他货物、物品的,处五年以下有期徒刑或者拘役,并处或者单处罚金;情节严重的,处五年以上有期徒刑,并处罚金。

定罪部分

【罪名概念】

走私国家禁止进出口的货物、物品罪,是指走私珍稀植物及其制品等国家禁止

进出口的其他货物、物品的行为。

【司法解释】

最高人民法院、最高人民检察院《关于办理走私刑事案件适用法律若干问题的解释》

(实施日期:2014 年 9 月 10 日　法释[2014]10 号)(节录)

第五条　走私国家禁止或者限制进出口的仿真枪、管制刀具,构成犯罪的,依照刑法第一百五十一条第三款的规定,以走私国家禁止进出口的货物、物品罪定罪处罚。具体的定罪量刑标准,适用本解释第十一条第一款第六、七项和第二款的规定。

第二十一条　未经许可进出口国家限制进出口的货物、物品,构成犯罪的,应当依照刑法第一百五十一条、第一百五十二条的规定,以走私国家禁止进出口的货物、物品罪等罪名定罪处罚;偷逃应缴税额,同时又构成走私普通货物、物品罪的,依照处罚较重的规定定罪处罚。

【犯罪构成】

(一)主体要件

本罪是一般主体,自然人和单位均可成为本罪主体。

(二)主观要件

本罪的主观要件是故意,即明知违反海关监管规定,而希望或放任违法结果的发生。

(三)客观要件

本罪的客观方面表现为走私珍稀植物及其制品等国家禁止进出口的其他货物、物品的行为。

(四)客体要件

本罪的客体要件是国家正常对外贸易管理秩序和国家关于进出口货物、物品的禁止性管理规定。

量刑部分

【量刑标准】

犯本罪的,处五年以下有期徒刑或者拘役,并处或者单处罚金;情节严重的,处五年以上有期徒刑,并处罚金。

单位犯本条规定之罪的,对单位判处罚金,并对其直接负责的主管人员和其他直接责任人员,依照本条各款的规定处罚。

截至目前,尚无本罪名关于量刑的司法解释。

走私淫秽物品罪 《刑法》第152条(一)

以牟利或者传播为目的,走私淫秽的影片、录像带、录音带、图片、书刊或者其他淫秽物品的,处三年以上十年以下有期徒刑,并处罚金;情节严重的,处十年以上有期徒刑或者无期徒刑,并处罚金或者没收财产;情节较轻的,处三年以下有期徒刑、拘役或者管制,并处罚金。

单位犯前款罪的,对单位判处罚金,并对其直接负责的主管人员和其他直接责任人员,依照前两款的规定处罚。

定罪部分

【罪名概念】

走私淫秽物品罪,是指以牟利或者传播为目的,违反海关法规,逃避海关监管,非法运输、携带、邮寄淫秽的影片、录像带、录音带、图片、书刊或者其他淫秽物品进出国(边)境的行为。

【立法解释】

全国人大常委会《关于惩治走私、制作、贩卖、传播淫秽物品的犯罪分子的决定》

(实施日期:1990年12月28日)(节录)

五、单位有本决定第一条、第二条、第三条规定的违法犯罪行为的,对其直接负责的主管人员和其他直接责任人员,依照各该条的规定处罚,对单位判处罚金或者予以罚款,行政主管部门并可以责令停业整顿或者吊销执照。

六、有下列情节之一的,依照本决定有关规定从重处罚:

(一)犯罪集团的首要分子;

(二)国家工作人员利用工作职务便利,走私、制作、复制、出版、贩卖、传播淫秽物品的;

(三)管理录像、照像、复印等设备的人员,利用所管理的设备,犯有本决定第二条、第三条、第四条规定的违法犯罪行为的;

(四)成年人教唆不满十八岁的未成年人走私、制作、复制、贩卖、传播淫秽物品的。

七、淫秽物品和走私、制作、复制、出版、贩卖、传播淫秽物品的违法所得以及属于本人所有的犯罪工具,予以没收。没收的淫秽物品,按照国家规定销毁。罚没收入一律上缴国库。

八、本决定所称淫秽物品,是指具体描绘性行为或者露骨宣扬色情的诲淫性的书刊、影片、录像带、录音带、图片及其他淫秽物品。

有关人体生理、医学知识的科学著作不是淫秽物品。

包含有色情内容的有艺术价值的文学、艺术作品不视为淫秽物品。

淫秽物品的种类和目录,由国务院有关主管部门规定。

【犯罪构成】

(一)主体要件

本罪的主体要件为一般主体,凡达到刑事责任年龄且具有刑事责任的自然人均可构成犯罪,单位亦能成为本罪主体。

(二)主观要件

本罪属故意犯罪,而且必须以牟利或者传播为目的。所谓以牟利为目的,是指行为人走私淫秽物品是为了出卖、出租、放映或通过其他方式而获取钱财或者其他非法利益;所谓以传播为目的,是指行为人走私淫秽物品不仅是为了自用而是意图在社会上进行扩散。行为人牟利或者传播的目的是否实现,不影响本罪的成立,但如果行为人确实没有牟利或者传播的目的,为个人使用,夹带少量淫秽物品出入境,即使其走私淫秽物品出于故意,也不构成本罪。

(三)客观要件

本罪在客观上表现为违反海关法规、逃避海关监管走私淫秽的影片、录像带、录音带、图片、书刊或者其他淫秽物品的行为。

(四)客体要件

本罪侵犯的是复杂客体,即国家对外贸易管理制度和社会管理秩序。

本罪的犯罪对象为淫秽物品,所谓淫秽物品,是指具体描绘性行为或者露骨宣扬色情的诲淫性的书刊、影片、录像带、录音带、图片及其他淫秽物品。有关人体生理、医学知识的科学著作不是淫秽物品,包含有色情内容的有艺术价值的文学、艺术作品不视为淫秽物品。

【罪名辨析】

(一)本罪与非罪的界限

区分罪与非罪需要注意两个问题,一是走私的物品是否具有国家禁止的淫秽物品的性质,如果不具有这种性质不构成这一犯罪;二是走私的淫秽物品是否出于传播或者牟利的目的,如果没有这种目的也不构成这一犯罪。

1. 在主观方面,走私淫秽物品罪须具有故意和牟利或传播的目的才能构成。所以如果行为人不知道其所运输、携带、邮寄进出境的是淫秽物品,而认为只是一般物品,即使其故意以藏匿、伪装、瞒报、伪报或其他方式逃避海关监管,因为这种故意内容不是走私淫秽物品罪的故意内容,故而不能认为是走私淫秽物品罪。如果走私物品的数量又较小,只能认定为一般走私行为。其次,即使故意逃避海关监管,运输、携带、邮寄淫秽物品进出境,但行为人的目的不是为了牟利或传播,也不能认为其构成走私淫秽物品罪。

2. 在客观方面,如果行为人所走私的并非淫秽物品,不能认定构成本罪,走私一些格调不高,对人们身心健康有一定毒害,但整体上看不属于淫秽物品的物品,一般不构成犯罪。

3. 从数量上看,尽管本罪的成立不要求数量限制,但如果行为人走私淫秽物品的数量微不足道,且从整个案情来看属于情节显著轻微,危害不大的情况,一般不宜以犯罪论处。

(二)本罪与制作、复制、出版、贩卖、传播淫秽物品罪的界限

所谓制作、复制、出版、贩卖、传播淫秽物品罪,是以牟利为目的,制作、复制、出版、贩卖、传播淫秽物品的行为。它与走私淫秽物品罪在犯罪对象以及主观目的上有一致的地方,而且,走私淫秽物品罪的犯罪分子往往也具有制作、复制、出版、贩卖、传播等行为表现,所以两罪有相似的地方。但两罪所侵犯的客体有很大的差异,制作、复制、出版、贩卖、传播淫秽物品罪侵犯的客体是国家对于文化市场的管理秩序和社会道德风尚,而走私淫秽物品罪的客体是国家对外贸易管制,客体的差异是两罪区别的关键。所以,凡是以牟利或传播为目的,直接向走私人非法收购淫秽物品的;在内海、领海运输、收购、贩卖淫秽物品的;走私分子逃避海关检查进入国内以后,自己出卖淫秽物品的;走私集团的成员分工在国内负责制作、贩卖淫秽物品的,受走私团伙的收买、指使、帮助制作、贩卖淫秽物品的,对上述这些行为,因为侵犯的是国家对外贸易管制,所以应认定为走私淫秽物品罪。

量刑部分

【量刑标准】

犯本罪的,处三年以上十年以下有期徒刑,并处罚金;情节严重的,处十年以上有期徒刑或者无期徒刑,并处罚金或者没收财产;情节较轻的,处三年以下有期徒刑、拘役或者管制,并处罚金。

单位犯前款罪的,对单位判处罚金,并对其直接负责的上管人员和其他直接责任人员,依照前两款的规定处罚。

截至目前,尚无本罪名关于量刑的司法解释。

走私废物罪　《刑法》第152条(二)

逃避海关监管将境外固体废物、液态废物和气态废物运输进境,情节严重的,处五年以下有期徒刑,并处或者单处罚金;情节特别严重的,处五年以上有期徒刑,并处罚金。

单位犯前款罪的,对单位判处罚金,并对其直接负责的主管人员和其他直接责任人员,依照前两款的规定处罚。

定罪部分

【罪名概念】

走私废物罪,是指违反海关法规和国家关于固体废物、液态废物、气态废物管理的规定,逃避海关监管,将境外固体废物、液态废物、气态废物运输进境的行为。

【司法解释】

最高人民法院、最高人民检察院《关于办理走私刑事案件适用法律若干问题的解释》

(实施日期:2014 年 9 月 10 日　法释[2014]10 号)(节录)

第十四条　走私国家禁止进口的废物或者国家限制进口的可用作原料的废物,具有下列情形之一的,应当认定为刑法第一百五十二条第二款规定的“情节严重”:

(一)走私国家禁止进口的危险性固体废物、液态废物分别或者合计达到一吨以上不满五吨的;

(二)走私国家禁止进口的非危险性固体废物、液态废物分别或者合计达到五吨以上不满二十五吨的;

(三)走私国家限制进口的可用作原料的固体废物、液态废物分别或者合计达到二十吨以上不满一百吨的;

(四)未达到上述数量标准,但属于犯罪集团的首要分子,使用特种车辆从事走私活动,或者造成环境严重污染等情形的。

具有下列情形之一的,应当认定为刑法第一百五十二条第二款规定的“情节特别严重”:

(一)走私数量超过前款规定的标准的;

(二)达到前款规定的标准,且属于犯罪集团的首要分子,使用特种车辆从事走私活动,或者造成环境严重污染等情形的;

(三)未达到前款规定的标准,但造成环境严重污染且后果特别严重的。

走私置于容器中的气态废物,构成犯罪的,参照前两款规定的标准处罚。

第十五条　国家限制进口的可用作原料的废物的具体种类,参照国家有关部门的规定确定。

【犯罪构成】

(一)主体要件

本罪主体为一般主体,自然人和单位均可构成本罪的主体。

(二)主观方面

本罪主观方面由故意构成,即明知是境外的固体废物、液态废物、气态废物,却逃避海关监管,将其偷运入境。如果受外方欺骗,将固体废物、液态废物、气态废物误认为是普通货物、物品偷运入境的,则构成走私普通货物、物品罪。如果没有逃避海关监管将固体废物运入国境的,构成擅自进口固体废物罪。

（三）客观方面

本罪在客观方面表现为违反海关法规和国家有关规定，逃避海关监管，将境外的固体废物、液态废物、气态废物运输进境的行为。国家限制进口的可用作原料的固体废物的具体种类，按照《国家限制进口的可用作原料的固体废物目录》执行。根据1995年10月30日第八届全国人民代表大会常务委员会第十六次会议通过的《中华人民共和国固体废物污染环境防治法》第二十四条的规定，禁止中国境外的固体废物进境倾倒、堆放、处置。第二十五条第一款规定，国家禁止进口不能用作原料的固体废物；限制进口可以用作原料的固体废物。液态废物和置于容器中的气态废物适用固体废物污染环境防治法的规定。

（四）客体要件

本罪侵犯的客体是海关监管制度和国家禁止固体废物、液态废物和气态废物进境的制度。犯罪对象是“废物”。这里讲的废物不是一般废物，而是特指的固体废物、液态废物和气态废物。一些单位和个人见利忘义，走私固体废物、液态废物和气态废物，走私液态废物和气态废物，也应适用走私固体废物的规定，所以《刑法修正案（四）》第二条规定，在刑法第一百五十二条中增加一款，作为第二款：“逃避海关监管将境外固体废物、液态废物和气态废物运输进境，情节严重的，处五年以下有期徒刑，并处或者单处罚金；情节特别严重的，处五年以上有期徒刑，并处罚金。”并相应删去刑法第一百五十五条第（三）项关于“逃避海关监管将境外固体废物运输进境的”规定。

量刑部分

【量刑标准】

犯本罪，情节严重的，处五年以下有期徒刑，并处或者单处罚金；情节特别严重的，处五年以上有期徒刑，并处罚金。

单位犯前款罪的，对单位判处罚金，并对其直接负责的主管人员和其他直接责任人员，依照前两款的规定处罚。

走私普通货物、物品罪　《刑法》第153条

走私本法第一百五十一条、第一百五十二条、第三百四十七条规定以外的货物、物品的，根据情节轻重，分别依照下列规定处罚：

（一）走私货物、物品偷逃应缴税额较大或者一年内曾因走私被给予二次行政处罚后又走私的，处三年以下有期徒刑或者拘役，并处偷逃应缴税额一倍以上五倍以下罚金。

(二)走私货物、物品偷逃应缴税额巨大或者有其他严重情节的,处三年以上十年以下有期徒刑,并处偷逃应缴税额一倍以上五倍以下罚金。

(三)走私货物、物品偷逃应缴税额特别巨大或者有其他特别严重情节的,处十年以上有期徒刑或者无期徒刑,并处偷逃应缴税额一倍以上五倍以下罚金或者没收财产。

单位犯前款罪的,对单位判处罚金,并对其直接负责的主管人员和其他直接责任人员,处三年以下有期徒刑或者拘役;情节严重的,处三年以上十年以下有期徒刑;情节特别严重的,处十年以上有期徒刑。

对多次走私未经处理的,按照累计走私货物、物品的偷逃应缴税额处罚。

走私普通货物、物品罪的特殊形式　《刑法》第154条

下列走私行为,根据本节规定构成犯罪的,依照本法第一百五十三条的规定定罪处罚:

(一)未经海关许可并且未补缴应缴税额,擅自将批准进口的来料加工、来件装配、补偿贸易的原材料、零件、制成品、设备等保税货物,在境内销售牟利的;

(二)未经海关许可并且未补缴应缴税额,擅自将特定减税、免税进口的货物、物品,在境内销售牟利的。

定罪部分

【罪名概念】

走私普通货物、物品罪,是指违反海关法规,逃避海关监管,非法运输、携带、邮寄国家禁止进出口的武器、弹药、核材料、假币、珍贵动物及其制品、珍稀植物及其制品、淫秽物品、毒品以及国家禁止出口的文物、金银和其他贵重金属以外的货物、物品进出境,偷逃应缴纳关税额五万元以上的行为。所谓"应缴税额",是指进出口货物、物品应当缴纳的进出口关税和进口环节海关代征税的税额。走私货物、物品所偷逃的应缴税额,应当以走私行为案发时所适用的税则、税率、汇率和海关审定的完税价格计算,并以海关出具的证明为准。

【司法解释】

最高人民法院、最高人民检察院《关于办理走私刑事案件适用法律若干问题的解释》

(实施日期:2014年9月10日　法释[2014]10号)(节录)

第四条　走私各种弹药的弹头、弹壳，构成犯罪的，依照刑法第一百五十一条第一款的规定，以走私弹药罪定罪处罚。具体的定罪量刑标准，按照本解释第一条规定的数量标准的五倍执行。

走私报废或者无法组装并使用的各种弹药的弹头、弹壳，构成犯罪的，依照刑法第一百五十三条的规定，以走私普通货物、物品罪定罪处罚；属于废物的，依照刑法第一百五十二条第二款的规定，以走私废物罪定罪处罚。

弹头、弹壳是否属于前款规定的"报废或者无法组装并使用"或者"废物"，由国家有关技术部门进行鉴定。

【犯罪构成】

（一）主体要件

本罪的主体要件为一般主体，即达到刑事责任年龄且具有刑事责任能力的自然人均能构成本罪。依本条第二款之规定，单位亦能成为本罪主体。

（二）主观要件

本罪的主观方面只能由故意构成、过失不构成本罪。并且本罪在犯罪目的上是牟利。

（三）客观要件

本罪在客观上表现为违反海关法规，逃避海关监管。走私枪弹等违禁品以外的其他货物、物品进出境，情节严重的行为。根据走私普通货物、物品罪行为方式的具体不同，走私普通货物、物品罪可以区分为以下几种情况：

1. 非法运输、携带或邮寄武器、弹药等违禁品以外的其他货物、物品进出境。

根据修订后的本条的规定，只有非法运输、携带或邮寄武器、弹药、核材料、伪币、珍贵动物及其制品、贵重金属、珍稀植物、淫秽物品等违禁品之外的其他货物、物品的，才构成走私普通货物、物品罪。

普通货物、物品主要是指应纳税的、国家允许进出口的货物、物品。对于这类物品，国家并不禁止或限制进出口，但根据国民经济发展和社会发展的需要，又必须通过征收关税对其需求进行适当的调节。一般来说，只要对我国国计民生不发生重大影响，对我国国内经济发展不发生重大影响的货物、物品，如我国的服装、土特产品，国外的玻璃制品、化妆品等都可以自由进出口，但是必须依法缴纳关税。

2. 擅自出售保税货物、特定减免税货物、捐赠进口货物和物品，以及假借捐赠名义进口货物、物品。

（1）未经海关许可并且未补缴关税，擅自将批准进口的来料加工、来件装配、补偿贸易的原料、零件、制成品、设备等保税货物在境内销售牟利。

（2）未经海关许可并且未补缴关税，擅自将捐赠进口货物、物品或者其他特定减免税货物、物品在境内销售牟利。

根据《海关法》及其他海关法规的规定，特定减免税货物、物品，只能用于特定地区、特定企业或按特定用途使用。因为对这些货物、物品实行减税或者免税，是国家为了促进经济发展或其他社会发展需要而给予某些地区或单位的优惠政策，这些货物、物品的流通、使用就必须受到一定的限制，不能任意让其流入市场，否则就等于境内任何地区、单位都可以通过这一管道减税或免税进口货物，这势必破坏国家的对外贸易管制，影响国家经济建设，因此我国法律将擅自出售特定减免税货物、物品规定为走私行为予以惩治。

3. 间接走私普通货物、物品行为。

根据《刑法》第一百五十五条的规定，直接向走私人非法收购走私进口的一般货物、物品数额较大的；或者在内海、领海运输、收购、贩卖国家限制进出门的货物、物品等以外的其他违禁品，数额较大，没有合法证明的；以及伪造、买卖海关单证及进出口许可证用于走私一般货物、物品的应以走私普通货物、物品罪论处。

这种间接走私行为又可称之为准走私行为或者牵连走私行为，因为这类行为的主体并没有直接从事走私活动，但其行为又与走私有很密切的联系，甚至有的行为人与走私分子之间达成了一种默契。由于这些行为的存在，使走私的货物、物品得以迅速销售、扩散，使走私分子的目的得以实现，因而这类行为与走私行为一样对国家外贸管制造成破坏，情节严重的也应以走私普通货物、物品罪论处。

上述行为中，直接向走私人非法收购是指明知对方是走私分子，并且直接向其收购走私货物、物品；没有合法证明是指不符合我国的进出口许可证制度。根据我国法律规定，进出口商品一般必须从国家指定机关领取进出口许可证，但经国家批准有权经营进出口业务的单位，在其批准的经营范围内，可以凭进出口单证进出境，既无许可证又无单证的，即属没有合法证明，行为人的行为构成走私；海关单证是指进出口货物、物品时向海关进行申报的专用单证，如报税单等；进出口许可证是指国家外贸管理机关签发的允许货物、物品进口或出口的凭证。

上述走私行为，必须是情节严重的才构成走私普通货物、物品罪。所谓情节严重，一般应以走私货物、物品偷逃应缴税额数额达到较大为标准。根据本条的规定，走私一般货物、物品的，价额达到五万元以上就可以视为数额较大。除此之外，武装掩护走私、以暴力、威胁方法抗拒缉私的，则可直接视为情节严重而认定其构成走私普通货物、物品罪。

(四)客体要件

本罪所侵犯的客体是国家对外贸易管制。其对象是除武器、弹药、伪造的货币，国家禁止出口的文物、黄金、白银和其他贵重金属，国家禁止进出口的珍贵动物及其制品、珍稀植物及其制品、淫秽物品、毒品、固体废物以外的一切货物与物品。根据国家是否禁止、限制的不同，又可以分为三种情况：

其一，国家禁止进出口的货物、物品，主要有：对国家政治、经济、文化、道德有害或内容涉及国家秘密的印刷品、手稿、图片、胶卷、音像制品、软件等物品；烈性毒药、带有危险性病菌、害虫及其他有害生物的动植物及其制品；有碍人畜健康，来自疫区或者其他能传播疾病的仪器、药品等；按规定允许携带除外的人民币；濒危和珍贵植物(含标本)及种子和繁殖材料;侵犯知识产权的货物、物品;国家禁止进出口的一般性动物及其产品;等等。

其二,国家限制进出口的货物、物品,即国家对其进出口实行配额或者许可证管理的货物、物品,如烟、酒、汽车、摩托车、电视机、电冰箱、计算器、个人计算机、外币及有价证券、通信保密机、无线电收发报机、贵重中药材及其成药等。

其三,国家不禁止、不限制进出口但应缴纳关税的货物、物品,如服装、精矿、海蜇、淡水鱼、虾、土特产品等出口物品;陶瓷、塑料、化妆品、玻璃制品、造纸原料等进口物品。

【罪名辨析】

(一)本罪与非罪的界限

罪与非罪的关键是走私普通货物、物品偷逃应缴关税税款额是否达到法定的五万元以上,未达五万元的按一般走私行为处理,五万元以上的构成走私普通货物、物品罪。

除数额标准外,根据《刑法修正案(八)》规定,一年内曾因走私被给予二次行政处罚后又走私的,也可构成走私普通货物、物品罪。

(二)走私普通货物、物品罪与偷税罪的界限

偷税罪是指纳税人或扣缴义务人违反税收法律、法规,采用虚构事实、隐瞒真相或者其他手段,不缴或者少缴应纳税款或者已扣、已纳税款,数额较大,或者因偷税被税务机关给予二次行政处罚又偷税的行为。走私普通货物、物品罪也存在偷逃关税、增值税和消费税,不缴、少缴税款的问题。从立法规定来看,走私普通货物、物品罪与偷税罪存在着法规竞合的关系,二者实际上是一种交叉竞合关系。对于走私普通货物、物品罪来说,行为人为不缴、少缴关税、进口增值税、消费税,存在着瞒报、伪报等进行虚假申报的情况,有时甚至存在伪造、变造账簿、记账凭证的情况,并且行为人在主观上存在着不缴、少缴关税的故意,这实际上就是偷税行为。关税是国家税收有机组成部分,危害关税征管秩序必然危害国家税收征管秩序。但是,由于关税征收的特殊性,国家将关税的征收和其他税的征收分开,即将关税的征收交由海关,而其他税的征收交由专门的税务部门和财政部门。这样,刑法也就将偷逃关税的行为从偷税罪中划出,归人走私普通货物、物品罪中。另外,进口环节的增值税、消费税也由海关代征,并且走私普通货物、物品罪所偷逃的税不仅仅是关税,还包括进口增值税、消费税。因此,偷逃关税、进口环节的增值税、消费税的行为构成犯罪的,应定走私普通货物、物品罪,而不定偷税罪。

二者存在如下区别:(1)犯罪主体不同。偷税罪的主体是特殊主体,只有纳税人和扣缴义务人能构成;而走私普通货物、物品罪的主体是一般主体。(2)犯罪的客体不同。偷税罪侵犯的客体是国家税收秩序;走私普通货物、物品罪侵犯的是国家对外贸易管理秩序和国家税收秩序。虽然走私普通货物、物品罪也破坏国家税收秩序,但它主要还是破坏对外进出口贸易秩序,而很少破坏国内经济贸易秩序。

(3)违反的法规不同。偷税罪表现为违反税收法规,走私普通货物、物品罪违反的是海关法规。

实践中,行为人在走私普通货物、物品时往往既偷逃了关税,又同时偷逃了增值税、消费税。对这种情况应如何定罪,存在着不同意见:第一种意见认为,应当分别认定走私普通货物、物品罪和偷税罪,实行数罪并罚。第二种意见认为,构成牵连犯,即在这种情况下,行为人偷逃增值税、消费税的行为与其走私行为形成牵连关系,应按其中的重罪从重处罚。第三种意见认为,这种情况形成法条竞合,即行为人在实施走私行为的过程中,又同时具有偷税性质,实际上是基于一个目的实施的行为,应视为法条竞合。依照我国刑法理论和司法实践,对此种情况下法条竞合应按其中较重的罪处罚。根据上述,我们认为,对此只能按照走私普通货物、物品罪处理。第三种观点虽然认为是法条竞合,但却认为应按其中较重的罪处罚,这是不正确的。因为法律已经把走私普通货物、物品偷逃税款的行为从偷税罪中抽出,单独规定为走私普通货物、物品罪,这属于特殊法,定罪时只能适用特殊法。

(三)走私普通货物、物品罪与其他有关走私罪的界限

两者区别的关键是走私对象的不同。走私武器、弹药等特殊性质的物品分别构成不同的走私罪,走私除特殊性质物品以外的普通货物、物品的构成本罪。

量刑部分

【量刑标准】

犯本罪的,(一)走私货物、物品偷逃应缴税额较大或者一年内曾因走私被给予二次行政处罚后又走私的,处三年以下有期徒刑或者拘役,并处偷逃应缴税额一倍以上五倍以下罚金。

(二)走私货物、物品偷逃应缴税额巨大或者有其他严重情节的,处三年以上十年以下有期徒刑,并处偷逃应缴税额一倍以上五倍以下罚金。

(三)走私货物、物品偷逃应缴税额特别巨大或者有其他特别严重情节的,处十年以上有期徒刑或者无期徒刑,并处偷逃应缴税额一倍以上五倍以下罚金或者没收财产。

单位犯前款罪的,对单位判处罚金,并对其直接负责的主管人员和其他直接责任人员,处三年以下有期徒刑或者拘役;情节严重的,处三年以上十年以下有期徒刑;情节特别严重的,处十年以上有期徒刑。

对多次走私未经处理的,按照累计走私货物、物品的偷逃应缴税额处罚。

根据第一百五十六条的规定,与走私罪犯通谋,为其提供贷款、资金、账号、发票、证明,或者为其提供运输、保管、邮寄或者其他方便的,以走私罪的共犯论处。

根据第一百五十七条的规定,武装掩护走私的,依照本法第一百五十一条第一款的规定从重处罚。

以暴力、威胁方法抗拒缉私的,以走私罪和本法第二百七十七条规定的阻碍国家机关工作人员依法执行职务罪,依照数罪并罚的规定处罚。

截至目前,尚无本罪名关于量刑的司法解释。

间接走私行为以相应走私犯罪论处的规定　《刑法》第 155 条

下列行为,以走私罪论处,依照本节的有关规定处罚:

(一)直接向走私人非法收购国家禁止进口物品的,或者直接向走私人非法收购走私进口的其他货物、物品,数额较大的;

(二)在内海、领海、界河、界湖运输、收购、贩卖国家禁止进出口物品的,或者运输、收购、贩卖国家限制进出口货物、物品,数额较大,没有合法证明的。

走私共犯　《刑法》第 156 条

与走私罪犯通谋,为其提供贷款、资金、账号、发票、证明,或者为其提供运输、保管、邮寄或者其他方便的,以走私罪的共犯论处。

武装掩护走私、抗拒缉私的规定　《刑法》第 157 条

武装掩护走私的,依照刑法第一百五十一条第一款的规定从重处罚。

以暴力、威胁方法抗拒缉私的,以走私罪和刑法第二百七十七条规定的阻碍国家机关工作人员依法执行职务罪,依照数罪并罚的规定处罚。

第三节　妨害对公司、企业的管理秩序罪

虚报注册资本罪　《刑法》第 158 条

申请公司登记使用虚假证明档或者采取其他欺诈手段虚报注册资本,欺骗公司登记主管部门,取得公司登记,虚报注册资本数额巨大、后果严重或者有其他严重情节的,处三年以下有期徒刑或者拘役,并处或者单处虚报注册资本金额百分之一以上百分之五以下罚金。

单位犯前款罪的,对单位判处罚金,并对其直接负责的主管人员和其他直接责任人员,处三年以下有期徒刑或者拘役。

定罪部分

【罪名概念】

虚报注册资本罪,是指申请公司登记的个人或者单位,使用虚假证明文件或者采取其他欺诈手段,虚报注册资本,欺骗公司登记主管部门,取得公司登记,虚报注册资本数额巨大、后果严重或者有其他严重情节的行为。

【司法解释】

最高人民检察院、公安部《关于公安机关管辖的刑事案件立案追诉标准的规定(二)》

(实施日期:2010 年 5 月 7 日)(节录)

第三条　申请公司登记使用虚假证明文件或者采取其他欺诈手段虚报注册资本,欺骗公司登记主管部门,取得公司登记,涉嫌下列情形之一的,应予立案追诉:

(一)超过法定出资期限,实缴注册资本不足法定注册资本最低限额,有限责任公司虚报数额在三十万元以上并占其应缴出资数额百分之六十以上的,股份有限公司虚报数额在三百万元以上并占其应缴出资数额百分之三十以上的;

(二)超过法定出资期限,实缴注册资本达到法定注册资本最低限额,但仍虚报注册资本,有限责任公司虚报数额在一百万元以上并占其应缴出资数额百分之六十以上的,股份有限公司虚报数额在一千万元以上并占其应缴出资数额百分之三十以上的;

(三)造成投资者或者其他债权人直接经济损失累计数额在十万元以上的;

(四)虽未达到上述数额标准,但具有下列情形之一的:

1. 两年内因虚报注册资本受过行政处罚二次以上,又虚报注册资本的;

2. 向公司登记主管人员行贿的;

3. 为进行违法活动而注册的。

(五)其他后果严重或者有其他严重情节的情形。

【犯罪构成】

(一)主体要件

本罪的主体要件是特殊主体,即申请公司登记的人或单位。公司是指依照公司法在中国境内设立的有限责任公司和股份有限公司,根据公司法的规定,有限责任公司的“申请公司登记的人”是由全体股东指定的代表或者共同委托的代理人,股份有限公司的“申请公司设立的人”是董事会,单位犯本罪的,同时也要对其直接负责的主管人员和其他直接责任人员追究刑事责任。

(二)主观要件

本罪的主观方面只能由故意构成。犯罪的目的就是欺骗公司登记机关,非法取得公司登记。过失不构成本罪，对于确实不知道公司登记条件，或者因工作疏忽造成注册资本虚假的，不能构成本罪。

（三）客观要件

本罪在客观方面表现为使用虚假证明文件或者采取其他欺诈手段虚报注册资本，欺骗公司登记主管部门，取得公司登记，且虚报注册资本数额巨大、后果严重或者有其他严重情节的行为。

1. 本罪的行为方式是使用虚假证明文件或者采取其他欺诈手段虚报注册资本。

这里的证明文件，主要是指公司股东缴纳全部出资或出资认购法定股份后，由依法设立的注册会计师事务所、审计师事务所等法定验资机构依法对申请公司登记的人的出资验资后所出具的验资报告、资产评估报告、验资证明以及出资者所拥有的出资单据、银行账户及有关产权转让的文件等。这些文件必须真实可靠、不能虚假，否则就应承担相应的法律责任。所谓使用虚假的证明文件，是指向公司登记主管部门提供与实际情况不相符合的、不真实的、伪造的或隐瞒了重要事实的证明文件。既可以是公司登记申请人伪造或篡改的，亦可以是与验资机构中的验资人员恶意串通，从而取得虚假的证明文件等。但不论虚假证明文件来源如何，都不影响本罪成立。

至于其他欺诈手段，则是指除使用虚假的证明文件以外的虚报注册资本的手段，如使用虚假的股东姓名、虚构生产经营场所等。如果使用手段与虚报注册资本无关，则不能构成本罪。虚报注册资本是指公司实际上没有资本而谎称具有或者虽有资本，但实有资本却少于所申报的资本。

具体到本罪，则是行为人不具有登记公司时所应要求的法定注册资本最低限额却说其有，如实交纳股本或出资额低于法定注册资本最低限额却说已达到最低额；或者虽然达到了注册资本的最低限额，但是由于将出资中的实物、工业产权、非专利技术、土地使用权等作价高于其实际价格而产生实际资本与注册资本不符等。

2. 行为人通过欺骗公司登记主管部门，取得了公司登记。

行为人使用虚假证明文件或采取其他欺诈手段虚报注册资本的行为是申请公司登记的单位或个人在申请公司登记时针对公司登记主管部门即工商行政管理机关实施的。如果实施上述行为不是为登记公司而对公司登记主管部门进行的，则不构成本罪。如利用虚假证明档与他人签订经济合同，诈骗钱财，则就不能构成本罪，构成犯罪，也应依他罪如合同诈骗罪定罪处罚。行为人只有欺诈登记的行为，但及时被公司登记主管部门发现，而没有取得公司登记，也不能构成犯罪，但公司登记主管部门可依照有关行政法规予以处罚。构成本罪必须达到情节严重的程度。

（四）客体要件

本罪侵犯的客体是国家公司登记管理制度。公司作为市场经济中极为重要的主体,在市场经济活动中占据极为重要的作用,为提高公司的公示性和安全性,我国建立了公司登记制度。公司未经登记不得设立。我国公司法和公司登记管理条例对公司的登记作了比较详尽的规定,如登记程序、登记注册事项等。根据公司法及公司登记管理条例的规定,注册资本就是登记注册事项的主要内容之一。如果虚报登记注册资本,就违反了公司登记对注册资本的特别要求,数额巨大的就会给社会带来巨大损失,因此《公司法》第二百零九条对此加以明确规定,并规定构成犯罪的要依法追究刑事责任。

本罪的犯罪对象是注册资本。所谓注册资本,是指有限责任公司和股份有限公司的股东在公司登记机关登记的股东实际缴纳的出资总额。作为公司经营资本的一部分,注册资本是公司承担风险、偿还债务的一项基本保证。我国公司法对公司注册资本都作了严格的限制。原公司法针对有限责任公司的不同经营范围,分别作了注册资本的最低限额规定,对以生产经营为主和以商品批发为主的有限责任公司的注册资本规定不得低于人民币五十万元;对以商业零售为主的有限责任公司的注册资本规定不得低于人民币三十万元;对科技开发、咨询、服务性有限责任公司的注册资本规定不得低于人民币十万元。公司法还规定股份有限公司的注册资本最低限额为一千万元。2006 年新公司法修改后取消了按照公司经营内容区分最低注册资本额的规定,将有限责任公司的最低注册资本从十万元统一降至三万元,将股份有限公司的最低注册资本从原来的一千万元降至五百万元,一人有限公司十万元,且强制规定股东应当一次足额缴纳公司章程规定的出资额。同时,由于各种原因,虽然最终没有采纳授权资本制,但却允许普通有限公司和股份公司的资本都可以分期缴纳,而不必一次性缴足,只是要求全体股东的首次出资额不得低于注册资本的 20%,而其余部分必须在两年内缴足,其中投资公司可以在五年内缴足。行为人虚报注册资本,取得登记设立公司,极大危害了社会主义市场经济秩序,对资本和债务安全构成重大威胁,应予以刑法打击。

【罪名辨析】

本罪与非罪的界限

1. 从主体上区分。虚报注册资本罪的主体只能是申请公司登记的个人或单位,即股东、股东代表、股东代理、董事会及成员等,非以上主体不构成犯罪。

2. 从主观方面上区分。虚报注册资本罪的行为在主观上只能是故意,过失行为不构成犯罪。如果在申报过程中,因工作上的失误或验资机构的验资证明文件存在重大失误而造成公司的虚假设立,而这些证明档又非申请者有意提供的,就不能以犯罪论处。

3. 从对象上区分。构成本罪,必须针对公司设立时的注册资本,即必须是虚报注册资本。否则不构成犯罪。

4. 从手段上区分。行为人虚报注册资本的行为,是通过使用虚假的证明文件或其他欺诈手段来实现的，而这些欺骗手段均指向注册资本。因此，如果行为人并未使用虚假证明文件或者采取欺骗手段而为的，就不构成犯罪。

5. 定罪情节区分。公司登记使用虚假证明文件或者采取其他欺诈手段虚报注册资本，欺骗公司登记主管部门取得公司登记，虚报数额巨大、后果严重或者有其他严重情节的行为才以犯罪论处。虚报注册资本是结果犯罪，即欺骗公司登记主管部门，取得登记手续，是构成犯罪的前提条件。否则，即使采取了欺骗手段，但未欺骗公司登记主管部门，不构成虚报注册资本罪；同时，行为人虽然采取欺诈手段欺骗公司登记主管部门，虚报注册资本数额也巨大，但并未取得公司登记，也不构成虚报注册资本罪。

量刑部分

【量刑标准】

犯本罪的，处三年以下有期徒刑或者拘役，并处或者单处虚报注册资本金额百分之一以上百分之五以下罚金。

单位犯前款罪的，对单位判处罚金，并对其直接负责的主管人员和其他直接责任人员，处三年以下有期徒刑或者拘役。

截至目前，尚无本罪名关于量刑的司法解释。

虚假出资、抽逃出资罪　《刑法》第159条

公司发起人、股东违反公司法的规定未交付货币、实物或者未转移财产权，虚假出资，或者在公司成立后又抽逃出资，数额巨大、后果严重或者有其他严重情节的，处五年以下有期徒刑或者拘役，并处或者单处虚假出资金额或者抽逃出资金额百分之二以上百分之十以下罚金。

单位犯前款罪的，对单位判处罚金，并对其直接负责的主管人员和其他直接责任人员，处五年以下有期徒刑或者拘役。

定罪部分

【罪名概念】

虚假出资、抽逃出资罪，是指公司发起人、股东违反公司法的规定未交付货币、实物或者未转移财产权，或者在公司成立后又抽逃其出资，数额巨大、后果严重或者有其他严重情节的行为。

【司法解释】

最高人民检察院、公安部《关于公安机关管辖的刑事案件立案追诉标准的规定(二)》

(实施日期:2010 年 5 月 7 日)(节录)

第四条　公司发起人、股东违反公司法的规定未交付货币、实物或者未转移财产权,虚假出资,或者在公司成立后又抽逃其出资,涉嫌下列情形之一的,应予立案追诉:

(一)超过法定出资期限,有限责任公司股东虚假出资数额在三十万元以上并占其应缴出资数额百分之六十以上的,股份有限公司发起人、股东虚假出资数额在三百万元以上并占其应缴出资数额百分之三十以上的;

(二)有限责任公司股东抽逃出资数额在三十万元以上并占其实缴出资数额百分之六十以上的,股份有限公司发起人、股东抽逃出资数额在三百万元以上并占其实缴出资数额百分之三十以上的;

(三)造成公司、股东、债权人的直接经济损失累计数额在十万元以上的;

(四)虽未达到上述数额标准,但具有下列情形之一的:

1. 致使公司资不抵债或者无法正常经营的;

2. 公司发起人、股东合谋虚假出资、抽逃出资的;

3. 两年内因虚假出资、抽逃出资受过行政处罚二次以上,又虚假出资、抽逃出资的;

4. 利用虚假出资、抽逃出资所得资金进行违法活动的。

(五)其他后果严重或者有其他严重情节的情形。

【犯罪构成】

(一)主体要件

本罪的主体是特殊主体,即公司的发起人或者股东。这里的“公司”是指公司法所规定的有限责任公司和股份有限公司。“公司发起人”是指依法创立筹办股份有限公司的人。“股东”是指公司的出资人,包括有限责任公司的股东和股份有限公司的股东。

(二)主观要件

本罪的主观方面只能由故意构成。即故意未交付货币、实物或者未转移财产权、虚假出资,或抽逃出资。

(三)客观要件

本罪的客观方面是行为人必须有违反公司法的规定,未交付货币、实物或者未转移财产权,虚假出资,或者在公司成立后又抽逃其出资的行为。这里的“违反公司法规定”,是指违反了公司法对公司发起人、股东出资方式、出资义务的如下规定:有限责任公司的股东应当足额缴纳章程中规定的其所认缴的出资额;其中对以货币出资的,股东应将货币出资一次足额存入准备设立的有限责任公司在银行开设的临时账户;以实物、工业产权、非专利技术或者土地使用权出资的,应当依法办理其财产权的转移手续。"未交付货币",是指没有按规定一次足额交付其所认缴的出资额或者根本就没有交付任何货币;"未交付实物或者未转移财产权",是指以实物、工业产权、非专利技术或者土地使用权出资的,根本没有实物移交或者没有办理所有权、土地使用权转让手续。"公司成立后又抽逃其出资"一般包括两种情况:一种是为达到设立公司的目的,通过向其他企业借款或者向银行贷款等手段取得资金,作为自己出资,待公司登记成立后,又抽回这些资金,造成虚假出资;另一种是在公司设立时,依法缴纳了自己的出资,但当公司成立后,又将其出资撤回。

(四)客体要件

本罪的客体是侵犯了国家公司资本管理制度。为了稳定公司的注册资本及其正常运作,国家特地通过公司法对我国有限责任公司和股份有限公司的出资方式、额度、转移出资或抽回股本的原则作了规范性规定,以实现国家对《公司法》规定的各类公司的监督管理。公司股东或发起人虚假出资,会在事实上使公司的注册资本大大低于其登记注册的资本甚或陷于虚无,从而使公司成为在事实上没有权利能力或责任能力的空壳子公司;而擅自抽逃公司出资或股本的行为,实质上是对其他股东的擅自单方解约,这种单方解约的当然后果也是注册资本的减少,并易导致公司因难以正常运营而终止。由于公司是当前我国市场经济条件下的主要商事主体,因而公司的注册资本、股本及其设立与终止是否稳定,对稳定市场经济条件下的交易秩序极为重要。唯其如此,广义看,本罪的被害人除依法认足并缴足出资或股金的公司的其他股东、发起人外,还包括受到欺诈的公司的债权人及其与公司发生经济往来的公司的客户单位、用户单位、合作单位等社会上特定的、不特定的公司合约相对人等。

【罪名辨析】

(一)本罪与非罪的界限

1. 虚假出资、抽逃出资的数额巨大、后果严重或者有其他严重情节的,才构成犯罪。这是划清罪与非罪的主要界限。如果股东、公司发起人虽有未交付货币、实物或未转移财产权,虚假出资,或者在公司成立后又抽逃其出资等行为,但数额不大,情节后果都不严重,不构成犯罪,可用其他方式处理。

2. 出资不足额的行为可否构成虚假出资罪。所谓出资不足额,是指行为人是因各种原因而对其用以出资的实物、工业产权、非专利技术、土地使用权的实际价值高估,致使其出资额低于应认缴出资额,或因不可抗力等客观原因出资不足。对于这类行为,如果行为人主观上并无欺骗的故意,当然不能以虚假出资罪进行追究,而只能依照公司法以及民法的有关规定,承担补足出资等民事责任。《公司法》第二十五条明确规定,股东不按照有关规定缴纳所认缴的出资,应当向已足额缴纳出资的股东承担违约责任。这里需要探讨的是,对于以实物、工业产权、非专利技术或者土地使用权出资,在评估作价时,以欺骗的方法故意高估或者低估作价,虚假出资的情况,如何定性,有人将这类行为视为虚假出资罪客观方面的表现之一;另有人则认为,这类行为无论从主观恶意还是从客观罪状上看,定为虚假出资犯罪都有些牵强.笔者认为,根据《刑法》第一百五十九条以及公司法的有关规定,上述虚假出资行为不属于虚假出资罪客观方面的表现,因而不宜以本罪论处。

根据《刑法》第一百五十九条的规定,虚假出资罪客观方面表现为公司的发起人、股东违反公司法的规定,未交付货币、实物或者未转移财产权,虚假出资。这里的虚假出资,显然是对未交付货币、实物或者未转移财产权这些行为性质的概括,而不是与这些行为并列的另一种独立的虚假出资行为,因此,本罪在客观方面的表现只能是未交付货币、实物或者未转移财产权三种行为之一,不包括以实物、工业产权、非专利技术或者土地使用权出资,在评估作价时,以欺骗的方法故意高估或者低估作价,虚假出资的情况。另外,从公司法的有关规定,也可以看出这一立法旨趣。《公司法》第二十八条和第二百零八条的规定,明确反映出立法者的态度,即对未交付货币、实物或者未转移财产权的虚假出资行为,必要时应当予以刑法制裁;而对以实物、工业产权、非专利技术或者土地使用权出资,在评估作价时,以欺骗的方法故意高估或者低估作价,虚假出资的行为,只追究有关人员的民事责任,不按虚假出资罪处理。

3. 其他人虚假出资如何处理。由于本罪的主体只能是有限责任公司和股份有限公司的发起人和股东,因此,这两种人之外的人虚假出资,不可能构成本罪。那么,有限责任公司和股份有限公司的发起人和股东之外的人是否存在虚假出资的问题呢。根据有关行政法规规定,这类现象也是存在的。国务院颁布的《企业法人登记管理条例》第七条第三项规定,申请企业法人登记的单位,应当具备符合国家规定并与其生产经营和服务规模相适应的资金数额;国家工商行政管理局颁布的《企业法人登记管理条例实施细则》第十四条第七项也规定,申请企业法人登记,应当有符合规定数额并与经营范围相适应的注册资金。这表明,有限责任公司和股份有限公司之外的其他企业法人的设立,同样必须有一定数量的注册资本(只是在这里称为注册资金),申请企业法人登记的人同样必须真实出资,而不得虚假出资。《企业法人登记管理条例实施细则》第三十九条还规定,企业法人实有资金比原注册资金数额增加或者减少超过百分之二十时,应持资金信用证明或者验资证明,向原登记主管机关申请变更登记。实践中,有限责任公司和股份有限公司发起人或者股东之外的其他人在申请公司之外的企业法人登记时,同样存在虚假出资的可能,比如在实有资金不足的情况下,串通验资机构,出具虚假出资证明,只不过对这类企业法人的投资者不能以虚假出资罪论处,而只能根据有关行政管理法规予以行政处罚。这体现了立法者选择刑法打击重点、控制刑事打击面的用心。

(二)虚报注册资本罪与虚假出资罪的界限

虚假出资罪和虚报注册资本罪在客观方面有相同之处,表现在两罪的行为人都可能是在公司设立过程中，明明没有缴纳其应当缴纳的资本或者转移财产权，却谎称已经缴纳或者转移，而且两罪存在紧密联系，即行为人为了虚报注册资本，往往首先必须进行虚假出资。有人甚至认为，虚报注册资本罪与虚假出资罪除在犯罪构成上完全相同外，在危害性上也是一样的，应该以虚假出资罪这个外延较大的罪名将两者统一为一个罪。对此，笔者不敢苟同。这种观点虽然揭示了虚假出资罪与虚报注册资本罪之间存在的联系，却没有注意到与虚假出资罪相比，虚报注册资本罪在构成上有其特殊之处，立法者赋予了两罪不同的构成要件。具体而言，两罪存在两方面的明显差别：

1. 在客观方面，这种差别表现有三：

第一，虚报注册资本罪在客观方面并不一定存在虚假出资行为，而虚假出资罪则必定存在虚假出资行为。

第二，在是否骗取公司登记机关方面不同。虚报注册资本罪的行为人必定要实施欺骗公司登记机关的行为；虚假出资罪中的行为人由于虚假出资不是为了骗取公司登记，因而不会去欺骗公司登记机关，而只是欺骗其他公司发起人、股东或者债权人，比如将虚假的验资证明交给其他股东，谎称已足额出资。两罪在客观方面的这种差别，使得虚报注册资本罪侵犯的是公司登记管理制度，虚假出资罪侵犯的却是其他公司发起人、股东或者债权人利益。

第三，在虚假出资的具体表现上有所不同。虚报注册资本罪中的虚假出资行为可以表现为出资不足额。虚假出资罪在客观方面则不包括这种虚假出资行为。

2. 两罪的犯罪主体有所不同。虚假出资罪的主体是公司发起人和股东，虚报注册资本罪的主体是申请公司登记的人。当然，实践中，公司发起人和股东可能同时又是申请公司登记的人，但并非所有公司发起人和股东同时又是申请公司登记的人。

值得注意的是，如果公司发起人或者股东为了虚报注册资本而虚假出资，那么其虚假出资行为属于为了实施虚报注册资本罪采取的手段行为。如果虚假出资行为同时构成虚假出资罪，那么虚报注册资本罪和虚假出资罪之间存在牵连关系，属于牵连犯。在这种情况下，应当按照从一重处断原则，选择其中的重罪定罪处罚。

量刑部分

【量刑标准】

犯本罪的，处五年以下有期徒刑或者拘役，并处或者单处虚假出资金额或者抽逃出资金额百分之二以上百分之十以下罚金。单位犯前款罪的，对单位判处罚金，并对其直接负责的主管人员和其他直接责任人员，处五年以下有期徒刑或者拘役。

截至目前，尚无本罪名关于量刑的司法解释。

欺诈发行股票、债券罪 《刑法》第160条

在招股说明书、认股书、公司、企业债券募集办法中隐瞒重要事实或者编造重大虚假内容,发行股票或者公司、企业债券,数额巨大、后果严重或者有其他严重情节的,处五年以下有期徒刑或者拘役,并处或者单处非法募集资金金额百分之一以上百分之五以下罚金。

单位犯前款罪的,对单位判处罚金,并对其直接负责的主管人员和其他直接责任人员,处五年以下有期徒刑或者拘役。

定罪部分

【罪名概念】

欺诈发行股票、债券罪,是指在招股说明书、认股书、公司、企业债券募集办法中隐瞒重要事实或者编造重大虚假内容,发行股票或者公司、企业债券,数额巨大、后果严重或者有其他严重情节的行为。

【犯罪构成】

(一)主体要件

本罪的主体主要是单位。自然人在一定条件下也能成为犯罪的主体。

(二)主观要件

本罪在主观上只能以故意构成,过失不构成本罪。即行为人明知自己所制作的招股说明书、认股书、债券募集办法等不是对本公司状况或本次股票、债券发行状况的真实、准确、完整反映,仍然积极为之。因而本罪行为人的罪过实质是诈欺募股或诈欺发行债券。

(三)客观要件

1. 行为人必须实施在招股说明书、认股书、公司、企业债券募集办法中隐瞒重要事实或者编造重大虚假内容的行为。

2. 行为人必须实施了发行股票或公司、企业债券的行为。如果行为人仅是制作了虚假的招股说明书、认股书、公司、企业债券募集办法,而未实施发行股票或者公司、企业债券的行为,不构成本罪。必须是既制作了虚假的上述档,且已发行了股票和公司、企业债券的才构成本罪。

3. 行为人制作虚假的招股说明书、认股书、公司债券募集办法发行股票或者公司、企业债券的行为,必须达到一定的严重程度,即达到"数额巨大、后果严重或者有其他严重情节的",才构成犯罪。

根据司法实践,具有下列情形之一的,应当追诉:(1)发行数额在五百万元以上的;(2)伪造、变造国家公文、有效证明文件或相关凭证、单据的;(3)利用募集的资

金进行违法活动的;(4)转移或者隐瞒所募集资金的;(5)其他后果严重或有其他严重情节的情形。

(四)客体要件

本罪侵犯的客体是复杂客体,即国家对证券市场的管理制度以及投资者(股东、债权人和公众)的合法权益。

【罪名辨析】

(一)本罪与诈骗罪的界限

1. 主体要件不同。本罪的主体为特殊主体,即股份有限公司的发起人,股份有限公司、有限责任公司及企业;而诈骗罪的主体为一般主体,主要是社会上一些不法分子打着公司的旗号,虚构公司或者假冒其他公司实施的。

2. 客观方面不同。本罪主要是通过制作虚假的招股说明书、认股书、公司、企业债券募集办法来欺诈他人,而发行股票和债券往往是经过有关部门批准的;诈骗罪发行股票、债券是非法的,未经有关部门批准的,所谓招股说明书、认股书、公司、企业债券募集办法纯属伪造虚构的。

3. 两罪主观上都是故意的,但故意内容和犯罪目的是不同的,诈骗罪的目的是非法占有他人财物,而非通过制作虚假的档来发行股票和公司、企业债券募集资金。

4. 客体也是不同的,诈骗罪侵犯的是公私财产所有权,而本罪主要是侵犯了证券发行的管理秩序。

(二)本罪与集资诈骗罪的界限

本罪与集资诈骗罪都实施了欺骗他人的行为,但二者的区别是明显的,表现在:

1. 犯罪主体不同。

本罪主体为特殊主体:股份有限公司的发起人,股份有限公司、有限责任公司和企业;而集资诈骗罪的主体则为一般主体,主要是社会上一些不法分子打着公司的旗号,虚构公司、企业或假冒公司、企业实施的。

2. 主观方面不同。

两罪虽然在主观上均为故意,但其内容和目的有所不同。本罪有虚假发行股票或公司、企业债券的故意和非法募集资金的目的,而且非法募集资金是由于筹建公司、企业或公司、企业本身的业务发展,不具有非法占有的目的;而集资诈骗罪则有非法占有他人财产的目的。即行为人具有将非法聚集的资金据为己有的目的。

3. 侵犯的客体不同。

本罪侵犯的是股东、债权人及社会公众的利益和国家的证券市场管理制度;而集资诈骗罪侵犯的是公私财产所有权和国家金融管理制度。

4. 客观方面不同。

本罪是违反公司法的规定,是在公司发行股票或公司、企业发行债券的领域内犯罪,即以虚假方法制作虚假的招股说明书、认股书、公司、企业债券发行办法来欺诈他人,发行股票、债券一般是通过有关部门审批后进行的;而集资诈骗罪可以采取多种方法,其行为人发行股票、债券是未经有关部门批准而非法发行的。

(三)本罪与擅自发行股票、公司、企业债券罪的界限

擅自发行股票、公司、企业债券罪是指未经公司法规定的有关主管部门批准,擅自发行股票或者公司、企业债券,数额巨大、后果严重或者有其他严重情节的行为。两罪的共同点在于都违反公司法的规定,都侵犯了国家对证券市场的管理制度以及投资者、股东、社会公众和债权人的利益、主观上也都出于故意,但两罪仍有明显区别,表现在:

1. 主体不同。

本罪主体为特殊主体,即公司发起人,股份有限公司、有限责任公司或企业;而擅自发行股票、债券罪的主体是一般主体、凡达到刑事责任年龄并具备刑事责任能力的自然人或单位均可构成该罪主体。

2. 客观方面不同。

本罪行为人是以制作虚假的招股说明书、认股书、公司、企业债券发行办法并且一般是经过主管部门批准而发行股票、债券;而擅自发行股票、公司、企业债券罪是未经批准而发行股票、债券,即行为人发行股票、债券的行为在程序上不合法,本身不具有制作虚假募资档的欺诈性、强调的是未经审批的擅自发行股票、债券行为。如果行为人既实施了擅自发行股票、债券行为,又采用制作虚假的招股说明书、认股书、公司、企业债券募集办法发行股票或公司、企业债券的,对此,应从其中一罪从重处罚,不实行数罪并罚。

量刑部分

【量刑标准】

犯本罪的,处五年以下有期徒刑或者拘役,并处或者单处非法募集资金金额百分之一以上百分之五以下罚金。

单位犯前款罪的,对单位判处罚金,并对其直接负责的主管人员和其他直接责任人员,处五年以下有期徒刑或者拘役。

截至目前,尚无本罪名关于量刑的司法解释。

违规披露、不披露重要信息罪 《刑法》第161条

依法负有信息披露义务的公司、企业向股东和社会公众提供虚假的或者隐瞒重要事实的财务会计报告,或者对依法应当披露的其他重要信息不按照规定披露,严重损害股东或者其他人利益,或者有其他严重情节的,对其直接

负责的主管人员和其他直接责任人员，处三年以下有期徒刑或者拘役，并处或者单处二万元以上二十万元以下罚金。

定罪部分

【罪名概念】

违规披露、不披露重要信息罪，指依法负有信息披露义务的公司和企业，向股东和社会公众提供虚假的或者隐瞒重要事实的财务会计报告，或者对依法应当披露的其他重要信息不按照规定披露，严重损害股东或者其他人利益的行为。

【司法解释】

最高人民检察院、公安部《关于公安机关管辖的刑事案件立案追诉标准的规定(二)》

(实施日期:2010 年 5 月 7 日　公通字[2010]23 号)(节录)

第六条　[违规披露、不披露重要信息案(刑法第一百六十一条)]依法负有信息披露义务的公司、企业向股东和社会公众提供虚假的或者隐瞒重要事实的财务会计报告，或者对依法应当披露的其他重要信息不按照规定披露，涉嫌下列情形之一的，应予立案追诉：

(一)造成股东、债权人或者其他人直接经济损失数额累计在五十万元以上的；

(二)虚增或者虚减资产达到当期披露的资产总额百分之三十以上的；

(三)虚增或者虚减利润达到当期披露的利润总额百分之三十以上的；

(四)未按照规定披露的重大诉讼、仲裁、担保、关联交易或者其他重大事项所涉及的数额或者连续十二个月的累计数额占净资产百分之五十以上的；

(五)致使公司发行的股票、公司债券或者国务院依法认定的其他证券被终止上市交易或者多次被暂停上市交易的；

(六)致使不符合发行条件的公司、企业骗取发行核准并且上市交易的；

(七)在公司财务会计报告中将亏损披露为盈利，或者将盈利披露为亏损的；

(八)多次提供虚假的或者隐瞒重要事实的财务会计报告，或者多次对依法应当披露的其他重要信息不按照规定披露的；

(九)其他严重损害股东、债权人或者其他人利益，或者有其他严重情节的情形。

【犯罪构成】

(一)主体要件

本罪的主体是特殊主体，即依法负有信息披露义务的公司、企业。

(二)主观要件

本罪在主观方面只能由故意构成，过失不构成本罪。

(三)客观要件

本罪在客观方面表现为公司向股东和社会公众提供虚假的或者隐瞒重要事实的财务会计报告严重损害股东或者其他人利益的行为。

(四)客体要件

本罪侵犯的客体是国家对公司、企业的信息公开披露制度和股东、社会公众和其他利害关系人的合法权益。

量 刑 部 分

【量刑标准】

犯本罪的,处三年以下有期徒刑或者拘役,并处或者单处二万元以上二十万元以下罚金。

截至目前,尚无本罪名关于量刑的司法解释。

妨害清算罪 《刑法》第162条(一)

公司、企业进行清算时,隐匿财产,对资产负债表或者财产清单作虚伪记载或者在未清偿债务前分配公司、企业财产,严重损害债权人或者其他人利益的,对其直接负责的主管人员和其他直接责任人员,处五年以下有期徒刑或者拘役,并处或者单处二万元以上二十万元以下罚金。

定 罪 部 分

【罪名概念】

妨害清算罪,是指公司、企业进行清算时,隐匿财产,对资产负债表或者财产清单作虚假记载,或者在未清偿债务前擅自分配公司、企业财产,严重损害债权人或者其他人利益的行为。

【司法解释】

最高人民检察院、公安部《关于公安机关管辖的刑事案件立案追诉标准的规定(二)》

(实施日期:2010年5月7日　公通字[2010]23号)(节录)

第七条　公司、企业进行清算时,隐匿财产,对资产负债表或者财产清单作虚伪记载或者在未清偿债务前分配公司、企业财产,涉嫌下列情形之一的,应予立案追诉:

(一)隐匿财产价值在五十万元以上的;

（二）对资产负债表或者财产清单作虚伪记载涉及金额在五十万元以上的；

（三）在未清偿债务前分配公司、企业财产价值在五十万元以上的；

（四）造成债权人或者其他人直接经济损失数额累计在十万元以上的；

（五）虽未达到上述数额标准，但应清偿的职工的工资、社会保险费用和法定补偿金得不到及时清偿，造成恶劣社会影响的；

（六）其他严重损害债权人或者其他人利益的情形。

【犯罪构成】

（一）主体要件

本罪的主体是特殊主体，即进行清算的公司、企业。由于公司、企业已依法解散、被责令关闭或者被宣告破产，已经停止对外进行经营活动，公司、企业原来的代表人已不能进行有法律意义的活动，而应由清算组代表公司、企业清理财产、处理清算有关的公司、企业未了结的业务、清缴所欠税款、清理债权债务、处理清偿债务后的剩余财产、代表公司、企业参与民事诉讼活动，所以，构成本罪的犯罪行为实际上是由清算组代表公司、企业所实施的，承担刑事责任的也就是清算组成员中直接负责的主管人员和其他直接责任人员。关于清算组的组成，根据公司法的规定，公司被依法宣告破产的，由人民法院组织股东、有关机关及有关专业人员组成清算组；由于公司章程规定的营业期限届满或者公司章程规定的其他解散事由出现而解散以及股东会议决议解散的有限责任公司的清算组由股东组成，股份有限公司的清算组由股东大会确定其人选，逾期不成立清算组进行清算的，债权人可以申请人民法院指定有关人员组成清算组进行清算；公司因违反法律、行政法规被依法责令关闭而解散的，由有关主管机关组织股东、有关机关及有关专业人员成立清算组进行清算。根据民事诉讼法和企业破产法（试行）之规定，企业破产清算组成员由人民法院从企业上级主管部门、政府财政部门等有关部门和专业人员中指定。

（二）主观要件

本罪在主观上只能由故意构成，即明知隐匿公司财产、对资产负债表或者财产清单作虚伪记载，或者清偿债务前分配公司财产会损害债权人或者其他人的利益，而故意实施。

（三）客观要件

本罪在客观上表现为在公司、企业清算时，隐匿财产，对资产负债表或者财产清单作虚伪记载或者未清偿债务前分配公司、企业财产，严重损害债权人或者其他人利益的行为。

本罪必须发生在公司、企业清算过程中。所谓公司、企业清算，是指因公司、企业解散或者破产，法律规定公司、企业应当清理公司、企业的债权、债务的活动。公司、企业清算主要发生在两种情况下：

(1)公司、企业的解散,是根据公司、企业的章程规定或者法律规定的条件,公司、企业决定停止对外经营活动,使其法人资格消失的行为。

(2)公司、企业破产,根据公司法、企业破产法(试行)、民事诉讼法的规定,公司、企业因不能清偿到期的债务,被依法宣告破产的,应由人民法院依照有关法律的规定,组织股东、有关机关及有关专业人员组成清算组,对公司、企业进行破产清算。由于公司、企业清算直接关系到债权人及其他人的利益,因而公司法和企业破产法(试行)、民事诉讼法对清算组的组成与活动都作了严格规定。只有实事求是地做好清算工作,理清公司、企业的债权债务关系,依法处理公司、企业的财产,才能减少和避免纠纷,维护正常稳定的经济秩序。

(四)客体要件

本罪侵犯的客体是国家公司、企业管理制度以及债权人或其他人的合法权益。公司、企业清算是公司、企业解散或者结业活动中的一项重要活动。清算的目的,是了结、清理公司、企业的债权债务,保护债权人的利益并在能够清偿公司、企业债务的情况下,分配公司、企业的所有财产。可见,清算活动与公司、企业股东以及其他债权人、债务人有着直接的经济利害关系。为保护债权人利益,公司法、企业破产法(试行)、民事诉讼法规定公司、企业破产或解散时必须依法成立清算组对公司、企业的财产进行清理,并规定清算组的组成和具体的清算活动都要严格依照法律规定的程序和条件进行。行为人如果在清算组进行清算期间,为了隐匿财产而制作虚假的资产负债表或财产清单,或者在公司、企业债务尚未清偿之前私自分配公司、企业财产,这种行为不仅会造成公司、企业清算工作失去真实的、客观的依据,给公司、企业清算工作增加难度,更为严重的是妨害了对公司、企业财产的清理,侵害了债权人或其他人的合法权益。

【罪名辨析】

(一)本罪与提供虚假财会报告罪的界限

二者在主观上都出于故意,客观上都存在虚伪记载资产负债表或财产清单的行为,但二者有本质区别:

1. 犯罪主体不同。

本罪主体为正在进行清算的公司、企业,是单位犯罪,而后者主体则为公司及其直接负责的主管人员和其他直接责任人员,是自然人犯罪。

2. 侵犯的客体不同。

本罪侵犯的是公司、企业清算制度及债权人和其他人的合法权益,后罪则侵犯的是公司财务会计制度及股东和其他人的利益。

3. 客观方面不同。

首先两罪的时间要件不同。本罪只发生在公司、企业清算期间,后罪则是公司正常运作期间。犯罪的行为方式有所不同。本罪表现为隐匿财产、虚伪记载资产负债表和财产清单或者在未清偿债务前分配公司企业财产，而后罪主要表现为编制或者隐瞒重要事实的财务会计报告。

4. 犯罪目的不同。

本罪行为人的目的是逃避公司、企业债务，而后罪则是欺骗股东和社会公众，骗取他们的投资。

（二）本罪与职务侵占罪的界限

1. 犯罪主体不同。本罪主体为正在进行清算的公司、企业，是单位犯罪，而职务侵占罪的主体是公司的人员，包括董事、监事、经理及一般工作人员，是自然人犯罪。

2. 犯罪的主观目的不同。本罪的目的是逃避公司、企业债务，而职务侵占罪的目的则是非法占有公司财产。

3. 侵犯的客体不同。本罪侵犯的是公司、企业清算制度和债权人及其他人的利益，而职务侵占罪所侵犯的客体是公司、企业财产权及股东的利益。

4. 客观方面不同。本罪表现为在公司、企业清算期间，隐匿财产、在资产负债表或财产清单上虚伪记载或者在未清偿债务前分配公司、企业财产，严重损害债权人及其他人利益的行为。职务侵占罪则表现为公司、企业或其他单位的人员，利用职务上的便利，将本单位财物非法占为己有，数额较大的行为。

量刑部分

【量刑标准】

犯本罪的，处五年以下有期徒刑或者拘役，并处或者单处二万元以上二十万元以下罚金。对直接负责的主管人员和其他直接责任人员处以一万元以上十万元以下的罚款。构成犯罪的，依法追究刑事责任。

截至目前，尚无本罪名关于量刑的司法解释。

隐匿、故意销毁会计凭证、会计账簿、财务会计报告罪　《刑法》第162条（二）

隐匿或者故意销毁依法应当保存的会计凭证、会计账簿、财务会计报告，情节严重的，处五年以下有期徒刑或者拘役，并处或者单处二万元以上二十万元以下罚金。

定罪部分

【罪名概念】

隐匿、故意销毁会计凭证、会计账簿、财务会计报告罪,是指故意隐匿、故意销毁有法定保存义务的会计凭证和账簿、财务报告,情节严重的行为。

【司法解释】

最高人民检察院、公安部《关于公安机关管辖的刑事案件立案追诉标准的规定(二)》

(实施日期:2010 年 5 月 7 日　公通字[2010]23 号)(节录)

第八条　[隐匿、故意销毁会计凭证、会计账簿、财务会计报告案(刑法第一百六十二条之一)]隐匿或者故意销毁依法应当保存的会计凭证、会计账簿、财务会计报告,涉嫌下列情形之一的,应予立案追诉:

(一)隐匿、故意销毁的会计凭证、会计账簿、财务会计报告涉及金额在五十万元以上的;

(二)依法应当向司法机关、行政机关、有关主管部门等提供而隐匿、故意销毁或者拒不交出会计凭证、会计账簿、财务会计报告的;

(三)其他情节严重的情形。

【犯罪构成】

(一)主体要件

本罪主体是一般主体,即所有依《会计法》的规定办理会计事务的国家机关、社会团体、公司、企业、事业单位等组织和个人,都可以成为该罪的主体。

(二)主观要件

本罪主观方面表现为故意。

(三)客观要件

本罪客观方面表现为故意隐匿、故意销毁有法定保存义务的会计凭证和账簿、财务报告,情节严重的行为。本罪要达到"情节严重"的才构成犯罪。

(四)客体要件

本罪侵犯的客体是会计凭证的完整性、真实性和市场经济管理秩序。

量刑部分

【量刑标准】

犯本罪,情节严重的,处五年以下有期徒刑或者拘役,并处或者单处二万元以上二十万元以下罚金。

截至目前,尚无本罪名关于量刑的司法解释。

虚假破产罪　《刑法》第162条(三)

公司、企业通过隐匿财产、承担虚构的债务或者以其他方法转移、处分财产,实施虚假破产,严重损害债权人或者其他人利益的,对直接负责的主管人员和其他直接责任人员,处五年以下有期徒刑或者拘役,并处或者单处二万元以上二十万元以下罚金。

定罪部分

【罪名概念】

虚假破产罪,是指公司、企业通过隐匿财产、承担虚假债务或者以其他方式转移财产、处分财产,实施虚假破产,严重损害债权人和其他人利益的行为。

【司法解释】

最高人民检察院、公安部《关于公安机关管辖的刑事案件立案追诉标准的规定(二)》

(实施日期:2010年5月7日　公通字[2010]23号)(节录)

第九条　虚假破产案(刑法第一百六十二条之二)公司、企业通过隐匿财产、承担虚构的债务或者以其他方法转移、处分财产,实施虚假破产,涉嫌下列情形之一的,应予立案追诉:

(一)隐匿财产价值在五十万元以上的;

(二)承担虚构的债务涉及金额在五十万元以上的;

(三)以其他方法转移、处分财产价值在五十万元以上的;

(四)造成债权人或者其他人直接经济损失数额累计在十万元以上的;

(五)虽未达到上述数额标准,但应清偿的职工的工资、社会保险费用和法定补偿金得不到及时清偿,造成恶劣社会影响的;

(六)其他严重损害债权人或者其他人利益的情形。

【犯罪构成】

(一)主体要件

本罪的主体是一般主体,可以由任何公司、企业构成。即根据《破产法》和《关于适用中华人民共和国民事诉讼法若干问题的意见》的规定,具备法人资格的全民所有制企业、集体企业、联营企业和私人企业等都符合。

(二)主观要件

本罪在主观方面必须由故意构成。行为人必须具有损害债权人利益的直接故意。过失不构成本罪。在本罪的犯罪动机和目的方面往往是为了逃债。

(三)客观要件

本罪客观方面表现为公司、企业通过隐匿财产、承担虚假债务或者以其他方式转移财产、处分财产,实施虚假破产,严重损害债权人和其他人利益的行为。具体包括三方面内容:一是必须实施了隐匿财产、承担虚构的债务或其他转移财产、处分财产的行为。隐匿财产,是指将公司、企业的资金、设备、产品、货物等财产全部或部分予以隐瞒、转移、藏匿。承担虚构的债务,是指捏造、承认不真实或不存在的债务。"其他转移、处分私分财产",是指《破产法》第三十五条所规定的私分或者无偿转让财产、非正常压价出售财产、对原来没有财产担保的债务提供财产担保、对未到期的债务提前清偿以及放弃自己的债权等等行为。行为人只要实施了上述情形中任何一种转移或处分财产的行为,就符合了这一客观的行为要件。二是必须实施了虚假破产。即是债务人在未发生破产原因的情况下,通过抽逃、隐匿或转移财产等手段,虚构伪造破产原因,申请宣告破产,以逃避债权人的追索,从而侵占他人财产的行为。这里的虚假破产,是指企业未达到破产界限,伪造破产原因,申请破产,而非真实破产。三是严重损害了债权人和其他人的利益。即必须是给债权人和其他人造成重大财产损失的行为,才构成本罪。这里的债权人是指因公司、企业举债而与公司、企业形成债权债务关系的金融机构、公司、企业债券持有人以及经济合同中享有债权的人等,"其他人"是指公司、企业的职工、国家税收部门等。以上三个客观方面的要件必须同时具备,缺一不可。

(四)客体要件

本罪侵犯的客体是复杂客体,包括公司、企业的破产制度和债权人或者其他人的合法权益。破产制度主要是指国家破产法所保护的破产秩序;债权人或者其他人的合法权益则主要是指财产权利。

【罪名辨析】

(一)本罪一罪与数罪的界限

在司法实践中,行为人往往会实施多个行为将大量资金隐匿或转移,然后伪造有关会计文件和商业账簿,掩盖资金的真实流向,通过不真实的会计数据等文件,制造企业资不抵债的假象,再申请破产。

(二)本罪与妨害清算罪的界限

本罪与妨害清算罪同属于妨害对公司、企业的管理管理秩序犯罪,且本罪作为第一百六十二条之二附设于妨害清算罪之下。这表明两罪皆属于故意犯罪,而且在侵犯罪客体上具有一致性。

量刑部分

【量刑标准】

犯本罪的,对直接负责的主管人员和其他直接责任人员,处五年以下有期徒刑或者拘役，并处或者单处二万元以上二十万元以下罚金。

截至目前，尚无本罪名关于量刑的司法解释。

非国家工作人员受贿罪　《刑法》第 163 条

公司、企业或者其他单位的工作人员利用职务上的便利，索取他人财物或者非法收受他人财物，为他人谋取利益，数额较大的，处五年以下有期徒刑或者拘役；数额巨大的，处五年以上有期徒刑，可以并处没收财产。

公司、企业或者其他单位的工作人员在经济往来中，利用职务上的便利，违反国家规定，收受各种名义的回扣、手续费，归个人所有的，依照前款的规定处罚。

国有公司、企业或者其他国有单位中从事公务的人员和国有公司、企业或者其他国有单位委派到非国有公司、企业以及其他单位从事公务的人员有前两款行为的，依照刑法第三百八十五条、第三百八十六条的规定定罪处罚。

定罪部分

【罪名概念】

非国家工作人员受贿罪，是指公司、企业或者其他单位的工作人员利用职务上的便利，索取他人财物或者非法收受他人财物，为他人谋取利益，数额较大的行为。属妨害对公司、企业管理秩序罪的一种。

【司法解释】

1. 最高人民法院、最高人民检察院《关于办理贪污贿赂刑事案件适用法律若干问题的解释》

（实施日期：2016 年 4 月 18 日　法释［2016］9 号）（节录）

第一条　贪污或者受贿数额在三万元以上不满二十万元的，应当认定为刑法第三百八十三条第一款规定的“数额较大”，依法判处三年以下有期徒刑或者拘役，并处罚金。

第二条　贪污或者受贿数额在二十万元以上不满三百万元的，应当认定为刑法第三百八十三条第一款规定的“数额巨大”，依法判处三年以上十年以下有期徒刑，并处罚金或者没收财产。

第三条　贪污或者受贿数额在三百万元以上的，应当认定为刑法第三百八十三条第一款规定的“数额特别巨大”，依法判处十年以上有期徒刑、无期徒刑或者死刑,并处罚金或者没收财产。

第十一条　刑法第一百六十三条规定的非国家工作人员受贿罪、第二百七十一条规定的职务侵占罪中的“数额较大”“数额巨大”的数额起点,按照本解释关于受贿罪、贪污罪相对应的数额标准规定的二倍、五倍执行。

2. 最高人民法院、最高人民检察院《关于办理商业贿赂刑事案件适用法律若干问题的意见》

(实施日期:2008 年 11 月 20 日　法发[2008]33 号)(节录)

四、医疗机构中的国家工作人员,在药品、医疗器械、医用卫生材料等医药产品采购活动中,利用职务上的便利,索取销售方财物,或者非法收受销售方财物,为销售方谋取利益,构成犯罪的,依照刑法第三百八十五条的规定,以受贿罪定罪处罚。

医疗机构中的非国家工作人员,有前款行为,数额较大的,依照刑法第一百六十三条的规定,以非国家工作人员受贿罪定罪处罚。

医疗机构中的医务人员,利用开处方的职务便利,以各种名义非法收受药品、医疗器械、医用卫生材料等医药产品销售方财物,为医药产品销售方谋取利益,数额较大的,依照刑法第一百六十三条的规定,以非国家工作人员受贿罪定罪处罚。

五、学校及其他教育机构中的国家工作人员,在教材、教具、校服或者其他物品的采购等活动中,利用职务上的便利,索取销售方财物,或者非法收受销售方财物,为销售方谋取利益,构成犯罪的,依照刑法第三百八十五条的规定,以受贿罪定罪处罚。

学校及其他教育机构中的教师,利用教学活动的职务便利,以各种名义非法收受教材、教具、校服或者其他物品销售方财物,为教材、教具、校服或者其他物品销售方谋取利益,数额较大的,依照刑法第一百六十三条的规定,以非国家工作人员受贿罪定罪处罚。

六、依法组建的评标委员会、竞争性谈判采购中谈判小组、询价采购中询价小组的组成人员,在招标、政府采购等事项的评标或者采购活动中,索取他人财物或者非法收受他人财物,为他人谋取利益,数额较大的,依照《刑法》第一百六十三条的规定,以非国家工作人员受贿罪定罪处罚。

十一、非国家工作人员与国家工作人员通谋,共同收受他人财物,构成共同犯罪的,根据双方利用职务便利的具体情形分别定罪追究刑事责任:

(2)利用非国家工作人员的职务便利为他人谋取利益的,以非国家工作人员受贿罪追究刑事责任。

【犯罪构成】

（一）主体要件

本罪主体是特殊主体，即公司、企业或者其他单位的工作人员。公司、企业的工作人员是指在公司、企业、其他单位中从事领导、组织、管理工作的人员，如公司的董事、监事以及公司、企业的经理、厂长、财会人员以及其他受公司、企业聘用从事管理事务的人员。"其他单位的人员"包括非国有事业单位或者其他组织的工作人员，如教育、科研、医疗、体育、出版等单位的从事组织领导以及履行监督、管理职责的人员。在国有公司、企业、国有其他单位中从事公务的人员和国有公司、企业、国有其他单位委派到非国有公司、企业以及其他单位从事公务的人员利用职务上的便利受贿的，不成立公司、企业、其他单位人员受贿罪，而应依照《刑法》第三百八十五条、第三百八十六条的受贿罪处罚。

（二）主观要件

本罪主观方面表现为故意，即公司、企业、其他单位人员故意利用其职务之便接受或索取贿赂，为他人谋取利益。

（三）客观要件

本罪在客观方面表现为利用职务上的便利，索取他人财物或非法收受他人财物，为他人谋取利益，数额较大的行为。利用职务上的便利是本罪在客观方面的重要因素，是指公司、企业以及事业单位、其他组织，后者如教育、科研、医疗、体育、出版等单位的工作人员利用本人组织、领导、监督、管理等职权以及利用与上述职权有关的便利条件。索取他人财物是指利用组织、领导、监督、管理等职务上的便利，主动向有求于行为人职务行为的请托人索要财物。非法收受他人财物是指利用组织、领导、监督、管理等职务上的便利，为请托人办事，接受请托人主动送给的财物。为他人谋取利益是指行为人索要或收受他人财物，利用职务之便为他人或允诺为他人实现某种利益。该利益是合法还是非法，该利益是否已谋取到，均不影响本罪的成立。数额较大是指接受贿赂即财物的数额较大。接受了数额较大的贿赂，则构成该罪的既遂。《刑法修正案（六）》第七条修改了《刑法》第一百六十三条第二款的规定，公司、企业或者其他单位的工作人员在经济往来中，利用职务上的便利，违反国家规定，收受各种名义的回扣、手续费，归个人所有的，以公司、企业、其他单位人员受贿罪处罚。

（四）客体要件

本罪侵犯的客体是国家对公司、企业以及非国有事业单位、其他组织的工作人员职务活动的管理制度。在市场经济的运行机制中，公司、企业以及事业单位、其他组织，后者如教育、科研、医疗、体育、出版等单位扮演着十分重要的角色。这些单位的工作人员通过自己合法的职务活动，使公司、企业、事业单位等在市场经济体制中的角色得以正常而出色地发挥。因此，有关法律对这些单位的工作人员的职务活动作了规范,建立起一套明确的管理制度。相关人员受贿罪则是对这套管理制度的直接侵犯,从而产生公司、企业、事业单位等管理层的腐败,危害公司、企业、事业单位的根本利益,破坏正常的社会主义市场公平竞争的交易秩序。

【罪名辨析】

(一)本罪与非罪的界限

1. 按照《刑法》第一百六十三条的规定,构成公司、企业、其他单位人员受贿罪必须是受贿数额较大的,不足较大数额的按一般受贿行为处理。数额较大的具体界限,根据最高人民检察院、公安部《关于公安机关管辖的刑事案件立案追诉标准的规定(二)》第十条规定:[非国家工作人员受贿案(刑法第一百六十三条)]公司、企业或者其他单位的工作人员利用职务上的便利,索取他人财物或者非法收受他人财物,为他人谋取利益,或者在经济往来中,利用职务上的便利,违反国家规定,收受各种名义的回扣、手续费,归个人所有,数额在五千元以上的,应予立案追诉。

2. 公司、企业、其他单位人员在法律、政策许可的范围内,通过自己的劳动换取合理报酬的,不属于利用职务上的便利受贿,因而是合法行为而不是犯罪。

3. 公司、企业、其他单位人员接受亲朋好友的一般礼节性馈赠,而没有利用职务上的便利为亲朋好友谋取利益的,不成立公司、企业、其他单位人员受贿罪。上述2、3两点说明,区分非国家工作人员受贿罪与合法行为的界限,关键是看行为人获得的财物是否属于利用职务上的便利为他人谋利益而取得。

4. 区分以收受回扣、手续费为特点的非国家工作人员受贿罪与正当业务行为的界限。在正常的市场交易行为中,取得符合《反不正当竞争法》规定的折扣、佣金是正当业务行为;而违反国家规定,收受各种名义的回扣、手续费,为个人所有的,应认定为非国家工作人员受贿罪。

(二)本罪与受贿罪的界限

两罪区分的关键在于犯罪主体的不同:本罪的主体是公司、企业、其他单位人员,即非国家工作人员;受贿罪的主体是国家工作人员以及以国家工作人员论的国有公司、企业、其他单位中从事公务的人员和国有公司、企业、国有其他单位委派到非国有公司、企业、其他单位从事业务的人员。

量刑部分

【量刑标准】

犯本罪的,处五年以下有期徒刑或者拘役;数额巨大的,处五年以上有期徒刑,可以并处没收财产。

公司、企业或者其他单位的工作人员在经济往来中,利用职务上的便利,违反国家规定,收受各种名义的回扣、手续费,归个人所有的,依照前款的规定处罚。

国有公司、企业或者其他国有单位中从事公务的人员和国有公司、企业或者其他国有单位委派到非国有公司、企业以及其他单位从事公务的人员有前两款行为的，依照刑法第三百八十五条、第三百八十六条的规定定罪处罚。

对非国家工作人员行贿罪　《刑法》第164条

为谋取不正当利益，给予公司、企业或者其他单位的工作人员以财物，数额较大的，处三年以下有期徒刑或者拘役，并处罚金；数额巨大的，处三年以上十年以下有期徒刑，并处罚金。

为谋取不正当商业利益，给予外国公职人员或者国际公共组织官员以财物的，依照前款的规定处罚。

单位犯前两款罪的，对单位判处罚金，并对其直接负责的主管人员和其他直接责任人员，依照第一款的规定处罚。

行贿人在被追诉前主动交待行贿行为的，可以减轻处罚或者免除处罚。

定罪部分

【罪名概念】

对非国家工作人员行贿罪，是指为谋取不正当利益，给予公司、企业或者其他单位的工作人员以财物、数额较大的行为。

【司法解释】

最高人民法院、最高人民检察院《关于办理贪污贿赂刑事案件适用法律若干问题的解释》

（实施日期：2016年4月18日　法释［2016］9号）（节录）

第七条　为谋取不正当利益，向国家工作人员行贿，数额在三万元以上的，应当依照刑法第三百九十条的规定以行贿罪追究刑事责任。

行贿数额在一万元以上不满三万元，具有下列情形之一的，应当依照刑法第三百九十条的规定以行贿罪追究刑事责任：

（一）向三人以上行贿的；

（二）将违法所得用于行贿的；

（三）通过行贿谋取职务提拔、调整的；

（四）向负有食品、药品、安全生产、环境保护等监督管理职责的国家工作人员行贿，实施非法活动的；

（五）向司法工作人员行贿，影响司法公正的；

（六）造成经济损失数额在五十万元以上不满一百万元的。

第八条　犯行贿罪,具有下列情形之一的,应当认定为刑法第三百九十条第一款规定的“情节严重”:

(一)行贿数额在一百万元以上不满五百万元的;

(二)行贿数额在五十万元以上不满一百万元,并具有本解释第七条第二款第一项至第五项规定的情形之一的;

(三)其他严重的情节。

第十一条　刑法第一百六十四条第一款规定的对非国家工作人员行贿罪中的“数额较大”“数额巨大”的数额起点,按照本解释第七条、第八条第一款关于行贿罪的数额标准规定的二倍执行。

【犯罪构成】

(一)主体要件

本罪的主体是经营者,即从事商品经营、营利性服务等经济活者违法犯罪的要平等地制裁打击,不能搞区别对待,宽严不一。

(二)主观要件

本罪的主观方面均为故意。其目的是谋取不正当利益,此处的谋利,不同于经济活动中依法经营,获取的正当利益,而是牟取暴利、追求不正当的高额经济利润。就行贿方而言,旨在通过对非国家工作人员行贿谋取高于其提供的商品、劳务服务所应得的公平利润,其动机还可能是为了垄断市场、排除竞争对手,最终进行垄断经营,牟取暴利。

(三)客观要件

本罪的客观方面表现为谋取不正当利益,给予公司、企业的工作人员以财物,并且数额较大的行为。支付回扣、手续费是本罪客观方面的主要表现形式。原则上,只要买卖双方和中间人本着诚实信用、公平交易的原则,在不违反国家政策法律的情况下支付收受,对经济发展是有利的,法律上也应予以承认和保护,但是某些情况下,回扣、手续费的支付与收受会危害市场经济公平竞争机制、破坏市场经济秩序,严重的则可能构成本罪。

(四)客体要件

本罪侵犯的是复杂客体,即公司、企业的正常管理秩序和市场竞争秩序。对非国家工作人员行贿行为则违背诚实信用、公然抢走生意,严重挫伤合法经营者的积极性,使市场竞争营业处于混乱无序的状态。在司法实践中以行贿罪认定和处理这些问题,囿于主体的公职身份、客观上利用职务之便要求的局限,难免存在困难偏差,出现打击盲点。随着公务员制度建立完善,国家工作人员直接以权谋私、以权换利的贿赂犯罪会逐步减少,而部分商品经营者、从事营利活动的个人、企事业单位利用贿赂手段进行不正当竞争谋取非法利润的商业行贿犯罪会不断上升,其隐蔽性和欺骗性很大,且并发其他多种犯罪,危害极大,为打击制裁经济犯罪、规定经济行为,本条设立对公司、企业由买方或卖方单独给付或双方共同给付的款项。

【罪名辨析】

(一)本罪与请客送礼的界限

在认定向公司、企业人员行贿罪时,要注意划清与请客送礼的界限。在现实生活中。礼尚往来的请客送礼一般都以公开的方式进行,且礼品的价值一般较小,行为人没有明显的、直接的谋取不正当利益的动机和目的,这与本罪的行贿行为有本质区别。

(二)本罪与向公司、企业或者其他单位人员一般行贿行为的界限

根据本条的规定,向公司、企业人员行贿,达到数额较大的,才构成犯罪,因此,如果向公司、企业人员行贿,数额未达到较大的,属于向公司、企业人员一般行贿行为,不能以本罪论处。

(三)本罪与行贿罪的区别

在认定对非国家工作人员行贿罪时,要注意均为直接故意,且均为谋取不正当利益;在客观特征上行为人均向受贿人实施了给予财物,且数额较大的行为,但两罪在本质上是不同的。

1. 犯罪主体不同。

该罪的主体为商品经济的经营者,具有特定性,而行贿罪的主体为一般主体,其范围较本罪主体更广泛。

2. 行贿的对象不同。

该罪的行贿对象是公司、企业人员,而行贿罪的对象是国家工作人员。

3. 侵犯的客体不同。

该罪侵犯的客体是公司、企业人员职务的廉洁、公正制度,公司、企业的正常业务及管理活动,更为主要的是侵犯社会主义市场经济的公平竞争秩序。而行贿罪所侵犯的客体是国家机关的正常管理和公职人员职务行为的不可收买性。

量 刑 部 分

【量刑标准】

犯本罪,数额较大的,处三年以下有期徒刑或者拘役,并处罚金;数额巨大的,处三年以上十年以下有期徒刑,并处罚金。为谋取不正当商业利益,给予外国公职人员或者国际公共组织官员以财务的,依照前款的规定处罚。

单位犯前款罪的,对单位判处罚金,并对其直接负责的主管人员和其他直接责任人员,依照前一款的规定处罚。

行贿人在被追诉前主动交待行贿行为的,可以减轻处罚或者免除处罚。

非法经营同类营业罪 《刑法》第165条

国有公司、企业的董事、经理利用职务便利,自己经营或者为他人经营与其所任职公司、企业同类的营业,获取非法利益,数额巨大的,处三年以下有期徒刑或者拘役,并处或者单处罚金;数额特别巨大的,处三年以上七年以下有期徒刑,并处罚金。

定罪部分

【罪名概念】

非法经营同类营业罪,是指国有公司、企业的董事、经理利用职务便利,自己经营或者为他人经营与其所任职公司、企业同类的营业,谋取非法利益、数额巨大的行为。

【司法解释】

最高人民检察院、公安部《关于公安机关管辖的刑事案件立案追诉标准的规定(二)》

(实施日期:2010年5月7日　公通字[2010]23号)(节录)

第十二条　国有公司、企业的董事、经理利用职务便利,自己经营或者为他人经营与其所任职公司、企业同类的营业,获取非法利益,数额在十万元以上的,应予立案追诉。

【关联法律】

《公司法》

【犯罪构成】

(一)主体要件

本罪的主体是特殊主体,即国有公司、企业的董事、经理,所谓国有公司、企业是指国有资本占主体的公司、企业,所谓董事,是由股东选举产生的,对内执行公司业务,对外代表公司的常设性执行机构的成员。所谓经理,是公司董事会聘任的主持日常管理工作的高级职员。

(二)主观要件

本罪在主观方面必须出于故意,并且具有获取非法利益的目的。即明知自己或为他人所经营的业务与自己所任职公司、企业经营的业务属于同类,出于非法谋取利益,仍决意进行经营。过失不能构成本罪。

(三)客观要件

本罪的行为方式有以下几种情形:

1. 自己经营或为他人经营业务。既可以是为自己经营,又可以是为他人经营,还可以是既为自己经营又为他人经营，具备其中之一的，即可构成本罪。自己经营，有的是以私人名义另行注册公司经营，有的是以亲人名义但实际是公司、企业董事、经理自行经营，还有的是在他人经办的公司、企业中入股进行经营等。凡是向自己独资或者参与了出资的公司、企业，不论是否以本人名义，都属于为自己经营。为他人经营包括为其他公司、企业进行经营，是指暗中担任他人独资、出资的公司、企业的管理人员，为其业务进行策划、指挥等。

2. 自己经营或为他人经营的营业与自己所任职的公司、企业的营业属于同一种类。否则，即使自己经营或为他人经营了某项营业，但这项营业与自己所任职公司、企业的营业不属同一类营业，亦不能构成本罪。如果经营的营业为两类以上，只要其中的一类与自己所任职公司、企业属同类营业，即可认定为经营了与自己所任职公司、企业的同一类营业。这是为了防止损害自己所任职公司、企业利益的不正当竞争的违法行为发生。公司、企业的董事、经理利用自己所任职公司、企业的人力、物力、资金、信息来源、客户管道为自己经营或者为他人经营的公司、企业抢占市场；或者垄断供货管道；或者巧立名目，将自己所任职公司、企业的正品、等内品产品的次品、等外品低价销售给个人或为他人经营的公司、企业；或者高价收购自己经营或为他人经营的公司、企业的滞销、残损、应降低的商品、次品、等外品等；或者套购所任职公司、企业的畅销、紧缺商品、转手倒卖等。

3. 为自己经营或为他人经营与自己所任职公司、企业同类营业的过程中利用了职务便利，如果没有利用职务之便，即使有为自己经营或为他人经营同类营业的行为，亦不能构成本罪。所谓利用职务便利，是指利用自己经营管理的职权或者职务有关的便利条件。既包括利用自己直接掌管的经营材料、物质、市场、计划、销售等职权而为自己经营或为他人经营的公司、企业谋取非法利益，也包括利用自己职务及有关的便利条件如人事权力、地位等指挥、控制他人利用职权而为自己经营或为他人经营的公司、企业谋取非法利益。

最后，自己经营或者为他人经营与其所任职公司、企业同类的营业，获取了非法利益，并且达到了数额巨大，才可构成本罪。否则，虽有经营行为，但没有获取非法的利益，或者虽然获取了非法利益，但没有达到数额巨大的最低标准，亦不能构成本罪。

（四）客体要件

本罪的客体要件为国有公司、企业的财产权益以及国家对公司的管理制度，根据我国公司法规定，有限责任公司董事会对股东会负责，行使下列职权：

（1）负责召集股东会，并向股东会报告工作；

（2）执行股东会的决议；

（3）决定公司的经营和投资方案；

（4）制定公司的年度预算方案、决算方案；

(5)制定公司的利润分配方案和弥补亏损方案;

(6)制定公司增加或者减少注册资本的方案;

(7)拟订公司合并、分立、变更公司形式、解散的方案;

(8)决定公司内部管理机构的设置;

(9)聘任或者解聘公司经理(总经理),根据经理的提名,聘任或者解聘公司副经理、财务负责人,决定其报酬事项;

(10)制定公司的基本管理制度。

有限责任公司设经理,由董事会聘任或者解聘。经理对董事会负责,行使以下职权:

(1)主持公司的生产经营管理工作,组织实施董事会决议;

(2)组织实施公司年度经营计划和投资方案;

(3)拟订公司内部管理机构设置方案;

(4)拟订公司的基本管理制度;

(5)制定公司的具体规章;

(6)提请聘任或者解聘公司副经理、财务负责人;

(7)聘任或者解聘,除了应由董事会聘任或者解聘以外的负责管理人员;

(8)公司章程和董事会授予的其他职权。

股份有限公司设董事会,其成员为五人至十九人、董事会对股东大会负责、行使下列职权:

(1)负责召集股东大会、并向股东大会报告工作;

(2)执行股东大会的决议;

(3)决定公司的经营计划和投资方案;

(4)制定公司的年度财务预算方案、决算方案;

(5)制定公司的利润分配方案和弥补亏损方案;

(6)制定公司增加或者减少注册资本的方案以及发行公司债券的方案;

(7)拟订公司合并、分立、解散的方案;

(8)决定公司内部管理机构的设置;

(9)聘任或者解聘公司经理、根据经理的提名,聘任或者解聘公司副经理、财务负责人,决定其报酬事项;

(10)制定公司的基本管理制度。

股份有限公司设经理,由董事会聘任或者解聘。经理对董事会负责,行使下列职权:

(1)主持公司的生产经营管理工作,组织实施董事会决议;

(2)组织实施公司年度经营计划和投资方案;

(3)拟订公司内部管理机构设置方案;

(4)拟订公司的基本管理制度;

(5)制定公司的具体规章;

(6)提请聘任或者解聘公司副经理、财务负责人;

(7)聘任,或者解聘除了应由董事会聘任或者解聘以外的负责管理人员;

(8)公司章程和董事会授予的其他职权。

由此可知,公司、企业的董事、经理具有很大的管理权限,其行为对公司、企业以及广大的股东和出资人的利益有很大影响。我国公司法因之规定了董事、经理的义务。

(1)董事、经理应当遵守公司章程,忠实履行职务,维护公司利益,不得利用在公司的地位和职权为自己谋取私利。董事、经理不得利用职权收受贿赂或者其他非法收入,不得侵占公司的财产。

(2)董事、经理不得挪用公司资金或者将公司资金借贷给他人。董事、经理不得以公司资产为本公司的股东或者其他个人债务提供担保。

(3)董事、经理不得自营或者为他人经营与其所任职公司同类的营业或者从事损害本公司利益的活动。从事上述营业或者活动的,所得收入应当归公司所有。董事、经理除公司章程规定或者股东会同意外,不得同本公司订立合同或者进行交易。

(4)董事、经理除依照法律规定或者经股东会同意外,不得泄露公司秘密。

(5)董事、经理执行公司职务时违反法律、行政法规或者公司章程的规定,给公司造成损害的,应当承担赔偿责任。

董事、经理违反相应的义务即侵犯了公司、企业的财产权益以及公司、企业的股东和出资人的财产权益,同时构成对国家公司管理制度的侵害,应承担相应的法律责任。我国公司法及本法对董事、经理违反相应的义务应承担刑事责任作了相应规定,对打击当前公司、企业的董事、经理的渎职行为有重大作用。

【罪名辨析】

(一)本罪与非罪的界限

1. 行为人是否利用了职务上的便利,如果行为人并未利用职务之便而经营同类营业的,就不能以犯罪论处,如行为人虽然经营了与其所任职公司、企业同类的营业,并获利巨大,但这一行为与其所任职的职务无关,就不构成犯罪。

2. 行为人经营的是否为同类营业。构成本罪必须是经营与其所任职公司、企业同类的营业,如果行为人经营的不是同类营业,不构成犯罪。

3. 行为人获取的非法利益是否达到数额巨大。如果行为人利用了职务之便,并且经营与其所任职公司、企业同类的营业,但获取非法利益未达到数额巨大,不能以犯罪论处。

(二)本罪与非国家工作人员受贿罪的界限

本罪与公司、企业人员受贿在犯罪的主观方面均为直接故意,都有获取非法利

益、财物的目的,但两罪在本质上有明显的区别,表现在:

1. 犯罪主体有所不同。非国家工作人员受贿罪的主体是在公司、企业中工作的不具有国家工作人员身份的公司、企业工作人员。这里的公司、企业,包括不同种类或性质的公司、企业,这里的非国家工作人员包括在公司、企业中工作的所有工作人员。而本罪的主体只限于国有公司、企业的董事和经理,范围较前者要狭窄得多。

2. 犯罪的客观方面不同。两罪在客观方面虽都有利用职务之便的特征,但获取非法利益所采取的客观手段有所不同:本罪是行为人利用职务便利,自己经营或者为他人经营与其所任职公司、企业同类的营业,主要是通过“竞业经营”来获取非法利益;而非国家工作人员受贿罪则是行为人利用职务之便,通过直接“索取”或者“非法收受”他人财物的方式,为他人谋取利益而获取非法利益。

量刑部分

【量刑标准】

犯本罪的,处三年以下有期徒刑或者拘役,并处或者单处罚金;数额特别巨大的,处三年以上七年以下有期徒刑,并处罚金。

截至目前,尚无本罪名关于量刑的司法解释。

为亲友非法牟利罪 《刑法》第166条

国有公司、企业、事业单位的工作人员,利用职务便利,有下列情形之一,使国家利益遭受重大损失的,处三年以下有期徒刑或者拘役,并处或者单处罚金;致使国家利益遭受特别重大损失的,处三年以上七年以下有期徒刑,并处罚金:

(一)将本单位的盈利业务交由自己的亲友进行经营的;

(二)以明显高于市场的价格向自己的亲友经营管理的单位采购商品或者以明显低于市场的价格向自己的亲友经营管理的单位销售商品的;

(三)向自己的亲友经营管理的单位采购不合格商品的。

定罪部分

【罪名概念】

为亲友非法牟利罪,是指国有公司、企业、事业单位的工作人员,利用职务便利,将本单位的盈利业务交由自己的亲友进行经营,或者以明显高于市场的价格向自己的亲友经营管理的单位采购商品或者以明显低于市场的价格向自己的亲友经营管理的单位销售商品，或者向自己的亲友经营管理的单位采购不合格商品，使国家利益遭受重大损失的行为。

【司法解释】

最高人民检察院、公安部《关于公安机关管辖的刑事案件立案追诉标准的规定（二）》

（实施日期：2010 年 5 月 7 日　公通字［2010］23 号）（节录）

第十三条　［为亲友非法牟利案（刑法第一百六十六条）］国有公司、企业、事业单位的工作人员，利用职务便利，为亲友非法牟利，涉嫌下列情形之一的，应予立案追诉：

（一）造成国家直接经济损失数额在十万元以上的；

（二）使其亲友非法获利数额在二十万元以上的；

（三）造成有关单位破产，停业、停产六个月以上，或者被吊销许可证和营业执照、责令关闭、撤销、解散的；

（四）其他致使国家利益遭受重大损失的情形。

【犯罪构成】

（一）主体要件

本罪的主体为特殊主体，即国有公司、企业、事业单位的工作人员。这里的工作人员，不仅仅只是国有公司、企业、事业单位的国家工作人员，而泛指国有公司、企业、事业单位的所有工作人员。

（二）主观要件

本罪在主观上只能由故意构成，并具有非法牟利的目的。即行为人明知自己利用职务便利为亲友进行经营活动提供便利条件是一种背信经营的行为，但为获取非法利益仍故意实施这种行为，过失不构成本罪。

（三）客观要件

本罪在客观方面表现为利用职务便利，为自己的亲友进行经营活动，非法提供便利，致使国家利益遭受重大损害的行为。所谓亲友，泛指亲戚与朋友，宜作广义理解，只要行为人为他人进行的经营活动非法提供了便利，即可认定属于为亲友进行经营活动非法提供便利。

为亲友进行经营活动非法提供便利的方式，根据本条规定，包括以下三种情况：

1. 将本单位的盈利业务交由自己的亲友进行经营。其通常是行为人利用决定、参与经贸项目、购销往来掌握的经贸信息、市场行情的职务便利，把明知是可以盈利本应为本单位经营的业务交由自己的亲友去经营。但如果这项业务不属其所在单位经营的业务，即使是其利用职务便利了解到的，并交由自己的亲友进行经营，亦不能构成本罪。

2. 以明显高于市场的价格向自己的亲友经营管理的单位采购商品或者以明显低于市场的价格向自己的亲友经营管理的单位销售商品,简言之,就是从亲友经营管理的单位高进低出,从而损害本公司、企业的利益。

3. 向自己的亲友经营管理的单位采购不合格商品。其要求行为人明知自己亲友经营管理单位的商品属于不合格商品而仍决意购买。明知,既包括行为人确实知道是不合格商品,又包括行为人可能知道是不合格商品。如果确实不知道是不合格商品而采购的,除非可以认定属于以明显高于市场的价格向自己的亲友经营管理的单位采购商品的情况,否则,亦不能构成本罪。还应指出,向自己亲友经营管理的单位收购不合格商品,不论其价格如何,是否属于高价收购,都对本罪成立没有影响。只要其行为严重损害了国家利益,致使国家利益遭受了重大损失,都可以本罪论处。

为自己的亲友进行经营活动非法提供便利的行为,必须是利用了自己的职务便利。没有利用自己的职务便利的,亦不能构成本罪。所谓利用职务便利,在这里主要是指利用在国有公司、企业、事业单位工作,尤其是担任领导工作,主管生产、经营活动的便利条件。既可以是利用自己的职务直接去为自己的亲友经营提供非法便利,又可以是利用自己掌握的职权、地位去控制、指挥要挟、左右他人去为自己的亲友经营提供非法的便利等。

行为人的行为必须造成了国家利益的重大损失才能构成本罪,行为人虽然利用职务便利实施了为自己的亲友经营非法提供便利的行为,但如果没有给国家利益造成实际损失或者虽有实际损失但不属于重大损失,则都不能以本罪论处,所谓使国家利益遭受重大损失,在这里应是指因将本单位的盈利业务交由亲友进行经营而使本单位丧失了可能得到的利润即将单位本应得到的利润转移给了自己的亲友,数额巨大的;以及因向自己亲友经营管理的单位采取高价采购或低价销售商品甚至采购自己亲友经营管理单位的不合格商品,从而将亲友经营的损失转嫁给单位,造成的损失数额巨大的。

(四)客体要件

本罪侵犯的是国有公司、企业、事业单位的财产权益。国有公司、企业以获取财产上的最大利益为其目标,以国家授予其经营管理的财产从事民事活动,向投资者(国家)承担资产保值增值的责任。国有事业单位虽不以营利为其最终目的,但以国家拨给的经费为财产基础在国家法律允许的范围内从事民事活动,并承担民事责任。国有公司、企业、事业单位工作人员利用职务上的便利,将本单位的盈利业务交由自己的亲友进行经营,或者以明显高于市场的价格向自己的亲友经营管理的单位采购商品,或者以明显低于市场的价格向自己的亲友经营管理的单位销售商品或者向自己的亲友经营管理的单位采购不合格商品,必然损害国有公司、企业、事业单位的利益、从而使国有财产的保值增值成为泡影。鉴于国有公司、企业、事业单位在国民经济中重要地位，本条对此种行为特以刑法保护。

【罪名辨析】

（一）本罪与非罪的界限

正确区分本罪与一般背信经营行为的界限，主要应从三个方面考察：

1. 看行为人是否利用了职务便利。如果行为人没有利用职务便利，即使对其亲友所进行的经营活动提供了帮助，也不能以本罪论处。

2. 看行为人通过实施背信经营行为而使国家利益遭受的损失是否达到重大，如果行为人的背信经营行为未使国家利益遭受的损失达到重大的程度，就不能以本罪论处。数额是否巨大不是构成本罪的必要要件，因为本条中并无行为人非法获利及其数额大小的规定，而只有行为人利用职务便利，实施背信经营行为，使国家利益遭受重大损失或特别重大损失的规定，因此，划分本罪与非罪的界限，其标准之一，应为行为人实施背信经营行为而使国家利益遭受的损失是否达到重大或特别重大。

3. 背信经营罪的犯罪主体为特殊主体，即国有公司、企业、事业单位工作人员，除此以外人员的背信经营行为不构成本罪，对于他们的背信经营行为只能追究其民事责任和行政责任。如果构成侵占或者其他犯罪的，应以相关犯罪论处。

（二）本罪与非法经营同类营业罪的区别

本罪与非法经营同类营业罪在客观方面都利用了职务便利，主观方面都出于故意，但这两个罪是两种不同性质的犯罪，它们的区别表现在：

1. 犯罪主体不同。本罪的主体是国有公司、企业、事业单位的工作人员，而非法经营同类营业罪的主体是国有公司、企业的董事和经理。

2. 客观方面不同。本罪在客观方面，所实施的行为表现为利用职务便利，将本单位的盈利业务交由自己的亲友经营，或者以明显高于市场的价格向自己的亲友进行经营管理的单位采购商品或者明显低于市场的价格向自己的亲友经营管理的单位销售商品，或者向自己的亲友经营管理的单位采购不合格商品，而使国家利益遭受重大损失或特别重大损失。而非法经营同类营业罪在客观方面则表现为行为人利用职务便利，为自己经营或者为他人经营与其所任职公司、企业同类的营业，获取非法利益，数额巨大的行为。在此，两罪虽同为结果犯，但犯罪结果有所不同，本罪的犯罪结果为使国家利益遭受重大损失，而非法经营同类营业罪为行为人获取非法利益数额巨大。

（三）本罪与贪污罪的区别

从犯罪构成特征看，本罪与贪污罪具有相同或相似的一面，即两罪均属于国家工作人员利用职务便利实施的化公为私、损公肥私型犯罪；但从法定刑设置看，贪污罪的法定最高刑为死刑，而为亲友非法牟利罪的法定最高刑仅为七年有期徒刑，二者相差悬殊。因此，透过两罪在现象上的相似性，准确界定其本质区别所在，并由此进一步探讨近似犯罪的区分原则及一般认定方法,无疑具有重要的理论与实践意义。从立法精神分析,为亲友非法牟利罪的社会危害性程度之所以在总体上明显轻于贪污罪,主要原因有两点:一是为亲友非法牟利罪中的亲友在客观方面必须实施一定的经营行为,付出一定的经营性劳动,这是其获取非法利益的客观基础;相对而言,贪污罪通常表现为利用职务便利直接侵占公共财物,其主客观方面的危害性更大。二是上述国有单位人员利用职务便利为亲友非法牟取的只是基于经营行为产生的利润,尽管经常表现为明显超出市场价格的暴利,但一般来说,利润通常受到市场规律的制约,在一般社会观念上必有一定的数额限度。因此,该种非法牟取经营利润的行为对国有财产的侵害程度,较之贪污罪所表现的利用职务便利直接侵吞国有财产的行为,则具有相对有限的一面。基于这种分析,为亲友非法牟利罪与贪污罪的界限可以从两个方面进行甄别:一方面,应当考察非法获利者(即亲友)是否实施了一定的经营行为。对于在国有单位的购销活动中通过实施一定的经营行为牟取非法利润的行为,一般可以依法认定为亲友非法牟利罪;反之,对于借从事经营活动之名,行侵占公共财物之实的行为,则可以考虑依法认定贪污罪。另一方面,还应当考察非法获利者(即亲友)所取得的是否属于实施经营行为的"利润"。在司法实践中,有些非法获利者也实施了一定的经营行为,如在国有单位的购销活动中参与实施了介绍货源或商品买家等行为,但其从国有单位所获取的已绝非从事经营行为之"利润"或从事中介活动之"报酬",其非法所得与行为时的相应市价或报酬水平显著背离,以致达到了社会一般观念普遍不能认同为"利润"或"报酬"的程度。

概言之,为亲友非法牟利罪以上述国有单位人员利用职务便利让亲友实施一定的经营行为赚取非法利润为特点;相对而言,贪污罪则以国有单位人员利用职务便利直接让亲友非法占有公共财物为特征。与此相应,为亲友非法牟利罪的罪质主要表现为侵犯市场经济的正当竞争秩序和国家利益;贪污罪的罪质则主要表现为侵犯公共财物的所有权。

量刑部分

【量刑标准】

犯本罪,使国家利益遭受重大损失的,处三年以下有期徒刑或者拘役,并处或者单处罚金;致使国家利益遭受特别重大损失的,处三年以上七年以下有期徒刑,并处罚金。

截至目前,尚无本罪名关于量刑的司法解释。

签订、履行合同失职被骗罪　《刑法》第167条

国有公司、企业、事业单位直接负责的主管人员，在签订、履行合同过程中，因严重不负责任被诈骗，致使国家利益遭受重大损失的，处三年以下有期徒刑或者拘役；致使国家利益遭受特别重大损失的，处三年以上七年以下有期徒刑。

定罪部分

【罪名概念】

签订、履行合同失职被骗罪，是指国有公司、企业、事业单位直接负责的主管人员，在签订、履行合同过程中，因严重不负责任而被诈骗，致使国家利益遭受重大损失的行为。

【司法解释】

1. 最高人民检察院、公安部《关于公安机关管辖的刑事案件立案追诉标准的规定(二)》

(实施日期:2010年5月7日　公通字[2010]23号)(节录)

第十四条　国有公司、企业、事业单位直接负责的主管人员，在签订、履行合同过程中，因严重不负责任被诈骗，涉嫌下列情形之一的，应予立案追诉:

(一)造成国家直接经济损失数额在五十万元以上的;

(二)造成有关单位破产，停业、停产六个月以上，或者被吊销许可证和营业执照、责令关闭、撤销、解散的;

(三)其他致使国家利益遭受重大损失的情形。

金融机构、从事对外贸易经营活动的公司、企业的工作人员严重不负责任，造成一百万美元以上外汇被骗购或者逃汇一千万美元以上的，应予立案追诉。

本条规定的“诈骗”，是指对方当事人的行为已经涉嫌诈骗犯罪，不以对方当事人已经被人民法院判决构成诈骗犯罪作为立案追诉的前提。

2. 最高人民检察院《关于渎职侵权犯罪案件立案标准的规定》

(实施日期:2006年7月26日　高检发释字[2006]2号)(节录)

(十七)国家机关工作人员签订、履行合同失职被骗案(第四百零六条)

国家机关工作人员签订、履行合同失职被骗罪是指国家机关工作人员在签订、履行合同过程中，因严重不负责任，不履行或者不认真履行职责被诈骗，致使国家利益遭受重大损失的行为。

涉嫌下列情形之一的，应予立案:

1. 造成直接经济损失30万元以上，或者直接经济损失不满30万元，但间接经

济损失150万元以上的;

2. 其他致使国家利益遭受重大损失的情形。

【犯罪构成】

(一)主体要件

本罪犯罪主体是特殊主体,即国有公司、企业、事业单位直接负责的主管人员。

(二)主观要件

本罪主观方面是过失。如果行为人是与对方当事人恶意串通,合伙诈骗国有公司、企业、事业单位的财产,则是诈骗的共同犯罪而不再是本罪。

(三)客观要件

本罪客观方面表现为两种行为,即行为人在签订,履行合同过程中因为严重不负责任被诈骗,或者严重不负责任造成大量外汇被骗购或者逃汇,致使国家利益遭受重大损失的行为。所谓“严重不负责任被诈骗”,是指行为人根本不履行或者不正确地履行自己主管、分管合同签订、履行合同的义务,致使他人利用合同形式骗取单位财务的情形。

(四)客体要件

本罪侵犯的客体是国有公司、企业、事业单位的正常活动秩序和经济利益。

【罪名辨析】

(一)本罪与非罪的界限

区分的关键在于行为人签订、履行合同失职被骗是否使国家利益遭受了重大损失,如果在签订、履行合同时虽然被骗,但发现后及时采取措施,避免了可能造成的损失,不构成犯罪。

(二)本罪与国家机关工作人员签订、履行合同失职被骗罪的界限

两种犯罪的相同之处在于都是在签订、履行合同过程中,由于严重不负责任而被骗,致使国家利益遭受重大损失,区别在于犯罪主体不同,前者是公司、企业、事业单位直接负责的主管人员,而后者仅限于国家机关工作人员。

量刑部分

【量刑标准】

犯本罪的,处三年以下有期徒刑或者拘役;致使国家利益遭受特别重大损失的,处三年以上七年以下有期徒刑。

截至目前,尚无本罪名关于量刑的司法解释。

国有公司、企业、事业单位人员失职罪、滥用职权罪 《刑法》第168条

国有公司、企业的工作人员,由于严重不负责任或者滥用职权,造成国有公司、企业破产或者严重损失,致使国家利益遭受重大损失的,处三年以下有期徒刑或者拘役;致使国家利益遭受特别重大损失的,处三年以上七年以下有期徒刑。

国有事业单位的工作人员有前款行为,致使国家利益遭受重大损失的,依照前款的规定处罚。

国有公司、企业、事业单位的工作人员,徇私舞弊,犯前两款罪的,依照第一款的规定从重处罚。

定 罪 部 分

【罪名概念】

国有公司、企业、事业单位人员失职罪、滥用职权罪,是指国有公司、企业的工作人员,由于严重不负责任或者滥用职权,造成国有公司、企业破产或者严重亏损,致使国家利益遭受重大损失,以及国有事业单位的工作人员由于严重不负责任或者滥用职权,致使国家利益遭受重大损失的行为。

【司法解释】

1. **最高人民检察院、公安部《关于公安机关管辖的刑事案件立案追诉标准的规定(二)》**

(实施日期:2010年5月7日　公通字[2010]23号)(节录)

第十五条　国有公司、企业、事业单位的工作人员,严重不负责任,涉嫌下列情形之一的,应予立案追诉:

(一)造成国家直接经济损失数额在五十万元以上的;

(二)造成有关单位破产,停业、停产一年以上,或者被吊销许可证和营业执照、责令关闭、撤销、解散的;

(三)其他致使国家利益遭受重大损失的情形。

2. **最高人民法院《关于如何认定国有控股、参股股份有限公司中的国有公司、企业人员的解释》**

(实施日期:2005年8月11日　法释[2005]10号)(节录)

国有公司、企业委派到国有控股、参股公司从事公务的人员,以国有公司、企业人员论。

3. 最高人民法院、最高人民检察院《关于办理、妨害预防、控制突发传染病疫情等灾害的刑事案件具体应用法律若干问题的解释》

(实施日期:2003 年 5 月 15 日　法释[2003]8 号)(节录)

第四条　国有公司、企业、事业单位的工作人员,在预防、控制突发传染病疫情等灾害的工作中,由于严重不负责任或者滥用职权,造成国有公司、企业破产或者严重损失,致使国家利益遭受重大损失的,依照刑法第一百六十八条的规定,以国有公司、企业、事业单位人员失职罪或者国有公司、企业、事业单位人员滥用职权罪定罪处罚。

4. 最高人民法院《关于审理扰乱电信市场管理秩序案件具体应用法律若干问题的解释》

(实施日期:2000 年 5 月 24 日　法释[2000]12 号)(节录)

第六条　国有电信企业的工作人员,由于严重不负责任或者滥用职权,造成国有电信企业破产或者严重损失,致使国家利益遭受重大损失的,依照刑法第一百六十八条的规定定罪处罚。

【犯罪构成】

(一)主体要件

本罪的主体为特殊主体,即国有公司、企业、事业单位的工作人员,其他主体不构成本罪。

(二)主观要件

本罪的主观方面只能由间接故意与过失构成。行为人的行为虽是直接故意的,但其对致使国家利益遭受重大损失的结果却不是直接故意的,亦即,其并不希望国有公司、企业破产或严重亏损。其对此损害结果的发生多出于过失,亦不排除间接故意。

(三)客观要件

本罪在客观上表现为国有公司、企业的工作人员由于严重不负责任或者滥用职权,造成国有公司、企业破产或严重亏损,致使国家利益遭受重大损失,以及国有事业单位的工作人员由于严重不负责任或者滥用职权,致使国家利益遭受重大损失的行为。就国有公司、企业直接的主管人员来说,主要有以下一些表现:不尊重客观经济规律,对市场需求不作可行性分析和论证,不听取各方面意见,独断专行,致使企业经营决策发生重大失误;管理混乱,规章制度不健全,对于损公肥私,化公为私,侵吞、侵占、私分、挪用公司、企业财产的违法犯罪现象置若罔闻;在经济交往活动中由于种种原因上当受骗后,不主动及时向司法机关报案;违反规定动用企业资金炒股票、期货;违反规定批准拆借资金等。

本罪属结果犯,徇私舞弊行为,只有造成国有公司、企业破产或者严重亏损,致使国家利益遭受重大损失(国有公司、企业的工作人员)、致使国家利益遭受重大损失(国有事业单位的工作人员)时,才构成犯罪。所谓严重亏损,是指国有公司、企业的亏损足以使其丧失清偿到期债务的能力。导致严重亏损的原因很多,包括经营管理不善、天灾人祸、不可抗力等,但构成本罪客观方面的"严重亏损"只能是由于企业直接负责的主管人员的徇私舞弊行为造成的。所谓破产,是指国有公司、企业因严重亏损,无力清偿到期债务,经债权人或债务人申请,被人民法院依法宣布其消灭的行为。这里所谓无力清偿,是国有公司、企业缺乏清偿债务的能力的客观状态,债务人对于清偿期届满并且债权人已请求清偿的债务,在一定期间内一般(而非个别情形)并且持续(而非暂时的、短期的情形)处于不能清偿的状态。这里应注意以下四个问题:(1)正确认定清偿能力。清偿能力通常由资金、信用和生产力(技术、设备材料、劳动力等)三部分组成。只有同时不具备这三个条件,缺乏继续清偿债务的能力,才能认定为无力清偿。(2)无力清偿的债务,必须是清偿期已经届至,并经债权人请求履行而不能清偿的债务。(3)无力清偿的债务,必须是一般并且持续不能清偿的债务。所谓一般,是指清偿对象是众多的,而不是个别的债权人。所谓持续,是指不能清偿在时间上的不间断性,必须在相当长的期间内是持续的,因一时资金周转不灵,而暂时没能清偿,不能认为是无力清偿。(4)无力清偿是债务人客观上不能的经济状态,它与债务人的主观判断和意愿无关,与债务人故意停止的主观行为也不相同。

徇私舞弊行为,还需造成国家利益的重大损失才能构成本罪。一般而言,造成国有公司、企业破产、严重亏损、即已造成国家利益的重大损失,但仍有待有权机关进一步确定。

(四)客体要件

本罪的客体是国有公司、企业财产权益和社会主义市场经济秩序。

量刑部分

【量刑标准】

犯本罪的,处三年以下有期徒刑或者拘役;致使国家利益遭受特别重大损失的,处三年以上七年以下有期徒刑。

国有事业单位的工作人员有前款行为,致使国家利益遭受重大损失的,依照前款的规定处罚。

国有公司、企业、事业单位的工作人员,徇私舞弊,犯前两款罪的,依照第一款的规定从重处罚。

截至目前,尚无本罪名关于量刑的司法解释。

徇私舞弊低价折股、出售国有资产罪 《刑法》第169条(一)

国有公司、企业或者其上级主管部门直接负责的主管人员,徇私舞弊,将国有资产低价折股或者低价出售,致使国家利益遭受重大损失的,处三年以下有期徒刑或者拘役;致使国家利益遭受特别重大损失的,处三年以上七年以下有期徒刑。

定罪部分

【罪名概念】

徇私舞弊低价折股、出售国有资产罪,是指国有公司、企业或者其上级主管部门直接负责的主管人员,徇私舞弊,将国有资产低价折股或者低价出售,致使国家利益遭受重大损失的行为。

【关联法律】

《公司法》

【犯罪构成】

(一)主体要件

本罪的主体为特殊主体,即国有公司、企业或者其上级主管部门直接负责的主管人员,除此不能构成本罪。

(二)主观要件

本罪在主观方面,必须由故意构成,并有明确的徇私动机。如果不是出于故意,不具有徇私舞弊的动机,而行为人是由于思想知识水平低,专业知识不足,业务工作能力低,以致在国有资产折股和出售时发生错误则不能构成本罪。

(三)客观要件

本罪在客观上表现为违反国家规定,徇私舞弊,将国有资产低价折股或低价出售的行为。

1. 违反国家规定。所谓违反国家规定,是指违反公司法以及其他国有资产保护法规的规定。

2. 徇私舞弊。是指本罪行为人为了谋取私利而做违反公司法及国有资产保护法规的事情。

3. 实施了低价折股或者低价出售国有资产的行为。这里的国有资产,是指国有公司、企业的国有资产、即国家以各种形式对国有公司、企业投资和投资收益形成的财产,以及依据法律、行政法规认定为国有公司、企业的其他国有财产,具体表现为国家所有的资金、机器、设备、厂房、土地等有形或者无形的财产。这里的低价折股,是指将国有公司、企业的实物财产、工业产权、非专利技术或者土地使用权,故意低估作价,折合为股份作为出资。这里的低价出售,是指将上述国有资产以低于其实际价值的价格出卖给他人。将国有资产低价折股或者低价出售行为的表现形式是多种多样的,有的是在合资、合营、股份制改造过程中,国有资产不进行资产评估、或者进行了资产评估、但低于所评估资产的实际应有的价值低价折股;有的低估实物资产;有的国有资产未按重置价格折股,未计算其增值部分,而是按账面原值折股;有的对国有公司、企业的商标、商誉、专利等无形资产未计入国家股;有的不经主管部门批准,不经评估机构评估作价,擅自将属于国有公司、企业的土地、厂房低价卖给小集体或私营业主,从中收取回扣等。

4. 本罪是结果犯。行为人徇私舞弊,将国有资产低价折股或低价出售的行为只有在造成国家利益的重大损失结果时,才能构成本罪,否则只能使其承担行政责任。这里的重大损失,是指因低价折股或低价出售而使国有资产大量流失无法挽回,国家利益受到重大损失的情况。至于"损失重大"的认定标准,有待最高司法机关作出权威性解释。如果行为人实施的将国有资产低价折股或低价出售的行为被国家有关主管部门发现,予以及时制止或纠正,客观上未发生致使国家利益遭受重大损失的危害结果,则不能认定为本罪。

(四)客体要件

本罪侵害的客体是国有公司、企业财产的国有所有权和国有资产管理制度。

对于国有公司、企业来说,国家是其资产的所有者,作为资产终极所有者,国家拥有国有资产所有权,这是一种原始产权,是国家对企业的投资行为而形成的,是代表全体人民享有的财产权利,通常表现为财产的收益权和资产的最终处分权。由于国家不可能去经营成千上万的国有公司、企业,只有通过国有公司、企业自己的经营使国有资产在运营中保值增值,为国家带来收益,所以国家所有权必须分解出国有公司、企业法人财产权,将国有资产的实际支配使用和依法处置的权利交给国有公司、企业,而国家只享有原始产权。本罪的客观危害性具体表现在使国家丧失了部分原始产权,即丧失了被国有公司、企业或者其上级主管部门直接负责的主管人员低价折股或者低价出售的那部分国有资产其原有价值与现有价值的差价所代表的那部分国有资产的所有权,致使国家利益遭受重大损失。

为防止国有资产流失,保障国有资产保值增值,国家制定了国有资产的管理制度,包括产权登记制度、国有资产统计报告制度、产权收益监缴管理制度、资产评估管理制度以及通过清产核资核实企业资本金的制度等。这些制度对于切实做好国有资产基础管理工作,有效防止和控制国有资产流失现象,有重要的作用。本罪在侵害国有资产所有权的同时,也破坏了国有资产管理制度,因为低价折股或低价出售国有资产,是建立在对国有资产评估中粗评、漏评、低评的基础上的,直接侵害了国有资产评估管理工作,以致造成国有资产的严重流失。

【罪名辨析】

本罪与职务侵占罪的界限

本罪与职务侵占罪都侵犯了本单位的财产所有权,在主观上都出于故意,但两罪是有本质区别的:

1. 客观方面不同。本罪表现为徇私舞弊、低价变卖国有资产,致使国家利益遭受重大损失的行为,而职务侵占罪是公司、企业或者其他单位人员,利用职务上的便利,将本单位财产非法占为己有,数额较大的行为。

2. 主体不同。本罪主体为国有公司、企业或者其上级主管部门直接负责的主管人员,而职务侵占罪主体为公司、企业或者其他单位的工作人员。

3. 主观目的不同。本罪的目的是为了徇私情或私利,而职务侵占罪的目的是为了非法占有单位财产。

4. 客体有所不同。本罪所侵犯的客体是国有公司、企业的财产所有权和国有资产管理制度,而职务侵占罪所侵犯的客体是本单位所有的财产。

量刑部分

【量刑标准】

犯本罪的,处三年以下有期徒刑或者拘役;致使国家利益遭受特别重大损失的,处三年以上七年以下有期徒刑。

截至目前,尚无本罪名关于量刑的司法解释。

背信损害上市公司利益罪　《刑法》第169条(二)

上市公司的董事、监事、高级管理人员违背对公司的忠实义务,利用职务便利,操纵上市公司从事下列行为之一,致使上市公司利益遭受重大损失的,处三年以下有期徒刑或者拘役,并处或者单处罚金;致使上市公司利益遭受特别重大损失的,处三年以上七年以下有期徒刑,并处罚金:

(一)无偿向其他单位或者个人提供资金、商品、服务或者其他资产的;

(二)以明显不公平的条件,提供或者接受资金、商品、服务或者其他资产的;

(三)向明显不具有清偿能力的单位或者个人提供资金、商品、服务或者其他资产的;

(四)为明显不具有清偿能力的单位或者个人提供担保,或者无正当理由为其他单位或者个人提供担保的;

（五）无正当理由放弃债权、承担债务的；

（六）采用其他方式损害上市公司利益的。

上市公司的控股股东或者实际控制人，指使上市公司董事、监事、高级管理人员实施前款行为的，依照前款的规定处罚。

犯前款罪的上市公司的控股股东或者实际控制人是单位的，对单位判处罚金，并对其直接负责的主管人员和其他直接责任人员，依照第一款的规定处罚。

定罪部分

【罪名概念】

背信损害上市公司利益罪，是指上市公司的董事、监事、高级管理人员违背对公司的忠实义务，利用职务便利，通过操纵上市公司从事不正当、不公平的关联交易等非法手段，致使上市公司利益遭受重大损失的行为。

【关联法律】

《刑法修正案（六）》

《公司法》

【犯罪构成】

（一）主体要件

本罪的犯罪主体指上市公司的董事、监事、高级管理人员违背对公司的忠实义务，利用职务便利，操纵上市公司从事不正当、不公平的关联交易，致使上市公司利益遭受重大损失的行为。上市公司的控股股东或者实际控制人，指使上市公司董事、监事、高级管理人员实施恶意损害上市公司利益的行为，也以本罪论。

（二）主观要件

本罪主观方面表现为故意。即行为人明知自己实施的是背信行为，明知自己的行为会对上市公司造成财产上损害的结果，并且希望或者放任这种结果的发生。

（三）客观要件

本罪客观方面表现为上市公司的董事、监事、高级管理人员违背对公司的忠实义务，利用职务便利，通过操纵上市公司从事不正当、不公平的关联交易等非法手段，致使上市公司利益遭受重大损失的行为。

所谓背信行为，是指行为人破坏与其任职的上市公司之间的法律确认的信任关系，违背对公司的忠实义务，从事了六种非法活动，即：

1. 无偿向其他单位或者个人提供资金、商品、服务或者其他资产，致使上市公司直接经济损失数额在一百五十万元以上的；

2. 以明显不公平的条件，提供或者接受资金、商品、服务或者其他资产，致使上

市公司直接经济损失数额在一百五十万元以上的;

3. 向明显不具有清偿能力的单位或者个人提供资金、商品、服务或者其他资产,致使上市公司直接经济损失数额在一百五十万元以上的;

4. 为明显不具有清偿能力的单位或者个人提供担保,或者无正当理由为其他单位或者个人提供担保,致使上市公司直接经济损失数额在一百五十万元以上的;

5. 无正当理由放弃债权、承担债务,致使上市公司直接经济损失数额在一百五十万元以上的;

6. 致使公司发行的股票、公司债券或者国务院依法认定的其他证券被终止上市交易或者多次被暂停上市交易的;

7. 其他致使上市公司利益遭受重大损失的情形。这主要包括:

(1)挪用公司资金;

(2)将公司资金以某个人名义或者以其他个人名义开立账户存蓄;

(3)违反公司章程的规定,未经股东会、股东大会或者董事会同意,将公司资金借贷给他人或者以公司财产为他人提供担保;

(4)违反公司章程的规定或者未经股东会、股东大会同意,与本公司订立或者进行交易;

(5)未经股东会、股东大会同意,利用职务便利为自己或者他人谋取属于公司的商业机会,自营或者他人经营与所任职公司同类的业务;

(6)接受他人与公司交易的佣金归为己有;

(7)擅自披露公司秘密;

(8)违反对公司忠实义务的其他行为。

该罪是结果犯,必须由于背信行为致使上市公司造成利益遭受重大损失。

(四)客体要件

本罪侵犯的客体是上市公司及其股东的合法权益和证券市场的管理秩序。

【罪名辨析】

(一)本罪与非罪的界限

正确认定背信损害上市公司利益罪,必须划清其与一般违法行为的界限,在认定中,应该注意以下三点:

第一,由于经济活动中存在一定风险的客观使然,若行为主体所实施的行为是在法规、章程规定的范围之内,且行为人既没有滥用权利,也没有违背忠实义务,造成了一定的财产损失,就不能构成本罪。若上市公司为谋求高利润授权由行为人处理相关事务,而自愿甘冒高风险,则行为人为其处理风险事务,即使已超出一般依法之事务处理范围,亦因本人同意,而可阻却违法。

第二,本罪属于结果犯,即只有行为主体实施背信行为致使公司财产遭受重大损失,实施其他行为及时补救,并没有使全体财产减少,都不成立本罪。

第三，如果根据案件事实，确属情节显著轻微危害不大的，没有对上市公司造成重大财产损失的。应根据《刑法》第十三条的规定，不以犯罪论处，而作为一般违法行为处理。

（二）上市公司的控股股东或者实际控制人，指使上市公司高管实施背信行为该如何定罪处罚的问题

《刑法修正案（六）》第九条第二款规定，上市公司的控股股东或者实际控制人，指使上市公司董事、监事、高级管理人员实施前款行为的，依照前款的规定处罚。尽管该款未明确说明依照前款的规定定罪量刑，但是，上市公司的控股股东或者实际控制人，指使上市公司高管实施背信行为的，实际上是本罪的教唆犯。由于我国刑法没有独立的教唆罪，而应根据所教唆的具体犯罪内容定性，所以直接以本罪论处，而不需要另订罪名。

量刑部分

【量刑标准】

犯本罪的，处三年以下有期徒刑或者拘役，并处或者单处罚金；致使上市公司利益遭受特别重大损失的，处三年以上七年以下有期徒刑，并处罚金。

如犯本罪的上市公司的控股股东或者实际控制人是单位的，对单位判处罚金，并对其直接负责的主管人员和其他直接责任人员，依照上述规定处罚。

截至目前，尚无本罪名关于量刑的司法解释。

第四节　破坏金融管理秩序罪

伪造货币罪　《刑法》第 170 条

伪造货币的，处三年以上十年以下有期徒刑，并处罚金；有下列情形之一的，处十年以上有期徒刑或者无期徒刑，并处罚金或者没收财产：

（一）伪造货币集团的首要分子；

（二）伪造货币数额特别巨大的；

（三）有其他特别严重情节的。

定罪部分

【罪名概念】

伪造货币罪，是指违反国家货币管理法规，仿照货币的形状、色彩、图案等特

征,使用各种方法非法制造出外观上足以乱真的假货币,破坏货币的公共信用,破坏金融管理秩序的行为。

【司法解释】

1. 最高人民法院《关于审理伪造货币等案件具体应用法律若干问题的解释(二)》

(实施日期:2010 年 11 月 3 日　法释[2010]14 号)(节录)

第一条　仿照真货币的图案、形状、色彩等特征非法制造假币,冒充真币的行为,应当认定为刑法第一百七十条规定的"伪造货币"。

对真货币采用剪贴、挖补、揭层、涂改、移位、重印等方法加工处理,改变真币形态、价值的行为,应当认定为刑法第一百七十三条规定的"变造货币"。

第二条　同时采用伪造和变造手段,制造真伪拼凑货币的行为,依照刑法第一百七十条的规定,以伪造货币罪定罪处罚。

2. 最高人民法院《全国法院审理金融犯罪案件工作座谈会纪要》

(实施日期:2001 年 1 月 21 日　法[2001]8 号)(节录)

(二)关于破坏金融管理秩序罪

关于假币犯罪

假币犯罪的认定。假币犯罪是一种严重破坏金融管理秩序的犯罪。只要有证据证明行为人实施了出售、购买、运输、使用假币行为,且数额较大,就构成犯罪。伪造货币的,只要实施了伪造行为,不论是否完成全部印制工序,即构成伪造货币罪;对于尚未制造出成品,无法计算伪造、销售假币面额的,或者制造、销售用于伪造货币的版样的,不认定犯罪数额,依据犯罪情节决定刑罚。明知是伪造的货币而持有,数额较大,根据现有证据不能认定行为人是为了进行其他假币犯罪的,以持有假币罪定罪处罚;如果有证据证明其持有的假币已构成其他假币犯罪的,应当以其他假币犯罪定罪处罚。

假币犯罪罪名的确定。假币犯罪案件中犯罪分子实施数个相关行为的,在确定罪名时应把握以下原则:

(1)对同一宗假币实施了法律规定为选择性罪名的行为,应根据行为人所实施的数个行为,按相关罪名刑法规定的排列顺序并列确定罪名,数额不累计计算,不实行数罪并罚;

(2)对不同宗假币实施法律规定为选择性罪名的行为,并列确定罪名,数额按全部假币面额累计计算,不实行数罪并罚。

(3)对同一宗假币实施了刑法没有规定为选择性罪名的数个犯罪行为,择一重罪从重处罚。如伪造货币或者购买假币后使用的,以伪造货币罪或购买假币罪定罪,从重处罚。

(4)对不同宗假币实施了刑法没有规定为选择性罪名的数个犯罪行为,分别定罪,数罪并罚。

出售假币被查获部分的处理。在出售假币时被抓获的,除现场查获的假币应认定为出售假币的犯罪数额外,现场之外在行为人住所或者其他藏匿地查获的假币,亦应认定为出售假币的犯罪数额。但有证据证实后者是行为人有实施其他假币犯罪的除外。

制造或者出售伪造的台币行为的处理。对于伪造台币的,应当以伪造货币罪定罪处罚;出售伪造的台币的,应当以出售假币罪定罪处罚。

3. 最高人民法院、最高人民检察院《关于审理伪造货币等案件具体应用法律若干问题的解释》

(实施日期:2000 年 9 月 14 日　法释[2000]26 号)(节录)

为依法惩治伪造货币,出售、购买、运输假币等犯罪活动,根据刑法的有关规定,现就审理这类案件具体应用法律的若干问题解释如下:

第一条　伪造货币的总面额在 2000 元以上不满 30000 元或者币量在 200 张(枚)以上不足 3000 张(枚)的,依照刑法第一百七十条的规定,处 3 年以上 10 年以下有期徒刑,并处 5 万元以上 50 万元以下罚金。

伪造货币的总面额在 30000 元以上的,属于"伪造货币数额特别巨大。"

第七条　本解释所称"货币"是指可在国内市场流通或者兑换的人民币和境外货币。

【犯罪构成】

(一)主体要件

本罪的主体为一般主体,凡达到刑事责任年龄且具备刑事责任能力的自然人均可以构成,单位不能构成本罪主体。

(二)主观要件

本罪在主观方面上只能由直接故意构成。间接故意和过失不构成本罪。

(三)客观要件

本罪在客观方面上表现为违反国家货币管理法规,伪造货币的行为。所谓伪造货币,是指没有货币制造权的人,仿照人民币或者外币的面额、图案、色彩、质地、式样、规格等,使用多种方法,非法制造假货币,冒充真货币的行为。对于伪造的货币应当注意必须是仿照真人民币或外币制造的,与真币相似的假币。如果不是仿照真人民币或外币制作的,而是构成诈骗罪,不是构成本罪即伪造货币罪。伪造的货币,主要应在于它与真币的相似性,而不在于其相同性,即不要求与真币完全相同,一模一样。尽管科学技术已非常发达,致使伪造假币的手段越来越高明,伪造的效果极为逼真、难以辨认,但行为人毕竟是以假币冒充真币,因而有的自然不可能达到与真币完全一致的程度。其相似性则只要求足以蒙蔽、欺骗他人,达到以假币乱真、可使人信以为真即可。伪造货币,其行为的结果是假币。假币根据制造方法的不同,具体可分为以下几种不同的类型:一是机制胶印、凹印假币;二是石板、蜡板、木板印假币,三是誊印假币;四是复印假币;五是照相假币;六是描绘假币;七是板印假币;八是复印、制板技术合成假币;九是仿照硬币铸造的假币;等等。

本罪系行为犯,行为人只要出于故意实施了伪造货币的行为,就可构成本罪。其不要求情节严重或者造成实际的危害后果为构成犯罪的必要前提。至于未遂的标准,则应视其伪造的行为是否实施完毕而定。如果行为人仿照某种货币进行伪造,实施了所有制造工序的行为,即构成既遂;反之则为未遂。

(四)客体要件

本罪侵犯的客体是国家货币管理制度。国家的货币管理制度是国家财政金融制度的重要组成部分,它具体包括两方面的内容,一是本国货币管理制度,二是外币管理制度。所谓本国货币的管理制度也就是指人民币的管理制度。根据《中国人民银行法》的规定,中华人民共和国的法定货币是人民币,具有强制流通力,以人民币支付中华人民共和国境内的一切公共的和私人的债务,任何单位和个人不得拒收。国家对货币印制和发行实行集中统一管理的原则,货币发行权属于国务院,中国人民银行是人民币的唯一印制和发行机构,其他任何单位和个人均无权印制和发行人民币。中国人民银行通过日常的现金收付和货币发行工作,来组织货币的投放与回笼,控制货币的供应量,调节货币的流通规模,使货币流通与商品流通相适应,保持货币的基本稳定。任何伪造人民币的行为都会侵犯上述货币管理制度。所谓外币管理制度,是外汇管理制度的重要内容之一。外汇管理制度,是指国家对外汇的收、支、存、兑等行为进行监督与控制的制度。根据 1997 年 1 月 14 日修正发布的《外汇管理条例》及有关法规的规定,国家对外汇实行集中管理、统一经营的方针,禁止外汇自由流通,并不得以外币计价结算。同时,公民和单位,可以持有外币,并可以到指定的银行根据当日外汇牌价兑换成人民币。在特定地区或部门,还可以用外币直接购买商品或支付服务费用。因此外币在一定意义上同人民币具有相同的性质,伪造外币同样侵害我国的货币管理制度,危害了交易的安全。伪造货币的行为,严重扰乱了国家的金融秩序,损害国家货币的信誉,严重危害国计民生,应为法律所不许。

本罪的对象是货币。所谓货币,也称通货,是指在一国或地区具有强制流通力的、代表一定价值的、用作支付手段的特定物。货币包括本国货币和外币。我国的货币为人民币,这里的"人民币"应作广义的理解,即它不仅包括中国人民银行发行的纸币和硬币,也包括国务院授权中国银行发行的外汇兑换券。有人认为,外汇兑换券是限定在临时入境的港、澳、台、各国华侨及外宾五种人使用而且限于在指定范围内流通的有价证券,它是中国银行发行的,与中国人民银行发行的人民币性质是不一样的。我们认为,外汇兑换券虽然在发行时并未明确属于国家货币还是有价证券,但其实际上是作为含有外汇价值的人民币代用券使用的,它与人民币的基本职能并无实质差异,中国银行发行也是基于国务院的授权,这与中国人民银行根据授权发行人民币道理是一样的,因此应把外汇兑换券视为广义上的人民币看待,这也是我国理论上的通行看法,实践中也是予以承认的。所谓外币,即外国货币,指境外正在流通的货币,包括外国钞票和外国铸币。需要注意的是,“外币”与“外汇”的含义是不同的,“外汇”除包括“外币”外,还包括以外币表示的可以用作国际清偿的支付手段和资产,如外币有价证券(外国政府债券、公司债券、股票等)、外币支付凭证(如外国票据、银行存款凭证、邮政储蓄凭证等)、特别提款权、欧洲货币单位和其他外汇资金。可见“外汇”的外延遮大于“外币”,伪造“外币”以外的其他外汇并不构成本罪。

【罪名辨析】

(一)罪与非罪

本罪为行为犯。一般来说,行为人只要出于故意实施了伪造货币的行为,就可构成本罪,但这并不是说一定就构成犯罪,这是因为任何违法行为包括伪造货币的行为只有达到一定危害程度时才能构成犯罪。

(二)一罪与数罪

行为人实施伪造货币犯罪行为后,通常还会继续实施其他相关行为,从而触犯其他罪名,如行为人出售或运输其伪造行为人使用其伪造的货币骗购财物、行为人走私其伪造的货币等,其行为分别又触犯了出售或运输伪造的货币罪、诈骗罪、走私伪造的货币罪。对此应定一罪还是定数罪然后实行数罪并罚呢?根据《刑法》第171条第3款之规定,伪造货币并出售或者运输伪造的货币的,依伪造货币罪从重处罚。出售、运输的货币,在这里应是指为伪造者自己所伪造的,即出售或运输所指向的假币与伪造的假币乃是同一宗假币。只有在这种情况下,伪造行为与出售或运输行为才存在着吸收与被吸收的关系。此时出售或运输行为乃属于伪造行为的继续,是伪造行为的一种后继行为,这种后继行为是前行为即伪造货币的行为发展的自然结果。因为伪造者要达到其目的,一般要伴随着运输或出售的过程,因此,对这种后继行为,应被主行为即伪造货币的行为所吸收,不再有其独立的意义,定罪只按伪造货币罪进行,在量刑上则作为二个从重情节予以考虑。如果伪造货币或者运输或者出售的不是自己伪造的那宗货币,此时,运输、出售假币的行为与伪造货币的行为没有必然的联系,从而不存在吸收与被吸收关系,对此,应当分别定罪,再实行并罚。

量 刑 部 分

【量刑标准】

犯本罪的,处三年以上十年以下有期徒刑,并处罚金;有下列情形之一的,处十年以上有期徒刑或者无期徒刑,并处罚金或者没收财产:

(一)伪造货币集团的首要分子;

(二)伪造货币数额特别巨大的;

(三)有其他特别严重情节的。

出售、购买、运输假币罪　《刑法》第 171 条(一)

出售、购买伪造的货币或者明知是伪造的货币而运输,数额较大的,处三年以下有期徒刑或者拘役,并处二万元以上二十万元以下罚金;数额巨大的,处三年以上十年以下有期徒刑,并处五万元以上五十万元以下罚金;数额特别巨大的,处十年以上有期徒刑或者无期徒刑,并处五万元以上五十万元以下罚金或者没收财产。

定罪部分

【罪名概念】

出售、购买、运输假币罪,是指出售、购买伪造的货币或者明知是伪造的货币而运输,数额较大的行为。

【司法解释】

1. 最高人民法院《关于审理伪造货币等案件具体应用法律的若干问题的解释》

(实施日期:2000 年 9 月 14 日　法释[2000]26 号)(节录)

第二条　行为人购买假币后使用,构成犯罪的,依照刑法第一百七十一条的规定,以购买假币罪定罪,从重处罚。

行为人出售、运输假币构成犯罪,同时有使用假币行为的,依照刑法第一百七十一条、第一百七十二条的规定,实行数罪并罚。

第三条　出售、购买假币或者明知是假币而运输,总面额在 4000 元以上不满 50000 元的,属于"数额较大";总面额在 50000 元以上不满 200000 万元的,属于"数额巨大";总面额在 200000 万元以上的,属于"数额特别巨大",依照刑法第一百七十一条第一款的规定定罪处罚。

2. 最高人民法院《全国法院审理金融犯罪案件工作座谈会纪要》

(实施日期:2000 年 1 月 21 日　法[2001]8 号)(节录)

出售假币被查获部分的处理。在出售假币时被抓获的,除现场查获的假币应认定为出售假币的犯罪数额外,现场之外在行为人住所或者其他藏匿地查获的假币,亦应认定为出售假币的犯罪数额。但有证据证实后者是行为人有实施其他假币犯罪的除外。

制造或者出售伪造的台币行为的处理。对于伪造台币的,应当以伪造货币罪定罪处罚;出售伪造的台币的,应当以出售假币罪定罪处罚。

【犯罪构成】

(一)主体要件

本罪主体为一般主体,凡达到法定刑事责任年龄且具备刑事责任能力的自然人均能构成本罪。

（二）主观要件

本罪主观方面表现为故意。货币不是商品，不能出售是众所周知的常识，在现实生活中更不可能存在用低于货币面值出售某一货币的情况。只有伪造的货币，才能有以低于货币面值出售或者购买的可能，因此，无论是出售者还是购买者，其主观上想牟取非法利益，发不义之财的目的不言自明。至于运输伪造的货币罪，行为人明知是伪造的货币而运输，在主观上也有故意。如果托运人并未向承运人如实告知所运货物的真实情况，因受蒙骗等原因不知道所运输的是伪造的货币的，不构成犯罪。

（三）客观要件

本罪在客观方面必须有出售、购买、运输伪造的货币的行为。出售伪造的货币是指以盈利为目的，以各种方式或途径，以一定的价格卖出伪造的货币的行为。购买伪造的货币，是指行为人以一定的价格用货币买入伪造的货币的行为。明知是伪造的货币而运输，是指行为人主观上明明知道是伪造的货币，而使用汽车、飞机、火车、轮船等交通工具或者以其他方式将伪造的货币从一地运往另外一地的行为。一般认为，从一地运往另外一地是指如从 A 省运往 B 省，而在某省某市 A 区与 B 区之间的运送不认定为运输而应认定为持有。

（四）客体要件

本罪侵犯的客体是国家的货币管理和金融管理秩序。

【罪名辨析】

（一）本罪与非罪的界限

区分出售、购买、运输假币罪与非罪的界限，主要注意以下两点：(1)行为人是否"明知"。如果行为人因为上当受骗或出于过失不知其所出售、购买或者运输的是伪造的货币，其行为不构成犯罪；(2)数额是否达到较大程度。如果行为人出售、购买或者运输伪造的货币数额未达到较大程度的，即使有其他严重情节也不能以犯罪论处。

（二）本罪的既遂与未遂的界限

本罪属于行为犯，并不要求有特定结果的发生，因而行为人只要将出售、购买或者运输之行为实施完毕，即可构成既遂。由于本罪属于选择性罪名，因而行为人只要将其中任何一种行为而不是三种行为实施完毕都可构成既遂。但出售、购买或者运输行为也存在一个过程，因此也存在行为人因意志以外的因素而未能把行为实施完毕的可能。如行为人在出售或购买伪造货币当中正讨价还价时被抓获的，或者行为人在运输伪造的货币途中被截获的等，都属于犯罪未遂。因此，不能认为行为人一实施出售、购买或者运输伪造的货币的行为就都构成既遂。

量刑部分

【量刑标准】

犯本罪的,处三年以下有期徒刑或者拘役,并处二万元以上二十万元以下罚金;数额巨大的,处三年以上十年以下有期徒刑,并处五万元以上五十万元以下罚金;数额特别巨大的,处十年以上有期徒刑或者无期徒刑,并处五万元以上五十万元以下罚金或者没收财产。

伪造货币并出售或者运输伪造的货币的,依照本法第一百七十条的规定定罪从重处罚。

金融工作人员购买假币、以假币换取货币罪　《刑法》第171条(二)

银行或者其他金融机构的工作人员购买伪造的货币或者利用职务上的便利,以伪造的货币换取货币的,处三年以上十年以下有期徒刑,并处二万元以上二十万元以下罚金;数额巨大或者有其他严重情节的,处十年以上有期徒刑或者无期徒刑,并处二万元以上二十万元以下罚金或者没收财产;情节较轻的,处三年以下有期徒刑或者拘役,并处或者单处一万元以上十万元以下罚金。

伪造货币并出售或者运输伪造的货币的,依照本法第一百七十条的规定定罪从重处罚。

定罪部分

【罪名概念】

金融机构工作人员购买假币、以假币换取货币罪,是指银行或者其他金融机构的工作人员购买伪造的货币或者利用职务上的便利,以伪造的货币换取货币,数额较大的行为。

【司法解释】

最高人民法院《关于审理伪造货币等案件具体应用法律的若干问题的解释》

(实施日期:2000年9月14日　法释[2000]26号)(节录)

第四条　银行或者其他金融机构的工作人员购买假币或者利用职务上的便利,以假币换取货币,总面额在4000元以上不满50000元或者币量在400张(枚)以上不足5000张(枚)的,处3年以上10年以下有期徒刑,并处20000元以上200000元以下罚金;总面额在50000元以上或者币量在5000张(枚)以上或者有其他严重情节的,处10年以上有期徒刑或者无期徒刑,并处20000元以上200000元以下罚金或者没收财产；总面额不满人民币 4000 元或者币量不足 400 张（枚）或者具有其他情节较轻情形的，处 3 年以下有期徒刑或者拘役，并处或者单处 10000 元以上 100000 元以下罚金。

第七条　本解释所称"货币"是指可在国内市场流通或者兑换的人民币和境外货币。

货币面额应当以人民币计算，其他币种以案发时国家外汇管理机关公布的外汇牌价折算成人民币。

【犯罪构成】

（一）主体要件

本罪的主体是特殊主体，即只有金融机构的工作人员才能构成。所谓金融机构，是指专门从事各种金融活动的组织。我国已形成以中央银行即中国人民银行为核心，以商业银行为主体的多种金融机构并存的体系。其中商业银行主要有中国工商银行，中国农业银行、中国银行、中国建设银行、交通银行、光大银行、中信实业银行以及各种地方性商业银行等。其他金融机构是指，银行以外的城乡信用合作社、融资租赁机构、信托投资公司、保险公司、邮政储蓄机构、证券机构等具有货币资金融通职能的机构。金融机构工作人员即是在上述机构中从事公务的人员。如果不是在上述金融机构而是在其他机构中工作的人员或者虽然是在上述金融机构中工作，但其不是从事公务而是从事劳务的人员，不能构成本罪主体。

（二）主观要件

本罪的主观方面必须是故意，即明知是伪造的货币而予以购买或者利用职务之便利换取货币。

（三）客观要件

本罪在客观方面上表现为银行或者其他金融机构工作人员购买伪造的货币，或者利用职务上的便利以伪造的货币换取货币的行为。所谓伪造的货币简称假币，是指依照我国的货币即人民币和外币含港、澳、台币（包括现行流通的纸币和硬币）的形态、格式、图案、色彩、线条等特征，通过印刷、复印、石印、影印、手描等方法制作的以假充真的货币，不包括变造的货币。

所谓购买伪造的货币，是指以一定的价格利用货币或物品买回、换取伪造的货币之行为。所谓以伪造的货币换取货币的行为，是指以伪造的假币换取真币的行为。这种行为方式，必须在利用职务之便的情况下实施，才能构成本罪的客观之方面。否则，如果没有利用职务之便，即使有以伪造的货币换取真币的行为，亦不可能构成本罪。构成犯罪的，也只能以其他罪论处。所谓利用职务之便，在这里是指利用职务范围内的权力和地位所形成的主管、经管、经手货币的便利条件。既包括利用职权的便利，即在自己职务范围内因职务而产生、享有的处理某种事物的便利,如人事权、物权等,又包括利用本人的职权或地位所形成的便利条件。无论出于哪一种情况,都应当与自己的诸如管理货币的发行、流通与回笼,存款的吸收与提取,贷款的发放与收回,国内外汇兑换的往来等等从事货币流通及相关的业务职责活动相联系。如利用管理金库、出纳现金、吸收付出存款、放出与收回贷款等,就可形成本罪的便利条件。如果没有利用本身的职务之便,只是因工作关系熟悉作案的环境、方法、条件等,而将伪造的货币换取真币的,就不是本罪的客观之行为。如某银行的一工作人员将假币向其银行某一储蓄所与之不相识的人员兑换真币,以及晚上趁无人之机,潜入金库将假币换取真币的行为,都因未利用职务之便因而不能构成本罪。当然,这不排除可以构成他罪,如使用假币罪、诈骗罪、盗窃罪等。

(四)客体要件

本罪侵犯的客体是国家的货币管理制度。金融机构工作人员利用职务便利换取货币的行为还同时侵犯了金融机构的正常活动,具有一定的渎职性。由于本罪主体的特殊性,因而本罪对国家货币管理制度的危害比一般人实施同样的行为的危害要大,所以本条第二款规定了更重的法定刑。

【罪名辨析】

(一)本罪与非罪的界限

区分本罪与非罪的界限,主要应注意以下两点:(1)行为人购买伪造的货币或者以伪造的货币换取的货币数额大小。如果数额不大的,则不构成犯罪。(2)行为人主观上是否出于故意。如果行为人在不知情的情况下买进了伪造的货币或者以伪造的货币换取了货币,其行为一般也不构成本罪,如果构成其他犯罪的,以其他犯罪论处。

(二)本罪与购买假币罪的界限

本罪与购买假币罪的客观行为的性质并没有本质上的不同。所不同的主要有:(1)行为主体的不同。本罪客观行为的主体是银行等金融机构的工作人员;而购买假币罪的主体则为一般主体。(2)客观方面不同。本罪只要具有购买的行为,无论其购买数额的多少都可构成本罪;但后罪的客观方面,不仅要求具有购买假币的行为,而且亦要求购买假币的数量达到数额较大的标准,否则即不可能构成犯罪。另外需要指出的是,金融机构工作人员出于走私的故意而购买假币的,这时又牵连触犯走私假币罪,对之应从重按走私假币罪论处。

(三)本罪与伪造货币罪的界限

如果行为人伪造货币后,再用自己伪造的货币换取真币,则又触犯伪造货币罪。由于后者这种以假币换取真币的行为是前者伪造行为的一种自然的后继行为,加之,刑法对伪造货币的行为处罚要比本罪重,对此,应从重择取伪造货币罪处罚。对于后面的以假币换取真币的行为,则作为一个从重的情节予以考虑。如果金融工作人员既有伪造货币的行为，又有不是以自己伪造的货币而是以他人伪造的货币换取真币的行为，此时，两者之间没有必然联系，因此，应当分别定为伪造货币罪与本罪，然后实行数罪并罚。

(四)本罪与走私假币罪的界限

行为人如果出于走私的故意或与走私犯罪分子共谋实施本罪行为的，则又牵连触犯了走私假币罪，此时，应择一重罪即走私假币罪从重处罚。根据走私行为的性质，下列行为，即使为金融工作人员所为，亦应按走私假币罪处罚：(1)直接向走私犯罪分子非法购买国家禁止进出口的伪造的货币的；(2)在内海、领海购买国家禁止进出口的伪造的货币的；(3)与走私伪造的货币的犯罪分子共谋，为其将伪造的货币换取真币的。

量刑部分

【量刑标准】

犯本罪的，处三年以上十年以下有期徒刑，并处二万元以上二十万元以下罚金；数额巨大或者有其他严重情节的，处十年以上有期徒刑或者无期徒刑，并处二万元以上二十万元以下罚金或者没收财产；情节较轻的，处三年以下有期徒刑或者拘役，并处或者单处一万元以上十万元以下罚金。

伪造货币并出售或者运输伪造的货币的，依照本法第一百七十条的规定定罪从重处罚。

持有、使用假币罪　《刑法》第 172 条

明知是伪造的货币而持有、使用，数额较大的，处三年以下有期徒刑或者拘役，并处或者单处一万元以上十万元以下罚金；数额巨大的，处三年以上十年以下有期徒刑，并处二万元以上二十万元以下罚金；数额特别巨大的，处十年以上有期徒刑，并处五万元以上五十万元以下罚金或者没收财产。

定罪部分

【罪名概念】

持有使用假币罪，是指违反货币管理法规，明知是伪造的货币而持有、使用，数额较大的行为。

【司法解释】

最高人民法院《关于审理伪造货币等案件具体应用法律的若干问题的解释》

(实施日期:2000 年 9 月 14 日　法释[2000]26 号)(节录)

第五条　明知是假币而持有、使用,总面额在 4000 元以上不满 50000 元的,属于“数额较大”;总面额在 50000 元以上不满 200000 元的,属于“数额巨大”;总面额在 200000 元以上的,属于“数额特别巨大”,依照刑法第一百七十二条的规定定罪处罚。

第七条　本解释所称“货币”是指可在国内市场流通或者兑换的人民币和境外货币。

货币面额应当以人民币计算,其他币种以案发时国家外汇管理机关公布的外汇牌价折算成人民币。

【犯罪构成】

(一)主体要件

本罪主体是一般主体,即自然人。

在司法实践中,对于伪造货币后又持有或使用的,只构成伪造货币罪,而并不实行数罪并罚,因为持有、使用是伪造行为的自然延伸,不单独构成犯罪,这说明持有、使用假币罪的主体将伪造货币者排除在外。在大多情况下,出售、购买、运输假币者不单独成为持有、使用假币罪的主体,但在个别情况又不能把他们排除,因此,确切地说,构成持有、使用假币罪的主体是伪造货币者以外的自然人主体。

(二)主观要件

本罪在主观方面表现为故意,即行为人明知是伪造的货币而持有、使用。明知是区分罪与非罪的重要界限。具体言之,有以下情形之一的,可以认定为“明知”:

1. 被验是假币或者被指明后继续持有、使用的;

2. 根据行为人的特点(如知识、经验)和假币的特点(仿真度),能够知道自己持有、使用假币的;

3. 通过其他方法能够证明被告人是“明知”的等。

构成持有、使用假币罪以明知为要件,但不以特定目的为满足。因此,只要行为人明知是伪造的货币而持有、使用,数额较大的,不论其出于何种目的,均可构成持有、使用假币罪。

(三)客观要件

本罪在客观方面表现为持有、使用伪造的货币,数额较大的行为。

“持有”是指拥有,它表现为主体与某一特定之物的占有状态。因此,只要伪造的货币为行为人所占有,即实际处于行为人的支配和控制中就可以视为持有。“使用”是指将假币取代真币在经济交易中运用,即用于流通,如正常的买卖活动,也有的用作赌资非法活动。同时,以持有、使用的假币达到数额较大为构成犯罪的必备要件。根据最高人民检察院、公安部《关于经济案件追诉标准的规定》第十九条明知是伪造的货币而持有、使用,总面额在四千元以上的,应予追诉的规定,数额较大的起点为四千元。

（四）客体要件

本罪侵犯的客体应为国家的货币流通管理制度。国家的货币管理制度是一个内容广泛的概念,它涉及货币的印刷、发行、流通、回笼等诸多环节,包括货币发行的管理（如发行基金的管理. 货币发行与回笼的管理、发行量的管理）,银行出纳的管理,为保护人民币的法定货币地位所实施的有关管理等,并且每个方面的管理都涉及众多的内容。把包括如此多方面内容的国家货币管理制度视为特有、使用假币罪的客体,就不可能准确的反映其客体的特殊性。因此,持有、使用假币罪侵犯的客体是国家的货币流通管理制度。理由如下:

其一,我国《人民银行法》第三章用多条对人民币做出了规定。从这些规定可以看出:一方面,《人民银行法》明确规定,人民币是法定的流通货币;另一方面,有禁止持有、使用伪造、变造的人民币,防止他们进入流通领域的规定。这里,肯定性规范和禁止性规范都指向同一目标,即国家的货币流通管理制度,而不直接指向作为国家货币管理制度的核心内容的货币发行权以及银行出纳管理等。

第二,国家的货币流通管理制度由货币的兑换与挑剔、残缺污损货币的处理、禁止伪造与变造的货币进入流通领域、禁止变相货币的使用等内容组成,其目的是保障货币的正常流通。而持有、使用假币罪的危害实质就在于,通过使用、持有等非法手段使假币进入流通领域或为其提供现实条件,从而危害国家的货币流通管理制度。

持有、使用假币罪的对象是伪造的人民币和外币,不包括变造的人民币和外币。

【罪名辨析】

（一）对于伪造货币后而持有,使用假币的行为应如何认定?

这里涉及伪造者与持有者,伪造者与使用者的相互关系问题,分而论之是一种可行的办法,也是伪造行为的自然延伸。在伪造后而持有假币场合,持有就失去独立的意义,并成为伪造货币罪这个有机整体的组成部分。对于伪造行为后而使用假币的认定,则有不同的意见。在以往的审判实践中,有的认为已经构成数罪,即伪造货币罪和诈骗罪（当时没有规定使用假币罪）,主张实行两罪并罚;有的虽然也认为构成数罪,但坚持按牵连犯处理。笔者认为,使用不同于持有,它不是伪造行为引起的,因此,对使用假币的行为进行单独评价是必要的。至于如何处理,倾向后一种意见。因为伪造货币是为了使用,存在着原因行为和结果行为的牵连关系。在这种情况下,从一重罪论处是适当的。

(二)持有假币罪与运输假币罪的界限

持有与运输是刑法上两个独立的行为,但它们之间有交叉。运输假币以持有假币为条件,持有假币有时则表现为随身携带假币。其区别在于行为人的故意内容不同。如果明知是假币而加以运输的,以运输假币罪论处;不以运输的故意而携带假币的,则应以持有假币罪论处。有的人认为,两者的主要区别在于目的的不同。问题在于这里所说的目的是否是作为犯罪构成要件意义上的目的。如果是,显然与立法规定相矛盾,因为构成运输假币罪是以特定目的为条件。如果不是,拿来比较又有何意义呢?恩格斯提出:在社会历史领域内进行活动的,全是具有意识的,经过思考的或凭激情行动的,追求某种目的的人;任何事情的发生都不是没有目的的,没有自觉意图的。运输假币是人的有意识的行为,自然也包含一定的目的。但这不是作为构成要件意义的目的,用此作为区别的标准,是在犯罪构成之外寻找差异。

(三)对于盗窃、抢夺假币后而持有、使用的,应如何认定?

在实践中,专门以假币为对象进行盗窃、抢劫的恐怕并不多。通常是盗窃、抢夺的货币中夹杂假币或者把假币误认为是真币而进行盗窃、抢夺,并引发了持有、使用假币的行为。这些情况比较复杂,需要具体问题具体分析。如果盗窃、抢夺的货币中夹杂假币,并且真货币数额较大、假币数额较小,在这种情况下,持有、使用假币的行为不构成犯罪,可按盗窃、抢夺罪论处。反之,如果盗窃抢夺的假币数额较大、真币数额较小,在这种情况下,不构成盗窃、抢夺罪,可按持有、使用假币罪论处。

一般情况,盗窃假币,数额较大的,不按盗窃罪处理。因为假币不存在价值计算问题。如果把假币误认为是真货币而进行盗窃、抢夺,则发生不能犯未遂问题。在这种情况下,持有盗窃、抢夺的假币,应如何认定?如果从理论的一致性处罚,则应认定为盗窃或抢夺罪(未遂)。因为这种情况就像盗窃、抢夺而窝藏一样,是一种不可罚之事后行为。不过,司法实践可能不采纳此种方法。如果是使用假币,我们主张按牵连犯处理。

量刑部分

【量刑标准】

犯本罪的,处三年以下有期徒刑或者拘役,并处或者单处一万元以上十万元以下罚金;数额巨大的,处三年以上十年以下有期徒刑,并处二万元以上二十万元以下罚金;数额特别巨大的,处十年以上有期徒刑,并处五万元以上五十万元以下罚金或者没收财产。

变造货币罪　《刑法》第 173 条

变造货币，数额较大的，处三年以下有期徒刑或者拘役，并处或者单处一万元以上十万元以下罚金；数额巨大的，处三年以上十年以下有期徒刑，并处二万元以上二十万元以下罚金。

定 罪 部 分

【罪名概念】

变造货币罪，是指对真币采用挖补、剪贴、揭层、拼凑、涂改等方法进行加工处理，改变货币的真实形状、图案、面值或张数，改变票面面额或者增加票张数量，数额较大的行为。

【司法解释】

最高人民法院《关于审理伪造货币等案件具体应用法律的若干问题的解释》

（实施日期：2000 年 9 月 14 日　法释［2000］26 号）（节录）

第七条　本解释所称“货币”是指可在国内市场流通或者兑换的人民币和境外货币。

货币面额应当以人民币计算，其他币种以案发时国家外汇管理机关公布的外汇牌价折算成人民币。

【犯罪构成】

（一）主体要件

本罪的主体为一般主体。任何达到法定刑事责任年龄且具备刑事责任能力的自然人均可构成本罪。

（二）主观要件

本罪在主观上须由故意构成。即行为人必须明知是货币并进行变造以增大面值或增多币量的，才能构成本罪。如果行为人确实不知是货币而进行加工的，不管其加工变成的面值或币量多大，均不构成犯罪。例如在实践中可能有的行为人因各种原因间接获得外币而又不认识，行为人出于好奇等心理对其进行剪贴、挖补、拼凑、揭层、涂改等，有的变造后还作为纪念品送给他人，对此当然不能以犯罪论处。应注意的是，本条没有规定构成本罪必须具有营利或者流通使用的目的，因此只要行为人出于故意变造货币且数额较大的即可构成本罪。实际上，行为人如果仅仅是为了炫耀自己的技巧或出于自己玩赏、收藏的目的，一般变造的数量也不会太大。行为人变造数量较大的一般也可推定行为人具有营利或流通使用的目的，只不过本条对此不要求，这样更便于司法实践对故意变造货币行为的认定和惩治。

(三)客观要件

本罪在客观方面表现为变造货币,数额较大的行为。

所谓变造货币,是指行为人在真币的基础上,以真币为基本的材料,通过对其剪贴、挖补、拼凑、揭层、涂改等方法加工处理,致使原有的货币改变形态、数量、面值造成原货币升值的行为。如将五十元面额的人民币经过涂改变为一百元面额的人民币,或把一张五十元面额的人民币经过揭层加工后变为两张五十元额的人民币等等,就都是变造货币的行为。变造货币,从广义上来讲,应属于伪造货币的一种方式,因为经过变造的货币已不会再是起初真正的货币,而是一种以假充真的假币,但从严格的意义上来说,两者的行为方式还是有着明显的区别。变造的货币是在货币的基础上,对其所进行的加工与改造而使其增加数量、面值的行为,无论其如何加工处理,变造后的货币在某种程度上或多或少存在着原货币即被加工对象的成分,如原货币的纸张、金属防伪线、油墨、颜色、图案等。其是一种在货币存在的前提下,由少量货币变为多量的货币的行为。而伪造货币则不同,它是从无货币到有货币。采用将一些非货币的物质材料经过一系列的诸如复印、影印、描绘等方法而使其变成货币的行为,有的伪造不需要使用货币,如利用报纸、绘画、凹缩印本剪裁粘贴假币就可不利用货币;有的虽然要利用货币,如用彩色复印机复印,用照相机拍摄而制成假币等,但无论是利用货币还是不利用货币伪造货币,伪造后的货币都不会有原有货币的成分。再从产生和后果看,伪造往往可以成批大量地进行,但变造就难以做到,因此,前者产生的数量常常要比后者大得多,并且由于伪造利用的一般都是先进的技术设备,而变造行为则主要是依靠一些手工所为,所以在逼真程度方面亦是伪造的要比变造的像得多。为此,将两种行为分别规定为不同的犯罪,并据其社会危害性的大小规定不同刑罚,显然有着其内在的必然性。

变造货币必须是数额较大的行为才能构成犯罪。"数额较大"的认定标准,可以参照最高人民法院有关司法解释规定的构成运输假币罪的数额标准,即变造货币总面值在一千元以上或者币量一百张以上可视为"数额较大"。未达到以上数额的变造货币行为不宜以犯罪论处。需要注意的是,这里的货币数额应该是指变造后的货币额,而不是变造前真币的数额,因为对国家货币管理制度危害的显然是变造的货币而非变造前的真币。

(四)客体要件

本罪侵犯的客体是国家货币管理制度。变造货币与伪造货币,是两种确有较大差异的行为。前者是对真正的货币予以加工而增加币值或币量的行为,其特点是假中有真;而后者则是仿照真币制造假币的行为,完全是以假充真。变造行为的手段、特点决定了其变造货币的数量是有限的,不可能与伪造货币的数量相提并论,因此变造货币的社会危害性也远小于伪造货币罪。尽管如此,变造货币也会使人们怀疑货币的信用,担心交易的安全,从而影响国家币制的稳定,因而变造货币行为同样侵犯了国家的货币管理制度。在客体要件这一问题上,变造货币与伪造货币相比,只有侵犯程度的不同,而无实质上的差异。

【罪名辨析】

本罪与伪造货币罪的区别

变造货币罪最高刑为十年以下,而伪造货币罪最高刑为死刑,因此正确区分两罪十分重要。区别点为:

(一)“变造”,是在原货币基础上加工处理使其虚假增值,“伪造”则系无中生有,将非货币物质加工为货币。

(二)变造后的货币,有原币成分;伪造的则没有,或完全改变形态,如将真实金属币融化铸为面值更大的货币。

(三)变造假币一般要投入原币成本,数量也不很大,而伪造则可以大量进行,危害更大,因此处刑不同。

伪造货币罪与变造货币罪虽然都是针对货币实施的犯罪行为,但是二者的构成条件、社会危害性以及处罚都有明显区别。

1. 伪造货币罪的构成条件:

(1)行为人在主观上有犯罪的故意,即明知而为。

(2)行为人在客观上实施了伪造货币的行为。“伪造货币”是指仿照人民币或者外币的图案、色彩、形状等,使用印刷、复印、描绘、拓印等各种制作方法,将非货币的物质非法制造为假货币,冒充货币的行为。本条所说的“货币”,包括人民币和外币。外币是指境外正在流通使用的货币,既包括港、澳、台地区的货币,还包括可在中国兑换的外国货币,如美元、英镑、马克等,以及在中国尚不可以兑换的外国货币,如卢布等。根据刑法的规定,行为人只要实施了伪造货币的行为就构成犯罪,至于行为人是出于何种目的,使用何种方法,并不影响本罪的构成。

2. 变造货币罪的构成条件:

(1)行为人在主观上具有犯罪故意,即具有变造货币非法牟利的目的。如果行为人不具有非法牟利的目的,对货币进行剪贴、涂改,不构成犯罪。

(2)行为人必须具有变造货币的行为。“变造货币”是指行为人在真货币的基础上或者以真货币为基本材料,通过挖补、剪接、涂改、揭层等加工处理,改变原货币数量、形态或面值的行为。不论行为人以何种方式变造货币,都不影响犯罪的成立。变造货币是以真货币为基础进行加工处理,因此变造的货币在某种程度上有原货币的成分,如原货币的纸张、金属防伪线、油墨等。而伪造货币则是将非货币的一些物质经过加工后伪造成为货币,伪造的货币则不具有货币的成分。这是伪造货币与变造货币最大的不同。

(3)行为人变造货币必须达到“数额较大”,才构成犯罪,这是区分罪与非罪的重要界限。

量 刑 部 分

【量刑标准】

犯本罪的,并处或者单处一万元以上十万元以下罚金;数额巨大的,处三年以上十年以下有期徒刑,并处二万元以上二十万元以下罚金。

擅自设立金融机构罪 《刑法》第174条(一)

未经国家有关主管部门批准,擅自设立商业银行、证券交易所、期货交易所、证券公司、期货经纪公司、保险公司或者其他金融机构的,处三年以下有期徒刑或者拘役,并处或者单处二万元以上二十万元以下罚金;情节严重的,处三年以上十年以下有期徒刑,并处五万元以上五十万元以下罚金。

定 罪 部 分

【罪名概念】

擅自设立金融机构罪,是指未经中国人民银行批准,擅自设立商业银行、证券交易所、期货交易所、证券公司、期货经纪公司、保险公司或者其他金融机构的行为。

【司法解释】

最高人民法院《全国法院审理金融犯罪案件工作座谈会纪要》

(实施日期:2001年1月21日　法[2001]8号)(节录)

1998年7月13日,国务院发布了《非法金融机构和非法金融业务活动取缔办法》。1998年8月11日,国务院办公厅转发了中国人民银行整顿乱集资、乱批设金融机构和乱办金融业务实施方案,对整顿金融“三乱”工作的政策措施等问题做出了规定。各地根据整顿金融“三乱”工作实施方案的规定,对于未经中国人民银行批准,但是根据地方政府或有关部门档设立并从事或变相从事金融业务的各类基金会、互助会、储金会等机构和组织,由各地人民政府和各有关部门限期进行清理整顿。超过实施方案规定期限继续从事非法金融业务活动的,依法予以取缔;情节严重、构成犯罪的,依法追究刑事责任。因此,上述非法从事金融活动的机构和组织只要在实施方案规定期限之前停止非法金融业务活动的,对有关单位和责任人员,不应以擅自设立金融机构罪处理;对其以前从事的非法金融活动,一般也不作犯罪处理;这些机构和组织的人员利用职务实施的个人犯罪,如贪污罪、职务侵占罪、挪用公款罪、挪用资金罪等,应当根据具体案情分别依法定罪处罚。

【关联法律】

《商业银行法》

《非法金融机构和非法金融业务活动取缔办法》

《四川省高级人民法院关于刑法部分条款数额执行标准和情节认定标准的意见》

【犯罪构成】

（一）主体要件

本罪的主体，既可以是达到刑事责任年龄并具备刑事责任能力的自然人，也可以是单位。单位犯本罪的，实行两罚制，即对单位判处罚金，对其直接负责的主管人员和其他直接责任人员，判处相应刑罚。

（二）主观要件

本罪在主观方面必须出于直接故意，间接故意或过失都不能构成本罪。这就是说，行为人明知设立金融机构应当经过批准，擅自设立属于违法的行为，亦明知自己是在私自设立金融机构而仍决意设立之，并希望发生金融机构擅自设立成功的危害结果。至于设立的目的，则是为了牟取非法利润。如果设立后又从事非法吸收公众存款、进行集资诈骗等犯罪活动的，则又牵连触犯其他罪名，如非法吸收公众存款罪、集资诈骗罪等，这时，应按牵连犯的处罚原则择一重罪处罚。

（三）客观要件

本罪在客观方面表现为未经中国人民银行批准，擅自设立商业银行、证券交易所、期货交易所、证券公司、期货经纪公司、保险公司或者其他金融机构的行为。根据《商业银行法》和有关银行法规的规定，设立商业银行或者其他金融机构，必须符合一定的条件，按照规定的程序提出申请，经审核批准，由中国人民银行或者有关分行发给《经营金融业务许可证》，始得营业。凡未经中国人民银行批准，擅自开业或者经营金融业务，构成犯罪的，以本罪论处。

所谓商业银行，是指根据《商业银行法》和《公司法》成立的，并经中国人民银行批准以“银行”名义对外吸收公众存款、发放贷款、办理结算以及开展其他金融业务，具有法人资格的，以实现利润为其经营目的的金融机构。所谓擅自设立商业银行，包括擅自设立一个原本不存在的商业银行，也包括未经批准，冒用其他商业银行或者商业银行分支机构名称进行活动的。所谓其他金融机构，是指除银行及其分支机构以外，能依法参与金融活动、开展金融业务的、具有法人资格的组织。从我国情况看，银行以外的其他金融机构，主要有以下几类：(1)证券交易所；(2)期货交易所；(3)证券公司；(4)期货经纪公司；(5)保险公司；(6)信托投资公司；(7)融资租赁公司；(8)农村信用合作社；(9)城市信用合作社；(10)企业集团财务公司；(11)侨资、外资在我国境内设立的金融机构，等等。

本罪是结果犯，即必须有成立商业银行或者其他金融机构的结果。如果设立金融机构还在预备阶段,或者由于某种原因使行为人意图设立的商业银行或者其他金融机构并未实际成立,则不构成本罪。至于擅自设立的商业银行或者其他金融机构是不是已开展业务,是否从事相应的金融业务,是否已经造成了危害,均不影响本罪的成立。

本款规定中的"情节严重"主要是指从行为、手段、实际造成的危害后果等因素确定。一般可包括:成立多家商业银行或者其他金融机构的;采取恶劣手段,如以伪造中国人民银行批准档或国务院档等方式,或者编造谎言,欺骗群众,或者国家机关擅自设立金融机构;不顾主管机关的批评擅自设立金融机构,造成恶劣影响,给他人造成了重大的经济损失等。

(四)客体要件

本罪侵犯的客体是国家的金融管理制度。

【罪名辨析】

罪与非罪的界限

有些商业银行、证券交易所、期货交易所、证券公司、期货经纪公司、保险公司或者其他金融机构为了扩大业务,不向主管机关申报而擅自设立营业网点,增设分支机构,或者虽向主管机关申报,在主管机关未批准前就擅自设立分支机构进行营业活动,这些行为都是违法的,但是这种商业银行或者其他金融机构擅自设立分支机构的行为与擅自设立商业银行或者其他金融机构行为在性质上是不同的。因此,对商业银行、证券交易所、期货交易所、证券公司、期货经纪公司、保险公司或者其他金融机构擅自设立分支机构的行为不能作为犯罪处理。

量刑部分

【量刑标准】

犯本罪的,处三年以下有期徒刑或者拘役,并处或者单处二万元以上二十万元以下罚金;情节严重的,处三年以上十年以下有期徒刑,并处五万元以上五十万元以下罚金。

截至目前,尚无本罪名关于量刑的司法解释。

伪造、变造、转让金融机构经营许可证、批准文件罪　《刑法》第174条(二)

伪造、变造、转让商业银行、证券交易所、期货交易所、证券公司、期货经纪公司、保险公司或者其他金融机构的经营许可证或者批准文件的,依照前款的规定处罚。

单位犯前两款罪的,对单位判处罚金,并对其直接负责的主管人员和其他直接责任人员,依照第一款的规定处罚。

定罪部分

【罪名概念】

伪造、变造、转让金融机构经营许可证、批准文件罪，是指伪造、变造、转让商业银行、证券交易所、期货交易所、证券公司、期货经纪公司、保险公司或者其他金融机构的经营许可证或者批准文件的行为。

【关联法律】

《商业银行法》

【犯罪构成】

（一）主体要件

本罪的主体为一般主体，既可以是达到刑事责任年龄且具备刑事责任能力的自然人，也可以是单位。

（二）主观要件

本罪在主观方面必须出于故意，一般具有营利或谋取其他非法利益的目的。

（三）客观要件

本罪在客观方面表现为非法伪造、变造、转让金融机构经营许可证或者批准文件的行为。

所谓伪造，是指无权制作的单位或个人，依照颁证机关即中国人民银行统一制造的《经营金融业务许可证》的式样，包括形态、色彩、内容、格式等特征，非法制作假的《经营金融业务许可证》之行为。行为的结果是假的许可证。既然是假的，就并不要求与真正的经营金融业务许可证完全一致。只要冠之以此种证件的名称，足以达到以假乱真、蒙蔽他人的目的即可。至于伪造的方式，则可以多种多样，有的是依照印刷，有的是予以复印，有的是用石印、影印、木印、胶印等方法加以复制，有的则是通过手工描绘，无论采用何种方式，只要是依照真的，制造出来了假的金融机构经营许可证，即可构成本罪。

所谓变造，是指行为人采取剪裁、挖补、拼凑、涂改、覆盖、揭层等方法对真《经营金融业务许可证》加以改造处理，从而使其内容加以改变的行为，如变更经营单位的名称与地址、经营业务的范围、批准的日期、批准单位、批准字号等。变造与伪造不同，其是将真的金融机构经营许可证改变其内容而变为假的之行为，其式样、形状等总还有属于真的，只不过是其内容已发生变化，其或多或少含有原来证件的基本成分。而伪造则是将无变成有，即无论是证件的形式还是内容均是假的，其根本不含有真的成分。

所谓转让，是指行为人将自己或他人的金融机构经营许可证转交给别的单位或个人使用的行为。既包括通过出售、出租等有偿的方式转让，亦包括以出借、赠与等无偿的方式转让；既可永久地交给他人使用，也可以暂时地在一定的时间内交与他人使用;交与的证件既可以是真的,亦可以是伪造或变造等假的;转交的证件既可以是自己的,也可以是通过购买、出租等方式获得的;至于转交的对象,既可以是金融机构,也可以是非金融机构,既包括单位,亦包括个人。总之,上述交付行为的方式、时间、对象等等均不会影响转让行为的性质之成立。

本罪为行为犯,即本罪只要行为人出于故意实施了伪造、变造、转让金融机构经营许可证的行为即可构成。至于行为人是否将伪造、变造的经营许可证使用或者出售、转交给他人,以及使用了是否发生了实际危害社会的损害结果,均对本罪构成没有影响。

(四)客体要件

本罪侵犯的客体,是国家的金融管理制度。根据《商业银行法》等法律、法规的规定,金融机构的设立必须符合一定条件,按照规定的程序提出申请,经中国人民银行批准并颁发经营许可证,并凭该许可证向工商行政管理部门办理登记领取营业执照,始得营业。任何单位和个人不得伪造、变造金融机构经营许可证,金融机构及其有关人员不得转让其经营许可证。伪造、变造、转让金融机构经营许可证的行为将导致金融机构的非法设立或金融业务的非法开展,破坏国家对金融业的监督管理制度,刑法因之将其规定为犯罪予以惩治。

本罪的对象是金融机构经营许可证。所谓金融机构经营许可证,是指中国人民银行对商业银行或者其他金融机构颁发的允许其经营金融业务的证明档。它主要载明审批的依据、被批准经营金融业务的机构名称及审批机构等内容,它是商业银行或者其他金融机构从事经营活动的主要法律依据之一。如果经营对象属于外汇,由国家外汇管理部门发给的《经营外汇业务许可证》也是本罪对象的一部分。伪造、变造或转让这种金融机构经营外汇业务的许可证,亦应依本罪治罪。伪造、变造、转让其他证明文件的,不能构成本罪。非金融机构的经营许可证,如属烟草部门颁发的《烟草专卖经营许可证》,或虽属金融机构的证件,但不是它的经营许可证,如属于由工商行政管理部门发给的金融机构的经营执照等,也不能以本罪论处,构成犯罪的,应当依照他罪如伪造、变造、买卖国家机关证件罪等处罚。

【罪名辨析】

本罪与伪造、变造、买卖国家机关公文、证件、印章罪及盗窃、抢夺、毁灭国家机关公文、证件、印章罪的界限

两者在犯罪对象、犯罪行为方式上都有易混淆之处,其主要区别在于:

1. 侵犯的客体不同。前者侵犯的是国家的金融管理制度;后者侵犯的是国家机关、企业事业单位、人民团体的正常管理活动。

2. 犯罪对象不完全相同。前者的对象是金融机构经营许可证;后者的对象是公文、证件和印章。金融机构经营许可证当然也是一种证件,因而两者在犯罪对象

上有交叉。

3. 行为方式不完全相同。前者除伪造、变造外，尚有转让；后者除伪造、变造外，尚有买卖、盗窃、抢夺，毁灭。在实践中，如果是伪造、变造、转让金融机构经营许可证的，虽然金融机构经营许可证也属于一种证件，但由于立法上予以特别规定，因此应以伪造、变造、转让金融机构经营许可证罪论处。如果行为人盗窃、抢夺、毁灭金融机构经营许可证的，应以盗窃、抢夺、毁灭国家机关公文、证件、印章罪论处。

量刑部分

【量刑标准】

犯本罪的，依照前款的规定处罚。（前款规定：处三年以下有期徒刑或者拘役，并处或者单处二万元以上二十万元以下罚金；情节严重的，处三年以上十年以下有期徒刑，并处五万元以上五十万元以下罚金。）

单位犯前两款罪的，对单位判处罚金，并对其直接负责的主管人员和其他直接责任人员，依照第一款的规定处罚。

截至目前，尚无本罪名关于量刑的司法解释。

高利转贷罪　《刑法》第175条（一）

以转贷牟利为目的，套取金融机构信贷资金高利转贷他人，违法所得数额较大的，处三年以下有期徒刑或者拘役，并处违法所得一倍以上五倍以下罚金；数额巨大的，处三年以上七年以下有期徒刑，并处违法所得一倍以上五倍以下罚金。

单位犯前款罪的，对单位判处罚金，并对其直接负责的主管人员和其他直接责任人员，处三年以下有期徒刑或者拘役。

定罪部分

【罪名概念】

高利转贷罪，是指违反国家规定，以转贷牟利为目的，套取金融机构信贷资金高利转贷他人，违法所得数额较大的行为。

【关联法律】

最高人民检察院、公安部《关于公安机关管辖的刑事案件立案追诉标准的规定（二）》

《贷款通则》

【犯罪构成】

(一)主体要件

本罪的主体为特殊主体,即借款人,即经工商行政管理机关或主管机关核准登记的企(事)业法人、其他经济组织、个体工商户或具有中华人民共和国国籍的具有完全民事行为能力的自然人。根据1996年6月28日中国人民银行发布的《贷款通则》之规定,借款人申请贷款,应当具备产品有市场、生产经营有效益、不挤占挪用资金、恪守信用等基本条件,并且应当符合下列要求:

(1)有按期还本付息的能力,原应付贷款利息和到期贷款已清偿;没有清偿的,已经做了贷款人认可的偿还计划。

(2)除自然人和不需要经工商部门核准登记的事业法人外,应当经过工商部门办理年检手续。

(3)已开立基本账户或一般存款账户。

(4)除国务院规定外,有限责任公司和股份有限公司对外股本权益性投资累计额未超过其净资产总额的50%。

(5)借款人的资产负债率符合贷款人的要求。

(6)申请中期、长期贷款的,新建项目的企业法人所有者权益与项目所需总投资的比例不低于国家规定的投资项目的资本金比例。

(7)套取贷款相互借贷牟取非法收入的。

(二)主观要件

本罪在主观上只能由故意构成,而且以转贷牟利为目的。过失不构成本罪。

(三)客观要件

本罪在客观上表现为以转贷牟利为目的,套取金融机构信贷资金高利转贷他人数额较大的行为。易言之,借款人在依正常程序依法贷得金融机构信贷资金之后,以转贷牟利为目的,将贷款高利转贷他人。本罪属结果犯,只有在转贷行为取得违法所得数额较大的情形下,才构成犯罪,至于何谓数额较大,有待于有权机关作出解释。

(四)客体要件

本罪所侵犯的直接客体是国家对信贷资金的发放及利率管理秩序。

所谓金融机构,包括银行和非银行金融机构。其中银行主要指工商银行、农业银行、建设银行、中国银行四大国有独资商业银行;也包括若干投资主体合资设立的股份制银行,如交通银行、投资银行、光大银行、发展银行、民生银行等;此外还包括属集体经济性质的城市合作制银行等。银行以外的金融机构主要指依法享有存、贷款经营权的非银行金融单位,如信托投资部门、保险机构、金融租赁公司、城市、农村信用合作社等。

信贷资金,指金融机构根据中央银行有关贷款方针、政策,用于发放农村、城市

贷款的资金。主要由下述三部分构成:

(1)银行及其他金融机构吸收的各种形式的存款,主要是单位的公营存款。这是信贷资金的主体部分。

(2)国家财政拨发给银行及其他金融机构的自有资金。这在信贷资金中占极小比例。

(3)由资金市场拆借而入的资金。包括从人民银行贷入的短期贷款;本行内部上、下系统内的借款;金融机构之间的拆借款。此类资金原则上不能安排长期贷款。

根据我国有关金融管理法规,对此用作发放贷款的信贷资金,贷款申请人必须述明贷款的合法用途、偿还能力、还款方式,原则上还应提供担保人或质押、不动产抵押等,经银行及其他金融机构有关工作人员审查、评估后,方能确认是否贷款。凡通过编造假去向、假用途、假担保套取信贷资金者,本身即属违反信贷资金管理法规的金融不法行为;另外,根据我国有关金融市场管理法规,任何单位不得在央行规定的贷款利率幅度以上发放贷款,否则,亦属违背我国信贷资金发放利率管理秩序的高利转贷行为。

量刑部分

【量刑标准】

犯本罪的,处三年以下有期徒刑或者拘役,并处违法所得一倍以上五倍以下罚金;数额巨大的,处三年以上七年以下有期徒刑,并处违法所得一倍以上五倍以下罚金。

单位犯前款罪的,对单位判处罚金,并对其直接负责的主管人员和其他直接责任人员,处三年以下有期徒刑或者拘役。

截至目前,尚无本罪名关于量刑的司法解释。

骗取贷款、票据承兑、金融票证罪 《刑法》第175条之一

以欺骗手段取得银行或者其他金融机构贷款、票据承兑、信用证、保函等,给银行或者其他金融机构造成重大损失或者有其他严重情节的,处三年以下有期徒刑或者拘役,并处或者单处罚金;给银行或者其他金融机构造成特别重大损失或者有其他特别严重情节的,处三年以上七年以下有期徒刑,并处罚金。

单位犯前款罪的,对单位判处罚金,并对其直接负责的主管人员和其他直接责任人员,依照前款的规定处罚。

定罪部分

【罪名概念】

骗取贷款、票据承兑、金融票证罪,是指以欺骗手段取得银行或者其他金融机构贷款、票据承兑、信用证、保函等,给银行或者其他金融机构造成重大损失或者有其他严重情节的行为。

【犯罪构成】

(一)主体要件

本罪主体通常是贷款人,但若担保人、银行职员等帮助贷款人出谋划策,掩盖真相、提供虚假材料等的,也可能构成本罪的共犯。另根据《刑法》第一百七十五条之一第二款的规定,犯罪主体既可以是个人,也可以是单位。

(二)主观要件

本罪主观方面应该为故意,即积极采取欺骗手段,追求获得贷款归贷款人使用的目的。如果贷款人主观上有将贷款占为己有,不再归还的目的,则应当构成贷款诈骗罪。

(三)客观要件

本罪在客观方面表现为以欺骗手段取得银行或者其他金融机构贷款、票据承兑、信用证、保函等,给银行或者其他金融机构造成重大损失或者有其他严重情节的行为。只要行为人在申请贷款的过程中有虚构事实、掩盖真相的情节,或者在申请贷款过程中,提供了假证明、假材料,或者不如实填写贷款资金真实用途,以骗得贷款的顺利审批的,都属于欺骗手段。

(四)客体要件

本罪客体是国家的金融管理秩序和银行或其他金融机构的贷款、票据承兑、信用证、保函等的安全。这里的银行,包括中国人民银行和各类商业银行。其他金融机构,是指除银行以外的各种开展金融业务的机构,如证券、保险、期货、外汇、融资租赁、信托投资公司等。这里的安全,是指骗贷行为使银行或其他金融机构的这些资产与正常贷款相比处于相对不安全状态,不利于银行的风险防范。

量刑部分

【量刑标准】

犯本罪的,处三年以下有期徒刑或者拘役,并处或者单处罚金;给银行或者其他金融机构造成特别重大损失或者有其他特别严重情节的,处三年以上七年以下有期徒刑,并处罚金。

单位犯前款罪的,对单位判处罚金,并对其直接负责的主管人员和其他直接责任人员,依照前款的规定处罚。

截至目前，尚无本罪名关于量刑的司法解释。

非法吸收公众存款罪　《刑法》第176条

非法吸收公众存款或者变相吸收公众存款，扰乱金融秩序的，处三年以下有期徒刑或者拘役，并处或者单处二万元以上二十万元以下罚金；数额巨大或者有其他严重情节的，处三年以上十年以下有期徒刑，并处五万元以上五十万元以下罚金。

单位犯前款罪的，对单位判处罚金，并对其直接负责的主管人员和其他直接责任人员，依照前款的规定处罚。

定罪部分

【罪名概念】

非法吸收公众存款罪，是指违反信贷管理法律、法规，吸收或者变相吸收公众存款的行为。

【司法解释】

1. 最高人民法院《关于审理非法集资刑事案件具体应用法律若干问题的解释》

（实施日期：2011年1月4日　法释［2010］18号）

为依法惩治非法吸收公众存款、集资诈骗等非法集资犯罪活动，根据刑法有关规定，现就审理此类刑事案件具体应用法律的若干问题解释如下：

第一条　违反国家金融管理法律规定，向社会公众（包括单位和个人）吸收资金的行为，同时具备下列四个条件的，除刑法另有规定的以外，应当认定为刑法第一百七十六条规定的“非法吸收公众存款或者变相吸收公众存款：

（一）未经有关部门依法批准或者借用合法经营的形式吸收资金；

（二）通过媒体、推介会、传单、手机短信等途径向社会公开宣传；

（三）承诺在一定期限内以货币、实物、股权等方式还本付息或者给付回报；

（四）向社会公众即社会不特定对象吸收资金。

未向社会公开宣传，在亲友或者单位内部针对特定对象吸收资金的，不属于非法吸收或者变相吸收公众存款。

第二条　实施下列行为之一，符合本解释第一条第一款规定的条件的，应当依照刑法第一百七十六条的规定，以非法吸收公众存款罪定罪处罚：

（一）不具有房产销售的真实内容或者不以房产销售为主要目的，以返本销售、售后包租、约定回购、销售房产份额等方式非法吸收资金的；

(二)以转让林权并代为管护等方式非法吸收资金的;

(三)以代种植(养殖)、租种植(养殖)、联合种植(养殖)等方式非法吸收资金的;

(四)不具有销售商品、提供服务的真实内容或者不以销售商品、提供服务为主要目的,以商品回购、寄存代售等方式非法吸收资金的;

(五)不具有发行股票、债券的真实内容,以虚假转让股权、发售虚构债券等方式非法吸收资金的;

(六)不具有募集基金的真实内容,以假借境外基金、发售虚构基金等方式非法吸收资金的;

(七)不具有销售保险的真实内容,以假冒保险公司、伪造保险单据等方式非法吸收资金的;

(八)以投资入股的方式非法吸收资金的;

(九)以委托理财的方式非法吸收资金的;

(十)利用民间“会”、“社”等组织非法吸收资金的;

(十一)其他非法吸收资金的行为。

第三条　非法吸收或者变相吸收公众存款,具有下列情形之一的,应当依法追究刑事责任:

(一)个人非法吸收或者变相吸收公众存款,数额在 20 万元以上的,单位非法吸收或者变相吸收公众存款,数额在 100 万元以上的;

(二)个人非法吸收或者变相吸收公众存款对象 30 人以上的,单位非法吸收或者变相吸收公众存款对象 150 人以上的;

(三)个人非法吸收或者变相吸收公众存款,给存款人造成直接经济损失数额在 10 万元以上的,单位非法吸收或者变相吸收公众存款,给存款人造成直接经济损失数额在 50 万元以上的;

(四)造成恶劣社会影响或者其他严重后果的。

具有下列情形之一的,属于刑法第一百七十六条规定的“数额巨大或者有其他严重情节”:

(一)个人非法吸收或者变相吸收公众存款,数额在 100 万元以上的,单位非法吸收或者变相吸收公众存款,数额在 500 万元以上的;

(二)个人非法吸收或者变相吸收公众存款对象 100 人以上的,单位非法吸收或者变相吸收公众存款对象 500 人以上的;

(三)个人非法吸收或者变相吸收公众存款,给存款人造成直接经济损失数额在 50 万元以上的,单位非法吸收或者变相吸收公众存款,给存款人造成直接经济损失数额在 250 万元以上的;

(四)造成特别恶劣社会影响或者其他特别严重后果的。

非法吸收或者变相吸收公众存款的数额,以行为人所吸收的资金全额计算。案发前后已归还的数额,可以作为量刑情节酌情考虑。

非法吸收或者变相吸收公众存款,主要用于正常的生产经营活动,能够及时清退所吸收资金,可以免予刑事处罚;情节显著轻微的,不作为犯罪处理。

第四条 以非法占有为目的,使用诈骗方法实施本解释第二条规定所列行为的,应当依照刑法第一百九十二条的规定,以集资诈骗罪定罪处罚。

使用诈骗方法非法集资,具有下列情形之一的,可以认定为"以非法占有为目的":

(一)集资后不用于生产经营活动或者用于生产经营活动与筹集资金规模明显不成比例,致使集资款不能返还的;

(二)肆意挥霍集资款,致使集资款不能返还的;

(三)携带集资款逃匿的;

(四)将集资款用于违法犯罪活动的;

(五)抽逃、转移资金、隐匿财产,逃避返还资金的;

(六)隐匿、销毁账目,或者搞假破产、假倒闭,逃避返还资金的;

(七)拒不交代资金去向,逃避返还资金的;

(八)其他可以认定非法占有目的的情形。

集资诈骗罪中的非法占有目的,应当区分情形进行具体认定。行为人部分非法集资行为具有非法占有目的的,对该部分非法集资行为所涉集资款以集资诈骗罪定罪处罚;非法集资共同犯罪中部分行为人具有非法占有目的,其他行为人没有非法占有集资款的共同故意和行为的,对具有非法占有目的的行为人以集资诈骗罪定罪处罚。

第五条 个人进行集资诈骗,数额在 10 万元以上的,应当认定为"数额较大";数额在 30 万元以上的,应当认定为"数额巨大";数额在 100 万元以上的,应当认定为"数额特别巨大"。

单位进行集资诈骗,数额在 50 万元以上的,应当认定为"数额较大";数额在 150 万元以上的,应当认定为"数额巨大";数额在 500 万元以上的,应当认定为"数额特别巨大"。

集资诈骗的数额以行为人实际骗取的数额计算,案发前已归还的数额应予扣除。行为人为实施集资诈骗活动而支付的广告费、中介费、手续费、回扣,或者用于行贿、赠与等费用,不予扣除。行为人为实施集资诈骗活动而支付的利息,除本金未归还可予折抵本金以外,应当计入诈骗数额。

第六条 未经国家有关主管部门批准,向社会不特定对象发行、以转让股权等方式变相发行股票或者公司、企业债券,或者向特定对象发行、变相发行股票或者公司、企业债券累计超过 200 人的,应当认定为刑法第一百七十九条规定的"擅自发行股票、公司、企业债券”。构成犯罪的,以擅自发行股票、公司、企业债券罪定罪处罚。

第七条　违反国家规定,未经依法核准擅自发行基金份额募集基金,情节严重的,依照刑法第二百二十五条的规定,以非法经营罪定罪处罚。

第八条　广告经营者、广告发布者违反国家规定,利用广告为非法集资活动相关的商品或者服务作虚假宣传,具有下列情形之一的,依照刑法第二百二十二条的规定,以虚假广告罪定罪处罚:

(一)违法所得数额在10万元以上的;

(二)造成严重危害后果或者恶劣社会影响的;

(三)二年内利用广告作虚假宣传,受过行政处罚二次以上的;

(四)其他情节严重的情形。

明知他人从事欺诈发行股票、债券,非法吸收公众存款,擅自发行股票、债券,集资诈骗或者组织、领导传销活动等集资犯罪活动,为其提供广告等宣传的,以相关犯罪的共犯论处。

第九条　此前发布的司法解释与本解释不一致的,以本解释为准。

2. 最高人民检察院、公安部《关于公安机关管辖的刑事案件立案追诉标准的规定(二)》

(实施日期:2010年5月7日)(节录)

第二十八条　[非法吸收公众存款案(刑法第一百七十六条)]非法吸收公众存款或者变相吸收公众存款,扰乱金融秩序,涉嫌下列情形之一的,应予立案追诉:

(一)个人非法吸收或者变相吸收公众存款数额在二十万元以上的,单位非法吸收或者变相吸收公众存款数额在一百万元以上的;

(二)个人非法吸收或者变相吸收公众存款三十户以上的,单位非法吸收或者变相吸收公众存款一百五十户以上的;

(三)个人非法吸收或者变相吸收公众存款给存款人造成直接经济损失数额在十万元以上的,单位非法吸收或者变相吸收公众存款给存款人造成直接经济损失数额在五十万元以上的;

(四)造成恶劣社会影响的;

(五)其他扰乱金融秩序情节严重的情形。

3. 最高人民法院《全国法院审理金融犯罪案件工作座谈会纪要》

(实施日期:2001年1月21日　法[2001]8号)(节录)

为正确执行刑法,在其他有关的司法解释出台之前,对假币犯罪以外的破坏金融管理秩序犯罪的数额和情节,可参照以下标准掌握:

关于非法吸收公众存款罪。非法吸收或者变相吸收公众存款的,要从非法吸收公众存款的数额、范围以及结存款人造成的损失等方面来判定扰乱金融秩序造成危害的程度。根据司法实践，具有下列情形之一的，可以按非法吸收公众存款罪定罪处罚：

个人非法吸收或者变相吸收公众存款 20 万元以上的，单位非法吸收或者变相吸收公众存款 100 万元以上的。

（1）个人非法吸收或者变相吸收公众存款 30 户以上的；

（2）单位非法吸收或者变相吸收公众存款 150 户以上的；

（3）个人非法吸收或者变相吸收公众存款给存款人造成损失 10 万元以上的，单位非法吸收或者变相吸收公众存款给存款人造成损失 50 万元以上的，或者造成其他严重后果的。个人非法吸收或者变相吸收公众存款 100 万元以上，单位非法吸收或者变相吸收公众存款 500 万元以上的，可以认定为“数额巨大”。

由于各地经济发展不平衡，各省、自治区、直辖市高级人民法院可参照上述数额标准或幅度，根据本地的具体情况，确定在本地区掌握的具体标准。

【关联法律】

《商业银行法》

《非法金融机构和非法金融业务活动取缔办法》

【犯罪构成】

（一）主体要件

本罪的主体为一般主体，凡是达到刑事责任年龄且具有刑事责任能力的自然人均可构成本罪。单位也可以成为本罪的主体。这里的单位，既可以是可以经营吸收公众存款业务的商业银行等银行金融机构，也可以是不能经营吸收公众存款业务的证券公司等非银行金融机构，还可以是其他非金融机构。

（二）主观要件

本罪在主观方面表现为故意，即行为人必须是明知自己非法吸收公众存款的行为会造成扰乱金融秩序的危害结果，而希望或者放任这种结果发生。过失不构成本罪。

（三）客观要件

本罪在客观方面表现为行为人实施了非法吸收公众存款或变相吸收公众存款的行为。

1. 非法提高存款利率

以非法提高存款利率的方式吸收存款，扰乱金融秩序。其主要表现方式为：吸收存款人径直在当场交付存款人或储户的存单上开出高于央行法定利率的利率数来。因而此种方式又可简称为账面上有反映方式。

存款利率，和贷款利率一样，是中央政府对本国市场经济进行宏观调控的重要经济杠杆。一般情况下，国家需要刺激和扩大社会总体消费时，多降低存款利率，反之,当国家需要控制市场消费、以更多回笼货币来更大量的投入社会扩大再生产以加强社会生产力度时,多提高存款利率。基于此,尽管世界各国的利率多由市场决定,央行也往往会通过公开市场操作等办法影响市场利率。中国则不同,利率由中国人民银行制定发布,除了中央银行以外,任何其他单位、团体包括其他金融机构乃至央行以外的其他政府机构均不得擅自提高存款或贷款利率。凡以不法提高利率的办法来吸收存款、争夺存款大户者,其行为显然违反中国《商业银行法》第 47 条的规定,同时也扰乱了中国金融竞争秩序,行为法人依法应负刑事责任。

2. 变相提高利率

以变相提高利率的方式吸收存款、扰乱金融秩序。所谓变相提高存款利率,是指吸收存款人虽未在开付出去的存单上直接提高存款利率,但却通过存款之际先行扣付,或允诺事后一次性地给付或许以其他物质、经济利益好处的方式来招揽存款,以使存款方在事实上获得相当于提高存款利率的实惠后,欣然乐于存款于该吸收人所在银行或其他金融机构。此种方式,又可简称为账面上无反映方式。实践中,行为人以变相提高利率的方法来吸收存款的具体方式多种多样,大致有:

(1)以体外循环手法非法以贷吸存。体外循环又称绕规模,通常指贷方银行或其他金融机构未在上级行规定的放贷规模内放贷,而以账外吸收存款、账外发放贷款的违规操作法存贷。通俗地说,体外循环就是谁能给我拉来存款,我就将此笔放贷规模体的存款的全部或大部返贷给谁。此种体外循环本身,如其造成重大损失者,也属刑法第 187 条所规定的用账外资金非法拆借、发放贷款罪行为。

(2)以在存款中先行补足自己擅自抬高的利率息差的方式非法吸收存款。此种情况下,吸收存款人为了不从账面上反映出自己不法提高利率的违规操作情况,往往采用在存款人前来存款之际,直接从存款人交付存款的账上为存款人划出一笔款项、作为自己擅自抬高了的利率的息差,补偿结存款人,从而在事实上抬高了存款利率,并以此高利手段来吸引存款人前来自己所在银行或金融单位存款。

(3)以擅自在社会上大搞有奖储蓄的办法非法吸收公众存款。其实质,仍然是变相抬高国家所规定的存款利率,情节严重者,必定扰乱整个社会的金融秩序。

(4)以暗自先行给付实物或期约给付实物的手段非法吸收存款。

(5)以暗自期许存款方对其动产、不动产的长期使用权来非法招揽存款。

3. 非法吸收公众存款

依法无资格从事吸收公众存款业务的单位非法吸收公众存款,扰乱金融秩序。对此类行为,无论其是否提高了国家规定的存款利率,也不问其是否采取了其他变相提高存款利率的手法来吸收存款,只要其从事了吸收公众存款的行为即属非法行为,一概构成本罪。

本罪是行为犯,行为人只要实施了非法吸收公众存款或者变相吸收公众存款,扰乱金融秩序的行为,即便构成本罪既遂。这也反映了立法上对本罪行为人所实施的、严重破坏金融市场秩序的行为从严打击的意向。

(四)客体要件

本罪侵犯的客体,是国家金融管理制度。存款是指存入金融机构保管并可以由其利用的货币资金或有价证券,它是吸收存款的金融机构信贷资金的主要来源。根据中国有关金融法律、法规的规定,商业银行、城乡信用合作社等银行金融机构可以经营吸收公众存款业务,证券公司、证券交易所、保险公司等非银行类金融机构以及任何非金融机构和个人则不得从事吸收公众存款业务。从事吸收存款业务的金融机构在开展业务时,不仅应当遵循平等、自愿、公平和诚实信用原则,遵守法律、行政法规的有关规定,不损害国家利益、社会公共利益;同时,还应当遵守公平竞争的原则,不得从事不正当竞争。如果上述可以经营吸收公众存款业务的金融机构采取非法手段吸收公众存款,或者不得经营吸收公众存款业务的金融机构以及非金融机构、个人非法吸收或者变相吸收公众存款,必然影响国家对金融活动的宏观监管,损害金融机构的信用,损害存款人的利益,扰乱金融秩序,最终会影响国民经济的发展和社会的稳定。中国实行市场经济以来,由于贷款需求的扩张,各种非法吸收公众存款或者变相吸收公众存款的现象已愈益突出,这对国家金融秩序的稳定造成了极大的冲击,因此,刑法继全国人大常委会《关于惩治破坏金融秩序犯罪的决定》之后将非法吸收或者变相吸收公众存款的行为规定为犯罪予以惩治。

本罪的犯罪对象是公众存款。所谓存款是指存款人将资金存入银行或者其他金融机构,银行或者其他金融机构向存款人支付利息的一种经济活动。所谓公众存款是指存款人是不特定的群体,如果存款人只是少数个人或者是特定的,不能认为是公众存款。

【罪名辨析】

(一)本罪与非法经营罪的界限

非法吸收公众存款罪和非法经营罪之间存在一定的竞合关系,主要体现在未经批准,非法从事银行业务的,构成非法经营罪。但是,《刑法》第一百七十六条对非法吸收公众存款的行为以特别条款的形式作了规定,非法吸收公众存款罪和非法经营罪之间形成特别法和普通法的竞合关系,非法吸收公众存款的行为在一般情况下应当适用特别法,即以非法吸收公众存款罪处罚。但是,应注意的一点是,犯罪行为以特别法即非法吸收公众存款罪处罚以该罪能够对犯罪行为进行全面整体评价为原则,如果行为虽然构成非法吸收公众存款罪,但该罪只能对犯罪行为进行部分评价,不能涵括犯罪行为的整体,而适用非法经营罪能够对行为进行整体评价,则要适用非法经营罪。

(二)本罪与集资诈骗罪的界限

两者的区别主要表现在犯罪的主观故意不同,集资诈骗罪是行为人采用虚构事实、隐瞒真相的方法意图永久非法占有社会不特定公众的资金,具有非法占有的主观故意;而非法吸收公众存款罪行为人只是临时占用投资人的资金,行为人承诺而且也意图还本付息。

1. 从筹集资金的目的和用途看,如果向社会公众筹集资金的目的是为了用于生产经营,并且实际上全部或者大部分的资金也是用于生产经营,则定非法吸收公众存款罪的可能性更大一些;如果向社会公众筹集资金的目的是为了用于个人挥霍,或者用于偿还个人债务,或者用于单位或个人拆东墙补西墙,则定集资诈骗罪的可能性更大一些。

2. 从单位的经济能力和经营状况来看,如果单位有正常业务,经济能力较强,在向社会公众筹集资金时具有偿还能力,则定非法吸收公众存款罪的可能性更大一些;如果单位本身就是皮包公司,或者已经资不抵债,没有正常稳定的业务,则定集资诈骗的可能性更大一些。

3. 从造成的后果来看,如果非法筹集的资金在案发前全部或者大部分没有归还,造成投资人重大经济损失,则定集资诈骗罪的可能性更大一些,如果非法筹集的资金在案发前全部或者大部分已经归还,则定集资诈骗罪的余地就非常小,一般应定非法吸收公众存款罪。

4. 从案发后的归还能力看,如果案发后行为人具有归还能力,并且积极筹集资金实际归还了全部或者大部分资金,则具有定非法吸收公众存款罪的可能性;如果案发后行为人没有归还能力,而且全部或者大部分资金没有实际归还,则具有定集资诈骗罪的可能性。

量刑部分

【量刑标准】

犯本罪的,处三年以下有期徒刑或者拘役,并处或者单处二万元以上二十万元以下罚金;数额巨大或者有其他严重情节的,处三年以上十年以下有期徒刑,并处五万元以上五十万元以下罚金。

单位犯前款罪的,对单位判处罚金,并对其直接负责的主管人员和其他直接责任人员,依照前款的规定处罚。

伪造、变造金融票证罪 《刑法》第177条(一)

有下列情形之一，伪造、变造金融票证的，处五年以下有期徒刑或者拘役，并处或者单处二万元以上二十万元以下罚金；情节严重的，处五年以上十年以下有期徒刑，并处五万元以上五十万元以下罚金；情节特别严重的，处十年以上有期徒刑或者无期徒刑，并处五万元以上五十万元以下罚金或者没收财产：

(一)伪造、变造汇票、本票、支票的；

(二)伪造、变造委托收款凭证、汇款凭证、银行存单等其他银行结算凭证的；

(三)伪造、变造信用证或者附随的单据、档的；

(四)伪造信用卡的。

单位犯前款罪的，对单位判处罚金，并对其直接负责的主管人员和其他直接责任人员，依照前款的规定处罚。

定罪部分

【罪名概念】

伪造、变造金融票证罪，是指伪造、变造汇票、本票、支票、委托收款凭证、汇款凭证、银行存单、信用证或者附随的单据、档，以及伪造信用卡等金融票证的行为。

【司法解释】

1. 最高人民检察院、公安部《关于公安机关管辖的刑事案件立案追诉标准的规定(二)》

(实施日期:2010年5月7日　公通字[2010]23号)(节录)

第二十九条　[伪造、变造金融票证案(刑法第一百七十七条)]伪造、变造金融票证，涉嫌下列情形之一的，应予立案追诉：

(一)伪造、变造汇票、本票、支票，或者伪造、变造委托收款凭证、汇款凭证、银行存单等其他银行结算凭证，或者伪造、变造信用证或者附随的单据、档，总面额在一万元以上或者数量在十张以上的；

(二)伪造信用卡一张以上，或者伪造空白信用卡十张以上的。

2. 最高人民法院、最高人民检察院《关于办理妨害信用卡管理刑事案件具体应用法律若干问题的解释》

(实施日期:2009年12月16日　法释[2009]19号)(节录)

第一条　复制他人信用卡、将他人信用卡信息数据写入磁条介质、芯片或者以其他方法伪造信用卡1张以上的,应当认定为刑法第一百七十七条第一款第(四)项规定的"伪造信用卡",以伪造金融票证罪定罪处罚。

伪造空白信用卡10张以上的,应当认定为刑法第一百七十七条第一款第(四)项规定的"伪造信用卡",以伪造金融票证罪定罪处罚。

伪造信用卡,有下列情形之一的,应当认定为刑法第一百七十七条规定的"情节严重":

(一)伪造信用卡5张以上不满25张的;

(二)伪造的信用卡内存款余额、透支额度单独或者合计数额在20万元以上不满100万元的;

(三)伪造空白信用卡50张以上不满250张的;

(四)其他情节严重的情形。

伪造信用卡,有下列情形之一的,应当认定为刑法第一百七十七条规定的"情节特别严重":

(一)伪造信用卡25张以上的;

(二)伪造的信用卡内存款余额、透支额度单独或者合计数额在100万元以上的;

(三)伪造空白信用卡250张以上的;

(四)其他情节特别严重的情形。

本条所称"信用卡内存款余额、透支额度",以信用卡被伪造后发卡行记录的最高存款余额、可透支额度计算。

第二条　明知是伪造的空白信用卡而持有、运输10张以上不满100张的,应当认定为刑法第一百七十七条之一第一款第(一)项规定的"数量较大";非法持有他人信用卡5张以上不满50张的,应当认定为刑法第一百七十七条之一第一款第(二)项规定的"数量较大"。

有下列情形之一的,应当认定为刑法第一百七十七条之一第一款规定的"数量巨大":

(一)明知是伪造的信用卡而持有、运输10张以上的;

(二)明知是伪造的空白信用卡而持有、运输100张以上的;

(三)非法持有他人信用卡50张以上的;

(四)使用虚假的身份证明骗领信用卡10张以上的;

(五)出售、购买、为他人提供伪造的信用卡或者以虚假的身份证明骗领的信用卡10张以上的。

违背他人意愿,使用其居民身份证、军官证、士兵证、港澳居民往来内地通行证、台湾居民来往大陆通行证、护照等身份证明申领信用卡的,或者使用伪造、变造的身份证明申领信用卡的,应当认定为刑法第一百七十七条之一第一款第(三)项规定的"使用虚假的身份证明骗领信用卡"。

第八条 单位犯本解释第一条、第七条规定的犯罪的，定罪量刑标准依照各该条的规定执行。

3.最高人民法院《全国法院审理金融犯罪案件工作座谈会纪要》

(实施日期:2001年1月21日 法[2001]8号)(节录)

为正确执行刑法，在其他有关的司法解释出台之前，对假币犯罪以外的破坏金融管理秩序犯罪的数额和情节，可参照以下标准掌握：

关于非法吸收公众存款罪。非法吸收或者变相吸收公众存款的，要从非法吸收公众存款的数额、范围以及结存款人造成的损失等方面来判定扰乱金融秩序造成危害的程度。根据司法实践，具有下列情形之一的，可以按非法吸收公众存款罪定罪处罚：

个人非法吸收或者变相吸收公众存款20万元以上的，单位非法吸收或者变相吸收公众存款100万元以上的

(1)个人非法吸收或者变相吸收公众存款30户以上的；

(2)单位非法吸收或者变相吸收公众存款150户以上的；

(3)个人非法吸收或者变相吸收公众存款给存款人造成损失10万元以上的，单位非法吸收或者变相吸收公众存款给存款人造成损失50万元以上的，或者造成其他严重后果的。个人非法吸收或者变相吸收公众存款100万元以上，单位非法吸收或者变相吸收公众存款500万元以上的，可以认定为“数额巨大”。

由于各地经济发展不平衡，各省、自治区、直辖市高级人民法院可参照上述数额标准或幅度，根据本地的具体情况，确定在本地区掌握的具体标准。

【关联法律】

《票据法》

【犯罪构成】

(一)主体要件

本罪的主体是一般主体，凡是达到刑事责任年龄且具有刑事责任能力的自然人都可以构成本罪主体。单位也可以构成本罪的主体。

(二)主观要件

本罪在主观方面只能由故意构成。

(三)客观要件

本罪在客观方面表现为伪造、变造各种金融票证的行为。所谓伪造金融票证，是指无权制作金融票证的假冒他人或虚构他人的名义擅自制作金融票证的行为；所谓变造金融票证，是擅自对他人的有效金融票证上所载内容进行变更的行为。伪造和变造金融票证的结果都产生假金融票证，但伪造是一种完全的造假行为，变造则以真实的金融票证为前提，变造后的金融票证并未完全否定原来的有效成分。

因此相对来说,伪造金融票证的危害性要大于变造金融票证,前者可能给被害人造成更大的损失。

本罪在客观上可以由下列行为构成:

1. 伪造、变造汇票、本票、支票的。

所谓伪造,是指行为人仿照真实的汇票、本票、支票的形式、图案、颜色、格式,通过印刷、复印、拓印、绘制等制作方法,非法制造汇票、本票、支票的行为。

所谓变造,是指行为人在真实的汇票、本票、支票的基础上或者以真实票据为基本材料,通过剪接、挖补、覆盖、涂改等方法,对票据的主要内容,非法加以改变的行为。如改变出票人名称、持票人名称、金额、有效期等。

所谓汇票,是指出票人签发的,委托付款人在见票时或者在指定日期无条件支付确定的金额给收款人或者持票人的票据,汇票分为银行汇票和商业汇票。所谓本票,是指由出票人签发的,承诺自己在见票时无条件支付确定的金额给收款人或者持票人的票据,这里所说的本票仅指银行本票。

所谓支票,是指由出票人签发的,委托办理支票存款业务的银行或者其他金融机构在见票时无条件支付确定的金额给收款人或持票人的票据。

2. 伪造、变造委托收款凭证、汇款凭证、银行存单等其他银行结算凭证的。

所谓伪造是指行为人未经国家有关主管部门的批准,非法印制委托收款凭证、汇款凭证、银行存款单等其他银行结算凭证的行为。

所谓变造,是指行为人在真实、合法的银行结算凭证的基础上或者以真实的银行结算凭证为基本材料,通过剪接、挖补、涂改等手段,对银行结算凭证的主要内容,非法加以改变的行为。

所谓委托收款凭证,是指收款人在委托银行向付款人收取款项时,所填写的凭证和证明,有邮寄和电报划回两种。

所谓汇款凭证是指汇款人委托银行将款项汇给外地收款人时,所填写的凭据和证明。

所谓银行存单是指由储户向银行交存款项,办理开户,银行签发载有户名、账号、存款金额、存期、存入日、到期日、利率等内容的存单。

3. 伪造、变造信用证或者附随的单据、文件的。

所谓伪造是指行为人采用描绘、复制、印刷等方法仿照信用证的模式、内容制造假信用证的行为或者以编造、冒用某金融机构的名义开出假信用证的行为。伪造信用证主要是行为人通过编造虚假的根本不存在的银行开出信用证或者假冒有影响的银行的名义开出假信用证的手段伪造信用证。

所谓变造是指行为人在原信用证的基础上,采用涂改、剪贴、挖补等方法改变原信用证的内容和主要条款使其成为虚假的信用证的行为。伪造、变造附随的单据、档是指行为人在使用信用证时伪造、变造提单等必须附随信用证的单据的行为。

所谓信用证，是指开证银行根据作为进口商的开证申请人的请求，开给受益人的一种在其具备了约定的条件以后，即可保证由开证银行或支付银行支付的约定金额的保证付款的凭证。

所谓附随的单据档，主要包括：商业发票、保险单据等。运输单据是指表明运送人已将货物装船或发运或接受监管的单据，包括海运提单、航空运单、铁路运单等，保险单据是关于货物运输保险的单据。由于国际贸易中的货物运输路途遥远、时间较长，为避免因长途运输或遇有意外情况货物受到损失，对货物有保险利益的人大多采取为货物投保的方法以转移由此造成的损失。

商业发票是卖方向买方签发的货物价目总清单。在商业发票中，卖方要对所作的交易作客观的、全面的叙述，因为商业发票不仅是证明卖方已履行了合同的凭证，而且是海关实行货物进出口管理的依据，是买方验收货物的依据。

使用信用证除附随上述单据外，有时还需要附其他的文件，如领事发票、海关发票、出口许可证、产地证明书等。

伪造信用卡的行为主要表现为两种情形，一是非法制造信用卡，即模仿信用卡的质地、模式、版块、图样以及磁条密码等制造信用卡；二是在真卡的基础上进行伪造，即信用卡本身是合法制造出来的，但是未经银行或者信用卡发卡机构发行给用户正式使用，即在信用卡面上未加打用户的账号或姓名，在磁条上也未输入一定的密码等信息，行为人将这种空白的信用卡再进行加工，使其貌似已经发行给用户的信用卡。所谓信用卡，是指银行或者信用卡公司发给用户用于购买商品、取得服务或者提取现金的信用凭证。

（四）客体要件

本罪的客体，是国家的金融票证管理制度。

【罪名辨析】

（一）本罪与非罪的界限

行为人故意伪造、变造金融票证的原则上都构成犯罪，如果行为人是由于过失而误写、错填票证有关内容的当然不能以犯罪论处。同时行为人虽系有意伪造、变造金融票证，但其主观上确实出于自我欣赏、收藏等个人目的，而且客观上也确实没有使票证流通的，可视为《刑法》第十三条规定的情节显著轻微危害不大的情形而不认为构成犯罪。

（二）本罪与伪造、变造国家有价证券罪的界限

1. 侵犯的客体和犯罪对象不同。前者侵犯的是国家对金融票证的管理制度，犯罪对象是汇票、支票、本票、委托收款凭证、汇款凭证、银行存单、信用证或者附随的单据、文件，以及信用卡等金融票证；后者侵犯的是国家对一般有价证券的管理

制度,犯罪对象是上述金融票证以外的其他有价证券,如国库券、政府债券、股票等。

2. 两者在客观方面表现不同。后者把数额较大作为构成伪造、变造有价证券罪的要件,前者则否。

3. 法定刑轻重不同。前者为重,后者为轻。

量刑部分

【量刑标准】

犯本罪的,处五年以下有期徒刑或者拘役,并处或者单处二万元以上二十万元以下罚金;情节严重的,处五年以上十年以下有期徒刑,并处五万元以上五十万元以下罚金;情节特别严重的,处十年以上有期徒刑或者无期徒刑,并处五万元以上五十万元以下罚金或者没收财产:

(一)伪造、变造汇票、本票、支票的;

(二)伪造、变造委托收款凭证、汇款凭证、银行存单等其他银行结算凭证的;

(三)伪造、变造信用证或者附随的单据、档的;

(四)伪造信用卡的。

单位犯前款罪的,对单位判处罚金,并对其直接负责的主管人员和其他直接责任人员,依照前款的规定处罚。

妨害信用卡管理罪 《刑法》第177条之一(一)

有下列情形之一,妨害信用卡管理的,处三年以下有期徒刑或者拘役,并处或者单处一万元以上十万元以下罚金;数量巨大或者有其他严重情节的,处三年以上十年以下有期徒刑,并处二万元以上二十万元以下罚金:

(一)明知是伪造的信用卡而持有、运输的,或者明知是伪造的空白信用卡而持有、运输,数量较大的;

(二)非法持有他人信用卡,数量较大的;

(三)使用虚假的身份证明骗领信用卡的;

(四)出售、购买、为他人提供伪造的信用卡或者以虚假的身份证明骗领的信用卡的。

定罪部分

【罪名概念】

妨害信用卡管理罪,是指违反国家信用卡管理法规,在信用卡的发行、使用等过程中,妨害国家对信用卡的管理活动,破坏信用卡管理秩序的行为。

【司法解释】

最高人民法院、最高人民检察院《关于办理妨害信用卡管理刑事案件具体应用法律若干问题的解释》

(实施日期:2009 年 12 月 16 日　法释[2009]19 号)(节录)

第二条　明知是伪造的空白信用卡而持有、运输 10 张以上不满 100 张的,应当认定为刑法第一百七十七条之一第一款第(一)项规定的“数量较大”;非法持有他人信用卡 5 张以上不满 50 张的,应当认定为刑法第一百七十七条之一第一款第(二)项规定的“数量较大”。

有下列情形之一的,应当认定为刑法第一百七十七条之一第一款规定的“数量巨大”:

(一)明知是伪造的信用卡而持有、运输 10 张以上的;

(二)明知是伪造的空白信用卡而持有、运输 100 张以上的;

(三)非法持有他人信用卡 50 张以上的;

(四)使用虚假的身份证明骗领信用卡 10 张以上的;

(五)出售、购买、为他人提供伪造的信用卡或者以虚假的身份证明骗领的信用卡 10 张以上的。

违背他人意愿,使用其居民身份证、军官证、士兵证、港澳居民往来内地通行证、台湾居民来往大陆通行证、护照等身份证明申领信用卡的,或者使用伪造、变造的身份证明申领信用卡的,应当认定为刑法第一百七十七条之一第一款第(三)项规定的“使用虚假的身份证明骗领信用卡”。

第三条　窃取、收买、非法提供他人信用卡信息数据,足以伪造可进行交易的信用卡,或者足以使他人以信用卡持卡人名义进行交易,涉及信用卡 1 张以上不满 5 张的,依照刑法第一百七十七条之一第二款的规定,以窃取、收买、非法提供信用卡信息罪定罪处罚;涉及信用卡 5 张以上的,应当认定为刑法第一百七十七条之一第一款规定的“数量巨大”。

【犯罪构成】

(一)主体要件

本罪犯罪主体是一般主体。单位不能成为本罪的主体。

(二)主观要件

本罪主观方面表现为故意,并且一般均具有牟取非法利益的目的。

(三)客观要件

本罪客观方面表现为妨害信用卡管理的行为。具体包括四种情形:(1)明知是伪造的信用卡而持有、运输的,或者明知是伪造的空白信用卡而持有、运输,数量较大的;(2)非法持有他人信用卡,数量较大的;(3)使用虚假的身份证明骗领信用卡的;(4)出售、购买、为他人提供伪造的信用卡或者以虚假的身份证明骗领信用卡的。按照法律规定,行为人只要实施上述行为之一的。就构成本罪。

(四)客体要件

本罪侵犯的客体是国家的信用卡管理制度。

量刑部分

【量刑标准】

犯本罪的,处三年以下有期徒刑或者拘役,并处或者单处一万元以上十万元以下罚金;数量巨大或者有其他严重情节的,处三年以上十年以下有期徒刑,并处二万元以上二十万元以下罚金。

窃取、收买、非法提供信用卡信息罪 《刑法》第177条之一(二)

窃取、收买或者非法提供他人信用卡信息资料的,依照前款规定处罚。

银行或者其他金融机构的工作人员利用职务上的便利,犯第二款罪的,从重处罚。

定罪部分

【罪名概念】

窃取、收买、非法提供信用卡信息罪,是指窃取、收买、非法提供信用卡信息数据的行为。

【犯罪构成】

(一)主体要件

本罪主体一般主体,凡年满十六周岁达到法定刑事责任年龄、具备刑事责任能力的人都可构成本罪。

(二)主观要件

本罪在主观方面表现为故意。即行为人明知自己所窃取、收买、非法提供的是他人的信用卡信息数据,仍予以窃取、收买或者非法提供。

(三)客观要件

本罪在客观方面表现为窃取、收买或者非法提供他人信用卡信息数据的行为。

所谓窃取，是指在持卡人不知情的情况下，获取持卡人的账号、密码等信用卡的信息数据。目前最常见的窃取方式有直接偷窥信息数据、以蒙骗手段获得信息数据等。所谓收买，是指以金钱或财物向持有持卡人信用卡信息数据者交换获得持卡人的信用卡信息数据。所谓非法提供，是指持有持卡人信息数据者违反规定，未经持卡人同意而向他人提供持卡人信用卡信息数据。行为人具有窃取、收买、非法提供行为之一的，即符合本罪的客观要件。

（四）客体要件

本罪侵犯的客体是信用卡管理秩序。犯罪对象是信用卡数据信息。

量刑部分

【量刑标准】

犯本罪的，处三年以下有期徒刑或者拘役，并处或者单处一万元以上十万元以下罚金；数量巨大或者有其他严重情节的，处三年以上十年以下有期徒刑，并处二万元以上二十万元以下罚金。

银行或者其他金融机构的工作人员利用职务上的便利，犯第二款罪的，从重处罚。

截至目前，尚无本罪名关于量刑的司法解释。

伪造、变造国家有价证券罪　《刑法》第178条（一）

伪造、变造国库券或者国家发行的其他有价证券，数额较大的，处三年以下有期徒刑或者拘役，并处或者单处二万元以上二十万元以下罚金；数额巨大的，处三年以上十年以下有期徒刑，并处五万元以上五十万元以下罚金；数额特别巨大的，处十年以上有期徒刑或者无期徒刑，并处五万元以上五十万元以下罚金或者没收财产。

单位犯前款罪的，对单位判处罚金，并对其直接负责的主管人员和其他直接责任人员，依照前款的规定处罚。

定罪部分

【罪名概念】

伪造、变造国家有价证券罪，是指伪造、变造国库券或者国家发行的其他有价证券。

有价证券，是支付、汇兑、信贷、清算等金融活动的工具。因此，有价证券必须以财产权利为内容，并以一定的票面货币价值加以表示。国库券、存单、汇款单、支票、股票、债券等均属于有价证券。

变造国家有价证券是以真实有效的有价证券为基础,采用涂改、挖补等方式,改变真实有效证券的日期、面值的行为。

伪造国家有价证券,是仿造真实有效的有价证券的形状、大小、图案、字样制作的假的有价证券。

【犯罪构成】

(一)主体要件

本罪的主体为一般主体,达到刑事责任年龄且具有刑事责任能力的自然人。

(二)主观要件

本罪在主观方面必须出于故意,并且具有非法牟取利益的目的。

(三)客观要件

本罪在客观方面表现为伪造、变造国库券或者国家发行的其他有价证券数额较大的行为。所谓伪造,是指仿照有价证券的图案、形式、颜色、面值、格式等外面形态特征,通过复印、绘制、印刷等方法制作假证券的行为,使非有价证券摇身而变成"有价证券",是从无到有的假。所谓变造,是指对真实有效的有价证券使用涂改、挖补、拼凑、剪接、覆盖等各种方式进行加工,使其主要内容如发行的面额、发行期限或张数等加以改变的行为。其是在真的基础上变少为多,使真的有价证券变成非原来的有价证券。所谓国家有价证券,包括国库券和国家发行的其他有价证券。前者即国库券,是指国家为解决急需的预算支出而由财政部发行的一种国家债券。它按面值公开发行,上面注明了偿还债务的期限与到期的利息。一段时间后可以依法予以转让、买卖。所谓国家发行的其他有价证券,是指国家发行的国库券以外的载明一定财产价值的其他有价证券,如国家建设债券、保值公债、财政债券等。所谓数额较大,是指伪造、变造国家证券的数额较大。如果仅有伪造、变造国家证券的行为,但没有达到数额较大的,就不能以本罪论处。

(四)客体要件

本罪所侵害的客体是国家有关证券的管理制度。

量 刑 部 分

【量刑标准】

犯本罪的,处三年以下有期徒刑或者拘役,并处或者单处二万元以上二十万元以下罚金;数额巨大的,处三年以上十年以下有期徒刑,并处五万元以上五十万元以下罚金;数额特别巨大的,处十年以上有期徒刑或者无期徒刑,并处五万元以上五十万元以下罚金或者没收财产。

单位犯前款罪的,对单位判处罚金,并对其直接负责的主管人员和其他直接责任人员,依照前款的规定处罚。

截至目前，尚无本罪名关于量刑的司法解释。

伪造、变造股票、公司、企业债券罪　《刑法》第178条(二)

伪造、变造股票或者公司、企业债券，数额较大的，处三年以下有期徒刑或者拘役，并处或者单处一万元以上十万元以下罚金；数额巨大的，处三年以上十年以下有期徒刑，并处二万元以上二十万元以下罚金。

单位犯前款罪的，对单位判处罚金，并对其直接负责的主管人员和其他直接责任人员，依照前款的规定处罚。

定罪部分

【罪名概念】

伪造、变造股票、公司、企业债券罪，是指以使用为目的，仿照真实有效的股票，公司、企业债券制作的假的股票，公司、企业债券。

变造股票，公司、企业债券罪，是指对真实有效的股票，公司、企业债券采用涂改、挖补等方法，改变股票，公司、企业债券的日期和增加其面值的行为。

股票、债券属有价证券。

【犯罪构成】

（一）主体要件

本罪的主体是年满十六周岁以上、具备刑事责任能力的自然人和单位，属一般主体。

（二）主观要件

本罪在主观上的表现是故意，即行为人明知自己以使用为目的，伪造、变造股票，公司、企业的债券行为，是违反国家对有价证券的管理制度并希望这种结果发生的故意行为。

（三）客观要件

本罪的客观要件为违反国家有价证券管理法规，伪造、变造股票或者公司、企业债券，数额较大的行为。

（四）客体要件

本罪侵犯的客体是国家对有价证券的管理制度，扰乱、破坏金融市场的正常秩序。

【罪名辨析】

（一）本罪与伪造、变造国家有价证券罪的界限

两者在主观方面、客观行为方式、主体、客体都相一致，所不同的则是对象不

同。本罪的对象虽然亦为有价证券,但其属于公司、企业依法发行的一种有价证券;而后罪的对象则是国家发行的有价证券,其危害性比本罪更大。

(二)本罪与诈骗罪的界限

本罪在客观方面表现为伪造、变造股票或者公司、企业债券的行为。如果没有此种伪造、变造行为,而是直接将假的或失效的甚或其他票证用之去骗取财物,则应以诈骗罪定性,而不是构成本罪。如果伪造、变造股票或公司、企业债券后又用之骗取钱财的,则属牵连行为,根据牵连犯择一重罪处罚的原则应选择一重罪定罪科刑。

量刑部分

【量刑标准】

犯本罪的,处三年以下有期徒刑或者拘役,并处或者单处一万元以上十万元以下罚金;数额巨大的,处三年以上十年以下有期徒刑,并处二万元以上二十万元以下罚金。

单位犯前款罪的,对单位判处罚金,并对其直接负责的主管人员和其他直接责任人员,依照前款的规定处罚。

截至目前,尚无本罪名关于量刑的司法解释。

擅自发行股票、公司、企业债券罪 《刑法》第179条

未经国家有关主管部门批准,擅自发行股票或者公司、企业债券,数额巨大、后果严重或者有其他严重情节的,处五年以下有期徒刑或者拘役,并处或者单处非法募集资金金额百分之一以上百分之五以下罚金。

单位犯前款罪的,对单位判处罚金,并对其直接负责的主管人员和其他直接责任人员,处五年以下有期徒刑或者拘役。

定罪部分

【罪名概念】

擅自发行股票、公司、企业债券罪,是指未经国家有关主管部门批准,擅自发行股票或者公司、企业债券,数额巨大、后果严重或者有其他严重情节的行为。

【关联法律】

1.《公司法》

2.《证券法》

【犯罪构成】

（一）主体要件

本罪的主体要件为一般主体，凡达到刑事责任年龄并具备刑事责任能力的自然人均能构成本罪，依本条第二款之规定，单位亦能成为本罪主体。单位犯本罪时，实行两罚制，即既对单位判处罚金，又对其直接负责的主管人员和其他直接责任人员判处相应的刑罚。

（二）主观要件

本罪在主观方面表现为故意，过失不构成本罪。

（三）客观要件

本罪在客观方面，行为人必须实施了未经国家有关主管部门的批准，擅自发行股票、公司、企业债券，数额巨大、造成严重后果或者有其他严重情节的行为。

1. 行为人须有发行股票、公司、企业债券的行为。如果尚未发行或正在准备发行的，不构成本罪；同时，如果不是采取发行股票、公司、企业债券的方式，而是采取其他方法非法集资的，也不构成本罪，例如，公司之间以高利贷方式相互拆借资金，如果构成其他罪，应依照本法的有关规定处罚。这是因为本罪所惩治的是侵犯股票、公司、企业债券发行管理制度的行为。

2. 行为人发行股票、公司、企业债券的行为是擅自进行，未经国家有关主管部门批准的。这包括两种情况：

（1）既不具备发行股票、公司债券的条件，又未得到有关主管部门的批准。关于股票发行的条件，公司法规定，对于募集设立公司的，发起人认购的股份不得少于公司股份总数的百分之三十五，其余股份应向社会公开募集，向社会公开募集股份必须向国务院证券管理部门递交募股申请，并报送有关文件，国务院证券管理部门经审查，对符合公司法规定条件的募股申请，予以批准；对不符合规定条件的募股申请，不予批准。不予批准的募股申请，发起人不得向社会公开募集股份。国务院证券管理部门对已作出的批准如发现不符合公司法规定的条件的，应当予以撤销。尚未募集股份的，停止募集；已经募集的，认股人可以按照所缴股款并加上同期银行利息，要求发起人返还。发起人向社会公开募集股份，必须公告招股说明书并制作认股书；必须由依法设立的证券经营机构承销并签订承销协议；必须同代收股款的银行签订代收股款协议。公司登记成立后，应当将募集了多少股份、如何募集的情况报国务院证券管理部门备案。对于发行新股，公司法规定了以下条件：第一，前一次发行的股份已经募足，并且间隔一年以上；第二，公司在最近三年内连续盈利，并可向股东支付股利；第三，公司在最近三年内财务会计文件无虚假记载；第四，公司预期利润率可达同期银行存款利率。发行新股的审批机关与审批程序与首次发行股票时相同。关于公司债券的发行条件及审批程序，公司法中同样作了严格的规定。发行债券的条件是：第一，股份有限公司的净资产额不低于人民币三千万元,有限责任公司的净资产额不低于人民币六千万元;第二,累计债券总额不超过公司净资产额的百分之四十;第三,最近三年平均可分配利润足以支付公司债券一年的利息;第四,筹集的资金投入符合国家产业政策;第五,债券的利率不得超过国家限定的利率水平;第六,国务院规定的其他条件。发行公司债券的审批程序是:股份有限公司、有限责任公司发行公司债券,由其公司的权力机构即股东大会或股东会作出决定,还必须经国务院证券管理部门批准后,才能发行公司债券;国有独资公司发行公司债券,则必须在国家授权投资的机构或国家授权的部门作出决定后,再经国务院证券管理部门批准后,才能发行公司债券。企业发行企业债券除满足相应条件(已如前述)外,还必须报经审批,中央企业发行企业债券,由中国人民银行同国家计划委员会审批;地方企业发行企业债券,由中国人民银行省、自治区、直辖市、计划单列市分行会同同级计划主管部门审批。

(2)虽符合法律规定发行股票的条件,但未经有关主管部门(发行股票、公司、企业债券的,是国务院证券管理部门;发行企业债券,是中国人民银行和国家计划委员会及其分支机构)的批准。这是因为有关主管部门的审查批准是发行股票、公司、企业债券的重要的必经程序,体现了国家对发行股票、公司、企业债券这种重大经济行为的严格管理和监督,公司、企业虽具备条件但未经批准即发行股票、公司债券,逃避了有关主管部门的审查、监督、管理,扰乱了发行管理秩序。这里的"未经批准"既包括根本未向主管部门提出申请,也包括虽然提出申请,但未得到批准和对已作出批准决定但发现不符合法律规定,又予以撤销后仍然发行股票、公司、企业债券;还包括虽经过批准,但未按照规定的方式、范围发行股票、公司、企业债券的,例如,超出招股说明书所载明的股票发行总数超额发行股票的;有关主管部门批准的是按股票票面金额发行,但行为人却擅自以超过票面金额的价格溢价发行股票;又如超出国务院证券管理部门批准的公司债券发行规模发行公司债券的等。

3. 擅自发行的股票、公司、企业债券的行为必须达到情节严重的程度,才能构成犯罪。如果情节较轻,不宜作为犯罪来认定和处理,应由证券管理部门依照《公司法》第二百一十七条和《企业债券管理条例》第二十六条的规定责令停止发行,退还所募资金及其利息,处以非法所募资金百分之五以下的罚款。所谓情节严重,本条原则列举为数额巨大、后果严重或者有其他严重情节的行为。至于数额巨大的标准、后果严重或者有其他严重情节具体应包括哪些情形,本条未作规定,需最高人民法院、最高人民检察院总结司法实践经验作出司法解释予以明确。我们认为,在实践中,后果严重可以理解或掌握为给擅自发行股票、公司债券购买者造成重大损失;"其他严重情节"可以理解为多次擅自发行股票、公司债券的;或者经证券主管部门给予行政和经济处罚后仍不改正,继续擅自发行股票、公司债券的。

(四)客体要件

本罪的客体为复杂客体,即国家对证券市场的管理制度以及投资者和债权人的合法权益。

发行股票、公司、企业债券,是企业在市场经济下的一种有效的集资手段。

所谓股票是股份有限公司签发的证明股东所持股份的凭证。股份有限公司的资本划分为若干股份,股份采取股票的形式,每一股的金额相等,同股同权,同股同利。因此股票的发行即是股份的发行。股份的发行分为两种情况:

1. 为设立公司而首次发行股份,可以有两种方式:第一种是发起设立,即由发起人认购公司应发行的全部股份;第二种是募集设立,即由发起人认购公司应发行股份的一部分,其余部分向社会公开募集。

2. 发行新股。即股份有限公司为扩大经营规模、扩大资本总量而进行的发行股票、筹集资本的行为。

所谓公司债券是指公司依照法定程序发行的,约定在一定期限内还本付息的有价证券。根据公司法的规定,股份有限公司、国有独资公司和两个以上的国有企业或者其他两个以上的国有投资主体投资设立的有限责任公司,为筹集生产经营资金,可以发行公司债券。

所谓企业债券,是指企业依照法定程序发行、约定在一定期限内还本付息的有价证券。根据《企业债券管理条例》之规定,企业发行企业债券必须符合以下条件:

(1)企业规模达到国家规定的要求;

(2)企业财务会计制度符合国家规定;

(3)具有偿债能力;

(4)企业经济效益良好,发行企业债券前连续三年盈利;

(5)所筹资金用途符合国家产业政策。

从以上可以看出,企业通过发行股票、公司、企业债券,向社会公众融资,吸纳社会剩余、闲散资金,筹集到较大数量的生产经营资金。但是发行股票、公司、企业债券这种面向社会公众的大规模的筹集资金方式并不是一家企业、公司自己筹措资金的简单行为,而是事关广大股票、债券的投资者的切身利益,因为发行股票、债券的企业要向投资者负责,发行股票要定期付给股东红利,发行债券要按时归还本金及其利息,这依赖于发行公司、企业生产经营管理及其经济效益的好坏,因此具有一定的风险性,同时由于这种活动涉及面广,事关大量资金的流向,与社会金融秩序的稳定甚至社会安定密切相关,因此必须严格规范,加强管理和监督,如果放任自流,不加约束,必然会干扰金融秩序,影响经济稳定健康发展,损害广大社会投资者的利益,甚至造成社会不安定的因素。为了规范股票、公司债券的发行,保证现代企业制度的依法健康地建立和发展,维护金融秩序的稳定,我国《公司法》第四章、第五章分别对股份有限公司的股票和公司债券的发行条件、程序及审批制度作了严格的规定,并在第二百一十条中规定:“未经本法规定的有关主管部门的批准,擅自发行股票或者公司债券的,责令停止发行,退还所募资金及其利息,处以非法所募资金金额百分之一以上百分之五以下的罚款。构成犯罪的,依法追究刑事责任。”根据《企业债券管理条例》的规定,企业发行企业债券必须依规定进行审批,未经批准的,不得擅自发行和变相发行企业债券。未经批准发行或者变相发行企业债券的,责令停止发行活动,冻结并责令退还所筹资金,并处罚款,构成犯罪的,依法追究刑事责任。本条就是对这种擅自发行股票、公司、企业债券行为构成犯罪的条件及其刑罚的具体规定。

量刑部分

【量刑标准】

犯本罪,数额巨大、后果严重或者有其他严重情节的,处五年以下有期徒刑或者拘役,并处或者单处非法募集资金金额百分之一以上百分之五以下罚金。

单位犯前款罪的,对单位判处罚金,并对其直接负责的主管人员和其他直接责任人员,处五年以下有期徒刑或者拘役。

截至目前,尚无本罪名关于量刑的司法解释。

内幕交易、泄露内幕信息罪 《刑法》第180条(一)

证券、期货交易内幕信息的知情人员或者非法获取证券、期货交易内幕信息的人员,在涉及证券的发行,证券、期货交易或者其他对证券、期货交易价格有重大影响的信息尚未公开前,买入或者卖出该证券,或者从事与该内幕信息有关的期货交易,或者泄露该信息,或者明示、暗示他人从事上述交易活动,情节严重的,处五年以下有期徒刑或者拘役,并处或者单处违法所得一倍以上五倍以下罚金;情节特别严重的,处五年以上十年以下有期徒刑,并处违法所得一倍以上五倍以下罚金。

单位犯前款罪的,对单位判处罚金,并对其直接负责的主管人员和其他直接责任人员,处五年以下有期徒刑或者拘役。

内幕信息、知情人员的范围,依照法律、行政法规的规定确定。

定罪部分

【罪名概念】

内幕交易、泄露内幕信息罪,是指证券、期货交易内幕信息的知情人员或者非法获取证券、期货交易内幕信息的人员,在涉及证券的发行,证券、期货交易或者其他对证券、期货交易的价格有重大影响的信息尚未公开前,买入或者卖出该证券,或者从事与该内幕信息有关的期货交易，或者泄露该信息，情节严重的行为。

【关联法律】

《证券法》

第七十三条　禁止证券交易内幕信息的知情人和非法获取内幕信息的人利用内幕信息从事证券交易活动。

第七十四条　证券交易内幕信息的知情人包括：

（一）发行人的董事、监事、高级管理人员；

（二）持有公司百分之五以上股份的股东及其董事、监事、高级管理人员，公司的实际控制人及其董事、监事、高级管理人员；

（三）发行人控股的公司及其董事、监事、高级管理人员；

（四）由于所任公司职务可以获取公司有关内幕信息的人员；

（五）证券监督管理机构工作人员以及由于法定职责对证券的发行、交易进行管理的其他人员；

（六）保荐人、承销的证券公司、证券交易所、证券登记结算机构、证券服务机构的有关人员；

（七）国务院证券监督管理机构规定的其他人。

【犯罪构成】

（一）主体要件

本罪的主体为特定主体，是知悉内幕信息的人，即内幕人员。所谓内幕人员，是指证券、期货交易内幕信息的知情人员或者非法获取证券、期货交易内幕信息的人员。依本条第三款及《证券法》第六十八条的规定，内幕人员是指由于持有发行人的证券，或者在发行人或者与发行人有密切联系的公司中担任董事、监事、高级管理人员，或者由于其会员地位、管理地位、监督地位和职业地位，或者作为雇员、专业顾问履行职务，能够接触或者获得内幕信息的人员，包括：

1. 发行股票或者公司债券的公司董事、监事、经理、副经理及有关的高级管理人员；

2. 持有公司百分之五以上股份的股东；

3. 发行股票公司的控股公司的高级管理人员；

4. 由于所任公司职务可以获取公司有关证券交易信息的人员；

5. 证券监督管理机构工作人员以及由于法定的职责对证券交易进行管理的其他人员；

6. 由于法定职责而参与证券交易的社会中介机构或者证券登记结算机构、证券交易服务机构的有关人员；

7. 国务院证券监督管理机构规定的其他人员。

(二)主观要件

本罪在主观方面只能由故意构成。包括直接故意和间接故意。过失不构成本罪。行为人故意的内容,即行为人明知自己或他人内幕交易行为会侵犯其他投资者的合法权益,扰乱证券、期货市场管理秩序,却希望或放任这种结果发生的心理态度。

过失行为不构成本罪,过失行为者主观上没有恶意,不以非法牟利或非法避免损失为目的,其客观上利用内幕信息进行证券、期货交易的行为只能是因疏忽大意没有尽到应尽的注意义务,而错误地认为该信息已经公开。但是对此类过失行为也应施以行政处罚。

以下两种情况可以认定行为人不具有故意:

(1)被告知内幕信息的人,没有理由能够知道,或根本不可能知道告诉自己该消息的人违反了他本人应负的信用义务。

(2)由行为人的贸易活动可以合理地推断出他认为这些情报不属于内幕信息。

(三)客观要件

本罪在客观上表现为行为人违反有关法规,在涉及证券发行,证券、期货交易或者其他对证券、期货交易价格有重大影响的信息正式公开前,利用自己所知的内幕信息进行证券、期货买卖,或者建议其他人利用该内幕信息进行证券、期货买卖,或者泄露内幕信息,情节严重的行为。具体包括以下四种行为:

1. 利用信息谋取利益。内幕人员利用内幕信息买卖证券、期货或者根据内幕信息建议他人买卖证券、期货。

2. 将牟利信息告知他人。内幕人员向他人泄露内幕信息,使他人利用该信息进行内幕交易。

3. 非内幕人员盗取信息。非内幕人员通过不正当的手段或者其他途径获得内幕信息,并根据该信息买卖证券、期货或者建议他人买卖证券、期货。

4. 其他内幕交易行为。

总而言之,本罪的客观特征表现为以下两个方面:

1. 行为人利用内幕信息,直接参与证券、期货买卖,即行为人在涉及证券发行,证券、期货交易或者其他对证券、期货交易价格有重大影响的信息正式公开以前,本人利用自己所处的特殊位置而获悉的内幕信息,掌握有利的条件和时机,进行证券、期货的买入或卖出,从而使自己从中获利或减少损失。

2. 行为人故意泄露内幕信息,即行为人在涉及证券发行,证券、期货交易或者其他对证券、期货交易价格有重大影响的信息正式公开前,将自己所知悉的内幕信息故意予以泄露,主要是指行为人以明示或者暗示的方式透露、提供给与公司没有关系的第三人。这里的"泄露"是指将处于保密状态的信息公开化,使之进入公开领域。其具体表现又有两种形式:(1)将信息告知不应或无权知道该信息的人,也就是说,扩大了信息公布范围。此乃信息在空间范围上的泄露。(2)在保密期届满前解密,也就是说超前公布信息。此乃信息在时间阶段上的泄露。当然,信息上的上述两种泄露情形是同步的,即信息在空间范围上的泄露,针对获密者来说,也就是信息在时间阶段上的泄露;反之亦然。此外,对泄露内幕信息行为而言,泄露者本人不一定直接参与证券、期货的买卖行为,但通过为他人提供公司内幕信息,从而间接地参与了证券、期货交易行为。与第一种情形直接买卖证券、期货相比,泄露内幕信息对证券、期货交易市场、投资者及相关公司所造成的损失,往往更为严重。知情人员一般由于人数少,财力有限,买卖证券、期货数量不会太大,而泄露内幕信息则可能一传十,十传百,甚至引起外界财团参与,从而会引起相当严重的后果。

(四)客体要件

本罪侵害的客体是证券、期货市场的正常管理秩序和证券、期货投资人的合法利益。证券、期货市场的运用在客观上要求公正而高效的管理秩序。只有如此,证券、期货市场才能健康地发展。作为证券、期货管理制度的内容之一的证券、期货信息保密制度是根据这样一项原则建立的,在证券、期货市场中,所有的投资者对于重要情报都享有同等的权利。在重要情报公之于众之前,掌握这种内幕信息的人员(内幕人员)不得利用它为自己和其他个人牟利或者避免损失服务;否则,就使其他的证券、期货投资者处于极不公平的位置上。内幕信息交易行为违反了这一证券、期货市场原则,违反了国家关于证券发行、证券、期货交易方面的法律、法规的禁止性规定,同时,内幕交易行为也侵犯了证券、期货投资者的合法权益。证券、期货投资者的权利相当广泛,包括"知情"的权利、平等参与权、自由交易权、投资收益权等。证券、期货管理制度的核心精神之一,就是保证有关发售证券的公司或单位不间断地供给投资公众正确的数据讯息,帮助投资者做成投资决定。投资者的经济利益往往因获得信息的快慢和多少而受到影响。可见,投资者"知情"的权利尤为重要,是其他合法权利存在的前提和基础。内幕交易存在的情况下,各投资者获得信息的管道不公平,投资机会亦不公平,非内幕交易投资者处于不利处境,其合法权益追到严重侵犯。从根本上破坏了证券、期货市场的公开、公平与公正原则的行为。

由此可见,在大多数情况下,本罪侵害的是双重客体。当然,在这两种客体中,证券、期货市场的正常管理秩序是起决定作用,因而是主要客体。正是在这个定义上,可以把本罪纳入破坏社会主义市场经济秩序罪的范畴。

本罪是利用内幕信息实施的。根据《证券法》第六十九条之规定,所谓内幕信息,是指证券交易活动中,涉及公司的经营、财务或者对谈公司证券的市场价格有重大影响的尚未公开的信息。

内幕信息内容:

1. 公司的经营方针和经营范围的重大变化;

2. 公司的重大投资行为和重大的购置财产的决定；

3. 公司订立重要合同，而该合同可能对公司的资产、负债、权益和经营成果产生重要影响；

4. 公司发生重大债务和未能清偿到期重大债务的违约情况；

5. 公司发生重大亏损或者过受超过净资产百分之十以上的重大损失；

6. 公司生产经营的外部条件发生的重大变化；

7. 公司的董事长，三分之一以上的董事，或者经理发生变动；

8. 持有公司百分之五以上股份的股东，其持有股份情况发生较大变化；

9. 公司减资、合并、分立、解散及申请破产的决定；

10. 涉及公司的重大诉讼，法院依法撤销股东大会、董事会决议；

11. 法律、行政法规规定的其他事项；

12. 公司分配股利或者增资的计划；

13. 公司股权结构的重大变化；

14. 公司债务担保的重大变更；

15. 公司营业用主要资产的抵押、出售或者报废一次超过该资产的百分之三十；

16. 公司的董事、监事、经理、副经理或者其他高级管理人员的行为可能依法承担重大损害赔偿责任；

17. 上市公司收购的有关方案；

18. 国务院证券监督管理机构认定的对证券交易价格有显著影响的其他重要信息。

内幕消息不包括运用公开的信息和数据，对证券市场作出的预测和分析。

内幕信息具有两大特征：

1. 重要性。所谓重要性应依以下确定，这个被忽略的事实公开后，极有可能被理智的投资者看作改变了自己所掌握的信息的性质，那么，这些事实也就是重要的。如发行人发生重大债务、发行人资产遭到重大损失等都属于内幕信息，投资者一旦知悉，必须会慎重考虑，重新估价发行证券的企业、公司的价值，决定资金新的投资方向。一般来说，内幕信息都被列入"机密"的范围，其重要性体现在一旦公开，就可能影响到证券市场相关股票、债券的价格。

2. 未公开性。即这些重要的信息和数据尚未公开，未让广大投资者广泛知晓并运用它进行证券买卖。通常认为，如果股价曾受有关情报通知的影响而波动，但很快趋于稳定，则该稳定时间可以认为是该情报已公开的时间，内幕交易的实质即抓住内幕信息公开前后的时间差牟利，因而界定内幕信息已公开化的时间十分重要，因为它关系到内幕交易罪犯罪时间的认定。如果内幕人员在交易过程中利用的内幕信息是该消息公开后引起股票价格起伏的唯一原因，从消息公布时起，到市场消化、分析消息，从而引起股价变动这一段时间，都应视为消息尚未公开。在这时间以前利用内幕消息进行证券买卖都应构成内幕交易。

【罪名辨析】

(一)本罪与非罪的界限

行为人利用内幕信息进行证券、期货交易的行为极易与知悉内幕信息的内幕人员没有利用内幕信息的正当交易行为发生混淆,前者情节严重的构成内幕交易、泄露内幕信息罪,后者则是法律法规允许的行为。一般来说,行为人尤其是内幕人员的正当的交易行为有以下两种情形:其一,不知内幕信息的内幕人员所进行的允许进行的证券、期货交易行为。此类内幕人员根本就不知道内幕信息;其二,知悉内幕信息的内幕人员所进行的允许进行的证券、期货交易行为与其所知悉的内幕信息无关。此类内幕人员知悉内幕信息但其所进行的交易行为并没有利用其所知信息。对于第一种情况,由于缺乏内幕交易、泄露内幕信息罪的犯罪对象——内幕信息,因而很容易地与内幕交易行为区分开。对于第二种情况,由于内幕人员所知悉的内幕信息并未被内幕人员在证券、期货交易中加以利用,从而内幕信息也就不会对证券、期货市场价格产生影响,显然,不具备内幕交易行为的特性。为了更好地区分上述情形,有必要科学地掌握内幕交易行为的几个基本构成要件,具体包括:(1)存在着证券、期货交易行为;(2)该交易行为系内幕人员或非内幕人员所为;(3)该交易行为利用了内幕人员合法持有或非内幕人员非法持有的内幕信息。

(二)本罪与侵犯商业秘密罪的界限

构成内幕交易、泄露内幕信息罪的客观表现包括知道内幕信息的内幕人员或非内幕人员将内幕信息非法泄露和公开的情形,而侵犯商业秘密罪的客观方面包括披露、使用或者允许他人使用以不正当手段获取的权利人的商业秘密和违反约定或者违反权利人有关保守商业秘密的要求,披露、使用或者允许他人使用其所掌握的商业秘密两种情形,因此,内幕交易罪与侵犯商业秘密罪就存在着一定的联系,如两者的犯罪对象都具有秘密性,两者的客观方面都包括泄露或提前公开不该公开的相关内容等。但是,两者的差别还是很明显的:

1. 两者侵犯的对象不同,前者侵犯的是内幕信息,该信息必然影响证券、期货交易市场价格,而后者侵犯的是商业秘密,是指不为公众知悉,能为权利人带来经济利益、具有实用性并经权利人采取保密措施的技术信息与经营信息。

2. 两者客观行为也不同,前者包括行为人不公开内幕信息而本人直接加以利用、或者将内幕信息公开建议别人加以利用从而本人间接参与两种情形,而后者包括以下三种情形:(1)以盗窃、利诱、胁迫或者其他不正当手段获取权利人的商业秘密;(2)披露、使用或者允许他人使用以前项手段获取的权利人的商业秘密;(3)违反约定或者违反权利人有关保守秘密的要求,披露、使用或者允许他人使用其所掌握的商业秘密。

如果行为人的行为侵害的既属于内幕信息,又属于商业秘密。这种情况,行为人的行为构成想象竞合犯,即行为人主观上出于一个故意,客观上实施了一个危害行为,同时触犯了刑法所规定的两个独立罪名,也即触犯了内幕交易、泄露内幕信息罪和侵犯商业秘密罪。根据想象数罪的处罚原则,应以重罪论处。

(三)本罪与泄露国家秘密罪的界限

内幕交易、泄露内幕信息罪和泄露国家秘密罪,即主体均可以是国家工作人员,泄露的内容均可以是国家的经济秘密和影响证券发行,证券、期货交易及其相关活动的国家外交、财政、立法等秘密。因此,两罪存在着一定的联系。两罪也存在着以下区别:

1. 在主观方面,前者只能是故意,行为人往往在主观上还具有谋取非法利益或避免损失的犯罪目的,后者既可以是故意,也可以是过失。

2. 在主体方面,前者包括内幕人员和非内幕人员,并不一定都是国家机关工作人员,后者只能是国家机关工作人员。

3. 在犯罪对象方面,前者侵犯的是内幕信息,具体范围由法律和行政法规来确定,并非都属于国家秘密的范畴,后者侵犯的是国家秘密,具体包括国防、外交、立法、司法、财政、经济、科技等方面不应公开的事项,也包括一切未经决定或虽经决定而尚未公开的国家事项,以及一切有关国家机密的文件、电报、函件、资料、统计、机构、编制、仓库等。显然,前者的范围要小,机密程度要低。

4. 在客观方面,前者是指违反有关证券、期货法规,行为人利用内幕信息进行证券、期货交易或泄露内幕信息的行为,后者指行为人违反国家秘密法规,故意或过失泄露国家秘密的行为。此外,实践中也会出现内幕交易、泄露内幕信息罪和泄露国家秘密罪想象竞合的问题。例如,知悉内幕信息的人为国家机关工作人员,其所泄露的内幕信息属于国家秘密。此种情形应依照想象竞合原则来处理。

量 刑 部 分

【量刑标准】

犯本罪,情节严重的,处五年以下有期徒刑或者拘役,并处或者单处违法所得一倍以上五倍以下罚金;情节特别严重的,处五年以上十年以下有期徒刑,并处违法所得一倍以上五倍以下罚金。

单位犯前款罪的,对单位判处罚金,并对其直接负责的主管人员和其他直接责任人员,处五年以下有期徒刑或者拘役。

内幕信息、知情人员的范围,依照法律、行政法规的规定确定。

截至目前,尚无本罪名关于量刑的司法解释。

利用未公开信息交易罪　《刑法》第180条(二)

证券交易所、期货交易所、证券公司、期货经纪公司、基金管理公司、商业银行、保险公司等金融机构的从业人员以及有关监管部门或者行业协会的工作人员,利用因职务便利获取的内幕信息以外的其他未公开的信息,违反规定,从事与该信息相关的证券、期货交易活动,或者明示、暗示他人从事相关交易活动,情节严重的,依照第一款的规定处罚。

定罪部分

【罪名概念】

利用未公开信息交易罪,是指证券交易所、期货交易所、证券公司、期货经纪公司、基金管理公司、商业银行、保险公司等金融机构的从业人员以及有关监管部门或者行业协会的工作人员,利用因职务便利获取的内幕信息以外的其他未公开的信息,违反规定,从事与该信息相关的证券、期货交易活动,或者明示、暗示他人从事相关交易活动。

【司法解释】

最高人民检察院、公安部《关于公安机关管辖的刑事案件立案追诉标准的规定(二)》

(实施日期:2010年5月7日　公通字[2010]23号)(节录)

第三十六条　[利用未公开信息交易案(刑法第一百八十条第四款)]证券交易所、期货交易所、证券公司、期货公司、基金管理公司、商业银行、保险公司等金融机构的从业人员以及有关监管部门或者行业协会的工作人员,利用因职务便利获取的内幕信息以外的其他未公开的信息,违反规定,从事与该信息相关的证券、期货交易活动,或者明示、暗示他人从事相关交易活动,涉嫌下列情形之一的,应予立案追诉:

(一)证券交易成交额累计在五十万元以上的;

(二)期货交易占用保证金数额累计在三十万元以上的;

(三)获利或者避免损失数额累计在十五万元以上的;

(四)多次利用内幕信息以外的其他未公开信息进行交易活动的;

(五)其他情节严重的情形。

【犯罪构成】

(一)主体要件

本罪的犯罪主体是特殊主体,主要包括两个方面,一是证券交易所、期货交易所、证券公司、期货经纪公司、基金管理公司、商业银行、保险公司等金融机构的从业人员;二是有关监管部门或者行业协会的工作人员,这里“有关监管部门”包括证监会、银监会和保监会等;行业协会包括证券业协会、银行业协会和保险业协会等。

(二)主观要件

本罪主观方面应当表现为故意,即明知是未公开信息,而积极利用此信息进行证券交易或者明示、暗示他人进行相关交易。过失不构成该罪,如犯罪主体不慎将未公开信息泄露,导致信息获取者进行证券交易,则不能按暗示他人进行证券交易来追究其刑事责任。

(三)客观要件

本罪的客观方面表现为利用因职务便利获取的内幕信息以外的其他未公开的信息,违反规定,从事与该信息相关的证券、期货交易活动,或者明示、暗示他人从事相关交易活动的行为。

(四)客体要件

本罪与内幕交易罪相似,侵犯的客体都是国家对证券交易管理制度和投资者的合法权益。行为人利用未公开信息优势进行信息不对称的交易,不仅是违反信息披露制度的行为,也是违反证券市场的交易公平基本原则的行为。证券市场上的各种信息是投资者进行投资决策的基本依据,投资者对信息了解、掌握和运用的程度,直接关系到自身的利益,利用非公开信息交易虽然在程序上与正常的交易程序相同,也是到市场上公开买卖证券,但由于一部分人利用未公开信息,先行一步对市场做出反应,因此,利用未公开信息交易与内幕交易一样都直接违反了公平、公正、公开原则和诚信原则,严重损害了广大投资者利益。

量刑部分

【量刑标准】

犯本罪,情节严重的,依照第一款的规定处罚。

截至目前,尚无本罪名关于量刑的司法解释。

编造并传播证券、期货交易虚假信息罪 《刑法》第181条(一)

编造并且传播影响证券、期货交易的虚假信息,扰乱证券、期货交易市场,造成严重后果的,处五年以下有期徒刑或者拘役,并处或者单处一万元以上十万元以下罚金。

单位犯前款罪的,对单位判处罚金,并对其直接负责的主管人员和其他直接责任人员,处五年以下有期徒刑或者拘役。

定 罪 部 分

【罪名概念】

编造并传播证券、期货交易虚假信息罪，是指编造并且传播影响证券、期货的虚假信息，扰乱证券、期货交易市场，造成严重后果的行为。

【犯罪构成】

（一）主体要件

本罪的主体是一般主体，既包括单位，又包括个人。后者即年满十六周岁具有刑事责任能力的自然人。

（二）主观要件

本罪在主观方面表现为故意，即明知自己在编造并传播影响证券、期货交易市场的虚假信息而为之，并希望这种结果产生。

（三）客观要件

本罪在客观方面表现为编造并且传播。编造、传播行为必须同时成立才能构成本罪。不然，虽然编造了虚假的信息但没有加以传播，或者虽然传播了虚假信息但这信息不是自己所编造，如道听途说后又散布给他人的，就不应以本罪论处。当然，行为人编造后故意要他人传播的，亦应认定为其既编造了且加以传播。他人被人要求传播，其如果明知所要其传播的虚假信息是编造的，对他人也应当以本罪行为论处。但他人如果不知道是要求人编造的，则不宜认定为本罪的既编造又传播的行为。如果行为人没有编造，而是将所取得的信息加以利用或泄露，如属内幕信息，则应以内幕交易或泄露内幕信息行为论处。期货交易市场，造成了严重的危害后果为必要。如果没有扰乱证券、期货交易市场，未造成实际危害后果或虽然扰乱了证券、期货交易市场，造成了实际危害后果但不属于严重的后果，亦不能构成本罪而以本罪定罪科刑。所谓造成严重后果，主要是指因行为人的行为造成了证券、期货价格强烈波动；在投资者中引起了恐慌，大量抛售或购买证券、期货合约；给投资者造成了重大的经济损失；造成了恶劣的社会影响；等等。

（四）客体要件

本罪所侵害的客体亦为复杂客体，其不仅会侵害国家有关证券、期货交易的管理制度，扰乱证券、期货交易市场，而且还会由此造成投资者的利益主要是经济利益重大损害。

量 刑 部 分

【量刑标准】

犯本罪，造成严重后果的，处五年以下有期徒刑或者拘役，并处或者单处一万元以上十万元以下罚金。

单位犯前款罪的,对单位判处罚金,并对其直接负责的主管人员和其他直接责任人员,处五年以下有期徒刑或者拘役。

截至目前,尚无本罪名关于量刑的司法解释。

诱骗投资者买卖证券、期货合约罪 《刑法》第181条(二)

证券交易所、期货交易所、证券公司、期货经纪公司的从业人员,证券业协会、期货业协会或者证券期货监督管理部门的工作人员,故意提供虚假信息或者伪造、变造、销毁交易记录,诱骗投资者买卖证券、期货合约,造成严重后果的,处五年以下有期徒刑或者拘役,并处或者单处一万元以上十万元以下罚金;情节特别恶劣的,处五年以上十年以下有期徒刑,并处二万元以上二十万元以下罚金。

单位犯前款罪的,对单位判处罚金,并对其直接负责的主管人员和其他直接责任人员,处五年以下有期徒刑或者拘役。

定罪部分

【罪名概念】

诱骗投资者买卖证券、期货合约罪,是指证券交易所、期货交易所、证券公司、期货经纪公司的从业人员,证券业协会、期货业协会或者证券期货监管管理部门的工作人员,故意提供虚假信息或者伪造、变造、销毁交易记录,诱骗投资者买卖证券、期货合约,造成严重后果的行为。

【犯罪构成】

(一)主体要件

本罪的主体为特殊主体,即只有证券交易所、期货交易所、证券公司、期货经纪公司的从业人员,证券业协会、期货业协会或者证券期货监督管理部门的工作人员及单位,才能构成本罪。非上述人员、单位不能构成本罪而成为本罪主体。

(二)主观要件

本罪在主观方面必须出于故意,即明知为虚假信息而故意提供或者明知是证券、期货交易记录仍决意伪造、变造或者销毁,并且具有诱骗投资者买卖证券、期货合约的目的。过失不能构成本罪。

(三)客观要件

本罪在客观方面表现为故意提供虚假信息或者伪造、变造、销毁交易记录,诱骗投资者买卖证券、期货合约，造成严重后果的行为。

所谓提供，是指将虚假的有关证券发行，证券、期货交易的虚假信息故意传播或扩散。既可以提供给个人，又可以提供给单位；既可以是当面口头提供，又可以不面对他人而采用书面、影视、计算机等方式提供；既可以单个地提供，又可以成群成批地提供。但无论其方式如何，其所提供的必须与证券发行，证券、期货交易相关且必为虚假的信息。如果与证券发行，证券、期货交易无关或者所提供的不是虚假的信息，则不构成本罪。至于虚假信息的来源，既可以是自己编造的，又可以是他人编造的，但来源如何都不会影响本罪成立。

所谓伪造，在这里是指按照证券、期货交易记录的特征包括形式特征如式样、格式、形状等内容特征，采用印刷、复印、描绘、拓印、石印等各种方法，制作假交易记录冒充真交易记录的行为。

所谓变造，是指在真实交易记录的基础上，通过涂改、剪接、挖补、拼凑等加工方法，从而使原交易记录改变其内容的行为。

所谓销毁，是指将证券、期货交易记录采用诸如撕裂、火烧、水浸、丢弃等各种方法予以毁灭。

所谓诱骗，是指采取提供虚假的信息或将交易记录加以销毁的方式，以对投资者进行欺骗、引诱、误导，从而骗取投资者信任使投资者买卖证券、期货合约的行为。

本罪为结果犯，只有因行为人的故意提供虚假信息或伪造、变造、销毁交易记录，诱骗投资者的行为造成了实际的严重后果才能构成本罪。否则，即使有上述行为，但没有造成实际损害后果或者虽有实际损害后果但不是严重的后果，都不能构成本罪。

（四）客体要件

本罪所侵害的客体是复杂客体，包括证券、期货市场正常的交易管理秩序和其他投资者的利益。

量刑部分

【量刑标准】

犯本罪的，处五年以下有期徒刑或者拘役，并处或者单处一万元以上十万元以下罚金；情节特别恶劣的，处五年以上十年以下有期徒刑，并处二万元以上二十万元以下的罚金。

单位犯本罪的，对单位判处罚金，并对其直接负责的主管人员和其他直接责任人员，处五年以下有期徒刑或者拘役。

截至目前，尚无本罪名关于量刑的司法解释。

操纵证券、期货市场罪 《刑法》第182条

有下列情形之一,操纵证券、期货市场,情节严重的,处五年以下有期徒刑或者拘役,并处或者单处罚金;情节特别严重的,处五年以上十年以下有期徒刑,并处罚金:

(一)单独或者合谋,集中资金优势、持股或者持仓优势或者利用信息优势联合或者连续买卖,操纵证券、期货交易价格或者证券、期货交易量的;

(二)与他人串通,以事先约定的时间、价格和方式相互进行证券、期货交易,影响证券、期货交易价格或者证券、期货交易量的;

(三)在自己实际控制的账户之间进行证券交易,或者以自己为交易对象,自买自卖期货合约,影响证券、期货交易价格或者证券、期货交易量的;

(四)以其他方法操纵证券、期货市场的。

单位犯前款罪的,对单位判处罚金,并对其直接负责的主管人员和其他直接责任人员,依照前款的规定处罚。

定罪部分

【罪名概念】

操纵证券、期货市场罪,是指以获取不正当利益或者转嫁风险为目的,集中资金优势、持股或者持仓优势或者利用信息优势联合或者连续买卖,与他人串通相互进行证券、期货交易,自买自卖期货合约,操纵证券、期货市场交易量、交易价格,制造证券、期货市场假相,诱导或者致使投资者在不了解事实真相的情况下作出不准确投资决定,扰乱证券、期货市场秩序的行为。

【关联法律】

1.《证券法》

第七十七条　禁止任何人以下列手段操纵证券市场:

(一)单独或者通过合谋,集中资金优势、持股优势或者利用信息优势联合或者连续买卖,操纵证券交易价格或者证券交易量;

(二)与他人串通,以事先约定的时间、价格和方式相互进行证券交易,影响证券交易价格或者证券交易量;

(三)在自己实际控制的账户之间进行证券交易,影响证券交易价格或者证券交易量;

(四)以其他手段操纵证券市场。

操纵证券市场行为给投资者造成损失的,行为人应当依法承担赔偿责任。

第二百三十一条　违反本法规定,构成犯罪的,依法追究刑事责任。

第二百三十二条　违反本法规定，应当承担民事赔偿责任和缴纳罚款、罚金，其财产不足以同时支付时，先承担民事赔偿责任。

第二百三十四条　依照本法收缴的罚款和没收的违法所得，全部上缴国库。

2.《期货交易管理条例》

第七十四条　任何单位或者个人有下列行为之一，操纵期货交易价格的，责令改正，没收违法所得，并处违法所得一倍以上五倍以下的罚款；没有违法所得或者违法所得不满二十万元的，处二十万元以上一百万元以下的罚款：

（一）单独或者合谋，集中资金优势、持仓优势或者利用信息优势联合或者连续买卖合约，操纵期货交易价格的；

（二）蓄意串通，按事先约定的时间、价格和方式相互进行期货交易，影响期货交易价格或者期货交易量的；

（三）以自己为交易对象，自买自卖，影响期货交易价格或者期货交易量的；

（四）为影响期货市场行情囤积现货的；

（五）国务院期货监督管理机构规定的其他操纵期货交易价格的行为。

单位有前款所列行为之一的，对直接负责的主管人员和其他直接责任人员给予警告，并处一万元以上十万元以下的罚款。

【犯罪构成】

（一）主体要件

本罪主体为一般主体，凡达到刑事责任年龄并且具有刑事责任能力的自然人均可成为本罪主体；单位亦能成为本罪主体。

（二）主观要件

本罪主观方面由故意构成，且以获取不正当利益或者转嫁风险为目的。

（三）客观要件

1. 单独或者合谋，集中资金优势、持股或者持仓优势或者利用信息优势联合或者连续买卖，操纵证券、期货交易价格或者证券、期货交易量的；

2. 与他人串通，以事先约定的时间、价格和方式相互进行证券、期货交易，影响证券、期货交易价格或者证券、期货交易量的；

3. 在自己实际控制的账户之间进行证券交易，或者以自己为交易对象，自买自卖期货合约，影响证券、期货交易价格或者证券、期货交易量的；

4. 以其他方法操纵证券、期货市场的。

（四）客体要件

本罪侵害了国家证券、期货管理制度和投资者的合法权益。

量刑部分

【量刑标准】

有下列情形之一,操纵证券、期货市场,情节严重的,处五年以下有期徒刑或者拘役,并处或者单处罚金;情节特别严重的,处五年以上十年以下有期徒刑,并处罚金:

(一)单独或者合谋,集中资金优势、持股或者持仓优势或者利用信息优势联合或者连续买卖,操纵证券、期货交易价格或者证券、期货交易量的;

(二)与他人串通,以事先约定的时间、价格和方式相互进行证券、期货交易,影响证券、期货交易价格或者证券、期货交易量的;

(三)在自己实际控制的账户之间进行证券交易,或者以自己为交易对象,自买自卖期货合约,影响证券、期货交易价格或者证券、期货交易量的;

(四)以其他方法操纵证券、期货市场的。

单位犯前款罪的,对单位判处罚金,并对其直接负责的主管人员和其他直接责任人员,依照前款的规定处罚。

截至目前,尚无本罪名关于量刑的司法解释。

职务侵占罪、贪污罪 《刑法》第183条

保险公司的工作人员利用职务上的便利,故意编造未曾发生的保险事故进行虚假理赔,骗取保险金归自己所有的,依照本法第二百七十一条的规定定罪处罚。

国有保险公司工作人员和国有保险公司委派到非国有保险公司从事公务的人员有前款行为的,依照本法第三百八十二条、第三百八十三条的规定定罪处罚。

非国家工作人员受贿罪、受贿罪 《刑法》第184条

银行或者其他金融机构的工作人员在金融业务活动中索取他人财物或者非法收受他人财物,为他人谋取利益的,或者违反国家规定,收受各种名义的回扣、手续费,归个人所有的,依照本法第一百六十三条的规定定罪处罚。

国有金融机构工作人员和国有金融机构委派到非国有金融机构从事公务的人员有前款行为的,依照本法第三百八十五条、第三百八十六条的规定定罪处罚。

挪用资金罪　《刑法》第185条(一)

商业银行、证券交易所、期货交易所、证券公司、期货经纪公司、保险公司或者其他金融机构的工作人员利用职务上的便利,挪用本单位或者客户资金的,依照本法第二百七十二条的规定定罪处罚。

挪用公款罪　《刑法》第185条(二)

国有商业银行、证券交易所、期货交易所、证券公司、期货经纪公司、保险公司或者其他国有金融机构的工作人员和国有商业银行、证券交易所、期货交易所、证券公司、期货经纪公司、保险公司或者其他国有金融机构委派到前款规定中的非国有机构从事公务的人员有前款行为的,依照本法第三百八十四条的规定定罪处罚。

背信运用受托财产罪　《刑法》第185条之一(一)

商业银行、证券交易所、期货交易所、证券公司、期货经纪公司、保险公司或者其他金融机构,违背受托义务,擅自运用客户资金或者其他委托、信托的财产,情节严重的,对单位判处罚金,并对其直接负责的主管人员和其他直接责任人员,处三年以下有期徒刑或者拘役,并处三万元以上三十万元以下罚金;情节特别严重的,处三年以上十年以下有期徒刑,并处五万元以上五十万元以下罚金。

定罪部分

【罪名概念】

背信运用受托财产罪,是指银行或者其他金融机构违背受托义务,擅自运用客户资金或者其他委托、信托的财产,情节严重的行为。

【犯罪构成】

(一)主体要件

本罪的犯罪主体为特殊主体,即为“商业银行、证券交易所、期货交易所、证券公司、期货经纪公司、保险公司或者其他金融机构”,个人不能构成本罪的主体。

(二)主观要件

主观方面表现为故意,一般是为了获取非法利润。

(三)客观要件

本罪客观上表现为行为主体实施了“违背受托义务,擅自运用客户资金或者其他委托、信托的财产”的行为。所谓“委托、信托的财产”,主要是指在当前的委托理财业务中,存放在各类金融机构中的以下几类客户资金和资产:(1)证券投资业务中的客户交易资金。在我国的证券交易制度中,客户交易结算资金指客户在证券公司存放的用于买卖证券的资金。(2)委托理财业务中的客户资产。委托理财业务是金融机构接受客户的委托,对客户存放在金融机构的资产进行管理的客户资产管理业务。这些资产包括资金、证券等。(3)信托业务中的信托财产,分为资金信托和一般财产信托。(4)证券投资基金。证券投资基金是指通过公开发售基金份额募集的客户资金。从法律性质上看,基金的本质是标准份额的集合资金信托,客户购买的基金的性质是客户委托基金公司管理的财产。本罪属于结果犯,必须是“情节严重的”,才构成犯罪,这也是区分罪与非罪的重要界限。“情节严重”是指由于违背受托义务,擅自运用客户资金或者其他委托、信托的财产,给委托人造成重大财产损失等情形。

(四)客体要件

本罪侵犯的客体是金融管理秩序和客户的合法权益。本罪针对金融机构背离受托义务,擅自运用受托客户财产的行为而设立。由于该行为使客户的财产陷入极大风险之中,从而动摇社会公众的投资信念,严重损害客户的合法权益并危害金融管理秩序、妨害金融市场的健康发展,须以刑法制裁。

【罪名辨析】

(一)划清本罪与非罪的界限

背信运用受托财产达到情节严重的程度,如使客户财产损失重大、金融秩序混乱、多次擅自运用受托财产、曾受行政处罚而又擅自运用客户财产的等,构成本罪;未达严重程度,则不成立犯罪。

(二)划清本罪与其他犯罪的界限

划清与挪用资金罪、挪用公款罪的界限,主要是犯罪主体的不同,后二罪由自然人构成;而本罪仅限金融机构,个人不能构成犯罪。

划清与非法吸收公众存款罪、非法经营罪的界限,本罪仅限法定的商业银行、证券交易所、期货交易所、证券公司、期货经纪公司、保险公司或者经国家有关主管部门批准、有资格开展委托理财业务的金融机构,除此之外的其他单位未经批准,非法开展证券投资、期货投资等委托理财业务,并擅自运用客户财产的不成立本罪,而应视具体情况以非法吸收公众存款罪或者非法经营罪论处。

量刑部分

【量刑标准】

犯本罪,情节严重的,对单位判处罚金,并对其直接负责的主管人员和其他直接责任人员,处三年以下有期徒刑或者拘役,并处三万元以上三十万元以下罚金;情节特别严重的,处三年以上十年以下有期徒刑,并处五万元以上五十万元以下罚金。

截至目前,尚无本罪名关于量刑的司法解释。

违法运用资金罪 《刑法》第185条之一(二)

社会保障基金管理机构、住房公积金管理机构等公众资金管理机构,以及保险公司、保险资产管理公司、证券投资基金管理公司,违反国家规定运用资金的,对其直接负责的主管人员和其他直接责任人员,依照前款的规定处罚。

定罪部分

【罪名概念】

违法运用资金罪,是指社会保障基金管理机构、住房公积金管理机构等公众资金管理机构,以及保险公司、保险资产管理公司、证券投资基金管理公司,违反国家规定运用资金的行为。

【犯罪构成】

(一)主体要件

本罪的主体为特殊主体,即社会保障基金管理机构、住房公积金管理机构等公众资金管理机构,以及保险公司、保险资产管理公司、证券投资基金管理公司。

(二)主观要件

本罪在主观方面必须出于故意。

(三)客观要件

本罪在客观方面表现为社会保障基金管理机构、住房公积金管理机构等公众资金管理机构,以及保险公司、保险资产管理公司、证券投资基金管理公司,违反国家规定运用资金的行为。

(四)客体要件

本罪所侵害的客体是他人的财产所有权。

量刑部分

【量刑标准】

犯本罪的,对其直接负责的主管人员和其他直接责任人员,依照前款的规定处罚。(前款规定是指:情节严重的,对单位判处罚金,并对其直接负责的主管人员和其他直接责任人员,处三年以下有期徒刑或者拘役,并处三万元以上三十万元以下罚金;情节特别严重的,处三年以上十年以下有期徒刑,并处五万元以上五十万元以下罚金。)

截至目前,尚无本罪名关于量刑的司法解释。

违法发放贷款罪 《刑法》第186条

银行或者其他金融机构的工作人员违反国家规定发放贷款,数额巨大或者造成重大损失的,处五年以下有期徒刑或者拘役,并处一万元以上十万元以下罚金;数额特别巨大或者造成特别重大损失的,处五年以上有期徒刑,并处二万元以上二十万元以下罚金。

银行或者其他金融机构的工作人员违反国家规定,向关系人发放贷款的,依照前款的规定从重处罚。

单位犯前两款罪的,对单位判处罚金,并对其直接负责的主管人员和其他直接责任人员,依照前两款的规定处罚。

关系人的范围,依照《中华人民共和国商业银行法》和有关金融法规确定。

定罪部分

【罪名概念】

违法发放贷款罪,是指银行或者其他金融机构及其工作人员违反法律、行政法规的规定,违法向关系人以外的其他人发放贷款,数额巨大或者造成重大损失的行为。

【司法解释】

最高人民法院《全国法院审理金融犯罪案件工作座谈会纪要》

(实施日期:2001年1月21日　法[2001]8号)(节录)

关于违法向关系人发放贷款罪。银行或者其他金融机构工作人员违反法律、行政法规规定,向关系人发放信用贷款或者发放担保贷款的条件优于其他借款人同类贷款条件,造成10万－30万元以上损失的,可以认定为“造成较大损失”;造成

50 万 - 100 万元以上损失的,可以认定为“造成重大损失”。

关于违法发放贷款罪。银行或者其他金融机构工作人员违反法律、行政法规规定,向关系人以外的其他人发放贷款,造成 50 万 - 100 万元以上损失的,可以认定为“造成重大损失”;造成 300 万 - 500 万元以上损失的,可以认定为“造成特别重大损失”。

关于用账外客户资金非法拆借、发放贷款罪。对于银行或者其他金融机构工作人员以牟利为目的,采取吸收客户资金不入账的方式,将资金用于非法拆借、发放贷款,造成 50 万 - 100 万元以上损失的,可以认定为“造成重大损失”;造成 300 万 - 500 万元以上损失的,可以认定为“造成特别重大损失”。

对于单位实施违法发放贷款和用账外客户资金非法拆借、发放贷款造成损失构成犯罪的数额标准,可按个人实施上述犯罪的数额标准二至四倍掌握。

由于各地经济发展不平衡,各省、自治区、直辖市高级人民法院可参照上述数额标准或幅度,根据本地的具体情况,确定在本地区掌握的具体标准。

【犯罪构成】

(一)主体要件

本罪的主体,是特殊主体,只能由中国境内设立的中资商业银行、信托投资公司、企业集团服务公司、金融租赁公司、城乡信用合作社及其他经营贷款业务的金融机构,以及上述金融机构的工作人员构成,其他任何单位包括外资金融机构(含外资、中外合资、外资金融机构的分支机构等)和个人都不能成为本罪主体。

(二)主观要件

本罪行为人实施的违法发放贷款的行为本身是出自故意,但对于其行为可能造成的重大损失的后果是出于过失。

(三)客观要件

本罪在客观上表现为行为人实施了违反法律、行政法规的规定,违法发放贷款,造成重大损失的行为。

1. 所谓违反法律、法规的规定,是指违反《商业银行法》《担保法》《贷款通则》《贷款证管理办法》《信贷资金管理办法》《合同法》等一切法律或行政法规有关信贷管理的规定。如依法应对借款人是否符合有关贷款的条件进行审查而不审查;依法应对借款人的信用等级以及借款的安全性、合法性、营利性进行调查、评估却不调查、评估;依法应与借款人签订借款合同而不签订合同;对借款人是否符合条件虽然进行了审查,但在审查中马马虎虎、应付从事,不作认真、细致、全面、深入的审查就作出合格的决定;明知申请借款人不符合条件,但为了向其发放贷款,而向有关批准贷款的领导谎报情节或隐瞒真相;明知借款人不符合条件,但由于人情关系或接受了借款人贿赂及某种利益,利用自己的职权擅自向其发放贷款;违反中国人民银行贷款利率上下限的规定,擅自提高贷款利率而放松其他条件发放贷款;签订贷款合同,利用手中职权指使或亲自就一些重要条款如还款期限、还款方式、违约责任不予以明确;超越自己的职权,擅自批准发放贷款等。

2. 本条第二款规定的"关系人"不是泛指与银行或者其他金融机构的工作人员有关系的人员,它是一个法定的概念。依本条第四款和《商业银行法》第四十条之规定,商业银行的关系人是指:(1)商业银行的董事、监事、管理人员、信贷业务人员及其近亲属;(2)前项所列人员投资或者担任高级管理职务的公司、企业和其他经济组织。

上述关系人大体上可划分为两类:

一是商业银行的内部人员,包括董事(部分除外)、监事、各级管理人员和信贷业务人员。

二是与商业银行存在着某种内部关系的外部人员或组织,包括内部人员的近亲属、与内部人员及其近亲属有着投资或兼职关系的公司、企业和其他经济组织。

3. 非法发放贷款,达到数额巨大的标准或者必须造成了重大损失,才能构成违法发放贷款罪,这是违法发放贷款罪行为在量的方面一个重要的限制。

(四)客体要件

本罪侵犯的客体,是国家的金融管理制度,具体是国家的贷款管理制度。发放贷款是中国商业银行和其他一些金融机构的一项重要金融业务,它为国民经济的发展提供了重要的资金保障。为了规范贷款行为,提高贷款质量,保证贷款的安全性和使用的有效性,加速信贷资金周转,中国制定颁布了《商业银行法》《贷款通则》《信贷资金管理暂行办法》等一系列金融法律、法规,对有关贷款问题作出了规定。如要求作为贷款人的商业银行等金融机构应当根据国民经济和社会发展需要,在国家产业政策指导下发放贷款;贷款人应对借款人偿还能力等情况进行严格审查,一般应要求借款人提供担保,并对担保的可靠性进行严格的审查,等等。如果贷款人在办理发放贷款业务过程中,如不认真调查借款人的偿还能力或资信情况,随意评估有失水平,或未经批准擅自发放贷款等,其行为不仅破坏了国家的贷款管理制度,同时还会造成国家贷款的损失,影响国家金融秩序的稳定。

违法发放贷款罪的对象是贷款,即贷款人对借款人提供的并按约定的利率和期限还本付息的货币资金。贷款既可以是人民币,也可以是外币。发放的如果不是贷款,不能构成违法发放贷款罪。

量刑部分

【量刑标准】

犯本罪,数额巨大或者造成重大损失的,处五年以下有期徒刑或者拘役,并处一万元以上十万元以下罚金;数额特别巨大或者造成特别重大损失的,处五年以上有期徒刑,并处二万元以上二十万元以下罚金。

银行或者其他金融机构的工作人员违反国家规定,向关系人发放贷款的,依照前款的规定从重处罚。

单位犯前两款罪的,对单位判处罚金,并对其直接负责的主管人员和其他直接责任人员,依照前两款的规定处罚。

关系人的范围,依照《商业银行法》和有关金融法规确定。

吸收客户资金不入账罪 《刑法》第187条

银行或者其他金融机构的工作人员吸收客户资金不入账,数额巨大或者造成重大损失的,处五年以下有期徒刑或者拘役,并处二万元以上二十万元以下罚金;数额特别巨大或者造成特别重大损失的,处五年以上有期徒刑,并处五万元以上五十万元以下罚金。

单位犯前款罪的,对单位判处罚金,并对其直接负责的主管人员和其他直接责任人员,依照前款的规定处罚。

定罪部分

【罪名概念】

吸收客户资金不入账罪,是指银行或者其他金融机构的工作人员,以牟利为目的,采取吸收客户资金不入账的方式,将资金用于非法拆借、发放贷款,造成重大损失的行为。

【关联法律】

《商业银行法》

第四十七条　商业银行不得违反规定提高或者降低利率以及采用其他不正当手段,吸收存款,发放贷款。

第七十五条　商业银行有下列情形之一,由国务院银行业监督管理机构责令改正,并处二十万元以上五十万元以下罚款;情节特别严重或者逾期不改正的,可以责令停业整顿或者吊销其经营许可证;构成犯罪的,依法追究刑事责任:

(一)拒绝或者阻碍国务院银行业监督管理机构检查监督的;

(二)提供虚假的或者隐瞒重要事实的财务会计报告、报表和统计报表的;

(三)未遵守资本充足率、存贷比例、资产流动性比例、同一借款人贷款比例和国务院银行业监督管理机构有关资产负债比例管理的其他规定的。

第七十六条　商业银行有下列情形之一,由中国人民银行责令改正,有违法所得的,没收违法所得,违法所得五十万元以上的,并处违法所得一倍以上五倍以下罚款;没有违法所得或者违法所得不足五十万元的,处五十万元以上二百万元以下罚款;情节特别严重或者逾期不改正的,中国人民银行可以建议国务院银行业监督管理机构责令停业整顿或者吊销其经营许可证;构成犯罪的,依法追究刑事责任:

(一)未经批准办理结汇、售汇的;

(二)未经批准在银行间债券市场发行、买卖金融债券或者到境外借款的;

(三)违反规定同业拆借的。

【犯罪构成】

(一)主体要件

本罪主体是特殊主体,即银行或者其他金融机构的工作人员,单位也可以成为本罪的主体。

(二)主观要件

本罪主观方面是故意,且具有牟利的目的。

(三)客观要件

本罪客观方面表现为采取吸收客户资金不入账的方式,将资金用于非法拆借、发放贷款,造成重大损失的行为。"吸收客户资金不入账",是指不记入金融机构的法定存款账目,以逃避国家金融监管,至于是否记入法定账目以外设立的账目不影响该罪成立。"非法拆借、发放贷款",是指将没有入账的资金挪借给其他单位,或者将没有入账的资金作为贷款发放其他单位或个人。

(四)客体要件

本罪侵犯的客体是国家对存贷款的管理秩序。

【罪名辨析】

(一)认定本罪应注意区分此罪与彼罪的界限

本罪中的"牟利",一般是指牟取用账外客户资金非法拆借、发放贷款所产生的非法收益,如利息、差价等。对于用款人为取得贷款而支付的回扣、手续费等,应根据具体情况分别处理:银行或者其他金融机构用账外客户资金非法拆借、发放贷款,收取的回扣、手续费等,应认定为"牟利";银行或者其他金融机构的工作人员利用职务上的便利,用账外客户资金非法拆借、发放贷款,收取回扣、手续费等,数额较小的,以"牟利"论处;银行或者其他金融机构的工作人员将用款人支付给单位的回扣、手续费占为己有,数额较大的,以贪污罪或者职务侵占罪定罪处罚;银行或者其他金融机构的工作人员利用职务便利,用账外客户资金非法拆借、发放贷款,索取用款人的财物,或者非法收受其他财物,或者收取回扣、手续费等,数额较大的,以受贿罪或者公司、企业人员受贿罪定罪处罚。

（二）区分罪与非罪的界限

构成本罪必须具备两个条件，一是要有数额巨大或者造成重大损失的结果，二是要有牟利的目的，不具备这两个条件，不能构成犯罪。

（三）区分本罪与违法发放贷款罪的界限

区别在于前者使用的是账外客户资金，而后者使用的是账内资金；前者要求有牟利的目的，后者则没有牟利目的的要求。

（四）本罪与挪用公款罪或者挪用资金罪

注意将用账外客户资金非法拆借、发放贷款的行为与挪用公款罪和挪用资金罪区别开来。对于利用职务上的便利，挪用已经记入金融机构法定存款账户的客户资金归个人使用的，或者吸收客户资金不入账，却给客户开具银行存单，客户也认为该款已存入银行，该款却被行为人以个人名义借贷给他人的，均应认定为挪用公款罪或者挪用资金罪。

量刑部分

【量刑标准】

犯本罪，数额巨大或者造成重大损失的，处五年以下有期徒刑或者拘役，并处二万元以上二十万元以下罚金；数额特别巨大或者造成特别重大损失的，处五年以上有期徒刑，并处五万元以上五十万元以下罚金。

单位犯前款罪的，对单位判处罚金，并对其直接负责的主管人员和其他直接责任人员，依照前款的规定处罚。

截至目前，尚无本罪名关于量刑的司法解释。

违规出具金融票证罪　《刑法》第188条

银行或者其他金融机构的工作人员违反规定，为他人出具信用证或者其他保函、票据、存单、资信证明，情节严重的，处五年以下有期徒刑或者拘役；情节特别严重的，处五年以上有期徒刑。

单位犯前款罪的，对单位判处罚金，并对其直接负责的主管人员和其他直接责任人员，依照前款的规定处罚。

定罪部分

【罪名概念】

违规出具金融票证罪，是指银行或其他金融机构工作人员违反规定为他人出具信用证或其他保函、票据、资信证明，造成较大损失的行为。

【犯罪构成】

(一)主体要件

本罪主体是特殊主体,只有银行或其他金融机构工作人员才能成为本罪主体。单位犯本罪的,对单位和个人实行双罚。

(二)主观要件

本罪主观上是明知的和故意的,对被他人骗取、丢失、其他需要而取走的金融票证,应根据具体情节具体分析,不能一概定本罪。行为人在出具票证时应以明知为特征。

(三)客观要件

本罪在客观上表现为行为人实施了违反规定为他人出具信用证或者其他保函、票据、存单、资信证明的行为。

(四)客体要件

本罪侵犯的客体是国家的金融管理秩序及金融机构的财产所有权。

量刑部分

【量刑标准】

犯本罪,情节严重的,处五年以下有期徒刑或者拘役;情节特别严重的,处五年以上有期徒刑。

单位犯前款罪的,对单位判处罚金,并对其直接负责的主管人员和其他直接责任人员,依照前款的规定处罚。

截至目前,尚无本罪名关于量刑的司法解释。

对违法票据承兑、付款、保证罪 《刑法》第189条

银行或者其他金融机构的工作人员在票据业务中,对违反票据法规定的票据予以承兑、付款或者保证,造成重大损失的,处五年以下有期徒刑或者拘役;造成特别重大损失的,处五年以上有期徒刑。

单位犯前款罪的,对单位判处罚金,并对其直接负责的主管人员和其他直接责任人员,依照前款的规定处罚。

定罪部分

【罪名概念】

对违法票据承兑、付款、保证罪,是指金融机构工作人员在票据业务中,对违反票据法规定的票据予以承兑、付款或保证,造成金融机构重大损失的行为。

【司法解释】

最高人民检察院、公安部《关于公安机关管辖的刑事案件立案追诉标准的规定（二）》

（实施日期：2010 年 5 月 7 日　公通字［2010］23 号）（节录）

第四十五条　［对违法票据承兑、付款、保证案（刑法第一百八十九条）］银行或者其他金融机构及其工作人员在票据业务中，对违反票据法规定的票据予以承兑、付款或者保证，造成直接经济损失数额在二十万元以上的，应予立案追诉。

【关联法律】

《票据法》

第一百零五条　金融机构工作人员在票据业务中玩忽职守，对违反本法规定的票据予以承兑、付款或者保证的，给予处分；造成重大损失，构成犯罪的，依法追究刑事责任。

由于金融机构工作人员因前款行为给当事人造成损失的，由该金融机构和直接责任人员依法承担赔偿责任。

【犯罪构成】

（一）主体要件

本罪主体是特殊主体，包括银行或其他金融机构及其工作人员，即作为单位的金融机构或作为自然人的职工都可以成为对违法票据承兑、付款、保证罪的主体。

（二）主观要件

本罪主观上一般是过失构成，但也不排除间接故意。

从《刑法》条文的规定来看，《刑法》只规定对违反《票据法》规定的票据予以承兑、付款或者保证，造成重大损失的即构成犯罪，至于行为人对这种违反《票据法》规定的票据是否明知，行为人对可能发生的危害结果——造成重大损失是否预见，《刑法》未作明确规定。

这就存在三种情况：

一是行为人因疏忽大意，对票据审查不严，未发现票据违反《票据法》而予以承兑、付款或保证，造成重大损失的，构成疏忽大意的过失犯罪。

二是行为人发现了票据违法，自以为不会造成损失而予以承兑、付款或保证。这种情况在理论中存在，但在现实中不可能发生，因为行为人既然已发现了票据违法，那么只要是有一点金融常识的人都会知道承兑、付款或保证这些违法票据的后果，更何况对违法票据承兑、付款、保证罪的主体是金融机构的工作人员，更清楚承兑、付款或保证违法票据会造成的危害后果，所以，对违法票据承兑、付款、保证罪不存在过于自信的过失。

三是行为人明知票据违法，也预见到予以承兑、付款、保证可能造成重大损失，却采取放任的态度,构成间接故意。所以,对违法票据承兑、付款、保证罪在主观方面既可以是疏忽大意的过失,也可以是出于间接故意。对违法票据承兑、付款、保证罪不可能由直接故意和过于自信的过失构成。

(三)客观要件

本罪客观方面表现为在票据的业务中,对违反《票据法》规定的票据予以承兑、付款或者保证,造成重大损失的行为。这里的票据,是指汇票、本票和支票。

对违法票据承兑、付款、保证罪在客观方面必须具备以下两个要件:

第一,对违反《票据法》规定的票据予以承兑、付款、保证。"承兑、付款、保证"是票据业务的三种方式。承兑是指汇票付款人承诺在汇票到期日支付汇票金额的一种附属的票据行为。付款是指票据的付款人、承兑人或者担当付款人在票据到期时对持票人支付票据金额,从而消灭票据关系的行为。保证是指票据债务人以外的第三人为担保特定票据债务的履行,以负担同一内容的票据债务为目的而进行的一种附属票据行为。行为人只要实施三种行为之一种,就有可能造成重大损失。

第二,在结果上,必须造成重大损失,才能构成对违法票据承兑、付款、保证罪,所以,对违法票据承兑、付款、保证罪属于结果犯。至于重大损失的标准,则有待于最高司法机关作出司法解释。

(四)客体要件

本罪侵犯的客体是复杂客体,即国家对票据的管理制度和金融机构资金的安全。

量刑部分

【量刑标准】

犯本罪,造成重大损失的,处五年以下有期徒刑或者拘役;造成特别重大损失的,处五年以上有期徒刑。

单位犯前款罪的,判处罚金,并对直接负责的主管人员和其他直接责任人员,依照前款的规定处罚。

截至目前,尚无本罪名关于量刑的司法解释。

逃汇罪 《刑法》第190条

国有公司、企业或者其他国有单位,违反国家规定,擅自将外汇存放境外,或者将境内的外汇非法转移到境外,情节严重的,对单位判处罚金,并对其直接负责的主管人员和其他直接责任人员,处五年以下有期徒刑或者拘役。

定 罪 部 分

【罪名概念】

逃汇罪,是指公司、企业或者其他单位,违反国家规定,擅自将外汇存放境外,或者将境内的外汇非法转移到境外,情节严重的行为。

【关联法律】

1.《外汇管理条例》(2008 年 8 月 1 日施行)

2.《全国人民代表大会常务委员会关于惩治骗购外汇、逃汇和非法买卖外汇犯罪的决定》(1998 年 12 月 29 日施行)

三、将刑法第一百九十条修改为:公司、企业或者其他单位,违反国家规定,擅自将外汇存放境外,或者将境内的外汇非法转移到境外,数额较大的,对单位判处逃汇数额百分之五以上百分之三十以下罚金,并对其直接负责的主管人员和其他直接责任人员处五年以下有期徒刑或者拘役;数额巨大或者有其他严重情节的,对单位判处逃汇数额百分之五以上百分之三十以下罚金,并对其直接负责的主管人员和其他直接责任人员处五年以上有期徒刑。

【犯罪构成】

(一)主体要件

本罪的主体是特殊主体,即只有公司、企业或其他单位才能构成本罪。本条规定逃汇罪的主体为国有单位,但《全国人民代表大会常务委员会关于惩治骗购外汇、逃汇和非法买卖外汇犯罪的决定》将本条已作了相应修改,其中对主体范围作了扩充。

单位犯本款罪,实行两罚制,即对单位判处罚金,并对单位直接负责的主管人员和其他直接责任人员,根据情节分别处五年以下有期徒刑或者拘役、五年以上有期徒刑。

(二)主观要件

本罪在主观方面只能由故意构成。过失不构成本罪。本罪是故意犯罪,要求行为人对本罪的构成要件事实有认识,包括对犯罪对象、行为性质、客体要件、因果关系等的认识。也就是说,行为人必须认识到自己的行为是在逃汇。当然,这种认识并不需要行为人了解关于逃汇的具体法规,只要行为人知道自己的行为是违法即可。本罪虽然是故意犯罪,但并不以牟利为目的。虽然刑法学界有人主张此罪要以牟利为目的。

(三)客观要件

本罪在客观方面表现为违反国家规定,擅自将外汇存放境外,或者将境内的外汇非法转移至境外,情节严重的行为。

(四)客体要件

本罪侵害的客体是国家的外汇管理制度。根据1996年1月29日中华人民共和国国务院令第193号发布,1997年1月14日《国务院关于修改〈中华人民共和国外汇管理条例〉的决定》修正的《中华人民共和国外汇管理条例》规定,外汇是指下列以外币表示的可以用作国际清偿的支付手段和资产:

(1)外国货币,包括纸币、铸币;

(2)外币支付凭证,包括票据、银行存款凭证、邮政储蓄凭证等;

(3)外币有价证券,包括政府债券、公司债券、股票等;

(4)特别提款权、欧洲货币单位;

(5)其他外汇资产。

我国外汇管理制度主要包括经常项目和资本项目管理大部分。

【罪名辨析】

对于本罪,应注意其与走私罪的界限

1. 所侵犯的客体不同。本罪的客体是国家的外汇管理制度,其与进出口贸易及其关税无关;而走私罪的客体则是对外贸易管制,后者这种管制的目的是通过对进出口货物的监督、管理与控制,防止偷逃关税及其阻止或限制不该进出口的物资进出口。它与进口贸易及其关税紧密联系在一起。

2. 所侵犯的对象不同。本罪的对象仅限于外汇;走私罪的对象却比本罪广泛得多,它包括外汇在内的一切禁止或限制进出境的货物与物品或者应当缴纳关税的货物及物品。

3. 客观方面的表现形式不同。本罪在客观方面表现为逃汇的行为。逃汇的外在形式是将境外取得的外汇应当调回境内而不调回,或把境内的外汇私自转移到国外等;而走私罪的客观行为却是行为人逃避海关监管,非法运输、携带、邮寄货物、物品进出国(边)境的行为。

量刑部分

【量刑标准】

犯本罪,情节严重的,对单位判处罚金,并对其直接负责的主管人员和其他直接责任人员,处五年以下有期徒刑或者拘役。

《全国人民代表大会常务委员会关于惩治骗购外汇、逃汇和非法买卖外汇犯罪的决定》将刑法第一百九十条修改为:

公司、企业或者其他单位,违反国家规定,擅自将外汇存放境外,或者将境内的外汇非法转移到境外,数额较大的,对单位判处逃汇数额百分之五以上百分之三十以下罚金,并对其直接负责的主管人员和其他直接责任人员处五年以下有期徒刑或者拘役;数额巨大或者有其他严重情节的,对单位判处逃汇数额百分之五以上百分之三十以下罚金，并对其直接负责的主管人员和其他直接责任人员处五年以上有期徒刑。

洗钱罪　《刑法》第 191 条

明知是毒品犯罪、黑社会性质的组织犯罪、恐怖活动犯罪、走私犯罪、贪污贿赂犯罪、破坏金融管理秩序犯罪、金融诈骗犯罪的所得及其产生的收益，为掩饰、隐瞒其来源和性质，有下列行为之一的，没收实施以上犯罪的所得及其产生的收益，处五年以下有期徒刑或者拘役，并处或者单处洗钱数额百分之五以上百分之二十以下罚金；情节严重的，处五年以上十年以下有期徒刑，并处洗钱数额百分之五以上百分之二十以下罚金：

（一）提供资金账户的；

（二）协助将财产转换为现金、金融票据、有价证券的；

（三）通过转帐或者其他结算方式协助资金转移的；

（四）协助将资金汇往境外的；

（五）以其他方法掩饰、隐瞒犯罪所得及其收益的来源和性质的。

单位犯前款罪的，对单位判处罚金，并对其直接负责的主管人员和其他直接责任人员，处五年以下有期徒刑或者拘役；情节严重的，处五年以上十年以下有期徒刑。

定罪部分

【罪名概念】

洗钱罪，是指明知是毒品犯罪、黑社会性质的组织犯罪、贪污贿赂犯罪、恐怖活动犯罪、走私犯罪、破坏金融管理秩序犯罪、金融诈骗犯罪的所得及其收益，为掩饰、隐瞒其来源和性质，通过存入金融机构、投资或者上市流通等手段使非法所得收入合法化的行为。

【司法解释】

最高人民法院《关于审理骗购外汇、非法买卖外汇刑事案件具体应用法律若干问题的解释》

（实施日期：1998 年 9 月 1 日　法释［1998］20 号）（节录）

第一条　以进行走私、逃汇、洗钱、骗税等犯罪活动为目的，使用虚假、无效的凭证、商业单据或者采取其他手段向外汇指定银行骗购外汇的，应当分别按照刑法分则第三章第二节、第一百九十条、第一百九十一条和第二百零四条等规定定罪处罚。

非国有公司、企业或者其他单位,与国有公司、企业或者其他国有单位勾结逃汇的,以逃汇罪的共犯处罚。

第五条　海关、银行、外汇管理机关工作人员与骗购外汇的行为人通谋,为其提供购买外汇的有关凭证,或者明知是伪造、变造的凭证和商业单据而出售外汇,构成犯罪的,按照刑法的有关规定从重处罚。

第六条　实施本解释规定的行为,同时触犯二个以上罪名的,择一重罪从重处罚。

第七条　根据刑法第六十四条规定,骗购外汇、非法买卖外汇的,其违法所得予以追缴,用于骗购外汇、非法买卖外汇的资金予以没收,上缴国库。

第八条　骗购、非法买卖不同币种的外汇的,以案发时国家外汇管理机关制定的统一折算率折合后依照本解释处罚。

【犯罪构成】

(一)主体要件

本罪的犯罪主体是一般主体,包括年满十六周岁、具有刑事责任能力的自然人和单位。

(二)主观要件

本罪在主观方面的表现为故意,即行为人明知自己的行为是在为犯罪违法所得掩饰、隐瞒其来源和性质、为利益而故意为之,并希望这种结果发生。

犯罪故意中“明知”的判断,应当结合被告人的认知能力,接触他人犯罪所得及其收益的情况,犯罪所得及其收益的种类、数额,犯罪所得及其收益的转换、转移方式以及被告人的供述等主、客观因素进行认定。

具有下列情形之一的,可以认定被告人明知系犯罪所得及其收益,但有证据证明确实不知道的除外:

(1)知道他人从事犯罪活动,协助转换或者转移财物的;

(2)没有正当理由,通过非法途径协助转换或者转移财物的;

(3)没有正当理由,以明显低于市场的价格收购财物的;

(4)没有正当理由,协助转换或者转移财物,收取明显高于市场的“手续费”的;

(5)没有正当理由,协助他人将巨额现金散存于多个银行账户或者在不同银行账户之间频繁划转的;

(6)协助近亲属或者其他关系密切的人转换或者转移与其职业或者财产状况明显不符的财物的;

(7)其他可以认定行为人明知的情形。

注意:被告人将洗钱罪(第一百九十一条)的某一上游犯罪的犯罪所得及其收益误认为本罪其他上游犯罪范围内的其他犯罪所得及其收益的,属于具体的事实认识错误中的对象错误，不影响洗钱罪“明知”的认定。

（三）客观要件

本罪在客观方面表现为：

1. 提供资金账户，是指为犯罪人开设银行资金账户或者将现有的银行资金账户提供给犯罪人使用；

2. 协助将财产转为现金或者金融票据，既包括将实物转换为现金或金融票据，也包括将现金转换为金融票据或者将金融票据转换成现金，还包括将此种现金（如人民币）转换为彼种现金（如美元），将此种金融票据（如外国金融机构出具的票据）转换为彼种金融票据（如中国金融机构出具的票据）；

3. 通过转账或者其他结算方式协助资金转移；

4. 协助将资金汇往境外；

5. 以其他方式掩饰、隐瞒犯罪的违法所得及其收益来源和性质：指其他掩饰、隐瞒犯罪的违法所得及其产生的收益的性质与来源的一切方法，如将犯罪所得投资于某种行业，用犯罪所得购买不动产等。

（四）客体要件

本罪侵犯的客体是复杂客体，即他既侵犯了金融秩序，又侵犯了社会经济管理秩序，还侵犯了国家正常的金融管理活动及外汇管理的相关规定。

【罪名辨析】

（一）本罪与掩饰、隐瞒犯罪所得、犯罪所得收益罪的界限

《刑法》第三百一十二条规定的掩饰、隐瞒犯罪所得、犯罪所得收益罪，与本条规定的洗钱罪，两者都属于连累犯的范畴，即行为人明知是犯罪分子的违法所得，仍事后给予了犯罪分子某种帮助，因此，两者存在着很大的联系。但是，从具体犯罪构成要件而言，两者也存在着以下几方面的区别：

1. 侵犯的客体不同。前者侵犯的是双重客体，其中主要客体是金融管理秩序，从而该罪被归类在“破坏社会主义市场经济秩序罪”，后者侵犯的是单一客体，即社会管理秩序。

2. 行为的对象不同。前者特指毒品犯罪、黑社会性质的组织犯罪、恐怖活动犯罪、走私犯罪、贪污贿赂犯罪、破坏金融管理秩序犯罪、金融诈骗犯罪的所得及其产生的收益，后者泛指一切犯罪的所得赃物。

3. 行为方式不同。前者是指通过某类中介机构来隐瞒和掩饰违法所得及其收益的性质和来源，后者则包括窝藏、转移、收购或代为销售赃物四种行为。

（二）本罪与窝藏、转移、隐瞒毒品、毒赃罪的界限

《刑法》第三百四十九条规定的窝藏、转移、隐瞒毒品、毒赃罪与本条规定的洗钱罪，也在以下几个方面存在区别：

1. 侵犯的客体不同，前者侵犯的是双重客体，其中主要是金融管理秩序，后者

侵犯的是单一客体,即社会管理秩序。

2. 行为的对象不同,前者指毒品犯罪、黑社会性质的组织犯罪、恐怖活动犯罪、走私犯罪、贪污贿赂犯罪、破坏金融管理秩序犯罪、金融诈骗犯罪的所得及其产生的收益,后者特指走私、贩卖、运输、制造毒品罪的毒品和毒赃。

3. 行为方式不同,前者指行为人通过中介机构将有关违法所得及其产生的收益的来源和性质加以隐瞒和掩饰,是属于狭义上的“洗钱”行为,后者指行为人为走私、贩卖、运输、制造毒品罪的犯罪分子窝藏、转移、隐瞒毒品或者犯罪所得的财物,是属于广义上的“洗钱”行为。

量刑部分

【量刑标准】

犯本罪的,没收实施以上犯罪的所得及其产生的收益,处五年以下有期徒刑或者拘役,并处或者单处洗钱数额百分之五以上百分之二十以下罚金;

情节严重的,处五年以上十年以下有期徒刑,并处洗钱数额百分之五以上百分之二十以下罚金。

截至目前,尚无本罪名关于量刑的司法解释。

第五节　金融诈骗罪

集资诈骗罪　《刑法》第192条

以非法占有为目的,使用诈骗方法非法集资,数额较大的,处五年以下有期徒刑或者拘役,并处二万元以上二十万元以下罚金;数额巨大或者有其他严重情节的,处五年以上十年以下有期徒刑,并处五万元以上五十万元以下罚金;数额特别巨大或者有其他特别严重情节的,处十年以上有期徒刑或者无期徒刑,并处五万元以上五十万元以下罚金或者没收财产。

定罪部分

【罪名概念】

集资诈骗罪,是指以非法占有为目的,违反有关金融法律、法规的规定,使用诈骗方法进行非法集资,扰乱国家正常金融秩序,侵犯公私财产所有权,且数额较大的行为。

【司法解释】

1. 最高人民法院《关于审理非法集资刑事案件具体应用法律若干问题的解释》

(实施日期:2011 年 1 月 4 日　法释[2010]18 号)(节录)

为依法惩治非法吸收公众存款、集资诈骗等非法集资犯罪活动,根据刑法有关规定,现就审理此类刑事案件具体应用法律的若干问题解释如下:

第四条　以非法占有为目的,使用诈骗方法实施本解释第二条规定所列行为的,应当依照刑法第一百九十二条的规定,以集资诈骗罪定罪处罚。

使用诈骗方法非法集资,具有下列情形之一的,可以认定为"以非法占有为目的":

(一)集资后不用于生产经营活动或者用于生产经营活动与筹集资金规模明显不成比例,致使集资款不能返还的;

(二)肆意挥霍集资款,致使集资款不能返还的;

(三)携带集资款逃匿的;

(四)将集资款用于违法犯罪活动的;

(五)抽逃、转移资金、隐匿财产,逃避返还资金的;

(六)隐匿、销毁账目,或者搞假破产、假倒闭,逃避返还资金的;

(七)拒不交代资金去向,逃避返还资金的;

(八)其他可以认定非法占有目的的情形。

集资诈骗罪中的非法占有目的,应当区分情形进行具体认定。行为人部分非法集资行为具有非法占有目的的,对该部分非法集资行为所涉集资款以集资诈骗罪定罪处罚;非法集资共同犯罪中部分行为人具有非法占有目的,其他行为人没有非法占有集资款的共同故意和行为的,对具有非法占有目的的行为人以集资诈骗罪定罪处罚。

第五条　个人进行集资诈骗,数额在 10 万元以上的,应当认定为"数额较大";数额在 30 万元以上的,应当认定为"数额巨大";数额在 100 万元以上的,应当认定为"数额特别巨大"。

单位进行集资诈骗,数额在 50 万元以上的,应当认定为"数额较大";数额在 150 万元以上的,应当认定为"数额巨大";数额在 500 万元以上的,应当认定为"数额特别巨大"。

集资诈骗的数额以行为人实际骗取的数额计算,案发前已归还的数额应予扣除。行为人为实施集资诈骗活动而支付的广告费、中介费、手续费、回扣,或者用于行贿、赠与等费用,不予扣除。行为人为实施集资诈骗活动而支付的利息,除本金未归还可予折抵本金以外,应当计入诈骗数额。

2. 最高人民法院《关于依法严厉打击集资诈骗和非法吸收公众存款犯罪活动的通知》

(实施日期:2004 年 11 月 15 日　法[2004]240 号)(节录)

各省、自治区、直辖市高级人民法院,解放军军事法院,新疆维吾尔自治区高级人民法院生产建设兵团分院:

近年来,一些地方集资诈骗、非法吸收公众存款犯罪活动十分猖獗,大案要案接连发生,严重扰乱金融市场秩序,侵犯公民、法人和其他组织的合法权益。为了切实维护国家金融市场秩序和社会政治稳定,现就人民法院充分发挥审判职能作用,依法严厉打击集资诈骗和非法吸收公众存款犯罪活动的有关问题通知如下:

一、充分认识集资诈骗和非法吸收公众存款犯罪的严重社会危害性,切实加强对这类犯罪案件的审判工作。当前,各种形式的非法集资犯罪活动,手段更加狡黠,欺骗性更强,导致大量人民群众上当受骗。不少集资诈骗和非法吸收公众存款犯罪案件,涉案金额特别巨大,受害人员范围广,给公民和法人以及其他组织造成巨额财产损失,严重破坏金融市场秩序,由此导致的群体性事件屡有发生,严重影响社会政治稳定。各级人民法院一定要从贯彻"三个代表"重要思想,树立和落实科学发展观,落实"司法为民"要求的高度,进一步提高对集资诈骗和非法吸收公众存款犯罪案件审判工作重要性的认识,全面发挥人民法院刑事审判职能作用,为有效遏制集资诈骗和非法吸收公众存款犯罪活动,规范金融市场秩序提供有力司法保障。

二、坚决贯彻依法严惩集资诈骗和非法吸收公众存款犯罪的方针,加大对集资诈骗和非法吸收公众存款犯罪的打击力度。金融犯罪一直是我国整顿和规范市场经济秩序工作的打击重点,集资诈骗和非法吸收公众存款犯罪案件,是金融犯罪刑事审判工作的重中之重。集资诈骗和非法吸收公众存款犯罪发案较多的地区,人民法院要积极配合有关部门,开展严厉打击这类犯罪的专项行动,切实维护金融市场秩序和社会政治稳定。对集资诈骗和非法吸收公众存款的犯罪活动,一定要贯彻依法严惩的方针,保持对犯罪的高压态势,以有效震慑不法分子,保护人民群众利益。一旦案件起诉后,即应尽快开庭,及时审结。对集资诈骗数额特别巨大并且给国家和人民利益造成特别重大损失,罪行极其严重的犯罪分子,依法应该判处死刑的,要坚决判处死刑,决不手软。在对犯罪分子判处主刑的同时,要依法适用财产刑,并加大赃款赃物的追缴力度,不让犯罪分子在经济上获取非法利益。对集资诈骗和非法吸收公众存款共同犯罪案件中的主犯,一定要依法从严惩处。

三、坚持审判工作法律效果和社会效果有机统一,积极参与金融市场经济秩序的综合治理。各级人民法院在审判集资诈骗和非法吸收公众存款犯罪案件工作中,要把依法审判与法制宣传有机结合起来。注意通过依法公开宣判、新闻媒体宣传等各种行之有效的形式,揭露犯罪骗局,教育广大群众,提高公民防骗意识。要妥善处理涉及众多被害人的犯罪案件,注意追缴犯罪分子的违法所得,及时将被骗的集资款返还被害人,配合地方党委和政府做好案件的善后工作,尽量将犯罪造成的不良后果降到最低限度,确保社会稳定。对办案过程中发现有关部门和单位在资金管理制度和环节上存在的漏洞和隐患，要及时提出司法建议，以做到防患于未然。

四、深入调查研究，及时解决审判这类案件中的疑难问题。各高级人民法院对于近期受理的集资诈骗和非法吸收公众存款大要案的审理情况，要及时报告我院。审理集资诈骗和非法吸收公众存款犯罪案件政策性强，涉及法律适用问题疑难，各高级人民法院对在审判工作中遇到的新情况、新问题，要认真研究，提出意见，加强指导，及时报告我院。

3. 最高人民法院《关于审理扰乱电信市场管理秩序案件具体应用法律若干问题的解释》

（实施日期：2000 年 5 月 24 日　法释［2000］12 号）（节录）

第九条　以虚假、冒用的身份证件办理入网手续并使用移动电话，造成电信资费损失数额较大的，依照刑法第二百六十六条的规定，以诈骗罪定罪处罚。

【犯罪构成】

（一）主体要件

本罪的主体是一般主体，任何达到刑事责任年龄、具有刑事责任能力的自然人均可构成本罪。依《刑法》第二百条的规定，单位也可以成为本罪主体。

（二）主观要件

本罪在主观上由故意构成，且以非法占有为目的。即犯罪行为人在主观上具有将非法聚集的资金据为己有的目的。所谓据为己有，既包括将非法募集的资金置于非法集资的个人控制之下，也包括将非法募集的资金置于本单位的控制之下。在通常情况下，这种目的具体表现为将非法募集的资金的所有权转归自己所有，或任意挥霍，或占有资金后携款潜逃等。

（三）客观要件

本罪在客观方面表现为行为人必须实施了使用诈骗方法非法集资，数额较大的行为。主要是以非法发行股票、债券、彩票、投资基金证券或其他债权凭证的方式向社会不特定对象募集资金，并承诺在一定期限内以货币、实物及其他方式向出资人还本付息或给予其他回报。

（四）客体要件

本罪侵犯的客体是复杂客体，既侵犯了公私财产所有权，又侵犯了国家金融管理制度。在现代社会，资金是企业进行生产经营不可缺少的资源和生产要素。而生产者、经营者自有资金极为有限，因此社会筹集资金成为一种越来越重要的金融活动。与此同时，一些名为集资、实为诈骗的犯罪行为也开始滋生、蔓延。这种集资诈骗行为采取欺骗手段蒙骗社会公众，不仅造成投资者的经济损失，同时更干扰了金融机构储蓄、贷款等业务的正常进行，破坏国家的金融管理秩序。广大投资者对集资活动的过分谨慎，甚至对金融机构进行集资也可能产生不信任感，影响了经济的发展。

【罪名辨析】

(一)本罪与诈骗罪的区别

集资诈骗罪实际上是一种特殊的诈骗罪,因此它既有一般诈骗罪所具有的共性,也具有一般诈骗罪所不具有的特殊性。两者区别主要是:

1. 犯罪对象不同。本罪的对象是不特定多数人的用以集资获利的资金,包括金钱与财物;但后罪即诈骗罪的对象则是特定的,即行为人是针对某一特定的人或单位去实施诈骗行为并获取其钱财。

2. 客观行为的表现形式不同。诈骗罪在客观方面表现为用虚构事实或隐瞒真相直接使被骗人交付财物的行为,被骗人交付财物既可以是为了投资营利,亦可以是购买某物品。本罪与诈骗罪而言,本罪行为是被包容的法条属特别法条,因此,对以诈骗方法骗取集资的,应当以本罪定罪科刑。

(二)本罪与非法吸收公众存款罪的区别

非法吸收公众存款,在一定意义上讲,也是一种非法集资的形式,二者的主要区别有:

1. 侵犯对象不同。本罪的对象是他人用于集资获利所交付的集资款,既可以表现为资金,又可以表现为财物;后罪的对象则是公众的存款,它只能表现为金钱的形式,并且只能以存款人用于存款而获取一定利息的形式出现。

2. 犯罪客观行为的表现方式不同。本罪表现为行为人实施了使用诈骗方法非法集资,数额较大的行为。后罪是指完全仿造银行吸收存款的做法,以确定的存款期限、利率,面向社会公众吸收存款的行为。

3. 侵犯的客体不同。本罪侵犯的客体为双重客体,其既侵犯了国家有关集资的金融管理制度、而且亦会侵犯公私财物所有权;可后罪侵犯的客体却是单一的,即为国家有关集资主要是吸收公众存款的金融信贷管理制度。

4. 犯罪目的不同。如果向社会公众筹集资金的目的是为了用于生产经营,并且实际上全部或者大部分的资金也是用于生产经营,则定非法吸收公众存款罪的可能性更大一些;如果向社会公众筹集资金的目的是为了用于个人挥霍,或者用于偿还个人债务,或者用于单位或个人拆东墙补西墙,则定集资诈骗罪的可能性更大一些。行为人出于营利之目的非法吸收公众存款用于了经营,但由于经营不善或意外事故等原因造成了经营的亏损,即使无法给存款人还本付息,亦不能认定为出于非法占有之目的,构成犯罪的,也只能依非法吸收公众存款罪定罪处罚。因此无法支付存款人的本息而造成存款人的经济损失,则作为一个量刑情节加以考虑。

(三)本罪与擅自发行股票、债券罪的区别

两罪都表现为非法集资,区别如下:第一,犯罪目的不同,后罪只是筹集资金用于公司设立或扩大再生产，对所筹资金不具有非法占有的目的；第二，犯罪客体不同，后罪侵犯的是国家对股票和公司、企业债券的管理制度；第三，行为方式不同，后罪表现为行为人违反国家证券法律、法规，未经国务院证券主管部门批准而发行股票、债券，可能存在一定程度的弄虚作假现象；第三，数额、情节、后果要求不同，本罪仅要求“数额较大”，后罪要求“数额巨大，后果严重或有其他严重情节”。

（四）本罪与欺诈发行股票、债券罪的区别

二罪均属非法集资性犯罪，都包含欺诈因素。其界限如下：第一，犯罪目的不同，后罪行为人仅具有非法获得集资款的使用权，不具有非法占有目的；第二，犯罪客体不同，后罪客体为国家对公司股票，企业债券发行的管理制度和投资人的财产利益；第三，行为方式不同，本罪表现为行为人采取包括欺诈发行股票、债券在内的各种诈骗方法进行非法集资，后罪表现为行为人在招股说明书、认股书、公司股票，企业债券募集中隐瞒重要事实或编造重大虚假内容，发行股票或债券；第四，犯罪主体不同，后罪是特殊主体，欺诈发行股票的行为主体只能是经批准以募集方式设立股份有限公司的自然人或单位；欺诈发行公司、企业债券的行为主体是经批准的具有发行债券资格和条件的公司和企业的自然人和单位，具体包括股份有限公司、国有独资公司和国有有限责任公司及其企业；第五，数额、情节、后果要求不同，后罪要求行为人具有发行股票、债券数额巨大、造成后果严重或有其他严重情节。

量 刑 部 分

【量刑标准】

犯本罪的，数额较大的，处五年以下有期徒刑或者拘役，并处二万元以上二十万元以下罚金；

数额巨大或者有其他严重情节的，处五年以上十年以下有期徒刑，并处五万元以上五十万元以下罚金；

数额特别巨大或者有其他特别严重情节的，处十年以上有期徒刑或者无期徒刑，并处五万元以上五十万元以下罚金或者没收财产。

贷款诈骗罪 《刑法》第193条

有下列情形之一，以非法占有为目的，诈骗银行或者其他金融机构的贷款，数额较大的，处五年以下有期徒刑或者拘役，并处二万元以上二十万元以下罚金；数额巨大或者有其他严重情节的，处五年以上十年以下有期徒刑，并处五万元以上五十万元以下罚金;数额特别巨大或者有其他特别严重情节的,处十年以上有期徒刑或者无期徒刑,并处五万元以上五十万元以下罚金或者没收财产:

(一)编造引进资金、项目等虚假理由的;

(二)使用虚假的经济合同的;

(三)使用虚假的证明文件的;

(四)使用虚假的产权证明作担保或者超出抵押物价值重复担保的;

(五)以其他方法诈骗贷款的。

定罪部分

【罪名概念】

贷款诈骗罪,是指以非法占有为目的,编造引进资金、项目等虚假理由、使用虚假的经济合同、使用虚假的证明文件、使用虚假的产权证明作担保、超出抵押物价值重复担保或者以其他方法,诈骗银行或者其他金融机构的贷款、数额较大的行为。贷款诈骗罪属于金融犯罪的一种。

【司法解释】

1. 最高人民法院《全国法院审理金融犯罪案件工作座谈会纪要》

(实施日期:2001 年 1 月 21 日　法释[2001]8 号)(节录)

对于行为人通过诈骗的方法非法获取资金,造成数额较大资金不能归还,并具有下列情形之一的,可以认定为具有非法占有的目的:

(1)明知没有归还能力而大量骗取资金的;

(2)非法获取资金后逃跑的;

(3)肆意挥霍骗取资金的;

(4)使用骗取的资金进行违法犯罪活动的;

(5)抽逃、转移资金、隐匿财产,以逃避返还资金的;

(6)隐匿、销毁账目,或者搞假破产、假倒闭,以逃避返还资金的;

(7)其他非法占有资金、拒不返还的行为。但是,在处理具体案件的时候,对于有证据证明行为人不具有非法占有目的的,不能单纯以财产不能归还就按金融诈骗罪处罚。

2. 最高人民检察院、公安部《关于公安机关管辖的刑事案件立案追诉标准的规定(二)》

(实施日期:2010 年 5 月 7 日　公通字[2010]23 号)(节录)

第五十条　[贷款诈骗案(刑法第一百九十三条)]以非法占有为目的,诈骗银行或者其他金融机构的贷款,数额在二万元以上的,应予立案追诉。

【犯罪构成】

(一)主体要件

本罪的主体是一般主体,任何达到刑事责任年龄、具有刑事责任能力的自然人均可构成,单位不能成为本罪的主体。银行或其他金融机构的工作人员与诈骗贷款的犯罪分子串通并为之提供诈骗贷款帮助的,应以贷款诈骗罪的共犯论处。所谓串通,在本罪是指银行或者其他金融机构的工作人员与诈骗贷款的犯罪分子在实施诈骗前或在诈骗的过程中,相互暗中勾结,共同商量或进行策划,与诈骗犯罪分子予以配合,充当内应而为之提供帮助的行为。对于银行及其他金融机构的工作人员与其他犯罪分子相互勾结骗取银行等金融机构钱财的行为,应当注意分清两种人员在共同犯罪中采用行为的性质,如果是以银行等金融机构工作人员为主,而采用的行为主要是利用职务之便进行,社会上的其他人员仅是提供帮助的,这时就应以银行等金融机构的工作人员所犯的罪行来定性处理,如是贪污,就应依贪污罪处罚,社会上的其他人员则以贪污罪的共犯论处;如是侵占就应以职务侵占罪治罪,其他人员则以职务侵占罪的共犯处之。如采用的行为以虚构事实、隐瞒真相的欺骗方法为主,银行等金融机构的工作人员仅是为之提供帮助的,这时就以本罪定性处罚。而不能不分情况,都以本罪或他罪论处。

(二)主观要件

本罪在主观上由故意构成,且以非法占有为目的。至于行为人非法占有贷款的动机是为了挥霍享受,还是为了转移隐匿,都不影响本罪的构成。反之,如果行为人不具有非法占有的目的,虽然其在申请贷款时使用了欺骗手段,也不能按犯罪处理,可由银行根据有关规定给予停止发放贷款、提前收回贷款或者加收贷款利息等办法处理。

(三)客观要件

本罪在客观方面表现为采用虚构事实、隐瞒真相的方法诈骗银行或者其他金融机构的贷款,数额较大的行为。

本罪表现为行为人实施了虚构事实、隐瞒真相的方法骗取银行或者其他金融机构贷款的行为。所谓虚构事实,是指编造客观上不存在的事实,以骗取银行或者其他金融机构的信任;所谓隐瞒真相,是指有意掩盖客观存在的某些事实,使银行或者其他金融机构产生错觉。根据本条的规定,行为人诈骗贷款所使用的方法主要有以下几种表现形式:

1. 编造引进资金、项目等虚假理由骗取银行或者其他金融机构的贷款。这种情形近年来屡有发生,仅在上海一地,一年就发生假引资的诈骗几十起,案犯一般是伪造国外某财团的巨额资金或者在美国的爱国华人的巨额私人存款要以优惠条件存入某银行,以骗取银行的贷款和手续费。此外,还有许多犯罪分子编造效益好的投资项目,以骗取银行等金融机构的贷款。

2. 使用虚假的经济合同诈骗银行或者其他金融机构的贷款。为支持生产,鼓励出口,使有限的资金增值,银行或其他金融机构有时也要根据经济合同发放贷款,有些犯罪分子伪造或使用虚假的出口合同或者其他短期内产比很好效益的经济合同,诈骗银行或其他金融机构的贷款。如犯罪分子张某伪造某公司的出口供货合同,并以虚假的合同向上海某银行申请了几百万元的贷款后携款潜逃。

3. 使用虚假的证明档诈骗银行或其他金融机构的贷款。所谓证明文件是指担保函、存款证明等向银行或其他金融机构申请贷款时所需要的文件。如某公司通过银行内部的工作人员开出了一张虚假的存款证明,并以此向另一银行贷款几百万元。

4. 使用虚假的产权证明作担保或超出抵押物价值重复担保,骗取银行或其他金融机构贷款的。这里的产权证明,是指能够证明行为人对房屋等不动产或者汽车、货币、可随时兑付的票据等动产具有所有权的一切文件。如罪犯张某以伪造的某房屋开发公司房产证明为抵押,骗取某银行贷款一百余万元。

5. 以其他方法诈骗银行或其他金融机构贷款的,这里的“其他方法”是指伪造单位公章、印鉴骗贷的;以假货币为抵押骗贷的;先借贷后采用欺诈手段拒不还贷的等情况。本项规定的精神是不论行为人以何种方法诈骗贷款都要依本罪依法追究刑事责任。

(四)客体要件

本罪侵犯的客体是双重客体,既侵犯了银行或者其他金融机构对贷款的所有权,还侵犯国家金融管理制度。贷款是指作为贷款人的银行或者其他金融机构对借款人提供的并按约定的利率和期限还本付息的货币资金。在现代社会中、随着国民经济和社会发展对资金需求的愈益增大,贷款在社会经济生活中所起的作用日益突出。银行等金融机构不仅通过发放贷款参与企业流动资金周转,并支持企业购置固定资产和进行技术改造,促进生产发展,同时还通过发放贷款促进商品流通,促进科技文化卫生事业等发展。与此同时,随着我国贷款金融业务的日益发展,诈骗贷款违法犯罪活动也随之产生并愈益严重。诈骗贷款行为不仅侵犯了银行等金融机构的财产所有权,而且必然影响银行等金融机构贷款业务和其他金融业务的正常进行,破坏我国金融秩序的稳定。因此、诈骗贷款行为同时侵犯了银行等金融机构的贷款所有权以及国家的贷款管理制度,具有比一般诈骗行为更大的社会危害性。

【罪名辨析】

(一)区分罪与非罪的界限

“以非法占有为目的”是区别罪与非罪界限的重要标准。在认定诈骗贷款罪时,不能简单地认为,只要贷款到期不能偿还,就以贷款诈骗罪论处。实际生活中、贷款不能按期偿还的情况时有发生,其原因也很复杂,如有的因为经营不善或者市场行情的变动，使营利计划无法实现不能按时偿还贷款。这种情况中，行为人虽然主观有过错，但其没有非法占有贷款的目的，故不能以本罪认定。有的是本人对自己的偿还能力估计过高，以致不能按时还贷，这种情形行为人主观上虽然具有过失，但其没有非法占有的目的，也不应以本罪论处。只有那些以非法占有为目的，采用欺骗的方法取得贷款的行为，才构成贷款诈骗罪。

（二）要把贷款诈骗与借贷纠纷区别开来。

有些借贷人在获得贷款后长期拖欠不还，甚至在申请贷款时就有夸大履约能力、编造谎言等情节，而到期又未能偿还。这种借贷纠纷，十分容易与贷款诈骗相混淆，区分二者的界限应当把握以下四点：

1. 若发生了到期不还的结果，还要看行为人在申请贷款时，履行能力不足的事实是否已经存在，行为人对此是否清楚。如无法履约这一点并不十分了解，即使到期不还，也不应认定为诈骗贷款罪而应以借贷纠纷处理。

2. 要看行为人获得贷款后，是否积极将贷款用于借贷合同所规定的用途。尽管到期后行为人无法偿还，但如果贷款确实被用于所规定的项目，一般也说明行为人主观上没有诈骗贷款的故意，不应以本罪处理。

3. 要看行为人于贷款到期后是否积极偿还。如果行为仅仅口头上承认还款，而实际上没有积极筹款准备归还的行为，也不能证明行为人没有诈骗的故意，不赖账，不一定就没有诈骗的故意。

4. 将上述因素综合起来考察，通过多方做客观行为全面考察行为人主观心态，从而得出是否有非法占有贷款的目的，这对于正确区分贷款诈骗与借贷纠纷的界限具有重要意义。

（三）本罪与诈骗罪的界限

1. 犯罪对象不同。本罪的对象仅是指银行等金融机构的贷款，受害人是银行或其他金融机构；而诈骗罪的对象既包括货币，亦包括财物，对象不仅指银行或其他金融机构，其范围比贷款诈骗罪广泛得多。

2. 发生的领域不同。本罪发生在金融领域进行贷款的过程中；而诈骗罪的领域范围则极为广泛，可以涉及任何领域，自然也包括金融领域在内。

3. 侵害的客体不同。本罪不仅会对国家、公众贷款的所有权造成侵害，同时亦侵害了国家有关金融信贷的管理制度，其属于复杂客体；而诈骗罪的客体则是公私财物的所有权。

4. 客观行为的表现方式不完全相同。两者行为的本质特征虽然都是虚构事实或隐瞒真相，但本罪所使用的方法却是围绕骗取贷款进行的，所使用的具体方法都是与贷款所需的文件有关，如虚构引进资金、项目；使用虚假的经济合同等就是如此；而诈骗罪的行为方式更多样化，有时仅凭其三寸不烂之舌便可达到骗取他人财物的目的。

5. 犯罪的起点额不同。本罪的认定为犯罪的起点数额,根据最高人民检察院、公安部《关于公安机关管辖的刑事案件立案追诉标准的规定(二)》第五十条之规定,追诉起点金额为二万元;而诈骗罪的起点数额一般是在三千元左右。

(四)一罪与数罪

贷款诈骗罪的行为人在实施贷款诈骗罪过程中分别又触犯其他罪名,应分别情况作出处理。如行为人采用伪造公文、证件、印章诈骗贷款,其行为又触犯了伪造公文、证件、印章罪的,应按牵连犯的处罚原则,从一重罪论处,定贷款诈骗罪。如行为人在诈骗贷款的过程中,采用收买、行贿等手段骗取贷款,其行为又构成行贿罪,应对诈骗贷款行为和行贿行为分别定罪,按数罪并罚原则处理。

(五)共同犯罪与非共同犯罪

司法实践中,对于银行或者其他金融机构的工作人员与实施贷款诈骗行为的犯罪分子事前通谋,为贷款诈骗活动提供帮助的,一般是以贷款诈骗罪的共犯论处。

如果银行或者其他金融工作人员与实施贷款诈骗行为的犯罪分子没有事前通谋,也就是没有主观上的共同犯罪故意,而是单方违反法律、行政法规的规定,向关系人发放信用贷款或者发放担保贷款的条件优于其他借款人同类贷款的条件,造成较大损失的,虽然在客观上致使贷款诈骗罪的犯罪分子行为得逞,对该银行或者其他金融机构的工作人员也不应以贷款诈骗罪的共犯论处,而应当依照《刑法》第一百八十六条第二款的规定,以违法向关系人发放贷款罪定罪处罚;如果银行或者其他金融机构的工作人员违反法律、行政法规的规定,向关系人以外的其他人发放贷款,造成重大损失的,则应当依照《刑法》第一百八十六条第一款的规定,以违法发放贷款罪定罪处罚。

如果诈骗贷款行为是在银行或者金融机构工作人员的组织、策划下,与外部人员共同实施的,外部人员只起了辅助作用,则犯罪的性质就变成贪污罪或者职务侵占罪,而不能认定为贷款诈骗罪。

(六)银行工作人员实施诈骗贷款行为

这是关于特殊主体犯罪的定性问题。贷款诈骗罪的犯罪主体虽然是一般主体,但是如果是银行或者其他金融机构的工作人员利用职务上的便利,冒用他人名义或者虚构假名骗取贷款的,则不能以贷款诈骗罪定罪处罚。实践中,冒名贷款主要有"顶名贷款""搭名贷款""盗名贷款"和"假名贷款"几种。如果银行或者其他金融机构的工作人员采用了上述欺骗手段取得贷款,并将贷款非法占有或者挪作他用,则应当分别根据刑法关于贪污罪、职务侵占罪或者挪用公款罪、挪用资金罪的规定定罪处罚。

(七)与民间借贷纠纷界限

在实践中,有时对贷款诈骗与民间借贷纠纷之间的界限认定往往比较困难。例如,借贷人获款后,长期拖欠不还,甚至在申请贷款时就有夸大履约能力、编造谎言等情节，而到期又未能偿还。对此，有人认为只要到期不还所借款，就可认定为贷款诈骗，以贷款诈骗罪论处。还有人认为，只要借款人到时候承认欠账，就不应认定为贷款诈骗，应以民事借贷纠纷处理。

应当承认，在借贷关系中，借款人到期是否能够还款付息，要受很多因素的影响；其中既有主观上的因素，也有客观上的因素。因此，罪与非罪的区分，应该持主客观相统一的原则。具体来说：

第一，如果已经发生了到期不还的结果，要看行为人在申请贷款时，严重履约能力不足的事实是否已经存在，行为人对此是否清楚。如果无法履约的原因形成于获得贷款以后，或者行为人对根本无法履约这一点并不十分了解，即使到期不还，也不应认定为贷款诈骗，而应以借贷纠纷处理。

第二，要看行为人获得贷款后，是否积极将贷款用于借贷合同所规定的用途。尽管到期后行为人无法偿还，但如果贷款确实被用于所规定的项目，一般也说明行为人主观上没有欺诈贷款的故意，不应以诈骗论处。

第三，要看行为人于贷款到期后是否积极设法偿还。如果行为人仅仅口头上承认欠款，而实际上没有积极筹款准备归还的行为，也不能证明行为人没有诈骗的故意。不赖账，不一定就没有诈骗的故意。

第四，将这些因素综合起来考虑，才能得出正确结论。因为贷款诈骗犯罪与一般借贷民事纠纷之间的根本区别在于行为人主观上是否出于骗取他人财产的目的，而这一目的又必然通过一定行为表现出来。能够说明某种主观心理状态的行为越多、越全面，罪与非罪之间的界限才越明显。

量刑部分

【量刑标准】

犯本罪，数额较大的，处五年以下有期徒刑或者拘役，并处二万元以上二十万元以下罚金；数额巨大或者有其他严重情节的，处五年以上十年以下有期徒刑，并处五万元以上五十万元以下罚金；数额特别巨大或者有其他特别严重情节的，处十年以上有期徒刑或者无期徒刑，并处五万元以上五十万元以下罚金或者没收财产。

根据最高人民法院《关于审理诈骗案件具体应用法律的若干问题的解释》第四条规定，个人进行贷款诈骗数额在一万元以上的，属于“数额较大”；个人进行贷款诈骗数额在五万元以上的，属于“数额巨大”；个人进行贷款诈骗数额在二十万元以上的，属于“数额特别巨大”。但上述“数额较大”的规定，已经被2010年最高人民检察院、公安部联合下发的最高人民检察院、公安部《关于公安机关管辖的刑事案件立案追诉标准的规定（二）》第五十条所变更。该追诉标准的规定第五十条明确规定：以非法占有为目的，诈骗银行或者其他金融机构的贷款，数额在二万元以上的，应予立案追诉。因此，目前我国司法实践中，贷款诈骗罪“数额较大”的标准应为二万元,“数额巨大”“数额特别巨大”的标准已经按照最高人民法院《关于审理诈骗案件具体应用法律的若干问题的解释》的第四条执行,即个人进行贷款诈骗数额在五万元以上的,为“数额巨大”,个人进行贷款诈骗数额在二十万元以上的,为“数额特别巨大”。

票据诈骗罪、金融凭证诈骗罪　《刑法》第194条

有下列情形之一,进行金融票据诈骗活动,数额较大的,处五年以下有期徒刑或者拘役,并处二万元以上二十万元以下罚金;数额巨大或者有其他严重情节的,处五年以上十年以下有期徒刑,并处五万元以上五十万元以下罚金;数额特别巨大或者有其他特别严重情节的,处十年以上有期徒刑或者无期徒刑,并处五万元以上五十万元以下罚金或者没收财产:

(一)明知是伪造、变造的汇票、本票、支票而使用的;

(二)明知是作废的汇票、本票、支票而使用的;

(三)冒用他人的汇票、本票、支票的;

(四)签发空头支票或者与其预留印鉴不符的支票,骗取财物的;

(五)汇票、本票的出票人签发无资金保证的汇票、本票或者在出票时作虚假记载,骗取财物的。

使用伪造、变造的委托收款凭证、汇款凭证、银行存单等其他银行结算凭证的,依照前款的规定处罚。

定罪部分

【罪名概念】

票据诈骗罪,是指以非法占有为目的,明知是伪造、变造、作废的票据而使用,或冒用他人的票据,或签发空头支票、签发无资金保证的汇票、本票,或捏造其他票据事实,利用金融票据进行诈骗活动,骗取财物数额较大的行为。

金融凭证诈骗罪,是指使用伪造、变造的委托收款凭证、汇款凭证、银行存单等其他银行结算凭证进行诈骗,数额较大的行为。

【司法解释】

最高人民检察院、公安部《关于公安机关管辖的刑事案件立案追诉标准的规定(二)》

(实施日期:2010年5月7日　公通字[2010]23号)(节录)

第五十一条　[票据诈骗案(刑法第一百九十四条第一款)]进行金融票据诈骗

活动,涉嫌下列情形之一的,应予立案追诉:

(一)个人进行金融票据诈骗,数额在一万元以上的;

(二)单位进行金融票据诈骗,数额在十万元以上的。

第五十二条 [金融凭证诈骗案(刑法第一百九十四条第二款)]使用伪造、变造的委托收款凭证、汇款凭证、银行存单等其他银行结算凭证进行诈骗活动,涉嫌下列情形之一的,应予立案追诉:

(一)个人进行金融凭证诈骗,数额在一万元以上的;

(二)单位进行金融凭证诈骗,数额在十万元以上的。

【犯罪构成】

(一)主体要件

本罪的主体是一般主体、凡达到刑事责任年龄并具有刑事责任能力的自然人均可构成。

根据《刑法》第二百条之规定,单位亦能成为本罪的主体。银行或其他金融机构的工作人员与票据诈骗的犯罪分子串通,即在实施票据诈骗的前后过程中,相互暗中勾结、共同策划、商量对策、充当内应,为诈骗犯罪分子提供诈骗帮助的,应以票据诈骗共犯论处。这是因为,进行票据诈骗活动实现其非法骗取他人财物的意图,往往离不开银行或其他金融机构的内部工作人员利用职务上的便利为犯罪分子提供企业账号、联行行号及密押等信息。还应注意的是、对于银行等金融机构的工作人员的上述行为不能一概而以票据诈骗共犯而论。例如,因自己的利用职务之便的主要行为,造成了本单位的经济损失的,此时应当按照贪污罪或职务侵占罪定性。只有因其帮助行为在造成了除自己所在金融机构以外的其他金融机构的经济损失的,以及不是金融机构工作人员为主利用职务之便而侵吞、诈骗的,才以本罪共犯处罚。但无论以何罪处罚、都应从重处罚。如果在进行此种犯罪的过程中还有其他犯罪行为如受贿的,则按牵连犯从重处罚。

(二)主观要件

本罪在主观上须由故意构成且以非法占有为目的。如果行为人出于过失而使用金融票据,如不知是伪造、变造或作废的金融票据、误签空头支票、对票据事项因过失而导致记载错误等,不构成犯罪。

(三)客观要件

本罪在客观方面表现为利用金融票据进行诈骗活动,骗取财物数额较大的行为。一般表现为以下六种行为方式:

1. 明知是伪造、变造的汇票、本票、支票而使用。

这种情形是指行为人以伪造、变造的金融票据冒充真票据进而骗取他人财物的行为。构成这种形式的犯罪要求行为人在使用票据时,“明知”是伪造、变造的。如果行为人在使用汇票、本票、支票时,确实不知道该票据是伪造、变造的,则不构成此项犯罪。

2. 明知是作废的汇票、本票、支票而使用。

这种情形是指利用已经作废的汇票、本票、支票进行诈骗行为。这里所说的“作废”的票据,是指根据法律和有关规定不能使用的票据,它包括《票据法》中所说的过期的票据,也包括无效的以及被依法宣布作废的票据,还包括银行根据国家有关规定予以作废的票据。同上述第一种情形一样,构成这种形式的犯罪,也要求行为人在使用票据时,“明知”是已经作废的。

3. 冒用他人的汇票、本票、支票。

这种情形是指行为人擅自以合法持票人的名义,支配、使用、转让自己不具备支配权利的他人的汇票、本票、支票,进行诈骗的行为。这里所说的“冒用”通常表现为以下几种情况:一是指行为人以非法手段获取的票据,如以欺诈、偷盗或者胁迫等手段取得的票据,或者明知是以上述手段取得的票据,而使用进行诈骗活动;二是指没有代理权而以代理人名义或者超越代理权限的行为;三是指用他人委托代为保管的或者捡拾他人遗失的票据进行使用,骗取财物的行为。

4. 签发空头支票或者与其预留印鉴不符的支票,骗取财物的。

这里所说的“空头支票”是指出票人所签发的支票金额超过其付款时在付款人处实有的存款金额的支票。“签发与其预留印鉴不符的支票”是指票据签发人在其签发的支票上加盖的与其预留于银行或者其他金融机构处的印鉴不一致的财务公章或者支票签发人的名章。“与其预留印鉴不符”,可以是与其预留的某一个印鉴不符,也可以是与所有预留印鉴不符。

5. 汇票、本票的出票人签发无资金保证的汇票、本票或者在出票时作虚假记载,骗取财物的。

汇票、本票的出票人是票据的当事人之一,是依法定方式制作汇票、本票并在这些票据上签章,将汇票、本票交付给收款人的人。出票人签发汇票、本票时,必须具有可靠的资金保证。这里的“资金保证”,是指票据的出票人在承兑票据时,具有按票据支付的能力,它既包括有可靠的资金来源,又包括出票人从出票时起就具有支付能力。

(四)客体要件

本罪侵犯的客体是可流通转让的信用支付工具。广义的金融票据包括各种有价证券,狭义的金融票据仅指汇票、本票和支票。作为一种可流通转让的有价证券,金融票据具有有价性、物权性、无因性、要式性等特点。有价性即金融票据以支付一定金钱为目的;物权性即占有票据就享有物权,持票人可以依法向票据债务人行使请求权;无因性即持票人出示票据就可以行使票据权利,对取得票据的原因不负证明责任;要式性指票据形式和内容必须符合法律规定,否则无效。由于金融票据具有上述特点,使用金融票据可以使资金使用效益大大提高,加速资金周转，及时清结债权债务，规范商业信用，还可以减少现金使用，节省流通费用。因此发展金融票据业务已成为我国金融制度改革的一个重要方向。但是，金融票据的上述特点也使违法犯罪分子出于贪利目的而想方设法利用票据或者使用伪造、变造的票据骗取他人财物的犯罪日益突出。这类犯罪往往是在金融票据的流通和使用过程中进行的，因而它不仅侵犯了他人财产权利，更影响了金融票据的信誉，妨害了金融票据的正常流通和使用，破坏了国家对金融票据业务的管理制度。

【罪名辨析】

合同诈骗和票据诈骗的区别

合同诈骗和票据诈骗在本质上都是"诈骗"，而且票据诈骗犯罪很多时候也都使用了合同这一手段，故而存在一些交叉关系，容易混淆此罪与彼罪的界限。因此，我们要正确区分合同诈骗和票据诈骗，不仅要及时合法地保护正常经营，还要严厉打击诈骗犯罪活动，以便于正确适用法条，定罪处刑。

合同诈骗罪是指以非法占有为目的，在签订、履行合同的过程中，以虚构事实或隐瞒真相的方法，骗取对方当事人财物，数额较大的行为。票据诈骗罪，是指以非法占有为目的，进行金融诈骗活动，数额较大的行为。司法实践中，一些票据诈骗犯罪往往借助经济合同的形式，而一些合同诈骗犯罪也会采取以价值基础不真实的票据作为担保或者支付手段，因此，这些诈骗犯罪案件，既牵涉到经济合同，又与金融票据相关联，究竟以合同诈骗罪还是票据诈骗罪论处，往往存在争议。合同诈骗罪与票据诈骗罪主观上都是以非法占有为目的，客观上都实施了诈骗行为，特别是合同诈骗罪中第二款以伪造、变造、作废的票据作担保进行诈骗与票据诈骗罪利用各种伪造、变造、作废的票据进行诈骗，这二者之间极易混淆，因此在实践中应注意区分二者之间的界限。二者的区别有：

1. 客体不同。两罪的客体尽管都是复杂客体，但合同诈骗罪规定在刑法分则第三章第八节"扰乱市场秩序罪"中，侵犯的是市场经济秩序和公私财产所有权；而票据诈骗罪规定在刑法分则第三章第五节"金融诈骗罪"中，侵犯的是票据所有人、受益人的合法权益以及金融机构的财产权，和国家金融管理秩序。

2. 犯罪对象不同。合同诈骗罪的犯罪对象是对方当事人的财物。这里的对方当事人，即与之签订合同的另一方当事人，既可以是自然人，也可以是法人，还可以是不具有法人资格的其他组织。财物的种类也多种多样，诸如生产数据、生活数据、动产、有形财产、多数无形财产、合法取得的财产、非违禁品等。而票据诈骗罪的犯罪对象是货币和有价证券。

3. 客观方面的表现不同。合同诈骗罪主要发生在合同的签订和履行过程中，具体表现为上文所述的法定五种情形。与票据诈骗罪相比较，行为人使用种种伪造、变造、作废的票据必须是而且只能作为合同履行的担保，这是为了使对方当事人相信自己的经济实力,从而与之签订合同,进而诈骗对方财物;票据诈骗罪主要发生在票据交易活动中,具体表现为如前所述的法定的五种形式。相对于合同诈骗罪客观表现中"以伪造、变造、作废的票据或者其他虚假产权证明作担保的、诱骗当事人签订、履行合同,从而骗取当事人财物的行为",票据诈骗的行为人是使用伪造、变造、作废的票据直接支付合同的款项,从而进行诈骗。要达到其非法占有的目的,必须通过金融机构兑现。

4. 主观方面认定"以非法占有为目的"的具体外在表现不同。合同诈骗犯罪的"以非法占有为目的"的外在表现是,行为人主观上意欲通过签订、履行合同的方式,将当事人的货物、货款非法占有。票据诈骗犯罪的"以非法占有为目的"的外在表现是行为人是通过伪造、变造金融票据或者使用废票据或其他违法票据将他人财物非法占有。

合同诈骗罪与票据诈骗罪之间的关系属于法条竞合。因为票据不同于其他有价证券之处在于,自出票人签发票据开始,持票人就与在票据上签章的当事人之间形成了一种金钱债权债务关系,持票人是票据权利人,其所享有的票据权利实际上就是一种金钱债权,其他在票据上签章的当事人对票据债务负连带责任。这表明,票据也是合同的一种形式,票据关系是合同关系的特殊表现形式。我国《合同法》第一百二十三条明确规定:"其他法律对合同另有规定的,依照其规定。"这是解决合同法与其他特别法竞合问题的法律规定。在这里显然包括票据法。而由票据与合同之间的关系所决定,票据诈骗罪无疑是合同诈骗罪的一种特殊类型,两者之间是典型的法条竞合关系。其中,票据诈骗罪是特别法条规定之罪,合同诈骗罪是普通法条规定之罪。一行为同时触犯这两个罪名时,按照"特别法优于一般法适用"的法条竞合处理原则,以票据诈骗罪论处。

对于金融票据与经济合同相关联的诈骗案件,可依照以下原则处理:在合同诈骗过程中以价值基础不真实的票据为给付,同时符合合同诈骗罪和票据诈骗罪的构成要件的,应按照法条竞合关于特别法优于一般法的原则处理,依票据诈骗罪定罪量刑;以伪造、变造、作废的票据做合同担保而进行诈骗的,由于《刑法》第二百二十四条第二项明确规定其属于合同诈骗的客观表现形式,应以合同诈骗罪定罪处刑;在合同诈骗实施完毕后,用虚假的金融票证搪塞被害人,借故推脱或者意图掩盖犯罪事实的行为,不符合票据诈骗罪中以虚假票据进行结算的方式直接骗取受害人财物的行为特征,应以合同诈骗罪处理;以骗取银行承兑汇票为目的,采用虚构购销合同、伪造不可撤销质押担保书等办法,利用银行承兑汇票诈骗银行资金的,不符合合同诈骗罪骗取对方当事人财物的行为特征,应以票据诈骗罪论处。

量 刑 部 分

【量刑标准】

犯本罪，数额较大的，处五年以下有期徒刑或者拘役，并处二万元以上二十万元以下罚金；

数额巨大或者有其他严重情节的，处五年以上十年以下有期徒刑，并处五万元以上五十万元以下罚金；

数额特别巨大或者有其他特别严重情节的，处十年以上有期徒刑或者无期徒刑，并处五万元以上五十万元以下罚金或者没收财产。

使用伪造、变造的委托收款凭证、汇款凭证、银行存单等其他银行结算凭证的，依照前款的规定处罚。

根据最高人民法院《关于审理诈骗案件具体应用法律的若干问题的解释》第五条，个人进行票据诈骗数额在五千元以上的，属于“数额较大”；个人进行票据诈骗数额在五万元以上的，属于“数额巨大”；个人进行票据诈骗数额在十万元以上的，属于“数额特别巨大”的规定已经被2010年最高人民检察院、公安部联合下发的最高人民检察院、公安部《关于公安机关管辖的刑事案件立案追诉标准的规定（二）》第五十一条所变更。该追诉标准第五十一条明确规定：个人进行金融票据诈骗，数额在一万元以上的；单位进行金融票据诈骗，数额在十万元以上的，应予立案追诉。因此，目前我国司法实践中，票据诈骗罪“数额较大”的标准应为个人一万元、单位十万元，“数额巨大”“数额特别巨大”的标准按照最高人民法院《关于审理诈骗案件具体应用法律的若干问题的解释》的第五条执行，即个人进行票据诈骗数额在五万元以上的，为“数额巨大”，个人进行票据诈骗数额在十万元以上的，为“数额特别巨大”；单位进行票据诈骗数额在三十万元以上的，属于“数额巨大”；单位进行票据诈骗数额在一百万元以上的，属于“数额特别巨大”。

信用证诈骗罪　《刑法》第195条

有下列情形之一，进行信用证诈骗活动的，处五年以下有期徒刑或者拘役，并处二万元以上二十万元以下罚金；数额巨大或者有其他严重情节的，处五年以上十年以下有期徒刑，并处五万元以上五十万元以下罚金；数额特别巨大或者有其他特别严重情节的，处十年以上有期徒刑或者无期徒刑，并处五万元以上五十万元以下罚金或者没收财产：

（一）使用伪造、变造的信用证或者附随的单据、文件的；

（二）使用作废的信用证的；

(三)骗取信用证的;
(四)以其他方法进行信用证诈骗活动的。

定罪部分

【罪名概念】

信用证诈骗罪,是指以非法占有为目的,利用信用证进行诈骗活动,数额较大的行为。惩治信用证诈骗罪对重塑社会信用具有十分重要的现实意义。

【犯罪构成】

(一)主体要件

本罪的主体是一般主体,凡达到刑事责任年龄、具有刑事责任能力的自然人均可构成。单位亦能成为本罪的主体。

(二)主观要件

本罪在主观上只能由故意构成,并且必须具有非法占有公私财物的目的。如果行为人确无诈骗故意,即使违反有关信用卡管理规定获取了财物,也不能以犯罪论处。如不知是伪造、作废的信用卡而使用,善意透支,误用他人信用卡等,均不能作犯罪论处。

(三)客观要件

本罪在客观方面表现为使用伪造、变造的信用证或者附随的单据、文件;使用作废的信用证;骗取信用证以及以其他方法进行信用证诈骗活动的行为。信用证诈骗罪与一般诈骗罪主要不同之处是行为人利用信用证这一特殊的犯罪工具,整个诈骗活动紧紧围绕信用证为中心而展开。

(四)客体要件

本罪侵犯的客体是复杂客体,即国家的信用证管理制度和公私财产所有权。信用证是一种银行的付款保证,属于银行信用,其一旦遭到破坏,必然造成国家贸易秩序紊乱,破坏国家金融秩序,动摇信用证制度的根基。同时,信用证诈骗行为往往使银行、公司、企业等蒙受巨额财产损失,合法财产权益受到严重侵害。

量刑部分

【量刑标准】

犯本罪的,处五年以下有期徒刑或者拘役,并处二万元以上二十万元以下罚金;

数额巨大或者有其他严重情节的,处五年以上十年以下有期徒刑,并处五万元以上五十万元以下罚金;

数额特别巨大或者有其他特别严重情节的,处十年以上有期徒刑或者无期徒刑，并处五万元以上五十万元以下罚金或者没收财产。

截至目前，尚无本罪名关于量刑的司法解释。

信用卡诈骗罪　《刑法》第196条

有下列情形之一，进行信用卡诈骗活动，数额较大的，处五年以下有期徒刑或者拘役，并处二万元以上二十万元以下罚金；数额巨大或者有其他严重情节的，处五年以上十年以下有期徒刑，并处五万元以上五十万元以下罚金；数额特别巨大或者有其他特别严重情节的，处十年以上有期徒刑或者无期徒刑，并处五万元以上五十万元以下罚金或者没收财产：

（一）使用伪造的信用卡，或者使用以虚假的身份证明骗领的信用卡的；

（二）使用作废的信用卡的；

（三）冒用他人信用卡的；

（四）恶意透支的。

前款所称恶意透支，是指持卡人以非法占有为目的，超过规定限额或者规定期限透支，并且经发卡银行催收后仍不归还的行为。

盗窃信用卡并使用的，依照本法第二百六十四条的规定定罪处罚。

定罪部分

【罪名概念】

信用卡诈骗罪，是指以非法占有为目的，违反信用卡管理法规，利用信用卡进行诈骗活动，骗取财物数额较大的行为。利用信用卡，一般是指使用伪造的、作废的信用卡或者冒用他人的信用卡、恶意透支的方法进行诈骗活动。信用卡在该罪中是犯罪工具，而不是犯罪对象。因此，信用卡诈骗罪，简言之就是利用信用卡体现的信用所实施的诈骗犯罪活动。

【立法、司法解释】

1. 最高人民法院、最高人民检察院《关于办理妨害信用卡管理刑事案件具体应用法律若干问题的解释》

（实施日期：2009年12月16日　法释［2009］19号）（节录）

为依法惩治妨害信用卡管理犯罪活动，维护信用卡管理秩序和持卡人合法权益，根据《中华人民共和国刑法》规定，现就办理这类刑事案件具体应用法律的若干问题解释如下：

第五条　使用伪造的信用卡、以虚假的身份证明骗领的信用卡、作废的信用卡或者冒用他人信用卡,进行信用卡诈骗活动,数额在5000元以上不满5万元的,应当认定为刑法第一百九十六条规定的“数额较大”;数额在5万元以上不满50万元的,应当认定为刑法第一百九十六条规定的“数额巨大”;数额在50万元以上的,应当认定为刑法第一百九十六条规定的“数额特别巨大”。

刑法第一百九十六条第一款第(三)项所称“冒用他人信用卡”,包括以下情形:

(一)拾得他人信用卡并使用的;

(二)骗取他人信用卡并使用的;

(三)窃取、收买、骗取或者以其他非法方式获取他人信用卡信息数据,并通过互联网、通讯终端等使用的;

(四)其他冒用他人信用卡的情形。

第六条　持卡人以非法占有为目的,超过规定限额或者规定期限透支,并且经发卡银行两次催收后超过3个月仍不归还的,应当认定为刑法第一百九十六条规定的“恶意透支”。

有以下情形之一的,应当认定为刑法第一百九十六条第二款规定的“以非法占有为目的”:

(一)明知没有还款能力而大量透支,无法归还的;

(二)肆意挥霍透支的资金,无法归还的;

(三)透支后逃匿、改变联系方式,逃避银行催收的;

(四)抽逃、转移资金,隐匿财产,逃避还款的;

(五)使用透支的资金进行违法犯罪活动的;

(六)其他非法占有资金,拒不归还的行为。

恶意透支,数额在1万元以上不满10万元的,应当认定为刑法第一百九十六条规定的“数额较大”;数额在10万元以上不满100万元的,应当认定为刑法第一百九十六条规定的“数额巨大”;数额在100万元以上的,应当认定为刑法第一百九十六条规定的“数额特别巨大”。

恶意透支的数额,是指在第一款规定的条件下持卡人拒不归还的数额或者尚未归还的数额。不包括复利、滞纳金、手续费等发卡银行收取的费用。

恶意透支应当追究刑事责任,但在公安机关立案后人民法院判决宣告前已偿还全部透支款息的,可以从轻处罚,情节轻微的,可以免除处罚。恶意透支数额较大,在公安机关立案前已偿还全部透支款息,情节显著轻微的,可以依法不追究刑事责任。

2. 最高人民检察院《关于拾得他人信用卡并在自动柜员机(ATM机)上使用的行为如何定性问题的批复》

(实施日期:2008年5月7日　高检发释字[2008]1号)

浙江省人民检察院:

你院《关于拾得他人信用卡并在ATM机上使用的行为应如何定性的请示》(浙

检研[2007]227号)收悉。经研究,批复如下:

拾得他人信用卡并在自动柜员机(ATM机)上使用的行为,属于刑法第一百九十六条第一款第(三)项规定的"冒用他人信用卡"的情形,构成犯罪的,以信用卡诈骗罪追究刑事责任。

3. 全国人民代表大会常务委员会《关于〈中华人民共和国刑法〉有关信用卡规定的解释》

(实施日期:2004年12月29日)(节录)

全国人民代表大会常务委员会根据司法实践中遇到的情况,讨论了刑法规定的"信用卡"的含义问题,解释如下:

刑法规定的"信用卡",是指由商业银行或者其他金融机构发行的具有消费支付、信用贷款、转账结算、存取现金等全部功能或者部分功能的电子支付卡。

4. 最高人民法院《全国法院审理金融犯罪案件工作座谈会纪要》

(实施日期:2001年1月21日　法[2001]8号)(节录)

(三)关于金融诈骗罪

金融诈骗罪中非法占有目的的认定

金融诈骗犯罪都是以非法占有为目的的犯罪。在司法实践中,认定是否具有非法占有的目的,应当坚持主客观相一致的原则,既要避免单纯根据损失结果客观归罪,也不能仅凭被告人自己的供述,而应当根据案件具体情况具体分析。根据司法实践,对于行为人通过诈骗的方法非法获取资金,造成数额较大资金不能归还,并具有下列情形之一的,可以认定为具有非法占有的目的:

(1)明知没有归还能力而大量骗取资金的;

(2)非法获取资金后逃跑的;

(3)肆意挥霍骗取资金的;

(4)使用骗取的资金进行违法犯罪活动的;

(5)抽逃、转移资金、隐匿财产,以逃避返还资金的;

(6)隐匿、销毁账目,或者搞假破产、假倒闭,以逃避返还资金的;

(7)其他非法占有资金、拒不返还的行为。但是,在处理具体案件的时候,对于有证据证明行为人不具有非法占有目的的,不能单纯以财产不能归还就按金融诈骗罪处罚。

金融诈骗犯罪定罪量刑的数额标准和犯罪数额的计算。金融诈骗的数额不仅是定罪的重要标准,也是量刑的主要依据。在没有新的司法解释之前,可参照1996年最高人民法院《关于审理诈骗案件具体应用法律的若干问题的解释》的规定执行。在具体认定金融诈骗犯罪的数额时,应当以行为人实际骗取的数额计算。对于行为人为实施金融诈骗活动而支付的中介费、手续费、回扣等,或者用于行贿、赠与等费用,均应计入金融诈骗的犯罪数额。但应当将案发前已归还的数额扣除。

(四)死刑的适用

刑法对危害特别严重的金融诈骗犯罪规定了死刑。人民法院应当运用这一法律武器,有力地打击金融诈骗犯罪。对于罪行极其严重、依法该判死刑的犯罪分子,一定要坚决判处死刑。但需要强调的是,金融诈骗犯罪的数额特别巨大不是判处死刑的唯一标准,只有诈骗"数额特别巨大并且给国家和人民利益造成特别重大损失"的犯罪分子,才能依法选择适用死刑。对于犯罪数额特别巨大,但追缴、退赔后,挽回了损失或者损失不大的,一般不应当判处死刑立即执行;对具有法定从轻、减轻处罚情节的,一般不应当判处死刑。

(五)财产刑的适用

金融犯罪是图利型犯罪,惩罚和预防此类犯罪,应当注重同时从经济上制裁犯罪分子。刑法对金融犯罪都规定了财产刑,人民法院应当严格依法判处。罚金的数额,应当根据被告人的犯罪情节,在法律规定的数额幅度内确定。对于具有从轻、减轻或者免除处罚情节的被告人,对于本应并处的罚金刑原则上也应当从轻、减轻或者免除。

单位金融犯罪中直接负责的主管人员和其他直接责任人员,是否适用罚金刑,应当根据刑法的具体规定。刑法分则条文规定有罚金刑,并规定对单位犯罪中直接负责的主管人员和其他直接责任人员依照自然人犯罪条款处罚的,应当判处罚金刑,但是对直接负责的主管人员和其他直接责任人员判处罚金的数额,应当低于对单位判处罚金的数额;刑法分则条文明确规定对单位犯罪中直接负责的主管人员和其他直接责任人员只判处自由刑的,不能附加判处罚金刑。

5. 公安部法制司《关于利用信用卡恶意透支案件如何定性问题的答复》

(实施日期:1994 年 7 月 11 日)

江西省公安厅法制处:

你处请示关于利用信用卡恶意透支案件如何定性的问题,经研究并报司长同意,现答复如下:

一、恶意透支数额较大,持卡人表示愿意偿还并且在约定的期限内全部偿还的,不构成诈骗,由发卡银行按有关规定予以罚息处理。

二、恶意透支数额较大,经多次催偿,拒不偿还或逃避隐藏的,以诈骗定性,是否构成犯罪,视具体情节定。

三、恶意透支数额较大,虽表示愿意偿还,但无正当理由在约定期限内拒还或无偿还能力的,以诈骗定性,是否构成犯罪,视具体情节定。

四、对利用信用卡进行恶意透支的行为,应如何定性处罚,法律、法规尚无明确规定。处理该问题应以持卡人是否具有恶意占有的故意、是否具有社会危害性、透支的款项是否全部清偿等几方面综合考虑。

【关联法律】

中国人民银行《银行卡业务管理办法》(银发[1999]17号)

第二条 本办法所称银行卡,是指由商业银行(含邮政金融机构,下同)向社会发行的具有消费信用、转帐结算、存取现金等全部或部分功能的信用支付工具。

商业银行未经中国人民银行批准不得发行银行卡。

第五条 银行卡包括信用卡和借记卡。银行卡按币种不同分为人民币卡、外币卡;按发行对象不同分为单位卡(商务卡)、个人卡;按信息载体不同分为磁条卡、芯片(IC)卡。

第六条 信用卡按是否向发卡银行交存备用金分为贷记卡、准贷记卡两类。

贷记卡是指发卡银行给予持卡人一定的信用额度,持卡人可在信用额度内先消费、后还款的信用卡。准贷记卡是指持卡人须先按发卡银行要求交存一定金额的备用金,当备用金账户余额不足支付时,可在发卡银行规定的信用额度内透支的信用卡。

【犯罪构成】

(一)主体要件

本罪的主体是一般主体,凡达到刑事责任年龄、具有刑事责任能力的自然人均可成为本罪的犯罪主体。

(二)主观要件

本罪的主观方面是故意,而且是直接故意,行为人主观上还必须具有非法占有公私财物的目的。间接故意和过失犯罪不能构成本罪。在此应指出的是,在信用卡诈骗罪的各种行为中,行为人因行为不同,其犯罪故意也各有其特定内容而不尽相同。例如,使用伪造的信用卡和使用作废的信用卡进行诈骗犯罪的,行为人主观上必须明知是伪造或者作废的信用卡,否则,不能构成本罪。在信用卡透支的情况下,区分善意透支与恶意透支,也应当从行为人的故意内容来分析,如果行为人有非法占有他人财物的故意,则是恶意透支,反之,则是善意透支。

(三)客观要件

本罪客观方面表现为行为人采用虚构事实或者隐瞒真相的方法,利用信用卡骗取公私财物的行为。具体表现为以下几种行为:

1. 使用伪造的信用卡。

所谓伪造的信用卡,是指模仿信用卡的质地、模式、版块、图样以及磁条密码等制造出来的信用卡。所谓使用,是指以非法占有他人财物为目的,利用伪造的信用卡,骗取他人财物的行为。包括用伪造的信用卡购买商品、支取现金,以及用伪造的信用卡接受各种服务等。

2. 使用作废的信用卡。

作废的信用卡,是指根据法律和有关规定不能继续使用的过期的信用卡、无效的信用卡、被依法宣布作废的信用卡和持卡人在信用卡的有效期内中途停止使用，并将其交回发卡银行的信用卡，以及因挂失而失效的信用卡。此外，使用作废的信用卡还包括使用涂改卡。所谓涂改卡是指被涂改过卡号的无效信用卡。这些信用卡本身因挂失或取消而被列入止付名单，但卡上某一个号码被压平后再压上另一个新号码用于逃避黑名单的检索。因此，涂改卡也是伪卡的一个种类。

3. 冒用他人的信用卡。

冒用是指非持卡人以持卡人的名义使用持卡人的信用卡而骗取财物的行为。根据我国有关信用卡的规定，信用卡均限于合法的持卡人本人使用，不得转借或转让，这也是各国普遍遵循的一项原则。但是，如果信用卡与身份证合放在一起而同时丢失，则可能给拾得者或窃得者创造冒用的机会。这些拾得者或窃得者在取得他人的信用卡后，可能会利用持卡人发觉遗失之前，或者利用止付管理的时间差，采取冒充卡主身份，模仿卡主签名的手段，到信用卡特约商户或银行购物取款或享受服务，这些都是冒用他人的信用卡进行诈骗犯罪的几种常见情形。

4. 进行恶意透支。

透支是指在银行设立账户的客户在账户上已无资金或资金不足的情况下，经过银行批准，允许客户以超过其账上资金的额度支用款项的行为。透支实质上是银行借钱给客户。所谓恶意透支，根据《刑法》第一百九十六条第二款的规定，是指信用卡的持卡人以非法占有为目的，超过规定限额或者规定期限透支并且经发卡银行催收后仍不归还的行为。善意透支和恶意透支的本质区别在于行为人在主观上的差异。两者在客观上都是造成了透支，但善意透支的行为人主观上有先用后还的意图，届时归还透支款和利息，而恶意透支的行为人透支是为了将透支款占为己有，根本不想偿还或者也没有能力偿还，在行为上采取潜逃的方式躲避债务。

依照《刑法》的规定，行为人除了实施上述四种行为之一以外，还必须具备数额较大的要件。如果数额不大，即使有上述行为，也属违法行为，不构成犯罪。

(四)客体要件

本罪侵犯的客体是信用卡管理制度和公私财产所有权。

量刑部分

【量刑标准】

犯本罪，数额较大的，处五年以下有期徒刑或者拘役，并处二万元以上二十万元以下罚金；数额巨大或者有其他严重情节的，处五年以上十年以下有期徒刑，并处五万元以上五十万元以下罚金；数额特别巨大或者有其他特别严重情节的，处十年以上有期徒刑或者无期徒刑，并处五万元以上五十万元以下罚金或者没收财产。

有价证券诈骗罪 《刑法》第197条

使用伪造、变造的国库券或者国家发行的其他有价证券,进行诈骗活动,数额较大的,处五年以下有期徒刑或者拘役,并处二万元以上二十万元以下罚金;数额巨大或者有其他严重情节的,处五年以上十年以下有期徒刑,并处五万元以上五十万元以下罚金;数额特别巨大或者有其他特别严重情节的,处十年以上有期徒刑或者无期徒刑,并处五万元以上五十万元以下罚金或者没收财产。

定 罪 部 分

【罪名概念】

有价证券诈骗罪,是指使用伪造、变造的国库券或者国家发行的其他有价证券,进行诈骗活动,数额较大的行为。有价证券诈骗罪只包含,使用变造、伪造的国库券和国家发行的有价证券。

【犯罪构成】

(一)主体要件

本罪的主体是一般主体、凡达到刑事责任年龄并具备刑事责任能力的自然人均可构成。

(二)主观要件

本罪在主观方面只能由故意构成,且须以非法占有为目的,如果行为人出于过失而使用有价证券,如不知是伪造、变造有价证券而使用的不构成犯罪。

(三)客观要件

本罪在客观方面表现为使用伪造、变造的国库券或者国家发行的其他有价证券,进行诈骗活动,数额较大的行为。

所谓伪造的国家发行的有价证券,是指仿照真实的国家发行的有价证券的格式、式样、颜色、形状、面值等特征,采用印刷、复印、拓印等各种方法制作的冒充真国家有价证券的假证券。所谓变造的国家有价证券、是指在真实的国家有价证券上,采用涂改、掩盖、挖补、拼凑等方法加以处理以改变其内容如增大证券的面值、张数等后的有价证券。前者是以完全的假冒充真,后者则是将真变成为不完全的真,即有部分的假。不论是伪造的国家有价证券还是变造的国家有价证券,只要行为人使用了其中之一就构成本罪;使用了两者的,也只构成本罪一罪,不能数罪并罚。所谓使用伪造、变造的国家有价证券,是指将之用于兑换现金、抵销债务等财产性的利益活动。所使用的既可以是自己伪造、变造的,也可以是他人伪造、变造的。不论是自己还是他人伪造、变造的、只要属于明知而仍加以使用,就可构成本罪。

使用伪造、变造的国家有价证券进行诈骗,达到了数额较大,才可构成本罪。如果没有达到数额较大,即使有使用伪造、变造的国家有价证券的行为,亦不能以本罪论处。值得注意的是,这里的数额较大,是指使用行为所骗取的财物数额较大,而不是国家证券面值的数额较大。两者可以相同,即以伪造、变造的国家有价证券获取了证券面值相同的财物;也可以相互不同,即以伪造、变造的国家有价证券获取了与之面值不相符如多于或少于的财物。此外,数额较大,并不是指实际所得,实际获得数额较大的财物,构成本罪且为既遂无疑。实施了使用伪造、变造国家有价证券的行为,但由于意志以外的原因还未实际诈骗到数额巨大的财物,只要能查明行为人完全有可能获取数额巨大的财物,情节严重的,亦可构成本罪但这时应为未遂。

(四)客体要件

本罪侵犯的客体是双重客体,既侵犯了他人财产所有权,又侵犯了国家有价证券管理制度。所谓有价证券,是指以票面货币价值表示的财产权利凭证,并被作为替代货币使用的信用工具或代表持有者资本所有权和资本收益要求权,在特定范围和条件下,进行支付、汇兑、信贷、清算等融资活动的凭证。它具有以下三个特征,一是有价证券必须以财产权利为内容,表明一定的财产价值。二是有价证券必须以一定的票面货币价值加以表示。某些证券虽然是以财产权利为内容的,但其有价证券诈骗罪本身未以票面价值加以表示,如物品寄存凭证、运输部门的行李托运单和提单等,都不是有价证券。三是有价证券是支付、汇兑、信贷、清算等融资活动的工具。

发行有价证券的目的就在于,以有价证券为手段进行支付、汇兑、信贷、清算等金融活动,方便经济往来,提高结算效率,加速货币流通、这是有价证券最重要和最本质的特征。与本罪有关的有价证券是国库券或者国家发行的其他有价证券,亦即公债券。公债券由国家发行,由国库(国家财政)作为还款保证,它对国家金融市场的稳定起着不可低估的作用。国家发行的有价证券,包括国库券和国家发行的其他有价证券。前者即国库券是指为解决急需预算支出而由财政部发行的一种国家债券。其以面值发行,过一段时间后可以依法转让,到期则由国家还本付息;后者即国家发行的其他有价证券,是指国家发行的除国库券之外的载明一定财产权利的有价证券,如保值公债、国家重点建设债券财政债券等,但不包括非国家发行的本票、汇票、支票、存单、委托付款凭证、股票、公司或企业债券等有价证券。使用伪造、变造的国库券或者国家发行的其他有价证券进行诈骗活动,不仅侵犯了国家有价证券管理制度,而且侵犯了他人的财产所有权。

量刑部分

【量刑标准】

犯本罪的，处三年以下有期徒刑或者拘役，并处或者单处二万元以上二十万元以下罚金；数额巨大的，处三年以上十年以下有期徒刑，并处五万元以上五十万元以下罚金；数额特别巨大的，处十年以上有期徒刑或者无期徒刑，并处五万元以上五十万元以下罚金或者没收财产。

截至目前，尚无本罪名关于量刑的司法解释。

保险诈骗罪　《刑法》第198条

有下列情形之一，进行保险诈骗活动，数额较大的，处五年以下有期徒刑或者拘役，并处一万元以上十万元以下罚金；数额巨大或者有其他严重情节的，处五年以上十年以下有期徒刑，并处二万元以上二十万元以下罚金；数额特别巨大或者有其他特别严重情节的，处十年以上有期徒刑，并处二万元以上二十万元以下罚金或者没收财产：

（一）投保人故意虚构保险标的，骗取保险金的；

（二）投保人、被保险人或者受益人对发生的保险事故编造虚假的原因或者夸大损失的程度，骗取保险金的；

（三）投保人、被保险人或者受益人编造未曾发生的保险事故，骗取保险金的；

（四）投保人、被保险人故意造成财产损失的保险事故，骗取保险金的；

（五）投保人、受益人故意造成被保险人死亡、伤残或者疾病，骗取保险金的。

有前款第四项、第五项所列行为，同时构成其他犯罪的，依照数罪并罚的规定处罚。

单位犯第一款罪的，对单位判处罚金，并对其直接负责的主管人员和其他直接责任人员，处五年以下有期徒刑或者拘役；数额巨大或者有其他严重情节的，处五年以上十年以下有期徒刑；数额特别巨大或者有其他特别严重情节的，处十年以上有期徒刑。

保险事故的鉴定人、证明人、财产评估人故意提供虚假的证明文件，为他人诈骗提供条件的，以保险诈骗的共犯论处。

定罪部分

【罪名概念】

保险诈骗罪,是指以非法获取保险金为目的,违反保险法规,采用虚构保险标的、保险事故或者制造保险事故等方法,向保险公司骗取保险金,数额较大的行为。“虚构保险标的”,是指投保人违背《保险法》规定的如实告知义务,虚构一个根本不存在的保险标的或者将不合格的标的伪称为合格的标的,与保险人订立保险合同的行为。

【犯罪构成】

(一)主体要件

本罪主体为个人和单位,具体指投保人、被保险人、受益人。

投保人是指与保险人订立保险合同,并按照保险合同负有支付保险费义务的人。被保险人是指其财产或者人身受保险合同保障,享有保险金请求权的人,投保人本人或者投保人指定的享有保险金请求权的人,可以是被保险人。受益人是指人身保险合同中由被保险人或者投保人指定的享有保险金请求权的人,投保人、被保险人可以是受益人。保险事故的鉴定人、证明人、财产评估人故意提供虚假证明文件,为他人诈骗提供条件的,以保险诈骗的共犯论处。

(二)主观要件

主观方面表现为故意,并具有非法占有保险金之目的。过失不构成本罪。

(三)客观要件

本罪客观方面表现为违反保险法规,采取虚构保险标的、保险事故或者制造保险事故等方法,骗取较大数额保险金的行为。保险金是指按照保险法规,投保人根据合同约定,向保险人支付保险费,待发生合同约定内的事故后获得的一定赔偿。

保险诈骗的行为方式有以下五种:

1. 财产投保人故意虚构保险标的,骗取保险金的。保险标的是指作为保险对象的物质财富及其有关利益、人的生命、健康或有关利益。故意虚构保险标的是指在与保险人订立保险合同时,故意捏造根本不存在的保险对象。以为日后编造保险事故,骗取保险金。

2. 投保人、被保险人或者受益人对发生的保险事故编造虚假的原因或者夸大损失的程度,骗取保险金的。保险合同约定保险人只对因保险责任范围内的原因引起的保险事故承担赔偿责任,投保人、被保险人或受益人隐瞒发生保险事故的真实原因或者将非保险责任范围内的原因谎称为保险责任范围内的原因以便骗取保险金;对确已发生保险事故造成损失的。则故意夸大损失的程度以便骗取额外的保险金。

3. 投保人、被保险人或者受益人编造未曾发生的保险事故，骗取保险金的。

4. 投保人、被保险人故意造成财产损失的保险事故，骗取保险金的。这是指在保险合同期内，人为地制造保险事故，造成财产损失，以便骗取保险金。

5. 投保人、受益人故意造成被保险人死亡、伤残或者疾病，骗取保险金的。这是指在人身保险中，为骗取保险金，制造赔偿条件，故意采用不法手段，造成被保险人的伤亡或疾病。行为人具备上述五种行为方式之一，骗取保险金数额较大的，构成保险诈骗罪。参照最高人民法院《关于审理诈骗案件具体应用法律的若干问题的解释》，个人进行保险诈骗数额在一万元以上的，属于“数额较大”。

（四）客体要件

本罪侵犯的客体是国家的保险制度和保险人的财产所有权。

量刑部分

【量刑标准】

犯本罪，数额较大的，处五年以下有期徒刑或者拘役，并处一万元以上十万元以下罚金；

数额巨大或者有其他严重情节的，处五年以上十年以下有期徒刑，并处二万元以上二十万元以下罚金。

数额特别巨大或者有其他特别严重情节的，处十年以上有期徒刑，并处二万元以上二十万元以下罚金或者没收财产。

有前款第四项、第五项所列行为，同时构成其他犯罪，依照数罪并罚的规定处罚。单位犯第一款罪的，对单位判处罚金，并对其直接负责的主管人员和其他直接责任人员，处五年以下有期徒刑或者拘役；数额巨大或者有其他严重情节的，处五年以上十年以下有期徒刑；数额特别巨大或者有其他特别严重情节的，处十年以上有期徒刑。

保险事故的鉴定人、证明人、财产评估人故意提供虚假的证明文件，为他人诈骗提供条件的，以保险诈骗的共犯论处。

根据最高人民法院《关于审理诈骗案件具体应用法律的若干问题的解释》第八条，个人进行保险诈骗数额在一万元以上的，属于“数额较大”；个人进行保险诈骗数额在五万元以上的，属于“数额巨大”；个人进行保险诈骗数额在二十万元以上的，属于“数额特别巨大”；单位进行保险诈骗数额在五万元以上的，属于“数额较大”；单位进行保险诈骗数额在二十五万元以上的，属于“数额巨大”；单位进行保险诈骗数额在一百万元以上的，属于“数额特别巨大”的规定已经被 2010 年最高人民检察院、公安部联合下发的最高人民检察院、公安部《关于公安机关管辖的刑事案件立案追诉标准的规定（二）》第五十六条所变更。该追诉标准第五十六条明确规定：个人进行保险诈骗，数额在一万元以上的；单位进行保险诈骗，数额在十万元以上的,应予立案追诉。因此,目前我国司法实践中,保险诈骗罪"数额较大"的标准应为个人一万元、单位十万元,"数额巨大""数额特别巨大"的标准按照最高人民法院《关于审理诈骗案件具体应用法律的若干问题的解释》的第八条执行,即个人进行保险诈骗数额在五万元以上的,为"数额巨大",个人进行保险诈骗数额在二十万元以上的,为"数额特别巨大";单位进行票据诈骗数额在二十五万元以上的,属于"数额巨大";单位进行票据诈骗数额在一百万元以上的,属于"数额特别巨大"。

《刑法修正案(九)》删去《刑法》第199条 部分金融诈骗罪的死刑规定

单位犯金融诈骗罪的处罚规定 《刑法》第200条

单位犯本节第一百九十二条、第一百九十四条、第一百九十五条规定之罪的,对单位判处罚金,并对其直接负责的主管人员和其他直接责任人员,处五年以下有期徒刑或者拘役,可以并处罚金;数额巨大或者有其他严重情节的,处五年以上十年以下有期徒刑,并处罚金;数额特别巨大或者有其他特别严重情节的,处十年以上有期徒刑或者无期徒刑,并处罚金。

第六节 危害税收征管罪

逃税罪 《刑法》第201条

纳税人采取欺骗、隐瞒手段进行虚假纳税申报或者不申报,逃避缴纳税款数额较大并且占应纳税额百分之十以上的,处三年以下有期徒刑或者拘役,并处罚金;数额巨大并且占应纳税额百分之三十以上的,处三年以上七年以下有期徒刑,并处罚金。

扣缴义务人采取前款所列手段,不缴或者少缴已扣、已收税款,数额较大的,依照前款的规定处罚。

对多次实施前两款行为,未经处理的,按照累计数额计算。

有第一款行为,经税务机关依法下达追缴通知后,补缴应纳税款,缴纳滞纳金,已受行政处罚的,不予追究刑事责任;但是,五年内因逃避缴纳税款受过刑事处罚或者被税务机关给予二次以上行政处罚的除外。

定罪部分

【罪名概念】

逃税罪,是指纳税人采取欺骗、隐瞒手段进行虚假纳税申报或者不申报,逃避缴纳税款数额较大的行为。

【司法解释】

1. 最高人民检察院、公安部《关于公安机关管辖的刑事案件立案追诉标准的规定(二)》

(实施日期:2010年5月7日 法发[2010]22号)(节录)

第五十七条 [逃税案(刑法第二百零一条)]逃避缴纳税款,涉嫌下列情形之一的,应予立案追诉:

(一)纳税人采取欺骗、隐瞒手段进行虚假纳税申报或者不申报,逃避缴纳税款,数额在五万元以上并且占各税种应纳税总额百分之十以上,经税务机关依法下达追缴通知后,不补缴应纳税款、不缴纳滞纳金或者不接受行政处罚的;

(二)纳税人五年内因逃避缴纳税款受过刑事处罚或者被税务机关给予二次以上行政处罚,又逃避缴纳税款,数额在五万元以上并且占各税种应纳税总额百分之十以上的;

(三)扣缴义务人采取欺骗、隐瞒手段,不缴或者少缴已扣、已收税款,数额在五万元以上的。

纳税人在公安机关立案后再补缴应纳税款、缴纳滞纳金或者接受行政处罚的,不影响刑事责任的追究。

2. 最高人民法院《关于审理偷税抗税刑事案件具体应用法律若干问题的解释》

(实施日期:2002年11月7日 法释[2002]33号)(节录)

为依法惩处偷税、抗税犯罪活动,根据刑法的有关规定,现就审理偷税、抗税刑事案件具体应用法律的若干问题解释如下:

第一条 纳税人实施下列行为之一,不缴或者少缴应纳税款,偷税数额占应纳税额的百分之十以上且偷税数额在一万元以上的,依照刑法第二百零一条第一款的规定定罪处罚:

(一)伪造、变造、隐匿、擅自销毁帐簿、记帐凭证;

(二)在帐簿上多列支出或者不列、少列收入;

(三)经税务机关通知申报而拒不申报纳税;

(四)进行虚假纳税申报;

(五)缴纳税款后,以假报出口或者其他欺骗手段,骗取所缴纳的税款。

扣缴义务人实施前款行为之一,不缴或者少缴已扣、已收税款,数额在一万元以上且占应缴税额百分之十以上的,依照刑法第二百零一条第一款的规定定罪处罚。扣缴义务人书面承诺代纳税人支付税款的,应当认定扣缴义务人"已扣、已收税款"。

实施本条第一款、第二款规定的行为,偷税数额在五万元以下,纳税人或者扣缴义务人在公安机关立案侦查以前已经足额补缴应纳税款和滞纳金,犯罪情节轻微,不需要判处刑罚的,可以免予刑事处罚。

第二条　纳税人伪造、变造、隐匿、擅自销毁用于记帐的发票等原始凭证的行为,应当认定为刑法第二百零一条第一款规定的伪造、变造、隐匿、擅自销毁记帐凭证的行为。

具有下列情形之一的,应当认定为刑法第二百零一条第一款规定的"经税务机关通知申报":

(一)纳税人、扣缴义务人已经依法办理税务登记或者扣缴税款登记的;

(二)依法不需要办理税务登记的纳税人,经税务机关依法书面通知其申报的;

(三)尚未依法办理税务登记、扣缴税款登记的纳税人、扣缴义务人,经税务机关依法书面通知其申报的。

刑法第二百零一条第一款规定的"虚假的纳税申报",是指纳税人或者扣缴义务人向税务机关报送虚假的纳税申报表、财务报表、代扣代缴、代收代缴税款报告表或者其他纳税申报资料,如提供虚假申请,编造减税、免税、抵税、先征收后退还税款等虚假资料。

刑法第二百零一条第三款规定的"未经处理",是指纳税人或者扣缴义务人在五年内多次实施偷税行为,但每次偷税数额均未达到刑法第二百零一条规定的构成犯罪的数额标准,且未受行政处罚的情形。

纳税人、扣缴义务人因同一偷税犯罪行为受到行政处罚,又被移送起诉的,人民法院应当依法受理。依法定罪并判处罚金的,行政罚款折抵罚金。

第三条　偷税数额,是指在确定的纳税期间,不缴或者少缴各税种税款的总额。

偷税数额占应纳税额的百分比,是指一个纳税年度中的各税种偷税总额与该纳税年度应纳税总额的比例。不按纳税年度确定纳税期的其他纳税人,偷税数额占应纳税额的百分比,按照行为人最后一次偷税行为发生之日前一年中各税种偷税总额与该年纳税总额的比例确定。纳税义务存续期间不足一个纳税年度的,偷税数额占应纳税额的百分比,按照各税种偷税总额与实际发生纳税义务期间应当缴纳税款总额的比例确定。

偷税行为跨越若干个纳税年度,只要其中一个纳税年度的偷税数额及百分比达到刑法第二百零一条第一款规定的标准,即构成偷税罪。各纳税年度的偷税数额应当累计计算,偷税百分比应当按照最高的百分比确定。

第四条　两年内因偷税受过二次行政处罚,又偷税且数额在一万元以上的,应当以偷税罪定罪处罚。

【关联法律】

1. 公安部《关于如何理解〈刑法〉第二百零一条规定的“应纳税额”问题的批复》

（实施日期：1999 年 11 月 23 日　公复字［1999］4 号）

河北省公安厅：

你厅《关于青县磷肥厂涉嫌偷税案有关问题的请示》（冀公刑〔1999〕函字 240 号）收悉。现就如何理解《刑法》第二百零一条规定的“应纳税额”问题批复如下：

《刑法》第二百零一条规定的“应纳税额”是指某一法定纳税期限或者税务机关依法核定的纳税期间内应纳税额的总和。偷税行为涉及两个以上税种的，只要其中一个税种的偷税数额、比例达到法定标准的，即构成偷税罪，其他税种的偷税数额累计计算。

2. 公安部《公安机关办理危害税收征管刑事案件管辖若干问题的规定》

（实施日期：2004 年 2 月 19 日　公通字［2004］12 号）

一、偷税案、逃避追缴欠税案（刑法第 201 条、第 203 条）

纳税人未根据法律、行政法规规定应当向税务机关办理税务登记的，由税务登记机关所在地县级以上公安机关管辖。如果由纳税义务发生地公安机关管辖更为适宜的，可以由纳税义务发生地县级以上公安机关管辖；纳税人未根据法律、行政法规规定不需要向税务机关办理税务登记的，由纳税义务发生地或其他法定纳税地县级以上公安机关管辖。

扣缴义务人偷税案适用前款规定。

3. 公安部《关于对未依法办理税务登记的纳税人能否成为偷税犯罪主体问题的批复》

（实施日期：2007 年 5 月 23 日　公复字［2007］3 号）

甘肃省公安厅：

你厅《关于无证经营的行为能否构成偷税主体的请示》〔甘公（法）发［2007］17 号〕收悉。现批复如下：

根据《中华人民共和国税收管理法》第四条、第三十七条的规定，未按照规定办理税务登记的从事生产、经营的纳税人以及临时从事经营的纳税人，可以构成偷税罪的犯罪主体。其行为触犯《中华人民共和国刑法》第二百零一条规定的，公安机关应当以偷税罪立案侦查，依法追究刑事责任。

2002 年 1 月 23 日公安部《关于无证经营的行为人能否成为偷税主体问题的批复》（公复字［2002］1 号）不再适用。

4.《中华人民共和国税收征收管理法》

第四条 法律、行政法规规定负有纳税义务的单位和个人为纳税人。

法律、行政法规规定负有代扣代缴、代收代缴税款义务的单位和个人为扣缴义务人。

纳税人、扣缴义务人必须依照法律、行政法规的规定缴纳税款、代扣代缴、代收代缴税款。

第六十三条 纳税人伪造、变造、隐匿、擅自销毁账簿、记账凭证,或者在账簿上多列支出或者不列、少列收入,或者经税务机关通知申报而拒不申报或者进行虚假的纳税申报,不缴或者少缴应纳税款的,是偷税。对纳税人偷税的,由税务机关追缴其不缴或者少缴的税款、滞纳金,并处不缴或者少缴的税款百分之五十以上五倍以下的罚款;构成犯罪的,依法追究刑事责任。

扣缴义务人采取前款所列手段,不缴或者少缴已扣、已收税款,由税务机关追缴其不缴或者少缴的税款、滞纳金,并处不缴或者少缴的税款百分之五十以上五倍以下的罚款;构成犯罪的,依法追究刑事责任。

第八十条 税务人员与纳税人、扣缴义务人勾结,唆使或者协助纳税人、扣缴义务人有本法第六十三条、第六十五条、第六十六条规定的行为,构成犯罪的,依法追究刑事责任;尚不构成犯罪的,依法给予行政处分。

【犯罪构成】

(一)主体要件

本罪的犯罪主体包括纳税人和扣缴义务人。既可以是自然人,也可以是单位。

(二)主观要件

本罪的主观要件是故意和过失。进行虚假纳税申报行为是在故意的心理状态下进行的。不进行纳税申报一般也是故意的行为,有时也存在过失的可能,对于确因疏忽而没有纳税申报,属于漏税,依法补缴即可,其行为不构成犯罪。因此,逃税罪的主观要件一般是故意。

(三)客观要件

本罪的客观方面表现为:纳税人采取欺骗、隐瞒手段,进行虚假纳税申报或者不申报,逃避缴纳税款数额较大且占应纳税额百分之十以上;扣缴义务人采取欺骗、隐瞒手段不缴或者少缴已扣、已收税款,数额较大的行为。

(四)客体要件

本罪侵犯的客体是我国的税收征收管理秩序。

量 刑 部 分

【量刑标准】

纳税人采取欺骗、隐瞒手段进行虚假纳税申报或者不申报,逃避缴纳税款数额较大并且占应纳税额百分之十以上的，处三年以下有期徒刑或者拘役，并处罚金；数额巨大并且占应纳税额百分之三十以上的，处三年以上七年以下有期徒刑，并处罚金。

扣缴义务人采取前款所列手段，不缴或者少缴已扣、已收税款，数额较大的，依照前款的规定处罚。

对多次实施前两款行为，未经处理的，按照累计数额计算。

有第一款行为，经税务机关依法下达追缴通知后，补缴应纳税款，缴纳滞纳金，已受行政处罚的，不予追究刑事责任；但是，五年内因逃避缴纳税款受过刑事处罚或者被税务机关给予二次以上行政处罚的除外。

截至目前，尚无本罪名关于量刑的司法解释。

抗税罪　《刑法》第 202 条

以暴力、威胁方法拒不缴纳税款的，处三年以下有期徒刑或者拘役，并处拒缴税款一倍以上五倍以下罚金；情节严重的，处三年以上七年以下有期徒刑，并处拒缴税款一倍以上五倍以下罚金。

定罪部分

【罪名概念】

抗税罪，是指纳税人、扣缴义务人故意违反税收法规，以暴力、威胁方法拒不缴纳应缴税款的行为。

【司法解释】

最高人民法院《关于审理偷税抗税刑事案件具体应用法律若干问题的解释》

（实施日期：2002 年 11 月 7 日　法释[2002]33 号）（节录）

为依法惩处偷税、抗税犯罪活动，根据刑法的有关规定，现就审理偷税、抗税刑事案件具体应用法律的若干问题解释如下：

第五条　实施抗税行为具有下列情形之一的，属于刑法第二百零二条规定的“情节严重”：

（一）聚众抗税的首要分子；

（二）抗税数额在十万元以上的；

（三）多次抗税的；

（四）故意伤害致人轻伤的；

（五）具有其他严重情节。

第六条　实施抗税行为致人重伤、死亡,构成故意伤害罪、故意杀人罪的,分别依照刑法第二百三十四条第二款、第二百三十二条的规定定罪处罚。

与纳税人或者扣缴义务人共同实施抗税行为的,以抗税罪的共犯依法处罚。

【犯罪构成】

(一)主体要件

本罪的主体,是依法负有纳税义务和扣缴税款义务的人,既包括个人也包括单位,本条没有明确规定单位可以成为本罪的主体。

但从本条的立法精神以及抗税罪和逃税罪的联系来看、抗税罪的主体应与逃税罪的相同,既包括负有纳税义务的自然人,也包括负有纳税义务的单位。

单位犯本罪的,由其直接负责的主管人员和直接责任人员承担刑事责任。

(二)主观要件

本罪在主观方面出于直接故意,表现为明知负有纳税义务而故意抗拒缴纳税款,并且通过使用暴力、威胁方法而公开拒不缴纳税款、非法获利的目的。

如果行为人不具有这种主观故意和非法获利的目的。则不构成抗税罪。

(三)客观要件

本罪在客观方面表现为违反税收法规,以暴力、威胁方法拒不缴纳税款的行为。

1. 抗税罪表现为违反税收法规的行为。税收法规主要指《税收征收管理法》等法律、法规。如果行为没有违反税收法规则不能构成抗税罪。如没有纳税义务的个人用暴力阻碍税务人员征税,虽然客观上使他人得以拒不缴纳税款,但其行为违反的不是税收法规,不能以抗税罪论处。

2. 抗税罪表现为以暴力、威胁方法拒不缴纳税款的行为。这是抗税罪与偷税罪的根本区别。所谓暴力,是指犯罪分子对他人身体实施袭击或者使用其他强暴手段,如殴打、伤害、捆绑、禁闭等足以危及他人人身安全的行为;所谓胁迫,是指犯罪分子对他人进行威胁、恫吓,达到精神上的强制、使他人不能抗拒的手段。如手持凶器威吓,扬言行凶报复、揭发隐私、毁坏名誉、加害亲属等相威胁,根据本条,只要行为人实施了以暴力、威胁方法拒不缴纳税款的行为就可以构成抗税罪,而不需要达到情节严重的程度,当然,根据《刑法》第十三条的规定:如果情节显著轻微危害不大的则不认为是犯罪,如果行为人拒不缴纳税款的行为不是以上述暴力、威胁方法实施的,而是以诸如不能成立的各种理由为借口进行抵制或者只是消极地不缴纳税款等,则不构成本罪。

(四)客体要件

本罪侵犯的客体是复杂客体,既侵犯了国家的税收管理制度,又由于采用暴力、威胁方法抗拒缴纳应纳税款,必然同时侵犯执行征税职务活动的税务人员的人身权利。

其犯罪对象,包括依法应缴纳的税款及依法征税的税务人员。这里的税款是除关税以外的国内税收。这是的税务人员也限于依法征收国内税的工作人员。这是抗税罪区别于走私罪、妨害公务罪和其他犯罪的重要标志。

【罪名辨析】

(一)本罪与非罪的界限

1. 抗税罪与欠税的区别。欠税,又称拖欠税款,是指纳税人或扣缴义务人由于客观原因超过了税务机关核定的纳税期限,未缴或者少缴税款的行为、一般表现为消极的不作为,欠税与抗税罪在主观上都具有故意性,行为都具有公开性,既欠税人未缴税款与抗税罪的拒不缴纳税款一样,都是行为人明知没有缴纳税款,且毫不欺骗或隐瞒,税务机关也知道其未缴纳税款。两者的不同点在于,第一,抗税罪具有逃避缴纳税款而非法获利的目的,欠税、一般并不具有逃避缴纳税款的目的、而多是因故不缴纳或故意暂时拖欠。第二,抗税罪表现为以暴力、威胁方法拒不缴纳税款的行为,而欠税并不采用暴力威胁方法、一般表现为消极的不作为。

2. 抗税罪与一般拒不缴纳税款行为的界限。两者区分的关键在于是否采取了暴力、威胁的方法。抗税罪是采取暴力、威胁方法拒不缴纳税款的行为,而一般拒不缴纳税款的行为并没有采取暴力、威胁的方法进行,多表现为无视税收法规,消极地拒不缴纳税款;以各种借口,采取软磨硬泡的方式,抵制税务机关的纳税通知,拒不纳税;拒不依法办理纳税申报或提供纳税数据;或者因发生纳税争议而拒不纳税。对于一般的拒不缴纳税款的行为应由税务机关依照税收法规处理,构成其他罪的按照其他罪论处,但不能以抗税罪论处。《税收征收管理法》第四十五条规定,抗税情节轻微,未构成犯罪的,由税务机关追缴应缴的税款,并处以拒缴税款五倍以下的罚款。因此,两者的界限在于情节是否轻微。犯罪情节可考虑两方面内容,一是暴力程度、后果以及威胁的内容;二是拒缴税款数额大小及抗税次数的多少。如只有一般推搡等行为、未造成比较严重后果的:或只有一般威胁言词的;或者数额小且是偶尔为之的,可认为属于情节轻微而不构成犯罪。

3. 抗税罪与使用暴力、威胁方法拒缴错征税款的界限。错征税款是因税收人员工作疏忽或者不熟悉税法等原因搞错征税对象、征税项目和应税数额等错误征税的行为,如该减免未减免、应少征却多征以及重复征收等。在该种情况下,如果税务人员坚持征税而引起抗拒缴纳的、不以抗税罪论处,如果使用暴力造成税务人员伤害的,可以按伤害罪追究其刑事责任。

(二)本罪与逃税罪的界限

1. 主体要件不同。抗税罪只能由个人和单位的直接责任人员构成:而逃税罪的主体则包括单位和个人,也包括单位的直接主管人员和其他直接责任人员。

2. 客观方面不同。抗税罪表现为以暴力、威胁方法拒不缴纳税款的行为;逃税罪则表现为采取伪造、变造、隐匿、擅自销毁账簿、记账凭证、在账簿上多列支出或者不列、少列收入,经税务机关通知申报而拒不申报或者进行虚假纳税申报的手段,不缴或者少缴税款的行为。

3. 犯罪标准不同。抗税罪只要行为人实施了以暴力、威胁方法拒不缴纳税款的行为就可构成,而逃税罪必须是偷税行为情节严重的才构成犯罪。

(三)本罪与妨害公务罪的界限

妨害公务罪与抗税罪在客观方面都表现为以暴力、威胁方法的手段,主观上都出于故意,其不同之处在于:

1. 主体要件不同。妨害公务罪的主体要件是一般主体,凡达到刑事责任年龄且具有刑事责任能力的自然人都可以构成;抗税罪的主体要件是特殊主体、只有负有纳税义务或者代扣代缴、代收代缴税款义务的个人或单位的直接责任人员才可以构成。

2. 主观目的不同。妨害公务罪目的在于使国家工作人员不能依法执行职务,抗税罪目的在于逃避缴纳税款而非法获利。

3. 犯罪对象的范围不同。抗税罪侵害的对象是执行税收征管任务的税务人员;而妨害公务罪侵害的对象则是执行职务的国家工作人员,后者范围较广,前者属于后者的一种。

4. 侵犯的客体不同。妨害公务罪侵犯的是国家机关的公务活动;抗税罪侵犯的是国家的税收管理制度。在实践中,纳税人以暴力、威胁方法阻碍税务人员依法征税的,都应以抗税罪论处。只有不负有纳税义务的个人以暴力、威胁方法阻碍税务人员征税,且事先与纳税人无通谋的,才构成妨害公务罪。

量刑部分

【量刑标准】

犯本罪的,处三年以下有期徒刑或者拘役,并处拒缴税款一倍以上五倍以下罚金;情节严重的,处三年以上七年以下有期徒刑,并处欠缴税款一倍以上五倍以下罚金。

逃避追缴欠税罪 《刑法》第203条

纳税人欠缴应纳税款,采取转移或者隐匿财产的手段,致使税务机关无法追缴欠缴的税款,数额在一万元以上不满十万元的,处三年以下有期徒刑或者拘役,并处或者单处欠缴税款一倍以上五倍以下罚金;数额在十万元以上的,处三年以上七年以下有期徒刑,并处欠缴税款一倍以上五倍以下罚金。

定罪部分

【罪名概念】

逃避追缴欠税罪，是指纳税义务人欠缴应纳税款，采取转移或者隐匿财产的手段，致使税务机关无法追缴欠缴的税款，数额较大的行为。

【犯罪构成】

（一）主体要件

本罪的主体是特殊主体，即法律规定负有纳税义务的单位和个人。不具有纳税义务的单位和个人不能构成逃避追缴欠税罪的主体。根据《税收征收管理法》第四条第一款的规定，纳税人是法律、行政法规规定负有纳税义务的单位和个人。每一种实体税收法律、法规都对该税种的纳税人范围作了具体明确的规定，税种不同，纳税人范围各不相同。例如，根据《增值税暂行条例》第一条的规定，增值税的纳税人是"在中华人民共和国境内销售货物或者提供加工、修理修配劳务以及进口货物的单位和个人"；而根据《消费税暂行条例》第一条的规定，消费税的纳税人则是"在中华人民共和国境内生产、委托加工和进口本条例规定的消费品的单位和个人"。

依《刑法》第二百一十一条之规定，负有纳税义务的企业事业单位也可以成为逃避追缴欠税罪的主体。单位犯罪的，实行两罚制。负有直接责任的主管人员和其他直接责任人员应当理解为妨碍追缴欠税单位中对该罪负有直接责任的法定代表人、主管人员和其他直接参与人员。

（二）主观要件

本罪在主观方面表现为故意，并且具有逃避缴纳应缴纳款而非法获利的目的，行为人的故意不仅表现为其对欠款应纳税款的事实是明知的，还表现为行为人为达到最终逃避纳税的目的而故意转移或者隐匿财产，致使税务机关无法追缴其欠缴的税款。至于行为人的动机可能是多种多样的，有的是为了使职工能多发奖金，有的是为了使本单位扭亏为盈或扩大再生产，也有的是为了谋取个人私利，但动机并不影响逃避追缴欠税罪成立。

（三）客观要件

本罪在客观方面表现为行为人必须具有违反税收法规，欠缴应纳税款，并采取转移或者隐匿财产的手段、致使税务机关无法追缴欠缴的税款，数额较大的行为。

1. 必须有欠税的事实。欠税事实是该罪赖以成立的前提要件，如果行为人不欠税，就谈不上追缴，无追缴也就谈不上逃避追缴。欠税是指纳税单位或个人超过税务机关核定的纳税期限，没有按时缴纳、拖欠税款的行为。在认定行为是否"欠税"时，必须查明其欠税行为是否已过法定期限，只有超过了法定的纳税期限，其欠税行为才是逃避追缴欠税罪所要求的"欠税"事实。至于具体的法定期限，各个税种规定不尽一致,应依据具体的税收法规来确定。在考虑欠税事实的时候,必须考虑到欠税的原因,是行为人财力不支、资金短缺、还是拥有纳税能力而故意拖欠。如系前者,《税收征收管理法》第二十条规定,纳税人因有特殊困难。不能近期缴纳税款的,经县以上税务机关批准、可以延期缴纳,但最长不得超过三个月。这说明因合法理由欠税是允许的。所以,逃避追缴欠税显然是指第二种情况,即故意拖欠。

2. 行为人必须有实际的逃避行为。这是该罪能否成立的关键所在,根据法律规定、逃避行为是专指转移财产和隐匿财产,如转移开户行、提走存款、运走商品、隐匿存货等,如果不是将财产转移或隐匿,而是欠税人本人逃匿起来,则不构成逃避追缴欠税罪。此处必须明确,行为人实施的“逃避”行为要与“欠税”行为存在必然因果联系。即“逃避”就是为了“欠税”。至于孰先孰后,并不十分重要。实践中有的行为人实施的“逃避”行为在法定的纳税期限届满以后,也就是具备了法律规定的“欠税”条件以后;有的行为是先转移资产,而后欠税,这两种情况都不影响逃避追缴欠税罪成立。如在纳税期内就能及时确认行为人转移、隐匿财产,企图逃避欠税,如何处理呢?按照《税收征收管理法》的规定,税务部门可令行为人提供纳税担保;如其拒绝,可对其采取税收保全措施。

3. 致使税务机关无法追缴,这是行为人的犯罪目的,也是逃避追缴欠税罪所要求的客观结果。税收实践中的欠税是时常发生的,对于拥有纳税能力而故意欠税者,依据《税收征收管理法》第二十七条,税务机关可采取强制措施,如通过银行从其账户上扣缴税款,或扣押、查封、拍卖其财产抵缴税款。所以,只要欠税人拥有逃避追缴欠税罪逃避追缴欠税罪相当数量的资金和财产,所欠税款是可以追缴的;但如行为人将资金和财产转移、隐匿,所欠税款就难以追缴,给国家造成损失。所以逃避追缴欠税罪是结果犯,只有造成“欠税无法追缴”的事实,才能成立该罪既遂,如果行为人尽管采取了逃避的行为,但其转移或隐镀的财产最终还是被税务机关追回,弥补了税款,则构成逃避追缴欠税罪未遂形态。

4. 无法追缴的人税数额需达法定的量刑标准,即一万元以上。该罪是结果犯,如果不足一万元,即便具备前述要素,也不构成犯罪,这里的数额指税务机关无法追回的欠税数额,亦即国家税款的损失数额,而非行为人转移或隐匿的财产数额,也不是行为人的实际欠税数额。这三个数额有时是同一的,有时是不同一的,必须准确把握。无法追缴的欠税达不到法定数额的,由税务部门依法作行政处罚。

上述四个要素是相互统一的,对于逃避追缴欠税罪的成立来说,都是缺一不可的必要条件,同时也是与偷税、抗税和一般欠税行为相区别的关键。

(四)客体要件

本罪侵犯的客体,与逃税罪、抗税罪一样,是国家的税收管理制度。如果侵犯的不是国家的税收管理制度,则不构成本罪。

【罪名辨析】

本罪与非罪的界限

1. 逃避追缴欠税罪与欠税行为。二者都是明知没有缴纳税款而不予缴纳的行为。其区别关键在于妨碍追缴税款罪中行为人采取了转移或者隐匿财产的手段而致使税务机关无法追缴欠缴的税款,而欠税行为人则没有采取上述手段以致于使税务机关无法追缴欠缴税款。另外,二者在主观内容也不同,妨碍追缴税款罪是出于逃避纳税而非法获利的目的,而欠税行为一般只是暂时拖欠税款,而无逃避纳税的故意。

2. 逃避追缴欠税罪与一般的妨碍追缴税款违法行为。二者区别的关键在于行为人采取转移或者隐匿财产的手段致使税务机关无法追缴税款数额是否较大。根据本条,妨碍追缴税款数额在一万元以上的才构成犯罪,如果没有达到这一数额,则应当由税务机关依照税法规定处理,而不能以犯罪论处。

量刑部分

【量刑标准】

犯本罪,税款数额在一万元以上不满十万元的,处三年以下有期徒刑或者拘役,并处或者单处欠缴一倍以上五倍以下罚金;数额在十万元以上的,处三年以上七年以下有期徒刑,并处欠缴税款一倍以上五倍以下罚金。

骗取出口退税罪 《刑法》第204条

以假报出口或者其他欺骗手段,骗取国家出口退税款,数额较大的,处五年以下有期徒刑或者拘役,并处骗取税款一倍以上五倍以下罚金;数额巨大或者有其他严重情节的,处五年以上十年以下有期徒刑,并处骗取税款一倍以上五倍以下罚金;数额特别巨大或者有其他特别严重情节的,处十年以上有期徒刑或者无期徒刑,并处骗取税款一倍以上五倍以下罚金或者没收财产。

纳税人缴纳税款后,采取前款规定的欺骗方法,骗取所缴纳的税款的,依照本法第二百零一条的规定定罪处罚;骗取税款超过所缴纳的税款部分,依照前款的规定处罚。

定 罪 部 分

【罪名概念】

骗取出口退税罪,是指故意违反税收法规,采取以假报出口等欺骗手段,骗取国家出口退税款,数额较大的行为。

【犯罪构成】

(一)主体要件

本罪主体为一般主体,凡达到刑事责任年龄且具备刑事责任能力的自然人均能构成骗取出口退税罪主体,依《刑法》第二百一十一条之规定,单位亦能构成骗取出口退税罪。其中单位主要是具有出口经营权的单位。因为出口退税实质上是国家为了鼓励产品出口而给予的财政性资助,不具有出口经营权的单位不可能享受这种优惠。根据现行税法的规定,中国享有出口退税权的单位有三种:

1. 享有独立对外出口经营权的中央和地方的外贸企业、工业贸易公司以及部分工业生产企业。

2. 特定出口退税企业,如外轮供应公司、对外承包工程公司等。

3. 委托出口企业。前两种单位可直接申报出口退税,自然可以构成骗取出口退税罪主体、后一种情况中、委托方虽不具有直接出口经营权,但其仍有权享有出口退税利益,所以也可以构成骗取出口退税罪主体。至于代理方本身具有直接出口经营权,当然可以成为骗取出口退税罪主体。

(二)主观要件

本罪在主观方面为直接故意,并且具有骗取出口退税的目的。由于出口企业工作人员的失误,或者产品出口以后由于质量等原因又被退回,造成税务机关多退税款的,因没有骗税的犯罪故意,因此不能以骗取出门退税款罪追究其刑事责任,而只能由税务机关责令出口企业限期退回其多退的税款,属于出口企业失误的,还可按日加收滞纳金。出口企业骗取出口退税的动机,一般是为了完成国家规定的继续享有进出口经营权所必须达到的创汇任务,并从中赚取一定比例的代理出口手续费。但是动机并不影响骗取出口退税罪的成立。

(三)客观要件

本罪在客观方面表现为采取以假报出口等欺骗手段,骗取国家出口退税款,数额较大的行为。

骗税是以退税为前提的。中国退税有两种基本形式:一种是一般的退税,另一种是出口退税。一般的退税是指由于税务机关错用税率或纳税人申报的错误,或者国家税收政策调整等,造成多征或误征税收,而按规定把多征或误征的税款退还给原纳税人,以及按照规定提取的代征代扣税收的手续费、集贸市场税收分成和按照税收管理制度规定批准的减免税的退税。这种退税属于正常的退税,如果行为人以欺骗、隐瞒等手段骗取这种退税的,属于一般的骗税。由于税务机关根据原征税凭证能够对一般的退税进行比较有效的监督管理,因此对一般的骗税只视为逃税行为进行处罚、数额较大的可以逃税罪论处。而出口退税不同于一般的退税、这种退税是国家为鼓励出门,增强产品在国际市场上的竞争能力而给予的优惠待遇,而不是因对纳税人多征、误征或减免税收等引起的退税,因此骗取出口退税比一般的骗税的危害性要大。

(四)客体要件

本罪侵犯的客体,是国家出口退税管理制度和国家财产权。出口退税制度,是指国家为了体现税收鼓励出口的政策,使出口商品以不含税的价格进入国际市场,以提高出口商品在国际市场的竞争能力,依法对在国内已征增值税、营业税、消费税的产品(除国家明确规定不予退税的产品外),在其出口时将已征税款予以退还的制度。它是中国特定税收政策的产物。在1985年年初,国务院对中国税收政策、外贸政策进行重大调整,决定从1985年4月1日起对所有经营外贸业务的企业、事业单位的出口产品全面实行退税政策,以增强其出口产品在国际市场上的竞争能力,支持出口创汇,同时还颁布了《出口产品退税审批管理办法》等相应的法规,自此,出口退税成为中国税收领域中一普遍而又独特的活动。1988年1月开始实行全面彻底退税,属于产品税、增值税征收范围的产品,按核定的综合退税率计算退税,并对出口的应退税款一律由国家预算收入退付。1991年开始实行外贸体制改革,重申出口退税政策不变,但改由中央和地方共同负担出口退税。至此,中国已建立起了一套完整的出口退税制度。实践证明,实行出口退税制度,对于鼓励出口,扩大和占领国际市场,参与国际竞争,发展外向型经济,都具有重要意义。然而,少数企业事业单位却趁机采取假报出口等手段,骗取国家出口退税款。它不仅严重地破坏了国家关于出口退税的管理制度,扰乱了国家出口退税政策的顺利执行,而且还给国家财政造成严重损失。

量刑部分

【量刑标准】

犯本罪,数额较大的,处五年以下有期徒刑或者拘役,并处骗取税款一倍以上五倍以下罚金;数额巨大或者有其他严重情节的,处五年以上十年以下有期徒刑,并处骗取税款一倍以上五倍以下罚金;数额特别巨大或者有其他特别严重情节的,处十年以上有期徒刑或者无期徒刑,并处骗取税款一倍以上五倍以下罚金或者没收财产。

纳税人缴纳税款后,采取前款规定的欺骗方法,骗取所缴纳的税款的,依照本法第二百零一条的规定定罪处罚;骗取税款超过所缴纳的税款部分,依照前款的规定处罚。

截至目前,尚无本罪名关于量刑的司法解释。

虚开增值税专用发票、用于骗取出口退税、抵扣税款发票罪 《刑法》第205条

虚开增值税专用发票或者虚开用于骗取出口退税、抵扣税款的其他发票的,处三年以下有期徒刑或者拘役,并处二万元以上二十万元以下罚金;虚开的税款数额较大或者有其他严重情节的,处三年以上十年以下有期徒刑,并处五万元以上五十万元以下罚金;虚开的税款数额巨大或者有其他特别严重情节的,处十年以上有期徒刑或者无期徒刑,并处五万元以上五十万元以下罚金或者没收财产。

单位犯本条规定之罪的,对单位判处罚金,并对其直接负责的主管人员和其他直接责任人员,处三年以下有期徒刑或者拘役;虚开的税款数额较大或者有其他严重情节的,处三年以上十年以下有期徒刑;虚开的税款数额巨大或者有其他特别严重情节的,处十年以上有期徒刑或者无期徒刑。

虚开增值税专用发票或者虚开用于骗取出口退税、抵扣税款的其他发票,是指有为他人虚开、为自己虚开、让他人为自己虚开、介绍他人虚开行为之一的。

虚开本法第二百零五条规定以外的其他发票,情节严重的,处二年以下有期徒刑、拘役或者管制,并处罚金;情节特别严重的,处二年以上七年以下有期徒刑,并处罚金。

单位犯前款罪的,对单位判处罚金,并对其直接负责的主管人员和其他直接责任人员,依照前款的规定处罚。

定罪部分

【罪名概念】

虚开增值税专用发票、用于骗取出口退税、抵扣税款发票罪,是指违反国家税收征管和发票管理规定、为他人虚开、为自己虚开、让他人为自己虚开、介绍他人虚开增值税专用发票或者用于骗取出口退税、抵扣税款的其他发票的行为。

【犯罪构成】

(一)主体要件

犯罪主体是一般主体,既包括自然人,也包括单位;另外,依本条第三款之规定,单位也可成为本罪主体,单位构成本罪的,对单位实行两罚制,对单位判处罚金,并对直接负责的主管人员和其他直接责任人员依照本条第三款规定追究刑事责任。

（二）主观要件

本罪在主观方面是故意。

（三）客观要件

本罪在客观方面表现为行为人实施了虚开增值税专用发票或者用于骗取出口退税、抵扣税款的其他发票的行为。具体包括下述四种表现形式：(1)为他人虚开增值税专用发票或者用于骗取出口退税、抵扣税款的其他发票；(2)为自己虚开增值税专用发票或者用于骗取出口退税、抵扣税款的其他发票；(3)让他人为自己虚开增值税专用发票或者用于骗取出口退税、抵扣税款的其他发票；(4)介绍他人虚开增值税专用发票或者用于骗取出口退税、抵扣税款的其他发票。所谓"增值税专用发票"是指以商品或者劳动增值额为征税对象，具有直接抵扣税款功能的专门用于增值税的发票；所谓"其他发票"是指具有与增值税专用发票相同功能的用于骗取出口退税、抵扣税款的其他非增值税发票。行为人具有上述行为之一，就构成本罪。

（四）客体要件

本罪侵犯的客体是国家对增值税专用发票和可用于出口退税、抵扣税款的其他发票的监督管理制度。这是本罪区别于其他破坏社会主义经济秩序罪的本质特征。《发票管理办法》中规定："开具发票应当按照规定的时限、顺序、逐栏、全部联次一次性如实开具，并加盖单位财务印章或者发票专用章。""任何单位和个人不得转借、转让、代开发票。"《增值税专用发票使用规定（试行）》中规定，专用发票必须按下列要求开具：(1)字迹清楚；(2)不得涂改；(3)项目填写齐全；(4)票、物相符，票面金额与实际收取的金额相符；(5)各项目内容正确无误；(6)全部联次一次填开，上、下联的内容和金额一致；(7)发票联和抵扣联加盖财务专用章或发票专用章；(8)按照本规定第六条所规定的时限开具专用发票；(9)不得开具伪造的专用发票；(10)不得拆本使用专用发票；(11)不得开具票样与国家税务总局统一制定的票样不相符合的专用发票。而为了骗取税款，虚开增值税专用发票或用于骗取出口退税、抵扣税款的其他发票的行为就是违反了发票管理制度，同时虚开增值税专用发票或用于骗取出口退税、抵扣税款的其他发票、可以抵扣大量税款，造成国家税款的大量流失，也严重地破坏了社会主义经济秩序。

量刑部分

【量刑标准】

犯本罪的，处三年以下有期徒刑或者拘役，并处二万元以上二十万元以下罚金；虚开的税款数额较大或者有其他严重情节的，处三年以上十年以下有期徒刑，并处五万元以上五十万元以下罚金；虚开的税款数额巨大或者有其他特别严重情节的，处十年以上有期徒刑或者无期徒刑，并处五万元以上五十万元以下罚金或者没收财产。

单位犯本条规定之罪的，对单位判处罚金，并对其直接负责的主管人员和其他直接责任人员,处三年以下有期徒刑或者拘役;虚开的税款数额较大或者有其他严重情节的,处三年以上十年以下有期徒刑;虚开的税款数额巨大或者有其他特别严重情节的,处十年以上有期徒刑或者无期徒刑。

虚开增值税专用发票或者虚开用于骗取出口退税、抵扣税款的其他发票,是指有为他人虚开、为自己虚开、让他人为自己虚开、介绍他人虚开行为之一的。

虚开本法第二百零五条规定以外的其他发票,情节严重的,处二年以下有期徒刑、拘役或者管制,并处罚金;情节特别严重的,处二年以上七年以下有期徒刑,并处罚金。

单位犯前款罪的,对单位判处罚金,并对其直接负责的主管人员和其他直接责任人员,依照前款的规定处罚。

截至目前,尚无本罪名关于量刑的司法解释。

伪造、出售伪造的增值税专用发票罪　《刑法》第206条

伪造或者出售伪造的增值税专用发票的,处三年以下有期徒刑、拘役或者管制,并处二万元以上二十万元以下罚金;数量较大或者有其他严重情节的,处三年以上十年以下有期徒刑,并处五万元以上五十万元以下罚金;数量巨大或者有其他特别严重情节的,处十年以上有期徒刑或者无期徒刑,并处五万元以上五十万元以下罚金或者没收财产。

单位犯本条规定之罪的,对单位判处罚金,并对其直接负责的主管人员和其他直接责任人员,处三年以下有期徒刑、拘役或者管制;数量较大或者有其他严重情节的,处三年以上十年以下有期徒刑;数量巨大或者有其他特别严重情节的,处十年以上有期徒刑或者无期徒刑。

定罪部分

【罪名概念】

伪造、出售伪造的增值税专用发票罪,是指非法印制、复制或者使用其他方法伪造增值税专用发票或者非法销售、倒卖伪造的增值税专用发票的行为。

【司法解释】

最高人民法院《关于适用〈全国人民代表大会常务委员会关于惩治虚开、伪造和非法出售增值税专用发票犯罪的决定〉的若干问题的解释》

(实施日期:1996年10月17日　法发[1996]30号)(节录)

二、根据《决定》第二条规定,伪造或者出售伪造的增值税专用发票的,构成伪造、出售伪造的增值税专用发票罪。

伪造或者出售伪造的增值税专用发票25份以上或者票面额(百元版以每份100元,千元版以每份1000元,万元版以每份1万元计算,以此类推。下同)累计10万元以上的应当依法定罪处罚。

伪造或者出售伪造的增值税专用发票100份以上或者票面额累计50万元以上的,属于"数量较大";具有下列情形之一的,属于"有其他严重情节":(1)违法所得数额在1万元以上的;(2)伪造并出售伪造的增值税专用发票60份以上或者票面额累计30万元以上的;(3)造成严重后果或者具有其他严重情节的。

伪造或者出售伪造的增值税专用发票500份以上或者票面额累计250万元以上的,属于"数量巨大";具有下列情形之一的,属于"有其他特别严重情节":(1)违法所得数额在5万元以上的;(2)伪造并出售伪造的增值税专用发票300份以上或者票面额累计200万元以上的;(3)伪造或者出售伪造的增值税专用发票接近"数量巨大"并有其他严重情节的;(4)造成特别严重后果或者具有其他特别严重情节的。

伪造并出售伪造的增值税专用发票1000份以上或者票面额累计1000万元以上的,属于"伪造并出售伪造的增值税专用发票数量特别巨大";具有下列情形之一的,属于"情节特别严重":(1)违法所得数额在5万元以上的;(2)因伪造、出售伪造的增值税专用发票致使国家税款被骗取100万元以上的;(3)给国家税款造成实际损失50万元以上的;(4)具有其他特别严重情节的。对于伪造并出售伪造的增值税专用发票数量达到特别巨大,又具有特别严重情节,严重破坏经济秩序的,应当依照《决定》第二条第二款的规定处罚。

伪造并出售同一宗增值税专用发票的,数量或者票面额不重复计算。

变造增值税专用发票的,按照伪造增值税专用发票行为处理。

【关联法律】

《刑法》第二百零八条第二款:非法购买增值税专用发票或者购买伪造的增值税专用发票又虚开或者出售的,分别依照本法第二百零五条、第二百零六条、第二百零七条的规定定罪处罚。

【犯罪构成】

(一)主体要件

本罪的主体是一般主体,即达到刑事责任年龄且具有刑事责任能力的自然人均可构成,单位也可以构成伪造、出售伪造的增值税专用发票罪。单位构成伪造、出售伪造的增值税专用发票罪的,实行两罚制,即对单位判处罚金,并对直接负责的主管人员和其他直接责任人员追究刑事责任。

(二)主观要件

本罪的主观方面是直接故意、即明知自己伪造、出售伪造的增值税专用发票的行为违反发票管理法规,会造成危害社会的结果,而希望和追求这种结果的发生。

由于本条没有规定行为人主观上必须具备一定目的,因此,只要行为人故意实施了伪造、出售伪造的增值税专用发票的行为,则不论是何种动机和目的,也不论其是否营利,均应构成伪造、出售伪造的增值税专用发票罪。如果行为人确实是为了显示自己的技巧或为了自我欣赏或收藏而伪造极少量的增值税专用发票的,可以视为“情节显著轻微危害不大”的情况而不认为是犯罪。

(三)客观要件

本罪在客观方而表现为伪造增值税专用发票和出售伪造的增值税专用发票两种行为方式。

1. 伪造增值税专用发票的行为。

所谓伪造,是指行为人仿照增值税专用发票的图案、色彩、形状、式样包括发票所属的种类、各联用途、内容、版面排列、规格、使用范围等事项、使用印刷、复制、复印、描绘、拓印、蜡印、石印等方法,非法制造假增值税专用发票的行为。

2. 出售伪造的增值税专用发票。

所谓出售即有偿让与,是指以营利为目的,以各种方法通过各种途径将伪造的增值税专用发票以一定价格卖出的行为。既包括以票换取金钱的典型出卖行为,同时也包括以票换取其他财物或者其他财产性利益与报酬的非典型出卖行为。伪造、出售伪造的增值税专用发票罪出卖行为的对象仅限于伪造的增值税专用发票,否则不能构成伪造、出售伪造的增值税专用发票罪。如非法出售真实的增值税专用发票,出售伪造、擅自制造的可以用于骗取出口退税、抵扣税款的其他发票或者普通发票,构成犯罪的,应以他罪论处,即非法出售增值税专用发票罪、出售非法制造的用于骗取出口退税、抵扣税款发票罪、出售非法制造的发票罪、非法出售用于骗取出口退税、抵扣税款发票罪、非法出售发票罪等。所谓伪造的增值税专用发票,是指通过伪造行为而产生的虚假发票,它并不要求与真实的完全一样,只要足以以假乱真、能蒙骗他人即可。至于出售的是自己伪造的,还是他人伪造的,是通过购买而从他人手上得到的,还是他人伪造后送与的,都不影响行为的性质,只要行为人出于明知,即可构成伪造、出售伪造的增值税专用发票罪。

(四)客体要件

本罪侵犯的客体是国家增值税专用发票管理制度。我国实行改革开放,建立以增值税为主体的流转税制度,是深化改革、促进竞争、公平税负和保障国家税收的需要。鉴于增值税专用发票关系税制改革的成败,所以国家对增值税专用发票实行严格管理。如《发票管理办法》规定:“发票由省、自治区、直辖市税务机关指定的企业印制;增值税专用发票由国家税务总局统一印制,禁止私自印制、伪造、变造发票。”可见,伪造或出售伪造的增值税专用发票的行为就是违反了发票管理法规,干扰了税制改革。伪造、出售伪造的增值税专用发票罪的犯罪对象为伪造的增值税专用发票,包括增值税专用发票防伪专用品和发票监制章。发票防伪专用品,是指国家税务总局规定的用于发票防伪的专用物品，属国家专控商品，包括发票底纹版，专用纸张，有色、无色荧光专用油墨等其他专用品。增值税专用发票防伪专用品和发票监制章是增值税专用发票的有机组成部分。

【罪名辨析】

本罪与伪造有价票证罪的界限

伪造有价票证罪是指以营利为目的，伪造车票、船票、邮票、税票、货票的行为。其犯罪的对象是车票、船票、邮票、税票。其中的税票是指不能用于骗取出口退税、抵扣税款的普通发票。而伪造、出售伪造的增值税专用发票罪的犯罪对象仅指增值税专用发票，伪造有价票证与伪造增值税专用发票的行为方式相同。伪造有价票证后，又大量出售营利构成了诈骗罪。而伪造增值税专用发票后，又出售伪造的增值税专用发票的，根据本条规定直接定为伪造、出售伪造的增值税专用发票罪。伪造有价票证罪的主观目的是为了营利。如主观方面不具有营利目的，不宜定罪判刑，而伪造、出售伪造的增值税专用发票罪不以营利为目的作为主观方面的必要要件，只要具有伪造、出售伪造的增值税专用发票的行为，就可构成伪造、出售伪造的增值税专用发票罪。

量刑部分

【量刑标准】

犯本罪的，处三年以下有期徒刑、拘役或者管制，并处二万元以上二十万元以下罚金。

数量较大或者有其他严重情节的，处三年以上十年以下有期徒刑，并处五万元以上五十万元以下罚金。

数量巨大或者有其他特别严重情节的，处十年以上有期徒刑或者无期徒刑，并处五万元以上五十万元以下罚金或没收财产。

单位犯本条规定之罪的，对单位判处罚金，并对其直接负责的主管人员和其他直接责任人员，处三年以下有期徒刑、拘役或者管制；数量较大或者有其他严重情节的，处三年以上十年以下有期徒刑；数量巨大或者有其他特别严重情节的、处十年以上有期徒刑或者无期徒刑。

非法出售增值税专用发票罪　《刑法》第207条

非法出售增值税专用发票的，处三年以下有期徒刑、拘役或者管制，并处二万元以上二十万元以下罚金；数量较大的，处三年以上十年以下有期徒刑，并处五万元以上五十万元以下罚金；数量巨大的，处十年以上有期徒刑或者无期徒刑，并处五万元以上五十万元以下罚金或者没收财产。

定罪部分

【罪名概念】

非法出售增值税专用发票罪,是指违反国家有关发票管理法规,故意非法出售增值税专用发票的行为。

【司法解释】

最高人民法院《关于适用〈全国人民代表大会常务委员会关于惩治虚开、伪造和非法出售增值税专用发票犯罪的决定〉的若干问题的解释》

(实施日期:1996年10月17日　法发[1996]30号)(节录)

为正确执行《全国人民代表大会常务委员会关于惩治虚开、伪造和非法出售增值税专用发票犯罪的决定》(以下简称《决定》),依法惩治虚开、伪造和非法出售增值税专用发票和其他发票犯罪,现就适用《决定》的若干具体问题解释如下:

二、根据《决定》第二条规定,伪造或者出售伪造的增值税专用发票的,构成伪造、出售伪造的增值税专用发票罪。

伪造或者出售伪造的增值税专用发票25份以上或者票面额(百元版以每份100元,千元版以每份1000元,万元版以每份1万元计算,以此类推。下同)累计10万元以上的应当依法定罪处罚。

伪造或者出售伪造的增值税专用发票100份以上或者票面额累计50万元以上的,属于"数量较大";具有下列情形之一的,属于"有其他严重情节":(1)违法所得数额在1万元以上的;(2)伪造并出售伪造的增值税专用发票60份以上或者票面额累计30万元以上的;(3)造成严重后果或者具有其他严重情节的。

伪造或者出售伪造的增值税专用发票500份以上或者票面额累计250万元以上的,属于"数量巨大";具有下列情形之一的,属于"有其他特别严重情节":(1)违法所得数额在5万元以上的;(2)伪造并出售伪造的增值税专用发票300份以上或者票面额累计200万元以上的;(3)伪造或者出售伪造的增值税专用发票接近"数量巨大"并有其他严重情节的;(4)造成特别严重后果或者具有其他特别严重情节的。

伪造并出售伪造的增值税专用发票1000份以上或者票面额累计1000万元以上的,属于"伪造并出售伪造的增值税专用发票数量特别巨大";具有下列情形之一的,属于"情节特别严重":(1)违法所得数额在5万元以上的;(2)因伪造、出售伪造的增值税专用发票致使国家税款被骗取100万元以上的;(3)给国家税款造成实际损失50万元以上的;(4)具有其他特别严重情节的。对于伪造并出售伪造的增值税专用发票数量达到特别巨大,又具有特别严重情节,严重破坏经济秩序的,应当依照《决定》第二条第二款的规定处罚。

伪造并出售同一宗增值税专用发票的,数量或者票面额不重复计算。

变造增值税专用发票的，按照伪造增值税专用发票行为处理。

三、根据《决定》第三条规定，非法出售增值税专用发票的，构成非法出售增值税专用发票罪。

非法出售增值税专用发票案件的定罪量刑数量标准按照本解释第二条第二、三、四款的规定执行。

【关联法律】

《刑法》第二百零八条第二款：非法购买增值税专用发票或者购买伪造的增值税专用发票又虚开或者出售的，分别依照本法第二百零五条、第二百零六条、第二百零七条的规定定罪处罚。

【犯罪构成】

（一）主体要件

单位（包括税务机关和其他单位）和个人（包括税务机关的工作人员和其他个人）都可以成为本罪的主体。

（二）主观要件

本罪的主观方面是直接故意。只要行为人故意实施了非法出售的行为，则不论出于何种动机和目的，也不论其是否达到营利目的，均构成本罪。过失不构成本罪。如果税务机关的工作人员在发售发票中玩忽职守，致使国家利益遭受重大损失的，依本法有关规定定罪处罚。

（三）客观要件

行为人必须实施了非法出售增值税专用发票的行为。增值税专用发票是增值税抵扣税款的凭证，是计征增值税的依据。增值税专用发票由国家税务机关依照规定发售，只限于增值税的一般纳税人领购使用。除此之外，任何单位和个人不得出售。非法出售增值税专用发票，首先是以持有这种发票为条件的，他们取得这种发票，有的是从合法管道领取的，即符合一般纳税人条件的单位和个人依法从税务部门领购的增值税专用发票。有的是与税务人员相勾结，非法取得的增值税专用发票。有的是以盗窃、骗取或者其他犯罪手段从增值税专用发票持有者手中非法取得的增值税专用发票。但无论非法出售的增值税专用发票的来源是否合法，并不影响本罪的成立。也就是说，只要实施了非法出售的行为，就构成本罪。应当注意的是，本条规定的非法出售的增值税专用发票，必须是国家统一印制的增值税专用发票，而不是伪造的。

（四）客体要件

本罪的客观方面表现为违反有关发票管理法规，非法出售增值税专用发票的行为。中国对增值税专用发票实行严格的管理制度。根据《发票管理办法》和国家税务总局制定的《增值税专用发票使用规定》的规定，禁止倒买倒卖发票。凡经税务机关批准认定为一般纳税人者,可持批准的证件,向主管税务机关领购发票并规定从 1994 年 1 月 1 日起,一般纳税人销售货物和应税劳务应当开具专用发票。使用专用发票必须按月在《增值税纳税申报表》附列数据域目中如实填列购、用(包括作废)、存等情况。从上述规定可以看出,增值税专用发票的发售单位只能是主管税务机关,任何单位和个人都无权出售增值税专用发票,非法出售增值税专用发票的行为就是犯罪行为。司法实践中,非法出售主要包括以下几种情况:

第一,出售主体不合法,即除税务机关及其有关工作人员之外的任何单位和个人有出售行为的,如一般纳税人出售、一般纳税人给他人出售、盗窃增值税专用发后出售等等就都属非法。

第二,主体合法,即为有权出售的税务工作人员,如果明知购买人不符合购买条件而予以出售的,亦属于非法出售。这里要以明知为条件,如因工作马虎,严重不负责任而过失不知购买人不符合条件或者未经依法批准以及不按批准的数量向可以购买增值税专用发票的一般纳税人出售虽属违法行为,但不构成本罪,构成犯罪的,要以玩忽职守罪或者徇私舞弊发售发票、抵扣税款、出口退税罪论处。

根据最高人民法院《关于适用〈全国人民代表大会常务委员会关于惩治虚开、伪造和非法出售增值税专用发票犯罪的决定〉的若干问题的解释》的规定,出售增值税专用发票二十五份以上或者票面额(百元版以每份一百元、千元版以每份一千元,万元版以每份一万元计算,以此类推。下同)累计十万元以上的应当依法定罪处罚,在没有新的司法解释前,本罪即以此为量刑起点。

【罪名辨析】

应注意区分本罪与出售伪造的增值税专用发票罪的界限,二者的主要区别在于:

1. 犯罪对象不同。前者的犯罪对象是由国家统一印制的增值税专用发票;后者的犯罪对象则是伪造的国家增值税专用发票。

2. 主观方面不同。前者明知是国家的增值税专用发票而故意非法出售;而后者明知是伪造的增值税专用发票而故意出售。

量刑部分

【量刑标准】

犯本罪的,处三年以下有期徒刑、拘役或者管制,并处二万元以上二十万元以下罚金。

数量较大的,处三年以上十年以下有期徒刑,并处五万元以上五十万元以下罚金。

数量巨大的,处十年以上有期徒刑或者无期徒刑,并处五万元以上五十万元以下罚金或者没收财产。

非法购买增值税专用发票、购买伪造的增值税专用发票罪　《刑法》第208条

非法购买增值税专用发票或者购买伪造的增值税专用发票的，处五年以下有期徒刑或者拘役，并处或者单处二万元以上二十万元以下罚金。

非法购买增值税专用发票或者购买伪造的增值税专用发票又虚开或者出售的，分别依照本法第二百零五条、第二百零六条、第二百零七条的规定定罪处罚。

定罪部分

【罪名概念】

非法购买增值税专用发票、购买伪造的增值税专用发票罪，是指违反国家发票管理法规，非法购买增值税专用发票，或者购买伪造的增值税专用发票的行为。

【司法解释】

最高人民法院《关于适用〈全国人民代表大会常务委员会关于惩治虚开、伪造和非法出售增值税专用发票犯罪的决定〉的若干问题的解释》

（实施日期：1996年10月17日　法发［1996］30号）（节录）

为正确执行《全国人民代表大会常务委员会关于惩治虚开、伪造和非法出售增值税专用发票犯罪的决定》（以下简称《决定》），依法惩治虚开、伪造和非法出售增值税专用发票和其他发票犯罪，现就适用《决定》的若干具体问题解释如下：

四、根据《决定》第四条规定，非法购买增值税专用发票或者购买伪造的增值税专用发票的，构成非法购买增值税专用发票、伪造的增值税专用发票罪。

非法购买增值税专用发票或者购买伪造的增值税专用发票25份以上或者票面额累计10万元以上的，应当依法定罪处罚。

非法购买真、伪两种增值税专用发票的，数量累计计算，不实行数罪并罚。

【关联法律】

《刑法》

第二百零五条　虚开增值税专用发票或者虚开用于骗取出口退税、抵扣税款的其他发票的，处三年以下有期徒刑或者拘役，并处二万元以上二十万元以下罚金；虚开的税款数额较大或者有其他严重情节的，处三年以上十年以下有期徒刑，并处五万元以上五十万元以下罚金；虚开的税款数额巨大或者有其他特别严重情节的，处十年以上有期徒刑或者无期徒刑，并处五万元以上五十万元以下罚金或者没收财产。

单位犯本条规定之罪的,对单位判处罚金,并对其直接负责的主管人员和其他直接责任人员,处三年以下有期徒刑或者拘役;虚开的税款数额较大或者有其他严重情节的,处三年以上十年以下有期徒刑;虚开的税款数额巨大或者有其他特别严重情节的,处十年以上有期徒刑或者无期徒刑。

虚开增值税专用发票或者虚开用于骗取出口退税、抵扣税款的其他发票,是指有为他人虚开、为自己虚开、让他人为自己虚开、介绍他人虚开行为之一的。

第二百零六条　伪造或者出售伪造的增值税专用发票的,处三年以下有期徒刑、拘役或者管制,并处二万元以上二十万元以下罚金;数量较大或者有其他严重情节的,处三年以上十年以下有期徒刑,并处五万元以上五十万元以下罚金;数量巨大或者有其他特别严重情节的,处十年以上有期徒刑或者无期徒刑,并处五万元以上五十万元以下罚金或者没收财产。

单位犯本条规定之罪的,对单位判处罚金,并对其直接负责的主管人员和其他直接责任人员,处三年以下有期徒刑、拘役或者管制;数量较大或者有其他严重情节的,处三年以上十年以下有期徒刑;数量巨大或者有其他特别严重情节的,处十年以上有期徒刑或者无期徒刑。

第二百零七条　非法出售增值税专用发票的,处三年以下有期徒刑、拘役或者管制,并处二万元以上二十万元以下罚金;数量较大的,处三年以上十年以下有期徒刑,并处五万元以上五十万元以下罚金;数量巨大的,处十年以上有期徒刑或者无期徒刑,并处五万元以上五十万元以下罚金或者没收财产。

【犯罪构成】

(一)主体要件

本罪的主体为一般主体。凡达到刑事责任年龄且具有刑事责任能力的自然人均可构成,依《刑法》第二百一十一条的规定,单位也可构成本罪,单位构成本罪的,实行两罚制。

(二)主观要件

本罪的主观方面是直接故意。只要行为人故意实施了非法出售的行为,则不论出于何种动机和目的,也不论其是否达到营利目的,均构成本罪。过失不构成本罪。如果税务机关的工作人员在发售发票中玩忽职守,致使国家利益遭受重大损失的,依本法有关规定定罪处罚。

(三)客观要件

本罪在客观方面表现为违反国家发票管理法规,非法购买增值税专用发票或者购买伪造的增值税专用发票的行为。

(四)客体要件

本罪侵犯的客体是国家对增值税专用发票的管理制度。

量刑部分

【量刑标准】

犯本罪的，处五年以下有期徒刑或者拘役，并处或者单处二万元以上二十万元以下罚金。

非法购买增值税专用发票或者购买伪造的增值税专用发票又虚开或者出售的，分别依照本法第二百零五条、第二百零六条、第二百零七条的规定定罪处罚。

截至目前，尚无本罪名关于量刑的司法解释。

非法制造、出售非法制造的用于骗取出口退税、抵扣税款发票罪　《刑法》第209条（一）

伪造、擅自制造或者出售伪造、擅自制造的可以用于骗取出口退税、抵扣税款的其他发票的，处三年以下有期徒刑、拘役或者管制，并处二万元以上二十万元以下罚金；数量巨大的，处三年以上七年以下有期徒刑，并处五万元以上五十万元以下罚金；数量特别巨大的，处七年以上有期徒刑，并处五万元以上五十万元以下罚金或者没收财产。

定罪部分

【罪名概念】

非法制造、出售非法制造的用于骗取出口退税、抵扣税款发票罪，是指违反发票管理法规，伪造、擅自制造或者出售伪造、擅自制造的可以用于骗取国家税款的非专用发票的行为。

【司法解释】

最高人民法院《关于适用〈全国人民代表大会常务委员会关于惩治虚开、伪造和非法出售增值税专用发票犯罪的决定〉的若干问题的解释》

（实施日期：1996年10月17日　法发［1996］30号）（节录）

六、根据《决定》第六条规定，伪造、擅自制造或者出售伪造、擅自制造的可以用于骗取出口退税、抵扣税款的其他发票的，构成非法制造专用发票罪或出售非法制造的专用发票罪。

伪造、擅自制造或者出售伪造、擅自制造的可以用于骗取出口退税、抵扣税款的其他发票50份以上的，应当依法定罪处罚；

伪造、擅自制造或者出售伪造、擅自制造的可以用于骗取出口退税、抵扣税款的其他发票200份以上的，属于“数量巨大”；

伪造、擅自制造或者出售伪造、擅自制造的可以用于骗取出口退税、抵扣税款的其他发票1000份以上的，属于“数量特别巨大”。

【关联法律】

《刑法》

第二百一十一条　单位犯本节第二百零一条、第二百零三条、第二百零四条、第二百零七条、第二百零八条、第二百零九条规定之罪的，对单位判处罚金，并对其直接负责的主管人员和其他直接责任人员，依照各该条的规定处罚。

【犯罪构成】

（一）主体要件

本罪的主体为一般主体，凡达到刑事责任年龄、具备刑事责任能力的自然人均能构成。

依《刑法》第二百一十一条的规定，单位也可以构成本罪。单位构成本罪的，实行两罚制。

（二）主观要件

本罪在主观方面只能由直接故意构成，即明知伪造、擅自制造或者出售伪造、擅自制造的用于出口退税、抵扣税款的其他发票违反发票管理法规，会造成危害社会的结果，而希望和追求这种结果的发生。由于本条没有规定行为人主观上必须具备一定的目的，因此，只要行为人故意实施了伪造、擅自制造或出售可以用于骗取国家税款的非专用发票的行为，则不论是何种动机和目的，也不论其是否营利，均应构成本罪。如果行为人确实是为了显示自己的技巧或为了自我欣赏或收藏而伪造极少量的，可不认为是犯罪。

（三）客观要件

本罪的客观方面表现为伪造、擅自制造或者出售伪造、擅自制造的用于出口退税、抵扣税款的其他发票的行为。具体表现为：

1. 非法制造用于骗取出口退税、抵扣税款的发票。根据《发票管理办法》的规定：发票必须是由防伪专用品制成，并套印全国统一发票监制章才有效。因此，非法制造用于骗取出口退税、抵扣税款发票的，当然也就包括非法制造用于制作该发票的防伪专用品及套印在其上面的发票监制章，非法制造该类发票的，又有二种具体行为方式：一是伪造；二是擅自制造。

伪造，是指无权印制增值税专用发票之外的其他具有出口退税、抵扣税款功能的发票的人仿照真实的该类发票的式样，非法制造假发票，冒充真发票的行为。具体表现是：按照该类真发票的联次、内容、版面排列、规格、色彩、图案等，使用印刷、复印、描绘、拓印等各种方法印制假发票。伪造该类发票，除了要将发票本身制成和真发票一样之外，还必须使用上述各种制假方法伪造发票监制章、防伪水印、紫外线防伪措施等。

擅自制造,是指印制发票企业或生产发票防伪专用品企业未经有关主管税务机关批准,私自印制发票或私自制造防伪专用品,或虽经批准,但未按发票印制通知书或发票防伪专用品生产通知书所规定的印制数量或生产产量,私自超量加印或制造的行为。擅自制造与伪造的不同主要在于:第一,行为人不同,前者为印制发票企业或生产防伪专用品企业;后者为任何人。第二,所制成的发票效力不同。前者制成的发票是真实有效的;后者制成的发票是虚假无效的。但无论是伪造还是擅自制造,均是非法制造的行为。

2. 出售非法制造的用于骗取出退税、抵扣税款的发票。出售,是指以一定的价格将非法制造的用于骗取出口退税、抵扣税款的发票卖出的行为。有金钱交易、转移所有权是基本特征。因此,那些无金钱交易、不转移所有权的行为,如租用、转让、赠与等,就不能算是出售,因而也就不能构成本罪。出售的方法不限于私下成交,公开叫卖、大声吆喝、走街串巷、拦截强卖均可。出售的方式也不限于买卖双方直接会面,邮寄、托运、托带均可。出售非法制造的发票必须以占有该非法制造的发票为前提,其来源有二:一是自己伪造、擅自制造的;二是他人伪造、擅自制造的。后一种发票主要是通过盗窃、骗取、买入等手段获得的。出售的发票不限于假发票,真发票也可,如擅自制造的发票,尽管其擅自制造的行为是违法的,但其制造出来的发票却是真实有效的。

本罪是选择性罪名,实施伪造、擅自制造或出售任一行为的,均构成本罪,既实施伪造、擅自制造,又实施出售行为的,构成一罪,不实行数罪并罚。

根据最高人民法院《关于适用〈全国人民代表大会常务委员会关于惩治虚开、伪造和非法出售增值税专用发票犯罪的决定〉的若干问题的解释》的规定,伪造、擅自制造或者出售伪造、擅自制造的可以用于骗取出口退税、抵扣税款的其他发票五十份以上的,应当依法定罪处罚。在没有新的司法解释前,应以此作为量刑起点。

(四)客体要件

本罪侵犯的客体为双重客体,即国家的发票管理秩序和税收秩序。我国《税收征收管理法》规定,发票必须由省、自治区、直辖市人民政府税务主管部门指定的企业印制;未经省、自治区、直辖市人民政府税务主管部门指定,不得印制发票。

量 刑 部 分

【量刑标准】

犯本罪的,处三年以下有期徒刑、拘役或者管制,并处二万元以上二十万元以下罚金;数量巨大的,处三年以上七年以下有期徒刑,并处五万元以上二十万元以下罚金;数量特别巨大的,处七年以上有期徒刑,并处五万元以上五十万元以下罚金或者没收财产。

非法制造、出售非法制造的发票罪 《刑法》第209条(二)

伪造、擅自制造或者出售伪造、擅自制造的前款规定以外的其他发票的，处二年以下有期徒刑、拘役或者管制，并处或者单处一万元以上五万元以下罚金；情节严重的，处二年以上七年以下有期徒刑，并处五万元以上五十万元以下罚金。

定罪部分

【罪名概念】

非法制造、出售非法制造的发票罪，是指违反发票管理法规伪造、擅自制造不能用于出口退税、抵扣税款的发票，以及出售伪造、擅自制造的不能用于出口退税、抵扣税款的发票的行为。

【关联法律】

《刑法》

第二百一十一条 【单位犯危害税收征管罪的处罚规定】单位犯本节第二百零一条、第二百零三条、第二百零四条、第二百零七条、第二百零八条、第二百零九条规定之罪的，对单位判处罚金，并对其直接负责的主管人员和其他直接责任人员，依照各该条的规定处罚。

【犯罪构成】

(一)主体要件

本罪的主体是一般主体。

依《刑法》第二百一十一条的规定，单位也可以构成非法制造、出售非法制造的发票罪的主体。单位犯非法制造、出售非法制造的发票罪的、实行两罚制。

(二)主观要件

本罪在主观方面表现为直接故意，一般以营利为目的。在1996年6月3日最高人民法院、最高人民检察院发布的《关于办理伪造、倒卖、盗窃发票刑事案件适用法律的规定》中，实施非法印制(复制)、倒卖发票(含假发票)，或者非法制造、倒卖发票防伪专用品的行为，构成投机倒把罪的，就要求行为人主观方面必须是以营利为目的。过失和间接故意，均不能成为非法制造、出售非法制造的发票罪的罪过。因此，在过失罪过下造成的超量印制发票的，不以犯罪论。

(三)客观要件

本罪在客观方面表现为违反国家有关发票管理法规，实施了非法制造、出售非法制造的发票的行为。

1. 非法制造发票。根据《发票管理办法》的规定，发票应须是由防伪专用品制成,并套印全国统一发票监制章才有效。非法制造普通发票有二种具体行为方式:一是伪造;二是擅自制造。

伪造,是指无权印制普通发票的人仿照真实的普通发票,非法制造假发票、冒充真发票的行为。其具体表现是:按照该类发票的联次、内容、版面排列、规格、色彩、图案等,使用印刷、复印、描绘、拓印等各种方法印制假发票,伪造该类发票,除了要将发票本身制成和真发票一样之外、还必须使用各种方法制造发票监制章、防伪水印、紫外线防伪措施等。

擅自制造,是指印制发票企业或生产发票防伪专用品企业未经有关主管税务机关批准、私自印制发票,或私自制造防伪专用品,或虽经批准,但未按发票印制通知书或发票防伪专用品生产通知节所规定的印制数量或生产产量,私自超量加印或制造的行为。此外,我国《发票管理办法》第十四条规定:"各省、自治区、直辖市内的单位和个人使用的发票、除增值税发票外,应当在本省、自治区、直辖市范围以内印制;确有必要到外省、自治区、直辖市印制的,应当由省、自治区、直辖市税务机关商请印制地省、自治区、直辖市税务机关同意,由印制地省、自治区、直辖市税务机关指定的印制发票的企业印制。"据此,如果印制发票企业未经本省(自治区、直辖市)税务机关同意、私自接受外省(自治区、直辖市)的音位或个人或外省、自治区、直辖市税务机关的委托,而印制发票的,也应是擅自制作的行为。

2. 出售非法制造的发票。出售是指以一定的价格将非法制造的普通发票卖出的行为。有金钱交易,转移所有权是其本质特征。因此,没有此种特征的行为如租用、转让、赠与等,就不是出售。出售的方法不限于私下成交,公开叫卖、大声吆喝、走街串巷、拦截强卖均可,出售的方式也不限于面对面的直接交货,邮寄、托运、托带均可。非法出售的发票,其来源有二:一是自己伪造、擅自制造的;二是盗窃、骗取、买入、拾得他人伪造、擅自制造的。出售的发票不限于假发票,真发票亦可,如擅自制造的发票,尽管其行为是非法的,但其制造出来的发票却是真实有效的。

(四)客体要件

本罪侵犯的客体为双重客体,即国家的发票管理秩序和税收秩序。我国《税收征收管理法》规定,发票必须由省、自治区、直辖市人民政府税务主管部门指定的企业印制;未经省、自治区、直辖市人民政府税务主管部门指定,不得印制发票。

量 刑 部 分

【量刑标准】

自然人犯本罪的,处二年以下有期徒刑、拘役或者管制,并处或者单处一万元以上五万元以下罚金;情节严重的,处二年以上七年以下有期徒刑,并处五万元以上五十万元以下罚金。

单位犯本罪的,对单位判处罚金,并对其直接负责的主管人员和其他直接责任人员,依照本条的规定处罚。

截至目前,尚无本罪名关于量刑的司法解释。

非法出售用于骗取出口退税、抵扣税款发票罪　《刑法》第209条(三)

非法出售可以用于骗取出口退税、抵扣税款的其他发票的,依照第一款的规定处罚。

定 罪 部 分

【罪名概念】

非法出售用于骗取出口退税、抵扣税款发票罪,是指违反发票管理规定,非法出售增值税专用发票以外可以用于出口退税、抵扣税款的发票的行为。

【关联法律】

《刑法》

第二百一十一条　单位犯本节第二百零一条、第二百零三条、第二百零四条、第二百零七条、第二百零八条、第二百零九条规定之罪的,对单位判处罚金,并对其直接负责的主管人员和其他直接责任人员,依照各该条的规定处罚。

【犯罪构成】

(一)主体要件

本罪主体是一般主体,最初非法出售增值税专用发票以外可以用于出口退税、抵扣税款的发票的,只能是从税务机关依法领购此类发票的单位或者个人,以及负责发售此类发票的税务工作人员;进一步倒卖此类发票的则可以是任何达到刑事责任年龄并具刑事责任能力的自然人。

依第二百一十一条的规定,单位可以构成本罪的主体,单位犯非法出售用于骗取出口退税、抵扣税款发票罪的,实行两罚制。

(二)主观要件

本罪在主观方面表现为故意,只能由直接故意构成。行为人必须具有非法出售增值税专用发票以外可以用于出口退税、抵扣税款的发票的犯罪故意,既然是非法出售,必然地就意味着具有营利的目的。

(三)客观要件

本罪在具体行为方式上表现为非法出售增值税专用发票以外可以用于出口退税、抵扣税款的发票。通常情况下,由收款方向付款方开具发票;在特殊情况下,则由付款方向收款方开具发票。任何单位和个人都不得转借、转让、代开发票;禁止倒买倒卖发票。从事生产、经营的企业事业单位或者个人,如果需要使用发票,只能依法向主管税务机关申请领购。因此，除税务机关可以依法发售各种发票外，其他一切出售发票的行为都是非法的。

（四）客体要件

本罪侵犯的客体为双重客体，即国家的发票管理秩序和税收秩序。我国《税收征收管理法》规定，发票必须由省、自治区、直辖市人民政府税务主管部门指定的企业印制；未经省、自治区、直辖市人民政府税务主管部门指定，不得印制发票。

【罪名辨析】

（一）注意区分罪与非罪的界限

一是从犯罪客观方面来看，并不是所有的非法出售可以用于骗取出口退税、抵扣税款发票的行为都构成犯罪，必须达到一定的数额标准才能定罪处罚。非法出售可以用于骗取出口退税、抵扣税款的发票五十份以上的，应当立案侦查。对于达不到上述数量标准的，可由有关部门给予行政处罚。

二是从犯罪的主观方面来看，本罪只能由故意构成。如果行为人因工作马虎、不负责任等原因过失出售可以用于出口退税、抵扣税款的其他发票的，一般不构成犯罪。这种情况一般指有权发售可以用于出口退税、抵扣税款的其他发票的税务工作人员，因工作粗心等原因错售发票的行为。由于行为人不是故意非法出售，因此不能以本罪论处。

（二）划清一罪与数罪

主要有以下几种情况：

1. 行为人因收受了贿赂而将可以用于出口退税、抵扣税款的其他发票非法出售给他人的，应对其行为分别定受贿罪和本罪，实行数罪并罚。

2. 行为人明知对方是进行虚开可以用于骗取出口退税、抵扣税款的其他发票的犯罪活动的犯罪分子而仍向其非法出售的，应视骗取出口退税罪的共犯而予以处罚，不宜再定本罪。

3. 行为人非法出售既有真的又有假的可以用于骗取出口退税、抵扣税款的其他发票的，如果行为人不知有的系伪造或擅自制造的，对行为人按认识错误处理，仍应以本罪论处。

4. 行为人先盗窃或骗取可以用于骗取出口退税、抵扣税款的其他发票然后予以非法出售的，属于牵连犯罪，根据《刑法》第二百一十条的规定，对行为人应以盗窃罪或诈骗罪论处，而不再另定本罪并实行数罪并罚。

量刑部分

【量刑标准】

根据《刑法》第二百零九条第三款之规定，犯本罪的，依照第一款的规定处罚，即处三年以下有期徒刑、拘役或者管制，并处二万元以上二十万元以下罚金，数量巨大的,处三年以上七年以下有期徒刑,并处五万元以上五十万元以下罚金;数量特别巨大的,处七年以上有期徒刑,并处五万元以上五十万元以下罚金或者没收财产。

《刑法》第二百一十一条规定,单位犯本罪的,对单位判处罚金,并对其直接负责的主管人员和其他直接责任人员,依照个人犯罪的规定处罚。

截至目前,尚无本罪名关于量刑的司法解释。

非法出售发票罪　《刑法》第209条(四)

非法出售第三款规定以外的其他发票的,依照第二款的规定处罚。

定罪部分

【罪名概念】

非法出售发票罪,是指违反发票管理规定,非法出售各种不能用于出口退税、抵扣税款的发票的行为。

【关联法律】

《刑法》

第二百一十一条　单位犯本节第二百零一条、第二百零三条、第二百零四条、第二百零七条、第二百零八条、第二百零九条规定之罪的,对单位判处罚金,并对其直接负责的主管人员和其他直接责任人员,依照各该条的规定处罚。

【犯罪构成】

(一)主体要件

本罪的主体是一般主体。凡达到刑事责任年龄且具有刑事责任能力的自然人均能构成本罪,依《刑法》第二百一十一条之规定,单位可以构成非法出售发票罪的主体。单位犯本罪的,实行两罚制。

(二)主观要件

本罪是故意犯罪,只能由直接故意构成,并且一般以营利为目的,间接故意和过失均不能构成本罪。

(三)客观要件

本罪在具体行为方式上表现为非法出售各种不能用于出口退税、抵扣税款的发票。根据《发票管理办法》的规定,开具发票仅限于销售商品、提供服务以及从事其他经营活动的单位和个人对外发生经营业务,收取款项的情况。通常情况下,由收款方向付款方开具发票;在特殊情况下,则由付款方向收款方开具发票。任何单位和个人都不得转借、转让、代开发票;禁止倒买倒卖发票。从事生产、经营的企业事业单位或者个人，如果需要使用发票，只能依法向主管税务机关申请领购。因此，除税务机关可以依法发售各种发票外，其他一切出售发票的行为都是非法的。

对于出售，应当作狭义的理解，不包括行为人没有从中牟利的转借发票的行为。对于名为转借，实为非法出售的，应当按其实际性质，认定为非法出售。对于非法购买不能用于出口退税、抵扣税款的发票的，应当根据行为人购买发票的目的和用途来确定。行为人购买发票的目的是为了转手倒卖的，其购买行为是倒卖发票犯罪的一个环节，应当认定为非法出售（未遂）；行为人购买发票的目的是为了其他非法目的，供自己使用，不构成本罪，但可以构成其他行政违法或者犯罪，如利用购买的发票虚报冒领，贪污公款等。所谓增值税专用发票以外可以用于出口退税、抵扣税款的发票，是指废旧物品收购发票、运输发票、农业产品收购发票等既不是增值税专用发票，但又具有与增值税专用发票相同的功能，可以用于出口退税、抵扣税款的发票。

由于本节还专门规定了非法出售增值税专用发票罪和非法出售用于骗取出口退税、抵扣税款发票罪，则非法出售增值税专用发票和非法出售不能用于出口退税、抵扣税款的发票的，分别构成非法出售增值税专用发票罪和非法出售发票罪，而不构成本罪。由于本节同时还规定了非法制造、出售非法制造的增值税专用发票以外可以用于出口退税、抵扣税款的发票罪，因此，这里的发票仅指依法办理了税务登记的单位或者个人，在领取税务登记证件后，向税务机关领购的发票。凡不是从税务机关领购的发票，均属伪造、擅自制造的发票。如果出售伪造、擅自制造的增值税专用发票外可以用于出口退税、抵扣税款的发票，构成出售非法制造的用于骗取出口退税、抵扣税款发票罪，而不构成本罪。

（四）客体要件

本罪侵犯的客体为双重客体，即国家的发票管理秩序和税收秩序。我国《税收征收管理法》规定发票必须由省、自治区、直辖市人民政府税务主管部门指定的企业印制；未经省、自治区、直辖市人民政府税务主管部门指定，不得印制发票。

量刑部分

【量刑标准】

犯本罪的，处二年以下有期徒刑、拘役或者管制，并处或单处一万元以上五万元以下罚金；情节严重的，处二年以上七年以下有期徒刑，并处五万元以上五十万元以下罚金。

单位犯本罪的，对单位判处罚金，并对其直接负责的主管人员和其他直接责任人员，依照本款的规定处罚。

截至目前，尚无本罪名关于量刑的司法解释。

盗窃罪、诈骗罪　《刑法》第210条

盗窃增值税专用发票或者可以用于骗取出口退税、抵扣税款的其他发票的,按照本法第二百六十四条的规定定罪处罚。

使用欺骗手段骗取增值税专用发票或者可以用于骗取出口退税、抵扣税款的其他发票的,依照本法第二百六十六条的规定定罪处罚。

持有伪造的发票罪　《刑法》第210条之一

明知是伪造的发票而持有,数量较大的,处二年以下有期徒刑、拘役或者管制,并处罚金;数量巨大的,处二年以上七年以下有期徒刑,并处罚金。

单位犯前款罪的,对单位判处罚金,并对其直接负责的主管人员和其他直接责任人员,依照前款的规定处罚。

定罪部分

【罪名概念】

持有伪造的发票罪,是指明知是伪造的发票而持有,并且数量较大的行为。

【犯罪构成】

(一)主体要件

自然人和单位都可以成为本罪的主体,主要包括以下四个方面:

一是利用假发票偷逃税款的单位和个人。部分企业经营者为了获取高利润,通过偷逃税款来降低成本,于是就通过从地下市场购买假发票来虚列企业开支的方式来降低缴纳企业所得税等税种的纳税数额。如果购买假发票的数额较大,又没有构成逃税罪(偷逃税款的数额未达到应缴税款的10%),就构成了持有伪造的发票罪。

二是利用假发票列支非法支出的单位和个人。一些企事业在日常活动中存在商业贿赂等无法取得发票的非法支出,就通过购买假发票的方式在会计核算中列支这些非法支出,实现账目平衡。

三是利用假发票来挪用、侵占单位资金的业务人员。一些业务人员通过购买假发票,向单位虚报支出,骗取、侵占单位资金。

四是利用假发票来套取财政资金的机关和事业单位。一些单位通过购买假发票入账等方式违规建立小金库,套取财政资金,进行发放职工补贴等违法违纪活动。

（二）主观要件

本罪主观方面表现为直接故意，即行为人明知是伪造的发票而持有。间接故意和过失不能构成本罪。

并非明知是假发票而予以持有，行为人的行为就不具有本罪所欲规制行为的社会危害性，也就没有必要作为犯罪处理。此外，发票的印制并非全国统一，即使同一地方也可能由不同的单位印制，加之不同的发票印制标准也不同，让普通人来鉴别发票真伪的要求未免过高。

关于持有伪造发票的犯罪是否必须以牟利为目的，有不同的意见。一种意见认为，刑法条文没有规定以非法牟利为目的，因此，本罪不以非法牟利目的为构成要件，只要虚开行为达到情节严重，就应定罪处罚。另一种意见认为，不能一概而论。持有伪造的发票不是违法者的最终目的，往往是作为出售或者实施逃税等其他非法牟利犯罪的桥梁和中介，而最终是以谋取非法经济利益为目的。由于持有伪造的发票罪主要侵害的是国家税收征管秩序，如果没有牟利的目的，那么持有伪造发票的行为对国家税款的征收就没有威胁，也不会对国家税收征管秩序造成大的影响，其社会危害性不大。特别是在不知是伪造发票的情况下获得了伪造的发票，事后发现发票系伪造，但依然持有，也没有利用伪造发票实施其他违法行为的情形，就属于情节显著轻微的情形，可不以犯罪论处。因此，虽然《刑法修正案（八）》没有将“以营利为目的”或者“为牟取经济利益”作为持有伪造的发票罪的主观要件，但是不以牟利为目的的持有伪造发票行为是否能认定为本罪需要审慎认定。

（三）客观要件

本罪的客观方面表现为明知是伪造的发票而故意持有，数量较大的行为。持有，是指行为人实际支配、控制数量较大的假发票的一种持续状态，既可以随身携带、放置或藏匿在某一地点，也可以委托他人保管，只要在行为人控制之下即可。

《刑法修正案（八）》将“数额较大”作为持有伪造的发票罪的构成要件之一。根据这一规定，持有伪造的发票的行为，并不是都要追究刑事责任，只有达到“数额较大”的程度，才可以作为犯罪处理；对于虚开数额较小的违法行为，可由税务机关依法给予行政处罚。

（四）客体要件

本罪侵犯的客体为复杂客体，主要包括国家的发票管理制度和税收征管制度。

发票是财务收支的法定凭证，是会计核算的重要依据。税务机关负责发票管理制度的制定和组织实施，并负责对一切印制、使用发票的单位和个人进行监督和管理。违法购买、持有和使用置于税务机关监管以外的伪造发票，侵犯了国家对发票的管理制度。此外，发票是国家进行税务稽查的重要依据，通过购买假发票虚列成本，减少所得税等税种的应纳税额，达到偷逃税款的目的，从而侵犯了国家的税收征管制度。

量刑部分

【量刑标准】

目前量刑的标准是对比检察院相关的批捕条件,以及伪造、出售伪造的增值税专用发票罪的量刑标准,持有伪造发票一百份以上可以定义为数量较大处二年以下有期徒刑,持有伪造发票一千份以上则为数量巨大,处二年以上七年以下有期徒刑。

在查处出售非法制造发票、逃税等涉票违法行为时,经常在犯罪嫌疑人的身上、住所或者交通工具上查获大量的假发票,这也属于持有伪造发票的行为。在这种情况下,应当查明被告人持有这些伪造发票的目的。如果能够查明嫌疑人持有这些假发票的目的,就可以按照出售非法制造的发票罪、逃税罪等相关的罪名来进行查处。但在司法实践中,往往会因为查处的时机不合适或者被告人采取了一定的反侦查措施,缺乏以出售非法制造发票、逃税等罪名追责的证据,无法查清被告人持有此类假发票的目的。在这种情况下,虽然不能认定被告人实施了出售非法制造发票、逃税的行为,但认定被告人持有伪造发票的证据是确实、充分的,可以以持有伪造的发票罪来定罪量刑。

犯本罪,数量较大的,处二年以下有期徒刑、拘役或者管制,并处罚金;数量巨大的,处二年以上七年以下有期徒刑,并处罚金。

单位犯前款罪的,对单位判处罚金,并对其直接负责的主管人员和其他直接责任人员,依照前款的规定处罚。

截至目前,尚无本罪名关于量刑的司法解释。

单位犯危害税收征管罪的处罚规定 《刑法》第211条

单位犯本节第二百零一条、第二百零三条、第二百零四条、第二百零七条、第二百零八条、第二百零九条规定之罪的,对单位判处罚金,并对其直接负责的主管人员和其他直接责任人员,依照各该条的规定处罚。

税务机关征缴优先原则 《刑法》第212条

犯本节第二百零一条至第二百零五条规定之罪,被判处罚金、没收财产的,在执行前,应当先由税务机关追缴税款和所骗取的出口退税款。

第七节　侵犯知识产权罪

假冒注册商标罪　《刑法》第213条

未经注册商标所有人许可，在同一种商品上使用与其注册商标相同的商标，情节严重的，处三年以下有期徒刑或者拘役，并处或者单处罚金；情节特别严重的，处三年以上七年以下有期徒刑，并处罚金。

定罪部分

【罪名概念】

假冒注册商标罪，是指违反国家商标管理法规，未经注册商标所有人许可，在同一种商品上使用与其注册商标相同的商标，情节严重的行为。

【司法解释】

1. 最高人民法院、最高人民检察院、公安部《关于办理侵犯知识产权刑事案件适用法律若干问题的意见》

（实施日期：2011年1月10日　法发[2011]3号）（节录）

八、关于销售假冒注册商标的商品犯罪案件中尚未销售或者部分销售情形的定罪量刑问题

销售明知是假冒注册商标的商品，具有下列情形之一的，依照刑法第二百一十四条的规定，以销售假冒注册商标的商品罪（未遂）定罪处罚：

（一）假冒注册商标的商品尚未销售，货值金额在十五万元以上的；

（二）假冒注册商标的商品部分销售，已销售金额不满五万元，但与尚未销售的假冒注册商标的商品的货值金额合计在十五万元以上的。

假冒注册商标的商品尚未销售，货值金额分别达到十五万元以上不满二十五万元、二十五万元以上的，分别依照刑法第二百一十四条规定的各法定刑幅度定罪处罚。

销售金额和未销售货值金额分别达到不同的法定刑幅度或者均达到同一法定刑幅度的，在处罚较重的法定刑或者同一法定刑幅度内酌情从重处罚。

九、关于销售他人非法制造的注册商标标识犯罪案件中尚未销售或者部分销售情形的定罪问题

销售他人伪造、擅自制造的注册商标标识，具有下列情形之一的，依照刑法第二百一十五条的规定，以销售非法制造的注册商标标识罪（未遂）定罪处罚：

(一)尚未销售他人伪造、擅自制造的注册商标标识数量在六万件以上的;

(二)尚未销售他人伪造、擅自制造的两种以上注册商标标识数量在三万件以上的;

(三)部分销售他人伪造、擅自制造的注册商标标识,已销售标识数量不满二万件,但与尚未销售标识数量合计在六万件以上的;

(四)部分销售他人伪造、擅自制造的两种以上注册商标标识,已销售标识数量不满一万件,但与尚未销售标识数量合计在三万件以上的。

2. 最高人民法院、最高人民检察院《关于办理侵犯知识产权刑事案件具体应用法律若干问题的解释》

(实施日期:2004 年 12 月 8 日　法释[2004]19 号)(节录)

为依法惩治侵犯知识产权犯罪活动,维护社会主义市场经济秩序,根据刑法有关规定,现就办理侵犯知识产权刑事案件具体应用法律的若干问题解释如下:

第一条　未经注册商标所有人许可,在同一种商品上使用与其注册商标相同的商标,具有下列情形之一的,属于刑法第二百一十三条规定的"情节严重",应当以假冒注册商标罪判处三年以下有期徒刑或者拘役,并处或者单处罚金:

(一)非法经营数额在五万元以上或者违法所得数额在三万元以上的;

(二)假冒两种以上注册商标,非法经营数额在三万元以上或者违法所得数额在二万元以上的;

(三)其他情节严重的情形。

具有下列情形之一的,属于刑法第二百一十三条规定的"情节特别严重",应当以假冒注册商标罪判处三年以上七年以下有期徒刑,并处罚金:

(一)非法经营数额在二十五万元以上或者违法所得数额在十五万元以上的;

(二)假冒两种以上注册商标,非法经营数额在十五万元以上或者违法所得数额在十万元以上的;

(三)其他情节特别严重的情形。

第二条　销售明知是假冒注册商标的商品,销售金额在五万元以上的,属于刑法第二百一十四条规定的"数额较大",应当以销售假冒注册商标的商品罪判处三年以下有期徒刑或者拘役,并处或者单处罚金。

销售金额在二十五万元以上的,属于刑法第二百一十四条规定的"数额巨大",应当以销售假冒注册商标的商品罪判处三年以上七年以下有期徒刑,并处罚金。

第三条　伪造、擅自制造他人注册商标标识或者销售伪造、擅自制造的注册商标标识,具有下列情形之一的,属于刑法第二百一十五条规定的"情节严重",应当以非法制造、销售非法制造的注册商标标识罪判处三年以下有期徒刑、拘役或者管制,并处或者单处罚金:

(一)伪造、擅自制造或者销售伪造、擅自制造的注册商标标识数量在二万件以上，或者非法经营数额在五万元以上，或者违法所得数额在三万元以上的；

（二）伪造、擅自制造或者销售伪造、擅自制造两种以上注册商标标识数量在一万件以上，或者非法经营数额在三万元以上，或者违法所得数额在二万元以上的；

（三）其他情节严重的情形。

具有下列情形之一的，属于刑法第二百一十五条规定的“情节特别严重”，应当以非法制造、销售非法制造的注册商标标识罪判处三年以上七年以下有期徒刑，并处罚金：

（一）伪造、擅自制造或者销售伪造、擅自制造的注册商标标识数量在十万件以上，或者非法经营数额在二十五万元以上，或者违法所得数额在十五万元以上的；

（二）伪造、擅自制造或者销售伪造、擅自制造两种以上注册商标标识数量在五万件以上，或者非法经营数额在十五万元以上，或者违法所得数额在十万元以上的；

（三）其他情节特别严重的情形。

第八条　刑法第二百一十三条规定的“相同的商标”，是指与被假冒的注册商标完全相同，或者与被假冒的注册商标在视觉上基本无差别、足以对公众产生误导的商标。

刑法第二百一十三条规定的“使用”，是指将注册商标或者假冒的注册商标用于商品、商品包装或者容器以及产品说明书、商品交易文书，或者将注册商标或者假冒的注册商标用于广告宣传、展览以及其他商业活动等行为。

第十三条　实施刑法第二百一十三条规定的假冒注册商标犯罪，又销售该假冒注册商标的商品，构成犯罪的，应当依照刑法第二百一十三条的规定，以假冒注册商标罪定罪处罚。

实施刑法第二百一十三条规定的假冒注册商标犯罪，又销售明知是他人的假冒注册商标的商品，构成犯罪的，应当实行数罪并罚。

【关联法律】

《刑法》

第二百二十条　单位犯本节第二百一十三条至第二百一十九条规定之罪的，对单位判处罚金，并对其直接负责的主管人员和其他直接责任人员，依照本节各该条的规定处罚。

【犯罪构成】

（一）主体要件

该罪的犯罪主体为一般主体，即任何企业事业单位或者个人假冒他人注册商标，情节达到犯罪标准的即构成本罪。

（二）主观要件

该罪主观方面为故意，且以营利为目的。过失不构成本罪。

(三)客观要件

本罪的客观方面为行为人实施了刑法所禁止的假冒商标行为,且情节严重。表现为未经注册商标所有人许可,在同一种商品上使用与其注册商标相同的商标,情节严重的行为。具体来讲,本罪的客观方面包括以下几点:

根据商标法的规定,商标所有人可以允许他人在其商品上使用其注册商标。未经许可,不得在相同或相似的商品上使用与他人注册商标相同或类似的商标。这是注册商标专用权的内容之一。未经注册商标所有人许可包括以下具体情形:行为人从未获得过注册商标所有人使用其注册商标的许可。即商标所有权人未在任何时间以任何方式许可行为人使用其注册商标;行为人虽然曾经获得过注册商标所有人的使用许可,但在许可使用合同规定的使用期限届满后,仍然继续使用注册商标所有人的商标;行为人虽然曾经获得注册商标所有人的使用许可,但由于被许可人不能保证使用该商标的商品的质量等原因导致许可合同提前解除,行为人在合同解除后仍然继续使用该注册商标;行为人虽然获得了注册商标所有人的使用许可,但超越许可使用注册商标的商品范围使用;行为人虽然获得了注册商标所有人的使用许可,但超越许可使用注册商标的地域范围使用。

在商业活动中使用在同一种商品上使用与他人传、展览以及其他商业活动中。可见根据这一规定,商标的使用还应包括用于广告宣传、展览以及其他商业活动。

(四)客体要件

本罪侵犯的客体为他人合法的注册商标专用权,以及国家商标管理秩序,是国家对商标的管理制度和他人的注册商标专用权。本罪的犯罪对象是他人的注册商标。所谓商标,是指自然人、法人或者其他组织对其生产、制造、加工、拣选或者经销的商品或者对其提供的服务项目上采用的,由文字、图形、字母、数字、声音、三维标志和颜色或者其组合构成的,能够将其商品或者提供的服务与他人的商品或者提供的服务区别开来的,具有显著特征的可视性标志。中国对商标专用权的取得采用注册原则,即按申请注册的先后来确定商标权的归属,即谁先申请商标注册,商标权就授予谁。由于采用注册原则,只有注册商标才受《商标法》保护,没有注册的商标不在保护之列。在中国,按照不同的标准可对注册商标进行不同的分类:根据商标使用的对象来看,中国商标可分为商品商标与服务商标两大类;按照商标的构成要素,中国的商标可分为文字商标、图形商标、字母商标、数字商标、三维标志商标、声音、颜色组合商标和组合商标;按照中国商标注册申请书表格中通用的商标种类,可将商标划分为一般商标、集体商标和证明商标三类。根据《刑法》第二百一十三条的规定,假冒注册商标罪的犯罪对象只包括商品商标,不包括服务商标。

【罪名辨析】

(一)本罪与生产、销售伪劣商品罪的区别

前罪侵犯的是国家商标管理制度,实施假冒商标情节严重的行为;后罪侵犯国家对商品质量的管理制度,实施在产品中掺杂使假、以假乱真、以次充好或者以不合格产品冒充合格产品的行为。

对于采用假冒注册商标的手段生产、销售伪劣商品,且销售数额特别巨大或者造成严重后果的,既触犯了生产、销售伪劣商品罪,也触犯了假冒商标罪。对于此种情况,应按照重罪吸收轻罪的原则,以刑罚较重的生产、销售伪劣商品罪定罪量刑。

(二)本罪与注册商标的区别

在判断假冒商标与注册商标是否基本相同方面,可否在理论上提出一个具体的标准呢?

由于注册商标的形式多种多样,假冒商标的形式也五花八门,所以理论中不好提出一个准确的标准。但是,存在一个基本的准则,那就是以普通消费者的一般注意力作为评判的主观标准,采取整体比较与商标显著部分比较相结合的方法综合判断,如果普通消费者(不是专业人士或者该商品领域的行业人员)认为两个商标相比较,文字、图形或者文字与图形的结合没有区别或者视觉上没有差别,这两个商标就是相同商标;如果普通消费者认为两个商标相比较,文字的字形、读音、含义,或者图形的构图及颜色,或者文字与图形的整体结构是相似的,则属于近似商标。比如,凤凰牌自行车商标中凤凰图案的尾巴上的羽毛是12根,如果行为人只是把羽毛的根数做成13根或11根,构图的颜色和尺寸结构等其他方面与注册商标又完全相同,则对普通消费者来说,这种羽毛根数的差别是难以区别的,假冒商标便是与注册商标基本相同的。

在判断假冒商标与注册商标是否相同时,司法实践中还出现这样一个问题:注册商标所有人自己在商品上使用的商标,与其核准注册的商标并不一致,那么,判断行为人假冒的商标是否与注册商标相同时,是将假冒的商标与核准注册的商标相比较,还是与注册商标所有人实际使用的商标相比较呢?比如,美国微软公司将MICROSOFT(大写)申请注册为其计算机软件商标,但微软公司在计算机软件上实际使用的商标Microsoft只有第一个字母是大写。如果被告人在假冒微软公司的计算机软件上也使用商标Microsoft,是否可以构成假冒注册商标罪?

司法实践中有这种现象,只不过有时没有被认为是一个问题。假冒注册商标罪惩治的是侵犯注册商标的专用权的行为,因此,从客体的角度来理解,如果行为并没有侵犯到注册商标的专用权,是不能对其进行刑法评价的。注册商标所有人没有正确使用其注册商标,而被告人假冒其实际使用的、与注册商标不同的商标,情节再严重,也不能追究刑事责任,因为被告人并没有侵犯注册商标的专用权。

量刑部分

【量刑标准】

犯本罪,情节严重的,处三年以下有期徒刑或者拘役,并处或者单处罚金;情节特别严重的。处三年以上七年以下有期徒刑,并处罚金。

销售假冒注册商标的商品罪 《刑法》第214条

销售明知是假冒注册商标的商品,销售金额数额较大的,处三年以下有期徒刑或者拘役,并处或者单处罚金;销售金额数额巨大的,处三年以上七年以下有期徒刑,并处罚金。

定罪部分

【罪名概念】

销售假冒注册商标的商品罪,是指违反商标管理法规,销售明知是假冒注册商标的商品,销售金额数额较大即销售金额在五万元以上的行为。

【司法解释】

1. **最高人民法院、最高人民检察院、公安部《关于办理侵犯知识产权刑事案件适用法律若干问题的意见》**

(实施日期:2011年1月10日　法发[2011]3号)(节录)

八、关于销售假冒注册商标的商品犯罪案件中尚未销售或者部分销售情形的定罪量刑问题

销售明知是假冒注册商标的商品,具有下列情形之一的,依照刑法第二百一十四条的规定,以销售假冒注册商标的商品罪(未遂)定罪处罚:

(一)假冒注册商标的商品尚未销售,货值金额在十五万元以上的;

(二)假冒注册商标的商品部分销售,已销售金额不满五万元,但与尚未销售的假冒注册商标的商品的货值金额合计在十五万元以上的。

假冒注册商标的商品尚未销售,货值金额分别达到十五万元以上、不满二十五万元、二十五万元以上的,分别依照刑法第二百一十四条规定的各法定刑幅度定罪处罚。

销售金额和未销售货值金额分别达到不同的法定刑幅度或者均达到同一法定刑幅度的,在处罚较重的法定刑或者同一法定刑幅度内酌情从重处罚。

2. **最高人民检察院、公安部《关于公安机关管辖的刑事案件立案追诉标准的规定(二)》(节录)**

(实施日期:2010年6月21日　公通字[2010]22号)(节录)

第七十条　[销售假冒注册商标的商品案(刑法第二百一十四条)]销售明知是假冒注册商标的商品,涉嫌下列情形之一的,应予立案追诉:

(一)销售金额在五万元以上的;

(二)尚未销售,货值金额在十五万元以上的;

(三)销售金额不满五万元,但已销售金额与尚未销售的货值金额合计在十五万元以上的。

第八十九条　对于预备犯、未遂犯、中止犯,需要追究刑事责任的,应予立案追诉。

第九十条　本规定中的立案追诉标准,除法律、司法解释、本规定中另有规定的以外,适用于相应的单位犯罪。

第九十一条　本规定中的"以上",包括本数。

3. 最高人民法院、最高人民检察院《关于办理侵犯知识产权刑事案件具体应用法律若干问题的解释》(节录)

(实施日期:2004 年 12 月 22 日　法释[2004]19 号)(节录)

第二条　销售明知是假冒注册商标的商品,销售金额在五万元以上的,属于刑法第二百一十四条规定的"数额较大",应当以销售假冒注册商标的商品罪判处三年以下有期徒刑或者拘役,并处或者单处罚金。

销售金额在二十五万元以上的,属于刑法第二百一十四条规定的"数额巨大",应当以销售假冒注册商标的商品罪判处三年以上七年以下有期徒刑,并处罚金。

第九条　刑法第二百一十四条规定的"销售金额",是指销售假冒注册商标的商品后所得和应得的全部违法收入。

具有下列情形之一的,应当认定为属于刑法第二百一十四条规定的"明知":

(一)知道自己销售的商品上的注册商标被涂改、调换或者覆盖的;

(二)因销售假冒注册商标的商品受到过行政处罚或者承担过民事责任、又销售同一种假冒注册商标的商品的;

(三)伪造、涂改商标注册人授权文件或者知道该文件被伪造、涂改的;

(四)其他知道或者应当知道是假冒注册商标的商品的情形。

第十五条　单位实施刑法第二百一十三条至第二百一十九条规定的行为,按照本解释规定的相应个人犯罪的定罪量刑标准的三倍定罪量刑。

第十六条　明知他人实施侵犯知识产权犯罪,而为其提供贷款、资金、账号、发票、证明、许可证件,或者提供生产、经营场所或运输、储存、代理进出口等便利条件、帮助的,以侵犯知识产权犯罪的共犯论处。

4. 最高人民法院、最高人民检察院《关于办理非法生产、销售烟草专卖品等刑事案件具体应用法律若干问题的解释》(节录)

(实施日期:2010 年 3 月 26 日　法释[2010]7 号)(节录)

第一条(第三款)　销售明知是假冒他人注册商标的卷烟、雪茄烟等烟草专卖品,销售金额较大的,依照刑法第二百一十四条的规定,以销售假冒注册商标的商品罪定罪处罚。

第五条　行为人实施非法生产、销售烟草专卖品犯罪,同时构成生产、销售伪劣产品罪、侵犯知识产权犯罪、非法经营罪的,依照处罚较重的规定定罪处罚。

第六条　明知他人实施本解释第一条所列犯罪,而为其提供贷款、资金、账号、发票、证明、许可证件,或者提供生产、经营场所、设备、运输、仓储、保管、邮寄、代理进出口等便利条件,或者提供生产技术、卷烟配方的,应当按照共犯追究刑事责任。

5. 最高人民法院、最高人民检察院、公安部、国家烟草专卖局《关于办理假冒伪劣烟草制品等刑事案件适用法律问题座谈会纪要》

(实施日期:2003 年 12 月 23 日　高检会[2003]4 号)(节录)

二、关于销售明知是假冒烟用注册商标的烟草制品行为中的"明知"问题

根据刑法第二百一十四条的规定,销售明知是假冒烟用注册商标的烟草制品,销售金额较大的,构成销售假冒注册商标的商品罪。

"明知",是指知道或应当知道。有下列情形之一的,可以认定为"明知":

1. 以明显低于市场价格进货的;

2. 以明显低于市场价格销售的;

3. 销售假冒烟用注册商标的烟草制品被发现后转移、销毁物证或者提供虚假证明、虚假情况的;

4. 其他可以认定为明知的情形。

四、关于共犯问题

知道或者应当知道他人实施本《纪要》第一条至第三条规定的犯罪行为,仍实施下列行为之一的,应认定为共犯,依法追究刑事责任:

1. 直接参与生产、销售假冒伪劣烟草制品或者销售假冒烟用注册商标的烟草制品或者直接参与非法经营烟草制品并在其中起主要作用的;

2. 提供房屋、场地、设备、车辆、贷款、资金、账号、发票、证明、技术等设施和条件,用于帮助生产、销售、储存、运输假冒伪劣烟草制品、非法经营烟草制品的;

3. 运输假冒伪劣烟草制品的。

上述人员中有检举他人犯罪经查证属实,或者提供重要线索,有立功表现的,可以从轻或减轻处罚;有重大立功表现的,可以减轻或者免除处罚。

五、国家机关工作人员参与实施本《纪要》第一条至第三条规定的犯罪行为的处罚问题

根据《最高人民法院、最高人民检察院关于办理生产、销售伪劣商品刑事案件具体应用法律若干问题的解释》的规定,国家机关工作人员参与实施本《纪要》第一条至第三条规定的犯罪行为的,从重处罚。

【关联法律】

《刑法》

第二百二十条　单位犯本节第二百一十三条至第二百一十九条规定之罪的，对单位判处罚金，并对其直接负责的主管人员和其他直接责任人员，依照本节各该条的规定处罚。

【犯罪构成】

（一）主体要件

本罪的主体要件为一般主体。自然人和单位均能构成本罪的主体。就自然人而言，只要行为人达到了刑事责任年龄且具有刑事责任能力，实施了故意销售假冒注册商标的商品的，就可构成。单位犯本罪的，实行两罚制，对单位判处罚金，并对直接负责的主管人员和其他直接责任人员依照本条规定追究刑事责任。

（二）主观要件

本罪主观方面必须是故意，即明知是假冒注册商标的商品而销售的。如果行为人不知情，不构成本罪。

（三）客观要件

本罪客观方面必须具有经销假冒注册商标的商品，并且经销金额较大的行为。经销包括批发、零售、代销等形式。对于犯罪嫌疑人实施销售假冒注册商标时是否明知的认定，应当根据案件的客观事实认定，只要能证明其知道或应当知道销售的是仿冒品的，即可以认定为明知。

本罪在客观方面表现为行为人非法销售明知是假冒注册商标的商品，销售金额数额较大的行为。

所谓销售，是指以采购、推销、出售或兜售等方法将商品出卖给他人的行为，包括批发和零售、请人代销、委托销售等多种形式。无论行为人采取哪一种形式，只要销售金额数额达到较大，即构成本罪。值得注意的是，这里所销售的商品不应是自己生产、制造或加工的商品。倘若销售的不是假冒他人注册商标的商品，如是没有商标的商品，或者虽有商标但不是注册商标的商品，或者虽有注册商标但不是他人而是自己的注册商标的商品，或者虽有他人注册商标但不是使用在与该商品相同的商品上的注册商标的商品等，则不构成本罪。如果行为人在自己的商品上假冒他人注册商标之后又加以出售，构成犯罪的，则分别触犯了两个罪名，两者之间具有吸收关系，应择一重罪从重处罚。但从两者的法定刑来看，两者处罚相同，难以说出孰轻孰重。考虑到销售假冒他人注册商标的商品的行为，是其假冒商标行为的后续及延伸，因此，对假冒商标后又加以出售的，以假冒注册商标罪定罪为宜，处罚则应从重，不能数罪并罚。如果与假冒注册商标的犯罪分子事先通谋，事后对假冒商标的商品代为销售的，也应以假冒注册商标罪论处，构成假冒注册商标罪的共犯。

销售假冒他人注册商标的商品的销售金额数额必须达到较大，才构成犯罪。

虽有销售假冒他人注册商标的商品的行为,但销售金额不属于较大,不构成本罪。所谓销售金额,是指销售者出售假冒他人注册商标的商品没有扣除成本、税收等的所有违法收入。它既不同于违法所得,后者是扣除成本的实际获利数额,也不等同于经营数额,行为人将假冒他人注册商标的商品完全卖出,销售金额就是经营数额。如果没有卖出就被查获,这里则只有经营数额而无销售金额。没有销售金额或者虽有销售金额但数额不大,一般不能以犯罪论处,但这并非绝对不能按犯罪处理。如果犯罪情节恶劣,如屡教不改,或者一旦出售销售金额将特别巨大,危害严重的,则应以本罪未遂追究其刑事责任。但应指出,已经销出,但购买人因种种原因还未付给销售金额,则不是没有销售金额,对之,构成犯罪,应是既遂,而非未遂。

(四)客体要件

本罪侵犯的客体为国家对商标的管理制度和他人注册商标的专用权。商标专用权是商标权人依法对自己已注册商标的专有使用权,它构成我国商标管理制度的主要内容。我国商标法明确指出要保护商标专用权。对商标专用权的侵害,有的表现为生产或制造假冒商标,有的表现为销售假冒商标,在实际生产中,较多的是销售明知是假冒商标的商品,这些都无一例外地侵害了注册商标的专用权,而且销售明知是假冒商标的商品,在客观上使得大量的伪、劣、次产品投入市场,对名优产品及其他同类产品造成冲击,造成消费者难辨真伪、上当受骗,严重的还会给消费者的身体健康、生命安全造成威胁,严重地损害了消费者的合法利益。

销售假冒注册商标的商品,虽然自己本身并没有生产假冒注册商标的商品,但其行为使假冒他人注册商标的商品直接流向消费者,危害了消费者的利益,同时在经济上支持了假冒他人注册商标的犯罪分子,使犯罪分子心理上得到强化,因此,《商标法》第三十八条明确规定,销售明知是假冒注册商标的商品,属于侵犯注册商标专用权的行为之一。本罪的犯罪对象是假冒注册商标的商品,这种商品多属伪、劣、次甚至有害物品。所谓假冒注册商标的商品即必须是未经注册商标所有人许可,在同一种商品上使用与其注册商标相同的商标的商品。如果故意销售的商品是假冒非注册商标伪商品,或者与注册商标的商品不展于同一种,就不能构成故意销售假冒注册商标的商品罪。

【罪名辨析】

本罪与假冒注册商标罪的界限

根据《刑法》第二百一十三条的规定,假冒注册商标罪是指未经注册商标所有人的许可,在同一种商品上使用与其注册商标相同的商标,情节严重的行为。本罪与假冒注册商标罪的区别主要是:1. 犯罪物件不同。本罪的犯罪对象是假冒注册商标的商品,假冒注册商标罪的犯罪对象是他人注册的商标。2. 犯罪客观方面不同。本罪在客观方面主要表现为行为人销售明知是假冒注册商标的商品,假冒注册商标罪却表现为行为人未经注册商标所有人许可,在同种商品上使用与他人已注册商标相同的商标。在实践中,有两种情况不好认定,一种情况是,行为人未经注册所有人许可,在同种商品上使用与他人已注册商标相同的商标后,又将该种商品出售,获取非法利益,该如何定性?我们认为,这属于吸收犯,前行为是吸收行为,后行为是被吸收行为,前后两种行为构成假冒注册商标罪整个犯罪过程,彼此间存在着密切的联系,后行为是前行为的必然结果。这种情况只按假冒注册商标罪一罪认定,而不再认定为两罪实行并罚。另一种情况是,数个行为人出于假冒注册商标的共同故意,分工协作,有的制造假冒注册商标的商品,有的销售这类商品,该如何定性?我们认为,这种情况下,销售假冒注册商标的商品的行为是假冒注册商标共同犯罪的一个组成部分,只能以假冒注册商标罪一罪认定,销售这类商品的人实际上是假冒注册商标罪的共犯。

量刑部分

【量刑标准】

犯本罪,销售金额数额较大的,处三年以下有期徒刑或者拘役,并处或者单处罚金;销售金额数额巨大的,处三年以上七年以下有期徒刑,并处罚金。

销售明知是假冒注册商标的商品,销售金额在五万元以上的,属于数额较大;销售金额在二十五万元以上的,属于数额巨大。

非法制造、销售非法制造的注册商标标识罪 《刑法》第215条

伪造、擅自制造他人注册商标标识或者销售伪造、擅自制造的注册商标标识,情节严重的,处三年以下有期徒刑、拘役或者管制,并处或者单处罚金;情节特别严重的,处三年以上七年以下有期徒刑,并处罚金。

定罪部分

【罪名概念】

非法制造、销售非法制造的注册商标标识罪,是指违反商标管理法规,伪造、擅自制造他人的注册商标标识或者销售伪造、擅自制造的注册商标标识,情节严重的行为。

【司法解释】

1. 最高人民法院、最高人民检察院、公安部《关于办理侵犯知识产权刑事案件适用法律若干问题的意见》

(实施日期:2011年1月10日 法发[2011]3号)(节录)

九、关于销售他人非法制造的注册商标标识犯罪案件中尚未销售或者部分销

售情形的定罪问题

销售他人伪造、擅自制造的注册商标标识,具有下列情形之一的,依照刑法第二百一十五条的规定,以销售非法制造的注册商标标识罪(未遂)定罪处罚:

(一)尚未销售他人伪造、擅自制造的注册商标标识数量在六万件以上的;

(二)尚未销售他人伪造、擅自制造的两种以上注册商标标识数量在三万件以上的;

(三)部分销售他人伪造、擅自制造的注册商标标识,已销售标识数量不满二万件,但与尚未销售标识数量合计在六万件以上的;

(四)部分销售他人伪造、擅自制造的两种以上注册商标标识,已销售标识数量不满一万件,但与尚未销售标识数量合计在三万件以上的。

2. 最高人民检察院、公安部《关于公安机关管辖的刑事案件立案追诉标准的规定(二)》

(实施日期:2010 年 5 月 7 日　公通字[2010]23 号)(节录)

第七十一条　[非法制造、销售非法制造的注册商标标识案(刑法第二百一十五条)]伪造、擅自制造他人注册商标标识或者销售伪造、擅自制造的注册商标标识,涉嫌下列情形之一的,应予立案追诉:

(一)伪造、擅自制造或者销售伪造、擅自制造的注册商标标识数量在二万件以上,或者非法经营数额在五万元以上,或者违法所得数额在三万元以上的;

(二)伪造、擅自制造或者销售伪造、擅自制造两种以上注册商标标识数量在一万件以上,或者非法经营数额在三万元以上,或者违法所得数额在二万元以上的;

(三)其他情节严重的情形。

第八十九条　对于预备犯、未遂犯、中止犯,需要追究刑事责任的,应予立案追诉。

第九十条　本规定中的立案追诉标准,除法律、司法解释、本规定中另有规定的以外,适用于相应的单位犯罪。

第九十一条　本规定中的"以上",包括本数。

3. 最高人民法院、最高人民检察院《关于办理非法生产、销售烟草专卖品等刑事案件具体应用法律若干问题的解释》

(实施日期:2010 年 3 月 26 日　法释[2010]7 号)(节录)

第一条(第四款)　伪造、擅自制造他人卷烟、雪茄烟注册商标标识或者销售伪造、擅自制造的卷烟、雪茄烟注册商标标识,情节严重的,依照刑法第二百一十五条的规定,以非法制造、销售非法制造的注册商标标识罪定罪处罚。

第五条　行为人实施非法生产、销售烟草专卖品犯罪,同时构成生产、销售伪劣产品罪、侵犯知识产权犯罪、非法经营罪的,依照处罚较重的规定定罪处罚。

第六条　明知他人实施本解释第一条所列犯罪,而为其提供贷款、资金、账号、发票、证明、许可证件,或者提供生产、经营场所、设备、运输、仓储、保管、邮寄、代理进出口等便利条件,或者提供生产技术、卷烟配方的,应当按照共犯追究刑事责任。

4.最高人民法院、最高人民检察院《关于办理侵犯知识产权刑事案件具体应用法律若干问题的解释》

(实施日期:2004年12月22日　法释[2004]19号)(节录)

第三条　伪造、擅自制造他人注册商标标识或者销售伪造、擅自制造的注册商标标识,具有下列情形之一的,属于刑法第二百一十五条规定的“情节严重”,应当以非法制造、销售非法制造的注册商标标识罪判处三年以下有期徒刑、拘役或者管制,并处或者单处罚金:

(一)伪造、擅自制造或者销售伪造、擅自制造的注册商标标识数量在二万件以上,或者非法经营数额在五万元以上,或者违法所得数额在三万元以上的;

(二)伪造、擅自制造或者销售伪造、擅自制造两种以上注册商标标识数量在一万件以上,或者非法经营数额在三万元以上,或者违法所得数额在二万元以上的;

(三)其他情节严重的情形。

具有下列情形之一的,属于刑法第二百一十五条规定的“情节特别严重”,应当以非法制造、销售非法制造的注册商标标识罪判处三年以上七年以下有期徒刑,并处罚金:

(一)伪造、擅自制造或者销售伪造、擅自制造的注册商标标识数量在十万件以上,或者非法经营数额在二十五万元以上,或者违法所得数额在十五万元以上的;

(二)伪造、擅自制造或者销售伪造、擅自制造两种以上注册商标标识数量在五万件以上,或者非法经营数额在十五万元以上,或者违法所得数额在十万元以上的;

(三)其他情节特别严重的情形。

第十二条　本解释所称“非法经营数额”,是指行为人在实施侵犯知识产权行为过程中,制造、储存、运输、销售侵权产品的价值。已销售的侵权产品的价值,按照实际销售的价格计算。制造、储存、运输和未销售的侵权产品的价值,按照标价或者已经查清的侵权产品的实际销售平均价格计算。侵权产品没有标价或者无法查清其实际销售价格的,按照被侵权产品的市场中间价格计算。

多次实施侵犯知识产权行为,未经行政处理或者刑事处罚的,非法经营数额、违法所得数额或者销售金额累计计算。

本解释第三条所规定的“件”,是指标有完整商标图样的一份标识。

第十五条　单位实施刑法第二百一十三条至第二百一十九条规定的行为,按照本解释规定的相应个人犯罪的定罪量刑标准的三倍定罪量刑。

第十六条　明知他人实施侵犯知识产权犯罪,而为其提供贷款、资金、账号、发票、证明、许可证件,或者提供生产、经营场所或运输、储存、代理进出口等便利条件、帮助的,以侵犯知识产权犯罪的共犯论处。

【关联法律】

《刑法》

第二百二十条　单位犯本节第二百一十三条至第二百一十九条规定之罪的,对单位判处罚金,并对其直接负责的主管人员和其他直接责任人员,依照本节各该条的规定处罚。

【犯罪构成】

(一)主体要件

本罪的主体是企业事业单位或个人,单位既可以是法人,也可以是非法人;个人既包括持有工商营业执照的个体工商户,亦包括没有营业执照的其他个人。

(二)主观要件

本罪在主观方面只能是故意,即明知是他人的注册商标标识而仍故意伪造,或明知违反注册商标标识印制委托合同的规定,仍然故意超量制造,或明知是伪造的或擅自制造的他人注册商标标识,却仍故意销售。过失不能构成本罪。如印制单位受意欲伪造或擅自制造他人注册商标标识的行为人的欺骗、蒙蔽,不知是他人注册商标标识而印制的,不构成本罪。但如果印制单位知道行为人的意图,而出于某种目的,故意伪造或擅自制造的,仍构成本罪,如事先通谋,则构成本罪共犯。不知是他人伪造、擅自制造的注册商标标识而予以销售的,亦不构成本罪。如果销售者和伪造、擅自制造者出于共同故意。

(三)客观要件

本罪在客观方面表现为违反商标管理法规,伪造、擅自制造他人注册商标标识或者销售伪造、擅自制造的商标标识,情节严重之行为。

对于销售行为,只有销售属于伪造或擅自制造的注册商标标识的,才可能构成本罪。如果销售的不是伪造的或擅自制造的,如销售自己的商标标识或者他人真实的注册商标标识,就不构成本罪。

伪造、擅自制造、销售的行为必须是违反商标管理法规的行为,才能构成本罪。如果没有违反商标管理法规,即使有伪造、擅自制造销售的行为,亦不能以本罪论处。如伪造、擅自制造的是未经注册的商标标识或虽经注册但已超过有效期限的商标标识,就不构成本罪。

违反商标管理法规,必须达到情节严重的,才能构成本罪。如果仅是只有伪造、擅自制造或者非法销售等行为,但没有达到情节严重之程度,亦不能构成本罪。所谓情节严重,是指销售金额数额较大或者具有其他严重情节。

(四)客体要件

本罪所侵害的客体为国家的商标管理制度和他人注册商标的专用权。

本罪的犯罪物件是他人的注册商标标识。所谓商标标识,是指附有商标图样、商标注册标记、“注册商标”字样、注册商标标志、核准注册的名称等的物质载体，如商标纸、商标片、商标织带等。它是表明注册商标的商品显著特征的识别标志，包括：(1)在商品上或者商品包装、说明书以及其他附着物上所标明的“注册商标”字样或者注册商标标识以及注册标记；(2)在商品或者包装物上印制的注册商标图形，即注册商标的文字、字母、图形及其组合图样；(3)经商标局核准注册或能起到商标作用的商品特定名称及外观装磺部分。商标超过有效期限或因其他原因而被注销，其标识就不能构成本罪之物件。成为本罪犯罪对象的必须是他人的商标标识，如果是自己的商标标识，就根本谈不上伪造或擅自制造。

【罪名辨析】

(一)本罪与非罪的界限

(1)应判定行为人主观上是否具有故意，如果是过失制造、销售他人注册商标标识的，不构成犯罪。(2)非法制造、销售非法制造的注册商标标识只有情节严重的，才构成犯罪。(3)从犯罪对象上来看，非法制造、销售非法制造的驰名商标标识的，属于情节严重。(4)从犯罪手段上看，利用贿赂等非法手段推销非法制造的注册商标标识的，属于情节严重。只要符合上述四大类情形之一的，就应当立案侦查。此外，对于情节不严重的，不构成犯罪，属于民事侵权行为，应当由有关工商行政管理部门依照《商标法》第39条的规定，责令被侵权人立即停止侵权行为、赔偿损失；或者处以罚款。被侵权人也可以直接向人民法院起诉。

(二)本罪与假冒注册商标罪的界限

在实践中，行为人既非法制造他人注册商标标识，又将此商标标识用于假冒他人注册商标的商品上，从刑法理论上讲，属牵连犯，只定一重罪名。如果仅是非法制造或者销售非法制造的注册商标标识的，则构成本罪。

(三)“情节严重”的认定

自2004年12月22日起施行的最高人民法院、最高人民检察院《关于办理侵犯知识产权刑事案件具体应用法律若干问题的解释》(以下简称《解释》)第三条规定：属于《刑法》第二百一十五条规定的“情节严重”具体指：(1)伪造、擅自制造他人注册商标标识或者销售伪造、擅自制造的注册商标标识数量在二万件以上，或者非法经营数额在五万元以上，或者违法所得数额在三万元以上的；(2)伪造、擅自制造他人注册商标标识或者销售伪造、擅自制造两种以上注册商标标识数量在一万件以上，或者非法经营数额在三万元以上，或者违法所得数额在二万元以上的；(3)其他情节严重的情形。

量刑部分

【量刑标准】

犯本罪，情节严重的，处三年以下有期徒刑、拘役或者管制，并处或者单处罚金;情节特别严重的,处三年以上七年以下有期徒刑,并处罚金。

单位犯本节第二百一十三条至第二百一十九条规定之罪的,对单位判处罚金,并对其直接负责的主管人员和其他直接责任人员,依照本节各该条的规定处罚。

假冒专利罪 《刑法》第216条

假冒他人专利,情节严重的,处三年以下有期徒刑或者拘役,并处或者单处罚金。

定罪部分

【罪名概念】

假冒专利罪,是指违反专利法规,假冒他人专利,情节严重的行为。

【司法解释】

1. 最高人民检察院、公安部《关于公安机关管辖的刑事案件立案追诉标准的规定(二)》(节录)

(实施日期:2010年6月21日　公通字[2010]22号)(节录)

第七十二条　[假冒专利案(刑法第二百一十六条)]假冒他人专利,涉嫌下列情形之一的,应予立案追诉:

(一)非法经营数额在二十万元以上或者违法所得数额在十万元以上的;

(二)给专利权人造成直接经济损失在五十万元以上的;

(三)假冒两项以上他人专利,非法经营数额在十万元以上或者违法所得数额在五万元以上的;

(四)其他情节严重的情形。

第八十九条　对于预备犯、未遂犯、中止犯,需要追究刑事责任的,应予立案追诉。

第九十条　本规定中的立案追诉标准,除法律、司法解释、本规定中另有规定的以外,适用于相应的单位犯罪。

第九十一条　本规定中的"以上",包括本数。

2. 最高人民法院、最高人民检察院《关于办理侵犯知识产权刑事案件具体应用法律若干问题的解释》(节录)

(实施日期:2004年12月22日　法释[2004]19号)(节录)

第四条　假冒他人专利,具有下列情形之一的,属于刑法第二百一十六条规定的"情节严重",应当以假冒专利罪判处三年以下有期徒刑或者拘役,并处或者单处罚金:

（一）非法经营数额在二十万元以上或者违法所得数额在十万元以上的；

（二）给专利权人造成直接经济损失五十万元以上的；

（三）假冒两项以上他人专利，非法经营数额在十万元以上或者违法所得数额在五万元以上的；

（四）其他情节严重的情形。

第十条　实施下列行为之一的，属于刑法第二百一十六条规定的“假冒他人专利”的行为：

（一）未经许可，在其制造或者销售的产品、产品的包装上标注他人专利号的；

（二）未经许可，在广告或者其他宣传材料中使用他人的专利号，使人将所涉及的技术误认为是他人专利技术的；

（三）未经许可，在合同中使用他人的专利号，使人将合同涉及的技术误认为是他人专利技术的；

（四）伪造或者变造他人的专利证书、专利文件或者专利申请文件的。

第十五条　单位实施刑法第二百一十三条至第二百一十九条规定的行为，按照本解释规定的相应个人犯罪的定罪量刑标准的三倍定罪量刑。

第十六条　明知他人实施侵犯知识产权犯罪，而为其提供贷款、资金、账号、发票、证明、许可证件，或者提供生产、经营场所或运输、储存、代理进出口等便利条件、帮助的，以侵犯知识产权犯罪的共犯论处。

【关联法律】

《刑法》

第二百二十条　单位犯本节第二百一十三条至第二百一十九条规定之罪的，对单位判处罚金，并对其直接负责的主管人员和其他直接责任人员，依照本节各该条的规定处罚。

【犯罪构成】

（一）主体要件

本罪的主体为一般主体。凡达到刑事责任年龄且具有刑事责任能力的自然人均能构成本罪。依本节第二百二十条之规定，单位亦能成为本罪主体。单位犯本罪的，实行两罚制，对单位判处罚金，对其直接负责的主管人员和其他直接责任人员依本条规定追究刑事责任。

（二）主观要件

本罪在主观方面必须出于故意，即明知自己在假冒他人专利侵犯他人专利权而仍故意实施该行为。对于过失行为，不能构成本罪。至于犯罪的动机则多种多样，有的为了营利，有的为了获取荣誉，有的为了损坏他人名誉等等，但无论动机如何，都不影响本罪的成立。

(三)客观要件

本罪在客观方面表现为违反国家专利管理法规规定,在法律规定的有效期限内,假冒他人或单位已向国家专利主管部门提出申请并经审查获得批准的专利,情节严重的行为。根据我国专利法的规定,专利权的所有人和持有人(专利权人),享有专利的独占权和专用权。任何单位和个人非经专利权人许可,除法律规定以外,都不得实施其专利,即不得为生产经营目的制造、使用或者销售其专利产品,或者使用其方法。

1. 假冒他人专利的行为主要表现在两个方面:未经专利权人同意,在其制造、使用或者出售的产品上标注、缀附或者在与该产品有关的广告中冒用专利权人的姓名、专利名称、专利号或者专利权人的其他专利标记的行为。由于专利产品在公众中有较高的信誉,行为人利用公众对专利产品的信任感,假冒专利,使公众相信自己生产的产品是专利权人生产、使用或者销售的,或者是经专利权人许可生产、使用或销售的,从而牟取巨额的非法利益。

专利是指发明创造,包括发明、实用新型和外观设计。作为发明和实用新型两种专利必须具备新颖性、创造性和实用性的特点。作为外观设计应当具有同申请日以前的国内外出版物上公开发表过或者国内外公开使用过的外观设计不相同或者不相似的特点。专利的这些特点,决定了它能够在公众中赢得较高的信誉。而假冒专利者实施上述假冒行为,也就是企图使公众相信该产品是专利权人生产、使用或销售,或者经专利权人许可而生产、使用或销售,从而牟取非法利益。

2. 未经专利权人许可,而实施其专利的行为,即未经专利权人许可,以生产经营为目的而非法制造、使用或者销售其专利产品,或者使用其专利方法。作为本罪侵犯对象的专利必须是已向国家专利管理机关提出申请并经专利管理机关审核批准的。申请的方式必须是文字的,口头申请无效。其中申请发明或者实用新型专利应当提交申请书、说明书及其摘要和权利要求书等文件。申请外观设计专利的,应当提交申请书以及该外观设计的图片或者照片等文件,并应当写明使用该外观设计的产品及其所属类别。未提出过申请,以口头方式提出申请以及虽然以文字方式提出申请,但未经有批准权限机关批准的专利,不受法律保护。

3. 假冒专利的行为必须是发生在专利权期限内。为了防止专利权人无限期地垄断技术,阻碍技术进步,专利权人只能在法定的期限内享有对其发明创造专有利用的权利。《专利法》第四十二条对专利权的期限作了具体的规定。发明专利权的期限为二十年,实用新型专利权和外观设计专利权的期限为十年,均自申请日起计算。

4. 处理假冒专利案件,要分清是否侵犯了专利权。《专利法》第六十九条规定,有下列情形之一的,不视为侵犯专利权:

(1)专利产品或者依照专利方法直接获得的产品,由专利权人或者经其许可的单位、个人售出后，使用、许诺销售、销售、进口该产品的；

(2)在专利申请日前已经制造相同产品、使用相同方法或者已经做好制造、使用的必要准备，并且仅在原有范围内继续制造、使用的；

(3)临时通过中国领陆、领水、领空的外国运输工具，依照其所属国同中国签订的协议或者共同参加的国际条约，或者依照互惠原则，为运输工具自身需要而在其装置和设备中使用有关专利的；

(4)专为科学研究和实验而使用有关专利的；

(5)为提供行政审批所需要的信息，制造、使用、进口专利药品或者专利医疗器械的，以及专门为其制造、进口专利药品或者专利医疗器械的。

(四)客体要件

本罪的客体为复杂客体，它既侵害了国家专利管理部门的正常活动，也侵害了单位或者个人的专利权利。随着社会主义市场经济体制的建立和健全，不仅需要在法律上明确规定允许和保护科技发明创造的专利权，以鼓励发明创造，维护专利权和国家的利益，而且侵权行为不断发生，也需要法律保护专利权人和国家的专利权益。因此，对于假冒专利侵犯他人的专利权和国家的专利管理制度构成犯罪的行为予以打击是必要的。

专利制度是世界各国普遍采用的法律制度，是生产力发展的必然产物。《专利法》的制订和实施为保护发明创造专利权，鼓励、推广发明创造的应用，促进科学技术进步，加快社会主义经济建设提供了有力的法律武器，《专利法》规定，国家根据当事人的申请，经过审查和批准，授予专利权。享有专利权的专利权人，在法律规定的期限内，对制造、使用、销售享有专利权，其他人必须经过专利权人同意才能制造、使用、销售专利。由于《专利法》的保护，我国每年向专利管理机关申请给予专利保护的项目及推广、应用专利的数量大幅度增加，许多国外的发明创造人纷纷到中国申请专利保护。但是，我们也应看到假冒他人专利、侵犯专利所有权的行为时有发生。1979 年《刑法》第一百二十七条只规定了假冒注册商标罪，没有假冒专利的内容。法律虽然规定了侵犯专利权的行为人应受到相应的行政处分或经济制裁，但因缺乏必要的刑事处罚条款，侵犯专利权的犯罪行为不能得到有效遏制，假冒专利屡禁不止，专利权人的利益受到很大损失，专利管理制度遭到严重破坏。《专利法》将假冒他人专利的行为，以假冒专利罪定罪，比照假冒商标罪的刑事责任予以处罚，是同这类犯罪行为作斗争的客观要求，从而弥补了刑法的不足。本条将之明确化，规定了本罪的刑罚，对打击假冒专利行为将有重大意义。

量刑部分

【量刑标准】

犯本罪的，处三年以下有期徒刑或者拘役，并处或者单处罚金；单位犯本罪的，对单位判处罚金,并对其直接负责的主管人员和其他直接责任人员,依照上述规定处罚。

侵犯著作权罪 《刑法》第217条

以营利为目的,有下列侵犯著作权情形之一,违法所得数额较大或者有其他严重情节的,处三年以下有期徒刑或者拘役,并处或者单处罚金;违法所得数额巨大或者有其他特别严重情节的,处三年以上七年以下有期徒刑,并处罚金:

(一)未经著作权人许可,复制发行其文字作品、音乐、电影、电视、录像作品、计算机软件及其他作品的;

(二)出版他人享有专有出版权的图书的;

(三)未经录音录像制作者许可,复制发行其制作的录音录像的;

(四)制作、出售假冒他人署名的美术作品的。

定罪部分

【罪名概念】

侵犯著作权罪,是指以营利为目的,违反著作管理法规,未经著作权人许可,侵犯他人的著作权,违法所得数额较大或者有其他严重情节的行为。

【司法解释】

1. 最高人民法院、最高人民检察院、公安部《关于办理侵犯知识产权刑事案件适用法律若干问题的意见》

(实施日期:2011年1月10日　法发[2011]3号)(节录)

十二、关于刑法第二百一十七条规定的“发行”的认定及相关问题

“发行”,包括总发行、批发、零售、通过信息网络传播以及出租、展销等活动。

非法出版、复制、发行他人作品,侵犯著作权构成犯罪的,按照侵犯著作权罪定罪处罚,不认定为非法经营罪等其他犯罪。

十三、关于通过信息网络传播侵权作品行为的定罪处罚标准问题

以营利为目的,未经著作权人许可,通过信息网络向公众传播他人文字作品、音乐、电影、电视、美术、摄影、录像作品、录音录像制品、计算机软件及其他作品,具有下列情形之一的,属于刑法第二百一十七条规定的“其他严重情节”:

(一)非法经营数额在五万元以上的;

(二)传播他人作品的数量合计在五百件(部)以上的;

(三)传播他人作品的实际被点击数达到五万次以上的;

(四)以会员制方式传播他人作品,注册会员达到一千人以上的;

(五)数额或者数量虽未达到第(一)项至第(四)项规定标准,但分别达到其中两项以上标准一半以上的;

(六)其他严重情节的情形。

实施前款规定的行为,数额或者数量达到前款第(一)项至第(五)项规定标准五倍以上的,属于刑法第二百一十七条规定的“其他特别严重情节”。

2. 最高人民法院、最高人民检察院《关于办理侵犯知识产权刑事案件具体应用法律若干问题的解释(二)》

(实施日期:2007 年 4 月 5 日　法释[2007]6 号)(节录)

第一条　以营利为目的,未经著作权人许可,复制发行其文字作品、音乐、电影、电视、录像作品、计算机软件及其他作品,复制品数量合计在五百张(份)以上的,属于刑法第二百一十七条规定的“有其他严重情节”;复制品数量在二千五百张(份)以上的,属于刑法第二百一十七条规定的“有其他特别严重情节”。

第二条　刑法第二百一十七条侵犯著作权罪中的“复制发行”,包括复制、发行或者既复制又发行的行为。

侵权产品的持有人通过广告、征订等方式推销侵权产品的,属于刑法第二百一十七条规定的“发行”。

非法出版、复制、发行他人作品,侵犯著作权构成犯罪的,按照侵犯著作权罪定罪处罚。

第三条　侵犯知识产权犯罪,符合刑法规定的缓刑条件的,依法适用缓刑。有下列情形之一的,一般不适用缓刑:

(一)因侵犯知识产权被刑事处罚或者行政处罚后,再次侵犯知识产权构成犯罪的;

(二)不具有悔罪表现的;

(三)拒不交出违法所得的;

(四)其他不宜适用缓刑的情形。

第四条　对于侵犯知识产权犯罪的,人民法院应当综合考虑犯罪的违法所得、非法经营数额、给权利人造成的损失、社会危害性等情节,依法判处罚金。罚金数额一般在违法所得的一倍以上五倍以下,或者按照非法经营数额的 50% 以上一倍以下确定。

第五条　被害人有证据证明的侵犯知识产权刑事案件,直接向人民法院起诉的,人民法院应当依法受理;严重危害社会秩序和国家利益的侵犯知识产权刑事案件,由人民检察院依法提起公诉。

第六条　单位实施刑法第二百一十三条至第二百一十九条规定的行为,按照《最高人民法院、最高人民检察院关于办理侵犯知识产权刑事案件具体应用法律若干问题的解释》和本解释规定的相应个人犯罪的定罪量刑标准定罪处罚。

3. 最高人民法院、最高人民检察院《关于办理侵犯知识产权刑事案件具体应用法律若干问题的解释(二)》

(实施日期:2007 年 4 月 5 日　法释[2007]6 号)(节录)

第一条　以营利为目的,未经著作权人许可,复制发行其文字作品、音乐、电影、电视、录像作品、计算机软件及其他作品,复制品数量合计在五百张(份)以上的,属于刑法第二百一十七条规定的"有其他严重情节";复制品数量在二千五百张(份)以上的,属于刑法第二百一十七条规定的"有其他特别严重情节"。

第二条　刑法第二百一十七条侵犯著作权罪中的"复制发行",包括复制、发行或者既复制又发行的行为。

侵权产品的持有人通过广告、征订等方式推销侵权产品的,属于刑法第二百一十七条规定的"发行"。

非法出版、复制、发行他人作品,侵犯著作权构成犯罪的,按照侵犯著作权罪定罪处罚。

第六条　单位实施刑法第二百一十三条至第二百一十九条规定的行为,按照《最高人民法院、最高人民检察院关于办理侵犯知识产权刑事案件具体应用法律若干问题的解释》和本解释规定的相应个人犯罪的定罪量刑标准定罪处罚。

4. 最高人民法院《关于审理非法出版物刑事案件具体应用法律若干问题的解释》

(实施日期:1998 年 12 月 23 日　法释[1998]300 号)(节录)

为依法惩治非法出版物犯罪活动,根据刑法的有关规定,现对审理非法出版物刑事案件具体应用法律的若干问题解释如下:

第一条　明知出版物中载有煽动分裂国家、破坏国家统一或者煽动颠覆国家政权、推翻社会主义制度的内容,而予以出版、印刷、复制、发行、传播的,依照刑法第一百零三条第二款或者第一百零五条第二款的规定,以煽动分裂国家罪或者煽动颠覆国家政权罪定罪处罚。

第二条　以营利为目的,实施刑法第二百一十七条所列侵犯著作权行为之一,个人违法所得数额在五万元以上,单位违法所得数额在二十万元以上的,属于"违法所得数额较大";具有下列情形之一的,属于"有其他严重情节":

(一)因侵犯著作权曾经两次以上被追究行政责任或者民事责任,两年内又实施刑法第二百一十七条所列侵犯著作权行为之一的;

(二)个人非法经营数额在二十万元以上,单位非法经营数额在一百万元以上的;

（三）造成其他严重后果的。

以营利为目的，实施刑法第二百一十七条所列侵犯著作权行为之一，个人违法所得数额在二十万元以上，单位违法所得数额在一百万元以上的，属于“违法所得数额巨大”；具有下列情形之一的，属于“有其他特别严重情节”：

（一）个人非法经营数额在一百万元以上，单位非法经营数额在五百万元以上的；

（二）造成其他特别严重后果的。

第三条　刑法第二百一十七条第（一）项中规定的“复制发行”，是指行为人以营利为目的，未经著作权人许可而实施的复制、发行或者既复制又发行其文字作品、音乐、电影、电视、录像作品、计算机软件及其他作品的行为。

【犯罪构成】

（一）主体要件

本罪的主体为一般主体，既包括达到刑事责任年龄，并具有刑事责任能力的自然人，也包括经国家批准和未经国家批准从事出版、发行活动的单位。依本节第二百二十条之规定，单位犯侵犯著作权罪的，实行两罚制，即对单位判处罚金，对其直接负责的主管人员和其他直接责任人员依本条规定追究刑事责任。

（二）主观要件

本罪在主观方面表现为故意，并且具有营利的目的。如果行为人出于过失，如误认为他人作品已过保护期而复制发行，或虽系故意，但由于追求名誉等非营利目的的，则不能构成本罪。

（三）客观要件

本罪在客观方面表现为侵犯著作权和与著作权有关权益，情节严重的行为。

《著作权法》第十五条、第十六条规定了十五种侵犯著作权和与著作权有关权益的行为，但是根据本条规定，只有下列四种侵权行为可以构成侵犯著作权罪：

1. 未经著作权人许可，复制发行其文字作品、音乐、电影、电视、录像作品、计算机软件及其他作品的行为。

未经著作权人许可即指未经过著作权人的同意。著作权人一般指作者，也可能是其他依法享有著作权的公民、法人或非法人单位。根据《著作权法》规定，由法人或非法人单位主持，代表法人或非法人单位意志创作，并由法人或非法人单位承担责任的作品，法人或非法人单位视为作者，享有著作权；演绎作品著作权由演绎人享有，合作作品著作权由合作作者共同享有，如其中的作品可以单独或分割使用的，其作者可以单独享有著作权；电影、电视、录像作品的导演、编剧、作词、作曲、摄影等作者享有署名权，著作权其他权利由制片者享有，如果剧本、音乐等可以单独使用的，其作者有权单独行使其著作权。任何未经上述人员同意而使用其作品的，均属于未经著作权人许可的行为。

根据《著作权法实施条例》规定,复制是指以印刷、复印、临摹、拓印、录音、录像、翻录、翻拍等方式将作品制作一份或多份的行为;发行是指为满足公众合理需求,通过出售、出租等方式向公众提供一定数量的作品复印件。根据本条规定,复制与发行是紧密联系在一起的整体行为,应同时具备才构成侵犯著作权罪,如果仅仅具备其中一个方面的则不符合侵犯著作权罪行为特征。当然不同行为人事先通谋而分别实施复制、发行的,属于共同犯罪,仍然可以构成侵犯著作权罪。

2. 出版他人享有专有出版权的图书的行为。出版是指把作品编辑加工后,经过复制向公众发行的行为。出版实际上是一种特殊的复制发行。出版者出版图书,一般需要经著作权人授权而取得对作品的专有出版权。专有出版权是指出版者对著作权人交付的作品在合同规定的时间、地点以原版、修订版方式制作成图书并予以发行的独占权利。它是一种与著作权有关的重要权益,同样具有排他性,他人不得行使,否则构成侵权。

3. 未经录音录像制作者许可,复制发行其制作的录音录像的行为。这是一种侵犯录音录像制作者著作邻接权的行为。录音录像制作者即制作录音录像制品的人,由于他们不仅投入了一定的人力、物力和财力,更付出了相当的独创性劳动,对其制作的音像制品也依法享有许可他人复制发行并获得报酬的权利,他人未经许可复制发行其音像制品的,当然是对其权利的侵犯。

4. 制作、出售假冒他人署名的美术作品的行为。这是一种借他人之名非法牟利的行为。它不仅侵犯了他人的人身权(主要是署名权),而且必然会影响他人美术作品的销售,从而间接侵犯他人的财产权。同时这种行为还欺骗了社会公众,对中国文化市场秩序具有相当的危害,因此应予以惩治。

值得探讨的是,本条把“制作”与“出售”以顿号分开作并列规定是否意味着有其中之一行为即可构成侵犯著作权罪?结合构成侵犯著作权罪的前面三种行为方式,此处应理解为“制作并出售”或“为出售而制作”才构成侵犯著作权罪,这样其与“复制发行”和“出版”一样作为侵犯著作权罪在客观方面的行为表现之一才有其合理性。从主观上看,也只有既制作并出售或为出售而制作才能表明行为人具有营利的目的。

根据本条规定,上述四种情形还必须是违法所得的数额较大或者有其他严重情节的才构成侵犯著作权罪。

(四)客体要件

本罪侵犯的客体是国家的著作权管理制度以及他人的著作权和与著作权有关的权益。侵犯著作权罪所谓著作权,也称版权,是作者或其他著作权人对已经创作出来的文学、艺术和科学作品所享有的专有权利。著作权是知识产权的重要组成部分。为了保护著作权和与著作权有关权益不受侵犯,促进我国社会主义文化和科学事业发展,1990 年全国人大常委会通过了《著作权法》,使我国的著作权法律保护体系基本确立。但是,《著作权法》没有对侵犯著作权和与著作权有关权益的行为规定刑事制裁条款,因而不能对一些严重侵犯著作权和与著作权有关权益行为通过追究刑事责任予以有效惩治,使著作权的法律保护存在缺憾。有鉴于此,1994 年 7 月 5 日全国人大常委会通过了《关于惩治侵犯著作权的犯罪的决定》。该决定在我国刑事立法上首次规定了侵犯著作权和与著作权有关权益的犯罪,使我国对著作权的法律保护达到一个新的水平,因而具有重要的现实意义。本条即根据该决定修改而成。根据《著作权法》的规定,著作权包括以下六个方面的人身权和财产权:发表权、署名权、修改权、保护作品完整权、使用权和获得报酬权。与著作权有关的权益主要是指出版者、表演者、录音录像制作者等拥有的著作邻接权。侵犯著作权罪即是对上述著作权和与著作权有关权益的直接侵犯,同时为了加强对著作权的管理,《著作权法》对作品范围、著作权内容、归属及保护期限、侵犯著作权和与著作权有关权益的行为及法律责任等均作了明确规定,其目的是通过对著作权和与著作权有关权益的保护,鼓励人们创作和推广智力成果的积极性,促进我国科学文化事业的发展繁荣。如果对著作权和与著作权有关权益进行侵犯,其行为已不仅具有民事侵权性质,而且在严重情况下同时侵犯了国家和社会利益。因此侵犯著作权罪侵犯的客体应是国家的著作权管理制度以及他人著作权和与著作权有关的权益的统一。

【罪名辨析】

区分本罪与非罪的界限

认定侵犯著作权罪,主要应注意区分罪与非罪的界限。具体在讲应注意以下几点:

第一,行为人主观方面是否“以营利为目的”。如果行为人实施侵犯著作权出于破坏他人名誉等其他目的的,不构成本罪。

第二,注意违法所得数额和其他情节在区分罪与非罪中的作用。违法所得数额较大或者具有其他严重情节是区分侵犯著作权罪与一般违法行为的主要标准。不过需要指出的是,“违法所得数额较大”和“有其他严重情节”是选择性要件,只要符合其中之一即可构成本罪,无须同时齐备。

同时,在区分罪与非罪的时候也应把握以下几点:

1. 复制、出版或制作行为有无合法根据,是区分侵犯著作权罪与非法的重要标准。

合法的复制、出版或制作行为包括:

(1)经著作权人许可的行为,根据《著作权法》第二十四条规定,使用他人作品应当同著作权人订立许可使用合同,本法规定可以不经许可的除外。

(2)未经著作权人许可,但在法律规定的合理范围内使用其作品的行为。我国

《著作权法》第二十二条规定,在下列情况下使用作品,可以不经著作权人许可,不向其支付报酬,但应当指明作者姓名、作品名称,并且不得侵犯著作权人依照本法享有的其他权利:

(一)为个人学习、研究或者欣赏,使用他人已经发表的作品;

(二)为介绍、评论某一作品或者说明某一问题,在作品中适当引用他人已经发表的作品;

(三)为报道时事新闻,在报纸、期刊、广播电台、电视台等媒体中不可避免地再现或者引用已经发表的作品;

(四)报纸、期刊、广播电台、电视台等媒体刊登或者播放其他报纸、期刊、广播电台、电视台等媒体已经发表的关于政治、经济、宗教问题的时事性文章,但作者声明不许刊登、播放的除外;

(五)报纸、期刊、广播电台、电视台等媒体刊登或者播放在公众集会上发表的讲话,但作者声明不许刊登、播放的除外;

(六)为学校课堂教学或者科学研究,翻译或者少量复制已经发表的作品,供教学或者科研人员使用,但不得出版发行;

(七)国家机关为执行公务在合理范围内使用已经发表的作品;

(八)图书馆、档案馆、纪念馆、博物馆、美术馆等为陈列或者保存版本的需要,复制本馆收藏的作品;

(九)免费表演已经发表的作品,该表演未向公众收取费用,也未向表演者支付报酬;

(十)对设置或者陈列在室外公共场所的艺术作品进行临摹、绘画、摄影、录像;

(十一)将中国公民、法人或者其他组织已经发表的以汉语言文字创作的作品翻译成少数民族语言文字作品在国内出版发行;

(十二)将已经发表的作品改成盲文出版。

前款规定适用于对出版者、表演者、录音录像制作者、广播电台、电视台的权利的限制。

凡不经著作权人许可即可在法律限定范围使用的作品使用者可以不向著作权人支付报酬,但应当指明作者姓名、作品名称,并且不得侵犯著作权人依照《著作权法》享有的其他权利。司法实践中,在查处侵犯著作权罪时,应注意掌握《著作权法》中有关著作权人及其权利、著作权归属、权利的保护期、权利的限制等规定,分清侵犯著作权和合法使用作品的界限,以准确惩治侵犯著作权的犯罪行为,保护著作权人、合法使用人等的合法权益。

2. 要注意掌握数额标准,正确区别侵犯著作权罪和民事侵权行为。

违法所得数额较大或者有其他严重情节,是区别侵犯著作权罪和民事侵权行为的重要标准。虽有侵犯著作权的行为,但没有达到违法所得数额较大或者情节并不严重的，属于一般民事侵权行为，不能作为犯罪处理。根据最高人民法院所作的《关于审理非法出版刑事案件具体应用法律若干问题的解释》，这里的"违法所得数额较大"是指个人违法所得数额在二万元以上，单位违法所得数额在十万元以上；"有其他严重情节"是指：

(1)因侵犯著作权曾经两次以上被追究行政责任或者民事责任，又侵犯著作权的；

(2)个人非法经营数额在十万元以上，单位非法经营数额在五十万元以上的；

(3)造成其他严重后果或具有其他严重情节的。以上内容，是区分侵犯著作权行为属刑事犯罪与民事侵权性质的具体标准，应注意掌握。

量刑部分

【量刑标准】

犯本罪，违法所得数额较大或者有其他严重情节的，处三年以下有期徒刑或者拘役，并处或者单处罚金；违法所得数额巨大或者有其他特别严重情节的，处三年以上七年以下有期徒刑，并处罚金。

销售侵权复制品罪 《刑法》第218条

以营利为目的，销售明知是本法第二百一十七条规定的侵权复制品，违法所得数额巨大的，处三年以下有期徒刑或者拘役，并处或者单处罚金。

定罪部分

【罪名概念】

销售侵权复制品罪，是指以营利为目的，销售明知是侵犯他人著作权、专有出版权的文字作品、音乐、电视、电视、录像、计算机软件、图书及其他作品以及假冒他人署名的美术作品，违法所得数额巨大的行为。

【司法解释】

1. 最高人民法院、最高人民检察院、公安部《关于办理侵犯知识产权刑事案件适用法律若干问题的意见》

(实施日期:2011年1月10日　法发[2011]3号)(节录)

一、关于侵犯知识产权犯罪案件的管辖问题

侵犯知识产权犯罪案件由犯罪地公安机关立案侦查。必要时，可以由犯罪嫌疑人居住地公安机关立案侦查。侵犯知识产权犯罪案件的犯罪地，包括侵权产品制造地、储存地、运输地、销售地，传播侵权作品、销售侵权产品的网站服务器所在地、网络接入地、网站建立者或者管理者所在地,侵权作品上传者所在地,权利人受到实际侵害的犯罪结果发生地。对有多个侵犯知识产权犯罪地的,由最初受理的公安机关或者主要犯罪地公安机关管辖。多个侵犯知识产权犯罪地的公安机关对管辖有争议的,由共同的上级公安机关指定管辖,需要提请批准逮捕、移送审查起诉、提起公诉的,由该公安机关所在地的同级人民检察院、人民法院受理。

对于不同犯罪嫌疑人、犯罪团伙跨地区实施的涉及同一批侵权产品的制造、储存、运输、销售等侵犯知识产权犯罪行为,符合并案处理要求的,有关公安机关可以一并立案侦查,需要提请批准逮捕、移送审查起诉、提起公诉的,由该公安机关所在地的同级人民检察院、人民法院受理。

二、关于办理侵犯知识产权刑事案件中行政执法部门收集、调取证据的效力问题

行政执法部门依法收集、调取、制作的物证、书证、视听资料、检验报告、鉴定结论、勘验笔录、现场笔录,经公安机关、人民检察院审查,人民法院庭审质证确认,可以作为刑事证据使用。

三、关于办理侵犯知识产权刑事案件的抽样取证问题和委托鉴定问题

公安机关在办理侵犯知识产权刑事案件时,可以根据工作需要抽样取证,或者商请同级行政执法部门、有关检验机构协助抽样取证。法律、法规对抽样机构或者抽样方法有规定的,应当委托规定的机构并按照规定方法抽取样品。

公安机关、人民检察院、人民法院在办理侵犯知识产权刑事案件时,对于需要鉴定的事项,应当委托国家认可的有鉴定资质的鉴定机构进行鉴定。

公安机关、人民检察院、人民法院应当对鉴定结论进行审查,听取权利人、犯罪嫌疑人、被告人对鉴定结论的意见,可以要求鉴定机构作出相应说明。

2. 最高人民检察院、公安部《关于公安机关管辖的刑事案件立案追诉标准的规定(一)》

(实施日期:2008 年 6 月 25 日　公通字[2008]36 号)(节录)

第二十七条　[销售侵权复制品案(刑法第二百一十八条)]以营利为目的,销售明知是刑法第二百一十七条规定的侵权复制品,涉嫌下列情形之一的,应予立案追诉:

(一)违法所得数额十万元以上的;

(二)违法所得数额虽未达到上述数额标准,但尚未销售的侵权复制品货值金额达到三十万元以上的。

3. 最高人民法院、最高人民检察院《关于办理侵犯知识产权刑事案件具体应用法律若干问题的解释》

(实施日期:2004 年 12 月 22 日　法释[2004]19 号)(节录)

第六条　以营利为目的,实施刑法第二百一十八条规定的行为,违法所得数额在十万元以上的,属于"违法所得数额巨大",应当以销售侵权复制品罪判处三年以

下有期徒刑或者拘役，并处或者单处罚金。

第四条　对于侵犯知识产权犯罪的，人民法院应当综合考虑犯罪的违法所得、非法经营数额、给权利人造成的损失、社会危害性等情节，依法判处罚金。罚金数额一般在违法所得的一倍以上五倍以下，或者按照非法经营数额的50%以上一倍以下确定。

4. 最高人民法院《关于审理非法出版物刑事案件具体应用法律若干问题的解释》

（实施日期：1998年12月17日　法释［1998］30号）（节录）

第四条　以营利为目的，实施刑法第二百一十八条规定的行为，个人违法所得数额在十万元以上，单位违法所得数额在五十万元以上的，依照刑法第二百一十八条的规定，以销售侵权复制品罪定罪处罚。

【关联法律】

《刑法》

第二百二十条　单位犯本节第二百一十三条至第二百一十九条规定之罪的，对单位判处罚金，并对其直接负责的主管人员和其他直接责任人员，依照本节各该条的规定处罚。

【犯罪构成】

（一）主体要件

本罪的主体为一般主体，凡达到刑事责任年龄并具备刑事责任能力的自然人均能构成本罪，依《刑法》第二百二十条之规定，单位亦能成为本罪主体，单位犯本罪的，实行两罚制，即既对单位判处罚金，又对其直接负责的主管人员和其他直接责任人员追究刑事责任。需要注意的是，本罪主体应该是指侵权复制品制作者以外的其他自然人或单位。如果是侵权复制品制作者自己实施销售行为的，构成侵权著作权罪而非本罪。当然销售侵权复制品的行为人也可能与制作侵权复制品的行为人共同构成侵犯著作权罪而非本罪。

（二）主观要件

本罪在主观方面表现为故意，并且具有营利目的。这就要求行为人必须明知是侵权复制品而仍进行销售的才能构成本罪。“明知”包括“明知必然是”和“明知可能是”两种情况，只要行为人有其中之一情形的，就可认为其属于“明知”，不能把明知局限于确知，以免放纵犯罪分子。对于“明知”的认定，不能仅凭行为人的口供，而应根据全案情况尤其是侵权复制品的来源管道、行为人进货与销售的价格等客观事实来综合分析判断。如果行为人出于过失并不知道属于侵权复制品而予以销售的，不构成本罪。

（三）客观要件

本罪在客观方面表现为销售侵权复制品，违法所得数额巨大的行为。

销售是本罪客观行为的具体内容,销售仅指将侵权复制品向消费者出卖,非销售营利行为不能构成销售侵权复制品罪。如果行为人不是销售而是赠与、出借或收买自用等,均不符合本罪行为特征。应该注意的是,对这里的销售之理解不应过于狭窄,如仅限于出卖的行为,对于出于营利目的把侵权复制品大量出租的也应视为一种销售行为,以防止犯罪分子以此逃避罪责。

行为人销售侵权复制品还必须是违法所得数额巨大的才能构成犯罪。根据最高人民法院《关于适用(全国人民代表大会常务委员会委员关于惩治侵犯著作权的犯罪的决定)若干问题的解释》的精神,违法所得数额巨大,指个人违法所得数额在二万元以上或单位违法所得数额在十万元以上。违法所得数额未达到上述标准的不能构成本罪。

侵权复制品是销售侵权复制品罪中销售的物品,它是在侵犯他人著作权、专有出版权等合法权利的情况下复制、出版和制作的,对于销售为《著作权法》所规定的合理范围内使用的作品,如为学校课堂教学或者科学研究而翻译或者少量复制已经发表的作品,是否构成销售侵权复制品罪。我们认为,这种行为是否构成销售侵权复制品罪,应当注意以下两点:

1. 违法所得数额。如果仅为销售少量复制品,违法所得数额不大的,不构成销售侵权复制品罪,可给予行政处罚。

2. 合法复制品的性质转化,复制品的合法性一般是有一定条件的,超出合理使用的范围,合法复制品的性质发生转化,已不具有合法性,如依照《著作权法》,为学校课堂教学或者科学研究,翻译或者少量复制已经发表的作品是合法的,但这些作品只能供教学或者科研人员使用,如果出版发行,则是非法的,因此超出合理使用范围销售有关复制品,违法所得数额较大的,应按销售侵权复制品罪处罚。

(四)客体要件

本罪侵犯的客体是国家的著作权管理制度以及他人的著作权及与著作权有关的权益,这与侵犯著作权罪侵犯的客体是相同的。两者所不同之处在于,本罪的侵权具有间接性,即对他人著作权和与著作权有关权益的侵犯是由非法复制、出版或者其他制作行为直接造成的,行为人的销售行为只不过是前述直接侵权行为的延续,或者说是对直接侵权行为的一种帮助。也正因如此,其危害性比侵犯著作权罪相对要小些。

本罪的对象是侵权复制品。所谓侵犯复制品,依本条的规定,主要是指未经著作权人许可而复制发行的文字作品、音乐、电影、电视、录像作品、计算机软件及其他作品、擅自出版的他人享有出版权的图书、未经录音录像制作者许可,复制发行其制作的录音录像制品、假冒他人署名的美术作品。

【罪名辨析】

（一）本罪与非罪

判断销售侵权复制品是否构成犯罪，主要可从三个方面进行考察：

1. 看行为人是否明知销售的属于侵权复制品，如果并不明知，即使存在严重过失也不构成犯罪。

2. 看其销售对象是否属于本法规定的侵权复制品（第二百一十七条所定），不属于上述对象的不构成犯罪。

3. 看其销售违法所得数额大小，如数额未达巨大的，即使有其他严重情节也不构成犯罪。

（二）本罪与侵犯著作权罪的区别

1. 主体要件不同。销售侵权复制品罪的主体只能是侵权复制品制作者以外的其他自然人或单位，侵犯著作权罪的主体一般是制作者，有时可能是与制作者通谋的发行者或销售者。

2. 犯罪客观方面不同。销售侵权复制品罪在客观方面表现为销售侵权复制品且违法所得数额巨大的行为；侵犯著作权罪的行为方式则可以是复制发行或出版，也可以是制作、出售，且违法所得数额较大或有其他严重情节的就构成犯罪。在实践中，行为人如果实施侵犯著作权或与著作权有关权益的行为构成犯罪，又销售其制作的侵权复制品而且违法所得数额巨大的，后一行为属于刑法理论上的不可罚之事后行为，对其只以侵犯著作权罪论处，而不能再定一个销售侵权复制品罪而实行数罪并罚；如果行为人销售的侵权复制品并非其本人制作的侵权复制品，其两个行为又符合构成犯罪的数额或情节要求的，则应对其定两个罪实行数罪并罚；如果销售侵权复制品的行为人事先与侵犯著作权罪的行为人通谋的，对其应以侵犯著作权罪论处，这属于共同犯罪问题。

量刑部分

【量刑标准】

犯本罪，违法所得数额巨大的，处三年以下有期徒刑或者拘役，并处或者单处罚金。

侵犯商业秘密罪　《刑法》第219条

有下列侵犯商业秘密行为之一，给商业秘密的权利人造成重大损失的，处三年以下有期徒刑或者拘役，并处或者单处罚金；造成特别严重后果的，处三年以上七年以下有期徒刑，并处罚金：

（一）以盗窃、利诱、胁迫或者其他不正当手段获取权利人的商业秘密的；

（二）披露、使用或者允许他人使用以前项手段获取的权利人的商业秘密的；

（三）违反约定或者违反权利人有关保守商业秘密的要求，披露、使用或者允许他人使用其所掌握的商业秘密的。

明知或者应知前款所列行为，获取、使用或者披露他人的商业秘密的，以侵犯商业秘密论。

本条所称商业秘密，是指不为公众所知悉，能为权利人带来经济利益，具有实用性并经权利人采取保密措施的技术信息和经营信息。

本条所称权利人，是指商业秘密的所有人和经商业秘密所有人许可的商业秘密使用人。

定罪部分

【罪名概念】

侵犯商业秘密罪，是指以盗窃、利诱、胁迫或者其他不正当手段获取权利人的商业秘密，或者非法披露、使用或者允许他人使用其所掌握的或获取的商业秘密，给商业秘密的权利人造成重大损失的行为。

【司法解释】

最高人民法院、最高人民检察院《关于办理侵犯知识产权刑事案件具体应用法律若干问题的解释》

（实施日期：2004 年 12 月 22 日　法释[2004]19 号）（节录）

第七条　实施刑法第二百一十九条规定的行为之一，给商业秘密的权利人造成损失数额在五十万元以上的，属于“给商业秘密的权利人造成重大损失”，应当以侵犯商业秘密罪判处三年以下有期徒刑或者拘役，并处或者单处罚金。

给商业秘密的权利人造成损失数额在二百五十万元以上的，属于刑法第二百一十九条规定的“造成特别严重后果”，应当以侵犯商业秘密罪判处三年以上七年以下有期徒刑，并处罚金。

【关联法律】

《刑法》

第二百二十条　单位犯本节第二百一十三条至第二百一十九条规定之罪的，对单位判处罚金，并对其直接负责的主管人员和其他直接责任人员，依照本节各该条的规定处罚。

【犯罪构成】

（一）主体要件

本罪的主体为一般主体。凡达到刑事责任年龄且具备责任能力的自然人均能构成本罪，依《刑法》第二百二十条之规定，单位亦能构成本罪主体。单位犯本罪的，对其直接责任的主管人员和其他直接责任人员依本条规定追究刑事责任。在中国，侵犯商业秘密罪的主体要件通常有如下几种：第一，企业的厂长、经理和其他管理员、企业的职工或临时雇佣工等；第二，现已离退休或转调的原企业的人员；第三，受委托并因而知悉、掌握商业秘密的人，如律师、专利代理人、经济顾问等；第四，对企业有监督、检查、调查和管理权的人，比如审计人员、税务人员、主管行政机关人员、工商管理人员等。除上述四种人员可能因披露商业秘密而成为主体要件外，其他任何人员均可能因盗窃、利诱、胁迫或者其他不正当手段获取权利人的商业秘密而成为该罪的主体，比如依据合同或者权利人有关保守商业秘密的要求，披露、使用或者允许他人使用其所掌握的商业秘密的有关单位及直接责任人员。此外，为了获取和使用商业秘密与披露商业秘密的犯罪分子事先有通谋的单位或个人，应以共同犯罪论处。

（二）主观要件

本罪的主观方面只能是故意，即行为人有意识地通过多种手段侵犯商业秘密。过失不构成本罪。至于行为人出于何种动机而实施犯罪，不影响本罪的成立，只是量刑时可考虑的情节。实践中，该罪的犯罪动机表现为：第一，为了交换利益而披露商业秘密；第二，为自己从事不正当竞争而使用商业秘密；第三，为击败同业竞争对手而以盗窃、利诱、胁迫或者其他不正当手段获取商业秘密；第四，为出卖而以盗窃、利诱、胁迫或者其他不正当手段获取商业秘密；第五，为报复或泄愤而披露商业秘密。

（三）客观要件

本罪在客观方面表现为实施了侵犯商业秘密的行为，并且给权利人造成了重大损失。

1. 行为对象为商业秘密。

商业秘密，经营信息。据此，商业秘密具有以下特点：

第一，商业秘密是一种技术信息与经营信息。技术信息与经营信息，既可能以文字、图像为载体，也可能以实物为载体，还可能存在于人的大脑或操作方式中。

第二，商业秘密是不为公众所知悉的事项，即必须是仅限于一定范围内的人知悉的事项。

第三，商业秘密能为权利人带来经济利益。权利人，是指商业秘密的所有人和经商业秘密所有人许可的商业秘密使用人。经济利益，仅限于积极的经济利益，即能使权利人增加财产或者财产上的利益。

第四,商业秘密具有实用性,即具有直接的、现实的使用价值,权利人能够将商业秘密直接运用于生产、经营活动。

第五,商业秘密经权利人采取了保密措施。此外,商业秘密还具有使用权可以转让、没有固定的保护期限、内容广泛等特点。

2. 实施了侵犯商业秘密的行为。

侵犯商业秘密的行为表现为以下几种情况:

第一,以盗窃、利诱、胁迫或者其他不正当手段获取权利人的商业秘密。盗窃,一般是指通过窃取商业秘密的载体而获取商业秘密;利诱,是指以金钱、物品或者其他利益为诱饵,使知悉商业秘密内容的人提供商业秘密;胁迫,是指对知悉商业秘密的人进行恐吓、威胁,迫使他人提供商业秘密。其他不正当手段,是指除盗窃、利诱、胁迫以外的其他不正当手段,如抢夺载有商业秘密的图纸。

第二,披露、使用或者允许他人使用以上述第一种手段获取的权利人的商业秘密。这是上述第一种行为的继续。披露,是指将其非法获得的商业秘密告知权利人的竞争对手或其他人,或者将商业秘密内容公布于众;使用,是指将自己非法获取的商业秘密用于生产或者经营;允许他人使用,是指允许他人将自己获得的商业秘密用于生产或者经营,包括有偿与无偿两种情况。

第三,违反约定或者违反权利人有关保守商业秘密的要求,披露、使用或者允许他人使用其所掌握的商业秘密。这是指合法知悉商业秘密内容的人披露、使用或者允许他人使用商业秘密的行为,包括公司、企业内部的工作人员,曾在公司、企业内工作的调离人员、离退休人员以及与权利人订有保守商业秘密协议的有关人员。

第四,明知或应知前述第一种至第三种违法行为,而获取、使用或者披露他人商业秘密。这是间接侵犯商业秘密的行为,即第三者明知或者应知向其传授商业秘密的人具有上述违法行为,但获取、使用或者披露他人的商业秘密。

3. 给权利人造成了重大损失。

这里的重大损失,是指经济方面的重大损失,包括减少盈利、增加亏损、引起破产、在竞争中处于不利地位等。根据司法实践,给商业秘密权利人造成直接经济损失数额在五十万元以上的,致使权利人破产或者造成其他严重后果的,应当追诉。值得注意的是,必须查明行为人所实施的侵犯商业秘密的行为与权利人遭受重大损失之间的因果关系;如果行为人实施了盗窃商业秘密等行为,但该行为本身并没有造成权利人重大损失的,不成立侵犯商业秘密罪。

(四)客体要件

本罪侵犯的客体为商业秘密权(商业秘密权利人对商业秘密所拥有的合法权益)以及受国家保护的正常有序的市场经济秩序。

【罪名辨析】

本罪与假冒注册商标罪、假冒专利罪、侵犯著作权罪的异同

本罪与假冒注册商标罪、假冒专利罪、侵犯著作权罪有相似之处，都侵犯了知识产权，主要区别在于：首先，侵犯商业秘密罪侵犯的是商业秘密；而其他犯罪侵犯的是商标权、专利权与著作权。其次，侵犯商业秘密罪行为主要表现为以不法手段获取商业秘密，或者非法披露、使用或允许他人使用商业秘密；而其他犯罪主要表现为假冒行为。对于以盗窃、利诱、胁迫或者其他不正当手段获取他人商业秘密，然后使用该商业秘密制造产品并假冒他人注册商标的，原则上应以数罪论处。对于单纯非法使用他人商业秘密制造产品并假冒他人注册商标的，应认定为一行为触犯了数罪名，以一个重罪论处。

公司、企业工作人员因为职务或者业务知悉商业秘密内容后，擅自将商业秘密出卖给他人，并将非法所得据为己有或者使第三者所有的，似应根据情节与主体身份，认定为贪污罪或者职务侵占罪。

量刑部分

【量刑标准】

犯本罪，给商业秘密的权利人造成重大损失的，处三年以下有期徒刑或者拘役，并处或者单处罚金；造成特别严重后果的，处三年以上七年以下有期徒刑，并处罚金。

单位犯侵犯知识产权罪的处罚规定　《刑法》第220条

单位犯本节第二百一十三条至第二百一十九条规定之罪的，对单位判处罚金，并对其直接负责的主管人员和其他直接责任人员，依照本节各该条的规定处罚。

第八节　扰乱市场秩序罪

损害商业信誉、商品声誉罪　《刑法》第221条

捏造并散布虚伪事实，损害他人的商业信誉、商品声誉，给他人造成重大损失或者有其他严重情节的，处二年以下有期徒刑或者拘役，并处或者单处罚金。

定罪部分

【罪名概念】

损害商业信誉、商品声誉罪,是指捏造并散布虚伪事实,损害他人的商业信誉、商品声誉,给他人造成重大损失或者有其他严重情节的行为。商业信誉,是指社会公众对某一经营者的经济能力、信用状况等所给予的社会评价,即该经营者在经济生活中信用、名誉的地位。商品声誉,是指社会公众对一经营者的商品性能、质量所给予的社会评价,即该商品在经济生活中的地位。

【关联法律】

1. 全国人民代表大会常务委员会《关于维护互联网安全的决定》

(实施日期:2000年12月28日)(节录)

为了维护社会主义市场经济秩序和社会管理秩序,对有下列行为之一,构成犯罪的,依照刑法有关规定追究刑事责任:利用互联网损害他人商业信誉和商品声誉。

2.《刑法》

第二百三十一条　单位犯本节第二百二十一条至第二百三十条规定之罪的,对单位判处罚金,并对其直接负责的主管人员和其他直接责任人员,依照本节各该条的规定处罚。

【犯罪构成】

(一)主体要件

本罪的犯罪主体是一般主体,既可以是自然人也可以是单位。司法实践中,主要表现为两类主体:

一是商誉主体的竞争对手,处于不利地位的同行,其他生产者和经营者;

二是新闻、报刊、电视台等媒介。

一般而言,多为“他人”的竞争对手,即与“他人“生产相同或近似商品或提供同类服务或近似服务的生产者和经营者。需要指出的是,行为人如果受经营者收买或唆使,故意在社会公众中散布捏造的虚伪事实,诋毁和损害他人的商业信誉、商品声誉,且达到“给他人造成重大损失”或有其他严重情节”程度的,即应认为与经营者构成损害商业信誉、商品声誉罪的共同犯罪。

(二)主观要件

本罪主观方面是故意,表现为行为人明知行为会发生损害他人商誉、扰乱竞争秩序的结果,仍追求结果发生的心理态度。具体包含两项内容:

一是行为人明知自己的行为会发生危害社会的结果,损害商业信誉、商品声誉罪中应当包括认识到自己是在捏造事实,或者认识到自己所散布的信息是不真实的,有损他人商誉。

二是行为人希望这种危害结果的发生。有学者认为损害商业信誉、商品声誉罪的主观方面包括间接故意,即明知自己捏造事实、散布虚假信息的行为必然会损害他人的商誉而希望或放任这种结果的发生。损害商业信誉、商品声誉罪主观方面应限于直接故意,且具有损害他人商誉的目的。间接故意与过失均不构成损害商业信誉、商品声誉罪。

一般而言,行为人捏造并散布虚伪事实损害他人的商业信誉、商品声誉,动机在于降低他人的竞争能力,从而使自己战胜竞争对手获得经济利益。但也不排除行为人具有嫉妒、泄愤报复、非法牟利等其他动机,特定的动机不是构成损害商业信誉、商品声誉罪必要构成条件,不影响定罪。

(三)客观要件

本罪在客观方面表现为捏造并散布虚伪事实,损害他人的商业信誉、商品声誉,给他人造成重大损失或者有其他严重情节的行为。包括三个要素:其一,捏造并散布虚伪事实;其二,损害他人的商业信誉、商品声誉;其三,造成重大损失或者具备其他严重情节。

1. 捏造并散布虚伪事实。

“捏造”是指无中生有,凭空编造,或者以小夸大,引人误解;“散布”是指以文字、语言为手段将捏造情况在社会或一定范围内加以传播、扩散。“散布”的手段可以是语言、文字或图形,也可以是三者组合。“散布”的方式可以是口头形式,也可以是书面形式;可以是当众公开传播,也可以是私下秘密告知。“虚伪事实”是指贬低、毁坏他人商业信誉、商品声誉的虚假情况。包括完全虚构的事实和部分虚构的事实。捏造并散布虚伪事实,是指利用语言、文字、音像、图画、网络、流动性宣传等手段,虚构歪曲某种不利于竞争对手的事实,并向外传播,以便第三人知晓的行为。概括而言,损害商业信誉、商品声誉罪捏造散布虚伪事实可以分为:一是由侵权人本人捏造并散布虚伪事实;二是由侵权人本人捏造虚伪事实,唆使或者收买他人(如新闻媒介)等形式去散布;三是唆使或者收买他人损害商品声誉。在第二种和第三种情况下,一般可构成共同犯罪。

本罪客观方面存在五种行为表现形式:

其一,通过发布对比性广告、声明性广告,散发公开信或召开新闻发布会等形式散布捏造的虚伪事实,恶意贬低、诋毁他人的商业信誉、商品声誉。对比性广告,是指含有对比内容的广告,即通过选取某一个、某一类产品或者服务进行对比,用以说明商品、服务的优点或者特征的广告。对比性广告可能在对自己的商品质量、制作成分、用途等作直接的虚假宣传或引人误解的宣传的同时,直接对竞争者的商品进行贬低或引人误解的宣传;或者通过对自身商品的质量,制作成分等作直接的虚假宣传或引人误解的宣传,以间接对竞争者的商品进行贬低性宣传,容易造成捏造或散布虚伪事实。声明性广告,是指含有声明性内容的广告,往往借夸大自己商业声誉和商品信誉以贬低竞争对手,抬高自己。

其二,组织人员以客户或消费者的名义向市场监管部门、消费者协会或新闻单位等虚假投诉,诋毁和损害他人的商业信誉、商品声誉。这种方式的投诉理由一般为:产品质量低劣,服务质量差,违反法律规定,侵犯消费者权益。

其三,在业务洽谈等公开场合故意向竞争对手的客户或消费者散布捏造的虚伪事实,贬低和诋毁他人的商业信誉、商品声誉。散布虚伪事实可以采取书面方式,也可以采取口头方式。这种方式往往可以通过商业信息发布会、商品交易会议散布虚假言辞,也可以通过单独的商务洽谈、电话交谈等方式实施;既有经营者本人利用言辞实施,也有经营者指使、收买、唆使本单位职工或其他人实施此行为。捏造并散布的虚伪事实必须达到足以损害他人商品信誉、商业声誉,否则便不可能给他人造成重大损失,不属于刑法调控范围。

其四,恶意诉讼,即捏造侵权事实并通过诉讼向社会公众散布这种虚假事实,贬低和损害他人的商誉。恶意诉讼,又称滥用诉讼。它是指当事人出于不合法的动机和目的,在明知自己缺乏胜诉理由的情况下,以合法形式进行恶意诉讼,以期通过诉讼而给对方当事人造成某种损害后果。从世界各国的立法例和司法实践来看,多数国家都承认恶意诉讼并采取必要的法律手段予以制裁或对受害方给予救济。行为人通过恶意诉讼损害他人商业信誉、商品声誉,往往更容易使群众相信行为人捏造的虚伪事实,造成的危害性也较大,应严厉惩处。

其五,在商品包装或说明书上,贬低和诋毁他人生产、销售的同类商品,损害他人的商品声誉。

2.“给他人造成重大损失”或者“有其他严重情节”。

“给他人造成重大损失”和“有其他严重情节”是选择性要件。只要具备其一,则构成犯罪。对于诋毁商誉行为造成的损失应如何认定,有学者认为应包括直接经济损失和间接经济损失两部分。直接经济损失包括客商退货损失、商品滞销损失、正名宣传花费。间接经济损失包括客商中止履行合同而减收的可得利益、滞销停产期间的设备闲置折旧费和贷款利息等。损害商业信誉、商品声誉罪之“重大损失”是否包括无形财产损失?有观点认为,重大损失包括多方面,既可以是有形资产损失,也可以是无形资产损失;既可以是直接损失,也可以是间接损失;既可以是实际损失,也可以是潜在损失。“重大损失”属于刑法中的危害结果。所谓危害结果是指犯罪行为对犯罪客体所造成的实际的损害,是对直接客体的危害结果。重大损失是指重大的物质性损失,客观存在且能够估量和测量。因此,重大损失是指实际损失,而不包括间接损失及潜在的损失。

何谓损害商业信誉、商品声誉罪之“情节严重”,有学者认为,“有其他严重情节”包括行为人多次捏造并散布虚伪事实,诋毁他人商誉,严重扰乱正常的市场竞争秩序的;因损害他人商誉曾经受过两次行政处罚或民事处罚又实施上述行为的;损害他人商誉的手段特别恶劣,社会影响极坏;或者致使他人经营陷入特别困境,被迫停产、停业、转产甚至破产的，等等，均可认为“有其他严重情节。”损害商业信誉、商品声誉罪之“情节严重”包括如下四个方面：

（1）致使他人生产经营活动严重受阻或无法开展，如商品严重积压、滞销，客户纷纷退货或拒收货物、拒付货款；

（2）导致他人濒临破产或被责令停业整顿；

（3）多次实施损害商业信誉、商品声誉行为；

（4）造成恶劣影响的。司法实践中，认定情节是否严重，应着重考虑行为所造成的损害结果，对于尚不造成或者损害较轻微的，可追究其民事责任或者行政责任，而不以犯罪论处。

（四）客体要件

目前对本罪客体的论述存在两种观点：

其一，复杂客体说。但在侵犯客体内容上又存在不同：有人认为包括商业信誉和商品声誉的权利人的合法权益与市场秩序；有人认为包括他人的商业人格和名誉权利与正常的竞争秩序；有人认为包括被害者对其商业信誉和商品声誉受到客观公共的评价所享有的不受侵犯的权利与受我国法律保护的正常有序的社会主义市场秩序；有人认为包括公平竞争的商业秩序和他人的商业信誉、商品声誉；有人认为包括他人的商业信誉、商品声誉和市场管理秩序；有人认为包括其他生产者、经营者的商业信誉、商品声誉与社会主义市场下正常的竞争秩序；还有人认为包括市场经济秩序和他人的合法权益。

其二，单一客体说。有人认为是他人的商业信誉和商品声誉；有人认为是他人商业信誉、商品声誉权；有人认为是商业人格权。

本罪侵犯的是复杂客体，包括市场交易秩序和商誉权。商誉权是指经营者依法对其创造的商誉享有专有权和享有商誉不受侵害的权利。从本质上来看，商誉权是一种智力财产权，其财产内容的表现形态是无形的（物质的），属于知识产权范畴。从内容上来看，商誉权具有人身性和财产性双重内容，与专利权、商标权、版权相似。商誉权不能等同于商誉，商誉权是商誉主体依法享有商誉不受侵害的权利，商誉的保护通过商誉权的行使来实现。商誉权与人格权、名誉权应严加区分。商誉权和名誉权在主体范围、评价内容、实现方式以及内容属性等方面均有区别。因此，本罪侵犯的直接客体之一应是他人的商誉权，而不是他人的人格权、名誉权。

【罪名辨析】

（一）合法行为与损害商誉行为的界限

认定合法行为与损害商誉行为的界限，应当区分损害商誉行为与新闻监督行为、合法投诉行为。对于新闻机构经过正常采访，公开披露、曝光、批评一些商誉不好的经营者和一些消费者通过正常管道（包括在报纸上刊登文章）反映经营者产品有掺假、低劣现象的行为应予法律保护和支持。这些行为都是合法行为。其法律依据是最高人民法院《关于审理名誉案件若干问题的解释》(1998 年 3 月 18 日)所作规定:消费者对经营者产品质量进行批评、评论,不应当认定为侵害他人的名誉权。但借机诽谤、诋毁、损害其名誉的,应当认定为侵害名誉权。新闻单位对经营者、销售者的产品质量或者服务质量进行批评、评论,内容基本属实,没有侮辱内容的,不应当认定为侵害其名誉权;主要内容失实,损害其名誉的,应当认定为损害名誉权。例如,国家有关部门每年组织对化妆品、家用电器等进行质量抽查,并将质量不符合标准的产品及生产企业予以曝光。这些行为从表面上看,有损于企业的商誉,但真实的披露有利于公众对企业及其产品的正确评价,有利于维护消费者合法权益,不仅不是损害他人商誉的违法行为,而且还是对社会有益的行为。

(二)本罪与诋毁商誉行为的界限

本罪与不正当竞争中的诋毁他人商誉行为都是对从事市场交易的经营者的商业信誉、商品声誉的侵害,具体表现形式相似,但二者存在本质区别:

其一,行为主体。损害商业信誉、商品声誉罪的行为主体是一般主体,既可以是从事市场交易的商品生产者、经营者,也可以是普通的消费者;而不正当竞争中的诋毁商誉的行为主体限于参与市场竞争的商品生产者、经营者。诋毁商誉行为的主体较为确定,《反不正当竞争法》第二条第二款规定,不正当竞争是指经营者违反本法规定,损害其他经营者的合法权益,扰乱社会经济秩序的行为。第三款对经营者解释为从事商品经营或者营利性服务(以下所称商品包括服务)的法人、其他经济组织和个人。因此,诋毁商誉行为的主体是参与市场竞争、从事相关市场交易活动的行为人,包括法人、其他经济组织和个人。损害商业信誉、商品声誉罪主体相比较而言更为宽泛,不仅包括经营者还包括出于其他目的的非市场竞争的行为主体。

其二,主观方面。损害商业信誉、商品声誉罪主观方面行为人是出于故意,其目的是损害商业信誉、商品声誉。动机多样,既可以是打击竞争对手实力,也可以是报复泄愤、贪图利益等。诋毁商誉行为的主观方面既可以是故意,也可以是过失,行为人一般是出于竞争的动机。

其三,行为性质与法律后果。损害商业信誉、商品声誉罪是对商品生产者、经营者商业信誉、商品声誉造成侵害的犯罪行为,要求行为必须给他人带来重大损害或者造成严重后果,行为人应承担相应的刑事责任;诋毁商誉行为属于经济违法行为,只要一经实施,即构成违法,行为人应承担相应的民事和行政责任。

(三)两种损害商誉行为的具体认定

行为人针对个人捏造并散布虚伪事实,影响他人商誉,应如何认定?如果行为人针对以经营者个人,如厂长、经理、职工、个体工商户等,捏造并散布有关商誉的虚伪事实,应认定损害他人的商誉,情节严重者构成损害商业信誉、商品声誉罪。

如果捏造并散布的是有关厂长等个人的名誉的虚伪事实，间接影响他人的商誉，并具有重大损失和其他严重情节，构成想象竞合犯，依从一重罪处理原则予以处理。

损害商业信誉、商品声誉罪侵害的对象是否应具备特定性，即应否指明某企业、某商品？如果行为人没有提及某个经营者的名称或其商品的名称，但从其捏造并散布的事实的内容上完全能推测出明确指向的应认定为损害了他人的商誉权。应当指出的是，损害商业信誉、商品声誉罪对象既可特指某一个企业、商品，也可以是一类企业、商品。例如，某省洗涤剂厂在所生产和出售的洗衣粉商品包装说明上标示市场上出售的普通洗衣粉、肥皂均含铝、磷，会诱发老年痴呆症、组织学骨软化、非缺性贫血，助长肺病的发展，并告诫人们以后不要再去买其他洗衣粉。这是典型的损害某一类商品声誉的例子。

量刑部分

【量刑标准】

犯本罪的，处二年以下有期徒刑或者拘役，并处或者单处罚金。

单位犯本罪的，对单位判处罚金，并对其直接负责的主管人员和其他直接责任人员，依照该条的规定处罚。

截至目前，尚无本罪名关于量刑的司法解释。

虚假广告罪 《刑法》第222条

广告主、广告经营者、广告发布者违反国家规定，利用广告对商品或者服务作虚假宣传，情节严重的，处二年以下有期徒刑或者拘役，并处或者单处罚金。

定罪部分

【罪名概念】

虚假广告罪，是指广告主、广告经营者、广告发布者违反国家规定，利用广告对商品或服务作虚假宣传，情节严重的行为。

【关联法律】

《刑法》

第二百三十一条　单位犯本节第二百二十一条至第二百三十条规定之罪的，对单位判处罚金，并对其直接负责的主管人员和其他直接责任人员，依照本节各该条的规定处罚。

【犯罪构成】

(一)主体要件

本罪的主体为特殊主体,即广告主、广告经营者和广告发布者。所谓广告是指商品经营者或者服务提供者承担费用,通过一定媒介和形式直接或者间接地介绍自己所推销的商品或者所提供的服务的商业广告,所谓广告主,是指为推销商品或者提供服务,自主或者委托他人设计、制作、发布广告的法人、其他经济组织或者个人。所谓广告经营者,是指受委托提供广告设计、制作、代理服务的法人、其他经济组织或者个人。所谓广告发布者,是指为广告主或者广告主委托的广告经营者发布广告的法人或者其他经济组织。

本罪主体既可以是达到刑事责任年龄具备刑事责任能力的自然人,也可以是单位。单位犯本罪的实行两罚制,对单位判处罚金,对其直接负责的主管人员和其他责任人员,依本条规定追究刑事责任。

(二)主观要件

本罪在主观方面只能是故意,而不能是过失。从广告主方面来看,明知自己的虚假广告行为违反了广告管理法规规定的广告内容的真实性,从而积极实施了这种行为,做引人误解的虚假宣传,欺骗用户和消费者,以达到牟取巨额非法利益的目的。从广告经营者来看,构成虚假广告罪,既可以是直接故意,又可以是间接故意。例如,《反不正当竞争法》第二十四条第二款规定:广告经营者在明知或应知的情况下代理、设计、制作、发布企业假广告,这里在明知的情况下所实施的代理、设计、制作、发布虚假广告严重的行为则构成直接故意犯罪。在应知的情况下实施的代理、设计、制作、发布虚假广告情节严重的行为则可能构成间接故意犯罪,因为所谓应知和明知不同,它是法律规定的一种推理当事人的应当知道,即根据当事人已知的某些事由推出应当知道的结论。在此情况下当事人的心理态度一般是放任,而不是希望,所以属间接故意犯罪。从广告发布者来看,构成虚假广告罪,也是既可以是直接故意,也可以是间接故意。依《广告法》第七条之规定,广告发布者不得发布内容不实或者证明档不全的广告,其应根据法律、行政法规的规定查验有关证明档,核实广告内容,广告发布者在不查验有关证明档等情况下发布虚假广告,为间接故意,广告发布者亦有在直接故意的心态的支配下发布虚假广告的。

(三)客观要件

国家规定虚假广告罪在客观方面表现为广告主、广告经营者和广告发布者,实施了情节严重的虚假广告行为。构成本罪在客观方面的前提条件必须是违反国家规定(广告管理法规)的行为。广告管理法规主要指,国务院于 1987 年 10 月 26 日发布的《广告管理条例》、1988 年 1 月 9 日国家工商管理局发布的《广告管理条例实施细则》,以及 1993 年 9 月 2 日人大常委会通过、同年 12 月 1 日实施的《反不正当竞争法》以及 1994 年 10 月 27 日通过、1995 年 2 月有日起施行的《广告法》等。没有触犯广告管理法规或者触犯广告管理法规，但行为情节尚不属严重，其行为则不构成本罪。

本罪在客观方面的主要表现是利用广告作虚假宣传。所谓利用广告作虚假宣传，是指所利用的广告中具有虚假的不真实的内容，对商品的性能、质量、用途、价格、有效期限、产地、生产者、售后服务、附带赠品的允诺等以及对服务的内容形式、质量、价格、允诺等做不符合事实真相的宣传，以假充真，以无冒有。具体如商品或服务的质量、技术达不到广告所宣传的质量、技术标准，以假充真，以劣冒优；不具有广告所宣传的功能，如讲有保健功能，实际没有，讲能治病却不能治病等；购买品或支付服务报酬与所宣传的价格、报酬不符，说价廉物美，实质价格高昂；故意夸大产品或服务的影响，如产品本只在省内销却说已享誉全球，产品本卖不出去严重滞销，却说供不应求，深得消费者喜爱等；伪造宣传商品或服务的质量、功能等内容所凭借的他人言论、证据如数据、统计数据、文摘、引用语、调查结果、获奖证明等；所宣传的商品或服务不存在；等等。就行为方式而言，也是多种多样，如广告主伪造有关档，虚假广告内容，提供不真实、不合法、没有效力的能够确认广告内容真实性的证明，唆使广告经营者作虚假设计、制作，指使广告发布者作虚假发布或以高价发插刊广告等。广告经营者明知他人要求制作、设计的广告内容虚假仍然制作、设计，或不查验有关证明档、核实广告内容。广告发布者违反有关规定，不认真核实内容的真实性或明知内容虚假仍决意发布。既可以通过电影、电视、广播、报纸、刊物等向社会广为散布，让不特定公众知悉其内容；也可以采取树立广告牌、横挂广告横幅，树立广告立体图案，书写广告语，散布广告传单等各种各样的方式，只要能使不特定的多人知道其所宣传的内容，不论其形式如何，都可以本罪的发布广告行为论处。

本罪属情节犯，其不仅要求具有违反国家规定，利用虚假广告对商品或服务作虚假宣传的行为，而且还必须达到情节严重的程度才能构成本罪。所谓情节严重，主要是指多次实施虚假广告行为的；为多人实施虚假广告行为的；虚假广告，违法所得数额较大的；致使多人受骗上当的；造成恶劣影响的；相信广告宣传的内容而接受所宣传的商品、服务，致使生产、经营、生活等造成严重损失或受阻的；导致人身身亡的严重后果的；等等。

（四）客体要件

本罪侵犯的客体是社会主义市场经济条件下商品正当的交易活动和竞争活动。根据中国《反不正当竞争法》第二条规定，商品经营者在市场交易中，遵循自愿、平等、诚实信用原则的正当活动是受法律保护的。《广告法》第五条规定，广告主、广告经营者、广告发布者应当遵循公平、诚实信用的原则。广告是商品经济的产物。当前在社会主义市场经济条件下，广告作为传播信息、指导消费、促进销售的工具，作为商品生产者与销售者联系消费者的纽带，在现代经济生活中发挥着不可低估的作用。然而随着广告业突飞猛进的发展,虚假广告却纷纷粉墨登场,严重干扰了国家对广告的管理秩序,侵犯其他商品生产者、经营者和消费者的利益。为了保障广告事业的健康发展,发挥推动社会主义经济的发展的作用,1987 年 12 月 1 日国务院颁发了《广告管理条例》,1988 年 1 月 9 国家工商行政管理局发布了《广告管理条例施行细则》,1993 年 9 月 2 日全国人大常委会通过并颁布了《反不正当竞争法》,1994 年 10 月 27 日全国人大常委会又通过了《广告法》。这些法律法规对中国广告市场的管理秩序起到了规范作用。而虚假广告的行为正是侵犯了法律所保护的商品交易的正当活动的社会关系。为了保障公平竞争,保护商品经营者和消费者的合法权益,就必须运用刑罚制裁虚假广告的行为。

【罪名辨析】

(一)区分本罪与非罪的界限

区分的关键看利用虚假广告欺骗用户和消费者的行为是否情节严重。属于情节严重则构成犯罪,如果情节尚属一般不应以犯罪论处,可以适用民事或者行政处罚措施。

(二)本罪与假冒注册商标罪的界限

根据《反不正当竞争法》第二十一条规定:经营者假冒他人注册商标,擅自使用他人企业名称或姓名,伪造或者冒用认证标志、名优标志等质量标志,伪造产地,对商品质量作引人误解的虚假表示,依照《商标法》《产品质量法》的规定处罚,事实上依照《商标法》规定处罚,就是根据经常假冒他人注册的商标行为(包括伪造、变造他人注册的商标),如查行为不构成犯罪即按《商标法》进行行政处罚。如果情节严重构成犯罪则只能按假冒注册商标罪处罚,不能以虚假广告罪定性。所谓依照《产品质量法》规定处罚,根据擅自使用他人企业名称或姓名、伪造或者冒用认证标志、名优标志等质量标志、伪造产地、对商品质量作引人误解的虚假表示的行为,虽然这种行为也有对商品质量作引人误解的虚假表示,但它不是以虚假广告的方式表现的,故不能认定为虚假广告罪,只能依照《产品质量法》规定作行政处罚。虚假广告罪与假冒注册商标罪,虽然犯罪人主观行为上有虚假、假冒的一面,但这两个罪仍有重要的不同:

1. 直接客体不同,虚假广告罪侵犯的直接客体是国家对广告的管理秩序,而假冒商标罪侵害的直接客体是国家对注册商标的管理秩序。

2. 客观行为不同,虚假广告罪客观方面是使用虚假广告对商品作引人误解的宣传,而假冒注册商标罪的客观方面是假冒他人注册商标的行为。

(三)本罪与诈骗罪的界限

正确区分本罪与诈骗罪的界限。诈骗罪是指以非法占有为目的,用虚构事实或存隐瞒真相的方法骗取数额较大的公私财物的行为。本罪与诈骗罪的主要区别在于:

一是侵犯的客体不同。前者侵犯的是广告市场管理制度和不特定消费者的合法权益,而后者则是侵犯公私财物的所有权。

二是客观方面不同。前者是采用利用广告作虚假宣传的特定手段,而后者则是采用隐瞒真相和虚构事实的欺骗方法。

三是犯罪主体不同。前者是广告主、广告经营者和广告发布者,而后者则是一般主体。

(四)本罪与生产销售伪劣产品罪的界限

如果生产者、销售者在商品中掺杂、掺假,以假充真、以次充好或者以不合格产品冒充合格产品,即触犯了《刑法》第一百四十条的规定,同时生产者、销售者又以虚假广告的方法对商品质量作引人误解的欺骗宣传的,在此情况下只能定生产、销售伪劣产品罪,不能再定虚假广告罪。因为凡是生产、销售伪劣产品的,通常都有以虚假广告作欺骗宣传的行为,这符合牵连犯的规定,故择一重罪处罚,而不适用数罪并罚的原则。但是对于广告经营者和广告发布者来说,在明知或应知的情况下仍为生产、销售伪劣商品者代理、设计、制作、发布虚假广告,情节严重的行为,应单独成立虚假广告罪。

量刑部分

【量刑标准】

犯本罪的,处二年以下有期徒刑或者拘役,并处或者单处罚金。

根据《刑法》第二百三十一条规定,单位犯本罪的,对单位判处罚金,并对其直接负责的主管人员和其他直接责任人员,依照该条的规定处罚。

截至目前,尚无本罪名关于量刑的司法解释。

串通投标罪　《刑法》第223条

投标人相互串通投标报价,损害招标人或者其他投标人利益,情节严重的,处三年以下有期徒刑或者拘役,并处或者单处罚金。

投标人与招标人串通投标,损害国家、集体、公民的合法利益的,依照前款的规定处罚。

定罪部分

【罪名概念】

串通投标罪,指投标者相互串通投标报价,损害招标人或者其他投标人利益,或者投标者与招标者串通投标,损害国家、集体、公民的合法权益,情节严重的行为。

【关联法律】

1.《招标投标法》

第五十三条　投标人相互串通投标或者与招标人串通投标的,投标人以向招标人或者评标委员会成员行贿的手段谋取中标的,中标无效,处中标项目金额千分之五以上千分之十以下的罚款,对单位直接负责的主管人员和其他直接责任人员处单位罚款数额百分之五以上百分之十以下的罚款;有违法所得的,并处没收违法所得;情节严重的,取消其一年至二年内参加依法必须进行招标的项目的投标资格并予以公告,直至由工商行政管理机关吊销营业执照;构成犯罪的,依法追究刑事责任。给他人造成损失的,依法承担赔偿责任。

2.《关于禁止串通招标投标行为的暂行规定》

(实施日期:1998 年 1 月 6 日　国家工商行政管理局令第 82 号)(节录)

第二条　本规定适用于建设工程承包、成套设备或者其他商品的购买、企业承包经营和租赁经营、土地使用权出让、经营场所出租等领域进行招标投标中的串通招标投标行为。

本规定所称招标,是指招标者为购买商品或者让他人完成一定的工作,通过发布招标通知或者投标邀请书等形式,公布特定的标准和条件,公开或者书面邀请投标者投标,从中选择中标者的行为。实施招标行为的人为招标者,包括项目主办人和代理招标活动的中介机构。

本规定所称投标,是指投标者按照招标档的要求,提出自己的报价及相应条件的行为。实施投标行为的人为投标者。

本规定所称串通招标投标,是指招标者与投标者之间或者投标者与投标者之间采用不正当手段,对招标投标事项进行串通,以排挤竞争对手或者损害招标者利益的行为。

第三条　投标者不得违反《反不正当竞争法》第十五条第一款的规定,实施下列串通投标行为:

(一)投标者之间相互约定,一致抬高或者压低投标报价;

(二)投标者之间相互约定,在招标项目中轮流以高价位或者低价位中标;

(三)投标者之间先进行内部竞价,内定中标人,然后再参加投标;

(四)投标者之间其他串通投标行为。

第四条　投标者和招标者不得违反《反不正当竞争法》第十五条第二款的规定,进行相互勾结,实施下列排挤竞争对手的公平竞争的行为:

(一)招标者在公开开标前,开启标书,并将投标情况告知其他投标者,或者协助投标者撤换标书,更改报价;

(二)招标者向投标者泄露标底;

(三)投标者与招标者商定,在招标投标时压低者或者抬高标价,中标后再给投标者或者招标者额外补偿；

（四）招标者预先内定中标者，在确定中标者时以此决定取舍；

（五）招标者和投标者之间其他串通招标投标行为。

第五条　违反本规定第三条、第四条的规定，进行串通招标投标的，其中标无效。工商行政管理机关可以依照《反不正当竞争法》第二十七条的规定，根据情节处以1万元以上20万元以下的罚款。构成犯罪的，移交司法机关依法追究刑事责任。

3.《反不正当竞争法》

第二十七条　投标者串通投标，抬高标价或者压低标价；投标者和招标者相互勾结，以排挤竞争对手的公平竞争的，其中标无效。监督检查部门可以根据情节处以一万元以上二十万元以下的罚款。

【犯罪构成】

（一）主体要件

本罪的主体就招标人而言，是特殊主体，就投标人而言，是一般主体，凡达到刑事责任年龄且具备刑事责任能力的自然人均能构成本罪。依《刑法》第二百三十一条之规定，单位也能成为本罪主体，单位犯本罪的，实行两罚制，即对单位判处罚金，对其直接负责的主管人员和其他直接责任人员追究相应的刑事责任。本罪属于共同犯罪，构成本罪的投标人或招标人都是共同犯罪的实行犯，行为人有可能有主犯和从犯之分，但不存在教唆犯和胁从犯。

（二）主观要件

本罪在主观方面必须出于故意，即明知自己串通投标的行为会损害招标人或其他投标人的利益，但仍决意为之，并希望或放任这种危害后果的发生。过失不能构成本罪，其动机可多种多样，有的为了自己中标，而获取不法利益；有的为了排挤、陷害其他投标人；有的出于江湖义气；有的碍于情面；有的迷恋女色；等等，但无论动机如何，都不影响本罪成立。

（三）客观要件

本罪在客观方面表现为串通投标的行为。

所谓串通投标是指在招标投标过程中，违反有关程序所发生的限制竞争行为的统称，具体地说，就是指在招标投标的过程中，投标人之间私下串通，抬高标价或压低标价，共同损害招标人或其他投标人的利益，或者投标人与招标人之间相互勾结，损害国家、集体、公民的合法权益的行为，主要有两种表现形式：

1. 投标者相互的串通投标。

参加投标的经营者彼此之间通过口头或书面协议、约定，就投标报价互相通气，以避免相互竞争，或协议轮流在类似项目中中标，共同损害招标者或其他投标人的利益的行为，投标者相互串通投标主要有以下几种表现形式：（1）投标人间相互约定，一致抬高投标报价；（2）投标人之间相互约定，一致压低投标报价；（3）投标人之间约定,在类似项目中轮流以高价位或低价位中标;所谓投标报价,是指投标者向招标者出示的愿意付出的价格。标价一般来说应当以招标者提出的工程量化表作为计算的基础,并考虑中标率、投标企业的未来、竞争人数、竞争者投标条件等因素,在投标总额预算中加入适当百分比的利润形成。

2. 投标者与招标者串通投标。

投标者与招标者串通投标是指招标者与特定投标者在招标投标活动中,以不正当手段从事私下交易,使公开招标投标流于形式,共同损害国家、集体、公民(包括其他投标者)的利益的行为。投标者与招标者串通投标行为主要表现为:(1)招标者故意泄露标底,即招标人有意向某一特定投标人透露其标底行为;(2)招标者私下启标泄露,即招标人在公开开标之前,私下开启投标人标书,并通告给尚未报送标书的投标人;(3)招标者故意引导促使某人中标,即招标人在要求投标人就其标书作澄清事实时,故意做引导性提问,以促成该投标人中标了;(4)招标实行差别对待,即招标在审查、评选标书时,对同样的标书实行差别对待,或者对不同的投标者实施差别对待;(5)招标者故意让不合格投标者中标,即招标者允许不符合投标资格的投标者参加投标,并让其中标;(6)投标者贿赂获密,即投标者通过贿赂手段,在公开开标之前,从招标者处获取投标者报价或其他投标条件的行为;(7)投标者给招标者标外补偿,即投标人有意与招标人商定,在公开投标时压低标价,中标后再给招标人以额外补偿;(8)招标者给投标者标外偿金,即招标者与某投标者商定,在公开投标时,故意抬高标价,使标价高于通常价,而致其他投标者上当吃亏。高价定标后,招标者按约定给故意抬高标价的投标者一定的偿金。

本罪属情节犯、只有情节严重的串通投标报价,损害招标人或者其他投标人利益的行为才能构成本罪,情节不属严重,即使实施了串通投标,损害招标人或者其他投标人利益的行为,也不能以本罪论处。所谓情节严重,主要是指采用卑劣手段串通投标的;多次实施串通投标行为的;给招标人或者其他投标人造成严重经济损失的;造成恶劣的影响甚至国际影响的;等等。

(四)客体要件

本罪侵犯的复杂客体,既侵犯其他投标人或国家、集体的合法权益,又侵犯社会主义市场经济的自由贸易和公平竞争的秩序。招标投标是市场交易的一种方式,一般为大宗商品买卖或建设大型建筑工程时常常采用的一种交易方法。这是投标人根据招标人的条件提出自己要求的价格和相应条件,开列清单向招标方投函的活动。到一定时期,由事主召集所有投标人当场开标,选择其中质量最精良、价格最合算者为中标人,再由招标方与之订立合同,进行交易。投标具有要约性质。其要件主要有:(1)应指向招标人;(2)须依据招标人要求进行;(3)须包括订立合同的基本条件,以招标人承诺为目的。招标一般有三种形式:一是一般的竞争招标。只要具备一定条件都可以参加招标。二是指名的竞争招标。即指定两个以上的人参加招标，然后择优确定中标人。三是特定招标。即指定一个对象（声誉信用、技术较高者）来投标。除特定招标外，一般是招标投标。即以招标的表示，使投标人分别提出条件，由招标人选择其中最优者，并与之订立合同的一种法律形式。招标投标既然是市场竞争手段，必然竞争激烈。这样，就出现了投标中的不正当竞争行为，我国法律明令禁止这种不正当竞争行为。《反不正当竞争法》第十五条规定："投标者不得串通投标，抬高标价或者压低标价。投标者和招标者不得相互勾结，以排挤竞争对手的公平竞争。"

【罪名辨析】

（一）本罪与非罪的界限

串通投标罪与串通投标违法行为的界限，关键在于该行为的情节严重与否，情节严重者构成犯罪，否则不以犯罪论，对于何为情节严重，应当由最高法院作出司法解释。在认定情节严重与否时，应当考虑犯罪手段是否恶劣、是否屡教不改、行为的结果及社会影响等因素，作出综合判断。

（二）本罪与贿赂罪牵连行为的认定

在行为人犯串通投标罪的同时，往往可能牵连犯有贿赂罪、侵犯商业秘密罪等罪名，如投标人贿赂招标人许以特定经济利益，诱使其泄露标底，或者招标人接受贿赂，泄露标底等商业秘密。由此可见，基于本罪特点，往往可能出现牵连犯罪的情况。对于此种牵连犯罪行为，因无法律的特别规定，应依法理，适用以一重罪处断为宜。

量刑部分

【量刑标准】

犯本罪，情节严重的，处三年以下有期徒刑或者拘役，并处或者单处罚金。

投标人与招标人串通投标，损害国家、集体、公民的合法利益的，依照前款的规定处罚。

截至目前，尚无本罪名关于量刑的司法解释。

合同诈骗罪　《刑法》第224条（一）

有下列情形之一，以非法占有为目的，在签订、履行合同过程中，骗取对方当事人财物，数额较大的，处三年以下有期徒刑或者拘役，并处或者单处罚金；数额巨大或者有其他严重情节的，处三年以上十年以下有期徒刑，并处罚金；数额特别巨大或者有其他特别严重情节的，处十年以上有期徒刑或者无期徒刑，并处罚金或者没收财产：

(一)以虚构的单位或者冒用他人名义签订合同的;

(二)以伪造、变造、作废的票据或者其他虚假的产权证明作担保的;

(三)没有实际履行能力,以先履行小额合同或者部分履行合同的方法,诱骗对方当事人继续签订和履行合同的;

(四)收受对方当事人给付的货物、货款、预付款或者担保财产后逃匿的;

(五)以其他方法骗取对方当事人财物的。

定罪部分

【罪名概念】

合同诈骗罪,是指以非法占有为目的,在签订、履行合同过程中,采取虚构事实或者隐瞒真相等欺骗手段,骗取对方当事人的财物,数额较大的行为。

【司法解释】

1. 最高人民法院、最高人民检察院《关于办理诈骗刑事案件具体应用法律若干问题的解释》

(实施日期:2011 年 4 月 8 日　法释[2011]7 号)

为依法惩治诈骗犯罪活动,保护公私财产所有权,根据刑法、刑事诉讼法有关规定,结合司法实践的需要,现就办理诈骗刑事案件具体应用法律的若干问题解释如下:

第一条　诈骗公私财物价值三千元至一万元以上、三万元至十万元以上、五十万元以上的,应当分别认定为刑法第二百六十六条规定的“数额较大”、“数额巨大”、“数额特别巨大”。

各省、自治区、直辖市高级人民法院、人民检察院可以结合本地区经济社会发展状况,在前款规定的数额幅度内,共同研究确定本地区执行的具体数额标准,报最高人民法院、最高人民检察院备案。

第二条　诈骗公私财物达到本解释第一条规定的数额标准,具有下列情形之一的,可以依照刑法第二百六十六条的规定酌情从严惩处:

(一)通过发送短信、拨打电话或者利用互联网、广播电视、报纸杂志等发布虚假信息,对不特定多数人实施诈骗的;

(二)诈骗救灾、抢险、防汛、优抚、扶贫、移民、救济、医疗款物的;

(三)以赈灾募捐名义实施诈骗的;

(四)诈骗残疾人、老年人或者丧失劳动能力人的财物的;

(五)造成被害人自杀、精神失常或者其他严重后果的。

诈骗数额接近本解释第一条规定的“数额巨大”、“数额特别巨大”的标准,并具有前款规定的情形之一或者属于诈骗集团首要分子的，应当分别认定为刑法第二百六十六条规定的“其他严重情节”、“其他特别严重情节”。

第三条　诈骗公私财物虽已达到本解释第一条规定的“数额较大”的标准，但具有下列情形之一，且行为人认罪、悔罪的，可以根据刑法第三十七条、刑事诉讼法第一百四十二条的规定不起诉或者免予刑事处罚：

（一）具有法定从宽处罚情节的；

（二）一审宣判前全部退赃、退赔的；

（三）没有参与分赃或者获赃较少且不是主犯的；

（四）被害人谅解的；

（五）其他情节轻微、危害不大的。

第四条　诈骗近亲属的财物，近亲属谅解的，一般可不按犯罪处理。

诈骗近亲属的财物，确有追究刑事责任必要的，具体处理也应酌情从宽。

第五条　诈骗未遂，以数额巨大的财物为诈骗目标的，或者具有其他严重情节的，应当定罪处罚。

利用发送短信、拨打电话、互联网等电信技术手段对不特定多数人实施诈骗，诈骗数额难以查证，但具有下列情形之一的，应当认定为刑法第二百六十六条规定的“其他严重情节”，以诈骗罪（未遂）定罪处罚：

（一）发送诈骗信息五千条以上的；

（二）拨打诈骗电话五百人次以上的；

（三）诈骗手段恶劣、危害严重的。

实施前款规定行为，数量达到前款第（一）、（二）项规定标准十倍以上的，或者诈骗手段特别恶劣、危害特别严重的，应当认定为刑法第二百六十六条规定的“其他特别严重情节”，以诈骗罪（未遂）定罪处罚。

第六条　诈骗既有既遂，又有未遂，分别达到不同量刑幅度的，依照处罚较重的规定处罚；达到同一量刑幅度的，以诈骗罪既遂处罚。

第七条　明知他人实施诈骗犯罪，为其提供信用卡、手机卡、通讯工具、通讯传输信道、网络技术支持、费用结算等帮助的，以共同犯罪论处。

第八条　冒充国家机关工作人员进行诈骗，同时构成诈骗罪和招摇撞骗罪的，依照处罚较重的规定定罪处罚。

第九条　案发后查封、扣押、冻结在案的诈骗财物及其孳息，权属明确的，应当发还被害人；权属不明确的，可按被骗款物占查封、扣押、冻结在案的财物及其孳息总额的比例发还被害人，但已获退赔的应予扣除。

第十条　行为人已将诈骗财物用于清偿债务或者转让给他人，具有下列情形之一的，应当依法追缴：

（一）对方明知是诈骗财物而收取的；

(二)对方无偿取得诈骗财物的;

(三)对方以明显低于市场的价格取得诈骗财物的;

(四)对方取得诈骗财物系源于非法债务或者违法犯罪活动的。

他人善意取得诈骗财物的,不予追缴。

第十一条　以前发布的司法解释与本解释不一致的,以本解释为准。

2. 最高人民法院《全国法院审理金融犯罪案件工作座谈会纪要》

(实施日期:2001 年 1 月 21 日　法[2001]8 号)(节录)

贷款诈骗罪的认定和处理。贷款诈骗犯罪是目前案发较多的金融诈骗犯罪之一。审理贷款诈骗犯罪案件,应当注意以下两个问题:

一是单位不能构成贷款诈骗罪。根据刑法第三十条和第一百九十三条的规定,单位不构成贷款诈骗罪。对于单位实施的贷款诈骗行为,不能以贷款诈骗罪定罪处罚,也不能以贷款诈骗罪追究直接负责的主管人员和其他直接责任人员的刑事责任。但是,在司法实践中,对于单位十分明显地以非法占有为目的,利用签订、履行借款合同诈骗银行或其他金融机构贷款,符合刑法第二百二十四条规定的合同诈骗罪构成要件的,应当以合同诈骗罪定罪处罚。

二是要严格区分贷款诈骗与贷款纠纷的界限。对于合法取得贷款后,没有按规定的用途使用贷款,到期没有归还贷款的,不能以贷款诈骗罪定罪处罚;对于确有证据证明行为人不具有非法占有的目的,因不具备贷款的条件而采取了欺骗手段获取贷款,案发时有能力履行还贷义务,或者案发时不能归还贷款是因为意志以外的原因,如因经营不善、被骗、市场风险等,不应以贷款诈骗罪定罪处罚。

【犯罪构成】

(一)主体要件

本罪主体是一般主体,个人和单位均可构成。

(二)主观要件

本罪的主观方面,表现为直接故意、并且具有非法占有对方当事人财物的目的。

(三)客观要件

本罪的客观方面,表现为在签订、履行合同过程中,以虚构事实或者隐瞒真相的方法,骗取对方当事人财物,数额较大的行为。

一方面,本罪的诈骗行为表现为下列五种形式:

(1)以虚构单位或者冒用他人的名义签订合同的。

(2)以伪造、变造、作废的票据或者其他虚假的产权证明作担保的。这里所称的票据,主要指能作为担保凭证的金融票据,即汇票、本票和支票等。所谓其他产权证明,包括土地使用权证、房屋所有权证以及能证明动产、不动产的各种有效证明文件。

(3)没有实际履行能力,以先履行小额合同或者部分履行合同的方法,诱骗对方当事人继续签订和履行合同的。

(4)收受对方当事人给付的货物、货款、预付款或者担保财产后逃匿的。

(5)以其他方法骗取对方当事人财物的。这里所说的其他方法，是指在签订、履行经济合同过程中使用的上述四种方法以外，以经济合同为手段、以骗取合同约定的由对方当事人交付的货物、货款、预付款、或者定金以及其他担保财物为目的的一切手段。

行为人只要实施上述一种诈骗行为，便可构成本罪。

另一方面，诈骗对方当事人财物必须数额较大的。所谓数额较大，根据最高人民法院、最高人民检察院《关于办理诈骗刑事案件具体应用法律若干问题的解释》第一条的规定，诈骗公私财物价值三千元至一万元以上、三万元至十万元以上、五十万元以上的，应当分别认定为刑法第二百六十六条规定的“数额较大”“数额巨大”“数额特别巨大”。

(四)客体要件

本罪的客体，是复杂客体，即国家对经济合同的管理秩序和公私财产所有权。本罪的对象是公私财物。

【罪名辨析】

(一)本罪与合同纠纷的界限

合同诈骗犯罪往往与合同纠纷交织一起，罪与非罪的界限容易混淆。要划清它们的界限，大体有三种情形：

一是内容真实的合同，即行为人是在有实际履行能力的前提下签订的合同。这种合同的签订，表明了行为人在签订合同时有进行经济往来的真实意思，并非旨在诈骗他人钱财，根据有关司法解释的精神，即使合同签订后没有得到完全的履行，也不属于诈骗犯罪。但是，有的行为人以有限的履约能力和他人签订大大超过履约能力的合同，就另当别论了。以超出自己履约能力的合同签订后，行为人积极落实货源，设法履行合同，即使最终没有完全履约，也不能认定为诈骗罪。但若行为人在合同签订后，并没有设法履行合同，就有故意诈骗他人财物的企图了，此时就应以合同诈骗罪论处。

二是内容半真半假的合同。就是那种行为人只具有某种履行合同的意向，就与第三人签订的合同，其内容带有半真半假的性质。这类合同客观上已经具备部分履约的可能性，但要受到许多条件的制约。如果行为人有履约意图，客观上也为履行合同作积极努力，最后因种种客观原因未能履行合同，不能认定为诈骗犯罪。相反，如果行为人借有部分履约能力之名行诈骗之实，没有为合同的进一步履行做出努力，就应当以合同诈骗罪论处了。

三是内容完全虚假的合同，即行为人是在完全没有履约能力情况下签订的合同。行为人在主观上就没有准备履行合同，占有他人财物的动机明显，应当以合同诈骗罪论处,但行为人主观上无长期占有他人财物的意图,只是想临时借用,待将来有收益后再行归还对方的,一般不宜以合同诈骗罪论处。

(二)本罪与民事欺诈行为的界限

本罪也往往同民事欺诈行为交织在一起,但是二者也有明显的区别,主要表现在以下两个方面:

1. 主观目的不同。民事欺诈是为了用于经营,借以创造履行能力而为欺诈行为以诱使对方陷入认识错误并与其订立合同,不具有非法占有公私财物的目的,只希望通过实施欺诈行为获取对方的一定经济利益,而合同诈骗罪是以签订经济合同为名,达到非法占有公私财物的目的。

2. 欺诈的内容与手段不同。民事欺诈有民事内容的存在,即欺诈方通过商品交换,完成工作或提供劳务等经济劳动取得一定的经济利益。而合同诈骗罪根本不准备履行合同,或根本没有履行合同的实际能力或担保。合同的民事欺诈一般无须假冒身份,而是以合同条款或内容为主,如隐瞒有瑕疵的合同标的物,或对合同标的物质量作虚假的说明和介绍等;而合同诈骗罪的行为人是为了达到利用合同骗取财物的目的,总是千方百计地冒充合法身份,如利用虚假的姓名、身份证明、授权委托书等骗取受欺诈方的信任。

3. 欺诈财物的数额不同。

4. 欺诈侵犯的客体不同。民事欺诈的客体是双方当事人在合同中约定的权利义务关系,如欺诈方骗来的合同定金、预付款等,都是合同之债的表现物;而合同诈骗罪侵犯的客体是公私财物的所有权,作为犯罪对象的公私财物始终是物权的体现者。

5. 欺诈的法律后果不同。民事欺诈是无效的民事行为,当事人可使之无效。若当事人之间发生争议,引起诉讼,则由民事欺诈方对其欺诈行为的后果承担返还财产、赔偿损失的民事责任,而合同诈骗罪是严重触犯刑律,应受刑罚处罚的行为,行为人对合同诈骗罪的法律后果要负担双重的法律责任,不但要负刑事责任,若给对方造成损失,还要负担民事责任。

6. 欺诈适用法律不同。民事欺诈虽在客观上表现为虚构事实或隐瞒真相,但其欺诈行为仍处在一定的限度内,故仍由民法规范调整;而合同诈骗罪是以非法占有他人公私财物为目的,触犯刑律,应受到刑罚处罚,故由刑法规范调整。

(三)本罪与诈骗罪的区别

从本质上来看,合同诈骗罪也是一种具体的诈骗犯罪,其与诈骗罪是特殊与一般的关系,它们的区别主要表现在以下几个方面:

1. 侵犯的客体不同。诈骗罪只侵犯财产所有权,是单一客体,而本罪既侵犯他人的财产权利,同时又侵犯合同行为管理制度。

2. 犯罪客观方面表现不尽相同。诈骗罪可以表现为虚构任何事实或隐瞒真相,以骗取财物;本罪只是在经济合同的签订、履行过程中,因而欺诈手段有特定范围的特殊性。

3. 犯罪主体不尽相同。诈骗罪限于自然人主体；本罪主体包括单位，且是任何单位。

4. 本罪与诈骗罪属于法条竞合，应当遵循特别法优于一般法的原则。

量刑部分

【量刑标准】

犯本罪，数额较大的，处三年以下有期徒刑或者拘役，并处或者单处罚金；数额巨大或者有其他严重情节的，处三年以上十年以下有期徒刑，并处罚金；数额特别巨大或者有其他特别严重情节的，处十年以上有期徒刑或者无期徒刑，并处罚金或者没收财产。

组织、领导传销活动罪　《刑法》第224条之一

组织、领导以推销商品、提供服务等经营活动为名，要求参加者以缴纳费用或者购买商品、服务等方式获得加入资格，并按照一定顺序组成层级，直接或者间接以发展人员的数量作为计酬或者返利依据，引诱、胁迫参加者继续发展他人参加，骗取财物，扰乱经济社会秩序的传销活动的，处五年以下有期徒刑或者拘役，并处罚金；情节严重的，处五年以上有期徒刑，并处罚金。

定罪部分

【罪名概念】

组织、领导传销活动罪，是指组织、领导以推销商品、提供服务等经营活动为名，要求参加者以缴纳费用或者购买商品、服务等方式获得加入资格，并按照一定顺序组成层级，直接或者间接以发展人员的数量作为计酬或者返利依据，引诱、胁迫参加者继续发展他人参加，骗取财物，扰乱经济社会秩序的传销活动的行为。

【司法解释】

1. 最高人民法院、最高人民检察院、公安部《关于办理组织领导传销活动刑事案件适用法律若干问题的意见》

（实施日期：2013年11月14日　公通字［2013］37号）

各省、自治区、直辖市高级人民法院，人民检察院，公安厅、局，解放军军事法院、军事检察院，新疆维吾尔自治区高级人民法院生产建设兵团分院，新疆生产建设兵团人民检察院、公安局：

为解决近年来公安机关、人民检察院、人民法院在办理组织、领导传销活动刑事案件中遇到的问题,依法惩治组织、领导传销活动犯罪,根据刑法、刑事诉讼法的规定,结合司法实践,现就办理组织、领导传销活动刑事案件适用法律问题提出以下意见:

一、关于传销组织层级及人数的认定问题

以推销商品、提供服务等经营活动为名,要求参加者以缴纳费用或者购买商品、服务等方式获得加入资格,并按照一定顺序组成层级,直接或者间接以发展人员的数量作为计酬或者返利依据,引诱、胁迫参加者继续发展他人参加,骗取财物,扰乱经济社会秩序的传销组织,其组织内部参与传销活动人员在三十人以上且层级在三级以上的,应当对组织者、领导者追究刑事责任。

组织、领导多个传销组织,单个或者多个组织中的层级已达三级以上的,可将在各个组织中发展的人数合并计算。

组织者、领导者形式上脱离原传销组织后,继续从原传销组织获取报酬或者返利的,原传销组织在其脱离后发展人员的层级数和人数,应当计算为其发展的层级数和人数。

办理组织、领导传销活动刑事案件中,确因客观条件的限制无法逐一收集参与传销活动人员的言词证据的,可以结合依法收集并查证属实的缴纳、支付费用及计酬、返利记录,视听数据,传销人员关系图,银行账户交易记录,互联网电子数据,鉴定意见等证据,综合认定参与传销的人数、层级数等犯罪事实。

二、关于传销活动有关人员的认定和处理问题

下列人员可以认定为传销活动的组织者、领导者:

(一)在传销活动中起发起、策划、操纵作用的人员;

(二)在传销活动中承担管理、协调等职责的人员;

(三)在传销活动中承担宣传、培训等职责的人员;

(四)曾因组织、领导传销活动受过刑事处罚,或者一年以内因组织、领导传销活动受过行政处罚,又直接或者间接发展参与传销活动人员在十五人以上且层级在三级以上的人员;

(五)其他对传销活动的实施、传销组织的建立、扩大等起关键作用的人员。

以单位名义实施组织、领导传销活动犯罪的,对于受单位指派,仅从事劳务性工作的人员,一般不予追究刑事责任。

三、关于"骗取财物"的认定问题

传销活动的组织者、领导者采取编造、歪曲国家政策,虚构、夸大经营、投资、服务项目及盈利前景,掩饰计酬、返利真实来源或者其他欺诈手段,实施刑法第二百二十四条之一规定的行为,从参与传销活动人员缴纳的费用或者购买商品、服务的费用中非法获利的,应当认定为骗取财物。参与传销活动人员是否认为被骗,不影响骗取财物的认定。

四、关于"情节严重"的认定问题

对符合本意见第一条第一款规定的传销组织的组织者、领导者,具有下列情形之一的,应当认定为刑法第二百二十四条之一规定的"情节严重":

(一)组织、领导的参与传销活动人员累计达一百二十人以上的;

(二)直接或者间接收取参与传销活动人员缴纳的传销资金数额累计达二百五十万元以上的;

(三)曾因组织、领导传销活动受过刑事处罚,或者一年以内因组织、领导传销活动受过行政处罚,又直接或者间接发展参与传销活动人员累计达六十人以上的;

(四)造成参与传销活动人员精神失常、自杀等严重后果的;

(五)造成其他严重后果或者恶劣社会影响的。

五、关于"团队计酬"行为的处理问题

传销活动的组织者或者领导者通过发展人员,要求传销活动的被发展人员发展其他人员加入,形成上下线关系,并以下线的销售业绩为依据计算和给付上线报酬,牟取非法利益的,是"团队计酬"式传销活动。

以销售商品为目的、以销售业绩为计酬依据的单纯的"团队计酬"式传销活动,不作为犯罪处理。形式上采取"团队计酬"方式,但实质上属于"以发展人员的数量作为计酬或者返利依据"的传销活动,应当依照刑法第二百二十四条之一的规定,以组织、领导传销活动罪定罪处罚。

六、关于罪名的适用问题

以非法占有为目的,组织、领导传销活动,同时构成组织、领导传销活动罪和集资诈骗罪的,依照处罚较重的规定定罪处罚。

犯组织、领导传销活动罪,并实施故意伤害、非法拘禁、敲诈勒索、妨害公务、聚众扰乱社会秩序、聚众冲击国家机关、聚众扰乱公共场所秩序、交通秩序等行为,构成犯罪的,依照数罪并罚的规定处罚。

七、其他问题

本意见所称"以上"、"以内",包括本数。

本意见所称"层级"和"级",系指组织者、领导者与参与传销活动人员之间的上下线关系层次,而非组织者、领导者在传销组织中的身份等级。

对传销组织内部人数和层级数的计算,以及对组织者、领导者直接或者间接发展参与传销活动人员人数和层级数的计算,包括组织者、领导者本人及其本层级在内。

【关联法律】

国务院《关于禁止传销经营活动的通知》

(颁布日期:1998 年 4 月 18 日　国发[1998]10 号)

各省、自治区、直辖市人民政府,国务院各部委、各直属机构:

为保护消费者合法权益,促进公平竞争,维护市场经济秩序和社会稳定,国务

院决定禁止传销经营活动。现就有关问题通知如下:

一、传销经营不符合我国现阶段国情,已造成严重危害,传销作为一种经营方式,由于其具有组织上的封闭性、交易上的隐蔽性、传销人员的分散性等特点,加之目前我国市场发育程度低,管理手段比较落后,群众消费心理尚不成熟,不法分子利用传销进行邪教、帮会和迷信、流氓等活动,严重背离精神文明建设的要求,影响我国社会稳定;利用传销吸收党政机关干部、现役军人、全日制在校学生等参与经商,严重破坏正常的工作和教学秩序;利用传销进行价格欺诈、骗取钱财,推销假冒伪劣产品、走私产品,牟取暴利,偷逃税收,损害消费者的利益,干扰正常的经济秩序。因此,对传销经营活动必须坚决予以禁止。

二、自本通知发布之日起,禁止任何形式的传销经营活动。此前已经批准登记从事传销经营的企业,应一律立即停止传销经营活动,认真做好传销人员的善后处理工作,自行清理债权债务,转变为其他经营方式,至迟应于1998年10月31日前到工商行政管理机关办理变更登记或注销登记。逾期不办理的,由工商行政管理机关吊销其营业执照。对未经批准登记擅自从事传销经营活动的,要立即取缔,并依法严肃查处。

三、加大执法力度,严厉查禁各种传销和变相传销行为。自本通知发布之日起,一经发现有下列行为之一的,各级人民政府和工商行政管理、公安等有关部门,要采取有力措施,坚决取缔,严肃处理:

(一)将传销由公开转入地下的;

(二)以双赢制、计算机排网、框架营销等形式进行传销的;

(三)假借专卖、代理、特许加盟经营、直销、连锁、网络销售等名义进行变相传销的;

(四)采取会员卡、储蓄卡、彩票、职业培训等手段进行传销和变相传销骗取入会费、加盟费、许可费、培训费的;

(五)其他传销和变相传销的行为。

对传销和变相传销行为,由工商行政管理机关依据国家有关规定予以认定并进行处罚。对利用传销进行诈骗,推销假冒伪劣产品、走私产品以及进行邪教、帮会、迷信、流氓等活动的,由有关部门予以查处;构成犯罪的,移送司法机关依法追究刑事责任。

四、各级人民政府要加强领导,有关部门要密切配合,坚决而又稳妥地做好禁止传销经营工作。禁止传销经营活动是一项政策性强、涉及面广、难度较大的工作,各级人民政府要高度重视,加强协调,由一位主要负责同志亲自抓。有关部门要认真履行职责,加强协作配合。工商行政管理机关要严厉查处违反本通知精神从事传销经营的行为;公安部门要坚决取缔利用传销或变相传销从事危害社会秩序的违法活动,与有关部门配合做好维护社会稳定和社会治安的工作,有关商业银行要支持工商行政管理、公安机关的查处工作;新闻宣传部门要加大宣传力度,广泛宣传传销的危害性，公开揭露传销的欺诈行为，及时曝光典型的传销违法案件，教育广大群众提高认识，自觉抵制传销经营活动，并对有关部门禁止传销经营活动的进展情况及时予以报导。

各级人民政府和有关部门对禁止传销经营工作，既要态度坚决，行动积极，又要精心组织，稳妥实施，以保持正常的经济秩序和社会稳定。

【犯罪构成】

（一）主体要件

本罪主体是一般主体，凡达到法定刑事责任年龄、具有刑事责任能力的自然人均能构成本罪。该罪追究的主要是传销的组织策划者，多次介绍、诱骗、胁迫他人加入传销组织的积极参与者。对一般参加者，则不予追究。对专门从事传销行为的公司，依照司法解释的规定，不以单位犯罪论处，而对其组织者和主要参与人以自然人犯罪定罪处罚。

（二）主观要件

本罪在主观方面表现为直接故意，具有非法牟利的目的。即行为人明知自己实施传销行为，为国家法规所禁止，但为达到非法牟利的目的，仍然实施这种行为，且对危害结果的发生持希望和积极追求的态度。简而言之，传销罪属于经济犯罪中的扰乱市场经济秩序犯罪，是牟利性犯罪，也是故意犯罪的一种行为犯。

（三）客观要件

本罪在客观方面表现为违反国家规定，组织、从事传销活动，扰乱市场秩序，情节严重的行为。但不是所有的传销行为都构成犯罪，情节一般的，属于一般违法行为，由工商行政管理部门予以行政处罚；只有行为人实施传销行为情节严重才构成犯罪，依法追究刑事责任。

（四）客体要件

本罪侵犯的客体为复杂客体，既侵犯了公民的财产所有权，又侵犯了市场经济秩序和社会管理秩序。本罪的犯罪对象是公民个人财产，通常是货币。传销常伴随偷税漏税、哄抬物价等现象，侵犯多个社会关系和法律客体。

【罪名辨析】

（一）罪与非罪

应区分拉人头传销与直销活动中的多层次计酬。虽然二者都采用多层次计酬的方式，但是仍有很大的不同：一是从是否缴纳入门费上来看，多层次计酬的销售人员在获取从业资格证时没有被要求交纳高额入门费，而拉人头传销需要缴纳高额入门费，或者购买与高额入门费等价的“道具商品”，否则不能得到入门资格。二是从经营对象来看，多层次计酬是以销售产品为导向，商品定价基本合理，而且还有退货保障。而拉人头传销根本没有销售，或者只是以价格与价值严重背离的“道具商品”为幌子,且不许退货,主要是以发展“下线”人数为主要目的。三是从人员的收入来源上来看,多层次计酬主要根据从业人员的销售业绩和奖金,而拉人头传销主要取决于发展的“下线”人数多少和新成员的高额入门费。四是从组织存在和维系的条件来看,多层次计酬直销公司的生存与发展取决于产品销售业绩和利润。而拉人头传销组织则直接取决于是否有新会员以一定倍率不断加入。

(二)此罪与彼罪

根据有关司法解释,组织、领导以推销商品、提供服务等经营活动为名,要求参加者以缴纳费用或者购买商品、服务等方式获得加入资格,并按照一定顺序组成层级,直接或者间接以发展人员的数量作为计酬或者返利依据,引诱、胁迫参加者继续发展他人参加,骗取财物,扰乱经济社会秩序的传销活动,组织、领导的传销活动人员在三十人以上且层级在三级以上的,对组织者、领导者,应予立案追诉。

根据刑法第二百二十四条之一的规定,对传销活动的组织者、领导者,应当依法追究其刑事责任。对一般违法人员,本着教育、挽救大多数的原则,可以由工商行政管理部门根据禁止传销条例的规定予以行政处罚。当组织、领导传销活动中的参与人员未达到人数、级别的标准但又侵犯市场秩序,或者违反了许可证制度时,则应根据其在传销活动中的地位、作用区别对待,作出不同的处理。

量刑部分

【量刑标准】

犯本罪的,处五年以下有期徒刑或者拘役,并处罚金;情节严重的,处五年以上有期徒刑,并处罚金。

非法经营罪　《刑法》第225条

违反国家规定,有下列非法经营行为之一,扰乱市场秩序,情节严重的,处五年以下有期徒刑或者拘役,并处或者单处违法所得一倍以上五倍一下罚金;情节特别严重的,处五年以上有期徒刑,并处违法所得一倍以上五倍以下罚金或者没收财产:

(一)未经许可经营法律、行政法规规定的专营、专场物品或者其他限制买卖的物品的;

(二)买卖进出口许可证、进出口原产地证明以及其他法律、行政法规规定的经营许可证或者批准档的;

(三)未经国家有关主管部门批准,非法经营证券、期货或者保险业务的;

(四)其他严重扰乱市秩序的非法经营行为。

定 罪 部 分

【罪名概念】

非法经营罪，是指未经许可经营专营、专卖物品或其他限制买卖的物品，买卖进出口许可证、进出口原产地证明以及其他法律、行政法规规定的经营许可证或者批准档，以及从事其他非法经营活动，扰乱市场秩序，情节严重的行为。

【司法解释】

1. 最高人民法院、最高人民检察院《关于办理利用信息网络实施诽谤等刑事案件适用法律若干问题的解释》

（实施日期：2013年9月10日　法释[2013]21号）（节录）

第七条　违反国家规定，以营利为目的，通过信息网络有偿提供删除信息服务，或者明知是虚假信息，通过信息网络有偿提供发布信息等服务，扰乱市场秩序，具有下列情形之一的，属于非法经营行为“情节严重”，依照刑法第二百二十五条第（四）项的规定，以非法经营罪定罪处罚：

（一）个人非法经营数额在五万元以上，或者违法所得数额在二万元以上的；

（二）单位非法经营数额在十五万元以上，或者违法所得数额在五万元以上的。

实施前款规定的行为，数额达到前款规定的数额五倍以上的，应当认定为刑法第二百二十五条规定的“情节特别严重”。

第八条　明知他人利用信息网络实施诽谤、寻衅滋事、敲诈勒索、非法经营等犯罪，为其提供资金、场所、技术支持等帮助的，以共同犯罪论处。

第九条　利用信息网络实施诽谤、寻衅滋事、敲诈勒索、非法经营犯罪，同时又构成刑法第二百二十一条规定的损害商业信誉、商品声誉罪，第二百七十八条规定的煽动暴力抗拒法律实施罪，第二百九十一条之一规定的编造、故意传播虚假恐怖信息罪等犯罪的，依照处罚较重的规定定罪处罚。

2. 最高人民法院、最高人民检察院《关于办理危害食品安全刑事案件适用法律若干问题的解释》

（实施日期：2013年5月4日　法释[2013]12号）（节录）

第十一条　以提供给他人生产、销售食品为目的，违反国家规定，生产、销售国家禁止用于食品生产、销售的非食品原料，情节严重的，依照刑法第二百二十五条的规定以非法经营罪定罪处罚。

违反国家规定，生产、销售国家禁止生产、销售、使用的农药、兽药，饲料、饲料添加剂，或者饲料原料、饲料添加剂原料，情节严重的，依照前款的规定定罪处罚。

实施前两款行为，同时又构成生产、销售伪劣产品罪，生产、销售伪劣农药、兽药罪等其他犯罪的，依照处罚较重的规定定罪处罚。

第十二条　违反国家规定，私设生猪屠宰厂（场），从事生猪屠宰、销售等经营活动,情节严重的,依照刑法第二百二十五条的规定以非法经营罪定罪处罚。

实施前款行为,同时又构成生产、销售不符合安全标准的食品罪,生产、销售有毒、有害食品罪等其他犯罪的,依照处罚较重的规定定罪处罚。

第十八条　对实施本解释规定之犯罪的犯罪分子,应当依照刑法规定的条件严格适用缓刑、免予刑事处罚。根据犯罪事实、情节和悔罪表现,对于符合刑法规定的缓刑适用条件的犯罪分子,可以适用缓刑,但是应当同时宣告禁止令,禁止其在缓刑考验期限内从事食品生产、销售及相关活动。

第十九条　单位实施本解释规定的犯罪的,依照本解释规定的定罪量刑标准处罚。

第二十二条　最高人民法院、最高人民检察院此前发布的司法解释与本解释不一致的,以本解释为准。

3. 最高人民法院、最高人民检察院、公安部《关于办理走私、非法买卖麻黄碱类复方制剂等刑事案件适用法律若干问题的意见》

(实施日期:2012 年 6 月 18 日　法发[2012]12 号)(节录)

为从源头上打击、遏制毒品犯罪,根据刑法等有关规定,结合司法实践,现就办理走私、非法买卖麻黄碱类复方制剂等刑事案件适用法律的若干问题,提出以下意见:

一、关于走私、非法买卖麻黄碱类复方制剂等行为的定性

非法买卖麻黄碱类复方制剂或者运输、携带、寄递麻黄碱类复方制剂进出境,没有证据证明系用于制造毒品或者走私、非法买卖制毒物品,或者未达到走私制毒物品罪、非法买卖制毒物品罪的定罪数量标准,构成非法经营罪、走私普通货物、物品罪等其他犯罪的,依法定罪处罚。

4. 最高人民法院《关于办理妨害预防、控制突发传染病疫情等灾害的刑事案件具体应用法律若干问题的解释》

(实施日期:2003 年 6 月 11 日　法[2003]72 号)(节录)

第六条　违反国家在预防、控制突发传染病疫情等灾害期间有关市场经营、价格管理等规定,哄抬物价、牟取暴利,严重扰乱市场秩序,违法所得数额较大或者有其他严重情节的,依照刑法第二百二十五条第(四)项的规定,以非法经营罪定罪,依法从重处罚。

5. 最高人民检察院法律政策研究室《关于 1998 年 4 月 18 日以前的传销或者变相传销行为如何处理的答复》

(实施日期:2003 年 3 月 21 日　高检研发[2003]7 号)

湖南省人民检察院研究室:

你院《关于 1998 年 4 月 18 日以前情节严重或特别严重的非法传销行为是否以非法经营罪定罪处罚问题的请示》(湘检发公请字[2002]02 号)收悉。经研究,答

复如下：

对1998年4月18日国务院发布《关于禁止传销经营活动的通知》以前的传销或者变相传销行为，不宜以非法经营罪追究刑事责任。行为人在传销或者变相传销活动中实施销售假冒伪劣产品、诈骗、非法集资、虚报注册资本、偷税等行为，构成犯罪的，应当依照刑法的相关规定追究刑事责任。

6. 最高人民检察院《关于办理非法经营食盐刑事案件具体应用法律若干问题的解释》

（实施日期：2002年9月13日　高检发释字［2002］6号）（节录）

为保护公民身体健康，维护社会主义市场经济秩序，根据刑法的有关规定，现对办理非法经营食盐刑事案件具体应用法律的若干问题解释如下：

第一条　违反国家有关盐业管理规定，非法生产、储运、销售食盐，扰乱市场秩序，情节严重的，应当依照刑法第二百二十五条的规定，以非法经营罪追究刑事责任。

第二条　非法经营食盐，具有下列情形之一的，应当依法追究刑事责任：

（一）非法经营食盐数量在二十吨以上的；

（二）曾因非法经营食盐行为受过二次以上行政处罚又非法经营食盐，数量在十吨以上的。

第三条　非法经营食盐行为未经处理的，其非法经营的数量累计计算；行为人非法经营行为是否盈利，不影响犯罪的构成。

第四条　以非碘盐充当碘盐或者以工业用盐等非食盐充当食盐进行非法经营，同时构成非法经营罪和生产、销售伪劣产品罪、生产、销售不符合卫生标准的食品罪、生产、销售有毒、有害食品罪等其他犯罪的，依照处罚较重的规定追究刑事责任。

第五条　以暴力、威胁方法阻碍行政执法人员依法行使盐业管理职务的，依照刑法第二百七十七条的规定，以妨害公务罪追究刑事责任；其非法经营行为已构成犯罪的，依照数罪并罚的规定追究刑事责任。

7. 最高人民法院、最高人民检察院《关于办理非法生产、销售、使用禁止在饲料和动物饮用水中使用的药品等刑事案件具体应用法律若干问题的解释》

（实施日期：2002年8月23日　法释［2002］26号）（节录）

第一条　未取得药品生产、经营许可证件和批准文号，非法生产、销售盐酸克仑特罗等禁止在饲料和动物饮用水中使用的药品，扰乱药品市场秩序，情节严重的，依照刑法第二百二十五条第（一）项的规定，以非法经营罪追究刑事责任。

第二条　在生产、销售的饲料中添加盐酸克仑特罗等禁止在饲料和动物饮用水中使用的药品，或者销售明知是添加有该类药品的饲料，情节严重的，依照刑法第二百二十五条第（四）项的规定，以非法经营罪追究刑事责任。

第五条　实施本解释规定的行为，同时触犯刑法规定的两种以上犯罪的，依照处罚较重的规定追究刑事责任。

第六条　禁止在饲料和动物饮用水中使用的药品，依照国家有关部门公告的禁止在饲料和动物饮用水中使用的药物品种目录确定。

8. 最高人民法院《关于审理扰乱电信市场管理秩序案件具体应用法律若干问题的解释》

(实施日期:2000 年 5 月 24 日　法释[2000]12 号)(节录)

为依法惩处扰乱电信市场管理秩序的犯罪活动，根据刑法的有关规定，现就审理这类案件具体应用法律的若干问题解释如下：

第一条　违反国家规定，采取租用国际专线、私设转接设备或者其他方法，擅自经营国际电信业务或者涉港澳台电信业务进行营利活动，扰乱电信市场管理秩序，情节严重的，依照刑法第二百二十五条第(四)项的规定，以非法经营罪定罪处罚。

第二条　实施本解释第一条规定的行为，具有下列情形之一的，属于非法经营行为"情节严重"：

(一)经营去话业务数额在一百万元以上的；

(二)经营来话业务造成电信资费损失数额在一百万元以上的。

具有下列情形之一的，属于非法经营行为"情节特别严重"：

(一)经营去话业务数额在五百万元以上的；

(二)经营来话业务造成电信资费损失数额在五百万元以上的。

第三条　实施本解释第一条规定的行为，经营数额或者造成电信资费损失数额接近非法经营行为"情节严重"、"情节特别严重"的数额起点标准，并具有下列情形之一的，可以分别认定为非法经营行为"情节严重"、"情节特别严重"：

(一)两年内因非法经营国际电信业务或者涉港澳台电信业务行为受过行政处罚两次以上的；

(二)因非法经营国际电信业务或者涉港澳台电信业务行为造成其他严重后果的。

第四条　单位实施本解释第一条规定的行为构成犯罪的，对单位判处罚金，并对其直接负责的主管人员和其他直接责任人员，依照本解释第二条、第三条的规定处罚。

第五条　违反国家规定，擅自设置、使用无线电台(站)，或者擅自占用频率，非法经营国际电信业务或者涉港澳台电信业务进行营利活动，同时构成非法经营罪和刑法第二百八十八条规定的扰乱无线电通讯管理秩序罪的，依照处罚较重的规定定罪处罚。

9. 最高人民法院、最高人民检察院《关于办理盗窃、盗掘、非法经营和走私文物的案件具体应用法律的若干问题的解释》

（实施日期：1987年11月27日　法（研）发［1987］32号）（节录）

四、非法经营文物

（一）非法经营（含收购、贩运、转手倒卖）文物，情节严重，构成犯罪的，以投机倒把罪论处，适用刑法第一百一十七条、第一百一十八条和全国人大常委会《决定》第一条第（一）项的规定。非法经营三级文物的，处三年以下有期徒刑或者拘役，可以并处、单处罚金或者没收财产；非法经营二级文物的，处三年以上十年以下有期徒刑，可以并处没收财产；非法经营一级文物的，处十年以上有期徒刑，可以并处没收财产，其中非法经营多件或者非法经营稀世国宝的，属于"情节特别严重"，可处无期徒刑或者死刑，可以并处没收财产。对一案中非法经营三级以上各级文物或者非法经营同级文物多件的，量刑时可参照本《解释》第一条第（三）项的有关规定。

（二）非法经营三级以上文物，其中可以由文物主管部门估价的，所评定的价格以及犯罪分子的非法获利数额，可供量刑时参考。

（三）单位非法经营三级以上文物的，可以参照上述规定，追究主管人员和直接责任人员的刑事责任。

（四）个人非法经营不属于三级以上文物的一般文物，其非法经营数额在5000元以上，或者非法获利数额在1000元以上的，应以投机倒把罪追究刑事责任。

单位非法经营一般文物，其非法经营数额在10万元以上，或者非法获利数额在5万元以上的，应以投机倒把罪追究主管人员和直接责任人员的刑事责任；其非法经营数额不足10万元，或者非法获利数额不足5万元，情节严重的，也应以投机倒把罪追究主管人员和直接责任人员的刑事责任。

10. 全国人大常委会《关于惩治骗购外汇、逃汇和非法买卖外汇犯罪的决定》

（实施日期：1998年12月29日）（节录）

四、在国家规定的交易场所以外非法买卖外汇，扰乱市场秩序，情节严重的，依照刑法第二百二十五条的规定定罪处罚。

单位犯前款罪的，依照刑法第二百三十一条的规定处罚。

11. 最高人民法院《关于审理非法出版物刑事案件具体应用法律若干问题的解释》

（实施日期：1998年12月23日　法释［1998］30号）（节录）

第十一条　违反国家规定，出版、印刷、复制、发行本解释第一条至第十条规定以外的其他严重危害社会秩序和扰乱市场秩序的非法出版物，情节严重的，依照刑法第二百二十五条第（三）项的规定，以非法经营罪定罪处罚。

第十二条　个人实施本解释第十一条规定的行为，具有下列情形之一的，属于非法经营行为"情节严重"：

(一)经营数额在五万元至十万元以上的;

(二)违法所得数额在二万元至三万元以上的;

(三)经营报纸五千份或者期刊五千本或者图书二千册或者音像制品、电子出版物五百张(盒)以上的。

具有下列情形之一的,属于非法经营行为"情节特别严重":

(一)经营数额在十五万元至三十万元以上的;

(二)违法所得数额在五万元至十万元以上的;

(三)经营报纸一万五千份或者期刊一万五千本或者图书五千册或者音像制品、电子出版物一千五百张(盒)以上的。

第十三条　单位实施本解释第十一条规定的行为,具有下列情形之一的,属于非法经营行为"情节严重":

(一)经营数额在十五万元至三十万元以上的;

(二)违法所得数额在五万元至十万元以上的;

(三)经营报纸一万五千份或者期刊一万五千本或者图书五千册或者音像制品、电子出版物一千五百张(盒)以上的。

具有下列情形之一的,属于非法经营行为"情节特别严重":

(一)经营数额在五十万元至一百万元以上的;

(二)违法所得数额在十五万元至三十万元以上的;

(三)经营报纸五万份或者期刊五万本或者图书一万五千册或者音像制品、电子出版物五千张(盒)以上的。

【犯罪构成】

(一)主体要件

本罪的主体是一般主体,即一切达到刑事责任年龄,具有刑事责任能力的自然人。依法成立、具有责任能力的单位也可以成为本罪的主体。本罪的主体,依本条原意是指经营者,但在市场经济条件下,"无人不商",如果将本罪的主体限定为特殊主体,将会使许多没有任何经营许可证(非经营者)的买卖物品和进出口许可证和进出口原产地证的行为得不到惩处,因之,本罪的主体为一般主体。

(二)主观要件

本罪主观方面由故意构成,并且具有谋取非法利润的目的,主观方面应具有的两个主要内容。如果行为人没有以牟取非法利润为目的,而是由于不懂法律、法规,买卖经营许可证的,不应当以本罪论处,应当由主管部门对其追究行政责任。

(三)客观要件

本罪客观方面表现为未经许可经营专营、专卖物品或者其他限制买卖的物品、买卖进出口许可证、进出口原产地证明以及其他法律、行政法规规定的经营许可证或者批准档,以及从事其他非法经营活动,扰乱市场秩序,情节严重的行为。主要有以下几种行为方式：

1. 未经许可经营法律、行政法规规定的专营、专卖物品或者其他限制买卖的物品。为了保证市场正常秩序，在中国对一些有关国计民生、人们生命健康安全以及公共利益的物资实行限制经营买卖。只有经过批准，获取经营许可证后才能对之从事诸如收购、储存、运输、加工、批发、销售等经营活动。没有经过批准而擅自予以经营的，就属非法经营。所谓限制买卖物品，是指依规定不允许在市场上自由买卖的物品，如国家不允许自由买卖的重要生产数据和紧俏消费品、国家指定专门单位经营的物品，如烟草专卖品（卷烟、雪茄烟、烟丝、复烤烟卷烟纸、滤嘴棒、烟用丝束、烟草专用机械）、外汇、金银及其制品、金银工艺品、珠宝及贵重药材，等等。哪些物品限制买卖，由国家法律、行政法规规定。所有这些都是国家为调控特定物品的经营市场而作的特殊规定，非经许可即经营限制买卖的物品，给国家限制买卖物品市场造成了很大的混乱。

最高人民法院《关于审理非法出版物刑事案件具体应用法律若干问题的解释》（法释[1998]30号）第十一条："违反国家规定，出版、印刷、复制、发行本解释第一条至第十条规定以外的其他严重危害社会秩序和扰乱市场秩序的非法出版物，情节严重的，依照刑法第二百二十五条第（三）项的规定，以非法经营罪定罪处罚。"

应当指出，限制经营物品虽然多种多样，但其必须为国家有关法律、法规所规定，只有有关法律、法规规定限制经营的，才属限制经营物品，否则，就不能对之加以认定。此外，是否为限制物品，并非一成不变，国家根据实际需要，可以加以变化调整。

2. 买卖进出口许可证、进出口原产地证明以及其他法律、法规规定的经营许可证或者批准证件。经营许可证或者有关批准档，是持有人进行该项经济活动合法性的有效凭证。无之则就属于非法经营。一些不法分子、本来没有经营国家限制买卖物品的资格，无法获取有关经营许可证件或者批准文件，便从他人处购买甚或伪造经营许可证或批准档，企图逃避检查、制裁。由此，买卖许可经营证件及批准档的不法行为也应运而生。此种行为，直接促使了情节严重的非法经营国家限制买卖物品的活动泛滥，具有相当大的危害性，因此，亦应以刑罚予以惩治。进出口许可证，由国务院对外经济贸易管理部门及其授权机构签发，不仅是对外贸易经营着合法进行对外贸易活动的合法证明，也是国家对进出口货物、技术进行管理的一种重要凭证，如海关对进出口货物、技术查验放行时必须以此为依据。进出口原产地证明，是指用来证明进出口货物、技术原产地属于某国或某地区的有效凭证。其为进口国和地区视原产地不同征收差别关税和实施其他进口区别待遇的一种证明。所谓其他法律、行政法规规定的经营许可证或者批准档，一般是指对限制买卖物品的经营许可证件或批准档。如烟草专卖许可证就是烟草专卖局颁发给企业单位和个人准许其经营烟草专卖品的证书,它包括烟草专卖生产许可证、烟草专卖经营许可证。所谓准运证,是由省级烟草公司根据烟草总公司的调拨计划、档或合同而签发的办理烟草托运手续的证书。前者是领证单位或个人从事烟草专卖业务的资料证明文件,是区分烟草行业合法经营和非法经营的重要凭证。后者是领取单位或个人从事烟草运输合法与否的重要凭证,国家主管部门经审查批准后将上述证件发给单位和个人,以加强对烟草专卖品的生产、经营和运输的监督和统一管理。

3. 其他严重扰乱市场秩序的非法经营行为,非法经营证券、期货或者保险业务,非法从事资金支付结算业务。"非法从事资金支付结算业务"是指地下钱庄非法从事商业银行才能开展的接受客户委托代收代付,从付款单位存款账户划出款项,转入收款单位存款账户,以此完成客户之间债权债务清算或资金调拨的业务活动。

4. 其他严重扰乱市场经济秩序的非法经营行为。

(1)非法买卖外汇。

(2)非法经营出版物。

(3)非法经营电信业务。

(4)在生产、销售的饲料中添加盐酸克伦特罗等禁止在饲料和动物饮用水中使用的物品。

(5)非法经营互联网业务。

(6)非法经营彩票。

(四)客体要件

本罪侵犯的客体应该是市场秩序,为了保证限制买卖物品和进出口物品市场,国家实行上述物品的经营许可制度。其中进出口许可制度是经营许可制度的重要内容,买卖进出口许可证和进出口原产地证明的行为除侵犯市场秩序外,还侵犯了对外贸易管理制度。根据《对外贸易法》的规定,国家实行统一的对外贸易制度,根据平等互利的原则,促进和发展同其他国家和地区的贸易关系。中华人民共和国在对外贸易方面根据所缔结或者参加的国际条约、协议,给予其他缔约方、参加方或者根据互惠、对等原则给予对方最惠国待遇、国民待遇。任何国家或者地区在贸易方面对中华人民共和国采取歧视性的禁止、限制或者其他类似措施的,中华人民共和国可以根据实际情况对该国家或者该地区采取相应的措施,为了保证按照上述规定发展对外贸易,国家要求进出口货物必须提供原产地证明,对除法律规定的特殊情况可以免领许可证的以外还须申请进出口许可证。因此,进出口原产地证明、进出口许可证必须是真实有效的,不允许进行伪造、变造。同时,进出口原产地证明、进出口许可证是针对特定进出口人的特定进出口贸易而使用的,不允许进行买卖。买卖进出口原产地证明、进出口许可证,扰乱国家的对外贸易秩序,因此必须予以惩治。

【罪名辨析】

刑法第二百二十五条关于非法经营罪的规定，只能适用于扰乱市场秩序，情节严重的非法经营行为。该条第四项的适用，也不能脱离这个基本前提。因此，对于刑法未明确规定的某种具有一定危害性的行为，若以非法经营罪论处，必须符合以下几个条件：

（一）该行为是一种经营行为。虽然“经营”一词在语言学上并不特指经济营业活动，而是指“筹划并管理”“泛指计划和组织”等，但是，作为“破坏社会主义市场经济秩序罪”中规定的非法经营行为，其“经营”一词理应是经济领域中的营业活动，即应理解为是一种以营利为目的的经济活动，包括从事工业、商业、服务业、交通运输业等经营活动。强调此“经营”行为以营利为目的是必要的，这是非法经营罪作为一种经济犯罪所应具备的一个基本特征。如果某种所谓经营活动不是以营利为目的，而是为了公益或者慈善目的，则即便该行为的某些方面不符合有关法规，也应将其排除于本罪之外。

（二）该经营行为非法。所谓“非法”，是指该经营行为违反国家立法机关制定的法律和决定及国务院制定的行政法规、规定的行政措施、发布的决定和命令。通常是指违反国家法律、法规的禁止性或者限制性规范。如果国家法律、法规等未对某种经营行为予以禁止或者限制的，该经营行为不得被认定为非法经营行为。例如，在国家立法机关和国务院未对IP电话的民间经营行为作出明文禁止或者限制之前，民间经营IP电话的行为就不宜认定为非法经营行为。国务院所属部门或者地方政府未经国务院批准或者授权而颁发的某种行政规章或其他文件中超过国家法律、法规内容的有关规定，一般不能成为认定非法经营行为的法律依据。

（三）该非法经营行为严重扰乱市场秩序。以市场秩序作为本罪侵犯的客体，这一方面，表明非法经营罪是一种扰乱市场秩序的犯罪，另一方面，个罪客体与类罪客体的重叠，也印证了该罪之规定是“扰乱市场秩序罪”这一节的“兜底”条款。此所谓“市场秩序”包括市场准入秩序、市场竞争秩序和市场交易秩序。这三种秩序都可能成为非法经营罪侵害的客体。

量刑部分

【量刑标准】

犯本罪，情节严重的，处五年以下有期徒刑或者拘役，并处或者单处违法所得一倍以上五倍以下罚金；情节特别严重的，处五年以上有期徒刑，并处违法所得一倍以上五倍以下罚金或者没收财产。

强迫交易罪 《刑法》第226条

以暴力、威胁手段,实施下列行为之一,情节严重的,处三年以下有期徒刑或者拘役,并处或者单处罚金;情节特别严重的,处三年以上七年以下有期徒刑,并处罚金:

(一)强买强卖商品的;

(二)强迫他人提供或者接受服务的;

(三)强迫他人参与或者退出投标、拍卖的;

(四)强迫他人转让或者收购公司、企业的股份、债券或者其他资产的;

(五)强迫他人参与或者退出特定的经营活动的。

定罪部分

【罪名概念】

强迫交易罪,是指以暴力、威胁手段强买强卖商品、强迫他人提供服务或者强迫他人接受服务,情节严重的行为。

【司法解释】

最高人民检察院《关于强迫借贷行为适用法律问题的批复》

(实施日期:2014年4月17日)

广东省人民检察院:

你院《关于强迫借贷案件法律适用的请示》(粤检发研字[2014]9号)收悉。经研究,批复如下:

以暴力、胁迫手段强迫他人借贷,属于刑法第二百二十六条第二项规定的"强迫他人提供或者接受服务",情节严重的,以强迫交易罪追究刑事责任;同时构成故意伤害罪等其他犯罪的,依照处罚较重的规定定罪处罚。以非法占有为目的,以借贷为名采用暴力、胁迫手段获取他人财物,符合刑法第二百六十三条或者第二百七十四条规定的,以抢劫罪或者敲诈勒索罪追究刑事责任。

【犯罪构成】

(一)主体要件

本罪主体为一般主体。凡达到刑事责任年龄且具备刑事责任能力的自然人均能构成本罪,依《刑法》第二百三十一条之规定,单位亦能构成本罪。单位犯本罪的,实行两罚制,即对单位判处罚金,对其直接负责的主管人员和其他直接责任人员依本条规定追究刑事责任。

(二)主观要件

本罪在主观方面表现为直接故意。间接故意、过失均不构成本罪。

（三）客观要件

本罪在客观方面表现为以暴力、威胁手段强买强卖商品、强迫他人提供服务或者强迫他人接受服务，情节严重的行为。

所谓暴力，是指对被强迫人的人身或财产实际强制或打击，如殴打、捆绑、抱住、围困、伤害或者砸毁其财物等；所谓威胁、是指对被害人实际精神强制，以加害其人身、毁坏其财物、揭露其隐私、破坏其名誉、加害其亲属等相要挟。其方式则可以是言语，也可以是动作，甚至利用某种特定的危险环境进行胁迫。无论是暴力还是威胁，都意在使其不敢反抗而被迫答应交易。他人不愿意购买或出卖商品或者提供或接受服务时，如果采取利诱、欺骗等非暴力威胁方法要求交易，则不能以本罪论处。暴力、威胁直接与交易相关，意在促使交易的实现。如果不是出于这一目的，而在交易活动之外实施暴力、威胁行为的，自然不能以本罪论处。

违背他人意志，强迫他人与己或者第三人交易是本罪的本质特征。所谓违背他人意志，是指他人不想向其购买商品而强行其购买，他人不愿出卖商品强迫其出卖、他人不肯因犯强迫交易罪而获刑。

提供服务，强迫他人提供，他人不愿意接受服务则强迫其接受。所谓服务，是指各种营业性的服务，如住宿、运输、餐饮、维修、打扫卫生、送灌煤气、托运家具、提供钟点工等等，应当指出，对于强迫他人出卖商品或者提供服务，他人一般应是在从事商品的出卖或营利性服务的工作。如果他人并未从事这种营利性的工作，而强迫他人将自己所有的某种商品如祖传之物卖给自己或者强行没有从事搬送煤气的人为自己搬送煤气、未从事饮食、住宿的人提供饮食、住宿，则不能以本罪论处。此外，服务而是合法的营利性的服务。倘若不是合法的服务，如强行为己提供卖淫、赌博等非法服务或者为己洗脚、倒尿等侮辱性服务，则也不能构成本罪，构成犯罪的，应以他罪论处，本罪属情节犯，只有在强迫他人交易的行为达到情节严重时才能构成。情节不属严重，即使实施了强买强卖行为，也不能以本罪论处。所谓情节严重，主要是指多次强迫交易的；实施强迫交易非法获得数额较大的；造成恶劣影响的结伙实行强迫交易的；手段恶劣的；强迫外国人交易的；强迫交易内容低劣的；等等。

（四）客体要件

本罪不仅侵犯了交易相对方的合法权益，而且侵犯了商品交易市场秩序。商品交易是在平等民事主体之间发生的法律关系，应当遵循市场交易中的自愿与公平原则。但在现实生活中，交易双方强买强卖、强迫他人提供服务或者强迫他人接受服务的现象时有发生，这种行为违背了市场交易原则，破坏了市场交易秩序，侵害了消费者或经营者的合法权益。如果行为人以暴力、威胁手段强行交易，就具有了严重的社会危害性，情节严重的，应依法追究刑事责任。

【罪名辨析】

(一)本罪与敲诈勒索罪的区别

本罪与敲诈勒索罪在行为方式上有诸多相同之处,但二者之间有严格区别:

1. 客体不同。本罪侵犯的客体是复杂客体,即市场交易秩序和他人的人身权、财产权或其他合法权益;而敲诈勒索罪侵犯的客体是简单客体,即公私财产的所有权。

2. 客观方面不同。其一,本罪行为人对被害人可使用暴力、威胁方法,而敲诈勒索罪则只能使用威胁、要挟方法,若行为人当面对被害人使用暴力,则超出了敲诈勒索罪的范围。其二,本罪行为人在强迫对方达成交易后一般会给付对方一定数额的货币或商品作为代价,而敲诈勒索罪的行为人则完全是无偿占有被害人财物。

3. 主观方面不同。本罪行为人实施强迫交易行为主观上是为了达成交易,牟取不法利益,而敲诈勒索罪行为人主观上则是为了非法占有公私财物。

4. 主体不同。本罪自然人和单位均可构成,而敲诈勒索罪只能由自然人构成。

(二)本罪与寻衅滋事罪的区别

寻衅滋事罪在客观方面也可表现为强拿硬要行为,两罪区别在于:

1. 客体不同。强迫交易罪侵犯的客体是复杂客体,即市场交易秩序和他人的人身权、财产权或其他合法权益,而寻衅滋事罪侵犯的则是简单客体,即社会管理秩序。

2. 客观方面不同。强迫交易罪行为人在强迫对方达到交易后一般会给付对方一定数额的货币或商品,而寻衅滋事罪的行为人则多是无偿占有被害人财物。

3. 主观方面不同。强迫交易的行为人主观上是为了达成交易,牟取不法利益。而寻衅滋事罪行为人主观上则是为了寻欢作乐,无事生非。

4. 主体不同。强迫交易罪可由单位构成,而寻衅滋事罪只能由自然人构成。

(三)本罪与抢劫罪的区别

本罪与抢劫罪的区别:客观上,两者都可以使用暴力、威胁手段,都可以侵犯被害人的财产权、人身权,但二者有严格区别:

1. 客体不同。强迫交易罪侵犯的客体是市场交易秩序和他人的人身权、财产权或其他合法权益,而抢劫罪侵犯的客体则是公私财产所有权和被害人的人身权利。

2. 暴力程度不同。抢劫罪的暴力程度不受限制,甚至可以使用故意杀人的方法,而强迫交易罪的暴力仅限于造成轻伤的范围内。

3. 威胁的内容不同。抢劫的威胁是以杀害、伤害相威胁;强迫交易的威胁则比较广泛,除了可以杀害、伤害相威胁外,还可以揭发个人隐私、毁坏财产或抓住被害人的某些弱点为把柄相威胁。

4. 威胁的方式不同。抢劫罪的威胁是当被害人的面来实行的，一般是用语言或动作来表现，强迫交易罪的威胁，可以当被害人的面，也可以通过第三者来实行，可以用口头语言的方式，也可以用书信等方式来表示。

5. 实现威胁的时间不同。抢劫罪的威胁具有当场实时发生暴力的现实可能性，而强迫交易罪的威胁可以是当场实现，也可以在一段时间后才付诸实施。

6. 能否使用“其他手段”不同。抢劫罪除使用暴力、胁迫外，还可使用其他手段，如用酒灌醉、用药麻醉等，而强迫交易罪只能使用暴力、威胁手段。

7. 客观表现不同。抢劫罪在客观方面表现为强行劫取公私财物的行为，而强迫交易罪则表现为强买强卖商品、强迫他人提供或接受服务的行为。抢劫罪的行为人完全是无偿占有被害人财物，强迫交易罪的行为人则在强迫对方达成交易后一般会给付对方一定数额的货币或商品作为代价。

8. 主观方面不同。抢劫罪的行为人主观上是为了非法占有公私财物。而强迫交易罪行为人主观上是为了达成交易，牟取不法利益。

9. 主体不同。抢劫罪只能由自然人构成，而强迫交易罪可由自然人或单位构成。

量刑部分

【量刑标准】

犯本罪，情节严重的，处三年以下有期徒刑或者拘役，并处或者单处罚金；情节特别严重的，处三年以上七年以下有期徒刑，并处罚金。

截至目前，尚无本罪名关于量刑的司法解释。

伪造、倒卖伪造的有价票证罪　《刑法》第227条（一）

伪造或者倒卖伪造的车票、船票、邮票或者其他有价票证，数额较大的，处二年以下有期徒刑、拘役或者管制，并处或者单处票证价额一倍以上五倍以下罚金；数额巨大的，处二年以上七年以下有期徒刑，并处票证价额一倍以上五倍以下罚金。

定罪部分

【罪名概念】

伪造、倒卖伪造的有价票证罪，是指伪造或者倒卖伪造的车票、船票、邮票或者其他有价票证，数额较大的行为。

【关联法律】

最高人民检察院法律政策研究室《关于非法制作、出售、使用IC电话卡行为如何适用法律问题的答复》

(实施日期:2003年4月2日)

辽宁省人民检察院研究室:

你院《关于非法制作、出售IC电话卡的行为如何认定的请示》(辽检发研字[2002]8号)收悉。经研究,答复如下:

非法制作或者出售非法制作的IC电话卡,数额较大的,应当依照刑法第二百二十七条第一款的规定,以伪造、倒卖伪造的有价票证罪追究刑事责任,犯罪数额可以根据销售数额认定;明知是非法制作的IC电话卡而使用或者购买并使用,造成电信资费损失数额较大的,应当依照刑法第二百六十四条的规定,以盗窃罪追究刑事责任。

【犯罪构成】

(一)主体要件

本罪的主体是一般主体,即达到刑事责任年龄、具有责任能力的人均可以构成。依《刑法》第二百三十一条之规定,单位亦能成为伪造、倒卖伪造的有价票证罪主体。单位犯伪造、倒卖伪造的有价票证罪的实行双罚制,对单位判处罚金,对其直接负责的主管人员和直接责任人员按伪造、倒卖伪造的有价票证罪论处。

(二)主观要件

本罪在主观方面表现为故意,且多具有营利的目的。

(三)客观要件

本罪在客观方面表现为伪造或者倒卖伪造的车票、船票、邮票或者其他有价票证的行为。即仿造国家制作的各种有价票证的形状、图案、面值和颜色等,制作假票证,企图以假充真或者倒卖伪造的有价票证,从中牟利的行为。

本罪属选择性罪名,实施伪造有价票证、倒卖伪造的有价票证行为之一,即构成伪造、倒卖伪造的有价票证罪。伪造有价票证的,构成伪造有价票证罪,倒卖伪造的有价票证的,构成倒卖伪造的有价票证罪。伪造有价票证,又将其倒卖的,构成伪造的有价票证罪,不实行数罪并罚。

伪造、倒卖伪造的有价票证的行为只有数额较大时才能构成犯罪,至于何谓数额较大,有待有权机关作出解释。

(四)客体要件

本罪侵犯的客体是有价票证的管理活动,犯罪的对象是车票、船票、邮票等有价票证,这些票证都表示一定的货币数额,对于发展我国的交通运输、邮电事业,具有重要意义,并直接关系到国民经济的发展。伪造或者倒卖伪造的上述票证,不仅直接给国家经济造成损失,而且给国家的票证管理活动以及同票证管理有关的财政、金融、工商管理活动造成危害，因此，必须依法惩处伪造或者倒卖伪造的有价票证的行为。

量刑部分

【量刑标准】

犯本罪，数额较大的，处二年以下有期徒刑、拘役或者管制，可以并处或者单处票证价额一倍以上五倍以下罚金；数额巨大的，处二年以上七年以下有期徒刑，并处票证价额一倍以上五倍以下罚金。

单位犯本罪的，对单位判处罚金，对其直接负责的主管人员和其他直接责任人员依本条规定处罚。

截至目前，尚无本罪名关于量刑的司法解释。

倒卖车票、船票罪　《刑法》第227条(二)

倒卖车票、船票，情节严重的，处三年以下有期徒刑、拘役或者管制，并处或者单处票证价额一倍以上五倍以下罚金。

定罪部分

【罪名概念】

倒卖车票、船票罪，是指倒卖车票、船票，情节严重的行为。

【司法解释】

最高人民法院《关于审理倒卖车票刑事案件有关问题的解释》

(实施日期:1999年9月6日　法释[1999]17号)(节录)

为依法惩处倒卖车票的犯罪活动，根据刑法的有关规定，现就审理倒卖车票刑事案件的有关问题解释如下：

第一条　高价、变相加价倒卖车票或者倒卖坐席、卧铺签字号及订购车票凭证，票面数额在五千元以上，或者非法获利数额在二千元以上的，构成刑法第二百二十七条第二款规定的“倒卖车票情节严重”。

第二条　对于铁路职工倒卖车票或者与其他人员勾结倒卖车票；组织倒卖车票的首要分子；曾因倒卖车票受过治安处罚两次以上或者被劳动教养一次以上，两年内又倒卖车票，构成倒卖车票罪的，依法从重处罚。

铁路职工倒票、内外勾结倒票；首要分子；处罚过两次以上、劳教一次以上两年内犯同类罪，从重处罚。

【犯罪构成】

(一)主体要件

本罪的主体是一般主体,即达到刑事责任年龄、具有责任能力的人都可以构成,依刑法第二百三十一条的规定,单位也能成为本罪主体。单位犯本罪的,实行双罚制。

(二)主观要件

本罪在主观方面表现为直接故意,且以营利为目的,此乃本罪在主观方面的两大构成要件,缺一不能构成本罪。

(三)客观要件

本罪在客观方面表现为倒卖车票、船票、情节严重的行为。所谓倒卖,是指购买车票、船票后加价卖出或者为了卖出而购买车票、船票。本罪的本质在于其目的是否通过加价卖出而获得,至于其目的是否实现则不影响其性质的认定。所谓车票,是指旅客凭其乘坐各种陆上从事旅客运输的公共交通工具的有价票证,如火车票、公共汽车票、长途汽车票等。坐席、卧铺签字号及订购车票凭证亦属本条所称车票性质。所谓船票,则是指凭其乘坐水上从事旅客交通运输的公共交通工具的有价票证。

本罪属情节犯,倒卖车票、船票的行为必须达到情节严重的程度才能构成其罪,情节不属严重,即使有倒卖车票、船票的行为,也不能以本罪论处。所谓情节严重,主要是指多次倒卖的;因倒卖获利较大的;倒卖数额巨大的;内外勾结套购车票、船票倒卖的;造成恶劣影响的;抗拒依法进行的查问的;等等。根据 1999 年 9 月 14 日起施行的最高人民法院《关于审理倒卖车票刑事案件有关问题的解释》的规定,高价、变相加价倒卖车票或者倒卖坐席、卧铺签字号及订购车票凭证,票面数额在五千元以上,或者非法获利数额在二千元以上的,即属情节严重。

(四)客体要件

本罪侵犯的客体为车票、船票的管理活动。

量 刑 部 分

【量刑标准】

犯本罪,情节严重的,处三年以下有期徒刑、拘役或者管制,并处或者单处票证价额一倍以上五倍以下罚金。

单位犯本罪的,对单位判处罚金,对其直接负责的主管人员和其他直接责任人员,依本条之规定追究刑事责任。

非法转让、倒卖土地使用权罪　《刑法》第228条

以牟利为目的，违反土地管理法规，非法转让、倒卖土地使用权，情节严重的，处三年以下有期徒刑或者拘役，并处或者单处非法转让、倒卖土地使用权价额百分之五以上百分之二十以下罚金；情节特别严重的，处三年以上七年以下有期徒刑，并处非法转让、倒卖土地使用权价额百分之五以上百分之二十以下罚金。

定罪部分

【罪名概念】

非法转让、倒卖土地使用权罪，是指以牟利为目的，违反土地管理法规，非法转让、倒卖土地使用权，情节严重的行为。

【立法、司法解释】

最高人民法院《关于审理破坏土地资源刑事案件具体应用法律若干问题的解释》

（实施日期：2000年6月22日　法释［2000］14号）（节录）

为依法惩处破坏土地资源犯罪活动，根据刑法的有关规定，现就审理这类案件具体应用法律的若干问题解释如下：

第一条　以牟利为目的，违反土地管理法规，非法转让、倒卖土地使用权，具有下列情形之一的，属于非法转让、倒卖土地使用权"情节严重"，依照刑法第二百二十八条的规定，以非法转让、倒卖土地使用权罪定罪处罚：

（一）非法转让、倒卖基本农田五亩以上的；

（二）非法转让、倒卖基本农田以外的耕地十亩以上的；

（三）非法转让、倒卖其他土地二十亩以上的；

（四）非法获利五十万元以上的；

（五）非法转让、倒卖土地接近上述数量标准并具有其他恶劣情节的，如曾因非法转让、倒卖土地使用权受过行政处罚或者造成严重后果等。

第二条　实施第一条规定的行为，具有下列情形之一的，属于非法转让、倒卖土地使用权"情节特别严重"：

（一）非法转让、倒卖基本农田十亩以上的；

（二）非法转让、倒卖基本农田以外的耕地二十亩以上的；

（三）非法转让、倒卖其他土地四十亩以上的；

（四）非法获利一百万元以上的；

（五）非法转让、倒卖土地接近上述数量标准并具有其他恶劣情节，如造成严重

后果等。

第八条　单位犯非法转让、倒卖土地使用权罪、非法占有耕地罪的定罪量刑标准,依照本解释第一条、第二条、第三条的规定执行。

第九条　多次实施本解释规定的行为依法应当追诉的,或者一年内多次实施本解释规定的行为未经处理的,按照累计的数量、数额处罚。

【关联法律】

《土地管理法》

第七十三条　买卖或者以其他形式非法转让土地的,由县级以上人民政府土地行政主管部门没收违法所得;对违反土地利用总体规划擅自将农用地改为建设用地的,限期拆除在非法转让的土地上新建的建筑物和其他设施,恢复土地原状,对符合土地利用总体规划的,没收在非法转让的土地上新建的建设物和其他设施,可以并处罚款;对直接负责的主管人员和其他直接责任人员,依法给予行政处分;构成犯罪的,依法追究刑事责任。

【犯罪构成】

(一)主体要件

本罪的主体为一般主体。凡达到刑事责任年龄,具备刑事责任能力的自然人均可成为非法转让、倒卖土地使用权罪主体。依据《刑法》第二百三十一条规定,单位亦能构成非法转让、倒卖土地使用权罪。单位犯非法转让、倒卖土地使用权罪的、对单位判处罚金,对其直接负责的主管人员和其他直接责任人员依本条追究刑事责任。

(二)主观要件

本罪在主观方面表现为故意,并且以牟利为目的,不以牟利为目的,不构成本罪。牟利不仅是行为人谋取金钱上的利益,而且也指行为人谋取其他不正当的利益,例如为了出国办理护照,为了升官等等。

(三)客观要件

本罪在客观方面表现为违反土地管理法规,非法转让、倒卖土地使用权,情节严重的行为。

1. 必须是违反土地管理法规的行为。土地管理法规,是指以《土地管理法》为代表的一系列土地管理法规。如《土地管理法》(1988 年 12 月 29 日通过)《国务院关于出让国家土地使用权批准权限的通知》《城镇国家土地使用权出让和转让暂行条例》《土地管理法实施条例》等。

2. 必须是非法转让、倒卖土地使用权的行为。土地管理法规定,中华人民共和国实行土地的社会主义公有制,即全民所有制和劳动群众集体所有制。任何单位和个人不得侵占、买卖或者以其他形式非法转让土地,国有土地和集体所有的土地的使用权可以依法转让。土地使用权转让应当严格依法进行。土地使用权转让是指土地使用者将土地使用权再转移的行为,包括出售、交换和赠送。未按土地使用权出让合同规定的期限和条件投资开发,利用土地的,土地使用权不得转让。土地使用权转让应当签订转让合同。土地使用权转让时、土地使用权出让合同和登记文件中所载明的权利、义务随之转移,土地使用权转让时,其地上建筑物、其他附着物的所有权转让,应当依照规定办理过户登记。土地使用权和地上建筑物、其他附着物所有权分割转让的,应当经市、县人民政府土地管理部门和房产管理部门批准,并依法办理过户登记。土地使用权转让须符合上述规定,否则即为非法转让。

所谓倒卖土地使用权,是指将土地使用权非法出卖给他人,或者为了出卖而向他人收买、租借土地使用权等,有的是明码标价予以出卖;有的则是以某种形式掩盖其土地的买卖,如明里购买他人的厂房,暗里则是购买厂房所占地的土地使用权;借买他人住宅之名行占他人住宅基地使用权之实等。

本罪属情节犯,非法转让、倒卖土地使用权的行为必须达到情节严重,才能构成本罪,所谓情节严重,主要是指多次实施非法转让、倒卖土地使用权罪行为的;非法转让、倒卖土地使用权数量较大的;牟取非法利益较大的;造成土地严重破坏或荒芜的;等等。

(四)客体要件

本罪侵犯的客体是国家的土地管理制度。1988 年 4 月 12 日七届全国人大一次会议通过了《宪法》修正案,其中规定任何组织或者个人不得侵占、买卖或者以其他形式非法转让土地。土地的使用权可以依照法律的规定转让。土地属于国家或集体所有,国家严禁以任何形式转让土地,但土地的使用权可以依法转让。对于非法转让、倒卖土地使用权的,显然是对国家土地管理制度的严重侵犯。

量刑部分

【量刑标准】

犯本罪,情节严重的,处三年以下有期徒刑或者拘役,并处或者单处非法转让、倒卖土地使用权价额百分之五以上百分之二十以下罚金;情节特别严重的,处三年以上七年以下有期徒刑,并处非法转让、倒卖土地使用权价额百分之五以上百分之二十以下罚金。

单位犯本罪的,对单位判处罚金,并对其直接负责的主管人员和其他直接责任人员,依照本节本条的规定处罚。

提供虚假证明文件罪 《刑法》第229条(一)

承担资产评估、验资、验证、会计、审计、法律服务等职责的中介组织的人员故意提供虚假证明文件,情节严重的,处五年以下有期徒刑或者拘役,并处罚金。

前款规定的人员,索取他人财物或者非法收受他人财物,犯前款罪的,处五年以上十年以下有期徒刑,并处罚金。

定罪部分

【罪名概念】

提供虚假证明文件罪,是指承担资产评估、验资、验证、会计、审计、法律服务职责的人员或单位故意提供虚假证明文件,情节严重的行为。

【司法解释】

最高人民法院、最高人民检察院《关于办理妨害信用卡管理刑事案件具体应用法律若干问题的解释》

(实施日期:2009年12月16日　法释[2009]19号)

第四条　为信用卡申请人制作、提供虚假的财产状况、收入、职务等资信证明材料,涉及伪造、变造、买卖国家机关公文、证件、印章,或者涉及伪造公司、企业、事业单位、人民团体印章,应当追究刑事责任的,依照刑法第二百八十条的规定,分别以伪造、变造、买卖国家机关公文、证件、印章罪和伪造公司、企业、事业单位、人民团体印章罪定罪处罚。

承担资产评估、验资、验证、会计、审计、法律服务等职责的中介组织或其人员,为信用卡申请人提供虚假的财产状况、收入、职务等资信证明材料,应当追究刑事责任的,依照刑法第二百二十九条的规定,分别以提供虚假证明文件罪和出具证明文件重大失实罪定罪处罚。

【犯罪构成】

(一)主体要件

本罪的主体是具有一定身份的特殊主体。根据公司法的有关规定,下列人员可以成为本罪的犯罪主体:

1. 资产评估师。公司成立的发起人以实物、工业产权、非专利技术、土地使用权作为自己股款的,其在公司中的所持股份数额,应由资产评估师作出评估,并拿出相应的资产评估报告,核实财产,不得高估或低估作价。

2. 注册会计师。公司成立的发起人应当一次性地按所认股份的数额缴足股金,并由章程规定或者事先约定的银行或其他金融单位出具收款单据;对于有限责任公司,应有足够的注册资本,对于发起人认购股金及有限责任公司的注册资金情况,注册会计师应该认真核实有关账目,加以验证,出具有关证明材料。

3. 审计师。审计师代表国家依法对即将成立的公司金融状况进行审计,其中包括对股份制公司的招股说明书、当年的资产负债表、损益表、财会变动情况表、连续二年的经营情况表等依法进行审查,对虚假的、能够使认购股票的法人或公众股民遭受重大经济损失的公司档应及时予以揭露,并予以相应的处理。反之,如果出任审查的审计师与公司恶意串通,为公司出具虚假的证明文件,使其他法人或公民在经济上遭受损失,造成严重影响,则该审计师构成本罪主体。

4. 其他人员。除上述三类人员外,法律服务人员及其他行使评估师、注册会计师、审计师职权的人亦可成为本罪主体,这些人虽不具有评估师、注册会计师及审计师的职称(如未取得注册会计师资格的会计师),但受委托从事了评估师、注册会计师或审计师、法律服务的工作,所出具的证明档,同样具备法律效力。因此,这些人亦可能构成本罪的主体。

根据《刑法》第二百三十一条之规定,单位也可以成为本罪的主体。如果评估事务所、注册会计师事务所、审计师事务所或法律服务机构等单位与公司恶意串通,指定其人员为该公司出具虚假的验资证明等档,情节严重的,则该单位也可以成为本罪主体。

(二)主观要件

本罪在主观方面必须出于故意,即明知自己所提供的有关证明文件有虚假内容但仍决意提供。过失不能构成本罪,构成犯罪的,应是他罪如中介组织人员出具证明文件重大失实罪。至于其动机则多种多样,有的是贪图钱财、有的是碍于情面,有的是讨好他人,有的是迷恋女色,有的是有求于他人,有的是出于报复等等,但无论动机如何,均不影响本罪成立。

(三)客观要件

本罪在客观方面表现为提供虚假证明文件,情节严重的行为。所谓证明文件,在这里是指资产评估报告、提供虚假证明文件验资证明、验证证明、审计报告等中介证明;所谓虚假的证明文件,是指上述证明档的内容不符合事实、不真实,或杜撰、编造、虚构了事实,或隐瞒了事实真相。虚假,既可以是全部内容虚假,又可以是其中的主要内容虚假。就其表现而言,则由于各种证明文件的内容不同而多种多样,如资产评估师明知公司以实物、工业产权、非专利技术、土地使用权折抵资本或股本与实际不符,或高于其实际价值,或低于其实际价值,但仍不加指出,仍然出具评估证明;或者公司提出的折抵数额本来与实际相符,却又故意压低或抬高物产、工业产权、非专利技术的折抵数额或股本。验资人员明知公司发起人没有出资或没有足额出资而证明其出资或足额出资;或在他人本来足额出资时却说没有足额出资。验证人员,明知公司的财务报告内容不实,会导致股东和社会公众重大损失不予指出或者对公司可能造成股东或其他利害关系人的利益损害的公司财物会计处理予以隐瞒或作不实报告。审计人员,代表国家对即将成立的公司金融状况审查过程中,发现股份制公司招股说明书,当年的负债表、损益表、财务变动情况,连续三年的经营情况有虚假内容而置之不理或帮助公司作假等等。

提供虚假证明文件的行为,必须情节严重才构成犯罪。情节不属严重,即使提供了虚假证明文件,也不能以本罪论处。所谓情节严重,主要是指多次提供虚假证明的;违法所得数额巨大的;造成国有资产严重流失的;给公司、公司股东、债权人及其利益人造成严重经济损失的;提供虚假证明给公司用于进行非法发行股票,低价折股、低价出售国有资产、虚假出资等违法犯罪活动的;造成恶劣影响的;等等。

(四)客体要件

本罪侵害的客体是国家的工商管理制度。我国公司法对有限责任公司、股份有限公司的成立规定了严格的条件,如《公司法》第二十三条规定,设立有限责任公司,应当具备下列条件:(1)股东符合法定人数;(2)股东出资达到法定资本最低限额;(3)股东共同制定公司章程;(4)有公司名称,建立符合有限责任公司要求的组织机构;(5)有公司住所;《公司法》第七十七条规定,设立股份有限公司,应当具备下列条件:(1)发起人符合法定人数;(2)发起人认购和募集的股本达到法定资本最低限额;(3)股份发行、筹办事项符合法律规定;(4)发起人制定公司章程,采用募集方式设立的经创立大会通过;(5)有公司名称,建立符合股份有限公司要求的组织机构;(6)有公司住所。这对建立工商企业制度、规范公司的组织和行为、保护公司、股东和债权人的合法利益是十分必要的,因此,故意或过失提供虚假的证明文件的行为,可能致使不具备成立条件的有限责任公司或股份有限公司得以成立。从而破坏了公司法的有关规定,妨碍了国家工商管理部门对公司的有效管理。

本罪的犯罪对象为评估事务所、注册会计师事务所和审计事务所等单位或个人提供的有关公司成立或经营情况的各类虚假的证明文件,主要有以下几类:

1. 评估报告。资产评估事务所及评估师对公司发起人以物产、工业产权、专利技术折抵注册资本而开具的评估报告或证明。

2. 验资报告。注册会计师或审计师对公司的注册资本进行查验,以确定其是否符合公司法有关条款的规定。

3. 验证报告。除对资金情况验证外、注册会计师还应对公司的招股说明书、资产负债表、损益表、近三年公司经济利润情况表及公积金提取情况表等档进行审查,然后开具验证档。

4. 审计报告。审计师对公司各类经营情况进行审计,然后开具审计报告。

5. 其他报告。如会计报表、律师的法律意见书等。

【罪名辨析】

(一)本罪与伪证罪的界限

伪证罪,是指在侦查、审判中证人、鉴定人、记录人、翻译人故意做虚假证明、鉴定、记录、翻译,意图陷害他人或隐瞒罪证的行为。本罪与伪证罪的区别主要有以下几个方面:

1. 犯罪主体不同。伪证罪中的犯罪主体,是刑事诉讼参与人,包括证人、鉴定人、记录人及翻译人员;而本罪的犯罪主体,主要是从事资产评估、验资或验证的评估师、注册会计师、审计师等。

2. 侵犯的客体不同,伪证罪侵犯的客体是公民的人身权利和司法机关的正常活动;而本罪侵犯的客体是国家对工商企业的管理活动。

3. 行为的表现方式不同,伪证罪,其行为人行为方式表现在刑事案件的侦查、审判过程中、故意出具虚假的证言、鉴定结论以及翻译档等。而本罪中,行为人的行为是在公司申请登记或公司经营的验资、验证过程中,所出具的虚假证明文件也都是有关公司成立、经营等内容的。

(二)本罪与伪造等罪的界限

本罪与伪造、变造、买卖或者盗窃、抢夺、毁灭国家机关、企业、事业单位、人民团体的公文、证件、印章罪的界限。

二者的共同点在于:他们都是故意犯罪、犯罪对象都是内容有一定意义的证明档,但是,两者的区别还是十分明显的。主要表现在:

1. 犯罪客体不同。妨害公文、证件、印章罪侵犯的是国家机关、企业、事业单位、人民团体的正常管理活动及其信誉。其犯罪对象为公文、证件、印章。本罪侵犯的是国家对工商企业的管理活动。其侵犯的对象为有关公司成立或生产经营的证明文件。

2. 犯罪的客观方面不同。后者表现为伪造、变造或者盗窃、抢夺、毁灭公文、证件、印章的行为。所谓伪造,是指无权制作者制作不真实的公文、证件、印章。本罪表现承担资产评估、验资、验证、审计职责的人员或单位故意提供虚假证明文件、情节严重的行为,它是有权制作者出具了不真实的证明文件。

3. 犯罪主体不同。后罪的主体为一般主体,即达到法定年龄,具有刑事责任能力的人都能构成,其主体为自然人,不包括单位。本罪的主体为特殊主体,行为人必须具备一定的身份才能构成。具体说,其主体为承担资产评估、验资、验证、会计、审计、法律服务等职责的中介组织的人员或单位。既包括自然人,也包括单位。

量刑部分

【量刑标准】

犯本罪,情节严重的,处五年以下有期徒刑或者拘役,并处罚金。

前款规定的人员,索取他人财物或者非法收受他人财物,犯前款罪的,处五年以上十年以下有期徒刑,并处罚金。

单位犯本罪的,对单位判处罚金,并对其直接负责的主管人员和其他直接责任人员,依照本条的规定处罚。

截至目前,尚无本罪名关于量刑的司法解释。

出具证明文件重大失实罪 《刑法》第229条(二)

承担资产评估、验资、验证、会计、审计、法律服务等职责的中介组织的人员,严重不负责任,出具的证明文件有重大失实,造成严重后果的,处三年以下有期徒刑或者拘役,并处或者单处罚金。

定罪部分

【罪名概念】

出具证明文件重大失实罪,是指承担资产评估、验资、验证、会计、审计、法律服务等职责的中介组织及其人员。不负责任,出具的证明文件有重大失实,造成严重后果的行为。

【司法解释】

最高人民法院、最高人民检察院《关于办理妨害信用卡管理刑事案件具体应用法律若干问题的解释》

(实施日期:2009年12月16日　法释[2009]19号)(节录)

第四条　为信用卡申请人制作、提供虚假的财产状况、收入、职务等资信证明材料,涉及伪造、变造、买卖国家机关公文、证件、印章,或者涉及伪造公司、企业、事业单位、人民团体印章,应当追究刑事责任的,依照刑法第二百八十条的规定,分别以伪造、变造、买卖国家机关公文、证件、印章罪和伪造公司、企业、事业单位、人民团体印章罪定罪处罚。

承担资产评估、验资、验证、会计、审计、法律服务等职责的中介组织或其人员,为信用卡申请人提供虚假的财产状况、收入、职务等资信证明材料,应当追究刑事责任的,依照刑法第二百二十九条的规定,分别以提供虚假证明文件罪和出具证明文件重大失实罪定罪处罚。

【关联法律】

《公司法》

第二百零八条　承担资产评估、验资或者验证的机构提供虚假材料的,由公司登记机关没收违法所得,处以违法所得一倍以上五倍以下的罚款,并可以由有关主管部门依法责令该机构停业、吊销直接责任人员的资格证书,吊销营业执照。

承担资产评估、验资或者验证的机构因过失提供有重大遗漏的报告的,由公司登记机关责令改正,情节较重的,处以所得收入一倍以上五倍以下的罚款,并可以由有关主管部门依法责令该机构停业、吊销直接责任人员的资格证书,吊销营业执照。

承担资产评估、验资或者验证的机构因其出具的评估结果、验资或者验证证明不实,给公司债权人造成损失的,除能够证明自己没有过错的外,在其评估或者证明不实的金额范围内承担赔偿责任。

【犯罪构成】

(一)主体要件

本罪的主体为特殊主体,只有承担资产评估、验资、验证、会计、审计、法律服务等职责的中介组织及人员,才能构成本罪,其他单位或个人不能成为本罪的主体。所谓资产评估人员,是指法定资产评估机构中的注册会计师、资产评估师等承担资产评估职责的人员;所谓验资人员,是指法定验资机构中的注册会计师等承担验资职责的人员;所谓验证人员、是指法定验证机构对公司财务报告的真实性、准确性和可信性进行审查、核实的人员;所谓会计人员,是指会计师事务所中的会计师;所谓审计人员,是指审计师事务所中对公司的财务会计报表、公司在合并、分立、清算时的审计业务以及法律、行政法规规定的其他业务进行审计的人员;所谓法律服务人员、是指律师事务所中的律师以及其他从事法律服务的人员,至于承担资产评估、验资、验证、会计、审计、法律服务等职责的中介组织、则是指会计师事务所、审计师事务所及律师事务所等社会中介机构。

(二)主观要件

本罪在主观方面必须出于过失,即应当预见自己严重不负责任的行为,可能造成证明文件的重大失实,并产生严重后果,却因疏忽大意没有预见或者虽有预见但却轻信能够避免,因而造成证明文件的重大失实并发生了严重后果。故意不能构成本罪,构成犯罪的,应以提供虚假证明文件罪论处。

(三)客观要件

本罪在客观方面表现为严重不负责任,出具的证明文件有重大失实,造成严重后果的行为。首先,要有严重不负责任的行为,这是构成本罪的前提,如果工作出具证明文件重大失实罪认真负责,完全因受蒙蔽无法发现或确因水平、能力的限制而没有发现的,则不能以本罪论处。严重不负责任,既可以表现为该为而根本不为,也可以表现为马马虎虎草率应付,不认真而为。前者如资产评估时不评估,验资人员不验资,验证人员不验证、审计人员不审计等。这种完全的不作为是以过分相信为基础的。过分相信,应有相当的基础,如公司经营作风好、资信能力强等。如果明明知道公司经营管理混乱、资信能力很差,不讲信用而仍不作为甚或收受贿赂的,则不能以过失论处,构成犯罪,对之应以中介组织人员提供虚假证明文件罪论处。后者如走马观花,不作全面认真仔细的审查、核实就出具有关证明文件。其次,必须造成了证明档重大失实。失实,是指证明档有虚假内容;重大失实,则是指内容与实际情况存在重大出入,与事实不符,如全部内容失实,重要内容失实等。最后,必须造成了严重后果。没有造成实际危害后果或虽造成危害后果但不是严重后果,也不能以本罪论处。所谓严重后果,主要是指给国家、公司、股东等造成重大经济损失的;造成极为恶劣的影响的;造成市场秩序甚至社会严重混乱的;等等。

(四)客体要件

本罪所侵害的客体是国家有关市场的管理秩序,犯罪对象是指资产评估报告、验资证明、验证证明、审计报告等中介证明。其中资产评估报告,是指资产评估人对公司的物产、工业产权、非专利技术、土地使用权等资产折抵资本经过评估所出具的报告,根据公司法规定,公司成立的发起人以实物、工业产权、非专利技术、土地使用权作为自己股款折资本的,其在公司中所持的股份数额,应由资产评估师评估;公司解散时,对其资产也应当评估。所谓验证证明,是指法定的验资机构及其人员对公司的财务会计报告如资产负债表、损益表、财务状况变动表、财务情况说明书、招股说明书等档就其真实性、准确性、可靠性进行审查后提出的证明。所谓审计报告,则是审计机构及其人员对公司的招股说明书,公司资产负债表、损益表、财务变动情况表,三年的经营状况,公司的合并、分立等依法进行审查、核实后所作出的报告。

根据国务院1991年11月16日发布的《国有资产评估管理方法》第三条的规定,国有资产占有单位有下列情形之一的,应当进行资产评估:(1)资产拍卖、转让;(2)企业兼并、出售、联营、股份经营;(3)与外国公司、企业和其他经济组织或者个人开办中外合资经营企业或者中外合作经营企业;(4)企业清算;(5)依照国家有关规定需要进行资产评估的其他情形。根据第四条的规定,占有单位有下列情形之一,当事人认为需要的,可以进行资产评估:(1)资产抵押及其他担保;(2)企业租赁;(3)需要进行资产评估的其他情形。

【罪名辨析】

(一)本罪与伪证罪的界限

伪证罪,是指在侦查、审判中证人、鉴定人、记录人、翻译人故意做虚假证明、鉴定、记录、翻译,意图陷害他人或隐瞒罪证的行为。本罪与伪证罪的区别主要有以下几个方面:

1. 犯罪主体不同。伪证罪中的犯罪主体,是刑事诉讼参与人,包括证人、鉴定人、记录人及翻译人员;而本罪的犯罪主体,主要是从事资产评估、验资或验证的评估师、注册会计师、审计师等。

2. 侵犯的客体不同,伪证罪侵犯的客体是公民的人身权利和司法机关的正常活动;而本罪侵犯的客体是国家对工商企业的管理活动。

3. 行为的表现方式不同,伪证罪,其行为人行为方式表现在刑事案件的侦查、审判过程中、故意出具虚假的证言、鉴定结论以及翻译档等。而本罪中,行为人的行为是在公司申请登记或公司经营的验资、验证过程中,所出具的虚假证明文件也都是有关公司成立、经营等内容的。

(二)本罪与伪造、变造、买卖或者盗窃、抢夺、毁灭国家机关、企业、事业单位、人民团体的公文、证件、印章罪的界限

二者的共同点在于:他们都是故意犯罪、犯罪对象都是内容有一定意义的证明档,但是,两者的区别还是十分明显的。主要表现在:

1. 犯罪客体不同,妨害公文、证件、印章罪侵犯的是国家机关、企业、事业单位、人民团体的正常管理活动及其信誉。其犯罪对象为公文、证件、印章。本罪侵犯的是国家对工商企业的管理活动。其侵犯的对象为有关公司成立或生产经营的证明文件。

2. 犯罪的客观方面不同。后者表现为伪造、变造或者盗窃、抢夺、毁灭公文、证件、印章的行为。所谓伪造,是指无权制作者制作不真实的公文、证件、印章。本罪表现承担资产评估、验资、验证、审计职责的人员或单位故意提供虚假证明文件、情节严重的行为,它是有权制作者出具了不真实的证明文件。

3. 犯罪主体不同。后罪的主体为一般主体,即达到法定年龄,具有刑事责任能力的人都能构成,其主体为自然人,不包括单位。本罪的主体为特殊主体,行为人必须具备一定的身份才能构成。具体说,其主体为承担资产评估、验资、验证、会计、审计、法律服务等职责的中介组织的人员或单位。既包括自然人,也包括单位。

量刑部分

【量刑标准】

犯本罪的,处三年以下有期徒刑或者拘役并处或者单处罚金。

单位犯本罪的,对单位判处罚金,并对其直接负责的主管人员和其他直接责任人员,依照上述规定处罚。

截至目前,尚无本罪名关于量刑的司法解释。

逃避商检罪 《刑法》第230条

违反进出口商品检验法的规定,逃避商品检验,将必须经商检机构检验的进口商品未报经检验而擅自销售、使用,或者将必须经商检机构检验的出口商品未报经检验合格而擅自出口,情节严重的行为,处三年以下有期徒刑或者拘役,并处或者单处罚金。

定罪部分

【罪名概念】

逃避商检罪,是指违反进出口商品检验法的规定,逃避商品检验,将必须经商检机构检验的进口商品未报经检验而擅自销售、使用,或者将必须经商检机构检验的出口商品未报经检验合格而擅自出口,情节严重的行为。

【犯罪构成】

(一)主体要件

本罪的主体是一般主体,即达到刑事责任年龄具有刑事责任能力的自然人。单位也可构成本罪。实际构成本罪的则应是非法销售使用和出口应当经过商检而未经商检的进出口商品的单位及个人,如应当进行商检申报工作的进出口商品的收货、发货单位及个人。

(二)主观要件

本罪在主观方面表现为过失,这是针对行为可能造成的重大经济损失的结果而言的,即行为人对这种结果应当预见但因自己疏忽大意而没有预见,或者虽已预见其有可能发生,但却轻信能够避免,从而发生了这种严重危害结果。至于逃避商检的行为本身,则是出于故意,即明知行为违法仍然决意为之。

(三)客观要件

本罪在客观方面表现为违反国家进出口商品检验法的规定,逃避国家对进出口商品的检验,情节严重的行为。

具有违反国家进出口检验法的行为是本罪成立的前提条件。如果行为人没有违反国家进出口商品检验法的规定的行为,如按照规定进行了出门商品检验,而是由于商品检验人员的不负责任,把不合格的商品当作合格的商品而允许出口,就不构成本罪;根据法律规定,对依法应予进行检验的进出口商品,必须在国家特定的商检部门检验允许后才能进行进出口。检验的内容,包括商品的质量、规格、数量、重量、包装以及是否符合卫生、安全的要求等。如果无视上述规定,逃避国家对进出口商品的检验,就构成了本罪的客观之行为,依照进出口商品检验法的有关规定,逃避检验的非法行为是指下列三种行为:(1)对应当进行检验的进口商品,未报经检验而擅自在境内销售或使用的;(2)对应当进行检验的出口商品,未报经检验合格后就擅自出口的;(3)经过商检机构的抽查检验,认为是不合格的商品而擅自出口的。

另外,违反进出口商品检验法的行为必须是情节严重的行为,才能构成本罪,情节严重主要是指造成重大经济损失,所谓重大经济损失,一般是指直接经济损失达到巨大的。所谓直接经济损失,是指与行为有着直接因果关系而造成公共财产毁损、减少的实际价值,其是行为人无法挽回的那部分经济损失。如因出口不合格产品，造成外商索赔而赔偿出去的赔偿金，或者进口不合格的商品，未经检验就予以销售或者投入使用，致使应当索赔而无法索赔或只能赔偿一部分的无法追回的赔偿金；进出口商品因延误时间造成的腐烂变质等。与直接经济损失相对应的间接经济损失，则是指由直接经济损失引起和牵连的损失，包括失去的正常情况下可能获得的利益。如进口不合格的机械或生产数据，致使生产无法进行，由此可能造成的损失便是间接经济损失。

（四）客体要件

本罪侵犯的客体是国家对进出口商品检验的管理秩序。本罪的对象必须是根据进出口商品检验的商品种类表和其他法律、行政法规规定必须经商检机构检验的进出口商品，对于不在这一范围内的商品的擅自销售、使用的行为，不构成本罪。

量刑部分

【量刑标准】

犯本罪的，处二年以下有期徒刑或者拘役，并处或者单处罚金。

单位犯本罪的，对单位判处罚金，并对其直接负责的主管人员和其他直接责任人员，依照本条规定处罚。

截至目前，尚无本罪名关于量刑的司法解释。

单位犯扰乱市场秩序罪的处罚规定　《刑法》第231条

单位犯本节第二百二十一条至第二百三十条规定之罪的，对单位判处罚金，并对其直接负责的主管人员和其他直接责任人员，依照本节各该条的规定处罚。

第四章　侵犯公民人身权利、民主权利罪

一、侵犯公民人身权利、民主权利罪的概念

侵犯公民人身权利、民主权利罪，是中国刑法规定的一类犯罪，指非法侵犯公民的人身权利和民主权利的行为。这类犯罪侵犯的客体，是公民的人身权利和民主权利，具体表现为公民的生命、健康、人身自由、名誉、人格以及选举权、被选举权等不受非法侵犯的权利。违法侵犯情节严重的，对直接责任人员予以刑事处分。

二、侵犯公民人身权利、民主权利罪的犯罪主体

本罪的主体，绝大部分是一般主体，即任何达到法定年龄，具有刑事责任能力的公民。个别犯罪，是特殊主体，如刑讯逼供罪，只能由国家工作人员构成。本罪的主观方面，大多数犯罪只能由故意构成，个别犯罪可以由过失构成。

三、侵犯公民人身权利、民主权利罪的种类

根据《刑法》规定，侵犯公民人身权利、民主权利罪包括以下罪名：

故意杀人罪、过失致人死亡罪、故意伤害罪、组织出卖人体器官罪、过失致人重伤罪、强奸罪、强制猥亵、侮辱罪、猥亵儿童罪、非法拘禁罪、绑架罪、拐卖妇女、儿童罪、收买被拐卖的妇女、儿童罪、诬告陷害罪、强迫劳动罪、雇佣童工从事危重劳动罪、非法搜查罪、非法侵入住宅罪、侮辱罪、诽谤罪、刑讯逼供罪、暴力取证罪、虐待被监管人罪、煽动民族仇恨、民族歧视罪、非法剥夺公民宗教信仰自由罪、侵犯通信自由罪、私自开拆、隐匿、毁弃邮件、电报罪、侵犯公民个人信息罪、非法获取公民个人信息罪、报复陷害罪、打击报复会计、统计人员罪、破坏选举罪、暴力干涉婚姻自由罪、重婚罪、破坏军婚罪、虐待罪、虐待被监护、看护人罪、遗弃罪、拐骗儿童罪、组织残疾人、儿童乞讨罪、组织未成年人进行违反治安管理活动罪。

故意杀人罪　《刑法》第232条

故意杀人的，处死刑、无期徒刑或者十年以上有期徒刑；情节较轻的，处三年以上十年以下有期徒刑。

定罪部分

【罪名概念】

故意杀人，是指故意非法剥夺他人生命的行为。属于侵犯公民人身民主权利罪的一种。是中国刑法中少数性质最恶劣的犯罪行为之一。

【司法解释】

1. 最高人民法院、最高人民检察院《关于办理寻衅滋事刑事案件适用法律若干问题的解释》

（实施日期：2013年7月22日　法释［2013］18号）（节录）

第七条　实施寻衅滋事行为，同时符合寻衅滋事罪和故意杀人罪、故意伤害罪、故意毁坏财物罪、敲诈勒索罪、抢夺罪、抢劫罪等罪的构成要件的，依照处罚较重的犯罪定罪处罚。

2. 最高人民法院《关于审理未成年人刑事案件具体应用法律若干问题的解释》

（实施日期：2006年1月23日　法释［2006］1号）（节录）

第十条　已满十四周岁不满十六周岁的人盗窃、诈骗、抢夺他人财物，为窝藏赃物、抗拒抓捕或者毁灭罪证，当场使用暴力，故意伤害致人重伤或者死亡，或者故意杀人的，应当分别以故意伤害罪或者故意杀人罪定罪处罚。

已满十六周岁不满十八周岁的人犯盗窃、诈骗、抢夺罪，为窝藏赃物、抗拒抓捕或者毁灭罪证而当场使用暴力或者以暴力相威胁的，应当依照刑法第二百六十九条的规定定罪处罚；情节轻微的，可不以抢劫罪定罪处罚。

3. 最高人民法院研究室《关于对参加聚众斗殴受重伤或者死亡的人及其家属提出的民事赔偿请求能否予以支持问题的答复》

（实施日期：2004年11月11日　法研［2004］179号）

江苏省高级人民法院：

你院苏高法［2004］296号《关于对聚众斗殴案件中受伤或死亡的当事人及其家属提出的民事赔偿请求能否予以支持问题的请示》收悉。经研究，答复如下：

根据《刑法》第二百九十二条第一款的规定，聚众斗殴的参加者，无论是否首要分子，均明知自己的行为有可能产生伤害他人以及自己被他人的行为伤害的后果，其仍然参加聚众斗殴的，应当自行承担相应的刑事和民事责任。根据《刑法》第二百九十二条第二款的规定，对于参加聚众斗殴，造成他人重伤或者死亡的，行为性质发生变化,应认定为故意伤害罪或者故意杀人罪。聚众斗殴中受重伤或者死亡的人,既是故意伤害罪或者故意杀人罪的受害人,又是聚众斗殴犯罪的行为人。对于参加聚众斗殴受重伤或者死亡的人或其家属提出的民事赔偿请求,依法应予支持,并适用混合过错责任原则。

4. 最高人民法院、最高人民检察院《关于办理妨害预防、控制突发传染病疫情等灾害的刑事案件具体应用法律若干问题的解释》

(实施日期:2003 年 5 月 15 日　法释[2003]8 号)(节录)

在预防、控制突发传染病疫情等灾害期间,聚众"打砸抢",致人伤残、死亡的,依照刑法第二百八十九条、第二百三十四条、第二百三十二条的规定,以故意伤害罪或者故意杀人罪定罪,依法从重处罚。对毁坏或者抢走公私财物的首要分子,依照刑法第二百八十九条、第二百六十三条的规定,以抢劫罪定罪,依法从重处罚。

第九条　在预防、控制突发传染病疫情等灾害期间,聚众"打砸抢",致人伤残、死亡的,依照刑法第二百八十九条、第二百三十四条、第二百三十二条的规定,以故意伤害罪或者故意杀人罪定罪,依法从重处罚。对毁坏或者抢走公私财物的首要分子,依照刑法第二百八十九条、第二百六十三条的规定,以抢劫罪定罪,依法从重处罚。

5. 最高人民法院《关于审理偷税抗税刑事案件具体应用法律若干问题的解释》

(颁布日期:2002 年 11 月 7 日　法释[2002]33 号)(节录)

第六条　实施抗税行为致人重伤、死亡,构成故意伤害罪、故意杀人罪的,分别依照刑法第二百三十四条第二款、第二百三十二条的规定定罪处罚。

与纳税人或者扣缴义务人共同实施抗税行为的,以抗税罪的共犯依法处罚。

6. 最高人民检察院《关于已满十四周岁不满十六周岁的人承担刑事责任范围问题的复函》

(实施日期:2002 年 8 月 9 日　高检发研字[2002]17 号)

四川省人民检察院:

你院关于已满十四周岁不满十六周岁的人承担刑事责任范围问题的请示(川检发研[2001]13 号)收悉。我们就此问题询问了全国人民代表大会常务委员会法制工作委员会,现将全国人民代表大会常务委员会法制工作委员会的答复意见转发你院,请遵照执行。

附件:全国人民代表大会常务委员会法制工作委员会关于已满十四周岁不满十六周岁的人承担刑事责任范围问题的答复意见。

(全国人大常委会法制工作委员会　2002 年 7 月 24 日　法工委复字[2002]14 号)

最高人民检察院:

关于你单位 4 月 8 日来函收悉,经研究,现答复如下:

刑法第十七条第二款规定的八种犯罪，是指具体犯罪行为而不是具体罪名。对于刑法第十七条中规定的“犯故意杀人、故意伤害致人重伤或者死亡”，是指只要故意实施了杀人、伤害行为并且造成了致人重伤、死亡后果的，都应负刑事责任。而不是指只有犯故意杀人罪、故意伤害罪的，才负刑事责任，绑架撕票的，不负刑事责任。对司法实践中出现的已满十四周岁不满十六周岁的人绑架人质后杀害被绑架人、拐卖妇女、儿童而故意造成被拐卖妇女、儿童重伤或死亡的行为，依据刑法是应当追究其刑事责任的。

7. 最高人民法院、最高人民检察院《关于办理组织和利用邪教组织犯罪案件具体应用法律若干问题的解释(二)》

(实施日期:2001 年 6 月 11 日　法释[2001]19 号)(节录)

第八条　邪教组织人员为境外窃取、刺探、收买、非法提供国家秘密、情报的，以窃取、刺探、收买方法非法获取国家秘密的，非法持有国家绝密、机密文件、资料、物品拒不说明来源与用途的，或者泄露国家秘密情节严重的，分别依照刑法第一百一十一条为境外窃取、刺探、收买、非法提供国家秘密、情报罪，第二百八十二条第一款非法获取国家秘密罪，第二百八十二条第二款非法持有国家绝密、机密文件、资料、物品罪，第三百九十八条故意泄露国家秘密罪、过失泄露国家秘密罪的规定定罪处罚。

第九条　组织、策划、煽动、教唆、帮助邪教组织人员自杀、自残的，依照刑法第二百三十二条、第二百三十四条的规定，以故意杀人罪、故意伤害罪定罪处罚。

8. 最高人民法院《关于抢劫过程中故意杀人案件如何定罪问题的批复》

(实施日期:2001 年 5 月 23 日　法释[2001]16 号)

上海市高级人民法院:

你院沪高法[2000]117 号《关于抢劫过程中故意杀人案件定性问题的请示》收悉。经研究，答复如下:

行为人为劫取财物而预谋故意杀人，或者在劫取财物过程中，为制服被害人反抗而故意杀人的，以抢劫罪定罪处罚。

行为人实施抢劫后，为灭口而故意杀人的，以抢劫罪和故意杀人罪定罪，实行数罪并罚。

9. 最高人民法院《关于审理交通肇事刑事案件具体应用法律若干问题的解释》

(实施日期:2000 年 11 月 21 日　法释[2000]33 号)(节录)

第六条　行为人在交通肇事后为逃避法律追究，将被害人带离事故现场后隐藏或者遗弃，致使被害人无法得到救助而死亡或者严重残疾的，应当分别依照刑法第二百三十二条、第二百三十四条第二款的规定，以故意杀人罪或者故意伤害罪定罪处罚。

10. 最高人民法院、最高人民检察院《关于办理组织和利用邪教组织犯罪案件具体应用法律若干问题的解释》

(实施日期:1999年10月9日　法释[1999]18号)(节录)

第四条　组织和利用邪教组织制造、散布迷信邪说,指使、胁迫其成员或者其他人实施自杀、自伤行为的,分别依照刑法第二百三十二条、第二百三十四条的规定,以故意杀人罪或者故意伤害罪定罪处罚。

第八条　对于邪教组织和组织、利用邪教组织破坏法律实施的犯罪分子,以各种手段非法聚敛的财物,用于犯罪的工具、宣传品等,应当依法追缴、没收。

【关联法律】

《刑法》

第二百三十八条　非法拘禁他人或者以其他方法非法剥夺他人人身自由的,处三年以下有期徒刑、拘役、管制或者剥夺政治权利。

具有殴打、侮辱情节的,从重处罚。

犯前款罪,致人重伤的,处三年以上十年以下有期徒刑;致人死亡的,处十年以上有期徒刑。使用暴力致人伤残、死亡的,依照本法第二百三十四条、第二百三十二条的规定定罪处罚。

为索取债务非法扣押、拘禁他人的,依照前两款的规定处罚。

国家机关工作人员利用职权犯前三款罪的,依照前三款的规定从重处罚。

第二百四十七条　司法工作人员对犯罪嫌疑人、被告人实行刑讯逼供或者使用暴力逼取证人证言的,处三年以下有期徒刑或者拘役。致人伤残、死亡的,依照本法第二百三十四条、第二百三十二条的规定定罪从重处罚。

第二百四十八条　监狱、拘留所、看守所等监管机构的监管人员对被监管人进行殴打或者体罚虐待,情节严重的,处三年以下有期徒刑或者拘役;情节特别严重的,处三年以上十年以下有期徒刑。

监管人员指使被监管人殴打或者体罚虐待其他被监管人的,依照前款的规定处罚。

第二百八十九条　聚众“打砸抢”,致人伤残、死亡的,依照本法第二百三十四条、第二百三十二条的规定定罪处罚。毁坏或者抢走公私财物的,除判令退赔外,对首要分子,依照本法第二百六十三条的规定定罪处罚。

第二百九十二条　第二款聚众斗殴,致人重伤、死亡的,依照本法第二百三十四条、第二百三十二条的规定定罪处罚。

【犯罪构成】

(一)主体要件

本罪的主体是一般主体,即我国刑法分则规定的达到法定刑事责任年龄、具备刑事责任能力的一般身份的犯罪主体。

(二)主观要件

本罪在主观上须有非法剥夺他人生命的故意,包括直接故意和间接故意。即明知自己的行为会发生他人死亡的危害后果,并且希望或者放任这种结果的发生。

故意杀人的动机是多种多样和错综复杂的。常见的如报复、图财、拒捕、义愤、气愤、失恋、流氓动机等。动机可以反映杀人者主观恶性的不同程度,对正确量刑有重要意义。

(三)客观要件

本罪在客观方面首先必须有剥夺他人生命的行为,作为、不作为均可以构成。以不作为行为实施的杀人罪,只有那些对防止他人死亡结果发生负有特定义务的人才能构成。

其次,剥夺他人生命的行为必须是非法的,即违反了国家的法律。执行死刑、正当防卫均不构成故意杀人罪。经受害人同意而剥夺其生命的行为,也构成故意杀人罪。对所谓的"安乐死",仍应以故意杀人罪论处,当然,量刑时可适用从轻或减轻的规定。

最后,直接故意杀人罪的既遂和间接故意杀人罪以被害人死亡为要件,但是,只有查明行为人的危害行为与被害人死亡的结果之间具有因果关系,才能断定行为人负罪责。

(四)客体要件

故意杀人罪侵犯的客体是他人的生命权。法律上的生命是指能够独立呼吸并能进行新陈代谢的活的有机体,是人赖以存在之前提。

【罪名辨析】

(一)本罪既遂与未遂的区分

区分故意杀人既遂和故意杀人未遂的界限,关键是要查明行为人故意的主观状态。如果行为人明知是自己的行为会造成死亡的结果,并且希望或者放任死亡结果的发生,即使没有造成死亡结果,应定故意杀人罪(未遂),如果行为人明知自己的行为会发生伤害的结果,并且希望或者放任伤害结果的发生,即使由于伤势过重,出乎意外地导致死亡的应定故意伤害罪。故意杀人罪的行为内容为剥夺他人生命即杀人,杀人行为发生死亡结果的,成立故意杀人既遂;没有发生死亡结果的,成立故意杀人未遂、中止或者预备。

(二)本罪与危害公共安全罪的区别

关于以放火、爆炸、投放危险物质等危险方法杀人案件的定性,我国刑法理论一直认为,凡是以放火等危害公共安全的方法故意杀人的,不能认定为故意杀人罪,只能认定为放火等以危险方法危害公共安全的犯罪。

事实上,以放火、爆炸等危害公共安全的方法故意杀人时,其行为不仅符合放火、爆炸等罪的构成要件,而且符合故意杀人罪的构成要件,可谓想象竞合犯;而无论从性质上,还是从法定刑上看,故意杀人罪都重于放火、爆炸等罪,故将上述行为认定为故意杀人罪,才符合想象竞合犯的处理原则。如果将以放火、爆炸等危害公共安全的方法故意杀人的案件认定为放火、爆炸等罪,在未造成严重后果时,会导致罪刑不协调。反之,将以放火、爆炸等危险方法故意杀人的行为认定为故意杀人罪,则有利于做到罪刑相适应。将故意以危险方法杀人的案件认定为危害公共安全罪,也不利于区分故意杀人罪与放火等罪的区别。反之,将以危险方法杀人的行为认定为故意杀人罪,则不致造成定性上的困难。

此外,将以危险方法杀人的行为认定为故意杀人罪,还有利于处理刑法第十七条第二款在适用中遇到的问题,有利于统一对结果加重犯的认识与处理,有利于将来削减死刑条款。

(三)本罪与过失致人死亡罪的区别

二者根本区别在于行为人主观方面,前者以故意为其心理主观状态;后者为过失,包括过于自信的过失和疏忽大意的过失,后者相对量刑较轻。

故意杀人罪是对死亡的结果持希望或者放任的态度,过失致人死亡罪则对结果的发生持否定的态度。

(四)本罪与故意伤害罪的区别

这两种犯罪容易混淆的主要是伤害致死与故意杀人罪的既遂,和伤害罪的既遂与故意杀人未遂两种情况。容易混淆的原因在于每种情况中的两种罪,都造成相同的结果,因此,必须准确掌握它们之间的区别。

伤害致死与杀人既遂在客观方面都产生了死亡结果,但其主观要件的内容不同,前者为故意伤害他人,后者为故意剥夺他人生命。

伤害既遂与故意杀人未遂,虽然只产生了伤害结果,但其主观要件的内容不同,前者为故意伤害,后者为故意剥夺他人生命。

如何判断行为人故意的内容,是一个复杂细致的问题。必须坚持主客观相一致的原则,既要考虑行为人的认识水平、行为能力,也要考虑作案时的客观环境,作案的全过程。只有在把全部案件事实搞清的基础上,才能准确判明行为人主观要件的具体内容。比如强奸致人死亡与故意杀人罪的区别。强奸致人死亡,是指行为人在实施强奸犯罪过程中,因使用暴力而直接导致被害人当场死亡或者经治疗无效而死亡的。这种情况,仍然以强奸罪定罪。如果在实施强奸妇女行为之后,为了报复、灭口等动机而将妇女或杀死的,不属于强奸致人死亡,而应当分别定强奸妇女罪、故意杀人罪,然后实行数罪并罚。

(五)本罪与抢劫罪的区别

1. 在抢劫过程中,使用暴力或者其他方法致人死亡的,不按故意杀人罪论处,也不以抢劫罪和故意杀人罪合并论处，应以抢劫罪定罪处刑。

2. 如果出于复仇或者其他个人目的而杀死被害人后，遂乘机将其财物拿走的，不能以抢劫罪论处。因为行为人所实施的杀人不是作为取得财物的直接手段，而是为了复仇或者出于其他个人目的，非法占有财物的意图是在杀人之后才产生的，所以构成两个独立的犯罪，即故意杀人罪和盗窃罪，实行数罪并罚。

3. 在抢劫行为完成之后，行为人出于灭口或者其他目的而杀死被害人的，应定抢劫罪和故意杀人罪，按数罪并罚原则处理。

4. 抢劫杀人与图财杀人的区别。其主要区别是：抢劫杀人是行为人用杀人手段当场取得动产，而图财杀人则是在杀人之后，经过一定时间才能占有被害人的动产或不动产。例如，为了霸占遗产而杀死父母、兄弟姐妹等，应按故意杀人罪定罪判刑，不能以抢劫罪论处。

（六）涉及其他暴力性犯罪

如果暴力内容的致人死亡中包含故意杀人内容的，以该种暴力性犯罪一罪论处；没有包含的，以数罪并罚。

量刑部分

【量刑标准】

犯本罪的，处死刑、无期徒刑或者十年以上有期徒刑；情节较轻的，处三年以上十年以下有期徒刑。

截至目前，尚无本罪名关于量刑的司法解释。

过失致人死亡罪　《刑法》第233条

过失致人死亡的，处三年以上七年以下有期徒刑；情节较轻的，处三年以下有期徒刑。本法另有规定的，依照规定。

定罪部分

【罪名概念】

过失致人死亡罪，是指由于普通过失致人死亡的行为。过失致人死亡罪必须是过失，即应当预见自己的行为可能发生他人死亡的危害结果，因为疏忽大意而没有预见，或者已经预见而轻信能够避免，以致发生他人死亡的危害结果。客观上必须实施了致人死亡的行为，并且已经造成死亡结果，行为与死亡结果之间必须存在因果关系。

【司法解释】

最高人民法院《关于审理交通肇事刑事案件具体应用法律若干问题的解释》

(实施日期:2000 年 11 月 21 日　法释[2000]33 号)(节录)

第八条第二款　在公共交通管理的范围外,驾驶机动车辆或者使用其他交通工具致人伤亡或者致使公共财产或者他人财产遭受重大损失,构成犯罪的,分别依照刑法第一百三十四条、第一百三十五条、第二百三十三条等规定定罪处罚。

【犯罪构成】

(一)主体要件

本罪的主体要件为一般主体,凡达到法定责任年龄且具备刑事责任能力的自然人均能构成本罪。已满十四周岁不满十六周岁的自然人不能成为本罪主体。首先,无论从行为人的主观恶性、客观行为,还是社会危害性上看,本罪均不是严重破坏社会秩序的犯罪。其次,对过失致人死亡的结果的预见,要求行为人具有一定的认识能力和辨别能力。年满十四周岁不满十六周岁的未成年人,由于身心发育尚不成熟,知识水平及对客观事物的观察和认识能力、对自身行为可能造成的危害结果的认识,都有一定局限性,所以,他们是限制行为能力(含责任能力)人,因此,法律上不要求他们对过失行为负刑事责任。刑法第十七条将已满十四周岁不满十六周岁的自然人应负刑事责任的犯罪中的"杀人罪"明确界定为"故意杀人罪",其意亦在于此。

(二)主观要件

本罪在主观方面表现为过失,即行为人对其行为的结果抱有过失的心理状态,包括疏忽大意的过失和过于自信的过失。疏忽大意的过失是指行为人主观上对自己的行为可能造成他人死亡的结果应当预见而没有预见,应当预见是法律对行为人实施某种有意识的行为时,可能造成他人死亡结果的主观认识上的要求。根据一般人的能力和行为时的客观条件,行为人能够预见并防止危害结果的发生,只是因为其疏忽大意才未预见,以致发生严重危害结果,他就应当对此结果负法律责任。过于自信的过失,是指行为人对自己的行为可能造成被害人死亡的结果已经预见,但却轻信能够避免这种结果的发生。由于行为人已预见到自己的行为可能发生他人死亡的结果,进而产生了避免这种结果发生的责任,他却没有有效地防止他人死亡结果的发生,没有尽到自己应尽的责任。因此,行为人应对自己因主观上的过于自信所造成的危害结果负刑事责任。轻信能够避免他人死亡结果的发生,是过于自信的过失致人死亡区别于间接故意杀人的界限。

(三)客观要件

本罪在客观方面表现为因过失致使他人死亡的行为。构成本罪,客观方面必须同时具备三个要素:

1. 客观上必须发生致他人死亡的实际后果。这是本罪成立的前提。

2. 行为人必须实施过失致人死亡的行为。在这里,行为人的行为可能是有意识的,或者说是故意的,但对致使他人死亡结果发生是没有预见的,是过失。本罪属结果犯,行为的故意并不影响其对结果的过失。这点同有意识地实施故意剥夺他人生命行为的故意杀人罪不同。过失致人死亡行为可以分为作为的过失致人亡行为和不作为的过失致人死亡行为两种情况。

3. 从行为人的过失行为与被害人死亡的结果之间必须具有间接的因果关系,即被害人死亡是由于行为人的行为造成的。这里死亡包括当场死亡和因伤势过重或者当时没有救活的条件经抢救无效而死亡。否则行为人不应承担过失致人死亡罪的刑事责任。如果行为人的过失行为致人重伤,但由于其他人为因素的介入(如医师未予积极抢救或伤口处理不好而感染)致使被害人死亡的,只应追究行为人过失致人重伤罪的刑事责任。

(四)客体要件

本罪侵犯的客体是他人的生命权。生命权是自然人以其生命维持安全利益为内容的人格权。其神圣不可侵犯,已为宪法所肯同,理应由其他法贯彻。剥夺他人生命权的行为,无论是故意,还是过失,均具有社会危害性,应受刑法打击。《刑法》第二百三十三条规定故意杀人罪。本条规定过失致人死亡罪。

【罪名辨析】

(一)疏忽大意的过失致人死亡与意外事件的界限

两者的共同点在于:

1. 客观上行为人的行为都引起了他人死亡的结果。

2. 主观上行为人都没有预见这种结果的发生。区分这两者的关键在于要查明行为人在当时的情况下,对死亡结果的发生,是否应当预见,如果应当预见,但是由于疏忽大意的过失而没有预见,则属于过失致人死亡。如果是由于不能预见的原因而引起死亡的,就是刑法上的意外事件,行为人对此不应负刑事责任。

(二)本罪与刑法所规定的涉及过失致人死亡的其他过失犯罪的界限

刑法所规定的其他犯罪中也有包含致人死亡的情况,仅就行为人的主观意愿和行为结果来说,完全符合过失致人死亡罪的构成条件。但是,由于主体要件的特定性、犯罪环境的特定性或者犯罪手段的特殊性,尤其是犯罪所侵犯的其他客体更为突出,所造成的后果更为严重,因此,在本法上就分别规定了其他罪名,而把该罪同时也侵犯的他人的生命权规定为一个情节一并予以惩治。所以本条规定:“本法另有规定的,依照规定。”这表明刑法对包含致人死亡结果的某些过失犯罪,采取了特别规定优于普通规定的一般原则,有特别规定的从特别规定治罪。本法另有规定的,如:《刑法》第一百一十五条第二款规定的失火、过失决水、过失爆炸、过失投毒罪中致人死亡的;第一百三十三条规定的交通肇事罪中致人死亡的;第一百一十九条规定的过失破坏交通工具等致人死亡的;第一百三十六条规定的危险物品肇事罪中致人死亡的;以及其他法律中规定的涉及致人死亡的犯罪等。一般言之,刑法特别规定的包含致人死亡结果的过失犯罪的社会危害性,均较普通的过失致人死亡罪的社会危害性相同或为大,因此,不论从法理上还是从立法者的立法意图上说,都在法律条文中明确体现出对特殊犯罪的相同的或为重处罚。体现了我国刑法一贯坚持并于本法第五条所明定的罪刑相适应的原则,并且有利于预防犯罪,有效地保护公民的人身权利和重大公私财产的安全。

(三)本罪与故意杀人罪的界限

根据司法实践经验,区别过失致人死亡罪与故意杀人罪,主要有以下几个问题应注重:

1. 过于自信的过失致人死亡与间接故意杀人。

过于自信的过失致人死亡,是行为人已经预见到自己的行为可能发生他人死亡的结果,但凭借一定的自认为能够避免他人死亡的结果发生的因素,如行为人自身能力方面的技术、经验、知识、体力等因素,或他人的行为预防措施,以及客观条件或自然力方面的有利因素等,轻信他人死亡的结果不会发生,以致他人死亡的结果最终发生了。间接故意杀人,是指行为人明知自己的行为可能发生他人死亡的结果,但对这种结果的发生采取听之任之、有意放任的态度,从而导致他人死亡的行为,过于自信的过失致人死亡与间接故意杀人的相似点在于:两者都发生了被害人死亡的结果;行为人都认识到自己的行为可能发生他人死亡的结果,且都不希望这种结果发生。

两者的显著区别在于:

第一,在认识因素上,对他人死亡结果发生的主观估计不同。二者虽然都是预见到自己的行为可能使他人死亡,但间接故意杀人中行为人对可能性转化为现实性并未发生错误的认识和估计,因而在可能性转化为现实性即他人死亡结果发生的情况下,行为人的主观认识与客观结果之间并未发生错误,主观与客观是一致的;而过于自信的过失致人死亡中,行为人和主观上认为,由于他的出身、能力、技术、经验以及外部条件,实施行为时,他人死亡的结果可以避免,即对可能性转化为现实性的客观事实发生了错误认识,在他人死亡结果发生的情况下,其主观与客观是不一致的。

第二,在意志因素上有重要区别。过于自信的过失致人死亡与间接故意杀人中的行为人虽然都不希望他人死亡结果的发生,但深入考察,二者对他人死亡结果的态度是有明显差别的。间接故意杀人的行为虽然不希望他人死亡结果的发生,但是对于他人死亡结果的发生并不持有反对态度,而是听之任之。过于自信的过失致人死亡罪中,行为人不仅不希望他人死亡结果的发生,同时也不放任这结果发生,而是希望这种结果不要发生,希望避免这种结果发生,即排斥、反对他人死亡结果的发生。在预见到自己的行为可能发生他人死亡结果情况下、行为人仍然相信能够避免危害结果的发生，并因而实施了该种行为。

2. 过失致人死亡罪同“误杀”的故意杀人行为。

过失致人死亡罪的构成要求的是行为人对其行为造成被害人死亡的结果存有过失心理态度。在司法实践中，不应将行为人在故意杀人中因打击错误误杀其“针对对象”（行为人追求的杀害对象）以外之人的行为认定为过失致人死亡罪。

3. 不作为致人死亡行为的定性。

不作为致人死亡不仅可以成立故意杀人罪，而且也可以成立过失致人死亡罪。区分这两者的关键在于：行为人对其不作为行为导致他人死亡的结果是否具有故意心态，包括直接故意和间接故意。在司法实践中，尤其要注意这样一种情况，即行为人先前意外地或过失地导致了他人死亡的危险，行为人能抢救而不抢救，放任他人死亡结果发生的，对行为人不应以过失致人死亡罪定性，更不能认为是意外事件而认定行为人无罪，而应对其以间接故意杀人罪追究刑事责任。其次，再从犯罪客观方面来看，出于被告人的伤害行为造成了被害人可能死亡的危险状态时，被告人就负有防止这种危害结果发生的特定义务，但他基于上述心理因素，不仅不采取积极的抢救措施，反而一声不吭甚至一走了之，从而导致了被害人因贻误抢救时间而死亡。

4. 过失致人死亡后，行为人为逃避罪责又将尸体误为活人加以“杀害”以灭口的行为定性。

传统观点认为，不应只定过失致人死亡罪或故意杀人罪一罪，而应对行为人以过失致人死亡罪和故意杀人罪（对象不能犯未遂）定罪，实行数罪并罚。但是以结果无价值论为立场的张明楷教授，对此表示异议，受害人基于行为人的过失行为致死以后，对于行为人后面的误以为被害人没有死亡而继续“杀人灭口”行为，属于对象不能犯未遂，以过失致人死亡罪从重处罚即可，而没有必要并罚，因为尸体根本不可能成为“杀人”的对象，不是故意杀人罪的法益保护对象。

（四）二人或二人以上的共同过失行为造成他人死亡结果时的刑事责任的确定

《刑法》第二十五条第二款明确规定：“二人以上共同过失犯罪，不以共同犯罪论处，应当负刑事责任的，按照他们所犯的罪分别处罚。”因此，二人或二人以上的共同过失行为致人死亡的刑事责任的确定应把握以下几点：分清各过失行为人的责任大小。由于不存在共同过失犯罪，因此，也就无所谓主犯、从犯，对于几个过失行为人的过失行为共同导致他人死亡结果的，应查明各过失行为人的行为与死亡结果之间的因果关系，并据此确定确应承担刑事责任的人各自的责任。确定各过失行为人的责任，必须遵循两条原则：其一，部分责任则。因为各过失行为人的行为相互作用造成了他人死亡的结果，因此，不能要求某个过失行为人承担全部责任。罪刑相适应原则要求，每个过失行为所承担的刑事责任之和，必须同所造成的他人死亡结果的刑事责任相对应,因此每个过失行为人只能承担造成他人死亡结果的部分责任。其二,作用分担原则。从客观实际出发,各过失行为人在对他人死亡结果所起的作用上,不会是完全相同的。因此,必然存在对危害结果承担不同的刑事责任的问题,这也是罪刑相适应原则的要求。由于过失犯罪中不存在主犯、从犯问题,所以,认定各过失行为人作用谁大谁小就成了正确确定其刑事责任的关键。司法人员必须根据有关案件事实,客观地加以认定,才能做到罪责自负,罚当其罪。

(五)过失致人死亡行为向故意杀人行为转化的问题

1. 行为人过失致人重伤,客观上被害人已经达到无法救治、必然死亡的程度,由于行为人误认为只造成了重伤,为逃避罪责而逃之夭夭,这种情况下,行为人基于过失行为而负有紧急抢救的义务,如果及时进行抢救,虽然被害人仍然死亡,行为人的行为属于过失致人死亡罪。而行为人故意逃避抢救义务,主观上放任被害人死亡结果的发生。因此,行为人主观心态和客观行为均发生了由过失致人死亡罪向间接故意杀人罪的转化,应以间接故意杀人罪定罪处罚。

2. 行为人的过失行为,已经造成了被害人死亡的结果,其自己只认为被害人受了重伤并因怕被害人事后揭露其罪行,而故意实施杀害已经死亡的被害人的行为。在这种情况下,行为人的对象认识错误,不影响其后面实施的故意杀人罪的构成,应对其以故意杀人罪定罪处罚。但此说目前在理论和实务界存在争议。

量刑部分

【量刑标准】

犯本罪的,处三年以上七年以下有期徒刑;情节较轻的,处三年以下有期徒刑。本法另有规定的,依照规定。(刑法另有规定比如:失火、交通肇事致人死亡的,按失火罪、交通肇事罪的规定处罚。)

截至目前,尚无本罪名关于量刑的司法解释。

故意伤害罪 《刑法》第234条

故意伤害他人身体的,处三年以下有期徒刑、拘役或者管制。

犯前款罪,致人重伤的,处三年以上十年以下有期徒刑;致人死亡或者以特别残忍手段致人重伤造成严重残疾的,处十年以上有期徒刑、无期徒刑或者死刑。本法另有规定的,依照规定。

组织他人出卖人体器官的,处五年以下有期徒刑,并处罚金;情节严重的,处五年以上有期徒刑,并处罚金或者没收财产。

未经本人同意摘取其器官,或者摘取不满十八周岁的人的器官,或者强迫、欺骗他人捐献器官的,依照本法第二百三十四条、第二百三十二条的规定定罪处罚。

违背本人生前意愿摘取其尸体器官,或者本人生前未表示同意,违反国家规定,违背其近亲属意愿摘取其尸体器官的,依照本法第三百零二条的规定定罪处罚。

定罪部分

【罪名概念】

故意伤害罪,是指故意非法伤害他人身体并达成一定的严重程度、应受刑法处罚的犯罪行为。

【司法解释】

1. 最高人民法院《关于审理未成年人刑事案件具体应用法律若干问题的解释》

(实施日期:2006 年 1 月 23 日　法释[2006]1 号)(节录)

第十条　已满十四周岁不满十六周岁的人盗窃、诈骗、抢夺他人财物,为窝藏赃物、抗拒抓捕或者毁灭罪证,当场使用暴力,故意伤害致人重伤或者死亡,或者故意杀人的,应当分别以故意伤害罪或者故意杀人罪定罪处罚。

2. 最高人民法院《关于审理抢劫、抢夺刑事案件适用法律若干问题的意见》

(实施日期:2005 年 6 月 8 日　法发[2005]8 号)(节录)

行为人为索取债务,使用暴力、暴力威胁等手段的,一般不以抢劫罪定罪处罚。构成故意伤害等其他犯罪的,依照刑法第二百三十四条等规定处罚。

3. 最高人民法院、最高人民检察院《关于办理妨害预防、控制突发传染病疫情等灾害的刑事案件具体应用法律若干问题的解释》

(实施日期:2003 年 5 月 15 日　法释[2003]8 号)(节录)

第九条　在预防、控制突发传染病疫情等灾害期间,聚众"打砸抢",致人伤残、死亡的,依照刑法第二百八十九条、第二百三十四条、第二百三十二条的规定,以故意伤害罪或者故意杀人罪定罪,依法从重处罚。对毁坏或者抢走公私财物的首要分子,依照刑法第二百八十九条、第二百六十三条的规定,以抢劫罪定罪,依法从重处罚。

4. 最高人民法院《关于审理偷税抗税刑事案件具体应用法律若干问题的解释》

(实施日期:2002 年 11 月 7 日　法释[2002]33 号)(节录)

第六条　实施抗税行为致人重伤、死亡,构成故意伤害罪、故意杀人罪的,分别依照刑法第二百三十四条第二款、第二百三十二条的规定定罪处罚。

5. 最高人民法院、最高人民检察院《关于办理组织和利用邪教组织犯罪案件具体应用法律若干问题的解释(二)》

(实施日期:2001年6月11日　法释[2001]19号)(节录)

组织、策划、煽动、教唆、帮助邪教组织人员自杀、自残的,依照刑法第二百三十二条、第二百三十四条的规定,以故意杀人罪、故意伤害罪定罪处罚。

6. 最高人民法院《关于审理交通肇事刑事案件具体应用法律若干问题的解释》

(实施日期:2000年11月21日　法释[2000]33号)(节录)

第六条　行为人在交通肇事后为逃避法律追究,将被害人带离事故现场后隐藏或者遗弃,致使被害人无法得到救助而死亡或者严重残疾的,应当分别依照刑法第二百三十二条、第二百三十四条第二款的规定,以故意杀人罪或者故意伤害罪定罪处罚。

7. 最高人民法院、最高人民检察院《关于办理组织和利用邪教组织犯罪案件具体应用法律若干问题的解释》

(实施日期:1999年10月9日　法释[1999]18号)(节录)

第四条　组织和利用邪教组织制造、散布迷信邪说,指使、胁迫其成员或者其他人实施自杀、自伤行为的,分别依照刑法第二百三十二条、第二百三十四条的规定,以故意杀人罪或者故意伤害罪定罪处罚。

8. 最高人民法院《关于对故意伤害、盗窃等严重破坏社会秩序的犯罪分子能否附加剥夺政治权利问题的批复》

(实施日期:1997年12月31日　法释[1997]11号)(节录)

根据刑法第五十六条规定,对于故意杀人、强奸、放火、爆炸、投毒、抢劫等严重破坏社会秩序的犯罪分子,可以附加剥夺政治权利。对故意伤害、盗窃等其他严重破坏社会秩序的犯罪,犯罪分子主观恶性较深、犯罪情节恶劣、罪行严重的,也可以依法附加剥夺政治权利。

【关联法律】

《刑法》

第二百三十八条　非法拘禁他人或者以其他方法非法剥夺他人人身自由的,处三年以下有期徒刑、拘役、管制或者剥夺政治权利。

具有殴打、侮辱情节的,从重处罚。

犯前款罪,致人重伤的,处三年以上十年以下有期徒刑;致人死亡的,处十年以上有期徒刑。使用暴力致人伤残、死亡的,依照本法第二百三十四条、第二百三十二条的规定定罪处罚。

第二百四十七条　司法工作人员对犯罪嫌疑人、被告人实行刑讯逼供或者使用暴力逼取证人证言的,处三年以下有期徒刑或者拘役。致人伤残、死亡的,依照本法第二百三十四条、第二百三十二条的规定定罪从重处罚。

第二百四十八条　监狱、拘留所、看守所等监管机构的监管人员对被监管人进行殴打或者体罚虐待，情节严重的，处三年以下有期徒刑或者拘役；情节特别严重的，处三年以上十年以下有期徒刑。致人伤残、死亡的，依照本法第二百三十四条、第二百三十二条的规定定罪从重处罚。

监管人员指使被监管人殴打或者体罚虐待其他被监管人的，依照前款的规定处罚。

第二百八十九条　聚众"打砸抢"，致人伤残、死亡的，依照本法第二百三十四条、第二百三十二条的规定定罪处罚。毁坏或者抢走公私财物的，除判令退赔外，对首要分子，依照本法第二百六十三条的规定定罪处罚。

第二百九十二条第二款　聚众斗殴，致人重伤、死亡的，依照本法第二百三十四条、第二百三十二条的规定定罪处罚。

第三百三十三条　非法组织他人出卖血液的，处五年以下有期徒刑，并处罚金；以暴力、威胁方法强迫他人出卖血液的，处五年以上十年以下有期徒刑，并处罚金。

有前款行为，对他人造成伤害的，依照本法第二百三十四条的规定定罪处罚。

为索取债务非法扣押、拘禁他人的，依照前两款的规定处罚。

国家机关工作人员利用职权犯前三款罪的，依照前三款的规定从重处罚。

【犯罪构成】

（一）主体要件

本罪的主体为一般主体。凡达到刑事责任年龄并具备刑事责任能力的自然人均能构成故意伤害罪，其中，已满十四周岁未满十六周岁的自然人有故意伤害致人重伤或死亡行为的，应当负刑事责任；致人轻伤的，则须已满十六周岁才能构成故意伤害罪。

（二）主观要件

本罪在主观方面表现为故意。即行为人明知自己的行为会造成损害他人身体健康的结果，而希望或放任这种结果的发生。在一般情况下，行为人事先对于自己的伤害行为能给被害人造成何种程度的伤害，不一定有明确的认识和追求。无论造成何种程度的结果都在其主观犯意之内，所以，一般可按实际伤害结果来确定是故意轻伤还是故意重伤。故意轻伤的犯罪还存在犯罪未遂问题。但对重伤意图非常明显，例如企图严重毁容，并已着手实施的行为，由于意志以外的原因而未得逞的，即使未造成任何实际伤害，也应按故意重伤罪（未遂）定罪量刑。

在故意伤害致死情况下，行为人主观上存在混合罪过形式，即同时具有伤害故意和致人死亡的过失，这是区别故意伤害致死同故意杀人、故意伤害致死同过失致人死亡的主要标志。

(三)客观要件

本罪在客观方面表现为实施了非法损害他人身体的行为。

1. 要有损害他人身体的行为。

损害他人身体的行为的方式,既可以表现为积极的作为,亦可以表现为消极的不作为。前者如拳打脚踢、刀砍枪击、棒打石砸、火烧水烫等;后者则如负有保护幼儿责任的保姆不负责任,见幼儿拿刀往身上乱戳仍然不管,结果幼儿将自己眼睛刺瞎的行为,就可构成本罪。既可以由自己实施,又可以利用他人如未成年人、精神病人实施,还可以利用驯养的动物如毒蛇、狼犬等实施。既可以针对人身的外表,造成外部组织的残缺或容貌的毁坏,又可以针对人体的内部,造成内部组织、器官的破坏,妨碍其正常的功能活动。总之,无论是直接由本人实施还是间接实施,亦无论是针对何种部位,采取什么样的方式,只要出于故意,能造成他人的人身健康伤害,即可构成故意伤害罪。

2. 损害他人身体的行为必须是非法进行的。

如果某种致伤行为为法律所允许,就不能构成故意伤害罪受害者,如正当防卫造成伤害而未过当的,医生对病人截肢治病等。经被害人同意的伤害,是否合法,要做具体分析。如果被害人的同意是为了达到危害社会的目的,这种同意不能排除伤害行为的非法性;如果这种同意是为了有益于社会的目的,则可以排除他人伤害行为的非法性。对于具有激烈对抗性体育运动项目中发生的伤害行为是否具有合法性,也应作具体分析。如果这种致伤动作本身为该项运动项目的规则所允许,这种伤害一般不能认为具有刑法上的非法性。如在足球比赛时,依据"合理冲撞规则"所实施而引起伤害的动作,一般不认为是伤害罪:如果比赛中动作粗鲁,明显违反规则要求,具有伤害他人身体故意的,也应按故意伤害罪论处。

3. 损害他人身体的行为必须已造成了他人人身一定程度的损害,才能构成故意伤害罪。

只是一般性的拳打脚踢、推拉撕扯,不会造成伤害结果的,则不能以故意伤害罪论处。伤害结果表现可多种多样,有的是破坏了他人组织的完整性,如咬去鼻子、砍断手脚;有的是损害了他人器官的正常功能,如听觉、视觉、味觉丧失,精神失常等。但就结果的严重程度而言,则有 3 种形态,即轻伤、重伤或死亡。如果没有造成轻伤以上的伤害即没有达到伤害等级或虽达到等级却属轻微伤,则不能以故意伤害罪论处。

所谓轻伤,是指由于物理、化学及生物等各种外界因素作用于人体,造成组织、器官结构的一定程度的损害或部分功能障碍,尚未构成重伤又不属于轻微伤害的损伤。鉴定应当以外界因素对人体直接造成的原发性损害及后果包括损伤当时的伤情、损伤后引起的并发症和后遗症等全面分析、综合评定。

所谓重伤,是指使人肢体残废或者毁人容貌,丧失听、视觉或者其他器官功能以及其他对于人身健康有重大损害的伤害。

（四）客体要件

本罪侵犯的客体是他人的身体健康权，所谓身体权是指自然人以保持其肢体、器官和其他组织的完整性为内容的人格权。应注意的是，侵害的是他人的身体权，因此，故意伤害自己的身体，一般不认为是犯罪。只有当自伤行为是为了损害社会利益而触犯有关刑法规范时，才构成犯罪。例如，军人战时自伤，以逃避履行军事义务的，应按《刑法》第四百三十四条追究刑事责任。

【罪名辨析】

（一）本罪与一般殴打的界限

一般殴打行为只是给他人造成暂时性的肉体疼痛，或使他人神经受到轻微刺激，但没有破坏他人人体组织的完整性和人体器官的正常机能，故不构成犯罪。值得注意的是，有些殴打行为表面上给他人身体造成了一定的损害，但显著轻微，即按《人体轻伤鉴定标准》不构成轻伤的，不能以故意伤害罪论处。因此，在区分故意伤害与一般殴打时，既要考虑行为是否给人体组织及器官机能造成了损害，又要考察损害的程度。

（二）本罪与故意杀人罪的界限

就一般情况讲，两罪并不难区分，但在碰遇故意杀人未遂造成伤害或故意伤害致人死亡两种情况时，二罪易混淆。二罪的主要区别在于行为人是否以非法剥夺他人生命为故意内容。如果行为人无非法剥夺他人生命的故意，而只有伤害他人健康的故意，即使客观上行为导致了他人的死亡，也只能以故意伤害罪致死认定；如果行为人有非法剥夺他人生命的故意，即使其行为没有造成他人死亡的结果，也构成故意杀人罪（未遂）。司法实践中，要认定行为人的故意内容是伤害还是杀人，应遵循主客观相一致的原则，查明案件的全部事实，从行为人与被害人的关系，案件的起因、过程、结果、作案的手段、使用的工具、打击的部位、强度、作案的时间、地点、环境条件、行为人作案前后的表现等方面入手，进行综合分析、判断。

（三）本罪与过失致人死亡罪的界限

在故意伤害致死的情况下，二者相近之处是：在客观上都造成了被害人死亡的结果，在主观上行为人对死亡结果的发生往往都表现为过失的心理态度。二罪根本区别在于，前罪具有伤害他人的故意，其死亡结果是行为人意志以外的原因造成的；而后罪没有犯罪的故意，是由于过失致人死亡。司法实践中，依据案情查明行为人有无犯罪故意，对划清二罪的界限，至关重要。

（四）与其他犯罪

《刑法》第二百三十四条规定："本法另有规定的，依照规定。"即行为人在实施其他犯罪的过程中，伤害他人，刑法另有规定的，应按有关条文定罪量刑。如犯强奸、抢劫、放火等罪致人伤害的,应分别依照各相应条款定罪量刑,不依故意伤害罪论处。

量刑部分

【量刑标准】

犯本罪的,处三年以下有期徒刑、拘役或者管制。

犯前款罪,致人重伤的,处三年以上十年以下有期徒刑;致人死亡或者以特别残忍手段致人重伤造成严重残疾的,处十年以上有期徒刑、无期徒刑或者死刑。本法另有规定的,依照规定。

组织他人出卖人体器官的,处五年以下有期徒刑,并处罚金;情节严重的,处五年以上有期徒刑,并处罚金或者没收财产。

未经本人同意摘取其器官,或者摘取不满十八周岁的人的器官,或者强迫、欺骗他人捐献器官的,依照本法第二百三十四条、第二百三十二条的规定定罪处罚。

违背本人生前意愿摘取其尸体器官,或者本人生前未表示同意,违反国家规定,违背其近亲属意愿摘取其尸体器官的,依照本法第三百零二条的规定定罪处罚。

【量刑规范】

最高人民法院《关于常见犯罪的量刑指导意见》

(实施日期:2014 年 1 月 1 日)(节录)

(二)故意伤害罪

1. 构成故意伤害罪的,可以根据下列不同情形在相应的幅度内确定量刑起点:

(1)故意伤害致一人轻伤的,可以在二年以下有期徒刑、拘役幅度内确定量刑起点。

(2)故意伤害致一人重伤的,可以在三年至五年有期徒刑幅度内确定量刑起点。

(3)以特别残忍手段故意伤害致一人重伤,造成六级严重残疾的,可以在十年至十三年有期徒刑幅度内确定量刑起点。依法应当判处无期徒刑以上刑罚的除外。

2. 在量刑起点的基础上,可以根据伤害后果、伤残等级、手段残忍程度等其他影响犯罪构成的犯罪事实增加刑罚量,确定基准刑。

故意伤害致人轻伤的,伤残程度可在确定量刑起点时考虑,或者作为调节基准刑的量刑情节。

组织出卖人体器官　《刑法》第 234 条之一

组织他人出卖人体器官的，处五年以下有期徒刑，并处罚金；情节严重的，处五年以上有期徒刑，并处罚金或者没收财产。

未经本人同意摘取其器官，或者摘取不满十八周岁的人的器官，或者强迫、欺骗他人捐献器官的，依照本法第二百三十四条、第二百三十二条的规定定罪处罚。

违背本人生前意愿摘取其尸体器官，或者本人生前未表示同意，违反国家规定，违背其近亲属意愿摘取其尸体器官的，依照本法第三百零二条的规定定罪处罚。

定罪部分

【罪名概念】

组织出卖人体器官罪，是指未征得被害人同意或者承诺，组织出卖人体器官以获得非法利益的行为。

【犯罪构成】

（一）主体要件

本罪的主体是一般主体，凡是年满十六周岁具有刑事责任能力的自然人都可以成为本罪的主体。

（二）主观要件

本罪的主观方面表现为故意，过失不能构成本罪。本罪中的“组织”和“出卖”行为都是一种积极的作为，对于犯罪结果更是积极追求，并不是置之不理的，因此对于故意应该缩小为直接故意比较合适。

（三）客观要件

本罪的客观方面表现为组织他人进行出卖人体器官的行为。

（四）客体要件

本罪的客体具有双重性。组织他人出卖人体器官的行为，既侵犯了器官出卖者的身体健康权，也危害了国家有关器官移植的医疗管理秩序。一方面组织他人出卖人体器官者，把他人的器官当做商品进行买卖，进行交易，损害了他人身体健康完整权，尽管本罪成立的前提之一是必须得到器官出卖者本人的同意，但这并不能阻却该组织行为的违法性。人体器官作为本罪的犯罪对象，不同于市场中的交易物品，不能够用金钱来衡量，是无价的，对人体器官进行买卖也是对社会风俗的一种侵害：另一方面，国家对于器官移植都有明文规定，都有一定的程序来进行保障，组织出卖人体器官不利于医疗管理秩序的维护，是对这种秩序的破坏。

量刑部分

【量刑标准】

犯本罪的,处五年以下有期徒刑,并处罚金。

未经本人同意摘取其器官,或者摘取不满十八周岁的人的器官,或者强迫、欺骗他人捐献器官的,依照本法第二百三十四条、第二百三十二条的规定定罪处罚。

违背本人生前意愿摘取其尸体器官,或者本人生前未表示同意,违反国家规定,违背其近亲属意愿摘取其尸体器官的,依照本法第三百零二条的规定定罪处罚。

截至目前,尚无本罪名关于量刑的司法解释。

过失致人重伤罪　《刑法》第235条

过失伤害他人致人重伤的,处三年以下有期徒刑或者拘役。本法另有规定的,依照规定。

定罪部分

【罪名概念】

过失致人重伤罪,是指过失伤害他人身体,致人重伤的行为。

【关联法律】

《刑法》第九十五条　本法所称重伤,是指有下列情形之一的伤害:

(一)使人肢体残废或者毁人容貌的;

(二)使人丧失听觉、视觉或者其他器官机能的;

(三)其他对于人身健康有重大伤害的。

【犯罪构成】

(一)主体要件

本罪的主体为一般主体。凡年满十六周岁且具备刑事责任能力的自然人均能构成本罪。

(二)主观要件

本罪在主观方面表现为过失,包括疏忽大意的过失和过于自信的过失。前者是指应当预见自己的行为可能发生被害人重伤的结果,由于疏忽大意而没有预见;后者是指已经预见而轻信能够避免,以致发生被害人重伤的结果。过失重伤罪的本质特征在于:行为人既没有杀人的故意,也没有伤害的故意,只是出于疏忽大意或者过于自信,才造成被害人重伤的结果,如果事实证明行为人对自己行为引起的重伤结果的发生并没有预见，而且根据实际情况也不可能预见，则属于意外事件，行为人主观上没有罪过，因而对重伤不负刑事责任。

（三）客观要件

本罪在客观方面表现为非法损害他人身体健康的行为。认定非法损害他人身体健康的行为需要注意两点：其一，构成过失重伤罪，法律不仅要求行为人的行为必须造成他人实际的伤害结果而且要求这种伤害只有达到重伤的程度，才构成犯罪。如果过失致人轻伤，则不构成犯罪，行为人只承担民事赔偿责任。这也是本罪和故意伤害罪的重要区别之一，对重伤的认定，应当依照《刑法》第九十五条的规定，并参照最高人民法院、最高人民检察院、公安部、司法部发布的《人体重伤鉴定标准》，由法医正确地加以鉴定。过失重伤罪的鉴定依据、鉴定程序、审查原则和认定标准同故意伤害罪中对重伤的鉴定是相同的。其二，构成过失重伤罪，还要求行为人的行为与结果之间有直接因果关系。即行为人的行为直接地、必然地造成了这种重伤结果，行为人的行为是造成这一重伤结果的决定性的、根本的原因。如果重伤结果的产生，并不是由该行为人的行为所直接决定的，也就不能追究行为人过失重伤罪的刑事责任。

（四）客体要件

本罪侵犯的客体是他人的身体权，身体权是自然人以保持其肢体、器官和其他组织的完整性为内容的人格权。其客体为身体即自然人的躯体，包括四肢、五官及毛发、指甲等。假肢、假牙等已构成肢体不可分离的一部分，亦应属于身体，但可以自由装卸的则不属于身体。

【罪名辨析】

（一）本罪与意外事件致人重伤的区别

关键在于行为人对他人重伤的结果是否能够预见、应否预见。这需要根据行为人的实际认识能力和行为当时的情况来考察。

（二）本罪与过失致人死亡罪的区别

在司法实践中，有人往往将过失伤害致人死亡的案件定为过失伤害致死，尤其是对于因过失当场致人重伤，但由于伤势过重经抢救无效而死亡的案件，更容易被认定为“过失重伤（致死）罪”。我们认为这种做法不仅于法无据，而且也不符合犯罪构成原理。“过失伤害致人死亡”，实质上就是过失致人死亡罪，无非是在这种案件中，行为人对他人重伤、死亡的结果都是存在过失。过失致人重伤罪与过失致人死亡罪的区别，在于过失行为最终引起的结果是重伤还是死亡。是重伤的定过失致人重伤罪，是死亡的定过失致人死亡罪。

（三）本罪与故意伤害罪的区别

如果行为人以轻伤为故意，而过失地导致了他人重伤的，应认定为故意伤害罪，而不应以过失致人重伤罪对行为人定性。

量刑部分

【量刑标准】

犯本罪的,处三年以下有期徒刑或者拘役。本法另有规定的,依照规定。(例如:过失爆炸致人重伤的,按本法第一百一十五条第二款的规定处理;从事交通运输的人员违反规章制度,因而发生重大事故,致人重伤的,按本法第一百三十三条交通肇事罪处理。)

截至目前,尚无本罪名关于量刑的司法解释。

强奸罪 《刑法》第236条

以暴力、胁迫或者其他手段强奸妇女的,处三年以上十年以下有期徒刑。

奸淫不满十四周岁的幼女的,以强奸论,从重处罚。

强奸妇女、奸淫幼女,有下列情形之一的,处十年以上有期徒刑、无期徒刑或者死刑:

(一)强奸妇女、奸淫幼女情节恶劣的;

(二)强奸妇女、奸淫幼女多人的;

(三)在公共场所当众强奸妇女的;

(四)二人以上轮奸的;

(五)致使被害人重伤、死亡或者造成其他严重后果的。

定罪部分

【罪名概念】

强奸罪,是指违背妇女意志,使用暴力、胁迫或者其他手段,强行与妇女发生性交的行为,或者故意与不满十四周岁的幼女发生性关系的行为。强奸(又叫性暴力、性侵犯或强制性交),是一种违背被害人的意愿,使用暴力、威胁或伤害等手段,强迫被害人进行性行为的一种行为。

【司法解释】

最高人民法院研究室《关于同一被害人在同一晚上分别被多个互不通谋的人在不同地点强奸可否并案审理问题的电话答复》

(实施日期:1990年5月26日)

广东省高级人民法院:

你院请示:一被害人在同一个晚上分别被3个互不通谋的犯罪分子在不同地点和时间实施了强奸。公安机关同时侦破,检察院以一个案件起诉,法院是作一案审理还是分案审理?

经研究,我们认为,根据上述情况,这3个被告人的行为不属于共同犯罪,而是各个被告人分别实施的各自独立的犯罪,因此,应分案审理,不宜并案审理。

【犯罪构成】

(一)主体要件

本罪的主体是特殊主体,即年满十四周岁具有刑事责任能力的男子,但在共同犯罪情况下,妇女教唆或者帮助男子强奸其他妇女的,以强奸罪的共犯论处。

(二)主观要件

本罪在主观方面表现为故意,并且具有奸淫的目的。如果犯罪分子不具有奸淫目的,而是以性交以外的行为满足性欲的,则就不能构成强奸妇女罪,如抠摸、搂抱的猥亵行为,构成犯罪的,则应以强制猥亵罪论处。

以明知妇女是不能正确表达自己意志的精神病人或有严重痴呆的人而与之性交的人,不管犯罪分子采取什么手段和被害妇女是否表示"同意"或"反抗",都应视为违背妇女意志,构成强奸罪;对患有间歇性精神病妇女在精神病没有发作期间同意与之发生性交行为的,不构成强奸罪;对确实不知道妇女是精神病患者,在妇女的勾引下与之发生性交行为的,一般不宜以强奸罪论处;对确实不知道妇女患有较轻微的痴呆症,在女方自愿或者在女方主动要求下与之发生性交行为的,不宜以犯罪论处。

(三)客观要件

1. 本罪客观上必须具有使用暴力、胁迫或者其他手段,使妇女处于不能反抗、不敢反抗、不知反抗状态或利用妇女处于不知、无法反抗的状态而乘机实行奸淫的行为。

所谓暴力手段,是指不法对被害妇女的人身行使有形力的手段,即直接对被害妇女采取殴打、捆绑、堵嘴、掐脖子、按倒等危害人身安全或者人身自由,使妇女不敢反抗的手段。

所谓胁迫手段,是指对被害妇女进行威胁、恫吓,达到精神上的强制,使妇女不敢反抗的手段,胁迫的核心是足以引起被害妇女的恐惧心理,使之不敢反抗,从而实现强行奸淫的意图。既可以直接对妇女进行威胁,也可以通过第三者进行威胁,既可以是口头胁迫,也可以是书面胁迫,既可以以暴力进行威胁,如持刀胁迫,也可以以非暴力进行威胁,如以揭发隐私、毁坏名誉相胁迫。需要注意的是,利用教养关系、从属关系、职务权利等与妇女发生性交的,不能一律视为强奸。问题的关键在于行为人是否利用了这种特定关系进行胁迫而使妇女不敢反抗,而不在于有没有这种特定关系。

所谓其他手段,是指采用暴力、胁迫以外的使被害妇女不知抗拒或者不能抗拒的手段,具有与暴力、胁迫相同的强制性质。司法实践中常见的其他手段有:用酒灌醉或者药物麻醉的方法强奸妇女;利用妇女熟睡之机进行强奸;冒充妇女的丈夫或者情夫进行强奸,利用妇女患重病之机进行强奸;造成或利用妇女处于孤立无援的状态进行强奸;假冒治病强奸妇女;组织利用会道门、邪教组织或者利用迷信奸淫妇女等。

2. 须违背妇女意志。

违背妇女意志是强奸罪的本质特征,但是不能把"妇女不能抗拒"作为构成强奸罪的基本特征,它只是判断是否违背妇女意志的客观条件之一。由于犯罪分子在实施强奸时所采用的手段和所造成的客观条件不同,对被害妇女的强制程度也相应的有所不同,因而被害妇女对犯罪行为的反抗形式和其他表现形式也是不一样的:有的不顾一切进行剧烈的反抗;有的胆颤心惊地进行挣扎或者哀求,反抗不明显;有的则瞻前顾后,没有进行反抗,等等。所以,不能简单地以被害妇女当时有无反抗表示,作为认定强奸罪的必要条件。对妇女未作反抗或者反抗表示不明显的,要通观全案,具体分析,精心区别。

认定是否违背妇女意志,也不能以被害妇女作风好坏来划分。如果行为人使用暴力或者胁迫手段强行与生活作风不好的妇女发生性行为的,仍应以强奸罪论处。

(四)客体要件

本罪侵犯的客体是妇女性的不可侵犯的权利(贞操权),即妇女按照自己的意志决定正当性行为的权利。犯罪对象是所有女性。

【罪名辨析】

(一)本罪既遂与未遂的界限

中国司法实践中是以"插入"为认定标准的,即男子的生殖器插入到女子的体内为犯罪既遂。至于是否射精与既遂未遂无关。但有一个特例,如果强奸的是幼女,则以"接触"为认定标准,即男子的生殖器与幼女的生殖器接触就算犯罪既遂。

(二)丈夫强奸妻子的司法认定

所谓婚内强奸,是指丈夫违背妻子意志以暴力、胁迫或者其他手段强行与之发生性关系的行为。婚内强奸这一现象在现实生活中并不陌生,法理上也一直存在着争议。中国刑法原则上将在法定婚姻关系存续期间丈夫违背妻子的意愿、强行发生性关系的行为排除在强奸之外,造成伤害后果或者有虐待等其他严重情节的,可以以其他罪如故意伤害罪、虐待罪等论处。中国婚姻法只有有关家庭暴力的规定,其中并没有涉及婚内强奸的条文。

通说观点认为,由于有合法的夫妻关系的存在,一方有权利要求另一方履行性行为的义务(同居义务),即使丈夫的行为对妻子的性自由权利有侵害也不构成犯罪。在中国无论是立法还是执法,一般都不把丈夫强迫妻子性交视为强奸犯罪。

(三)“强奸”男性的司法认定

刑法对于强奸罪的对象仅仅限定在女性,并未将强行与男性发生性关系进行法律规范。根据法无规定不为罪的原则,“强奸”男性行为并不构成犯罪,当然也不构成强奸罪。假如行为人把男的误认为妇女而着手实行强奸,并且完成“强奸行为”,并不构成强奸罪。调查大多案例,法院判决大多是“故意伤害罪”。如果由于对象是男性而强奸不能的情况下,以强奸未遂定罪。视当时情况如果是故意轻伤,不存在犯罪未遂问题。重伤意图非常明显,且已经着手实行重伤行为,由于意志以外的原因未得逞的,应按故意重伤(未遂)论处。

(四)认定强奸罪中的暴力、胁迫和其他手段

“暴力手段”,是指犯罪分子直接对被害妇女采用殴打、捆绑、掐脖子、按倒等危害人身安全或者人身自由,使妇女不能抗拒的手段。

“胁迫手段”,是指犯罪分子对被害妇女威胁、恫吓,达到精神上的强制的手段。如:扬言行凶报复、揭发隐私、加害亲属等相威胁,利用迷信进行恫吓、欺骗,利用教养关系、从属关系、职权以及孤立无援的环境条件,进行挟制、迫害等,迫使妇女忍辱屈从,不敢抗拒。

有教养关系、从属关系和利用职权与妇女发生性行为的,不能都视为强奸。行为人利用其与被害妇女之间特定的关系,迫使就范,如养(生)父以虐待、克扣生活费迫使养(生)女容忍其奸淫的;或者行为人利用职权,乘人之危,奸淫妇女的,都构成强奸罪。行为人利用职权引诱女方,女方基于互相利用与之发生性行为的,不定为强奸罪。

其他手段,是指犯罪分子用暴力、胁迫以外的手段,使被害妇女无法抗拒。例如:利用妇女患重病、熟睡之机,进行奸淫;以醉酒、药物麻醉,以及利用或者假冒治病等方法对妇女进行奸淫。

(五)强奸与通奸的区别

把强奸同通奸加以区别。要注意的是:

1. 有的妇女与人通奸,一旦翻脸,关系恶化,或者事情暴露后,怕丢面子,或者为推卸责任、嫁祸于人等情况,把通奸说成强奸的,不能定为强奸罪。

在办案中,对于所谓半推半就的问题,要对双方平时的关系如何,性行为是在什么环境和情况下发生的,事情发生后女方的态度怎样,又在什么情况下告发等等事实和情节,认真审查清楚,做全面的分析,不是确系违背妇女意志的,一般不宜按强奸罪论处。如果确系违背妇女意志的,以强奸罪惩处。

2. 第一次性行为违背妇女的意志,但事后并未告发,后来女方又多次自愿与该男子发生性行为的,一般不宜以强奸罪论处。

3. 犯罪分子强奸妇女后,对被害妇女实施精神上的威胁,迫使其继续忍辱屈从的,应以强奸罪论处。

4. 男女双方先是通奸,后来女方不愿继续通奸,而男方纠缠不休,并以暴力或以败坏名誉等进行胁迫,强行与女方发生性行为的,以强奸罪论处。

办理强奸案件要严格分清哪些罪与非罪、此罪与彼罪的界限,把强奸同未婚男女在恋爱过程中自愿发生的不正当性行为加以区别。

(六)本罪与强制猥亵、侮辱罪的界限

1. 犯罪主体不同。本罪的主体为特殊主体,即年满十四周岁具有刑事责任能力的男子,但在共犯情况下,妇女也可构成本罪;而后罪的主体为一般主体。

2. 有无奸淫的目的不同。

本罪必须具有奸淫的目的,即其行为意图是与之发生性关系,并在此目的支配下实施了有关行为;后罪则无奸淫的目的,其是通过除性交以外的有关下流、淫秽的行为以兴奋、满足自己的畸形变态的性欲或填补精神空虚。

3. 行为方式不同

本罪行为方式表现为采取暴力、胁迫或其他手段强行与妇女性交,或奸淫幼女的行为。后罪行为方式表现为除性交以外实施的强制猥亵或者侮辱的行为。

4. 所侵害的客体不同。

本罪所侵害的客体为妇女的性的不可侵犯的权利和未满十四周岁幼女的身心健康;后罪所侵害的客体则为妇女的人格尊严。

量刑部分

【量刑标准】

犯本罪的,处三年以上十年以下有期徒刑。

奸淫不满十四周岁的幼女的,以强奸论,从重处罚。

强奸妇女、奸淫幼女,有下列情形之一的,处十年以上有期徒刑、无期徒刑或者死刑:

(一)强奸妇女、奸淫幼女情节恶劣的;

(二)强奸妇女、奸淫幼女多人的;

(三)在公共场所当众强奸妇女的;

(四)二人以上轮奸的;

(五)致使被害人重伤、死亡或者造成其他严重后果的。

【量刑规范】

最高人民法院《关于常见犯罪的量刑指导意见》

(实施日期:2014 年 1 月 1 日 法发[2013]14 号)(节录)

(三)强奸罪

1. 构成强奸罪的,可以根据下列不同情形在相应的幅度内确定量刑起点:

(1)强奸妇女一人的,可以在三年至五年有期徒刑幅度内确定量刑起点。

奸淫幼女一人的,可以在四年至七年有期徒刑幅度内确定量刑起点。

(2)有下列情形之一的,可以在十年至十三年有期徒刑幅度内确定量刑起点:强奸妇女、奸淫幼女情节恶劣的;强奸妇女、奸淫幼女三人的;在公共场所当众强奸妇女的;二人以上轮奸妇女的;强奸致被害人重伤或者造成其他严重后果的。依法应当判处无期徒刑以上刑罚的除外。

2. 在量刑起点的基础上,可以根据强奸妇女、奸淫幼女情节恶劣程度、强奸人数、致人伤害后果等其他影响犯罪构成的犯罪事实增加刑罚量,确定基准刑。

强奸多人多次的,以强奸人数作为增加刑罚量的事实,强奸次数作为调节基准刑的量刑情节。

强制猥亵、侮辱罪 《刑法》第237条(一)

以暴力、胁迫或者其他方法强制猥亵他人或者侮辱妇女的,处五年以下有期徒刑或者拘役。

聚众或者在公共场所当众犯前款罪的,或者有其他恶劣情节的,处五年以上有期徒刑。

定罪部分

【罪名概念】

强制猥亵、侮辱罪,是指以暴力、胁迫或者其他方法强制猥亵他人或者侮辱妇女的行为。

【犯罪构成】

(一)主体要件

本罪的主体为一般主体,凡达到刑事责任年龄且具备刑事责任能力的自然人均能构成本罪。

(二)主观要件

本罪在主观方面表现为故意,通常表现出刺激或者满足行为人或第二者的性欲的倾向,但不具有强行奸淫的目的。

(三)客观要件

本罪在客观方面表现为以暴力、胁迫或者其他方法强制猥亵他人,或者侮辱妇女的行为。

一方面,主观方面行为人猥亵他人、侮辱妇女具有违背他人或妇女意志的本质特征。违背他人或妇女意志,即未经他人或妇女真实同意。如果他人或妇女对于行为人的行为表示同意,自然不能成立强制猥亵他人、侮辱妇女罪。如果妇女同意行为人所进行的各种淫秽下流的动作,如采用下流的语言调戏的,自然也谈不上侮辱妇女的行为。

另一方面,行为人采用暴力、胁迫或者其他方法实施了强制猥亵他人、侮辱妇女的行为。

1. 对于"暴力"的定义。

所谓暴力,是指对被害人的人身采取殴打、捆绑、堵嘴、掐脖子、按倒等侵害人身安全或者人身自由的强暴方法,使其不能反抗。所谓胁迫,是指对被害人采取威胁、恐吓等方法实行精神上的强制,使其不能反抗。例如,以杀害、伤害、揭发隐私、毁坏私誉、加害亲属等相威胁,利用收养关系、从属关系、职务权力以及使被害人处于孤立无援的环境进行挟制等。所谓其他手段,是指暴力、胁迫以外的其他使被害人无法反抗、不知反抗的手段。例如,利用封建迷信进行恫吓、欺骗或者利用被害人患病、熟睡之机进行猥亵;利用酒灌醉、药物麻醉、药物刺激等方法对被害人进行猥亵;利用或者假冒治病对被害人进行猥亵等等。

2. 对于"猥亵"的解释。

所谓猥亵,是指以刺激或满足性欲为目的,用性交以外的方法实施的淫秽行为。猥亵既可以发生在男女之间,也可以发也于同性之间。根据《刑法修正案(九)》的规定,猥亵妇女以外的男子,同样构成构成本条中的犯罪。所谓猥亵他人,是指对被害人的抠摸、舌舔、吸吮、亲吻、搂抱、手淫等行为。

所谓侮辱妇女,是指用下流动作或淫秽语言调戏妇女的行为。例如,偷剪妇女发辫、衣服:追逐、堵截妇女:向妇女身上泼洒腐蚀物,涂抹污物等。本条虽未规定情节恶劣,但是对于侮辱妇女情节显著轻微、危害不大的、不能认为是犯罪,例如,偶尔追逐、堵截妇女,经教育后悔改,并且未造成严重后果的,就不能以犯罪论处。

侮辱妇女的行为与猥亵妇女的行为很相似,两者的主要区别在于:猥亵妇女,一般是以刺激或满足性欲为目的,而侮辱妇女,一般是以追求精神刺激为目的,损害妇女声誉;猥亵妇女,必须采取暴力、胁迫或其他方法才构成犯罪,而侮辱妇女无此限制。

(四)客体要件

本罪侵犯的客体是他人的身体自由权和妇女的隐私权、名誉权。所谓身体自由权,是指身体的动静举止不受非法干预为内容的人格权;所谓隐私权,是指妇女所享有的对其个人的,与公共利益无关的个人信息、私人活动和私有领域进行支配的一种人格权,其私有领域的不可侵犯(包括其身体不能偷看、猥亵等)是其重要权能;所谓名誉权,是妇女所享有的就其自身属性和特点表现出来的社会价值而获得社会公正评价的权利。

【罪名辨析】

(一)本罪与一般猥亵的界限

一方面,要将强制猥亵他人、侮辱妇女行为与非强制性猥亵他人、侮辱妇女行为区分开来，刑法只惩罚以强制方法猥亵他人、侮辱妇女的行为，对于非强制性的猥亵他人、侮辱妇女行为不能视作犯罪。另一方面，并非任何强制猥亵他人、侮辱妇女的行为都构成强制猥亵、侮辱罪。本条对强制猥亵、侮辱罪的构成虽然未规定“情节严重”之要件，但不能将情节显著轻微、危害不大的强制猥亵他人、侮辱妇女行为亦视作为犯罪。

1.“无法抗拒”的状态定性。

强制猥亵他人一般都是利用暴力手段使被害人不能抗拒，或者对被害人采取胁迫，即精神上的强制，使被害人不敢抗拒的手段来实施的。那么，利用被害人患重病、醉酒、熟睡、昏迷等状态而实施的猥亵行为，能否认定为强制猥亵罪呢？我们认为，这种猥亵行为在本质上是违背被害人意志的，其猥亵手段可视为“暴力”、“胁迫”以外的“其他手段”，因此，应认定为强制猥亵罪。

2. 职权、教养、从属关系犯罪。

正确认定利用职权、教养关系、从属关系实施的强制猥亵罪，关键是查明行为人是否利用了特定的关系对被害人进行胁迫。这一点，与在强奸罪认定中区分利用特定关系强奸与双方基于互相利用而通奸的界限是一样的。在强制猥亵罪的认定中，不能把有教养关系、从属关系和利用职权猥亵他人的行为都视为强制猥亵。行为人利用职权引诱他人，对方基于互相利用而容忍行为人对其猥亵的，不能认定为强制猥亵罪。

（二）本罪与侮辱罪的界限

以妇女为侮辱对象的行为与侮辱妇女罪很相似，两者都可以采取暴力、胁迫或其他方法，区别在于：（1）对象情况不同。侮辱妇女罪，一般是以不特定的妇女为对象；而侮辱罪中侮辱妇女的行为，是针对特定的对象实施的；（2）目的动机不同，侮辱妇女罪对妇女进行的侮辱行为，一般是出于闹事取乐，寻求精神刺激；而侮辱罪中对妇女进行的侮辱，一般是出于个人恩怨、嫉妒或报复，目的是贬损特定妇女的人格和名誉。

（三）本罪与强奸罪的区别

本罪与（普通）强奸罪都侵犯妇女身心健康的犯罪，在客观上都使用了暴力、胁迫或其他方法，二者的区别表现在：（1）本罪侵犯了他人的身心健康，侮辱妇女罪与（普通）强奸罪都侵犯妇女身心健康。（2）客观方面不完全相同。前者是对他人或妇女强行实施性交以外的猥亵、侮辱行为；后者是强行与妇女发生性交。（3）主体不完全相同。前者的直接正犯既可以是男子，也可以是妇女；后者的直接正犯只能是男子。（4）主观故意内容不同。前者不以强行奸淫为目的；后者以强行奸淫为目的。

量刑部分

【量刑标准】

犯本罪的,处五年以下有期徒刑或者拘役。

聚众或者在公共场所当众犯前款罪,或者有其他恶劣情节的,处五年以上有期徒刑。

截至目前,尚无本罪名关于量刑的司法解释。

猥亵儿童罪　《刑法》第237条(二)

以暴力、胁迫或者其他方法强制猥亵他人或者侮辱妇女的,处五年以下有期徒刑或者拘役。

聚众或者在公共场所当众犯前款罪的,或者有其他恶劣情节的,处五年以上有期徒刑。

猥亵儿童的,依照前两款的规定从重处罚。

定罪部分

【罪名概念】

猥亵儿童罪,是指以刺激或满足实施者性欲为目的,用性交以外的方法对儿童(包括男童和女童)实施的淫秽行为。

【犯罪构成】

(一)主体要件

本罪的主体为一般主体。凡达到刑事责任年龄且具备刑事责任能力的自然人均能构成本罪。

(二)主观要件

本罪在主观方面表现为直接故意,间接故意和过失不构成本罪。

(三)客观要件

本罪在客观方面表现为以刺激或满足性欲为目的,用性交以外方法对儿童实施的淫秽行为。猥亵的手段如抠摸、舌舔、吸吮、亲吻、搂抱、手淫、鸡奸等行为。

(四)客体要件

本罪侵犯的客体是儿童的身心健康和人格尊严。本罪侵犯的对象是儿童,即不满十四周岁的未成年人,包括男孩和女孩。

【罪名辨析】

奸淫不满十四周岁幼女的强奸行为与本罪的界限

奸淫不满十四周岁幼女的强奸行为与猥亵儿童的行为，都可能表现为抠摸下身、吸吮、搂抱等行为，且都不需要采取暴力、胁迫或者其他手段等强制性方法，有相似之处。但两者之间有着本质的不同，主要有：(1)行为的主体不同。前行为的主体必为男子，后行为的主体既可以为男子也可以是女人；前行为的主体年满十四周岁即可构成犯罪，后行为的主体则要求年满十六周岁才能构成其罪。(2)有无奸淫的目的不同。前行为的目的在于奸淫不满十四周岁的幼女，即与之发生性关系；后行为则无此目的，其是为了通过猥亵儿童来满足、兴奋自己的畸形、变态的性欲。(3)行为的方式不同。前行为的方式为奸淫的行为，只能发生在异性之间；后行为的方式则为除性关系以外的所有淫秽、下流行为。既可以发生在异性之间，也可以发生在同性之间。(4)所侵害的物件不同。前行为所侵害的对象为未满十四周岁的幼女；后行为所侵害的对象则为未满十四周岁的儿童，既可以是女性儿童即幼女，又可以是男性儿童。行为人在奸淫幼女的前后，实施了抠摸幼女下身、要幼女为之玩弄、吸吮生殖器等猥亵行为的，属吸收犯，后行为被前行为所吸收，应以吸收行为即前行为构成的强奸罪依法追究行为人的刑事责任。

量刑部分

【量刑标准】

犯本罪的，依“五年以下有期徒刑或者拘役”从重处罚，聚众或在公共场所当众猥亵儿童或者有其他恶劣情节的，应依“五年以上有期徒刑”从重处罚。

截至目前，尚无本罪名关于量刑的司法解释。

非法拘禁罪 《刑法》第238条

非法拘禁他人或者以其他方法非法剥夺他人人身自由的，处三年以下有期徒刑、拘役、管制或者剥夺政治权利。具有殴打、侮辱情节的，从重处罚。

犯前款罪，致人重伤的，处三年以上十年以下有期徒刑；致人死亡的，处十年以上有期徒刑。使用暴力致人伤残、死亡的，依照本法第二百三十四条故意伤害罪、第二百三十二条故意杀人罪的规定定罪处罚。

为索取债务非法扣押、拘禁他人的，依照前两款的规定处罚。

国家机关工作人员利用职权犯前三款罪的，依照前三款的规定从重处罚。

定罪部分

【罪名概念】

非法拘禁罪,是指以拘禁或者其他强制方法非法剥夺他人人身自由的行为。我国《宪法》第三十七条规定:“中华人民共和国公民的人身自由不受侵犯。任何公民,非经人民检察院批准或者决定或者人民法院决定,并由公安机关执行,不受逮捕,禁止非法拘禁和以其他方法非法剥夺或者限制公民的人身自由。”因此,非法拘禁是一种严重剥夺公民身体自由的行为。

【司法解释】

1. 最高人民检察院《关于渎职侵权犯罪案件立案标准的规定》

(实施日期:2006 年 7 月 26 日　高检发释字[2006]2 号)(节录)

国家机关工作人员利用职权实施的非法拘禁案(第二百三十八条)

非法拘禁罪是指以拘禁或者其他方法非法剥夺他人人身自由的行为。

国家机关工作人员利用职权非法拘禁,涉嫌下列情形之一的,应予立案:

1. 非法剥夺他人人身自由 24 小时以上的;

2. 非法剥夺他人人身自由,并使用械具或者捆绑等恶劣手段,或者实施殴打、侮辱、虐待行为的;

3. 非法拘禁,造成被拘禁人轻伤、重伤、死亡的;

4. 非法拘禁,情节严重,导致被拘禁人自杀、自残造成重伤、死亡,或者精神失常的;

5. 非法拘禁 3 人次以上的;

6. 司法工作人员对明知是没有违法犯罪事实的人而非法拘禁的;

7. 其他非法拘禁应予追究刑事责任的情形。

2. 最高人民法院《关于对为索取法律不予保护的债务非法拘禁他人行为如何定罪问题的解释》

(实施日期:2000 年 7 月 19 日　法释[2000]19 号)(节录)

为了正确适用刑法,现就为索取高利贷、赌债等法律不予保护的债务,非法拘禁他人行为如何定罪问题解释如下:行为人为索取高利贷、赌债等法律不予保护的债务,非法扣押、拘禁他人的,依照刑法第二百三十八条的规定定罪处罚。

3. 最高人民检察院《关于人民检察院直接受理立案侦查案件立案标准的规定(试行)》

(施行日期:1999 年 9 月 16 日　高检发研字[1999]10 号)(节录)

国家机关工作人员利用职权实施的非法拘禁案(第 238 条)非法拘禁罪是指以拘禁或者其他强制方法非法剥夺他人人身自由的行为。国家机关工作人员涉嫌利用职权非法拘禁,具有下列情形之一的,应予立案:

1. 非法拘禁持续时间超过24小时的；
2. 3次以上非法拘禁他人，或者一次非法拘禁3人以上的；
3. 非法拘禁他人，并实施捆绑、殴打、侮辱等行为的；
4. 非法拘禁，致人伤残、死亡、精神失常的；
5. 为索取债务非法扣押、拘禁他人，具有上述情形之一的；
6. 司法工作人员对明知是无辜的人而非法拘禁的。

【犯罪构成】

（一）主体要件

本罪的主体既可以是国家工作人员，也可以是一般公民。从实际发生的案件来看，多为掌握一定职权的国家工作人员或基层农村干部。另外，这类案件往往涉及的人员较多。有的是经干部会议集体讨论决定的；有的是经上级领导同意或默许的；有的是直接策划、指挥者，有的是动手捆绑、奉命看守者。因此，处理时要注意，依法应当追究刑事责任的，只是其中的直接责任者和出于陷害、报复和其他卑鄙动机的人员。对其他人员应实行区别对待，一般不追究刑事责任。

（二）主观要件

本罪在主观方面表现为故意，并以剥夺他人人身自由为目的。"聚众"，一般是指聚集二人以上。"公共场所""当众"，参见《刑法》第二百三十六条第三款第三项的解释。

过失不构成本罪。非法拘禁他人的动机是多种多样的。有的因法制观点差，把非法拘禁视为合法行为；有的出于泄愤报复，打击迫害；有的是不调查研究，主观武断、逼取口供；有的是闹特权、耍威风；有的是滥用职权、以势压人；也有的是居心不良，另有所图。不管出于什么动机，只要具有非法剥夺他人人身自由的目的，故意实施了非法拘禁他人，即构成本罪，如果非法剥夺他人身自由是为了其他犯罪目的，其他犯罪比非法拘禁罪处罚更重的，应以其他罪论处。

（三）客观要件

本罪客观上表现为非法剥夺他人身体自由的行为。这里的"他人"没有限制，既可以是守法公民，也可以是犯有错误或有一般违法行为的人，还可以是犯罪嫌疑人。行为的特征是非法拘禁他人或者以其他方法非法剥夺他人的身体自由。凡符合这一特征的均应认定为非法剥夺人身自由罪，如非法逮捕、拘留、监禁、扣押、绑架，办封闭式学习班、隔离审查等均是非法剥夺人身自由。概括起来分为两类：一类是直接拘束人的身体，剥夺其身体活动自由，如捆绑；另一类是间接拘束人的身体，剥夺其身体活动自由，即将他人监禁于一定场所，使其不能或明显难以离开、逃出。剥夺人身自由的方法既可以是有形的，也可以是无形的。例如，将妇女洗澡时的换洗衣服拿走，使其基于羞耻心无法走出浴室的行为，就是无形的方法。此外，无论是以暴力、胁迫方法拘禁他人，还是以欺诈方法拘禁他人，均不影响本罪的成立。

非法剥夺人身自由是一种持续行为,即该行为在一定时间内处于继续状态,使他人在一定时间内失去身体自由,不具有间断性。时间持续的长短不影响本罪的成立,只影响量刑。但时间过短、瞬间性的剥夺人身自由的行为,则难以认定成立本罪。

剥夺人身自由的行为必须是非法的。司法机关根据法律规定,对于有犯罪事实和重大嫌疑的人采取拘留、逮捕等限制人身自由的强制措施的行为,不成立本罪。但发现不应拘捕时,借故不予释放,继续羁押的,则应认为是非法剥夺人身自由。对于正在实行犯罪或犯罪后及时被发觉的、通缉在案的、越狱逃跑的、正在被追捕的人,群众依法扭送至司法机关的,是一种权利,而不是非法剥夺人身自由。依法收容精神病患者的,也不是非法剥夺人身自由的行为。

(四)客体要件

本罪侵犯的客体是他人的身体自由权,所谓身体自由权,是指以身体的动静举止不受非法干预为内容的人格权,亦即在法律范围内按照自己的意志决定自己身体行动的自由权利,公民的身体自由,是公民正常工作、生产、生活和学习的保证,失去身体自由,就失去了从事一切正常活动的可能。我国《宪法》第三十七条规定:中华人民共和国公民的人身自由不受侵犯。任何公民,非经人民检察院批准或者决定或者人民法院决定,并由公安机关执行,不受逮捕,禁止非法拘禁和以其他方法非法剥夺或者限制公民的人身自由。因此,非法拘禁是一种严重剥夺公民身体自由的行为。

本罪侵害的对象,是依法享有人身权利的任何自然人。身体自由权作为一种人格权,是组成民事权利体系之一的人身权的重要组成部分,民事权利的享有基于民事权利能力。凡具有民事权利能力之自然人均依法享受包括身体自由权在内的民事权利。民事权利能力是法律赋予民事主体从事民事活动,享受民事权利和承担民事义务的资格,始于出生,终于死亡,自然人的民事权利能力一律平等。因此本罪侵害的对象,包括一切自然人(基于自然规律而出生的人)。即包括无辜公民、犯错误的人、有一般违法行为的人和犯罪嫌疑人。有一种观点认为,非法拘禁罪中的"他人",只是指有按照自己的意志支配自己的活动能力的人,包括潜在的有意志活动能力的人在内,如幼儿、醉酒者和熟睡中的人。但不应包括完全没有按照自己的意志支配自己的活动能力的人,如婴儿、严重的精神病患者。

【罪名辨析】

(一)本罪与非罪的界限

1. 划清一般非法拘禁行为与非法拘禁犯罪。非法拘禁行为,只有达到相当严重的程度,才构成犯罪。因此,应当根据情节轻重、危害大小、动机为私为公、拘禁时间长短等因素,综合分析,来确定非法拘禁行为的性质。

2. 划清违法拘捕与非法拘禁罪的界限。两者的区别主要在于违法拘留、逮捕是违反拘留、逮捕法规的行为，一般是司法人员在依照法定职权和条件的情况决定、批准、执行拘捕时，违反法律规定约有关程序、手续和时限，并不具有非法拘禁的动机和目的。如一般的超时限报捕、批捕；未及时办理、出示拘留、逮捕证；未依法及时通知犯罪嫌疑人家属或单位；未先办理延期手续而超期羁押人犯的等，都不构成非法拘禁罪。因各种客观因素造成错拘、错捕的，也不构成犯罪。

（二）本罪与刑讯逼供罪的界限

两者都属于侵犯人身权利的犯罪，实践中往往互相牵连，容易混淆。两者的区别在于：

1. 主体要件不同。前者是一般主体，后者只能是国家司法工作人员；

2. 犯罪对象不同。前者是一般公民，后者只能是被控有违法犯罪行为的犯罪嫌疑人；

3. 犯罪行为表现和目的不同。前者是以拘禁或者其他强制方法非法剥夺他人人身自由，后者是对犯罪嫌疑人使用肉刑或者变相肉刑逼取口供。如果两罪一起发生，互有关联的，一般应按牵连犯罪从一重罪处理。非国家工作人员有类似“刑讯逼供”等关押行为的，不定刑讯逼供罪，可以非法拘禁罪论处。

（三）非法拘禁罪的一罪与数罪

1. 本罪与故意杀人罪、故意伤害罪、刑讯逼供罪及暴力取证罪的牵连、竞合。

非法拘禁罪与故意杀人罪、故意伤害罪的牵连，通常表现为在非法拘禁过程中，行为人对被害人进行暴力加害，或者行为人用非法拘禁方法故意使被害人因冻饿等原因而死亡、受伤等。对于在非法拘禁中对被害人加害的情况，应当注意，本条第二款明确规定，非法拘禁“使用暴力致人伤残、死亡的”，依照故意伤害罪、故意杀人罪定罪处罚。因此，一方面对于这种情况只应按一重罪即故意伤害罪或故意杀人罪定罪处罚，另一方面要注意其适用的条件：必须是在非法拘禁中“使用暴力”且“致人伤残、死亡”。这里的“伤残”不包括轻伤，而是指重伤，但不限于肢体残废的情形，而是包括各种对于人身健康有重大伤害的情形在内。至于上述后一种情况，即行为人目的在于故意伤害、故意杀害被害人，只不过其方法采用了非法拘禁而已，自然应按牵连犯的处罚原则，从一重罪定罪处罚，即按故意伤害罪或故意杀人罪定罪处罚。非法拘禁罪与刑讯逼供罪、暴力取证罪形成牵连犯形态或想象竞合犯形态的情况，表现为司法工作人员非法将犯罪嫌疑人、被告人或证人拘禁，在此过程中又进行刑讯逼供或暴力逼取证言的行为。对于这种情形，应按刑讯逼供罪或暴力取证罪对行为人定罪处罚。当然，如果行为人在拘禁他人进行刑讯逼供、暴力逼取证言过程中致人伤残、死亡的，应以故意伤害罪、故意杀人罪定罪处罚。

2. 本罪与妨害公务罪的想象竞合。

妨害公务罪,是指以暴力、威胁方法阻碍国家机关工作人员依法执行职务、以暴力、威胁、方法阻碍全国人大和地方各级人大代表依法执行代表职务,或者在自然灾害和突发事件中,以暴力、威胁方法阻碍红十字会工作人员依法履行职责的行为。除故意阻碍国家安全机关、公安机关依法执行国家安全工作任务造成严重后果的行为构成妨害公务罪,不需要“暴力、威胁方法”外,暴力、威胁方法是其他妨害公务行为构成犯罪必备的行为方法条件。妨害公务罪中的暴力,一般是指对国家机关工作人员等特定人员的身体实行打击或强制,例如殴打、捆绑等。司法实践中,往往有以捆绑等非法拘禁的方法妨害公务的案件发生。这实际上是一行为同时触犯两个罪名,属于想象竞合犯,对此应择一重罪从重处罚。但是,本法对非法拘禁罪和妨害公务罪基本构成的法定刑设置基本相同,这就涉及究竟应以哪个罪名对行为人定罪处罚的问题。我们认为,应以妨害公务罪定罪处罚,这样可以更好地反映行为的整体性质和本质特征。当然,如果在非法拘禁妨害公务中过失致人重伤或死亡的,应当依照非法拘禁罪定罪处罚,因为本条对非法拘禁致人重伤、死亡的规定了结果加重犯的法定刑(不过,如是故意致人重伤、死亡,则对行为人应定故意伤害罪或故意杀人罪,不再以非法拘禁或妨害公务罪定性)。

3. 本罪与暴力干涉婚姻自由罪的想象竞合。

暴力干涉婚姻自由罪与非法拘禁罪的竞合问题,在表现上也大致相同于妨害公务罪的情况,所不同的是,暴力干涉婚姻自由罪在我国刑法上规定为“告诉的才处理”,而非法拘禁罪却无此规定,这样,当两个罪名在特定情况下发生竞合关系时,应分不同情况予以分析:

(1)如果以非法拘禁干涉他人婚姻自由,尚未造成严重后果,且被害人未向司法机关告发的,不宜追究被告人的刑事责任。由于本法规定了告诉才处理的原则,在处理暴力干涉婚姻自由罪与非法拘禁罪的想象竞合时,如果当事人未告诉,就不宜按通常的处理原则适用非法拘禁罪;如果当事人已告诉,则应按想象竞合犯处理,以非法拘禁罪论处。

(2)如果以非法拘禁方法干涉他人婚姻自由,引起被害人死亡的,应以想象竞合犯的原则追究被告人的刑事责任。这是因为,本法第二百五十七条规定,暴力干涉他人婚姻自由引起被害人死亡的,不在“告诉的才处理”之列。因此,出现这种情况的,应以想象竞合犯的原则处理。不过本条规定非法拘禁致人死亡的,处十年以上有期徒刑,刑法第二百五十七条规定暴力干涉婚姻自由致人死亡的,法定刑为二年以上七年以下有期徒刑,二者相比较,前者为重,因此应适用非法拘禁罪的条款。但是,考虑到前者重得多,而且考虑到本法第二百五十七条的立法精神,在适用非法拘禁“致人死亡”的法定刑时,可适当取其轻者。

(3)以非法拘禁方法干涉他人婚姻自由,致人重伤的,应视当事人是否告诉而分别处理:第一,当事人向司法机关告诉的,应按想象竞合犯的原则,以非法拘禁罪的基本构成的法定刑追究被告人的刑事责任,而不能以非法拘禁"致人重伤"的法定刑处理。这时因为刑法第二百五十七条虽未指明暴力干涉婚姻自由致人重伤的应如何处理,但从该条第二款的规定看,只把"致使被害人死亡"这一情节作为加重构成,所以根据其立法原意,致人重伤的,也包括在本法第二百五十七条第一款即暴力干涉婚姻自由罪的基本构成中,属于"告诉的才处理"的范畴。第二,如果当事人未告诉的,就不应追究行为人的刑事责任。

量刑部分

【量刑标准】

犯本罪的,处三年以下有期徒刑、拘役、管制或者剥夺政治权利,具有殴打、侮辱情节的,从重处罚。犯前款罪致人重伤的,处三年以上十年以下有期徒刑;致人死亡的,处十年以上有期徒刑。

使用暴力致人伤残、死亡的,依照本法第二百三十四条、第二百三十二条的规定定罪处罚。

为索取债务非法扣押、拘禁他人的,依照前两款的规定处罚。

国家机关工作人员利用职权犯前三款罪的,依照前三款的规定从重处罚。

【量刑规范】

最高人民法院《人民法院量刑指导意见》

(实施日期:2014 年 1 月 1 日)(节录)

(四)非法拘禁罪

1. 构成非法拘禁罪的,可以根据下列不同情形在相应的幅度内确定量刑起点:

(1)犯罪情节一般的,可以在一年以下有期徒刑、拘役幅度内确定量刑起点。

(2)致一人重伤的,可以在三年至五年有期徒刑幅度内确定量刑起点。

(3)致一人死亡的,可以在十年至十三年有期徒刑幅度内确定量刑起点。

2. 在量刑起点的基础上,可以根据非法拘禁人数、拘禁时间、致人伤亡后果等其他影响犯罪构成的犯罪事实增加刑罚量,确定基准刑。

非法拘禁多人多次的,以非法拘禁人数作为增加刑罚量的事实,非法拘禁次数作为调节基准刑的量刑情节。

3. 有下列情节之一的,可以增加基准刑的 10% ~20% :

(1)具有殴打、侮辱情节的(致人重伤、死亡的除外);

(2)国家机关工作人员利用职权非法扣押、拘禁他人的。

绑架罪 《刑法》第239条

以勒索财物为目的绑架他人的,或者绑架他人作为人质的,处十年以上有期徒刑或者无期徒刑,并处罚金或者没收财产;致使被绑架人死亡或者杀害被绑架人的,处死刑,并处没收财产。

犯前款罪,杀害被绑架人的,或者故意伤害被绑架人,致人重伤、死亡的,处无期徒刑或者死刑,并处没收财产。

以勒索财物为目的偷盗婴幼儿的,依照前两款的规定处罚。

定罪部分

【罪名概念】

绑架罪,是指利用被绑架人的近亲属或者其他人对被绑架人安危的忧虑,以勒索财物或满足其他不法要求为目的,使用暴力、胁迫或者麻醉方法劫持或以实力控制他人的行为。

【司法解释】

最高人民法院《关于对在绑架过程中以暴力、胁迫等手段当场劫取被害人财物的行为如何适用法律问题的答复》

(实施日期:2001年11月8日 法函[2001]68号)

福建省高级人民法院:

你院闽高法[2001]128号《关于在绑架过程中实施暴力或以暴力相威胁当场劫取被害人财物的行为如何适用法律问题的请示》收悉。经研究,答复如下:

行为人在绑架过程中,又以暴力、胁迫等手段当场劫取被害人财物,构成犯罪的,择一重罪处罚。

【关联法律】

公安部《关于打击拐卖妇女儿童犯罪适用法律和政策有关问题的意见》

(实施日期:2000年3月24日 公通字[2000]25号)(节录)

(九)以勒索财物为目的,偷盗婴幼儿的,以绑架罪立案侦查。

【犯罪构成】

(一)主体要件

本罪主体为一般主体。关于已满十四周岁不满十六岁的人对本罪是否应负刑事责任的问题,有的学者认为,由于这种犯罪的危害性特别大,凡是年满十四岁并具有责任能力的人,均可构成。我们认为,刑法第十七条第二款规定的八种犯罪,是指具体犯罪行为而不是具体罪名。按照罪刑法定原则和刑法第十七条第二款的规定，已满十四周岁不满十六岁的人，如果仅参加了绑架的行为，但未参与杀害、伤害被绑架人，没有实施刑法第十七第二款规定的故意杀人、故意伤害致人重伤或者死亡行为，该未成年人对这种绑架行为不负刑事责任。但应责令他的家长或者监护人加以管教；在必要的时候，也可以由政府收容教养。如果在绑架过程中实施了杀害或者伤害（致人重伤或者死亡）被绑架人的，则应按故意杀人罪、故意伤害罪追究其刑事责任。

（二）主观要件

本罪主观方面由直接故意构成，并且具有勒索财物或者扣押人质的目的。“以勒索财物为目的的绑架他人”，是指采用暴力、胁迫或者麻醉的方法，强行将他人劫持，以杀害、杀伤或者不归还人质相要挟，勒令与人质有关的亲友，在一定期限内交出一定财物，以钱赎人。这里的“财物”应从广义上理解，不局限于钱财，也包括其他财产利益。绑架他人作为人质，是指出于政治性目的，逃避追捕或者要求司法机关释放罪犯等其他目的，劫持他人作为人质。

（三）客观要件

本罪在客观方面表现为使用暴力、胁迫或者其他的方法，绑架他人的行为。“暴力”，是指行为人直接对被害人进行捆绑、堵嘴、蒙眼、装麻袋等人身强制或者对被害人进行伤害、殴打等人身攻击手段。“胁迫”，是指对被害人实行精神强制，或者对被害人及其家属以实施暴力相威胁。“其他方法”，是指除暴力胁迫以外的方法，如利用药物、醉酒等方法使被害人处于昏迷状态等。这三种犯罪手段的共同特征，是使被害人处于不能反抗或者不敢反抗的境地，将被害人非法绑架离开其住所或者所在地，并置于行为人的直接控制之下，使其失去行动自由的行为。法律只要求行为人具有绑架他人其中一种手段就构成本罪。

（四）客体要件

本罪侵犯的客体是复杂客体，包括他人的人身自由权利、健康、生命权利及公私财产所有权利。因为行为人以暴力，胁迫等手段对他人实施绑架，直接危害被害人的生命健康。在司法实践中，行为人常常以危害被害者相威胁，迫使其家属交付赎金；在绑架过程中，被害人往往受虐待、重伤甚至惨遭杀害；还有的将被害人危害后再勒索财物。立法者将绑架他人的行为放在侵犯公民人身权利、民主权利罪这一章中，表明强调的也是对公民人身权利的保护。这种犯罪实际上就是旧社会甚为猖獗的“绑票”行为，新中国成立后已经绝迹，近些年来又重新出现，并有发展的趋势，对社会危害极大。为了有力惩治这种犯罪，刑法将绑架行为单立为罪名。犯罪对象是“他人”。“他人”既包括妇女、儿童，也包括妇女、儿童以外的人。

【罪名辨析】

（一）本罪与非法拘禁罪的界限

绑架罪的典型特征就是行为人以扣押人质为手段，以杀伤人质为要挟，勒令在一定时间内交付一定数额的金钱或满足一定要求为条件以换取人质,因此它所侵害的客体既包括人质的人身自由,生命健康权,也包括公私财产的所有权。而在司法实践中,某些非典型的绑架罪在具备了绑架罪的基本构成要件时,也可以转化为绑架罪。实践中主要是指索债型非法拘禁罪的转化。由于我国《刑法》第二百三十八条规定:"为索取债务而非法扣押、拘禁他人的,以非法拘禁罪论处",所以在司法实践中往往导致这样的错误认为,即基于索债为目的,均以非法拘禁罪论,正因为绑架罪和非法拘禁罪在客观方面均表现为非法限制人身自由,故非法拘禁罪也可以由"绑架"来完成,二者在实践中极易产生混淆。

1. 本罪与非法拘禁罪的学理界定。

绑架罪与非法拘禁罪在客观方面均表现为行为人以暴力、胁迫和其他方法非法剥夺和限制人身自由,但在客观上的相似性并不能混淆两者之间的质的区别。首先,在主观上,表现为行为人主观犯意的目的和故意的内容不同。绑架罪的主观动机是勒索钱财或其他非法利益,绑架扣押人质只是实现主观目的手段,而非法拘禁罪主观意图就是为了非法限制他人人身自由。其次在客观方面,表现为对被害人人身自由限制性程度不同,使用方式方法(手段)也有差异。在绑架案中,行为人一般都采取超强度的暴力等手段,致使被害人不能反抗,无法反抗和不敢反抗,一般在被害人掳离住所置于偏僻荒野之处,给被害人的心理造成极大恐慌。而非法拘禁罪一般表现为行为人低强度限制人身自由。再次在案件发生的因果关系上,前者表现为行为人和被害人之间一般没有恩怨和其他往来,行为人的目的就是通过绑架的实施达到勒索钱财的目的,或通过扣押人质获取其他非法利益,而后者较多地表现为行为人与被害人之间因纠纷和其他利害关系而产生,在案发的起因上,被害人往往有过错。此外两者在责任主体的要求上和量刑上都存在很大差异。

2. 非典刑绑架罪的转化的司法认定。

所谓转化罪指的是行为实施某种较轻的犯罪时,由于相关连带的行为同时又触犯了另一个较重的犯罪时,刑法规定以较重的罪论处。如聚众斗殴致人重伤或死亡就属于这种情况。非法拘禁罪在具备某些条件时可以转化为绑架罪。陈某先后三次借五千元钱给吴某用于生意经营,并约定还款日期,到期后陈某多次向吴某索款未果,遂生扣押吴某儿子以索取债务之念头,陈某将吴的儿子劫持到一住所内,用电话勒索吴人民币四万元,声称如不交付算数赎金即行撕票,吴报案陈被抓获。从该案例看,陈的行为开始属于典型的扣押人质以索取债务,但陈除了索取与吴本身的债务关系外,又转念向吴勒索四万元,至此,陈的主观犯罪故意的内容已发生变化,其行为具有以勒索钱物为目的的绑架罪构成的全部要件,法院最后以绑架罪判处其十年徒刑。

这里有立法者亟待解决的问题。一是索债型非法拘禁罪转化为勒索型绑架罪的情形认定。以索取债务为目的,勒索多少数额的钱财,即可转化为绑架罪的问题,这种是基于犯罪行为人与被害人之间债权债务关系明确情况下的罪刑转化。二是如何解决债权债务不明情况下,索债型非法拘禁罪的转化问题。笔者认为,考察该罪的转化,既要考察行为人主观直接故意的内容,审查其犯罪的目的和动机是否出于勒索钱财为目的,又要考察该罪转化的范围和条件的特定性,也就是行为人是否已具备了绑架罪构成的全部要件,而不能简单地以结果论,即必须将主观目的、犯意的内容与客观方面的行为相结合来综合评判。

(二)本罪的既遂、未遂和中止

犯罪既遂是指某一行为符合刑法规定的具体犯罪构成的全部要件。实践中,有的人认为只要绑架行为实施完成,即构成犯罪既遂,也有人认为应当以是否实际取得财物利益或其他非法利益为判断既遂行为的标准。笔者认为,评判既遂未遂不能简单地从犯罪行为的客观表现形式上机械地分析,绑架罪客观行为应当视为单一行为而不是双重行为,应当以绑架行为是否已实际控制了被害人质,并将其置于自己实际支配之下为标准,如果行为只实施了暴力、胁迫或其他方法,并未对人质的人身实际控制,不构成既遂,那种以是否实际取得钱财或其他非法利益为客观评判标准是简单的结果论。王某因赌博输了钱,就产生绑架小孩 A 的念头,一日上午将 A 绑至一偏僻的旧房内,要求 A 的父亲送五万元钱。后见 A 苦苦哀求,王将小孩放掉。对此案的犯罪形态的认定直接关系到王的量刑,有人主张绑架既遂,有人主张绑架未遂,还有主张绑架(中止),这样偏差缘于对绑架罪既遂的标准的不同理解。很显然,王某在实施绑架行为以后,由于自动放弃继续勒索行为,结束控制被害人处于的不法状态,应当以中止犯论处。

(三)本罪的罪数形态问题

从司法实践分析,绑架罪罪数形态的认定主要存在于以下两种情形:一是在绑架罪实施过程中又犯其他罪刑,二是实施组织罪行为过程中又犯绑架罪的,本文仅就第一情形加以探讨。我们知道绑架罪侵犯的是复合客体,犯罪行为人侵害的不仅是被害人的人身健康,有时还涉及生命及健康权。

1. 致人重伤或死亡的情形。犯罪分子在绑架行为实施过程中,除了非法劫持人质剥夺其人身自由权,有时还造成被害人重伤和死亡结果的发生。是否定绑架罪和故意伤害罪、故意杀人罪,实行数罪并罚?笔者认为,这种情况下,不应按数罪并罚来处理,行为人实施绑架致人重伤、死亡结果的发生有时并不是犯罪分子追求的结果,而是绑架行为的连带行为,这种严重的法律后果并非出于行为人主观上的两种独立的犯意,也非两个独立行为,刑法理论上称之为想象竞合犯,即行为人出于一个故意,实施一种行为"绑架殴打致人重伤或死亡。"结果触犯数个不同罪名,是想象的数罪而不是实质数罪,应当择一重罪处断,以绑架罪结果犯量刑处罚。因为重伤或死亡作为绑架罪判处死刑的法定情节,作为包容犯可作绑架情节从重处罚。

2. 绑架人质同时劫取财物。关于这一点理论界分歧很大。行为人 A 绑架被害人B之后,同时又劫走B身上人民币三千元。某法院以绑架罪情节从重处罚,判处有期徒刑十五年。对此笔者持有异议。理由有:(1)从主观目的内容看,行为人绑架被害人是出于勒索钱财为目的,在未抢劫被害人钱款之前,其目的具有单一性,见被害人钱物后,又采取暴力、胁迫等手段劫走现金三千元,符合我国刑法关于抢劫罪的全部构成要件,应该将绑架行为和劫钱行为看作是在两种不同主观意识支配下的两个独立犯罪行为。(2)刑法关于绑架罪和抢劫罪并未规定两者可以相互吸收和包容。(3)对已满十四岁未满十六周岁这一年龄段犯绑架罪,一般情节未规定负责刑事责任,可定抢劫罪以解决这一责任或缺的问题。综上所述,应定绑架罪和抢劫罪,实行数罪并罚。

3. 绑架杀害人质后又劫取财物。绑架杀害人质定绑架罪无疑,那么人质被害后,犯罪行为人劫走财钱是否应当作为绑架罪从重量刑情节考虑?抑或是一个独立的罪名?犯罪行为人杀人又劫财是出于两个犯意和两个行为,结果触犯二个罪名,应当以绑架罪和盗窃罪并处。

量刑部分

【量刑标准】

以勒索财物为目的绑架他人的,或者绑架他人作为人质的,处十年以上有期徒刑或者无期徒刑,并处罚金或者没收财产;情节较轻的,处五年以上十年以下有期徒刑,并处罚金。

犯前款罪,杀害被绑架人的,或者故意伤害被绑架人,致人重伤、死亡的,处无期徒刑或者死刑,并处没收财产。

以勒索财物为目的偷盗婴幼儿的,依照前两款的规定处罚。

截至目前,尚无本罪名关于量刑的司法解释。

拐卖妇女、儿童罪 《刑法》第240条

拐卖妇女、儿童的,处五年以上十年以下有期徒刑,并处罚金;有下列情形之一的处十年以上有期徒刑或者无期徒刑,并处罚金或者没收财产;情节特别严重的,处死刑,并处没收财产:

(一)拐卖妇女、儿童集团的首要分子;

(二)拐卖妇女、儿童三人以上的;

(三)奸淫被拐卖的妇女的;

(四)诱骗、强迫被拐卖的妇女卖淫或者将被拐卖的妇女卖给他人迫使其卖淫的;

（五）以出卖为目的，使用暴力、胁迫或者麻醉方法绑架妇女、儿童的；

（六）以出卖为目的，偷盗婴幼儿的；

（七）造成被拐卖的妇女、儿童或者其亲属重伤、死亡或者其他严重后果的；

（八）将妇女、儿童卖往境外的。

拐卖妇女、儿童是指以出卖为目的，有拐骗、绑架、收买、贩卖、接送、中转妇女、儿童的行为之一的。

定罪部分

【罪名概念】

拐卖妇女、儿童罪，是指以出卖为目的，拐骗、绑架、收买、贩卖、接送、中转妇女、儿童的行为。

【司法解释】

1. 最高人民法院《审理拐卖妇女案件适用法律问题的解释》

（实施日期：2000 年 1 月 25 日　法释〔2000〕1 号）（节录）

为依法惩治拐卖妇女的犯罪行为，根据刑法和刑事诉讼法的有关规定，现就审理拐卖妇女案件具体适用法律的有关问题解释如下：

第一条　刑法第二百四十条规定的拐卖妇女罪中的"妇女"，既包括具有中国国籍的妇女，也包括具有外国国籍和无国籍的妇女。被拐卖的外国妇女没有身份证明的，不影响对犯罪分子的定罪处罚。

第二条　外国人或者无国籍人拐卖外国妇女到我国境内被查获的，应当根据刑法第六条的规定，适用我国刑法定罪处罚。

第三条　对于外国籍被告人身份无法查明或者其国籍国拒绝提供有关身份证明，人民检察院根据刑事诉讼法第一百二十八条第二款的规定起诉的案件，人民法院应当依法受理。

2. 最高人民法院、最高人民检察院、公安部等六部门《关于打击拐卖妇女儿童犯罪有关问题的通知》

（实施日期：2000 年 3 月 20 日　公通字〔2000〕26 号）

各省、自治区、直辖市高级人民法院，人民检察院，公安厅、局，民政厅、局，司法厅、局，妇联：

近年来，一些地方拐卖妇女、儿童犯罪活动猖獗，并呈发展蔓延之势，犯罪团伙组织日趋严密，犯罪手段更加隐蔽、狡猾、残忍，盗抢儿童、强迫被拐卖的妇女卖淫的案件突出，因拐卖妇女、儿童引起的伤害、杀人、强奸等恶性案件逐年增多，危害日益严重。拐卖妇女、儿童犯罪严重侵犯被拐卖的妇女、儿童的人身权利,致使许多家庭骨肉分离、家破人亡,并由此引发一系列社会问题,直接影响社会稳定。为有效遏制此类犯罪的上升势头,切实保护妇女、儿童的合法权益,维护社会稳定,今年上半年将在全国范围内开展"打击人贩子、解救被拐卖妇女儿童"专项斗争(以下简称"打拐"专项斗争)。为搞好这次"打拐"专项斗争,依法惩处拐卖妇女、儿童的犯罪分子,解救被拐卖的妇女、儿童,现就有关问题通知如下:

一、切实提高对开展"打拐"专项斗争重要性的认识,加强组织领导和协作配合。开展"打拐"专项斗争,是贯彻全心全意为人民服务的宗旨,保护公民合法权益,解除人民群众疾苦的一项"民心工程"、"爱心工程"。做好这项工作,有利于提高党和政府在人民群众中的威信,树立良好的形象。各级政法机关及有关部门和组织一定要充分认识拐卖妇女、儿童犯罪的严重性和危害性,充分认识开展"打拐"专项斗争的重大意义,将这项工作作为维护社会稳定的大事来抓。有关部门和组织要高度重视,切实加强组织领导,充分发挥本部门的职能作用,协同作战,坚决杜绝地方保护主义。公安机关、人民检察院、人民法院要依法及时侦查、逮捕、起诉、审判拐卖妇女、儿童的犯罪分子,解救被拐卖的妇女、儿童;司法行政机关要做好宣传教育、协查、收监和法律援助工作;民政部门要做好对被拐卖妇女和儿童的救济工作及查找不到父母的儿童的收养工作;妇联等组织要维护妇女、儿童的合法权益,协助有关部门做好宣传、解救、安置工作。各有关部门、组织应当加强联系和沟通,相互支持,密切配合,共同做好打击人贩子、解救被拐卖的妇女、儿童的各项工作,确保"打拐"专项斗争取得预期效果。

二、大力敦促犯罪分子投案自首,坦白交待罪行,揭发犯罪,争取从宽处理。要采取多种形式,广泛宣传刑法关于自首、立功等从宽处理的刑事政策。各地还可选择一些因主动投案自首或者有立功表现而给予从轻、减轻、免除处罚的典型案件,公开宣传报道,敦促在逃的犯罪分子尽快投案自首,坦白交待罪行,检举、揭发他人的犯罪行为,提供破案线索,争取从宽处理。要做好对犯罪分子家属、亲友的政策宣传工作,动员他们规劝、陪同有拐卖妇女、儿童犯罪行为的亲友投案自首,或者将犯罪嫌疑人送往司法机关投案。对窝藏、包庇犯罪分子、阻碍解救、妨害公务,构成犯罪的,要依法追究刑事责任。监狱、看守所等监管部门要对在押人员加大宣传攻势,鼓励坦白、检举、揭发拐卖妇女、儿童犯罪行为。对于投案自首、坦白交待罪行、有立功表现的犯罪嫌疑人、被告人,司法机关应当切实落实刑事政策,依法从轻、减轻处罚。对于自首的犯罪分子,犯罪较轻的,可以免除处罚;对有重大立功表现的犯罪分子,可以减轻或者免除处罚;对犯罪后自首又有重大立功表现的,应当减轻或者免除处罚。

三、深入开展法制宣传教育,广泛发动群众参与"打拐"专项斗争,防止发生阻碍解救事件。各级公安机关和司法行政机关要组织专门班子,制订宣传计划,充分利用广播、电视、报刊、网络等媒体和“148”法律服务热线等管道，结合打击人贩子、处理买主、解救被拐卖的妇女、儿童的典型案例，大张旗鼓地开展宣传教育活动。要大力宣传党和政府打击拐卖妇女、儿童犯罪的态度和决心，宣传拐卖妇女、儿童犯罪的严重危害，宣传国家禁止买卖妇女、儿童和惩处人贩子、买主的法律规定，宣传“打拐”专项斗争中涌现出的不怕牺牲、不辞劳苦打击人贩子、解救被拐卖的妇女、儿童的英雄模范事迹，形成宣传攻势，提高广大人民群众的法制观念，教育群众自觉守法。特别是在拐卖妇女、儿童以及收买被拐卖的妇女、儿童情况较严重的地区，要深入村村户户进行法制宣传教育，真正做到家喻户晓、人人皆知。要以案说法，使广大干部和群众能够认识到拐卖妇女、儿童，收买被拐卖的妇女、儿童，阻碍解救被拐卖的妇女、儿童都是违法犯罪行为，要受到法律制裁。在不通广播、电视的贫困、边远地区，要采取印发宣传材料、召开座谈会等多种形式进行宣传。

要广泛发动社会各界以及基层干部、群众，积极投入“打拐”专项斗争，主动配合、协助有关部门做好解救被拐卖妇女、儿童的工作，号召群众检举、揭发拐卖、收买妇女、儿童的犯罪行为，自觉同拐卖妇女、儿童犯罪活动作斗争。各地公安机关要设立“打拐”热线电话，接受群众举报，对提供重要犯罪线索、协助抓获重大犯罪嫌疑人的人员，要给予奖励。

四、正确适用法律，依法严厉打击拐卖妇女、儿童的犯罪活动。这次“打拐”专项斗争的重点是打击拐卖妇女、儿童的人贩子。凡是拐卖妇女、儿童的，不论是哪个环节，只要是以出卖为目的，有拐骗、绑架、收买、贩卖、接送、中转、窝藏妇女、儿童的行为之一的，不论拐卖人数多少，是否获利，均应以拐卖妇女、儿童罪追究刑事责任。对收买被拐卖的妇女、儿童的，以及阻碍解救被拐卖妇女、儿童构成犯罪的，也要依法惩处。出卖亲生子女的，由公安机关依法没收非法所得，并处以罚款；以营利为目的，出卖不满十四周岁子女，情节恶劣的，借收养名义拐卖儿童的，以及出卖捡拾的儿童的，均应以拐卖儿童罪追究刑事责任。出卖十四周岁以上女性亲属或者其他不满十四周岁亲属的，以拐卖妇女、儿童罪追究刑事责任。

办案中，要正确区分罪与非罪、罪与罪的界限，特别是拐卖妇女罪与介绍婚姻收取钱物行为、拐卖儿童罪与收养中介行为、拐卖儿童罪与拐骗儿童罪，以及绑架儿童罪与拐卖儿童罪的界限，防止扩大打击面或者放纵犯罪。

五、各级政法机关和有关部门应当密切配合，形成合力，共同打好“打拐”专项斗争。公安机关应当组织专门力量，扎扎实实地做好侦查工作，全力侦破拐卖妇女、儿童犯罪案件，抓捕犯罪嫌疑人，并切实做好证据的收集工作，为起诉和审判打下坚实基础；人民检察院对公安机关提请逮捕和移送审查起诉的犯罪嫌疑人，应当依法及时批捕和提起公诉；人民法院对人民检察院提起公诉的案件，应当依法及时审判；监狱应当做好对罪犯收监执行和在押、在逃罪犯的协查工作。民政部门、妇联在工作中发现犯罪线索或者犯罪嫌疑人的，应当及时移交司法机关依法处理。

各级政法机关要全力以赴,提高办案效率,加快办案进度,力争在“打拐”专项斗争中逮捕一批、起诉一批、审判一批拐卖妇女、儿童的犯罪嫌疑人和被告人,震慑犯罪。人民检察院对公安机关侦查终结、移送审查起诉的案件,人民法院对人民检察院提起公诉的案件,应当坚持基本事实清楚,基本证据确凿的原则,及时起诉、审判,防止久拖不决。同时要严格遵守法律规定的诉讼程序和时限要求,依法办案,严禁刑讯逼供,防止滥用强制措施,超期羁押。

拐入地、拐出地或中转地公安机关立案侦查的拐卖妇女、儿童案件,应当向同级人民检察院提请批准逮捕、移送审查起诉。对于有多次倒卖情形的拐卖妇女、儿童案件,无论行为人是第几道贩子,只要其犯罪行为已经查证属实的,就应当及时起诉、审判。对于其他犯罪线索,公安机关应当组织力量继续进行侦查。对同案犯在逃的,已抓获的犯罪嫌疑人、被告人的犯罪事实已经查清,并有确实、充分证据的,应当及时起诉、审判。一人犯数罪的,对其中主要罪行或某一罪行事实清楚,证据确实充分,而其他罪行一时难以查清的,可先对其已查清的主要罪行或某一罪行作出处理。

六、切实做好解救和善后安置工作,保护被拐卖妇女、儿童的合法权益。解救被拐卖的妇女、儿童,是人民政府和政法机关的重要职责。公安、司法行政、民政、妇联等有关部门和组织要明确责任,各司其职,相互配合,通力合作。解救工作要充分依靠当地党委、政府的支持,做好对基层干部和群众的说服教育工作,注意方式、方法,慎用警械、武器,避免激化矛盾,防止出现围攻执法人员、聚众阻碍解救等突发事件。

对于被拐卖的未成年女性、现役军人配偶、遭受摧残虐待、被强迫卖淫或者从事其他色情服务的妇女,以及本人要求解救的妇女,要立即解救。对于自愿继续留在现住地生活的成年女性,应尊重本人意愿,愿在现住地结婚且符合法定结婚条件的,应当依法办理结婚登记手续。被拐卖妇女与买主所生子女的抚养问题,可由双方协商解决或由人民法院裁决。对于遭受摧残虐待的、被强迫乞讨或从事违法犯罪活动的,以及本人要求解救的被拐卖儿童,应当立即解救。对于解救的被拐卖儿童,由其父母或者其他监护人户口所在地公安机关负责接回。

公安、民政、妇联等有关部门和组织应当密切配合,做好被解救妇女、儿童的善后安置工作。任何单位和个人不得歧视被拐卖的妇女、儿童。对被解救回的未成年人,其父母及其他监护人应当接收并认真履行抚养义务。拒绝接收,拒不履行抚养义务,构成犯罪的,以遗弃罪追究刑事责任。

七、进一步开展综合治理,预防拐卖妇女、儿童犯罪发生。各级政法机关和有关部门要通过“打拐”专项斗争,及时发现问题,总结经验教训,动员全社会的力量,开展群防群治,长抓不懈,从根本上预防拐卖妇女、儿童犯罪的发生。公安、民政等有关部门要严格执行户口管理、暂住人口、流动人口登记、婚姻登记、收养登记等各项法律、法规和规章制度，堵塞漏洞。妇联等组织要积极维护妇女、儿童的合法权益，对妇女进行宣传教育，帮助她们提高自身素质，不断增强防拐防骗意识和自我保护能力。

各地接到本通知后，应当立即部署贯彻执行。执行中遇到的问题，请及时分别报告最高人民法院、最高人民检察院、公安部、民政部、司法部、全国妇联。

3. 最高人民法院、最高人民检察院、公安部、司法部《关于依法惩治拐卖妇女儿童犯罪的意见》

（实施日期：2010 年 3 月 15 日　法发［2010］7 号）

为加大对妇女、儿童合法权益的司法保护力度，贯彻落实《中国反对拐卖妇女儿童行动计划（2008－2012）》，根据刑法、刑事诉讼法等相关法律及司法解释的规定，最高人民法院、最高人民检察院、公安部、司法部就依法惩治拐卖妇女、儿童犯罪提出如下意见：

一、总体要求

1. 依法加大打击力度，确保社会和谐稳定。自 1991 年全国范围内开展打击拐卖妇女、儿童犯罪专项行动以来，侦破并依法处理了一大批拐卖妇女、儿童犯罪案件，犯罪分子受到依法严惩。2008 年，全国法院共审结拐卖妇女、儿童犯罪案件 1353 件，比 2007 年上升 9.91%；判决发生法律效力的犯罪分子 2161 人，同比增长 11.05%，其中，被判处五年以上有期徒刑、无期徒刑至死刑的 1319 人，同比增长 10.1%，重刑率为 61.04%，高出同期全部刑事案件重刑率 45.27 个百分点。2009 年，全国法院共审结拐卖妇女、儿童犯罪案件 1636 件，比 2008 年上升 20.9%；判决发生法律效力的犯罪分子 2413 人，同比增长 11.7%，其中被判处五年以上有期徒刑、无期徒刑至死刑的 1475 人，同比增长 11.83%。

但是，必须清醒地认识到，由于种种原因，近年来，拐卖妇女、儿童犯罪在部分地区有所上升的势头仍未得到有效遏制。此类犯罪严重侵犯被拐卖妇女、儿童的人身权利，致使许多家庭骨肉分离，甚至家破人亡，严重危害社会和谐稳定。人民法院、人民检察院、公安机关、司法行政机关应当从维护人民群众切身利益、确保社会和谐稳定的大局出发，进一步依法加大打击力度，坚决有效遏制拐卖妇女、儿童犯罪的上升势头。

2. 注重协作配合，形成有效合力。人民法院、人民检察院、公安机关应当各司其职，各负其责，相互支持，相互配合，共同提高案件办理的质量与效率，保证办案的法律效果与社会效果的统一；司法行政机关应当切实做好有关案件的法律援助工作，维护当事人的合法权益。各地司法机关要统一思想认识，进一步加强涉案地域协调和部门配合，努力形成依法严惩拐卖妇女、儿童犯罪的整体合力。

3. 正确贯彻政策，保证办案效果。拐卖妇女、儿童犯罪往往涉及多人、多个环节,要根据宽严相济刑事政策和罪责刑相适应的刑法基本原则,综合考虑犯罪分子在共同犯罪中的地位、作用及人身危险性的大小,依法准确量刑。对于犯罪集团的首要分子、组织策划者、多次参与者、拐卖多人者或者具有累犯等从严、从重处罚情节的,必须重点打击,坚决依法严惩。对于罪行严重,依法应当判处重刑乃至死刑的,坚决依法判处。要注重铲除"买方市场",从源头上遏制拐卖妇女、儿童犯罪。对于收买被拐卖的妇女、儿童,依法应当追究刑事责任的,坚决依法追究。同时,对于具有从宽处罚情节的,要在综合考虑犯罪事实、性质、情节和危害程度的基础上,依法从宽,体现政策,以分化瓦解犯罪,鼓励犯罪人悔过自新。

二、管辖

4. 拐卖妇女、儿童犯罪案件依法由犯罪地的司法机关管辖。拐卖妇女、儿童犯罪的犯罪地包括拐出地、中转地、拐入地以及拐卖活动的途经地。如果由犯罪嫌疑人、被告人居住地的司法机关管辖更为适宜的,可以由犯罪嫌疑人、被告人居住地的司法机关管辖。

5. 几个地区的司法机关都有权管辖的,一般由最先受理的司法机关管辖。犯罪嫌疑人、被告人或者被拐卖的妇女、儿童人数较多,涉及多个犯罪地的,可以移送主要犯罪地或者主要犯罪嫌疑人、被告人居住地的司法机关管辖。

6. 相对固定的多名犯罪嫌疑人、被告人分别在拐出地、中转地、拐入地实施某一环节的犯罪行为,犯罪所跨地域较广,全案集中管辖有困难的,可以由拐出地、中转地、拐入地的司法机关对不同犯罪分子分别实施的拐出、中转和拐入犯罪行为分别管辖。

7. 对管辖权发生争议的,争议各方应当本着有利于迅速查清犯罪事实,及时解救被拐卖的妇女、儿童,以及便于起诉、审判的原则,在法定期间内尽快协商解决;协商不成的,报请共同的上级机关确定管辖。

正在侦查中的案件发生管辖权争议的,在上级机关作出管辖决定前,受案机关不得停止侦查工作。

三、立案

8. 具有下列情形之一,经审查,符合管辖规定的,公安机关应当立即以刑事案件立案,迅速开展侦查工作:

(1)接到拐卖妇女、儿童的报案、控告、举报的;

(2)接到儿童失踪或者已满十四周岁不满十八周岁的妇女失踪报案的;

(3)接到已满十八周岁的妇女失踪,可能被拐卖的报案的;

(4)发现流浪、乞讨的儿童可能系被拐卖的;

(5)发现有收买被拐卖妇女、儿童行为,依法应当追究刑事责任的;

(6)表明可能有拐卖妇女、儿童犯罪事实发生的其他情形的。

9. 公安机关在工作中发现犯罪嫌疑人或者被拐卖的妇女、儿童,不论案件是否属于自己管辖，都应当首先采取紧急措施。经审查，属于自己管辖的，依法立案侦查；不属于自己管辖的，及时移送有管辖权的公安机关处理。

10. 人民检察院要加强对拐卖妇女、儿童犯罪案件的立案监督，确保有案必立、有案必查。

四、证据

11. 公安机关应当依照法定程序，全面收集能够证实犯罪嫌疑人有罪或者无罪、犯罪情节轻重的各种证据。

要特别重视收集、固定买卖妇女、儿童犯罪行为交易环节中钱款的存取证明、犯罪嫌疑人的通话清单、乘坐交通工具往来有关地方的票证、被拐卖儿童的 DNA 鉴定结论、有关监控录像、电子信息等客观性证据。

取证工作应当及时，防止时过境迁，难以弥补。

12. 公安机关应当高度重视并进一步加强 DNA 数据库的建设和完善。对失踪儿童的父母，或者疑似被拐卖的儿童，应当及时采集血样进行检验，通过全国 DNA 数据库，为查获犯罪，帮助被拐卖的儿童及时回归家庭提供科学依据。

13. 拐卖妇女、儿童犯罪所涉地区的办案单位应当加强协作配合。需要到异地调查取证的，相关司法机关应当密切配合；需要进一步补充查证的，应当积极支持。

五、定性

14. 犯罪嫌疑人、被告人参与拐卖妇女、儿童犯罪活动的多个环节，只有部分环节的犯罪事实查证清楚、证据确实、充分的，可以对该环节的犯罪事实依法予以认定。

15. 以出卖为目的强抢儿童，或者捡拾儿童后予以出卖，符合刑法第二百四十条第二款规定的，应当以拐卖儿童罪论处。

以抚养为目的偷盗婴幼儿或者拐骗儿童，之后予以出卖的，以拐卖儿童罪论处。

16. 以非法获利为目的，出卖亲生子女的，应当以拐卖妇女、儿童罪论处。

17. 要严格区分借送养之名出卖亲生子女与民间送养行为的界限。区分的关键在于行为人是否具有非法获利的目的。应当通过审查将子女“送”人的背景和原因、有无收取钱财及收取钱财的多少、对方是否具有抚养目的及有无抚养能力等事实，综合判断行为人是否具有非法获利的目的。

具有下列情形之一的，可以认定属于出卖亲生子女，应当以拐卖妇女、儿童罪论处：

（1）将生育作为非法获利手段，生育后即出卖子女的；

（2）明知对方不具有抚养目的，或者根本不考虑对方是否具有抚养目的，为收取钱财将子女“送”给他人的；

（3）为收取明显不属于“营养费”、“感谢费”的巨额钱财将子女“送”给他人的；

(4)其他足以反映行为人具有非法获利目的的"送养"行为的。

不是出于非法获利目的,而是迫于生活困难,或者受重男轻女思想影响,私自将没有独立生活能力的子女送给他人抚养,包括收取少量"营养费"、"感谢费"的,属于民间送养行为,不能以拐卖妇女、儿童罪论处。对私自送养导致子女身心健康受到严重损害,或者具有其他恶劣情节,符合遗弃罪特征的,可以遗弃罪论处;情节显著轻微危害不大的,可由公安机关依法予以行政处罚。

18. 将妇女拐卖给有关场所,致使被拐卖的妇女被迫卖淫或者从事其他色情服务的,以拐卖妇女罪论处。

有关场所的经营管理人员事前与拐卖妇女的犯罪人通谋的,对该经营管理人员以拐卖妇女罪的共犯论处;同时构成拐卖妇女罪和组织卖淫罪的,择一重罪论处。

19. 医疗机构、社会福利机构等单位的工作人员以非法获利为目的,将所诊疗、护理、抚养的儿童贩卖给他人的,以拐卖儿童罪论处。

20. 明知是被拐卖的妇女、儿童而收买,具有下列情形之一的,以收买被拐卖的妇女、儿童罪论处;同时构成其他犯罪的,依照数罪并罚的规定处罚:

(1)收买被拐卖的妇女后,违背被收买妇女的意愿,阻碍其返回原居住地的;

(2)阻碍对被收买妇女、儿童进行解救的;

(3)非法剥夺、限制被收买妇女、儿童的人身自由,情节严重,或者对被收买妇女、儿童有强奸、伤害、侮辱、虐待等行为的;

(4)所收买的妇女、儿童被解救后又再次收买,或者收买多名被拐卖的妇女、儿童的;

(5)组织、诱骗、强迫被收买的妇女、儿童从事乞讨、苦役,或者盗窃、传销、卖淫等违法犯罪活动的;

(6)造成被收买妇女、儿童或者其亲属重伤、死亡以及其他严重后果的;

(7)具有其他严重情节的。

被追诉前主动向公安机关报案或者向有关单位反映,愿意让被收买妇女返回原居住地,或者将被收买儿童送回其家庭,或者将被收买妇女、儿童交给公安、民政、妇联等机关、组织,没有其他严重情节的,可以不追究刑事责任。

六、共同犯罪

21. 明知他人拐卖妇女、儿童,仍然向其提供被拐卖妇女、儿童的健康证明、出生证明或者其他帮助的,以拐卖妇女、儿童罪的共犯论处。

明知他人收买被拐卖的妇女、儿童,仍然向其提供被收买妇女、儿童的户籍证明、出生证明或者其他帮助的,以收买被拐卖的妇女、儿童罪的共犯论处,但是,收买人未被追究刑事责任的除外。

认定是否"明知",应当根据证人证言、犯罪嫌疑人、被告人及其同案人供述和辩解,结合提供帮助的人次,以及是否明显违反相关规章制度、工作流程等,予以综合判断。

22. 明知他人系拐卖儿童的“人贩子”,仍然利用从事诊疗、福利救助等工作的便利或者了解被拐卖方情况的条件,居间介绍的,以拐卖儿童罪的共犯论处。

23. 对于拐卖妇女、儿童犯罪的共犯,应当根据各被告人在共同犯罪中的分工、地位、作用,参与拐卖的人数、次数,以及分赃数额等,准确区分主从犯。

对于组织、领导、指挥拐卖妇女、儿童的某一个或者某几个犯罪环节,或者积极参与实施拐骗、绑架、收买、贩卖、接送、中转妇女、儿童等犯罪行为,起主要作用的,应当认定为主犯。

对于仅提供被拐卖妇女、儿童信息或者相关证明文件,或者进行居间介绍,起辅助或者次要作用,没有获利或者获利较少的,一般可认定为从犯。

对于各被告人在共同犯罪中的地位、作用区别不明显的,可以不区分主从犯。

七、一罪与数罪

24. 拐卖妇女、儿童,又奸淫被拐卖的妇女、儿童,或者诱骗、强迫被拐卖的妇女、儿童卖淫的,以拐卖妇女、儿童罪处罚。

25. 拐卖妇女、儿童,又对被拐卖的妇女、儿童实施故意杀害、伤害、猥亵、侮辱等行为,构成其他犯罪的,依照数罪并罚的规定处罚。

26. 拐卖妇女、儿童或者收买被拐卖的妇女、儿童,又组织、教唆被拐卖、收买的妇女、儿童进行犯罪的,以拐卖妇女、儿童罪或者收买被拐卖的妇女、儿童罪与其所组织、教唆的罪数罪并罚。

27. 拐卖妇女、儿童或者收买被拐卖的妇女、儿童,又组织、教唆被拐卖、收买的未成年妇女、儿童进行盗窃、诈骗、抢夺、敲诈勒索等违反治安管理活动的,以拐卖妇女、儿童罪或者收买被拐卖的妇女、儿童罪与组织未成年人进行违反治安管理活动罪数罪并罚。

八、刑罚适用

28. 对于拐卖妇女、儿童犯罪集团的首要分子,情节严重的主犯,累犯,偷盗婴幼儿、强抢儿童情节严重,将妇女、儿童卖往境外情节严重,拐卖妇女、儿童多人多次、造成伤亡后果,或者具有其他严重情节的,依法从重处罚;情节特别严重的,依法判处死刑。

拐卖妇女、儿童,并对被拐卖的妇女、儿童实施故意杀害、伤害、猥亵、侮辱等行为,数罪并罚决定执行的刑罚应当依法体现从严。

29. 对于拐卖妇女、儿童的犯罪分子,应当注重依法适用财产刑,并切实加大执行力度,以强化刑罚的特殊预防与一般预防效果。

30. 犯收买被拐卖的妇女、儿童罪,对被收买妇女、儿童实施违法犯罪活动或者将其作为牟利工具的,处罚时应当依法体现从严。

收买被拐卖的妇女、儿童,对被收买妇女、儿童没有实施摧残、虐待行为或者与其已形成稳定的婚姻家庭关系,但仍应依法追究刑事责任的,一般应当从轻处罚;符合缓刑条件的,可以依法适用缓刑。

收买被拐卖的妇女、儿童,犯罪情节轻微的,可以依法免予刑事处罚。

31. 多名家庭成员或者亲友共同参与出卖亲生子女,或者“买人为妻”、“买人为子”构成收买被拐卖的妇女、儿童罪的,一般应当在综合考察犯意提起、各行为人在犯罪中所起作用等情节的基础上,依法追究其中罪责较重者的刑事责任。对于其他情节显著轻微危害不大,不认为是犯罪的,依法不追究刑事责任;必要时可以由公安机关予以行政处罚。

32. 具有从犯、自首、立功等法定从宽处罚情节的,依法从轻、减轻或者免除处罚。

对被拐卖的妇女、儿童没有实施摧残、虐待等违法犯罪行为,或者能够协助解救被拐卖的妇女、儿童,或者具有其他酌定从宽处罚情节的,可以依法酌情从轻处罚。

33. 同时具有从严和从宽处罚情节的,要在综合考察拐卖妇女、儿童的手段、拐卖妇女、儿童或者收买被拐卖妇女、儿童的人次、危害后果以及被告人主观恶性、人身危险性等因素的基础上,结合当地此类犯罪发案情况和社会治安状况,决定对被告人总体从严或者从宽处罚。

九、涉外犯罪

34. 要进一步加大对跨国、跨境拐卖妇女、儿童犯罪的打击力度。加强双边或者多边“反拐”国际交流与合作,加强对被跨国、跨境拐卖的妇女、儿童的救助工作。依照我国缔结或者参加的国际条约的规定,积极行使所享有的权利,履行所承担的义务,及时请求或者提供各项司法协助,有效遏制跨国、跨境拐卖妇女、儿童犯罪。

【犯罪构成】

(一)主体要件

本罪的主体为一般主体。任何达到刑事责任年龄并具有刑事责任能力的自然人均能构成本罪。

(二)主观要件

本罪在主观方面表现为直接故意。而且行为人主观上具有出卖的目的。根据本条的规定,只要行为人以出卖为目的实施了拐骗、绑架、收买、贩卖、接送、中转被拐妇女、儿童行为之一的,即构成拐卖妇女、儿童罪。至于是否卖出,即犯罪目的是否实现不影响本罪的成立。但是,如果行为人实施上述行为并不是以出卖为目的,例如,是为了奸淫、收养、奴役、强迫卖淫等目的,则可能构成其他犯罪,不构成本罪。但实践中有的行为人收买被拐卖的妇女、儿童是为了与被害人形成婚姻、家庭关系，并不是为出卖，而收买后，由于被害人反抗或者其他原因，行为人又将收买的妇女、儿童卖给他人，应以本罪处罚。实践中，拐卖妇女、儿童一般是以营利为目的，但也不能绝对排除不以营利为目的而实施拐卖妇女、儿童的行为。如出于报复他人动机而实施拐卖妇女、儿童的行为。如果仅强调以营利为目的，就会漏掉不以营利为目的而实施此类行为。

（三）客观要件

本罪在客观上表现为非法拐骗、绑架、收买、贩卖、接送或者中转妇女、儿童的行为。

所谓拐骗，是指行为人以利诱、欺骗等非暴力手段使妇女、儿童脱离家庭或监护人并为自己所控制的行为。拐骗的方法多种多样：有的是在车站、码头等公共场所，物色外流妇女，并用谎言骗取信任，达到自己的罪恶目的；有的是利用各种关系，花言巧语夸某地生活好，以帮助介绍对象、安置工作等为诱饵，诱骗妇女随自己离家出走；有的是以帮助照看为名将儿童从监护人手中骗走；有的则是以帮助引路、给零食等方法，将儿童拐走。

所谓绑架，是指以暴力、胁迫、麻醉等方法将被害人劫离原地和把持控制被害人的行为。

所谓收买，是指为了再转手出卖而从拐卖妇女、儿童的犯罪分子手中买来被拐骗妇女、儿童的行为。

所谓贩卖，是指行为人将买来的被拐的妇女、儿童再出卖给第二人的行为。

接送、中转，是指在拐卖妇女、儿童的共同犯罪中，进行接应、藏匿、转送、接转被拐骗的妇女、儿童的行为。将收买、绑架、贩卖、接送、中转被拐骗妇女、儿童的行为作为拐卖妇女、儿童犯罪的表现形式，是本法对拐卖人口犯罪立法的进一步完善。根据本条规定，行为人只要实施了拐骗、绑架、收买、贩卖、接送或者中转妇女、儿童中的任何一种行为，即构成拐卖妇女、儿童罪。在五种行为方式中，拐骗和贩卖是拐卖妇女、儿童罪中最主要、最常见的客观表现。

（四）客体要件

本罪侵犯的客体是被害妇女、儿童的身体自由权和人格尊严权。身体自由权是指以身体的动静举止不受非法干预为内容的人格权；人格尊严权，是指与民事主体的尊严密切相关的以精神性人格利益为内容的人格权。被害妇女、儿童被拐骗后，处于行为人控制之下，处于被欺骗、任其摆布的境地，失去决定自己去向的身体自由权，行为人将被害妇女、儿童当作商品出卖，损害其做人的尊严。至于本罪所引起的被害人家庭妻离子散，有时甚至家破人亡是本罪的危害后果，而非客体要件，本罪侵犯的物件为妇女、儿童。“妇女”指十四周岁以上的女性。根据最新司法解释的规定，这里的“妇女”既包括具有中国国籍的妇女，也包括具有外国国籍和无国籍的妇女，被拐卖的外国妇女没有身份证明的，不影响本罪的成立。“儿童”一般指十四周岁以下的人。

【罪名辨析】

(一)本罪与介绍婚姻索取财物的界限

借介绍婚姻而索取财物,是指行为人借为男女双方做婚姻介绍人的机会,向其中一方或双方索取财物的行为。借介绍收养而索取财物,是指行为人借为他人介绍收养的机会,向收养一方索取财物的行为。又分拐卖妇女、儿童罪与上述两种行为,应当把握以下几点:

1. 是否具有欺骗和违背妇女意志的情形。被拐卖妇女除个别情况是出于妇女自愿以外,大多数是被欺骗和违背其意志的;而介绍婚姻索取财物的行为,其婚姻是建立在女方自愿的基础上,并不违背其意志,不具有欺骗性。介绍收养儿童,须是出于双方自愿,特别是送养方必须是出于自愿、收养关系成立,介绍人只是起牵线搭桥作用。

2. 收取财物的性质不同。拐卖妇女、儿童收取财物具有交易的性质,行为人获取的财物是妇女、儿童的身价,且数额较高;而介绍婚姻、介绍收养的,收取的财物具有酬谢的性质,不是将妇女、儿童作为买卖的对象,行为人是在婚姻、收养关系自愿成立的基础上索取酬金,数目相对较低。

3. 主观目的不同。行为人拐卖妇女、儿童主观上是以出卖为目的;而介绍婚姻、介绍收养儿童索取财物是以获取财物作为适当的酬谢。

(二)本罪的一罪与数罪的界限

根据本条的规定,犯罪分子在拐卖妇女、儿童的过程中,有下列情形的,应当作为犯罪情节,不单独定罪,而与拐卖妇女、儿童罪实行并罚:(1)奸淫被拐卖的妇女。这里的“奸淫”,不论行为人是否使用了暴力或者胁迫等强制手段,也不论被害妇女是否有反抗行为,都可以认定为量刑情节,但不能单独定罪。(2)诱骗、强迫被拐卖的妇女卖淫或者将被拐卖的妇女卖给他人迫使其卖淫的。(3)以出卖为目的,使用暴力、胁迫或者麻醉方法绑架妇女、儿童的。(4)以出卖为目的,偷盗婴幼儿的。(5)造成被拐卖的妇女、儿童或者其亲属重伤、死亡或者其他严重后果的。这里指的是,由于犯罪分子拐卖妇女、儿童的行为,直接、间接造成被拐卖的妇女、儿童或其亲属重伤、死亡或者其他严重后果的。例如由于罪犯采用拘禁、捆绑、虐待等手段,致使被害人重伤、死亡或者其他严重后果的;由于罪犯的拐卖行为以及拐卖中的侮辱、殴打等行为引起被害人或其亲属自杀、精神失常或者其他严重后果的,等等。除此之外,对在拐卖妇女、儿童的犯罪过程中犯有其他罪行的,如对被拐卖的妇女、儿童故意杀害、伤害的,对行为人应以故意杀人罪或者故意伤害罪与拐卖妇女、儿童罪实行并罚。

量 刑 部 分

【量刑标准】

犯本罪的,处五年以上十年以下有期徒刑,并处罚金;有下列情形之一的,处十年以上有期徒刑或者无期徒刑,并处罚金或者没收财产;情节特别严重的,处死刑,并处没收财产。

截至目前,尚无本罪名关于量刑的司法解释。

收买被拐卖的妇女、儿童罪 《刑法》第241条

收买被拐卖的妇女、儿童的,处三年以下有期徒刑、拘役或者管制。

收买被拐卖的妇女,强行与其发生性关系的,依照本法第二百三十六条的规定定罪处罚。

收买被拐卖的妇女、儿童,非法剥夺、限制其人身自由或者有伤害、侮辱等犯罪行为的,依照本法的有关规定定罪处罚。

收买被拐卖的妇女、儿童,并有第二款、第三款规定的犯罪行为的,依照数罪并罚的规定处罚。

收买被拐卖的妇女、儿童又出卖的,依照本法第二百四十条的规定定罪处罚。

收买被拐卖的妇女、儿童,对被买儿童没有虐待行为,不阻碍对其进行解救的,可以从轻处罚;按照被买妇女的意愿,不阻碍其返回原居住地的,可以从轻或者减轻处罚。

定 罪 部 分

【罪名概念】

收买被拐卖的妇女、儿童罪,是指不以出卖为目的,收买被拐卖的妇女、儿童的行为。

【司法解释】

最高人民法院、最高人民检察院、公安部、司法部《关于依法惩治拐卖妇女儿童犯罪的意见》

(实施日期:2010年3月15日 法发[2010]7号)(节录)

20. 明知是被拐卖的妇女、儿童而收买,具有下列情形之一的,以收买被拐卖的妇女、儿童罪论处;同时构成其他犯罪的,依照数罪并罚的规定处罚:

(1)收买被拐卖的妇女后,违背被收买妇女的意愿,阻碍其返回原居住地的;

(2)阻碍对被收买妇女、儿童进行解救的;

(3)非法剥夺、限制被收买妇女、儿童的人身自由,情节严重,或者对被收买妇女、儿童有强奸、伤害、侮辱、虐待等行为的;

(4)所收买的妇女、儿童被解救后又再次收买,或者收买多名被拐卖的妇女、儿童的;

(5)组织、诱骗、强迫被收买的妇女、儿童从事乞讨、苦役,或者盗窃、传销、卖淫等违法犯罪活动的;

(6)造成被收买妇女、儿童或者其亲属重伤、死亡以及其他严重后果的;

(7)具有其他严重情节的。

26. 拐卖妇女、儿童或者收买被拐卖的妇女、儿童,又组织、教唆被拐卖、收买的妇女、儿童进行犯罪的,以拐卖妇女、儿童罪或者收买被拐卖的妇女、儿童罪与其所组织、教唆的罪数罪并罚。

27. 拐卖妇女、儿童或者收买被拐卖的妇女、儿童,又组织、教唆被拐卖、收买的未成年妇女、儿童进行盗窃、诈骗、抢夺、敲诈勒索等违反治安管理活动的,以拐卖妇女、儿童罪或者收买被拐卖的妇女、儿童罪与组织未成年人进行违反治安管理活动罪数罪并罚。

【关联法律】

公安部《关于打击拐卖妇女儿童犯罪适用法律和政策有关问题的意见》

(实施日期:2000 年 3 月 24 日)(节录)

三、关于收买被拐卖的妇女、儿童犯罪

(一)收买被拐卖的妇女、儿童的,以收买被拐卖的妇女、儿童罪立案侦查。

(二)收买被拐卖的妇女、儿童,并有下列犯罪行为的,同时以收买被拐卖的妇女、儿童罪和下列罪名立案侦查:

1. 违背被拐卖妇女的意志,强行与其发生性关系的,以强奸罪立案侦查。

2. 明知收买的妇女是精神病患者(间歇性精神病患者在发病期间)或者痴呆者(程度严重的)而与其发生性关系的,以强奸罪立案侦查。

3. 与收买的不满十四周岁的幼女发生性关系的,不论被害人是否同意,均以奸淫幼女罪立案侦查。

4. 非法剥夺、限制被拐卖的妇女、儿童人身自由的,或者对其实施伤害、侮辱、猥亵等犯罪行为的,以非法拘禁罪,或者伤害罪、侮辱罪、强制猥亵妇女罪、猥亵儿童罪等犯罪立案侦查。

5. 明知被拐卖的妇女是现役军人的妻子而与之同居或者结婚的,以破坏军婚罪立案侦查。

(三)收买被拐卖的妇女、儿童后又出卖的,以拐卖妇女、儿童罪立案侦查。

(四)凡是帮助买主实施强奸、伤害、非法拘禁被拐卖的妇女、儿童等犯罪行为的,应当分别以强奸罪、伤害罪、非法拘禁罪等犯罪的共犯立案侦查。

（五）收买被拐卖的妇女、儿童，按照被买妇女的意愿，不阻碍其返回原居住地的，对被买儿童没有虐待行为，不阻碍对其进行解救的，可以不追究刑事责任。

【犯罪构成】

（一）主体要件

本罪主体为一般主体。

（二）主观要件

本罪主观方面表现为故意。这里的故意，是指明知是被拐卖的妇女、儿童而予以收买。并且，本罪在主观上是不以出卖为目的。如果以出卖为目的而收买，则构成拐卖妇女、儿童罪。但是，收买的时候不以出卖目的，收买后由于某种原因又将妇女、儿童出卖的，则应以拐卖妇女、儿童罪论处。

（三）客观要件

本罪在客观方面表现为收买被拐卖的妇女、儿童，并对被拐卖的妇女、儿童实施人身控制的行为。这里的收买，是指以钱物购买被拐卖的妇女、儿童。

（四）客体要件

本罪侵犯的客体是被害妇女、儿童的人身不受买卖性，客观方面表现为收买被拐卖、绑架的妇女、儿童的行为。

量刑部分

【量刑标准】

犯本罪的，处三年以下有期徒刑、拘役或者管制。

收买被拐卖的妇女、儿童，对被买儿童没有虐待行为，不阻碍对其进行解救的，可以从轻处罚；按照被买妇女的意愿，不阻碍其返回原居住地的，可以从轻或者减轻处罚。

截至目前，尚无本罪名关于量刑的司法解释。

妨害公务罪　《刑法》第242条（一）

以暴力、威胁方法阻碍国家机关工作人员解救被收买的妇女、儿童的，依照本法第二百七十七条的规定定罪处罚。

定罪部分

【罪名概念】

妨害公务罪，是指以暴力、威胁方法阻碍国家机关工作人员、人大代表依法执行职务，或者在自然灾害中和突发事件中，使用暴力、威胁方法阻碍红十字会工作人员依法履行职责,或故意阻碍国家安全机关、公安机关依法执行国家安全工作任务,虽未使用暴力,但造成严重后果的行为。

【司法解释】

1. 最高人民法院、最高人民检察院《关于办理环境污染刑事案件适用法律若干问题的解释》

(实施日期:2013 年 6 月 19 日　法释[2013]15 号)(节录)

第四条　实施刑法第三百三十八条、第三百三十九条规定的犯罪行为,具有下列情形之一的,应当酌情从重处罚:

(一)阻挠环境监督检查或者突发环境事件调查的;

(二)闲置、拆除污染防治设施或者使污染防治设施不正常运行的;

(三)在医院、学校、居民区等人口集中地区及其附近,违反国家规定排放、倾倒、处置有放射性的废物、含传染病病原体的废物、有毒物质或者其他有害物质的;

(四)在限期整改期间,违反国家规定排放、倾倒、处置有放射性的废物、含传染病病原体的废物、有毒物质或者其他有害物质的。

实施前款第一项规定的行为,构成妨害公务罪的,以污染环境罪与妨害公务罪数罪并罚。

2. 最高人民法院《关于审理破坏草原资源刑事案件应用法律若干问题的解释》

(实施日期:2012 年 11 月 22 日　法释[2012]15 号)(节录)

第四条　以暴力、威胁方法阻碍草原监督检查人员依法执行职务,构成犯罪的,依照刑法第二百七十七条的规定,以妨害公务罪追究刑事责任。

3. 最高人民法院、最高人民检察院《关于办理非法生产、销售烟草专卖品等刑事案件具体应用法律若干问题的解释》

(实施日期:2010 年 3 月 26 日　法释[2010]7 号)(节录)

第八条　以暴力、威胁方法阻碍烟草专卖执法人员依法执行职务,构成犯罪的,以妨害公务罪追究刑事责任。

4. 最高人民法院、最高人民检察院、公安部《关于依法严肃查处拒不执行判决、裁定和暴力抗拒法院执行犯罪行为有关问题的通知》

(实施日期:2007 年 8 月 30 日　法发[2007]29 号)(节录)

二、对下列暴力抗拒执行的行为,依照刑法第二百七十七条的规定,以妨害公务罪论处。

(一)聚众哄闹、冲击执行现场,围困、扣押、殴打执行人员,致使执行工作无法进行的;

(二)毁损、抢夺执行案件材料、执行公务车辆和其他执行器械、执行人员服装以及执行公务证件,造成严重后果的;

(三)其他以暴力、威胁方法妨害或者抗拒执行,致使执行工作无法进行的。

三、负有执行人民法院判决、裁定义务的单位直接负责的主管人员和其他直接责任人员，为了本单位的利益实施本《通知》第一条、第二条所列行为之一的，对该主管人员和其他直接责任人员，依照刑法第三百一十三条和第二百七十七条的规定，分别以拒不执行判决、裁定罪和妨害公务罪论处。

第十条　以暴力、威胁方法阻碍矿山安全生产监督管理的，依照刑法第二百七十七条的规定，以妨害公务罪定罪处罚。

5. 最高人民法院、最高人民检察院、公安部、国家烟草专卖局《关于办理假冒伪劣烟草制品等刑事案件适用法律问题座谈会纪要》

（实施日期：2003 年 12 月 23 日　高检会[2003]4 号）（节录）

八、关于以暴力、威胁方法阻碍烟草专卖执法人员依法执行职务行为的定罪处罚问题

以暴力、威胁方法阻碍烟草专卖执法人员依法执行职务的，依照刑法第二百七十七条的规定，以妨害公务罪定罪处罚。

6. 最高人民法院、最高人民检察院《关于办理妨害预防、控制突发传染病疫情等灾害的刑事案件具体应用法律若干问题的解释》

（实施日期：2003 年 5 月 15 日　法释[2003]8 号）（节录）

第八条　以暴力、威胁方法阻碍国家机关工作人员、红十字会工作人员依法履行为防治突发传染病疫情等灾害而采取的防疫、检疫、强制隔离、隔离治疗等预防、控制措施的，依照刑法第二百七十七条第一款、第三款的规定，以妨害公务罪定罪处罚。

7. 最高人民检察院《关于办理非法经营食盐刑事案件具体应用法律若干问题的解释》

（实施日期：2002 年 9 月 13 日　高检发释字[2002]6 号）（节录）

第五条　以暴力、威胁方法阻碍行政执法人员依法行使盐业管理职务的，依照刑法第二百七十七条的规定，以妨害公务罪追究刑事责任；其非法经营行为已构成犯罪的，依照数罪并罚的规定追究刑事责任。

8. 最高人民法院、最高人民检察院《关于办理组织和利用邪教组织犯罪案件具体应用法律若干问题的解释（二）》

（实施日期：2001 年 6 月 11 日　法释[2001]19 号）（节录）

第七条　邪教组织人员以暴力、威胁方法阻碍国家机关工作人员依法执行职务的，依照刑法第二百七十七条第一款的规定，以妨害公务罪定罪处罚。其行为同时触犯刑法其他规定的，依照处罚较重的规定定罪处罚。

9. 最高人民检察院《关于以暴力威胁方法阻碍事业编制人员依法执行行政执法职务是否可对侵害人以妨害公务罪论处的批复》

（实施日期：2000 年 4 月 24 日　高检发释字[2000]2 号）（节录）

对于以暴力、威胁方法阻碍国有事业单位人员依照法律、行政法规的规定执行行政执法职务的,或者以暴力、威胁方法阻碍国家机关中受委托从事行政执法活动的事业编制人员执行行政执法职务的,可以对侵害人以妨害公务罪追究刑事责任。

【犯罪构成】

(一)主体要件

本罪的主体为一般主体,凡达到刑事责任年龄且具备刑事责任能力的自然人均能构成本罪。

(二)主观要件

本罪在主观方面表现为故意,即明知对方是正依法执行职务的国家机关工作人员、人大代表、红十字会工作人员,而故意对其实施暴力或者威胁,使其不能执行职务。行为人的动机,往往多种多样。比如事关行为人的利益;为了维护他人;与该工作人员有私怨,乘机发泄,进行报复;等等。但动机不影响本罪的成立,可作为情节在量刑时考虑。但是如果行为人不知对方是正在依法执行职务的国家机关工作人员、人大代表、红十字会工作人员,而加以阻挠的,不构成犯罪。

(三)客观要件

本罪在客观方面表现为以下几种情形:

1. 以暴力或者威胁的方法阻碍国家机关工作人员依法执行职务的行为。

所谓依法执行职务,是指国家机关工作人员在国家规定的范围内,运用其合法职权从事公务活动。这种公务活动,不仅包括国家机关工作人员在工作时间或工作单位中所进行的公务活动,而且还包括国家工作人员根据有关规定或命令在其他时间或场所内的公务活动。例如,公安人员在任何时间或地点,都有权抓捕正在进行犯罪活动的犯罪嫌疑人,对其以暴力或威胁方法进行阻碍,就构成犯罪。

另外,国家机关工作人员必须是在依法执行职务。即其所进行的管理活动,确实属于他的合法职权范围,并且活动的方式符合法律规定的条件。例如,工商行政管理人员依法对市场贸易进行监督管理,海关人员依法进行进出口物品检验等。如果国家工作人员超越其职务范围进行其他非法活动,或者滥用职权,以权谋私,违法乱纪,侵犯国家和人民群众利益,激起民愤,受到阻碍的不能视为妨害公务。

同时,行为人必须是以暴力或者威胁的方法阻碍执行公务。本条所称暴力,是指行为人对正在依法执行职务的国家工作人员的身体实施了暴力打击或者人身强制,如殴打行为、捆绑行为等。如果行为人的暴力行为造成国家机关工作人员重伤结果或因重伤导致死亡结果,甚至故意杀害国家机关工作人员的,应按想象竞合的原则,以重罪吸收轻罪,按故意伤害(重伤)罪或者故意杀人罪定罪,从重处罚(一个行为,数个罪名,想象竞合)。本条所称威胁,是指行为人以杀害、伤害、毁坏财产、破坏名誉、扣押人质等对正在依法执行职务的国家机关工作人员进行威逼、胁迫,企图迫使国家机关工作人员放弃执行职务。

行为人如果并未采用暴力或威胁方法，而是用其他方法干扰国家机关工作人员执行职务，例如谩骂、吵闹等行为，虽然对执行职务有一定程度的妨害，但也不能构成本罪。对此种行为可以批评教育，或进行治安管理处罚，其情节恶劣者，则可能构成侮辱罪或其他犯罪。

2. 以暴力、威胁方法阻碍各级人民代表大会代表执行代表职务。

各级人民代表大会的代表，包括乡、镇、县（市）、旗、地、市、盟、省、自治区、直辖市乃至全国人民代表大会的代表。所谓代表职务，是指全国人民代表大会和地方各级人民代表大会组织法规定的人民代表在各所在的各级人民代表大会有权执行的职务，如保守国家秘密；作自己参加的生产、工作和社会活动中，协助宪法和法律的实施；列席原选举单位的人民代表大会会议；听取和反映人民的意见和要求；列席人民代表大会会议；向本级人比代表大会及其常务委员会提出对各方面工作的建议、批评和意见；对于确定的候选人参加投票选举；宣传法律和政策；协助本级人民政府推行工作；向人民代表大会及其常务委员会、人民政府反映群众的意见和要求；依法与选民联系；检查、考察、视察工作；等等。无论是本级人民代表大会会议期间依法执行职务，还是在本级人民代表大会闭会期间依法执行职务，只要属于代表职务，对其以暴力、威胁方法进行阻碍的，就可构成本罪。应当指出有的代表本身属于国家机关工作人员，如果是在执行其工作职务期间对其进行阻碍的，应是本罪客观方面的第一种情况，即阻碍国家机关工作人员依法执行职务。如果其不是在执行工作职务，而是在执行代表职务，就构成本罪的这种情况。代表如属非国家机关工作人员，则只有执行代表职务时才可构成本罪。

3. 在自然灾害和突发事件中，以暴力、威胁方法阻碍红十字会工作人员依法履行职责。

根据《红十字会法》规定，中国红十字会是中华人民共和国统一的红十字组织，是从事人道主义工作的社会救助团体。其活动宗旨是为了保护人的生命和健康，发扬人道主义精神，促进和平进步事业。其遵循国际红十字会和红新月运动确立的基本原则，依照我国参加的日内瓦公约及其附加议定书和中国红十字会章程，独立自主地开展工作，履行自己的职责。根据 1993 年 10 月 30 日通过的《红十字会法》第十二条规定，红十字会履行下列职责：（1）开展救灾的准备工作；在自然灾害和突发事件中，对伤病人员和其他受害者进行救助；（2）普及卫生救护和防病知识，进行初级卫生救护培训，组织群众参加现场救护；参与输血献血工作，推动无偿献血；开展其他人道主义服务活动；（3）开展红十字青少年活动；（4）参加国际人道主义救援工作；（5）宣传国际红十字和红新月运动的基本原则和日内瓦公约及其附加议定书；（6）依照国际红十字会和红新月运动的基本原则，完成人民政府委托事宜；（7）依照日内瓦公约及其附加议定书的有关规定开展工作。红十字会有权处分其接受的救助物资；在自然灾害和突发事件中，执行救助任务并标有红十字标志的人员、物资的交通工具有优先通行的权利。如果是在自然灾害和突发事件中,对红十字会工作人员以暴力、威胁方法阻碍其履行职责,即可构成本罪。对于这种情况必须注意把握三个方面,即(1)必须是红十字会的工作人员。如果不是红十字会的工作人员,即使从事一些人道主义工作,对其进行暴力、威胁阻碍的,也不能构成本罪。(2)必须是正在依法履行自己的职责。(3)必须是在自然灾害或突发事件中,以暴力、威胁方法阻碍其履行职责。虽以暴力、威胁方法阻碍了红十字会工作人员依法履行职责,但如不是在自然灾害或突发事件中,亦不能构成本罪。

4. 故意阻碍国家安全机关、公安机关依法执行国家安全工作任务,未使用暴力、威胁方法,但造成严重后果的。

此种情况是上述暴力、威胁方法以外的手段,如围攻、哄闹,对执行国家安全工作任务的有关国家机关工作人员要求提供方便条件置之不理或拖延不办等而阻碍执行有关国家安全公务。如果是以暴力、威胁方法直接阻碍,则属于本罪客观方面的第一种即以暴力、威胁方法阻碍国家机关工作人员依法执行职务的情况,而不能以此种情况论处,根据国家安全法的有关规定,下列行为应属于以非暴力或威胁方法阻碍国家安全工作人员依法执行公务:(1)国家安全机关、公安机关的工作人员在执行国家安全公务时,出示证件依法查验人的身份证明,向有关组织和人员调查、询问有关情况,行为人拒绝提交身份证明,拒绝提供有关情况的(明知他人有间谍行为,在国家安全机关向其调查情况、收集证据时,拒绝提供的除外,其行为已构成独立的拒绝提供间谍犯罪证据罪,不再以该罪论处);(2)执行国家安全工作的人员依法要进入有关场所,进入限制进人的有关地区、场所、单位,或查看、调阅有关的档案、资料、物品,行为人却予以拒绝的;(3)执行国家安全工作的人员在依法执行紧急任务的情况下,出示证件要求优先乘坐公共交通工具,遇到交通阻碍,要求优先通行,行为人拒绝允许的;(4)国家安全机关、公安机关为维护国家安全的需要,必要时,可优先使用国家机关、团体、企事业组织和个人的交通工具、通信工具、场地和建筑物,行为人却予以阻挠甚或故意刁难的;(5)执行国家安全工作的人员,为维护国家安全的需要,要对组织或个人的电子通信工具、器材等设备、设施进行查验,行为人拒不允许的;(6)国家安全机关、公安机关因国家安全工作的需要,根据国家有关规定,提请海关、边防等检查人员对有关人员和数据、器材查检,有关检查机关应当协助而拒不协助的;等等。

行为人必须阻碍了执行国家安全工作的人员依法执行国家安全公务。所谓阻碍,是指行为人通过种种方式使执行国家安全工作的人员不能正常地行使自己的职权、履行其职责。其既表现为执行国家安全工作的人员被迫停止执行国家安全公务,亦表现为其被迫变更依法应当执行的国家安全公务的内容。如果不是阻碍国家安全机关、公安机关的工作人员执行职务或者虽是阻碍上述机关的工作人员执行职务但不是执行国家安全职务,如公安机关在抓捕故意杀人犯或者虽欲阻碍其执行国家安全职务,但没有对其公务造成阻碍,则不构成本罪。如先拒绝执行国家安全工作人员的要求,经做工作后,能及时让其执行国家安全公务的,则不构成犯罪。

阻碍执行国家安全工作的人员执行国家安全公务,还必须造成严重的后果,才构成此种行为方式的本罪。所谓严重后果,是指耽误了国有安全工作,放纵了犯罪分子,或者给国家安全造成了严重损害,具体则如致使犯罪嫌疑人逃跑,侦查线索中断,犯罪证据灭失,赃款、赃物被转移,等等。

(四)客体要件

本罪侵犯的是复杂客体,其中,国家的正常管理活动是其主要客体,国家机关工作人员、红十字会工作人员的人身权利是其随机客体。

妨害公务罪侵犯了国家的正常管理活动。任何一个国家欲求得稳定有序的存在与发展,都必须享有一系列的管理职能,进行一系列的管理活动,而这些管理活动通常是通过国家机关等组织机构中的工作人员依法执行职务、履行职责来实现的。因此,妨害国家机关工作人员和红十字会依法执行公务的犯罪行为,必然是对国家正常管理活动的干扰和破坏。这是本罪社会危害性的重心所在,也是本罪区别于单纯侵害公务人员人身、财产的犯罪行为的关键所在。

妨害公务罪通常还侵犯国家机关工作人员以及红十字会工作人员的人身权利。本罪之构成必须以行为人使用暴力、威胁手段为要件。而在行为人以暴力、威胁手段妨害公务时,其所造成的危害结果除了能使被妨害的国家机关工作人员或红十字会工作人员的公务活动受到干扰无法正常进行,从而给国家的正常管理活动造成不利影响外,也必然会给上述公务人员的身体健康或者其他人身权利造成侵害。本条第四款规定,故意阻碍国家安全机关、公安机关依法执行国家安全工作任务的,即使未使用暴力、威胁方法,只要造成严重后果的,也构成本罪。

本罪侵害的对象,是依法正在执行职务的国家机关工作人员。阻碍非国家机关工作人员从事某种活动的,或者虽是国家机关工作人员,但其执行的不是职务活动,或者其活动不是依法正在进行的职务范围的活动,均不构成本罪。这就是说,成为本罪侵害对象的,第一,必须是在国家机关工作人员已经着手执行职务、尚未结束之前;第二,必须是依法进行的,而不是超越职权范围的活动。"执行职务",既包括在国家机关工作时间和场所内的公务活动,也包括根据特定的命令在其他场所的公务活动。比如,公安人员不论在何时何地抓捕正在实施犯罪的犯罪嫌疑人,都是依法执行职务。但是,超越职权范围的活动,或者滥用职权侵犯国家和群众利益的活动,受到他人阻止的,不构成妨害公务罪。依本条第二款、第三款的规定,本罪的犯罪对象还包括人大代表和红十字会工作人员。所谓人大代表,是指依照我国宪法与选举法的规定,按照法定程序当选的全国人民代表大会和地方各级人民代表大会的代表。所谓红十字会,是指一种国际性的志愿救济团体,主要是救护战时伤、病军人和平民,也救济其他灾害的受难者。上述人员只有在其依法履行职务、职责时才能构成本罪。

【罪名辨析】

(一)本罪与非罪的界限

1. 划清妨害公务罪与人民群众抵制国家工作人员违法乱纪行为的界限。极少数国家机关工作人员,在执行公务过程中,假公济私,滥用职权,违法乱纪,损害群众的利益,引起公愤,群众对之进行抵制、斗争是应当支持、引导的。

2. 划清妨害公务罪与人民群众因提出合理要求,或者对政策不理解或者态度生硬而与国家机关工作人员发生争吵、围攻顶撞、纠缠行为的界限。群众围攻、顶撞国家工作人员,通常是由于群众对国家工作人员依法宣布的某项政策、决定、措施不理解,有意见,向国家工作人员提出质问,要求说明、解释、答复、由于情绪偏激、态度不冷静、方法不得当而形成的对国家工作人员的围攻、顶撞行为。在围攻、顶撞过程中,常伴有威胁性语言和类似暴力的推搡、拉扯行为,在客观上妨害了公务。

(二)本罪与其他罪的界限

本罪与分裂国家罪、武装叛乱、暴乱罪、颠覆国家政权罪等危害国家安全罪的界限

二者具有某些共同点,如都危害了国家利益,都必然会对国家的正常管理活动造成干扰和破坏;在行为方式、行为指向上有一些交叉;主体都是一般主体;主观方面都是出自故意。二者的区别点在于:

1. 犯罪的直接客体不同。前者侵害的主要客体是国家的正常管理活动;后者则是国家安全。

2. 犯罪的客观方面不同。首先在行为指向上,前者的行为指向往往具有特定性,即是某个具体的正在依法执行公务的国家机关工作人员或红十字会工作人员;后者的行为指向则是整个国家政权,就具体的侵害对象而言,通常具有随机性和不确定性。

在犯罪方法上,前者通常必须以暴力、威胁方法实施;后者则不限于此,以和平演变等方式危害国家政权、破坏国家统一的,也构成犯罪(武装叛乱、暴乱罪除外)。

3. 从犯罪主体来看,二者虽都可由任何具备刑事责任能力的自然人构成,但在实践中,后者的主体特别是其中的首要分子多是那些窃据国家重要职位,具有较大政治影响力的人;而前者的主体多见为普通公民。

4. 犯罪的主观方面不同。这是二者最本质、最关键的区别。前者在主观方面既可以表现为直接故意也可以表现间接故意,行为人通常有妨害公务执行的目的,但不限于此;后者则只能出自直接故意,且行为人必须具有危害国家安全的目的。在实践中,会遇有危害国家安全的犯罪分子以暴力、威胁方法妨害、抗拒国家机关工作人员或红十字会工作人员依法执行公务的情形,这是妨害公务罪与分裂国家

罪、武装叛乱、暴乱罪、颠覆国家政权等罪的法规竞合犯,对之应按法规竞合犯的基本法律适用规则重法优于轻法,以后者论处。

(三)本罪与聚众阻碍解救被收买的妇女、儿童罪的界限

二者在犯罪构成上的区别比较容易认识:

1. 犯罪的主要客体不同。前者系妨害社会管理秩序罪,侵害的主要客体是国家的正常管理活动;后者则属侵犯公民人身权利罪,侵害的主要客体是被拐卖、收买的妇女、儿童的人身自由权。

2. 犯罪的客体要件不同。前者通常表现为以暴力、威胁方法阻碍国家机关工作人员依法执行职务或红十字会工作人员依法履行职责的行为,聚众不聚众均无不可;后者则只能是以聚众方式阻碍国家机关工作人员解救被收买的妇女、儿童的行为,至于犯罪方法,则不以暴力、威胁为必要,以非强制手段进行的,也可构成犯罪。对于少数人(三人以下)以暴力、威胁方法阻碍国家机关工作人员解救被收买的妇女、儿童的,应依照本法第二百四十二条第一款和第二百七十七条第一款的有关规定,以妨害公务罪论处。

3. 犯罪的主体不同。前者的主体是一般主体,任何具备刑事责任能力的自然人均可构成该罪;后者则是特殊主体,只有在聚众阻碍解救被收买的妇女、儿童的活动中起组织、策划、指挥作用的首要分子才能成为其主体。对于其他参与阻碍活动,若未使用暴力、威胁方法的,应依法不认定为犯罪;如使用暴力、威胁方法的,则应根据《刑法》第 242 条第 2 款后半段的规定以妨害公务罪论处。此外,二者在犯罪主观方面也有一些差别。

(四)本罪与拒不执行判决、裁定罪的区别

拒不执行判决、裁定罪,是指对人民法院的判决、裁定有能力执行而拒不执行,情节严重的行为。妨害公务罪与拒不执行判决、裁定罪有一定的相似之处,表现在:其一,两者都有可能是妨害国家机关正常行使职权、发挥职能的行为;其二,二者都是故意犯罪,且都有可能存在对抗国家公务活动的故意;其三,当拒不执行判决、裁定罪表现为行为人以暴力、威胁方法阻碍人民法院的强制执行活动时,其客观行为表现就与妨害公务罪完全相同。二者相区分的关键在于其犯罪的客观方面、犯罪主体不同:妨害公务罪通常必须是以暴力、威胁方法实施,且行为人侵害公务人员的行为必须发生在后者依法执行公务期间,而拒不执行判决、裁定罪则不要求必须使用暴力、威胁的方法,可以是能够损害法院裁判约束力、权威性的任何方法,比如欺骗隐瞒、消极抵制、无理取闹等;而且拒不执行判决、裁定罪也不要求必须发生在人民法院依法执行职务期间;妨害公务罪的主体是一般主体,而拒不执行判决、裁定罪的主体则是特殊主体,即必须具有执行判决、裁定义务的当事人或者依照法律对判决、裁定负有协助执行义务的人。本条(妨害公务罪)与第三百一十三条(拒不执行判决、裁定罪)而言,前者应系普通法,后者应系特别法。

故对这类案件应该依本法第三百一十三条的规定,以拒不执行判决、裁定罪定罪量刑。

量 刑 部 分

【量刑标准】

犯本罪的,处三年以下有期徒刑、拘役、管制或者罚金。

【量刑规范】

最高人民法院《关于常见犯罪的量刑指导意见》

(实施日期:2014 年 1 月 1 日)(节录)

(十一)妨害公务罪

1. 构成妨害公务罪的,可以在二年以下有期徒刑、拘役幅度内确定量刑起点。

2. 在量刑起点的基础上,可以根据妨害公务造成的后果、犯罪情节严重程度等其他影响犯罪构成的犯罪事实增加刑罚量,确定基准刑。

聚众阻碍解救被收买的妇女、儿童罪 《刑法》第 242 条(二)

以暴力、威胁方法阻碍国家机关工作人员解救被收买的妇女、儿童的,依照本法第二百七十七条的规定定罪处罚。

聚众阻碍国家机关工作人员解救被收买的妇女、儿童的首要分子,处五年以下有期徒刑或者拘役;其他参与者使用暴力、威胁方法的,依照前款的规定处罚。

定 罪 部 分

【罪名概念】

聚众阻碍解救被收买的妇女、儿童罪,是指纠集多人阻碍国家机关工作人员解救被收买的妇女、儿童的行为。

【犯罪构成】

(一)主体要件

本罪的主体要件,必须是十六周岁以上的聚众阻碍解救被收买的妇女、儿童公务的首要分子。实际上因本罪客观行为特征决定了要有一定威望、号召力的人,故少有未成年人成为该罪主体,由于本条规定的限定,构成该罪的主体必须是首要分子。所谓首要分子是指起组织、纠集、策划、指挥、煽动作用的分子。根据案件事实的不同,首要分子可能是一个人,也可以是几个人。依本条第二款之规定,其他参与者使用暴力、威胁方法的，依本罪定罪量刑，由此可知，使用暴力、威胁方法的其他参与者亦能构成本罪主体。

（二）主观要件

本罪在主观方面表现为直接故意。在聚众阻碍解救被收买的妇女、儿童罪中，行为人故意的内容具体表现为，明知对方是国家机关工作人员，并且正在依法解救被收买的妇女、儿童，而故意聚众予以阻碍。这其中包含两重内容：其一，行为人明知对方是依法解救被收买的妇女、儿童的国家机关工作人员；其二，行为人主观上具有聚众的故意，即行为人主观上意图聚集多人，阻碍国家机关工作人员的解救工作。虽然本罪是聚众性犯罪，但并不要求各个行为人的主观故意完全相同。在聚众阻碍解救被收买的妇女、儿童的活动中，只要首要分子的主观故意符合上述要求，即可构成本罪；至于其他各行为人的行为目的和动机如何，不影响本罪的成立。

（三）客观要件

本罪在客观方面表现为聚众阻碍国家机关工作人员解救被收买的妇女、儿童的行为。

聚众阻碍，是指有预谋、有组织、有领导地纠集多人阻碍国家机关工作人员解救被收买的妇女、儿童的行为。根据实践经验，只要纠集三人以上阻碍解救工作的进行，就应当认为是聚众，构成本罪，行为人聚众阻碍国家机关工作人员解救被收买的妇女、儿童的具体行为多种多样。有的是组织、指挥多人以暴力方式侵害执行解救公务的国家机关工作人员的身体；有的是砸毁、扣押解救用的车辆、器械；有的是组织、指挥众人以非暴力的方式围截、干涉国家机关工作人员的解救工作，等等。无论具体行为方式如何，只要行为人客观上实施了聚众阻碍国家机关工作人员解救被收买的妇女、儿童的行为，即构成聚众阻碍解救被收买的妇女、儿童罪。

聚众阻碍解救被收买的妇女、儿童罪是行为犯，不是结果犯。根据本条规定，行为人只要实施了聚众阻碍国家机关工作人员解救被收买的妇女、儿童的行为，即构成本罪。至于解救活动是否因阻碍而中止，被收买的妇女、儿童是否被解救，均不影响本罪既遂状态的成立。实践中应根据这一精神，正确认定行为人的犯罪形态，以做到罚当其罪。

（四）客体要件

本罪所侵犯的客体为复杂客体，既包括国家机关工作人员依法解救被收买的妇女、儿童的公务活动，同时又包括被收买妇女、儿童的人身权利。其是通过对国家机关工作人员依法执行解救被收买妇女、儿童的职务活动的侵害，来实现其对被收买的妇女、儿童的人身权利的侵害的。

本罪侵害的对象，是正在依法执行解救公务的国家机关工作人员，即在法律、法规规定的职务范围内实施解救工作,以使被收买的妇女、儿童摆脱他人的非法控制,解除其与买主关系的国家机关工作人员。(1)本罪的犯罪对象必须是国家机关工作人员。各级人民政府对被拐卖、绑架的妇女、儿童负有解救职责,解救工作由公安机关会同有关部门负责执行。从实践中看,解救人员主要是公安人员、妇联组织工作人员、人民政府部门、村乡干部等,也包括受解救机关委托协助执行解救公务的人员,如受聘为解救工作开车的司机、带路群众等。(2)必须是依法执行解救被收买的妇女、儿童的国家机关工作人员。如国家机关工作人员解救的是受家庭成员虐待的妇女、儿童,而不是被收买来的妇女、儿童,不构成此罪的犯罪对象。另外执行解救公务必须是依法进行。如解救人员以胡乱抓人、殴打他人方式解救遭到群众阻碍,不宜以本罪论处,对阻碍者宜做行政处罚。(3)必须是正在执行解救职务的国家机关工作人员。所谓“正在执行”是指解救工作已经开始尚未结束的过程之中。如某行为人对曾经执行过解救职责的某公安人员不满,看见该公安人员路过,纠集多人围攻谩骂该公安人员。这公安人员就不是正在执行解救公务。

【罪名辨析】

(一)本罪与非罪的界限

行为人是否构成聚众阻碍解救被收买的妇女、儿童罪,主要应以犯罪构成要件上加以区分和认定。

1. 本罪侵犯的对象是特定的,即负有解救职责的国家机关工作人员,既包括司法工作人员、各级行政机关人员以及其他负责解救工作的人员,也包括受解救机关委托协助执行解救公务的人员。对上述人员依法执行解救活动进行聚众阻碍的构成本罪,对上述人员以外的其他人员或者非执行解救公务的国家机关工作人员实施聚众阻碍解救行为的,则不构成本罪。如果国家机关工作人员在执行解救活动中,超越解救职责范围,或滥用解救职责遭到群众阻碍的,阻碍者亦不构成本罪。

2. 客观上行为人必须以聚众方式实施阻碍行为,这是决定其是否构成本罪的关键性条件。如果行为人纠集多人,但未能实施阻碍解救行为的,或者虽有阻碍解救的行为,却不是以聚众方式实施的,均不以本罪论。如果解救工作尚未开始或者已经结束,行为人聚众对解救人员实施侵害行为的,应以相应的犯罪论处,而不构成本罪。

3. 行为人主观上是否明知侵犯的对象是正在解救被收买的妇女、儿童的国家机关工作人员,也是能否构成本罪的决定因素。如果行为人主观上没有聚众的故意,即使客观上造成了众人参与的后果,也不能以本罪论。

4. 行为人必须是本案的首要分子,本条只限于对首要分子按本罪处理,具有排他性,即除首要分子以外,其他参与者必须使用暴力、威胁方法的才能成为本罪主体。

（二）本罪与妨害公务罪的界限

本罪与妨害公务罪都是故意犯罪，而且都可以是以阻碍国家机关工作人员执行职务为内容，两罪极易混淆。其主要区别是：

1. 侵害的对象不同。前者的犯罪对象具有特定性，范围较窄，必须是负有解救被收买妇女、儿童职责的国家机关工作人员；后者的对象具有普遍性，范围较大，可以是任何国家机关依法执行职务的工作人员，虽然其中包含着聚众阻碍解救被收买的妇女、儿童罪的对象，但根据本条的精神，如果是行为人聚众阻碍这些人员执行职务，则应将其分离出来，作为单独的犯罪来处理。当然，参加聚众阻碍解救职务的非首要分子使用暴力、威胁方法的，应以妨害公务罪定罪处罚。

2. 客观行为特征不同。前者的行为特征是聚众阻碍，至于使用何种方法实施阻碍行为的在所不论，只要属于聚众阻碍，就符合构成条件。后者一般必须以暴力、威胁方法实施阻碍行为才可构成犯罪，只是故意阻碍国家安全机关、公安机关依法执行国家安全工作任务，造成严重后果的，可不要求有暴力、威胁方法。

3. 处罚的行为人不同。前者处罚的行为人必须是首要分子，非首要分子不以本罪论，但可以成为妨害公务罪的主体。后者在处罚的行为人的范围上没有特别的限制。

4. 主观故意的内容不同。前者要求明知的内容较为具体，即行为人明知是国家机关工作人员正在执行解救被收买的妇女、儿童的公务活动。后者只要求行为人明知国家工作人员的身份以及是在执行公务即可，其内容是笼统的，至于执行何种公务，行为人是否明知公务的内容，都不影响该罪的成立。

（三）本罪与阻碍解救被拐卖、绑架妇女、儿童罪的界限

刑法第四百一十六条第二款规定的阻碍解救被拐卖、绑架妇女、儿童罪，是指对被拐卖、绑架的妇女、儿童负有解救职责的国家机关工作人员，利用职务阻碍解救的行为，本罪与该罪的区别在于：前者的主体为一般主体，后者的主体仅限于有解救职责的国家机关工作人员；前者的对象限于执行解救职务的国家机关人员，后者的对象则不仅限于此，对任何人解救进行阻碍，都可构成该罪；前者在客观上必须表现为聚集众人进行阻碍，后者要求的是行为人利用自己的职务便利，实践中，对于负有解救职责的国家机关工作人员利用职务聚众阻碍其他国家机关工作人员依法执行解救被收买的妇女、儿童职务的，应按想象竞合犯的处罚原则，对行为人以较重的阻碍解救被拐卖、绑架的妇女、儿童罪一罪定罪从重处罚。

量刑部分

【量刑标准】

犯本罪的，处五年以下有期徒刑或者拘役。

截至目前，尚无本罪名关于量刑的司法解释。

诬告陷害罪 《刑法》第243条

捏造事实诬告陷害他人,意图使他人受刑事追究,情节严重的,处三年以下有期徒刑、拘役或者管制;造成严重后果的,处三年以上十年以下有期徒刑。

国家机关工作人员犯前款罪的,从重处罚。

不是有意诬陷,而是错告,或者检举失实的,不适用前两款的规定。

定罪部分

【罪名概念】

诬告陷害罪,是指捏造事实诬告陷害他人,意图使他人受刑事追究,情节严重的行为。

【犯罪构成】

(一)主体要件

本罪的主体是一般主体,即达到法定刑事责任年龄,并且具有刑事责任能力。但是,主体身份是国家机关工作人员,要从重处罚。

本罪的行为人只要实施了诬告陷害他人的行为,导致被害人成为刑事侦查的对象或卷入刑事调查或刑事诉讼就构成犯罪既遂。被诬告人是否因此受到刑事处罚,则不影响本罪的成立。

(二)主观要件

本罪在主观方面必须出于直接故意,即明知自己在捏造事实,向有关机关或单位告发就会产生被告发人遭受刑事追究的危害后果,但仍决意为之,并且希望这一危害结果发生。其目的都是为了使他人受到刑事追究。

(三)客观要件

首先,必须捏造犯罪事实,即无中生有、栽赃陷害、把杜撰的或他人的犯罪事实强加于被害人。所捏造的犯罪事实,只要足以引起司法机关追究被害人的刑事责任即可,并不要求捏造详细情节与证据。

其次,必须向国家机关或有关单位告发(口头的、书面的、署名的、匿名的、直接的、间接的等),或者采取其他方法足以引起司法机关的追究活动。

最后,必须有足以使司法机关确认对象是谁的特定的对象。

(四)客体要件

本罪侵犯的客体是他人的人身权利和司法机关的正常活动。

【罪名辨析】

（一）本罪与诽谤罪的界限

二者的共同点表现在都是捏造事实，而且诽谤罪也可能捏造犯罪事实。它们的主要区别是：

1. 客体要件不同：前者侵犯的是公民的人身权利；后者侵犯的是公民的名誉。

2. 主观方面不同：前者的目的是使他人受刑事追究；后者的目的是破坏他人名誉。

3. 客观行为不同：前者是捏造他人犯罪的事实，通常向国家机关或有关单位告发；后者是捏造有损他人名誉的事实，散布于第三者或更多的人，但不向国家机关或有关单位告发。如果行为人虽然捏造他人犯罪的事实，但并不告发，而是私下散布，旨在损害他人名誉，就构成诽谤罪。

（二）本罪与报复陷害罪界限

二者都表现为陷害他人，主要区别是：

1. 客体要件不同：前者侵犯的是公民的人身权利；后者侵犯的是公民的民主权利。

2. 对象不同：前者的对象是一切公民；后者的对象是控告人、申诉人、批评人与举报人。

3. 主体不同：前者是一般主体；后者是国家机关工作人员。

4. 行为表现不同：前者表现为捏造犯罪事实，作虚假告发；后者表现为滥用职权、假公济私，进行报复陷害。

5. 目的不同：前者是意图使他人受刑事追究；后者是一般报复的目的。国家机关工作人员为了报复陷害控告人、申诉人、批评人，利用职权、捏造犯罪事实，并向有关机关告发的，完全符合诬告陷害罪的特征，应定诬告陷害罪，不定报复陷害罪。

量刑部分

【量刑标准】

犯本罪，情节严重的，处三年以下有期徒刑、拘役或者管制；造成严重后果的，处三年以上十年以下有期徒刑。

国家机关工作人员犯前款罪的，从重处罚。

不是有意诬陷，而是错告，或者检举失实的，不适用前两款的规定。

截至目前，尚无本罪名关于量刑的司法解释。

强迫劳动罪 《刑法》第244条

以暴力、威胁或者限制人身自由的方法强迫他人劳动的,处三年以下有期徒刑或者拘役,并处罚金;情节严重的,处三年以上十年以下有期徒刑,并处罚金。

明知他人实施前款行为,为其招募、运送人员或者有其他协助强迫他人劳动行为的,依照前款的规定处罚。

单位犯前两款罪的,对单位判处罚金,并对其直接负责的主管人员和其他直接责任人员,依照第一款的规定处罚。

定罪部分

【罪名概念】

强迫劳动罪是指以暴力、威胁或者限制人身自由的方法强迫他人劳动的行为。

【犯罪构成】

(一)主体要件

本罪的主体是一般主体,即达到法定刑事责任年龄,并且具有刑事责任能力。单位构成犯罪的,其主管人员及直接责任人员也属于本罪的主体。

(二)主观要件

本罪在主观方面表现为直接故意。

(三)客观要件

本罪在客观方面表现为以下两个方面:

其一,必须以暴力、威胁或者限制人身自由的方法。

其二,强迫他人劳动。

(四)客体要件

本罪侵犯的客体是他人的人身自由权和休息休假权利。

【罪名辨析】

本罪与非法拘禁罪的界限

二者的主要区别为客观方面的不同:前者限制自由,且强迫他人劳动。后者为剥夺自由,实施拘禁。

量刑部分

【量刑标准】

犯本罪的,处三年以下有期徒刑或者拘役,并处罚金;情节严重的,处三年以上十年以下有期徒刑,并处罚金。

单位犯本罪的,对单位判处罚金,并对其直接负责的主管人员和其他直接责任人员,以上述处罚。

截至目前,尚无本罪名关于量刑的司法解释。

雇用童工从事危重劳动罪　《刑法》第244条之一

违反劳动管理法规,雇用未满十六周岁的未成年人从事超强度体力劳动的,或者从事高空、井下作业的,或者在爆炸性、易燃性、放射性、毒害性等危险环境下从事劳动,情节严重的,对直接责任人员,处三年以下有期徒刑或者拘役,并处罚金;情节特别严重的,处三年以上七年以下有期徒刑,并处罚金。

有前款行为,造成事故,又构成其他犯罪的,依照数罪并罚的规定处罚。

定罪部分

【罪名概念】

雇用童工从事危重劳动罪,是指违反劳动管理法规,雇用未满十六周岁的未成年人从事超强度体力劳动的,或者从事高空、井下作业的,或者在爆炸性、易燃性、放射性、毒害性等危险环境下从事劳动,情节严重的行为。

【犯罪构成】

(一)主体要件

本罪主体既可以是单位,也可以是自然人。按照法律规定,单位犯该罪,只追究"直接责任人员"(含直接负责的主管人员和其他直接责任人员)的刑事责任。

(二)主观要件

主观方面表现为故意,包括直接故意和间接故意。

(三)客观要件

本罪客观方面表现为违反劳动管理法规,雇用未满十六周岁的未成年人从事超强度体力劳动,或者高空、井下作业,或者在爆炸性、易燃性、放射性、毒害性等危险环境下从事劳动、情节严重的行为。违反劳动管理法规,是指违反《劳动法》及其他劳动行政法规,这是本罪构成的前提条件。本罪在客观方面有三种具体表现形式:(1)雇用童工从事"超强度体力劳动",是指使童工从事国家禁止的《体力劳动强度分级》国家标准中第四级体力劳动强度的作业。(2)雇用童工从事"高空、井下作业",是指使童工从事国家禁止的《高处作业分级》国家标准中第二级以上的高处作业和矿山井下作业。(3)雇用童工"在爆炸性、易燃性、放射性、毒害性等危险环境下”从事劳动,具体指使童工在具有爆炸性能、能够引起爆炸的各种用于爆破、杀伤的物质的环境下从事劳动;指使童工在具有各种极易引起燃烧的化学物品、液剂的环境下从事劳动;指使童工在具有含有放射性能的化学元素或者其他物质的环境下从事劳动,该物质对人体或牲畜能够造成严重损害;指使童工在具有含有能致人死亡的毒性的有机物或者无机物的环境下从事劳动。行为人只要具有雇用童工从事上述三种形式的危重劳动中的一种即符合本罪的客观要件。按照法律规定,雇用童工从事危重劳动的行为,必须达到情节严重的程度才能构成犯罪。“情节严重”一般是指雇用多名童工或多次非法雇用童工亦或长时间非法雇用童工从事法律禁止的危重劳动;还指因从事法律禁止的危重劳动造成严重后果,影响未满十六周岁未成年人的身心健康和正常发育等。

(四)客体要件

本罪侵犯的客体是未成年人的身心健康。犯罪对象是童工。“童工”,是指未满十六周岁,与单位或者个人发生劳动关系,从事有经济收入的劳动或者从事个体劳动的少年儿童。

【罪名辨析】

(一)本罪与合法招用童工的界限

法律禁止使用童工,但是法律允许文艺、体育单位经未成年人的父母或其他监护人的同意招用不满十六周岁的专业文艺工作者、运动员,并保障其身心健康和接受义务教育的权利。

(二)本罪与非罪的界限

情节是否严重应该是区分本罪与一般违反劳动管理法规行为的界限。

量刑部分

【量刑标准】

犯本罪,情节严重的,对直接责任人员,处三年以下有期徒刑或者拘役,并处罚金;情节特别严重的,处三年以上七年以下有期徒刑,并处罚金。

有前款行为,造成事故,又构成其他犯罪的,依照数罪并罚的规定处罚。

截至目前,尚无本罪名关于量刑的司法解释。

非法侵入住宅罪 《刑法》第245条(一)

非法搜查他人身体、住宅,或者非法侵入他人住宅的,处三年以下有期徒刑或者拘役。

司法工作人员滥用职权,犯前款罪的,从重处罚。

定罪部分

【罪名概念】

非法侵入住宅罪，是指违背住宅内成员的意愿或无法律依据，进入公民住宅，或进入公民住宅后经要求退出而拒不退出的行为。

【犯罪构成】

（一）主体要件

本罪的主体是一般主体，凡具有刑事责任能力的自然人，均可以构成本罪。

（二）主观要件

本罪在主观方面表现为故意。行为人明知自己的侵入或不退出行为，违反了权利人的意思，或破坏他人住宅的安宁，而积极侵入或消极不退出，就构成非法侵入住宅罪。误入他人住宅，一经发现立即退出，或者有正当理由必须紧急进入他人住宅的，不构成本罪。比如，发生火灾，家中无人，无法征得同意，而消防队员的破门而入，就属于法律上的紧急避险。

（三）客观要件

本罪在客观方面表现为实施了非法侵入他人住宅的行为。"非法"是指违背住宅内成员的意愿，或者没有法律根据。"侵入"主要指未经住宅权人同意、许可进入他人住宅，以及不顾权利的反对、劝阻，强行进入他人住宅。侵入的方式是多种多样的，如破门而入、翻窗而入，强行闯入等。侵入的行为可以是公开的，也可能是秘密的，但是构成本罪并不以实施暴力为必要条件。"他人"是相对自己而言的，即自己不在该住宅内单独或共同生活。对自己而言，亲戚朋友的住宅也是他人的住宅，通过非法的手段侵入亲友的住宅，也构成本罪。

（四）客体要件

本罪侵害的直接客体，一直存在争论，有人认为是居住权，也有人认为是住宅安宁权，其中，以主张住宅安宁权为多。我们认为，人身权是公民不可或缺的权利，而住宅的安宁权是从属于人身权的，是住宅内成员特有的。公民的私人生活空间，尤其是住宅的安宁权，受法律保护，其真谛是私生活自由与安宁，因为家是私人生活的载体，是公民最安全、最隐秘、最独立的天地，也是公民隐私权、财产权以及其他权利和自由的象征。住宅安宁权，是指公民享有的住宅和个人生活不受侵扰的人格权，包括个人信息的控制权、个人生活的自由权和私人领域的占有权。

【罪名辨析】

本罪与非法搜查罪的界限

非法搜查罪的对象也包括他人的住宅，当行为人非法搜查他人住宅时，和非法侵入住宅罪一样，也侵犯了他人的居住安全权利。但两罪不同的是，非法搜查罪也可以是对人身的搜查，非法侵入住宅则不直接侵犯人身自由；非法搜查罪只能以作为形式构成,非法侵入住宅罪则既可由作为形式构成,也可以"拒不退出"即不作为的形式构成。实践中应当注意,如果行为未经同意强行进入他人住宅进行非法搜查的,对行为人应以其目的行为即非法搜查罪定罪处罚。

量刑部分

【量刑标准】

犯本罪的,处三年以下有期徒刑或者拘役。

司法工作人员滥用职权,犯前款罪的,从重处罚。

截至目前,尚无本罪名关于量刑的司法解释。

非法搜查罪 《刑法》第245条(二)

非法搜查他人身体、住宅,或者非法侵入他人住宅的,处三年以下有期徒刑或者拘役。

司法工作人员滥用职权,犯前款罪的,从重处罚。

定罪部分

【罪名概念】

非法搜查罪,是指非法对他人的身体或住宅进行搜查的行为。

【司法解释】

最高人民检察院《关于渎职侵权犯罪案件立案标准的规定》

(实施日期:2006年7月26日　高检发释字[2006]2号)(节录)

(二)国家机关工作人员利用职权实施的非法搜查案(第二百四十五条)

非法搜查罪是指非法搜查他人身体、住宅的行为。

国家机关工作人员利用职权非法搜查,涉嫌下列情形之一的,应予立案:

1. 非法搜查他人身体、住宅,并实施殴打、侮辱等行为的;

2. 非法搜查,情节严重,导致被搜查人或者其近亲属自杀、自残造成重伤、死亡,或者精神失常的;

3. 非法搜查,造成财物严重损坏的;

4. 非法搜查3人(户)次以上的;

5. 司法工作人员对明知是与涉嫌犯罪无关的人身、住宅非法搜查的;

6. 其他非法搜查应予追究刑事责任的情形。

【犯罪构成】

（一）主体要件

本罪的主体是一般主体。凡达到刑事责任年龄且具备刑事责任能力的自然人均能构成本罪，无论其是否是有搜查权的侦查人员。也有人认为本罪是特殊主体，即有搜查权的侦查人员。理由是：搜查是法律赋予侦查人员的特有权利，本罪正是为防止其滥用这一权利而规定的。实际上，无搜查权的人擅自对他人的身体或住宅进行非法搜查，亦构成本罪，有搜查权的侦查人员作为司法人员，其滥用职权，实施本行为，依本条第 2 款的规定从重处罚。

（二）主观要件

本罪在主观方面表现为直接故意，不能由间接故意或者过失构成。其动机可以是各种各样的，如有的是为了搜寻控告对方的“罪证”；有的是为了查找失窃的财物；有的是为了寻找离家出走的亲人等，但何种动机不影响本罪的成立。

（三）客观要件

本罪在客观方面表现为非法搜查他人身体和住宅的行为，所谓搜查，是指搜索检查，既包括对他人身体的搜查，如摸索、掏翻等，又包括对他人住宅的搜查，如搜索、翻看、检查、挖掘等。

非法搜查是合法搜查的对称。我国《刑事诉讼法》第一百零九条至第一百一十三条对享有搜查权的人员、搜查的对象、地点以及程序作了明确的规定：

1. 享有搜查权的人员是侦查人员，即经合法授权或批准依法对刑事案件执行侦查、预审等任务的侦查人员，包括公安机关和国家安全机关的侦查人员以及人民检察院自行侦查案件的侦查人员；

2. 搜查的对象为犯罪嫌疑人以及可能隐藏罪犯或者证据的人；

3. 搜查的地点包括上述人的身体、物品、住处和其他有关的地点；

4. 搜查的程序有四：

一是出示搜查证。在一般情况下，进行搜查必须向被搜查人出示搜查证，除非在执行逮捕、拘留时遇紧急情况，才可以无证进行搜查；

二是要求被搜查人或其家属、邻居或其他见证人在场；

三是只能由女工作人员搜查妇女的身体；

四是搜查的情况应当写成笔录，笔录应由侦查人员和被搜查人员或他的家属、邻居或其他见证人共同签名或者盖章。如果拒绝签名盖章，应当在笔录上注明符合上述规定的搜查，即为合法搜查。

在司法实践中，非法搜查主要有三种情况：

第一种是无搜查权的机关、团体、单位的工作人员或其他个人，为了寻找失物、有关人或达到其他目的而对他人的身体或住宅进行搜查的；

第二种是有搜查权的人员，未经合法批准或授权，滥用权力，非法进行搜查的；

第三种是有搜查权的机关和人员不按照法定的程序、手续进行搜查的。具备上述之一的就属于非法搜查。

搜查的对象,根据《刑法》第二百四十五条的规定,仅限于他人的身体和住宅。如果不是针对身体或住宅搜查,而是非法搜查机关或其他单位的办公室、仓库、车辆、船只、飞机等场所,则不能以本罪论处。构成犯罪的,可以他罪如妨害公务罪、抢劫罪、盗窃罪、故意毁坏财物罪等论处。如果是在上述场所对他人的人身进行搜查的,仍可构成本罪。至于住宅,则是指公民居住、生活的场所,既包括公民长期居住的生活场所,如私人建造的住宅、公寓等,又包括公民临时居住、生活的场所,如较长时间租住的旅店,还包括公民居住、办公两用的房间以及以船为家的渔民船只等。搜查住宅,不仅指搜查住宅内,而且还包括和住宅紧紧相连、构成住宅整体的庭院以及构成整个住宅组成部分的其他用房如储藏室等。

(四)客体要件

本罪侵犯的客体是他人的隐私权。所谓隐私权,是指自然人享有的住宅和个人生活不受侵扰,与社会无关的个人信息和个人事务不被不当披露的权利,包括个人信息的控制权、个人生活的自由权和私人领域的占有权。具体包括以下几个方面:

(1)姓名、住址、肖像、私人电话号码等个人信息不被公开的权利;

(2)储蓄或者其他财产状况,非有正当理由不得调查和公开;

(3)社会关系(包括亲属关系、朋友关系)非有正当理由不得调查、刺探和公开;

(4)档案材料应在合理范围内使用;

(5)住宅不受非法侵入或侵扰;

(6)个人生活不受监视或骚扰;

(7)通信、日记或其他私人文件不得刺探和公开;

(8)夫妻合法的性生活不受非法干扰、调查和公开,婚外性关系非关系社会利益,不得任意公开;

(9)不愿让他人知道的有关经历和纯属个人私事,非有正当理由不得予以公开;

(10)其他与社会公益无关的个人信息,如生活缺陷、健康状况、婚姻状况、宗教信仰等,非有正当理由亦不得刺探和公开。搜查是司法机关对刑事案件进行侦查过程中,采取的一项收集证据、查获犯罪人的措施,是对他人隐私权的一种妨害,必须依法进行,否则就构成对他人隐私权的侵犯。

【罪名辨析】

(一)本罪与搜查工作中的错误行为的界限

例如,侦查人员依法搜查时没有请见证人到场,或者没有向被搜查人出示搜查证,搜查妇女身体时不是由女工作人员进行等,属于合法搜查中的错误行为。

（二）本罪与非法搜查为手段的其他犯罪的界限

非法搜查罪一般是以目的行为不构成犯罪（如为了查找欠物）为前提的，如果行为人出于其他犯罪目的（如为了抢劫）而对他人人身或住宅进行搜查的，应以目的行为吸收非法搜查行为，按目的行为定罪，如定抢劫罪。

（三）本罪与非法侵入住宅罪的界限

两者常常具有一定的牵连关系。当行为人非法侵入他人住宅的目的是为了进行非法搜查时，一般以后一行为吸收前一行为，定非法搜查罪。但是，如果前一行为情节恶劣而后一行为情节一般，则以前一行为吸收后一行为，定非法侵入住宅罪。

（四）本罪与抢劫罪、盗窃罪、侮辱妇女罪界限

后面这些犯罪在客观方面亦可能采取非法搜查的行为，此时非法搜查仅是实施其犯罪的手段行为，如盗窃犯罪分子在侵入他人住宅后非法翻箱倒柜、盗走他人珍贵物品的，就包括了非法搜查的牵连行为。此时，如果构成他罪的，应择一重罪即后者定罪科刑。倘若不构成他罪，如非法搜查后仅是盗取少量财物，但情节恶劣构成犯罪的，则可以以本罪论处，而把其他行为作为本罪的一个量刑情节予以考虑。

（五）本罪与伪造、变造、买卖国家机关证件罪界限

一般情况下，本罪与后者不会发生混淆。但在伪造、变造或者买卖司法机关的搜查证后又进行非法搜查的，其既触犯本罪与后罪，对之，可以牵连犯择一重罪处罚的原则进行处理。如果行为人出于非法占有的目的，在伪造司法机关的搜查证后又冒充司法人员进行搜查，且劫取他人财物的，则应以抢劫罪定罪科刑，而不是构成本罪，亦不是构成伪造国家机关证件罪等。

量刑部分

【量刑标准】

犯本罪的，处三年以下有期徒刑或者拘役。

司法工作人员滥用职权，犯前款罪的，从重处罚。

截至目前，尚无本罪名关于量刑的司法解释。

侮辱罪　《刑法》第246条（一）

以暴力或者其他方法公然侮辱他人或者捏造事实诽谤他人，情节严重的，处三年以下有期徒刑、拘役、管制或者剥夺政治权利。

前款罪，告诉的才处理，但是严重危害社会秩序和国家利益的除外。

通过信息网络实施第一款规定的行为，被害人向人民法院告诉，但提供证据确有困难的，人民法院可以要求公安机关提供协助。

定罪部分

【罪名概念】

侮辱罪,是指使用暴力或者以其他方法,公然贬损他人人格,破坏他人名誉,情节严重的行为。

【立法、司法解释】

1.最高人民法院《关于审理非法出版物刑事案件具体应用法律若干问题的解释》

(实施日期:1998年12月17日　法释[1998]30号)(节录)

第六条　在出版物中公然侮辱他人或者捏造事实诽谤他人,情节严重的,依照刑法第二百四十六条的规定,分别以侮辱罪或者诽谤罪定罪处罚。

2.最高人民法院、最高人民检察院《关于办理组织和利用邪教组织犯罪案件具体应用法律若干问题的解释(二)》

(实施日期:2001年6月11日　法释[2001]19号)(节录)

第三条　制作、传播邪教宣传品,公然侮辱他人或者捏造事实诽谤他人的,依照刑法第二百四十六条的规定,以侮辱罪或者诽谤罪定罪处罚。

【犯罪构成】

(一)主体要件

本罪主体是一般主体,凡达到刑事责任年龄且具有刑事责任能力的自然人均能构成本罪。

(二)主观要件

本罪在主观方面表现为直接故意,并且具有贬损他人人格,破坏他人名誉的目的。间接故意、过失不构成本罪。

(三)客观要件

本罪在客观方面表现以暴力或其他方法公然贬损他人人格、破坏他人名誉,情节严重的行为。

首先为侮辱他人,行为的主要手段有:(1)暴力侮辱人身,这里所讲的暴力,仅指作为侮辱的手段而言。例如以粪便泼人,以墨涂人,强剪头发,强迫他人做有辱人格的动作等,而不是指殴打、伤害身体健康的暴力。如果行为人有伤害他人身体健康的故意和行为,则应以伤害罪论处。(2)采用言语进行侮辱,即用恶毒刻薄的语言对被害人进行嘲笑、辱骂,使其当众出丑,难以忍受,如口头散布被害人的生活隐私、生理缺陷等。(3)文字侮辱,即以大字报、小字报、图画、漫画、信件、书刊或者其他公开的文字等方式泄漏他人隐私,诋毁他人人格,破坏他人名誉。

其次为公然进行。所谓"公然"侮辱,是指当着第三者甚至众人的面,或者利用可以使不特定人或多数人听到、看到的方式,对他人进行侮辱。公然并不一定要求被害人在场。如果仅仅面对着被害人进行侮辱,没有第三者在场,也不可能被第三者知悉,则不构成侮辱罪。因为只有第三者在场,才能使被害人的外部名誉受到破坏。

再次侮辱对象必须是特定的人。特定的人既可以是一人,也可以是数人,但必须是具体的,可以确认的。在大庭广众之中进行无特定对象的谩骂,不构成侮辱罪。死者不能成为本罪的侮辱对象,但如果行为人表面上侮辱死者,实际上是侮辱死者家属的,则应认定为侮辱罪。

最后必须达到情节严重的程度才能构成本罪,公然侮辱他人的行为还必须达到情节严重的程度才能构成本罪。虽有公然侮辱他人的行为,但不属于情节严重,只属于一般的民事侵权行为。所谓情节严重,主要是指手段恶劣,后果严重等情形,如强令被害人当众爬过自己的胯下;当众撕光被害人衣服;给被害人抹黑脸、挂破鞋、带绿帽强拉游街示众;当众胁迫被害人吞食或向其身上泼洒粪便等污秽之物;当从胁迫被害人与尸体进行接吻、手淫等猥亵行为;因公然侮辱他人致其精神失常或者自杀身亡;多次侮辱他人,使其人格、名誉受到极大损害;对执行公务的人员、妇女甚至外宾进行侮辱,造成恶劣的影响;等等。

另外,根据《刑法修正案(九)》的规定,通过信息网络实施本罪行为,被害人向人民法院告诉,但提供证据确有困难的,人民法院可以要求公安机关提供协助。

(四)客体要件

本罪侵犯的客体是他人的人格尊严和名誉权。人格尊严权和名誉权是公民的基本人身权利。《宪法》第三十八条规定:“中华人民共和国公民的人格尊严不受侵犯。禁止用任何方法对公民进行侮辱、诽谤和诬告陷害。”所谓人格尊严,是指公民基于自己所处的社会环境、地位、声望、工作环境、家庭关系等各种客观条件而对自己或他人的人格价值和社会价值的认识和尊重。所谓名誉,是指公民在社会生活中所获得的名望声誉,是一个公民的品德、才干、信誉等在社会生活中所获得的社会评价。所谓名誉权,是指以名誉的维护和安全为内容的人格权。

【罪名辨析】

本罪与强制猥亵、侮辱罪的界限

区别两者的关键,在于行为人的主观目的和动机。侮辱罪中的侮辱妇女,行为人目的在于败坏妇女的名誉,贬低其人格,动机多出于私愤报复、发泄不满,这一点与侮辱其他人(男性)、其他侮辱行为(如以大字报进行侮辱)没有什么区别;而强制猥亵、侮辱行为,行为人目的在于寻求下流无耻的精神刺激,满足行为人的畸形性欲。另外,侮辱妇女罪在有些场合,行为人侮辱的对象即妇女具有不特定性,而侮辱罪的对象只能是特定的。

量 刑 部 分

【量刑标准】

犯本罪的,处三年以下有期徒刑、拘役、管制或者剥夺政治权利。

截至目前,尚无本罪名关于量刑的司法解释。

诽谤罪 《刑法》第246条(二)

以暴力或者其他方法公然侮辱他人或者捏造事实诽谤他人,情节严重的,处三年以下有期徒刑、拘役、管制或者剥夺政治权利。关于维护互联网安全的决定。

通过信息网络实施第一款规定的行为,被害人向人民法院告诉,但提供证据确有困难的,人民法院可以要求公安机关提供协助。

定 罪 部 分

【罪名概念】

诽谤罪,是指故意捏造并散布虚构的事实,足以贬损他人人格,破坏他人名誉,情节严重的行为。

【司法解释】

1. 最高人民法院、最高人民检察院《关于办理利用信息网络实施诽谤等刑事案件适用法律若干问题的解释》

(实施日期2013年9月10日　法释[2013]21号)

为保护公民、法人和其他组织的合法权益,维护社会秩序,根据《中华人民共和国刑法》《全国人民代表大会常务委员会关于维护互联网安全的决定》等规定,对办理利用信息网络实施诽谤、寻衅滋事、敲诈勒索、非法经营等刑事案件适用法律的若干问题解释如下:

第一条　具有下列情形之一的,应当认定为刑法第二百四十六条第一款规定的"捏造事实诽谤他人":

(一)捏造损害他人名誉的事实,在信息网络上散布,或者组织、指使人员在信息网络上散布的;

(二)将信息网络上涉及他人的原始信息内容篡改为损害他人名誉的事实,在信息网络上散布,或者组织、指使人员在信息网络上散布的;

明知是捏造的损害他人名誉的事实,在信息网络上散布,情节恶劣的,以"捏造事实诽谤他人"论。

第二条 利用信息网络诽谤他人,具有下列情形之一的,应当认定为刑法第二百四十六条第一款规定的“情节严重”:

(一)同一诽谤信息实际被点击、浏览次数达到五千次以上,或者被转发次数达到五百次以上的;

(二)造成被害人或者其近亲属精神失常、自残、自杀等严重后果的;

(三)二年内曾因诽谤受过行政处罚,又诽谤他人的;

(四)其他情节严重的情形。

第三条 利用信息网络诽谤他人,具有下列情形之一的,应当认定为刑法第二百四十六条第二款规定的“严重危害社会秩序和国家利益”:

(一)引发群体性事件的;

(二)引发公共秩序混乱的;

(三)引发民族、宗教冲突的;

(四)诽谤多人,造成恶劣社会影响的;

(五)损害国家形象,严重危害国家利益的;

(六)造成恶劣国际影响的;

(七)其他严重危害社会秩序和国家利益的情形。

第四条 一年内多次实施利用信息网络诽谤他人行为未经处理,诽谤信息实际被点击、浏览、转发次数累计计算构成犯罪的,应当依法定罪处罚。

第五条 利用信息网络辱骂、恐吓他人,情节恶劣,破坏社会秩序的,依照刑法第二百九十三条第一款第(二)项的规定,以寻衅滋事罪定罪处罚。

编造虚假信息,或者明知是编造的虚假信息,在信息网络上散布,或者组织、指使人员在信息网络上散布,起哄闹事,造成公共秩序严重混乱的,依照刑法第二百九十三条第一款第(四)项的规定,以寻衅滋事罪定罪处罚。

第六条 以在信息网络上发布、删除等方式处理网络信息为由,威胁、要挟他人,索取公私财物,数额较大,或者多次实施上述行为的,依照刑法第二百七十四条的规定,以敲诈勒索罪定罪处罚。

第七条 违反国家规定,以营利为目的,通过信息网络有偿提供删除信息服务,或者明知是虚假信息,通过信息网络有偿提供发布信息等服务,扰乱市场秩序,具有下列情形之一的,属于非法经营行为“情节严重”,依照刑法第二百二十五条第(四)项的规定,以非法经营罪定罪处罚:

(一)个人非法经营数额在五万元以上,或者违法所得数额在二万元以上的;

(二)单位非法经营数额在十五万元以上,或者违法所得数额在五万元以上的。

实施前款规定的行为,数额达到前款规定的数额五倍以上的,应当认定为刑法第二百二十五条规定的“情节特别严重”。

第八条 明知他人利用信息网络实施诽谤、寻衅滋事、敲诈勒索、非法经营等犯罪,为其提供资金、场所、技术支持等帮助的,以共同犯罪论处。

第九条 利用信息网络实施诽谤、寻衅滋事、敲诈勒索、非法经营犯罪,同时又构成刑法第二百二十一条规定的损害商业信誉、商品声誉罪,第二百七十八条规定的煽动暴力抗拒法律实施罪,第二百九十一条之一规定的编造、故意传播虚假恐怖信息罪等犯罪的,依照处罚较重的规定定罪处罚。

第十条 本解释所称信息网络,包括以计算机、电视机、固定电话机、移动电话机等电子设备为终端的计算机互联网、广播电视网、固定通信网、移动通信网等信息网络,以及向公众开放的局域网络。

2. 最高人民法院、最高人民检察院《关于办理组织和利用邪教组织犯罪案件具体应用法律若干问题的解释(二)》

(实施日期:2001 年 6 月 11 日 法释[2001]19 号)(节录)

第三条 制作、传播邪教宣传品,公然侮辱他人或者捏造事实诽谤他人的,依照刑法第二百四十六条的规定,以侮辱罪或者诽谤罪定罪处罚。

3. 最高人民法院《关于审理非法出版物刑事案件具体应用法律若干问题的解释》

(实施日期:1998 年 12 月 23 日 法释[1998]30 号)(节录)

第六条 在出版物中公然侮辱他人或者捏造事实诽谤他人,情节严重的,依照刑法第二百四十六条的规定,分别以侮辱罪或者诽谤罪定罪处罚。

【犯罪构成】

(一)主体要件

本罪主体是一般主体,凡达到刑事责任年龄、具有刑事责任能力的自然人均能构成本罪。单位不能构成犯罪主体。

(二)主观要件

本罪主观上必须是故意,行为人明知自己散布的是足以损害他人名誉的虚假事实,明知自己的行为会发生损害他人名誉的危害结果,并且希望这种结果的发生。行为人的目的在于败坏他人名誉。如果行为人将虚假事实误认为是真实事实加以扩散,或者把某种虚假事实进行扩散但无损害他人名誉的目的,则不构成诽谤罪。

(三)客观要件

本罪在犯罪客观方面表现为行为人实施捏造并散布某种虚构的事实,足以贬损他人人格、名誉,情节严重的行为。

1. 须有捏造某种事实的行为,即诽谤他人的内容完全是虚构的。如果散布的不是凭空捏造的,而是客观存在的事实,即使有损于他人的人格、名誉,也不构成本罪。

2. 须有散布捏造事实的行为。所谓散布,就是在社会公开的扩散。散布的方式基本上有两种:一种是言语散布;另一种是文字,即用大字报、小字报、图画、报刊、图书、书信等方法散布。所谓“足以贬损”,是指捏造并散布的虚假事实,完全可能贬损他人的人格、名誉,或者事实上已经给被害人的人格、名誉造成了实际损害。如果散布虚假的事实,但并不可能损害他人的人格、名誉,或无损于他人的人格、名誉,则不构成诽谤罪。

3. 诽谤行为必须是针对特定的人进行的,但不一定要指名道姓,只要从诽谤的内容上知道被害人是谁,就可以构成诽谤罪。如果行为人散布的事实没有特定的对象,不可能贬损某人的人格、名誉,就不能以诽谤罪论处。

4. 捏造事实诽谤他人的行为必须属于情节严重的才能构成本罪。虽有捏造事实诽谤他人的行为,但没有达到情节严重的程度,则不能以本罪论处。所谓情节严重,主要是指多次捏造事实诽谤他人的;捏造事实造成他人人格、名誉严重损害的;捏造事实诽谤他人造成恶劣影响的;诽谤他人致其精神失常或导致被害人自杀的等情况。

5. 根据《刑法修正案(九)》的规定,通过信息网络实施本罪行为,被害人向人民法院告诉,但提供证据确有困难的,人民法院可以要求公安机关提供协助。

(四)客体要件

本罪侵犯的客体与侮辱罪相同,是他人的人格尊严、名誉权。犯罪侵犯的对象是自然人。

【罪名辨析】

(一)本罪与侮辱罪的界限

这两种犯罪所侵犯的客体,都是他人的人格和名誉。不同之处主要在于:

1. 侮辱不是用捏造的方式进行,而诽谤则必须是捏造事实。

2. 侮辱含暴力侮辱行为,而诽谤则不使用暴力手段。

3. 侮辱往往是当着被害人的面进行的,诽谤则是当众或者向第三者散布的。

(二)本罪与诬告陷害罪的界限

二者都是针对特定对象,采用捏造事实的手段实施的。不同之处在于:

(1)所捏造的事实内容不同。诬告陷害捏造的是犯罪的事实,诽谤罪捏造的是足以损害他人人格、名誉的事实。

(2)行为方式不同。诬告陷害是向政府机关和有关部门告发,诽谤则是当众或者向第三者散布。

(3)主观方面不同。诬告陷害的意图是使他人受刑事处分,诽谤则是意图损害他人的人格、名誉。

量刑部分

【量刑标准】

犯本罪的,处三年以下有期徒刑、拘役、管制或者剥夺政治权利。

刑讯逼供罪 《刑法》第247条(一)

司法工作人员对犯罪嫌疑人、被告人实行刑讯逼供或者使用暴力逼取证人证言的,处三年以下有期徒刑或者拘役。致人伤残、死亡的,依照本法第二百三十四条、第二百三十二条的规定定罪从重处罚。

定罪部分

【罪名概念】

刑讯逼供罪,是指司法工作人员对犯罪嫌疑人、被告人使用肉刑或者变相肉刑,逼取口供的行为。

【犯罪构成】

(一)主体要件

本罪主体是特殊主体,即司法工作人员。刑讯逼供是行为人在刑事诉讼过程中,利用职权进行的一种犯罪活动,构成这种主体要件的只能是有权办理刑事案件的司法人员。

(二)主观要件

本罪在主观上只能是故意,并且具有逼取口供的目的。至于行为人是否得到供述,犯罪嫌疑人、被告人的供述是否符合事实,均不影响本罪成立。如果行为人对犯罪嫌疑人、被告人使用肉刑或者变相肉刑不是为了逼取口供,而是出于其他目的,则不构成本罪。

(三)客观要件

本罪在客观上表现为对犯罪嫌疑人、被告人使用肉刑或者变相肉刑,逼取口供的行为。首先,刑讯的对象是侦查过程中的犯罪嫌疑人和起诉、审判过程中的刑事被告人。犯罪嫌疑人、被告人的行为实际上是否构成犯罪,对本罪的成立没有影响。其次,刑讯方法必须是使用肉刑或者变相肉刑。所谓肉刑,是指对被害人的肉体施行暴力,如吊打、捆绑、殴打以及其他折磨人的肉体的方法。所谓变相肉刑,是指对被害人使用非暴力的摧残和折磨,如冻、饿、烤、晒等。无论是使用肉刑还是变相肉刑,均可成立本罪。最后,必须有逼供行为,即逼迫犯罪嫌疑人、被告人作出行为人所期待的口供。诱供、指供是错误的审讯方法,但不是刑讯逼供。

(四)客体要件

本罪侵犯的是复杂客体,即公民的人身权利和国家司法机关的正常活动。我国法律严格保护公民的人身权利,即使是被怀疑或者被指控犯有罪行而受审的人,也不允许非法侵犯其人身权利。刑讯逼供会造成受审人的肉体伤害和精神损害,因此,直接侵犯了公民的人身权利。而按照刑讯逼供所得的口供定案,又往往是造成冤假错案的原因,因此,又妨害了司法机关的正常活动,破坏了社会主义法制,损害了司法机关的威信。

本罪侵害的对象是犯罪嫌疑人和被告人。所谓犯罪嫌疑人,是指根据一定证据被怀疑可能是实施犯罪行为的人。所谓被告人,是指依法被控诉有罪,并由司法机关追究刑事责任的人。证人不能成为本罪侵害的对象,如果对他们刑讯逼供构成犯罪的,按暴力取证罪论处。

【罪名辨析】

(一)本罪与故意伤害罪的界限

刑讯逼供行为往往给被害人的身体造成某种损害,严重的还可能致人伤残甚至死亡。这就与故意伤害的危害后果有相似之处,依本条规定,刑讯逼供,致人伤残、死亡的,依《刑法》第二百三十四条关于故意伤害罪、第二百三十二条关于故意杀人罪的规定,从重处罚。区别本罪与伤害罪的界限时应注意:

1. 犯罪目的不同。本罪的行为人是以逼取犯罪嫌疑人、被告人口供为目的,故意伤害罪的行为人是以损害他人身体健康为目的,这是两者最本质的区别。

2. 犯罪条件不同。本罪是行为人在行使职权过程中实施的,而伤害罪一般不是在特定条件下实施的。

3. 侵害的对象不同。本罪侵害的对象是犯罪嫌疑人、被告人,而故意伤害罪侵害的对象可以是任何公民,不仅限于犯罪犯罪嫌疑人和被告人。

4. 主体要件不同。本罪的主体是特定的司法工作人员,即依法负有对犯罪嫌疑人、被告人进行审讯职责或协助进行审讯的司法工作人员;而伤害罪的主体没有任何限制。

(二)本罪与虐待被监管人罪的界限

两者在主体、主观方面故意、客观方面以及侵害的对象上都相近或相同,因此极易混淆,实践中必须严加区别。

1. 两者本质区别在于行为人的犯罪目的不同。本罪是以逼取口供为目的,体罚虐待被监管人罪是以压服被监管人或泄愤报复等为目的。

2. 两者侵犯的客体都是复杂客体,即公民的人身权利和司机机关的正常活动。但主要客体不同,本罪的主要客体是犯罪嫌疑人、被告人的人身权利,虐待被监管人罪的主要客体是司法机关的正常活动。

3. 两者的主体虽然是司法工作人员,但又有所不同。本罪的主体主要是有审讯犯罪嫌疑人、被告人职权的司法工作人员,即侦查人员、检察人员;而虐待被监管人罪的主体主要是有监管职权的劳动改造机关的工作人员。

4. 构成虐待被监管人罪的必须具备“情节严重”,本罪则无此要求。

(三)本罪与非法拘禁罪的界限

本罪与非法拘禁罪的区别有:

1. 犯罪对象不同。前者的对象为犯罪嫌疑人、被告人,后者的对象不受特别限制。

2. 客观行为表现不同。前者表现为使用肉刑或者变相肉刑逼取他人口供的行为,后者则表现为非法剥夺他人人身自由的行为。

3. 犯罪目的不同。前者以逼取口供为目的,后者则不要求以逼取口供为目的。

4. 犯罪主体不同。前者的主体为司法工作人员,后者主体则为一般主体。

量刑部分

【量刑标准】

犯本罪的,处三年以下有期徒刑或者拘役;致人伤残的,以故意伤害罪定罪从重处罚;致人死亡的,以故意杀人罪定罪从重处罚。

截至目前,尚无本罪名关于量刑的司法解释。

暴力取证罪 《刑法》第247条(二)

司法工作人员对犯罪嫌疑人、被告人实行刑讯逼供或者使用暴力逼取证人证言的,处三年以下有期徒刑或者拘役。致人伤残、死亡的,依照本法第二百三十四条、第二百三十二条的规定定罪从重处罚。

定罪部分

【罪名概念】

暴力取证罪,是侵犯公民人身权利、民主权利罪的一种,指司法工作人员使用暴力逼取证人证言的行为。

【司法解释】

1. 最高人民检察院《关于人民检察院直接受理立案侦查案件立案标准的规定(试行)》

(实施日期:1999年9月9日　高检发释字[1999]2号)(节录)

三、国家机关工作人员利用职权实施的侵犯公民人身权利、民主权利犯罪案件

(四)暴力取证案(第247条)

暴力取证罪是指司法工作人员以暴力逼取证人证言、被害人陈述的行为。

涉嫌下列情形之一的,应予立案:

1. 手段残忍、影响恶劣的；
2. 致人自杀或者精神失常的；
3. 造成冤、假、错案的；
4. 3 次以上或者对 3 人以上进行暴力取证的；
5. 授意、指使、强迫他人暴力取证的。

2. 最高人民检察院《关于渎职侵权犯罪案件立案标准的规定》

（实施日期：2006 年 7 月 26 日　高检发释字[2006]2 号）（节录）

（四）暴力取证案（第二百四十七条）

暴力取证罪是指司法工作人员以暴力逼取证人证言的行为。

涉嫌下列情形之一的，应予立案：

1. 以殴打、捆绑、违法使用械具等恶劣手段逼取证人证言的；
2. 暴力取证造成证人轻伤、重伤、死亡的；
3. 暴力取证，情节严重，导致证人自杀、自残造成重伤、死亡，或者精神失常的；
4. 暴力取证，造成错案的；
5. 暴力取证 3 人次以上的；
6. 纵容、授意、指使、强迫他人暴力取证，具有上述情形之一的；
7. 其他暴力取证应予追究刑事责任的情形。

【犯罪构成】

（一）主体要件

本罪的主体为特殊主体，即司法工作人员，与刑讯逼供罪相同。

（二）主观要件

本罪在主观方面表现为直接故意，且具有明确的逼取证言的目的。

（三）客观要件

本罪在客观方面表现为司法工作人员使用暴力逼取证人证言的行为。

所谓暴力，既包括捆绑悬吊、鞭抽棒打、电击水灌、火烧水烫等直接伤害证人人身使其遭受痛苦而被迫作证的肉刑，亦包括采取长时间罚站、不准睡觉、冻饿、曝晒等折磨证人身体、限制证人人身自由而迫其作证的变相肉刑。证人是当事人以外的了解案件情况并向司法机关进行陈述的诉讼参与人。其知道案件情况，还未向司法机关陈述，有关人员使用暴力欲逼取其证言，亦应视为本罪的证人。

（四）客体要件

本罪侵犯的客体是公民的人身权利和国家司法机关的正常活动。

【罪名辨析】

（一）本罪与刑讯逼供罪的区别

1. 目的不同。暴力取证罪行为人的目的是为了逼取证人证言，刑讯逼供罪行为人是为了逼取口供。

2. 犯罪对象不同。暴力取证罪的对象限于刑事案件的证人,刑讯逼供罪的对象则是犯罪嫌疑人和被告人。

3. 行为人方式有差异。刑讯逼供既可以是暴力方式,也可以使非暴力方式,而暴力取证罪则只能以暴力方式构成。

(二)暴力取证罪中“证人”应为狭义理解

《刑法》第二百四十七条规定,司法工作人员对犯罪嫌疑人、被告人实行刑讯逼供或者使用暴力逼取证人证言的,处三年以下有期徒刑或者拘役。致人伤残、死亡的,依照本法第二百三十四条、第二百三十二条的规定定罪从重处罚。该法条分为两罪,一罪是刑讯逼供罪,一罪是暴力取证罪。在这里,法条对“证人”的范围未作明确规定,司法实践中存在不同理解,有人认为这里的“证人”是单指刑事诉讼中的证人、被害人,也有人认为这里的“证人”还应包括民事、行政诉讼在内的所有诉讼或非诉讼案件中的当事人。笔者认为这里的“证人”应是单指刑事诉讼中的证人。理由如下:

1. 从立法沿革来看,《刑法》第二百四十七条是由1979年《刑法》第一百三十六条演变而来的。原条文是严禁刑讯逼供。国家工作人员对人犯实行刑讯逼供的,处三年以下有期徒刑或者拘役。以肉刑致人伤残的,以伤害罪从重处罚。现条文将“国家工作人员”改为“司法工作人员”,同时增设了“使用暴力逼取证人证言”。依照《刑法》第九十三条、第九十四条的规定,“国家工作人员”和“司法工作人员”是具有特定意义的概念。《刑法》第九十四条规定:本法所称司法工作人员是指有侦查、检察、审判、监管职责的工作人员。由于有侦查、检察、审判、监管职责的工作人员一般在刑事诉讼中行使职责,因此,暴力取证罪中的“证人”是单指刑事诉讼中的证人,对于非诉讼案件的当事人不能成为暴力取证罪的犯罪对象。

2. 我国《刑法》将刑讯逼供罪和暴力取证罪两罪设在同一条款中,刑讯逼供罪的犯罪对象是刑事诉讼中的犯罪嫌疑人和被告人,而暴力取证罪的犯罪对象是“证人”,其立法原意是加强对刑事诉讼中当事人和有关诉讼参与人的人身权利的保护。据此,笔者认为,暴力取证罪中的“证人”也应是刑事诉讼中的证人,暴力取证的行为只限于发生在刑事诉讼过程中。

3. 暴力取证罪侵犯的客体不仅仅是公民的人身权利,同时还是司法机关的正常司法活动。由于刑事诉讼案件与民事、行政诉讼以及其他非诉讼案件有着本质区别。刑事责任相对较民事、行政责任要严厉。从影响司法机关正常司法活动程度来看,对刑事诉讼中的证人使用暴力逼取证言相对较其他非刑事诉讼中逼取证言的社会危害性要大。《刑法》第二百四十七条规定,司法工作人员对犯罪嫌疑人、被告人实行刑讯逼供或者使用暴力逼取证人证言的,处三年以下有期徒刑或者拘役。致人伤残、死亡的,依照本法第二百三十四条、第二百三十二条的规定定罪从重处罚。由此可见,法条已经把严重的暴力行为造成被害人伤亡后果的,按照故意伤害罪或者故意杀人罪定罪处罚,实际上所判处的刑罚都会高于本罪的最高法定刑三年有期徒刑。因此,暴力取证罪的设立旨在加强对刑事诉讼中证人的人身权利的保护。对民事、行政诉讼等非刑事案件中的证人使用暴力逼取证言,情节较轻的,不应作犯罪处理。对情节严重构成其他犯罪的,可依法定罪处罚。

4. 在刑事诉讼中,证人和被害人是两个不同的概念,两者的诉讼地位不尽相同。司法实践中,对被害人使用暴力逼取被害人陈述的行为也时有发生,《刑法》第二百四十七条暴力取证罪的犯罪对象仅限于证人,对使用暴力逼取被害人陈述的行为是否构成犯罪,法律未作明确规定。被害人同证人的人身权利应当同样受到法律保护,根据罪刑法定原则:法无明文规定不为罪,法无明文规定不处罚。对此类行为作犯罪处理必须作出扩大解释。

量刑部分

【量刑标准】

犯本罪的,处三年以下有期徒刑或者拘役;致人伤残的,以故意伤害罪定罪从重处罚;致人死亡的,以故意杀人罪定罪从重处罚。

截至目前,尚无本罪名关于量刑的司法解释。

虐待被监管人罪 《刑法》第248条

监狱、拘留所、看守所等监管机构的监管人员对被监管人进行殴打或者体罚虐待,情节严重的,处三年以下有期徒刑或者拘役;情节特别严重的,处三年以上十年以下有期徒刑。致人伤残、死亡的,依照本法第二百三十四条、第二百三十二条的规定定罪从重处罚。

监管人员指使被监管人殴打或者体罚虐待其他被监管人的,依照前款的规定处罚。

定罪部分

【罪名概念】

虐待被监管人罪,是指监狱、拘留所、看守所等监管机构的监管人员,对被监管人进行殴打或者体罚虐待,情节严重的行为。

【司法解释】

1. 最高人民检察院《关于渎职侵权犯罪案件立案标准的规定》

(实施日期:2006 年 7 月 26 日　高检发释字[2006]2 号)(节录)

(五)虐待被监管人案(第二百四十八条)

虐待被监管人罪是指监狱、拘留所、看守所、拘役所、劳教所等监管机构的监管人员对被监管人进行殴打或者体罚虐待,情节严重的行为。

涉嫌下列情形之一的,应予立案:

1. 以殴打、捆绑、违法使用械具等恶劣手段虐待被监管人的;

2. 以较长时间冻、饿、晒、烤等手段虐待被监管人,严重损害其身体健康的;

3. 虐待造成被监管人轻伤、重伤、死亡的;

4. 虐待被监管人,情节严重,导致被监管人自杀、自残造成重伤、死亡,或者精神失常的;

5. 殴打或者体罚虐待 3 人次以上的;

6. 指使被监管人殴打、体罚虐待其他被监管人,具有上述情形之一的;

7. 其他情节严重的情形。

2. 最高人民检察院《关于人民检察院直接受理立案侦查案件立案标准的规定(试行)》

(实施日期:1999 年 9 月 16 日　高检发研字[1999]10 号)(节录)

(五)虐待被监管人案(第 248 条)

虐待被监管人罪是指监狱、拘留所、看守所、拘役所、劳教所等监管机构的监管人员对被监管人进行殴打或者体罚虐待,情节严重的行为。

涉嫌下列情形之一的,应予立案:

1、造成被监管人轻伤的;

2、致使被监管人自杀、精神失常或其他严重后果的;

3、对被监管人 3 人以上或 3 次以上实施殴打、体罚虐待的;

4、手段残忍、影响恶劣的;

5、指使被监管人殴打、体罚虐待其他被监管人,具有上述情形之一的。

【犯罪构成】

(一)主体要件

本罪的主体是特殊主体,即监狱、拘留所、看守所等监管机构的监管人员。所谓监狱,是指刑罚的执行机关。所谓拘留所,即关押被处以司法拘留、行政拘留的人的场所。所谓看守所,即羁押依法被逮捕、刑事拘留的犯罪嫌疑人、被告人的场所。

对本罪主体的认定,在司法实践中,并不以直接对被监管人实施体罚虐待者为限,有的司法工作人员未直接动手实施体罚虐待,而是在执行管教过程中,违反监管法规,指使、授意、纵容或者暗示某个或某些被监管人对其他被监管人实施体罚虐待,情节严重的,依本条第二款之规定,亦可构成本罪的主体。

(二)主观要件

本罪在主观方面表现为故意,过失不能构成本罪,即监管人员对其实施的体罚虐待及违反监管法规的行为是故意。犯罪目的一般是为了压服被监管人。

(三)客观要件

本罪在客观方面表现为违反监管法规,对被监管人进行殴打或者体罚虐待,情节严重的行为。体罚虐待,是指殴打以外的,能够对被监管人肉体或精神进行摧残或折磨的一切方法,如罚趴、罚跑、罚晒、罚冻、罚饿、辱骂,强迫超体力劳动,不让睡觉,不给水喝等手段。需要指出的是,本罪中的殴打、体罚虐待,不要求具有一贯性,一次性殴打、体罚虐待情节严重的,就足以构成犯罪。至于行为人是直接实施殴打、体罚虐待行为,还是借被监管人之手实施殴打、体罚虐待其他被监管人的行为,只是方式上的差异,不影响本罪的成立。行为人默许被监管人殴打、体罚虐待其他被监管人的,亦应视为"指使被监管人殴打或体罚虐待其他被监管人"的行为。

殴打、体罚虐待被监管人的行为只有在情节严重时才构成犯罪。所谓情节严重,一般是指使用酷刑摧残,手段恶劣;一贯殴打、体罚虐待被监管人,屡教不改的;殴打、体罚虐待多人多次,影响很坏,等等。监管人员实施殴打、体罚虐待的行为,致使被监管人伤残、死亡的,依《刑法》第二百三十四条关于故意伤害罪、第二百三十二条关于故意杀人罪的规定定罪从重处罚。

(四)客体要件

本罪侵犯的客体是复杂客体,即被监管人的人身权利和监管机关的正常活动。对被监管的人进行体罚虐待,往往施用肉刑,捆绑打骂,侮辱人格,进行精神折磨,侵犯公民的人身权利。

【罪名辨析】

(一)本罪与刑讯逼供罪的界限

虐待被监管人罪与刑讯逼供罪都侵犯了公民的人身权利和司法机关的正常活动,在客观方面都实施了殴打或其他肉体折磨等侵犯他人健康的行为,主观方面均是出于直接故意。两罪的区别在于:

1. 客体不完全相同。虐待被监管人罪侵犯的司法机关的活动具体为监管活动,对象可以是一切被监管机关监管的人,包括已被判刑而正在服刑的已决犯、被司法机关怀疑但未判决有罪而在看守所羁押的犯罪嫌疑人与被告人,以及被行政拘留、刑事拘留、司法拘留或劳动教养的人员;而刑讯逼供罪侵犯的司法机关的正常活动具体为审讯活动及证据收集制度,犯罪对象限于犯罪嫌疑人与被告人(包括被监管的犯罪嫌疑人与被告人)。

2. 犯罪主体范围不同。虐待被监管人罪的主体为监狱、拘留所、看守所、法院临时羁押室等监管机构的监管人员,而刑讯逼供罪的主体可以是各种司法工作人员。

3. 犯罪目的不同。刑讯逼供罪行为人的目的在于逼取口供,虐待被监管人罪行为人则无此目的。实践中,司法工作人员(包括监管人员)为了逼取口供而对被监管的犯罪嫌疑人、被告人实行殴打、体罚虐待的,应以刑讯逼供罪定罪处罚。

(二)本罪与故意伤害罪、故意杀人罪的界限

本条规定,殴打、体罚被监管人"致人伤残、死亡的",以故意伤害罪、故意杀人罪定罪从重处罚。但是应当注意,并非任何殴打、体罚虐待被监管人造成被监管人伤害、死亡的情形,都应以故意伤害罪、故意杀人罪定罪处罚。对殴打、体罚虐待被监管人造成被监管人伤害死亡的,应具体分析,分别处理:

1. 行为人在殴打、体罚虐待中有轻伤的故意但过失地引起被监管人伤残或死亡的,应以故意伤害罪(引起死亡的为故意伤害致死)定罪从重处罚。

2. 行为人在殴打、体罚虐待中有重伤故意,过失地造成被监管人死亡的,仍应以故意伤害罪定罪处罚。

3. 行为人殴打、体罚虐待被监管人造成轻伤结果的,定虐待被监管人罪。

4. 行为人在殴打、体罚虐待过程中,明知殴打、体罚虐待行为可能造成被监管人死亡,却有意放任的,应对行为人以故意杀人罪定罪处罚。

5. 行为人在殴打、体罚虐待过程中,出于挟愤报复、显示淫威等动机故意杀害被监管人的,对行为人应以虐待被监管人罪和故意杀人罪实行数罪并罚。

(三)本罪与报复陷害罪的界限

报复陷害罪,是指国家工作人员滥用职权,假公济私,对控告人、申诉人、批评人、检举人实行报复陷害行为。就其主体要件、主观方面的故意罪过形式和犯罪动机而言,有些案件是与本罪的这些特征相一致的。其区别在于:

1. 犯罪的对象不同。报复陷害罪侵害的对象虽然有的可能是被监管的犯罪嫌疑人、被告人,但必须是控告人、申诉人、批评人、举报人,而不仅仅是被监管的犯罪嫌疑人、被告人。而本罪侵犯的对象只限于被监管的犯罪嫌疑人、被告人。

2. 主观目的不同。报复陷害罪行为人的目的在于陷害他人,这种陷害的意图,一般表现为希望被害人受到刑事处罚;而本罪行为人的目的一般是为了压服被监管的人。

量刑部分

【量刑标准】

犯本罪,情节严重的,处三年以下有期徒刑或者拘役;情节特别严重的,处三年以上十年以下有期徒刑;致人伤残的,以故意伤害罪定罪从重处罚;致人死亡的,以

故意杀人罪定罪从重处罚。

截至目前,尚无本罪名关于量刑的司法解释。

煽动民族仇恨、民族歧视罪 《刑法》第249条

煽动民族仇恨、民族歧视,情节严重的,处三年以下有期徒刑、拘役、管制或者剥夺政治权利;情节特别严重的,处三年以上十年以下有期徒刑。

定罪部分

【罪名概念】

煽动民族仇恨、民族歧视罪,是指煽动民族仇恨、民族歧视,情节严重的行为。

【立法解释】

全国人民代表大会常务委员会《关于维护互联网安全的决定》

(实施日期:2009年8月27日)(节录)

二、为了维护国家安全和社会稳定,对有下列行为之一,构成犯罪的,依照刑法有关规定追究刑事责任:

(三)利用互联网煽动民族仇恨、民族歧视,破坏民族团结。

【犯罪构成】

(一)主体要件

本罪的主体是一般主体,凡达到刑事责任年龄且具备刑事责任能力的自然人均能构成本罪。

(二)主观要件

本罪在主观方面表现为故意,且以激起民族仇恨、民族歧视为目的。

(三)客观要件

本罪在客观方面表现为煽动民族仇恨、民族歧视,情节严重的行为。所谓煽动,是指以语言、文字等形式公然宣传。所谓民族仇恨,是指基于种族、肤色、世俗的原因而产生的强烈憎恨。所谓民族歧视,是指基于种族、肤色、世俗的理由而对人们进行区别、排斥、限制,意图损害其他民族平等地位以及其他合法权益。

本罪的行为方式一般有:散发、公开陈列、张贴、放映或以其他方式使他人获得文书,鼓吹暴力或种族仇恨的行为。

煽动民族仇恨、民族歧视,只有情节严重的,才构成犯罪,所谓“情节严重”,一般是指具有以下几种情形:

(1)动机十分卑劣的,如为了掩盖自己的违法、犯罪行径而煽动民族仇恨、歧

视的;

(2)煽动手段恶劣的,如使用侮辱、造谣等方式的;

(3)多次进行煽动的;

(4)煽动行为造成严重后果或者影响恶劣的;

(5)煽动群众人数较多,煽动性大的。

(四)客体要件

本罪侵犯的客体是民族平等。我国是全国各族人民共同缔造的统一的多民族国家。中华人民共和国各民族一律平等。我国《宪法》第四条规定,禁止对任何民族的歧视和压迫,禁止破坏民族团结和制造民族分裂的行为。民族平等是宪法平等原则在民族政策方面的体现,有两个层次上的含义:一是各民族权利平等,即各个民族在政治上、法律上的平等,这是较浅层次上的民族平等;二是各民族间事实上的平等,即各个民族在经济、文化等发展水平上的一致,这是深层次的民族平等。现阶段,我们说各个民族平等即是第一层次上的,具体指各个民族在我国都是祖国统一大家庭中的一员,享有平等的政治权利,以及法律规定的公民享有的其他合法权益。煽动民族仇恨、民族歧视罪所侵犯的民族平等权利也就是这个意义上的平等权利。

【罪名辨析】

(一)本罪与侵犯少数民族风俗习惯罪的界限

两罪都是破坏我国民族之间平等、团结、互助关系的犯罪,其主观特征都为故意犯罪,但两罪的区别表现在:

1. 主体要件不同。侵犯少数民族风俗习惯罪的主体要件为特殊主体,即只有具有国家机关工作人员身份的自然人才能构成此罪,非国家工作人员或者虽具有国家工作人员身份但不属于国家机关工作人员的,其侵犯少数比族风俗习惯的行为不构成此罪。当然,倘其行为符合其他侵犯公民人身权利、民主权利罪构成要件的,应以他罪定罪处罚,而煽动民族仇恨、民族歧视罪的主体要件为一般主体,凡年满十六周岁具有刑事责任能力的自然人,都可能构成本罪。

2. 客体要件不同。煽动民族仇恨、民族歧视罪侵犯的客体主要是各民族的平等权利,有时本罪的客体还可能是复杂客体,即行为人实施的煽动行为不仅构成对其一民族平等权利的侵犯,有时还可能直接侵害有关民族公民的人身、名誉、人格等权利;侵犯少数民族风俗习惯罪的客体则是我国少数民族保持或者改革本民族风俗习惯的权利。

3. 客观要件不同。煽动民族仇恨、民族歧视罪的客观特征主要表现为行为人故意实施的煽动民族仇恨、民族歧视的行为。煽动,就是蛊惑人心,以鼓动、劝诱或者其他方法,促使某一民族群众对其他民族产生仇恨、歧视等情绪或心理,或者采取一定的敌视行动。其危害性就在于可能使被煽动者产生某种破坏民族团结的违法犯罪的意图和行动。行为人进行煽动的方法是多种多样的如书写、张贴、散发标语、传单、印刷、散发非法刊物；录制、播放录音、录像；发表演讲、呼喊口号等，从而制造民族矛盾，使不同民族之间相互为敌或相互歧视。侵犯少数民族风俗习惯罪的客观特征则表现为非法侵犯少数民族风俗习惯的行为。所谓非法侵犯，是指违反宪法和有关的法律规定，采用暴力、胁迫等手段，破坏少数民族风俗习惯，或者强制少数民族改变自己的风俗习惯。从司法实践来看，非法侵犯行为主要表现为以下三个方面：其一，强迫少数民族改变自己的风俗习惯，例如，强迫少数民族改变自己的饮食禁忌，禁止少数民族公民身着民族服饰等；其二，破坏少数民族的风俗活动，例如扰乱少数民族的传统节日，阻挠少数民族的婚丧嫁娶仪式等；其三，阻止少数民族对自己风俗习惯的改变等。

（二）本罪与非法剥夺公民宗教信仰自由罪的界限

1. 侵犯的客体不同。非法剥夺公民宗教信仰自由罪侵犯的客体是公民的宗教信仰自由权，既包括信仰某种宗教的权利，也包括不信仰某种宗教的权利；煽动民族仇恨、民族歧视罪侵犯的主要客体则是各民族的平等权，即宪法和法律所规定和保护的全国各民族之间团结、平等、互助的关系。

2. 客观要件不同。非法剥夺公民宗教信仰自由罪的客观方面表现为具有非法剥夺公民正当的宗教信仰自由，情节严重的行为。所谓非法剥夺，是指违反法律规定，采用暴力、胁迫或其他手段，禁止和干涉他人的宗教信仰。如阻挠公民或教徒参加正当的宗教活动，捣毁或封闭宗教活动场所及必要设备，强迫公民改变自己的宗教信仰等。煽动民族仇恨、民族歧视罪的客观方面则表现为行为人以鼓动、劝诱或者其他方法对某一或某些民族进行蛊惑，以期在不同民族之间制造相互仇恨、相互歧视的状态或心理，甚至引起民族之间的直接纠纷和冲突。其煽动的方法多种多样，如书写、张贴、散发标语、传单、印刷、散发非法刊物；录制、播放录音、录像；发表演讲、呼喊口号等。至于被煽动者是否受煽动而从事破坏民族团结的活动，则对它罪没有影响，只是在量刑时应予以考虑。

3. 主体不同。非法剥夺公民宗教信仰自由罪的主体为特殊主体，即只有国家机关工作人员，才可能构成本罪；煽动民族仇恨、民族歧视罪的主体则为一般主体，即只要是年满十六周岁的具有刑事责任能力的自然人，实施了煽动民族仇恨、民族歧视行为的，都有可能构成本罪。

4. 主观要件不同。虽然两罪在主观方面都是出于故意，但两罪行为人的具体认识则不同。非法剥夺公民宗教信仰自由罪的行为人明知他人有宗教信仰自由权利，自己的剥夺行为是非法的而故意实施；煽动民族仇恨、民族歧视罪的行为人明知自己的煽动行为可能导致不同民族之间相互为敌或相互歧视而积极为之。

量刑部分

【量刑标准】

犯本罪的,处三年以下有期徒刑、拘役、管制或者剥夺政治权利;情节特别严重的,处三年以上十年以下有期徒刑。

截至目前,尚无本罪名关于量刑的司法解释。

出版歧视、侮辱少数民族作品罪 《刑法》第250条

在出版物中刊载歧视、侮辱少数民族的内容,情节恶劣,造成严重后果的,对直接责任人员,处三年以下有期徒刑、拘役或者管制。

定罪部分

【罪名概念】

出版歧视、侮辱少数民族作品罪,是指在出版物中刊载歧视、侮辱少数民族的内容,情节恶劣并造成严重后果的行为。

【司法解释】

最高人民法院《关于审理非法出版物刑事案件具体应用法律若干问题的解释》

(实施日期:1998年12月17日　法释[1998]30号)(节录)

第七条　出版刊载歧视、侮辱少数民族内容的作品,情节恶劣,造成严重后果的,依照刑法第二百五十条的规定,以出版歧视、侮辱少数民族作品罪定罪处罚。

【犯罪构成】

(一)主体要件

本罪的主体是对出版物的出版负有直接责任的人员。

(二)主观要件

本罪在主观方面表现为故意。

(三)客观要件

本罪在客观方面表现为在出版物中刊载歧视、侮辱少数民族的内容,情节恶劣、造成严重后果的行为。

1. 必须有刊载歧视、侮辱少数民族的内容的行为。所谓出版是指一切被编印出来供人们视听、阅览的物品,如书籍、书刊、抄本、录像带、录音带、图片、挂历等等。所谓刊载,应作广义的理解,其含义应等同于出版,也即指出版物的出版、印刷或者复制、发行。至于刊载的表现形式,则既可以是文字、漫画,也可以是录像带、录音带、光盘中的言语等。

2. 刊载的必须是歧视、侮辱少数民族的内容，歧视，是指基于民族的来源、历史、风俗习惯等的不同，而在出版物中对其他民族予以贬低、蔑视。所谓侮辱，是指基于民族的来源、历史、风俗习惯等的不同，而对他民族予以丑化、嘲讽、辱骂。所谓歧视、侮辱少数民族的内容，是指在出版物中具有不平等地对待少数民族或者损害少数民族名誉，使少数民族蒙受耻辱的内容。如丑化少数民族的风俗习惯、攻击少数民族的婚姻习俗、刊登少数民族裸露过多的图片、照片，并加以丑化、歪曲等。

（四）客体要件

本罪侵犯的客体，与煽动民族歧视、民族仇恨罪一样，是民族平等。

【罪名辨析】

（一）本罪与侮辱罪、诽谤罪的界限

它们的区别主要体现在：

1. 犯罪客体不同，侮辱罪、诽谤罪侵犯的是公民个人的人格和名誉；而本罪侵犯的则是作为群体的少数民族的合法权利，主要是保持或者改革本民族风俗习惯的权利。

2. 犯罪的客观方面不同，侮辱罪表现为行为人使用暴力或者其他方法，公然贬低他人人格，破坏他人名誉，情节严重的行为；诽谤罪表现为行为人捏造并散布某种虚构的事实，损害他人人格和名誉，情节严重的行为。虽然侮辱、诽谤行为也可以采取出版作品等文字方式，但还可以采取口头、动作等方式。而本罪只能表现为在出版物中刊载歧视、侮辱少数民族作品，情节恶劣，造成严重后果的行为。

3. 犯罪对象不同，本罪侵犯的是作为群体的少数民族；而侮辱罪、诽谤罪侵犯的则是特定的人，可以是一人，也可以是数人，但必须是具体的，可以确认的。

4. 犯罪主体不同，侮辱罪、诽谤罪的主体只能由自然人构成；而本罪的主体则既可以是单位，也可以是自然人。

5. 犯罪主观方面不同，本罪是出于故意，包括直接故意和间接故意，而侮辱罪、诽谤罪则只能是直接故意，行为人具有贬低他人人格、破坏他人名誉之目的。

（二）本罪与煽动民族仇恨、民族歧视罪的界限

它们的区别主要体现在：

1. 犯罪客体不同，两罪都侵犯了少数民族的合法权利，破坏了民族间平等、团结、互助的关系。但具体而言，两者侧重点则有所不同，本罪侵犯的主要是少数民族保持或者改革本民族风俗习惯的权利；而煽动民族仇恨、民族歧视罪则主要侵犯的是民族平等、团结的权利。

2. 犯罪对象不同，本罪侵犯的只是五十五个少数民族；而煽动民族仇恨、民族歧视罪侵犯的则是包括汉族在内的全部五十六个民族。

3. 犯罪客观方面不同，煽动民族仇恨、民族歧视罪表现为以语言、文字或者其他方式煽动民族仇恨、民族歧视，情节严重的行为。其煽动的方式虽也可以采取文

字作品的方式,但并非仅限于此,其行为方式要比本罪广泛得多。

4. 犯罪主体不同,本罪既可以由自然人构成也可以由单位构成;而煽动民族仇恨、民族歧视罪则只能由自然人构成。

5. 犯罪主观方面不同,本罪出于故意,包括直接故意与间接故意;而煽动民族仇恨、民族歧视罪则是出于直接故意,并且具有破坏民族团结、制造民族矛盾之目的。

量刑部分

【量刑标准】

犯本罪的,处三年以下有期徒刑、拘役或者管制。

截至目前,尚无本罪名关于量刑的司法解释。

非法剥夺公民宗教信仰自由罪　《刑法》第251条(一)

国家机关工作人员非法剥夺公民的宗教信仰自由和侵犯少数民族风俗习惯,情节严重的,处二年以下有期徒刑或者拘役。

定罪部分

【罪名概念】

非法剥夺宗教信仰自由罪,是指国家机关工作人员非法剥夺公民的正当的宗教信仰自由,情节严重的行为。

【犯罪构成】

(一)主体要件

本罪主体是特殊主体,即构成本罪的人必须是国家机关工作人员。非国家工作人员非法剥夺宗教信仰自由触犯刑律的,除已成为犯本罪的国家机关工作人员的共犯以外,依照具体情况处理,不构成本罪。

(二)主观要件

本罪在主观方面表现为故意,即明知他人有宗教信仰自由权利而故意非法予以剥夺。如果没有故意,只是在客观上造成了剥夺他人宗教信仰自由的结果,则不构成本罪。

(三)客观要件

本罪在客观方面表现为非法剥夺公民的宗教信仰自由,情节严重的行为。

非法剥夺公民宗教信仰自由,是指违反法律规定,采用暴力、胁迫或其他强制方法,制止某人信仰宗教,加入宗教团体,或者强迫其放弃宗教,退出宗教团体;或

者强制不信仰宗教的人信仰宗教;或者用上述方法破坏宗教活动等。本罪的行为方式主要:

(1)以暴力、胁迫或其他非法手段干涉他人宗教信仰自由。

(2)封闭或破坏宗教场所及必要设施。

(3)禁止或扰乱正当的宗教活动。

(4)对信仰宗教的公民进行威胁、打击、迫害,后果严重的。

(5)非法撤销合法的宗教组织,非法剥夺教职人员在各宗教团体的领导下履行宗教职务的权利,非法阻挠、禁止宗教刊物的发行或者勒令停办宗教院校等。

(6)以语言、文字、图案等方式侮辱宗教或宗教团体的行为,也可构成非法剥夺宗教信仰自由的犯罪。例如出版社、报纸、杂志等新闻出版机关中国家工作人员明知出版物中包含有侮辱、毁损宗教或宗教团体的内容而予以出版发行,造成恶劣社会影响的行为等。

(7)其他剥夺宗教信仰自由的行为造成严重后果或恶劣影响的。

情节严重是指行为人的手段恶劣或危害后果严重。手段恶劣通常是指行为人以下列手段,达到其剥夺公民宗教信自由目的的情形。①以暴力对公民身体进行强制、伤害等侵犯公民人身自由的。②以胁迫的方式,通过精神上的强制,逼迫公民为某种行为或不为某种行为。③用言语、传单、标语等传播手段对公民进行侮辱、攻击、诽谤,使其名誉、人格受到损害。④使用砸、抢、烧等极具破坏性的方式毁坏与宗教有关的场所和设施的。⑤其他可以产生与上述行为类似后果的手段。

后果严重则主要包括以下几个方面:(1)造成公民人身伤害的,但重伤及死亡的除外。当行为人的行为引起被害人重伤、死亡时,无论其对此严重危害结果产生的主观方面是故意还是过失,其行为便符合本罪和侵犯公民相应的人身权利罪的想象竞合,根据想象竞合犯的处断原则,从重罪处断,自然应以侵犯公民人身权利罪定罪量刑。(2)给被害人的精神造成伤害,严重影响其正常的宗教活动和日常生活的。(3)造成有关宗教场所、设施等重大毁坏,财产损失严重的。但造成国家珍贵文物毁损的,同样应根据想象竞合犯的原则,定破坏文物罪。(4)引起教徒骚乱、民族纠纷等社会矛盾,社会影响恶劣的。(5)引起被害人家庭解体、自杀或其他严重后果的。

(四)客体要件

本罪客体要件是行为必须侵犯公民的宗教信仰自由权利。我国宪法规定:中华人民共和国公民有宗教信仰自由,任何国家机关、社会团体和个人不得强制公民信仰宗教或者不信仰宗教,不得歧视信仰宗教的公民和不信仰宗教的公民。宗教信仰自由包括信仰宗教的自由与不信仰宗教的自由,信仰这种宗教的自由和信仰那种宗教的自由,进行正当的宗教活动的自由等。

【罪名辨析】

(一)正当的宗教信仰与封建迷信的界限

宗教是社会意识形态的一种表现,而封建迷信是用以骗人的装神弄鬼、卜卦算命、画符念咒等骗术。对于封建迷信不能视为宗教活动,应予以取缔。尤其是神汉、巫婆利用封建迷信造谣惑众,骗取钱财的,应依法予以惩处。

(二)正常的宗教活动与非正常的宗教活动的界限

非正常的宗教活动是指利用宗教活动干预国家行政、司法、教育的行为,是国家法律所不允许的。如果行为人干涉、禁止这样的所谓宗教活动则没有造成对法律保护的公民宗教信仰自由权利的侵犯,而且是维护国家法律的行为,因此不构成犯罪。

(三)本罪与一般违法行为的界限

根据本条规定,国家机关工作人员以暴力、胁迫或其他手段。非法剥夺公民宗教信仰自由,情节严重的,构成非法剥夺宗教信仰自由罪。这里,"情节严重"是行为人构成犯罪所必不可少的客观要件。所以,司法实践中,一定要注意分清是国家机关工作人由于工作方法简单粗暴或政策水平低所引起的一般侵犯他人宗教信仰自由权的行为,还是具有非法剥夺、干涉他人宗教信信仰自由的故意而实施的手段恶劣的或是危害结果严重的犯罪行为。这就需要严格依据法律的规定,来判断行为人的行为是否具有构成本罪的全部要件,如有任一要件不符合,则不能认定为此罪。对于一般工作上的问题,可通过总结经验、批评教育、向被害人赔礼道歉、赔偿损失等方式来解决;构成犯罪的,应该严肃执法,依法追究行为人的刑事责任。

(四)本罪与非法拘禁罪的界限

1. 主体不同。非法剥夺公民宗教信仰自由罪要求行为人必须具备国家机关工作人员的身份,而非法拘禁罪的主体则为一般主体。所以,不具有国家机关工作人员身份的一定不能构成非法剥夺公民宗教信仰自由罪。

2. 犯罪的主观方面。非法剥夺公民宗教信仰自由罪行为人明知自己是在非法剥夺他人宗教信仰自由,却故意实施;非法拘禁的行为人则是明知剥夺他人人身自由是非法的行为而故意为之。两罪行为人主观上认识的内容不同,追求的结果也不同。

3. 犯罪的客观方面不同。非法剥夺公民宗教信仰自由罪的行为人除了对人身自由的直接限制、剥夺外,还表现为毁坏宗教设施、散播污辱性的言论等各种方式,非法拘禁罪表现为行为人拘留、禁闭或者其他强制方法,但都是直接作用于被害人的人身的方法。

量刑部分

【量刑标准】

国家机关工作人员犯本罪的,处二年以下有期徒刑或者拘役。

截至目前,尚无本罪名关于量刑的司法解释。

侵犯少数民族风俗习惯罪 《刑法》第 251 条(二)

国家机关工作人员非法剥夺公民的宗教信仰自由和侵犯少数民族风俗习惯,情节严重的,处二年以下有期徒刑或者拘役。

定罪部分

【罪名概念】

侵犯少数民族风俗习惯罪,是指国家机关工作人员以强制手段干涉、破坏少数民族风俗习惯或者强迫少数民族改变风俗习惯,情节严重的行为。

【犯罪构成】

(一)主体要件

本罪主体为特殊主体,为国家机关工作人员。只有作为国家方针政策执行者的国家机关工作人员实施的上述行为,才具有犯罪的社会危害性。非国家机关工作人员侵犯少数民族风俗习惯触犯刑法的,应根据行为的性质、情节与危害程度,以其他犯罪论处。

(二)主观要件

本罪主观上必须是故意。行为人明知自己的行为会发生侵犯少数民族保持与改革本民族风俗习惯的危害结果,并且希望或者放任这种结果的发生。犯罪的动机如何,不影响本罪的成立。

(三)客观要件

本罪客观上表现为以强制手段非法干涉、破坏少数民族风俗习惯的行为。干涉、破坏的形式表现为使用暴力、胁迫、利用权势、运用行政措施等。从内容上看,主要表现为强迫少数民族公民改变自己的风俗习惯,干涉或破坏少数民族根据自己的风俗习惯所进行的正当行动。例如,强制回族群众食用猪肉,禁止少数民族过自己的节日等。这里要注意三个方面的问题:第一,侵犯少数民族风俗习惯的客观行为,必须具有强制性。如果以宣传教育的方法,促使少数民族自愿放弃、改革自己的落后风俗习惯,则不构成本罪。第二,侵犯少数民族风俗习惯的行为,必须具有非法性,即对少数民族的风俗习惯的干涉是没有合法根据的。第三,所侵犯的必须是少数民族的风俗习惯,即汉族以外的民族的风俗习惯;这种风俗习惯必须是在长期的生产、生活过程中形成的、具有群众基础的风俗习惯,因此,侵犯汉族风俗习惯的行为,以及干涉少数民族的个别人并非基于风俗习惯所进行的活动,就不构成本罪。

根据本条规定,国家机关工作人员侵犯少数民族风俗习惯,情节严重的,才构成本罪。情节严重主要是指手段恶劣、后果严重、政治影响坏等。如因侵犯少数民族风俗习惯引起了民族纠纷、发生械斗的,应视为情节严重,以犯罪论处。国家机关工作人员由于政治水平不高,或者对少数民族的风俗习惯缺乏了解,导致对具体问题处理失当,引起少数民族地区的公民不满的,一般不能以本罪论处,可以酌情给予行政处分或者进行批评教育。

(四)客体要件

本罪侵犯的客体是少数民族的信仰自由,犯罪对象是少数民族风俗习惯。所谓少数民族风俗习惯,是指少数民族在长期的历史发展中形成的,在服饰、饮食、婚嫁、丧葬、礼仪等方面的习惯做法。少数民族的风俗习惯是在长期的历史发展过程中形成的,宪法规定各民族"都有保持或者改革自己的风俗习惯的自由"。破坏少数民族风俗习惯的行为,则侵犯了少数民族公民所享有的上述权利,伤害了少数民族的民族感情与民族自尊心,破坏了民族团结、民族平等的原则,理当予以禁止。

【罪名辨析】

区分本罪与非法剥夺公民宗教信仰自由罪的界限

1. 犯罪客体的不同。非法剥夺公民宗教信仰自由罪侵犯的客体是公民的宗教信仰自由权,侵犯少数民族风俗习惯罪侵犯客体是少数民族的保持和改革本民族风俗习惯的自由权。

2. 侵犯的对象不同。侵犯少数民族风俗习惯罪侵犯的对象只限于少数民族公民的风俗习惯不包括汉族人民的风俗习惯;而非法剥夺公民宗教信仰自由罪的犯罪对象则既可能是少数民族的公民也可能是汉族公民。

3. 犯罪的客观方面不同,非法剥夺公民宗教信仰自由罪行为的客观表现为以暴力、胁迫或其他方法对公民的宗教信仰自由进行非法剥夺,而侵犯少数民族风俗习惯罪在客观上主要表现为以强制手段破坏少数民族风俗习惯的行为。另外,一般说来,两罪的犯罪行为发生的地点也常常不同。其中,非法剥夺宗教信仰自由罪多发生在教堂、寺庙,或其他有关宗教活动场所,而侵犯少数民族风俗习惯罪,则较少发生在这些场所。

4. 两罪主观故意的内容不同,二者虽然都是故意犯罪,但故意的内容是不同的,侵犯少数民族风俗习惯罪的行为人系明知少数民族有保持和改革本民族风俗习惯的自由,但仍故意加以侵犯;非法剥夺公民宗教信仰自由罪之行为人则是明知公民有宗教信仰的自由而故意予以非法剥夺。

量刑部分

【量刑标准】

犯本罪的,处二年以下有期徒刑或者拘役。

截至目前,尚无本罪名关于量刑的司法解释。

侵犯通信自由罪 《刑法》第252条

隐匿、毁弃或者非法开拆他人信件,侵犯公民通信自由权利,情节严重的,处一年以下有期徒刑或者拘役。

定罪部分

【罪名概念】

侵犯通信自由罪,是指隐匿、毁弃或者非法开拆他人信件,侵犯公民通信自由权利,情节严重的行为。

【犯罪构成】

(一)主体要件

本罪主体为一般主体。凡达到刑事责任年龄,具备刑事责任能力的自然人均可成为本罪主体。

(二)主观要件

本罪在主观方面表现为故意,过失不构成侵犯通信自由罪。侵犯他人通信自由的动机,可能包括泄愤报复、嫉妒心理、窃取秘密、好奇心理、流氓动机、集邮需要等,无论何种动机,不影响侵犯通信自由罪成立。

(三)客观要件

本罪在客观方面表现为隐匿、毁弃或者非法开拆他人信件的行为。所谓隐匿,是指把被害人的信件扣留,在一定的地点加以隐藏,不交给被害人的行为。所谓毁弃,是指故意丢弃、撕毁、焚毁信件的行为,以上两种行为的结果,都是使收信人无法收到信件。而行为人并不意图知晓信件内容,没有直接侵犯公民通信秘密的权利,但侵犯了公民的通信自由权利,非法开拆是指擅自开拆他人信件,偷看他人信件内容的行为。这种行为不影响收信人收到信件,但侵犯了他人的通信秘密。侵犯通信自由罪的三种行为表现往往同时具有。根据本条规定,只要实施上述一种行为,情节严重的,就构成侵犯通信自由罪。非法开拆他人信件,拆信人并不阅看信中内容的,使他人信件内容处于公开暴露状态,也是侵犯公民通信秘密的行为。

依照刑法规定,扣押、开拆他人信件的行为必须是非法的,才可能构成侵犯通信自由罪。按照我国《刑事诉讼法》第一百一十六条规定,侦查人员经过公安机关或者人民检察院批准,扣押被告人的信件是合法的行为。我国《邮政法》第四条规定,除因国家安全或者追查犯罪的需要,由公安机关、国家安全机关或者检察机关依照法律规定的程序,对通信进行检查外,任何组织或个人不得以任何理由侵犯他人的通信自由和通信秘密。《邮政法实施细则》规定,司法机关检查、扣押邮件,没收邮件,收集、调取证据要依法办理手续,在办案过程中,为追查犯罪需要。检查、扣押邮件未依法办理手续或办理手续不全的,对责任人不能以侵犯通信自由罪追究刑事责任。侦查人员违反职责,将扣押的信件内容非法外传,泄露他人通信秘密的,不是隐匿、毁弃、非法开拆他人信件的犯罪行为,构成犯罪的,应以其他罪论处。邮电工作人员不是利用职务之便,隐匿、毁弃、开拆他人信件的,也可以构成侵犯通信自由罪。

根据本条规定,情节严重的侵犯他人通信自由的行为,才构成犯罪。情节严重主要是指隐匿、毁弃、非法开拆他人信件,次数较多,数量较大的;致使他人工作、生活受到严重妨害,或者身体、精神受到严重损害以及家庭不睦、夫妻离异等严重后果的,非法开拆他人信件,涂改信中的内容,侮辱他人人格的,等等。

(四)客体要件

本罪侵犯的客体是公民的通信自由和通信秘密的权利。本罪侵犯的对象是公民的信件,可以包括电报、信函等文字邮件,但不包括汇款、包裹、书籍纸包等邮件,作为犯罪对象的信件,不仅包括私人间的信件,而且包括国家机关、企事业单位、社会团体、组织发给公民个人的信函。非法隐匿、毁弃、开拆国家机关、企业、事业单位、社会团体、组织之间来往函件的,不构成侵犯通信自由罪。公民的通信自由和通信秘密受法律保护。保障公民的通信自由和通信秘密对于保护公民的合法权益,维护社会稳定,维护正常的社会生活秩序具有重要意义。

【罪名辨析】

(一)本罪与非罪的界限

对于行为人无意中遗失、积压、毁弃他人信件,或者误把他人信件当作自己的信件开拆的,不构成犯罪。侵犯通信自由的行为,必须是情节严重的,才构成犯罪。情节是否严重,是划清本罪与一般违法行为的界限。

(二)本罪与私自开拆隐匿毁弃邮件电报罪的界限

这两种犯罪行为在犯罪方法和侵害对象上是基本相同的,在主观方面都由故意构成。二者的主要区别在于犯罪的主体不同,后者是特殊主体;构成犯罪的情节要求不同,后者行为构成犯罪不要求“情节严重”。

量刑部分

【量刑标准】

犯本罪的,处一年以下有期徒刑或者拘役。

截至目前,尚无本罪名关于量刑的司法解释。

私自开拆、隐匿、毁弃邮件、电报罪 《刑法》第253条

邮政工作人员私自开拆或者隐匿、毁弃邮件、电报的，处二年以下有期徒刑或者拘役。

犯前款罪而窃取财物的，依照本法第二百六十四条的规定定罪从重处罚。

定 罪 部 分

【罪名概念】

私自开拆、隐匿、毁弃邮件、电报罪，是指邮政工作人员利用职务上的便利，私自开拆或者隐匿、毁弃邮件、电报的行为。

【犯罪构成】

（一）主体要件

本罪的主体为特殊主体，即邮政工作人员，也就是国家邮电部门的干部、营业人员、分拣员、接发员、押运员、接站员、搬运员等。

（二）主观要件

过失不构成本罪。本罪的行为人，在主观上不仅明知私自开拆、隐匿、毁弃他人邮件、电报是违反自己的职责义务和规章制度的违法行为，而且明知这种行为会给他人的利益和通信自由、通信秘密权利造成损害，甚至引起其他严重危害后果，破坏国家邮电事业的声誉，妨害邮电部门的正常活动，但出于某种个人动机和欲望，却希望或者放任这种危害结果的发生。

（三）客观要件

本罪在客观方面表现为邮政工作人员利用职务上的便利，私自开拆、隐匿、毁弃邮件、电报的行为。构成本罪的客观方面有两个特点：

1. 必须有私自开拆、隐匿、毁弃邮件、电报的行为。所谓私自开拆，是指非法擅自开拆他人邮件、电报，使封缄失效的行为，合法行为不在此限。所谓"封缄"是指使书信、电报、印刷品的内容从外部不能了解的措施而言。如把信装入信封糊上、印刷品用纸包扎上、邮包用线缝上等。私自开拆不以破坏封缄为必要，行为人私自开拆后是否阅读信件内容或了解信件内容，或者私拆后再行封缄复原等，均不影响本罪的成立。所谓隐匿，是指将邮件、电报予以截留或收藏而不送交收件人的行为。所谓毁弃，是指将邮件、电报予以撕毁、湮灭或抛弃，致使他人无法查收的行为。他人是指特定的人，不仅包括自然人，而且包括法人和没有法人资格的团体。

构成本罪并不要求行为人同时具备私拆、隐匿、毁弃三种形式只要实施其中之一者，即可构成。如果两种或三种行为形式兼而有之，仍以本罪一罪论处，不实行

数罪并罚。

2. 必须有利用职务之便的行为,才能构成本罪。邮电工作人员是否利用职务之便私拆、隐匿、毁弃邮报、电报,是能否构成本罪的重要因素。如果没有利用职务之便则不以本罪论。所谓利用职务之便,是指邮电工作人员利用营业、分拣、接发、押运、投递等职务所赋予的职责条件,进行违背职责的犯罪活动。利用职务之便,不仅包括邮电部门的领导者利用职务之便,而且包括一般邮电工作人员利用职务活动的方便在内。在多数情况下,犯罪以后者居多。

(四)客体要件

本罪侵犯的客体是复杂客体,也就是说,邮政工作人员利用工作之便,私自开拆、隐匿或者毁弃邮件、电报的行为,不仅侵害了公民的通信自由和通信秘密权,也侵害了国家邮电部门的正常活动及信誉。

其一,本罪侵犯的主要客体是公民的通信自由权利。

其二,邮政工作人员私拆、隐匿或者毁弃邮件、电报的行为也侵犯了邮电通信部门的正常活动和声誉,给国家造成了严重的损失。

本罪侵犯的对象是邮件和电报。

【罪名辨析】

(一)本罪与侵犯通信自由罪的界限

它们在主观上都是由故意构成,客观方面都实施了私拆、隐匿、毁弃信件的行为。其区别在于:

1. 犯罪的主体不同。本罪是特殊主体,必须由邮电工作人员构成;而侵犯公民通信自由罪是一般主体,凡是达到刑事责任年龄具有责任能力的人均可构成。

2. 犯罪的客体不同。本罪侵犯的客体是国家邮电部门的正常活动;而侵犯公民通信自由罪侵犯的客体是公民通信自由和通信秘密的权利。此外,侵害的对象也不完全一样。本罪侵害的对象是邮件和电报,而侵犯公民通信自由罪侵害的对象仅限于信件,范围较前者狭窄。

3. 客观要件不同。本罪以利用职务之便为要件,属于渎职性质的犯罪;侵犯公民通信自由罪的成立则与行为人的职务无关。如果邮电工作人员没有利用职务之便私拆、隐匿或者毁弃信件,情节严重的,则构成侵犯公民通信自由罪,而本罪则不以此为构成要件。

(二)贪污罪与邮电工作人员犯盗窃罪的界限

本条第二款是指犯本罪而盗窃财物的,依照第二百六十四条盗窃罪从重处罚。它虽具有贪污罪的性质,但同邮电工作人员犯盗窃罪有相似之处:两者的主体要件都是邮电工作人员,客观方面都有从邮件中窃取财物的行为。区分两者的关键在于行为人是否利用职务之便,从邮件中窃取财物;而盗窃罪则与行为人职务无关,一般是邮电工作人员利用工作上的便利条件,如了解邮电部门的内情,熟悉内部活动规律等,实施盗窃邮件中的财物。

量 刑 部 分

【量刑标准】

犯本罪的,处二年以下有期徒刑或者拘役。

犯前款罪而窃取财物的,依照本法第二百六十四条的规定定罪从重处罚。

截至目前,尚无本罪名关于量刑的司法解释。

侵犯公民个人信息罪 《刑法》第253条之一

违反国家有关规定,向他人出售或者提供公民个人信息,情节严重的,处三年以下有期徒刑或者拘役,并处或者单处罚金;情节特别严重的,处三年以上七年以下有期徒刑,并处罚金。

违反国家有关规定,将在履行职责或者提供服务过程中获得的公民个人信息,出售或者提供给他人的,依照前款的规定从重处罚。

窃取或者以其他方法非法获取公民个人信息的,依照第一款的规定处罚。

单位犯前三款罪的,对单位判处罚金,并对其直接负责的主管人员和其他直接责任人员,依照各该款的规定处罚。

定 罪 部 分

【罪名概念】

侵犯公民个人信息罪,是指违反国家有关规定,向他人出售、提供、窃取或者以其他方法非法获取公民个人信息,情节严重的行为。

【犯罪构成】

(一)主体要件

本罪主体是一般主体,是指实施了出售、提供、窃取或者以其他方法非法获取公民个人信息行为的单位或自然人。

(二)主观要件

本罪在主观方面出于故意。

(三)客观要件

本罪客观方面表现为违反国家有关规定,向他人出售、提供、窃取或者以其他方法非法获取公民个人信息,情节严重的行为。

1. 违反国家关于公民个人信息保护的法律规定。具体指违反全国人民代表大会及其常务委员会制定的法律和决定,国务院制定的行政法规、规定的行政措施、发布的决定和命令。

2. 实施了出售、提供、窃取或者以其他方法非法获取公民个人信息的行为。出售是指将自己掌握的公民个人信息以一定价格卖与他人,自己从中谋取利益的行为;提供是指违反国家关于保守公民个人信息的规定,以出售以外的方式提供他人的行为(不包括自己使用的行为);窃取或者以其他方法非法获取是指以违反了法律禁止性规定或社会公序良俗的秘密手段窃取或者以窃取以外的其他非法方法获取公民个人信息的行为。

3. 情节严重。一般是指出售、提供、窃取或者以其他方法非法获取公民个人信息的数量、次数较多,获利较大,造成严重社会影响,给公民个人生活或生命财产造成严重损害;或者所出售、非法提供信息被他人用于违法犯罪活动等。

(四)客体要件

本罪所侵犯的客体是公民的个人信息权。个人信息是指能够直接或间接地识别自然人的任何信息,覆盖了自然人的心理、生理、智力以及个体、社会、经济、文化、家庭等各个方面。一般包括姓名、职业、职务、年龄、血型、婚姻状况、宗教信仰、学历、专业资格、工作经历、家庭住址、电话号码(手机用户的手机号码)、身份证号码、信用卡号码、指纹、病史、电子邮件、网上登录账号和密码等。个人信息权是指个人信息所有者对其个人信息自由支配、控制、并排除他人侵害的权利。公民个人信息权的权利内容包括信息决定权、信息保密权、信息查询权、信息更正权、信息封锁权、信息删除权、信息报酬请求权。

量刑部分

【量刑标准】

违反国家有关规定,向他人出售或者提供公民个人信息,情节严重的,处三年以下有期徒刑或者拘役,并处或者单处罚金;情节特别严重的,处三年以上七年以下有期徒刑,并处罚金。

违反国家有关规定,将在履行职责或者提供服务过程中获得的公民个人信息,出售或者提供给他人的,依照前款的规定从重处罚。

窃取或者以其他方法非法获取公民个人信息的,依照第一款的规定处罚。

单位犯前三款罪的,对单位判处罚金,并对其直接负责的主管人员和其他直接责任人员,依照各该款的规定处罚。

截至目前,尚无本罪名关于量刑的司法解释。

报复陷害罪 《刑法》第254条

国家机关工作人员滥用职权、假公济私,对控告人、申诉人、批评人、举报人实行报复陷害的,处二年以下有期徒刑或者拘役;情节严重的,处二年以上七年以下有期徒刑。

定罪部分

【罪名概念】

报复陷害罪,是指国家机关工作人员滥用职权、假公济私,对控告人、申诉人、批评人、举报人实行报复陷害的行为。

【司法解释】

最高人民检察院《关于渎职侵权犯罪案件立案标准的规定》

(实施日期:2006年7月26日 高检发释字[2006]2号)(节录)

(六)报复陷害案(第二百五十四条)

报复陷害罪是指国家机关工作人员滥用职权、假公济私,对控告人、申诉人、批评人、举报人实行打击报复、陷害的行为涉嫌下列情形之一的,应予立案:

(1)报复陷害,情节严重,导致控告人、申诉人、批评人、举报人或者其近亲属自杀、自残造成重伤、死亡,或者精神失常的;

(2)致使控告人、申诉人、批评人、举报人或者其近亲属的其他合法权利受到严重损害的;

(3)其他报复陷害应予追究刑事责任的情形。

【犯罪构成】

(一)主体要件

本罪的主体是特殊主体,即国家机关工作人员。国家机关工作人员,是指在国家机关从事公务的人员。非国家机关工作人员是不可能滥用职权报复陷害他人的,如果实施了报复陷害行为,应根据其行为的性质和侵犯的客体,构成什么罪,就以什么罪论处。

(二)主观要件

本罪在主观方面表现为直接故意,并且具有报复陷害他人的目的。如果没有报复陷害的目的,而是由于政策水平不高,思想方法主观片面,工作作风简单粗暴、对事实未能查清等原因,对控告人、申诉人、批评人、举报人处理不当,致使其遭受损失的,属于工作上的失误,不构成犯罪。

(三)客观要件

本罪在客观方面表现为滥用职权、假公济私,对控告人、申诉人或批评人、举报人实行打击报复陷害的行为。行为人必须是滥用职权、假公济私,即违反有关规定,超出职权范围,假借公事名义,陷害他人,在这个意义上说,报复陷害行为是一种渎职行为。报复陷害的方式多种多样,如制造种种理由或借口,非法克扣工资、奖金,或开除公职、党籍,或降职、降薪,或压制学术、技术职称的评定等。如果所采取的报复陷害行为与行为人的职权没有关系,则不构成本罪。如行为人对控告人进行身体伤害的行为,就不是滥用职权,因而不构成本罪。

(四)客体要件

本罪侵犯的客体是公民的民主权利和国家机关的正常活动。

这里的民主权利是指公民的批评权、申诉权、控告和举报权。这些权利是我国公民享有的重要的民主权利,是公民行使管理国家权利的一个重要方面,受到国家法律的严格保护。我国《宪法》第四十一条规定,中华人民共和国公民对于任何国家机关和国家工作人员,有提出批评和建议的权利;对于任何国家机关和国家工作人员的违法失职行为,有向有关国家机关提出申诉、控告或者检举的权利,但是不得捏造或者歪曲事实进行诬告陷害。对于公民的申诉、控告或者检举,有关国家机关必须查清事实,负责处理。任何人不得压制和打击报复。为了切实保障宪法赋予公民的上述权利的实现,本法对侵犯公民的上述权利的行为规定了报复陷害罪。报复陷害是同国家工作人员滥用职权、假公济私联系在一起的,因此,不仅侵犯了公民的民主权利,而且还严重损害了国家机关的声誉,破坏了国家机关的正常活动。本罪侵害的客体是复杂客体。

本罪侵害的对象,只限于控告人、申诉人、批评人、举报人这四种人。所谓控告人,是指向司法机关和其他党政机关告发、检举国家工作人员违法失职的人。控告人既可以是一般公民,也可以是国家工作人员。所谓申诉人,是指对于自己所受的处分不服,向原处理机关或其上级机关提出申诉意见,要求改变原来处分的人,也包括不服法院已经发生法律效力的判决或裁定,向原审法院或上级法院提出再审请求的人。申诉人并不限于受处分的公民本人,还包括为他人申诉的其他公民。所谓批评人,是指对国家机关和国家机关工作人员工作上的缺点、错误或思想作风,提出批评意见的人。所谓举报人,是指揭发、检举国家机关或其工作人员违法、犯罪事实的人。这里的控告人、申诉人、批评人与举报人,并不限于对实施本罪的国家机关工作人员进行控告、申诉、批评与举报的人。例如,被害人向国家机关工作人员甲提出控告,国家机关工作人员乙滥用职权进行报复陷害的,仍然构成报复陷害罪。再如,被害人控告某国家机关工作人员子女的犯罪行为,该国家机关人员滥用职权进行报复陷害的,也构成报复陷害罪。因为一切公民的控告权、申诉权、批评权与举报权都是受法律保护的,要做到这一点,就不能允许国家机关工作人员对任何控告人、申诉人、批评人与举报人进行报复陷害,否则就不利于保护公民的民主权利和国家机关的正常活动。

【罪名辨析】

(一)本罪与一般打击报复行为的界限

国家工作人员滥用职权,实行打击报复,但情节显著轻微,危害不大的,一般不以犯罪论处,可予批评教育,或者给予相应的行政纪律处分。但报复陷害,致使被害人的人身权利、民主权利或者其他权利受到严重损害的;手段恶劣的;致人精神失常或自杀的;以及造成其他严重后果的,应当以报复陷害罪论处。

(二)本罪与诬告陷害罪的界限

这两种犯罪都侵犯了公民的人身权利、民主权利和国家机关的正常活动,都有陷害他人的故意。其主要区别在于,

1. 主体要件不同。报复陷害罪的主体只能是国家机关工作人员,而诬告陷害罪的主体则可以是任何公民;

2. 犯罪目的不同。报复陷害罪的目的是打击报复陷害他人而诬告陷害罪的目的则是意图使他人枉受刑事追究;

3. 犯罪手段不同。报复陷害罪必须是基于职务,滥用职权或假公济私,诬告陷害罪则不要求必须利用职权;

4. 陷害的对象不同。报复陷害罪只限于控告人、申诉人、批评人、举报人这四种人,而诬告陷害罪可以是任何干部和群众。

(三)本罪和打击报复证人罪的界限

1. 犯罪客体不同。打击报复证人罪侵犯的客体是复杂客体,即国家司法机关的正常活动和公民依法作证的民主权利。证人,是案件得到合法、公证处理的关键性因素之一,有些案件特别是刑事案件,证人的作用尤为重要。对证人进行打击报复必然会导致证人不敢作证或推翻原来所作出的证言,从而破坏司法机关执法活动的进行。因此,本罪属于妨害司法罪之类。报复陷害罪侵犯的客体是公民依法享有的控告、申诉、批评、检举等民主权利,同时也妨害了国家机关的正常管理活动。

2. 犯罪的客观方面不同。打击报复证人罪的客观表现为对证人进行打击报复的行为。既可以是行为人利用手中职权,假公济私,对证人进行打击报复,也可以是行为人没有利用职权而对证人采用恐吓、行凶、伤害等手段进行报复。打击报复证人罪侵害的物件只能是依法作证的证人。这里的证人是指知道的案件事实情况并向司法机关提供证词的人。报复陷害罪的客观方面则表现为行为人利用手中的职权,假公济私,对他人进行报复陷害的行为。其侵害的对象只限于控告人、申诉人、批评人、举报人。

3. 主观方面不同。两罪的主观特征都表现为直接故意,但行为人具体的故意内容不同。打击报复证人罪的行为人出于报复证人的目的,明知自己的行为必然会妨害国家司法机关的正常活动和侵害证人的合法权益,却希望这种结果的发生;

报复陷害罪的行为人则出于报复陷害控告人、申诉人、批评人、举报人的目的,明知自己的行为会侵害上述等人的民主权利,妨害国家机关的管理活动,却希望其结果的发生。

4. 两者的主体要件不同。打击报复证人罪的主体为一般主体,凡年满十六周岁具有刑事责任能力的人都可构成本罪,行为人既可以是国家工作人员,也可以是一般的公民;而报复陷害罪的主体则为特殊主体,即只有国家机关工作人员才能构成本罪。

(四)本罪与滥用职权罪的界限

所谓滥用职权罪是指国家机关工作人员超越职权,擅自决定,处理其无权决定处理的事务,或者故意违法、违纪处理公务,致使公共财产、国家和人民利益遭受重大损失的行为。本罪与报复陷害罪的主要区别表现在以下几个方面:

1. 侵犯的客体不同。滥用职权罪侵害的客体是国家机关的正常管理活动。报复陷害罪侵害的客体则主要是我国公民依法享有的控告权、申诉权、批评权、检举权等民主权利,同时也妨害了国家机关的正常管理活动。

2. 客观方面不同。滥用职权罪的客观方面表现为行为人滥用职权,并导致了公共财产、国家和人民利益遭受重大损失的行为。两个方面缺一不可。报复陷害罪的客观方面要求行为人必须滥用职权,假公济私,对他人进行报复陷害。其滥用职权的表现形式可能与滥用职权罪相同,但并不以造成重大损失为要件;报复陷害罪侵害的对象仅限于控告人、申诉人、批评人、举报人,滥用职权罪侵害的对象则既可是物,也可是人,被侵害的人没有身份限制。

3. 主观方面不同。滥用职权罪的主观方面是故意,既可以是直接故意,也可以是直接故意。其故意的具体内容是行为人明知自己滥用职权的行为会造成公共财产、国家和人民的利益遭受重大损失的结果,而希望或放任该结果的发生;报复陷害罪的行为人,则主观上具有报复陷害控告人、申诉人、批评人、举报人的目的,明知自己的行为会侵犯上述人等的民主权利和妨害国家机关的正常管理活动,却希望这种结果的发生,只有直接故意才能构成此罪。

量刑部分

【量刑标准】

犯本罪的,处二年以下有期徒刑或者拘役;情节严重的,处二年以上七年以下有期徒刑。

截至目前,尚无本罪名关于量刑的司法解释。

打击报复会计、统计人员罪　《刑法》第255条

公司、企业、事业单位、机关、团体的领导人，对依法履行职责、抵制违反会计法、统计法行为的会计、统计人员实行打击报复，情节恶劣的，处三年以下有期徒刑或者拘役。

定罪部分

【罪名概念】

打击报复会计、统计人员罪，是指公司、企业、事业单位、机关、团体的领导人员，对依法履行职责，抵制违反会计法、统计法行为的会计、统计人员实行打击报复，情节恶劣的行为。

【关联法律】

1.《会计法》

第五条第三款　任何单位或者个人不得对依法履行职责、抵制违反本法规定行为的会计人员实行打击报复。

第四十六条　单位负责人对依法履行职责、抵制违反本法规定行为的会计人员以降级、撤职、调离工作岗位、解聘或者开除等方式实行打击报复，构成犯罪的，依法追究刑事责任；尚不构成犯罪的，由其所在单位或者有关单位依法给予行政处分。对受打击报复的会计人员，应当恢复其名誉和原有职务、级别。

2.《统计法》

第六条　统计机构和统计人员依照本法规定独立行使统计调查、统计报告、统计监督的职权，不受侵犯。

地方各级人民政府、政府统计机构和有关部门以及各单位的负责人，不得自行修改统计机构和统计人员依法搜集、整理的统计资料，不得以任何方式要求统计机构、统计人员及其他机构、人员伪造、篡改统计资料，不得对依法履行职责或者拒绝、抵制统计违法行为的统计人员打击报复。

第三十七条　地方人民政府、政府统计机构或者有关部门、单位的负责人有下列行为之一的，由任免机关或者监察机关依法给予处分，并由县级以上人民政府统计机构予以通报：

（三）对依法履行职责或者拒绝、抵制统计违法行为的统计人员打击报复的。

【犯罪构成】

（一）主体要件

本罪的主体为特殊主体，仅限于公司、企业、事业单位、机关、团体的领导人。

其他人不构成本罪。

(二)主观要件

本罪在主观方面表现为故意,并且具有打击报复的目的。

(三)客观要件

本罪在客观方面表现为公司、企业、事业单位、机关、团体的领导人,对依法履行职责,抵制违反会计法、统计法行为的会计统计人员实行打击报复,情节恶劣的行为。

所谓抵制违反会计法、统计法的行为,是指会计人员、统于人员对于不符合《会计法》《统计法》的行为,依法加以拒绝、揭露、向有关领导反映、提出批评意见等行为。司法实践中,通常表现为会计人员、统计人员对本单位有关领导的违反会计法、统计法的命令、授意等予以抵制,拒绝服从或检举、揭发的行为。

常见的形式主要是利用职权篡改人事档案,出具假政审材料,克扣工资、奖金,罚款,停止工作、降职降级、压制晋级晋职,开除党籍、开除公职,调离原工作岗位,在大小会议上进行批判、斗争、羞辱,编造材料报送公安机关对其进行行政拘留、劳动教养,等等。

根据本条的规定,公司、企业、事业单位、机关、团体的领导人,对依法履行职责、抵制违反会计法、统计法行为的会计、统计人员实行打击报复,情节恶劣的,才构成打击报复会计、统计人员罪。何谓情节恶劣,尚无明确的司法解释加以界定,一般认为主要是指打击报复致被害人的人身、民主权利受到严重损害的;打击报复致使国家利益遭受重大损失的;打击报复造成被害人自杀、精神失常等严重后果的;一贯打击报复他人的,打击报复造成影响恶劣的等。

(四)客体要件

本罪侵犯的客体是双重客体,既侵犯了会计、统计人员的人身权利,又侵犯了国家会计、统计管理制度。

本罪的侵害对象为会计人员和统计人员。会计人员是指持有会计证,具备必要的专业知识和专业技能,按照有关规定从事会计工作的人员,包括专职会计人员、会计主管人员、会计机构负责人、总会计师等。

【罪名辨析】

本罪与报复陷害罪的界限

1. 本罪的主体是公司、企业、事业单位、机关、团体的领导;后者则为国家机关工作人员。

2. 本罪的对象是依法履行职责、抵制违反会计法、统计法行为的会计、统计人员:后者则为控告人、申诉人、批评人、举报人。

3. 本罪的行为既可以利用职权实施,又可以不利用职权实施,后者则必须要求滥用职权进行报复。尽管如此,有时候会计人员统计人员对其行为进行抵制的同时又在公共场合如会议提出了批评甚或对其他违法犯罪行为提出了控告,而行为人如滥用职权报复且为国家机关工作人员时,则同时触犯本罪与报复陷害罪,此时应按照想象竞合从一重罪即后者处罚。

量刑部分

【量刑标准】

犯本罪的,处三年以下有期徒刑或者拘役。

截至目前,尚无本罪名关于量刑的司法解释。

破坏选举罪 《刑法》第256条

在选举各级人民代表大会代表和国家机关领导人员时,以暴力、威胁、欺骗、贿赂、伪造选举档、虚报选举票数等手段破坏选举或者妨害选民和代表自由行使选举权和被选举权,情节严重的,处三年以下有期徒刑、拘役或者剥夺政治权利。

定罪部分

【罪名概念】

破坏选举罪,是指在选举各级人民代表大会代表和国家机关领导人员时,以暴力、威胁、欺骗、贿赂、伪造选举档、虚报选举票数等手段破坏选举或者妨害选民和代表自由行使选举权和被选举权,情节严重的行为。

【司法解释】

1. 最高人民检察院《关于渎职侵权犯罪案件立案标准的规定》

(实施日期:2006年7月26日 高检发释字[2006]2号)(节录)

(七)国家机关工作人员利用职权实施的破坏职权实施的破坏选举案(第二百五十六条)

破坏选举罪是指在选举各级人民代表大会代表和国家机关领导人员时,以暴力、威胁、欺骗、贿赂、伪造选举档、虚报选举票数或者编造选举结果等手段破坏选举或者妨害选民和代表自由行使选举权和被选举权,情节严重的行为。

国家机关工作人员利用职权破坏选举,涉嫌下列情形之一的,应予立案:

1. 以暴力、威胁、欺骗、贿赂等手段,妨害选民、各级人民代表大会代表自由行使选举权和被选举权,致使选举无法正常进行,或者选举无效,或者选举结果不真实的;

2. 以暴力破坏选举场或者选举设备,致使选举无法正常进行的;

3. 伪造选民证、选票等选举档,虚报选举票数,产生不真实的选举结果或者强行宣布合法选举无效、非法选举有效的;

4. 聚众冲击选举场所或者故意扰乱选举场所秩序,使选举工作无法进行的;

5. 其他情节严重的情形。

2. 最高人民检察院《关于人民检察院直接受理立案侦查案件立案标准的规定(试行)》

(实施日期:1999 年 9 月 16 日)(节录)

(七)国家机关工作人员利用职权实施的破坏选举案(第 256 条)

破坏选举罪是指在选举各级人民代表大会代表和国家机关领导人员时,以暴力、威胁、欺骗、贿赂、伪造选举档、虚报选举票数或者编造选举结果等手段破坏选举或者妨害选民和代表自由行使选举权和被选举权,情节严重的行为。

国家机关工作人员涉嫌利用职权破坏选举,具有下列情形之一的,应予立案:

1. 以暴力、威胁、欺骗、贿赂等手段,妨害选民、各级人民代表大会代表自由行使选举权和被选举权,致使选举无法正常进行或者选举结果不真实的;

2. 以暴力破坏选举场所或者选举设备,致使选举无法正常进行的;

3. 伪造选举档,虚报选举票数,产生不真实的选举结果或者强行宣布合法选举无效、非法选举有效的;

4. 聚众冲击选举场所或者故意扰乱选举会场秩序,使选举工作无法进行的。

【犯罪构成】

(一)主体要件

本罪主体是一般主体,可以是普通公民,也可以是国家工作人员。

(二)主观要件

本罪在主观方面表现为故意。过失不构成本罪。

(三)客观要件

本罪在客观方面表现为在选举各级人民代表大会和国家机关领导人员时,采用各种手段破坏选举或者妨害选民和代表自由行使选举权和被选举权,情节严重的行为。

1. 必须具有破坏选举或者妨害选民和代表自由行使选举权和被选举权的行为。所谓破坏选举,是指以各种方法扰乱、妨害整个选举活动包括选民登记、提出候选人、投票选举、补选、罢免等正常的进行。所谓妨害选民和代表自由行使选举权和被选举权,是指利用各种手段使得选民和代表不能按自己的意志自由地行使自己的选举和被选举的权利。其中,选民是指直接参加选举活动,选举产生县级以下包括县、乡、填人民代表大会代表的所有具有选举权的公民。所谓代表,是指由选民直接选举产生的县级以下包括县、乡、镇等人民代表大会的代表以及由县级以上包括县级人民代表大会的代表间接选举产生的上一级人民代表大会代表。

至于破坏选举或妨害选民和代表自由行使选举权和被选举权的方式则多种多样，既可以表现为积极的作为如以暴力妨害，又可以表现为消极的不作为如故意漏登选民名单。归纳起来，主要是：

(1)暴力手段，即对选民、代表及其工作人员采取殴打、捆绑等人身伤害的手段或者捣乱选举场所，砸毁选举设施进行破坏；

(2)威胁手段，即以暴力伤害、毁坏财产、揭露隐私、破坏名誉等相要挟，对选民、代表及有关工作人员实施精神强制进行破坏；

(3)欺骗手段，即虚构事实，散布、扩散各种谣言或隐瞒事实真相，以混淆视听进行干扰破坏；

(4)贿赂手段，即利用金钱、财物或者其他物质利益甚或女色勾引、收买选民、代表或有关工作人员以进行破坏；

(5)伪造选举文件，即伪造选民证、选票、候选人的情况数据、选举文件进行破坏；

(6)虚报选举票数，即对选民、代表的投票总数、赞成票数、反对票数、弃权票数等进行以少报多或以多报少的虚假报告进行破坏；

(7)其他手段，如撕毁选民名单、候选人情况；在选民名单、候选人名单、选票上涂写侮辱性词句；对与自己不同意见的选民、代表进行打击报复；等等。

2. 破坏选举的行为必须是发生在选举各级人民代表大会和国家机关领导人员的活动中，即破坏的是各级权力机关的选举活动。如果不是发生在其中，而是在选举开始以前或者结束以后以及是在选举权力机关代表和国家机关领导人员以外的选举，如工会、共青团、妇联等社会团体的选举，各级党组织及其他民主党派的选举，企业、事业单位的领导人员的选举等，就不属于破坏选举罪的破坏选举。对之，构成犯罪的，应以他罪定罪，而不能以破坏选举罪论处。至于选举活动，则包括选民登记、提出候选人、投票选举、补选、罢免以及人民代表大会换届选举、补选的一切活动过程。

3. 破坏选举的行为还必须属于情节严重才能构成破坏选举罪。仅有破坏行为，尚未达到情节严重，也不能以破坏选举罪论处。所谓情节严重，主要是指破坏选举手段恶劣、后果严重或者造成恶劣影响的等情况。

破坏选举，具有下列情形之一的，应予立案：(1)以暴力、胁迫或者欺骗、贿赂等非法手段强迫或不让选民投某人的票，或强行宣布合法选举无效的；(2)伪造选举档和选票，虚报选票数，或在选举进行中故意扰乱选举会场秩序，情节恶劣的；(3)在选举期间对控告、检举在选举中营私舞弊或违法乱纪行为的公民进行压制、打击报复，情节严重的。

(四)客体要件

本罪侵犯的客体是公民的选举权利和国家的选举制度。选举权利包括选举权和被选举权。选举权利是公民基本的政治权利，是我国人民当家做主，行使国家权利的重要标志。选举制度是国家的重要制度，是国家民主政治的基本保护，任何侵犯公民选举权利的自自行使，破坏选举制度的行为，都是侵犯公民民主权利，损害国家的政治生活，必须依法惩处。

【罪名辨析】

(一)本罪与一般破坏选举行为的界限

《全国人民代表大会和地方各级人民代表大会选举法》第十章对破坏选举的制裁中规定，为保障选民和代表自由行使选举权和被选举权，对有下列违法行为的，应当依法给予行政处分或者刑事处分：

1. 用暴力、威胁、欺骗、贿赂等非法手段破坏选举或者妨害选民和代表自由行使选举权和被选举权的；

2. 伪造选举文件、虚报选举票数或者有其他违法行为的；

3. 对于控告、检举选举中违法行为的人，或者对于提出要求罢免代表的人进行压制、报复的。

上述违法行为，每一种都可以是犯罪行为。因此，应当根据事实、情节、后果、危害及行为人的主观恶性程度，区分罪与非罪的界限。对情节恶劣、严重的，以破坏选举罪论处。情节较轻的，可作为一般违法行为，给予行政处分。

(二)本罪与违反选举法的错误行为的界限

如有些地方为图省事不差额选举，或者不按时公布选民和候选人名单的，都不构成本罪。

(三)本罪和寻衅滋事罪的界限

1. 两罪的主观方面不同。两罪都为故意犯罪，但行为人认知的内容不同。寻衅滋事罪的行为人明知自己的行为会发生破坏社会秩序的危害后果，而希望或者放任这种结果的发生。其目的往往是为了满足要威风、取乐等不正常的精神刺激或其他不健康的心理需要。破坏选举罪则要求行为人明知自己的行为会妨害选举活动的进行及妨害选民和代表自由行使选举权和被选举权，而希望或放任这种结果的发生。其目的往往是出于个人政治上的野心或者是发泄个人的不满等。

2. 客观方面不同。根据刑法的规定，寻衅滋事罪的客观方面有四种表现：其一，随意殴打他人，情节恶劣的；其二，追逐、拦截、辱骂他人，情节恶劣的；其三，强拿硬要或者任意毁损、占用公私财物，情节恶劣的；其四，在公共场所起哄闹事，造成公共场所秩序严重混乱的。其行为没有明确的时间要求。破坏选举则要求行为人的行为必须发生在选举各级人民代表大会代表和国家机关领导人员时。其客观方面的具体表现为行为人以暴力、威胁、欺骗、贿赂、伪造选举档、虚报选举票数等手段破坏选举或者妨害选民和代表自由行使选举权和被选举权。可见，寻衅滋事罪的犯罪手段相对而言，较为单一，主要表现为暴力，破坏选举罪的犯罪手段则较为多样化。从犯罪对象上看，破坏选举罪侵犯的对象主要是选民和代表，寻衅滋事罪的侵犯对象则通常为不特定的人或者财物。

3. 侵犯的客体不同。寻衅滋事罪侵犯的客体是社会公共秩序，即人们遵守共同生产规则而形成的正常秩序。破坏选举罪侵犯的客体为公民的选举权和被选举权以及国家的选举制度。

量刑部分

【量刑标准】

犯本罪的，处三年以下有期徒刑、拘役或者剥夺政治权利。

截至目前，尚无本罪名关于量刑的司法解释。

暴力干涉婚姻自由罪 《刑法》第257条

以暴力干涉他人婚姻自由的，处二年以下有期徒刑或者拘役。犯前款罪，致使被害人死亡的，处二年以上七年以下有期徒刑。

第一款罪，告诉的才处理。

定罪部分

【罪名概念】

暴力干涉婚姻自由罪，是指用暴力手段干涉他人结婚自由或离婚自由的行为。

【关联法律】

《老年人权益保障法》

第七十五条　干涉老年人婚姻自由，对老年人负有赡养义务、扶养义务而拒绝赡养、扶养，虐待老年人或者对老年人实施家庭暴力的，由有关单位给予批评教育；构成违反治安管理行为的，依法给予治安管理处罚；构成犯罪的，依法追究刑事责任。

【犯罪构成】

（一）主体要件

本罪的主体为一般主体，凡达到刑事责任年龄且具备刑事责任能力的自然人均能构成本罪。包括父母、兄弟姐妹、族人以及奸夫、情妇、被害人所在单位的领导人等，其中以父母干涉子女婚姻自由的居多数，其他人一般不可能成为暴力干涉婚姻自由罪的主体。

现实生活中以父母干涉子女婚姻自由的为多，子女干涉父母再婚的次之，也有亲属等干涉他人婚姻自由的。此外,丈夫因妻子提出离婚而殴打妻子,致使妻子不能行使离婚自由权的,考虑到夫妻双方的特殊关系,一般不以本罪论处。

(二)主观要件

本罪在主观方面表现为直接故意,即明知自己的行为就是为了干涉他人的婚姻自由,其目的有的是不准被害人与其所爱的人结婚;有的出于强迫被害人必须与某人结婚;有的是强迫被害人不得改嫁或者是不准离婚。犯罪的动机是多种多样的:如父母、亲族出于贪图金钱、高攀权势进行干涉;出于维护封建的旧习俗不准改嫁;出于子女婚事须按父母之命的传统封建思想,等等。这些不同的动机不是暴力干涉婚姻自由罪的构成要件,只是量刑时要考虑的情节。

(三)客观要件

本罪在客观方面表现为使用暴力干涉他人婚姻自由的行为。使用暴力是本罪在客观方面的一个显著特征,没有暴力干涉就不构成本罪。所谓暴力,是指对意图结婚或离婚的人实行拳打脚踢、捆绑、禁闭、强抢等人身强制的方法。

(四)客体要件

本罪侵犯的客体是他人的婚姻自由权利和身体自由权(因对他人婚姻进行干涉使用了暴力手段,就必然要带来对被害人人身权利的侵害)。侵犯身体权利的暴力行为也只限于作为实施干涉婚姻自由的手段。如果行为人公然以故意杀人、重伤、强奸等方式,干涉他人婚姻自由,其侵犯人身权利的社会危害远远超过了对婚姻自由的干涉,就不应当再以暴力干涉婚姻自由罪论处,而应以侵犯公民人身权利罪中所触犯的具体罪名定罪处罚。

【罪名辨析】

(一)本罪与一般干涉婚姻自由行为的界限

如果仅以暴力相威胁,或者以非暴力方式干涉婚姻自由(非法拘禁除外),属于一般干涉婚姻自由的行为,不构成暴力干涉婚姻自由罪。

(二)本罪与故意杀人罪、故意伤害罪的界限

二者的主要区别是:

1. 侵害的客体不同,本罪侵害的客体是复杂客体,但主要是公民的婚姻自由权利,而故意杀人罪、故意伤害罪侵害的客体是他人的健康权和生命权;

2. 在客观方面,使用暴力程度不同,本罪虽然也会使被害人遭受身体上的伤害和精神上的痛苦,但伤害程度一般不会很严重,而对于那种因干涉婚姻自由的目的不能实现,公然故意伤害或杀害被害人的,由于犯罪故意的内容和行为的性质都已发生了变化,应按故意伤害罪或故意杀人罪论处;

3. 在主观方面虽然都是直接故意,但故意的内容不同,本罪出于干涉他人婚姻自由的目的,不具有损害他人身体健康的直接故意,而故意伤害罪、故意杀人罪则具有损害他人身体健康或剥夺他人生命的意图。这种转化从法理上来说属于牵连

犯的范畴。

(三)暴力干涉婚姻自由罪与抢亲行为的界限

对某些少数民族地区延续的抢亲习俗,不能视为犯罪,不以暴力干涉婚姻自由罪论处;如果强行与之发生性关系的,按强奸罪论处。

(四)以非法拘禁的手段干涉他人婚姻自由的认定

若犯罪嫌疑人以非法拘禁的手段干涉他人婚姻自由的,应按下列原则处理:

1. 如果以非法拘禁干涉他人婚姻自由,尚未造成严重后果,且被害人未向司法机关告发的,不宜追究被告人的刑事责任。由于本法规定了告诉才处理的原则,在处理暴力干涉婚姻自由罪与非法拘禁罪的想象竞合时,如果当事人未告诉,就不宜按通常的处理原则适用非法拘禁罪;如果当事人已告诉,则应按想象竞合犯处理,以非法拘禁罪论处。

2. 如果以非法拘禁方法干涉他人婚姻自由,引起被害人死亡的,应以想象竞合犯的原则追究被告人的刑事责任。这是因为,刑法第二百五十七条规定,暴力干涉他人婚姻自由引起被害人死亡的,不在“告诉的才处理”之列。因此,出现这种情况的,应以想象竞合犯的原则处理。不过本条规定非法拘禁致人死亡的,处十年以上有期徒刑,本法第二百五十七条规定暴力干涉婚姻自由致人死亡的,法定刑为二年以上七年以下有期徒刑,二者相比较,前者为重,因此应适用非法拘禁罪的条款。但是,考虑到前者重得多,而且考虑到本法第二百五十七条的立法精神,在适用非法拘禁“致人死亡”的法定刑时,可适当取其轻者。

3. 以非法拘禁方法干涉他人婚姻自由,致人重伤的,应视当事人是否告诉而分别处理:第一,当事人向司法机关告诉的,应按想象竞合犯的原则,以非法拘禁罪的基本构成的法定刑追究被告人的刑事责任,而不能以非法拘禁“致人重伤”的法定刑处理。这时因为刑法第二百五十七条虽未指明暴力干涉婚姻自由致人重伤的应如何处理,但从该条第二款的规定看,只把“致使被害人死亡”这一情节作为加重构成,所以根据其立法原意,致人重伤的,也包括在刑法第二百五十七条第一款即暴力干涉婚姻自由罪的基本构成中,属于“告诉的才处理”的范畴。第二,如果当事人未告诉的,就不应追究行为人的刑事责任。

量刑部分

【量刑标准】

犯本罪的,处二年以下有期徒刑或者拘役。致使被害人死亡的,处二年以上七年以下有期徒刑。

截至目前,尚无本罪名关于量刑的司法解释。

重婚罪 《刑法》第258条

有配偶而重婚的,或者明知他人有配偶而与之结婚的,处二年以下有期徒刑或者拘役。

定罪部分

【罪名概念】

重婚罪,是指有配偶又与他人结婚或者明知他人有配偶而与之结婚的行为。所谓有配偶,是指男人有妻、女人有夫,而且这种夫妻关系未经法律程序解除尚在存续的,即为有配偶的人;如果夫妻关系已经解除,或者因配偶一方死亡夫妻关系自然消失,即不再是有配偶的人。所谓明知他人有配偶而与之结婚的,是指本人虽无配偶,但明知对方有配偶,而故意与之结婚的(包括登记结婚或者事实婚)。此种行为是有意破坏他人婚姻的行为。

【关联法律】

《婚姻法》

第四十五条　对重婚构成犯罪的,依法追究刑事责任。

【犯罪构成】

(一)主体要件

本罪的主体为一般主体,一是有配偶的人,在夫妻关系存续期间又与他人成立婚姻关系;二是没有配偶的人,明知对方有配偶而与之结婚。

(二)主观要件

本罪在主观方面表现为直接故意,即明知他人有配偶而与之结婚或自己有配偶而故意与他人结婚。如果没有配偶一方确实不知对方有配偶而与之结婚或以夫妻关系共同生活的,无配偶一方不构成重婚罪,有配偶一方则构成重婚罪。

(三)客观要件

本罪在客观方面表现为行为人必须具有重婚的行为。即有配偶的人又与他人结婚的,或者明知他人有配偶而与之结婚的,就构成重婚罪。

有配偶,是指男人有妻、女人有夫,而且这种夫妻关系未经法律程序解除尚在存续的,即为有配偶的人;如果夫妻关系已经解除,或者因配偶一方死亡夫妻关系自然消失,即不再是有配偶的人。所谓又与他人结婚,包括骗取合法手续登记结婚的和虽未经婚姻登记手续但以夫妻关系共同生活的事实婚姻。所谓明知他人有配偶而与之结婚的,是指本人虽无配偶,但明知对方有配偶,而故意与之结婚的(包括登记结婚或者事实婚)。此种行为是有意破坏他人婚姻的行为。

(四)客体要件

本罪侵犯的客体是一夫一妻制的婚姻关系。一夫一妻制是婚姻法规定的原则，重婚行为破坏了社会主义婚姻、家庭制度，必须予以刑事处罚。

【罪名辨析】

（一）本罪与非罪的界限

重婚是封建主义婚姻制度的产物，是剥削阶级腐化享乐思想在婚姻关系上的表现。在社会主义社会里，重婚是不允许的。但是，在市场经济体制建立与逐步健全的今天，重婚观念很严重。所谓“大款”“养二奶”已非常普遍。重婚是一个非常复杂的现象，在处理重婚案件时，罪与非罪的界限往往难以区分。应从以下几个方面来区分重婚罪与非罪的界限。

1. 要区分重婚罪与有配偶的妇女被拐卖而重婚的界限。拐骗、贩卖妇女的犯罪相当严重。有的妇女已经结婚，但被犯罪分子拐骗、贩卖后被迫与他人结婚，在这种情况下，被拐卖的妇女在客观上尽管有重婚行为，但其主观上并无重婚的故意，与他人重婚是违背其意愿的、是他人欺骗或强迫的结果。

2. 要区分重婚罪与临时姘居的界限。姘居，是指男女双方未经结婚而临时在一起以夫妻名义共同生活，不构成重婚罪。

3. 从情节是否严重来区分罪与非罪的界限。在实践中，重婚行为的情节和危害有轻重大小之分。根据《刑法》第十三条的规定，情节显著轻微危害不大的，不认为是犯罪。所以，有重婚行为，并不一定就构成重婚罪。只有情节较为严重，危害较大的重婚行为，才构成犯罪。根据立法精神和实践经验，下面两种重婚行为不构成重婚罪：

（1）夫妻一方因不堪虐待外逃而重婚的。实践中，由于封建思想或者家庭矛盾等因素的影响，夫妻间虐待的现象时有发生。如果一方，尤其是妇女，因不堪虐待而外逃后，在外地又与他人结婚，由于这种重婚行为的动机是为了摆脱虐待，社会危害性明显较小，所以不宜以重婚罪论处。

（2）因遭受灾害外逃而与他人重婚的。因遭受灾害在原籍无法生活而外流谋生的。一方知道对方还健在，有的甚至是双方一同外流谋生，但迫于生计，而不得不在原夫妻关系存在的情况下又与他人结婚。这种重婚行为尽管有重婚故意，但其社会危害性不大，也不宜以重婚罪论处。

（二）事实婚姻出现在“重婚”行为中时，重婚罪的认定

事实婚姻出现在“重婚”行为中时有以下几种情况：

1. 前一个婚姻是登记婚姻，后一个婚姻是事实婚姻；

2. 前一个婚姻是事实婚姻，后一个婚姻是登记婚姻；

3. 前一个婚姻是事实婚姻，后一个婚姻是与他人以夫妻名义同居生活。

第一种情形构成重婚罪，理论界、实践界争议不大，问题在于后两种情形（以下均称上述两种情形）下，重婚者与相婚者是否构成重婚罪？理论界、实践界争议较大。归根结底问题还是在于《刑法》第二百五十八条中的配偶是否包括因事实婚姻

而形成的夫妻双方。有学者认为,上述两种情形也构成重婚罪,依据是,就主体而言,当事人自己有配偶或明知他人有配偶是重婚的主体要件。配偶是指《刑法》第二百五十八条中的配偶应当包括因事实婚姻而形成的夫妻双方。

量刑部分

【量刑标准】

犯本罪的,处二年以下有期徒刑或者拘役。

截至目前,尚无本罪名关于量刑的司法解释。

破坏军婚罪 《刑法》第259条

明知是现役军人的配偶而与之同居或者结婚的,处三年以下有期徒刑或者拘役。

利用职权、从属关系,以胁迫手段奸淫现役军人的妻子的,依照本法第二百三十六条的规定定罪处罚。

定罪部分

【罪名概念】

破坏军婚罪,是指明知是现役军人的配偶而与之同居或者结婚的行为。

【司法解释】

最高人民法院《关于处理破坏军婚案件两个问题的批复》

(实施日期:1964年7月24日)

上海市高级人民法院:

你院[64]沪高法批字第82号报告,对“中央批转最高人民法院党组关于处理破坏军人婚姻案件的意见的报告”第二条第(一)、(二)两项提出的两个问题,经我们研究后答复如下:

一、该报告第二条第(一)项指出3种一般的破坏军人婚姻的情况,可以免予刑事处分,采取批评教育、训诫等办法处理。如果犯错误的人是党员、团员或干部,建议党、团、行政组织酌予处分。其中“军人本人不愿意追究的”这种情况,是指军人妻子虽有过通奸行为,但军人本人不愿意追究,可免予刑事处分。所谓不愿意追究,也包括军人在案件作其他适当处理后,并不坚持要求给予刑事处分这一情形在内。至于对这项规定是否可以反过来理解,即虽有过通奸行为,但军人要求追究的,可给予刑事处分。我们认为,不能作这样的理解,对军人要求追究的,是否给予刑事处分,仍应按照该报告第二条所规定的总的精神和结合案件的具体情况而定。

二、该报告第二条第(二)项中"利用职权威胁、利诱成奸的",是指利用职权威胁成奸或利用职权利诱成奸,二者有其一,即可适用这项规定。这里所说的利用职权利诱成奸,则指利用职权以政治上物质上的利益相引诱,而达到成奸的目的。例如,许以入党入团,提职提级,给予某种荣誉,或者慷公家之慨,不应奖励而奖励,不应记工分而记工分,不应多发供应票证而多发,等等。所有这些,都是与利用职权相联系的。

三、报告所附李××破坏军婚一案,经查阅原卷,看不出被告有利用职权威胁或利诱的情节。但被告事前不听军人警告,与军属通奸被发觉后,又企图串通军属隐瞒罪行,没有悔改表现,这些情节是严重的,如果影响恶劣,也可以考虑判一点刑。由于在报告和原卷中看不出该案造成的影响,因此,究竟需不需要判刑,请你们研究决定。

【关联法律】

《刑法》

第二百三十六条【强奸罪】　以暴力、胁迫或者其他手段强奸妇女的,处三年以上十年以下有期徒刑。

奸淫不满十四周岁的幼女的,以强奸论,从重处罚。

强奸妇女、奸淫幼女,有下列情形之一的,处十年以上有期徒刑、无期徒刑或者死刑:

(一)强奸妇女、奸淫幼女情节恶劣的;

(二)强奸妇女、奸淫幼女多人的;

(三)在公共场所当众强奸妇女的;

(四)二人以上轮奸的;

(五)致使被害人重伤、死亡或者造成其他严重后果的。

【犯罪构成】

(一)主体要件

本罪的主体是一般主体。本罪的犯罪对象是现役军人婚姻,因此非现役军人与现役军人的配偶结婚或者同居,可构成本罪主体,现役军人和现役军人的配偶结婚或者同居,也可构成本罪主体;两个现役军人重婚或者同居,而他们的配偶都不是现役军人,不构成本罪主体。

(二)主观要件

本罪在犯罪主观方面表现为故意,不知而与之结婚或者同居的,不构成本罪。

(三)客观要件

本罪在客观方面表现为明知是现役军人的配偶而与之同居或者结婚的行为。

(四)客体要件

本罪侵犯的客体是婚姻法规定的一夫一妻制婚姻关系中的现役军人的婚姻关系。

【罪名辨析】

(一)本罪与重婚罪的界限

若是明知对方有配偶并与其结婚,或未进行登记而以夫妻名义同居的,同时构成重婚罪。想象竞合从一重处理。本罪在犯罪主观方面表现为故意,不知而与之结婚或者同居的,不构成重婚罪。

(二)本罪与强奸罪的界限

若是利用职权、从属关系,以胁迫手段奸淫现役军人的妻子的,以强奸罪论处。本条款是强奸罪的特殊条款,属于注意条款而非法律拟制。依据平等原则,同样的法益受到同样的保护,仅当对现役军人妻子的奸淫行为达到触犯强奸罪的程度时,才成立强奸罪,而为赋予现役军人妻子性自主权利的额外保护。

量刑部分

【量刑标准】

犯本罪的,处三年以下有期徒刑或者拘役。

利用职权、从属关系,以胁迫手段奸淫现役军人的妻子的,依照本法第二百三十六条强奸罪的规定定罪处罚。

截至目前,尚无本罪名关于量刑的司法解释。

虐待罪 《刑法》第260条

虐待家庭成员,情节恶劣的,处二年以下有期徒刑、拘役或者管制。

犯前款罪,致使被害人重伤、死亡的,处二年以上七年以下有期徒刑。

第一款罪,告诉的才处理,但被害人没有能力告诉,或者因受到强制、威吓无法告诉的除外。

定罪部分

【罪名概念】

虐待罪,是指对共同生活的家庭成员,经常以打骂、捆绑、冻饿、限制自由、凌辱人格、不给治病或者强迫作过度劳动等方法,从肉体上和精神上进行摧残迫害,情节恶劣的行为。

【司法解释】

最高人民检察院关于印发《人民检察院监狱检察办法》、《人民检察院看守所检察办法》、《人民检察院劳教检察办法》和《人民检察院监外执行检察办法》的通知

(实施日期:2008年3月23日 高检发监字[2008]1号)(节录)

第三十六条 发现监狱在狱政管理、教育改造活动中有下列情形的,应当及时提出纠正意见:

(一)监狱人民警察体罚、虐待或者变相体罚、虐待罪犯的。

【犯罪构成】

(一)主体要件

本罪的主体为特殊主体,必须是共同生活的同一家庭的成员,相互之间存在一定的亲属关系或者扶养关系,如夫妻、父母、子女、兄弟姐妹等。

(二)主观要件

本罪在主观方面表现为故意,即故意地对被害人进行肉体上和精神上的摧残和折磨。至于虐待的动机则是多种多样的,不论出于什么动机,都不影响定罪,但量刑时应予以考虑。

(三)客观要件

本罪在客观方面表现为对共同生活的家庭成员,经常以打骂、捆绑、冻饿、限制自由、凌辱人格、不给治病或者强迫作过度劳动等方法,从肉体上和精神上进行摧残迫害,情节恶劣的行为。

1. 要有对被害人肉体和精神进行摧残、折磨、迫害的行为。这种行为,就方式而言,既包括积极的作为,如殴打、捆绑、禁闭、讽刺、谩骂、侮辱、限制自由、强迫超负荷劳动等,又包括消极的不作为,如有病不给治疗、不给吃饱饭、不给穿暖衣等,但构成本罪,不可能是纯粹的不作为。单纯的不给饭吃、不给衣穿或有病不给治疗,构成犯罪应是遗弃罪。就内容前言,既包括肉体的摧残,如冻饿、禁闭、有病不给治疗等,又包括精神上的迫害,如讽刺、谩骂、凌辱人格、限制自由等,不论其内容如何,也不论具方式怎样,是交替穿插进行,还是单独连续进行,都不影响本罪成立。

2. 行为必须具有经常性、一贯性。这是构成本罪虐待行为的一个必要特征。偶尔的打骂、冻饿、赶出家门,不能认定为虐待行为。

3. 虐待行为必须是情节恶劣的,才构成犯罪。所谓"情节恶劣",指虐待动机卑鄙、手段残酷、持续时间较长、屡教不改的、被害人是年幼、年老、病残者、孕妇、产妇等。对于一般家庭纠纷的打骂或者曾有虐待行为,但情节轻微,后果不严重,不构成虐待罪。有的父母教育子女方法简单、粗暴,有时甚至打骂、体罚,这种行为是错误的,应当批评教育。只要不是有意对被害人在肉体上和精神上进行摧残和折磨,不应以虐待罪论处。

(四)客体要件

本罪侵犯的客体是家庭成员在家庭中的合法权益,主要是家庭成员之间的平等权利。由于虐待行为所采取的方法,也侵犯了受害者的人身权利,因此,本罪侵犯的客体是复杂客体。

首先,本罪侵犯的对象是共同生活的家庭成员。根据我国有关法律的规定,家庭成员主要由以下四部分成员构成:

1. 由婚姻关系的形成而出现的最初的家庭成员,即丈夫和妻子。夫妻关系是一种拟制血亲关系,是最初的家庭关系,它是父母与子女间的关系产生的前提和基础。至于继父母与继子女间的关系,如果形成一种收养关系,则就成为家庭关系,它实质既为因收养关系而发生在家庭关系,也为因婚姻而发生的家庭关系。

2. 由血缘关系而引起的家庭成员,这是由于血亲关系而产生的家庭成员,包括两类:其一,由直系血亲关系而联系起来的父母、子女、孙子女、曾孙子女以及祖父母、曾祖父母、外祖父母等,他们之间不因成家立业,及经济上的分开而解除家庭成员的法律地位;其二,由旁系血亲而联系起来的兄、弟、姐、妹、叔、伯姑、姨、舅等家庭成员,但是,他们之间随着成家立业且与原家庭经济上的分开,而丧失原家庭成员的法律地位。这里例外的是,原由旁系血亲抚养的,如原由兄姐抚养之弟妹,不因结婚而丧失原家庭成员的资格。

3. 由收养关系而发生的家庭成员,即养父母与养子女之间,这是一种拟制血亲关系。

4. 在现实生活中,还经常出现一种既区别于收养关系、血亲关系,又区别于婚姻关系而发生的家庭成员之间的关系,如某甲是位孤寡老人,生活无着落,乙丙夫妇见状而将甲领回去,自愿试行一种决非法律意义上的赡养义务。一经同意赡养,甲就成了乙丙家的一个家庭成员。

只有基于上述血缘关系、婚姻关系、收养关系等方面取得家庭成员的身份,方能成为虐待罪之侵害对象,这也是此种犯罪行为本身的性质所决定的。

【罪名辨析】

(一)本罪与非罪的界限

根据立法规定和实践经验,可以从以下几个方面区分虐待罪与非罪的界限:

1. 从情节是否恶劣来区分罪与非罪的界限。情节是否恶劣是区分罪与非罪的主要标志。根据本条规定,虐待家庭成员,只有情节恶劣的,才构成犯罪。虐待行为一般,情节较轻的,如一两次的打骂,偶尔的不给饭吃、禁闭等,不应作为虐待罪论处。

虐待情节是否恶劣,应当根据以下几个方面来认定:

(1)虐待行为持续的时间。虐待时间的长短,在相当程度上决定对被害人身心损害的大小。虐待持续的时间长,比如几个月、几年,往往会造成被害人的身心受到较为严重的损害。相反,因家庭琐事出于一时气愤而对家庭成员实施了短时间的虐待行为,一般也不会造成什么严重后果。

(2)虐待行为的次数。虐待时间虽然不长,但行为次数频繁的,也容易使被害人的身心遭受难以忍受的痛苦,极易出现严重后果。例如,有的丈夫在妻子生女婴后的一个月内,先后毒打妻子10余次;有的儿女对因卧床不起的老人一次又一次地不给饭吃,一个月内就达20余次,等等。

(3)虐待的手段。实践中,有的虐待手段十分残忍。例如,丈夫在冬天把妻子的衣服扒光推出门外受冻;丈夫用烙铁、烟头等烫妻子的阴部、乳房;儿女惨无人道地毒打年迈的父母等。使用这些残忍手段,极易造成被害人伤残和死亡,应以情节恶劣论处。至于打耳光、拧耳朵等虐待行为,便不能认为是手段残忍,一般不能认定为情节恶劣。

(4)虐待的后果是否严重。虐待行为一般都会程度不同地给被害人造成精神上、肉体上的痛苦和损害,其中有的后果严重,例如由于虐待行为人使被害人患了精神分裂症、妇科病或者其他病症;虐待行为致使被害人身体瘫痪、肢体伤残;将被害人虐待致死;被害人因不堪虐待而自杀等。凡发生了上述严重后果的,都应以情节恶劣论处。

当然,判断是否“情节恶劣”,可以根据上述诸方面进行综合分析,也可以根据其中的一个方面加以分析认定。

2. 从犯罪的对象来区分罪与非罪的界限。虐待罪是发生在家庭成员间的犯罪,行为人与被害人之间存在一定的亲属关系和扶养关系,如夫妻、父子、兄弟姐妹等。虐待非家庭成员的,不构成虐待罪(但如果因虐待行为直接给被害人造成严重后果,社会危害严重,构成其他犯罪的,可以按其他犯罪论处)。

(二)本罪与故意杀人罪的界限

虐待行为的手段,有时与故意杀人的手段十分相似,并且,虐待行为有时在客观上也可能造成被害人死亡的后果。所以,虐待罪与故意杀人罪的界限较容易混淆。我们认为,司法实践中难以认定某一行为是构成虐待罪还是故意杀人罪时,应当从主观故意上区分二者的界限,虐待罪的主观方面是故意对被害人进行肉体上和精神上的摧残和折磨;故意杀人罪的主观方面是故意剥夺他人的生命。

(三)本罪与故意伤害罪的界限

虐待行为往往会造成被害人身体伤害的后果。所以,虐待罪容易与故意伤害罪混淆。在司法实践中,也应当主要从主观故意上区别虐待罪与故意伤害罪的界限。如果行为人出于对被害人进行肉体上和精神上摧残和折磨的故意,在实施虐待行为过程中,造成被害人轻伤或者重伤的,其行为构成虐待罪,不构成故意伤害罪;如果行为人在主观上具有伤害他人身体健康的故意,并且在客观上实施了伤害他人的行为,则其行为构成故意伤害罪,不构成虐待罪。

(四)犯本罪的,告诉的才处理,但被害人没有能力告诉,或者因受到强制、威吓无法告诉的除外

所谓告诉的才处理,是指被害人要向人民法院提出控告,人民法院才处理,不告诉不处理。本条这一规定,主要是考虑到虐待案件发生在家庭成员之间,被虐待者不希望亲属关系破裂,更不希望诉诸司法机关对虐待者定罪量刑。因此要充分考虑被虐待者的意思。如果被虐待者不控告,司法机关就不要主动干预,这样有利于社会的安定团结。但是根据《刑法修正案(九)》,被害人没有能力告诉,或者因受到强制、威吓无法告诉的除外。同时根据《刑法》第九十八条之规定,如果被虐待者受强制、威吓等而无法向人民民院起诉的,人民检察院可以提起公诉。被虐待者的其他近亲属也可以控告,有关单位和组织也可以向人民检察院检举揭发干涉,由人民检察院查实后提起公诉。犯本罪,致被害人重伤、死亡的,不适用"告诉的才处理"的规定。

(五)本罪与遗弃罪的界限

1. 主观方面的区别:虐待罪的故意是行为人有意识地对被害人进行肉体摧残和精神折磨;遗弃罪的故意,即行为人明知自己应当履行扶养义务,也有实际履行扶养义务能力而拒绝扶养。

2. 客观方面的区别:虐待罪的客观方面,表现为经常或连续折磨、摧残家庭成员身心健康的行为;遗弃罪的客观方面,表现为对没有独立生活能力的家庭成员,具有扶养义务而拒绝扶养的行为。

3. 主体要件的区别:虐待罪的主体,必须是在一个家庭内部共同生活的成员;遗弃罪的主体,必须是对被遗弃者负有法律扶养义务而且具有履行义务能力的人。

4. 客体要件的区别:虐待罪侵犯的客体是复杂客体,既侵犯共同生活的家庭成员在家庭生活中享有合法权益,也侵犯了被害人的身体健康;遗弃罪侵犯的客体,是家庭成员之间相互扶养的权利义务关系。

量 刑 部 分

【量刑标准】

犯本罪,情节恶劣的,处二年以下有期徒刑、拘役或者管制。

犯前款罪,致使被害人重伤、死亡的,处二年以上七年以下有期徒刑。

第一款罪,告诉的才处理,但被害人没有能力告诉,或者因受到强制、威吓无法告诉的除外。

截至目前,尚无本罪名关于量刑的司法解释。

虐待被监护、看护人罪　《刑法》第 260 条之一

对未成年人、老年人、患病的人、残疾人等负有监护、看护职责的人虐待被监护、看护的人,情节恶劣的,处三年以下有期徒刑或者拘役。

单位犯前款罪的,对单位判处罚金,并对其直接负责的主管人员和其他直接责任人员,依照前款的规定处罚。

有第一款行为,同时构成其他犯罪的,依照处罚较重的规定定罪处罚。

遗弃罪　《刑法》第 261 条

对于年老、年幼、患病或者其他没有独立生活能力的人,负有扶养义务而拒绝扶养,情节恶劣的,处五年以下有期徒刑、拘役或者管制。

定罪部分

【罪名概念】

遗弃罪,是指对于年老、年幼、患病或者其他没有独立生活能力的人,负有扶养义务而拒绝扶养,情节恶劣的行为。

【司法解释】

1. 最高人民法院、最高人民检察院、公安部、司法部《关于依法惩治拐卖妇女儿童犯罪的意见》

(实施日期:2010 年 3 月 15 日　法发[2010]7 号)(节录)

17、不是出于非法获利目的,而是迫于生活困难,或者受重男轻女思想影响,私自将没有独立生活能力的子女送给他人抚养,包括收取少量营养费、感谢费的,属于民间送养行为,不能以拐卖妇女、儿童罪论处。对私自送养导致子女身心健康受到严重损害,或者具有其他恶劣情节,符合遗弃罪特征的,可以遗弃罪论处;情节显著轻微危害不大的,可由公安机关依法予以行政处罚。

2. 最高人民法院、最高人民检察院、公安部、民政部、司法部、全国妇联《关于打击拐卖妇女儿童犯罪有关问题的通知》

(实施日期:2000 年 3 月 20 日　公通字[2000]26 号)(节录)

六、公安、民政、妇联等有关部门和组织应当密切配合,做好被解救妇女、儿童的善后安置工作。任何单位和个人不得歧视被拐卖的妇女、儿童。对被解救回的未成年人,其父母及其他监护人应当接收并认真履行抚养义务。拒绝接收,拒不履行抚养义务,构成犯罪的,以遗弃罪追究刑事责任。

3. 最高人民法院《全国法院维护农村稳定刑事审判工作座谈会纪要》

(实施日期:1999年10月27日　法[1999]217号)(节录)

(六)关于拐卖妇女、儿童犯罪案件要从严惩拐卖妇女、儿童犯罪的首要分子和以拐卖妇女、儿童为常业的“人贩子”要严格把握此类案件罪与非罪的界限。对于买卖至亲的案件,要区别对待:以贩卖牟利为目的收养子女的,应以拐卖儿童罪处理;对那些迫于生活困难、受重男轻女思想影响而出卖亲生子女或收养子女的,可不作为犯罪处理;对于出卖子女确属情节恶劣的,可按遗弃罪处罚;对于那些确属介绍婚姻,且被介绍的男女双方相互了解对方的基本情况,或者确属介绍收养,并经被收养人父母同意的,尽管介绍的人数较多,从中收取财物较多,也不应作犯罪处理。

【关联法律】

1.《老年人权益保障法》

第七十五条　干涉老年人婚姻自由,对老年人负有赡养义务、扶养义务而拒绝赡养、扶养,虐待老年人或者对老年人实施家庭暴力的,由有关单位给予批评教育;构成违反治安管理行为的,依法给予治安管理处罚;构成犯罪的,依法追究刑事责任。

2.《未成年人保护法》

第六十条　违反本法规定,侵害未成年人的合法权益,其他法律、法规已规定行政处罚的,从其规定;造成人身财产损失或者其他损害的,依法承担民事责任;构成犯罪的,依法追究刑事责任。

3.《残疾人保障法》

第六十七条　违反本法规定,侵害残疾人的合法权益,其他法律、法规规定行政处罚的,从其规定;造成财产损失或者其他损害的,依法承担民事责任;构成犯罪的,依法追究刑事责任。

4.《收养法》

第三十一条第二款、第三款　遗弃婴儿的,由公安部门处以罚款;构成犯罪的,依法追究刑事责任。

出卖亲生子女的,由公安部门没收非法所得,并处以罚款;构成犯罪的,依法追究刑事责任。

【犯罪构成】

(一)主体要件

本罪的主体为特殊主体,必须是对被遗弃者负有法律上的扶养义务而且具有抚养能力的人。只有具备这种条件的人,才可能成为本罪的主体。

(二)主观要件

本罪在主观方面表现为故意。即明知自己应履行扶养义务而拒绝扶养。

(三)客观要件

本罪在客观方面表现为年老、年幼、患病或者其他没有独立生活能力的家庭成员,应当扶养而拒不扶养,情节恶劣的行为。所谓年老、年幼、患病或者其他没有独立生活能力的家庭成员,是指家庭成员中具有以下几种情况的人:

(1)因年老、伤残、疾病等原因,丧失劳动能力,没有生活来源;

(2)虽有生活来源,但因病、老、伤残,生活不能自理的;

(3)因年幼或智力低下等原因,没有独立生活能力的,除了对于具有这类情况的家庭成员外,不发生遗弃的问题。

1. 行为人必须负有扶养义务。这是构成本罪的前提条件。

父母对子女的抚养义务,祖父母对孙子女、外祖父母对外孙子女、兄姐对弟妹的抚养义务,夫妻相互间的扶养义务,子女对父母的赡养义务。

2. 行为人能够负担却拒绝扶养,能够负担,是指有独立的经济能力,并有能够满足本人及子女、老人的最低生活标准(当时、当地的标准)外有多余的情况。

3. 遗弃行为必须达到情节恶劣程度的,才构成犯罪。也就是说,情节是否恶劣是区分遗弃罪与非罪的一个重要界限。根据司法实践经验,遗弃行为情节恶劣是指由于遗弃而致被害人重伤、死亡的;被害人因被遗弃而生活无着,流离失所,被迫沿街乞讨的;因遗弃而使被害人走投无路被迫自杀的;行为人屡经教育,拒绝改正而使被害人的生活陷一危难境地的;遗弃手段十分恶劣的(如在遗弃中又有打骂、虐待行为的),等等。

(四)客体要件

本罪侵犯的客体是被害人在家庭成员中的平等权利。对象只限于年老、年幼、患病或者其他没有独立生活能力的家庭成员。

【罪名辨析】

本罪与虐待罪的界限

1. 客体要件不同。遗弃罪侵犯的客体是家庭成员之间相互扶养的权利义务关系;而虐待罪侵犯的客体则是复杂客体,既侵犯共同生活的家庭成员在家庭生活中享有合法权益,也侵犯了被害人的身体健康。

2. 客观方面不同。虐待罪的客观方面,则表现为经常或连续折磨、摧残家庭成员身心健康的行为。

3. 主体要件不同。遗弃罪的主体,必须是对被遗弃者负有法律扶养义务而且具有履行义务能力的人;而虐待罪的主体,必须是在一个家庭内部共同生活的成员。

4. 犯罪主观方面不同。两罪在主观方面虽均是故意,但其故意的内容不同。而虐待罪的故意是行为人有意识地对被害人进行肉体摧残和精神折磨。

5. 犯罪侵犯的对象不同。遗弃罪的犯罪对象,只限于年老、年幼、患病或者其他没有独立生活能力的人;而故意伤害罪的犯罪对象可以是任何人。

量刑部分

【量刑标准】

犯本罪的,处五年以下有期徒刑、拘役或者管制。

截至目前,尚无本罪名关于量刑的司法解释。

拐骗儿童罪　《刑法》第262条(一)

拐骗不满十四周岁的未成年人,脱离家庭或者监护人的,处五年以下有期徒刑或者拘役。

定罪部分

【罪名概念】

拐骗儿童,指以欺骗,引诱或者其他方法,使不满十四周岁的男,女儿童脱离家庭或者监护人的行为。

【关联法律】

《收养法》第三十一条第一款　借收养名义拐卖儿童的,依法追究刑事责任。

【犯罪构成】

(一)主体要件

本罪的主体为一般主体。凡达到刑事责任年龄且具备刑事责任能力的自然人均能构成本罪。

(二)主观要件

本罪在主观方面表现为故意。

(三)客观要件

本罪在客观方面表现为采用蒙骗、利诱或者其他方法,使儿童脱离自己的家庭或者监护人的行为。所谓拐骗,可能是直接对儿童实行,也可能是对儿童的家长或者监护人实行。

(四)客体要件

本罪侵犯的客体,是他人的家庭关系和儿童的合法权益。拐骗的对象是不满十四周岁的未成年人。

【罪名辨析】

(一)本罪与拐卖儿童罪的界限

两者有相似之处:对象都是不满十四周岁的儿童,都主要使用蒙骗、利诱手段。

但二者有严格区别:拐骗儿童罪的行为人主观上是为了收养或使唤、奴役等拐卖儿童罪的行为人主观上是为了贩卖牟利;因此,行为人是否具有出卖的目的,是区分两罪的关键。

(二)本罪与绑架罪的界限

两者也有相同之处。但后者是拐骗他人作为人质,用以向其家长、监护人、亲属等人勒索钱财或实现其他不法要求,二者的性质与危害存在很大区别。

拐骗儿童后产生出卖或勒索目的,进而出卖儿童或者以暴力、胁迫等手段对儿童进行实力支配以勒索钱财的,应分别认定为拐卖儿童罪或绑架罪,与拐骗儿童罪实行并罚。

量刑部分

【量刑标准】

犯本罪的,处五年以下有期徒刑或者拘役。

截至目前,尚无本罪名关于量刑的司法解释。

组织残疾人、儿童乞讨罪 《刑法》第262条之一

以暴力、胁迫手段组织残疾人或者不满十四周岁的未成年人乞讨的,处三年以下有期徒刑或者拘役,并处罚金;情节严重的,处三年以上七年以下有期徒刑,并处罚金。

定罪部分

【罪名概念】

组织残疾人、儿童乞讨罪,是指以暴力、胁迫手段组织残疾人或者不满十四周岁的未成年人乞讨的行为。

【犯罪构成】

(一)主体要件

本罪的犯罪主体为一般主体,即年满十六周岁具有刑事责任能力的人都可以构成本罪,单位不是本罪的犯罪主体。需要注意的是,本罪只处罚组织者,也即在乞讨团体中起组织、策划、指挥、领导作用的人,其本人可能参与乞讨行为,也可能不参与。

(二)主观要件

组织乞讨罪的主观方面是直接故意,即明知道自己是在组织未成年人与残疾人乞讨,这种行为会发生危害社会的后果,并且希望这种危害结果的发生。间接故意和过失不能构成组织乞讨罪。

(三)客观要件

在客观方面表现为行为人实施了以暴力、胁迫的手段,组织残疾人与未成年人进行乞讨的行为。概括起来,本罪有以下几个方面的内容。

1. 必须实施了组织未成年人、残疾人乞讨的行为。

2. 组织未成年人、残疾人乞讨,采用的是暴力、胁迫的手段。

3. 被组织的对象是残疾人与未成年人,且人数应当是多人。

(四)客体要件

本罪的客体是双重客体,组织乞讨不但侵害了残疾人与未成年人的身心健康,而且对社会正常的管理秩序也带来了混乱。其中残疾人与未成年人的身心健康是本罪的主要客体。国家为残疾人制定了一系列的保障措施,虽然不很完善,但是基本上保障了残疾人的基本生活需要,但被组织以乞讨为生,是对其人格尊严的伤害,而且本罪特定的行为手段也决定其侵害了残疾人的健康权与身体权。

【罪名辨析】

(一)本罪与一般组织乞讨行为的界限

《治安管理处罚法》第四十一条明确规定,胁迫、诱骗或者利用他人乞讨的构成治安违法行为,将被处十日以上十五日以下拘留,可以并处一千元以下罚款。反复纠缠、强行讨要或者以其他滋扰他人的方式乞讨的,处五日以下拘留或者警告。将组织乞讨罪的规定与《治安管理处罚法》的相关规定进行比较,二者存在以下差异:

一是《治安管理处罚法》的保护对象为任何人,而非仅限于残疾人或者未成年人。而组织乞讨罪明确要求,只有残疾人与未满十四周岁的未成年人方能构成本罪的犯罪对象。

二是《治安管理处罚法》处罚的对象也更加广泛,非但组织者,所有实施了胁迫、诱骗或者利用他人乞讨的行为人和乞讨方式违法的乞讨行为人都是行政处罚的对象。而组织乞讨罪的处罚对象却只限于组织乞讨者。

三是《治安管处罚法》规定的行为方式也比组织乞讨罪广泛,只要是利用他人进行乞讨的行为,不论何种手段均构成违法治安处罚的违法行为。而组织乞讨罪仅限于使用暴力与胁迫的手段。

总之,《治安管理处罚法》的处罚范围是包容了组织乞讨罪的规定,因此在具体认定本罪时,除了要把握两者从性质上不同的行为方式差异之外,还要注意同样是组织残疾人与未满十四周岁的未成年人乞讨行为时,何种情况下适用《治安管理处罚法》,何种情况下适用组织乞讨罪。总的方针是依据其社会危害性的严重程度,具体标准参照笔者在犯罪客观方面的论述。

(二)本罪与故意伤害罪的界限

由于本罪所要求的特定的暴力或胁迫手段会对残疾人与未成年人的健康权、

身体权与生命权造成一定的威胁,有可能造成被害人的伤害或死亡结果,从而符合其他侵害他人人身权利的犯罪的特征。因此有必要在理论上把本罪与其他侵害人身犯罪的界限加以厘清,以便于司法实践具体掌握。

就组织乞讨罪与故意伤害罪而言,如果组织乞讨者利用暴力的手段致残疾人或者未满十四岁的未成年人人身受到伤害,则属于一行为(当然相对于组织乞讨罪的复杂行为而言,此处的一行为是有所特指的)触犯数个罪名的想象竞合犯。依照我国刑法理论界的通说应当按照从一重罪处断原则处理,也即依照行为触犯数个罪名中法定刑较重的犯罪定罪处罚,而不是数罪并罚。比较组织乞讨罪与故意伤害罪的法定刑幅度,在致人轻伤时故意伤害罪与组织乞讨罪的法定刑幅度是基本一致的,故意伤害罪致人轻伤时处三年以下有期徒刑、拘役或者管制,组织乞讨罪的基本法定刑是三年以下有期徒刑或者拘役,并处罚金。但是如前所述,组织乞讨罪的暴力程度应当仅限于致人轻伤(有关理由请参见笔者关于犯罪客观方面的论述)。而且组织乞讨罪有两个法定刑幅度,情节严重的,处三年以上七年以下有期徒刑,并处罚金。因此,可以说在组织乞讨的暴力行为仅致残疾人或未满十四周岁的未成年人轻伤时,组织乞讨罪的法定刑幅度是高于故意伤害罪的,因此应当依照组织乞讨罪定罪处罚。而当非法组织的暴力手段致人重伤时,故意伤害罪的法定刑是三年以上十年以下有期徒刑,较之情节严重时的组织乞讨罪处以三年以上七年以下有期徒刑,并处罚金的法定刑是相对较重的,因此此时应当依照故意伤害罪定罪处罚。至于行为人故意伤害致人死亡或者以特别残忍的手段致人重伤或造成严重残疾时是毫无疑问要适用故意伤害罪定罪处罚的。

值得注意的是,上述的讨论只限于说明以暴力为手段的组织行为致人伤害时的法律适用问题。至于实践中发生的,有的组织乞讨者为了使被组织者更容易乞讨得逞,故意致被组织者伤残的行为是独立构成故意伤害罪的情形。如果综合案件情节同时符合组织乞讨罪的犯罪构成,便应当按照故意伤害罪与组织乞讨罪进行数罪并罚。

（三）本罪与非法拘禁罪的界限

在组织乞讨的过程中往往伴随着组织者对被组织对象的非法限制或剥夺人身自由。此时如果符合非法拘禁罪的犯罪构成便会发生其与组织乞讨罪的法律适用选择问题呢?依笔者看来,拘禁行为是组织行为的一部分,非法的组织行为往往都包含有对被组织者的非法拘禁。因此,刑法在规定组织乞讨罪时已经把这种情况考虑在内了,组织行为中非法拘禁的社会危害性构成组织乞讨罪的一部分,从而被吸收了。因此,此时不发生罪数的认定问题,依照组织乞讨罪单独定罪处罚已足以惩罚其社会危害性。

（四）本罪与拐骗儿童罪的界限

《刑法》把组织乞讨罪规定在《刑法》第二百六十二条,与原先的拐骗儿童罪处于同一条文之内,依照通常的理解,规定在同一条的两个罪名间必然具有某种法律上或事实上的联系,或者是相互补充或者是用以提醒司法实践者不要漏判罪名。因此,具体分析拐骗儿童罪与组织乞讨罪的区别与联系便是件具有重大实践意义的事情了。

拐骗儿童罪是指拐骗不满十四周岁的儿童脱离家庭或者监护人的行为。主体是一般主体。主观方面是直接故意。动机多为收养、使唤或奴役。客体是他人的家庭关系以及儿童的合法权益,对象是不满十四周岁的儿童。比较其与组织乞讨罪的区别与联系发觉,两罪的主体、客体及犯罪对象都具有一致的地方,而主观上也可能互相衔接。而在实践中,组织乞讨者为了组织到乞讨的生力军往往是不择手段的,而较容易控制的儿童更是他们更容着重考虑的对象。由于不满十四周岁的儿童一般都处于父母的监护之下,因此组织乞讨者往往只有通过拐骗的方式方能使儿童脱离家庭庇护,从而实现其组织乞讨人员的目的。此时,组织乞讨罪的行为人的行为便符合了组织乞讨罪与拐骗儿童罪两个犯罪构成,应当进行数罪并罚。也许有人会主张此时两罪间具有牵连关系,因此应当从一重罪处罚,但是笔者对牵连犯这个在刑法理论上极富争议的罪名并不认同,而且在司法实务界也很少有把所谓刑法理论上所称的牵连犯按一罪处罚的实例。更为重要的是,拐骗儿童与组织乞讨是两个刑法独立评价的行为,其行为方式相互间并没有相互包容或交叉的关系,按一罪处罚,有违立法原意,也是难以实现罪刑均衡的。

因此我们可以说,立法者之所以把这两个罪规定在同一法条中正是基于这这两个罪的行为在实践中常常同时发生。以此提示司法实践者更加全面地认定犯罪行为,不要漏掉理应追诉的罪行。同时,这也体现了立法者对儿童权益的着重保护。

量刑部分

【量刑标准】

犯本罪的,处三年以下有期徒刑或者拘役,并处罚金;情节严重的,处三年以上七年以下有期徒刑,并处罚金。

截至目前,尚无本罪名关于量刑的司法解释。

组织未成年人进行违反治安管理活动罪 《刑法》第262条之二

组织未成年人进行盗窃、诈骗、抢夺、敲诈勒索等违反治安管理活动的,处三年以下有期徒刑或者拘役,并处罚金;情节严重的,处三年以上七年以下有期徒刑,并处罚金。

定罪部分

【罪名概念】

组织未成年人进行违反治安管理活动罪，是指组织未成年人进行盗窃、诈骗、抢夺、敲诈勒索等违反治安管理活动的行为。

【犯罪构成】

（一）主体要件

从该条的规定来看，本罪主体须为年满十六周岁的具有刑事责任能力的自然人。

（二）主观要件

本罪的主观方面非常明确，即故意，既包括组织者明知自己是组织未成年人实施违犯治安管理的行为的直接故意，也包括组织者可以按照普通人的理解推断出是未成年人而仍旧组织其进行违犯治安管理的活动的间接故意。

（三）客观要件

本罪的客观方面表现为行为人实施了组织未成年人违犯治安管理活动的行为，这就是说行为人组织未成年人实施的盗窃、抢夺、敲诈勒索的行为没有达到我国刑法规定的犯罪的标准，但是已经违反了我国《治安管理处罚法》。

我国《治安管理处罚法》第四十九条规定，盗窃、诈骗、哄抢、抢夺、敲诈勒索或者故意损毁公私财物的，处五日以上十日以下拘留，可以并处五百元以下罚款；情节较重的，处十日以上十五日以下拘留，可以并处一千元以下罚款。由此，只有符合上述四项内容的行为，才能被认定为违犯了《治安管理处罚法》，是属于违犯治安管理活动的行为，符合组织未成年人进行违反治安管理活动罪的客观方面的构成要件。

由此，只有符合上述四项内容的行为，才能被认定为违犯了《治安管理处罚法》，是属于违犯治安管理活动的行为，符合组织未成年人进行违反治安管理活动罪的客观方面的构成要件。

（四）客体要件

本罪的客体是复杂客体，即在侵犯了未成年人的人身自由及身心健康的同时，也侵害了社会管理秩序。打击本款规定的犯罪行为，首先能够保护未成年人的人身自由和权利免受侵犯、身心健康不受摧残，其次可以维护正常的社会秩序，因此，未成年人的人身自由和身心健康是本罪的主要客体，社会管理秩序是本罪的次要客体。本罪的对象是未成年人，但是与《刑法》第二百六十二条第一款、第二款的规定不同，本罪的犯罪对象是不满十八周岁的未成年人，扩大了保护的范围。

【罪名辨析】

(一)本罪与拐骗儿童罪的界限

《刑法》第二百六十二条规定:“拐骗不满十四周岁的未成年人,脱离家庭或者监护人的,处五年以下有期徒刑或者拘役。”在实践中,很多不法分子首先拐骗一批未成年人,然后组织其进行违犯治安管理的活动。由于拐骗儿童罪的客体必须是不满十四周岁的未成年人,而组织未成年人进行违反治安管理活动罪的客体是十八周岁以下的未成年人,因此当行为人拐骗十四周岁至十八周岁的未成年人,又组织他们进行违犯治安管理的活动时,只能构成组织未成年人进行违反治安管理活动罪。这两罪产生竞合的问题是在客体均为十四周岁以下的未成年人时。在这种情况下,行为人的先行的拐骗行为是后续的组织行为的手段,而后续的组织行为则是目的行为,且在行为人的主观上具有牵连性,因此构成牵连犯,应当按照牵连犯的处断原则,从一重罪处罚。

《刑法》第二百六十二条规定的拐骗儿童罪的最高刑为五年有期徒刑或拘役;而组织未成年人进行违反治安管理活动罪则有两个量刑标准,一般情况下的三年以下有期徒刑或者情节严重时的三年以上七年以下有期徒刑。因此,我们认为在案件不具有严重情节时,对行为人应当以拐骗儿童罪处罚;反之则应按照组织未成年人进行违反治安管理活动罪处罚。

如果行为人实施拐骗儿童行为的时候并不是以组织其进行违犯治安管理活动为目的,而是在将未成年人拐骗到手后起意,组织未成年人实施违犯治安管理活动的行为,则显然分别构成两个罪名,应当以拐骗儿童罪与组织未成年人进行违反治安管理活动罪并罚。

(二)本罪与故意伤害罪的界限

故意伤害罪,是指故意非法损害他人身体的行为。《刑法》第二百六十二条之二的所指的“组织”,在司法实践中多表现为操纵、控制、策划、诱骗、招募、引诱、暴力胁迫、威吓等手段;“组织”这个词本身就包含了暴力行为在其中,因此在组织未成年人进行违反治安管理活动的行为时,使用暴力手段进行威胁、恐吓等,属于一个行为触犯两种罪名的情况,应当作为想象竞合犯,从一重罪处罚。

《刑法》第二百三十四条规定:“故意伤害他人身体的,处三年以下有期徒刑、拘役或者管制。犯前款罪,致人重伤的,处三年以上十年以下有期徒刑;致人死亡或者以特别残忍手段致人重伤造成严重残疾的,处十年以上有期徒刑、无期徒刑或者死刑。本法另有规定的,依照规定。”《刑法》第二百六十二条之二规定:“组织未成年人进行盗窃、诈骗、抢夺、敲诈勒索等违反治安管理活动的,处三年以下有期徒刑或者拘役,并处罚金;情节严重的,处三年以上七年以下有期徒刑,并处罚金。”比较可见,在组织未成年人进行违反治安管理活动的时候行为人使用暴力方法伤害未成年人的,如果没有构成重伤,则修正后的《刑法》第二百六十二条之二的罪名处刑较重，应当以此罪定罪量刑；如果造成了未成年人重伤、死亡或者特别残忍手段致未成年人重伤造成严重残疾的，则应当以故意伤害罪论处。

如果行为人在胁迫或威吓未成年人实施违犯治安管理活动的过程中，由于未成年人不愿服从或企图逃跑而心生杀意，杀害了未成年人，则应当以故意杀人罪和组织未成年人进行违反治安管理活动罪两罪并罚。

（三）本罪与盗窃罪的界限

在山西大同警方破获的胡艳案件中，行为人最初组织未成年人实施的小偷小摸行为，没有达到盗窃罪的定罪量刑标准，仅仅是违反治安管理的活动；然后当他们“越偷越大”的时候，就不仅仅是违犯治安管理的活动，而是触犯刑法、构成犯罪的行为。我们认为，对于这种情况，应当分成两个阶段来看。第一个阶段，胡艳组织未成年人实施违反治安管理行为的阶段，由于未成年人实施的行为不是犯罪行为，所以不能将胡艳理解为间接正犯，在《刑法修正案（七）》颁布之前，刑法对胡艳是无能为力的，而在刑法经过修正之后，胡艳的行为即构成组织未成年人进行违反治安管理活动罪；第二个阶段，胡艳组织未成年人实施犯罪行为的阶段，由于此时胡艳组织的未成年人的行为已经触犯刑法，因此胡艳即为间接正犯，应当以其组织的未成年人实施的行为所构成的罪名处罪，即胡艳构成盗窃罪。而这两个阶段的行为是分别独立的，不存在牵连与吸收的关系，因此对胡艳应当以组织未成年人进行违反治安管理活动罪和盗窃罪并罚。

量刑部分

【量刑标准】

犯本罪的，处三年以下有期徒刑或者拘役，并处罚金；情节严重的，处三年以上七年以下有期徒刑，并处罚金。

截至目前，尚无本罪名关于量刑的司法解释。

第五章　侵犯财产罪

一、侵犯财产罪的概念

侵犯财产罪，指以非法占有为目的攫取公私财物，或者故意毁坏公私财物的犯罪行为。本罪的客体是社会主义财产关系，包括全民所有和劳动群众集体所有以及公民私人合法所有的财产关系。这种财产关系的物质表现是各种具体财物。无主物不属于侵犯财产罪的对象。贪污的赃款赃物，走私的物品，赌场上的赌资等，虽是犯罪分子的非法所得或供犯罪使用的财物，但这些财物有其原来的合法所有人或应由有关国家机关予以没收归公，仍不得非法加以侵犯（如抢劫、盗窃等），因而仍可成为侵犯财产罪的对象。本罪的主体，除贪污罪是特殊主体外，其余皆为一般主体。本罪的主观方面只能是出于故意，而且除故意毁坏财物罪外，都具有非法占有的目的。本罪的客观方面表现为侵犯公私财产关系的行为。

二、侵犯财产罪的犯罪构成

（一）主体要件

侵犯财产罪的主体，有的是一般主体，有的是特殊主体。本章的多数犯罪是一般主体，如盗窃罪、诈骗罪、抢夺罪、故意毁坏财物罪等。少数犯罪是特殊主体，要求由具备一定身份的人员构成，如职务侵占罪和挪用资金罪的主体必须是公司、企业或者其他单位的人员。另外，根据《刑法》第十七条第三世界国家款的规定，对于抢劫罪，已满十四周岁不满十六周岁的人，也应当负刑事责任。

（二）主观要件

侵犯财产罪在主观方面必须出于故意。本章的多数犯罪是以非法占有公私财物为目的。所谓“非法占有为目的”，是指明知是公共的或者他人的财物而意图把它非法转归己有或者归第三者占有。而这里的“第三者”，既包括公民个人，也包括集体。这里的“占有”在不同性质的犯罪中有不同的含义，可以是完全排斥所有人或者保管人对财物的控制而永久地占有，如抢劫罪、盗窃罪、诈骗罪、侵占罪等;也可以是为暂时使用而短期非法占有,如挪用资金罪。而故意毁坏财物罪的破坏生产经营罪则是以非法毁灭、损坏公私财物为目的的。侵犯财产罪的动机多种多样,如贪图钱财、追求享乐、好逸恶劳、泄愤、嫉妒或者陷害他人等,犯罪动机一般并不影响本类犯罪的成立,但是在量刑时应予以考虑。

(三)客观要件

侵犯财产罪在客观方面表现为非法占有、挪用、毁坏公私财物的行为。侵犯财产的行为表现多种多样,但基本可以分为两大类:一是以各种手段非法占有公私财物的行为,如抢劫、抢夺、盗窃、诈骗、敲诈勒索、哄抢和侵占等;二是故意毁坏公私财物的行为。根据刑法的规定,除了抢劫罪和破坏生活经营罪以处,侵犯财物的数额较大是构成犯罪的必要条件。如果侵犯财物数额不大,情节显著轻微,危害不大的,一般不构成犯罪。

(四)客体要件

侵犯财产罪侵害的客体是公私财产的所有权,财产所有权由财产所有人依法对自己的财产的占有权、使用权、收益权和处分权四项基本权能组成。侵犯财产罪侵犯的对象是公共财产和公民私人所有权的财产。根据《刑法》第九十一条和第九十二条的规定,公共财产是指国有财产,劳动群众集体所有的财产,用于扶贫和其他公益事业的社会捐助或者专项基金的财产,而在国家机关、国有公司、企业、集体企业和人民团体管理、使用或者运输中的私人财产,也以公共财产论。公民私人所有的财产是指公民的合法收入、储蓄、房屋和其他生活数据,依法归个人、家庭所有的生产数据,个体户和私营企业的合法财产,依法归个人所有的股份、股票、债券和其他财产。

作为侵犯财产罪的侵犯对象的财产必须具有经济价值,其具体的形式可以是生产数据、生活数据、动产、不动产等具有经济价值的财物,也可以是代表一定经济价值的货币、有价证券或者有价票证,也可以是电、煤气等无形物。同时,作为侵犯财产罪侵犯对象的财产必须具有所有关系,即必须是依法归国家、集体或者公民个人所有的。如果是无主物或者遗弃物则不能成为本章罪的犯罪对象。但是,应当注意:(1)根据宪法及有关法律规定,矿藏、水流、森林、山岭、草原、荒地、滩涂等自然资源,中国境内地下、内水、领海中遗存的一切文物、古文化遗址、古墓葬、石窟寺以及所有人不明的埋藏物、隐藏物等,均归国家所有。因此,不得将上述财物视为无主物而任意侵占。(2)遗忘物、遗失物、漂流物不是无主物,它们只是暂时脱离所有人或者保管人的控制。如果拾得遗忘物、遗失物或者打捞漂流物后拒不归还原主,则是非法占有行为。(3)他人非法占有的财物也不是无主物,他人非法占有的财物,如盗窃犯偷得的赃物,走私犯贩运的货物等,本来就是国家、集体或者公民私人所有的合法财产,应依法没收上缴国库,或者返还原主。因此,侵犯他人非法占有的财物,归根结底还是侵犯了国家、集体或者个人的合法财产所有权,仍以侵犯财产罪论处。

三、侵犯财产罪的种类

刑法分则第五章共十四个条文涉及十三个具体罪名,即抢劫罪、盗窃罪、诈骗罪、抢夺罪、聚众哄抢罪、侵占罪、职务侵占罪、挪用资金罪、挪用特定款物罪、敲诈勒索罪、故意毁坏财物罪、拒不支付劳动报酬罪、破坏生产经营罪。

抢劫罪 《刑法》第263条

以暴力、胁迫或者其他方法抢劫公私财物的,处三年以上十年以下有期徒刑,并处罚金;有下列情形之一的,处十年以上有期徒刑、无期徒刑或者死刑,并处罚金或者没收财产:

(一)入户抢劫的;

(二)在公共交通工具上抢劫的;

(三)抢劫银行或者其他金融机构的;

(四)多次抢劫或者抢劫数额巨大的;

(五)抢劫致人重伤、死亡的;

(六)冒充军警人员抢劫的;

(七)持枪抢劫的;

(八)抢劫军用物资或者抢险、救灾、救济物资的。

定罪部分

【罪名概念】

抢劫罪,是指以非法占有为目的,使用暴力、胁迫或者其他方法,强行劫取公私财物的行为。

【司法解释】

1. 最高人民法院《关于审理抢劫刑事案件适用法律若干问题的指导意见》

(实施日期:2016年1月19日 法发[2016]2号)

抢劫犯罪是多发性的侵犯财产和侵犯公民人身权利的犯罪。1997年刑法修订后,最高人民法院先后发布了《关于审理抢劫案件具体应用法律若干问题的解释》(以下简称《抢劫解释》)和《关于审理抢劫、抢夺刑事案件适用法律问题的意见》(以下简称《两抢意见》),对抢劫案件的法律适用作出了规范,发挥了重要的指导作用。

但是,抢劫犯罪案件的情况越来越复杂,各级法院在审判过程中不断遇到新情况、新问题。为统一适用法律,根据刑法和司法解释的规定,结合近年来人民法院审理抢劫案件的经验,现对审理抢劫犯罪案件中较为突出的几个法律适用问题和刑事政策把握问题提出如下指导意见:

一、关于审理抢劫刑事案件的基本要求

坚持贯彻宽严相济刑事政策。对于多次结伙抢劫,针对农村留守妇女、儿童及老人等弱势群体实施抢劫,在抢劫中实施强奸等暴力犯罪的,要在法律规定的量刑幅度内从重判处。

对于罪行严重或者具有累犯情节的抢劫犯罪分子,减刑、假释时应当从严掌握,严格控制减刑的幅度和频度。对因家庭成员就医等特定原因初次实施抢劫,主观恶性和犯罪情节相对较轻的,要与多次抢劫以及为了挥霍、赌博、吸毒等实施抢劫的案件在量刑上有所区分。对于犯罪情节较轻,或者具有法定、酌定从轻、减轻处罚情节的,坚持依法从宽处理。

确保案件审判质量。审理抢劫刑事案件,要严格遵守证据裁判原则,确保事实清楚,证据确实、充分。特别是对因抢劫可能判处死刑的案件,更要切实贯彻执行刑事诉讼法及相关司法解释、司法文件,严格依法审查判断和运用证据,坚决防止冤错案件的发生。

对抢劫刑事案件适用死刑,应当坚持"保留死刑,严格控制和慎重适用死刑"的刑事政策,以最严格的标准和最审慎的态度,确保死刑只适用于极少数罪行极其严重的犯罪分子。对被判处死刑缓期二年执行的抢劫犯罪分子,根据犯罪情节等情况,可以同时决定对其限制减刑。

二、关于抢劫犯罪部分加重处罚情节的认定

1. 认定"入户抢劫",要注重审查行为人"入户"的目的,将"入户抢劫"与"在户内抢劫"区别开来。以侵害户内人员的人身、财产为目的,入户后实施抢劫,包括入户实施盗窃、诈骗等犯罪而转化为抢劫的,应当认定为"入户抢劫"。因访友办事等原因经户内人员允许入户后,临时起意实施抢劫,或者临时起意实施盗窃、诈骗等犯罪而转化为抢劫的,不应认定为"入户抢劫"。

对于部分时间从事经营、部分时间用于生活起居的场所,行为人在非营业时间强行入内抢劫或者以购物等为名骗开房门入内抢劫的,应认定为"入户抢劫"。对于部分用于经营、部分用于生活且之间有明确隔离的场所,行为人进入生活场所实施抢劫的,应认定为"入户抢劫";如场所之间没有明确隔离,行为人在营业时间入内实施抢劫的,不认定为"入户抢劫",但在非营业时间入内实施抢劫的,应认定为"入户抢劫"。

2. "公共交通工具",包括从事旅客运输的各种公共汽车,大、中型出租车,火车,地铁,轻轨,轮船,飞机等,不含小型出租车。对于虽不具有商业营运执照,但实际从事旅客运输的大、中型交通工具,可认定为"公共交通工具"。接送职工的单位班车、接送师生的校车等大、中型交通工具,视为"公共交通工具"。

"在公共交通工具上抢劫",既包括在处于运营状态的公共交通工具上对旅客及司售、乘务人员实施抢劫,也包括拦截运营途中的公共交通工具对旅客及司售、乘务人员实施抢劫,但不包括在未运营的公共交通工具上针对司售、乘务人员实施抢劫。以暴力、胁迫或者麻醉等手段对公共交通工具上的特定人员实施抢劫的,一般应认定为"在公共交通工具上抢劫"。

3. 认定"抢劫数额巨大",参照各地认定盗窃罪数额巨大的标准执行。抢劫数额以实际抢劫到的财物数额为依据。对以数额巨大的财物为明确目标,由于意志以外的原因,未能抢到财物或实际抢得的财物数额不大的,应同时认定"抢劫数额巨大"和犯罪未遂的情节,根据刑法有关规定,结合未遂犯的处理原则量刑。

根据《两抢意见》第六条第一款规定,抢劫信用卡后使用、消费的,以行为人实际使用、消费的数额为抢劫数额。由于行为人意志以外的原因无法实际使用、消费的部分,虽不计入抢劫数额,但应作为量刑情节考虑。通过银行转账或者电子支付、手机银行等支付平台获取抢劫财物的,以行为人实际获取的财物为抢劫数额。

4. 认定"冒充军警人员抢劫",要注重对行为人是否穿着军警制服、携带枪支、是否出示军警证件等情节进行综合审查,判断是否足以使他人误以为是军警人员。对于行为人仅穿着类似军警的服装或仅以言语宣称系军警人员但未携带枪支,也未出示军警证件而实施抢劫的,要结合抢劫地点、时间、暴力或威胁的具体情形,依照常人判断标准,确定是否认定为"冒充军警人员抢劫"。

军警人员利用自身的真实身份实施抢劫的,不认定为"冒充军警人员抢劫",应依法从重处罚。

三、关于转化型抢劫犯罪的认定

根据刑法第二百六十九条的规定,"犯盗窃、诈骗、抢夺罪,为窝藏赃物、抗拒抓捕或者毁灭罪证而当场使用暴力或者以暴力相威胁的",依照抢劫罪定罪处罚。"犯盗窃、诈骗、抢夺罪",主要是指行为人已经着手实施盗窃、诈骗、抢夺行为,一般不考察盗窃、诈骗、抢夺行为是否既遂。但是所涉财物数额明显低于"数额较大"的标准,又不具有《两抢意见》第五条所列五种情节之一的,不构成抢劫罪。"当场"是指在盗窃、诈骗、抢夺的现场以及行为人刚离开现场即被他人发现并抓捕的情形。

对于以摆脱的方式逃脱抓捕,暴力强度较小,未造成轻伤以上后果的,可不认定为"使用暴力",不以抢劫罪论处。

入户或者在公共交通工具上盗窃、诈骗、抢夺后,为了窝藏赃物、抗拒抓捕或者毁灭罪证,在户内或者公共交通工具上当场使用暴力或者以暴力相威胁的,构成"入户抢劫"或者"在公共交通工具上抢劫"。

两人以上共同实施盗窃、诈骗、抢夺犯罪,其中部分行为人为窝藏赃物、抗拒抓捕或者毁灭罪证而当场使用暴力或者以暴力相威胁的，对于其余行为人是否以抢劫罪共犯论处，主要看其对实施暴力或者以暴力相威胁的行为人是否形成共同犯意、提供帮助。基于一定意思联络，对实施暴力或者以暴力相威胁的行为人提供帮助或实际成为帮凶的，可以抢劫共犯论处。

四、具有法定八种加重处罚情节的刑罚适用

1. 根据刑法第二百六十三条的规定，具有“抢劫致人重伤、死亡”等八种法定加重处罚情节的，处十年以上有期徒刑、无期徒刑或者死刑，并处罚金或者没收财产。应当根据抢劫的次数及数额、抢劫对人身的损害、对社会治安的危害等情况，结合被告人的主观恶性及人身危险程度，并根据量刑规范化的有关规定，确定具体的刑罚。判处无期徒刑以上刑罚的，一般应并处没收财产。

2. 具有下列情形之一的，可以判处无期徒刑以上刑罚：

(1)抢劫致三人以上重伤，或者致人重伤造成严重残疾的；

(2)在抢劫过程中故意杀害他人，或者故意伤害他人，致人死亡的；

(3)具有除“抢劫致人重伤、死亡”外的两种以上加重处罚情节，或者抢劫次数特别多、抢劫数额特别巨大的。

3. 为劫取财物而预谋故意杀人，或者在劫取财物过程中为制服被害人反抗、抗拒抓捕而杀害被害人，且被告人无法定从宽处罚情节的，可依法判处死刑立即执行。对具有自首、立功等法定从轻处罚情节的，判处死刑立即执行应当慎重。

对于采取故意杀人以外的其他手段实施抢劫并致人死亡的案件，要从犯罪的动机、预谋、实行行为等方面分析被告人主观恶性的大小，并从有无前科及平时表现、认罪悔罪情况等方面判断被告人的人身危险程度，不能不加区别，仅以出现被害人死亡的后果，一律判处死刑立即执行。

4. 抢劫致人重伤案件适用死刑，应当更加慎重、更加严格，除非具有采取极其残忍的手段造成被害人严重残疾等特别恶劣的情节或者造成特别严重后果的，一般不判处死刑立即执行。

5. 具有刑法第二百六十三条规定的“抢劫致人重伤、死亡”以外其他七种加重处罚情节，且犯罪情节特别恶劣、危害后果特别严重的，可依法判处死刑立即执行。认定“情节特别恶劣、危害后果特别严重”，应当从严掌握，适用死刑必须非常慎重、非常严格。

五、抢劫共同犯罪的刑罚适用

1. 审理抢劫共同犯罪案件，应当充分考虑共同犯罪的情节及后果、共同犯罪人在抢劫中的作用以及被告人的主观恶性、人身危险性等情节，做到准确认定主从犯，分清罪责，以责定刑，罚当其罪。一案中有两名以上主犯的，要从犯罪提意、预谋、准备、行为实施、赃物处理等方面区分出罪责最大者和较大者；有两名以上从犯的，要在从犯中区分出罪责相对更轻者和较轻者。对从犯的处罚，要根据案件的具体事实、从犯的罪责,确定从轻还是减轻处罚。对具有自首、立功或者未成年人且初次抢劫等情节的从犯,可以依法免除处罚。

2. 对于共同抢劫致一人死亡的案件,依法应当判处死刑的,除犯罪手段特别残忍、情节及后果特别严重、社会影响特别恶劣、严重危害社会治安的外,一般只对共同抢劫犯罪中作用最突出、罪行最严重的那名主犯判处死刑立即执行。罪行最严重的主犯如因系未成年人而不适用死刑,或者因具有自首、立功等法定从宽处罚情节而不判处死刑立即执行的,不能不加区别地对其他主犯判处死刑立即执行。

3. 在抢劫共同犯罪案件中,有同案犯在逃的,应当根据现有证据尽量分清在押犯与在逃犯的罪责,对在押犯应按其罪责处刑。罪责确实难以分清,或者不排除在押犯的罪责可能轻于在逃犯的,对在押犯适用刑罚应当留有余地,判处死刑立即执行要格外慎重。

六、累犯等情节的适用

根据刑法第六十五条第一款的规定,对累犯应当从重处罚。抢劫犯罪被告人具有累犯情节的,适用刑罚时要综合考虑犯罪的情节和后果,所犯前后罪的性质、间隔时间及判刑轻重等情况,决定从重处罚的力度。对于前罪系抢劫等严重暴力犯罪的累犯,应当依法加大从重处罚的力度。

对于虽不构成累犯,但具有抢劫犯罪前科的,一般不适用减轻处罚和缓刑。对于可能判处死刑的罪犯具有累犯情节的也应慎重,不能只要是累犯就一律判处死刑立即执行;被告人同时具有累犯和法定从宽处罚情节的,判处死刑立即执行应当综合考虑,从严掌握。

七、关于抢劫案件附带民事赔偿的处理原则

要妥善处理抢劫案件附带民事赔偿工作。审理抢劫刑事案件,一般情况下人民法院不主动开展附带民事调解工作。但是,对于犯罪情节不是特别恶劣或者被害方生活、医疗陷入困境,被告人与被害方自行达成民事赔偿和解协议的,民事赔偿情况可作为评价被告人悔罪态度的依据之一,在量刑上酌情予以考虑。

2. 最高人民法院、最高人民检察院《关于办理与盗窃、抢劫、诈骗、抢夺机动车相关刑事案件具体应用法律若干问题的解释》

(实施日期:2007年5月11日　法释[2007]11号)

第一条　明知是盗窃、抢劫、诈骗、抢夺的机动车,实施下列行为之一的,依照刑法第三百一十二条的规定,以掩饰、隐瞒犯罪所得、犯罪所得收益罪定罪,处三年以下有期徒刑、拘役或者管制,并处或者单处罚金:

(一)买卖、介绍买卖、典当、拍卖、抵押或者用其抵债的;

(二)拆解、拼装或者组装的;

(三)修改发动机号、车辆识别代号的;

(四)更改车身颜色或者车辆外形的;

（五）提供或者出售机动车来历凭证、整车合格证、号牌以及有关机动车的其他证明和凭证的；

（六）提供或者出售伪造、变造的机动车来历凭证、整车合格证、号牌以及有关机动车的其他证明和凭证的。

实施第一款规定的行为涉及盗窃、抢劫、诈骗、抢夺的机动车五辆以上或者价值总额达到五十万元以上的，属于刑法第三百一十二条规定的“情节严重”，处三年以上七年以下有期徒刑，并处罚金。

第二条　伪造、变造、买卖机动车行驶证、登记证书，累计三本以上的，依照刑法第二百八十条第一款的规定，以伪造、变造、买卖国家机关证件罪定罪，处三年以下有期徒刑、拘役、管制或者剥夺政治权利。

伪造、变造、买卖机动车行驶证、登记证书，累计达到第一款规定数量标准五倍以上的，属于刑法第二百八十条第一款规定中的“情节严重”，处三年以上十年以下有期徒刑。

第三条　国家机关工作人员滥用职权，有下列情形之一，致使盗窃、抢劫、诈骗、抢夺的机动车被办理登记手续，数量达到三辆以上或者价值总额达到三十万元以上的，依照刑法第三百九十七条第一款的规定，以滥用职权罪定罪，处三年以下有期徒刑或者拘役：

（一）明知是登记手续不全或者不符合规定的机动车而办理登记手续的；

（二）指使他人为明知是登记手续不全或者不符合规定的机动车办理登记手续的；

（三）违规或者指使他人违规更改、调换车辆档案的；

（四）其他滥用职权的行为。

国家机关工作人员疏于审查或者审查不严，致使盗窃、抢劫、诈骗、抢夺的机动车被办理登记手续，数量达到五辆以上或者价值总额达到五十万元以上的，依照刑法第三百九十七条第一款的规定，以玩忽职守罪定罪，处三年以下有期徒刑或者拘役。

国家机关工作人员实施前两款规定的行为，致使盗窃、抢劫、诈骗、抢夺的机动车被办理登记手续，分别达到前两款规定数量、数额标准五倍以上的，或者明知是盗窃、抢劫、诈骗、抢夺的机动车而办理登记手续的，属于刑法第三百九十七条第一款规定的“情节特别严重”，处三年以上七年以下有期徒刑。

国家机关工作人员徇私舞弊，实施上述行为，构成犯罪的，依照刑法第三百九十七条第二款的规定定罪处罚。

第四条　实施本解释第一条、第二条、第三条第一款或者第三款规定的行为，事前与盗窃、抢劫、诈骗、抢夺机动车的犯罪分子通谋的，以盗窃罪、抢劫罪、诈骗罪、抢夺罪的共犯论处。

第五条　对跨地区实施的涉及同一机动车的盗窃、抢劫、诈骗、抢夺以及掩饰、隐瞒犯罪所得、犯罪所得收益行为,有关公安机关可以依照法律和有关规定一并立案侦查,需要提请批准逮捕、移送审查起诉、提起公诉的,由该公安机关所在地的同级人民检察院、人民法院受理。

第六条　行为人实施本解释第一条、第三条第三款规定的行为,涉及的机动车有下列情形之一的,应当认定行为人主观上属于上述条款所称"明知":

(一)没有合法有效的来历凭证;

(二)发动机号、车辆识别代号有明显更改痕迹,没有合法证明的。

3. 最高人民法院《关于审理抢劫、抢夺刑事案件适用法律若干问题的意见》

(实施日期:2005 年 6 月 8 日　法发[2005]8 号)

抢劫、抢夺是多发性的侵犯财产犯罪。1997 年刑法修订后,为了更好地指导审判工作,最高人民法院先后发布了《关于审理抢劫案件具体应用法律若干问题的解释》(以下简称《抢劫解释》)和《关于审理抢夺刑事案件具体应用法律若干问题的解释》(以下简称《抢夺解释》)。但是,抢劫、抢夺犯罪案件的情况比较复杂,各地法院在审判过程中仍然遇到了不少新情况、新问题。为准确、统一适用法律,现对审理抢劫、抢夺犯罪案件中较为突出的几个法律适用问题,提出意见如下:

一、关于"入户抢劫"的认定

根据《抢劫解释》第一条规定,认定"入户抢劫"时,应当注意以下三个问题:一是"户"的范围。"户"在这里是指住所,其特征表现为供他人家庭生活和与外界相对隔离两个方面,前者为功能特征,后者为场所特征。一般情况下,集体宿舍、旅店宾馆、临时搭建工棚等不应认定为"户",但在特定情况下,如果确实具有上述两个特征的,也可以认定为"户"。二是"入户"目的的非法性。进入他人住所须以实施抢劫等犯罪为目的。抢劫行为虽然发生在户内,但行为人不以实施抢劫等犯罪为目的进入他人住所,而是在户内临时起意实施抢劫的,不属于"入户抢劫"。三是暴力或者暴力胁迫行为必须发生在户内。入户实施盗窃被发现,行为人为窝藏赃物、抗拒抓捕或者毁灭罪证而当场使用暴力或者以暴力相威胁的,如果暴力或者暴力胁迫行为发生在户内,可以认定为"入户抢劫";如果发生在户外,不能认定为"入户抢劫"。

二、关于"在公共交通工具上抢劫"的认定

公共交通工具承载的旅客具有不特定多数人的特点。根据《抢劫解释》第二条规定,"在公共交通工具上抢劫"主要是指在从事旅客运输的各种公共汽车、大、中型出租车、火车、船只、飞机等正在运营中的机动公共交通工具上对旅客、司售、乘务人员实施的抢劫。在未运营中的大、中型公共交通工具上针对司售、乘务人员抢劫的,或者在小型出租车上抢劫的,不属于"在公共交通工具上抢劫"。

三、关于“多次抢劫”的认定

刑法第二百六十三条第(四)项中的“多次抢劫”是指抢劫三次以上。

对于“多次”的认定,应以行为人实施的每一次抢劫行为均已构成犯罪为前提,综合考虑犯罪故意的产生、犯罪行为实施的时间、地点等因素,客观分析、认定。对于行为人基于一个犯意实施犯罪的,如在同一地点同时对在场的多人实施抢劫的;或基于同一犯意在同一地点实施连续抢劫犯罪的,如在同一地点连续地对途经此地的多人进行抢劫的;或在一次犯罪中对一栋居民楼房中的几户居民连续实施入户抢劫的,一般应认定为一次犯罪。

四、关于“携带凶器抢夺”的认定

《抢劫解释》第六条规定,“携带凶器抢夺”,是指行为人随身携带枪支、爆炸物、管制刀具等国家禁止个人携带的器械进行抢夺或者为了实施犯罪而携带其他器械进行抢夺的行为。行为人随身携带国家禁止个人携带的器械以外的其他器械抢夺,但有证据证明该器械确实不是为了实施犯罪准备的,不以抢劫罪定罪;行为人将随身携带凶器有意加以显示、能为被害人察觉到的,直接适用刑法第二百六十三条的规定定罪处罚;行为人携带凶器抢夺后,在逃跑过程中为窝藏赃物、抗拒抓捕或者毁灭罪证而当场使用暴力或者以暴力相威胁的,适用刑法第二百六十七条第二款的规定定罪处罚。

五、关于转化抢劫的认定

行为人实施盗窃、诈骗、抢夺行为,未达到“数额较大”,为窝藏赃物、抗拒抓捕或者毁灭罪证当场使用暴力或者以暴力相威胁,情节较轻、危害不大的,一般不以犯罪论处;但具有下列情节之一的,可依照刑法第二百六十九条的规定,以抢劫罪定罪处罚:

(1)盗窃、诈骗、抢夺接近“数额较大”标准的;

(2)入户或在公共交通工具上盗窃、诈骗、抢夺后在户外或交通工具外实施上述行为的;

(3)使用暴力致人轻微伤以上后果的;

(4)使用凶器或以凶器相威胁的;

(5)具有其他严重情节的。

六、关于抢劫犯罪数额的计算

抢劫信用卡后使用、消费的,其实际使用、消费的数额为抢劫数额;抢劫信用卡后未实际使用、消费的,不计数额,根据情节轻重量刑。所抢信用卡数额巨大,但未实际使用、消费或者实际使用、消费的数额未达到巨大标准的,不适用“抢劫数额巨大”的法定刑。

为抢劫其他财物,劫取机动车辆当作犯罪工具或者逃跑工具使用的,被劫取机动车辆的价值计入抢劫数额;为实施抢劫以外的其他犯罪劫取机动车辆的,以抢劫罪和实施的其他犯罪实行数罪并罚。

抢劫存折、机动车辆的数额计算,参照执行《关于审理盗窃案件具体应用法律若干问题的解释》的相关规定。

七、关于抢劫特定财物行为的定性

以毒品、假币、淫秽物品等违禁品为对象,实施抢劫的,以抢劫罪定罪;抢劫的违禁品数量作为量刑情节予以考虑。抢劫违禁品后又以违禁品实施其他犯罪的,应以抢劫罪与具体实施的其他犯罪实行数罪并罚。

抢劫赌资、犯罪所得的赃款赃物的,以抢劫罪定罪,但行为人仅以其所输赌资或所赢赌债为抢劫对象,一般不以抢劫罪定罪处罚。构成其他犯罪的,依照刑法的相关规定处罚。

为个人使用,以暴力、胁迫等手段取得家庭成员或近亲属财产的,一般不以抢劫罪定罪处罚,构成其他犯罪的,依照刑法的相关规定处理;教唆或者伙同他人采取暴力、胁迫等手段劫取家庭成员或近亲属财产的,可以抢劫罪定罪处罚。

八、关于抢劫罪数的认定

行为人实施伤害、强奸等犯罪行为,在被害人未失去知觉,利用被害人不能反抗、不敢反抗的处境,临时起意劫取他人财物的,应以此前所实施的具体犯罪与抢劫罪实行数罪并罚;在被害人失去知觉或者没有发觉的情形下,以及实施故意杀人犯罪行为之后,临时起意拿走他人财物的,应以此前所实施的具体犯罪与盗窃罪实行数罪并罚。

九、关于抢劫罪与相似犯罪的界限

1. 冒充正在执行公务的人民警察、联防人员,以抓卖淫嫖娼、赌博等违法行为为名非法占有财物的行为定性

行为人冒充正在执行公务的人民警察"抓赌"、"抓嫖",没收赌资或者罚款的行为,构成犯罪的,以招摇撞骗罪从重处罚;在实施上述行为中使用暴力或者暴力威胁的,以抢劫罪定罪处罚。行为人冒充治安联防队员"抓赌"、"抓嫖"、没收赌资或者罚款的行为,构成犯罪的,以敲诈勒索罪定罪处罚;在实施上述行为中使用暴力或者暴力威胁的,以抢劫罪定罪处罚。

2. 以暴力、胁迫手段索取超出正常交易价钱、费用的钱财的行为定性

从事正常商品买卖、交易或者劳动服务的人,以暴力、胁迫手段迫使他人交出与合理价钱、费用相差不大钱物,情节严重的,以强迫交易罪定罪处罚;以非法占有为目的,以买卖、交易、服务为幌子采用暴力、胁迫手段迫使他人交出与合理价钱、费用相差悬殊的钱物的,以抢劫罪定罪处刑。在具体认定时,既要考虑超出合理价钱、费用的绝对数额,还要考虑超出合理价钱、费用的比例,加以综合判断。

3. 抢劫罪与绑架罪的界限

绑架罪是侵害他人人身自由权利的犯罪,其与抢劫罪的区别在于:第一,主观

方面不尽相同。抢劫罪中,行为人一般出于非法占有他人财物的故意实施抢劫行为,绑架罪中,行为人既可能为勒索他人财物而实施绑架行为,也可能出于其他非经济目的实施绑架行为;第二,行为手段不尽相同。抢劫罪表现为行为人劫取财物一般应在同一时间、同一地点,具有"当场性";绑架罪表现为行为人以杀害、伤害等方式向被绑架人的亲属或其他人或单位发出威胁,索取赎金或提出其他非法要求,劫取财物一般不具有"当场性"。

绑架过程中又当场劫取被害人随身携带财物的,同时触犯绑架罪和抢劫罪两罪名,应择一重罪定罪处罚。

4. 抢劫罪与寻衅滋事罪的界限

寻衅滋事罪是严重扰乱社会秩序的犯罪,行为人实施寻衅滋事的行为时,客观上也可能表现为强拿硬要公私财物的特征。这种强拿硬要的行为与抢劫罪的区别在于:前者行为人主观上还具有逞强好胜和通过强拿硬要来填补其精神空虚等目的,后者行为人一般只具有非法占有他人财物的目的;前者行为人客观上一般不以严重侵犯他人人身权利的方法强拿硬要财物,而后者行为人则以暴力、胁迫等方式作为劫取他人财物的手段。司法实践中,对于未成年人使用或威胁使用轻微暴力强抢少量财物的行为,一般不宜以抢劫罪定罪处罚。其行为符合寻衅滋事罪特征的,可以寻衅滋事罪定罪处罚。

5. 抢劫罪与故意伤害罪的界限

行为人为索取债务,使用暴力、暴力威胁等手段的,一般不以抢劫罪定罪处罚。构成故意伤害等其他犯罪的,依照刑法第二百三十四条等规定处罚。

十、抢劫罪的既遂、未遂的认定

抢劫罪侵犯的是复杂客体,既侵犯财产权利又侵犯人身权利,具备劫取财物或者造成他人轻伤以上后果两者之一的,均属抢劫既遂;既未劫取财物,又未造成他人人身伤害后果的,属抢劫未遂。据此,刑法第二百六十三条规定的八种处罚情节中除"抢劫致人重伤、死亡的"这一结果加重情节之外,其余七种处罚情节同样存在既遂、未遂问题,其中属抢劫未遂的,应当根据刑法关于加重情节的法定刑规定,结合未遂犯的处理原则量刑。

十一、驾驶机动车、非机动车夺取他人财物行为的定性

对于驾驶机动车、非机动车(以下简称"驾驶车辆")夺取他人财物的,一般以抢夺罪从重处罚。但具有下列情形之一,应当以抢劫罪定罪处罚:

(1)驾驶车辆,逼挤、撞击或强行逼倒他人以排除他人反抗,乘机夺取财物的;

(2)驾驶车辆强抢财物时,因被害人不放手而采取强拉硬拽方法劫取财物的;

(3)行为人明知其驾驶车辆强行夺取他人财物的手段会造成他人伤亡的后果,仍然强行夺取并放任造成财物持有人轻伤以上后果的。

4. 最高人民法院《关于抢劫过程中故意杀人案件如何定罪问题的批复》

(实施日期:2001年5月23日　法释[2001]16号)

上海市高级人民法院:

你院沪高法[2000]117号《关于抢劫过程中故意杀人案件定性问题的请示》收悉。经研究,答复如下:

行为人为劫取财物而预谋故意杀人,或者在劫取财物过程中,为制服被害人反抗而故意杀人的,以抢劫罪定罪处罚。

行为人实施抢劫后,为灭口而故意杀人的,以抢劫罪和故意杀人罪定罪,实行数罪并罚。

5. 最高人民法院《关于审理抢劫案件具体应用法律若干问题的解释》

(实施日期:2000年11月22日　法释[2000]35号)

第一条　刑法第二百六十三条第(一)项规定的"入户抢劫",是指为实施抢劫行为而进入他人生活的与外界相对隔离的住所,包括封闭的院落、牧民的帐篷、渔民作为家庭生活场所的渔船、为生活租用的房屋等进行抢劫的行为。

对于入户盗窃,因被发现而当场使用暴力或者以暴力相威胁的行为,应当认定为入户抢劫。

第二条　刑法第二百六十三条第(二)项规定的"在公共交通工具上抢劫",既包括在从事旅客运输的各种公共汽车,大、中型出租车,火车,船只,飞机等正在运营中的机动公共交通工具上对旅客、司售、乘务人员实施的抢劫,也包括对运行途中的机动公共交通工具加以拦截后,对公共交通工具上的人员实施的抢劫。

第三条　刑法第二百六十三条第(三)项规定的"抢劫银行或者其他金融机构",是指抢劫银行或者其他金融机构的经营资金、有价证券和客户的资金等。

抢劫正在使用中的银行或者其他金融机构的运钞车的,视为"抢劫银行或者其他金融机构"。

第四条　刑法第二百六十三条第(四)项规定的"抢劫数额巨大"的认定标准,参照各地确定的盗窃罪数额巨大的认定标准执行。

第五条　刑法第二百六十三条第(七)项规定的"持枪抢劫",是指行为人使用枪支或者向被害人显示持有、佩带的枪支进行抢劫的行为。"枪支"的概念和范围,适用《中华人民共和国枪支管理法》的规定。

第六条　刑法第二百六十七条第二款规定的"携带凶器抢夺",是指行为人随身携带枪支、爆炸物、管制刀具等国家禁止个人携带的器械进行抢夺或者为了实施犯罪而携带其他器械进行抢夺的行为。

6. 最高人民法院、最高人民检察院、公安部、国家工商行政管理局《关于依法查处盗窃、抢劫机动车案件的规定》

(实施日期:1998年5月8日　公通字[1998]31号)

一、司法机关依法查处盗窃、抢劫机动车案件，任何单位和个人都应当予以协助。以暴力、威胁方法阻碍司法工作人员依法办案的，依照《刑法》第二百七十七条第一款的规定处罚。

二、明知是盗窃、抢劫所得机动车而予以窝藏、转移、收购或者代为销售的，依照《刑法》第三百一十二条的规定处罚。

对明知是盗窃、抢劫所得机动车而予以拆解、改装、拼装、典当、倒卖的，视为窝藏、转移、收购或者代为销售，依照《刑法》第三百一十二条的规定处罚。

三、国家指定的车辆交易市场、机动车经营企业（含典当、拍卖行）以及从事机动车修理、零部件销售企业的主管人员或者其他直接责任人员，明知是盗窃、抢劫的机动车而予以窝藏、转移、拆解、改装、拼装、收购或者代为销售的，依照《刑法》第三百一十二条的规定处罚。单位组织实施上述行为的，由工商行政管理机关予以处罚。

四、本规定第二条和第三条中的行为人事先与盗窃、抢劫机动车辆的犯罪分子通谋的，分别以盗窃、抢劫罪的共犯论处。

五、机动车交易必须在国家指定的交易市场或合法经营企业进行，其交易凭证经工商行政管理机关验证盖章后办理登记或过户手续，私下交易机动车辆属于违法行为，由工商行政管理机关依法处理。

明知是赃车而购买，以收购赃物罪定罪处罚。单位的主管人员或者其他直接责任人员明知是赃车购买的，以收购赃物罪定罪处罚。

明知是赃车而介绍买卖的，以收购、销售赃物罪的共犯论处。

六、非法出售机动车有关发票的，或者伪造、擅自制造或者出售伪造、擅自制造的机动车有关发票的，依照《刑法》第二百零九条的规定处罚。

七、伪造、变造、买卖机动车牌证及机动车入户、过户、验证的有关证明文件的，依照《刑法》第二百八十条第一款的规定处罚。

八、公安、工商行政管理人员利用职务上的便利，索取或者非法收受他人财物，为赃车入户、过户、验证构成犯罪的，依照《刑法》第三百八十五条、第三百八十六条的规定处罚。

九、公安、工商行政管理人员或者其他国家机关工作人员滥用职权或者玩忽职守、徇私舞弊，致使赃车入户、过户、验证的，给予行政处分；致使公共财产、国家和人民利益遭受重大损失的，依照《刑法》第三百九十七条的规定处罚。

十、公安人员对盗窃、抢劫的机动车辆，非法提供机动车牌证或者为其取得机动车牌证提供便利，帮助犯罪分子逃避处罚的，依照《刑法》第四百一十七条规定处罚。

十一、对犯罪分子盗窃、抢劫所得的机动车辆及其变卖价款，应当依照《刑法》第六十四条的规定予以追缴。

十二、对明知是赃车而购买的,应将车辆无偿追缴;对违反国家规定购买车辆,经查证是赃车的,公安机关可以根据《刑事诉讼法》第一百一十条和第一百一十四条规定进行追缴和扣押。对不明知是赃车而购买的,结案后予以退还买主。

十三、对购买赃车后使用非法提供的入户、过户手续或者使用伪造、变造的入户、过户手续为赃车入户、过户的,应当吊销牌证,并将车辆无偿追缴;已将入户、过户车辆变卖的,追缴变卖所得并责令赔偿经济损失。

十四、对直接从犯罪分子处追缴的被盗窃、抢劫的机动车辆,经检验鉴定,查证属实后,可依法先行返还失主,移送案件时附清单、照片及其他证据。在返还失主前,按照赃物管理规定管理,任何单位和个人都不得挪用、损毁或者自行处理。

十五、盗窃、抢劫机动车案件,由案件发生地公安机关立案侦查,赃车流入地公安机关应当予以配合。跨地区系列盗窃、抢劫机动车案件,由最初受理的公安机关立案侦查;必要时,可由主要犯罪地公安机关立案侦查,或者由上级公安机关指定立案侦查。

十六、各地公安机关扣押或者协助管辖单位追回的被盗窃、抢劫的机动车应当移送管辖单位依法处理,不得以任何理由扣留或者索取费用。拖延不交的,给予单位领导行政处分。

十七、本规定所称的"明知",是指知道或者应当知道。有下列情形之一的,可视为应当知道,但有证据证明确属被蒙骗的除外:

(一)在非法的机动车交易场所和销售单位购买的;

(二)机动车证件手续不全或者明显违反规定的;

(三)机动车发动机号或者车架号有更改痕迹,没有合法证明的;

(四)以明显低于市场价格购买机动车的。

十八、本规定自公布之日起执行。对侵占、抢夺、诈骗机动车案件的查处参照本规定的原则办理。本规定公布后尚未办结的案件,适用本规定。

7. 最高人民检察院《关于强迫借贷行为适用法律问题的批复》

(实施日期:2014 年 4 月 17 日)

你院《关于强迫借贷案件法律适用的请示》(粤检发研字[2014]9 号)收悉。经研究,批复如下:

以暴力、胁迫手段强迫他人借贷,属于刑法第二百二十六条第二项规定的"强迫他人提供或者接受服务",情节严重的,以强迫交易罪追究刑事责任;同时构成故意伤害罪等其他犯罪的,依照处罚较重的规定定罪处罚。以非法占有为目的,以借贷为名采用暴力、胁迫手段获取他人财物,符合刑法第二百六十三条或者第二百七十四条规定的,以抢劫罪或者敲诈勒索罪追究刑事责任。

8. 最高人民法院、最高人民检察院《关于办理抢夺刑事案件适用法律若干问题的解释》

（实施日期:2013 年 12 月 18 日　法释[2013]25 号）（节录）

第六条　驾驶机动车、非机动车夺取他人财物,具有下列情形之一的,应当以抢劫罪定罪处罚:

（一）夺取他人财物时因被害人不放手而强行夺取的;

（二）驾驶车辆逼挤、撞击或者强行逼倒他人夺取财物的;

（三）明知会致人伤亡仍然强行夺取并放任造成财物持有人轻伤以上后果的。

9. 最高人民法院、最高人民检察院《关于办理寻衅滋事刑事案件适用法律若干问题的解释》

（实施日期:2013 年 7 月 22 日　法释[2013]18 号）（节录）

第七条　实施寻衅滋事行为,同时符合寻衅滋事罪和故意杀人罪、故意伤害罪、故意毁坏财物罪、敲诈勒索罪、抢夺罪、抢劫罪等罪的构成要件的,依照处罚较重的犯罪定罪处罚。

10. 最高人民法院《关于审理未成年人刑事案件具体应用法律若干问题的解释》

（实施日期:2006 年 1 月 23 日　法释[2006]1 号）（节录）

第十条　已满十四周岁不满十六周岁的人盗窃、诈骗、抢夺他人财物,为窝藏赃物、抗拒抓捕或者毁灭罪证,当场使用暴力,故意伤害致人重伤或者死亡,或者故意杀人的,应当分别以故意伤害罪或者故夺罪,为窝藏赃物、抗拒抓捕或者毁灭罪证而当场使用暴力或者以暴力相威胁的,应当依照刑法第 269 条的规定定罪处罚;情节轻微的,可不以抢劫罪定罪处罚。

11. 最高人民法院、最高人民检察院《关于办理妨害预防、控制突发传染病疫情等灾害的刑事案件具体应用法律若干问题的解释》

（实施日期:2003 年 5 月 15 日　法释[2003]8 号）（节录）

第九条　在预防、控制突发传染病疫情等灾害期间,聚众打砸抢,致人伤残、死亡的,依照刑法第二百八十九条、第二百三十四条、第二百三十二条的规定,以故意伤害罪或者故意杀人罪定罪,依法从重处罚。对毁坏或者抢走公私财物的首要分子,依照刑法第二百八十九条、第二百六十三条的规定,以抢劫罪定罪,依法从重处罚。

12. 最高人民法院《全国法院审理毒品犯罪案件工作座谈会纪要》

（实施日期:2000 年 4 月 4 日　法[2000]42 号）（节录）

（六）关于盗窃、抢劫毒品犯罪的定性问题

盗窃、抢劫毒品的,应当分别以盗窃罪或者抢劫罪定罪。认定盗窃犯罪数额,可以参考当地毒品非法交易的价格。认定抢劫罪的数额,即是抢劫毒品的实际数量。盗窃、抢劫毒品后又实施其他毒品犯罪的,则以盗窃罪、抢劫罪与实施的具体毒品犯罪,依法实行数罪并罚。

【犯罪构成】

(一)主体要件

本罪的主体为一般主体。依《刑法》第十七条规定,年满十四周岁并具有刑事责任能力的自然人,均能构成该罪的主体。

(二)主观要件

本罪在主观方面表现为直接故意,并具有将公私财物非法占有的目的,如果没有这样的故意内容就不构成本罪。如果行为人只抢回自己被偷走、骗走或者赌博输的财物,不具有非法占有他人财物的目的,不构成抢劫罪。

(三)客观要件

本罪在客观方面表现为行为人对公私财物的所有者、保管者或者守护者当场使用暴力、胁迫或者其他对人身实施强制的方法,强行劫取公私财物的行为。这种当场对被害人身体实施强制的犯罪手段,是抢劫罪的本质特征,也是它区别于盗窃罪、诈骗罪、抢夺罪和敲诈勒索罪的最显著特点。

(四)客体要件

本罪侵犯的客体是公私财物的所有权和公民的人身权利。对于抢劫犯来说,最根本的目的是要抢劫财物,侵犯人身权利,只是其使用的一种手段。正因为如此,刑法把抢劫罪规定在侵犯财产罪这一章。无论犯罪嫌疑人是否取得财物,也不论被抢财物价值的大小。只要是以非法占有为目的、并当场采取暴力或暴力相威胁手段,就构成抢劫罪。"数额特别巨大"和"致人特别严重伤残或死亡"只是本罪从重处罚的两个情节。

【罪名辨析】

(一)本罪与非罪的界限

1. 抢劫罪是侵犯财产罪中危害性最大、性质最严重的犯罪。在一般情况下,凡是以非法占有为目的,用暴力、胁迫或者其他方法,强行夺取公私财物的行为,就具备了抢劫罪的基本特征,构成了抢劫罪。立法上没有抢劫的数额和情节的限制性规定。但是依照《刑法》第十三条的规定,情节显著轻微危害不大的行为,不认为构成了抢劫罪。例如,青少年偶尔进行恶作剧式的抢劫,行为很有节制、数额极其有限,如强索少量财物,抢吃少量食品等,由于情节显著轻微,危害不大,属于一般违法行为,尚不构成抢劫罪。

2. 因为婚姻、家庭纠纷,一方抢回彩礼、陪嫁物,或者强行分割并拿走家庭共有财产的,即使抢回、拿走的份额多了以及类似的民事纠纷,也属于民事、婚姻纠纷中处理方法不当的问题,不具有非法强占他人财物的目的,不构成抢劫罪。

3. 为子女离婚、出嫁女儿暴死等事情所激怒,而纠集亲友多人去砸毁对方家庭财物，抢吃粮菜鸡猪，属于婚姻家庭纠纷中的泄愤、报复行为，一般应做好调解工作，妥善处理，不要作为抢劫论处。

（二）本罪既遂与未遂的界限

1. 应以行为人的抢劫是否非法占有了公私财物为标准，已非法占有公私财物的为既遂，尚未非法占有公私财物的是未遂。

2. 认为抢劫罪是以暴力、胁迫或其他方法为特征的侵犯财产权利，同时也侵犯人身权利的犯罪。因此，无论抢到财物与否，只要在抢劫中侵犯了被害人的人身权利，就是既遂。

3. 认为本条对抢劫罪分两款作了规定，实际上是两个犯罪构成，因此，应当按照两种情况，分别确定既遂与未遂的标准，即第一款是一般抢劫罪，就应以抢到财物与否为既遂与未遂的标准；第二款是结果加重犯，不存在未遂的问题。

（三）本罪与故意杀人罪的界限

1. 客体要件不同。前者的客体是复杂客体，既侵犯了公私财产所有权，又侵害了公民的人身权利；后者的客体是单一客体，即公民的生命权。

2. 犯罪目的不同。前者是为了非法占有公私财物，侵犯公民的人身权利，是非法占有公私财物的一种手段，二者之间存在目的与手段的内在联系；后者的犯罪目的，是非法剥夺他人的生命权利。

3. 由于这些区别的存在，在司法实践中，二者的界限一般是不会发生混淆的。但二者之间又存在一定的联系，这些联系表现在以下几个方面：

（1）抢劫罪虽然主要是侵犯公私财产的所有权，但同时又侵犯了公民的人身权利，而公民的人身权利包括公民的生命权，因此抢劫罪的客体要件与故意杀人罪的客体要件间存在包容关系。

（2）抢劫罪的行为方式是暴力、胁迫或者其他方法，故意杀人罪的行为方式，可以是暴力的，也可以是非暴力的，因此，在犯罪的行为方式，二者之间也存在交叉关系。

（3）抢劫罪一般是先使用暴力、胁迫或者其他方法，而后取得财物，使用暴力、劫取财物者是故意的；故意杀人罪，行为人杀人后，劫走被害人的财物的情况也是很常见的，其杀人、劫物也都是故意的。因此，在这方面二者也有相似之处。对抢劫杀人案件的定性，要根据案件的特点，具体案件具体分析，不能一概而论。从司法实践看，抢劫杀人案件主要有三种情况：

①先杀人后拿取财物的案件，即事先只有非法剥夺他人生命的目的，而无抢劫他人财物的目的。杀人以后，见财起意又将被害人财物拿走的案件。应以故意杀人罪和盗窃罪定罪处罚。

②在实施抢劫财物过程中先杀人后劫物的案件，即在抢劫财物过程中，先将财物的所有人、经管人杀死，剥夺其反抗能力，当场劫走其财物，杀人是劫走财物的必要手段的案件。虽杀人在先，劫取财物在后，但都发生在抢劫过程中，而且杀人是

劫取购物的必要手段。因此,应定抢劫罪。

③抢劫以后又杀人的案件,即抢劫财物后,为了保护赃物、抗拒逮捕、毁灭罪证,当场又杀人的,或者为杀人灭口而杀死被害人的案件。杀人灭口行为,与抢劫没有内在联系,因此是两个独立的犯罪,应分别定抢劫罪和故意杀人罪,实行两罪并罚。至于抢劫后为了护赃等而当场使用暴力杀人的,应视为抢劫行为的继续,仍只能定为抢劫罪,为护赃而当场行凶杀人,可作为从重处罚情节。

(四)本罪与抢夺罪的界限

1. 客体要件不同。抢劫罪侵犯的是复杂客体,即公私财产所有权和公民的人身权利;抢夺罪侵犯的是单一客体,即公私财产的所有权。

2. 客观方面不同,抢劫罪在客观方面表现为使用暴力胁迫或者其他方法劫取公私财产的行为,劫取公私财物的数额不限;抢夺罪在客观方面表现为公然夺取公私财物数额较大的行为。这些区别为我们区别抢劫罪与抢夺罪的界限提供了客观标准。

(五)本罪与敲诈勒索罪的界限

1. 抢劫罪的"威胁"是当着被害人的面,由行为人直接发出的;敲诈勒索罪的"威胁",可以是当面发出的,也可以是通过书信、电话、电报等形式发出,可以是行为人本人发出,也可以通过第三人发出。

2. 抢劫罪的"威胁"是扬言当场实施,"威胁"的内容都是当场可以实施的;敲诈勒索罪的"威胁"一般是扬言将要实施,并不一定当场实施,威胁的内容可以当场能够实施的,也可以是在以后的某个时间才能实施。

3. 抢劫罪是迫使被害人当场交出财物;敲诈勒索罪迫使被迫交出财物的时间、地点,可以是当场,也可以是在以后指定的时间、地点交出。

4. 抢劫罪占有的财物只能是动产;敲诈勒索罪占有的财物可以是动产,也可以是不动产。

5. 抢劫罪除使用威胁手段外,还使用暴力或者其他方法,因而往往同时侵害了被害人的人身权利;敲诈勒索罪,不使用暴力或者"其他方法",因而不侵害公民的人身权利。

6. 主观故意的内容不同。抢劫罪故意的内容是抢劫,敲诈勒索罪故意的内容是敲诈勒索。

(六)本罪与绑架罪的界限

抢劫罪与绑架罪的主要区别是:抢劫罪的客观方面表现为行为人对财物的所有人、经管人当场使用暴力、胁迫或者其他手段迫使其当场交出财物或者当场将其财物劫走;绑架罪的客观方面表现为行为人对财物的所有人(不排斥财物所有人)、经管人的亲属使用暴力、胁迫或麻醉手段,将其劫持,利用被绑架人的亲属或者其他有关人员对被绑架人安危的忧虑,迫使被绑架人的亲属或者其他人交出一定的财物,换取被绑架人的人身安全,因此财物不是当场取得,而是在以后的特定的时间、地点取得;不是由被绑架人直接交出财物,而是由被绑架人的亲属或者其他有关人交出。

(七)抢劫罪立案标准

抢劫罪是行为犯,刑法对构成抢劫罪没有规定数额、情节方面的限制,只要行为人当场以暴力、胁迫或者其他方法,实施了抢劫公私财物的行为,无论是否抢到钱财,也不论实际抢到钱财的多少,原则上都构成抢劫罪,公安机关应当立案侦查。

(八)关于抢劫罪数的认定

根据2005年6月8日最高人民法院《关于审理抢劫、抢夺刑事案件适用法律若单问题的意见》第八条规定,行为人实施伤害、强奸等犯罪行为,在被害人未失去知觉,利用被害人不能反抗、不敢反抗的处境,临时起意截取他人财物的,应以此前所实施的具体犯罪与抢劫罪实行数罪并罚;在被害人失去知觉或者没有发觉的情况下以及实施故意杀人犯罪行为之后,临时起意拿走他人财物的,应以此前所实施的具体犯罪与盗窃罪实行数罪并罚。

(九)转化型抢劫罪的认定

我国《刑法》第二百六十七条第二款规定:"携带凶器抢夺的,依照本法第二百六十三条的规定定罪处罚";第二百六十九条规定:"犯盗窃、诈骗、抢夺罪,为窝藏赃物、抗拒抓捕或者毁灭罪证而当场使用暴力或者以暴力相威胁的,依照本法第二百六十三条的规定定罪处罚"。可见,转化型抢劫罪分两类:第一类是携带凶器抢夺转化而成的,第二类是犯盗窃、诈骗、抢夺罪后出于某种目的继续实施特定行为转化而成的。在这二类转化型抢劫罪中,第一类是基于前提行为"携带凶器"而转化,第二类是基于后续行为"使用暴力或者以暴力相威胁"而转化,二者相对而言,"携带凶器"是静态的、消极的,而"使用暴力或者以暴力相威胁"是动态的、积极的。为便于阐述,本文姑且将第一类称之为消极转化型抢劫罪,将第二类称之为积极转化型抢劫罪。

对于第二类转化型抢劫罪,根据最高人民法院《关于审理抢劫刑事案件适用法律若干问题的指导意见》的规定,"犯盗窃、诈骗、抢夺罪",主要是指行为人已经着手实施盗窃、诈骗、抢夺行为,一般不考察盗窃、诈骗、抢夺行为是否既遂。但是所涉财物数额明显低于"数额较大"的标准,又不具有最高人民法院《关于审理抢劫、抢夺刑事案件适用法律问题的意见》第五条所列五种情节之一的,不构成抢劫罪。"当场"是指在盗窃、诈骗、抢夺的现场以及行为人刚离开现场即被他人发现并抓捕的情形。

量刑部分

【量刑标准】

犯本罪的,处三年以上十年以下有期徒刑,并处罚金;有下列情形之一的,处十

年以上有期徒刑、无期徒刑或者死刑,并处罚金或者没收财产:

(一)入户抢劫的;

(二)在公共交通工具上抢劫的;

(三)抢劫银行或者其他金融机构的;

(四)多次抢劫或者抢劫数额巨大的;

(五)抢劫致人重伤、死亡的;

(六)冒充军警人员抢劫的;

(七)持枪抢劫的;

(八)抢劫军用物资或者抢险、救灾、救济物资的。

【量刑规范】

最高人民法院《关于常见犯罪的量刑指导意见》

(实施日期:2014 年 1 月 1 日)(节录)

(五)抢劫罪

1. 构成抢劫罪的,可以根据下列不同情形在相应的幅度内确定量刑起点:

(1)抢劫一次的,可以在三年至六年有期徒刑幅度内确定量刑起点。

(2)有下列情形之一的,可以在十年至十三年有期徒刑幅度内确定量刑起点:入户抢劫的;在公共交通工具上抢劫的;抢劫银行或者其他金融机构的;抢劫三次或者抢劫数额达到数额巨大起点的;抢劫致一人重伤的;冒充军警人员抢劫的;持枪抢劫的;抢劫军用物资或者抢险、救灾、救济物资的。依法应当判处无期徒刑以上刑罚的除外。

2. 在量刑起点的基础上,可以根据抢劫情节严重程度、抢劫次数、数额、致人伤害后果等其他影响犯罪构成的犯罪事实增加刑罚量,确定基准刑。

盗窃罪 《刑法》第 264 条、第 265 条

盗窃公私财物,数额较大的,或者多次盗窃(二年内三次以上盗窃)、入户盗窃、携带凶器盗窃、扒窃的,处三年以下有期徒刑、拘役或者管制,并处或者单处罚金;数额巨大或者有其他严重情节的,处三年以上十年以下有期徒刑,并处罚金;数额特别巨大或者有其他特别严重情节的,处十年以上有期徒刑或者无期徒刑,并处罚金或者没收财产。

以牟利为目的,盗接他人通信线路、复制他人电信码号或者明知是盗接、复制的电信设备、设施而使用的,依照本法第二百六十四条的规定定罪处罚。

定 罪 部 分

【罪名概念】

盗窃罪,是指以非法占有为目的,秘密地多次窃取或者窃取数额较大的公私财物的行为。

【立法、司法解释】

1. 最高人民法院、最高人民检察院《关于办理盗窃刑事案件适用法律若干问题的解释》

(实施日期:2013年4月4日　法释[2013]8号)

第一条　盗窃公私财物价值一千元至三千元以上、三万元至十万元以上、三十万元至五十万元以上的,应当分别认定为刑法第二百六十四条规定的"数额较大"、"数额巨大"、"数额特别巨大"。

各省、自治区、直辖市高级人民法院、人民检察院可以根据本地区经济发展状况,并考虑社会治安状况,在前款规定的数额幅度内,确定本地区执行的具体数额标准,报最高人民法院、最高人民检察院批准。

在跨地区运行的公共交通工具上盗窃,盗窃地点无法查证的,盗窃数额是否达到"数额较大"、"数额巨大"、"数额特别巨大",应当根据受理案件所在地省、自治区、直辖市高级人民法院、人民检察院确定的有关数额标准认定。

盗窃毒品等违禁品,应当按照盗窃罪处理的,根据情节轻重量刑。

第二条　盗窃公私财物,具有下列情形之一的,"数额较大"的标准可以按照前条规定标准的百分之五十确定:

(一)曾因盗窃受过刑事处罚的;

(二)一年内曾因盗窃受过行政处罚的;

(三)组织、控制未成年人盗窃的;

(四)自然灾害、事故灾害、社会安全事件等突发事件期间,在事件发生地盗窃的;

(五)盗窃残疾人、孤寡老人、丧失劳动能力人的财物的;

(六)在医院盗窃病人或者其亲友财物的;

(七)盗窃救灾、抢险、防汛、优抚、扶贫、移民、救济款物的;

(八)因盗窃造成严重后果的。

第三条　二年内盗窃三次以上的,应当认定为"多次盗窃"。

非法进入供他人家庭生活,与外界相对隔离的住所盗窃的,应当认定为"入户盗窃"。

携带枪支、爆炸物、管制刀具等国家禁止个人携带的器械盗窃,或者为了实施违法犯罪携带其他足以危害他人人身安全的器械盗窃的,应当认定为"携带凶器盗窃"。

在公共场所或者公共交通工具上盗窃他人随身携带的财物的,应当认定为

"扒窃"。

第四条　盗窃的数额,按照下列方法认定:

(一)被盗财物有有效价格证明的,根据有效价格证明认定;无有效价格证明,或者根据价格证明认定盗窃数额明显不合理的,应当按照有关规定委托估价机构估价;

(二)盗窃外币的,按照盗窃时中国外汇交易中心或者中国人民银行授权机构公布的人民币对该货币的中间价折合成人民币计算;中国外汇交易中心或者中国人民银行授权机构未公布汇率中间价的外币,按照盗窃时境内银行人民币对该货币的中间价折算成人民币,或者该货币在境内银行、国际外汇市场对美元汇率,与人民币对美元汇率中间价进行套算;

(三)盗窃电力、燃气、自来水等财物,盗窃数量能够查实的,按照查实的数量计算盗窃数额;盗窃数量无法查实的,以盗窃前六个月月均正常用量减去盗窃后计量仪表显示的月均用量推算盗窃数额;盗窃前正常使用不足六个月的,按照正常使用期间的月均用量减去盗窃后计量仪表显示的月均用量推算盗窃数额;

(四)明知是盗接他人通信线路、复制他人电信码号的电信设备、设施而使用的,按照合法用户为其支付的费用认定盗窃数额;无法直接确认的,以合法用户的电信设备、设施被盗接、复制后的月缴费额减去被盗接、复制前六个月的月均电话费推算盗窃数额;合法用户使用电信设备、设施不足六个月的,按照实际使用的月均电话费推算盗窃数额;

(五)盗接他人通信线路、复制他人电信码号出售的,按照销赃数额认定盗窃数额。

盗窃行为给失主造成的损失大于盗窃数额的,损失数额可以作为量刑情节考虑。

第五条　盗窃有价支付凭证、有价证券、有价票证的,按照下列方法认定盗窃数额:

(一)盗窃不记名、不挂失的有价支付凭证、有价证券、有价票证的,应当按票面数额和盗窃时应得的孳息、奖金或者奖品等可得收益一并计算盗窃数额;

(二)盗窃记名的有价支付凭证、有价证券、有价票证,已经兑现的,按照兑现部分的财物价值计算盗窃数额;没有兑现,但失主无法通过挂失、补领、补办手续等方式避免损失的,按照给失主造成的实际损失计算盗窃数额。

第六条　盗窃公私财物,具有本解释第二条第三项至第八项规定情形之一,或者入户盗窃、携带凶器盗窃,数额达到本解释第一条规定的"数额巨大"、"数额特别巨大"百分之五十的,可以分别认定为刑法第二百六十四条规定的"其他严重情节"或者"其他特别严重情节"。

第七条　盗窃公私财物数额较大,行为人认罪、悔罪,退赃、退赔,且具有下列

情形之一,情节轻微的,可以不起诉或者免予刑事处罚;必要时,由有关部门予以行政处罚:

（一）具有法定从宽处罚情节的;

（二）没有参与分赃或者获赃较少且不是主犯的;

（三）被害人谅解的;

（四）其他情节轻微、危害不大的。

第八条　偷拿家庭成员或者近亲属的财物,获得谅解的,一般可不认为是犯罪;追究刑事责任的,应当酌情从宽。

第九条　盗窃国有馆藏一般文物、三级文物、二级以上文物的,应当分别认定为刑法第二百六十四条规定的“数额较大”、“数额巨大”、“数额特别巨大”。

盗窃多件不同等级国有馆藏文物的,三件同级文物可以视为一件高一级文物。

盗窃民间收藏的文物的,根据本解释第四条第一款第一项的规定认定盗窃数额。

第十条　偷开他人机动车的,按照下列规定处理:

（一）偷开机动车,导致车辆丢失的,以盗窃罪定罪处罚;

（二）为盗窃其他财物,偷开机动车作为犯罪工具使用后非法占有车辆,或者将车辆遗弃导致丢失的,被盗车辆的价值计入盗窃数额;

（三）为实施其他犯罪,偷开机动车作为犯罪工具使用后非法占有车辆,或者将车辆遗弃导致丢失的,以盗窃罪和其他犯罪数罪并罚;将车辆送回未造成丢失的,按照其所实施的其他犯罪从重处罚。

第十一条　盗窃公私财物并造成财物损毁的,按照下列规定处理:

（一）采用破坏性手段盗窃公私财物,造成其他财物损毁的,以盗窃罪从重处罚;同时构成盗窃罪和其他犯罪的,择一重罪从重处罚;

（二）实施盗窃犯罪后,为掩盖罪行或者报复等,故意毁坏其他财物构成犯罪的,以盗窃罪和构成的其他犯罪数罪并罚;

（三）盗窃行为未构成犯罪,但损毁财物构成其他犯罪的,以其他犯罪定罪处罚。

第十二条　盗窃未遂,具有下列情形之一的,应当依法追究刑事责任:

（一）以数额巨大的财物为盗窃目标的;

（二）以珍贵文物为盗窃目标的;

（三）其他情节严重的情形。

盗窃既有既遂,又有未遂,分别达到不同量刑幅度的,依照处罚较重的规定处罚;达到同一量刑幅度的,以盗窃罪既遂处罚。

第十三条　单位组织、指使盗窃,符合刑法第二百六十四条及本解释有关规定的,以盗窃罪追究组织者、指使者、直接实施者的刑事责任。

第十四条　因犯盗窃罪,依法判处罚金刑的,应当在一千元以上盗窃数额的二倍以下判处罚金;没有盗窃数额或者盗窃数额无法计算的,应当在一千元以上十万元以下判处罚金。

第十五条　本解释发布实施后,《最高人民法院关于审理盗窃案件具体应用法律若干问题的解释》(法释[1998]4号)同时废止;之前发布的司法解释和规范性档与本解释不一致的,以本解释为准。

2. 最高人民法院《关于审理破坏广播电视设施等刑事案件具体应用法律若干问题的解释》

(实施日期:2011年6月13日　法释[2011]13号)(节录)

盗窃正在使用的广播电视设施,尚未构成盗窃罪,但具有本解释第一条、第二条规定情形的,以破坏广播电视设施罪定罪处罚;同时构成盗窃罪和破坏广播电视设施罪的,依照处罚较重的规定定罪处罚。

3. 最高人民法院、最高人民检察院《关于办理盗窃油气、破坏油气设备等刑事案件具体应用法律若干问题的解释》

(实施日期:2007年1月15日　法释[2007]3号)

第一条　在实施盗窃油气等行为过程中,采用切割、打孔、撬砸、拆卸、开关等手段破坏正在使用的油气设备的,属于刑法第一百一十八条规定的"破坏燃气或者其他易燃易爆设备"的行为;危害公共安全,尚未造成严重后果的,依照刑法第一百一十八条的规定定罪处罚。

第二条　实施本解释第一条规定的行为,具有下列情形之一的,属于刑法第一百一十九条第一款规定的"造成严重后果",依照刑法第一百一十九条第一款的规定定罪处罚:

(一)造成一人以上死亡、三人以上重伤或者十人以上轻伤的;

(二)造成井喷或者重大环境污染事故的;

(三)造成直接经济损失数额在五十万元以上的;

(四)造成其他严重后果的。

第三条　盗窃油气或者正在使用的油气设备,构成犯罪,但未危害公共安全的,依照刑法第二百六十四条的规定,以盗窃罪定罪处罚。

盗窃油气,数额巨大但尚未运离现场的,以盗窃未遂定罪处罚。

为他人盗窃油气而偷开油气井、油气管道等油气设备阀门排放油气或者提供其他帮助的,以盗窃罪的共犯定罪处罚。

第四条　盗窃油气同时构成盗窃罪和破坏易燃易爆设备罪的,依照刑法处罚较重的规定定罪处罚。

第五条　明知是盗窃犯罪所得的油气或者油气设备,而予以窝藏、转移、收购、加工、代为销售或者以其他方法掩饰、隐瞒的,依照刑法第三百一十二条的规定定罪处罚。

实施前款规定的犯罪行为,事前通谋的,以盗窃犯罪的共犯定罪处罚。

第六条 违反矿产资源法的规定，非法开采或者破坏性开采石油、天然气资源的，依照刑法第三百四十三条以及《最高人民法院关于审理非法采矿、破坏性采矿刑事案件具体应用法律若干问题的解释》的规定追究刑事责任。

第七条 国家机关工作人员滥用职权或者玩忽职守，实施下列行为之一，致使公共财产、国家和人民利益遭受重大损失的，依照刑法第三百九十七条的规定，以滥用职权罪或者玩忽职守罪定罪处罚：

（一）超越职权范围，批准发放石油、天然气勘查、开采、加工、经营等许可证的；

（二）违反国家规定，给不符合法定条件的单位、个人发放石油、天然气勘查、开采、加工、经营等许可证的；

（三）违反《石油天然气管道保护条例》等国家规定，在油气设备安全保护范围内批准建设项目的；

（四）对发现或者经举报查实的未经依法批准、许可擅自从事石油、天然气勘查、开采、加工、经营等违法活动不予查封、取缔的。

第八条 本解释所称的"油气"，是指石油、天然气。其中，石油包括原油、成品油；天然气包括煤层气。

本解释所称"油气设备"，是指用于石油、天然气生产、储存、运输等易燃易爆设备。

4. 最高人民检察院《关于单位有关人员组织实施盗窃行为如何适用法律问题的批复》

（实施日期：2002 年 8 月 9 日 高检发释字［2002］5 号）

各省、自治区、直辖市人民检察院，军事检察院，新疆生产建设兵团人民检察院：

近来，一些省人民检察院就单位有关人员为谋取单位利益组织实施盗窃行为如何适用法律问题向我院请示。根据刑法有关规定，现批复如下：

单位有关人员为谋取单位利益组织实施盗窃行为，情节严重的，应当依照刑法第二百六十四条的规定以盗窃罪追究直接责任人员的刑事责任。

5. 最高人民法院、最高人民检察院、公安部《关于铁路运输过程中盗窃罪数额认定标准问题的规定》

（实施日期：1999 年 2 月 4 日 公发［1994］4 号）

根据《刑法》第二百六十四条的规定，结合铁路运输的治安状况和盗窃案件特点，现对铁路运输过程中盗窃罪数额认定标准规定如下：

一、个人盗窃公私财物"数额较大"，以一千元为起点；

二、个人盗窃公私财物"数额巨大"，以一万元为起点；

三、个人盗窃公私财物"数额特别巨大"，以六万元为起点。

6. 最高人民法院、最高人民检察院、公安部《关于盗窃罪数额认定标准问题的规定》

（实施日期：1998 年 3 月26 日 法发［1998］3 号）

根据刑法第二百六十四条的规定,结合当前的经济发展水平和社会治安状况,现对盗窃罪数额认定标准规定如下:

一、个人盗窃公私财物“数额较大”,以五百元至二千元为起点。

二、个人盗窃公私财物“数额巨大”,以五千元至二万元为起点。

三、个人盗窃公私财物“数额特别巨大”,以三万元至十万元为起点。

各省、自治区、直辖市高级人民法院、人民检察院、公安厅(局),可以根据本地区经济发展状况,并考虑社会治安状况,在上述数额幅度内,共同研究确定本地区执行的盗窃罪“数额较大”、“数额巨大”、“数额特别巨大”的具体数额标准,并分别报最高人民法院、最高人民检察院、公安部备案。

7. 最高人民法院《全国部分法院审理毒品犯罪案件工作座谈会纪要》

(实施日期:2008 年 12 月 1 日　法[2008]324 号)(节录)

盗窃、抢夺、抢劫毒品的,应当分别以盗窃罪、抢夺罪或者抢劫罪定罪,但不计犯罪数额,根据情节轻重予以定罪量刑。盗窃、抢夺、抢劫毒品后又实施其他毒品犯罪的,对盗窃罪、抢夺罪、抢劫罪和所犯的具体毒品犯罪分别定罪,依法数罪并罚。走私毒品,又走私其他物品构成犯罪的,以走私毒品罪和其所犯的其他走私罪分别定罪,依法数罪并罚。

8. 最高人民法院《关于审理破坏电力设备刑事案件具体应用法律若干问题的解释》

(实施日期:2007 年 8 月 21 日　法释[2007]15 号)(节录)

第三条　盗窃电力设备,危害公共安全,但不构成盗窃罪的,以破坏电力设备罪定罪处罚;同时构成盗窃罪和破坏电力设备罪的,依照刑法处罚较重的规定定罪处罚。

盗窃电力设备,没有危及公共安全,但应当追究刑事责任的,可以根据案件的不同情况,按照盗窃罪等犯罪处理。

9. 最高人民法院《关于审理危害军事通信刑事案件具体应用法律若干问题的解释》

(实施日期:2007 年 6 月 29 日　法释[2007]13 号)(节录)

第六条第二款　盗窃军事通信线路、设备,不构成盗窃罪,但破坏军事通信的,依照刑法第三百六十九条第一款的规定定罪处罚;同时构成刑法第一百二十四条、第二百六十四条和第三百六十九条第一款规定的犯罪的,依照处罚较重的规定定罪处罚。

10. 最高人民法院、最高人民检察院《关于办理与盗窃、抢劫、诈骗、抢夺机动车相关刑事案件具体应用法律若干问题的解释》

(实施日期:2007 年 5 月 11 日　法释[2007]11 号)(节录)

第四条　实施本解释第一条、第二条、第三条第一款或者第三款规定的行为,事前与盗窃、抢劫、诈骗、抢夺机动车的犯罪分子通谋的,以盗窃罪、抢劫罪、诈骗罪、抢夺罪的共犯论处。

11. 最高人民法院《关于审理抢劫、抢夺刑事案件适用法律若干问题的意见》

(实施日期:2005 年 6 月 8 日　法发[2005]8 号)(节录)

八、关于抢劫罪数的认定

行为人实施伤害、强奸等犯罪行为,在被害人未失去知觉,利用被害人不能反抗、不敢反抗的处境,临时起意劫取他人财物的,应以此前所实施的具体犯罪与抢劫罪实行数罪并罚;在被害人失去知觉或者没有发觉的情形下,以及实施故意杀人犯罪行为之后,临时起意拿走他人财物的,应以此前所实施的具体犯罪与盗窃罪实行数罪并罚。

12. 最高人民法院《关于审理破坏公用电信设施刑事案件具体应用法律若干问题的解释》

(实施日期:2005 年 1 月 11 日　法释[2004]21 号)(节录)

第三条　故意破坏正在使用的公用电信设施尚未危害公共安全,或者故意毁坏尚未投入使用的公用电信设施,造成财物损失,构成犯罪的,依照刑法第二百七十五条规定,以故意毁坏财物罪定罪处罚。

盗窃公用电信设施价值数额不大,但是构成危害公共安全犯罪的,依照刑法第一百二十四条的规定定罪处罚;盗窃公用电信设施同时构成盗窃罪和破坏公用电信设施罪的,依照处罚较重的规定定罪处罚。

13. 最高人民检察院法律政策研究室《关于非法制作、出售、使用 IC 电话卡行为如何适用法律问题的答复》

(实施日期:2003 年 4 月 2 日　高检研发[2003]第 10 号)

辽宁省人民检察院研究室:

你院《关于非法制作、出售 IC 电话卡的行为如何认定的请示》(辽检发研字[2002]8 号)收悉。经研究,答复如下:

非法制作或者出售非法制作的 IC 电话卡,数额较大的,应当依照刑法第二百二十七条第一款的规定,以伪造、倒卖伪造的有价票证罪追究刑事责任,犯罪数额可以根据销售数额认定;明知是非法制作的 IC 电话卡而使用或者购买并使用,造成电信资费损失数额较大的,应当依照刑法第二百六十四条的规定,以盗窃罪追究刑事责任。

14. 最高人民法院《关于审理破坏森林资源刑事案件具体应用法律若干问题的解释》

(实施日期:2000 年 12 月 11 日　法释[2000]36 号)(节录)

第九条　将国家、集体、他人所有并已经伐倒的树木窃为己有,以及偷砍他人房前屋后、自留地种植的零星树木,数额较大的,依照刑法第二百六十四条的规定,以盗窃罪定罪处罚。

15. 最高人民法院《关于审理抢劫案件具体应用法律若干问题的解释》

(实施日期:2000 年 11 月 28 日　法释[2000]35 号)(节录)

第四条　刑法第二百六十三条第(四)项规定的“抢劫数额巨大”的认定标准,参照各地确定的盗窃罪数额巨大的认定标准执行。

16. 最高人民法院《关于审理扰乱电信市场管理秩序案件具体应用法律若干问题的解释》

(实施日期:2000 年 5 月 24 日　法释[2000]12 号)(节录)

第七条　将电信卡非法充值后使用,造成电信资费损失数额较大的,依照刑法第二百六十四条的规定,以盗窃罪定罪处罚。

第八条　盗用他人公共信息网络上网账号、密码上网,造成他人电信资费损失数额较大的,依照刑法第二百六十四条的规定,以盗窃罪定罪处罚。

17. 最高人民法院《全国法院审理毒品犯罪案件工作座谈会纪要》

(实施日期:2000 年 4 月 4 日　法[2000]42 号)(节录)

(六)关于盗窃、抢劫毒品犯罪的定性问题

盗窃、抢劫毒品的,应当分别以盗窃罪或者抢劫罪定罪。认定盗窃犯罪数额,可以参考当地毒品非法交易的价格。认定抢劫罪的数额,即是抢劫毒品的实际数量。盗窃、抢劫毒品后又实施其他毒品犯罪的,则以盗窃罪、抢劫罪与实施的具体毒品犯罪,依法实行数罪并罚。

18. 最高人民法院、最高人民检察院、公安部、邮电部(已变更)、国家工商行政管理局《关于打击盗用电话号码非法并机违法犯罪活动的通知》

(实施日期:1995 年 10 月 27 日　邮部联[1995]732 号)

对于盗用移动电话码号非法并机的违法犯罪分子,应充分考虑其造成的危害后果,依法严厉查处。对于个人自我并用移动电话机的,由邮电部门按有关规定予以处理。对于非法盗用长途电话账号、码号偷打电话、偷接他人电话线路并机使用的,要依据 1992 年 12 月 11 日最高人民法院、最高人民检察院《关于办理盗窃案件具体应用法律的若干问题的解释》中盗用他人长途电话账号、码号造成损失,盗窃他人非法所得,数额较大的应当以盗窃罪定罪处罚的规定,依法惩处。对于盗用他人移动电话码号,非法复制、倒卖、使用的,要依据 1995 年 9 月 13 日最高人民法院法复(1995)6 号《关于对非法复制移动电话码号案件如何定性问题的批复》中对非法复制窃取移动电话码号的行为,应当以盗窃罪从重处罚,对明知是他人非法复制的移动电话而倒卖的,应当以销赃罪追究刑事责任,以及对明知是非法复制的移动电话而使用,给他人造成损失的。应当以盗窃罪追究刑事责任的规定,依法惩处。对于破案收缴的移动电话伪机和作案工具等,由司法机关依法处理;收缴的罚没款上缴国库;追赔用户损失的电话费由邮电部门退还用户;赔偿的入网费、月租费等交邮电部门。

19. 最高人民法院、最高人民检察院《关于办理伪造、倒卖、盗窃发票刑事案件适用法律的规定》

（实施日期:1994 年 6 月 3 日　法发[1994]第 12 号　高检会[1994]第 25 号）（节录）

四、盗窃增值税专用发票的,以盗窃罪追究刑事责任。盗窃数量在 25 份以上的,依照刑法第一百五十一条的规定处罚;盗窃数量在 250 份以上的,依照刑法第一百五十二条的规定处罚;情节特别严重的,依照《全国人民代表大会常务委员会关于严惩严重破坏经济的罪犯的决定》第一条第(一)项的规定处罚。

20. 全国人民代表大会常务委员会《关于惩治虚开、伪造和非法出售增值税专用发票犯罪的决定》

（实施日期:1995 年 10 月 30 日）（节录）

七、盗窃增值税专用发票或者其他发票的,依照刑法关于盗窃罪的规定处罚。使用欺骗手段骗取增值税专用发票或者其他发票的,依照刑法关于诈骗罪的规定处罚。

21. 全国人民代表大会常务委员会《关于惩治破坏金融秩序犯罪的决定》

（实施日期:1995 年 6 月 30 日）（节录）

十四、盗窃信用卡并使用的,依照刑法关于盗窃罪的规定处罚。

【犯罪构成】

（一）主体要件

本罪主体是一般主体,凡达到刑事责任年龄（十六周岁）且具备刑事责任能力的人均能构成。

（二）主观要件

本罪在主观方面表现为直接故意,且具有非法占有的目的。

（三）客观要件

本罪在客观方面表现为行为人具有窃取数额较大的公私财物或者多次窃取公私财物的行为。

所谓窃取,是指行为人违反被害人的意志,将他人占有的财物转移为自己或第三者（包括单位）占有。

（四）客体要件

本罪侵犯的客体是公私财物的所有权。侵犯的对象,是国家、集体或个人的财物,一般是指动产而言,但不动产上之附着物,可与不动产分离的。例如,田地上的农作物,山上的树木、建筑物上之门窗等,也可以成为本罪的对象。另外,能源如电力、煤气也可成为本罪的对象。

盗窃罪侵犯的客体是公私财物的所有权。所有权包括占有、使用、收益、处分等权能。这里的所有权一般指合法的所有权,但有时也有例外情况。根据最高人民法院《关于审理盗窃案件具体应用法律若干问题的解释》(以下简称《解释》)的规定:"盗窃违禁品,按盗窃罪处理的,不计数额,根据情节轻重量刑。盗窃违禁品或犯罪分子不法占有的财物也构成盗窃罪。"

【罪名辨析】

(一)本罪与非罪的界限

对某些具有小偷小摸行为的、因受灾生活困难偶尔偷窃财物的,或者被胁迫参加盗窃活动没有分赃或分赃甚微的,可不作盗窃罪处理,必要时可由主管机关予以适当处罚。把偷窃自己家属或近亲属财物的行为与社会上的盗窃犯罪行为加以区别。根据最高人民法院《关于办理盗窃刑事案件适用法律若干问题的解释》的规定,对此类案件一般可不按犯罪处理;对确有追究刑事责任必要的,在处理时也应同社会上作案的有所区别。

(二)本罪既遂与未遂

关于盗窃罪的既遂标准,理论上有接触说、转移说、隐匿说、失控说、控制说、失控加控制说。我们主张失控加控制说,即盗窃行为已经使被害人丧失了对财物的控制时,或者行为人已经控制了所盗财物时,都是既遂。被害人的失控与行为人的控制通常是统一的,被害人的失控意味着行为人的控制。但二者也存在不统一的情况,即被害人失去了控制,但行为人并没有控制财物,对此也应认定为盗窃既遂,因为本法以保护合法权益为目的,既遂与未遂的区分到底是社会危害性的区别。就盗窃罪而言,其危害程度的大小不在于行为人是否控制了财物,而在于被害人是否丧失了对财物的控制。因此,即使行为人没有控制财物,但只要被害人失去了对财物的控制的,也成立盗窃既遂,没有理由以未遂论处。

(三)本罪与他罪和违法行为的界限

1. 盗窃广播电视设施、公用电信设施价值数额不大,但是构成危害公共安全犯罪的,依照《刑法》第一百二十四条的规定定罪处罚;盗窃广播电视设施、公用电信设施同时构成盗窃罪和破坏广播电视设施、公用电信设施罪的,择一重罪处罚。

2. 盗窃使用中的电力设备,同时构成盗窃罪和破坏电力设备罪的,择一重罪处罚。

3. 为盗窃其他财物,盗窃机动车辆当犯罪工具使用的,被盗机动车辆的价值计入盗窃数额;为实施其他犯罪盗窃机动车辆的,以盗窃罪和所实施的其他犯罪实行数罪并罚。为实施其他犯罪,偷开机动车辆当犯罪工具使用后,将偷开的机动车辆送回原处或者停放到原处附近,车辆未丢失的,按照其所实施的犯罪从重处罚。

4. 为练习开车、游乐等目的,多次偷开机动车辆,并将机动车辆丢失的,以盗窃罪定罪处罚;在偷开机动车辆过程中发生交通肇事构成犯罪,又构成其他罪的,应当以交通肇事罪和其他罪实行数罪并罚;偷开机动车辆造成车辆损坏的,按照《刑法》第二百七十五条的规定定罪处罚;偶尔偷开机动车辆,情节轻微的,可以不认为是犯罪。

5. 实施盗窃犯罪,造成公私财物损毁的,以盗窃罪从重处罚。又构成其他犯罪的,择一重罪从重处罚;盗窃公私财物未构成盗窃罪,但因采用破坏性手段造成公私财物损毁数额较大的,以故意毁坏财物罪定罪处罚。盗窃后,为掩盖盗窃罪行或者报复等,故意破坏公私财物构成犯罪的,应当以盗窃罪和构成的其他罪实行数罪并罚。

6. 盗窃技术成果等商业秘密的,按照《刑法》第二百一十九条的规定定罪处罚。

7. 使用投毒、爆炸方法偷鱼的犯罪性质问题。如果是出于盗窃的目的,毒死或炸死较大数量的鱼,将其偷走,未引起其他严重后果的,应定为盗窃罪;如果不顾人畜安危,向供饮用的池塘中投放大量的剧毒药物,或者向堤坝、其他公共设施附近的水性中投掷大量炸药,严重危害公共安全,致人重伤、死亡或者使公私财物遭受大损失的,应定投毒罪或爆炸罪;如果是为了偷鱼或挟私报复,向鱼塘内投放大量剧毒药物,严重污染水质,毒死整塘的鱼,使集体的或个人承包的养鱼生产遭到严重破坏,损失修重的,应定破坏生产经营罪,同时还应查明毒物或炸药的来源,抑牵连犯有其他罪的,则应从一重罪惩处。

8. 盗伐林木的犯罪性质。违反保护森林法规,秘密地盗伐森林或其他林木,情节严重的,因为本法分则另有规定,构成盗伐林木罪,不以盗窃罪论处;如果不是盗伐生长中的林木,而是盗窃已经采伐下来的木料的,或者偷砍他人房前屋后、自留地上种植的零星树木数额较大的,则应构成盗窃罪。

9. 对盗窃珍贵文物的,如果仅属窃取,应定盗窃罪;在盗窃过程中破坏珍贵文物、名胜古迹的,可以按盗窃罪或者破坏珍贵文物、名胜古迹罪中的一重罪从重处罚。

10. 盗窃墓葬,窃取数额较大的财物,应以盗窃罪论处;虽未窃得财物或窃得少量财物的,如情节严重,也应以盗窃罪论处;如果窃取少量财物,情节轻微的,可由公安机关酌情给予治安处罚,盗掘古文化遗址、古墓葬的,应依《刑法》第三百二十八条之规定。

11. 故意盗窃枪支、弹药、爆炸物或公文、证件、印章的,因盗窃的是刑法规定的特定对象,故依法应定盗窃枪支、弹药、爆炸物罪或盗窃公文、证件、印章罪,不以盗窃罪论;如果在盗窃到的手提包中意外地发现放有枪支、弹药,因无盗窃枪支、弹药的故意,仍应以盗窃罪论处;如果盗窃拎包后发现内有枪支、弹药而又私藏的,则构成私藏枪支、弹药罪。

12. 盗窃铁路在线行军设备的零件、部件或者铁路在线的器材,危及行车安全,构成犯罪的,根据《铁路法》的规定,以破坏交通设备罪论处。

13. 窃取支票骗兑现金或者骗购物品的犯罪性质。窃取他人购买的旅行支票,摹仿失主签字,骗兑现款或者骗购物品的,窃取单位盖过章的空白支票,填写收款单位和金额,骗购物品的,如果数额较大,一般构成盗窃罪。行为人虽然使用了欺骗手段,但他采用秘密窃取手段取得支票是决定性的,而兑现或购物是继续完成盗窃行为,最终受损失的是丢失支票个人或单位。所以,仍应构成盗窃罪,而不构成票据诈骗罪。如果盗窃犯勾结他人冒充签发支票的个人或单位人员去兑现或购物的,后者如果知道支票是偷来的,构成盗窃罪的共犯;如果不知道支票是偷来的,他冒名顶替,虚构事实,采用欺骗方法占有财物则可定为票据诈骗罪。

14. 根据《刑法》第二百一十条第一款规定,盗窃增值税专用发票或者可以用于骗取出口退税、抵扣税款的其他发票的。依照本条的规定定罪处罚。

15. 根据《刑法》第二百五十三条第二款规定,邮政工作人员私自开拆或者隐匿、毁弃邮件、电报而窃取财物的,依照本条的规定即本罪定罪从重处罚。

16. 盗窃信用卡并使用的,根据《刑法》第一百九十六条第三款规定,应以盗窃罪治罪。盗窃数额应当根据行为人盗窃信用卡后使用的数额认定。

17. 将电信卡非法充值后使用,造成电信资费损失数额较大的,依照《刑法》第二百六十四条的规定,以盗窃罪定罪处罚。

18. 盗用他人公共信息网络上网账号、密码上网,造成他人电信资费损失数额较大的,依照《刑法》第二百六十四条的规定,以盗窃罪定罪处罚。

(四)关于亲属盗窃罪的认定

最高人民法院《关于审理盗窃案件具体应用法律的若干问题的解释》规定,“盗窃自己家里的财物或者近亲属的财物,一般可不按犯罪处理;对确有追究刑事责任必要的,在处理时也应同在社会上作案有所区别。”

如何理解“确有必要”追究刑事责任?要从盗窃数额、盗窃次数、主观恶性以及亲属的态度等方面综合分析判断。其中,家庭成员或亲属的态度是决定是否追究刑事责任,应当考虑的一个重要因素。

对家庭成员及亲属间盗窃虽然达到了普通盗窃数额较大或巨大的规定标准,但没有其他严重情节的,一般可不作为犯罪处理。

“确有必要”追究刑事责任的,必须是盗窃数额较大或巨大,同时又具有其他严重情节,引起家庭成员和亲属愤慨,要求追究刑事责任的。如多次盗窃家庭亲属财产,经教育不改,引起家庭成员和亲属不安的;盗窃无生活来源的亲属财产,造成其生活困难,或造成其他严重后果的;盗窃数额特别巨大,挥霍浪费,无法追回,给家庭成员和亲属造成重大损失的;盗窃主观恶性深,多次在社会上盗窃,因种种原因限制而盗窃数额不大,而又转为盗窃家庭亲属财产的;因盗窃造成家庭成员和亲属关系劣变和其他严重后果的等等。

（五）本罪与侵占罪的界限

盗窃罪的基本特征，是违反被害人的意志，使用平和的方式，将他人占有的财物转移为自己或者第三者占有。而侵占罪的基本特征，是将自己占有的他人财物转移为自己所有，或者将脱离了占有的他人财产（遗忘物、埋藏物）转移为自己所有。因此，区分盗窃罪与侵占罪的关键，在于判断作为犯罪对象的财物是否脱离占有以及由谁占有。

行为人不可能盗窃自己事实上占有的财物，对自己事实上已经占有的财物只能成立侵占罪。但是，行为人在法律上占有的财物而事实上由他人占有时，仍然可以成为盗窃罪的对象。例如，甲持有某种提单，因而在法律上占有了提单所记载的货物；但当该货物事实上由乙占有时，甲窃取该货物，仍然成立盗窃罪。

侵占罪则不仅可能侵占自己事实上占有的财物，而且可能侵占法律上占有的财物。因为侵占罪的特点是将自己占有的财产不法转变为所有，因此，只要某种占有具有被处分的可能性，便属于侵占罪中的代为保管，即占有。不动产的名义登记人完全可能处分不动产；提单或有价证券的持有人也完全可能处分提单等记载的财物。所以，侵占罪既可能侵占自己事实上占有的财物，也可能侵占自己在法律上占有的财产。司法实践所遇到的疑难问题，是如何判断事实上的占有，即某种财物在事实上是属于行为人占有，还是被害人占有或暂时脱离了占有。

（六）本罪与抢夺罪的界限

盗窃罪是指以非法占有为目的，秘密窃取数额较大的公私财物或者多次盗窃公私财物的行为。盗窃罪的对象必须是他人占有的财物，对于自己占有的他人财物不可能成立盗窃罪。从客观上说，占有是指事实上的支配（与非法占有目的中的占有不是等同概念），不仅包括物理支配范围内的支配，而且包括社会观念上可以推知财物的支配人的状态。抢夺罪是指以非法占有为目的，公然夺取数额较大的公私财物，但没有使用暴力或暴力威胁等侵犯人身权利的方法。

客观行为方式不同，这是两罪的最大区别。抢夺罪的客观行为是采取公然夺取的方式。所谓公然夺取是指行为人当着财物管理人的面公开夺走其财物，并且这种公然夺取没有采用暴力或暴力威胁，否则将构成抢劫罪。盗窃罪的客观方面是秘密窃取，即行为人用自以为不会被财物控制者发觉的手段窃走财物。

区别的要点是“公然夺取”。所谓“公然”性，主要是相对于财物所有人、占有人而言的，即当着他们的面，乘其不备，夺取财物。所以公然性仅以当着财物所有人或者占有人的面进行为条件，不以他人在场为条件。如果当着财物所有人、占有人的面突然夺取，即使没有其他人在场，也属于抢夺行为；如果背着财物所有人、占有人悄悄偷取财物，即使有其他人在场目睹，也属于盗窃。

量刑部分

【量刑标准】

犯本罪的,处三年以下有期徒刑、拘役或者管制,并处或者单处罚金;数额巨大或者有其他严重情节的,处三年以上十年以下有期徒刑,并处罚金;数额特别巨大或者有其他特别严重情节的,处十年以上有期徒刑或者无期徒刑,并处罚金或者没收财产。

【量刑规范】

最高人民法院《关于常见犯罪的量刑指导意见》

(实施日期:2014年1月1日)(节录)

(六)盗窃罪

1. 构成盗窃罪的,可以根据下列不同情形在相应的幅度内确定量刑起点:

(1)达到数额较大起点的,两年内三次盗窃的,入户盗窃的,携带凶器盗窃的,或者扒窃的,可以在一年以下有期徒刑、拘役幅度内确定量刑起点。

(2)达到数额巨大起点或者有其他严重情节的,可以在三年至四年有期徒刑幅度内确定量刑起点。

(3)达到数额特别巨大起点或者有其他特别严重情节的,可以在十年至十二年有期徒刑幅度内确定量刑起点。依法应当判处无期徒刑的除外。

2. 在量刑起点的基础上,可以根据盗窃数额、次数、手段等其他影响犯罪构成的犯罪事实增加刑罚量,确定基准刑。

多次盗窃,数额达到较大以上的,以盗窃数额确定量刑起点,盗窃次数可作为调节基准刑的量刑情节;数额未达到较大的,以盗窃次数确定量刑起点,超过三次的次数作为增加刑罚量的事实。

诈骗罪 《刑法》第266条

诈骗公私财物,数额较大的,处三年以下有期徒刑、拘役或者管制,并处或者单处罚金;数额巨大或者有其他严重情节的,处三年以上十年以下有期徒刑,并处罚金;数额特别巨大或者有其他特别严重情节的,处十年以上有期徒刑或者无期徒刑,并处罚金或者没收财产。本法另有规定的,依照规定。

定罪部分

【罪名概念】

诈骗罪,是指以非法占有为目的,用虚构事实或者隐瞒真相的方法,骗取数额较大的公私财物的行为。

【立法、司法解释】

1. 全国人民代表大会常务委员会《关于〈中华人民共和国刑法第二百六十六条〉的解释》

(实施日期:2014 年 4 月 24 日)

全国人民代表大会常务委员会根据司法实践中遇到的情况,讨论了刑法第二百六十六条的含义及骗取养老、医疗、工伤、失业、生育等社会保险金或者其他社会保障待遇的行为如何适用刑法有关规定的问题,解释如下:

以欺诈、伪造证明材料或者其他手段骗取养老、医疗、工伤、失业、生育等社会保险金或者其他社会保障待遇的,属于刑法第二百六十六条规定的诈骗公私财物的行为。

2. 最高人民法院、最高人民检察院《关于办理诈骗刑事案件具体应用法律若干问题的解释》

(实施日期:2011 年 3 月 1 日　法释[2011]7 号)(节录)

第一条　诈骗公私财物价值三千元至一万元以上、三万元至十万元以上、五十万元以上的,应当分别认定为刑法第二百六十六条规定的“数额较大”、“数额巨大”、“数额特别巨大”。

各省、自治区、直辖市高级人民法院、人民检察院可以结合本地区经济社会发展状况,在前款规定的数额幅度内,共同研究确定本地区执行的具体数额标准,报最高人民法院、最高人民检察院备案。

第二条　诈骗公私财物达到本解释第一条规定的数额标准,具有下列情形之一的,可以依照刑法第二百六十六条的规定酌情从严惩处:

(一)通过发送短信、拨打电话或者利用互联网、广播电视、报刊杂志等发布虚假信息,对不特定多数人实施诈骗的;

(二)诈骗救灾、抢险、防汛、优抚、扶贫、移民、救济、医疗款物的;

(三)以赈灾募捐名义实施诈骗的;

(四)诈骗残疾人、老年人或者丧失劳动能力人的财物的;

(五)造成被害人自杀、精神失常或者其他严重后果的。

诈骗数额接近本解释第一条规定的“数额巨大”、“数额特别巨大”的标准,并具有前款规定的情形之一或者属于诈骗集团首要分子的,应当分别认定为刑法第二百六十六条规定的“其他严重情节”、“其他特别严重情节”。

第三条　诈骗公私财物虽已达到本解释第一条规定的“数额较大”的标准,但具有下列情形之一,且行为人认罪、悔罪的,可以根据刑法第三十七条、刑事诉讼法第一百四十二条的规定不起诉或者免予刑事处罚:

(一)具有法定从宽处罚情节的;

(二)一审宣判前全部退赃、退赔的;

(三)没有参与分赃或者获赃较少且不是主犯的;

(四)被害人谅解的;

(五)其他情节轻微、危害不大的。

第四条　诈骗近亲属的财物,近亲属谅解的,一般可不按犯罪处理。

诈骗近亲属的财物,确有追究刑事责任必要的,具体处理也应酌情从宽。

第五条　诈骗未遂,以数额巨大的财物为诈骗目标的,或者具有其他严重情节的,应当定罪处罚。

利用发送短信、拨打电话、互联网等电信技术手段对不特定多数人实施诈骗,诈骗数额难以查证,但具有下列情形之一的,应当认定为刑法第二百六十六条规定的"其他严重情节",以诈骗罪(未遂)定罪处罚:

(一)发送诈骗信息五千条以上的;

(二)拨打诈骗电话五百人次以上的;

(三)诈骗手段恶劣、危害严重的。

实施前款规定行为,数量达到前款第(一)、(二)项规定标准十倍以上的,或者诈骗手段特别恶劣、危害特别严重的,应当认定为刑法第二百六十六条规定的"其他特别严重情节",以诈骗罪(未遂)定罪处罚。

第六条　诈骗既有既遂,又有未遂,分别达到不同量刑幅度的,依照处罚较重的规定处罚;达到同一量刑幅度的,以诈骗罪既遂处罚。

第七条　明知他人实施诈骗犯罪,为其提供信用卡、手机卡、通讯工具、通讯传输信道、网络技术支持、费用结算等帮助的,以共同犯罪论处。

第八条　冒充国家机关工作人员进行诈骗,同时构成诈骗罪和招摇撞骗罪的,依照处罚较重的规定定罪处罚。

第九条　案发后查封、扣押、冻结在案的诈骗财物及其孳息,权属明确的,应当发还被害人;权属不明确的,可按被骗款物占查封、扣押、冻结在案的财物及其孳息总额的比例发还被害人,但已获退赔的应予扣除。

第十条　行为人已将诈骗财物用于清偿债务或者转让给他人,具有下列情形之一的,应当依法追缴:

(一)对方明知是诈骗财物而收取的;

(二)对方无偿取得诈骗财物的;

(三)对方以明显低于市场的价格取得诈骗财物的;

(四)对方取得诈骗财物系源于非法债务或者违法犯罪活动的。

他人善意取得诈骗财物的,不予追缴。

第十一条　以前发布的司法解释与本解释不一致的,以本解释为准。

3. 最高人民法院、最高人民检察院《关于办理与盗窃、抢劫、诈骗、抢夺机动车相关刑事案件具体应用法律若干问题的解释》

（实施日期：2007年5月9日　法释［2007］11号）（节录）

第一条　明知是盗窃、抢劫、诈骗、抢夺的机动车，实施下列行为之一的，依照刑法第三百一十二条的规定，以掩饰、隐瞒犯罪所得、犯罪所得收益罪定罪，处三年以下有期徒刑、拘役或者管制，并处或者单处罚金：

（一）买卖、介绍买卖、典当、拍卖、抵押或者用其抵债的；

（二）拆解、拼装或者组装的；

（三）修改发动机号、车辆识别代号的；

（四）更改车身颜色或者车辆外形的；

（五）提供或者出售机动车来历凭证、整车合格证、号牌以及有关机动车的其他证明和凭证的；

（六）提供或者出售伪造、变造的机动车来历凭证、整车合格证、号牌以及有关机动车的其他证明和凭证的。

实施第一款规定的行为涉及盗窃、抢劫、诈骗、抢夺的机动车五辆以上或者价值总额达到五十万元以上的，属于刑法第三百一十二条规定的"情节严重"，处三年以上七年以下有期徒刑，并处罚金。

第四条　实施本解释第一条、第二条、第三条第一款或者第三款规定的行为，事前与盗窃、抢劫、诈骗、抢夺机动车的犯罪分子通谋的，以盗窃罪、抢劫罪、诈骗罪、抢夺罪的共犯论处。

第五条　对跨地区实施的涉及同一机动车的盗窃、抢劫、诈骗、抢夺以及掩饰、隐瞒犯罪所得、犯罪所得收益行为，有关公安机关可以依照法律和有关规定一并立案侦查，需要提请批准逮捕、移送审查起诉、提起公诉的，由该公安机关所在地的同级人民检察院、人民法院受理。

第六条　行为人实施本解释第一条、第三条第三款规定的行为，涉及的机动车有下列情形之一的，应当认定行为人主观上属于上述条款所称"明知"：

（一）没有合法有效的来历凭证；

（二）发动机号、车辆识别代号有明显更改痕迹，没有合法证明的。

4. 中国人民解放军军事法院、军事检察院《关于办理盗窃诈骗投机倒把案件的数额标准问题的通知》

（实施日期：1987年6月24日　［1987］军发字第17号）

一、关于盗窃罪的数额标准。根据最高人民法院、最高人民检察院1984年11月2日《关于当前办理盗窃案件中具体应用法律的若干问题的解答》，结合军队的实际情况，军队办理盗窃案件，数额仍按中央军委1979年第十一号档精神掌握。即：个人盗窃公私财物500元以上，为"数额较大"；5000元以上，为"数额巨大"。

个人盗窃粮食1500斤以上,为"数额较大";15000斤以上,为"数额巨大"。

二、关于投机倒把罪、诈骗罪的数额标准。按照最高人民法院、最高人民检察院1985年7月18日《关于当前办理经济犯罪案件中具体应用法律的若干问题的解答(试行)》中的规定执行。

5. 全国人民代表大会常务委员会《关于惩治虚开、伪造和非法出售增值税专用发票犯罪的决定》

(实施日期:1995年10月30日　主席令[第五十七号])(节录)

七、盗窃增值税专用发票或者其他发票的,依照刑法关于盗窃罪的规定处罚。

使用欺骗手段骗取增值税专用发票或者其他发票的,依照刑法关于诈骗罪的规定处罚。

【犯罪构成】

(一)主体要件

本罪主体是一般主体,凡达到法定刑事责任年龄、具有刑事责任能力的自然人均能构成本罪。

(二)主观要件

本罪在主观方面表现为直接故意,并且具有非法占有公私财物的目的。

(三)客观要件

本罪在客观上表现为使用欺诈方法骗取数额较大的公私财物。

首先,行为人实施了欺诈行为。欺诈行为从形式上说包括两类,一是虚构事实,二是隐瞒真相,二者从实质上说都是使被害人陷入错误认识的行为。欺诈行为的内容是,在具体状况下,使被害人产生错误认识,并作出行为人所希望的财产处分。因此不管是虚构、隐瞒过去的事实,还是现在的事实与将来的事实,只要具有上述内容的,就是一种欺诈行为。如果欺诈内容不是使他们作出财产处分的,则不是诈骗罪的欺诈行为。欺诈行为必须达到使一般人能够产生错误认识的程度,对自己出卖的商品进行夸张,没有超出社会容忍范围的,不是欺诈行为。欺诈行为的手段、方法没有限制,既可以是语言欺诈,也可以是动作欺诈(欺诈行为本身既可以是作为,也可以是不作为,即有告知某种事实的义务,但不履行这种义务,使对方陷入错误认识或者继续陷入错误认识),行为人利用这种认识错误取得财产的,也是欺诈行为。根据《刑法》第三百条规定,组织和利用会道门、邪教组织或者利用迷信骗取财物的以诈骗罪论处。

其次,欺诈行为使对方产生错误认识。对方产生错误认识是行为人的欺诈行为所致,即使对方在判断上有一定的错误,也不妨碍欺诈行为的成立。在欺诈行为与对方处分财产之间,必须介入对方的错误认识。如果对方不是因欺诈行为产生错误认识而处分财产,就不成立诈骗罪。欺诈行为的对方只要求是具有处分财产的权限或者地位的人,不要求一定是财物的所有人或占有人。行为人以提起民事诉讼为手段,提供虚假的陈述、提出虚伪的证据,使法院作出有利于自己的判决,从而获得财产的行为,称为诉讼欺诈,但不成立诈骗罪(详见最高人民检察院法律政策研究室 2002 年 10 月 14 日《关于通过伪造证据骗取法院民事裁判占有他人财物的行为如何适用法律问题的答复》)。

再次,成立诈骗罪要求被害人陷入错误认识之后作出财产处分。财产处分包括处分行为与处分意思,作出这样的要求是为了区分诈骗罪与盗窃罪。处分财产表现为直接交付财产,或者承诺行为人取得财产,或者承诺转移财产性利益。行为人实施欺诈行为,使他人放弃财物,行为人拾取该财物的,也应以诈骗罪论处。但是,向自动售货机中投入类似硬币的金属片,从而取得售货机内的商品的行为,不构成诈骗罪,只能成立盗窃罪。

最后,欺诈行为使被害人处分财产后,行为人便获得财产,从而使被害人的财产受到损害。根据《刑法》第二百六十六条的规定,诈骗公私财物数额较大的,才构成犯罪。根据 2010 年 11 月 24 日最高人民检察院第十一届监察委员会第四十九次会议通过的司法解释,诈骗罪的数额较大,以三千元至一万元以上为起点。诈骗未遂,情节严重的,也应当定罪并依法处罚。

此外需要注意的是,诈骗罪并不限于骗取有体物,还包括骗取无形物与财产性利益。根据《刑法》第二百一十条的有关规定,使用欺骗手段骗取增值税专用发票或者可以用于骗取出门退税、抵扣税款的其他发票的,成立诈骗罪。

(四)客体要件

本罪侵犯的客体是公私财物所有权。有些犯罪活动,虽然也使用某些欺骗手段,甚至也追求某些非法经济利益,但因其侵犯的客体不是或者不限于公私财产所有权,所以不构成诈骗罪。例如,拐卖妇女、儿童的,属于侵犯人身权利罪。

诈骗罪侵犯的对象,仅限于国家、集体或个人的财物,而不是骗取其他非法利益。其对象,也应排除金融机构的贷款。因《刑法》已于第一百九十三条特别规定了贷款诈骗罪。

【罪名辨析】

(一)本罪与借贷行为的界限

借款人由于某种原因,长期拖欠不还的,或者编造谎言或隐瞒真相而骗取款物,到期不能偿还的,只要没有非法占有的目的,也没有挥霍一空,不赖账,不再弄虚作假骗人,确实打算偿还的;还有些打借条之后伪造还款收条的,诈称已经还款的,仍属借贷纠纷,不构成诈骗。

(二)本罪与因亏损躲债的界限

如果确实是集资经商办企业,但因经营不善,亏损负债,为躲债而外出,仍属财产债务纠纷。这同诈骗犯以集资办企业为名,捞到钱财就逃之夭夭,以实现其非法占有的目的,有本质区别。

(三)本罪与招摇撞骗罪的界限

两者都使用骗术,后者也可能获得财产利益,这两点相同;但是主观目的、犯罪手段、财物数额要求和侵犯的客体,均有不同。招摇撞骗罪是以骗取各种非法利益为目的,冒充国家工作人员,进行招摇撞骗活动,是损害国家机关的威信、公共利益或者公民合法权益的行为,它所骗取的不仅包括财物(但无数额多少的限制),还包括工作、职务、地位、荣誉等,属于妨害社会管理秩序罪。当犯罪分子冒充国家工作人员骗取公私财物时,它就侵犯了财产权利,又损害了国家机关的威信和正常活动,属于牵连犯,应当按照行为所侵犯的主要客体和主要危害性来确定罪名并从重惩罚。如果骗取财物数额不大,却严重损害了国家机关的威信,应按招摇撞骗罪论处;反之,则定为诈骗罪,如果严重地侵犯了两种客体,一般依从一重罪处断的原则按诈骗罪处治;如果先后分别独立地犯了两种罪,互不牵连则应按照数罪并罚原则处理。

量刑部分

【量刑标准】

犯本罪,数额较大的,处三年以下有期徒刑、拘役或者管制,并处或者单处罚金;数额巨大或者有其他严重情节的,处三年以上十年以下有期徒刑,并处罚金;数额特别巨大或者有其他特别严重情节的,处十年以上有期徒刑或者无期徒刑,并处罚金或者没收财产。本法另有规定的,依照规定。

【量刑规范】

最高人民法院《关于常见犯罪的量刑指导意见》

(实施日期:2014 年 1 月 1 日)(节录)

(七)诈骗罪

1. 构成诈骗罪的,可以根据下列不同情形在相应的幅度内确定量刑起点:

(1)达到数额较大起点的,可以在一年以下有期徒刑、拘役幅度内确定量刑起点。

(2)达到数额巨大起点或者有其他严重情节的,可以在三年至四年有期徒刑幅度内确定量刑起点。

(3)达到数额特别巨大起点或者有其他特别严重情节的,可以在十年至十二年有期徒刑幅度内确定量刑起点。依法应当判处无期徒刑的除外。

2. 在量刑起点的基础上,可以根据诈骗数额等其他影响犯罪构成的犯罪事实增加刑罚量,确定基准刑。

抢夺罪　《刑法》第267条

抢夺公私财物，数额较大的，或者多次抢夺的，处三年以下有期徒刑、拘役或者管制，并处或者单处罚金；数额巨大或者有其他严重情节的，处三年以上十年以下有期徒刑，并处罚金；数额特别巨大或者有其他特别严重情节的，处十年以上有期徒刑或者无期徒刑，并处罚金或者没收财产。

携带凶器抢夺的，依照本法第二百六十三条的规定定罪处罚。

定罪部分

【罪名概念】

抢夺罪，是指以非法占有为目的，乘人不备，公开夺取数额较大的公私财物的行为。

【司法解释】

1. 最高人民法院、最高人民检察院《关于办理抢夺刑事案件适用法律若干问题的解释》

（实施日期:2013年11月18日　法释[2013]25号）

第一条　抢夺公私财物价值一千元至三千元以上、三万元至八万元以上、二十万元至四十万元以上的，应当分别认定为刑法第二百六十七条规定的“数额较大”“数额巨大”“数额特别巨大”。

各省、自治区、直辖市高级人民法院、人民检察院可以根据本地区经济发展状况，并考虑社会治安状况，在前款规定的数额幅度内，确定本地区执行的具体数额标准，报最高人民法院、最高人民检察院批准。

第二条　抢夺公私财物，具有下列情形之一的，“数额较大”的标准按照前条规定标准的百分之五十确定：

（一）曾因抢劫、抢夺或者聚众哄抢受过刑事处罚的；

（二）一年内曾因抢夺或者哄抢受过行政处罚的；

（三）一年内抢夺三次以上的；

（四）驾驶机动车、非机动车抢夺的；

（五）组织、控制未成年人抢夺的；

（六）抢夺老年人、未成年人、孕妇、携带婴幼儿的人、残疾人、丧失劳动能力人的财物的；

（七）在医院抢夺病人或者其亲友财物的；

（八）抢夺救灾、抢险、防汛、优抚、扶贫、移民、救济款物的；

（九）自然灾害、事故灾害、社会安全事件等突发事件期间，在事件发生地抢夺的；

(十)导致他人轻伤或者精神失常等严重后果的。

第三条　抢夺公私财物,具有下列情形之一的,应当认定为刑法第二百六十七条规定的“其他严重情节”:

(一)导致他人重伤的;

(二)导致他人自杀的;

(三)具有本解释第二条第三项至第十项规定的情形之一,数额达到本解释第一条规定的“数额巨大”百分之五十的。

第四条　抢夺公私财物,具有下列情形之一的,应当认定为刑法第二百六十七条规定的“其他特别严重情节”:

(一)导致他人死亡的;

(二)具有本解释第二条第三项至第十项规定的情形之一,数额达到本解释第一条规定的“数额特别巨大”百分之五十的。

第五条　抢夺公私财物数额较大,但未造成他人轻伤以上伤害,行为人系初犯,认罪、悔罪,退赃、退赔,且具有下列情形之一的,可以认定为犯罪情节轻微,不起诉或者免予刑事处罚;必要时,由有关部门依法予以行政处罚:

(一)具有法定从宽处罚情节的;

(二)没有参与分赃或者获赃较少,且不是主犯的;

(三)被害人谅解的;

(四)其他情节轻微、危害不大的。

第六条　驾驶机动车、非机动车夺取他人财物,具有下列情形之一的,应当以抢劫罪定罪处罚:

(一)夺取他人财物时因被害人不放手而强行夺取的;

(二)驾驶车辆逼挤、撞击或者强行逼倒他人夺取财物的;

(三)明知会致人伤亡仍然强行夺取并放任造成财物持有人轻伤以上后果的。

第七条　本解释公布施行后,《最高人民法院关于审理抢夺刑事案件具体应用法律若干问题的解释》(法释[2002]18 号)同时废止;之前发布的司法解释和规范性档与本解释不一致的,以本解释为准。

2. 最高人民法院《关于审理抢劫、抢夺刑事案件适用法律若干问题的意见》

(实施日期:2005 年 6 月 8 日　法发[2005]8 号)(节录)

四、关于“携带凶器抢夺”的认定

《抢劫解释》第六条规定,“携带凶器抢夺”,是指行为人随身携带枪支、爆炸物、管制刀具等国家禁止个人携带的器械进行抢夺或者为了实施犯罪而携带其他器械进行抢夺的行为。行为人随身携带国家禁止个人携带的器械以外的其他器械抢夺,但有证据证明该器械确实不是为了实施犯罪准备的,不以抢劫罪定罪;行为人将随身携带凶器有意加以显示、能为被害人察觉到的,直接适用刑法第二百六十三条的规定定罪处罚;行为人携带凶器抢夺后,在逃跑过程中为窝藏赃物、抗拒抓捕或者毁灭罪证而当场使用暴力或者以暴力相威胁的,适用刑法第二百六十七条第二款的规定定罪处罚。

五、关于转化抢劫的认定

行为人实施盗窃、诈骗、抢夺行为,未达到“数额较大”,为窝藏赃物、抗拒抓捕或者毁灭罪证当场使用暴力或者以暴力相威胁,情节较轻、危害不大的,一般不以犯罪论处;但具有下列情节之一的,可依照刑法第二百六十九条的规定,以抢劫罪定罪处罚:

(1)盗窃、诈骗、抢夺接近“数额较大”标准的;

(2)入户或在公共交通工具上盗窃、诈骗、抢夺后在户外或交通工具外实施上述行为的;

(3)使用暴力致人轻微伤以上后果的;

(4)使用凶器或以凶器相威胁的;

(5)具有其他严重情节的。

十一、驾驶机动车、非机动车夺取他人财物行为的定性

对于驾驶机动车、非机动车(以下简称“驾驶车辆”)夺取他人财物的,一般以抢夺罪从重处罚。但具有下列情形之一,应当以抢劫罪定罪处罚:

(1)驾驶车辆,逼挤、撞击或强行逼倒他人以排除他人反抗,乘机夺取财物的;

(2)驾驶车辆强抢财物时,因被害人不放手而采取强拉硬拽方法劫取财物的;

(3)行为人明知其驾驶车辆强行夺取他人财物的手段会造成他人伤亡的后果,仍然强行夺取并放任造成财物持有人轻伤以上后果的。

3. 最高人民法院、最高人民检察院《关于办理寻衅滋事刑事案件适用法律若干问题的解释》

(实施日期:2013 年 7 月 22 日　法释[2013]18 号)(节录)

第七条　实施寻衅滋事行为,同时符合寻衅滋事罪和故意杀人罪、故意伤害罪、故意毁坏财物罪、敲诈勒索罪、抢夺罪、抢劫罪等罪的构成要件的,依照处罚较重的犯罪定罪处罚。

4. 最高人民法院《全国部分法院审理毒品犯罪案件工作座谈会纪要》

(实施日期:2008 年 12 月 1 日　法[2008]324 号)(节录)

盗窃、抢夺、抢劫毒品的,应当分别以盗窃罪、抢夺罪或者抢劫罪定罪,但不计犯罪数额,根据情节轻重予以定罪量刑。盗窃、抢夺、抢劫毒品后又实施其他毒品犯罪的,对盗窃罪、抢夺罪、抢劫罪和所犯的具体毒品犯罪分别定罪,依法数罪并罚。走私毒品,又走私其他物品构成犯罪的,以走私毒品罪和其他所犯的其他走私罪分别定罪,依法数罪并罚。

5. 最高人民法院、最高人民检察院《关于办理与盗窃、抢劫、诈骗、抢夺机动车相关刑事案件具体应用法律若干问题的解释》

(实施日期:2007年5月11日　法释[2007]11号)(节录)

第四条　实施本解释第一条、第二条、第三条第一款或者第三款规定的行为,事前与盗窃、抢劫、诈骗、抢夺机动车的犯罪分子通谋的,以盗窃罪、抢劫罪、诈骗罪、抢夺罪的共犯论处。

6. 最高人民法院《关于审理未成年人刑事案件具体应用法律若干问题的解释》

(实施日期:2006年1月23日　法释[2006]1号)(节录)

第十条第二款　已满十六周岁不满十八周岁的人犯盗窃、诈骗、抢夺罪,为窝藏赃物、抗拒抓捕或者毁灭罪证而当场使用暴力或者以暴力相威胁的,应当依照刑法第二百六十九条的规定定罪处罚;情节轻微的,可不以抢劫罪定罪处罚。

7. 最高人民法院、最高人民检察院、公安部《关于依法严厉打击抢劫抢夺等多发性犯罪有关问题的通知》

(实施日期:2002年7月30日　公通字[2002]41号)(节录)

二、充分运用法律武器,加强协作配合,依法严厉打击抢劫、抢夺等多发性犯罪

抢劫、抢夺等多发性犯罪在当前刑事犯罪中占有较大比例,有的犯罪分子拦路抢劫,有的驾驶机动车强行劫夺他人财物,还有的在街头、车站、公园、校园等公共场所公然抢劫、抢夺。上述犯罪活动严重侵害公民的人身权利和财产权利,性质恶劣、危害性大、人民群众反映强烈,因此,各级公安机关、人民检察院、人民法院一定要坚决贯彻依法从重从快的方针,根据有关法律、司法解释的规定,对抢劫、抢夺等多发性犯罪,依法予以严厉打击;同时,要充分考虑本地区经济发展状况、社会治安形势,并结合抢夺犯罪特点,从依法严厉打击犯罪的角度实事求是地确定本地区构成抢夺罪的数额标准。

【犯罪构成】

(一)主体要件

本罪主体为一般主体,凡年满十六周岁具备刑事责任能力的自然人均可成为本罪主体。

(二)主观要件

本罪在主观方面表现为故意,其目的是非法占有公私财物。行为人明知自己的行为会发生侵害公私财产的结果,并且希望这种结果发生。至于抢夺的动机可能是多种多样的,如为了自己享有而抢夺,为了帮别人而抢夺,不管犯罪的动机如何等。只要行为具有非法占有公私财物的目的,就具备了抢夺罪的主观要件。

(三)客观要件

本罪在客观方面表现为乘人不备,出其不意,公然对财物行使有形力,使他人来不及抗拒,而取得数额较大的财物的行为。抢夺行为必须公然进行,但不是指必

须在不特定人或多数人面前实施抢夺行为，而是指公开夺取财物，或者说在被害人当场可以得知财物被抢的情况下实施抢夺行为。抢夺行为是直接夺取财物的动机，即直接对财物实施暴力而不直接对人的身体行使暴力；实施抢夺行为的，被害人可以当场发觉但来不及抗拒，而不是被暴力制服不能抗拒，也不是受胁迫不敢抗拒。这是抢夺罪与抢劫罪的关键区别。即使行为人夺取财物的行为使被害人跌倒摔伤或者死亡，也不成立抢劫罪；对伤害与死亡结果另成立其他犯罪的，视情况从一重罪论处或者与抢夺罪实行数罪并罚。但是，如果行为人携带凶器抢夺的，则应以抢劫罪论处。夺取的对象必须是数额较大的公私财物或者是多次抢夺；否则就不以犯罪论处；如果故意抢夺枪支、弹药、爆炸物，则不成立抢夺罪，而属于危害公共安全的犯罪。

（四）客体要件

本罪侵犯的客体是公私财物的所有权。在此点上本罪与抢劫罪不同；本罪只侵犯公私财物的所有权，而抢夺罪不危害人身安全，属单一客体。

本罪的犯罪对象是一般的财物，如金钱、物品等，不包括枪支、弹药、公文、证件、印章等特殊物品，否则不构成本罪。

【罪名辨析】

（一）本罪与非罪的界限

抢夺公私财物，必须要求数额较大，或者多次抢夺的，才构成犯罪，即数额较大或多次抢夺是成立抢夺罪的法定条件。因此，如果行为人抢夺公私财物价值未达到“数额较大”的标准或者未达到多次抢夺的标准，不构成犯罪，应当视为违反治安管理法规的行为。

（二）本罪与抢劫罪的界限

抢夺罪和抢劫罪都是行为人公然实施夺去财物的行为，主观上都是处于非法占有的目的，为直接故意，主体都是一般主体。但是，两罪的基本构成条件不同，社会危害程度和法定刑也有别。因此有必要对两者加以区分。两者的区别主要有以下几点：

第一，侵犯的客体不同。抢夺罪侵犯的客体是简单客体，即公私财产所有权。

第二，犯罪客观方面的表现不同。抢夺罪是不采用暴力、胁迫等强制方法而公然夺取财物，而抢劫罪则是行为人采取暴力、胁迫或者其他手段迫使被害人交出财物或者直接将财物抢走。也即抢夺罪的实行行为是单一行为，抢劫罪的实行行为是复合行为。

值得注意的是，应当注意区分行为人在抢夺财物的过程中造成被害人伤害的情况。例如，行为人趁人不备夺取他人的项链而造成被害人颈部动脉血管受伤，或者夺取他人手中财物而只是被害人跌倒摔伤。在这种情况下是认定为抢劫罪还是认定为抢夺罪，应当从以下几个方面加以把握：

其一,要看强力行为的作用对象和使用目的。

其二,要看伤害是否是犯罪分子故意为之。

其三,如果行为人行为前本来并没有计划使用暴力手段夺取财物,此时应当直接按照抢劫罪定罪处罚。

因此,此时行为人的犯意已经发生了转化,其行为完全符合抢劫罪的构成要件。

抢劫罪,是指以非法占有为目的,当场使用暴力,胁迫或者其他方法强行劫取公私财物的行为。构成抢劫罪的显著特征是"以暴力,胁迫或者其他方法抢劫财物"。一般地说,抢劫罪的使用暴力,胁迫手段,是使被害人受到强烈的袭击,使之失去反抗能力,以任其抢走公私财物或被迫交出公私财物,犯罪嫌疑人具有危害被害人人身安全的故意。而抢夺罪的强力行为则没有这种故意,而仅以夺取具公私财物据为已有而满足。因而其行为的强力程度低于抢劫所使用的暴力。即使抢夺时,由于用力过猛,致使被害人受伤,因为没有抢夺罪伤害的故意,也不能视为暴力而定抢劫罪。有的犯罪嫌疑人在预谋时,作了抢夺与抢劫两手准备,应以其采取的实际犯罪行为方式确定罪名。比如 2004 年 11 月 22 日,犯罪嫌疑人郭新坡、武洪彪、张勇清伙同张永军,预谋在位于安阳市中州路与清风街交叉口的中国工商银行铁西支行门前,对储户进行抢夺,抢劫。当日上午 10 时 50 分,当储户赵伏成、赵秀荣夫妇从银行取钱出来,准备乘车离开时,郭新坡、武洪彪、张永军冲上去抢夺,在抢夺未成的情况下公然实施抢劫,武洪彪持刀砍伤赵秀荣头部,郭新坡、张永军将装有四十万元人民币的提包抢走,后与在一旁接应的张勇清分乘两辆摩托车逃走。经法医鉴定,赵秀荣的伤情为轻伤。安阳市中级人民法院审理后认为,郭新坡、武洪彪等人采取暴力手段抢劫他人财物,并致人轻伤,其行为已经构成抢劫罪。最后,中院判处郭新坡、武洪彪死刑,缓期两年执行;判处张勇清、张永军无期徒刑。另外,张勇清还被判处罚金二十二万元。郭新坡、武洪彪被判处没收个人全部财产。抢夺罪与抢劫罪都是公然取得他人财物的行为,主观上都具有非法占有目的,但这两罪有显著区别。抢劫罪侵犯的复杂客体,抢夺罪仅侵犯了公私财物的所有权。抢劫罪的构成没有数额限制,抢夺罪则只有达到数额较大才能构成犯罪。抢劫罪的犯罪行为具有明显的强制性,即采用暴力,胁迫或者其他方法,使被害人不能,不敢或不知抗拒而公然劫取财物。抢夺罪的客观行为不具有强制胜,只有公然夺取财物。

(三)本罪与盗窃罪的界限

盗窃罪,是指以非法占有为目的,秘密窃取公私财物,数额较大或多次盗窃的行为。盗窃罪的构成要件:侵害客体是公私财物的所有权;客观方面是有秘密窃取公私财物的行为;犯罪主体是一般主体;主观主面是故意。盗窃罪的必要条件:数额较大或多次盗窃即定罪。抢夺罪与盗窃罪的主要区别是,犯罪构成要件中的客观方面不同，盗窃罪的客观方面是，有秘密窃取公私财物的行为；而抢夺罪的客观方面则是，有公然抢夺他人财物的行为。抢夺罪与盗窃罪有许多共同之处，也就是两罪的构成要件中主观方面都必须出自直接故意，并且都具有非法占有的目的。两罪所侵害的客体都是公私财物的所有权。抢夺罪的客观方面是采取公然夺取的方式。所谓公然夺取是指犯罪嫌疑人当着财物管理人的面，公开夺走其财物，并且这种公然夺取没有采用暴力或威胁，否则将构成抢劫罪。盗窃罪的客观方面是秘密窃取，即犯罪嫌疑人用自以为不会被财物控制人发觉的手段窃走财物。在司法实践中有以下两个问题要给予重视。

1. 犯罪嫌疑人取走财物的行为究竟是公然夺取还是秘密窃取有时也并不是容易判断的。

一般情况下，应根据犯罪嫌疑人主观上对自己取得财物的行为方式的认识来判断，如果行为人自认为自己夺取财物是在财物管理人、控制人明知的状态下进行的，即使事实上财物管理人，控制人并不知道犯罪嫌疑人的取财行为，仍构成抢夺罪。例如，犯罪嫌疑人夺走财物管控人的财物，自认为财物管控人已发现，但事实上是财物管控人正在打盹儿，对被犯罪嫌疑人夺取财物之事并未知觉，但这仍构成抢夺罪。如果犯罪嫌疑人自以为采取了让财物管控人不知道的秘密方式取走财物，即使财物管控人事实上已发觉，这也仍构成盗窃罪。但是有些时候，犯罪嫌疑人主观上对自己行为性质的认识是不确定的，这种不确定是指犯罪嫌疑人并没有判断出财物管控人对其被夺取财物的行为是否知觉，犯罪嫌疑人的主观心理就是，其行为如果被财物管控人知觉，便夺取其财物；如果未被财物管控人知觉，便窃取财物。关键在于一个是"夺"，另一个是"窃"两个字的区别上。例如，一犯罪嫌疑人欲窃取某仓库内的财物，实施盗窃之前，发现该仓库门卫房间里有一门卫人员在值班。于是犯罪嫌疑人就把仓库门房的门，从外面偷偷地锁上，然后开始盗取仓库内的财物，犯罪嫌疑人的主观心理就是，如果门卫人员没有发觉，他的行为即为盗窃；如果门卫人员发现了，他的行为就是抢夺。在这种情况下的认定，笔者认为，应根据客观情形加以认定，把实际的客观情形推定为犯罪嫌疑人的主观认识内容，也就是如果犯罪嫌疑人取走财物时门卫人员已经发觉，均应认定抢夺罪。

2. 盗窃罪与抢夺罪之间存在转化的可能。

盗窃罪的秘密窃取行为必须能贯穿整个窃取财物的全过程，如果行为人先是秘密窃取，但是在还没有既遂之前，即控制财物之前，已经被受害人发觉，犯罪嫌疑人进而将窃取行为转化为公然抢夺的行为，则应认定为抢夺罪。例如，犯罪嫌疑人张某，从窗户潜入刘某家中企图窃取财物。刘某听见房内有响声，于是便打开房门，见张某正在翻箱行窃，刘某考虑自己年迈，家中无其他人，也没有邻居，又担心会受到张某的伤害，所以刘某既未喊人捉贼，也未采取其他措施，只是央求张某别拿走财物。张某刚开始很惊慌，当意识到受害人刘某家无他人，也无邻居，且刘某又年老体弱,不会把他怎样后,张对刘某的央求毫不理睬,旁若无人地又继续翻箱倒柜地寻找贵重物品。最后,拿走了刘某的人民币2000余元,在本案中,犯罪嫌疑人张某在被受害人刘某发觉之前,其行为仍属盗窃性质,但是在被受害人刘某发现其行为后,犯罪嫌疑人张某公然拿走人民币2000余元,这时犯罪嫌疑人张某的行为,已经从秘密窃取转化为公开抢夺,应认定为抢夺罪。这种案件的认定应注意转化的条件,那就是在犯罪嫌疑人的作案行为既遂以后被受害人发现,受害人实施了自救行为,这时尽管犯罪嫌疑人也可能是公然将财物取走(逃脱),但这只是盗窃既遂后的事后行为,并无向抢夺罪转化的余地。

量刑部分

【量刑标准】

犯本罪的,处三年以下有期徒刑、拘役或者管制,并处或者单处罚金;数额巨大或者有其他严重情节的,处三年以上十年以下有期徒刑,并处罚金;数额特别巨大或者有其他特别严重情节的,处十年以上有期徒刑或者无期徒刑,并处罚金或者没收财产。

【量刑规范】

最高人民法院《关于常见犯罪的量刑指导意见》

(实施日期:2014年1月1日)(节录)

(八)抢夺罪

1. 构成抢夺罪的,可以根据下列不同情形在相应的幅度内确定量刑起点:

(1)达到数额较大起点的,可以在一年以下有期徒刑、拘役幅度内确定量刑起点。

(2)达到数额巨大起点或者有其他严重情节的,可以在三年至四年有期徒刑幅度内确定量刑起点。

(3)达到数额特别巨大起点或者有其他特别严重情节的,可以在十年至十二年有期徒刑幅度内确定量刑起点。依法应当判处无期徒刑的除外。

2. 在量刑起点的基础上,可以根据抢夺数额等其他影响犯罪构成的犯罪事实增加刑罚量,确定基准刑。

聚众哄抢罪 《刑法》第268条

聚众哄抢公私财物,数额较大或者有其他严重情节的,对首要分子和积极参加的,处三年以下有期徒刑、拘役或者管制,并处罚金;数额巨大或者有其他特别严重情节的,处三年以上十年以下有期徒刑,并处罚金。

定罪部分

【罪名概念】

聚众哄抢罪，是指纠集多人，实施哄抢公私财物，数额较大或者情节严重的行为。

【司法解释】

最高人民法院《关于审理破坏森林资源刑事案件具体应用法律若干问题的解释》

（实施日期：2000 年 12 月 11 日 法释［2000］36 号）（节录）

第十四条 聚众哄抢林本五立方米以上的，属于聚众哄抢"数额较大"；聚众哄抢林木二十立方米以上的，属于聚众哄抢"数额巨大"，对首要分子和积极参加的，依照刑法第二百六十八条的规定，以聚众哄抢罪定罪处罚。

【关联法律】

《铁路法》

第六十四条 聚众哄抢铁路运输物资的，对首要分子和骨干分子依照刑法第一百五十一条或者第一百五十二条的规定追究刑事责任。

铁路职工与其他人员勾结犯前款罪的，从重处罚。

【犯罪构成】

（一）主体要件

本罪的主体为一般主体，即凡达到刑事责任年龄，具有刑事责任能力的人，均可成为本罪的主体，构成本罪。并非是所有参加聚众哄抢的行为人，而是只有其中的首要分子或者积极参加的人才能成为本罪主体，"首要分子"是指在聚众哄抢中起组织、策划、指挥作用的人员。"积极参加的"人一般是指在聚众哄抢中，积极出主意，起骨干带头作用，哄抢财物较多的。

（二）主观要件

本罪在主观方面表现为故意，即具有聚众哄抢的故意，目的是非法占有公私财物。以非法占有为目的，包括自己占有或者第三者占有。没有非法占有公私财物的目的，不能定本罪，实践中，有的人因与他人发生债务或财产纠纷，采用纠集多人强行夺取对方财物的方法，用以抵债，可以本罪论处。

（三）客观要件

本罪在客观方面表现为聚众哄抢公私财物，数额较大，情节严重的行为。所谓聚众哄抢公私财物，是指三人或者三人以上联合起来，"蜂拥"抢夺公私财物。第一，必须是"聚众"哄抢，即从人数上来看，必须是三人或者三人以上，有时可能达上百人，二人或者二人以下构不成"聚众"；第二，必须是行为人联合行动；第三，哄抢的对象既包括公共财产，也包括私人所有的财产；第四，必须是数额较大或者情节严重的才构成犯罪,数额不大、情节轻微的,虽然有聚众哄抢行为,仍不构成此罪。根据本条规定,聚众哄抢财物,数额较大或者有其他严重情节的,对首要分子和积极参加的构成本罪。数额较大可依据盗窃罪的认定数额。"其他严重情节",通常是指参与哄抢人数较多;哄抢较重要的物资;社会影响很坏;哄抢一般历史文物;哄抢数额不大,但次数较多的,等等。其他特别严重情节,主要是指哄抢重要军事物资;哄抢抢险、救灾、救济、优抚等特定物资;哄抢珍贵出土文物;煽动大规模、大范围哄抢活动,后果严重;由于哄抢行为造成公私财产巨大损失;由于哄抢行为造成大中型企业停产、停业;由于哄抢导致被害人精神失常、自杀的,等等。

侵犯财产的数额,是决定行为社会危害程度的重要因素,因此,正确计算财物的价值,对于定罪量刑具有重要意义。

(四)客体要件

本罪侵犯的客体是公私财产的所有权。我国《宪法》第十二条规定:"社会主义的公共财产神圣不可侵犯。国家保护社会主义的公共财产。禁止任何组织和个人用任何手段侵占或者破坏国家和集体的财产"。第十三条规定:"国家保护公民的合法的收入、储蓄、房屋和其他合法财产的所有权"。因此,用法律武器严厉打击哄抢公私财物的犯罪有其深远的社会意义。

本罪的犯罪对象,是各种各样的公私财物。所谓财物,是社会主义财产关系的物质表现。公私财物,一般是具有经济价值的财物,但至于财物为何性质,未指明。财产有动产与不动产之分,一般对动产成为本罪的犯罪对象没有疑问,动产的范围十分广泛,包括一切可以移动的生产数据和消费数据,如机器设备、牛马、原材料以及柴米油盐等,而不动产上的可移动部分,如房屋上的门窗,果树上结的果实以及证明不动产产权的文契等,都属于动产范围。对于不动产是否可成为本罪的犯罪对象存在争议。哄抢财物,意味着财物发生转移,从所有者、保管者的控制之下,转移到哄抢者手中,而不动产一般是不能用上述方法转移的,但是不能排除发生以贪利动机侵犯不动产的可能性。诸如哄抢果林。由于本法未明确规定哄抢只限于动产,因此,对于哄抢不动产的,也可以本罪定罪。

【罪名辨析】

(一)本罪与《刑法》第二百八十九条规定的聚众"打砸抢"的界限

前者一般只是聚集多人抢夺公私财物,一般不使用暴力手段,即使使用轻微暴力,也不针对人身,后者则是聚集多人又打又砸又抢,是一种破坏性更为强烈的严重犯罪,暴力色彩极为明显、浓厚;前者是一个独立的罪名,后者则不是独立的罪名。

(二)本罪与聚众扰乱公共秩序罪的界限

前者客观方面为聚众哄抢公私财物,侵犯的客体是公私财产所有权;后者表现为聚众扰乱各种公共场所的正常的秩序等活动,侵犯的客体是社会公共秩序;前者的犯罪对象是公私财产,后者则不一定。

量刑部分

【量刑标准】

犯本罪,数额较大或者有其他严重情节的,对首要分子和积极参加的,处三年以下有期徒刑、拘役或者管制,并处罚金;数额巨大或者有其他特别严重情节的,处三年以上十年以下有期徒刑,并处罚金。

《刑法》第二百六十九条犯盗窃、诈骗、抢夺罪,为窝藏赃物、抗拒抓捕或毁灭罪证而当场使用暴力或者以暴力相威胁的,依照本法第二百六十三条的规定定罪处罚。

抢劫罪 《刑法》第269条

犯盗窃、诈骗、抢夺罪,为窝藏赃物、抗拒抓捕或者毁灭罪证而当场使用暴力或以暴力相威胁的,依照本法第二百六十三条的规定定罪处罚。

侵占罪 《刑法》第270条

将代为保管的他人财物非法占为己有,数额较大,拒不退还的,处二年以下有期徒刑、拘役或者罚金;数额巨大或者有其他严重情节的,处二年以上五年以下有期徒刑,并处罚金。

将他人的遗忘物或者埋藏物非法占为己有,数额较大,拒不交出的,依照前款的规定处罚。

本条罪,告诉的才处理。

定罪部分

【罪名概念】

侵占罪,是指以非法占有为目的,将代为保管的他人财物或者将他人的遗忘物或者埋藏物非法占为己有,数额较大,拒不退还或者交出的行为。由此可见,这里的侵占是从狭义上理解的,它是指盗窃、诈骗、贪污、抢夺之外的侵犯财产的一种特定犯罪行为方式。

【犯罪构成】

(一)主体要件

本罪主体是一般主体。

(二)主观要件

本罪主观方面表现为直接故意,并且具有非法占有他人财物的目的。

(三)客观方面

本罪在客观方面表现为将他人的交由自己代为保管的财物、遗忘物或者埋藏物非法占为己有,数额较大,拒不交还的行为。在司法实践中,什么是“拒不退还”有着很大分歧。

第一种观点认为,财物所有人发觉财物被侵占后,要求占有人退还而不退还的就是拒不退还。

第二种观点认为,拒不退还是指财物所有人向法院起诉前多次向占有人索要而不退还的行为。

第三种观点主张,拒不退还是指在一审判决作出前,占有人仍不退还的行为。

笔者同意第三种观点,即拒不退还应以一审判决作出前,占有人仍不退还为标准。理由如下:

第一,《刑法》第二百七十条已明文规定“本条罪,告诉的才处理”。就是说本罪(侵占罪)属自诉案件。如果被害人不向人民法院起诉,就不会对行为人追究刑事责任。根据这一规定,如果行为人在被害人向法院起诉前已经将占有的财物退还给了被害人,则危害状态消失,被害人的权利已得到保护和补偿,再起诉已变得不必要。

第二,中国《刑事诉讼法》第一百七十二条规定,人民法院审理自诉案件,可以进行调解。如果在诉讼过程中自诉人与被告人经调解达成了调解协定,被告人将占有的财物返还给了自诉人,则可结束诉讼程序,不追究被告人的刑事责任。

第三,中国《刑事诉讼法》第一百七十二条规定,自诉人在判决宣告前,可以同被告人自行和解或者撤回自诉。根据这一规定,只要在判决宣告前,被告人与自诉人达成了和解协定,将占有的财物返还给自诉人,自诉人可以撤销起诉,不追究被告人的刑事责任。从而失去对被告人追究刑事责任的根据。

(四)客体要件

本罪所侵害的客体是他人财物的所有权。本罪的犯罪对象为他人的交给自己保管的财物、遗忘物和埋藏物。

所谓他人的交给自己保管的财物即代为保管的他人财物,是指通过他人委托或依照契约或有关规定而为他人收藏、管理的财物,所谓他人的遗忘物,是指出于自己的本意,本应带走却因遗忘没有带走的财物,如买东西将物品忘在柜台上,到他人家里玩将东西遗忘在别人家里,乘坐出租车把财物遗忘在车里等。应当提出,遗忘物不等于遗失物。后者是失主丢失的财物,失去对财物的控制时间相对较长,一般也不知道丢失的时间和地点,拾捡者一般不知道也难以找到丢失之人。而遗忘物,则是刚刚、暂时遗忘之物,遗忘者对之失去的控制时间相对较短,一般会很快回想起来遗忘的时间与地点,回来寻找,而拾拣者一般也知道遗忘者是谁。

遗忘物也不同于遗弃物,后者则是所有人或保管者不再需要而基于自己的意志加以处分而抛弃的财物。所谓埋藏物,是指为隐藏而埋于地下之物,如埋在自己院子里的钱财、埋在坟墓中的珠宝等。埋藏物不同于地下的文物,后者年代久远,具有历史、文化、科学、艺术价值,一般应属于国家所有。

总之,无论是代为保管之物还是遗忘物以及埋藏物都必须是他人的财物。所谓他人,在这里仅指公民个人,不包括国家或单位。国家、单位之物基于委托或其他原因而由他人代管的,行为人如果非法占为己有,则应构成贪污罪或者职务侵占罪,他人遗忘的财物,财物的所有权虽然可能是国家或单位的,但遗忘行为仅是个人行为,其应对遗忘之物承担赔偿责任。因此,从本质上讲,仍属于遗忘者个人之物。至于埋藏物,国家和单位一般不会为了隐藏而埋于地,因此,不会存在本罪意义上的埋藏物。至于这些财物的表现形式,则可多种多样,既可以是动产,又可以是不动产;既可以是有形物,又可以是无形物;既可以是合法之物,又可以是违禁品、赃物,等等。

"合法持有他人财物"是侵占罪成立的前提,"合法持有他人财物"既说明了持有的对象物范畴也说明了持有行为的法律性质。

(1)以合法的方式代为保管他人的财物。

即财产所有人、保管人以合法的方式将财物的占有权转移给行为人,行为人"代为保管"财物亦即"占有"财物,其法律上和事实上的原因和根据是多种多样的,如受他人的委托代购商品而合法保管他人的财物,因民法上的"无因管理"而合法地持有他人的财产,这里的委托关系不一定要有成交的合同,根据日常生活规则事实上存在委托关系即可。

(2)合法持有他人的遗忘物和埋藏物。

将合法持有的他人遗忘物、埋藏物非法据为己有属于侵占罪的另一种类型。这里需要讨论的是遗忘物与遗失物有无区别、如何区别?侵占遗失物的是否构成侵占罪?应当说,遗忘物与遗失物尚有所不同:前者情况下,物主一经回忆较容易找回或者能够知道失落的大致范围,财物一般尚未完全脱离物主的控制范围;而后者则不同,是所有人或持有人因一时疏忽,偶然将财物失落在某处,并且很难回忆起遗失在何处、很难找回,即对财物的失控程度较高。但是,遗忘物与遗失物具有共同的本质——都是财物所有人非出于本意而丧失了对财物的控制。从另一方面来说,根据财物所有人或持有人对失控之物的主观心态来界定遗忘物与遗失物,对于司法实务而言意义不大。总之,虽然可以承认遗失物与遗忘物是有所区别的,但是基于二者本质共性,均可以成为侵占罪的对象。如在遗失物的情形下,权利人也许不知自己的财物何时何地、如何丢失的,此种情况下难以存在要求拾捡者要求归还的问题,故而难以认定拾捡者构成侵占罪的问题(从刑事程序角度讲甚然),但也不能排除找到拾捡者并且要求其归还的可能性,此时,要求拾捡者归还而拒不归还的,当然也可以构成侵占罪。

(3)持有他人财物状态的法律评价。

需要注意的是上述不论是"代为保管的他人财物"还是"持有他人遗忘物、埋藏物"均属于合法的持有,如果是非法地持有状态,则不存在侵占罪的前提。例如,甲欲向国家工作人员乙行贿而将财物委托丙转交,但丙将该财物全部独吞,则丙能否成立侵占罪?由于甲委托丙保管财物的行为本身是非法的,丙对该财物也不存在合法持有的关系,甲对该财物已经没有返还请求权,而侵占罪所保护的法益不是占有而是所有权,故丙的行为不宜成立侵占罪。当然不成立侵占罪并不意味着丙就能自动取得该财物所有权,由于该财物事实上具有非法性质,是赃款赃物,依法应予没收。又如,窝藏或者代为销售的赃物,行为人占为己有,而拒不退还,则应成立窝赃罪或销赃罪,不成立侵占罪。因为不存在合法委托关系,行为人不属于合法占有。

【罪名辨析】

(一)本罪与盗窃罪的界限

侵占罪与盗窃罪同属侵犯财产罪,其主体都是一般主体。其区别主要表现在:盗窃罪是秘密窃取公私财物的行为,在盗窃时,财物并不在行为人控制之下;而侵占罪则是行为人实施侵占行为时,被侵占之物当时已在他的实际控制之下。

(二)本罪与贪污罪的界限

1. 犯罪对象不同,贪污罪只限于公共财产,且不能是不动产;而侵占罪不仅可以是公共财物,还可以是私人财物,且包括不动产。

2. 犯罪主体不同。侵占罪的主体是一般主体,只要是代为保管他人财物且对其加以侵占的人,均可成为本罪的主体。贪污罪的主体是特殊主体,即国家工作人员。

3. 犯罪客观方面表现不同。贪污罪表现为行为人必须利用职务上的便利,即利用自己职务范围内的权力和地位所形成的经手管理公共财物的便利条件。而侵占罪中行为人是否利用职务上的便利,并不影响该罪的成立。

量刑部分

【量刑标准】

犯本罪的,处二年以下有期徒刑、拘役或者罚金;数额巨大或者有其他严重情节的,处二年以上五年以下有期徒刑,并处罚金。

截至目前,尚无本罪名关于量刑的司法解释。

职务侵占罪 《刑法》第271条

公司、企业或者其他单位的人员,利用职务上的便利,将本单位财物非法占为己有,数额较大的,处五年以下有期徒刑或者拘役;数额巨大的,处五年以上有期徒刑,可以并处没收财产。

国有公司、企业或者其他国有单位中从事公务的人员和国有公司、企业或者其他国有单位委派到非国有公司、企业以及其他单位从事公务的人员有前款行为的,依照本法第三百八十二条、第三百八十三条的规定定罪处罚。

定罪部分

【罪名概念】

职务侵占罪,是指公司、企业或者其他单位的人员,利用职务上的便利,将本单位财物非法占为己有,数额较大的行为。

【司法解释】

1. 最高人民法院《关于在国有资本控股、参股的股份有限公司中从事管理工作的人员利用职务便利非法占有本公司财物如何定罪问题的批复》

(实施日期:2001年5月26日 法释[2001]17号)

重庆市高级人民法院:

你院渝高法明传[2000]38号《关于在股份有限公司中从事管理工作的人员侵占本公司财物如何定性的请示》收悉。经研究,答复如下:

在国有资本控股、参股的股份有限公司中从事管理工作的人员,除受国家机关、国有公司、企业、事业单位委派从事公务的以外,不属于国家工作人员。对其利用职务上的便利,将本单位财物非法占为己有,数额较大的,应当依照刑法第二百七十一条第一款的规定,以职务侵占罪定罪处罚。

2. 最高人民法院《关于审理贪污、职务侵占案件如何认定共同犯罪几个问题的解释》

(实施日期:2000年7月8日 法释[2000]15号)(节录)

第一条 行为人与国家工作人员勾结,利用国家工作人员的职务便利,共同侵吞、窃取、骗取或者以其他手段非法占有公共财物的,以贪污罪共犯论处。

第二条 行为人与公司、企业或者其他单位的人员勾结,利用公司、企业或者其他单位人员的职务便利,共同将该单位财物非法占为己有,数额较大的,以职务侵占罪共犯论处。

第三条 公司、企业或者其他单位中,不具有国家工作人员身份的人与国家工作人员勾结,分别利用各自的职务便利,共同将本单位财物非法占为己有的,按照主犯的犯罪性质定罪。

3. 最高人民法院《关于村民小组组长利用职务便利非法占有公共财物行为如何定性问题的批复》

(实施日期:1999年7月3日 法释[1999]12号)

四川省高级人民法院:

你院川高法[1998]224号《关于村民小组组长利用职务便利侵吞公共财物如何定性的问题的请示》收悉。经研究,答复如下:

对村民小组组长利用职务上的便利,将村民小组集体财产非法占为己有,数额较大的行为,应当依照刑法第二百七十一条第一款的规定,以职务侵占罪定罪处罚。

4. 最高人民法院、最高人民检察院《关于办理贪污贿赂刑事案件适用法律若干问题的解释》

(实施日期:2016年4月18日　法释[2016]9号)(节录)

第一条　贪污或者受贿数额在三万元以上不满二十万元的,应当认定为刑法第三百八十三条第一款规定的“数额较大”,依法判处三年以下有期徒刑或者拘役,并处罚金。

第二条　贪污或者受贿数额在二十万元以上不满三百万元的,应当认定为刑法第三百八十三条第一款规定的“数额巨大”,依法判处三年以上十年以下有期徒刑,并处罚金或者没收财产。

第三条　贪污或者受贿数额在三百万元以上的,应当认定为刑法第三百八十三条第一款规定的“数额特别巨大”,依法判处十年以上有期徒刑、无期徒刑或者死刑,并处罚金或者没收财产。

第十一条　刑法第一百六十三条规定的非国家工作人员受贿罪、第二百七十一条规定的职务侵占罪中的“数额较大”“数额巨大”的数额起点,按照本解释关于受贿罪、贪污罪相对应的数额标准规定的二倍、五倍执行。

【关联法律】

1.《公司法》

第二百一十六条　违反本法规定,构成犯罪的,依法追究刑事责任。

2.《合伙企业法》

第九十六条　合伙人执行合伙事务,或者合伙企业从业人员利用职务上的便利,将应当归合伙企业的利益据为己有的,或者采取其他手段侵占合伙企业财产的,应当将该利益和财产退还合伙企业;给合伙企业或者其他合伙人造成损失的,依法承担赔偿责任。

第一百零五条　违反本法规定,构成犯罪的,依法追究刑事责任。

【犯罪构成】

(一)主体要件

本罪主体为特殊主体,包括公司、企业或者其他单位的人员。具体是指三种不同身份的自然人,一是股份有限公司、有限责任公司的董事、监事,这些董事、监事必须不具有国家工作人员身份,他们是公司的实际领导者,具有一定的职权,当然可以成为本罪的主体。二是上述公司的人员,是指除公司董事、监事之外的经理、部门负责人和其他一般职员和工人。这些经理、部门负责人以及职员也必须不具有国家工作人员身份,他们或有特定的职权,或因从事一定的工作,可以利用职权或工作之便侵占公司的财物而成为本罪的主体。三是上述公司以外企业或者其他单位的人员，是指集体性质企业、私营企业、外商独资企业的职工，国有企业、公司、中外合资、中外合作企业等中不具有国家工作人员身份的所有职工。综上，凡具有国家工作人员身份的人员，利用职务或者工作上的便利，侵占本单位的财物的，应依照《刑法》第三百八十二条、第三百八十三条关于贪污罪的规定处罚，不具有国家工作人员身份的，利用职务上的便利，侵占本单位财物，则按本罪论处。这里所说的“国家工作人员”是指在国有公司、企业或者其他公司、企业中行使管理职权，并具有国家工作人员身份的人员，包括受国有公司、国有企业委派或者聘请，作为国有公司、国有企业代表，在中外合资、合作、股份制公司、企业等非国有公司企业中，行使管理职权，并具有国家工作人员身份的人员。具有国家工作人员身份的人，不能成为本罪的主体。

（二）主观要件

本罪在主观方面是直接故意，且具有非法占有公司、企业或其他单位财物的目的。即行为人妄图在经济上取得对本单位财物的占有、收益、处分的权利。至于是否已经取得或行使了这些权利，并不影响犯罪的构成。

（三）客观要件

本罪在客观方面表现为利用职务上的便利，侵占本单位财物，数额较大的行为具体而言，包括以下三个方面：

1. 必须是利用自己的职务上的便利，所谓利用职务上的便利，是指利用职权及与职务有关的便利条件。职权，是指本人职务、岗位范围内的权力，与职务有关的便利条件，是指虽然不是直接利用职务或岗位上的权限，但却利用了本人的职权或地位所形成的便利条件，或通过其他人员利用职务或地位上的便利条件。包括：(1)利用自己主管、分管、经手、决定或处理以及经办一定事项等的权力；(2)依靠、凭借自己的权力去指挥、影响下属或利用其他人员的与职务、岗位有关的权限；(3)依靠、凭借权限、地位控制、左右其他人员，或者利用对己有所求人员的权限，如单位领导利用调拨、处置单位财产的权力；出纳利用经手、管理钱财的权利；一般职工利用单位暂时将财物，如房屋等交给自己使用、保管的权利等。至于不是利用职务上的便利，而仅是利用工作上的便利如熟悉环境、容易混入现场、易接近目标等，即使取得了财物，也不是构成本罪，构成犯罪的，应当以他罪如盗窃罪论处。

2. 必须有侵占的行为。本单位财物，是指单位依法占有的全部财产，包括本单位以自己名义拥有或虽不以自己名义拥有但为本单位占有的一切物权、无形物权和债权。其具体形态可是建筑物、设备、库存商品、现金、专利、商标等。所谓非法占为己有，是指采用侵吞、窃取、骗取等各种手段将本单位财物化为私有，既包括将合法已持有的单位财物视为己物而加以处分、使用、收藏即变持有为所有的行为，如将自己所占有的单位房屋、设备等财产等谎称为自有，标价出售；将所住的单位房屋,过户登记为己有;或者隐匿保管之物,谎称已被盗窃、遗失、损坏等,又包括先不占有单位财物但利用职务之便而骗取、窃取、侵吞、私分从而转化为私有的行为。不论是先持有而转为己有还是先不持有而采取侵吞、窃取、骗取方法转为己有,只要本质上出于非法占有的目的,并利用了职务之便作出了这种非法占有的意思表示,达到了数额较大的标准,即可构成本罪。值得注意的是,行为人对本单位财物的非法侵占一旦开始,便处于继续状态,但这只是非法所有状态结果的继续,并非本罪的侵占行为的继续。侵占行为的完成,则应视为既遂。至于未遂,则应视侵占行为是否完成而定,如果没有完成,则应以未遂论处,如财会人员故意将某笔收款不入账,但未来得及结账就被发现,则应以本罪未遂论处。

3. 必须达到数额较大的程度。如果仅有非法侵占公司、企业及其他单位财物的行为,但没有达到数额较大的标准,则也不能构成本罪。至于数额较大的起点数额,参照最高人民法院、最高人民检察院《关于办理贪污贿赂刑事案件适用法律若干问题的解释》。

(四)客体要件

本罪侵犯的客体是公司、企业或其他单位的财产所有权。此处所称"公司",是指按照《公司法》规定设立的非国有的有限责任公司和股份有限公司;所称"企业",是指除上述公司以外的非国有的经过工商行政管理机关批准设立的有一定数量的注册资金及一定数量的从业人员的营利性的经济组织,如商店、工厂、饭店、宾馆及各种服务性行业、交通运输行业等经济组织;"其他单位",是指除上述公司、企业以外的非国有的社会团体或经济组织,包括集体或者民办的事业单位,以及各类团体。

职务侵占罪侵犯的对象是公司、企业或者其他单位的财物,包括动产和不动产。所谓"动产",不仅指已在公司、企业、其他单位占有、管理之下的钱财(包括人民币、外币、有价证券等),而且也包括本单位有权占有而未占有的财物,如公司、企业或其他单位拥有的债权。就财物的形态而言,犯罪对象包括有形物和无形物,如厂房、电力、煤气、天然气、工业产权,等等。

【罪名辨析】

(一)本罪与贪污罪的界限

1. 主体要件不同,本罪的主体是公司、企业或者其他单位的人员。无论是股份有限公司、有限责任公司,还是国有公司、企业、中外合资、中外合作、集体性质企业、外商独资企业、私营企业等不具有国家工作人员身份的一切职工都可成为本罪的主体,贪污罪的主体则只限于国家工作人员,其中包括在国有公司、企业或者其他公司、企业中行使管理职权,并具有国家工作人员身份的人员,包括受国有公司、国有企业委派或者聘请,作为国有公司、国有企业代表,在中外合资、合作、股份制公司、企业等非国有单位中,行使管理职权,并具有国家工作人员身份的人员。

2. 犯罪行为不同,本罪是利用职务的便利,侵占本单位财物的行为。而贪污罪是指利用职务上的便利侵吞、盗窃、骗取公共财物的行为。

3. 犯罪对象不同。本罪的对象必须是自己职权范围内或者是工作范围内经营的本单位的财物。它既可能是公共财物，也可能是私有财物。而贪污罪则只能是公共财物。

4. 情节要件的要求不同。本罪的构成必须是侵占公司、企业财物数额较大的行为，数额较小的不构成犯罪。但法律对贪污罪没有规定数额的限制。当然如果犯罪数额较小，情节显著轻微危害不大的贪污行为不应认为是犯罪。

5. 法定刑上有所不同。本罪的最高法定刑只有十五年有期徒刑，而贪污罪的最高法定刑为死刑。

（二）共同犯罪的情况

具有国家工作人员身份的人员与公司、企业或者其他单位的人员共同侵占单位财物如何定性处理？

对此有两种不同意见：一种意见是按主犯的基本特征定性，如主犯具有国家工作人员身份的，那么同案犯都定贪污罪；如主犯的身份是公司、企业或者其他单位的人员，那么具有国家工作人员身份的同案犯定侵占罪。另一种意见是：如果主犯的身份是公司、企业或者其他单位的人员，那么全案都定侵占罪；如果主犯的身份是国家工作人员，应分别定罪，具有国家工作人员身份的定贪污罪，公司、企业或者其他单位的人员定侵占罪。

（三）本罪与盗窃罪的界限

1. 从主体切入区分"职务侵占罪"与"盗窃罪"

（1）从法律规定寻找直观主体。

《刑法》第二百七十一条第一款规定："公司、企业或者其他单位的人员，利用职务上的便利，将本单位财物非法占为己有，数额较大的，处五年以下有期徒刑或拘役，数额巨大的，处五年以上有期徒刑，可以并处没收财产。"据此，可以确定职务侵占罪的主体，为"公司、企业或者其他单位的人员"，具体而言，包括：

国有公司、企业、或者其他单位中的非国家工作人员利用工作之便非法占有单位财物，数额较大的；非国有公司、企业或者其他单位中的非国家工作人员，利用职务之便非法占有本单位财物，数额较大的。以上人员均是单位正式在册或者在编人员，或有特定的职权、职务，或从事一定具有实际内容的工作，可以利用职务之便侵占单位财物而成为职务侵占罪的犯罪主体。相对而言，盗窃罪只是一般主体，不需要行为人具有特殊身份。

（2）从司法实践确立犯罪主体。

"利用职务上的便利"是否要求行为人与单位存在长期、稳定的人事关系。笔者认为职务类犯罪与盗窃罪的在性质方面的根本差别在于，职务类犯罪除了行为人非法占有单位财产之外，根本在于他的"渎职性"。这种"渎职"，不要求主体必须是单位的正式员工,因为即使是聘任制甚至劳务员工,在单位都有自己负责或者经手的事项,也就是所谓的岗位职责。在利用职务便利非法侵占单位财产时,除了使单位蒙受经济损失之外,实质是一种"信赖利益的破坏"。

盗窃罪的客观表现是一般主体秘密窃取公私财产,彼此之间没有交集性质的"信赖",而职务侵占罪的落脚点在于"利用职务之便利"。这种职务上的便利,其实是单位基于对个人的信任所创设出来的。因而从法益角度讲,不仅是侵害了单位公共财产,更是对社会诚信的践踏。据此,我们可以认为对于公司、企业或者其他单位中,不具有国家工作人员身份的一般职员和工人,如果依法签订劳动合同确立劳动关系或者虽未签订劳动合同,但在单位工作地提供具有一定工作权利或便利的人员,可以成为职务侵占罪的犯罪主体。本案中,被告人陈述、受害单位的证明,均能证明犯罪嫌疑均系为受害单位的工作人员,能够成为职务侵占罪的犯罪主体。

2. 从客观方面区分"职务侵占罪"与"盗窃罪"。

职务侵占罪和盗窃罪在客观方面一个最重要的区分点,就在于行为人是否利用"职务上的便利"。首先,明确什么是"职务",《辞海》对"职务"的解释为:"职位规定应该担任的工作"。这里有两层关键的意思:工作包括体力劳动和脑力劳动;拥有"职位",而不是"职权"。只要是具有一定岗位,拥有一定实际工作内容的职责,包括管理职责和从事具体的业务活动。

1999 年的最高人民检察院《关于人民检察院直接受理立案侦查立案标准的规定(试行)》中分别对贪污罪、受贿罪中"利用职务上的便利"的含义进行了解释,其第一条规定,利用职务上的便利是指利用职务上主管、管理、经手公共财物的权力及方便条件。我们需要从中把握这几个关键词"主管""管理""经手"。主管财物,主要指领导人员在职务上具有对单位的财物的购置、调配、流向等决定权力。经手财物,主要指因执行职务而领取、使用、支配单位的财物等权力。管理财物,主要指对单位财物的保管与管理。对于以上关键词的把握,决定了能否精准地认识"利用职务便利"在客观方面所表现出来的形形色色的作案手段。根据对上述法律规定的解析,仅利用对工作环境的熟悉非法占有单位公共财产,应纳入盗窃罪的范畴。

3. 从刑法"法益维护说"来认定本案罪名。

一种行为之所以称其为"犯罪行为",是因为其具有社会危害性。这种危害性从"法益维护说"来讲,实质是某种行为侵犯了法律所要保护的某种权益。盗窃罪侵犯的仅仅是公私财产所有权,职务侵占罪如前所述,侵犯的是双重法益——单位财产所有权以及信赖利益。后者"信赖利益的破坏"是区分此罪彼罪的关键,在开放自由的市场经济环境下,职务侵占罪对于建立在诚信基础上的单位与个人之间的"信赖利益"的破坏,是基于充分的信任和职责寄托,因而认定被告构成职务侵占罪定性更为准确。

综上所述，经济的迅速发展，衍生、伪装了各种形式的犯罪。各犯罪行为之间经常有交叉、交互的现象，在外在表象上很容易混淆此罪和彼罪。因而刑事立法对于犯罪类型的描述和把握上，需要更加具有指导性和操作性。同时，面对社会林林总总的犯罪主体和手段，司法工作者应坚持法律基本原则和宗旨，剥去犯罪行为外在的包饰，精准把握法条的外延和内涵，准确界定犯罪行为性质，真正发挥刑法打击犯罪、警示社会、维护正义的职能，恳请公诉机关能够综合案件所有情况，认定犯罪嫌疑人职务侵占罪。

两种犯罪都是以非法占有财物为目的，侵犯财产所有权的犯罪。二者的主要区别是：

（1）主体要件不同。本罪的主体是特殊主体，盗窃罪的主体为一般主体。

（2）犯罪对象不同。本罪对象只能是本单位的财物；而盗窃罪的对象是他人财物，包括公私财物，而且多为犯罪行为前不被自己所控制的他人财物。

（3）犯罪手段不同。本罪是利用职务的便利侵占实际掌管的本单位财物；而盗窃罪则是采用秘密窃取的手段获取他人财物的行为。

（4）法定刑不同。本罪最高法定刑是十五年有期徒刑，法定刑较轻，且量刑的幅度较小；而盗窃罪的最高法定刑为无期徒刑，量刑幅度较宽。

（四）本罪与诈骗罪的界限

两种犯罪都是以非法占有为目的，侵犯财产所有权的行为，两者的主要区别就在于：

1. 主体要件不同，本罪主体是特殊主体，必须是公司、企业或者其他单位的人员；而诈骗罪的主体为一般主体。

2. 犯罪对象不同。本罪的对象是本公司企业的财物，这种财物实际上已被行为人所掌握，而诈骗罪的对象是不为自己实际控制的他人财物。

3. 犯罪的行为不同。本罪是利用职务上的便利侵占本单位的财物；而诈骗罪则是用虚构的事实或者隐瞒事实真相的方法骗取他人的财物。

（五）本罪与侵占罪的界限

1. 本罪的主体是公司、企业或者其他单位的工作人员，且非国家工作人员，为特殊主体；而后者的主体为一般主体，即达到刑事责任年龄具有刑事责任能力的自然人。

2. 本罪在主观方面表现为明知是单位的财物而决意采取侵吞、窃取、欺诈等手段非法占为己有；而后罪的主观内容则明知是他人的代为保管的财物、遗忘物或埋藏物而决意占为己有，拒不交还。

3. 本罪在客观方面表现为利用职务之便将单位财物非法占为己有，即化公为私。但行为人必须利用职务上的便利，采取的是侵吞、窃取、骗取等手段，但财物是否先已为其持有则不影响本罪成立；而后者则必先正当、善意、合法地持有了他人的财物，再利用各种手段占为己有且拒不交还，行为不必要求利用职务之便。

4. 本罪所侵犯的对象是公司、企业或者其他单位的财物,其中既有国有的,也有集体的,还有个人的:后罪所侵犯的仅仅是他人的三种特定物,即为自己保管的他人财物、遗忘物或者埋藏物。他人仅是指个人,而不包括单位。

5. 本罪所侵犯的客体是公私财物的所有权;而后罪所侵犯的仅是他人财物的所有权。

6. 本罪不属于告诉才处理的案件,而后者则只有告诉的才处理。

(六)本罪与挪用资金罪的界限

根据《刑法》第二百七十二条的规定,挪用资金罪是公司、企业或者其他单位的工作人员,利用职务上的便利,挪用本单位资金归个人使用或者借贷给他人,数额较大,超过三个月未还的或者虽未过三个月,但数额较大,进行营利活动的或者进行非法活动的行为。两者的相同点是犯罪主体上都是公司、企业或其他单位的工作人员。客体上侵犯的都是公司、企业或其他单位的财产所有权。客观方面都表现为利用职务上的便利。两者的区别是:(1)犯罪客体不尽相同。两罪虽然都侵犯了财物的所有权,但职务侵占罪侵犯了财物所有权的全部权能;而挪用资金罪只侵犯了所有权的一部分,即侵犯了资金的使用权和收益权,但并未侵犯处置权。(2)犯罪行为对象不尽相同,职务侵占罪的对象是本单位的财物,外延广于资金;而挪用资金罪只能是本单位的资金。(3)犯罪故意内容不同,职务侵占罪的故意内容是以非法占为己有为目的,完全不打算归还;而挪用资金罪的故意内容只是暂时借用本单位的资金,准备日后归还。

(七)本罪与贪污罪的界限

如前所述,职务侵占罪与贪污罪存在密切的关系,从立法过程上看,职务侵占罪由贪污罪分化而来。从犯罪构成上看,两者的相同点是:(1)主观上均由故意构成。(2)客观方面都表现为利用职务上的便利。(3)在行为上都表现为盗窃、骗取、侵吞或其他非法手段占有公共财物的行为。两者的区别主要表现为:(1)犯罪主体不同,这是职务侵占罪和贪污罪最主要、最本质的区别,职务侵占罪的主体是非国家工作人员,贪污罪的主体是国家机关工作人员以及受国家机关、国有公司、企业、事业单位、人民团体委托管理、经营国有财产的人员。(2)犯罪客体和犯罪对象不同。职务侵占犯罪的客体是公司、企业或其他单位的财产所有权,其犯罪对象是本单位的财物,从所有制性质上看,可以是公共财物,也可能是非公共财物。而贪污罪侵犯的是复杂客体、双重客体,它既侵犯了公共财产的所有权,也侵犯了国家工作人员职务的廉洁性,其犯罪对象仅限于公共财产。(3)构成犯罪的数额标准和法定刑不同。职务侵占罪的数额规定高于贪污罪。根据最高人民法院、最高人民检察院《关于办理贪污贿赂刑事案件适用法律若干问题的解释》第十一条的规定,职务侵占罪中"数额较大""数额巨大"的数额起点,按照本解释关于贪污罪相对应的数额标准规定的二倍、五倍执行。在法定刑上,职务侵占罪的最高法定刑是五年以上有期徒刑,而贪污罪的法定最高刑是死刑。这与我国"从严治吏"的刑事政策也是相吻合的。

量刑部分

【量刑标准】

犯本罪的,处五年以下有期徒刑或者拘役;数额巨大的,处五年以上有期徒刑,可以并处没收财产。

【量刑规范】

最高人民法院《关于常见犯罪的量刑指导意见》

(实施日期:2014 年 1 月 1 日)(节录)

(九)职务侵占罪

1. 构成职务侵占罪的,可以根据下列不同情形在相应的幅度内确定量刑起点:(1)达到数额较大起点的,可以在二年以下有期徒刑、拘役幅度内确定量刑起点。(2)达到数额巨大起点的,可以在五年至六年有期徒刑幅度内确定量刑起点。

2. 在量刑起点的基础上,可以根据职务侵占数额等其他影响犯罪构成的犯罪事实增加刑罚量,确定基准刑。

挪用资金罪　《刑法》第 272 条

公司、企业或者其他单位的工作人员,利用职务上的便利,挪用本单位资金归个人使用或者借贷给他人,数额较大、超过三个月未还的,或者虽未超过三个月,但数额较大、进行营利活动的,或者进行非法活动的,处三年以下有期徒刑或者拘役;挪用本单位资金数额巨大的,或者数额较大不退还的,处三年以上十年以下有期徒刑。

国有公司、企业或者其他国有单位中从事公务的人员和国有公司、企业或者其他国有单位委派到非国有公司、企业以及其他单位从事公务的人员有前款行为的,依照本法第三百八十四条的规定定罪处罚。

定罪部分

【罪名概念】

挪用资金罪,是指公司、企业或者其他单位的工作人员利用职务上的便利,挪用本单位资金归个人使用或者借贷给他人,数额较大、超过三个月未还的,或者虽未超过三个月,但数额较大、进行营利活动的,或者进行非法活动的行为。

【立法、司法解释】

1. 最高人民法院、最高人民检察院《关于办理妨害预防、控制突发传染病疫情等灾害的刑事案件具体应用法律若干问题的解释》

(实施日期:2003 年 5 月 13 日　法释[2003]8 号)(节录)

第十四条　贪污、侵占用于预防、控制突发传染病疫情等灾害的款物或者挪用归个人使用,构成犯罪的,分别依照刑法第三百八十二条、第三百八十三条、第二百七十一条、第三百八十四条、第二百七十二条的规定,以贪污罪、侵占罪、挪用公款罪、挪用资金罪定罪,依法从重处罚。

2. 最高人民法院《关于对受委托管理、经营国有财产人员挪用国有资金行为如何定罪问题的批复》

(实施日期:2000 年 2 月 24 日　法释[2000]5 号)

对于受国家机关、国有公司、企业、事业单位、人民团体委托,管理、经营国有财产的非国家工作人员,利用职务上的便利,挪用国有资金归个人使用构成犯罪的,应当依照刑法第二百七十二条第一款的规定定罪处罚。

3. 最高人民法院《关于如何理解刑法第二百七十二条规定的"挪用本单位资金归个人使用或者借贷给他人"问题的批复》

(实施日期:2000 年 7 月 20 日　法释[2000]22 号)

公司、企业或者其他单位的非国家工作人员,利用职务上的便利,挪用本单位资金归本人或者其他自然人使用,或者挪用人以个人名义将所挪用的资金借给其他自然人和单位,构成犯罪的,应当依照刑法第二百七十二条第一款的规定定罪处罚。

4. 最高人民检察院《关于挪用尚未注册成立公司资金的行为适用法律问题的批复》

(实施日期:2000 年 10 月 9 日　高检发研字[2000]19 号)

筹建公司的工作人员在公司登记注册前,利用职务上的便利,挪用准备设立的公司在银行开设的临时账户上的资金,归个人使用或者借贷给他人,数额较大、超过三个月未还的,或者虽未超过三个月,但数额较大、进行营利活动的,或者进行非法活动的,应当根据刑法第二百七十二条的规定,追究刑事责任。

5. 最高人民法院、最高人民检察院《关于办理贪污贿赂刑事案件适用法律若干问题的解释》

(实施日期:2016 年 4 月 18 日　法释[2016]9 号)(节录)

第五条　挪用公款归个人使用,进行非法活动,数额在三万元以上的,应当依照刑法第三百八十四条的规定以挪用公款罪追究刑事责任;数额在三百万元以上的,应当认定为刑法第三百八十四条第一款规定的"数额巨大"。具有下列情形之一的,应当认定为刑法第三百八十四条第一款规定的"情节严重":

(一)挪用公款数额在一百万元以上的;

(二)挪用救灾、抢险、防汛、优抚、扶贫、移民、救济特定款物,数额在五十万元以上不满一百万元的;

(三)挪用公款不退还,数额在五十万元以上不满一百万元的;

(四)其他严重的情节。

第六条　挪用公款归个人使用,进行营利活动或者超过三个月未还,数额在五万元以上的,应当认定为刑法第三百八十四条第一款规定的"数额较大";数额在五百万元以上的,应当认定为刑法第三百八十四条第一款规定的"数额巨大"。具有下列情形之一的,应当认定为刑法第三百八十四条第一款规定的"情节严重":

(一)挪用公款数额在二百万元以上的;

(二)挪用救灾、抢险、防汛、优抚、扶贫、移民、救济特定款物,数额在一百万元以上不满二百万元的;

(三)挪用公款不退还,数额在一百万元以上不满二百万元的;

(四)其他严重的情节。

第十一条　刑法第二百七十二条规定的挪用资金罪中的"数额较大""数额巨大"以及"进行非法活动"情形的数额起点,按照本解释关于挪用公款罪"数额较大""情节严重"以及"进行非法活动"的数额标准规定的二倍执行。

【犯罪构成】

(一)主体要件

本罪的主体为特殊主体,即公司、企业或者其他单位的工作人员。具体包括三种不同身份的自然人,一是股份有限公司、有限责任公司的董事、监事。二是上述公司的工作人员,是指除公司董事、监事之外的经理、部门负责人和其他一般职工。上述的董事、监事和职工必须不具有国家工作人员身份。三是上述企业以外的企业或者其他单位的职工,包括集体性质的企业、私营企业、外商独资企业的职工,另外在国有公司、国有企业、中外合资、中外合作股份制公司、企业中不具有国家工作人员身份的所有其他职工以及受国家机关、国有公司、企业、事业单位、人民团体委托,管理、经营国有财产的非国家工作人员。具有国家工作人员身份的人,不能成为本罪的主体,只能成为挪用公款罪的主体。

(二)主观要件

本罪在主观方面只能出于故意,即行为人明知自己在挪用或借贷本单位资金,并且利用了职务上的便利,而仍故意为之。

(三)客观要件

本罪在客观方面表现为行为人利用职务上的便利,挪用本单位资金归个人使用或者借贷给他人,数额较大、超过三个月未还的,或者虽未超过三个月,但数额较大,进行营利活动的,或者进行非法活动的行为。挪用是指利用职务上的便利,非法擅自动用单位资金归本人或他人使用,但准备日后退还。利用职务上的便利,是指利用本人在职务上主管、经管或经手单位资金的方便条件,例如单位领导人利用主管财务的职务,出纳员利用保管现金的职务,以及其他工作人员利用经手单位资金的便利条件。未利用职务上的便利,不可能挪用单位资金,也不可能构成挪用资金罪。所谓挪用单位资金归个人使用或者借贷给他人使用,根据2000年6月30日最高人民法院《关于如何理解刑法第二百七十二条规定的“挪用单位资金归个人使用或借贷给他人”问题的批复》,挪用单位资金归个人使用或者借贷给他人使用,是指公司、企业或者其他单位的非国家工作人员,利用职务上的便利,挪用本单位资金归本人或者其他自然人使用,或者挪用人以个人名义将挪用的资金借给其他自然人和单位的行为。根据2010年5月7日《最高人民检察院公安部关于公安机关管辖的刑事案件立案追诉标准的规定(二)》第八十五条的规定,“归个人使用”,包括将本单位资金供本人、亲友或者其他自然人适用的,以个人名义将本单位资金供其他单位使用的,个人决定以单位名义将本单位资金供其他单位使用,谋取个人利益的。

(四)客体要件

本罪所侵害的客体是公司、企业或者其他单位资金的使用收益权,对象则是本单位的资金。所谓本单位的资金,是指由单位所有或实际控制使用的一切以货币形式表现出来的财产。

【罪名辨析】

(一)本罪与非罪的界限

挪用本单位资金的行为,有一般的挪用本单位资金的违法违纪行为和挪用本单位资金的犯罪行为之分。区分二者之间的界限,我们认为,主要可以从以下两个方面分析:其一,挪用本单位资金的数额。这是衡量挪用本单位资金的行为的社会危害性的一个重要方面,对于挪用单位资金罪中数额较大,超过三个月未还的、虽未超过三个月,但数额较大、进行营利活动的这两种情形来说,“数额较大”是构成犯罪的必备要件。因此,在这种情况下,是否达到“数额较大”,就成为区分一般的挪用本单位资金的违法违纪行为和挪用单位资金罪的重要标准之一。对于挪用单位资金罪中“进行非法活动的”这种情况,虽然本法并未规定数额上的要求,但是,从有关的司法解释的精神看,挪用数额很小,社会危害性不大的,并不作为犯罪,而只是作为一般的违法违纪行为处理。其二,挪用本单位资金的时间。这是衡量挪用本单位资金的行为的社会危害性的另一个重要方面。对于本罪中数额较大、超过三个月未还的这种情况而言,超过三个月未还就是构成挪用资金罪的必备要件。在这种情况下,挪用本单位资金是否超过三个月未还就成为区分一般的挪用本单位资金的违法违纪行为和挪用资金罪的界限的重要标准之一。对于挪用资金罪中虽未超过三个月,但数额较大、进行营利活动的及进行非法活动的这两种情况,虽然本法中并无时间长短的要求，但是，如果挪用的时间很短，造成的社会危害性不大，可以作为本法第十三条规定的“情节显著轻微危害不大”的情况，不认为是犯罪，作为一般的挪用本单位资金的违法违纪行为处理。

（二）本罪与职务侵占罪的界限

1. 侵犯的客体和对象不同。挪用资金罪侵犯的客体是公司、企业或者其他单位的资金的使用权，对象是公司、企业或者其他单位的资金；职务侵占罪侵犯的客体是公司、企业或者其他单位的资金的所有权，对象是公司、企业或者其他单位的财物，既包货币形态的资金和有价证券等，也包括实物形态的公司财产，如物资、设备等。

2. 客观表现不同。挪用资金罪表现为公司、企业或者其他单位的工作人员，利用职务上的便利，挪用本单位资金归个人使用或者借贷给他人，数额较大、超过三个月未还的，或者虽未超过三个月，但数额较大、进行营利活动的，或者进行非法活动的行为；职务侵占罪表现为公司、企业或者其他单位的人员，利用职务上的便利，将本单位财物非法占为己有，数额较大的行为。挪用资金罪的行为方式是挪用，即未经合法批准或许可而擅自挪归自己使用或者借贷给他人；职务侵占罪的行为方式是侵占，即行为人利用职务上的便利，侵吞、窃取、骗取或者以其他手段非法占有本单位财物。挪用本单位资金进行非法活动的，并不要求“数额较大”即可构成犯罪；职务侵占罪只有侵占本单位财物数额较大的，才能构成。

3. 主观方面不同。挪用资金罪行为人的目的在于非法取得本单位资金的使用权，但并不企图永久非法占有，而是准备用后归还；职务侵占罪的行为人的目的在于非法取得本单位财物的所有权，而并非暂时使用。

挪用本单位资金数额较大不退还的，这里所说的不退还，是指在挪用本单位资金案发后，人民检察院起诉前不退还。一般认为，在实际生活中，挪用本单位资金不退还的，分为两种情况：一种是主观上想退还，但客观上无能力退还，另一种是客观上虽有能力退还，但主观上已发生变化，先前的挪用本单位资金的故意已经转化为侵占该资金的故意。

在司法实践中，如果行为人在挪用本单位资金后，确属犯罪故意发生转变，不再想退还，而是企图永久非法占为己有，在客观上有能力退还而不退还的，因为属于刑法中的转化犯，仍应根据处理转化犯的原则，直接以职务侵占罪定罪处罚。

（三）本罪与挪用公款罪的界限

根据《刑法》第三十八十四条的规定，挪用公款罪是指国家工作人员利用职务上的便利，挪用公款归个人使用，进行非法活动的，或者挪用公款数额较大、进行营利活动的，或者挪用公款数额较大、超过三个月未还的行为、挪用资金罪与挪用公款罪在客观上都表现为利用职务上的便利挪用资金的行为，在主观上都是挪用的故意，有时犯罪对象也可能都是公司、企业或者其他单位的资金。但是，这两种犯罪也有以下主要区别：

1. 侵犯的客体和犯罪对象不同。挪用资金罪侵犯的客体是公司、企业或者其他单位的资金的使用权,对象是公司、企业或者其他单位的资金,其中,既包括国有或者集体所有的资金,也包括公民个人所有、外商所有的资金。挪用公款罪侵犯的客体是公款的使用权和国家机关的威信、国家机关的正常活动等,既有侵犯财产的性质,又有严重的渎职的性质,因此,本法将挪用公款罪规定本法分则第八章的贪污贿赂罪专章中,而不是“侵犯财产罪”专章中。挪用公款罪侵犯的对象限于公款,其中主要是国有财产和国家投资、参股的单位财产,即国家机关、国有公司、企业、事业单位等所有的款项。挪用公款罪和挪用资金罪侵犯的对象不同,客体不同,社会危害性程度也有较大的差别。刑法第三百八十四条规定的挪用公款罪在客观上的三种不同情形的排列顺序,与本条第一款规定的挪用资金罪在客观上的三种不同情形的排列顺序不同,也说明立法者对这两种犯罪打击的重点的不同。在处罚上挪用公款罪也比挪用资金罪严厉得多。

2. 犯罪主体不同。挪用资金罪的主体是公司、企业或者其他单位的工作人员,但国家工作人员除外。挪用公款罪的主体是国家工作人员,包括国家机关中从事公务的人员,国有公司、企业事业单位、人民团体中从事公务的人员,国家机关、国有公司、企业事业单位委派到非国有公司、企业、事业单位、社会团体从事公务的人员,以及其他依照法律从事公务的人员。因此,本条第二款明确规定,国有公司、企业或者其他国有单位中从事公务的人员和国有公司、企业或者其他国有单位委派到非国有公司、企业以及其他单位从事公务的人员,利用职务上的便利,挪用本单位资金的,依照刑法第三百八十四条关于挪用公款罪的规定定罪处罚。

(四)本罪与挪用特定款物罪的界限

根据《刑法》第二百七十三条的规定,挪用特定款物罪是指挪用用于救灾、抢险、防汛、优抚、扶贫、移民、救济款物,情节严重,致使国家和人民群众利益遭受重大损害的行为。

挪用资金罪和挪用特定款物罪都是挪用性质的犯罪,有以下明显的区别:

1. 侵犯的客体和对象不同。挪用资金罪侵犯的客体是公司、企业或者其他单位的资金的使用权,对象是公司、企业或者其他单位的资金,挪用特定款物罪侵犯的客体是国家对用于救灾、抢险、防汛、优抚、扶贫、移民、救济款物专款专用的财经管理制度和公共财物的使用权,对象是用于救灾、抢险、防汛、优抚、扶贫、移民、救济的特定物款,既包括用于上述用途的由国家预算安排的民政事业经费,也包括临时调拨的专款物,还包括其他由国家、集体或者人民群众募捐的用于上述用途的特定款物等。

2. 在客观上的表现不同。挪用资金罪表现为,公司、企业或者其他单位的工作人员,利用职务上的便利,挪用本单位资金归个人使用或者借贷给他人,数额较大、超过三个月未还的,或者虽未超过三个月,但数额较大、进行营利活动的,或者进行非法活动的行为;挪用特定款物罪表现为,挪用用于救灾、抢险、防汛、优抚、扶贫、移民、救济款物，情节严重，致使国家和人民群众利益遭受重大损害的行为。挪用资金罪中行为人挪用的资金，可以归个人使用，也可以借贷给他人，挪用特定款物罪是行为人未经合法批准，利用特定的职权，将特定款物非法调拨、使用于其他方面，如修建楼堂馆所、购买汽车及办公设备，进行生产、经营性的投资等，不能用于个人。国家工作人员挪用前述特定款物归个人使用的，以挪用公款罪从重处罚。

3. 犯罪主体不同。挪用单位资金罪的主体是公司、企业或者其他单位的工作人员，不包括国家工作人员。挪用特定款物罪的主体是在国家机关等单位支配、管理特定款物的主管人员等直接责任人员。

4. 主观上不同。挪用资金罪中行为人的故意内容是，明知是其所在的公司、企业或者其他单位的资金，意图利用职务上的便利，挪归个人使用或者借贷给他人。挪用特定款物罪中行为人的故意内容是，明知是用于救灾、抢险、防汛、优抚、扶贫、移民、救济款物专用，却挪作他用。

量刑部分

【量刑标准】

犯本罪的，处三年以下有期徒刑或者拘役；挪用本单位资金数额巨大的，或者数额较大不退还的，处三年以上十年以下有期徒刑。

挪用特定款物罪 《刑法》第273条

挪用用于救灾、抢险、防汛、优抚、扶贫、移民、救济款物，情节严重，致使国家和人民群众利益遭受重大损害的，对直接责任人员，处三年以下有期徒刑或者拘役；情节特别严重的，处三年以上七年以下有期徒刑。

定罪部分

【罪名概念】

挪用特定款物罪，是指违反特定款物专用的财经管理制度，挪用国家用于救灾、抢险、防汛、优抚、扶贫、移民、救济款物，情节严重，致使国家和人民群众利益遭受重大损害的行为。

【司法解释】

1. 最高人民检察院《关于挪用失业保险基金和下岗职工基本生活保障资金的行为适用法律问题的批复》

（实施日期：2003年1月30日　高检发释字［2003］1号）

挪用失业保险基金和下岗职工基本生活保障资金属于挪用救济款物。挪用失业保险基金和下岗职工基本生活保障资金,情节严重,致使国家和人民群众利益遭受重大损害的,对直接责任人员,应当依照刑法第二百七十三条的规定,以挪用特定款物罪追究刑事责任;国家工作人员利用职务上的便利,挪用失业保险基金和下岗职工基本生活保障资金归个人使用,构成犯罪的,应当依照刑法第三百八十四条的规定,以挪用公款罪追究刑事责任。

2. 最高人民法院、最高人民检察院《关于办理妨害预防、控制突发传染病疫情等灾害的刑事案件具体应用法律若干问题的解释》

(实施日期:2003 年 5 月 14 日　法释[2003]8 号)(节录)

第十四条　贪污、侵占用于预防、控制突发传染病疫情等灾害的款物或者挪用归个人使用,构成犯罪的,分别依照刑法第三百八十二条、第三百八十三条、第二百七十一条、第三百八十四条、第二百七十二条的规定,以贪污罪、侵占罪、挪用公款罪、挪用资金罪定罪,依法从重处罚。

挪用用于预防、控制突发传染病疫情等灾害的救灾、优抚、救济等款物,构成犯罪的,对直接责任人员,依照刑法第二百七十三条的规定,以挪用特定款物罪定罪处罚。

3. 最高人民检察院、公安部《关于公安机关管辖的刑事案件立案追诉标准的规定(二)》

(实施日期:2010 年 5 月 7 日　公通字[2010]23 号)(节录)

第八十六条　[挪用特定款物案(刑法第二百七十三条)]挪用用于救灾、抢险、防汛、优抚、扶贫、移民、救济款物,涉嫌下列情形之一的,应予立案追诉:

(一)挪用特定款物数额在五千元以上的;

(二)造成国家和人民群众直接经济损失数额在五万元以上的;

(三)虽未达到上述数额标准,但多次挪用特定款物的,或者造成人民群众的生产、生活严重困难的;

(四)严重损害国家声誉,或者造成恶劣社会影响的;

(五)其他致使国家和人民群众利益遭受重大损害的情形。

【犯罪构成】

(一)主体要件

本罪的主体是特殊主体,即对保管、分配和使用特定款物直接负责的主管人员和其他直接责任人员。

(二)主观要件

本罪在主观方面表现为故意。即明知是国家救灾、抢险、防汛、优抚、扶贫、移民、救济款物而故意挪用,过失不能构成本罪。

(三)客观要件

本罪在客观方面表现为挪用国家用于救灾、抢险、防汛、优抚、扶贫、移民、救济款物，情节严重，致使国家和人民群众利益遭受重大损害的行为。

所谓“挪用”，一般是指擅自将专用款物挪作他用，如用于搞经济开发项目、炒房地产、购置小轿车等违反专款专用的行为，这种他用不包括放进个人腰包的行为，如果国家工作人员利用职务便利将上述七种专款归个人使用的，则应以挪用公款罪从重处罚。因此，这里的挪用救灾、抢险、防汛、优扰、扶贫、移民、救济工作款物罪中的挪用，只能是擅自将上述特定的款物挪作其他公用的行为。

挪用的对象必须是救灾、抢险、防汛、优扰、扶贫、移民、救济工作七项款物，如果是挪用其他的款物，则不能构成本罪。挪用救灾、抢险、防汛、扶贫、移民、救济款物归个人使用的，以挪用公款罪从重处罚。达到情节严重，致使国家和人民群众利益遭受重大损害的，才构成挪用特定款物罪。之所以不仅要求“情节严重”，还要求有“重大损害”的结果才追究刑事责任，是由于本罪的挪用行为与贪污罪、挪用公款罪、盗窃罪、诈骗罪中获取财物行为的性质毕竟不同。通常认为，挪用特定款物而造成抗洪、抗旱、抗震、防汛等工作的重大困难和损失的；挪用特定款物数额较大，直接侵害群众生活利益或者妨害恢复生产自救的；直接导致灾情扩大的；挪用特定款物而造成群众逃荒、疾病、死亡的等，构成挪用特定款物罪。

（四）客体要件

本罪侵犯的客体是国家关于特定款物专门使用的财经管理制度。

本罪侵犯的对象，只能是国家用于救灾、抢险、防汛、优抚、扶贫、移民、救济的特定款物，既包括用于上述用途的由国家预算安排的民政事业费，又包括临时调拨的救灾、抢险、防汛等款物以及由国家募捐的救灾、救济款物。

【罪名辨析】

（一）本罪与非罪的界限

“情节严重”与“致使国家和人民群众利益遭受重大损害”两个要件必须同时具备，缺一不可，仅“情节严重”但未造成重大损害，或仅造成重大损失，但并非“情节严重”，都不能认定为犯罪。

造成“重大损害”一般是指严重影响当时当地的救灾、抢险、防汛、优抚、扶贫、移民救济工作，直接导致民政对象的人身伤亡、房屋倒塌、财产损失、牲畜伤亡，以及直接导致大面积粮田病虫害现象，救灾抢险工作不能及时进行而引发的其他直接物质损失。

所谓“情节严重”主要是指具有以下情节：(1)挪用的抚恤事业费系残废抚恤费、烈军属生活补助费。(2)挪用的救济费系孤老残幼社会救济费、无生活来源的散居归侨、外侨及其他人员的生活困难补助费、儿童福利院经费。(3)挪用的救灾款是自然灾害救灾款。(4)挪用的救灾物资，系食品、药品、医疗器械、生活必需品。(5)挪用的款物数额巨大的。(6)多次挪用屡教不改的。(7)挪用特定款物用于挥霍浪费和高消费性开支的。(8)挪用外援款物的等。

(二)本罪与贪污罪的界限

挪用特定款物罪与贪污罪都侵犯了公共财产所有权,两者的主要区别有:

1. 主观目的不同。挪用特定款物罪的主观目的是将特定款物移作他用,用后归还。贪污罪的主观目的是将公共财产据为己有,改变财产所有权。

2. 侵犯客体不同。前者既侵犯财产所有权,又侵犯国家财经管理制度,还侵犯了民政事业制度。后者侵犯的客体是公共财产所有权。

3. 犯罪对象不同。前者是救灾、救济、抢险、优抚、防汛、扶贫、移民、救济款物。后者则是除此以外的公共财物。

4. 主体不同。前者是经手、掌管特定款物的人员。后者是经手、管理公共财物的人员。

5. 行为性质手段不同。前者是非法挪用特定款物,后者是利用职务之便非法占有、盗窃、骗取手段侵吞公共财产。

(三)本罪与诈骗罪的界限

需要明确的主要是骗取特定款物行为的定性问题。骗取上述款项的行为有两种:一种是不属于优抚对象、救济对象、救灾对象的人员,以编造虚假事实、隐瞒事实真相的方法骗取优抚款、救济款、救灾款的,这种情况构成犯罪的应以诈骗罪处罚。另一种是夸大、谎报灾情及其他属于优抚、救济范围的事实,骗取国家给予较多的优抚、救济、救灾款项。其骗取的款项如果被用作非民政事业用途的其他开支,则可以以挪用特定款物行为定性,情节严重的可以以挪用特定款物罪论处。如果骗取的款项被用于优抚、救济、救灾或其他民政事业,则对行为人宜以违反党纪、政纪追究责任,而不以犯罪论处。

(四)本罪与挪用公款罪的区别

挪用公款罪是指国家工作人员利用职务上的便利,挪用公款归个人使用,进行非法活动,或者挪用公款数额较大,进行营利活动的,或者挪用公款数额较大,超过三个月未还的行为。挪用特定款物罪是指挪用救灾、抢险、防汛、优抚、扶贫、移民、救济款物,情节严重,致使国家和人民群众利益遭受重大损失的行为。两罪的共同特点都是客观行为上表现为“挪用”,但在其他方面仍有很多不同。

1. 犯罪主体不同。挪用公款的犯罪主体是特殊主体,国家工作人员和以国家工作人员论的人员。挪用特定款物罪的主体是经手、管理特定款物的工作人员,也就是对特定款物有调拨、保管、分配、使用的直接责任人员。

2. 犯罪目的不同。挪用公款罪的目的是为了个人使用或者为他人进行非法活动、营利活动;挪用特定款物罪的目的是为了单位另行使用。将特定款物用于改建楼堂馆所等。如将特定款物归个人使用,按第三百八十四条第二款挪用公款罪从重处罚。

3. 犯罪客体不同。挪用公款罪侵犯的客体是复杂客体,主要是国家工作人员的职务廉洁性，其次是侵犯了国家对公共财产的使用、处分权；挪用特定款物罪侵犯的客体是国家财经管理制度及国家对特定款物的管理权。

4. 犯罪的客观方面不同。挪用公款罪表现为行为人利用职务上的便利，实施了挪用公款数额较大的行为；挪用特定款物罪表现为行为人将自己保管或经手的特定款物，未经批准，擅自调拨，用于其他方面。实施挪用特定款物，情节严重，挪用数额巨大，影响恶劣，这种挪用行为无论是用于非法用途还是合法用途，都构成挪用。致使国家和人民群众利益遭受重大损失的行为。

5. 犯罪对象不同。挪用公款罪的犯罪对象是公款，仅限于货币资金，既包括国家和劳动群众集体所有的货款资金，也包括由国家和集体管理使用，储存等私人所有的货币，不包括物资。挪用特定款物罪的犯罪对象是特定的，是用于救灾、抢险、防汛、扶贫、优抚、移民、救济的款物，这些特定款物必须专用，既可以是钱，也可以是物。

6. 犯罪的刑罚不同。挪用公款罪处罚分为三个档次，犯本罪处五年以下有期徒刑；情节严重的，处五年以上有期徒刑；挪用公款数额巨大不退还的，处十年以上有期徒刑，或无期徒刑。挪用特定款物罪，必须是情节严重，致使国家和人民群众利益遭受重大损失的才构成犯罪，情节严重主要是数额较大，挪用特别重要紧急的上述款物，造成极坏的影响。对直接责任人员，处三年以下有期徒刑或者拘役，情节特别严重的，处三年以上七年以下有期徒刑。

量刑部分

【量刑标准】

犯本罪的，处三年以下有期徒刑或者拘役；情节特别严重的，处三年以上七年以下有期徒刑。

截至目前，尚无本罪名关于量刑的司法解释。

敲诈勒索罪　《刑法》第274条

敲诈勒索公私财物，数额较大或者多次敲诈勒索的，处三年以下有期徒刑、拘役或者管制，并处或者单处罚金；数额巨大或者有其他严重情节的，处三年以上十年以下有期徒刑，并处罚金；数额特别巨大或者有其他特别严重情节的，处十年以上有期徒刑，并处罚金。

定罪部分

【罪名概念】

敲诈勒索罪，是指以非法占有为目的，对被害人使用威胁或要挟的方法，强行索要公私财物的行为。

【司法解释】

1. 最高人民检察院《关于强迫借贷行为适用法律问题的批复》

(实施日期:2014 年 4 月 17 日　高检发释字[2014]1 号)

以暴力、胁迫手段强迫他人借贷,属于刑法第二百二十六条第二项规定的“强迫他人提供或者接受服务”,情节严重的,以强迫交易罪追究刑事责任;同时构成故意伤害罪等其他犯罪的,依照处罚较重的规定定罪处罚。以非法占有为目的,以借贷为名采用暴力、胁迫手段获取他人财物,符合刑法第二百六十三条或者第二百七十四条规定的,以抢劫罪或者敲诈勒索罪追究刑事责任。

2. 最高人民法院、最高人民检察院《关于办理敲诈勒索刑事案件适用法律若干问题的解释》

(实施日期:2013 年 4 月 23 日　法释[2013]10 号)(节录)

第一条　敲诈勒索公私财物价值二千元至五千元以上、三万元至十万元以上、三十万元至五十万元以上的,应当分别认定为刑法第二百七十四条规定的“数额较大”、“数额巨大”、“数额特别巨大”。

各省、自治区、直辖市高级人民法院、人民检察院可以根据本地区经济发展状况和社会治安状况,在前款规定的数额幅度内,共同研究确定本地区执行的具体数额标准,报最高人民法院、最高人民检察院批准。

第二条　敲诈勒索公私财物,具有下列情形之一的,“数额较大“的标准可以按照本解释第一条规定标准的百分之五十确定:

(一)曾因敲诈勒索受过刑事处罚的;

(二)一年内曾因敲诈勒索受过行政处罚的;

(三)对未成年人、残疾人、老年人或者丧失劳动能力人敲诈勒索的;

(四)以将要实施放火、爆炸等危害公共安全犯罪或者故意杀人、绑架等严重侵犯公民人身权利犯罪相威胁敲诈勒索的;

(五)以黑恶势力名义敲诈勒索的;

(六)利用或者冒充国家机关工作人员、军人、新闻工作者等特殊身份敲诈勒索的;

(七)造成其他严重后果的。

第三条　二年内敲诈勒索三次以上的,应当认定为刑法第二百七十四条规定的“多次敲诈勒索”。

第四条　敲诈勒索公私财物,具有本解释第二条第三项至第七项规定的情形之一,数额达到本解释第一条规定的“数额巨大”、“数额特别巨大”百分之八十的,可以分别认定为刑法第二百七十四条规定的“其他严重情节”、“其他特别严重情节”。

第五条　敲诈勒索数额较大,行为人认罪、悔罪,退赃、退赔,并具有下列情形之一的,可以认定为犯罪情节轻微,不起诉或者免予刑事处罚,由有关部门依法予以行政处罚:

(一)具有法定从宽处罚情节的;

(二)没有参与分赃或者获赃较少且不是主犯的;

(三)被害人谅解的;

(四)其他情节轻微、危害不大的。

第六条　敲诈勒索近亲属的财物,获得谅解的,一般不认为是犯罪;认定为犯罪的,应当酌情从宽处理。

被害人对敲诈勒索的发生存在过错的,根据被害人过错程度和案件其他情况,可以对行为人酌情从宽处理;情节显著轻微危害不大的,不认为是犯罪。

第七条　明知他人实施敲诈勒索犯罪,为其提供信用卡、手机卡、通讯工具、通讯传输信道、网络技术支持等帮助的,以共同犯罪论处。

第八条　对犯敲诈勒索罪的被告人,应当在二千元以上、敲诈勒索数额的二倍以下判处罚金;被告人没有获得财物的,应当在二千元以上十万元以下判处罚金。

3. 最高人民法院　最高人民检察院《关于办理利用信息网络实施诽谤等刑事案件适用法律若干问题的解释》

(实施日期:2013 年 9 月 10 日　法释[2013]21 号)(节录)

第六条　以在信息网络上发布、删除等方式处理网络信息为由,威胁、要挟他人,索取公私财物,数额较大,或者多次实施上述行为的,依照刑法第二百七十四条的规定,以敲诈勒索罪定罪处罚。

第九条　利用信息网络实施诽谤、寻衅滋事、敲诈勒索、非法经营犯罪,同时又构成刑法第二百二十一条规定的损害商业信誉、商品声誉罪,第二百七十八条规定的煽动暴力抗拒法律实施罪,第二百九十一条之一规定的编造、故意传播虚假恐怖信息罪等犯罪的,依照处罚较重的规定定罪处罚。

4. 最高人民法院、最高人民检察院《关于办理寻衅滋事刑事案件适用法律若干问题的解释》

(实施日期:2013 年 7 月 15 日　法释[2013]18 号)(节录)

第七条　实施寻衅滋事行为,同时符合寻衅滋事罪和故意杀人罪、故意伤害罪、故意毁坏财物罪、敲诈勒索罪、抢夺罪、抢劫罪等罪的构成要件的,依照处罚较重的犯罪定罪处罚。

5. 最高人民法院《关于审理抢劫、抢夺刑事案件适用法律若干问题的意见》

(实施日期:2005 年 6 月 8 日　法发[2005]8 号)

行为人冒充正在执行公务的人民警察"抓赌""抓嫖",没收赌资或者罚款的行为,构成犯罪的,以招摇撞骗罪从重处罚;在实施上述行为中使用暴力或暴力威胁的,以抢劫罪定罪处罚。行为人冒充治安联防队员“抓赌”“抓嫖”、没收赌资或者罚款的行为,构成犯罪的,以敲诈勒索罪定罪处罚;在实施上述行为中使用暴力或者暴力威胁的,以抢劫罪定罪处罚。

【犯罪构成】

(一)主体要件

本罪的主体为一般主体。凡达到法定刑事责任年龄且具有刑事责任能力的自然人均能构成本罪。

(二)主观要件

本罪在主观方面表现为直接故意,必须具有非法强索他人财物的目的。如果行为人不具有这种目的,或者索取财物的目的并不违法,如债权人为讨还久欠不还的债务而使用带有一定威胁成分的语言,催促债务人加快偿还等,则不构成敲诈勒索罪。

(三)客观要件

本罪在客观方面表现为行为人采用威胁、要挟、恫吓等手段,迫使被害人交出财物的行为。

威胁,是指以恶害相通告迫使被害人处分财产,即如果不按照行为人的要求处分财产,就会在将来的某个时间遭受恶害。威胁内容的种类没有限制,包括对被害人及其亲属的生命、身体自由、名誉等进行威胁,威胁行为只要足以使他人产生恐惧心理即可,不要求现实上使被害人产生了恐惧心理。威胁的内容是将由行为人自己实现,还是将由他人实现在所不问,威胁内容的实现也不要求自身是违法的,例如,行为人知道他人的犯罪事实,向司法机关告发是合法的,但行为人以向司法机关告发进行威胁索取财物的,也成立敲诈勒索罪。威胁的方法没有限制,既可能是明示的,也可能是暗示的;既可以使用语言文字,也可以使用动作手势;既可以直接通告被害人,也可以通过第三者通告被害人。威胁的结果,是使被害人产生恐惧心理,然后为了保护自己更大的利益而处分自己的数额较大的财产,进而行为人取得财产。被害人处分财产,并不限于被害人直接交付财产,也可以是因为恐惧而默许行为人取得财产,还可以是与被害人有特别关系的第三者基于被害人的财产处分意思交付财产。行为人敲诈勒索数额较小的公私财物的,不以犯罪论处。

敲诈勒索的行为只有数额较大或者多次敲诈勒索时,才构成犯罪。数额巨大或者有其他严重情节,是本罪的加重情节,所谓情节严重,主要是指:敲诈勒索罪的惯犯;敲诈勒索罪的连续犯;对他人的犯罪事实知情不报并乘机进行敲诈勒索的;乘人之危进行敲诈勒索的;冒充国家工作人员敲诈勒索的;敲诈勒索公私财物数额巨大的;敲诈勒索手段特别恶劣,造成被害人精神失常、自杀或其他严重后果的;等等。

所谓要挟方法,通常是指抓住被害人的某些把柄或者制造某种迫使其交付财物的借口,如以揭发贪污、盗窃等违法犯罪事实或生活作风腐败等相要挟。一般来说,威胁、要挟内容的实现不具有当场、当时性。但行为人取得财物可以是当场、当时,也可以是在限定的时间、地点。但是,如果行为人为了迫使被害人答应在日后某个时间、地点交付财物而当场对被害人使用了暴力,其暴力实际起的是与以实施暴力相威胁一样的胁迫作用,只是因为其不是作为当场占有他人财物的手段,所以,不能认定为抢劫罪。如果其暴力尚未造成被害人严重伤残或者死亡,可以认定为敲诈勒索罪;如果造成被害人严重伤残或者死亡的,可根据案件具体情况认定为故意伤害罪或者故意杀人罪。

(四)客体要件

本罪侵犯的客体是复杂客体,不仅侵犯公私财物的所有权,还危及他人的人身权利或者其他权益。这是本罪与盗窃罪、诈骗罪不同的显著特点之一。本罪侵犯的对象为公私财物。

【罪名辨析】

(一)本罪既遂与未遂的界限

行为人使用了威胁或要挟手段,非法取得了他人的财物,就构成了敲诈勒索罪的既遂。如果行为人仅仅使用了威胁或要挟手段,被害人并未产生恐惧情绪,因而没有交出财物;或者被害人虽然产生了恐惧,但并未交出财物,均属于敲诈勒索罪的未遂。

(二)本罪与抢劫罪的界限

仅从字面看,"威胁"既是抢劫罪的手段之一,又是敲诈勒索罪的基本行为方式。但是,其威胁的特定内涵不同:(1)从威胁的方式看,抢劫罪的威胁,是当着被害人的面直接发出的;而敲诈勒索罪的威胁可以当面发出,也可以通过书信、电话或第三者转达。(2)从实现威胁的时间看,抢劫罪的威胁表现为扬言如不交出财物,就要当场实现所威胁的内容;而敲诈勒索罪的威胁则一般表现为,如不答应要求将在以后某个时间实现威胁的内容。(3)从威胁的内容看,抢劫罪的威胁,都是以杀害、伤害等侵害人身相威胁;而敲诈勒索罪的威胁内容则比较广泛,包括对人身的加害行为或者毁坏财物、名誉等。(4)从非法取得财物的时间看,抢劫罪是实施威胁当场取得财物;而敲诈勒索则可以在当场,也可以在事后取得。可见,这两种犯罪中的威胁既有区别,又有联系,如果案件事实同上述抢劫威胁的各特点相符合,应以抢劫罪论处。如果其中有一条不符合,则应以敲诈勒索罪论处。

(三)本罪与招摇撞骗罪的界限

在实践中,有些犯罪分子往往假冒公安人员、海关缉查人员、工商管理人员以及税务人员等国家工作人员的身份,敲诈他人钱财,似乎与招摇撞骗罪相同,实则

构成敲诈勒索罪。这两种犯罪的主要区别是:

1. 行为特征不同。招摇撞骗罪是以骗为特征,完全以假象蒙蔽被害人;敲诈勒索行为虽然也可能含有欺骗的成分,但却以威胁或要挟为特征。

2. 造成被害人交出财物的心理状态不同。在招摇撞骗罪中,被害人在受骗后,"自愿"交出财物或出让其他合法权益;而敲诈勒索行为则造成被害人精神上的恐惧,出于无奈,被迫交出财物或出让其他财产性利益。

3. 获取利益的范围不同。招摇撞骗罪所获取利益范围比较广泛,既包括财物或财产性利益,又包括非财产性利益,如骗取某种职称或职务,政治待遇或荣誉称号等;敲诈勒索罪所获取的仅限于财物。

4. 侵犯的客体不同。招摇撞骗罪侵犯的客体是国家机关的威信及社会管理秩序;敲诈勒索罪所侵犯的客体是公私财物的所有权和公民人身权利以及其他合法权益。

(四)本罪和诈骗罪的界限

敲诈勒索罪与诈骗罪的犯罪主体都是一般主体,犯罪主观方面都是直接故意,且以非法占有为目的。二罪的根本区别在于犯罪客体和犯罪客观方面的不同:

在犯罪客体上,本罪侵犯的是复杂客体,即公私财产所有权和公民人身权利或其他权益;诈骗罪侵犯的是单一客体,即公私财产所有权。

在犯罪客观方面,本罪表现为以威胁或要挟方法,迫使被害人因恐惧而被迫交付财物;诈骗罪表现为以虚构事实或隐瞒真相的方法,使被害人受蒙蔽而"自愿地"交付财物。在敲诈勒索案件中,有的行为人具体实施的行为可能包含有欺诈因素,但这种欺诈因素仅为敲诈勒索的"由头"或"借口",而非敲诈勒索的实行行为,即并非本罪客观方面的行为。换言之,构成敲诈勒索罪,不以是否有"借口",或者"借口"是否真实为要件。例如,甲给乙的父亲写信,谎称乙打他的事实,具有欺骗性,但是,他并不是靠欺骗方法蒙蔽乙的家长,使其自愿交付数额较大的财物,而是靠杀乙相威胁,企图迫使乙的家长交付数额较大的财物,应定敲诈勒索罪。一般情况下,编造虚假的"恶害"威胁被害人,如果行为人自己冒充"恶害"发出方,则成立敲诈勒索罪;如果行为人冒充麻烦解决者,以解决麻烦为由骗取钱财的,则成立诈骗罪。行为同时具有欺骗和恐吓性质,对方陷入认识错误并产生恐惧心理,二者同时起作用,则成立敲诈勒索罪和诈骗罪的想象竞合犯。

量刑部分

【量刑标准】

犯本罪的,处三年以下有期徒刑、拘役或者管制,并处或者单处罚金;数额巨大或者有其他严重情节的,处三年以上十年以下有期徒刑,并处罚金;数额特别巨大或者有其他特别严重情节的,处十年以上有期徒刑,并处罚金。

【量刑规范】

最高人民法院《关于常见犯罪的量刑指导意见》

（实施日期：2014 年 1 月 1 日）（节录）

（十）敲诈勒索罪

1. 构成敲诈勒索罪的，可以根据下列不同情形在相应的幅度内确定量刑起点：

（1）达到数额较大起点的，或者两年内三次敲诈勒索的，可以在一年以下有期徒刑、拘役幅度内确定量刑起点。

（2）达到数额巨大起点或者有其他严重情节的，可以在三年至五年有期徒刑幅度内确定量刑起点。

（3）达到数额特别巨大起点或者有其他特别严重情节的，可以在十年至十二年有期徒刑幅度内确定量刑起点。

2. 在量刑起点的基础上，可以根据敲诈勒索数额、次数、犯罪情节严重程度等其他影响犯罪构成的犯罪事实增加刑罚量，确定基准刑。

多次敲诈勒索，数额达到较大以上的，以敲诈勒索数额确定量刑起点，敲诈勒索次数可作为调节基准刑的量刑情节；数额未达到较大的，以敲诈勒索次数确定量刑起点，超过三次的次数作为增加刑罚量的事实。

故意毁坏财物罪 《刑法》第 275 条

故意毁坏公私财物，数额较大或者有其他严重情节的，处三年以下有期徒刑、拘役或者罚金；数额巨大或者有其他特别严重情节的，处三年以上七年以下有期徒刑。

定罪部分

【罪名概念】

故意毁坏财物罪，是指故意毁灭或者损坏公私财物，数额较大或者有其他严重情节的行为。

【司法解释】

1. 最高人民法院、最高人民检察院《关于办理寻衅滋事刑事案件适用法律若干问题的解释》

（实施日期：2013 年 7 月 15 日　法释［2013］18 号）（节录）

第七条　实施寻衅滋事行为，同时符合寻衅滋事罪和故意杀人罪、故意伤害罪、故意毁坏财物罪、敲诈勒索罪、抢夺罪、抢劫罪等罪的构成要件的，依照处罚较重的犯罪定罪处罚。

2. 最高人民法院《关于审理破坏广播电视设施等刑事案件具体应用法律若干问题的解释》

(实施日期:2011 年 6 月 13 日　法释[2011]13 号)(节录)

第六条　破坏正在使用的广播电视设施未危及公共安全,或者故意毁坏尚未投入使用的广播电视设施,造成财物损失数额较大或者有其他严重情节的,以故意毁坏财物罪定罪处罚。

3. 最高人民法院《关于审理破坏公用电信设施刑事案件具体应用法律若干问题的解释》

(实施日期:2005 年 1 月 11 日　法释[2004]21 号)(节录)

第三条　故意破坏正在使用的公用电信设施尚未危害公共安全,或者故意毁坏尚未投入使用的公用电信设施,造成财物损失,构成犯罪的,依照刑法第二百七十五条规定,以故意毁坏财物罪定罪处罚。

【犯罪构成】

(一)主体要件

本罪的主体是一般主体,凡达到刑事责任年龄且具备刑事责任能力的自然人均能构成本罪。

(二)主观要件

本罪在主观方面表现为故意。犯罪目的不是非法获取财物而是将财物毁坏。这是侵犯财产罪中毁财型犯罪与其他贪利型犯罪的根本区别。犯罪动机各种各样,一般是出于个人报复或妒嫉等心理。除本法特别规定的失火、过失决水、过失爆炸以及过失破坏交通工具、交通设备、易燃易爆设备、广播电视、电信设施等犯罪需按有关条文追究刑事责任外,过失毁坏公私财物的,不构成犯罪,属于民事赔偿问题。

(三)客观要件

本罪在客观方面表现为毁灭或者损坏公私财物数额较大或者有其他严重情节的行为。

毁灭,是指用焚烧、摔砸等方法使物品全部丧失其价值或使用价值;损坏,是指使物品部分丧失其价值或使用价值。毁坏公私财物的方法,有多种多样。但是,如果行为人使用放火、决水、投毒、爆炸等危险方法破坏公私财物,危害公共安全的,应当以危害公共安全罪中的有关犯罪论处。

故意毁坏公私财物行为,必须达到数额较大或有其他严重情节的才构成犯罪。所谓情节严重,是指毁坏重要物品损失严重的,毁坏手段特别恶劣的;毁坏急需物品引起严重后果的;动机卑鄙企图嫁祸于人的,等等。故意毁坏公私财物,情节较轻的,是一般违反治安管理行为,应按照《治安管理处罚法》第二十六条的规定,处五日以上十日以下拘留,可以并处五百元以下罚款;情节较重的,处十日以上十五日以下拘留,可以并处一千元以下罚款。

(四)客体要件

本罪侵犯的客体是公私财物的所有权。

犯罪对象可以是各种形式的公私财物,包括生产数据、生活数据;动产、不动产等。但是,如果行为人所故意毁坏的是本法另有规定的某些特定财物,危害其他客体要件的,应按本法有关规定处理。例如,破坏交通工具、交通设备、易燃易爆设备、广播电视、电信设施等危害公共安全的,按刑法分则第二章有关罪名论处。

【罪名辨析】

(一)本罪与非罪的界限

按照本条规定,故意毁坏公私财物数额较大或者情节严重的,才构成犯罪。因此,是否数额较大或者情节严重,则是区分罪与非罪的界限。故意毁坏公私财物,数额较小、情节较轻的,则属一般违法行为,应按照《治安管理处罚法》第二十六条的规定,处五日以上十日以下拘留,可以并处五百元以下罚款;情节较重的,处十日以上十五日以下拘留,可以并处一千元以下罚款。所谓"情节严重",一般是指毁灭或损坏重要物品,损失严重的;毁灭或损坏公私财物的手段特别恶劣的;出于嫁祸于人的动机等。

(二)本罪与其他犯罪的界限

本罪与破坏交通工具罪、破坏交通设备罪、破坏易燃易爆设备罪、破坏通信设备罪等危害公共安全罪以及破坏社会主义经济秩序犯罪中的破坏生产经营罪的区别在于:后者破坏的是特定的财产,侵犯的是其他独立客体,刑法对其已单独规定有罪名,只应按刑法有关规定定罪处罚。

量刑部分

【量刑标准】

犯本罪的,数额较大或者有其他严重情节的,处三年以下有期徒刑、拘役或者罚金;数额巨大或者有其他特别严重情节的,处三年以上七年以下有期徒刑。

截至目前,尚无本罪名关于量刑的司法解释。

破坏生产经营罪 《刑法》第276条

由于泄愤报复或者其他个人目的,毁坏机器设备、残害耕畜或者以其他方法破坏生产经营的,处三年以下有期徒刑、拘役或者管制;情节严重的,处三年以上七年以下有期徒刑。

定罪部分

【罪名概念】

破坏生产经营罪,是指由于泄愤报复或者其他个人目的,毁坏机器设备、残害耕畜或者以其他方法破坏生产经营的行为。

【犯罪构成】

(一)主体要件

本罪的主体是一般主体。凡达到刑事责任年龄且具备刑事责任能力的自然人均可构成本罪。

(二)主观要件

本罪在主观方面表现为直接故意,并且具有泄愤报复或者其他个人目的。其他个人目的,一般是指出于个人恩怨而产生的不正当心理追求,如憎恨、厌恶、不满等。产生的原因多种多样,如因受到领导或他人的批评而产生不满,自己的要求没有得到满足而产生不满,嫉妒他人的成绩而心怀不满,与他人发生冲突而心生不满,以及厌烦工作而产生不满,等等,行为人只要出于泄愤报复或者其他个人目的,故意给生产造成较大破坏的,即构成本罪。

(三)客观要件

本罪在客观方面表现为以毁坏机器设备、残害耕畜或其他方法破坏生产经营的行为。其他方法则多种多样、如切断电源,破坏锅炉、供料线,颠倒冷热供给程序、破坏计算机致使生产指挥、工艺流程产生混乱,以影响工业生产、破坏农业机械、排灌设备、农具,毁坏种子、秧苗、树苗、庄稼、果树、鱼苗等,毁坏农业生产;破坏运输、储存工具,影响商业经营,等等。至于其方式,则既可以表现为积极的作为,如砸碎、烧毁,又可以表现为消极的不作为,如明知有故障而不加排除。但不论方式如何,采用的手段怎样,破坏的对象都必须与生产经营活动直接相联系,破坏用于生产经营的生产工具、生产工艺、生产物件等。如果是毁坏闲置不用或在仓库备用的机器设备、已经收获并未用于加工生产的粮食、水果,残害已经丧失畜役力的待售肉食牲畜的行为,则由于它们与生产经营活动没有直接联系,因此不能构成本罪。构成犯罪的,应以他罪如故意毁坏财物罪等定罪处罚。

(四)客体要件

本罪所侵害的客体是生产经营的正常活动。生产经营,就其范围而言,非常广泛,如工业、农业、林业、牧业、渔业、副业等生产经营活动以及与这些产业的生产经营密切相关的建筑业、运输业、第二产业、商业等。就性质而言,既包括国有的,也包括集体的,还包括个体的、私有的、外资的等。只要属于生产经营,不论其属于何种性质,对之加以破坏的,都可构成本罪。

【罪名辨析】

（一）本罪与放火罪、决水罪、爆炸罪、投放危险物质罪的界限

上述方法也可能被用来破坏生产经营，这时，行为不仅触犯了破坏生产经营罪，同时也触犯了上述危害公共安全罪，对这种同时触犯两种罪名的行为，刑法理论称想象竞合犯，从一重处理，按照危害公共安全罪论处，不定破坏生产经营罪，因为上述危害的公共安全的罪处罚更重。

（二）本罪与破坏交通工具、破坏交通设备、破坏电力设备及易燃易爆设备罪的界限

破坏上述特定对象，往往会直接或者间接地使生产经营遭到破坏，对这种破坏行为定性，主要从犯罪对象和客体上分析，凡破坏生产过程中的上述工具、设备，危害的主要是生产经营的，定破坏生产经营罪，凡破坏的是用于公共生活的上述工具、设备，危害的主要是公共安全的，分别按破坏交通工具罪、破坏交通设备罪、破坏电力设备罪和破坏易燃易爆设备罪定性。

（三）本罪与重大责任事故罪的界限

区别这两种罪，关键要查明行为人主观罪过的形式，首先，查明破坏行为是故意实施的，还是过失实施的；其次，查明行为人有无泄愤报复等个人动机。过失实施破坏行为，给生产造成重大损失的，构成重大责任事故罪。而出于泄愤报复等个人目的故意实施破坏生产经营行为的，构成破坏生产经营罪。

量刑部分

【量刑标准】

犯本罪的，处三年以下有期徒刑、拘役或者管制；情节严重的，处三年以上七年以下有期徒刑。

截至目前，尚无本罪名关于量刑的司法解释。

拒不支付劳动报酬罪　《刑法》第276条之一

以转移财产、逃匿等方法逃避支付劳动者的劳动报酬或者有能力支付而不支付劳动者的劳动报酬，数额较大，经政府有关部门责令支付仍不支付的，处三年以下有期徒刑或者拘役，并处或者单处罚金；造成严重后果的，处三年以上七年以下有期徒刑，并处罚金。

单位犯前款罪的，对单位判处罚金，并对其直接负责的主管人员和其他直接责任人员，依照前款的规定处罚。

有前两款行为，尚未造成严重后果，在提起公诉前支付劳动者的劳动报酬，并依法承担相应赔偿责任的，可以减轻或者免除处罚。

定罪部分

【罪名概念】

拒不支付劳动报酬罪,是指以转移财产、逃匿等方法逃避支付劳动者的劳动报酬或者有能力支付而不支付劳动者的劳动报酬,数额较大,经政府有关部门责令支付仍不支付的行为。

【司法解释】

最高人民法院《关于审理拒不支付劳动报酬刑事案件适用法律若干问题的解释》

(实施日期:2013 年 1 月 23 日　法释[2013]3 号)(节录)

第一条　劳动者依照《中华人民共和国劳动法》和《中华人民共和国劳动合同法》等法律的规定应得的劳动报酬,包括工资、奖金、津贴、补贴、延长工作时间的工资报酬及特殊情况下支付的工资等,应当认定为刑法第二百七十六条之一第一款规定的"劳动者的劳动报酬"。

第二条　以逃避支付劳动者的劳动报酬为目的,具有下列情形之一的,应当认定为刑法第二百七十六条之一第一款规定的"以转移财产、逃匿等方法逃避支付劳动者的劳动报酬":

(一)隐匿财产、恶意清偿、虚构债务、虚假破产、虚假倒闭或者以其他方法转移、处分财产的;

(二)逃跑、藏匿的;

(三)隐匿、销毁或者篡改账目、职工名册、工资支付记录、考勤记录等与劳动报酬相关的材料的;

(四)以其他方法逃避支付劳动报酬的。

第三条　具有下列情形之一的,应当认定为刑法第二百七十六条之一第一款规定的"数额较大":

(一)拒不支付一名劳动者三个月以上的劳动报酬且数额在五千元至二万元以上的;

(二)拒不支付十名以上劳动者的劳动报酬且数额累计在三万元至十万元以上的。

各省、自治区、直辖市高级人民法院可以根据本地区经济社会发展状况,在前款规定的数额幅度内,研究确定本地区执行的具体数额标准,报最高人民法院备案。

第四条　经人力资源社会保障部门或者政府其他有关部门依法以限期整改指令书、行政处理决定书等文书责令支付劳动者的劳动报酬后,在指定的期限内仍不支付的,应当认定为刑法第二百七十六条之一第一款规定的"经政府有关部门责令支付仍不支付",但有证据证明行为人有正当理由未知悉责令支付或者未及时支付劳动报酬的除外。

行为人逃匿,无法将责令支付文书送交其本人、同住成年家属或者所在单位负责收件的人的，如果有关部门已通过在行为人的住所地、生产经营场所等地张贴责令支付文书等方式责令支付，并采用拍照、录像等方式记录的，应当视为“经政府有关部门责令支付”。

第五条 拒不支付劳动者的劳动报酬，符合本解释第三条的规定，并具有下列情形之一的，应当认定为刑法第二百七十六条之一第一款规定的“造成严重后果”：

（一）造成劳动者或者其被赡养人、被扶养人、被抚养人的基本生活受到严重影响、重大疾病无法及时医治或者失学的；

（二）对要求支付劳动报酬的劳动者使用暴力或者进行暴力威胁的；

（三）造成其他严重后果的。

第六条 拒不支付劳动者的劳动报酬，尚未造成严重后果，在刑事立案前支付劳动者的劳动报酬，并依法承担相应赔偿责任的，可以认定为情节显著轻微危害不大，不认为是犯罪；在提起公诉前支付劳动者的劳动报酬，并依法承担相应赔偿责任的，可以减轻或者免除刑事处罚；在一审宣判前支付劳动者的劳动报酬，并依法承担相应赔偿责任的，可以从轻处罚。

对于免除刑事处罚的，可以根据案件的不同情况，予以训诫、责令具结悔过或者赔礼道歉。拒不支付劳动者的劳动报酬，造成严重后果，但在宣判前支付劳动者的劳动报酬，并依法承担相应赔偿责任的，可以酌情从宽处罚。

第七条 不具备用工主体资格的单位或者个人，违法用工且拒不支付劳动者的劳动报酬，数额较大，经政府有关部门责令支付仍不支付的，应当依照刑法第二百七十六条之一的规定，以拒不支付劳动报酬罪追究刑事责任。

第八条 用人单位的实际控制人实施拒不支付劳动报酬行为，构成犯罪的，应当依照刑法第二百七十六条之一的规定追究刑事责任。

第九条 单位拒不支付劳动报酬，构成犯罪的，依照本解释规定的相应个人犯罪的定罪量刑标准，对直接负责的主管人员和其他直接责任人员定罪处罚，并对单位判处罚金。

【关联法律】

《劳动合同法》

第八十五条 用人单位有下列情形之一的，由劳动行政部门责令限期支付劳动报酬、加班费或者经济补偿；劳动报酬低于当地最低工资标准的，应当支付其差额部分；逾期不支付的，责令用人单位按应付金额百分之五十以上百分之一百以下的标准向劳动者加付赔偿金：

（一）未按照劳动合同的约定或者国家规定及时足额支付劳动者劳动报酬的；

（二）低于当地最低工资标准支付劳动者工资的；

（三）安排加班不支付加班费的；

（四）解除或者终止劳动合同，未依照本法规定向劳动者支付经济补偿的。

【犯罪构成】

(一)主体要件

本罪犯罪主体为一般主体,即企业和自然人。

(二)主观要件

本罪在主观方面表现为故意,包括直接故意和间接故意。即主观上明知自己的"不支付劳动者劳动报酬"的这种不作为行为会产生劳动者不能及时实际得到劳动报酬的社会危害后果,却希望或放任这种后果发生。应认定为故意的几种情况:

1. 明确表示拒不作为的,即明确拒绝支付劳动者劳动报酬的,应当然地认定为故意。包括无正当理由拖欠,不论是否以非法占有为目的。

2. 虽表示应支付,但主动实施作为,为不支付找借口的,应认定故意。如无正当理由转移财产,造成无支付能力假象的;用人单位主要负责人或指使发放劳动者劳动报酬的工作人员逃匿,造成无法支付假象的;或非法克扣工资或罚款的。

(三)客观要件

本罪在犯罪客观方面表现为以转移财产、逃匿等方法逃避支付劳动者的劳动报酬或者有能力支付而不支付劳动者的劳动报酬,数额较大,经政府有关部门责令支付仍不支付的行为。

1. 以转移财产、逃匿等方法逃避支付劳动者的劳动报酬或者有能力支付而不支付劳动者的劳动报酬。有下列情形之一的,应认定:

(1)实施了转移财产、逃匿等方法逃避支付劳动者的劳动报酬的行为。

(2)有能力支付而不支付劳动者的劳动报酬。即企业的银行存款足够支付劳动者的劳动报酬,而不作为,导致劳动者没有按合同或法定应获得劳动报酬的时限。如实行月工资制的,超过二十天仍不发放工资的,即构成"不支付"。

2. 数额较大。

3. 经政府有关部门责令支付仍不支付的。

(四)客体要件

本罪犯罪客体是双重客体,既侵犯劳动者的财产权,又妨碍了正常的劳动用工关系,侵犯了社会主义市场经济秩序。

量刑部分

【量刑标准】

犯本罪的,处三年以下有期徒刑或者拘役,并处或者单处罚金;造成严重后果的,处三年以上七年以下有期徒刑,并处罚金。

单位犯前款罪的,对单位判处罚金,并对其直接负责的主管人员和其他直接责任人员,依照前款的规定处罚。

有前两款行为,尚未造成严重后果,在提起公诉前支付劳动者的劳动报酬,并依法承担相应赔偿责任的,可以减轻或者免除处罚。

图书在版编目(CIP)数据

刑法罪名规范解析/杨世伟,康君元主编.—北京:
法律出版社,2016.5
ISBN 978-7-5118-9512-7

Ⅰ.①刑… Ⅱ.①杨… ②康… Ⅲ.①刑法—罪名—
研究—中国 Ⅳ.①D924.304

中国版本图书馆CIP数据核字(2016)第102507号

刑法罪名规范解析
杨世伟 康君元 主编

编辑统筹 政务分社
策划编辑 田 浩
责任编辑 田 浩
装帧设计 李 瞻

出版 法律出版社
总发行 中国法律图书有限公司
经销 新华书店
印刷 北京顶佳世纪印刷有限公司
责任印制 吕亚莉

开本 710毫米×1000毫米 1/16
印张 93.25
字数 1728千
版本 2016年6月第1版
印次 2016年6月第1次印刷

法律出版社/北京市丰台区莲花池西里7号(100073)
网址/www.lawpress.com.cn
电子邮件/info@lawpress.com.cn
销售热线/010-63939792/9779
咨询电话/010-63939796

中国法律图书有限公司/北京市丰台区莲花池西里7号(100073)
全国各地中法图分、子公司电话:
北京分公司/010-62534456
上海公司/021-62071010/1636
深圳公司/0755-83072995
西安分公司/029-85388843
重庆公司/023-65382816/2908
第一法律书店/010-63939781/9782

书号:ISBN 978-7-5118-9512-7 **平装定价:**198.00元(上下册)
(如有缺页或倒装,中国法律图书有限公司负责退换)